第七册

# 宋會要輯稿

食貨　原書第一百五十三至第一百六十三册
刑法　原書第一百六十四至第一百七十一册
兵　原書第一百七十二至第一百七十八册

全唐文

宋會要　京諸倉

京諸倉總二十三所船般倉稅倉每倉監官三以京朝
官及三班充端拱初詔以粳米糯米爲一倉小麥小菉
豆爲一倉大豆粟爲一倉每歲納畢先省一人稅倉準
此又每倉監門一人以司天監官充至治平三年五月
詔罷之折中倉監官無定員以京朝官及諸司副使內
侍充其所由主斗防守兵士無定數國初置倉凡受四
河運至京師者謂之船般倉永豐通濟萬盈廣衍初有通濟四倉真宗景德四年改爲三曰萬盈第四曰廣衍延豐舊曰廣利景德中改大中祥符三年增以順
成舊曰常豐真宗景德四改濟遠舊曰常豐景德中改富國太平興國中以迎春花故地爲倉

卷七千五百十一

十倉受江淮所運謂之東河亦曰東河永濟永富二倉
受懷孟諸州所運謂之西河廣濟第一倉受潁壽諸州
所運謂之南河亦曰外河廣積廣儲二倉受曹濮諸州
所運謂之北河又有茶庫倉或空則兼受船般斛㪷其受京畿之租者謂
之稅倉廣濟第二倉受京東界諸縣廣積第一倉左右
騏驥院倉天駟監倉三倉受京北界諸縣左天廄坊倉
受京西界諸縣舊有義倉大中符九年并改太盈右天廄二倉受京
南界諸縣其受商人入中謂之折中倉有裏河外河二
名其後諸倉名額或更則所受小異今豐濟廣濟萬盈
廣衍延豐第一第二順成濟遠富國永濟第一第二永
富等十二倉受江淮運裏河外河折中廣濟第一三倉受



京西運廣儲廣積南廣積第一廣濟稅倉等四倉受京
東運天駟監左右騏驥牧養監倉受人戶馬料等以應
文明太祖建隆元年五月命殿中侍御史王伸監察御
史王祐戶部郎中沈義倫殿中丞王仁鄒太常博士夏
侯澄太子左贊善大夫陳延左龍武將軍韓令升左千
牛衛將軍時贊分掌在京倉庾先是京畿近輔租調委
輸吏緣爲姦民多咨怨至是始擇庭臣總之　二年七
月追奪右衛率府薛勲在身官配沂州衙前收管坐監
常盈倉不能御轄所部用斗稍重爲覘者所捕下獄伏
罪太祖怒而黜之棄倉吏於市　乾德三年九月帝聞
在京官廩有積歲陳腐者乃有司滯於給遣也權點檢

卷七千五百十一

三司使趙玭及判官並罪罰俸　太宗太平興國二年
七月詔免右監門衛將軍范從簡率府率宋廷信太子
洗馬張若納衛尉寺丞劉光序等官坐分掌太倉吏重
入民租失察舉故也　先是歲漕江淮米四五百萬斛
以給京師選能吏分掌其出納以中黃門副之太宗恐
吏概量爲姦遣期門卒變服偵邏得永豐倉持量者張
遇凡八輩鞫之盡得其受財爲姦狀帝怒命斬之杖中
黃門免掌庾吏懲不謹　雍熙四年八月詔在京水運
諸倉先是倉吏概量爲姦致外州民逋欠米二十六萬
七千石並除之　端拱元年七月命樞密直學士余休
復等案視京城水運倉裁其利害休復等言京城內外

凡大小二十五倉官吏四百二人計每歲所給不下四
百萬石望自今米麥菽各以百萬石為一界每界每常
參官供奉官殿直各一人專知副知各二人凡七人同倉
掌之監官月加給如知州監軍之數專副給殘錢諸凡
貯米千四百六十餘萬石可支三歲惟小麥菽豆過三
歲即陳惡望令有司每歲無多調而米麥各以百五十
萬石為一界又言東南諸州歲運秔米守給者常須數
歲乃畢或罹暑濕固多損敗望每石給雀鼠耗一勝並
從之　二年九月詔開封府特許於在京折中粳米粟
豆大小麥國家之務儲蓄為先自前省倉折中斛㪷蓋
以濟人利物通商惠農既積歲時頗生欺弊久從停罷

卷七千五百十一

復議施行將永便於公私宜别行於條貫其折中斛㪷
自今只許客旅時斛㪷依時價折中準船般倉例每百萬
石為一界所有食禄之家并形勢人并不得入中斛㪷
及與人請求折納違者許人陳告主吏處死本官除名
貶配仍委御史臺糾察其所中斛㪷不許多少並支與
告事人充賞主吏自能陳告並免罪亦依告事人例施
行其監納朝臣使臣不得受人屬託納中斛㪷違者並除
名貶配候納及數目即旋具逐色斛㪷封樣於樞密院
送納仍以膳部員外郎范正辭洛苑副使綦仁澤作坊
副使尹宗諤同掌其事先是募民及聽商賈入粟給券
於江淮以茶鹽償之謂之折中或有言其弊濫罷之自是





歲失國用百萬之入故復之也淳化二年五月置折博
倉許商旅納粟麥計其直分於江淮以官茶給之先是
有折中倉之目掌庾吏與縣量者為姦遂詔停廢端拱
二年有司請復置既而歲旱中止至是始復焉甚有以
佐國用而商人便之　五年四月帝嘗語及折中倉左
右皆言折中乃公利私之利帝曰豐稔之歲行之國有利
焉儉年穀稍歉慮商人收糴斛㪷物價翔起物價貴則
貧民愈艱食焉參知政事趙昌言對曰臣下只知折中
為便殊不知陛下用心憂民至此方知外人豈能測量
聖慮　真宗咸平元年七月詔裏外河折中倉所由㪷
子隨專副一界一替八月詔監倉京朝官無得以羨餘

卷七千五百十一

為課　五年二月真宗曰倉廩府庫多收出羨以為勞
績若非常納之際重斂即是支給之時減尅諸道轉送
官物償其逋責公人頗甚不易況舊有條貫可嚴行誡
約但以持平為務不得收其羨餘叙為勞績　景德二
年詔三班勿以廕補未歷事使臣監諸倉三年三月詔
在京倉草場監門使臣自今後逐日常須各在本處監
門不得容庇專副公人等輒作弊倖亦不得妄託事故
非時拋離本處如違當行嚴斷所有監門司天臺主簿
保章正等若是須要勾集議事即仰司天監奏取指揮
并仰提點倉場所常切覺察如有違犯即具名聞　四
年十月詔京城倉場受納芻糧勿得留滯仍令三司開

封府察之　十一月詔申太倉給軍食概量刻少之禁
先是軍士所得斛裁八九㪷頗以為言帝以問三司使
丁謂謂曰前詔條制太倉納諸州運粮無得增受諸軍
月給無得減刻違者至死今凡減刻誠合嚴誅但運粮
米常有耗舟卒盜食其中若太倉輸納稍難則恐綱運
不繼帝曰然月廩不可虧少故復約束之　大中祥符
二年十月帝宣示宰臣王旦等謝德權言先提舉折中
倉知紅粳米不任久積倉廩當時遂準三司牒只納白
粳米近日有言事者請納紅米今所給乃多雖利於商
旅其官廩先有紅米計其支給積年未及新者徒致腐
敗仍取折中舊納紅米白米及新者以進帝曰可令三
卷七千五百十一
司議可否以聞　五年三月詔在京諸倉自今每遇支
散諸軍班諸色人月粮口食仰子細驗認如是興販人
收接買籌支請却上好斛㪷及有搭帶出外即收捉赴
三司勘逐坐法施行　六年二月詔諸倉等處監門使
臣及監官當給粮受納綱運時不得與官員及諸色人
閑雜人同坐如違應犯人並當嚴斷仍委三司捉點倉
場所常切覺察兼許人陳告　四月詔在京工役禁軍廂
軍兵士所請口食令殿中侍衛馬步軍司指揮依例每
月一度請領至月盡旬假日並與免一日工役令兵士
自去赴倉擔般並仰三司每至支散口食之時預先指
揮合支倉分令監官專副等專在本倉等候兵士請領



無令候事　七月詔自今每差京朝官使臣監納秋夏税
不得令公人等供給喫食監官並須躬親巡覷教門不
得於監門使臣處更私取曆注本家或隣倉抄出稱無
損動其監門使臣亦不得顔情私東將文曆與監官書
押如違許人陳告各以違制論　十月詔京城諸倉所納
秋賦宜令均平不得稽滯侵擾仍委開封府廉察之　七
年二月詔倉草場神衛剩員以三千人為額　六月詔如
聞在京諸倉場人戶送納官物多有留滯乞索錢物宜
令開封府察訪收捉以聞　十二月詔自今百萬倉所給
納斛㪷其監官並許依久來體例分倉勾當給納　八
年四月詔曰自我京畿達於淮泗倉廩相望轉輸至多
卷七千五百十一
若無增損之欺寧有羨餘之積俾均出納以便公私應
裝納倉敖之處及在京諸倉監官等毋須均平受納不
得侵削所收羨剩並不理為勞績但一界幹集別無逋
負即依元敕施行　先是監百萬倉國子博士夏侯晟
以收到出剩乞行酬獎有司以咸平中條制凡倉廩所
收出剩不為勞績至是申明之　九年四月五日詔京
朝官年六十以上勿差監在京諸倉時國子博士雍文
載年六十五受敕上言求免帝曰京倉自受納至給畢
常六七年若此輩一任則老於掌庾矣因著式焉　仁宗
天聖二年六月樞密院言近為頻經霖雨取到在京倉
敖疎漏倒塌未修去處令據提點倉場所言見未修了

敖屋計六百二十七間，朝廷累降指揮，當職官吏催促
修蓋，至今未見結絶。乃逐處監官不切用心，詔當職官
吏等取近限上冬修蓋畢功，如少闕兵匠，亦令樞密院
速與指揮抽差。如更違慢不即修蓋，及稍違近限，令樞
密院劄送御史臺取勘。從之。　三年三月，内園使、開州
刺史王應昌言：在京諸倉舊差朝官、供奉官已上歷外
任者勾當，轉副所由斗子等皆有畏懼，支遣諸軍班月
糧皆獲好物。今來諸倉多是京官、殿直兼有未歷外任
者，每有綱運到納取樣之時，或即到門，或即不來，只憑
專副所由，是致綱梢偷糶官物，入水土伴和交納，在倉
未經年歲，發熱晃裛黑弱。切緣軍儲事大，糧綱不少，欲

卷七千五百十一

乞依舊選差歷外任朝官、使臣充百物界守給，何當所
有押綱使臣省監綱梢及本界專副所由斗子等，到乞
重行條約誡勵。從之。九月，審官院言：三司勘會在京百
萬倉，欲乞今後除合入西川、廣南遠官不差外，其合入
江浙、荆湖、福建遠者，並許差監，仍自立界受納，直至守
支滿底，别無欠少損惡官物，合入遠者即與家便差遣，
合入近者即與望陽差遣，若有[illegible]剩斛斗，乞依條
施行者。本院檢會自來監在京百萬倉京朝官得替到
院，承例入近地差遣，雖前後累據監倉官員狀到出剩
乞行酬獎，又緣當院條貫元不曾指定名目酬獎，只依
常例定差。欲乞今後監倉自立界至滿底無少欠損惡



斛斗，如是合入遠地親民差監者，與當一任親民資敘；
其合入近地親民差監者，與陞陟差遣；其曾經外任差
遣合入近地監當人差監者，與改親民，仍並與近地差
遣。所有接續定差監殘零界分者，候支遣畢日，與近地
差遣。合入遠地監當及新授京朝官，即更不定差監倉。
從之。　四年十一月，三司言：在京粳米倉有低次斛斗
萬數甚多，有司勾到行人估價，每斗六十文，又緣低次
黑弱，恐出糶不盡，更乞下府界諸縣昨經水災之處，如
有人户合銷賑貸，即具數目申省，般撥應副。仁宗曰：糶
價特與減半，若賑貸與人户，每二斗令納麄色一斗，餘
從之。時大雨之後，食物騰貴，及諸處置場出糶，差官傔

卷七千五百十一

給賑貸，遠近貧民利於減價，曉夕奔湊，遞相蹴踏，爭糴
不暇，殆至春首，民不艱食，實賴此也。　六年八月，以監
順城、小麥倉左侍禁高延偉受納給遣收到羨剩斛斗
萬數甚多，與家便監押差遣。　七年閏二月，詔在京監
百萬倉使臣，今後須是揀曾經監押、巡檢，别無贓私違
犯者充，即不得差未經差使使臣勾當。三月，詔訪聞在
京諸倉多是大量綱運斛斗，及支散時減剋軍糧，令下
三司指揮提點倉場所并提點斛面使臣，當切照覷
點，受納不得信縱逐倉監專斗子大量綱運内斛斗，亦
不得取受押綱軍大將、殿侍錢物，七八斗作一石入倉，却
稱數足。如或别差人抽摭點檢斛面，及因事彰露，彼人

陳吉其監專斗子仰勘逐情罪以聞仍指揮提點倉場使臣自今後每遇支粮時仰不住來往提點須是兩平量與請人及不得別作情弊帶出官物如稍有違其干繫人仰勘逐情罪取旨所有在京諸倉監官今後但得支遣官物了足並依前後條制施行其收到出剩更不理爲勞績　九年七月二十七日詔京朝官未歷親民差監京倉者自今須一界受納支給了畢無得非時求替其嘗經親民者自如舊條時大理評事李端監折中倉以貧求替因有是命　景祐三年七月二十三日中書言京百萬倉欲令三司舉京朝官監當自今古入親民舉差者自立界至支遣滿底一界了當無損欠及三

卷七千五百十一

年已上與理親民一任五年以上與當兩任如及七年與升一任差遣其元合入遠地者與近地合入近地者與先次曾經外任差遣合入近地監當人舉差者自立界至支畢了當許通計前任令任監當年限共合改親民者與改親民資序若於合改親民年限外更監當及三年以上者與理親民一任及五年已上者與理兩任仍與近地差遣舉充監殘零界及三年以上了當者各於元資序上理爲一任不及三年者元合入遠地差遣即與近地合入近地與先次差遣從之　寶元三年正月二十五日詔在京百萬倉今後舉官須具同罪聞奏時三司判官王求李東之舉官監京倉皆不同罪故條



約之　慶曆七年二月命內侍二員提舉月給軍粮時侍御史吳鼎臣言諸軍班所給粮多陳腐又斗升不足請以內臣提察之　皇祐三年九月六日教坊判官王世昌自陳年老乞監永濟倉門帝曰世昌本亦士人以無行檢遂充此職且倉門是國家儲粮出納之所豈可令此輩主之宜與在京一廟令　至和二年九月詔京朝官曾犯贓私罪若公坐至徒者毋得差監在京倉庫場務　治平元年十月五日三司言乞令諸倉界以納粳米月日爲先後支諸軍班月粮從之　二年八月七日權三司使韓絳言近日雨水諸倉場斛斗浸濕不堪乞相兼支給諸軍班等詔令三司只就逐倉委監倉官員

卷七千五百十二

減價出糶仍差判官一員并提點倉場所官提舉照管　三年八月奪監富國倉屯田郎中萬及一官內殿崇班王從謹西頭供奉官戴宏皆勒停坐受米濕惡壞十八萬石也　神宗熙寧三年九月二十五日司詳定在京船般倉專副所由斗子曹司門人等如因倉事取受粮綱及請人錢物并應在京諸司係公之人因倉事取受專典斗級并因綱運事取受粮綱錢物並計贓錢不滿一百徒一年每一百加一等一千流二千里每一千加一等罪止流三千里所有共受分贓入己者併計所受坐受罪仍分首從其引領過度并行用錢者於首罪下減二等已上決訖徒罪皆刺配五百里外牢城流

罪皆刺配千里外牢城。滿十千即受贓為首者刺配沙門島，已上若許未受，其取與引領過度人各減本罪一等，為首者依上條配，内合配沙門島者配廣南牢城。仍許諸色人陳告，犯人該徒給賞錢百千，流罪二百千，配沙門島三百千。若係公之人，給賞外更轉一資。其賞錢並先以官錢代支，一面内自收受贓及元引領過度并行用錢人家財充填，下足即與除破。其元引領過度及行用并受贓人亦許陳首，依條免罪給賞。從之。十一月，制置三司條例司言：「都官郎外郎劉昭遠等言：竊見在京諸倉界从來立界有百萬界與五大界兩法，雖各有所便，亦各不無所害。其百萬界所便者，米麥馬料各別

卷七千五百十一

立界，無雜色分占敖屋與虛增界數；其不便者，逐界斛㪷散在諸倉，官吏疲勞奔走，致給受不精。其五大界所便者，逐界倉敖附近，官吏易為官勾；其所不便者，兼納雜色，分占敖屋，并虛增起界數。今於百萬界去官吏之疲勞，而取其人粮馬料之各異；於五大界取倉分之附近，而去其占敖增數之未便，改立新五界法，并舊條約束。」並詔三司依所定施行。十九日，詔見任倉界官除朝廷擢用外，不許諸處奏舉差遣。二十三日，三司條例司言：「諸軍班所請月粮，先已坐倉收糴，近降指揮並支十㪷，慮元定價小，欲自龍神衛及諸司每石等第增錢收糴。」從之。十二月六日，詔支給軍粮並依近降指揮，十㪷



足數卸納。綱運亦仰兩平交量，如遇元量㪷級，並行科決。每倉各置一石斛，遇監量官物，傾於其中比較，免致高下其手。諸倉㪷子三百九十人，今並是正身祗候，逐月更不赴提舉所探差，只委下卸司依名次差撥，既免虛占人數、住滯綱運，兼支破食錢各得均濟。如倉分輒敢虛闕斛㪷數目，多索㪷子，即委下卸司點檢，申本所勘斷干繫人等。仍告示諸軍班及諸司，如遇請粮，並須隔日令逐指揮抱曆曹司赴合支倉分，接下所請粮倉數目單子，以憑約度抽索。今後㪷子人數，其逐界更不差㪷子隔宿往逐營告報開倉，只令合支界分預先關申殿前馬步軍司，合支諸軍次令逐司一面差人告報

卷七千五百十一

開倉請領日分。四年三月四日，詔罷三司奏舉諸倉監門使臣，止令三班院選未滿六十歲無贓罪使臣充，其酬奬如奏舉例施行。八年三月，詔在京倉庫立界滿，如勾當及二十箇月，與理為一任；若不及，即與新界專副別立界勾當。九年四月二十六日，詔諸在京府界倉庫所供月季年帳，並於合滿後依限申省，月季帳二十五日，半年帳四十日，年帳五十日，如違，依編敕倉庫申州法。以上國朝會要（續會要附司農寺） 高宗紹興元年七月五日，詔行在省倉受納綱運，令戶、工部斟量較定㪷樣，繳申尚書省，責下所屬製造，降下諸路州縣，應受納支遣起綱交量，並用省樣新㪷量。今後每遇起綱並

於綱界內分明聲說係用新降卧文量起發御省倉依
條受納不得作弊如有違犯許本綱諸色人越訴十月
十六日詔省倉請人出備短脚錢每石五文止用本倉
脚袋般騰交付其請人擅入敖者杖一百許人告賞錢
三十貫　二年十月十七日詔於倉門外置監門廨舍
　三年正月六日行在省倉內鎮城倉改為行在南倉
仁和倉改為行在北倉鎮城倉係臨安府州倉仁和縣
倉係仁和縣地基上修蓋各襲其稱至是改之　二十六
日詔令後諸軍三衙每遇支請並差撥逐部將官部押
人兵赴倉鈐束　二月二日詔告獲東北倉偷盜糧斛每
石支賞錢五十貫文先以官錢代支後於犯人并干連

卷七千五百十一

人名下追理還官仍令左藏西庫先次支錢二百貫文
於兩倉監門官處收掌堆垛充賞從戶部請也　三日詔
行在諸倉遇打請日令戶部前一日據合支數令本倉
般量出數於廊屋下安頓遇天晴於磚場上除放文遣
放支遣三月二十五日詔行在南北倉監官四員並兼
倉幹和糴其食錢每員日支二百文於本倉百陌錢內
支　四年四月六日詔南北倉各差檢察斛面官一員
令吏部差小使臣依在部短使以主管官告院兼權司
農寺丞羅長康言昨在京諸倉各差斛面官一員係吏部
尚書左右選輪月互差闕官已差小使臣充理當短使
今來行在南北倉見準樞密院差到本院使臣充兼監門





兼視斛面檢察切慮不得專一欲乞依舊差撥逐季一
易仍於和糴場百陌錢內量支請給并監官遇得替以
本倉曆尾見管米斛委官般量候數足方許離任戶部
勘當欲依本官所乞令吏部依例差小使臣一員專一
檢察吏部供到狀令來若朝廷依戶部勘當事理亦合
於本部合着短使小使臣內依名次差凡依在部短使
幹辦不滿箇月理為輕格一次如無合差短使人即依
條限三日募情願人理名次差撥候滿日令司農寺徑
申所屬選分差替從之　七月二十七日詔復置司農寺
倉部昨并到司農寺所行支納糧斛草料等事務并撥
到手分等並依舊歸本寺　八年十月四日詔南北倉

卷七千五百十一

各糴米每及五萬石監官減半年磨勘如不及五萬石
更不紐計從司農少卿徐林請也先是紹興四年四月
十九日朝旨兩倉歲終共糴米二十萬石監官轉官不
及全年紐計推賞至是改之　十一年六月六日詔行
在三倉以行在省倉上中下界為名監官監行在省倉
上中下界繫御稱呼所有監專理任請給差置并給納
應干約束事件等並依見行條法戶部據白劄子行在
省倉各有色額高下米樣不等其逐倉前有無圖完積
之人在彼居住逐時收買低下米籌行用錢物告囑監
官下人及專副攙數支出色高白米夾帶大量并監官
亦將白米作人情應副支與諸處所破傾募却將低下

米入在白米攪拌支遣大軍深屬不便欲乞將逐倉米
分出等第高下作上中下三界本部尋下司農寺相度
去後據本寺狀昨在京日係一十七倉分立上中下界
逐界各拘三四倉受納粮斛及一百五十萬石為界候
及數排立以次界受納前界止是守支令來行在省倉
係每倉差監官二員二年成任止在本倉受納給遣是
致混雜色額令比倣舊日隨宜措置將三倉分定米斛
色額專一受納支遣一欲乞將上色白苗米並分撥赴
南倉就用南倉監專受納支充上界其米係充宰執侍
從管軍職事官宗室百官省臺寺監等祿粟支遣一欲
將次色苗米分撥東北倉卸納令北倉監官二員就本
卷七千五百十一
倉專副專一管幹受納給遣上件米斛充中界更不許
干預別界米斛其次色苗米係充班直皇城親事官輦
官五軍等口食支遣一欲將糙米分東北倉卸納令東
倉監官二員就本倉專副專一管幹受納給遣上件糙
米充下界即不許干預別界米斛其米係充五軍月粮
三衙廂禁軍諸司庫務等口食月粮支遣一今來若依
前項事理施行所有三倉見在逐色米斛令差定逐界
監專互相交割認數支遣其已後到米綱運從本司照
檢色額行下分定倉界受納候支絕三倉截日見在數
目接續支給故有是命　十二年四月二十三日詔省
倉下界依南北倉例專差檢視斛面官以司農寺丞柳



紳言行在東倉昨同措置以來支納稍簡係監門官兼
管檢視斛面本倉近改充省倉下界專一支納糙米又
有中界將合納苗米分撥就本倉交納比之日前支給
委是浩瀚故有是命　二十三年六月十八日詔應倉
庫交卸綱運折欠並即時具名色數目申解所屬見得
有侵盜貿易之弊即送大理寺推治其過誤損失並押
下元起綱處依法施行先是止是排岸司監繫故有是
命以上中興會要　孝宗乾道三年六月九日詔兩浙轉運司臨
安府踏逐到二百萬石倉敖基止所用材植物料候青
城畢日就用仍令將作監將應管抽解竹木應副蓋造
七月二十三日詔令歲後秋成委行在和糴場官吏於
卷七千五百十一
新置二百萬石倉內糴米二十萬石所有本錢撥省倉
等處見錢會子充若本錢不足以經常窠名錢內貼支
二十七日詔艮山門外於舊府院基造五十萬石倉敖
十二月十二日戶部言近承指揮創蓋新倉候秋成委
行在和糴場官吏就本倉收糴米三十萬石除已差官
趁時收糴外令文思院依立定額名鑄造本倉合用印
記其巡防兵級看管亦乞下殿前馬步軍司差撥所有
合差專副手分人數監官監門官廝承當典應合行事
件並乞依省倉中界已得指揮施行詔依戶部所申仍
以豐儲倉為名　四年三月十七日詔諸倉支請軍月
粮口食抑勒坐倉低價糴買反將軍人與在外糴米人

非法斷罪追理賞錢深屬不便令戶部出榜曉示自今後諸軍支月糧口食米並令從便不得依前抑勒糴買　五年十一月七日詔省倉中改作豐儲倉卻將東青門外豐儲倉改作省倉中界遞倉有管東界以新易陳支遣　十八日戶部尚書曾懷言省倉中界已改為豐儲倉其舊豐儲倉卻改作中界所有專斗等並令仍舊認數支遣監官係舊主管本倉職事從之　六年正月十四日戶部尚書曾懷等言豐儲倉展蓋太醫局添造敖屋已經相視可以修蓋新舊敖屋八十六座貯米一百三十萬石乞下兩浙漕司臨安府疾速修蓋從之　先是司農少卿莫濟言太醫局已罷乞將本局屋宇撥付司農寺安頓米斛至是曾懷有請故有是命　十二月十九日詔應干倉場庫務等處官自今須管照條依時出入如違許所屬按治仍令戶部長貳專一覺察如有違戾按治施行　先是上封事者言行在倉（場）庫務監官公吏終日在外多不坐局錢穀出納委之群小若不措置切慮如向來左帑之弊故也以上乾道會要

卷七千五百十一

脫三條在副本

# 宋會要

## 義倉

太祖建隆四年三月詔曰多事之後義倉廢寢歲或小歉失於備預宜令諸州於所屬縣各置義倉自今官中所收二稅每石別輸一斗貯之以備凶歉給與民人通鑑長編宋太祖乾德元年令州縣復置義倉官所收二稅石別輸一斗貯之以備凶歲　乾德三年三月詔比置義倉以備凶歲若上言待報則恐爭賑恤自今人戶欲借義倉粟充種食者本縣具災傷人戶申州州處分計口賑貸然後以聞仍令及時止依元數送納至時如別有災沴亦當更與容限或人戶衆多義倉賑貸不足亦具奏聞別發廩充給　四年三月詔朝廷比置義倉以恤百姓蓋防歉歲用賑饑民訪聞重疊供輸復成勞擾俾從停廢以便物情其郡國義倉並罷之先有乞限送納者並從之　太宗太平興國七年二月八日詔廬州管內民所逋義倉米萬七千二百四十石特貸之　八年正月宋州言宋城縣民自周顯德元年所給義倉斛斗已經二十餘年見令督納民寔不逮率多逃移欲望與限至夏秋熟日送納詔並除之　仁宗慶曆元年九月詔天下立義倉　先是判三司戶部勾院王琪言自景祐以來嘗言方今之宜莫若自第五等戶以上於見秋正稅外每一石別納一斗隨常賦以入若遇水旱但正稅得減則更不輸各州於邑擇其便地別置倉以貯之領於本路轉運使令天下大率取一中郡

卷七千五百九

計之夏秋正稅粟麥之類且以十萬石為率則義倉於一中郡歲得五千石矣矧天下所入之廣乎使仍歲豐登則積如京坻不可勝計矣明道中最為饑歉國家欲盡貸饑民則兵食不足故民有流轉之患是時兼并之家出數千石粟即稱為官吏是豈國家以官爵為輕於特發民濟物不獲已而為之嗣與夫乘歲之豐收羨餘之入於天下之廣為無窮之利豈不大哉且自第一至第二等兼并之家占田常廣於義倉則所入常多自第三至第四等中下之家占田常狹於義倉則所入常少及其遇水旱行賑給則兼并之家未必待此而濟中下之室寔先受其賜矣損有餘補不足寔天下之利也事

卷七千五百九

下有司會議多異同而止至是琪復上前所議而仁宗為特行之宋朝事寔是時天下頗有水旱上常憂恤務乘賑救三司判官王琪上言乞立義倉上甚喜於行其奏略曰謹按唐法自王公以下墾田畝稅二升臣愚以為鷹帝久殿當酌輕法以剔致馬如從四畝之耗其寔太重水歲年中別頃新格自上戶以降計戶出粟而且不均方今之宜莫若自第五等以上於夏秋正稅外每二斗別納一升隨常賦以入俾各於本州或於本邑擇其便地別立倉以貯之為帳籍以收之特建使頒俾本路轉運使領之其州縣若遇水旱但正稅減放則義倉亦不輸送餘隨秋夏二稅送納歲若大歉則上請賑給之日仰當職官吏丞及貧弱一切遣把比附條例施行令天下大率取一中郡計之凡一中郡夏秋正稅粟麥一屬且以十萬石為約則義倉於一中郡歲得五千石矣矧天下所入乎使仍歲豐登將閣然而積如京坻不可勝計矣臣窮見明道中最為飢雖國家欲盡貸飢民則兵食不足民有流轉之患是時兼并之家出數千石粟即稱官為吏豈謂爵為輕與特發民濟物不廢已而鋪與爭米歲之豐收義餘之入于天下賓為無窮之利豈不大哉伏望皇帝陛下以臣此議下于有司使通知治體博究民隱者議之會議者異同而止康



定中文上奏曰當以義倉之建始隋開皇中及文皇[illegible]

卷七千五百九

莫能興之[illegible]

二年正月詔天下新置義倉止令上三等戶輸之山堂考索

五年義倉罷

[illegible]月十六日知揚州韓琦言近詔罷義倉所有斛斗若便撥入官倉支遣即恐未副朝廷立義倉示民

以信之意所有斛㪷乞下諸處據救減與常平倉附帳別作一項樁管或遇水旱災傷即賑濟貧民從之　皇祐五年七月九日詔荊湖南北路災傷州軍所將義倉米救濟飢民訪聞司農寺却令理納甚非朝廷賑乏之意宜特與除破　神宗熙寧二年七月五日御史錢顗言陳汝羲任京東轉運使日以羨餘貢奉爲名官吏希望風旨尚行暴歛如去年勸誘糧斛入官以備河北流民而多不支散齊州科配義倉最數太多曾濟州諸縣又令耆長代納民間何以堪乞下京東路除二稅外權倚閣諸通欠以俟豐年詔應義倉已納者並給還之[illegible]

卷七千五百九

[illegible]

十年九月十六日詔開封府界提刑司乞自豐稔畿縣立義倉之法[illegible]　元豐元年二月五日提點開封府界諸縣鎮公事蔡承禧言義倉之法今年之以二石而輸一斗至爲輕矣乞令年豐(?)計料稅之始不煩中覆悉皆舉行詔府界諸縣並依以行義倉法仍隸提舉司[illegible]

脫六月十日[illegible]

十二月六日詔府界鄉村民願以所納義倉[illegible]納縣倉者聽從知[illegible]縣趙瞻(?)請也　十五日詔民[illegible]



卷七千五百九

稅不及斗者免納義倉　二年二月[illegible]州罷行義倉法　初興州羅觀[illegible]府之既而成都府路提舉司言[illegible]稅賦不多舊不推行斷決歲計軍儲[illegible]州稅米就糴及募人入中恐不可置義倉[illegible]十二月二十八日詔[illegible]州縈經縣[illegible]義倉[illegible]以所閑戶糴[illegible]也　八年十月十六日詔罷義倉[illegible]數遇歉歲以充賑貸　哲宗元祐八年五月一日監察御史黃慶基言朝廷置[illegible]適一稅而同仁至於休恩[illegible]欲民無[illegible]所之數者充加意於賑濟[illegible]旱倉廩不足以給民[illegible]以上

供綱運米䌷之前年浙西水本路歲計不足至使江西湖北運米以濟之所費無慮數百萬然而不惜重費以濟一時不若修舉良法以垂惠于萬世蓋義倉者良法也始自隋長孫平建議元豐間先帝復行其法以爲隋唐取於民太重慮民不堪其求於是納苗米一碩者輸義倉米五升可謂至薄矣夫樂歲粒米狼戾雖多取之不爲害又況納苗米一碩止輸五升固非重歛也蓄積稍豐或有水旱則所至倉廩自足以濟民矣臣去歲道過太平則見飢民甚衆而無流亡溝壑者蓋猶有當日義倉所積之米足以賑濟故也又聞蘇湖之民雖蒙朝廷運米以濟之然飢者朝不及夕往往不得霑上之惠而殍殕者多矣乃知義倉誠天下之良法令其條制具在望自令歲復行詔令戶部詳度　紹聖元年閏四月十六日侍御史虞策請復置義倉三省言舊行義倉法上戶苗稅率一碩出米五升本詔除廣南東西路外並復置義倉自來歲始放稅二分已上免輸所貯義倉專充賑濟輙移用者論如法　徽宗政和元年正月二十二日臣僚言元豐義倉令計所輸之稅斗納五合大觀勅應豐熟計一縣九分以上增爲一升乞嚴所增之數詔依元豐紹聖法　七月六日戶部言立到諸義倉計夏秋正稅穀數〈總正稅穀處物帛之類折爲穀者準此〉每一斗別納五合同正稅爲一抄不收頭子腳剩錢及民限當日交入本倉

卷二千五百九



〈出剩通正稅紐量都數紐計〉即正稅不及一斗并本戶放稅二分已上及孤貧不濟者免納等條詔依　以臣僚言省倉遇納到正稅米不即分撥義倉轉運司多以闕乏隨時支遣欲于紹聖本條內增修過一日不發監專杖一百二日加一等罪止徒一年及因而他司移用並條已降指揮依擅支法施行詔令戶部立法故也　二年五月二十五日提舉京西南路常平等事范域言紹聖常平免役令諸納義倉穀而稅應支移者隨稅附帶送納仍準數以本處省稅穀對換無稅倉處截留下等戶稅近年轉運司多將省稅量度闕剩更互支移非要便縣分勢勸逐縣每料合納義倉之數並依無稅倉例截留下戶稅便就本處送納伏望下有司立法詔令戶部立法　宣和二年三月十八日詔義倉本以待水旱頃歲諸路吏傷有司便文自營並不陳乞通融支用截撥過上供年額米斛數多致闕中都歲計可將京畿東路江南東西兩浙荊湖南北路見在義倉穀數留三分以待本路支用外餘並令逐路提舉常平轉運輦運撥發司官同共計置起發上京補還截過上供額米斛免執奏內不係沿流州縣措置移那並限至今年十月終盡數到闕係御筆處分如敢執占以稽滯御筆論逐司官先具措置撥發次第聞奏　七月七日臣僚言近降指揮京畿見在義倉穀留三分以待本路支用合起七分義倉斛

卷七千五百九

并三十六萬餘石內除沿流及中牟鄭州合起十二萬碩兑與本路轉運司支用并沿流尚有二萬餘碩可以兑那外不係沿流去處並合用車乘般載赴闕訪聞合起州縣並科配民自備車乘人畜起發又義倉久積之穀起發斗面必須大段虧少至此却科數取足必致大困伏望依近降指揮兑與京畿運司令兑還餘省支「用却將兩浙等路起赴本路額斛數支撥至京却納州縣合起義倉數既已兑充本處係省支用合將賦税依法支移遍價補填詔依前奏疾速行下　五年四月十三日成都府路轉運司言奉詔措置糴米賑濟事本路自淳化間民艱食未有糴常平義倉賑濟之法遂糴省

卷七千五百九

倉米六萬碩令價稍平民無闕食如遇米貴乞將常平義倉米減價出糶歲稔糴以補之徒本司歲計有餘依舊文糴省倉米從之　六月九日詔自今諸州供申義倉并二税納畢帳並立項開說逐縣通計一州豐熟分數　六年正月二十六日京畿轉運司言京畿七分義倉穀苗起發上京約一十萬餘碩往往不係沿流縣分椿管欲依宣和二年七月七日已降指揮並兑宣和六年分歲額據取過斛斟都於淮浙起赴京畿宣和六年分歲額內令逐路一面如數依限綱起發上京從之　五月七日詔義倉積穀本以備賑濟者蓋元豐成憲昨令所在存留三分非唯見在之數不多兼終遂神考



立法本意今後義倉並依紹聖常平免役令唯充賑給更不得起發赴京　六月十八日提舉京西北路常平等事李與權言欲今後轉運司科撥記限一日闕報常平司逐州承轉運司科撥本州外科下逐縣訖亦限一日申提舉常平司庶可檢察義倉斛斗從之　七年五月八日軍器少監呂源言信州額理秋苗一十萬八千餘碩若每斗納義倉一升歲合理義倉一萬八千餘碩「其義倉帳只理納到六千餘碩自宣和元年至五年只收義倉穀共二萬二千餘碩饒州去歲人户有納正税三二十碩却只納義倉三五斗而本路州縣其間有只行催理正税不曾依條同爲一鈔輸納往往獨欠義倉

卷七千五百九

欲申嚴條法將今來所陳行下諸路依此檢察免致失陷於常平司賑給之費不爲無補從之以上續國朝會要

高宗紹興二年十二月折納價錢於是監司執省符催納本色一旦盡催本色剗刷積年逋欠亦不許納價錢則困民甚矣願詔省部監司遵守成法庶幾州縣奉行不致違戾詔常平租課折納價錢　五年四月十六日詔令江南東西兩浙福建諸州軍守臣各行體度本處米價如是騰踴仰將見管常平米斛依條出糶候秋成日却行收糴撥還依舊樁管仍令常平司拘收　十月九日三省言湖南江西歲旱田畝災傷自今秋成之際民間已是缺食恐至來春大饑欲令常平司多方廣

糴以備賑濟上曰朕聞江湖歲歉夙夜為憂常平法自
漢以來行之乃是救荒之政祖宗專用義倉賑濟最為
良法此年多有失陷可降指揮申飭有司稽考之上又
曰江西湖南歲歉恐來春艱食雖已廣糴以待賑濟可
更令監司守臣勸課種麥庶來歲有以接濟饑民仍更
丁寧示朕夙夜念民疾苦之意　同日殿中侍御史王
縉言近年以來常平中罷而義倉之法亦名存實亡官
司借兑支遣例皆不即撥還其有支移折變去處更不
收納一有水旱飢民流移官司何以賑給欲望申嚴義
倉之法應州縣納到米數並别敖樁管不得擅有支動
其有支移折變及就便輸納去處並通計一縣合收之
卷七千五百九
數截留下戶苗米於本縣送納上戶折變數多願就納
本色者聽從便庶幾有以備水旱之變無坐視流移之
患詔令戶部限一日勘當申尚書省　六年三月五日
詔荆湖南路所起諸州縣減下吏人雇食錢權暫截留
作本添助趁時廣行糴米以備賑濟候將來出糶到價
錢依限起發赴行在送納從之　先是詔令本路將前
項錢變轉輕齎發赴行在至是本路言潭衡永州災傷
見措置賑濟故有是詔　七年九月二十二日明堂大
禮赦勘會人戶遇災傷闕乏種食依常平法許結保貸
借常平錢穀限一年隨稅送納內有委實貧乏無可輸
納人戶理合矜憫可令諸路常平司行下所屬州縣遂

食貨六二之二七

一取見紹興七年正月一日以前應欠輸納錢穀內委
實貧乏無可輸納者仰本司審驗詣實開其所欠數目
保明申尚書省取旨蠲免　十年九月十日明堂十三
年十一月八日十六年十一月十日十九年十一月十
四日二十二年十一月十八日二十三年十一月十九
日二十八年十一月二十三日南郊三十一年九月二
日明堂並同此制　九年七月二十三日臣僚言國朝
盛時府界諸路所積常平義倉米幾千五百萬斛天災
代有民無流離餓殍由有備也艱難以來用度不足或
取以給軍須至於州縣他費因以侵用比年往往銷費
殆盡甚乖祖宗惻人恤災之意今日經制識者以謂盡
卷七千五百九
行經畫以應支遣而已至於察其豐凶以謹斂散勸其
貯納以待賑給未之聞也大抵有司務絆目前之責不
思久遠之計遂指言者無事預備之言以為迂緩不章
一有二三千里水旱蟲蝗之憂言之何及謂宜準舊制
更加修明侵移擅用格奏之令使祖宗恤民備災之政
不寢於聖代詔令戶部檢坐見行條法措置申嚴行下
十二年五月二十二日詔衢州米貴細民不易將義
倉米置場出糶一萬碩具實價供申朝廷并戶部不得
容令合干人作過低估虧本計會占糴不及細民仍令
浙東常平司檢察施行從本州所請也　十三年五月
二十五日戶部言西州軍米貴遂處義倉米見在數多

食貨六二之二八

欲令各處撥一萬五千碩量減市價委官出糶務要惠
及細民仍委轉運常平司勸諭兼并之家無得邀價閉
糶從之　十五年五月十三日大理寺丞周楙言頃因
臣僚建言諸道有生子不舉者屢勤詔旨申嚴勸誘纖
悉備至應貧乏之家生男女不能養贍者每人支錢四千
於常平或免役寬剩錢內支給雖帝堯之嘉孺子文王
之保小民莫過是也竊聞之州縣免役寬剩錢拘收微
細生民至多豈能賙給陛下誠欲寔德及民莫若量發
義倉之粟以賑之所在義倉隨苗輸納不許出糶陳陳
相因至有紅腐而莫敢移用者歲率一路數千斛以活
千人以諸路計之一歲所全活者不知幾何人也此令

卷七千五百九

一行民被喜惠仰荷君父之恩僃萬天性之愛將見餘
風曠然丕變人樂有子矣詔令戶部措置申尚書省戶
部言乞下諸路常平司依今來臣僚奏請事理行下所
部州縣遇有下等貧乏之人戶生產男女即時於見管常
平義倉米內每人收支米一碩內鄉村去縣稍遠處委
本縣措置將義倉米準備支散務要實惠貧乏無令合
干人作弊阻節減剋入己若稽有減裂違戾去處按治
依法施行八月二十六日權戶部侍郎王鈇言江東西
湖南路今歲雨澤霑足年豐米賤若不趁時收糴無以
備水旱緩急之須亦有傷農之患欲令諸路常平司將
諸色錢除留歲用外盡行取撥委官措置趁時收糴別



項樁管從之　十八年閏八月二十八日御史臺主簿
陳夔言伏覩常平令歲十月州縣籍民之老疾貧乏不
能自存凡與乞丐者廩給之至三月而止而州縣之吏
去朝廷稍遠者往往頑不知奉行孟冬之月未嘗檢察
老疾乞丐之人而籍之不過行移文書以應格令而已
所謂日給之米乃或移之他用或糜於侵盜豈不上負
陛下之良法美意哉欲乞睿斷專責監司常切覺察有
敢因循重寘典憲上因宣諭曰義倉之設其來尚矣所
以備凶荒水旱救民於艱食之際誠仁政之所先也訪
聞比年以來州縣奉法不虔或侵支盜用而監司失于
檢察或賑濟無術而僻遠窮困之民不得均被其惠非

卷七千五百九

所以稱朕矜恤元元之意宜令戶部措置戶部言乞檢
坐見行條法申嚴行下諸路常平司約束所部州縣恪
意奉行依時給發務要實惠貧乏乞丐之人仍仰本司
常切覺察如有似此違戾去處按治依法施行仍令諸
路提刑司更切覺察施行從之　二十年九月一日上
諭宰執曰國家設常平倉正為儲蓄以待水旱凶荒官
令有司以陳易新不得妄有侵移若數[illegible]
斂之可使為處久無[illegible]也　二十二年正月二十一
日大理評事莫濛言州縣間常賦秋苗義倉[illegible]各有
定數而受納官吏往往於額外別立名色謂之加三收
耗及腳耗之類民戶受納有納一二[illegible]

其多收在官之數止資官吏侵盜欺隱乞令有司檢坐
條法行下每遇受納糴米民間許令越訴仍令監司郡
守常切覺察如有違戾按劾聞奏從之　二十四年九
月四日監登聞鼓院曹紱言常平之法肇自前古迨聖
朝加惠元元其出納之方尤切注意米賤則斂之於官
貴則散之於民使農末皆利而國用益裕是堯湯先具
之備也今者時和政協歲已告豐視向日新陳未接之
際其價益平然能因天之所與以利于下寔甚盛之舉
也欲望明詔有司俾令州縣及時廣糴使倉廩充寔異
時用以賑貸則下民永無乏食之患詔令戶部措置申
尚書省　其後戶部言乞下諸路常平司嚴切行下所
卷七千五百九
屬遵依見行條法及已降指揮施行毋致稍有違戾如
本司不切檢察即仰漕憲司按劾施行從之　十月三
日三省言諸路州軍今歲豐熟間有高田旱傷去處上
曰令常平司措置通融糴糶務令兼濟毋致失所　二
十六年二月二十五日國子監丞徐時舉言竊觀祖宗
立常平之法穀賤則增價糴之不使傷農穀貴則減價
糶之不使傷民本末不傷公私為利誠萬世不刊之典
臣觀今日郡縣惟常平所積動盈億萬然米積既久處
多陳腐其一路使者只守倅法官又以擅移動者獲罪
非輕不敢變易乞詔有司於新陳未接之前許將常平
所積陳米減價出糶一則在市米價無緣稍增二則耗



倉之米以陳易新三則郡縣多積民食不[illegible]至於秋成
又許據見在錢數以三之一增糴新米藏為[illegible]來以絕
弊倖亦亦理財之先務也詔令戶部措置　其後戶部
言乞下諸路提舉常平司常切鈐束所部州縣遵依見
行條法仍椿辦本錢候將來秋成日[illegible]行收糴本斛如
法收椿即不得抑勒搔擾如有違戾去處本司按治依
法施行若本司失于檢察即仰漕憲司按劾施行從之
四月二十四日侍御史湯鵬舉言祖宗常平條制萬
世之良法也比者前司農寺丞王炎輙妄申陳乞將諸
路州軍見管常平錢盡收糴米斛起發赴行在而前兼
權戶部侍郎鍾世明因此申陳又令諸路每歲撥積年
卷七千五百九
陳次米斛一十五萬碩起赴行在省倉寄處支遣大軍
糧食臣竊見王炎鍾世明所申妄費耗蓄積之財有壞
已成之良法若謂以新易陳則自有條令州縣自應依
法逐歲換易若謂欲起陳腐之米支給大軍[illegible]用則係
為不便乞由嚴有司遵守常平條制自今以後不得輙
有奏請王炎鍾世明小官敢爾申請損壞祖宗之成法
乞賜黜降詔依奏王炎鍾世明各特降一官　八月十
四日宰執進呈淮南漕司開具到本路諸州縣米價具
間最賤處每斗不下一百二三十文上曰昨聞淮南路
米價極賤朕恐太賤則傷農故欲乘時收糴以惠民今
具到米價如是則未須忙候將來價減[illegible]亦不下一

十至時若戶部無錢，朕當自支一百萬貫令收糴。沈該等曰：陛下愛民之心如此，可謂至矣。 十月二十八日，尚書省言：諸路州軍見在常平義倉米數，竊慮日久因而陳損，欲令戶部行下逐路常平司，將見樁管米先次支遣，却將今年收到秋苗依數撥還，樁管數足申尚書省，差官前去點檢盤量。 閏十月三日，尚書省言：諸路州軍見管常平義倉米斛，其間有不足萬碩大段數少去處，今來米價低平，合行措置收糴。詔令諸路常平司相度，將見管米斛數少去處，用所樁糴本錢措置趁時收糴，仍開具合糴州軍及糴到數目申尚書省。 二十七年十月二十一日，戶部言：義倉米依法隨

卷七千五百九

苗諭納，令項樁管，專充賑給。州縣多不即時據數取撥收樁，或並隨苗起州倉送納，更不撥還外縣，兼有折納價錢去處，非唯違法，是有妨賑給。欲令逐路常平司常切覺察，有違戾去處，按劾施行。從之。 二十八年四月十七日，詔：每歲春夏之交，新陳未接，諸州自合將常平米依條出糶，訪聞近來有失奉行，不唯不能接濟小民，亦因致陳腐。可令諸路常平司行下州縣，以時量減價錢出糶，其收到價錢，秋成日盡數收糴，依舊樁管，仍逐年具糶糴過數目申尚書省。 二十二日，上諭輔臣曰：常平倉米所以待水旱之變，緩急賑貸所不可闕，須委官點檢，見在勿令移易。皆不先事預備，臨時科取於





民，究成虛文，無補實効。宰臣沈該等奏曰：今州縣間往往皆有儲積，其浙東路欲委提舉官審實具數以聞。 二十四日，提舉兩浙東路常平茶鹽公事鄭濛言：諸路州縣每遇官司減價糶米，其監糶官多是容縱公吏等人詭作小民姓名過數多糶。伏望行下諸路，凡有此弊，必加以刑，其監糶官吏亦寘于法，則闕食之民悉被實惠。從之。 七月六日，婺州守臣言：依准指揮，許撥義倉米二萬碩應副出糶，今將糶盡，乞於義倉米內更撥五千碩接續出糶。從之。 九月十一日，權兩浙路計度轉運副使湯沂言：諸路州縣每歲秋稔，穀不勝賤，暨交春夏，米必騰貴，蓋緣秋成之時，所在不曾措置糴買，弃弃

卷七千五百九

之災，乘賤收積，以幸春夏邀求厚利，縱州縣賑糶，官米不過及城市百姓。欲望專委諸路提舉司，每歲正二月以後減價出糶，錢依舊樁還常平庫，遇秋成日收糴。 十四日，左正言何溥乞命有司討論故寔，度戶口以制多寡之數，鬻官田以充收糴之本。於是戶部言：常平米依法賑糶，義倉唯充賑給，若擅支借移用，以違制論。蓋緣自前州郡省計不敷，妄以兌易新穀為名，暗行侵用，常平司迺不能覺察檢舉。累承指揮，諸路災傷州軍內有常平米斛闕少去處，合撥義倉米相兼賑糶，候秋成補糴，及有詳常平司有拘收到州縣應沒官戶絕等田，除紹興二十年至二十六年租課已行起發，緣常平司

一佈五

多拘收到人戶場務、係當戶絕等田産，今欲下諸路常平司行下所部州縣，將紹興二十七年、二十八年所收樁管錢、米取見實數，盡行撥入常平窠名，仍將見今出賣沒官等田産所收價錢取撥三分，相兼充副常平糴便。仍令州縣趁時收糴。所有奏乞度戶口以制多寡行，乞下諸路常平司約束施行。從之。二十二日，禮部言：江南西路州縣道觀多有朝廷撥賜田産，近來亦有全無道士去處，其田産盡為他人侵耕盜用。欲自今更不撥充學糧，令常平司拘收，別項樁管。從之。二十八日，三省言：權戶部侍郎趙令詪言州縣義倉米遇積欠陳腐，即行出糶，及水旱災傷之檢放及七分，便許賑濟。

卷七千五百九

臣沈該等奏曰：在法，義倉米止許賑濟，若行出糶，恐失預備。上曰：逐郡義倉米自有定數，若每歲量糶十之三，樁收價錢，次年依數收糴撥還，亦何至侵損數目？又如災傷檢放一州通及七分方許賑濟，饑荒自有高下，必須及七分則合賑濟絕少矣。饑荒之民何緣被賑濟？卿等可別作措置。沈該等奏曰：陛下卹民之念，可謂切至，臣等當遵依聖訓，別擬進呈。於是詔令諸路常平司催州縣所管義倉米五十分為率，量行出糶，歲不得過三分，拘收價錢，次年糴還，仍歲具糶過數目申尚書省。二十九年六月十九日，詔浙西差司農寺丞韓元龍、江東差平江府通判任盡言，日下前去遍詣州縣，同主管官

食貨六二之三五

覆實的確見在常平義倉米錢物數，除程限一月開具以聞。如州縣違慢隱蔽，並許劾奏。仍將侵支借兌失陷數目報提舉常平官措置以聞。諸路並委漕臣准此。先是，提舉浙西常平茶鹽公事呂廣問言：常平義倉之積，蓋以待不時之須。事以來，虛名在，寔亡，縱有見存者，多陳腐去歲之秋，不過擬問以新歷券以相授受。蓋緣法禁至重，干連根名，凡有州縣積有使文去處，時當交納，輒有米入倉，即填元數，假託以新易陳之法，隨手復支，常將一歲米斛抵擬兩司名色，設有支遣，豈不悞事？欲望每路選官一員，同提舉偏行檢察，若干係積久欠，折驗實除；若干係近新借兌，責限補還；自餘寔

卷七千五百九

若干，嚴切樁管，今後依條對糴，先支新米入倉，方得支撥陳米。支常平錢物兵火以來，前後因循，全失稽考。今若一旦便付所司，州縣之間，饑饉干繫，總計諸路，何啻數十人，又況有逃亡貧乏，無可理償，獄事繁興，徒傷和氣。故有是命。閏六月一日，詔秀州崇德縣丞魯路樗先次放罷，以司農寺丞韓元龍劾樗掌常平義倉米斛隱蔽，無法應作收盤數目故也。十二日，中書門下省言：近已差官覆實常平義倉米斛錢物，今來若便行根究，弱處州縣妄有利借，却致攙擾。詔令所差官同主管官依已降指揮，先次開具的確見在寔數申尚書省。如有借兌欠折數目，報提舉司措置內侵欺盜用，候事畢日

食貨六二之三六

類聚申取朝廷指揮州縣輒敢科擾于民仰提舉司覺
察按劾以聞當議重寘典憲　七月十八日司農寺丞
韓元龍言浙西州縣出糶米錢其見在庫無慮六十餘
萬今歲中檢乞下常平司官措置盡數收糴米斛別款
收貯不得與舊管及新到義倉米交雜或恐逐縣散漫
雜于稽考則併於本州收糴樁管不得妄科擾及有侵
隱移兌稍有違戾重作施行從之仍令浙西常平官措
置具接續收糴數目申尚書省　八月三日秘閣修
撰兩浙路轉運副使錢端禮言近着支降錢本廣行收
糴蓋糴之官次第立賞措置經畫全在守倅乞應諸州
收糴先次數足者許令具守倅姓名取旨如或慢令弗

卷七千五百九

虔亦乞具不職官吏以聞又言常平米斛前此州縣多
行侵用令來朝廷支降本錢收糴即合如法收貯別項
樁管欲望預行戒約如敢移易兌借並依違制科罪若
向去積年陳次即仰具申朝廷聽旨許將苗稅米以新
易陳免損蛀之患並從之　十一日詔令淮南東西路
常平司將見管常平錢盡數取撥委官置場趂時收糴
如人戶情願中糴稻穀仰本司以三分為率收糴一分
于沿流州軍樁管仍逐旋具糴到數申尚書省即不得
科配民戶却致搔擾　二十六日中書門下省言州縣
義倉米係合隨苗送納往往抑令別鈔又行收耗詔令
戶部申嚴約束仍多出文榜曉示如違許民戶越訴州



縣委監司漕司委戶部按劾取旨重作施行　十二月
五日臣僚言欲望特降指揮將浙西路自紹興二十三
年以前應合追理少欠常平米斛錢物委當職官驗定
除放其二十四年以後者分立近限追理限滿則選差
清強官覈寔稍有違慢重寘典憲從之　三十一年十
月六日詔令兩浙江東西湖南路常平司委官分詣所
部州縣據見管米數子細看驗分為上中下三等各具
色額及有無不堪之數限五日開具申尚書省　十三
日守殿中侍御史杜莘老言朝廷近將兩淮湖廣等路
常平義倉米委官覈其寔數令逐處樁管應副不測使
用望特降指揮令四州漕臣將諸州軍常平義倉米數

卷七千五百九

差官往諸處點檢覈寔日下樁管從之以上中興會要　紹興三
十二年十一月十四日孝宗即位未改元。　臣僚言伏覩近日于
淮東西總領司各樁苗米一百萬碩備宣撫司移屯支
用內發浙西常平米一十三萬二千餘碩往淮東發江
東常平米三十七萬四千餘碩往淮西竊惟常平一司
蓋以備水旱盜賊緩急之用今浙西一路所管雖號三
十七萬二千餘碩江東一路所管雖號九十七萬一十
餘碩然而積年陳腐及移易借兌耗折侵欺之數殆居
其半一旦三分取一兩路所積幾無餘矣儻遇水旱盜
賊之變將何以為備乎望二三大臣諭戶部長貳別行
措置應副樁積詔戶部看詳已而戶部申乞于兩浙漕

司和糴米撥一十三萬二千餘碩赴淮東江東西漕司和糴米并江西上供米建康中納米九千碩共三十七萬四千餘碩赴淮西充樁積米具江東浙西常平米更不取撥從之　十二月十日福建常平司言比本路糴過常平義倉米一十一萬六千三百餘碩收錢二十五萬餘貫已委官置場收糴准備賑糶詔福建見管常平義倉米尚多將糶到錢貫於內撥十萬貫措置收糴其餘錢十五萬貫專充本路州軍添格五分起手錢　孝宗隆興元年十二月二十五日詔臨安府近緣河道淺澁客米興販未至深慮民庶艱食可將本府見管常平義倉米減價出糶其糶到價錢不得妄用候秋成日旋行補糴從中書門下省請也

卷七千五百九

二年二月二十七日敷文閣待制知台州趙伯圭言本州闕雨日久二麥未熟米價踴貴細民艱食依已降指揮將見管常平義倉米賑糶窮應貧民艱得見錢欲將量行賑借第四等已下貧乏之戶候秋成日依元借數隨苗償官詔依自餘災傷州郡依此施行　乾道元年三月六日臣僚言比因戶部申請將會子一百萬道兌起諸路常平錢一百萬貫却于會子上批鑿不許支用是致諸路常平司敢應干錢物盡數起發無復見存或遇歉歲賑糶賑濟之患何所依賴欲乞行下諸路將戶部所降會子且以三分發赴行在改換批鑿許充糴本以爲異時之備從之



四月六日詔去歲兩浙被水州郡民庶艱食累降指揮以常平義倉米減價賑糶所有糶到價錢州委通判縣委縣丞拘收封樁不得移易借兌候秋成日盡數收糴補額仍先具見樁錢數申尚書省檢察施行依此　八月十四日中書門下省言常平義倉米舊許州縣以新易陳緣此多有借兌支遣至今秋成在近乞劄諸路提舉常平司下諸州主管官開具借兌數目於受納秋米內依數撥還從之　十一月七日詔福建提舉司具到本路見在常平米九萬九千二百餘碩義倉米二十九萬五千六百餘碩令本司契勘如無陳腐不須更行收糴從中書門下省請也　二年二月二十二日詔司農少卿

卷七千五百九

陳良翰前往浙東點檢常平義倉於良翰言被旨點檢浙東常平米所至州縣合行抽摘盤量若用當處斗級慮難檢察乞於行在省倉見管軍斗摘差一名隨逐前去其州縣有山僻去處若候遍歷竊慮往復有稽欲專委諸州主管官日下親詣點檢具詣實明文申或有侵盜移易許將當職官吏姓名按劾聞奏並從之　四月二十四日陳良翰言浙東七州見樁米二十五萬五千四百餘碩其間已有陳次數目若經暑濕蒸壞所欠愈多且聞管視米一萬一千二百餘碩即非賑濟賑糶可用之物詔行下本路須以新易陳不得損壞官物其糶米即仰專一拘收糴補　二十六日陳良翰言

比照檢浙東七州常平倉具間失陷借支壞爛失收米
麥共二十七萬六千二百二十餘碩并常平錢一萬四
百四十餘貫乞委提舉官遍詣所屬剗刷係省錢米價
內如所欠未足候受納秋苗日並盡數償還從之　十
一月十二日臣僚言國家置常平義倉為水旱凶荒之
備近來州縣循習借用多係虛數其間或未至侵支亦
不過堆積在倉緘縢惟謹初未嘗以新易陳經越十數
年例皆腐敗而不可食用乞下逐路常平司申嚴州縣
常切以新易陳無致損壞仍差官盤量見在實數申奏
從之　三年正月十六日戶部言諸路歲糴米一百萬
碩權行住糴節次承降指揮科撥和糴北場先拋降下
卷七千五百九
未糴見在錢銀并兩浙運司合樁令年歲額糴本移用
錢及諸路常平剩下糴本等錢共二百萬貫令行在并
隆興建康鎮江府衢鼎州置場收糴米斛共一百萬碩
依舊作常平樁管緣逐路提舉司自承受指揮後循習
任滯不催督錢數起發深慮因而過時有悞收糴本部
今隨宜措置行在收糴米五十萬碩鎮江建康府各收
糴米二十萬碩隆興府收糴米一十五萬碩衢州收糴
米一十萬碩鼎州收糴米五萬碩欲將所在糴本錢數
劄下逐路提舉常平官兩浙轉運司日下計置盡數赴
逐處糴場交納仍各具已催起錢數申尚書省從之
十二月九日戶部侍郎曾懷言諸路常平義倉米見在



省總三百五十七萬九千餘碩并錢二百八十七萬一
千餘貫除兩浙東西江東西湖南北廣東西福建成都
潼川府利州路樁積米並已有餘外有淮東西京西州
路雖有見管各不過一十萬碩乞委逐路常平官將見
管錢于管下州軍依市價收糴以所糴米通樁管均撥
諸州淮備水旱支用從之　二十二日徽州言近緣雨
水潦禾稼損傷米價騰貴民庶闕食乞于本州見管
和糴義倉米取撥一萬碩賑糶將到價錢拘收不得移
充候來歲秋成日便行收糴務要依元撥數□依舊□實
名樁管從之同日詔諸路提舉官常切點檢常平義倉
毋致侵移及不得虛樁數目仍於歲終具當年所納并
卷七千五百九
過見在實數聞奏從中書門下省請也　四年正月二十
八日臣僚言去秋霖雨之久有傷禾稼訪聞近日七閩
及江浙近地米價漸增將來必致騰踴欲望指諭州縣
應有借兌常平義倉米仰守臣日下照數樁發如遇艱
食平價出糶從之　二月九日權發遣隆興府沈樞言
去歲江西諸郡類多水潦而本府諸邑如南昌新建豐
城進賢被患尤甚竊料歉滯之餘民必艱食本府常平
倉米自累歲賑糶之後所存無幾檢照乾道二年八月
戶部撥降江西淮西湖北路常平錢二十五萬貫於本
府糴米一十五萬碩就常平倉樁管近者戶部申請行
下本路轉運司起發赴鄂州令欲於十五萬碩中量留

五萬碩接續賑糶候秋成日却行收糴起發從之　四
月二日臣僚言近降指揮給度牒四百道下成都府路
充糴本收糴米斛賑濟饑民切見成都一路惟綿漢州
石泉軍旱傷最甚饑民日增而本已提刑司發漢州義
倉以賑之宣撫司助萬緡制置司亦助數千緡上曰又
資助米斛猶有不繼之憂然則常平義倉之政安可忽
也蜀中自成都漢州之外常平義倉之額雖多而借兌
之數不一甚者但存虛籍本無儲蓄或遇水旱賑濟何
以為計乞下四路提舉常平檢察措置不許移用從之
五月十四日詔諸路提舉常平官每歲春季巡歷逐
州縣檢常平義倉以實數申尚書省不得仍前虛椿有
卷七千五百九
候指揮　先是臣僚言常平義倉行之二百餘年民受
其賜後緣州郡歲計窘急移用寖多既不能還使存帳
籍又以專法不許移用及有陳請皆不以去官赦降原
免所以前後官司懼有譴責互相隱蔽例不敢以實聞
故虛椿之數深爲之弊積習因循久莫能革去歲朝廷
劄下諸路提舉官令諸州於歲終具當年所納并通見
在實數聞奏福建江東近已申到止是遍牒州縣取會
供具提舉官即不曾親自巡按窃恐循習之弊未除虛
椿之數猶在故有是命　六月七日詔諸路提舉常平
官督責所部州縣候秋成日將人戶合納之數依條限
拘催盡實收椿仍以見管錢依時收糴不得違戾及依



已降指揮每歲春季躬歷所部州縣盤量見在米斛具
數聞奏從中書門下請也　二十七日江西提舉胡壁
常言去歲部內十一州免於水旱者總三數處自今春
米價踴貴諸郡賑糶比市價三分之二雖今秋得熟盍
於收糴以補所糶恐止及元數之半而見在米不無積
久腐敗不可食之數滿後收值水旱何以為備乞降一
路常平錢除合起發外盡數收糴從之　七月十二日
中書門下省言照對諸路常平司具到乾道三年見在
數目內饒信衢三州近緣賑濟支用却與元數不同顯
是虛椿有誤指揮除已别作施行外尚慮更有似此去
處詔諸州知通條令照指揮刻限五日將本州歲見
卷七千五百九
管常平義倉米斛具實數申尚書省如有虛椿不實當
職官吏重寘典憲提舉官循情照庇亦當一例黜責
二十四日臣僚言州縣常平錢穀多有名無實如近日
江西福建與諸信荒歉饑民奪米發於嘯聚蓋常平去
弊遂至于此今雨暘適時可望小稔乞下諸路常平司
將見在封椿錢物于九月十月置場收糴如糴本不足
則那撥别錢以繼之兩湖南江西諸郡有常平米積下
不曾支遣者數目亦多恐失陳腐亦乞令提舉官分撥
往常平米欠闕去處庶易補足從之　二十九日尚書
省言信州常平義倉米元申帳狀管九萬三千餘碩今
次提舉司申有六萬八千餘碩及至盤量止得一萬二

千九百餘碩其餘皆是虛數提舉官李庚到任已及二年並不檢察是致闕米有誤賑濟知州趙師嚴通判李桐係乾道三年在任之人所申帳狀隱庇虛妄詔李庚特降兩官放罷趙師嚴李桐各降兩官今後更不得與堂除差遣　五年二月二日知寧國府錢端禮言常平米雖有以陳易新之法而州縣沙嬾官吏不敢移易年月既深陳蛀損壞腐為塵土乞今後有上供去處將見在常平米擇其不陳腐者許兌發本年上供却將收到新米依數樁管內無上供州縣聽以陳易新則常平所貯歲皆新米無陳腐折欠之患詔諸路州軍將見在常平米先以本州支遣數目以新易陳若州縣支遣數少兌換不盡即依令來所乞委自守臣審度以堪充軍食米兌作上供起發却將收到新米依數撥還如法樁管

卷七千五百九

五月七刑刑部侍郎汪大猷言常平義倉之法國家行之最為詳備其錢物不得與它司交雜它司輒乞支移借用者皆有禁制自紹興三十一年成閔為湖北京西招撫使創行申請軍馬經過州縣批支劵食於義倉米內取撥自後七八年間義倉之積耗散殆盡乞自今出戍軍兵經過州縣所批劵米于上供米內支給不許擅支義倉如有遠戍必須之法從之　八月五日詔今後知通每遇交替從提舉司取見管常平錢米有無陳腐侵支兌用新舊官連銜結罪保明申朝省　先是湖



北提舉謝師稷言常平之法蓋為水旱之備歷時寖久州縣率多侵用名存實亡陛下洞察積弊令逐路提舉官親歷所部盤量取見實數責逐州知通交管封樁不得侵支准許以新易陳如日前虛申數目之弊一旦盡革臣竊恐見任之人既經替移州郡循習舊弊又擅行借兌無以關防故有是命　六年九月十三日江東運副兼淮西總領張松言今歲江東一浙間有澇旱去處目今米價已漸騰踴豈可不預為備竊見江西湖南湖北三路常平倉蓄積充盈積而不散多致損敗不若檢校見存之數取撥一半轉移江浙則常平所移亡慮數十萬碩米既富足民自無饑詔江西常平義倉米通起

卷七千五百九

三十萬碩湖南常平義倉米通起一十萬碩並令發運司措置應副水脚錢津般赴建康府樁管　七年六月二十四日臣僚言近來常平之法寖壞帑庾之積所至空虛方粒米狼戾之際則無本以收糴迨野有餓莩始為移粟之舉或取之隣州或取之別路道路既遠時月亦淹救助未至而民之骨已槁矣今雨暘時若有秋可望願詔常平使者檢覆諸州常州糴本有支移侵盜去處各令隱括樁辦以俟穀賤傷農之際增收糴以惠斯民從之　二十六日臣僚言近者魏王奏請寧國府回糴常平米五萬碩應副官兵支遣已降指揮除放竊惟寧國一郡常平之儲幾何而取其五萬斛異時境內一

有飢饉顧何以賑之乞委江東常平司覈實寧國回糴之數實計有幾同共措置撥還既而戶部供寧國府已收納義倉米二萬七千餘碩外止欠二萬二千餘碩詔禮部給降度牒一百一十道付寧國府措置出賣補糴昨回糴過常平之數　八年四月十七日權戶部尚書楊倓言義倉在法計夏秋稅每一斗別納五合即正稅不及一斗免納應豐熟計一縣九分以上即納一升唯充賑給不許他用令諸路州縣歲收苗米六百餘萬碩其合收義倉米斛不少訪聞諸州將逐年所收更不椿管往往擅行侵用乞行下諸路提舉常平限半月委逐州主管常平官取索五年的實收支文帳申部稽考從之

卷七千五百九

八月十六日提舉浙東常平公事鄭良嗣言浙東去年五月終一路有管常平米斛三十四萬五千餘碩續措置收糴到米九萬一千餘碩緣有災傷及借撥軍糧及支乞丐見管只有四十一萬碩今欲趁秋成更糴五萬碩除別措置外尚少錢五萬三千二十餘貫詔令禮部紐計度牒給降　九年七月二十一日詔諸路提舉將所部州軍常平義倉錢斛委官點檢見在數目一萬碩以下盡行盤量一萬碩已上抽摘盤量依實保明聞奏從戶部尚書楊倓請也以上乾道會要

續進總類國朝會要義倉紹熙元年七月八日臣僚言義倉之制始於隋開皇戶出穀麥貯於當社故名社倉遇歉賑給國朝

食貨六二之四七

因之令州郡於人納之際與省苗混一雖撥隸常平然義倉之設本以賑濟今乃雜置其中乞詔有司令各就本縣置立義倉以賑本土之民不失社倉本意下戶部看詳本部欲下諸路提舉常平司看詳臣僚奏陳照應見行條法鈐束諸州縣將見管義倉米照檢見數後收納到義倉米於常平倉內令擇敖屋專一收貯分明置立義倉米牌號不得常平米仍前混雜仰提舉司常切點檢覺察如違從本司按治施行從之以上光宗會要　慶元二年六月二十四日戶部言權兵部侍郎兼知臨安府謝源明奏乞詔諸路提舉常平官不得將義倉米與常平混雜令提舉官躬親覈實若委係久年陳腐欠折之數非因合干人偷盜作弊具實欠保奏悉與蠲放本部看詳欲從奏陳事理下諸路提舉司行下所部州縣須管將義倉常平錢米分路所隸令項椿管損其帳狀從本司逐時檢覈毋令妄有他用以備濟糶其間陳腐欠折之數併委提舉司躬親覈實如見得別無情弊結罪保明申取指揮施行從之

卷七千五百九

嘉泰三年五月二十一日監察御史林行可言竊惟義倉之法每輸二稅一石別取一斗歉歲即給與民元豐中詔開封府畿縣義倉隸常平司又詔京東京西淮南河東陝西依開封府界諸縣行義倉法立法之初所以行之諸縣者蓋以一縣所管二稅之數取其贏餘積而為凶荒之備以本縣之

食貨六二之四八

衆賑本縣之民此意至均也紹興十八年閏八月復詔戶
部措置蓋為詳備今也不然一槩以上皆歸之州倉而
不復儲之外縣一遇州郡給散而使其盼盼然不得霑
丐此豈立法之本意哉乞明詔諸路提舉常平官行下
所部諸縣將每歲所納二稅大數細算合輸義倉斗斛
若干除附郭縣就州倉送納外仰諸縣別立倉敖明置
簿籍盡數截納委令佐通管歲具納到米數申常平司
州郡不得輒自拘納縣道除賑濟支給外常切措置以
新易陳稍有並緣侵支仰郡守監司嚴行按劾從之
嘉定三年三月二十八日臣僚言人戶納苗或就縣倉
或往州倉各從其便令典具存蓋納苗則有義倉有耗
卷七千五百九
剩義倉所儲專以待水旱凶荒耗剩則俾應拘發漕司
支遣近年以來有立約束不許縣倉受納必欲盡歸之
州郡殊不知縣倉不受納則失義倉之利設有水旱凶
荒何以賑之所謂耗剩者當據縣倉所納苗米若干然
後取耗剩若干浙中諸邑有管苗米餘十萬石者豈盡
於縣倉受納也今倅廳不問見納之數但以苗額總計
耗剩悉取於縣乞戒敕諸郡每歲苗米從民之便許於
縣倉輸納俾存義倉以待賑貸如耗剩米只係所納苗
數解發不得額外一毫妄有紐折詔令戶部看詳聞奏
既而戶部言照得民間輸納苗米自合各從其便或
就縣倉或往州倉不唯便於民戶其義倉所輸亦可以



備凶荒水旱賑恤之用蘄州郡所取耗剩亦應以收到
苗米分數紐計拘催不應秪以逐年額管苗數取於縣
道又復以高價折錢委為民害乞行下諸路監司州郡
遵從令來臣僚奏請事理恪意奉行毋致滅裂如有違
戾去處監司覺察嚴作施行從之 七年三月九日臣
僚言福建地狹人稠歲一不登民便艱食貧家得子多
棄不舉法令有不能禁曩時宿儒倡議初由鄉里創立
社倉借糶本諸司為米鉅萬夏貸而冬斂之雖中産亦
得接濟其利甚博以社倉之息米二分與不濟僧寺之
租米歲入舉子倉以濟貧之生子之人使有所仰給遂
不忍棄此良法也行於建劒上四軍州比年以來社倉
卷七千五百九
之米不貸於貧民下戶而土人倉官乃得專之以為謀
利豐殖之具所貸者非其親戚即其家佃火與附近形
勢豪民之家冬則不盡輸其可得而斂者又為倉官私
有凡不濟院之産皆形勢戶請佃倉官不敢誰何租米
既不肯輸息米又無可撥生子之人不蒙霑訟訴紛然
是以舉子雖有倉刻石雖有碑而美意盡失之矣乞下
提舉司每歲擇一清彊官覈實見在米數其欠折則監
倉官填還責之保司同共管掌歲委令丞收支修復舊
法稽管儲蓄斂貸以時從之 十一年五月六日臣僚
言頃歲議臣有請計義倉所入之數除負郭縣就州輸
送外餘令逐縣置敖自行收受非惟革州郡侵移之弊

抑以省五年轉般之勞是可行也異時州倉隨苗帶納鈔同一鈔輸同一輸也今正稅輸之州義倉輸之縣則鈔為二鈔輸為兩輸矣異時雀鼠之耗蠹吏卒之須求一切倚辦於正稅而義倉不預焉今付之於縣既無正稅獨有此色則雀鼠之耗蠹吏卒之須求所不能免矣於是議臣有請令人戶義倉仍舊隨正稅從便就州作一鈔輸納而州郡復有侵移之弊臣聞紹興初臺臣嘗請申嚴義倉之法通計一縣合收之數截留下戶苗米於本縣送納開禧初議臣復請做紹興之意令本州遇收受之時計一縣合納義倉之數相當聽從本縣收受其餘則仍令隨苗赴州輸納蓋截留下戶之稅米以補

卷七千五百九

一縣之義倉則輸同一輸鈔同一鈔雀鼠之耗蠹吏卒之須求一切倚辦於正稅而義倉不預焉與輸之州縣以異也其餘上戶之義倉則隨正稅而輸之州州得以補償其截留下戶之數也則州不以為怨縣得此米別項儲之以備水旱賑濟之須使窮民不至於艱食則縣不以為撓一舉而三利獲此上策也惟是負郭之義倉則就州輸送自如舊制至於屬縣之義倉則令丞同主之每歲之終令丞合諸鄉所入之數上之守貳守貳合諸縣所入之數上之提舉常平提舉常平合一道所入之數上之朝廷令丞替移必批印紙考其盈虧以議其殿最庶乎寔惠及民不敢為州縣之所侵移而徒為虛





文也從之　十四年七月十四日臣僚言朝廷興置義倉令人戶各隨正苗輸納斂之於豐年而散之於歉歲最為良法以浙西言之一路八州軍府歲額當納苗米一百三十餘萬合收義倉米一十餘萬比來無歲不檢且以三年所儲已計三四十萬縱遇水旱足可賑給蓋緣州縣循習為常納米及半或元額已登餘則準盡令輸錢以致義倉之額虧少而已納之米不肯隨即分撥又復侵移妄行消破提舉司無從稽考遂為刻害今歲雨暘時若當議預行措置更革乞申飭諸路提舉司日下取見所部州縣一歲額管苗米數目計其合收義倉米自嘉定十四年分為始令人戶令鈔送納州委

卷七千五百九

通判縣委丞簿交受仍入別倉安頓亦不受頭子腳剩錢及耗米如州縣輒敢並緣騷擾或依舊混雜收貯從本司察其官吏姓名來上重行竄責人吏決配後交受畢開具數目樁頓去處及編排所納米鈔所行繳申提舉司本司更加檢覈總而上之大農置籍參考其通發丞簿每考批書印紙如替移到罷亦赴提舉司將認樁義倉米合項批書若有侵欺違戾申取指揮斷罪必行仍下敕令所修立成法從之以上寧宗會要

脱四條



宋會要 諸州倉庫

太祖建隆四年七月詔曰：為國之計，足食是先。屬年穀之豐登，顧倉儲之流衍，苟暴涼之失節，即損壞以為虞。必資守土之臣，共體分憂之寄。應所在倉廩，並委長吏躬親檢校，勿令損惡。 乾德四年四月詔曰：出納之吝，謂之有司，儻規致於羨餘，必深務於掊克。知光化軍張全操言三司令諸處倉場主吏有羨餘粟及萬碩、芻五萬束以上者，上其名請行賞與。此苟非倍納民租，私減軍食，亦何以致之？予宜追寢其事，勿復頒行。除官所定耗外，嚴加止絕。 雍熙二年七月，帝謂宰臣曰：國家儲

卷七千五百十二

蓄最是急務，蓋以備凶年、救人命也。昨者江南數州微有災旱，朕聞之，急遣使往彼分路賑貸，果聞不至流亡，兼無餓殍，亦無盜賊之患。苟無積粟，何救飢民？今天下數年已來連歲豐稔，諸州道府見管斛𣁽處主者弛慢，或致損敗，可嚴為戒勵。乃詔曰：邦家所切，儲蓄是資，所以防水旱之為災，救生靈之闕食。稍有飢荒之患，便行賑貸之恩，免致流亡，式彰勤恤，濟民惠物，何以加茲。今天雖屢豐穰，頗多貯積，官吏或失於提點，儲廩則至於損傷，不唯陷主掌之人員，兼亦誤朝廷之計度。宜行告諭，用警因循。應天下州郡軍監見管諸色糧，宜令逐路轉運司與逐處知州、通判及軍監官吏并當職人吏等



脱三條

脱五條上 第二條

常切提舉，倉司不得非理損惡官物。其計度支用外積數多處，並仰設法變換，或作時價出糶，或借貸與民充食，或有水路處般運赴京及軍馬屯駐之處并館驛大路。違者等第科罪，雖去官猶論如律。 大中祥符三年七月，宣示王旦等：省司近日責罰諸州虧少課利條法稍嚴，若爾，則率之於民，日益增峻。可特降詔，示令後逐年比較場務去處，如內有界分得替零月或有虧少，更不比較責罰，並以祖額全年立定分數比較。如有虧少，許將前界出剩擬填外，更有虧少，即依條約斷，所補少就輕依條施行。 [illegible]年十一月三日，帝謂王旦等言：事者云江淮大稔，所在積稻粟，倉廩不能貯。旦

卷七千五百十二

等請下州郡與葺廩舍。帝曰：近幽民闕粒食，並務可依例增價收糴，以惠農民。仍令所在州軍除上供外，常積三年儲。馮知節言江淮界濕，闕倉宜作地架，方免廩費。旦言廩庾並委轉運司規畫創造，上供收糴，作例施行。帝然之。十五日，令諸州倉場所納芻粟，自今詮驗試其斤數，送軍資庫，每經二年一定價，鬻錢入官，不得妄有費用，違者坐之。 初，景德二年敕逐年貯積以備檢會，至是河北轉運司言貯積既久，多即糜壞，而檢會之際第用帳曆，請悉出市於人，三司總括天下之數。且請二周歲即鬻之，故有是命。 九年七月，令保州徙監草場使臣廨舍于場外，以烟爨密邇，謹火患也。 天禧二年

三月河東轉運使言并潞州倉元支剩五千斛及復六四千斛昨準大中祥符八年六月二十八日敕給支三年已下欠數者償納半年已上者咸釋之竊以此輩仰恃明詔別有欺弊已移牒根究償納臣所部州郡積粟皆三五年此若不行弊必滋長望特定條制三司言至道元年五月十七日敕諸州受納斛斗收到剩數支絶日除舊鼠耗外欠者賞官令請祥符八年以前用至道敕八年以後用新敕其每歲納粟正收省耗著於籍歲除省鼠耗外三年已下咸令償納已上於剩數更免什之三五年已上免十之五七年已上免什之七起令後受納界分少剩並如令奏從之　三年四月左班殿直閤門祗候任中立言沿邊諸處糧草逐處雖有專監使臣每至支散月糧及口食管勾不逮欲乞今後諸處只就彼令職官與使臣同監仍以一員依在京例監支認壽以此遞相覺察可絶欺弊從之　四年八月兵部員外郎知制誥呂夷簡言沿邊州軍寨倉草場坊護糧草如稍蹤違監官人吏大理寺並斷斬刑及違制奏裁望別定沿邊刑名詔法寺詳定以聞五年十月淮南江浙荆湖制置發運使周寔請於泗州轉般倉側隙地量蓋倉廒三五百間仁宗天聖二年九月淮南浙荆湖制置發運使方仲荀等言真楚泗州轉般倉監官今後收到出剩不得批上曆理為勞績江浙州軍多裝發熟斛乞

卷七千五百十二

疑三年四年五年三條



依真楚泗州例支裝發沿江巡檢司排岸司多有勾索綱運邀難住滯乞行止絶并淮南兩浙州軍和糴場監官內有糴下虧缺弱斛斗不任上供乞勘逐理納價錢並從之又言舒廬等十三州軍逐年和糴斛斗乞只於真楚泗州就近收糴帝令三司與仲荀同共相度聞奏九月臣僚言伏覩編敕諸處倉場受納所收頭子錢除一半納官外其餘並於倉場內置櫃封鏁凡有支破監官與知州通判同上文曆其縣鎮逐旋具支破數目申州候納罷日磨勘具帳申奏并視倉支遺斛斗漏底如不少欠元收出剩亦不破雀鼠耗及無損惡官物其支使不盡斗子錢不以三年內外並將一半納官餘一半支與專副若是元收出剩斛斗支遺漏底却有少欠及破雀鼠耗損惡官物其亦不破雀鼠耗存留頭子錢更不支與專副並送納入官天下所收頭子錢貫萬浩瀚其倉場納罷只將一半納官內一半逐州官吏皆依舊來體例支遣但有名目破使去處即便使用又緣元敕條倉場漏底不破雀鼠耗許將一半支與專副其倉場漏底實見少有不破雀鼠耗者以此天下一半頭子錢多是逐州依例因循破用今乞每年所收頭子錢除名給與鋪襯紙筆倉直錢外並乞一齊收納入官更不存留封鏁如此則拘轄官錢不至枉用詔諸處倉場所收頭子錢納官外內有合行支使者並依先降條貫明上文

卷七千五百十二

脱熙寧七年一條

局支使不得妄作名目枉有破用如敢故違並當初罪
嚴斷（以上國朝會要） 十年九月四日詔諸河倉納粟至次年支
納一碩破耗一升歲加一升至八升止元豐元年閏正
月九日賜度僧牒百道付河東路轉運司買材木應副
大名府澶州修倉 八月十六日詔京東路轉運司齊
州章丘縣被水修縣城倉庫並給省錢 四年四月二
「十八日詔以瀛定滑州擬修盛貯封樁糧斛倉屋圖每
「州兩倉修蓋付專切措置河北糴便蹇周輔差官往波
度所宜建置處以聞九月二十七日權發遣三司度支
副使公事河北東西路體量安撫蹇周輔乞就西山採
所木植修蓋北京等處倉敖等從之仍命周輔經畫提
卷七千五百十二
舉 五年九月二十一日措置河北糴便司言準朝旨
於瀛定二州修倉六所先後給度僧牒千五百其錢已
盡用乞增給詔給一千 元符三年四月二十日（徽宗即位
未改元）詔訪聞諸路災傷州軍緣倉庫蓄積不廣致支散
諸軍月粮口食等多以情願坐倉為名又支價錢低小
致食用不足因茲逃竄餓殍恐寖以聚為盜賊自令支
散月粮等須是斟量食用豐足之外方許將有餘情願
坐倉依見和糴價支錢所屬官司即不得順從承望抑
勒如有違並科違制之罪仍令提刑司常切覺察及令
戶部立法聞奏 徽宗大觀元年十一月五日陝西轉
運副使薛嗣昌言涇原見准詔就鎮戎軍平夏城通陝



脱一條

脱三條

塞西安州四處營建都倉並闕欲乞賜名額詔都倉可
賜名平夏城曰裕財鎮戎曰裕國通陝曰裕兵西安曰
裕邊 四年十二月九日詔曰近諸倉月給軍粮多有
減剋監視斗面官不切躬親檢察仰司農寺檢具條制
申飭施行如有違犯官員重行黜責吏人決配千里
政和元年五月三十日詔諸軍月糧口食雖食用有餘
「不取情願而抑令坐倉收糴者徒二年 以臣僚乞嚴
「立抑勒之罪復坐倉之法若果是食用之餘情願依實
直價使以見錢給之固亦可行但須嚴立抑勒條法故
復立此條 [illegible]三年閏四月三日詔諸監倉門官應
差出者常留正官一員在倉係獨員者不得差 以尚
卷七千五百十二
書省言諸州監倉監門官差出全無正官在倉雖有權
官於受給不得專故也 四年八月十七日京畿提點
刑獄公事林箎言諸州縣倉屋損壞公吏喜於作弊僭
司憚於應副伏見省倉之法以收息五釐樁充修補之
用欲應倉屋以本倉盤量到出剩十分樁一分如省房
收息之法專充修倉之用庶使天下倉廒常加修飾無
復侵竊腐蠹之患從之 五年四月十八日臣僚上言
高陽關路諸州軍倉廒內滄州寶嘉倉白米經今十年
別無損爛受納官周志行顯見用心保定軍省倉白米
均糴未及二年已多腐爛監糴官趙升之顯見受納濕
惡詔志行特循一資升之特降一資同日詔河間府豐

食貨六二之五九

利廣富倉檢計合用錢數支撥滄州鹽倉頭子錢令吳
玠措置修葺以臣僚言河間控扼衝要之地兵屯既
衆豐利廣富兩倉二千餘間經三十五年乞就近支撥
滄州鹽倉頭子錢或借支鹽息錢充修倉支用令變轉
回易分限撥還故也十一月十五日陝西路轉運使席
貢言續降政和令諸倉監官應差出者常留正官一員
在倉係獨員者不許差出其諸州軍資庫監官與監倉
職事無異欲令後並不許差出責令專一管出納從之
六年十二月十七日詔封樁錢將以待非常之用有司
失於經畫妄乞支撥自令輒有陳乞以違御筆論從戶
部請也

卷七千五百十三

八年二月四日臣僚上言州縣倉庫受納糴
買國用所繫永靜軍縱令攬納麤惡稅斛八萬餘碩暑
行古剝虧官錢三萬緡却於攬納戶處賤糴黃米入公
使庫償以淡酒又令納倉獻送遺利錢數百緡復以酒
特送倉官雖知州但以不知情贖金而麤惡損折之物
無緣償足竊慮此類尚多欲乞應總領財用監司巡歷
所至檢察違戾者奏劾從之　宣和元年十月十三日
詔滄州南北兩倉五百餘間廒屋例皆疎漏見收貯措
置糴便司斛斗不少仰措置糴便司於所收二分頭子
錢內支撥見錢五千貫付知通修葺候畢工日令廉訪
使者點檢保奏　七年二月十四日詔諸路州軍所在
軍糧窖闕支散不時又多麤惡致汝州安肅軍雄州廣

樁住糴本
說一條

食貨六二之六〇

信軍興仁府兵士作鬧又拱州出戍雄州兵士例皆赤
露並無衣裝只因衣糧大段闕絕除已重作施行外可
令尚書省嚴行約束諸路漕臣應合支軍兵衣糧並如
期給散仍不得夾雜糠粃及用麤色折充如敢違戾重
行貶竄不得以去官赦原四月二十七日講議司言勘
會收支官物州縣官司則憑簿曆朝廷省部監司則憑
帳狀而帳內官物與簿曆不同簿曆內又與倉庫見在
不同至有帳尾見在錢物一二十萬而曆與庫內全無
見在攢造驅磨申奏徒為無用之空文除諸州封樁錢
物已降指揮委常平司官取索驅磨外其非封樁錢物
欲令所屬監司委諸州通判遍詣本州及管下倉場庫

卷七千五百十二

務將帳檢及逐處赤曆文簿取見在官物實數於司院
置簿拘籍從之　欽宗靖康元年十月十二日詔諸路
漕司據住營駐泊廂禁軍未支軍糧疾速應數按月支
給不得循習舊弊及坐倉虛稱官買量給價錢違者重
行竄責以上續國朝會要　高宗建炎元年五月一日赦自崇寧
以來州縣倉庫受納稅賦務加概量以圖出剩東南六
路爲甚其弊本於補發綱運斛斗額外增數可除歲額
上供數外其每年認起補發額斛並權住罷　二年二
月十日淮南西路提刑司言近年以來諸州受納官與
專斗作弊公然受納濕惡僞濫之物或年月深遠不曾
依條先換將不堪斛斗盛貯別敖專充軍糧先留好米

數並同下
脫九韻

支見任官月俸欲乞令後在倉應受納糧斛不得分別官員軍兵並令一敖收支内有大段損壞全不堪支遣即勒元受納官備償仍許監司出巡檢察從之仍並條行下　十一月二十二日赦應金人及盜賊經由州縣内有燒毀係官屋宇等去處除城池倉庫外餘並未得興修以寬民力如違以違制論仍令監司按舉　三年四月八日　四年二月二十三日赦並同　八月十七日尚書戶部郎中總領湖廣江西京西路財賦湖北京西軍馬錢糧趙汝誼言州縣受納人戶租稅米斛取耗惟恐不多前後累降約束非不嚴備然終不能遏絶者其說以謂贍養官吏軍兵悉出於此就使如其說已犯禁網而近

卷七千五百十三

年又復輙將在倉米斛出糶收其價直以資妄用此殊可駭若軍期急闕猶當申稟苟為不然其可擅予乞持降處分應州縣係省米斛不得擅糶如委因闕乏事須出糶即具因依申轉運司待報施行仍令轉運司覈實申戶部照會庶不至重困民力輕耗國計從之　三十年四月二十四日臣僚言竊見川廣荊河般運糧斛錢物至行在者經涉江湖道里遥遠既入浙河又有守閘阻滯之患而建康府溧陽縣東壩鄧步溧水縣銀林太平州之間有陸路遠者二十五里近者十五里正川廣江湖舟楫經從之地若於此置轉般倉下卸川廣江湖漕運之物及支撥四向旁近州縣不通水路物斛及省併

中興會要
脫五十二字
廣

江東轉運司與湖縣倉於此受納實為利便又訪聞銀林鄧步中間陸路舊曾開通見有堙閘溝港遺跡可考問其所廢之因則謂宣州境内地高每遇水漲則興以為防遏病害只當量留最高處三二里間不必開通以為置倉之基則於般運尤易詔並令本路轉運司相度施行〔中興會要〕以上　孝宗乾道二年七月四日詔置隆興府轉般倉〔詳見職官〕　三年八月三十日詔江州荊南襄陽府大軍倉庫並聽逐處守臣檢察如有違戾事件並申總領所劾治先是尚書度支郎中唐琢言湖廣總領所江州荊南襄陽府各有大軍倉庫其逐處監官州府不敢何問不能不生姦弊故有是命　四年二月二十一日

卷七千五百十三

前監鎮江府戶部大軍倉王晞言乞依行在省倉監官體例任滿推賞戶部下司農寺指定欲依紹興十八年五月二十一日已降指揮比附行在省倉監官體例與減二年磨勘推賞施行從之　三月十七日詔諸倉支軍月糧口食仰勒坐倉依價糴買支將軍人與在外糴來人非法斷罪追理賞錢並令從便不得依前抑勒糴買從中書門下省請也　四月八日荊湖南路轉運判官鄧及之言被旨鄂州措置造轉般倉一所合轉置官吏欲差排岸官一員拘催支部監官一員給納專知官攢司各一名掌管收支排岸官就差本州都監兼管專知攢司從本路轉運司踏逐見役人吏銜前充每月量行添

支專知官食錢一十五貫措司一十二貫監官不拘大
小使臣京官選人或乞令路逐所隸州縣見任官管幹
每月添支茶湯錢二十貫排岸官十五貫從之五月七
日太府卿總領湖北京西軍馬錢糧鍾世明言襄陽等
處倉庫收支錢物浩瀚本所差遠難以稽察昨雖有指
揮令守臣檢察亦恐不專竊慮暗失本所財計乞許臣
間或前去點檢及詢訪支遣官兵請受有無減剋之弊
兼民間休戚亦得奏聞從之　五年八月二十九日詔
應管官物倉場庫務等去處自乾道二年除放之後如
有欠錢物令所屬並須管依條陪還即不得仍前妄
行申請除放令戶部申嚴行下因中書門下省請也

卷七千五百十三

六年九月三日新權知汀州謝知幾朝見奏乞令諸州
司法同司戶管幹倉庫職事上曰刑獄事重倉庫利害
稍輕令司戶專管十月八日平江府許浦鎮駐劄御前
水軍諸軍統制馮湛言臣移屯許浦屢嘗申請乞就梅
里鎮置立倉廩應副支請得旨依臣所乞令踏逐到梅
里鎮勝法寺空閑廊屋庫堂大小共三十間可以安頓
錢糧詔胡堅常疾速措置樁截津運錢米前去　八年
八月七日淮南運判向士偉言本路廬和州巢縣等處
見屯戍軍旅轉餉兵食水路回遠初無經久利便貯糧
之所就無為軍造轉般倉一所約可儲三十萬斛令相
度得本司後倉屋見有二十餘間周回空地可以添造



倉廒詔令馮忠嘉疾速修蓋運判馮忠嘉言無為軍距
巢縣水路一百四十里路稍徑直在所不論距和州則下
水九十里至裕口合九江水路之間冬乾則式下水春水
生則為上水則快而易進上水則急而難進又下水
六十里至揚林渡又上水二十五里始至和州凡上下
水一百七十五里迂遠如此臣獨謂聚糧最宜乘水未
退運入廬州為上其次則莫如和州又其次則莫如巢
縣蓋倉合肥運道不惟艱難且有不通之時至和州自
可指撥下卸何若自為迂遠伏望詳酌置倉去處且仍
舊貫詔令趙善俊王稱同共相度合與不合修蓋　九年
正月二十四日有旨令淮南轉運司於和州并巢縣各

卷七千五百十二

蓋造可以盛貯米斛一十萬碩倉廒一所并無為軍倉
廒更不修蓋以上乾道會要　淳熙元年八月十日吏部員外郎
莫濟言諸州倉庫場務場務多巧作名色增置籌曆乞
令諸州於歲前兩月將倉庫場務籌曆遞解赴提刑司
印押限歲前一月先次給下令提刑司每歲終具州邑
已印給赤曆簿書名件申戶部帳司照會若州郡復踵
前弊令監司按劾從之　二年二月十四日淮南運判副
吳淵言令朝廷樁積米在淮西除經常數外不若就江
南樁積乞於太平州蕪湖縣采石鎮江次高仰處建倉
屋百間可樁積米伍十萬碩就令本鎮監稅官兼管從
之　三年五月二十六日詔三總領及見有樁管處漕

臣督責守令檢舉以新易陳將來點檢如有陳腐當職官吏重置典憲從中書門下省言也九月二十六日度支郎中史松老言四川宣撫司有備邊樁積糧一百一十餘萬石倉廒類皆鹵莽多致腐敗乞行下制置司總領所照量除陳腐外具實數以聞每遇支糧逐年新陳兑易葺其倉庾使之堅久庶幾可備緩急詔利路運判王敦詩知興元府李蘩委官點檢分明開奏或有不實其當職官吏取旨重罰不以去官赦降原減　四年正月四日淮東總理錢良臣言揚州近於古城舊基添築堡寨於內合建倉儲米近已造廒屋五十間料屋二十間乞令揚州守臣差人看管修葺毋令損漏從之　六年

卷七千五百十二

九月又展蓋廒屋五十間從淮東總領葉翥請也十一月一日四川制置使胡元質言關外諸州見管樁積糧斛共一百一十四萬四千石有奇率多陳壞令乞支給軍粮以陳腐米增數與之物雖不精彼利其數之多亦所願欲於樁積之數雖少虧猶愈於全棄也詔同副武同總領公共相度將依次不堪支遣者措置變糶却將價錢盡行收糴依舊樁管　五年閏六月十一日詔鎮江建康府各置轉般倉一所鎮江府於閘外建康府於石頭城修築各置文武監官一員總領專一提領八月七日詔城都府置省倉監官一員以帥臣言本府省倉出納甚多自來不置監官止差粮料院官兼監故也　八



年閏三月十七日詔鄂州於近處建倉如遇綱運到岸即令入倉不得於諸倉安頓以臣僚言湖南每歲發米到鄂州無一定交納之地出卸後時姦弊不一間遇風濤或至沉覆非惟陷折官物而部押官吏往往因此狼狽失所故也　九年七月九日詔諸路州軍應有朝廷米斛專委守臣認數樁管如致陳腐及有少欠並令守臣抱認補填雖已去官亦取旨責罰總司毋得干預十年正月十一日詔淮西州軍將見在米斛以新易陳認數樁管非奉指揮不得擅支以本路監司言有見在米斛五萬六千八百三十餘石已牒諸州軍樁管故有是命四月七日詔建康鎮江府轉般倉各撥隸本府所

卷七千五百十三

有逐州府大軍倉樁管朝廷米並委守臣同本倉監官認數別教封鎖其監官改任除所屬批書外亦令於逐州府批書有無少欠方得離任以知建康府范成大言近旨諸路州軍應有朝廷米斛專委守臣認數樁管總司不許干預令來本府大軍轉般倉元係屬淮西總司令朝廷既撥付守臣樁收其合干人若依舊隸總司難以檢察乞將轉般倉撥正所隸則守臣方可任責故也十一年二月二十四日權發遣澧州趙彥言本州連年旱歉去歲尤甚見將常平米斛賑糶而所管不多難以繼後若不急行措置將來轉致失所臣契勘本州見有朝廷樁米斛四萬餘石若候奏聞取旨行下然後賑

糶竊恐緩不及事恭覩元降指揮委守臣認數如陳腐少欠並守臣抱　臣除目下將上件樁管米一面開倉賑糶拘收價錢令項樁貯候秋熟日從元數收糴補填非惟可以接濟飢民亦免陳腐之患詔住糶先具已收價并用過米斛數目申尚書省　十二年五月十三日黄州奏本州措置糴到占米二萬石穀種五千石小麥種一千石在州城倉及麻城黄陂縣倉樁管照得上件備濟占米係土產小米不堪久遠樁積況今已是年深若不變糶恐日後轉見陳腐兼本州自開春以來少有米斛上市竊慮民間闕食除已逐急將上件占米照元價出糶候秋成收糴樁管外詔黄州日後取撥樁管米斛須候請降指揮方得支使其已糶占米權依所乞候今秋糴還樁管　十四年九月十七日中書門下省言鎮江建康府轉般等倉并鄂州江陵襄陽府見樁管米斛數目浩瀚屢降指揮令逐州府同總領所常切措置以新易陳却元自來綱運到岸憚於般卸往往就船支遣是致損壓陳次詔令守臣將見樁管米斛逐一契勘元交卸歲月先後并開具自淳熙十一年至十三年終已對兑過數目分明以聞仍仰淮東西湖廣總領所今後遇綱到岸須管拘摧赴倉卸納依節次指揮以新易陳不得仍前就船支遣　十四年十月七日樞密院進呈淮東總領所相度到楚州不宜赴倉積穀上曰

卷七千五百十二



楚州必守之地自當積穀為備總領所相度事理未是可令起倉三十間以上孝宗會要　淳熙十六年六月十六日中書門下省言秋成不遠合照年例廣行收糴樁管米斛其行在諸倉并淮東西湖廣總領所見管倉廒處有疎漏詔司農寺及淮東西湖廣總領所各預行修葺以備儲積其合用物料令所在州軍疾速應副毋致闕誤　紹熙二年二月十二日中書門下省照會鎮江府轉運倉大軍寄納倉及兩淮州軍并襄陽府等處樁積米斛竊慮或有陳次有誤將來又遣乞降指揮委自逐處帥守并總領官逐一覈實取目今樁積米斛開具逐廒年分有無陳次及借兑未還之數從之　五月二十九日臣僚言襄漢之地縣亘數千里屯兵控扼去處衝要實繁兵少則不敷兵多則粮不能繼為今之計莫若預積以為之備嘗充積粟所在惟郢州及應城兩處宜廣建倉廩為積貯之計詔湖廣總領所相度措置以聞總領張體仁言本所照得郢州見屯軍馬每歲合用米料共約支一萬七千餘石每年常科撥綱運四萬餘石前去應副支用又有樁管米料近一十萬石若更積粟恐致陳腐兼本州城內湫隘亦無空閑高阜自鄂至郢春冬之間水路可通緩急不妨津運似亦未須添蓋倉廒其應城縣已準指揮令修蓋寨屋以備分戍牧馬臣近因往荆襄點檢倉庫經過本縣親行相視得向來幸已

卷七千五百十三

乜軍一時米料多是逐急那借僧寺觀空屋盛貯本縣舊管廒屋例皆疎漏頹弊不堪樁收官物近委知縣踏逐縣西空閑地一段可以蓋倉一百間約盛米料一十萬石其地却近以水次般運順便計料合用材植等九千六百二十餘貫工食在外體仁檢照淳熙十四年間鄂州蓋造大軍倉一百間蒙朝廷支降錢一萬五千貫起蓋了當令相度乞行下本所於樁管會子內支撥一萬五千貫付鄂州都統司收買材植等差撥軍中工匠如法起蓋從之　四年七月十七日中書門下省言諸路樁管朝廷米斛紹興二年二月十二日已降指揮委逐處帥守并總領官一取會數目雖據申到稿悤未得

卷七千五百十二

盡實詔三總領所日下取見樁米州軍元管數目具結罪保明文狀申尚書省將來支遣不管少有欠折並令各路總領及樁管去處守臣專一任責如向後或有虧欠並重真典憲　五年五月二十四日淮西提舉張同之言管下諸州見管樁積米僅三十萬石雖名不欠其間多是山澗小河春夏雨水之漲方可通運秋冬水落則往往不通舟檝州縣悼於造倉之費一時苟且多就寺觀夾截小屋或於露天積囤上漏下濕豈不損腐兼積樁已久亦不能保其無虧詞訪得舒州桐城縣管下樅陽鎮下瞰大江舊大雲倉一所已廢而基尚存目今本鎮官衙內常帶監樁積倉庫若於此處建造倉屋百



餘間將其他見樁之米凡不近大江者從之於中興時舒州應糴到樁積米斛並於此倉樁頓非特淮西緩急可以應用若撥付淮東亦順流而下誠為利便況舒黃州無為軍名曰淮郡其實近裏僻在一隅且有重山復河湖之險委是利於樁積合行一體措置從之　又言兩淮自收去偽錢之後當時官中所給收換之錢多是會子隨即轉而之他此後連年薄收官與民為市者絕少以故民間錢物艱得所謂改官錢於民者不過於和糴造豐熟年分和糴亦不必專在於秋冬遇有米皆可收糴但不擾則樂然投糴官私皆得其利仍將所糴之米於新倉樁頓委實經久可行兼照得諸州各有交子換到

卷七千五百十二

鐵錢及樁管上供等鐵錢別無起發欲乞逐旋付守臣責之認數自今年秋成為始選擇清廉通時務官置場招誘鄉民等不拘時節赴場出糴兩平交量優於市價即不將顆粒科敷於民每年於歲終比較所糴多寡而賞罰之從之以上會要　光宗慶元元年十二月九日淮東轉運司言本司計料到起蓋和糴樁管朝廷米斛倉廒二百八十三間合用竹木磚瓦釘灰蘆篾物料人工錢米及周回墻圍填疊地基每間約價錢三百貫文共用八萬四千九百貫文乞於本路樁管交子鐵錢內支降應副起蓋詔令本司於真州見樁管鐵錢內支撥四萬二千四百貫文　三年十月二日度支郎中岳震言淳熙以來

臣僚奏請守臣交替將見在錢物具數申部報御史臺置籍稽考，孝宗皇帝首俞其請，陛下踐祚，又復申嚴，誠良法也。令諸路州軍大率隐而不申，者本部無由而知。使其任滿到闕，吏部關報，責以必申，尚猶可也。若外除就差不到闕者，其不申必矣。及其申到，有指東為西認。此作弊，本部亦無由而辨。至有合解諸色綱運占護而不解，令支官兵請給積壓而不支，留裝虛數反累後人。臣謂此法當責漕臣，令後所部郡守替移，須管覈實諸色綱運應干請給支至日下齊足，餘外方為實在之數，保明申部；諸司替移應有錢物，除與幕屬同御申外，仍報本路互察之司，保明申聞。從之。　四年十月三日

卷七千五百十二

臣僚言：乞明詔大臣，就職事官內選曉事清彊官分詣逐路，將樁積米斛親監量，取見的實見在數目，仍索干照逐一驅磨，究見元樁管若干，續收糴到若干，節次借兑若干，折欠若干，見管若干，各項聲説，因依開具細帳，并干照事祖，一處結罪保明，齎申朝廷，候到，委官覈實，將節次借支之數公共参酌，的合支數目具呈取旨，明行銷豁外，有合管見在米斛，行下各處，如法封樁，今後不許私自借兑顆粒，或遇以新易陳，即限在當日具申朝省，仍於狀內分明聲説係將是何名色米一併撥還，或欲候秋成日旋行收糴，即預先撥出價錢，令項寄收，具數供申，其米不許擅自移易，亦不許積壓，致有損壞。



每至歲終，從各州軍守臣同當職官具委無借兑結罪奏聞，委自提領官常切檢察，如敢擅自借兑，不以多寡具申朝廷，重寘典憲。詔先次點檢三總領所、淮東差大理寺主簿謝濊，淮西差司農寺主簿王大過，湖廣差軍器監主簿潘子韶，內淮東西各限半月，湖廣限十日起發。各具知禀文狀申，其州軍有朝廷樁積米處，令本路轉運司差官點檢保明申尚書省，續行差官覈實。餘依已降指揮。　五年四月二十四日，因右諫議大夫兼侍講張釜言，行下謝濊若已盤量到所屬州軍樁積米料，内有欠折浩瀚去處，即將合干人送獄根究欺弊，仍一面具因依先申朝廷，一併劄下潘子韶、王大過照應。使

卷七千五百十二

奉公竭力，一體施行。庶幾州縣官吏悚然知朝廷命令之不可玩，而典憲之不可逃。繼自今樁積米之散在諸路者，皆可指準，不復貽陛下憂矣。從之。　十三日，軍器監丁逢言：竊見潼川運司樁管糴本錢米，見有運判岳霖樁到糴米錢引二十萬道，糴米專備災傷支用。昨因資普等州旱傷，用過一半以上。臣到任，交到錢引九萬六千二百餘道，見錢三千一百餘貫。臣撙節浮費，積錢引一十餘萬道，及糴到米斛，至解任，共樁糴本錢引二十萬二千八百餘道，奏及岳霖任內數目。緣慶元二年遂寧府、資普州旱，免稅，制置司行下運司支錢米應副州郡急闕，必有支過錢米。若後官不為補償，緩急無

以接濟乞特降指揮下潼川運司常切樁管糴本錢米
二十萬道充數遇有災傷支用隨即補填元額不得虧
少從之　嘉定五年三月二十八日知和州富嘉謀言
竊惟兩淮歷陽為淮西要郡昨來胡寇侵擾攻圍不下
者人人有死無二而本州廂禁軍堅守之功為多欲籍
官田立廣惠以給民之孤獨開質坊收利息以給軍人
守城之有功者二事皆不可緩自臣到任以來凡沒官
戶絕田入官者籍之今得田一千七百畝歲收其租以
贍鰥寡貧窮孤獨之人及有死無以葬者立廣惠倉於
州倉之內專委戶曹主之與常平義倉兼撥而並行蓋
本州雖有常平義倉所得不多一有水旱則鰥寡無以
卷七千五百十三
養貧窮無以給亦免有流徙之患非所以惠貧民實是
境弭盜賊也本州守城立功軍兵四百九十五人昨蒙
朝廷給到宣帖各人節次陳乞幫行正請本州具申江
淮制置大使司備申朝廷回準指揮所具增添請給從
本州應副前任周馬帥以本州窘乏具申制置大使司
乞下總領所照各人所授宣帖給正請且放行一半續
得旨令和州於見樁管會子內取撥五千貫應副前任
守臣又申朝廷於樁管錢內撥到會子五千貫展計換
見錢一萬一千五百九十一貫取會到實管守禦立功廂
禁軍四百四十五人計二千七百六十四貫除周馬帥
任內添支外再共添錢八百二十餘貫臣到任首申朝



廷行下於樁管錢內支撥一萬貫文令來月支已盡不
敢再申控告令將公庫趲積到錢三萬貫文及將本州
舊醋庫改作激勵抵當庫在闤闠處開置月收息錢專
助添支當來守禦立功廂禁軍以為軍人無窮之利以
示激勸專委知錄主之又恐歲收息錢支遣不敷今益
之以沒官田產之租與夫本州節制司舊管抵當庫所
收息錢公使庫日收房廊白地賃錢併行撥隸使後之
為州者得以了一歲添支之費二策於和州誠為兵民
莫大之利除已揭牓曉示軍民結連拘籍沒官地田產
租花利及撥隸舊抵當庫息錢公庫房廊白地錢窠名
單子外仍開具措置廣惠倉已拘籍到戶絕租課并拘
卷七千五百十二
籍支給守臣立功廂禁軍添幫錢窠名抵當本息沒官
地田柴山隱漏桑租及根括到逃亡戶絕之家水陸池
柴山桑林石磊地租課等申乞劄下本州置籍拘樁專
充兩項支遣庶幾永為邊郡無窮之利批送戶部限十
日勘當申尚書省既而戶部言所申兩項委有利便所
有元管庫本錢自是本州州用錢即無交收諸司窠名
官錢亦不是常平錢本及無合充上供經總制錢數及
於令來檢坐條法即無違礙從之　六年二月五日都
省言建康府轉般倉監官日令堂除文臣其監門兼斗
面官亦合一體得旨建康轉般倉監門兼斗面官堂除
使闕差選人經任有舉主無過犯人部授見任許終滿

已差下人依省罷法　七年十一月四日詔今後建康府鎮江府轉般倉監門官任滿如能搜檢無透漏官物比倉官與減半推賞施行以監建康府轉般倉門史文卿申乞比附倉官推賞故有是命　十四年六月十六日德音赦文應蘄黃州倉場庫務但干係官錢物如實經兵火燒劫仰淮西制置司審實開具數目保明以聞當議斟酌蠲放內有官吏般載錢物往別處州縣收藏或回易興販不曾被劫而隱匿入己者並自德音到日限一月經所在官司首納如限滿不首及首納不盡因事覺露並依法施行仍不理今來德音原免以上寧宗會要

蠲放

光堯皇帝建炎元年五月一日，赦：應因戰守及差伐被賊殺害者，特予免本家二年支移折變。應諸路人戶見欠稅租并倚閣稅物及緣納錢物，並予除放。昨經大元帥府駐軍及一月以上去處，應辦軍馬極爲勞費人。應天府係興王之地，理宜優異，今年夏稅並特放免。又訪聞自來赦書所放逋欠，轉運使及州縣迫於調度，依舊催納，至民間有黃紙放白紙催之語，甚失朝廷寬恤之意。今來大恩與常赦不同，兼務節用，可以裕民，如監司州縣輒敢違戾，巧作名色依舊灘科抑被科人戶，越訴，其官吏當議重行貶竄。　十一月曲赦：應名戶曾被虜賊蹂踐，乾蕩家產，仰州縣寬予蠲免今年夏秋租及科配。　四年八月十八日，紹興元年正月一日、二年四月十九日、三年九月四日、四年七月一日，德音、曲赦並同此制。　十一月二十三日，赦：應曾經金人或群盜蹂踐人戶，見欠建炎元年夏秋稅租，並予除放。應欠負官物，元非侵欺盜用者，又雖係侵盜而本家并干繫保人內無物當財產者，並令本屬于赦到一月內保明申轉運提刑司，本司亦限一月保明聞奏，當議並與除放。如違戾不爲依限申奏，仰互經按特

卷一萬七千五百二十五

二

運提刑司受理叛所依法施行。其元非侵盜見勒干繫人攤納者，失於催理，或侵行支遣已樁在干繫人名下理納者，水火損敗及綱船遭風水拋失，若被盜劫會分明，委無欺弊，見扣折請受者，償揭治委是不發及不額侵欺係欠課利，見行催理者，所佃諸色官田、戶絕田土屋業諸井販欺章隱南稅租見理納積年稅租課利等，委是貧闕無可償納者，並委本係保明申轉運提刑司，覆特與除放訖奏，在京申所屬，依此施行。　紹興元年九月十八日、四年九月十五日、七年九月十八日、十年九月十日、十三年十一月十八日、十六年十一月十日、十九年十一月十四日、二十二年十一月十八日、二十五年十一月十九日、二十八年十一月二十三日、三十一年九月二日赦並同此制。　二年七月十九日，詔州縣大水飛蝗爲害，而最重之處，仰百姓自陳，州縣監司次第驗實，保明聞奏，量輕重予免租稅。　十一月二十八日，詔諸路令起夏發銀綿，悉更不起發，如自來開係蠲稻錢，當發即將合開錢數還充償計，以寬民力。　三年七月二十日，詔太平池州及南康饒州管下浮梁等縣經賊燒劫，居民逃避，又以去秋災傷，米價踴貴，令本路轉運司依究被焚劫人戶，依災傷法量分數減免。　四年五月十八日，詔福州人戶均認準備燃幸錢根十萬貫石，可並特予



蠲放官吏尚敢拘催，重真典憲，仍許越訴。　二十二日，詔越州會稽、山陰縣人戶未納建炎三年分湖田米並予除放。　六月一日，詔越州餘姚、上虞、蕭山縣見欠建炎三年分湖田米特予蠲免。　七月四日，右正言吳表臣言：乞將應州縣經金人並賊殘破去處，其去年秋料未納錢、零租米、役錢並權與倚閣，候將來秋熟別行催納。從之。　紹興元年三月十七日，詔南劍州、建州上供銀於合起二分數內更與蠲免二分。　八月五日，詔潮州吉安縣人戶紹興元年夏料稅賦並以十分爲率，分三等減免：被燒劫及被殺人戶與減免七分，被劫掠人戶減免五分，不被劫虜人戶減免三分，以本縣人戶經部省陳乞故也。　二十五日，詔昨降德音將大觀三年額外增添數目特予三分中蠲減一分。如逐路雖係大觀二年終定格日如大觀三年爲頭認數起發，即合依昨降德音蠲減，令戶部申明行下逐路轉運使照會施行。以徽州路通判李禮言本州大觀年增添紬絹乞行減免故也。　九月九日，詔昭慈獻烈皇后靈駕發引經由水路，因堰開去處澇浸禾稼，可差官按視分數減放租稅。　二年正月二十一日，詔臨安府諸縣人戶拖欠下租稅等物，依去年明堂赦令合行倚閣者，並特予放免。如官吏日後復行催納者，當依沮格詔令科罪。　二十四日，諸路建炎

卷一萬七千五百三十五

二

四年正月一日以前應未起上供等錢物糧斛並特予除放，其形勢官戶州縣公人本戶不經殘破之家納到殘租積欠，仰具數以聞。　閏四月三日，權發遣興國軍王綯言：本軍自經燒劫，民力未復，乞權免紹興二年兩限上供錢物。詔更與免放紹興二年夏稅一料。　六月二十二日，知池州葉煥言：本州稅賦自建炎二年至今五年間積欠無慮數百萬貫疋石，已是歲違上限，乞將今年本州合起發上供年額錢紬絹并一半折帛錢及准衣紬絹並減免合起發之數一半，所有米斛並甘依限盡數起發。詔於當被賊馬燒劫人戶名下均減，以本州十分爲率，不得過三分，即不得稍有情弊。如違，當職官竄責，人吏決配。　二十七日，金部言：欲將歙州建炎四年合發上供錢物免，其紹興元年分欠下上供數自來年爲始分限三料帶納。從之，以本州陳免故也。　七月三日，手詔：比緣閩境凶寇作亂，致遣師蕩平，重念盜賊占據之地及被劫剽傷之家困財，救音以蠲稅斂，訪聞州縣檢會條令，不過三分，甚非所以稱朕曲霈澤惠恤一方之意。可特依今來四月十一日赦降指揮並行放免，如有違戾去處，許民戶越訴，當吏重行竄責。　八月七日，詔溫州年例借撥一半軍糧米一萬九千七百四石，只令認起一萬石，餘數特予蠲免。以尚書省言本州尚說不多，借撥

外州所得米比諸郡最少故也 九月四日知洪州李光言本州屬縣殘破收買上供淮衣紬絹無所從出乞更予蠲免一年 從之 十月二日興國軍言紹興二年夏稅并上半年上供錢物已蒙恩免放其下半年上供錢寔無所從出詔特予蠲免 十一月十七日詔武昌軍累經焚劫可以本軍所乞上供錢物全免一年 二十四日上謂呂頤浩曰近臨遣五使面諭丁寧非往時遣使之比有奏云欲將州縣已蠲放賦稅文簿盡行焚毀朕欲寬恤及民已依所奏亦民不疑也 同日樞密院計議官權監察御史江南東西路宣諭薛徽言狀望詔諸路宣諭官於所至州縣取積年欠負案籍不以是否何色凡在建炎元年大赦前者東行照檢內有顯合蠲除者悉以焚棄絕其姦源使不敢歸業之人有以取信 從之 十二月九日臣寮言乞令後除稅租免役和買依法催科以備軍期不管缺誤自餘非法科配一切停罷本部言若遇災傷難以不行除放若寬因軍期亦有許收量添酒錢專令應付或因軍期所需多科其數別行支用以自盜贓論官員衝替人吏決配欲下諸路轉運司嚴責守令催科稅賦不管違戾 從之 二十五日金部郎官呂延問言荊湖南北路建炎四年分未起上供米已降指揮蠲免其上供錢物乞例除放 從之 三年正月十七日

卷一萬七千五百三十五

上

知宣州沈晦言乞將本州及諸路所欠紹興元年夏秋二稅并和買權行蠲免或倚閣詔從所乞將上三等人戶權予倚閣一半第四等以下並倚閣仍分限三年帶納 二月十四日宰執奏昨日奉御筆臨安府民戶稅地兵火之後多為官司軍營居占而戶下輸納預買絹不減令主者考究悉予蠲免 呂頤浩等奏訪聞上戶往往已免下戶不能自陳尚有催理者宜如詔旨蠲除 上曰凡施恩惠當先及下戶文王發政施仁必先四者彼豪强兼并之家雖立法摧抑猶能侵刻細民不可不察也 二十七日戶工部言准都省札子江南路宣諭劉大中奏信州等處坑爐戶欠少官錢乞依赦蠲免詔送部勘當中尚書省契勘坑爐人戶逋欠官本錢以銀銅中納乞官自官典以來坑冶苗脈微細緣鑄錢司引用元符三年九月十四日朝旨不作欠負依舊見行催理本部昨緣渡江燒毀案牘勘無上件朝旨檢照外緣已降指揮諸路宣諭官于所屬州縣取見積年欠負內有顯合蠲除者悉以焚棄欲下江淮等路照檢坑冶鑄錢處饒州司將建炎以前年分所欠錢數依赦蠲免 從之 三月二十七日詔臨安府仁和縣錢塘縣地基為官府營寨侵占者許計家業錢蠲免綃數 二十八日禮部言近蒙朝廷將建炎四年錢物全行放免其紹興元年上供并大禮賞



給自來為始分三料帶起及二年分上供錢物令依條起發緣本州累經兵火逃移人民歸業之初稅賦未甚就緒乞候將來椿發 詔依所申並予蠲免 四月六日知建州向伯奮言本州今年合帶發紹興元年經制茶稅錢已減免戶部勘當欲將本州帶發紹興元年起欠上供銀數予放免 從之 五月四日河南府等州鎮撫司幹辦公事雷濮言自金賊犯順本府軍馬屯守控扼軍中所須並取於西京管下諸縣供納至今首尾八年委是疲困乞檢會應干近降手詔寬恤民間事件行下西京諸縣曉諭人戶通知乞候事平息日將西京管下諸縣民戶除合納稅賦外特賜蠲免諸般非泛科率五年責得民心有望則是寬恤之意 從之 十六日詔免洪州紹興二年秋料并分年夏秋兩料役錢以知州范滋數言本州經賊盜民力未復故也 六月七日契勘利州路興元府洋州二州帶郡縣經兵火殘破去處仰所屬將歸業人戶應未起上供物帛錢斛並予蠲免 七月十八日江南東西路宣諭劉大中言州縣曾經殘破人戶欠負不曾離業者紹興元年秋料稅租役錢減放四分以前拖欠與倚閣州縣則出行夫役待過三分乞全行倚閣 詔興國軍不曾離業人戶合納紹興二年分和買紬絹並特予全行放免 二十五日詔淮南路合發上供斛斗予免三年

卷一萬七千五百三十五

四

九月二十日詔德安府合發上供錢物特更免二年以上以知府韓之美言兌時分鎮得旨蠲免上供三年近本府撥隸湖北帥司知府不帶鎮撫使而五縣寇擾之後民戶稅役並無輸納乞將上供權免放有是詔 十月十四日戶部言漢陽軍申本軍經殘破乞將合發內藏庫絹八千匹權行蠲免本部契勘難以施行 詔特予免放一年 十一月二十八日侍御史辛炳言訪聞福建路昨於建炎元年收到諸州軍人戶獻納錢銀共約計錢一[illegible]五萬六十餘貫并出賣承信郎告共錢一萬七千餘貫應寄樁南劍州後來本州承諸司指揮取撥應付招募捉殺建州軍賊葉儂并發捻伏手等並各支用淨盡近者戶部根括上件銀錢行下轉運提刑司共分認還一半餘一半令南劍州認還作三年六限帶納臣切詳上件錢銀除賣官告錢外其餘並是當時科率人戶以獻納為名收獲到數今支用既盡而勒令認納勢必再斂於民契勘南劍州已納到今年上半年兩限錢銀訖若兩司續各納到兩限之數即是還官告錢已是增多數倍所有紹興四年兩年上下四限錢銀數目浩瀚數斂無窮乞特旨悉行蠲免仍下本路諸州縣揭榜民間如州縣却敢以催獻納錢根為名追呼搔擾並許人戶赴安撫司陳告申奏朝廷重行黜之 從之 四年正月二十五日

福廣南東路轉運司依紹興三年二月十五日已降指揮將循梅潮惠四
州寬剩被劫人戶合納租稅疾速開具申尚書省特與蠲免從左朝奉郎林
著之請也 四月十七日詔淮南路紹興四年分依格合發上供錢物予
蠲免起發一年 六月六日岳州言乞免內藏庫紬絹宰臣朱勝非曰本州
屢經盜賊殘破尤甚上曰將今年并以前合發並特予除免免使州縣所遇
官吏將就歸業人戶妄行催納搔擾往勝非等曰陛下受民如此天下幸
甚 二十六日知鎮江府沈與求言契勘人戶拋下苗米一千三百餘石
除根括逃亡歸業人戶合豁除一年餘石其餘盡係貧乏下戶畸零殘欠
乞候秋成于本府納到苗米內撥還詔並特予除放 十月十一日詔和
州分年合起大中節大禮銀絹特予蠲免以本州言經賊殘破從其請也
五年正月十五日內降淮南路德音壽春府真揚楚泗承泰濠滁州天長
軍水寨人民各懷忠義團結山水寨保聚有功理宜優加存恤並予免放
稅役十年其不係團結入戶曾經賊馬蹂踐去處予放五年妥逐州開具
保明聞奏 二十四日權知滁州何洋言本州累經殘破格集未能就緒
乞將合起上供并應合進供之物蠲免二年從之 二十九日詔令逐路
帥司約束所部應曾經殘破州軍縣鎮官吏遵依已降赦文如尚敢巧作

卷一萬七千五百三十五　　五

名目催理舊欠非理搔擾科率並仰按劾聞奏官員除名勒停人吏決配
嶺外 閏二月二十七日荊南歸峽州荊門公安軍鎮撫使解潛奏本鎮
南北屢經寇事力未振歲貢上供委寔無所從出乞更與三二年民力稍寬
依格起發詔更予免二年 三月二日岳州言本州紹興五年上供錢
物緣殘破後委實無所從出欲望特賜蠲免從之 八日詔黃州上供斛斗
予免三年以本州言累經殘破人戶方歸業故也 六月二十三日三省
言近因久旱降詔除稅租和預買及應付大軍之外應干科敷催驅等日
下並罷切慮州縣卻催理人戶累年積欠稅租詔令諸路監司帥臣嚴行
覺察如有違戾及失于案舉並取旨重行竄責 二十六日詔應諸路監
司州縣非奉朝廷指揮假作軍須名色之作科須事件日下並罷如有違
戾州縣仰監司按劾監司令御史臺覺察聞奏或隱蔽並重寘典憲 七
月三日權發遣蘄州馬羽言本州比年兵火被害尤甚民未歸業其上供
錢稅租米斛乞依黃州例免三年從之 五日都督行府言勘會澧兩兵
火不絕農事久廢合發上供錢物伏望自今年蠲免三年從之 十九日
諸路軍事都督行府言湖南一路比緣少雨田壠亢旱欲將本路秋稅苗
米先次特予蠲免五分若將來檢覆災傷分數更重去處即令提刑司別



行開具減放從之 八月二十四日內降德音龍陽軍鼎林方鄰人戶科
配差役係官屋稅之類已降指揮並免放五年尚慮不切遵奉仰本路帥
臣嚴行覺察如有違犯之人重行斷配如五年之後尚未就緒仰保明以
聞當議勘量更予免放 九月一日尚書省言勘會昨因亢旱已詔諸路
除應付大軍等事外應干科敷並罷如漕司雜稅及常平等增收頭子錢
鈔旁勘合錢耆戶長雇錢常平一分寬剩錢及正稅畸零剩稅並乞一例
罷詔依 四日詔安州合起紹興二年內藏庫紫羅花羅並特予放免
十月十八日諸路軍事都督行府言湖南北州縣應干所入窠名錢責並
係取撥應付大軍支用近潭州已行蠲免起發有其餘州縣欲望並行蠲
免詔兩路印契稅錢並特予蠲免 六年三月四日江南西路安撫制置
大使兼知洪州李綱言洪州連年合發淮衣紬絹自建炎三年殘破後因
虜缺乏不曾收樁乞免至紹興三年所有四年五年分委是無從收簇詔
與蠲免同日詔令諸路轉運司契勘管下去年旱傷及四分以上州軍拖
欠下紹興四年已前年分錢帛租稅等並予除放 二十日諸路軍事都
督行府言契勘和州田產兵火正當水陸之衝比之他處殘破至極竊見
蘄黃州並免三年舒州免二年今本州今夏起稅深慮輸納未前望特免

卷一萬七千五百三十五　　六

展免二三年候招集人民開墾田土稍成次第日起催施行詔更予展限
一年 二十五日成都潼州府夔州利州路安撫制置大使兼知成都府
席益言四川去秋旱傷田畝所收多者不過四五分少者纔一二分又緣
官中糴買壓過米穀價例湧貴無從得寬又去秋西川水潦東川旱暵即
今粒食昂貴斗米錢兩貫利路近邊去處又增一倍即今人民飢流死者
相枕藉於道見行賑濟緣蜀民自來不曉陳訴災傷是致州郡漕司不曾
依條減放閒雖有檢放去處並不以寔望賜矜恤詔如委係災傷失于檢
放予權行倚閣一半其災傷至重去處全行倚閣並候將來秋成日依已
降指揮催理 五月六日權戶部侍郎王俁等言諸路紹興四年已前拖
欠并合補發上供米斛並折斛錢物已權行依閣候將來豐熟帶發從之
八月十五日詔虔州諸縣管下曾經殘破之家委令佐孔姓名本州覈寔
將日前欠負特予除放 二十一日知廣州連南夫言本州連年賊盜侵
犯須賠兵馬守禦因此財賦歉乏所有秋夏二稅乞免一二年詔予蠲免
今年夏秋二稅及上供錢物 九月六日詔荊湖北路管下州軍因旱傷
拖欠紹興四年分天申節銀二千五百五十兩進奉大禮銀三千三百兩
絹二千六百尺特予蠲免 十月二十八日權發遣郢州韓適言本州自

往疑悉

收復管下鄉村坊廓人戶，雖有耕種，並無積米秋課，蕭𥳑係是缺乏，其夏秋所納稅課，比湖北甚，乞許臣置行裁減和糴和買攤買之數，特免三年。從之。（隆）興十二月一日，南郊赦：德音淮西州郡民力凋弊，除已累降指揮放免租稅外，其逐州應經金來賊馬殘破縣分，更與免放租稅二年，應緣金來軍事調發人夫，予免本戶科差一次。　七年三月三日，詔應驛路及經由州軍見欠紹興五年以前稅賦，並予除放，官司輒敢申催，重寘典憲，仍令提刑司常切覺察。其民間見欠官司紹興五年以前錢物，令逐州長貳限三日條具以聞，當議蠲免。　同日，詔太平州應嘗被火居民戶予放今年屋稅。　六月十九日，三省言：建康府乞放免建炎元年至紹興元年未起左藏庫錢帛等。上曰：建康兵火之後，遺民無幾，何忍更追欲積年通欠之物？顧可並除之。因謂輔臣曰：朕嘗予趙鼎宣和以前窠欠鏑非其人實出，無斷誅求無藝，四海之民困於科斂，不得安業。朕嗣位以來，思與之休息。又以邊事未盡，軍需之資取辦於諸路者，尚多斯民之災如此。獨德因與役，朕當一切蠲罷雜租賦之當亦除一二年。朕之此心，天地鬼神實臨照之。異後曾日陛下聖志如此，天必助順，民之休息，固有期矣。沈日更在陛下遲聞天德推行德音。上曰：朕事亦在朕遲稽回陛下聖志此

卷一萬七千五百三十五

七

定人難散遣。　七月二十一日，德殿進呈張俊奏：積雨暴至，未獲休應。上曰：應天須以實，如恤刑弛役之類，當更商量，使可及民者，朕曉夜思之。如積欠事，為民之害甚大，比因移蹕，兩通州郡下翻除之令，聞民間極喜。可將諸路紹興五年以前稅賦積欠，及其他逃負議蠲之，深等還而條具，再取旨即施行焉。　二十四日，都省言：建康府近緣兌陽，兩浙路諸州縣理宜一等寬恤。詔諸路州縣民戶見欠紹興五年以前稅賦並予除放。官司錢物令長貳限三日條具以聞，當議蠲免。及諸州起發總制並在欠納因依，剩欲官吏拖失少欠免，令監理追納補發。有紹興五年以前虧官數目，並予除放。其催理去處取見詣實，如委無情弊，一面先次權住催理，具狀保明聞奏，當議亦予除放。州縣因災傷逃移，并不當催繫入戶布種未盡田畝，依已降指揮，令免稅租，訪聞州縣違戾，以拘催上供為名，復行催納。自今降指揮到日，並免催理。如違，令提刑司覺察按劾以聞，當重科斷。其紹興四年五年終前項人戶拖欠未納上供稅苗，令提刑司取見所免催理數，如州縣委實無從出辦，具數保明聞奏，當議特予除放。諸路民戶買撲場務，昨因拖欠淨課利錢物，收執當折頂外，尚有欠少數目，委無可納者，紹興五年正月以前數目，亦予除放。諸路常平司諸色因



產入口承佃合輸租課，紹興五年以前拖欠之數，令長貳限三日條具以聞，當議免其寬恤事務。要實惠及民，如州縣巧作名目輒敢催理，委提刑司按劾以聞，當重寘典憲。　二十八日，尚書省言：已降免恤除放諸路州縣民戶見欠紹興五年以前稅賦等，尚州縣奉行，尚慮將合放稅租欠負錢物不行蠲免。詔令逐路轉運司約束管下州縣，將德意遵行，務要實惠。如州縣敢有違戾，或因緣追呼搔擾，許人戶徑詣本路監司陳訴，仍廷臺部越訴。若所屬自寬，官當取旨重行竄責，人吏決配。及令提刑司分委官遍詣州縣點檢覺察，具違戾去處當職姓名按劾聞奏。　八年三月二十二日，詔建康復來真浙兩經由州縣應辦人戶見欠紹興六年十二月終以前稅賦並予除放，官司輒敢本催，重寘典憲，仍令提刑司常切覺察。　九年五月一日，應天府路轉運司言：亳州譙縣諸鄉稅戶陳達等一百三人伏覩赦文內一項，應新復州縣百姓各安鄉井，並特予放免苗稅三年，差徭五年，欲乞止免差徭五年，所有放苗稅情願便行依時送納，資助國用。詔降勅獎諭，依已降赦文放免。上因宣諭臣曰：中原遺民久困暴斂，肆赦之初，特予蠲免三年，雖人心喜於休息，誠意樂輸，然斯民下出金戾，尤當加恤。兼赦文之信，豈可復渝？宜降詔獎諭，依赦蠲免。　二十六日，詔河

卷一萬七千五百三十五

八

南諸路新復州軍上供錢帛斛斗及土貢物色及大禮進奉銀絹，並放免三年。　八月十四日，三省言：給事中蘇符言：已令屯駐軍馬乞罷屯四川，對糴米物，從之。上曰：四川自兵興以來，橫斂既多，民不堪命，可令詢世將依深根反蹻藏以紓民力。　九月六日，樓炤言：川陝既合屯人馬，已將自軍興以來拖欠科敷，悉行蠲免，凡八十餘萬貫石。上曰：四川久屯大兵，不無科須，今敵地歸復，兵各分遣，得以減少，可愛養民力矣。上欣喜見于色。　十年閏六月十五日，詔順昌府戶口租稅，已降赦已放三年，更予放免二年。　十二年二月二十七日，詔令廣南東西路安撫轉運司取見寔經盜賊殘去處，特予蠲免今年夏秋二稅，應已前拖欠稅租並權住催理。五月八日，戶部言：舒州經殘破兩縣人戶予免稅租一年，其餘諸縣經賊擾逃避人戶予免一年，從之。　十三日，戶部言：泉州合年合發一半上供有額錢物，欲依通泰州例更予權放行，從之。　二十六日，詔安豐軍并屬縣各係極邊，大兵往來踐踏去處，紹興十二年合發進奉天申節銀五百兩，特予蠲免。　二十七日，戶部言：廬州欲諸司并經制有額無額上供錢物及激賞頭子等錢，除已降指揮予免年限外，乞更予展免一年，從之。　二十八日，戶部言：荊南紹興十年每年合發錢物米斛欲更予放

免一年自紹興十一年爲始許罷諸營從之　六月九日隨州言本州今
發年額上供錢物乞行蠲免詔更展免一年　七月五日荊湖北路安撫
使司參議官王奐言荊南上供米斛欲乞且依前來所陳免三五年俟百
姓歸業漸有稅賦依數送納詔更予放免一年　十三年二月十七日權
發遣光州田邦直言本州合發諸司及上供錢物疋帛斛斗并經總無額
激賞頭子錢并禁軍請給錢糧等乞候戶口增羨起理稅租日然後
更予展免一年　七月十一日上謂秦檜曰朕嘗與卿等說候四川足日
蠲免租賦少寬民力前日內卿兒剝辭亦議及此卿兒累曲鄉顧氣于民
事朕以謂若一槩除放又恐用度不足可將第三等以下蠲免如浙西以
驛泮之久民間應付不易臨安府尤甚可令戶部契勘第三等已下一路
共若干數且放得一料庶幾貧民下戶寬受其賜　十七日三省言戶部
具到浙西第五等人戶丁鹽錢合納見錢一半多有拖欠第三等以下人
戶數目最衆緣上戶多是分作小戶難以一槩放免若只蠲放丁鹽錢則
實惠正及下戶上曰甚好此錢不惟下戶難出民間所以不舉子蓋亦因
是朝廷法禁非不嚴然不能絕其本乃在于此　十四年二月八日上諭
輔臣曰民間積欠有可免者亦當量予減放使寬恩及民比年以來遇赦

叢一萬七千五百三十五

一九

寧息民間並無科斂人情想見歡喜數年之後當漸富庶秦檜曰諸州自
來申奏乞免欠稅積欠者多是十數年前發帶拖欠或非正數州郡各因陳
乞遂其私意恩澤不均臣等欲令戶部取見諸路數目條具奏聞有可蠲
免者即予之免庶使恩澤下究上曰甚好朕頃在河北備知民間利
病如官司尋常將人吏枷錮令下鄉催科奸吏以此爲名愈更掊擾倍蓰
所獲適中其計耳　十二日詔江浙等路紹興八年以前拖欠未起應干
諸色錢物等皆是積年留帶數目無可催理可並特予蠲放仍日下銷落
簿籍　十五日上諭輔臣曰近見陳剛中奏減免民間科須數目不少朕
聞之頗喜自是四川之民當少蘇矣　三月四日三省言諸路未發上供
錢糧等上曰浙江荊湖等路積年拖欠上供錢物米斛皆係留帶虛數可
將紹興九年十年未起諸色錢物紹興十年以前拖欠上供米斛並除放
勞弗第二等以上人戶未納數外餘並特予蠲放州縣官吏奉行違戾許
人戶越訴　十月二十二日詔永道郴州桂陽監及衡州茶陵縣民戶丁
二稅之外尚循馬氏舊法別有添納可將逐州縣丁身錢絹米麥並予除
放　十五年二月十五日荊湖南路轉運判官李紹祖言訪聞州縣官吏
往往將遠年積欠已應除放之數別作名目或謂之月計或謂之解州或

五年　錢五月

蠲免錢數

備申乞令轉運正稅按月認納至有將所欠稅租科擾與之縣令從之
自取以充月樁伏望戒敕監司州縣所有汎遠重實典刑上曰此事更須
令吏部措置行下　五年十一日四川宣撫副使鄭剛中言欲
減成都府路對糴糧米一十二萬石潼川府路六萬石切慮兩路州縣却
將已前積年欠負難催或以那充別色斛斗支遣擬還爲名復行掊擾甚
非寬恤之意伏望特降處分從之　七月十三日知興化軍汪待舉言本
軍諸邑瀕海之家以漁爲業夏秋二時官司令納魚稅緣捕錢欲乞悉行
除放從之　十四日三省言淮南轉運司乞蠲免廬光二州上供錢米一
年上曰人皆知取之爲取而不知予之爲取若未可催科處稍與展免俾
其寬給人足自然賦稅易辦　八月十九日三省言知和州劉擇乞展免
本州夏稅一年上宣諭輔臣曰朕常謂言事與行事不同若行事便有實
利及人如此等事也秦檜奏曰儒者所陳王道不過愛民而已上曰極是
閏十一月二十日詔楚州合發上供錢斛斗更予展免一年　十六年六
月十日詔安豐軍今年合發大禮銀絹特予蠲免　十三日詔滁州合發
上供錢物斛斗並依楚州已得指揮再展免一年　七月二十九日戶部
言建康府民戶所欠官錢六萬餘貫委實貧乏無可催理欲下總領淮西

叢一萬七千五百三十五

十

江東軍馬錢糧所取見詣實聞奏本所相度蠲免施行從之　十月十四
日知臨安府沈該言兩淮之地昨緣蹂躪荒業田疇近年以來鄉歸復還
衆墾植漸廣望詔有司更令寬展起稅之限以示安輯之意上曰財賦須
知取予之道若知取之爲取不知予之爲取非久遠之利也淮南之民若
盡歸業則其利甚廣所請宜令戶部看詳以聞　十七年七月八日大理
少卿趙不弃以前任總領四川錢糧職事引見進對上謂秦檜等曰趙不
弃必深知四川財賦令調度給足凡自軍興以來應干科斂並可蠲除朕
所以休兵講好蓋爲蘇息民力耳如其不然殊失本意　九月八日四川
宣撫錢糧兩司言欽准詔取索承平時常賦及軍興後權宜增益窠名數
目樁置將錄在錢引總計二百八十五萬八百三道悉係民間科斂諸色
虛額等錢欲對行減免從之　十八年四月七日詔荊湖北路州軍合起
納舊稅並予展免一年以本路運司有請故也　十二月二十三日戶部
言諸路運司將災傷五分去處第四等第五等十四年分十六年分合納
拖欠租稅除形勢外並予除放十七年分權予倚閣候豐熟科帶納如
違當職官重行黜責從之　十九年正月五日詔紹興府紹興十八年分
未納稅租依已降指揮與倚閣候將來豐熟日隨科帶納　五月一日

尚書省言汀漳泉三州有曹旺草賊作過去處人戶歸業之初未能盡行耕種乞據目今見耕種頃畝收納二稅其未耕種田段權行倚閣并有倚山臨海不曾遭賊之人乞前道賊經由拖欠稅賦致有違慢罪犯亦乞並予放免從之　二十年五月十八日前知汀州張昌言乞將本州上杭武平縣從前殘破縣分乞特與蠲免上供錢銀一二年其清流蓮城縣殘破稍輕乞量與減免詔汀州上杭武平兩縣係殘破縣分今年上供銀錢各與減免一年蓮城清流兩縣殘破稍輕三分中各與減一半　二十一年正月十一日上曰知廬州吳逵奏到任五事內一事淮南復業民戶宜寬恤涵養未可遽理租賦起上供可令戶部措置寬展予免年限　三月十六日戶部言浙江荊湖等路紹興十一年至十七年前項未起拖欠名色錢物等除形勢及監司州縣公吏鄉司并第二等以上有力之家未納數外其餘皆係積年登帶無可催理窠名今欲並行蠲放令州軍日下銷落簿籍委監司檢察施行從之　五月十三日權知劍州湯沂言本州民戶有稅草添收腳錢并川路有米估腳錢欲望並賜除放于是戶部言欲下四川總領所本路漕司看詳措置申尚書省從之　二十二年十二月二十三日總領四川財賦軍馬錢糧所言四川諸路拖欠紹興十七年

卷一萬七千五百三十五

十五

以前年分未起折估糴本水腳馬料激賞器物料等錢計錢引一百二十九萬四千二百餘道米九萬八千七百餘石絹四千九百四十餘疋大綾五十九百餘匹欲乞盡蠲免從之　二十三年五月十四日上諭輔臣曰近有人上書理會之家舉債知還本已足可盡除放已委有司看詳若止還本一例除放則上戶不肯放債反為細民之害可令子細措置　六月二日溫州布衣萬春上言乞將民間有利債負還息與未還息及本與未及本者並與除放於是戶部言坊郭鄉村富民下戶還有缺乏全藉借貸以濟食用今來若一概並予除放深恐豪右之家日後不可生放細民缺之兼諸路民間私債還利過本者已節次放至紹興十七年今若不對量所欠本利放免又恐細民力微苦于理索欲下諸路轉運司行下所部州縣將民間所欠私債還利過本者並予除依除放仍委自本司常切覺察如有違戾去處即仰按治施行從之　五日戶部言欲下轉運司將平江府湖秀州實被水災之下戶未納夏稅並權住催理候將來秋成日却令依舊輸納從之　二十四年八月五日權知吉州鄭作肅言本州秋起黃河竹索物料價錢及日後令起之數乞賜蠲除從之　十月三日三省言諸路州軍令歲豐熟間有高田旱傷去處上曰可令依條檢放公私



欠債仍住催理其係官年歲深遠者委戶部開具取旨除放　二十五年七月十一日宰執進呈戶部言准都省批下四川安撫制置使符行中四川總領湯允恭戶部員外郎鍾世明申准尚書省札子奉聖旨息兵專以為民四川州縣雖屢降指揮減免錢物以寬民力尚恐措置未盡可共當措置務在不妨軍食可以裕民事條具取旨行中等契勘每歲取撥錢引二項總計五百九十餘萬道總領所歲支外剩錢七十三萬道取撥茶馬司歲剩錢二十三萬四千餘道又總領所未入帳稱提錢二百九十餘萬道減免民間科敷等三項總計二百一十三萬餘道又減放科取州縣贍軍無窠名錢七十四萬三千餘道寬減放鹽酒務增酒錢三萬道添湊利州糴買米錢五十七萬餘道并乞除放十九年至二十三年州縣拖欠折估糴本及未起激犒六分水腳等錢共二百九十二萬餘道其所減數目乞鏤板曉示如將已減錢物却行催理許人戶越訴監司不檢察令制置司總領所按劾本部欲並依所乞施行上曰可並依所請仍行諸司常切遵守不得因而科斂騷擾　二十六年正月二十六日三省言戶部供具到諸路拖欠紹興二十一年二十二年錢物欲行除放上曰若只倚閣州縣實緣為奸又復催理不免于擾須更與除放　二十七日尚書省

卷一萬七千五百三十五

十二

言逐路州軍每年認發黃河竹索錢逃并拖欠數多欲行蠲免從之　三月十七日刑部尚書兼權詳定一司敕令兼權知臨安府韓仲通言臨安府民間地土占充官用者其隨地產稅賦和買等乞行除放從之　四月二十三日淮南路計度轉運副使蔣燦言淮甸之民累蒙詔令放免稅役而有司不能從恤復根括人戶侵耕田土並坐罪賞許人戶陳告兼出納租課皆不的實全不遵用放免稅指揮重困民戶令欲將所行侵耕出租並與免放三年六料催科從之　五月十六日詔楚州盱眙軍依已降指揮並予放稅十年以逃處民戶未盡歸業也　七月十七日詔令諸路經領所轉運司取會管下州軍民間地土占充官司營寨及官中房廊其隨地產稅和買並予除免仍開具已除放數以聞　十九日戶部尚書兼權知臨安府韓仲通言民間欠私逋負乞依欠官物已得指揮限紹興二十二年以前已並行除放從之　八月二十日詔建康府見拖欠內庫紹興二年至十年絹一十一萬餘疋折絹錢一百二十四萬餘貫紹興十一年至二十年絹九萬七千四百六十疋折絹錢一百九萬三千一百餘貫並予蠲免以帥臣張燾言累政以來積年拖欠歲久無所從出也　十月二十六日荊湖南路轉運判官李邦獻言本路郴道永州桂陽軍衡州茶

複改　字疑分



陵縣管催入户身丁米白米係椿充年額上供之數昨因羅長康奏得旨
其丁除免欲望許於本路年額上供內依數除豁從之　十一月十九日
直秘閣兩浙路轉運判官李邦獻言欲乞將潭川城內空閑地段及已耕
成菜園麥地並許士著流寓官戶百姓之家經官指占興造舍屋其地租
屋稅并元業應干稅賦和買並特予蠲免數年詔令劉府措置施行　二
十七年正月二十四日潼川府路轉運判官王之望乞減四川上供之半
以裕民上諭輔臣曰前日令四川措置裕民事尚未見條具到莫須見得
四川每年出入之數常賦幾何橫斂幾何軍儲所需與無名之費多少若
去費以免橫斂何有不可朕不息減省以裕民為備司措置未見定議遷
延如此萬一缺之何以善後之望有愛民之志但臨事不審詳遂率不有
請湯思退曰四川財賦如聖訓可催著振等疾速條具上同甚言　三月
二十四日上嘗謂輔臣曰前日所以下有司者詳正欲知向後兵食無缺
使民被實惠若無以善後恐又別有更改非所以裕民初講究利害想四
川之民日望減免分此指揮下尺以慰其心矣　三月二十四日成都潼
川府夔州利州路安撫制置使司兼知成都軍府事蕭振等奏承准已降
指揮並手詔四川縣軍財賦及民間利害令蕭振湯允恭李潤許尹王之

卷一萬七千五百三十五

十三

望公共相度制置條具以聞臣等公同共相度擬定到減放錢物共取擬
對名色數目條具如後一總領所奏具到宣撫司認隸成都與元府利閬
果洋州大安軍河池軍須回易等場抱收使錢引五十一萬一千二百六
十五道四百一十九文金四兩三錢一字皆係貧之逃亡事故無可追理
之數已蠲放施行一備成西和鳳翔等州屬縣入户各有舊宣撫司并陝
西運使自紹興五年營田每年夏秋兩租課經今二十餘年皆牛萮次例
死所有租課依舊催理已將諸州舊欠并以後并分半租斛斗並行除放
又奏欲減免民間科敷每歲計錢引一百二十六萬三千五百六十四道
對糴米見理一十六萬九千三百石今欲盡行除放其上件米價不許計
錢引九十一萬八千九百五十道內正色米四萬六千二百餘石係應付
綿梁州潼川府屯駐將兵今既從合成都府路轉運司抱認除免買遂州
係省稅斛就用應付外餘數亦從逐路運司糴支造所有合發買免買省
司稅斛及糴買價錢依今來估錢高價從總領所支降內成都府路每石
五道四分潼川府路每石五道半比做利路諸州体例立為定價將還從
逐路轉運司任責措支免糴應行支造成都府路轉運司合起三路綢畸
零絹估錢內成都府每疋理見錢引九道半潼州府路每疋理見錢引九



道比市價高大欲每疋減錢引一道計二十八萬一千九百二十三道所
有減外見存估錢係畸零數入户各名送納欲立定每尺每寸錢引分數
以錢引市價納見錢算所幾民間通曉免有科之弊成都府路止一十五
萬五百餘疋今欲每疋理錢引八道半每疋四丈二尺若納見錢即隨錢
引市價折納謂如街市錢引市價每道見錢八百五十文其絹每尺合納
見錢一百七十二文每寸納一十七文二分之類潼川府路一十三萬一
千三百餘疋今欲每疋理錢引八道每疋四丈二尺每尺一百九十文五
分若納見錢即隨錢引市價折納謂如錢引市價每道見錢八百五十文
其絹每尺合納見錢一百六十二文每寸見錢一十六文二分之類夔州
路激賞絹見理九千八十餘疋欲依理州路激賞絹体例除放約計錢引
四萬五千四百二十七道已上三項已自二十七年秋料爲始減放詔並
依仍令李士既降詔戒諭州縣監司不得更巧作名目妄有科擾于民時
上諭輔臣曰前日所以下有司者詳正欲知向後兵食無缺使民被實惠
若無以善後恐又別有更改非所以裕民講究利害想四川之民日望減
免今此指揮下足以慰其心矣　二十五日詔已降指揮四川路減免民
間科敷對糴米數等錢物以寬民力尚慮監司不能宣布德意使民通知

卷一萬七千五百三十五

十四

州縣尚敢將已減免除放之數巧作名目妄有科擾致實德不能及民可
令李士既降詔戒飭　八月二十三日詔襄陽府安豐軍光州荊南隨州
自紹興十四年至二十七年合起發上供內藏庫紬絹并折絹等錢緣户
口未復難以催發可予蠲免　二十四日知樞密院事湯思退奏昨日伏
見特降指揮蠲免襄陽府等處每年合起發內藏庫紬絹等錢極慰遠
遠方之民上謂輔臣曰淮上諸州户口未復州郡缺之自紹興十四年至
今有未納紬絹想見民力不易若不予除放亦則責辦於州郡不住催
督公人緣此已免民愁嘆與遂將累年積欠盡行蠲免庶幾民間受實
大遠民不勝其賜　九月十六日宰臣沈該等言昨日蒙宣諭淮東西京
西湖北州郡通欠內藏庫自紹興十四年至二十七年合發納上供絹
等物欲並予蠲免卿宜陞下焦勞郡國施寬恤于民蠲除之財数百萬
緡以寬邊郡民力天下幸甚先是內中上諭宰執等曰昔唐元宗有云吾
雖瘠天下肥突太祖太宗自古所以致開元之治也朕今有限可以據千奉
己內帑不容妄費一文　邊郡所失國家賦户口未復供輸未辦遽有是詔
九月十七日中書門下言兩浙諸州紹興二十三年至一十五年倚閣
錢絹久數多詔並減放一半　十一月八日宰執進呈兩浙運司具到浙西

諸州檢放苗米數如平江常湖秀州所放皆不及分上曰聞諸處糶米價極廉想災傷亦不至甚湯思退等奏曰臣等所聞止如聖訓　二十八年正月十一日詔滁州紹興二十八年合發上供錢更予展免一年　二十一日權戶部侍郎兼權領諸路鑄錢榮嶷言廣南諸發黃河紅蘇錢難錢數不多切慮無所從出詔自二十八年為始權免起發　三月三日成都府路轉運司幹辦公事馮方言伏見去年聖旨減放指揮內依前擬等所乞續令條具未盡事理臣輒補其未盡仰負聖聰伏覩累次裕民蠲減額有放欠如紹興二十五年減額二百九十二萬緡有奇放二百九十二萬緡有奇是也昨蕭振所奏惟減額而已未及放欠也切緣蜀中州縣已前多有虛額積年鄭先以至今日遂成漏底方其始也借寬補虛及其久也寬者為虛是以為蜀之民今已優游為蜀之官尚復窘急遂斂起錢曰及一年之額登帶掛欠空存聚斂之原官民一体理合兼恤欲乞聖慈許令四川州縣自今年為首據實理聽單錢物見元當年分本業名起發令年以前人戶實通欠限催發外餘官司虛欠特賜蠲放帶起舊錢則所謂掊之而盡當其虛卷則所謂患而不費譬如從根去草一切淨治矣詔令戶部看詳令部言欲下四川總領所移文逐路轉運司從長相度候逐司

卷一萬七千五百三十五

一十五

申到本司指定可否保明供申朝廷降下本部重別參照施行從之　十四日前知郴州江灝言郴州承馬氏餘弊丁輸米民間病之昨嘗奏陳乞家蠲放而戶部歲額未除欲望下戶部將湖南一路上供米據數開落從之　七月九日戶部言四川鹽酒場務未減額以前拖欠折估糴本人水腳雜收場店二分等錢已俾四川總領並諸路知通當寬即無陵歇盈閏乞行除放從之　九月二十四日上諭輔臣曰兩浙路被水災傷縣分其第四等以下人已降指揮將積欠稅苗權行倚閣候豐熟年分補發尚慮細民無力可償使徵擾害當議特予除放卿等可使取見詣寔如等戶部歲計有妨當從內庫支降錢物以補其數　二十七日一本言平江府紹興府湖州諸縣除放被水下戶逐年積欠租稅戶部開具有無侵損歲計上曰不須如此至今具數便于庫內支降撥還朕平時無妄費內庫所積正欲備水旱不本是民間錢卻爲民間用何所惜于是下詔平江府紹興府湖州諸縣災傷所有已前積欠稅賦並予除放令逐縣限五日開具合除數目申州覆實申轉運司本司保明申戶部候到令本部具數奏請于御前支降撥還其人戶私債并欠坊場酒錢並候三年外理還如官司敢徵逮索檢權令監司自覺察具名聞奏仍許越訴既而十一月一日詔內



藏庫降錢三萬九千六百一十貫七百四十二文付戶部充紹興平江府湖州被水人戶合放上供物帛錢米數目價值　十月六日三省言近者蠲放蘇湖常三州被水下戶積欠二稅已捐內藏庫錢補足大農歲計以寬民力昨日又有指揮大禮金銀錢帛減半供進恐錫賚之間或不足用上曰大禮支費朕先半年裁為定額無分毫濫予比前郊減一半　十二月二十二日中書門下三省奏紹興平江府湖州被水災傷田畝雖已檢放并越予蠲當寬添放理宜又加優恤詔于已放分數各予添放一分　二十六日詔訪聞太平州分秋亦有被水災傷田畝可將第四等以下已糴賑濟人戶今年以前積欠稅賦并予除放　二十九年正月二十八日有詔諸路沙田蘆場已立定租課緣去秋有風水損傷去處其二十八年租課予減一半　二月二十四日上宣諭輔臣曰江西道路聞有散人為群劫掠王綸曰臣竊意止是艱食之人不得已而為之未必皆嘯聚之徒正緣州縣妄集之不上曰朕自去冬見災傷去處悉令賑濟及蠲放積欠已及二十五年矣比又將二十六年二十七年者悉蠲之不知州縣奉行如何耳輕徭薄賦自無盜賊　三月十四日詔已降赦文諸路州縣民戶積欠租稅等並已放免至二十五年終州縣尚敢依前催理官吏作弊以責

卷一萬七千五百三十五

一十六

一字疑誤

妄用令監司覺察違戾去處當職官吏按劾聞奏重行決責人吏斷配許人戶經赴臺省越訴　十八日詔盧濠壽州軍安豐軍內藏庫天申節大禮錢各展免三年　二十二日上以放免諸路積欠諭輔臣曰輕徭薄賦所以息盜賊之水旱所不能免倘不務寬恤而催科是閑有司又從而加之以刑罰豈使民不為盜之意哉治天下當以愛民為本因降詔曰諸路人戶積年逋欠昨降冬祀赦文已與免至二十五年終朕念貧民下戶艱于輸納何時催理按據有失息養之意可將二十六年二十七年分第四等以下人戶違欠夏秋歲租和買丁身諸色官物並予除放州縣官吏宜体朕意不得依前巧作名目暗行催理如有違戾許被催之家越訴監司按劾以聞當重寘典憲仍多出榜文遍行曉諭　二十一日詔諸州縣二十七年以前拖欠紬絹錢三百九十七萬五百餘係人戶苗稅上件折帛慮催驅擾擾可並予蠲放　二十四日左司諫何溥言平江紹興府湖州諸縣被風水已經賑濟除放訪聞有未賑濟之前流移者及見歸業而官司拘于已敷分數之又不予除放聞浙西諸郡例被災傷蘇湖為重而常潤次之其開縣分未有不等今蘇湖四等以下一切蠲免而常潤夫于中陳止從減放乞將常潤被水四等以下人戶去年稅物未納者特予除放西

蘇湖紹興下戶不拘已未曾經賑濟，所有公私逋負一等蠲免。詔戶部限
三日看詳，于是本部言：欲將諸常州、鎮江府災傷水第四等以下人戶，并
湖州、平江府、紹興府下戶未經賑濟之前已自流寓，未曾除放之人，下轉
運司委官究見詣實，並依紹興二十八年九月二十七日指揮施行。四
月一日，詔信陽軍夏秋二稅更予展免一年。 八日，詔盱眙軍身役錢、廂
禁軍缺額請受、經總制錢、諸司窠名、提舉司量添鹽、糟水五分錢，各予展
展免一年。 五月四日，中書門下省言：乞降詔旨，放免諸路人戶逐欠夏
秋稅和買、丁産、諸色官物，訪聞有州縣復行催理。詔令諸路監司覺責州
縣遵守施行，如監司失于覺察，當重行黜責。 九月，知廬州、主管淮西安
撫司公事劉剛言：本州并濠、蘄州、安豐軍各合起發天申節銀五百兩，其
逐州軍財賦不足，切慮至期無可起發。詔各予展免三年。 七月十八日，
漢陽軍言：民力未蘇，所入微薄，乞蠲免今年并以後年分合椿發上供錢
上增添二分錢。詔予免一年。 二十五日，權兩浙轉運副使馮沂言：乞詔
路州郡將管下應干官欠畜數條具，以赦書詳指定合催合放事理，不得
漏落，保明申諸司監司疾速審實，申乞除放，仍乞嚴立日限，以防擾。令諸
從之。既而戶部言：諸路未起諸色錢米并拖欠上供米斛、鹽鈔錢，依已降

卷一萬七千五百二十五

十七

赦文止放免至紹興二十五年終，所有民戶積欠稅租并欠私債如納息
過本，亦已放免至二十五年終。續承今年三月二十一日手詔，係將二十
六年分第四等以下人戶逋欠夏秋稅租和買、丁産、諸色官色並與除放，
今欲乞坐赦文手詔，依今來所請事理遍牒施行，限三月回報。 八月
八日，殿中侍御史汪澈言：徽州客人陳恭等越臺陳訴，拘收柚解、木植解
湯人吏與牙稅人通同乞覓錢物，遂致虧收工錢，本植復均在客人名下
逃役，而徽州休寧、婺源、祁門、黟縣、嚴州分水、淳安共七縣，類皆貧民為于
山谷伐望時予蠲放。從之。 九月十六日，詔兩浙江東西去歲水潦處，除
去處在法合于分秋成驗之後具數選官可特行蠲免，湖北江東西逃日
以內澤少逃處生蝗蝻處，委監司守郡体訪，如委有損稼去處，量行減放，令
年租稅。 二十一日，廬州言：本州諸司經總無額上供錢物，酬斗激賞酒
子廂禁軍鋪兵缺額坊場等錢物、增添稅錢，係是極邊民力困乏，若自來
年據難委是艱以支吾，欲望更予寬展年限。詔更展免一年。 十二月二
十三日，蘄州言：乞將本州合起發上供錢物、斛斗、廂禁軍缺額請受、增添
三五分商稅錢、存留三分經總制無額錢物、科役等，免展免二稅并限收
椿起發。詔更予免一年。 三十年二月三十日，滁州言：本州上供錢、寄[illegible]



依濠楚盱眙壽州軍更賜寬展年限。詔更予展免一年。 八月三日，詔臨
安於潛兩縣被水居民漂溺，生生之具皆盡者二百六十六戶，灌此積災，
深可憫恤，可予各免應戶應干苗稅科敷及丁身錢等，甚者與免四料，其
次免三料，餘免兩料。 九月十二日，詔臨安于潛兩縣被水衝注成溪去
處稅物，並行倚閣，從之從知府事食端禮之請也。 紹興三十一年三月
七日，詔淮南京西路戶口今未復舊，內有已起二稅外其巧作名色科數
并蠲除。所有上供并諸司錢物已降指揮展免去處，候限滿更予展免五
年。州縣官吏差顧差夫私役，當重真典憲，仍出榜曉諭。如更有寬恤未盡
事件，仰監司守臣條具以聞。 四月三日，黃州言：已將減下人吏請錢糧
將招收戶口增美日依應均數起發施行。詔依已降指揮更予展免三年。
三十日，安豐軍言：本軍起發紹興三十一年分大禮銀絹各二百匹兩，內
絹已蒙展免，其合發銀亦乞展免施行。從之。 五月十二日，信陽軍言：乞
依蔣隨州例寬展年限起理稅。戶部言：欲下荊湖北路轉運司契勘委實
未可起理，即予展免一年起理。從之。 七月七日，權兩浙路轉運副使林
安宅言：平江府崑山縣民田被水災傷，人戶訴水府檢放不盡，將秋熟苗
限外有未納苗米一萬五千餘石，及長吳江縣主簿吳博古體究，據中承

卷一萬七千五百二十九

十八

縣以衍、吝之間，械繫乞丐者十數，蒸剔皆是被水免遭納苗米之人，弱省
日被，萬楚因囊以至飢餓無告，而強者訴上司，閩其被水之年，其所逃桑
甚久，恭照累年多寡之數，更合放苗米一萬二百四十六石四斗七升，乞
令契勘知縣滿松年貪謬不職，閩恤民事已行，對移伏望特許除免。詔特
予除免。 二十六日，知高郵軍呂令問言：高郵縣稅戶訴霖雨連綿，衝決
隄岸，乞將人戶殘零積欠并今夏折帛當限稅錢、酒店官錢權行蠲免。從
之。 二十九日，淮南路轉運司言：高郵軍條劃積之初，所入財賦不多，乞
將合發上供錢物、斛斗權行蠲免，紹興元年起發。 八月七日，詔淮南
東西路、京西路州縣、湖北荊南德安府、復州、漢陽、荊門、信陽軍民有因
未復，可將已起稅州縣人戶合納今年秋料稅租並予放免一年。合納之
數，仍令州縣當時銷注簿籍，如敢收受作名色催理，仰監司按劾施行。
十一月一日，臣僚言：淮南州縣自紹興二十一年被擾，一切之外，其間亦
有創行科斂名色不一，曰上供錢，曰大禮銀絹錢，曰天申節銀錢，曰三百錢
錢，曰人使歲幣錢，曰亭戶鹽錢，曰催解糴本錢，曰犒賞錢，曰細絹撥下
可具陳已行蠲除。詔令戶部欲望觸下，已降指揮中嚴行下，更不得催理，
仍令漕司出榜曉示。 三十二年二月十三日，滁州言：乞將以來所差官

二月疑是三月否則衍文



檢視往往不公，心盡爲減放。謂如平江府長洲縣去年民戶申訴傷秋苗
一萬四百餘石，檢視官觀望州縣止放四千餘石，其餘悉復元額，百姓虛
抱其數，至今追催，民寔苦之。欲望付之有司，將平江府長洲縣虛復逃水
苗委官覆寔，悉賜除放。從之。　二月十五日，知建康府上元縣李闢之言：
本縣所管金陵、鍾山、慈仁三鄉，賞鄰大江，自紹興二十八年緣風潮積雨
及江岸塌落，田疇化爲水面，連年既無所收，而二稅虛掛板籍，催科稍急。
欲望三鄉二稅和買等並予除放。詔令戶部看詳。戶部言：欲下江東漕司
取見三鄉人戶寔被塌江無田去處，即照應前項見行條法施行。如內有
雖經江湖而產見存，不碍耕種，即合依舊催納稅賦，毋令因而影帶走失
官物，仍開具三鄉寔被塌江及見存田產人戶姓名坐落及角立項保明
供申。從之。　四月二日，臣僚言：鄂州向因屯駐郭宏淵人馬，欵乏錢根本
州以和買爲名科歛民間，繼而郭宏淵人馬以起離本州，窃慮和買因仍
未除，望賜蠲免。詔令戶部看詳以聞。　三日，詔免光州紹興三十二年合
起進奉天申節銀絹一年。　七日，淮南轉運提刑司言：淮東州軍近因
賊馬蹂踐，其州軍年額上供錢物斛斗并天申節銀絹等，乞自今年蠲免
爲始。於是戶部言：欲將揚、真、泰、滁、楚州、高郵軍合進奉天申聖節銀與免

卷一萬七千五百三十五

十九

一年；滁、楚州、盱眙軍上供錢斛斗已降詔旨展免五年，上供錢高郵軍、泰
真州欲免二年，揚州欲免一年，上供斛斗泰州已免一年，□□州、高郵軍
及一分未參各欲與展免一年，并欲將揚、滁州、高郵軍逐色、盱眙軍無額
錢各予免一年。從之。　十八日，安豐軍言：近因兵馬蹂踐，人民未蘇，所有
常平司錢乞寬免展年限。詔展免一年。　十九日，詔淮南東路安撫司言：
逆虜侵犯真、滁、揚、泰、楚州、盱眙軍、高郵軍，所有諸州軍認椿楊麻價錢并
減下人吏雇錢、上下半年外任官供給錢、常平粜谷軍部代軍典錢，窃恐
難以椿辦。詔特予並免一年。　五月一日，臣僚言：濱江州郡去年因北騎
侵犯兩淮，措置守禦，遂予瀕縣人戶名下科差丁夫，車擋戰船，理釘木簍
門椿，運河般載粮草。望降詔旨，將沿江州軍五等人戶見欠紹興三十一
年以前官私債負並予倚閣，候至秋熟催索。保正副被官司違法勒令認
納租課有未納數目，不以多少，並予除放。戶長所催稅物申到逃絕欠數，
並令取見詣寔，盡行蠲除，不得勒令陪代送納。州縣修造工役有妨農務，
並行住罷，仍委監司常切覺察，如有違戾去處，按劾施行。詔令戶部看詳
申尚書省。　同日，中書門下省奏：新除翰林學士知制誥洪遵言：切見平
江府管下崑山縣苗米六十五百石有畸，蹟緣經界逃民隱戶之田皆籍



以爲數，伏望特賜減免。詔特予減免。　孝宗皇帝紹興三十二年
未改元。六月十三日，登極赦：官司債負，其間有積年未納之人，各屢催租賦、
和買役錢及坊場河渡等錢，截止紹興三十年以前並予除放，日後不得
再有追欠。官司別立名額，仍錢追納者，許人戶越訴，官吏並當論罪。既而
殿中侍御史張震言：恭覩登極赦文，官司債負積年未納之人、房債租賦、
和買役錢及坊場河渡等錢，截自紹興三十年以前並予除放。臣竊見四
川州縣自軍興之初，趙開總計，合諸路之賦而自斡旋之，有餘不足，得以
相乘，而民不告病。其後諸路漕司各認定歲額，而總領所持總其大計，于
是有名無寔之錢遞相積壓，以至于今。民力未竭而虛額不除，朝廷雖累
遣使命，俾諸路計臣蠲減以裕民，而終未能盡去也。近年以來，督責之令
既少寬矣，顧其名猶有存者。蓋州縣各據本年分所收錢物具数赴總領
所送納，而總領所即據其以前年分所欠之數，批改鈔旁作理積欠。彼州
縣既罄其所有以充本年之數，安得更有羨外償積欠乎？則舊欠常在而
新欠仍在也。所以累經赦命放債積欠，而州縣並不霑被惠，舉不過繳新
錢既已補舊，當放者不能免，而見存者不當放，寔害不去，虛名徒存故也。
欲望行下四川總領所、制置司，取見州縣紹興三十年已前官司欠負，並

卷一萬七千五百三十五

二十

與除放。其州縣撥納總領所鈔旁，名以改批作三十年以前所欠，並與執
用元鈔作本年分收正窠除外，有三十一年、三十二年寔欠，即令逐旋帶
納。如此則于民間一洗積欠，而總領司歲計自依逐年之數，並無損，不
過除其名而已，此利澤之大者也。詔令戶部行下四川總領所并制置司
遵依今來赦條施行。從之。　二十五日，詔淮東沿邊州縣所納課子蠲放
二年。　七月二十二日，判建康府事一措置兩淮張浚奏：兩淮先經殘破，
流移人戶漸次歸業，所有稅課乞展免二年。今和州見將催課子亡戶蠲
免。從之。　十月二十一日，詔諸路紹興三十年以前民間未納及拖欠諸
色窠名錢物米斛並予除放，御州縣日下銷落簿籍。　十一月十九日，詔
楊存中所獻酒坊賒欠錢四十餘萬貫並予除放。　二十五日，詔福建路
自紹興三十年以前寺觀認納備剩積欠並予除放。　十二月十二日，詔
江東州軍造三等甲葉子抛買生黃牛皮羊皮各一萬張，以三分爲率，減
免一分。　同日，中書門下省言：江淮東西路宣撫判官兼權知建康府陳俊卿
言：建康府歲額合起內藏庫上供絹一十萬五百一尺，內一半本色，一半
折納見錢，數內椿閣絹一萬三千八百餘匹，無從催理，本府每歲豁撥籍
手息錢四萬貫換額起發，所有今年分猪羊息錢應付修造行宮及修城

壽皇聖帝己即位

州縣支用，委是無可限撥，又不敢科歛于民，已賜蠲免定之　壽皇聖帝
隆興元年正月七日，詔安豐軍紹興三十一年分未曾起發進奉天申節
絹五百匹及大禮絹二千匹並予蠲免。二十六日，詔鄂州紹興三十二
年并以後年分合增添二分上供錢三千九百十四貫特予蠲免。二月
十六日，詔蘄州紹興三十一年未起下限上供錢一萬六千二百六十五
貫免行起發。三月十三日，詔民間有利息債負可徵自紹興二十八年以
後，如已出息過本，謂如元錢一貫已還二貫已上者，並行除放；其息未及
本者，許逐月限帶入還；若將利爲本錢，止分限交還本錢。二十一日，詔
泰州合進奉天申聖節絹一百六十七匹、年額絹一百六十七匹予蠲免
一年。四月二十六日，詔光化軍紹興三十一年分上供錢三百六十八貫
文特予蠲免。五月十日，詔楚真州并淮南轉運司進奉天申節銀予
權免一年。十五日，詔真州認椿轉運司進奉銀絹等價錢減下人吏
雇錢、供給錢、史祿錢並予蠲免一年。六月二十五日，詔信陽軍隆興
元年進奉天申節銀一百兩、絹二百匹予蠲免一年。二十六日，詔二廣
比年科敷買賣鬻爵度牒并尹葉等見今起發之數盡行蠲免。八月
十七日，詔淮南州縣曾被紹興三十一年賊馬踐破去處，昨降德音展免

卷一萬七千五百三十五

一二一

二年稅課，并有不經賊馬踐踏分撥取課子亦免納四分，並各至來年起催。
尚慮民力未甦，更與展免二年。九月二十五日，湖州烏程等六縣所紹
興三十一年第四等以下戶見欠苗稅特予免放。同日，詔災傷之田既
放苗稅，所有私租亦合依例放免，若田主依前催理，許租戶越訴。十月
十二日，詔揚州催發內藏庫隆興元年分年額坊場錢與蠲免一年。十
二月二十四日，詔廣西合起牛羊皮軍器物料并廣東路未起發牛羊皮
並予蠲免。二年正月九日，詔廣西路于權場貴引錢內每歲特予蠲免
一十五萬貫，令本漕司應付缺乏州郡二年。二月十六日，詔秀州去歲
被水災傷人戶拖欠紹興三十一年以前苗稅特予放免。三月十七日，
詔秦州上供等錢三分蠲免一分。同日，詔揚州上供進奉諸色物錢予
免一年。四月七日，德音：廳高藤雷容遷州縣近緣盜賊窮發，民力不
易，可特放免今年夏秋二稅，官司不得妄行催理，如違，犯按劾以聞，仍許
人戶越訴。同日，德音：高藤雷容州民間拖欠諸色窠名錢物未斛可核
續放至隆興元年終。二十九日，詔滁州合起今年經總制無額錢并隆
興二年分合發進奉天申聖節銀絹並與免一年。五月四日，詔無爲軍
合起發隆興二年上供錢物斛斗、經總錢物及諸司窠名錢物予免一年。





十七日，詔吉州入縣第四第五等人戶未納紹興三十一年、三十二年夏
秋二稅、隆興元年夏科役錢殘零稅物特予蠲免。六月一日，詔淮東西
商旅所販貨物依立定省則例並與減半收稅，如係歸正人興販，特予全
免三年。十五日，詔諸路歸正僧道免丁錢並放免。二十九日，詔淮南
西路科買朴硝并牛皮等物及應干科敷並予蠲免。七月二十五日，詔
揚泰楚滁州盱眙高郵軍合椿發隆興二年分內藏庫歲額坊場錢並予
蠲免一年。二十九日，詔行在排岸司見監係官綱欠米舡戶欠十石以
上人日下蠲放；其三十石以上人，司農寺合責保知在，於外填納。九月
四日，詔臨安府見寄禁少欠米料綱稍何元等一百六十七人，可將欠五
十石以上之人令戶部押下元裝發州軍補糴，欠五十石以下人並予蠲
放。十月五日，詔揚州認椿轉運司隆興二年天申節銀絹予免一年。
二十八日，詔漢陽荊門信陽軍、襄陽府、安復隨郢州人戶應水陸般運去
處，今年秋稅更予放免一半，其已納者即予理爲明年合納之數。十一
月十五日，詔光化軍合納隆興三年分內藏庫天申節銀一百兩、折絹銀
七十五兩予免一年。十二月四日，詔黄州隆興二年夏限上供錢特予
蠲免。十六日，德音：楚滁濠廬光州、盱眙光化軍管內并揚成西和州、襄

卷一萬七千五百三十五

一二二

陽德安府、信陽高郵軍人戶合納稅賦，除見放免年限外，并房錢白地錢
予展放二年，其日前積欠稅賦並予除放。同日，德音：楚滁濠廬光州盱
眙光化軍管內并揚成西和州、襄陽德安府、信陽高郵軍應日前係官及
常平司諸色借貸欠負錢物，一切並特予蠲放；其人戶承買坊場河渡拖
欠淨利課利亦予除放，見承買人令提舉司相度量予蠲減；并民間私下
欠負權行倚閣，並候及三年依舊。同日，德音：楚滁廬光州盱眙光化軍
管內并成西和州、襄陽德安府、信陽高郵軍逐州軍格填廂禁軍缺額請
給錢物，內已有指揮免起年限，窃慮未能椿辦，可更予放免二年。乾道
元年正月一日，南郊赦：兩浙、江東西、湖南北、福建路合造發上供成額軍
器物料、田葉并所拖軍器物料，可自紹興三十二年以前拖欠未起之數
並予蠲免。內淛南北路每年合造弓射克敵弓，已免至紹興二十五年
終，可更予蠲免三年。同日，赦：溫明秀贛吉州各有造打綱頭般船并真
州小料舡，積年發帶拖欠數多，若令補造，慮致搔擾，可將虔州紹興三十
二年以前未造舡並予放免。三年十一月二日南郊赦，放至乾道元
年；六年十一月六日南郊赦，放至乾道三年；九年十一月九日南郊赦，放
至乾道六年。同日，赦：諸路州軍般發米斛，緣有折欠，將管解、并綱

青脫文



科等及所屬監填詔開具闕有合干人無可償納監繫日久可將見欠
五十石以下人並予蠲放其見欠五十石以上人除豁免五十石外其餘所
欠數目行在委戶部外路委總領官取見指定先次放於押下元來總州
軍依數補糴既而兩浙路計度轉運副使方滋言竊見赦書諸路賦稅折
欠闕有合干之人監繫日久將見欠五十石以下人並予蠲放五十石以
上人蠲免五十石而官司往往既又以為免之必日以催督之始有鞭撻之
限其間僥倖既免者未必非真有力之人而合免之人無所獲至中甚
失主聖恤恤之本意乞下諸路官司將所屬合赦見欠人因稍見欠五十石以下
之人不限遠近日數並與蠲免其餘欠折五十石以上之人限六年九限
敕書並同此制　同日敕應欠負官物元非侵欺盜用及雖侵盜而本家
并干繫保人內無抵當財產償納或官司失於催理致行支遣見行均糴
并因水火損敗若被盜及綱船拋失各無欺弊見監折欠或坑場因商
賈不發及不顯侵欺係欠課利見行催理或買佃官田與戶絕田產并欠
隱稅租見理積欠年深是窮乏無可陪填已上並委本屬限一月保明申
轉運常平司審實申戶部除放　同日敕應犯罪追贓備償并先以
官錢代支而犯人委是貧乏無催理見行監捕干繫人名下均攤償納及

卷一萬七千五百三十五

二十三

監司州縣一時增立賞錢日下追理未足者並特予蠲放三年六年九年
南郊赦並同此制　同日敕買佃官田及戶絕田產限一月許令經官自
陳其欺隱逃稅租並予除放三年六年九年南郊赦並同此制　同日敕
諸路州縣酒稅欠折坊場爛壞綱運沉失倉庫漏底注在簿籍委非侵盜
并四川民戶拖欠布估水腳錢已赦至紹興二十八年終勘處以後年分
亦有積欠之數官司見行追理無所從出可將二十九年至三十二年終
拖欠之數並予除放　三年十一月二日南郊赦放至隆興二年六年十一
月六日南郊赦放至乾道三年九年十一月九日南郊赦至乾道六年
同日敕淮浙鹽場亭戶虧欠鹽數已降赦文放至紹興二十九年可將紹
興三十二年已前拖欠未補數目令提舉鹽司取見如委是不能補趁並
予蠲放　三年十一月二日南郊赦放至隆興二年　六年十一月六日南郊
赦放至乾道二年九年十一月九日南郊至乾道六年　同日敕州縣催
發去處第四等以下戶依法合請種食限一年免息送納如遇貧乏之人
限滿無可輸納可並予蠲放六年九年南郊赦並同此制　同日敕民間
欠負己除放至紹興二十八年終其二十八年至三十一年終民間欠負
私債如納息過本可並予除放應民間所欠官私房廊錢並予除放三年



十一月二日南郊赦放至隆興二年六年十一月六日南郊赦放至乾道
三年九年十一月九日南郊赦放至乾道七年　同日敕軍州起發金銀
物帛綱運內已額依次之類估剝斷官錢數行下補發詔開州縣監勒干
繫人等及元賣鋪戶均攤償納之人不能償納理宜矜恤可將紹興三十
二年以前未足數目如委是無可填納並予除放三年十一月二日南郊
赦放至乾道元年六年十一月六日南郊赦放至乾道三年九年十一月
九日南郊赦放至乾道六年　二十三日詔楚滁濠廬光州盱眙光化軍
管內并揚成西和州襄陽壽春府信陽府曾經殘破或經人馬蹂踐去
處應合起發上供經總制錢並特予蠲免一年　二十五日詔泰州合納二
分上供並進奉聖節銀絹折納價錢蠲放一年　二月二十四日詔朕
以淮甸兩路有流盜蠶食其浙東西路災傷去處人戶合納乾道元年身丁
錢絹臨安府紹興府湖州常州秀州並與全免一年溫台明處州鎮江府並且減
放一半　三月九日詔楚真滁揚濠廬光州壽春府盱眙光化軍各緣
人馬蹂踐或侵擾去處所有合起發乾道元年進奉天中聖節內藏庫絹
並予蠲放一半　十一日詔信陽軍乾道元年進奉天中聖節內藏庫銀
並免一年　十七日詔真州六合縣人戶因虜人侵擾燒劫殘破其合納

卷一萬七千五百三十五

二十四

稅賦特予展免二年其人戶承買坊場河渡拖欠淨利亦予除放見承買
人仍令提舉司量予蠲免　五月二十三日詔臨安府內外有公宅店
貧民今本府差官抄劄予放房賃一月每致失業作禁　同日詔蠲免盱
眙軍發納紹興三十二年隆興元年隆興二年分內藏庫坊場錢各五百
貫文　二十四日詔四川州縣虛額錢令制置司總領所並行除放如有
闕用度不足即將添造錢引數內通融取撥補用　六月七日詔和州所催
一半上供等錢并諸司窠名錢內庫錢物特免一年　十五日詔蠲免光
化軍乾道元年合發進奉天中節銀五百兩　二十五日直顯謨閣權發
遣廣州林安宅言近者湖東兇寇奔衝本路北江則圍英州而韶連南雄
管下皆遭蹂踐兩江則圍封州德慶府而肇慶之四會廣州之懷集清遠
亦被焚蕩其有經由殘破去處已依廣西例予免今年夏秋二稅所有諸
州合應付轉運司決贓荊南及本路大兵錢糧欲予蠲免詔依今年夏秋
人戶已行送納即理充來年之數仍令尚書省給降黃榜曉諭人戶通知
依前料復許人戶越訴　二十九日詔無為軍乾道二年分上供等錢物
全免一年　七月四日詔蠲免隨州合起諸色窠名錢一年　十二日詔
蠲免盧州乾道元年合起發進奉天中節銀五百兩　十四日詔蠲免均

乾道八年七月七日條移在後七月二十四日前

乾道三年八月七日條移在後八月十二日前



州合買諸色官錢一年　十九日詔已降沙田蘆場起稅所有和買並特予免納　乾道八年七月七日臣寮言租佃沙田蘆場已減免一半計一十六萬餘貫文　二十二日詔階成西和鳳州人戶會納租賦予免今年夏秋兩料如內有已納人戶理充來年合納之數　同日詔近因湖南盜賊竊發其曾經殘破去處州縣並予免今年夏稅如內有已納人戶理充來年合納之數　八月十二日冊皇太子赦應州縣官道見欠隆興元年二年見丁錢特予除放　十月十三日詔真州乾道元年合發上供經總制等錢物特予免一年　十一月二十六日詔蠲免興化軍猶剩米一半權知興化軍張允蹈言自建炎三年本軍秋稅除一半軍儲外猶剩米二萬四千四百五十八石七斗八合五勺供福州軍須其後遂年以為定例常以二百五百石充殿應付福州謂之猶剩米四十年間民間水旱官司不復減損本軍苗賦有限歲入不及歲出遂申上司指揮將猶剩米起本軍轉變或發三寨就請無以應付已行蠲除故有是命　乾道三年八月七日興化軍人言前知軍張允蹈具申猶剩米因依雖蒙蠲減一年近年以來減罷場務并增壯城軍額及騎正等人支費數倍若令應付一年委是窘乏有旨特依所乞並予蠲免　十二月十五日宰執進呈立皇太子赦

參一萬七千五百三十五

二十五

內一項應為人曾孫如祖孫四世見在特予免本身色役二稅諸般科敷一年戶部中明數每戶只於五十貫文止上曰如何五十貫文止洪适奏曰為恐放免稍多戶部遂有指揮計數立定止于五十貫耳上曰豈可失信于人雖放免數多亦不奈何　乾道二年三月十八日戶部言據兩淮諸州軍言已接續展免二稅緣兩淮有公邊及近裏州軍并殘破戲重去處難以一概放免一公邊兩經殘破州軍欲更予展免乾道二年起理二稅并接續放免上供諸色窠名錢物一年自乾道三年為始起理楹發盱眙軍楚滁州壽春府濠廬光州除上供等錢物已放免一年外合更予展起理二稅一年一揚州高郵軍真州無為軍和州雖係近裏一經殘破去處其隆興二年入馬求曾侵犯官下及各曾屯駐兵馬更予展免起理二稅一年及減一半上供諸色窠名錢物一泰州係一經殘破近裏州縣除經總制等諸色錢物已經認發外有上供錢一萬四千貫文天申節進奉銀五百兩去年以三分為率減免二分認發一分其米二千六百餘石隆興二年以三分為率減免一分認發二分亦係因隆興二年冬兵火驚擾去處所憂難以全令認發一半及更予展免一年起理二稅並自乾道三年為始起理從之　四月二十四日詔浙西招募佃客開掘圍田應



日前借過糧食積負悉予除放　五月十三日詔盱眙軍乾道三年并以後年分上供諸司經總制無額等錢物予免一年　二十七日詔蠲免往陽軍乾道元年分闕官俸祿錢四百貫　六月一日詔江陰軍緣累年災傷除放稅已減放外其夏稅並依乾道元年數目特與除放　二十九日詔無為軍乾道二年上供等錢物特全免一年　八月五日詔江陰軍元年寄買臨安府和買細絹特與減一千五百匹郡令臨安府收買先是建康間臨安府遣陳適之從本府奏請撥將年額和買細絹於蘇湖常秀四州寄買江陰時為縣隸常州分認細絹四千餘匹至紹興十四年轉運司將寄買細絹撥還臨安府認發而江陰獨失于陳理乾道二年八月知江陰軍徐蔵上言之故有是命　七日詔襄陽府應合起諸色官錢不以有無拘礙蠲免一年　十三日詔光化軍襄陽府信陽軍等處合納二稅依已降德音各展放二年所有均隨二州理合一体自乾道二年科為始依展免二年四料如已行送納理充將來合納之數　二十六日詔降指揮兩浙江東路州軍不巳官戶富民管田一萬畝出糴米二十五百石兩浙三十五萬四千三百餘石已納三十萬六千七百餘石未納四萬七千六百餘石江東三萬四千四百八十餘石已納二萬三千二百三十餘石未

參萬七千五百三十五

二十六

納一萬一千二百五十石以上未納米并予除放　十月九日詔饒州每歲進奉金一千兩特予減七百兩　同日詔將諸州軍什坊紹興三十一年至隆興元年拖欠酒錢並予放免一年　二十八日詔兩淮殘破州縣二稅已免至乾道二年終可更予放免一年　三十日詔隆興元年隆興二年分紬戶少欠未納酒錢特予蠲放　十一月二十二日成都府路轉運判官與女霖等言本司照得所理人戶白契稅錢係自紹興三十一年立限拘收至今首尾已經五周年其間官司或催或放或理或追以致文簿交錯民間疑惑其初本路一路共合理民間錢三百四十萬餘貫今來所餘三十七萬餘貫並係畸零殘欠乞權住催理有詔自今降指揮到日未理殘欠並予除放　二十六日詔淮東鹽司將今來未起剩鹽本錢三十萬貫物免椿管　十二月二十一日左司諫陳良祐進對因奏[illegible]有百姓既足君孰不足豈入為出可不念哉一語此最要今官吏與兵今取于民者已竭而養官吏與兵之費加益而不已國用安得不窮頤陛下取見一歲賦入之數其取于民者已過則從而蠲之以寬民力取見所養官吏與兵之數其可省者從而省之上曰朕嘗有志于是和買及折帛等錢以寬民力但知今未暇良祐奏陛下言及此生靈之幸[illegible]未郤無此

食貨六三之二七

等錢皆是軍興時科取及講和之後此等科目依舊不除今取民箸錫其若謂節用令出入有度稍有蓄備即可行于陛下之志矣上曰因卿之言當定經制　二十五日詔諸路州軍歲額弓甲物料均撥付三衙江上諸軍等錢及軍器所造弛并歲額弓甲箭物料乾道二年以後合納之數令工部行下諸州軍並予權行放免　乾道三年正月一日詔臨安府每歲認發三五分稅錢一十五萬貫緣今年本府應辦大禮所用錢物浩瀚除通判廳認發八萬四千貫不減外所有本府歲發錢六萬貫予減免五萬貫　十八日詔蠲免六合縣去冬遭火燒燬道倉米七百五十二石　二月三日臣寮言川秦茶馬兩司自紹興十九年至紹興三十二年諸州縣侵用夫價博馬歲計并茶場園戶積欠鬬額科息錢引見錢銀絹錦紬布等兩司總計六十六萬四千九百餘貫係年深月遠官吏皆移園戶委是貧乏無可倍填欲望將紹興三十二年以前應有欠負茶馬司錢物並與除放從之　十七日詔四川宣撫司本路諸監司將瀘敘州長寧軍日後非泛科斂一切蠲免　四月十八日詔溫州永嘉平陽瑞安樂清四縣逃移死絕人丁共一萬四千七百九十五丁每丁納絹三尺四寸共計一千二百五十七匹二丈三尺並行銷欠　六月七日宰執奏事之際上曰

卷一萬七千五百三十五

湖秀越三州雨水爲害可諭守臣知民間新漆宜予減放魏杞奏曰依條自當減放更當諭以聖懷軫念之意上曰三洲和糴宜與免放又曰江西今年和糴米免一百萬石民力稍少寬陳俊卿奏曰此陛下一念之及足以致和氣況百萬石米民之受惠多矣　十二日詔潼川府利州夔州路人戶白契稅錢共一十萬五千五百三貫五百七十四文并行除放　二十六日詔臨安府新城縣每年進際稅賦與減免一半　七月十四日詔桂陽軍乾道元年未起發上供錢并乾道三年分天申節大禮土貢及上供錢銀並以三分爲率特予減免一分　閏七月二十三日詔蠲免郴州道州桂陽軍拖欠下乾道元年五月以後月椿錢六萬七千二百四十二貫有奇以寇盜賊徒殘破故也　二十六日詔蠲免臨安府臨安縣五鄉人戶二百八十家夏秋二稅有差以天目山洪水暴發衝損居民故也知臨安府周淙言據錢塘縣丞余商成具到圖向等二十四家衝損屋宇溺死人口欲放今年夏秋兩料並來年夏料錢于與等一百四十一家衝損屋宇什物不存欲放今年夏秋兩料臧慶全等七十家衝損一半屋宇什物欲放今年夏料以上三料並係第五等以下人及鍾友瑞等四十五家各係上戶內有該之爲第四等戶被水至重欲放今年夏料范理等四十



乾道三年六月七日條移此

食貨六三之二八

一戶被水次重欲放半料以上通計合放和買夏稅紬絹綾各折帛一千三十四尺三寸并綿一百九十二兩一錢役錢四百二十四貫七百七十三文丁錢六十九貫二百文苗米三十七石有奇茶錢一十九貫有奇從之　八月二十二日漢陽軍言本軍止管漢陽漢川兩縣在湖北一路最爲僻瘠之處兵火以前每年椿發上供錢本寨貫錢二千五百貫文于紹興十三年以後每年于所起錢上通增二分錢七百四十五貫六百文至三十二年共增錢一萬五千六百五十七貫六百文昨自隆興二年承差歸正官并統領所差撥添監酒務歇廢接次使臣每年椿請俸錢僅二萬餘貫緣此本軍欠之上供錢委實無所從出乞自乾道二年以後蠲免通增二分上供錢止依目今見起錢一萬五千六百五十七貫六百文爲額詔令戶部更予擬免乾道二年三年仍自乾道四年爲始　二十三日詔光濠廬州壽春府乾道三年合發上供諸色錢物並予全免一年其無爲軍以三分爲率放免二分　九月十七日詔溫州經總制錢乾道二年秋季至五年夏季終以十分爲率予減二分　二十五日詔和州合納二稅上供錢并內軍錢物特予蠲免　二十八日詔揚州乾道三年分上供經總制無額坊場七分寬剩錢以三分爲率蠲免二分　十一月二

卷一萬七千五百三十五

日南郊赦諸路州軍縣民戶有拖欠夏稅畸零稅賦和買折帛折麥折綾蠶租養士白地錢職田僧道免丁等錢物緣州縣催理失時積年拖欠及有災傷人戶逃移卻勒令保正付陪納仰諸路漕司委官將州縣第五等已下民戶應欠負隆興二年以前前項諸色畸零錢物並予日下除放如敢違戾仰人戶指提刑司陳訴將違犯官吏申取朝廷指揮施行六年十一月六日南郊赦至乾道三年九年十一月九日南郊赦並至乾道六年　同日赦已降指揮淮南州軍乾道三年合起上供分隸等錢物並已立定分數展免訪聞州縣尚于民戶名下仍舊科斂所有已到官錢物並與理將來名下合納稅賦其未納到錢物並予除放六年十一月六日南郊赦放至乾道六年分九年十一月九日南郊赦放至乾道九年分　同日赦出戍諸軍借請過錢米並予除放諸路府禁庫依條借過口食衣糧等照應節次已降指揮年限除放　同日赦紹興三十一年諸路州軍拖欠諸色窠名錢物昨來戶部約催所以申降指揮並予除放訪聞州縣卻有將元數巧作名色依舊催理可自赦到日依已降指揮除放　同日赦福建路昨來寺觀僧剩錢緣一時所立數目稍重其間往往不能椿納以致僧道逃亡虛掛欠負無所從出可並予蠲免　同日赦昨指揮兩浙

江東路州軍人户有田萬畝出糶米二千五百石未納米數已降指揮並與除放所有八千畝以上合出糶米一千五百石未有該載可令漕臣將未拘收合出糶米數並予除放　二十七日詔臨安府屬縣拖欠乾道元年夏秋二稅坊場課利折帛免丁寺諸色錢三萬三千餘貫人户少欠酒錢八千餘貫三百并安撫司錢六千餘貫並予除放　十二月八日詔免放舒蘄州災傷去處稅賦一年　二十七日詔放賀州乾道元年虧欠經總制錢一年　四年正月十一日詔福建上四州紹興三十二年以前積欠鹽本并錢並行除放　二月一日詔諸閩福建路建劍汀邵四州軍科買官鹽擾民户至于無本起綱已行敷納重困民力可將本路鈔鹽一項權行住罷轉運司每歲合認發鹽錢二十二萬貫並予蠲免却令本司于八州軍增鹽錢并將椿留五文鹽本錢通融抱認七萬貫充上供起發令後州縣不得更以賣鹽鈔爲名依前科數擾擾仍令監司常切覺察如有違戾許民户越訴監司按劾重寘典憲　三月二十八日宰執進呈知楚州劉舜諲乞將壯丁民社予免户下稅役上曰此說是可行蔣芾奏曰淮上見免二稅同而從來亦無害　四月十六日詔桂陽軍臨武縣拖欠乾道三年正月至四月分上供錢六千貫並予除放　五月二十四日詔

參本萬七千卷首書年

二九

滁州乾道三年未起經總制錢二千九百餘貫特予放免　二十七日詔無爲軍乾道三年未起一分經總制無額錢特予除放　六月八日詔諸路州縣乾道元年二年人户合有拖欠畸零夏稅和買折帛折麥折鹽蠶租養士白地職田僧道免丁錢物緣官司催理失時遂致積年拖欠令民下户難于輸納州縣追擾重困民力理宜優恤可令户部日下盡予除免　十四日詔邛蜀州予免今年夏稅一料如已送納在官理充來年合納之數裏場店户額官課予蠲免一半　十八日詔諸路州縣酒稅欠折坊場廢壞綱運沉失倉庫漏底注在簿籍基址徵益并四川民户拖欠布估錢脚錢已放至隆興二年終切慮以後并分亦有積欠之數官司見行追理無所從出令將乾道元年二年拖欠之數特予除放　同日詔臨安府諸縣乾道二年苗米坊場課利麴引等錢二萬一千貫有畸並與除放　七月十六日詔光化軍進奉内藏庫天申節銀絹免一年　八月一日詔廣德軍月椿錢令後每月予減一千八百貫以補發遣廣德軍花述及前江東運司韓元吉奏廣德軍所管止兩縣江東最小處月椿錢六十八百八十四貫三百有零比之它郡數目最重乞行蠲減故有是命　四日詔江南西路合發湖廣總領所舊酒博絹五千匹並予蠲除　九月二十七



日詔四川諸州拖欠紹興三十一年至隆興二年路軍諸色窠名物錢并退回短少估剩虧分之數及倉庫漏底折欠等錢八項並行除放　十月十三日詔和州今年合發未起一分上供等諸色錢物並予蠲放　十一月二十一日詔諸路州軍將乾道二年十二月以前應米補發米斛並特予除放　十二月五日詔困州因拔收捕輸賊所請過錢二萬七十貫一百文米一百二石一斗二升韶州米一千一百四十九石九升料四百一十一石一斗八升特予除放　十三日詔郴州隆興二年以前拖欠本縣還右前年錢米特予蠲免　十七日詔兩浙江東西路乾道五年夏稅和買折帛錢並權予減半輸納一年如州縣敢違故取民一文以上許人詣檢鼓院進狀陳訴官吏當重寘典憲　二十二日詔諸路常平義倉有漏底欠折一十七萬八千五百餘石並予除放户部尚書曾懷依指揮隨糧到江浙等路一百二十八州常平義倉除未申到外有漏底欠折一十萬八千五百餘石已令州縣補還故有是命　五年二月十七日詔臨安府乾道三年見欠折帛錢三十一萬五十貫文特予蠲放　二十一日詔諸州隆興元年至乾道二年終拖欠未起上供諸色窠名錢物糧斛並予蠲放　三月十三日詔臨安府人户見理運對糴米脚錢三十五萬貫

本一萬七千五百三十五

三十

可據實除放部自今年爲頭將歲有糴當等錢對數補填　十六日詔臨安府錢塘仁和縣乾道二年新舊夏稅苗米身丁錢除納外見欠一萬二千七百二十六貫有零特予蠲放　五月二日詔奉新府將奉新縣三鄉寬稅正額錢三百五十九貫苗正米六百二十八石并泛納折科盡行蠲除今後不得別作名色後有科撥　八月十五日詔江淮等路所拖欠紹興二十七年至乾道元年終合納內藏庫綾絹錢共八十七萬五千二百一十九貫四百六十一文並予蠲免　十月五日詔台州黃巖臨海縣被水衝損田疇屋宇牛畜之家乾道三年四年五年未納稅賦特予蠲放其私債候至來年秋成理索　十七日詔池州人户未納乾道四年夏稅二萬二千餘貫並行蠲放　六年三月二十四日詔嚴州第五等人户丁鹽絹予放免一年　四月二日詔建寧府場務虛額折估錢二萬四百九十六貫有奇並予除放　閏五月二十四日詔江東轉運司將建康府大平州寬被水縣分第四第五等人户今年身丁錢並予放免一年　十一月十八日詔溫州將乾道三年四年人户積年畸零稅賦並予蠲放第四等以下身丁錢並予也放一年　十二月二日詔臨安府錢塘仁和縣人户乾道五年夏秋兩料并今年夏料畸零未納錢物特予除放　十四

日詔楚州將兵火以前蓓頭二稅所收壯丁者戶長一分寬剩折納斷零
等錢特予蠲免　三十日詔和州第五等以下人戶今年身丁錢八貫特予
蠲放　七年二月十四日冊皇太子赦應欠官私房廊白地債負錢將乾道
六年以前欠少未還之數並特予除放及民間見欠乾道五年以前私債
其還利過本者特予除放并乾道六年以前應犯罪已籍沒家財所有合
下未追贓錢見令監繫家屬及干連人並予除放　同日赦行在殿軍諸
酒務拍戶除欠酒錢已降指揮放免至乾道二年五月終仰將乾道二年
六月一日以後至乾道五年終拍戶未還欠麴酒錢並特予蠲放並殿前
馬步軍司開沽兩浙犒賞酒坊近降指揮撥歸戶部提領御前乾道五年
費酒務以前年分拍戶應欠除酒錢特予蠲放并三衙三司元差軍官將
校主管酒坊因交割有少欠錢物勒令賠填見予請受內逐旋剋除並特
予除放　同日赦兩浙東西州軍拖欠內藏庫乾道五年以前坊場寬剩
遞糴予斛納可並免放　同日赦應監司州郡拖欠未起上供諸色錢物
粮綱草料等已放至乾道二年終令將乾道三年應未起之數特予除放
同日赦應民間舊欠茶鹽錢有元係祖業身分少欠至孫及曾孫尚行監
繫督逼實可矜憫可自乾道五年以前有似此之人官司審覆並予之除

卷一萬七千五百三十五

放　四月十一日詔民間種佃官司田畝未納租課并欠少官司房廊白
地債錢並放至乾道六年終并民間私債還利過本放至乾道五年終
五月十九日詔盱眙軍乾道六年七月分添收頭子錢合朱墨錢增道免
丁等錢特與蠲免　七月十五日詔寧將人戶逐年身丁錢一萬四千八百
餘貫文貫令後並與蠲放　十月一日江南東路安撫轉運司言饒州南
康軍今年旱暵最甚民間合納夏稅紬絹綿折帛錢起發上限一半其下
限合起一半乞行倚閣候將來豐熟作兩料帶納詔饒州南康軍並依江
西湖南已得指揮施行內第五等人戶未納夏稅各與閣五分餘詔江饒
州今歲旱傷已降指揮將逐州第五等人戶未納夏稅各與五分尚慮難
於輸納可將逐州第四第五等人戶未納今年夏稅日下權行倚閣候來
年帶納　十六日詔泰州乾道三年至六年虧額錢特與蠲免　同日詔
京西提刑司乾道六年七年進奉天申節銀五百兩特與蠲免　八年正
月二十二日知秀州丘密言華亭縣雲間仙山胥浦白沙四鄉民田以鹹
潮為害皆失苗米歲二萬九千二百一十石稅絹五千三百七十五匹乞
賜蠲放詔逐鄉被浸鄉田合納苗稅特與放免三年　四月一日詔蠲放
湖州乾道七年以前寒未催茶租錢一萬五十貫有奇　二十七日詔兩

乾道六年七月七日條移此



淮州軍今年二稅更予蠲免一年　五月三日詔湖乾道六年秋苗上收
經總制頭子錢勘合朱墨錢七千八百餘貫特予除放　是月詔人戶丁
錢每七丁共納絹一匹比元額每歲減絹二萬四千八百二十匹嚴州依
湖州每七丁共納絹一疋比元額每年減絹一萬四千二百七十三疋有
零紹興府上四年每七丁納絹一疋第五等每十丁納絹一疋比元額每
年減絹一萬三疋二丈五尺四寸處州上四等戶以五丁共納絹一疋第
五等戶以八丁共納絹一疋比元額每年減絹九千九百一十六疋有零
其已減數並依每年收到沙田蘆場租錢內撥還戶部　六月五日詔
兩淮歸正人所耕田土州縣撥收課子特予除放　三十日詔揚州隆興
府臨江興國軍已倚閣乾道七年夏稅三年帶納之數予放免一年　七
月二十四日詔將徽州減免不盡雜錢盡與蠲放以寬民力其本州認發
漕司絹三千疋折斛錢一萬五千貫建康府絹二千五百疋並予免放令
戶部以沙田蘆場錢內撥還　十一月六日詔諸路州縣拖欠未起上供
經總制等錢諸色窠名錢物米斛已放至乾道三年終所有以後年分
亦有拖欠之數若行一例催理竊恐追擾可將乾道四年五年諸路州縣
拖欠未起之數特予蠲放日下銷落簿籍不得再有追理如違許民戶越

卷一萬七千五百三十五

訴監司覺察按治　同日詔當塗和平徵滿係公縞當四所庫見欠錢九
千一百四十貫四百八十九文並予蠲免　同日詔將乾道四年五年兩
路州縣拖欠未起上供經總制等諸色窠名錢物米斛特予蠲放　十一
月五日詔兩淮州軍乾道九年合起催二稅可更予蠲免一年　十九日
詔兩淮運判胡昉具到紹興府增起苗米四萬九千餘石及乾道五年終
尾剩錢一十六萬七千餘貫並免行起發　九年閏正月十六日詔大理
寺已追理過罪人合追官贓錢物自紹興十九年以後至今追納監繫日
久無所從出深可矜憫可自乾道二年二月十四日以前見追內外官司
錢物並予除放自紹興十九年至乾道七年二月共除放過內外贓錢二
十三萬六千四百二十五文　十八日戶部侍郎提領戶部犒賞酒庫添
洗言乾道二年二月十四日赦書內一項殿前馬步軍司昨開沽兩浙犒
賞坊場近降指揮撥歸戶部仰將乾道五年煎酒界以前年拍戶應除欠
酒錢特予蠲放不住據拍戶陳訴酒庫不予除豁乾道五年煮酒界欠錢
詔將乾道五年煮酒界終人戶欠錢並與蠲放　二十二日詔溫州歲發
經總制錢乾道八年秋季至九年夏季予減免一分　二月十八日詔筠
州管下高安上高兩縣民戶乾道八年拋荒田畝秋苗可將上戶依已檢

閣分數減免，其下戶全予除放。　五月二日，詔徽州將正額外創科雜錢一萬二千一百八十餘貫並行住罷，更不科催。先詔江東運司將六千足并兩浙運司等處一萬六百餘足並免起，除其餘夏秋正額歲賦，仰照自來體例施行，不得仍前再有重疊科擾。以江東運副程叔達言：「竊覩前去徽州創具雜錢的實數目，同本州知州公共相度，得本州六縣額管稅錢依自來則例，係以稅錢一百文紐折紬絹布并見錢等，總計一百文通計科紬二千九百餘疋，絹二萬九千四百餘疋，布五千五百餘疋，正綿一十萬九百餘兩，折綿六萬七千餘兩，以上並正係夏稅，即非秋稅。共折稅錢七萬二千四百四十餘貫，係是正額理本色除科上件本色外，尚有合納見錢四萬二千三百餘貫，係是額外見錢，以上通計一十一萬四千七百餘貫，正緣上件稅錢正額之數外，卻別行每稅錢一百文創科撥錢六文、腳錢五文，通計一萬二千一百八十餘貫，係是額外雜錢，已行除放，數有異命。　三日，詔浙西人戶見佃承買沒官田產并日前有拖下錢米租稅並予蠲放。　八日，詔江東路饒州、南康軍並係向來荒旱最重去處，所有見催人戶乾道七年分殘欠苗米，可並予盡數蠲放。　十一日，詔江西路江州、隆興府、臨江興國軍並係向來荒旱最重去處，所有見催人戶

〔叅〕萬七千五百三十五

一五五

帶納乾道六年、七年分殘欠苗米，可並予盡數蠲放。其逐州軍營田穀麥乾道六年以前殘欠，并乾道七年實係旱傷未納之數，即與依苗米體例一同可並予盡數蠲放。　六月三日，詔臨安府乾道四年至六年分拖欠酒稅增息科利等錢引六萬二千二百四十六貫，銀六百一十八兩，紬二百九疋，並予除放。　八月二十九日，詔江東乾道六年分民戶積欠未納絲物，並日下除放。　十一月九日，南郊赦：兩浙、江東西、湖南北、福建路合發上供歲額單發甲物料，自乾道五年為始，起發往來節次累降指揮，各蠲減免。今年諸州軍合發物料，尚有拖欠數目，竊慮難以致科擾，可自乾道七年終以前拖欠未起之數並予蠲免，以後年分依數起發。　同日，赦：台州被火居民未納今年丁與免一年，將來年身丁錢免一年。　同日，南郊赦：江東西兩路乾道七年旱傷，被水州軍第四等以下人戶已令監司措置賑恤，所合納夏稅物帛倚閣一年，限滿帶納。尚慮州郡不加盡實檢放，照元數日，甚失愛民之意，可將乾道七年逐路州軍倚閣紬絹係端匹、折帛錢，並予蠲放，更不帶納，日下消落簿籍。如敢妄作名色追理，據縱許人戶越訴。　同日，赦：兩淮殘破逐縣昨經兵火，光、濠州乾道八年上供等諸色窠名內錢，已降指揮，令行展免外，所有逐州渠未起乾道



八年一半進奉銀、上供絲綿，並行催促起發，切慮搔擾，可並予蠲免。　同日，赦：諸路州縣拖欠上供經總制等諸色窠名錢米，昨已降指揮，放免至乾道五年終。近兩浙路放免至六年終，其餘路分亦有拖欠之數，皆係民戶積欠，經隔歲月，若行一例催理，竊慮追擾，可將諸路州縣乾道六年終已前應拖欠未起之數特予除放，日下消落簿籍，不得再有追催。如違，許人戶越訴，監司覺察按治。　十三日，詔蠲免紹興府今年上供苗米四萬餘石。　十二月二十七日，詔兩淮州軍淳熙元年合起催二分，更予蠲免一年，并當年合發上供諸色窠名錢物，依乾道九年極邊全行展免一年，次邊展免一半。

〔叅〕萬七千五百三十五

一五六

何承矩

上太宗論唐內屯田之利曰臣幼侍先臣關南征行熟
知北邊道路川原之勢若於順安寨西開易河蒲口引
水東注至海東西三百餘里南北五七十里滋其陂澤
可以築隄貯水為屯田以助要害兄蕃騎奔軼俟春歲
開塘注關南諸泊定水播作稻田其緣邊州軍地臨塘
水者止留壯城軍士不煩發兵廣戍收水田以實邊設



險固以防塞春夏課農秋冬備戰縱贍師旅不失耕耘
不費國用不勞民力如此則彼弱我強彼勞我逸此禦
備弱以逸待勞制敵之術也順安已西至西山道路
百里以來無水田處亦望選兵戍以練兵精練擇將領
以去其冗弊夫邊兵不患寡患驕慢不肅而不精選將
不患怯患偏見自用而無謀邊備不患寇患慢防而不
著若架得兵力制得其要何慮于邊塵不息邊患不除
且有國有家以兵以足食為本水田之武誠可以限戎
馬而省轉粟之費實萬世之利也

宋會要

秋望知荊襄州與通判同臨常同規度故有是奏也真
卷四千二百六十九
宗以屯田之廢久矣欲成兆是為勸農之始遂令望躬
樓規為之是可與奏望又請大理寺丞程夔共事程夔
工章以為不便詔移程夔他郡別選職官領其事俟稻
田稍成有無利害其狀程夔程別取進旨當行賞罰

全唐文

宋會要屯田雜錄

太宗淳化四年三月六日甲午，知雄州何承矩言：近年水潦頻降，河流泛溢，壞州城民舍，蓄聚為陂塘，妨種藝。欲因水利大興屯田，以便民。詔從之，命高陽關副總管皇甫僅明提舉，乃令河北諸郡水源所積處，發卒墾田，州長史按行催督。二十四日壬子，以六宅使、滄州刺史何承矩、內供奉閣承翰、殿直張從古同提舉制置河北沿邊屯田使，使一作事 大理寺丞黃懋充判官。懋，泉州人，試滄州臨津令。實錄淳化[illegible]二月六日甲午，先載承矩上言，而令大[illegible]在[illegible]田又壬子乃以承矩為制置[illegible]懋為判官[illegible]與主得懋言又令承矩[illegible]午日未有大作於田之命以[illegible]子二十四日[illegible]臨大獻通考按[illegible]晉兵與農共此民也，越然事別驗之，為農而力稼穡者有[illegible]則[illegible]之為兵而任征戰，雖唐府兵之法猶然，至於屯田則[illegible]府民[illegible]驗上且耕且戰，以省饋餉，尤為良法，自[illegible]兵之[illegible]所懷，然後兵農判而為二，下特農疲于養兵，而兵且耻于為農，觀陳恕所奏，及退[illegible]何承矩屯田之議者，可見，然則[illegible]力知之何而不察于節單也判 卷四千七百七十九



一本無懋字

真宗疑太宗

懋上言：本鄉風土惟種水田，[illegible]費工力。今河北州郡陂塘甚多，引水溉田，省工易就，[illegible]收水田三五年內，必公私大獲其利。真宗嘉之，以承矩自言屯田事，因遣按視，復奏咸如懋言，即令承矩領護之，以懋為佐，發諸州戍兵萬八千人給其役也。

真宗咸平二年五月，京西轉運使耿望言：襄州襄陽縣有淳河，舊作堤截水入官渠，溉民田三千頃；宜城縣有蠻河，溉田七百頃，又有屯田三百餘頃。請以農隙調夫五百築堤堰，仍於荆湖市牛七百頭。從之。

[illegible]四年九月癸酉，以太子中舍張宗誨之齎[illegible]獻屯田

木一作孝



論三篇,乞賜第。十二月,陝西轉運使劉綜言:「鎮戎軍本古原州之地,有四縣,餘址尚存。自唐至德之後,羌寇蒋臻,邊防失守,吐蕃尚結贊乘隙引兵攻陷關內及隴右百餘城,原州亦廢。其後宰相元載備知要害,决欲守其地,或沮其議而罷。今來陛下斷自聖略,復置此軍,乃元載之謀有俟於我聖朝也。然元載所議控扼之狀,尚未聞采而行之。今城壁既就,不修外援、屯聚戍兵,多費粮饋,則不如不置。臣昨閱視鎮戎軍川原廣衍,地土饒沃,若置屯田,其利猶博。今鎮戎軍歲須芻糧約四十五萬餘石束,茶鹽交引錢五十餘萬,况更令民遠倉輸送,其所費耗,即又倍常。見今鎮戎軍四面已有人戶耕

〔卷四千七百六十九〕

種,欲於此處置屯田務,且取田五百頃,差下軍二千人、置牛八百頭,立屯耕種。於軍城近北至木峽口及軍城前後各置一堡寨,約地土分種,田兵士、耕牛且就寨居泊,更充鎮戍,固不失且戰之理,兼減屋營居要害,常切防備。若下分布置寨屯田爲援,即鎮戎軍久必難守。望令知軍爲[illegible]充使,李繼和充屯田制置使,令繼和自擧有心力使臣四員,充四寨監押,每員管轄五百人,使充之戍。如此邊遠必大爲邊鄙之利。今安國鎮有古制置城壕戍鎮記一本,謹寫錄上進,貴知邊陲可以耕種之也。」真宗曰:「覽古記,信可以興作。」從之。　五年六月,知雄州何承矩兼制置屯田使。先是,承矩兼屯田事,及以侍禁





閤門祗候馬濟知順安軍,亦兼營田事。承矩言裴濟品秩有異,所兼之名則同,欲特加使領焉。

六年十月二十四日,知保州趙彬決雞距泉,自州西至滿城縣,分徐河水南流,注運渠,置水陸屯田,以其事聞。帝乃詔保州駐泊都監王昭遜與彬同領其事,仍賜彬詔諭,令協力成其事。

景德元年四月十八日詔保州置屯田兵籍自今轉運司擅移易者以違制論十月詔相州管内不堪牧馬草地賦宜令官置牛具選習耕農兵士置屯田莊　二年正月詔定保雄莫霸等州順安平戎信安等軍知州軍並兼制置本州屯田事舊兼使者仍舊先是北面緣邊屯田水陸兼種甚獲其利自來雄州長吏兼領使名其諸州即令命官主領至是戎虜通好帝慮平寧之後漸成弛慢故有是詔　三月詔保州所作屯田舊有積塘水

〈卷四千七百六十九〉

以備溉灌頗闕隄防墮壞致失水利宜令官吏專切按視勿廢前功先是知州趙彬興是田開鑿漸廣未幾彬移他任帝慮因而毀廢即遣使視果言隄防墮壞無備故詔戒之九月夔州路轉運使薛顔言施黔等州墾荒地為屯田今歲獲粟萬餘石　三年十二月十一日知保州趙彬請於郡城東北更廣屯田以圖來獻之帝曰北地既和邊封徼警當勸農民咸使樂業不必侵占畎畝妨其墾殖也　四年八月知雄州李允則言應係屯田皆在緣邊州軍自來止移牒制置不獲躬按其安撫都監二員常巡邊郡望令兼屯田事因便檢校從之

大中祥符二年六月知和州趙彬請增屯田務兵五百





人從之　五年正月令保安軍稻田務自具墾殖功狀以聞是軍地接蕃境屢詔修廣屯田自高尹掖領軍事罕以聞奏故督責之　七月六日河北緣邊安撫副使賈宗言緣邊開塞塘泊水勢修疊堤道深淺月日定式圖請乞付緣邊州軍收管仍下屯田司提舉遵守從之

九年三月改定保州順安軍營田務為屯田務

天禧四年四月内殿崇班閤門祗候盧鑑言保州屯田務自來逐年耕種水陸田八十頃自任二年開展至百餘頃歲收粳糯稻萬八千餘石今務見管兵士三百七十餘人以河北沿邊順安乾寧等州軍屯田務比保州十分中止及二三分已來與保州屯田務兵士

〈卷四千七百六十九〉

不暫休息尤甚辛苦欲望下有司自今所配河北屯田務兵士十人中將四人配保州六人配餘處從之

仁宗

宋會要

天聖三年十一月右巡使監察御史朱諫言近聞上封者請估賣福州屯田此田人户耕佃四十餘年雖有屯田之名父子相承以為己田況閩屯田租課均當之時已均在人户私産二税上輸納代望量定租課許估賣詔見佃户内有單貧户承買者别立寬限送納價錢

宋會要

慶曆二年九月十四日臣僚上言乞令河北都轉運司

同勾管勾屯田司公事亦帶都大制置使名目從之
慶曆元年十月十八日甲午命陜西漕司度隙地置營
田務辛丑詔陜西都總管司經制營田以助邊計　二
年正月乙丑假同州沙苑牧地為營田未幾罷　五年
七月臣僚上言近定奪開鄭白渠口以南劉宗言擘畫
閉斷五門㯋頭巷下赤大渦柳林等口並鄭依舊開放
通。沿邊吳淀水入白羊等淀添漲向下州軍塘泊乞下
河北屯田司永為定制如後更有臣僚上言更改此一
帶水口及諸州軍塘泊並乞重行責降從之十二月詔
陜西四路總管及轉運並兼營田使　六年五月命三
司戶部副使夏安期往陜西與本路提點刑獄曹穎叔

卷四千七百六十九

相度興置緣邊屯田　嘉祐四年二月十一日三司鹽
鐵判官管勾河渠公事楊佐等言準宣躬親往保州等
處相度到屯田塘泊合行開決水勢并增修堤道去處
委實利便及以畫圖進呈詔內開牙家港十洪橋并順
安軍北門外界河北岸水口子兩節將定州路安撫使
司先差安肅軍通判王袞相度到事理并令來楊佐等
所陳再委河北提刑薛向都水監丞孫琳計會張茂則
親往相度具合如何擘畫透洩水勢即得經久穩便同
共以聞外餘並從之仍令逐州軍長吏據本地合修去
處那容人功物料漸次興修訖奏　六年三月一日河
南屯田使曹佾言乞權罷逐年赴闕進呈屯田司地圖

食貨六三之四三

從之

宋會要

治平三年河北屯田有田三百六十七頃得穀三萬五
千四百六十八石　神宗熙寧元年六月二十二日差
西京左藏庫副使內侍押班李若愚充河北同提點制置屯田使事
熙寧四年二月十一日詔雄州知府及安撫都監並帶
兼制置屯田事塘堤興役令後知州依舊不出外其安
撫都監與管勾內臣分頭提轄十三日詔給祠部五百
道貿易錢買農具牛畜舟車興治保州以東次邊陸地
為水田從安撫副使沈披所請也披復以為請充屯田
興工支費又給二百道二十三日詔河北緣邊屯田務

卷四千七百六十九

水陸田並令民租佃本務兵士令逐州軍收充廂軍監
官悉減罷初屯田司每歲以豐熟所入不償所費屢以
為言至是乃從之　八年正月十七日詔河北同提點
制置屯田使事閻士良與復五路都鈐轄資序令久任
朝廷重屯田之任故久其任以責成也　九年三月二
十三日河北屯田司言詳定州薛向奏安肅軍界閻板
口鋪以東舊係屯田務地並是稻田其南則邊吳宜子
二淀東灌百濟河身兩淀久來瀦畜塘水為險固自熙
寧七年夏中其邊吳宜子二淀積水並已乾涸即今通
行人馬不比安肅廣信軍西北猶有山勢關隔舊來滹
沱等九河灌注邊吳宜子等淀水勢漲滿乃入石冢等

食貨六三之四四

諸口及百濟河迤邐入次東蘆注向下塘泊訪聞自去年屯田司擘畫却於邊吳淀南畋灘夯水泊近接滹沱河水勢下流入順安界趙口通流入康淀灌注近下塘泊其邊吳宜子等淀爲趙口兩邊走泄水勢以此致兩淀乾竭自去年秋滹沱河道却於畋灘夯上邊淤斷河道水勢復入沙河西股却得灌注兩淀猶有三二分積水若將來經夏水發却衝開畋灘夯河道却入趙口透泄水勢則兩淀依前乾涸實爲非便今欲乞將趙口田先口依舊閉斷令水勢盡入邊吳宜子兩淀常令水勢漲滿可以準備臨時疏道使用實爲利便本司即差巡觀塘水堤道李祐之詣逐處相度利害祐之勘會自來滹

卷四千七百六十九

沱等河水盡下入邊吳宜子等淀如水勢漲滿乃入石石塚等口灌注向下塘泊如水勢不至漲滿即只由百濟河出泄昨於熙寧六年内爲以東塘泊乾淺遂於保州地分尖詹帽莊開引滹沱河由畋灘夯下入趙口灌注以東塘泊至熙寧七年六月内滹沱河自永寧軍界荆丘村已上淤斷河身其水北流入倪淀等一帶泊入邊吳宜子淀祐之檢視淤澱處開撥引水入趙口透於今年三月内於東路臺村劉家莊北有舊河一道淤斷處開撥分引入趙口依舊入九流等淀及邊吳宜子淀即今山雨水漲滿邊吳宜子兩淀見有水勢欲乞如邊吳宜子淀少即行開趙口田光口從之五月十二日





河北同提點制置屯田使事閻士良言竊聞保州界自景祐中楊懷敏句當屯田司日厚以財利召募人指説西山故民填塞泉眼去處臣常以諭保州曹振令訪得雲翼卒康進畫到地圖仍充保塞縣小郎村劉第六地内有泉源盈畝有餘號吽呼泉諸在土中當州南約二里有積年侯河一道上自本縣界下至運糧河及邊吳淀内東西約及百里每遇旱歲河内微有流水或至斷絶今欲開導此泉令入侯河及運糧河四時常流增注塘泊及本村别有泉數十道臣常尋訪二河上源未得其處今乞委保州曹振相度收買泉源地量與兵役疏導舊泉增助邊防誠爲永利詔河北沿邊安撫司本

卷四千七百六十九

司尋委權通判保州辛公佑相度公佑言親詣保塞縣大静鄉龐村沿侯河向上約三十里已來沿北岸有泉眼大小不等尋令客行開撥各見泉水湧出相去遠近不等約計在一里半地内計有泉三十餘處其水通流闊狹深淺有三五寸至一尺其舊河堤岸闊處有五七尺至一二丈已來其河自本州南門外西南至郎村泉源出處共計約三十五里若行開撥只依舊來眼岸開出河身其水通流下接運糧河可以增注塘泊所有淺占民田欲乞比視側近田主優給其值收買委爲利便其吽呼泉只是古老相傳未見其源所在又未敢從追地主開掘若作河道上下所該人户地土不少乞下本

縣勸會詣實指定有泉去處亦行收買當令已見泉眼去
處劃第六地內未見泉源處約四里以來若充行開撥
上件三十餘泉從河道通流別無妨礙本司未敢行下
詔河北沿邊安撫司關河北屯田司及合屬去處施行
又詔熙河路有弓箭手耕種不及之田經略安撫司
權點廂軍田之官置牛具農器人給一頃歲終參較弓
箭手廂軍所種熟為優劣以行賞罰　六月謝氏憲言逃
走弓箭手并營田地土昨多方設法召人請佃今來認
租課乞許就近於本城寨送納特與蠲免支移折變從
之　知河州鮮于師中乞以未募弓箭手地百頃為屯
田從之馬端臨文獻通考樞密使吳充言實邊之策惟屯田為利近聞鮮于師中建請朝廷以計置屯

卷四千七百六十九

田之法行箭手連於改作故歲令誠治百頃石已然之㸃令誠未易推有因令弓箭手以為助兵公田似有可為且以熙河四州較之無慮一萬五千頃十分取一以為公田大約歲收畝一石則公田所得十五萬石水旱肥瘠三分除一亦可得十萬官無營屯牛具廩餼之費借用眾力而民不勞大荒不收而官無所損省轉輸平糴償乞下使路議其事詔諸帥相度以聞荐新營置以歲連不善若使之自耐力耕四州以公勤撫官役推
行　元豐元年詔經制熙河財用司措置耕地湖半歲
使民得自言　六月二十五日荊湖北路轉運司言沅州
屯田務自初興至今所收未嘗敷額若募人租種納課
不費官本利害甚明乞自朝廷詳酌施行及令本州通
判主管月量給食錢從之委轉運判官馬瑊提舉之　八
月十二日上批河北屯田都監謝禹珪為性誕率建畫
職事多無規繩前日與禹珪不協者今已替去聯事之



以所收不及額罷之　一本無此八字

八分無慮礙宜令自今並與河北屯田司官通銜行遣
毋得獨申奏其權發遣河北東路提點刑獄汪輔之更
不得同主管　二年以所收不及額罷之　七月二十一
日罷沅州屯田務募人租佃役兵還所隸從轉運使徐
禧請也　十二月二十二日知定州韓絳言乞借安撫司
封樁錢五千緡市水地為屯田從之　二十七日詔定州
路屯田司以水利司為名時保州廣信安肅順安軍興
水利為屯田詔以屯田司為民所苦安撫使韓絳言恐虜
疑增塘濼故改之　四年六月二十九日詔定州路安
撫使既帶都大制置屯田使其轉運使副並領虛名並
罷令知雄保州並帶屯田使通判並帶屯田判官河北

卷四千七百六十九

緣邊安撫副使都監仍通管兩路從定州路安撫使韓
絳請也　六年二月二十六日詔河北屯田司相度尺
寸丘塘濼水則李北增減以聞令李綜齊詣往同議毋
得張皇漏泄　八年正月二十七日樞密院言河北經
略司去歲差借民牛耕種葭蘆諸寨田及差發防護軍
馬保甲麋耗極甚貴借糧草錢物似奪農民時令民失
業比至收成不償所費詔與呂惠卿宜審較利害無蹈
前失以河東路轉運司言經略司去年出兵耕種木
苽源等兩不耕地凡用將兵萬八千五百四十五馬二
千三十六費錢七千三百六十五緡穀八千八十一
石糧糒四萬七千斤草萬四千八百束又畜保甲守禦

寨一作塞

苽一作瓜

實一作蓄

西朝志以下原刪

凡二千六百三十七人其費錢千三百緡米三千二百石役耕兵千五百顧牛千具皆非民之願所收禾粟蕎麥萬八千石草十萬二千不償所費又預借本司錢穀以爲子種至今未償增人馬防托之費仍在年計之外慮經畧司來年再欲耕種望早賜約束故也　兩朝國史志屯田判司事一人以無職事朝官充凡屯田之政令隸三司本司無所掌令史二人元豐改制郎中員外郎始實行本司事　以工部郎官兼掌凡屯田營田職田學田官莊稻田塘濼等分案有三曰屯田曰職田曰知雜吏額主事一人令史一人守當官二人貼司一人

卷四千七百六十九

神宗正史職官志屯田郎中員外郎參掌營屯田官塘濼學校職分之田及其租入凡興修種刈給納檢察賞罰之事皆詔其長貳而行之分案三設吏八（哲宗職官志同）

哲宗

宋會要

元祐元年永興軍民庶進狀言興平縣有地二百四十餘頃久輸二稅熙寧五年本縣抑令拋爲牧地詔提刑司審定以奏如他州縣更有以稅地改牧地者亦具以聞提刑司乞與免納租錢給種如故閏二月八日京西北路提舉司言朝旨相度蔡州西平上蔡兩縣人戶佃屯田支移等事欲止令人戶畝出租課外更不支移折





四月以下刪　此條須酌

大觀二五年

變詔尚書戶部相度以聞　元符三年（徽宗即位未改元）三月九日皇城使河北措置屯田石璘奏乞添招塘提從兵千人從之　四月二十五日三省言尚書六曹職事閑劇不等除已減定員數事至簡者以屯田兼虞部從之　紹聖元年八月八日詔屯田虞部互置郎官一員兼領

徽宗

宋會要

大觀二年陝西轉運副使孫琦言西寧湟廓三州良田沃野並給蕃部略無賦稅今進築之初宜召諸首領與族長開諭令量立租課責期限並委族長使之催諭詔童貫度其宜以行　十二月十六日詔瀦水爲塘以除水患留屯田營以實塞下是自我祖宗設官置吏分職聯

卷四千七百七十

治自爲一司專總其事歲月寢久州縣習玩訪聞比來隄堰不修水潦穿溢出害民田綿亘千里雖有司存上下苟簡祖宗以來塘隄故迹重加修整務令堅固即別不得增益吏改引惹生事本司可比本路提刑刑獄序官提刑之上舉官按罪吏屬等職務可令相度條具來上餘悉仍舊　五年提舉涇原弓箭手司奏乞將漢蕃田土其已開墾地仍許着業外若非朝命所給而州軍帥司一時私自給予或用價收地土令仍荒閑者並以給招闕額人馬惟其不堪耕種者方許撥充牧地庶可究極地利增廣人兵從之

政和元年正月二十四日詔河北制置屯田並依元豐法別爲一司

指揮勿行
六年八月一日臣僚言高陽中山兩帥并沿邊安撫司舊並係提舉屯田使副令屯田司職事各繫一都監典領近年因其失職或非本職得罪相繫而去一司職事有所妨廢望自令屯田都監非因本職得罪只乞就任責罰所貴盡心從之





高宗建炎三年四月詔屯田郎官一員兼水部同日詔屯田吏人減半　宋會要

孝宗隆興元年七月二十六日詔工部屯田郎官一員兼領從右諫議大夫王大寶等議　乾道元年二月二十四日詔郭振於六合措置屯田已就緒淮南東路屯田令郭振王弗周淙條具措置王弗等言紹興六年十二月二十九日指揮以五十頃為一屯作一莊三月十一日詔淮西湖北荊襄令沈介張松王炎楊汲王彥趙撙等措置（三月三日戶部言淮營田官莊共一百五十九萬餘畝二年六月十三日淮西言營田二百七頃六十五畝）　宋會要

永樂大典卷四千七百七十

淳熙十年五月八日鄂州江陵府駐劄御前諸軍副都統制郭杲言本司見管屯田穀麦共一十一萬二千餘石倉廒在襄陽府宜城縣初置屯田日創造倉牢止用茅屋兼去府百餘里乞般載入府城椿管從之　宋又言襄陽屯田興置二十餘年雖徵有所獲然未能大有益於邊計非田不良蓋人力有所未至且緣寄任者今邊陲無事士卒久安所謂屯田正宜修舉或謂戰士屯田恐妨閱習而不知分番耕作乃所以去其驕惰或謂耕作勞苦恐其不樂而不知分給穀粟人自樂從以樂從之人為實邊之計可謂兩便本司見有良熟田共

七百五十頃乞降錢三萬緡收買耕牛農具便可施工如將來更有餘力亦可根刷荒田接續開墾從之六月十六日詔建康府駐劄御前諸軍都統制郭剛曰朕聞屯田内有亡費之利外有守禦之備蹟究國陳便宜十有二事其說曉然久欲推而行之患無其人闕而不講卿宿將虎臣通於兵事可以倚仗其討度閑田與夫人數器用凡所以施行之策詳悉條具聞奏副朕意焉既而剛奏淮西荒田如昨來和州興置屯田五百餘頃廬州管下亦有三十六閘皆瀕江臨湖號稱沃壤自後廢罷發還逐州召人請佃自餘荒地皆豪強之户冒耕包占無由考實望行下淮西漕臣分委州縣檢踏荒田

卷四千七百七十

仍嚴立罪賞根括包占開具地段田畝數目申朝廷降處摽撥措置耕墾詔淮西帥臣運判趙師揆同共具見係官田畝實數開具保明聞奏八月十四日對又條具屯田利害奏陳合用耕牛六人耕田頃給牛三頭以一千頃為率計合用牛一千五百頭一屯田官兵屋宇欲加營寨各隨一保就近耕田處起蓋屋舍團聚合千人易為拘轄並倉敖牛屋之類亦不可闕今契勘共合用三千七百三十五間其屋欲下淮西漕司措置一合用農具田一千頃用犂一千五百具鉋一千五百具水車一千部并碌碡鋤钁之類乞下淮西漕司製造應副一合用種子内稻每一畝用一斗五升大麥每一畝用一斗二升小麥每一畝用一斗一升與置屯田事體



非一若將來耕蔚其官兵止可力耕將官止能部轄所是收成見數出入倉敖欲得委他官監視乞從漕司選差清強幹官一員專主其事庶幾出納有司於久為便詔總領與剛同共條具九月二十三日淮西總領蔡戡與剛條具下項一今來湖開荒閑田土全藉工力今相度欲每田一頃令三人分耕每人當三十三畝有奇每六人為一甲於内差甲頭一名十甲為一保計六十人差使臣一員管押今且以五百頃為率若合用一千五百二十五人每一千人差將官一員部轄一合用耕牛農具寨屋種糧之屬若令州縣應辦必至科擾百姓欲乞朝廷指揮於淮西漕司於管錢物内先撥錢十萬貫付建康都

卷四千七百七十

統司拘收據合用耕牛農具寨屋物料種子並依郭剛已奏請之數且減半收買製造使用如將來開墾之初所收利未廣兼起荒勞苦合行優潤今欲將第一年所收物斛除存留種子外盡行給與力耕官兵第二年除種子外以十分為率官收二分第三年除種子外以十分為率官收三分四年所收物斛除種子外十分為率官收四分其餘給與力耕官兵以後年分並止以四六分收給庶使官兵樂於勸耕不致廢墮一部轄將官使臣白直等人往來管幹亦合量行支犒緣官中所收不多今相度欲於力耕官兵所得分數内斟量取撥從都統司照等第經自均給候支散畢具數供申朝廷照會

詔合用耕牛農具寨屋種糧之屬令總領都統制將淮西運司撥到錢同共計置應副其部轄將官使臣白直等人等一年合用本司官員自支給以後年分卸於耕田官兵所得分數斛量收撥給並從之　閏十一月十一日詔襄陽府木渠下人户見請佃已施工力開墾到熟田盡行給付其有包占數目仰經官自陳起納稅役若未施工力見今拋荒去處合從官中撿踏拘收以備屯田開墾耕種　十一年五月八日進呈權發遣和州錢之望奏和州諸軍屯田事先一日上謂王淮等曰錢之望奏屯田利害言課耕無法士卒惰者無以厲而勤者無所止卿等可詳議奏來既而進呈之望劄子欲令淮西總領漕臣同建康都副統制逐一公共詳議以聞　六月九日進呈淮西總領趙汝誼言詳議到屯

卷四千七百七十

田事一過圩水退諸圩兵卒併力耕種至立秋止秋成穀熟凡施工力者皆預分穀之數上曰比五月二十三日文字王淮等奏發文字時去立秋尚一月今去秋近想再種不過上曰若將來所收不多朕不惜幾萬米分與屯田人兵使之亦如豐年則人更相勸　十九日鄂州江陵府駐劄御前諸軍都統制鄂州駐劄郭杲言昨蒙朝廷支降到錢二萬貫措置屯田除節次收買牛具創造寨舍已見就緒乞於上件錢内更留存錢一萬二千餘貫文付牛犋收管準備日後接續添貼收買牛具其餘錢乞拘收赴元支降去處回納詔令郭杲將回納會子二萬貫於内支一萬四千一百貫付牛犋貼充犒



軍餘錢就行樁管準備屯田支用　又言今來措置屯田今已就緒並行交割付副都統制牛犋管幹所有收買到農具添修創造屯田莊寨舍屋及創行開墾布種水田六百二十一頃四十畝内三百七十一頃九十九畝半係舊來稍耕種之數後來緣氣減廢壯人歸業復有一半荒蕪今盡行開耕責令屯戶接續布種及起到客户修治坊一所武安陂一座前劄下牛犋照會仍令郭杲依舊兼領　七月三日郭杲言木渠下荒田實有堪耕種田一百九頃四十四畝除已差撥官兵二百人將帶農具收買耕牛赴孟莊寨官統轄前去措置開荒趁時布種自餘不通水利高仰田亦令耕犋措置

卷四千七百七十

布種所是差去屯田官兵合請錢米緣路途遥遠難於津運令屯田官就於所管稻穀内借支應副食用將來分收子課折還詔郭杲將高仰田段更切措置開耕毋致荒閑餘依所乞　十一月二十六日宰執進呈淮西總領趙汝誼奏和州屯田所收物斛未曾均給乞處分令有司照應施行上曰可令總領所都統司將屯田自耕官兵斛量工力多寡擬今年收到物斛實數分作三等次第均給　十二年正月七日宰執進呈鄂州江陵府都副統制郭杲閻世雄具到新舊屯田所收物斛上曰令湖廣總領所將都副統制司新舊屯田所收物斛自淳熙十二年爲始開具所收帳狀申尚書省照籍歲以爲

錢五貫文其總轄兵將等仍與等第增給並以曾于交
散具數申尚書省　十六年正月二十五日鄂州江陵
府駐劄御前諸軍副都統制江陵府駐劄閻世雄言奉
詔增廣措置屯田契勘屯田耕牛最繫利害而牛畜死
損不常若不隨宜措置未免時復申請支降錢物源源
不已竊見屯田每歲收成物斛官中與耕作軍人中停
分給今相度乞將逐年所收穀麥以十分爲率內八分
依舊分給二分從總領所收糴支撥價錢付本司置曆
收附專充買牛使用從之五月四日工部言淮南運判
王厚之奏准指揮無爲軍屯田拘回耕兵令措置募民
耕種昨降指揮營田秋成委令尉監收知通覺察外所

卷四千七百七十

有今來租佃欲依營田例委自知縣縣尉管幹勸率開
耕籍定租佃之家合該夫力每年將埂岸增加修築遇
收成輸納即委令尉交受隨朝建椿積來一處椿管本
部照得已降指揮營田官莊州縣除椿出次年種子外
將初年收成課子官收四分客户收六分次年以後即
中半均分今後請佃官莊並合準此內大麥糯穀芥馬
料小麥雜豆等變轉價錢赴左藏庫送納乞下淮南漕
司遵守施行

光宗

宋會要

紹熙元年十二月九日知和州劉煒措置到本州屯田



事一見管屯田五百七頃耕兵千五百餘人今乞依古
法每五人授水田一頃陸田二三畝所有牛合六人爲
一甲分田百二十畝通用牛二頭一併兵月糧乞徑以
稻折支每石止收三斗二升收割畢日每一歲合支口
食稻并稻子稻入官外其餘盡令耕兵就場分受前去
具通收之數申關諸司如遇歉歲隨所得多寡一除耕
兵撥田係營澱田外其餘有百六十餘頃皆是次田自
合别立畝數却將所得子利令項椿管以一分給統領
將官作一歲犒賞以二分支犒監莊官并白直入請受
以七分椿管專待歉歲支用如統制司無人可差即乞
募百姓耕種分收子利照前項施行一見管陸田五十

卷四千七百七十

餘頃每年止是種二麥除出種子官收不過千四五百
石乞令見管耕兵千五百人分種每人不得過三二畝
其二麥作兩分平分及有雜色豆斛依此分收椿充修
葺斗門堰閘等一耕兵見管千五百九十二人內有使
臣白直等九十二人乃是巡莊寨人數乞減省一半歸
司其占破一半人併令耕作一屯田耕兵自創置以來
不曾教閱今後乞於十二月初至次年二月以前委將
官就莊閱習一每年收割乞自來年爲始差州縣官同
監一耕牛有倒斃差官開剝如牛隻數多許本州申諸
司奏劾有孳生牛犢將來生時先關本州注籍每人給
錢十貫一乞省併總轄屯田統領官郝令城下修城統

領一員兼領。詔並依內剩田措置，召募百姓耕種，充爲弩手分耕。既而煒又言：「剩田令招弩手耕種，照得屯田既罷，凡田畝、農具、耕牛、積穀倉敖等並付弩手，本州無甚煩費。今耕兵一切存留，唯有剩田而已。招募之初，稅戶給五千，客戶給十千，上田許八十畝，次田許百五十畝，人人給一牛，共百五十餘頭，月糧三斛，合借稻四千餘石。已招到八十三人，見踏二石二斗至二石四斗弩力，並於城下置瓦屋四十間，又就莊所置倉敖二十間。所有屯田軍兵併省田畝，見管二百五十八人，今移此一軍併歸青陽，創蓋寨屋四百餘間。除耕兵百七十餘人在閩塘外，自餘六軍有千三百餘人，共二十一莊，並在陳村東西青陽一處屯營，相望四十餘里。兩項約用二萬餘緡，乞於本州交割到錢內支撥。」從之。　五年二月二日，臣僚言：「竊見和州屯田耕兵月糧，自紹熙元年更革之後，不於大軍倉支請，卻將諸莊每年所收稻先次樁留一歲月糧并種子外，有餘方給，不用向來四六分之例。乞降指揮，除耕兵月糧依舊於本州大軍倉支請外，將每年所收稻穀除種子外，以十分為率，照舊例四六分分給。」從之。

寧宗

宋會要

嘉定元年八月十三日，御史中丞章良能言：「竊惟今之經理兩淮，獨有屯田一事，若使行之，可以富國，可以強

卷四千七百七十



兵，可以寬紓民力。今胡騎蹂踐數郡之民，死於鋒鏑、死於轉徙者十居七八，不耕之田處處彌望。若不乘此早加檢覈，則強有力者必將廣行包占，數月之後，無復有在官者矣。乞責監司、郡守專意檢覈，凡死亡逃移之田，毋令妄冒承認，各令供具管下見今實有戶口若干，在官之田若干，結罪保明，備申朝廷。乞令制置使司及兩淮監司、郡守立限條具以聞。」詔限一月措置條具聞奏。　三年九月二十八日，宰臣進呈京西運判王允初奏，乞將襄陽屯田專一令安撫司措置。上曰：「林枝亦論此事，云過上諸處區畫未盡。」丞相奏曰：「已立限令兩制置司詳度。」

宋會要

嘉定十五年十二月十七日，臣僚言：「竊惟屯田所急，莫先蜀道。自鄭剛中宣撫川峽，首行經畫，當時營田止二千六百頃，歲入已二十三萬石，遂罷兩路和糴。厥後豪將猾民私相承佃，官失常入之課。至淳熙初，田及七千四百頃，僅收九萬石。近以籍沒逃亡，增至萬頃，止得十萬石。田視厥初凡七八倍，而租減於前者過半。是官受營田之名，利歸於豪猾之家。前之專閫者目擊久弊，奏行覈實，所差之官不得其人，利未入而怨多。繼專閫者知其實然，併以住罷。然田則官田也，與其為姦豪私役，曷若以代更戍之勞，省饋運而足軍實，厚保障而固民

卷四千七百七十

志人入自衛其室家為利非一比歲屢經邊擾逃田未入籍者其數又多徒為荒萊豈不可惜諸葛亮患糧之為渭上之屯乃克有濟其事利害灼然而數十年間或肆或作或輟者止因主民主財各異其司議論不侔無有專任其責是以竟不克成必須專置營田一司乃無牽制朝夕得以究心經理令關表守令自以屯田繫銜批書而視為具文豈可無以統之川秦茶馬本是二司或併或分初無損益若以秦司就為營田之司仍兼茶馬則見存廨舍官屬吏胥不費增創乞下制總二司公共參訂合行事件申取指揮先選廉幹之士各分屯營名色照其定籍括其實數務要軍民著實耕墾不許蠶豪冒占庶官得實利民受實惠從之

大典卷四千七百七十

十七年正月二十六日都省言兩淮州軍雖各有見管營屯田頃畝數目其間尚有荒閑逃絶及無力耕墾田土未能根括周遍節次劄下州軍多方措置内無力耕種之家官司用錢收買召募耕種重立賞格行下務要田畝不致荒蕪合令本路監司提督詔令淮東西湖北轉運專一提督措置營屯田事繫銜仍遵照節次已行下事理嚴加催督所部州軍多方措置召募耕墾將無力耕種之田一面先支有管官錢照價收買務要田土浸闢不致拋荒仍每歲拘樁州軍所收稻麦從實樁管具入月帳毋令侵移失陷

三月二十八日都省言節次已降指揮令兩



淮京襄根括逃絶荒閑田土充營屯田内有田業無力耕種之家官司給錢收買仍借給農具牛種募民耕墾令淮東西湖北轉運司專一提督措置營屯田事繫銜外合令逐司各添置提督營屯田司準備差遣一員專令任責措置根括收買能於已籍數外增廣數目並與照已立賞格一體推賞詔淮東西提督措置營屯田司各置準備差遣一員仍令逐司選辟經任有舉主無過犯選人充

大典卷四千七百七十

宋會要 太宗　營田雜錄　事

凡諸路惟襄定唐三州有營田使或營田使通判亦同領其事而河北轉運使兼西路招置營田使河東轉運使兼東路招置營田使太宗端拱二年二月一日壬子朔（稽古錄二月癸亥）以左諫議大夫陳恕為河北東路招置營田使鹽鐵判官膳部郎中魏羽為副使右諫議大夫樊知古為河北西路招置營田使鹽鐵判官駕部員外郎索湘為副使欲大興營田也十二日詔曰農為邦本食乃民天遐觀載籍之攸言此實帝王之急務將令敦本無出勸農且思河朔之間富有膏腴之地法其井賦令作方田三農必致於豐穰萬世可知於利濟令遣陳恕

卷四千七百六十五　一

樊知古等河東轉運使藏丙副使孔憲充逐路招置營田副使往彼興功春惟黎庶各有耕桑闢茲創置之言諒積歡呼之意先是雍熙三年岐溝關君子館敗衄之後河朔之地農桑失業者衆屯戍兵又倍于往日故遣恕等為方田積粟以實邊（恕傳云詔罷營田止葺堡　馬端臨文獻通考先是自州東際于海多積水戎人患之未嘗敢由此路入寇順安軍西至北平二百里地平廣無隔閡每歲胡騎多由此而入議者以為宜度地形高下因水陸之便建阡陌濬溝洫益樹五稼所以實邊廩而限戎馬雍熙後數用兵岐溝君子館敗衄之後河朔之民農桑失業多閑田且戍兵增倍故遣恕等經營之恕密奏戍卒皆惰游仰食縣官一旦使冬被甲兵春執耒耜恐變生不測乃詔止令葺營堡營田之議遂寢）

至道二年七月太常博士直史館陳靖上言願募民墾田官給耕具種糧五年外輸租稅帝覽之喜謂宰相臣曰前後上書



言農田利害者多矣或知其末而昧其本有其說而無其用陳靖此奏甚詣理可舉而行之因召請對獎諭賜食而遣之呂端奏曰望令三司詳議其可否從之時皇甫選等相度宿亳陳蔡鄧許穎等七州荒田共二十餘萬頃及請建議興置京東西諸州荒田招召人戶耕種選等乃上言請將所相度到七州荒田付靖一處興置臣等乞別賜差遣從之

宋會要 真宗

咸平二年四月轉運使景望奏置營田務二十四日以左正言耿望爲右司諫直史館京西轉運使朱台符並兼本路制置營田事五月乙酉從其請每歲於屬州縣借人牛夏又差耨田夫六百人刈稻夫千五百人歲入甚廣（是歲種稻二百餘頃汝州舊有務雍熙中廢今復置墾六百頃）而後轉運張選（實錄作巽）改其法召人戶四十一萬（五年三月三日選奏罷之）未幾人戶請免之務遂廢　五年正月順安軍兵馬都監馬濟建議自靜戎軍東擁鮑河開渠入順安威虜二軍置水陸營田於其側詔可其請差內侍副都知閻承翰往徧勾當興置仍令莫州總管石普護其役踰年而畢三月三日

卷四千七百七十五

京西轉運使張選言廢襄州蠻河營田務已召民請佃量出租調公私便之比務前轉運使耿望奏置於荊湖市牛聚兵耕作所得稻利不償其費復遣部民繇變甚有勞擾至是選奏罷之　六年九月十三日莫州總管石普等言准詔浚靜戎順安軍界營田河道畢功詔獎善等賜將士緡帛有差　景德元年四月六日遣閤門祗候郭盛等乘傳詣靜戎順安軍按視河渠與長吏等同經度以聞先是閻懷正齎順安靜戎軍營田河道圖進呈帝參驗前後所奏異同自順安軍築堰聚水至靜戎軍而靜戎地勢高阜慮勞而無功知靜戎軍王能又言此河之北有古河道自靜戎至順安軍通流歲或雨



水亦通舟檝可以經度開導故遣盛往視之　二年詔緣邊州軍有屯田處長吏並兼制置營田屯田事舊使者如故

卷四千七百七十五

宋會要　仁宗

天聖四年九月，詔廢襄唐二州營田務，令召無田產人戶請射，充為永業，每頃輸稅五分，諸州所差耕兵牛畜並放還本處，廨宇、營房、囷倉悉毀拆入官。其請佃之人願要者，即估價給之。先是，二州營田皆無稅荒地，襄州凡四百八頃餘八十畝，唐州百七十頃，自咸平二年，轉運使耿望奏置，每歲於屬縣差借人戶牛具，至夏又差耨耘人夫六百人，秋又差刈穫人夫千五百人，歲穫利倍多。及望解職，轉運使張選改其法，召水戶四十一戶分種出課，未幾，水戶訴其不便，遂罷之。景德二年，轉運使許逸復奏興是務（九朝紀事本末耕運使當是公獻御耿望罷見咸平二年四月與此）羨（歐陽修為許逸行狀不載復營田務事，當考）而所獲課利甚薄。至是，轉運使言其非便，詔屯田員外郎劉漢傑與本路轉運司及二州知州、通判同共規度。漢傑上言：比較襄州務自興置以來至天聖三年，所得課利都計三十三萬五千九百六石九斗二升，依每年市價紐計錢九萬二千三百六十五貫。將每年所支監官、耕兵、軍員請受及死損官牛諸色費用，凡十三萬三千七百四貫十三文，計侵用官錢四萬一千三百四十二貫四十六文。唐州務自興置至天聖三年，所得課利計六萬四千九百三十一石四斗六升，依每年市價紐計錢共二萬五千九百六十八貫五百三十四文，將每年所支本務軍員、監官請受及死損官牛諸色費用，計侵官錢萬四千三百六十八貫一百一十四文。故有是詔。

寶元二年九月，詔河北轉運使自今並兼都大制置營田屯田事。

慶曆元年十月十八日，詔陝西轉運司今空閑地置營田務，候見次第當議酬獎。是月，詔陝西用兵以來，本路所入稅賦及內庫所出，留兩川上供金帛不可勝計，而備軍儲未備，宜令逐路都總管司經置營田以助邊計。（章如愚山堂考索：天聖中詔流民耕廢田，又詔長吏募集流亡及墾闢荒田計畝。慶曆中，歐陽公謂呂還閑田人欲請佃者總之。司馬公請募民耕麟州田。）

二年正月十四日，詔以同州沙苑監牧田為營田。

卷四千七百七十五

慶曆五年二月詔并代路經畧司其苛嵐軍火山軍禁地有閑田在邊壕十里外者欲請佃者聽之十二月詔陝西西路總管及轉運並兼營田使轉運判官兼管營田事

卷四千七百七十五





熙寧三年六月七日知秦州李師中言王韶申欲於甘谷城等處未招到弓箭手空閑地一千五百頃乞差官從三五頃至一二十頃以上逐段標立界至委無侵犯蕃漢地土然後欲憑出榜依奉朝旨召人耕種緣本司先准中書箚子王韶募人耕種止標撥荒閑地不得侵擾蕃部今韶乃欲指占極邊見招置弓箭手地有違詔旨臣恐自此秦州益多事所得不補所失蓋韶所獻議而朝廷即依所奏初未嘗令臣相度欲乞再委轉運使一員重行審定詔遣權開封府判官王克臣內侍省押班李若愚按實以聞　七月十一日詔提舉秦州西路蕃部及市易司王韶具析本所欲耕地千頃所在以聞先是韶召對言邊事以為自成紀縣至渭源城荒土不耕者何啻萬頃可撥千頃治之至是許之故有是命　十月二十二日詔前知秦州尚書右司郎中天章閣待制李師中落天章閣待制降授度支郎中知舒州秦鳳路都鈐轄皇城使帶御器械向寶落帶御器械為本路鈐轄秘書省著作佐郎王韶降授保平軍節度推官依舊提舉秦州西路蕃部及市易司初遣王克臣李若愚按師中及韶所論市易利害及閑田頃畝克臣等奏與師中不叶而朝廷疑其不然復下沈起起奏韶所說荒地不是的實處雖實有之然令來可檢踏召人耕種恐

卷四千七百七十五

西蕃諸族見如此興置以為朝廷招安首領各授以官職料錢後令獻納土地人情驚疑則於招安之計大有所害欲乞權罷營田之議俟招安諸蕃各已信服人情通順然後為之未晚於是侍御史知雜事謝景温言近聞起體量甘谷城弓箭手地稍多乞候邊事稍寧日根括施行緣韶元奏自渭源城至成紀縣沿河良田不耕者萬頃乞擇膏腴者千頃歲取三十萬石濟邊儲今甘谷城去渭水遠非韶昔日所指之處乃以此為名避當日欺妄之罪昨克臣若愚嘗奏無此閑田竇舜卿亦稱但打量得田一頃四十三畝與起所奏各有異同而起亦徇韶之情妄以他田為觧附下罔上乞降韶元狀遣推直官一人往體量就推劾如有矯偽重行譴責御史薛昌朝亦言韶妄進狂謀邀功生事令起體量多與克臣等不同兼起妄指甘谷城地附會韶言乞以韶師中前後所上文字及克臣起等節次體量事狀付有司推劾各正其罪時中書謂起未嘗指甘谷城地適作韶所言地之數而師中竇前在秦州稽留朝旨奏報反覆竇與韶更相論奏各有曲直韶又以妄指閑田特有是責其後知秦州韓縝按視乃言竇有古渭寨弓箭手未請空地四千餘頃乃復韶官如故　五年四月十日權發遣延州趙卨乞差通判范子儀及機宜官魏璋左文遍等根括閑地及提舉招置弓箭手從之先是卨管勾本

卷四千七百七十五　二



路機宜文字上營田議曰昔趙充國興屯田以破先零唐宰相婁師德嘗為檢校營田使而河西隴右三百六十屯歲入六十餘萬石今陝西雖有曠土而未嘗耕墾朝廷屯戍不可撤而遠方有輸納之勤願以閑田募民耕種以紓西顧之憂上以其事下經畧安撫使郭逵逵言令懷寧寨新得地百里已募漢蕃户使為弓箭手實無閑田以募耕者故至是卨復乞根括焉　七年三月二十五日熙州王韶言乞以河州作過蕃部近城川地招弓箭手外其山坡地招蕃兵弓箭手每寨五指揮以二百五十人為額每人給地一頃蕃官兩頃大蕃官三頃仍召募漢人弓箭手等充甲頭候招及人數補節級人員與蕃官同勾管自來出軍多為漢兵盜殺蕃兵以為首功今蕃官各情願依正兵例黥面或手背為弓箭手字號詑更於左耳前刺蕃兵字詔止刺耳前字　元祐元年三月十八日詔罷十一月七日權提點秦鳳路刑獄公事鄭民憲以熙河營田圖籍來對乃詔民憲兼都大提舉熙河營田弓箭手（今辟官屬以集事其決給田券民）熙河多美田朝廷委興營田奏辟官屬共集其事至是始以其圖籍入對　九年正月十三日提舉熙河路營田弓箭手鄭民憲言本路創置弓箭手深在羌境以歲荐飢未堪着業若令自備功力種子耕佃公田即恐人心不能無搖動乞候將來稍稔推行從之先是吳充言熙河經畧

卷四千七百七十五　三

雖定然軍食一切猶仰東州輓運則人力不給和糴則猾民乘時要價二者之弊在於未有土地之人按漢唐實邊之策惟屯田為利近聞鮮于師中建請朝廷以既置弓箭手重於改作故裁令試治百頃而已然屯田行之於今誠未易惟有因令弓箭手以為助法公田似有可為且以熙河四州較之無慮一萬五千頃十分取一以為公田大約中歲畝收一石則公田所得十五萬水旱肥瘠三分除一亦可得十萬詔差太常寺主簿黃君俞赴熙河路與鄭民憲同商議推行次第故有是奏

卷四千七百七十五　田

十九日熙河路經略安撫使言奉詔相度本路弓箭手田土令提舉營田司將洮西弓箭手單丁耕種不及空閑田土即具逐州軍權差廂軍耕種官置牛具農器每人一頃令所屬堡寨使人道路巡檢主管趁時耕種成收入官於每年終將弓箭手并今來官中所種過田土比較優劣賞罰如弓箭手可以耕種即令依舊將名下地土耕種仍不管空閑看詳委實經久可行仍乞差主管河州農心水利兵馬鈐轄李浩均度田土措置聞奏從之　六月十九日權提點秦鳳等路刑獄公事兼都大提舉熙河路營田弓箭手公事鄭民憲言逃走弓箭手并營田地土昨多方設法召人請佃今來認租課乞許就近於本城寨送納仍特於蠲免支移折變從之

十年二月六日中書門下言熙河路相度官莊霍翔乞先將熙城下營田見出租課地一百一十頃七十一畝可以興置官莊及乞於見任京官選人使臣諸色人豫令用員數差請勾當令欲令且將熙州地差弓箭手分擘共治其所差官破與當直兵士京官士人選人使臣五人效用三人如更有續發到土地依此施行從之

元豐元年二月九日都大提舉淤田司言京東西官私瘠地五千八百餘頃乞依例差使臣等主管從之六月一日京東體量安撫黃廉言澶州及京東河北淤官地皆土腴乞募客户依其土俗私出牛力官出種子分收選曉田利官兩員詣京東河北計會轉運提舉二司及逐縣令佐相度招募客户自今秋營種並下司農寺

卷四千七百七十五　五

詳定條約從之令轉運司選官如條收地即令提點刑獄司選差七月一日詔尚書主客郎書鄭民憲前任經畫熙河路營田等有勞特陞兩任十月二十七日經制熙河邊防財用司言四州軍依朝旨標撥官莊田外乞於近城吏擇沃土二十頃為營田專差使臣等主管從之　二年二月二十九日總管熙河路邊防財用司言岷州床川荔川閭川寨通遠軍熟羊寨營田乞依官莊例募永濟卒二百人其永濟卒通以千人為額以給十

六月十一日都大提舉淤田司請以雍邱縣黃酉等十棚牧地為官莊田從之

六官莊四營田工役其請給並從本司自辦從之十二月十八日詔開封府牧地可耕者為官莊從都大提舉淤田司請也　三年二月八日提點永興軍等路刑獄

食貨六三之七七

食貨六三之七八

駕部員外郎王孝先知邠州孝先上淤田營田司自熙寧七年至十年費錢十五萬五千四百餘緡六月十五日都大提舉淤田司請以雍邱縣黄菑等十棚收地為官莊田從之　五年二月十五日詔提舉熙河等路弓箭手營田蕃部共為一司隸涇原路制置司許奏舉幹當公事官一員准備差使使臣三員給公使錢千緡六月四日熙河經畧安撫使言蘭州内外官屬法當給地為圭田今新造之區居民未集耕種人牛之具皆償從之乞計數給以錢鈔而留其地以為營田或募弓箭手從之七月七日提舉熙河等路弓箭手營田蕃部司康識言與兼提舉營田張太寧同議立法乞應新收復地差官以千字文分畫經界選知農事廂軍耕佃每頃一人其部轄人員節級及顧助人功歲入賞罰並用熙河官莊法餘並召弓箭手人給二頃有馬者加五十畝營田每五十頃為一營差諳農事官一員幹當計本司不拘常制舉選人使臣請給依陝西路營田司法不滿五十頃委付附近城寨官兼管月給食三錢千從之六年十二月一日提舉熙河等路弓箭手營田蕃部司言新復境土堡寨漸修築畢可興置營田内定西寨龕谷寨輸木壘堡四處營田見闕農作廂軍二百人部轄人員軍典十九人乞依熙河路修城鳳翔府關中保寧指揮簡填闕額法計本司於秦鳳涇原熙河三路廂軍及馬

食四千七百七十五

六



遞鋪卒選募人給裝錢二千從之七年七月十日知太原府吕惠卿言邊事未息人無參可全減莫若廣勸公私耕種為急今若使邊地盡墾則邊戍可益邊民稍蘇無貴糴遠輸之患麟府豐三州兩不耕地可以時出兵開墾伏詳横山一帶兩不耕地無不膏腴過此即砂磧不毛今乘羌虜衰弱並兵防拓廣耕疾種困其蹂踐從而掩擊漸移堡鋪向外把截則不須深入而拓地日廣并可以招置漢蕃弓箭手承佃或營田軍以祇戍兵則邊費省矣願推之陝西路詔陝西諸路經畧司詳酌施行

食四千七百七十五

七

元祐元年十月十八日，熙河蘭會路經略司言乞將新復啰𠺕川一帶地土依舊令定西城招置弓箭手耕種從之仍許於從來已耕占地上內耕種不得更有侵展別生邊事元符二年十月九日河東路經略司幹當公事陳敦復言本路進築堡寨自麟石鄜延兩路僅三百里田土膏腴若以廂軍及配軍營田一千頃歲可入穀二十萬石可下諸路將犯罪合配人揀選少壯堪田作之人配營田司耕作從之二十五日樞密院言涇原路環慶鄜延熙河蘭會河東路新復城寨地土例皆闕人耕種諸路廂軍若召募前去與免諸雜差使必有應募之人從之三年九月二十七日提舉河東路營田司言準樞密院劄子本路新復城寨闕人耕種令京西淮浙等路應管廂軍赴經略司分擘耕種令來諸路廂軍不會耕種陸田兼杭州等處廂軍尤更不耐本路田野寒凍已有疾病欲將京西等路并本路州軍發來耕種廂軍內委是不堪田作之人送本路州軍充廂軍京西等路廂軍或乞計口給券發遣元差州軍從之







大觀三年二月二十一日，臣僚言自復西寧州招置之術失講勸制之法未興不取地利惟仰轉輸得力甁就增價買糴僅濟目下之急潛滋久遠之策內外牽制莫不窮已望速委帥臣監司講求弓箭手數及蕃部耆叢之術或誘或拘責以耕耘田既墾則穀自盈募既充而兵益振矣詔熙河洮岷前後收復歲月深久得其地而未得其利有民而未得其用地利不闢兵籍不敷歲仰朝廷供億非持久之道覽所奏陳頗究利害之原可令詳究本末條畫來上其後政和五年知西寧州趙隆請引宗河水灌溉本州城東至青石峽一帶川地數百頃從之

紹興元年五月二十三日沅州言本州熙寧七年創置為郡自後拘籍地土撥充屯田作營田其餘召人請佃租米約有萬計遂措畫括係官田標給分數招置刀弩手共十三指揮計四千二百八十一人自靖康調發往往不還自建炎四年至今並無顆粒應副支遣今將闕額刀弩手荒閑田權召承佃濟助歲計乞許本州揀選格填補及二千人教習武藝防遏邊鏖候將來承佃安居樂業別具條陳從之二十六日荊南府歸峽州荊門公安軍鎮撫使兼知荊南府解潛言本鎮所管五州軍一十六縣絕戶甚多見拘收通遂管諸色官田不可勝

卷四千七百七十五　一

計令盡荒廢可惜見一面措置屯田召人耕墾分收子利已恭依分鎮便宜望詔旨移牒直秘閣宗綱權屯田使樊賓權屯田副使措置就緒日相度減罷伏望詳酌施行已降指揮許置荊南府歸峽州荊門公安軍鎮撫使司同措置營田官各一員令解潛奏辟詔宗綱差充荊南府歸峽州荊門公安軍鎮撫使司措置營田官樊賓差充荊南府歸峽州荊門公安軍鎮撫使司同措置營田官餘依八月二十三日臣僚言應變權宜莫如屯田之利今師徒所聚多緣糧餉乏絕輒致逃亡寖成鈔掠然而願耕者衆要須朝廷有以處之唐李泌當肅宗時關中新遭安史之亂關東戍卒多欲適歸泌建屯田



之策市耕牛鑄農器給田以耕歲終則官糴其餘戍卒乃定邊備益修其後德宗奉天之難陸贄亦献此謀粗如泌策依倣趙充國舊制趁時便事雖有不同要其成功均於兵食兼足東南之地雖非關中之比今沿江兩岸沙田圩田頃畝不可勝計例多荒閑近者張琪占據蕪湖圩田兵食遂足繼緣追逐決水灌田舊圩盡壞曩時官得歲課數萬石一旦失之旁侵民田為害更甚及聞趙霖於和州境內屯集耕墾頗亦有方屯田之利無可疑者臣欲望朝廷委能臣先於沿江南岸與州縣官同共相視檢察元係官田見無佃戶耕墾委是荒閑去處計度頃畝條畫利害團甲多寡之數營屯向背之宜

卷四千七百七十五　二

參酌古今務令簡便朝廷更加詳酌決可施行然後置營田使以統之與安撫大使參照其事募兵若民以耕權擬一年折帛錢以為本錢市耕牛農器種糧之屬及為歲終收糴之資使募之人出則戰入則耕食足兵強指日可冀勘會兩浙淮南州縣昨因兵火之後民間荒廢田土甚多雖合倣古屯田之制募人耕墾緣難以遥度措置欲委官躬親前去相度措置條具利害以聞從之九月二十七日臣僚言嘗被旨令條畫屯田利害臣退而考閱自井田廢而阡陌開至漢昭帝始元二年詔廢習戰射士詣朔方調故吏將屯田張掖郡始有屯田之令其後宣帝時趙充國擊先零羌已留屯田以困羌

條上十二便宜，果足以克羌。自後更三國六朝，若曹操屯於許下，諸葛亮屯於渭濱，鄧艾屯於淮南，羊祜、杜預屯於荊湘，應詹屯於江西，荀羨屯於石鼈，皆有見効。其遺跡可考也。隋唐以來頗采舊聞行之。至今沿江諸郡尚有屯田稅租之名，則江浙亦嘗屯田矣。本朝自淳化以來，始用何承矩措置北邊屯田，開塘濼之利，以限北虜。相繼西北二邊益廣屯田，至淮南、京西、夔路等處率常行之。天聖二年，有上封事乞賣福建路屯田，監察御史朱諫上言，以為此田耕墾已四十餘年，雖有屯田之名，父子相承以為己業，乞罷估賣，則知屯田嘗行之福建矣。今陛下特議興復之圖，暫駐清蹕，經營四方，欲因沿江荒閑之田，募人耕中，用為籬落，兼實儲餉，此誠計之得也。今將古今屯田利便可施於江浙者，纂其大畧，附著于篇，號曰屯田集議，謹錄上聞。今開列如左：臣前件條畫，蓋考之國史之所載，參之土俗之所宜，不怫於令，不悖於人。伏望聖慈時因萬機之暇，特賜省覽，儻或一介芻蕘之見有足以備採擇，欲乞付外參酌，諸臣之議而行之，庶幾輯寧失業之民，休養更戍之卒，壯兵威，資國計，一舉而兩得之，豈曰小補。詔令戶部限兩日勘當申尚書省。二十八日，臣僚言：契勘程興運中比年以來依倣屯田之法，開闢隴畝，勸督耕耘，將欲就緒，欲望督責諸鎮各從方俗之便，速舉屯田之法，務農重穀，以





為備積芻糧食，皆足軍聲益張。詔令工部准今年九月二十七日已降臣僚上言屯田利害指揮，一處參酌，以聞。十月十三日，臣僚言：屯田之利，宜先招集流散之民，使之復業。民力既豐，則可以為用。其民力不足之處，及官田逃田方可募兵以耕。近見王實措置，詳於兵而畧於民，恐有侵奪，遂失本意。望付之大臣，令實等子細商量，勿於經理之初先失民心，以妨大計。從之。十五日，河南府孟汝唐州鎮撫使措置營田官任清直言：伏見河南殘破，民之歸業者未衆。其所營田，全籍軍兵，如創置營田官，恐力微難以號令，欲乞持令翟興帶領營田使，庶易於措置。仍乞將措置到事先次施行，續具已施行畫一單奏。又營田官未審於本鎮官如何序位。詔並依其序位依帥臣下屬官例施行。同日，江南西路安撫大使李回言：江州、南康、興國軍界赤地千里，無人耕種，乞依淮南兩浙路專委監司措置營田。詔依，仍令帥臣同共措置。十一月十四日，荊南府歸峽州荊門公安軍鎮撫使解潛言：辟差公安知縣承議郎孫倚措置營田，倚任內布種，率先辦集，於民不擾，比之一路頃畝最多。既劾忠勤，宜加褒賞。詔孫倚可特轉兩官。建炎以來朝野雜記：營田者，紹興元年解潛為荊南鎮撫使，以所營五州絕戶及官田荒廢者甚多，乃以便宜辟直秘閣宗綱為屯田使，召人使耕，分收子利，乃以聞。詔以綱為鎮撫司營田官

渡江後屯營田始此其後荊州軍食多仰給於營田省
縣官之半焉其秋遂命河南淮南措置屯田九月庚申
已而河南鎮撫司營田官任直清言河南殘破民歸業
者尚罕所創營田全藉軍兵恐力徵難以繼今請於鎮
撫使翟興兼營田使時諸鎮尚未就緒獨公安倚
營田辦集遷官蓋解潛為帥故也　紹興二年二月七
日三省言傅崧卿乞淮南營田減租課文字因奏其說
可行使使未收租課但得人人耕種家家積粟即是人
主之福緣人主與人臣不同人臣有東家西家之異人
主以天下為家何有彼此上曰百姓足君孰與不足卿
言極是三月十日淮南東路提刑兼營田副使王實言



被旨措置營田勸誘人戶或召募軍兵請射布種今相
度先將根括到江都天長縣未種水田一萬六千九百
六十九頃陸田一萬三千五百六十六頃分撥諸軍趁
時耕種詔權許侯有人戶歸業識認日申取朝廷指揮
四月二十四日臣僚言竊見朝廷講屯田之策久矣略
未見有所施設願詔劉光世軍中將校有能部伍就
耕者優加爵賞歲入悉分其衆自餘曠土盡募民開墾
每能率三五百人或千人乃至數千人遞補以官三歲
勿賦則所在土豪及懷歸之人自當有應募者事成皆
許優與遷轉利之所在人所樂趨雖使之自戰自守可
也今歲閏四月稻田或尚可種唯早圖之詔劉光世措



置施行七月九日德安府復州漢陽軍鎮撫使陳規言
屯田營田人戶荒田及逃戶官田依人指射及軍兵耕
種者限二年識認已種者俟收畢給之過限者官司悉
不受理工部言人戶自軍興以來流移遠方道路梗塞
竊慮於限內不能歸業欲下本路立兩三年從之　十
四日左司諫吳表臣言鎮撫使陳規措置屯田事件甚
有條理委是究心乞下本鎮撫府縣奉行官吏措置勸
諭最先宣力之人具名來上特與推賞其陳規仍降勅
書獎諭詔曰勅陳規卿體國盡忠識略稱台當中原之
未定念南畝之多荒兵食弗充農收蓋寡乃先營屯之
制用興稼穡之功軍民不雜而無爭畔之詞官吏不增



而無加廩之費得魯侯之重穀同漢將之留田東作西
成居有安生之利緩耕急戰人懷赴敵之心條理不煩
施設可法載觀績効深用嘆嘉故茲獎諭想宜知悉八
月十二日樞密院言淮南州軍見屯軍馬措置防秋難
以行營田竊慮糧食未濟理宜資助詔傅崧卿斟量遣
州人兵多寡量行應副錢糧接濟軍用十一月四日中
書門下省言直徽猷閣充知州無為軍鎮撫使趙霖近
措置營田等事已降指揮與轉一官依條止合減四年
磨勘詔霖久在江北委有勞効與轉行一官十八日中
書門下省言建康府江南北岸荒田甚廣詔令孟庾韓
世忠措置將兵為屯田之計體倣陝西弓箭手法辦

貴耕植漸廣以省國用以寬民力十二月二十八日臣
僚言伏覩德安府復州漢陽軍鎮撫使陳規措置屯田事
頗有條理深得古寓兵於農之意欲望將陳規所由畫
一令淮南諸鎮撫使依倣而行之其府縣勸諭宣力官
吏令逐鎮保明推賞詔委都司檢詳官參照陳規申請
畫一并前降指揮限十日條具以聞同日中書門下省
言湖北江西浙西路對岸荒田尤多理合隨所隸一就
措置詔湖北委劉洪道江西委李回江東委韓世忠浙
西委劉光世措置仍令都督府總治三年二月七日左
司員外郎張綱等言被旨委都司檢詳官參照陳規申
請營田并臣僚獻議令條具下項一看詳應屯田官掌



營種屯田管句會功課其諸鎮亦兼營田使令來陳規
所陳屯田營田分為二事未合古制欲乞應諸路安撫
使鎮撫使各兼營田使令將陳規畫一裁酌邊鎮風土
所使一面措置施行一陳規畫一內稱將逃亡戶絕官
田推行屯田之法其有屯兵墾耕不盡之田若輕其賦
名人耕種可以助軍儲贍國用招集散亡無歸之民惟
軍與民不可使並耕作庶不致交爭今看詳諸鎮地多
曠土宜先務招集失業之民較立課租使就耕作其餘
地分別軍兵勸誘耕墾仍相度地形險隘遠近酌中處
置立堡寨遇有寇盜則保聚在寨禦捍無虞則乘時田
作其兵與民各處一方不得交雜庶得相安民漸歸業



一陳規措置將人戶荒田令軍兵及召百姓耕種若人
戶歸業緣寇盜未息亦合給還今看詳諸鎮全在招集
流移早使歸業所亡田產自今即時給還若有已撥在
兵屯田內難使雜耕仰歸業人戶詣官司投陳為照驗
已有民戶耕鑿多處依數撥還仍不得以瘠薄田充數
如是民戶歸業漸衆亦令依軍兵法於地形險隘遠近
酌中處置堡寨屯聚以備盜賊一陳規措置先將近城
官田荒田做古屯田之制令官吏弓兵民兵等各自耕
種漸見次序今看詳欲編下諸路安撫使各隨本處風
俗所便依倣陳規畫一事件各務多方隨誘官吏軍民
等乘時耕墾或有流寓寄居及形勢戶自來於法不許



承佃官田之人亦許出租耕佃務要田土廣闢不致荒
廢一陳規措置將弓兵等留一半守禦餘一半少增錢
糧令耕種荒田其牛具種子以官錢支用所得物斛並
以入官如遇田事忙時則將所留軍併就田作若有軍
事警急則權罷田作併充軍用今看詳欲下諸路安撫
使仿依陳規事理更合參酌本鎮臨時事宜勸誘軍兵
耕作如遇農忙時一面守禦人併就田作時亦合增支
錢糧如至秋成所得物斛於內依倣鋤田客戶則例亦
合分給斛斗以充犒賞外餘並入官庶知激勸樂就南
畝一陳規措置見出榜召人投狀經官指射耕種開田
內外田每畝秋納粳米一斗陸田每畝夏納小麥五升

秋納豆五升令看詳欲下諸路安撫鎮撫使依倣陳規
立到租課數目更切參詳本鎮地土瘠肥官司曾無借
給牛具種糧及歲事豐荒土俗所便隨所收種斛斗臨
時增減着中數目拘收租課務要便民一陳規措置人
戶指射官田荒田耕種滿二年不拖欠租稅並充已業
聽行典賣經官印契割移昨紹興二年七月九日已得
旨展作三年令看詳欲下諸路安撫使鎮撫使遵依已
得聖旨指揮多出文榜勸誘人戶施行一陳規措置人
戶荒田及逃戶官田被人指射耕種及軍兵耕種者立
限二年歸業識認已種者候收畢給之過限者官司並
不受理昨紹興二年七月九日已得旨展作三年令看



詳欲下諸路安撫使鎮撫使遵依已得聖旨指揮多出
文榜召人歸業仍逐旋具已招誘到歸業人戶數目供
申朝廷一陳規措置依所得朝廷指揮置營田司所有
屯田事務營田司兼行營田事務府縣官兼行更不別
置官吏令看詳欲下諸路安撫使鎮撫使依此遵稟施
行一臣僚上言考之周制一夫授田百畝李悝謂一夫
挾五口以耕百畝趙充國人授二十畝蓋不計其家之
食也本朝於京西淮南屯田則人授百畝則太多裁為
中制可人授二十畝如充國之議一家五人同授田亦
足以得百畝令看詳諸鎮荒田甚多惟患人力不足兼
地有肥瘠不同難以一定槪立定畝數欲下諸路安撫



使鎮撫使各參酌本鎮地名高下量度人力數授以田
畝務要力耕不使鹵莽所是召人承佃荒田亦不須限
定頃畝聽人戶量力投狀請射一臣僚上言屯田合用
耕牛今看詳近緣盜賊屠殺例皆闕少江北諸鎮殘破
日久絕無販賣牛畜合隨宜措置制令諸鎮勸誘良民
倣做古制用人耕之法每二人挽一犁初時雖稍費力
及其成熟工用相等欲下諸路安撫使鎮撫使詳酌勸
諭施行一臣僚上言凡授田五人為一甲別給菜田五
畝為廬舍稻場令看詳欲下諸路安撫使鎮撫使照應
今來臣僚上言參酌本鎮土俗事宜措置施行一臣僚
上言募民以耕免其身役及折變及民耕應出官租初



一年免其半次年依本法令看詳募民請佃之初理宜
寬恤委是利便欲下諸路安撫使鎮撫使參酌施行一
臣僚上言兵屯置屯主一員以大使臣為之民屯縣令
主之以歲課多寡為殿最令看詳欲下諸路安撫使鎮撫
使開具推行月日每至歲終仍具所委官職位姓名招
誘墾闢到田畝實數供申朝廷如招集到歸業人戶數
目及兵屯民屯稍見就緒去處乞優與陞擢庶使有以
激勸一欲乞諸路安撫使鎮撫使除依陳規畫一并令
來看詳事理施行外逐處如別有利便即仰合隨土俗
所宜具事因以聞並從之　紹興三年二月八日詔通
直郎德安府節度推官韓之美右修職郎德安府司法

參軍胡概秉義郎閤門祗候就差知德安府孝感縣事
韓適進義校尉王植下班祗應袁式詔各與轉一官資
内選人比類施行以陳規保明措置田事最先宣力故
也四月四日太尉武成感德軍節度使充江南東西路
宣撫使韓世忠言契勘陝西因敵建州軍城寨之後應
四至境内田土盡得係官即無民户税業交雜其間其
田荒隙遂招致土人充弓箭長行每名給地二頃有馬
者別給額地五十畝率空地八百頃即招集四百人立
為一指揮一境之中均是弓箭手自相服從今内地州
縣田土皆係民户税業雖有户絶逃棄往往畸零散漫
若便依倣陝西法標給須合零就整鑲數分撥其田遠

近不同既不接連難相照管又如去城百餘里外給地
付之軍兵使混雜莊農養種切慮生事今相度欲先將
建康府管下根括到近城荒田除户絶逃田一面措置
耕種外其有主而無力開墾者散出文榜限六十日許
人户自陳頃畝着實四止如情願將地段權與官中合
種所用人户牛具種糧並從官給候收成日據地段頃
畝先次依本色供納二税及除豁牛具種糧其餘據見
在斛𣂏量給地主外盡給種田人候至地主有力耕時
赴官自陳即時給還元業若限滿不自陳即依逃田例
直行標撥庶幾不致荒閑田畝軍民兩有所濟并契勘
人户願與官中合種地段若伺候將來收成除豁二税





種粮外據現在臨時量給竊慮地主妄稱鄉原舊例過
數邀求今欲於人户自陳日即便議定據將來實收到
斛𣂏除上件出豁外以十分為率内二分給地主若稱
所給數少不願官種者即具村保姓名開排地段送本
縣置籍拘收係田雖荒閑須管依條限催理二税無令少
欠庶幾地主不敢僥倖妄有希求都督府言勘會人户
二月間候朝廷指揮方立限許人户投狀與官中合種
深恐已過布種時日轉致荒蕪已將昨因兵火逃亡未
曾歸業見今荒田令世忠先次措置召人承佃耕種其
合納税租第一年全免第二第三年以下分為率各與
免納五分三年外依舊全納田主歸業自種在五年内

者聽依已布種法見佃人收畢交割五年外不歸業者
聽見佃人為主庶幾不致荒閑失陷二税已行下世忠
照會施行如蒙俞允依湖北江西浙西未歸業逃田並
乞依此施行户部勘當欲依都督府奏請事理施行如
有人户歸業即依去年四月十八日已降指揮年限理
認即時給還内已布種者收畢交割并下江南東路轉
運照會仍乞令湖北江西路疾速措置具利便申取朝
廷指揮從之五月二十五日新權發遣承州劉寓言竊
見朝廷屬意營田今乞本州自行措置牛具種粮將管
下民間請射不盡田土開墾種蒔所收地利專爾贍軍
兼依民間請射體例仍自給與四年夏料為始蓋淮南

諸郡依此措置年歲之間便見儲偫豐積乞付有司行
下其諸州當職官能究心措置功効顯著者優加激賞
詔依奏即不得復由有主民戶田土十月十日臣寮言
營田召募民耕乞免徭役及科配詔人戶如自已業田
自令依法其屯田營田並行蠲免（建炎以來朝野雜記）紹興三年
韓世忠為江東宣撫使上命措置建康營田世忠言沿
江荒田雖多太平有主難以如陝西例請募民承佃蠲
三年租滿五年不言給佃人為世業於是詔湖北浙西
皆如之田租初年全蠲次年半減尋又免科配徭役自
此營田專用諸民矣紹興四年四月十五日知廬州兼
淮南西路安撫使陳規言乞令本州措置招召効用人



各令種田并軍兵情願者聽不限人數從之八月五日
侍御史魏矼論淮東西屯田利害上謂輔臣曰招集流
離使各安田畝最為今日急務遂舉鴻鴈美宣王之詩
謂中興基業實在乎此胡松年對曰古人圖必成之功
為必取之計於是有屯田若趙充國破先零羌祐守襄
陽是也朝廷行屯田累年除荊南解潛畧措置其餘皆
成虛文無實効上曰卿論實効極是松年復對曰漢宣
之治總核名實信賞必罰而已矣天下事若因名以責
實無有不治者屯田一事猶不可欺一歲耕墾田畝若
干收穫幾何便足以稽考上曰卿等可商議條畫來上
當力行之六日後殿進呈朱勝非條具屯田利害劉子



言今日之兵既令執兵又令服田終歲勤勞所得如故
未有可者上曰古者三時務農一時講武農即兵也兵
農之制一分恐不可復合勝非所陳甚善可使施行孟
庾等對曰淮南收復今已數年守令豈不欲招徠流離
但復業者未甚多恐自此兵日以衆食日以廣不易供
給更容臣等與勝非熟議上曰不可既行下光世世忠
軍中却使之以難行為訴復議更改則朝廷命令自為
反覆庾等曰謹稟聖訓九月二十六日主管江州太平
觀朱震言荊襄之間沔漢上下膏腴之田七里餘里襄
陽之北土宜麻麥古謂之粗中若選用良將民所信服
者領部曲駐漢上招集流亡務農重穀寇至禦之寇退



則耕稼不過三年兵食自足觀釁而動復陵寢清宗廟
以濁河為限傳檄兩河則中興之業定以逸待勞之道
詔閑與都督府五年閏二月二十八日諸路軍行事都
督行府言淮南東路宣撫使韓世忠言見措置屯田乞
取買耕牛趁時耕種今措置下項一浙東福建係出產
牛去處欲令兩路收買水土一千頭並依市價委税務
官一員置場和買限三箇月數足一遞路買到耕牛每
一百頭作一綱起發日行三十里選差兵士二十人將
校緻節級及各一名管押赴淮東宣撫使司交納仍每
頭用牌子標號齒口格尺別用申狀依此開具令宣撫
司照會交割以防換易一牛綱所至去處並仰依數應

剉草料不得違滯一合千人並仰如法餵養不管瘦損
每綱交納了畢如倒死不及五釐將校節級並與轉一
資管押人支賜銀絹各一兩匹如死損過分從杖一百
科罪仍依元買價陪償詔令張燃措置收買一千頭餘
依
三月二十八日諸路軍事都督行府言光州收復
之初方奉行營田之法合量行接濟布種欲望朝廷依
壽春府例支降江南東路空名度牒二百道付本州收
買耕牛從之同日權發遣秦州郡彪言淮南人戶逃竄
良田沃土悉爲茂草今將營田司應有人請射荒田並
許即時給付每畝依元降指揮納課子五升（田土磽薄者量與裁）
減耕種五年仍不欠官司課子許認爲已業限外元主



識認或照驗明白即許自踏逐荒田指射以爲已業如
是五年內歸業即許佃人畫時交還不得執占已種者
候收成了給還已施行者（謂耕墾熟成起屋種桑之類）量出工力錢
還佃人令來措置如可施行即已明坐指揮鏤板榜示
庶得民間通知着業者衆從之四月二十一日臣寮言
荊南鎮撫司百姓自有耕牛者除輸納賦稅外不得抑
勒耕種營田其營田許募民閒情願種者官爲給借種
糧每一耕牛納課一十石納課稍輕民自應募庶使百
姓歸業公私兩便詔依劉興諸路帥司八月二十四日
內降德音應潭郴鼎澧岳復州荊南龍陽軍循梅潮惠
英廣韶南雄虔吉撫州南安臨安軍汀州管內已降指



揮人戶附種營田并主戶下客丁官中科種收課數多
緣此流移未肯歸業應人戶已請官種種苗在地比每
年減半送納自來年並免附種并諸軍預先抑勒俵散
和顧栽插人工錢奪其工力蓋見困乏已令諸軍不許
預俵顧夫錢尚慮不切尊稟仰荊湖北路安撫轉運使
依所降指揮施行毋致違戾仍仰帥臣監司常切遵守
戒諭諸軍不得抑勒預俵工錢如違仰憲司取勘聞奏
荊湖人戶耕牛已降指揮與免拘集并已請官種種苗
在地者減半送納官課自來年更不科種營田仰安撫
司檢察州縣不得科數十一月二十八日知荊南府充
荊南府歸峽州荊門軍安撫使王彥言被旨荊南營田



一司並罷令安撫司措置耕種今計置到黃水牛一千
七百餘隻及修置應干合用農具足備盡已踏逐標撥
定合種水陸田頃畝並係膏腴止緣創行開墾倍費工
力兼已令下手破荒冬耕及修築堤塘開決陂堰以待
來春依時布種詔令王彥更切多方措置務要耕種日
廣補助國計十二月一日詔臣寮陳請乞淮南東西川
陝荊襄等路行屯田之制令學士院降詔曉諭諸帥詔
曰勅襄漢府路帥臣朕考觀古昔斟酌時宜欲豐軍食
之儲必講屯田之制故充國經畫於金城而魚得十二
便之利曹操始用於許下而遂收百萬計之饒先積粟
以爲資乃屬兵而爲戰況今寇戎未建靖征戍方興賴

將帥之同寅致主卒之樂附願凡將所隸之數日以增
多而經賦所入之常歲有定限既不可剥下以取給固
莫若興田而力耕御等叶志合謀退思體國率勵將士
和叶一心勿憚朝夕之勞共建久長之策故茲詔示想
宜知悉　八月詔吳玠於梁洋及關外成鳳岷州措置官
莊屯田今已就緒漸省饋運以寬民力寬宥忠勤深可
嘉尚可令學士院降勅獎諭　十五日中書門下省言淮
南東西川陝荆襄等路已降指揮令諸帥行屯田之
制其諸帥下屯田事務委曹專委官措置詔淮南西路
宣撫使司差李健淮南東路宣撫使司差陳彌江南東
路宣撫使司差郝[illegible]川陝宣撫使司差陳遠猷湖北襄

卷四千七百六十五

陽府路招討使司差李若虛荊南府歸峽州荊門軍
安撫使司差李洪並兼提點本司屯田公事　十一日
諸路軍事都督行府言江淮等路分撥措置屯田路差
屯田郎官撫屬量帶人吏依都督府行出使日隨逐前
去措置其合施行事一面條具供申[illegible]　紹興五年十
一月丁酉王觀察彥為荊南帥言已措置營田八百頃
自蜀中買牛賦民多方措置先是言屯田者甚衆而行
之未見其效　紹興六年正月二十一日尚書右僕射都
督諸路軍馬張浚言被旨經理川陝視師及因就諸江措
制軍事所有屯田事務已蒙朝廷差屯田郎官樊賓隨
逐前去緣措置之初申審有司竊慮留滯欲望應屯田





事務並申行府候就緒日歸省部施行從之　同日上宣
諭輔臣曰前日三大帥屬官陳埔等引對朕諭以朝廷
勞養大兵之久國用既竭民力已困切須專意措置屯
田此亦自古已成之効況軍中亦須先立家計若有措
置方圖進取臣鼎等曰如此措置社稷幸甚　同日都督
行府言已差屯田郎官樊賓措置屯田緣當之初事務
繁多詔令王弗同共措置　二十八日都督行府言江淮
州縣自兵火之後田多荒廢朝廷昨降指揮令縣官兼
管營田事務蓋欲勸誘廣行耕墾緣諸處縣[illegible]
今來見就緒合改為營田[illegible]民間自來體例召莊客承
佃其合行事件[illegible]令條具下項一措[illegible]

卷四千七百六十五

營閑田土并無主田[illegible]行措集[illegible]數每縣[illegible]
則各五頃為一莊召客戶五家相保為一甲[illegible]
推一人充甲頭仍[illegible]
五頃并給種子農器[illegible]
款先次借支錢七十貫[illegible]合用[illegible]兩次[illegible]
[illegible]
願以斛斗折還者聽仍比[illegible]增二[illegible]
二等客戶仍免諸般差役科配一應官[illegible]州縣守倅
縣令並於勸農字下添帶屯田二字縣尉專一充營官
莊四字仍委守分貼司各一名於本縣人吏內輪差一
年一替依常平法支破請給一每莊蓋草屋一十五間

每留破錢三貫每一家給兩間餘五間准備頓放斛斗糧合用農具委州縣先次置造仍具合用耕牛數目申行府節次支降一每莊標撥定田土從本縣依地段彩畫圖冊開具四至以千字文為號申措置屯田官類聚繳申行府置籍抄錄一收成日將所收課子除樁出次年種子外不論多寡學海官中與客戶中停均分一今來屯田所招客戶比之鄉原大段優潤係取人戶情願即不得強行差抑致有騷擾其諸軍下不入隊使臣及不披帶揀退軍兵有願請佃者並依百姓例仍別置籍開具一州縣公人等如敢因事騷擾官莊客戶及乞取錢物依法從重斷罪外勒令罷役仰當職官嚴行禁止如有容

叢四千七百七十五

縱當議重作施行一逐縣種及五十頃已上候歲終比較以附近十縣為率取最多三縣令尉各減二年磨勘其最少并有閑田不為措置名人承佃者並申取朝廷指揮知通計管下比較賞罰一收成日於官中收到課子內以十分為率支三釐充縣令尉添支職田仍均給一今來招名承佃官莊如有願就之人仰諸有官莊縣分陳狀以憑標撥地分支給其縣令尉能廣行勸誘數請佃之人漸多當議推賞一今來措置官莊除湖南北襄陽府路見別行措置外止係為淮南江東西路曾經殘破州縣有空閑田土去處依今來措置行下一諸處土宜不同如有未盡未便事件仰當職官條具申行府



詔從之劄下樊賓王弗疾速施行仍散榜付諸路曉示一同日屯田郎中樊賓等言被旨措置江淮等路屯田令乞以諸路軍事都督行府措置屯田為名欲於階銜內一帶行仍令行府劄下諸路安撫使并逐路監司遇有承受文字並限一日回報如違當職官吏乞重賜施行若奉行滅裂乞行取勘從之二月三日詔淮南西路兼太平州宣撫使劉光世淮南東路兼鎮江府宣撫使韓世忠江南東路宣撫使張俊並兼營田大使荊湖北路襄陽府路招討使岳飛川陜宣撫副使吳玠並兼營田使四日中書門下省言江西湖南安撫制置大使已降指揮並兼本路營田大使詔令逐司於參謀參議官內各

叢四千七百七十五

選一員具名以聞令兼提舉本司營田公事同日中書門下省言知鄂州主管湖北安撫司劉子羽荊南安撫使王彥江東安撫使葉煥知廬州主管淮西安撫司趙康直並已兼營田使詔知鎮江府主管沿江安撫司李謨知建康府主管江東安撫司葉宗諤利州路安撫使郭浩襄陽府路安撫使張旦金均房州安撫使柴斌並兼營田使七月措置營田樊賓等言若有元地主歸業令州縣驗實許歸業人別行指射鄰近荒閑田土依數撥還元已業佃戶五家相保為一莊若未及五家許元次相保於本莊內據佃戶撥田耕種候佃戶數足依已降指揮從之十六日通判揚州兼管內勸農屯田事劉

時言令將州縣係官空閑田土并無主逃田並行拘集
竊見常平司所管田產自有專法不許他司取撥令來
審許與不許撥充官莊詔常平司空閑田土亦合撥充
官莊二十四日殿中侍御史周裕劄子言兵者民之所
恃以安民者兵之所恃以養故兵當處乎外民當處乎
內令欲使民兵並耕則不能無侵擾之患臣以爲宜先
使民後使兵必無願耕之民然後用東遊之兵如此則
兵民各得其所而他日無督索之勞此設施之序也望
令付屯田官一就施行詔劄與措置屯田官并閩浙都督
行府二十五日江南東路安撫使司言本司令於屬官
內選差左朝請大夫直顯謨閣添差本司參議官馬觀

卷四千五百七十九　壹

國兼主管本司營田公事從之三月一日江南西路安
撫制置大使兼知洪州李綱言乞於淮南襄漢宣撫招
討使各置招納司以招納京東西河北之民明出文榜
厚加撫循有來歸者撥田土給牛具貸種糧使之耕鑿
許江湖諸路於地狹人稠路分自行招誘而來中人兵
願耕者聽詔令都督行府措置十七日都督行府言諸
路宣撫安撫大使各令帶營田大使諸路安撫並帶營
田使緣行府措置屯田官及江淮等路知通縣令見帶
屯田二字竊慮稱呼不一欲並以營田爲名從之四月
十五日詔泉州添差判官綿福州節推龔濤各減二年
磨勘漳州知州馬瑀通判趙不棄興化軍判官趙不[illegible]



各與減一年磨勘以逃人比類施行以措置依限買發
耕牛故也二十八日都督行府言營田莊並已支給耕
牛借貸種糧屋宇農具之類將來收成合計五項所得
子利官中與客戶中半均分緣今歲法行之初佃戶耕
種未遍欲將所收子利不計頃畝止以今歲實收數除
樁出次年種子外官中與客戶中半均分諸如實收一石官中客戶各五斗
從之同日都督行府言江淮州軍并鎮江府閑田
逃田依累降指揮即不得強科抑勒保正長及一概占
充營田如有均科大戶耕佃官莊去處日下改正如違
許人戶詣本路監司陳訴具當職官吏姓名重作行遣
及有標已耕已業熟田去處許人戶陳訴依實改正令

卷四千五百七十五　壹

日已後人戶歸業到田令量力開耕隨時布種竊慮州
縣奉行違戾卻成民害今欲乞下營田州軍將所委田
土如人戶情願承佃即依官莊法若大段不成片段令
別項樁管仍申嚴行下常切遵守許人戶陳訴從之五
月二十日尚書右僕射都督諸路軍馬張浚言湖南累
經殘破田多荒蕪近來本路安撫制置大使呂頤浩乞錢
一十萬貫措置營田望許行府於總制錢內撥從之六月九
日荊湖南路安撫制置大使兼知潭州呂頤浩言湖南
一路流移甚多歸業不多欲望令本路諸縣令依見管
營田職事踏逐拋荒田土權暫耕種及令本路營田官
與轉運司同共相度條具耕墾事務數奏於東南本處作

種植如將來有人戶歸業及戶絕有人識認請佃即時
給還從之二十一日營田官王弗侯對上望見之因謂
輔臣曰少間嘗予細面諭王弗令竭力久任若一二年
間營田就緒庶幾可以少寬民力朕知此已久昨在會
稽嘗書趙充國傳以賜諸將但上下不能奉承由是且
已若早做得數年即今已獲其利臣鼎曰為國根本之
計莫大於此上曰極是七月六日都省言營田事務元
係都督行府將帶官屬兼行措置今來雖已就緒或恐
行府遠闕別無官司專一主掌理宜專置一司以行在
職事官兼領詔就建康府置司以提領營田公事為名
十二日殿中侍御史石公揆言訪聞營田之人假官勢

卷四千七百七十五　二三四

力因緣為奸如奪民農具伐民桑柘占據蓄水之利強
耕百姓之田民若爭理則營田之人群起攻之反以為
盜今來秋成收刈竊恐營田之人耕耘鹵莽欲償其費
奪民之稼以為己功乞下營田使司預行戒約無使侵
擾害我良農詔令營田司常切覺察二十八日都督行
府言訪聞開耕荒閑田土頗廢工力欲望將初年收成
課子且令官收四分客戶收六分次年已後即中停均
分今後請佃官莊並依此從之八月十日司農少卿提
領營田公事樊賓等言被旨條具營田欲乞以提領江
淮等路營田司為名仍於建康府置司官莊除已置十
莊外每縣如能添置每十莊耕種就緒令尉各與減二





年磨勘每莊十名募第三等以上人一名充監莊先
次借補守闕進義副尉與免身丁依軍中例支破券錢
候秋成日比較所收斛斗多寡如合推賞申乞續正營
田所收未至浩瀚欲乞候收成了日具數聞奏乞盡行
樁留准備將來增置官莊招客借貸使用州縣當職官
內有不職乞從本司送所屬取勘申奏乞行罷黜從之
九月二十一日都督行府言諸路州縣將寄養牛權那
一半許闕牛人戶租賃依本處鄉原例合納牛租以十
分為率量減二分餘一半寄養牛具准備節次增置官
莊使用所責牛具田土不致荒閑詔依仍逐漸具租賃
過牛并添給與官莊牛及見在牛數以聞二十三日尚

卷四千七百七十五　二三五

書屯田員外郎同提領江淮等路營田公事王弗言本
司欲乞差右迪功郎池州貴池縣丞樊蓍充添差幹辦
公事從之九月七日知澧州呂延嗣言本州先因賊馬
殘破附郭良田往往廢業本州舊管廂軍一十三指揮
今止有三百餘人節次分遣營田外委是人數稀少乞
於湖南鄰路全道州桂陽監無事空閑處量撥軍兵三
五百人成本州因令營田詔以五百人為額令本州招
填十日司農少卿提領江淮等路營田公事樊賓等言
今相度欲乞將江南東西路州縣并鎮江府管下縣分
除可以標撥充官莊田土外有不成片段閑田委官逐
縣自行根括見數比民間體例只立租課上等立租二

斗中等一斗八升下等一斗五升開具鄉村田段着實四至名人耕種其後如有欠租課不許人劃佃仍先理究本户家産所貴優潤人户不致久荒田土其佼耕冒種之數許見冒佃人户自首免罪願依課承佃者聽仍自當年送納租課其請佃荒田人户合納租課與免一年從之十一日詔鍾時睥與減四年磨勘以押淖州收買營田司牛三綱並無失陷故也十二日江南西路安撫制置大使司言本司欲選差朝散大夫本司參議官權衆謀林玭衆提舉營田公事從之二十日都督行府言提舉營田諸路州縣將寄養牛租賃與人户以二年為約未滿五年不得輒取從之二十二日都督行府



言乞令提領江淮等路營田司於見寄養牛內就近支撥三百頭付壽春府一百頭付濠州定遠縣仰疾速計置節次起發前去委李暉及定遠知縣借給歸業人户耕種免納租課候收成日與作五年還納每牛一頭止令納錢一百貫省從之　朝野雜記紹興六年張魏公以都督出行邊乃奏改江淮屯田為營田凡官田若逃田並行拘籍以五頃為一莊募民承佃其法五家為一保共佃一莊以一人為長每莊官給牛五具種子農器副之別給十畝為菜田又貸本錢七十千分二年償勿取息命措置官樊相伯賓王中孚舉行之正月丙申尋命五大將韓劉張吳岳及江淮荊襄利路帥臣悉領營田使李伯紀時為



江西大帥亦言今日之事莫利屯田然兵革災傷之餘民力必不給請命江淮湖北宣撫司招納京東西河北流移之人貸種授田勿取其入次年乃收三之一又次年則半取之詔都督行府措置三月呂元直時為湖南大帥因請錢十萬緡興屯田五月丁亥其秋中孚入見上諭令竭力久任議者恐張相還朝欲留措置於是遷相伯司農少卿提江淮營田公事置司建康府擢中孚屯田員外郎以為之副官給牛種撫存流移歲中收穀三十萬斛有奇七月壬申除二人除客户當給六分官收計十餘萬斛然議者猶以為奉行峻速或抑配豪户或強科保正田瘠難耕多收子利民間頗有鬻己牛以養官牛耕己田以償官租者此監中嶽廟李寀奏中孚上疏爭之且言願假歲月勿責近效上許之

紹興七年正月十六日，提領江淮等路營田言：如無主逃田撥充官莊，官中已行耕種後，有元地主歸業識認，如願別指射鄰近荒閑田土，依已降指揮，依數撥還。如止要元地，即據官莊所占水陸頃畝，令本縣依占數別踏逐官莊，却令地主耕種。候亦作熟田收成了日，兩相對換交割。工部看詳：諸路帥臣措置開耕荒田土，累年並不見就緒。後來令都督行府措置營田官莊，官給耕牛，借貸錢本，優分種子，其佃客初年開荒，所費方浩大。今來已是熟田，今欲將官莊已耕種田土，除內有拘占歸業人戶祖先墳塋合先次依式給還墳地外，餘並許

卷四千七百七十六

元地主於來年開墾官莊及應空閑田土內依數指射撥還。如止要元地，即依營田司所申事理施行。今後別有元地主歸業識認，亦乞依此。若歸業人戶委是貧乏，許召第四等已上人戶二名委保，令營田司量給借貸錢，候收成日分作二年還納，更不收息。從之。二月十九日，司農少卿、提領江淮等路營田公事樊賓等言：營田州縣耕種田土所收斛㪷，最多及最少并有閑田不為措置各人，耕種去處，候歲終依已降指揮比較申朝廷賞罰。詔依，如將來歲終耕種最少及不切用心措置去處，令提領司開具姓名以聞。三月三日，詔淮南等處失業流移之人，可令營田司措置勸募營田，無得抑勒騷擾。





其餘州縣更有似此去處，依此。四月九日，右司諫王縉言：江淮州縣地有肥磽，田有水陸，用力有多寡，收成有厚薄。若以總數均之，逐鄉或人丁少而不能耕，或云家遠而不能耕，或瘠薄甚而不堪耕，或不曾標撥而不可耕而出租課，人有受其害者。又況輸納之際，專斛多端邀乞，水旱之變，官司艱於檢放，寄養之牛來自虔州，不過寒凍，多有死損。其有買莊去處，人耕百畝，給牛一具，耕作既勞，猶多困斃。慮官吏之不度，並責罰以勸懲之。又遣尚書官以提領之，又命樞密院計議官鄂諸州縣鄉村詢究利害，欲望申勅所差官，所詢當明研利害，與或苟簡，無或觀望，必去其所害，成其所利。詔劉與李寀

卷四千七百七十六

及營田司照會。六月五日，中書門下省言：江淮等路措置營田數年之間，皆無成效。朝廷既置官莊，招召軍民耕佃，給與牛具、借貸種糧，誠為良法。其營田司係提領江淮等路，委是闊遠，難以周遍。今來淮甸既皆駐司，若不專委諸路帥就近督責，實慮國用無所[illegible]。詔淮東委[illegible]淮西[illegible]江東[illegible]侯浙西[illegible]湖北京西南路帥臣並帶提領營田，內有見帶營田大使營田使，即依舊。仍將本路州縣應營田官莊并租佃田土，州縣官勸誘，並依營田司前後已降指揮施行，仍各廳坊督責州縣當職官疾速趁時接續措置，召客耕佃，毋致荒廢田土。候措置增廣畝數，將帥與提領營田司限一

月結局九月二十八日中書門下省言川陝宣撫使司
於興元府洋州等處勸誘軍民營田耕種六十莊計田
八百五十四頃今夏二麥并秋成所收近二十萬石補
助軍儲以省饋餉降詔奬諭十月二十五日詔諸路營
田官莊收到課子除樁留次年種子外今後且以十分
爲率官收四分客户六分（建炎以來朝野雜記）紹興七年夏魏公
猶在中書亦覺其擾民乃言自置營田司數年已有成
效請罷司以監司兼領紹興八年三月八日左宣教郎
監西京中嶽廟李寀言江淮置立官莊貸以錢糧給以
牛種可謂備矣然奉行峻速或抑配豪户或驅迫平民
或强科保正或誘奪佃客給以牛者未必付以田付以

田者或瘠鹵難耕虚增頃畝攘佃户合分課子以充其
數多鬻已牛以養官牛耕已田以償官租反害於民蓋
營田上策宜行軍中乃古人已試之効移之於民則田
多閑民少以閑田付之閑民公私俱獲其利以閑田付
之有常職之民種種爲害欲望申勑有司嚴示懲戒以
閑田付之閑民無閑民則闕而不置詔令諸路提領營
田官嚴切約束所屬州縣常加遵守前後約束指揮如
有違戾去處仰具名按劾當重寘典憲十九日臣寮言
蜀漢之師藉於根運然頃年吴玠講營田於漢中願降
璽書問以大意謂兵不可不養糧不可不足今日糧運
在趙開時其數幾何在李迨時幾何自講營田以來積



穀幾何減損餽運之數復幾何俾制置都轉運司同宣
撫司條具以聞仍乞以其法頒示諸軍使爲矜式詔劄
付吴玠仍令馮康國同共條畫以聞　九年七月十四
日時上諭輔臣曰陝西土疆既復兵食最爲急務首當
經理營田以爲積穀養兵之計可令樓炤使宜措置十
年二月十八日臣寮言天下之費莫甚於養兵以其久
利所支甚費非屯田則不可也竊以荆州之賦仰給於
營田者歲有縣官之半願詔諸大將取荆州已試之効
各於軍中籍不堪擐甲者分撥屯駐於所屬州郡有曠
土可耕之處者每五百人用一部將充係良家通曉稼
穡者爲之統率官給耕牛薄取租税假以歲月責其成

効詔令諸帥措置五月十四日臣寮言淮甸襄漢曠土
彌望倘擇膏腴肆行開墾獲無貲之大利實經遠之良
策欲望詔諭大臣廣爲營田詔令逐路帥漕司措置將
荒閑不係民田標撥付逐軍充營田耕墾九月十日明
堂赦勘會諸路州縣營田官莊所給耕牛若實緣患病
倒死官司勒令陪還元價仰提領官取見詣實除放施
行今後常切覺察如依前違戾按劾以聞十一月二十
六日臣寮言諸路州縣兵火殘蹂遺民十無七八比年
雖有復歸視平日已田不能墾闢又州縣迫於吏責官
莊附種兼而行之一縣之内應籍者皆赴莊耕耨已業
荒廢多不能舉其間因緣爲弊以官莊附種爲名冒占

宋史二字大字正寫



膏腴動至數千百石州縣不敢究治如官莊有已田租遠不能兼治者附種戶無所撥官田歲止虛納者並令除放所除數按視上戶冒占之家均配與之則每歲所入不致虧失而下戶貧民得以少蘇臣愚欲望令逐路選委强明監司一人遍行郡縣應有營田去處數實給放其帥臣州縣尚敢循前隱蔽不肯公共商確力去民病者並許按劾以聞詔令附種田土並改正如敢依前違戾當議重寘憲典餘令本路營田官措置訖以聞十二年五月十四日江西安撫使言乞依措擇選差右宣教郎本司參議官閻彥純兼提點營田公 從之八月十七日詔舒州知州張瑗時與減一年磨勘通判李

卷四千七百七十六 五

益之減二年磨勘尉紹興十年分在任及半年以上之人與依本等賞格減半內選人比類施行黄州知州董邦直通判章材麻城縣令趙善汶各展二年磨勘並以淮西運判兼提領營田吳彥賓言舒黄州營田所收撥斛殿最合該賞罰故有是命九月十三日敕勘會淮南等路營田本欲招集流亡墾闢曠土州縣開有希賞蹈為欺弊雖以招誘為名其實抑配民戶耕種循襲為例仰監司督責所部州縣悉遵成法專集流亡以究實利不得科抑土著人戶如敢違戾按劾以聞宋史李浩字德遠紹興十二年擢進士第除司農少卿嘗因面對陳經理兩淮之策至是為金使接伴還奏曰臣親見兩淮可





耕之田盡為廢地之營痛之餘盡營田以為悠久根本上嘉納之後諭大臣曰李浩營田議甚可行大臣莫有應者紹興十三年閏四月六日淮西運判兼提領營田吳彥賓言重別比較到本路州縣紹興八年營田所收物斛照在任及半年以上之人與依本等賞格減半餘並依元降指揮推賞內選人比類施行八月三日工部言淮東路官莊止係鎮江府駐劄御前軍馬都統制提領今欲令本路總領官同共提領內官莊不許侵占民田及以種民田為名私役人牛耕種已田依律臨之官私役使所監臨法施行各立賞錢五十貫許人告如添置耕牛器具許於諸軍糞土等錢內支不足申明支

卷四千七百七十六 六

降從之十一月八日南郊赦勘會諸路州縣營田官莊所給耕牛若實緣病患倒死累有約束止令於內臟等出賣價錢椿管不得抑令佃戶陪償訪聞官司間有勒令陪還去處事屬違戾仰提領官取見詣實除放施行令後常切覺察如依前違戾按劾聞奏[illegible]四川宣撫副使鄭剛中於階成[illegible]凡三千餘頃歲收十八萬石[illegible]請其十五年閏十一月十二日知池州魏良臣言諸軍營田須於本州守臣同共措置相與協力窮究利害從之十六年三月三十日工部言令參酌立定淮東西江東兩浙湖北路每歲合比較營田賞罰以紹興七年至十三年終所收夏秋兩料子利數內取三年最多數連

於三年最多數内取一年酌中者爲額以本路所管縣分十分爲率内取二分奉行有方民無論訴抑勒擾去處分爲三等增及三分以上者爲上等依元格減磨勘二年增及二分以上爲中等依元格減磨勘一年半增及一分以上者爲下等依格減磨勘一年若虧及元額最少一處者爲罰從本路提領營田官宣撫營田使開具保明以聞從之五月二十一日鄂州駐劄御前諸軍都統制田師中言乞將紹興十三年至十五年營田收到錢斛於内取酌中年分立爲定額於是户工部言昨降指揮軍中措置營田係將本路空閑田土廣行布種緣今來尚有閑田甚多所收錢斛未至增廣難以便行立額又緣未曾立定賞罰竊慮無以懲勸今欲將本軍所屬營田逐轄使臣歲收錢斛數目令總領司以遞年所收比較將增剩及虧損最多去處職位姓名申取朝廷參酌賞罰施行從之十八年八月二十五日知鄂州趙叔濋言願詔三省委諸路總領官及都統制措置閑田曠土公共措置將合分屯軍兵於所在州軍多給牛種廣令開墾爲能自足所用則令之所支上供糧斛盡歸朝廷矣歲後一歲其利可勝勘會紹興六年已降指揮令諸軍下不入隊使臣軍兵及不能披帶并揀汰軍兵等有願請佃之人並依百姓體例以五頃爲一莊官給耕牛五具并種糧等其所收物斛以十分爲率四分







給佃耕之人六分官收詔令户工部立法賞罰十一月九日户工部言今立定諸軍營田主管官令以所管已耕種數田外將均撥到荒田措置增種過田頃候至收成從總領司保明依格推賞增五頃以上減二年磨勘十頃已上減一年半磨勘二十頃已上減二年磨勘三十頃已上減三年磨勘若不爲措置增種者並令總領官本軍都統制開具職位姓名申朝廷特與展二年磨勘從之十九年六月二十四日兩浙提領營田官曹泳言爲根括得鎮江府未有人承佃天荒等田二十二萬三千八百一十六畝（新附錄記作二十二日　餘頃錄以爲營田）三角五十二步欲將上件經界所量出田并後來因水旱逃户所拋下田并作營田拘收隨宜於轉運司支撥錢物借種召人耕作所有本路應管天荒逃絶等田未有人承佃去處乞先自秀州鎮江府措置作營田耕種仍乞逐州從泳踏逐差有心力官一員依經界措置官已得指揮與諸縣知縣同共措置工部看詳除乞差官一員與諸縣知縣同共措置一節緣諸路營田並係守倅令尉兼行主管難以施行外今欲令曹泳更切契勘上件田土委是荒閑未有人承佃即依今來所乞事理仰遵依前項節次累降指揮措置招召情願佃客耕種施行不得因而搔擾抑勒枉費官中錢本如見有人户承佃去處不得却置科抑侵占人户見佃田土仍具如何措置開

耕係置立若干莊分耕種若干田畝措置若干牛隻合
到佃户若干數目具文狀供申户部言所有户絕坊場
抵當合關提舉常平司同共措置耕種依條施行從之
十九年十月十四日南郊赦契勘諸路營田官給錢粮
牛具招募佃户耕種不得抑勒搔擾其所收子利依例
分給累行約束州縣不得減剋佃户所得子利并侵占
民田仰諸路提領營田官常切檢察如有違戾並行按
劾二十年二月一日工部言乞將諸路紹興十三年至十
九年知通令尉且依紹興十六年三月二十日指揮立
定分數并近申擬定法比較賞罰外其十九年以後欲
將當年所收物斛若元額五千石至一萬石以上比遞

卷四千七百七十六　九

年增及二分已上與減一年磨勘虧及二分已上與展
一年磨勘增及四分已上與減二年磨勘虧及四分已
上與展二年磨勘若元額不及五千石增虧不及二分
並不在賞罰之例每歲仰本路營田官具無民詞訴抑
勒去處方許保明其已降指揮立定一分至三分賞罰
自紹興十九年以後更不施行從之七月二十三日知
廬州吳逵言土豪大姓諸色人就耕淮南開墾荒閑田
地歸官莊者歲收穀麥兩熟欲只理一熟如稻田又種
麥仍只理稻其麥佃户得收樁留次年種子外作十分
以五分歸佃户五分歸官初開墾以九分給佃户一分
歸官三年後歲加一分至五分止即不得將成熟田作



開墾荒田一例施行所有差稅役錢並令倚閣仍將開
耕官田每項別給菜田二十畝所收課子不在均分入
官之限其管官莊户於本道都比聯附保並免差役及
諸般科借佃户穀就近便處用省斗交量更不收耗及
不得輒加斗面歲終安撫司勘當以多寡為優劣從之
朝野雜記紹興二十一年鎮江諸軍都統劉寶請民識認營田者畝償開耕工本五千五百許之尋詔諸路通倣此由是營田漸以還民矣二十二年十一月十八日南郊赦勘會
諸路營田之法止係許令招召情願佃客耕種昨緣州
縣違法勒令人户附種及虛認租課去處已降指揮並
行改正尚慮守令奉行不虔依前抑勒仰提領營田官
常切檢察若有違戾去處並按劾以聞勘會租佃營田

卷四千七百七十六　十

并寄養諸色官牛每歲兩科收納課子其間有災傷田
元租官牛倒死官司勒令陪填往往並不與除放及老
弱牛隻不堪耕使勒令依舊虛納租課甚為民害仰諸
路漕司及提領營田官體究特與除放老弱不堪牛隻
並行拘收出賣其堪使耕牛亦仰相度可與不可出賣
務從民便具利害以聞二十三年三月十八日鎮江府
駐劄都統劉寶等言相度劉人户識認軍莊營田欲令
償納自開耕以後三年每畝用過工本錢五貫五百文
足給還元田從之十九日知襄陽府榮嶷等言乞廢罷
均州武當營田從百姓耕種從之九月十二日詔諸路
州軍營田遇有人户識認營田與依劉寶軍裝例償工

本錢給還先是戸部言建炎兵火之後人戸抛棄已業逃移并各荒廢自置作營田經今年歲深遠人戸爲見營田所耕田土並各成熟往往用情計囑州縣前來識認歸業因生詐冒漸壞成法故有是命十六日詔淮南西路安撫司置主管機宜文字一員營田司置幹辦公事准備差使各二員從知廬州曾慥請也二十一日三省言廬州曾慥乞與建康府都統制王權同商議營田上回須是令熟議可行與不可行如與之中分其利便軍人樂然從之方可行也二十五年八月十四日詔都督府所置官莊並牛租可日下放免今後不得起理十一月十九日赦文都督府所置官莊并牛租近降指揮日下放免尚慮州縣守令別作名色依舊抑勒人戸送納有失朝廷寬恤本意仰諸路監司常切覺察十二月十三日戸部言都督府昨來所置官莊將州縣係官空閑田土拘籍所收課子官中與客戸中半均分近降指揮放免牛租所有撥田土產屋牛具令欲委轉運司拘集見數依舊令佃人承佃據元認納租課輸納除合應副大軍馬料外將其餘數目令所屬並行變糴價錢起發前來左藏庫送納從之同日戸部言都督府置官莊召客戸共種官給牛具所收課子官中與客戸中半均分近請降詔旨都督府所置官莊并有牛租可日下放免今後不得起理元降指揮更不施行本部除已行下





諸路轉運司契勘本路有管都督府所置官莊元撥田土委轉運司拘籍見數依舊令見佃人承佃據元認租課輸納除合應付大軍馬料外將其餘數目令所屬變糴價錢起發行在送納若見佃人不願承佃即開具田段坐落去處所納租課數目別行召人承佃其元撥莊屋菜田牛具亦並權行給付見佃人免行收租從之二十八年九月二十七日文林郎鄧昂言竊見關外營田行之有敘若不繼此增修將見弛廢兼紹興十三年創始之初祇十分收五分所餘五分當盡舉而行之耕種人力不給方且欲假以辦事欲望再行體量於寬田處更與添人力漢中陸田少濕田多種木麻菽麥則爲浸濕所害因其卑濕修爲水田種稻則所收可無虛歲矣耕種田多是鹵莽鬬之老農耕不再則苗不盛耘不再則穗不實苟不能革日前之弊而望多稼之田其可得乎內田段多有未曾開墾宜委官躬親體量畝數行下諸莊徧令開墾如內有費牛力收多處令莊官具實以聞令諸莊耕牛少又純養牝牛當買壯牛二分散養以資蕃庶多以茅屋收頓租色在卑濕處乞命有司擇高燥地別行建立詔令王剛中同李潤措置申尚書省其後四川安撫制置使王剛中等言乞依紹興十五年四月二十二日已降指揮欲自紹興三十一年爲始每歲俟夏秋收成了畢從兩都統關坐諸頭項所種營田頃畝

土色高下元下種子所收斛斗數目并主管或提振營
田官職位閲報四川安撫制置司并總領所同共參照
通行比較賞罰於是户部言欲下安撫制置司總領所
候將來每歲夏秋兩料收成了畢從兩都統開坐諸頭
項所種營田頃畝收到斛斗數目開報逐處同共參照
將提振營田官通行比較賞罰施行并劄下吴璘姚仲
照會從之閏六月三日上諭輔臣曰昨降指揮諸軍揀
汰使臣官給閑田假以牛種之費使之養老似爲得策
有司失職奉行弗虔至今未見申到次第大抵營田最
是良法自古富國彊兵未有不先於此者豈苟可行於
古而不可行於今者乎卿等宜令措置條具以聞湯思



退曰向來兩淮營田非不講究利害委官專領而卒不
能成者豈惟有司弛慢之過亦是一時經畫未得其要
令於召募之際偽能稍加勸賞不吝小費則亦何患其
不成二十九年九月一日户工部言諸路諸州軍營田
官莊夏秋二料所收斛斗内除年例科撥副應馬料外
其餘並係變糴價錢起赴行在送納緣諸軍歲用數多
理合就先撥支使乞下提領營田官將合出糶稻麥並
起赴本路總領所交納支用仍令總領官拘催具樁到
數目紐計合支價錢申部照會從之二月二十七日知
蘄州宋曉言兩淮營田募民而耕之官給其種民輸其
租始非不善應募者多是四方貧乏無一定之人而有



司拘種斛之數每遇逃移必均責隣里謂之附種近年
以來逃亡者衆有司以舊數歲督其子利致子孫鄰里
俱受其害十年之後則不堪耕令給於民者三十有
三載矣一牛之斃則償於官況連歲牛疫而不免輸租
收牛之家逃亡而責鄰里代輸望詔本路漕臣與守倅
務從其實一切蠲除之詔令逐路帥臣漕臣取見數目
開具以聞其後漕司龔濤等言舒蘄州一十縣多將虛
數抑勒人户給散官牛分科種子令於自己田内種蒔
認納子利課之附種年數既深牛已死損而虛數不除
又縣官希賞虛陞開墾數目却於人户自行科納以致
積年拖欠因而科擾實如宋曉所奏乞特與蠲除於是



户部言今據淮南轉運安撫司取見前項違戾乞依所
降指揮特與蠲除所有人户附種及虛認稻麥數目欲
下本路并下總領所照會從之九月七日户部言淮西
管營田軍莊官請受若有料歷方合批勘如無自不合
批勘所有合得券食錢自合隨官序支破券錢并食錢
令欲下總領所將分差糧審院勘旁報江東轉運使應
副不許於大軍錢内支其主管官監轄使臣并蒔田軍
兵依元降指揮於諸軍所管人内差營田詔令户部行
下淮西總領所將本路營田軍莊所差官等並依淮東
已得指揮差撥施行三十年十一月二十三日李顯忠
言乞令諸軍屯田上諭宰執曰朕思之甚詳蓋先當根

剏諸將留屯州分荒閑及官賣不盡田畝取見沿江所
在頃畝初年支給牛種三兩年間具盡與地利使之歲
入有得則不勸而自耕矣湯思退奏當先令取會根刷
別具奏聞上曰此事在今日誠可議但行之當有先後
之序應沿江屯駐所在自江以南更無閑田如淮甸近
江處若令諸軍不費鎧仗往就耕種亦自無害但令當
先取見閑田頃畝多寡之數然後均撥給以耕牛粮種
每歲所收優以分數與之使其樂然願耕數年之後方
可計其所入以充軍食斯為盡善三十一年二月二十
四日上諭輔臣曰食者民之天百姓豈可闕食若屯田
就緒不惟可以裕民亦復助國家之經費朕觀漢文無



歲不為農田下詔則屯田可緩可乎宰臣陳康伯奏曰
臣等見措置別具奏聞五月七日中書門下省言兩淮諸
郡營田官莊佃戶數少因多荒廢州縣遂將營田稻子
分給於民秋成則計所給種子而收其實謂之附種歲
月既民業有陞降而其數不減詔令淮南轉運司行下
州縣相度營田官莊將措置成就去處依舊存留仍不
得依前抑勒附種如違許人戶越訴三十二年三月四
日臣僚言乞於淮甸立屯田之法以修兵備兵備修則
兵可以強二者最今日大務從之既而工部言欲下淮
甸轉運司淮南東西路安撫司總領所建康府鎮江府
御前都統參照前後已降指揮未盡未便事件即仰條



具以聞以憑看詳立法從之十六日尚書兵部侍郎陳
俊卿言被旨措置淮東堡寨屯田等事乞以措置淮東
堡寨屯田所為名仍乞下禮部鑄印一面如有措置
合與本路監司帥臣守臣及州縣當職官商議及合用
緣寨知鄉道人欲乞就逐處差撥如有諳知淮東堡寨
屯田等事等人乞於見任官內許從行差委幹集事務
令來往迴所至州縣乞免赴朝拜并出謁如有未盡未
便續具申明詔並依內陳俊卿除給券外月給錢一百
貫其後工部侍郎許尹淮西措置申明同此四月八日
上諭輔臣曰士大夫言屯田事甚多然須先有定論用
諸軍乎用民乎若論既定當先為治城壘廬舍使老少



有歸蓄積有藏然後可為宰臣陳康伯奏曰今淮西歸
正人願就耕者甚多已降牛種本錢又趙子濡所納抽
解木植亦分送淮上治屯田八廬舍矣上曰如此甚好五
月八日權兵部侍郎陳俊卿言堡寨見別作措置今條
畫屯田利害耕熟佃戶未歸業者限自四月十一日為
始滿一周年如無田主識認許諸色人經官投狀指占
承佃即榜民間使之通知庶得來年趁時耕種其荒田
二三十年無人耕種皆為棄地今乞更與稍加優異若
諸色人不論土著流寓指占舊荒田耕種與免七年租
稅并諸般差役科配等事見今歸業之民朝廷憐其凋
殘之後少缺耕牛已令江浙常平司支錢買牛不若以

江浙買牛價錢發赴淮南常平司令州縣出榜招人販
賣沿路與免商税仍令州縣預先根刷下戶缺牛之人
先次五家立為一保籍定姓名候官買到牛依名次支
給戶工部看詳欲依所乞事理施行并下兩浙東西路
常平司并淮南東路堡寨屯田所轉運常平司提領營
田官照會從之紹興三十二年九月孝宗已即位未改元江淮京
西路宣撫司言兩淮自經兵火田萊多荒今歸正忠義
之人往往願於淮上請射田土本司已行下兩浙帥臣
提領屯田官將願請田耕種者結甲置籍據合操撥頃
畝借貸錢米牛具種糧仍逐一體訪利便條陳務要簡
便可行不致徒為文具將來就緒所委官合行推賞從
之十一月二十九日參知政事督視湖北京西路軍馬
汪澈言荆鄂兩軍屯守襄漢粮斛浩瀚悉泝漢江霜降
水落舟膠不進所運綱舡來自江西湖南率經年不得
還舟人逋逃官物耗散而軍食又不繼竊謂虜未退聽
調度尚煩或和或戰襄漢要必宿師而饋運乃如此可
不深慮臣令相視襄陽古有二渠長渠溉田七千頃木
渠溉田三千頃自兵火之後悉已堙廢今臣先築堰開
渠并合用牛具種粮就委湖北京西兩運司措置渠既
成或募民之在邊者或取軍中之老弱者雜耕其中來
秋穀熟量度收糴以充軍儲既省饋運又可安集流亡
臣今乞以措置京西營田司為名令姚岳兼領合用錢

卷四千七百七十六

十七



物臣已令湖北京西運司通融計置俟事畢日具數申
朝廷所有幹辦官乞可闕臣約度一面選差與理為資
任支破請給從之

卷四千七百七十六

十八

宋會要　孝宗

隆興元年二月二日殿中侍御史胡沂言竊謂為今之
計求守禦之利圖經遠之謀莫若令沿邊之郡行屯田
之策況前歲淮上逃移之民散處阡陌未復舊業而頻
年中原歸附之衆仰食庾廩未知所處因其曠土俾之
就耕豈惟可以贍其室家抑亦足以寬吾饋餉然而行
之亦有二說今土膏脈動東作方興宜及此時即為措
置一也又慮敵人乘吾農時輒加驚擾宜於險隘之地
聚兵以守防其侵軼二也去年朝廷指揮諸路收買耕
牛農具州縣起發錢踵於道今耕牛農具當已不乏欲
望亟賜行下沿邊諸路帥司疾速施行從之十三日御
史中丞辛次膺言去年淮南州縣例皆清野以防虜人
之侵軼民多離從寄泊異鄉失其常產類無生意今戎
馬漸息種藝是時豈可使昔日膏腴鞠為草莽雖公上
二時之賦或貫於征求而良民數口之家何從而養贍
安得不亟行經畫招集流亡官為借給牛具種糧趁時
耕布或令見屯田軍伍將荒閑之地從便營田俱免稅
租實惠育元元足食足兵之良策也昔唐張全義為河
南尹時東都經黃巢之亂戶不滿百野無耕者全義選
麾下十八人詣十八縣故墟落中植旗張榜招懷流散
勸之耕殖寬刑薄斂民歸如市時人謂張公見聲伎未
嘗笑獨見佳麥良蠶則笑由是比年不饑遂成富庶至





昭宗時郭禹為荊南劉後止存十有七家禹撫集凋殘
晚年及萬戶華州刺史韓建亦招撫流散勸課農桑民
富軍贍時號北韓南郭臣謂宜嚴責兩路守令以勸農
營田繫銜者毋為虛名力圖實効出入阡陌勸相勞來
務廣墾闢或將淮上控扼州郡改差循良武臣俾之綏
輯且耕且戰曠日持久為善後之圖從之十八日戶部
員外郎奉淮兩淮馮方言臣至楚州措置山東忠義軍
據本軍將雖蒙按旬支給錢糧緣各家老小累重食用
不全今與衆議除軍身教習武藝外其餘乞於三家或
四家同共関借官錢收買耕牛闕借子種踏逐堪耕地
土趁時布種令若因其所借給牛種糧食叙立規摹它
日可以逐旋增廣屯田之利檢准紹興三十一年十二
月赦書內一項委江浙常平司官於本路支撥常平錢
收買耕牛農具交付淮南常平司給借人戶耕種免納
租課候及三年分限送納價錢令淮東提舉司從去年
條散耕牛之後尚有兩浙等路發到應副牛本錢四五
千貫乞專委本司就用見在錢及通融本司錢及江淛
等路合發未到錢添湊應副收買選擇精强知縣委付
措置於江浙常平及義倉米內取撥借貸種糧多方存
卹將來就緒優與推賞其忠義軍老小軍身非願佃之
人乞自郡督行府劄下本路提舉司分撥施行從之五
月十七日臣寮言今日之急務莫若且依兵營田州郡

官以營田為名而無營田之實，欲究其實有十說焉：一曰擇官必審，昔魏武欲經畧四方，苦食不足，置營田，以任峻為典農中郎將；司馬懿謀伐吳，乃使鄧艾廣田蓄穀是也。二曰募人必廣，趙充國留弛刑應募及吏私從者合萬二百八十一人；後魏文帝時李彪請別立營官，取州郡戶十分之一為屯田人是也。三曰穿渠必深，趙充國圖擊先零，屯田於金城，先浚漕渠；鄧艾屯田於壽春，遂開河渠之利是也。四曰鄉亭必修，趙充國繕鄉亭，理湟陿是也。五曰器用必備，趙充國上器用簿是也。六曰田處必利，漢昭屯田於張掖，魏武屯田於許昌是也。七曰食用必充，趙充國屯田萬二百八十一人，用穀月




二萬七千三百六十三斛是也。八曰耕具必足，後魏文帝大統十一年，李彪請以贓贖雜物市牛科給；唐開元二十五年，請屯田用牛耕墾，土軟處每一頃五十畝配一牛，強硬處一頃二十畝一牛，稻田每八十畝配一牛；諸營田若五十頃外更有地剩配耕牛者，所收斛斗皆准頃畝折除是也。九曰定稅必輕，東晉元帝太興中，後將軍應詹上表屯田一年與百姓，二年分稅，三年計稅賦，以使之公私兼濟；李彪上表一夫之田歲責六十斛，蠲其正課并征戍雜役是也。十曰賞罰必行，昔晉元帝督課農功，二千石長史以入穀多少為殿最；北齊武成帝河清中詔緣邊城守營田，歲課其所入以論褒貶是



也。凡此十者，營田之制盡矣，然其中尤難於募人，猶莫難於耕具。募人之要，臣請李彪之策，取州郡十分之一，又加廣焉。人戶能募三十人於淮南要害處營田三年，有官人與轉兩官，無官人與免二十年差役，願補官資者聽；選人與改合入官，恩科人與免權入官；能募二十人或十人者比例施行，仍令州郡敦遣，如此則人樂從矣。不然，徙稍吏及贖人不能自業者於寬地，如崔實之政論；或因罪徙於沿邊，如仲長統之昌言，斯亦可矣。其耕具則請權住廣西馬綱三年，專令市牛，並廣西雷化等州牛多且賤，臣須在淮西知之詳矣。乞下戶部勘會昨降指揮江淮州縣營田官莊，將州縣係官空閑田土並無




主逃田並行拘籍，見數每縣以十莊為制，每五頃為一莊，召客戶結甲耕種，官給牛具、借貸錢本，其客戶仍免諸般差役科配。每莊召募第三等以上主人充監莊，先次借補守闕進義副尉，與免身丁，依軍中則例支破券錢，候秋成日比較所收斛斗多寡，如合推賞，許申乞朝廷補正。及將初年收成課子除樁出次年種子外，十分為率，官收四分，客戶六分，次年以後即均分。竊詳諸路營田雖承指揮措置召募耕種，兼立定許補名目推賞則例，非不詳備，緣逐路自來召到監莊之人往往並不申到種過田土頃畝比較所收物斛多寡乞與補正，以致佃戶視為虛文，不肯勸誘開耕。今勘當欲下淮南路

轉運司兩浙江東京西提領營田官江西湖南北安撫營田使依已降指揮將見管係官空閑田土督責所部州縣多方召募可充監莊之人勸誘客户廣行開墾先次借補名目如果能用心協力措置耕種俟秋成日比較所收物斛多寡開具合推賞人姓名保明申朝廷補正名目從之。六月十一日，宰執進呈軍人蕭德訴襄陽屯田，上曰：此可罷。陳康伯奏曰：汪徹措置屯田頗就緒，但不當役戰士。洪遵奏曰：止合募人願耕者。上曰：指揮更添入不得抑勒，俟秋成所得依舊與之。七月四日，樞密使江淮東西路宣撫使魏國公張浚言：總領所諸軍營田官莊見占官兵人數稍多，每歲所得不償所費，欲

〈卷四千七百七十六〉　五

乞下有司取會立限措置，將見營頃畝牛具種粮依官中客户所得子利分數名人耕種，抵替官兵歸軍使喚。詔工部行下逐路總領措置。十月十二日，工部尚書張闡言：制置司已將營田諸屯見耕種人丁放令逐便，仍罷營田，令工部看詳。臣聞自古兩國相持，勝負未決，必有師老財匱之患。善制勝者欲省饋運之費，莫不以屯營田為急，如趙充國屯於金城，羊祜屯於襄陽，任峻屯於許下，諸葛亮屯於渭南，皆能藉以成功。何古人行之為得策，今日行之為有害耶？抑嘗又復思之，蓋荊襄之地自靖康以來屢經兵火，地廣人稀，不患無田之可耕，常患耕民之不足。居無事時勸之使耕，積以歲月之久，



僅能墾闢一二，況舉事之始曾未朞月，欲使盡無曠土，可乎？臣謂今日荊襄之地屯田營田為有害者，非田之不可耕也，無耕田之民也。欲耕田而無田夫任使之人，慮其功之不就，不免課之於游民；游民不足，不免抑勒於百姓。百姓受抑，妄稱情願，舍已熟田，耕官私生田，私田既荒，賦稅猶在。或遠數百里追集以來，或名為雙丁，役其强壯者，占百姓之田以為官田，奪民種之穀以為為官穀，老稚無養，一方騷然。有司知其不便，申言於朝廷罷之，誠是也。然臣竊謂自去歲舉事以至今日，置耕牛，買農器，修長木二，共費已十餘萬，其間豈無已墾闢之地乎？豈無廬舍場圃尚可就以卒業乎？一旦擧而棄

〈卷四千七百七十六〉　六

之，不為勢力之家所占，則是捐十萬緡於無用之地，而荊襄之田終不可耕也。臣比見兩淮歸正之民源源不絕，動以萬計，官給之食以半歲為期，今已踰期，官既不能給，斯民無所依，老弱踣於飢餓，強者轉而之他，殊失斯民向化之心，兼亦有傷國體。臣愚以為荊襄之田尚有可承之規摹，與其無民耕而棄之，孰若使歸正之民盡遷而使之耕，非惟可免流離困苦之患，庶使中原之民知朝廷有處我，不至失所，率皆襁負而至，無曠日墾闢，既廣田疇既成，然後取其餘者而輸之官，寬然兩便。詔除見有人耕種依舊外，餘令虞允文同王琪疾速措置。二年正月二十五日，江淮都督府參贊軍事陳俊卿

言兩淮兵火之後前後議屯田其說紛然卒不能有立
蓋欲募民屯則非良守令出入阡陌遲以數年何以見
效事既悠悠無肯任責者若使軍人營田事或易集前
此兵將官多難之近與鎮江都統制劉寶熟論欣然有
欲為國家出力率先諸將之意其說似有理欲只用不
披帶人分數十頭項擇見今係官荒田標旗立寨多買
牛犁從耕其中田熟之日官不收課人有所得自然樂
從數年之後闢田必多米穀必賤所在有屯則村落可
無盜賊之憂軍食既足則饋餉可無運漕之勞此誠永
久守兩淮之上策第須久任其人責以成効若取効目
前又或憚其小擾則無時而成此說或可行乞下劉寶
卷四千七百七十六　七
條具施行詔令陳俊卿劉寶疾速同議條具聞奏其後
劉寶具到見管營田官莊四十一所田四百七十五頃
十八畝官兵五百五人客戶二百十五戶臣契勘
得營田軍係元不入隊內差撥即無堪充披甲出戰之
人歸正人已承都督府取問此係情願請佃所耕軍兵
費用錢米係是逐人身分合得請給即不是因營田別
有支破今看詳欲乞將本軍見管營田頃畝且令依舊
耕種寶又言淮東自經兵火凋殘之後荒田甚多若令
且耕且守醜虜者之必不敢輕犯乞於揚楚高郵盱眙
天長諸路撥踏係官不係官應干荒田可以耕種者於
內雖有主未曾歸業亦許特暫種蒔俟將來事定日撥



還其所請到頃畝悉置簿拘籍以憑對勘分劃入兵前
去欲乞於入隊官兵內揀選請受低小之家并歸農使臣
丑人例三人例及物用長行軍兵以累重夫情願屯田
者及忠義歸正人舊曾力田耕墾之人甚數集定數目
以備分撥種蒔合用農具本軍自行置辦外其耕牛種
糧蓋屋竹木並乞官中給降每十人為一甲斟量田畝
多寡共成一寨於內差使臣一員管轄人數稍多即差
部隊將一員監轄每一寨差官一員提舉耕種時
復差統制官點檢及賞罰所行遞提領一於所之撥
令官兵時復開耕來新舊兩熟免隨宜收成畢
農隙時部行押回軍前以備防守委淮東提領營田官
卷四千七百七十六　八
王弗同共措置令來揚州見在官麼羅孳生馬監錢糧
共四萬三千九百六十一貫文欲撥付總領所拘收專
充措置營田種糧牛具等使用並從之三月十四日司
農少卿總領淮東軍馬錢糧兼措置屯田淮路營田王
弗言自古屯田之制止用軍兵唯魏武於許下募民屯
田積穀至數百萬斛則軍民雖異而屯田則於積穀則
一也國家軍興以來屢降詔旨太上皇帝親書趙充國
傳賜諸大帥所以激勸諸將然終莫有能奉承德意以
塞詔命者紹興五六年間置營田司講究利害而施行
之臣嘗同領江淮等路營田公事經營二年初年官收
四分莊戶六分次年官與莊戶各收五分者記紹興六

年官中所收約七十四萬石莊户所分一同繼被旨結局分隸諸軍漕司權領遂致人情觀望田政日削牛死不補客去不追耕熟之田認者輒與遮邏不振日就廢壞今雖有存者所得無幾若再行招召愈更艱難無游民今皆著業往往不肯開墾荒田欲乞先於側近軍分興主帥商議揀汰等不堪出戰及知農務之人每軍以十分爲率差撥一二分列屯耕作其置莊買牛造農器分課子並依昨差提領營田司已降指揮施行外有當時募民官莊各乞下逐路取見已廢見存數目且據舊來所管莊數目所闕客户招召情願人户補填所責軍民各有課程假之歲月以漸增廣從之七月二十八日

〈卷四千七百七十六　九〉

知復州張沂言本州景陵縣管下舊有營田官莊自紹興六七年間宣撫司營置今三十年矣名存而實亡歲久而害深當時耕牛歷年既多十無七八歲課之租盡成科抑逮於裝發人户名下復有水脚之誅今以所給牛租一千七百斛之數仰視國計之大如太山之一芒而一郡之民歲受其弊乞於揀汰使臣內差一二人董率揀汰之卒而營治之候三二年間耕種成熟別議增減委是公私兩濟詔令措置營田官王弗相度弗照得景陵縣營田經今二三十年耕種已就緒如有廢壞耕牛倒死少闕客户自合依已降指揮補填若將揀汰之卒耕種竊緣揀汰軍兵皆係癃老病患不堪征役今相



度欲乞下荆湖北路營田使行下本州取見當來興置營田幾莊若干頃畝耕牛農具客户數目并見所管之數如內有妄實科抑去處即行放散其逃下田土卻別召情願人户承佃若官莊廢壞耕牛少闕自合營田司那融計置收買應副其所闕客户亦仰照應已降指揮招召情願人户補填見闕之數從之十一月十五日詔襄陽府營田官吏並罷止令京西轉運司官吏兼管更不添請給

〈卷四千七百七十六　十〉

宋會要

乾道元年二月二十四日詔兩淮合行屯田以便軍食
昨來郭振於六合措置已見就緒令來已除鎮江府駐
劄御前諸軍都統制所有淮南東路屯田理合委官令
郭振同王彬周淙疾速措置其合用種種農具牛畜等
一就條具奏聞其後王彬等條具下項一撿准紹興六
年十二月十九日指揮措置屯田乞以五十頃為一屯
作一莊差主管將領一員監轄使臣五員軍兵二百五
十人如次年地熟人力有餘漸添田土聽從其使一近
取會到楊楚州高郵盱眙軍天長縣見管係官荒田共
五萬八千餘頃所用種本收買耕牛置辦農器修蓋廬




舍寨屋差撥軍兵剏屯耕作使臣管幹監轄雖蒙朝廷
降到銀絹止紐計錢五萬餘貫若下手措置收置牛畜蓋屋
之類大段數少欲望廣行支降錢本應副使用詔令淮
東總領所將寄樁屯田錢五萬貫并見樁管都督府度
牒一百三十二道價錢撥充屯田使用三月十一日詔
已降指揮兩淮合行屯田昨來郭振於六合措置已見
就緒所有淮西湖北荊襄令沈介張松王炎楊倓王彥
趙樽王宣張師顏疾速措置五月十八日詔淮東西湖
廣總領淮南東西湖北京西帥漕臣並兼提領措置屯
田兩淮湖北京西諸路州軍守臣並兼管内屯田七月
五日權發遣滁州楊由義言被詔措置屯田以使軍食



除已將鎮江府都統制撥到不入隊軍兵五百人標撥
荒廢田一百餘頃蓋造莊屋收買牛具近已分撥軍兵
前去逐莊居住趁時開耕布種二麥外契勘本州元管
營田七十頃緣營田與屯田不同屯田係使軍兵耕種
營田係召募百姓耕種逐年將收到子利依營田元降
指揮除種子外官中與佃家作四六分外官得四分客
得六分[illegible]以來緣兩遭北軍侵犯牛畜農具不存營田
莊客亦各不能[illegible]散逃移致所管營田多成荒廢今來
本州元管營田七十頃目今共有耕牛二頭佃客二十
七戶臣近申朝廷乞將今年營田二十七戶各借錢到
係官子利盡給付本州接濟營田未蒙回降緣今來




措置營田一百餘頃已見次第欲下淮東提領營田司
截定將今年營田子利盡與本州容臣措置牛具招集
莊客更就官莊側近踏逐良田三十頃添成營田一百
頃等理耕植從之八月三日敷文閣待制張子顏言朝
廷見令措置兩淮營田官莊臣於真州及盱眙軍境內
有水陸山田等地共一萬五千二百七十七畝謹以陳
獻詔價直令戶部紐計支降度牒給還繼而張宗元以
真州已產二萬一千八百一十三畝楊存中以楚州寶
應縣田三萬九千六百四十畝并牛具船屋莊客等獻
納並從所請十二月三日知襄陽府路彬言乞將轉運
司營田一屯見有五十餘戶耕種歲收物斛不多乞委

本府宜城縣令尉兼行管幹其牧到物料依舊轉運司拘管所有營田司元置官屬劾用并省罷從之十五日詔兩淮湖北京西諸軍令年新開耕到屯田與免來年夏秋兩料應干租課本軍不得别作名色妄行科取二十二日宰執進呈張之綱繳奏蘇嶠論屯田之兵與農民雜處民間悉不安居多有移徙者上曰令郭振劉源將總領所支到屯田軍兵寨屋錢各於田畝相近處如法修成營寨不得與居民相雜乾道二年正月十六日宰執進呈周淙龍大淵相度郭振乞於揚子橋置屯田侵占民間田上不便上曰郭振如何妄有奏陳可并畫到圖子劄令具析先是郭振言揚州南十五里地名揚子橋南岸一帶乞置屯田一所并牧馬官莊不與民間交雜遂詔周淙龍大淵同共相度至是周淙等相度上上故有是命二十四日詔鄂州駐劄御前都統司副將武經郎侯汶特降兩官勒罷令本軍自効以本司都統制趙樽言本司措置屯田差發官兵二千人前去德安郢隨州標撥荒閑田土措置開墾其部轄官踏白軍第二十六副將武經郎侯汶自到德安府將屯田官兵是不存恤至今年十一月終共逃竄過七十三人并耕牛亦不如法養餵致倒死二百五十餘頭又所耕田土大段數少顯是故不用心措置若不懲戒深恐屯田卒難就緒故有是命二月十三日總領淮東軍馬錢糧所奏

卷四千七百七十六　三





已降指揮兩淮湖北京西諸路軍令年新開耕到屯田與免來年夏秋兩料應干租課本軍不得别作名目妄行科取本所除已牒鎮江府提舉措置屯田郭振遵依施行外所有淮東路諸州軍亦有鎮江府諸軍新開屯田并楊存中等獻納田土即未審合與不合遵用上件指揮詔新開耕屯田自合照應已降指揮施行其逐處獻納官莊即非新開田不合放免租課五月六日宰執進呈鄂州駐劄御前諸軍都統制兼提舉措置營田王宣劄子近得湖北運判程逵書報陛辭之日面奉聖訓令本軍屯田且據目下不得增添仍具已墾數目及施行事體聞奏竊緣當時創置因備奉指揮行下日後曾具利害申聞謂從軍之人率皆游手不樂耕稼若不誘之以利未易即工遂條具合收事宜如耕墾元年所收全給次年依鄉例主客減半輸官是中分止收二分半第三年方依主客例分收務要從軍願於農事悉從所陳今來屯田官兵室廬皆已就緒耕墾亦已安業麥種以下者五百石但自冬及春中旋為災令適值既有違白撥斷邊稟濟逵等回劄稟中田行之多年已成次第深恐因程逵宣旨却致荒蕪上田既遂本不卸此可明以諭之逵等奏田且令王宣將見屯田官兵依時耕種上田然之六月五日詔淮東屯田於鎮江府駐劄御前都統制戚方提舉六日新除淮南路轉運判官王之奇

卷四千七百七十六　四

朝辭奏事上宣諭曰淮上屯田已令有司將今年所收盡數給種人卿到彼點檢如有奉行滅裂去處便與理會務要實惠及人二十五日建康府駐劄御前諸軍都統制兼提舉措置屯田劉源言伏覩措揮將永豐圩開掘見管租戶數多若一旦放散所所歸着便見失所今來本軍差軍兵在和州巢縣屯田窃恐於內卻有不諳田土之人今相度欲候開掘永豐圩將放散租戶內取問情願屯田之人撥換所差屯田軍兵歸軍所有合用糧食已令總領所支借應副委是兩利詔令江東轉運司先次取問租戶如有願耕屯田之人候至十一月發遣前去仍關報總領所支借糧食八月三日詔武鋒軍



已撥隸步軍司可就令錢卓將帶所部人前去六合縣措置屯田須管限一季了畢十八日詔錢卓罷知高郵軍依舊武鋒軍統制六合縣駐劄措制屯田九月十五日湖北轉運司言已降指揮湖北京西路帥漕臣並兼提領措置屯田諸州軍守臣兼管內屯田事照得德安府隨州郢州三處即目各有鄂州都統司軍馬屯戍已於逐處措置屯田外其餘州軍無屯戍軍馬難以措置屯田竊慮難以虛帶屯田職事詔湖北轉運司既止有德安府一處屯田免行干預其餘州軍別無屯田去處自合免帶三年二月八日武鋒軍正將總轄楚州寶應縣屯田事務賈懷恩言本莊除隸本軍所管外有高郵



軍及淮東安撫司總領所淮南轉運司鎮江府都統制司並帶屯田職事遂處不時[illegible]家及是文字繫[illegible]供報不前詔寶應等縣屯田營田除破屬步軍司并淮東總領所外其餘官司並免管幹十三日總領淮東軍馬錢糧所言淮東州軍措置[illegible]屯田[illegible]二年收到見秋兩料物斛除給散次年種子[illegible]年五月內御筆處分書給耕種軍兵[illegible]就道[illegible]年分夏秋兩料并已後年分收到物[illegible]不[illegible]是何去處送納詔將本路州軍屯田令五并已後年分所收物斛除給散出次年種子[illegible]給外依營田例大麥稻穀充馬料令戶部除豁支降馬料數目小[illegible]雜色等本所拘收出糶價錢赴行在左藏南庫送納其淮



西荊湖北屯田准此措置三月二十七日知隨州周沖冀朝見進對上宣諭曰隨州極邊應營田屯田卿可躬親提檢應所種多少所得多少先次奏來要知其數六月十三日太府寺丞總領淮西江東軍馬錢糧兼提領措置營田葉衡言本所有營田五軍莊計田二百七頃六十五畝歲收夏料大麥四千一石小麥一千三百餘碩秋料禾稻一萬八千一百餘石充馬料以時價估計共可值錢三萬貫有奇所差使臣軍人各五百八十四人掌管歲請錢四萬七千七百餘貫米六千五百碩絹二千二百餘匹綿三千四百餘兩紐約用錢七萬五千

餘貫所得不能償所費之半並差夫使臣軍人皆是疲
老及官職稍高之人占破身役若依近降指揮揀汰冗
緣諸州軍揀汰人數至多竊恐諸州難以應辦詔都統
制劉源將諸軍莊監莊使臣并軍客揀去實癃老之人
依舊存留營田所看管減半支破請給內若有堪充披
帶人數即行拘收歸軍教閱所有逐人名下耕種田土
從本所召募農人耕種七月十四日鎮江府駐劄御前
諸軍都統制兼提舉措置屯田成方言面奉聖訓令措
置招召百姓客户抵替淮東營田屯田官兵歸軍教閱
契勘淮東營田并揚州滁州屯田三項共占官兵一千
五百十十二人今以去年所收物斛紐計價錢九萬一



百餘貫將官兵一年合請錢米衣賜共約計錢二十萬
六千八百餘貫比之收到物斛錢大請過官中錢一十
一萬六千七百餘貫臣今於前項官兵內已存留主管
監轄官并曹司等一百二十二人依舊在莊部轄使喚
外有力耕軍兵一千三百九十人委是虛占耗費今若
從臣所請拘收歸軍不獨省減財賦於官中且利亦無
虧損又得逐時教閱乞下逐處將□□行前項屯田
官兵巧作緣故占吝所有□□依舊與淮東總領
所同共提領措置詔令成方將少壯堪披帶人拘收歸
軍其老弱人且令依舊先行揀汰十二月六日權發遣
知州胡昉奏事繳納屯田四軍兵圖冊到予上田屯田予



弟已兩次御筆行下令發歸本莊可籍記仍不得刺手
面四年六月二十四日鄂州都統制提舉措置屯田趙
樽等言昨恭依指揮差發官軍前去安鄂屯田以便軍
食去歲夏秋兩料收五萬餘石其黑豆穀牛大麥稻穀
充馬料所有小麥粟穀雜豆糶發價錢赴左藏剩庫送
納所有逐處屯戍軍馬合用粮料係總領所逐時移運
應副支遣今來安鄂兩城修築堅固欲乞將已後屯田
所收大麥粟稻置倉椿頓五年之間可積數十萬斛以
備邊隍有警應期支遣從之十一月八日詔差知無為
軍徐子寅前去淮南措置官田利害仍以措置官田所
為名徐子寅每月添支特給錢七十貫於所在批支五



年五月十七日徐子寅言今往楚州界内相視到空閑
水陸官田敦請到歸正頭目人傳唱等勸諭歸正人王
宗等四百二名情願結甲從官中借給耕牛農具屋宇
種粮請田耕種今措置條具下項據楚州見到寶應山
陽鹽城淮陰四縣空閑水陸官田共計七千二百七十
八頃一十四畝一角三十四步内淮陰縣係沿淮極邊
鹽城縣係沿海難以令歸正官於逐處種田外所有寶
應縣等義村文塘村田馬村侯村共有空閑水陸官田
□百餘頃係南近高郵高界山陽縣大寶村□□□水
陸官田三百餘頃係在楚州之南臣同傳唱等相視其
田各堪耕種今措置欲每名給田一頃五家結為一甲

内一名為甲頭並就種田去處隨其頃畝人數每家置
為一莊每種田人二名給借耕牛一頭犂杷各一副鋤
鍬钁鎌刀各一件每牛三頭用開荒鏨刀一副每一甲
用踏水車一部石轆軸二條木勒澤一具每一家用草
屋二間兩牛用草屋一間每種田人一名借種糧錢一
十貫文省趁二月初一日開墾使用乃委知縣置籍每
一季親詣勸諭耕種其田給為己業通計滿十年日起
納稅賦仍令寶應山陽知縣紐計元置造農具屋宇及
元買耕牛價直并所借種糧錢均作五年拘還其所收
錢每年從楚州類聚解納行在左藏南庫樁管仍令差
元勸諭頭目人進武校尉添差淮東安撫司緝捕盜賊



不釐務傅昌宁閤進義副尉添差常州總轄使喚不釐
務韓禮並許帶見任差遣前來部轄進義校尉王真守
闕進勇副尉謝巖永免文解顧知古借補成忠郎黃汝
為借補承信郎徐悅借補承信郎王榮並充部轄己下
淮東安撫司將頭目人八名各先次加借轉一官資内
顧知古係永免文解與借補進勇副尉候耕種及二年
令楚州保明繳納元借轉官文帖申三省樞密院如係
真命人與依紹轉一官資若係借補人乞斟酌補正日
後更有歸正願請田人欲乞並依今來措置到事理施
行詔令徐子寅措置十九日徐子寅言被旨措置兩淮
官田已先往楚州催督守令置造農具屋宇給散耕牛



種糧錢趁二月内開墾候措置一州畢日即往以次諸
州軍所有諸州軍合具空閑官田數目乞從本所次第
行下依所立日限開具申供所有買耕牛具等合用錢
物乞每料支降會子二萬貫候支用一料將盡乞給降
一料接續支用如有官吏違慢去處其人吏乞從本所
杖一百斷罷當職官取旨乞重賜施行從之三月二十
七日知樞密院事四川宣撫使虞允文言利州路諸州
營田向緣兵火之後田土荒閑無人耕佃前宣撫使鄭
剛中措置差撥官軍耕種將每歲收到租米斛斗更相
兌易到織成都府路對糴米一十二萬石應副贍軍臣
昨入蜀境體訪積年既久弊倖不一軍兵與蕃民雜處



於村疃之間恃強侵漁百端擾擾又於數百里外差科
百姓保甲指教耕佃間有二三年不得替者民甚苦之
其租米斛斗歲豐則利歸莊官水旱則保甲均認無所
收之租不償請給之數謂如興元府歲收租九千六百
七十三碩一年卻支種田官兵請受計一萬一千四百
四十五石之類知興元府晁公武措置以三年内所收
租課取最高一年為額等第均敷召人請佃給還官兵
歸將揀少壯者教閱老弱者淘汰已緣興元府鳳州召
人承佃自去年秋料為頭理納所承之租并階利興州
已係人戶租佃外有西和成洋州打量到見管田畝臣
已行下總領查籥差屬官一員前去逐州同知通措置

名人請佃，發遣軍兵歸將，放散保甲，依舊歸元來去處
防拓邊面。從之。八月十七日，詔鎮江都統司及武鋒軍
見管三處屯田官兵，並拘收入隊教閱，其屯田并耕牛
農具等，令逐諸軍交收，日下出榜召人請佃，只認軍中
所認租額。九月六日，知楊州莫濛言：准指揮，鎮江都統
司及武鋒軍見管屯田官兵，並拘收入隊教閱，其屯田
耕牛農具等，令逐州軍交收，日下召人請佃，只認軍中
租額。濛照應上件屯田，今來已是開成熟田，若依所降
指揮召人請佃，只認納租額，若租額稍輕，往往盡為有
力之家所佃；若或租額稍重，未必有人請佃，一年之後，
復為荒田。今來淮甸民戶復業者衆，皆謀生計，如楊州

卷四千七百七十六　十一

逐時人戶交易田土，投買契書及爭訟界至，無日無之。
今乞令逐州軍將所管屯田先次估定價錢，開坐田段，
出榜召人實封投狀，增價承買，給付價高之人，理充己
業。耕牛農具亦令逐州軍各行變賣，所有目今田土青
苗，亦乞委縣官措置收刈，變轉同賣田價錢，令項樁管，
以備朝廷取撥支用。詔逐州軍將所管屯田目今以成
苗稼，且令官兵收刈，候收成了日，以租額輕重比近品
搭均一，依已降指揮召人請佃。十一月十日，大理正兼
權駕部郎中措置兩淮官田徐子寅言：近降指揮，武鋒
軍見管三處屯田官兵拘收入隊教閱，其屯田耕牛并
農具等，令逐州軍交收，召人請佃。今訪聞所罷屯田莊



數內楚州寶應縣一莊有田一百五十一頃，一莊有田
五百頃，乞將二莊所管耕牛農具[illegible]都統司，并數撥
付官田所勸諭歸正人耕種[illegible]
管轄所有課子乞依官田所[illegible]
諸依所收課子與免五年[illegible]府
駐劄御前諸軍都統[illegible]西
總領所相度揀選屯田堪披帶人充入披帶，不堪披帶
人且令依舊屯田，於新得子利內量度支給養贍，却召
募少壯人補填耕鋤[illegible]屯田官兵共約三千餘人，其每
年所收物斛大段數少，若將不堪披帶官兵並於所得
子利內支給養贍，委是不給。乞將屯田諸莊內除楚縣

卷四千七百七十六　十二

界柘皋莊依已降指揮召歸正人耕作外，其和州界屯
田並行廢罷，將見占官兵拘收歸軍。詔其田令和州召
人租佃，如無人，即估價召人承買。二月十一日，建康府
駐劄御前諸軍都統制、知廬州郭振言[illegible]
中措置廬州[illegible]
合用莊[illegible]
依近降指揮[illegible]
行差撥前項[illegible]
大路[illegible]
之人[illegible]官給牛具[illegible]
子利[illegible]

分一分先次蓋造任屋二千間收買耕牛五百頭並令淮西轉運司應副候將來耕種稍成次第一面關報本司接續蓋屋買牛一稍種借粮乞據合用數目關報淮西總領所借撥應副使用候收成日却行椿收所有薛康中乞差撥提領屯田所幹辦官從之二十八日詔建康府都統司退下淮西屯田專委淮南轉運判官吕企中措置召人耕種企中條具下項一令來建康府統領司退下知州管下并無為軍柘皐鎮屯田數内柘皐鎮莊依已降指揮委郭振招召沿淮歸正人耕作外有和州屯田元係五百頃諸軍耕種令召人耕種欲多出文榜勸諭召募一屯田元是軍人開墾官給種子等所收

卷四千七百七十六

花利主客中半分受令召人耕種即與向來軍人耕種不同竊緣當來營田係是四六分官收四分客户六八蓋欲優異人户今來欲乞除種子外依營田例四六分數官私分受欲乞令知縣縣尉依營田法階銜上各帶主管屯田每遇支種子委自知縣躬親到地頭當面支散知通令尉仍乞依營田例添支職田一令來屯田雖是成熟竊緣殺事之初合行優恤將來收成欲合免第一年花利次年為頭方行分數官私收受一遇有人户前來承認耕種乞就逐縣實封投狀請佃畫時出給公據一令來屯田不許見任官及僧寺道觀公吏等人詭名冒佃許諸色人告論如有違犯申取朝廷指揮外自





餘不拘西北流寓及兩淮居民以至江浙等處客户並許不以多少量力踏逐承佃仍令實封賫狀赴逐縣投陳別置簿籍立定字號畫時給據付人户收執耕作一見椿管原係屯田牛具犂杷莊屋遇有人户前來耕種欲乞一面給散一所召到人户並不得州縣差使搔擾仍乞令逐州軍守臣常加覺察一給田之後若遇水旱委自令尉躬親到地頭依實檢覆一據許子中兊牒送差到進義副尉袁亨忠翊郎李彦忠說諭到歸正林本等一行八十二人各情願受田種蒔乞依許子中申獲指揮每種佃人一名借種粮錢一十貫文有一許子中已申差李彦忠袁亨充措置兩淮官田所點渓差使令

卷四千七百七十六

欲乞存留逐人措置屯田使復仍以措置屯田所備准差遣人為名從之四月十二日詔揚州滁州屯田依和州已降指揮七年九月十一日户部郎中總領湖北京西軍馬錢粮並提領措置屯田呂游問言本所所收營營田屯田内官兵關人耕種之處乞依元舊頃畝出榜召百姓依元額承佃從之租課令本所拘收八年三月九日宰執進呈知楚州陳敏奏城東有古寿河四十餘里自兵火以來壅塞不通欲開撅取水灌溉田疇先措置一莊已成倫理後於寿河一帶措置十莊開闢田土官兵力田之暇不妨教習武藝庶且耕且戰之計上曰興趙充國時屯田不同漢以強治弱兵有餘力今日士

辛欲臨大敵不可責以農事七月十四日知廬州趙善俊言朝廷分兵屯田誠為至計然屯駐諸軍願耕者不得遣所遣者不願耕軍司並緣為姦當遣者僥倖苟免得遣者驕惰不率此不可一也且以廬州合肥一縣言之五軍七莊共一千五百餘人正軍歲支錢一十四萬五千四百餘貫米一萬三千九百餘石歲下種麥種僅千石所收才得五千石之數若計其支遣所收只可充兩月請給之費又未免取辦於縣官此不可一也朝廷以兵數不足召募新名今乃令屯田蓄三二千習熟之兵驕惰於田野之間緩急將安用之此不可三也臣謂罷屯田則有三利習熟戰鬭之兵得歸行伍從事於教

〈卷四千七百六十六〉

閱一利也無張官置吏坐縻廩稍無買牛散種以費官物二利也屯田之田悉皆膏腴今舉廬無一不具以歸正人使之安居三利也取其三利而去其三不可在今日誠不可緩詔廬州見差建康官兵屯田並行廢罷其田畝牛具等令趙善俊盡數拘收許歸正人請佃還撥給付如歸正人數少即一面募人租種仍委善俊將屯田官兵親行揀點其堪入隊不入隊及老弱病患姓名人數申樞密院並先次發遣歸軍既而善俊言屯田並係膏腴之地既許人請佃窮廬官員秀才公吏召名前來承佃不得專一應副歸正流移等人乞下廬州給止從之九月三日湖廣總領所言已准指揮令相度荆



鄂兩軍營屯田利害近據鄂頭郢州申已依指令官兵耕種本處昨得逐州退下營田屯田其間往往皆是瘠薄田畝又多與本軍見耕田土參雜若且令營屯兩官兵相兼耕作委是經久利便所有荆南軍元退下屯田二百二頃五十五畝半並係官兵累年開墾熟田除耕種過一百二十一頃五十八畝計用種一千一百一十五石七斗五升一切了畢務得歲計稻穀增多今來荆鄂兩軍見退下空閑熟田乞依荆南軍屯田係舊令官兵耕種詔李安國疾速措置差官一員招募客戶耕種毋令荒閑田土仍盡數拘收莊屋農具給付客戶居住使用將收藝到子利照年例分隸同日[illegible]

〈卷四千七百七十六〉

禹將屯田官兵退下田[illegible]未就子之數疾速措行招召客戶耕種毋令[illegible]開[illegible]仍令[illegible]依已降指揮差官主管拘收莊屋[illegible]應付客戶居住就到子利諸應年例分隸施行前[illegible]數人耕種[illegible]問充是高禹言鎮江諸軍屯田[illegible]害積年已久[illegible]屬官孝閔同高郵江[illegible]王滿[illegible]田[illegible]也瘠荒熟之數除戶部[illegible]租四百七十餘頃之外[illegible]計官剩尚近千頃內除係[illegible]之地三百餘頃[illegible]有膏腴七百餘頃欲自今歲為始本司拘認上供諸司隸子并分給客戶種糧正行撥隸淮東運司故有是命九年五月七日建康府駐劄御前諸軍都統制郭剛言太平州

營田官莊客戶一百餘家，所占官兵二百四十餘人，一歲所收除種子分給力田人外，共得稻三千餘石、麥二百餘石，共準錢三千四百餘貫。官兵歲約請給錢三萬八千餘貫，校之不及官中所支官兵兩月請給，委是大段虧損官課。乞將太平州營田官兵依趙善俊措置廬州屯田事理，委總領所逐一點揀，彊壯人收充入隊帶甲使喚，其老弱病患人依揀汰人吏發遣。所有戍兵田畝、牛具、屋宇等，令太平州盡行撥付見管客戶耕作。如尚少闕，招召無歸之人請佃種蒔，轉納租課。且本莊官兵積習舊弊，多有承佃之人，以其不係本司兵額，無緣根括，亦乞下總領所乘此揀點，一就取見詣實改正。

卷四千六百七十六

內有職名人承貸官資，依已降指揮效減一半支破。合得分數請給，施行。從之。淳熙二年正月九日，詔逐路將人戶已買營田並與消豁稻麥，依本州體例照肥瘠高下起理二稅，不得高價重疊科折。如有違戾，許民越訴。從淮東總領錢良臣請也。三年正月十八日，總領所言：人戶歸業，縣有給與二十五年給還指揮，往往多是計屬公吏妄稱本戶子孫陳乞，官即信憑給還營莊已耕熟營田，以致人戶見佃田以此詞訟不已。欲下諸州，如日後有似此乞還業之人，即告示令踏逐官田對本戶元與畝數撥還，庶革前弊。從之。四年十一月八日，詔淮東安撫司將昨應募歸正人指使內不願開耕，繳納付身人未還納





借支錢并口食稻子一千七百二十四石四斗並與除放。五年閏六月六日，興州駐劄御前諸軍都統制吳挺言：自昔營田之積穀，實邊□以爲便。今階成西和鳳州并長舉縣營田，乃反不同。以三年計之，所得纔四萬六千餘緡，而所費乃一十七萬餘緡。乞令所屬州縣召民戶請佃，却將軍兵拘還本軍趁赴教閱。從之。七年二月二十二日，詔四川有營田州軍，依江淮例令知通、縣令銜內帶營田二字。從四川總領李昌圖請也。十年五月十三日，詔湖廣京西轉運司、將都統司具到頃畝，先次行下襄陽、德安府、郢州，與勘如作民田無侵犯，即依逐司條具事理施行。候將來招到佃戶人數，并所收課子數目，每歲開具聞奏。以湖廣趙汝誼等言：鄂州江陵府副都統制兵

卷四千七百七十六

建壽申，襄陽、德安府、郢州根括積年出田九十餘頃，與屯田見耕田土參接，令召許令本司依營田體例招置佃戶，官給牛具種子，并免官司差役，其所種所得租課，分收入官，庶幾荒閑之地漸所得田。奏旨令都統司同總領所、京西湖北轉運司指置條具聞奏。臣等今條具下項：乞從營田體例招置佃戶，每頃以三人為率，約當一百餘人。今欲將置到佃戶依徵保伍法團結，有犯從本屯及地分官司照條斟量輕重施行。一、官給牛具種子，每畝種一斗，共用種九百餘石，欲於逐處屯田見椿斛斗內支撥。所有耕牛，每頃用牛二頭，共用一百八十餘

頭并農具於營屯所錢內通融支撥收買仍佃戶每家官給草屋三間內住屋二間牛屋一間令就本屯官兵計置起蓋一與免佃戶本名下丁身差科及免充本部內煙火保甲差使一招置到佃戶每名欲權借穀三石以至十石應副食用候至秋成日拘收一開墾之初與免初年分收課穀一料至次年除留官種外將收到子課官客均分故有是詔







宋會要　寧宗

開禧二年五月二十二日臣僚言已下有司契勘見今荊襄兩淮應干營田去處所管官兵今主帥揀選彊壯勇敢之人撥歸元來軍分案同差出軍前驅使其搞之類令總領所見今擒管錢內支破或裁撥上供綱運支遣其有不堪披帶者分隸輜重老弱殘疾者聽仍舊營田之後所有已揀去官兵營田闕額之數却令總領所告示逐處總首多有佃客而無田與耕者或出榜招募流移之民及當處民戶無產業者及有產業而尚有餘力者聽其從便入狀權行承佃人限以若干畝官給牛種計其所食日各給以若干為廩庢之直或一、會其田若干止納若干租課候成熟日照所認輸納庶使鄉民各所所處而無失所之憂官軍各效所長而無觳觫之歎從之嘉定七年四月二十四日隨州言近准指揮為京西轉運司備據元忠良申請將各州屯田官兵撥歸營寨以閱武事將屯田地段牛隻器具照營田之法招勸客戶耕種送納官課劄付本州一體措置除已遵稟牒委隨縣知縣前去根括官兵所種田畝的實數目後據申親詣地所丈量到官兵見種田土計百二十四頃三十二畝一分比屯田帳內所申數目計根括丈量出田二頃九十二畝一分即無隱漏保明申乞施行州司已將根括到屯田的實畝數撥作營田見出榜招召客戶佃種一依元忠良所陳體例施行外所是令屯田官并見管牛隻農具係隸鄂州都統司差置在本屯耕作乞下鄂州都統司將屯田官兵盡數抽回營寨牛隻農具撥付本州籍定付佃戶耕種施行詔依所申仰疾速措置具申尚書省　八月二十六日知濠州應純之等言昨準省劄委同措置將官買到荒田并拘收賊人鄭世良荒田開墾作營田官莊純之等遵稟措置今已招到莊客三百一十九丁開墾水陸田一萬六千一百一十八畝於澧州收買到水牛一百五十三頭又於本州自買到黃水牛共二十頭並已給付莊家見令耕作但照得來墾田數尚多合在秋成之後照已成規模買牛招



客接續開墾且以三百二十丁為率合用牛一百六十頭百色支用錢二萬八貫七百除已見令於公使等庫常賦之外撙節措辦撥入營田庫應副支用外所有買牛錢本州實無所出欲望朝廷支降錢五千八百貫文并前項劉從善侵支過本州營運錢四百九十三貫八伯文早賜支降乞下京湖制置司令澧州同共收買庶幾秋冬之交可到本州得以趁時開墾詔令江淮制置司於椿管會子內取撥五千五百貫文應副濠州收買耕牛使用仍令濠州日下差人前去請領并其已買到牛隻及支用數目帳狀保明申及將已借支過營運錢內銷豁仍仰本州須管趁此秋成疾速措置招收客戶耕





墾務要權衡閑歛毋得荒廢　十二年七月十四日四川宣撫使安丙總領財賦任處厚言臣等竊見蜀中營田成規總所雖經焚蕩而蜀帥所藏編類成稿可考不誣階成西和天水河鳳梁洋利九郡逃移荒閑田土無分田土措置開墾始於吳璘成於鄭剛中曾給牛立年逐州墾田共二千六百五十餘頃夏秋兩料納官組色計一十四萬一千四百九石用充所屯將兵支遣郡興民戶罷免和糴并對兌成都府路對糴三分之一為利可謂博矣乾道四年以後屯戍漸撤將兵各歸軍教閱營田亦發下諸州募民承佃遂致租利走失鄉村豪民乘時占據暨得部給與閑田畝雖曾立七千七百餘



頃而所收組色卻止計九萬八千六百五十餘石逐年所入又不及四五萬石其弊不可槩舉今且[illegible]田土荒閑正當拘收耕種之秋合自總領所與宣撫司同共措置屬討究先考金州及梁洋等九州係官營田取見紹興以來歛田分委清強官吏數實隱漏數定租數總見次第即將抛荒無主之田照吳璘鄭剛中體例分撥官兵各選部下諳重火頭不入隊人隨分屯地分官給牛種耕種矣收割了當除元下種子外計畝所收之數高下分給內有民戶冒耕種已施工力之田即聽其就佃復以舊額輸租入官則可以為久駐之資可以省餽運之費軍民兩利外有逃絕田土欲行措置則闕

内外兵火之後亦多有之今為豪民無賴之徒冒作命繼計會州縣給據冒認并寺觀户絶之田其數亦不貲此二者為利亦不在營田之下除已一面分差官吏前去措置并下逐州軍行下應管營田縣分討究元額及發來增減則目見管田畝租利并將見荒或人户冒占逃移户絶無主之田一面併行盡寔根括具帳開申已從所請施行從之十一月二十六日詔秦司準備差遣利州府安撫司準備差遣并幹辦公事三員並行省罷令四川宣撫司差置營田司幹辦公事一員從本司選擇有才力通練人奏差俸給照宣撫司幹官體例自總領所幫勘以宣撫使安丙言修復營田講求之初必須專置屬官乃充有濟已廢三關以徼荆湖例置宣幹辦營田公事一員故有是命　十五年七月十八日臣僚言竊以營田之制於今最為急務而非一日可成紹興間嘗專降江淮營田指揮者鄭剛中則行之關陝若岳飛則行之荆襄若王權李顯忠則行之江淮咸有規畫歲收萬計今田之在州縣閒者猶屬營田案雖歲久或為豪強包占猶可覆也方今殘虜游魂時闖我邊遺民慕義方仰我食忠義之來歸者日益眾既難盡拒可不思所以養之若營田就緒豈惟可以養兵亦可以養流民也臣向者備數應城見本縣營田殆數千畝且一縣若此推廣而計之一郡一路其數必多乞下江淮荆襄

卷四千七百七十六　四

四蜀制守監司令各隨風土之所宜事體之所便條畫申上朝廷立為各路各州專行營田之法行下條沒營屯以為悠久之圖以立富强之勢可以飽屯戍之兵贍來歸之眾兼照得蘄黄二州田業舊陝去處兵火之餘民丁轉徙自今耕種者纔十之二三凡當究經理其他曾被兵處閑田必多不特營田舊額也乞下湖廣經理務在詳實從之　十七年正月二十六日詔淮東西湖北轉運專一提督措置營屯田事務行遣路分已行下事理嚴督所部州軍多方措置召募耕墾見管營屯并將無力耕種之田一面究見有管官錢趲價收買務要田土沒闕不致拋荒仍每歲拘催州軍所收稻麥從寔椿管具入月帳申省令後錢失陷[illegible]　五月二十八日詔淮東西提督措置營屯田司各[illegible]差遣一員仍令逐司選辟經任有舉主無過犯選人充

卷四千七百七十六　五

宋會要農田雜錄

農田 太祖建隆三年正月賜諸州詔曰生民在勤所寶惟穀先王之明訓也永念農桑之業是為衣食之源今陽和在辰播種資始慮彼鄉閭之内或多游惰之民苟春作之不勤則歲功之何望卿任居守土職在頒條宜勸諭耕耘收功穮蓘勉思共理別俟陟明九月詔如聞百姓有伐桑棗為薪者其令州縣禁止之 乾德二年正月詔諭諸州長吏曰朕以農為政本食乃民天必務當以勸分庶家給而人足今土膏將起陽氣方升苟播種失時則豐登何有卿任隆分土化洽編甿所宜課東作之勤副西成之望使地無遺利歲有餘糧勉行敦勸之〔卷四千七百四十八〕方體我憂勤之意 四年閏八月詔所在長吏告諭百姓有能廣植桑棗開墾荒田者並只納舊租永不通檢令佐能招復逋逃勸課栽植歲減一選者加一階 太宗太平興國七年二月詔曰東畿近年以來蝗旱相繼流民甚衆曠土頗多蓋為吏者失於撫綏使至於是天災所及隱匿而不以聞歲調既興循常而不得免編戶遂成於轉徙大田乃至於汙萊深用疚懷不遑寧處俾伸惻隱別示招攜宜令本府設法招誘並令復業只計每歲所墾田畝桑棗輸稅至五年復舊舊所逋欠悉從除免限詔到百日許令歸復違者桑土許他人承佃為永業歲輸稅調亦始復業之制仍於要害處粉壁揭詔





按太平興國無九年

書而示之五月詔開封府管内膏澤沾足宜令民及時種藝禾黍道路泥甚輸租者當俟晴霽吏無得督責閏十二月詔諸路州民戶或有欲勤稼穡而乏子種與土田者或有土田而少男丁與牛力者許衆戶推一人諳會種植者州縣給帖補為農師除二稅外免諸雜差徭凡穀麥麻豆桑棗果實蔬菜之類但堪濟人可以轉教衆多者令農師與本鄉里正村耆相度具述土地所宜及其家見有種子某戶見有闕丁某人見有剩牛然後分給曠土召集餘夫明立要契舉借種糧及時種蒔俟收成依契約分無致爭訟官司每歲較量所課種植功績如農師有不能勤力者代之惰農為衆所嫉者里〔卷四千七百四十八〕胥與農師謹切教誨之不率教者州縣依法科罰 九年以其煩擾罷之淳化元年九月詔江浙等路李笠錢斂曰民多流亡棄其地遂為曠土宜令諸州籍其隴畝之數均其租每歲十分減其三以為定制仍給復五年召游民勸其耕種厚慰撫之以稱務農敦本之意 四年二月詔嶺南諸縣令勸民種四種豆及黍粟大麥蕎麥以備水旱官給種與之仍免其稅内乏種者以官倉新貯粟麥黍豆貸與之 五年三月以宋亳陳潁州民無牛畜者自挽犁而耕因令逐處人戶團甲每一牛官借錢三千令自於江浙市之又命直史館陳堯叟先齎踏犁數千具往宋州委本處鑄造以賜人戶況是太子

中允武允成常進踏犂至是令搜訪其制猶存因命鑄
造賜馬尭叟還奏踏犂之用可代牛耕之功半比钁耕
之功則倍　至道元年六月詔曰近年以來天災相繼
民多轉徙田卒汙萊雖招誘甚勤而逋逃未復宜申勸
課之旨更示蠲復之恩應諸州管内曠土並許民請佃
便為永業仍免三年租調三年外輸税十之三應州縣
官吏勸課居民墾田多少並書印紙以俟旌賞十二月
詔勸農種藝桑有定規如聞近來多不舉職非所以副
宰字之寄學衣食之源宜令諸路州府各據本縣所管
人戶分為等第依元定桑棗株數依時栽種如欲廣謀
栽種者亦聽其無田土及孤老殘疾女戶無男丁力者

卷四千七百四十八

不在此限如將來增添桑土所納税課並依元額更不
增加每春初曉示令佐能設法勸課得替日批歴為課
三年七月詔應天下荒田許人戶經官請射開耕不許
截年未議科税直候人戶開耕事力勝任起税即於十
分之内定二分永遠為額　真宗咸平二年二月詔曰
前許民戶請佃荒田未定税賦如聞拋棄本業一向請
射荒田宜令兩京諸路牓壁曉示應從來無田税者方
許請射係官荒土及遠年落額荒田候及五年官中依
前敕於十分内定税二分永遠為額如見在莊田土窄
願於側近請射及舊有莊産後來逃移已被別人請佃
礙敕無路歸業者亦許請射州縣纔有請射狀疾速給



付別置籍抄上逐季聞奏其官中放收要用土地及係
帳逃戶莊園有主荒田不得恢有給付長吏常切安撫
廣務耕種隨土所宜趁時栽種不得輒有攪擾長吏批
上印歴理為勞績如拋本業抱税東西改易姓名妄求
請射此色之人即押歸本貫勘斷　三年六月著作佐
郎胡則言請課河北州縣種榆柳以備材用從之十一
月以刑部員外郎直史館陳靖為京畿均田使令自擇
京朝官分下諸縣　六年三月大理寺丞黄宗旦上言
潁州陂塘荒地凡千五百頃可募民耕墾即遣宗旦馳
往經度部民應召者三百餘戶詔令未出租賦免其徭
役又命宗旦通判潁州使終其事　景德二年正月内

卷四千七百四十八

出踏犂式付河北轉運令詢於民間如可用即官造給
之時以河朔戎寇之後耕具頗闕牛多瘦死淮楚間民
踏犂凡四五人力可比牛一具故有是命　大中祥符
二年八月詔澶州自今民以耕牛過河者勿禁時河朔
牛疫河南民以牛往貿易者甚衆而澶州津吏輒
邀留之故詔諭焉　五年五月遣使福建州取占城稻
三萬斛分給江淮兩浙三路轉運使并出種法令擇民
田之高仰者分給種之　其法曰南方地暖二月中下
旬至三月上旬用好竹籠周以稻稈置此稻於中外及
五斗以上又以稻稈覆之入池浸三日出置宇下伺其
微熱如甲坼狀則布於淨地俟其萌與穀等即用寬竹

器貯之於耕了平細田停水深二寸許布之經三日決
其水至五日視苗長二寸許即復引水浸之一日乃可
種蒔如淮南地稍寒則酌其節候下種至八月熟是稻
即旱稻也　真宗以三路微旱則稻悉不登故以為賜
仍揭榜示民　六年六月監察御史張廓上言天下曠
土甚多望依唐宇文融條約差官檢估帝曰此事未可
遽行然人言天下稅賦不均豪富形勢者田多而稅少
貧弱地薄而稅重由是富者益富貧者益貧王旦曰田
賦不等誠如進者但須漸謀改定或命近臣専司之委
其擇人且自一州一縣條約之則民不擾其事集矣七
月詔自今農器並免收稅先是知濱州呂夷簡奏乞免

卷四千七百四十八

河北諸州收稅農器帝曰務穡勸農古之道也豈止河
北耶故有是詔　七年三月詔自今典賣田已具鄰至
內如有已將田業隣至即依隣至次第施行先是京兆
奏民有訟田以典到地為隣至者法無明文故條約
六月詔諸州典業與人而戶絕沒官者並納官檢估論
實明立簿籍許典限外半年以本錢收贖如經三十年
無文契及雖有文契難辨真偽者不在收贖之限初三
司以舊無條制請須定式狀下法寺故不令條約焉八
月詔以諸道牛疫民有買耕牛者免稅　九年八月
詔曰藪收之畜農耕所資盜殺之禁素著嚴戶當之期是
望或罹宰割深可憫傷自今屠耕牛及盜殺牛罪有不



至死者並繫獄以聞當從重杖時中使自洛迴言道逢
驅牛㘚者甚衆慮不逞輩因緣屠宰故戒之明年江南
范應辰杭州薛顏越州楊侃並上言江浙之間犯禁者
衆悉以上聞即刑獄淹繫遂罷此詔止如舊敕施行
天禧元年八月詔諸州貧買耕牛稅錢更放一年三司
不須比較十月萊州上言州民願以舊麥一斗易官倉
新麥為田種從之仍令京東轉運遍諭諸州許依此制
二年二月梓州黃昭益遂州滕世寧言川界多爭論
追贖遠年典賣莊土及至勘詰皆於業主生前以錢典
賣及業主戶絕本人不經官自陳便為己業直至隣里
爭訟方始承伏出錢估買望自今每戶絕如有曾典得

卷四千七百四十八

物業人並須具事由官或隱匿詐誤事發即決罰訖勿
許復買詔法寺參議且請自今應以田宅與人上而業
主戶絕者與限一年許見佃人具事由言估直召人收
市限滿不告論如法莊宅納官從之六月詔民有訴理
田地非是相侵奪者並依舊制候務開日理決先是河
北提點刑獄上言民有詣閤訴田者詔令本州依理施
行官司被詔雖在農務即追逮之頗妨農業故命條約
三年七月詔戶絕莊田自今覆有田苗即差官詣地
所視其沃壤園林水磑止令官司召人租佃及明設疆
界數目附籍收係其磽瘠田產即聽估直出市時有言
官司以戶絕田肥沃者市於人而以瘠土租課故有是

詔十月詔廣南自天禧元年正月一日已前民有私鬻
有分田產券契分明為有分骨肉論理者即以所鬻價
直均分之田產付見佃　四年四月福建路轉運使方
仲荀上言福州官莊十二百十五頃自來給與人戶主
佃每年只納稅米乞差官估價令見佃人次賞與限二
年送納事下三司請如所請詔福州官莊更不出賣差
屯田員外郎張希顏與轉運使同共依漳泉州例均定
租課聞奏　八月二十二日詔國家每念蒸黎常輕賦斂
豈令遠俗重此均輸宜特示於推恩俾並從於舊貫其
福建佃官莊戶依舊佃蒔更不均定租課天聖三年希
顏又奏先往福建均定官莊租課已定租米六萬五十

卷四千七百四十八

碩相度福建八州皆不官莊七州各納租課惟福州只
依私產納稅復免差徭顯是偉民乞相均米數依州價
折納見錢銅鐵中半從之是日利州路轉運使李薪上
言近覩敕命就差提點刑獄官充勸農使以見國家務
農之道臣三紀外任每見州縣之民多不諳會播種覓
四時纂要齊民要術並是古書備陳耕耨栽植之法又
覩先降農田敕條貫甚精蓋止約於刑禁須諸從式復
置常平倉亦慮其乏絕令請取此二書雕印頒付諸路
勸農司委轉運勸農使副每遇巡歷州縣常加提舉勸
農詔令館閣校勘雕印賜與諸處是月兩浙路勸農使
言人戶自括田均稅已後多耘耕官荒田令成熟土錢





月已久令下即首露者慮隣人爭奪望聽元佃人首罪
收稅復給佃者從之　五年四月詔曰朕茂紹慶靈撫
寧區宇方厲勤於稼穡思洽詠於倉箱令以膏澤應時
大田興役冀緣上瑞實荷高穹猶慮閭閻之間為農之
室覩資儲之盈羨忘播植之艱難或縱棄捐息於收斂
俾行戒諭用示矜懷宜令州縣告諭人戶不得枉有費
用棄擲食物違者量罪科責六月司勳員外郎趙賀言
川界戶絕田土昨准敕除二稅外悉定租課召人請佃
切慮租賦稍重望且許依舊估價出賣從之十月詔河
北民有請佃落北蕃戶莊田園林而興典質者止勒與
質本主佃蒔候本主自北界至即時給付其元質緡錢

卷四千七百四十八

勿復理納先是景德二年敕落北界人莊田園林請佃
輒有毀鬻者許人陳訴依法科罪至是知趙州高志寧
言部民投牒訴者五百八十餘戶蓋始以煙罪不濟因
質易其園今方歲稔即互有論告若受而理之恐成滋
蔓望賜條約故有是詔　乾興元年十二月仁宗已即位未改元
上封者言自開國已來天下承平六十餘載然而民間
無積蓄倉廩未陳腐稍或饑歉立致流移蓋差役賦斂
之未均形勢豪強所侵擾也又若山海之利歲月所增
莫不籠盡提封萬里商旅往來還食常難物價騰湧匹
帛金銀比舊價倍斛食糧草所在增貴復有榷酤尤為
糜費不立禁約只務創添為害滋深取利何極至如川

遂所產雖富般運實多收買折科織造染練其費不一所有四害令當縷陳伏見勸課農桑曲盡修目然鄉閭之弊無由得知朝廷惠澤雖優豪勢侵陵罔暇遂使單貧小戶力役靡供仍歲豐登稍能自給或時水旱流轉無從戶籍雖有增添農民日自減少以臣愚見且以三千戶之邑五等分算中等已上可任差遣者約千戶官員形勢衙前將吏不啻一二百戶並免差遣州縣鄉村諸色役人又不啻一二百戶如此則二三年內已總遍差纔得歸農即復應役直至破盡家業方得休閑所以人戶懼見稍有田產典賣與形勢之家以避徭役因爲浮浪或恣墮游更有諸般惡倖隱占門戶田土稍多便

卷四千七百四十八

作佃戶名目若不禁止則天下田疇半爲形勢所占復請應自今見任食祿人同居骨肉及衙前將吏各免戶役者除見莊業外不得更典賣田土如違許人陳告典賣田土沒官自然減農田之弊均差遣之勞免致力役不禁因循失業其罷俸罷任前資官元無田者許置五頃爲限已差近上明幹吏檢會茶鹽體例條制出自宸斷裁擇施行詔三司委衆官限五日內定奪三司言准農田敕應鄉村有莊田物力者多苟免差徭虛報逃移與形勢戶同情啟倖却於名下作客影庇差徭全種自已田產今與一月自首放罪限滿不首許人告論依法斷遣及賞又准天禧四年敕應以田產虛立契典賣與



形勢豪強戶下隱庇差役者與限百日經官首罪改正戶名限滿不首許人陳告命官使臣除名公人百姓決配今準臣僚奏請衆官定奪欲應臣僚不以見任罷任所置莊田定三十頃爲限衙前將吏合免戶役者定十五頃爲限所典買田只得於一州內典賣數目如有祖父遷葬若令隨莊卜葬必恐別無塋地選擇方所今除前所定頃數許更置墳地五頃爲限如經條貫從輒敢違犯許人陳告命官使臣科違制罪公人永不敘充職役田產給告事人若地有崖嶺不通步量刀耕火種之處所定頃畝委逐路轉運使別爲條制具詣實申奏又按農田敕買置及析居歸業佃逃戶未併入本戶者各

卷四千七百四十八

出戶帖供輸今臣僚所請並須割入一戶下今欲申明舊勑令於逐縣門榜壁曉示人戶與限百日許令陳首改正限滿不首及今後更敢違犯許人陳告如公然作弊顯是影占他人並依所犯人嚴斷仍依條以其田三分給一與告事人充賞並從之

仁宗天聖元年六月，江西勸農使宋正辭上言：昨知饒州，據鄱陽縣佃戶吳智等經縣請射崇德鄉逃戶田產，令主人有狀經縣不許請射逃田，遂送法司。大中祥符六年勑：江南逃田如有人請射，先勘會本家舊業，不得過三分之一。其吳智等無田抵當，更不給付。以臣愚見，若舊業田有三分方給一分，則是貧民常無田業請射，唯物力戶方有抵當。欲乞特降勑命，應管逃田，不問有無田業，欲並許請射。事下法寺與三司定奪。三司言：江南逃田若須令有田之戶以舊業三分請射一分，則無主貧民無由請佃，荒閑益多。又有田業人挑段請射，令

卷四千七百四十九

欲應管逃田許不問戶下有無田業，並令全戶除貨堅外請射，充屯田佃種，依例納夏秋租課，永不起稅。若一戶無力全佃，許眾戶同狀分請。一戶逃移，勒同請人均輸。並從之。七月，殿中丞齊嵩上言：檢會大中祥符八年勑，戶絕田並不均與近親，賣錢入官，肥沃者不賣，除二稅外召人承佃，出納租課。變易舊條，無所稽據，深武煩擾。欲請自今後如不係戶令均與近親，即立限許無產業及中等已下戶不以肥瘠全戶請射，如願沒納入官，即乞許全戶不分肥瘠召人承佃。又國子博士張廊上言：累有百姓陳狀，稱為自來官中定年深戶絕租課，積累物數已多，送納不前，蓋是元差到官務欲數多，望戒





勞績定租重大，累蒙校料攤配在隣人戶下送納不辦，遂至逃移。官中更均攤在以次逃戶隣人名下，起惹詞訟。國家富有萬方，三司是聚欲之臣，必慮不能蠲免，乞不下三司定奪。事下三司與法寺議定聞奏。今參詳應戶絕戶合納官田設或荒下瘠田已逃無人請買荒廢，虧失稅額，欲乞勘會戶絕田，勒令佐打量地步，什物估計錢數，申州，州選幕職官再行覆檢，印榜示見佃戶，依估納錢買充永業，不得更將肥田請佃荒下瘠薄。若見佃戶無力收買，即問地隣，地隣不要，方許中等已下戶全戶收買，其錢限一年內送納。如一戶承買不盡，許眾戶共狀收買。如同情欺倖小估虧官，許知次第人論告，

卷四千七百四十九

並當嚴斷，仍以元買田價十分給三分賞告事人。從之。二年正月，開封府提點縣鎮李紱言：請下開封府委令佐勸誘人戶栽植桑棗榆柳，如栽種數倍多，委提點司保明聞奏，各與陞差使。從之。三年五月，深州董希顏上言：準景德二年正月敕，河北沒蕃戶莊田林木，本主未歸無人佃者，委逐縣官遍往點檢，置籍管係，常切檢校，不得斫伐，候本主歸給付。如本主未到，許房親請佃；如無房親，即召主戶佃蒔。其年七月，詔河北全家沒蕃戶莊田，須親房召隣保五七人，方得請佃；如無，許主戶請佃。據一物已上，縣立帳給付，州縣拘轄，不得斫伐破賣，候主歸，依數還之。至天禧五年，敕用知趙

州高志寧言據已破賣沒蕃人戶主田且勒與賃主佃
蒔候歸給付已經勘斷者更不為理臣詳元敕未和好
以前沒蕃之人朝廷矜憫慮有廢土伐木折屋致本主
歸無所投遂降勅不得斫伐破賣今緣和好已久自雍
熙後至景德前能歸復者盡已歸復至今年未歸之人
多是從初殺戮或在北已亡縱在蕃中其存者亦少其
莊田舊已準敕給與房鄰佃蒔或已有請佃戶又多尊
長亡沒目下子孫相承佃蒔已成營葺屋宇損壞不敢
修換桑棗枯朽不敢剪除見今園林多是後來栽植河
朔之地少近山谷每官中科木或制農具若不於所園
林即本無所出倘然修換或採取一株便為游墮之民

卷四千七百四十九

陳告即奪給告者卻使元佃戶全家趂出不唯惠破蕩
民實亦有傷和氣近有頻準轉運司差官推勘多是陳
告此類公事竊慮不還之人競起訟端論訴不遂安居
刑獄無由清簡令請應河北人戶請佃沒蕃莊田者除
將莊田與賣毀伐桑棗即依舊條所有屋舍家事園林
菓木任便脩採更不坐罪不許陳告亦不給田充賞從
之九月戶部郎中知制誥夏竦上言諸州例多曠土臣
曾詢問鄉者皆稱舊日逃田許民挑段請佃候耕墾稍
熟牛具有力即於疆畔接續添請是以人戶甚便官中
又得稅賦自有條貫須全戶請射後來例無大段事力
之人一起請佃今若許挑段請領之時亦不至減於料



次情願更添稅賦其餘荒田許次等主請射欲乞今日
已前應係田及係官荒田經三年以上者許能認請射
於所請田元額稅物十分之二減於次年起稅納仍先
許中等已下戶請射如有餘者方許豪勢請佃即不得
將將與賣州縣別作籍書方發遣等與數與豪民恐議
者以為百姓擇取天之父遠縣下官中好田不許與帶
請佃且即令逃田二三十年荒廢肥饒之地空長荊棘
上無一粒黍稷入官下無一粒黍稷養民未知守護
草卑有何益剗害之深莫甚於此臣詳省以為民務
得美田即業興衙前之賦國家泰民使既不富國今官
姓盡得良田俄得賦稅永食相足此合帝王愛民之道

卷四千七百四十九

剗害相萬較然可知從之十月提點開封府界諸縣鎮公
君平言州縣戶絕沒官莊田官司差檢估人承買人等
佃其有經隔歲月無人承當蓋檢估之時當職官吏畢
防己後詞訟多高擡估錢以致年深倒塌荒蕪陷失租
稅望降敕選官重估實價召人承買自今須子細看估
不得高擡估錢庶係帳籍下三司相度三司言按天
聖元年七月勅戶絕田令佐畫時打量地段估計屋舍
動使申州委同判幕職再行覆檢出榜曉示見佃戶納
錢竭產收買只依元額納稅不納租課不得挑段請佃
或見佃戶無力即問地鄰地鄰不要方許中等已下戶
收買價錢限一年納官又九月勅三司言舊假欠官物

估納抵當產業入官除已標充職田收地不許收贖外
如十五年內本主或子孫親的骨肉却要元納莊許依
元估價錢收贖如十五年外見有人住佃者不令收贖
令詳年限稍遠欲乞限十年內許本主或親的子孫骨
肉收贖限滿不贖郭下廊店物業外鄉村庄田舍屋水
磑委令佐打量估計結罪申州州差同判或幕職再行
檢估出榜許人收買如小估虧官許知次第人論告並
科違制之罪公人決配其元價沒官奏可令有詳張君
平所請已有上件敕命今欲舉明前勅施行從之十一
月淮南制置發運使方仲荀言福州官莊與人戶私產
田一例止納二稅中田畝錢四文米八升下田畝錢三

卷四千七百四十九

文七分米七升四勺若只依例別定租課增起升斗經
久輸納不易兼從初給帖明言官中却要不得占吝臣
欲乞以本處最下田價實與見佃戶令准詔為知福州
胡則已放免官莊租課今臣分析利害伏緣事理明白
望早施行詔屯田員外郎章惟慶乘遞馬往彼與本州
出賣不得虧損官司　四年六月章惟慶還言臣與本
州體量閩候官十二縣共管官莊一百四熟田千三百
七十五頃八十四畝佃戶二萬二千三百人於太平興
國五年准勅差朝臣均定二稅給帖收執內七縣田中
下相半五縣田色低下尋牒州估價及具單貧人數按
見耕種熟田千三百七十五頃共估錢三十五萬貫已





牒福州出賣送納見錢或金銀依價折納其元管荒田
園有後來請墾佃者五十四頃九畝見今未有人佃已
牒福州估價召人請佃臣尚慮狡猾之輩別啟情倖於
名下田園揀選肥濃稅輕者請買却退瘠地別致虧官
已牒福州並須全業收買依勅限三年納錢不收牙稅
如佃戶不買却告示鄰人鄰人不買即召諸色人仍令
令佐將帳簿根究數目如日前曾將肥土乾稅田與豪
富人令止瘠地即指揮見佃戶全業收買割過戶籍若
佃戶不買即將元卸肥田一處出賣又據佃戶名亦有
僧戶元條僧人不得買田已牒州出榜告示許主收買
或僧人元有官田已卸剗戶承佃者欲乞就與免詞說

卷四千七百四十九

即嚴加勘斷事下三司詳定三司言若依惟慶估定價
錢三十五萬餘貫令作三年送納恐見佃戶除二稅外
更納田價錢數多欲乞特與減放分數却添年限計許
隨稅將見錢并但堪供軍金銀紬絹依市價折納如願
一併納足價錢亦聽從便仍令州縣置籍拘管經定逐
年合拘納錢數隨稅追催封椿收附候及數目計綱上
京不得別將支破候納錢足給戶帖與買田人執為永
業應副差徭勅三司據估到錢三分減一分限三年納
足其合應副差徭亦候三年外監察御史朱諫上言福
州屯田耕田歲久雖有屯田之名父子相承以為己業
伏望量定租課罷行估賣詔如見佃戶內單貧戶承買

者令別立寛限惟慶言所經田錢內單貧戶欲更展限
一年從之　五年六月三司言準陝西轉運使杜詹言
緣邊屯田軍馬支費甚多所入課利全然不足伏見沒
納入拆戶絶莊田不少自來州縣形勢鄉村有力食祿
之家假名占佃量出租課臣體量上件鄉村莊田人顧
收買耕佃如有見佃人戶多豪倖之輩只計轄下州軍
納得二十八萬貫已來若將重減卻壓撲數必是併有
承買欲望許選清幹官估計實直價例召人承買已可
其三司奏欲乞上件條貫徧下逐路將天聖四年已前
戶絶莊田依陝西例估計實價召人承佃從之十一月
詔江淮兩浙荊湖福建廣南州軍舊條私下分田客非

卷四千七百四十九

時不得起移如主人發遣給與憑由方許別主多被主
人折勒不放起移自今後客戶起移更不取主人憑由
須每田收田畢日商量去住各取穩便即不得非時衷
私起移如是主人非理攔占許經縣論詳　六年九月
河北轉運使楊嶠言真定民杜簡等狀稱近年水旱蝗
災被豪富之家將生利斛斗倚質桑土事下法寺請應
委實災傷倚質者令放債主立便交發桑土與棄主佃
蒔其所取錢斛候豐熟日交還如拖欠不還本錢官中
催理利息任自私斷自今後更不得準前因欠取倚質
桑土貴抑勒并永絶詞訟從之　七年三月詔如聞比
來饑民有在沿邊別無親屬莊產可依仰轉運使體量



救恤不令失所或發遣往唐鄧襄汝撥與係官田土牛
種安泊仁宗曰比日北邊荒歉流民過來沿邊饑饉至
甚雖外境之人然溥天率土皆朕赤子也當與多方賑
濟　五月龍圖閣學士知密州蔡齊言三司牒戶絶莊田
錢未足合納租課者勒令送納直候納足價錢開破若
未有人買者官定租課令請射戶供輸本州自大中祥
符八年後戶絶莊七十七戶只有六戶未戶絶已前出
課撲佃自後依舊納課餘皆荒閑準天聖四年七月五
日敕召人請射只納二稅更不納課未及一年準天聖
五年六月十五日敕差官估計召人承買若未有承買
且令見佃人出稅後來本州估賣有四十八戶承買尚

卷四千七百四十九

有二十九戶未有承買三司累牒催納價錢未足且納
租課伏緣人戶請射之初田各荒廢纔入佃蒔未及一
年續許承買催納價錢並是賣牛破產竭力送納未足
又吏勒納租課一年之內催納三重臣未敢緊行理納
乞應諸處承買莊田錢未足更納租課者亦乞遍下諸
處事下三司相度三司言諸處所管戶絶莊田不少令
若不候錢足便除租課切慮承買戶故為拖滯不納價
錢欲乞自今據未納足錢并未有人承買一依估價召
人承買限一年內錢足仍將估價及見納租紐作十分
如納錢一分即除落一分租課直候納足方與全免從
之　十一月詔州縣逃田經十年已上無人歸業見令荒

開者，令出榜曉示，限百日令本主歸業。限滿不來，許人請射耕佃。其歸業并請射人，戶並不得立定税額，及令應副差徭。後及五年，於舊額税賦上特減八分，永為定額。其月，中書門下言：「切慮上件逃田荒閑年深，見有人戶侵耕冒佃，將來有人歸請，別致爭訟；及見有税產人為見寬恩，拋棄已田，却求請佃逃田。欲令三司告示，如有侵耕者，與限百日陳首，更不問罪，據陳首後耕到熟田頃畝，於元税額上令納五分。如本主限內歸認，給付本戶，依此納税。若拋棄已田，妄作逃移，請射逃田，許諸色人論告，科違制罪，押歸舊貫；鄉耆不切覺察，致有違犯，並從違制斷遣。」八年八月七日，審刑院言：「河北、天

蓋四千七百四十九

聖八年四月已前值災傷逐急典賣與人，其四隣逐旋在外不曾會問者，如見執文契、印税分明，其隣人不曾著字，却有論認者，官司不得為理，並依元契為主。」從之。十二月，知坊州楊及言：「民馬固狀，典得馬延順田，計錢六千，後添栽木三百元，契每根贖日理三十錢。臣詳覷是有力百姓將此栽木扼塞貧民占據地土，豈可元典六千，贖田之日却理錢十千。從祖作條，遍勸貧苦，永不收贖。如不止絕，恐豪滑人戶轉侵孤弱，貌生詞訟。自今後如無興地栽木，年滿收贖之時，兩家商量，要即交還價直；不要，取便斫伐，業主不得占吝。」慶曆四年正月二十八日，詔：「自今在官有能興水利，課農桑，闢田疇，增



戶口有利於民者，當議量功績大小，比附優劣，與改轉或升陟差遣，或循資家便等第酬獎。即[illegible]設法勸課，不得却致擾民。其或陂池不修，[illegible]桑不植，戶口流亡之處，亦當檢察，別行降黜。仍令轉運使、提點刑獄常切糾舉。無自贍侵冒，於將從役寬賦[illegible]務農事，所以廣勸民之道也。仍令逐處[illegible]任知州、通判，如有令佐者，並先言有何勸課勞績，乃與依條擧主施行。其提點刑獄[illegible]令[illegible]長吏當帶本路勸農[illegible]與水利田[illegible]額及逐處[illegible]所在可[illegible]水[illegible]者，或能創置開[illegible]成久[illegible]寮佐作[illegible]在前人已[illegible]

蓋四千七百四十九

逐處勸農功狀大小，所利廣狹，開[illegible]一[illegible]今文勸課，指揮自今[illegible]不[illegible]如地[illegible]所不定則不必桑[illegible]但[illegible]之隨[illegible]地所宜可為[illegible]利[illegible]自[illegible]相度民力設法勸課，不[illegible]執守令文內數目[illegible]官任內[illegible]請[illegible]閑[illegible]一增戶口部內[illegible]能招誘復業及有天荒田能招人開墾，則[illegible]不[illegible]人[illegible]捕歸業，亦不得强抑人戶[illegible]已[illegible]功令[illegible]勸[illegible]增添到戶數及開耕到[illegible]已上勸課功績[illegible]於得替日出給解[illegible]以聞[illegible]公[illegible]自齎赴闕[illegible]八月，令[illegible]領[illegible]田有利害其[illegible]條上之[illegible]

援唐故事請以輔臣分總其務雖常降勅然其後亦常
果行　皇祐元年四月二十六日左司諫錢彥遠言農
桑者生民大事國家急務所以順天養財御水旱制蠻
夷之原本也本朝自祖宗以來留意尤切故諸路轉運
使提點刑獄臣僚知州通判皆帶勸農職名授勅誥御
政在督課而近歲徒有虛文初無勸導之實汙萊不闢
事失因循今欲乞應天下諸州軍於長吏聽各置勸農
司以知州為長官判官為佐官舉部内幕職州縣清强
官一員兼充判官量抽吏人先將部内諸縣今日已前
見管墾田頃畝戶口數目陂塘山澤泉渠溝洫都大之
數著為帳籍仍開析見有多少逃移人戶賦税荒廢田
畝古之水利後來殘毀者委自勸農官司多方設法勸
課招誘安其生業去其大害興其大利候至年終農隙
轉運司遍行比較若是增得墾田戶口數目或流人自
占或逃移復業陂塘灌溉有利桑棗廣植溝洫開淘增
多賦税丁口蕃息明著板籍不至煩擾者保明舉奏特
與就賜章服增其秩祿如一任終始悉有顯効令轉運
司批上歷子到闕委所司磨勘超擢任使其判官亦特
與磨勘引見其轉運使等每巡歷州軍先須點檢勸農
司訖方得點檢諸事如長吏已下因循違慢職業無聞
人戶逃移至多墾田之數日削並乞除授散官監當判
官亦同降黜所貴天下本農生民富給為萬世之基望

卷四千七百四十九



以上國朝會要



詔三司檢舉舊貫當罰施行　二年九月詔三司唐鄧
汝州多曠土其令寬立税限募人墾種之　至和元年
三月詔京西民飢其荒田如人占耕及七年起税二分
逃田及五年減舊税三分因災傷逃移而復業者免支
移折變二年非因災傷者免一年　二年十一月三日
詔荆湖廣南路溪洞人戶爭論田土雖在務限須理斷
了當　治平四年九月二日神宗已即位未改元江南東路轉運
司言三司奏池州多逃産年深元額税重人戶不敢請
射欲乞其逃田如三十年以上於元税額上減放四分
四十年以上減放七分如此候十年其田已成次第即
依編勅十分内減三分立為永額其三年以下十年以
上者自依編敕令三司依此施行本司看詳本路及天
下似此逃田不少乞施行諸路令人請佃詔並從之仍
候請佃及十年並令納五分税及二十年即依編勅納
七分税永為定額　十一月三司請出賣京東等路戶絶
沒納莊田詔内有租佃戶及五十年者如自收買與於
十分價錢内減放三分仍限二年納足餘依所請　熙
寧元年六月十五日京西提刑徐億言知唐州光祿卿
高賦招兩河流民及本州客戶開墾荒田招到外州軍
及本州人戶請過逃田又興修渦陂堰望加恩獎有詔
褒諭　十二月四日權京西轉運使謝景温言本管汝州
戶口至少田土多荒龍興魯山梁葉四縣最為瀾禦自

卷四千七百四十九

來請佃人戶雖有條貫五年內免諸般科役而客戶尚不免諸色役既請田不過一二年便為舊戶紏決須至充役雖有條制諸縣不能遵守民亦不以為信以此逃竄者多占田者少今欲乞置墾田務舉官一員專領籍四縣荒田召人請射其請田人須勘會係汝州界不走移者方得收管吏不隸諸縣版籍逐縣既不能統攝則無由差科候五年滿日據地界撥還逐縣應副科役其所舉官如招及千戶以上乞優與酬奬仍許再任其廨宇只就龍興縣安置如此則為利甚博所費者寡人戶漸可招誘田畝足以墾闢詔不置務餘依所請　二年八月十九日中書言黃河北流今已淤斷所有恩冀以

（卷四千七百四十九）

下州軍黃河退背田土頃畝不少深慮權豪之家與民爭占及有元舊地主因水荒出外未知歸請詔河北轉運司應今來北流閉斷後黃河退背田土並未得容人請射及識認指占聽候朝廷專差朝官往彼與本處當職官同行摽定乞收接請狀紐定租稅定租稅均行給受十一月十三日置制三司條例司言乞降農田利害條約付諸路應官吏諸色人有能知土地所宜種植之法及可以完復陂湖河港或不可興復只可召人耕佃或元無陂塘圩垾隄堰溝洫而即今可以剏修或水利可及眾而為之占擅或田土去眾用河港不遠為人地界所隔可以相度均濟疏通者但干農田水利事件並



許經管勾官或所屬州縣陳述管勾官與本路提刑或轉運商量或委官按視如是利便即付州縣施行有礙條貫及計工浩大或事關數州即奏取旨其言事人並籍姓名事件候施行乞隨功利大小酬奬其興利至大者當議量材錄用內有意在利賞人不希恩澤者聽從其便應逐縣各令具本管內有若干荒廢田土仍須體問荒廢所因約度逐段頃畝數目指說著望去處仍具今來合如何擘畫立法可以紏合興修召募墾闢各述所見具為圖籍申送本州本州看詳如有不盡事理即別委官覆檢各具利害聞說牒送管勾官應逐縣並令具管內大川溝瀆行流所歸有無淺塞合要濬導及所

（卷四千七百四十九）

管陂塘堰埭之類可以取水灌溉者有無廢壞合要興修及有無可以增廣剏興之處如有即計度所用工料多少合如何出辦召係眾戶即官中作何條約與紏率眾不足即如何擘畫假貸助其闕之所有大川流水阻節去處接連別州縣地界即如何節次擘究施行各述所見具為圖籍申送本州本州看詳如有不盡事理即別委官覆檢各具利害牒送管勾官應逐縣田土邊迫大川數經水害或地勢汙下所積聚雨潦須合修築圩垾堤防之類以障水患或開導溝洫歸之大川通泄積水並計度闊狹高厚深淺各若干工料立定期限令逐年官為提舉人戶量力修築閘潛上下相接已上亦先

具圖籍申送本州本州看詳如有不盡事節別委官覆
檢各具利害牒送管勾官所有州縣謄寫都大圖籍合
用書筆或添雇人書許於不係省頭子錢內支給諸色
公人如敢緣此起動人户乞覓錢並從違制科罪其贓
重者自從重法施行州縣具到圖籍并所陳事狀並委
管勾官與提刑或轉運商量差官覆檢若事體稍大即
管勾官躬親相度如委實便民仍相度具知縣縣令佐
有才能可使辦集即付與施行若一縣不能獨了即委
本州差官或別選往彼協力了當若計工浩大或事關
數州即奏取旨其有合興水利及墾廢田用工至多縣
分若知縣縣令不能施行即許申奏對換或別舉官或
卷四千七百四十九
替下官仍別與合入差遣若本縣事務煩劇無所興功
利浩大合添丞佐去處即依今年二月中所降添員指
揮別具聞奏應有開墾廢田興修水利建立隄防修貼
圩垾之類工段浩大民力不能給者許受利人户於常
平廣惠倉係官錢斛內連狀借貸支用仍依青苗錢例
作兩限或三限送納如是係官錢斛支借不足亦許州
縣勸諭物力人出錢借貸依例出息官為置簿及催理
諸色人能出財力糾率衆户創修興復農田水利經久
便民當議隨功利多少酬獎其出財頗多興利至大者
即量才錄用應逐縣計度管下合開溝洫工料及興修
陂塘圩垾堤堰斗門之類事關衆户卻有人户不依元



限開修及出備名下人工物料有違約束者並官為催
理外仍許量事理大小科罰錢斛其錢斛官為置簿拘
管收充本鄉衆户工役支用所有科罰等第令管勾官
與逐路提刑司以逐處衆户見行科罰條約共同參酌
奏請施行應知縣縣令能用新法興修本縣農田水利
已見次第令管勾官及提刑或轉運使本州長吏保明
聞奏乞朝廷量功績大小與轉官或升任減年磨勘循
資或賜金帛令再任或選差知自來陂塘圩垾堤堰溝
洫田土堙廢最多縣分或充知州通判令提舉部內興
修農田水利資淺者且令權入其非本縣令佐為本路
監司管勾官差委擘畫興修如能了當亦量功利大小
卷四千七百四十九
比類酬獎詔並從之　三年二月管勾秦鳳路經畧司
機宜文字王韶言渭源城下至秦川沿河五六百里良
田不耕者何啻萬頃但自來無錢作本故不能致利欲
每歲常於秦州和糴場預借錢三五萬貫作本擇田之
膏腴者量地一頃約用錢三十千歲收不下三百石千
頃之田三萬貫收三十萬碩以十萬為人牛糧用外歲
尚完二十一萬碩詔秦鳳路經畧司借支封樁錢三萬
貫委王韶募人耕種仍須行標撥荒閑地土不得侵擾
蕃部如封樁錢已係轉運司支借收糴斛斗亦仰先次
撥還　四年六月二十四日詔應已行新法縣分所根
究到荒廢田土約若干頃畝大川大港計若干道陂塘

圩埤堤堰之類計若干所先料開濬修築都計若干工
每令佐得替月並令具任内擘畫召募墾闢催督開修
過若干數目牒與替官令取圖籍抽摘交點得實方得
保明申州出給解由如有偽妄增加隱落事狀並從違
制分故失科罪不在去官及赦原之限其知州通判令
提刑轉運常切體究量任内能與不能用心勸督候得
替日具的實事件申奏常議量功罪賞罰内有能擘畫
興修功利大者乞朝廷優與升擢其管勾官提刑轉運
及本州長吏等如明見管内官吏百姓所陳農田利害
可以興除妄有沮廢及妄冒保明功績朝廷差官察訪
得實並重行降黜亦不在去官及赦原之限　十月提舉

（卷四千七百四十九）

京東常平倉王子淵言臣職事之中在農田尤爲先務
如本路濟州有南李堰濮州有馬陵泊等處久爲積水
所占昨已疏治修復良田約四千二百餘頃昨來夏秋
民間耕種所收菽麥約三二百萬餘碩此乃於常歲之
外所獲之物散在公私以備饑歲又修導渦曹華等九
州一十三處溝洫河道疏決畿内已來諸處逐年夏秋
積潦東入清河等處遂入於海無横流之患欲乞下諸
路提舉司宜以農田水利爲首務送司農寺寺司勘會
近令遍牒諸路相度檢計應係農田水利溝洫河道堤
岸斗門之類如係人户自備功力趁農隙日合行興修
去處依時檢計催督興修若合差人夫並依元料夫工





合聽朝旨差撥春夫者具事狀以聞仍各具將來合行
修著望緊慢去處并的確利害事狀圖籍申寺繞候下
手日逐一供報赴寺從之　五年重修定方田法　八
年二月二十八日中書門下言諸畸零不成片段田土
難以召給役人者依出賣户絶田産法召人承買　元
豐元年四月十九日詔開廢田興水利建立隄防修貼
圩埤之類民力不能給役者聽受利民户具應用之類
貸常平錢穀限二年兩料輸足歲出息一分　三年五
月七日詔止蔡州客户請射田追收已給關子以權提
點京西北路刑獄張復禮奏根括民契外地及辱下户
開田募客户自占境内掩擭也　五年十一月九日都

（卷四千七百四十九）

水使者范子淵言自大名抵乾寧跨十五州河徙地凡
七千頃乞募人耕種從之　十二月二日詔前察訪荆湖
路常平等事句當公事段詢減磨勘三年賞根括水
陸田四千一百餘頃也　六年九月十一日知環州劉
咸信言朱崖軍土脈肥沃欲乞差本軍除舊係黎人地
不許請射外括諸客户請係官曠土住家耕作仍立賞
格激勸從之　八年十月二十五日詔罷方田　哲宗
元祐三年三月一日詔諸路經畧司講求護耕之策勿
令賊計得行致失春事復命鄜延路經畧使趙卨等審
量賊計按實以聞以夏賊屯集境上陝西河東並邊居
民往往不得耕種有妨春事故也　四年二月十三日

詔自令應瀕河州縣積水占田處,在任官能爲民經畫溝畎疏導,退出良田一百頃已上者,並委所屬保明以聞,到部日與升半年名次,每增一百頃各遞升半年名次,及一千頃已上者比類取旨酬賞。功利大者仍取特旨。從刑部侍郎范伯祿請也。　六年九月二十五日,詔河東路提刑司、轄麟府豐州當經西賊驅掠耕牛人戶,特許於常平錢內借錢買牛,其所借錢漸次催納。　紹聖二年三月三日,工部言:諸荒可墾除退灘地土堪耕種者,召人戶歸業,限滿不來,立定租稅,召土居五等人戶結保通家業地相委保承佃,每戶不得過三頃,論如盜耕退復田法追理,欺隱稅租外,其地並給告人,仍給賞。從之。〈卷四千七百四十九〉　七月二十八日,提點京西北路刑獄徐君平言:提點官與監司屬帶勸農者,乞該所部分巡州縣,括其地之不墾闢若干頃畝,籍爲簿籍,究其弊之所在,爲救之之術。從之。　閏月,知鄭州李深言:興修農田水利,乞送詳定重修敕令所看詳編修。從之。　徽宗崇寧三年十一月,詔新差權發遣廣南東路轉運判官公事王覺遷一官,以墾闢荒田幾及萬頃故也。　四年二月十六日,復頒方田法。詳見方田。　大觀三年二月十二日,提舉廣南西路常平等事洪彥昇言:廣西郡縣地廣人稀,原隰沃壤甚有可耕之處,加之蠻夷附順,疆土亦遠,倉廩儲積尤資經畫,以致充羨。欲乞募民給地使耕,係官若



私舉行借貸,應副開墾,俟其就緒,三年而後量起稅租,漸償宿債,彼將安土樂業,可使地無遺利,郡蒙民實惠之意。從之。　四年三月二十八日,詔宣州、太平州守臣並近年所作多是上等及官戶借力假人名籍請射,修圍合已成田,認納租稅,多爲豪猾告訐,因而致訟。可令本路提舉司下所屬州縣,將應有假名人並許自陳,特與改正,充本戶永業,其租稅等並依額送納。　四月二十七日,詔:自春以來,所得膏澤,方今夏氣稍和,田蠶穀麥實係方興,農民竭力田疇,一歲之功全在此時。深慮州縣之吏拘以微文,援其細罪,追呼騷擾,妨民耕或興不急工作,或趣未償欠負,料率監繳,致妨一時耕作而失終歲之功。宜遍委諸監司明加約束,勅州縣官吏務省事息民,無奪其時,以稱朕愛民厚農之意。如違,監司走馬承受以聞。〈卷四千七百四十九〉　政和元年三月七日,詔監司勸誘守令令督責編戶,趨赴耕墾,廣蠶利以豐織紝,盡本業以賦賞罰。　四月四日,臣僚言:近歲諸路監司、列郡守令每中夏農事方興,纔見兩浙應辦財用,未足言,凡木植等使指爲本務,盛稼秋成可望。願立法禁諸路州郡守臣各務勸農之實,不得預言豐登之歎。從之。　五月詔:士大夫與民爭利,多占膏腴之地,已有令,又令監司常切檢舉。　二十四日,臣僚言:郡守通判、轉運使副、提點刑獄繫銜並帶勸農事,近制又并縣令亦以管句勸農公事

為御考課之法復有農桑墾植之最而官吏不能上體
愛民之意其所急者特在於催科賦入簿書獄訟而已
欲責守令職事以勸農為先務秋則耕桑視風土氣候
之早晚以賞課之中下之民種食不足則依常平放税
七分之法借貸以補之秋則視歲入之豐儉察其播殖
貸助亦如上法轉運使副提點刑獄郎巡歷所至察守
令勸農之勤惰歲取三數人最優劣以聞重行升黜如
此則莫敢苟簡以副陛下封植基本之意詔可詳擇所
陳精密立法以責實効五月二十二日詔耕桑乃衣食
之源所代桑柘未有法禁宜立約束施行二十七日臣
僚言天下係官田産在常平司有出賣法如折納抵當
〔卷四千七百四十九〕
戶絶之類是也在轉運司有請佃法天荒逃田省莊之
類是也自餘閑田名類非一往往荒廢不耕雖閒有出
賣請佃之人又為豪右之侵冒輸官租賦十無一二欺
弊百出理難齊一其請佃人戶又以經係官田不加墾
闢遂使民無永業官失主戶公私利害所繫非輕乞命
官總領條畫以聞詔范坦總領措置六月六日戶部侍
郎范坦奏奉詔總領措置出賣係官田産欲差提舉常
平或提刑官專切提舉管勾出賣凡應副河坊沿邊召
募弓箭手或屯田之類並存留凡市易抵當折納籍沒
常平戶絶天荒省莊廢官職田江漲沙田棄堤退灘瀕
江河湖海自生蘆葦荻場圩垾湖田之類並出賣從之



七月二十日臣僚言私荒田法聽典賣與觀寺多以膏
腴田土指作荒廢官司不察而民田水旱歲一不登人
力不繼即至荒廢觀寺得之無復更入民間為農者受
其弊欲除官荒田許觀寺請佃外餘並不許典賣從之
九月十二日戶部言欲自今應命官或諸色人陳述農
田水利令本州申下開具申部從本部置籍如可興修
令所屬依紹聖條法一面興條提舉官因巡歷所至詢
訪講究施行所貴地無遺利從之十四日總領措置官
田所奏檢會熙寧二年十一月二十日朝旨制置三司
條例司奏出賣廣惠倉田土其所委逐項提舉官催趣
出賣如一年内賣及三萬貫減一年七萬貫減二年十
〔卷四千七百四十九〕
萬貫減三年磨勘欲比類熙寧年指揮所委監司官一
路州縣合賣田舍價錢數目如於一年内賣及七分與
轉一官六分減三年磨勘五分減二年磨勘其出賣不
及五分之處亦依已降指揮從本所奏劾廢黜有以激
勸詔諸路係官田舍平日多為豪右侵冒有虧邦計令
來出賣頃畝閑緣萬數不少所委官吏若不明勸賞罰
無以激勸使能更悉力幹辦可並依所奏施行十月二
十日總領措置官田所言提舉河北西路常平王觀奏
相州見估賣官田内有元係佃地因人戶承佃後來栽
種到桑棗等林木之類地段並合酬佃人功力估價出賣
看詳欲人戶見承佃合賣官田如内有種植林木並令

估官體究詣實，別作一項，估價與所賣田土一處依法
召人承買，候出賣了當，將本價錢給還元業人戶。若
係見佃人承買，即並納買地價錢。從之。二十二日，總領
措置官田所言：元奏請存留屯田爲河北、陝西、河東事
干邊防利害去處，不可出賣。若自餘路分雖有屯田之
名，從來止是令人戶出租佃蒔，顯與其他名色官田事
體一般，即非事干邊防，亦合出賣。從之。十二月六日，手
詔：應京畿諸路按察官於所部，守臣於屬縣，縣令於境
內，歲終耕斂，並須親詣田疇，勸沮勤惰，以爲力耕之倡。
其土地闢、賦入登、民與流移者，爲考課之最。仍令尚書
省檢校具祖宗故事頒降。　二年四月十七日，詔：祖宗

卷四千七百四十九

以來田之在公者，爲屯田，爲官莊，募民兵、居熟戶，於以
佽助經費，籍衛邊鄙。神考置常平之官，修水土之政，方
天下之田以正經界，庶幾乎使古吳續而成之，以紹先
烈，實在今日。迺者有司建言，係官田宅一切賣鬻，苟目
前之利，廢長久之策，厚賞誘民，以啗授豪強兼并，佃
戶失業，東南闕於上供，府藏竭而不售，以義理財，豈謂
是歟。昨來但所上賣官田宅，盡一可更不施行，總領措
置官吏並罷。已賣田宅並給還元納價直，其田宅卻拘
收入官，元佃賃人戶願依舊佃賃者聽。餘並遵依元豐
令施行。二十二日，臣僚言：伏聞已降指揮，罷賣係官田
宅，若不事爲之制，卻恐重有侵漁。其間如已支業之家

政和無八年



見已布種，或以修蓋舍屋，理當逐一措置行下。諸舍屋
已經改更，但課利虧租額者與免，仍舊修蓋官田。已損
墓地安葬，係省驗實申官，許令據合用步收買，與免
還從。　政和六年五月二十九日，尚書省言：新授鄧州
司戶曹事畢帛奏：切見自來諸處圩岸多是所屬尋常
不切照管，到水漲之時，常有決溢，公私被害。不細縣官
任滿別無陳廣，雖許免試一次，緣賞典尚輕，及未有決
溢斷罪之法。欲望重立賞罰，仍於逐縣入役銜內添入
專切管幹圩岸字。其隣圩去處亦乞並禁樵採，以固隄
防。詔令尚書省立法。今擬立下條：管幹圩岸、圍岸官任
內修葺，年固不致疏損堙塞者，三年任滿，承務郎以上

卷四千七百四十九

減磨勘一年，承直郎以下占射差遣一次；二年以上，移
替年承務郎以上與家便差遣，承直郎以下進一年名
次。從之。　八年四月五日，權淮南江浙荊湖制置發運
使任諒奏：逃田不耕，除閣稅賦，情弊多端。其間有人戶
冒佃而不納稅租者，有雖供稅而冒佃不出租者，亦有
逃戶雖已歸業而尚不供輸者，亦有荒薄無人耕種者。
高郵軍計有逃田四百四十六頃，楚州有九百七十四
頃，泰州有五百二十七頃，平江府有四百九十七頃，以
六路計之，何可勝數。欲諸縣專選官一員，按籍根括，限
一季許首，並與免罪，收入帳簿，依舊輸納稅租。限滿不
首，即許人告，賞錢一百貫，以犯事家財充。其荒薄無人

耕佃者即多方招誘逃户歸業及依條召人請射檢量頃畝立定四至給付仍取鄰田中等税數減半為額與免一料催科所責逃田無不耕種詔逃田可專委縣丞無縣丞處委他官餘並從之　宣和元年八月二十四日農田所奏應浙西州縣因今來積水減退露出田土乞每縣選委水利司諳曉農田文武官同與知佐分詣鄉村檢視標記除出人户已業外其餘遠年逃田天荒田草葑茭蕩及湖濼退灘沙塗等地並打量步畝立四至坐落着望鄉村每圍以千字文為號置簿拘籍以田鄰見納租課比揍量減分數出榜限一百日召人實封投狀添租請佃限滿拆封給租多之人㝡户給户帖一

卷四千七百四十九

紙開具所佃色步畝四至着望應納租課如將來典賣聽依條籍田法請買印契書填交易從之　二年二月二十六日臣僚言太平日久民有惰心為監司守令者雖有勸農之名而不考其實為提舉常平縣丞者雖有農田水利之職而不舉其事以未嘗覈其實而已覈實之道在於四證所謂四證者按田萊荒治之跡較户產登降之籍驗米穀貴賤之價考租賦盈虧之數以覈勸課與不勸課之實制詔天下縣以農時分輪令丞行田野有荒而不治者罰及鄰保郡以農時分輪守貳行縣有荒而不治者罰及令丞監司以農時因巡歷行郡有荒而不治者罰及守貳以覈田萊荒治之實又詔監司



每歲終取州縣户產登降米穀貴賤租税盈虧之數同具奏聞内系酌最優劣兩處具守貳令丞乞加賞罰尚書省類天下奏較最優劣兩路取旨以為監司賞罰以覈三者之實詔中書省勘當取旨　三年二月一日詔越州鑑湖明州廣德湖自措置為田下流湮塞有妨灌溉致失陷常賦又請佃人多是親舊權勢之家廣占頃畝公肆請求兩州被害民户例多流徙仰陳亨伯體究詣實如所納租税過重即相度減免立為中制應妨下流灌溉處並當施以予民令條畫圖上取旨毋得觀望滅裂　閏五月十三日詔盜起二浙延及江東内被焚劫民户租佃私田如係於掌業人處借貸種糧并與之

卷四千七百四十九

類者止合量減二分疾速申明行下　十月二日詔江東新置圩田如上流興築閉塞水源致向下民田無以灌溉或壅遏發泄使鄰近者反被水患令所屬監司按視改正　十二日河北轉運副使呂頤浩言近奉詔學事司應管州縣田土及房廊並委臣拘催租賦課利每年共收錢斛等約二十餘萬貫碩匹未佃田土一路共二十一十一頃除不住催督召人承佃外若非逐縣令佐協力幹辦則上件地土空閑虧失租課契勘濬州招安縣見今空閑八百六十五頃束鹿縣空閑四百九十二頃尋奏請乞特降睿旨選分撥招安束鹿縣令佐許臣踏逐有心力人奏差一次内京朝官替見任人成資闕選

人替年滿聽從之十二月二十四日詔罷方田　七年八月七日前兩浙路提點刑獄胡遂奏二浙向緣草寇驚劫溫台處婺等州各有逃絕戶拋下田土賊平之後皆為有力之家請射欲乞令百姓實封投狀請射限一月開拆給與租課最多之人於公實利便從之高宗建炎元年五月一日赦人戶置買耕牛權免稅錢一年　二年三月二十六日臣僚言伏讀國史竊見太宗朝宋亳等州耕牛闕乏太子中允武成獻踏犁式用四五人可以耕稼至真宗景德中因河北耕牛不足又降此式付轉運司頒行緣不曾盡載制度止云自尚方造樣宋州治鑄給散今宋州縣正闕耕牛乞下諸路轉運司詢

〈卷四千七百四十九〉

訪講求舊制施行詔令諸路轉運取索以聞　紹興元年九月十八日赦民間耕牛累年以來廣遭兵火宰殺殆盡應曾經殘破州縣人戶興買耕牛特與免納稅錢一年其客旅興販經由去處依此二年九月四日四年九月十五日赦同此制　二年三月二十二日詔昨招誘淮東八郡人戶佃田並免二年稅租將來合行催納之歲可止據當年已種頃畝計數徵納其後遂歲添展墾闢到田畝亦據實數添納庶得人戶曉然易以安業如或州縣過數催納並科違制之罪仍許人戶越訴　四月十日秘書少監傅崧卿言昨承指揮於権貨務支降見錢五萬貫充淮東人戶借貸收買牛具緣本路牛畜





價高欲分遣官前去兩浙江路收買從之五月二十六日臣僚言浙西水災乞戒飭被水州縣長吏以勸農為急令及時車戽積水扶植稻苗或貸富相資再行布種詔差刑部郎官張宗臣前去措置六月十八日江南東路安撫大使李光言廣德縣見管逃田八百餘頃方措置勸誘人戶分戶佃種緣常賦比他處已為差重若更依建炎四年十月七日佃戶法候秋成月除納官拘收外止給五分委實為便於民深慮無人請佃轉見荒閑欲將應承佃閑田及歸業之人將見納租稅先免本年秋料一料自次年為始依請佃法別免一料催科只理正稅庶寬民力有人承佃從之七月十七日樞密院計

〈卷四千七百四十九〉

議官薛徽言被旨體問得明州廣德湖田元分三等計管五百七十五頃九十九畝每畝納租米三斗二升通計一萬八千四百三十一碩六斗八升緣開墾之初不問肥瘠高仰深封一等亡祖其上中二等皆權勢之家請佃下等多是不曾耕種所得不足輸官往往抑勒貧民承認分種歲久為害除中等租課更不增損外內上等別無二稅和買委是太優今欲每畝量增八升其下等合納租欲令豁退所增上等田米其餘乞委官相視內低田即廢為湖濼依舊積水灌溉其邊湖深封可以植茭即為茭地量立租錢其間尚有堪種田畝卻立為下等將豁退不盡米四百六十四碩六斗四升拘收補

足元數乞施行尚書省劄送知明年陳戩與本路提刑
司同共子細措置戩等言相度到逐項事理委是經久
利便從之十二月二十一日權發遣太平州許端夫言
招誘人戶歸業趁時布種收到苗米九萬四千餘碩詔
轉運司嚴實取旨推賞　三年二月二十八日詔應有
官圩田州縣通判於御位帶兼提舉圩田知縣帶兼主
管圩田每歲不得使有荒閑委監司以舊額立定租稻
碩斗盡收以充軍儲四月二十二日工部侍郎李擢言
令東北之民流徙者衆東南棄田曠者多平江有湖浸
相連塍岸久廢近或十年遠或二十年未嘗有人疏導
者有地力素薄廢為草萊漲潦之餘常若沮洳未嘗有

卷四千七百四十九

人耕墾者悉號逃田委通判與縣令同往相視召問父
老為水所居可以疏導若干旱薄之地可以耕墾若干
各開具某處及頃畝多寡揭榜以招誘東北流徙之民
入狀請射縣給種本與免三歲之租仍別立租額以寬
之仍委監司覆按除其舊額從之十月七日江南東西
路宣諭劉大中言欲將江東西路應干閑田立三等租
課上等每畝令納米一斗五升中等一斗下等七升更
不須臨時增減但令州縣開具已籍定田色召人請佃
據佃頃畝等第出給公據如係未經籍定田土限當日
勘給承佃免兩料催科外自起催日令納租課更不別
納二稅詔下戶部本部欲下轉運司參酌所立租課比



較夏秋兩料稅額別無虧損即依逐等所定數目召人
承佃若於稅額卻有減損即依舊來稅額輸納從之十
一月九日吏部員外郎劉大中言所乞將江南兩路應
干閑田立三等租課令民承佃已蒙下本路轉運司參
酌比較若於稅額卻有減損即依舊來稅額輸納逃絕
閑田在法自合立租召人請佃緣江南累經兵火田多
荒閑有人戶元因稅重或曾經典賣田產虛抱推割未
盡稅苗輸納不前遂至拋棄田業逃移在外今若令依
舊來稅額輸納全不減損委是無人願佃愈見失陷財
賦詔令江南東西路轉運司自今降指揮到日將應未
佃閑田依劉大中立定三等租課召人請佃候滿三年

卷四千七百四十九

即依元稅額送納所有閑田元地主積次稅租即不得
於佃人名下催理其日後逃閑田土依今年十月七日
指揮照應稅額輸納　四年二月十三日通判建康府
吳若言本府管下永豐圩舊管田九百五十餘頃以前
之事不可悉數且以紹興二年客戶熟田計之有二百
九十七頃而去年卻止有二百六十餘頃去年合增而
反減者蓋緣此圩舊例止是令客戶納穀在倉官自糶
賣變轉自去年都督府差官須要民戶椿定苗米又勸
客戶甲頭等起發故客戶有逃田者所以墾田減少此
圩四至相去皆五六十里今止有兩員使臣監管如得
更差文臣兩員湊作四人分為四管遞相鈐束立為比

較則歲所增入自當有餘望以此圩專付本府依舊例措置都省勘會紹興三年七月九日已降指揮永豐圩田並撥隸建康府聽一面措置每年止以米三萬碩為額仍自來年為始認起熟田米二萬碩内生荒田係歉行開耕與免一年自紹興五年依額起發詔永豐圩田客戶納穀官自糶責變轉仰依舊例施行餘並依所乞是歲四月三十日詔永豐圩撥隸本路提刑司監官從朝廷於京朝官內選差　二十五日權知泗州徐宗誠言淮南兩路兵火之後累恩寬卹如民戶置耕牛並限一年免納税錢近來復業之民方能般挈錢物往江南收買兩限已滿乞下諸路更與免納税錢一年從之　三月

卷四千七百四十九

六日詔淮南租税與量展理納年限戶部言淮南佃田人戶係紹興二年二月十五日指揮每畝逐年出納課子五升仍自承佃後免納二年其歸業自佃已田之人依紹興二年二月十七日指揮亦與免納税租二年今欲下本路轉運司將人戶税租更與免納一年從之　六月二日新差權發遣廬州仇悆言乞支降錢再充買牛借與歸業人戶責限還本庶幾接濟貧民以廣耕殖詔借支錢一萬貫　六年十二月德音壽春府及滁州定遠縣一帶曾經賊馬蹂踐民間種牛多被殺虜已降指揮令營田司廣行支撥委自守令借給人民耕種免納租課候收成日分作五年還納價錢竊慮州縣給散邀



阻不及貧下人戶或巧作名目別有掊斂仰本路營田使嚴行覺察如有違犯按劾聞奏　七年正月七日詔淮甸復業人戶並令守令安輯撫養務勸農桑不得輒有科斂搔擾如違仰帥臣并提點淮南兩路公事按劾聞奏　十年二月十七日臣僚言淮甸諸州累經兵火賊馬已泊良田為曠土桑柘為薪樵比歲民稍歸業漸復耕墾惟是桑柘全未栽植緣無賞罰守令視為餘事願詔守令勸誘農民栽種桑柘仍乞示賞罰以勸懲之詔依仍仰本路監司每歲具最多最少去處取旨賞罰　十一年三月七日詔壽春府廬州滁和舒州無為軍曾經賊馬民間耕牛多被殺虜可委江浙常平司

卷四千七百四十九

支撥常平等錢收買耕牛交付淮南常平司給與州縣借給人戶耕種免納租課候及三年外分限還納價錢內貧乏之戶不能自存者依常平法賑給一季其闕之種糧之家亦與借貸分寬限還納其合用種糧就近於江浙常平司支撥應副具數以聞　十二年九月十三日敕累降指揮禁殺耕牛州縣或不奉行從今宰殺或盜拼到官審驗因緣搔擾仰今後只依舊法勒耆保驗實申官不得追呼致妨農務又令歲緣牛疫民間少闕耕牛應人戶典賣耕牛特與免納税錢一年客旅興販處准此廣西湖南福建江浙起發耕牛偶因暑月疫病致死可令所屬勘驗如有官司干照見得別無欺弊者

保明特與除放　十五年閏十一月十三日司農寺主
簿宋敦朴言州縣守令民之師帥雖有勸農之名而因
循曠廢望令州縣守令以來春耕籍之後親出郊外召
近郊父老勞以飲酒諭以天子親耕勸率之誠俾四方
萬里之外曉然知陛下之德意仍乞申戒每歲之春常
修舉勸農職事如或奉承弗虔因而捴捘仰監司按劾
以示懲戒焉上宣諭曰農者天下之本守令有勸農之
名而無勸農之實徒為文具何益於事可依所奏以風
四方　十六年八月十八日利州觀察使知成州王彥
言本州自兵火之後荒田多是召人請射耕墾其佃戶
於所給頃畝之外往往侵耕無賴之徒經官告訐將所

卷四千七百四十九

侵給與告人既賞仍追理累年冒佃之數致使効力之
人因而失所欲望將人戶侵占立限經所屬自陳差官
審實添租改正仍免追理冒佃租稅如限滿不首許人
告從之　十九年七月二十四日權知漢陽軍趙達之
言湖北荒田令逐州軍召人租佃貧者借種糧許依人
戶復業之制寬免稅役候料次足日取旨量行輸納仍
乞嚴禁官吏不得擅有差役擾廢安俗樂業有勸耕
之漸詔令戶部行下本部帥臣監司同共措置　二十
六年三月二十八日戶部言京西淮南係官閑田多係
膏腴之地蓋為人戶初年開墾費用浩大又放免課子
年限不遠是致少人請佃今欲轉運司行下所部州縣





多出文榜招誘不以有無拘礙之人並許踏逐指射請
佃不限頃畝給先投狀之人其租課依紹興七年十一
月指揮送納自承佃後沿邊州縣與免租課十年近裏
次邊州縣與放免五年仍依已降指揮候承佃及三年
與充己業許行典賣及令州縣將本州官錢買牛具種
粮應副佃人三年之外每年還納價直二分入官又四
川州縣地狹人稠欲令制置司行下逐路轉運司多出
文榜曉諭如願往京西請佃開墾官田即時給據津發
前去其放免租課等並準此施行上曰如此甚善但窮
民下戶乍來請佃荒田如何便得牛具并種粮若不從
官中借貸終未免為虛文終是開墾稀少令彼並令官

卷四千七百四十九

中假貸可行下諸處相度於合支錢內支破沈該曰陛
下恤民無所不用其至臣等敢不遵依行下四月十七
日秘書少監楊椿言乞詔湖北一路凡字民之官以招
誘戶口開墾田疇立為課最歲終州保明申監司監司
保明申省部取其能者賞之其不職者罰之上曰已令
勸誘四川農民至湖外耕墾官給牛具若賞罰自不可
廢椿對曰誠如聖諭　二十七年五月十一日中書門
下省言軍中揀退人或有死亡州軍不支請給其妻其
子遂為窮民已許指射荒閑田耕種支與一年請給令
買牛種免租稅丁役使為永業今欲淮東淮西江東江
西湖北京西下逐州委知通知縣及逐路委常平提舉

官括責形勢戶及民戶見任官占據沒官逃移等田已
未耕墾各若干頃畝限半月開具申尚書省還有指射
荒田請佃人州縣日下標撥并合支請給於常平錢內
併支令州縣量度資給及農具亦仰借助仍官爲修蓋
草席屋廬副居止以便耕種其見任差遣者除所支一
年請給外其未滿月日令與接續批勘已任滿人布種
之後如闕食用令州縣於常平米內量度借支候收成
日分限還納若將來耕種就緒願增添請射者聽若所
委官及州縣措置有方請佃數多去處取旨陞擢從之
七月十四日中書省言淮東等處有揀汰軍人願請佃
荒田開耕人數各已標撥及支破請給畢詔令諸路過

【卷四千七百四十九】

有請佃人依淮東事理施行優加存恤十二月三日戶
部言揀汰離軍人許指射荒田恐係初離軍人還罷請
給所以存恤其家經任人不合一例借支欲下諸州軍
照會將小使臣以下初離軍人指揮借支請給修武郎
以上及經任人止聽許指射更不借支請給其請給令
後並於係省錢米內支撥不得借支常平錢米無元降
指揮止許射荒田即不得將已耕佃熟田一例指射從
之同日權發遣兩浙路轉運副使趙子瀟言被旨措置
鎮江府沙田已選委官檢踏打量取見的實頃畝數目
措置各隨田地肥瘠高下輕立租課就令見租戶客耕
種專委知縣檢拘收檢管如形勢之家尚敢占吝不即





交割即具名聞奏取旨施行所有已前違法占種人戶
收過租課合盡行追納入官詔依內人戶冒佃積年收
過租課特免追納其田疾速拘收措置施行二十八年
正月二十二日王謂輔臣曰江淮沙田爲人冒占所失
官課至多然議者謂拘收入官固有目前之利數年之
後恐更費力不若令見占人且行管佃淨認租課爲便
又沿江蘆場遺利亦不少從來官司有失檢察宜於行
在差官同逐路漕臣措置施行於是詔差戶部郎中莫
濛同逐路漕臣檢踏中尚書省取旨二月二十二日詔
已差莫濛同三路漕臣措置沙田蘆場止爲形勢之家
詭名冒占其第三等以下人戶即不合一例根括如內

【卷四千七百四十九】

有元無契要及侵占之數合與免送州縣官取見著實陳
收成了日運司別行差官打量審覆施行五月十一日
詔打量到沙田蘆場內淮東路人戶檢尋契要不備可
令轉運司行下通太真楊州民限半年齎契要公據赴
縣照對開具保明申州州申轉運司覆實具申尚書省
當與除豁其租稅且令依舊額送納候覆實畢取旨立
額如限內不齎契要公據到官不在除豁之數十八日
詔淮東路沙田蘆場已降指揮立半年限照契覆實竊
慮本路人戶安業未久可特與放免並令依舊六月二
十六日詔三路沙田蘆場盡係官地已降指揮打量並
立租課內淮東路人戶爲恐復業未久已行放免朝廷

措置之意本以寬民浙西江東民戶亦宜一體優卹其
官戶形勢之家違法占田頃畝過多者即難以一槩於
免可將三路官戶自一千畝以下民戶自二千畝以下
並特與放免餘並依元降指揮添納租課内淮南路自
來年秋料起催九月二十四日知鼎州周揆言諸軍揀
罷離軍使臣許請佃官田借支一年請受收買耕牛農
具又招置客戶等已是優卹自當以時耕種如聞多將
所請錢別作他用恐失歲計更致狼狽詔依令戶部行
下諸路監司守令勸諭約束仍常切覺察如日後更不
耕種即將元請佃官田拘收并追索借過錢入官其逃
竄人立賞告捉以所請過官錢計贓斷罪施行十月七

卷四千七百四十九

日直敷文閣知臨安府張偁言江浙之間耕植既廣畎
畝相連高下不一必積陂塘以備灌溉導溝洫以防壅
浸比衆共之利而豪勢之家侵奪占據奄爲己有欲望
申飭州縣凡有似此之類官爲檢察有妨灌溉疏導處
悉行禁約從之　二十九年十一月二十三日領御前
諸軍都統制職事充利州西路安撫使判興州吳璘總
領四川財賦軍馬錢粮許尹言階州高山不堪耕種田
土增起租斛欲乞除免却將續拘收到係官空閑田土
召人立租請佃拘催租課入官可以補塡從之十二月
二十六日知漳州魏良臣言本州人戶昨因兵火歸業
將本戶產業供作荒田令二十餘年私下耕熟不納官



課令措置令十餘家結爲一甲從實供具已耕田畝斛
納二税自紹興三十年爲始所有日前隱匿熟田漏納
苗税並免追納如所供不實即令諸色人告首以所告
田充賞外仍每畝支賞錢五貫文至一百貫文止於犯
人名下追理仍追理逓年所隱苗税如本戶實有荒田
無力耕種即曉示人戶令實封投狀承買給與價高之
人湖北江西等路亦合依此於是戶部言田產既係人
戶已業緣非冒占官產即無條法許行出賣若依已降
指揮逓增税賦年限已滿自合據本戶實管田畝起理
税賦乞將已耕田土結甲從實供具起納二税欲令本
州立限百日許人戶自首如限滿不首或首不盡許人

卷四千七百四十九

陳告依匿税法施行從之　三十年二月二十七日權
知廬州兼主管淮南西路安撫司公事劉剛言被旨與
逐路帥漕同共講究兩淮荆襄使無曠土以聞近日淮
西運判張祁遷民於近江和州無爲軍修補圩岸濬浩
港瀆起蓋屋宇置辦牛具分田給種使之就耕見招募
游手之人欲立地分相繼開墾若行之經久必有成效
兼淮東運副魏安行所乞募民種田修立賞格與張祁
措置事體相類亦與前後力田等及州縣召人請佃之
法俱不相妨欲望將魏安行等措置事理與見行召人
請佃及力田等舊法通同參酌各從民欲施行其本路
州縣鄉村日後應有歸復本業及請佃田土之人每至

歲終即行根括便於本地分總首團甲下收附姓名詔依令同張祁參酌措置季具勸誘增廣數目申尚書省二十八日戶部言欲乞下淮南京西荊湖北路轉運司除土著逃亡歸業人戶自合依條等第年限放免稅賦外其請佃官荒閑田如有逃亡於他處別行請佃之人令本縣籍記姓名只許一次歸業外餘並依再逃亡不許歸業條法施行如限滿依前冒濫及通同作弊立賞許人陳告犯人重行斷遣仍將免過稅租並行追理入官詔令逐路帥漕司曉諭三月四日權發遣淮南路計度轉運副使魏安行言被旨詔誘人戶開耕淮東係官閑田緣令來勸耕之初荒田數目浩瀚欲依鄉原體例創開水陸田每縣支撥一萬貫文本路七州軍二十縣欲望將本路合起發上供經總制等錢內應副詔於淮東茶鹽司樁管錢內支撥一十萬應副 十二月二十二日上謂輔臣曰朕比屢諭卿等須是先立規摹如一夫合受田多少以諸路括到荒閑田元佃耕牛若干於何地招置中貲下至農具粮種廬舍之類當令悉有條理規摹既定方可行下蓋大事也經始勿亟庶毋後來更改之弊不可以一夫獻言便遽行出要當博采物議作事謀始尤宜審詳陳康伯奏曰臣等當遵聖訓俟諸路申到頃畝數目別條具奏陳上曰甚善 三十一年正月五日臣僚言軍中揀汰使臣軍員最為冗濫州軍應

卷四千七百四十九





副請給動以萬計若歸吏部等待闕次亦是人眾今欲行下諸州契勘本處揀汰使臣軍員各若干人數計請給若干將本州貴不盡應干言田約計請給多寡撥田畝付逐人為業許指射養之終身更不支破請給亦不更注授差遣如本人身故許子孫接續承佃並依人戶承佃條法詔令兵部同共措置條具以聞其後戶部言添差揀汰使臣并校副尉下班祇應養老軍員今欲遍下諸州軍許指射官田仍委守倅取見貴不盡應干沒官田產從輕估價豪同標撥以一年衣糧請給紐計價數合得頃畝給付為業若後來本人身故給與子孫承佃逐路專委漕臣一員催促標撥置籍限今年歲終須管標撥盡絕仍開具已標撥過職位姓名田畝開報常平司依常平法借貸種粮牛具或有州軍員多田少去處即行開具以聞其逐州軍所撥田土須管指鄉村比近田段品格肥濃併連高下以千字文為號每一百畝作一號號尾排定注籍說從上撥與未到州軍公參籍定之人如合給田三十畝已上即行作號標撥五十畝如合給七十畝已上令撥一百畝若標撥給田便行住罷請給切慮因而失所令欲令諸路軍州且行按月支破請給候所給田土耕種收成子利及一年住支所借種粮候及三年隨苗帶納淮南京西湖北等路及後來添差揀汰使臣亦合依此如軍州內有舉先標撥了當

卷四千七百四十九

去處仰本路轉運司保明推賞若一路首先擬撥具轉運司亦當推賞或有未使未盡事節即從本州軍申漕司條具申請施行令欲下兩浙江東西福建廣東西湖南北京西淮南東西路轉運提刑提舉常平司行逐路州軍依令來措置到事理施行詔令中書門下後省官同臺諫詳議聞奏給事中黃祖舜中書舍人虞允文殿中侍御史杜莘老右司諫梁仲敏議曰諸郡常入之賦歲有定名諸軍揀汰之兵歲有增數以定名之賦給增數之兵歲月益深財力日以屈而兵之仰食者有時而不贍矣若如議者所揀紐其衣糧請給計其價而給之田所贍養者不過數十人其坐而仰衣糧者尚千餘人

卷四千七百四十九

也不獨事體不一勞逸又不均謂宜下有司將具不盡條官田户絶及寺觀無主田并僧道違法田盡行拘收又將日後沒官田歲行抄籍以待兵田之數相當而後施行可無不足不均之患詔令吏兵部長貳參酌給舍臺諫所議事理重別措置條具以聞　三十二年二月二十二日臣僚言已下寬大之詔立時月之期俾民間見耕之田有出於元請之數者皆得自參酌以與之其積年之租一切蠲免止據其陳訴之田定輸賦之額非獨小民免侵奪之患彼豪强恣肆者所侵耕之田亦不敢欺詔令户部看詳其後户部言令看詳湖北荊湖南京西運司行下所部州縣將人户請佃包占隱匿過田



畝依湖北已得指揮立限一季許行自陳與免追理積年租税及免斷罪如限滿不首許人陳告官與檢量將包占數給與告人充賞仍追積年租税斷罪所有令來湖北路人户已是限滿切慮其間有未曾陳首之人并下湖北路轉運司再立限一季依已降指揮陳首施行從之　孝宗隆興二年十二月十六日德音楚滁濠廬光州盱眙光化軍管内并楊成西和州襄陽德安府信陽高郵軍勘會歸業人户内有貧乏之人闕少牛具種糧恐妨農務可令監司帥臣同常平司量度借貸免納租課後及三年分作兩料帶納不得格息　乾道元年正月二十一日詔兩淮民户並已復業宜先勸課農桑

卷四千七百四十九

若不稍發其資竊慮無緣就緒應縣令丞於本縣界内種桑及三萬株承務郎以上減磨勘二年承直郎以下循資六萬株承務郎以上減磨勘四年承直郎以下循兩資並與占射守倅勸課部内植二十萬株以上轉一官種及一年許民户租佃五年後量立租課不得科擾應守倅令丞賞格任滿本路轉運司覈實聞奏既而三省言已降指揮兩淮民户令監司帥臣督責守倅令丞勸課農桑竊慮民户恐輸納租課未肯用心種植有失勸農之意詔令兩淮監司帥守遵依已降指揮督責守倅令丞多方勸諭民户廣行種植候已定年限免納税租如栽種及格即保明推賞施行上宣諭宰執曰嘗降

指揮令淮南栽植桑柘並不曾奏來洪适等曰近有臣僚言淮南州縣税桑菓木已嘗行下約束容檢一宗文字進呈上曰正要勸令栽桑何得更税也於是樞密院差使臣二員分往兩淮安撫司守等取索州縣已栽過的實數目申尚書省其後會到諸州已栽種過桑株數目上曰亦可見得的實否洪适奏曰州縣既知陛下留意聞皆使人於浙西買桑栽去上曰更數年後須成次第可劄下兩淮更多為栽種二月十七日忠州團練使知濠州劉光時言濠州復業之民皆無牛耕若或失時秋亦無望乞支撥錢五萬貫貼借人民收買耕牛種子庶幾趁時營種不致失所詔令淮西總領所支錢二萬貫專充收買耕牛

卷四千七百四十九

七月十九日臣僚言浙西江東淮東路沙田蘆場多係官戶形勢之家請佃租佃未立税額令朝廷軍食用廣每歲和糴乞將官民請買到沙田圍圩成田見今布種比附平田及蘆場頃畝並令立税其經官請佃之數覈實頃畝別行立租如不願租佃者所屬拘收申取朝廷指揮詔差高州刺史幹辦皇城司梁俊彥與楊倓依洋同共措置九月三十日措置浙西江東淮東路官田所係具諸州縣沙田蘆場有見行法起理税租止緣官戶侵耕冒佃見占頃畝致失常賦及租佃人戶計囑州縣從輕立租昨雖紹興二十八年委官措置緣督令嚴速開具不實所立租數不照鄉原體例





一等施行詞訟不已致有衝改今來除已立式行下州縣開具四至耿赤契砧基照驗如已經經界立定二税即依舊拘催內沙田若圍圩成田已經成熟即依平田立税其官民戶有侵占寬剩頃畝及有經官請佃數並合取見請實照色額肥瘠比見立税上添立租課乃許見占田人限一月自首如限滿不首許諸色人陳告取賞將所告之數全給告人承佃戶部契勘官民戶侵占請佃添租事合照前項已降指揮起理施行餘依所乞本所又言人戶請買田產內有寬剩畝角及冒占田段如違限不首即合委官抽摘戶數打量覈實戶部契勘人戶寬剩冒占田段不首如無陳告即將犯人追賞及

卷四千七百四十九

拘田入官本所又言州縣官吏若有不擾率先辦集保明乞賜優賞如奉行不虔或稽滯騷擾及容情蓋庇具名申朝廷人吏重行斷配戶部契勘欲依所乞本所又言官民戶請佃沙田蘆場別立租如不願租佃即行拘收或作官莊或召人請佃隨宜處置所立租額未審自何年分為始戶部契勘人戶請佃拘收入官之田召人租佃者其租税合於來年秋起理本所又言沙田見今起催小麥禾絲沙地起催豆麥絲麻蘆場起催柴茭見錢若以逐色立額竊慮州縣折變錢米因而為擾致失時賦乞將時米立定租數沙田上亦起米斛〔[illegible]〕朝廷指揮沙地並納大麥蘆場並紐折見錢庶幾免折變之

與本部契勘欲依内折科馬料稲子人户願輸者聽從便本所又言候措置詳定許申取朝廷指揮分管或通委本路轉運司户部契勘見措置係浙西江東淮東三路沙田蘆場令欲淮東浙西委趙公稱江東委楊倓同逐路轉運主管内梁俊彦通行措置本所又言紹興二十八年指揮官户一千畝民户二十畝以下並特免放文租令降指揮部作官户二千畝民户一千畝以下依等拘税前後参照差互不同兼已秋成難從令歲起理乞與其餘沙田蘆場立定租數自一就起催施行户部契勘令來官民户請買請佃沙田蘆場並合照令降指揮不限田畝多寡起立租税所有起理租數合依本部

卷四千七百四十九

令來第四項勘當施行從之二十四日臣僚言已降指揮應占佃沙田蘆場並立租税乞將昨來已立租税及官户二千畝民户千畝以下亦並均立租額其已立額候秋成依則額拘催餘挨覈實與減依均輸從之

五年七月二十八日户部尚書曹泳等言浙西江東淮東三路有沙田蘆場草場等多係有力之家占佃包裹寬餘畝步未曾起納租税累經打量各有寬剩乞委逐路漕臣指置將昨來人户自供出數参照比近等則估紐價直令占佃人承買仍照逐等包額起理税賦詔户部將昨來人户自供出寬剩并包裹及占佃實數開具

九月十四日户部侍郎楊倓言江南東路州縣有常平



轉運司圩田見今人户出納租税佃種遇有退佃往往私做民田櫃立價例用錢交兑取會到建康寧國府太平池州所管圩田共七十九萬餘畝皆係耕種成熟乞下江南東路提舉常平司選官躬詣地頭照額出田則估價召人實封投狀增錢承買限滿拆封以最高錢數聞見佃人與減二分價承買若不願即給價高人爲業除納税依舊外其見納租者並以三分爲率量減一分仍不作等差役及諸般科配詔圩田更不出賣令建康寧國府太平池州將每歲收到圩田租米並起發赴總領所大軍倉送納充支遣大軍糧米其餘依此六年二月一日詔浙西江東淮東諸處沙田蘆場二百八

卷四千七百四十九

十餘萬畝除人户已請佃及包占外其餘並行估價出賣所有已請佃及包占數目可立定等則增立租課八日臣僚言浙西江東淮東路諸處沙田蘆場多係有力之家請佃及有包占寬剩畝步昨來措置括責人户自供到二百八十餘萬畝其間請佃或已充已業之數雖有税課並各多寡不一及包占寬剩畝目未曾起理租課詔令蔡洸同梁俊彦專一於行在置司措置申尚書省俊彦等言今來所立租税自六年爲始係秋料省限送納其人户自行供到寬剩數目亦合依本所已立租佃例輸納其立定沙田蘆場就租外並與免納二税和買役錢之類人户自前曾有立定所租田地比今來等

第乙高者合依舊數送納其舊額低於新立者租税即
合依新立乞行下諸縣照所供帳式限一月紐計逐户
合納税租之數類聚置籍供申如尚有未實及有未到
數并有陞改新漲復沙田地並限一月陳首如限滿不
首許諸色人陳告追賞將所告田地並給告人承佃其
所納米斛如願納稻子以稻子二碩折米一碩如願折錢
以米一斗折錢三百小麥每斗折錢一百五十令來租
税係將田地所得花利紐立不許於租佃人户内抑勒
均輸應有坍走田地從實申官依條減落租税如有新
漲復沙地新生沙田許人户據實畝步請佃並與免十
料限滿依已立租税等則紐就輸官所有合納租税許
卷四千七百四十九
令就便於本州縣送納其受納官司不得增收加耗如
將來諸司申乞除豁舊税合取索歷照實收數及分撥
發納去處除豁仍先於籍内立項開説供申本所並從
之 閏五月二十五日中書門下省言江東諸州圩田近
因雨水衝損圩岸若候修築動經歲月圩上人户既無
田可耕竊慮失所其淮西耒耕墾田甚多見行召募人
户請佃理宜措置詔令張松多方勸諭如有願往淮西
耕田之人岸發前去候到令吕企中摽撥田段借給種
粮及屋宇牛具 七月五日司農少卿張津等言被旨專
一措置浙西江東淮東路諸處沙田蘆場立定租税今
已就緒昨來措置租税並將乾道元年二年人户自供



户式帳狀内田地畝步所收花利立定等則分數并逐
税州縣紐計數目共管租錢六十萬七千七十餘貫目
後無可改易乞依催科月分省限委官拘催起發
赴左藏南庫交納詔租錢令梁俊彥拘催一年如有
二月四日詔令知揚州晁公武知廬州趙善俊行下所
部州軍子細契勘所種二麥具實數申尚書省先是晁
公武具到真揚通泰楚滁州高郵盱眙軍人户所種麥
田除元種二千五百八十七頃一十八畝外續勸誘增
種二百九十六頃五十畝有旨趙善俊具到廬和等
州無爲安豐軍乾道五年六年所種二麥田畝數目詔
淮東路差太府寺主簿趙思淮西差軍器監丞姚樞
覈實未幾姚樞奏到淮西麥田數目比元數大率多係
卷四千七百四十九
言定遠鍾離兩縣於元數外增種麥二百七十餘頃則淮
西所種必廣矣虞允文奏曰廬州荒田不少今所收
尚有四萬餘畝他可知矣上曰既具後趙思又奏到
淮東二麥止開具比晁公武數增損如何允文奏此田
其數同上曰守令當宣布德意以行賞罰允文奏曰趙思
正論此事謂雨多已耕大麥之田州縣取其已耕者
號爲增種其實不當勸課不如先括見今荒田頃畝然
後責令勸耕他日考此以詔賞罰乃得其實上曰此説
甚有理上又曰前日遣官覈實欲定守臣殿最以行賞
罰耳恐淮人不知將謂增立賦租可併劄下張樞趙思

曉諭百姓令人人知朕此意十四日冊皇太子敕江東
圩田去年被水衝決去處官圩已令修築外民間私圩
已降指揮以田畝十分為率借種一分尚慮興工所借
分數不足抑提舉官逐州守令量增分數一面及時增
修具已增分數限半月具實數並申尚書省沙田蘆場
昨降指揮令見佃人依戶式親行書押官認頃畝花利
起立租稅竊慮官吏奉行滅裂誤將租產一例作佃產
分數立租致興詞訴仰實係租產之人齎契書及經界帖
基齎赴官陳理當議與實改正十月五日詔江東西湖
南北帥漕臣日下措置官為借種責守令勸諭招誘大
姓假貸農民與依賑糶賑濟賞格推恩趁時廣行種麥

卷四千七百四十九

仍開具已種頃畝數目申尚書省當議取旨殿最賞罰
先是宰執進呈臣僚言今歲江西湖南諸州郡例皆旱
傷且去秋來遭蝗令逐路守令因雨勸種二麥上曰冬
月得雨便可種麥不知江西湖南入冬得雨否虞允文
奏曰臣僚所言正欲趁冬種麥以為來春接濟之計上
曰甚好今去秋成日月尚遠不爾民何以為食可劄下
兩路帥漕廣行勸諭借貸種根令民布種故降是詔
八年三月三日權知安豐軍張士元言本軍育屬縣令
佐勸諭人戶栽種桑柘緣一歲之內止自十一月至二
月可以栽種乞下兩淮州軍遇可栽種責令佐多方勸
諭具實數供申從之七月七日臣僚言淮南江東浙西



沿江沙田蘆場所立新租大為民害向來臣僚起請逐
為有力之家侵耕冒佃令却將應干人戶祖產已業一
概打量所立新租畝倍舊日往往當地利所得不足輸
官逃移紛紛擾及鄰保甚者州縣為之陪納乞將撥續
官田司從來所立新租參酌施行第人戶已業蘆場草
地所納租稅並依舊租佃與減一分餘並依舊仍將
撥令官田所往就拘催下部掌管八月二日知安豐軍
高夔言近有歸正人陳乞請撥田土及稱已請射田土
而無牛具耕墾已借支官錢令添將來有營生之人每
戶給田五十畝牛一頭犂耙牛具之屬其已請田之人
無牛具者一例給之乞降錢會二萬貫措置從之九月

卷四千七百四十九

六日中書門下言江西湖南去歲旱傷人戶多無儲積
以致流移詔令逐路監司守臣勸諭人戶廣種二麥以
備水旱　九年六月二十八日詔曰朕惟天下之本在
乎務農故自即位以來罷游觀卻貢獻蠲不給之費還
無名之賦凡山林川澤之禁悉弛以便民庶然富而教
之蹤二帝三王之盛而忘勤勸猶懶十有二年于茲度地
非益廣而耕者不足於力度民非益寡而食者不足於
食間遇水旱散斛粟而猶以為害豈吏之不良歟之
不平等吾民時輟耕從事於末者衆而游手偷惰者多
歟朕聞昔之為詩者曰饁彼南畝田畯至喜又曰星言
夙駕說于桑田其勸戒成就之如此令吾郡守數下勸

民種藝而功未興賞有任其責者比覺舊章守令監司實勸農之官歲終稽其勤惰來上而賞罰之令諸道或城連十數而縣又數倍曠歲無有以一人應令者是吏奉詔不虔而勸民不至也將何以助朕脩耕織之政而豐衣食之原乎繼自今其悉乃心共乃服出入阡陌勸課農桑視吾新書從事以殖財阜民則賞不汝遺厥或怠惰自如邦有常刑必罰無赦播告中外諭朕意焉繼有旨令諸路監司郡守悉意尊行限次年正月終各保奏聞 升任毋致違戾 九月十日知紹興府錢端禮言浙東州縣旱傷至廣朝廷倚閣殘零税賦差官檢放及借本勸諭種麥非不嚴備今官中只貸既已寬卹其出債

卷四千七百四十九

之家比之豐年收索愈急雖欲趁時布種二麥往往不能安業乞將浙東旱傷州縣下三等人戶所欠私債並與倚閣候來春歲豐熟依元約理還從之 十二日錢端禮言奉御筆令臣督責守令多方勸誘廣種二麥見今屬縣縣官躬行阡陌分行勸誘其閒有高仰可種麥田空閑未種處委是無力欲以官中收糴種子量酌借貸候至來年成熟催理還官其諸縣諸鄉富貴之家有貸當過二麥種子恐闕錢取贖乞從本州行下州縣並令貸借及時布種候二麥收成依鄉原例交還本錢從之





續會要

孝宗淳熙元年二月七日中書門下省言江東西湖南北京西兩浙東西路帥臣委官覈實部內州縣所種二麥務要增廣比較當職官勤惰即非增加稅賦切慮人戶未知因依詔令諸路印榜遍行下州縣曉諭仍遵依已降指揮疾速從實開具即不得因而布賞虛增數目歲具增種頃畝之數結罪保明以聞自後逐時檢舉亦如之 二年三月十六日詔近來雨澤霑足浙間種蒔已見次第可令江東淮南漕臣開具管下州縣得雨日辰及布種禾稼分數以聞 淮南運判趙思言天長軍天長縣因修築石梁高湖堤有浸渰過人戶田土已承指揮將營屯田

卷四千七百四十九

及係官田土倍數撥還如有願認元浸渰田之人經官自陳照契依數給還卻將倍撥田拘收入官司若止願種倍撥田即拘收元渰田入官務要兩從民便從之 四年十二月九日臣僚言農田之有務假始於仲春之初終於季秋之晦法所明載州縣不知守法農夫當耕耘之時而罹追逮之擾此其害農一也公事之追鄰保州縣所不能免然事有輕重鄰有遠近苟識法明止及近鄰足矣今則不然每遇鄉村一事追呼千連多至數十人動經旬月吏輩不得其所欲則未肯釋放此其害農者二也丁夫工役之事正宜先及游手古者所謂夫家之征是也今則不然凡有科差州縣下之里胥里胥

之所能令者農夫而已修橋道造館舍則驅農以爲之工役遠宦經由鑿司巡歷則驅農以爲之丁夫使之備裹粮以應州縣之命而坐困其力此其害農者三也有田者不耕而耕者無田農夫之所以甘心焉者猶曰賦歛不及也其如富民之無賴者不肯輸納有司均其數於租戶胥吏喜於舍彊就弱又從而擾肥及骨是則耕者雖無田而其實亦合有賦歛之擾此其害農者四也巡尉捕盜胥吏催科所至村疃雞犬爲空農夫坐視而不敢較此其害農者五也詔令州縣長吏常切加意毋致有妨農務　八年五月三日詔曰朕身履法公心乎衣食之原迺者得天之時蠶麥既登及命近甸取而視（卷四千七百四十九）之則岐秀而穗短繭成而絲薄非種植風化之功有所未至歟夫七月陳王業之詩也其辭乃專在乎農桑亦惟人事是勉然後可以收全功凡爾監司守令其謹諭朕意孜孜於勸課使五畝之宅植之以桑百畝之田勿奪其時則吾黎民不飢不寒而王政成矣朕將稽考行之勤怠詔賞罰焉　十一月十八日詔江浙旱傷州縣中下等人戶田疇雖已耕犂間闕麥種處恐過時仰監司疾速行下所部州縣多出文榜勸諭人戶趁時布種如闕種之家於常平麥內支給仍具已勸諭多寡以聞從臣僚請也　九年正月十九日詔江浙兩淮州縣去歲旱傷之處貧民下戶并流移歸業之人艱得稻種令逐



路轉運提舉司多方措置給借務令及時布種候豐熟卻行拘還仍多出文榜曉諭具已借支數目以聞　四月五日詔令兩淮帥臣監司將本路州軍見今二麥將熟及雨水分數詳具以聞　五月十一日詔諸路帥漕提舉常平司疾速行下所部州縣多出文榜勸諭人戶趁時廣種二麥如無麥種之家即將常平麥日下支給若無見管以錢折支毋令種布失時先具知稟以聞　十五日詔令江浙兩淮福建湖南北京西路帥漕司今後逐年自四月一日爲始至九月終每半月四川二廣帥漕司每一月各將所部州軍得雨分數及麥禾次第詳具以聞　光宗紹熙四年八月十六日臣僚言昨降指揮括（卷四千七百四十九）責戶絕田產出賣其豬水之地并城壕岸城腳地腳街道河岸及江河山野陂澤湖塘池濼之利與衆共者及戶絕田地內有墳墓者在法並不許請佃承受當來官司失於契勘更不分豁是致州縣豪彊之家貪求厚利不顧法令乘此賣田指揮並緣計會州縣公吏承買其間更有將溪河湖瀰灘塗承買在戶築疊圍裹成田成地以遏衆戶水勢並是違法又第四第五等貧乏民戶元佃田地施工日久官賦無虧亦爲豪彊之家乘此賣田指揮計較過追剗買誠爲可憐乞令諸路提舉司各行下所部州軍將來準往賣沒官田產指揮以前人戶承買前項違法地段限一月自陳改正給還元納價錢

如限滿許人告首，所買田産拘没入官，仍依條斷罪。内有墳墓之地，如户絶無人承認，許本宗及有服親自陳，勘驗詣實，許行承佃紹業。如已出賣者，並與改正。所有第四第五等民户元佃官田，官地爲豪强划買者，並依舊給元佃人爲業，仍給還元錢。仰監司常切覺察，毋致違戾。從之。

寧宗嘉泰三年十一月十一日南郊赦文：「諸路州縣鄉村間有豪横之人强占鄰人田産，侵擾界至田畝，其本户租税又不送納，多是催科保長爲之代輸，每有辭訴。今後如有似此去處，仰監司常切覺察，及行下所屬州縣重立賞牓，許被擾人越訴。」自後郊祀、明堂赦亦如之。

卷四千一百四十九

二千疑二十

匹帛　宋會要　四帛

凡税租之入羅八百六十匹兩浙路夏八百六十匹
綾一萬四千二百九十一匹　京東西路夏四千三十
二匹河北東路夏七千三百一十五匹淮南兩路夏六
十八百七十一匹夔州路夏八十三匹　福二百五十
三萬五千五百八十七匹　府界夏四萬六千三百七
十二匹京東東路夏二千六萬二千一百九十四匹秋
一萬九千六百四十六匹西路夏二十萬七千五百六
十九匹京西南路夏一萬八十四百九十七匹秋三匹
北路夏二十九萬八千二百五十九匹西路夏二十三
萬九百一十匹淮南東路夏四萬六百六十六匹西路
夏三萬九千三十八匹兩浙路夏六十九萬三千九百五
南路夏三十六萬七十一十一匹一萬六千百四
十八匹西路夏一十萬五千四百七十八匹秋六十四匹
荆湖南路夏四十五匹北路夏一十二萬二千十四
匹秋九千七十三匹福建路夏二萬八千五百四十五
匹成都府路夏六萬三千七百六十匹梓州路夏一十
二萬一千三百八匹秋九萬二千八十八匹利州路夏
六萬五千八百六十匹秋四萬五千七百九十匹夔州
路夏一萬七千一百七十六匹秋二千一百六十四匹
絁四萬七千八百四十一匹　京西北路夏四千二
匹河東路夏二萬二千七百二十六匹秋二匹淮南東

食貨六四之一

路夏二千一百四十九匹西路夏二千二百四十七匹
荆湖南路夏二萬六百九十四匹　紬四十一萬五千
五百七十匹　府界夏三千八百五十一匹京東東路
夏二萬五千五百三十二匹秋七千七百二十一匹西路
夏二萬一千五百七十四匹京西南路夏二千五百一
十四匹北路夏三千五百三十匹河東路夏五萬二千
九百八十八匹西路夏四萬七百五十三匹淮南東路
夏一萬五百三十七匹西路夏八千三百一匹兩浙路
夏一十萬四千二百五十六匹江南東路夏六萬二千
六十七匹秋二百二十一匹西路秋二十五匹荆湖北
路夏一萬一千七百五十三匹秋一萬二千七百五十
三匹成都府路夏一萬一千七百三匹梓州路夏一萬
四千七百五匹秋五千七百八十匹利州路夏九千四
十六匹秋二千六百三十匹夔州夏四千六百七十六
匹秋四十六匹　布四十八萬七千八百四十七匹端
京東路夏二百七十九匹秋四萬五千五百五十八匹
京西南路夏六萬九百六十一匹端永興軍等路秋八
百端京城路秋二百五匹河東路夏一十萬九六百一
十八端秋四萬一千四百九十八匹端淮南東路夏九
千九百一十八匹秋五百四匹夏西路夏二千三百八
十九匹秋九匹江南東路夏九千三百一十匹秋五百
八十六匹西路夏二千八百八匹荆湖南路夏七萬三

千七百七十二匹北路夏一萬二千九百一十三匹秋二千六百七十一匹廣南西路夏一十萬五千六百四十七匹成都府路夏四千五百五十四匹利州路秋二十二段　絲綿九百一十一萬五千四百二十一兩　府界夏一十七萬六百三十三兩京東路夏三萬五千九十九兩西路夏四十六萬九千三百三十二兩京西南路夏六萬二千九百二十八兩北路夏五十萬八千二十三兩秋三百九十二兩永興軍路夏一百一兩秦鳳路夏一十二（百）二十六兩河北路東夏六十一萬八千八百四兩西路夏千（九）五萬五千八兩河東路夏八十六兩淮南東路夏六十六萬二千八百三十五兩西路夏四十五萬二千五百九十五兩兩浙路夏二百萬四千八百兩江南東路一百一十九萬八千二百四十四兩西路夏三十四萬四千七百八十四兩荊湖北路夏一十九萬八千一百一兩成都府路夏八十三萬一千五百五兩梓州路夏三十萬七千六百五十兩秋一十二萬三千七百三十四兩利州路夏一十五萬六千五百六兩秋三萬八千一百六十四兩夔州路夏九萬四千四百三十九兩　凡山澤之利　鐵四萬四千七百七匹鹽利五百二十二匹権易三千一百八十七匹諸路雜稅官鹽一匹買撲五十九匹酒麴買撲三千一百二十六匹房園一匹入中博糴買賣二萬七千八百一



十一匹　羅五萬七千九百三十二匹入中博糴買賣五萬七千九百三十二匹　絹三百九十九萬八千七百一十八匹鹽利一千二萬二百八匹茶租一千九百一十六匹川陝路鹽并課利十二萬二百八匹権易一十五萬四千八百二匹府界買撲酒麴九匹房園五十四匹諸路雜稅官鹽五百九十六匹買撲八千五百四十四匹酒麴買撲一千四萬六百二十二匹房園四千九百七十八匹入中博糴買賣三百四十四萬六千七百六十匹　紬八十萬二千九百二十七匹　鹽利三萬九千五十五匹茶租二千一十匹川陝西路鹽并課利三萬九千五十五匹権易五萬七千二百六匹諸路雜稅官鹽一百五匹買撲二千二百六十八匹酒麴買撲五萬四千六百六十四匹房園六十九匹入中博糴買賣六十萬八千三百九十五匹　布一百九萬九千六百二十六匹端　鹽利一百九千五匹権易一萬二百九匹端諸路雜稅官鹽五端買撲一百三十四匹端酒麴買撲一萬一百六十九匹端房園一匹市舶三百三千五匹段入中博糴買賣一百七萬八千四百七十八匹端　絲綿四百六萬六千五百五十四兩　鹽利七萬一千九百三十一兩川陝路鹽并課利七萬一千九百三十一兩権易二十六萬九千九百一十一兩府界買撲酒麴二百七十五兩房園一百七十三兩諸路

雜稅買樸一萬一千七百五十一兩酒麴買樸二十五萬一千一百一十四兩房園六千五百九十八兩八中博糴買賣三百三十八萬二千八百七十兩　凡歲總收之數　錦綺鹿胎透背九千六百一十五匹　在京二千七百九十九匹諸路三千四百八匹京東東路二百五十匹秦鳳路一匹河北西路一千二百四十六匹兩浙路一十匹福建路二段廣南東路一匹成都府路一千九十四匹段梓州路八百四匹段　羅一十六萬六百二十匹　在京三百一十四匹諸路八萬二百三匹京東東路四匹西路七匹永興軍路一匹河北東路四匹西路一十八匹淮南東路二十二匹西路一十二匹兩浙路六萬五千七百三十一匹江南東路一萬二千四百九匹西路一匹荆湖北路四十二匹福建路二十八匹廣南東路一匹西路一匹成都府路一千五百二十四匹梓州路四百一十八匹　綾十四萬七千三百八十五匹　在京一千三百廿〔四〕十四匹諸路七萬二千九百九十五匹京東東路四百四十七匹西路五千四百六十八匹京西南路三匹北路二十五匹永興軍路六十匹秦鳳路一千四匹河北東路二萬二十三百二十一匹西路三十五匹河東路三百七十九匹淮南東路七匹西路四千一百六匹兩浙路一千三百六十九匹江南東路一千四匹西路四匹荆湖北路五匹南

食貨六四之五

千疑一十

路七匹福建路四十三匹廣南東路一十二匹成都府路一萬六千七百九十三匹梓州路二萬六百匹利州路一千二百八十九匹夔州路八十八匹　絹五百三十八萬二千七百九匹　在京七千五百七十八匹京西南路一十三萬七千三百九十六匹北路一十一萬三千九百四十匹永興軍路六十六匹秦鳳路三千七百一十七匹河北東路六十七萬九千四百七十匹西路三十二萬三千八百九十九匹河東路一百六十八匹淮南東路七萬一千五十一匹西路六萬五百三十七匹兩浙路一百六十六萬七千二百八十五匹江南東路六十萬六千三百三十四匹西路四十二萬八千一十匹荆湖北路三十一萬二千九百二十三匹南路七千九百三匹福建路二萬八千九百一匹廣南東路五百九十四匹西路五百七十匹成都府路三十三萬七千三百五十七匹梓州路三十八萬一千三百五十三匹利州路一千九萬九百二十三匹夔州路二萬八千九百三十五匹　絁綫縠子隔織一十一萬一千七百一十六匹　在京一千七百四十六匹諸路五萬四千九百九十匹京東東路二十四匹西路一百九十八匹京西南路二十三匹北路一百六十匹永興軍路三十六匹秦鳳路三匹河北東路八匹西路一十二匹河東路二萬二千八百二十一匹淮南東路二千五百匹西

食貨六四之六

路二千六百一十四匹兩浙路三百七十六匹江南東路一十匹西路二匹荆湖北路三匹南路二萬三千七百五十匹福建路七十五匹廣南東路五十匹西路四百三十匹成都府路一千八百二十一匹梓州路六十九匹利州路三匹　紬二百二十九萬九百六十六匹在京三百九十匹府界三千八百五十一匹諸路一百一十七萬三千二百六十六匹京東路一十萬二千八百二匹西路八萬七千八百七十匹京西南路一萬七千一百八匹北路四萬八百六十六匹永興軍路一千一百二十三匹秦鳳路三百七十五匹河北東路八萬九千五十九匹西路五萬六百二十七匹河東路三十三匹淮南東路二萬六百五十五匹西路一萬八千九百三十九匹西浙路一十七萬一千五百一十一匹江南東路一十八萬四千八百一匹西路七萬五千九百五十一匹荆湖北路七萬二千五百四匹南路二千二百六十三匹福建路二十六匹廣南東路四匹西路三匹成都府路八萬六千三百二十九匹梓州路八萬七千五百二十六匹利州路五萬三千一百五十二匹夔州路九千七百四十匹　布三百一十九萬二千七百六十五匹端段　在京二十八匹府界九匹段諸路一百五十九萬六千三百六十四匹京東路一十九萬六千二百八十三匹西路二百四十二匹京西南路七



萬八千六百八十匹北路四萬四千一匹永興軍路一千五百一十一匹秦鳳路六百五十三匹河北東路一十二萬八千九百八匹西路一十二萬四千一百二十七匹河東路一十五萬九百九十匹端淮南東路一萬一千二百一十四匹西路三千八百七十匹兩浙路三千三百七十二匹江南東路一萬一千四匹西路五千四十七匹荆湖北路一萬七千二百二十二匹南路一千萬一千九百六十二匹福建路九百九十五匹廣南東路四百六十二匹西路一十七萬九千七百九十一匹成都府路五十五萬四千七百三十九匹梓州路一萬一千七百八十七匹利州路五百八十五匹夔州路二千四百七十八匹　絲綿蓆綫一千三百八十五萬二千七百九十七兩　在京四十六萬四千八百七十四兩府界一十七萬三千一百七十九兩諸路一千三百一十一萬七千六百三十七兩京東路二十二萬九千三百五十四兩西路五十一萬五千六百七十七兩京西南路一十五萬一千三百七十五兩北路六十三萬七千三百六十六兩永興軍路四萬一百四十八兩秦鳳路一萬六千八百二十三兩河北東路一百一十三萬四千六百五十三兩西路一百三十三萬四十一百二十七兩河東路五千七百九十九兩淮南東路七十一萬七千二十八兩西路四十七萬四千五百三

食貨六四之九

十兩兩浙路二百九萬五千三百四十五兩江南東路一百三十萬九千一百三十九兩西路三十六萬八千一百九十六兩荆湖北路二十二萬九千四百三十三兩南路一十萬一千九百六十二兩福建路三萬三千四百四十八兩廣南東路二萬六千六百四十七兩西路四百八十九兩成都府路一百四十八萬四百八十兩梓州路一百二十三萬四千七百二兩利州路八十五萬四千九百一十三兩夔州路一十萬四千一百一十三兩　雜色匹帛五萬六千一百三十一匹在京二萬七千八百八十九匹府界二匹諸路一萬四千一百二十匹京東東路九十一匹西路一百五十八匹京西南路六十五匹北路六百二匹永興軍路三百一十一匹秦鳳路一百六十匹河北東路三百五十四匹西路一百二匹河東路三百四十四匹淮南東路四十七匹西路一百九匹兩浙路一百七十八匹江南東路二百二十八匹西路一十八匹荆湖北路一百六十三匹南路八十一匹福建路五百九十三匹廣南東路三百二十七匹西路一十五匹成都府路三百一十五匹梓州路七千九百七十二匹利州路一千一百三匹夔州路三百八十四匹　凡諸路錦綺鹿胎透背一千一十匹京東東路二百五十匹淮南西路一匹成都府路七百五十九匹　羅一十萬六千四百八十一匹河北西

食貨六四之十

路四匹淮南東路二萬四千七百五十匹西路五匹兩浙路六萬九千六百五十七匹江南東路一萬一百一十四匹成都府路一千九百四十二匹　綾四萬四千九百六匹京東東路五十二匹西路一萬一千四百匹河北東路一萬六百匹河東路三匹淮南西路六千四百一十七匹兩浙路二千二十九匹江南西路三匹成都路六千一百二十六匹梓州路八千三百三十匹　絹二百八十七萬六千一百五匹　府界二萬一千五百七十七匹京東東路三十九萬八千八百四十九匹西路二十九萬六千八百一十二匹京西南路二萬一千七百六十五匹北路二萬一千七百九十一匹河北東路一萬二千匹西路七千匹淮南東路一十二萬一千七百六十八匹西路八萬四千一百九十一匹兩浙路一百五萬八千五十二匹江南東路四十萬五千八百三十四匹西路三十二萬七百八十七匹荆湖北路八萬四千七百三十三匹成都府路七千三百六十九匹梓州路一萬三千六百七十一匹利州路一十五匹　絁紗縠子隔織通身六千六百一十一匹段　京東東路一十六京西北路二百七十五匹河東路一匹淮南東路一千七百六十三匹西路二千九百二十八匹兩浙路一千九匹成都府路一千四百四十二匹梓州路六十七段　紬四十六萬八千七百四十四匹

京東東路七萬七千五百九十六匹，京西南路三千四百三十九匹，北路四千九百二十七匹，河北東路一百六匹，淮南東路三萬五千三百匹，西路三萬七千六百三十六匹，兩浙路一十二萬四千二百八十五匹，江南東路九萬三百三十匹，西路六萬四千八百八十七匹，荊湖北路二萬九千七十一匹，成都府路三十四匹，梓州路二千一百八十三匹。

布五十五萬五千八百二十九匹，端。京東東路七萬六百九十六匹，西路七千八百三十匹，河東路一端，淮南西路一匹，江南東路七百三十匹，西路一匹，荊湖南路一十二萬三千四十匹，北路三十五萬一千六百一十九匹，端，福建路二百匹，成都府路七百八匹，梓州路一千四匹。

綿二百三十六萬五千八百四十八兩。京東東路一十一萬九千一百一十二兩，西路二千兩，淮南東路九萬六千二百七十九兩，西路三萬五千四百二十九兩，兩浙路一百六十一萬三千三百七十九兩，西路三萬五千四百二十九兩，兩浙路一百六十一萬三千三百廿九十八兩，江南東路四十萬八千九百四十三兩，西路九萬一千兩，荊湖北路六百七十五兩，成都府路一十二兩。

雜色匹帛四萬八千九百五十一匹。京東東路五匹，西路二匹，河東路二匹，成都府路二萬八千七百六十七匹，梓州路二萬一百七十三匹，利州路二匹。

諸路合發布帛總數

紬三十九萬九千八百三十六匹三丈四尺，絹二百一十萬四千七百四十四匹一尺六寸，羅二萬一千一百二十四匹，綾四萬八十二百三十三匹，平綾三千匹，布七十七萬一千匹，紫碧綺一百八十匹，綿一千七百匹。

淮東路　上供紬八萬四千九百六十四匹，內折錢六萬七千四百六十二匹一丈二尺，折錢四千一百四十匹，本色一萬三千三百六十一匹三丈[illegible]；[illegible]四十三萬一千九匹，內折錢一十萬八千六百三十[illegible]三丈三尺，[illegible]三十二萬七千三百七十三匹；[illegible]羅二萬一千一百二十四匹；綾五千二百三十四匹；[illegible]衣紬八千六百一十一匹，內折錢六千八百八十[illegible]匹，[illegible]綾七百五十二匹，本色九百七十匹；絹四萬九千三百三十二匹，內折錢一萬四千八百匹，本色三萬四千五百三十二匹；福衣紬七百五十七匹；絹三千七百八十匹；天申節絹四千五百匹；大禮絹三千五百匹。

淮西路　上供紬九萬二千八百四匹，內折錢五萬八[illegible]三十四匹，折綾一萬二千三百四匹，本色三萬二千四百三十匹；絹三十八萬一千二百二十九匹，內折綾[illegible]十四萬三千八百五十二匹四尺二寸，本色二十[illegible]萬七千三百廿七十六匹三丈七尺八寸；綾八千七百[illegible]十[illegible]匹；[illegible]衣紬一萬六千三百二十八匹，內折錢一萬一千二百四十[illegible]匹，本色四十二百七十八匹絹一十三萬六千八百五匹内折錢三萬九千四百二十一匹三丈一尺本色九萬七千三百九十三匹三丈一尺福衣絹一千四百四十匹天申節絹七千匹大禮絹三千七百匹　江東路　上供紬九萬八千八百七十餘匹内折錢七萬九千二十四匹本色一萬九千八百四十八匹絹四十萬六千三百三十餘匹内折錢一十一萬九千六百五十八匹本色二十八萬六千六百女（七）十四匹淮衣紬二萬六千五百三十餘匹内折錢二萬一千二百二十九匹本色五千三百六匹絹一十三萬七千九百五十餘匹内折四萬一千三百八十六匹本色九萬六千五百六十八匹浙衣紬六百匹絹二萬八千匹福衣紬一千一百九十七匹絹四千五百六十八匹半天申節絹三千匹大礼絹五千五百匹　江西路　上供紬五萬二千五百八匹内折錢四萬二千六匹一丈六尺八寸本色一萬五百一匹二丈五尺三寸絹三十萬五千四百七十五匹内折錢九萬一千六百四十二匹二丈三尺一寸本色二十一萬三千八百三十二匹二丈五尺九寸淮衣紬一萬三千四百一十八匹三丈四尺内折錢一萬七百三十五匹二尺本色二千六百八十三匹三尺絹六萬七千二百四千五匹八尺内折錢二萬一百七十三匹二丈三尺四寸本色四萬七千七十一匹二丈六尺六寸福衣

紬二千一十二匹絹七十五百六十八匹天申節絹五千匹大礼進奉絹四千七百匹　淮東路　天申節絹一千二百五十匹大礼絹三千七百匹　淮西路　大礼絹三千七百匹　湖南路　上供平絁三千匹天申節絹二百匹大礼二百匹　湖北路上供紬三百七十七匹絹三千九百五十九匹五丈三尺八寸布八百匹天申節絹九百匹大礼進奉絹四千二百匹　廣東路天申節絹一千六百匹大礼絹三十匹已上並折銀　廣西路　上供布一十萬匹折錢天申節絹三十二百五十匹大礼絹三千二百五十匹並折錢　成都府路上供羅四十五匹布六十七萬二百匹紫碧綺一百八十匹生大綾七千八百六十五匹錦一千七百段天申節絹六千五百匹大礼絹六千（五）百　潼川（府）路　上供綾二萬六千三百六十八匹絹一萬一千一百七十匹天申節絹五千三百匹大礼絹五千三百匹　夔州路　上供紬八百六十匹絹二萬二千三百三十二匹天申節絹三千五百匹大礼絹三千五百匹　利州路上供絹一千五百匹天申節絹四千五十匹大礼絹四千二百五十匹　浙東路　上供紬一萬三千三百六十一匹三丈絹三十二萬七千三百七十三匹九尺綿六十四萬七千五百三十四兩五錢絲一萬五十三百八十九兩羅二萬一十一百二十四匹綾五十二百

三十四匹淮衣紬九百七十匹絹三萬四千五百三十二匹福衣紬七百五十七匹絹三千七百八十匹綿三萬二千二百四十一兩五錢　浙西路　上供紬二萬二十四百三十匹絹二十三萬七千三百七十六匹三丈七尺八寸綿二十四萬一千五百九十六兩五錢絲七萬五千兩綾八千七百六十六匹淮衣紬四千二百七十八匹絹九萬七千三百九十三匹二丈一尺福衣紬一千四百四十匹　江東路　上供紬一萬九千八百五十二匹三丈七尺八寸絹二十八萬六千六百八十一匹二丈六尺六寸絲二萬八千二十二兩綿六十一萬四千四百七十二兩二錢淮衣紬五千三百八匹絹九萬六千五百七十二匹浙衣紬六百匹絹二萬八千匹綿八萬五十兩福衣紬一萬一千九百九十七匹絹四千五百六十八匹半綿一萬九千四十七兩　江西路　上供紬一萬五百一匹二丈五尺二寸絹二十一萬三千八百三十二匹二丈五尺九寸絲五萬二百兩綿八萬六千三百六十四兩淮衣紬二千六百八十三匹三丈二尺絹四萬七千七十一匹二丈六尺六寸福衣紬二千一十二匹絹二千五百六十八匹半綿二萬九千六百七十四兩　湖南路　上供平絁二千匹　湖北路　上供紬三百七十七匹絹四千八十三匹八尺四寸　絲一萬二千四百四十九兩六錢布八百端



利州路　上供紬一千五百匹綿四十兩　成都府路　上供紫碧綺一百八十匹生大綾七十八百六十五匹川毛布二百匹錦一千七百段布六十七萬匹　潼川府路　上供綾二萬六千三百六十八匹絹一萬一千一百七十匹絲二萬兩　夔州路　上供紬二萬二千三百三十二匹紬八百六十匹綿一萬四千兩　已上十路據戶部供到合發上供外餘福建京西廣東廣西淮東淮西六路並無合發數　雜錄　太祖乾德五年十月命水部郎中于繼徽監視綾錦院朝廷平蜀得綾錦工人乃於國門東南創置機杼院始命繼徽監領焉　十二月詔曰布帛之用世道攸資行濫之禁律文具載而商賈末好僞萌生塗以粉藥因而規利瀆亂典刑無甚于茲自今宜禁民不得輒以紕疎布帛鬻於市及塗粉入藥吏察捕之重寘其罪　開寶四年三月監綾錦院右拾遺梁周翰言在院見管戶頭匠人料錢七百文糧三石五斗口食米豆六斗各用女工三四人每人月糧二石米豆又六斗有一戶頭并女工共請一十六石五斗者或少者一十三石五斗者每人只管機三四張供應官虒綿線染練紡絡又別破錢并物料或布帛低弱即料校匠人戶頭不管欲乞不置戶頭令工匠自管供汎各照女工一分請受所貴濟贍得匠人內有貧者[illegible]散失物料即上曆旋給庶令均濟又看驗大小

小疑誤

小錦並皆顏色淺淡每匹中錦破深紅線九兩三分花
八斤昨令匠人當面入染每匹減下花一斤比舊顏色
鮮好逐料吏有餘剩花計至年終椎有出剩所收出剩
乞逐季具數申奏從之　太宗太平興國六年廢湖州
織綾務工二十人送京師女工五十八人悉縱之　七
年八月詔曰淫巧之蕩人心載記中孚訓戒纂組之害
女工漢詔形於深諭方今務修儉德以敦俗化而侈靡
猶競淳素未隆宜頒畫一之規以申率下之義宜令諸
處市買場及織造院除供軍綾羅絁布紬絹綿外其錦
綺鹿胎透背六銖欹正龜殼等匹段不得更買及織造
民間有織賣者勿禁川陝諸州匹帛綵綿紬布之類堪
備軍裝者商人不得私市取販鬻　九年十月詔曰有
帛精粗不中數幅廣狹不中量不鬻於市斯古制也頗
聞民間所織錦綺綾羅及它匹帛多幅狹不中程式及
紕疎輕弱加藥塗粉以欺誑販鬻因而規利宜令兩京
諸州告諭民所織匹帛須及程式貨肆之未售者限以
百日當盡鬻之民敢違詔復織募告者三分賞其一
淳化元年八月詔川陝諸州官歲市絲綿紬布絹帛等
不能充舊貫蓋賈人利市侵其利自今嚴禁之限詔到
賈人先所市者悉送所在官官以市價償之藏匿者寘
於法初諸州上供絹皆常度外長數尺及西上閤門副
使張昭允內班都知馮守規領知左右藏庫裂取餘者



新疑織

付染所上官雜染以備他用每歲獲美數甚衆院所士
卒受冬服度之不及程昭允等悉坐免　至道元年二
月詔杭州置織室歲市諸郡絲給其用　真宗咸平元
年七月廣南西路轉運使陳堯叟言準詔勸課人民栽
種桑棗切緣嶺外惟産苧麻望令折數許官吏書歷為
課仍許織布赴官場以錢博市每匹准錢百五十至二
百仍免其算稅如私自貿易不在免限從之　九月綾
錦院以新織綃上進是院舊有錦綺机四百餘帝令停
作改織綃焉　十月詔撫州折博羅九萬二千三百餘
匹輕弱不中度三司失於拘檢合行推鞫用戒因循但
以歲月稍深干繫者衆慮成追擾特示寬縱其干繫官
吏更不問罪儻復有犯斷訖仍勒備償　二年四月廢
常州羅務　六年正月戶部言乞令江南兩浙轉運司
諭轄下州軍人民今後不得織造短狹紬帛市易致損
公私使用如違乞依法科罪帝曰風俗所用已久官司
驟行改革恐民間不如慢有犯者可先行曉諭限百日
內改造如違方得科罪　景德二年二月詔諸路所市
上供紬絹減三分之一　六月禁造行濫物帛申舊制
也　三年五月詔潤州造羅務人工仍舊限十二日成
一匹時有言舊限如此天子如制置江淮減勤一月日
限既促功課不供比至年終頗用笞撻故有是詔仍令
劉承珪察京師庫務有類此不便事條例以聞　大中

祥符三年閏二月九日，河北轉運使李士衡言：本路歲
給諸軍帛七十萬，民間罕有緡錢，常預假於豪民，出倍
稱之息，及期則輸賦之外先償逋負，以是工机之利愈
薄。請令官司預給帛錢，俾及時輸送，則民利獲而官亦
足用。從之，仍令優與其直。　八年七月，詔并州置場中
買軍人所給衣絹。初言事者稱并州軍衣歲給絹四萬
餘匹，並自京輦送，如聞軍中得之，悉以貿易土絁。起今
如有願中賣入官者，每匹官給錢千二百文，可省輦送
之半。詔三司定特恙，以為便，故從其請。　九月，詔三司
給沿邊戍兵冬衣，不得以輕纖物帛充支。　初，河北轉運
司言：歛以轄下諸州買撲酒課及次遠軍州折納紬絹
充軍衣，却以天雄軍等處上供絹布應其戲，軍士故有是
命。　九年八月，詔三司道府上供物帛並須四十尺以
上，其輕纖短狹者收其直罪之。　天禧元年三月，三司
請令益州罷供鹿胎透背，悉以衣帛上供，以給軍衣。帑
回此色皆內藏所試實，每郊礼以充賞給，罷之非便，令三
司與內藏同議以聞。乾興元年十二月（仁宗即位未改元），
三司言：臣僚奏兩川遠地所產雖富，般運實多，收買
折科豈無虧損，纖造添記寧不廢工，押綱銜前雖有酬
獎，戶下小客最受辛勤，俱荷照臨，誠宜軫恤。欲乞益梓
兩路州軍綱運量與減放三二分，庶便民俗。下三司詳
定。三司言：自來計度聖節、端午、十月一日內人春冬衣

賜并準備取索及國信往來、南郊支用綾羅錦綺鹿胎
透背穀正生白大小綾花紗絹等，下益梓州兩路織買
出深計綱上京。今除三十五匹錦段全減不織外，餘綾羅鹿
胎透背穀正生白大小綾花紗絹等欲且依舊，所貴支
用不至悞闕。又勘會益梓利夔四路州軍每年買納紬
絹綵綿，除應副陝西、河東、京西州軍及本路衣賜支遣
外，餘有剩數即上京送納，元不曾椿定數目。每年自西
川水路起發布帛六十六萬匹赴京南路轉般上京，並
副在京并京西州軍衣賜，難議減省，欲且依舊。從之。
仁宗天聖元年二月，裁造院言：每年所造諸節衣服萬
數甚多，枉費人工，欲望自今遂節除十月一日、端午、非
泛賜宣造作料次依舊造成送納，其長寧、乾元兩節並
料段送納支遣。詔今年乾元節合支衣服依舊縫造送
納外，餘從之。　七月二十八日，三司鹽鐵副使俞獻可
言：川界每年織造錦綺鹿胎等，所破物料倍有損費，欲
望似此不急之物，除支賜近上武臣及蕃戎并合要緣
飾，只令在京置事織造，其餘權且停止。詔三司會勘以
聞。　二年四月四日，工部侍郎、知池州李虛己言：天下
州縣每年春初預先支官錢和買紬絹，頗聞煩擾，乞不
更行均配。詔今後支紬絹價錢，並取人戶情願，其不出
產州軍不得一例抑配。　三年七月二日，淮南江浙荊
湖制置都大發運副使方仲荀言：乞斷絕諸州軍短狹

紕疏粉藥匹帛及新小砂錫錢帝曰約束錢帛前後條目已繁止令三司下淮南江浙荆湖轉運司申明指揮 四年閏五月詔綾錦院自今不得衷私織造異色花紋匹段及御服顏色机樣委本院監官覺察并許人陳首所犯人當行嚴斷 二月二十八日中書門下言益梓等州每年織造錦綺鹿胎透背段子歙正等累有臣僚上言科率勞擾況錦繡纂組尤費箕絲雖未能全行禁止欲乞漸次減數織造帝曰川西至遠非惟織造勞費亦不易津置令每年數内特減一半 五年正月二十一日中書門下言西川益梓等州每年織造錦綺鹿胎透背段子歙正等權減一半外餘生熟黄白大小綾花紗元未減省累據臣僚言乞下益梓兩路轉運司權住織造一併織絹應副諸州軍及邊上支費帝曰速與行遣宰臣王曾等奏錦繡纂絹組有害無益約計每錦繡一端可織絹數匹如此指揮實為至便 八年十月三司言江南西路轉運使苗稹言檢會轄下一十州軍每春冬衣賜數内三衣布除興國軍支遣得足外餘洪虔等九州年支布五萬匹自來並從福建路州軍收買轉般應副覩其綷布全然粗疏不堪裝着軍人請到貨賣價少自來於福泉漳州興化軍四處置場收買每匹價錢并津般往回官錢三百四十九文軍人出賣得錢三百一十一文省亦有只得百五十六文足錢去處以此比





做實兩虧損今欲酌中取洪州定支布價每匹三百二二十文省令洪虔等九州依例給見錢所是元支破買布價錢仍乞令本司勘會酌實貫伯每年發送赴當路文納應副春冬支給布價省司勘會洪虔等九州軍分析各情願乞依洪州例請領不布價錢乞令福建路轉運司將每買布價錢般運赴江南西路州軍下卸應副支給軍人布價又緣見錢腳重陸路難以津般今更不行外仍乞下福建轉運司今後更不科買緣綷布將每年合買賣錢並出産銀貨州軍收買鋌銀計綱上京送納從之 十二月三司言乞依每年例椿數下京東路轉運司預支綢絹價及時收買諸準去年例施行 明道二年十一月十二日詔已令三司將在京庫藏内珠玉犀牙閑雜物色物換轉貨賣外其兩川織造上供綾羅錦綺等項議特行減省詔曰朕祗膺先訓寅奉寶圖發一念必在於政經舉一事必先於教本庶得古治用隆化源自惟臨御以來性崇儉素慕衣綈之先躅遵抵璧之令猷冀厚民風期臻淳朴去奢務本斯為至懷乃者昭示攸司悉寘長物珠璣犀象減貿貨泉傾彼坤維俗善纂組尚浮靡而呈技巧纖組之有妨不戒纖華將害有益特頒明命與時作程應東西兩川織造上供綾羅透背花紗之類令今後三分中特令織造一分其餘二分織造紬絹如民不願織造紬絹者不得抑勒別具壁

畫閭奏及令都進奏院告報上項路分州軍令出榜曉示 景佑元年四月十二日青州言織造歸元減數一半從之所減數目令在京綾錦院織造 五月七日中書門下言在京及諸道州府臣僚士庶之家多用錦背及遍地密花透背段等製造衣服欲並禁止從之 閏六月二十一日三司言準勅禁止錦背段子等勘會內衣庫見管諸般段子萬數不少乞留充北朝人使到闕相兼支賜從之 二十二日梓州路轉運使張從革言乞申明條貫禁絕透背段子等所貴刑名別無疑慮詔應遍地密花錦背段子及織成遍地密花錦背衣服等並依舊禁斷其餘綵花團窠雜花不相連接者更不禁止 三年七月九日龍圖待制張逸言昨知梓州本州机織戶數千家因明道二年降勅每年綾織三分只賣一分後來消折貧不能活欲乞於元買數十分中許買五分詔兩川上供綾羅錦透背花紗之類依明道二年十月勅命三分織造一分餘二分令許織造一分綾羅花紗一分令織紬絹 五年四月九日三司言西川織買綾紗三分內減下一分紬絹乞依舊織買綾紗紬支用從之 慶歷五年六月十三日詔益州每歲上供物帛數特減歲額三分之一益梓路州軍所織錦綺鹿胎等並減其半 七年十一月二十八日詔應預支人戶紬絹價錢令隨夏稅送納朝廷之意本在利農近年



降數多三司每年約度以合要紬絹務在裁減仍先具數申奏下中書相度指揮內江西一路多以鹽充折絹價虧損小民轉運司今後須管支見錢和買 皇祐二年閏十一月出內藏庫緡錢四十萬紬絹六十萬下河北便糴糧草先是河朔頻年水災朝廷蠲民幾盡至秋禾稼將登而鎮定復大水並邊尤偹其害仁宗憂軍儲不給故特出內府錢帛以助之 至和元年二月三司言陝西河東歲減西川所上物帛而軍衣不足又河北入中糧草數多未有紬絹算還請貸內藏庫紬十萬絹四十萬欲乞輸左藏庫緡錢十萬餘計其值以限計還從之 三年十二月詔陝西路轉運司本路軍裝紬絹錦皆出益梓利州路今邊事久寧而戍兵減宜寬三路所輸若支軍衣而願買官以中估收市之 嘉祐四年正月十四日三司言乞下內藏庫支撥錢銀紬絹綺綾羅紗縠等準備郊礼賞給從之 英宗治平元年閏五月二十八日三司言乞下內藏庫撥借綾羅等七萬六千四百六十匹赴左藏庫以助支賞從之 二年十二月二十三日三司言乞下內藏庫撥借銀綾羅等一萬九千四百八十六匹赴左藏庫收管充偹支遣從之 四年三月神宗即位未改元三司言在京粳米約支得五年已上欲乞於上供年額六百萬石內將粳米五十萬石自今發運司體量米貴處與減下和糴數目却令買

金銀絹帛上京候約支不及四年即添三十二萬石上
件錢帛於推貨務封樁分與三路以備軍需候充羨即
留在京從之　六月二十九日詔在京臣寮并宗室公
使錢買馬價錢並半折筭諸醮道場大會並折以絹
神宗熙寧二年十月四日三司言乞自今後除傳宣及
合同取索御前使用并太皇太后皇太后皇后以下春
冬折洗及支賜入內內人折角入國人使到京等料依
舊出染練絹外有□係支賜臣寮之家及筵宴合用絲
絹許請人於元支庫分換支生帛折等二等絹如內中
取索絲絹却於數中要換生帛折絹者依此詔除太皇
太后合供衣着并與外國者並依舊外其供皇后宮及
眾內人衣着即令內東門司逐時計會合要生絹或衣
着臨時供應餘並支合染色額生白絹　三年二月京
東轉運司言準詔訪聞本司去歲和買絹多拋數於人
戶上配散每錢一千買絹一匹後來却令買稅絹並每
匹納錢一千五百文又於等第配錢粟豆錢令件折以
聞緣所散粟豆錢要濟民用只台情願即非配依詔已
行常平倉新法今後更不得支俵粟豆錢其支散內藏
庫別額紬絹錢五十萬貫候納到本錢即撥樁充北京
封樁所收息利於內藏庫送納　元豐二年八月二十
六日成都府言歲額上供錦預支絲紅花工直與机戶
額織多苦惡欠負昨創令軍匠八十人織比舊費省兩



工善令先織細法錦從之　徽宗政和四年五月十五
日詳定一司勅令所奏今修立下條諸應副他路軍衣
物帛有粉藥紕踈輕怯短狹者元買納官司計所虧官
準盜論罪輕者徒一年元驗官司減一等從之　先是
淮南轉運司奏本路合要軍衣係江浙路供應近年以
來多被逐路官庫合干人與管押人表裏作弊將短狹
狹粗踈輕薄粉糊僞濫紬絹起發前來乞立法禁止故
也　五年正月二十一日尚書省言新知拱州宋康年
奏臣前任淮南轉運副使日代見本路每年催夏稅
紬絹並為上供內府支用淮南路並無尺寸現在所有
本路一歲諸軍春冬兩路衣賜全仰兩浙江東西州軍
兩浙路近因起發軍衣不堪致悮軍裝其淮南路轉運
司曹被責罰以至江東西所發軍衣常是過期不到有
妨支散伏望特降睿旨下淮南轉運司如至時委是過
期不到即據已到本色紬絹那融見錢相兼準折支散
不致有誤軍裝支用詔兩浙江東西州軍支淮南路軍
衣如過期不到依法施行外人吏配千里　七年七月
十日詔逐路諸司每歲到絲綿紬絹若年終支用不盡
並行樁管具數申尚書省仍估中價以坊場錢充買起
撥赴大觀西庫送納從度支員外郎張勸請也　宣和
三年六月十日詔令諸路提舉司委官取索諸司支用
不盡及無支用見變轉及折支紬絹綾羅錦依時價以

上供錢充買起發上京如上供錢充買不盡即以諸司
封樁錢充買其上供錢充買到數並赴左藏庫送納用
諸封樁錢充買到數並赴元豐庫送納仍先具合充買
起發色額數目限三日聞奏其起發日限依起封樁紬
絹等已得指揮　六年閏三月二十二日尚書省言奉
御筆諸軍今歲春衣紬絹布近令取樣呈渕皆紕薄陝
爛不堪衣着布為尤甚恐非諸路元上供和買之致使
人兵不赤露軍容不振今降給散樣付尚書省可根究
有司有無情弊因依進呈仍自今預行措置將來軍衣
勿令更以此粗弱[闕]悞其戶部官全然廢弛失職弗虔各
與降兩官責後効詔榷貨務官各降一官元收買合干
人送大理寺決杖一百大觀元豐左藏東庫布庫官并
合干人各降一官資無官資可降罰銅二十斤當撫洪
夔桂袁州遂寧府買納官各降一官資知通令承及當
職官各罰銅二十斤仍令逐路提刑司具諸州府合降
官資人職位姓名申尚書省　二十七日申尚書省言
諸路州縣應受納及和買合上供紬絹布等轉運司取
索看驗其合發綱樣並仰取酌中物帛如法封記起發
即不得揀選高下色作樣仰巡尉催綱及排岸司常切
嚴察管押人如敢作弊換易即送所屬吏治申尚書省
取旨如覺察得換易數多仰逐州保明申取朝廷指揮
特與推賞在京交納庫務並須如法看驗交納若內有



不堪支充衣賜者取旨點責仍別行科發過支衣委戶
部長貳太府寺卿少前期躬詣所支庫務點檢如堪充
衣裝方得支散仍並前十日具狀保明聞奏左藏庫布
每遇支遣衣賜自來係太府寺前期進様多是揀選上
色堪好物帛進呈其所支衣賜往往與様不同今後並
仰取中等物帛代進謂如闕河北絹以京東絹代支之
類今後須是本等實闕方合以次等支遣又在京收買
物帛官司作弊多買低弱次之物今後並仰體度市價
堪充衣賜使用物帛仍每匹封様赴左右司呈驗從之
　高宗建炎二年六月三日戶部言左藏庫申樁辦八
月冬衣緣諸路起綱並發條限上限八月終下限十月
終計綱上京送納已過支衣日限難以措辦支用欲乞
自來年依例下江南東西路各先起綱二十萬匹紬六
萬匹兩浙絹五十萬匹紬八萬匹令逐路轉運司先次
那融本色[闕]諸色窠名或朝廷封樁見在並限七月上旬
到京候輸納到今來應係窠名樁還從之　紹興元年
四月二十五日戶部言兩浙東西路今歲合發上供紬
絹絲綿已依指揮條例一半折納價錢起發外欲將其
餘路合發絲綿紬絹並半折納見錢紬絹每匹折二貫
文省絲每兩二百文省綿每兩二百文省計置輕齎金
銀起發仍令逐前簿將合折數目於第五等人戶全折
餘數均於第四等以上人戶從之　三年正月三日折

東福建路宣諭朱異言據婺州百姓成列等狀每歲和
買平婺羅受納兩數太重平羅一匹要及一十九兩婺
羅一匹二十二兩與本州所織清水羅率增重八九兩
訖除減輸納臣竊以兩浙綿絲細小與河北土産定羅
不同難以數及上件兩數是致多用粉藥纔經梅潤往
往蒸壞逐歲不免退剝再勒人戶貼納乞止依在市清
水羅斤兩輸官戶部言左藏庫歲常支羅不過萬匹其
婺州紹興三年分合發年額羅二萬匹恐不須盡數起
發本色詔婺州紹興三年分羅並權折納價錢令兩浙
轉運使開具合折價錢直申尚書省　五月二十五日兩
浙西路宣諭胡蒙言巡歷至臨安府嚴州界下等人戶
陳狀各稱絲蠶成熟難得見錢折納和買物帛乞許
令本路州縣五等人戶從便送納七分本色三分見錢
戶部尋下兩浙轉司看詳得今年合發夏税和買物帛
依奉三月三日聖旨內兩浙七分本色三分折錢其價
錢先令第五等人戶全行折納如有折納不足數目更
令第四五等人戶折納所有攤數不足數目均於上等人
戶名下科折務要寬恤下戶欲依兩浙轉運司已得指
揮從之　二十八日詔昨建炎二年二月二十七日已
降指揮婺州上供平羅並定著為永法其戶部續申明
去年十二月二十八日及今年四月九日令本州將折
羅和買綃起發指揮可更不施行以紓民力　四年八



月十九日殿中侍御史張致遠言伏覩鎮南軍申乞以
本州和買絹紬合起八分本色更將二分許人戶折納
價錢每匹六貫文省又胡世將申洪州在市一絹之直
已增長八貫五百文足自餘州軍有至十貫足以上去
乞每匹折錢五貫或六貫文足今計折價錢納來應副
江北支用戶部勘當乞將江西八分本色絹內令三分依
洪州所乞折納價錢每匹作六貫文足如人戶願納米
穀各依逐處市價聽納已從其請切以江西殘破之
餘軍旅轉餉殆無虚日鎮南軍和預買絹自起催至六
月纔納及一分民力不易自可想見每匹令納錢六千
省比之舊折三司價例已增一半若比浙中見價每匹
計多一千五百戶部勘減當吏令折錢每匹六貫文其
實八貫省耳是於三等之中獨取極價徵求民之急而
倍其斂也物不常貴官有定額民得蠶織則絹有時而
易辦錢額既定則價無時而可減臣側聞章聖皇帝嘗
語宰輔曰兩浙福建湖廣州軍歲輸丁口錢四十餘萬
國家恤念遠人非深行惠澤無以致其康樂當永除之
丁謂以為方東西巡幸賜予億計慮有司經費不給章
聖曰朝廷推恩所貴及民但當本抑末節用愛人何至
以經費為辭耶夫丁口錢民輸甚易且有定制章聖不
恤經費一言而除之和買舊給本錢每綃一千方時多艱
白取既非得已有司請寬民力戶部乃用極價難數

千萬緡，豈陛下所以增念黎元之本心耶詔依已降指揮折納價錢每匹減作六貫文省如人戶願納本色者聽　十一月一日詔昨降指揮江浙州縣來年合納夏稅和買紬絲羅並行折納價錢綿絹以十分爲率折納五分其價錢分兩限內紬絹價錢上限至來年(十二)正月終下限至(來年)正月終絲綿羅價錢上限至來年正月終下限至三月終其餘本色匹帛候至本年依條限起發其紬絹折納錢降指揮明言折納錢五貫二百文省自合送納省錢絲綿羅依去年價錢折納即無令納足錢之文其餘五分本色綿絹合候本年依條限起催即今未合催理訪聞州縣並不遵稟元降指揮輒將所折價却足錢令人戶送納及將來年合納五分本色綿絹一槩便行催理顯屬騷擾令監司禁止覺察聞奏　五年閏二月二十七日侍御史張致遠言訪聞江東西奉昨來預借折帛價錢民極省費而州縣責辦倉猝不及下戶令宜令上戶代納本色却令下戶補納價錢以寬貧乏(詔)賦人戶合納夏稅和預買物帛仰均行輸納却不得抑令下戶偏納本色餘路依此　四月十九日尚書省言今來諸路合納上供和買絹數昨降指揮將五分折納價錢以便民戶其臨安府係車駕駐蹕去處當更行優恤詔臨安府合發淮衣并三分上供和買納絹除別指揮已減放二分外將其餘數目以三分爲率更以一分折





納價錢每匹作五貫五百文足如願輸本色者聽餘二分依舊催納本色　十六年六月七日詔盱眙軍合發大禮紬(絲)絹依下州路椿辦　二十年二月三日上謂輔臣曰前日路彬言廣西折布袋因都督府張俊每匹增及兩倍可令戶部詳看裁減其後本部言靜江府昭州每歲合發上供布九萬二百八十一匹昨自紹興後來每匹增作一貫五百文省起發今欲依臣僚奏請於見納價上三分中與減一分作一貫文折納從之　二十八年三月二十四日宰執進呈內藏庫申契勘諸州軍上供內藏庫匹帛依法每匹長四十二尺闊二尺五分若有行濫及色額低次起發自有斷罪湖州納到小綾一百六十八匹看驗得內一百二十八匹稀踈怯薄短頭不堪婺州納到綾羅共二百七十二匹亦如此不堪乞明降指揮文付原押人退還逐州換納上曰此已係民所納若行退換原物未必歸民戶却重科納必致騷擾朕深不欲如此止令提刑司具兩州受納官薄示懲戒足矣　三十年六月十八日戶部言臣僚言人戶輸納匹帛內有不應式者止合退換比年以來聞有州縣復生奸弊遇受納夏稅之日差胥吏於場中別置一所如有退換紬絹每匹令人戶納錢名曰回稅既不正附赤歷其錢莫可稽考望嚴立法禁得旨令戶部看詳本部勘會在法諸非法擅賦斂者以違制論過爲措刻者

徒二年監司以人戶合納數帛絲綿之類紐折增加價錢或糴買糧草抑令遠處輸納若巧作名目額外誅求者亦並以違制論守令奉行及監司不互察者與同罪並許被科抑人戶越訴合納官物不正行收支者杖八十收支官物不即書歷及別置私歷者徒二年欲下諸路轉運司行下所部州縣遵守前項見行條法從之

孝宗乾道二年二月七日戶部侍郎曾懷等言諸路州軍起到物帛並係應副官禁及百司官兵等支遣自合受納及格堪好物帛今徽州發納乾道二年上供第四綱和買夏稅紬左藏庫看驗得內一萬六千四百四十七匹並各輕怯粉藥紕疎不堪支遣軍衣等使用顯是本州當來受納官吏與專揀攬納人戶通同作弊有妨支遣除已退回令別補發所有原受納官吏等望重賜黜責庶為諸路受納官之誡詔令江東轉司具元受納官吏并當職官位姓名以聞　三年二月七日上宣諭宰執曰聞兩日支軍人紬甚好常年不得如此先是戶部申有徽州解到冬衣紬皆不堪支遣上曰恐支與軍兵粗惡不便令戶部加意料理且差中使不測挈取以防奸弊至是有司支散冬衣皆佳蔣芾奏曰軍人知陛下留意如此請得好紬無欲躍　四年十二月十七日詔乾道五年折帛錢權與減半輸納一年　五年三月十七日戶部尚書曾懷言紹興府補發到乾道四年諸



縣退剩紬二萬六百七匹輕怯不應省則李部郎妄太府寺官重行編揀內稍可支遣紬一萬四千三十五匹充次支散外有輕怯紬六千五百七十二匹合行退回又緣正是新陳未接之際妨廢人戶根括經易重疊發攙今欲委官措置截別行措置照試收下一概行退還納乞下諸州軍納到紬絹餘人緣分起上供諸路係官省揀受納起發如依前後從本部擬將輕疎紬絹內有未紬發納數如發有輕疎臨時看過之數亦已依此施行從之　八月七日詔比降指揮更乞折帛錢近日州郡知紬合納紬絹內輕折見錢更收買紬下紬帛逆納民不得責更可令禮究而有以此去處重作施行

十二月十四日詔將徽州休寧等五縣減下折帛錢自乾道五年以後令監司比對本色以備建路轉運副使趙彥端有請也　八年二月十二日戶部言昨徽州起將本州上供紬依祖宗舊制重十一兩為一匹輸納本部欲依本州所申令來係州截日終起到乾道七年上供紬八萬一千七百六十餘匹係四十二尺為一匹每匹重一十一兩一分或一十一兩半之數詔如所若承事郎趙師夔特轉一官通判府承議張請減三年磨勘　十一月八日詔楚州乾道七年分紬絹等並免起發以知楚州趙磻老言兩經兵擾故也

全唐文

宋會要 折帛錢

徽宗建中靖國元年尚書省言預買錢多人户願請比歲例增給詔諸路提舉司假本司剩利錢同漕司來歲市紬絹計綱赴京政和元年臣僚言兩浙因紹聖中王同老之請和買并税紬絹匹帛頭子錢又收市例錢四十例外約增數萬緡以分給典吏等多者千餘緡少者五百緡於是詔罷市利錢高宗建炎三年車駕初至杭州朱勝非為相兩浙運副王琮言本路上供和買紬絹歲為一百一十七萬匹每匹折納錢兩千計三百五十萬緡省以助國用詔許之東南折帛錢自此始折帛和




買非古也國初二税輸錢米而已咸平三年始令州軍以税錢物力科折帛絹而於夏科輸之此夏折帛之所從始也太中祥符九年内帑發下三司預市紬絹時青齊間絹匹直八百紬六百官給錢率增二百民甚便之自後稍行之四方寶元後改給鹽七分錢三分崇寧三年鈔法既變鹽不復支三分本錢亦無九月御筆朕累下寛恤之詔而追於經費未能悉如所懷今聞江南和預買絹其弊尤甚可下江浙減四分之一以寛民力仍耒見錢逹寘之法二年户部請諸路上供絲帛並半折錢如兩浙例於是左相呂頤浩視師右相秦檜奏從之江淮閩廣荆湖折帛錢自此始時江浙湖北夔路歲額



紬三十九萬匹江南川廣湖南兩浙絹二百七十三萬匹東川湖南綾羅絁七萬匹四川廣西路布七十七萬匹成都府錦綺千八百餘匹皆有奇詔諸路憲臣覈州縣已未支還和買本錢實數來上初魏矼在考功建言州縣和預買絹不給本錢乞就折民間應納役錢使官無受給之弊民無請納之勞尋下轉運常平司議冬十月兩浙轉運司言本路歲用和買本錢七十三萬餘緡無可那撥而常平司言此錢既充和買則役人無以給之其議遂止按折帛元出於和買其始也則官給錢以買之其後也則官不給錢而白取之又其後也則反令以每匹之價折納見錢而謂之折帛倒置可笑如此則




官價之不給久矣今甫詔諸路憲臣覈州縣已未支和買本錢實數來上豈其時上之人亦未知也或官吏肆為欺弊復以和買名色妄有支破耶魏矼之說因為理當然役錢者應納之物也折帛者横取之物也官惟其乏錢是以不免横取於民若其可蠲則自當明蠲横取之折帛錢正不必以應納之役錢此折也四年十一月初令江浙民户悉納折帛錢六年兩浙轉運使李迨始取婺秀湖州平江府歲計寛剩錢二十二萬八千緡有奇依折帛錢條限起發十七年詔減折帛錢江南每匹為六千兩浙七千和買六千五百絲江南每兩三百兩浙四百自來年始孝宗乾道四年宰執進呈度支郎官

文句不續，似有脫誤

劉師尹奏江浙四路折帛錢，紹興初年立價折納，至十一年頓增一倍。十二年九月赦書止令折十之一。十五年又詔兩浙夏稅紬絹匹減一貫，和預買減一貫二百，江東西減兩貫。緣州縣不盡遵依，晴有增添，乞裁減，以寬民力。上曰：朕未嘗妄用一毫，只為百姓，可從之。冬十有二月甲辰，詔兩浙江東西路乾道五年夏稅和買折帛錢並權與減半輸納一年。如州縣過取一文以上，許評人戶詣檢鼓院進狀陳訴。汪義端言：若和買用畝頭均敷，則上戶頓減，而下戶頓增，蓋下五等人戶元不預和買，但每丁有綿，有丁鹽錢。今又以畝頭均受上戶和買，則是以一小民之身，與小薄瘠之產，而納數項之稅

卷四千六百八十五

三

賦，合將逐縣浮財物力，只照舊例均敷於四等以上為是。秘書郎孫逢吉言：和買為民間白著之賦，雖正月給散本錢之法尚載令甲，而人戶鈔旁亦有見錢請給之文，然上下皆知其為文具也。中興之初，絹價暴增，匹至十貫，高宗念下戶重困，乃令上戶輸絹，下戶輸錢，於是有折帛之名，匹折六貫或七貫。和議既定，物帛稍賤，又令輸紬者以八分折鈔，輸絹者以三分折錢，餘輸本色，遂為定制。朝廷以經費之故，未能裁損，州縣又於此外苛取民力，安得不重困哉。葉適應詔條奏言：可謂和買變之患也，自州縣而後至於民，民猶怨州縣，而後及於朝廷。和買則正取之民，而民國以二稅為常賦也，豈宜使經





句亦有脫訛

用有不足於二稅之內，而復有所求哉。經用不足，則大正其名實可也。承平以前，和買之患尚少，民有以乏錢而須賣，官有以先期而使民，令也舉昔日和買之數委之於民，使與夏稅並輸，民自家力錢之外，浮財營運生生之具，悉從折計，且若此者上下皆明知其不義，獨困於無策而莫之敢蠲耳。陛下斷然出命，以號天下，曰：自今並罷和買之為上供者，所用紬絹，惟軍衣未可裁損，其他宮禁官吏時節支賜格令之所應與者，一切不行，可也。和買既罷，取民之名正，義聲暢於海內矣。又曰：何謂折帛之患？支移折變，昔者之弊，事固多矣，而今莫甚於折帛之患。始以軍興，絹價大踴，至十餘千，而朝廷又

卷四千六百八十五

四

乏用，於是計臣始創為折帛，其說曰：寬民而利公。其後絹價即平，而民之所納折帛錢乃三倍於本色，既有夏稅折帛，又有和買折帛，且本以有所不足於夏稅而和買以足之，今乃使二者均折，於是何名而取義乎？其事無名，其取無義，平居自治其國，且不可，而況欲大有為於天下乎。雖然，折帛之為錢，矣所資此以待用者廣矣，陛下必鈞考其凡目，而後可以有所是正。若經總制錢不減，和買折帛不罷，合目睫之近而游視於八荒，此方名不能為將，良平不能為謀者也。寧宗嘉泰二年，判建康府吳琚奏：本府在城上元、江寧兩縣，昨因兵火，遂將營運和買綿絹數在外三縣內句容除元額外增絹二

千一十九匹綿二萬一百六十兩續嘗請減，於紬而特
相無田土在司審謂奏撝獨不與減，今欲與盡減續
增之綿永除下色偏重之害本府自行承認減數並可
嘉定十一年夏五月陛倅言鄱陽為邑經界之初稅錢
額管八十六百四十二貫有畸每稅錢一百文敷和買
六尺四寸八分有畸吏緣紛姦有增益積至嘉定九年
遂及七尺五寸六分又且見寸抹入謂之合零就整去
年復頓增三寸以最小崇德一鄉言之嘉定九年分額
管五百貫文有畸敷和買絹九百三十餘匹去年只管
九百四十貫有畸乃增至九百五十五匹可知其他乞
明詔有司痛為革絕從之



宋會要　和買

太宗太平興國八年四月詔內外諸司庫務及內東門
諸處造作如官庫內有物不得更下行收市應急須物
三司職官常預計度若急須物色官庫內無即於出產
處收市若不及即從三司下雜買務收買即不得直下
行鋪如違許諸色人陳告監官劾罪嚴斷　真宗咸平
二年五月十一日詔官中市物勒行人於雜買務納下
本務令人供憑二十二日詔雜買務買物支價錢委監
官當面將所價紐計錢數責領若三司乞破之時須繳
元帖并領狀申三司　景德三年五月九日詔內東門
買賣司應內降出賣匹段自今明上簿曆令使臣當面
差人印記具關子送下雜買務出賣所有錢銀即封記
交付更不得私將抵換匹帛下行出賣所有諸宮院亦
令依此置曆抄上又內中自來有直賣諸般物色並令
抄上簿曆拘管依例具關子下雜買務取索供納又內
中降出見錢令雜買務收買供應物色自今便抑據數
送下依例下行收買供應更不得令將見錢轉換不堪
匹緞充見賣又內中所買羊肉自今並令使臣上曆出給
印押帖子差輦官下行取買諸宮院準此十五日詔內
東門降出賣匹緞令左藏庫送納關報雜買務依時估
納錢十九日詔如有內東門買賣輦官諸邑人將低次
匹帛換內降上好匹緞自今令雜買務牓門曉示須究

上門曆方將物於監官出頭仍揩定錢四千貫分兩番一季結筭依舊收藏零脚錢每供物賣物限半月納錢齊足仍各置曆拘轄　大中祥符二年五月十一日上封者言雜買務與內東門司出納因緣爲姦真宗曰此二句屢曾制置常給錢伍百萬於本司以備支遣不欲稽滯價直也先市時常以錢百萬命宋思恭檢校凡宮中市物令即時面給其直用訖復增常滿其數仍聞思恭亦不能盡副先旨近日宮中凡所須索並付左藏庫雖動須變轉且免擾民也八月詔洞真宮關寶院韓國長公主宅廣平公保信軍院及應救葬所買賣物色並聽從便不須下雜買務是月詔崇真資聖禪院於雜買務買物處其擾人今後具數以聞十月二十二日詔內東門降出宣賜銀及成器物有鐫鑿宮匠斤兩字號者委雜買務使臣看驗分釐色號依時估取係省錢收買送左藏庫候及千兩申三司煎煉若無字號不及色額器物欽劄即付行出買二十三日詔雜買務要有買賣畫時支給價錢不得邀滯　五年八月詔雜買務市物並須支一色見錢　六年十一月詔自今內降及諸宮院賣金銀器物並送左藏庫給錢有帶膠銲細碎物即於雜買務出賣　七年十一月詔內東門順儀院崇真資聖院太和宮及廝卧使臣取買物許於雜買務下行收買除宮庫所有物外各令行人等第給限供納是月



詔雜買務應下行買物者價錢不得住滯邀乞其外催受得買物闕子次日須通下行戶置曆於監官處書押　天禧二年十二月提舉庫務司言雜買務準內東門劄子九月收買匹帛內白絁每匹二千二百十月收買皂絁每匹二千八百及收買果子添減價例不定稱府司未牒到時估檢會大中祥符九年條例時估於旬假日集行人定奪望自今令府司候入旬一日類聚牒雜買務仍別寫事宜取本務官批鑿月日齎送當司置簿抄上點檢從之是月詔三司開封府指揮府司自今令諸行鋪人戶依先降條納於旬假日齊集定奪次旬諸般物色見賣價狀赴府司候入旬一日牒送雜買務仍別寫一本具言諸行戶某年月日分時估已於某年月日赴雜買務通下取本務官吏於狀前批鑿收領月日送提舉諸司庫務司置簿抄上點檢府司如有違慢許提舉司句干繫人吏勘斷　仁宗皇祐四年三月二十六日詔雜買務自今凡宮禁所市物先須勘會庫務委闕者方得下行仍皆給實直其非所闕者毋得市　初仁宗謂輔臣曰國朝監唐世宮市之患特置此務以京朝官內侍參主之且防擾人近歲非所急之物一切收市擾人亦甚矣故降是詔　至和元年十一月知開封府蔡襄言內東門市行人物有累年未償錢者請自今並關雜買務以見錢市之其降出物帛亦估直於左藏

庫給錢從之　高宗紹興六年二月四日詔和劑局藥材令雜買務收買仍就令太府寺準備差使兼雜買務監門機察錢物出入除本身請給外每月添支和劑局監門官日支食錢一色同日詔雜買務收買藥材除舊額專副手分攢司庫子外添置手分一名書手一名同日詔雜買務收買藥材依雜賣場例每貫收頭子錢二十文省市例錢五文足應副腳剩等雜支使開置曆收支年終將剩數併入息錢所有熟藥所納錢看詳並依左藏西庫條法其納到錢除就支藥材價錢外見在錢並行樁管同日詔雜買務令臨安府輪差兵士一十五人充把門搜檢巡防等役使二十三日詔太府寺置牙人四名收買和劑局藥材每貫支牙錢五文於客人賣藥材錢內支如入中依市值定價責牙人辨驗無偽濫堪充修合狀監官再行審驗定價收買如受情中賣偽濫并例外收買錢物許人告每名支賞錢五十貫並依偽濫律斷罪及官知情各與同罪不覺察減二等　五月十五日朝旨每貫於客人處更支牙錢二十文以無人應募也　同日詔收買藥材令臨安府市令司每旬開具藥物名件實直價例報雜買務申太府寺照會　孝宗隆興二年二月十六日吏部狀部省批下本部申明雜買務闕未審日後合從是何選分差注或係堂除後批照應已降指揮許通差文武臣尚書左選勘會令將



四

紹興格并續降指揮參照立定差法雜買務選注通判知縣資序不曾犯贓私罪年未六十人仍不注初任勘改官人尚書右選勘會雜買務闕通差文武臣今欲差親民資序不曾犯贓私罪年未及六十人候尚書左選闕到指揮日出榜召官指射如同日有官願就即先差承務郎以上次注大使臣其為任決闕年限並依見行格法施行



五

宋會要上供

起建炎三年訖乾道九年



高宗建炎三年七月二十七日，戶部侍郎葉份言：乞每
歲終從本部將諸路所起上供錢物斛斗數目以十分
為率，比較二兩路起發最多最少去處，申乞賞罰，庶使
官吏有勤惰之戒。詔從之。　四年九月六日，戶部侍郎
孟庾言：崇寧立法，諸路違欠上供錢物，官衝替而吏配
千里，務要應期辦集。後大觀間戶部奏請，以為法禁太
重，將官員衝替改作差替，人吏決配改作勒停，期於必
行，不為虛文。繼承指揮，郤依舊法。日來朝廷不欲深罪
監司州郡，公然違戾，深慮有悞國計。伏望嚴賜督責監
司州郡當職官，將今年上供錢物須管依限起發赴行
在應副支用，如有違欠，並乞依大觀間申請斷罪。從之。

卷一萬七千零四　二十六

紹興元年三月十九日，尚書省言：行在養兵之費浸
廣，帑藏之積無幾，將來大禮合用賞給百萬，既不許橫斂，
惟指擬上供，宜預行戒飭。詔監司及州縣當職官不務
體國，縱令拖欠，起發違滯，或冒法截留、侵隱、充借之類，
有悞大禮支遣，官追一官勒停，人吏杖脊遠配；若率先
起足，取旨優異推恩。仍令戶部常切催督，具置薄點檢
驅催，並依已降指揮施行。從之。　二十七日，詔諸路應
赴行在錢物斛斗，官司輙截留借充支撥，並依上供條
法指揮施行。　四月十三日，戶部侍郎孟庾言：江南東
西路合起發行在額斛，係以去年秋稅計置起發。已承
十一月四日朝旨，將二分折起價錢外，餘八分起發本

色糧米緣所起數多即目道路未甚通快深慮艱於一
併般運又民間見闕糧斛今欲將逐路合起發米將二
分依市價糴賣將賣到錢計置金銀起發餘六分本色
依舊詔依仍仰將已納在官合起發上供米斛依市價
出糶如有未納數目即拘催本色不得抑勒稅户認納
價錢却成搔擾　八月二十九日詔令宣州將未起上
供紬絹三萬匹並納本色　以本州言奉勅上供紬絹
一半折價每匹三貫文而江東時值止兩貫下户反有
倍費故也　二年三月二十二日户部尚書李彌大言
今來道路並無梗阻其諸路州軍上供錢帛斛斟合
遵依上供條限盡數起發前來行在送納望嚴賜指揮

卷一萬七千五百四十四　二十七

諸路漕臣詔兩浙東西江南東西路各就委逐路劉刷
折帛錢官拘催并福建路荆湖南北路廣南東西路並
仰逐路漕臣照會户部已行事理訓誡州縣將合起發
物各依條限起發今來係充贍軍支用務在悉心拘檯
毋令蹈習前弊令户部不住催促施行如尚敢違限不
為依數起發仰本部按劾取旨重寘于法　閏四月十
二日臣僚言欲令福建路轉運司將本路合買發上供
銀委官置場依市價收買如或價高所買數少不及祖
額即乞朝廷量行蠲減詔劄與福建路轉運司從長相
度務要便民限三日中尚書省　五月十一日户部言
乞將處台州上供錢物並依江東西不通水路已降指



揮計置輕齎起發赴行在從之　六月二十七日金部
言欲將鼎州建炎四年合發上供錢物免放其紹興元
年分上供之數自來年為始分限三料帶納其今年上
供錢物疾速依條限計置起發前來行在送納從之
七月十四日詔南康軍令歲合發上供紙並特與放
免一年　十月十三日都省言江西吉筠州臨江軍上
供糧斛累年並無起發數目今歲豐稔秋苗理當措置
詔差倉部郎官孫逸前去同本路漕臣韓球於逐州催
納先次起發三十萬碩各差逐州通判兵官一員管押
赴鎮江府權行交卸具合用舟船如官綱不足仰本路
安撫大使司協力那融應副仍限至十二月終起發盡

卷一萬七千五百四十四　二十八

絕如有已受納到早米亦仰疾速起發祇備應接行在
支遣令户部常切催促如限内依數起足其韓球孫逸
并管押官一例推恩若出限不足取旨降黜及差郎官
一員家院准備將兩員前去受納令別項樁管非奉朝
廷指揮不以是何去處不得支動顆粒并沿路不得拘
截如違並重寘典憲　十一月八日度支員外郎胡蒙
言頃詔諸路監司凡管下租賦利入拘催趁辦未足額
不許截撥上供其一路一州一縣物斛錢帛應合輸行
在之數敢有違欠以慢法恭罪之限滿委省部劉刷以
聞嚴行懲戒若殘破州縣之吏有能勸課耕闢田產使
租賦漸復元額措置征商權酤而收息至於增羨者並

具實保奏優與進擢以示激勸或監司州縣沮抑許諸
臺省自陳庶幾或知國用為急財賦必輻輳而至軍事
雖未息費用常裕如無苛斂以蠹民則邦本自固矣詔
劄與諸路轉運司照會　十七日江浙荆湖廣南福建
路都轉運使張公濟言逐路州郡依格上供之類常是
出限不足欲乞應諸路州軍財賦出入並許公濟取索
點察具合撥上供錢物如限滿有欠缺不足之數從公
濟取撥本路所管轉運司移用錢依條補足解發如逐
州上供錢未足漕司不以移用錢補發別作名目支使
欲許公濟按劾具事因申取朝廷指揮從之　三年正
月二十九日詔江東西湖北路紹興元年二年未起上

卷一萬七千五百四十四　二十九

供紙數並特與權行倚閣紹興三年合發數目一半權
折納價錢　二月二十日戶部言檢會去年七月二十
日都省言提點鑄錢官王暎申請將鼓鑄年額上供錢
内每年權借留一十五萬貫充回易錢本限次年内先
次起發赴行在本部契勘在法上供錢物不許官司陳
請截留借充支撥欲令本司將截留過錢數立便盡數
起發從之　八月四日戶部尚書黃叔敖言政和東南
六路直達糧綱起發條限難以遵守即今車駕駐蹕臨
安諸路歲額上供事須權宜別立季限令乞兩浙路分
兩限拘催收椿數足上限今年十二月終次限次年二
月終江南東西荆湖南北並分三限第一限本年終起





發第二限次年二月終第三限五月終如違限椿發不
足從本部具數申朝廷乞賜施行從之　四年二月二
日詔廣南東西路轉運司當職官各降一官吏人從杖
一百科斷　以戶部比較紹興三年未起上供錢物本
路拖欠最多故也　六日戶部尚書黃叔敖等言今歲
大禮賞給乞兩浙等路上供和買紬絹以十分為率八
分起發本色二分折納價錢從之　二十七日詔蘄州
紹興四年已前合起無額上供錢物並與蠲免以本州
言兵火後財計未敷也　同日左朝散郎王縉言廣南
東路每歲上供例買銀輕齎而近年坑場不發銀價騰
貴及至行在支還類損元價十之三四與勘榷貨務乞

卷一萬七千五百四十四　三十

人入納算請鹽鈔有措留鹽本等錢數不少令不若令
算請廣東鹽鈔之人一併入納措留等錢別項椿管起
發充本路上供之數預約度一歲入納之數下轉運司
於諸州上供錢內撥還鹽事司詔令戶部勘當申尚書
省　四月二十一日臣僚言切見廣東上供白金歲輸
十萬兩朝廷雖嘗令廣東相度從便上供見緡然而轉
輸當用舟航顧募之初匪易護送必遣官吏交納之際
甚艱繇是州郡莫敢任見緡之責伏見近歲取廣東漕
司鹽改為鈔鹽鈔法既行而常患乏鹽尚有三分之一
留充漕計令若將上供錢銀舊數蠲其難辦之額定其
實納之數撥與本路為漕計而於漕司一分鹽內會其

管一作官

具一作兵

價直取之以益鈔鹽使償上供之數則商賈自以見緡
輸于行朝矣詔令戶部勘當申尚書省　七月十三日
温州言乞將今年未起上供紬以本絹代發從之　五
年正月五日詔罷湖南轉運司上供額斛折納價錢並
催納本色　三月十八日前荆湖南路提刑司檢詳管
文浩言切見荆湖南路上供錢舊以官綱鹽頭子錢椿
數起發自推行鹽法之後應係客販所謂頭子錢者無
有也當時有司慮失歲計州縣遂急措畫遂以麴引爲
名歲取其數苟逃吏責因循迄今但以人戶税役高下
分俵麴引每縣或至二三萬緡十倍上供之數斂多用
寡弊不勝言乞令本路漕臣各擬逐州元認上供實數

卷一萬七千五百四十四　三十一

以人戶見今等第均敷勿襲科俵麴引之弊或紙檢察
以聞所貴少戢贓墨之吏以蘇凋瘵之民詔令席益體
訪詣實具合如何施行申尚書省　十五年十月三日
知建康府晁謙之言本府每歲合起上供米萬斛一十
五萬石自經兵火至紹興五年總起一十一萬石後緣
轉運副使黄敦書暫權府事增起二萬四千餘石遂致
兩年以來公私費力欲乞將上件增起米數許與蠲從
之　十九年九月二十五日戶部言諸路軍州歲發上
供諸色錢帛并合椿管窠名各有椿發條限今將侵借
去處不以去官並從本部按劾重賜典責施行從之　二
十年六月三日權知無爲軍高世史言本軍三縣人戶





未甚歸業具合起諸色上供委是闕乏欲望令所屬委
官撿覆見歸業并開墾田土於見令承認舊額所起上
供等錢數內量行減免詔令戶部看詳如合減免申尚
書省取旨　二十三年閏十二月二十二日戶部言上
供諸色窠名錢物在法不得支兌移用若輒擅侵支各
有專一斷罪條法指揮比年以來州軍往往冒法輕費
妄用乞行下諸路監司常切檢察遵依條禁如有違戾
侵借除依法斷罪外仍乞令後更不差注知州軍差遣
仍乞從本部取索當職官職位姓名供申尚書省照會
施行若後官任內合發窠名錢物別無拖欠能措置補
還前官擅支錢物每及一萬貫已上與減一年磨勘至

卷一萬七千五百四十四　三十二

五年止從之　二十六年八月十二日詔滁州合起上
供錢權以六分爲額起發　以本路轉運司言本州上
供已發八萬安撫所出乞蠲免故也　十九日戶部言
乞令諸路監司催督所部州縣將上供等錢物今後並
依條限拘催起發仍從本部於次年驅磨違慢多處開
具按劾重賜施行從之　十一月二十三日江南西路
轉運司主管文字逄汝舟言望詔有司戒飭州縣於每
歲增起二分錢物不得增數於民庶使民力不致重困
於是戶部言合起上供錢物除湖南州軍依格起發外欲
下荆湖北路轉運司鈐束逐州軍合將增起數目依條
收椿起發即不得增數於民如有違戾去處仰本司按

劾施行從之　二十八年五月十二日尚書駕部郎中張宗元言比年以來諸路發納米斛數少朝廷不免將諸路糴本湊額錢(儆)赴行在和糴場及三路總領司收糴米斛補助支遣欲望詔有司行下諸路轉運司自今後須管每年開具合收實數條明諸州府守倅令佐及檢踏災傷官次第結罪狀供申要在十一月內到部仍依省限報足如違從戶部具申朝廷取旨施行若實數既見可憑稽考不致拖欠則立為成法三年之後椿積之數不下及五百萬石降本湊額外每歲又有二百萬緡以助他用於是戶部言江浙路歲額合發上供米斛並係實數緣紹興之初一時隨宜認發致不及元額在法

卷萬七千五百四十四　三十三

江浙荊湖路秋稅十月一日起催若有災傷以八月經縣陳訴至月終止限四十日檢放欲依所請行下兩浙江東西湖南北路轉運司仍先具已依稟文狀以聞從之　二十九年正月二十四日司農少卿董苹言伏望特降指揮令後州縣前官拖欠上供而後官致被取勘者先具所欠年分已去當職官擇其甚者取旨責罰不以去官赦降失減從之　八月二十三日戶部言今欲令逐路漕司與州軍當職官將今年合發上供額斛具依年例數目認椿仍多方措置檢察遵依條限起發赴所屬應辦給遣務要盡實毋致欺隱如違從本部開具違戾去處按劾施行從之　十二月四日權戶部侍郎



董苹言欲望申飭諸路州軍將合收錢物依條分隸不得改名易色應限發納及入監司各隨窠名催督所屬起發毋令輒換綱解暗移上供仍許監司互察從之　三十一年八月二十六日戶部言今相度欲令逐路漕司與州軍當職官將今年合發上供額斛且依年例數目認椿施行仍多方措置檢察遵依條限依數椿辦起發赴所屬應辦給遣務要盡實毋致欺隱如違從本部開具違戾去處按劾施行從之　浙東路上供錢六萬七千六百九十四貫文　浙西路上供錢一十五萬四千八百三十貫文　江東路上供錢一十八萬一千一百七十貫文　江西路上供錢一十五萬六百一十貫

卷萬七千五百四十四　三十四

文　福建路上供錢三萬二千六百七十三貫八百八十九文銀一十六萬三千二百六十一兩六錢六分八釐　淮東路上供錢七萬八千二百九十二貫文　淮西路上供錢二十四萬三千一百一十九貫文　湖南路上供錢二十八萬一百一十一貫文　湖北路上供錢二十八萬一千六百貫文銀八十一兩六錢　廣東路上供錢四萬一千四百九十八貫文銀三萬八百二十二兩金一十五兩　廣西路上供錢六萬四千八百七十貫文銀六百五兩　成都府路上供錢三百八十貫文　潼川府路上供錢三萬七千五十六貫七百九十五文　利州路上供錢九千七百三十九貫三百六十

二文銀九千九百七十八兩　夔州路上供銀三萬六
千八百八十一兩四錢二分五釐二黍金四百八十兩
京西路上供錢四千六百八十貫文
孝宗隆興元年十二月二十七日詔諸路州軍歲起上
供錢物例有拖欠監司郡守却以羨餘進獻僥冒賞典
可令戶部行下諸路州軍令後上供錢物須管依限起
發數足如數目未足輒行率斂進獻仰本部按劾以聞
　二年四月十二日詔諸州補發前官任內侵支拖欠
上供諸色窠名錢物充兩淮修築城池使用每及一萬
貫與減一年磨勘至五年止　於是右正言尹穡言竊
謂諸路州軍每遇一時緊切支用無可那移方可將上
卷一萬七千五百四十四
供錢物逐急借撥遂致前後積壓拖欠雖要撥還又有
當年合起錢數猶恐起辦不及若後官到任自能措置
收簇別無少欠已是不易何由更有餘剩補發前官未
起數目況今年係大禮年分比之常年倍更窘闕縱使
逐郡知州意在希賞未知作何擘畫可以應數不惟經
涉歲月虛費文移必致誤事若更使逐州並緣稅賦科
須等於民戶巧作名目百色增取重有搔擾深為可慮
望令戶部據見今諸州軍侵支拖欠上供等錢物約度
分數且令每年逐旋帶納要在多寡合宜使督責可行
須管與當年合發錢物各要起足如準前拖欠依先降
指揮知州不許與知州差遣仍展一年磨勘當職官任

三十五

戶一作目



滿日於印紙上別項批書所起錢數足方許參部所有
補發舊欠及一萬貫文減一年磨勘指揮乞更不施行
從之　乾道二年九月二十六日詔諸路州軍監司令
起上供諸色錢物皆有起發條限近來循襲恬然拖欠
致有闕乏可將諸路合起行在上供錢物每歲上下半
年從戶部比較最稽違拖欠去處具名按劾重行黜責
從戶部侍郎曾懷請也　四年七月五日詔諸路提刑
司今後諸州知通拘收無額錢物候任滿日別無拖欠
上供諸色窠名錢數及經總制錢本考內亦無虧額方
許陳乞依格推賞仍自今降指揮為始　先是浙東提
刑徐藏言准紹興二十八年三月二十五日聖旨戶部
卷一萬七千五百四十四
契勘諸路州軍所收無額上供錢物每歲收及五千貫
已上知通各減磨勘一年一萬貫減一年半一萬五千
貫已上減二年緣州軍將別色官錢充那湊數作無額
窠名起發却將有額合起錢數拖欠乞從本部驅考若
任內合起上供折帛等錢別無虧欠方許作見行條法
推賞諸路方且遵承續准隆興元年朝旨知通拘收無
額錢得賞格更不候任滿便行保奏緣此前弊復作故
有是詔　十二月十四日四川總領所夔州路轉運司
言夔路歲發上供等錢物支降鹽茶下逐州拘收自行
變賣充本收買金銀綿帛起發假折人戶輸納數目其
州軍如有侵移借兌欺隱不行盡實侵所乞比附擅賦

三十六

管一作官



敕法科罪諸如有違戾即將管吏依非法擅賦斂勅條
以違制論依律徒二年科罪　六年閏五月六日戶部
尚書曽懐言諸州軍起發戶部諸色官錢及供(工)錢物
雖各有窠名緣州軍往往妄於名色上有分擘慢不為
盡數發納或虛申綱解致悞指擬今欲印給綱目遍下
諸州軍專委通判逐季開具已未起發數目如無通判
去處即委僉判判官謂如春季錢物即於四月初五日
以前填寫綱目申發戶部如稽滯不到從本部先劾所
委官夏秋冬季准此歲終部將納足欠多州軍每路具
三兩處申奏以為殿最從之　七年正月二十日詔自
今後諸路州軍起發上供諸色窠名銅錢並要起七分
卷一萬七千五百四十四　三十七
見錢三分會子并入戶典賣田宅等交易用錢會子使
聽從民便　五月五日三省言檢准紹興二十五年四
月十六日聖旨諸州軍知通拘收無額上供錢物每歲
終及一萬貫與減一年半磨勘如及一萬五千貫以上
與減二年磨勘切見州軍所收諸色窠名數目浩瀚如
贓罰戶絶等錢物動以千萬計其知通歲終只以一萬
五千貫以上趣及賞額餘錢既無增賞得以侵支妄用
是致失陷財計欲乞自今後應諸州軍知通及諸路安
撫轉運使提刑提舉并市舶官應任內各司自能拘收
起發無額錢物內一萬貫減一年半磨勘及一萬五千
貫減二年磨勘若增及三萬貫文以上轉一官如更能



拘催起發過數並比類推賞除歲額諸州軍一萬五千
貫以下錢物並依舊逐季起發赴左藏西庫外(餘)令來
諸司及諸州軍增收到無額錢物並逐季令項起赴左
藏南上庫椿管仍專委官一員以時點檢拘催依數起
發俟至歲終優加推賞從之　其後九年五月二十七
日臣僚言伏見紹興二十五年指揮諸州軍知通每歲
拘收無額錢及一萬貫與減一年半磨勘一萬五千貫
以上與減二年磨勘此以利導之近來往往諸州將具
他錢物先次起發數足以幸賞典雖云諸色窠名無虧
方許陳乞然知通督責未有不推賞者至乾道七年五
月五日再降指揮將知通起發無額錢及三萬貫與轉
卷一萬七千五百四十四　三十八
一官此法既行太為僥濫昨來推賞了過二年並用實
歷對使令比舊法纔得一萬五千貫便轉一官諸路知
通尤更急於受賞人人競利至有一年之內拘收無額
錢轉一官減二年磨勘者若二年則遂轉三官矣如小
郡財賦有限於常賦之外更事刻剝則事力愈窘益見
煎熬天下州郡長貳但志在於拘錢轉官凡在法有合
行整頓綱紀之事苟且因循盡廢而不舉矣詔諸路州
郡知通今後每歲起發無額上供錢物若增及三萬貫
以上與減三年磨勘　八年三月十三日提舉淮南東
路常平茶鹽(公)事措置兩淮官田徐子寅言檢准乾道
七年十一月四日指揮措置行使鐵錢盡一兩一項兩

鐵一作錢

常一作納

酬賞從本部一本作數目多少仍細披文義兩本似俱有脫誤

淮諸州軍依淮近降指揮應起發上供等錢並以七分
見錢三分會子解發今來沿淮州軍見使鐵錢許令會子
則難以發納今欲將沿淮州軍合發納錢許令解發會
子所有自餘近襄州軍且令依所降指揮分數解納見
錢會子候將來普用鐵錢日別行條具申請詔極邊州
軍並用交會近裏州軍以鐵會中半起發 八月四日
權戶部尚書楊倓言朝廷用度全仰諸州軍起到錢應
接支遣今稽考得江浙(軍)州截日終起發乾道八年折
帛錢比之乾道七年一般月日計增起多解錢七十餘
萬貫令將逐州軍所起數目比較得內常平所起之數
比還年一般月日多起解到錢一十六萬貫委是當職

卷一萬七千五百四十六 二十九

官究心職事若不量行旌賞無以激勸詔知州右朝請
大夫晁子健通判左朝散郎葛郯各特減二年磨勘
十月七日詔諸路轉運司自今場務解納本州分隸諸
司上供經總制錢朱鈔內須當開具若干係甚場務甚
監官在任收到錢數發納赴是何去處送納其餘場務
依此候申到監官在任增剩酬賞從本部參照施行
遺如申到日前在任推賞之人亦依此取會以吏部尚
書張津言比年以來並緣法制人知幸得如州縣場務
課息增羨內發納上供並無行在朱鈔而州郡泛濫保
明推賞故有是命 十一月六日詔將乾道四年五年
諸路州縣拖欠上供未起之數特與蠲放日下銷落簿



籍不得再有追理如違許民戶越訴監司覺察按治
以中書門下言諸路州縣拖欠未起上供經總制諸色
窠名錢物未解已降指揮放免至乾道三年終所有以後
年分亦有拖欠之數皆係民戶積欠經隔歲月若行一
例催理竊恐追擾故有是命 九年十一月九日南郊
赦諸路州縣拖欠未起上供經總制等諸色窠名錢米
等已降指揮放免至乾道五年終近兩浙路放免至六
年終其餘(路)分亦有拖欠之餘皆係民戶積欠經隔歲
月若行一例催理切慮追擾可將諸路州縣乾道六年
終已前應拖欠未起之數特與除放日下銷落簿籍不
得再有追擾如違許人戶越訴監司覺察按治 十二

卷一萬七千五百四十六 四十

月二十三日權戶部侍郎蔡洸言諸路州軍起發上供
并經總制等錢各有期限賞罰比年以來所隸監司不體
法意其起發如期者皆與保明被賞而違限者未見其
舉劾也則有賞無罰人無懲勸國用安得以時數足欲
望嚴飭諸路監司依限催發守貳尚敢違戾許臣揲其
弛慢之尤甚者按劾奏聞所隸監司不行糾察亦乞坐
罪從之

此下八條大典引會要作上供銀松按銀條上供之一似書廣別作名目疑大典摘此數條編入銀字韻耳今第附上供後不別出上供銀焉

全唐文　宋會要

雍熙四年詔諸道州府軍監課利上供銀今後並作摺角錢送納不得更作瓠石子鋌（双行注石子鋌下）政和三年九月十七日指揮變轉收買金銀起發上供內本錢依舊椿管循環支用從之建炎三年詔訪聞福建廣南自崇寧以來歲收買上供銀數浩瀚陪備掊掇民力不堪可自後歲減三分之一以示遠方寬恤之意四年正月二十九日詔福建路州軍令日以前見欠左藏庫估剗銀數虧欠官錢特與蠲放四年戶部侍郎葉份言福建路見上供銀數係以元豐年寶瑞場所收課利立爲定額自崇寧以

卷三千四百八十四

來坑冶漸降銀價又高難辦責之人戶科敷及於寺院故也紹興二年德音福建路上供銀昨建炎三年九月已減三分之一紹興元年三月內建州南劍州於所減數內又免半分尚慮經此兵火民力不易所有今年合起之數上四州全免一年下四州減半三年福建路轉運副使劉寀言本路建州南劍州每年合發上供等銀數內建州二萬一千六百六兩南劍州三萬三千八十一兩自紹興三年分依舊上供及更令帶發紹興元年分銀數內建州一萬三千五百五十兩南劍州一萬八千五百五十三兩八錢三分三釐逐州連遭兵火民力困重紹興免帶發二十六年宰執進呈權刑部尚書韓



仲通看詳到知雷州趙伯檉所奏廣西州軍經總制等窠名銀皆是括率百姓隨稅均敷欲令今後只依市價收買不得依前均敷上曰此豈可不禁

卷三千四百八十四

宋會要　無額上供

高宗建炎元年十一月十四日，詔諸路無額上供錢，不
合立額，可自建炎二年正月一日爲始，並依舊法，當職
官拘收減裂，致有欺隱失陷者，重加典憲。　二年五月

少一作省



十五日，戶部尚書呂頤浩等言：諸路無額錢內增添酒
錢，依舊法係戶部上供之數，今已承指揮，自建炎二年
正月一日爲始，並依舊法拘催。諸路州軍止以六分樁
撥，欲乞令提刑司行下逐州軍，將四分增添酒錢併入
六分之數，收係入帳，依限盡數拘發施行，免致有虧省
計。從之。　七月十二日，端明殿學士、提舉醴泉觀黃潛
善言：戶部經費自軍興以來用度至廣，惟仰諸路上供
錢物應辦。其州郡所收無額上供錢物，依法並隸提刑
司拘收，具帳供申起發。緣無額錢所收窠名不少，切慮
州郡縣鎮隱漏，不肯盡數供報，提刑司不爲檢察，致拘
收隱落，或供帳不實，日久轉致虧損失陷少計。欲望下

卷萬七千五百四　四五

戶部檢坐諸州郡應合收無額上供錢物窠名，又供申
隱漏不實起發期限并前後應干約束等條法，鏤板遍
下諸路州郡及提刑司遵守施行。詔依。　紹興元年四
月四日，戶部侍郎孟庾言：諸路州軍所收無額錢物，所
窠名繁多，州郡得以侵隱，並令提刑司具帳催督起發，
以革侵用。近緣軍興，諸路供申帳狀多不依限，及承指
揮添酒錢五項，依舊作經制錢拘收，亦係無額名色，相
同，從來帳限不一，作兩色供報，州縣緣以侵欺。今欲乞
將諸路所收無額經制錢物每季只作一帳供申，並限
次季孟月二十五日已前具帳及起發數足，餘依見行
條法。從之。　二十五年四月十六日，詔諸路州軍如遇

致一作有

令後拘收無額錢物及一萬貫與減一年半磨勘及一萬五千貫以上與減二年磨勘如止及五千貫依已降指揮與減一年從戶部請也　二十八年三月二十五日戶部侍郎徐林言今欲下諸路提刑司行下諸州軍令後拘收無額錢物責侯任滿日方許陳乞從本部驅考若任內合起上供折帛等錢別無拖欠即依見行條法指揮保明推賞從之　二十九年閏六月八日臣僚言竊覩昨降指揮應州軍專委通判拘收起發無額錢歲及五千貫以上者知通與減一年磨勘所在州軍每歲財賦所入或有係無額窠名者往往空有拘收及五千貫其間有止拘收到一二千貫至三四千貫為不能及五千貫數不該賞典遂致州軍更不將所椿到錢物起發令乞行下諸路責令守倅常切拘收除一歲能拘收起發及五千貫以上者依已降指揮與減一年磨勘外若不及數而及四千貫以上者與減三季磨勘及三千貫以上者與減兩季及二千貫以上者與減一季如此則隨其多寡為之酬賞從之

卷一萬七千五百四十四　四十二

宋會要　免行錢

高宗紹興元年三月十七日中書門下省言昨降指揮諸州郡罷納免行錢見任官並許以實直買物訪聞諸路見任官依應收買物色無所不至重用民力詔諸路州軍依已降指揮免行錢並罷見係人戶更不作行戶供應

見任官買賣依市價違者計贓以自盜論候邊事寧息日令戶部取旨依舊法施行　十一年四月八日臣僚言州軍縣鎮舊來行戶立定時旬價直令在任官買物蓋使知物價低昂以防虧損而貪污之吏並緣為姦買價令作賤價上等令作下等所虧之直不啻數倍致人戶陪費失所宣和間市戶乞依熙寧舊法納免行錢罷行戶供應民實便之至靖康間罷納近來州軍縣鎮遇有抛買依前下行戶供應望下有司嚴行禁止依舊法量納免行錢從之　六月十八日戶部言諸路州縣行鋪戶等依近降指揮並免供應令量納免行錢革去科擾之弊今訪聞州縣多將零細小鋪貧下經紀不係合該行戶之人及村店貨賣細小之民一例敷納其實有物力行鋪戶等却致作弊幸免欲乞申嚴約束監司州縣依近降指揮照元畫一依公推排立定錢數開具供申其零細小鋪貧下經紀無物力之人及村店貨賣細小不得一例科敷搔擾從之　七月七日臣僚言近者復免行錢而州縣行遣與法意大不相當既兼收於貧弱下戶復連及於鄉村下店富者有賄賂以悅胥吏故輸錢甚輕貧者無貨財以行請囑故輸錢反重一出於胥吏之手而民日益困故有店鋪而廢業者有携家而他徙者詔依奏送合屬去處限日下條具措置申尚書省　其後戶部言欲依臣僚奏請令諸路提刑轉運

卷一萬七千五百四十四　四十三

司疾速約束所部州縣及親行按臨體究將似此去處
立便嚴實改正仍依已降指揮按劾取旨重寘典憲從
之　二十二日詔令諸路免行錢有推排不公去處令
諸路提刑司照應元降指揮盡公推排及察行詢究如
州縣用情將上戶合納數目科與下戶並仰即時改正
施行若推排盡公别無情弊即將委的貧乏不能輸納
下戶保明詣實申尚書省　十二年六月三日汀州言
武平上杭兩縣合認免行錢已免一年今來居民流移
即未曾複業乞特與蠲免候賊馬寧息行鋪復業均納
詔再與展一年　十二月六日汀州言寧化縣被賊燒
劫縣市人戶店業方且起造乞權免本縣逐月免行錢

卷一萬七千五百四十四　　四十四

俟稍有買賣即依舊詔免半年　十三年二月十七日
廣西提刑司言乞將雷化高融宜廉州每月見認免行
錢五分中減二分邕欽賀貴州見認免行錢三分減一
分詔並與蠲免　十四年七月十日詔開州所管兩縣
在夔部尤為避遠其免行錢可令減半　十五年四月
十二日內降制州縣行戶悉罷供應令量納免行錢訪
聞所屬均數之際富民認數不盡多及下戶可令諸路
提刑司更切體量數目保明申尚書省取旨蠲減　十
七日知漢陽軍韓昕言乞將諸路州軍縣鎮所收免行
錢遵依元立定數外多取一文已上並依擅增歲賦法
每孟月於長吏廳集眾登降開收限當日畢非時不得



追呼庶幾斯民得以安業金部言今來奏請事理內有
合開收行戶已承指揮每季聽本行眾戶同狀保明申
陳開收即不許厮元立定數竊慮寅緣科擾如有前項
違戾並依非法擅賦斂條法斷罪令提刑司常切覺察
從之　十七年正月十五日諸路州軍免行錢令戶部
檢會紹興二年官戶與編戶一等指揮申嚴行下州縣
遵守施行　四月三日詔諸路州軍人戶見納免行錢
不拘等第並以三分為率蠲免一分　以戶部言先詔
鄉村第四等坊郭第七等已下人戶並與放免而上等
有力之人營運非一多致幸免下戶專業者往往不被
其賜故再降是旨　十九年五月二十六日前權發遣

卷一萬七千五百四十四　　四十五

連州王大寶言廣南路連英循惠新恩州城市不過六
七百家非通商販之地詔廣南路小州月納免行錢更
與審量裁減上諭輔臣曰守臣上殿俾以民事奏陳遂
得知民間疾苦所陳五六得一可行為利亦不細大寶
所奏可令戶部行下本路漕司具合減免數目申尚書
省　十一月十四日南郊赦文州縣人戶合納免行錢
因拖欠倍罰竊慮積併數多艱於輸納仰州縣將今日
以前倍罰錢數日下蠲放如敢依前追理令提刑司覺
察按劾　二十二年十一月二十二日同此制　二十
五年五月二日戶部言州軍敷納免行錢並於提盤挾
盞此亦買賣之人亦令出納間有數及鄉村去處所賦

苛細干涉人衆要是擾攘欲下諸路提刑司將人户見
納免行錢截日並行住罷仍乞依舊令官司不得下行
買物或州縣敢有違戾許人户越訴當職官吏乞重賜
行遣從之 十一月十九日赦文人户免行錢已降指
揮住罷竊慮州縣却循往年體例時估新價買物及為
民害雖已行約束尚慮違戾仰監司常切覺察按劾施
行 二十五年十一月十九日二十八年十一月二十
三日並同此制

食貨六四之六九

宋會要

# 封椿

起熙寧十年訖於乾道九年

神宗熙寧十年二月三日詔中外禁軍已有定額三司
及諸路計置請受歲有常數其閒偶有闕額未招揀人
充填者其請受並令封椿毋得移用於次年春季具數
申樞密院 元豐元年七月十三日詔諸路轉運及開
封府界提點司椿管闕額禁軍請受據元額月給錢糧委
提點刑獄及府界提舉司拘收於所在別封椿 二十
四日詔諸路封椿闕額禁軍請受可令樞密同承旨注籍轄
支用者如擅支封椿錢帛法 二十五日三司言今具
熙寧十年終在京及府界椿管闕額禁軍請給數目乞
免封椿詔在京特依奏 十二月四日樞密承旨司言

卷六千五百二十三

準送下三司狀在京禁軍闕額封椿請受內錢絹特免
其斛斗唯米可存留自餘衣賜等物並屬三司應副及
小麥已無剩數欲乞特免勘會府界軍士衣糧等自當
依別處例封椿其小麥如闕即令三司以細色糧充從
之 同日開封府界提點司乞免封椿闕額禁軍請受
等詔惟錢特免之 二年七月二十一日詔在京開封
府界見封椿闕額諸軍請受可並送內藏庫別封椿
三年六月二十四日詔河北沿邊州軍禁軍闕額米歸
羣牧司封椿 四年六月二十有六日詔應熙河路及
朝廷所遣四將漢蕃軍馬錢帛糧草並委經制管勾官
馬申胡宗哲計度應副如不足以封椿闕額禁軍衣糧

食貨六四之七〇

並封樁錢帛充若闕以茶場司錢穀充　五年正月二
十四日詔開封府界諸路封樁禁軍闕額錢除三路外
及淮浙江湖等路增剩鹽錢江西賣廣東鹽錢福建路
賣鹽息錢並輸措置河北糴便司先借支內藏庫錢三
十萬緡于河北糴便司以福建路鹽息還五月一日詔
內外闕額禁軍例物元減半或全不支處並依式全支
已全支處權增千錢以封樁禁軍闕額錢給　七年六
月曾一日詔河東路銷廢五指揮禁軍錢糧即非一路
兵額偶有闕數衣糧之比並封樁以給提舉保甲司起
教之費　八月二十七日權發遣同經制熙河蘭會路
邊防財用馬甲乞免熙河路封樁新復五州軍闕額禁

卷六千五百二十三　七

軍請受詔自今更不封樁其已封樁者撥與經制司
十月九日詔諸路封樁闕額禁軍錢穀並依元豐令遞
市直變易其不得減過元糴納價法除之
哲宗元祐元年十月十五日河北轉運司言令本路封
樁禁軍闕額請受請立法止於邊路樁管如有不可停
貯即令提刑司變轉見錢封樁從之　二年四月二日
樞密院言臣僚奏乞罷內外封樁禁軍闕額按熙寧十
年二月詔旨內外禁軍已有定額三司及諸路計置請
受歲有常數其閒偶有闕額未招揀人充填所餘請受
亦合樁管竊詳詔旨內外禁軍係經熙寧已來節次減
廢併合各已立定實額即與舊日虛數不同朝廷為諸



路監司各惜財費不務拓使致漸耗兵數無以稽責逸
立約束闕額請受悉行封樁迨今十年雖所樁到錢物
甚多未嘗輒借他用今若悉罷封樁深慮諸路監司因
循觀望不肯留心蒐補兵備不唯有乖前日減併軍額
之意兼恐緩急闕兵有誤大事詔除三路二廣更不封
樁外在京府界及其餘路分並依舊封樁仍只封樁衣
糧料錢餘亦與免　三年五月十八日詔府界諸路封
樁禁軍闕額錢帛係宋創置禁軍指揮並未撥數除
出條不及舊額之數方依條封樁仍著為令　紹聖元
年九月二十一日京西路轉運司言本路財賦素窘乏
乞特免封樁廂軍闕額請受詔令後諸路廂軍所並[illegible]

卷六千五百二十三　八

闕額不及一分處並免封樁衣糧料錢闕額一分已上
處與免一分　元符三年六月十八日樞密院言勘會
府界諸路封樁禁軍闕額請受并收租錢物係專充應
副陝西新置蕃落及招置河北廣威等軍兵請受等支
用契勘日近所在官司往往緣邊事支借過上件錢物
即未有撥還之期竊恐有悞指準詔今後雖得朝旨許
支借諸司封樁錢物其兩色錢即不得一例借（支）如違
其應干官吏並依擅支借封樁錢物法科罪　徽宗大
觀二年六月二十一日詔內外馬步軍自今更不封樁
衣糧應干闕額依舊招填其例物於已樁闕額錢物內
支給　三年七月二十二日詔應內外禁軍闕額請受

稱熙寧元豐以來舊法封樁仍具狀申樞密院　政和元年七月二十四日詔內外禁軍闕額封樁錢自今應官司陳乞支借者及違（支）主司並科違制之罪應今日以前借過未還者並注于籍限三年拘轄撥還仍先具逐件錢物元借年月事因已未還數申樞密院今後每季依此　四年八月十三日樞密副承旨范訥言京畿提刑司乞免封樁禁軍闕額時服賞給等緣禁軍闕額諸給始自熙寧十年爲頭封樁及元豐四年六月王得臣申請封樁勘給式聲說應係合請衣賜賞給錢帛節料衣襖之類並依旁式收破供申今來所乞有礙前後條令詔申明行下餘路依此　八年五月二十七日樞密

卷六千五百二十三　九

院言勘會樞密院所管諸路禁軍闕額錢物並降指揮變易輕貨上京於左藏庫送（四）〔納〕令宣旨庫立法今擬修下條諸禁軍闕額封樁物應變易輕貨上京者逐州具管押人職位姓名納訖年月日交付與左藏庫是何人收領文狀入急遞申樞密院詔依修定　宣和元年三月十三日樞密院言契勘在京及諸路內外禁軍闕額封樁匹帛錢物不少竊慮內外官司用例起請借支截撥使用詔內外官司敢有奏請借用者以違制論不以去官赦降原減雖奉特旨衝改仰樞密院執奏　六年三月十九日戶部奏前權發遣寧州游醇劄子諸州軍封樁禁軍闕額旁每月並依見管禁軍於勾院通勘并



春冬衣賜及坐倉等既勘成熟旁往往逐處公吏偷盗出上件熟旁與外人結合指改便與見管禁軍一例冒帶支請欲乞將已勘成熟旁令逐州長貳拘收毀抹未勘者截日住罷委是有補漕計從之　高宗建炎元年十月初九日詔諸路帥司及轉運司同共計會一路合添兵數及每歲所收可以供贍若干可以令諸州各具申尚書省樞密院及諸路帥司轉運司不得隱漏幽（𣎴）所有舊管軍兵止據見管人數外將合樁闕額錢亦計入令來可充招贍新軍之數　二年二月二十八日詔靖康元年正月一日至建炎二年正月一日已前逃亡事故軍兵合支錢粮通爲闕額數目除陝西路依舊

卷六千五百二十三　十

招填舊闕及京畿京西河北京東河南路依今來措置專招可以制禦鐵騎振華新軍外餘路並令以前項錢糧并已降指揮科撥窠名錢物相兼招置新法弓手及本處闕額軍兵　以尚書省言天下禁軍兵籍取會未到欲且以靖康元年正月一日實管之數爲準令諸路提刑司計當見額管兵籍比較建炎二年正月一日見管實數闕少若干先次施行一面具申樞密院御營使司故有是命　紹興元年六月二十六日福建路轉運使米宗言本路軍政敗壞主將兵官惟務姑息坐費廩食欲今後禁軍有闕權住招填其闕額錢米别庫樁管不得他用以備緩急支費詔依候本路盗賊寧息日依

丙疑誤

舊格填　二年六月八日詔恢復丙軍兵經過州縣收支過錢糧去處分委監司專差屬官遍諸州縣驅磨元收到及實支見剩之數收其贏餘儲在別庫以待不時之須免復斂民庶幾姦吏不得侵盜　以臣僚言自童貫用事陝西已來財用費出不復驅磨因得侵盜蠹耗比年軍旅荐興州縣帑廩空乏不免取給於民而官吏並緣為姦輒為一切科斂之政既不知兵行實數又不知住程期日但憑探報虛增兵數寬約住程批請日限斂取錢米有至數倍應用之數者事過之後乾沒其餘或以豐己自利或以交結市恩上下謾不檢察民受其弊故有是命　三年八月二十二日詔近降指揮委逐

卷六千五百二十三　十一

路憲司取索起發以前合樁闕額禁軍錢物比復思之於民未便想所在州軍雖有不經兵火殘破者軍期調撥應副科數力不暇給今立近限起發積年樁管宗見追呼禁繫朕不忍焉可復令諸憲司疾速行下州郡將建炎四年以前未納錢物並行除放銷毀簿籍其紹興二年合樁納數令自紹興三年為始分作四限每年帶納一限　十二年七月十日京西南路提刑司言本路諸州樁發闕額錢緣累遭殘破所以微薄兼又襯近新界相去不遠難以責令樁辦望詳酌寬行展免三五年候州縣興葺稍成次第日依舊樁發戶部契勘隨州廂禁軍闕額錢物斛斗已承指揮免至紹興十一年終合

食貨六四之七五

自十二年收樁其餘州軍免至紹興十一年五月分令欲下京西南路提點刑獄司將本路州軍廂軍禁軍闕額請受一例免至紹興十一年終仍並自十二年為始收樁從之　十月二十九日知紹興府樓炤言昨緣奉使韓球將諸軍闕額錢數請受申請行下本府認數封樁起發紹興十一年十一月三日得旨展免一年自來年為始認發工府常賦有限實無寬餘可以樁發詔更與展一年俟限滿依數起發　二十七年五月十四日戶部言秘書丞楊拜弼言潭州舊屯駐大軍二千人續減下一千人其券食等錢係諸縣分認每月解錢七千餘貫號曰贍軍並是巧作名目如收納麴引錢罪賞錢

卷六千五百二十三　十二

納來錢罰錯錢賣紙錢詞狀到事錢諸色助軍錢之類種種不一乞將見科贍軍錢以十分為率減免三分令本州通融應副令看詳逐項科取名色皆是違法雖稱減免三分若不盡除誠恐未副朝廷寬恤之意欲下潭州將見今科取名色並罷其見屯官兵歲計止以本州係省財賦應副如或違戾委各路提刑轉運司按劾仍免樁減下一千人米糧錢　三十年八月二十三日戶部侍郎兼權樞密都承旨錢端禮言諸路州軍闕額請給封樁每季起綱納左藏庫具數申樞密院注籍每上下半年輪都副承旨點檢得旨令戶部拘（均）催已有令令提刑司於逐州各選職官一員專行主管闕籍別庫樁

食貨六四之七六

元疑限

納月具闕額軍分人數請給則例并樁到錢物數申提刑司，從本司檢察類聚，季具一路逐州都帳供申樞密院并戶部參照稽考。如所委官隱漏失實，並依無額上供法科罪。並從之。　十二月十五日，淮東提刑司言：「泰州額管禁軍兩指揮，昨爲累經兵火，所管人數不及元額。自紹興十六年後來，每歲撥係省錢三百八十貫、米麥共五十六碩，變糴見錢，分作四季起赴行在送納，充禁軍闕額請受。承近降指揮，將禁軍闕額請給盡數州樁，每年合樁錢米衣賜等共折計錢一萬七千六百餘貫，委實闕乏，難以依舊管軍額樁辦。乞但令本州依逐年所樁數目撥季解發，候將來戶口增添，荒田遍墾，税賦稍復舊日，依數樁發。」詔從之。

卷六千五百二十三

三十一年五月六日，中書門下省言：「淮南、京西路州軍及湖北路信陽軍每歲合起禁軍闕額錢，緣戶口全未如舊，理宜優卹。內楚、濠、蘄州、盱眙軍、安豐軍已展免至紹興三十一年終。」詔並與放免五年。內楚、濠、蘄州、盱眙、安豐軍自紹興三十二年爲始蠲免。　孝宗隆興二年十二月十六日德音：「敕楚、滁、廬、光州、盱眙、光化軍管內并揚、成、西和州、襄陽、德安府、信陽、高郵軍，勘會逐州軍招塡廂禁軍闕額請給錢物，內已有指揮免起年限，竊慮未能樁辦，可更與放免二年。」　乾道元年二月三日，詔令諸路帥憲司行下所部州軍，今後合起發封樁廂禁軍闕額請給等，特與免行起發，其闕額須管措置招塡。　七年二月十日，知臨安府韓彥古言：「本府崇節廂軍正管五百人，今管一千八百三十五人，揀點得元所管五百人，正有正身三百四十九人合行存留，其餘一千四百八十六人不見正身，皆係逃軍詭名之人，已開落名糧。一歲省減衣賜糧米共計七萬二千四百貫二百五十文有餘，於內截撥錢支遣承買重祿公人請俸給，剩廂軍五百人外餘錢發入樁管，聽候朝廷指揮。」從之。　六月二十四日，戶部言：「鄂州、荊南、建康諸軍已差官點閱官兵，內有冒名承代並虛請揀汰等，將來合減下錢物，乞指揮放行。」詔各令總領所令項樁管，非奉朝廷指揮不得擅行支用。

卷六千五百二十三

月具減下實數申三省、樞密院。　七月五日，詔知閤門事王抃、荊南都統制秦琪同共點揀荊南官兵，具減下錢米，令總領所令項樁管，不得擅行支用。　九年八月三日，樞密院言：「諸路州軍禁軍封樁闕額請給等，係條合行起赴左藏庫，昨與免行起發，招塡須管數額。按諸處申到兵帳，逐年依舊不敷元額。」詔令諸路帥司行下所部州軍，開具免行起發後逐年招到人數，曾無敷額，其闕額未招人數請給等見作如何封樁支使，令一一具申樞密院。

五月註五日



起紹興七年訖乾道四年



高宗紹興七年正月六日戶部員外郎霍蠡言竊見方今軍事所須而病
民最甚者莫如月椿錢所謂月椿錢者不問州郡有無皆有定數所椿窠
名曾不能給其額之什二三自餘則一切出於州縣之吏臨時措畫錄錄
而積僅能充數一月未畢而後月之期已迫矣願詔諸路守臣各條具逐
州所椿之錢是有實名者幾何臨時措畫者若為而辦上之朝廷召諸路
漕臣裒決可否而罷行之兼勘會江西湖南合認發岳飛軍月椿錢各有
立定許取撥貢次窠名通取撥支用名色錢數竊慮隱匿詔令江西湖南
州軍專委通判限十日開具自紹興六年分正月為始至十二月終本州
每月經制上供係省不係省諸司諸色封椿不封椿錢各通共若干數目
於內取撥應副過岳飛軍月椿錢係是何名色若干錢數支使外逐色有
無剩數如何椿管或作何支用了當及有無所取窠名之外別措置到錢
數係作何名目置文允月椿若干有無見在數目逐一開具請寔文狀申
尚書省及具一般狀申本路轉運司仰本司官因巡歷所至州軍取索文
狀與所申數目參照稽考如有漏落或不寔不盡並具因依聞奏取旨施
行即不得隱庇觀望滅裂餘路分應副椿辦大軍月椿錢州軍依此施行

宋會要　六千五百二十二

九月十八日赦江南東西兩浙湖南州軍認發大軍月椿錢從來並係
漕臣均下所部州軍取撥經制有額上供等錢應副訪聞漕司有不斟量
州軍財賦所入多寡一例分抛致有不均去處深慮因而橫斂於民仰逐
路漕司更切相度所部州郡合取窠名斟量所入多寡增減均數務要各
得均平易於椿辦　八年五月二十五日上宣諭輔臣曰昨日士㒟對勸
朕留意恤民朕之諭只如月椿錢之類欲罷未可若一旦得逐沐兵凡
取於民者悉除之　十二月十九日參知政事李光言諸路月椿最為民
間重害而江東西為甚元降指揮許取撥應干上供封椿諸司并州縣等
不以有無拘礙上供經制酒稅課利及漕司移用等錢椿辦令江南路漕
司從往將移用等錢於逐州主管司專委通判拘收不許取撥乞下諸路
應月椿錢許將諸色錢椿辦如有餘方許漕司拘收貽黃榜諸路月椿錢
當時守臣不量民力有承認偏重去處重為民害如撫信二州是也乞行
下諸路漕司將逐州每歲所入均數不得輒有輕重以傷民力當日宰執
奏檜進呈上曰朕累次說與宰臣更不肯理會若盡將上供等錢椿辦自
是不必科數令三省條具　九年正月三日上諭輔臣曰朕每有意候邊
事平力務與民休息如月椿之類當悉蠲除　五月內降新復河南州軍



赦諸路月椿錢元降指揮許取撥應干上供封椿諸司并州縣不以有無
拘礙等錢椿辦訪聞州縣並不遵守重歛於民顯屬違戾或令逐路轉運
司開具逐州見認數目的實申朝廷當議裁寔科撥　二月十三日尚書
省言江東西湖南兩浙每月椿發大軍錢係將朝廷并漕計等財賦應副
各有合取撥窠名從來多緣漕司不以州軍所入多寡均抛致有偏重或
將本司錢物支使止以朝廷窠名錢充辦因此收趁不足去處科擾及民
理合別作措置仍更具到逐路月椿窠名詔令逐路轉運司將偏重不均
去處委本司官以縣州大小所入財賦多寡重別斟量均定務要輕重適
當易於椿辦仍仰據合取撥窠名先次收椿月椿錢數足方許應副其他
窠名支使如未足諸司並不得占留他用致科擾及民敢有數歛仰提刑
司按劾奏聞違戾官吏並當重行貶竄仍許人戶赴訴　同日後殿進呈
措置月椿元降指揮諸路各有窠名但多為漕司占留遂不免數及百姓
乞將逐路州軍均定不得偏重上曰若所撥窠名錢不足從朝廷給降應
副不得一毫及民朕欲養兵藉民力若百姓失業則流為盜賊矣　同日
中書門下省言逐路月椿錢已降旨揮令逐路轉運司將偏重不均去處
委本司官以州縣大小所入財賦多寡重別斟量務要輕重適當詔更令

宋會要

戶部取見逐色窠名錢數如應副不足申取朝廷指揮　七月二十二日
上諭輔臣曰州郡月椿大軍錢尚有數歛於民以充數者可速行裁減各
量所入椿辦如有不足悉從朝廷應副毋使橫取以為民患　十年十一
月十八日臣僚言累年以來朝廷以江淮宿師調度至廣故令逐路州軍
每月將應干官錢椿辦以給其費初未嘗一毫橫取於民中間將元數減
損仰見陛下勤恤民隱惟恐擾之州縣使皆守法無有妄用則何患不足
而往往不知體認致奉行失當苟取猥數與市井角逐甚者至列肆鬻賣
酒茗欲望嚴詔諸路監司一切止絕仍將一路財賦椿收以取足辦詔令
戶部檢坐已降指揮申嚴行下　十三年二月四日戶部言江浙湖南路
分合起月椿錢各有立定合取撥名色如上供經制無額添酒錢并淨利
錢贍軍酒息常平錢及諸司封椿不封椿係省不係省等錢皆係朝廷窠
名錢數昨節次委官取索開具到諸州軍所起錢名稱前項窠名椿發委
見數足緣州郡倚月椿為名別行科數却作他用百姓不能通知今欲再
行約束如江浙諸州軍亦有似此去處仍乞令逐路轉運司點檢日下住
罷如尚以月椿為名擅行科數並許越訴將違戾官吏乞朝廷數奏重加
竄責兼契勘諸路置贍軍酒庫本為收息添助月椿詢訪州縣官巧作優

椿應作樁



用途致應辦數少亦乞逐司選擇改正詔逐路選委監司一員取見的確數目以聞　十五年四月十二日內降制江浙湖南路月樁錢從來各有立定所取窠名雖已節次減免尚慮州軍艱於樁辦科擾及民可令戶部疾速取會若干條是有窠名若干係旋行擘畫不免數及民戶數目保到開具尚書省取旨　十七年八月二十六日宰臣秦檜因論及州郡月樁錢上宣諭曰御史巡朝時朱勝非等創起月樁朕每以為非理屢與宰執言終未能大有蠲減御可從長措置庶寬民力　二十八日宰執言近降指揮監司郡守不得進獻羨餘令卻作修造及應副人情詔令諸路監司郡守將寬剩錢物樁管每季具的確數申尚書省科撥充月樁以寬民力不係月樁路分依此諸條通融科撥檜奏曰陛下志欲減免田租寬賦斂之事今自蠲減月樁始　九月十四日宰執言戶部開具到諸路州郡月樁錢江南東路信州五萬四千餘貫徽州五萬八千七百餘貫宣州四萬九千七百餘貫江南西路吉州六千七百餘貫撫州二萬五千四百餘貫江州一萬一千餘貫建昌軍二千三百餘貫臨江軍四千六百餘貫筠州六千九十餘貫南安軍六千六百餘貫上曰料數之類屈者猶不能堪下戶何所從出可並特與減放檜曰指揮行下百姓想皆懽欣鼓舞上曰朕



備嘗艱難深知細民闕乏雖百錢亦不易得或有餘財即命樁留以備緩急支用　同日詔已減放諸路州軍月樁錢尚慮州縣因緣欺隱患不及民仰提刑司覺察按劾聞奏　十月五日敷文閣待制知臨安府趙不弃言竊覩近降指揮江南東西路十州月樁錢凡減放數十萬緡所以寬恤民計者至厚恩意所被何有窮已訪聞日前諸縣以月樁窠名錢數或不足非理措置起發謂如富戶詞訴保正等人申繳違限過數罰贖及公人等寺觀認納酒醋錢之類今來已蒙恩減放仍令提刑司覺察尚慮諸縣不能深體德意卻將已前措置到錢物以不係料取為名依舊拘收別行妄用乞委逐路提刑司更切子細取見應副月樁錢外其餘創置窠名並行禁止如違許人戶徑赴臺省越訴從之　十八年十月十八日上宣諭宰執曰諸州月樁錢昨已減罷要當盡行除放庶蘇民力檜即諭戶部侍郎李椿年宋貺以經總制錢措置贍軍　十九年十一月九日尚書省言昨令諸路監司郡守將寬剩錢物每季開具尚書省撥充月樁今來逐路月樁錢撥填已見次第詔令諸路監司郡守今後更不開具　二十六年閏十月十三日戶部言湖南諸州認發月樁錢四萬貫自有立定許取窠名如無枋木州縣自不合一例催料令欲下本路轉運司日下禁止施行

会疑余



[illegible]就[illegible]上協辦一千折太[illegible]州具有無措擇許行[illegible]其詔究支狀申取朝廷指揮從之

孝宗乾道三年閏七月二十五日詔蠲免郴道州桂陽軍欠乾道元年至四月以後月樁錢八萬七千貫有畸以經李金賊後殘破故也　四年五月二十六日司農少卿總領淮東軍馬錢糧呂擢言鎮江府高郵軍楚州等合屬等處見在官兵每月合用券食錢六十餘萬貫米八萬六千餘石係科撥江東浙西月樁等錢江東西上供和糴等米並定撥定數樁辦綱習故常起發稽滯乞並立嚴最之法宜從本所檢察拘催施行之　八月一日權發遣廣德軍曾逮言本軍止管兩縣月樁錢每月起六千八百餘貫元額大重以江東一路言之如寧國軍所管六縣而月樁止九千貫饒州所管亦縣六而月樁止七千貫太平州所管三縣兼有黃池米石兩鎮酒稅月樁止七千貫南康軍所管三縣而月樁止於三千六百貫乞比附南康軍量減詔令後每月與減一千八百貫

全唐文

中興會要　內藏庫錢

高宗紹興四年四月十六日，詔戶部供納內藏庫夏季見錢五萬貫，令左藏庫以金銀折納，以闕見錢，從戶部請也。紹興九年二月十七日，詔行在皮剝所收到內臟等錢，今後遵依舊法，並依內藏庫送納，其日前已赴左藏庫納訖錢數，仍限三日依數撥還。十四年正月二十五日，詔成都、潼川府路應未起并截留支用還過合納內藏庫錢帛等並免改撥，特與除放，仍自紹興十四年為始，依額將絹起發本色，其餘匹帛等並計價折錢，變轉輕貨，起赴內藏庫送納。

全唐文　卷一萬四千七百八十五



經總制錢　宋會要

高宗建炎二年十月十二日，翰林學士知制誥兼侍讀葉夢得言：「宣和之初，以東南用兵，嘗設經制司，取量添酒錢及增收一分稅錢、頭子、賣契錢等，取之於微而積之於眾，求之於所欲而非強其所不欲，故酒價雖高，未有驅之使必趣飲者也；稅額雖增，未有迫之使必為商者也。其他類此。而靖康初相繼遽罷，欲望博延羣議，更加討論。經制錢除量添酒錢近已再行撥充造船外，其餘名色有似此等可以暫濟急闕，不至害民者，願參取施行之。」又戶部尚書呂頤浩言：「經制財用之法始於陳亨伯，其法措置條畫皆有倫敘，循其法可以助國，可以

卷四千六百八十三

裕民。今邊境未寧，多事之際，養民禦敵，財用為急，既不可闕，則此法尤不可廢。蓋經制之事，斂之於細而積之甚多，且如增收典賣稅錢，出於有力之家，則不害下戶；增收添酒錢，斂之於衆，合於人情，不以為苦。今日大計財用為急，而此法無害於民，賢於緩急暴斂多矣。」又知徐州沛縣事李膺言：「方今多事，朝廷之費日廣，嘗見昨來河北、京東路經制財用司所收添酒、糟、耪、契稅、頭子等錢，所收至微，所得至多，價〔償〕復行之，所補不細。」戶部供到狀：「靖康元年節次已罷下項錢：鈔旁定帖錢，增添酒錢，增添糟錢，增收牙契稅錢。鈔旁定帖錢，檢會宣和元年八月指揮，元豐以前並許州縣出賣，不得過增價直

昴一作昂



後來緣州縣公人於人戶邀求故宣和七年四月二十八日指揮諸路推行鈔旁定帖令人戶從便自寫輸納合同印記錢已是杜絶阻節之弊令逐官所陳於民戶委無騷擾詔諸路鈔旁定帖依宣和七年四月二十八日指揮令人戶自寫輸納依舊納合同印記錢仍專委逐路提刑司拘收椿管不得擅行支用每季具數申尚書省如敢支用依擅支朝廷封椿錢物法加二等科罪三年十月二十三日臣僚言經制之法其始建議於陳亨伯錢昂在陝西日公共商量以為可行至宣和初陳亨伯為法運使推行於東南宣和五年陳亨伯為河北轉運使又行於京東西河北路其法斂之於細聚之則多而實不害於民如添酒賣糟錢出於人之自然即非抑配官吏俸錢除頭子錢百分取一印契錢出於兼并之家無傷於下戶昨來河北京東西一歲之間得錢近二百萬緡所補不細今若行於兩浙江東西荊湖南北福建二廣一歲所入無慮數百萬計況邊事未寧養兵之際理財最急務苟不知出此緩急必致暴斂謂如勸誘助國之類是也與其暴斂於倉卒曷若取之於細微今除不便於民如納免行錢減罷曹官役人錢鈔旁定帖錢院虞候充獄子重祿錢牛畜等契息錢契白紙錢不可施行外所有權添酒錢量添賣糟錢人戶典賣田宅增添牙稅官員等請俸頭子錢并樓店務增添三

卷四千六百八十二

賫一作齎

兼一作並





分房錢共五項欲令東南八路州軍收充經制錢別置簿書拘管委逐路提刑司兼領檢法官充屬官提刑每月支食錢三十貫檢法官二十貫縣鎮並限月終起發赴州并本州合收數專委守臣樁管令提刑司委屬官躬親遍詣逐州體度市價變轉輕賫限逐季起赴行在送納或召人兑便牒到限當日支給如州縣稍有隱漏擅便支使起發違限並依上供法科罪提刑司失檢催與同罪候及一年按其殿最而賞罰從之十一月二十日詔經制錢令尚書省每十日一次劄下逐路東南八路提刑司遵依已降指揮催督拘收每季終便行盡數起發赴行在送納不得視為文具若稍有違慢致有隱漏或不依限起發提行司官重行竄逐人吏決配海島

卷四千六百八十三

紹興元年四月四日戶部侍郎孟庾言勘會諸路所取無額錢物昨為窠名繁多州郡得以侵隱兼令提刑司具帳催督起發近緣供申帳狀多不依限繼承指揮添酒錢二項依舊作經制錢拘收亦係無額名色相同從來帳狀不一作兩色供報州縣得以侵欺今欲乞將諸路所收無額經制錢物每季只作一帳供申並限次季孟夏十五日以前具帳及起發足餘並依見行條法從之五月二十日兩浙路提刑司言今來諸州縣所管戶絶市坊場并舊法衙前等欠鹽折產屋宇雖屬常平司及茶鹽司所隸既係人戶佃賃皆是係官屋業其月納

賫一作齎

并年納房賃錢事體無異竊恐亦合一等增收三分賃
錢充經制錢起發資助行在贍軍支用從之七月二日
臣僚言七色錢先撥隸發運司充糴本係通判專一拘
收後來將增添牙契等錢撥充經制錢專委守臣拘收
起發充朝廷支用竊見未撥入經制司以前通判所管
發運司上件錢物多緣道路不通不時起發其發運司
未嘗究治伏望專委本路監司一員及差能吏分詣諸
郡驅磨將見在錢物盡數起發赴行在送納詔依仍專
委提刑司拘收變轉輕賫起發從之二年正月十八日
知池州劉洪道言契勘本州屯駐指揮諸頭項統制官
張俊軍馬日用錢糧依准節次畫降指揮取撥江東路

卷四千六百八十二

州軍應干諸色上供錢經制茶租茶本錢紹興元年分
下限鑄到年額新錢建炎二年分下限額錢提刑司經
制錢並充本軍支用詔特與除破三月二十八日戶部
言令來諸路添酒等錢五項已承指揮依舊作經制拘
收限次季孟月二十五日以前與無額錢物作一帳供
申及起發數足竊緣州軍季內收到錢物若候次季起
發得以侵用令欲乞將諸路所收經制無額錢物已降
指揮於本季終先次起發赴行在送納餘依見行條法
從之三年二月十八日兩浙東路提刑孫近言乞將諸
州所收經制錢專委通判只就本廳置庫拘收逐季終
盡數撥赴行在戶部勘當經制錢元指揮專委守臣椿



管緣守臣係掌一郡財賦多是侵占支使解發減剋欲
依本官所乞施行諸路依此從之三月二十八日兩浙
西路提刑司言本司所收五色經制錢內除權添酒錢
等外所有合增收頭子錢蓋謂當來申請元無定額致
本路州縣所收錢數不同雖宣和間盧宗原申添收諸
般頭子錢後來已行住罷令來即未審合與不合拘收
起發戶部言欲下兩浙西路提刑司更切檢照州縣元
初陳亨伯推行之時所收數目施行如委實不見得[illegible]
元收則例即便權依宣和六年指揮則例數目行下一
體督責拘收起發施行餘路依此從之四年四月七日
詔廣南東西荊湖南路提刑司當職官吏令逐路轉運

卷四千六百八十二

司取勘限一月具案奏聞以戶部言經制無額錢全藉
季申帳檢察而逐路供申遲慢最甚故也十日澧州言
切見鼎州已得旨權免椿發經制無額錢物本州傷殘
之後事力比鼎州百不及一其經制無額等錢委是椿
辦不敷乞行蠲免從路之八月二十四日戶部言右宣教
郎高公極前任福建提刑司檢法官任內拘催起發過
經制錢三十五萬二千四百餘貫即無隱漏乞行推賞
詔高公極與減一年磨勘五年閏二月二十五日參知
政事孟庾言准勑差提領措置財用臣除已依稟施行
外今具合行事件下項一乞以總制司為名一乞令
禮部下文思院鑄印一面仍以總制司印為文行移取

索文字並依三省體式一應本司措置事務依例進呈
得旨並關中尚書省從之四月十六日臣僚言切見朝
廷講究財賦誠為急務即今財用賦入之利莫大雜税
茶鹽出納之間若計每貫增頭子錢五文所得之利歲
入不少乞詳酌施行專切措置財用司言茶鹽已復鈔
價其頭子錢難以增添外所有諸路州縣出納係省錢
物所收頭子錢依節次所降指揮條法每貫共計收錢
二十三文省内一十文省作經制起發上供餘一十三
文並充本路州縣并漕司支用今稽考得州郡見各收
納不一今欲依所請令諸路州縣雜税出納錢物於每
貫見收頭子錢止量行增添共作二十三文足物以實

卷四千六百八十二

價紐計一體收納其所收錢除漕司并州軍舊來合得
一十三文省外餘數盡行併入合起經制窠名帳内依
限計置起發補助軍須如州縣舊例所收多處自從多
收從之二十日尚書省言近經畫耆戶長顧錢并抵當
庫椿四分息錢及轉運司移用錢與勘合朱墨錢〔等〕并出
賣係官田舍錢及赦限内典賣田宅牛畜等印契税錢
并進獻貼納錢與常平司七分錢及茶鹽司袋息錢并
人戶典買物業勘合錢並依已降指揮令諸路州縣遇
有收到錢物各即時令項椿管纔候及數依限起發赴
行在送納如更有以後節次措置到別色錢物各依此
別項椿管以備應辦軍期支用詔依仍令戶部限一日





具節次措置到錢物指揮申總制司今後遇承受到指
揮限日下供申本司置籍拘管仍將應措置到錢物令
本部每三日一次拘收及令行在交納庫務每日具每
色納到數目逐路各若干申總制司照會二十八日總
制司言專切措置財用言人戶税賦畸零之數依條聽
納錢并與別戶合鈔納本色官司至納畢於簿末結計
正數及合零就整每色剩納到數畫一朱書令承批送
下臣僚陳請州縣自有定額緣人戶有析居異財以一
戶分為四戶或六七戶絹綿有零至一寸一錢者亦收
一尺一兩米有零至一勺一抄者亦收一勝〔升〕之類自大
宋有天下垂二百年民之所居者既多而合零就整之

卷四千六百八十一

數若此者不可勝計往往鄉司隱沒入己或受過人戶
價錢或攬過催頭錢物抱認數目恣以合零之物充之
官私催科已及正額遂不復根究所謂合零就整者盡
入猾胥之家誠為可惜勘會税賦畸零剩數雖依法於
簿末結計竊慮未至詳盡欲依本官陳請下諸路轉運
司行下州縣別置簿拘管逐年委通判點檢依條折納
價錢別項椿管專充上供從之同日總領司言專切措
置財用中二廣福建江南東西路免役一分寬剩錢若
無災傷減閣支用並令發赴行在及兩浙西路役人顧
錢除歲用外餘錢應〔副〕大軍支用並已得朝旨施行外
有淛東湖南北路欲依臣僚所乞事理將理到顧役用

外剩錢發赴行在送納從之五月十四日總制司言近
朝廷節次措置收到錢物依已降指揮並令別項樁管
起發赴行在應辦軍旅支用自承上件指揮雖已劄下
所屬監司收拘起發緣收到數目起發日限例皆不等
謂如有每季一次起發者有分上下半年起發者有收
及一萬貫方始起發者有不收(拘)到多少便令起發者如
此之類既不齊一不惟散漫難以稽考亦慮州縣因而
移易隱漏今具下項　一近措置經畫窠名轉運司移
用錢勘合朱墨錢出賣係官田錢人戶典賣田宅牛畜
等於敕限內陳首投稅印契稅錢遊獻貼納錢耆戶長
顧錢抵當四分息錢人戶典賣田業收納得產人勘合

卷四千六百八十二

錢常平司七分錢見在金銀(紹興四年十一月二日指揮起發在數)茶鹽
司袋息錢(等)樁還舊欠裝運司代發斛斗錢(係州縣見以日收酒税錢內收樁兩浙東一分江西湖南二分)收納頭子錢(每貫收納錢二十三文足展計錢二十九文九分省內一十三文依舊應付漕司并軍支用外有錢一十六文九分省合拘收并)官戶不
減半民增三分役錢見樁數二稅畸零剩數折納價錢
免役一分等剩錢　一諸路州軍各委通判一員專一
拘收前項合起發并日後續有措置經畫錢物令所委
官子細檢察拘收類聚所委通判廳文劄與本州軍收
到錢物一處樁管非奉朝旨分文不得輒支用　一今
來收(拘)到錢不以多少數目令所委通判每季起發今年
夏季為始未降今來指揮已前或有未發季內或有已

晉不齋



發並緣賣收數發次第以後將一季內收到數起發施
行庶易於稽考仍每季通合發日具錢物數目申州日
下依條差官管押赴行在送納及依下項細開具綱解
申戶部照會拘收其一般事狀申總制司轉運司移用
錢若干餘色依此已上總計名物各若干　一今來合
發錢物內錢如係沿流州郡即起發見錢不係沿流州
郡仰所委官依市價變轉輕賣金銀起發仍子細看驗
不管夾帶銅錫偽濫之物及不得虛擡小估價例有虧
官私　一方今朝廷養兵日益增倉仰經畫錢物相應
應(副)其所委官自當體認公共協和拘措起發不容稍
有欺隱如奉行有方不致隱漏或廢弛苟簡尤有大陷

卷四千六百八十三

取旨重行賞罰仍令所隸監司常切檢察　一今來所
拘收起發錢物並係朝廷日近措置經畫窠名並不侵
取州郡經常支用并自來合發上供錢物今欲申明行
下所有自來合發上供錢物糧斛仰所屬依條限起發
施行如或稽滯戶部按劾施行從之同日詔諸路所收
總制錢專委通判一員拘收檢察剝應樁管其所委官
廢弛苟簡稍有欺隱失陷並當取旨重作責罰仍令提
刑司常切檢察八月八日江南西路提舉茶鹽常平等
公事司言依法應給納常平免役場務淨利等錢每貫
收頭子錢五文足專充經制錢起發今來諸色錢物每
貫收頭子錢增添共二十三文足既作樁斂有補經費

俣一作俁
瞞一作滿

其常平司錢出納理合一體，欲乞依例收頭子錢二十三文足，除五文依舊法專充常平等支費外，其增收到錢與經制錢作一項窠名起發。專切措置財用言，欲依所申事理施行，仍令戶部行下諸路常平司依此施行。從之。六年五月十六日，詔諸路州軍每季所收經制錢，並限次季孟月內起發數足。十月二十六日，戶部侍郎王俣言：乞令諸路提刑司將所收經制錢窠名錢物帳狀供申日限、隱瞞不實、起發違慢斷罪，並依經制司額上供錢物條法。從之。十一月三日，尚書省言：諸州及管下縣鎮場務所收經總制司錢，元降指揮，縣委知令拘收，發赴通判廳聚，每季發赴行在，非奉朝旨不得支用。恐

經一作總

卷四千六百八十二

監司州郡或以應辦軍期之類為名，擅行借兌，拘截取撥支用。欲乞依監司郡守轍將經制司錢擅行兌借、拘截取撥，及知令不即拘收起發、輒有侵支互用者，並依諸路州軍通判已得指揮斷罪條法施行。從之。十年十二月十五日，總制錢若比額虧欠，並依經制錢展一年磨勘，二分以上取旨施行。十一年十二月十日，戶部言：乞諸路所收經總制錢，若與專降指揮指定窠名支撥，不以是何官司，並不得拘收截撥。州縣及所委官司不得應副，雖承受許取撥諸司錢指揮，其經總制錢亦不在數內。如違，其所委通判并取撥官司、州縣轍將經總制錢擅行應副、借兌、拘截取撥，及不即拘收起撥、輒有



侵支互用者，內所委官并當職及取撥官並先降兩官放罷，人吏徒二年，各不以去官赦降原減，仍令提刑司檢察，將違戾去處按劾施行。從之。十二年五月九日，戶部言：兩浙東路提刑司檢法官孫伯康、幹辦公事逢汝州王詵拘催過一路紹興十一年總制錢一百八十九萬九千二百一十餘貫，別無隱漏，乞行推賞。詔依經制錢條例推賞，諸路依此施行。十三年三月八日，浙西提刑王鈇言：總制錢物比之經制無額窠名尤多，欲將總制錢人吏依經制無額錢已得指揮，以三年為界，候界滿無失收錢及起發無違限，許與轉一資。詔依，諸路州軍准此。十九年，戶部言：據淮西提刑司開具到紹興九

卷四千六百八十二

年至十一年所收經制錢數目，參照得內有當時係經人馬侵犯年分，今來已是平息，欲權將最高年分為額，自紹興十三年為始。如提刑、檢法官能悉心奉行，至歲終拘催錢數及數，乞保明推賞。內舒、和、蘄、黃、廬州、無為軍通判拘收錢及數，各與減半年磨勘；若虧額，並展一年磨勘。光、濠州、安豐軍通判及數，各與陞一年名次；如虧及一分以上，並展一年磨勘。令權立賞罰，候將來及三年，令提刑司別行開具，增立錢數，中取指揮施行。十六年三月二十四日，權戶部侍郎李朝正言：諸路每歲所收經總錢，依元降指揮，委本路提刑并檢法、幹辦官點磨拘催，歲終數足，許比較推賞。本部欲將經總制

錢數通衮紐計比較遞年增虧依立定分數殿最增一
分以上減三季磨勘二分以上減二年磨勘四分以上
減三年磨勘六分以上減四年磨勘虧一分以上展二
年磨勘二分以上展三年磨勘三分以上展四年磨勘
從之五月二十八日戶部言諸路經總制無額錢物係
專委通判檢察趲帳單驅磨令來所委官并提刑司置
而不問擧辭百出設令後諸州通判每季收支經總制
無額錢物隱落失陷不滿一分展磨勘一年一分以上
展磨勘二年一分五釐以上展磨勘三年二分以上展
磨勘四年仍令諸路提刑司自紹興十六年分所收錢
物爲始每歲開具點磨到逐州軍各有無隱落失陷分

（卷四千六百八十五）

數通判并提刑司官職位姓名合展減磨勘申部施行
責罰餘依已降指揮從之七月二十五日江東提刑司
言乞將經總制錢自紹興十七年爲始諸縣委縣丞無
縣丞委主簿專拘收檢察本縣并酒稅等處應合收雜
色錢物照管置賫分撥窠名專置庫眼樁管依限解赴
通判廳團併起發及依時拘催供攢帳狀若有應收而
不收之類致本司及通判點檢得失收錢物其所委官
乞依通判已得指揮責罰每歲至歲終拘收虧足別無
隱落失陷乞從朝廷以每歲收到錢數多寡量立賞格
戶部言今勘當欲令諸路提刑司專委縣丞如無縣丞
處即委主簿合得窠名用旁照驗逐一驅考拘收並於



本縣別用庫眼收樁所委官專一管掌出入依條限解
發如輒敢侵支互用與供申帳狀漏落不實起發違慢
等事並依專降指揮并見行條法施行仍令提刑司每
歲至歲終取索諸縣的實收到錢物比較前三年所收
除虧欠去處自合根究侵隱因依依法施行外將最增
縣分一兩處開具縣丞或主簿職位姓名保明量度推
賞庶使責任專一有以激勵從之十八年十月十八日
上宣諭曰諸州月樁錢昨已減罷要當盡行除放庶蘇
民力宰臣秦檜即諭戶部侍郎李椿年案眼以經總制
錢措置贍軍十九年九月六日詔右朝奉大夫直秘閣
知合州宗穎右承議郎通判姜邦光右奉議郎添差通

（卷四千六百八十五）

判朱習並放罷以擅行借兌經制錢一萬餘貫并拖欠
原額爲戶部所劾也二十一年二月二十四日太府少
卿徐宗說言爲國之道財用爲本方今經費所賴之大
者經總制錢物舊委守臣樁管起發歲終按其殿最賞
罰後因臣僚論列慮守臣侵用遂專委通判拘收提刑
司驅磨失陷催督起發又立定對行賞罰條格其後無
供最少之數遂致合推賞者例不得其賞切恐錢物愈
更失陷乞下有司別行措置令知通同共樁辦通判專
行拘收樁數以發到錢物立定賞格知通均受其賞詔
令戶部措置申尚書省十月五日戶部言諸路州軍所
受經總制錢物州委通判縣委知令檢察及令提刑司

令一作達

歲終比較虧欠賞罰緣經總制錢多出酒稅正條州府職事守臣既無賞典難以責辦欲乞委知通同共檢察盡實分隸專令通判拘收令置庫眼樁管仍令提刑司依已降指揮取索點檢如有應分撥而不分撥或侵用失收等許行奏劾所有知州合得酬賞依通判格法施行從之二十六年七月十七日左朝散大夫權尚書禮部侍郎賀允中言比年以來經總制錢立額以紹興二十六年以前中最高者一年十九年之數為之其當職官既有厚賞以誘其前又有嚴責以驅其後額一不登每致橫斂民間受弊望詔有司經總制錢改立歲額以中為制詔令戶刑部看詳申尚書省十一月十二日尚



書倉部郎中黃祖舜言郡縣有經制總制二司合收錢初無定額只據逐年所收之數起發上供昨來措克之臣輒有申請以十九年最多之數為定額自是郡縣騷然民受其害望申命宰執行下戶部乞自十九年之外有稍高年分或稍少損其數詔令戶部將十九年後二十五年前取酌中一年立為定額申尚書省二十七年五月二十日戶部言奏保諸州經總制無額錢物酬賞類多不實欲下諸路提刑司令後逐一點勘錄令朱鈔申省戶部限五日回報候報許方得保奏從之二十八年二月五日詔諸路所收經總制無額錢自今年為始須管盡實分隸依額發納至歲終索旁照驗驅磨比較



習一作襲

開具州軍所趂增虧數目合得賞罰當職官名銜供申從本部考覈依法賞罰施行提刑司不為開具或將合罰去處隱庇即具本司當職官申乞朝廷重行黜責二月二十八日戶部言諸路州縣二稅畸零剩數乞依舊作總制窠名起發從之二十九年六月二日荆南府通判張震言管下公安石首縣建寧鎮三處稅場已行減罷兼自澗察以後民力未復除豁經總制錢四千六百九十六貫七百五十七文戶部言荆南比之其他路分州軍不同若依額起發切慮無可收趂欲下本路提刑司取見詣實除豁施行從之七月十五日右正言都民望言乞申有司契勘近年併罷稅場及見納過稅數目許



令除豁年額經總制錢從之三十年二月二十九日詔經總制錢諸路一歲虧及二百餘萬緡令提刑司檢察將諸州公庫不許違法置店賣酒日下改正罷其巧作名目別置軍粮酒庫防江酒庫月樁酒庫之類并省務寄造酒及帥司激賞酒庫應未分隸經總制去處並日下立額分隸補趂虧欠元額仍自今年為始須管從實拘收限次季孟月二十五日以前差官管押離岸不得於帳狀內存留見在却稱見行起發故意作弊務要歲終數趂足額如日後尚敢循習違戾致依前虧欠州縣委提刑按劾如憲司依前不行覺察許本部按劾施行五月二十一日楚州言每歲合發經總制錢二萬七千

四百餘貫緣自兵火侵(後)百姓凋瘵甚於他州酒稅課入
絕少乞將紹興三十年夏季以後合發錢與免一年從
之八月十四日臣僚言經總制錢多出於酒稅頭子牙
錢分隸歲之所入半於常賦然建炎以來議者不一或
欲專委守臣或專委通判或又欲知通同掌所議既異
法亦屢更自紹興十六年因李朝正言專委通判拘收
通判既以自專因得盡力於是歲之所入至一千七百
二十五萬緡無可議者妄有申請二十一年十月始降
指揮命知通同掌通判既壓於長官之勢憑其侵用莫
敢誰何迄於九載無歲不虧欲望復舉行十六年專委
通判指揮仍令就本廳置庫躬親出納不得付之屬官

卷四千六百八十二

如通判不能拘督守臣違法占恡不容分隸仰提刑司
常切檢察並許戶部按劾重寘典憲照依內無通判去
處委簽判掌管十一月二十九日戶部侍郎兼權知臨
安府錢端禮言近承勅命指揮備坐臣僚劄子乞將紹
興十九年以後十年內經總制錢取酌中一年之數立
為定額聖慈灼見其弊下戶部看詳緣前來已曾降指
揮止是申明行下逐路取索久來與決今來欲乞據本
部按籍參照依臣僚所乞於十年內取酌中一年之數
立定為額行下諸路提刑司如數拘催發納不管拖欠
額數庶幾事有定論　貼黃　稱又本部近將兩浙東
西路秋季經總制錢給歷拘催比對去年之數增收二



十四萬餘貫今來既已立定新額欲將近便路分依兩
浙路給歷拘收庶免失陷詔依於是戶部開具諸路軍
州(府)元額并遞年額各隨諸州軍府數目於內取酌中數
定為年額有差十二月八日上諭輔臣曰頃日臣僚論
經總制以十九年為額大多已降指揮昨日黃應南又
乞除放已前年分所欠積下錢數卿等宜令戶部具十
年數內取其酌中者立為定額仍比十九年數合減多
少十年內通欠若干若不與除放及減歲額恐虛掛簿
書又慮州縣科敷取足困弊百端宰臣陳康伯奏曰聖
德寬明灼見事源謹領聖旨二十一年五月二日詔婺
州通判呂晉夫與展一年磨勘以戶部言稽考本州經
總制錢虧欠五分以上故罰之仍令催督起發歲終別
行比較也八月六日詔諸路州軍未起二十六年二十
七年經總制錢特與除放所有二十八年以後拖欠之
數令提刑司督責補發十月四日試(侍)御史中丞充湖北
京西宣諭使汪澈言成閔一軍人馬支過經總制錢乞
令行在至湖北官將今年一州統收之數撥下大軍經
由縣分通融又遣所有備過人戶錢乞從縣道將折納
令年以後本名諸色官物卻依舊於經總錢內豁破從
之三十二年四月七日淮南路轉運提刑司言淮東州
軍近因賊馬蹂踐其州軍經總制錢乞免分隸起發(泰)於
是戶部言盱眙軍已降詔旨與免五年泰州已免一年

舊一作攢

楚州展免二年從之十八日安豐軍言近緣賊馬未能就緒所有每歲合樁發經總制無額錢難以樁收詔全行展免一年孝宗乾道元年十月十二日臣僚言諸路州縣出納錢物每貫收頭子錢三十三文足欲每貫添收錢一十文足乞專委逐州軍知通拘收詔每貫添收錢一十三文省充經總制錢委通判拘收入帳通舊收錢七文共二十文仍將今來所添錢數別作一項每季發納左藏西庫補助經費支遣十二月十四日戶部侍郎李若川等言諸路州軍每年合發上供折帛經總制無額等諸色錢並係指準應副經常支用其間多緣州軍循習截撥支使窠名不一委是侵損歲計乞下諸州

《卷四千六百八十五》

軍自乾道二年為始不許截撥並仰各隨窠名收樁依條限起發從之二年十二月五日詔經總制錢窠名繁多若令守臣管幹恐不專一　依舊令知通同共拘催縣委令丞管幹如無通判縣丞處委自簽判主簿掌管如任內所收錢限內起發比額有增依見行格法知通分授酬賞若比較有虧依已降指揮責罰仍令提刑司檢察如有侵隱妄支具姓名按劾先是臣僚言州郡經總制錢多不及額蓋由專委通判縣丞而州縣之權實在守令欲在州專委守臣在縣者責之縣令仍令提刑司嚴行覺察故有是命三年三月十九日浙東提點刑獄司言本路諸州軍所收經總制無額三色錢物如收



及額各有立定酬賞惟無額一色錢數最少賞典最優近年以來多是將經總制錢暗行那撥苟求優賞凡經總制之數卻致虧欠乞自今應知通陳乞無額錢物酬賞須候本年經總制錢依額數足方許陳理從之八年八月四日新除度支郎茉僑言經總制錢額自諸州通判專一拘收歲之所入至一千七百二十五萬緡總計知通同掌而歲之所虧至二百三十萬緡故置者病曹之臣以此奏陳專屬通判其後又因臣僚劄子乞委守臣於是有知通同拘催分授酬賞之制夫州郡錢物常患為守者侵取經總制分隸之數而多收添省以供妄費此經總制專任通判之意今使知通同掌則通判應不

《卷四千六百八十五》

得而誰何乞將經總制錢仍舊委之通判而守臣不預從之既而戶部尚書楊倓言若令通判拘催專任賞罰切恐守臣或生異同不能協力乞照乾道二年指揮令知通同共任責分賞從之十一月六日詔將乾道四年五年諸路州縣拖欠未起上供經總制等錢米特與蠲放自下銷落違指揮將再有追理如違許民戶越訴監司覺察按治從中書門下請也十二月日權戶部尚書楊倓等言諸州經總制錢依續降指揮每月據所收錢數解發限次季孟月二十五日以前起足今次季終而有拖欠去處乞許臣等將最違慢州郡官吏按劾且前窒執侍從領郡亦例行奏劾從之淳熙二年二月五日詔

張枃下有脫落



知秀州張元成通判黃師中各降一官以憲司言經總
制錢比諸州虧額爲多故也三年四月十二日戶部言
乞照諸路提刑自今保明通經總制賞侯任滿取見逐
考所收錢别無虧少起發依限方許保明從本部參考
如妄將不應合得酬賞保明送所收屬根勘取旨行遣
其虧欠去處依格對行責罰庶革欺誕之弊從之六月
二十九日戶部尚書蔡洸言諸州歲發經總制錢一千
四百餘萬貫近多虧欠乞嚴飭諸路提刑司責州部當
職官吏將合發經總制錢晝實分隸依額收樁解發仍
從本部覺察如分隸不盡比額虧者具當職官姓名取
旨從之七月二日執政進呈湖秀州積欠經總制錢最

卷四千六百八十三

多上宣諭曰趙師夔雖已去官可併將上取旨後三日
戶部具到嚴州淳熙二年分上供經總制等錢六十八
萬餘貫並無拖欠知州魏棏湖州三年共欠四十三萬
餘貫知州趙師夔秀州二年共欠二十五萬七千餘貫
知州周極詔魏棏特轉一官與監司差遣趙師夔周極
各降兩官嚴州通判張枃十八日臣僚言諸路州縣經
總制錢有因災傷減免及斗深蠲放之數而戶部科撥
下總領所不曾豁除總司督責如故不唯擾民亦誤總
司指準乞與銷豁蠲免詔戶部有合蠲免者不得容同
催擾十月九日詔以降指揮自今諸路提刑司保奏到
知通任内所收經總制無額錢賞委戶部并司勳審會



疑有脫誤

今收上有脫落



内藏庫如無拖欠本庫上供諸色窠名錢物方許放行
其戶部既已當會分明司勳更不須再行重疊留滯（從吏部尚
書程大昌請也）十二月二十三日臣僚言經總制錢多出鹽茶
與夫稅賦之所入自紹興三十年臣僚建請始立定額
下諸路提刑每歲如數拘催發納有限趂辦有賞違欠
有罰雖凶年饑歲有司督趣益峻而民始以爲病乞將
諸路經總制錢如遇州縣災傷年分本處知通權免比
較賞罰其課利場務並令遵見行條法依所放災傷分
數比免從之十年八月二十八日詔戶部將淳熙八年
終已前經總制錢拖欠及未起錢數並特除放自特與
轉一官湖州袁祖忠特降一官万俟致中展二年磨勘

卷四千六百八十三

秀州通判應師醇特降一官十月八日詔辰州合發經
總制錢就令本州折兑充歲計支費以守臣伊機言本
州昨緣歲計不足朝廷以岳州荊南常德府三處支撥
錢一萬二千貫充支費緣經涉江湖險隘湍激恐有不
測故有是詔五年三月十七日江東提刑丁時發等言
廣德軍通判董洋將所收經總制錢移用詔董洋特降
兩官放罷六年九月十六日明堂赦諸州軍歲經總制
錢虧額甚多其間有委是收趁不辦處竊慮枉費行移
虛掛欠籍重恐州郡因而科擾於民可令戶部將州郡
淳熙四年以前十年所虧錢數參照如累經催促全無
補到者並與消豁（九年明堂赦將七年以前年分蠲放）今收趁虧額其

知通并提刑司官屬妄本部覺察依條施行户部尚書
王佐言經總制錢歲額一千五百萬貫紹興三十年内
取酌中一年之數立為定額賞罰年來寖生姦弊或偶
無收則使於帳内銷除而創生窠名更不入帳分隸遂
年積壓直待赦放竊恐暗失經費故也十五年八月十
四日廣西安撫詹儀之言乞將本路諸州遞年合解行
在及湖廣總領所經總制錢以三分為率許用一分會
子二分金銀解發從之淳熙十六年二月四日登極赦
諸路州軍合發經總制錢紹興三十年曾降指揮酌中
立額當時户部不體德意却用十年最多之數是致州
縣艱於趁辦臣僚頻有論奏兼兩浙江東西湖南路月
椿錢及糴降本錢亦有數額太重去處可令臺諫侍從
同户部長貳詳悉措畫聞奏當議斟酌施行庶寬民力
卷四千六百八十二
既而吏部尚書顔師魯等奏照得近來間有州軍乞減
錢數與户部所減之數並合不同竊慮未至盡實乞下
諸路提刑轉運司仰取見詣實數目供申户部以憑減
豁於是户部措置將江東路饒州經制錢減二千貫總
制錢減八千貫月椿錢減一萬五千貫降本錢減八千
貫池州經制錢減七千貫月椿錢減六千貫南康軍經
制錢減三千貫月椿錢減四千貫降本錢減一千貫信州
經總制錢各減三千貫月椿錢減一萬貫寧國府經制
錢減五千貫總制錢減二千貫建康府經制錢減五千



貫總制錢減四千貫廣德軍經制錢減二千貫月椿錢
減六千貫徽州經制錢減三千貫月椿錢減四千貫江
南西路隆興府月椿錢減一萬五千貫經總制錢各減
五千貫贛州月椿錢減六千七百五十二貫降本錢減
一千貫經總制錢將本州虛額錢四萬餘貫盡行蠲減
及於元額内更減二萬餘貫吉州月椿錢減一萬七千
貫經總制錢各減六千貫筠州月椿錢減二千貫袁州
月椿錢減二萬五千貫經總制錢各減五百貫臨江軍
月椿錢減六千貫經總制錢各減一千貫撫州月椿錢
減七千貫經總制錢各減二千貫江州月椿錢減六千
貫經總制錢各減五百貫建昌軍月椿錢減六千貫經
卷四千六百八十二
總制錢各減五百貫興國軍月椿錢減三千貫經總制
錢各減二千五百貫南安軍月椿錢減二千貫福建路
福州經制錢減三千貫總制錢減一萬貫建寧府經制
錢減八千貫總制錢減八千貫南劍州經制錢減八千
貫總制錢減一萬六千貫邵武軍經總制錢各減三千
貫興化軍經總制錢各減一千貫泉州經總制錢各減
二千貫漳州經總制錢各減二千貫淮東路通州經總
制錢各減二千貫泰州經總制錢減二千貫淮西路舒
州經總制錢減四千貫蘄州經制錢減一千貫總制錢
二千貫無為軍經制錢減四千貫和州經總制錢共減
四千貫浙西路常州經總錢減三千貫月椿錢減二萬

貫湖州經總制月樁錢減五千貫並從之紹興元年四
月二十一日臣僚言經總制月樁板帳錢初立定額所
在州縣迫於監司行移趣辦不敷則巧作名色科歛於
民如經總制不足即令民户於丁田米耗役錢每石每
鈔有貼收補虧錢商旅經由場務征税之外則有貼納
補助錢月樁板帳不足即令民户於詞狀著到或納買
鹽錢或納甲葉錢爭訟理直則納鹽醋錢理曲則有科
罰錢似此之類所在不一惟兩浙江西福建處爲甚
欲乞先行下兩浙江西福建廣西路轉運提刑司應州
縣日前以經總制月樁板帳爲名巧作名目科歛民錢
以足額如臣前所條陳者嚴行禁止然後次第蠲豁諸



路有似此類一例住罷如有違戾許人户越訴從之二
年八月十九日詔平江府合發經總制錢每歲與減一
萬貫盡於常熟縣版帳錢内除豁令轉運司抱認五千
貫平江府抱認一萬貫本部抱認五千貫先是知平江
府袁說友言淳熙十六年覃恩赦減諸郡經總制錢額
如湖州每歲已減十五萬秀州亦減十二萬平江大郡
僅減三千緡比之湖秀所減不及五十分之一户部且
言雖降指揮本府除豁三千貫外若不更與蠲減竊慮
艱於趣辦繼而吏部侍郎沈揆復言常熟縣版帳錢額
太重乞與蠲免故有是命十一月二十七日南郊赦應
諸路州軍合起經總制錢並已蠲減元額以寬民力今

遙疑誤



來尚慮州軍奉行不虔復行別作名色妄有催理如有
違戾去處仰鹽司常切覺察按劾以聞嘉泰三年二月
二十一日户部侍郎王蒲奏經總制之法起於建炎條
畫中明參酌中制詳於紹興會計實納減免數目又備
於淳熙至於專委知通有賞有罰則慶元重修格令纖
悉無遺準格經總制錢及額無違限拖欠知通同減磨
勘又令經總制錢物知通專一拘收如違限拖欠並行
按劾賞則知通同賞罰則知通同罰責任之意初無輕
重而任責之人自分彼此各欲取贏或不相濟脫有不
足則歸過于人臣嘗推究其致弊之源蓋郡有大小勢
有難易大郡帥守位貌尊嚴通判既入簽廳凡事不敢



違異往往將經總制錢窠名多方拘入郡庫不肯分撥
爲通判者亦無如之何至於小郡長貳事權相若守臣
稍不振立通判反得以制其命督促屬縣追無虛日本
州合得之錢亦以根刷積欠爲名拘爲本廳經總制名
色積聚雖有盈羨不肯一毫爲州縣助歉以妄用開其
有之利害相反自爲消長違限虧額職此之由欲望申
嚴行諸路提刑司照元降指揮將諸色窠名合分隸經
總制錢令知通同共掌管不得以強弱相凌遞互侵越
自爲取辦之計歲終比較賞罰同從之十一月十一日
南郊赦文諸路經總制虧額錢已放至慶元四年終尚
慮自後間有收趂不敷去處可令户部將嘉泰元年終

以前虧欠錢數並與蠲放嘉定四年四月二十九日臣僚言經總制錢無常入而有常額州縣歲月之解往往不能充額於是有假經總趂辦之名以為侵漁自私之計開告契之門甚者籍其價錢而没入之版曹總所稽考諸數常不充徒足為汙吏之資今誠使版曹總所其州五年之間其解之多者至若干少者至若干中者為若干虧數然後酌取其中為額路以下之州州以下之縣使長吏躬自省閱而不以重輕付之吏手自是而後月解有實數州縣不困於空名無害於國而有便於州縣以及其民謀國之所宜亟圖也詔令戶部看詳討論施行既而戶部言諸路州軍合發經總制錢紹興三十年指揮於十年内取酌中一年之數立為定額又準淳熙十六年赦文諸路州軍合發經總制錢紹興三十年指揮酌中立額當時戶部不體德意却用十年最多之數是致州縣艱於趂辦節次承降指揮減豁仰當今之準臣僚前項奏請事理竊緣上件錢係隸提刑司拘催今看詳欲下諸路提刑司詳今來臣僚所奏將前後減豁指揮逐一相度保明具申施行從之七年八月二十五日戶部言都省付下福建提刑司申權發遣漳州趙汝譎到任便民五事數内漳浦縣經總制錢年額浩重科擾於民乞行蠲減本部提刑司議蠲減提刑司照得漳州漳浦縣經總制錢年額二萬一千二百三十七貫

卷四千六百八十二





九十九文省每年除正收外有所謂虧下錢常是補納不足昨知漳州俞亨宗於每月正收外只解五百貫已人為之少舒今知漳州趙汝譎申請得知俞亨宗量減之數則為一縣生民之幸然嘉泰三年至嘉定五年内正收數分為三等比開禧三年分正收錢一萬五百三十四貫五百七十八文省虧錢一萬七百二貫五百二十一文省所虧為最多補納錢七千六百二十一貫三百二文省嘉定二年分正收錢一萬二千五百九十貫七百六十文省虧錢八千六百四十貫三百三十九文省所虧為最少補納錢六千二百五十六貫二百七文省嘉定三年分正收錢一萬一千六百二十三貫三百三十八文省虧錢六千六百一十三貫七百六十一文所虧最為適中補納錢六千一百九十二貫五百五十九文省竊詳俞亨宗於每月正收外只解五百貫之説則是一全年正收外合補解六千貫若以嘉定三年適中年分議減將正收錢一萬一千六百二十三貫三百三十八文省又補納錢六千貫文合而計之當解發一萬七千六百二十三貫三百三十八文省實虧錢三千六百一十三貫七百六十一文省以年額十分為率計虧一分七厘既正收外無窠名可以指擬所據知州趙汝譎申請本司差官取索籍歷點對得年額太重致有虧欠合與蠲減庶幾民力稍寬均被朝廷實惠今詳議

卷四千六百八十二

乞以嘉定三年分正收反補納錢參照年額減虧錢
五千七百三十七貫四百七十文僅比為酌中之數乞
詳酌施行本部據福建提刑司契勘到漳州漳浦縣經
總制錢委是額重遞年收趁不及徒見煩擾昨本州累
政知州皆嘗有請乞議蠲減未有施行日來漳浦縣愈
見敗壞考之衆論皆為經總制錢之害以致在部之官
不敢注擬今提刑司已取索簿歷見得事理分明一全
年合與減免五千七百餘貫其他州郡亦毋得而援例
從之十四年二月二十九日臣僚言竊謂經總制窠名
由場務課利而至於兩稅頭脚等錢以十分為率其三
歸州家其七隸經總制其後酒榷關征多有虧額間遇
卷四千六百金三
水旱蠲租減賦所未能免而經總制之所入寖不如昔
矣猶賴以助其不及者于契一司爾印紙等於倅廳而
散之諸縣民有交易官給紙而書其直是亦古人書契
質劑之遺意又且限之四月聽其投稅限滿則有罰告
者以其半予之法非不善也自放限之說行正限之與
放限分隸不同正限則以其七隸經總制放限則以其
七歸州用雖係守倅通簽然倅之權非敢與郡比故正
限少而放限多州郡利其所得往往放限合納官錢明
明減三之二民樂於限外投稅則匿而不到官者多矣
比經總制之額所以日虧甚者郡置一庫名曰白契民
以匿契來者皆許犯人從便投稅而備其罪又甚者縣





官到任來瞰理民事而先議借契錢訟牒在庭乃以納
契錢之有無為重輕如此等類未易枚舉縣給由子時
之寄庫日後設有交易必納新錢而向之寄留縣節者
方許參用則是去年已成乾沒矣浙東諸縣其弊尤甚
民何以堪之竊見每遇大禮赦文行下諸郡僅放一限
令諸郡接續展放無月無之公違國家成法暗虧經總
制額錢乞下諸路州軍自今民間交易既給官紙必用
官牙人立契仍令登時申主管司附籍稽考限滿不稅
照條追究姓名既掛官籍白契自難隱藏或居民去城
頗遠限内投稅不及官司量設放限亦須申明朝廷以
憑遵守每歲不得過月下至諸縣輒以借契錢為名科
卷四千六百金三
抑民户並仰日下禁戢尚敢違戾委提刑司廉察按治
提刑司容縱不職許本臺覺察彈劾以聞當從重寘
用度寖廣經總制窠名豈容失陷以資州縣侵欺
之十七年二月二十六日户部言台州嘉定十四年分
經總制實未起發八千六百一十八貫七百四十二文
慶元府嘉定十三年分經總制未起錢五萬一千三百
八十六貫四百一十三文十四年分未起錢五萬一千
九百二十四貫七百二十四文皆係經常指準支遣之
數本部不住牒下各州催發於十五年内準尚書省劄指揮
以大禮展免一年至十六年復行催再準省劄指揮
更與展免一年合至十七年起發催趲續得嘉定十

宮田副本內有公用錢錯簡七條，可移補此上

年十四年所欠錢數，侵充至十七年秋成催理。既以經涉歲久，必難舉催，無益於事。本部今別行那融支遣，自後不復申朝廷乞撥還外，欲將台州、慶元府李起展免錢數特賜蠲放，仍劄下浙東提刑司鏤榜下兩郡遍貼，使民間知恩，即出於特旨，□□使當路依所申並日下除放，仍行下本州府不得巧作名色復行催理。」及行下兩浙運司、浙東安撫提刑常平司照應遍行鏤榜曉示民戶通知，各先具知稟文狀申尚書省。[illegible]

公使錢

神宗元豐五年三月二十三日，詔□慶寧於大名府公使錢內撥錢十緡與相州，及於兵□□州公使錢內各撥錢千五百萬緡與邢、趙、磁三州，□□依行舊路，用依舊撥補原數。六月五日，鄜延路經略司言：權□蘆寨主折可適等乞給公使錢千緡。詔給。九月□日，詔濮王宗暉、王奉祠事，宜比宗姓使相例，□□公使錢二千貫，廚料給親王例三分之二。淳熙元年九月四日，詔：曾覿已除開府儀同三司，其請給等並□賜公使錢可照已降隨龍指揮依格全支。十一月二十八日，詔南班士矩等六人生日支賜公使錢，與依格全支，後人不得援例。三年六月十日，臣僚言：「諸路漕司有一分五釐錢、二分折酒錢，於酒稅錢內每貫截取二百文、五十至八十，大郡一歲不下二三萬緡，小者亦不下萬緡。諸路各令

通判置曆拘收，往往撥入公帑，繳遣□行□封，以供水旱兵革之費。」戶部勘當，欲依所請，頒□□□□每歲支用剩數，申朝廷酌度，令諸□□□□一□月二日，知南外宗正司趙不□言：乞依西外宗司已得歲給錢數，□□支理，從限降指揮，就□泉州轉運司見錢三千貫文，於□□充公使，自今年為始。從之。四年五月二十五日，詔史浩□除少□、觀文殿大學士、醴泉觀使兼侍讀、永國公，其歲賜公使錢□曾任開府儀同三司日未曾批勘，特與依開府儀同三司本格全支，自降麻日始。六年三月二十八日，詔知大宗正事不□言：「西南兩外宗正司請行公使錢物，本司目前多是三公使相知判，今係庶官權攝，本有歲賜公使等錢，合行申明。」詔：不□官見係送郡來□給合戶部，每歲特支錢五百貫，候有官至應給日住支。十月三日，詔容州觀察使、安定郡王子彤襲封，合給公使錢，令依子棟等已得指揮給。紹熙三年二月五日，兩外宗正司乞給降度牒充公使錢。詔下福州於合起戶部□名錢內截撥三千貫，應副本司作紹熙二年六月以後三年支遣。嘉定十四年七月二十日，詔皇子寧武軍節度使祁國公歲賜公使錢，特與支三千貫，仍逐月均給，令戶部供納本府。

此卷與大典一萬七千五百四十九重

傜 一作役

吳校 寫定訖



治平四年六月二十五日詔曰農天下之本也祖宗以來務加惠養每勤勞勉屢下寬恤之令數頒蠲復之恩然而歷年于茲未及富盛聞因水旱頗致流離深惟其故殆州郡差徭之法甚煩使吾民無敢力田積穀求致厚產以別其擾至有遺親背義自謀安全者多矣不幸逢其異致骨肉威不相保愁然亡聊之意豈不悖人理動天道欲害農功為弊最深上下偷安苟務因循重於改作致農以困之而不避者安其常遂為生生之路至繆戾也朕甚悼焉永惟出令之謀故訪中外群議冀有嘉謀寂采責于予朕將親覽擇善而從順天與爲

大典卷一萬七千五百五十五

一

誠安致意命州徒下敘哉無怨其令中外臣庶限詔下一月並許條陳差役利害實封以聞無有所隱先是三司使韓絳言臣歷官京西奉使江南河北嘗于陝西觀南閱訪害農之弊無甚于差役之法重者衙前多致破產次則州役亦須厚費夫田產人情所以為生今唱力營為積致豐足而役已及之欲望農人之加多蠲五之加聞貴可得乎向聞京東民有父子二丁將為衙前役者其父告其子云吾當求死使汝曹免於凍餒遂自縊死又聞江南有嫁其祖母及與母析居以避役者此大逆人理所不忍聞又鬻田產於官戶者田歸不役之家而役並增于本等戶其餘戕賊農民未易遽數竊以臣





所陳下民痛之詔令中外臣庶悉具差役利害以聞委侍從臺省官集議考驗古制裁定其當使力役無偏重之害則農民知為生之利有樂業之心矣役法之議始于此　七月十三日命龍圖閣直學士趙抃天章閣待制陳薦同詳定中外臣庶所言差役利害　十月十六日權御史中丞滕甫知制誥陳薦同詳定中外臣庶所言差役利害　熙寧元年五月九日同知諫院吳充言當今鄉役之中衙前為重上等民戶被差之日官吏臨門籍記凡杯杵匙筯皆計貲產定為分數以應須求勢同漏卮不盡不止至有家貲已竭而逋負未除子孫既沒而鄰保猶逮是以民間規避重役土地不敢多耕而避戶

大典卷一萬七千五百五十五

二

等骨肉不敢義聚而憚人丁甚者嫁母離親以求兄弟異籍風俗日壞殊可惻傷昨聞講求鄉役利害詔中外臣庶上言動差近臣詳定逮今一年未見有所蠲除而東南弓手復增數倍聞點差之際人心甚不安恐西邊用兵五路人不持此憂發更相動搖閭里意道路相因良由閭數官吏不能明白曉諭亦以新法令多所致更役民必感又近年以來以□□□□□農人不得不困地力不得不遺蓄生之計者不足則不得已而為工商又不得已而為盜賊閭閻之患當此乎此伏望陛下留意卹農深勑中書擇臣庶所言鄉役利害以時施行詔令送中書　十八日知制誥錢公輔同詳

定差役利害　二年二月二十七日，以知樞密院事陳
升之、參知政事王安石同制置三司條例。其後升之請
併制置條例司歸中書戶房，安石以為令中書撰精近，
留罷併制置局。詔罷局，請俟差役常平事畢　三月十
一日，上曰：近聞內藏庫奏外州有遣衙前一人齎納金
七錢者，因言衙前傷農，令制置三司條例司講求利害
立法　四月二十一日，命權荊湖北路轉運判官劉易、
通判府州謝卿材、河北轉運司勾當公事王廣廉、知安
遠縣侯叔獻、著作郎程顥、知開封府倉曹參軍盧秉、許
州司理參軍王汝翼、權興化軍判官監建州買納茶場
曾伉八人於諸路相度農田水利、稅賦科率、徭役利害，

卷二萬七百二十五

三

從制置條例司請也　六月七日，制置三司條例司言：
陛下臨御以來，深詔四方，博求農田利害，其間雖有纏
今大抵皆毛舉細故，未見有條具本末灼然可致實効
者。蓋徭役之事所在異宜，不可通以一法，非按視有訪
則不足以知其詳。乞下諸路轉運司，令各具本路農田
徭役利害，闢奏，降付本司看詳施行。從之　九月，制置三
司條例司言：近詔置京東等路常平廣惠倉，欲量逐路
錢物多少，選官分詣提舉。詔差官充逐路提舉常平廣
惠倉，兼管勾農田水利差役事。所遣官詳見職官提舉
常平。農田水利差役門　三年五月十七日，制置三司條
例言司：常平新法，宜付司農寺選官主判，兼領田役水



利事。乃命太子中允、集賢校理呂惠卿同判司農寺
八月三日，詔司農寺增置寺丞一人，以呂惠卿奏農田
水利差役舉應接條目已多故也　二十七日，詔司農
寺每歲終具天下差役更改過若干，寬減若干民力以
聞　十一月二十八日，詔曰：夫天下之役，當因吾民，至
使流離飢寒而不能以自存，豈朕為民父母之意哉！吾
詔書數下，欲寬其役，而事未興，是吏奉吾詔不勤，而察
民未深也。今梓州路獨能興民之利而去其害，欲加之
賞，朕何愛其賞？選使韓璹等已降敕書獎諭，仍各賜帛
二百。以中書言本司奏本路團併陸路綱運，共減一百
三十八綱，并減定本路諸州軍監遠近接送并前及減
罷押綱隨送得替官員衙前共二百八十三人，及諸
州軍監縣差役公人共五百一人，為點檢遂州等處自
來公使廚庫并前倍費錢物最為侵刻，若不改更，即令
後役名衙前各不願充役，乞行裁減上件。陛下愛恤百
姓之意，乞率先諸路講求利害，公忠之實，乞特加獎諭，故
降是詔。其所減衙前及綱運并差官重定并減事，仍依
奏施行　四年四月二日，詔罷章惇相度夔州路差役。
先是，遣惇乘驛同夔州路轉運司經制渝州夷賊彊土，
難遍歷諸州，欲止以渝州役事立定條約，推行於一路。上
批：諸州役事不同，難止用一法，故罷之　同日，司農寺
言：開封府界諸縣民歲納役錢，其鄉村第四等以下並

神宗二萬七百二十五

四

被一作被

止一作至

免如非單丁即與第五等輪差壯丁從之　五月十六
日司農寺言開封府界提舉常平司言有畿内百姓未
知新法之意見逐鄉大戶言等第出助役錢多願依舊
充役詔司農寺令諸縣曉諭如有納錢不願之人除從
來不當役年月令依條認本等役候年月至則赴官充
役更不令納役錢又養乞差府界提點司官分詣諸縣
同造五等簿升降民戶如敢將四等以下戶升於三等
致人被訴其當職官吏並從違制不以赦降原免從之
　七月六日詔御史中丞楊繪御史劉摯分析所奏差
役利害以聞先是繪言臣非不知助役之法乃陛下憫
差役之不均欲平一之使民字於大均之域或有羨餘

卷二萬七百二十五　五

即以待水旱之歲然聞幹其任者唯務斂之多而行之
峻致天下不盡曉朝廷之意將以為率其剩者而官取
之也兩浙提點刑獄王庭老提舉常平張倉覲科兩浙
一路役錢至七十萬止有一戶出三百千民皆謂供一
歲役錢之外剩數幾半雖司農寺未即從然民間或謂
庭老必賞之以本路或鄰路監司覲必以館職或監正
此必因取數之多而謗議興也乞裁損行下以安民心
又言東明等縣百姓至千百人詣開封府訴超升等出
助役錢事本府不受百姓既無所訴遂突入王安石私
第安石諭之此事相府不知當與指揮不令升等仍問
汝等知縣知否皆云不知又詣御史臺臣以本臺無例



收接訴狀諭令散去退而訪聞乃司農寺不依諸縣元
定戶等却以見管戶口量等第均定助役錢數付諸縣
各令管認升降戶等別造簿籍前農務而畢臣切詳凡
第等升降蓋視人家產高下須自下而上乃得其實今
乃自司農寺先畫數令本縣依數定簿豈得民心甘服
哉京畿者天下之根本不可不關聖慮措置民事必自
州及縣豈有文移下縣州府不知之理此乃司農寺自
知所行于理未安故不報府尹下諸縣欲其畏威不敢
議若關京尹或致爭執所以不顧事體如此又今已是
農月如何于農務前畢欲隨夏稅起催乎臣又聞中書
遣孫迪張景溫体量不願出錢之民臣恐不願出錢者

卷二萬七百二十五　六

欲困以重役如此威脅誰敢不從又言開府界提點司
以畿縣百姓入京訴等第助役事東明縣民最多因欲
舉劾知縣賈蕃令若東明百姓來訴則罪知縣臣恐畿
縣令佐懲創其事先威以嚴刑脅以利害俾民不敢復
訴壅塞民言得為便乎況陛下已詔東明等縣不得升
等及取情願若非百姓來訴何緣有此詔乎而反捃摭
知縣何也又言助役之法朝廷之意甚善其法亦甚均
但亦有難行之說臣願就其否以成其可去其害以成
其利假如民田有多至百頃者少至三頃者皆為第一
等百頃之與三頃已三十倍矣而役則同焉今若均出
錢以顧役則百頃者其出錢必三十倍于三頃者矣況

永無決訴之訟乎此其利也然難行之說亦有五民難得錢一也近邊州軍姦細難防二也逐處田稅多少不同三也耆長雇人則盜賊難止四也專典雇人則失陷官物五也先乞議防此五〔害〕然後著為定制仍乞識勵司農寺無欲速就以祈恩賞提舉司無得多取于民以自為功摯言陛下憂憫元元謂天下役法久失其平故慨然有意大〔有為之〕也然有司建議立法頗未有上副聖意而下協人情者其法曰率錢助役官自雇人臣謂其事不可勝言而略陳其十害天下戶籍均為五等凡戶之產實役之重輕類皆不同今歛錢用等以為率則非一法之所能齊若隨其田業腴瘠因其所宜一州一縣一鄉一家各自立法則紛錯散殊何所總統其害一也新法處等籍之不得其實故今品量物力別立等第以定錢數然舊籍既可不信則今之品量何以得其無失其害二也上戶常少中下之戶常多上戶之役數而重故或以今之助錢為幸下戶之役簡而輕故皆以今之助錢為不幸優富苦貧非法之意其害三也新法所以品量立等者不取舊簿者意欲多得雇錢處上戶之寡故臨時登降升補高等以充足配錢之數被遣之人何以堪命近日兩界其事已驗其害四也歲有豐凶而役人有定數助不可闕則助錢非若賦稅有倚閣減放之期其害五也農人唯有絲絹麥粟之類而助法皆用見錢

[illegible]卷二萬[illegible]

七





故須隨時貨出逼于期會價必大賤倍使所以鬻代錢亦復有退剝受弊及寅緣乞索之患其害六也兩稅及科買貨責色目已多使常無豐歲猶病不能給公私之費又益此庸錢驅其所有既人無有饑而困窮農者甚害七也聚歛之人不能奉承法意如近日兩浙科一倍錢數欲自以為功而使國家受聚歛之怨其害八也鄉縣定差循環相代上等大役至速者猶須十餘年而一及之至于下役則一二十年乃復一差今使皆出錢官自召雇雇直輕則法或不行重之則民不堪命其害九也夫役人必用鄉戶為有常產則自重惜畏刑則罪戢今既雇募惡少得輕猾游〔浮〕惰無賴之人其害十也

[illegible]卷二萬[illegible]

八

下差役樂重於衙前今司農新法鄉戶衙前更不差其長名人盡聽於櫃坊以天下錢賃酒稅坊場并州縣坊郭人戶助役錢數以酬其重難臣謂此法有名而行無妨郭十等戶自來以承應官中配賣科率亦難使之出助錢外猶當給衙前對折役過分數多估價不盡數官實數今既官自拘收以私價召賣則同多乞陛下以比一法詔有司講求其詳則其他役法更革無難矣助役之法望一切寢罷並見撿正中書並承公事同判司農寺曾布言伏見言事官屢以近日所議差役新法未便論論紛紛多失利害之實以朝廷議更差役之法志於便民故難遂使四方詢求利害而纖悉之事其

則一作而　並一作而



近而易講所遣之官論議措置條暢明白多可行者及
至成書則付之司農使與開封提點司集議已又牓之
諸縣凡民所未便皆得自陳此可謂詳且盡矣臣觀言
者之言皆臣所未諭豈蔽於理而未之思乎抑其中有所
徇而其言不能無偏乎畿內上等人戶盡罷昔日衙前
之役故今所輸錢其費十減四五中等人戶舊充弓手
手力承符戶長之類今使上等及坊郭寺觀單丁官戶
皆出錢以助之其費十減六七下等人戶盡除前日冗
役而專充壯丁且不輸一錢故其費十減八九言者則
或以[illegible]變[illegible]赤子或以謂朝廷受驅斂之謗今輸錢免
役使之民生樂業終身不知有前日之患也言者則以
謂起納庸錢則人無悅為農者上戶所減之費少下戶
所減之費多言者則以謂上戶為幸下戶以為不幸今
量其物力依等第輸錢逐等之中又別為二等或五等
其均平齊一無過此言者則以謂斂錢用等則非一法
所能齊所在各自為法則無所總統昔之簿書等第不
均不足患用故欲分命使者督察諸縣使加糾正庶品
量升降皆得其平言者則以謂舊等不可信今之品量何
以得其無失如此則是天下之政無可為之理編勑三年
一造簿書所以升降等第今之品量增減亦未為非
又況方曉示人戶事有未便皆與改正則今之增減實
未施行言者則以品量立等者盡欲多斂雇錢升補上

[illegible]　九

輸一作輸　以一作已　謂一作論



等以雇錢之故遂于祥符等縣以上等人戶[illegible]減
充下等弓手獨捐而不言凡州縣之役無不可募人之理
今投衙前半天下未嘗不主管倉庫場務綱運官物而
承符手力之類舊法皆許雇人行之久矣惟耆長壯丁
以今所措置最為輕役故但輪差鄉戶不復募人言者
則以謂專典雇人則失陷官物耆長雇人則盜賊難止
又以謂近邊姦細之人應募則焚燒倉庫或守把城門
者為內應役錢之輸見錢與納斛斗皆取民便為法如
此亦以周矣言者則以謂納見錢則絲帛粟麥必賤以
物代錢則有退揀乞索之害如此則當如何而可也
役錢[illegible]所為[illegible]荒饑饉未嘗[illegible]
補有餘所以備凶年為朝廷推[illegible]減之計[illegible]
民事以興田利增吏祿言者則以[illegible]
有備闕或放朝廷不知昔之衙前弓手承[illegible]
類亦當備闕接放否而新一路戶一百四十[illegible]
十萬緡而已畿內戶十六萬率錢亦十六萬緡[illegible]
所輸[illegible]畿內募役之餘亦無幾矣言者則以[illegible]之
緡[illegible]兩浙欲以[illegible]徵率則[illegible]
為縣今[illegible]役之事苟有未便於民[illegible]
受使[illegible]師[illegible]
其間甚眾皆有司所不得不聞[illegible]
或以為[illegible]方為二府所選明非不才或以謂[illegible]

[illegible]　五十一

呂一作陳

私己一切不問此皆臣所未諭也大約御史之言多如此類至于助役之法昕看詳奏請出榜施行皆開封府與司農寺被旨集議此天下所知而使法有未善而言者深論司農未嘗及一語開封府開封于民事何所不預民有所苦而不受此乃御史之所當言而言未嘗及也自非內挾邪詖之情有所拘背則不當至此顧以臣所言宣示中外故有是詔十四日揚繪具錄前後論助役法四奏以自辨又言助役之法國家方議立千萬年永制一人之智不足以周天下之利害必集衆人之智然後可以盡其利令陛下專任王安石專委曾布又使人言如此而欲建千萬歲之永制安得可乎劉摯又

卷一萬四千六百二十五

文

言臣近論助役之法其害有十得旨送曾布劉子條件詰難令臣分析者竊以助役斂錢之法有大臣者主之于中書有大臣之親中書之屬官及御史知雜者議之于司農寺有大臣選擇所謂能者為監司提舉官而行之于諸路其勢上下若此可謂易行矣然曠日弥年終未有定論可以為法者此何謂也為不順乎民心而已矣是故前日衆中外士民之說數告陛下今以司農為是耶則事盡于前奏可以覆視陛下以臣言為非耶鄙然而已矣雖復使臣言之亦不過所謂十害者而風憲之官亦豈當與有司較是非勝負交口稱直如市人之詬競狀哉以臣前後論助役之章與司農之言宣示中



益一作溢

外以考是非若臣言有取則乞早賜寢罷助役以安天下之心若稍有欺罔則乞重行竄黜以戒妄言以警在位之人摯又言自青苗之議起而天下始有聚斂之疑青苗之議未一而均輸之法行均輸之法未允而邊鄙之謀出邊鄙之謀未息而漳河之役作漳河之役未平而助役之事興至助役之法臣終以謂使天下百姓稅賦貸責息利之外而無故升進戶等使輸出緡錢者皆非國家美事故天下謂之聚斂大臣誤陛下而大臣所用者又誤大臣既令頗繆乖錯紊亂綱紀知天下之不容俱寢寢之固悟以謂雖中外之士從疑無敢言其尚敢言者獨御史有職分故又使司農熒惑天聽作為備說

卷二萬七百二十五

文

令臣分析以摧沮風憲之体艱梗言路伏望陛下深察事物之勢用安靜之治以休息生民罷分析之旨以養多士敢言之氣詔繪落翰林學士御史中丞為翰林侍讀學士知鄭州摯落館閣校勘監察御史裏行監衡州鹽倉十一月須募役法諸戶等第輸錢免其身役官以所輸錢直募人充役輸錢輕重各隨州縣大小戶口貧富土俗所宜（謂以家業或以田畝或以稅錢之類）計一歲募直及應用之數留准備錢不得過一分旦為歲額仍隨逐處約數至第三或第四等不足總數至第五等（坊郭自來定等第均定）即前之而無可輸者勿歛其戶數多寡數錢則例隨逐旋增損不得益額　五年三

月十七日，詔司農寺免役剩錢令諸縣常平法給散收息，添助吏人食錢，仍詳具條約以聞。　六月八日，詔諸路以新法募役，民不願而輒抑勒者，官吏並以違制論，雖去官會赦不原。　八月二十六日，詔檢正中書刑房公事李承之充集賢校理，以承之按視淮浙農田差役等事能職，朝廷所以命使之旨宣布法意，致州縣易于奉承，並稱就緒，故特獎之。　十一月十八日，司農寺言：已定京東路役法，欲權料起催若廣錢及役使重輕，尚有未盡，委轉運、提點刑獄、提舉司詳具申寺。從之，仍自熙寧七年推行。　六年二月十六日，司農寺言：近詔天下出錢免役，而永興、秦鳳比之他路，民貧役重，恐非朝廷寬恤疲瘵之意。乞詔諸路提舉司備着免役以次蠲減，常留二分寬剩，以爲水旱閣放之備。詔陝西之民數困科調，最爲貧弱，所出役錢獨多，諸路議爲可恤，宜依所奏。　六月十九日，京東路察訪司請自今應推行差役新法，有敢僭造言語文字扇搖百姓，並依扇搖保甲法。從之。　七年正月十三日，詔兩浙轉運、提點刑獄、提舉司同相度第五等戶所出役錢至少，今若減放，以寬剩錢補充，如支用得足，即盡蠲之；其以家產稅錢均出而不分等處，即比附應放貫百已下放免以聞。　三月八日，詔役錢每千別納頭子五錢，其舊手役人圓融工費、修官舍什器、夫力輦載之類，並用此錢，不足即用情輕贖

供一作貢　獲一作合　共一作供



銅錢，輒圓融者，以違制論，不以去官赦原。先是，凡公家之費有斂於民間者，謂之圓融，多寡之數，或出于臨時，污吏乘之以爲姦，其習弊所從來久，至是始悉禁焉。　十三日，詔聞鎮、定州民有折賣屋木以納免役錢者，令安撫、轉運、提舉司體量具實以聞。其後逐司奏體量得諸縣去秋旱災，以故貧下戶並有折屋賣錢以給已家糧食及官中諸費者，非專爲納免役錢也。　四月二十五日，上論及免役利害，且曰：今之法但當使百姓出錢輕，如往日便是良法。至如減定公使錢，猶有以爲言者，此寔除去衙前陪費深弊。且天下供奉之物所以奉一人者，朕悉已罷，人臣亦當體朕此意，以愛惜百姓爲心。馮京曰：朝廷立法，本意出于愛民，然措置之間或有未盡。陛下但當開廣聰明，盡天下之議，使者行之有不便者，不易改作，則天下受賜矣。　二十九日，詔聞淮南路推行新法多有背戾，役錢則下戶太重，常平唯務散多，更不出榜召人情願，有用等第敷錢與民，極不便，令本路監司速體量按治以聞。　五月二十五日，詔諸路公人依邊弓箭手例給田募人，其招弓箭手寨戶地不用此令。凡係官逃絕監收等田，不許射買、請佃，委本縣置簿估所得租獲直價錢，以一年雇錢爲準，仍量加優潤，以役錢據數撥還轉運司。　七月十九日，司農寺言：曲陽縣尉呂和卿請五等丁產簿舊憑書手及耆戶長共通隱

漏不實，檢用無據。今熙寧編勑但刪去舊條，不立新制，即於造簿反無文可守，尤為未便。承前建議，唯使民自供手實，許人糾告之法，最為詳密，貧富無所隱，誠造簿書之良法也。詔送提舉編修司農寺條例司。　十一月二十八日，詔辰、沅二州並依威（蠻）聽罷免役出錢之法，從察訪蒲宗孟請也。　八年二月二十一日，詔沅州以寬剩錢買田募役，須契勘坊場樁備災傷等用，價高處罷買。以兩浙路轉運司王廷老言：衢州西安縣買山田價高，用錢十二萬緡，乃（是）部募一縣之役，既破放前稅，又失免役并稅官錢，而司農寺言恐不獨兩浙所買如此，欲廢法，故有是詔。　四月十二日，詔罷給田募人充役，已就募人聽如舊，其充役借者勿補。　七月五日，詔納出身人有官落進納字者，不以官戶減役錢，從司農寺請也。　十月二十三日，詔聞東南推行手實簿法公私煩擾，其速令權罷之，委司農寺再詳定以聞。先是以（民）貲產出錢免役，呂和卿請立告賞，使自陳產實，謂之手實，而御史中丞鄧綰言：凡民所以養生之具，日用而家有之，今欲畜數供析，出錢則本用供家，不專于租賃營利，欲指為供家之物，則有時餘羨，不免（賸資）貿易與人，則家家有告訐之憂，人人有隱落之罪，無所措手足矣。夫行商坐賈，通貨殖財，四民之一也，其有無交易，不過服食器用、粟米財畜、絲麻布帛之數，或春有之而夏析（已）



閒之，或秋有之而冬已散亡之，則家[illegible]書如何拘轄？隱落之罪，將不絕矣。使嚚訟者趨賞報怨，而公相告訐，隄防督責，死忍餓而不敢為生。其為法未善，可無全歟？故有是詔。　九年八月二十八日，荊湖路察訪蒲宗孟言：兩路元費役錢太重，民間出辦不易，至每年所收，尚有寬剩。詔荊湖路有寬剩錢，各權減二年。　十月十七日，詔自今寬剩役錢并買撲坊場等錢，更不給役人，歲終具羨數申司農寺，應係常平司物，常留一半。　十一月二十六日，侍御史周尹言：諸路募役錢，凡樁[illegible]外，與寬剩錢一分，聞諸州縣承望提舉司風指，[illegible]於錢又有提舉司希求勞績，或[illegible]募役人除壯役錢，而民間所出一切如舊，敷寬剩錢無倍矣。天下皆為割建設法聚斂，州縣以役人日減，不[illegible]日緊，雖迫以嚴刑，猶不能辦。役人以含[illegible]無以自養，不顧廉恥，公私共患。乞令諸路[illegible]保充除免役錢，募者長戶長及有不當過減役人[illegible]定人數，今逐月募錢，有備外，其寬剩止留一分之[illegible]過二分。三司使沈括亦言：先罷兩浙察訪[illegible]行役法，從鄉村及舊無役人多稱不便，眾具[illegible]下。詔役錢宜詳立法之意，本欲與民均財[illegible]不可不動，無役者不可不使之助，以[illegible]役者輸錢，役重者受祿輕，役自依搖法，今州縣重役不[illegible]

食貨六五之一七

過衙前耆戸長散從之類衙前即坊場河渡錢自可足
用其餘于坊郭官戸女戸單丁寺觀之類因坊場河渡
錢餘足以賦祿出錢之戸不多則州縣易為督歛重輕
相補民力自均詔司農寺相度以聞　賜歲諸路上司
農寺歲收免役錢收一千四十一萬四千五百五十三
貫碩匹兩金銀錢斛匹帛一千四十一萬四千三百五
十二貫碩匹兩絲綿二百一兩支金銀錢斛椹子六百
四十八萬七千六百八十八兩貫碩匹應在銀錢斛匹
帛二百六十九萬三千二十貫匹碩兩見在八百八十
七萬九千二百六十七貫碩匹兩開封府界收十一萬
二千九百五十三貫文支七萬七千一百四十貫文應
在錢一萬七千四百九十四貫見在錢八萬八百五十
八貫文京東東路收五十一萬三千五百七十六貫兩
錢五十一萬三千三百十一八貫絲綿一百五十九兩
支二十八萬五千五百八十一貫文應在錢九萬二百
八十七貫見在錢絲綿三十九萬四千二百七十一貫
兩　京東西路收四十七萬四千六百六貫支三十萬
四百七十貫應在錢四萬五千八百六十七貫見在錢
物三十六萬七千二百十二六貫碩　京西南路收二
十八萬三千九百六十二貫支二十萬三千三百六十
貫應在錢三萬三千一百二十貫見在錢銀二十三萬
二千七百九十貫兩　河北東路收五十一萬三千一

食貨六五之一八

十四貫碩兩支三十一萬九千七百二貫應在錢五萬
五百一十貫見在四十六萬二千一百八十一貫碩匹
絹河北西路收六十二萬三千九百三貫碩支三十二
萬九千七百七十九貫碩應在錢九萬一千四百八十
貫見在五十九萬四千八百七十五貫碩東　永興等
路收九十五萬四千一百三十二貫支五十二萬六百
三十四貫應在九萬一千八百八十二貫錢九萬一千
八百四貫見在七十七萬二千八百六十一貫碩東
秦鳳等路收四十一萬三千四百二十二貫支二十五
萬九千四百三十一貫應在四萬八千三百五十八貫
見在錢三十六萬一千一百五十七貫　河東路收五
十二萬五千三百七十二貫碩兩支二十九萬六千二
百五貫碩疋應在一十萬二千三百五十六貫碩兩見
在五十七萬二千九百三十五貫碩匹兩東　淮南東
路收四十九萬四千八百三十貫支三十萬六千九百
五十八貫應在一十七萬六千五十三貫碩見在錢二
十三萬二千二十六貫、淮南西路收三十四萬八千
二百貫支二十四萬二千一百四十五貫應在錢一十
四萬一千八十六貫見在錢二十萬三千三百三貫
兩浙路收八十萬五千八百四十四貫見在錢五十四
萬支六十八萬九千二十貫應在錢三十三萬一千二
百二十六貫見在錢五十四萬一千六百五十二貫

河一作江

河南東路收三十八萬六千八百五十六貫文二十二萬八千三百三十八貫應在一十八萬八千六百一十八貫見在錢二十六萬七千六百八十二貫　江南西路收三十九萬六百六十一貫匹文一十九萬九千二百五十九貫[illegible]貫應在二十九萬六千五百九貫碩見在五十三萬四千三百八十六貫碩匹兩斤　荊湖南路收三十九萬五千八百八十三貫文一十八萬九千三百九十一貫應在錢一十一萬六千二百三十貫見在六十六萬七千八十四貫碩兩　荊湖北路收三十一萬八千六百六十四貫文二十五萬三千三十二貫應在二十七萬三千二百八十九貫匹見在二十萬七百一十七貫　福建路收三十七萬四千五百九十八貫文二十八萬九千一百八十六貫應在錢九萬三千五百一十四貫見在五十三萬六千五貫　成都府路收六十六萬九百四十九貫文四十三萬一千九百四十五貫應在錢五萬二千七百三十三貫見在錢三十六萬九千二百三十二貫　梓州路收三十四萬六十六貫文二十三萬一千二百四十五貫應在三萬八千五百六十貫見在二十四萬三千七百八十二貫匹兩碩道　利州路收四十二萬九百七十五貫文一十七萬三千四百二貫應在一萬四千三十九貫見在二十四萬六千八百九十九貫匹兩　夔州路收二十

劉　卷二萬七百二十五

十九



田一作甲

雖一作須

二萬八千九百三十六貫兩文一十七萬七千九百一十八貫兩應在四千一百二十八貫見在二十萬一千九百二十五貫兩　廣南東路收二十三萬三百五十四貫文一十四萬六千八百六十一貫應在一十五萬九千二百二十貫見在八萬七千五百一十七貫兩　廣南西路收二十萬六千三百九十六貫文一十二萬四千八百六十八貫應在一十四萬五千五百八十七貫見在一十萬二千二百五十五貫　熙寧十年四月二十九日，司農寺言：勾當公事王覺同江南西路提舉司相度興國軍永興縣民每稅錢一出役錢一分，減二分，諸減五分。七月九日，翰林學士、起居舍人、權三司使沈括守本官爲集賢院學士、知宣州。先是侍御史知雜事蔡確論括以白劄子詣吳充陳說免役事，謂可變法令輕役依舊輸差。括為侍從近臣，既見朝廷法令有所未便，不明上章疏，而但于執政處陰獻其說。兼括累奉使察訪兩浙，在括置役法，是時但欲裁減下戶錢數，未嘗言復差役；今非其職，而遽請變法。蓋自王安石罷相，括恐大臣于法令有所改易，故潛納此說，以覬伺其意，為附結之資，故有是命。　元豐元年正月十七日，判司農寺熊本言：近諸路皆言田頭催稅未便，今相度欲令諸路依元定役法錢數雇募戶長，如未有人應募，權稅戶多少輪四等以上保丁催稅，每都保毋得過五人，每人雖催百戶以上，量所催多少支給雇錢，共無得過充雇戶長錢數，仍依

劉　卷二萬七百二十五

二十

舊一歲一替顧再充者聽如有違犯並依舊條內甲頭減、戶長一等詔送司農寺相度以聞　十八日詔諸命（路）官使臣因軍期亡歿其子孫不該廕免者本戶役錢減放五年從司農寺請也　十九日詔諸路依舊置司從司農寺請也　二十七日司農寺言淮南東路提舉司乞本路並用鄉村民戶物產實錢（道）數（敷）出役錢從之　閏正月四日秦鳳等路提司（舉）乞增募州縣裁減過當役人及增雇錢從之　十月三日詔自今年八月降朝旨後諸路因行役法實用軍人請受比較所代役人雇食等錢歲終具數申司農寺擬（從）本寺請也　十三日御史中丞判司農寺蔡確言常平舊勅多已衝改免役等法素未編定今除合刪修為勅外所定約束小者為令其名數式樣之類為式乞以元豐司農勅令式為目從之　二年四月二十一日知諫院李定言秀州嘉興崇德兩縣初定役法時以僧舍什物估直敷錢恐非法意請下司農寺行下本路改正他路有類此者令提舉司依此施行從之　七月十二日詔兩浙路坊郭戶役錢依鄉村例隨產裁定免出之法初詔坊郭戶不及二百千鄉村戶不及三十千並免輸役錢續詔鄉村合隨逐縣民戶家業裁定免出之法至是提舉司言鄉村下等有家業不及五千（十）而猶輸錢者坊郭戶二百千以下乃悉免輸錢輕重不均故有是詔　二十八日提舉成

卷二萬七百二十五　二十一



庶一作役　既一作計　緒一作戶

都府路常平等事范子諒言本路役錢釐毫以下者圓零就公其圓零出剩錢與役錢一處收附臣竊詳議法之初本以民庶為定制既輸（役）錢數以為常費立例出錢有（錢）限使民信而易知今則始為畸零不齊又復圓零覆折增加不定且取財入官亦當明白不宜文理委曲徒令吏史旁緣為姦今相度民戶供輸自合圓零就整減放釐毫以下錢數不多庶幾文簿簡省易為會計從之　八月十二日詔遣司農寺都丞吳雍同兩浙路提舉官講議役法催促結絕　十月十七日詔麟府二州鄉村路毋出役錢初韓絳言麟府豐三州上畨義軍已免輸役錢而並邊土簿鄉村戶貧乏宜蠲之囙（畫）下司農寺以為豐州初無役錢麟府州鄉村戶歲輸（萬）餘緡請如絳奏而以太原汾澤晉絳寬剩役錢補之　十二月十四日詔蓬閬二州免役錢以家業多少定數以利州路提舉司言所部役錢未均蓬閬二州上戶家業多而稅錢少下戶家業少而稅錢多至第一第二等戶輸錢少于第四第五等故也　同日廣南西路提舉常平等事劉誼言廣西一路戶口纔二十萬蓋不過江淮一大郡而民出役錢至二十九萬緡募役實用錢十四緡（萬）餘四萬緡為之寬剩百姓貧乏非他路比上等之家不能當湖湘中下之戶而役錢之出槩用稅錢稅錢既少又數之田米田米不足復算於身丁廣西之民身之有丁也

卷二萬七百二十五　二十二

祿一作錄

敍一作葬

以數一作數以

既稅以錢又筭以米是一身已輸二稅殆世弊法今既未能蠲除之而又敷以從錢甚可憫也廣東西路監司提舉司吏人一月請給上同於令祿下倍於禰官謂當裁損以減雇錢庶以寬丁田米之所出與夫下戶役錢甚大利也詔下本路提舉官齊謹相度讒請監司提舉司吏及通引官客司月給錢第二減二千歲可減從錢一千二百餘緡從之　三年四月二十四日詔司農寺取吏常平免役坊場第事有干大法者不得輒下相度並先奏取旨　七月二十八日司農寺都丞吳雍言乞置局會天下役書刪除煩複支酬庸直比較輕重擬成式樣下逐路講求報應再加刪定從之又言就差官鉤考

食貨六五之二三

以上卷二萬七百二十五

二千三

存留耆壯雇直就支酬衙前錢物計置聚之京師或轉移沿邊變易金穀詔提舉司限一月具以數聞　八月一日司農寺都丞吳雍言議定淮浙兩路役書減冗占千三百餘人裁省錢二十八萬四千九百餘緡會定歲有寬剩錢一百四萬餘緡諸路役書多若此類乞先具近京三兩路修定下諸路倣報應從之令吳雍與司農寺主判詳定三日司農寺言免役坊場錢人戶不願赴州而願就縣輸送或緣官司失催納而因驅磨帳狀却行收斂重為煩擾者皆乞除免于干繫人理納從之閏九月十三日詔司農寺諸路請減從人錢毋得施行十二月一日詔瓊州萬安昌化朱崖軍令依威茂黎雅

會一作入

多一作厚

州罷免役法依舊差役以瓊管体量安撫朱初平等奏請也　五年三月四日提舉江南西路常平等事劉誼言由唐至于五代暴政所興二廣則戶計一丁出錢數百輸米一碩江東西許之釀酒則納麴錢與之食鹽則輸鹽米供軍須即有鞋錢入倉庫則有[illegible]錢正稅之外又有租錢宋有天下承平百年二廣之丁米不除江南榷酒而收麴錢民不得鹽而食米比五代為加賦矣嘉祐中許商通茶乃立租錢茶租以歲為本比國初又加賦矣陛下起王安石而相之又以安石推引而任呂惠卿曾布李承之內則議令外則察訪舉天下之法而新之上下日以赴功而一切禁言新令之不便行之數年天

食貨六五之二四

卷二萬七百二十五

二千四

下訟之法弊而民病色色有之其於役法尤甚臣請試言其甚者朝廷立一法使民出錢而害法者十不原賦稅本末經重而出錢一也不正天下之籍而出錢二也下戶出錢三也庸錢太多又有徒費四也出錢太重五也寬剩太多六也法未成而立法之臣去朝廷七也司農不察法倉官不究弊八也減役人而捺留其錢九也百色配買賤價傷民十也凡此數澈者不見於上而見于民民情壅於上聞甚可痛也救今日之救豈有難哉陛下緊害法者悉更之民享十利矣詔劉誼職在奉行法度既有所見自合公心陳露輒敢張皇上書惟舉摭一二偏僻不齊之事意欲槩壞大法公肆詆誣上惑朝

經一作輕

廷外搖衆聽宜加顯黜以儆在位特勒停　九月二十
五日廣南西路提舉司言準詔依朱初平劉誼所乞瓊
州昌化萬安朱崖四州軍不行役法依舊差役人今欲
以海北諸州寬剩役錢充海南州軍雇役從之　七年
二月二十五日戶部言司農寺准朝旨就置官局會天
下役書審察修定雖已有講議到路分續準朝旨罷局
契勘推行役法迨今十餘年諸路申請增損改更事件
不少條例煩複兼役人多寡場務優重傭酬之類有
未均開封府界見用役書疎略特甚今相度除淮東兩
浙路係吳雍先已議定施行外其餘路欲乞從本部參
酌刊成完書從之　八年四月二十七日門下侍郎司
馬光言百姓出力以供在上之役蓋自古及今未之或
改熙寧中執政者以為百姓惟苦差役破産不憚增稅
乃請據家貲高下各令出錢雇人充役因差役破産
者惟鄉戶衙前有之自餘散從承符弓手手力耆戶壯
丁未聞破産者也其鄉戶衙前所以破産者蓋由山野
愚戇之人不能幹事使之主綰官物或因水火損敗或
為上下侵欺是致欠折備償不足有破産者至于長名
衙前久在公庭勾當精熟每經重難差遣積累分數別
得優輕場務酬獎往往致富何破産之有夫差役出于
民今使民出錢雇役何異割魚飼口朝三暮四于民何
所利人聞者役人皆上等戶為之其下等單丁女戶及



于一作為　及一作又　力一作加

品官僧道本來無役今更使之一槩輸錢則是賦斂愈
重非所以寬之也故自行免役法以來富室差得自寬
而貧困窮日甚殆非所以抑兼并哀惸[illegible]均賦役也又
監司守令之不仁者于雇役人戶外多取羨餘或一縣
至數萬貫以冀恩賞槩取進不顧于民世世之患又國
家舊制所以必差青苗戶充役人者為其有莊田家屬
有罪難以逃亡故願自重惜今顧浮浪之人充役常日
恣為法一旦事發單身竄匿何處州縣不可投名又農
家所有不過穀帛與力自古賦役無出三者自行新法
以來青苗免役錢及賦斂多責見錢錢非私家所鑄要
須貿易今來豐歲穀錢已自傷農況于追期限不得價
盡糶所收未能充數家羨糧不暇更留若值凶年則又
無穀可糴人人青田無所可售遂至殺牛賣肉伐桑
鬻薪來年生計不敢復議此農民所以重困也又比
年以來物價愈賤而閭閻益困所以然者錢皆聚於官
中民間乏錢傳重物輕臣愚以為宜悉罷免役錢其州
縣諸色役人並依舊制委本縣令佐揭簿定差皆見雇
役人其衙前先召募人投充長名召募不足然後差鄉
村人戶每經歷重難差遣依舊以優輕場務充酬獎所
有見在免役錢撥充州縣常平本錢以戶口為率存三
年之蓄有餘則歸轉運司凡免之法幾當強應役之人
征貧弱不役之力利于富者不利貧者及今耳目相接

哲宗元祐元年下本卷末与大典卷一萬七千五百五十重

行亦無

食貨六五之二七

猶可復舊若更年深富者安之民不可復差矣　八月
十六日戶部言詔修諸路役書請敷出役錢除先立數
外所留寬剩不得過二分餘行減放其自來不及二分
處即依舊從之　十月二十五日詔耆戶長壯丁之役
皆募充其保正甲頭承帖人並罷　哲宗元祐元年正
月十四日戶部言准勅府界諸路耆長戶長壯丁之役
並募以保正代耆長催稅甲頭代戶長承帖人代壯丁
並罷看詳所募耆戶長若用錢數雇募即慮所支數少
應募不行兼第四等以下舊不出役錢只輪差壯丁竊
慮諸路提舉司州縣為見今降勅旨並創行雇募却於
人戶上更敷役錢今相度欲乞行府界諸路自來有輪

卷一萬一千八百二十五　一二七

差及輪募役人去處並乞依元役法如有合增損事件
亦依役法增損施行從之　二月一日中書舍人蘇
軾言竊見先帝初行役法取寬剩錢不得過二分以
備災傷而有司奉行過當通計天下乃十四五然行之
幾十六七年常積而不用至三千餘萬貫碩先帝聖
意固有所在而愚民無知因謂朝廷因免役為名實欲
重斂斯言流聞不可以示天下後世臣為此錢本出民
力理當還為民用此先帝聖意所欲行者今日所當追
探其意還于役法中散之以塞愚民無知之詞以興長
世無窮之利臣伏見熙寧中嘗行給田　募役法其法
以係官田如退灘戶絕沒納之類及用寬剩錢買民田以

食貨六五之二八

募役人大略如邊郡弓箭手臣知密州親行其法先募
弓手民甚便之曾未半年此法復罷左右大臣意在速
成且利寬剩錢以為他用故更相駁難遂不果行臣謂
此法行之有五利朝廷若依舊行免役法則每募一名
省得一名雇錢因積所省益買益募要之數年雇錢無
幾則役可以大減若行差役法則每一名省得一名色
役色役既減農民自寬其利一也應募之民正與弓箭
手無異舉家衣食出于官田平時重犯法緩急不逃亡
其利二也今者穀賤傷農民賣田常苦不售若官與買
則田穀皆重農可小紓其利三也錢積于官常苦乏
重若散以買田則貨幣稍均其利四也此法既行民享

卷一萬七百二十五　一二八

其利追悟先帝所以取寬剩者凡以為我用耳疑謗消釋
恩德顯白其利五也獨有一弊貪吏猾胥與民為姦
以瘠薄田中官雇一浮浪人暫出應役一年半歲即棄
而走此一弊也愚民寡慮見利忘患聞官中買田募役
即爭以田中官以身充役業不離主既初無所失而驟
得官錢必爭為之充役之後永無休歇患及子孫此二
弊也但當設法以防二弊而先帝之法不可廢今日既
欲盡罷寬剩錢將來無繼而繫官田地數目不多見在
寬剩錢雖有三千萬貫碩而兵興已來借支幾年臣今
擘畫欲於內帑錢帛中支　還兵興以來所借錢斛復
全三千萬貫碩止于河北河東陝西被邊三路行給田募

竭一作椎



役法伏見七年間役城大率農民富庶以當役急此無貂之利也今弓箭手有田馬者給田二頃率此以驗命貸官且稍可募則其餘色役召募不難臣謂良田二頃可募一弓手一頃可募一散從官則三千萬貫須可以足用後有詔送役法所　六日三省樞密院同進呈門下侍郎司馬光奏竊見免役之法其害有五舊日差役之時上戶雖差充役次有所陪備然滿之後却得休息數年營治家產以備後役今則年年出錢無有休息或有所出錢數多于往日充役陪備之錢者此其害一也舊日差役之事下戶元不充役今來一例出免役錢驅迫貧民剝膚竭髓家產既盡流移無歸弱者轉死溝壑強

卷一萬七百三十五

二千九

者聚為盜賊此其害二也舊日差役之時所差皆土著良民各有宗族田產使之作公人管幹諸事各自愛惜使之主管官物少敢侵盜所以然者實係逃亡有宗族田產以累其心故也今召募四方浮浪之人使之充役無宗族田產之累作公人則恣為姦偽曲法受贓主守官物則侵欺盜用一旦事發則挈家逃亡更姓名別往州縣投名官中無由追捕官物亦無理索此其害三也自古農民所有不過穀帛與力凡所以供公賦役無出三者皆取諸其身而無窮盡今朝廷立法曰我不用汝力輸我錢我自雇人殊不知農民出錢難于出力何則錢非民間所鑄皆出於官上農之家所多有者不過莊



田宅牛具桑柘而已無積錢數百貫者自古豐歲穀賤已自傷農官中更以免役及諸色錢督之則穀愈賤矣平時一斗直錢者不過直四五十更急則三二十豐年猶可糶穀送納官錢若遇凶年則穀帛亦無不免賣莊田牛具桑柘以錢納官既家家各賣如何得售有折屋伐桑以賣薪殺牛以賣肉今歲如此來歲何以為生是官立法以殄盡民之生計此其害四也提舉常平倉司惟務多斂役錢廣積寬剩以為功勞希求進用今朝廷雖有指揮令役錢寬剩錢不過二分竊慮聚斂之臣猶依傍役錢作名目隱藏寬剩使幽遠之人不被聖澤此其害五也陛下近詔臣民各上封事言民間疾苦所

卷一萬七百三十五

三千八

降出者約數千章無有不言免役錢之害者足知其為天下之公患無疑也以臣愚見為今之計莫若直降勅命應天下免役錢一切並罷其諸色役人並依熙寧元年以前舊法人數委本縣令佐親自揭五等丁產簿定差仍令刑部檢會熙寧元年見行差役條貫雕印頒下諸州所差之人若正身自願充役者即令充役不願充役者從便選雇有行止人自代其雇錢多少私下商量若所雇人逃亡即勒正身別雇若將帶却官物勒正身陪填如此則諸色公人盡得有根柢行止之人必敢作過官百官無弊舉具見雇役人候差到役人放令逐便數內惟衙前一役最號重難向日差役之時有因重

食貨六五之三一

難破家產者朝廷為此始討作助役法自後條貫假衙前諸公使庫設廚酒庫茶酒司並差將校幹當諸上京綱運召得替官員或差使臣殿侍軍大將管押其粗色及畸零之物差將校或節級管押衙前若無差遣不闕吏有破產之人若皆日差充衙前科民間陪備亦少于鄉日不至有破家產者若猶以衙前戶力難以獨任即乞依舊法于官戶僧寺道觀單丁女戶有屋產每月掠錢及十五貫莊田中年所收及百碩以上者並令隨貧富分等第出助役錢不及此數者與免其餘產業並約此為準所有助役錢令逐州椿管據所有多少數目約本州衙前重難分數每分合給幾錢過衙前合當重難

長編卷三百六十五

差遣即行支給尚慮天下役人利害逐處各有不同欲乞於今來勅內更指揮行下開封府及諸路轉運司牒下州縣委逐官看詳若依今來指揮別無妨礙可以施行即便依此施行若有妨礙致施行未得即仰限勅到日具利害擘畫申本州類聚諸所申擇其可取者限勅書到一月內具利害擘畫申轉運司轉運類同聚諸州所申擇其可取者　限勅書到一季內具利害畫一奏聞朝廷候奏到委執政官再加看詳各隨宜修改別作一路一州一縣勅施行務務所在役法曲盡其宜從之初議役法蔡確言此大事也當與樞密院同進呈十二日門下侍郎司馬光言免役已悉廢罷　復祖宗差

食貨六五之三二

役舊法乃天下之幸臣聞今出惟行弗惟反縱免錢雖于下固若而上戶優便行之已近二十年人情習熟一旦變更不能不懷異同又復行差役之初州縣不能不小有煩擾人役鄉官專以多歛役錢為功惟恐役錢之罷若見朝廷于今日所下勅徽有變動必更相告曰朝廷之勅果尚未定宜且觀望更競言免役錢不可罷朝廷萬一聽之則良法復壞矣伏望朝廷執之堅如金石雖有小小利害未備俟諸路轉運司奏到徐為改更亦未為晚當此之際願朝廷勿以人言輕壞利民良法二十八日置詳定役法所詔門下侍郎司馬光近建明役法大意已善緣關涉事衆尚慮其間未得盡備及繼有

長編卷三百六十五

執政論奏臣僚上言役法利害若不精加考究何以成萬世良法宜差資政殿大學士兼侍讀韓維吏部尚書呂大防工部尚書孫永給事中兼侍講范純仁尋切詳定以聞仍將逐項文字抄付韓維等先是知樞密院章惇言近奉旨與三省同進呈司馬光乞罷免役行差役事劄子其間甚多疏略今條陳如左　一今月初三日劄子內稱舊日差役之時上戶雖差充役次有所陪備然年滿之後却得休息今所出錢數多于往日充役陪備之錢其害一也又劄子內却稱從免役錢雖于下戶困苦而上戶優便行之已近二十年人情習熟一旦變更不能不懷異同臣看詳司馬光旬日之間兩以償氏

卷二萬一千二百二十五

文書

與一作要



所差之人但占名著字事有失錯身當決罰而已民間中下人户甚以為若自免役法行或勒向未受雇行遣人充手分支與雇錢設若此等人曲法受贓即與舊日何異一稱提舉常平倉司惟務多斂　役錢廣積寬剩以為功劾希求進用今朝廷雖有指揮令役錢寬剩不得過二分切慮聚斂之臣依傍役為別作名目隱藏寬剩使幽遠之人不被聖澤臣看詳所言亦未中事理大抵常人之情謀己私利者多而向公愛民者少若朝廷以積錢多為賞勸則必以聚斂邀功今朝廷既不許取寬剩及掊剋者必行黜責則提舉官若非病狂豈肯力求黜罰況役錢若有寬剩未與作何名目可以隱藏以此驗

卷二萬一百二十五

之言已疎闊一稱臣民封事言民間疾苦所降出者約數千章無有不言免役之害足知其為天下之公患無疑臣看詳臣民封事降出者言免役不便者固多然其間言免役之法為便者亦自不少蓋非人人皆言免役為害事理分明然臣愚所見凡言便者多上三等人户言不便者多下等人户大抵封事所言利害各是偏辭未可全憑以定虛實當否惟須詳究事實方可興利除害一稱莫若直降敕命廳天下免役悉罷其諸色役人並依熙寧元年以前舊法人數委本縣令佐親自揭五等丁產簿定差仍令刑部檢按熙寧元年見行差役條貫雕印頒下諸州臣看詳此一節尤為疎畧全然不可施

行且如熙寧元年役人數目尤多後來累經裁減三分去一今來豈肯悉依舊數定又令刑部檢會熙寧元年見行差役條貫雕印頒下諸州且舊日每修編勅比至雕印頒行之時其間衝改已將及半蓋以事目歲月改更理須續降後勅今日天下政事比熙寧元年改更不可勝數事既與舊不同豈可悉檢用熙寧元以前見行條貫窃詳司馬光之意必謂止是差役一事今既差役依舊則當時條貫便可施不知雖是差役一事而官司上下關連事目極多條貫動相干涉豈可單用差役一門顯見施行未得一稱鄉日差役之時有因重難破家產者朝廷為此始議作助役法然自後條貫有假前應公使庫設廚酒庫茶酒司並差校幹當又上京綱運召得替官員或差使臣殿侍軍大將管押其粗色及畸零之物差將校或節級管押衙前若無差遣臣看詳比一節自行免役法後來凡所差將校幹當廚膳處各有月給食錢其召募官員使臣并差使臣將校節級管幹綱運官物並各有路費等錢皆是支破役錢今既差役則無錢可支何由更可差將校管幹及召募官員管押一稱若以衙前戶力難以獨任即乞依舊于官戶僧寺道觀單丁女戶有屋業每月掠錢及十五貫莊田中年所收斛斗及百碩以上者並令在貫當等第出助役錢不及此數者與放免其餘產業並約此為准臣看詳免役法行官戶寺觀單丁女戶各已有等第出納役錢之法今若既出助役錢自可依舊何須一切並行改更且如月掠房錢十五貫已是下等之家若令出助役錢顯見不易人吏今莊田中年所收百斛以上亦納助役錢即尤為刻剝凡內地中年百斛碩斗粗細兩色相兼共不直一十千錢若是不當水路州軍不過直十四五千而已雖是河北沿邊不過可直三十來千除陝西河邊沿邊州郡四五十千免役法中皆是不出役錢之人似此等第寺戶寺觀送納固已非宜況女戶單丁在是孤弱若令出納豈不更為深害一概處天下役人利害遂處各有不同欲乞今來勅內更行指揮下開封府界及諸路轉運司牒下諸州躬官看詳若依今來指揮別無妨礙即便施行若有妨礙致施行不得限勅書到如日內具利害擘畫申州委州類聚諸縣所申擇其可取者限勅書到一月內具利害擘畫申轉運司轉運司聚諸州所申擇其可取者限勅書到一季內具利害擘畫奏聞又續有劄子內稱伏望朝廷執之堅如金石雖有小利害未備候諸路轉運司奏到徐為改更亦未為晚臣看詳今日更張政事所繫生民利害免役差役之法最大極須詳審不可輕易況役法利害所基先知縣道理須寬以期限令諸縣詳議利害曲盡逐處所宜則法可久行民間受賜今來止限五日諸縣何由擘畫利害詳悉

之意務欲速行以便民不知如此草草更張反更爲害諸路州軍見此指揮必妄意朝廷惟在速了不欲令人更有議論故立此限迫促施行望風希合以速爲能望更有擘畫上項兩節乃是空文且諸縣既迫以五月之限爲且施行猶恐不暇何由更具利害申陳諸縣既不申陳諸州憑何擘畫諸州既無擘畫轉運司欲具利害將何所憑又此人怏觀望誰肯措辭如此則生民受弊未有已時光雖有愛國愛民之心而其講變法之術措置無方施行無緒可惜朝廷變法美意又將此時有識之人無不嘆嗟以爲已受如當議臣所看詳且據司馬光劄子內擬措置而已至于見行役法今且自合改但

差役免役各有利害要在講求措置之方使之盡善臣再詳光所論事亦有過當唯是稱下戶元不充役今來一例納錢又錢非民所鑄皆出于官上農之家所富有者不過莊田穀帛牛具桑柘而已穀賤已自傷農官中更以免役及諸色錢皆之則穀愈賤此二事最爲論免役納錢利害要切之言然朝廷自議差役之時本爲差役民受困苦大則破家小則毀身所以議改新法但爲當時所遣使者不能體先帝愛民之志成就法意之良惟欲因事以爲己功或務苟且速就或務多取役錢妄意百端徼倖求進法行之後差役之舊害雖已盡去而免役之新害隨而復生民間徒見輸納之勞而不知



朝廷愛民利物之意今日正是更張修飾之時理當詳審先逐路逐州逐縣之間利害不同並須隨宜擘畫如陛愚見謂不若先具此意申勅轉運提舉司諸州縣各令盡心講求豫具利害擘畫次第以俟朝廷差使就逐處措置此命既以先下人人莫不用心然後朝廷選公正強明曉練政事官四員充使逐路各更選辟曉練政事兩員隨行管勾且令分使京東京西路每路兩員使者四員隨行管勾官與轉運提舉官親詣逐州縣体問民間利害是何等人戶願出役錢是何等人戶不願出役錢是何等色役可差是何等色役可雇是何等人戶是不願出錢而可以使之出錢是何重難優輕可增可減緣人戶貧富役次多寡與重難優輕實名州縣不同理須隨宜措置既見得利害子細然後條具措置事節逐旋聞奏降勅施行如此不過半年之間可以了此兩路然後更遣此已經措置官員分往四路逐路各更分點一員未經措置曉達政事官同行不過半年之間又可措置四路然後依前分遣編往諸路如此則遠不過一年半之間天下役法措置悉已周遍法既曲盡其宜生民永蒙恩澤上則成先帝之美意下則興無窮之大利與今日草草變革一切苟欲速行之弊相爲利害相遠萬萬願留省覽至是尚書左丞呂公著言勘會司馬光近建明役法文字大意已善其間不無疎略未

當一作留



備處若悖採衆論更加公心申明行下向去必成良法今章惇所上文字雖其言或有可取然大率出于不平之氣專欲求勝不顧朝廷命令大体早來都堂三省樞密院會議章惇安燾大段不通商量況役法元不屬密院若如此論議不一必是難得平允望宸衷詳酌或選差近臣三數人專切詳定奏聞遂具韓維李常范純仁孫覺孫永吕大防王覿名乞自禁中指揮選三數人參出又言自來政事朝廷有大論議亦多選差兩制或兩省定奪近劉摯王巖叟蘇轍有所論奏恐涉嫌疑惟宸衷裁擇於是詔惟等專切詳定　元祐元年二月二十八日右正言王覿言伏覩今月七日勑行差役法勑內止

卷二萬七百二十五　三十九

是備錄門下侍郎司馬光劄子不曾經有司立成畫一條目若有小節未安須當接續行下庶幾良法早定不為浮議所搖看詳諸色役人並依熙寧元年以前舊法人數委本縣令佐親自揭五等丁差簿定差此一節緣諸色役人自熙寧元年後來逐旋裁減今來乞降指揮依見今役人立額定差并衙前一役熙寧元年以前舊法許人投名今既頒行熙寧元年以前差役條貫即合存留投名之人乞降指揮應投名衙前只用近年規絕以出賣坊場錢支酬重難分數并給請受或有不顧依舊投名之人重別召募不行方得鄉差其官戶僧道寺觀單丁女戶免役錢即當助鄉差之人詔劉摯與詳定役法所同日右司諫蘇轍言伏見二月九日三省樞密院劄子節文應天下免役錢一切並罷其諸色役人並依熙寧元年以前舊法人數定差大綱既得　允當其間節目頗有疏畧差役未易一二具言全在有司節次修飾今來開封府官吏更不相度申請于數日之間一依舊法人數差撥了絕如壇子之類近年以剩員充者一例差撥役人監勒開祥兩縣迅若兵火顯是故欲擾民以害成法乞下所司取問大急催督是何情寔特賜行遣以戒天下挾邪壞法之人詔劉摯詳定役法所　是月司馬光言臣伏見御批指揮以臣近建民差役法慮其閒利未得盡備差韓維吕大防孫永范純仁專切詳定閒

卷萬七百二十五　四十

奏臣切以免役錢之病民自歸日臣僚民庶上封事及日近劉摯等奏陳言之甚詳非獨出臣一人之私意也陛下聿用臣言悉罷免役錢依舊差役詔下之日中外歡呼往來之人聞道路民迭相慶賀云今後還田快活也然則此令之下深合人心明白灼然無可疑者其間條目未備不能委曲盡善固須有之臣所以乞下諸路州縣官吏令看詳若妨礙施行未得即具利害擘畫以次上聞誠以畎畝幽隱南北異宜自非在彼親民小官無以知其詳悉故令各具所見指陳利害所以盡下情求民瘼非謂勑書一下禁人不得復議也俟其奏到給議添改何後之有要在早罷役錢復差役為大利而已

如建大廈棟宇已立雖戶牖未備可以徐圖今陛下令韓維等再行詳定考究利害補益闕略成就良法固無所妨但勑下已踰半月州縣差役約已及半中書方行遣紛紜臣愚竊恐聞此指揮謂朝廷前日之勑改更未定或歛錢或差役尚未可知官吏惶惑不知所從睽違失望怨嗟益甚又有本因新法得進之臣衆此[illegible]依予言免役錢不可罷因聚歛獲助之吏稱說衆致訴有亦役錢愈是民出湯火濯清泉復入湯火也依理朝廷特賜申勑州縣自今來此為其間條目未備令維等詳定所有差役即州縣依前勑一面施行俟定到事節指揮下次免致更差役錢紛紜之際令出反汗人情大擾

長編卷三百六十五

四二

從之閏二月四日勑已差官詳定役法令諸路且依二月初六日指揮定差仍令州縣及轉運提舉司各速與限兩月體訪役法民間的確利害縣具可施行事申州州為看詳保明申轉運提舉司轉運提舉司看詳保明聞奏仍令逐州縣出牓許舊來係納免役錢及見充差役人戶各具利害實封自陳于是御史言免役錢為天下害也久矣陛下一旦罷去復用祖宗差法中外罔不欣快命令之出要在必行豈可却云且行則天下稟承者豈不疑惑懷私之人豈不覬望又令舊納錢者今被差者皆具論列緣四海百姓向來無不納錢則是喝天下之人使之實封議法達于朝廷若計須以億計必費閱



何時可遍而所以定役法何時可見其說也[illegible]此為省益紛然為退也之謂勅旨之術不宜詢此役者行之太已逆當書所依宜繳此是一宣布行下人以為便宜如州縣未行者指揮使可顧依限甲替然後依舊條施之何用此紛紛以[illegible]答之計若天下之故民未較便害前勅罷已見民間免役之害故欲復差法而今勅又欲兩月休訪利害前勅不以害稅聚司為之勑又令依限有詳保明朝廷實不知役累害多是特欲除之人利于見為賜司樂然便行罷見此指揮必深以為免役可存妄有陳述爲人得以禍四樂皆廟務指差役狀望特降此逐路勅條詳定施行法目別取旨施行

長編卷三百六十五

四三

命令無反覆之嫌中外無二三之疑詔諸路以奏命中免成法為諸色人申陳所依名期限有係法條有所其限許實封申陳看詳更改十日詳定役法所有合經由三省文字仍先具當不依限制日限從便施行十五日詳定役法所言司乃先奏請天下罷役錢並罷其諸色役人並依熙寧元法以前舊法人數令依揭榜定差今有詳定已下諸路條衙前一項本用坊場河渡錢依見今合用人僱募不足方許揭簿定差庶應舉役人除衙前外並行定差其見充衙前有願就僱者答許依閏二月四日指揮施行從之同日右司諫蘇轍言臣近奏罷免役錢行差役事大綱已得施當其間小

色一作泛

節踈畧差悮，乞分諸處審議，候的確可行，然後行下。近
日已蒙聖旨差韓維等四人置局看詳。臣謂踈畧差悮
其事有五：其一，衙前之害，自熙寧以前，破敗人家甚如
兵火，天下同苦之久矣。先帝知之，故創立免役法，勾收
坊場，官自出賣，以免役錢雇投名人，以坊場錢為重難
酬獎，及以召募官員、軍員押綱，自是天下不復知有衙
前之患。而近歲所以民日病困，天下共苦免役法者，乃
是莊農之家歲出役錢不易，及出賣坊場許人添價，爭
剗致送納不前之弊也。向使先帝只行官自出賣坊場
一事，自可了卻衙前色役有餘，其餘役人且以舊法，則
天下之利較然無疑。獨有一弊，所雇衙前或是浮浪，不
卷二萬七百二十五　四三
如鄉差稅戶可以委信，然行之十餘年，浮浪之害無大
敗闕，不足以易鄉差衙前搔擾之患。今來畧計天下坊
場錢一歲所得共四百餘萬貫，若立定酌中價例，不許
添價剗買，亦不過三分減一，尚有役錢八十餘萬，而衙前支
費及召募非泛綱運一歲共不過一百五十餘萬貫，雖
諸路多少不齊，或足或否，而所長補短，移用可足。因此
言之，將坊場錢了衙前一役，灼然有餘，何用更差鄉戶。
今年二月六日所降指揮，但云諸公使庫、設廚、酒
庫、茶酒司並差將校幹當，諸綱運並召得替官員或差
使臣、軍員、將校管押，衙前若無差遣，不聞有破產之人。
以此欲差鄉戶至於坊場，元無明文處置，不知官自出





是先一作自辦

賣為優，卻依舊法酬獎衙前，若官自出賣，即如川蜀、京
東、淮浙等路，舊來坊場優厚，人人願為長名，元不差鄉
戶去處，今來卻須創差，民情必是大段驚擾。若依舊法
用坊場酬獎衙前，即不合召募官員、軍員、將校等押綱，
用何錢支遣？若無錢支遣，即諸般重難還是鄉戶衙前
當認，為害不小。其二，坊郭人戶熙寧以前常有科配之
苦，自新法以來，始與鄉戶並出役錢，而免科配，其法甚
便。但所出役錢太重，未為經久之法。今若全不令出，
即比農民反為僥倖；若依熙寧以前科配，則敗之無
藝，人未必安。今來二月六日指揮並不言及坊場一項，
欲乞指揮並官戶、寺觀、單丁、女戶並據見今所出役錢
卷二萬七百二十五　四四
裁減酌中數目，與前項賣坊場錢除支雇衙前及召募
非泛綱運外，常切備留準備下項支遣。所有月椿旁錢
十五千及歲收斛斗百碩以上出錢指揮，恐難施行。其
三，新法以來減定諸色役人，皆是的確合用數目，行之
十餘年並無闕事，即熙寧以前舊法人數顯是冗長，虛
煩民力。今來二月六日指揮卻令依舊人數定差，未為
允當。欲乞只依見行今役人數目差撥。若是元差鄉
戶充役，後來卻用

卷二萬七百二十五

四五

剩貟抵替，如場子、壇子

之類，其剩貟差費請受合還運司者，即乞于前項坊郭等錢內支還。其四，熙寧以前散從、弓手、手力等役人常若接送之勞，遠者至四五千里，極爲疲弊。自新法以來，官吏皆請雇錢，役人既以爲便，官吏亦不闕事。令民力凋殘，比之熙寧以前，尤當憫恤。若不免擾送，必有逃竄流離之憂。欲乞依新法，官吏並請雇錢，仍于前項坊場坊郭等錢內支。其五，州縣胥吏並募情願充役，不請雇錢。如不情願，即量支雇錢，仍罷重法，亦以前項坊場坊郭等錢支。如支用不足，即差鄉户，仍許指射舊人。官吏差雇代役，其鄉户所出雇錢不得過官雇數目。詔送看詳



役法所。十六日，詳定役法所言：乞先次行下諸路，除衙前一役衙先用坊場、河渡錢物，依見今合用人雇募，不足方許揭簿定差。本所再詳雇募二字，竊慮諸路承用疑惑，却將謂依舊用錢雇募充役，欲乞改雇募爲招字。從之。十九日，詔給事中兼侍講傅堯俞詳定役法。二十四日，右司諫蘇轍言：出限拖欠役錢，今來朝廷已行差役法，即免役錢別無支用。雖使差役未了間，時暫尚舊雇人執役，明有從來寬剩役錢支遣。其拖欠役錢，乞與一切放免。從之。三月三日，詳定役法所言：乞下諸路除衙前外，諸色役人只依見用人數定差。今來夏料役錢住罷，更不起催。官户、僧道、寺觀、單丁、女户出錢助役指揮勿行。從之。

卷二萬七百二十五

四十六

同日，詳定役法所言：今會今年二月六日朝旨內一項，諸色役人其間雖有等第不及而願充近上役次者，乞聽從便，及舊人願住者准此。一項，乞下諸路衙前依已得指揮外，其餘役人亦乞並依即目見用人數定差。如妨實人數太少，使用不足，或別有妨礙，即依閏二月四日指揮施行。一，官户、僧寺、道觀、單丁、女户出助役錢，竊慮州縣有不曉元降朝旨如有妨礙即未得施行之意，却便作無妨礙行下。今乞下諸路，更不施行，別聽指揮。一，已准朝旨，免役錢一切並罷，其將來夏料役錢自合更不起納。從之。四日，詳定役法所言：諸色役人見行舊日差法，竊慮新舊法未定之際，[illegible]州縣

召一作募

敕有諸般圓那陪備非理勾追役使若不嚴行禁止必恐別致撓擾欲應元豐編勅及見行散束乃約束不得非理差衙前及諸色役人并今陪備等條貫並乞依舊行使內者壯即乞依保正長法施行從之　十六日詳定役法所言坊場河渡錢元用支酬衙前重難添酒等錢准備場務陪費如此之類名件不一除依條合支外欲並椿留以備召募衙前支酬重難及應緣役事之用從之　十七日詳定役法所言諸路見行出賣坊場河渡等并應合支酬招募衙前使用錢物未有所隸詔令提點刑獄司主之是年閏二月八日罷諸路提舉常平官故以隸提刑　十八日詳定役法所言准內降臣寮上

卷二萬七百二十五　四十七

言諸郡縣官員有自來雇募到承符散從官手力之類在逐廳令例合差鄉户抵替減放逐官有以鄉户生疎雇人慣熟不容鄉户正身自充須令雇召其被雇人邀勒鄉户剩要工錢者乞下詳定役法所定法約束本州勘會欲下府界提點司諸路轉運司常切覺察郡縣官員如敢抑令本廳新差役人出錢指名雇覓自來使令之人充代祗應者並行勘劾具情由申奏特降朝旨重行黜責如役人委寔情願雇人者聽雇直不得過元募役錢之數從之　四月六日中書舍人蘇軾詳定役法　同日王巖叟言臣伏見蘇軾建議乞盡發天下所積常平寬剩錢斛三千萬貫碩買田募役目陳五利二弊臣竊考

食貨六五之四七

翊疑誤

五利皆難信之辭二弊乃必然未足以盡也臣與士大夫深究其說又得十弊爲陛下列之知無之民苟於得地或應募佃地三五歲間或以罪或以疾癈或老且死其家無強丁以代役則當奪其田而別募此乃是中路而陷其一家于溝壑此一弊也富民召客爲佃户每歲未收穫間借貸賙給無所不至一失撫存明年必去而之佗今一兩頃之空地佃户挺身應募室廬之備耕稼之資芻糧之費百無一有于何仰給誰其主當此二弊也近郭之田人情所惜非甚不得已不易也今郡縣官吏迫于行法或倍益官錢曲爲誘勸或公恃事勢直肆抑令愚民之情一生于貪利一出于畏威不復遠思

卷二萬七百二十五　四十八

容肯剗費泊官錢入門隨手耗散遂使兄弟啟交爭之患父子有相怨之家舊章既隳美俗亦壞此三弊也良農治田不盡地力故所獲有常所利無盡今應募之人知官田終非己業耕耘種植定不致功務叔地力以苟所收所收漫薄其去益輕此法果行數年之後不獨變民田爲官田將見壞好土爲瘠土此四弊也前日以錢雇役患在市井之小人今日以田募役又止得鄉村之浮浪均之不可爲郡縣此五弊也弓箭手雖竟應募寔不離家事有事則暫時應用無事則終歲在田雖成輸次上番自亦不妨農事非如其餘色役長在公門猶閑未足者雖招已招者時去別之爲比不切事情此六弊

食貨六五之四八

也第三等以上人户皆能自足必不肯佃官田願充水役今既立法須第二等以上人户許充弓手第三等以上許充散從官以上色役乃是以給田募役之名行揭簿定差之實既云百姓樂於應募何故第四等以下即須要第一等第三等户委保一有逃亡便勒保人承佃充役乃是知其不可曲爲之防既不能措下户于安業又不能躋上户于樂生此七弊也民間典賣莊土多是出于婚姻喪葬之急往往哀求錢主探先借錢後方印契略遭梗礙猶必陳辭今賣之入官官司艱阻事節必多設法雖嚴終難杜絶或已申官欲賣令佐未暇親行相驗或已定價買到未有投名人情願承佃未敢支錢折

卷一萬七百二十五　四十九

留多日者百姓欲罷則不能欲訴則無路此八弊也應募之人若盡納貧民則水旱凶飢何以禁其流徙若皆收上户則支移折變却當併在何人此九弊也朝廷惠不理去官赦降原減之法爲太重方詔有司更定而又立此條蓋議者自度其難而專欲以力制事以法驅人若緣久遠召募不行官吏並科違制又不以赦降去官原減則凡歷三路郡縣之吏無全人矣此十弊也蓋有大可惜者三焉祖宗成法之中天下共以爲利而不可改者莫大於與差役陛下復之而行方幾日今卒然獻議而欲變之此大可惜者一也自陛下與百姓休息人人之心以父母戴陛下矣何苦而欲擾之此大可惜者二

謁一作竭



也内帑之所蔵常平之所積積之甚難國家宜留以備倉卒紓百姓之急今平居無事而欲傾竭之不知何以待非常此大可惜者三也乞下臣章與軾之議叅考而擇之上官均亦陳不可行五説軾議尋格　十九日詔諸路州衙前依朝旨一月限滿差鄉户後如續有人情願投充者亦許逐旋收係替放差到鄉户衙前歸農仍以家力最低小之人先次替放其鄉户衙前若有雖未年滿投充長名衙前者亦聽從詳定所請也　二十八日詔殿中侍御史呂陶往成都府路與轉運司議定役法先是陶屢奏疏論差役利害及坊場坊郭等事因陶謁告取容故有是命陶言天下郡縣所定板籍隨其風俗

卷一萬七百二十五　五十

或以税錢貫伯或以地之頃畝或以家之積財或以田之受種立爲五等就其五等而言頗有不均蓋有以税錢一貫或今田一頃或積財一千貫或受種一十碩爲第一等而税錢至于十貫者古田至于十頃積財至于萬貫受種至于百碩亦爲第一等今若于第一等中差耆長則税錢一貫與十貫者並須二年一替是貧者常迫急富者常僥倖況郡縣官吏難盡得人若不類設防禁則民間雖無今日納錢之勞必有昔時偏頗倍費之害　五月八日户部侍郎趙瞻詳定役法　十一日詔諸州縣曹司舊人願在役及有投募人或鄉差之人自可充役外其願雇人自代者聽從詳定所請也　十六

六日文彥博言復舊差役法議臣之中少有熟親民政者故議論不同刺史縣令最為親民之官且專委守令差定役人編成籍條列自來體例條貫上轉運司如各得允當即具申奏仍稍寬期限使盡利害其詳定役錢法所止據逐路申請看詳定奪詔付詳定役法所　二十三日詳定役法所言新勅罷天下免役錢緣元豐令修弓手營房給免役剩錢和雇遞馬及雇夫并每年終與轉運司分認三十貫以下修造及舊係役人陪備脚乘之類更有諸州造帳人請受并巡檢司馬遞舖曹司代役人應用紙筆並係支免役錢今請支見在免役積剩錢俟役書成別行詳定從之其免役積剩錢應副不足處依嘉祐以前勅條條不載者奏

卷二萬七百二十五

五土

二十五日中書舍人蘇軾言近奏為論招差衙前利害所見偏執乞罷詳定役法奉聖旨依所乞今來給事中胡宗愈却封還上件聖旨臣議既不同決難隨衆簽書乞依前降指揮于是御史中丞劉摯言詳定役法自置局以來日久未就而議法之官頗已屢易蘇軾願且令依舊詳定仍乞催促成就以時宣布其後元祐二年正月十五日軾上疏去年二月六日勅下始行光言復差役法時臣弟轍為諫官乞將見在寬剩役錢雇募役人以一年為期令中外詳議然後立法又言衙前一役可即用舊人仍一依舊數支月給重難錢以坊場河渡錢支給皆不蒙

得一作不



施行又蒙差臣詳定役法臣因得伸弟轍前議先與本局官吏孫永傅堯俞之流論難反復次於西府及政事堂中與執政商議皆不見從遂上疏極言衙前可雇不可差先帝此法可守不可變之意因乞罷詳定役法當此之時臺諫相視皆無一言其是非者今弓手不許雇人天下之所同患朝廷變法許雇天下以為便而臺諫獨累疏力爭由此觀之是其意專欲變熙寧之法不復校量利害參用所長也　六月十三日中書舍人蘇軾言乞應坊場河渡免役量添酒等錢並用支酬衙前綱運官吏接送雇人及應緣衙前役人諸般支使如本州不足即申本路于別州移用如本路不足即申戶部于別路移用其有餘去處不得為見有餘額外支破其不足去處亦不得為見不足將合招募人却行差撥從之　十四日中書舍人蘇軾言逐處色役各隨本處土俗事宜輕重不同難以　限定等第一槩立法若衙前招募得足即須將以次重役第一等戶內差撥諸處色役委本路監司與逐官吏相同度立從輕重高下次第以最重役從上差撥從之二十七日司馬光言先曾上言乞直降勅命應　天下免役錢一切並罷其諸色役人並依熙寧元年以前舊法人數委令佐揭簿定差蒙朝廷一一如臣所無何續有雇募不足方行定差指揮人始疑惑既而屢有更張號令不一

卷二萬七百二十五

五土

又轉運使各以己見欲令本路共為一法不令州縣各
從其宜或差役人却放或已雇人却收或依舊用役錢
雇人或不用錢招人充役朝夕不定上下紛紜往往與
二月六日勑意相違竊緣臣初起請及朝廷所降勑節
文明言委逐縣官看詳若有妨礙致不可行令具利害
申州州申轉運司轉運司奏聞隨宜修改作一路一州
一縣勑施行務要曲盡其宜豈是當日所言一字不可
移易但患轉運司州縣不肯奏陳耳請申明前奏遍頒
下諸路州縣臣所請雖云熙寧元年舊法人數定差若
舊法有于今日不可行者即妨礙合申乞更改人數或
太多或太少雖本州本縣知應用之數合酌中立額申

卷一萬七百二十五　五十三

乞依數定差朝廷難為遥度臣所請雖云若所差人不
願充役任便選雇有行止人自代其雇錢多少私下商
量若所雇之人邀勒被差之人廣求雇直官司亦當裁
定不得過自來官中雇錢之數其州縣官員即不得指
占所雇之人乞覓臣所請雖云見雇役人候差到役人
各放令逐便若所雇之人自有田產情願充役者亦自
可依舊存留又曹司一役新差之人多不諳熟書筭行
遣及案下文字未曾交割合留新雇人給與雇錢令與
新差之人同共行遣限半年內交割畢纔放逐便臣所
請雖云今日衙前陪備少于向日不至破家若猶以為
戶力難任請于官戶僧道單丁女戶屋業於月掠錢及



十五緡土田于歲收穀及緡以上者並等第出助役錢
不及此數者與放免臣意以為十口之家歲收百碩足
供口食月掠十五緡足供日用二者相須此外有餘者
始令出助役錢非謂止收百碩即令助役也若猶慮太
少及所掠課利難知實數請應第三等以上令出助役
錢第四等以下放免若本州坊場河渡等錢自可支酬
衙前重難分數得足則官戶等更不須出助役錢從來
諸州招募人投充長名衙前若招募不足方始差到鄉
戶衙前此自是舊法今來別無更改惟是舊日將坊場
河渡所折酬長名衙前重難今自出賣於官中出賣坊
場河渡收錢依分數折酬長名衙前重難只此與舊法

卷一萬七百二十五　五十四

有異若鄉戶差足續有投名者即先從貧下放鄉戶歸
農即鄉戶願投名亦聽臣所請委逐州看詳具利害申
本州類聚擇其可取者申轉運司轉運司類叙諸州所
申擇其可取者奏聞朝廷且知諸路民間利害之詳轉
運司不如州州不如縣慮逐縣逐州有經畫得事理切
當而為本州及轉運司抑遏删去不以上聞致勑下之
日仍舊妨礙不行請諸路逐縣直申轉運司本州直申奏
使下情無壅當事宜仍請詳定役法所止得以諸路
州縣申到利害詳其可否立為定法其不當職之人為
高奇之論不切事情者勿用務不可以一路一州一縣
利害作海行條貫詳定役法所奏請下行指揮若[illegible]

以一作條

有妨礙難行之事亦乞如臣所請委逐路州縣看詳具利害申上隨宜別修改臣所言若有可取乞遍頒下諸州縣除此外並依二月六日所降勑命施行從之　七月二十七日詳定役法所言臣僚奏今朝廷既已復行差役應以自前約束官吏侵擾役人條貫欲乞使刑部錄出雕印頒下令一切如舊出榜州縣使人知之應監司所部有犯不能覺察者重其坐詔令刑部契勘除已令衝改不行外餘依　八月九日中書舍人蘇軾言諸路多稱高強戶同是第一等而家業錢數與本等人戶大段相遠若止應第一等色役顯屬僥倖有虧其餘人戶乞下詳定役法所相度申尚書省應高強戶隨逐處第

卷二萬七百二十五　五十五

一等家業錢數如及一倍外即計其家業每及一倍即展所應役一年除元役年限外展及五年為止投募衙前即依展年法將展年應本等合入諸般色役假如本處以家業及二千貫為第一等其高强戶及四千貫以上計其家業又及四千貫即展役一年通計家業及二萬四千貫即展五年以上更不展如投募衙前亦自四千貫以上計其家業不及四千貫方應諸般色役一年仍以五年為止其休役年限依本等体例　九月十七日詔諸路坊郭第五等已上及單丁女戶官戶寺觀第三等已上舊納免役錢並與減放五分餘錢並自元祐二年為始其收到錢如逐處坊場河渡錢支酬衙前重

食貨六五之五五

難及綱運公人接送食錢不足方許以上項錢貼支餘並封樁以備緩急支用　十月三日吏部侍郎傅（原空二格）罷詳定役法所從所請也　六日臣僚言朝廷立差役之法許私僱人州縣行之已有次序近朝旨弓手一役卻令正身祇應恐公私未便詔應弓手正身不願充役者許僱令府界提點司逐路轉運司相度施行　十二月六日左諫議大夫鮮于侁言開封府界保甲授班行人不少官戶既多縣道差役頗難開祥符縣內一鄉止有一戶可差使伏以武舉試策及弓馬入等方得近下班行令來保甲人事藝入等繞授恩便與公卿大夫一等為官戶免役頗有僥倖臣欲乞保甲授班行人依進納官

卷二萬七百二十五　五十六

例候改轉陞朝官方免戶下色役庶令縣道差役得行其三路保甲亦乞依此從之　二十四日詔諸路元豐七年以前坊場免役剩錢除三路全留外諸路許留一半餘召人入便隨宜置場和買可輕變物貨即不得擬儀及分配與人戶其物貨逐旋計綱起發於元豐庫送納內成都梓州利州三路於鳳翔府寄納封樁　二十五日詔舊出免役錢三百緡以上人戶並依單丁等戶例輸納與免充色役從詳定役所所言也　元祐二年二月十二日監察御史上官均言請先詔諭諸路候役書行半年遣使按看庶幾官吏先事警飭從之　六月二十四日右司諫賈易言朝廷改復差役推行之初

食貨六五之五六

未究利害故郡縣之吏措置多不如理今雖設為條目
隨其風俗　便赴諸路奉行又令詢究未盡善者以聞
而數月之久蔑有言者蓋監司守令苟且因循期于不
違法令而已且用民之力貴輕取民之財貴寡竊聞州
縣有户少役多者有單丁女户官户寺觀出錢助役比
于寔役之人所費乃多數倍者亦有出錢至少纔百分
之一者乞擇郎官練達吏事者出按諸路授以條目体
問民瘼如寔有妨公害民之事州縣聞知而不申監司
受申陳而不加察亦不達于朝廷具事劾奏詔下諸路
監司限指揮到一月内條析以聞十二月二十二日詔
郡縣役民户不及三番處以單丁女户等助役錢募役

卷二萬七百二十五　五五七

尚不及兩番則申户部　三年二月二十二日詔衙前
差鄉户處速募人抵替如見役人願不妨户役投充者
聽　四月二日詔諸路郡縣各具差役法利害條析以
聞　五月四日詔府界諸路舊納免役錢百貫以上户
依單丁等户法輸納助役錢　六月一日詔鄉户衙前
役滿未有人替者依募法支雇食錢如願投雇者聽仍
免本户身役不願投募者速召人替　九月四日户部
言瀘州江安縣蠻梲户自來不曾差役自第二等以上
願依舊輸役錢仍從漢户單丁法減半第四等以下並
免從之　四年三月右正言刘安世言御史中丞李常
乞事其一　陛下即政之初知免役出錢為民之患故復



用祖宗差役之制常在户部不能講究補完而協助邪
説請復雇募及為中丞猶奏乞施行懷姦徇私大害聖
政先是常奏臣伏見今日政令之最大而施設未安致
人情不和者役法是也夫耕農之人身在常野而不見
官府入城市天下之情所同願也熙寧中講知差法之
獘天下州鎮凡困色役害民之事例皆裁減就其不可
減者悉使召雇民隨力出錢無事于公家之役遂得以
身常在野不見官府入城市熟便于是耶奉今之臣務
于羸積遂有輸錢不逮之嘆陛下即位之初一切罷之復
差法方詔旨初下愚民未知被差之為害蓋嘗讙呼而
相慶矣行之既久始覺其患有加于嚮日何也蓋差法

卷二萬七百二十五　五五八

之廢十有餘年版籍愈更不明宜重役者輙輕宜輕役
者反重鄉寬户多者僅有休息之期鄉狹户窄者頻年
在役上等極力之人昔輸錢有歲百貫至三百貫者今
止差為弓手歲雇弓力一名以代身役不過用錢三四
十貫中下人户舊出錢不過三貫二貫而雇承符散從
手力之類不下三十貫以是校之勞逸苦樂相倍蓰矣
然則今所改法徒能使上等人户優便安閑而第三第
四等困苦日甚昔者臣待罪户部既而典司邦憲屢以
此干冒聖聰尚欲令富者輸錢貧者出力今也博訪輿
言詳究民瘼在上者既無寬剩之求則下户皆願輸錢矣
而又四方風俗或不同利害或不一當差而願雇者有

民一作人

之令示以一偏之意而為法使四海騰沸細民窮困陛下致天怒于上民怨于下豈國家社稷計耶伏望特詔一二詳練民事官條使興議臣就差役二法取便百姓者修行之無牽新書無執舊說民以為善斯善矣　五年五月八日詔差役法內有未備事令中書舍人王巖叟樞密院都承旨韓川與右諫議大夫點檢戶部文字劉安世同看詳具利害以聞先是安世　言臣伏見朝廷欲變役法今將四年選官置局講求利害天下之議悉使折衷謂嘉祐差役之制已便矣然當時悉見其害者今則損而去之元豐

卷二萬七百二十五

五九

約束之制民以為利者今則取而益之至于風俗之殊尚南北之異宜本諸人情裁以國論隨方條例罔不具備而姦邪之人內懷顧望造播橫議必欲沮毀遂至一二小臣敢執偏見妄進邪說欲罷差役依舊雇募天下人情莫不疑惑此最當今之大患也議者謂不役其身立令輸錢則公私兩便而可以久行臣請有以折之國家錢貨經費所資設官鼓鑄歲有定額民或盜為罪至論死今棄其易出之力而責其難致之錢又使上戶止納數千下戶自來無役者例使加賦損九分之貧民益一分之上戶以一家一歲觀之則輸錢若省而易給以終身累世計之則所出不貲而難供今聚斂之臣惟欲

食貨六五之五九

戶一作七

詼一作放

誅剝生靈而不為天下長久之慮詎可信哉議者又謂人戶輸不及三番處恐役太重臣亦有以折之治平之前天下戶口一千二百七十餘萬而舊法役人五十三萬六千餘人元豐之後戶口一千八百三十五萬九千有奇較之治平已增五百六十餘萬而新定役人止該四十二萬九千餘人比之舊法卻減十萬七千之額以為輸差不足亦以過矣臣竊謂知法之未良改之不可不速知法之已善守之不可不固願陛下特奮乾剛力主差役深詔執政固守初議毋使輕狥浮言妄有變易廢幾祖宗之成法不為奸人之所奪天下幸甚　九月二十四日戶部言河北河東陝西鄉差衙前攄投名人

卷二萬七百二十五

六十

所得支給等錢並減半給投名衙前除依條本戶差替長不免外其餘色役並免從之

食貨六五之六〇

此卷与大典一萬七千五百五十重

俱一作並

宋會要 免役二 衙前

元祐六年七月十二日，三省言：諸州舊行募法日，除依優重支酬外，未有差使若並月給食錢，昨除指揮已將舊日所除支雇食錢並添入重難分數，今來招募到衙前日支錢數，慮致闕乏。詔令戶部下逐路轉運、提刑司，隨州縣土俗，於所用支酬額錢內參酌立定優重分數及月給食錢，不得過舊募法所支數。戶部措諸州衙規內十分闕一分已上招募未足處，以元祐元年罷募法日所用優重支酬雇食錢都計錢數為額，參合有增損，俱聽。本州具利害申監司，考察保明申部。從之。同日，三省言：諸路投名衙前並依三路已得朝旨，除依條本戶合差者長不免外，其餘色役並免。詔應諸路投名衙前與免本戶第二等已下色役鄉差人戶，並令以投名人代。願投充長名者聽。八月十四日，尚書省言：州役

闕一分以上招募數足 支八分 宜優重支酬等錢計錢數為額

《永樂大典》卷二萬七百二十六

一

令鄉差者若本等及次一等戶空閑不及四年者，以助役錢雇募。有行止、不曾犯徒刑人充。其助役錢約度雇本州色役不足，即先於戶狹役煩處雇募，各依本役年限。滿日，本縣揀籍取有空閑年及人戶對行差罷。其人戶空閑自及四年已上處，不在此限。若不因造簿編定及人戶糾決，輒有升降差募者，委監司按劾。諸州每年據所納助役錢除留一分應雇募支用，有闕剩，委提刑司通一路有無移用。從之。十八日，戶部言：應輸助役錢人戶典賣田限五十頃止，限田外依免役舊法全輸役錢。未降敕前已過限者，非荒田并墳地若恩賜者，不在此限。從之。二十三日，戶部言：按元祐差役敕，單丁無丁或女戶，如人丁添進，合供力役者，若經輸錢二年以上，與免差役一次。緣其間有戶窄役頻處，今欲依本條下添入注文「戶空閑



吳校

並一作承

不及二年處，即免一年」。從之。十一月十七日，戶部言：諸州見役投名衙前所歷重難合得支酬見錢，願積留在官指買場務，除見買撲人接續再買外，餘並許依額錢並買其場務。名入添錢者，如與百姓價等，亦給衙前。若已歷重難錢額但及七分，亦許指買，所少額錢分四季納。從之。　七年正月十二日，詔：今後府界諸縣手力本等合差戶空閑不及三年者，以助役錢募人充，應依本役年限，候滿日有空閑及三等人戶，即行差罷。　九月六日，三省言：諸路差役第三等以上戶空閑四年、第四等以下戶空閑六年不及逐等年限，即雇募。狹鄉縣候人並許雇州縣役，寬鄉縣役人並輪差重役人合替放，願應募者聽募。役人須有稅產，不得募有蔭贖人。衙前如人戶願以官田充募者聽。及請依今來立定新式，供本縣輕重役次等第。從之。　八年正月二十二日，詔：近降役法，今後收到官田，併見佃人無七更不別召人戶租佃，及見佃官田人戶如違欠課利，於法合召人戶剗佃者，並拘收入官，尚充雇募衙前。收到官田未有人投募，且召人租佃，有人充即行給付。同日，尚書省言：去年九月六日詔，應今後役人須有稅產，不得募蔭贖并曾犯徒及工藝人，並召保，仍不得過舊雇募錢數。從之。　三月二十七日，尚書省言：勘會諸路常平、廣惠、坊場錢物文帳並係年終具帳供申，有妨點檢。令戶部指揮諸路提刑司每年依上下半年依條式具帳供申。其元豐八年後至元祐三年，即依元豐八年後未行役法以前免役錢物帳，每季具帳供申。從之。　七月二十七日，福建路轉運司言：勘會諸州縣分耆長、壯丁役輕去處，於條既許再充，即未有所止年限，其役之人多是僥倖不

《永樂大典》卷二萬七百二十六

二

願替罷致久在本村多端抑擾今欲乞比附戶長役輕勅條不
許再充從之　九月八日戶部言檢準元祐七年十一月十四日
南郊赦書今後民間遭父母喪見役及當差者第三等以下
戶並與免差役第二等以上戶令戶部相度量納役錢並服
除日依舊今相度欲依單丁戶見納助役錢五分內依等第納
五分從之十二月二十八日尚書省言勘會諸縣鄉村有依法合差
第五等人戶色役其本等內物力微薄者竊慮難以充應今欲
自來差役至第五等人戶據簿內第五等戶將一半人戶免差
編一戶者許從多免如自來輪差第五等戶不及一半或差不
到第五等戶處自合依舊從之　紹聖元年四月四日三省
言役法尚未就緒欲令戶部長貳同詳究以郎官郭茂恂

卷二萬七百二十六　三

陳祐之為檢詳官上曰止用元豐舊法而減去寬剩錢百姓
何有不便耶范純仁曰四方各不同須因民立法乃可久也上曰
令戶部議之　十八日殿中侍御史井亮采言陛下脩復先
帝役法宜令郡縣一依元祐未改以前法令則可以速慰天下之
望至於立定寬剩錢分數或免下戶出錢此在朝廷一言自可就降
詔旨不免取索看詳詔送看詳役法所　二十六日中書省言勘
會推行差役迨今十年民間苦於差擾議者紛紜前後改移不
一終未成一定之法詔府界諸路須免役法並依元豐八年見行
條約施行仍自指揮到日為始一鄉差役人且令祗應候雇到人
逐旋放罷其合支役錢許於坊場河渡錢內借支如不足即借
支封樁錢並候納到役錢撥還一令來合納免役之人自紹聖



元年七月一日為始其上半年合納免錢與免一曾充差役之家
空閑及二年即起納役錢今來見役替放年月不滿者比類施行一
者戶長壯丁並雇人不得以保正保長保丁等代充其餘役人似此之
類合改正者並依此施行一寬剩錢不得過一分如輒過數及
別以名目數並以違制論委所屬常切覺察一今來寬剩錢
既不得過一分其合減錢數並先自第五等人戶從下物力最低
者次第蠲減一諸路各置提舉官一員隨提刑司所在置廨宇
其餘並依舊制應合行事件并逐處有利害不同未盡未便事
理合改更增損舊法畫一開坐與轉運提刑司官具的確事狀
連書以聞同日詔諸路復免役法並依元豐八年見行條目指揮
到日為始　閏四月二日左司諫翟思言熙寧中立免役之法所

卷二萬七百二十六　四

以惠利天下非一然當時行法之臣有抵捂紊錯不能上應法意者
元祐初小大之臣奮私智執偏見附益改革或免或差或官雇或私
代法始大弊民遂告病陛下察知其然申飭官司取其成書案詳
去取以加意元元議者謂所斂之錢取足雇直止餘二分以備水
旱逋負斯為盡矣然郡縣所役人數大縣不相遠而戶口物力衆
寡貧富其相倍以從何啻數十請責常平官通計一路雇直外餘
二分斂於民間有餘不足得以通融移用則輕重等矣仍請逐縣
各具物力上於常平官總一路為五等每等以五為差列為二十五等
遞減如上一等每一貫物力出十錢則上二等出九錢如此則末等不
病其多而難出詔送戶部　十三日權發遣荊湖南提點刑獄
安惇言差役之法行之九年終未就緒如復熙寧舊法許民得均

納役錢募役人便詔送戶部看詳役法所　二十四日戶部看
詳役法所請以量添酒錢剩數依舊撥入役錢充推法司吏食
料錢等用如無或不足即於抵當息錢內貼支從之　五月
十三日中書省言納役錢人戶並自來年夏料輸官所有
紹聖元年下半年并與放免曾經差役之家更不限有無
空闕年月其合納役錢亦自來年夏料為始諸縣五等簿書不
得旋行改造年限應造者自依編勅施行逐旋正應合指揮到
日以前如已用前勅有雇募到役人已替放鄉差人歸農即
用坊場等錢支借應副如難以籍定姓名未曾替放且令鄉差人
仍舊在役候年滿逐旋替放至來年五月一日並一例替從之
十六日戶部看詳役法所言諸路有舊行免役於人戶內輸差

卷二萬七百二十六　　五

壯丁不納役錢處仍舊從之　十九日監察御史周秩言近降
朝旨耆戶長壯丁並雇人不得以保正等充代竊以元豐閒雇人
充承帖人實兼耆戶長壯丁之役而保正長管本鄉公事非若
耆戶長壯丁之勞也行之數年民極便之今欲沮兩役取餘之
議則莫若令保正長得如官戶減免役錢而雇承帖人充保正
長管本保事如元豐舊制為便詔諸路提舉常平司與轉運
提刑司具利害以聞　六月七日戶部看詳役法所言乞將役錢
合支閏月及役人差出食錢官員接送等雇人錢撥還代役衣糧
請受錢即以三年實支取酌中一年數與役人雇食等錢通為
歲額均數外其餘寬剩不得過一分從之　九日又言熙寧元
豐閒設提舉官以總一路之法州有管勾官縣有給納官今復



免役法既置提舉及管勾官乞依元豐令給納令逐縣常留簿丞
一員從之　二十七日又言成都府路提舉司乞將未行差役以前收
到寬剩免役錢支充役人雇錢本所看詳元祐九年後來收到助
役錢係充雇人使用合隸人戶未納到役前錢閣自合支用若助
役錢應副不足其免役錢亦合支用從之　七月三日又言乞應
募職監當官接送舊係差人今請雇錢公人合隸合支雇錢依元
豐令立定人數支破其元祐勅添人數並差廂軍詔罷減元祐
勅添人數餘從之　十六日詔令諸路轉運提點刑獄提舉常平
司官各務協力奏行免役新法不得各守己見使州縣無所稟從
或果有利害所見不同即與畫一條奏候役法成書轉運提刑
司吏不干預從右正言張商英言也　八月六日戶部看詳役法

卷二萬七百二十六　　六

所言乞下諸路提舉司將逐處自降改法指揮到日雇役文簿
點檢如有將鄉差之人抑令充役并改易名字就募之人並依先降
朝旨如已年滿逐旋替放從之　七日又言諸路申乞造簿緣近降
朝旨五等簿不得旋行改造蓋慮紛然推排別致擾擾按元祐
令人戶物力貧乏所輸免役錢雖未造簿許糾決升降今欲推
行舊條因其糾訴畧行升降則已與造簿無異從之　八日又言
乞下府界諸路監司約束州縣官吏搉覘役人名數逐色立定合支雇
食錢如此舊法果合增損即開具利害於法內聞奏從之　十七日
左司諫翟思言看詳役法所申請天下郡縣數出免役錢不許重
造簿均定止用元豐舊簿如有不均人糾決免致擾擾又所出錢各
隨州縣不得通一路其舊曾通用者仍以均定見皆有未安詔

食貨六五之六七

送看詳役法所。　十八日，詔府界諸路坊郭鄉村簿書年限未滿
應改者，如所排等第粗可憑用，即依今月七日所降朝旨施行；如全然
不可憑用，於分表數錢妨礙，即許不候年限申舉提舉司相度改
造。　二十三日，戶部看詳役法所言申明諸路減寬剩役錢，從之。　二
十六日，三省言：見今比較鹽事、看詳役法、措置財利之類名目不
一，雖各已置局行遣，緣官屬多是兼領，於職事未能專一。今已置
重脩編勑所，除官長可以兼領外，只於刪定官內量添員數，令專
一看詳中外利害文字，並從朝廷選差。從之。仍不拘資序，節次選補，
不得過六員。　九月六日，戶部看詳役法所言：乞下諸路並依元豐
條，以保正長代耆長，甲頭代戶長，承帖人代壯丁。從之。　十三日，以左
朝奉郎陸元長、右朝奉郎程端、左宣德郎李深、劍南西川節度
卷二萬七百二十六
七
推官張行並充編勑所看詳利害文字，專詳役法。　十五日，戶部
看詳役法所言：應諸路舊立出等高彊無比極力戶合出免役錢一
百貫以上者，每及一百貫減三分。從之。同日，左朝請郎黃慶基言：
乞立法應蠲減役錢，並自三百以下；如寬剩更有羨餘，則減至五百
以下。詔送戶部看詳役法所。　二十八日，詔人戶以財產妄作名目
隱寄，或假借戶名，或詐稱官戶之類，免脫等第科配者，各以違制論。
內官員仍奏裁。減免役錢者杖一百，以上未經免及衷私托人典
買未轉易歸本名者，各減三等，並許人告，以所言財產之半充賞。
從戶部看詳役法所請也。　十月十八日，戶部看詳役法所言：元
豐令節文，諸宗室在京正廚藉及太皇太后、皇后緦麻以上親，並
免色役。所有皇太妃緦麻以上親，亦合並免色役。從之。　十一月十

食貨六五之六八

四日，監察御史黃慶基言：訪聞諸路提舉官申請役法利害，其間
不曉法意，不通民事，措置顛錯，建明疎謬，難以施行者，可籍其件數
論列於朝，其尤無狀者，早賜罷黜。從之。　二十五日，戶部尚書蔡京
言：體訪得京東西路提舉常平司下諸州相度役法，不遵元豐條例，輒用
元祐差法。詔下本司官分析以聞。　十二月三日，戶部尚書蔡京等言：
看詳役法文字張行歷任已成七考，若有改官舉主二人，合磨勘改
官，緣在京別無舉選人改官，望依張大方例，以臣等為舉主，與磨
勘改官，依舊在任。從之。　二十三日，詔奉慈觀有本命殿，特有免
役錢，諸處不得為例。　二年正月二十六日，殿中侍御史郭知章言：
今朝廷推行免役法，訪聞諸路提舉官未能熟究利害，曲意觀望，
或知寬民而不知害法，臣愚以為役法宜一以元豐初勑為準。詔送詳定
卷二萬七百二十六
八
重脩勑令所。　二月六日，詔諸路役人並竟依元豐七年以前人額雇
直，仍依已降指揮，寬剩錢不得過一分。如州縣興廢、官員添省并別有
因依，與當日顯然不同，自合隨宜脩立，即將來推行有礙及合行增損
事，即提舉司具合措置脩目申戶部。　三月二十四日，三省言：諸州具
到役法事節，依元豐七年以前已允當者，欲依所定行下。從之。　五
月二十九日，戶部尚書蔡京言：常平免役等事，乞並依元豐條制，止
令提舉司專領，其轉運、提刑司勿與。從之。　十二月七日，戶部侍郎
孫覽言：諸路役法事體或不同，理合增損。第五等戶若分上下，令
貧弱之單弱者不出錢，其上五等皆量出，則天下無不役之民。乞
下提舉司更切相度，條陳利害。如州縣、提刑、提點、轉運司與提舉司
所見不同，並許直申戶部右曹。從之。仍候逐處具到利害，同詳定役

回一作日

乘一作桒



法官者詳　三年五月五日左正言孫諤言竊惟免役者[illegible]一代之大法
在官之數元豐多元祐省雖省未嘗廢事也則多不若省散役人
之直元豐重元祐輕雖輕未嘗廢役也則重不若輕大綱立矣隨時
不能無損益者衆曰也數省而直輕則民之出泉者易矣出泉之法四方
不同有計錢之多寡而輸之者其弊在于常平官所試(輕)重之不均
有計田之厚薄而輸之者其弊在於元差官所定美惡之不平若使
輕重均美惡平而後行焉則民之出泉者易而法可久也今役法優下
戶使弗輸亦取併歸上戶意則美矣而法未善也假一縣有萬戶焉
為三分而率之則民占四等五等者常居其二專賦一分之民則
其力不足況今畿甸之民並隨五等(等)第量出今若使諸路郡縣如
畿甸之民並隨五等(等)第量出則民之出泉者易而法可久也雜職惟嘉州

卷二萬七百二十六

九

犍為一縣投名書手惟池州貴州一縣支錢是法有不齊者立額有多
散錢有重是法有不均者錢乖輕重之賦田失美惡之實是法有
不平者矣(進)先帝免役之法固多難矣經熙寧元(豐)之與論復遭
元祐之變法者以其不能無弊也今上下因循宿弊不革願陛下
博採群言無以元(豐)元祐為間要以便元元至於衣(無)均不平之患而並裁
為成書貽之後世則先帝之烈昭然如日月之光明矣於是翰林學士
蔡京言詳(看)諤以為元(豐)多元祐省元(豐)重元祐輕多不若省重不若
輕則是諤以(元)(豐)之法不若元祐明矣而又其姦言以為隨時損益者
妄也苟以為隨時損益則元(豐)之法未必是而元祐之法未必非矣諤
於陛下追紹之日敢為此言臣切駭之先帝謂天下土俗不同不可
槩以一法故重輕美惡各隨其宜恐其率之不均也故或以家業物



力或以田畝或以稅錢隨等數出恐其久而不平也故三年五年一造產業
簿以定高下之實可謂均平矣而諤於平日敢以為不均不平其意安
在役錢有令五等俱出者有自四等以上出者有自三等以上出者蓋所
用錢多而戶口偶少則數必至五等府界自熙寧元豐、三等以上出役
錢自先帝行法之初已不嘗令五等數出諤奏不以實其意安在雜職
書手有支錢有不支者亦各隨其土俗而已且免役法自去年五月復
行至今將一年天下吏習而民安之而諤以為宿弊不革者謂熙寧元
豐之時也以先帝有為之時為宿弊之法則元祐之變法為革弊(而)陛
下今日亦不當紹而復之也諤之意蓋欲因此以疑朝廷繼述之志耳元豐
雇法也元祐差法也雇與差不可並行元祐固嘗兼雇已紛然無絕矣
而諤欲無間是欲伸元祐之姦惑天下之聽則昨日積斥元祐亂政之人亦

卷二萬七百二十六

十

當無間矣詔孫諤罷左正言差知廣德軍　六月八日詳定重脩勑令所
言常平等法在熙寧元(豐)間各為一書今請勑令格式並依元(豐)體例
脩外別立常平免役農田水利保甲等門成書同海行勑令格式頒行
降詔自為一書以常平免役勑令為名　八月七日詳定重脩勑令所
言見元符前違法請常平錢物者並依吏人法從之　九月十八日詔翰
林學士承旨兼詳定役法蔡京依舊詳定重脩勑令其後十二月三日
京言臣條論江西役法等事奉旨令詳定重脩勑令所具析聞奏一
書元祐初司馬光秉政蔡京知開封府光將京和首變先帝之法只緣
符一縣數日之間撥差役人一千一百餘人皆蔡京希為順從臣昨知
開封府於元祐元年二月內降到司馬光差役法令州縣揭簿定差
仍稱如無妨礙即便施行其開封府雖轄諸縣自來只管句京城內公

事至於人戶差役簿書之類皆諸縣一面施行其開祥兩縣在輦
轂之下既見法內有即便施行之文所以承行不敢少緩臣若能
應和司馬光則不應一月之間一請遂罷又言蔡京壞先帝之法如
江西吏人除重法案外元無雇錢近來一例創行支給以百姓之脂
膏填群吏之溝壑檢會江西紹聖三年數出總數減放四萬四千臣
若創行增添吏祿當須於數出總數內增過元豐額數今來比元
豐有四萬餘貫放免顯見臣條敢誕先帝仁政而臣條以為取脂膏
填溝壑不意敢為是言也先是侍御史董敦逸有言詔送詳定
重脩勅令所具折聞奏至是京奏復詔敦逸分折敦逸言據
蔡京所陳奉旨令臣分折狀內稱蘇轍亦言朝廷明使州縣相度
有無妨礙而開封府官吏更不相度申請蘇轍兄弟自是毀壞

卷二萬七百二十六　十一

良法之人尚謂開封府監勒開祥兩縣迅若兵火仍乞取問詔令
敦逸分折於甚處得蘇轍文字以聞敦逸言元祐更變役法其建
言是司馬光推行之始是開封府時京知府事惟章惇獨有論
列其餘皆是附光所言聞蘇轍見京施行太速有迅若兵火之語
臣是時言者凡數狀並付韓維故士大夫多能道其畧臣曰近為京
又壞故以所得形於章疏詔令董敦逸分析來所得來處指實聞
不得輒隱　四年閏二月一日三省言詳定重脩勅令所言前提舉
廣南東路常平等事蕭世京任內申請堅用元祐差役法毋昇雇
錢詔世京送吏部依常調人例　十二月二十二日詔衙前般運物並
依元豐條制刪去元祐增入之文從荊湖北路轉運司請也　元符二
年三月十八日管句剩員蕭世京為吏部員外郎宣德郎權提



舉秦鳳等路常平張行為戶部員外郎世京在元祐中嘗上書言青苗
免役法便民可以久行疏奏留中不報至是上出其疏擢之行元祐中奏疏
言神宗議納役錢蓋嘗謂之助役矣以為若止於助則未能盡免將使後
世役亦差錢亦納於是更為免役其慮深矣今乃廢免而復差上違
先帝燕翼之謀下拂元元安業之願豈曰述事乎又言差役下戶一年所
費有用數年役錢者有因數十年役錢者其等漸降其害愈甚殆非
聖人哀多益寡天道張弛之義前已擢使一路至是又遷　二年八
月二十一日徽宗已即位未改元詔三省編勅役法既已成書脩書官吏並罷
見脩一司勅令歸刑部役法歸戶部各委郎官兼領之　十月二十
三日臣僚言自廣東路被旨赴闕經由江東淮南京西等路州縣
所見官吏並言役法尚有未便其所用條例各不同望令諸路州縣

卷二萬七百二十六　十二

各具本處的確利害申提舉司類聚以聞然後委戶部看詳隨
宜脩法務以便民其提舉官如敢力護前失抑遏所屬不以實聞者即
令州縣徑自申陳仍乞各立近限庶幾民間早獲受賜又臣僚言欲
乞下諸路提舉司令州縣限兩月各具本處要合脩完增損事件詳
具利害陳述合合如何增損申提舉司逐旋詳度以聞即不得將已
允當事件妄意更改從之　徽宗建中靖國元年二月二十三日戶
部言奉詔役法未便乞下諸路提舉司令州縣限兩月各具本處要
合脩完增損今已逾一季並未奏到欲下府界諸路提舉司督責
州縣官吏切在疾心疾速詳具利害以聞如更弛慢苟簡從本部條
具申奏特行罷黜從之　八月十一日臣僚言免役法既久民甚便
安假有利害細故只本州縣提舉官自可相度或申部施行自委官看

詳已來中外民情不無疑惑況已經限月日未見成書欲望明詔有司
責限結絶以安天下之心詔限今年終看詳了畢如限滿未了即令
戶部結絶　崇寧元年八月二日中書省言臣僚奏戶部右曹更
改諸路役法增損元豐舊制五百九項不當勘會永興軍路乞行
差役州縣申請官已降指責罰湖南江西提舉司乞減一路人吏雇直
見取會別作施行外如江西州軍止以物賤減削人吏雇直顯未允
當至如役人罷給雇錢去處亦害法意理合依舊詔戶部並依紹聖
常平免役勅令格式及元降紹聖簽貼役法施行其元符三年正
月後來衝改紹聖常平免役勅令格式并元改簽貼續降指揮
並不施行　二年十月二日臣僚言神宗皇帝稽古制法以常平免
役所繫尤重紹聖纂承推原美意以謂常平之息歲取二分則五
卷一萬七百二十六
十五
年有一倍之數免役剩錢歲取一分則十年有一年之備閑歲愈
久其積愈多遂立一倍三料取旨蠲減之法則凡取於民者有限而
止於為民而已非利其入也而集賢殿脩撰知鄧州呂仲甫前為戶
部侍郎諂事姦黨助為紛更輒率其屬以狀申省鄙言乞刪去上條
伏望明示黜責詔仲甫落職知海州　三年二月二日臣僚言免役之
法始於熙寧成於紹聖神考之稽古創制哲宗之遵業揚功著為萬
世不刊之典詎可輕改元符末官吏覬望以私意變亂舊條戶部侍
郎王吉甫先建言乞委本部郎中及舉官兩員同共看詳刪脩役法之未盡
未便者遂以朝奉郎李深中大夫陸元長同都官程筠等刊脩凡改更諸
路役法增損元豐舊制五百九項如減手力鄉書手雇錢重立院虞候
散從官家業添衍前重難增斗子人數之類毛舉事目悉為更改蠹在

沮毀成法至若常平庫子掐子不支雇錢則是公然聽其取乞尤害法
意朝廷照其姦弊故戶部侍郎呂仲甫止緣寬剩錢一條特蒙黜
責後雖力自辨明亦由南京下遷徐州脩撰降為直閣若戶部尚書
虞策等無所畏憚輒更先帝舊制衝改役法五百九項之多豈宜寬貸
況崇寧元年八月三日聖旨所有元符三年正月後來衝改紹聖常
平免役勅令格式并衝改簽貼役法續降指揮並不施行以見前日刪脩
之官阿附沮壞罪狀明甚王吉李深今已謫居遠州編入姦籍其虞策呂
益柔偃然安處從班中外未免疑惑伏望嚴行降黜以允公論詔朝散大
夫王吉謫授衢州別駕溫州安置樞密直學士新差知成都府虞策降
為龍圖閣直學士中書舍人呂益柔提舉杭州洞霄宮直秘閣新知應天
府周純特落職管句舒州靈仙觀新知淮南路轉運副使周彥質管
卷一萬七百二十六
十四
句建州沖祐觀知隨州程筠監兖州東嶽廟差權知淮陽軍陸元長監
西京中嶽廟　大觀四年五月十四日臣僚言元豐令惟崇奉聖祖及祖
宗神御陵寢寺觀不輸役錢近者臣僚多因功德墳寺奏乞特免諸
般差役都省更不取旨狀後直批放免由是援例奏乞不可勝數或
有旋置地土願捨入寺亦乞免納甚者至守墳人雖係上中戶並乞放免
所免錢均數於下戶最害法之大者欲今後臣僚奏請墳寺不許特免
役錢仍不得以守墳人奏乞放免其崇寧寺觀合納役錢亦乞改正施行
詔令禮部劉昺開戶部改正　六月十四日詔常平免役歲終造帳之
法分門立項叢脞汗漫艱於詳閱令脩成寧通格法可令逐路提舉常
平司每歲終將實管見在依此體式編類限次年春首附遞徑入內內
侍省投進仍自大觀五年者為始　政和元年八月二十五日詔展限

次年季月纂類投進　十二月十四日戸部言常平之法取於民者還
以與民免役之法取於民者還以治民此先王理財治民之義也常平取息
二分免役多數一分蓋以為災傷減闕之備二分之息取之五年則有一倍
一分之剩積之十年則餘一年更加五年則有兩倍兩年之數若無
災傷支用積而在官此所謂與民者也故紹聖立法常平息及一倍免役寬
剩及三料則保明具數取旨蠲免以明朝廷取於民者非以為利也欲降
睿旨下諸路提舉常平司勘會自降上條至今如有積及一倍三料之數
即次第保明聞奏詔候豐年衍有餘日取旨　十六日戸部尚書許幾等
言臣僚奏應州縣免役錢累經造簿增減失實乞與提常平司選官分
詣所部以田稅多寡均數役錢不以等第假如有田百畝合納役錢一貫文即五十畝
五百文准此為率則上戸不偏重下戸不偉免看詳州縣戸衆兩役少則斂錢止於第
三等或戸少兩役多則均及第四等五等今若計田畝不論家業抛錢不
十五
卷二萬七百二十六
以等第一概均出則失輸錢代役之意從之　政和元年十月二十一日臣僚
言革州元豐年中歲數役錢止四百貫今數至二萬九千餘貫文存留准
備一分外猶餘六分以上不知自何日頓失法意如此慮更有似此之處
望詔有司申明舊制以寬民力從之　五年十一月三日戸部侍郎兼
詳定一司勅令陳彥文言乞明著刑典以應常平免役成法不許輒
議改更詔常平免役自熙寧以來講究奉行纖悉具備自今應有
輒議改更者以大不恭論餘並依動搖學校法施行　宣和二年九月十
日詔諸路召募役人具有元豐成法行之歲久大觀中始罷舊吏人宿
弊未之能革而老姦巨猾匿身州縣舞文教訟擾害良民者益
甚前日政和中始不許上三等人戸投充弓手緣此所募盡係浮

紊亂一作廢紊

浪並緣作過無所顧藉致盜賊公行紊亂先帝成憲四方如此可自今州
縣召募役人並依元豐法所有大觀元年九月二十八日政和六年六月四日
指揮更不施行內州縣舊吏犯流徒罪及四色贓罪等於元豐法不應敘
者不在收募之數弓手候條召募到人方得替罷　高宗建炎二年五
月二十七日臣僚言官戸役錢舊法比民戸減半今來招致弓手以禦
暴防患官戸所賴尤重欲令官戸役錢更不減而民戸比舊役錢量增三
分專椿管以助養給從之　九月二十二日臣僚言民事之重莫過力
役今以保正副當免役之民而使之代耆長充役無恤其覊至破產
也當免役法初行朝廷深慮民勞不勝其役亦嘗以事訪於諸路兩用
事之臣陰懷私意不欲以差役本免法一時新進承望風旨不問民
情如何而槩謂保正副倩顧代耆長執役望詔諸路監司參差免之
十六
卷二萬七百二十六
法專以便民詔令諸路轉運提刑司同共相度的確利害申尚書省
三年七月十三日詔諸路免役錢於元額外量增三分官戸更不減半令戸
部限三日勘當申尚書省其隨鈔納錢可罷　四年八月二十一日廣
南西路轉運提刑司言今乞罷催稅戸長依熙豐法以村疃三十戸每
料輪差甲頭一名催納租稅免役等錢物委是經久利便詔依其兩浙
江南東西荊湖南福建廣南東路州軍並依此　紹興元年正月一日德
音東南州縣比緣差保正副代戸長催稅力不勝役抑以代納多致破蕩
已降指揮罷催稅戸長依熙豐法以鄉村三十戸差甲頭一名催納以紓
民力訪聞諸處尚未奉行致人戸未獲安息仰逐路州縣遵依已降指
揮疾速施行如敢違戾許人戸越訴提刑司覺察以聞當議重置典憲
五月二十三日朝散郎呂安中言契勘催納二稅依法每料逐都雇募

力一作立



戶長或大保長二名係是官給雇錢自建炎四年秋料爲頭催稅每三十家一甲責差甲頭催納其雇募戶保長更不復用所有雇錢只在縣樁管此錢既非率斂又不干預省計乞督責諸縣每年別項起發以助經費詔依令諸路提刑司依經制錢條例拘收起發　九月十二日臣僚言朝廷罷催稅戶長依熙豐法改差甲頭蓋謂逐年大保長催科填備率至破產遂改革前制曾不知甲頭受害又十倍於保長皆選差物力高強人丁衆多者其催科則人丁既壯可以編走四遠物力既還雖有逃亡死絕戶易於償補今置甲頭則不問物力丁口雖至窮下之家但有二丁則以一丁催科既力所不辦又無以償補類皆責辦于女狼損於道此不便一也大保長催科每一都不過四家無以保正副事皆循環輪至破產今甲頭每一都一料無慮三十家破產者又

卷二萬七百二十一　十七

甚衆此不便二也田家夏耘秋收人各自力不給則多方召募鮮有應者今甲頭當農忙一人出外催科一人負擔齎糧叫呼趨走幾能應辦官司亦失一歲之計以一都計之則廢農業者六十人自一縣一州一路以往則數十萬家不能服田力穡矣此豈良法哉此不便三也又保長多有慣熟官司人鄉村亦頗畏之然猶有日至其門而不肯輸納者今甲頭皆耕夫豈能與形勢之家姦猾之戶立敵而能曲折自伸於　私哉方呼追之急破產填備勢所必然此不便四也自來輸差保長雖縣令公選亦須指決論訟數日方定不然則辭免之訟爲高下惟觀賄賂之多寡此最民所憤怨者今差甲頭每科一替其指決論訟之繁受賄納賂之弊必倍甚於前日臣恐槩東南之民自此無寧歲此不便五也欲乞罷此且令大保長同保正副依舊催科如朝廷念其

逃亡一作孳田



欽一作令

塡備破產則當審擇縣令謹戶帳之推割嚴簿籍之銷注申嚴逃亡戶絕之令又安有保正長破產之患哉不知出此而但務改法適足爲贓吏之資耳　十月五日戶部言奉詔勘當臣僚所言改差甲頭不便五事竊緣甲頭催科係於主戶十戶以上至三十戶輪一名充應即是不以高下貧富一等輪差其大保長係於小保長內取物力高強者選充既無戶長管催稅租等錢物即係有力之家可以倚仗欲乞依臣僚所乞事理施行詔依　七月二十五日詔應諸募職官諸縣令佐尉合破接送并在任般家雇人錢並罷　二年六月二十二日詔州縣當雇錢與般家人俱依舊從臣僚之請也　三年二月二十[illegible]日[illegible]淮南東路茶鹽公事郭揖奏差役之法比年以來吏緣爲姦並不依法五家相比爲一小保却以五上戶爲一小保於法數內選一名[illegible]小保長其餘

卷二萬七百二十六　十八

四上戶盡挾在保丁內若大保長闕合於小保長內選差保正副闕合於大保正長內選差其上戶挾在保丁內者皆不著差役卻致差及下戶故當保正副一次輒至破產不惟差役不均然保伍之法亦自紊亂矣今欲乞以免役內選保　二字下刪去長字若如此選差則上戶不能挾隱不須更別立法自然[illegible]無弊詔令戶部限五日看詳尚書省其後戶部言臣僚所言止謂閑防人戶避免充催稅大保長多是計會係千人將有心力之家於小保下排充保丁致[illegible]不到合欲乞今後令州縣先於五小保內依法選有心力財產最高人充保長兼本保小保長被應其大保長年限替期輪流選差並依見行條法施行餘依臣僚所乞如此州縣奉行不致隱挾上戶却充保丁[illegible]選戶部欲處州縣差役有不同去處行下諸路提刑司相度保明申尚書省時[illegible]於

保字下刪去長字見五年四月指揮六月十二日戶部言保
正不願就雇無代者長即不合令承行文書外其願充者
長者並合主管，凡保正內舊來者長事內驅正副執事於
官及公家之求，無不責辦，即合依非者保事而輒差委及
勾集赴衙，條法斷罪。今欲下諸路常平司移文州縣，分明
出榜曉諭，仍常切遵守施行。如稍有違戾，去處即仰按劾施
行。從之。九月十七日，中書舍人孫近言：州縣役法，經始
於熙寧，續修於紹聖，歷歲滋久，遂令不勝其弊。鄉村之民，貧
者破竭貲產，當類併之役；富者轉移名籍，為幸免之計。則以
募役之法取於通用而不通於一鄉之弊也。毋予不留相
保而必至於出嫁，兄弟不能相容而必至於析生，則以募
役之法雖取人丁多寡而不專用物力高下之弊也。欲下
諸路提舉常平司各令講求見行役法之有害於民者，條
具來上，然後革去其弊，以成經久通行之利，則天下均被其幸。
從之。　《永樂大典》卷七百二十六　十九
四年正月二十四日，御史臺檢法官李元淪言：
大保長代戶長催納稅租事，凡戶絕逃亡，未曾開
落，若詭名戶無人承認，及頑慢不時納者，以官司督
迫箠楚之故，率為填納，故多至於壞產破家。欲乞
見充保正長人將替，縣令前一月按產業薄厚依
甲乙次第選差。詔戶部看詳。本部言所詳陳
皆有條法，欲申嚴行下諸路州縣並監司常切
鈐束，違戾者仰案舉從之。同日上宣諭元淪所

論曰行其法者非惟行法失其本意致富者無當官費貧者並資民力重困宜
講究至是上又諭[illegible]勝非等曰元淪所論乃是民事根[illegible]宜固不可忽然
民事至急也孟子所謂民事不可緩其令[illegible]部相度條畫利害以聞七月二十日殿中侍御
史張絢言應[illegible]授官校尉欲與免本身丁役所用蔭承節郎承信郎迪功
郎欲與補為官戶有田五頃者與免役差科一次若五頃以上令用家人免役全
如轉易田[illegible]授行使及[illegible]限并免試注官等並依元得指揮乞亦不為優
寵如此庶幾官役均平富民不致重害從之三十日戶部言昨承降指揮將
見行役法等與免[illegible]條[illegible]未盡事件及保正副長免差科令諸路常平官
條具聞奏今湖北路[illegible]路相度條具外鄉次承據兩浙江南東西福建
荊湖南路常平司奏到[illegible]紹聖條法并保正副[illegible]兩浙等路乞
依見行條法施行今相度欲乞[illegible]役法及保正副代耆長並依見行[illegible]法[illegible]役法紹
聖免役條法施行仍下諸路常平司照會從之九月十五日明堂赦[illegible]諸路保正副在法
[illegible]
[illegible]
役不均之弊如有違犯重行斷勅仍限半月條具利害申尚書省
大小保長惟管[illegible]
納二稅等物近聞[illegible]戶長[illegible]兩浙江南等路諸縣並不依條差[illegible]戶長卻差保正副於保長合
雖又有貴令在縣[illegible]保正副大小保長[illegible]用不貲每當一次往往破蕩家產
名使[illegible]充差使[illegible]與相度可與不可[illegible]見行事理[illegible]
指揮[illegible]戶長[illegible]不得更令保正副大小保長在縣[illegible]如違[illegible]
[illegible]以聞當議重行[illegible]
有[illegible]州縣奉行失當[illegible]不勝其擾[illegible]

二十

學宮職田免之法流入于刻而其身不免于禍自安石變法天下紛然免役之法行之既久
不可驟變耳　十八日臣僚言州縣保正副未嘗肯請雇錢莫
亦不曾給乞行拘收户部看詳州縣典吏雇錢若不支給切
恐無以責其廉謹難以施行外其鄉村耆户長依法係保正長
輪差所請雇錢往往不行支給委是合行拘收乞下諸路常平司將
紹興五年分州縣所支雇錢依經制錢條例分季起發赴行在送
納如敢有隱匿侵用並依擅支上供錢物法從之　閏二月二十日
詔三聖廟見占地基與全免合納役錢除依紹興二年九月三
十日已降指揮施行以婺州蘭溪縣民劉天民言昨父置到產迴
後蒙賸逐修蓋三聖廟所有役錢乞行蠲免故有是詔　二
月十日户部尚書章誼言官户役錢更不減半與民户一等增三
卷二萬七百二十六　二十二
分專充贍養新置弓手支用續准指揮住罷更不增敷其未罷
以前州縣有敷納在官之數見行樁管別無支用今欲乞福建一
廣就委章傑兩浙東路委霍蠡兩路委呂用中江東委徐康江西
委范伯倫湖南北委逐路常平司將管下州縣樁見樁前項役錢
根刷見數專委諸州通判盡數起發赴行在送納不通水路去
處變轉輕齎仍具根刷到數目申户部拘催從之同日臣僚言
乞下有司專用物力及通輸一鄉差募保正長凡官吏因此事受財
者重為典刑以示懲誡詔于紹興常平免役令五保為一大保字
下添通字選保字下刪去長字仍令後許差物力高強丁多鄉
不得過一人寡婦有男為僧道成丁者同即曬免而居他鄉別縣或
城郭及僧道並許募人充役官司不得追正身餘依見行條





靜一作靖

法仍前次施行　十一月二十八日廣東轉運常平司言近據知平
江府長洲縣呂希常陳請大保長催科一保之內豈能親至
逐其過限催促不前則枷錮無辭臨繫破產乞改用甲頭以形
勢户催形勢户平户催平户已承朝旨户長與甲頭催科稅租
其風俗利害各有不同去處令諸路相度以聞今欲依所請改用甲
頭專責縣令佐將形勢户平户依稅高下各分作三等編排籍
定姓名每三十户為一甲依此攢造成簿從役按籍周而復始
輪差委是以遠利便從之　十二月八日知靜江府胡舜陟言熙
寧間王安石當國變祖宗差役之制創為新法而保甲之法其一至元
祐間司馬光更改一切罷去而復免役保甲法並廢章惇蔡京復
安石之法行于東南鄉村中以二百五十家為保差五十小保長十大
卷二萬七百二十六　二十三
保長一保副一保正號為一都凡州縣差役公家科敷縣官使令
監司迎送皆責辦于都保之中故民當正副必破其家大小保長
日被追呼廢其農業[illegible]民受其役者如此之[illegible]祖宗法意不
過欲使於捕盜而已若祖宗時於人户第一第二等差耆長第四
第五等差壯丁一鄉差役不過三人而已今保甲於一鄉之中有二十保
正副有數百人大小保長不若耆長壯丁之[illegible]其所差耆長
無單弱[illegible]受官罪責[illegible]之家則[illegible]不[illegible]人及
[illegible]人代充其餘家長[illegible]者以承家人[illegible]
之家老幼疾病者免而不若耆長壯丁之[illegible]
長壯丁之法而行之罷去[illegible]以救凋瘵之民詔令户部[illegible]
其後户部言今臣僚所乞[illegible]見行條法並已降指揮

取一作許

緣保五之法係村疃聯為保分次第選物力高强人戶充保正長
祗應在去非本着保事不得差委幹辦及赴衙集祗應之中飭諸
路常平司鈐束州縣遵依已降勅條施行如有違戾去處即按
舉依法施行從之　六年正月一日都省言行府言相度欲將曾經賊
馬殘破見今人戶未歸業縣分據見存戶口權宜併都減罷保正
長委是可行利便從之　七年二月二十九日知常州鄭作肅言臣
役之法不及單丁比年以來欲免繇役者多偽為出或規在而析居
或千生而不擧惟恐其丁之多也比者既差單丁則此弊盡革然
尚拘以每都不得過一人之數一都之內當充役者都副保正凡二人
大保長凡十人小保長凡五十人若盡差單丁不得過一人則可取以
單丁者尚衆前弊寔未之革切謂許差單丁不必限以人數

卷二萬七百三十六　二千五

望命有司詳議又知常州無錫縣李德鄰言昨降指揮單丁雖許差
人充役每都不過一名切緣一都係十大保若止差一名餘並係同縱
有單丁物力高彊者不敢更差不免於物力下戶輪差役乃至
能支遂致破家失業乞詳一都內通差單丁女戶不能過五人無
得均濟詔令戶部限五日看詳條具申尚書省　尚書戶部言知
來臣僚請單丁之法乞不限人數乃乞每都不得過五人不能卑
丁女戶差役頗併處延州縣因而擾役中下戶之家兼以就行外州人
戶析居有子不擧及避役田土產歸並係之家形勢州縣自當
依條革絕兼監司亦當按擧施行欲乞下諸路常平司遵依見
行條法及三降指揮常切鈐束所部州縣如法奉行無致違戾從之
閏十月十四日戶部言在法品官之家及女戶單丁老幼疾



病及歸明人子孫各免身丁昨降指揮許差物力高單丁寡婦
有男為僧道成丁者同並許募人充役今來在城人戶陳訴非鰥
寡孤獨人作單丁人戶至詞訟不絕契勘品官許免身丁而家有
三丁兩人有官其一丁無官又如人戶家有四丁一丁進士得解一丁
應免解一丁進納得官一丁白身似此之類非子身一丁即難
以作單丁之戶合申明行下及人戶家有二丁一丁進納得官一
丁進士得解一丁為僧內進納未至陞朝三丁並免身丁皆無
丁名充役既成三丁即是丁行數多亦合免身丁並充役
合募人不得追正身役之　八年五月二十六日江南轉運司
言相度物力高有老病合給侍丁此類及婦有男為僧道成
丁募人充役戶部看詳單丁女戶合免丁役已降指揮許差物

卷二萬七百三十六　二千四

力高單丁寡婦有男為僧道成丁並許募人充役今來侍丁
之家如充單丁寡婦並係丁行數多合行比附令募人充役不
得追正身下諸路常平司照會施行從之　九月二十六日臣
僚言檢會紹興八年四月六日都省批狀給與府申明官戶免
色役皆稱戶部看詳稱官戶唯繫宗室親王未至陞朝保甲
授官等因軍功捕盜未至陞朝非軍功捕盜補至大夫雖是
品官止合免丁不合作官戶若家有三丁兩丁有官一丁無官雖
作單丁合募人充役若品官家有三丁兩丁有官一丁無官
有蔭依法色役聽免如未改官戶內一丁白身無蔭及進納
未至陞朝官合募人充役勘會上件指揮內若品官二字係
謂上文該說遂色未至陞朝或未至大夫應改為官戶之家

宅一作濟

依戶部看詳合募人充役除此名色外其餘合為官戶之家色役聽免從之　九年正月五日內降新定河南州軍赦應州縣催稅保長保長官司常以比較為名勾集赴縣科禁人吏因而乞取錢物有致破產者今後並仰依條三限科較外更不得逐月或逐旬勾集比較仍仰本路監司常切覺察　十二年九月十三日赦勘會諸路紹興八年九年十年分人戶未納免役錢近降指揮立限催年令逐州主管官刷見欠數催納數足竊慮民戶窘乏未能一併出辦理宜寬恤仰逐路常平司自限滿日更與展限二年

十月四日戶部看詳鄉村戶數鄉付有物力合併歸煙爨處外其坊郭及別縣戶有物力在數鄉並令各隨縣分併歸一鄉物力最高處理為等第差遣仍各許募人充役如有隱落物力

卷二萬七百二十六

十五

人戶合依條於塍排後六十日內陳訴如臨時糾論官司不得受理違者並科杖一百如當行人吏鄉司同以物力高強人戶匿在小保及故有隱落差互意在避免先差不應充役人戶致惹詞訴者並從徒二年科罪勒停永不得敘理縣令丞故縱及不覺察仍委提舉常平司同常仰覺察按治淳熙十二年十月十二日廣南西路提刑兼提舉言依准朝旨相度到本路催科稅書除瓊州不行役法及高廉州乞用甲頭外其餘柳象等州自紹興六年以後各隨都分編排三十戶為一甲夏秋二稅輪差甲頭二名催科自高至下依次而差至今已經七年每甲共差過一十四戶今已輪至下戶如一甲內不下三五戶係逃移壹半係貧乏設若輪差甲頭盡是上戶之家壯丁佃客委是催科不行若再差上戶即又不免詞訴今來若復用戶長實為利便從之　十五年七月十八日給事



中李若谷言紹聖常平免役條令係祖宗成法纖悉具備比年以來緣州縣差募之際不體照法意致上戶自然規避却令中下戶差役頻併後因增添適避之法以一都保內物力高者通行定差戶數既寡有力者不能幸免雖單丁戶物力最高人及寡婦有男為僧道成丁者亦須差充已前詔常依紹興十二年十月十四日一時指揮因致差役不均今將上件指揮內數後年限并物力倍者再差一節刪去更不施行餘令諸路遵依見行成法從之　十月二日右迪功郎守大理評事環周言乞今後保正副本都自役外不得令白書(?)行所使當役者不被非理追呼則人自樂充免訟新舊間且免破產之患詔依戶部檢坐見行條法申嚴行下仰監司覺察按劾　十六年七月二十一日淮

卷二萬七百二十六

十六

南西路提舉常平司言和州烏江縣一十五都內有一戶稱大差役不行權作十都役戶口繁為日係舊役一　十一月十日南郊赦州縣鄉村差役合依物力高下定差訪聞近年差之際當職官不切究心[illegible]充差不合差役之人致令紛論[illegible]方始改差充合差之人[illegible]比較依公定差不得違戾令常平司覺察若因糾論見得定差有弊一例重行責罰　十八年八月十二日宗正寺丞兼權尚書司封員外郎王葆言國家役法始令戶與[illegible]得解樂人太學生並免丁役須緣議者慮其役之弊更有募人充役指揮遂納籍流之人物力高強雖係單丁自應雇募及女戶而無子孫或有子

璹一作疇

孫而年幼弱使當力役之事則公私所費必倍於豪彊寡婦有
男為僧道成丁者並許募人充役正恐姦民旋行規避爾令州縣
與文以虛無告則或指遠適之緇黃為某氏之子孫不以存亡為别
也因使寡婦守志者不免於抛役困悴之患有至於追而改行者得
解舉人名已登於天府是有可貴之資也今乃同籍于役人則非所
以貴之矣太學生身已隸于上庠是有可疑之道也今乃心累于
抛役則非所以疑之矣欲望特詔有司重加看定仍乞申嚴約束
明示州縣使姦吏猾胥不得挾疑似以惑衆庶幾孤寡得所而士
加愛重上曰單丁女户舊法免役從來以計免者多有司遂有
雇募之請　九月二十三日權知饒州陳璹言欲望特詔有司
許凡當役保正副長除情願自應役之人聽其從便外並許雇

巻二萬七百二十六

人代役官司不得追呼正身詔令户部看詳的確利害以聞户
部言州縣女户別無兒男依條免充役外其單丁并寡婦有男
為僧道成丁者及僧道并進納未至陞朝遇色人户如係物力
高係已降指揮募人充役官司不得追正身今來臣僚奏請得
解舉人并見係太學生如係實得解及曾經省試之人單丁一身别無
兼丁欲乞與免充役若應特奏及應恩賞免解即合依已降指揮
募充役官司不得追正身從之　十一月十四日南郊赦昨緣州縣
差役不均已降指揮令當職官躬親比較依公定差委常平司
覺察若因糾論見得定差有弊一例重行責罰非不嚴切訪聞
近來差役依舊並不着實定差致互有糾論公吏利於誅求枝
蔓追擾踰年不定使已滿之人不得依期交替仰諸路州縣令



後須管依實定差毋令不當引差詞訴仍令常平司常切檢察
如有違戾去處將當職官吏按劾以聞　勘會諸縣鄉村合差都
副保正多是公吏受囑其正都保正不差保副或差保副都不差
保正使被差之人獨力充役敗壞家計仰諸路州軍約束諸縣
今後並依條選差不得違戾　二十二年十一月十六日、二十五年十
一月十九日南郊並同此制　二十六年四月十二日户部言在法建
納載保甲并以妻之家陣亡遺表恩澤投官并於應有勞進頒
可採及時官與非泛補官因軍功捕盜而轉至陞朝非軍功補
盜轉至大夫方合理為官户如一户有弟兄二人人亡各以補居
數中一人應得前項名色補官職至陞朝或大夫即理為官户蠲
免色役又該體官階至陞朝或大夫其餘子孫止令承蔭即與

巻二萬七百二十六

免補官人不合一例改作官户從之　二十六年五月十日權知
復州華壽言湖北京西州縣有户口稀少去處甚都分名額差
無改併每遇都副保正闕官司依舊施都更差則是頻併欲乞
令後每一都人户若不及五大保處即合併撥鄰近都分人户通
行選差都保正一人併副户長亦乞通行雇募如橋梁有損
壞去處都令依條隨本着地分人户修治施行使人户各及一都
之數欲仍舊選差從之　六月一日御史中丞湯鵬舉言比年
陳實獻湖田謂備失獨有近歲申明欲以抛朱白腳輪差遂
至下等人户被害謂如十保內上等家業錢一萬貫中等家業
錢伍千貫各以充役謂之抛朱至有下等家業錢一百貫以上
末等家業錢五十貫以上未曾充役謂之白腳欲乞將抛朱者

歇役止於六年，便與白腳比並物力人丁再差。從之。　八月二十六日，御史中丞湯鵬舉言：「令有司將用寧執給使減年補授之人轉至升朝方理爲官戶。」從之。　十一月六日，權尚書禮部侍郎辛次膺言：「欲望特詔有司，如有官戶多立戶名，編民冒作官戶，及祖父母、父母在而私立別戶者，令州縣覺察，致併或改，仍與立日限陳首，如人告論，當科違制之罪，沒入其產。」戶部言：「欲下諸路轉運司檢坐條法，曉諭民戶，限一月經官自陳，改併歸戶，與免罪，仍免追應輸之物。如限滿不首，許人陳告，將犯人依法斷罪，追當并合輸之物入官。仍仰州縣常切覺察，尚有違戾，按劾施行。」從之。　二十八年六月一日，權吏部尚書王師心被旨令六部長貳將差役舊法并前後臣僚申請指揮公共看詳，並已見

卷一萬七百二十六　二十九

不同名件，條具申尚書省審度，取旨施行。契勘紹興常平紹興重修常平役法并紹興重修常平免役申明續降指揮，已是詳備。昨緣臣僚節次申請指揮不一，州縣公吏得以舞文作弊，致差役不均。今看詳合將前項指揮共二十八件，紹興常平紹興重修常平免役法令計一十五條，紹興重修常平免役申明續降指揮計二十三件，欲行下諸路常平司，照會仍鏤版，編下所部州縣遵守施行。其與上件法意相妨指揮四件，紹興二十六年六月一日勅，臣僚上言，欲將祇承者歇役止于六年，便與白腳比並物力人丁再差指揮。紹興二十六年十二月九日都省批下江東常平司申，相度到知宣州樓炤陳請，欲將上戶斟酌定差，下戶止輪差充大保長指揮。紹興二十七年五月二十



一日勅，人戶本分家產已充保正副，後來析居戶頭若再當[illegible]役，仍合依近降指揮歇役，其餘本家眾戶物力，再即依白腳自合定差指揮。紹興二十七年十二月四日都省批下處州遂昌縣丞黃揩陳請，欲籍物力[illegible]於眾戶大段[illegible]戶一六保[illegible]欲[illegible]不施行[illegible]州縣[illegible]以下六保爲一都[illegible]充應將州縣[illegible]致差役[illegible]官將[illegible]都差役[illegible]𤀹蘇山川隔遠[illegible]

卷一萬七百二十六

者人戶[illegible]不當[illegible]廷指揮施行。從之。　[illegible]郡縣保正副之所掌[illegible]或不遵條，許民戶越訴，仍[illegible]十一月二十三日，南郊赦：州縣差[illegible]不能親檢照，聽憑戶口物力高下差役，輪差不[illegible]有力者[illegible]免，下戶[illegible]行詐冒，誠可憐憫。仰諸路州縣今後[illegible]當引惹詞訟，仍令常平司常切檢察，如有違戾，[illegible]按劾以聞。餘同二十五年之制。　三十一年九月二日明堂赦並同此制。　二十九年七月五日，國子正張[illegible]言，欲乞[illegible]祖宗舊法[illegible]

令戶長專受催科外置耆長壯丁專管爭訟鬬毆追呼公事別募
人充惟煙火盜賊之大者則屬之保正他事不得追呼以至備官守給
厨傳收買土物之類嚴行戒飭有違戾者置於法詔令有司看詳
其後戶部言在法保正副係於都保內通選有行止材勇物力最高者
二人充應管幹鬬收人丁覺察盜賊耆若願就雇兼代耆長即管
幹鄉村盜賊鬬毆煙火橋道公事大保長願兼戶長催納稅租若不
願而輒差雇者徒二年非本耆保而輒差委幹當者杖一百官司於
役人有所圓融及科買配賣者以違制論不以去官赦降原減即令陪
備夫力者徒二年欲乞下諸路常平司遍牒所部州縣常切遵守施
行如有違戾即依法按治從之　三十年五月十八日臣僚言州縣保
正副間有雇募代役多是公吏別立私名受募每有文移承受

卷二萬七百二十六

三十一

之後即收匿追呼催索有踰數限而不報其徒遞相蔭蔽但見公符
事多而令慢不知其弊由此乞明立罪賞許人告首重寘之法其所
募之人例與同罪詔送刑部立法刑部言今後應募人充役者輒依
停罷人及罷役見役公人代役及代之者各杖一百科罪仍許人告
賞錢五十貫從之　九月二十五日上諭輔臣曰近閱獻言者多
論差役之弊其言有益于民朕思之恐富者以賄賂脫免而貧者
充役必至破家蹤祖宗之法不可輕改御筆更宜少加增損使便
於民經久可行者奏來湯思退奏曰乞令戶部檢照役法商量
有益於民者將上取旨上曰甚善　十一月四日臣僚言賦稅
之輸各有戶名戶之不輸孰任其咎郡邑乃有以三十戶為一甲
創為甲頭而責其成効者有一甲之內或有貧乏之輸納未前

正一作二



盡令甲頭代輸者甸無名之催戶亦令產取辦於甲頭者甲
頭之名一概予稍寬延莫得而既廣南人催例以此為者欲望明
詔廣南州縣應有催科合納錢物各令本戶人自輸納勿復廣
差甲頭以動擾動詔令有司看詳　三十一年正月二十三日權
發遣江南東路轉運副使魏安行言保長催稅無不破產逃亡
又欲雇募耆戶長此等本無稅產行止頑猾為害不可言今與
屬縣民官詳究相度以比鄰相近三十戶為一甲給帖從甲內稅
高者為頭催理本戶足者本縣量時給憑由執照出甲不與
三十戶上流下接催理之數行之幾月然漸見効切恐其他州郡
所行不同乞下諸州令應依此施行于是戶部言欲乞下江東路
轉運常平司權依所陳施行仍下其餘諸路從長相度如經久

卷二萬七百二十六

三十五

可行不致騷擾兼別無利害即仰保明申請施行從之　二十七日臣僚
言比年以來江浙之間差役之為民害不顧有田者其說有二保伍之
法蓋倣成周比閭族黨之遺意不過使之幾察煙火盜賊以保守鄉
井而已法弊滋久既使之督賦稅矣又使之承受文判既使之治道路
矣又使之供雇船腳既使之飾傳舍矣又使之應辦食用役使既同于
走卒費耗又竭其家資民不堪命而官吏畏然為之此為害一也
一都之內田槩大環半屬權勢近年雖有限田差役之文縣道安
得而役之于以產役次煩併且如甲有物力一千貫乙有物力七
百貫則甲當先差乙而有物力一百貫則丙當先差丁無可差者
又於得替人輪差則是丁以一千貫而比甲一千貫役次均矣每
遇輪差公行賄賂如吏得以為姦萬一獲免已被重困此其

為害二也乞申嚴法意禁戢州縣勿加雜役勿縱科擾仍乞令每都以田產物力十分為率及三分者充大保長及七分者充正副一次及十分者役次倍之充保長不過充正副充正副者不充保長庶幾中下之產有歇役之期而充役之家無破產之患詔令戶部看詳　二月二十七日臣僚言近因宣州一鄉上戶絕少下戶極多守臣奏請本欲不候歇役六年即再差上戶有司看詳誤將歇役六年指揮使行衝改遂致上戶却稱朝廷改法是以鼠尾流水差役必欲差遍白脚始肯再充當差之際紛紜爭訟下戶畏避多致流徙蓋上戶稅錢有與下戶相去百十倍者必候差遍下戶則富家經隔數十年方再執役欲望將歇役指揮係舊施行詔令戶部看詳申尚書省其後戶部言契勘在法差募保正長係于一

卷二萬七百二十六　三十三

都保內通選物力最高人充應並給帖二年替無可選者於得替人內輪差諸產業簿三年一造方郭十等鄉村五等已承王師心申請緣法意相妨已行刪去上件指揮欲乞下諸路常平司遵守施行從之　九月二十四日知忠州張德遠言川峽四路別敕申明續降已經衝改厘革條件甚多謂如免役法自熙寧改創行垂百年具有成憲今忠州諸縣近年以來于選差逐都保正却妄引未行免役之前皇祐川峽四路鄉差里正戶長耆長散從承符官解子并手力弓手敕條次第輪流差至第三等人戶充保正却將紹聖紹興免役令通都保內選差物力最高之人見行條令更不遵用致保正之役多及下戶都保內家業物力有及一萬貫者歇役或致二十年不差却差至第三等家業三百貫文人



戶貧富相遠力役何由均平而朝廷見行免役條令幾至盡廢欲望特賜詳酌下四路各興委詳明監司一員取索抄錄川峽四路編敕及一路一司一州一縣別制續申朝廷降付詳定一司敕令所重行修修立新書從事給舍黃祖舜等今看詳差保正自合遵用紹聖紹興見行役法不應引用皇祐舊條欲乞令戶部檢坐見行條法下川峽四路遵用施行從之　三十二年正月十六日臣僚言江上踏車之人其間最為可念當時采石之戰戰士持鍬戟用命于上而民丁運動舟船于下戰士之賞固推行矣而同舟效死者略無以及之願詔郡邑與免科役二三年於是戶部言踏車人夫並係于五等人戶及保丁內差雇其間上戶往往募人或以佃客使當時並係親臨矢石不應却無寔惠欲下建康府逐一開具的寔姓名保明供申續據建康府申

卷二萬七百二十六　三十四

開具到共六千三百四十六人詔將今來人數特與免科役一年　五月二日臣僚言望令兩淮常平官及守臣公共相度將去冬曾經侵擾州縣見在戶口比照多寡每都量留保正一名大小保長共三兩名管幹煙火等事外其餘不盡差候將來起稅日取旨却依見在條法施行從之以上中興會要　紹興三十二年八月二十三日孝宗即位未改元詔已降指揮去年江上踏車人夫特與免科役一年外所有般運糧草往屯駐州軍或在路因病身死之人理合一体令本路轉運司將般運糧草并在路因病身故人夫取寔保明依踏車人夫與免科役一年　孝宗隆興二年六月一日詔諸充保正副依條只合管煙火盜賊外並不得泛有科擾差使如違許令越訴知縣重行黜責外守倅各坐失覺察之罪以福建

路轉運司言：建寧府福泉諸縣差役保正副，依法止管煙火盜賊逃亡，州縣違戾，保內事無巨細一如責辦，至于承受文引、催納稅役，抱佃寬剩，修葺鋪驛，拋置軍器，科買食鹽，追擾陪備，無所不至，一經執役，家業隨破，故有是命。　八月十九日，知岳州錢建言：州縣差保正乞行下提舉常平官，將一路逐縣事体參酌，謂如一都上戶稍多，則差至物力若干貫而止；若一都內卒得上戶，則以中為率，差至物力若干貫而止。此外無可選，則于得替人內輪差。戶部契勘，欲下諸路提舉司鈐束所部州縣，遵依見行條法，無令違戾。從之。乾道元年正月一日，南郊赦：「書州縣輒行差雇人夫，應副過往，累降指揮約束，已是嚴切。尚慮州縣依前循習舊弊，違戾差擾，及抑令出備雇錢。仰監司常切覺察，按劾以聞，重

卷二萬七百二十六

三千五

寘典憲。」三年十一月二日，南郊赦同此制。同日赦：「書州縣差役，自有條法指揮，往往當職官吏不躬親檢照簿籍，戶口物力高下，致輪差不均，有力者賣緣幸免，下戶復致頻併，互有糾論，吏不究實，枝蔓追呼，淹延不決，公吏恣行誅求，誠可憐憫。仰諸路州縣今後須管依實定差，毋令不當引惹詞訴，仍令常平司常切檢察，如有違戾去處，將當職官吏按劾以聞。」　八月五日，臣僚言：州縣被差執役者，率中下之戶。中下之家，産業微，物力又薄，故凡一為保正副，鮮不破家壞產。昔之所管者，不過煙火盜賊而已，今乃至于承文引、督租賦焉；昔之所勞者，不過橋梁道路而已，今乃至于備修造、供役使焉。方其始參也，饋諸吏，則謂之參役錢；及其既滿也，又謝諸吏，則謂之辭役錢；知縣迎送僦夫脚，則



謂之地理錢；節朔參賀上榜子，則謂之節料錢；官員下鄉，則謂之過都錢；月認醋額，則謂之醋息錢。如此之類，不可悉數。復有所為承差人者，專一承受差使，文有所謂傳帖人，各在諸廳白直，每月雇錢多者至十餘千，少不下數千。為承差人，則以之代其正身，出錢雇募，尚或可也；而傳帖人則實不曾承傳文帖，亦令出雇而占破。伏望嚴飭有司，檢照參酌，立定條法，申嚴州縣，令諸如有敢令保正副出備一件名色錢物，官員坐以贓私，公吏重行決配。至於承差人傳帖等人，如充役之家不願親身祗應，止許承差人一名，餘所謂傳帖之類並住罷。從之。　三年二月十八日，直秘閣陳良祐言：今役法之行，其說多端，而未嘗有一定之論，是以吏以舞文，愚弄村民，富者多避免，而下戶常見充役。乞令逐路提舉常平司

卷二萬七百二十六

三千六

行下州軍，限一季條具經久可行利害，申尚書省。從之。　四月三日，刑部修下條：諸進納授官人特旨與理為官戶者，依元得旨；若已身亡，子孫並同編戶。從之。因軍功捕盜而轉至陞朝，非軍功捕盜而轉至大夫者，自依本法。　六月四日，戶部侍郎李若川、曾懷言：官戶比之編民免差役，其所納役錢又復減半。欲令官戶與編民一等輸納，更不減半，以歲計入納百餘萬緡，專責諸路提舉常平司，委通判主管拘收，依經總制錢條限解發。從之。　八月三日，臣僚言：湖州歸安縣稅戶[illegible]等，斷用去年考對，方從所在差充經界[illegible]歸耕，未得兩月，不期本縣便與不當差，于是一例差充保正長。乞行賜免。詔蠲免差役二年。　二十四日，臣僚言：逐色補

偶一作遇



文學與特奏名文學人差役事戶部勘會欲下諸路監司行下所
部州縣將特奏名出身之人若未入正官如偶授破格差遣即遵依
紹興二十九年五月之制如已落權合注正官人方始理為官戶從之
九月十九日四川制置使兼知成都府汪應辰言近日臣僚有請欲
罷催稅戶長改差甲頭此但見戶長之害而思有以救之不知所以
害民者在人不在法也臣竊以戶長之法無可更易望降明旨令
州縣並依見條施行勿復他議詔令戶部下諸路准此　十月十九
日臣僚言臣所歷州縣見民之所以不安者莫大於執役非役法之
不善亦由議法者時有更改而執役者困于科擾所以不能自安也
請言科擾之畧有弓兵月巡之擾有透漏禁物之責有捕獲出限
之罰有將迎檐擎之差有催科填代之費有應副按檢之用有
卷二萬七百二十六　三九七
承判追呼之勞凡此之類皆執役之所深懼若蒙朝廷嚴行約束使
州縣無復如從前科擾庶天下甚幸詔監司常切覺察　三年十
二月十三日提舉浙西常平茶鹽公事劉敏士言欲將寡婦召到
接脚夫或以老戶本身無丁將女招到贅婿如物力高彊即許此附
寡婦有男為僧道成丁選募充役其召到接脚夫贅婿若本身自
有田產物力亦許別項開具權行併討選差充役若接脚夫贅婿
本身有官蔭合為官戶之人即照應限田格法豁除本身合得頃
數令與妻家物力併計選差募人充從之　五年二月十五日右從
事郎李大正言紹興府諸縣自舊以來將小民百工技藝師巫
漁獵短趁雜作瑣細估紐家業以應科敷官物差募充役官
戶全無上戶絕少下戶小民被此科歛官司不卹監繫拘留至鬻



妻賣子不足以償納者乞截自四等以下至五等民戶除存留質庫
房廊停塌店鋪租牛賃船等六色外其餘瑣細名目一切除去
其應科敷輸納為民害者盡行除去詔諸路轉運司將州縣有
似此瑣細害民因推排陞降日悉與蠲除毋致違戾　五月八日刑
部侍郎汪大猷言國家立保正之法緣法中許願兼耆長者聽故數
十年來承役之初縣道必抑使兼充不容避免蓋以保正乃一鄉之豪
官吏百須可以仰給故樂於並緣以為己利凡有差募互相論糾官
不加察吏與為市或請以家貲之多寡分次之久近或謂以不拘官
民戶寺觀例行均差或謂以一縣一鄉家同名并產充以抹移從
之苦或請令應役之家自雇耆長專承引狀以革誅取之害或
請止以上戶歇役久近物力高下分數比折差募以優中下之家乞
卷二萬七百二十六　三十八
令諸路常平司各具逐路見今如何奉行并以臣所陳數端令逐
司相度孰為便民或別有所見可以施行者各限一月條具上來
仍許戶部檢舉催促有違必罰俟制令本部盡取臣僚前後陳
獻參以見行條法立為定制從之　九月十六日詔應福建路州
縣催科之人悉仍其舊如近來創置甲頭與保正副長追稅之擾
一切罷之以臣僚言兩稅催科用戶長或耆長之類此通法也在江浙
之間則以賦入浩繁者戶長不足以督辦乃權一時之宜而責之保正副
長自二三年來福建諸州縣亦倣浙江之例而行之而不知福建地狹民
貧賦入不及于江浙也乞行禁止故有是命　六年二月二十一日詔
曰朕深惟治不加進夙夜興懷思有以正其本者今欲均役法嚴限
田抑游手務農桑凡是數者卿等二三大臣深思孰計為朕任

此而力行之其交修一心毋輕去留以負委寄此朕所望也　二月一
日資政殿學士知荊南府充荊湖北路安撫使劉拱言諸郡起籍
民兵但以丁多差戶初不問家產多寡家產寡者往往棄產而逃
欲乞明示優恤應充義勇除依條合差保正長外並不免非泛科
役有身丁錢處與貌身丁錢其第四等戶除非泛科數外更與
免差保正及大小保長五等人戶除免應干科差外更與量免三
分或二分徭役庶幾貧下之人均受優恤之惠其總首若係管轄之
人兼一縣不滿千人者乞與免保正長差役從之　五月二十五
日臣僚言保正之役為良民之害今之議者多方立法以救其弊
先後違舛有司無所適從願行耆長之法募民之有產者為
之其職止于煙火盜賊應征斂之事不得以責之然後罷去保正之
卷二萬七百二十六　三九
役則有產之家庶幾休息于是臺諫戶部長貳看詳言檢會元
豐八年十月指揮耆戶長壯丁之役皆募充其保正甲頭承帖人並
罷欲下兩浙路權依此給雇直募耆戶長壯丁從之　九月二十一日
中書門下言役法之害下三等尤甚其有田之家盡歸兼并而民
不能著業以致州縣差科不行雖申嚴限田之法而所立官品有崇
卑所限田畝有多寡品寬田多往往互假其名以寄產不若一切勿
拘限法只選物力高強官戶與民戶通差則役戶頓增下戶必無偏
差之害欲寬恵及民莫出于此今措置自今並以官戶與民戶一概
通選物力第二等以上輪差二年一替官戶許雇人代役且以十
年為限如經久可行則議立為永法詔依令兩浙路先次遵行
十月七日臣僚言頃歲有漕臣務在催科急辦不用役法罷



去税長行下州縣每三十戶差一甲頭遂時催税縣道並緣為姦
一名出頭即告示出錢數千謂之甲頭錢往往一縣歲不下五七千緡
以至萬餘緡或云應副鎮寨或云解發本州至今猶有行者如一
縣所管萬戶則秋夏兩税合差甲頭六百餘人此事豈不為擾乞
下諸提舉司並行住罷仍常切覺察照戶部檢坐乾道二年九月
已獲旨行下如有違戾重作施行　七年正月二十九日臣僚言
訪聞處州松陽縣有一兩都俾充役破產之苦議欲相約各出田
穀以助役戶此義可嘉望下本州許從民便依舊循義役規約
行使官民願預者聽增入仍乞令知州胡沂將六縣已結義役詳
細規約繕寫成冊繳進從之　八年十一月二十六日戶部尚書楊
倓等言今將給舍同本部長貳詳到臣僚陳請役法參酌如
卷二萬七百二十六　四〇
後一在法催税分定比近保分催納其寄產戶令見任處大保長催
續降紹興十二年勅旨却令寄產戶充大保長既非本處相近
煙火盜賊無緣機察亦難以責辦催科今欲依舊法差募一
差役舊法係以物力通選續承紹興十五年八月勅旨許差物
力高單丁每都不得過二人其應充保正副或催税戶長止
得一名不得雙差本為優恤單丁之家行之既久姦偽百出富
豪者多以單丁而免役貧弱者或以丁衆而屢充今欲不拘丁
數只依舊法通選物力高者充役庶得均平一小保長舊無
替法今欲限二年一替更不給帖一在法鄉村盜賊鬪毆煙火
橋道公事並耆長幹當今欲有耆長處依舊例無耆長處
保正同一人戶買撲酒坊如本戶别無田產物力欲令以坊本物

力就本坊充役有田產物力即以次併就一多處充應一代役人許募本縣土著有行止之人不得募放停軍人及曾役公人違者許告將犯人雇錢坐贓論仍不許受兩家雇募曾經代役或罷去輒告論他事者依罷役公人法從之　九年三月二十五日淮南運判馮忠嘉言本路州縣輒以採斫竹木般運鐵炭及以和雇為名差夫般檐行李致妨農作欲望行下遇應辦軍期般運糧草增築堤岸方聽差夫仍申監司及申朝廷俟得旨方許差撥若州縣差夫私自役使乞申嚴法禁從之　七月四日詔諸轉運司行下所部州縣將女戶如寔係寡居及寡居而有丁者自依條令施行其大姓猾民避免賦役號為女戶無丁詭名立戶者即自三等已上及至第四等第五等並與編戶一等

卷二萬七百二十六　四十一

均敷仍令州縣多立文牓曉諭限兩月陳首與免罪改正如違許告斷罪告賞並依見行條法以臣僚言大率一縣之內係女戶者其寔無幾而大姓猾民避免賦役與人吏鄉司通同作弊將一家之產析為詭名女戶五七十戶凡有科配悉行蠲免乞立法革其弊故有是命　十二月九日詳定一司勑令所修立下條諸村疃五家相比為一小保選保內有心力者一人為保長五保為一大保通選保內物力高者一人為大保長十大保為一都保通選都保內有行止財勇物力最高者二人為都副保正餘及三保者亦置大保長一人及五大保者置都保正一人若不及即小保附大保大保附都保其紹興五年四月十六日勑單丁及寡婦有男為僧道成丁及僧道並許募人充役官



司不得追正身乃是優恤單寡之家故令募人充役合依舊存留以備照用從之先是臣僚言常平免役差大小保長都副保正之法後來選差不便紹興五年四月十六日勑旨於大保字下添通字選保字下刪去長字及紹興九年四月四日勑旨於都保字下添通字選字下改大字為都字保字下刪去長字自此差役極便紹興十七年六月二十三日申明止作存留故州縣奉行牴牾今乞刪修成法故有是命以上乾道會要

卷二萬七百二十六　四十一

起建炎三年訖開禧三年

食貨六六之一

宋會要　身丁錢

高宗建炎三年十一月三日德音：訪聞兩浙人戶歲出丁鹽錢，每丁錢納錢二百二十七文。後來並令折納絹一尺、綿一兩，已是太重。近年以來，戶口減耗，丁鹽錢額未嘗蠲除，至有一丁認三丁之賦，加以近歲綿絹價高，比之納錢，暗增數倍，民戶重困，無甚于此。自今第五等以下人戶，一半依舊折納外，餘一半只納見錢。　紹興三年四月九日，權發遣嚴州顏為言：乞許曾得文解及該免文解人並免身丁。詔令戶部立法。今修立下條：諸未入官人、校尉、京府諸州助教，免二丁；二人以上，免一丁。一名者不免。得解及應免解人、助教、廣南攝官、流外品官、三省守當官、守闕守當官、私名以上（私名謂已未入額、編排定人數）、樞密院貼房、守闕貼房、散祗候以上，職醫助教、攝參軍之類，并侍丁本身，並免丁役。從之。　六年八月三日，樞密院檢詳諸房文字王迪言：願詔有司講求諸路丁錢丁米之數，隨田稅帶納。勘會湖南路丁米已降指揮，除二分見于人戶田畝上均敷外，餘一分令本路轉運使相度具數申尚書省。兩浙路丁鹽錢係催納見錢，并許將土產紬絹依時價折納。詔令戶部行下諸路轉運司具本路有無丁錢丁米及如何催理，具狀申尚書省。

十五年正月二十七日，臣僚言：州縣坊郭鄉村人戶既有身丁，即充應諸般差使；雖官戶形勢之家，亦各敷

卷四千六百八十七

四一作五

未一作凡

食貨六六之二

納免役錢，唯有僧道例免丁役，別無輸納，坐享安閑，顯屬僥倖。乞令僧道隨等級高下出免丁錢，庶得與官民戶事體均一。戶部言：今措置到下項：甲乙住持律院、并十方教院、講院僧散眾，每名納錢五貫文省；紫衣二字師號，納錢六貫文省（只紫衣無師號同）；紫衣四字師號，每名納錢八貫文省；紫衣六字師號，每名納錢九貫文省；知事每名納錢八貫文省；住持、僧職、法師每名納錢一十五貫文省。十方禪院僧散眾，每名納錢二貫文省；紫衣二字師號，每名納錢三貫文省（只紫衣無師號同）；紫衣四字師號，每名納錢四貫文省；紫衣六字師號，每名納錢六貫文省；知事每名納錢五貫文省；住持長老每名納錢一十貫文省。宮觀道士散眾，每名納錢二貫文省；紫衣二字師號，每名納錢三貫文省（只紫衣無師號同）；紫衣四字師號，每名納錢四貫文省；紫衣六字師號，每名納錢五貫文省；知事每名納錢五貫文省；知觀、法師號，每名納錢八貫文省（道正副等同）。詔依。　二月十二日，臣僚言：乞太學生免丁役，令勅令所立法。今修立下條：諸未入官人、校尉、京府諸州助教、得解及應免解人，并見係太學生，並免丁役。從之。　二十四年八月十二日，戶部言：契勘近承指揮，紫衣師號依舊給降書填，今相度，欲將今來請新法紫衣師號僧道合納免丁錢數內，甲乙住持律院、十方教院、講院並與依十方禪寺僧體例立定錢數輸納施行。

卷四千六百八十七

其十方禪寺并宮觀道士並依散衆錢數上與減三分
之一輸納庶幾事体稍均優樂于請買從之　二十五年
八月十一日詔人户身丁免丁錢可將放一年以御前激
依數還户部　十一月十九日赦人户身丁僧道免丁
錢近降指揮放一年已行約束將已納在官錢物理作
來年合納之數尚慮州縣巧以名色復行催理仰諸路
監司覺察如有違戾去處按劾以聞　二十六年七月
三日詔昨降指揮放免諸州軍身丁錢一年不住據諸
處申請乞將身丁綿絹一槩蠲放契勘元降指揮雖止
為丁錢緣事屬一体理宜優恤可令户部將身丁綿絹
並與蠲放一年所放丁絹約計二十四萬餘匹于内庫

卷四千六百八十七

支降本色絹并買絹錢各一半應副歲計支遣如有人
户已送納過數目即與來年折除如州縣承今降指揮
蠲放後輙敢擅行催納許人户經赴臺省申訴仍專委
監司覺察臺諫彈劾以聞當重真典憲仍令户部鏤版
徧下所屬遵守施行　同日三省言准詔蠲放民間一
年丁絹之數計二十四萬匹内十二萬匹令與户部官
商量措置收買合用錢于内藏庫支還餘十二萬匹令
内庫支給本色以惠細民沈該等曰昨降指揮止為免
丁錢今陛下欲并與丁絹及綿全行蠲放聖恩寬大百
姓蒙被實德今歲絲蚕登熟民間絹易得置場收買便
可足數上曰不惟寬民力且不失信于民該曰陛下加

芳一作芬



惠百姓捐内府之藏以助民力堯舜博施仁不是過也
上又曰近得一雨甚可喜該等奏曰只如今日蠲放民
間丁絹便可召和氣致甘澤　十一日有詔令令内庫
支降絹并買絹錢補填已放人户身丁綿絹及人户已
有納過數目即與來年折除尚慮州縣將今來人户已
納之數巧作名色却填別項積欠致失優恤之意令諸
路監司給榜下所屬州縣仍各多出文榜曉諭各令人
户通知如有違（例）戾依已降指揮許人户越訴專委監司
覺察臺諫彈劾以聞當重真典憲　十二日詔諸州專
令知通取索逐縣丁籍指考歲數依年格收附銷落如
輙敢將未成丁之人先次拘催及（乃）老丁不為即時銷落

卷四千六百八十九

許經本州申訴依條根治施行如不為施行即將經監
司臺省陳訴仍令監司常切覺察臺諫彈劾以聞當重
真于法　二十八年正月二十八日直秘閣荊湖北路
轉運判官羅孝芳言荊湖北州縣昨經殘破亡失版籍
乃有以丁增稅者根括人户籍其丁口使一丁営種七
斗以為稅額有元係一斗之稅而家有三丁則增為二
石一斗之稅不問其田之多少也又請佃人户止有常
平田而無己業常平之租不可增數而丁多于常平之田
則虛責其民田之人欲望行下本路許人自陳令監司
師臣選清強官吏覈實改正户部言欲下湖北轉運司
同本路提刑司常平安撫司取見詣實同依公共從長

相度可否利便保明施行從之。十二月二十三日，赦：應開河人夫，雖已支雇錢，緣料差多日，有妨營運，可令本府取見鄉分姓名的確人數，與免今年身丁錢一半，如已送納，與理作來年合納之數。三十年七月十九日，兩浙轉運司言：湖州武康縣每四丁絹一疋，自來並納本色，不曾折錢；烏程、歸安、吳興、安吉、德清縣每三丁納絹一疋，自來聽從民便，或納本色，或納見錢。州縣舊例一戶三丁納本色絹，二丁折納見錢。又逐縣丁產簿籍不明，並不逐時銷注陞降，將來經拘籍丁名之人，行下追催，號為腹撐丁，又名貌丁，既不收係有額，止以充州縣支用。又將合催丁名預出由子付人戶收執送納，

卷四千六百八十七

有力上戶及攬納之人多是攬先送納本色，貧民下戶並須催納見錢，折納倍費，虧損下戶。詔令兩浙轉運司措置改正，出榜約束曉諭，如有違戾，許人戶越訴，仍令戶部行下其餘州縣，或有似此去處，亦仰依此改正。三十一年正月十四日，尚書左司郎中兼權中書門下省檢正諸房公事呂廣問言：昨任兩浙運副日，被旨措置改正湖州丁絹不均等事，今照得朝廷未行鈔鹽以前，歲計丁口，官散蠶鹽，丁給鹽一斗，納錢一百六十六文，謂之丁鹽錢。自行鈔鹽之後，官不給鹽，依舊錢每丁增至三百六十文，謂之身丁錢。至大觀中，湖州申明令三丁折絹一疋，當時絹賤，未有陪費，其後絹價增長，陪





費漸多。宣和中，唯武康知縣姓朱人將本縣保甲依法編排，見得丁數增添，遂申朝廷，將所增丁口均入絹數，趲成四丁納絹一疋。其餘五縣後來丁口雖增，不曾均趲，至今三丁猶當一絹。蓋緣逐縣例將寬剩人丁不行注籍，暗收丁錢，以資他用，籍既不明，無以稽考，所增錢數不盡歸官，凡公吏、保正長皆得侵隱。而又丁籍歲終既不開收，年額所催止憑舊籍，遂致老病死亡更不除減。民間既苦絹價陪費，而又虛抱合消之數，由是民力日困。本司相度，若令逐縣差人巡門根刷，徒有擾，遂措置申明，印給甲狀，從本州每縣差官一員，責付逐鄉保長，依散每三十戶結為一甲，自書本戶的實丁口，結罪遞相

卷四千六百八十八

委保。所有以前隱落，更不坐罪，唯令來狀內隱落不實，許人陳告，斷罪追賞。其甲狀付所委官拘類，取見逐縣增添丁口，趲入舊額，依倣武康体例，增丁減絹，以寬民力。除行下本州縣併散給印榜鄉村曉諭，及于所給印榜甲狀前朱印申說，今來正緣人戶送納身丁錢絹太重，措置括責，要見所增丁數，趲入舊額，均減丁絹，即非要添丁額以增絹數，使人戶通知，不致疑惑。今諸縣推排稍已就緒，且舉長興一縣論之，元管丁五萬一千有零，今排出八萬三千，比舊約增十分之四。舊額理絹一萬七千，每丁納絹一丈三尺，合折錢二貫三百有零；今據排出人丁均減外，每丁止納絹八尺有零，合折錢一

益一作溢

貫四百妾是民力稍寬訪聞昨來作弊欺隱丁口之人今既改正奸計不行却乃扇揺人戶稱是官司排出丁口比舊增益謂要增添上供歲額非是欲于逐一名下逓相均減仍聞逐縣事体不同亦有排出人丁所增數目不多去處妄說官司欲以增數最多縣分與諸縣衮同通一州絹額均攤以此民間不免疑惑兼慮有僥望希求之人不知朝廷措置本意卹民却將增出人丁陳獻利便妄乞別項拘催以為額外羨餘之數如此則一州民力愈困必致逃移照得湖州申到歲額身丁紬絹八萬一十六匹二丈七尺三寸四分逓年別無增減欲望明降指揮上件身丁紬絹止依舊額催理所有今來

卷四千六百八十七

排出丁口逐縣各將元額均敷不得輒增舊額先次行下戶部運司湖州照會約束仍有妄獻利便擾民之人亦乞重作施行

三十二年四月十八日安豐軍言近緣金賊侵犯未成倫緒僧道免丁錢難以辦集詔權與展免一年

緒一作序

五月二十一日權發遣湖州陳之茂言兩浙丁錢自皇祐中許人戶將土產紬絹依時價折納謂之丁絹烏程諸縣每四丁納絹一匹長興縣每五丁納絹一疋今之措置蓋有二說一欲將歲額為定數却以續增之丁均入歲額不必拘以四丁五丁為一絹如此則丁口既增丁錢亦減朝廷不失常額民亦易于輸納一欲將絹錢每疋作五貫紐計折納向若只納本色緣



百姓僻居郊野艱于湊成端匹付之攬戶多取價直是納丁之家雖伏納本色其實與折錢無異況畸零合鈔少者四戶多者八戶或一二十戶無緣人人得鈔鄉司作弊重疊追呼于是戶部言今欲下兩浙轉運司行下本州將人戶所納丁絹如願本色者即依已降指揮與別戶合鈔湊成端疋送納各給憑由若願納錢即聽從便其所乞折納絹價如別無虧損官私依所乞施行今後增減丁數即不得損益元額從之

孝宗隆興二年四月二十六日知常州宜興縣姜詔言本縣無稅產人戶每丁納丁身鹽錢二百文足第四第五等人戶有墓地者謂之墓戶經界之時均紐正稅外又令帶納丁鹽

卷四千六百八十七

絹作折帛錢輸納本州管下晉陵武進無錫三縣皆于衆戶田產上均納獨是本縣紐在下戶帶丁收納致人戶不得已將父祖墳墓遺棄逃亡或典賣與人在上耕種使枯骨暴露情實可憫欲乞依三縣一例均納從之

乾道元年二月二十二日詔朕以淫雨不止有傷蠶麥自二十五日避正殿減常膳其浙東西路災傷人戶合納乾道元年身丁錢絹臨安府紹興府湖常州並與全免一年溫台明處州鎮江府並各減放一半將減下之數于內庫紐支銀絹撥還戶部

三月十六日三省言竊慮州縣奉行不虔依舊催理有失寬恤之意詔令逐州府遵依已降指揮如有違戾許人戶越訴當職官

覆一作覈

吏重寘典憲　四月四日詔僧道年六十以上并篤廢殘疾之人並比附民丁放納丁錢自乾道元年為始仍令州縣出榜曉諭　二年四月七日臣僚言民戶歲各有丁身錢州縣按籍拘催雖一夫不可幸免至逃亡死絶自當開落去歲二浙水澇疾疫相仍因而死亡其數頗多聖恩寬恤已免當年丁錢茍開令歲州縣起催乃以虛名追實錢或老耄幼弱為之代輸或者保鄰里為之償納百姓飢餓之餘自納身丁已似不堪而況更為他人輸納料所得甚微而為細民之害不輕欲乞行下諸州覆實開落仍令監司按察從之　五月九日臣僚言兩浙路去年百姓以疾疫死亡以飢餓流移者至多州

卷四千六百七十七

縣丁籍自應虧減茍閒州縣按籍而催尚仍故目官吏急于逃責將年未及之人籍為成丁或客計所虧之額多取之于見存之人乞抑令保正長合力償備欲望特降指揮下兩浙州縣覆實流移死亡丁數保明申上權行倚閣候將來流移歸業中小成丁仍令漸次增補不過數年自當復舊從之　六年正月十四日戶部尚書曾懷等言自放行度牒給賣過一十二萬餘道已剃度披剃僧道數目不少今稽考得州縣逐年所納免丁錢比來放行度牒以前年分止增三五萬貫顯是州縣作弊公然侵隱或作僧道塞避為名不納或當來妄供申年甲入老規避免納之數是致暗失財計望行下諸路



劉一作柳

二一作一

東一作南

提刑司委官檢察括責從實拘收盡數入總制帳每季起發毋令依前作弊欺隱仍開具括責到錢數類聚一路總數保明供申戶部驅磨從之　三月二十四日嚴州言乞先將本州第五等戶無產之人丁鹽絹數蠲減戶部契勘嚴州民戶從來輸納丁鹽絹係給舊年例合納之數難以遽行減免緣本州昨來知州劉樞任內發到餘剩錢六萬三千貫已起赴左藏南庫送納了當今欲下嚴州將第五等無產稅人戶四萬一百九十六丁合納丁鹽絹與放免一年計減放絹一萬二千八百六十二匹二丈八尺八寸每匹作六貫文省紐計價錢七萬七千二百七十三貫七百二十八文令左藏南庫卻

卷四千六百七十七

將嚴州起發到前項餘剩錢六萬三千貫撥還左藏西庫其餘不足錢一萬四千一百七十三貫七百二十八文本部自行營認從之　同日新差權知惠州葛延年上殿奏事乞放廣東身丁米上曰分明是科斂延年奏此米其來已久止緣縣官欲以丁口增衍為科最故逃亡者不為開落勒令催科甲頭代納人甚苦之上曰合與他路除　閏五月二十四日詔江東路被水去處比餘路最多可令江東轉運司將建康府太平州實被水縣分第四第五等人戶今年身丁錢並與放免一年不得巧作名色依舊科取如有違戾令監司覺察按劾重作施行許人戶越訴　十一月十八日浙東提舉常平

蘇嶠言乞將溫州旱傷第四等以下合納身丁將與蠲放一年爲錢一萬六千餘貫從之　七年二月八日詔溫州人户合納身丁絹隨夏料送納已承乾道六年十一月十八日指揮將第四第五等人户與放免一年外訪聞所降指揮之前已有人户送納在官仰並將與理作乾道七年合納之數　十二月三十日户部契勘浙東溫州浙西湖州今歲荒歉最甚溫州已降指揮將旱傷去處第四等五等人户今年身丁錢並與放免一年其湖州亦當一体施行乞將湖州五等以下細民今年年丁税或尚有欠負特與蠲免不得依前巧作名色追理從之　七年二月十四日冊皇太子赦應民間有曾祖父母存而身已成丁者其丁錢身役並免一年訪聞二廣民户輸納丁錢去處近來官司纔年十二三便行科納謂之掛丁錢多致逃亡仰本路監司常切嚴行覺察約束　九年十一月九日南郊赦廣南東西兩路民間有曾祖父母存而身未成丁之人訪聞州縣便行科納謂之掛丁錢遂致丁口逃亡已令監司約束所隷州縣尚慮不遵或寔甚失朝廷愛民之意仰逐路帥臣更加覺察或有違戾並行按治以聞當議重作施行　七月十五日直寶文閣知建寧府趙彥端言生子孫而殺之者法禁非不嚴緣聞有違者蓋民貧累衆無力贍給年方至丁復有輸納身丁之患臣自到任首行曉諭資



之之家並予許經府驗實支錢米給濟尚慮細民貧困未能不至犯法乞將本府七縣人身丁錢自今後並與蠲免從之　八月十四日宰執進呈兩浙諸州丁鹽絹數上曰范成大謂處州丁錢太重遂有不擧子之風虞允文奏曰誠有之但諸州縣丁絹尺寸多少各不等欲擇其重者蠲之上曰有一家而數丁者須當量與減免卿等更議定以聞尋詔兩浙州軍人户身丁鹽錢折納紬絹數內緣與府湖處州比之他州最重數納不得訪聞民户避免至于生子不擧有傷風化可令提舉常平官限一月取見逐州所管户口丁數等第每丁或納若干有無科折數實保明攢具成冊繳申尚書省請旨　十一月一日司農少卿總領淮東軍馬錢粮蔡洸言鎮江府管三邑而輸丁各異有所謂税户有所謂客户税户者有常產之人也客户則無產而僑寓者也税户客户惟丹徒並輸丁而丹陽金壇二邑有税則無丁其輸丁者客户而已每丁所輸或二尺或四尺固已不同而官司受納則以匹計故攬納者得以邀其利倍取其直或從湊匹錢買以輸之衆户併而爲一鈔有鈔則可併以爲驗而無鈔者免爾重疊追輸之擾並不望國民欲乞令税客户一体輸納少輸客户之力而三邑不得自爲同異則民樂輸矣仍乞見輸丁絹依和買之數計尺折納而入總一鈔既免重疊追擾且隱户不得以匿

九一作六 三一作二



其利則民不困矣況一歲不過一千七百三十二疋一丈八尺若以其絹合赴內帑交納之物于法有礙即乞令鎮江府折納買絹起發于官無損而三萬六千九百餘丁均被寔惠從之　八年五月知湖州單夔言本州六縣管二十六萬八千九十九丁計絹六萬五千二百九十六疋有零又續編排出隱漏一萬四千八百九十二丁元額每三丁或四丁以上納絹一疋視他州為重詔每七丁共納絹一疋比元額每歲計減絹二萬四千八百二十匹令提領左藏南庫所每年于納到沙田蘆場租錢內撥還戶部未幾續承指揮下項嚴州管一十三萬一百二十四丁每歲納紬絹三萬九千三百九十九匹有零係每丁納絹一丈二尺八寸紹興府管三十三萬三千五百二十一丁每歲納紬絹四萬三千一十五疋有零綿七萬七千四百二十餘兩錢四萬七十七百五十貫有零上四等係約四丁納絹一疋五等係約八丁納絹一匹處州管一十九萬一千三百八丁每歲納絹錢二十萬三千六百餘貫係四丁以上共納絹一匹委是稍重詔嚴州依湖州每七丁共納絹一匹每年共減二萬四千二百九十三匹有零計錢四萬七千一百七十貫足有零紹興府上四等每七丁共納絹一疋第五等每十丁共納絹一疋每年共減絹一萬三匹二丈五尺四寸計錢五萬二千一十八貫七百足有零處





州上四等戶每五丁共納絹一匹五等戶每八丁共納絹一匹每年共減絹九十九百一十匹有零計錢三萬四千六百八十貫文足有零以上減下錢數並令每年收到沙田蘆場租錢內撥還戶部　九年五月十一日中書門下言節次已降指揮湖嚴處州紹興府歲輸丁絹各已均減如願共納成匹絹帛尚慮止是一戶得鈔餘戶無以執照乞令逐州府每戶各給憑由以革再行追擾輸納之弊仍自乾道八年為始若人戶已有納過數目亦與出給憑由理充乾道九年合納之數不得重疊科取如違官吏重作施行許人戶越訴仍多出文榜曉諭人戶通知從之　十一月九日南郊赦台州城內被火居民仰本州取會保明詣寔將今年紬身丁與免一年仍將來年身丁更與蠲免一年先是宰執進呈台州旱傷并遺火事上曰台州今歲旱傷繼之以火小民不易州郡亦闕之除已給降錢米應副賑濟更遣外其被火民戶身丁錢可與免納一年曾懷等奏曰州郡細民皆蒙聖恩軫念如此乞于郊赦內行下故有是詔

全唐文

宋朝會要

身丁淳熙元年二月十九日詔湖州管下民戶身丁錢絹今是湊成端疋例皆付之攬戶要以重價可從民便折納見錢令州縣自行買絹解發上供從知烏程縣余端禮請也　二年十二月十七日慶壽赦應人戶有祖父母父母年八十以上與免戶下一名身丁錢物十三年赦同　三年十二月十二日南郊赦廣南東西路民間有曾祖父母存而身成丁之人訪聞州縣便行料納謂之挂丁錢遠方實被其害雖已令監司約束尚慮不遵戚憲有失朝廷愛民之意仰逐路帥臣便加覺察或有違戾互行按治以聞六年九年明堂赦十二年南郊赦同　八年十二月九日詔逐路旱傷州淛東紹興府婺州衢州淛西臨安府嚴州湖州長興安吉兩縣常州鎮江府江陰軍江東建康府饒州徽信州南康軍廣德軍江西興國軍湖北江陵府鄂州漢陽軍復州德安府淮東八州淮西八州軍淳熙九年分應民戶合納身丁錢物並特免一年州縣輒敢催取許人戶陳訴　九年九月十三日明堂赦諸路人戶輸納身丁錢自有條格并年甲籍照據訪聞州縣將來年老之人不即除落其未及成丁人勒令鄉司保長括責認納令提刑司常切覺察及許人戶越訴十二年南郊赦十五年十一明堂赦紹熙二年十一月五年九月並同　十一年五月十九日右正言蔣繼周言訪聞



溫處流民丁籍尚存諸縣催租無人供納或其家丁壯既去老弱獨留監繫輸填急如星火有及其宗族姻親鄰里不然則令保正保長均賠因而多料未成丁人名為充代追擾不能安居去者無復可歸留者行且繼去誠非細事大抵人戶身丁所納錢帛吏操其權縣制其贏增減出沒漫不可考縱有銷落率常有餘乞令溫處州守臣將屬縣流移人戶覈實除落丁籍不得存留抑勒陪填如有違戾令監司覺察以聞從之　十二年四月三日刑部尚書兼吏部尚書兼侍讀蕭燧言廣西去朝廷為最遠其民視諸路為最貧而小民之無稅產者貧尤甚焉竊見在法民年二十一為丁六十為老官司按籍計年將進丁或入老疾應收免課役者皆縣令親貌顏狀注籍通知取索丁薄稽考歲數收附銷落法意非不善也奈何廣西並海諸郡以身丁錢為巧取之資有收附而無銷落一家之中其子若孫年長而成丁者使之輸納可也而父祖之老疾者不免焉又況輸納之際邀求無藝錢則倍收剩利米則多量加耗一戶計丁若干每戶必使之分析一戶之內有抄紙錢息本錢縻費錢公庫錢大抵公庫所入居多此何理耶是以其民苦之有計避免或改作女戶或涉居異鄉或捨農而為工匠或泛海而逐商販曾不得安其業固聖主之所不忍聞也乞令廣西帥臣監司措置行下從收附銷落之

制革違法過取之害多散文榜曉諭如或仍前科擾即令按劾重寘典憲以厲其餘庶幾窮民得安其業其他諸路州軍有似此者乞令本路監司依倣施行從之　十三年正月一日慶壽赦應諸路州縣有身丁錢去處其第五等人户并無産而有丁者並與減免淳熙十三年分身丁錢物之半　十月七日詔户部將漳泉州興化軍減免身丁錢米照應已支降撥還錢數各與理豁仍劄下福建路轉運司并逐州照會　十四年八月二十六日知鎮江府張杓言在任日嘗具奏聞以鎮江府秋後栽插方畢偶白露前無雨高田遂至旱稿竊惟地瘠民貧臣雖以十三年以前秋夏稅租本府合得州用錢數盡行倚閣而猶有丁錢一事計口而科各縣不等雖每名不過數百皆是貧民下户銖積寸累方能輸納去歲以慶典恩赦蠲放下五等户一半之數通不過六千九百三十餘貫人情便覺寬舒况今漸次已有送納止是旱鄉人户委無可輸州縣期限逼迫未免騷擾乞將鎮江府下第五等人户未納丁錢特與蠲免庶使小民得免流移從之以上孝宗會要　淳熙十六年閏五月十九日詔諸路州縣僧道年六十以上合納丁錢特與放免一年或已納在官與理充將來之數如敢却行催理許越訴監司覺察以聞　紹熙元年正月十七日詔臨安府屬縣民户身丁錢可自紹熙元年更與蠲放三年仍給降

卷二千八百廿九

三



黄榜曉諭　二年十一月二十七日南郊赦舊法僧道年六十以上及篤廢殘疾者本身丁錢聽免續降指揮僧道七十以上及篤廢殘疾本身並特免放近來給降度牒披剃稍多自合將所収免丁錢盡數起發訪聞州郡將合入老僧道不行依法放免仍舊照額復行拘催以致被害深可憐憫可令州軍照逐歲僧道丁籍實數拘催仍令提刑司常切覺察毋致違戾同日赦僧道免丁等錢物可自今赦到日仰諸路漕司委官將淳熙十六年終以前並與日下除放　四年正月二十三日詔臨安府屬縣民户身丁錢可自紹熙四年更與蠲放三年仍給降黄榜曉諭　五年正月一日慶壽赦應人户有祖父母父母年八十以上與免户下一名身丁錢物以上光宗會要　紹熙五年九月十四日赦文舊法僧道年六十以上及篤廢殘疾者本身丁錢聽免續降指揮僧道七十以上及篤廢殘疾本身丁錢並特免放近來給降度牒披剃稍多自合將所収免丁錢盡數發起訪聞州郡將合入老僧道不行依法免放仍舊照額復行拘催以致被害深可憐憫可令州郡照逐歲僧道丁籍實數拘催仍令提刑司常切覺察毋致違戾自後郊祀明堂赦亦如之同日赦文廣南東西路民間有曾祖父母存或祖父母年已六十而身未成丁之人訪聞州縣便行科納謂之掛丁錢已令監司約束或有違戾委師臣互察以聞自後郊祀明堂

卷二千八百廿九

四

敕开卯之十月二十四日都省勘會已降聖旨蠲閣兩浙路
州軍縣見有水旱去處民户合納身丁及鹽錢來年並
與權放一年其今年有未納者並與倚閣　慶元二年
二月二十一日詔臨安府屬縣民户身丁錢可自慶元
二年更與蠲放三年仍給降黄牓曉諭　嘉泰元年十
二月十四日詔臨安府屬縣人户身丁錢可自嘉泰二
年更放三年　四年八月二十三日詔紹興府係攢宫
所在理宜優恤本府人户所納身丁錢絹綿鹽可自嘉
泰五年永與除放十月二十一日三省言已降指揮紹
興府人户合納身丁錢絹綿鹽並自嘉泰五年永與蠲
免緣上件錢物並係承隸之數照得户部昨來供奉慈
福宫壽慈宫錢物除金銀外歲減錢一百一十餘萬貫
至今不曾撥發詔紹興府每歲合減身丁錢絹綿鹽之
數並令户部於減下錢内撥還　開禧元年十
二月二十一日部狀惟方今大計在寬民力睠茲二浙
實供行都尤當優恤以厚根本況承平歲久生齒日繁
程其賦租之餘重以身丁之斂吏胥如省民輸益艱中
夜以思康遑安處非不知國用所係儲積宜豐顧寧損
於縣官以少紓於民力爰敕攸司肆示至懷其兩浙路
身丁錢絹可自開禧二年並與除放二年正月一日詔
兩浙州軍嘉泰元年至開禧元年終未起身丁錢絹紬
綿内實係人户拖欠之數並與蠲免如州軍仍前催理

卷千八百九

五





許人户越訴官吏重作施行三年十一月二十八日册
皇太子赦文訪聞二廣人户輸納丁錢遇年十二三便
行科納謂之挂丁錢多致逃亡仰本路監司帥臣照累
敕常切嚴行覺察約束毋致違戾以上寧宗會要

卷千八百九

淳熙元年三月五日臣僚言諸路州縣一都之內保正凡二而保長凡八保正物力頗高役之二歲尚可枝梧至于保長類多下戶無十金之儲限以二年困窮特立甚欲乞保正止仍舊法保長限以一年使深恩實惠下及細民從之　十月三日浙西提舉葉橫言差役之弊乞明詔有司嚴立條法於是敕令所擬修下條諸選定合充保正長而選役妄訟以致役滿人過期不替或權募人充過月日者並勒當役妄訟人於正役年限外增長施延月日謂如合役二年若因妄訟施延一季即正役二年一季之類若當行人吏或鄉司受情增減物力定差不當即勒雇人代充權替役滿人候差定正役人日交替其罪各依本法從之　六年三月二日臣僚言乞詔戶部將隆興元年至今應干役法奏請續降衝改指揮盡行檢舉更加審訂詔戶部看詳本部乞下諸路提舉司依本官奏陳事理開具衝改條法指揮並見行條法續降指揮行下所部州縣遍出牓文分明曉諭民戶通知常切遵守從之　四月二十七日詔自今大保長不許催科止受憑由給付人戶令依限輸納如有頑戶欠多即差保正追納以臣僚言差役之弊人但知保正受害不知大保長催科者受害尤重蓋其數多於保正而力弱於大姓故有是詔　六月五日詔常州近籍沒都吏陳持家財盡行出

卷二萬七百三十三

賣其錢分給沿河三縣四十五都保正長買田添助義役其田仍以縣分均撥日後拘沒到似此田產及其他諸州縣並不許撥倒從知州李結請也　九月十六日明堂赦在法大保長願兼戶長者輸催納稅租一稅一替即因展限而欠數者後料人催及輒勾追催稅人赴官比磨者各有條法斷罪今訪聞諸縣縱容案吏鄉司受上戶計囑抑勒貧乏之家充催稅保長不照應省限多出文引偏行點追每承一引必巧作名目乞不覓誅求有至破家失業自今如有違戾處仰監司按劾常切覺察許被擾保長越訴將當職官吏重寘典憲以後逐郊赦同　十月十三日臣僚言竊見紹興十二年指揮稱鄉村戶數鄉皆有物力合併歸煙爨處外其坊郭及別縣戶有物力在數鄉並令各隨縣分併歸一鄉村物力最高處理為等第選差計募人充役至乾道八年臣僚一時申請坊郭之人去鄉村遠既不條本處相比保伍煙火盜賊何緣機察亦難以責辦催科朝廷遂變此令使兼并之家得以避役而中下戶有被其害者乞將上項差役事止用紹興十二年指揮則豪富之家可以少戢而貧弱之戶可以自伸詔敕令所開具舊法已而開具來上詔依紹興十二年十月四日指揮節次續降指揮





並不施行　七年七月十四日臣僚言自來女戶幼丁並得免役近因頒降役法有司牴牾申明遂致不免兼隆興二年老幼疾病之人止免身丁不許免役竊緣老幼疾病在法不合為丁無可免者望詔有司應老疾戶許雇人充役其女幼戶依舊蠲免詔敕令所檢會條法釋說既而本所言女戶無人成丁者並不應差役外如有孤幼財產官為檢校即瞻幼丁自不成戶止緣淳熙六年六月十六日臣僚言申請之時誤於老疾之人不許免役文內多添一幼字當時批狀行下因此州縣疑惑是致臣僚奏請乞將女幼戶蠲免差役乞自今更不得引用上件批狀並遵前後條法指揮從之　九年二月九日知瓊州韓璧言熙寧間改差役獨海外四州仍舊不改蓋改法之時朝廷以四州之地與黎獠雜居是以姑行差役不欲輕變然其弊甚於免役昨守臣屢有陳乞欲依海內州郡行免役法朝廷重於改更因循至今其弊愈甚富豪之家賄賂公行以計規免中下之戶頻年被擾不得休息至于掌管官物衙前庫子尤為重難深村愚民不諳書算於收支出入之際為專典所欺以致失陷賠償逃移破家死於非命不知其幾乞罷海外差役依海北免役事體施行朝廷下其章令廣西監司差官詢究四州之民願與不願免役皆以為便從之　十年十月四日臣僚言處州進士經御史臺畫一十項陳論本州義役擾民臣因根究本

卷二萬七百三十三

末義役之說起於乾道五年五月知處州范成大奏陳處州松陽縣有一兩都自相要約各出田穀以助役戶永為義產總計為田三千三百餘畝乞行下諸路州軍專縣官依此勸誘至七年正月成大為中書舍人再述前請朝廷從之淳熙三年陳孺知處州任滿奏事言其不便乞依見行條法照物力資次依公差募至八年處州布衣上書乞行義役詔令李翔限十日看詳以聞翔奏欲每田百畝出田二畝官民僧道並為一等是年六月本州進士經御史臺投狀訴義役不便已令戶部行下本州照會臣竊謂國家役法自祖宗以來前後講論詳矣自范成大倡為義役之說而處州六邑之民擾擾于義役者十有六年朝廷令守臣李翔看詳蓋欲其詳酌可否曾不能參照案牘博詢民言辨范成大陳孺所奏虛實有請于朝而罷之乃從而附會其說斷以己見官民僧道一等出田他日貧富置之不問人以為重擾舉處州之人初不曰義推行之于兩浙兩浙固已被其擾使推行之於天下豈不重擾哉乞將處州兩浙有見行助役去處聽從民便令官司不得干預州縣遵依見行條法照應物力資次依公差募仍乞將李翔罷黜從之十一年正月十六日進呈監察御史謝諤奏伏見去

覃疑州



識臣僚論處州守臣不合專主義役之弊蓋欲差役義役並行訪聞江東
西諸路頗為義役者不少胥吏伺隙思敗其謀致人戶赴臺陳訴臣乞應
有義役當從民便其不義役者乃行差役上曰前日蔣繼周言處州守臣
專行義役之弊今講欲義役差役各從民便法意補得始圓於是詔依仍
照應淳熙十年十月四日已降指揮施行　十一年七月十二日臣僚言
去歲九月陛下可臣僚之奏將坊郭人戶產業歲久不曾推排去處令於
農隙推排為見兩浙人戶蕃盛差科費力爭訟者多所以論及推排之法
其言止欲將坊郭推排蓋坊郭之與鄉村亦又不同是其意非不善也臣
觀四方州郡自去年九月行此之後至今諸州申到如建康府太平州廣
德軍江陵府常德府永州皆旱傷如楚州滁州揚州真州皆申候起稅日
如盱眙軍申為極邊累經兵火如沅州申係是極邊從來不曾推排如鄂
州申累經賊徒殘破未可推排自餘或申展限之類亦頗有之凡此諸州
皆是未可施行所申皆其實情則勉強行之必有弊矣又如江東西風俗
不同從祖宗時立法元不用鄉村物力推排專以田地畝頭計稅凡差科
只用畝頭為額其事甚簡其數易知若有典賣其稅隨畝頭出入已久相
安不俟推排而後定也所以鄉村無推排亦有累年不必推排者是兩路

卷二萬七百十三　三

之風俗不在於推排也今卻閩一概施行而所在長吏多不究法意唯憑
胥吏差保正副根括凡田間小民粗有米粟耕耨之器纖微細鏁務在無
遺指為等第憑此抄籍其供認凡此之擾非一乞下諸路提舉司照應去
年九月指揮如有元條推排地分兼有差科不行去處自合遵從施行其
別有未便未可推排或元無推排之額如東西湖南三路之類亦須詳審
未得據行其案此擾民為害妄增賦額並仰審究奏劾其受害者亦許越
訴詔令諸路監司各約束所部州縣照應見行條法施行不得因其科擾
引惹詞訴或遇水旱分去處權推排　十二年九月七日臣僚言乞令諸
路提舉司行下所部州縣將坊郭人戶產業歲久不行推排去處於今冬
農隙日卻遵依條法推排仍飭本司今後照應年分檢舉嚴切施行毋得
違戾詔監司將軍申到已推排去處逐旋申尚書省　八月十五日御筆
朕惟差役之法為日益久近年以來人創限田之令可謂備矣然州縣奉
行之不公豪貴兼并之太甚隱寄挾戶弊端益滋一鄉之中上戶之著役
者無幾貧民下戶畏避棄業至不敢蓄頃畝之產甚非謂也宵旰之思莫
若不許官民戶一例只以等第輸差如此則不惟貧富均一且稅籍之
弊不革而自除一舉兩得何待而不為乎可令戶部給舍臺諫詳議以聞



十一月二十二日南郊赦在法太保長顧兼戶長者輸催納稅租一稅一
替即因展限而欠數者後科人催及鄉司追催稅人赴官比磨者各有條
法斷罪訪聞諸縣縱容案吏鄉司受上戶計囑抑勒貧乏之家充催稅保
長吏不照應省限多出文引編行點追到限比磨每季一引必巧作名目
乞覓錢物仍將逃亡倚閣稅賦抑令賠備或至破家失業仰監司常切覺
察如有違戾去處按劾以聞將當職官吏重真典憲仍許被擾保長越訴
十五年明堂赦同　十三年二月十二日敷文閣待制提舉佑神觀兼侍講
兼同修國史洪邁言乞詔有司行下諸州各令所部縣令於保長一界當
替之日即索其所承甲帖勸鄉司當廳開具如已納而掛籍者即時開銷
賴戶實不肯納者官為付保正追治逃絕無輸者從實除豁從之　五月七
日臣僚書乞詔有司公共集議將非泛補官及七色補官人非曾在朝實任
侍從職事雖寄祿官品秩甚高亦不在限田免役之數其奏薦弟姪子孫
及弟姪子孫之所奏薦推而廣之但其源自七色補官而來者苟非自擢
科第或顯立功名並仍舊同非泛補授人差役庶幾役戶頗增可以少寬
民力皆寰稍衆不至賢愚混淆而陛下官民戶通差之詔亦不至徒為虛
文誠非小補　以上孝宗會要　紹熙元年二月二十九日臣僚言近見朝廷

卷二萬七百二十三　四

從兩浙漕臣之請所至揭榜限以兩季令官民戶歸併詭名挾戶限滿不
自首者許鄉司等告首將及限滿尚未聞有自首歸併者臣竊謂欲革此
弊莫若命郡守各於僚屬擇能通練清強者每邑一員再展期限專一措
置嚴行督責務在必行其所委之官措置有方許令守臣保明量與推賞
詔漕景琏措置劃閱既而景琏言每縣欲置木櫃二口封鎖印押於縣門
一口令展限內許詭挾名置產人實封狀攔櫃自首十日一次知縣躬親開
櫃即與免罪追鄉司歸併入戶內一口令展限外許諸色人并見役公吏
鄉司及保正副保長戶長承帖催稅家人具實封狀告首詭名挾戶之家
攔櫃內十日一次知縣躬親開櫃拆封呼及鄉司究證得實將告中田產
依條給告人犯人依條斷罪所告人內有公吏鄉司等向斷罷已經叙理
充役者被告人出名或結託親知經官陳訴胥役官司並不得受理若首
產之後別有被罷胥役之人方許受理仍令轉運提刑提舉安撫司照會
所置木櫃仍造牌二面其一書召人自陳詭名挾戶其一書召人告首詭
戶挾戶之家除人力佃客幹當掠米人不許告首外田鄰并受
寄人亦許令攔櫃首如縣輸得實與免罪將告中田產亦給與告人如被
他人陳告田鄰并受寄人如情依條科斷告首獻攔櫃自知縣躬親拆封

若有自首狀雖已被他人擄遞告首知縣點檢得實亦理為自首與免罪歸併一官戶除登科軍功蔭補外餘依非泛補授不得給除限田指揮官戶於戶下書名若係執政侍從兩省臺諫卿監郎官注云見任某官亡歿者即云曾任某官戶既已取見職位姓名若已亡歿即將格內合得田產據子孫人數均算官戶合得限田子孫雖多須是服闋之後已曾分析方合據戶均算鄉司諸色人能首併人戶詭名置產依今來指揮照條推賞給產如逐縣詭有阻抑許自經轉運司陳理官戶依格合破限田其家田產不及格數受寄民戶田畝入戶據見並許受寄官戶令幹人等首知縣究證得實將告中田產盡行給賞如他人陳告亦當坐罪詭名挾戶之家於令展限內不自陳首又無人告論即從逐縣知縣索諸鄉戶長催稅承帖家人腳頭簿點檢所催稅去處便可照應詭名詭名置產依淳熙十六年七月一十八日指揮先限一季又展一季限滿更展一季係是三次立限限內不首更不展日若被人陳首即從今降指揮施行不曾首併田產挽色之人逐縣出榜告示令後不許作代納鈔典賣田產之人知典賣主係是詭名許行陳首根究指實將元典賣田產給還原主從之六月十四日戶部尚書葉翥言乞將紹興和買元額十四萬四千有奇先蠲減四萬餘以十萬匹為額既定然後行均敷之法自上四等至下五等戶各照田產多寡本以經界等則物力高下一例均科其均科委侍從詳議聞奏詔專委知紹興府洪邁同提舉鄭湜措置限兩月開具以聞既而邁等榜示官民戶立限一月將詭名挾戶隱寄田產從實開具各令實封經本府及逐縣投櫃首併不以數目多寡年歲遠近並不追理所虧官物仍免罪賞候限滿開拆或人戶有猶不首鄉司隱庇即照追最多者送獄根勘和買局鄉司節次供具到人戶隱寄物力錢七十萬五千四百七十七貫六百四十四文計四萬八千三百五十五戶元係下五等并白腳今闕併入第四等應料和買者三十六萬四千六百五十四貫五百九十二文計詭戶一萬一千九百四十五戶元係下五等今闕併係五等不應科者一十萬六千六百六十三貫六百一十六文計詭戶一萬一千一百八十一戶元係上四等今闕併不增添和買者二十三萬四千一百五十九貫四百三十六文計詭戶二萬五千二百二十九戶人戶自首併一十五萬八千一百七十貫四百七十一文既得會稽山陰蕭山諸暨上虞共五縣自淳熙十二年創料及其五等戶後來帥臣陳乞自十四年權住催此外又有坍江逃絕虛掛簿書今蠲減四萬四千二百八十餘匹與五縣除豁

卷三萬七百二十三　五



外尚餘二萬四千二百餘匹却將八縣合實額均作二分四釐有奇落減然餘姚新昌嵊縣向來不曾創料五等與前件除豁之數所減比於五縣為不侔故又微獨諸暨山陰最多者補之庶多寡止於三分參釐減少者及二分二釐斂一郡之民情校逐縣之事力或謂輕重適停貝于諸縣人戶物力有元管絕少而新併過倍有元係白腳而新併千百貫者多合陞起等第充稅長保正之人緣積習累年一旦輸納和買又使當役中產之家所不能堪今下逐縣以舊籍為限至紹興二年以後始用新籍差役令造八縣和買新籍各兩本一留府一付縣各于戶下先坐等第并元管物力次開今併錢數及詭戶姓名田產畝步通計物力若干浮財若干每戶留控縫如有典賣並委本縣丞於戶下分明收除簽押以防姦弊見條催綱目奏聞投進候及三年仰本府選官同逐縣令佐依推排法再行陞降推排和買與田產相隨亦如令法逐次推排如有走失令併物力總額官吏乞加重坐不以去官赦降原減淳戶田產自來免科乞照令數籍定為額自後有增置並同編戶法從之十月十一日臣僚言役法差保正許募人代役者自有定制如官戶寡婦之類是也今富有之家應身充役者往往亦募人代役應募者無所顧籍纔得文引追逐來勒財詐取物一有不從縛隨至必厭所欲而後已乞自今代役人有犯其違法擾之者不覺察當於案後貼說坐以五保內有犯知而不糾之罪從之　二年八月十七日太常少卿張叔椿言差役之法以物力高下定為流水通差立法固所以示均一之政也夫有鄉則有都有都則有保一都二年用保正副二人一都十保一保夏秋二稅用保長二人二年之間為保長者四十人保正副之數少則上中戶為之而有餘保長之數多則中下戶為之而不足州縣之間始以保正副之數役者俾充保長不經隔次因實朝解保長之役而專受保正之帖者而上中戶得免其因差保正所管煙火盜賊也今也乃俾之領帖狀保長所以催納稅賦令之逃亡死絕者未俾之填納不免保長破產以填失陷極力以應追呼固有役未終滿而產已不存者此尤為可念者也臣竊謂寬鄉狹鄉人所管物力並均以十分為率以上五分充保正副以下四分充保長至末等一分之貧乏者免之謂如物力三千貫至五百貫皆以為保正副自四百貫至二百貫皆以為保長其物力過隔者自係抵朱歛役法至寬鄉不及百貫狹鄉不及五十貫與免役等而上之役而下之或多或少率皆準此其或鄉內保長戶不及數即以上中戶數役者充仍兩充保長與理一次保正副庶幾三等戶不至重

卷三萬七百二十三　六

併受役而貧下戶不至有因役破產之禍乞下刪修局以見行役法於照
詳定使法令均一胥吏無所容其姦詔令勅令局參照條法指揮開具申
尚書省十一月二十七日南郊赦在法大保長願無戶長者輪催納稅租
一稅一替欠數者後科人催無催科自有省限輒勾追催稅人赴官比磨
者各有斷罪條法訪聞州縣人吏鄉司受屬抑勒下戶充催稅保長不照
條限點追比磨將逃亡倚閣稅賦抑令陪備輸納官物以至破家蕩產深
可憐憫仰監司常切覺察如有違戾去處按劾以聞如監司失於舉覺亦
重真典憲許被擾人戶越訴訪聞州縣以權勢親戚過往干託輒予鄉村
差借人夫驅屬違法仰監司常切覺察按劾以聞以上光宗會要紹熙五
年九月十四日明堂赦文州縣役錢逐年均數皆有定數訪聞諸路提舉
常平司卻以餘剩為名抑令縣道添認作餘剩錢解發公庫以資妄用縣
道無所從出不免科配於民委是違法合行禁約如有違戾許監司互察
仍令人戶越訴自後郊祀明堂赦亦如之又赦文在法大保長願無戶長
者輪催納稅租一稅一替欠數者後科人催無催科自有省限輒勾追催
稅人赴官比磨將逃亡倚閣稅賦抑令陪備輸納官物以至破家蕩產深
可憐憫仰監司常切覺察如有違戾去處按劾以聞如監司失於舉覺亦

卷三萬七百二十三

七

重真典憲許被擾人戶越訴自後郊祀明堂赦亦如之閏七月七日中書
門下省檢正諸房公事徐誼言差役為法以流水輪差自上而下使鉅萬
物力之家與千百小戶均受一役淳熙十四年十一月二十三日臣僚奏
乞將物力稅錢高下相去半倍許歇役十年理為白脚一倍歇役八年理
為白脚二倍歇役六年理為白脚三倍歇役四年理為白脚至倍止寬都
差徧上三等戶許於得替人內輪差其窄都不及歇役年限去處即從遞
年體例選差但於倍法之外又添寬都差徧三等窄都從遞年體例遂致
抵牾乞下戶部看詳只用上文相去半倍歇役十年理為白脚一倍八年
二倍六年三倍四年倍數雖多至四年止寬都窄都皆用此令惟窄都物
力低小之家令州縣加意存恤應有科數拋買之類合與蠲免如此則戶
大者力可負任戶小者悉得優輕乞遍下諸路一體施行戶部看詳所陳
委為可行先次行下兩浙路行下所屬州縣照應遵從施行從之

宋會要 役法

慶元三年十一月五日南郊赦文保正副依條止掌煙火盜賊橋道等事
訪聞官司動用一切取辦如修葺材料差顧夫力至於勒令催科並是違
法仰令後州縣遵守條法不得泛有科擾如違許充役之家越訴仍仰監

熙



司按劾奏聞自後郊祀明堂赦亦如之又赦文諸路州縣不依條限推排
人戶物力是致家業並無隆降其間有產去稅存之家官司止據舊數催
理官物雖有逃亡猶掛欠籍可令如通令從究實除放仍令提舉常平司
常切督責州縣照應條限從實推排毋致違戾自後郊祀明堂赦亦如之
五年二月二十一日右諫議大夫兼侍講張奎言方今州縣病民之事莫
甚於差役蓋民之役於官者二總一都盜賊煙火之事而任其責者曰保
正催一都人戶夏秋之稅而輸於官者曰戶長使官司止照條令所當為
者嚴加督責則被役之人亦將何辭惟其督責之嚴有出于條令之外故
民不堪其擾而爭訟始紛然妄且保正專以盜賊鬬毆煙火橋道為職法
也今一役于官則百色取辦縣官修創廳宇則責以土木磚瓦工匠之費
巡尉下鄉則責以人從酒食排辦之費賓客經過則責以轎馬夫脚之費
甚至土產時新之物苟有一毫可以供溪壑之欲者無不獵取戶長專以
催納稅租為職亦法也今一都人戶之稅租皆欲取辦有所謂逃戶之產
絕戶之產詭名挾戶之產或戶眼雖存而實無往著或形勢占據而不肯
輸官縣道於此類不復分別一概給帖責以拘催為戶長者率是五等貧
乏小民賣產陪償資產不足則有逃徙而去爾乞明詔戶部備坐條令及

卷二萬七百二十三

八

今來所陳遍牒諸路提舉常平司令大字鏤牓發下所屬州縣嚴行禁戢
內保正止許照條專一幹當本都賊盜鬬毆煙火橋道公事不許非泛科
配物色戶長止許照條專一拘催都內土著租稅不許抑勒代納逃絕官
物如敢違戾許被擾役人直經本路監司及臺部越訴將守令按劾重寘
于罰人吏斷勒永不收敘從之三月四日戶部言役之久近理為白脚者
歇役也姑以一家論之設兄弟分析去歲承分方以合戶充役今歲既分
又復以析生白脚各戶充役令乞將分煙析生之家如分後各戶物力在
二等以上作析生白脚充役若分後各戶物力止在三等以下則許將未
分前充過役次於各名下批朱理為役脚與部內得替人比並物力高下
歇役久近通行選差等敕令所欲從戶部議定事理施行仍從本所修入
役法撮要從之先是臣僚言析生白脚差役之害乞下戶部參酌故有是
命

宋會要

嘉泰　年九月十八日明堂赦文在法大保長一年替保正小保長並二
年替若陳訴元差不當所屬限一月與奪訪聞縣道往往不照條法定差
及致陳訴人不照條限與奪及將合當替人羈留在縣比較界內官物至

有積欠亦責令催理不能脫免以致破蕩家業深可憐憫仰自今後須管知佐聚廳照應條法從公定差若或陳訴不當亦仰照限與奪如遇合滿替日不得羈留在縣比較及催理官物仍仰提舉司常切覺察如違許人戶越訴　自後郊祀明堂赦文亦如之　嘉泰四年十一月二十八日臣僚言差役論煙爨去處以為出入之鄉都法也今豪強之人刋於寬鄉大姓之多而徙焉家有數十餘千之稅而役有十數餘年之次富者安佚貧者頻併一役而竭再役而窶至於流亡而莫之恤也戶長之專掌催科一稅一更替亦法也今為一年之戶長則有二年之煙火承領催科之帖日為比較之程縲以箠楚加以誅剝絕戶不除逃亡責代甚至棄鬻妻子方且監錮而不釋也乞令戶部申嚴行下諸路州縣應民間差役並遵照見行成法以稅鏹物力高下煙爨鄉都去處稽其版籍輪流定差其有詭名挾戶及不在所居煙爨鄉保出役規避巧免重困下戶者許人陳告官司與之重法施行其戶長專司催科一稅一替或州縣抑令代納逃亡管幹煙火違法抑㩦之類並許民間越訴將違戾官吏重行罪罰從之　開禧元年七月二十七日臣僚言竊見保伍之法州縣之吏往往視為具文並無圖籍可以稽考蓋一都當有一都之籍一鄉當有一鄉之籍一縣當有一縣

卷二萬七百二十三

九

之籍一州當有一州之籍一路當有一路之籍所謂團籍者起于保甲以五家結為一小甲三十小甲結為一大甲每甲須當開具甲內某人係上戶見係第幾等戶曾不應役人丁若干某人係下戶作何營運或租種是何人田畝人丁若干某人係客戶元係何處人民移來本鄉幾年租種是何人田地人丁若干某人係官戶是何官品曾不係析戶一一籍之於冊大甲內選衆所推伏稍有家力者充甲首如甲內有孝行者聞節誼可尚者則申明有司議陳乞旌賞有不孝不弟好勇鬬狠重為民害及過犯逃軍之屬則甲首與衆聞之有司論罪狀如法或有一時交爭鬬毆者則同甲之人互相勸解甲首之家許置防盜之具如遇歉歲僻遠去處置立巡鋪大甲首從紀輪差甲內人戶巡警團籍既明保甲既定則民不犯禁田宅安妥乞下諸路提舉司檢照見行條法參以臣之所陳則田里之民皆有古人相友相助之意一士一民朝廷皆可以按籍稽考其於民政莫切於此詔依令諸路提刑提舉司措置條具申尚書省　二年十一月六日臣僚言訪聞州縣間多以物力高強家勢在上或有官資者差為彈壓官隅官殊失朝廷差置之本意乞申嚴諸路州縣所差彈壓官隅官並令公選鄉閭稍有知識諳悉田里人心素服者為之勿以物力高下為去取蔽





幾相安於無事之時而緩急之際有所係恃從之　三年九月十四日臣僚言令後諸縣差大小保必令本縣典押及鄉書手於差帳同結罪保明編排既定令丞同共點差其合執役之人即時給與差帖載日承受管幹如有不實不公卻許照條限越訴許行改正本縣典押並照差役不當本條與鄉司並行斷勒永不收叙本州主管官類聚所改差過大小保名件逐季申常平司常平司歲申戶部及御史臺戶部歲終以被論改正至多去處具令丞姓名申朝廷取旨重行責罰其被委送官司即仰照見行條法並限一月與奪稽遲者常平司依本條按治如前件官司奉行違戾並許御史臺覺察從之　嘉定二年七月十二日起居郎兼國史院編修官兼實錄院檢討官兼太子右諭德曾從龍言勸分一說實早備之先務今不必盡責以賑濟但能隨其力之所及或出粟賑糶以平糴價或假貸端息以賙貧民廣而及一鄉狹而及一都縣為之核實保明以申于州州申于常平司量其多寡而與之免役多者免一次少者一年或半年夫民之憚役甚于寇盜令既與之免役彼將欣然樂從而無難色乞下旱歉州郡令從富民上戶有能賑糶貸者並申常平司與之斟酌免役庶幾人皆樂從誠早備之一助也從之詳見賑貸門

卷二萬七百二十三

十

宋會要　役法

嘉定五年正月二十二日臣僚言竊見淳熙十六年兩浙漕臣耿秉建議充役人物力比未役白腳人如增及一倍歇役十年理為白腳再充如增及二倍歇役八年增及三倍歇役六年戶部看詳令從建議施行今著令甲永為成式自是兩浙州縣役戶不以輕重踈數為病至於其他路人戶爭役到官尚未免紛擾夫均是郡縣也均是物力也均是色役也豈有可行于兩浙而不可行之諸路乎乞以兩浙倍役之法通行諸路永遠著令庶使州縣差役無有紛擾而力役既均下戶亦無坐困之弊從之　五月三日臣僚言臣竊惟差役之法合隨都分大小先具鼠尾差帳物力之高下歇役之久近人丁之長幼從公點差乞下諸路州軍約束縣官凡遇差役各仰子細契勘遇本臺送下主管司狀必速與定差隨即報臺如見得鄉司妄有情弊即追上斷勒永不與收叙乞降旨施行從之　二十七日殿中侍御史徐宏言本朝自祖宗以來計民產高下而俾執役於公未嘗於田賦之外而有免役之輸自王安石以免役代差役取財於民雇役於官民安田里無奔走徒役之勞雖使計產輸錢民尤不憾也今以民貲之高者俾充里正彼多產之家其輸錢於官者亦多既已征其財矣而又俾執二

年之役是復重勞其力也乞參酌祖宗常平免役之本意行下州縣姑於役人從役之年蠲其免役之輸役滿輸錢仍故從之　十一月二十日南郊赦文諸縣所差保長催科率是四等五等下戶往往鄉村多有豪右官戶倚勢不輸每遇科校鞭笞責撻至有緣此鬻產賠納破家深可憐憫今仰州縣自令官戶稅物官司自行就坊郭管攬門戶幹人名下催理不許一例具入保保長甲帖內抑令催納使之賠備如違許保長經監司越訴自後郊祀明堂赦一如之　十四年二月十二日臣僚言國朝差役有保正有戶長保正指掌煙火奉行文引而收捕免暴盜賊之虞戶長夏則催稅秋則催苗而併催二科役錢之若所以任民之力不為不重矣今州縣官吏於斯二者不惟不加優恤又且乘時刻剝官宇營繕則有竹木瓦石之數軍期緊急則有皮角炭鐵之數與夫器用之造作遊宴之供辦悉科配於保正至於檢驗體究之事過都等錢名色不一此保正之所以重困也坍江之田租稅不容遽絕之家戶籍如故悉令戶長填納至有見存之戶恃頑拖欠莫敢誰何為戶長者迫於期限又不免與之代輸雖或經官陳訴而乃視為私債不與追理勢單力窮必至破蕩此戶長之所以重困也乞下州縣令保正專任煙火文引之責諸色科斂並行禁絕其於檢驗體究等事即不許乞取戶長惟任拘催二稅役錢之責其有恃頑拖欠之戶即與嚴行追斷仍勒還代輸之錢庶使充役之家不至重困破家如有州縣官吏有不遵奉因仍宿弊容臣次第糾舉重加黜責從之

卷二萬七百二十三

十一

投一作徭

此卷與大典卷二萬七百二十五重



起治平四年訖乾道九年

宋會要　免役

治平四年六月二十五日詔曰農天下之本也祖宗以來務加惠養每勤督勉屢下寬恤之令數頒蠲復之恩然而歷年于茲未極富盛聞因水旱頗致流離深惟其故殆州郡差役之法甚煩使吾民無敢立田積穀求致厚產以避其擾至有遺親背義自謀安全者多矣不幸逢其異政骨肉或不相保愁怨亡聊之聲豈不傷人理動天道歟害農若此為弊最深上下偷安苟務因循重於改作故農者益以匱之而末遊者安其富逸焉生生之路至繆戾也朕甚悼焉永惟出令之謹故訪中外群議宜有嘉謀宏策貢于予聞朕將親覽擇善而從順天興益誠安敢怠命非徒下欽哉無忽其令中外臣庶限詔下一月並許條陳差役利害實封以聞無有所隱　先是三司使韓絳言臣歷官京西奉使江南河北守藩於陝栖鄉南周昉害

卷一萬四千五百四十九

農之弊無甚於差役之法重者衙前多致破產次則州役亦須厚費夫田產人恃以為生今竭力營為稍致豐足而役以及之欲望農人之加多曠土之加闢豈可得乎向聞京東民有父子二丁將為衙前役者其父告其子云吾當求死使汝曹免凍餒也遂自經死又聞江南有嫁其祖母及老母析居以避役者此大逆人理所不忍聞又鬻田產於官戶者田歸不役之家而役併增於本等戶其餘戕賊農民未易遽數望以臣所陳下哀痛之詔令中外臣庶悉　差役利害以聞委侍從臺省官集議考驗古制裁定其當使力役無偏重之害則農民知為生之利有樂業之心矣役法之議始于此　七月十三日命龍圖閣直學士趙抃天章閣待制陳薦同詳定中外臣庶所言差役利害　十月十六日權御史中丞滕甫知制誥陳薦同詳定中外臣庶所言差役利害　熙寧元年五月九日同知諫院吳充言當今鄉役之中衙前為重上等民戶被差之日官吏臨門籍記杯杵匕箸皆計貲產定為分數以應須求勞同濤危之不盡不止至有家貲已竭而逋負未除子孫既沒而鄰保猶逮是以民間規避重役土地不敢多耕而避戶等骨肉不敢義聚而懼人丁甚者嫁母離親以求兄弟異籍風俗日壞殊可憫傷昨聞講求鄉役利害許中外臣庶上言仍差近臣詳

定遠令一年來見所謂除而東南弓手復增數倍闕點差之際人心甚不
安皆云西邊用兵五路入界待此起發更相動搖閭里皇皇道路相目良
由州縣官吏不能明白曉諭亦以朝廷命令多所改更使民疑惑又近年
以來上户寖少中下户寖多役使頻仍農人不得不困地力不得不遺蓋
生之資有所不足則不得已而爲工商人不得已而爲盜賊國家之患常
兆於此今陛下留意助農望勑中書擇臣庶所言鄉役利害以時施行詔
令送中書　十八日知制誥錢公輔同詳定差役利害　二年二月二十
七日以知樞密院事陳升之參知政事王安石同制置三司條例其後升
之請併制置條例司歸中書户房安石以爲公中書事叢積遲留恐併制
置滯留請俟差役常平事畢　三月十一日上曰近聞内藏庫奏外州
有遣衙前一人專納金七錢者因言衙前傷農令制置三司條例司講求
利害立法　四月二十一日命權荆湖北路轉運判官劉彝通判府州謝
卿材河北轉運司勾當公事王廣廉知安遠縣侯叔獻著作郎程顥知開
封府鲁曹參軍盧秉許州司理參軍王汝翼權興化軍判官監進州買納
茶場曾伉八人於諸路相度農田水利税賦科率徭役利害從制置條例
司請也　六月七日制置三司條例司言陛下臨御以來深詔四方博求

卷一萬七千五百四十九

農田利害其間雖有應令大抵皆毛舉細故未見有能條具本末灼然可
致實効者盖係役之事所在異宜不可通以一法非按視省訪則不足以
知其詳乞下諸路轉運司令各具本路農田徭役利害聞奏降付本司看
詳施行從之　九月制置三司條例司言近詔置京東等路常平廣惠倉欲量
逐路錢物多少選官分詣提舉詔差官充逐路提舉常平廣惠倉兼管勾
農田水利差役事所選官詳見職官提舉常平農田水利差役門　三年
五月十七日制置三司條例司言常平新法宜付司農寺選官主判兼領
田役水利事乃命太子中允集賢校理呂惠卿同判司農寺　八月三日
詔司農寺增置寺丞一人以呂惠卿奏農田水利差役舉應接條目已多故
也　二十七日詔司農寺每歲終具天下差役更改過若干寬減得若干
民力以聞　十一月二十八日詔曰夫天下之役常困吾民至使流離飢
寒而不能以自存豈朕爲民父母之意哉吾詔書數下欲寬其役而事未
興是吏奉吾詔不勤而察民未深也今梓州路獨能興民之利而去其害
欲加之賞朕何愛焉其轉運使韓璹等已降勑書奬諭仍各賜帛二百以
中書言本司奏本路團併陸路綱運共減一百三十八綱并減定本路諸
州軍監遞近接送牙前及減罷押綱隨送得替官員衙前共二百八十三





中書選孫廸張景溫體量不願出錢之民臣恐不願出錢者欲困以重役
如此威脅誰敢不從又言開府界提點司以諸縣百姓入京訴等第助役
事東明縣民最多因欲舉劾知縣賈蕃今若東明百姓來訴則罪知縣臣
恐諸縣令佐盡創其事先威以嚴刑督以利害俾民不敢復訴壅塞民言
得爲便乎况陛下已詔東明等縣不得升等及取情願若非百姓來訴何
愿有此詔乎而反掊摭知縣何也又言助役之法朝廷之意甚善其法亦
甚均但亦有難行之説臣頗献其否以成其可去其害以成其利假如民
田有多至百頃者少至三頃者皆爲第一等百頃之與三頃已三十倍矣
而役則同焉今若均出錢以雇役則百頃者出錢必三十倍於三頃者矣
况永無決射之訟乎此其利也然難行之説亦有五民難得錢一也近邊
州軍姦細難防二也逐處田税多少不同三也耆長雇人則盜賊難止四
也專典雇人則失陷官物五也先已試防此五害然後著爲定制仍乞誡
勵司農寺無欲速就以祈恩賞提舉司無得多取於民以自爲功擊亨陛
下憂憫元元謂天下役法久失其平欲慨然有意大均之也然有司建議
立法頗未有上副君意而下協人情者其法曰率錢助役官自雇人臣謂
其事不可勝言而略陳其十害天下户籍均爲五等凡户之虚實役之重

卷一萬七千五百四十九

輕類皆不同今斂錢用等以爲率則非一法之所能齊若隨其田業腴瘠
因其所宜一州一縣一鄉一家各自立法則縱錯散殊何所總統其害一
也新法患等籍之不得其實故令品量物力別立等第以定錢數然舊籍
既不可信則今之品量何以得其無失其害二也上户常少中下之户常
多上户之役數而重故或以今之助錢爲幸下户之役簡而輕故皆以今
之助錢爲不幸優富苦貧非法之意其害三也新法所以品量立等不取
舊簿者意欲多得雇錢患上户之寡故臨時登降升補高等以充足配錢
之數疲匱之人何以堪命近日府界其事已驗其害四也歲有豐凶而役
人有定數助錢不可闕則助錢非若賦税有倚閣減放之期其害五也農人
唯有絲絹麥粟之類而助法皆用見錢故須隨時貨易逼於期會價必大
賤借使許令以物代錢亦復有退剝壅滯及貿緣乞索之患其害六也兩
税及科買貸責色目已多使常無凶災猶病不能畢公私之費及起庸錢
竭其所有恐人無有悦而願爲農者其害七也儻幸之人又能寅緣法意
如近日兩浙科一倍錢數欲自以爲功而使國家受聚斂之怨其害八也
州縣定差循環相代上等大役至速者猶須十餘年而一及之至於下役
則一二十年乃役一差今使槩出緡錢官自召雇雇直輕則法或不行重

披一作被

至一作止

人及省諸州軍監縣差役公人共五百一人兼點檢詳遂州等處自來公使厨庫牙前陪費錢物最為侵刻若不改更即令後役名衙前各不願充役乞行裁減上休陛下愛恤百姓之意率先諸路講求利害公忠之實乞特加獎諭故降是詔其所減衙前及綱運并差官衝替事仍依奏施行

四年四月二日詔罷章惇相度夔州路差役先是遣惇乘驛同夔州路轉運使經制渝州蠻賊惇言經制渝州蠻賊疆土雖為已服諸州欲止以渝州役事立定條約推行於一路上批諸州役事不同難止用一法故罷之

同日司農寺言開封府界諸縣民歲納役錢其鄉村第四等已下並免知非單丁即與第五等輸差壯丁從之

五月十六日司農寺及開封府界提舉常平司言有畿內百姓來知新法之意見逐鄉大戶言等第出助役錢多願依舊充役詔司農寺令諸縣曉諭如有不願納錢之人除從來不當役年月令依條認本等役候年月至則赴官充役更不令納錢（役）又奏乞差府界提點司官分詣諸縣同造五等簿升降民戶如敢將四等已下戶升於三等致人披訴其當職官吏並從違制不以赦降原免從之

卷一萬七千五百五十九

七月六日詔御史中丞楊繪御史劉摯分析所奏差役利害以聞先是繪言臣非不知助役之法乃陛下憫差役之不均欲平一之使民宅於大均之域或有羨餘即以待水旱之歲然關幹其任者唯務斂之多而行之峻致天下不盡曉朝廷之意將以為率其剩者而官取之也兩浙提點刑獄王庭老提舉常平倉張靚科兩浙一路役錢至七十萬至有一戶出三百千民皆謂供一歲役錢之外剩數幾半雖司農寺未即從然民聞咸謂庭老必實之以爭路或隣路監司觀望以館職或檢正此必因取數之多而而謗議興也乞裁損行下以安民心又言東明等縣百姓乃千百人詣開封府訴超升等第出助役錢事本府不受百姓既無所訴遂突入王安石私第安石諭云此事相府不知當與指揮不令升等仍問汝等知縣知否皆云不知人詣御史臺臣以本臺無例收接訴狀諭令散去退而訪聞乃司農寺不依諸縣元定戶等却以見管戶口量等第均定助役錢數付諸縣各令管認升降戶等別造簿籍前農務而畢臣切謂凡等第升降蓋視人家產高下須自下而上乃得其實今乃自司農寺先畫數令本縣依數定等豈得民心甘服哉京畿者天下之根本不可不關繫慮措置民事必自州及縣豈有文移下縣州府不知之理此乃司農寺自知所行於理未安故不報府直下諸縣欲其畏威不敢異議若關京尹或致爭執所以不顧事體如此今已是農月如何於農務前畢欲隨夏稅起催乎臣又聞





而一作則

而一作且

亦未為非又況方曉示人戶事有未便皆與改正則今未增減溢審未施行上

之則民不堪命其害九也夫役人必用鄉戶蓋有常產則自重惜愚實則少欺今既僱募恐止得輕猾遊浪姦偽之人其害十也天下差役與重於衙前今司農新法鄉戶衙前更不差其長名人並聽依舊以天下官自賣酒稅坊場并州縣坊郭人戶助役錢數以酬其重難臣謂此法有若可行然坊郭十等戶自來以承應官中配率科率亦難使之均出助錢外場務給衙前對折役過分數多估價不豐虧官實數今既官自拘收以私價召賣則所入固多已陛下以此一法詔有司講求其詳則其他設法更革無難矣助役之法望一切寢議至是論正中書五房公事同判司農寺曾布言臣伏見言事官屢以近日所議差役新法未便論議紛紜多失利害之實竊以朝廷議更差役之法志於便民欲難遽使四方詢求利害而詳句之事甚近而易講所遣之官論議措置條暢明白多可行者及至成書而付之司農使與開封提點司集議已又牓之諸縣凡民所未便皆得自陳此可謂詳盡矣臣觀言者之言皆臣所未諭豈敢於理而不之思乎抑其中有所徇而其言不能無偏乎畿內上等人戶盡罷昔日衙前之役故今所輸錢其費十減四五中等人戶舊充弓手手力承符戶長之類今使上等及坊郭寺觀單丁官戶皆出錢以助之其費十減六七下等人戶盡

卷一萬七千五百五十九

除前日免役而專充壯丁而不輸一錢故其費十減八九言者則或以謂凌虐赤子或以謂朝廷受聚斂之謗今輸錢免役使之安生樂業終身不知有前日之患也言者則以為起納庸錢則人無悅為農者上戶所減之費少下戶所減之費多言者則以謂上戶為幸下戶以為不幸今量其物力使等第輸錢逐等之中又別為三等或五等其為均平齊一無以過此言者則以謂斂錢用等則非一法所能齊所在各自為法則無所總緒之等書等第不均不足憑用故欲分命使者督察諸縣使加刊正庶品量升降皆得其平言者則以謂舊等不可信今之品量何以得其無失知此則是天下之政無可為之理輸物三年一造簿書所以升降等第今之品量增減實未施行言者則以謂品量立等者盡欲多斂庸錢升補上等以足配錢之數至於祥符等縣以上等人戶數多減充下等乃獨溢而言凡州縣之役無不可募人之理今投名衙前半天下未嘗不主官倉庫場務綱運官物而承符手力之類舊法皆許僱人行之久矣惟耆長壯丁以今所措置最為輕役故但輪差鄉戶不復募人言者則以謂專典僱人則大隳官物耆長僱人則盜賊難止又以謂近邊姦細之人應募則焚燒倉庫或守把城門潛為內應役錢之輸見錢與納斛斗皆取民便為法如此亦

揄一作輸

已一作以

請一作謂

陳一作告

已周矣言者則以謂納免錢則絲帛粟麥必賤以物代錢則有退揀乞索之害如此則當如何而可皆之徭役皆百姓所為雖凶荒飢饉未嘗罷役今役錢必欲稍有羨餘乃所以備凶年為朝廷推恩蠲減之計其餘又專以興田利增吏祿言者則以謂助錢非如稅賦有倚閣減放之期臣不知昔之衙前弓手承符手力之類亦嘗倚閣減放否兩浙一路戶一百四十餘萬錢七十萬緡而已畿內戶十六萬率錢亦十六萬緡是兩浙所輸蓋半於畿內募役之餘亦無幾矣言者則以謂吏緣法意兩浙欲以羨錢徼幸司農欲以出剩為功賞蕃為縣令差役之事尚有未便於民法許其自陳乃不肯受從趣京師詭詐詞訴其意必有請也蕃之不職不法其狀甚衆皆有司所不得不問故置獄以究之言者則或以謂蕃方為二府所逐明非不才或以謂蕃雖有贓私乞一切不問此皆臣所未諭也大約御史之言多如此類至於助役之法昨秀詳奏請出榜施行皆開封府與司農寺被旨集議此天下所知借使法有未善而言者深論司農未嘗以一語及開封府開封於民事何所不預民有所陳而不受此乃御史之所當言而言未嘗及也自非內懷邪詖之情有所拘背則不當至此願以臣所言宣示中外故有是詔　十四日楊繪具錄前後論助役法四奏以自辨人

卷一萬七千五百四十九

言助役之法國家方議立千萬年永制一人之智不足以周天下之利害必集衆人之智然後可以盡其利今陛下專任王安石專委曾布又憶人言如此而欲建千萬歲永制安可得乎劉摯又言臣近論助役之法其害有十得旨批送曾布劄子條件詰難令臣分析者竊以助役斂錢之法有大臣者主之於中書有大臣之親中書之僚官及御史知雜者議之於司農寺有大臣選擇所謂能者為監司提舉官而行之於諸路其勢上下若此可謂易行矣然曠日彌年終未有定論可以為法者此何謂也為不順乎民心而已矣是故前日來中外士民之說數告陛下今以司農為是耶則事盡於前奏可以覆視陛下以臣言為非耶貶黜而已矣雖復使臣言之亦不過所謂十害者而風憲之官亦豈當與有司較是非勝負交口相直如市人之諍哉伏望以臣前後論助役之章與司農之言宣示中外以考是非若臣言有取則乞早賜寢罷助役以天下之心若稍有欺罔則乞重行竄殛以戒妄言以謝專權之人摯又言青苗之議起而天下始有聚斂之疑青苗之議未一而均輸之法行均輸之法未見而邊鄙之謀出邊鄙之謀未息而漳河之役作漳河之役未平而助役之事興至助役之法臣終以謂使天下百姓稅賦資青息利之外而無故升進戶等使槩出緡



溢一作益

錢者皆非國家美事故天下謂之聚斂大臣誤陛下而大臣所用者又誤大臣今既顛躋乖錯敗亂綱紀知天下之不容擢晨東之回悟以謂雖中外之士畏避無敢言其尚敢言者獨御史有職爾故又使司農受惑天聽作為偏辭令臣分析以摧沮風憲之體難使言路伏望陛下深察事物之勢用安靖之治以休息生民罷分析之旨以養多士敢言之氣詔繪落翰林學士御史中丞為翰林侍讀學士知鄭州摯落館閣校勘監察御史裏行監衡州鹽倉　十一月頒募役法諸戶等第輸錢免其身役官以所輸錢立直募人充役輸錢輕重各隨州縣大小戶口貧富土俗所宜謂以家業錢或田畝或稅錢之類計一歲募直及應用之數留準備錢不得過一分立為歲額仍隨逐處均數至第三或第四等不足聽數至第五等坊郭自逐處等第均定即貧乏而無可輸者勿數其戶數多寡數錢則例隨造等增損不得溢額　五年三月十七日詔司農寺免役剩錢令諸縣依常平法給散收息添助吏人食錢仍詳具條約以聞　六月八日詔諸路以新法募役民不願而輒抑勒者官吏並以違制論雖去官會赦不原　八月二十六日詔檢正中書刑房公事李承之充集賢校理以承之按視淮浙農田差役等事能識朝廷所以命使之旨宣布法意致州縣易於奉承丞得就緒故特獎之

卷一萬七千五百四十九

十一月十八日司農寺言已定京東路役法欲料起催若雇錢及役使重輕尚有未盡委轉運提點刑獄提舉司詳具申寺從之仍自熙寧七年推行　六年二月十六日司農寺言近詔天下出錢免役而永興秦鳳比之他路民貧役重恐非朝廷寬卹愛養之意乞詔諸路提舉司併省冗役以次蠲減常留二分寬剩以為水旱閣放之備詔陝西之民數困科調最為貧弱所出役錢獨多諸路誠為可卹宜依所奏

六月十九日京東路察訪司請自今應推行差役新法有輒傳造言語文字扇搖百姓並依扇搖保甲法從之　七年正月十三日詔兩浙察訪轉運提點刑獄提舉司同相度第五等戶所出役錢至少今若減放以寬剩錢補充如支用得足即蠲之其以家產稅錢均出而不分等處即比附應放貫百已下放免以聞　三月八日詔役錢每千別納頭子五錢其舊於役人圓融工費修官舍作什器夫力篝載之類並用此錢不足即用情輕贖銅錢輒圓融者以違制論不以去官赦原先是凡公家之費有敷于民間者謂之圓融多寡之數或出于臨時污吏乘之以為姦其弊所從來久至是始悉禁焉　十三日詔聞鎮定州民有所賣處木以納免役錢者令安撫轉運提舉司體量具實以聞其後逐司奏體量得諸縣去秋旱

貢一作供　合一作獲　供一作共



民以故貧下户亦有拆屋賣錢以給己家糧食及官中諸費者非專為納免役錢也　四月二十五日上論及免役利害且曰今之法但當使百姓出錢輕如往日便是良法至如減定公使錢猶有以為言者此實除去衙前陪貲深弊且天下貢奉之物所以奉一人者朕悉已罷人臣亦當體朕此意以愛惜百姓為心馮京曰朝廷立法本意出於愛民然措置之間或有未盡陛下但當開廣聰明盡天下之議使者行之有不便者不吝改作則天下受賜矣　二十九日詔聞淮南路推行新法多有背戾役錢則下户太重常平唯務散多更不出榜召人請願有用等第敷錢與民極不便令本路監司速體量按治以聞　五月二十五日詔諸路公人依沿邊弓箭手例給田募人其招弓箭手寨户地不用此令凡係官逃絶監收寧田不許射買請佃委本縣置簿估所得租合直價錢以一年僱錢為準仍量加優潤以役錢撥數撥還轉運司　七月十九日司農寺言曲陽縣尉呂和卿請五等丁產簿舊憑書手及耆户長供通隱漏不實檢用無據今熙寧編勅但刪去舊條不立新制即於造簿反無文可守尤為未便承前建議唯使民自供手實許人糾告之法最為詳密貧富無所隱誠造簿之良法也詔送提舉編修司農寺條例司　十二月二十八日詔辰沅二州並

卷一萬七千五百四十九

依威茂聽罷免役出錢之法從察訪蒲宗孟請也　八年二月二十一日詔比令以寬剩錢買田募役須契勘毋妨準備災傷等用價高處罷買以兩浙路轉運使王廷老言衢州西安縣買山田價高用錢十二萬緡乃是募一縣之役既破就省稅又失免役并稅官錢而司農寺言恐不獨兩浙所費如此欲改法故有是詔　四月十二日詔罷給田募人充役已就募人聽如舊其走死停替者勿補　七月五日詔進納出身人有旨落進納字者不以官户例減役錢從司農寺請也　十月二十三日詔聞東南推行手實簿法公私煩擾其速令權罷之委司農寺再詳定以聞先是以民資產出錢免役呂和卿請立告賞使自陳其實謂之手實而御史中丞鄧綰言凡民所以養生之具日用而家有之今欲盡數供析出錢則本用供家不專於租傭營利欲指為供家之物則有時餘羨不免須貿易與人則家家有告訐之憂人人有隱落之罪無所措手足矣夫行商坐賈通貨殖財四民之一也其有交易不過服食器用粟米財畜絲麻布帛之類或春有之而夏已折閱之或秋居之而冬已散亡之則公家簿書如何拘轄隱落之罪安得而不犯徒使嚚訟者趨賞報怨而公相告訐畏怯者守死忘餓而不敢為生其為法未善可知矣故有是詔　九年八月二十八日削

減一作或　多一作矣　條一作錢　限一作依

輕重一作重輕　七一作六　解一作物　六一作二　十一作百



湖路察訪蒲宗孟言兩路元敷役錢太重民間出辦不易至每年所收寬有寬剩詔荊湖路寬剩錢各權減二年　十月十七日詔自今寬剩錢役并買撲坊場等錢更不給役人歲終具羨數申司農寺餘應係常平司收常留一半　十一月二十六日侍御史周尹言諸路募役錢元指揮於數外留寬剩錢一分聞諸州縣承望提舉司風指廣令民間出錢又有提舉司希求勞績或官吏士庶妄陳利害減省役人除就役錢而民間所出一切如舊致寬剩數漸倍多天下皆謂朝廷設法聚斂州縣以役人日減公事日繁雖迫以嚴刑猶不能辦役人以舍法太重募錢太輕無以自養不願就役上下失所公私共患乞令諸路州縣依先降免役條募者長户長及有不當過減役人並限定人數令逐月募錢有償外其寬剩止留一分已上每過二分三司使沈括亦言先燕兩浙察訪體量本路自行役法後鄉村及無役人多稱不便眾具利害乞減下户役錢竊詳立法之意本欲與民均財借力役重者不可不助無役者不可不使之助以臣愚見無若使無役者輸錢役重者受祿輕役自依保法今州縣重役不過衙前耆户長散從官之類衙前即坊場河渡錢自可足用其餘於坊郭官户女户單丁寺觀之類附場坊河渡餘錢凡以賦祿出錢之户不多則州縣易為督

卷一萬七千五百四十九

斂輕重相補民力自均詔司農寺相度以聞　是歲諸路上司農寺歲收免役錢收一千四十一萬四千五百五十三貫碩匹兩金銀錢斛匹帛一千四十一萬四千三百五十二貫碩匹兩絲綿二百一兩支金銀錢斛揲子六百四十八萬七千七百八十八兩貫碩匹應在銀錢斛匹帛二百六十九萬三千二十貫匹碩兩見在八百八十七萬九千二百六十七貫碩匹兩　開封府界收十一萬二千九百五十三貫文支七萬七千一百四十貫文應在錢一萬七千四百九十四貫見在錢八萬八百五十八貫文　京東東路收五十一萬三千四百七十七貫兩錢五十一萬三千三百一十八貫絲綿一百五十九兩支二十八萬五千五百八十一貫文應在錢九萬二百八十七貫見在錢絲綿三十九萬四千二百七十一貫兩　京東西路收四十七萬四千六百六貫支三十萬四百七十貫應在錢四萬五千八百六十七貫見在錢斛三十六萬七千六百二十六貫碩　京西南路收二十八萬三千九百六十二貫支二十萬三千三百六十貫應在錢三萬三千一百二十貫見在錢銀二十三萬二千七百八十貫兩　河北東北收五十一萬三千一十四貫碩兩支三十一萬九千七十二貫應在錢五萬五百一十貫見在四十六萬二千

八一作三　江一作河

一百八十一貫領匹綿　河北西路收六十二萬八千九百三貫領文三十二萬九千七百七十九貫領應在錢九萬一千四百八十七貫見在五十九萬四千八百七十五貫領束　永興軍等路收九十五萬四千一百三十二貫文五十二萬六百三十四貫應在九萬一千八百八十二貫錢九萬一千八百四貫見在七十七萬二千八百六十一貫碩束　秦鳳等路收四十一萬三千四百二十二貫文二十五萬九千四百三十一貫應在四萬八千三百五十八貫見在錢三十六萬一千一百五十七貫　河東路收五十二萬五千三百七十二貫碩兩文二十九萬六千二百五貫碩斤應在一十萬二千三百五十六貫碩兩見在五十七萬二千九百三十五貫碩匹兩束　淮南東路收四十九萬四千八百三千貫文三十萬六千九百五十八貫應在一十七萬六千九十三貫碩見在錢二十三萬二千二十六貫　淮南西路收三十四萬八千二百貫文二十四萬二千一百四十五貫應在錢一十四萬一千八十六貫見在錢二十萬三千三百三貫　兩浙路收八十萬五千八百四十四貫文六十八萬九千二十貫應在錢三十三萬二千二百二十六貫見在錢五十四萬一千六百五十二貫　江南東路收三十八萬六千八百五十六貫文二十二萬八千三百三十八貫應在一十八萬八千六百一十八貫見在錢二十六萬七千六百八十二貫　江南西路收三十九萬六百六十一貫匹文一十九萬九千二百五十九貫應在二十九萬六千五百九貫碩見在五十三萬四千三百八十六貫碩匹兩斤　荊湖南路收三十九萬五千八百八十三貫文一十八萬九千三百九十一貫應在錢一十一萬二千二百三十貫見在六十六萬七十八十四貫碩兩　荊湖北路收三十一萬八千六百六十四貫文二十五萬三千三十二貫應在二十七萬三千二百八十九貫匹見在二十萬七百一十七貫　福建路收三十七萬四千三百九十八貫文一十八萬九千一百八十六貫應在錢九萬三千五百一十四貫見在五十三萬六十五貫　成都府路收六十二萬九百四十九貫文四十三萬一千九百四十五貫應在錢五萬二千七百三十三貫見在錢三十六萬九千二百三十二貫　梓州路收三十四萬六十六貫文二十三萬一千二百四十五貫應在三萬八千五百六十貫見在二十四萬三千七百八十二貫匹兩碩逆　利州路收四十二萬九百七十五貫文一十七萬三千四百二貫應在一萬四千三十九貫見在二十四萬六千八百九十九貫匹兩　夔州路收二十二萬八千九百三十六貫兩文一十

卷一萬七千五百四十九



甲一作四　洎一作雖

七萬七千九百一十八貫兩應在四千一百二十八貫見在二十萬一千九百二十五貫兩　廣南東路收二十三萬三百五十四貫文一十四萬六千八百六十一貫兩應在一十五萬九千二百二十貫見在八萬七千五百一十七貫兩　廣南西路收二十萬六千三百九十六貫文一十二萬四千八百六十八貫應在一十四萬五千五百八十七貫見在一十萬二千二百五十五貫

熙寧十年四月二十九日司農寺言勾當公事王覺同江南西路提舉司相度興國軍永興縣民每稅錢一出役錢一今減二分詔減五分

七月九日翰林學士起居舍人權三司使沈括守本官為集賢院學士知宣州先是侍御史知雜事蔡確論括以白劄子詣吳充陳說免役事謂可變法令輕役依舊輸錢括為侍從近臣既見朝廷法令有所未便不明上章論而但於執政處陰獻其說兼括累奉使察訪職在措置役法是時但欲裁減下戶錢數未嘗言復差役今非其職而輒請變法蓋自王安石罷相括恐大臣於法令有所改易故潛納此說以窺伺其意為附結之資故有是命　元豐元年正月十七日判司農寺熊本言近諸路皆言甲頭催稅未便今相度欲令諸路依元定役法錢數雇募戶長如未有人應募權

卷一萬七千五百四十九

稅戶多少輪四等以上保丁催稅每都保毋得過五人每人須催百戶以上每所催多少支給催錢與免科役錢仍依舊一稅一替顧募充者聽如有違犯並依保甲頭減戶長一等論選司農寺相度以聞　十八日詔諸路常平使臣因軍期亡歿其子孫不該奏免皆本戶役錢減放五年從司農寺請也　十九日詔諸路依舊置牙司從司農寺請也　二十七日司農寺言淮南東路提舉司乞本路並用鄉村民戶物產實直錢數數出役錢從之　閏正月四日秦鳳等路提舉司乞增秦州縣役錢應當役人及增保錢從之　十月二日詔自今年八月降朝旨後諸路因行役法實用單丁女戶減放錢所減役人催食等錢歲終具數申司農寺擬還從本寺請也　十二日御史中丞判司農寺蔡確言常平免役敕多已衝改免役等法素未編定今除合刪修為敕外所定約束小者為令其名數式樣之類為式乞以元豐司農敕令式為目從之　二年四月二十一日知諫院李定言秀州嘉興縣從初定役法時以僧舍什物估直載錢恐非法意詔下司農寺行下本路改正他路有類此者令提舉司依此施行從之　七月十二日詔兩浙路坊郭戶役錢依鄉村例隨產裁定免出之法初詔坊郭戶不及二百千鄉村戶不及五十千並免輸役錢

税一作應　詳一作說　戶一作路　錄一作綠　并一作就　數一作以數

續詔鄉村合隨逐路民戶家業錢定免出之法至是提舉司言鄉村下等
有家業不及五十千而猶輸錢者坊郭戶二百千以下乞免輸錢輕寬
不均故有是詔　二十八日提舉成都府路常平等事范子諒言本路役
錢簿毫以下者閹零就分其閹零出剩錢與役錢一處收附經隔詳議法
之初本以民稅為定制計輸役之數以為常費立例出錢則錢不損使民
信而易知則今始為畸零不齊又復閹零攏折增加不定且虧財入官不
當明白不宜文理委曲令吏史得緣為姦今相度民戶供輸自合閹零
就整或致虧毫以下錢不多無幾文薄簡省易為會計從之　八月十二
日詔遣司農寺都丞吳雍同兩浙路提舉官講議役法備從結絕　十月
十七日詔解府二州鄉村戶毋出役錢河東轉運司言鱗府豐三州上等義軍
已免輸役錢而並邊土蕃鄉村戶貧乏宜蠲之事下司農寺以鱗豐州不
無役錢解府州鄉村戶歲輸一萬餘緡請如轉運司奏而以太原汾潞州皆寬
剩役錢補之　十二月十四日詔蓬閬二州免役錢以家業多少定數以
利州路提舉司言所部役錢未均蓬閬二州上戶家業多而稅錢少下戶
家業少而稅錢多至第一第二等戶輸錢以分第四第五等故也　同日
廣南西路提舉常平等事劉誼言廣西一路戶口纔二十萬戶不逮江浙

續長編卷二百四十九

一大郡而民出役錢至十九萬緡募役實用錢十四萬緡餘四萬緡謂之
寬剩百姓貧乏非他路比上等之家不能當湖湘中下之戶而役錢之出
縣用稅錢稅錢既少又敷之田米田米不足復算於身丁廣西之民身之
有丁也既稅以錢又算以米是一身已輸二稅殆前世弊法今既不能蠲
除之而又敷以役錢甚可憫也廣南東西路監司提舉司吏人一月請給
上同於今縣下倍於攝官謂當裁損以減雇錢庶以寬身丁田米之所出
與夫下戶役錢甚大利也詔下本路提舉官齊諶相度諶請監司提舉司
吏及通引官客司月給錢萬減二千歲可減役錢一千二百餘緡從之
三年四月二十四日詔司農寺改更常平免役坊場等事有干大法者不
得輒下相度並先奏取旨　七月二十八日司農寺都丞吳雍言已置局
會天下役書刪除煩複支酬重直民較輕重擬成式樣下逐路轉運提舉
再加刪定從之又言就差官纂考存留者壯丁直并免酬衙前綴附併置
聚之京師或轉移沿邊變易金穀詔提舉司限一月具數以聞　八月一
日司農寺都丞吳雍言議定淮浙兩路役書減冗占千三百餘人歲省錢
二十八萬四千九百餘緡會定歲用有寬剩錢一百四萬餘緡諸路役書
多若此類乞先自近京三兩路修定下諸路依倣裁損從之令吳雍與司





食一作倉　多一作多

農寺主判詳定　三日司農寺言免役坊場錢人戶不願赴州而願就縣
輸送或緣官司失催納而罰駁帳狀却行收歛重為煩擾者皆乞除免
於寺監人埋納從之　閏九月十三日詔司農寺諸路請減役人錢毋得
施行　十二月一日詔瓊州萬安昌化朱崖軍令依威茂黎雅州罷免
役法依舊差役以瓊管體量安撫朱初平等奏請也　五年三月四日提
舉江南西路常平等事劉誼言自唐至於五代暴斂所興二廣則戶計一
丁出錢數百輸米一碩江東西兩浙之曠則納鐵錢之食鹽則輸鹽米
供軍須則有鞋錢入官府則有蠶鹽正稅之外又有租錢夫有天下承平
百年二稅之下未嘗蠲除江南獨不蠲稅民不能堪而入米以五代為
加賦矣嘉祐中許商通茶乃立租錢茶租以稅為本非國初又加賦矣陛
下起於至受百而相之又以安石所推引而任呂惠卿曾布李承之門則
議令外則蔡確等攻天下之法而新之上下日以為務而一切紛營言所令之
不便行之數年天下訟之法弊而民病者有之甚於役法者臣請試
言其甚者湖建立一法使民出錢而當法者千不應賦稅本來輕重而出
錢一也不正天下之籍而出錢二也下戶出錢三也借錢以償又復決罰
四也出錢太重五也寬剩太多六也法未成而立法之堤猶定也司

續長編卷三百四十九

農不緊法會官不救弊八也減役人而椿留其錢九也百色配買賤價
民十也凡此數弊者不見於上而見於民民猶望於上聞甚可痛也故人
臣之懟豈有難哉陛下鑒害法者悉吏之民子千利矣詔劉誼職在奉行
法度既有所見自合公心陳露輒敢張皇上書[illegible]一二偏辭不齊之
事意欲搖壞大法公肆詆讕上惑[illegible]以徼倖任特
勒停　九月二十五日廣南西路提舉司言準詔以朱初平劉誼所乞瓊
州昌化萬安朱崖四州軍不行役法依舊差役人今欲以海北諸州寬剩
役錢充海南州軍雇役從之　七年二月二十九日戶部言司農寺准朝
旨就置官局會天下役書修成雖已有講議到路分續準朝旨罷局
契勘推行役法迄今十餘年諸路中[illegible]件不少條例頗煩
役人[illegible]酬之類亦有未[illegible]役書[illegible]特甚
今相度除淮浙兩路係[illegible]
參酌刊成完書從之　八年四月二十七日門下侍郎司馬光言百姓或
有以供在上之役[illegible]
差役破產[illegible]
庶者惟鄉戶衙前有之[illegible]

幹一作經　為一作于　又一作及　加一作力

也其鄉戶衙前所以破產者，蓋由山野愚戇之人不能幹事，使之主綰官物，或因水火損敗，或為上下侵欺，是致欠折，備償不足，有破產者。至於長名衙前，久在公庭，均當精熟，每經重難差遣，積累分數，別得優輕場務酬獎，往往致富，何破產之有。夫差役出於民，錢亦出於民，今使民出錢雇役，何異割鼻飼口，朝三暮四，於民何所利？又鄉者役人皆上等戶為之，其下等單丁、女戶及品官、僧道本來無役，今使之一槩輸錢，則是賦斂愈重，非所以寬之也。故自行免役法以來，富室差得自寬，而貧者困窮日甚，殆非所以抑兼并、哀惸獨、均賦役也。又監司守令之不仁者，於雇役人戶外多取羨餘，或一縣至數萬貫，以冀恩賞進取，不顧為民世世之患。又國家舊制，所以必差青苗戶充役人者，為其有莊田家屬，有罪難以逃亡，故頗自重惜。今雇浮浪之人充役，常日恣為不法，一旦事發，卑身竄匿，何處州縣不可投名？又農家所有，不過穀帛與力，自古賦役無出三者。自行新法以來，青苗、免役錢又賦斂，多責見錢。錢非私家所鑄，要須貿易。今來豐歲，穀賤已自傷農，況迫於期限，不得半價盡糶，所收未能充數，家之糇糧不暇更留。若值凶年，則又無穀可糶，人人賣田，無所可售，遂至殺牛賣肉，伐桑鬻薪，來年生計不敢復議。此農民所以重困也。又比年以來，物價愈賤，而閭閻愈困，所以然者，錢皆聚於官中，民間乏錢，貨重物輕。臣愚以為宜悉罷免役錢，其州縣諸色役人並依舊制，委本縣令佐揭簿定差，皆見雇役人。其衙前先召募人投充長名，召募不足，然後差鄉村人戶。每經歷重難差遣，依舊以優輕場務充酬獎。所有見在免役錢，撥充州縣常平本錢，以戶口為率，存三年之蓄，有餘則歸轉運司。凡免役之法，縱富強應役之人，征貧弱不役之加，利於富者，不利於貧者。及今耳目相接，猶可復舊，若更年深，富者安之，民不可復差役矣。　八月十六日，戶部言：詔修諸路役書，請數出役錢，除先立數外，所留寬剩不得過二分，餘行減放，其自來不及二分處，即依舊。從之。　十月二十五日，詔耆戶長、壯丁之役皆募充，其保正、甲頭、承帖人並罷。

卷一萬七千五百四十九



應一作行　此卷與大典二萬七百二十五重



哲宗元祐元年正月十四日，戶部言：準勑，府界、諸路耆長、戶長、壯丁之役，並募以保正代耆長，催稅甲頭代戶長，承帖人代壯丁，並罷。看詳所募耆戶長若用錢數雇募，即處所支數少，應募不行，萬第四等以下舊不出役錢，亦輪充壯丁，竊慮諸路提舉司、州縣為見今降朝旨並創行雇募，卻於人戶上更斂役錢。今相度，欲乞應府界、諸路自來有輪差及輪募役人去處，並乞依元役法，如有合增損事件，亦依役法增損，條具施行。從之。　二月一日，中書舍人蘇軾言：竊見先帝初行役法，取寬剩錢不得過二分，以備災傷。而有司奉行過當，通計天下乃十四五，然行之幾十六七年，常積而不用，至三千餘萬貫碩。先帝聖意，固自有在，而愚民無知，因謂朝廷以免役為名，實欲重斂，斯言流聞，不可以示天下後世。臣謂此錢本出民力，理當還為民用。此先帝聖意所欲行者，今日所當追探其意，還於役法中散之，以塞愚民無知之詞，以興長世無窮之利。臣伏見熙寧中嘗行給田募役法，其法以係官田，如退灘、戶絕、沒納之類，及用寬剩錢買民田以募役人，大略如邊郡弓箭手。臣知密州，親行其法，先募弓手，民甚便之。曾未半年，此法復罷。左右大臣意在速成，且利寬剩錢以為他用，故更相駁難，遂不果行。臣謂此法行之有五利。朝廷若依舊行免役法，則每募一名，省得一名雇錢，因積所省，益買益募，要之數年，雇錢無幾，則役錢可以大減；若行差役法，則每一名省得一名色役，色役既減，農民自寬，其利一也。應募之民正與弓箭手無異，舉家衣食出於官田，平時重犯法，緩急不逃亡，其利二也。今者穀賤傷農，民賣田常苦不售，若官與買，則田穀皆重，農可小舒，其利三也。錢積於官，常苦幣重，若散以買田，則貨幣稍均，其利四也。此法既行，民享其利，追悟先帝所以取寬剩錢者，凡以為我用耳，疑謗消釋，恩德顯白，其利五也。獨有二弊：貪吏狡胥與民為姦，以瘠薄田中官，雇一浮浪人暫出應役，一年半歲即棄而走，此一弊也。愚民寡慮，見利忘患，聞官中買田募役，即爭以田中官，以身充役，業不離主，既初無所失，而驟得官錢，必爭為之，充役之後，永無休歇，患及子孫，此二弊也。但當設法以防二弊，而先帝之法，決不可廢。今日既欲盡罷寬剩錢，將來無繼，而繫官田地數目不多，見在寬剩錢雖有三千萬貫碩，而兵興已來，借支幾年，臣今擘畫欲於內帑錢帛中支還兵興以來所借錢斛，復全三千萬貫碩，止於河北、河東、陝西被邊三路行給田募役法，使五七年間，役減太半，農民富庶，以備緩急，此無窮之利也。今弓箭手有甲馬者給田二頃半，此以驅命

卷一萬七千五百五十

椎一作搥



償官且猶可募則其餘色役召募不難臣謂民田二頃可募一弓手一頃可募一散從官則三千萬貫碩可以足門役有詔送役法所　六日三省樞密院司進呈門下侍郎司馬光奏竊見免役之法其害有五舊日差役之時上戶雖差充役次有所陪備然年滿之後却得休息數年營治家產以備後役今則年出錢無有休息或有所出錢數多於往日充役陪備之錢者此其害一也舊日差役之時下戶元不充役今來一例出免役錢驅迫貧民剝膚椎髓家產既盡流移無歸弱者轉死溝壑強者聚為盜賊此其害二也舊日差役之時所差皆土著良民各有宗族田產使之作公人營幹諸事各有愛惜使之主守官物少敢侵盜所以然者事發逃亡有宗族田產以累其心故也今召募四方浮浪之人使之充役無宗族田產之累作公人則恣為姦偽曲法受賕主守官物則侵欺盜用一旦事發則挈家亡去變百姓別往州縣投名官中無由追捕官物亦無處理索此其害三也自古農民所有不過穀帛與力凡所以供公賦役無出三者皆取諸其身而無窮盡今朝廷立法曰我不用汝力輸我錢我自雇人殊不知農民出錢難於出力何則錢非民間所鑄皆出於官上農之家所多有者不過莊田穀帛牛具桑柘而已無積錢數百貫者自古豐歲穀賤已自傷農官中更以免役及諸色錢督之則穀愈賤矣平時一斗直錢者不過直四五十更急則三二十豐年猶可以糶穀送納官錢若遇凶年則穀帛亦無不免賣莊田牛具桑柘以錢納官既家家各賣如何得售惟有拆屋伐桑以賣薪殺牛以賣肉今歲如此來歲何以為生是官立法以殄盡民之生計此其害四也提舉常平倉司惟務多斂役錢廣積寬剩以為功効希求進用今朝廷雖有指揮令役錢寬剩錢不得過二分竊慮聚斂之臣猶依傍役錢作名目隱藏寬剩使幽遠之人不被聖澤此其害五也陛下近詔臣民各上封事言民間疾苦所降出者約數十章無有不言免役錢之害者足知其為天下之公患無疑也以臣愚見為今之計莫若直降勅命應天下免役錢一切並罷其諸色役人並依熙寧元年以前舊法人數委本縣令佐親自揭五等丁產簿定差仍令刑部檢會熙寧元年見行差役條貫雕印頒下諸州所差之人若正身自願充役者即令充役不願充役者從便選雇有行止人自代其雇錢多少私下商量若所雇人逃亡即勒正別雇若將帶却官物勒正身陪填如此則諸色公人盡得有根柢行止之人少敢作過官中百事無不修舉其見雇役人候差到役人放令逐便數內惟衙前一役最號重難曩日差役之時有因重難破家產者朝廷為此

卷一萬七千五百五十



始計作助役法自後條貫優假衙前諸公使庫設廚酒庫茶酒司並差將校幹當諸上京綱運召得替官員或差使臣殿侍軍大將管押其麤色及畸零之物差將校或節級管押衙前若無差遣不聞更有破產之人若今日差充衙前料民間陪備亦少於曩日不至有破家產者若猶以衙前戶力難以獨任即乞依舊法於官戶僧寺道觀單丁女戶有屋產每月掠錢及十五貫莊田中年所收及百碩以上者並令隨貧富分等第出助役錢不及此數者與免其餘產業並約此為率所有助役錢令逐州樁管據所有數少數目約本州衙前重難分數每分合給與錢遇衙前合當重難差遣即行支給尚慮天下役人利害逐處各有不同欲乞於今來勅內更指揮行下開封府界及諸路轉運司牒下州縣委逐處官看詳若依今來指揮別無妨礙可以施行即便依此施行若有妨礙致施行未得即仰限勅到日具利害擘畫申本州仰本州類聚諸縣所申擇其可取者限勅書到一月內具利害擘畫申轉運司轉運司類聚諸州所申擇其可取者限勅書到一季內具利害畫一奏聞朝廷候奏到委執政官再加看詳各隨宜修改別作一路一州一縣勅施行務要所在役法曲盡其宜從之　初議役法蔡確言此大事也當與樞密院共之故三省樞密院同進呈　二十二日門下侍郎司馬光言免役錢已悉廢罷復祖宗差役舊法乃天下之幸臣聞令出惟行弗惟反彼免役錢雖於下戶困苦而上戶優便行之已近二十年人情習熟一旦變更不能不懷異同又復行差役之初州縣不能不小有煩擾又提舉官專以多斂役錢為功惟恐役錢之罷若見朝廷於今日所下勅微有變動必更相告曰朝廷之約果尚未定宜且觀望必競言免役錢不可罷朝廷萬一聽之則良法復壞矣伏望朝廷執之堅如金石雖有小小利害未備候諸路轉運司奏到徐為改更亦未為晚當此之際願朝廷勿以人言輕壞利民良法　二十八日置詳定役法所詔門下侍郎司馬光近建明役法大意已善緣閱涉事眾尚慮其間未得盡備及繼有執政論奏臣僚上言役法利害若不精加考究何以成萬世良法宜差資政殿大學士兼侍讀韓維吏部尚書呂大防工部尚書孫永給事中兼侍講讀范純仁專切詳定以聞仍將逐項文字批付韓維等先是知樞密院章惇言近奉旨與三省同進呈司馬光乞罷免役行差役事劄子其間甚多疏略今條陳如左一今月初三日劄子內稱舊日差役之時上戶雖差充役次有所陪備然年滿之後却得休息今所出錢數多於往日充役陪備之錢其害一也又劄子內却稱彼免役錢雖於下戶困苦而上

卷一萬七千五百五十

而以便民上有脫字作不知如此五
不知朝廷止
一段複漩

委一作與

戶優便行之已近二十年人情習熟一旦變更不能不懷異同臣看詳司馬光旬日之間欲以便民不知如此草草更張反更爲害諸路州軍見此指揮必妄意朝廷惟在速了不欲令人更有議論故立此限通使施行望風希合以速爲能豈更有擘畫上項兩節乃是空文且諸縣既迫以五日之限苟且施行猶恐不暇何由更具利害申陳諸縣既不申陳諸州憑何擘畫諸州既無擘畫轉運司欲具利害將何所憑又況入[illegible]制置詳旨揩詳如此則生民受弊未有已時光雖有憂國愛民之心而無講究法之術措置無方施行無緒可惜朝廷更法[illegible]意又將偏廢於此時有識之人無不嘆惜伏乞更加審議臣所看詳且據司馬光劄子內抵陳兩節而已至於見行役法今日自合修改但緣差役[illegible]利害要當講求措置之方使之盡善臣再詳光所論事亦多過當唯有稱下戶元不充役今來一例納錢又錢非民間所鑄皆出於官上農之家所多有者不過莊田穀帛牛具桑柘而已穀賤已自傷農官中更以免役及諸色錢督之則穀愈賤此一事最爲論免役納錢利害要切之言然初朝廷自議行免役之時本爲差役民受困苦大則破家小則毀身所以議改新法但爲當時所遣使者不能體先帝愛民之志成就法意之良惟欲因事以爲己功或務而且逐就

卷一萬四千八百五十

或務多取役錢妄意百端徼倖求進法行之後差役之害雖已盡去而免役之新害隨而復生民間徒見輸納之勞而不知朝廷所差之人但占名寄字事有失錯身當決罰而已民間中下人戶甚以爲苦自免役法行或勒兩來役錢行遣人充手分只與雇錢設去此等人由法受賕即與舊法無異一稍提舉常平倉司惟務多斂役錢廣積寬剩以爲功效亦無所用今朝廷雖有指揮令役錢寬剩不得過二分然處既已深終復爲別作名目隱蔽寬剩殺斷處之人不被理澤臣看詳所言亦不中事理大抵常人之情謀己私利者多而以公愛民者少當朝廷以積錢多爲賞勸則必以聚歛邀功今朝廷既不許賦寬剩及指剩者必行黜罰則提舉官若非病狂豈肯力求黜罰況役錢若有寬剩不難作何名目可以隱藏以此驗之言已疎闊一稍臣民封事言民間疾苦所降出者約數千章無有不言免役之害足知其爲天下之公患無疑臣看詳臣民封事降出者言免役不便者固多然其間言免役之法爲便者亦自不少蓋非人人皆言免役爲害事理分明然臣愚所見凡言便者多上三等人戶言不便者多下等人戶大抵封事所言利害各是偏辭未可全憑以定虛實當酌惟須詳究事實方可興利除害一稍若直降勅命悉天下免役悉罷其諸色



役人並依熙寧元年以前舊法人數差本縣令佐親自揭五等丁產簿定差仍令刑部檢按熙寧元年見行差役條貫雕印頒下諸州……

[illegible]

卷一萬四千八百五十

措疑措　吏疑史　書疑支　多一作害

司奏判捺為改更亦未為晚臣看詳今日更張政事所繫生民利害免役差役之法最大極須詳審不可輕易況役法利害所基尤自縣道理須寬以期限令諸縣詳議利害曲盡逐處所宜則法可久行民間受賜今來止限五日諸縣何由擘畫利害詳究之意務欲速行以便民不知如此草草更張反更為害諸路州軍見此指揮必妄意朝廷徇在速了不欲令人更有議論故立此限迫促施行望風希合以速為能豈更有擘畫立項所節乃是空文點諸縣既迫以五日之限苟且施行備患不暇何由更具利害申陳諸縣既不申陳諸州憑何擘畫諸州既無擘畫轉運司欲具利害者何所憑又況人懷觀望雖有措辭如此則生民受弊未有已時光雖有憂國愛民之心而真講變法之術措置無方施行無緒可惜朝廷良法美意又將偏廢於此時有識之人無不嗟歎乞更加審議臣所有詳具議司馬光劄子內抵捂事節不已至於見行役法令臣自令改但緣差役免役各有利害要須在講求措置之方使之盡善臣再詳光所論事亦多過當唯是擘下戶元不充役今來一例納錢又錢非民間所鑄皆出於官上農之家所多者不過庄田穀帛牛具桑柘而已穀賤已自傷農官中更以免役及諸色錢皆之則穀愈賤此二事最為論免役納錢利害要切之

卷一萬七千五百五十

言然初朝廷自議行免役之時本為差役民受困苦大則破家小則毀身所以議改新法但為當時所遣使者不能體先帝愛民之志成就法意之良惟欲因事以為己功或務苟且速[illegible]或務多取役錢妄意百端徼倖求進法行之後差役之舊害雖已盡去而免役之新弊隨而復生民間徒見輸納之勞而不知朝廷愛民利物之意今日正是更張修飾之時理當詳審況逐州逐縣之間利害不同並須隨宜擘畫如臣愚見謂不若先具此意申勑轉運提舉司諸州縣各令盡心講求豫具利害擘畫次第以俟朝廷遣使就逐處措置此命既下人人莫不用心然後朝廷選公正強明曉練政事官四員充使逐官各更選辟曉練政事兩員隨行管勾且令分使京東京西路每路兩員使者四員隨行管勾官與轉運或提舉官親諸逐州縣體問民間利害是何等人戶願出役錢是何等人戶不可差是何役等色役可雇是何等人戶是不願出錢而可以使之出錢是何重難優輕可增可減緣人戶貧富役次多寡與重難優輕實名州州縣縣不同理須隨宜措置既見得利害子細然後條具措置事節逐旋聞奏降勑施行如此不過半年之間可以了此兩路然後更遣此已經措置官員分往四路逐員各令兼一員未經措置曉達政事官同行不過半年之間又可措置四路

役　等色　是何

留一作當



既措置訖前分遣逐路如此則遠不過一年天下役法措置悉已周遍各得盡其宜要在民永無怨讟上則成先帝之美意下則興萬世之大利與今日草草變革一切苟且速行之害其為利害相遠萬萬倍矣覽乎是尚書左丞呂公著言臣竊詳司馬光建明役法文字大意已善其間不無疏略未備處係衆論更加公心和明行下向去必成良法今章惇所上文字雖然亦有可取然大率出於不平之氣專欲求勝不顧朝廷命令大體于來都亦有[illegible]擘畫安靜大段不通兩濟況役法元系利害各如此論議不一若務雜得[illegible]詳酌[illegible]差近臣三數人專切詳定分遣[illegible]措置[illegible]王覿名乞自禁中指揮選三數人降出人言自來朝廷有成議論[illegible]多選差兩制或兩省近侍[illegible]論奏[illegible]衷裁擇降詔[illegible]施行

元祐元年二月二十八日右正言王覿言伏覩今月七日行差役法勑內門下侍郎司馬光劄子所曾經有司立成書一條內有亦即未安須當[illegible]良法定不為浮議所搖看詳諸色役人並依熙寧元年以前舊法人數委本縣令佐親自揭五等丁產簿定差以一鄉一縣諸色役人自熙寧元年從差逐旋裁減今來乞降指揮依已令役人立額定差許衙前一役熙寧元年以前為法許人投名今既行熙寧元年以前差役條貫即合依投名之人乞降指揮投名衙前只用熙寧元年以前[illegible]支酬錢數弃給請受或內役依舊投名之人[illegible]官戶僧道寺觀單丁女戶免役錢[illegible]定役法所　詔日

卷一萬七千五百五十

右司諫蘇轍言伏見二月[illegible]天下免役錢一切並罷其諸色役人並依熙寧元年以前舊法人數[illegible]大綱既[illegible]當其間節目頗有疎略差役未易一二具言全在有司[illegible]府官吏不相度申請於敕日之間一依舊法人數差撥了[illegible]類差以判負充者一例差撥役人監勒開拆而[illegible]是故欲役民以害成法乞下所司別聞大急催督是何情實行遣以戒天下缺郡壞法之人詔司逐詳定役法所

是月司馬光言臣伏見[illegible]指揮以臣近建明差役法慮其間未得盡備差韓維呂大防孫永范純仁詳定聞奏臣竊以免役錢之病民[illegible]封事及日近劉摯等奏陳言之甚詳非獨出臣一人之私意也陛下專用臣言罷免役錢依舊差役詔下之日中外歡呼往來之人開道路農民迭相賀云今後逐

回悟快也然則此令之下深合人心明白灼然無可疑者其間條目未備不能委曲盡善固須有之臣所以乞下諸路州縣官吏令看詳若妨礙施行未得即具利害擘畫以次上聞誠以畎畝幽隱南北異宜自非在彼親民小官無以知其詳悉故令各具所見指揮利害所以情下情求民瘼非謂勑書一下禁人不得復議也俟其奏到徐議添改何後之有要在早罷役錢復差役為大利而已如建大廈棟宇已立雖户牖未備可以徐圖今陛下令韓維等再行詳定考究利害補全漏畧成就良法固無所妨但勑下已踰半月州縣差役約已及中半方行遣紛紜臣愚竊恐聞此指揮謂朝廷前日之勑改更未定或斂錢或差役尚未可知官吏惶惑不知所從衆庶失望怨嗟益甚必有本因新法得進之臣乘此間隙爭言免役錢不可罷因聚斂獲功之吏稱舊條未改督責免役錢愈急是民出湯火濯清泉復入湯火也伏望朝廷特賜中勑州縣言令來止為其間條目未備令維等詳定所有差役仰州縣依前勑一面施行候定到事節續降下次免致差役中紛紜之際令出反汗人情大搖從之　閏二月四日勑已差官詳定役法令諸路且依二月初六日指揮定差仍令州縣及轉運提舉司各悉與限兩月體訪役法民間的確利害縣具可施行事申州州為看

【卷一萬七千五百五十】

詳保明申轉運提舉司轉運提舉司看詳保明聞奏仍令逐州縣出榜許舊來係納免役錢今來合差役人户各具利害實封自陳於是劉摯言免役錢為天下害也久矣陛下一旦罷去復用祖宗差法中外罔不欣快命令之出要在必行豈可却云且行則天下奉承者豈不疑惑懷私之人豈不覬望見令舊納錢者今被差者皆具論列緣四海百姓向來無不納錢則是竭天下之人使之實封議法達于朝廷者計須山積則考閱何時可遍而所謂差役之法何年可見其成也建此論者蓋欲為遷延之謀動搖之術不意朝廷從而行之今已選官建局但宜趣具盡一宣布行下大法既先定如州縣奉行委有未便乃聽依限申請然後隨事修之何用此紛紛以遂沮害之計召天下之疑哉王巖叟言前勑為已見民間免役之害故復差法而今勑方云限兩月體訪利害前勑不以委提舉司而今勑又令提舉司看詳保明朝廷豈不知提舉官多是護持弊法之人人利於且為監司惟恐便行廢罷見此指揮必生觀望以為免役可存妄有陳述惑人得以藉口誑惑聖聰動搖善政伏望特賜收罷近勑候詳定成法日別取旨施行庶命令無反覆之嫌中外無二三之惑尋詔令議論未見成法若許諸色人申陳恐徒為煩擾候有成法錄下諸路立限許實封申陳逐

從一作之





施看更詳改　十日詔詳定役法所有合經由三省文字與免勘當及不依常制日限催促施行　十五日詳定役法所言司馬光奏請天下免役錢並罷其諸色役人並依熙寧元年以前舊法人數令佐揭簿定差令看詳欲乞下諸路除衙前一役先用坊場河渡錢依見今合用人雇募不足方許揭簿定差其餘役人除合召募外並行定差其差衙前有妨礙或別有利害許依閏二月四日指揮施行從之　同日右司諫蘇轍言臣近奏罷免役錢行差役事大綱已得允當其間小節疏畧差誤乞令諸處審議候的確可行然後行下近日已蒙聖旨差韓維等四人置局看詳臣謂疏畧差誤其事有五其一衙前之害自熙寧以前破敗人家甚如兵火天下同苦之久矣先帝知之故創立免役法勾收坊場官自出賣以免役錢雇投名人以坊場錢為重難酬獎及以召募官員軍員押綱自是天下不復知有衙前之患而近歲所以民日貧困天下共苦免役法者乃是莊農之家歲出役錢不易及出賣坊場許人添價爭劃致送納不前之弊也向使先帝只行官自出賣坊場一事自可了却衙前色役有餘其餘役人且依舊法則天下之利較然無疑獨有一弊所雇衙前或是浮浪不如鄉差税户可以委信然行之十餘年浮浪之害無大敗闕不足以易鄉差衙前擾

【卷一萬七千五百五十】

擾之患今來畧計天下坊場錢一歲所得共四百二十餘萬貫若立定酌十價例不許添價剗買亦不過三分減一尚有役錢八十餘萬貫而衙前支費及召募非泛綱運一歲共不過一百五十餘萬貫雖諸路多少不齊或足或否而折長補短移用可足由此言之將坊場錢了衙前一役灼然有餘何用更差鄉户今年二月六日所降指揮但云諸公使庫設庫設廚酒庫茶酒司並差將校幹當諸綱運並召得替官員或差使臣軍員將校管押衙前若無差遣不闕有破產之人以此欲差鄉户至於坊場元無明文處置不知官自出賣為復却依舊法酬獎衙前若官自出賣即如川蜀京東淮浙等路舊來坊場優厚人人願為長名元不差鄉户去處今來却須創差民情必是大段驚擾若依舊法用坊場酬獎衙前即未合召募官員軍員將校等押綱用何錢支遣若無錢支遣即諸般重難還是鄉户衙前管認為害不小其二坊郭人户熙寧以前常有科配之勞自新法以來始與鄉户並出役錢而免科配其法甚便所出役錢太重未為經久之法今若全不令出即出比農民反為僥倖若依熙寧以前科配則取之無藝人未必安今來二月六日指揮並不言及坊場一項欲乞指揮并官户寺觀單丁女户並據見今所出役錢裁減酌中數目與前項賣坊場錢除支雇

自前一作是先



衙前及召募非泛綱運外常切樁留準備下項支遣所有月掠房錢十五千及歲收斛斗百碩以上出錢指揮雖施行其三新法以來減定諸色役人皆是的確合用數目行之十餘年並無闕事即熙寧以前舊法人數顯是冗長虛煩民力今來二月六日指揮却令依舊人數充差未為允當欲乞只依見今役人數目差撥自前元差鄉户充役後來却用剩員抵替如場子壇子之類其剩員差費請受合送遞司者即乞於前項坊郭等錢內支還其四熙寧以前散從弓手手力等役人常苦接送之勞遠者至四五千里極為疲弊自新法以來官吏皆請雇錢役人既以為便官吏亦不闕事今民力凋殘比之熙寧以前尤當憫恤若不免接送必有逃竄流離之憂欲乞依新法官吏並請雇錢仍於前項坊場坊郭等錢內支其五州縣胥吏並募情願充役不請雇錢如不情願即量支雇錢仍罷重法亦以前項坊場坊郭等錢支如支用不足即差鄉户仍許指射舊人官吏差雇代役其鄉户所出雇錢不得過官數目詔送看詳役法所　十六日詳定役法所言乞先次行下諸路除衙前一役先用坊郭河渡錢物依見今合用人雇募不足方許揭簿定差本所再詳雇募二字竊慮諸路承用疑惑却將謂依舊用錢雇募充役欲乞改雇字為招字從之　十九日詔給

卷一萬七千五百五十

事中兼侍讀傅堯俞詳定(法)役　二十四日右司諫蘇轍言出限拖欠役錢今來朝廷已行差役法即免役錢別無支用雖使差役未了間時暫留舊雇人執役自有從來寬剩役錢支遣其拖欠役錢乞與一切放免從之

閏二月三日詳定役法所言乞下諸路除衙前外諸色役人只依見用人數定差今來夏料役錢住罷更不起催官户僧道寺觀單丁女户出錢助役指揮勿行從之　同日詳定役法所言撿會今年二月六日朝旨內一項諸色役人其間雖有等第不及而願充近上役次者乞聽從便及舊人願任者準此一項乞下諸路衙前依已得指揮外其餘役人亦乞並依即目見用人數定差如委實人數太少使用不足或別有妨礙即依閏二月四日指揮施行一官户僧寺道觀單丁女户出助役錢竊慮州縣有不曉元降朝旨如有妨礙即未得施行之意却便作無妨礙行下今乞下諸路更不施行別聽指揮一已準朝旨免役錢一切並罷其將來夏料役錢自合更不起納從之　四日詳定役法所言諸色役人已行舊日差法竊慮新舊法未定之際州縣繳有諸般圍那陪備非理勾追役使若不嚴行禁止必恐別致搔擾欲應元豐編勑及見行散勑內約束得非理差衙前及諸色役人并令陪備等條貫並乞依舊行使內耆壯即乞依保正長法施

募一作屈



行從之　十六日詳定役法所言坊場河渡錢元用支酬衙前重難添酒等錢準備場務陪費如此之類名件不一除依條合支外欲並樁留以備召募衙前支酬重難及應緣役事之用從之　十七日詳定役法所言諸路見行出賣坊場河渡等并應合支酬招募衙前使用錢物未有所隸詔令提點刑獄司主之　是年閏二月八日罷諸路提舉常平官故以隸提刑　十八日詳定役法所言準內降臣僚上言諸郡縣官員有自來雇募到承符散從官手力之類在逐廳令例合差鄉户抵替減放逐官有以鄉户坐蹤雇人慣熟不容鄉户正身自充須令雇募其被雇人邀勒鄉户剩要工錢者乞下詳定役法所立法約束本州勘會欲下府界提點司諸路轉運司常切覺察郡縣官員如敢抑令本廳新差役人出錢指名雇覓自來使令之人充代祗應者並行勘劾具情由申奏特降朝旨重行黜責如役人委實情願雇人者聽雇直不得過元募役錢之數從之　四月六日中書舍人蘇軾詳定役法　同日王巖叟言臣伏見蘇軾建議乞盡發天下所積常平寬剩錢斛三千萬貫碩買田募役自陳五利二弊臣竊考五利皆難信之辭二弊乃必然未足以盡也臣與士大夫深究其說又得十弊為陛下列之無知之民苟於得地或應募佃地三五歲間或以罪停

卷一萬七千五百三十

或以疾廢或老且死其家無彊丁以代役則當奪其田而別募此乃是中路而陷其一家於溝壑此一弊也富民召客為佃户每歲未收穫間借貸賙給無所不至一失撫存明年必去而之他今一兩頃之空地佃户挺身應募室廬之備耕耨之資芻糧之費百無一有於何仰給誰其主當此二弊也近郭之田人情所惜非甚不得已不易也今郡縣官吏迫於行法或倍益官錢曲為誘勸或公持事勢直肆抑令愚民之情一生於貪利一出於畏威不復遠思容肯割賣洎官錢入門隨手耗散遂使兄弟啓交爭之患父子有相怨之家舊章既隳美俗亦壞此三弊也良農治田不盡地力故所穫有常所利無盡今應募之人知官田終非己業耕耘種植定不致功務叔地力以苟所收浸薄其去益輕此法果行數年之後不獨變民田為官田將見壞好土為瘠土此四弊也前日以錢雇役患在市井之小人今日以田募役又止得鄉鄉之浮浪均之不可為郡縣此五弊也弓箭手雖充應募定不離家事有事則暫時應用無事則終歲在田雖成輪次上番自亦不妨農事非如其餘色役長在公門猶聞未足者雖招已招者將去引之為比不切事情此六弊也第三等以上人户皆能自足必不肯佃官田願充承役今既立法須第二等以上人户許充弓手第三等以上許充散從

鄉疑誤

官以上色役乃是以給田募役之名行按籍定差之實既云百姓樂於應募何故第四等以下即須要第一等第三等户委保一有逃亡便勒保人承佃充役乃是知其不可而為之防既不能措下戶於安業又不能濟上戶於樂生此七弊也民間典賣莊土多是出於婚姻喪葬之急往往哀求錢主探先借錢後方印契略遠極難猶必限辭令責之入官官司艱阻事節以多設法雖嚴終難杜絕或已申官欲賣令佐未暇親行相驗或已定價買到未有投名人情願承佃未敢支錢折留多日者有百姓欲罷則不能欲訴則無路此八弊也應募之人若盡納貧民則水旱凶饑何以禁其流徙若皆取上戶則支移折變卻當併在何人此九弊也朝廷患不理去官赦降原減之法為太重方詔有司更定而又立此條蓋議者自度其難而專欲以力制事以法驅人若緣久遠召募不行官吏並行違制又不以赦降去官原減則凡歷三路郡縣之吏無全人矣此十弊也蓋有大可惜者三焉祖宗成法之中天下共以為利而不可改者莫大於差役陛下復之而行有幾日今乃欲獻議而欲變之此大可惜者一也自陛下與百姓休息人人之心以父母戴陛下矣何苦而欲擾之此又可惜者二也內帑之所藏常平之所積積之甚難國家宜留以備倉卒紓百姓之急今平居無事而欲傾竭之不知何以待非常此大可

卷一萬七千五百五十

惜者三也乞下臣章與軾之議參考而擇之上官均亦陳不可行五說軾議尋格　十九日詔諸路州衙前依朝旨一月限滿已差鄉戶後如續有人情願投充者亦許逐旋收係替放差到鄉戶衙前歸農仍以家力最低小之人先次替放其鄉戶衙前若內有雖未年滿投充長名衙前者亦聽從便詳定所請也　二十八日詔殿中侍御史呂陶往成都府路與轉運司議定役法　先是陶屢奏疏論差役利害及坊場坊郭等事因陶竭告取容故有是命陶言天下郡縣所定版籍隨其風俗或以稅錢貫伯或以地之頃畝或以家之積財或以田之受種立為五等就其五等而言頗有不均蓋有以稅錢一貫或令田一頃或積財一千貫或受種一十碩為第一等而稅錢至於十貫者田至於十頃積財至於萬貫受種至於百碩亦為第一等今若於第一等中差耆長則稅錢一貫與十貫者並須二年一替是貧者常迫急富者常僥倖況　郡縣官吏難盡得人若不預設防禁則民間雖無今日納錢之弊必有昔時偏頗倍費之害　五月八日戶部侍郎趙瞻詳定役法　十一日詔州縣曹司舊人願在役及有人投募或鄉差人自可充役外其願雇人自代者聽從詳定所請也　十六日又侍御史復舊差役法議臣之中少有熟觀民政者故議論不同刺史縣令最為親

役一作投

竭一作謁



民之官且專委守令差定役人編成籍條列日來體例陳貸上轉運司如各得允當即具申奏仍稍寬期限使盡利害其詳定役錢法所止據逐路申請看詳定奪詔付詳定役法所　二十三日詳定役法所言新敕罷天下免役錢緣元豐令修弓手營房給免役剩錢和雇遞馬及雇夫并每年終與轉運司分認三十貫以下修造及舊係役人陪備腳乘之類更有諸州造帳人請受并巡檢司馬遞鋪曹司代役人應用錢並係支免役錢今請支見在免役積剩錢候役書成別行詳定從之其元役積剩錢應副不足處依嘉祐以前敕條條不載者奏　二十五日中書舍人蘇軾言近奏為論給差衙前利害所見偏執乞罷詳定役法尋奉聖旨依所乞今來給事中胡宗愈卻封還上件聖旨臣議既不同決難隨眾簽書乞依前降指揮於是御史中丞劉摯言詳定役法自置局以來日久未就而議法之官頗已屢易蘇軾顧且令依舊詳定仍乞催促成就以時宣布　其後元祐二年正月二十五日軾上疏去年二月六日敕下始行光言復差役法時臣弟轍為諫官乞將見在寬剩役錢雇募役人以一年為期令中外詳議然後立法又言衙前一役可即用舊人仍一依舊數支月給重難錢以坊場河渡錢支給皆不蒙施行又蒙差臣詳定役法與[illegible]議究

卷一萬七千五百五十

與本局官吏孫永傅堯俞之流論難反復次於西府及政事堂中與執政商議皆不見從遂上疏極言衙前可雇不可差先帝此法可守不可變之意因乞罷詳定役法當此之時臺諫相視皆為一決改其是非者今弓手不許雇人天下之所同患朝廷變法許雇天下皆以為便而臺諫猶累疏力爭由此觀之是其意專欲變熙寧之法不復校量利害參用所長也　六月十三日中書舍人蘇軾言乞應坊場河渡免役寬剩錢並用支酬衙前召募綱運官吏接送衙前人及應緣衙前役人諸般支使如本州不足即申本路於別州移用如本路不足即申戶部於別路移用其有餘處不得為見有餘剩外更減其不足處亦不得為見不足於合招募人數行差撥從之　十四日中書舍人蘇軾言逐處色役各隨本處事宜輕重不同難以限定等第一概立法若衙前招募不足則許以次量役於第一等戶內差撥請諸處色役委本路監司與逐處官吏同相度立定本處色役輕重高下次第以最重役於上差撥從之　二十七日司馬光言欲望朝廷直降敕命應天下免役錢一切並罷其諸色役人並依熙寧元年以前舊法人數委令佐揭簿定差[illegible]一一知民所請無可[illegible]衙前募不足者行定差指揮人始終為院列屢有異說令不一又衙運

不一作得

使各以巳見欲令本路共為一法不令州縣各從其宜或巳差役人却放或巳放雇人却汲或依舊用役錢雇人或不用錢招人充役朝夕不定上下紛紜徃徃與二月六日勅意相違竊緣臣初起請及朝廷所降勅節文明言委逐縣官看詳若有妨礙致不可行令具利害申州州申轉運司轉運司奏聞隨宜修改作一路一州一縣勅施行務要曲盡其宜豈是當日所言一字不可移易但恐轉運司州縣不肯奏陳耳請申明前者所頒下諸路州縣臣所請雖云依熈寧元年舊法人數定差若舊法有於今日不可行者有所妨礙合申乞改更人數或太多或太少惟本州本縣知應用之數合酌中立額申乞依數定差朝廷難為遙度臣所請雖云若所差人不願充役任便選雇有行止人自代其雇錢多少私下商量若所雇之人邀勒被差之人廣求雇直官司亦當裁定不得過自來官中雇錢之數其州縣官員即不得指占所雇之人乞免臣所請雖云見雇役人候差到役人各放令逐便若所雇之人自有田産情願充役者亦自可依舊存留又衙司一役新差之人多不諳熟書算行遣及案下文字未曾交割合留新雇人給與雇錢令與新差之人同共行遣限半年內交割畢絕放逐便臣所請雖云今日衙前陪備少於曏日不至破家若猶以為戶力難任請於

卷一萬七千五百五十

官戶僧道單丁女戶屋業於月掠錢及十五緡上田於歲收穀及百碩以上者並隨等出助役錢不及此數者與放免臣意以為十口之家歲收百碩足供口食月掠十五緡足供日用二者相須此外有餘者始令出助役錢非謂止收百碩即令助役也若猶患太多及所掠課利難知實數請應第三等以上令出助役錢第四等以下放免若本州坊場河渡等錢自可支酬衙前重難分數得足則官戶等更不須出助役錢從來諸州招募人投充長名衙前若招募不足方始差到鄉戶衙前此自是舊法今來別無改更惟是舊日將坊場河渡所折酬長名衙前重難今自出賣令官中出賣坊場河渡收錢依分數折酬長名衙前重難只此與舊法有異若鄉戶差足續有投名者即亦從其下放鄉戶歸農即鄉戶顧役名亦罷臣所請委逐縣看詳具利害申州本州類聚擇其可取者申轉運司轉運司類聚諸州所申擇其可取者奏聞朝廷且知諸路民間利害之詳轉運司不如州州不如縣應逐縣逐州有經畫得事理切當而為本州及轉運司抑遏删去不以上聞致勅下之日仍舊妨礙不行請詔逐縣直申轉運司本州直申奏使下情無壅曲當事宜仍請詔詳定役法所止得以諸路州縣申到利害詳其可否立為定法其不當職之人為高奇之論不切事情者勿



用惟可以一路一州一縣利害作施行條貫詳定役法所奏請行下指揮若有妨礙難行之事亦乞如臣所請委逐路州縣看詳具利害申上隨宜別修改臣所言若有可取乞速頒下諸州縣除此外並依二月六日所降勅命施行從之　七月二十七日詳定役法所言臣僚奏今朝廷既已復行差役應係自前所降免役雇役人條貫欲乞使刑部錄出雕印頒下令一切如舊出榜州縣使民知之應監司所部有猶不能舉察者重其坐詔令刑部契勘除已經衝改不行外餘依　八月九日中書舍人蘇軾言諸路多稱高強戶因差第一等而家業錢數與本等人戶大段相遠若止應第一等色役顯為僥倖對衡其餘人戶乞下詳定役法所相度申尚書省應高強戶隨逐處第一等家業錢數如及一倍外別計其家業每及一倍即展所應役一替除不候年限外展及五年為止欲募衙前即依舊年法衙展年應本等合入諸般色役一般如本處以家業及二千貫為第一等其高強戶及四千貫以上計其家業又及四千貫即展役一年通計家業及二萬四千貫即展五年以上更不展如投募衙前亦自四千貫以上計其家業不及四千貫方應諸般色役一年候以五年為止其休役年限依本等體例

卷一萬七千五百五十

九月十七日詔諸路坊郭第五等已上及單丁女戶官戶寺觀第三等以上舊納免役錢並與減放五分餘並全放仍自元祐二年為始其收到役錢如逐處坊場河渡錢支酬衙前重難及綱運公人接送食錢不足方許以上項錢貼支餘並封樁以備緩急支用　十月三日吏部侍郎傅堯俞罷詳定役法所從所請也　六日臣僚言朝廷立差役之法許私自雇人州縣行之已有次序近朝旨弓手一色却令正身祇應恐公私未便詔應弓手正身不願充役者許雇令府界提點司逐路轉運司相度施行　十二月六日左諫議大夫鮮于侁言開封府界保甲投班行人不少官戶既多縣道差役頗難開祥符縣內一鄉止有一戶可差使伏以武舉試策及弓馬入等方得近下班行今來保甲人事藝入等便授恩澤與公卿大夫一等為官戶免役頗有僥倖臣欲乞保甲授班行人依進納官例候改轉陞朝官方免它戶色役庶令縣道差役得行其三路保甲亦乞依此從之　二十四日詔諸路元豐八年以前坊場免役剩錢除三路全留外諸路許留一半餘召人入便置場和買可輕齎物貨即不得擾民及分配與人戶其物貨逐旋計綱起發於元豐庫送納內成都梓州利州二路於鳳翔府等處納封樁　二十五日詔舊出免役錢三百緡以上人戶並依單丁等戶例輸納與免色役從詳定役所所言也　元祐二年

二月十二日監察御史上官均言請先詔諭諸路俟役書行半年遣使按省廢發官吏先事警飭從之　六月二十四日右司諫賈易言朝廷改復差役推行之初未究利害故郡縣之吏措置多不如理令雖設爲條目但其風俗所便付諸路奉行又令詢究未盡善者以聞而數月之久亦有言者蓋監司守令苟且因循期於不違法令而已且用民之力貴輕取民之財貴寡竊聞州縣有户少役多者有單丁女户官户寺觀出錢助役此於實役之人所費乃多數倍者亦有出錢至少纔百分之一者乞擇郎官練達吏事者出按諸路授以條目躬問民庶如寔有妨公害民之事州縣聞知而不申監司受申陳而不加察亦不達於朝廷具事劾奏詔下諸路監司限指揮到一月内條析以聞　十二月二十二日詔郡縣役民户不及三番處以單丁女户等助役錢募役尚不及兩番則申户部　三年二月二十二日詔衙前差鄉户處速募人抵替如見役人願不妨户役投充者聽　四月二日詔諸路郡縣各具差役法利害條析以聞　五月四日詔府界諸路舊納免役錢百貫以上户依單丁等户法輸納助役錢　六月一日詔鄉户衙前役滿未有人替者依募法支雇食錢如願投雇者聽仍免本户身役不願投募者速召人替　九月四日户部言濮州江安縣免

卷萬七千五百五十事

税户自來不曾差役自第二等以上願依舊輸役錢仍從濮户單丁法減半第四等以下並免從之　四年三月右正言劉安世言御史中丞李常七事其一陛下即政之初知免役出錢爲民之患故復用祖宗差役之制常在户部不能講究補完而協助邪説請復雇募及爲中丞猶闗奏乞施行懷姦徇私大害聖政　先是常奏臣伏見今日政令之最大而設施未安致人情不和差役法是也夫耕農之人身常在野而不見官府入城市天下之情所同願也熙寧中講知差法之獘天下州鎮凡因色役害民之事例皆裁減就其不可減者悉使召雇民隨力出錢無事於公家之役遂得以身常在野不見官府入城市孰便於是耶奉令之臣務於聚積遂有輸錢不速之歎陛下即位之初一切罷之復行差法方詔旨初下愚民未知被差之爲害蓋嘗驩呼而相慶矣行之既久始覺其患有加於昔日何也蓋差法之廢十有餘年版籍愈更不明冝重役者微輕冝輕役者反重鄉寬户多者僅有休息之期鄉狹户窄者頻年在役上等極力之人皆輸錢有歲百貫至三百貫者今止差爲弓手歲雇弓力一名以代身役不過用錢三四十貫中下人户舊出錢不過三貫二貫而雇承符散從手力之類不下三十貫以是校之勞逸苦樂相倍蓰矣然則今所改法雖能使上等

人一作民

亡一作户

放一作議

元祐六年以下大典卷二萬七百二十六重

人户優便安閑而第三第四等閑若日甚昔者臣待罪户部既而與司祁憲屢以此干冒聖聰尚欲令富者輸錢貧者出力今也博訪輿言詳究民瘼在上者既無寬刺之求則下户皆願輸錢矣而又四方風俗或不同利害或不一常差而願雇者有之今示一偏之意而爲法使四海騰沸細民窮困陛下致天怒於上人怨於下豈國家社稷計耶伏望特詔一二詳練民事臣僚使與議臣就差役二法取便百姓者修行之無專新書無執舊說民以爲斯善矣　五年五月八日詔差役法内有未備事令中書舍人王巖叟樞密院都承旨韓川與右諫議大夫點檢户部文字劉安世同看詳具利害以聞　先是安世言臣伏見朝廷欲變役法今將四年寔官置局講求利害天下之議悉使折衷謂嘉祐差役之制已便矣然當時悉見遺者今則損而去之元豐約束之制民以爲利者今則與而盡之至於風俗之殊尚南北之異宜未諸人情我以國論隨方條列罔不具備而姦邪之人内懷顧望造端撰議必欲沮毀遂幾一二小臣敢執偏見妄進邪説欲罷差役依舊雇募天下人情莫不疑惑此最當今之大患也議者謂不役其身止令輸錢則公私兩便而可以久行臣請有以折之國家泉貨經費所資設官鼓鑄歲有定額民或盜爲罪至論死今棄其易出之力而

卷萬七千五百五十

責其難致之錢又使上户止納數千下户自來無役者例使加賦損九分之貧民爲一分之上户以一家一歲觀之則輸錢若省而易給以終身累世計之則所出不貲而難供令聚歛之臣惟欲誅剥生靈而不爲天下長久之慮詎可信哉議者又謂人已輸不及三番處恐役太重臣亦有以折之治平之前天下户口一千二百七十餘萬而舊法役人五十三萬六千餘人元豐之後户口一千八百三十五萬九千有奇較之治平已增五百六十餘萬而新定役人止數四十二萬九千餘人比之舊法却減十萬七千之額以爲輸差不足亦以過矣臣竊謂知法之未良改之不可不速知法之良善守之不可不固願陛下特奮乾綱力主差役深詔執政固守初議毋使輕佻淺言妄有變易庶幾祖宗之成法不爲姦人之所奪天下幸甚　九月二十四日户部言河北河東陝西鄉差衙前據投名人所得支給等錢乘職半給投名衙前除依條本户差當長名外其餘色役並免從之　元祐六年七月十二日三省言諸州衙前昔行募法日除係優重支配外未有差使者逐月給食錢昨除指揮已將舊日所支雇食錢量添入重難分數令衆鄉募到衙前日支錢數應致闕乏詔令户部下逐路轉運提刑司随州縣土俗於所用支酬額錢内參酌立定優重分數及月給

並一作俱

承一作並



食錢不得過舊募法所支數戶部請諸州衙規內十分闕一分已上招募
未足處以元祐元年罷募法自所用優重支酬雇食錢都計錢數爲額
闕一分以下及招募數足處以新定優重支酬等第計錢數爲額如合有
增損並驗本州縣利害申監司考察保明申部從之　同日三省言諸路
役名衙前並依三路已得朝旨除依條本戶合差耆長不免外其餘色役
並免詔應諸路役名衙前與免本戶第二等已下色役鄉差人戶並令以
役名人代願投充長名者聽　八月十四日尚書省言州役令鄉差者若
本等及次一等戶空闕不及四年者以助役錢雇募有行止不曾犯徒刑
人充其助役錢約度雇本州色役　不足即先於戶狹役煩處雇募各依
本役年限滿日本縣案籍取有空闕年及人戶對行差罷其人戶空闕自
及四年已上處不在此限若不用造簿編定及人戶糾決能有陞降並募
者委監司檢勘諸州每年據所納助役錢除留一分應雇募支用有闕剩
委提刑司通一路有無移用從之　十八日戶部言應輸助役錢人戶典
賣田限五十頃止限外田依免役舊法全輸役錢未降敕前已過限者非
賞田并續地若恩賜者不在此限從之　二十三日戶部言檢元祐差役
敕單丁無丁或女戶如人丁添進合供力役者若經輸錢二年以上與免

卷一萬七千五百五十

差役一次緣其間有戶窄役煩處今欲依本條下添入注文戶窄空闕不
及二年處即免一年從之　十一月十七日戶部言諸州見役役名衙前
所展重難合得支酬見錢願積留在官指買場務除見買撲人接續再買
外餘並許依願錢承買其場務召人添錢者如與百姓價等亦先給衙前
若已展重難錢願但及七分亦許指買所少願錢分四季納從之　七年
二月十二日詔令後府界諸縣令於本等合差戶空闕不及三年者以助
役錢募人充應依本役年限候滿日有空闕及三等人戶即行差罷　九
月六日三省言諸路差役第三等以上戶空闕四年第四等以下戶空闕
六年不及遂第年限即雇募狹鄉縣役人並許雇州縣役寬鄉縣役人並
輪差重役人合營放願應募者聽募役人須有稅產不得募有蔭贖人
衙前如人戶願以官田充募者聽及請依今來立定新式供本縣輕重役
次等從之　八年正月二十二日詔近降役法今後收到官田併見佃人
逃亡更不別召人戶租佃及見佃官田人戶如違欠課利於法合召人戶
剗佃者並拘收入官留充雇募衙前收到官田未有人投募且召人租佃
有人充役即行給付　同日尚書省言去年九月六日詔應今後役人須
有稅產不得募蔭贖并曾犯徒及工藝人並召保仍不得過舊募錢數



從之　三月二十七日尚書省言勘會諸路常平廣惠坊場錢物文帳並
係年終具帳供申省妨照使今戶部指揮諸路提刑司每年依上下半年
依條式具帳供申其元豐八年後至元祐三年即依元豐八年後來未行
役法已前免役錢物帳每季具帳供申從之　七月二十七日福建路轉
運司言勘會諸州縣分耆長壯丁役輕去處於條既許再充即未有所止
年限其役之人多是僥倖不願替罷致久任本村多端搔擾今欲乞比附
戶長役輕勒條不許再充從之　九月八日戶部言檢准元祐七年十一
月十四日南郊赦書今後民間遭父母喪見役及當差者第三等以下戶
並與免差役第二等以上戶令戶部相度量納役錢並服除日依舊今相
度欲依單丁戶見納助役錢五分內依等第納三分從之　十二月二十
八日尚書省言勘會諸縣鄉村有依法合差第五等人戶色役其本等內
物力微薄者竊慮難以充應今欲自來差役並第五等人戶據簿內第五
等戶將一半人戶免差編一戶者許從多免如自來輪差第五等戶不及
一半或差不到第五等戶處自合依舊從之　紹聖元年四月四日三省
言役法尚未就緒欲令戶部長貳同詳定以郎官郭茂恂陳祐之爲檢詳
官上曰止用元豐舊法而減去寬剩錢百姓何有不便邪范純仁曰四方

卷一萬七千五百五十

各不同須因民立法乃可久也上曰令戶部議之　十八日殿中侍御史
井亮采言陛下修復先帝役法宜令郡縣一依元祐未改以前法令則可
以速慰天下之望至於寬剩錢分數或免下戶出錢此在朝廷一言
自可就降詔旨不必般索看詳詔送看詳役法所　二十六日中書省言
勘會推行差役迄今十年民間苦於差役議者紛紜前後改移不一終未
成一定之法詔府界諸路復免役法並依元豐八年見行條約施行仍自
指揮到日爲始一鄉差役人且令祗應候雇到人逐旋放罷其合支役錢
許於坊場河渡錢內借支如不足即借支封樁錢並候納到役錢撥還一
今來合納免役之人自紹聖元年七月一日爲始其上半年合納役錢與
免一半充差役之家空闕及二年即令納役錢今來見役替放年月不滿
者比類施行一耆戶壯丁並雇人不得以保正保長保丁等充代其餘役
人似此之類合改正者並依此施行一寬剩錢不得過一分如願過數及
別以名目數納並以違制論委所屬常切覺察一今來寬剩錢既不得過
一分其合減錢數並先自第五等人戶從于物力最低者次第蠲減一諸
路各置提舉官一員隨提刑司所在置廨宇其餘並依舊制應合行事件
并逐處有利害不同未盡未便事理合改更增損舊法畫一開坐聞奏轉運

提刑司官具的確事狀連書以聞。　同日，詔諸路復免役法並從元豐八
年見行條目指揮，到日為始。　閏四月一日，左司諫翟思言：「熙寧中立免
役之法，所以惠利天下，非一然。當時行法之臣有抵捂參錯不能上應法
意者，元祐初小大之臣奮私智，執偏見，附易改革，或免或差，或官雇或私
代，法始大弊。民遂告病，陛下灼知其然，申飭官司取其成書，參詳去取，以
加惠元元。議者謂所斂之錢取足雇直，止餘二分以備水旱，通貨斯為盡
矣。然郡縣所役人數大槩不相遠，而戶口物力，家寡貧富，其相倍蓰何啻
數十。請責常平官通計一路雇直外，除二分斂於民間，有餘不足，得以通
融移用，則輕重等矣。仍請逐縣各具物力上於常平官，總一路為五等，每
等以五為差，列為二十五等，遞減如上。一等每一貫物力出十錢，則上二
等出九錢，如此則末等不病，其多而難出。」詔送戶部。　十三日，權發遣荊
湖南路提點刑獄安惇言：「差役之法行之九年，終未就緒，如復熙寧舊法，
許民得均納役錢，募役人使。」詔送戶部看詳役法所。　二十四日，戶部看
詳役法所言：「請以量添酒錢、料數，依舊撥入役錢，充攤法司吏食料錢等
用，如無或不足，即於抵當息錢內貼支。」從之。　五月十三日，中書省言：「謂
納役錢人戶，並自來年夏料輸官，所有紹聖元年下半年並與放免。」曾經
差役之家，更不限有無空閑月，其合納役錢，亦自來年夏料為始。諸縣
五等簿書不得施行改造，年限應造者，只依編約施行，逐旋正應。今指揮
到日以前，如已用前勑有雇募到役人，已曾放鄉差人歸農，即用坊場等
錢（支）僱（支）應用，如難以籍定姓名，未曾替次，且令鄉差人仍舊在役，候年滿
逐旋替放，至來年正月一日並一例皆從之。　十六日，戶部看詳役法所
言：「諸路有舊行免役於人戶內輸差壯丁不納役錢處，仍舊從之。」　十九
日，監察御史周秩言：「近降朝旨，耆戶長壯丁並雇人，不得以保正、長代。
竊以元豐間雇人充承帖人，更無耆戶長、壯丁之役，而保正、長等管本鄉
公事，非若耆戶長壯丁之勞也。行之數年，民極便之。今欲與兩役取捨之
議，則莫若令保正、長得如官戶減免役錢，而雇承帖人，就依保正長管本
保事，如元豐舊制為便。」詔諸路提舉常平司與轉運、提刑司具利害以聞。
六月七日，戶部看詳役法所言：「乞將役錢合支閏月及役人差出食錢、
官員樣送等往人錢，擬還代役，依條給免役錢，即以三年還支，取酌中一年
數與役人雇食等錢通為歲額，均數外其餘寬剩不得過一分。」從之。　九
日，又言：「熙寧、元豐間設提舉官以總一路之法，州有管勾官，縣有給納官。
令復免役法，所置提舉及管勾官乞依元豐令給納分逐縣常留等丞一



員。」從之。　二十七日，又言：「成都府路提舉司乞將來行差役，已前收到寬
剩免役錢支充役人雇錢，未所看詳，元祐九年後來收到助役錢，係充雇
人使用，今來人戶未納到役錢間，自合支用。若助役錢應副不足，其免役
錢亦合支用。」從之。　七月三日，又言：「乞應募職監當官接送舊係差全請
雇錢公人，今來合支雇錢，依元豐令立定人數支破。其元祐勑添人數並
差兩軍。」詔罷減元祐勑添人數，餘從之。　十六日，詔令諸路轉運、提點刑
獄、提舉常平司官各務協力奏行免役新法，不得各守已見，使州縣無所
稟從。或眾有利害見所不同，即各具畫一條奏，候役法成書，轉運、提刑司
更不干預，從右正言張商英言也。　八月六日，戶部看詳役法所言：「乞下
諸路提舉司將逐處自降改法指揮到日，雇役文簿照驗，如有將鄉差之
人抑令充役，并改易名字充募之人，並依先降朝旨，如已年滿，逐旋替放。」
從之。　七日，又言：「諸處申乞造簿，緣近降朝旨，五等簿不得行改造，蓋
慮紛然推排，別致擾擾。依元祐令，人戶物力貨之所輸免役錢，雖未造簿，
許糾決升降，令但推行舊條，因其糾訴畧行升降，則已與造簿無異。」從之。
八日，又言：「乞下府界諸路監司約束州縣官吏，撫見役人名數，逐色立
定合支雇食錢，如此舊法累合增損，即明具利害於法內開奏。」從之。　十
七日，左司諫翟思言：「看詳役法所申請天下郡縣歛出免役錢，不許更造
簿，均定止用元豐舊簿，如有不均，人許糾決，免致擾擾。又所出錢各隨州縣，
不得過一路。」其舊曾通用者，仍以約定，見皆有未安。詔送看詳役法所。
十八日，詔府界諸路坊郭鄉村簿書年限未滿，應改者如所排等第顯可
憑用，即依今月七日所降朝旨施行，如全然不可憑用於今來敷錢，坊郭
即許不拘年限申擊提舉司相度改造。　二十三日，戶部看詳役法所言：
中明諸路戒寬剩役錢。從之。　二十六日，三省言：「見今比較當事看詳役
法措置財利之類名目不一，雖各已置局行遣，緣官屬多是兼領於職事，
未能專一，今已差重修編勑所除官長可以兼領外，只於刑寺官內差添
員數，令專一看詳中外利害文字，並從朝廷選差。」從之，仍不拘資序，節次
差填，不得過六員。　九月六日，戶部看詳役法所言：「乞下諸路照元豐
條以保正長代耆長，甲頭代戶長，承帖人代壯丁。」從之。　十三日，以左朝
奉郎陸元長、右朝奉郎楊端、右宣德郎李琛、劍南西川節度推官張行並
充編勑所看詳利害文字，專詳役法。　十五日，戶部看詳役法所言：「應諸
路舊不出等高強與比極戶令出免役錢，一百貫已上者每及一百貫
減三分。」從之。　同日，左朝請郎黃慶基言：「乞立法，應輸或役錢並自三百

已下，如寬剩更有羨餘，剩減至五百已下。詔送戶部看詳役法所。　二十八日，詔：人戶以財產妄作名目隱寄，或假借戶名，或詐稱官戶之類，避免等第科配者，各以違制論。內官員仍奏裁，減免役錢者杖一百，以上未理免及未私入託典賣，本縣易歸本名者，各減三等，並許人告，以所言財產之半充賞。從戶部看詳役法所請也。　十月十八日，戶部看詳役法所言：元豐令節文，諸宗室在京正係籍及太皇太后、皇后緦麻已上親，並免色役。所有皇太妃緦麻以上親，亦合與免色役。從之。　十一月十四日，監察御史黃慶基言：訪聞諸路提舉官申請役法利害，其間不曉法意，不通民事，措置頗錯，建明蕪謬，難以施行者，乞籍其姓名，數論列于朝，其尤無狀者早賜罷黜。從之。　二十五日，戶部尚書蔡京言：體訪得京東西路提舉常平司下諸州相度役法，不遵元豐條例，輒用元祐差法，乞下本司官分析以聞。　十二月三日，戶部尚書蔡京等言：看詳役法文字張行應任已成七考，若有改官舉主二人，合依勅改官，緣在京別無舉薦人，改官乞依張大方例，以臣等為舉主，與勅改官，依舊在任。從之。　二十三日，詔奉議郎驗有奉命，致特有免役錢，諸處不得為例。　二年正月二十六日，殿中侍御史郭知章言：今朝廷推行免役法，訪聞諸路提舉官未能究利害，曲

卷一萬七千五百五十

意規望，或知寬民而不知害法，臣恐以謂役法宜一以元豐初勅為準。詔送詳定重修勅令所。　二月六日，詔：諸路役人並依元豐七年以前人額，雇直仍依已降指揮，寬剩錢不得過一分。如州縣與廢官員添者，並別有同依與常日額，然不同，有合隨宜修立，即將來相行有廢及合行增損事，仰提舉司具合措置條目申戶部。　三月二十四日，三省言：諸州縣役法事節依元豐七年以前已行當著，欲依所究行下。從之。　五月二十九日，戶部尚書蔡京言：常平免役等事，乞並依元豐條例，以令提舉司專領，其轉運、提刑司勿與。從之。　十二月七日，戶部侍郎孫覽言：諸路役法事體或不同，理合增損。第五等戶若分上下，令貧乏單弱者不出錢，其上五等皆量出，則天下無不役之民。乞下提舉司更切相度，條陳利害。如州縣提刑、提點、轉運司與提舉司所見不同，並許直申戶部右曹。從之，仍候逮詳具利害，同詳定役法官看詳。　三年五月五日，左正言孫諤言：竊惟免役者，一代之大法。在官之數，元豐多，元祐省，雖省未嘗廢事也，則多不若省。數役人之直，元豐重，元祐輕，雖輕未嘗廢役也，則重不若輕。大綱立矣，隨時不能無損益者，衆目也。數有而民隨，則民之出衆者易矣。出衆之法，四方不同，有計錢之多寡而輸之者，其弊在於常平官所定重輕之不





均；有計田之厚薄而輸之者，其弊在於元差官所定美惡之不平。若使輕重均，美惡平，而後行焉，則民之出衆者易而法可久也。今役法頒下，戶役有輸，所取併歸上戶，意則美矣，而法未善也。假一縣有萬戶焉，三分而率之，則民占四等、五等者常居其二，寬賦一分之民，則其力不足，況今盛向之民並隨五等等第量出，今若使諸路郡縣如簸向之民並隨五等等第量出，則民之出衆者易而法可久也。雖然，惟嘉州就為一縣拔[illegible]，惟池州貴池一縣支錢，是法有不齊者五類，有多散錢，有重役法有不均者錢，乖輕重之賦，因失美惡之實，是法有不平者矣。然先帝免役之法，固多難矣。紹聖元豐之異論，復遵元祐之變法者，以其不能無弊也。今並上下因循宿弊，不早釐，陛下特採葦言，無以元豐、元祐為斷，以便元元，至於無不均不平之患，而此裁為成書，照之後世，則先帝之烈照然如日月之元明矣。於是翰林學士蔡京言：看詳謂以為元豐多，元祐省，元豐重，元祐輕，多不若省，重不若輕，則是謂以明元豐之法不若元祐明矣。而又其議言以為隨時損益者，妄也。苟以為隨時損益，則元豐之法未必是，而元祐之法未必非矣。謂於陛下追紹之日，敢為此言，臣切駭之。先帝謂民下土俗不同，不可槩以一法，故重輕美惡各隨其宜，恐其弊之不均也，故

卷一萬七千五百五十

或以家業物力，或以田畝，或以稅錢，隨等敷出，然其久而不平，故敷之年五年一造產業簿，以定高下之實，可謂均平矣。而謂於平日敢以為不均不平，其意安在？役錢有令五等俱出者，有自四等已上出者，有自三等以上出者，蓋所用錢多而戶口偏少，則敷必至五等。府界自熙寧至元豐，只三等以上出役錢，自先帝行法之初，已不曾令五等敷出，謂奏不以資其意安在？雜職書手有支錢、有不支者，亦各隨其土俗而已。且免役法自去年五月復行，至今將一年，天下吏習而民安之，而謂以為宿弊不革者，謂熙寧、元豐之時也。以先帝有為之時為宿弊之法，則元祐之變法為革弊，而陛下今日亦不當紹而復之也。謂之意蓋欲因此以疑朝廷紹述之志耳。元豐，雇法也；元祐，差法也。雇與差不可並行，元祐固嘗兼雇，已紛然無絕矣。而謂欲無間，是欲伸元祐之姦，懟天下之聽，則昨日積作元祐亂法之人亦當無間矣。詔孫諤罷左正言，差知廣德軍。　六月八日，詳定重修勅令所言：常平等法在熙寧、元豐間各為一書，今請勅令格式並依元豐體例修外，別立常平、免役、農田水利、保甲等門，成書同海行勅令格式頒行，降詔自為一書，以常平免役勅令為名。　八月七日，詳定重修勅令所言：見充衙前違法請常平錢物者，並依吏人法。從之。　九月十八日，詔諸

林學士承旨兼詳定役法蔡京依舊詳定重修勑令　其後十二月三日
京言臣僚論江西役法等事奉旨令詳定重修勑令所具析聞奏一言元
祐初司馬光秉政蔡京知開封府先唱京和者變先帝之法只祥符一縣
數日之間差撥役人一千一百餘人皆蔡京首為順從臣昨知開封府於
元祐元年二月內降到司馬光差役法令州縣揭簿定差仍稱如無妨礙
即便施行其開封府雖轄諸縣自來只管勾京城內公事至於人戶差役
簿書之類皆諸縣一面施行其開祥符縣數之下既見法內有即便施行
之文所以承行不敢少緩臣若能應和司馬光則不應一月之間一請遂
罷又言蔡京壞先帝之法如江西吏人除重法案外元無雇錢近來一例
創行支給以百姓之脂膏填群吏之溪壑檢會江西紹聖三年數出總數
減放四萬四千臣若創行增添吏祿當須於放出總數內增過元豐額數
今來比元豐有四萬餘貫放免顯見臣僚妄誕先帝仁政而臣祭以為取
脂膏填溪壑不意敢為是言也先是侍御史董敦逸有言詔送詳定重修
勑令所具析聞奏至是京奏迺復詔敦逸分析敦逸言提蔡京所陳奉旨
令臣分析或內稱蘇轍亦言朝廷明使州縣相度有無妨礙而開封府官
吏更不相度申請蘇轍兄弟自是毀壞良法之人尚謂開封府監勒開祥
兩縣迅若兵火仍乞取問詔令敦逸分析於甚處得蘇轍元文字以聞敦
逸言元佑更役變法其違言是司馬光推行之始是開封府蔡京知府事惟
章惇獨有論列其餘皆是附光者抑聞蘇轍見京施行太速有迅若兵火
之語臣是時言者凡數狀並付轄維故士大夫多能道其略臣日近為京
又壞先帝之法故以所得形於章疏詔令董敦逸分析所得來處請實以
聞不得輒隱　四年閏二月一日三省言詳定重修勑令所言前提舉廣
南東路常平等事蕭世京任內申請堅用元祐差役法毋畀雇錢詔世京
送吏部依常調人例　十二月二十二日詔衙前般運物並依元豐條制
刪去元祐增入之文從荊湖北路轉運司請也　元符二年三月十八日
管句刺頴蕭世京為吏部員外郎宣德郎權提舉秦鳳等路常平張行為
戶部員外郎世京在元祐中嘗上書言先朝青苗免役法使民可以久行
疏奏留中不報至是上出其疏擢之行元祐中奏疏言神宗議納役錢蓋
嘗謂之助役矣以為若止於助則未能盡免將使後世役亦差錢亦納於
是更為免役其慮深矣今乃廢免而復差上違先帝燕翼之謀下拂元元
安業之願豈曰述事乎又言差役下戶一年所費有開數年役錢者有開
數十年役錢者其等漸降其害愈殆非聖人哀多益寡天道張弛之義前

食貨六六之六九

已擢使一路至是又遷　二年八月二十一日徽宗已即位未改元詔三
省編勑役法既已成書修書官吏並罷見修一司勑令歸刑部役法歸戶
部各委郎官兼領之　十月二十三日臣僚言伏廣東路被旨赴闕經由
江東淮南京西等路州縣所見官吏並言役法尚有未便具所用條例各
不同望令諸路州縣各具本處的確利害申提舉司類聚以聞然後委戶
部看詳隨宜修法務以便民其提舉官如敢力護前失抑遏所屬不以實
聞者即令州縣徑自申陳仍乞各立近限庶幾民間早獲受賜又臣僚言
欲乞下諸路提舉司令州縣限兩月各具本處委合修完增損事件詳具
利害陳述令合如何增損申提舉司選旋詳度以聞即不得將已允當事
件妄意更改從之　徽宗建中靖國元年二月二十三日戶部言奉詔役
法未便乞下諸路提舉司令州縣限兩月各具本處委合修完增損令已
逾一季並未奏到欲下府界諸路提舉司督責州縣官吏切在夜心疾速
詳具利害以聞如更弛慢當簡從本部條具申奏特行罷黜從之　八月
十一日臣僚言免役法既久民甚便安假有利害細故只令本州縣提舉官
自可相度或申部施行自委官看詳已來中外民情不無疑惑況已經隔
月日未見成書欲望明詔有司責限結絕以安天下之心詔限今年終看
詳了畢如限滿未了即令戶部結絕　崇寧元年八月二日中書省言臣
僚奏戶部右曹更改諸路役法增損元豐舊制五百九項不當勘會永興
軍路乞行差役州縣申請官已降指責罰湖南江西提舉司乞減一路人
吏雇直取會別作施行外如江西州軍止以物賤減削人吏雇直顯未允
當至如役人罷給雇錢去處亦害法意理合依舊詔戶部並依紹聖常平
免役勑令格式及元降紹聖簽貼役法施行其元符三年正月後來衝改
紹聖常平免役勑令格式并衝改簽貼續降指揮並不施行　二年十月
二日臣僚言神宗皇帝稽古制法以常平免役所繫尤重紹聖纂承推原
美意以謂常平之息歲取二分則五年有一倍之數免役剩錢歲取一分
則十年有一年之備閱歲愈久其積愈多遂立一倍三料取旨蠲減之法
則凡取於民者有限而其於為民而已非利其入也而集賢殿修撰知鄧
州呂仲甫為戶部侍郎銷事姦黨助為紛更輒舉其屬以狀申都省言乞
刪去上條伏望明示黜責詔仲甫落職知海州　三年二月二日臣僚言
免役之法始於熙寧成於紹聖神考之稽古創制哲宗之遵業揚功著為
萬世不刊之典都可輕改元符末官吏覬望欲以私意變亂舊條戶部侍
郎王古首先建言乞委本部郎中及提舉官兩員同共看詳刪修役法之未

食貨六六之七〇

晝未便者遂以朝奉郎李深中大夫陸元長同都官程筠等刊修凡改更諸路役法增損元豐舊制五百九項如減手力鄉書手雇錢重立院虞候散從官家業添衙前重難增斗子人數之類毛舉事目悉為改更意在沮毀成法至若常平庫子掐子不支雇錢則是公然聽其取乞尤害法意朝廷照其姦弊故戶部侍郎呂仲甫止緣改寬剩錢一條特蒙黜責後雖內自辯明亦由南京下遷徐州修撰降為直閣若戶部尚書虞策等無所畏憚輒更先帝法制衙改役法五百九項之多豈宜寬貸況崇寧元年八月三日聖旨所有元符三年正月後來衙改紹聖常平免役勅令格式并衙改參貼役法續降指揮並不施行以見前日刊修之官阿附沮壞罪狀明甚王吉李深今已謫居遠州編入姦籍其虞策呂益柔偃然安處從班中外未免疑惑伏望嚴行降黜以允公論詔朝散大夫王吉責授衢州別駕溫州安置樞密直學士新差知成都府虞策降為龍圖閣直學士中書舍人呂益柔提舉杭州洞霄宮直秘閣新知應天府周純特落職管句舒州靈仙觀新知淮南路轉運副使周彥質管句建州沖佑觀知隨州程筠監兗州東嶽廟差權知淮陽軍陸元長監西京中嶽廟　大觀四年五月十四日臣僚言元豐令惟宗奉　聖祖及祖宗神御陵寢寺觀不輸役錢近者

〈卷一萬七千五百五十〉

臣僚多因功德墳寺奏乞特免諸般差役都省更不取旨狀後直批放免由是援例奏乞不可勝數或有施置地土頗捨入寺亦乞納免甚者至守墳人雖係上中戶並乞放免所免錢均數於下戶最害法之大者欲令後臣僚奏請墳寺不許特免役錢仍不得以守墳人奏乞放免其崇寧寺觀合納役錢亦乞改正施行詔令禮部刪削關戶部改正　六月十四日詔常平免役歲終造帳之法分門立項叢脞汗漫係於詳閱令修成旁通格法可令逐路提舉常平司每歲終將實管見在依此體式編類限次年春首附遞徑入內內侍省投進仍自大觀五年者為始　政和元年八月二十五日詔展限次年季月纂類投進　十二月十四日戶部言常平之法取於民者還以與民免役之法取於民者還以治民此先王理財治民之義也常平取息二分免役多數一分蓋以為災傷減閣之備二分之息取之五年則有一倍一分之剩積之十年則餘一年更加五年十年則有兩倍兩年之數若無災傷支用積而在官此所謂與民者也故紹聖立法常平息及一倍免役寬剩及三料則保明具數取旨蠲免以明朝廷取於民者非以為利也欲降睿旨下諸路提舉[illegible]常平司勘會自降上條至今如有積及一倍三料之數即次第保明聞奏詔候豐行有餘日取旨　十六

釐紊一作紊亂



日戶部尚書許幾等言臣僚奏應州縣免役錢累經造簿增減失實乞委提舉常平司選官分詣所部以田稅多寡均敷役錢不以等第（假如有田百畝合納錢役一貫文即五十畝五百文作此為率則上戶不偏重下戶不作免[illegible]）看詳州縣戶家而役少則敷錢止於第三等或戶少而役多則均及第四等五等今若計田畝不論家業敷錢及不以等第一槩均出則失輸錢代役之意從之　政和元年十月二十一日臣僚言華州元豐年中歲數役錢止四百貫今數至二萬九千餘貫文存留准備一分外備餘六分已上不知自何日頓失法意如此處更有似此之處望詔有司申明舊制以寬民力從之　五年十一月三日戶部侍郎蕭諤定一司勅令陳彥文言乞明著刑典應常平免役成法不許輒議改更詔常平免役自熙寧以來講究奉行纖悉具備自今應有輒議改更者以大不恭論餘並依動搖學校法施行　宣和二年九月十日詔諸路召募役人具有元豐成法行之歲久大觀中始罷舊吏人宿弊未之能革而老姦巨猾還身州縣舞文教訟擾害良民者蓋甚前日政和中始不許上三等人戶投充弓手緣此所募盡係浮浪並緣作過無所顧藉致賊盜公行竊發充斥成[illegible]四方如此可自今州縣召募役人並依元豐法所有大觀元年九月二十八日政和六年六月四日指揮更不施行內州縣舊吏犯流徒罪及四色賊罪等於元豐法不應敘者不在收募之數弓手候條召募到人方行皆罷

〈卷一萬七千五百五十〉

此卷与大典卷二萬七百二十六重

立一作力

宋會要　免役

食貨六六之



高宗建炎二年五月二十七日臣僚言官戶役錢舊法比民戶減半今來招置弓手以禦暴防患官戶所賴猶重欲令官戶役錢更不減而民戶比舊役錢量增三分專椿管以助養給從之　九月二十二日臣僚言民事之重莫過力役今以保正副當免役之民而使之代耆長充役無怪其輒至破產也當免役法初行朝廷深慮民勞不勝其役亦嘗以事訪於路而用事之臣陰懷私意不欲以差法參免法一時逢衆望風旨不問民情如何而槩謂保正副情願代耆長執役望詔諸路監司參差免之法專以便民詔令諸路轉運提刑司同共相度的確利害申尚書省　三年七月十三日詔諸路免役錢於元額外重增三分官戶更不減半令戶部限二日勘當申尚書省其隨鈔納錢可罷　四年八月二十一日廣南西路轉運提刑司言今乞罷催稅戶長依熙豐法以村疃三十戶每料輪差甲頭一名催納租稅免役等錢物委是經久利便詔依其兩浙江南東西荊湖南福建廣南東路州軍並依此　紹興元年正月一日德音東南州縣比緣差保正副代戶長催稅力不勝役抑以代納多致破產已降指揮罷催稅戶依熙豐法以鄉村三十戶差甲頭一名催納以紓民力訪聞諸處尚未奉行

卷一萬七千五百五十一

致人戶未獲安息仰逐路州縣遵依已降指揮疾速施行如敢違戾許人戶越訴提刑司覺察以聞當議重寘典憲　五月二十三日朝散郎呂安中言契勘催納二稅依法每料逐都募僱戶長或大保長二名係是官給顧錢自建炎四年秋料為頭催稅每三十家一甲責差甲頭催納其顧募戶保長更不復用所有顧錢只在縣椿管此錢既非率斂又不干預省計乞督責諸縣每年別項起發以助經費詔依令諸路提刑司依經制錢條例拘收起發　九月十二日臣僚言朝廷罷催稅戶長依熙豐法改差甲頭蓋謂遞年大保長催科填備率至破產遂改革前制曾不知甲頭受害又十倍於保長且大保長皆選差物力高強人丁衆多者其催科則人丁既壯可以徧走四遠物力既疆雖有逃亡死絕戶易於償補今置甲頭則不問物力丁口雖至窮下之家但有二丁則以一丁催科既力所不辦又無以償補類皆賣鬻子女狼狽於道此不便一也大保長催科每一都不過四家兼以保正副事皆循熟猶至破產今甲頭每一都一料無慮三十家破產者又甚衆此不便二也田家夏耘秋收人各自立不給則多方召顧鮮有應者今甲頭當農忙一人出外催料一人負擔齎糧叫呼趨走紛能應辦官司亦失一歲之計以一都計之則廢農業者六十人自一縣一



無田一作逃亡

令一作公

州一路以往則數十萬家不得服田力穡矣此豈良法哉此不便三也又保長多有慣熟官司人鄉村亦頗畏之然猶有日至其門而不肯輸納者今甲頭皆耕夫豈能與形勢之家姦猾之戶立敵而能曲折自伸於官私哉方呼追之急破產填備勢所必然此不便四也自來輪差保長雖縣令公事頭一指決論訟數日方定不然則群胥之恣為高下惟觀財賂之多寡此最民所情怨者今差甲頭每料一替其指決論訟之繁受賕賂之必賦納弊又甚於前日臣恐槩東南之民自此無寧歲此不便五也欲乞罷止且令大保長同保正副依舊催料如朝廷念其破產填備則當審擇縣令護戶稅之推割嚴簿籍之銷注申戒無田戶絕之令又安有保正長破產之患哉不知出此而但務改法適足為贓吏之資耳　十月五日戶部言奉詔勘當臣僚所言欲差甲頭不便五事竊緣甲頭催料係於主戶十戶以上至三十戶輪一名充應即是不以高下貧富一等輪差其大保長係於小保長內取物力高强者選充既兼戶長管催稅租等錢物即係有力之家可以倚仗欲乞依臣僚所乞事理施行詔依　十月二十五日詔應諸募職官諸縣令丞簿尉合破接送并在任般家顧人錢並權罷　二年六月二十二日詔州縣官顧錢與般家人併依權罷從臣僚之請也　三年二月二

卷一萬七千五百五十二

十六日提舉淮南東路茶鹽公事郭揖奏差役之法比年以來吏緣為姦並不依法五家相比者為一小保却以五上戶為一小保於法數內選一名充小保長其餘四上戶盡挾在保丁內若大保長缺合於小保長內選差保正副闕合於大保長內選差其上戶挾在保丁內者皆不著差役却致差及下戶故當保正副一次輒至破產不惟差役不均然保伍法亦自紊亂矣今欲乞於役令文內選保二字下刪去長字若如此選差則上戶不能挾隱不須更立法自然無弊詔令戶部限五日看詳申尚書省其後戶部言臣僚所言止謂關防人戶避免催稅大保長多是計會係千人將有心力之家於小保下排充保丁致選差不到今欲乞今後令州縣先於五小保內依法選有心力財產最高人充保長兼本保小長祗應其大保長年限替補輪流選差並依見行條法施行餘依臣僚所乞如此州縣奉行不致隱挾上戶部充保丁之弊批送戶部切慮州縣差役有不同去處行下諸路提刑司相度保明申尚書省續已於保字下刪去長字見五年四月指揮六月十二日戶部言保正不願就顧兼代耆長即不合令承行文書外其願充耆長者並合主管凡保內舊來耆長事內驅正副執事於官及公家之求無不責辦即合依非耆保事而輒差委及勾集赴衙條法斷

罪。今欲下諸路常平司移文州縣，分明出榜曉諭，仍常切遵守施行。如稍有違戾去處，即仰按劾施行。」從之。九月十七日，中書舍人孫近言：「州縣役法經始於熙寧，續成於紹聖，歷歲滋久，逮今不勝其弊。鄉村之民，貧者破竭資產，當頭併之役；富者轉移名藉，為幸免之計，則以募役之法取於逐甲而不通於一都之弊也。毋子不相保而必至於出嫁，兄弟不相容而必至於析生，則以募役之法雜取人丁多寡而不專用物力高下之弊也。欲下諸路提舉常平司各令講求見行役法之有害於民者，條具來上，然後革去其弊，以成變通之利，則天下均被其幸。」從之。四年正月二十四日，御史臺檢法官李元瀹言：「大保長催納稅租事，凡戶絕逃亡未曾開落，若詭名戶無人承認，及頑慢不時納者，以官司督迫箠楚之故，率為填納，故多至於壞產破家。欲乞見充保正長人將替，縣令前一月按產業簿，依甲乙次第選差。」詔戶部看詳。本部言：「所陳皆有條法，欲申嚴行下諸路州縣，委監司常切鈐束，違戾者仰按舉。」從之。同日，上宣諭元瀹所論曰：「行且曰役法推行寖失本意，致富者益富，貧者益貧，民力重困，此宜講究。」至是，上又諭臣勝非等曰：「元瀹所論乃是民事，祖宗法固不可改，然民事急務也，孟子所謂民事不可緩。其令州縣相度條畫利害以聞。」七月七日，殿

卷一萬七千五百五十一

中侍御史魏矼言：「應𢷬糴授官校尉，欲與免本身丁役，許用蔭承節郎、承信郎、迪功郎，欲理為官戶，有田五頃者與免差科一次，若五頃以上，令用家人充役。至如轉易回授行使及理選限、并免試註官等，並依元得指揮待之，亦不為優矣。如此庶幾徭役均平，貧民不致重害。」從之。三十日，戶部言：「節次承降指揮，將見行役法等與嘉祐條法窒礙未盡事件及保正副差免利害，令諸路常平官具條奏聞。除湖北路未據相度條具外，節次承據兩浙、江南、廣南東西并福建、荊湖南路八路常平司奏到，內六路乞依紹聖條法并保正副差免利害，亦據江西等四路乞依見行條法施行。今相度，欲乞將役法及保正副代者長並依見行諸路州縣已定役法及紹聖免役條法施行，仍乞下諸路常平司照會。」從之。九月十五日，明堂赦：「諸縣選差保正副，在法以物力高下、人丁多寡敷役，又近參酌定差，務要均當。比年以來，鄉司案吏於造簿攢丁差大小保長之際，預行作弊，致爭訟不已，使已役之人久不承替，破蕩家產，深可矜恤。仰常平司常切覺察差役不均之弊，如有違犯，重行按劾。仍限半月條具利害申尚書省。」勘會福建路保正副、大小保長唯管緝捕逃亡軍人及私販禁物、鬭訟、橋路等事，其承受縣司追呼公事及催納二稅等物，並係耆戶長、壯丁承行。今兩



浙、江南等路諸縣並不顧募耆壯、戶長，卻差保正副、大小保長幹辦，又有青令在縣祗候差使者。緣此保正副、大小保長費用不貲，每當一次，往往破蕩家業，遂詭名挾戶，規免差使，深可矜恤。仰逐路漕臣、憲臣同共相度，可與不可並依福建見行事理，或量增役錢，以充顧募耆壯、戶長之費。仍自今不得更令保正副、大小保長在縣祗候承受差使。如違，仰逐司按劾以聞，當議重置典憲。五年正月六日，趙鼎奏：「祖宗差役本是良法，所差既是等第人戶，必自愛惜，豈有擾民？王安石但見差衙前一事，州縣奉行失當，盡變祖宗舊法，民始不勝其擾。」上曰：「安石行法，大抵學商鞅耳。鞅之法流入於刻，而其身不免與禍。自安石變法，天下紛然，但免役之法行之既久，不可驟變耳。」十八日，臣僚言：「州縣保正副未嘗肯請顧錢，并典吏顧錢亦不曾給，乞行拘收。」戶部看詳：「州縣典吏顧錢若不支給，切恐無以責其廉謹，難以施行外，其鄉村耆戶長依法係保正長輪差，所請顧錢往往不行支給，委是合行拘收。乞下諸路常平司，將紹興五年分州縣所支顧錢依經制錢條例分季起發赴行在送納。如敢有隱匿侵用，並依擅支上供錢物法。」從之。閏二月二十日，詔三聖廟見占地基與全免合納役錢，餘依紹興三年九月三十日已降指揮施行。以婺州蘭溪縣尉劉天民言

卷一萬七千五百五十一

昨父靈到產地後，蒙踏逐係蓋三聖廟，所有役錢乞行蠲免，故有是詔。三月十日，戶部尚書章誼言：「官戶役錢更不減半，而民戶量減三分，專充贍養新置弓手支用。續准指揮住罷，更不增敷。其未罷以前州縣敷納在官之數，見行樁管，別無支用。今欲乞福建、二廣就委章傑，兩浙東路委霍蠡，兩路委呂用中，江東委徐康，江西路委范伯倫，湖南北委逐路常平司，將管下州縣據見樁前項役錢根刷見數，專委諸州通判盡數起發赴行在送納。不通水路去處，變轉輕齎，仍具根刷到數目申戶部拘催。」從之。同日，臣僚言：「乞下有司專用物力及通輸一鄉差募保正長，凡官吏因役事受財者，重為典刑，以示懲戒。」詔於紹聖常平免役令「五保為一大保」字下添「通」字，「選保」字下刪去「長」字，仍令後許差物力高單丁，每都不得過一人。寡婦有男為僧道成丁者同。即應充而居他鄉別縣或城郭及僧道，並許募人充役，官司不得追正身。餘依見行條法，仍先次施行。十一月二十八日，廣東轉運常平司言：「近據知平江府長洲縣丞呂希常陳請：『大保長催科，一保之內豈能親至，遠其過限，催促不前，則枷錮箠拷，監繫破產。乞改用甲頭，以形勢戶催形勢戶，平戶催平戶。』已承朝旨，戶長與甲頭催科稅租，其風俗利害各有不同去處，令諸路相度以聞。今欲依所請改用甲

靖一作静

計一作取

頭專青縣令佐將形勢戶平戶隨税高下各分作三等編排籍定姓名每
三十戶為一甲依次攢造成薄然後按籍周而復始輪差委是久遠利便
從之　十二月八日知靖江府胡舜陟言熙寧間王安石當國變祖宗舊
之制創立新法而保甲居其一至元祐間司馬光秉政一切罷去民獲蘇
息盜亦銷弭及章惇蔡京述安石之轍行於東南鄉之中以二百五十家
為保差五十小保長十大保長一保副一保正號為一都凡州縣徭役公
家科數縣官使令監司迎送皆責辦於都保之中故民當正副必破其家
大小保長日被追呼廢其農業今民曹差役者如驅之就死地切原法意
不過欲便於捕盜爾曷若祖宗時於人戶第一第二等差耆長第四第五
等差壯丁一鄉差役不過[illegible]二人而已今保甲於一鄉之中有二十保正
副有數百人大小保長不若耆長壯丁之法為寬其所差耆長無軍勢形
要官莊寄住之限但品官之家則以不該蔭贖人及管莊田人代充其餘
家長祇應老疾者以次家人充今之差役品官之家及老幼疾病者免焉
不若耆長壯丁之法為均乞詔討論耆長壯丁之法[illegible]行之罷去保甲以
救疲瘵之民詔令戶部勘當以聞其後戶部言今臣寮所乞自合遵守見
行條法并已降指揮緣保五之法係村疃聯為保分次第選物力高強人

〔卷一萬七千五百五十一〕

戶充保正長祗應在法非本者保事不得差委幹辦及赴衙集祗應乞申
飭諸路常平司鈐束州縣遵依已降勅條施行如有違戾去處即按舉依
法施行從之　六年正月一日都督行府言相度欲將曾經賊馬殘破見
今人戶未歸業縣分據見存戶口權宜併都置保正長委是可行利便
從之　七年二月二十九日知常州鄭作肅言差役之法不及單丁比年
以來欲免徭役者巧偽滋出或親在而析居或生子而不舉雖恐其丁之
多也比者既差單丁則比弊盡革然尚拘以每都不得過一人之數一都
之內當執役者都副保正凡二人大保長凡十人小保長凡五十人若盡
差單丁不得過一人則巧計欲單丁者尚衆前弊實未之革切謂許差單
丁不必限以人數望命有司詳議又知常州無錫縣李德鄰言昨降指揮
單丁雖許顧人充役每都不過一名切緣一都係十大保若止差一名凡保
內縱有單丁物力高強者不敢更差不於物力下戶選差充役力不能支
遂致破家失業乞許一都內通差單丁女戶不能過五人俾得均濟詔令戶
部限五日看詳條具申尚書省其後戶部言今來臣寮請單丁之法乞不
限人數乃乞每都不得過五人不唯單丁女戶差役頻併慮恐州縣因而擾
擾單寡之家難以施行外內人戶析居有子不舉及避役田土悉歸患併

食貨六六之七七

濟一作定

遣

之家皆係違法州縣自當依條革絕姦弊監司亦當按舉施行欲乞下諸
路常平司遵依見行條法及三降指揮常切鈐束所部州縣如法奉行無
違戾從之　閏十月十四日戶部言在法品官之家或女戶單丁老幼疾
病及歸明人子孫各免身丁非降指揮許差有物力單丁寡婦有男為僧
道成丁者同並許募人充役今來不住據人戶陳訴非鰥寡孤獨人作單
丁人戶致詞訟不絕契勘品官許免身丁而家有三丁兩人有官其一丁
無官又如人戶家有四丁一丁進士得解一丁應免解一丁進納得官一
丁白身似此之類非子孫一丁即難以作單丁之戶合申明行下及人戶家
有三丁一丁進納得官一丁進士得解一丁為僧內進納未至陞朝三丁並免
身丁別無丁身充役既成三丁即是丁行數多祇合每身丁其充役合募
人不得追正身從之　八年五月二十六日江南轉運司言相度物力高
有病合給侍丁比類寡婦有男為僧道成丁募人充役戶部看詳單丁女
戶合免丁役已降指揮許差物力高單丁寡婦有男為僧道成丁並許募
人充役今來侍丁之家即此單丁寡婦委係丁行數多合行並令募人
充役不得追正身下諸路常平司照會施行從之　九月二十[illegible]六日臣
寮言檢會紹興八年四月六日都省批狀紹興府申明官戶免色役指揮

卷一萬七千五百五十二

內戶部看詳稱官戶謂宗室親等未至陞朝保甲授官等因軍功捕盜
未至陞朝非軍功捕盜未至大夫雖是品官止合免丁不合作官戶若家
有三丁兩丁有官一丁無官難非單丁合募人充役若品官家有三丁而
丁有官一丁無官有蔭依法色役聽免如未改官戶內一丁白身無蔭及
進納未至陞朝官合募人充役勘會上件指揮內若品官三字係謂上文
該說遂色未至陞朝或未至大夫應改為官戶之家依戶部看詳合募人
充役除此名色外其餘合為官戶之家色役聽免從之　九年正月五日
內降新濟河南州軍赦應州縣保長催稅官司常以比較為名勾集赴縣
科禁人吏因而乞取錢物有致破產者今後並仰條三限科較外更不得
逐月或逐旬勾集比較仍仰本路監司常切覺察　十二年九月十三日
赦勘會諸路紹興八年九年十年分人戶未納免役錢近降指揮立限半
年令逐州主管官刷見欠數催納數足切慮民戶窘乏未能一併出辦理
宜寬恤仰逐路常平司自限滿日更與展限二年　十月四日戶部看詳
鄉村戶數鄉皆有物力合併歸煙爨處外其坊郭及別縣戶有物力在數
鄉並令各隨縣分所歸一鄉物力最高處理為等第差役各許募人充役
如有隱落物力人戶合依條於陞排後六十日內陳訴如臨時斜論官司不

食貨六六之七八

食貨六六之七九

得受理違者並科杖一百如當行人吏鄉司同以物力高強人戶隱在小
保及故有隱落差互意在邀求先差不應充役人戶致意詞訴者並從徒
二年科罪勒停永不得敘理縣令丞故縱及不覺察仍委提舉司常切覺察
按治從之　十三年十月二十四日廣南西路提刑兼提舉常平司言依
准朝旨相度到本路催科利害除瓊州不行役法及高廉州乞用甲頭外其
餘鄉衆等州自紹興六年以後各隨都分編排三十戶為一甲夏秋二
稅輪差甲頭二名催科自高至下依次而差至今已經七年每甲共差過
一十四戶今已輪至下戶如一甲內不以三五戶係逃移一年係貧乏設
若輪差頭盡是上戶之家壯丁佃客委是催科不行若再差上戶即又不
免詞訴今來若復用戶長實為利便從之　十五年七月十八日給事中李
若谷言紹聖常平免役條令係祖宗成法纖悉具備比年以來緣州縣差
募之際不體照法意致上戶百端規避却令中下戶差役頻併後因增添
遞選之法以一都保內物力高者通行定差戶數既寬有力者不能幸免
雖單丁戶物力最高人及寡婦有男為僧道成丁者亦預差選已為公當
紙緣紹興十二年十月十四日一時指揮因致選差不均今欲將上件指
揮內歇役年限併物力倍者再差一節刪去更不施行餘令諸路遵依見
卷一萬七千五百五十一
行成法從之　十月二日右迪功郎守大理評事環周言乞今後保正副
本都身役外不得令日書鈔曆使當役者不被非理追呼則人自樂充訟
訴稀簡且無破產之患詔依戶部擬定見行條法申嚴行下仰監司覺察
按劾　十六年七月二十一日淮南西路提舉常平司言和州烏江縣一
十五都內有人戶稀少差役不行權併作十都候戶口繁盛日依舊從之
十一月十日南郊赦州縣鄉村差役依法合以物力高下定差訪聞近
年選差之際當職官不切究心鄉司與役案人吏通同作弊故意越等先
差不合差役之人致令糾論來時乞覓百端搔擾方始改差實合着役之
人深為民患自今差役仰當職官躬親比較依公定差不得違戾委常平
司嚴切覺察若因糾論見得定差有弊一例重行責罰　十九年八月十
二日宗正寺丞兼權尚書司封員外郎王葆言國家役法應女戶單丁與
夫得解舉人太學生並免丁役頃緣議者歷陳丁役之弊遂有募人充役指
揮送納雜流之人物力高強雖係單丁自應顧募且女戶而無子孫或有
子孫而年幼弱使當力役之事則公私所費必倍於豪強寡婦有男為僧
道成丁者並許募人充役正恐姦民旋行規避爾今州縣舞文以虛無告
則或指遠適之緇黃為某氏之子孫不以存亡為別也因使寡婦守志者

疇一作儔

食貨六六之八〇

不免於執役困悴之患有致於與而改行者得解舉人名已登於天府是
有可貴之道也今乃同籍於役人則非所以貴之矣太學生身已隸於上
庠是有可肆之道也今乃心累於執役則非所以肆之矣望特詔有司重
加看定仍乞申嚴約束明示州縣使姦吏猾胥不得挾疑似以惑衆庶舉
孤寡得所而士加愛重上曰單丁女戶舊法免役後來以計免者多有司
遂有顧募之請　九月二十三日權知饒州陳疇言欲望特詔有司詳
凡當役保正副長除情願自應役之人聽其從便外並許顧人代役官司
不得追呼正身詔令戶部看詳的確利害以聞戶部言州縣女戶別無兒
男依條免充役外其單丁并寡婦有男為僧道成丁若雙僧道願進納未
至陞朝迴色人戶如係物力高依已降指揮募人充役官司不得追正身
今來臣寮奏請得解舉人并見係太學生如係實得解及曾經省試之人
單子一身別無兼丁欲乞與免充役若因特旨及應舉恩免解即合依已
降指揮募人充役官司不得追正身從之　十一月十四日南郊赦昨緣
州縣差役不均已降指揮令當職官躬親比較依公定差委常平司覺察
若因糾論見得定差有弊一例重行責罰非不嚴切訪聞近來差役依舊
乖不着實定差致互有糾論公吏利於誅求枝蔓追擾踰年不定使已滿
卷一萬七千五百五十二
之人不得依期交替仰諸路州縣今後須管依實定差毋令不得引惹詞
訴仍令常平司常切檢察如有違戾去處將當職官吏按劾以聞[illegible]會諸
縣鄉村合差都副保正多是公吏受囑止差都保正不差保副或差保副
都不差保正使被差之人獨力充役敗壞家計仰諸路州軍約束諸縣今
後並依條選差不得違戾二十二年十一月十六日二十九年十一月十
九日南郊並同此制　二十年四月十二日戶部言在法進納或保甲并以
妻之家陣亡遺表恩澤授官并祇應有勞進須可採及時旨與非泛補官
因軍功捕盜而轉至陞朝非軍功捕盜轉至大夫方合理為官戶如一方
有兄弟三人父亡各以析居數中一人應得前項名色補官轉至陞朝或
大夫理為官戶蠲免色役父該增官雖至陞朝或大夫其餘子孫止合承
蔭即與元補官人不致一例改作官戶從之　二十六年正月十日權知
福州章燾言湖北京西州縣有戶口稀少去處其都分名額悉無改併每
遇都副保正闕官司依舊隨都選差則是頻併欲乞今後每一都人戶若
不及五大保處即合併接鄰近都分人戶通行選差都保正一人催稅戶
長亦乞通行顧募如橋梁有損壞去處都令依條隨本著地分人戶修治
施行候人戶各及一都之數日仍舊選差從之　六月一日御史中丞湯

鵬舉言比年陳請役法可謂備矣獨有近歲申明欲以批朱白脚輪差遂致下等人戶被害謂如十保內上等家業錢一萬貫中等家業錢五千貫各以充役謂之批朱至有下等家業錢一百貫以上末等家業錢五十貫以上未曾充役謂之白脚欲乞將批朱者歇役止於六年便與白脚比並物力人丁再差從之　八月二十六日御史中丞湯鵬舉言令有司將用牢執給使減年補授之人轉至陞朝可理為官戶從之　十一月六日權尚書禮部侍郎辛次膺言欲望特詔有司如有官戶多立戶名編民冒作官戶及祖父母父母在而私立別戶者令州縣覺察或併或改仍與立日限陳首如人告論當科違制之罪沒入其產戶部言欲下諸路轉運司檢坐條法曉諭民戶限一月經官自陳改併歸戶與免罪仍免追應輸之物如限滿不首許人陳告將犯人依法斷罪追當并合輸之物入官仍仰州縣常切覺察尚有違戾按劾施行從之　二十八年六月一日權吏部尚書王師心被旨令六部長貳將差役舊法并前後臣寮申請指揮公共看詳或已見不同各許條具申尚書省審度取旨施行契勘紹聖常平紹興重修常平役法并紹修興重修常平免役申明續降指揮已是詳備昨緣臣寮論次申請指揮不一州縣公吏得以緣文作弊致差役不均今看詳合



將前項指揮共三十八件紹聖常平紹興重修常平免役法令計一十五條紹興重修常平免役申明續降指揮計二十三件欲行下諸路常平司照會仍鏤板徧下所部州縣遵守施行其與上件法意相妨指揮四件紹興二十六年六月一日勅臣寮上言欲將批朱者歇役止於六年便與白脚比並物力人丁再差指揮紹興二十六年十二月九日都省批下江東常平司申相度到知宣州黃將陳請上戶斟酌定差下戶止輪差充大保長指揮紹興二十七年五月二十一日勅人戶未分眾戶已充保正副從來析戶其戶頭若再當充役自合依近降指揮歇役其餘本家眾戶物力高即依白脚自合選差指揮紹興二十七年十二月四日都省批下處州遂昌縣丞黃特陳請欲籍定物力倍於眾戶大段遼絕應役兩次當其他役戶一次指揮欲並刪去更不施行照契勘州縣差募保正副依法係以十大保為一都係二百五十家內通選材勇物力最高二人充應緣州縣鄉村內上戶稀少地里窄狹往有不及一都人戶去處致差役頻併今看詳欲下諸路常平司行下所部州縣委當職官將都保比近地里窄狹人煙稀少并不及十大保去處併為一都差選仍不得將隔都及三都併為一保如內有都分人煙繁盛山川隔遠更不須撥併其併過都分從





本司保明供申如有人戶陳訴均撥不當及人吏作弊去處仰常平司按劾申取朝廷指揮施行從之　七日尚書戶部員外郎王時芳言欲望誡飭郡縣凡保正副之所掌除依條合管事務外不得泛有科擾追呼或不遵依許民戶越訴仍仰按察官糾劾以聞重寘典憲從之　十一月二十三日南郊赦諸州縣差役自有條法指揮往往當職官吏不躬親檢照簿籍戶口物力高下是致輪差不均有力者富緣幸免下戶復致頻併互有糾論吏不究實枝蔓追呼淹延不決公吏恣行誅求誠可憐憫仰諸路州縣今後須管依實定差毋令不當引惹詞訟仍令常平司常切檢察如有違戾去處將當職官吏按劾以聞餘同二十五年之制三十一年九月二日明堂赦並同此制二十九年七月五日國子正張恢言欲乞推詳祖宗舊法每都令戶長專受催科外罷耆長壯丁專管爭訟鬭毆追呼公事別募人充唯煙火盜賊事之大者則屬之保正他事不得追呼以至修官宇給廚傳杖罰土物之類嚴行戒飭有違戾者寘於法詔令有司看詳其後戶部言在法保正副係於都保內通選有行止材勇物力最高者二人充應管幹鬭杖人丁覺察盜賊者若願就願兼代者長即管幹鄉村盜賊鬭毆煙火橋道公事大保長願兼戶長催納稅租若不願而輒差願者徒二年



非本著保而輒差妄幹當者杖一百官司於役人有所圖融及科買配賣者以違制論不以去官赦降原減即令倍備夫力者徒二年欲乞下諸路常平司遍條所部州縣常切遵守施行如有違戾即依法按治從之　三十年五月十八日臣寮言州縣保正副間有願募代役多是公吏別立私名受募每有文移承受之役即杖匿追呼催索有餘數限而不報其徒遞相蔭蔽但見公府事多而令慢不知其弊繇此乞明立罪賞許人告首重寘之法其所募之人例與同罪詔送刑部立法刑部言今後應募人充役者輒放停軍人及罷役吏役公人代役及代之者各杖一百科罪仍許人告賞錢五十貫從之　九月二十五日上諭輔臣曰近閱獻言者多論差役之弊其言有益於民朕思之恐富者以賄賂脫免而貧者充役必至破家雖祖宗之法不可輕改鄉等更宜少加增損使便於民經久可行者奏來湯思退奏曰乞令戶部檢照役法商量有益於民將上取旨上曰甚善　十一月四日臣寮言賦稅之輸各有戶名戶名之不輸孰任其咎郡邑乃有以三十戶為一甲創為甲頭而責其成效者有一甲之內或有貧乏輸納未前盡令甲頭代輸者有無名之須民戶不從悉取辦於甲頭者甲頭之名一繫於籍遷延莫得而免廣南之俗例以此為苦欲望明詔廣南州

二一作正



縣應有催科合納於賦各令本戶人自輸納勿復廣置甲頭以勸搔動詔
令有司看詳　三十一年二月二十三日權發遣江南東路轉運副使魏
安行言保長催稅無不破產逃亡又欲顧募者戶長此等本無稅產行止
顧藉為害不可言今與屬縣民官詳究相度以比鄰相近三戶為一甲給
帖從甲內稅高者為頭催理本戶足者本縣盡時給憑由執照出甲不與
三十戶上流下接催理之數行之幾月已漸見效切恐其他州郡所行不
同乞下諸州令悉依此施行於是戶部言欲乞下江東路轉運常平司權
依所陳施行仍下其餘諸路從長相度如經久可行不致搔擾兼別無利
害即仰保明申請施行從之　二十七日臣寮言比年以來江浙之間差
役之為民害不顧有因者其說有二保伍之法蓋欲戚同比閭族黨之道
意不過使之譏察煙火盜賊以保守鄉井而已法弊滋久既使之督稅賦
矣又使之承受文判既使之治道路矣又使之供顧船脚使之飾傳舍矣
又使之應辦食用役使既同於走卒需耗又竭其家貲民不堪命而官吏
晏然為之此為害一也一都之內膏腴沃壤半屬權勢近年雖有限田差
役之文縣道安得而役之中下之產役次頻併且如甲有物力一千貫乙
有物力七百貫則甲替而差乙丙有物力一百貫則丙替而差丁無可選
卷一萬七千五百五十一
者又於得替人輪差則是丁以一百貫而比甲一千貫役次均矣每遇輪
差公行賄賂姦吏肆巧旋為陞降萬一獲免已被重困此其為害二也乞
申嚴法意禁戢州縣勿加雜役勿縱科擾仍乞令每都以田產物力十分
為率及三分者充大保長及二分者充正副一次及十分者役次倍之充
保正副不通充正副若不先充保長庶幾中下之產有歇役之期而
充役之家無破產之患詔令戶部看詳　二月二十七日臣寮言近因宣
州一鄉上戶絕少下戶極多守臣奏請本欲不候歇役六年即再差上戶
有司看詳誤將歇役六年指揮便行衝改遂致上戶部揣朝廷改法是以
鼠尾流水差役必欲差遍白脚始肯再充當差之際紛紜爭訟下戶畏避
多致流徙蓋上戶稅錢有與下戶相去百十倍者必俟差遍下戶則富家
經隔數十年方再執役欲望將歇役指揮依舊施行詔令戶部看詳申尚
書省其後戶部言契勘在法差募保正長係於一都保內通選物力最高人
充應並給帖二年替無可選者於得替人內輪差諸產簿業三年一造方郭
十等鄉村五等已承王思心申請緣法意相妨已行刪去上件指揮欲
乞下諸路常平司條遵守施行從之　七月十四日知忠州張德遠言川陜
四蜀路別勅申明續降以經衝改釐革條件甚多謂如免役法自熙寧改創



行垂百年具有成憲今忠州諸縣近年以來於選差逐都保正却妄引未
行免役之前皇祐川陜四路鄉差里正戶長耆長散從承符官解子弁手
力弓手勅條次第輪流差至第三等末人戶充保正却將紹聖紹興免役
令通都保內選差物力最高之人見行條令更不遵用致保正之役多及
下戶都保內家業物力有及一萬貫者歇役或至二十年不差却差至第三
等家業三百貫文人戶貧富相遠力役何由均平而朝廷見行役條令幾至
盡廢欲望特賜詳酌下四路各委詳明監司一員取索拘錄川陜四路編
勅及一路一司一州一縣別制撒申朝廷降付詳定一司勅令所重行修
立新書從事給舍黃祖舜等今看詳差保正自合遵用紹聖紹興見行役
法不應引用皇祐舊條欲乞令戶部檢坐見行條法下川陜四路遵用
施行從之　三十二年正月十六日臣寮言江上踏車之人其間最為可
念當時采石之戰戰士特劒戟用命於上而民丁運動舟船於下戰士之
賞固推行矣而同舟效死者略無以及之願諭郡邑與免科役二三年於
是戶部言踏車人夫並係於五等人戶差保丁內差顧其間上戶往往募人或
以佃客使當時並係親臨矢石不應却無賞恩欲下建康府逐一開具
的實姓名保明供申續據建康府申開具到共六千三百四十六人詔將
卷一萬七千五百五十一
今來人數特與免科役一年　五月二日臣寮言望令兩淮常平官及守
臣公共相度將去冬曾經侵擾州縣見在戶比照多寡每都量留保正一
名大小保長共三兩名管幹煙火等事外其餘不盡差候將來起稅日收
音部依見在條法施行從之以上中興會要
三日孝宗即位未改元詔已降指揮去年江上踏車人夫特與免科役一
年外所有搬運糧草往屯駐州軍或在路因病身死之人理合一體令本
路轉運司將般運糧草并在路因病身故人夫覈實保明依踏車人夫與
免科役一年
孝宗隆興二年六月一日詔諸充保正副依條只合管煙火盜賊外並不
得泛有科擾差使如違許令越訴知縣重行黜責外守倅各坐失覺察之
罪以福建路轉運司言建寧府福泉諸縣差役保正副依法止管煙火盜
賊近來州縣違戾保內事無巨細一如責辦至於承受文引催納稅役抱
佃寬剩修葺鋪驛拋買軍器科賣食鹽追擾陪備無所不至一經執役家
業隨破故有是命　八月十九日知岳州鍾建言州縣差保正乞行下提
舉常平官將一路逐縣事體參酌謂如一都上戶稍多則差至物力若干貫
而止若一都內罕得上戶則以中為率差至物力若干貫而止此外無

可選别於將替人內輪差户部契勘欲下諸路提舉司鈐束所部州縣遵依見行條法無令違戾從之　乾道元年正月一日南郊赦書州縣輒行差顧人夫懸副過往累降指揮約束已是嚴切尚慮州縣依前循習騷擾違戾差擾及抑令出備顧錢仰監司常切覺察按劾以聞重寘典憲　三年十一月二日南郊赦同此制　同日赦書州縣差役自有條法指揮往往當職官吏不躬親檢照簿籍户口物力高下致輪差不均有力者夤緣幸免下户復致頻併互有糾論吏不究實枝蔓追呼淹延不決公吏恣行誅求誠可憐憫仰諸路州縣今後須管依實定差毋令不當引惹詞訴仍令常平司常切檢察如有違戾去處將當職官吏按劾以聞　八月五日臣寮言州縣被差執役者率中下之户中下之家産業既微物力又薄故凡一爲保正副鮮不破家壞産昔之所管者不過煙火盜賊而已今乃至於承文引督租賦焉昔之所勞者不過橋梁道路而已今乃至於備修造供陳焉方其始參也饋諸吏則謂之參役錢及其既滿也又謝諸吏則謂之辭役錢知縣迎送僦夫脚則謂之地理錢節朔參賀上榜子則謂之節料錢官自下鄉則謂之過都錢月認醋額則謂之醋息錢如此之類不可悉數復有所謂承差人專一承受差使又有所謂傳帖人各在諸廳白直每月

卷一萬七千五百五十一

顧錢多者至十餘千少不下數千若承差人則以之代其正身出錢顧募尚或可也而傳帖人則實不曾承傳文貼亦令斂顧而占破伏望嚴勑有司檢照參酌立定條法申嚴州縣今後如有尚敢令保正副出備上件名色錢物官員坐以贓私公吏重行決配至於承差人傳貼等人如充役之家不願親身祗應止許承差人一名餘所謂傳帖之類並從罷從之　三年三月十八日直秘閣陳良祐言今役法之行其說多端而未嘗有一定之論是以吏以舞文愚弄村民富者多避免而下户常見充役乞令逐路提舉常平司行下州軍限一季條具經久可行利害申尚書省從之　四月三日刑部修下條諸進納授官人特旨與理爲官户者依元得旨若已身亡子孫並同編户從□之因軍功捕盜而轉至陞朝州軍功捕盜而轉至大夫者自依本法　六月四日户部侍郎李若川曾懷言官户比之編民免差役其所納役錢又復減半委是太優欲令官户於編民一等輒納更不減半以歲所入約百餘萬緡專責諸路提舉常平司委逐州主管官別收依經總制錢條限解發從之　八月七日滁州來安縣稅户楊廣等言昨奉詔召募萬弩手効用去年蒙朝廷念兩淮累經兵馬蹂踐特與廣等給據歸耕未得兩月本縣便與不當弩手之家一例充保正長乞行蠲免

遇一作偶



詔蠲免差役　二年二十四日臣寮言泛色補文學與特奏名文學人差役事户部勘會欲下諸路監司行下所部州縣將特奏名出身之人若未入正官如遇授破格差遣郎遵依紹興二十九年五月之制如已落權合注正官人方始理爲官户從之　九月十九日四川制置使兼知成都府汪應辰言近日臣寮有請欲罷催稅户長改差甲頭比但見户長之害而忽有以救之不知所以害民者在人不在法也臣切以户長之法無可更易望降明旨令州縣並依見行條施行毋得復它議詔令户部下諸路准此　十月十九日臣寮言臣所歷州縣見民之所以不安者莫大於執役非役法之不善亦由議法者時有更改而執役者困於科擾所以不能自安也請言科擾之略有弓兵月巡之擾有透漏禁物之責有捕獲出限之罰有將迎搭擊之差有催科填代之費有應副按檢之用有承判追呼之勞凡此之類皆執役之所深懼若蒙朝廷專行約束使州縣無復如前科擾當天下幸甚詔監司常切覺察　三年十二月十三日提舉浙西常平茶鹽公事劉敏士言欲將寡婦召到接脚夫或以老户本身無丁將女招到贅壻如物力高強即許比附寡婦有男爲僧道成丁選募充役其召到接脚夫贅壻若本身自有田産物力亦許別項開其權行併討選差充役若接

卷一萬七千五百五十一

脚夫贅壻本身有官蔭合爲官户之人即照應限田格法豁除本身合得頃數令與裏家物力併計選差募人充從之　五年二月十五日右從事郎李大正言紹興府諸縣自舊以來將小民百工技藝師巫漁獵短趁雜作壻細估紐家業以應科數官物差募充役官户全無上户絶少下户小民被此科歛官司不恤監繫拘留至鬻妻賣子不足以償納者乞截自四等以下至五等民户除存留質庫房廊停塌店鋪租牛賃船等六色外其餘壻細民目一切除去其應科敷輸納爲民害者盡行除去詔諸路轉運司將州縣有似此壻細害民因推排陞降日悉與蠲除毋致違戾　五月八日刑部侍郎汪大猷言國家立保正之法緣法中許爾兼耆長者聽故數十年來承役之初鄉道必抑使兼充不容避免蓋以保正必一鄉之豪官吏百須可以仰給故樂於並緣以爲己利凡有差募互相論糾官不加察吏與爲市或請以家資之多寡分次之久近或謂以不拘官户寺觀例行均差或謂以一縣一鄉簽同名次差充以抹移徙之苦或請令應役之家自顧耆長專承引狀以革誅取之害或請止以上户歇役久近物力高下分數比折差募以優中下之家乞令諸路常平司各具逐路見今如何奉行并以臣所陳數端令逐司相度孰爲便民或別有所見可以施行者

各限一月條具來上仍許戶部檢舉催促有違必罰候制令本部盡取
臣寮前後陳獻參以見行條法立為定制從之　九月十六日詔應福建
路州縣催科之人悉仍其舊如近來創置甲頭與保正副長追稅之擾一
切罷之因臣寮言兩稅催科用戶長或耆長之類此通法也在江浙間則
以賦入浩繁耆戶長不足以督辦乃權一時之宜而責之保正副長自二
三年來福建諸州縣亦倣江浙之例而行之而不知福建地狹民窮賦入
不及於江浙也乞行禁止故有是命　六年二月二十一日詔曰朕深惟
治不加進夙夜興懷思有以正其本者今欲均役法嚴限田抑游手務農
桑凡是數者卿等二三大臣深思熟計為朕任之而力行之其交修一心
毋輕遷去留以負委寄此朕所望也　二月一日資政殿學士知荊南府
充荊湖北路安撫使劉珙言諸郡起籍民兵但以丁多差戶初不問家產
多寡家產寡者往往棄產而逃欲乞明示優恤應充義勇除依條盲差保
正長外並免非泛科役有身丁錢處與免身丁錢其第四等戶除非泛科敷
外更與免差保正及大小保長五等人戶除免應干科差外更與量免三
分或二分徭役庶幾貧下之人均受優恤之惠其總首若係管轄之人
兼一縣不滿千人者乞與免保正長差役從之　五月二十五日臣寮言

卷一萬七千五百五十一

保正之役為良民之害今之議者多方立法以救其弊先後違戾有司無所
適從願行耆長之法募民之有產者為之其職止於煙火盜賊應征斂
之事不得以責之然後罷去保正之役則有產之家庶幾休息於是臺諫
戶部掌貳看詳言檢會元豐八年十月指揮耆戶長壯丁之役皆募充其
保正甲頭承帖人並罷欲下兩浙路權依此給顧直募耆戶長壯丁從之
九月二十一日中書門下言役法之害惟三等尤甚有田之家盡歸無
幷小民不能着業以致州縣差科不行雖申嚴限田之法而所立官品有
崇卑所限田畝有多寡品官田多往往互假其名以寄產不若一切物拘
限法只選物力高疆官戶與民戶通差則役戶頓增下戶必無偏差之害
欲寬恤及民莫出於此今措置自今並以官戶與民戶一縣通選物力第二
等以上輪差二年一替官戶許顧人代役且以十年為限如經久可行則
議立為永法詔依令兩浙路先次遵行　十月七日臣寮言頃歲有漕
臣務在催科急辦不用役法罷去稅長行下州縣每三十戶差一甲頭逐
時催稅縣道並緣為姦一名出頭即告示出錢數千謂之甲頭錢往往一
縣歲不下五七千緡以至萬餘緡或云應副鎮寨或云解發本州定分循
有行者如一縣所管萬戶則秋夏兩稅合差甲頭六百餘人此事豈不為



擾乞下諸路提舉司立行住罷仍常切覺察詔戶部檢坐乾道二年九月
已降旨行下如有違戾重作施行　七年正月二十九日臣寮言訪聞處
州松陽縣有一兩都俾充役破產之苦議欲相約各出田穀以助役戶風
義可嘉望下本州許從其便依舊循義役規約行使官民願預者聽增入
仍乞令知州胡沂將六縣已結義役詳細規約繕寫成冊繳進從之　八
年十一月二十六日戶部尚書楊倓等言今將給舍同本部長貳詳到臣
寮陳請役法參酌如後一在法催稅分定比近保分催納其寄產戶令見
任處大保長催續降紹興十二年勑旨却令寄產戶充大保長既非本處
相近煙火盜賊無緣機察亦難以責辦催科今欲依舊法差募一差役舊
法係以物力通選續承紹興十五年八月勑旨許差物力高單丁每都不
得過二人其應充保正副或催稅戶長止得一名不得雙差本為優恤單
丁之家行之既久姦偽百出富豪者多以單丁而免役貧弱者或以丁眾
而屢充今欲不拘丁數只依舊法通選物力高者充役庶得均平一小保
者舊無替法今欲限二年一替更不給帖一在法鄉村盜賊鬭毆煙火橋
道公事並耆長幹當今欲有耆長處依舊例無耆長處保正同一人戶買
撲酒坊如本戶別無田產物欲令以坊本物力就本戶充役有田產物

卷一萬七千五百五十一

力即以少併就一多處充應一代役人許募本縣土着有行止之人不得
募放停軍人及曾役公人違者許告將犯人斷罪坐贓論仍不許受兩家
顧募曾經代役或罷去輒告論他事者依役公人法從之　九年三月二
十五日淮南運判馮忠嘉言本路州縣輒以採斫木般運鐵炭及以和顧
為名差夫般擔行李紋妨農作欲望行下遇應辦軍期般運糧草增築城
岸方聽差夫仍申監司及申朝廷俟得旨方許差撥若州縣差夫私自役
使乞申嚴法禁從之　七月四日詔諸路轉運司行下所部州縣料女戶
如實係寡居及寡居而有丁者自依條令施行其大姓猾民避免賦役詭
為女戶無丁詭名立戶者卸自三等以上及至第四等第五等並與編戶
一等均數仍令州縣多立文榜曉諭限兩月陳首與免罪改正如違許告
斷罪告賞許依見行條法以臣寮言大率一縣之內係女戶者其實無幾
而大姓猾民避免賦役與人吏鄉司通同作弊將一家之產析為詭名女
戶五七十戶凡有科配悉行蠲免乞立法革其弊故有是命　十二月九
日詳定一司勑令所修立下條諸村疃五家相比為一小保選保內有心
力者一人為保長五保為一大保通選保內物力高者一人為大保長十
大保為一都保通選都保內有行止材勇物力最高者二人為都副保正餘

及三保者亦置大保長一人及五大保者置都正正一人若不及即小保附大保大保附都保其紹興五年四月十六日勅單丁及寡婦有男爲僧道成丁及僧道並許募人充役官司不得追正身乃是優恤單寡之家故令募人充役合依舊存留以備照用從之先是臣寮言常平免役差大小保長都副保正之法後來選差不便紹興五年四月十六日勅旨於大保字下添通字選保字下刪去長字及紹興九年四月四日勅旨於都保字下添通字選字下改大字爲都字保字下刪去長字自差役極便紹興十七年六月二十三日申明止作存留故州縣行抵抵捂今乞刪修成法故有是命以上乾道會要

宋會要市

太祖乾德三年四月十三日詔開封府令京城夜市至三鼓已來不得禁止五年十二月二日詔曰錢乃所以通貿易布帛所以備財帛時之急務不可闕焉故幣之輕姦國家所禁物之行濫律令甚明近聞都市之中買人作僞或刮銅取鉛盜鑄公行或塗粉入藥詐欺規利是致貨泉日弊偷薄萌生集而止之抑惟舊典自今京城及諸道州府市肆並不得行用新小錢鑞等錢兼不得以疎惡絹帛入粉藥違者重寘其罪

真宗天禧二年八月二十一日閤門祗候張明言臣知邕州本州配率竹木修葢官市廨店自今以倉司頭子錢修葢更不配民帝曰前已累詔不令興土木之功及占街構令尚如此科率何也此乃有司曠職可令申明前制嚴行斷絕　仁宗慶曆五年九月十六日詔河北河東陝西沿邊州軍有以堪造軍器物鬻於化外者以私相交易律坐之仍編管近裏州軍皇祐五年七月一日置邕州城外沙頭和市場至和三年七月十八日上封者言嶺南村墟聚落間日會集稗販謂之虛市請降條約令於城邑交易冀增市筭帝曰徒擾民爾可仍其舊

卷一萬三千四百七十六　一

嘉祐八年正月二十六日宰臣韓琦言秦州永寧寨元以鈔市蕃馬之處昨修古渭寨絕在永寧之西而蕃漢



多互市其間因置馬場凡歲用緡錢十餘萬苟蕩然流入虜中寔耗國用請復置場於永寧而罷古渭城買馬從之

開禧元年三月二日廣東提刑陳映言廣南有摧鋒軍專以防盜軍中有回易所以養軍比年以來於海洋僻遠去處或稱巡鹽或稱捕盜客舟往來寔受回易軍兵之擾乞木本路經畧提刑司令後摧鋒軍除捕盜外不許諸司別作名色差撥下海所有本軍回易止許就屯駐營寨去處開置鋪席典質販賣庶幾不爲商賈之害從之　嘉定十四年九月十日明堂赦文朝廷行下諸路州軍收買軍需之物並係支降合撥窠名錢給還切慮諸路州不即支還價錢妄行科擾仰州縣常切遵守毋致違戾如違仰監司按劾以聞同日赦文戶部每年行下遂州委官收買大軍支遣綿絹係先截撥綱運上供諸色窠名錢照市價收買仍免除頭子錢已是詳盡尚慮州郡將已截綱運官錢占吝在州抑勒民戶牙儈先次買發止支些小價錢妄以未曾截撥爲名遷延歲月更不盡數支給自今赦下日如有似此未支錢數仰人戶徑經戶部陳訴將未支數目行下本處日下一併支還仍將當職官吏按治施行同日赦文諸路監司并二廣州郡合發進奉聖節及大禮銀絹在法合以係省錢收買今聞諸處科抑民間買納委是違戾仰諸路監

卷一萬三千四百七十六　二

此稿不全容查補原稿好以免遺失

勘一作止

宋會要　受納

高宗紹興三年正月二十三日江東西路宣諭劉大中
言信州并諸縣從來受納人户秋苗粳米等於正耗外

卷一萬七千五百四十四　四十六

別收名色非據合納正數不啻一倍以上乞申嚴法禁
行下諸路州縣不得更似日前大收加耗詔令户部檢
坐條例申嚴行下不得加耗太重　四年六月十七日
詔諸路專委提刑司檢察州縣受納夏稅和買紬絹
如有故促期限及阻節乞取諸般搔擾並按劾聞奏當
議重真典憲其合干人先次送獄禁勘　九月十五日
明堂赦比年以來郡吁進務侵漁多選委貪吏受納至
有輸一碩而加耗至三四斛者刻取其贏以資公帑民
被其害無不怨嗟仰帥臣監司常切覺察如敢循習故
態並按劾以聞當議重真典憲仍許人户越訴　五年
八月二十日臣僚言民間送納兩稅斛斗多緣推割不

郡一作縣

旋一作施

明催科無術支移太遠折變價高攬納射利公吏求貨
雜以濕惡高下斛面盜印虛鈔失陷羨餘如此十事州
郡漫不省察欲望申嚴受納差官條令委漕臣前期取
索將逐州縣合差官各委知通加意選差連銜保舉依
舉官法結罪同狀兼受納倉封送官鈔牽經累日縣官
失於朱銷再行催搔擾民户吏乞州縣受納之際督
責主簿就受納倉即時銷簿又有因緣詐偽以團印樣
製相似輒用舊鈔朱銷新簿暗失稅數為患滋甚若將
逐年團印樣製旋行增減大小闊以篆額為文庶可區
別新舊檢察欺隱其州縣受納絹帛差官等亦望此施
行詔令户部勘當尚書省　其後户部言所陳推割等

卷一萬七千五百四十四　四十七

十事禁約外令欲下諸路轉運司令行下所部州郡常
切遵守仍將受納二稅官依法州選幕職外縣差丞簿
施行及夏稅入納月分即依所乞就受納倉銷簿其團
印樣製並依法更改彫造不得與以前年分相似如主
簿有事故即委縣丞就倉銷押務在革去虛印失陷以
舊鈔銷新簿之弊也從之　九月三日詔受納苗米所
收水脚市例縻費等錢每碩不過二百文省如不及二
百文處依舊數收納其自來不曾收納去處即不得創
行增納　六年九月十八日右司諫王縉言近覩指揮
許江浙人户願以米斛折納來年紬絹每疋二碩取其
情願誠為公私之利竊見諸路州縣受納秋苗例有加

耗欲望特降睿旨蠲折納米斛並免收耗於是戶部言浙西州軍紹興六年分夏稅紬絹折納米斛已承指揮令抵斛交量所有自來合收加耗并頭子縻費等錢並不得收納如違並計贓坐罪詔依已降指揮施行　十月二十六日右司諫王縉論受納之弊朝廷雖屢降約束而州縣視以為常人戶輸納益受其弊且如受納多處漕臣差官其次則本州選委而倉庫專斗等願差某官則預先賄賂州縣監司主行之吏差帖既下私相慶賀開場之後百端作弊或晚入早出或隨例迎送或幹當別事或非理退換使人戶般擔出入守候費用甘心重收加耗或多收樣米分給人從或照管親知惟納封

卷一萬七千五百四十四

四十八

鈔或與攬納之人通同作過欲令人戶高價貼陪或收耗既多陰計其數印打虛鈔至般米在倉經旬不納而追催鞭箠略不加察或已納而不給鈔或給鈔而不銷簿積弊至此不可不懲詔令戶部檢坐受納及銷鈔等見行法令官并前後約束申嚴行下仍委諸路常平茶鹽提刑轉運分定州縣躬親體究有無前項違犯情弊按擿事件去處保明申尚書省　如縱容隱庇體訪得知保明官司并違戾州縣並令取旨重行貶竄　十一月九日詔秀州當職官先次各降一官人吏從重斷勒罷以兩浙轉運副使朱繹體究得秀州海鹽縣受納米斛攬人送納每碩於人戶處討米一碩六斗五升或





一碩七斗故也　七年九月二十二日明堂赦州縣受納作弊昨降指揮令諸路監司分定州縣體究並不恪意奉行外臺耳目慢令若此何所賴焉仰檢坐前後條例行下州縣嚴加約束常切遵承尚敢蹈習違戾即按劾聞奏犯人重行典憲必罰無赦　十年九月十日明堂赦州縣百姓輸納稅租監官多是晚入早出不即受納給鈔及縱容合干人百端非理退難遂致憑藉攬納之人重有倍費雖已有前後約束仰監司嚴加檢察如尚或蹈襲違戾並仰按劾奏聞　紹興十三年十一月八日南郊赦亦同　十七年二月四日上諭輔臣曰昨日有人言州縣折納稅絹每疋有至十千者恐傷民力

卷一萬七千五百四十四

四十九

可令戶部措置　二十年二月一日將作監丞李嚴老言州縣理納稅賦必依常限及時催科令佐毋得分鄉自至村落詔令戶部檢坐見行條法申嚴行下　五月二日前權知臨江軍彭合言本軍清江縣五鄉與四鄉秋苗每一碩加耗米七斗於造簿之際已行聲載至人戶赴官送納遂成久例獨一鄉係新淦縣撥隸則無此耗欲望悉與蠲免仍於造簿之際不得更載前件耗數或已係經界均稅即不得將舊來係簿加耗於正苗內均數上曰彭合所論可令戶部照應本軍別縣體例蠲免合昨任縣官監司固嘗列薦令可與監司知州差遣　六月二日右正言章夏言夏秋人戶所納二稅或在州

或就縣各從其便及時入官不致拖欠令訪聞州郡利
於出剩及合干專庫等人利於糜費遂致須管就州送
納至貧民下户有般擔之費往來之勞伺候陰晴動
輒數日甚者或本州差官下縣專置一局受納切取出
剩歸公使庫兼所差官挾勢凌逼縣道違法抛劵百端
搔擾乞應人户輸納二税不拘州縣許從其便或有出
剩之數並附赤歷不許擅撥歸公使庫如有違戾嚴正
典刑從之　八月二十三日上諭輔臣曰近日宣州太
平縣布衣史敦仁上書言州縣輸納多增水脚錢等事
宜令户部看詳此亦民間之害不可不禁止也繼而户
部看詳欲下轉運司并本州遵依降指揮每石隨苗收
卷一萬七千五百卌四　五十
納一百文省不得輒於數外更有增斛搔擾若守臣監
司失於覺察委御史臺彈劾仍令憲司取索增添因依
申尚書省取旨施行上曰此蓋州縣官吏並緣為奸不
恤百姓朕今日所以休兵講好者正以為民耳若州縣
不知恤民殊失朕本意　二十一年閏四月二十二日
知桂陽監趙不易言湖南人户納苗往往州縣高量斛
面一石正苗有至三石少至一倍故令户部措置從本
路轉運司造一樣斛斗降下不得擅行置造倍收耗數
從之　二十四年二月二十六日右廸功郎守大理評
事肇衍言奏劾見州縣受納米斛必有土居及寄居官
員秀才并工司公人封鈔請求每石坐收錢數百或至



一貫以上一歲之間所得有至千餘緡者受納官為之
減退升合不擇濕惡却於其餘人户下多增斗面以償
其數往往貧乏下户困於輸納虧公害私莫此為甚乞
下所屬檢會法令申嚴禁止仍委逐州守臣刊板揭於
受納場壓事之上使朝夕觀之思所以副聖主愛民務
本之意從之　四月十八日大理寺主簿郭淑言伏覩
條令受納物帛之類不許輒有汚損比三州縣受納官
不得其人間有徇私之弊凡攬子等賫到更不問紕踈
長短一切受之若人户親納則吹毛求疵稍不及格即
以柿油墨煤連用退印塗漬縱有及格者又復勒倍納
税錢方與交收其錢量收附歷以塞人言望令有司嚴
卷一萬七千五百卌四　五十一
行戒飭俾無違戾仍委諸路提刑司常切覺察上察其
事重為民害乃詔户部申嚴行下仰監司覺察按劾如
失覺察令御史臺彈奏仍許人户越訴　二十五年十
二月二十四日左奉議郎知太宗正丞王珪言今之急
務莫先於富國裕民於庶事為有事之備古者三年耕
必餘一年之蓄九年耕必餘三年之蓄雖有饑饉民無
菜色今四境無虞干戈不用而小有水旱一方之人多
致流離死徙不能自存且以目前利害言之蠹民之財
莫甚於輸納二税之弊大率較之逐年秋租加耗之入
或過於正數官收一歲之租而人輸兩倍之賦中下之
家卒歲之計僅足以給而輸官之物半已靡費所以權

科常不及分而民間乏食無時可了雖無水旱之變而
逃租棄產漂寓他鄉者往往而是也朝廷雖申嚴約束
而州縣公肆歛取無所畏憚者唯有其說可以籍口則
又循習之久不以為怪也且如官中既有正耗而州縣
又別立加合以軍儲吏廩為名凡有所須盡出於此縣
胥沔吏因得為姦取之無藝官收一歲之租人輸兩倍
之賦甚可憫也臣愚以謂莫若度州縣所用有不可闕
者多寡之數立為定例使上下通知此外不得分毫有
所須索必重寘典憲不唯少寬民力亦使官租易辦公
私之利無以踰此行下有司略為措置務見實効無事
虛文詔令戶部檢坐見行條法申嚴術下委監司約束
卷一萬七千五百四十四　五十二
所部州縣不得過收加耗仍於受納處大書板榜曉諭
二十六年二月十二日權刑部尚書韓仲通看詳到
欝林州趙不易言便民五事內一事雷化等州民間納
苗多令折銀擾民為害送部看詳欲令並納本色上曰
百姓足君孰與不足百姓之財乃國家外府安可盡取但
藏之於民緩急亦可以資國用　七月十四日詔人戶
輸納夏秋令正當開場受納擁併之時訪聞州縣受納
官縱令公吏非理追換乞覓邀阻及用油墨退卻損汙
或封寄在場更不給還重疊拘催搔擾非一令戶部日
下申嚴約束如有似此違戾去處仰監司按劾申尚書省
重作施行　八月四日上宣諭輔臣曰訪聞臨安府受



納稅絹多是乞覓賄賂近有一百姓送納本戶絹一疋
被退回詢之云官中不經攬納人不肯收接縣令人以
錢五貫五百文買到卻是堪好衣絹已令韓仲通根治
近在輦轂尚乃敢爾外方輸納想見受弊沈該等曰陛
下勤恤民隱灼見弊原如此天下幸甚　二十二日戶
部言臣僚請損四州折估物帛價錢緣財賦儧總顧所
取撥應副贍軍在遠難以遽度今欲下本所相度量行
裁減具數申戶部以聞從之　二十八日右正言凌哲
言諸路州縣起催秋苗有期自來受納姦弊百出最為
民患受納官物全藉監官約己奉公鈐束吏姦然場務
專斛等每以厚賂預囑監司州郡主行之吏乞差某官
卷一萬七千五百四十四　五十三
既遂其請酌酒相慶凡監官供家百須皆取辦之上下
相蒙恣為欺弊百姓受害無所赴訴乞嚴飭監司郡守
應差受納官須躬自體訪選委清強有風力之人使之
究心措置約束又攬納之弊自來罪賞約束至為嚴切
終不少革者蓋緣遠村細民戶產微薄輸納零細須憑
攬人揍數送納因得為弊乞嚴飭受納官每遇人戶般米
入倉並須躬親看驗依公交量其合收耗米並依衆例
不得容情增減及停留作弊仍乞委自守貳不時稽察
茍有違戾重作施行從之　二十七年六月十五日江
南東路轉運判官葉義問言江東西州縣受納人戶苗
米水脚等錢每石收二百文省委是酌中宣州頃因知

受一作吏

州秦梓申奏晝旨每石納錢一百文省往往受納之際
暗加斗面或別立名目科斂於民欲望行下宣州每石
納錢二百文省從之　九月四日左司諫凌哲言諸路
州軍受納秋苗去年朝廷頒降斛樣本以革斗量輕重
之弊而諸州每月交量令兩夫持杴夾立抄米入斛時
復摟搖務令堅實較其多取之數又過倍於用斗之時
人戶反賂倉斗顧依舊用斗量至於乞取情弊略不悛
革伏望嚴戒諸路州軍長吏自今受納官上自幕職以
至管下縣鎮有剛介自守曉事識受之人通行選差使
之遵守前後所降條禁以杜塞關節仍乞委各路提刑
專一體訪如有違戾去處依條按劾必罰無貸從之

卷一萬七千五百四十四　五十四

三十年九月八日上諭輔臣曰夏稅秋苗若郡守不得
其人受納官多取勝量則民必歸之攬戶又鄉司部吏
因緣生奸一斛至加五斗人戶必得不受弊卿等可於夏
夏稅秋苗時令依省限催理仍督責受納官歲歲如此
常行戒飭庶令實惠下及百姓宰臣湯思退奏曰臣等
當恭奉聖訓　十一月三日守侍御史汪澈言江西歲
以筠袁二州民戶苗米令赴臨江軍輸納以江道淺狹
而裝綱非便緣此官吏恣為侵漁邑日甚多其數浩瀚
知軍坐享公庫之豐而筠袁之民嗟怨盈於道路今欲
乞令江西漕司與二州守臣相度或只就本州受納若
必欲寄敖即令各州自差官吏專斗受納無使臨江之



人干預從之　紹興三十二年孝宗即位未改元八月
二十三日詔州縣受納秋苗官吏並緣多收加耗規畫
圖出溢卻將溢數肆為奸欺虛印文錢給與人戶民間
相傳謂之白鈔方時艱虞用度未足欲減常賦而未能豈
忍使貪贓之徒為民蠹今後似此違犯之人許諸色人
不以有無干已越訴如根治得寔命官流竄人吏決配
永不敘還仍籍家貲　孝宗乾道元年正月一日南郊
赦應夏秋二稅催科自有省限州縣官吏多不遵奉條
法受納之際多端作弊倍加斗面非理追換纖容專斗
揀子計會乞取方行了納或先期預借重重催理不與
除豁既已納足阻節銷鈔之類甚為民害仰守令嚴切

卷一萬五千五百四十四　五十五

覺察如有違戾仰監司按劾申奏重行黜責仍許人戶
越訴　三年六年九年南郊赦並同　五年正月二十
八日詔令後受納折帛銀照依左藏庫價與民折納不
得輒有減降令逐路轉運司約束不得違戾　先是遞
年民戶輸銀於官者每兩折直三千二百而輸之左藏
庫卻折三千三百每兩暗贏人戶百錢臣僚言之故有
是命　十月十八日臣僚言臣恭覩陛下臨御之初約
束州縣受納苗米多收加耗法禁甚嚴而近年以來所
收增多且以近向論之秀州歲受苗米三十餘萬石每
石舊例止收耗一斗四五升而二年以來一石增納至
五六斗計每歲溢取十五萬碩逮朝廷拋降和糴卻以

出剩之數虛作糴到所得價錢盡資妄用乞申戒州縣杜絶弊倖庶寬民力從之　七年六月二十七日詳定一司勑令所修立到條法諸受納苗米官容縱公吏巧作名色乞取者比犯人減一等罪徒二年仍許人戶經監司越訴州縣長吏不覺察與同罪　以臣僚言人戶率用弍石有餘一千文足以上方能了納正米一石乞行禁止故有是詔





淳熙二年三月八日詔自今倉并諸路州縣等處給納米斛並用省斛交量　三年四月六日詔諸路州縣受納人戶苗米往往過數多收斗面重困民力令諸路監司覺察以聞　六年九月二十七日詔戶部遍牒諸路州軍仍許人戶越訴　九年九月十一年九月並如之　八月六日中書門下省言諸路州郡受納苗米利於出剩不問屬邑遠近盡令搬米赴州是致下戶往回費用留滯月日乞令諸漕司行下所屬州縣自今人戶苗米赴州或縣倉並聽從便輸納如違許被抑人戶越訴從之　五年十二月二十六日詔諸路州縣受納苗米并和糴米

卷二萬二千六百六十九　一

許令民戶自行槩仍不得取優潤米　八年五月二十八日臣僚言諸路州軍將人戶所納稅絹不得過行揀擇如有紕踈用藥合退去者不許用印油墨容其變賣別換好絹輸官各於受納處出榜曉諭從之　六月二十七日中書門下省言兩浙轉運司體訪得　州受納大量斛面比元數出剩二萬三千餘斛上曰方禁戢加耗豈可不治乎守臣李士龍降一官放罷受納官趙汝揖追兩資勒停　十一年六月一日臣僚言諸州軍受納夏稅官吏作弊多方邀阻間有將堪好絹帛彊行打退却置場用低價收買中產下戶既因供輸買納到場又被抑退官中收買不得元錢愈見困窮上下蹙迫其

官中既已買下退絹，多時零折納高價，不恤民病，利其
羸餘。乞嚴行禁戢，如今後州軍置場低價收買退絹，許
令人户越訴，仍令監司御史臺覺察違戾官吏，一例科
罪。從之。　十二年六月一日，詔兩淮運司各嚴行約束
所部軍州，將每年納民間課子不得多收，如敢違戾，按
劾以聞。　七月二十四日，詔徽州將受納人户絹帛並
依法夏税重十二兩，和買重十一兩，餘照淳熙六年七
月二十三日已降指揮施行。　以臣僚言：徽州自五季
陶雅創為重賦，較之旁郡最殊，且以素來拙於機織，所
產絹類皆輕紕脆弱。國朝勤恤民隱，嘗專下詔旨，徽州
夏税和買絹每疋及七兩重者即許受納。仁恩德澤，千

卷二萬二千六百六十九　二

里荷戴。自乾道間議臣有請，謂徽州民盡力蠶桑，所織
絹帛不異他郡，乞令夏税和買並依見行兩數輸納。斯
民一時創行機織，其力重困。旋有徹于聽聞者，當時廷
臣僉謂宜減兩數，以示寬卹。陛下出自睿斷，且以與其
減兩重，不若蠲疋數之為悠久不變，乃詔夏税和買每
十二疋與減二疋。由是實惠及下，斯民欣然。方蠲減之
初，臣適試郡事，見所受納官奉行之過，至有齎二三百
疋赴場，而所售不及其半者。臣遂自每日與州官同共
受納，雖兩數少不及，而非紕疏糊藥者，隨即受輸給鈔。
繼又以公劄白之户部長貳，故每歲發綱運並無退剝。
臣既滿秩，慮後政不能循守，嘗因奏對，具陳底蘊，仰蒙



聆從，行下本州遵守，如有違戾，令監司按劾以聞。行之
累年，千里蒙被大賜。臣近得州官書，具言本州近降絹
樣下六縣，更不分和買夏税之重輕，並欲以十二兩為
則。又云去年御官有邀難，和買反重於税絹者，民甚苦
之。是臣前日之奏陳，今而少驗矣。且夏税十二兩，和買
止十一兩，法也，通天下一也。而乃不分輕重，例加抑
配，行之賦税偏重之地，民之不聊其生，何疑哉！欲令本
州受納夏税和買輕重一依條例，仍遵守淳熙六年已
降聖旨，毋得違戾。庶幾此邦生齒歡戴陛下，永被之恩，
永永無窮。故有是命。　淳熙十六年二月四日登極赦：
人户輸納秋苗，其起綱腳耗，舊有定數。訪聞州縣於正

卷二萬二千六百六十九　三

數之外加量斛面，增收點合名色，至多重為民害，可令
諸路轉運司嚴切禁止。如有違戾，許人户越訴，仍委諸
司互察。同日赦：人户輸納紬絹斛斗之屬，既名納官，法
不收税。訪聞州縣場務過有邀求，紬絹則先收納絹税
錢，斛斗先收力勝錢，循習成例，甚為民害。仰轉運司嚴
行禁戢，仍許人户越訴。　八月十一日，臣僚言：今秋成
在即，乞令州縣受納不得開私增斛斗，郡守不得以遠
年之增數而為實數，受納官不得輒帶人從入倉。如違，
並許人越訴。從之。　紹熙二年三月二十二日，詔潼川
府郪縣、涪城、中江、安泰、鹽亭五縣支移赴隆慶府三倉
送納米，可改理估錢送納，每石連耗并頭子勘合錢共

納錢引八道，每歲令隆慶府差官一員前去潼川府交納，及令潼川府諸縣須管照省限送納了足。如違，仰隆慶府具本司所欠縣分官吏以聞。以四川制置使京鏜、總領楊輔言：潼川管下郪縣等五邑支移赴隆慶府送納，謂之遠倉米，柳充本府廂禁軍鋪兵支用。隆慶去潼川近者二百里，遠者五百里，皆負擔而去，往往[illegible]戶每石邀價至有錢引十二三道者，以致人戶重困，乞改理估錢送納，故有是命。十一月二十七日南郊赦：催科自有省限，州縣往往不遵條法，先期預借，重疊催納，以致多出文引，非理勒令保長代納。於受納之際，容令合干等人多端阻節作弊，倍加斗面，非理退換，

卷二萬二千六百六十九

四

陷至納足不即給鈔。仰監司嚴加覺察，如有違戾，按劾聞奏，仍許輸納民戶赴監司陳訴。紹熙五年七月七日登極赦文：人戶輸納秋苗，其起綱脚耗舊有定數。訪聞州縣於正數之外加量斛面，增收點合名色，至多重為民害。可令諸路轉運司嚴切禁止，如有違戾，並許人戶越訴，仍委諸司互察。自後郊祀明堂赦亦如之。九月十四日明堂赦文：已降登極赦，人戶輸納紬絹斛斗之屬，既名納官，法不收税。訪聞州縣場務過有邀求，紬絹則先收納絹税錢，斛斗則先收力勝錢，循習成例，重為民害。仰轉運司嚴行禁戢，仍許人戶越訴。尚慮州縣奉行滅裂，可自赦到日委諸路監司嚴切體訪，如有違戾去



處按劾聞奏。自後郊祀明堂赦亦如之。同日赦：催科自有省限，州縣往往不遵條法，先期預借，重疊催納，以致多出文引，非理追擾，或勒令保長代納。於受納之際，容令合干等人多端阻節作弊，倍加斗面，非理退換，留至納足不即給鈔。仰監司嚴切覺察，如有違戾，按劾奏聞，仍許輸納民戶赴監司陳訴。自後郊祀明堂赦亦如之。慶元二年九月二日，臣僚言：乞行下諸路轉運司，每歲夏秋税苗受納之初，將州縣合科絲綿麻麥粟豆紬布木炭之類，逐季依[illegible]時價許民送納，不得循襲舊例高價折錢，重困百姓。從之。六年閏二月二十三日，臣僚言：伏覩慶元令，受納二税官，轉運委知通前期於

卷二萬二千六百六十九

五

本州縣官内公共選差訖，申本司檢察。近因臣僚一時申請指揮，令諸路轉運司選差，蓋以近年以來受納官吏通同作弊，慮其州縣差官之不公，遂以其權歸之監司，亦革弊之一説也。但一路官僚之浩繁，監司廉察之餘，固當得其大槩，又豈能一一徧諳熟？若本州知通，相去之近，日夕與之款接，或得之議論，或試之職事，其賢其庸，其貪其廉，察之熟而知之詳矣。轉運既不及徧識其為人，是致差官之際急於充員，其貪兼賢庸未免混淆，而所差之官往往恃上司之差用，或敢妄作，州縣亦以上司之故，不欲誰何，厚取添給，恣行姦欺，為害非細。且受納二税，如絹帛之紕疎，米麥之濕惡，自是州郡

之利害使守貳留意必不肯付之貪庸之人自貽其咎乞遵守慶元着令仍舊委知通公共選差令轉運檢察實爲上下之便從之後遇赦申嚴行下　又赦文州縣催科每料申轉運司差官受納運司去州軍隔遠所差未能一一皆當或其間所差官有憚下倉庫者與合干人通同計較遇人户親身自納則多端阻節直俟攬子兜足上户官物一切辦集旬日之間受納一次催税保長枉遭訊責自今仰轉運司委知通前期於本州縣官内公共選差清廉官躬親受納不得容令遲緩邀阻自後郊祀明堂赦亦如之　嘉泰四年二月十一日臣僚言二税有絹名曰上供上而宮庭百官下而庶府諸軍衣

卷二萬二千六百六十九　六

賜皆於是乎取比年以來所輸之絹往往紕薄其弊在於受納官不加之意胥吏與攬子互為弊倖計囑既至其絹雖下與之輸入若計囑不至其絹雖善則多方沮抑民户既苦其沮抑攬子然後得以制其權攬子以重價取諸民户而以半賂胥吏胥吏所得既多於民户之自納則宜乎與攬子相為姦利乞嚴敕州縣受納之官重戢胥吏攬子聽從民户自輸惟在照應色額忽誤支遣仍於每疋必印受納官名銜及本州印記以為考證俟其上之左帑本部輸委郎官一員前去同提轄從公稽撿如其紕薄復有前弊即具申朝廷將受納官吏重寘於罰如無名銜及印記即從本部將與吏重加斷勒



從之　開禧元年十二月六日臣僚言乞令諸路提舉司將處義米別立義倉廒屋在州受納者則州置義倉在縣受納者則縣置義倉候各處受納了足日具申本路提舉司須管躬親巡歷檢點在遠則分頭選差清强官照數核實椿管每遇州縣官交替則令照元數審實責認方許受代庶可以為公私經久之利若下户畸零須照逐年指揮已蠲放者不得重行催理如攬納人抱認在己不納者計贓定罪如州縣尚有違戾許人户越訴監司奉行不虔委御史臺覺察一例重行鐫黜胥吏決配遠外從之　嘉定二年三月二十八日臣僚言州縣人户納苗或就縣倉或往州倉各從其便令與具存

卷二萬二千六百六十九　七

蓋納苗則有義倉有耗剩義倉所儲專以待水旱凶荒耗剩則倅廳拘發漕司支遣近年以來不許縣倉受納必欲盡隸州郡殊不知縣倉不受納則失義倉之利所謂耗剩者當據縣倉所納苗米若干然後取耗剩若干今倅廳不問見納之數但以苗額總數耗剩悉取於縣高價折錢抑勒認納縣道無所從出不免科數吏輩至於歲歉蠲租倚閣正米已不存矣而耗剩之額催逮如故緣此財賦不辦愈見窘邑之為難乞戒敕諸郡每歲苗米從民之便許於縣倉輸納俾存義倉以待賑贍如耗剩米只據所納苗數解發不得額外一毫妄有紐折或有違戾仰逐路監司究治從之　二年九月二十五

日臣僚言乞戒敕州郡當每歲受納差官必須選擇廉
介之吏為受納官者或以盜量出剩受其饋遺並計贓
論若於正耗米之外過有誅求許民間徑經臺省越訴
其官吏重寘典憲從之　又赦文訪聞諸路州縣人戶
已納稅租其本縣又行出給標子重疊追取人戶為見
錢數不多又復送納其所出標子又須用錢申繳顯屬
騷擾如有似此去處仰逐州守臣常切覺察重作施行
許被擾人戶越訴自後郊祀明堂赦亦如之　又赦文
勘會人戶夏稅和買紬絹內紬合納本色二分折帛錢
八分絹合納本色七分折帛三分訪聞州縣卻侵本色
紛數多數折帛價錢又有折納銀兩及將人戶有合納

卷二萬二千六百六十九

八

會子分數抑令並納見錢重困民力委轉運司常切覺
察多切文榜曉示如有違戾即行按劾仍許人戶越訴
自後郊祀明堂赦亦如之　五年閏九月二十二日臣
僚言竊見嘉定之初福州守臣以長溪縣去州絕遠陸
限峻嶺海涉驚濤民戶輸苗跋涉艱阻請以本縣歲管
苗額悉令民戶就縣折納價錢縣以民戶折納之錢解
于州州以縣解之錢糴米補數以供用於公無虧於私
為便害民之吏舞文之胥畫策興利以媚州郡導之於
十一縣人戶解面取羸以補一縣折納之數米不必糴
錢不必出而自足以辦常平之支遣每遇開場交量之
吏倍於斛面增高司納之官多於鈔面加點所謂點者



蓋以點一筆為加一升之數有點及八九筆者州郡利
於取羸敢於欺罔侵漁百姓以至於此極乞令本路轉
運司嚴行約束照元降指揮盡以縣解錢糴米補數不
得違法高量人戶苗斛及用筆點鈔暗收加外如有違
戾許人戶越經臺部詞訴其當職官吏重行責罰從之
二十三日臣僚言竊見州縣受納苗米所用之斛雖
係文思院製造發下訪聞輒於斛緣鐵葉之上增加板
木復以鐵葉蔽之分毫之間其數遼絕間有州縣續置
之斛不依元降則樣所取之數尤為不恕此其弊一也
斛面之外又有加耗歲復一歲有增無減其所取加耗
自合筭數目並量以斛令令項別用斗量極其盈溢幾

卷二萬二千六百六十九

九

於倍蓰此其弊二也受納之職合選清彊之吏而州郡
類擇刻剝者為之至於先期經營差委者其意安在被
差之後百端苛取以出剩之數先餉州郡然後利其羸
餘公然打印虛鈔通同胥吏攬戶規利入己此其弊三
也頭腳錢之外創為名色乞覓錢數加耗之外又以呈
樣修廒等為名掠取米斛置之廳事之前受納既畢輒
與合干人均受略無愧色此其弊四也州縣催科急如
星火而人戶齎米到倉不與交量至於暴露累日非有
關節即行打退往來搬運之重有銷折此其弊五也
自餘瑣細不容悉數乞備臣此章行下諸路轉運司令
州縣將文思院元降米斛除去鐵葉如州縣續置之斛

州委通判縣委丞簿將文思院斛逐一較量給罪保明
次第供申所取加耗不得過數仍令籌計數目並以斛
量不許用斗面腳錢之外不得分文多取如呈樣修廒
等名色一切住罷人户齎米到倉即時交量不得故為
留滯仍鏤板曉示如有違戾許人户經轉運司或徑赴
臺部越訴體訪得實將守令及受納官吏一例按劾施
行從之　七年三月二十九日臣僚言訪惟錢出於官
而責之民輸粟帛出於民而官或無取則農之餘粟女
之餘布將何所用乎況無銅山私家無錢爐錢又何從
而得哉今民之輸官與其所以自養者悉以錢為重折
帛以錢茶鹽以錢葛豆以錢向時給之錢而和買物帛

卷二萬二千六百六十九　十

者今錢不復給而反責其錢是猶可也酒酣之責於官
者非錢不售百物之征於官者非錢不行坊場河渡之
買撲門關務庫之商稅無一不以錢得之所謂穀粟布
帛自衣食之外惟二稅本色之輸官者可用耳孝宗
皇帝淳熙中念農夫蠶婦終歲勤動價錢不足以償其
勞乃詔諸路監司嚴飭所部應民間嘗輸本色者毋以
重價強之折錢若有故違按劾以聞且刻石以賜郡守
當時斗粟尺絹悉從民輸惠至溥也今州郡之中紬絹
米麥利其贏餘率多折錢所輸本色賢量已多故折之
錢其價愈重粟帛壅滯轉變不行錢無所得民益重困
其為蠹害可勝言哉今錢日益少用日益多措辦之艱



人但知為目前之害臣恐州郡轉相傚習以為常設
帛無用人費耕織富者藏鏹而楮券益輕貧者無聊而
盜賊滋熾禍患之起悉由於此豈不大可慮哉願體孝
宗淳熙之詔戒飭州縣凡合納紬絹米麥本色如人户
願折納價錢者不許過重及不許科抑令户部行下諸
路監司遍牒州郡常切遵守庶幾貨於錢者輕而貨於
粟帛者重從之　五月二十七日福建轉運司言本路
八州軍府合發上供綱運已遵照省劄指揮自嘉定十
年五月為始用全會起解至今年四月終滿一年今據
興化軍南劍州建寧府申今年五月以後合作如何解
發緣其他州軍與興化軍等州事同一體所有諸州軍

卷二萬二千六百六十九　十一

五月以後合發上供錢銀未委合與不合起解全會柱
復起解銀會中半乞指揮速賜行下以憑遵守施行申
聞事詔令福建路監司州縣應干入納官物並遵依錢
會中半指揮仍自今年五月為始建限一年將元買銀
兩一半見錢兌換旅民官會候成全會起發即不得占
吝見錢在官以充他用或頓改應副豪勢之家務要錢
會流通會價不致減落如有違戾定照節次已降指揮
施行并劄下户部照會施行　八年四月十九日臣僚
言近來州縣每遇受納和買產絹人户納到本色百方
邀阻例行揀退將合納之絹一例折錢萬鑵價直以入
于官而官司用此價錢又却低立價數科抑行人於民

問收買以充上供其所買既已輕薄致被左藏庫等處
揀退則復以配之於民使換住者不問是其元納與否
或乃直令貼錢謂之估剝此何理也乞嚴降指揮明加
責勵今後州縣收納產絹和買須是不成端匹民間情
願折納即許照條從便折錢亦不得高擡價貫若是合
納正數並只令納本色如有違戾將不點檢覺察得知
守令及受納官並當重行黜責從之　十年十月二十
九日臣僚言竊見朝廷比年留意積貯外臺郡中陳乞
糴糶降兌糴本無時無之臣伏思之有一郡之租自足
以供一郡之用其所以廩廩不繼者何也折估之令行
而所入不能如其數也向也或行於省限已滿之後今

叢二萬一千六百六十九　十二

則起催未一兩月則折之矣向也惟及於第五等戶今
則上戶亦折之矣乞下諸路州郡將人戶合納今年糙
米白米只許輸納本色不得折估價錢如支官兵俸給
其餘春夏間聽依時價出糶接續細民食用收錢以充
本郡經費如受納之時其間民戶願納價錢者聽從其
便仍不得抑勒及高折價直如有違戾許人戶越訴臺
諫監司按劾以聞仍專委轉運司提督覺察從之　十
二年八月三日都省勘會人戶合納今年苗米沿邊州
縣有增收多量之弊理合預先禁約詔令戶部日下遍
牒諸路州軍各嚴行約束當職官吏將受納苗米不得
過數增收及多量斗面如有違戾許人戶越訴　二十





八日臣僚言伏覩朝廷申飭諸路漕司戒約州縣受納
秋苗增收斛面之弊仰見請朝軫念黎元愛養基本德
至渥也命令之頒大率視為故常不見有及於民者且
多為名色增衍任情一斛之輸費幾三斛一倍之收加
至再倍民則何以堪之折納價錢法之所禁畸零舊欠
與夫深山窮谷艱運難糴則民從權以為民便今所至
受納贏餘既多會計支供猶可及數則並立高價悉使
折錢富者其力有餘得以及時輸送本色貧者艱於措
畫不無稽緩所納多抑以錢至有所居避僻登陟險峻
負擔而趨本全城邑而折納之令已行則不免於低價
而售其費滋多故自下之民受弊尤甚乃若一二年來

叢二萬一千六百六十九　十三

浙東之郡又有不止於為民之害者聞場米錢隨即折
變既高其直以病乎民復以代備入屬收糴給散軍糧
如利其贏而揀擇惡雜一不之間軍士怨怒尤有疾視
之心任牧馭之責者其思為是哉乞下臣此章嚴賜戒
飭受輸之際或過數增收及高立苗價彊民納錢與夫
賤折錢糴以為軍民之害者許令臺諫彈奏重賜施行
從之　十三年八月四日臣僚言逼者朝廷行下凡民
戶合納之絹限以一半本色一半折錢每匹則折以四
貫省會所量輕重免得其平詳提曾子之術且隱然行
於其中是雖權時施宜而公私皆以為便矣訪聞在外
州郡往有勒令外縣民戶所折之錢併其所輸之絹赴

要到州送納往往謂一半所折之錢縣道未必不以侵
支互用於是命民併輸于州以防縣道或然之弊也蓋
所在惟附郭之縣與郡相依故民户税賦多有就郡輸
納以其便也至若外縣之抵郡城或百里或二百里又
其甚者或三四百里使其舊例輸送于州民固安之而
不辭苟一旦彊民赴州輸納跋涉閲月寧不失民之便
况尋常薄産之家本户有合納些少丈尺者若使就州
送納其於合輸之外又有道費之苦或州郡胥吏乘勢
邀阻非泛需索則其不便也滋甚豈不重田里愁嘆之
聲乎乞下州縣只從舊例元在州送納者聽其在州元
在縣送納者仍只在縣不許將舊在縣者創令就州輸

卷二萬二千六百六十九

納庶幾不至彊民而官賦亦易以辦若於户部行下折
納定數之外或有違戾引惹民詞抑又不可不加懲戢
也從之　十四年八月二十九日臣僚言窃見州縣輸
納二税其患有三而秋苗之弊尤甚焉何謂三患夫米
穀之到倉先須呈樣巡堆而後簸揚入納此久例也近
年以來無問美惡輙留宿倉或半月一月而受輸官不
至吏輩並緣誅求猶爲可也在倉既久雀鼠之侵耗斗
脚之窃取風雨之飄浮及至交量移折不少管幹攬納
之人乘此作弊而官民户皆受實害此苗米宿倉其患
一也官賦已納給印朱鈔付人户收執設或重催憑此
照銷今乃已納之鈔排積如山監官憚於用印遷延日



月省限既滿勢須點追既無朱鈔可憑雖有交領何用
幹攬因官鈔之未印多有邀主家税賦入己辭以取鈔
未得萬一避罪逃亡主家又從而陪納此不即印鈔其
患二也幸而鈔已給還人户而在官之鈔復不勾銷刷
欠只據簿書既未批鑿吏輩便可爲姦雷倒追呼愚民
何所赴愬縱使得直費已不貲此不即銷鈔其患三也
三患不去重疊催科而官復重困之誠爲可憫乞下臣
此章戒飭州縣今後受納秋苗在倉或遇一宿已納未
給朱鈔及縣鈔久不勾銷却致點追納足之户監官主
簿並行責罰從之　九月十日明堂赦文州縣役錢逐
年均數皆有定數訪聞諸路提舉常平司却以餘剩爲

卷二萬二千六百六十九

名抑令縣道添認作餘剩錢解發公庫以資妄用縣道
無所從出不免科配於民委是違法合行禁約如有違
戾許監司互察仍令人户越訴　十一月十六日臣僚
言夏帛秋苗所在起催各有省限至於免收本色而使
之折錢乃是大數已敷而尺寸升合之微細民無所從
出附匹零粒賴於春負量立時價容其所折納今乃不
然曾未開場官吏容心如綿絹則指準某處麤惡之物
以充觧發支請而合納者即預期折錢如米麥則指準
各倉多取之斗面以足歲計正數而合納者亦預期折
錢且有力之家各納本色而無窮之户率被此苦户有
大小税有定數據數以輸歸安田里然納足之後[illegible]有

剗催有刷欠有推收其姦百出使難稽考其剗催者官物已納不即與鈔則設以無鈔追繫舊例未暇給鈔尚有倉庫交收由子用木記爲照今不復用但出元批收筆跡亦不行使曰刷欠者已納數月之後復出文引開某户欠帛幾尺幾寸欠米幾升幾合遍令鄉村脫有齎鈔以出則送案點算或數日不呈而鄉民晦夕被監計其費用已倍於虛刷之数曰推收者甲既出產乙已得之乙既明收割税歸己而官復征于甲暨其對理則謬言税籍未銷籍廳未開凡此横取不歸公上悉爲貪贜之吏所有如前数獘盛行於江之東西湖南亦然他處雖未必盡然亦可以槩見矣乞將及今秋苗受納之初

卷二萬二千六百六十九

十六

下臣此章委諸路漕於所部州郡巡歷受詞追究不許復送本州俟根究得實具名奏劾重作施行庶幾州縣宿弊可以深懲痛責從之

賑貸

宋會要

太祖建隆元年正月命使往諸州賑貸二年三月以金商延州歲食田苗民饑遣使賑之十一月詔以濠楚民乏食令長吏開倉賑貸三年正月以揚舒滁和廬壽光黄濠泗楚海通泰等十四州民乏食令逐路長吏開倉賑給之三月賜沂州民種糧六月詔宿州發廩賑饑民十二月蒲晉磁隰相衛六州饑詔所在發廩賑之四年二月命使臣往澶滑魏衛晉絳蒲孟等州發廩賑饑民

乾德二年二月陝州言民饑遣給事中劉載往賑之四月詔延州貸粟五千石濟麟州饑民又靈武言饑殍者甚衆命以涇州官廩救三萬石賑之四年三月淮南諸郡言江南饑民数千人来歸詔所在長吏發廩賑之六年正月詔陝州集津鎮絳州垣曲縣懷州武陟縣民饑發廩以賑之

開寶四年二月詔諸道賑貸借人户義倉斛斗是月平劉鋹詔廣南管内州縣應鄉村不接濟人户闕少糧食者委本州官吏取逐縣委實户数於省倉内量行賑貸候豐稔日令只納元数六年二月曹州言民饑詔運太倉米二萬石往賑之七年正月詔通事舍人杜繼儒赴揚楚等州開倉賑貸六月詔河中府發廩粟三萬石賑饑民

太宗太平興國二年四月詔延州以倉粟二萬斛貸與貧民歲饑乏食故也六月知秦州張炳言部民艱食臣已矯詔開倉救急願以抵罪

詔糴之八年三月同州言歲饑發倉粟四萬石賑之
雍熙二年四月以江南數州去秋微旱民頗艱食遣監
察御史安國祥太常丞馮拯榮見素左贊善大夫馬得
一王茂之張茂才樊素著作佐郎宋鎬張維萬張壽分
往虔吉洪撫饒信等州與長吏度人戶闕食者賑貸仍
將廩穀減價出糶并訪察州縣官吏為政善惡民間利
病以聞三年八月劍州言穀貴詔遣使以官粟賑饑民
仍分命使者督補盜賊五年正月成都府言部內比歲
不稔穀價翔貴請發公廩賑糴以濟貧民從之　端拱
二年八月乾寧軍言民饑詔以官粟二萬石賑之　淳
化元年二月九日京東轉運使何士宗言登州歲饑文
登牟平兩縣民四百一十九人餓死詔遣使發倉粟賑
貸死者官為藏瘞以錢五百千分給之其逐州官吏不
早具奏仍劾罪以聞二十六日河北轉運使樊知古言
深冀州民饑詔遣殿直成庭玉馳傳發倉粟貸之人五
斗是月登州再言文登縣民二千六百六十二人饑死
詔悉令賑卹七月河南府言洛陽等八縣民饑詔發倉
粟賑之人五斗又以京師米貴遣使臣開倉減價分糶
以賑饑民二年正月詔永興鳳翔同華陝等州歲旱民
多流亡宜令長吏設法招携有復業者以官倉粟貸之
人五斗仍給復二年四月詔嶺南管內諸州官倉粟先
是每歲糴之斗為錢四五無所直自今勿復糴以防水



旱饑饉賑貸與民三年二月汝州言歲饑詔以官倉米
貸之人三斗四年二月懷州言去年穀不登民無藁秸
以食牛羊多死詔本州官草留三年準備外餘悉貸之
十二月詔民被水潦之患饑饉者衆令開倉減價糶貸
窮乏丐者為淖糜以賜之五年正月十六日命直史館
陳堯叟趙況曾會王綸等并內臣四人往宋亳陳潁等
州出粟以貸饑民并州五千石及萬石仍更不理納二
十一日詔諸道州府被水潦處富民能出粟以貸饑民
者以名聞當酬以爵秩　至道元年二月六日遣將作
監丞梁宗範馳往漳泉州興化軍賑貸貧民以去年旱
艱食故也十七日亳州房州光化軍言歲饑民乏食詔
遣使者分往發倉粟貸之人五斗三月詔以官倉豆數
十萬石貸京畿及內郡民為種有司言請量留以供國
馬帝曰甘雨沾洽土膏初起民無種不能盡地利但竭
廩以給之至秋有百倍之獲國馬食以粟藁可矣　真
宗咸平元年九月詔兩浙路留諸州運米以濟饑民十
月詔兩浙轉運使察管內七州乏食處賑貸訖以聞二
年正月江南兩浙制置鹽茶王子輿言兩浙諸州經旱
民戶未至饑殍賑貸斛㪷亦皆有備帝覽奏因詔羣縣
長吏常切體量如稍有饑民盡時支與口食無令失所
三月遣度支郎中裴莊內殿崇班閤門祗候史春秘書
丞李防供奉官閤門祗候杜廣分往河南兩浙諸州發

倉廩賑貸饑民閏三月筠州請發廩賑貸貧〔從之〕四月兩浙轉運司言先撥常潤州廩米五萬石賑貧民尚未足請更給五萬石從之七月度支判官陳堯叟廣南使還言西路諸州旱命國子博士彭文寶往權轉運司事賑饑民十月以兩浙荊湖旱命庫部員外郎成肅比部員外郎劉照太常博士李通微閤門祇候李成象往體量賑恤十一月兩浙轉運司請出常潤州廩米十萬石賑糶從之四年閏十二月命左司諫知制誥梁顥供備庫副使潘惟吉往河北東路禮部郎中知制誥薛映西京左藏庫使李漢贇往河北路發倉廩賑饑民帝召宰臣以河北諸州物價示之其中陳豆紅粟斗不下百錢又出麻滓還實曰民已食此矣速當極濟故命顥等焉五年二月遣中使詣雄霸瀛莫深滄州乾德軍為粥以賑饑民六年二月遣朝臣使臣分往京東西淮南水災州軍賑卹貧民疎理刑獄　景德元年二月陳蔡沂密等州言民饑命太常丞梁象秘書丞李適乘傳發粟以賑之九月鄂州言民饑詔開倉減價出糶以救之二年正月六日詔河北轉運司副使分詣管內諸州軍按視饑民賑給之口一斛戶五斛為限帝以戎寇之後居民失業慮其饑饉流離故有是命八日令蘄黃州賑恤饑民十七日令淮南諸州以上供軍儲賑饑民二十六日命常參官二人分往荊湖北路淮南諸州出官粟作糜粥



以賑饑民仍令擇幕職使臣強幹者專司其事長吏常按視之每十日具所賦糜粥之數以聞自是在處當焉粟二十九日河北轉運司盧琰言天雄軍見管米約萬九千五百餘斤澶州肆萬二千二百餘斤詔給兩處饑民二月二日京西轉運司言襄許陳蔡等州民饑詔減價糶倉粟賑救從之十日命太常丞文仲儒往傳詔置州以陳粟四萬石分賑饑民三月大名府饑命轉運司發廩賑救四月八日命鄆州發惠民倉粟賑饑民十六日以京師穀貴出倉粟減價出糶以惠貧民二十八日潭州言菜園之食請賑以官米從之十一月詔於京城出倉粟減價出糶以汴流阻淺運舟不至穀價騰貴故也三年正月六日遣著作佐郎劉昱往開封府諸縣與令佐等於近便出廩米賑救災傷之民家給兩碩仍貸與種糧十四日又遣太常博士王汝勵殿中丞李道太子中允嚴登耿說著作佐郎張士遜陳從易等馳傳分往尉氏陳留襄邑雍丘太康咸平等縣發廩賑貧民及貸種糧十七日令京西轉運司出倉粟米賑貧民仍命著作佐郎閻儀馳傳詣汝州賑貸十八日詔京西轉運司體量轄下州軍民有不能自結者時分遣職官徑往逐處出廩粟賑貸二十五日遣殿中丞王㧑太子中允朱友直太子洗馬盧昭華分往封邱酸棗長垣等縣發廩貸貧民仍給種糧二十六日詔京東轉運司應齊淄

食貨六八之三三

青濰登萊等州人戶有闕食者依近降救命於封樁倉
分支遣賑貸不得差民轉般如近西州軍即委三司自
京津置往彼支遣屯田郎中楊覃馳往河北與轉運使
體量澶濱棣德博等州民如有闕食處即出廩粟賑貸
三月詔開封府京東西淮南河北州軍縣人戶闕食處
已行賑貸其客戶宜令依主戶例量口數賑貸孤老及
病疾不能自存者本府及諸路轉運使副并差去臣僚
同共體量出省倉米救濟仍使告示更不收理四月侍
御史知雜王濟言伏覩國初嘗置義倉以備賑濟今義
倉已廢每州郡小有水旱朝廷即詔出太倉粟借貸農
民及稔歲復多蠲放慮有損軍食今後如有賑貸望本
縣置簿以時理納庶獲惠濟從之四年六月詔河北轉
運司如聞雄州安肅廣信軍人頗艱食宜以食米萬斛
減價出糶以濟之　大中祥符元年正月陝西轉運黃
觀言慶州麥粟踴貴詔出官米萬斛減價糶之四月府
州言民饑命賑之六月環慶民饑發廩粟賤糶以濟之
二年二月詔賑同華等州民去歲逋稅悉蠲之四月詔
陝西州軍民闕糧糗者發廩賑之五月詔西京出廩粟
賤糶以惠貧民六月五日令韶州出廩粟賑糶以濟貧
民十二日令慈州出廩粟賑鄜民十一月知鄧州右司
諫直史館張知白言陝西流民相續入境有欲還本貫
而無路糧者臣諭勸豪民出粟數千斛計口給半月之

食貨六八之三四

糧凡就路者總二千三百家萬二百餘口其支貸有餘
者悉給貧老之人仍瘞其死人詔獎之三年三月詔戎
瀘州民艱食者賑之仍給復一年八月詔淮南諸州
發廩米賑貸及賤糶以濟貧民四年四月四日以登萊
州艱食令江淮轉運司顧客船轉粟賑之十六日同華
州饑民有鬻子者遣太常博士錢貴馳驛存撫賑濟之
五月京兆府旱詔賑之六月劒利閬集壁巴等州饑詔
賑之十二月十一日江淮發運使郎曄言淮南路准詔
賑貸及減價出糶計廩米三十萬石十六日京城穀貴
詔發惠民倉粟賤糶以濟之五年正月詔河陽出廩米
萬斛減直給糶以惠貧民二月詔京西諸州軍昨以穀
貴雖已減價出糶尚慮民有闕食者宜令轉運司諭轄
下州軍委實有饑民之處多方勸誘蓄積之家除留支
用外將餘剩斛㪷分散救濟仍差公幹官量口數監散
內有願減半價出糶者亦聽並將等第酬奬無令減剋
邀難及接便煩擾五月詔江淮南發運司留上供米二
百萬斛以備賑糶十月十日詔如聞建安軍等處自秋
霖雨頻妨農事宜委轉運發運使體量賑卹十二月六日
令三司出炭四十萬秤減市價之半以濟貧民時連日
大雪苦寒京城鬻炭者每秤錢二百故有是命仍遣使
臣十六人分置場以內供奉官二人提總之自是小民
奔湊至有踐死者乃命都巡檢張旻遣軍校領徒巡護

賜死者家緡錢無親族者官為埋瘞仍令三司常貯炭五七十萬秤如常平倉之制遇價貴則賤出之二十二日泗州饑官給米十萬石以賑之六年四月十九日詔如聞淮南諸州罷糜粥之賜尚慮貧民未濟可令依舊俟其足食乃止七月二日泰州淮陽軍言民饑詔發官粟賑之三月儀州言民饑詔發官粟賑之十月淮南饑詔本路轉運發運使發廩賑卹八年二月令淮南路發廩粟為糜粥以濟饑民八月詔京兆府河中府陝同華虢州以麥種借之貧民九年二月十六日詔陝西州軍減價糶粟以賑貧乏令本路都轉運使李迪提舉二十二日上封者言延州蕃部闕食正當農時望發鄜州廩米貸借從之六月令廣州出廩米萬石還官出糶以濟居民穀貴故也八月令江淮發運司歲留上供斛㪷五十萬石以備賑濟九月詔如聞廣南東西路物價稍貴宜令轉運司提點刑獄官分路撫卹發官廩減價賑糶十二月詔江南淮南諸州軍穀價稍貴人民闕食其無常平倉處令本路轉運司以省倉斛斗除留準備外接續出糶即不得糶與興販及形勢之家違者重寘之法

天禧元年三月八日衛州民飢命發倉廩粟萬石貸之十八日兩浙提點刑獄鍾離瑾言衢潤二州闕食官設糜粥民競赴之有妨農事請下轉運司量賑米二萬石家不得過一斗從之二十五日詔諸州官吏如能勸



誘蓄積之民以廩粟賑卹饑乏許書歷為課四月四日詔河北大名府磁相澶州通利軍兩浙越睦處州去秋災傷民多闕食令轉運司運米賑濟之十一日以趙州民饑出廩粟萬石賑之二十八日江淮兩浙制置發運使李溥言江淮去歲乏食有富民出私廩十六萬石糶施饑民五月二十四日殿中侍御史張廓言奉詔京東安撫民有儲蓄糧斛者欲勸誘舉放以濟貧民俟秋成依鄉例償之如有欠負官為理償從之八月六日知并州周起言河北民逐熟至州境者州民施飯一月詔獎起仍令名出米人宴犒之起又請發廩粟萬石減價出糶以濟饑民從之二十五日詔河北州軍令年夏麥不豐民乏種糧者官貸之九月十五日詔京東西陝西河北災傷州軍民闕麥種者發官廩貸之十六日詔河東流民有復業者發廩粟賑之十二月遣使臣置場減價鬻官炭十萬秤以寒故也二年正月八日詔江淮運米十萬斛付京東及令河北轉運使出廩賑糶以兩路粟貴故也二十二日青州請以官廩粟豆二千斛設粥米萬斛減價出糶以惠貧民從之二十五日詔諸路災傷州軍并設粥賤糶以惠貧民二月京西轉運司言管內貧民甚多無以賑濟望發絳州粟十萬斛赴白波出糶從之三月知虢州查道言春雨滋洽麥苗尤甚民間多乏種糧州倉麥除留贍用外餘四千石望以賑貸從之

十月同糴州饑民多流亡詔轉運司賑之四年正月令利州路轉運司賑貸貧民以旱故也二月一日以淮南江浙穀貴民饑命都官員外郎韓億閤門祇候王君訥乘傳安撫發常平倉粟減直出糶以賑之民有以糧儲濟衆者第加恩獎其乏食持仗盜糧者並減等論罪是月詔曹濮鄆單徐州淮陽軍賑貸民以河決為害故也三月一日令淄州以粟貸州民飼牛七日令府州賑貸藩部以去歲旱故也五月令永興鳳翔減價糶糧以濟階成秦鳳州流民六月太常少卿直史館陳靖言朝廷每遇水旱不稔之歲望遣使安撫設法招誘富民納粟以助賑貸從之

乾興元年二月八日蘇湖秀州雨壞民田穀貴民饑命出倉粟賑貸之十一日徐州民饑詔發廩粟賑貸

仁宗天聖三年三月京西轉運使張億言蔡穎許汝等州經水損惡斛斗八萬餘石不堪支遣請分給闕食之民從之四年十二月詔諸處州軍經春有斛斗價高處處人戶失所宜令京東京西河北淮南轉運司選官將本處常平倉斛斗減價出糶或無常平倉處即以省倉斛斗除留準備外出糶以濟貧民六年三月成德軍言元氏縣民饑請支借斛斗從之五月河北路體量安撫王沿言保州永定軍百姓艱食已令逐處發倉廩各萬石減價出糶自邢趙真定府等處各令支借種糧與歸業人戶并與倚閣今年夏秋稅賦及令



逐處倍加安卹從之七年五月六日中書門下言戶房聞災傷路分募人工役多不預先將合用人數告示以致饑民聚集卻無合興工役並依所下司農寺令逐路有合興工役並依所計工數曉示逐旅入役免致饑民過有聚集以致失所九年二月五日河北西路提刑司言邢懷州連年災傷若令應副十分春夫必難勝任欲乞特賜免放一半從之十月十二日中書門下言廣東經畧轉運使等言潮州海陽潮漲推流屋舍田苗死失人口乞令本路提刑司躬親前去依條存恤從之

治平四年（神宗即位未改元）六月十八日詔在京永泰景陽通天安肅四門此月十七日給河北流民米止六月終仍曉諭以河北近得雨令歸本貫其不願歸勿彊之仍曉令河北轉運司應災傷州軍縣分依此曉告倍加安存臣僚上言河北訛傳京師散流民米恐未流移者因茲誘引皆來入京故約束之

神宗熙寧元年七月詔恩冀州河決水災令省倉賜粟（詳見恤災門）二年四月降空名祠部五百道付兩浙轉運司令分賜本路曾經水災及民田薄收州軍相度災傷輕重均其多寡召人納米或錢以備賑濟七月十八日詔水災州軍令本路轉運判官提點刑獄分往被災處賑恤貧民闕食者支廣惠倉斛斗賑濟如不足量支省倉物仍於人戶便近處或常平物貨就糶者貧人無錢相度賒糶令至秋送納其非稅

户即與遂立日限納價錢，並委就近施行訖奏。三年五月八日，詔雄州以兩屬人户如遇災傷，即特貸糧接續俵散，分作料次送納。六月，詔在京諸倉米斛之數已豐，訪聞日近民間粳米價直稍貴，所有淮南上供新米，仰酌中估定錢數，遣官分詣市買場出糶，以平物價。四年二月十三日，詔河北轉運、提刑司體量貝、冀、徹邊少雨雪州軍乏食飢歉人户，多方賑貸存恤，其見欠錢、零稅賦並權與倚閣。三月十六日，詔判永興軍郭逵，如本路州軍有飢荒處，並以官廩賑濟。（詳見撫恤門）十八日，詔緣邊熟户及弓箭手見欠貸糧未經除放，其見今闕食者，安撫司更量與賑貸。六年六月七日，中書門下言：檢正刑房公事沈括狀：乞今後災傷年分，如大段飢歉，更合賑救者，並須預具合修農田水利工役人夫數目，及召募每夫工直，申奏當議特賜常平倉斛錢，召募闕食人户，從下項約束興修，如是災傷本處不依勒條賑濟，並委司農寺點檢察舉，從之。八年十二月二日，詔河東歲歉，移七戍兵馬五千歸營，以其餘糧賑濟飢民，仍具次第以聞。九年十二月十三日，詔淮南東西、兩浙路應勸誘人户所出賑濟斛斗，免欠未納數目，特與免放。其熙寧八年已後勸誘已納斛斗人户，候向去合行勸誘，即擬數却與免放。十年二月二十五日，詔應經賊殺戮之家餘存人口，委是孤貧不能自活者，所在州軍勘會詣實，特日給



口食米，十五歲已上一升，已下一升，五歲已下半升，至二十歲止，仍令相度每五日一支。元豐元年正月十二日，賜廣濟河輦運司上供米一萬石，付徐州、淮陽軍糶與水災飢民。閏正月十三日，詔河北路以常平米賑濟飢民。三十日，詔河北被水户如過河逐熟，即於白馬縣河橋差官賑之。四月七日，詔以瀛州陳次米依災傷及七分例貸第四等以下户，不得抑配，免出息。八月二十八日，詔濱、棣、滄三州第四等以下被水災民，令十户以上立保貸請常平糧，四口以上户借一石五斗，五口以上户借兩石，口免出息，物稅百錢以下權免一季。二十九日，詔青、濟、淄三州被水流民所在州縣募少壯興役，其老幼疾病無依者，自十一月朔依乞丐人例給口食，候歸本土及能自營或漸至春暖停給。二年正月二十三日，上批：聞階、成州去秋災傷，艱食之民流者未止，官司初不經畫賑濟，可下司農并本路提舉司疾速施行。二月十二日，詔聞齊、兗、鄆州穀價貴甚，斗直錢二百，饑食流轉之民頗多，司農寺其諭州縣以所積常平倉穀通比元入斗價不及十錢，即分場廣糶濟。滄州亦然。同日，三司言：濟、淄等州穀貴，春夏之交慮更艱食，請輟廣濟河所漕穀二十萬石減價糶，從之。二十六日，知滄州張問言：民飢至相食，今州倉大豆四萬九千餘石，可支五年，漸有陳腐，乞留二年外，作其餘以賜飢民，可活良

食貨六八之四一

民三萬口上批可下提舉常平事李孝純速相度施行
四月十二日詔河北東路提舉常平倉司所散濱棣滄
州飢民食至五月止三年七月十三日入内東頭供奉
官瀘州勾當公事韓永式言利州路雨水溪江泛漲漂
流民田物價增長民未安居乞下本路轉運并提舉司
賑濟詔提舉司依條施行九月初二日權知都水監丞
公事蘇液言河北京東兩路緣河決被患人戶蒙朝廷
賑濟放稅乞以其事付史館從之詳見恤災門四年二月二十九日
詔聞階成鳳岷州人戶闕食流移令逐路第四等以下詳見恤災門
人戶支借常平糧斛每戶不得過兩口仍免出息五年
六月十一日詔宜州主管谿洞安化三州連歲荐飢已
差官廣為賑濟朝廷之意非欲取其他但欲各免飢殍
侵略之災六年六月二十七日詔甚災傷處第四等以
下戶闕之糧種雖非給散月許結保借請雖有欠闕亦
聽給限一月免納息七年四月二十五日河東路提舉
常平司言去年災傷民戶闕食義倉穀不多乞於常平
封樁糧支三五萬石賑濟從之六月一日詔五路提舉
保甲司已撥常平糧準備賑濟令相度保甲戶遇災傷
不及五分當如何等第賑濟條具以聞後提舉河東路
保甲王崇拯言賑濟災傷保丁四等以下本戶災傷及
五分以上即依常平司七分以上法從之河北陝西開
封府界準此七月九日詔尚書戶部員外郎張詢幹當

食貨六八之四二

御藥院劉惟簡賑濟西京大名府被水災軍民二十一詳見恤災門
日詔河北河東路被水保甲令州縣考實賑濟小保長
保下一石大保長二石都副保正三石提舉保甲官分
詣諸縣照管具賑濟人數以聞八月十四日詔洺州水
災許借鄰近州縣常平倉米麥小豆共五萬石　哲宗
元祐元年二月一日詔大名府自經水災民田尚多渰
浸人戶艱食向雖賑濟尚慮官吏拘文使被災之民未
蒙恩澤宜委大名府路安撫使韓絳詢訪賑濟四日詔
淮南東西路提舉常平司體量飢歉以義倉及常平斛
斗依條賑濟訖聞奏三月二十六日詔府界并諸路提
點刑獄司體訪州縣災傷即不限放稅分數及有無披
訴以義倉及常平米斛速行賑濟無致流移同日夔州
路提舉常平官傳傳正言州軍去年災傷放稅分數不
多亦有全不申訴者臣見民間困急不敢坐視已依災
傷及七分以上賑濟所有專輒之罪謹自劾以聞詔特
放罪仍候到闕日優與差遣四月初二日左司諫王巖
叟言訪聞淮南旱甚物價踴貴本路監司殊不留意詔
發運司截留上供米一十萬石比市價量減出糶與闕
食人戶每戶不得過三石其糶到錢起發上京四日詔
開封府諸路災傷逐縣令佐專切體量人戶委有闕食
速具事實申州及監司仍許一面將本縣義倉常平穀
斛賑貸據等第逐戶計口給歷大者日二升小者日一

升各從民便五日或一日至半日齋歷詣縣請印給遣若本縣米穀數少先從下戶給有餘則并及上戶候夏秋成熟日據所貸過數隨税納闕食之民貧乏不能自存或老幼疾病不任力役者依乞丐法給米豆其賑濟糶穀並據鄉村闕食應糶之數給歷許五日或十日一糶無令抑遏此外若令佐別有良法使民不乏食而免流移者申州及監司相度施行半月一具賑濟次第聞奏仍體量令佐有能用心存恤闕食人戶雖係災傷並不流移者保明聞奏當議優與酬奨其全不用心賑濟致戶口多有流移者取勘聞奏特行停替從三省請也

同日詔江淮發運司體量災傷州縣闕食處仍令宿亳州分析不申奏災傷次第及其見令斛㪷價例各疾置以聞時宿亳災傷尤甚監司並無奏報右諫議大夫孫覺言淮浙災傷米穀踴貴慮盜賊因緣而起乞差官體量廣行賑濟遍下諸路轉運提刑司災傷各以實言不實者坐之災傷雖小而言涉過當者不問如此則諸路不敢不言朝廷隨災傷之大小賑濟而防虞之則四海之内無倉卒之憂矣

二十六日殿中侍御史林旦言都城比來米麥價長若翔踴不已恐細民蒙害望下戶部依條通計米麥元價令司農寺止以逐倉官吏每月更代管勾置四場出糶以濟闕乏從之仍戶部差官置場

五月十六日尚書省言元豐六年江淮等路發運司奏



乞置在京封樁闕額禁軍糧米五十萬石價錢限半年上京送納令淮南災傷賑濟慮有闕乏詔令淮南轉運司相度本路如闕斛㪷仰依元豐六年例

六月二十六日詔河北路監司分詣諸州以義倉常平穀賑濟被水闕食人戶

十一月二十八日權發遣淮南路轉運副使趙偁言楚海等州水災最甚乞發運司於常潤州收糶稻種十萬石以備楚海等州來春布種以糶以貸從之

同日戶部言左司諫王巖叟言賑濟人戶必待災傷放税七分以上方許貸借而第四等以下方免出息殊非朝廷本意乞如舊法不限災傷分數並容借貸不均等第均令免息看詳元豐令限定災傷放税分數支借種子條合依舊外應州縣災傷人戶闕乏種食許結保借貸常平穀從之

十二月十八日侍御史王巖叟言伏覩十一月二十九日敕戶部看詳元豐令限定災傷放歲分數支借種子條合依舊存留外緣臣元奏本以賑濟舊法災傷無分數之限人戶無等第之差皆得借貸均令免息新條必待災傷放税七分以上而第四等以下方許借貸免息殊非朝廷本意故乞均令借貸以濟其艱令戶部復將支借種子條依舊存留切以災傷人戶既闕糧食則種子亦闕豈可種子獨立限隔臣欲乞通為一法於所修糧食字下添入并種子三字庶使被災之民廣霑惠澤從之

二年二月四日詔左司諫朱光庭

乘傳詣河北路與監司一員徧視災荒賑濟有未盡事並得從宜事體稍重即奏稟官吏奉法不虔即按劾以聞是歲十一月二十六日監察御史趙挺之方蒙言去年北邊州郡被水災元庭奉使體訪賑濟不問民戶三等一槩支貸盖一出使而河北措置之財遂空乏行黜降以允輿論詔元庭具析以聞十一月六日詔運淮南二浙穀四十萬斛賑濟京東路三年正月十二日詔發京西南路闕額禁軍糧穀五十餘萬斛減市價出糶至夏麥熟日止雪寒物價翔踴也二月六日詔以常平錢穀給在京乞丐人至季春止同日詔開封府界自冬至春陰雪民間有願借糧種者令提刑司量度戶第等第給貸訖具數以聞二十八日詔陝西路轉運判官孫路賑濟鎮戎軍被傷及刼虜民戶十二月十六日知永興軍韓縝言本路比歲災傷闕食請於法所給米豆更不限數從之五年二月七日詔災傷處令佐賑救人戶不致流移所推酬與災傷五分已上與第五等七分已上與第四等以戶部言於熙寧勑係第五等於元祐勑係第四等分數未盡立法之意故也六年七月二十二日侍御史賈易言浙西災荒朝廷選差轉運使岑象求判官楊瓌寶賜米百萬斛錢二十餘萬緡俾之拯救州縣自亦依條賑濟欲乞明詔本路具災荒分數賑貸次第以聞八月二十八日監察御史虞策言兩浙災傷州



縣糶米多為販夫與公吏相結冒糶次及殭壯之人其飢羸者轉受困餓或被蹂躪死傷乞下本路監司覺察轉運提刑司提舉分布諸處賑糶務要實惠飢民內興販及殭壯者不得一例糶散如官吏措置乖方及公人用情並令依法八年四月十一月兩浙路轉運提刑司申檢會浙西州縣累經傷蒙朝廷相繼發米赴本路賑濟除接續賑糶過外其逐州有見管淮南江西等路發到賑糶不盡米四十餘萬石別無支用欲起此纂月鄉民闕食之際各許令人戶赴官請借每一斗候至向去秋成納新米八升還官仍限四年均隨本戶苗稅帶納詔其米許充軍糧外餘數仰置場減價出糶十二月十四日以京師流民詔特出錢米各十萬付開封府許口支給紹聖元年二月十四日三省言北京澶滑州民被災最重艱食者多及軍食闕未見監司奏請詔呂希純并晁采因按閱河北所至體訪所當施行疾速具奏三月二十二日三省言準詔賑恤流民令還本業昨已降旨揮應流民支與口食遣還本土所在官司闕官屋權令宿止疾病者醫治仍不限戶口米豆石斗賑濟令戶部旨揮災傷路分監司嚴加督責州縣推行務要民受實惠如更合有行賑恤事令速施行上曰聞京東河北之民乏食流移未歸本土宜加意安恤給糧種差官就諭使還農桑業范純仁等對曰今已給常平

又許旨所養牛質取官給錢免租稅貸與穀麥種矣上曰更思其未至者行之九月六日詔遣監察御史劉拯乘傳按河北東西路水災州軍賑濟闕食人户應合行事令條具以聞二十九日詔府界京東京西河北路應流民所過州縣令當職官存恤誘諭遣還本土内隨行别無資蓄者仍計口給歷經州縣排日給食至本處如合賑濟依災傷放稅五分法内老幼疾病未能自還及不願還者計口給十月十七日詔京西南北路提舉司官躬按州縣督視賑濟無令流殍旬具所存活數申尚書省二十一日詔河北東西路被災經放稅户雖不及五分所欠借貸錢斛并祇當牛錢等倚閣俟豐熟日分十料輸其非被災放稅户所欠錢斛視此仍除給保均陪之令流民在他路者官吏以至意諭曉使歸業給券使所過續食不願者所在廩給之二十三日詔滑州委官於浮橋北岸諭南來流民以朝廷寬遣移衆賑卹曲折使歸業同日詔近者大河東提防未及增繕以故潰河被害者衆南來者多留京師流離暴露隆冬日迫陷於死亡坐視不恤其謂朝廷何既詔有司悉意賑贍其令開封府即京城門外行視寺院官舍以居之至春諭使復業二十五日詔河北路監司令州縣官諭富民有積粟者毋閉糴官為酌立中價毋得過犯者坐之同日詔賑濟司河北重兵所宿費不貲其審閱老弱疲癃不



能自存者厚廩食之毋專以多散蓄積為功而實惠不及於民乃遣使本意仍具措畫方畧申尚書省二十六日詔給空名假承務郎勅十太廟齋郎補牒十州助教不理選限勅三十度牒五百付河北東西路提舉司召人入錢粟賑濟二十八日宰臣章惇言軍食不可闕請通約他司米豆足支一年悉斥其餘以廩飢民即米豆闕散常平錢之在官者民得錢亦可以市糟酵糠粃上惻然曰飢火所迫麻籸亦以為食何暇擇其為朕亟行散錢之令十一月十九日詔何北路州縣當職官賑濟有方能撫存飢民才能顯著者具事狀以聞府界京東京西等路有河北流民所聚州縣仰逐路監司准此二十一日詔河北路災傷州軍賑濟並四月終住給口食外有非老幼疾病之人候至三月終併支與四月分合給糧食發遣歸業二十三日權發遣河北路轉運副使張景先言恩冀瀛莫雄州順安廣信軍約定合行糶貸糧斛共五十三萬石緣本路斛斗不多慮有闕乏詔逐州除準備軍糧及賑濟外方許出糶仍不得一例借貸十二月六日詔京東西河東路提舉司將放稅不及五分者審驗得災傷稍重闕食不能自存或老幼疾病之人並權依五分法賑濟二年二月十一日詔河北京東路賑濟災傷各令轉運提刑提舉司依先分定州縣巡歷如官吏奉行不盡或措置乖方以名聞仍令逐路安

撫司常切覺察十四日詔内藏庫支錢十萬貫絹十萬疋分賜河北東西兩路提舉司準備賑濟從御史董敦逸請也四年九月一日左司諫郭知章言兩浙歲旱淮南又不常全稔乞下本路監司按視早備賑貸詔兩浙路轉運常平司應荒政並舉行及預那移廩粟　元符三年三月二十六日（徽宗已即位未改元）戶部言河北被災諸郡近據東路提舉常平司申撥賜到措置斛斗四十五萬石若賑給至四月終委有餘剩數目即許接續出糶其西路下提舉常平司將來罷賑濟後民倉尚艱即令依條減價出糶常平斛斗並候二麥收成日住罷其行商興販斛斗往災傷去處糶賣乞依已得朝旨與免商稅至五月終從之五月二十七日詔知太原府范純粹專切體量賑恤河東流亡饑殍之人河北陝西帥臣準此十二月六日詔以大雪令有常積價出糶倉米以惠納民　徽宗崇寧三年正月二十四日戶部言新兩浙路提點刑獄公事周詛奏常潤兩州去秋蝗旱春夏之際糧食尤闕欲乞量展賑濟月分至四月末看詳欲下兩浙轉運提刑提舉司體度如委有災傷人戶闕食至三月終未可住罷從之十月十四日詔兩浙杭越溫婺州秋苗不收人戶失於披訴並量與撿放其孤貧不濟人戶仰提舉司廣行賑濟如物價增長即速以常平米平價出糶（詳見恤災門）五年正月二十五日詔兩浙路提舉





司賑濟水災乏食者　大觀二年八月十九日工部言邢州奏鉅鹿下埽大河水注鉅鹿縣本縣官私房屋等盡被渰浸詔見在人戶依放稅七分法賑濟如有孤遺及小兒並送側近居養院收養內有人戶盡被漂失屋宇或財物仍許依七分法借貸不曾部致失所仍具賑濟居養存恤次第事狀聞奏（詳見恤災門）九月二十九日水部員外郎陳長孺言奉詔體量邢州鉅鹿縣被患甚重欲旨揮本路監司下所屬疾速將本縣被水第三等人戶亦依第四等勅條賑貸從之十月七日詔秦鳳路流民盡赴熙河路州軍本路備邊糴買為重深慮流移民戶積日浸久耗蠹並邊糧食可下常平司悉心措置賑濟存撫早令復業仍具流移戶口確實數目及賑濟措置次第以聞三年八月十七日詔常潤州米價踴貴可量發常平斛斗賑濟人民九月六日詔東南路比聞例有災傷斛斗踴貴仍下諸路監司仰依實撿放秋苗分數仍依條賑濟四年三月二十六日詔潤州饒州災傷至甚賑濟米豆並展至四月終四月二日詔荊湖北路去歲災歉推行賑濟本路倉廩物斛所蓄不多不接支用可相度給降空名度牒二十道借奉職假將仕郎告勅各七道量度數目多寡并逐色所直錢數目付本路監司與廉訪司共分擘付逐州軍曉諭民間依陝西河北人戶入粟事體入中物斛如米豆大小麥計所入數各支價

直以前項物充折別項拘收應副奉職六千貫借職四千五百貫假將仕郎二千二百貫度牒二百貫四日詔東南六路災傷倉廩物斛不㩲支用江南西路給降奉職借職假將仕郎告各七道度牒二十道江南東路淮南兩浙湖南路各給降奉職告三道借職告四道將仕郎補牒三道度牒二十道並依湖北路已得指揮施行政和三年三月二十三日詔潤州丹陽丹徒兩縣災傷放稅及七分以上常平賑貸在法至三月終罷緣今歲有閏田事必晚可展至四年終應有類此災傷州縣亦依此施行可疾速行五年三月二十五日梓州計度轉運使趙適言瀘州管下夷人結集作過緣邊一方戶口數千糧斛財產盡被劫掠不惟夏麥收成不得秋穀又失種蒔悉皆失業除已行下抄劄逐急以係省錢糧支借存撫外欲望朝廷詳酌特降指揮下本路提舉常平司措置優加賑濟施行從之六年三月十日詔浙西常湖秀州平江府等處自去歲水災秋成尚遠其貧闕不濟人戶仰本路提舉常平司通融那移一路應管常平義倉與朝廷分椿米斛權依乞丐人法不限戶口石數特加賑給四月八日詔添入湖州並以七分災傷係例七月六日知杭州徐鑄言奉詔賑給錢塘仁和鹽官餘杭富陽縣去歲水災貧闕人戶自四月十五日㩲續賑給止六月十五日尚未有米穀相繼上市已一面行



下展至六月終從之八月十八日兩浙提舉常平司言奉詔常秀湖州平江府等處水災權依乞丐人法賑給本提逐州管下共二十五縣賑濟總四十三萬餘口乞至收成日住給從之十月十九日詔平江府管下屬縣有水災去處令依十分法賑濟八年七月十六日詔高陽關路去歲賑濟全活百餘萬人河間府滄州為多安撫使吳玠特降詔獎諭官吏推恩有差八月二十五日詔江淮荊浙被水州軍漲水已退殘潦餘浸占田無藝民不得耕比屋摧圮無以奠居可令郡守佐悉心賑救提舉司於上供或封椿斛斗內量人戶多寡截充賑濟即不得爭占候將來豐熟於常平司撥還上等四十萬石中等三十萬石下等二十萬石九月二十七日詔江淮荊浙以被水人戶多寡分上中下三等許截上供斛斗賑濟可依已降處亦作三等截留四十三萬如違以大不恭論其後宣和元年正月七日臣僚言兩浙廉訪所申據轉運司申截撥到本路米一十二萬七百石其餘分下平江府湖秀州收糴應副又於鎮江府截住常州米綱椿充賑濟而轉運司稱係來年額斛之數令起發渡江恐致生靈不得均受朝廷惠養詔昨降御筆截上供米賑濟飢民非不丁寧而姦吏公然違慢不行截撥更於闕食之地收糴以充賑給是乃重困飢民乖方若此仰提刑司并廉訪使者驗實人吏依法決訖配千里

轉運司官追三官勒停其後轉運司奏已支撥賑濟米
四十萬石足備無闕詔副使蔣彝以應奉宣力特免勒
停追官改作降官依舊在職十月八日詔諸路民被水
患深淺不同州縣賑給不可一槩限滿住罷仰監司州
縣悉心體究如被水尤甚民力未能自營不得便住賑
給務在存活人命亦不可濫冒患姦　重和元年十二
月十九日詔淮南被水楚州山陽鹽城二縣下户飢殍
三萬二千餘人無業可歸縣官悉令散放遂携老扶幼
號訴監司而常平官告諭爲乞米未下各令歸業轉於
溝壑者已不少指揮到日於已截斛斗支撥賑救不足
於鄭州鄭路發義倉免撥支遣其郡守知縣常平官先
次勒停受訴監司降兩官並令提刑司取勘限十日奏
宣和元年二月十八日尚書右丞范致虛言奉詔楚
州山陽鹽城二縣被水令截撥斛斗賑救不足於鄭州
鄭路發義倉免撥支遣竊以災傷路分廣遠自江淮荆
湖兩川各被水患物價騰踴方春正乏飢殍羸壯者流
爲盜賊類多丐乞以市斛斗或采在田蔬茹之類甚者
無從得食老稚轉徙甚可哀痛按義倉法惟充賑給不
得他用比歲数豐未嘗支遣諸路義倉之粟甚多欲望
睿旨應去歲災傷州縣並量從核實災傷人數及外來
流民並給義倉物斛賑濟数係災傷官司以前不曾檢
行特與放罷若今來指揮到依前庇隱令廉訪使者按



劾以聞若常平及本州通用諸縣義倉物斛計庚俵散
不足並許依楚州兩縣所得前件指揮於鄭州鄭路發
義倉免撥支遣詔京西路潁汝陳蔡等州見今民已流
移飢殍監司州郡並不申奏運司庇隱不放租稅致不
得依災傷賑濟遂使斯民轉於溝壑吏爲姦罔不奉法
令以致如此爲之惻傷可令新京西漕臣李祐放謝辭
星夜乘騎前去體量常平官孫延壽先次勒停餘監司
并守臣一一並具名奏應一路義倉可並特通融支撥
賑濟施行應災傷流移地分並令依法放免租稅疾速
行下五月二十九日詔淮浙去歲被水田業多荒今兩
路順適耕種是時民無力施工可令兩路提舉常平官
散倉廩廣行借貸毋或失時施行訖具奏從兩浙轉運
司請也二年六月四日詔開封府賑濟乞丐二萬二千
餘人當職官吏推恩有差十月九日詔淮南災傷飢民
流離常平官其躬至所部竭力賑濟十二月二十五日
詔睦州及管下應避賊人令所在官司依條賑濟三年（詳見恤災門）
正月十四日詔宣歙杭睦州民居緣兇賊劫畧逃避既
無所得食遂致失所慮其間少壯之人或聚爲盜老弱
幼小不能自存轉于溝壑深可矜惻仰江南兩浙路漕
臣憲司提舉常平及所在處郡守倅當職官等多方撫
諭優加存䘏如有闕食之人官爲賑濟務在安集毋令
失所仍各具知稟狀以聞二十六日詔兩浙江東路避

賊士族百姓流離無以自給及無居止宵旰惻然令州縣措置賑給借與官舍勸誘歸業八月十二日詔徽州已降指揮依七分法借貸被賊燒劫州縣人户依災傷流移法賑濟其兩路復業人户若闕少牛具種糧等仰提舉司審度量行借貸訖奏四年十二月十三日詔德州有京東路西來流民不少本州知通張拜榮王景溫等見行賑濟於在城并安德平原縣三處措置宿泊計六百三十一户除已該給券還鄉外尚有五百餘户各得均濟仰本路提點刑獄司究實聞奏取旨量推恩其餘路分遇有流移人户不即依條存恤者並仰監司廉訪使者按劾以聞五年正月四日臣僚言聞蜀父老謂本朝名臣治蜀非一獨張詠德政居多如賑糶米事著在皇祐甲令常劾石遵守至今行且百年其法一斗止糶小鐵錢三百五十文人日二升團甲給歷赴場請糴歲計六萬石始二月一日至七月終賣民闕食之際悉被朝廷實惠比年漕臣不職未肯斷增民陳腐不堪雜以糠粃不獨損六萬之數且幾察不嚴乞賜施行詔漕臣檢會皇祐條例措置以聞十月二十八日詔大河累漲由恩州河清縣至冀度泰向泛溢衝壞大名府永城縣本縣被水人户令本州提舉常平官請諸流移所在遍行賑濟六年五月十三日前知平陽軍府事高守拙言契勘諸路州縣給散乞丐人米依條並朝五日一



給不以所居遠近皆集一處給散欲乞遇風雪權令就近支散庶不失所從之八月十八日仅優燕雲赦應貧乏及飢民並以係官錢米賑濟無令少有失所十月二十七日詔浙西諸郡夏秋水災穀貴艱食民户流移已降指揮於所在依條賑濟訪聞常平司見管米斛數少可於本路實有見在米或見起上供米內截撥五七萬石付提舉常平官躬親往常秀平江等處隨宜分擘應副賑給務令實惠均及飢民十一月十七日詔河北京東夏秋水災民户流移係踵於道可令應所過州軍隨宜接濟若常平義倉不足即發封樁應干斛斗賑給令實惠及人

高宗紹興元年五月十四日詔諸路見今米價踴貴細民闕食令州軍將常平倉見在米量度出糶仍廣行勸誘富家將原糴米穀具數置歷出糶州委通判縣委令佐如糶及三千石以上之人與守闕進義副尉六千石以上與進武副尉九千石以上與下班祗應一萬二千石以上進義校尉一萬五千石以上與進武校尉二萬石以上取旨優異推恩如已有官蔭不願補授名目當比類施行並令州軍保奏通判令佐勸誘人户出糶數多令本路監司保奏等第推恩務要實惠及民即不得虛掠數目僥乞推恩仍令監司覺察如違按劾取旨重作責罰二年八月十一日詔福建路亢旱米價翔貴令本路提刑司將泉福州寄卸廣南米取撥三

萬石賑糶仍斟量逐州軍豐歉次第分撥三年六月十
二日荊湖南路宣諭薛徽言已檄州縣勸誘上戶借貸
種本月給考歷以多寡為殿最其上三名與免公罪杖
一次稍多者又與免科役一次優異者保明申本司又
就全永間通那省米應付借代應第四等以下戶計人
為一甲於本州給據自齎赴撥米州軍請領於是戶部
言人戶災傷在法以常平錢穀應付不足方許勸誘有
力之家出辦糶貸兼已剗刷湖南有米州軍支撥二萬
石付本路提刑司專充賑濟支用今乞下提刑兼提舉
常平司遵已降指揮施行毋致人民流移失所從之五
年四月十四日中書門下省言勘民間米斛踴貴詔令
戶部借支神武中軍糧食一月令盡數出糶九月七日
殿中侍御史王縉言應民旅般販米斛往旱傷州縣出
糶依日前指揮許就官司判狀執據與免經由場務力
勝亦賑濟之一也從之十二月七日江南西路轉運司
言筠袁洪吉江撫州臨江與國軍及臨江軍新喻縣災
傷乞支降本路苗米五七萬石委提舉司以州縣災傷
分數取撥比市價減十分之三糶及令州縣勸諭有力
之家人納粳米每一千石或稻穀每二千石如係曾得
文解人三代中有文官無刑責補迪功郎餘人補承信
郎依獻納人例理選限陞陟從本州保奏給降付身便
作官戶免身丁差役免審量令本路帥司舉辟合入差



遣具入納到米即減價販糶并令州縣出給公據勸諭商賈收糶斛斗從
便出糶與免力勝稅錢每米百石許附帶貨物納百貫詢訪停塌斛斗之
人勸諭量取利息賣認石斗數目出糶接濟及饑民合給米豆雜救救不
及七分縣分亦許販給委提舉司審度若常平穀不足聽取撥入納到米
謂令本司災傷與請到方支給係借米有納到義倉斛斗部行撥還州縣
當職官賑濟有方者委提舉司保明提刑司覈實以聞優與推賞詔已令
收糶米斛六萬石準備賑濟令乞支前米難議施行內勸諭人納稻穀依
入納米補官便作官戶一節見別作施行外餘並依所委知通勸諭有力
之人出糶斛斗接濟不得抑接六年正月十三日詔令湖南轉運司於已
科撥去年上供米內存留三萬石從本路帥司量度災傷輕重分撥付州
縣專充賑濟使用二十六日上宣諭輔臣曰歲飢民多流殍朕心惻然官
為發廩以賑給之則民受實惠苟為不然雖詔令數下徒為文具耳宜
申飭有司多方措置米斛二月一日詔令江西轉運司於去年上供米內
支撥一萬石付本路帥司勘量災傷輕重與常平米相兼均撥賑濟支用
七日右諫議大夫趙霈言去秋旱傷連接東南今春飢饉特甚常歲湖南
為最江西次之浙東福建又次之伏覩累降指揮賑濟固備盡矣然今日
賑救有二一則發廩粟減價以濟之二則誘民戶賑糶以給之諸路固嘗
許借常平義倉米又常令州縣賑糶艱難之際兵食方闕州縣往往丞急
移用無可賑給唯勸誘賑糶尤為實惠然自來官中賑濟多止在城郭而
不及鄉村願以上戶所認米數細計城郭鄉村人戶多寡分擘米數掾委
丞簿於在城及逐鄉要鬧處監視出糶計口給歷照支或支五日或并支
十日其交壽收錢並令人戶親自掌管官司不得干預既無所擾人亦願
從乞申嚴戒諭如當職官不親詣鄉村監糶米斛與故縱人吏科擾令監
司按劾及許人戶赴訴其官吏重行竄斥從之三月七日成都潼川府夔
州利州路安撫制置大使兼知成都府席益言東西兩川去秋荒歉及成
都府路田事不登物價騰踴欲令四川都轉運司不以是何名色米權行
截撥專充賑濟或減價出糶以平米價詔令趙開除應副軍糧外將其餘
應干米斛覓剩撥付四川安撫制置大使司量度逐路災傷去處均行賑
糶二十九日殿中侍御史周秘言去土旱傷小民艱食命所在勸誘積粟
之家置歷出糶過三千石者等第推恩而州縣奉承不恪勸導無方乃謂
冨民頑悍說諭不從遂降指揮許令一面酌情斷遣州縣官吏不問民之
有無而專以刑威逼使承認善良之民被其害矣欲望再降指揮專委諸

路提舉官徧詣所部戒約所令多方勸誘務令民戶樂從無因今來酌情
斷遣指揮輒有分毫擾攘詔依令諸路提舉常平官躬親徧詣所部州縣
巡按覺察知有違戾去處按劾聞奏其提舉官失覺察令御史臺糾劾四
月十二日江南西路安撫制置大使兼知洪州李綱言已尊睿訓勸誘出
榜置歷差官分詣諸州委知通縣官名上戶積米之家許留若干食用其
餘依市價並減盡數出糶其流民官中賑給務從秋成尚遠難以接濟已
一面勸誘上戶納錢米入官以助賑濟乞許給官告度牒之類折還價直
從之二十三日詔筠州高安上高兩縣當職官各先次特降一官放罷令
本路提刑司取勘具案聞奏以提舉常平司言賑濟乖方至有盜賊窃發
殍亡暴露田畝荒萊飢民失所故有是命五月一日荊湖南路安撫制置
大使兼知潭州呂頤浩言被旨令廣西提刑韓璜收糴米三萬石般發前
來賑濟已節次催促至今並無顆粒斛米望將上件米斛委韓璜催督水
運至湖南知委本路運使分撥州軍支卸以濟飢民詔令劉鵬向伯奮疾
速般發二十六日詔知婺州周綱除直龍圖閣知撫州劉子翼除直秘閣
並特令再任以中書言並治郡有方賑濟宣力故有是詔八月二十九日
詔韶州李紹祖特與減二年磨勘以廣西提舉常平韓璜言起發湖南賑
糴米有勞故也十二月十四日尚書省言江東西湖南路去歲旱傷近據
申奏賑濟飢民萬數不少其逐路帥司及常平官措置有方甚稱委寄除
江東帥臣葉宗諤已別作施行外詔帥臣呂頤浩李綱提舉趙不已吳淳
賓令學士院降詔獎諭同日尚書省言去秋江湖旱傷人民闕食朝廷支
撥米斛及委帥臣監司并州縣守令賑給窮處其間奉行滅裂致死損
流移數多合行比較優劣詔令逐路帥臣監司於本路旱傷州縣各比較
三兩處保明取旨賞罰十五日詔四川去歲旱荒之後繼以疾疫流亡甚
衆深用惻然其郡守縣令有能賙給困窮撫存凋瘵善狀最著者令席益
體訪賞保明來上當議獎擢以為能吏之勸或廢慢詔令坐視不恤按劾
聞奏亦當重寘典憲七年十月八日詔潼川府守臣景興宗陞一職廣安
軍守臣李瞻果州守臣王際前吏部郎官馮檝漢州守臣王梅各轉一官
知成都府席益命學士院降詔獎諭仍令四川安撫大使司開具其餘合
轉官人職位姓名以聞以四川安撫制置使席益言諸州賑貸有方活飢
民甚衆內馮檝出米四百石以助賑濟故有是命九年十一月六日臣僚
言歲者旱暵為災官嘗發廩勸糶而州縣奉行姦計百出有民戶初非情
願均令認數以應期限而平時儲積之家得以幸免者有所在初無收成



勅令轉糶以賑城郭而本鄉流離不假顧恤者願詔執事選擇廉謹彊明
之吏推行德意務使實惠及民盡革前弊詔令戶部約束十年三月十九
日臣僚言諸處糴米賑濟只及城郭之內而遠村小民不霑實惠向陳正
同通判婺州賑濟極有條理雖窮谷深山之民無不普霑實惠而州縣之
吏亦不至勞乏令陳正同條具賑濟事件付戶部看詳遍下諸路依此施
行從之十二年三月二日詔紹興府旱傷秋苗令於義倉米內支撥一萬
石置場出糶十三年三月十八日詔令淮東總領呂希常於大軍米內支
三千石量度分撥於鎮江府委官管押前去米價踴貴去處減價出糶仍
令淮西總領吳彥璋契勘本路如合出糶依此施行十四年六月十五日
上宣諭輔臣曰福建浙東被水災去處已令寬恤賑濟尚恐州縣滅裂詔
令逐路監司各躬親前去悉力奉行務要實惠及民不得徒為文具十五
年七月三日知泉州吳序賓言汀虔盜賊聚集泉南七縣罹其荼毒且致
飢餓雖軍儲不足而義倉積粟見存七萬石欲開倉賑貸內殘破四縣乞
比附災傷七分之法各借種子三千石自第四等以下戶委縣官隨便借
貸詔每縣於義倉米內支撥二千石應副借貸十八年十一月二十三日
上諭輔臣曰紹興府災傷闕食人戶以義倉米賑濟無使失所如別有災
傷去處亦令戶部多方措置十二月十二日上宣諭輔臣曰近令提舉常
平官躬親詣災傷去處賑濟務恐所轄州縣闊遠點檢遲滯可更令分委
屬官悉力賑濟將來春耕合用種糧須令預先措置臨期借給使之耕種
及時則贍養供輸公私兩濟十九年二月四日諭輔臣曰春雨膏潤於農
事極利農事種糧為急若種糧不足則秋成無望昨已降指揮災傷去處
令提舉常平司借給可更丁寧戶部應副十九日詔逐路災傷去處可令
縣官措置齎發米斛就鄉村賑給逐路委兩判點檢逐州委提舉常平官
按察仍令御史臺覺察彈劾二十八日詔近有紹興府等處飢民在此求
乞日有飢死者可令臨安府日下給米賑濟三月二日上諭輔臣曰近日
紹興飢民多有過臨安者深可憐憫盡是保正副抄劄漏落是致流移可
令臨安府多方措置賑濟戶部應副米斛其諸路州縣災傷去處宜申飭
監司守臣依已降指揮貸給種糧庶幾秋成可望四月六日上諭輔臣曰
兩浙等路災傷去處可令提舉常平官親詣所部借貸種糧務要實及飢
貧民戶毋令州縣及當行人侵剋徒為文具九月十三日詔兩浙東路提
舉常平秦昌時除直秘閣兩浙東路提點刑獄公事以安撫司言紹興府
明婺州水旱災傷昌時悉力賑濟乞賜褒擢故有是詔二十四年五月十

七日尚書省言衢州闕食人戶令本路常平官賑濟外訪聞未到之前人戶闕食有妨歸業詔令本州日下賑濟仍曉諭各令歸業六月一日上諭輔臣曰官司賑濟止及近郭游手之人其鄉村遠處宜令提舉官及州縣常平官躬親措置務使實惠及於貧下二十七年十月二十九日詔令四川制置司總領所并逐路轉運常平司各具管下州縣有無旱傷開奏如有實被旱傷去處仰支撥常平錢米賑濟或支用不足即於存留舊宣撫司樁積錢米內量度取撥二十八年八月十六日上諭輔臣曰浙東西瀕江海去處田苗為風水所損平江府最甚紹興次之已將常平米賑濟尚慮貧弱下戶去秋成尚遠無錢可糴深軫朕懷御筆可令發義倉米賑濟宰臣沈該等奏曰在法災傷及七分以上合行賑濟當遵稟聖訓就委趙子潚都絜依次施行詔紹興平江府被風水損傷可令趙子潚都絜體訪委是災傷去處將第四等以下闕食人戶量行賑濟候晚禾成日住罷仍具逐處賑濟人戶及支撥過米數申尚書省九月二十九日詔在法水旱檢放苗稅及七分以上賑濟緣田土高下不等若通及七分方行賑濟竊慮飢荒人戶無以自給可自今後災傷州縣檢放及五分處即令申常平司取撥義倉米量行賑濟二十九年二月二十五日詔令逐處守臣於見管常平義倉米內取撥二分減市價二分賑糶內臨安府於行在樁積米內借撥四月二十六日詔紹興府山陰縣檢放賑濟不均去處令浙東常平官再驗合放實數申其第四等以下不經賑濟者令遵節次已降指揮賑濟施行閏六月四日提舉兩浙路市舶曾惜言去秋州縣有被水災傷去處細民艱食多方賑濟及將常平米減價出糶飢民賴以全活而其間奉行不至者其弊有三賑濟官司止憑耆保公吏抄劄第四等以下逐家人口給歷排日支散公吏非賄賂不行或虛增人口或鐫減實數致姦偽者得以冒請飢寒者不霑實惠其弊一也賑糶常平米斛比市價低小既糴者不分等第不限口數則公吏倉斗人家等多立虛名盜糴遂使官儲易於匱乏其弊二也賑濟戶口數多常平該管數少州縣若不預申常平司於旁近州縣通融那撥米斛施行申請則中間斷絕飢民反更失所其弊三也欲望行下有司嚴立法禁力革其弊公吏抄劄不實與夫州縣申請失時者並貢嚴科委提舉官往來部內賑濟去處體訪如有違戾按劾以聞從之三十一年正月二十六日詔令逐州府差官抄劄貧乏之家於見樁管常平錢米內依臨安府例賑濟分委有心力官依散務在實惠不得減尅仍具支過錢米數目以聞八月三日都省言淮西州軍先因欠



值逃避出沒之人理合賑給令淮西提舉常平官日下於附近州軍取撥常平義倉米三千石前去濠州賑給仍令龔濤劉光時照會常切存恤毋致失所三十二年二月三日詔兩淮歸業民戶難於食用令本路常平司賑濟如闕米於浙西江東常平米內各取撥一萬石應副支散五月二十七日特進觀文殿大學士判建康軍府事張浚言體訪得東北今歲米價踴貴乞朝廷多撥米斛錢物赴淮南賑濟支用詔令浙西江東常平司各更於近便州軍支撥常平米一萬石孝宗隆興元年二月十八日尚書戶部員外郎奉使兩淮馮方言據高郵軍百姓狀自前年金賊犯順燒毀屋宇農具種斛無餘歸業之始無以耕種欲乞就附近支撥常平及義倉米本路提舉司令高郵軍措置借貸抱認催索趁此農時早得布種以寬秋冬艱食之憂其餘兩淮州縣經賊馬侵犯去處亦令依此體例施行從之三月二十九日詔曰霖雨為沴雖側身修行尚恐誠意未孚可令諸路監司守令應遇災傷去處常切賑恤困窮糾察刑禁仍各條具聞奏六月十八日詔兩浙江東下田傷水街損廬舍理宜寬恤令逐路常平司行下州縣將被水人戶疾速依條借貸以備布種將來見得損傷即從實檢放其元損廬舍之家多方存恤賑濟措置安泊無令失所七月十九日權知盱眙軍周淙言泗州盱眙軍去歲虜人驚移不曾耕種近淮北流移之民稍多米價頓長極邊之地般運不通已將本軍米斛比市價減半置場出糶每日糶及五十石但去秋成稍遠而本軍米斛已盡乞支撥三千石廣行賑濟從之九月二十四日詔紹興府飢民以義倉米依紹興十八年例賑濟之從知府事吳芾請也十月二十一日知紹興府吳芾言本府今年災傷異常豪右之家閉糴待價欲招誘出糶最多之人從本府保明申取朝廷詳酌推恩從之二十七日兵部尚書湖北京西路制置使虞允文言京西一路今歲旱蝗乞下本路常平司從聞合日將所管常平義倉米廣行賑濟從之二年三月十日詔徽州旱蝗為災可將常平義倉米出糶賑濟如本路州軍亦有似此去處依此施行二十七日德音高藤雷容州應曾被焚劫逃避人戶仰守令多方招誘歸業內闕食不能自存之人依災傷法賑恤即雖歸業而無力耕種者令提刑司以牛具種糧借貸之七月二十四日臣僚言建康鎮江平江府常秀等州今年秋淫雨不止大水為災目今米價見已翔踴乞令提舉司依條賑濟農民不可使至流徙仍行下諸州勸諭居停米穀之家平價出糶從之八月二十三日詔臨安府米價增貴細民艱食令常平出米二萬石賑糶二十八日詔訪聞淮東有

被水去處人戶遷徙可令錢端禮於本路見管米斛內支撥一萬石措置
賑濟如不足於淮東總領所大軍米內取支九月四日知鎮江府方滋言
丹徒丹陽金壇三縣今秋雨傷稼穡已委官詣金壇縣取撥義倉米二千
石丹陽縣一千石各依乞丐法賑濟尚慮管下少有客販米斛及乘時射
利高擡價直民戶艱於收糴遂措置就委官於金壇縣添撥米二千二百
石丹陽縣添撥米八百石丹徒縣撥米五百石並各減價每升作二十五
文省置場賑糶每人日糴不得過二升窃慮豪右之家閉糴待價除已勸
諭賑糶外乞依紹興九年七月二十九日指揮將出糴米穀人依立定格
目推賞仍乞立定有官人糴米比類遷轉賞格行下其或他州之人有能
般販前來賑糶及得數目亦與一例保明推恩從之其後方滋又言今歲
江東二浙皆是災傷去處獨湖南廣南江西稍熟相去既遠客販亦難勢
當有以誘之欲乞朝廷多出文榜疾速行下湖廣諸路州軍告諭客人如
般販米斛至災傷州縣出糶仰具數目經所屬陳乞並依賞格即與推恩
州縣出糶官米往往只在近郭勸諭民間出糶者亦多搬入城市以至村
落山谷之民無處告糴乞教請士人及寄居之忠實可委者四散監糶應
被患者廣州縣閉糴朝廷舊有約束今聞州縣不務均濟往往禁人般販
乞委監司嚴行覺察將閉糴之官按劾施行從之十九日詔令秋霖雨害
稼細民艱食出內庫銀四十萬兩付戶部變轉收糴米斛賑濟二十一日
中書門下省言今歲浙西江東州軍內有水傷去處損害禾稼窃慮民戶
流移闕食乞下江西常平司於見管常平義倉米內取撥二十萬碩賑濟
從之閏十一月十九日臣僚言淮南流移百姓見在江浙州軍無慮十數
萬衆雖欲賑濟緣官司米斛例有限近降指揮有田一萬畝出糶米三千
碩其餘萬畝以下却有不曾經水災收蓄米斛之家糶價倍於常年今相
度欲委逐州見不曾經水災處占田一萬畝以下八千畝以上立定出糶
米一千五百碩如此可以廣有出糶之數應接急闕支遣從之二十五日
上封事者言虜騎犯邊兩淮之民皆過江南緣鎮江湖閘不問老小舟船
艤泊江岸者數千隻近日大雪皆有暴露絕食之患欲乞嚴行賑濟詔專
委浙西江東提舉照應見行條法逐路取撥一路常平米斛躬親賑濟臣
寮又言近嘗具奏乞賑給兩淮流移之民伏蒙施行窃覩近日有司措置
於多田之家廣加和糴令諸處各有糴到米斛欲望於浙西江東西諸郡
和糴到米內取撥二三十萬石令逐路轉運司日下措置般運分往兩淮
經殘破州縣鄉村委逐處守令遍行賑濟招誘流民歸業其貧之人不能



自存者日計口數給糧詔依十二月十三日詔兩浙路州軍內有災傷民
戶闕食去處專委本州守倅以常平米措置減價賑糶乾道元年正月十
九日詔已降指揮逐路州軍災傷去處措置賑濟訪聞州縣止有抄劄城
內闕食之人其鄉村貧民多不霑惠令逐路轉運司行下逐州委官遍詣
鄉村賑糶并勸糶民間米斛不得因而擾擾從中書門下請也二十一日
詔紹興諸縣米價騰踴飢民闕食沿湖之民多有死損理宜賑恤可專委
徐嘉喻樗多方措置賑糶務要實惠及民仍委提刑司體究逐縣死損過
人數以聞從中書門下請也同日詔浙西州軍被水災去處已令賑濟訪
聞湖秀州流移之人甚衆窃慮州縣奉行不虔可令曾愭躬親前去多方
措置賑濟毋令失所將州縣官吏措置有方保明聞奏其弛慢去處具名
按劾從中書門下請也二月三日詔兩淮江東州軍緣去歲間有水傷去
處至今春米價翔踴細民流移甚可矜恤仰守令多方措置賑濟於本州
應管錢米內取撥應副仍籍定數目隨管內寺觀大小均定人數賑濟柴
錢責付主守掌管支用務令實惠均及流民毋致餓殍如奉行滅裂仰提
刑司按劾重真典憲賑濟有方具名聞奏當議推賞六日中書門下省言
兩浙東西路緣水傷細民艱食累降指揮令諸州賑濟及勸上戶糶米并
造粥給食非不詳盡窃慮州縣奉行滅裂未見實惠及民詔浙西委吏部
郎官魯訔浙東委司封郎官唐閎躬親遍詣諸路州縣檢察如有違戾去
處具當職官姓名申尚書省其措置有方亦仰保明聞奏八日詔高郵軍
壽春府流移之民令淮東總領所將太平州蕪湖縣起到江西常平米內
取撥一千碩應副高郵軍於滁州金人遺棄下米內取撥二千碩應副壽
春府賑濟從江淮都督軍馬楊存中之請故也九日詔臨安府諸縣賑濟
窃慮奉行不虔差監察御史程叔達日下躬親前去檢察如有違戾去處
具當職官姓名申尚書省其措置有方亦仰保明聞奏十一日中書門下省
言臨安府內外飢民頗多窃慮有賑濟未盡者詔委姜詵韓彥古同臨安
府專一措置賑濟毋致失所仍約束所差官吏不得作弊滅裂三月十三
日詔嚴衢婺處州荒歉發常平米以賑之從殿中侍御史章服請也四月
十三日尚書度支員外郎曹悟言今歲淛西災傷諸縣勸諭大姓出米賑
濟者即是給與賑糶者姑損其直賑貸者責認其償欲乞將逐縣勸諭到
賑濟米謂如三千石者知縣與減一年磨勘計其多寡以為之等差賑濟
三百碩比賑濟一百碩州郡於諸縣數外自措置到賑濟賑糶數及委令
佐分鄉勸諭者守臣與令佐賞亦如之大小參減米數之半以計其數詔

今有司第賞格行下浙西提舉常平保奏施行五月二十四日詔廣英連韶州肇慶德慶府以饑民殘破令廣東提舉常平司依條賑濟從廣東提刑石敦義請也同日詔光州屢經兵火令淮西總領所撥會子一萬貫江西轉運司支米五百碩賑濟之六月十八日知宣州王佐言本州自五月七日至二十六日雨如傾注山發洪被水之人闕食者衆欲將見管常平糴米錢八萬餘貫循環作本差官收糴米斛賑濟從之二年二月三日兩浙路轉運判官姜詵言浙西州縣災傷民戶闕食乞下諭州軍府官守臣疾速措畫其闕食民戶量行賑濟勸諭田主豪右之家借貸種糧詔令浙西提舉常平官相度措置九月七日詔浙東提舉常平宋藻前去溫州將常平義倉米賑濟被水闕食人戶如本州米不足通融取撥權發遣溫州劉孝韙言本州八月十七日風潮傷害禾稼漂溺人命所有義倉米五萬餘碩先蒙奉使司農少卿陳良弼盤量在倉不得支借若候申稟深恐後時遂急一面賑給外有不候指揮先次開發之罪乞施行得旨放罪十一日詔溫州水災差度支郎中唐瑑同提舉常平宋藻守臣劉孝韙遍詣被水去處覈實賑濟三年八月二十五日詔諸路州縣約束人戶應今年生放借貸米穀只備本色交還取利不過五分不得作米錢筭息以臣寮言臨安府諸縣及浙西州軍舊來冬春之間民戶闕食多詣富家借貸每借一斗限至秋成交還加數升或至一倍自近年歲歉艱食富有之家放米人立約每米一斗計錢五百細民但救目前不惜倍稱之息及至秋收一斗不過百二三十則率用米四斗方糴得錢五百以償去年斗米之債農民終歲勤動止望有秋舊逋宿欠索者盈門豈不重困夫民之貧富有均要是交相養之道非貧民出力則無以致富室之饒非富民假貸則無以濟貧民之急豈可借貸米斛卻要責令還錢故有是命十二月二十六日左朝散郎孫觀國言四川州郡亢旱內綿劍州尤甚乞遣金字牌行下制總諸司多方賑濟上曰此去麥熟尚遠想見飢民狼狽當依所奏四年四月十一日司農少卿唐瑑言福建江東路自今春米價稍高民間闕食郡縣雖已賑糶止是行之坊郭其鄉村遠地不能周遍詔逐路提舉常平官疾速措置津發見樁米斛分委州縣清強官廣行賑糶或勸諭積穀之家接續出糶不得因而抑勒搔擾諸路依此六月四日詔建寧府衢州袁州建昌軍米價翔踊人民闕食並出常平米賑濟之二十六日詔襄陽府水旱民飢令本府寄樁大軍米內支降二萬石賑濟之十二月二十六日雷州言八月一日海潮暴漲淹浸東南鄉民闕食者衆詔令禮部給降度牒十

食貨六八之六五

十道付廣西提刑司變賣措置賑濟五年三月六日提舉江東常平公事翟紱言竊見饒州諸縣去年被水災傷合行賑糶乞將常平舊管米一千六百五十二碩九斗六升五合并收到乾道四年分義倉米五千二百一十五碩二斗九升五合委官賑糶外其池州建德縣與饒州接連飢荒尤甚更乞將常平米內支撥七百一十九碩六斗二升并拘到乾道四年義倉米內支撥二百二十碩一斗七升將約度被水第四等第五等以下大小人口量行賑濟從之九日知鎮江府陳天麟言本司昨奉指揮將歸正人顧政等二百一十八戶大小計一千一百一十口并續括責到高琮等五十一戶計二百三十六口許令於常平義倉米內取撥賑濟至乾道五年五月終合行住支竊慮狼狽失所兼本府又不住有一般歸正人楊貴等四十三戶陳乞賑濟欲將逐項歸正人更與展支一年庶幾小民始終得霑恩惠從之四月十四日詔饒信州連歲旱澇細民艱食可出常平義倉米以賑之同日權發遣江南東路計度轉運副使趙彥端等言臣等近恭奉御筆處分以饒信二郡嘗有水患令臣等協力應辦儲蓄賑濟臣等措置將信州合起赴建康府大軍米一萬五千石截留樁管及將合起赴鎮江府米二萬碩內將一萬碩就便樁管將一萬碩往饒州準備支使令饒州知府黃𤣱劄子稱雖蒙提刑司撥到義倉米六千八百餘碩不了一一月賑糶之數乞備申朝廷於樁留米內支撥二萬碩添助賑糶臣等照得饒州合發上供米斛除樁留外尚有合起赴行在米一萬一千九百六十碩臣等除已一面逐急行下饒州於內先次取撥一萬碩量度市直減價賑糶外候信州起到米一萬石卻行拘收理充合起之數兼慮信州亦有似此闕食去處臣等已行下信州取撥米五千碩依此減價賑糶去訖所有饒州前撥樁留米四萬碩欲乞早降指揮許再撥一萬碩更令接續賑糶從之五月十日提舉江南東路常平茶鹽公事翟紱言臣近因巡歷到饒信州面諭逐州知通委請諸縣令佐勸諭上戶將積蓄米穀減價出糶接濟細民食用今饒州并諸縣申到廳勸諭得上戶願糶米穀共計一十九萬六千六百碩六斗五升并轉運司支撥到上供米一萬碩付饒州賑糶緣逐項米數委可接濟細民食用所有臣先來奏乞更乞支米一萬碩欲乞住撥候所糶米穀盡絕如民間尚闕米穀即別具奏乞支撥施行十月十四日詔台州出常平義倉米賑濟被水之民六日權發遣兩浙路轉運副使劉敏士言溫台二州近因風水飄損屋宇不少雖將義倉米賑濟緣被水丁口至多竊慮來年秋成尚遠將何以繼除令措置欲令丞

食貨六八之六六

州勸募上户官借其皆往浙西諸州豐熟去處般販米糧中價出糶至來年秋間却輸納錢本還官應幾般販既多米捐停蓄其價自平今來溫州已募上户借與錢本見行措置惟是台州財賦窘迫無以為計臣欲支錢五七萬貫給與台州令勸募上户般販米斛以濟飢民詔令兩浙轉運司差撥人船於近便州軍户部椿管米及常平義倉米内取撥三萬碩前去台州委官於被水去處減價出糶其糶到錢令本司拘收撥還先取米去處十七日新權發遣福建路轉運副使趙彦端言竊見饒信之間地瀕湖江連有水患欲望每歲於饒信兩州上供米内各截留數萬碩若次年不嘗出糶或有出糶未盡之數即行起發却以當年新米代充稍倣常平以新易陳之意詔令後每歲逐州各截留三萬碩準備出糶二十八日知揚州主管淮東安撫司公事莫濛言契勘本路楚州盱眙軍泝淮鄉村間有旱傷訪聞得鄉民漸至艱食揚州總領所椿積米内見有一萬餘碩乞令楚州盱眙軍般取前去賑糶所有價錢赴總領所輸納徑令經白糶米作舊椿積不准接濟飢民又得以陳易新委是兩便從之十一月十五日詔今歲淮東州軍間有旱傷去處竊慮冬春之交米價增長民間或致闕食可將淮東見管常平米三萬六千六百餘碩令淮東常平司相度委官置場量行減價賑糶糶到價錢令項椿管候將來秋成日却行收糴補還十二月二十四日成都府潼川縣夔州利州路安撫制置使兼知成都單府晁公武言成都府自天聖間知府韓億於本府南倉創永利敖每歲出糶以六萬碩為準以拯貧民自二月一日糶賣至八月終止又有拘收到户絶官田廣惠倉米歲給養病貧民　崇寧五年準詔旨成都糶賣貧民米如有闕數許轉運司椿錢對糴常平司應副仍不得妨常平司支用大觀二年知府席旦奏請成都府每歲糶米六萬碩近來轉運司以無米應副三分之一不足以賑惠貧弱乞下四川每年如米價稍貴委逐州長吏體量將義倉米依常平法減價出糶至宣和五年又準詔旨成都府今後如遇米價踊貴依席旦已得指揮將義倉米減價出糶收椿價錢歲稔却行收糴自此之後間遇荒歉緣義倉所收數少賑惠不足臣自到任後未節次措置糴貴到米四萬二千九百六十餘碩通本府逐年積到常平義倉米二萬九百八十餘石差官秋劍府城内外貧民給牌歷置場減價糶賣以濟飢民本府雖有所收義倉米斛一年止有八千餘石見根刷本府公使等庫并制置司激賞庫錢物三十餘萬貫差官往瀘叙嘉眉等州乘時收糴米斛約可得六萬餘石津運前來府倉別敖收貯復韓億永利敖所椿



歲糶之數仍以廣惠倉為名每斗減價作三百五十文專充賑糶不許他用拘收本錢循環添貼日後本府諸庫儧積到錢物糴買以備久遠賑濟仰副朝廷勤恤民隱之意詔依其糴到錢日後專充賑糶本不得他用晁公武令學士院降詔獎諭六年閏五月十一日詔浙西州軍大水令呂正已前去措置賑濟既而臣僚言已差呂正已措置浙西被水居民乞就委漕臣於本路取見州縣被水實數官為貸其種穀再種晚稻將來秋成絶長補短猶得中熟諸路如有似此去處亦乞依此施行從之六月十二日權江南東路轉運副使張松言寧國府建康府太平州廣德軍均田被淹没委實災傷逐州差官賑濟被水人户一依太平州例每月支散錢米所有第四等人户依條不該賑濟乞將常平米減價出糶從之十八日提舉福建常平茶事鄭伯熊言福建路八州軍府縣自入夏以來闕少雨澤其上四州軍府雖時得甘雨猶未霑足早禾多有傷損下四州軍尤旱尤甚晚種有不得入土者乞將所在米價依條支撥常平米斛賑濟從之八月二十四日詔淮南路轉運司於廬州椿積米内取撥三千碩應副濠州賑糶九月十四日詔於建康府椿管米内取撥一十萬碩限一月津發赴廬和州椿管準備賑糶十月二十一日詔淮東總領所於揚州椿管米内撥一萬碩應副楚州賑糶五千碩應副盱眙軍賑糶十二月二日詔江東轉運司將江西路合起赴建康府米三十萬碩内取撥十萬碩赴太平州五萬碩赴池州椿管準備賑糶九日詔湖州將椿積和糴米五萬碩賑糶水災之民同日詔淮東總領所於揚州見管米内取撥一萬碩分淮東州軍賑糶二十六日詔和州旱澇禾麥損傷可借撥米一萬碩賑糶飢民乾道七年正月八日詔兩浙路轉運判官胡堅常同浙西路提舉常平司措置賑糶務施實惠十三日江東轉運副使沈度言廣德軍災傷尤重欲望支降米二萬碩水運至本軍委自守倅拘收賑糶詔令沈度取撥二萬碩措置津運赴廣德軍委本軍守倅賑糶二十二日利州觀察使知襄陽府韓彦直言去歲秋苗不登乞於本府寄椿大軍米内支降三萬碩賑濟從之二十九日詔浙西常平司於平江府常平義倉米内借撥五萬碩應副湖州賑糶接濟飢民從知州向均之請也二月六日詔招信縣荒歉已支米二千石賑濟更於揚州椿管米内撥三千碩賑糶八日權知高郵軍劉彦言本軍高郵興化縣人户旱澇又有黑鼠傷稼乞於本軍大軍倉内取撥米一萬碩每斗作價錢一百五十文省出糶遇豐熟日却從收糴從之同日廬州言本州旱傷壚合肥等縣人户陳乞借貸及有歸正人乞賑

濟近蒙支撥常平米五萬碩付廬州和州准備賑糶於內已撥一萬碩賑糶與和州闕食人戶今欲更撥一萬碩借貸與前項飢民及歸正人候將來成熟日撥還從之四月十五日光州觀察使高郵軍駐劄御前武鋒軍都統制兼知楚州陳敏言本州去年因黑鼠傷稼兼秋間水旱農民飢饉蒙下通州撥五千碩又下總碩所支米一萬碩以通州水路遥遠止就楊州般到米一萬碩賑糶本州戶口既繁食用日廣賑糶官米今已不多欲望再撥米一萬碩付本州賑糶詔令本路常平司將通州未撥米五千碩疾速科撥應副七月六日詔江西州軍間有闕雨去處合行措置收糴米斛準備賑糶可令龔茂良拘收單變已副到發運司奏計錢并江州有發運司貿易等官會子共湊二十萬貫於江浙豐熟去處收糴米斛一十萬碩均撥赴最不熟州軍樁管申三省樞密院同日詔江西路今歲間有旱傷州縣貴在守令究心賑恤可令本路帥臣將旱傷州縣守令精加審量如內有老謬不能究心職事之人先次選擇清强能吏前去對易措置賑濟存恤施行開具已對易官職位姓名及見作如何賑恤事件聞奏八月一日詔湖南旱傷州縣亦合依此施行十二日詔昨發運司於潭衡全道郴州桂陽軍和糴米斛未曾支撥可令湖南轉運司將糴到米發赴災傷州軍樁管賑濟賑糶八月一日詔江州今歲旱傷見今已有流民守臣生視不擾實申奏專委漕臣一員日下起發前去江州同守臣將見管常平義倉米斛四萬四千餘碩措置賑糶如不足即仰收糴客米或尚闕少仰於本州見樁管朝廷米內逐急借兌賑糶仍具已如何措置及賑糶過數目并委官起發月日以聞從中書門下請也同日詔饒州旱傷除已存留米一萬碩賑糶外可於本州米內更存二萬碩日下措置賑濟同日中書門下省言湖南江西間有旱傷州軍切慮米價踴貴細民艱食富室上戶如有賑濟飢民之人許從州縣審究詣實保明申朝廷依今來立定格目給降付身補受名目無官人一千五百碩補進義校尉願補不理選限將仕郎者聽二千碩補進武校尉如係進士與免文解一次不係進士候到部與免短使一次四千碩補承信郎如係進士與補上州文學五千碩補承節郎如係進士補迪功郎文臣一千石減二年磨勘如係選人循一資二千碩減三年磨勘如係選人循兩資仍各與占射差遣一次三千碩轉一官如係選人循兩資仍各與占射差遣一次五千石以上取旨優與推恩武臣一千碩減三年磨勘陞一年名次二千石減三年磨勘占射差遣一次三千石轉一官占射差遣一次五千碩以上取旨優與推恩其旱傷



州縣勸諭積粟之家出米賑濟係敦尚義風即與進納事體不同詔依其賑糶之家依此減半推賞如有不實官吏重作施行先詔江南東路荊湖北路依此指揮八日兩浙路轉運判官胡堅常言昨蒙朝廷委以賑糶平江府常熟知縣趙善括勸誘上戶米數倍於諸邑崑山知縣閭人大椎委之吏輩寅緣為姦欲望朝廷將此二人量賜懲勸詔趙善括特轉一官閭人大椎特降一官十六日權發遣隆興府龔茂良言以本路旱荒御膳進素而臣忝一路兵民之寄合賜罷斥詔龔茂良為一路帥臣當兹旱暵而乃引咎自歸欲求閑退非朕責任帥守之意也可劄與龔茂良宜講救荒之政散利薄征以至捕除盜賊勉修乃職安輯一路之民所請不允二十三日資政殿學士知建康府洪遵言饒州南康軍今歲旱災非常早種不入土晚禾枯槁兩郡飢民聚而為盜乞檢照江西湖南已行賑濟體例急遣施行從之尋詔本路提舉常平司更於附近州軍取撥常平義倉米五萬碩付饒州五萬碩付南康軍應副賑糶二十五日權發遣隆興府龔茂良言本路州軍被災輕重不等贛州南安建昌早禾小損晚稻無傷次則吉撫袁州時有雨澤所損亦有分數惟是龍興江筠州興國臨江軍忐旱尤甚旱禾皆死晚稻不曾栽插自來未嘗似此飢歉已分委官前去同守令講究利害相度欲將江浙糴到米就近徑赴建康或鎮江總領交納却就截本處上供米賑濟米充所糴之數大姓巨商勢必閉糴本州已立下價直每碩止一貫五百四十文足比之市價折錢七百六十文足以一名若認糴二萬碩共折錢一萬五千二百餘貫足若不優與推賞恐無人願就令進納迪功郎係八千貫文省比之以二萬碩米中糴入官折閱之數不啻過倍欲乞補充迪功郎有官人許轉一官資及見係理選限將仕郎並許參部注受合入家便差遣從之九月七日詔江南西路諸司申到江州旱傷最甚除已降指揮許截留并令諸司科撥米外可令劉孝韙日下躬親前去江州將本路常平米接續賑糶十一日詔訪聞湖南今歲亢旱民頗流離令禮部給降度牒一百道左藏南庫支降會子一十萬貫付湖南提舉胡仰之收糴大斛措置賑糶二十二日敷文閣待制提舉江州太平興國宮張運言居閑躬耕儲粟二千餘石適逢今歲旱歉敢助賑濟詔令學士院降詔獎諭二十五日白劄子江東西湖南州軍今歲旱傷欲乞依紹興九年指揮將本路檢放展閣之事則責之轉運司遇旱糧闕乏處以有計通支應副糴給借貸則責之常平司覺察妄濫則責之提刑司體量措置則責之安撫司詔依仍令逐司各務遵守三省歲終考察職事修舉

以聞。送敕令所立法。本所看詳：災傷去處全在賑濟，若不分隸責之帥臣監司，窃慮奉行違戾。諸司設有違戾，若不互相按舉，亦無以覺察。今參詳許逐司互相按舉，及將已行事件申尚書省，以憑考察。仍立為三省通用及職制令。從之。是日，宰執進呈江東西、湖南旱傷，依紹興九年諸司分認賑恤事。上曰：他路或遇災歉，兼當依此。然轉運司止言檢放一事，猶恐未盡。他日賑濟之類，必不肯任責。虞允文奏曰：轉運司管一路財賦，謂之省計，凡州郡有餘不足，通融相補，正其責也。上曰：然。令降指揮，上以檢放為文，他日以此藉口，避責何所不可。允文奏曰：乞立法，遇諸郡有災傷處，以看計通融應副。上曰：如此則盡善矣。故令立法。十月七日，詔江州旱傷，節次已降指揮，取撥本州常平義倉米四萬四千餘碩，及況截上供米六千五百餘碩，勸諭上戶認糴米二萬八千六百餘碩，截留贛州米一萬碩，及支糴本錢四萬餘貫收糴米斛，并令漕臣取撥本路常平米一十萬碩，吉、筠、袁州見起運康米八萬餘碩，未起朝廷樁管米九萬七千餘碩，及江州元管收糴米，均撥付本州賑糶，并立賞格勸諭上戶出米賑濟賑糶，倚閣夏稅，檢放秋苗，地主佃戶資助賑給，并將禁軍土軍弓手免起發存留防賊。可令帥漕提舉官多出文榜，候歲終比較殿最。如官吏奉行滅裂，委御史臺覺察按劾以聞。同日，詔饒州旱傷，已降指揮，取撥本州常平義倉米八萬餘碩，及於附近州縣常平義倉米內取撥五萬，并截留本州見起樁管上供米三萬碩，及獻助米二千碩，付本州，并勸諭上戶賑糶賑濟，又倚閣夏稅，檢放秋稅，及地主佃戶資助賑給，并將禁軍土軍弓手並免起發存留防賊。可令江東帥漕提舉官多出文榜，督責守令多方措置存恤，歲終比較殿最。如官吏奉行滅裂，委御史臺覺察彈劾以聞。十日，權發遣隆興府龔茂良言：窃詳所立賞格，除出米納官不請價錢即合推賞，所有賑糶係減半推賞。然不可一槩，若依市價以收厚利，商賈之流販賤賣貴，較其石數，則盡合補授，如此賞典皆可濫及，飢民不蒙其利。在法，官為立中價，不得過為虧損。今欲將賑糶之家並令官司差人監視，給歷紀糶過之數，究實保明，申朝廷依格補轉。其客販米數，或充便上供米，前來中糶入官，如願依立定價例賑糶，推賞之人並一體施行。兼上戶若在豐熟處，即合指闕食州縣接濟，合隨本處時價減三分之一，官司給據照證，般載往災傷地分賑糶，即行理賞。從之。十二日，知饒州王秬言：昨蒙朝廷支撥本州樁管米三萬碩，緣軍糧不繼，已兌那支遣，乞別借錢會糴米，來歲稍稔，卻當拘納。詔令左藏南下庫支會子五萬貫，餘依。二十三日，直秘閣權發



遣徽州趙師夔言：本州管下旱傷，有婺源縣遊汀、孝蘇兩鄉尤甚，臣措置到錢一萬五千貫，欲於本州及諸縣常平義倉米內依例定價出糶，米五千石，就便給散賑濟。乞令提舉官樁管上件錢，俟開春收糴補還元數。從之。十一月十二日，知建康府洪遵言：太州府蕪湖知縣呂昭問以和糴米為名，禁止米斛，不得下河。饒州旱傷，前來收糴米七百五十餘碩，本縣抄劄不令交還。詔呂昭問降一官放罷。十九日，湖南轉運副使吳翁年、司馬倬等言：本路旱傷，惟潭最甚。昨來黃鈞趲到米四萬碩，乞充賑糶。便用詔糴到價錢，循環作本收糴米斛賑糶。二十二日，權發遣隆興府龔茂良言：乞差新知興國軍右朝請郎陳寅往本軍州縣同共措置，檢察乞覓，差兵級，破本官驛券，行移作本司措置賑濟官。從之。八年二月八日，權發遣隆興府龔茂良言：本路去歲荒旱異常，如隆興府、江州、臨江、興國軍五郡，各係災傷及七八分以上，雖已依條將老幼疾病之人先行賑給，緣人口鉅及百萬，委是賑給不周。乞將已得旨取撥到米一十萬碩，并更勸諭上戶賑濟給散，庶幾稍宣德意。詔將續撥義倉米五萬碩令龔茂良充賑給使用，餘常平本五萬碩依舊循環賑糶。三月十五日，敷文閣待制、知潭州陳彌作，直徽猷閣、荊湖南路計度轉運副使司馬倬言：潭州安化縣上戶進武校尉龔德興平時兼并，遂至巨富，以進納補官。比至旱傷闕食，獨擁厚資，略不體認國家賑恤之意。詔龔德新追進武校尉一官，勒停，送五百里外州軍編管。四月一日，權發遣隆興府龔茂良言：本路旱荒，細民闕食，若不廣行賑給，無由可救。前觀張暈昨緣獻米賑濟，除閤職，又添差本貫兵官，富民歆慕，欲乞明降指揮，出米賑給，除依格補官外，特與添差本路合入差遣一次，仍依離軍人例，減半支給。蓋富民本非急祿，止欲以此為榮夸其閭里。如依所乞，必翕然聽從，速得米斛濟此目前，非小補也。從之。十五日，湖北常平司言：鄂州有紹興十一年至建炎年間歸正人，委是年深，各已樂業。今來郡欲同三十一年以後歸正人請錢米，深慮諸州災傷，難以支給。詔令紹興三十年終以前人免支，自三十一年以後歸正人照應敕文賑濟。八月七日，詔四川自入夏以來，陰雨過多，溪流州縣多被其患，如嘉、眉、邛、蜀等州最甚，令四川安撫司審實被水去處，措置賑恤。從知成都府王震請也。八月，權發遣隆興府龔茂良言：本司勸諭上戶出米賑濟賑糶，緣所立賞格比尋常歉歲計之，其直不啻過倍，又有運之費，欲更少加優異。紹興三十二年閏二月十九日指揮，進納迪功、承信郎並理為官戶，內迪功郎與免試，先次注授差遣，依奏薦人例；承信郎進武

進義校尉并免試弓馬及短使先次注授差遣令來勸諭賑濟告勑元降指揮係敦尚義風即與進納不同見得事理尤甚難合依理選限及先與添差本路合入差遣緣許理官户一節及將來到部免試先次注授依奏候人例等事未曾立法吏户部看詳欲將承信郎比附承節郎上州文學比附迪功郎依條遷法授簿尉差遣餘並依紹興三十二年閏二月十九日已得指揮仍比擬獻納已降指揮理爲官户從之十月十五日詔陳寅特轉一官徐大觀向士俊翁蒙之各減三年磨勘李宗質王日休江濟向澹戴逵先王潜胡振蒲竟仁汪賡各減二年磨勘謝諤劉清之薛斐董述黄畟趙不比王杞鄭著趙永年趙公迥各減一年磨勘以賑濟有勞從江西安撫龔茂良之奏也十一月六日詔應材與轉一官羅全畧王院陳符陳雄呂將已孫逢辰各與減三年磨勘以賑濟有勞從湖南安撫使陳彌作提舉湖南常平胡仰之奏也同日道州營道縣主簿禹大和糴到賑濟米四萬碩與減二年磨勘從湖南提舉常平胡仰之請也九年閏正月十七日詔雪寒細民艱食令臨安府將貧乏不能自存之家令左藏南庫支會子六十貫豐儲倉撥米三千碩付臨安府分委有心力官日下巡門依數賑濟每口支錢二百文米一斗務在實惠不得減尅





淳熙元年二月二十一日詔台處州去秋大旱仰於逐州椿管常平米内令守貳約合用實數申常平司速行取撥賑濟衢婺之間似此去處比類施行從浙東安撫錢端禮請也四月七日詔訪聞關外四州去歲秋旱傷（災）米價踴貴窮處民間闕食致有流移可令戸部郎官四川總領趙公亮同本路提舉常平官日下津運常平義倉米并附近椿積米前去賑糶　二年六月十九日詔湖南江西將實被茶寇殘擾及逃移人戸疾速招撫復業仍支常平米賑濟九月七日詔淮南今歲間有水旱民戸艱食流移失業可令淮南運判趙思日下取撥常平義倉米賑糶閏九月二日詔諸路常平司每歲於秋成日視所部郡縣豐歉其合賑糶賑給處仰約度所用及見管米斛或闕少合如何指置移運仍須於九月初旬條具聞奏以中書門下省言諸路監司言災傷故也二十八日詔淮東總領錢良臣體訪淮東旱傷次第分數於朝廷見椿管米斛内量行取撥減價出糶楊州米一萬五千碩就本州支真州一萬碩於揚州般運滁州一萬石就使於建康府椿管米内取撥高郵軍五千二百石就本軍支楚州五千石於高郵軍般運盱眙軍四千八百石就本軍支從良臣請也十月九日詔建康府

叄一萬五千三

食貨六八之七五

災傷可於椿管朝廷米內借米五萬石，令守臣劉珙措置賑濟。二十五日，淮南漕臣言：「今歲和州旱傷尤甚，乞將屯田莊所管稻穀比市價減糶，及濠州椿積米四十五千餘石取撥賑糶。」從之。十二月三日，詔：「寧國府、廣德軍、太平軍旱傷至重，所放苗稅縣管不及七分，若不行賑濟，竊恐實被災傷及七分以上貧民下戶向後闕食流移失所。委提舉常平官督責守令，將逐鄉村災傷至重人戶從實拈責，依條賑濟。寧國府、廣德軍、池州并諸縣分各有常平、義倉并椿管米，申提舉常平司支撥。」三年正月十三日，詔：「淮東旱傷，已節次支降米斛賑糶，其賑貸等事，令常平官依條以時奉行，務要實惠及民。」卷一萬五千三二十一日，淮東總領錢良臣言：「去歲淮東旱傷州軍，今來中下之家無種可種。本所見有馬料稻子一萬二千七百餘石，欲行借撥應副作種，至秋拘收椿管。」從之。七月五日，詔：「去歲江東荒歉，安撫使劉珙賑濟有方，米價不至翔踴，居民並無流移，可令學士院降詔獎諭。」九月十六日，詔湖北州軍間有旱傷處，於常平司疾速措置賑濟，毋致人戶失業。十月一日，詔：「金、洋州、興化府間有旱傷，竊慮民戶艱食，可令四川總領李蘩分差官屬前去，將椿積米粟減價出糶，其糶到價錢，候豐熟日補糴，依舊椿管。」三日，詔：「湖北州軍間有旱傷處，已令常平司疾速依條賑濟，其京西州縣可依湖北已措置事理施行。」

食貨六八之七六

四年九月二十一日，詔湖廣總領所就於襄陽府見椿管朝廷米內取撥次等米一萬五千石，應副本府充賑給歸正貧民支用。從知襄陽府張子顏請也。五年十一月二十三日，詔高郵軍、楚州於高郵軍椿管米內各支一萬石，泰州於本州支一萬五千石，通州、楚州並於鎮江府賑糶米內各支一萬五千石，並充賑貸。以淮東提舉司言通、泰、楚州、高郵軍已熟之禾為田鼠所傷，乞於逐處椿管米內支給賑濟，故有是命。六年四月二十七日，詔：「衢州遭水，米價踴貴，可於義倉米內撥米五千石出糶賑濟。」十二月二十四日，詔：「和州近緣雨雪，凍餒者多，可於本州椿積米內支借一萬石賑貸。」從卷一萬五千三守臣請也。七年二月十七日，詔湖南安撫辛棄疾於前守臣王佐所獻椿積米內支五萬石，應副邵州二萬石、永州三萬石賑糶。以棄疾言溪流不通，舟運艱澁故也。八月十三日，詔：「近緣河港淺澁，行在米價稍增，可令司農寺行下諸倉，於朝廷椿管米內共分撥一十萬石，專委臨安府守臣措置，多差官屬分頭置場，低價出糶，務要惠細民，不許上戶及米鋪戶計囑糴買。」二十一日，詔：「今歲旱傷，令戶部於諸倉撥米十萬石低價，令臨安府置場一十五處，委官出糶。訪聞所委官多至巳時出糶，午時閉場，致所糴不廣。令自今須至申時住糶，不得阻節，及不得將糠粃和雜作弊。如違，重寘典憲。」八年十二此句有誤月十七日同九月十三日詔令歲江東州軍亢旱令本路提舉常平司將所部州軍應管常平義倉錢米通融寬數支撥賑糶廣德軍南康軍將去年未起米一萬石添助以三州旱猶甚故也同日詔鎮江府以常平米賑濟外更於椿管米內取撥三萬石貼助賑濟以守臣會逮言本州旱甚故也十七日詔淮西轉運司差官檢踏本州軍實有旱傷處依條賑濟從知舒州李異請也同日江西漕司言本路旱傷細民闕食本司舊有上供米一十四萬石見在諸州椿管乞令逐州知通認數賑糶從之二十一日江東安撫使陳俊卿運判王師愈言本路凡郡除太平州外餘皆旱傷乞行賑糶同日詔饒州

卷萬五千三

旱傷處令本路提舉將常平義倉錢米通融寬數支撥外其淳熙六年椿留米盡行賑糶從守臣徐清請也二十三日秀州守臣言本州旱歉見措置賑濟用米甚多本州并諸縣共有常義平倉米十五萬餘石恐未足用乞於本州舊椿管和糴米內支撥一十萬石省著作郎兼權吏部郎官袁樞往淮南將作主簿王譙往兩浙江東路親按視與檢有措置事件開具以聞二十七日詔豐儲倉撥米三萬石付臨安府屬縣二萬石付嚴州及諸縣賑濟二十八日知臨安府王佐言奉詔措置賑濟城外饑民已於諸處寺院差官監視煮粥給散養濟更乞撥省倉米三千石從之十二月詔左藏南庫支會



子二十萬貫浙東路常平義倉錢內支一十萬貫付浙東提舉朱熹措置循環糴米充一路賑濟十七日詔行在米價稍增可於諸倉椿管米內共取撥七萬石專委臨安府守臣差官置場賑糶九年正月十一日詔鎮江府於見椿管會子內取撥三萬貫付淮南運判趙彥逾貼助賑濟同日詔浙西州軍去歲旱傷處可於鎮江府見椿管陳次米內支撥二萬石付提舉司通融賑濟賑糶從提舉張均請也二十一日詔嚴州撥米三萬石專充賑糶可改作賑濟仍更撥米三萬石招集流移作借貸計辦種子從知州楊布請也同日詔徽州將見管義倉錢四萬八千餘貫借充循環糴從守臣呂大麟請

卷萬五千三

也二十六日詔江州守臣於本州見椿管米內借撥一萬石專充賑糶二十七日詔京西常平司於見管常平米內借撥五千石於本路通融賑糶二月十二日詔荊門軍於見椿管米內支一千八百石借撥三千石接續賑糶十三日詔復州將見管湖廣總領所糴到椿管米內支撥一千石補助本州賑濟饑民從守臣請也同日臣僚言朝廷給米於州郡或賑濟以周急或賑糶以減價皆以為民也頗聞州郡或截以為軍糧或留以贍州用或出納不謹乾沒於吏輩之手至於及民若無幾乞令各路提舉司覺察體訪從之三月一日詔四川制置司分撥米斛於恭涪忠萬州賑濟從制置陳峴請也九

日詔鄂州旱傷可於屯田穀內借撥八千石賑糶十一月詔德安府於樁管米內借撥三千石付江陵府二千石付信陽軍並充賑濟十三日知鎮江府錢良臣言乞於本府轉般倉米內支米一萬石接續賑濟從之二十一日詔降空名度牒二十道付合州專糴米以備賑給從守臣何正仲請也二十五日詔平江府於樁管米內支四千石應副常州賑濟從提舉張杓請也七月六日知隆興府留正言本路州軍旱傷之甚諸郡常平義倉米約有三十萬餘石及漕司樁管米十萬餘石通共四十萬有餘石乞立價損行賑糶從之十三日降空名度牒三百道及於南庫支會子一十五萬貫令浙東提舉

卷一萬五十三

朱熹量度州郡旱傷輕重均撥專糴米賑濟毋得他用九月十七日詔昌合普資四州旱荒可於四川總領新樁管錢引內支十萬貫隨宜給散令守臣多方措置收糴米麥救衆之屬二分賑應副賑糶詔借五萬石二十八日詔台州令歲旱傷細民闕食於平江府見管淳熙四年和糴米內借撥二萬石專作賑糶以本府請也十月二日詔和州旱傷令無為軍於見樁管陳次米內支撥二萬石付本州借貸闕食人戶候來歲得熟却行拘納新米樁管從守臣張詔請也十九日詔興國軍旱傷差重已令借撥總領所米五千石恐未能均濟可更於江州大軍倉取撥一萬石賑糶十一月四日詔紹興府



將今年合納湖田米五萬石在州賑糶從本府請也十二月十五日詔江西轉運司斟酌江州旱傷輕重將許借發準納和糴樁管米分撥前去應副賑糶八年正月十六日詔浙西州軍去秋旱傷處五分以上量行賑濟五分以下量行賑糶從提舉常平趙伯溴請也二十二日詔無為軍將樁管米內有陳腐不堪支遣二萬二千餘石撥付本軍盡行賑給從守臣朱宋卿請也四月十三日知廣德軍耿秉言去歲旱傷賴朝廷賑救今去秋成之日猶遠欲於鎮江府樁管陳次米內支二萬石出糶從之六月十一日知紹興府張子顏言今歲諸縣民田渰沒太半復須賑濟所有見管義倉米斛數少乞

卷一萬五十三

依去年例將諸縣湖田米就府送納應副賑糶從之八月二日臣僚言在法災傷及七分則賑濟貸給竊見州郡檢放自來統以一縣災傷紐算分數然一縣之中各鄉土壤高下不齊此熟彼凶有至相絕謂如一鄉災傷及十分若使統計一縣不及七分則遂不被也乞自今紐算災傷分數各以逐鄉為率凡及七分以上並令依條施行從之十五日江西轉運司言本路旱傷乞將諸州軍樁管準納等米一十四萬餘石令知通認數減價賑糶從之十八日詔兩淮州縣今歲間有不熟處深慮民間闕食可令漕臣於逐路樁管米內各取撥二萬石以補救荒仍多方賑恤務令安業九月十九日臣僚言

賑濟賑糶其弊甚多若州縣無術舉而付之吏胥吏胥責之里正則侵漁詐欺無所不有章而及民者鮮矣望詔監司凡發官廪付之土著寄居及上戶士人逐鄉分團抄劄饑民戶口各就傍近請米給糶務令實惠及民從之二十四日淮南運判趙彥逾言和州無為軍渡口有江浙等處流移人頗多已行下所指州縣路逐寺觀及空閑屋宇安存量給口食賑濟外緣本路今歲亦係旱傷去處方賑救不暇竊慮冬深流民益衆州縣不能贍給乞督責逐州守臣務加安集毋令流徙詔令臨安府寧國府徽嚴婺州守臣各行下諸縣將闕食人戶多方賑濟不管更有流徙仍令趙彥逾委所部守令加意存恤毋致失所

卷一萬五千三

十一月十九日宰臣王淮等奏外路流民頗多上曰可差館職已下官一兩人往按視賑濟遂命秘書濟八分賑糶從瀘南安撫趙雄請也十年二月八日詔四川總領所支錢引一萬道米五千石付潼川運副張坊專用賑濟以坊言旱傷故也二十二日知潼州李椿言去年本州諸縣緣闕雨旱傷乞下本路提舉常平司措置倉米二萬石下本州從已降指揮賑濟從之三月十二日右諫議大夫張大經言乞令兩淛江東西漕司戒飭旱傷州軍縣分措置賑恤毋令流徙從之六月四日詔臨安府富陽縣及嚴婺州遭水處可於常平錢米內給借種糧九月十五日詔江西提舉司於隣



州支米二萬石付興國軍充賑濟賑糶從安撫程叔達請也十二月十五日詔建康府於見樁管糴還米內支撥一萬九千石委本路帥漕提舉司通融應副本州賑濟務要實惠及民從帥臣漕司請也十一年正月十一日淛西提舉劉穎權知鎮江府耿秉言被旨同共措置鎮江府丹徒丹陽縣賑糶事臣等今措置於提舉司取撥義倉米三千七百二十六石六斗令本府照先來散給次第接續更行賑濟兩月庶可接新不致人戶闕食欲那撥官錢收糴新米依市價出糶一則可以抑定米價二則中下之家皆可收糴詢訪鄉民皆稱利便提舉司令撥錢一萬貫文付鎮江府同本府那移錢委官於

卷一萬五千三

比近豐熟處糴米四萬石從本府分給兩縣只依原價出糶若其米出糶通快拘收價錢循環作本收糴將來委是可以接濟鄉民食用從之二十一日知江陵府荆湖北路宣撫使沂國公趙雄言荆門軍運遭災傷細民闕食本軍闕米支遣官兵俸糧照得十年五月八日指揮令荆門軍將糴還淳熙九年分借撥賑糶米二千石認數樁管非奉朝廷指揮不得擅行支使訖令荆門軍將前項見樁管米二千石借充賑糶并俸糧支遣候來年秋成日依舊撥還二十三日湖廣總領蔡戡言知襄陽府王卿月申本府今春播種中下人戶並無種糧臣已逐急權借穀四萬石應副其借貸過穀並乞令知通

認數置籍候今年秋成日拘收新穀入府城樁管從之
二十七日知襄陽府王卿月言本府今歲旱傷米價騰
貴民間闕食乞於本府見管樁積米内更賜支撥米六
七千石以充賑糶賑濟詔令王卿月更於本府見樁管
米内借撥五千石專充賑糶支用仰將逐項糶到價錢
並行樁管却於秋成糴還二月十四日詔金州洵陽上
津兩縣闕食民戶令利州路提刑司躬行下所委官同
金州知通等措置存恤務要實惠及民毋致流移失所
六月二十二日詔諸路轉運司行下所部州軍自今年
為始得逐色稻種並每歲約度措置糴買樁管準備人
戶欠闕支借十月十六日中書門下省言廣東諸郡闕

卷一萬五千三

有因夏旱早米薄收米價翔踴去處詔本路漕臣提舉
官各將所部内似此郡縣鄉村措置賑糶毋致闕食
十二年正月二十四日福建安撫使趙汝愚言福泉等
州旱甚重詢問得廣東潮梅循州江西贛州建昌軍去
歲亦甚旱米價甚貴汀漳數縣正與三路相連其地皆
深山窮谷平時固多盜賊實為可憂乞下三路轉運提
舉司蠲寬逐郡財賦仍多方般運米斛責委守令措置
賑給如措置乖方致有盜賊竊發守令乞先次取旨責
罰其有奉行如法能使一方之民不至失所許令逐司
公共保奏特與推賞詔檢坐已降指揮劄下趙汝愚照
會施行如逐路守令奉行不虔仰本路安撫轉運提舉



司公共覺察按劾以聞二月四日權發遣興元府張志
言本路金洋州興元府去年闕雨竊慮今春合行賑濟
一金州已將常平司銀二萬兩糴米錢五千六百餘道
制置司錢二千二百道收糴斛斗通常平義倉見在并
總領所撥到樁積斛斗五萬二千餘石可足用外尚餘
錢六千七百三十餘道銀二十二兩有零一洋州見在
常平斛斗不多已移文利州路常平司將金州餘在錢
銀補洋州之不足又於本司那撥錢引一千五百道送
洋州收糴準備賑濟興元府自今物價甚平亦無流徙
之人見行措置錢米準備賑濟詔依仍行下逐州府各
將賑濟斛斗務要實惠及民不致闕食　十三年十二

卷一萬五千三

月二十二日詔右司員外郎京鏜同臨安府通判應藏
密依已降指揮於封樁庫豐儲倉支撥錢米將城内外
貧乏老疾之人措置計口賑濟候韓彥質歸府一就同
共給散既而知臨安府韓彥質等言奉旨賑濟細民令
京鏜同應藏密候韓彥質歸府一就同共給散今措置
欲以二十萬人為率將所委官當日抄劄到貧乏老疾
之家人口每名先支錢四百文米二斗計錢八萬貫米
四萬石候抄劄盡絕將散不盡錢米再行均給從之
十四年正月二十一日詔訪聞金洋及關外四州緣去
秋雨水頻併今歲艱食可令四川總領所於逐州樁積
米内各借一萬石共六萬石撥隸利州路提刑康提舉

張繽躬親前去措置貧濟如將來有支使不盡之數即
逐一具奏却發還總領所依元窠名樁管其已用數目
候豐熟日仰提舉司以常平錢糴買補填務要實惠及
民毋致流徙二十二日兵部侍郎兼知臨安府韓彥質
言恭奉聖旨支降錢一十萬貫米五萬石令臣同京鏜
等措置賑濟實係貧乏老病之人已具奏聞每口支錢
四百文米二斗分委府官及差人吏遍於城內外巡門
抄劄及別委官俵散唯是城外南北兩廂地分極闊遠
貧乏之家甚多今欲於本府有管錢米內支撥接續俵
散賑濟從之七月十七日浙西提舉羅點言本路惟秀
州旱勢最甚海鹽崇德漸有流徙已下本州措置安集

卷一萬五千三

照得已起和糴米數內第十綱正耗米二萬一千石已
差官押發前去緣河港乾淺舟船不前在彼攏泊至今
二十來日尚未起發綱梢逐日侵耗必致折閱除已拘
回上件第十綱米前來平江府和糴場樁管乞賜行下
併與截留準備將來充賑恤支用詔依於內取撥二萬
石委官同秀州措置賑恤務實及貧民毋致流徙十九
日臣僚言今歲兩浙路間有旱傷州縣深恐貧乏下民
或致闕食乞令戶部檢坐賞格許官民戶赴官輸米以
備賑濟仍專委知通認數令項樁管却申朝廷差官同
共盤量如無欠少保奏推賞更不經由諸司及戶部司
農寺之類免致廷枉費用其人戶賑糶委鄰稽考乞令



州縣徑自措置聽從民便不在推賞之限詔令戶部條
具申尚書省本部條具如后一乞下兩浙路諸州軍仰
從今來奏請施行并本部行下仍約束不得於路外攤
例泛濫一數內官民戶輸米在官乞申朝廷差官同共
盤量如無欠少保奏推賞更不經由諸司等處竊詳上
件米斛準備應副緩急賑濟支用務要實數在官今乞
下本處遇有官民戶納到米斛徑申朝廷差官同共盤
量如無少欠保奏推賞一本部條具如遇官民戶納到
米斛數目委自知通認數令項樁管須管別置敖眼分
明排立字號盛貯以備賑濟支用不得擅自妄行支借
移易務要實惠及民仍每季具見樁管無侵移數目申

卷一萬五千三

尚書省如遇災傷去處若官司賑濟不敷仰本軍將已
納在官米斛先次取撥賑濟闕食民戶具取撥數目報
提舉司委官檢察庶幾不致闕悞如遇賑濟有合約束
事件並乞依前項節次已降指揮從之同日浙東提舉
田渭言紹興婺台處四州為旱特甚明衢旱損抑又次
焉許旱之人千百為群常平義倉所存無幾儻不為備
則來年春夏必有流離之丐棄死溝壑之患乞檢會近
年浙東常平提舉官朱熹所乞賑濟錢米數目斟酌給
賜詔令常平司依條糶濟將來少闕計申取指揮於州
軍見樁管米內支撥一十五日詔支豐儲倉樁管米二
萬石付浙東提舉司同紹興府措置於鄉村賑濟賑糶

務要周及貧民毋致失所以紹興府旱從本路提舉田
渭請也八月二十五日臣僚言竊惟荒年饑歲發倉廩
以賑貧民雖不可緩然有賑濟賑糶鰥寡孤獨而不能
自存者予之可也非鰥寡孤獨而可以存豈能人人而
予之哉故賑糶者救荒之中制也曩者見知湖州尚均
論賑糶之法當先計其一縣幾鄉一鄉幾村一村幾里
於各鄉村酌道理遠近之中而周其地之有僧寺有道
觀有店鋪而為賑糶之所大率不出數里而為一所限
其界至擇各處僧道與富民之忠實可倚仗者每處三
二人而主其事凡數里之內所謂貧不能自食之人使
主事者括其數而州為計數支給米立價直就委之賑
卷一萬五千三
糶人日食米二升小兒一升各給印曆一道就令支請
狀批鑿每次總計米若干度可為旬日之用逐旋將以
糶錢還官復給米若干周流不已往來舟運與收支錢
米並不入胥吏保正之手使各任其責而多予其舟車
顧人工食之費官為各書其本處貧不能自食者姓名
若干人牓於其所而使其人於此而取食焉又分委本
處鄉官與見在官者往來機察嚴其賞罰所謂寺觀與
夫富民店鋪既任其責而視其不能自食者皆其鄰里
與平日之所素習者也故抄括之際有所隱而不患乎
不盡授給之際不敢有所利而不患乎不及懷抄括有
不盡授給有不及其必與主事終身為仇故利害相關


不敢不盡心而人得以受賜其與付之胥吏保正之手
乍出乍入騷擾乾沒者萬萬不侔深山窮谷之民自然
無有不被實惠者此前人之所已行矣其法或可為今
日之用乞劄下兩浙江東西淮西湖北帥漕及常平提
舉官行下各處所部州縣倣此斟酌施行詔劄下諸路
帥漕司各行下所部州縣專委守令將意奉行如敢違
戾覺察按劾十一月十八日臨安府言監登聞鼓院張
澈等申措置本府賑錢塘等九縣旱傷比較今年輕重
支撥米斛賑給饑民緣今年諸縣置場遂旋起糶官米
難以令鰥寡孤獨貧病不能自存之人及未得被朝廷
賑救之賜詔令豐儲倉先次撥米一萬石付臨安府
卷一萬五千三
專充旱傷縣分賑濟十二月十七日兩浙轉運副使趙
不流等言承省劄據本路州軍奏請荒政事件詔令臣
等審度聞奏數內一項嚴州乞撥錢六萬貫支發下本
州充六縣接續賑濟等事照得嚴州今歲旱傷最重提
舉司近撥米一萬石湊本州所管常平義倉米共一萬
五千石準備糶濟續據本州申從來體例止是將錢齎
付上戶自備舟船於豐熟去處運米出糶循環作本今
來若令泝流般運水腳費重止乞撥米五千石其餘卻
乞撥錢提舉司已撥錢二萬貫及就平江府撥米五千
石通本州所管共一萬五百石今來所乞量行支撥發
下本州守臣責令交管措置運米接濟出糶候濟來荒

改結局日令本州盡數拘納發還元措去處詔令封椿庫借撥椿管會子二萬貫餘依　十五年正月二十九日詔建康府將所糴椿管米取撥二萬石賑濟貧民以本府諸縣旱傷從守臣錢良臣請也　六月十九日知臨安府韓彥質言昨承指揮於豐儲倉借撥米一十一萬石應副錢塘等九縣賑糶賑給饑民彥質遂與宗正寺主簿張澂監文思院上界游九言商議斟量旱傷輕重去處均撥米斛付諸縣官賑糶賑給今來諸縣申到昨賑給月日保明自去秋至目下即無流移之人並已結局詔韓彥質令學士院降詔獎諭張澂游九言各轉一官　十六年三月六日詔昨令濠州支椿管米五千石賑糶本府去年被水土着及歸正主客戶尚慮逐色人闕錢收糴可特改作賑濟　六月十一日詔臨安府城內外細民理宜存恤可令封椿庫支見錢二十三萬貫委守臣將貧乏老疾之人措置賑給大人每名一貫小兒伍伯仍委官巡門俵散先有旨支二十萬貫於是張杓等言在城九廂城南城北兩廂共抄劄到二十六萬八千餘口及養濟兩院并逐處病坊雖在看界亦宜賑給計用二十三萬貫文除已降數外尚欠三萬貫乞行撥散給散從之　同日廣東運判管鑑言廣南小官流落狼狽亡殁官員之家饑寒無依廣州根刷已百餘口其他州縣率皆有之淳熙十四年九月二日指揮拘沒官田

卷一萬五千三



產估賣廣州拘到沒官田本司依價收買拘收租課專一椿管充前項賑給并於廣州城內剏建廣安宅一所約可住五十餘家應亡殁官員許令從便前來居止在外計口日給願還鄉亦量給其歸尚慮來者不絕大可憐憫照得廣州尚有淳熙十四年九月二日以前拘到戶絕沒官田產無人承買每年經計租米七百六十三石一斗四升一合租錢九百四十四貫七百七十八文係在承準截日出賣指揮之前見係人戶租佃合助常平賑濟之用乞許將二件撥付本司添椿所買官田租課永充前件支用庶幾落南仕族存殁被惠從之　十一月十八日詔四川總領所於階成西和鳳州椿積陳次物斛內各借一萬石撥隸利州路運司準備將來賑濟闕食人戶以利州運判兼提舉宋運請也　十二月八日宰執進呈知溫州湯碩言虫傷田稼乞令本州措置賑給上曰今歲雖所至豐稔然四方之廣豈能一一皆同既有損傷去處便當隨宜賑恤於是詔浙東提舉司將溫州災傷縣分闕食人戶更加存恤毋致失所流移
紹熙元年七月七日權利州路提刑朱致知言階成西和鳳州最係極邊連年災傷賑濟其所管常平錢斛自今年賑濟之後已是支遣盡絕乞預行措置收糴斛斗專一準備緩急賑濟支用詔四川總領所更切契勘如將來委有欠少即於逐州見椿積陳次物斛內更加斟

卷一萬五千三

量備撥毋致闕悞十月二日詔四川總領所將階成西
和鳳州借貸過斛斗均作二年理還十四日夔路提舉
常平楊虞仲言本路亢旱細民闕食乞於隣路有備去
處共借撥三四萬石詔四川制置司總領所公共詳所
奏事理於隣近有米去處措置借撥以備賑濟支用毋
致闕食如見得合行賑濟仰虞仲將今來所借米斛一
面措置賑濟施行二年正月四川總領所於閬州糴買
場內支撥二萬石應副賑濟二年二月六日詔近日雪
寒細民不易可令豐儲倉支米五萬石令戶部同臨安
府守臣措置將城內外委係貧乏老疾之人計口賑濟
務要實惠及民具已賑濟人數聞奏三月二十二日詔

卷一萬五千三

蘄州於見樁管米數內取撥一萬石措置接濟賑糶務
在實惠及民其糶到價錢拘收令項樁管不得移易別
用俟今歲秋成日依元數收糴仍舊認數樁管以蘄州
去歲旱傷從守臣請也五月二十一日四川制置司言
夔路重慶府等州去處旱傷目今青黃未接民戶乏食
遂將本司已運過米并岳霖糴到米忠涪等州本司賑
濟米通總令所米計五萬一千六百餘石并令遂州充
賑濟支用從之十一月二十七日南郊赦西北歸正歸
朝民庶不忘祖宗德澤遠來內有老弱孤貧無依倚不
能自存之人仰州縣覈實保明申常平司取見諸實將
與賑濟一年十二月二十四日知揚州錢之望言本路



旱傷民戶已自乏食賑糶誠不可緩乞就淮東諸州軍
見管朝廷樁積米內先次借撥一十萬石又言訪聞見
用鐵錢內有破缺并私錢艱於行使詔淮東帥漕司量
度糶去處所附近州縣樁管米內取撥一十萬石專
充賑糶以之望言破缺私錢艱於行使乞念疲民將賑
糶米每升並作二十文足不問官錢私錢衮同交受伏
準十二月十日詔支撥鎮江府陳次米十五萬石令淮
東轉運提舉司日下般取每石計破缺錢及私錢一貫
四百文足收換又乞已降指揮分撥鎮江府樁管陳次
米一十五萬石付本路轉運提舉司收換破缺及私錢
每升十四文足乞自朝廷明降指揮令轉運提舉司措

卷一萬五千三

置分撥本路八郡應別州縣城邑居民每日計糴仍逐
戶給憑由許將私錢及破缺計口糴米以防多糴不均
之弊既可以換私錢又可以寓賑恤實為不費之惠從
之又十二月十七日詔令淮東安撫前去鎮江府更取
撥陳次米一萬石出糶施行二十八日四川制置司言
本司訪聞簡資普榮州富順監今年旱傷簡州尤甚今
將稅米與第五等人戶盡行放免上中等人戶減半催
理兼本司再同轉運常平共撥錢引於豐熟去處乘時
收糴準備將來賑糶又資榮普州及富順監亦合預行
措置令鄰郡分撥赴遂州收糴詔依已行事理仍仰制
置司行下逐路轉運常平司通一路錢米多方措置賑

恤毋致民戶流移失所。三年正月四日，詔淮南運判趙師羿於真州軍糧等倉陳次米內支撥五萬石改充賑濟，却令淮東安撫轉運司於本路樁管米內支五萬石專充賑糶。先是師羿言本路今歲災傷，雖蒙朝廷撥降米一十萬石賑糶，緣尚有半年不敷，乞更支撥一十萬石賑糶賑濟，故有是命。二月十九日，詔淮東提舉張濤於本路州軍樁管馬料稻內斟量取撥二萬石借貸人戶作種，候秋成日拘還數足，依舊樁管。四月十三日，四川制置使京鏜言：去秋成都潼川兩路資榮普敘簡隆富順等七處歉歲艱食，已措置賑濟。資榮二州旱荒尤甚，乞將二州租賦盡免，仍照去年奏乞度牒四百道，早賜頒降，及賣糶米以為四路日後水旱之備。詔禮部給度牒一百道前去四川制置司交割，仰本司均撥付旱傷州軍變轉錢專充糶米賑濟，仍先次措置，許令人戶納米請買，出給公據，候度牒到日即行給付，仍令總領所於近便有管米內納融應副。七月二十九日，詔江東提刑提舉司行下廣德軍寧國府徽州池州，將被水之家更切賑濟，優與存恤，從本路兩司所請也。十一月三日，知襄陽府張杓言：本府係居極邊，殊無備蓄，入秋江漲，居民陸種盡被水傷，本府逐歲所仰皆自江陵荊門復州等處般販前來，遂至在市無米，今常出糶已盡，深慮邊民乏食。詔許於見管粳粟米內借撥八千石充

卷一萬五千三

卷一萬五千三





賑糶，二千石充賑濟。四年二月二十九日，知江陵府章森言：本府江漢二水暴漲非時，下田悉被淹浸，常平不過一萬三千餘石，趙雄任內糶到樁管米見在計一十五萬餘石，許令新陳兌易，散米賑濟，所當舉行。詔江陵府於樁管米內取撥七萬石，將四萬石充賑濟之用，三萬石賑糶，其糶到價錢候秋成日一併糴還，依舊樁管。三月二十五日，詔廬州樁管稻內借支五萬石應副本州闕食人戶，以守臣高夔請也。六月十九日，詔四川制置司總領所各行下逐路旱傷州軍多方賑恤，毋令失所，如旱荒州軍有未催稅賦及公私債負，與權行倚閣，候豐熟日帶還，務要實惠及民。如有流移，其當職官吏重作施行。八月十二日，詔逐路安撫轉運提舉司，如實有旱傷州縣，許勸諭官民戶有米之家赴官輸米，以備賑濟，委知通交量認數樁管，相度荒歉輕重，中取朝廷指揮，方許支撥。其出米及格人，仰逐司保奏，依立定格目推賞施行，不得科抑，從都省檢會也。十九日，御筆：諸道郡縣類有水旱去處，理宜拯恤，三省條畫以聞，仍行下監司守臣，令疾速各具賑救之方，務使實惠及民，毋徒為文具，朕將考其殿最以示勸懲。二十四日，詔禮部各給降度牒一百道下江東浙東提舉司，每道價錢作八百貫，令兩司措置出賣，人戶願輸米依市價入中請買度牒者聽，其賣到價錢循還作專一糴米斛量州

縣旱傷輕重分撥糴濟從兩路提舉陳士楚李謙請也
同日詔禮部給降度牒一百道下淮西提舉司仍於舒
州樁管米內支撥二萬石斛量州縣旱傷輕重分撥糴
濟從提舉張同之請也二十八日知信州石晝問言今
年本州大旱田損七分委是狼狽乞於鄰郡上供米內
截撥四萬石以助軍糧仍乞從朝廷支借會子五萬貫
以備月支及裨助荒政詔封樁庫借撥樁管會子二萬
貫豐熟亟旋補還十月十五日詔廣德軍將元管湖秀
州賑糶米一萬一千四百九十七石賑糶接濟廣德建
平兩縣饑民其糴到價錢提舉司樁令別項樁管候豐
熟日仍舊收糴補還從江東提舉陳士楚言也十二月

卷一萬五千三

十三日詔江西轉運司於淳熙十三年漕臣王回和糴
米內取撥七萬石賑糶本路被傷饑民從本路漕司請
也十八日知江陵府王藺言本府去年災傷蒙朝廷撥
米四萬石內將一萬石賑濟三萬石賑糶乞將所撥米
從去年例於內撥一萬石專充賑濟從之二十四日詔
淮西轉運司見樁管鐵錢交子內共支撥三萬貫專充
賑濟使用仍下江東西兩浙路監司及諸州軍各遵守
前項已降指揮不管違戾從淮西提舉張同之言也
五年二月十一日詔於建康府太平州樁管米內各取
撥四萬石斟量逐州旱傷輕重分撥專委守臣措置賑
糶從江東提舉陳士楚請也十四日詔禮部給降度牒



三十道付江州每道價錢作八百貫措置出賣收糴米
斛專充賑濟支用候秋成日計賣過度牒價錢起赴封
樁庫送納從守臣沈祖德請也二十五日詔信州於上
供米內截撥一萬石專充賑濟使用　五年七月七日
登極赦文辰邵州係人昨因饑荒輒入省地作過已據
湖南北諸司見行招捕竊慮省地居民逃避未盡歸業
并人戶因官司調發般運錢糧守把關隘或致耕種失
時荒廢田土雖已賑恤尚慮未能周遍可令逐路監司
委州縣更加審實厚加賑恤九月二十八日三省言已
降指揮災傷州縣第三等以下帶產戶將來無力耕種
者加州縣覈實許結甲互保將常平米量行賑貸約來

卷一萬五千三

年秋熟納還不得收息今來種麥是時竊恐小民無力
耕種州縣不能體認矜恤之意是致措貸失時詔令兩
浙兩淮路提舉司照應已降指揮應災傷去處將常平
錢措置收糴麥種并給降米斛疾速賑貸施行毋致有
失布種十月十二日中書門下省言兩浙州縣米價踊
貴小民艱糴其巨室富家積米至多方且乘時射利閉
糴邀價甚非體國恤民之意乞下帥臣監司更切多方
曉諭令巨室富家約度歲計食用之外交相勸勉將所
餘米斛趁價出糶或就在城自占地分置場或自占其
縣或自占其鄉或占幾都幾保置立場鋪隨時量減價
直接濟細民官為機察數日大槩但能使所占之地百

姓安業無流離饑殍候及食新之日許帥臣監司守臣保明申奏次第推賞其出米最多濟民最衆特與優加旌擢風示天下如豪右之家産業豐厚素有藏積不遵勸諭故行閉糶者並令覈實奏聞嚴行責罰仍度其歲計之餘監勒出糶其州縣不恤鄰境遏糶自便者亦仰監司帥臣按劾以聞重寘典憲從之閏十月十三日淮西提舉張同之言本路連遭荒歉民貧已甚今年被害尤酷近來雨水連綿得熟禾稼又多傷損若不優加存恤必致饑寒所迫乞將闕食之家分三等抄劄糶濟於本路樁管上供鐵錢或交子換到鐵錢内科撥五六萬緡斟量州縣旱傷輕重均撥責付守臣曉示不熟地分

卷一萬五千十三

有稅産之家結甲赴官借支施行如借錢納米鈐束官吏關防詭名等弊臣當纖悉措置無容乖戾詔樁撥錢五萬貫餘依二十一日臣僚言兩淛兩淮災傷州軍各已節次給降米斛錢會交子官告度牒分撥下州縣措置賑糶賑濟及貼助支遣尚慮州縣奉行不虔稽緩鹵莽以致虛壞官物小民不霑實惠乞下州縣將所給降及轉變到錢米内元許貼助本州支遣之數用以接續官兵按月糧給不得輒作其他費用所是糶濟之數將日前諸縣申到分數爲準合以十分爲率八九分賑糶一二分賑濟其賑糶之米以目今價直量行減價不得大段虧折元錢仍以所糶到錢逐旋差人於得熟地分



收糴米斛或招接客販前來再糶不得稍有乏絶如官米大段陳次亦抑將在市價斟量裁減取令斂散可繼不得以小患沽譽却致無以接續仍多方安集毋致流移其州縣措置失當監司常切覺察隨宜改更務令合理其官吏弛慢致有流離殍死去處即行按劾仍速奏官權管毋令失所以稱朝廷優恤之意從之慶元元年正月十五日權工部侍郎兼知臨安府徐誼言今歲淮淛水旱流離之民漸集市廛其勢不可不養殘篤廢疾痾老孤幼無所依倚而不能自存者皆當次第料理願陛下以聖意推而行之詔令臨安府於見賑糶米内取撥二千石以備賑濟二十六日詔臨安府陰雨細民

卷一萬五千十三

不易令臨安府將見賑糶人戶特與賑濟五日以守臣徐誼言臨安諸縣自昌化得熟之外其餘八邑俱被水災日今雖蒙降米斛減價賑糶饑民無錢收糴至有糟糠不充憔悴骨立瀕於死者甚衆畿邑之内均爲陛下赤子當此荒歉其恤愛理宜均一乞將管下八邑見今賑糶者與府界之民一體賑濟五日庶得人戶俱被上恩有以見陛下加惠京邑一視同仁之意從之二月三日詔令内藏庫支錢一萬貫豐儲倉更支米三千石付臨安守臣徐誼措置給貧病之民務要實惠均濟十一日臣僚言朝廷荒政有三一曰賑糶二曰賑貸三曰賑濟雖均爲救荒而其法各不同市井宜賑糶鄉村宜賑

貸貧乏不能自存者宜賑濟若漫而行之必有所不可行官司徒費而惠不及民竊覩歉歲穀價翔踴多緣市井牙儈與停積之家觀望邀糶增價以困吾民而賑糶亦不官米若能勸諭拘集牙儈鋪户米官為置場差人管幹隨市價出糶或有客販及鄉村步擔米則官出錢在場循環收糴一從民便糴米更不給曆遍市上大段闕少然後出官米亦以市價量減三二文糶之使市上常有米米價自平官米既從市價所減不多姦民無所牟利而詭名給曆之弊自無此賑糶之法也賑貸自來官司常惠民間不能償而失陷每都各請忠信有物力材幹上户二名先令機察都内闕食主户勸諭鄰里有

卷二萬五千三

蓄積之家接濟秋熟依鄉例出息倍還若不能徧即令結甲具狀赴官借貸仍令所請管幹上户保明縣照簿税量其産業多寡與之若客户則令主户與借自行給散至秋熟則令甲頭催納所借既是有産業人又有上户保明甲頭催理安得失陷縱有貧者不能盡納計亦不多此賑貸之法也賑濟則户口頗衆不惟不能徧及尋常官吏多與上户為姦弊虚作支破入已而貧民下户初不及縱欲稽察而人户已流移亦無可詢究今鄉村既行賑貸上户有米無緣更來官司借貸村落下户既有借貸自不須賑濟所合賑濟若鰥寡孤獨不能自存之人抄劄既有定數則紐計合用米分作料次發下



所請管幹上户處令積聚寺觀給曆五日一給散分明批歷都分雖多所給必同日以防兩處打請如此則賑濟用米不多官吏亦無緣作弊而虚破官米此賑濟之法也是三者其用意最為詳密周備簡便易行但前此官司習而不察每至歉歲不過賑糶賑濟姦弊百出既不能禁且徒費官米而惠不及民或高價以招米減價以平糶或為粥以餉饑餓或興造以賑貧乏皆非計之得詔令逐路帥臣監司隨宜措置四月二十六日詔内藏庫支錢二萬貫付臨安府給散貧病之家醫藥棺斂錢竊恐止據所降錢給散不能徧及可更切相度如或支散不敷速具聞奏更當接續支降務在均濟六月十日又詔疾疫未定更於内藏庫支撥錢一萬貫接續支

卷二萬五千三

散二年十二月二十五日諫議大夫兼侍講劉德秀言往者浙東水旱朝廷頒降賑濟錢米若度牒共為緡數十萬適監司有好名者悉以予輕儇浮僞之人使之分頭賑濟往往虚作名色支給其實掩為己有間有支給則又姦弊百端或盡已與私家之僕佃而不及他人或任喜市恩則雖中人自給之家亦使之源源得請或肆怨仇則雖饑窮瀕死無告之人不霑一錢一米之惠虚負朝廷無補事實説者至今究之臣恐今者復蹈前轍乞下浙東常平司并被水諸郡守臣其所差賑濟鄉官擇老成確實居官有廉明之稱在鄉有公平之譽者然

後分委毋使輕儇浮誕之徒擾擾其間必欲干與以濟
己私如郡守有違許監司按劾如監司黨庇許御史臺
糾舉併與坐罪如此庶幾朝廷不致虛費饑民得霑實
惠從之　四年正月十一日權利州路提刑兼提舉霍
箎言本路閬兩閬有旱傷不等去處已指置發運錢斛
條畫糴給借貸準備賑救外今來蓬閬兩州旱傷良重
饑民數多本司已遵從常平條令通融一路錢物移那
別州常平斛斗五千石并支銀五千五百兩及用常平
錢銀措置收糴充買米斛共四千二百餘石準備賑濟
尚恐未能敷及其諸州所管錢斛各是不多萬一水旱
荐饑必致闕誤乞下禮部給降度牒二百道付本司出



賣拘收價錢分送逐州收糴米斛樁管準備不測賑濟
支用如將來歲或豐稔別無支遣即與逐州令項樁管
別聽指揮施行詔令禮部給降度牒三十道付本司仍
具糴到米數申尚書省　五年五月十七日詔臨安府守
臣支給常平錢米日下差官抄劄城內外實係貧乏老
病及在旅店病患闕食之人量行賑濟　六年八月十九
日詔令鎮江府於轉般倉樁管陳次米內借撥七萬石
內三萬石專充賑濟四萬石充賑糶其糶到錢即便措
置循環糴糴不得有虧元數候糴濟畢日申取朝廷指
揮以本府言管屬三縣土薄民貧歲無積蓄故降是詔
同日詔令建康府於賑糶樁管米內借撥十萬石專充



賑糶其糶到錢即便措置循環糴糴不得有虧元數候
賑糶畢日申取朝廷指揮以本府言諸縣旱傷最甚故
降是詔　十月十五日淮東提舉高子溶言所部揚楚等
處旱傷本路運司有收糴到朝廷樁積米在諸州軍樁
積乞借撥二十萬石應副本司分撥賑糶等詔於內借
撥十五萬石應副賑糶使用將糶到價錢令項樁管候
來歲秋成依數收糴補還不得有虧元數又詔於內將
五萬石改充賑濟　嘉泰四年三月二十五日詔令江西
轉運司於逐處樁管米內取撥撫州一萬石臨江軍一
萬石隆興府二千石袁州一千石同提舉司委官多方
措置以七分賑糶三分賑濟務要實惠及民毋令流移



失所仍具已賑糶賑濟并糶價錢數目申尚書省以江
西提舉司申本路去歲多有旱傷去處常平米斛不足
接濟故也　二十七日知撫州陳耆壽言本州土瘠民貧
秋苗之數不多去旱歉抄劄到三萬九千戶計一十八
萬五千六百九十口有產業無經營人賑貸無產業有
經營人賑糶無產業無經營及鰥寡孤獨之人賑濟賑
貸之米則取諸常平司賑糶之米則勸諭上戶惟是賑
濟非勸諭之所及常平米數又少乞於本州今歲合發
淮西總領所米綱內截撥一萬石應副賑濟庶幾貧下
細民不為餓殍亦免流徙詔於本州今歲合發淮西總
領所米內截撥七千石賑濟使用　開禧元年十一月

十七日戶部言江西提舉司申權發遣臨江軍許開奏次檄三縣令佐將所差措置賑濟等人每縣量其多寡公共推排凡宣力而無過者與理當大小役色一次本司照得臨江軍屬邑清江新淦新喻三縣管下每都稅錢高者多不過十數戶小者但三四戶而已今來所差監視賑濟皆都內稅高豪富之人今若許其免役來充秖是中産下戶專一承役於事體亦恐未便今相度欲從本州銓量將監視委有心力之人其間是士人未曾請舉即給學職文帖稅戶補充攝助教各人得此可以贖公罪杖至於官戶及請舉士人之家如遇臨役之際許免役兩月從之　二年正月十一日詔雪寒細民不

大典卷一萬五千三

易可於豐儲倉支米五萬石令臨安府守臣措置將城內外委係貧乏老疾之人計口賑濟務要實惠及民具已賑濟人數聞奏仍令尚書省給降黃牓曉諭　十一月二十五日樞密院言兩淮北來人已分撥州軍贍養外當此寒月理宜存恤詔令鎮江平江建康府江陰廣德軍嘉興府湖常衢婺信饒州守臣各仰體認朝廷優䘏遠來之意常切躬親撫存仍措置穩便去處安泊無令失所如見得實係貧病不能自存之人即仰除見給錢米外於常平窠名內更與量行賑給務要實惠毋為文具　三年五月二十三日江東提刑司言去歲南康軍都昌縣十分全旱繼都昌縣申本縣土瘠民貧連歲饑



饉民不聊生非廣行賑濟決無生全之理乞將建昌縣義倉米五千石聽本軍賑濟以救一縣垂死之命從之　嘉定元年十二月八日臣僚言都城近日糴價增長細民艱食嗸嗸然皆謂目今米斗一千未聞施惠之令乞令臨江府守臣以禮勸諭豪富蓄米之家稍損時價廣行賑糶牢執而下顧募傭人米數多者亦時稍裁損以備糶濟諸郡有閉糴去處從朝廷更加約束嚴作懲治庶幾客米日至方此隆冬若不早賜矜恤都民饑寒所迫非獨鬻妻賣子猶為縉紳深慮疫癘因之死亡乞賜施行從之　十八日詔令封椿庫支降會子二千貫豐儲倉撥米二千石專充賑給流民支用以臨安

大典卷一萬五千三

府言見存淮浙州軍流民共五百六十戶計二千八十一人在府城內外客店及分撥寺院安泊有十二月二十一日以後每大人日支錢一十文米一升申乞量賜支撥錢米應副本府急闕給散故有是詔　二年二月三日右武大夫忠州團練使棨良撰竊見來直翔踴民方艱食欲以米五千石少助朝廷賑濟乞劄下拘收詔令將所獻米赴豐儲倉交納　四月四日臨安府言江淛流民八百五十戶計三千六百七十六人津發回歸本貫復業所有淮民更與賑給錢米兩月津發江淛流民合用錢九百九十一貫三百七十五文米九十九石一斗賑給淮民兩月用錢二千三百三十二貫九百八十

文米一千七百九十六石四斗乞劄下豐儲倉照數支降從之八日監行在登聞檢院陳孔碩等言承降指揮置拘修合湯藥給散病民其間請藥之人類皆細民一染疫氣即便廢業例皆乏食其間亦有得藥病愈之後因出求趁再以勞復病患委是可憫已具申朝廷蒙給降會子二千貫米一千石降已指置支散外所存不多又有增添患民必是支散不敷乞照元申盡數給散錢米下局接續支散詔令封樁庫更支降會子三千貫豐儲倉取撥米二千石接續支散毋得漏落泛濫

七月十二日起居郎兼國史院編修官實錄院檢討官兼太子右諭德曾從龍言勸分一說實早備之先務夫

卷一萬五千三

所謂勸者非可以勢力劫非可以空言諭要必有術以誘之而後可出粟賑濟賞有常典多有者至命以官固足以示勸矣然應格需賞者無一二偏方小郡號為上戶者不過常產耳今不必盡責以賑濟但能隨其力之所及或出粟賑糶以平糶價或假貸蠲息以賙貧民庶而又一鄉狹而又一都縣為之核實保明以申于州州申于常平司量其多寡而與之免役多者免一次少者一年或半年夫民之憚役甚於寇盜今既與之免役彼將欣然樂從而無難色此誘之之術也乞行下旱歉州軍今後富民上戶有能賑糶賑貸者並令常平司與之斟酌免役庶幾官不失信而人皆樂從誠早備之助也

食貨六八之一〇五

從之十二月十四日臣僚言都城內外一向米價騰踴錢幣不通閭閻細民饘粥不給為日已久今又值大雪無從得食羸露形體行乞於市凍餒號呼僅存喘息纍纍不絕閉門絕食枕藉而死不可勝數甚者路傍亦多僵斃棄子於道莫有顧者乞將府城內外已抄劄見賑糶人戶特與改作賑濟半月其街市乞丐令臨安府支給錢米責付暖堂日收房宿錢之類官為量行出備毋復更於乞丐名下追取其貧民死亡無棺櫬者則從本廂申府給棺櫬錢埋葬至於遺棄嬰孩則月支錢米委付收生婦人權與收養逐旋尋主申官分付如此則目前凍餓之民均被陛下仁心感召和氣而豐稔之祥可

卷一萬五千三

以必致矣從之　七年十月一日詔雨水連綿細民不易可令封樁庫支撥官會子七萬貫令臨安府守臣措置將城內外委係貧乏老疾之人計口賑給務要實惠及民具已賑給過人數聞奏　八年七月十九日臣僚言朝廷有賑荒之名而小民無拯濟之實者崇大體而忽小節之過也謹條其三弊為陛下陳之一曰差委之弊蓋官之與民勢常扞格民之於吏每懷畏忌朝廷以賑恤之政責之郡縣郡縣以賑恤之事付之吏胥此曹貪欲無厭每藉此以規利豈能公心以為民加之州縣之官視部民不啻秦越之肥瘠且以為說己又何暇計其實哉二曰括責之弊夫戶之貧富口之多寡雖有籍

食貨六八之一〇六

而不足憑故欲行賑恤必先括其戶口以為據此數一定牢不可改至所當謹也然而耆保正胥為吏胥巧取之弊每遇抄劄肆為欺罔賂遺所至則資身之有業者可以為無業丁口之稀少者可以為眾多如其不然則嗁饑號寒者反置而不錄老弱貧窶者僅指其二三不均不平莫甚於此三曰給散之弊夫邑有小大地有遠近惟委託得人措置有術則可使人霑其惠近時任事者有贏餘之利無措置之術故先至者可得而後時者不復支地近者可得而窮僻者不及至彊壯者可得而羸弱者徒手而歸或雜以糠粃而精者則入於胥吏之家或減其升合而餘者則歸於里正之手計其散於民



者無幾而化為烏有者多矣乞行下諸路州縣應合賑糶賑濟去處並仰痛革三弊務令實惠徧及如有奉行鹵莽者令御史臺監司覺察以聞從之 十月二十五日湖南提舉司言本司昨緣本路州縣自今年三月以來陰雨連綿細民艱於求趁尋委官抄劄在城內外委的貧乏不易闕食細民各支給常平米斛賑濟及下諸州軍縣當處城市鄉村有無闕米價直增長細民艱食去處即約度支撥常平義倉米斛委官措置接續賑糶抄劄被水人戶計口大人日支一升小兒減半支給常平米斛賑濟及委官置場照市直與減價錢賑糶拘收價錢候秋成糶填元數詔令湖南提舉司更切多方賑恤



毋致失所 十一月三日廣東提舉司言本司體訪西北江州郡滂水泛浸居民屋宇竊慮闕食尋行下逐州府被水泛浸去處如有闕食即照條於所管義倉米內支給賑濟開具數目供申不得泛濫支破今來據英德府封州德慶府韶州各狀申聞事詔令廣東提舉司更切優加存恤毋致失所候賑恤了畢具已賑恤過錢米數目申 十二年十二月九日都省言歲晚嚴寒細民不易合議優恤詔令豐儲倉所於樁管米內支撥二萬石赴臨安府日下分頭差官疾速抄劄的實貧乏之人戶即徧置場賑濟五日務要實惠及民毋得遷延容令吏胥作弊候賑濟畢日開具帳狀供申 十三年四月二日



詔令封樁庫於見樁管會子內支撥一千五百二十貫及下豐儲倉所支撥米七百三十石付臨安府充支過見安養并收養津發兩淮民等使用以本府言自嘉定十二年三月三日有兩淮流民節次到府逐差總轄使臣審實到鄉貫戶口分撥寺院存著各以人丁大小日支撥米食用并津遣元係嚴婺等州及本府屬縣人事欲歸本貫之人及給養兩淮未願回歸之饑民與津遣歸本貫復業之人其合用錢米之類下本府應副給散津發故有是命 十二月十五日詔令封樁庫支降官會六千三百四十五貫文充賑恤拆除蓬箬屋見在浮鋪經紀賣買人內橋道上下每鋪支錢十貫沿河墻下每

鋪支錢五貫其錢仰臨安府日下請領差請鹽官逐一
躬親沿鋪喚集裒散毋令吏卒減剋乞覓務要實惠及
民仍具所差官職位姓名及已散給文狀申尚書省先
是本府準省劄將城內外居民應搭蓋蓬篨及橋道上
下蓬屋浮鋪日下拆除仍將已除拆浮鋪屋實貫等人
開具申尚書省支給錢本優恤既而本府分委官吏逐
一告諭去拆條具來上故有是命　十六年正月九日
臣僚言江浙水災苗稼盈疇麥種不入無可糶之米則
當平價而興之糴無可糴之錢則當發粟以賑其饑苟
惟擬糴未多分場未廣不可無措置之方民未復業給
貴易窮不可無拯贍之術乞申命攸司增撥米斛廣置
糶場隨民所便城郭則分隸坊隅不令冗過鄉村則參
處遐近均利往來所給賑濟之米或一旬半月計其日
數先與併支免至奔走道塗重為勞弊專委本路庾臣
恪意奉行憲漕帥臣協心究畫逐郡選差官屬分往監
臨稽違並須劾流移令總領漕司將被旱處民戶應輸
官物依條檢放仍勸諭人戶歸業趂時布種如闕糧種
官為借貸及於真州高郵軍各借草七萬五千束令漕
司委官給付人戶飼養耕牛仍約束不得宰殺以淮南
運判趙思言旱災之家無草飼牛往往出賣屠宰故有
是命二十八日詔江西湖南近緣茶賊為擾可令逐路
轉運司將人戶積欠官私債負並權住催內私債候來




春受理官欠具數實數申取指揮及委官遍詣逐處審
覈曾被浸擾人戶優加存恤無令失業仍覆實今春不
曾布種今秋有失收刈田畝將今年合納秋稅與量輕
重二面減放十月九日詔台州近因溪流泛漲漂浸居
民可支義倉米賑濟其積欠糴米本錢并折帛錢絹自
來年為始分限三年帶發至五年三月又以旱傷火災
更展二年三年八月十一日詔近日陰雨連綿江西江
東間有損壞堤壩及被水人戶可令逐路轉運常平司
日下委官審實依條賑濟　四年七月二十七日詔撫
州寄居迪功郎新袁州萬載縣主簿段子雍以歲旱收
養遺棄童幼二百二口後至食新並責還父母親屬可
特循從政郎先是江西運判薛耀言鄉村僻遠去處遺
棄小兒令州縣告諭保明根刷具名申官支給錢米撫
養如一鄉一都之內保正能收養遺棄廢幾人霑實惠
愁歎不萌可以易災沴而為休祥從之十八日詔令淮
東制置司日下於楚州樁管朝廷米內支撥一萬石仰
本司疾速差撥人船逐旋運發前去海州措置賑濟山
東闕食人民務要均給具已取撥運發日時并賑濟過
的實人數申樞密院從淮東制置司請也二月九日詔
令楚州於樁管米內支撥一萬石付京東河北路鎮撫
節制大使司措置賑濟山西闕食人民務實均給具已
差官職位姓名并賑濟過的實人數申尚書省　從京東

河北鎮撫節制制大使司之請也



卷一萬五十三



卷一萬七千五百四十三

熙寧 元豐道

神宗熙寧元年正月九日，詔諸州軍每年春首令諸縣告示村耆徧行檢視，應有暴露骸骨無主收認者，並賜官錢埋瘞，仍給酒饌酹祭。　七月詔恩、冀州河決災傷，令選官分詣，各有渰死人口，量大小賜錢，其居處未安，令官地搭蓋，其宫觀、廟宇、宿泊内有渰浸活業貧下人戶，令倉部賜粟。　四年三月十六日，詔判永興軍郭逵，如本路州縣有飢荒處，並以官粟賑濟，仍依訪田就其逃亡人戶，亦仰設法招誘還業以聞。　六年十月二十八日，詔熙河一路自用兵以來誅斬萬計，遺骸暴野，可差勾當御藥院李憲舉往彼多方究尋，如法收瘞，仍於河、岷二州特設祭酹，作水陸齋會。　七月五日，中書門下言：「戶房申，訪聞災傷路分募人工役，多不願先將合用夫數告示，以致飢民聚集，却無合興土役。欲乞下司農寺，令逐路有合興工役，並依所計工數，曉示逐旋入役，免致飢民過有聚集，以致失所。」從之。　九年二月五日，河北西路提刑司言：「邢、洺州連年災傷，若令應副十分春夫，必難勝任，欲乞特免免放一半。」從之。　十月十二日，中書門下言：「廣東經略轉運使等言，潮州海陽兩縣人戶被海潮漲推蕩居舍田畝，死失人口，乞令本路提刑司躬親前去依條存恤。」從之。　元豐元年正月二十三日，詔河北路權停折納，為緣水災粮草貫也。　七月二十七日詔

稅百錢以下聽
權免。十
月十四日詔昉
岳州平江縣
民戶爲盜遇
等
添簽盧士



河北轉運判官高鑄往瀛州地界風雨損城及害稼處照管令京東轉運
使司齊州章丘縣官吏如不救護預備致人被災傷即劾罪以聞　八月
十六日詔京東路轉運司齊州章丘縣被水第四等以下戶欠今夏殘稅
權倚閣常平苗役錢令提刑司展料次　二十八日詔濱滄三州被水
災令民貸請常平糧零販竹木魚果炭蒲等物免廛舍令孫頒牒所屬隨
區數第給錢　二年二月十一日詔開濬滄州昨因災傷至今民尚乏
食其令提舉官李純存恤有合行事件訖以聞事体稍重者奏聽旨察
知縣令不職者權對移　三月一日詔兩浙路災重民貧戶絕田產價錢
者展半年輸官　三年八月十七日開封府言畿縣夏旱甚者十分其次
不減七分已節次檢放令秋農有望而民力未充其殘欠租稅乞賜倚閣
從之　九月二日權知都水監丞公事孟□言河北京東兩路緣河決被
患人戶蒙朝廷憂恤賑濟放稅河平計錢共七十二萬七千二百七貫
碩有畸而靈津廟碑失載其實乞以其事付史館從之　四年二月二十
九日詔閬階成鳳岷州人戶闕食流移令逐路第四等以下人戶借支常
平糧斛每戶不得過兩碩仍免出息如有去年未納諸稅并諸般欠負等
並權倚閣其有往諸處逐熟帶興販物稅錢一百以下并經過河渡合納
官私渡錢處並令驗認免放　卷一萬七千五百四十三　八月二日詔賜河北東路災傷州軍今年
夏料役錢　五年九月十四日詔開封府界漫水所至縣百姓有艱在
高阜不通往來致絕糧食者委劉仲熊乘船遍詣有水縣規畫般運致
民戶安集於無水處賫載薪糧就給三日一具所濟人數尚書省　七年
六月二十六日知蔡州黃好謙言所部水災甚乞放稅詔尚書戶部速
施行　七月七日知河南府韓絳言伊洛暴漲衝注城中軍營欲望應被
水災廂禁軍等第與特支錢及先倚軍營在水北軍民被害續奏請詔經
水災民戶體量賑恤被水廂軍以差賜錢移錢死者依漂溺民戶法給錢
九日詔尚書戶部員外郎張詢幹當御藥院劉惟簡賑濟西京被水災軍
民并催督救護官物城壁等其合行事如有違礙從宜施行　同日河北
路轉運司言河水圍繞大名府城乞多差兵夫船筏救護詔遣金部員外
井亮采幹當御藥院梁從政往賑濟如西京指揮　九月十二日詔西京
被水漂溺之家及秋苗災五分戶並免來年夏稅支移折變從戶部員外
郎張詢請也　十三日河北西路提點刑獄呂溫卿言霖雨為災已行賑
濟欲乞坊郭戶沒溺財產比舊退落七分以上積欠及秋料役錢並展限
至來年夏料其漂蕩家業者不候造簿年月先減免役錢以寬剩錢補助



尚書戶部言減放役錢欲據家業物力之數於簿內改正其減役錢候造
簿日均敷餘欲依溫卿所乞從之　十月二十二日詔涇原路火死者男
丁給絹七匹小兒五匹以本路經畧司言西賊犯境燒柴草積民多火死
者故有是命
哲宗元祐三年正月二十八日御史中丞胡宗愈侍御史王覿對太皇太
后曰久陰不解雪寒甚民不易對曰陛下屢責躬崇德所以惠卹民甚好惟
河北災傷猶酒多方賑濟曰已一一有指揮宗愈覿曰聞二聖屢勞上
元禁中不曾用樂曰既不御樓亦未嘗燕會　二月十二日詔給廣惠倉
錢三萬緡及闕額役兵糧衣賜募民應役以恤之　十月二十四日詔災
傷放稅及六分以下其帶納欠負即隨放稅外分數催納七分以上並行
倚閣　四年六月十八日資政殿學士知陳州胡宗愈言本州霖雨相繼
河流泛漲今年夏稅乞展限一月從之　五年四月二日詔府界諸路監
司應兩澤未足處人戶合催理係官欠負權住理納候豐熟日依舊　以
三省言自春以來時雨未足民間諸欠負未能償故也　六年九月七日
戶部言河東路助軍糧草見管不過三百萬若非時應闕亦聽相度展限
仍不得過二百里本戶災傷五分以上仍免折變從之　同日樞密院言
卷一萬七千五百四十三
麟州界人常為西賊殺虜燒蕩屋舍者令經畧司人以老弱及以多寡等
第給賜錢絹或焚毀糧斛踐踏田苗亦隨宜賑濟　八年四月二十六日
詔近日在京軍民疾患難得醫藥可措置於太醫局選差醫人就班直軍
營坊巷分認地分診治開封府部官提舉合藥并日支食錢於御前錢支
封樁錢內等第支破候疾患稍少即罷　紹聖元年十月二十六日上諭
輔臣曰河內流民寓寺觀及官舍者尚多雖已給米關諭令還本土就賑
濟然聞中數有司趣使南去者毋得使北　十一月十一日左司諫張
商英言知冀州顯路與民爲參是曾説之職將北流漫淹路傍禾穗豆角灘
驗多不實知曲陽縣郭長卿以災害請早求所以為備者聞深州武強縣
流二千餘戶訴災隨輒卻其牒詔河北東路提舉常平處若告災實以聞
十二月十一日監察御史常安民言河朔流移因鄰路承受轉運使張
景先風旨遏訴災傷曲有沮抑使民無告詔河北西路提舉司體量詣實
以聞知深州吳安行坐不受民訴災傷特衝替　二年三月四日詔河北
東西路并京東路淄齊鄆濮濟州災傷人戶係去年秋科殘零稅租並行
倚閣　四月五日涇原路經畧安撫司言本路被災人戶已令逐州軍倚
閣租稅通欠從之仍原擅行之罪　三年四月十一日詔權倚閣陝西路

今年諸道皆以轉運司言本路災荒故也。　四年五月九日，左司諫郭知
章言：聞諸路守臣常於秋夏之間以雨足歲豐爲奏，後災沴遂不敢以聞。
伏望特降睿旨下諸路州軍嚴行約束，雖已奏豐稔而或經有非時水旱
者，並具災傷上聞。從之。　元符元年十月二十三日，詔河北、京東路州縣
遭河變渰溺人戶田廬，多致失所，令工部員外郎梁鑄體量應合賑卹及
河勢利害以聞。　三年三月二十三日，徽宗已即位未改元。詔以疾疫，令
太醫局差醫生分詣閭巷醫治。　四月二十五日，臣僚言：伏聞去歲以來
廣南災爲江西、湖南年穀不登，秦蜀苦飢，河北被水，陛下雖振發倉廩，蠲
除租賦，所以矜恤甚厚，尚慮被災州縣役軍民之力興土木之功，望降睿
旨，災傷路分除倉廩庫微及官廨寔有損壞以時繕修外，餘不急之役權
罷。從之。　八月四日，詔諸路應歲賜藥錢處遇民疾時，州縣委官監視醫
人遍詣閭巷，隨其脈給藥。　十二月三日，臣僚言：河北瀕河等數州昨經
河決，連亘千里爲之一空，人民漂蕩，溺死者不可勝計。今年所在豐稔，
而此數州之民失業，是以至今米斛不下三四百錢，飢凍而死者相枕藉，
甚可哀也。乞朝廷選郎官乘傳同本路監司守令體量振救。從之。　徽宗
建中靖國元年八月二十一日，臣僚言：府界近京各有被旱蝗去處，及江

卷一萬七千五百四十三

淮兩浙福建路亦有旱災去處，其監守郡守或不以聞，或雖聞而不敢盡
以實告，州縣承望轉運司意旨，不肯依法受接人戶訴狀。望指揮諸路轉
運司，使應合檢覆有被災傷人戶，並專責守令依法受訴，提舉司依條檢
察施行。從之。　崇寧元年四月二十八日，兩浙轉運司言：本路累歲災傷，
昨權住開浚修造，至今將欲限滿，欲乞更展一年權住。從之。　七月二十
一日，詔開封府賑恤壓溺人，不得徇葬。先是雨水壞民廬，有死者，故申命
之。　二年七月九日，詔府界諸路監司前去親詣蝗蟲生發去處，監督當
職官多差人夫部押，併手打撲，本司及當職官並仰專在地分，候打撲盡
靜方得歸任。人戶多方收打蝗蟲赴官，即時依條支給米穀，如官司阻節，
許人戶經監司陳訴。　十月十四日，詔：兩浙杭、越、溫、婺等州秋苗不收，人
戶失於披訴，官司憚於閣放，又將積年欠負一例併行催納，致人戶漸至
逃移，賦斂滋多，物價增長，細民不易，其官司並不申奏，顯是提舉轉運司
施設不職，令本路提刑司體量聞奏。其積年租欠，如是下戶災傷，不以分
數，並令倚閣；非災傷戶，分作五料催科。人戶失於披訴，委是秋苗不熟，並
量與檢放。其孤貧不濟戶，仰提舉司廣行賑濟。如物價增長，即速以常平
米平價出糶。　十二月十四日，詔戶部差官刬刷合出賣及無用故紙，具



數聞奏。開封府言：紙襖過大寒，宜應給散在京并府界無衣赤露之人。每
年依此，即不得將中用文字一例對刻。　五年四月十六日，詔蠲兩浙水
災人戶租稅。　大觀二年三月三十日，詔：京城內外日近庶民疾疫稍
多，慮閭閻醫藥有失治療，宜下有司依近例疾速修合應病湯藥，差使臣管
押醫人，自三月末旬後於京城內外地分巷舍診給散，其極救疾苦，仍
速施行。又詔令大觀庫支錢一萬赴開封府，令就差散藥使臣并逐廂地
分使臣每日量數支給，應死亡貧乏不能葬者，人給錢兩貫，小兒一貫。
八月十九日，工部言：祁州狀：鉅鹿下埽失河水注鉅鹿縣，本縣官私房屋
等盡被渰浸。詔應合收拾水溺身死人戶，並官爲埋葬，每人支錢五貫
文，貧乏無依未擇高阜去處安葬，不得致有遺骸暴露。見在人戶即依放稅
七分法賑濟施行。如有鰥寡孤獨及小兒，並送側近居養院收養，候有人識認
及長立十五歲聽從便。內有人戶當被漂失屋宇或財物，仍許依七分法
借貸，不管卻致失所。仍具埋葬賑濟居養存恤次第事狀聞奏。　三年六
月二十八日，詔冀州宗齊鎮被水身死人戶，並爲官埋葬，人支錢五千，擇
高阜安葬，不得致有遺骸。見在人戶卻依放稅七分法賑濟，孤遺及小
兒並送側近居養院收養，候有人識認及長立十五歲聽從便。內人戶遭

卷一萬七千五百四十三

被漂失屋宇或財物，仍許依七分法借貸。仍具已埋葬賑濟居養存卹次
第以聞。仍仰本路提刑司各郡官前去點檢，賑恤務要均濟。　九月六日，
詔：東南路比聞例有災傷，斛㪷踴貴，可下諸路監司仰依實檢放秋苗分
數，仍依條推行賑濟。　十一月十二日，詔東南諸路歷今歲旱災地分人
戶放稅及五分以上者，本戶殘欠租稅並權倚閣，候特放限一季。支移者
仰轉運司相度，聽就近折變者量與免減施行。　十二月十六日，詔秦
鳳階成州災傷人戶稅賦已權行倚閣，候至豐歲催理，疾速施行。　四年
正月十八日，詔：聞福建去年夏秋災雨未得薄熟，見行賑濟，兩浙並不
通放米船過海，深慮向去民食，仰閩可指揮兩路，並令福建販米海船從
便販糶，以補不足，不得輒有阻節。　政和五年正月二十三日，詔戶部：
諸縣災傷處被訴災狀而過時不收接者，仰覺依二年州及監司不覺察
各減三等法。從之。　五月十二日，詔：二麥將成，秋稼滋作，深慮州縣不恤
民情，妄有科差，如見均占役使者即時放散，如有違戾，仰監司按察。
三年正月二十日，尚書省言：檢會近降救恤詔閣開德府清豐縣去年六
月七日曾被草傷人戶，其間有不知條限致披訴不及，可令所屬勘會詣
實，特與依檢放災傷人戶減免均糴指揮施行。從之。　十一月二十日詔

政和七年八年疑是重和元年



時雪若寒道路阻滯常平倉米麥以衮合價錢二等出糶硬石炭每秤減
價十錢　十二月六日詔以諸路時雪稍多道路艱阻貧寒細民於法不
合居養之人如委實貧乏不能自存亦合權行存恤救濟令諸路提舉常
平司更切多方存恤居養仍許不限人數支給米豆及仰逐司以常平米
果量行減價二分出糶　四年四月六日詔饒州南康軍知通並先次充
替令歙州疾速取勘并本路提舉官令江東提刑司取勘並具案聞奏以
江東久旱艱食並不陳請措置至是提舉司分析以聞故有是命　六年
二月十七日福建路提舉常平黄鄯言建州浦城知縣錢遇歲遇民飢能
勸誘民戸賑糶乞加賞典詔遷一官　七月十九日淮南路轉運司言淮
河水泛漲濠壽楚泗河道與鄰近民田爲一渰浸州城緣此斛斗不入細
民不易淮東西州軍見椿管提舉司斛斗三十六萬餘石欲依元價出糶
救濟被水細民從之　九月二日詔在都日近遺火被燒人戸見賃官地
屋與放賃直兩季　十一月三日詔兩浙州軍秋水害田物價翔踴以州
郡路糴米豐賤無集米斛出界者以違御筆論　七年七月六日詔熙河
環慶涇原地震旬日壞城壁樓櫓官私廬舍民覆溺死傷者衆宜速修治
城壁朝廷給其費仍遣使撫恤軍民　十二月十六日詔河北西路提舉
卷一萬七千五百四十三
常平官不奏本路災傷特降兩官銜替令本路提刑司具合降官姓名申
尚書省今後不即時聞奏重寘于法仍令刑部遍下諸路州軍并監司
時臣僚上言河北自祁趙州以南至刑州磁相上下夏兩頗併各有災傷
詔令本路監司具析至是提舉常平官以聞故有是命　八年正月二十
四日詔河朔去歲災傷方行賑恤而修城買米運糧飛輓之役頗勞民力
其令當職官審度緩急可罷之或不可罷者條具以聞　五月二十一日
提舉京東路常平等事王子獻言濟南府密沂潍徐兗州河北數州皆
水官司檢放不及七分外州流民稍稍入境移文逐處依法賑恤盡其貸
者二十萬四百餘戸給者十萬八千六百餘戸糴者二十九萬五百餘石
實緣檢視災傷觀望顧畏不實不盡伏願詔州縣今後驗流民來歷寔有
莊帳每縣及百戸以上即申省部下所屬依法書元檢放官吏之罪從之
六月八日詔兩浙路自今夏霖雨連綿渰沒田不少平江尤甚已差趙
霖依舊兩浙提舉常平如有合行奏禀事件附入内内侍省遞以聞仍一
面多方措置賑救民田渰浸過田苗人戸及支借過闕田錢米等並仰括
責拘論保明聞奏不管稍有流移失所　其後趙霖奏本路有未起今年
常平米一千餘萬石伏乞許與截留應副急切賑濟并轉運司見有合發



末限上供米數欲乞依知平江府應安道已得指揮權於浙西州縣先次
權發二十萬逐急相兼應副候向去豐熟年分接續收糴撥還依如違以
大不恭論　八月四日又詔平江府第四等以下人戸合納二稅并借過闕
田常平錢物權行倚閣　七月二十九日詔東南諸路山水暴漲至壞州
城人被漂溺不能奠居可差廉訪使者六員分行諸路檢舉常平災傷七
分法推行法所不載隨宜賑救訖奏仍許借諸司斛斗賑給或勸誘上戸
措貸仍多作船栰濟度及權以官物搭蓋屋宇廣令安泊其被溺之人並
官給棺斂監司郡守各協力賑恤無令失所有不盡心及一行官吏因而
擾動乞取並以違御筆論　同日鎮江府言自六月以來霖雨連綿渰沒
民田米價踴貴唯藉商旅興販斛斗接濟欲乞降旨應今熟去處較有禁
止商販米穀及違法收納力升諸般阻節並乞依政和六年十一月三日
所降指揮從之　八月二十五日詔江淮荆浙被水州軍據水已退殘濕
餘浸田無藝民不得耕比累措置以奠居可令郡守令佐悉心賑救
監司賠非本職並許通行管幹分定州縣前去巡按具已救濟事件人數
奏監司郡守自今應水旱盗賊敢有隱蔽不奏或不盡言並以違御筆論
應興販竹木磚瓦蘆葦往被水處沿路不得收税抽解及攔買阻滯仍行
卷一萬七千五百四十三
賑濟　九月七日詔東南被水州縣民田雖有赴訴之限然阡陌浸沒州
縣定驗失實則貧民下戸臨時無告仰逐路監司行下所轄州縣當職官
須管於收成之前躬親按視毋得失實又詔曾經渰浸人戸納官私房錢
獻自還出日並特與免納候復業日依舊　十月二十日江南東西路廉
訪使者徐衡言南康軍并管下建昌縣及江州并管下德安瑞昌縣興國
軍坊郭舍屋被水渰浸漫沒居奋人戸各已搬移除係自已屋業外其間
賃官私邃舍居住人戸尚依舊管認元認房廊地基等錢欲下諸州軍路
除放渰月日特與放免從之仍詔餘依此計其退日即不得虚僞通不得
過一季　宣和元年正月二十七日永興軍路安撫使董正封言鄜縣災
傷放税不及分秋雨損田苗人戸缺食勘會見令修葺永興軍城壁欲望
支降度牒四百道乘此和顧人夫不惟城壁計日可了兼可以存養缺食
人民詔特支二百道　二月十六日詔豐城縣主簿倪仲寬先次罷令
憲司取勘以聞候案到將上取旨以江南西路轉運副使沐[illegible]奏仲寛當
洪州南昌縣患門場非理决撻缺食人觀制也　四月二日京西路轉運
判官李祐言尚書右丞范致虚奏京西災傷州縣並不依災傷檢放勒民
戸依舊納税致民力愈困罪在州縣欲望並給義倉物斛賑濟奉詔令臣

星夜前去体量諸寶常平官孫延壽先次勾停除監司並守二並具名奏
一路義倉可並特通融支撥賑濟應災傷流移地分並令依法放免租稅
体量得逐州人戶因去秋霖雨薄收人民闕食汝州諸縣艱於賑濟致有
流移飢殍唐鄧州縣已法檢放稅租外賑濟管下諸縣飢殍流民共三
萬八千餘人均房州諸縣放稅不盡致自春以來往往聚為盜賊詔以
房州知通逐縣知縣並衝替汝州知通各降一官唐鄧州知通各轉一官
六月二十七日開封尹廣獎言去歲諸路水災今夏二麥大稔秋田
倍收一歲之熟未足以盡補瘡痍尚慮監司州縣例行催科累年之欠乞
行約束從之　十月十九日詔兩浙連年災傷今歲方始豐熟應積欠不
得一併催理並限三年帶納　十二月十六日監察御史周武仲言淮甸
旱暵蒙付以使事賑濟莫急於錢米而州縣往往無之望依淮南許依鄰
近發義倉兌撥支遣并西京路汝潁等州災傷放免租稅指揮豪民大姓
有願出積粟者乞籍其名䘏以官爵其次與免差科一次所在係官山林
塘濼有可推以利民者乞暫絕其禁聽飢民採食其利商旅般運應鄰近
路分及沿江州軍載斛米舟車並乞與免沿路力勝錢應關閘津不得稽
留從之仍許通一路義倉兌撥支給其流移地分如合放免租稅並令依

卷一萬七千五百四十三

條內豪民出粟不得抑勒　二年八月二十日知壽春府侯益言臣昨緣
去歲秋田旱災曾具奏乞依政和七年正月二十六日指揮許客人於豐
熟去處興販米斛前來災傷去處出糶與免沿路力勝稅錢後來本府夏
麥收成其上件指揮已行住罷今歲秋田復又旱損欲乞依宣和元年十二
月十六日指揮行下從之　十二月二十五日詔睦州及管下應避賊者
令所在官司多方存恤借與官屋僧舍居住內有不能自存之人依條賑
濟疾速施行　六年七月九日詔兩浙州縣人戶積欠常平及圍田錢米
元降指揮展限三年起催今已限滿訪聞本路春夏水潦害民田民至流
徙已令將賑糶官米拯濟飢食所有積欠及圍田錢米特更展限一年候
豐熟日依條催理　八月十九日詔兩浙路州縣違法閉糴邀阻客人米
價翔踊仰提刑廉訪体究水災去處令常平司賑濟州縣閉糴邀阻速令
禁止　十一月十九日南郊制應河北京東河東路民戶曾被劫掠或焚
燒廬舍委州縣多方安集早令著業與免諸般差科二年　同日南郊制
訪聞外路夏秋之間陰雨積水占壓民田或河防潰決衝注鄉村縣官坐
視並不措置如措置有方實有勞效者保明以聞當議特加旌勸　欽宗
靖康元年六月十四日知磁州趙將之言种師中兵潰有被傷之人疫斃

按之下有宋朝大詔令一條

脱咸淳毗陵志一條



道路甚多臣已隨宜措置出榜招收權置一醫藥院收管醫治如臣一州
所醫已二百餘人切慮別路州郡尚多有之乞下諸州將重傷者每人支
絹一疋錢一貫輕傷人半支並以係省錢物充仍委守臣當官給付依此
降指揮將諸路到潰散人並發上道應援太原外有被傷未堪驅使人並具
令逐州醫治候平愈日逐旋結隊發遣從之以上續宋朝會要
高宗建炎元年五月一日赦應遭金人殺戮暴露遺骸無人認者許所在
寺院埋瘞每及一百人令所屬勘驗給降度牒一道　四年八月十八日
德音紹興元年正月一日德音九月十五日赦二年六月十二日赦九月
四日赦四年九月十五日赦九年五月五日赦十一年三月五日德音同
此制但或以百人度僧一人或二百人度僧一人或致祭黃籙水陸或比
折紫衣師號　九月十六日詔曰訪聞陝西至京及諸路有亡歿戰士遺
骸不曾收瘞加以連歲兵革暴露轉戰使士卒流離道路朕甚憫之仰三
省行下諸路措置掩瘞疾速施行　三年六月十二日都省言渡江之民
滿于道路其飢餓者無飲食疾病者無藥醫詔令淮南江浙轉運司量給
錢米賑給其病患者差官醫治務要實惠及民不管少致失所　四年二
月二十三日詔應士庶家屬有被驅虜脫歸之人令所在存恤量給錢米

卷一萬七千五百四十三

於寺院安泊當問親屬所在差人津發前去　四月二十八日上諭輔臣
曰朕聞明州遭寇焚蕩不餘片瓦井邑丘墟使民骨肉離散囊橐罄竭朕
力不能救心甚憫之可將已樁管米七千餘石令守臣均給城下人戶廬
舍被焚者少助官乏　十月十八日詔諸處流移百姓所在孤若無依者
並仰越州安泊賑濟務在全活其有不幸死損者收斂瘞藏並如近降指
揮施行　紹興元年五月二十五日權發遣南康軍類秉言本軍經賊馬之
後遺骸不啻萬人近降德音每收瘞過一百人給度牒一道緣今來數多
乞每三百人降度牒一道共乞降度牒二十道其遇多數目亦只勸諭童
行僧行力收瘞從之　六月七日尚書省言訪聞平江以北流屍兩岸遺骸
頗多乞下逐州差官一員立限收拾埋瘞詔平江府須管日近掩瘞盡絕
仍令及二百人給度牒一道本路提刑司檢察或尚有暴露去處按劾聞
奏　十月二十三日詔越州城內遺火延燒民舍屋不少致貧民無處居
止仰三省行下本州分委官躬親子細抄劄應實曾被災延燒下戶每十
人作一保結罪保明單甲姓名申尚書省以憑支錢賑給應官私地基許
元賃人搭蓋依舊居住其合納房錢并地基錢並與放兩月　十一月六
日知紹興府陳汝錫言等分委四兵官拘劄人戶姓名四廂共二百三十

餘戶詔令戶部每戶支錢二貫文，仰陳汝錫句集赴都堂給散。二年四月七日，試祕書少監傅崧卿言：浙東昨經賊殘，死傷者多，城郭原野遺骸狼藉。今來逐州守臣皆能遵奉詔旨，悉力收瘞，望加獎諭。詔令學士院降詔獎諭。閏四月二十日，福建路安撫使司言：檢准赦文，召募寺觀童行埋瘞遺骸，每及二百人，給度牒一道。緣本路地薄民貧，願為僧道者頗多，深慮州縣官吏並緣為姦，巧裝人數，遂致冗濫。本司已下逐州縣，各委官一員，專一點檢，以千字文為號，候埋瘞定，及二百人，令所委官開具字號，申縣，縣申州，州差官審定，保明申本司。本司別差官覆定訖，保明申尚書省，計數乞給度牒。欲望特降指揮，如所委官及州縣保明不實，其所給度牒計贓，以自盜論，庶幾上副朝廷澤及漏泉之意。餘路依此。從之。八月九日，詔臨安府被火百姓，許於法慧寺及三天竺寺等處權安泊，應客店亦許安下，免出房錢。其四向買販木植、蘆席、竹筏，並不得抽分收稅。官私房錢不以貫伯，並放五日。內孤貧不能自存之人，令戶部省倉支米二千石，付臨安府賑濟，仍開具賑濟過人數以聞。三年七月十一日，詔訪聞真、揚、楚、泗、承州道路尚多遺骸暴露，令禮部給降逐州空名度牒各一十道，付逐州專委通判召募童行，如法埋瘞。仍仰往來按視，每及二百人，即

卷一萬七千五百四十三

驗實申州，書填度牒一道給付。二十二日，詔昨緣兵馬開山谷溝渠，暴骨尚多，令禮部給降兩浙西路空名度牒十道，委臨安府召募僧行收瘞，不得有暴露。以久闕雨澤，故有是命。九月五日，宰臣朱勝非等言：近訪聞泉州水溢，壞城郭，墊廬舍，已行下本州詰問，且令詰責申尚書省。上曰：國朝以來，四方有水旱災異，無敢不上聞者，故修省蠲貸之令隨之。近日蘇、湖地震，泉州大水，輒不以聞，何也？詔諸路如有水旱等事，令監司、郡守即時具奏，如敢隱默，當寘典憲。十一日，宰臣朱勝非等言：九日夜，朝天門外居民遺火延燒頗廣。上惻然曰：細民焚其室廬，生聚何從得食？必有甚失所者，可令戶部支降米五百石，令臨安府差官就行賑濟孤貧不能自存者，無或追呼，更致煩擾。二十三日，泉州言：本州縣被水之家，缺乏糧食不能自存之人，欲州委知、通，縣委令、佐，先次取撥見管常平義倉米斛，躬親前去賑濟。及被水渰死人無主認識，欲令本處量支官錢，如法埋瘞，無致暴露。今來深慮前項已科定錢米應副不足，欲令禮部給降福建路空名度牒二百道，專充應副前項支使。詔依，仍令本路漕司躬親前去點檢被水州縣奉行寬卹賑濟等事件以聞。如州縣奉行不虔，仰提刑司按劾聞奏，當議重寘典憲。四年正月二十二日，詔臨安府見開撩運河



如有遺骸，令守臣募僧行埋瘞，每及二百副，令禮部給降度牒一道。願計價換給紫衣師號者聽。九月十五日，明堂赦：應遭金人及賊寇殺傷遺棄下幼小，但十五歲以下，聽行收養，即從其姓。六年十二月一日德音、七年九月二十二日明堂同此制。十二月二十七日，上諭輔臣曰：劉光世、張俊兩軍渡江擊賊，屢獲勝捷，然有死於鋒鏑之下，朕所傷惻。聞向者韓世忠承州之戰亦有死事將士，既加褒贈，復令收其遺骸於僧寺隙地瘞之，歲度量童行守冢，而厚恤其家。今可依此施行。臣鼎曰：聖恩及於存沒如此，將士聞之，孰不用命。五年正月十五日，內降淮南路德音：應州縣官吏軍民因戰鬬傷中之人，仰逐軍并所在州縣多方存恤，醫治務要早獲痊安。其死事之家，應得恩數，仰所屬疾速取會保明施行。同日淮南路德音：勘會諸軍過江掩殺賊馬，內有陣亡官兵，已降指揮，令本軍存恤家屬。然令未所及差人收拾遺骸，前來鎮江、建康府等處支破官錢，踏逐寺院側近空地，選差童行如法埋瘞，以時祭祀，每歲特與度僧一名。尚慮奉行滅裂，不致如法，仰鎮江、建康府守臣常切委官點檢。七月五日，都督行府言：勘會水寨比因闕食，餓殍頗多，及貧民死亡，其就棺殮之人並皆暴露，屍骸欲委本路地分知縣召募道僧童行並行收拾，如法埋瘞。

卷一萬七千五百四十三

每及二百人，與支度牒一道，願改換紫衣師號者亦聽，仍令沿湖諸縣各以官錢致祭。從之。十月二十六日，三省言：劉豫使沂、海等州簽軍攻犯漣水軍，韓世忠遣兵迎擊，殪之所殘無幾。上曰：中原赤子為劉豫逼脅犯兵威，死於鋒鏑，誠可憫也。可令世忠收拾遺骸埋瘞，設水陸齋追薦。十二月九日，詔雪寒細民闕食，可令臨安府分委官措置，依賑濟人例支米三日，候又展三日。六年七月十八日，尚書省言：廣西欽、廉、邕州緣去歲大水，即今米價踴貴，細民艱食。欲令本路常平官體訪，如委是闕食，即立便前去，及分委官屬各躬親遍詣逐州取撥常平米斛賑濟。如逐州所管數少，即於鄰近州縣那撥應副，仍具各支撥過米斛數目及措置存恤事件以聞。從之。十二月五日，詔臨安府遺火，被燒民戶暴露，不易，令行宮留守司依舊例於戶部秋撥米二千石，專委本府守臣差官，檢視被燒民戶，計口日給米二升，十日內見處差官吏諸色人被燒之家，仰留守司量度支給錢米存恤。二十三日，樞密院言：叛臣劉麟、劉猊等驅擁中原軍民前來侵犯淮西，作過雖已勦殺破蕩，緣淮北之民皆朝廷赤子，念其無辜死於鋒鏑。詔令建康府差茅山道士二十七人，修設黃籙醮三晝夜追薦，仍委江東安撫司官提轄。七年二月十二日，尚書省言：鎮江府大

平州居民遺火細民無不暴露艱食令李譲張滙於常平義倉米內各支撥二千石分委兵官抄劄被火百姓貧乏之家每家計口支食二升十月仍責委兵官躬親監散如被火民人見欠公私債負權住催理兩月搭蓋官私白地其見納賃錢以貫伯多寡並放兩月從之 十三日詔太平州居民遺火有走避不及致被焚死令呂祉委太平州差人將見暴露遺戶疾速埋瘞及優與其家內見任官仰保明申尚書省作黃籙道場三晝夜追薦 七月二十四日詔建康府內外居民病患者令翰林院差官四員分詣看診其合用藥令戶部藥局應副仍置曆除破如有死亡委實貧乏令本府量度給錢助葬仍具已支數申尚書省除破 九年六月十七日臨安府給散同此制 九年正月五日內降新復河南州軍赦應河南新復州縣百姓各安鄉井內鰥寡孤獨不能自存之人令州縣多方存恤毋令失所 十年閏六月十五日詔順昌府官吏軍民等在圍把壕王師扼衛惟爾吏民協濟軍事保扞城壘驅遏寇攘眷乃忠勤宜加撫恤宜下諸縣及鄉村人戶曾被賊馬焚劫財產屋業者並依災傷法賑濟應本府縣有民間利害守臣條具以聞詔書到日明告吏民各令知委 十一年三月七日內降壽春府廬濠滁和舒州無為軍德音應今來大軍臨陣勳級

卷一萬七千五百四十三

番兵遺骸暴露原野朕為人父母子育兆民豈分南北深念此地生靈好生惡死情本無異但緣主偽不道劫以威州縣擁前來使冒鋒鏑置之死地深可憫傷仰州縣差官分頭檢視掩瘞毋致暴露 十三年八月十三日詔太平州居民遺火令總領所於本州諸色米內取撥一千石檢視被火之家計口俵散係官屋宇並白地賃錢並放兩月 十四年正月十三日詔今月十二日被火居民令臨安府於係官米內依例賑濟具支過數申尚書省 五月十八日上曰聞婺州溪水暴漲渰溺去處可令官吏多方賑濟毋令失所 十六年六月二十一日尚書省言方此盛暑慮有疾病之人昨在京日差醫官診視給散夏藥詔令翰林院差醫官四員遍詣臨安府城內外看視合藥令戶部行下和劑局應副候秋涼日住罷 二十年六月十六日尚書省言行在及諸路州軍每歲合藥依法選官監視修合許軍民請服縣鎮寨量應用數給付切慮州軍不切奉行詔令戶部檢坐條法申嚴行下諸路州軍遵守奉行務行實惠毋致滅裂 二十六年六月二十一日三省言初伏差醫官給散夏藥上宣諭曰比聞民間春夏中多是熱疾如服熱藥及消風散之類往往害人惟小柴胡湯為宜令醫官揭榜通衢令人預知頗聞服此得効所活者甚衆沈該等曰此陛下



留神醫藥其恤民疾苦可謂至矣 二十八年八月二十七日詔令吳擴同蘇欽許大英將被水州軍人戶取撥常平司義倉米賑濟多方措置務恤無令失所仍令依條檢放開具取撥過米數及已措置施行次第申尚書省 九月八日浙西常平司言平江府已於在城覺報寺等八處并吳長兩縣尉司置場賑糶共三萬七千石今來本府米價漸平已住糶詔令平江府湊足元撥五萬石數均下諸縣行賑糶 十一月二十三日南郊赦勘會在法病人無緦麻以上親同居者廂耆報所屬官爲醫治訪聞比來客旅寄居店舍寺觀遇有患病避免看視聞官遂趕出外及道路暴病之人店戶不為安泊風雨暴露往往致斃深可矜閔可令州縣委官內外檢察依條醫治仍加存恤及出榜鄉村曉諭月具有無違戾去處以聞 二十九年四月十五日詔鎮江府被火燒毀之家取撥常平義倉米量行賑濟 九月四日詔福建七月間水災仰帥臣監司將合行賑濟人疾速支常平錢米賑濟其稅租依條檢放所屬州縣不即申奏開依聞奏 十月九日詔福建路提點刑獄樊光遠降一官將運判官趙不溢放罷以福州水災光遠權州事不即躬親措置闕食人戶賑濟故特降一官不溢以不曾承受本州申到故擇其罪有是詔 三十年五月廿八日御史中

卷一萬七千五百四十三

丞兼侍講朱倬殿中侍御史汪澈言臨安府於潛臨安兩縣山水暴至居民屋廬漂蕩甚衆望令臨安府速下兩縣長令佐躬親檢驗如有不收瘞者官給錢收瘞之及隨被害之大小條具賑恤詔令轉運司支撥係官錢米就委令佐躬親賑濟無令失所其未收瘞人口給官錢如法埋瘞不得滅裂 八月十一日直秘閣權發遣兩浙路計度轉運副使呂廣問言被旨契勘湖州安吉縣向被災最甚民戶實數具奏今抄劄到被災合賑濟等五等主戶共一百八十戶望許依臨安府已得指揮將被災人戶等第與免本戶應干苗稅科敷及丁身役錢等最甚者免四料其次免三料第免兩料及第五等曾經賑濟之人尚慮第五等以上雖不曾賑濟或有四等屋宇被水衝損亦合隨等第輕重減放稅賦從之 三十一年正月二十二日詔雪寒細民艱食令臨安府并屬縣取撥常平米依市價減半分委官四散置場廣糶十日 二十四日詔聞臨安府內外有貧乏不能自存之家可令抄劄具數限日下申尚書省 二十五日臨安府言已抄劄到貧乏之家詔令本府分委有心力官日下巡門俵散賑濟每名支錢二百文米一升 二十六日上謂輔臣曰百姓雖已賑濟尚恐貧乏之家不能自存者更令特支柴炭令藥於內藏庫支撥給與務令實惠及細民補

即當此窮寒細民不易可令常平官依條賑濟　八月二十四日詔婺州路安撫轉運常平司將本路被水之人戶多有存恤賑濟漂流居民舍屋量等第支給官錢其渰損田畝合納稅租依條檢放溺死之人官爲埋瘞務要實惠不得滅裂仍各具知禀施行文狀申尚書省　三十二年二月二十八日詔建康鎮江府太平江池州屯戍軍兵未多有疾疫之人令逐路轉運司支破係省錢物委逐州守臣修合要用藥餌差撥識醫分頭拯救務在實惠不得滅裂荊襄四川準此　以上中興會要

孝宗隆興元年三月二十八日詔霖雨爲沴難側身修行尚慮誠意未孚可令諸路監司守令應有災傷去處常切賑恤困窮糾察刑禁仍各具聞奏　八月十七日詔曰比日飛蝗益多人間者路州縣風水爲災濱憯害稼咎證因測朕甚懼焉朕自今月十八日避正殿減常膳側身修行以祈消弭重惟政事之闕致干和氣二三大臣其盡忠省過補朕不逮監司郡守各務身率戢貪苦暴平察寃獄以安民庶所在災傷悉行具奏依條賑卹檢放如有湮匿不以聞者重寘典憲師徒未息科調繁興江淮蜀尤極勞擾纏揭之吏宜加災恤蠲省苛斂以稱德意　九月十一日詔訪聞浙東西州軍間有蝗蝝風水傷稼去處可令守臣疾速條具應合賑恤蠲放事件聞奏不得隱匿泛濫

卷一萬七千五百四十三

十二月二十四日宰臣進呈昨來宿州之戰城中投降之民主將不察一例屠殺欲於泗州建置道場三日以示閔恤之意上曰南北陣亡人並與追薦湯思退等奏曰陛下兼愛南北軍民聖德如此天下幸甚　二年三月二十一日宰臣湯思退等奏廣西遭罹首尾數年乞降德音寬恤上曰既經放得多少不要文具務行實惠　二十七日德音高滕當容州應因戰闘陣亡及良民無辜被害遺骸暴露寔可矜憫仰逐州縣德音到限三日召募僧行埋瘞如及二百副本州義實保明申尚書省給降度牒一道　六月二十四日詔浙東近因連雨大水及兩淮亦有被水去處理宜措置優恤令逐路帥漕司同共措置委官往被水州縣賑濟合用錢米許於常平司見樁管錢米內取撥若有溺死之人與量給棺殮之具内無居止人亦仰踏逐空閑官舍及寺觀權行安泊其應干合檢放寬恤事件及用常平錢米並開具申尚書省　二十九日上諭宰臣湯思退等曰今歲江東浙西水災卿等思所以救災防患之術思退等奏臣等燮調無功致有此災未敢便乞罷黜上曰朕當思所以應天之實卿等更宜輔朕不逮　十二月十六日德音楚滁濠廬光州盱眙光化軍管内并楊成西和州襄陽德安信陽高郵軍曾經殘破州縣戰陣





去處見有遺骸令帥漕司召人埋瘞或焚化每乞二百副量行支度牒一道僧道賜紫和師號餘人比類支給度牒價錢專一差官監視嚴實書填　二十六日詔兩淮經虜人蹂踐流移之民飢寒暴露漸有疾疫令和劑局疾速品搭修合合用藥四萬帖赴淮東西總領所交割樞密院差使臣一員管押前去仰逐處委官遍詣兩淮州縣鄉村就差醫人同共給散

乾道元年正月一日南郊赦州縣其間有被水人戶理合優恤令本路帥臣監司多方存恤賑濟其渰浸田畝照近降指揮檢放如有因此災傷死亡之人官爲收殮無爲虛文不得滅裂　三年六年南郊赦並同此制　三月三日尚書司勳員外郎浙東檢察賑濟唐閱言民間頗有遺棄小兒是食之家願將收養正緣於法遺棄小兒止許收養三歲以下緣此二歲以上者人皆不敢乞朝廷指揮權於今年許令自十歲以下聽人家收養將來不許識認從之　八日權發臨安府薛良朋言得旨收恤街市病患不能行步貧民用粥藥醫治如有死亡每名給錢三貫文收買棺木埋瘞本府今選募到有心力行者王祖禧郎惠觀專一管幹津送乞給降度牒二道與王祖禧郎惠觀披剃從之　四月二十二日詔兩浙州軍去歲水潦瀕移闕食人類衆朝廷措置賑糶存濟甚多比因疫氣傳染[illegible]

卷一萬七千五百四十三

可憫憐可令行在翰林院差醫人八員遍詣臨安府城内外逐日巡門體問看診隨證用藥其藥令户部於和劑局應副在外州軍亦仰依法州委駐泊醫官縣鎮選差善醫之人多方救治藥錢於逐州義賜合藥錢内縣鎮於係收錢内支給務要實惠及民并仰接續給散夏藥俟秋涼日住罷從中書門下省請也　五月六日詔兩浙路諸州縣飢民多有疾疫理宜務恤除下逐州守臣措置醫治外如有死亡遺棄在路之人亦仰委官同地對檢察支給官錢埋瘞不得令狼藉道路　二年五月二十五日詔江西以至浙右今歲雨澇頗害農事宜令諸路監司守令察今秋有田未不熟之處預先講求救災恤荒之政如將來有水旱去處卻致無備必寘于罰如預備有方當議推賞　十月一日詔溫州近被大風駕潮渰死戶口推倒廬舍失壞官物其災異常合行寬恤可令度支郎中唐瑑同提舉常平宋藻知州劉孝韙共議參酌措置條具聞奏仍令内藏庫支降錢二萬貫付溫州專充修築塘埭斗門使用疾速如法修整不得滅裂雖而唐瑑言切見溫州四縣並皆海邊今來人戶田畝並被海水衝蕩鹹鹵浸入未脉未可耕種及缺牛具不能偏耕難令虛認苗稅乞委守臣來春差官究實保明申奏及與減放當年苗稅庶幾水災之後農民成破壁思早得復

舊從之　年八月五日知紹興府洪适言上虞縣近有水災飄流居民
上曰近所在或有山發洪處可令常平司常切撫存賑濟被水之家　四
年六月四日宰執奏事之次上宣諭曰昨日汪澈對曰去秋江西被水數
州之民至有無業結保者朕都不知陳俊卿奏曰去秋沈樞亦申來言水
災陛下所以預令理會知糴上曰卿等更別措置令後水旱須令實申來
蔣芾奏曰州縣所以不敢申恐朝廷或不樂聞聞令陛下詢訪民間疾苦
焦勞形於玉色誰敢隱匿上曰朕正欲聞之庶幾朝廷處置賑濟　繼而
詔諸路轉運司行下所管州軍今後水旱須管依實具申尚書省仍令轉
運司具狀保明申奏或州軍隱蔽不申監司自合一面體訪聞奏如或不
盡不實朝廷訪聞並當重置典憲　五年四月十五日詔應福建路有貧
乏之家生子者許經所屬具陳委自長官驗實每生一子給常平米一石
錢一貫助其養育餘路州軍依此施行　以臣寮言福建路乃有不舉子
之風蓋緣貧乏無以贍給國家禁止之法不為不嚴而小民抵冒尚未知
革者誠由未有以惠之故也故是有命　六年十月十一日臣寮言今春
湖秀低田與夫太平宣州圩田多壞方此秋成米價已高而來春之憂未
艾欲望行下守臣令與縣令各隨其州縣參酌所宜而預為之計　其有奉
《卷一萬七千五百四十三》
詔不虔視戶口流移猶多者內則從臺諫外則從發運監司按劾以聞詔
令逐州守臣限半月申尚書省　七年二月十四日冊皇太子赦災傷州
軍切慮或有遺棄小兒有人收養者官為置籍批上日給常平米二升
九年五月十二日詔久雨為災水患必廣可令逐路漕臣行下州縣寔被
水貧乏人戶多方措置存恤依條賑給內浸損秋苗去處優借種本或勸
諭上戶應副借貸接續栽種無致失業　九月十日詔今年浙東州縣旱
傷至廣朝廷除已行下軫恤備闕殘零稅賦差官檢放外尚慮形勢之家
驅逼債負不能安業可將浙東旱傷州縣下三等人戶所欠私債
並與倚閣俟來歲收成豐熟即仰依約理還　以上乾道會要

素出紀二年八月十九日條下注有詳見恤災門則此卷不當名恤災又據別本有恩惠一門錄其前所缺之文以名此卷

九年一作元豐元年

紹興至乾道

食貨



恩惠　宋會要　恤災
居養院安濟坊漏澤園　神宗熙寧二年閏十一月二
十五日詔京城內外值此寒雪應老疾孤幼無依乞丐者
令開封府並拘收分擘於四福田院注泊於見今額定
人數外收養仍令推判官四廂使臣依福田院條貫看
驗每日特與依額內人例支給與錢養活無令失所至
立春後天氣稍暖日申中書省住支所有合用錢於左
藏庫見管福田院錢內支撥　九年十二月十五日知
太原府韓絳言在法諸老疾自十一月一日州給米豆
至次年三月終止河東地寒與諸路不同欲乞本路州
縣於九月以後抄劄自十月一日起支至次年二月終
《卷一萬七千五百四十四》
止如米豆有餘即至三月終從之　元豐二年三月二
日詔開封府界僧寺旅寄棺柩貧不能葬歲久暴露其
令逐縣度官不毛地三五頃聽人安葬無主者官為瘞
之民願得錢者官出錢貸之每喪毋過二千勿收息又
詔提舉常平等事陳向主其事以向建言故也　後向言
在京西禪院均定地分收葬遺骸天禧中有敕書給左
藏庫錢後因臣僚奏請裁減事遂不行今乞以戶絕動
用錢給瘞埋之費六月向又乞選募僧守護量立恩例
並從之葬及三千以上度僧一人三年與紫衣師號更
令主管三年願再住者准此
哲宗元祐二年十二月十六日詔鰥寡貧乏不能自存

民老幼疾病乞丐之人應給米豆勿拘此令　元符元年九月二日詔開封府依舊數每歲冬月巡視京城凍餒者吏部差待闕小使臣同職員畫地分賑贍畢付福田院據實數申户部從監察御史蔡蹈言也　十月八日詔鰥寡孤獨貧乏不能自存者州知通縣令佐驗實官爲養之疾病者仍給醫藥監司所至檢察閲視應居養者以户絶屋居無户絶者以官屋居之及以户絶財産給其費不限月分依乞丐法給米豆若不足者以常平息錢充已居養而能自存者罷從詳定一司敕令所所請也

卷一萬七千五百四十四

徽宗崇寧元年八月二十日詔置安濟坊先是權知開封府吳居厚奏乞諸路置將理院兵馬司差撥剩員三人節級一名一季一替管勾本處應干事件並委兵馬司官提轄管勾監司巡按點檢所建將理院宜以病人輕重而異室處之以防漸染又作厨舍以爲湯藥飲食人宿舍及病人分輕重異室逐處可修居屋一十間以來令轉運司計置修蓋於是有旨仍依賜名　九月六日詔鰥寡孤獨應居養者以户絶財産給其費不限月依乞丐法給米豆如不足即支常平息錢遺棄小兒仍顧人乳養　十一月十日河北都轉運司言乞縣置安濟坊令佐提轄從之　二年四月六日户部言懷州申諸路安濟坊應干所須並依鰥寡乞丐條例一切支用



常平錢斛看詳欲應干安濟坊所費錢物依元符令並以户絶財産給其費若不足即以常平息錢充仍隸提舉司管勾從之　五月二十六日兩浙轉運司言蘇軾知杭州日城中有病坊一所名安樂以僧主之三年醫愈千人與紫衣乞自今管勾病坊僧三年滿所醫之數賜紫衣及祠部牒各一道從之仍改爲安濟坊　三年二月三日中書言州縣有貧無以葬或客死暴露者甚可傷惻昨元豐中神宗皇帝嘗詔府界以官地收葬枯骨今欲推廣先志擇高曠不毛之地置漏澤園凡寺觀寄留櫬櫝之無主者若暴露遺骸悉瘞其中縣置籍監司巡歷檢察從之　四日中書省言諸以漏澤園葬瘞

卷一萬七千五百四十四

縣及園各置圖籍令廳置櫃封鎖令佐替移以圖籍交授監司巡歷取圖籍點檢應葬者人給地八尺方甎二口以元寄所在及月日姓名若其子孫父母兄弟今葬字號年月日悉鐫訖甎上立峯記識如上法無棺柩者官給以葬而子孫親屬識認今乞改葬者官爲開葬驗籍給付軍民貧乏親屬願葬漏澤園者聽指占葬地給地九尺無故若故放悉不得入仍於中量置屋以爲祭奠之所聽親屬享祭追薦並著爲令從之　四年十月六日詔京師根本之地王化所先鰥寡孤獨與貧而無告者每患居養之法施於四海而未及京師殆失自近及遠之意令京師雖有福田院所養之數未廣隆寒盛

署窮而無告及疾病者或失其所朕甚憫焉可令開封
府依外州法居養鰥寡孤獨及置安濟坊以稱朕意
十二月十九日興元府言切惟朝廷置居養院惠養鰥
寡孤獨及置安濟坊醫理病人召有行業僧管勾外有
見管藥歷自來止是令廂典抄轉收支難責以出納之
事今欲乞差軍典一名除身分月粮外與比附諸司書
手文字軍典每月添支米醬菜錢一貫文有犯依重祿
法並於常平錢米支給所有紙筆之用量行支破其外
縣差本縣手分一名兼管抄轉收支一年一替如蒙施
行乞下有司頒降諸路常平倉司施行從之　二十八
日詔自京師至外路皆行居養法及置安濟坊猶慮雖

卷一萬七千五百四十四　　四

非鰥寡孤獨而癃老疾廢委是貧乏實不能自存緣拘
文遂不與居養朕甚憫焉可立條委當職官審察詣實
許與居養速著文行下其安濟坊醫者人給手歷以書
所治療痊失數終歲會人數以為殿最仍立定賞罰條
格或他司奉行不謹致德澤不能下究外路委提舉常
平司京畿委提點刑獄司常切檢察外路仍兼許他司
分巡皆得受許都城內仍許御史臺糾劾　五年八月
十一日詔諸漏澤園安濟坊州縣輒限人數責保正長
以無病及已葬人充者杖一百仍先次施行　二十一
日尚書省言新差江南西路轉運判官祖理奏竊見漏
澤園州縣奉行尚或滅裂埋瘞不深遂致暴露未副陛



下所以愛民之意望詔訪州縣凡漏澤園收瘞遺骸並
深三尺或不及三尺而致暴露者宜令監司覺察按劾
以聞從之　九月二日詔曰居養院安濟坊漏澤園以
惠天下窮民比嘗申飭聞稍就緒尚慮州縣怠於奉行
失於檢察仁澤未究仰提舉常平司每加提按毋致文
具滅裂城寨鎮市戶及千以上有知監者許依諸縣條
例增置務使惠及無告以稱朕意　十月九日淮東提
舉司言安濟坊漏澤園並已蒙朝廷賜名其居養鰥寡
孤獨等亦乞特賜名稱以昭惠澤戶部契勘已降都省
批狀京西北路提舉司申請以居養院稱呼詔依所申
以居養院為名諸路准此　大觀元年三月十八日詔

卷一萬七千五百四十四　　五

居養鰥寡孤獨之人其老者並年五十以上許行收養
諸路依此先是崇寧三年十一月二十六日南郊赦內
一項云已詔天下置安濟坊漏澤園訪聞州縣但為文
具未盡如法並仰監司因巡按檢舉委曲檢校每季具
已較正數及施行逐件事理次第聞奏至是河東路提
點刑獄點檢到事件故有是詔　八月二十七日真定
府言居養院安濟坊兩處所管出納官物并日逐抄轉
簿歷及供報文字委是繁多若共差軍典一名顯見兩
處勾當不均伏望各差軍典一名并添支錢米等並乞
依已得指揮從之諸路依此　閏十月詔在京遇冬寒
有乞丐人無衣赤露往往倒於街衢其居養院止居鰥

寡孤獨不能自存之人應遇冬寒雨雪有無衣服赤露人並收入居養院並依居養院法　二年四月五日知荆南府席震等言枝江縣居養人咸通一百一歲已下縣依條就賜絹米酒記契勘居養人年八十已上依條許支新色白米及柴錢九十以上每日更增給醬菜錢二十文夏月支布衣冬月衲衣絮被况如咸通年踰百歲若只循前項八九十之例竊慮未稱朝廷惠民之政欲將居養人咸通每日添給肉食錢并見增給醬菜通為錢三十文省冬月給綿絹衣被夏單絹衫袴裝着仍乞諸路有百歲以上之人亦依此施行從之　八月十九日工部言邢州鉅鹿縣水本縣官私房等盡被渰浸

卷一萬七千五百四十四

六

詔見在人戶如法賑濟如有孤遺及小兒並側近居養院收養詳見恤災門　三年四月二日手詔居養安濟漏澤為仁政先欲鰥寡孤獨養生送死各不失所而已聞諸縣奉行太過甚者至於設供張備酒饌不無苛擾其立法禁止無令過有姑息　十二月十六日三省言戶部奏詔居養安濟日來官司奉法太過致州縣受弊可申明禁止務在適中看詳自降元符法節次官司起請增添若依舊遵用慮諸路奉法不一欲依元符令并崇寧五年秋頒條施行詔改昨頒條注文內癃老作廢篤疾并依所奏並罷　四年八月二十五日詔鰥寡孤獨古之窮民生者養之病者藥之死者葬之惠亦厚矣



比年有司觀望殊失本指至或置蚊帳給酒肉食祭醮加贈典日用既廣糜費無藝少且壯者游情無圖廩食自若官弗之察弊孰甚焉應州縣以前所置居養院安濟坊漏澤園許存留外仰並遵守元符令餘更不施行開封府創置坊院悉罷見在人併歸四福田院依舊法施行遇歲歉大寒州縣申監司在京申開封府并聞奏聽旨內遺棄小兒委實須乳者所在保明聽依崇寧元年法雇乳　政和元年正月二十九日詔居養鰥寡孤獨等人昨降指揮並遵守元符令自合遂年依條施行不須聞奏聽旨外如遇歉歲或大寒合別加優卹若須候聞奏得旨施行竊恐後時仰提舉司審度施行訖奏

卷一萬七千五百四十四

七

諸路依此　十二月二十四日詔居養安濟仁政之大者方冬初寒宜務收卹諸州郡或弛廢當職官停替開具供申并令開封府依此檢察　九月二十二日詔令歲節令差早即令天氣稍寒令開封府自令巡覷收養寒凍倒臥并無衣赤露乞丐人　十一月十九日尚書省言居養院安濟坊漏澤園比來提舉常平司官全不復省察民之無告坐視不救甚失朝廷惠養之意詔自今居養院安濟漏澤園事轉運提刑鹽香司並許按舉在京委御史臺彈奏　四年二月一日兩浙轉運司言鎮江府在城并丹徒縣居養院安濟坊並不置造布絮衲被給散孤老孱弱之人未副惠養之意兼用布絮被

支費錢數不多即非過有濫支錢物欲應居養院安濟
坊寒月許置布絮被給散蓋臥詔依所乞許置諸路依
此　二日臣僚言訪聞諸路民之實老而正當居養實
病而真欲安濟者往往以親戚識認為名虛立案牘隨
時遣逐使法當收卹者復被其害官吏相蒙無以檢察
欲令今後州縣居養安濟人遇有親戚識認處委不干
礙官一員驗實若詐冒及保明不實與同罪仍不以赦
降去官原免從之　四月十八日新知穎昌府崔直躬
言朝廷以居養安濟惠濟鰥寡孤獨欲冬月遇寒雪異
常許權不限數支訖聞奏從之　五年二月十七日詔
居養院見居養民合止此月二十日住罷可更展限十
日　八
（卷一萬七千五百四十四）
六年正月五日知福州趙靖言鰥寡孤獨居養安
濟之法自崇寧以來每歲全活者無慮億萬乞詔有司
歲終總諸路全活之數宣付史館從之　十月十八日
開封府尹王革言本府令每歲冬月吏部差小使臣於
都城裏外救寒凍倒臥并拘收無衣赤露乞丐人送居
養院收養會到吏部所差當短使人即無酬獎惟已經
短使再差或借差及三月以上減一年半兩月以上減
一年一月以上減半年磨勘止是短使專法本府別無
立定酬賞欲今後應救濟無遺闕除省部依短使酬賞
外管勾四月以上特減二年磨勘不及四月者以管勾
過月日比附省部短使依減年酬賞從之　七年七月





四日成都府路提舉常平司言准敕成都府路提舉常
平司所請居養院孤貧小兒內有可教導之人欲乞入
小學聽讀本司遵奉施行外所有逐人衣服襴鞹欲乞
於本司常平頭子錢內支給置造仍乞與免入齋之用詔
依餘路依此　八月十六日提舉淮南東路常平等事
鄒子宗言凡居養院遺棄小兒許宮觀寺院養為童行
庶得所歸從之　八年七月十二日詔諸州縣旅寓及
鄉村道路遇寒月過往軍民有寒凍僵仆之人地分合
干人即時扶舁送近便居養院量給錢米救濟不願入
院者津遣出界違而不送若委令佐及本地分當職官
覺察監司巡歷所至點檢　宣和元年五月九日詔居　九
（卷一萬七千五百四十五）
養安濟等法歲久寖隳吏滋不虔可令諸路監司廉訪
使者分行所部有不虔者劾之重寘於法　二年六月
十九日詔居養安濟漏澤之法本以施惠窮困有司不
明先帝之法奉行失當如給衣被器用專雇乳母及女
使之類皆資給過厚常平所入殆不能支天下窮民飽
食暖衣猶有餘峙而使軍旅之士廩食不繼或致逋逃
四方非所以為政之道可參考元豐惠養乞丐舊法裁
立中制應居養人日給秔米或粟米一升錢十文省十
一月至正月加柴炭錢五文省小兒並減半安濟坊錢
米依居養法醫藥如舊制漏澤園除葬埋依見行條法
外餘三處應資給若齋醮等事悉罷吏人公人等員額

及請給酬賞並令戶部右曹裁定以聞　七月三日詔在京乞丐人大觀元年閏十月依居養法指揮更不施行　十四日戶部言奉詔居養安濟漏澤之法可參考元豐惠養乞丐舊法裁立中制應資給若齊醮等事悉罷吏人公人等員額及請給酬賞並令戶部右曹裁定以聞本部今裁定外路軍州崇寧四年十二月敕居養安濟坊差軍典一名續承大觀元年八月敕各差軍典一名今欲依舊居養院安濟坊共置一名每月給錢一貫文充紙劄之費詔依舊酬賞並不施行　十月十七日京畿提舉常平司言大觀元年三月敕居養鰥寡孤獨之人其老者並年五十以上許行收養近奉詔參考元

養一萬七千五百四十四

豐惠養乞丐舊法裁立到應居養人日給錢米數目見遵依施行緣元豐政和令諸男女年六十為老即未審且依大觀元年指揮為或合依元豐政和法令詔依元豐政和條令降指揮日為始日前人特免改正　七年四月十一日尚書省言冬寒倒臥人更不收養乞丐人倒臥街衢輦轂之下十目所視人所嗟惻聖明在上深所仁憫立居養以救其困所費至微而惠澤至深合行修復從之以上續宋會要

高宗建炎元年六月十三日赦京師物價未平致鰥寡孤獨不能自存之人艱食除開封府依法居養外令留守司檢察如法居養如錢物不足具合用數申留守司





支降　四年十月三日詔曰諸處流移老弱到行在者日夕饑餓可專委官具數量支米錢賑濟死亡者委諸寺僧行收瘞計數給賜度牒務使實惠加於存歿以稱朕意　紹興元年十二月十四日通判紹興府朱璞言紹興府街市乞丐稍多被旨令依去年例日下賑濟今乞委都監抄劄五廂界應管無依倚流移病患之人發入養濟院仍差本府醫官二員看治童行二名煎煮湯藥照管粥食將病患人拘籍累及一千人已上至來年三月一日死不及二分給度牒一道及五百人已上死不及二分支錢五十貫二百人已上死不及二分支錢二十貫並令童行分給所有醫官醫治過病患人痊愈

養一萬七千五百四十四

分數比類支給若滿一千人死不及一分特與推恩如有死亡之人欲依去年例委會稽山陰縣尉各於城外踏逐空閑官地埋葬仍委逐官點檢無令暴露其養濟院及外處方到未曾入院病患死亡之人去年名到僧宗華收斂雇人擡舁出城掩瘞令縣尉監視置歷拘籍每及百人次第保明申朝廷給降度牒詔每掩瘞及二百人與給度牒一道餘依所乞　二年正月二十四日都省言昨駐蹕紹興府每遇冬寒例行賑救今移蹕臨安府春初偶雨雪頻併并街市不無寒餓之人竊慮枉有死損詔臨安府委兩通判并都監分頭措置應干事件並依紹興府已得指揮施行　三月二十六日中書

門下省言臨安府賑養乞丐人三月一日已行放散各
無所歸詔臨安府更賑養一月俟麥熟取旨罷　閏四
月三日臨安府言被旨乞丐人更賑養一月合至四月
二十九日滿詔更展一月　三年正月二十六日詔令
臨安府兩通判體認朝廷惠養之意行下諸廂地分鄰
監將街市凍餒乞丐之人盡行依法收養仍仰兩通判
常切躬親照管毋致少有死損如稍有滅裂所委官取
旨重作施行仍日具收養人數以聞　四年二月十九
日尚書省言養濟乞丐自來條遇冬寒收養至春暖放
散即無立定放散月日詔令本府約度日限以聞本府
乞欲支散至二月終住支從之　十月二十八日臨安

十二

一、叅一萬七千五百四十四

府言昨來已蒙朝廷依紹興府已得指揮於戶部支降
錢米令本府置院賑養乞丐之人續蒙朝廷依常平乞
丐法每人日支米一升小兒減半今來合依例賑給詔
依年例養濟仍日具人數以聞　六年十一月二日詔（每歲降詔並同此制）
令臨安府自今月十一月為始依年例養濟施行　二
十二日詔天氣寒凜令平江府子細抄劄乞丐依臨安
府已降指揮賑濟　七年閏十月十九日詔天氣寒凜
貧民乞丐令建康府速踏逐舍屋於戶部支撥錢米依
臨安府例支散候就緒日申取朝廷指揮為始收養
十三年九月十五日上曰諸處有癃老廢疾之人可依
臨安府例令官司養濟此窮民之無告者王政所先也



十月十四日臣僚言欲望行下臨安府錢塘仁和縣
踏逐近城寺院充安濟坊遇有無依倚病人令本坊量
支錢米養濟輪差醫人一名專切看治所有湯藥大醫
熟藥局關請或有死亡送舊漏澤園埋殯於是戶部言
令欲乞行下臨安府并諸路常平司仰常切檢察所部
州縣遵依見行條令將城內外老病貧乏不能自存及
乞丐之人依條養濟每有病人給藥醫治如奉行滅裂
違戾即仰按治依條施行從之　十一月八日南郊赦
老病貧乏不能自存及乞丐之人依法籍定姓名自十
一月一日起支米豆養濟至次年三月終病者給藥醫
治訪聞州縣視為文具不曾留意監司亦不檢察致多

十三

叅一萬七千五百四十四

失所甚非惠養寬恤之意仰提舉司及州縣當職官遵
依條法指揮多方存恤養濟其有病患亦仰如法醫治
不得滅裂　十九年十一月十四日二十二日十一月
十八日二十五年十一月十八日二十八年十一月二
十三日南郊赦三十一年九月二日明堂赦同此制
十四年十二月三日尚書戶部員外郎邊知白言伏覩
陛下惠恤窮民院有養濟給藥惟恐失所歲所存活不
可數計獨死者未有所處往往散瘞道側實為可憫居養
漏澤蓋先朝之仁政也後來漏澤園地多為豪猾請佃
不惟已死者街發掘之悲而後死者失掩埋之所欲乞
首自臨安府及諸郡凡漏澤舊園悉使收還以葬死而

無歸者發政施仁之方掩骼埋胔為大實中興之要務
也上曰此乃仁政所先可令臨安府先次措置申尚書
省行下諸路州軍一體施行　十二日宰執百寮賀雪
上因宣諭曰天下窮民宜加養濟孟子所謂文王發政
施仁必先斯四者尚慮州縣奉行滅裂可再降指揮行
下於是令諸路常平官嚴切約束州縣如法奉行其所
用米斛並仰於常平諸色米內前期取撥樁備依時給
散務要實及貧民毋令少有失所仍令逐路監司同共
覺察　十三日臨安府言被旨措置漏澤舊園葬無歸
者本府欲下錢塘仁和縣拘收官私見占佃元舊漏澤
園四至丈尺為藩牆限隔每處選募僧人二名主管收
卷一萬七千五百四十四　卤
拾埋瘞及二百人歲實申朝廷支降紫衣一道逐處月
支常平錢五貫米一石贍給僧人委逐縣令佐檢察不
得因緣科率搔擾上曰可令諸路州軍做臨安府已行
事理一體措置施行仍令常平司檢察　十五年六月
二十三日潭州言崇寧間推行漏澤園埋瘞無主死人
所降條格棺木絮紙酒件作行下工食錢破磚鐫記死
人姓名鄉貫以千字文為號遇有識認許令給還每年
三元春冬醮祭緣逐件條格燒毀不存乞明降指揮施
行於是戶部言令欲下諸路州縣如委係無主即於常
平司錢內量行支給仍每人不得過三貫文省如法埋
瘞無令合干人作弊科擾并令本司常切不住檢察如





違亦仰按治施行從之　閏十一月六日戶部言京西
常平司關具諸州軍府已拘收措置修蓋到漏澤園地
段及召募僧人每月支破常平錢米看管內有隨州信
陽軍並無常平錢米支給於是戶部言令乞下京西常
平司如委有見缺常平錢米去處於係省錢米內支撥
應副施行從之　十六年十一月五日上宣諭輔臣曰
居養安濟漏澤先帝之仁政居養安濟已行之矣惟漏
澤未曾措置宜令條具添入　十日南郊赦貧乏乞丐
已約束如法養濟其死而無歸者舊法置漏澤園藏瘞
已降指揮令諸州依做臨安府措置訪聞尚有未就緒
去處可令諸路常平司疾速檢舉措置施行無致暴露
卷一萬七千五百四十四　玄
餘同十三年之制　十二月十四日給事中段佛言仰
惟國朝愛育元元者垂意甚備以居養名院而窮者有
所歸以安濟名坊而病者有所療以漏澤名園而死者
有所葬行之累年存歿受賜望申飭有司講明居養安
濟漏澤之政酌中措置令可久行務使實惠均被遠邇
詔令戶部看詳措置申尚書省　十七年二月二十六
日臣寮言伏望申飭有司講明漏澤園之政酌中措置
令可久行務使實惠均被詔令戶部看詳措置　其後
戶部言令措置欲乞行下諸路常平司鈐束覺察州縣
常切遵依見行條法指揮施行庶使死者得以葬埋以
稱朝廷寬恤之意如稍有奉行滅裂違戾去處即仰按

七一作十



治依法施行　十八年八月十九日臣寮言郡縣立漏
澤園以惠天下死亡者各得其所州縣奉行滅裂所屬
監司全不按舉欲望舉行之俾死亡無人殯斂者有園
以葬埋之詔令戶部看詳　其後戶部言所置漏澤園
承降指揮依倣臨安府措置事理令常平司常切檢察
令乞下諸路常平司檢照見行條法指揮下所屬州縣
遵守施行若有違戾去處按治依法施行從之　十九
年十一月二十八日權發遣秀州郭琥言民之飢貧不
能自存者每歲仲冬例加賑濟可謂愛民如子視民如
傷矣是宜州縣守令遵承聖訓以廣實惠然往往有元非
飢貧巧為計囑得以與籍而困窮無告鄉或棄遺望申

卷一萬七千五百四十四　未

嚴守令究心檢察庶幾惠及鰥寡且無虛費詔令戶部
檢坐見行條法申嚴行下　二十一年七月十七日宰
執言自十一月一日為始臨安府支養乞丐人錢米上
曰此事所濟極大當苦寒之時貧不能自存之人官給
錢米養濟遂可存活　二十二年十一月十八日南郊
赦已降指揮州縣舊有漏澤園去處復行措置收瘞暴
露骸骨緣其間地段多是為人占佃縣道狥情不行措
置仰監司州郡常切點檢　二十三年十月二十二日
上諭輔臣曰外路養濟恐奉行滅裂須令實給錢米以
施實惠乃詔戶部檢坐見行條法申嚴行下　二十四
年十月十二日三省言年例令臨安府自十一月一日



支給錢米養濟乞丐上曰此一事活人甚多可降旨行
下　二十六年閏十月二十七日詔臨安府養濟乞丐
當此雪寒委榮嶷常加檢察依昨支散錢米毋令減剋
及冒名承請務在實及貧民仍具知稟聞奏　十一月
五日試尚書戶部侍郎兼詳定一司敕令王俁言臨安
府每歲收養飢凍貧乏老弱殘疾不能自存乞丐之人
凡用錢米近十餘萬不為不多矣可謂仁政之所先也
倘官吏失於措畫則宜收而棄以壯為弱或減剋支散
或虛立人數如此之類其弊多端不可不察雖已不住
行下臨安府約束尚慮習為常事虛費邦財有害仁政
望嚴詔守臣俾戒飭當職官吏務在廣行收養無致遺

卷一萬七千五百四十四　未

棄躬親監臨盡數支散如有違戾按劾以聞其外路州
縣亦乞特降指揮施行詔令戶部檢坐見行條法申嚴
行下　二十七年九月二十九日提舉兩浙西路常平
茶鹽公事朱倬言比見郡縣之間自冬徂春所給乞丐
錢米例皆付之胥吏遂使狡獪者數口之家皆預支請
而貧窶無以自存者及見棄遺乞令每歲抄劄委州縣
長吏令在郡邑者責之社甲首副在村落者責之保正
副長結罪保明使無遺濫從之　十月十八日上諭輔
臣曰近日理會支乞丐人錢米事所用錢米數目不少
聞官司不留意多被胥吏輩冒名支請其實乞丐人未
必皆得又諸路州郡支常平米賑濟往往止及城下其

外縣鄉村亦皆不及甚非發政施仁之道可與措置革
去姦弊務要實惠及民宰臣湯思退等奏曰恭禀聖訓
當令户部措置施行　二十一日户部言乞行下諸路
州縣委自守令躬親措置責委坊正耆保抄劄貧乏乞
丐姓名盡數收養不管漏落仍立賞出榜諸色人陳告
詭名冒請及減尅作弊之人斷罪追賞施行令常平司
常切覺察從之　同日權户部侍郎林覺言乞措置兩
縣并在城兵官公吏及甲頭如抄劄貧民姓名不實及
自行詭名冒請錢米許諸色人告每一名賞錢一十貫
至三百貫止犯人令臨安府根勘依條計贓斷罪追賞
若有不係貧乏乞丐之人追賞斷罪施行從之　二十

·卷一萬七千五百四十四　大

九年正月二十一日大理評事賈選言秋冬之交委官
籍定乞丐姓名計所賑之米撥付監官三日一給其間
疾病不能如期而至者官吏隱藏入己欲望行下郡邑
支散之際或有疾病而不自來請者令監司責付團甲
就給不得減尅守令覺察不得違從之　二月十三日
詔臨安府養濟乞丐合至二月終住罷令天氣尚寒與
展半月後又展半月　三十年二月十二日中書門下
省言朝廷支降錢米令臨安府養濟乞丐至二月終住
罷詔天氣尚寒與展半月　九月二十三日浙西常平
提舉楊倓言乞將臨安府錢塘仁和兩處每歲養濟貧
乏不能自存之人令逐縣知縣兵官抄劄開具姓名結



罪申府差官驗實各用紙封臂用印給牌置歷每五日
一次當官支給如有冒濫不實立賞錢一百貫又許人
陳告將犯人斷罪其元抄劄官吏並行黜責又兩浙轉
運司言浙東西州縣乞丐既各處依條收養及自罷經
營無疾病墮慵之人並不合入今來養濟四院所有本
府街市西北流寓合收養之人欲依楊倓申明立賞出
榜約束委兩縣丞再行審驗當官俵散每一十人為一
甲遞相委保如甲內有冒名支請許諸色人陳告如所
委官故意阻節許直經本府陳狀合干人因承行乞取
錢物及冒名支請錢米之人並依重禄法當職官亦具
名申奏黜責從之　三十一年九月七日知漢州王葆

·卷一萬七千五百四十四　丸

言川蜀地狹民稠貧窶者衆衣食不給遂致乞丐在法
每歲於十月初差官檢察內外老疾貧乏不能自存乞
丐之人非慵墮者籍其姓名自十一月一日起支每人
日支米或豆一升七歲以下減半每五日一次併給至
次年三月終止緣州縣自軍興以來常平田土多已出
賣止是義倉米一色其上件米惟充災傷以備賑給平
時難以擅行支散今養濟指揮既無常平錢米何以給
散欲乞如闕常平米豆去處許於見管義倉米內通融
應副日後如有収到常平司田地収椿米斛逐旋撥還
從之

養濟院　孝宗隆興元年十月十四日詔天氣尚寒其

街市飢凍乞丐之人合行措置養濟可令臨安府自十
一月一日為始其合用錢米并約束事件並依節次指
每歲飢凍乞丐之人令臨安府措置養濟率以十
月十五日抄劄十一月一日為始依散錢米至次年二
月住支大人日支米一升錢一十文足小兒減半以二
月天氣尚寒後降指揮又展半月逐年遂為常例　二
年閏十一月十六日詔臨安府內外百姓不能自存之
人每至冬月各計口數大小日支錢米養濟訪聞尚有
士人或因赴調因居旅邸或因轉徙流離道路羈糧罄
竭饘粥不給情實可憫令臨安府專委官於城內外如
有似此之人更切最實量度支給係官錢米以禮賙恤

卷一萬七千五百四十四

年

十二月十二日權發遣臨安府薛良朋言本府奉詔
取撥常平米委兩通判賑給飢貧之人令措置分委漕
職官同廂官於在城并城南北廂巡門抄劄實係飢貧
別無經營之家及流移人開具姓名支米半月大人每
口一斗五升小兒減半委兩通判踏逐城南北廂寬闊
寺院置場照關子支給常平米見管不多照得昨來於
省倉下界糶場封樁米內借撥二萬石除撥到一千二
百石外有一萬八千八百石未曾取撥欲望行下省倉
照會據本府今來賑給米數逐旋應副候散訖具帳銷
破詔依令戶部每料支二千石候散盡絕接續支給
二十二日權發遣臨安府薛良朋言被旨日來雪寒臨



安府近城多有飢貧之人令取撥常平米賑給已委兩
通判於城南城北置場支給外令據通判常禋胡堅常
申日來多有鄉村及毗近州縣飢貧人戶聞知本府賑
給米斛乘勢前來陳乞支請若或一槩支給切慮人眾
所支米斛至多若不賑給又恐有失朝廷寬恤之意今
措置欲將日後鄉村及毗近州縣到來飢貧之人分委
錢塘仁和縣尉躬親驗實如委貧乏給牌押赴養濟院
每大人日支米一升錢一千文足小兒減半從之　乾
道元年正月一日南郊赦在法病人無緦麻以上親同
居者廂耆報所屬官為醫治訪聞比來客旅寄居店舍
寺觀遇有病患避免看視趕逐出外及道路暴病之人

卷一萬七千五百四十四

主

居戶不為安泊風雨暴露往往致斃深可憫憐可令州
縣委官內外檢察依條醫治仍加存恤及出榜鄉村曉
諭月具有無違戾去處以聞　乾道三年十一月二日十
六年十一月六日南郊赦並同此制　十九日詔已降
指揮州軍災傷去處委官措置賑濟詔聞臨安府城內
多有乞丐之人顯見抄劄未盡令臨安府分差通判日
下措置將城內乞丐盡行抄劄依已降指揮賑濟不管
漏落仍具已賑濟過人數申尚書省從中書門下請也
　二十二日權發遣臨安府薛良朋言本府見依已降
指揮支破錢米收養乞丐近緣浙西州軍水傷尚有飢
貧人戶多在本府城內外求乞切慮缺食本府欲支撥

常平義倉米斛委官於近城寺院一十二處煑粥給散
養濟詔依今臨安府恪意奉行尋詔紹興平江鎮江
府台秀常湖州照應臨安府已行事理取撥常平米疾
速養濟施行　二月八日臨安府言收養乞丐所支錢
米內提舉司支撥到八千石外目今養濟乞丐委是缺
乏至多今約度乞更支撥七千石應副詔將義倉米內
取撥五千石應副支散施行　十一日知紹興府趙令
詪言本府見行賑濟雖先就在城置場煑粥給散養濟
緣城外鄉村闊遠切慮飢流人奔趍不及今措置更於
城南大禹寺城西道士莊添置兩場隨所大小均定人
數盡約定時辰煑粥給散以革重疊之獘仍備辦藁薦

卷一萬七千五百四十四

廿二

存養從便宿泊及將柴錢責令主首掌營支給或恐內
有病患之人官給藥餌專差職醫調治及分委通判職
官簿尉日逐往諸場提督點檢詔如人數稍多更令添
場依此賑濟　二十六日監察御史程叔達言臣聞凡
人平居無事飢飽一失其節且猶疾病隨至況於久飢
之民相比而集於城郭春深候暖其不生疾疫者幾希
故自古飢荒之餘必繼之以疫癘熙寧中浙西荒旱取
民於城而饘粥之死者至五十餘萬比嘗奏乞更於郊
野設粥賑散令飢民聚於城外而就粥者不下數萬人
頗聞漸有病者有斃者臣略問之城內給棺斂者已至
七十餘人切慮駸駸不已日者嘗詔有司擇空閑屋宇





以安濟之又命醫挾劑以療治之可謂纖悉周至矣然
臣切以為衆之所聚疾暍易成轉相漸染難以復治謂
宜亟敕府縣親行科擇多出文榜凡有家可歸有鄉可
依者許其自陳給以粮米使之各復歸業仍官給文引
俾就歸業之處請粥或米以存恤之至於無所依歸之
人乃令就病坊安養從之　二十七日詔常州無錫縣
見有士民率米煑粥俵散被水飢民切慮米斛不繼令
本州就便於本縣和糴到萬畝田米內支撥一千石仍
委縣官一員同監視煑粥接續養濟無令失所從中書
門下請也　二十九日詔臨安府見行賑濟飢民訪聞
其間多有疾病之人切慮缺藥服餌令醫官局於見賑

卷一萬七千五百四十四

廿三

濟去處每處各差醫官二員將病患之人診視醫治甚
合用藥於和劑局取撥仍日具醫過人并用過藥數申
尚書省從中書門下請也　三月十四日權發遣臨安
府薛良朋言今來已是春深正當農務蠶麥將成諸
處流移飢民利於日前賑濟設粥以致將來荒廢農業
無所指望今措置諸處糴米設粥欲自四月十五日住
罷仍預期出榜告諭其壯健人欲別給帖付與各人仰
州縣不得拘催官私欠負并仰田主各支種粮務令安
居不致離散其有疾病羸弱未能行履之人欲別踏逐
寺院散粥煎藥以待痊安方可發遣回歸鄉貫從之
十五日殿中侍御史章服言近嘗具劄子面奏賑糶利

害乞下臨安府知通講究措置條具未審施行間令臨安
府已得指揮欲於四月内並皆住罷據臣嘗見糴米者
大半是街市雜人而流移人僅居其半至如食粥者皆
流移飢民疾病乞丐之輩也朝廷既已賑糶又令散粥
令忽同時俱事出大遽似有未安乞於未罷之前減作
每人一升出糶旬日然後揭牓指日罷之蓋革之以漸
不致惶惑至如散粥欲乞且展一月罷日仍量給粥米
發遣庶幾有以藉手不生怨望不譁誼從之内設粥給
散飢民令本府展至四月終　四月二十二日詔臨安
府城内外見今養濟飢民已降指揮展至四月終訪聞
其間多有疾病殘廢等人深慮難以一槩便行住罷令
卷一萬一千五百四十四　千四
姜詵薛良朋韓彥古同本府通判漕司屬官各一員徧
詣散粥及病坊去處公共措置躬親揀點將委實疾病
殘廢癃老羸弱鰥寡孤獨不能自存見在病坊之人更
展限半月給散粥藥養濟　繼而兩浙路轉運判官姜
詵言賑濟飢民除揀選壯健願還鄉及有經紀之人各
已給米使之自便外有其餘飢病之人已申朝廷每日
人支米一升各令自造粥飯給歷五日一次支請今尚
有五千二百七十四人見行養濟緣目今新米成熟街
市米價減落令來請米之人易於求趁不致飢餓乞降
指揮至七月終住罷支散從之　十月十一日詔諸路
州縣老疾貧乏乞丐之人依法以常平米斛養濟令來





天氣尚寒養濟月日不遂切慮奉行滅裂未副朝廷惠
民之意令戶部檢坐條法指揮申嚴行下須管依時支
錢米如法養濟務行實惠從中書門下請也　十二月
二日詔浙西常平司於本司新糴到米内取撥二千石
應副賑濟歸正不能自存之人大人每日支米一升小
兒五合内有實殘廢患病不能經營之人每日更各添
支鹽菜錢二十文即不得妄有支用　二年八月十五
日詔令鎮江府建康府守臣措置到貧乏歸正人大人
每日支米一升小兒五合内有實殘廢病患不能經營
之人每日各更添支鹽菜錢二十文省指揮到日於常
平内支破至乾道三年五月終仍踏逐空閑官屋應副
卷一萬一千五百四十四　千五
居住或間數不足即將見賃屋入日納房錢減半　十
二月四日浙東提舉常平司言州縣鎮寨每歲給散老
疾貧乏不能自存及乞丐之人豆米係將來常平司見
管沒官田產收到租課内給散緣自立賣諸司官產寶
已賣過即於常平司別無所入欲將州縣所管常平司
義倉米權行散給戶部看詳義倉既在法唯充賑給不
得他用有礙上條照得本司近申到諸州縣通共糴到
常平米一十四萬三千餘石乞下本司仰據諸州縣令
冬收養乞丐的實合用米數於前項糴到常平米内通
融取撥應副從之

起太祖建隆元年訖高宗紹興二十九年



（松樹詔下疑有脫字）（帛一作綿）（垂松椿玉海引實錄作棰）（一十六玉海作十五斤）（式一作或）

全唐文
宋會要　宋量
太祖建隆元年八月（松椿玉海作丙午十九日）有司請造新量衡以頒天下從之
開寶四年七月（松椿玉海作丙申）廣南轉運使王明奏廣南諸州舊使大（松椿玉海乾德元年七月戊午頒于潭澧等州）
斛受納斛斗以官斛較量每石多八十詔平遠俗方示
寬恩既混一於車書宜均同于度量自今所納稅物並
用官斛每石只納一石二升內以二升與倉書充鼠雀
耗太宗太平興國二年七月十一日（松椿玉海作庚午）詔權衡之設厥
有常制出納之吝謂之有司儻求羨餘必恣掊克茍視
成而不戒將（豈謂天下）謂守財之道焉應左藏庫及諸庫所受諸
州上供（均輸）金銀絲帛及他物監臨官當謹視秤者無得欺
而多取俾上計吏受其弊是今敢有欺度量而取餘羨
其秤者及守藏吏皆斬監臨官亦重致其罪先是諸州
吏護送官物于京師藏吏卒垂鈞為奸故外州吏多負
官物至於破產不能償太宗知其（弊）事下詔禁之淳
化三年（三月癸卯云）正月詔書協時月正日同律度量衡所以建國
經而立民極也國家底慎財賦較量耗登既府庫之充
盈須權衡之平允如聞秬黍之制或差毫釐垂鈞為奸
害及黎獻宜令詳定秤法著為（舊）通規既而監內藏庫崇
儀使劉蒙正劉承珪言太府寺（四）銅式自一錢至一十
斤凡五十一輕重無準外府歲受黃金必自毫釐計之
式自錢始則傷於重遂尋究本末別製法物至景德中

（釐絫一作絫釐）



承珪重加參定而權（樣）衡之制益為精備其法蓋取漢志
子穀秬黍為則廣十黍以為寸從其大樂之尺（秬黍黑黍也樂尺自黃鍾之管而生也謂以秬黍中者為分寸
輕重之制也）就成二術（二術謂以尺黍而求釐絫）因度
尺而求釐（度者丈尺之總名謂因樂尺之源起於黍而
成寸寸折寸為分折分為釐折釐為毫折毫為絲折絲
為忽則十忽為絲十絲為毫十毫為釐十釐為分十分
為寸十寸為尺十尺為丈）自積黍而取絫（從積黍而取
絫則十絫為銖二十四銖為兩（錙）銖皆銅為之）以釐絫
造一錢半及一兩等二秤各懸三毫以星準之等一錢
半者以取一秤之法其衡合樂尺一尺二寸重一錢錘
重六分盤重五分初毫星準半錢至稍總一錢半折成
十五分分列十釐（第一毫等半錢當五十釐若一十五斤
秤等五斤也）中毫至稍一錢折成十分列十釐末毫至
稍半錢折成五分列十釐等一兩者亦為一秤之則其
衡合樂尺一尺四寸重一錢半錘重六錢盤重四錢初
毫至稍布二十四銖銖下別出一星星等五絫（每銖之
下復出一星等五絫則四十八星等二百四十絫計二千
四百絫為一兩）中毫至稍五錢布十二銖銖列五星星
等二絫（布十二銖為五錢之數則一銖等十絫都等一
兩二十四銖為半兩）末毫稍六銖銖列十星星等一絫（每
星等一絫都等六十絫為二錢半）以御書真草行三體

淳化錢較定實重二銖四絫爲一錢者以二千四百得
二十有五斤爲秤之則其法初以積黍爲準然後以分而
推忽爲定數之端故自忽絲毫釐黍絫銖各定一錢之
則謂皆定一錢之則然後制取等秤也忽萬爲分以一
萬忽爲一分則以十萬忽定爲一錢之則忽者吐絲爲
忽分者自始微而著言可分別也絲則千一千絲爲一
分一萬絲定爲一錢之則毫則伯一百毫爲一分以千
毫定爲一錢之則毫者毫毛也自忽絲毫三者皆斷驥
尾爲之釐則十一十釐爲一分以一百釐定爲一錢之
則釐者犛牛尾毛也曳赤金成絲以爲之轉以十倍
倍之則爲一錢轉以十倍謂自一萬忽至十萬忽之類
定爲則也黍以二千四百枚爲兩一龠容千二百黍爲
十二銖則以二千四百黍定爲一兩之則兩者兩龠爲
兩也絫以二百四十謂二百四十絫定爲一兩之則銖
以二十四轉相因成十絫爲銖則以二百四十絫定成
二十四銖爲一兩之則銖者言殊異也遂成其秤秤合
黍數則一錢半者計三百六十黍之重列爲五分則每
分計二十四黍又每分析爲一十釐則每釐計二黍十
分黍之四以十釐分二十四黍則每釐先得二黍餘四
黍都成四十分則一釐又得四分是每釐得二黍十分
黍之四每四毫一絲六忽有差爲一黍則釐黍之數極
矣一兩者合二十四銖爲二千四百黍之重每分百黍



爲銖十黍爲絫二銖四絫爲錢二絫四黍爲分一絫二
黍重五釐六黍重二釐五毫三黍重一釐二毫五絲則
黍絫之數成矣其則用銅而鏤文以識其輕重新法既
成詔以新式留禁中取太府舊秤四十舊式六十以新
式較之乃見舊式所謂一斤而輕者有十謂五斤而重
者有一式既若是權衡可知矣又比用大秤如百斤皆
垂鉤於架植鐶於衡鐶或偃仆手或抑按則輕重之際
殊爲遼絕至是更鑄新式悉由黍絫而齊其斤石不可
得而增損也又令每用大秤爲顯以絲繩既置其物則
却立以視不可得而抑按復鑄銅式以御書淳化三體
錢二千四百暨新式三十有三銅牌二十授于太府又
置新式於內府外府復頒於四方凡有十有一副詔三
司使重校定以御書淳化三體錢二千四百磨令與開
元通寶錢輕重等有司先是守藏吏受天下歲輸金幣而太
府權衡舊式失準得因之爲姦故諸道主者坐逋負而
破産者甚衆又守藏更代有校計爭訟動必數載至是
新制既定姦弊無所措中外以爲便真宗景德二年八
月詔劉承珪所定權衡法附編勅而頒下　四年五月
劉承珪言先監內藏庫日受納諸道州府軍監上供金
銀凡係秤盤例皆少剩蓋由定秤差異是致有害公私
嘗以聞奏尋令較量秤則自端拱元年起首至淳化三
年功畢遂詔別鑄法物付太府寺頒行其重定秤法皆

後九頁景祐二年一條移神宗熙寧前

上稟睿謨兼參以古法顯依據永息槩欺切慮言之無
文行之不遠今請知制誥趙安仁撰成序一首繕寫以
聞乞付降所司以備撿閱從之　大中祥符二年五月
三司請下太府寺造一斤及五斤秤使市肆使用從之
六年四月劉承珪言先奉詔旨以天下權衡之法不
一令詳定及斛石為記請令司檢會諸道有銅鍮法物
州郡并在京庫務各賜石記一本從之　神宗熙寧四
年十二月十一日詔以太府寺所管斛秤歸文思院
哲宗紹聖四年十一月十六日戶部言輒增損衡量若
私造賣者各杖一百徇于市三日許人告每人賞錢有
差令轉運司所在置局製造送所在商稅務鬻賣　徽
宗大觀四年二月九日議禮局劄子臣等伏覩陛下度
律均鍾更造雅樂施之天下為萬世法至於禮器尚仍
舊制未聞有所改作禮樂有國之大本而其未起於度
數度數得則權量正法度一而民不疑今禮樂異制不
相取法非所以一民也臣等欲乞明詔有司取新定樂
律之度審校禮器有不合者悉行改正以副制作之意
詔律度量衡先王之制不相襲而歷代亦不同今以身
為度起律作樂則於禮制宜依所奏　四月十一日翰
林學士張閣等奏更制新尺既已用而未施之四方欲
乞將指尺頒降天下其應干長短闊狹之數並依舊其
有不同者以今尺計定即于公私別無增損詔令工部



依樣先造一十條取旨頒降少府監奏上件樂尺一千
尺內一百條烏木花星餘一百條紫荊木并依樣製造
未審如何頒降合若干付是何去處詔烏木花星尺一百
條進納餘尺頒賜在京侍從官以上及有司庫務外路
諸司及有庫監各一條仍令所屬依樣製造行用如無
紫荊木以別木代之二十四日朝奉郎試給事中蔡薿
奏臣聞虞舜五載一巡狩則必同律度量衡成王制禮
作樂頒度量而天下大服然則度量權衡之致謹者聖
人所以行四方之政也恭惟陛下與神為謀以身為度
因帝指之尺以起鍾律之制奏之郊廟八音克諧而天
地之和應矣臣尚願頒指尺於天下以同五度五量五
權之法區區之愚以今日所用度之長短知量之多寡
權之輕重非將有所增損也特因仍其舊悉使考協于
新尺之度數而定為永法備成一代之典昭示無窮乞
詔有司討論施行詔依令議禮局討論申尚書省　政
和元年五月六日尚書省言已造樂尺頒賜在京侍從官
以上及官司庫務外路諸司州府軍監欲令諸路轉運
司依樣製造降付管下諸州遂州製造分給屬縣自今
年七月一日為始舊尺並毀棄從之　二年八月十九
日工部尚書兼詳定重修勅令權開封尹李孝偁等奏
契勘度量權衡出於一體舊條以積黍為數修立成文
今來大晟樂尺係以帝指為數昨已奉聖旨頒行天下

從一作條

其量權衡雖據大晟府稱皆出於度緣至今未曾頒用本所欲擬舊條修立即度數權衡不出于一欲依樂尺修立又緣既未頒行未敢立法欲乞詳酌先將量權衡之式頒之天下仍降付本所以憑遵依修立成條詔量權衡以大晟府尺為度餘依奏　九月十三日工部尚書爲詳定权衡勅令权開封尹李孝偁奏看詳度量权衡出於一體內度雖已得旨頒大晟新尺行用緣依政和元年四月十二日勅應干長短廣狹之數並無增損其諸條內尺寸止合依上條用大晟新尺紐定謂如帛長四十二尺濶二尺五分為疋以新尺計長四十二尺七尉五分濶二尺一寸三分五釐之五為疋即是一尺四分一釐三分釐之二為一尺又如天武等杖五尺八分以新尺計一尺四分一釐三分釐之二之類如得允當欲作申明隨勅行下即不銷逐條展計外有度量权衡令候頒到新式續具修定從之　三年十月二十一日提舉荊湖北路常平張動奏竊見諸路皆於會府作院製造等秤給付州縣出賣往往輕重不等欲望責在諸路漕臣常切撿察須管依法式製造無令有輕重之異奉聖旨令尚書省措置勘會民間所用斗升秤等尺依條後諸路轉運司於所在州置務製造送諸路出賣除留功料之直外以五分上供餘給本司并近降朝旨依尺製造新尺頒降諸路依樣造新尺出賣其旧尺更





不行用及斗秤升等子亦有朝旨令文思院依新尺樣製并依見行法式製造在京并府界諸縣合出賣之數所有外路只降樣前去仍令多數製造出賣訪聞所屬並不遵依條令及所承朝旨廣行製造出賣其餘官司往往未曾依新樣製換易及民間見用斗升秤尺等子多是私造私用與旧官造法物混雜行使無以分別并自須降新法樣製後來未聞有出賣之數不唯于度量权衡樣製不一兼於出賣價錢暗有虧失欲令文思院諸路轉運司各自今來指揮到日立便約度依元降朝旨合造斗秤等數目限一季廣行製造除官司應用之數自合給換外依條　分送所屬出賣應副民間使用應旧有斗升秤尺等並限半年盡數首納不得隱留如出限許人告首除犯人依條斷罪外每名支賞錢二十貫仍先具措置施行次第申尚書省詔並依　四年九月二十六日文思院下界奏契勘本院見奉行聖旨指揮別置斗秤一作除已申到乞收造斗秤行人和雇造等畫一遵依施行外令續條具到下項一契勘新法斗秤見依朝旨限一季廣行製造降樣付諸路轉運司及商稅院出賣今來即未有行使期限欲乞在京及外路並自政和五年正月一日為行一契勘織錫法物並合改造頒降在京官司及天下州軍今來萬數浩大即難以齊寫造較定應副今欲乞先次料造法物一百副除在

子一作付

京緊切給納庫務遂急製造交付外其餘官司及諸路
州軍並許令將見在舊法物赴院送納請換兑支新法
物行使所有今來先造一百副合用銅數于本院劄帳
管取般銅並無見在委是見闕乞下戶部計置應副一契
勘新造斗秤朝旨降樣付諸路轉運司製造出賣所有
造到斗秤合用團條火印亦合降給令欲寫造火印三
百副逐旋頒降付諸路轉運司從之　五年二月三日
少府監言文思院下界造新降權衡度量今承朝旨權
住製造竊慮合且依舊樣製造送商稅院出賣候降到
許造新樣即行住罷又奉詔限一月製造皇太子出閤
合用秤及賜食院合造斗秤續承降到大晟新法斗秤
製造頒降間承尚書省劄子權衡度量權住製造即無
卻行製造太府寺斗秤之文是造致作前項緊急生活應
副未得乞下院且依太府法製造詔並權依舊製造餘
依宣和七年十二月十三日尚書省言在左司員外郎闕
孝悅奏臣聞嘉量之制具在方冊而愚民無知趨利
冒禁奸弊百出自爲高下至于創移規模增加裝具害
法蠹民莫此爲甚欲望聖慈明詔上方鑄銅爲式頒之
天下以正私僞庶使童子適市莫之敢欺以比隆二帝
三王之盛豈不韙歟尚書省措置參酌擬修下條諸增減
斗升秤尺等若私造私用及販賣者各杖一百增減私
造仍五百里編管私用及販賣並令衆三廿日以上許人



告捉察人知而不糾杖八十告獲斗升秤等尺私用及
販賣增減若私造錢五十貫從之　高宗紹興元年四
十三日詔工部官一員將省倉見使升斗令文思院重
別較定訖降樣下諸州官司行使　二年二月七日詔
擁貨務取省倉見用官斗依樣製造一百隻赴戶部頒
降諸路不得別置私量行使先是省倉斗斛增大於諸路
而州郡監量差小於省倉出納之際例各折閱綱官等
有負欠繫獄破家竭產之苦至是倉部員外郎成大亨
有請故降是詔　十月二十九日詔戶部支錢五百貫
令文思院依臨安府秤斗務造成省樣升斗秤尺等子
依條出賣其錢循還作本仍先次製造樣制法則頒降
諸路漕司依式製造分給州縣貨易行使其民間見行
使私置升斗秤尺等子候官中出賣日並行禁止如或
違犯並依條施行　四年三月二十五日兩浙運判孫
逸言乞下文思院於見出賣斛內那撥工料製造斗樣
一百五十隻給降付兩浙轉運司分給州縣行使仍將
不堪斗從本司毀棄從之　七年三月十九日詔文思
院依省樣製造五斗斛頒降諸路轉運司并行在倉場
各一隻其本路州軍令轉運司樣製造降下所轄州軍
縣鎮及應給納官司行使以倉場交納之弊從臣僚請
也　十六年十一月十日詔兩浙轉運司昨緣措置經
界令逐州軍出賣升斗秤尺令多是州縣科抑或令人

轉一作傳



戶白納顯屬擾擾如有見今白納數目仰日下蠲放其未責數如（非）情願並不得依前科抑如違許人越訴　二十二年二月二十七日右承議郎利州西路安撫使司主管書寫（棧）宜文字吳援言商賈細民私置秤斗州縣雖有著令然私相轉用習以為常至有百里之間輕重多寡不同望下有司申嚴法令置造刊鑄字號量立價錢許人請買非官給者重行責罰從之　二十五年四月四日詔令文思院製造一担（石）斛較定明用火印工部頒降諸路轉運司依省降樣製造用印付所轄府州軍監縣鎮受納行使如有違戾按劾施行從知蘄州高世史請也紹興三十二年七月二十三日孝宗即位未改元

戶部撿坐紹興二十九（年）十一月二十四日已降下指揮造百合鉼（斛）行下不得用鄉原體例仍曉諭州縣先是秀州嘉興縣民沈彥章等進狀伏覩紹興二十九年十一月二十四日已降指揮諸州縣應干租斛止於百合如過百合以上並赴所屬毀棄佃戶租契並仰仍旧不得擅自增加租課又蒙委臨安府置局做造百合斛官雕印記出賣并給与買斛人戶今撿坐紹興府（格）式或有私造升斛增減者賞錢五十貫杖一百斷罪上件指揮於民間實為良法今來有產之家与糴米牙人妄稱已降官斛止係臨安府使用窃詳元降指揮用百合官斛緣為豪民私造大斗交量租米侵害小民所以臣僚上言



倚知紹興府會稽縣陸之望陳請百合租斛事理再行數奏製造衡改戶部勘當因依不許用鄉原私弊僞造大斛交量租課自後亦不曾有指揮令用省斛折還今來農田人戶[illegible]被豪家輙用省斛準折租米被害非輕致有流移失所伏望特降睿旨禁止省斛多折交量人戶并糴糴米牙人遵依施行故有是詔　九月二十八日戶部言臣僚劄子契勘民間田租各有鄉原等則不同有以八十合九十合為斛者有以百五十合至百九十合為斛者蓋地有肥瘠之異故租之多寡賦之輕重價之低昂係焉此經久不可易者也昨因陸之望挾偏見之私乞以百合斛從官給賣凡佃戶納租每畝不得過一石每斛不得過百合雖多至百九十合亦盡行鐫減戶部及州縣亦知其不可行尋即報罷近有司用前指揮再行陳乞戶部復撿舉行下殊不知民間買田之初必計（租）知定價若用百九十合為斛者其價必倍官雖重稅業主自皆樂輸斛器雖大佃戶亦安受而不辞今一旦無故損去其半而二稅物力和買役錢之類如初若中人之產量入以為出者是卒歲之計聳其半矣今乞行下州縣各隨鄉原元立規例每斛以百合為之等則如元約以百九十合為斛即每畝作一石九斗元約以八十合為斛即每畝作八斗之類將陸之望所乞更不施行及改正戶部鏤板行下指揮實經

久可行之例下部看詳本部欲依今來所乞各隨鄉原元立文約租數及久來鄉原所用斛器數目交量更不增減如租戶不伏許令退佃所有陸之望申請并今年七月二十三日用百合斛交量指揮更不施行其官司已賣百合斛并更不行使令戶部日下鏤板行下自今降指揮日為始仍於鄉村曉諭詔從之

宋會要　○永樂大典卷五千二百一十三又八千六百三十二

此條輯者考大中祥符六年及神宗熙寧四年前

全唐文

景祐權量律度式　玉海

會要景祐二年五月二十五日李照上造成今古權量律度式凡新尺律龠合升斗秤共七物尺準太府寺尺以起分寸為方龠廣九分長一寸高七分積六百三十分其黃鍾律管橫實七分高實九十分亦計六百三十分槩合方寸四分高一寸槩升廣二寸八分長三寸高二寸七分槩斗廣六寸長七寸高五寸四分總計三百六十方龠以應乾坤二策之數槩秤以一合水之重為一兩一升水之重為一斤一斗水之重為一秤又造漢書升合二枚周禮升豆二枚臣以新律龠合升斗比校

卷五千二百一十三

周漢舊制今欲以塗金熟銅鑄造新定律龠合升斗及別以木造周漢升合豆升四等以備聖覽從之照以太府尺寸為本作量法木式四等而所容受不合累黍之數又以太府尺寸作周漢量法木式各二寸欲通己說亦不能合且漢志云合龠為合（謂二十四銖）而照誤六十龠識者譏之（錢希白南部新書亦誤）先是二月照請依神瞽律法鑄編鍾一虡使度量權衡協和四月丁巳詔製玉律請取秬黍茛等照累黍尺成律鑄鍾審之其聲猶高更用太府布帛尺為法下太常四律又自為律管之法以九十黍之量為二千四百二十星為十二管定法又鑄銅為龠合升斗四物率三百三十黍為黃鍾之容合三倍於

松按此條見王應麟玉海大典引今附錄以備參攷後倣此

政和以下數條本書已詳删之



龠升十三倍於合斗十倍於升既改造定法又鑄之容受差大更增六龠為合十合為升十升為斗銘曰樂斗及滁州上柜㮚擇大㮚縱絫之以考長短尺成與大府尺合法愈堅定政和二年八月詔量權衡以大晟樂尺為度三年十月令文思院下界造新權衡度量紹興元年四月十三日詔工部以省倉升斗令文思院校定盼其式于諸州二年二月七日命榷務製百斛斛頒諸路禁用私量十月二十九日命文思院造升斗秤尺鬻之

卷五千二百十三



起太祖建隆四年訖寧宗嘉定十年

宋會要　版籍

太祖建隆四年十月詔曰蕭何入關先收圖籍沈約為吏手為簿書此官人所以周知其衆寡也如聞向來州縣科（推）都無帳歷自今諸州委本州判官録事參軍點檢逐縣如官元無版歷（籍）及百姓無戶帖戶抄處便仰置造即不得煩擾人戶令佐得替日交割批歷參選日銓曹點檢

太宗至道元年六月詔天下新舊逃戶檢覆招携及歸業承佃戶稅物文帳宜令三司自今後畫時點檢定奪合收合開合閣稅數聞奏若覆檢鹵莽當行勘逐仍令三司將覆檢文帳上歷管係於判使廳置庫架閣准備取索照證如有散失其本部使副判官必重行朝典干係人吏決停　真宗景德二年五月三司度支判官黄世長請令三司每歲較天下稅帳耗登以聞從之　八年詔詔諸州縣按帳抄旁等委當職官吏上歷收鏁無得貨鬻棄毀仍令轉運使察舉犯者官員重寘其罪吏人決杖配隸時衛州判官王象坐鬻案籍文抄除名為吏配隸唐州因著條約　天禧二年六月三司言定奪三部合減省諸州府帳目奏狀一年計八萬八千九百一十九道約省三十四萬五千二百餘紙其諸路州府望令轉運使定數白三司三司覆定以聞下詔曰計帳之繁動盈凡案公家之利無益關防徒事勾稽空糜紙

卷二萬三百五十九

札叱令近侍同令刪除或匪切須並從簡併洛爾在位宜守親耨勿務滋章致於煩擾其令三司諸路並依新減數目不得擅有增益　先是上封者言諸州帳籍繁而非用紙筆所費或至掊斂望省其數是歲又詔諸州自令造帳營房半年一申揀停軍人一年一申職員馬遞鎮馬帳並一季一申三司使李士衡因言逐年約減省帳目二分以上在省手分亦合減省遂詔三部官司議以聞　四年二月京東轉運副使范雍言諸州帳籍應在不少望自令委轉運司於逐州選官一員專管帳目磨勘如及一百萬數一年內八分已上並升差遣不滿百萬一年了者批歷為勞績從之　仁宗天聖元年



十一月上封者言天下每遇閏年寫造寔行版籍甚有極擾況每歲各有空行版簿拘管催促不至失陷稅賦乞賜停罷乃下詔曰國家稽禹畫以開疆盡天臨而覆物崇建至治阜康生民必務簡於科條用益清於政化乃眷郡縣悉掌簿書既鈐鍵於賦輿亦關防於生齒但有明制存諸有司其或設之如空文害於有益上靡資於理本下徒啟於倖門或牧守愛民奏述暫從於停廢或官司循例因緣寧免於滋彰將杜規求宜削煩擾應諸州縣凡遇閏年所供寔行版簿令後更不寫供申只將催科空行版簿逐年磨勘入勾點檢上歷架閣不得散失　三年七月京西路勸農使言點檢夏秋稅簿多



頭尾不全亦無典押書手姓名甚有揩改去處深慮欺隱失陷稅賦近兗鄆齊濰濮州磨勘出失陷稅賦四萬三千九百八十四貫匹石看詳欺隱稅數蓋是造簿之時不將逐年版簿對讀割移典賣又不取關帖諠對本州亦不點檢致作弊倖走移稅賦改作麁色亦有貧民額外移稅在戶下縱有披訴只憑逐年簿書無由雪理令乞候每年寫造夏秋稅簿之時置木條印一雕年分典押書手姓名令佐押字候寫畢勒典押將版簿及歸逃簿典賣析居割移稅簿逐一勘同即令佐親寫押字用印記訖當面毀棄木印其版簿以青布或油紙襯背津般上州請印本州干繫官吏更切勘會委判句官點



檢每十戶一計處親書勘同押字訖封付本縣勾銷仍於令佐廳置櫃收鏁如違依法施行書手雖經數仍勒充州縣重役令佐不親勘讀以至失陷稅賦雖去官不原事下三司三司檢會農田勅應逐縣夏秋稅版簿並先據本縣元額管納戶口稅物都數次開說見納見逃數及逐村甲名稅數官典勘對送本州請印訖更令本州官勘對朱鑿勘同官典姓名書字結罪勒勾院點勘如無差僞使州印訖付本縣收掌勾銷今請依所乞造置簿印施行從之　景祐元年正月十三日中書門下言編勅節文諸州縣造五等丁產簿并丁口帳勒村耆大戶就門抄上人丁處災傷州縣搔擾人民詔京東京

簿一作籍

科及夏一作料官播

以一作之以

西河北河東淮南陝府西江南東荊湖北路應係災傷州軍縣分並權住攢造丁產文簿候豐稔依舊施行

神宗熙寧二年十一月十三日詔令後農田利害據州縣具到圖簿并所陳事狀並委管勾官與提刑轉運議差官覆按

四年五月十六日司農寺言乞差府界提點司委官分詣諸縣同造五等簿升降人戶如敢將四等已下戶不及得自來中等已上物力升在三等致人戶被訴其當職官吏並從違制不用赦降從之　八年正月八日察訪荊南路常平等事蒲宗孟言近制民以手實上其家之物產而官為注籍以正百年無用不明之版圖而均齊其力役此天下之良法也然縣災傷五分已上則不與焉且留以俟豐歲以臣觀之使民自供手實無所擾也何待於豐穰哉願詔有司不以豐凶弛張其法從之呂惠卿為手實法奉使者至析秋毫天下病之而宗孟有此奏既而詔司農寺罷手實法　元豐元年九月十三日中書言應諸縣造鄉村坊郭丁產等第簿並錄副本送州印縫於州院架閣從之　十二月二十一日詔應造簿路分秋科及夏稅額放及七分以上處權免造並候次年　十二月九日兩浙路提舉司言浙西民戶富有物力自浙以東多以田產營生往年造簿山縣常以稅錢餘處即以物力推排不必齊以一法令欲通以田

卷二萬三百五十九

四





察令挨排一作各以次數排

平一作一

一作高宗皇帝

土物力稅錢苗米之類各令挨排隨便敷納役錢所貴民力所出輕重均平從之　二年四月二十一日知諫院李定言秀州嘉興崇德兩縣初定役法時以僧舍什物估直敷錢恐非法意下司農寺請下本路改正他路有類此處令提舉司依此施行從之　哲宗元符元年二月二日新權提舉廣南西路常平等事盧君佐言京東河北有山林陂澤盜賊結集乞置籍以記浮名詣戶部立法以聞　徽宗宣和二年四月二十一日江浙淮南等路宣撫使童貫奏奉詔措置東南充賊切詳平賊之後民事最為急務勘會經賊燒劫州縣圖書散失理當重造戶口版籍以定將來稅役從之　六年閏三月十六日新差提舉河東路常平等事林積仁言熙豐良法莫大於常平免役而常平免役之政令以戶籍為本戶有五等縣置簿以籍之凡均數數顧錢科差保役及非泛拋降合行均買者皆以簿為據然詭名挾戶減落價貫在法許告有追賞斷罪刑名欲下諸路常平司以指揮到日遍行曉諭限一季許冒犯人陳首特與改正仍免斷罪追賞限滿不首重寘以法若因人告發而州縣根治減裂者提舉官按劾以聞從之　光堯皇帝紹興元年二月二十八日臣僚言州縣經兵火處版籍殘缺姦吏並緣為私所存無幾不可鉤考使戶口未定賦役不均財用莫知所從出今乞嚴勅諸路監司應經兵

卷二萬三百五十九

五

施行一作行下

火州縣自來所有丁産錢穀簿書皆依法置造如委無
舊本許以帳狀及寔可照驗事迹類聚攢成又無即從
諸司用干證文字與州縣見存案牘互相照勘以成新
書監司以逐州名數開具申尚書本部立為定制所有
期限乞從朝廷處分戶部契勘見行下諸路轉運司取索
供申外如内有曾經兵火去處欲依本官所乞用干照
文字互相照勘成書詔依仍限半年　二年三月二十
三日詔曰朕於民事未嘗敢緩而守令監司弗之察也
訪聞造簿之歲姦贓狼籍民被其苦而又輪差甲頭保
長之後公然有備償之說大無謂也可自今後應逃亡
死絶詭名挾佃産去稅存之戶不待造簿晝時依法倚
卷二萬三百五十九　六
閣檢察推割庶使斯民猶堪給養而不被無藝之横歛
也如違令佐公吏並竄配海島有贓者依去年十二月
十四日指揮知通監司隱庇而不舉法者同罪應昨來
造簿不公及今後不為晝時依法施行者並許民戶越
訴令戶部立法取旨施行　閏四月三日右朝奉郎姚
沇言欲乞朝廷行下諸路轉運[司]相度曾被燒劫去處失
契書業人許經所屬州縣陳狀本縣行下本保隣人依
寔供證即出戶帖付之以為永遠照驗如本保隣人作
情弊故意邀阻不為依寔勘會及本縣人吏不即時給
戶帖並許人越訴其合干人重寘典憲　八月二十二
日詔今後應逃亡死絶詭名田産令戶部立法今修立



科一作料

下條諸逃亡死絶及詭名挾佃并産去稅存之戶不待
造簿晝時倚閣檢察推割從之　四年四月十六日戶
部言依條每年取會諸路轉運司供攢戶口陞降管額
文帳今據淮南轉運司申緣本路州縣纔方招誘漸有
歸業人戶未敢便行抄劄戶口切慮驚擾復有逃移本
部相度欲自紹興五年為頭從之　五年五月八日諸
路軍事都督行府言諸路收支見在錢物令後分上下
半年縣具數申州州類聚同本州之數申漕司如係常
平茶鹽司并提刑司錢物即依此申所隸置籍本司揔
一路之數作旁通冊開具聞奏付之戶部考察登耗仍
詔守倅令後歲終及替罷並開具管下諸縣并一州收
支見在數目申尚書省其初到任即具截日見在申戶
卷二萬三百五十九　七
部戶部亦行置籍從之　十月十日尚書省言勘會諸
路戶口并合輸夏稅秋稅賦帳狀雖有立定供申條限
近來州縣違廢法令不即供申令要見諸路祖額并即
令每州并每縣五等人戶各若干逐等人戶各夏秋二
科合納稅賦各若干詔令戶部立定體式限一月取會
諸路州縣作旁通冊開具申　十二月二十三日詔戶
部令州縣遵依已降指揮止以見在簿籍内所管數目
出給今來全在州縣官用心措置務要簡便於民不擾
早得給付如敢乘此差人下鄉根括勾呼搔擾並當重
行停降因而容縱公吏乞取除公吏以枉法論坐罪外

官吏減一等仍仰提刑司常切覺察及許人戶詣
本司越訴 以都省言州縣尚勒令人戶開具追呼摻
擾故有是詔 六年十二月十八日臣寮言州縣推排
人戶於造簿之時宜得其實若產去稅存者根究受產
之家攙數攤理以契內價貫為物力者取見出產之家
苗稅都數參酌均定則不得而欺矣版籍既明賦役均
當若貧若富各得其所欲望申勅諸路州縣官吏應遇
人戶訴理苗稅物力並依公參酌推受過割招產去稅
存已有條令仰戶部申嚴行下餘令諸路轉運司限十日
一就相度申尚書省 七年五月七日戶部員外郎薛
徽言欲望明飭有司稽考州縣丁帳覈正丈籍死亡生
長以時書落歲終縣以丁之數上州州以縣之數上漕

卷二萬三百五十九 八

漕以州之數上之戶部戶部合天下之數上之朝廷殘
破之處計登耗而為之賞罰其重困之由願講明之其
傷殘之法願申嚴之從之 十二年七月十八日戶部
言州縣人戶產業簿依法三年一造坊郭十等鄉村五
等以農隙時當官供通自相排推對舊簿批注陞降今
欲乞行下諸路州縣依平江府等處已降指揮西北流
寓之人候合當造簿年分推排施行從之 十三年九
月一日詔州縣租稅簿籍令轉運司降樣行下並真謹書
寫如細小草書從杖一百科罪勒停永不收敘其簿限
一日改正當職官吏失點檢杖八十如有欺弊自依本





法施行 從轉運使李椿年之請也 十六年六月十
日權知郴州黃武言人戶典賣推稅詔令戶部立法戶
部令修下條諸典賣田宅應推收稅租鄉書手於人戶
契書戶帖及稅租簿內並親書推收稅租數目并鄉書
手姓名稅租簿以朱書令佐書押又諸典賣田宅應推
收稅租鄉書手不於人戶契書戶帖及稅租簿內親書
推收稅租數目姓名書押令佐者杖一百許人告又諸
色人告獲典賣田宅應推收稅租鄉書手不於人戶契
書戶帖及稅租簿內親書推收稅租數目姓名書押令
佐者賞錢一十貫從之 十八年四月三十日臣寮言
比年以來遷徙之民懷土歸業者衆淮甸間如通泰等

卷二萬三百五十九 九

州號為就緒州縣欲便於科差排推物力其間歸業未
滿三年者與免推排一次從之 二十年九月八日臣
寮言四川諸縣推排等第除坊郭營運依舊例外其鄉
村人戶家業數內若有營運合依見行條法推排陞降
如典賣田產價值欲乞改正只用本色所管稅色物斛
依見令州縣衮折則例併細稅錢若於本處或有未便
乞令開具的確利害以聞從之 二十一年二月四日
詔臨安府見排等第依在京例與免 二十二年二月
七日右宣義郎大理評事王彥洪言切見甲令所載三
年一造簿書於農隙之時令人戶自相推排蓋欲別貧
富陞降等第務從均平此萬世之良法也近來聞有縣

令將欲任滿輒促期限或遷延以待後政致有下戶物產已去而等第猶存欲望申嚴法禁於農隙推排之時不得妄有展促期限以杜貪墨懦懦之弊如或違戾令監司郡守按劾以聞從之　五月八日前知池州陳湯求言乞令後州縣不得將船水車應干農具增為家力其責買交易許免收稅如官司輒敢巧作名目暗排家力及抑納稅錢者許人戶越訴專委提舉常平司糾察官吏重寘以法從之　二十四年三月二十五日大理評事劉敏求言乞令有司申嚴法禁俾諸州依條限印給稅租簿仍鈐束人吏乞取之弊如有違戾重寘于法止因宣諭法令固在如官吏奉行不虔雖申明行下終亦無益為知州者須更歷民事通曉利病者為之因命

卷二萬三百五十九

監司以時檢察有不如令按劾以聞　二十六年二月二十二日新差權發遣全州楊揆劄子言在法人戶家產物業每三歲一推排陞降等第如有未當許人戶陳許改正然後立為定籍置櫃收藏於長官廳凡有差科令佐躬親按籍均定比年以來州縣弛慢盡付胥吏之手每遇差科公然賄賂良民受弊依前產去稅存故使貧乏下戶多有逃移欲望明飭有司申嚴行下諸路監司守臣凡差科並須令佐躬親均定不得令公吏干預惟許檢閱抄寫如有違戾仰監司按劾以聞從之　三十年六月十四日詔諸州縣歲終攢造丁帳三年推排

與出母嫁一作于出母生



物力除附陞降並令按實銷注州委官縣委主簿專掌其事監司太守常切檢點如有脫落許人戶越訴當行官吏以違制論從戶部之請也　三十二年正月二十五日臣寮言望詔有司立法自令知縣縣丞滿罷之日批書條限內曾無排造文簿及縣丞推受物力有無未了名件庶幾版圖得寔可以攷籍定差於是給舍金安節等看詳昨降指揮任滿批書並依祖宗舊例詔依　五月三日四川總領王之望言契勘人戶將田宅遺囑與人及婦人隨嫁物產與夫家管係在法田宅止與出母嫁母方合免稅若與其餘人並合投稅今四川人戶遺囑嫁資其間有正行立契或有止立要約與女之類亦合投稅緣得遺囑及嫁資田產之人依條估價投契委

卷二萬三百五十九

可杜絕日後爭端若不估價立契雖可幸免一時稅錢而適所以啟親族兄弟日後詞訟戶部言人戶今後遺囑與緦麻以上親至絕日合改立戶及田宅與女折充嫁資並估價赴官投契納稅其嫁資田產於契內分明聲說候人戶賫到稅錢即日印契置歷當官給付契書如合干人吏因緣搔擾許人戶經官陳訴若出限不即經官稅契許人戶告將犯人依匿稅法施行從之　紹興三十二年壽皇聖帝已即位未改元八月二十三日中書門下言州縣三年一次推排坊郭鄉村物力多係坊正保正副私受人戶錢物升排不公守令信憑人吏

藏匿等第大榜洎至人戶知得並已限滿無緣陳理貧
弱受害今仰州縣推排出院日分明出榜如尚敢循習
委監司覺察奏聞當議重真于法庶使良民有所申訴
從之
壽皇聖帝乾道二年正月十八日詔孫大雅奏
漢制上計之法朕以為可行於今令侍從臺諫參考古
制進呈　先是知秀州孫大雅置本州拘催上供錢格
目來上且言漢制歲盡郡國詣京師奏事至中興則歲
終遣吏上計於正月旦天子幸德陽殿臨軒受賀而屬
郡計吏皆覲以詔殿最今也不然未嘗有甘泉上計之
制而臣始為之奏且臣所撰州縣拘催上供錢格目者
蓋法漢之大司農郡國四時上月旦見錢穀簿其逋未



未畢各具別之之意以為書也敢昧死以獻惟陛下裁
擇於是監察御史張敦實劉貢言切謂一縣必有一縣
之計一郡必有一郡之計天下必有天下之計天下之
計總郡縣而歲考焉三代遠矣方冊可得而知者自禹
別九州成賦中邦因南巡狩而至大越登茅山而會諸
侯號其山曰會稽後立會稽郡漢書注云以其會諸侯
之計於此也遠至周官所載最為詳悉天官冢宰之屬
理財居其半掌財用而言歲終則會者凡十又太府之
職歲終則貸賄之入出會之小宰之職歲終則令群吏
致事鄭氏注云若今之上計也漢承秦後蕭何收其圖
籍知張蒼善算於是令以列侯居相府領主郡國上計



者此則漢初之制専命一人以掌天下上之計也至武
帝建元五年詔吏民有明當世之務習先聖之術者縣
次續食令與計偕注云計者上計簿使也郡國每歲遣
詣京師上之元封五年三月朝諸侯王列侯受郡國計
太初元年十二月又受計于甘泉天漢三年又受計于
太山之明堂是則終武帝之世五十餘年之閒一受計
于帝都三受計于方嶽或以三月或以十二月之不同
也至宣帝黃龍元年正月下詔曰方今天下少事而民
多貧盜賊不止其咎在上計簿文具而已務為欺謾以
避其課令御史察計簿疑非實者按之使真偽無相亂
是則在宣帝之時郡國所上計簿已不能無弊矣光武



中興歲終遣吏上計遂定制論正月旦天子幸德陽殿
臨軒受賀而屬郡計吏皆在列置大司農專掌之其逋
未畢各具別之令孫大雅所陳者是也然西漢言郡國
上計東漢言屬郡計吏則遠方者在東漢未必皆至矣
漢之大司農則今之戶部也切見戶部掌天下之財計
有上限中限末限之格法有日催旬催五日一催之期
會每於歲終獨以常平收支戶口租稅造冊進呈而於
州郡諸色窠目尚略焉是於三代歲終則會與兩漢歲
終上計之法為未備也然而去古愈遠文籍愈煩在西
漢已不免文具之弊況今日能革其偽乎在東漢止於
屬郡之內況今日川廣之遠能使其如期畢至乎以臣

食貨六九之二九

等愚見莫若歲終令戶部盡取天下州郡一歲之計已
足未足虧少虧多之數並皆造冊正月進呈兼採漢制
丞相選差一人考覈戶部所上計而明州郡之殿最則
三代兩漢之制皆兼該而無不舉之處矣詔令戶部措
置其後戶部言諸路州軍歲起上供諸色窠名錢帛粮
斛各有立定起發條限年額數目本部每年預行檢舉
行下諸路監司及州軍當職官排日催促依限撥納其
歲終具常平收支并稅租課利旁通條取前一年數戶
口本年數造冊進呈內不到路分次年附進今來張敦
實等奏陳歲終令戶部盡取天下州郡一歲之計已定
未足虧少虧多之數造冊正月進呈緣諸州軍地里遠

卷二萬三百五十九　十四

近不同竊慮不能於次年正月盡實申到若候取會齊
足攢造亦恐後時今措置欲立式遍下諸處州軍知通
當職官各以本州每歲應干合撥上供窠名錢帛粮斛
數目置籍照條限鉤考撥納歲終逐一開具造冊須管
於次年正月了畢詰關按進候到降付戶部參考將拖
欠諸軍具當職官吏按劾取旨黜責施行上曰如此措
置善從之　二月三日詔淮東近因措置沙田蘆場拘
留人戶供攢戶式有妨春農並仰日下放散如有未圓
備去處候秋收畢日施行內形勢上戶即仰措置取會
不得追擾耕作之人　十一月二十六日權戶部侍郎
曾懷言戶部掌催諸路財賦名色不一自來緣無版籍

志一作忠　神宗一作仁宗　踵一作從

食貨六九之三〇

無憑稽考往往多致失陷積弊之久習為故常被旨攢
具到版籍一物一件皆有照據乞自今每歲諸郡具所
起發錢料名總計寔數作一項限次年正月終申發委
逐路所隸監司覆寔限一月上之戶部具殿最以聞取
旨賞罰庶有司各知任責財賦不致失陷國用以不乏
從之　六年十月十一日戶部侍郎江浙京湖淮廣福
建等路都大發運使史正志言臣恭惟本朝聖祖神宗
相繼嗣統爰考元和之制踵為會計之書萬機之暇未
嘗不視之為先務歲月易久姦弊易生故不得不時為
會計以揀其弊是以景德之錄慶歷之錄皇佑之錄以
致元豐中書備對分令諸房揭貼捜羅詳密纖悉備具

卷二萬三百五十九　十五

朝廷每有施行不復待報於外按圖閱籍如指諸掌竊
思祖宗之時所謂會計之書修纂如是之易者蓋緣郡
國帳狀如期來上無有隱匿稽遲故得以討論措畫又
嘗考之條令一州之帳狀司法注之一路之帳狀漕屬
主之率諸路帳狀上之戶部既已有帳司矣又以別本
關之比部專以纂輯為之違一月者有禁踰一時者有
罰渡江以來天下多事期會日為紛擾而帳狀之計
漫不加省近年以來比部省併曹帳司裁減吏額拘催
帳狀不復來上故易於竄易易於移兌而乾沒之患滋
生臣謂救之之術莫若謹帳狀之上續會計之書是書
一成如鏡之照如權之稱尚何所逃哉從之　二十七

疑有脫字

日宗正少卿兼權戶部侍郎王佐等言得旨編類版籍文字稽考得增稅錢一項係依紹興五年五月十二日旨揮令諸路轉運司量度州縣收稅緊慢增添稅額五分或三分別歷收令將帳案照得除臨安府并太平州每季有收外(通)其餘去處並無所收顯見侵欺失陷欲令諸路漕司自今年冬季為始盡寔拘收以十分為率三分與本州贍給官兵其七分赴左藏庫送納仍限一月先次取見本路州軍合增添五分及三分數目作冊供申戶部置籍拘考詔(之)戶部行下諸路漕臣開具州縣收稅緊慢處(去)參酌申取朝廷指揮　淳熙五年二月四日臣僚言丁稅二弊一丁之稅人輸絹七尺此唐租庸調之所自出也二十歲以上則輸六十則止殘疾者以疾丁而免二十以下者以幼丁而免此祖宗之法也比年鄉司為姦託以三年一推排方始除附乃使久年係籍與疾病之丁無時銷落新添之丁隱而不籍皆私納而竊取之致令實納之人無幾而官司所入大有侵弊兼有十數年不曾推排處此除附之弊也若其輸納則六丁之稅方湊成絹一匹官司紐於久例利其重價及頭子勘合市例縻費之屬必欲單名獨鈔甚已納者又不即與銷簿重疊追呼此輸納之弊也今欲縣委縣丞如均稅事體置丁稅一司遇歲終許庶民之家長或次丁立罪賞自陳其家寔管丁若干老病少壯悉開列于狀

大典卷二萬三百五十九　十六



疑有脫落

將舊簿參照年實及六十與病廢者悉除之壯而及令者重行收附如隱年不自陳者許人告首每歲入務限前以籍寔丁名數關報本縣催理抄錄人名下逐都置粉壁大字書寫曉示通知每歲一易納足即與銷簿給鈔官吏違滯者坐以罪仍許錢絹從便送納與免諸色縻費從之　八月十一日臣僚言臨安府舊有都界有鄉村界自白龜池以南為都界白龜池以北為鄉界前降指揮放免推排之時有司止將都界影占除放如此關門外便作鄉村不係免數蓋向來北關門外人煙稀少以為鄉村則可今駐蹕已久村可予況東起艮山門至江下及六和塔赤山西溪錢塘門皆蒙放免則三隅受賜一隅獨不霑大惠今欲將錢塘門餘杭門艮山門以北與依三隅例並免推排科數等事仍依京司例以九里三十步為界詔兩浙轉運司臨安府同共相度更不推排　八年閏三月十七日知江陰軍王師古言經界版籍圖帳歷時寖久令宰不職姦胥豪民惡其害已陰壞其籍間有稍存處類不藏于公家而散在私室出入增損率多詐偽乞下諸路漕司專委知縣主簿根刷經界元在圖帳簿籍拘收入官整緝齊備置廚封鎖于廳事之右其散失者將逐年版簿參對間有疑誤則證以官本砧基官本有關則以民戶所存者參定一依經界格式置造簿籍自今凡有分析及出產受產之家以此

大典卷二萬三百五十九　十七

為祖即時逐項抵鑿庶幾欺弊可革從之　紹熙元年十二月七日詔江東轉運司行下徽州委知通將婺源黟縣人戶合用砧基簿並一體催督置造毋容違戾先是臣僚奏徽州六縣除祈門界有存在五縣並不置立所以産稅參錯陷失若不及今修整向後姦弊愈生貧弱受害欲望備坐見行條法行下遵承及此農隙之時立限了畢故有是命　慶元元年二月七日臣僚言財賦源流所繫在圖籍倘圖籍之不明則財用之不足此必然之理也伏自經界之久打量圖帳一皆散慢逓年稅籍又複走弄所以州縣日益匱乏莫知所措雖欲稽考猝難摉索乞申嚴行下應經界以來打量圖帳與

卷二萬三百五十九　十八

夫逐年鄉司稅籍並行拘置官府以候檢核民間或有隱匿併與鄉司同坐侵移之罪不以赦降原減從之　嘉定三年四月十九日臣僚言比年以來州縣之間荐歲旱蝗疾疫間作陛下焦心勞思惻怛之誠靡有餘力然而流離餓莩尚多有之官有徒費之名無寔惠之效無他版籍不素明故也乞做州縣使其一新編籍一洗宿弊以提舉轉運兩司總其成而稽考之非唯可以為捄荒之根柢亦足以使朝廷之上知戶口之虛寔强弱從之　十四年九月十日明堂赦文諸路州縣不依條限推排人戶物力是致家業並無陞降其間有產去稅存之家官司止據舊數催理官物雖有逃亡猶掛欠籍



可令知通令佐究寔除放仍令提舉司常切督責州縣照應條限從寔推排毋致違戾

卷二萬三百五十九　十九

卷一萬七千五百三十一

起太祖乾德元年訖寧宗開禧三年

宋會要　逃移

太祖乾德元年閏十二月命樞密學士薛居正往西京
招撫逃移　開寶六年正月詔州縣流民委逐處起遣
却歸本貫仍給緣路口粮　九月詔諸州令年四月已
前逃移人戶特許歸業只據見佃桑土輸稅限五年內



却納元額四月已後逃移者永不得歸業田土許人請
射　太宗太平興國元年二月詔開封府近年蝗旱流
民甚衆委本府設法招誘並令復業只計每歲所墾田
畝桑棗輸稅至五年復舊舊所逋欠悉從除免違者以
所桑土許他人承佃承佃人歲輸租調亦如復業之制
民願歸業而官司邀滯者許人陳告犯者決配　淳化元
年八月詔江淮兩浙民請射逃戶田土者許五年滿日
只納七分租稅　二年正月詔陝華同永興鳳翔管內
逃戶念彼農民值茲旱歲迫于饑饉遂至流移諒有失
于耕桑固莫充于衣食達于予聽深用軫懷宜示優恩
俾歸舊業以年寬限其稅賦以口數貸其種粮使復鄉

卷一萬七千五百三十一

閭再修田畝　四年二月詔開封府逃移人戶令本縣
招携歸業倍加安撫其坐家破逃挾冒佃者限一百日
陳首只自今年夏秋依舊額起納稅賦過限不首本縣
令佐并本村大戶地鄰戶長典押並當科責先是太子
中允竇玭建議請檢括畿內諸縣逃田即命玭領其事
至是以煩擾罷之　三月二十三日詔前令淮南江南
兩浙民請射逃田許五年滿日止納七分如聞不體優
恩益生姦弊將臨輸納復即逃移勵此頑嚚宜行條約
自前逃移戶限半年歸業免當年二稅今後逃戶亦限
半年免一料科納限外不歸許人請射除墳塋外充為
永業其新舊逃戶却來歸業并曾經一度免稅後依前

抛稅逃走者永不在歸業之限若在勑前歸業并請射人戶經一年已上者便納元額未及一年者只放一料驅料便納元額諸道並準此　十一月詔應開封府管內百姓等霖霪作沴水潦荐臻多稼既被于天災盖室不安于地著遂至轉徙其將晴依先是今年三月辛亥詔書應流民限半年復業限滿不復即許鄉里承佃充為永業又念民之常性安土重遷離去舊國盖非獲已自今年十一月已前因水潦流移人戶任其歸業如至明年夏不歸業者即以辛亥詔書從事　十二月詔逃戶屋宇桑棗官為檢校即招誘復業當議與免來年夏稅

至道元年六月開封府言管內十四縣今年二月已前新逃人戶計二百八十五戶乞差官與令佐檢校及遣殿中丞王仲和等十四人分行檢勘仍照今年四月已前申逃并典賣逃戶田土割稅不盡及挾佃詭名妄破租稅侵耕冒佃側近佃田妄作逃戶并見在戶將名下稅物移在逃戶腳下夾帶開破者並限一月許經差去官陳首仍舊耕佃輸稅并許本村耆保親鄰里正戶長書手陳首典押令佐覺察如有欺敝者許令差去官處申舉違限不首及不覺察舉許人陳告犯人田產半具給告人充賞外本犯人并本村耆保親鄰里正戶長書手干繫典押等並當決配令佐除名永不錄用其妄破稅物並于犯人并耆保親鄰里正戶長書手及干繫

兩疑脫



官典處均攤填納　真宗咸平二年八月詔諸道州府檢覆逃戶物產妄定別無情弊不得更將逃戶名下稅物均攤令見在人戶送納　景德三年正月詔緣邊長吏招攜逃名如有復業者特免三年稅租差徭　大中祥符四年八月二十日詔如聞滁和等州頗有流民宜令轉運使倍加安撫　天禧四年六月殿中丞楊日嚴言民有倚典膏雨拋下瘠薄之地抛稅逃移者自今若來歸業請令先承認舊逃瘠田方得收贖前來倚典土田如已有人請射本戶逃田即元倚典田土亦不以多少止許請射人收贖併歸一戶永為永業如請射人不及收贖即勒見佃人蒔其本主更不得收贖從之

卷一萬七千五百三十一

仁宗天聖四年九月詔逃戶經十年已上歸業者未得立定稅額候及三年于舊稅額上特減五分永為定式先是二年十一月十三日赦書應請射逃戶十年已上田土者特立此條以優之而逃亡復業者及不預其例至是上封者請比附而條約之矣　六年四月十二日遣使安撫河北因降勑牓曉諭逃民與放今年夏秋稅租及借貸粮種令各歸農業權免諸般差科鄉縣不得追擾　二十五日命使臣于都門裏置場給散河東州軍流民人支米二斗旬日約支數十萬石而止　七年十一月十六日詔天下逃戶田土經十年已上見今荒閑者限一百日許令歸業限滿不來許人請射其歸業

并請射人戶並未得立定稅額及應令副差徭使及五年于舊額稅賦上特減八分只收二分永為定額矣　二十三日詔前令逃田經十年已上許本主歸業及諸色人諸請佃未得立定稅額慮其間有侵耕冒佃年深者將來別致爭訟及見有稅產人戶故拋自已田產却來請佃逃田以圖僥倖須議特行條約自令侵耕冒佃者候敕到限五日陳首據陳首後來耕到熟田頃畝于元稅額上止納五分如本主限內歸認給付本戶依此分數納稅若有輙拋自已田產妄作逃移請射逃者許人論告科違制之罪押歸舊貫供輸所請逃田給告人請射逃田者並具析戶下有無田土稅數于請射簿內名下注鑿鄉縣者保不切覺察並從制違失科罪　八年二月荊湖北路轉運使張保雍言荊南府監利縣民有請射淳化五年逃田者本縣以其田大中祥符八年嘗有民請佃後來未滿十年不該天聖二年赦文截放稅額令詳其田自淳化五年經今三十餘年荒閑顯是業輕稅重無人承佃中間雖有人請射未嘗耕墾輸稅截四箇月復即逃去若無條約慮啓奬源欲令應請射遠年逃田如中間雖曾有人請佃便却逃走者須經起納稅賦一年或二年已上方許理後來逃走日月若未及一年復逃者止理原逃年月從之　明道二年三月十四日知安州劉楚言本州旱歉三年流亡者八十八



百餘戶檢詳紹聖編勅應因災傷逃戶限半年許令歸業免一料催科又明道元年十一月甲戌赦書京東江淮南災傷州軍流移人戶各令歸業免夏秋兩料稅賦令流亡之人已出敕命應富室疆戶肆為兼并貧弱者歸業無期必恐州縣戶口咸耗欲望申限半年優免徭賦詔災傷之地悉如楚奏特展半年許流人歸業免兩料差徭賦稅　寶元二年八月十七日河東郡轉運司言陝西及晉絳州人值旱分房往河北已令州軍應係有河去處不收渡錢店舍寓止不取宿直詔流民經過諸處公私渡錢隨身將帶盤纏見錢合收稅者並與放免許寓止宮觀寺廟慶歷四年六月二十三日詔因西事料配及揀鄉兵逃移未復業者其令所在招集之　五年三月德音因災傷逃移限一年令歸業與免三料催科及支移折變不因災傷逃移限半年與免一料支移折變　皇祐元年正月詔河北水災流亡甚衆其存者又無種食方春東作宜令三司支錢二十萬貫下轉運司市穀種分給中等已下戶其令佐能招輯流亡及勸課耕種候秋成日皆考以寔聞　六月詔河朔流民之復業者其蠲租賦二年　五年六月詔河南北比年災傷流民未復州縣長吏有能招輯勞徠者安撫轉運司條具能否以聞　閏七月詔廣南經蠻寇所蹤而逃民未復者限一年復業乃免兩料催科及蠲其差役三

年至和二年四月二十八日詔訪聞饑民流移有男女或遺棄道路令開封府京東京西淮東京畿轉運司應有流民雇賣男女許諸色人及臣寮之家收買或遺棄道路者亦聽收養　八月詔河北沿邊久雨為患而瀕河之民致有流移者其令所在振之　嘉祐六年七月詔辰州省地民先逃入溪洞令復歸者與蠲丁稅三年　神宗熙寧元年八月二日詔令京東西路轉運司轄下縣應河北遭水流民到彼並仰于寺廟空閑處安泊如內有老幼疾病的然不能營主者即官計口給米大小有差候至深秋告諭各令歸業種作貧乏者給路糧　十二月詔知青州歐陽修設法撫養河北流民

六年十一月十五日詔德音應災傷闕食之民除依條施行外仍令所在安撫提舉常平倉司擘畫優加振救無致流移失所　十一年四月二十四日中書門下省言戶房看詳諸色人戶請逃田合隨田畝賦稅出役錢者候起稅日數納其承受官田者準此乞頒下從之　元豐二年三月十七日河北沿邊安撫司言雄州兩輸戶避北界差夫及科柱木修涿州城各携家屬來近本州并關城居止上批兩輸戶避役逃移不免失所其給口食振卹候北界移役少息諭令復業　六年六月二十日提點河東路刑獄黃廉言嵐石等流移至岢嵐軍民戶準詔發遣還鄉訪聞流民昨為久雨全損秋田故



暫來就賑鄉一夏苗麥乞限一月畢田事如允其請火山軍亦乞依此從之仍令廉詣兩軍安集之　哲宗元祐七年四月十七日尚書省言災傷處移人戶或隣人亦逃移或官司未賑檢覆至歸業即官司以不經申報檢覆不與放稅遂使優卹之法澤不下究望許依歸業放稅條從之　徽宗政和元年八月二十四日臣寮言州縣之民遇水旱則流移官司不能諭以離流難復之患勸以居業賑濟之利至使毀屋棄業轉徙四方甚可惜也乞應災傷處官司能勸諭賑濟不至移流與流移數多者行賞罰從之　八年閏九月十一日詔江淮京浙廣南福建路被水官吏失于循撫民多流移在法當招誘復業官吏坐視不恤使民轉徙重困可令監司督責勸諭還業計一州縣隨戶口數具流移與復業人比較多寡各具數以聞其最多最少官吏並當量行賞罰候到仰三省將上取旨　宣和二年三月十七日詔淮南流民失業無力可歸州縣官其誘諭遣還仍給在路糧食毋令失所　三年二月五日詔大兵分進兩路討賊兇黨已遁走人戶漸次歸業宜優加安集以示至懷應兩浙江東路被賊燒劫州縣人戶自復業日下已前見欠諸般租賦及公私債負一切並與除放自復業以後戶下應干稅賦特與除放三年仍不得以有抑配搔擾邀姑有營縛違犯官吏並當重加竄責仰兩路監司州

遣疑勸
或古字之誤



縣當職官躬親推行多方招誘造諭逑令歸業務使一方早獲安堵以稱宵旰南顧之意應有合行措置事件令所屬監司疾速條畫以聞 二十八日詔應因方量及根括地土致人戶逃移其地土並聽元佃人歸業已前拖欠稅租等並與除放內京畿京西京東河北路依臧半稅租輸納 同日詔逃移人戶舊欠不得令新佃人承認催理積欠展限三年和預買物帛並仰預備價錢非泛抛科和買物色並行住罷 三月二十三日詔兩浙江東被賊州縣漸已收復逃移及被劫未復業人戶地土屋業官為權行拘籍如及一年未歸。業即依逃田法權行召人租佃承賃 五年十一月十九日詔京西路累年災傷民力匱乏州縣失于措置頗多逃移令歲雖熟若將積欠併行催理顯見未易出辦可將宣和三年已前拖欠稅租並與權行倚閣應逃移未歸業人戶仰轉運常平司官督責守令多方措置招誘歸業仍將歸業人戶未歸以前見欠租稅及係官諸般欠負並特與免除 十二月三日手詔河朔兩路根本之地頃因河北燕山通為一路有司廢事取足河北不復更恤百姓科賦併下調發頻數兩路人戶不得安業賊盜竊發其間所至搔動北顧為之惻然昨緣盜賊驚劫及避科差逃移之人見令還移在州軍縣鎮或往別州縣居住者令累遣事就緒賊盜衰息仰州縣長吏多方招誘

或疑感



歸業復業之後不得少有搔擾 六年八月十八日以收復燕雲大赦天下應逃移人戶委州縣長吏招誘歸業多方存恤 十二月四日詔訪聞環慶邠寧涇原路民戶流移懷德軍西安州界令提舉常平官親詣存撫賑濟勸誘歸業 二十日詔河北河東兩路流移尚多盜賊未殄屢降詔旨尚慮澤不下究宜令兩路文臣提點刑獄各兼本路撫諭徧行阡陌宣布實惠俾人人或知前日詔書出朕親札其已流移之民棄下田產量行借貸召人耕墾應人戶未輸租糴並與倚閣凡戶口之登耗民情之利病官吏之廉汙勤惰悉覈寔具奏守令奉法循理勞來不怠有顯效者亦以名聞 十年正月八日詔河北京東路盜賊及流移人戶已降處分出榜告諭並使復業可令逐路轉運司行下州軍將會流移及為賊盜民戶地土庄產林木舍屋等官為檢校責付係長正近隣着管不得輒有採伐以待歸業即時給付如已拘在官或已召人請佃出賣並行改正如違及敢占據者並以違制論 二月二十八日詔京東等路流民與熟盜漸已出首復業緣隨身有道路費用之物不許搜檢收稅如違以違御筆論敢行邀阻乞取者配三千里 五月三日詔浙西去歲水災民戶艱食豪右之家往往將離業人戶已種麥田恃疆占據仍以積年宿負倍息重疊準折州縣受情理索甚於官債故豐年不免

闕疑闕

度河東南疑渡河來南

於流徙深可憫惻應官戶百姓積債負並至秋成後理
索如敢私侵占人戶田苗依條科罪庶幾漸使歸業
九日德音京東河北路州縣應因逃移逐食或歸業之
人經過所在去處不為賑恤却行邀攔抑勒投軍並許
家人越訴勘會詔寔特為放停應兩路曾被燒刼及流移
流復業人戶修葺舍屋合用竹木瓦石之類其合抽枚
商稅並與免納　十一月十九日南郊赦文諸路有逃
移人戶未能歸業之家官司將棄下田土並作逃田拘
收殊非還定安集之義應移逃人戶仰所在官司說諭
各令歸業田土其棄下田土如契赤分明或雖無契赤
而官司并隣至有文字可以照據委非偽冒者並令給
還諸州縣逐月具已發歸業及已給還田土人戶申轉
運司類聚申尚書省　光堯皇帝建炎元年五月一日
赦應逃戶田見令地分掌管人等攤認租稅許令自陳
特與放免其田依條召人承佃候歸業日給還應因金
人所至州縣刼掠逃避人戶仰監司守令多方招誘歸
業內闕食不能自存之人依災傷七分法賑給與免今
年夏秋稅雖業歸而無力耕種者仰提舉常平司當量
等第借貸錢粮收買牛具之類候將來收成日分三年
逐料帶納　二年正月二日詔曰河東河北郡縣自太
原真定失守之後皆因攻圍官吏軍民誓以死守訪聞
失職之吏失次之軍失業之民度河東南者流離失所

食貨六九之四五

未有所歸朕甚哀之其令河北京西陜西帥臣監司悉
心措置於沿河州縣分布除官員發赴行在外公吏人
補元職次充役數多無闕額者奏取指揮軍人儌舊軍
分高下補逐處闕額便支行衣糧已足者權於額外收
以十分為率不得過一分餘数發填鄰路州軍闕額百
姓以附近官田及未復業田計丁給授牛具種子以常
平錢借給並須驗寔裝察姦偽先令權於寺觀及係官
閑屋內居止公吏軍人限十日分撥百姓限一月給授了畢
間以平常司錢粮計数量給口食如不足具数開奏各
體至意毋為文具措置就緒厚加旌擢　四月五日詔
逃田稅役輒勒鄰保代輸許人戶越訴令提刑司覺察令
日以前逃田無人承佃應召人請射者特依遠年無業
籍逃田法免催科　五月十一日曲赦河北陜西京東
路應被虜人戶拋下田產等仰村保鄰人常切照管不
得所伐窠木發掘墳墓其田土并舍屋仍許親鄰諸色
人佃才候歸業盡時交付內田土已耕種成稼苗者
本縣量給牛粮種子及功力依鄉原體例或以四六或
以三七均分仍令所在州縣勸諭早令還鄉其棄下田
產宅等所屬官司驗寔限三日給還月具已津遣歸業
人戶數申轉運司檢察仍以勸諭歸鄉人最多三兩處
以聞當議量加酬賞　十二月二十三日赦應昨因逃
移逐熟或歸業之人經過州縣不為賑恤却行邀攔抑

食貨六九之四六

勅役軍者並許越訴勘會詣寔特與放停勘會昨緣軍人及盜賊入戶拋棄田業流移雖已歸業尚慮無力能盡行耕種仰令佐躬親體度據見布種田土頃畝理納租賦其見荒閑未曾耕種田土不得一例理納務要寔惠及民無容冒濫應州縣曾經金人或盜賊燒劫去處人戶逃避遺下老弱婦人及小兒貧乏不能自養者仰所在官司抄劄依災傷七分賑給施行仍多方招誘逃避人戶早令歸業　三年二月十四日內降詔曰朕倉卒南渡致士大夫并其家屬禁衛五軍老小不時救濟頗聞尚有未達行在者累雖決委劉光世王淵多以絹帛堆垛江口賞募舟人日夜濟渡猶恐既渡之後徒步顛仆道路仰康允之日下撥其岸空糧舡五十隻綱梢先支一月請授選差使臣二員給劵管押明立旗號前去常潤以來裝載南來之人早令至行在朕以此未敢獨享宮室之安仰有司于殿後權設御閣朕當自處其中以俟衣冠兵補士庶老小咸達行在方御寢殿仰三省日下出黃榜曉示　四年七月四日兩浙轉運司言管下州縣有被賊驅虜未歸之人見今田業為佃戶妄行識認隱匿稅役令措置下項一欲委諸縣令佐曉諭佃戶各于八月一日以前具元佃某人戶下地土四至頃數令自陳官為出給由子勸認納苗如佃戶不見得田產之家遂年合納稅役即以自來鄉原體例每畝



為率一佃戶租種每畝認還業戶租米除認納全米外將其餘合還業戶課利以三分為率一分給與佃戶一分送納入官別歷樁管應副上供及一分官中權與收樁候人歸業逐元業田產給還如過三年田戶不歸即依戶絕法其見今戶下諸色非泛科率並與蠲免并先有積欠稅物亦不許于租佃戶名下催理從之　八月十八日饒信州音德應曾被焚劫逃避人戶仰令佐多方招誘歸業內闕食不能自存之人依災傷放稅七分法賑給即雖歸業而無力耕種者令提刑司量行借貸收買牛具之類候將來豐熟日分二年遂料帶納入戶置買耕牛權免稅錢一年紹興四年七月一日慶州由赦同此　十月七日詔見令業主未歸并田戶死亡無人耕佃者委令佐多方招誘招人承佃除依舊認納常賦外其餘合還業戶課利言令來係初行布種與舊佃人戶不同欲以十分為率五分給與佃戶二分半納官二分半官中權行拘收後業主歸即給還仍自來年夏料為始非泛科率差徭與免一年如過三年佃主不歸即依戶絕法其分鎮去處下鎮撫使一面措置召人耕種　十二月二十三日都省言諸處流移老弱到行在無所得食已詔支降錢米令越州膳郡官屋收養單獨病患之人日給米一升錢一十五文緣雨雪連綿柴薪踴貴慮養贍不足詔每人日添破米五合錢一十五文內七

暮疑募

歲以下減半給　紹興元年三月二十八日詔常州平
江府近有淮南京東西等路避寇渡江流移失業之民
可專委逐州知通措置賑恤仍依老疾貧乏不能自存
人條法給散及慮艱得柴薪每人特更給錢二十文七
歲以下減半以本州常平錢穀支撥深慮數目不足平
江府降度牒二百道常州一百道變轉應副　二年四
月十八日中書門下省言諸路州縣人戶因兵火逃亡
者田業二年外許請射暮田非在十年內者雖已請射
並許地主理認歸業佃人已施工力者償其費即已布
種者收畢交割未請射歸業而佃客人攙佃者聽免一
料催科而歸業者聽免兩料催科一年外免三料每加
一年各更免一料至四料止其已前積欠稅租等並與
除放仍免二年非泛科配即已歸業而又逃亡者止理
後逃月日為準年限撥充職田十年內聽理認歸業官
司占吝不還者言越訴從之　十九日權發遣池州王
進言盜賊寧息六縣流離農民皆願歸業緣例多貧乏
已委縣官多方曉諭將來布種日官為借貸種粮牛具
候收熟拘元價歸還其合用錢物乞給降詔禮部給江
南東路空名度牒一百道付王進變轉應付不得別將
他用多方招誘早令歸業　六月二十二日詔令後應
逃亡死絕詭名田產令戶部立法今修立列下條諸逃
亡死絕及詭名挾佃并產去稅存之戶不待造簿畫時



伺閑檢察推割從之　二十五日詔令兩浙江淮諸州
縣守令將東北流寓之人多方存撫照管如無舍屋居
止即于寺院或空閑官舍內安泊不管少有失所及令
逐路監司常切檢察毋致違戾　九月四日赦訪聞諸
路官司拘收人戶逃田殊非還定安集之意應逃移人
戶仰所在招諭各令歸業其棄下田產雖無契照而官
司并鄰主可以照據委非偽冒者日下給還若已歸業
「其舊欠稅役並行除放如敢因緣作弊但為文具惠不
及民者並按劾聞奏　十一月二十七日知臨安府宋
煇言訪聞有山東海州等處流民欲委官抄劄依常平
乞丐法每人日支米一升小兒減半從之　三年正月
五日知岳州范寅敷言本州農民自來兼作商旅太平
在外欲出榜招召務令疾速歸業如貪戀作商不肯回
歸其田權許人請射候回日理令限給還若舊係官田
合出納租課或合出賣見令荒閑者乞更不召人出租
承買許人戶任便請佃于是戶部言商人田產身雖在
外家有承管見令輸送二稅難許人請射如因作客拋
棄田產即依所乞施行從之　二十六日臣僚言近詔
歸業人民免催科者至四料止若田畝未盡墾闢恐未
可一槩催全稅乞詔郡縣據所墾田畝多寡為催科之
數科數亦視所納租為率其歸業者縣具每月歸業人
戶申州州每季申轉運司轉運司每歲申戶部戶部置

籍以稽考之，仍命有司以人戶歸業墾田多寡嚴立守令課最之法從之　二月二十四日臣僚言乞檢會去年三月手詔招攜淮南人戶歸業並免二年租稅將來合行催納之稅據已種頃畝計數起納其後墾闢到田畝亦據數添納指揮外更展一二年起催庶使人戶樂于聽從及乞將建康府永豐圩禾稻更充借貸令年淮南歸業人戶粮種并取撥淮東塩事司支費剩錢應副收買牛具等詔劉與孟庾將永豐圩禾稲應副韓世忠草粮如有剩數令分儹淮東州軍守臣更行充借貸歸業人戶粮種　四月二十五日工部侍郎李擢言平江臨虜之民業田多有舊佃戶主人見用漕司申請除歲納常賦外餘為三分一以給佃戶一以輸官充上供一以拘籍在官俟其歸業其佃田給還二年不歸即依戶絕法自建炎四年迨今已三年然臨虜之民豈不願歸顧力未能耳欲望更展限二三年以俟之詔令各部檢坐已降指揮行下　五月二十八日權發遣岳州范寅敷言乞應逃亡人戶自降紹興二年下半年以前復業者與免四料紹興三年上半年以前復業者免三料下半年以前復業　免兩料紹興四年以前復業各一料從之　六月五日江南東路轉運司言本路管下州縣如有歸業人戶被州縣沮抑不即給還產業之人欲經監司陳訴若未有監司到彼許寔封狀詞專委逐州通



判接授不得開訴每十日一次類狀專差人齎申就近監司根治施行從之　九月八日戶部言人戶因兵火逃亡拋棄田產依已降指揮二年外許人請射在十年內雖已請射並許地主理認歸業及免料次催科已撥充職田十年內亦聽理認歸業官司占田不還許越訴乞委守令備坐上件指揮鏤板遍出榜文曉諭民間通知如有父母被殺虜而孤幼兒女存或被驅虜竄回及全家被虜而有親屬方歸之人（親屬謂同分而未經分割依條合得財產之人）赴守令廳陳訴逐官回問子細來取索干照契書等如無文照限當日勾勒保正長廂耆鄰佐照證得實即時給付如或孤幼貧乏不能赴訴亦聽就近于保正長廂耆告說本處即時申縣依此施行內有孤幼之人即依條法檢校給所須俟年及立便給付監司常切檢察如有人戶偽冒妄認指占他人產業以為已物并盜耕種貿易典賣及合干人勘驗不寔並仰監司送所屬根勘依條施行人戶被州縣沮抑無力前詣監司陳訴及監司未巡歷到彼許寔封狀詞越通判廳陳訴本官接受不得開拆每十日一次類聚專差人齎申就近監司縣委丞依此齎申通判通判申監司承受即時根治監司每遇出巡隨行出榜曉諭如有人戶陳訴州縣沮抑不得即給付及奉行不虔隱匿曉示並仰按治施行詔並依若州縣監司官吏稍有沮抑並從杖一百科罪仍許

被沮抑人戶越訴先是臣僚言近降指揮將被虜之家
田產委州縣拘籍稅賦而苛酷之吏不考事實其間有
父母被殺虜而孤幼兒女見存者有中道得脫者有雖
全家被虜而親屬偶出方歸者並不勘驗一概籍沒人
情皇皇乞下郡縣務令覈實勿使冤抑每監司行部隨
行出榜人戶陳訴如委是親人官吏故為沮抑重寘于
法詔依奏仍令諸路轉運司措置而逐路措置各不同
故令戶部參酌以聞而有是詔　四年正月十七日權
發遣建康府呂祉言乞自紹興四年以後應人戶因兵
火逃移拋荒田土如召人戶請佃開耕已就功力未及
二年雖元主復業且令先佃人耕作候及三年方得交
還餘並依見行條法戶部契勘田其如委是荒閑及三
年以上其佃人種止及一料所施工力至多除收地利
外即從官司相度更令地主償其所費三分之一給與
元佃人欲下諸路轉運司照會施行從之　二月三日
詔禮部給降兩浙路空名度牒一百道付泰州收買耕
牛分借人戶輪流墾闢以本州流移人戶漸有復業前
知州張榮任內雖蒙朝廷支降錢收買牛畜給借而田
多牛少耕使不足故也　十二月二十九日詔淮南流
寓士民應有官人如材力可以任事州縣有窠闕許令
權攝或無窠闕京朝官大小使臣除支體分料錢外月
給食錢五貫文選人支體分料錢權攝官依此支兩月



止進士願入所在學者聽依例給食軍人寄營收養依
舊支破請授吏人指定州縣收寄有可使令者權收使
令月給錢三貫文百姓令所在州軍量給內老弱不能
自存及婦人無依倚者依孤貧法　五年五月二十七
日臣僚上言郡縣應人戶歸業者候催科日據所墾田
畝多寡之數合給租賦凡有科數亦視所納租賦為率
其歸業者仍免本戶差役一年縣具每月歸業人戶申
州州每季申轉運司轉運司每歲申戶部置籍以稽考
之仍命有司以人戶歸業墾田多寡嚴立守令課最之
法從之　七月十五日諸路軍事都督行府言勘會潭
鼎澧州荊南府公安軍昨緣水寨作過沿湖居民拋棄
田土甚多令來漸已歸業令逐州軍將拋棄田土如元
地主歸業委自令丞子細照檢見收執契狀戶鈔或鄉
書手造到文簿之類可以見得分明給還依舊耕種其
元地若已被人請佃開耕了當即依鄰近見田地段納
許對數指射標撥分明出給戶帖文據與免三年六
料催科元無產業願指射空閑田土耕種之人依已降
指揮標撥施行從之　二十二日上諭轉臣曰淮北之
民繈負而至朕為民父母豈可使民失所可賦田予之
更加優恤以廣招徠之至趙鼎曰前後降指揮多方存
恤已是詳備然恐昨歸之人或無居止當行下提點司
量給官錢賑助之沈與求曰立國不當為朝夕計今使

就耕之民盡蠲租賦更賑助之則五年以後兩淮荒土往往耕闢已多縱使歸復亦為朝廷無窮之利上曰極是　二十三日權通判安州王嘉言言湖北兵火之後全在官吏招集流移州縣闕之不能寬恤復業者及有還徙未復業者不敢回歸乞將州縣最親民官初到任日據見存戶口二稅批上印紙候任滿日再行批鑿罷任若任內增加者書為課最別有遷擢或復減少書為課殿亦寘典憲仍乞下湖北轉運司照會諸路殘破去處亦乞依此從之　六年正月七日臣僚言江東諸路逃亡田土無人佃作者並勘會諳寔開閣合納苗稅出榜召人承佃如無人願佃舊額苗稅重者相驗裁減施行從之　二十六日詔令江東西湖南北福建浙東提舉常平官體認前後詔令各仰躬親不住往來于旱傷州縣遵依前後指揮一一檢察賑濟存恤如有流移人戶亦仰措置踏逐寺院及係官屋宇多方安存依條支破錢米養濟仍仰帥臣嚴察督責所委屬官并逐州通判職官諸縣令佐各仰依此極力推行無致少有流移死損仍日具見今如何措置并賑濟過飢民人數及有無死損結罪保明狀入急遞聞奏仍遍于災傷去處鄉村大字出牓曉諭　三月二十八日詔江南西路洪吉等八州軍將災傷本戶放稅五分以上等四等以下逃移人戶合納今年夏秋二稅以十分為率每料各與倚



閣二分候來年隨本料送納即不得將不係逃移人戶一例倚閣餘路依此　六月四日提點淮南兩路公事張成憲言淮南州縣累經兵火後來歸業之人往往權蓋草舍旋營生業佃認些小閑田墾種未有家業及營運錢物若一例推排恐州縣過有搔擾欲權免二三年詔權免三年湖北路依此　十月二日樞密院言諸路州軍多有西北流寓人民切慮闕食困而失所詔令諸路帥臣行下諸州軍委自守貳將西北流移無歸人民情願充軍堪披帶少壯人疾速措置招填闕額禁軍

七年九月二十三日明堂大礼赦京西淮南湖北路逃移人民復業耕作其典賣耕牛與免納稅錢一年

八年八月二十日鄂州言本州并管屬縣鎮民戶因兵火燬失田土屋業契書外其民戶招認城市已業住舍房廊屋基別無該載指揮欲望朝廷詳酌特降指揮應民戶理認生屋房廊地基雖無契帳照驗而比鄰有契帳指招認人地界或已被人請射狀內声說元係指佃招誘人屋基如此但有憑據可以照驗及勘會干證分明者許從官司給據合理認為業若元是已業曾經典賣後來為見得業人已死或將他人住舍房廊屋地妄行計議指為已業詐冒理認致他人告論或因事冐置出官推究情寔乞重立罪賞禁約特詔依如妄認計贓論罪輕者杖一百許人告賞錢一百貫諸路更有似此

處依此　九年六月八日宗正少卿西京淮北宣諭方庭實言契勘合昨中原士民犇迸南州自靖康至今十有四年已是出違十年之限又有流徙在僻遠去處卒未能歸業望詔有司自降赦以後別立年限如出限即許見佃田業見蓋屋舍住人永為已業庶幾中原流徙與見在人戶各不失所詔令戶部看詳措置申尚書省其後戶部措置下項一今來人戶歸業識認田產屋業房廊等難以理作逃亡月日若不別立年限使歸宗之人不能識認已業今措置欲自新復降赦日為始限五年許行理認如限滿無人識認令見佃人依佃官田法依舊承佃今來識認田產見係人戶承佃已施工力者償其費已布種者候將來收刈了日交割其田產自拋荒之後至今尚無人承佃目今荒閑者仰所屬即時驗實給還一勘會昨自兵火之後中原士民流寓東南往往皆有祖先墳塋或被官司拘籍或被他人冒占即與耕種田土事體不同仰所屬勘驗詣實便行給還一人戶識認田產仰所屬子細驗契書干照若因兵火之後委無契書但有一件可照勘驗明白亦許識認謂如有鄰人契書或納稅人田產及指四至戶口并鄰佐耆保供證詣實之類皆為一件可照一人戶拋下住屋房廊屋業若見今被人戶拘占或權行拘收在官仰所屬子細驗契書干照如因兵火之後委無契書照驗而比鄰



有契帳係指認人拋地界或已被人請射狀內聲說亢指佃認招人屋基如此但有憑據可以照驗勘會干照分明許從官司給據令理認為業如已曾經界約量所費還納價錢若係曾經典賣與人後來為見得業人已死將它人屋地等妄行識認指為已業并前項識認並依已降指揮告賞斷罪施行其人戶識認得業若便行起遣見住人切慮却致失所欲且令見住人仰所屬量行歸業依舊出納價錢如得業人要賣歸業別無所居自要居住亦仰所屬量其歸業口數給充自住餘且合見住人和僦乞施行一今來新復州縣難以遥度彼處人情利害除一來措置外別有未盡未便欲令所屬監司帥臣委州縣官各具利害從長相度措置條具申請施行從之　十五年八月十八日權發遣興國軍宋時言本軍自經兵火除絕戶外目今來歸業人七千餘戶所有拋棄田戶依條十年出賣今欲於十年之限更乞寬展(令)詔給事中戶部侍郎看詳李若谷等今看詳欲令州縣遇有出限歸業人戶即契勘元拋下田土委是無人耕佃歸業人既有可照盡行給付若見有人承佃或官賣了當並於係官可耕田內比較給還諸路依此從之　九月二十五日權發遣無為軍葛祐之言本軍流徙之民漸復歸業尚以難得種粮牛具有妨耕墾欲乞於係省錢穀內許令長貳同共措置借貸立限拘收

入官仍免收息租債以寬民力從之　十六年正月二十六日權戶部侍郎王鈇言西和州昨因兵火流移歸業人戶合依節次指揮令於係省錢穀內量度借貸種粮及收買耕牛不得租債掻擾從之　八月十八日利州觀察使知成州王彥言契勘本州逃移之民漸復歸業而保正長等往往便行供進保甲遂使已歸者不能安跡未歸者不敢復歸欲望將歸業人戶下保甲候起催稅賦日許令進下從之　十一月十日南郊赦勘會淮南歸業人戶依已降指揮聽免兩科催科一年外免三科每加一年各更免一科至四科止優恤已厚尚恐歸業人戶未能畢力耕種却致供輸不前可更與展免一年兩料催科（十九年同此制。）又已降指揮將實開墾田畝數納二稅未耕田土以十分為率每年增納一分尚慮人戶開墾未廣虛認稅額可將增納稅數權罷止據實墾田畝輸納并夏秋二稅上供錢物斛斗雖節次展免除已起發去處外其未能起發州縣及將有限滿去處可並與展免至紹興十七年終納歸業識認田產訪聞多是州縣官吏形勢之家妄行拘占或営利公然恡於給還仰本路監司嚴責州縣照應已降指揮施行仍將合給還田產疾速給還不得違戾如違並仰按劾　三十年八月十四日權戶部侍郎趙子潚言欲望名詔監司郡守崇尚儉約撙節浮費招徠撫綏漸復常業其或因



仍故習臬刻不悛並令臺諫奏劾庶使斯民願耕於野而重去其鄉詔依仍令戶部歲具諸州逃闕最多及最少去處以聞取旨賞罰之上曰招集流移全在守臣勞徠還定之若催科不以時非理歛率以致流亡自當罪縣令臣思退奏曰漢法戶口增者有賞而逃亡流移多者必罰之上曰然二十一年十一月八日戶部侍郎兼御營隨軍都轉運使劉岑言契勘淮南流移百姓老小扶携飢餓乞丐於道無所依倚欲望特賜行下沿路州縣計口給米二升於常平米內應副仰將官舍及空閑寺院廊屋使之棲泊或欲往他州依倚親戚者如法計程給米津遣前去候至春暖言借粮種授以近地逃田使之耕墾以養其生從之　二十三年二月一日臣寮言乞下諸路揭榜斷自紹興二十八年以後凡州縣所賣逃產如元業人及其子孫願以元估官價就贖者仰即日寄庫內錢出據還產如只係承佃者並行給還其牛種之類係主戶贖置者則還其主如或怙強恃勢尚復非理占州縣徇情遷延不為理取許經由朝廷越訴仍專委提舉常平官覺察奏劾詔令戶部看詳其後戶部言勘會在法因災傷逃田限一年不因災傷者限半年避賦役者百日許歸業不因災傷再逃者不在歸業之限不經檢閣稅租及供輸錢物而見有人承佃供輸者限六十日許歸業限滿者許人指射無人請射者亦廳

聽歸業諸田歸業及諸佃若買而權佃人已施功力者
償其費即已布種者收畢交割今看詳欲下兩浙江東
西荆南北福建路轉運司從本司取見著實遵依前項
見行條法施行如有已出賣之數即依今來臣寮所請
令元業人備元估價錢收贖為業從之　紹興三十一
年六月十三日（孝宗即位未改元）登極赦兩浙京西路昨緣金
人侵犯民户逃移今漸歸業已降指揮於免稅賦及免
起州軍上供等錢物以寬民力至於調發馬軍並係專
委官措置津發錢糧深慮州縣巧作名色亂行科配及
非禮差役逐路監司常切覺察　孝宗皇帝隆興元年
正月三十日詔應民户拋下田産屋宇責令佐抄劄籍
記如有回歸者即依舊主業已請佃者即時推還出二
十年委無歸認之人依户絶法　四月二十二日詔楚
州并漣水軍接海州界多淮北及山東莊農將帶老幼
或牛具散在沿淮住坐無生計竊慮失所委是兩淮帥
臣行下所部州軍責令知縣縣令措置招誘若招及三
百户耕種就緒生理不闕知縣令除到任任滿賞外與
轉過一官知通減半若過數並與累賞如招不及三百
户即紐計推賞或有虛數當議重責仍令本路帥漕司
同共覈實保明來上（從都督江淮軍張浚請也）　九月二十七日詔百
姓貧乏下户或因賦稅或因飢饉逃亡其拋下田土官
司即時抄劄拘籍不復歸業遂至失所令州縣申嚴赦



文五年之限應逃亡人户有願歸業者即給還如州縣
違戾監司按劾奏　二年十二月四日詔比者敵人
侵我淮甸數州之民不無驚擾今既議和敵必退舍而
流移未還邑屋未復田業尚荒衣食或闕其令兩淮漕
臣督責諸郡守長貳專切撫綏招來流民葺治居室勉
其耕作振其乏絕或調用不給令江浙漕司那融應副
八日詔兩淮州軍多方措置招集流民歸業仍禁戢
濟渡去處不得邀阻毋致失所　十六日德音楚滁濠
廬光州盱眙光化軍官内并楊成西和襄陽德安府信
陽高郵軍人户復業無力之家許於寺院或空閑無主
屋宇安泊仍將官司白地出榜令指射蓋造居住應棄
下幼小但十五歲以下聽行收養即從其姓　乾道元
年七月二十二日詔階成西和鳳州歸業民户不能自
存理當矜恤合納租賦與免今年夏秋兩料如有已納
者理充來年之數　五年四月二十五日詔去年災傷
州郡民户逃亡去處已責監使守令多方存恤依條申
所屬除放外令常平司加意存恤賑濟其除放逃亡人户
租稅即不得勒户長填納令轉運司覺察如違重寘典
憲　六年五月六日户部尚書曾懷等言切考諸州郡
常賦各有定額自建炎初遭兵火處有流民産稅樁行
倚閣今既經三四十年決無不復業之民縱元業主流
亡必別有人户請佃縣州例以逃閣為名暗失財賦歲

動以數千萬計深爲可惜欲乞令諸路州縣限兩月逐項開具逃亡産業坐落村鄉并畝步四至見今的實有無人戶肯業知通令丞簿尉具結罪保明文狀申省部不時委官前去審實如果是逃亡即與倚閣或有人租佃並以不實之罪罪之能自行首舉者從日下起理税賦從之　七年九月十二日宰執等進呈知隆興府龔茂良奏近責守令賑濟恐有徒爲文具之人欲先差官覆實戶口將來比較以定殿最上曰此説甚善恐猶有未盡者虞允文奏曰旱傷州縣已有逃移人戶若以今覆實爲定來歲間有復業者必難稽考欲令併籍已逃見在之數也上曰極是諸路旱傷去處並令依此施行

十月一日詔趙善俊同向士偉將諸處流移民戶見在淮西之人體倣淮東路措置官莊並日下標撥荒田借助種糧牛具居住耕種如闕錢米申朝廷支撥其被虜走回人州軍不得邀阻仍移文取問鄉貫親戚諳實即津發前去若別無親戚識認即依流民人戶措置官莊事理施行仍常加存恤　十一月四日宰執進呈戴之邵等乞措置江淮流移人虞允文奏曰昨已委淮西帥漕矣上曰儻乘此特撫存流亡開墾田土不惟活得飢民且可以實淮甸允文奏曰欲差朝臣一員前去措置之上曰若專遣官尤好遂詔薛賁宣往淮西同趙善俊等措置　二十三日詔江東西湖南路今歲旱傷州



縣間多有人戶逃移可委逐路漕臣督責守令根刷的確逃移戶口并戶下合納全料夏税數目子細從實開具限十日結罪保明聞奏　十二月八日知廬州趙善俊言本司近準指揮措置招集流移居民先次招到五百七十七戶内朱進等一百七十戶願耕田土遂分撥官田四十九頃八十一畝八分每畝於常平錢米内借支牛種錢一貫文米一斗令居住耕種外有王成等四百七戶皆是人力微薄不願耕佃之人本州自行措置錢米蘆席賑給已是安業有接續招到依此存恤外有諸州軍未見申到招集數目切慮逐處無常賦可以充那應副乞令於見管常平錢米内充撥借貸候將來拘收撥還詔令薛季宣將淮西諸州軍招集到流移民戶與趙善俊向士偉同共取撥常平錢米依今來劄子内所乞事理施行　八年六月十日詔大理正兼權吏部郎中馬大同前去池州審實饒江州等處逃移人戶踏逐係官田土標撥耕種務在存恤其到人戶逃田計一千七百二十四頃四十五畝訪聞人戶有於前項田内冒占耕種並不赴官請佃限六十日内具狀投陳如限滿即依條施行外有實逃棄項畝日下措置募人請佃

表疑衣

援淵鈔

宋會要

淳熙七年十一月五日臣僚言江州興國軍今歲苦旱
流移之民多過兩淮乞行下江西轉運提舉司并江州
興國軍多方賑救無致流徙其已過淮南者令本路轉
運提舉司并光州安豐軍措置毋致逋逃從之八年二
月八日詔江西漕司行下旱傷州縣守令約束上户存
卹地客毋令失所逃移（從漕臣錢佃請也）八月二日臣僚言今
歲江浙州縣水旱相繼細民往往流徙江北諸郡乞令
監司守臣多方賑濟許於諸寺院及空閑廨宇安存如
願種本處官田即令借給口食撥田耕種詔江東帥漕
司疾速措置施行於建康府椿管米内支撥二萬石付
淮南運判趙彦逾專充賑濟流移人支用務施實惠勿
令失所　十一月二十九日臣僚言連歲旱荒細民流
徙不絶乞下所在州縣抄劄流移人口通行賑濟所有
第四第五等户殘欠苗税丁錢且與住催其流移人户
拖欠官物本縣分明除豁不得令保正長代納如違許
人越訴從之　十二月一日詔淮浙江東郡縣間有游
饑去處屢飭帥守監司方多賑卹發廩蠲租殆無虚月
乃聞官吏奉行之際不切究心致流徙尚多令委秘書
省著作郎兼權吏部郎官表樞將作監主簿王謙躬親
按視仍仰帥臣監司督責守令修舉荒政以待來歲之
豐如或違戾具名奏劾并令御史臺覺察　四日詔江

卷五千五百七十八　一



淛兩淮帥漕提舉司各行下所部州縣將流移到人户
多方賑濟來春如願歸業耕種即量支錢米給據津遣
九年正月六日知建康府范成大言近降指揮流移
之人如願歸業耕種即量支錢米給據津遣今欲移文
兩淮安撫司漕行下所屬約束沿江渡口遇有江淛流
移歸業之人其人口行李牛畜等並與免收渡錢無致
邀阻其江淛津渡亦乞一例免收從之　二月十五日臣
僚言乞下諸路監司郡守令所部縣令勸諭上户遇有
流移之民未復業者收為佃户借與種糧秋成之時量
收其息其旱傷州縣佃户貧乏不能布種者亦令佃主
依此庶幾者還鄉居者安業貧富相資不違農時從之
十年十一月初八日詔淛東西提舉司各行下所部
如有闕食人户仰依條支給常平義倉錢米措置存卹
毋致失所及有流移　閏十一月十二日臣僚言淳熙
八年淮南運司移牒令建康府池太平州約束沿流渡
口不得放令流移人臣以為未便蓋流移之民已離舊
業彼其間津必有所借借非親故亦有依附一旦阻障
使之進退不能彷徨無計乞詔諸路監司州縣應有流
移人止合措置存恤不得於沿路渡口預行阻障從之
十一年六月二十七日户部言夔州路轉運司奉檢
準皇祐四年敕夔州路諸州官莊客户逃移者並却勒
歸舊處他處不得居停又敕施黔州諸縣主户壯丁寨

卷五千五百七十八　二

卒疑率



將子弟等旁下客户逃移入外界委縣司畫時差人計
會所屬州縣追回令著舊業同助祇應把托邊界本司
令措置乞遵照本路及施黔州見行專法行下夔施黔
忠萬歸涣澧等州詳此如今後人户陳訴偷般地客即
仰照應上項專法施行如今來措置已前逃移客户移
徙他鄉三年以下者並令同骨肉一併追歸舊主出榜
逐州限兩月歸業般移之家不得輒以欠負妄行拘占
移及三年以上各是安生不願歸還即聽從便如今後
被般移之家仍不拘三年限官司並與追還其或違戾
強般佃客之人從略人條法比類斷罪從之　十二年
十二月十七日臣僚言諸路州縣應有逃亡移籍為鄉

卷五千五百七十八　三

司者無有不知隱占去處若只勒令鄉司抱認自無虧
欠乞賜施行户部看詳乞令諸路轉運司行下所部州
縣從今來臣僚奏陳照應見行條法將逃亡稅賦畫時
倚閣推割如有隱占去處勒令鄉司抱認並不許抑勒
保長陪填從之　紹熙二年正月九日湖廣總領所言
權發遣信陽軍閔良臣申淮西諸縣有旱傷去處小民
不能存濟傳聞本軍薄熟及有荒田相卒而來涉冬雪
寒饑死道路遂勸諭稅户令招集流民以為佃客假借
種糧屋宇使之安存誠慮來者未止本軍財計素自窘
迫兼無常平儲蓄可以賑恤本所令照得信陽軍係是
極邊除已借支一千貫給付本軍及催本路諸司更為



疾速施行詔湖北安撫轉運提刑提舉司詳所申事理
疾速措置安集毋致流徙　四年六月一日三省言諸
路州郡有被水去處竊恐州縣不能存恤致有流移詔
江浙兩淮荊湖等路安撫轉運提舉司將被水去處須
管同守臣多方措置賑恤毋令失所如將來人户或有
流移定將當職官吏重行責罰　嘉泰三年十一月十
一日南郊赦文官員職田在法以官荒及五年以上逃
田撥充訪聞州縣不問年限輒行拘占致人户無業可
歸間有災傷却令依舊數輸納租課並仰日下依條改
正除放（自後郊祀明堂赦亦如之）　開禧元年六月二十五日夔州
路運判范蓀言本路施黔等州界分荒遠綿亘山谷地

卷五千五百七十八　四

曠人稀其占田多者須人耕墾富豪之家爭地客誘說
客户或帶領徒衆舉室般徙乞將皇祐官莊客户逃移
之法稍加校定諸凡為客户者許役其身而毋得及其
家屬婦女皆充役作凡典賣田宅聽其從條離業不許
就租以充客户雖非就租亦無得以業人充役使凡
借錢物者止憑文約交還不許抑勒以為地客凡為客
户身故而其妻願改嫁者聽其自便凡客户之女聽其
自行聘嫁庶使深山窮谷之民得安生理不至為彊有
力者之所侵欺實一道生靈之幸刑部看詳皇祐敕夔
州路諸州官莊客户逃移者並勒歸舊處又敕施黔州
諸縣主户壯丁寨將子弟旁下客户逃移入外界委縣

司盡時會所屬州縣追回令看舊業同助把托邊界皇祐舊法欲禁其逃移後來淳熙間兩次指揮應客戶移徙立與遣還或違戾彊般之家比附略人法般誘客丁尸還本身而拘其父母妻男者比附和誘他人部曲法如以請佃賣田詐立戶者比附詭名挾戶法遷其財物者比附欺詐財物法則是衡改皇祐之法別為比附之說致有輕重不同今看詳皇祐舊條輕重適當是以行之可以經久焉可以略人之法比附而痛繩之且略人之法最為嚴重蓋略人為奴婢者絞為部曲者流三千里為妻妾及子孫者徒三年使其果犯略人之罪則以略人正條治之可也何以比附為哉既曰比附則非略

卷五千五百七十八　五

人明矣夫法意明白務令遵守加以比附滋致紊煩欲令後應理訴官莊客戶並用皇祐舊法定斷所有淳熙續降比附斷罪指揮乞不施行仍行下本路作一路專法嚴切遵守從之三年正月十四日沿江制置使司言虜賊已退兩淮流民各欲復業乞給盤纏歸業者乞支撥樁積錢五萬貫付本司斟酌支俵詔令建康府於修城庫見樁會子內取撥　十一月二十八日立皇太子赦文兩淮荊襄湖北州縣內有曾經虜人侵擾去處居民流移渡江除已見行賑恤外仰所在州縣恪意奉行毋令失所

---



宋會要　食貨十一

戶口

戶口總數起開寶九年訖淳熙十六年
雜錄起開寶訖乾道七年

千一作十　三一作二　一一作七　九一作七　百一作十　十一作百　九百七一作七百九

太祖開寶九年天下主客戶三百九萬五百四　太宗至道三年天下主客戶四百一十三萬二千五百七十六　真宗天禧五年天下主客戶八百六十七萬七千六百七十七口一千九百九十三萬三百二十　仁宗天聖七年天下主客戶一千一十六萬二千六百八十九口二千六百五萬四千二百三十八慶曆二年天下主客戶一千三十萬七千六百四十口二千二百九十二萬六千一百一八年天下主客戶一千七十二萬三千六百九十五口二千一百八十三萬六十四嘉祐三年天下主客戶一千八十二萬五千五百八十口二千二百四十四萬三千七百九十一八年天下主客戶一千二百四十六萬二千三百一十一口二千六百四十二萬一千六百五十一　英宗治平三年天下主客戶一千二百九十一萬九千二百二十一口二千九百九萬二千一百八十五以上國朝會要

神宗熙寧二年天下主客戶一千四百四十一萬四千四十三口二千三百六萬八千二百三十五年天下主客戶一千五百九萬一千五百六十口二千一百八十六萬七千八百五十二八年天下主客戶一千五百六

卷一萬七千五百三十一　一

十八萬四千五百二十九口二千三百八十萬七千一百六十五十年天下主客戶一千四百二十四萬五千二百七十口三千八百萬七千二百一十一元豐元年天下主客戶一千六百四十萬二千六百三十一口二千四百三十二萬六千一百二十三三年天下主客戶一千六百七十三萬五百四口二千三百八十三萬七百八十一六年天下主客戶一千七百二十一萬一千七百一十三口二千四百九十六萬九千三百　哲宗元祐元年天下主客　一千七百九十五萬七千九十二口四千七萬二千六百六三年天下主客戶一千八百二十八萬九千三百七十五口三千二百一十六萬三千一十二六年天下主客戶一千八百六十五萬五千九十三口四千一百四十九萬二千三百一十一紹聖元年天下主客戶一千九百一十二萬九百二十一口四千二百五[illegible]六萬六千二百四十三四年天下主客戶一千九百四十三萬五千五百七十口四千三百四十一萬一千六十六元符二年天下主客戶一千九百七十一萬五千五百五十五　徽宗元符三年天下所陛戶二十四萬五千二百五十七口五十五萬四十二崇寧元年天下主客共陛戶三十萬三千四百九十五口四十萬九千一百六十三二年天下陛戶二十五萬九千七百五十

十一作百　高宗一作光堯　三一作五　孝宗皇一作壽皇聖　孝宗一作壽

八口六十五萬七十六百九十一大觀二年天下所陞戶增一(千)二萬四
千一百七十三口一十九萬二千四十（以上續國朝會要）三年天下所陞戶二十三萬四
十二十口五十六萬八百九十三　高宗皇帝紹興二十九年天下主客
戶一千一百九萬一千八百八十五口一千六百八十四萬二千四百一
三十年天下主客戶一千一百三十七萬五千七百三十三口一千九百
二十二萬九千八三十一年天下主客戶一千一百三十六萬四千三百
七十七口二千四百二十萬二千三百一三十二年天下主客戶一千一
百一十三萬九千八百五十四口二千三百一十一萬二千三百二十七
紹興三十二年（孝宗皇帝已即位未改元）諸路主客戶一千一百五十八（以上中興會要）
萬四千三百三十四口二千四百九十三萬一千四百六十五　兩浙路
戶二百二十四萬三千五百四十八口四百三十二萬七千三百二十二
福建路戶一百三十九萬五百六十六口二百八十萬八千八百四五十
一　京西路戶四萬二千七百七口七萬二千九百五十六　荊湖北路
戶二十五萬四千一百一口四十四萬五十八百四十四　廣南西路戶
四十八萬八千六百五十五口一百三十四萬一十五百七十二　利州
路戶三十七萬一千九十七口七十六萬九千八百五十三　江南東路
卷一萬七千五百三十一
戶九十六萬六千四百二十八口一百七十二萬四千一百三十七　江
南西路戶一百八十九萬一千二百九十一口三百二十二萬一千五百
三十八　荊湖南路戶九十六萬八千九百三十一口二百一十三萬六
千七百六十七　成都府路戶一百九萬七千七百八十七口三百一十
五萬五千三十九　潼川府路戶八十萬五千三百六十四口二百六十
三萬六千四百七十六　夔州路戶三十八萬六千九百七十八口一百
一十三萬四千三百九十八　淮南東路戶一十一萬八百九十七口二
十七萬八千九百五十四　廣南東路戶五十一萬三千七百一十一口
七十八萬四千七十四　淮南西路舒蘄黄三州戶五萬二千一百七十
四口八萬二千六百八十一　廬濠光和州無為軍壽春府緣經紹興三
十一年侵犯焚毁繁隳免供帳止得三州之數　孝宗皇帝隆興元年諸
路主客戶一千一百三十一萬一千三百八十六口二千二百四十九萬
六千六百八十六　兩浙路戶二百一十八萬九千九百八十一口二百
七十六萬五千五百三十五　江南東路戶九十六萬五千三十五口一
百五萬七千六百九　江南西路戶一百九十萬二百九十口三百二十
八萬二千二百七十三　淮南東路戶一(千)萬一千五百四十八口二十



六萬九千三百一十八　淮南西路戶九萬六千一百六十五口二十四
萬四千六百一十一　荊湖南路戶九十七萬五十八百九十八口二百
一十三萬五千一十二　荊湖北路戶二十七萬六千三口五十萬三百
七十四　廣南東路戶一十八萬一千七百六口二十六萬七十三百九
十一　廣南西路戶四十九萬七百六十二口一百三十一萬七十二百
二福建路戶一百四十萬七千二百七十六口二百八十六萬七十一百
八十八　京西路戶四萬五千六百七十六口八萬一百三十四　潼川
府路戶八十一萬一千九百三十口二百六十五萬五百一十六　利州
路戶二十六萬九千五百七十一口七十六萬一千五百五　成都府路
戶一百一十一萬二十九百四口三百一十六萬九百六十一　夔州路
戶三十九萬二千五百八十一口一百一十三萬七十四百七　二年諸
路主客戶一千一百二十四萬三千九百七十七口二千二百九十九萬
八千八百五十四　兩浙路戶二百一十九萬一十四百七十八口二百
七十七萬二千八十八　荊湖南路戶九十七萬九千四百六十四口二
百一十七萬五千一百八十七　荊湖北路戶二十六萬八千七百六十
八口四十八萬三十七百五十　江南東路戶九十五萬五十四百六十
卷一萬七十五百三十一
四口一百七十五萬一十五百一十三　廣南西路戶四十八萬八千七
十三口一百二十九萬五十六百六十五　京西路戶四萬二千二百五
十二口六萬九千四百五十八　成都府路戶一百三萬六千八百二十
八口二百九十三萬三百二十八　利州路戶三十七萬二千二百五十
七口七十七萬六千二百六十四　夔州路戶三十九萬七百六十六口
一百一十三萬六百四十六　江南西路戶一百九十萬四千六百五十
口三百二十九萬一千五百九　淮南東路戶一十一萬一千七百五十
九口二十七萬二百一十四　淮南西路戶九萬六千六百五十四口二
十五萬四千三百四十四　廣南東路戶一十八萬二千九十二口二十
六萬八千四百三十　福建路戶一百四十一萬一千五百四十三口二
百八十七萬八十九百四十二　潼川府路戶八十一萬一千九百三十
口（百）六十五萬五百一十六　乾道元年諸路主客戶一千一百七十萬五
千六百六十二口二千五百一十七萬九千一百七十七　兩浙路戶二
百十三萬一千七百六十三口四百三萬四十八百一十七　江南東
路戶九十四萬七千四百一十二口一百八十六萬一千八百五十一
江南西路戶一百八十六萬二千口三百七十一萬一千一百一十四

福建路戶一百四十二萬四千八百五十四口二百九十萬六千四百六十 荆湖南路戶九十三萬九千六百二十九口二百一十一萬七千五百六十七 荆湖北路戶二百六萬八千二百六十八口四十六萬九千四百三十九 淮南西路戶一十萬六千六百三十八口二十萬三千四百六十八 京西路戶四萬六千五十二口八萬八百九十八 廣南西路戶四十八萬八千一百四十九口一百三十三萬六十九十八 潼川府路戶七十五萬九千九百三十七口二百二十五萬二千六百二十 夔州路戶三十七萬九千九百五十一口一百一十萬五千五百九十三 廣南東路戶五十三萬七千五百二十四口七十九萬九千八百一十一 淮南東路戶一十萬四千四百六十八口二十八萬一千九百八十九 成都府路戶一百一十三萬五千三百五十五口三百二十五萬四千九百七十一 利州路戶三十七萬三千六百五十二口七十六萬二千四百二十三 二年諸路主客戶一千二百三十三萬五十四百五十口二千五百三十七萬八千六百四十八 兩浙路戶二百一十八萬九十八百七十九口二百七十六萬五十五百二 江南東路戶九十六萬五千八百七口一百七十八萬二千八百一十六 潼川府路戶七十七萬三

《卷一萬七千五百三十一》

一

千九十一口二百二十七萬七千一百五 利川路戶三十八萬二千二口七十九萬四千八百三十一 夔州路戶三十九萬三千一百一十九口一百一十四萬六百一十一 京西路戶四萬六千一百一十三口八萬一千一百二十二 荆湖南路戶九十七萬八千四百二十四口二百一十四萬四千五百四十四．荆湖北路戶九十七萬八十三百八十四口二百一十四萬四千五百四十四 廣南東路戶五十三萬九千六百三十七口八十萬四千九十七 廣南西路戶四十九萬四百九十三口一百二十九萬六千九百十三 淮南東路戶九萬七千二百一十五口二十四萬九千二十九 成都府路戶一百四萬九千六百八十七口二百九十萬二十一百三 福建路戶一百四十二萬四千二百九十六口二百九十一萬六千七百九十二 江南西路戶一百九十一萬九千一百三十六口三百八十六萬六千三百五十七 淮南西路戶一十萬八千一百六十七口二十一萬一千九百二 三年諸路主客戶一千一百八十萬三百六十六口二千六百八萬六千一百四十六 兩浙路戶二二百二十九萬五千八百六十三口四百五十一萬九千七百一十八 江南東路戶九十六萬八千七十八口一百七十九萬八千二百八 江



南西路戶一百九十二萬二千三百五口三百八十一萬一千八百八十四 荆湖南路戶九十八萬一千九百二十三口二百一十五萬四千八百六十一 荆湖北路戶二十七萬六千三口五十萬五千九百四十八 淮南東路戶一十萬一千五百四十八口二十六萬九千三百一十八 淮南西路戶五萬二千四百一十五口八萬二千三百四十九 京西路戶四萬六千五百七十八口八萬二千一百六十七 廣南東路戶五十三萬九千六百三十七口八十萬四千九十七 廣南西路戶四十九萬九百五十四口一百三十二萬二千九百六十二 福建路戶一百四十二萬四千二百九十六口二百九十一萬六千七百九十二 成都府路戶一百一十一萬一百八十九口三百二十一萬六千七百二十一 潼川府路戶八十一萬七十四百三十八口二百六十六萬四千六百七十九 利州路戶三十八萬二十口七十九萬四千八百三十一 夔州路戶三十九萬三十一百一十九口一百一十四萬六百一十一 四年諸路主客戶一千一百六十八萬三十五百一十一口二千五百三十九萬五十五百二 兩浙路戶二百一十五萬三十四百三十五口四百一十九萬七千七百一十五 湖南路戶一百一萬五千三十二口二百二十

《卷一萬七千五百三十一》

一

萬四千五百九十二 湖北路戶二十六萬七千口四十九萬八千九百三 廣南東路戶五十三萬五千八百八十三口一百三十二萬四千七百三十四 廣南西路戶四十九萬九千四百四口一百二十九萬八千四百七十四 成都府路戶一百一十一萬八千二百五十九口二百三十二萬六千七百二十二 潼川府路戶八十一萬九千三百一十六口二百六十六萬九千六百五十二 利州路戶三十八萬四千九口八十三萬三千六百四十九 夔州路戶三十八萬二千一百一十五口一百一十五萬二千六百六十八 京西路戶四萬六千五十二口八萬八百九十七 福建路戶一百四十二萬四千二百九十六口二百九十一萬六千七百九十二 淮南東路戶一十一萬一千七百五十七口二十七萬二百七 淮南西路戶一十萬六千六百三十八口二十萬三千四百六十八 江南東路戶九十六萬八千三百一十五口一百七十九萬五千九百一十五 江南西路戶一百八十六萬二千口三百七十一萬一十一百一十四 五年諸路主客戶[illegible]十一百六十三萬三千二百三十三口二千四百七十七萬二千八百三十三 兩浙路戶二百一十五萬八千六百五十三口四百二十一萬六千八百一十六 荆湖南路戶九十

六萬二千六百一十六口二百一十八萬七百二十四　成都府路戶九十七萬六千三百五十八口三百一萬四千六百三十八　夔州路戶三十九萬五十一十一口一百一十七萬三千六百二十八　江南東路戶九十三萬一千八百三十口一百八十四萬七千六百六十四　江南西路戶一百八十四萬二千七百五十二口三百八十二萬四千三百二十二　廣南東路戶五十四萬四千八百八十四口八十五萬八千一百七十二　廣南西路戶五十一萬七百二十九口一百三十三萬八千四百九　淮南東路戶一萬二千一百一十九口二十七萬一千八百二十二　淮南西路戶一十二萬六千二百七十四口三十三萬六千四百百九　荊湖北路戶二十六萬七千二百三十八口五十萬七千四百八十五　福建路戶一百四十萬九千六百四十七口二百八十五萬五千七百八十七　潼川府路戶九十二萬九百九十三口一百四十四萬五千七百三十六　京西路戶四萬六千七百八十六口八萬二千六百三十二　利州路戶三十八萬一千八百四十三口八十一萬八千五百九十一　六年諸路主客戶一千一百八十四萬七十三百八十五口二千五百九十七萬一千八百七十　兩浙路戶二百二十九萬七千一百七口四百



五十二萬八千八十九　淮南東路戶一十萬九百五十三口二十六萬三十一百七十五　淮南西路戶一十二萬五千三百三十八口三十一萬一千三百九十九　荊湖南路戶九十九萬七千二百七十九口二百一十九萬五百六十六　荊湖北路戶二十七萬五千六百九十口五十一萬八千八十三　江南西路戶一百九十二萬七千五百八十四口三百七十七萬四千八百一十七　成都府路戶一百一十萬八千四百七十八口三百四萬七千四百八十四　潼川府路戶七十八萬三千八十五口三百十九萬五千七百六十一　夔州路戶三十七萬九千六百三十百五口一百一十五萬一千三百九十八　江南東路戶九十三萬四千八百一十口一百八十五萬四千六百五十九　京西路戶四萬七千六百七口八萬三十二百九十一　利州路戶三十八萬八十二口八十一十四口八十五萬九千一十三　廣南東路戶五千四萬五千一百四萬三百八十　廣南西路戶四十九萬七千三百二十一口一百三十二萬二千六百一十一　福建路戶一百四十四萬七千八百一十二口二百九十六萬一千一百四十四　七年諸路主客戶一千一百八十五萬二千五百八十口二千五百四十二萬八千二百五十五　兩浙路戶二



百二十九萬七千四百八十五口四百五十二萬五千九百三十　江南東路戶九十七萬六千三百五十六口一百八十一萬一千六十四　荊湖南路戶九十九萬七千八百二十九口二百一十八萬八千六百二十八　荊湖北路戶二十七萬五千九百五十八口五十一萬九千七百三十二　成都府路戶一百一十一萬九百七十三口三百六萬一千二百四十八　潼川府路戶七十八萬六千四百六十九口二百三十萬二千八百七十　夔州路戶三十八萬二千九百九十三口一百一十四萬七千七百一十二　京西路戶四萬七千六百四十二口八萬三千九百七十一　淮南西路戶一十二萬六千二百六十九口三十一萬五十六百一十九　淮南東路戶一十萬七十五口二十六萬一千六百三十八　江南西路戶一百九十一萬八千一十三口三百三十三萬五千五百六十七　廣南東路戶五十四萬六千七百一十六口八十六萬三百九十　廣南西路戶四十九萬八千一百三十九口一百三十二萬八千一百六十三　福建路戶一百三十九萬九千一百八十四口二百八十六萬四千一百九十九　八年諸路主客戶一千一百七十三萬六百九十九口二千五百九十五萬五千三百五十九　兩浙路戶二百一十八萬六千



四百三十二口四千二十三萬一千六百一十九　夔州路戶三十七萬一千二百七十三口一百一十二萬八千三百三十四　利州路戶三十八萬三千八百四十七口七十九萬七千二十二　江南西路戶一百九十一萬四千八百八十八口三百八十七萬九十二十　荊湖北路戶二十六萬五千七百九十三口四十九萬七千九百七　京西路戶四萬七千六百四十二口八萬四千六百七十一　淮南西路戶一十二萬五十九百四十八口三十二萬六千三百六　成都府路戶一百三萬三千一百一十八口二百九十萬一千一百四　淮南東路戶一十萬二千八百二十口二十八萬一千五百二十七　江南東路戶九十六萬七千七百三十口一百七十九萬四千二百五十四　廣南東路戶五十五萬六千九百一十三口九十一萬一千四百四十一　廣南西路戶五十萬五千八百八十三口一百三十三萬四千七百三十四　荊湖南路戶一百一萬八百七十二口二百二十四萬八千一百九十六　福建路戶一百四十一萬八千八百一十二口二百八十四萬四千一百七十五　潼川府路戶八十二萬八千七百二十九口二百六十九萬五千四十九　九年諸路主客戶一千一百八十四萬九千三百二十八口二千六百七十二

此條自壽皇聖帝云云止稱本卷第四頁五月九日詔



萬七百二十四　兩浙路戶二百二十九萬五千八百六十三口四百五十一萬九千七百一十八　江南東路戶九十三萬六十六口一百八十四萬九千五百二十一　江南西路戶一百八十六萬二十六百一十四口三百九十一萬四千八百八十六　荆湖南路戶一百萬五千一百三十四口二百二十萬四千五百九十二　荆湖北路戶二十六萬七千十口四十九萬八千九百三　淮南東路戶一十萬四千四百六十八口二十八萬一千九百八十九　淮南西路戶二萬六千八百一十一口三十三萬二千三百一十一　京西路戶四萬七千八百二十九口八萬五千三百六十九　潼川府路戶八十三萬七百八十九口二百七十萬四百六　利州路戶三十七萬三十六百五十二口七十六萬二千五百二十二　成都府路戶一百十三萬五千三百五十五口二百二十五萬四千九百七十一　夔州路戶三十八萬二千一百十五口一百一十五萬二千六百六十八　福建路戶一百四十二萬四千二百九十六口二百七十一萬六千七百九十二　廣南東路戶五十二萬六千九百一十三口九十一萬一千四百十二　廣南西路戶五十萬五千八百八十三口一百三十三萬四千七百三十四　以上乾道會要

卷一萬七十五百三十一

脫淳熙九年至十六年戶口數

雜録

太祖建隆元年十月吏部格式司言準周廣順三年敕天下縣除赤縣次赤畿次畿外其餘三千口戶已上為望二千戶已上為緊千戶已上五百戶已上為中不滿五百戶為中下據今年諸道申送到闕解木帳點檢紹興元年降敕命戶口不等及淮南十五州只依十道圖地望收附秦鳳階成瀛莫雄霸州未曾陞降欲據諸州見管主戶重升降取四千戶已上為望三千戶已上為緊二千戶已上為上千戶已上為中不滿千戶為中上自今三年一度諸道見管戶口升降從之　凡望縣五十口二十八萬一千六百七緊縣六十七戶二十七萬一千六百九十三上縣八十九戶二十一萬八千二百八十中縣一百一十五戶一十七萬九千三中下縣一百一十戶五萬九千七百七十總九十六萬七千三百五十三戶此國初版籍之數也其後平京南得州三縣十七戶四十萬二千三百平湖南得州十五監一縣六十六戶九萬七千三百八十八平兩川得州四十六縣二百四十戶五十三萬四千二十九克嶺南得州六十縣二百十四戶十七萬二百六十三克江南得州十九軍三縣一百八十戶六十五萬五千六十五陳洪進獻漳泉二州得縣十二戶十二萬二十一錢俶獻

以一作是

三一作五



西浙得州十三縣八十七戶三十二萬九百三十三平河東得州十軍一縣四十一戶三萬五十二百二十　乾道二年三月左司員外郎張澹上井田制度戶籍沿革數　開寶四年七月詔曰朕臨御已來憂恤百姓所通抄人數目尋常別無差徭只以春初修河蓋是與民防患而聞豪要之家多有欺罔併差貧闕豈得均平特開首舉之門明示賞罰之典應河南大名府宋亳宿潁青徐兗鄆曹濮單蔡陳許汝鄧濟衛淄濰濱滄德貝冀澶滑懷孟磁相邢洺鎮博瀛莫深楊泰楚泗州高郵軍所抄丁口宜令逐州判官互相往彼與逐縣令佐子細通檢不計主戶牛客小客盡底通抄差遣之時所貴共分力役敢有隱漏令佐除名典吏決配募告者以犯人家財賞之仍免三年差役　太宗淳化四年三月詔戶口稅賦帳籍皆不整舉吏胥私隱稅賦坐家破逃冒佃侵耕鬼名挾戶賦稅則重輕不等差役則勞逸不均所申戶口逃移皆不件析田畝稅數無由檢括斯蓋官吏因循致其積弊令特釋前罪咸許上言詔到知州通判募職州縣官各具規畫何以得均平賦稅招葺流亡惠恤孤貧止絕姦倖及鄉縣積弊民間未合便行條貫事令知州通判共為一狀縣令簿尉共為一狀限一月內附驛以聞如有異見亦許別上封章須並畫一指陳直書實事已差中書

卷一萬七十五百三十一

舍人看詳可否如事理優長當議擢賞若公然鹵莽令後不得任親民官　至道元年六月詔復天下郡國戶口版籍　自唐末四方兵起版籍亡失故戶口稅賦莫得周知至是始命復造焉　真宗咸平五年四月詔三司取天下戶口數置籍較定以聞　景德四年七月權三司使丁謂言戶部景德三年新收戶三十三萬二千九百九十八流移者四千一百五十總舊實管七百四十一萬七千五百七十戶千六百二十八萬二百五十四口比咸平六年計增五十三萬三千四百一十戶二百萬二千二百一十四口賦入總千三百七十三萬一千二百二十九貫石匹斤數比咸平六年計增三百四十六萬五千二百九十窠以版圖之役生齒畢登所以一稱庸牒衆寡前朝丁黃之數悉載縑緗五代已來舊章多廢兆國家幅員萬里阜成兆民惟國史之闕書由有司之曠職令以景德三年民賦戶口之籍較咸平六年具上史館欲望特降詔旨令自今以咸平六年戶口賦入為額歲較其數以聞庶使國典有憑方司來仰從之　九月詔諸路所供升降戶口自今招到及刱居戶委的開落得帳上荒稅合該升降即撥入鄉戶供申內分煙析生不增稅賦及新收不納稅浮居客戶並不得虛計在內方得結罪保明申奏陞降　大中祥符二年六月頒幕職州縣官

高宗一作光堯

食貨六九之七九

招携戶口旌賞條制　四年正月四日詔諸州縣自今招來戶口及創居入中開墾荒田者許依格式申入戶籍無得以客戶增數舊制縣吏能招增戶口縣即申州乃加給其俸緡至有析客戶者雖登于籍而賦稅無所增入故條約之　天禧三年十二月命都官員外郎苗稹與知河南府薛田同均定本府坊郭居民等從戶部尚書馮拯之請也　四年十二月詔諸州降戶口每年正月具新收人戶所增稅賦句磨訖結罪申三司　神宗熙寧六年十月十二日時上論及天下戶口之數王安石等奏曰戶口之盛無如今日本朝太平百年生民未嘗見兵革昨章惇定湖南保甲究見戶口之衆數倍前日蓋天下舉皆類此上曰累聖以來歲以愛爲心既未嘗有征役又無離宮別館繕營之事生齒蕃息蓋不足怪　哲宗元祐六年八月二十八日三省言諸路戶口財用雖戶部每年考會總數即未有比較進呈之法復不知民力登耗財用足否今立定式令諸州每年供具以次年正月申轉運司本司以二月上戶部本部候到於半月內以次上尚書省三省類聚進呈違者杖一百從之　徽宗大觀三年正月二十一日戶部侍郎吳擇仁言地官之職掌戶口版籍寬賦稅力役之所自出民事之先務也今承平日久生齒繁庶而天下所上因仍舊籍略加增損具文

卷一萬七千五百三十

而已戶口登耗無由盡知乞自今歲具增減實帳每路委監司一員類聚上戶部置籍銷注從之　政和三年四月二十五日詳定九域圖志蔡攸何志同言伏見本所取會到天下戶口數類多不實且以河北二州言之德州主客戶五萬二千五百九十九而口纔六萬九千三百八十五霸州主客戶二萬二千四百七十七而口纔二萬四千七百一十六通二州之數率三戶四口則戶版刻隱不待校而知乞詔有司申嚴法令仍選委逐路監司別作審覈務在得實保明供報詔令逐路提刑審括實數聞奏　八月九日淮南路轉運副使徐閎中言九域志在元豐間主客戶共一千六百餘萬大觀初已二千九百一萬乞詔諸路應奏戶口歲終再令提刑提舉常平司參考同保奏從之　六年七月二十日戶部言淮南轉運司申政和格知通令佐任內增收漏戶一千至二萬戶賞格一縣戶口多者止及三萬脫漏難及千戶少得應賞之人緣此不盡心推括看詳令佐任內增收漏戶八百戶升半年名次一千五百戶免試三千戶減磨勘一年七千戶減磨勘二年一萬二千戶減磨勘三年知通總所管縣通理比令佐加倍從之　高宗皇帝紹興三年十月六日尚書禮部員外郎鄔清國言諸路殘破州縣乞以戶口增虧別立守令考課之法分爲上中下三等

便一作辨

食貨六九之八〇

每等又分爲三置籍比較縣令課績知通考之知州課績監司考之考功會其籍而較其優劣凡賞格用見行條法賞格之最優者其再考在上等之上者除依格推賞外任滿日知州優加擢用縣令與升擢差遣下等取旨責罰從之　五年六月二十八日荊湖北路轉運司提刑司言權鄂州江夏縣呂大同任內招復戶口增及九分乞依格推賞詔改合入官餘路依此　七月二十三日吏部言權通判岳州王嘉言中兵火之後全在官吏招集流移乞將州縣最親民官初到任日據見存戶口二稅批上印紙候任滿日再據戶口二稅批鑒罷任招誘戶口二稅增加者書爲上課最別有遷擢若任內不能招誘戶口二稅或復有減少者書爲課殿亦寘憲典從之　八月十六日都督行府言湖北淮南自兵火之後百姓流亡田多曠土令佐招誘增數已有立定殿最賞罰欲令後守令到任一年雖該到任酬賞若不曾招誘人民歸業雖有而不及分數若不推保明推恩之限仰監司常加覺察從之　六年十二月二十一日提點淮南西路公事張成憲言契勘淮南守令賞典望遂啓濫冒之弊欲望將守令歲增戶口并墾田土及知縣任滿墾田酬獎併入任滿賞格乞量與增重展華罰賞詔淮南守令開墾田土增招戶口即從一重推恩　七年五月七

卷一萬七千五百三十一

日比部員外郎薛徽言欲望明飭有司稽考州縣丁帳覈正文籍死亡生長以時書落歲終縣以丁之數上州州以縣之數上漕以部之數上之戶部戶部合天下之數上之朝廷殘破之處計登耗而爲之賞罰其重困之由願講明之其傷殘之法願申嚴之從之　十一月十六日進呈李誼論戶口對子乞詢求所以惠民而去其害民者上謂曰此亦今日先務大要欲戶口滋息須寬民力須免得科數如向來造成官綱遣廣官綱遂免人戶出水腳錢如此庶幾實惠及民必不得已有所科率亦須明降指揮使上下曉然知其多寡之數更不得並緣爲姦矣若乃避科率之名且朝廷下諸路監司監司下諸州州下諸縣一切趣便遂致過數掊斂無從檢察民愈被害不可不慮也　十三年九月十六日太府寺丞張子儀言親民之官莫若守令戶口登耗之責守令之先務也乞於新復舊州縣精選守令以戶口復業登耗重爲陞黜之典仍委監司覆實以覈課最詔令淮東廣西路監司歲終取州縣所增戶口以聞　二十六年三月十六日權發遣光州曾惇言淮南邊郡雖無甚興造至如修葺官宇補治城壁其他種種雜作循時被驅役街市小民一日失業則一日不食比數年以來尚律豐稔顧慮米麥賤不肯它之若歲小不登復困科役則皆提攜而去

本卷首壽皇聖帝一係誤寫此

食貨六九之八一

矣。如此則戶口日益凋殘。伏望嚴立法禁，應沿邊州縣不得差科百姓工役，若尚敢循習，令監司帥臣按劾。從尤州曾惇之請也。　壽皇聖帝乾道二年五月九日，臣僚言：「兩浙路去年百姓以疾疫死亡、以饑餓流移者至多，州縣丁籍自應蠲減，今年開收所宜從實。切聞州縣至今往往未曾申開銷，路按籍而催，尚仍故目。誠慮將來以年未及之人籍爲成丁，或寃計所蠲之額，多取之於見存之人，或仰令保正長合力償備。乞下兩浙州縣覈實流移死亡丁數，保明申上，權行倚閣，俟流移歸業、中小成丁漸次增補。」從之。　十月十八日，戶部言：「準令每歲具冊進呈天下戶口租税課利數目，秋季以聞，如未到，展限至冬季，若不足，先具已到路分進呈。本部自去年十二月内預行檢舉催促，除兩浙、淮南、成都府、夔州、利州路申到戶口，兩浙、淮南東西路申到稅租，兩浙、夔州、淮西路申到課利帳狀外，其餘路分並未申到，見行督責。委於秋季攢造進呈未得，乞展限至冬季，具已到路分攢造進呈。」從之。　七年九月十六日，知隆興府龔茂良言：「已降指揮，本路帥臣監司將旱傷州縣令精加審量。竊謂朝廷既下審量之令以謹其始，宜有殿最之法以覈其終，然後爲官吏者不敢徒事文具。乞取將來戶口登耗以爲守令殿最而升黜之。又諸縣戶口各有版籍，跋併老幼

卷一萬九千五百三十一

丁壯無闕女，根括記籍，帥臣監司總其實數，明諭州縣，自今以始，至于來歲賑濟畢事之日，按籍比較戶口登耗。若某縣措置有方，戶口仍舊，即當寛保奏，優加遷擢；若某縣所行乖戾，戶口減少，則按劾以聞，重行黜責。推而廣之，以稽一郡之登耗，議守臣之賞罰，則殿最分明，官吏聳動。自此立爲成法，擧而措之天下，亦可以爲興時荒政之備。」詔依，仍將已流移人與見在戶口通行置籍，務令得實，將來比較殿最。其餘旱傷去處依此，仍先次開具已流移人并見在戶口申三省、樞密院。以上乾道會要

# 食貨

起太祖建隆四年訖寧宗嘉定十一年

## 宋會要 賦稅雜録

凡租稅有穀有帛有金鐵有物産爲四類穀之品有七曰粟曰稻曰麥曰黍曰穄曰菽曰雜子粟之品七曰粟曰小粟梁穀䅘丨床粟秫米黃米稻之品四曰秔米糯米穀早稻麥之品七曰小麥大麥粿麥麵青麥白麥黍之品三曰黍蜀黍稻黍穄之品三曰穄秫穄糜黍菽之品十五曰豌豆大豆小豆綠豆紅白豆赤豆褐豆荚豆黃豆胡豆落豆元豆巢豆雜豆雜子之品九曰芝麻子床子稗子黃床子蘇子苜蓿子菜子荏子草子 帛之品十曰羅曰綾曰絹曰紗曰絁曰紬曰雜折曰絲曰綿曰布葛 金鐵之品四曰金曰銀曰鐵鑞曰銅錢 物産之品六曰畜曰齒革翎毛曰茶鹽曰竹木雜草芻菜曰果曰藥油紙薪炭漆蠟曰雜曰六畜之品三曰馬羊豬齒革翎毛之品六曰象曰虎皮牛皮羖皮鵝翎雜翎竹之品四曰箭竹箭簳竹若菜蘆蕟木之品三曰桑橘楮皮麻之品五曰青麻白麻黃麻冬麻苧麻草之品五曰紫蘇藍紫草紅花雜草芻之品四曰草稻草草穰茭草油之品三曰木油桐油魚油紙之品五大灰紙三抄紙杉紙小紙紙被薪之品三曰木柴蒿紫草雜物之品十曰白樸香桐子麻鞋版瓦堵箔瓷器苫帚麻翦藍淀草薦 太祖建隆四年詔每過起納稅賦告諭人戶赴



指定倉庫送納初限已前未得校料中限將終全未納者即追戶頭或次家人令佐同共校料不得闕禁及各行校料仍令逐縣每年造形勢門內戶夏稅數文帳申本州寫送合納倉庫才至起納時點檢戶鈔封送本州委本判官銷注住促內頑猾逋欠者校料須於限內前半月了足本判官不切點檢致有違欠依令佐催科分數停罰其中等已下見係州縣差役及雖是舊日文武職官見今子孫孤貧不濟者不得一例依形勢門內戶供通如將見任文武職官及州縣勢要人戶隱漏不供其干繫官吏並行朝典 七月詔先令諸道州府人戶所納牛皮筋角每夏秋苗共十頃納皮一張角一對黃牛乾筋四兩水牛乾筋半斤其牛馬驢騾皮筋角今後官中更不禁斷即不得將入他外敵境所納皮筋角限至年終了絕如無大絕即牛皮一張并隨皮筋角許共納價錢一貫五百文又詔諸道州府將逐年都催牛皮數目內七分許納價錢仍令三司以皮角定爲三等取中下兩等除興諸州勒人戶送納內下等皮三折中等皮二下等角三折中等角二今據三司言見管筋角不闕供使其本色牛角望令住納宜自來年以後所納三分本色皮筋只仰本縣收納至農稅捎閑差借門內腳乘般送赴州如小有孔竅不妨使用不得退却其本色牛角權住止納價錢 乾德三年五月遣起居舍人劉

熙等八人分往天雄軍等八州監納夏稅　四年正月
詔諸路州府自今後收稅畢勿得追縣吏計會　四月
詔諸路州府受納稅賦自今不得稱分毫合勺銖釐絲
忽錢必成文金銀成錢絹帛成尺粟成勝絲綿成兩薪
蒿成束　七月詔諸路州府夏秋兩稅作檢納聽以受
其民租　五年七月詔諸路州府夏秋兩稅如聞每至
督納之時令佐兩處點檢八鈔競有追擾自今並須同
共入鈔點檢區分不得各行校科　六年九月詔諸路
州府每至納稅即追屬縣簿籍付孔目官督攝逋欠頗
擾于民自今罷之止委錄事參軍案視文簿本州判官
振舉　開寶三年四月詔諸州府兩稅折科物非土地

三

所宜者不得抑配　四年正月詔通判閬州路沖言當
州稅租多遲日限蓋本州曹吏倚以形勢遷延不納亦
有一戶庇三戶者已於本廳别置形勢版籍令本官每
日躬親入鈔第三限即[illegible]先剗刷欠戶校料可以限前
了足處四川諸州未曾遍行條約望下轉運司施行從
之　七月詔朕已平遠俗式示優恩既混車書宜均度
量應廣南偽合日使大斗受納租稅者自今宜罷之
六年六月詔言念遠尤宜薄賦如聞折納未甚均平特
議優寬俾臻富庶應四川管內州府軍縣今後所納兩
稅錢折科匹帛並依逐州在市每月三旬時估價例折
納八年三月詔承前民輸稅其細絹不成匹者令三戶

從疑罷

五戶聚合成匹送納頗為煩擾自今細不滿半匹絹不
滿一匹許計丈尺納價錢　九年正月遣太常丞魏咸
熙於開封府管內諸縣均定三等人戶稅額　太宗太
平興國九年十一月赦書江南兩浙湖南嶺南人戶有
身丁錢今後並以年二十成丁六十入老其未成丁已
入老者及身有廢疾並與放免　雍熙四年八月詔諸
路州府民輸夏稅時所在遣縣尉部弓手於要路巡護
之淳化元年以煩擾從之止令鄉耆壯丁巡檢　端拱
元年正月詔諸州形勢門戶所輸稅自今委本判官置
簿催促須於三季前半月內納畢　四月詔開封府等
七十州夏稅舊以五月十五日起納至七月三十日畢

四

河北河東諸州五月十五日起納八月五日畢潁州等
十三州及淮南河南兩浙福建廣南荊湖川峽五月一
日起納至七月十五日畢秋稅自九月一日起納十二
月十五日畢自今並可加一月限或值閏月及田蠶早
晚不同處令有司臨時奏裁其掌納官吏以限外欠數
差定其罰限前畢者減一選升資夏稅簿正月一日造
秋稅簿四月一日造並限四月十五日畢諸縣民逋稅
踰限者取保放歸了納勿得禁繫　淳化元年三月詔諸
路州府自今不得遣幕職州縣牙校往屬縣催租稅
二年正月十八日詔太平州管內先是偽命日常稅外
課民輸茆草稻穰為泥膠又秋稅科名每名輸稻糠一

有脱誤

斗除之　八月詔江南兩浙荆湖福建廣南道秋税先
自九月一日起納兩方税稻須霜降成實自今宜自十
月一日爲首　五年五月詔工官造弓弩先悉牛筋自
今其縱理用牛筋千萬先是太宗孜孜政理應物有横
費吏因督責急而民有屠耕牛以供官者故下是詔宰
相呂蒙正等奏曰陛下聖智深遠非臣等愚慮所及
至道元年六月令諸州重造兩税版籍頒其式於天下
凡一縣所管若干户夏秋二税桑功正税及緣科物用
大紙作長卷排行實寫送州覆校定以州印印縫藏於
長吏廳側自今後每歲二税將起納前令本縣先如式
造帳一本送州本縣納税版簿亦以州印印縫給付令

疑事

佐　八月御史中丞李昌齡知開封府縣裴麗正言京
邑諸縣凡欠夏税正色斛斗并䕸食鹽麻鞋並令折納
大麥緣以限滿其間皆不濟人户若令折納必致不前
上以三司失於計度重困疲民詔御史臺劾三司司録
倉司官吏民所欠租税許以棗豆大小麥取便輸納
真宗咸平三年十一月詔開封府管内鄉村人户税賦
如聞均定以來多歷年所版圖更易田税轉移富有者
日益兼并貧乏者漸至凋弊特行檢括庶適重輕令差
朝臣往彼只據逐縣元額租税更不申收剩數逃户田
土亦依此施行仍别爲帳籍令本府招誘歸來所有桑
切更不均檢告示人户廣行種植十二月復詔罷其事

五



時詔下均定而居民不體其意多相驚動至有剪伐桑
柘帝聞之遂令停罷　景德二年九月詔陝西路州軍
每歲田租如折變他物及支移就沿邊輸送轉運使
件析以聞或節氣稍緩之處亦仰體量聞奏　三年正
月詔開封府諸縣將中等已上及門内形勢户輸税文
鈔點磨不得以孤貧民户納過税物剩數移易銷折府
縣所欠都大税數　六月詔每歲差官掌納京畿夏税
當賜羨餘縣者並官給價錢其縣據合輸斤兩外不得
多納　大中祥符元年五月詔版籍之廣賦調方興尚
慮有司有循舊式資一時之經費俾鄰郡以均輸況稼
穡之屢登庶黎民之從便宜蠲力役用示朝恩應諸路

年疑月

今年夏税賦止於本州軍輸納其年詔以河北罷兵其
諸州税賦止於本處送納　二年十一月詔訪聞諸路
轉運司每年所科夏秋税賦色額臨期旋有改更頗爲
非便自今每歲預先指揮諸州軍明定合納色額於指
定倉分送納不得旋有改變如違當寘之法　六年正
月詔諸州府多以少碎要用之物輙便以正税折科及
儲蓄稍闕輙又多方歛糴至如給遣物色土産之處即
不令支用又迂廻移易交互般請甚費人力誠非簡便
可令三司常切約束　八年詔諸州軍今年夏税大小
麥納外殘欠許以物色斛斗折納　七年正月二十二
日詔以亳州真源縣桑税太重特減三分永爲定額令

六

後添種桑柘更不加稅　二十六日詔自今遇赦减放稅物候到日委所屬州府先具合納放分數色額供本路轉運司委官（本）看詳如允當即畫時施行先是三司上言每遇恩赦諸路减放稅物其間分數等第多有差謬乞條約故有是詔　二月詔應天下納稅繞入限州縣即追人户理正典級校料令候初限未得校料更宜勸諭有减刑罰辦集賦輿以稱朕意　九月八日詔諸路支移稅賦勿至兩次仍許以粟麥蕎菽互相準折其科買官物如土地不產者具數以聞又令江淮發運司歲留上供米五十萬碩以備賑濟　天禧三年八月左司諫直史館李仲容言民有廣種桑柘多爲不逞之輩妄言官增稅絹望行條禁詔自今違者耆保捕送官司科責所種桑柘更不增稅所在書壁告諭　四年九月詔諸州有啓倖隱陷稅物者與限百日聽自官首罪止自改正已後收其稅物限滿不首爲糾告者論如法

七

仁宗天聖二年五月詔開封府自今稅賦令諸縣據折變到合納逐色斛斗分定倉場並許第三等以下人户依常平例就便將易得斛斗抵折送納如或下户送納賤色斛斗了足外尚有少數亦許令近止力及人户等就便折納　寶元二年七月二十二日知華州魏舜卿言伏覩陝西都轉運司將轄下人户夏稅支那於隔驀州軍倉分送納蓋路遥脚重其人户多將見錢就糴斛斗送納其錢又爲所過收稅乞令逐府每有人户將見錢了納稅物令本屬官司出給公憑所歷商稅務特與放免從之　慶曆三年十月詔天下二稅版簿内有虚作逃亡破稅及因推割用倖走移或請占官田而不輸稅致久而失陷者其知縣令佐能根括出積弊者當議量其多少之數而賞之　四年九月參知政事賈昌朝言用兵已來天下民力頗困請下諸路轉運司毋得承例折變科率物色其須科折者並奏聽裁節雖有宣勅及三司文移而於民不便者亦以上聞從之　十一月赦書西京河陽近經洴癈縣分頗聞人户輸納不便其復縣如故以從民所欲也　五年三月德音自今支移稅賦更不得添納地里脚錢　六年三月詔諸路轉運司凡夏秋稅支移折變自並於未起納半年前揭牓曉諭之民有未便者許經所屬投狀申本司詳察施行

八

皇祐三年七月二十八日詔下湖南郴永桂陽監等處人户所納丁身米每丁特减三斗二升先馬氏據湖湘日科民間採木不以貧富計丁取數國初轉運使司務省民力奏請量直紐米隨稅以納行之已久而高下不等貧者苦之至是守臣以聞仁宗惻然憫之亟命三司勘會始末取其至下者爲準故有是詔然每歲所蠲亦不下十萬石矣　四年六月詔廣南東西路經蠻賊蹂殘處夏稅未得起催　五年十一月赦書開封府諸縣

兩稅於元額上減三分永爲定式坐家破逃冒佃官私
田土限百日陳首只據首起日納稅賦　十二月詔南
郊赦書第四等戶殘欠稅物並與倚閣自今須納七分
以上者方爲殘欠仍著爲定制　至和元年九月詔比
滄州均田稅民或未以爲便其令復輸如舊　二年七
月二十五日呂察言定州并真定府等路最爲衝要屯
集兵多從來資粮未能廣蓄近聞真定府路稅賦累年
支撥與近裏州軍送納頗爲未便詔令三司今後沿邊
州軍稅賦只許支撥與沿邊州軍送納不得支撥近裏
州軍如違官吏分等科違制之罪　嘉祐元年九月赦
書夏秋稅賦其能免人戶支移勞費者歲終具所免處
上之其二稅折科自今並平估不得虧損農人　四
年六月二十五日中書門下言草澤陳師中上太平通
濟策言江淮兩浙福建廣南並爲山水之鄉或遇秋源
泛漲近山民田土多被土石漲塞難復開耕悉爲廢地
所存二稅無由去除貧民歲虛納稅詔天下許有廢田
並乞勘會除落二稅三司下江東南西荊湖南北兩浙
福建廣南東西益梓利夔州轉運司看詳並言所請經
久可行省司檢會舊制緣江河州縣有人戶披訴河塌
并落江地土者並行委逐處差通判或幕職與縣令佐
同詣逐戶地檢量諸實官吏結罪以聞差官覆檢如顯
有欺弊官司蓋庇妄破省稅者本縣干繫并檢覆官吏

九



計所妄破一年稅物不及一匹從違制一匹以上科違
制之罪計贓重者從應輸課之物迴避詐匿不輸律條
坐之內干繫人吏罪至流者仍奏裁然此詔只條約河
塌落江地土者檢覆即無人戶田土被土石漲塞難復
開耕許與披訴檢覆之文欲乞應今後有民田被山源
洪水泛發流蕩土石衝破委實不任開耕永爲廢田者
並許經縣披訴縣司勘會詣實保明申州乞依前詔差
官檢覆詣實官吏結罪以聞檢覆得實乞與除落二稅
顯有欺弊官司知情亦以舊法坐之從之　八月二十
七日中書門下言天下稅賦輕重不等乞行均定詔職
方員外郎孫琳都官員外郎林之純屯田員外郎席汝
言虞部員外郎李鳳秘書丞高本等相度均稅後令分
往均田又詔三司置局詳定命三司使包拯諫議大夫
呂居簡戶部副使吳中復[illegible]其事然高本獨持異議以
謂田稅之制其廢已久不可以復均其後雖用古法補
均數郡田其於天下不能盡行初慶曆中三司請令於
淮南亳壽州京西蔡汝州擇尤不均處如方田法均之
而京西均稅郭咨言蔡州多逃田須先招輯由是中止
至是再有是旨又命天章閣待制呂景初張揆樞密直
學士呂公弼諫官司馬光並同詳定　神宗熙寧元年
三月十六日詔開封府界諸縣見催積年倚閣鹽錢
及麦種貸粮殘零數目今春貧民無力送納候麦熟或

十

令隨夏稅送納　十二月二十二日詔皇祐新編京東
一路勑積水災傷田其人户如不繫災傷并元種不敷
地畝一例披訴並當嚴斷地鄰知情蓋庇科不應爲重
所隱户下稅數勒盡元數送納不在減放之限仍許諸
色人告首據所欺隱并元種不敷地畝打量如告首一
畝以上至十畝賞錢五千十畝以上至一頃賞錢十千
每一頃增五千至百千止以犯人家財充如不足於知
情鄰人處催理或告數户各據逐户頃畝給賞其本户
如欺隱已經妄破稅物計贓重者從詐匿不輸律條定
斷條內增賞錢一倍　二十七日詔諸縣催稅依條逐
户下銷鑿足將簿鈔上州驅磨內縣分有管户二萬已
上處即於元降半月限外更展半月申解若驅磨尚有
懲欠其催科典押書手本年催稅户長並令勘罪嚴斷
一面填納不得追呼民户　二年七月六日監察御史
裏行張戩言京西陝西及利州路夏旱麥收及一二分
昨有逐縣收接訴狀差官檢覆訪聞下户居住僻遠稅
數畸零及單丁女户老幼之家不曾披訴欲望今年披
訴夏苗已經檢覆係災傷州縣及應陝西去秋支移赴
近邊輸稅之家委逐路轉運安撫司下本州將納外見
欠租稅更不折變各輸本色就令本州縣送納及今秋
租稅亦免支移詔令逐路轉運司體量實災傷處即相
度施行訖奏　四年十月六日前知襄州光祿卿史炤

十一

食貨七〇之一一

言昨任內勸誘六縣民自備人夫物料開修堙廢渠堰
共二十一處澆溉水田一千八百餘頃農民獲利又準
京西轉運司牒於諸縣鄉村主客户均差夫二千四百
八十二人開修古淳河依功料一月了畢用梢木填築
堤堰缺口共長一百六里計工七萬四千五百給過官
米豆一千四百九十石計所澆民田六千六百餘頃見
耕種次一千五百餘頃漸以耕放水通流入陂渠及向
下先修起官陂等引通河堰并黃臺港水合流入渠接
連兩水灌注入舊潭陂民已獲利切恐州縣便欲增添
稅額乞且令春冬自辦夫工不住開修常令陂河通流
候三年已後田疇增益方與量添稅數詔送京西轉運
司本州委官勘會令縣水陸田稅數自來於稅錢貫百
上一例紐納色額即別無水陸地頃畝上紐納稅數色
額今將稅簿照會得淳河堰下業户水陸地都共合係
稅錢四百二十七千六百三十文今淳河才始開修通
流人民方得灌溉難遽增稅且乞仍舊候三五年增添
水利徐議詔三司應已有稅田土不得興修水利增添
稅數　十四日檢正中書户房公事章惇言陝西路每
歲支移稅賦蓋欲實軍儲於邊郡然所支移沿邊斛斗
纔十萬三千餘石草二十四萬餘束所省不過三數萬
貫而一路爲之擾擾若令乘賤廣謀糴買當無事時使
兵馬就食近州軍即沿邊軍儲自充積請罷支移以寬

十二

食貨七〇之一二

一路民力詔判永興軍曾公亮詳所奏如實即關轉運司罷支移　元豐元年閏正月二十七日環慶路經略司言環慶二州闕乏蕃部及弓箭手去年合納欠負乞依漢户等倚閣七分至將來秋料納從之　三月四日京西南路轉運司言秘書監高賦言唐州民請地生税實公私之利乞并鄧州南陽縣民有田無税及税少地多立限一年自陳據頃畝立税給帖聽為永業限滿不言聽人告請從之　二十二日詔開封府界諸縣及諸路轉運提舉司權停催理第四等以下户欠負候夏熟輸納　五月二日司農寺言諸路蠶麦豐熟乞下提舉司以積欠錢数穀粮增直折納從之　六月二十四日詔京東東路民訴方田定驗肥瘠未實處並先擇詞訟最多一縣據名色等酌中立税候了日無赴訴即按以次縣施行　七月九日詔永興軍等路提舉司據未經方田均税縣分并已經方田因民披訴曾差官定奪委實不均縣分如是夏熟秋苗滋茂可見豐稔次第即一面依方量均税條差官體量訖前期一月申中書省取旨　三年八月十九日詔永興軍長安等五縣民負税支移以災傷限内先訴也　九月八日權發遣三司户部判官李琮言奉詔根究逃絶税役有蘇州常熟縣天聖年簿管逃年逃絶户倚閣税紬絹綿苗米丁塩錢萬一千一百餘貫石近两百九十五户當輸苗米三百五十三石紬絹





五十一疋綿三十五两外並無田産人户亦無請佃主名蓋欠失推究姦猾因之失陷省税乞差秘書省著作佐郎劉拯知常熟縣根究歸着他縣有類此者亦乞選官根究從之　十月十二日詔諸路轉運司支移科折二税並具行下月日上中書以中書言熙寧八年詔支移二税於起納半年前行下而轉運司多逼近起納方行如開封府界五月十五日起納夏税五月十二日方下諸縣坊民及時輸納故也　四年四月二十一日詔衡州茶陵縣歲以税米折納船材運至潭州造船自今以所輸即本縣造船後又詔民税米聽輸縣米一石别輸船脚錢七十官為運至潭州　十二月二日瓊管體量安撫朱初平等奏海南四州軍諸縣税籍不整吏得以增損乞根括元額存正数外欺弊虛偽盡改正從之　同日朱初平又曰朱崖軍在瓊州之南十六程地狹人少税米不足則移瓊州昌化税米輸之不惟地遠黎人抄掠大抵吏以錢往糴納而多取民錢不勝其苦欲令朱崖軍官自糴米止令瓊州昌化輸錢從之　五年二月一日提點開封府界諸州鎮公事蔡温叟言諸縣夏税輸納有期方行倚閣續有旨令上三等納本色緣本色多絲綿紬絹今已過時雖法許納錢而官估物價錢幾倍始成空文詔諸租絲綿布帛折納並依實直上價　二十一日開封府言永興秦鳳二縣等路當行方

田已推朝旨取税賦最[illegible]不均縣先行歲不過一縣若
一州及五縣不得過兩縣緣府界十九縣比一州事體
不同以此推行十年乃定請自今年歲方五縣送司農
寺以為便民從之　六年四月十一日尚書戶部言根
究淮南路逃絶税役等李琮奏累年虧陷税役乃是造
簿錯誤官司失於點檢積成欺弊欲令人戶逐年依料
次隨夏秋二税帶納欲依琮所乞以金薄内失收税錢
物特以除放從之　七月二十八日御史瞿思言唐州
舊以土地瘠薄人不耕佃往年高賦知州招集流民自
便請射依鄉原例起税凡百畝之田以四畝出賦自是
稍稍墾治殆無曠土聞轉運司近以土闢民庶百畝之賦
增至二十畝民情騷然且流田拋棄開荒狀於安土者
特幸税輕有足自養今土雖稍闢而利薄民美雖庶而
未富官既多取則私養不足其勢恐至於轉徙如是則
不惟所增之賦為虛額亦失常入之數伏望申勅使者
如合增税即量加分數庶使新集之民得以安業詔下
轉運司相度以聞　九月九日陝西轉運副使范純粹
言鄜延一路新地税賦闕乞許臣不限元豐三年舊
制酌鄰並州縣税賦遠近移闕處送納從之　十二月
九日御史蹇序辰言江南東路自李琮根究虧陷税役
官吏率以減裂未得均平乞本路委縣令佐限一年重
根究令轉運提點刑獄提舉司考察其能改正虛昌數

十五

多者追前官所得賞授之仍按前官之罪從之　七年
五月十一日荊湖路相度公事尚書右司員外郎孫覽
言微誠蠻多典賣田與外來戶乞立法深洞典賣田與
百姓即計直立税田雖贖税仍舊不二十年蠻地有税
者過半則所入漸可減本路之費乞下辰沅邵三州施
行從之　八月十四日陝西轉運司言今秋民戶税乞
許本司酌遠近支移以實緣邊從之毋過三百里　十
二月十二日權提點開封府界諸縣鎮范晌言乞再展
限一帶年納諸縣積欠税課從之　八年二月十六日
詔受納税租斛加一勝藁草十束加一為耗舊例多者
及常平租課並依舊例藁草支盡有欠者耗内聽除二
分　哲宗元祐元年四月二日宣德郎劉誼言欽橫二
州每年支移百姓苗米納於邕州太平諸寨廉州米納
於欽州白州米納於廉州化州米納於雷州高州米納
於容州類皆陸行近者十程遠者二十程於民不便詔
戶部下本路轉運司具的確利害以聞　七月十五日
臣寮上言税賦自五季以來有因逃亡倚閣業盡税存者
有典吏筆誤年深至以簿頭虛有管額者有他處送納
誤錣文鈔於別縣未能畫時畫數勾銷者有鄉司攬納
之人恃此作過不為送納却將甲村姓名同鈔銷在乙
村者頻詔諸道州縣催税納畢之外更與限兩月銷簿
直候諸處發到文鈔勾銷了畢簿内縱有欠戶即令佐

十六

躬親監勒鄉司抄録嚴責罪狀二本一本并薄申送本州對磨一本在縣根究催納以絶吏人虚均人户及措取户鈔之弊從之　二年三月十八日詔陝西轉運司令後支移税賦以等第高下為遠近人差分三等其願納脚錢者亦以此定多寡各從其便先是御史言陝西轉運使呂大忠以支移為名其實止令移户就本處輸納脚錢百姓苦之詔提刑司體量提刑司奏逐州軍上四等人户既免支移只令本州縣送納轉運司所立地里脚錢比之遠輸别無侵損於民外第五等自來不曾支移惟陝解二州費用差少蓋是平日支移之時地里不均故輕重不等故也　四年八月二十四日詔開封

十七

府界京東京西河北河南人户各納蠶鹽錢如是不係灾傷願折納斛斗者聽　紹聖元年正月九日詔令兩浙轉運司將折納到紬絹價錢置場收買金銀或將來蠶絲熟日兼買紗羅紬絹差官部至京師送納逐庫借過紬絹之數以户部言兩浙所收蠶絲至薄本路今年和買并夏税紬絹乞令第四等以下户任便納錢乞撥左藏元豐内藏庫封椿禁軍闕額等紬絹支用故也　七月二十五日詔陝西路每歲夏秋支移税物令本司趲那支移赴沿邊次邊及附近西北送納（從本路轉運使胡宗回請）也　二十八日詔府界諸路監司令轄下豐熟州縣將人户今年秋料合納係官諸般欠負據在市斛斗立定



價直及糜費每斗量添價錢取情願折納中合用斛斗願納見錢者亦聽其監官將折到斛斗及五千碩與第五等酬獎一萬碩以上與第四等其折納到斛斗内有元係起上供錢即令轉運提點司兑糴起發元係朝廷封椿錢依舊封椿　十一月十二日詔京東路人户所欠借貸錢斛并典當牛錢及倚閣租税等並令分作十料隨夏秋税輸　二年七月十一日詔諸路今年夏税如已用新條或只用舊例紐計納者各不追改外所有秋税折科並具仍舊以户部言諸處申明時估價值逐處所較多寡不等難以一槩立法故也　三年三月二十六日御史中丞黄履言臣伏聞熙寧元豐之交先帝

十八

常選官往諸路折納斛斗而陝西路續遣李博總之是時揔號稱職遂致邊儲所在倉廪充積切見今來雨暘及時麦必大稔若前期選官就陝西諸郡平價折納則官儲民用兩獲其利詔諸路豐熟州軍諸色欠負並比市價添錢折納斛斗仍差朝散提舉解鹽余景宣義郎新差知齊州章丘縣李譓前去河北陝西路務在儲積勿致傷農　五月二十一日詔諸路昨因灾荒民户所欠税租及諸逋負除已降分料旨揮帶納外其後續欠合併催納者並自今夏為始分作四料帶納其府界諸路豐熟斛斗價賤去處民户逋負願已斛斗折納者聽於價高及所熟分數不多處即毋得一例行　四年二

月十八日奉議郎趙竦奏民間水旱並訴訴匿不輸徒損財用以資煎并而實被灾傷之家未嘗全蒙蠲免乞下詳定所明立條禁從之　九月二日詔諸州起納夏秋税賦每月令具元額已納見欠税物名數申省部點檢如限滿有欠令轉運司依編敕施行如轉運司失行省部即行舉察從裁定六曹寺監文字所請也　十一日詔以今年嶽縣秋田不稔民户粮草不易輸納其願納錢本縣者聽如户部歲計草有闕以封樁草代之　元符二年六月一日河東轉運副使郭時亮言嵐内民租乞令於所屬便近縣鎮輸納特免支移從之　三年三月十一日户部言兩浙路轉運提舉常平司奏本路

十九

將受納夏税和買不理優重收市例錢歲計緡錢九萬二千四百有畸分給役人既非常賦而横斂如此之多於衙規役法皆有所害欲乞於衙規依舊收入受納夏税和買理優輕分數所有分給市利乞依重禄法寢罷從之徽宗崇寧五年七月二十九日户部言乞將成都府路人户税錢折納絲綿依舊免納官耗從之　大觀元年正月五日詔訪聞成都府利州路轉運司於未合催納税賦期限内先次預行科物納租税已知非理慮民受害見令根究聞今得本司於崇寧四年六月内先次科納折變税公牒絹每疋折錢三百紬每疋折三百二十布每疋折九十二文紫每擔四文二分足公然違



法科率折變不當物價使川陝遠民痛被掊斂可令鄭路提點刑獄司子細看詳公牒内事理推原自祖宗立法催税文意及久來有無似此條例若是違法創行暴斂即勘鞫所由官吏具案聞奏重與懲責以誡不法聚斂暴虐激怨之臣庶幾遐邇均受其賜　二年六月十四日詔應被差受納二税官雖不拘常制並不許差出侯納限滿日依舊其已差出官並令歸任受納　七月二十四日詔昨赦文禁誡非時促納和預買物帛加罪一等比聞慢吏廢法凡輸官之物違期促限慈者未絲耕者未獲追胥已旁午於道民無所措手足爲之惻然自今如前催納輸官之物加罪一等致人户逃徙者又

二十

加一等　三年六月一日臣寮言有司於諸豐熟處許人户入穀以償逋負以一州一縣數立定賞罰臣以爲從人所願則不必立定賞罰若立賞則官吏規賞避罰必有折勒之弊積欠多是貧民有孫承祖名子占父籍肌膚盡於箠楚而逋欠不能除者使官吏希賞其弊不可勝言詔賞罰指揮勿行　四年三月二十一日詔累降處分約束諸路監司州縣止率科率配買及細折省租税并一切營利誅求害民等事前後非不丁寧訪聞有司壅遏德意遠方小民無所申訴仰逐路人户許實封投狀越訴受詞狀官司如輒敢稽違其當職官吏並以違制條科罪　二十七日河北運判張鞏言鄭次準

朝旨將係官折納抵當戶絶寺田産召人添租爭佃充助學費免納二税致虧贍軍財用乞應贍學田産内有元合輸本司二税額數依舊入本司從之　政和元年三月十九日三司進呈臣寮言乞根究積欠合催事理上宣諭以委官取會必成煩擾吏因為姦况且祖宗法令自具止可申明約束行下　二十一日詔起發上供物色元豐法係限年終起絶崇寧年指揮分一半於六月起絶因致催督緊急細民舉借出息使兼并坐獲厚利已措置應副戶部支遣不闕外可令依舊條限歳終起發盡絶或有不依條限不候成熟先期催納者並重行黜責和預買紬絹絲綿布其見錢或鹽合於每年正

二十二

月十五日以前支俵盡絶近以漕司闕用多致支俵過時遂使務農之際無所給助不免以厚利舉借自今許以常平司錢支俵候納到和預買物令常平司樁管轉運司逐旋以錢撥充戶部仍不得於年額外泛有拋科及增數和預買紬絹絲綿布帛其轉運司雖承省符繳進不得施行　二十九日戶部言諸路折納斛斗合遵熙寧法用納月實價若漕司違法掊民令提刑司覺察奏劾從之　同日詔天下租賦科撥支移當先富後貧自近及遠比聞將漕之官失職廢事遠近貧富皆無籍記故科撥支折有不均之患民或受害可立法申明行下　同日戶部奏京西路臣寮言本路諸州以鹽雜錢



折變物料數年以来物價滋長比實直大段相遠大觀二年小麥孟州温縣實直為錢一百二十而折科止五十二潁川汝陰縣為錢一百一十二折科止三十七百姓至闕披訴欲時估比實直着令限定不得減過幾以杜過甚之弊内批去年十二月二十六日降出永興臣寮所言相類可檢照彼處籤貼看詳約束關防舉劾戶部檢會永興臣寮言兩税雜錢鹽錢折納斛斗用納月實價比熙豐之制也陝西斛斗價高數倍於昔時轉運司折科乃用熙豐斛斗之價遂致常税之外增五七倍之賦望會計本路每歳所收之數講措置折納以實價内批若漕臣違法掊民當行降黜勘當欲令提刑司覺

二十三

察奏劾重行黜責從之　四月六日臣寮言湖北二税自崇寧五年後漕司多不依熙豐例創行紐折詔檢會熙豐舊法申明約束　七日臣寮言夏秋米賦斂各有時夏所産者蠶麦秋所收者本黍比来漕司牽於經費不足五六月之間則或斂以米粒狼戾之際則使輸以帛乞自今二税不隨所産之時者科以重罪仍委本路提舉司覺察以聞從之　二十三日臣寮言諸路支移二税除陝西河東外並係一州一縣遞趲而人戶極以為病乞責諸路提舉提刑官與漕臣同議今後除河東陝西外並於闕粮州縣收糴即不得遞趲支移如人戶依條願納地理脚錢者聽從其便從之　五月二十二日

詔令稅許納價鈔願以簡便或將零就合鈔輸納則細
民稍被寬恤可令立法

宋會要

徽宗政和二年二月六日尚書省言通判萊州吳長吉
奏賦歛折科之法外路官司猶務掊剋以京東一路言
之漕司不問州郡輸納所估之價惟就一路中擇其最
貴者納限將畢裁損不已看詳欲轉運司科買及折納
之物（謂本土所有者）若已曉諭後令別納錢物及反復紐折過
為掊剋者州縣速申本司改正及申尚書省戶部相度
如或固執即具狀以聞從之　五月九日臣寮言頒詔
諸路監司告戒所部令丞預於催科之前舉行法令毋
失期會使民艱於輸納毋繁文移督責以滋吏姦其有
課最號為不擾者歲特取一二尤者以聞特加褒擢以
示旌勸從之　六月十九日戶部侍郎王詔等言欲諸
路今後有興脩陸田為水田去處並從提舉司報轉運
司依崇寧四年二月指揮增稅其未增者准此從之　八
月五日戶部言大保長催稅係熙豐紹聖良法行之累
年別無未便昨來臣寮起請乞差保正副大小保長及
甲頭事理切慮只合遵依見行紹聖條法從之　十八
日給事中俞㮚言諸輸納折變物並以納月上旬時估
中價准折今州郡觀望上司以意裁減名曰時估實非
中價其實失中名曰依法其實侮法且如六

二十三



月納麥即市司於五月中先減麥價僅留三四分至折
科已定即頓增價二稅亦然詔戶部坐條申明行下　三
年七月一日梓州路計度轉運副使王良弼奏欲州縣
應稅限及期而納數未敷輒敢虛申其數以追一時之
責者令佐及縣吏書手並科違制之罪吏非知情減二
等從之　九月二十八日京西路計度轉運使王璹言
本路唐鄧襄汝等州治平以前地多山林人少耕殖自
熙寧中四方之民輻湊開墾環數千里並為良田知唐
州高賦書將所墾地內每頃立稅止一二百餘州更不
曾立稅多係有田無稅之戶元豐間察知其弊將所墾
新田立定五等稅額元祐住罷不行大觀施行間因人
戶陳狀又復住罷四十餘年官中失收租賦以貫石計
之逾數千萬今將唐鄧襄汝比鄭洛孟滑輕重何啻十
倍一路民情抱幸不幸之嘆詔元豐已立五等之稅令
日自當遵守元祐廢罷以迄于今失於修復可依元豐
法令轉運提舉常平司措置聞奏　四年四月二十二
日荊湖北路轉運司奏每歲收支係省錢物帛等並許
收頭子錢物價直錢千緡收五錢充裨助直達糧綱水
夫工錢及綱運等縻費支用詔依其應行直達綱路分
准此　十月十九日詔諸路州縣輸納二稅及糴納粟
米麥等違法重收加耗歲以為常欵積數仰尚書省檢
坐條置措畫禁止　五年十二月二十一日尚書右司

二十四

員外郎充陝西路察訪方郡奏體訪得陝西路近裏州軍逐年將人戶稅租不用條令便行估價納錢貼納脚費其所定價不實民間輸納比本色支移各有陪費乞下有司申嚴抑勒之禁以寬民力詔生條申明行下六年八月二十五日詔京西唐鄧襄汝四州新頒稅法本以寬卹民力續降指揮柢以見錢就本處輸納又絕革致脚乘勞費之弊漕司不詳旨意尚循例所稅外更收脚錢歲僅三十萬甚失惠下卹民本意可先次速行止絕仍詳悉申明行下 九月十二日沆州奏本州縣等二等已上人戶稅米赴靖州送納今年適當春種之時被賊人黃安俊等燒劫人戶散去耕種不時今來蕩滅

三五

人戶漸漸歸業欲降指揮將稅賦止就本州送納候人戶安業却依例支移從之 八年二月十七日臣僚言州縣夏秋二稅文簿不依條置櫃封鎖當官謄造銷鑿遇改造簿書及割移推受稅物胥吏走移減落暗失額管稅數納畢稅鈔往往夾帶見欠一例銷鑿至有措改鈔旁數目納少銷多其弊百出乞立驅磨稅簿之法詔令諸路轉運司講究措畫諸司互察戶刑部立法 宣和元年二月十四日臣寮言大名縣政和八年稅秋雜草錢初令民戶折納小豆民苦秋災無豆乞納白米揭榜從之令支往濬州輸納間關四百餘里津輸甫畢却指揮納豆仍令自往濬州請米米固萬萬無可請之理而





豆又非時監勒催驅急於星火方春東作農事鼎興而田家坐此已見失業詔提刑司體量以聞 四月三十日詔自今州縣管納二稅及和預買紬絹限滿抑漕司差官取索千照點對拘納足與未足數目漕司覈實取最勤墮去處具知通令丞姓名聞奏於入內省投進當議特行黜陟勸沮 三年正月四日知湖州王倚奏應緣軍儲乏并官戶一例科糴民戶並止第二等以上從事平日依舊從之 二十七日詔諸路見催理積欠多係拖欠歲久及民力不易一併輸納不前可並與展限三年務從優卹不得少有困弊民力疾速行下 二月七日臣僚言江東路輸苗米一石者率皆納一石八斗

三六

和買絹未嘗支給價錢而漕臣又令州縣所買絹每以重十三兩爲則如兩數不足勒令人戶依綠價貼納見錢每兩不下二百餘文百姓以此重困詔提刑司體究以聞違法者先改正訖奏 四月二十七日戶部言知袁州辛炳奏本州先准降到詹度措置拘收鈔旁錢等畫一事件續承本路提刑司牒措置約束內一項倉庫受納人戶布帛不成端疋雖以條聽與別戶合鈔納本色仍合戶出買鈔旁錢各戶給鈔謂如十戶共納絹一疋即買鈔十副填十戶所納丈尺各給臣今取會到本州倚郭一縣人戶數內一萬四千五百一戶各係納夏稅絹一尺若人人買鈔即是四十戶共納絹一疋合買

鈔四十副通合納絹三百六十二疋二丈一尺合納鈔一萬四千五百四十一副其餘三縣亦各多是下戶不惟受納攙併之際印鈔給散必致差互留滯元降指揮既令依條即無各戶買鈔之文事屬擾攘有詳租稅布帛不成端疋合鈔納本色已有見行令文該載即無須令各具鈔條法指揮令來袁州雖已寢罷竊慮諸路州縣亦有似此去處今欲申明行下從之　四年十月三日臣僚言官戶占田用蔭具載格律州縣未嘗奉行在格曰一品百頃至九品十頃其格外之數並同編戶在律九品之官身得用贖而祖父母父母妻子孫皆不與焉故生為官戶沒為齊民欲望賦役皆如本法庶幾貧富貴賤無不均之嘆從之　五年十二月三日手詔頃因河北燕山通為一路有司庶事取足河北及緣奚賊犯邊漕臣不卹百姓科賦併下調發頻仍匱民財奪其時力兩路人戶不得安業賊盜竊發其間所至擾動北顧為之惻然仰宣撫司河北路帥臣漕司提刑提舉司體茲親筆詔諭躬親覺察州縣因新邊擾攘等事嚴切禁止其送納稅糴有旁近泝流可通水運去處雖非元指定送納所在聽民戶就近輸納量出腳錢官為水運前去所有均糴斛斗相度分立耆次量與展限　六年閏三月二十日詔輸納稅租違年違欠及形勢人戶令諸縣置簿專一拘催科校仍前期牓示從京師轉運副使朱彥美請也　七年四月七日詔諸路轉運司章平司行下州縣取索去年人戶應干欠負見合催理稅賦租課均糴等草以二麥折納仍以在市見買見賣的實中價取問情願不得高擡小估及抑勒擾攘其約束官吏刑名等並依已降糴買指揮從尚書省請也　六月十一日詔令歲夏田豐稔價賤傷農除常平錢物已降指揮外人戶應干欠負令諸路豐熟州縣估定大小麥實直上價更與加饒三分聽人戶赴官折納即不得輒有抑勒應合分料積欠只合將當料合催之數勸誘折納其未合驅催料次不得一例驅催從講議司請也　八月二十五日尚書省言凡輸納租賦有官鈔有倉庫鈔有監生鈔所有關防去失互相參照其戶鈔給散人戶令諸縣刷未多追人齎鈔呈驗已立法禁止從之　十月二十一日臣僚言和糴天下良法奉行之吏縱吏為姦不即支價或蹙抑配輒虧其直如度牒一道官價二百千抑配民間僅不得三之一香藥鈔每歲降擬動以數百萬計準折價錢支與人戶而所請實無幾良民鬻田破產恬不知恤京畿自祖宗時和糴之法不行近年緣漕臣申請意欲希進自是一例擾攘與諸路無異訪聞夏秋稅賦巧立名目非法折變如絹一匹折納錢若干錢又折麥若干以絹較錢錢倍於絹以錢較麥麥又倍於錢洽與白著無異前日東北諸郡寇盜烽起劫

掠居民蓋監司官吏有以致之欲降睿旨諸路和糴剛
行措置無令抑配準折免致民間虛折市價并夏秋税
賦止依常制輸納本色不得非法折變暗增數目并許
人戶越訴嚴立法禁監司重行貶責仍委逐路提刑司
覺察聞奏從之　十一月十九日南郊制京西人戶合
納税租已降指揮更不支移止據地里出納脚錢本路
却將所納錢指定州軍令人戶自齎前去以至下戶依
條免支移亦令一例出納脚費顯是奉行違戾仰提刑
點檢廉訪覺察改正訖奏并諸路人戶合納税賦近來
催税公人等多不等候人戶輸納一面彊牽耕牛典質
或以代納爲名拘留折欠更不給還致妨費耕種已上
自令如有違犯許人越訴　欽宗靖康元年五月十二
日詔和預買絹令轉運司以常平司見錢隔季椿辦於
正月給散不得以他物量支　十七日提舉京東路常
平稱違言州縣之間以和預買絹數太多折勒百姓將
復業人戶合免之數令著業者承認人甚患之乞令除
豁不許均敷從之餘路依此　高宗建炎元年五月二
日赦諸路税賦應支移折變官司往往反覆細折如合
納見錢小估價直令輸紬絹却以紬絹之直折納絲綿
又將所折絲綿却納見錢之類重困民力令轉運司遵
守條法不得循襲過爲掊尅　紹興十一年三月七日
赦同此制　三年五月二十九日臣寮言州縣于契税



賦之弊則推割不盡故貧民産竭而税賦猶存傜役之
弊則差科不公故下戶力屈而傜役常重和買之弊則
不酬其直謂之白著和雇之弊則不償其錢謂之白作
其驗視災傷之弊則被災人戶分數不以實減而又攤
拋斛斗倒行補糴蠲放欠負之弊則倚閣錢物不以實
除而又改易文書指爲摺轉拋降之弊則倍數而敷以
賦免者謂之陪貼受納之弊則加量而入刻削者謂之
出剩胥吏之弊則有守闕收補之名實同正額皂隸之
弊則有承引追呼之擾號曰家人欲望深詔監司按察
州縣州縣有此十弊必劾以聞詔送左右司看詳四年
三月一日戶部侍郎葉份言乞將折納物帛及度牒錢
分作兩限送納上限三月終限五月逐縣令佐若能依
限勸諭數足或違限稽留令本州具申朝廷賞罰如人
戶秖有糧米願行折納者與依在市實直紐計送納到
錢糧令守臣別庫樁管不得擅行支用詔依　六月二
十六日右諫議大夫黎確言人戶輸納身税和買䌷帛
等近歲倉吏互與專庫分利故凡民戶自赴官輸納者
往往多端沮抑不堪滯留之苦則委攬納之家而去民
有倍稱之出官受濫惡之物詔物帛非紕疎濫惡官吏
過有沮抑退駮者許人戶赴尚書省越訴餘已降德音
指揮　十月七日臣僚言昔錢氏據有吳越其田税獨
重而會稽尤甚越州今秋上戶率折糯米多至數萬石

糯米一斗為錢八百，秔米為錢四百，使民又有倍稱之費。欲乞於見令秔糯米折納許用本州科定之數三分之一，仍視二物之直準納，不得用抵斗為則。越州供到狀，建炎三年分實科五萬一千一百一十餘石。詔依建炎三年分數目折科。

紹興元年五月二十三日，後殿進呈詔，大要以民力久困，州縣寅緣為姦，今後合行催科，須明以印牓開坐實數於前，具戶口等合出之數於後，仍申戒監司覲行按察，如違，官吏並竄嶺表。上因論曰：「訪聞科率多是過數，富人賂縣吏獲免，而下戶被其害，不可不戒。」張守曰：「州縣百姓應公上之須，實不敢辭，但吏緣為姦，過數誅求，則不能堪爾。」

七月四日，江南

三十一

東路安撫大使兼知江州朱勝非言：「竊見自江以南稻米二種，有旱禾，有晚禾。見行條令，稅賦不納旱米。」之權行許納。詔令江南東西、兩浙路轉運司量度急闕數目，許納旱禾米應副支用，即不得充上供米斛。

八月二十三日，臣僚言：「折帛錢昨降指揮，每疋折錢三貫文省。訪聞諸路州縣紬絹價例高下不等，欲自紹興二年為始，令逐路轉運司各以納月實直約估中價。」從之。

二年四月十五日，中書門下省言：「訪聞常州率斂太重，秋苗之外又有苗頭，苗頭未已又行折八，折八未已又曰大姓，大姓既竭又曰隱實，隱實之外名字又未易數。湖州率斂百頃之外，又有所謂月納軍糧者，凡民有物力





百千，每月斂米一石，下至八九斗，初不以市價高下為準，每斗止給錢二百七十文，不足以了陪貼攬納腳乘夕耗之費。平江府率斂之名抑又甚於他郡，往往以為饋送過往結託交通之用。」詔就委郎官胡蒙悉心體究詣實來上。

五月十日，戶部侍郎黃叔敖言：「浙西提刑司稽考到常州晉陵縣人戶夏稅紬絹，除元額管催外，崇寧中轉運司分拋到人戶合納鹽錢紐成三千一百六十匹四赤送納，并將人戶雜錢紐計綿子七千三百三十七兩輸納。上件所納紬絹已是三十餘年，今來稽考，係只將建炎三年、四年稅簿公案拖照，竊慮崇寧中拋降折納别有所得指揮，難以便行蠲減，兼未見得

三十二

其多納綿係合納稅賦內紐出雜錢，是因方田泛行科納之數。今欲且依自來所納數目催輸，仍乞下轉運司再行子細根究逐項元拋物數因依以聞。」從之。

同日，戶部侍郎黃叔敖言：「欲江浙、荆湖今年上供米，取人戶情願，於稅限前以旱占白米抵斗送納者聽。如已入秋稅限，江湖即取情願加一分，兩浙路依舊以大禾米送納。」從之。

十九日，江西安撫大使李光言：「契勘自來受納二稅，必使赴軍資庫送納，却行起赴朝廷。令若使物帛徑從縣道起發，則自此以後令佐皆得直達朝廷。若有紕疎巧偽、濕惡及正數不足，估剥所虧，監司守臣必不肯任責，朝廷行移又將直下諸縣，如此不亦多事乎？令

抛科雜買百色支費盡出民間緣此人戶輸納苗米不辦以致典賣田土

來胡蒙等申陳欲望速賜寢罷從之　六月十八日江東安撫大使李光言據廣德縣秋苗舊赴水陽鎮倉交納後因路遠鄉民遂將本戶苗一石乞貼納三斗七升耗充腳乘免赴水陽只就本軍及建平縣倉交納是致官中造諸鄉板簿便隨正苗理納加耗至建中靖國以來人戶陳雪免納之時緣本軍承受轉運司抛降額斛一時間不與申明前項加認起米六萬石因此立為年額續後本軍添置官兵兼泛常抛失家業近年又寇敗殘擾逃移之人歸業甚少而重稅仍舊今欲依條改正盡行蠲免緣前項加耗係漕司以理為額之數今乞蠲減一半送納施行從之　二十二日倉部員外郎成大亨言衢州常山縣夏稅及預買本色紬緣非土產遂年人戶並於外州收買回縣送納非便願以絹代紬輸官從之　同日紹興府會稽縣言本縣官催紹興元年湖田米納及九分五厘有畸零欠數乞從本府立價折納入官戶部勘當委是零欠不多詔依紹興元年例折納價錢仍每石折錢二貫文足　七月十八日江南西路安撫大使兼知洪州李光言前嘗具奏江西路人戶推以納和買及夏稅本色為重賦今州縣催納一年本色為重賦今州縣催納一年本色絹遂至五貫文足一疋綿增至六百文足一兩綿絹之價既日增而早米入市其價日減貧弱之戶計所收米不足以輸所納欲望且



令本路將和預買及上供綿絹並折價錢都省勘會江南西路今歲和預買并上供一半本色紬絹綿除綿已全行支撥及紬絹已於數內有應副過福建等路宣撫使司一行官兵冬衣之數外其餘紬絹理當權宜措置以寬民力詔江南西路人戶合納一半本色和預買并上供紬絹及洪州合起催衣紬四千一百餘疋絹二萬五百餘疋將截日未納數並特許折納價錢一次依已立定折充糴本錢數絹每疋作四貫五百文省紬每疋作三貫文省如今人戶願納米斛紐計市價從便折納先奏洪州舊管上供准衣紬四千一百餘匹絹二萬五百餘疋歲下六縣將夏稅紬絹折納而成端疋價錢救買令屬縣殘破逃亡未復委實無所從出乞蠲免一年尋詔特依　八月六日兩浙轉運副使徐康國等言兩浙路逐州縣卻將鄉村民齎到陳米退嫌須要早米送納乞令州縣人戶合輸早米願齎陳米亦許受納從之　二十三日左司諫吳表臣言諸州折變物帛至有數倍者州縣漕司不復加恤欲望行下諸路應今後折科並令市長牙人以中價紐估詔令戶部取見違戾漕憲職位姓名各罰銅十斤人吏從杖一百科斷餘依奏　九月十五日廣南東路轉運司言被旨相度德慶府乞於新州肇慶府分認稅米緣新州即非泝流去處難以般運欲乞令肇慶府分認米二千石德慶府依舊認四

千石從之　三年正月三十日南康軍言本軍昨因兵火人戶去年秋稅無力耕種欲望行下許本軍令上戶送納本色下戶依市價折納見錢庶得貧闕人戶易於輸納從之　十月六日劉大中言廣德軍廣德縣歲額苗米在國初時係津般赴宣州水陽鎮送納其後人戶爲重湖阻隔不便乞就本軍倉納仍於正苗上每斗出耗米三升七合充宣倉腳乘之費名曰三七耗近來本軍建平縣據人戶詞狀稱本縣管五鄉內唐通桐汭兩鄉元隸廣德縣後割入建平至今苗米三七耗額尚在元不曾蠲減廣德軍雖減一半比之鄰近鄉分委是太重欲望將廣德建平兩縣三七耗額盡行蠲減詔令戶部限三日勘當申尚書省戶部言廣德縣所加耗米元係人戶乞貼納充腳錢續承指揮減免一半內建平縣唐通桐汭兩鄉如舊隸廣德縣係合赴宣州水陽鎮送納今只就本軍縣所有加耗米去處亦合依所降指揮裁免一半施行今欲下江東轉運司照會不管違戾免致搔擾從之　七日江南東西路宣諭劉大中言徽州山多地瘠所產微薄自爲唐陶雅將歙縣績溪休寧祁門黟縣田園分作三等增起稅額上等每畝至稅錢二百文苗米二斗二升爲輸納不前却將紬絹綿布虛增高價紐折稅錢謂之元估八折惟婺源一縣不曾增添每畝不過四十文乞將二稅依鄰近州縣及本州婺源縣





則例輸納詔令江東轉運司考究本末因依相度具委合如何施行事狀保明以聞　四年七月十九日神武右軍都統制張俊言臣家近於逐處置到產業除納夏稅正稅役錢外其應干非泛諸般科配和預買等並乞蠲免詔特依既而臣僚言望命有司檢會見行官戶科敷及和預買等條法劄與俊使曉然知即今自見任宰臣以下或有產業並與百姓一等均科又言今統兵官高多使各援此例以求免不知何說以拒之伏望斷以不疑收還所降指揮更不施行仍劄與張俊照會　五年四月二十八日專切措置財用司言臣寮白劄子論州縣二稅自有定額緣人戶有析居異財以一戶分爲三四戶或六七戶絹綿有零至一寸一錢者亦收一尺一兩米有零至一勺一抄者亦收一升之類合零就整之數若此者不可勝計往往鄉司隱沒入己或受通人戶價錢或攬通僞頭錢物抱認數目惡以合零之物充之官司催科已及正額遂不復根究所謂合零就整者盡入猾胥之家勘會稅賦畸零剩數雖依法於簿末結計竊慮未至詳盡欲下諸路轉運司行下州縣別置簿拘管逐年委通判檢點依條折納價錢別項椿管專充上供從之　九月十二日諸路軍事都督司有言體訪得四川科折太重已行下遵從祖宗舊制乞再降指揮約束施行詔依如有違戾去處令川陝宣撫司覺察以聞

六年四月二十二日知福州張致遠言應災傷陸分
以上去處今年夏税和買乞特許展限一兩月少寬民
力其餘路分亦各依常限催理不得先期責辦於是户
部言輸納自有起催納畢日限如官司輒促常限及未来
限或未經科校輒差人催理者並有立定專一斷罪條
法災傷放免不盡者限及更與展限三十日仍令諸路
轉運司檢坐前後條法行下所部州縣常切遵守施行
如有違戾即行按劾從之　二十六日右諫議大夫趙
霈言岳州自罹兵火版籍不存逐年不以田畝收税唯
以種石紐税以種一石作七畝科數而其間所收税物
反覆紐折有至數十倍者此尤可駭湖外之民已癈農
桑實緣於此竊恐州縣例有兹弊非特岳州乞行改正
詔令本路提刑司限十日體究申尚書省　五月八日
右司諫王縉言乞下江西路應人户折納以麥一石二
斗折米一石外不得别更收耗如有違戾監司按劾施
行從之　十六日殿中侍御史周秘言淮南田土除諸
佃依已立定諍子輸納屯田合宫私定分外其餘並不
得依前拔撮課子如舊例米租之類亦令一切禁止或
敢違戾並許百姓起訴官吏重真于法詔依仍令淮南
提點司體究如有上件事理一面改正訖具狀申尚書
省　十一月二十八日權發遣淮南兩路公事張成憲
言契勘淮南還業之人所有税額未定州縣乞依已降

三十七



指揮據實種頃畝且令權納課子二年候參酌税額見
得定數别行起催詔依每畝不得過五升　十二月十
五日詔四川租税令遵依照祖宗舊法不得過有折科
如敢違戾仰提刑司覺察聞奏是歲兩浙轉運副使李
迨言會納每年所納夏税和買折帛錢除發足上供之數
外逐州尚有寬剩錢數婺州一萬四千四百五十三貫
八百五十八文秀州一十萬貫文湖州六萬八千九百
六十貫文平江府四萬五千二百四十七貫四百五十
文共二十二萬八千六百六十一貫三百八文逐年依
折帛錢條限起發至今為例　七年正月一日無為軍
言本軍累遭兵火之後耕種尚少委是民力困弊欲乞
展免税役二年詔展一年　八年六月十二日樞密副使
王庶言兩淮州縣内有已起納二税去處將合納綿紬
税絹雜錢白米六色以在市價例準折作錢却將準折
到錢别科米麥至一畝之地所納物斛至有四五斗者
欲下淮南兩路轉運司行下所隸州縣將合起納二税
人户依税額未定州縣已降指揮更與收納課子二年
從之　九年五月十四日宗正少卿三京淮北宣諭方
廷實言人户苗税在法係隨地色高下紐組即無專立
菜園户法欲乞改正依税法隨田高下納苗税詔劄與
逐路轉運司依祖宗舊制措置施行　二十四日詔令
新復州縣將劉豫重斂之法契於通衢　十年九月十

三十八

日明堂赦諸路州縣人户納田畝錢依已降指揮免收頭子市例船脚等錢官司擅擾當職官除名勒停公吏人流配海外情重者依軍法施行内江浙沿流去處比緣有司申陳許令從便折納米斛仍已約束不得大量加耗尚慮州縣並緣漁民被其害仰帥臣監司常切覺察如有違犯按劾以聞當依已降指揮行遣諸路州縣税絹其畸零尺寸折納見錢本以便民訪聞多是髙估價直使民重困輸送仰轉運提刑司常切覺察諸路税苗多是粳米折變糯米却將糯米并加耗之數亦行折納是致人户倍有困獘令後應合折料不得於外數展轉折變　十一年七月七日臣僚言昨降指揮許江浙



州縣民户送納折帛錢以十分為率紬折二分絹折三分綿折五分今州縣乃盡令折錢却於出産紬絹去處低價收買以取出剩又應民户積欠税物詳紹興九年與作一年兩料紹興七年八月分作二年四料隨税帶納今州縣乃緣闕乏之際應民間七年八年九年積税盡令一併送納急於星火至有破家蕩産流離轉徙之行禁約詔依　十二年九月十三日赦諸縣起催官物依條合抄録人户應納實數預給憑由近年令佐弛慢但憑鄉司印給其間脱漏增加情獘不一或已輸納不將縣鈔銷簿致納與未納例被追呼仰監司覺察今後憑由如有脱漏止勒元給散公吏部填其增加之數與





不印銷簿吏人斷停永不得充役縣官失覺察按劾以聞勘會人户畸零税賦令合鈔送納本以便民行之歲久寖生姦獘謂如十户合鈔當納米一石絹一疋之類一户既已湊納尚不住勾呼其餘或將憑由多塡姓名妄有催理愚民無知憚於追擾不免認納甚非優恤下户之意自今應畸零米斛絲綿疋帛許人户取便或願合鈔湊成疋石等或願攬先折納見錢並許送納與免收頭子縻費限日下給鈔銷簿各不得循襲以取贏餘重困民力訪聞州縣催理税賦多因形勢官户及胥吏之家不輸納或典買之際並不推割産去税存無從催理官司取辦一時勒令催税保長等出備類至破家日



後尚敢勒令出備當職官遠竄人吏決配若豪猾之户故不輸納及典賣之際不依條推割税賦擇其甚者具名申尚書省　十三年十一月八日南郊赦訪聞諸路税苗多以粳米折變糯米却將糯米折變見錢并加耗之數亦行折納是致倍困人户令後應合折科數不得展轉折變　十五年五月十一日上宣諭輔臣曰民間所納折帛錢每疋可減一千庶寬民力　八月一日知池州魏良臣言應折帛錢止隨本户實數不收合零既便催科又優下户仍乞下江浙轉運司依此從之　十六年七月二十六日權發遣筠州周綋言本州遞增淮官紬絹民間頗以為重欲乞權免增今年一分且依去

年已增三分之数送納從之　同日權發遣舒州汪希
旦言本州認發上供米麦緣地居山僻艱於行運欲乞
權依市直折納價錢起發内願納本色者聽從之　十
二月十六日進士章公叁言向緣軍興財賦闕乏乃於
民間預借其稅以濟軍用今偃兵息民固已有年而豫
借之稅令尚未免况豫借之弊折納太重近於重斂上
諭輔臣曰此事有否朕與鄰國通和正為百姓若豫借
以擾民失朕本意令户部取索措置以聞　十七年二
月二十一日右正言巫伋言州縣有民間輸納一應常
賦而不給以朱鈔者或以給却不行用勒令再納者欲
望行下郡邑自今如有循習前弊並仰人户越訴仍令
四一
所部監司常切覺察按劾以聞從之　九月二十四日
宰執進呈諸路監司守臣自今所部縣令治狀顯著者
保明聞奏上曰當令正以恵養百姓為先務秦檜曰如
民間折帛錢太重理宜蠲減上諭宰執曰朕久有此志
祖宗時每縑價直八百官司乃以一千和買民間既免
舉債出息及縑蠶收成之後並皆樂輸此乃創折帛之
請令人户折納見錢殊為非理不知今折納若干秦檜
曰當令户部取見實数進呈上曰若隨逐路色額減納
錢数非唯可蘇民力亦使知朕所以休兵之意是月二
十六日尚書省言江浙州軍見輸納折帛錢舊立價錢
比之時價稍高兼逐路土產物帛不一竊慮民户難於



出辦乃詔兩浙紬絹每疋減作七貫文内和買減作六
貫五百文綿每兩減作四百文江南東西路紬絹每疋
並減作六貫文綿每兩減作三百文自紹興十八年為
始仍詔令逐路轉運司酌度州軍出產多寡均撥分數
務令均被實恵仍具数以聞　十八年二月二十一日
權知蘄州吕延年言江西一路自李氏稅苗数外增借
三分以應軍須欲乞行下本路漕司如委見田產步畝
所載稅苗借於他路即取旨量與裁定仍乞先將泓納
一項錢米特免支移折變詔令户部取索諸路色目一
體看詳以聞　十九年七月二十四日時上宣諭輔臣
曰昨日巫伋論鎮江府預借人户苗米極為騷擾不知
四二
何故如此闕乏可令監司理會先將守臣放罷　二十
年二月二十八日廣南西路提點刑獄公事路彬言静
江府昭州夏稅折布錢最重於諸州盖自紹興五年諸
路軍事都督行府一時措置每疋折納價錢比舊増及
一倍以上自後沿襲依数折納欲望將两州所折布錢
減去增價止令依舊價折納或於見納價錢上二分之
中與減一分詔令户部看詳取旨　二十一年二月一
日詳定一司勑令所删定官魏師遜言郡縣或因米價
賤於輸納之時却欲以苗折錢欲望申勑郡縣守令監
司覺察許人户越訴從之　十一月二十二日權知池
州黄子游言本州六縣每歲所納苗稅惟有青陽一縣

比之其他縣分每畝所納苗稅獨為太重乞下轉運司
體究詣實將青陽縣比附鄰近縣分所納稅額酌中裁
定詔令戶部看詳取旨　二十二年正月二十一日大
理評事莫濛言竊見州縣常賦稅秋苗官耗義倉各有
定數而受納官吏往往於額外別立名色謂之加三收
耗及脚耗之類民戶受弊至有納上二倍纔及正額者
其多收在官之數止資官吏侵盜欺隱實無補於用度
欲乞令有司檢坐條法行下州縣每遇受納榜示民間
許令越訴仍令監司郡守常切覺察如有違戾者按劾
聞奏重寘典憲從之　二十二年三月二十八日大理
寺主簿丁仲京言州縣預借人戶稅租有借及一二年
者其間復以本色紐折見價又倍之輸納稍緩加以嚴
刑欲望申嚴法禁如有違戾令監司按劾以聞上曰此
多是州郡妄用若撙節不至如此可令戶部申嚴條法
行下如有違戾令監司按劾御史臺奏　八月十三日
監察御史魏師遜言欲望申勑郡縣令後於受納二稅
之時曉諭民戶自詣輸送當官給鈔銷落欠額不得推
前多方邀阻容縱兜攬以為公私蠹害如有輒敢違戾
去處令監司按劾以聞重寘典憲詔令戶部檢坐見行
條法指揮申嚴行下　十一月十八日南郊赦勘會比
來糶米狼戾而州縣間有將合納苗米高立價直違法
折錢雖已降指揮令監司覺察尚慮州縣利於妄用依



前折納有困民力仰監司常切覺察如有違戾按劾以
聞　二十五年十一月十九日　二十八年十一月二十三
日　三十一年九月二日赦並同此制　二十三年六月
二十五日詩上諭輔臣曰靜江府士人所上書乞減稅
事可令有司看詳行下稅額係朝廷所妄增尤為民害
不可不減也　十二日新差權知忠州董時敏言州縣
人戶送納苗米起發上供其水脚靡費因已帶納而州
縣又從而科斂令重疊送納欲望行下逐路轉運司條
具如有似此重疊斂納者悉行改正從之　九月十五
日大理評事劉敏求言夏秋二稅分立三限中限不納
方許追催近年縣邑往往初限未周即行追逮監繫拷
掠欲望申嚴法禁戒飭諸路縣邑逐年催稅必遵成法
無或違戾從之　二十五年十月四日詔紹興二十六
年分民戶二稅不得合零就整令戶部行下諸路監司
州軍遵守如有違戾許經尚書省越訴　十一月十九
日赦夏秋二稅催科自有省限州縣官吏多不遵奉條
法受納之初便行催督蠶方成絲即催夏稅禾未登場
即催冬苗峻罰嚴刑恣行鞭楚傷害百姓莫此為甚仰
監司常切稽考如有違戾按劾申奏重行責罰　二十八
年十一月二十三日　三十一年九月二日赦並同此制

賦税三

紹興二十六年正月二十六日,戸部言:今欲遍下諸路監司州縣,將人戸二十六年分合納畸零税租窠數折納價錢,如願將本戸畸零窠數與別戸合鈔送納本色者,聽從民便。從之。 二月三日,右司員外郎兼權戸部侍郎鍾世明言:欲望朝廷行下四川轉運司,取見預借税賦縣分,若借及一年者,即令分作二年四料理折;借及二年者,即令分作四年八料理折。出給公據付人戸執照,仍將逐年理折之數分明批鑿訖,書及人戸公據。自後輒歛預借及不與人戸理折,并不為批鑿通書公據,官吏從轉運司按劾,重作施行。仍許人戸越訴。或他路有似此預借去處,亦乞依此施行。從之。 七月六日,右正言凌哲言:乞下諸路州縣,應積年拖欠苗税官等等並權住催,候秋冬之交,成熟了畢,再行追理。于是戸部言:人戸積欠已放至紹興二十二年終,其以後并分料帶收,成日隨料催納,如有違戾,仰監司覺察按劾。從之。 八月,詔:諸路縣道起催産税,鄉司先于民戸處私自借過夏税和買入己,並不到官,卻將分之下戸重疊催科補填上件欠限數目,下戸畏憚,往來再行送納,重困下民,無所申訴。令戸部看詳立法。

(《大典》卷一萬七千五百二十三)

如有諸路縣道公吏敷于人戸處私自預借税物,許令越訴,犯人重行決配,監司守貳當切覺察。從殿中侍御史周方崇之請也。 十四日,詔:遂州委知通將逐縣官戸權勢之家合科納和買等並與平民一等,如敢減免,官司及減免之家並計贓斷罪,令監司覺察,如有違戾,按劾聞奏。 八月四日,權知桂陽軍程昌時言:州縣為民害者,莫如科配。巧立名字,行之自如。欲望專委監司郡守鏤板大字榜示諸村鄉鎮市,凡有科配,許民越訴,有司許受其詞,不許縈其人,差官體問得實,申明朝廷,係不遵詔者,且以違制,所科錢物並以入己斷罪。上曰:科敷不均,最為民害。出榜之説,朝廷累有指揮,惟是官吏為奸,恐民間盡知數目,不得而欺隱,所以不肯出榜耳。 二十四日,上宣諭輔臣曰:前日景覺上殿,論川中折帛錢太重,絹一匹之直私下不及五千,而官估則取十千,他物之估率皆稱是。去歲裕民所蠲減價直不過一千而已,更須量予減損。若只行下,令看詳,難行于數次,未必濟事。若使孔與四川總領司契勘,合蠲減數目,申朝廷,庶幾民受實惠。朕自即位以來,如土木之工、玩好之物,并至于邊事內,至于蠲予,未嘗一有吝,用凡以為百姓而已。 九月二十日,右正言凌哲言:欲乞申嚴州縣守令,並須遵依近降指揮,應人戸税租畸零,止據窠數折納價錢,及聽合鈔送納本色外,不得催前過有科取,以就整數。仍乞委逐路監司常切覺察,違者按劾以聞,并許御史臺體訪論列,及人戸越訴。從之。 二十四日,直秘閣、知臨安府榮薿言:襄陽府百姓田産多所隱落,本路轉運司盡行根括,增添租課數目,比舊大重,民力不勝。從因修築漢江隄防,權宜將所增租課十分蠲減二分,近闕,除下戸依前定數催數外,所有上戸,卻令盡依增添之數輸納。欲望行下京西轉運司,驗會本府前後增減因依,照應改從之。 十月二十八日,三省言:秀州按奏崇德知縣林善問因催發折帛錢,卻于民間借科税,攫充次敷,施既勸闕奏。上曰:科借錢物若一一在官猶可,但恐因而入己,大抵贓吏最為民害,不得不治,令複問至逐旋虧物緣收贓既多,若不盡退,自開離科罪,犯不失為當,入以此定無畏憚。既該于奏令後,當一一盡行依施行。 閏十月十三日,兩浙路轉運使副李邦獻言:人戸合納夏税,乞令州縣將人戸合下正絹若干,和買若干,出給處由散付人戸,依數本達照應,限如人戸物貨有進退,合分明開具,給不得增有增數。從之。 二十七年六月四日,權尚書戸部侍郎林覺言:兩浙州縣第五等下戸合歲合納絹綿已料一丈以下,從便折納價錢,每尺一百文足,零寸一十文足,收頭子錢,今等第,仍委令佐同受納。

(《大典》卷一萬七千五百二十三)

即時給鈔銷簿,如輒增多錢數,容縱合干人乞取,乞覓官吏,並計贓斷罪,許人戸越訴。上因諭輔臣曰:今卷就與此國甚若然,亦須相度,謂如一戸為首率九戸共鈔,官司先給由子與鈔頭,若官吏得人即時納入,則十戸更無擾。擾不然,卻恐鈔頭多掠錢物送納,了當,卻收藏由子不肯發出,比至官司追催,察急家人不免又須再納,此貧民下戸所以重困,如等可措置令經久便民,然後行下。宰臣沈該等奏曰:今年夏税物帛已起催了,且令有司裁議,自來年為始。 二十三日,臣寮言:諸路州縣起催産税,積弊甚大,富横之家與本縣公人相與為黨,使下戸細民破家逃移,深可憫。蓋未催科之時,典吏鄉司先于民戸處私自借過夏税和買入己,比至開場,更不納官,以一邑計之,有數百疋至九十疋之多,其欠折官物不知幾何,卻將下戸重疊催科補填上件欠闕數目。乞令戸部看詳立法。令看詳的參下條:諸州縣公吏人于人戸處輒借税租及和預買紬絹者,杖八十;若上限盡而不為納還,計贓重者,准盜論;三十疋配本城,許人告。仍聽被借人戸越訴,委監司守貳覺察。 二十八日,左司諫凌哲言:諸路縣道起催夏税,公吏攬子先于民戸處私自借過入己,不為了納。戸部看詳立法尚書省,申當令戸刑部重別修立到下條:諸州縣公吏于人戸處輒借税租

和預買紬絹錢物同準盜論五十疋配本城許人戶告仍聽被借人戶越
訴吉撫州縣公吏于人戶處輒借稅租和預買紬絹錢物同錢五十貫諸
攬納稅租和預買紬錢物謂非公之人本限內不納杖六十二十疋加
一等罪止徒一年詔依仍行下州縣知通監司常切覺察　二十八年正
月二十一日將作監主簿葉顒言伏望特降指揮州縣折納二稅並依時
價不得輒有增加而閩中下四郡措魁最爲甚者並乞委轉運司以時檢
察按其違戾從之　二十九日上諭輔臣曰聞福建民戶輸納苗米每斗
折價錢八百文士大夫往來嘗議及此樞臣陳誠之奏曰已前不聞如此
七八年來諸州或科納價錢有及二分以上在法米斛畸零之數許納錢
所以便民今乃取其高直一概科敷歲豐穀賤農田反蒙其弊上曰閩中
米價每斗幾錢陳誠之奏曰去年豐稔糴米只是三百以下錢上曰今納
八百安用糜費許多使此錢歸戶部助國用猶恐其傷於民況州縣一時
措置多取其費此不可不究其弊若第五等戶畸零之數許納價錢亦須
有實數豈容高價科敷陳誠之奏曰聖恩如此民不勝受賜　二月二十
三日右正言朱倬言福建折納米價每斗至于八百有奇是又倍于廣右
之數近饒州樂平縣亦科抑米每斗四百五十窃恐別郡或風有虧仁政

卷一萬六千五百二十三

王

欲望福建及他郡折納令漕司依祖宗科法合納初時詢定實價實價之
外耗費共不得過百錢如非緊急不得科折仍令漕司粉壁曉諭使民通
知州縣遵違必論違制監司隱而不奉亦寘典憲從之　二十八日知閩
州蘇欽言昨令州縣散給民間合納夏秋二稅憑由實爲利便照憑由之
之給不該具歲租合納名色而已須具一歲間本戶二稅增減之數如夏
秋稅憑由各具去年至今年稅錢米斛物帛增減之數或收買典到某鄉
某人某地名田土稅錢若干或典賣出本戶某地名田土稅錢或秋稅物
斛若干入某人戶下見今戶下實計稅錢或物斛若干合納支移折變物
帛斛斗役錢下項開具縣令佐點檢無差措簽押用縣印給付民戶收執
所給憑由並于起催前一月給散如有欺弊不實大科錢物許人戶經縣
或經州論訴施行從之　七月五日前知興國軍周沖言望戒飭州縣應
管內諸縣二稅拖欠去處委官檢照如係上三等人戶少欠數多即令推
究官吏情弊施行從之　八日右正言朱倬言訪聞諸邑多有違法凡民
戶入納第令攬戶給曾子用領未肯給鈔期年之間忽有追呼有鈔者則
曰簿書未銷執曾者則曰此曷爲信俾拘縻之必其再賦欲望戒諭大臣
措置行下倘有相習承前之弊小則罰月俸大則展磨勘非難惟輕要在



必行俾守令歲取其甚者罷一勸百以戒欺給上曰人戶合鈔之弊往往
有之蓋緣攬納之家利于欺僞不肯分作小鈔又與吏輩相表裏或不銷
簿致有重科則逐戶既無執守而官吏在縣不與點檢此弊誠不可不革
沈該等奏曰前後法令甚詳當依聖訓令戶部指置于是縣戶刑部點照
條法措置以聞既而戶部言凡人納稅賦未肯給鈔或給鈔簿書未銷而
受已財物及抑令重納並有條令斷罪今欲被坐條法指揮下諸路州軍
出榜曉諭仍令監司覺察違戾去處按劾施行刑部言戶部已行檢坐法
申嚴行下內乞取其甚者罰一勸百欲令諸路轉運司將違戾最甚去處
開具當職官職位名姓申朝廷重作施行如監司蓋庇不奉即依條互察
從之　九月十九日臣寮言江州德安縣向于太平興國年中分撥三社
人煙創建星子縣自兵火殘破割屬德化縣見侵界至十餘里民間就地
里近便止于德安縣輸納稅苗非來經界其德化星子兩縣已盡將德安
縣撥過田產根歸逐縣所有苗稅未曾隨產改割是致德安一縣無受納
兩縣無產之稅欲望下戶部將德安縣苗米且依經界以前送赴租額輸
納仍委自兩路漕臣選擇清強官躬詣地頭會集耆老取索干照從實改
正免致一縣偏受重賦于是戶部言欲下江東西漕臣徐度李邦獻公共

卷一萬七千五百二十三

相度如有交互未割正苗稅即行盡實改正以納其合行改正數目申尚書
省如無未割正苗稅即遵已降指揮施行從之　二十二日廣南西路經
略安撫司準備差遣李蕃言象州移支苗稅于臨江軍寄倉送納最故使
民比年江西米賤錢荒民皆賤糴米而貴買金帛至臨江軍賤貴之價貴
價糴米輸納故民輸一石其費數倍象人苦之乞令本州送納仍令人
戶自出象州至臨江軍水腳錢候蒔水泛乃起發漕司公吏受請奉不能
得願詣轉運司以象州支移臨江軍所納米從便于象州送納詔令本路
轉運司相度施行　十月二十一日知歸州蘇𥳑言本州不通舟楫近
因有請射者不三年定轉而之他是致失陷苗稅逐移戶口欲將自後請
佃之人予減所納稅分數次年便行起催于是戶部看詳本官所陳即今
見立合減稅賦分數乃日後有無虧損稅納若次年便行起催又恐人戶
耕墾未至成熟却致難于輸納合從本路轉運司從長相度經久可否措
使申取朝廷指揮施行從之其後湖北轉運司言今相度欲依輯子盛所
乞將佃請田人三分中須得無荒田一分並許自耕種日予免兩料稅仍
自次年便行起催其餘全業請佃逃田即乞予免五年次年起催更通五
年法予減稅額五厘謂如今年春夏狀下全業請射至第四年合催起即

乞再免夏一料侵之四年耕食一料收税從之　二十九年七月二十八日荆湖南路提點刑獄公事彭合言州縣為政二税之外毫髮不取處方鄉巳吏緣為奸創添名色擅行科斂有曰土户錢有曰折絁錢有曰醋息錢有曰麴引錢欲望行下有司檢坐擅科斂條法申嚴行下諸路監司常切拔察如州郡容縱並予同罪從之　二十九年八月五日詔紹興府會稽縣係昭慈永祐攢宮前後置過民田其人户舊管地税應州縣尚行催理可令常平司取見的確買過地段頃畝合納税賦照驗簿籍當寬除豁　十六日知英州陳克勤言英州舊額丁田米三萬餘石至經界核實不滿萬石而前任轉運判官鄭禹抑勒州縣抱認舊額虛數至今轉運司逐年猶以舊額督責更不以經界為正是致百姓流移日甚又廣東一路惟南雄連英有此虛數三州之民均受其害乞下本路漕臣照應經界實數催科詔令轉運司將南雄連英三州照應經界新額催科不得因虛數抑勒州縣　三十年六月十九日午時上謂輔臣曰歲方六月禾稼未登訪聞民間已催積欠可令諸路轉運司徧行下州縣候將來秋成了日方可催理庶幾民不告之逋負乃足湯思退等曰此陛下勤恤民隱一至于此天下幸甚　二十一日户部言今歲豐登粒米狼戾似聞州縣往往

卷一萬四千五百三十三

五

以催理積欠預期差人下鄉非理追呼事屬騷擾乞下諸路轉運司嚴行戒約如實有未納税賦候收成了日方許催理仍仰本路常切覺察若有違戾按劾重作施行從之　七月二十四日臣寮言州縣夏秋二税之欠或水旱逃荒不行除放或豪貴與胥吏不為推收或簿鈔積壓而不銷或公吏領攬而不納違至省限過期旋憑鄉司根刷或勒貧民重疊監理或追耆長責認陪填遂有舉催舊料之名即是侵過本料之物但添追擾再欠如初與其責望於失陷之後孰若檢察於姦弊之前乞下有司逐一舉行條例毋為文具從之　十一月二十一日權發遣黎州軍州事馮時行言本州秋税米無正色唯納估錢其估錢從來元無定價正從太守臨時約度米一石至令人户納錢引一十三道重困民力乞令百姓充土丁者一石只納八道不充土丁者納十道乞用今來所減錢數立為定價詔令成都府路轉運司審度如委是官司兩便即依此施行　三十一年二月十七日兩浙路轉運副使林安宅言近歷郡縣多有形勢之家憑恃強橫全不輸納苟有追呼小則擊逐户長大則脅制官吏於是縣令懦者低首容忍強者反擠排而去又有浮為民户影占田產規避税役習以成風畧無忌憚欲望詳酌乞行下本路州縣如有形勢不納租税及為民户影占



田畝之人許令縣官具實迹申監司按劾以聞從之　四月三日臣寮言州縣民户秋税輸納多收加耗斛猶未革緣逐路漕臣不恤州縣之有無誅求無厭致秋税之入少得留州而一州之間歲有養兵吏祿之費無所從出故不免於輸納之間收取耗剩以取贍給欲望嚴詔有司俾逐路漕臣取現諸州縣歲合所用實數存留應副使州縣無得藉口以生姦弊如依前尚敢不遵法令多收合耗乞重寘典憲詔令户部看詳具後户部言在法受納應納數外輒收羨餘或輒他用及非法擅歛並用斷罪條法今欲依所乞行下諸路轉運司取見所部州縣歲合支用實數存留應副所有加耗剩常切遵守前項現行條法指揮施行毋令違戾仍令本司逐時覺察如有違戾去處按劾施行從之　五月十三日臣僚言廣西運司比年以來變税折錢不問州之遠近税之高下盡行支移折變欲望行下户部契勘免行科折仍乞本路以逐州之税合随本州送納於是户部言在法租税合支移及科折之物轉運司量地理遠近當量豐歉土產有無於起納九十日前以物名數行下税組擇近便處令下户輸納應支移折變者先富後貧自近及遠轉運司籍記應准降即時注之其支移非急切及軍期而人户願納支移物價脚錢者聽人户輸納税租應折變物轉運司

卷一萬七千五百三十三

六

以納月上旬時估中價准折有違法者提點刑獄司覺察奏劾人户税租應副他處輸納而願就本縣納者轉運司量地理定則例令別納實費脚錢而難於輸送而人户願納錢或改折物者具利害申運司無妨闕聽從民便折變支移和買不計豐歉貴賤多寡以貴為賤以賤為貴及多寡豐歉不實並有斷罪條制欲下廣南西路轉運司遵守前項見行條法施行毋令違戾從之　九月七日知漢州王傺言民間輸送夏秋二税畸零錢帛物斛舊法許衆户合零就整同旁送納自軍興以後縣鎮利於出剩應干畸零務要納整更不許合鈔欲望朝廷申嚴下縣鎮許令民户將畸零寸銖合勺等類許依舊法各於逐鄉逐里並就整成匹兩升束開單名共作一鈔輸納入官仍於税簿內簿頭上子細分開下户畸零都數若干別置簿曆專一抄上畸零錢帛物斛單名納到錢數照用畢條驅磨從之　十三日知梧州任詔言廣西州縣例皆荒瘠之所民户貧薄了辦税賦不前拋棄田業者不少往往未曾倚閣督責催理累及四鄰及承催保長等逃亡愈多臣今欲乞朝廷特降指揮許令諸州徑行根括逃絕田畝倚閣税租乞申所屬監司監司委官覆實申户部除豁於是户部言欲下諸路監司州軍依所乞事理施行如有逃亡合開閣減免租税州縣依條勘

孝宗皇一作壽皇聖

令隨探陪塡代輸並依見行條法施行仍從監司覺察如有違戾亦仰從本司按劾施行　二十四日齊州鄉貢進士劉晃言昔李椿年舉行經界其實均兩稅之要也自今觀之有名無實何以知之經界之行伍保與民俱湊于田執契驗田不容詭冒量田頃畝土色肥瘠以定稅多少而賦輸之輕重以之今則不然其取輸不自於稅或取之價錢或取之家業或取之以山石子斗故有偏輕偏重之失欲乞嚴下約束州縣渾皆罷去家業價錢山石子斗一閑經界所均兩稅以定賦輸常數詔令戶部看詳戶部言欲下路轉運司取現悠久利便以聞從之　紹興三十二年孝宗皇帝已即位未改元

卷一萬七千五百三十三

六月十三日登極赦應人戶典賣田產依法合推割稅賦其得產之家避免物力計囑公吏不即過割致出產人戶虛有抱納或雖已過割而官司不為減落等抑令依舊差科立限兩月許經官陳首畫時推割如違限不首令元出產人越訴依法施行　乾道元年正月一日三年十一月二日六年十一月六日九年十一月九日南郊赦並同此制立限陳首並止一月云　七月二十四日臣僚言諸路州縣輸納夏稅令人戶納折帛錢六貫五百却遣人於出產處收買輕絹每疋不過兩貫五百起作上供支散軍兵實為公私之害及人戶有合納畸零絹分寸並令准納一尺價錢計其畸零一疋



無慮得錢七十餘貫其起上供綱日止依元數紐計價錢其餘盡為官吏侵盜又納秋苗一石以上受納官吏將所納米數約度已足發令人戶紐價納錢入己出給虛鈔乞行禁止詔出榜曉諭如有違犯許人越訴將犯官吏重寘典憲如監司不覺察亦與同罪　八月二日詔淮南路去冬殘破去處展免二稅止據實墾田土量行撮收課子其間有先佃逃絕職田等人不問已未耕墾送田上等每畝二斗中等一斗八升下等一斗五升絕田每畝七升或一斗至二斗今來州縣依舊送納全租可將淮南殘破州軍民戶已佃逃絕等田且據目今實開耕田畝將先立定稅課特與減半送納未開田畝權行倚閣候及二年並依舊輸納從淮南運判莫濛請也

卷一萬七千五百三十三

二十三日詔臨安府係駐蹕之地及四方衝要去處有民間田地為官司所占或作寺觀花園營寨宮宇等雖已減免二稅訪聞和買紬絹州縣不曾隨稅除豁却均衆戶送納自今應官司所用民間田地其和買並隨二稅蠲免不得暗數衆數違者聽人戶越訴當議根治

渫中書門下省請也

十二月三日詔紹興府會稽縣三都人戶二稅不得支移折變其後隆興二年五月六日紹興府言本府和買額數比他州縣最重就八縣之中唯會稽縣尤甚今來不敢申乞減免緣本縣正係攢宮止蒙蠲免三都支移折變乞照宮陵制景德四年永安縣復郝體例

將會稽一縣盡與蠲免支移折變所有年額折帛乞與豁除盡數起發本色詔兩浙運司將會稽縣稅賦與免支移折變所有本縣年額和買折帛止令盡數起發本色更不折錢　十一月十四日給事中金安節等言有旨太一宮見管秀州嘉興縣伏禮鄉草田並臨安縣赤岸宋山依條合納夏稅秋苗外其餘科敷和買折帛及諸色科借等可行下所屬並與蠲免日後置到田產准此竊詳太一宮既有秀州臨安府兩處田產其稅租科敷和買等自合依條供輸近歲和買折帛之類民間雖病其重然以物力科敷事體均一故樂輸而無辭今若偏有蠲免則其所免之數當復加于他戶矣斯民得毋甚病而興不均之歎乎況所降指揮有日後置到准此之文彼既得此人將興豪右交關廣殖產業與齊民競利非所以崇清淨之教也詔前降指揮更不施行壽皇聖帝隆興元年正月二十六日詔江浙諸州軍合發上供紬絹綿年例除進奉外將夏稅和預買准衣以分數折納價錢補助經費令江浙轉運司依去年所折分數酌度均撥行下折納既而臣僚言去年所折分數實以十分爲率內絹折二分紬折八分綿折五分兩浙路紬絹每疋折錢七貫和買折錢六貫五百綿每兩折錢四百江南兩路紬絹減作六貫綿減作三百依此杓摧歲供錢六百餘萬貫蓋緣養兵之費不貲強斂于民故從

卷萬七千五百三十三

九



折變害民之官往往加數以折或令全折及將零寸紐整無慮增倍蠶未及桑預行催借困乏羸餘且復強取勢必重困乞嚴賜戒飭逐路漕臣詳察州縣于省部立定折納分數外不賜擅有增加如違許人戶越訴寘之典憲漕臣符同亦加黜責從之　九月十八日戶部言四川安撫制置司沈介乞將紹興三十年以前四川人戶交易白契田宅稅錢不問典、賣及業在戶下與否並行除放又前川陝宣撫使王之望申本司承朝旨將業在戶下白契依赦免其倍輸只納正稅今據利州繳到制置司除放稍亦與近降指揮異同疑誤百姓契勘上件契稅本合輸官止緣業不在戶下朝廷寬恤將已納在官錢許行對折稅物又緣四川昨令調發軍馬用度增廣今盡將已納在官錢對折見今合納歲賦即于大軍歲計妨缺欲下四川制置司總領所遍報所部州縣將業不在戶下已納在官錢數止許對折本戶積欠賦稅其今降指揮到日以前已予人戶親戚及諸色人仍先降指揮對折訖者更不追改所有三十二年六月十三日赦後未曾投稅之人自合遵依見行條法所有已納在官錢內對折民間積欠稅賦錢數令本所別項樁管如遇大軍歲計闕少即申朝廷指揮支撥貼助從之　二年正月十八日知池州韓元龍言本州昨准指揮爲青陽縣稅畝將稅減二分半苗米減二分其減

卷一萬七千五百三十四

十

免過數于轉運所得係省錢内依數撥還緣本司別無寛剩錢來乞免撥還于是户部再申請依已降指揮撥還從之　三月二十七日德音赦廣西州軍合納秋税訪聞州縣課折見錢却以和糴招糴等名色抑勒人户過數輸納已降指揮下轉運司不得非理折科及令提刑司嚴行覺察尚慮奉行滅裂重困民力可令逐司常切遵守如提刑司失于覺察委御史臺彈劾如有糴過米數未還價錢日下支給　四月二十六日知常州宜興縣姜詔言本縣無税産人户每丁納丁身塩錢二百文足第四第五等人户有墓地者謂之墓户經界之時均紐正税又令帶納丁塩絹作折帛錢輸納契勘本州

卷一萬七千五百三十三　十二

晋陵武進無錫三縣係于田産上均納獨本縣昨來經界將塩綃紐在下户帶丁收納乞依晋陵等三縣一例隨産均納從之　十二月三日詔四川轉運司行下所部州縣夏秋正税綃帛如人户願合鈔成疋送納本色外有畸零之數遵從見行條法聽依實直價納錢仍仰本司常切覺察無令抑勒價錢違戾　乾道元年正月一日南郊赦應夏秋二税催科自有蒲限州縣官吏多不遵奉條法受納之際多端作弊倍加斗面或非理退換縦容專斗揀子計會乞取方行了納或先期預借重疊催理不予除豁既已納足阻節銷鈔之類甚為民害仰守令嚴加覺察如有違戾仰監司按劾申奏重行黜



責仍許人户越訴　乾道六年十一月六日南郊赦九年十一月九日南郊赦並同此制　二月二十一日詔訪聞兩淮州縣多于人户遇年合納常賦之外過數科數謂如夏税有殘零折麦錢又有自陳折麦錢其秋税及坊場河渡課利有似此巧作名色之類可令逐路提刑司體究如有似此去處開具申尚書省取旨施行從中書門下省請也

五月三日詔江浙州軍每歳人户合納二税物帛等内温台處徽州係不通水路去處依指揮許人户依立定分數並依銀折納訪聞州縣却于數外妄有科折觸属違戾可令逐路轉運司行下逐州軍將人户今歳合納折帛銀遵依指揮自立定分數及照應的實市價即不

卷一萬七千五百三十五　十二

得以加耗為名大秤斤兩如有違戾許民户越訴將官吏按劾以聞據多收之數計贓斷罪從中書門下省請也　六月五日臣僚言四川諸縣二税積欠其弊在吏如來歳夏料已預借於歳之秋秋料已預借於去年之夏豈容有一錢之逋然有給鈔而不銷簿者有盗印鈔而匿財者有私立須據而官不受理者有公吏攬取而賦入不歸於公上者欺隱百出未易殫屈一遇赦恩除放吏之罪釋然而民之憂如故也有司所損歳不知其幾千萬若至數赦則不知其以幾千萬計矣乞下諸路監司遵守條令不許預借若積欠不舉歳輸告之即選清彊如前所陳一一究治之詔令總領制置司常切覺察　十一月十九日

執政進呈建康府言蘆場沙田稅賦令年七月指揮令
令秋拘催而九月指揮於來年秋起催楊倓等已依九
月指揮施行而梁俊彥又令依七月指揮送納上曰只
依九月指揮庶寬民力　二年五月一日詔右廸功郎
新差充江南東路常平司幹辦公事程諟特降一資放
罷新任所欠常賦令日下監納知饒州俞翊奏諟身為
命官積年不納常賦一戶共欠七百一十一貫有奇乞
施行以為形勢戶不納常賦之戒故有是命　十一日
詔平江湖秀三州已開掘圍田稅賦即行除訪將經界
後圍田今來不經開掘者候農隙州委强明官分頭詣
逐縣打量的確頃畝並依有則經立合起稅色保明申

卷一萬七千五百三十三

十三

州類聚申省部隨稅起理從兩浙運使王炎請也　三年
正月二十五日太府少卿魯訔言折料折帛國家之所
不得已也吏緣為姦以稅錢折麥以苗米折糯為州縣
場務麴醸之資於法以四月中旬麥價立定折科令州
縣率為姦吏估麥必損其直以稅錢一折金十民已困
矣准絹為匹八貫有奇折麥有至二石五斗縻費耗折
幾麥五石以去歲麥價紐計十六七千而辦一端之稅
場務所趁課利有定額利析米麥有定數縣道往往過
數多折和預本本以利民今不給直而白著矣不取絹
而折錢矣稅絹和買輕重不侔丁鹽綿絹名色與元降
指揮以上供和買各折五分今縣道有將諸色物帛一



例科折五有出入合折者暗納本色不合折者反輸價
錢詔諸路轉運司行下所部州縣遵守見行條法又依
紹興二十八年三月四日指揮施行如有欺弊不實許
人越訴仍從轉運司常切覺察按劾　五月十八日詔
右奉議郎新太平州繁昌知縣魏充臣特降一官放罷
新任所欠常賦令所屬實下監納以充臣在鄉豪强不
納二稅從戶部之劾也　六月二十六日詔臨安府新
城縣每年進際稅賦與減半一半以知臨安府新城縣
耿東言新城縣田畝舊緣錢氏以進際為名虛增進際
稅額太重每田十畝虛增六畝計每畝納絹三尺四寸
米一斗五升二合桑地十畝虛增八畝計每畝納絹四

卷一萬七千五百三十三

十四

尺八寸二分此之謂正稅其它又有和買紬絹每田一
畝計二尺四寸陸地一畝計三尺六寸又有折科小麥
夏秋兩料役錢總計一畝納稅兩千人戶齎出天聖皇
祐間典賣契書分明開說所典賣田產實量畝步若干
虛增進際畝步若干及經界打量乃見虛增之數太多
失於陳乞除放照得逐鄉印板稅則總計本縣合放之
數水田產絹一千六百八十疋有奇苗米二千八百一
十六石有奇桑田紬絹二千二百九十二疋有奇乞與
除放故有是命　七月十八日詔右通直郎知秀州嘉
興縣閻晃特降一官　兩浙轉運副使姜詵奏嘉興縣
出違省限拖欠常賦苗米一萬一千一百餘知縣更不

催納故也　八月九日右諫議大夫陳良祐言諸郡納省絹限以十二兩和買限以十兩自有定數昨因徽州湖州絹户部退剥近左藏庫供送絹帛係袁州建昌軍物帛户部乞究治官吏雖退剥者繼令發納究治者合干專庫並已放罷然諸處受納監官望風懼罪縱令合干人百般邀阻如絹一疋有求十三兩者如土產止係黄絲必求白絲者年例止用屑絲今欲更求細絲如此非一常年用錢四貫可納一疋今增為六貫至高價折錢分遣人諸行在并産絹去處買納又民間典賣田宅限六十日赴縣投税再限六十日齎錢赴縣投納税契不得過一百八十日自有定法其諸縣税契錢旋行解

卷一萬七千五百三十三　十五

發作月樁錢赴州送納今閩諸郡盡行拘赴本州投税且如縣到州五十程民間些小典賣而使之負擔往返半月官司艱阻是以民間典賣不肯赴州自折税錢乞禁戢州縣每年納絹自有常數不得數外邀取諸縣投税自有定法不得拘赴本州從之　十二月十八日詔和州萬弩手永免户下三百畝賦從知州胡昉請也

四年四月十六日臣僚言國朝征賦止是夏税秋苗軍興以來乃有折帛和買兩州郡不恤多將夏税秋苗大半高價估折却於他州買絹以充上供之數斛面取米以足軍糧之儲民安得不重困哉乞降指揮禁約諸州軍依法催科並要本色不得折納價錢至於畸零自如常制户部契勘催科本色除省部立定折納分數外欲下諸路轉運司詳今來臣僚奏陳照應見行條法約束令監司互察施行從之　八月十六日尚書度支郎官劉師尹面對奏江浙兩路折帛錢紹興初年立價折納後增一倍至十五年四路折帛並從裁減自後二浙夏税紬絹各減一貫五百江東西並減兩貫緣州縣不依省部科折分數暗有增添如絹止合科三分今科至七乞漸次裁減以寬民力上曰朕未嘗妄用一毫只為百姓可從其請　九月七日臣僚言州縣人户歲輸夏秋二税並係本户所有田産花利以時供輸或有逃移事故拋下田業其税賦依條本縣驗實檢閘令州縣恐失

卷一萬七千五百三十三　十六

元額仍舊催督勒承催保正長代為填納致破蕩家産者甚衆乞行下諸州委知縣根刷應逃亡故人户拋下田産未有人承佃耕種者盡數根刷開坐鄉村頃畝召人權行佃種送納税賦遇有歸業之人依條施行從之　十二日四川宣撫使虞允文言被旨州縣尚有預借人户税賦令於總領所樁管添造錢引三百萬貫内取撥一百萬貫委制置總領本路漕臣考覈預借實數與州縣補填自今更不許預借已施行外緣未定定專法縣道畧無忌憚今欲將預借縣分令佐以違制論仍不以去官自首赦降原減任滿批書印紙公吏依上條從准盗論斷配不在自首赦原之限若有入己自從本法

從之　十二月十七日詔兩浙江東西路乾道五年夏
税和買折帛錢並権與減半輸納一年如州縣輒敢過
取民一文以上許人詣檢鼓院進狀陳訴官吏當重寘
典憲既而中書門下省言所降指揮非不嚴切近來州
縣放免數外將遞年合納本色高擡價直勒民户納錢
自行買絹充數又其間有將合減之數不盡蠲減謂如
每疋合減三貫止減二貫之類甚失朝廷寬卹之意詔
令逐路監司嚴切覺察如有似此違戾去處按劾奏聞
監司或失於檢舉令户部糾劾御史臺彈奏並重作施
行　五年五月二日詔隆興府將三鄉寫税正額錢三
百五十九貫苗正米六百二十八石并泛紐折科盡行



蠲除今後不得別作名目復有科擾以知府事劉珙言
本府奉新縣附郭係建康同安兩鄉平時上户多居近
郭故將別鄉産税併歸所居鄉分催科經界之後隨産
均税既均之後則向來諸縣互差寫税積年既久契據
不存莫考其本乃盡以寫税均於建康同安兩鄉兩鄉
既受隨産税苗不肯復受寫税自此詞訴不絶末後乃
將上件寫税彊委之於晉城新安法成三鄉三鄉亦已
受經界隨産之税復加寫税重者至十分而增四豐年
所得不了租税乞與蠲除故有是命　七月二十五日
知紹興府史浩言諸暨爲縣當台婺之末流每水秋漲
水必泛溢古人於縣之四旁作湖七十二處以受此水



歲久湮廢人占以爲田昨因經界法行官吏無卹民之
心盡將湖田作籍田打量計二十三萬五百二十二畝
有奇苗米總計八十八百七十石有奇夏税紬絹綿本
色折帛錢共計一萬六百四十六貫有奇今若將前項
夏税紬絹折變改作苗以中色價紐計米三十二百一
十七石二斗七升五合并添入元管苗米八十八百七
十石九斗八升六合五勺二項共一萬二十八十八石
二斗六升一合九勺於上供物帛即無虧損乞降付户
許令紐折施行詔紹興府將前項紐計錢省倉中界
見行糶米價直作二貫文九十九陌折納米一石添入
每年認發湖田米起發施行　九月二十九日權發遣



秀州徐蒇言昨降指揮乾道五年夏税和買折帛錢並
権與減半輸納一年謂如人户合納十疋若三分折錢
每疋減半其七分自合納本色緣秀州非産絹地分有
專降指揮和買夏秋皆是折錢比之其他州郡和買見
税十分之中止減放一分半而本州遂全減五分竊慮
虧損國計詔遵依二月四日已降指揮本州合發絹既
係遞年全行折錢自合照諸州軍體例將三分錢數権
減半催納一年　六年二月二十八日措置浙西江東
淮東路官田所狀參酌擬立税租數目已業沙田主分
所得花利每米一石欲於十分内以一分立租已業蘆
場等地田主所得花利紐錢一貫欲十分以一分五釐

立租佃沙田主分所得花利每米一石欲於十分以二
分立租佃蘆場等地立主所得花利紐錢一貫欲以
十分之三輸官以上田地除所立租外更不敷納和買
夏税役錢秋苗之類如舊曾起立苗税額重則依從之
之　五月六日戶部尚書曾懷言諸州郡常賦各有定
額緣自建炎初遭兵火處流民產税權行倚閣今涉三
四十年又經經界審實決無不復業之民亦無不耕之
產設若元業主流亡亦必別有人戶請佃租種往往郡
縣徑自起理租税歸之州縣州縣巡習舊例以逃閣為
民申聞省部暗失朝廷財賦歲以數十萬計乞令諸路
州縣守令限兩月逐項開具逃亡產業坐落村鄉并畝
步四至係自何年月人戶逃亡及今有無人戶租種管
業知通令丞簿尉具結罪保明詣實申省部不時委官
前去審實如妄作逃亡並以不實之罪罪之能自舉首
者與從日下起理税賦已前勿問從之　七月二十八
日宗正少卿兼權戶部侍郎王佐言竊覩經界民間有
戶未墾田畝嘗降指揮限十年開耕起足税租經今二
十餘年已盡為熟田無纖粒分文收上省簿其間拋荒
逃移都歲有開閣不曾收入復業增耕之數民間未嘗
不輸盡為縣道官吏蓋藏侵盜暗失省計訪聞知隆興
府吳芾檢覆出隱欺税租以數萬計乞催速具寔數申
奏仍乞將江西一路委芾選官措畫攢造帳冊結罪保

卷一萬七千五百三十三　十九



明限兩月申奏其所委官能究心盡公別與取旨推賞
或容情蓋庇不盡不寔即重寘典憲詔令吳芾選委清
彊官分往屬郡依此措置　七年二月十四日冊皇太
子赦溫湖州乾道六年本州縣折帛錢并和買夏税人
戶尚有未輸納者已降指揮自三等已下并舊税零欠
及乾道七年夏税時暫倚閣候秋成日分料送納竊慮
民間於今年一併帶納不前理宜寬卹仰將前項倚閣
數目候道道八年夏料帶納　六月三十日詔兩淮許
依湖北已得指揮令後民戶墾闢地畝止令送納舊税
不得輒有增添從新除淮南運判向子偉請也　九月
十一日勑令所擬修下條諸上三等戶及形勢之家應
輸税租而出違省限輸納不足者轉運司具姓名及所
欠數目申尚書省取旨未納之數雖遇赦降不在除放
之限先是臣僚言夏秋二税輸官之物皆上供合起之
數謂之常賦今有形勢食祿之家積年不納專俟郊恩
覬望除放遂致上供愆期支用窘闕乞令後上三等及
形勢官戶應合納税租雖遇恩赦不在除放之限故命
立法　十月一日江南東路安撫轉運司言饒州南康
軍今年旱暵最甚民間合納夏税物帛并折帛錢起發
上限一半其下限合起一半乞權行倚閣候將來豐熟
作兩年帶納詔饒州南康軍第五等人戶今來未納夏
税各與倚閣五分尋詔江饒州今歲旱傷已降指揮將

卷一萬七千五百三十三　二十

遂州第五　人户未納夏税倚閣五分尚慮艱於輸納
可將遂州第四等人户未納今年夏税日下權行倚閣
候來年帶納　八年三月十二日主管侍衛馬軍司公
事李顯忠言先蒙太上皇帝賜田六十三頃特與免納
十料租税訖所有續蒙陛下賜田七十頃未曾陳乞放
免租税乞下平江府紹興府免納十料從之　四月二
十一日詔兩淮二税只且催納秋苗所有課子行下州
縣不得更擾從臣僚請也　七月七日詔淮南江東浙西
沿江沙田蘆場所立新租與減五釐租佃與減一分餘
並依舊以臣僚言向來沙田蘆止為有力之家侵耕冒
占故令措置奉行之際却將應干人户租産已業一槩



打量立新租數倍致人户逃移故有是命　十二月十
六日詔州縣人户已納常賦日下銷鈔長吏不測抽摘
二税官簿與檢如有遅慢具名按劾若上下相蒙許令
人户越訴從臣僚言也　十九日詔兩浙運判胡昉具
到紹興府增起苗米四萬九千餘石及乾道五年曆尾
剩錢一十六萬七千餘貫並免行起發　九年三月二
十五日兵部侍郎蕭權臨安府少尹沈度言州縣催科
二税苗米增加斛面多收欠數將堪好物帛印以油墨
退回掛欠更有産去税存不與除豁已納未銷復行追
逮乞戒飭州縣不得故犯如尚敢違戾許監司按劾從
之　四月五日知會稽縣范嗣蠡言本縣諸鄉人户新



開田一千五百七十餘畝苗米一百二十餘石並係首
正田米税乞將徑行抵填延德鄉坍海田畝免致減退
省額從之　十月九日户部尚書楊倓等言州郡上供常
賦各有定額昨建炎之後州縣田土間有拋荒去處合
納二税遞年有開閣數目蓋是一時權住拘催自經界
以來今近三十年其間豈無復業之人而廣德軍昨來
開閣之數乃增紬絹至一萬一千四百餘疋綿一千七
百餘兩折帛錢七萬三千五百餘貫袁州開閣之數亦
增紬絹至六千二百餘疋并帛錢二萬一千餘貫以江
東西兩路計之虧失上供折帛錢五十餘萬貫紬絹一
十餘萬疋絲綿一十餘萬兩止緣州縣將合發上供錢



及經界之後復業税賦暗行侵用或將人户未復業田
土撥作職田贍學之類至於形勢之家侵耕冒占不輸
官税妄以逃閣為名消豁租額乞下江東路專委李正
己江西路專委周嗣武將管下州縣見今逃閣錢物照
應經界開閣數目限一季驅磨覆實取見逃閣田土坐
落鄉村去處畝角細數令守倅令佐各結罪保明從所
委官再委鄰州清彊官親行覈實限兩月結罪回申如
有不實按劾依法施行其日前所減税賦免行送納日
後覈實税賦數目上供起發從之　十二月十二日臣
僚言江東西路頻年災傷民户逃移至多今歲圩田遭
水山田遭旱朝廷寛卹放免秋苗展閣夏税至今圩岸

猶未修築流民未盡復業若以經界後至今僅三十年不曾檢覈之事一旦於目下荒歉之際驟然舉行深恐擾民益令戶部須降帳式要見物產坐落去處畮步數目近鄰四至拋荒歸業請佃請射姓名年月造帳供具保守倖令佐結罪保明仍立委鄰州官親行覈寔即與昨來推行經界事體無異勢須於州縣鄉村徧行根括切慮民情不安有轉徙之患欲望明詔且令兩路招集流移之人俾悉復業及措置賑濟俟來年豐熟於農隙日即依所立帳式根括施行從之




宋會要

稅　賦稅

淳熙元年十一月二十九日中書門下省言人戶合納租稅在法本戶布帛不成端疋穀米不成升絲綿不成兩柴蒿不成束者聽依條時價納錢其錢不及百願與別戶合鈔納本色者聽訪聞州縣奉行不虔吏緣為姦將合納零碎之數催納已納者不即銷簿重壘追理詔逐路監司常切約束如有違戾許民戶越訴八月二十五日臣僚言州縣催科兩稅自有省限今之為吏以趣辦為功往往先期追擾乞禁約如有不依省限催科者許民戶越訴重真典憲從之三年十一月十二日南郊

【卷一萬五千四百二十三】

赦山間及並溪田有水衝決堆注沙磧未堪耕作者州縣尚依舊催理稅賦委無從出可令逐路轉運司委官覆實保明申尚書省毋致隱冒　六年九年明堂赦十二年郊赦十五年明堂赦同　內十二十五年兩赦增入州江田土者　同日南郊赦人戶折帛錢已降指揮令以錢會中半輸納訪聞浙東州縣循襲舊例尚令納銀高其兩數重困民力可令遵依指揮只納錢會其合起輕賫處仰官司自行取買如有違戾監司按劾以聞　九年明堂十二年十五年郊赦同　四年二月十三日執政進呈大宗正丞劉濤奏近年諸郡違法預催夏稅民間苦之龔茂良李彥穎同奏此為下戶之害非細但往年諫官

曾論此事方施行問戶部長貳執奏不行至去年春言
者又反此版曹復申前說謂逾年四月五日合到行在
折帛錢共六十五萬貫指擬支遣若不預催恐至期闕
誤上曰既是違法病民朝廷須別作措置安可置而不
問次日奏戶部每年八月於南庫借六十萬緡應副支
遣次年正月至三月撥還今若移此六十萬緡於四月
上旬支借則戶部自無闕用可以禁止預催之弊上喜
曰如此措置不過移後就前都得民力少寬於公私俱
便遂詔諸路轉運司行下所部州縣自今並須依條限
催理二稅如有違戾處令監司覺察按劾四月七日中
書門下省言訪聞逃絕人戶稅租縣往往不為依條蠲
閣及非逃絕人戶持頑不肯輸納州縣吏不追理抑勒
保正代輸顯是違法詔逐路監司覺察如有似此違戾
去處按劾奏聞十一月六日臣僚言今歲豐稔州縣為
見米價廉平抑令人戶折錢送納計所輸之直過於本
色遠甚民間反以為患乞戒飭州縣令歲所納秋米並
送納本色不得折錢如有違戾重寘典憲從之十七日
臣僚言臨安府錢塘仁和兩縣歲敷和買折帛下戶常
受其弊蓋本色所直不過四五千折價所輸其貫七貫
五百方折納之時上戶惟務遷延避免洎至閉場之日
爭欲全輸本色折納之數常虧官司無所取辦勢必歸
之下戶不均之弊莫甚如此乞嚴降指揮自今兩縣將





人戶物帛合納本色折錢各為若干分明散給憑由官
民戶於受納日並齎憑由照數批鑿交納若有侵納本
色不得理為合納之數從之二十二日詔前知崇慶府
新津縣姜如晦見任知縣路由古並特降兩官路由古
放罷以成都帥臣劾其違法預借故也淳熙五年二月
三日臣僚言郡縣之政其最為民害者莫甚於預借蓋
一年稅賦支遣不足而又預借終無還期乞戒州縣勿
復循例如有違戾監司常切覺察從之三月二十七日
詔四川總領所同逐路轉運司取見諸州軍未盡數減
於折科夏秋稅絹因依更相度與裁減若於歲計都有
妨闕公共指置將諸州應干財賦通融相捕開具以聞
先是四川安撫制置使胡元質言西蜀稅租折科之額
視東南諸路為最重如夏秋稅絹以田畝所定稅錢僅
及三百則科絹一匹不及三百者謂之畸零其所輸納
絹乃僅估錢則準時直當承平時每縑不過二貫兵興
以來每縑乃至十貫是一縑而取三倍也陛下軫念遠
民重困每縑裁定作七貫五百然獨成都自淳熙五年
為額減放訖其他州縣尚有未應昨來指揮去處乞行
下約束故有是命五月十四日左司郎官陳舉善言一
縣之財自有祖額前此作縣者適會歲豐商賈流通征
酤溢額零稅無虧幸而增羨則獻之州郡州郡以有所
獻之數填於版籍遂為正額歲取足焉促迫之期甚於

經常之賦遂至於不可支乞明詔州郡將十年以來應
縣及場務所獻增羨爲正額之數者盡行除豁不得復
有拘催從之七月三日宰執進呈葛邲鄭子乞蠲除紹
興府攢宮等處和買上曰攢宮山地田園泰寧寺賜田
延祥莊田產已放免二稅其和買紹興府自合一併除
豁豈可科在人戶可並與除豁具數申尚書省八月三
日御筆手詔朕祇荷高穹眷祐祖宗垂休獲承太上之
慈訓修明治道夙夜不敢荒寧比年以來五穀屢登蠶
絲盈箱嘉興海內共享阜康之樂尚念耕夫蠶婦終歲
勤動貫錢不足以償其勞而郡邑或弗加恤使倍蓰以
輸其直甚亡謂也其令諸路監司嚴戒所部應兩稅除

卷一萬五千四百二十三

四

折帛折變自有常制外常輸本色者毋以重貫强之折
錢若有故違按劾以聞當重寘于法其御筆令臨安府
刻石遍賜諸路監司帥臣郡守十月二十六日詔戶部
長貳同臨安府守臣覈實攢宮園壇蓑種花園諸軍營
寨宮觀等處及浙江昨因風潮衝打一帶江岸其所管
稅租並與除豁十一月二十八日詔新漲沙田已起立
苗稅其陷江田地苗稅自合蠲免令兩浙漕臣行下諸
縣供具詣實申尚書省十二月十一日太平州言每年
合理秋稅數內布豆二頃本州不產係折納價錢近有
詔旨當輸本色者毋以重價强之折錢今本州民戶乞
照年例折納上曰不許折納價錢以便民也今太平州



不出布豆民間以納本色爲不便願納價錢可從民便
其幾平江府亦據人戶狀以本土不育蠶乞依年例指
納申戶部取旨詔從民便又言鄉戶僻遠所納來不多
不能親擔赴官欲聽從民便折錢從之六年二月十八
日詔州縣受納人戶稅絹其不成端匹者每匹並以一
百文足折價從便獨鈔送納不得過數增收及妄有騷
擾如有違戾按劾以聞七月十三日中書門下省言已
降指揮第四第五等人戶不成端匹畸零稅絹許折納
價錢詔如人戶有願輸納本色者聽從其便七月十九日
諫議大夫謝廓然言州縣違法科斂侵漁日甚其咎雖
在於縣令而督迫實由於郡守縣令有爲監司所按而

五

郡守乃偃然自若望臨遣監司之際嚴加訓誥或郡之
過需於縣縣之横取於民悉行按劾無詳於小而略於
大又命臺諫稽其違者從而糾之正本澄源則聚斂之
風熄矣從之十月十四日起居郎李木言乞將人戶苗
稅合納憑由各具合數都數及紐計物力合納官物各
若干明以都數及則例載於憑由令佐抽摘照藉分鄉
點檢然後給散人戶不得妄有增減不實及憑由之外
又行科數並許人戶越訴令佐重寘典憲詔依其憑由
各差鄉戶長給散不得追擾七年三月十一日四川安
撫制置使胡元質言鳳州梁泉兩當河池三縣并成州
粟亭以人戶見耕牛具數目爲準均數二稅以是民間

畏避莫敢畜牛乞只以乾道七年遂州元籍定牛具為
科數則例自此如有新添牛畜更不收入為額輒增科
數從之五月二十九日吏部尚書王希呂言人戶既典
賣産業之後止割稅賦如物力之類必至三年方許推
排則産去之戶虚掛物力橫被追納又遠方縣邑有一
二十年未書推排者竊謂應人戶典賣産業令於推割
稅賦之際即與物力一併推割如係典業即候他日收
贖之日却令歸併從之九年六月十四日詔四川制置
司及轉運司嚴切禁約所部州縣不得預借尚或違戾
按劾以聞遂司奉行滅裂亦坐失覺察之罪以中書舍
人宇文价言蜀中四路猶有預借之弊乞行約束自今

卷一萬五千四百二十三

六

若知縣罷任批書亦乞保明批不曾預借一項故有是
詔九月十三日明堂赦民間合納夏秋稅苗訪聞州縣
不遵三限往往大折價錢致令人戶難於輸納并將畸
零物帛高估價却往他處賤價收買以圖剩利顯屬違
戾可令監司覺察乃許人戶越訴十二年十五年赦
同同日赦諸縣起解本州及上司財賦各有立定窠名
訪聞諸州軍不恤縣道遂時添立項目錢數遂為永額
可令自下次正或有違戾仰監司覺察按劾以聞十年
八月二十四日詔諸路州縣人戶積欠二稅自淳熙八
年終以前特與蠲放不許別作名色再行催理自今若
遇水旱須管疾速檢放其合輸錢帛物斛常切照限催





納不得再有拋欠如或違戾戶部覺察具名以聞十一
年二月二十一日戶部言建康府申乞將沙田許從官
田所畫降指揮與免十料催科外其沙地蘆場乞自初
生年分起科催納稅租從之十二年三月二十五日宰
執進呈權發遣信州鄭汝諧奏前知袁州宜春縣許及
之陳述戶長之弊今遂路州軍滌陳經久利便鄉俗所
宜申尚書省臣今措置將諸縣民戶稅錢仍舊分作三
等上等專差保正副中等充夏稅戶長下等充秋苗戶
長如及之所謂六不可催者寄産詭名者産去稅存者逃年拒頑者遠鄉武斷者病無次丁者逃移而戶版存
者皆已革去逃絶戶稅並行倚閣本州自與承認上三

七

等并官戶之稅官中自催不許入戶長甲帳創立詭名
並令鄉司并戶長歸併拒頑不納稅者許令戶長申舉
別行追納戶長所催者止是下二等戶之稅必無代輸
之患貧狭鄉分稅錢不多止差保正都副並不差夏秋
戶長只從本縣出給由子開具人戶合納稅物令鄉司
分俵許人戶自作三限送納敢違省限者却行追治送
戶部勘當本部契勘鄭汝諧所見陳委得允當其狭鄉
不差保長只令知縣自催一節竊慮知縣或非其人必
令公吏下鄉騷擾民戶或仰令保正催科却為非便本
部勘當乞下信州仰更切照應関防施行王淮等奏鄭
汝諧行之信州百姓甚利但行之在得人苟非其人如

戶部看詳其他皆得允當狹鄉不差保長知縣自催竊慮有吏人下鄉騷擾之患上曰可依戶部勘當到事理并下諸州路軍倣此隨宜施行十一月二十二日南郊赦勘會催科自有省限州縣往往不遵條法先期預借重疊催納以致多出文引非理追擾或勒令保長代納於受納之際容令合干等人多端阻節作弊倍加斗面非理退換洎至納足不即給鈔仰監司嚴加覺察如有違戾按劾聞奏仍許輸納民戶赴監司陳訴十五年明堂赦同　同日赦勘會已降指揮淮南州軍淳熙十二年終合起上供分隸等錢物並已立定分數展免可將來納錢物並與除放其已納在官之數理充將來名下合

卷一萬五千四百二十三　八

納稅賦十五年八月十一日戶部言知紹興府王希呂奏淳熙十年六月十二日詔紹興府蕭山縣新林等鄉被水衝塞田土三萬四千二百八十餘畝合納苗稅除淳熙十年以前免納外仍自十一年為始更免二年令止十三年起催令據人戶稱乞依華亭縣仙山等鄉例寬展年限乞施行詔特免一年淳熙十六年四月十五日詔紹興府將第伍等以下戶和買二萬五千餘匹權住催一年三省選委清彊官同監司守令相度經久利便聞奏先是守臣王希呂奏對兩浙路共管和買五十二萬七千六百五十四匹有奇而紹興一州獨當一十四萬六千九百三十匹有奇立法之初固編重而元科



則例自物力三十八千五百以上為上四等合科和買三十八千五百以下為下五等免科後因臣僚言自凡係五等有產無丁之戶與上四等戶一槩均科於上四等蠲減二萬八千三百三十匹有奇均在五等十二萬二千九十四戶而五等下戶物力自百文以上皆不免於和買臣嘗從實挨究見得上項和買為詭戶者不過八千餘匹其二萬五十七匹有奇實係有產無丁即非詭名若不即與除放竊恐重困故有是命七月二十八日戶部言兩浙運副潘景珪奏今之和買所在為害蓋緣官戶及中產之家憚於物力之多遂乃詭名挾戶於是第四等以上之民和買益繁役次益頻詭名挾戶盡

卷一萬五千四百二十三　九

作第五等之家非真第五等之戶也若非鄉司導之則不能為非鄉司芘之亦不能久今若誘之以賞戒之以刑焉有不可併者在法詭名挾戶許人告首告中者給其產之半充賞欲先告示官書其戶頭之名許以三月自陳歸併限滿不自首鄉司能告者亦與依條給賞如或隱芘致人告論鄉司從徒二年配千里如此則物力既分者可使復合而第四等以上人戶自然皆多和買可以均及乞下諸路運司行之所部州縣照應見行條法遵守施行從之八月十一日臣僚言在法未開場前兩月縣置簿以申州州印押下縣蓋緣人戶輸納隨手便欲勾銷若不先置簿書臨期何照證或雖已印押而

收藏以待錢足者逮至到縣納數已多紛然壅并縣吏得而邀阻乞嚴戒州郡今後夏稅簿須管四月下旬到縣秋稅簿須九月下旬到縣每收發稅簿須令州縣各申監司庶幾有所稽考或不依限收發許監司重作施行從之同日臣僚言在法輸納稅賦官司必給稅由既納之後官司必給赤鈔一付人戶一關本縣比年以來受納官當時印給赤鈔或數日作一次印給甚至一兩月不給遂使納者逐時等待戶鈔既已如此縣鈔不言可知乞降指揮未納稅之前須管出給稅由如由子內所說不應合納之數許人戶經所屬陳狀限一日改正其鈔須管當日給與人戶及關送本縣其主簿須管鈔

卷一萬五千四百二十三

十

到即日勾銷如違並許人越訴官吏坐罪從之九月五日宰執進呈戶部奏知紹興府王希呂申相度本府管和買一十四萬六千九百三十八疋有奇於內擬豁及候首併到詭名挾戶別行減額本部已看詳合除豁減放共四萬四千二百八十四疋有奇自淳熙十七年為始每歲以十萬疋為額又戶部尚書葉翥奏陛下欲蠲減紹興和買重額先乞蠲減四萬餘疋每歲以十萬疋為額減額既定然後行均數之法自四等至五等各照見管田產經界組計物力一例均科乞令公共集議庶有定論可以施行得旨紹興府和買可於元額上先減四萬四千餘疋令尚書省日下出給黃榜付本府曉諭



其均科一節委侍從詳議聞奏十部契勘緣今所減係指準支遣大軍合欲將已減一半自行承認其餘一半乞下封樁庫撥還價錢付部收買從之　紹興(熙)元年五月二十一日詔自今諸縣常賦出違省限及諸色官錢逋欠數多即仰州郡選為本縣能吏一員專一催辦即不得輒差州官或州吏下縣貪緣騷擾稍有違戾監司按劾以聞坐以違制之罪從臣僚請也七月二日兩浙運副潘景珪言臨安府仁和錢塘餘杭縣稅賦差役和買進冊五本戶部看詳除將和買冊別作施行外所是仁和錢塘人戶輸納稅賦明洌冊二本送臨安府參詳本府照得係將兩縣人戶田產均定夏稅苗米和買役

卷一萬五千四百二十三

十一

錢等則立籍今參詳夏稅等各縣鄉村民戶田地山園等產色不同雖有昨來經界立定高低等則往往鄉民多有不知逐等合輸數目多(寡)致被鄉司走弄作弊今來降下進冊內籍定民戶產色等則並係各縣照經界等則攢具置籍以為定額別無增減虧損委是經久利便詔本路州軍將錢塘仁和兩縣進冊內事理各參詳逐州縣等則名色起立稅租因依如經久可行即保明供申朝廷施行十一月二十七日臣僚言常賦二稅支移折變名色不同而縣之官吏或受請囑減此增彼僥倖者衆乞將應官民一體均數若官吏觀望請囑暗與減免致民戶增加者許其越訴其官吏與獲減免之人

並論以違制仍依法盡數追納戶部看詳欲從所陳從之二年二月二十七日詔州縣凡人戶和買紬絹並令以下戶諸都稅錢條數科數不得分析都保其折帛分數並依舊法均紐不得逼勒增添其令鈔人戶仍於開場之日便與受納無得邀阻待省限之滿從秘書郎孫逢吉之請也三月二十五日工部侍郎兼臨安府滿景珪言竊見臨安府每歲合納和買自宣和年間分下常州而常州則又均下江陰蓋是付江陰在常州則為屬邑其後陞為軍令常州者既以罷免而江陰軍者除豁次蠲放外尚有二千五百四十三匹有奇令以臨安府之和買而分責之於江陰之民則是一時權宜之制安



有物產在臨安府而和買在江陰之理乎欲候至今年八月將臣節省到浮費錢與江陰軍認納前項絹每年於戶部八月買絹場內盡數收買本色輸納如從其請乞下江陰軍免行寄買日後不得妄有科數從之四月二十日詔郴州每歲折稅錢每石只許二貫一百五十文足永為定例以本州言舊每石二貫五百文自淳熙十六年減錢三百五十文尚慮後來不相照應再有增估故有是詔五月十一日詔臨安府餘杭縣和買自今以七貫以上至八十貫科絹一匹以本路提舉張體仁言餘杭比京畿所科倍重欲展自七貫以上物力均數其不及七貫者且與寬免故有是命二十四日戶部言



廣德軍奏江東路州軍以物力科數預買有百餘千數及一匹有七八十千數及一匹者獨本軍兩縣多者不下十千少者六千有餘亦數及一匹委實偏重嘗稽考舊管預買紬絹二萬六千三百有奇自靖康元年及紹興三年兩蒙朝廷指揮除豁逃閣一萬一千一百有餘匹至紹興十九年守臣賈功希進妄乞增復預買一萬一千一百有餘匹自是兩縣民力重困人戶逃移乞將增復數內姑減一半以三分為率漕司通融代納一分自餘二分乞賜蠲減少蘇凋弊之民本部照得廣德軍乞將兩縣增復元額和預買紬絹於內蠲減一半除漕司已行承認通融代納一分其餘二分若不與量行抱



認竊恐艱於輸納却致科擾欲將一分本部自行管認收買支遣其餘一分下本州認數起發既而本軍奏以土瘠人稀所入微薄無所從出乞將上項一分預買權行倚閣戶部勘當將本軍認數一分納絹權免認發於內將一半本部更自行管認措置收買一半下江東轉運司管認代納從之六月十一日前知福州馬大同言催科自有省限在法惟福建路夏稅並自五月十五日起催八月十五日納足福州從來所催人戶寺院二稅及上供四色等錢並不照省限送納乞將寺戶合納官錢並依省限與展至秋成後納得旨令趙汝遇看詳聞奏既而看詳到寺院年額上供銀錢遞年分兩限催納

上限四月下限八月令上展至七月下限展至九月終寺院年額合納助軍軍器酒本醋課四色錢逐年分四季送納令作兩限春夏季展至八月終秋冬季展至年終人戶寺院合納夏稅産鹽錢遞年三限第一限五月終第二六月二十五日第三七月二十日并轉運拋發産鹽增錢應副本州支遣遞年自三月爲頭催至年終納足令作兩限第一限展至七月終第二展至九月二十日人戶寺院合納秋稅米價錢遞年分三限第一限十一月二十五日第二十二月二十五日第三正月二十五日令作兩限第一限展至十二月初十日終第二限展至次年正月終向後年分以此爲準至爲定法如

卷一萬五千四百二十三　十四

與吏輒有更易並依條施行從之十月六日知臨安府謝深甫言於潛新城昌化三縣秋苗並折納時價本爲優恤山鄉人戶歲月綿遠浸失本意今每石折價五貫歲事之豐歉米價之低昂一切不問往往每遇樂歲民反病焉今乞將三縣秋苗價錢每石只作四貫三百催納從之十一月二十七日南郊赦諸路州縣不依條限推排人戶物力是致家業並無陞降其間有産去稅存之家官司止據舊數催理官物雖有逃亡猶掛欠籍可令知通令佐究實除放同日赦應典賣田宅如稅契違內減落價錢合倍稅者可自赦到並限百司許令自陳改正投納契稅與免倍輸同日赦兩淮州縣人戶輸納



應干官錢訪問官司逼勒人戶並要輸納官會展轉收買倍有陪費仰兩淮轉運司行下諸州軍及出牓曉示應干人戶輸納官錢並以三分爲率二分見錢一分官會如違許人戶越訴同日赦人戶典賣田産自有推割條限尚慮得産之家避免物力計囑鄉司不即過割却使出産人戶虛有抱納可限一月經官陳首推割如違限不首許業主越訴依法施行仍限半月監鄉司從實過割或有未盡之數勒令代納違戾去處仰監司按劾以聞同日赦民間合納夏稅秋苗見行條法指揮並已詳備訪聞州縣不遵三尺往往大折價錢致令人戶艱於輸納并將畸零物帛高估價直却往他處賤價收買

卷一萬五千四百二十三　十五

以圖剩利顯屬違戾可令監司覺察仍許人戶越訴同日赦人戶折帛錢已降指揮聽以錢會中半輸納訪聞州縣間有抑納銀兩重困民力可令監司覺察按劾同日赦坍江田土昨降指揮委官覈實其山鄉邊溪亦有被水衝決堆注沙磧未堪耕作田畝訪聞州縣依舊催理稅賦委是無所從出可令逐路轉運司疾速一就委官覈實保明申尚書省毋致隱冒　三年四月十三日臨安府言本府去年將第四第五等下戶和買夏稅畸零折錢每匹減七百實收四貫五百今來竊慮窮鄉遐之間去州縣既遠人戶揍斂送納有所不便或恐所折價錢尚高未盡優恤之意今欲每匹更量減三百五十

收正錢四貫一百五十聽第四第五等人户從便送納
麻錢稍優下户從之先是二年七月本府言錢塘等九
縣合催和買夏税物帛上三等人户並係送納本色
其第四第五等人户皆係下户不成端疋依指揮合納
畸零之數每尺折納價錢一百每疋計之五貫二百目
今絹價低平則下户反重於上户欲將第四第五等下
户未納不成端疋物帛每權減作四貫五百許令從便
獨鈔送納不得過數增收六月九日吏部尚書趙汝愚
言西路六州布估錢果州和買絹邛蜀剩米錢南平軍
經總制錢西和州豐草監馬草錢洋州興道縣馬綱草
料錢乞明詔人户折納見錢者皆許用七十七足爲陌

卷一萬五千四百二十三　　十六

可以少寬下户從之八月十日兩浙運使沈詵言臨安
府餘杭縣物力數納和買紬絹偏重潘景珪乞不限物
力若干以物力三貫皆不能免且如止戈一鄉第一等
田每畝物力二貫三百有奇户内有田一畝一角便合
敷納四尺五寸以上又不能無困於下户今措置欲將
本縣零數和買六百八十二疋本司每年抱認並作折
帛錢數徑赴左藏庫送納其抱認數以二百八十二疋
於最重止戈鄉其餘於次重常熟長安等鄉貧下民户
除豁合納之數每年爲錢四十四百三十三貫代輸從
之四年四月八日知臨安府袁說友言餘杭縣和買下
户不堪重輸今欲撙節每年與本縣抱納和買二千疋



一千疋係折帛錢二千疋係本色如許行抱納當委官
覈實版籍別行均科則物力減落三貫之户自然必不
科及從之十三日南康軍言本軍星子縣田土瘠薄和
買最重每税錢四百三十起數和買一疋已減絹二百
九十六疋有奇乞更行均減每一疋税錢二十適作四
百五十起數和買絹一疋計減和買絹六十二疋有奇
今別於軍縣官物内那趲代星子縣人户輸納永爲定
例從之五年六月十六日詔紹熙四年八月指揮住賣
沒官田産如當月以前人户已買者自合送納二税如
在八月以後未賣者自合仍舊起理元租從臣僚請也
紹熙五年七月七日登極赦文人户輸納紬絹斛斗之屬

卷一萬五千四百二十三　　十七

既名納官法不收税訪聞州縣場務過有邀求紬絹則
先收納絹税錢斛斗則先收力勝錢循習成例重爲民
害仰轉運司嚴行禁戢仍許人户越訴如有違戾去處
按劾聞奏自後郊祀明堂赦亦如之九月十四日明堂
赦文盱江田土昨降指揮委官覈實其山鄉邊溪亦有
被水衝决堆注沙磧未堪耕作田畝訪聞州縣依舊催
理税賦委是無所從出可令逐路轉運司疾速選委清
彊官覈實如見得不堪耕作分明即與照數先次倚閣
次第結罪保明申尚書省當與除豁如有將來可以興
復去處仰照應見行條法指揮施行自後郊祀堂明赦
亦如之同日赦已降登極赦文人户輸納秋苗其起綱

脚耗舊有定數訪聞州縣於正數之外加量斛面增收
點合名色至多重為民害可令諸路轉運司嚴切禁止
如有違戾許人户越訴仍委諸司互察尚慮奉行不虔
仰轉運司更切嚴行禁止毋致違戾自後郊祀明堂赦
亦如之同日赦人户夏税和買紬絹内紬合納本色二
分折帛錢八分絹合納本色七分折帛錢三分訪聞州
縣卻侵本色分數多數折帛價錢又不許人户依已降
指揮以錢會中半輸納聞有折納銀兩重困民力委轉
運司多出文榜曉示如有違戾即行按劾仍許人户越
訴同日赦民間合納夏税秋苗見行條法指揮並已詳
備訪聞州縣不遵三尺往往大折價錢致令人户艱於

卷一萬五千四百二十三　十八

輸納并將畸零物帛高估價直卻往他處賤價收買以
圖剩利顯屬違戾可令監司覺察仍許人户越訴自後
郊祀明堂亦如之十月十四日詔訪聞兩浙江東西路
和買紬絹折帛錢折價太重恐傷民力朕甚念之可行
下逐路州縣每匹權減錢一貫五百文自來年為始權
減三年別聽指揮其所減錢數令内藏庫撥還一半封
椿庫撥還一半　慶元元年正月二十四日户部侍郎
袁說友言臨安屬邑凡九而臨安和買之數視九邑為
最重餘杭縣科取之法視九邑為最弊乞將餘杭縣經
界元科之額配以絹數不分等則以二十四貫定數一
匹家科下足額而止捐其餘數以惠末産之民其臨安



縣之民自今既有重科之害又無餘杭衮科之法皆謂
上户詭挾之多下户重輸之困莫若用物力貫頭而均
科之為愈也今以和買散在貫頭而均科則向之無者
所受必輕向之有者所減必重減重者可以有安居樂
業之望輕者不至興嗟怨之情吏不得而制民民無資
於詭户風俗趨厚賦歛均平此誠救弊之良策也乞下
臣此章委之臨安師守詳度利害如所陳不至繆妄乞
先行於臨安府九邑儻行之得宜然後請路徐議施行
詔令兩浙轉運司臨安府限兩日條具奏聞既而兩浙
轉運司臨安府奏照得起敷和買其産物力以田畝山
園多寡紐為價直浮財物力以營運買賣見存細直科

卷一萬五千四百二十三　十九

敷今諸縣見敷和買各有等則其間多有詭挾隱寄之
弊今来臣僚奏請和買以貫頭一體均敷實為公當委
是可行乞先次備坐條法出榜行下屬縣曉諭官民户
將詭名挾户田産限一月首併正其名户限滿不首許
人陳告寄産人一例依法施行以其産給告人則無民
詭户得以自新庶幾諸縣和買一體均敷從之二月七
日權知郴州商侑奏本州四縣人户每年合納二税内
秋納馬草每一束一十三斤折納正錢并頭子等錢二
百五十五文於正額外又有畸零草緣以素來財賦闕
之循仍舊例不許人户合鈔送納以致一兩一斤亦例
納一束皆是四等五等以下貧乏細民坐此重困乞自

慶元元年為始將本州諸入戶除合納正草外其畸零
一斤一兩不及一十三斤之數並令合鈔送納從之二
年十一月二十九日封椿庫言紹熙五年九月十四日
明堂赦文數內一項應典賣田宅如稅契違限及契內
減落價錢合倍稅者可自赦到並限百日許令自陳改
正投納契稅與免倍輸自降赦之後承臨安府等處起
到銀會等約計一十萬五千五十餘貫又承降慶元□
二年七月九日指揮放免倍稅之後自後全無起到錢
數訪聞州軍將收到上項首契稅錢以謂元無立定省
額占吝侵用不行起發詔令諸路轉運司自指揮到日
吝行下所部州軍督責主管官日下盡數起赴封椿庫

卷一萬五千四百二十三

手

送納如有隱占違滯仰本司開具官吏姓名申朝廷取
旨重行責罰三年十一月五日南郊赦人戶典賣田產
自有推割條限尚慮得產之家避免物力計囑鄉司不
即過割却使出產人戶虛有抱納可限一月經官陳首
推割如違限不首許業主越訴依法施行仍限半月監
鄉司發實過割或有未盡之數勒令代納違戾去處仰
監司按劾以聞自後郊祀明堂赦亦如之四年十月二
十八日權知廣德軍趙善譽言建康府科納和買絹輕
重例置或本色或折錢小民重罹其害官司玩以為常
紹興間每和買一匹紐價錢五貫文省人戶納官自買
絹綃帛錢艱得官不能辦則令上戶納本色下戶許折



錢謂之優恤下戶錢與絹適年人戶共輸未見其有異
辭也近年以來居蓄麻蠶桑寢廣綿帛頗多絹每一匹
只直錢二貫二百文足并納官頭子縻費錢六百文足
而上戶納本色如初下戶折錢亦如初并頭子縻費共
計錢四貫四百五十文足比之上戶多用錢一貫六百
五十文足謂之優恤下戶可乎若是則送納和買非惟
失立法本意而下戶重罹其害昨蒙朝廷指揮每一匹
權減錢一貫五百三年為滿合至慶元四年復行拘納
前政守臣趙彥逾以積到公庫錢又與民間代輸一半
合至來年照元數起催乞行下建康府將人戶和買自
慶元五年為頭或本色或折錢不分上下戶衮同均納

手一

謂如上戶遞年十匹皆是本色今納本色五匹餘五匹
折錢下戶亦如之庶幾積年弊害一旦革去而下戶和
買每匹減得緡錢供輸均平細民被惠詔令本路轉運
司同建康府守臣公共相度措置申尚書省十一月四
日臣僚言竊惟德澤流行當自近甸始寬恤近甸當自
越之和買始臣嘗究本州和買元額之數凡十四萬四
千有畸蓋以物力高下而均敷之豪宗大姓匿隱寄田
產詭名挾戶巧為避免是致不能均一如會稽縣曩時
物力纔及十七貫以上即輸絹一匹其重如此自淳熙
十六年臣僚乞蠲減四萬餘匹止以十萬為額固足以
寬民力矣雖當時関併詭戶每科一匹各增物力錢若

干貫然奉行以來曾未數歲奸端復啓吏胥走弄暗有虧減豪右詭挾寧免田仍臣恐一二十年之後逐縣所敷之額物力貫數浸復仍舊則是朝廷蠲減之數徒為虚賜耳況其推排物力之際弊出百端陞降增減初無定數富室輸財必欲銷減鄉民執役互相隱藏廼若深山窮谷之民一器用之資一豚彘之蓄則必籍其直以為物力至於農甿耕具水車皆所不免幸其貲直之有十數千則纖悉括責必欲敷及一緡而後已夫民生曰里閭家貲不滿十數千將何以衣食之給設幸有之而又責以輸帛則是驅而歸諸窮困之域其可乎臣以謂計畝科納此策最為均平盖物力則陞降不常易於生





弊田里則頃畝一定無以容姦此理較然甚明前此建議者亦屢及此而卒以見沮者其說有二豪民上戶折產詭挾者不樂猾吏黠胥欺謾隱庇者不樂而或者之說又有所謂兩稅履畝乃是常法和買輸帛此特科名臣不知今之所謂和買者其與兩稅有異否乎夫皆趣如期以備經費民輸納習以為常亦既與夏稅等矣今莫若使之計畝頭均科如田一畝則輸和買若干此數既敷雖興賣推排之際皆不可得而改易況有田則有稅將復何議而不猶愈於括細民生生之具以成物力而使之均受其病也哉乞行下紹興府措置條具聞奏以為一州永遠之利詔依務在必行自來年為始先次



開具本府屬縣均敷數目限一月申尚書省臨安府準此十二月四日臣僚言恭覩朝廷欲行均科和買之法闔郡士民為之鼓舞大抵人情趨利避害不約而同夫詭戶避免科役一家苟得其利則千萬家之民俱願為之矣今貧民皆抑而歸於上戶貧民豈能自扮尺寸之土所謂五等下戶者大率多詭戶也其五等者十未有一而又有鹽亭戶和買亦從蠲免民之有產業者不折而為詭戶則隱寄於鹽亭戶之家此闔郡之人所共知也若夫一例均科則實不便於郡縣官吏及詭戶之家若均科之法不行則是科數永不及於詭戶而貧民之不為詭戶者每被重科而不知其由又有至下之戶平





時賂不及於鄉胥則每每亂行飛攤令被和買俟其陳理則其費已數倍於供輸往往甘心出納而不辭今之言者曰今之科數不過上戶所科者多而五等之戶得免若計畝均科則下戶皆及之矣其說雖以為一時歎閔之論而實不然何則詭名多則畸零多畸零多則為縣道之利上司州郡配抑縣道縣道出無所從全仰於畸零今既不為詭戶則畸零不足以供億此縣道之所不願為也計畝均科則其見數目鄉司何由而為姦且以縣科萬匹之外不敢多科一匹也今科數之數悉出於鄉吏自一家論之今歲科五匹來歲加其半可也後歲倍之亦可也又後歲悉蠲之亦可也額科萬匹雖科

萬五千匹民何由而知神出鬼沒盡由其手此其被科
者之害如是而已不被科而為詭戶者民豈能自為之
耶不由胥手則不能為之矣且如一家一歲因詭戶而
得免百緡之賦則常以其十五以酬鄉胥不然則來歲
歸併其詭戶而重科之矣雖形勢戶不敢不與也其為
鄉司者上則有監司巡按通判決獄職官行縣之擾州
郡醋錢之科下則有令佐當直接送筵會果卓之需至
於過客排辦郡吏憑由千照日追月索殆無虛時使一
歲如此之費當千緡則此輩取於民者萬緡矣當萬緡
則取千萬緡矣由是一歲和買之數非倍取之則不足
以償其費兼安撫提刑提舉司及本府縣公吏詭挾尤

卷一萬五千四百二十三　二十四

多日於官員之前多端獻說皇惑其聽沮格上命斷不
肯行使下情不得上通上恩不得下達者蓋由此也今
為計畝均科由產和買之法計貫均科浮財和買之法
實便於民其間偶有小小節目奉行官吏往往便得以
藉口不思經畫之法遂以為不可行假如一邑之內管
田畝若干合科和買若干管浮財物力若干合科和買
若干略加稽考便見每畝若干每貫若干當科和買若
干矣若鹽亭戶之免科數則當制為限田之法如入納
官鹽若干免納科數若干畝若逾此數則當悉隨田畝
科數則不可得而隱寄矣此其大畧也舉而行(詔)之則守
令豈無講究能悉其詳者庶為鄉邦無窮之利詔令汪



端義取會屬縣照應已降指揮疾速條具聞奏不管鹹
裂既而端義條具云今臣僚所請和買絹不論第一等
至第五等戶並用畝頭上物力均科夫用畝頭上物力
均科者非謂每畝敷及若干尺寸也蓋用畝頭上物力
數目細計均科以田產有肥瘠自來分為數等且如第
一等膏腴田雖與第五第六等步畝一同而好怯有異
所以從來不用步畝均數而却用畝上物力均數謂如
會稽縣雷門東管第一鄉第一等田每畝計物力錢二
貫七百文第二等二貫五百第三等二貫文第四等一
貫五百文第五等一貫一百文第六等九百文田畝有
好怯故物力有高下不可一槩科也先來第四第五等

卷一萬五十四百二十三　二十五

人戶田畝物力錢若干又浮財物力錢若干衮搭計物
力錢若干即科和買一匹坊郭雖不同大率亦用此等
則科納蓋是用畝頭上物力均科非是用每畝均科也
今欲行臣僚之言即合照舊例用畝頭上物力均科謂
如田產上物力一貫即科和買絹若干非謂一畝即科
和買絹若干蓋上等與下等田產物力錢不同今用田
產等則物力均數即亦係計畝均數之謂也八縣自來
如此用物力錢均數議者多謂紹興府無真下戶正皆
是詭戶其實亦不然所謂下戶者非謂全然貧薄無衣
食之小民也謂如諸縣人戶物力錢不及若干貫不科
和買者即皆是中下之家豈得無些少產業若詭挾之

戶固有之而中下之家亦不能無也今會稽縣第五等
戶元不應科和買者計五萬二千五百五十八戶山陰
縣第五等戶元不應科和買者計六萬七千七十五戶
他縣大畧皆同此乃其間實有下戶不皆詭挾之人也
自中興以來和買不及於下戶者為下戶元不曾納錢
而請和買也恐其間實有小民被科者爾第四等戶以
上雖科和買雖曰賦重然皆是衣食得足之家雖被科
數而必無流徙之患今若均於下五等戶每丁絹奚有
丁綿奚有丁鹽錢奚今又欲減上戶和買絹復均於其
家則是以一小民之身些少薄瘠之產而納數項之稅
賦此其所以為難也況今者用畝頭均數則上戶頓減

卷一萬五千四百二十三　二十六

下戶頓增他日或艱輸納今日臣僚之請謂不於畝頭
均科恐詭挾之戶日甚一日他日又費關防但今日更
思優恤下戶則用畝頭均科亦何以為不可參之衆論
優恤下戶之說有三爲一者下五等戶見身丁絹丁綿
丁鹽錢三項共丁綿丁鹽錢向日亦嘗具申尚書省欲
從除減今若未從除減則欲乞將下五等有丁有產人
戶身丁絹與和買絹衮同盡均數於第一等至第五等
產業畝頭物力之上蓋第四等以上人戶和買絹既均
數在第五等人戶之家則第五等人戶亦合衮同以丁
絹均科在第一等至第五等畝頭物力之上庶幾於理
爲均謂如會稽一縣若以畝頭上物力均數和買則第



四等以上戶計有減退和買六千一百六十六匹二丈
二尺二寸八不應科第五等戶均受其第五等身丁絹
却計有四千四百一十六匹一丈二尺又有三千三百
五十三丁係有丁無產者爲丁絹計三百五十二匹二
尺六寸既是無產與今來畝頭均數和買即無干涉又
自來例科身丁絹不欲改動欲仍舊每年科有丁無
產之身外有丁有產者為丁絹止有四千六十四匹九
尺四寸却欲將此絹并和買絹衮同盡均在第一等至
第五等人戶畝頭物力之上以均丁絹論之則上戶止
受下戶丁絹二千五十五匹一丈八尺六寸却自均受
丁絹二千八匹三丈八寸而又受過上戶和買六十一

卷一萬五千四百二十三　二十七

百六十六匹有零他縣亦大畧相似若以此二項絹衮
同均數則上戶尚不勝其優而有產丁戶組得免每丁
納身丁絹一項而已是亦略所以優之也他縣亦欲照
此均數或者謂上戶尚為優輕若盡以下戶丁絹均於
第四等以上戶畝頭物力之上而第五等戶止受今來
和買絹數則稍為均平但恐上戶必生詞說有不肯受
故不得已須用一槩均數為二者田產物貨與浮財物
力皆不同雖向者衮同均科然亦分開各自有數今者
第五等戶既受畝頭物力和買矣不可更以浮財物力
科及於第五等戶蓋浮財物力不比田畝物力田畝物
力財可以詭託於交易而走弄浮財物力一槩推排之

後其數逐定不可走弄且以第四等戶以上言之浮財物力推排之際東家減退即歸於西家顯不可走衆不可欺議既已定人自無辭三年一次推排衆共認定之後不似田產日日可以走弄今若以畝頭物力浮財物力一例均科於上四等及下五等人戶畝頭之上則上戶重疊有減退之幸下戶重疊有科敷之擾若欲以浮財物力分出自科上戶與下戶並皆不免則上戶浮財物力營運有至數千貫者坊郭尤多豈可畝頭上既已減免而於浮財上又復減免下戶只些小家活正如前日議臣所謂生生之具者畝頭既已受和買矣豈可於些小生生之具又復科納則是重疊受科於理甚明

卷一萬五千四百二十三　二十八

今欲將逐縣浮財物力所分出和買絹仍舊只均敷在上四等已籍定浮財物力之家蓋上四等戶并坊郭等戶率是浮財物力多而田產物力少前來具申亦已詳盡今只欲照舊例均敷於第四等以上已籍定浮財物力之家乃所以見重本抑末之意與今來議臣所謂均科畝頭和買自與浮財和買項目不同如此處置庶幾下戶不致重困然諸縣又有不同如諸暨蕭山兩縣之下戶浮財物力稍多見今管物力二十萬貫又當別行措置若今來已經科定於買之後自第四等人戶出產與第五等人戶者都隨產仍舊科納鹽亭戶元不科和買或者以為亦有詭戶在內規免後來鹽亭戶有續置產業都依編戶科納和買今用畝頭均科若欲稍優鹽亭戶未審合與不合比編戶且與折半科納庶幾規免者亦少又於田畝科納者亦均又八縣有瀕江溪及逃絕沒官田產所管物力尚多逐年除豁和買今既欲用畝頭均敷則此項不容不覈其實乞行下令諸縣知佐同共前去地頭預會富實結罪保明詣實均敷庶幾不致走失官物如有隱庇分毫不實乞從劾奏黜責上件利便或可行或不可行一聽詳酌指揮施行詔鹽亭戶除元不科者仍舊續置產業自合均敷餘並依條具到事理施行

慶元五年四月二十九日臣僚言竊謂民間二稅自有經常夏納絹帛秋輸苗米合從本色雖以

卷一萬五千四百二十三　二十九

折科亦未州郡多於本色之中分為等降或科小麥或敷糯米已為法意然猶有可諉者曰將以為酒政之資耳今乃復於折米麥之外變納價錢麥一石或折錢五千米一斗或納錢七百計其價直何止倍輸其間變賣抑不止此編民是憐赴愬無從乞令後州郡折科或抑配令納價錢許民戶越訴從之

七月十二日臣僚言建康府科納和買極重例皆所納和買絹或本色或折錢小民重罹其害乞下本府行人戶和買自慶元五年為頭或本色或折錢不分上下衮同均納謂如上戶逐年十匹皆是本色今納本色五匹餘五匹折錢下戶亦如之庶幾積年弊害一旦革去供輸均平詔令本路轉運

司同建康府守臣公共相度措置申尚書省既而知建康府錢象祖等措置到本府管下五縣數内上元江寧句容溧陽四縣所理和買除第五等人户免科其餘人户各不分上下並納一半本色一半折錢所有溧水一縣和買本縣舊來紬價高貴遂令上户送納本色下户折錢本爲優恤近年紬價低平折錢數重下户艱於輸納欲將溧水縣所理和買從今來臣僚所奏不分上下衮同令人户各納一半本色一半折錢庶得均當户部勘當欲從相度到事理行下本府江東轉運司遵守施行毋致違戾從之九月二十九日工部侍郎蕭知臨安府朱晞顔言竊見仁和縣有倉基羅場營寨宮觀菴寺城



基酒庫官廨之屬凡四十七處皆民間花利既無所收税賦自無可納并經界以來遞年遂薄鄉司因緣爲姦或推多收少或産去税存或於項内隱落户名或於總結不具實數與他處抱税額亦復不少本縣據簿執爲定數取辦户長鞭笞禁繫至有破産填價致户長輸當差役則預先鬻賣田産甘爲逃手或輕棄屋廬逃竄他鄉前後百姓訴之縣官縣官告之州郡而州郡以財賦所在不肯蠲放本縣嘗乞除豁遂委官覈實見得既已産去不存而隱落在民者又無細民可考本縣雖抑勒保長與責倍償而所納税租皆不及數其爲民病亦甚矣今以仁和縣一歲合出豁之數計之秋苗二百三十



九石九斗一升五合係送納府倉夏税五百二十五匹三丈二尺一寸本色畸零斛納府庫本色已自行抱認行下本縣揭榜盡行除放外有夏税折帛六十二匹身三尺八寸即係合發上供之數乞行除豁詔將合發上供夏税折帛六十餘匹令臨安府抱認餘依朱晞顔所奏事理施行六年四月八日知建寧府傅伯壽言本府七縣年額管催秋税苗米八萬一千九百餘石通縣各就上三等人户合納糙米内折科糯米三萬三千餘石蓋緣本府當來置坊造酒出賣上件糯米並納本色應副酒務支用至宣和年間税户河宰等列訴本府出地出産稀少難於輸納乞罷官酒改行萬户情願折納糯米



價錢還官畫旨許民從便是後糯米不納本色每石折納價錢二貫三百文轉運司於内撥淨利錢二百文充弁義米一斗還提舉常平司拘收後因本府支遣官兵請給不足紹興十九年三十一年節次奏申朝廷就轉運司撥還本府交納足遣兵管價錢六萬二千七百餘貫省後來本府又因添揀汰使臣歸正忠順添差等官請給數多及遇水旱蠲放年歲苗米數少不足支遣遂增收和糴不論户之等第一例送納下四等五等貧乏之家緣此重困多致破産和糴之弊已三十餘年矣從前官司因循舊例憚於更改欲免行和糴歲計闕米支遣若欲罷去科納糯米折價則又以已嘗奏申朝廷不

敢改易若欲掃去積年之蠹以寬一方之民合將本
府七縣元就上三等戶敷納糯米折價之數盡行免科而
人戶管産合納秋苗盡照條例敷納本色糙米租額卻
將和糴並行住罷此寔澄源正本之義又況賦歛有常
法若以苗折糯卻再紐折價錢未免違戾本府初因造
酒科納糯米後又折錢既而闕糧遂增和糴今既酒不
造矣何名而敷納糯米哉與其反覆紐折而至於和糴
苛取於民下戶必被其害不若只還糙米舊額乃是國
家立定財賦即非官司遂爲增刱其名甚正其勢甚順
非惟可以寬恤下戶從此獲免和糴之害而富之家税
賦適均無有不平之歎誠爲久遠無窮之利在本府雖

卷一萬五千四百二十三　二十二

減上件糯米價錢而糙米盡納本色所入增多歲計即
無虧損不至有闕又還及於本路諸司財賦並無相妨
只有合發還提舉常平淨利錢共五千九百餘貫若盡
納糙米所收義米及折納價錢比之糯米淨利可以補
還大半所虧之數不多本府合與照額抱認補足以此
易彼其利甚博乞下改正施行中書後省看詳欲乞
下本路轉運提舉常平司相度申取朝廷指揮從之六
月二十四日臣僚言國家設爲折科名目不一姑以夏
税言之自本色之外均其分數折爲錢會或爲銀兩自
折錢之外以所餘本色較其産錢折而爲綿非綿則麥
其本戶産錢之不多則聽輸本色歲有定額未嘗增益



非不公也惟是州縣之間奉行不虔謂如版書以元額
之數敷之于州州則增元額之數敷之于縣縣則增
本州之數科之於民上下通增莫有窮已且以一尺之
折帛比一尺之本色則折帛之輸幾倍本色矣而州縣
又有所謂折帛綿又有所謂折麥錢又有所謂本色折
錢夫折帛綿者如折帛已敷足數而又就其折帛數內
分其餘錢折而爲綿故名之曰折帛綿反覆紐計比之
輸納本色三倍其數矣以一斗之麥與麥錢使用其直
不過三環而已若論折錢每斗非七八環不可也是輸
納折麥又不知幾倍於折帛其他如折綿折馬料之屬
不一而足凡絲綿之有零分則納兩絹之有零寸則納

卷一萬五千四百二十三　二十三

尺米麥之有勺合則納升困於重歛莫甚於此此折科
太重之弊也國家立法三歲一推排蓋欲均貧富也使
占籍於鄉者富而進産則在所陞而退産則在所降歲
然不紊皆合公議則州縣之間差役自然公平輸納自
然均一此國家之良法也惟是州縣之間奉行不虔武
斷豪民乘此報怨家富而當陞卻與之降家貧而當降
卻與之陞田畝則走弄等則爲貨則受賄問縱弊百
出爲害日深至於浮財營運尤爲民蠹如店庫生放營
運之大也有店庫則合排以店庫營運錢有生放則合
排以生放營運錢儻或店庫停閉生放折閱則所排之
錢自合隨即銷落盖緣州縣以所排之錢將貲頭推

定以充吏祿而又利其寬餘別行移用每遇推排斷不減損元數如父祖有營運之名經歷數十年之後子孫陵替殆盡尚隸等弟之籍兩料役錢逼令陪納遂皆逃移異鄉莫能自存其間雖有祖父所遺屋業急於求售人以戶籍尚存不敢交易寸椽片瓦終歸摧敗而後已此推排不實之弊也乞令戶部遍一檢坐累降指揮嚴行約束痛革此弊所有折科則只從元數科抑不得重疊紐計及合零就整仍於所納未鈔內分明開具至於推排則除田畝房賃自有成法外其餘營運浮財委是停閉銷折隨即減落不得虛樁責令出納所有州縣吏祿錢亦不得於家力錢貫頭數均敷以資妄用如有違

卷一萬五千四百二十三　三十四

戾各許赴臺越訴從之　嘉泰元年十一月二日寶文閣學士袁說友言竊見紹興府輸納和買之法未能均一令亦得其說矣夫以畝頭科敷和買止欲革上戶詭挾之弊唯其併及於真下戶不能無辭夫以上戶代納身丁止欲補下戶創科之數雖其略無限節故上戶亦不能無辭今若令有丁有產真下戶仍舊自納身丁卻與照嵊縣等五縣例物力十五貫以下不科和買別作一籍拘其陞降所請無丁有產下戶多是詭挾仍以畝頭均敷如此則上戶無詭挾之弊下戶無創科之擾而且無規免身丁之患夫欲下戶自十五貫以上起敷蓋越民有越民真下戶十五貫者絕少今若不拘定

物力十五貫以上起敷有丁有產而以舊例三十八貫五百以上令出納又恐將來有丁之上戶復作詭名身丁折其產為下戶以避免和買矣乞下浙東帥憲倉三司詳議如臣言可行即乞保明具奏遵守施行自嘉泰二年為始庶五等之戶所輸均平可以久遠施行從之十二月六日臣僚言臣聞有丁則有役有田則有賦有物力則有和買今有物力雖高而和買不及者寺觀之長生庫是矣臣詢其故始因緇流創為度增之名立庫規利相繼進納固亦不同今則不然鳩集富豪合力同則名曰鬭紐者在在皆是嘗以其則例言之結十人以為局高下資本自五十萬以至十萬大約以十年為期

卷一萬五千四百二十三　三十五

每歲之窮輪流出局通所得之利不啻倍蓰而本則仍在初進納度牒之實從遂因緣射利之謀耳乞行下諸州縣應寺觀長生庫並令與人戶一例推排均敷和買則託名僧局門紐財本以肥市利者亦將無所逃矣從之三年七月十七日侍御史兼侍講張澤言民有常產則有常賦其間逃荒絕戶每既經州府及漕司除豁則凡鄉司具出無非見存田產今乃具逃絕稅賦責之稅長催納者蓋由見存之產往往多為姦豪及公吏等冒占耕作輒計囑鄉司妄作逃絕隱庇不復輸官又有鄉兜攬人戶錢物用過故不具出是致走失正額卻雖催逃絕以致足正數且責稅長以催見存之賦尚且艱難

若委是逃絶何由可廷乎今州縣姦猾頗多隱寄田產避免差役善良小民有數畝之田即被差催稅已不勝其苦又逼令填納逃賦至壞其生理果何以堪乞下臣此章申警監司郡守行下屬邑照據版籍根括鄉村田產著實見存然後見其手實並責與吏保明長官印押然後責令稅長催納如將逃荒絶戶錯雜在內逼令填納致被陳論發覺即仰監司守臣按奏長官則重行黜責與吏則當從決配從之十一月十一日南郊赦文田戶租種田畝而豪宗巨室逋負稅賦不肯以時供輸守令催科縱容吏胥追逮耕田之人使之代納農民重困仰監司嚴行禁戢如有違戾許被擾人越訴將守令按

卷一萬五千四百二十三　三十六

劾施行自後郊祀明堂赦亦如之同日赦戶長催夏秋二稅官物令訪聞官司先勒令戶長空納在官及將逃亡死絶之戶無催官物勒令填納並是違法令許充役之家越訴仍仰監司常切點檢覺察自後郊祀明堂赦亦如之四年二月十七日臣僚言州縣之吏所於二稅起催之時再為簿籍倖多端非一而足如下稅則自本色有和買而折帛之有綿參此類若每歲科配以逐戶物產各依則例從實通計自有成規豈可增損今乃不然縣胥旁緣為姦出入走弄陰移巧取額外多科縣官利於取辦恬不為恠至于秋稅所科苗米則多以粳而變糯以糙而變白此猶可也又於下戶畸零之所



納歛之甚苗錢自合以斛升文同升而起耗猶以為未足也或夏稅所輸未及分數則折納多增價錢或人戶折納已無欠逋則復作欠數追擾甚矣役錢每夏二料止隨物力起料而多增添其他弊倖抑又可見乞詔戶部行下漕臣令所部州軍每歲於屬縣催科二稅之際預令開具各縣人戶所管常產本年合納並色官物并本色折錢之數及係作何名色科數每戶出給稅由總列實數使憑輸納仍先期結罪具申漕司稽論逐縣人戶通知或有妄增許民越訴重寘典憲務在必行從之開禧三年七月二十四日臣僚言臣聞賦稅均平則通行無弊僥倖者衆則名始告病夫天下所謂占田最

卷一萬五千四百二十三　三十七

多者近屬勳戚之外寺觀而已和買役錢與夫諸色雜科之類皆因畝頃物力起數近屬勳戚或有內批而寺觀亦間出於一時之請懇乃以特旨而蠲免舍近屬勳戚之家既免之矣旁及姻親號為隱寄並緣為奸從而賤賦寺觀給賜之產既免之矣在法不許增置而陰施交易兼并無已經往復於初其蠲免既多則上供送使郡州之數必將而抑配於其他通從賦歛煩重歲增於一歲民生益艱脂剝而無餘况其間非備百端因有本非特旨而假借復免者豈不大為民困乞令諸州刷具管下諸縣有以近屬勳戚寺觀而蠲免和買役錢諸色雜科者並索上敕黃其本州驗截自元降指揮日

以後其增置田產並行鈎[均]數內有蠲免一頃名色如和買或役錢之類不得影帶併免其他科折如或本非特旨因假借爲冒而獲免者即與改正從之　嘉定五年二月四日臣僚言竊惟州縣匱乏之由未有不自預借始夫預借非法也頑民豪户樂與官爲市於是易預借之名而以寄庫爲說官司急於趣辦故未及有限而數借於民民幸官司之急故不言名色而輸於官當催夏絹則曰有錢在官及督秋苗則曰未嘗倒折所寄者纔一半而所遺者亦已半矣加以吏胥之爲姦緫折之減價頭合等錢之欠折滲漏之端未易暨[縷]舉若是則縣道匱乏夫復何怪是豈可不思所以革之乎厥令預借之



幹在在有之而江西特甚乞賜申嚴行下諸路監司嚴切禁止凡諸縣催科二稅須照省限庶幾在官無財賦失陷之弊在民無交涉關望之姦預借之弊除而輸納之名正從之五月三日監察御史金式言縣道催科全籍簿書人户輸納惟憑朱鈔簿書不齊則無以銷注鈔字不明則難以照用所在夏秋二稅必先攢造版簿赴州印押然後給下今州縣吏胥印押皆有常例錢不至則板簿終不發下生此縣道勾銷常是後時稅租未免重疊追擾至於印鈔團簇尤爲可憾州軍不以時給付屬邑亦因循不請凡交納稅租役錢等散借用三數年前別色團印字畫漫滅官司人户遇欲參照皆莫能辨



乞下州軍應縣道稅租版簿并合給交官物團簇須管未起催以前及時發下守臣常切覺察不得容縱違之人乞取以至稽滯從之十一月二十日南郊赦文諸縣所差保長催科率是四等五等下户往往鄉村多有豪右官户倚勢不輸每遇科校輒笞決撻至有緣此傾蕩產納破家深可憐憫今仰州縣自今官户稅物官司自行就坊郭管攬門户幹人名下催理不許一例具入保長甲帖內抑令催納使之陪備如違許保長經監司越訴自後郊祀明堂赦亦如之十二月六日詔明堂赦文展免兩淮州軍二稅三年外特與濠州更展免二年以閤藉用兵本州被虜侵擾爲甚從守臣之請也六年十一



月四日監察御史倪千里言臣竊惟常賦之外誅求苛刻其爲名件未易悉數請擇其尤爲民害者爲陛下言之一曰催科差役二曰詞訟批欠三曰畸稅漏催四曰文引乞覓五曰輸納違欺六曰科敷無藝二稅催科必差户長每界纔滿便當往役惟是逃亡稅額類排欠籍既無人户承當必責户長填納期限嚴急鞭撻苛酷鬻產破家陪不足甚者以户長陪納不足之數創要鄉官拘摧抑其代納趙廷慶行覓血舊稅已悉蠲放而縣邑沮格德意違法追擾間有人户不堪其苦或自裒錢來創爲義役縣吏故行沮抑必欲糾差以資乞覓此催科差役之弊也上之張官置吏民訟爲先下之嚮覓剝

枉惟官可直今縣邑民訟必撿逋賦謂之檢欠既恣鄉胥乞覓又以虛欠責輸不爾則訟不為理其或窮民無所從出監繫淹時冤抑莫伸反致凍餒困斃善良受害噤不敢爭此詞訟批欠之弊也民間常賦若丈尺載諸版籍自有定數今縣邑催科故意存留畸欠謂如戶管一匹則止催三丈八九尺戶管一丈則止催八九尺民間送納本從元管鄉胥異日却追畸零文引征索絡繹鄉保或欠零寸必納全尺此畸税漏催之弊也世多從吏惟急催科民間輸賦豈容逋欠帛之分寸米之勺合剗刷根括秋毫盡矣今乃縣邑又於既足之餘復有重催之害一不已以至於再猶且不已官族士流倒遺箠撻富家彊幹尚難分辯下戶貧民其冤曷訴縱非實欠之數展引必責以錢計一引之錢已不啻尺絹斗粟之直文引繁多乞取浩瀚貪胥猾吏交夤不饜此文引乞覓之弊也夏税秋苗所納本色綱解水脚量取於民自不能免今州縣所納一縑為錢四五百足納米一斗為亦百金以上且問又有倍於此者收加斛面之外多創名色例外又加與夫倉之內外並緣攘取之人不一而計計其所納率幾二斛有半是輸一斛之米已計三斛以上之數矣去歲米直所在低下而抑納折錢每石有及六七千者此輸納過取之弊也比年以來上中戶之產與曩殊絕曩者軍興何物非取於上中等戶名

卷一萬五千四百二十三

四十

支官錢實數鄉保又有招軍造艦鬻爵鬻僧和糴運糧不一之費今州縣所謂上戶者孰為積錢鉅萬之家或遇豐歲不免賤糴其所收之穀若值凶年不免賤賣其所有之田昔之為上中戶者今也多折而為下戶矣富其產急於求售鬭割畝步了不暇計今產去而税存襤縷不庇形糟糠不充腹鞭笞縲絏于官者相望也若此尚忍復有所科配乎此科數無藝之弊也凡此六弊相承不已乞下臣此章令諸路監司禁戢州縣鏤牓盡一行下城邑鄉村黏掛不得隱匿務在恪意遵守痛掃前弊仍仰州郡自指揮到日限一月內具逐項已作如何措置典革申朝廷御史臺照會不許泛為依應具文中

上如州縣奉行不虔許諸色經詣御史臺陳訴追究得實定將監司守宰併行彈奏重賜竄責從之七年四月三日尚書省勘會安邊庫所拘催到圍田昨來所言請每畝歲納官會一貫又有一貫二百文去處緣其時米價高貴會價賤損故立定錢數本為適當近年穀值豐稔米直廉平官會錢關復舊合議施行詔令安邊庫所將見管圍田自嘉定六年秋租為始每畝一例各與減租錢四百文其有已納足人戶將合減錢數理為嘉定七年合納租錢仍行下兩浙轉運司廣出文榜曉示二十七日侍御史石宗萬言田租之賦有常額也朝廷未嘗加一毫之横斂而富家大室剝致困乏貧民下戶

四十一

生陛下亦知
其故乎蓋
租賦頗有定
數而增科數
變轉折征
取故民力陛



殫不聊銷鑠而不自知臣請撫而言之夏税之有折帛
蓋以絹而科取也較之本色既已重矣又從而科麥爲
使所科之麦止仍舊數猶之可也以紹興乾道間之數
比之幾四五倍納矣及半久變而為折錢如是則由絹
而折麥由麥而折錢昔之税絹今大半成折帛矣秋場
之折糯蓋以苗而科取也較之納税亦已重矣使折糯
之數一依舊例猶未至於甚病也以十年前之數比之
每石科一斗以上者今科三四斗秔糯之價軽重不侔
糯稍足用則又截納價直夫苗米折錢本為残零使於
輸納其價既高民已受害況又以糯而折錢取之不太
虐乎此姑舉折麥折糯之利害而言之其他名色不一

卷一萬五千四百二十三　四十二

而足大抵皆展轉變易以求贏餘斯民安得不重困耶
今麥方登場而科折過數反甚於前他日秋苗聚可見
矣乞檢會前後臣僚之所奏請申嚴戒飭使州縣科一
依舊例不許增添仍不得以所科之數折納價錢如有
違戾許百姓經御史臺越訴容臣按劾乞賜鐫責施行
從之十一月五日臣僚言竊見臨安府之新城縣視諸
邑最為狭小計一邑十二鄉苗衆（米）之入不及壯邑十分
之二山田多種小米絶無秔稻一歲所收僅足支民間
數月之食雖遇豐歲亦須於蘇秀鄰境糴運交納或遇
雨雪及河流淺澁必致阻滯在州郡則有文移督促之
嚴在本邑則有追逮監繫之擾一遇荒儉之歲不獨下



户無所從出間有一二富室亦若於般運之重費新城
與於潛昌化接境均為山邑於潛昌化二邑皆與折納
價錢民以為便而新城上四鄉折價此外尚有叙（大）平八
鄉獨輸本色不均之弊莫此為甚今若使八鄉之民依
價折納官有贏羨而民免運米之費公私兩便其為惠
利甚不貲也廣州之東莞縣視諸邑鄉分稍闊介在大
海之中縣有白沙等三寨黄田歸諸場官兵月給之米
皆係本縣支散有知縣王其姓者作邑幸滿與後政交
承偶有嫌隙妄言於州謂只據兩鄉秋苗足了一邑支
遣合以餘鄉之米盡納於州州郡一入（湛）說遂為定例自
五鄉苗米撥納州倉之後每至六七月間官兵已無米

卷一萬五千四百二十三　四十三

可支不惟縣計窘匱五鄉之民最罹其害每遇輸納不
免相率僱舟運米入城未到岸則有風濤覆溺之憂已
入倉則有伺候日久之患貧民下户所輸不過數斗亦
不免重有般運因仍已久極為民患若五鄉之米已屬
州倉今未能盡數撥還只擇三等以下户苗米依舊就
納縣倉約計千以下斛亦足少紓縣計之匱乏仍使中
産下户無涉海輸納之勞乞亟賜推行以惠二邑從之
二十八日臣僚言竊聞自錢氏據有兩浙横賦供軍每
田十畝增收六畝每地十畝增收八畝謂之進際蠶歸
版圖本朝遣使除豁其他諸縣皆得蠲減而不及新城
臨安兩縣乾道間因兵部侍郎耿秉嘗爲新城令申請

以元額合納夏税絹一萬二千三百匹有時特爲蠲減幾及四千匹以元額合納苗米九千二百石有時特與蠲減幾及三千石是新城一縣於元額增趂除之數減過半獨臨安府其弊猶故况臨安産絹之地乃令折納價錢則一縑幾取二縑之直而依山爲田所出上下色之米乃致科納糯米皆取之他處是又責其所無也乞將臨安縣見納折帛並納本色見納糯米並納秔米如州縣輒敢仍前科擾起催並許人戶經臺省越訴重作施行則近甸之間均受實惠臣前所乞臨安縣人戶免納糯米只納本色秔米深恐本府科擾并許糯米已定令雖遵奉竊見於潛縣以山邑所産之米及去水次遠

卷一萬五千四百二十三

應苗米並折納價錢今臨安縣亦係山邑其産米并水次陽關不異於潛欲望憫臨安縣民税賦最重特與照於潛縣例將所科糯米並令折納價錢使本府以其錢自行糴於郡計無毫髮之虧於民間實爲利便從之

九年五月四日臣僚言臣兩税有定額今乃有額外多取之弊驅催有常期今乃先期趣辦之弊支移折變不遵條約已納更追重爲煩擾自其額外之多取也人戶每鈔既收勘合朱墨頭子等錢矣復收市例錢爲受納官分取之需自夫先期而趣辦也機杼未興遽追縑税場圃未築已急租入折變自有成法絹若干匹綿若干兩苗若干石本色若干折價若干具有等則宜務均平今乃不計人戶合輸本色之定數從規折納所獲之甚開場未幾即行科折固有闔戶曾不獲輸本色尺寸銖兩者民以耕織爲業官以錢楮爲賦僅其所無厲民已甚今乃攙擾數年以前逋捕慘於劇賊緡抓甚於重囚朱鈔可憑一不照用付之囹圄萬無清脱以至旱蝗蠲減催理如故嗣歲賦租預借不少人戶三等以上家給一僧使之自催自展其後登載於戶長甲頭重爲執役者之困總一戶合輸數目書之僧其後給青印紅印文帖不恤其蠲展之實義從本以便民成之既累歲官吏以爲非便壞之於一日執者之弊民無窮矣乞下臣此章兼責之州州責之監司常切約束罔或不行有一違

卷一萬五千四百二十三

戾監司郡守不即劾斷許人戶經臺省越訴仍根究併賜鐫斥其鄉吏與押當行胥吏並行結籍編配仍乞專委逐路提刑司覺察每季具有無違戾申御史臺及諫院以憑稽考從之

十一年五月二日臣僚言鄱陽之爲邑延袤迨二百里上下各一十鄉經界之初税錢額管八千六百四十二貫五百有畸從經界條例每税錢百文合敷和買六尺四寸八分有畸胥吏爲姦歲歲增益然猶止以計不使及寸積歲已久至嘉定九年遂及七尺五寸六分又且見寸收尺謂之合零就整逮至去年復於所敷頓增三寸總一邑之爲絹一千二百餘匹且以崇德一鄉最小者言之嘉定九年分税額元管五

百貫文有畸數和買絹九百三十餘匹去年道簿本鄉
稅錢止管四百九十貫有畸邑吏織欲以所虧稅錢十
貫均於民戶亦止合照前年所數之數催理今乃增數
九百五十而匹計多二十五匹舉此一鄉其他可知且
鄱陽之民連遭蝗旱已不聊生而貪吏姦胥又陰肆推
剝如此其極自非上官推本尋源痛為革絕雖朝罷一
宰暮然黜一吏而鄱民未有安居樂業之望也從之

【卷一萬五千四百二十三　四六】





方田雜錄

神宗熙寧五年重修定方田法自（起熙寧五年訖宣和二年）
京東為始推行衛改三司方田均稅條見前會要賦稅

【卷一萬五千五百三十三　一一三】

觀嘉祐四年夏稅併作三色絹小麥雜錢秋稅併作兩色
白米雜錢其蠶鹽之類已請官本者不追造酒秔糯米
馬食草仍舊逃田職田官田官占等稅亦依舊倚閣稅比
附均定墓地免均如稅額重處許減逃閣稅數已方四
路京東東路內鳳翔府天興秦州隴西成紀縣已方餘
州縣熙寧七年四月朝旨權住　永興軍等路延州臨
真門山膚施敷政延長永興軍藍田武功興平臨潼咸
陽醴泉乾祐丹州宜州陝府靈寶夏縣坊州中部宜春
福州永壽宜祿慶州安化彭原解州聞喜號畧縣併到
丞城縣中曲等七村鄜州洛郊落川鄜城真羅縣為災
傷權罷候豐熟別奏取旨陝府平陸同州韓城縣已方

訴不均見重方量河北西路内衛州黎陽汲縣已方熙寧九年朝旨應本路合行方田稅最不均縣分每年逐州不得過一縣一州五縣以上不得過兩縣其次災傷縣分仍權罷邢州鉅鹿真定府藁城縣係稅最不均朝旨候元豐二年施行来方四路京西南路京西北路熙寧七年四月朝旨應合方田均稅州縣候將來農隙日施行河北東路内雄州歸信縣爲二稅不均本路提舉司乞方量河南西路七年三月二十二日知審官東院鄧潤甫乞以京東十七州選官四員各分定專管均方田令欲先差秘書省著作佐郎知沂州費縣張諤前建昌軍録事參軍劉源分定州縣二年爲一任從之 四



月四日詔方田每方差大甲頭二人以本方上户充小甲頭三人同集方户令各認步畝方田官躬驗逐等地色更勒甲頭方户同定寫成草帳於逐段長濶步數下各計定頃畝官自募人覆算更别造方帳限四十日畢先點印記曉示方户各具書筭人寫造草賬莊賬候給户帖連莊帳付逐户以爲地符 六日上批應災傷路分方田保甲除已編排方量了畢止是攢造文字處許依條限了絶外其見編排方畢方造五等簿處可速指揮並權罷 十月二日司農寺言今年四月己巳詔災傷路分見編排保甲方田及造五等簿並權罷候歲豐隙取旨今年秋成已下諸路及開封府界除秋田災傷

三分以上縣依前權罷外餘候農隙編排保甲方田及造五等簿内永興軍秦鳳等路義勇保甲涤八月甲申詔候來年取旨從之 元豐元年正月十八日詔經制熙河路邊防財用司括買耕地爲官莊限半年聽民自陳其方田更不施行 七月九日詔永興軍等路提刑司據未經方田均稅縣分并已經方田因民披訴曾差官定奪委實不均縣分如夏熟秋苗滋茂可見豐稔次第即一面依方量均稅條差官體量訖前期一月中書取旨 二年 月六日河北西路提舉司言熙寧詔書災傷縣權罷方田乞通一縣不及三分勿罷司農請不及一分勿罷從之 五年二月二十一日開封府言永興秦



鳳等路當行方田已准朝旨取稅賦最不均縣先行歲不過一縣若一州及五縣不得過兩縣緣府界十九縣比一州事體不同以此推行十年方定請自今年歲方五縣送司農寺司農寺言以爲便民遂從之 七年四月八日京東東路提舉常平等事燕若古言沂登密青州人田訟最多乞擇三五縣先方田詔候豐歲推行 八年十月二十五日詔罷方田 徽宗崇寧四年二月十六日尚書省奏賦調之不平久矣自開阡陌使民得以田租私相貿易富者貪於有餘厚價以規利貧者迫於不足移稅以速售故富者跨州軼縣所占者莫非膏腴而賦調反輕貧者所存無幾又且瘠薄而賦調反重熙

寧初年神宗皇帝詔有司講究方田利害蓋以土色肥磽別田之美惡定賦調之多寡已行之五路至今公私爲利今取熙寧方赦敕删取重復衝改取其應行者爲方田法乞付三省頒降從之　大觀三年六月九日臣僚言方田之制即周官土均之法制天下之地征蓋所以均之非增之也訪聞京西南路將方田十等併作五等又欲以河南府比附輕重一槩增之殊戾詔旨以致民間訟訴不絕或致流徙甚非經久之策其張徽言所建增稅議乞不施行從之初徽言爲京西轉運副使以汝襄鄧州稅輕請依唐州用新定十等地色分五等立稅不及者增之已重如故至是言者論其搯克故寢前議

卷一萬七千五百三十三

二十六

而罷徽言開封府少尹送吏部　四年四月二十一日詔方田之法均賦平民近歲以來有司推行怠惰監督察不嚴賄賂公行高下失實下戶受弊有害法度可嚴飭所屬仍仰監司覺察如違當行嚴斷　政和二年五月二十五日京西北路提舉常平司奏奉詔應方田已經方量未畢去處令先次結絕其餘州縣並別聽旨指揮本路大觀三年西京偃師陳州西華蔡汝州郟城滑州胙城五縣各已造帳均稅西京洛陽汝州襄城襄城河陽王屋鄭州原武新鄭等五縣雖已方量均稅未了及西京等共六州府河南等一十八縣係未經方量未當合與不合依大觀元年閏十月二十八日朝旨候將來



年分別聽指揮詔依　八月十八日詔令京西南北路監司應已方田並選差官前去體量有無違法不均不實出稅有無偏重偏輕如不曾方量處即且令依舊出稅別選他州縣官互行差委前去重行方量即不得差本州縣寄居待闕等官所委官仰先習熟法內行遣次第選差非本州縣吏人前去盡公施行如違以違制論即因而受財乞取以自盜論贓輕吏人公人並配二千里　二十七日詔方田於九月差官　九月八日詔應已方田路分見有人戶論訴不均者並依京西路已降指揮施行其有人戶論訴合重方并未方路分合差一行方量吏官均稅甲頭合干人等並差非本州縣人如

卷一萬七千五百三十三

二十七

違以違制論其後十月七日河北東路提舉常平司奏切詳朝廷之意止爲本方內有自已或鄰並或親戚地土徇情牽制於定驗土色必先弊倖令相度欲令四隅方量官互換隔隅點定其字方內大小甲頭五人赴某字方充甲頭亦與別州縣差擬無異兼近降敕命不用本州縣官吏公人莊宅牙人都攢書算一行人若方田事務有不均人戶時下有可申訴官司等亦不敢抑遏陣壓詔依諸路准此　十月二十七日河北東路提舉常平司奏檢承崇寧方田令節文諸州縣寨鎮內屋稅據緊慢十等均定並作見錢本司契勘本路州縣城郭屋稅依條以衝要閙慢亦分十等均出鹽稅錢且以未

經方量開德府等處每一畝可盡屋八間次後更可蓋
覆屋每間賃錢有一百至二百文足多是上等有力之家
其後街小巷閑慢房屋多是下戶些小物業每間只賃
得三文或五文委是上輕下重不等令相度州縣城郭
屋稅若於十等內據緊慢每等各分正次二等令人戶
均出盡稅錢委是上下輕重均平別不增損官額亦不
礙舊來坊郭十等之法餘依元條施行從之餘路依此
三年三月七日河北西路提舉常平司奏方田縣分
官吏不務盡公致人戶論訴紊煩官司再行方量費用
不少其元承行官吏往往替移乞候方量了當見得委
是頃畝出縮土色交錯致所納稅賦不均及有情倖去
處其指教并方量官吏合該罪犯特乞不許自首及不
以去官赦降原免詔依餘路准此　十九日河北西路
提舉常平司奏均稅之法各從地色肥瘠裁數輕重即
無偏曲不均之患乃副立法方田本意所在縣分地色至
少不下百數而均稅乃不過十等第十等地最為詆下
但依法均稅第一等雖出十分之稅地土肥醲尚以為
輕第十等只均一分多是瘦瘠之地出數雖少猶以為
重若不入等即依條止收柴蒿錢每頃不過百錢至五
百既收入等但可耕之地便可耕之地便有一分之稅
其間下色之地與柴蒿之地不相遠乃一例每畝均稅
一分上輕下重故人戶不無詞訴欲乞依條據土色分

〔卷一萬七千五百三十三〕　二十八



為十等外只將第十等之地再分上中下三等折畝均
數謂如第十等地每十畝合折第一等地一畝即第十
等內上等依元數中等以一十五畝下等以二十畝折
地一畝之類也庶幾上下重輕均平詔依餘路准此
五月二十六日河北東路提舉常平司奏檢會政和二年
十一月二十二日敕節文臣僚上言切聞昨來朝廷推
行方田之初外路官吏不遵詔令輒於舊管稅額之外
增出稅數號為蹙剩其多有一邑之間及數萬者欲望
下逐路提舉司將應有增稅縣分並依近降指揮重行
方量依條均定稅數不得於元額外別有增損本司契
勘本路昨已經方田縣內有增稅數多縣分已依朝旨
施行外有十餘縣比舊額雖有增出數目皆係逐戶逐
色毫忽圭撮紐計無不均之數即非蹙剩為名既已經
年無人戶論訴不均若不限所增數目多寡一槩重方
又慮公私別有繁費今相度欲將元無人戶論訴縣分
止是增出私數紐計逐色貫百寔及一分已上依所降
朝旨重行方量如不及一分只別均稅如寔是蹙剩數
少均攤不行者更不均量如可施行即乞陛下餘並依
元條施行詔因方田增稅是定田色不當其稅自當有
增減若所方已得允當雖增不合減如所方未當有人
論訴即令提刑司體量詣寔聞奏諸路依此　四年正
月十三日河北東路提刑司奏聞德府南北二城屋稅

〔卷一萬七千五百三十三〕　二十九

處一作虔　處一作虔

曾經元豐年定量裁定十等稅錢後來別無人戶論訴不
均今來方田官依政和二年十月朝旨立定正次二十
等遞減五釐均定稅錢委與元豐年所定則例上輕下
重不均詔提舉官郭久中等特降一官　六年九月六
日詔河東陝西路依鄜延路例權住方田從童貫請也
八年九月三日詔昨臣僚言事付之大臣審度以為
可行請降親札繼聞於民弗便夙夜靡遑建議者已行
罷所如拘收白地方田增稅等皆撓擾刻剝可並不行
仰三省更條害民蠹國者以聞朕不憚改　宣和元年
二月十四日臣僚言方田以均天下之稅此神考良法
也陛下推而行之今十餘年告成者六路可謂幾而不

卷一萬七千五百三十三

臾矣御史臺受訴乃有二百餘畝方為二十畝者有二
頃九十六畝方為一十七畝者處州之縉雲是也有租
稅一十三錢而增至二貫二百者有租稅二十七錢而
增至一貫四百五十者處州之會昌是也問其所以然
之故云方量官憚於跋履並不躬親而行纏柏峯驗定
土色一付之於胥吏遂使朝廷良法美意壅格而不下
究可勝惜哉望詔常平使者如方官田不肯躬親常容
（行）檢察他時訴者有辭而提舉司失於覺察則明加貶黜
改正詔依仍令逐路提刑司體究諸寔以聞　十月四
日詔方田官既已具名奏差了當依條自不得差管別
事如任滿仍依舊管勾方田均稅其指教官元條不許



差推勘檢法議刑官之類若奏差後方受仍令管勾指
教方田候了日發赴新任從成都府路提舉常平司請
也　十九日詔今後方田差官不許用右選從臣僚請
也　二年六月十六日詔住諸路方田先是中牟縣訴
方田不均凡四百戶指教官莫擬冒賞并方量官提舉
司送轉運司體究故有是詔　十二月十一日詔方田
之法本以均稅有司奉行違戾貨賂公行豪右形勢之
家類蠲賦役而移於下戶不特困弊民力致使流徙常
賦所入因此坐虧歲額至多殊失先帝厚民裕國之意
已降指揮權罷方量別聽指揮自降權住指揮以前應
曾有訴訟不均去處本縣賦役一切且依未方以前舊

卷一萬七千五百三十三

數因方量不均流移人戶仰守令多方措置招誘歸業
見荒閑田土疾速依條召人請佃　二十四日詔自今
後不得諸司起請方田見方未方已方而未起稅者並
罷如敢有違官吏並送御史臺以違御筆論吏人不以
有無並配海島根括納租者並同　三年二月五日詔
諸路方田去處曾與不曾訴訟應賦役並依未方量以
前舊數　二十八日赦文已降親札處分及聖旨指揮
諸路未方田去處權住方量已方量去處賦役不以有
無訴訟並依舊數送納及冒占并天荒逃移河堤退灘
等地並免方量根括　其已方量根括增添創立租課
特與減半拖欠租稅課利貧乏者倚閣一次因方量不

均流移後來歸業人戶免一料催科其地土並聽元佃人歸業

食貨七〇之一二三

宋會要　經界雜錄

起紹興十二年訖嘉定十五年

光堯皇帝紹興十二年十一月五日兩浙轉運副使李椿年言臣聞孟子曰仁政必自經界始井田之法壞而兼并之弊生其來遠矣況兵火之後文籍散亡戶口租稅雖版曹尚無所稽考況於州縣乎豪民猾吏因緣為姦機巧多端情偽萬狀以有為無以強吞弱有田者未必有稅有稅者未必有田富者日以兼并貧者日以困弱皆由經界之不正耳夫經界之正不正其利害有十人戶侵耕冒佃不納租稅去嘗召訴則起告訐之風差官括責則有擾擾之弊其害一也經界既正則不待根括陳告而公私分矣豈不為利乎賣產之家產去稅存終身窮困推割不得其害二也經界既正則不待推割而稅隨產去矣豈不為利乎衙前專副及買撲坊場之人計會官司虛狀抵當及乎少欠官錢拘收在官有名無實其害三也經界既正則多寡有無不得而欺矣豈不為利乎鄉司走弄二稅姓名數目所係於籍者飜覆皆由其手其害四也經界既正則民有定產產有定稅稅有定籍雖欲走弄不可得矣豈不為利乎詭名挾佃逃亡死絕官司催科責辦戶長破家竭產不足以償遂致差役之時多方避免有力者舉戶產以隱寄無力者挈妻子而逋逃有經一二年而差不能定者其害五也經

卷一萬五千七十六

假閑疑暇閑

界既正則據產催稅無陪填之患而樂為之役矣豈不為利乎兵火以來稅籍不足以取信於民每遇農務假閑之時以稅訟者雖一小縣日不下千數追呼擾擾無有窮盡其害六也經界既正則據田納稅而無所爭矣豈不為利乎州縣倚閣二稅往往以為人戶逃死人雖逃死產豈不存名為倚閣實自理取或以市恩或以入己欺罔上下其害七也經界既正則州縣無所容其姦則常賦得矣豈不為利乎州縣常賦之額既為人所欺隱歲計不足於是據額之糴淛西州軍歲不下數十萬斛舉淛東之歲入不足以償其價而民猶以為苦其害八也經界既正則額自足而公私無所費矣豈不為利乎州縣之籍既因兵火散失往往令民自陳實數而籍之良善畏法者盡實而奸猾豪強者百不供一不均之弊有不可勝言者其害九也經界既正則均無貧也豈不為利乎州縣有不耕之田皆為豪猾隸稅於其上田少稅多計其耕之所得不足以輸其稅故不敢耕也比年以來雖減價出賣人無肯售者亦以稅重耳其害十也經界既正則稅有所歸而人皆願耕而爭買矣豈不為利乎臣非因出使淛西採訪得平江歲入七十萬斛著在石刻今按其籍雖有三十九萬斛實入才二十萬斛耳其餘皆以為逃亡災傷倚閣詢之土人頗得其情其實欺隱也

食貨七〇之一二四

轍一作轍　與一作予

臣嘗聞於朝廷有按圖覈實之請，其事之行，始於吳江知縣石公轍，已盡復得所倚閣之數外，又得一萬畝，蓋按圖而得之者也。以此知臣前所請不爲妄而可行明矣。臣愚欲望陛下斷而行之，將吳江已行之驗施之一郡，一郡理然後施之一路，一路理然後施之天下，行之以漸而遲以歲月，則經界正而陛下之仁政行乎天下矣，天下幸甚。詔專委李椿年措置。十二月二日，兩浙轉運副使李椿年言：被旨措置經界事，臣今有畫一下項：一、令來措置經界，應行移文字，並乞以轉運司措置經界所爲名。一、今欲先往平江府措置，候管下諸縣就緒，即以次往其餘州軍措置經界。經界要在均平，爲民除害，更不增添稅額，恐民間不知，妄有扇搖，致民情不安。許臣出榜曉諭民間通知。一、自來水鄉秋收了當，即放水入田，稱是廢田，欲出榜召人陳告，其田給與告人耕田納稅。即已給與告人，後有詞訴，不得受理。一、有陂塘塍埂被水衝破，去處勸食利人戶併工修作。如有貧乏無力用工者，許保正長保明，以常平錢米量行借貸。如常平錢米不足，乞以義倉錢米借兑，候秋成以收到花利分三年還納，仍乞免覆奏及執事不行。一、令來措置經界，縣令丞用心幹當，如無心力，雖無大過，許於本路踏逐有心力強敏者對移，各許通理月日，不理遺闕。一、令

卷一萬五千八十六

畫圖，合先要逐都耆鄰保在關集田主及佃客逐坵計畝角押字，保正長於圖四止押字，責結罪狀申措置所，以俟差官按圖覈實。稍有欺隱不實不盡，重行勘斷外，追賞錢三百貫。因而乞取者，量輕重編配，仍將所隱田沒入官。有人告者，賞錢并田並給告人。如所差官被人陳訴，許親自按圖覆實，稍有不公，將所差官按劾取旨重行竄責；如所訴虛妄，從臣重行勘斷。一、乞許於本路州軍委自知通踏逐保明精勤廉謹官三兩員，不以有無拘礙，發遣前來，從臣差委逐鄉覆實，俟平江措置就緒，即令歸本州依倣施行。一、所委官自能於本州依倣施行就緒，無人陳訴，乞從保明申朝廷乞賜推恩施行。一、有措置未盡事件，許續具申請。從之。既而椿年又言：今欲乞令官民戶各據畫圖了當，以本戶諸鄉管田產數目，從實自行置造砧基簿一面，畫田形坵段，聲說畝步、四至、元典賣或係祖產，赴本縣投納，點檢印押類聚，限一月數足，繳赴措置經界所，以憑照對畫到圖子，審實發下給付人戶，永爲照應。日前所有田產，雖有契書而不上今來砧基簿者，並拘入官。今後遇有將產典賣，兩家各齎砧基簿及契書赴縣對行批鑿。如不將兩家簿對行批鑿，雖有契帖干照，並不理爲交易。縣每鄉置砧基簿一面，每遇人戶對行交易之時，並先於本鄉砧基簿批鑿



按十七有錯簡　以後文觀之　當云十六年　四月辛未承　前罷六月丙　寅朝正權戶　部侍郎　十一月辛丑下亦有脫文

每三年將新舊簿赴州，新者印押下縣照使，舊者留州架閣。將來人戶有訴去失砧基簿者，令自陳，照縣簿給之。縣簿有損動，申州照架閣簿行下照應。每縣逐鄉砧基簿各要三本，一本在縣，一本納州，一本納轉運司。如有損失，並仰於當日付所屬抄錄。應州縣及轉運司官到任，先次點檢砧基簿，於批書到任內作一項批云：交得砧基簿計若干面，並無損失。如遇罷任，批書砧基簿若干面交與某官，取交領有無損失，送戶部，行下本官措置施行。建炎以來朝野雜記：十三年六月，詔頒其法於天下。仲永亦遷戶部侍郎。十五年，仲永以憂去，命王鈇可以戶部侍郎代之。鈇可請費林郎閩封李朝正既措置，又請令民十家爲甲，自陳，不復圖畫打量，即有隱田，以給告者。正月辛未，承可罷，朝正權戶部侍郎。十六年二月丙寅，十七年春，仲永免喪，復故官，尋一措置經界。正月丁卯，仲永復以給甲自陳爲不便，請令州縣造圖而遣官覈實，先賦有賞，隱令有罰。十九年冬，經界畢。民多諸臺省訴其不均，書庭堅猶特爲臺官，因奏仲永私結將帥，曲庇寡鄉，請罷之，更選官覈實。十一月辛丑，初朝廷既頒其法於諸道，其後有司盡關供帳，分立土色，均敷稅，民始病其煩。仲永既遣官屬分往諸路，又遣覆視之，議者不以爲便。明年二月壬子，戶部請委潛臣限一季結絕，

卷一萬五千七十六

悉罷先所遣官。三月戊戌，遂下詔田非李椿年之行經界，初欲去民十害，遂從其請，今聞沒失本意，可令監司將作擾害民者日下改正，特赦令所制定官閩封鄰充經界，則峽四路頗岐，貴州穀故蜀中增稅亦多。又官田號者庄者所租有米穀粟麥麻豆芋粟桑葉鴨卵之屬凡十八種，皆令辦以錢，故民至今尤以爲患。時馮濟川棫爲瀘南安撫使，論於朝，於是瀘叙長寧獨免經界。仲永蓋饒州浮梁人云。然諸路田稅由此始均，今州縣砧基簿半不存，點吏豪民又有走移之患矣。十三年十月十五日，李椿年言：見措置諸州府經界，應公吏乞取財物，並依重祿法斷罪，仍許越訴。從之。十五年正月二十五日，權戶部侍郎王鐵言：被旨差措置兩浙經界，竊見戶部員外郎李朝正昨任知建康府溧水縣日，曾措置均稅，簡易而不擾，至今並無詞訴，乞同共措置。從之。二月十日，王鐵言：被旨差委措置兩浙經界，除將前後已得指揮參照外，今措置下項：一、措置經界，務要革去詭名挾戶、侵耕冒佃，使產有常籍，田有定稅，差役無詞訴之煩，催稅免代納之弊。然須施行簡易，不擾而速辦，則實利及民。今欲將兩浙諸州縣已措置未就緒去處，更不須圖畫打量、造納砧基簿，止令逐都保先供保伍帳，排定人戶住居去處，如寄莊戶用掌管人，每十戶結爲一甲，從

戶部經界所立式每一甲給式一道令甲內人遞相糾舉各自從實供具本戶應干田產畝角數目土風水色坐落去處合納苗稅則例（如係從來論鈔論杷論石論秤論工並細上係）具帳二本其從來詭名挾戶侵耕冒田之類內包占逃田如係十年以上從實首併於帳內添入不及十年者作一項供具若產多稅少或有產無稅亦於帳內開說實管田畝數目土風水色高下供認稅賦若田少稅多即具合減數目若產去稅存即行除豁務要盡實如所供田畝水色著實所有積年隱過苗稅一切不問如有欺隱不實不盡致人陳告其隱田畝并水色人並從杖一百斷罪仍依紹興條格將田產盡給告人充賞仍追理積年減免過稅賦入官仍將所隱田畝上每年合納稅苗等在市特直紐計每及三百文追賞錢三十貫文（不及三百文者准此）每加一百文又加十貫至三百貫止其同甲人每人出賞錢三十貫盡給告人亦依隱田人斷罪若因官司點檢得見其實錢并田並行拘沒如有詭戶並仰於都近甲內附入如不附入依隱田罪賞施行許田鄰糾其田鄰不糾依同甲人結甲不實罪賞施行逐都差保正長均散甲帳體式附人戶限一月依式供具令保正長拘收甲帳類聚赴當州縣以移用錢顧書寫人攢造將田畝并苗稅數目騰轉逐鄉

卷一萬五千八十六

作都簿在官點應及每保正亦給上件簿書收掌許人戶檢看庶使各鄉通知如有不實之人得以告首免致鄉司等人作弊仍將逐甲元供帳狀每戶印給一道付各人家照會所管田產并其稅賦如有甲帳上不曾聲說久後因爭競到官止以帳狀為定官司更不得受理　一欲乞行下諸州知通如昨來盡圖打量送納砧基簿已了各處一面措置結絕候事畢保明申尚書省并經界所如有未當及人戶不住詞訴更委自知通審度依結甲事理一面施行　一比來有力之家規避差役科率多將田產分作詭名挾戶至有一家不下析為三二十戶者亦有官戶將階官及職官及名分為數戶者鄉司受弊以隱庇先措置經界雖令人戶自陳首併往往尚有頑猾未曾盡併之家仍慮經界之後又有典賣為名準前分作詭名挾戶理宜別作措置除已令於結甲帳歸併（如不歸併許人告首）依供具稅租隱匿不實罪賞施行外欲候人戶供到從本縣將保伍帳并諸鄉主客保簿參照若非係保伍籍上姓名即是詭名挾戶如外鄉人戶寄莊田產亦合關會各鄉保甲簿有無上件姓名如有即行將物力於住居處關併作一戶其外州縣寄莊戶準此關會若後來各鄉有創新立戶之家並召上三等兩戶作保仍即時編入保甲簿庶得永遠杜絕詭名挾戶

曠一作遺





之弊　一人戶自來多是冒占逃戶肥濃上等田土遞相隱敝不納苗稅洎至官司根括卻計會村保將遠年荒閑不毛之地椿作逃戶產土或將逃戶下瘠瘦不係苗稅田產指作苗田承代稅賦恣為欺弊今來既令人戶結甲供具內有人戶占據逃產已令於甲帳內聲說所有人戶不占見行荒廢逃產自合根括見數置簿拘籍令措置砍應見逃荒產並令保正長逐一著實根究某人全逃產土若干某人見占若干已具入甲帳見荒廢若干仍令村保田鄰并逃戶元住鄰人指定見今荒廢逃產是與不是元逃產土有無將遠年荒閑田土虛指作各人逃產要椿苗稅在上及以元不係苗稅荒閑產土椿作各人戶下苗田意在登帶苗稅數目仍將所供田段立號逐戶謄寫上簿卻具地名段落畝數逐一出榜揭示其包占人不供具入帳及供不盡之人並許人告依前項隱產人斷罪理賞施行別以本戶已田計元所包占官田畝數給告人如本戶別無產土即估價追錢充賞及依條追理日前隱匿過苗稅入官所有村保田鄰及元住鄰並依甲內供具不實罪賞施行　一人戶將天荒產段并海濼之類修治埂道圍裹成田自係額外產土欲令逐州知通令作一項保明供申朝廷量行起稅　一契勘人戶有將田宅已典賣與人後因今來措置卻行依舊

卷一萬五千八十六

供作己業意在圖賴若不嚴立罪賞竊恐詞訴不絕擬定之後苗稅無歸今欲令人戶並於結甲帳內著實供具如有違戾後來到官根究得實從杖一百科罪追理賞錢一百貫文入官其田歸還合得產人其重疊典賣田產人自合依條令先典買人供具入帳所有寓佃田謂如田在甲鄉卻在乙鄉納稅理合於坐落鄉分供具絕納　一契勘兩浙諸州縣內有近緣被水縣分擁住經界除限滿自合檢舉外所有衢州諸縣婺州蘭溪臨安府富陽縣嚴州建德桐廬縣雖未限滿緣今來措置既不行打量畫圖造納砧基簿止令人戶給甲供具委自易於措置不擾於民欲令不候限滿一面奉行了辦　一今來若依前項措置經界全藉守倅督責縣官公共用心了辦今欲令知通於各縣知縣丞簿尉內選委有才幹官一員專一椿管救措置如當縣無官可選即於鄰縣本等內權暫對移管幹不理曠闕候事畢日歸任後於州官內選差一員覆行檢察既畢申經界所從戶部經界所差官重行檢點如所委官措置有方苗稅得實公私兼濟不致搔擾別無詞訴並許保明申尚書省取旨推賞若或弛慢滅裂按劾申朝廷乞重行黜責兼慮州縣所委官有相次任滿之人不行用心了辦如有滅裂去處不以去官並行按劾科罪仍欲委漕臣催督了辦糾察官吏

別一作則

簿一作及
交一作公
月一作日

違慢　一令來既委州縣自行措置令人戶結甲供具即與日前措置繁
簡不同所有先分委在諸州縣覈實并措置官別無職事欲令逐官將元
給印記并文案等限一月具數交割付本處州縣收管訖起發歸任如有
已任滿人即一面赴部參選仍仰州縣逐一交點拘收照用　一令來所
行經界事體浩大若不嚴行約束竊慮人吏鄉司受賄別生姦弊及紐其
數目并供具元額致有增減令欲應人吏鄉司因經界事乞覓不以多寡
並決配遠惡州軍籍沒家產如因紐算仍供具元額數目擅有增減別生
情弊並依此施行　一州縣舊管稅額往往自兵火後來簿籍不存多是
旋行括責於十分內以分數立額後來歸業人戶雖業多止是隱落或州
縣自用或鄉司欺蓋走失合納常賦令欲委知通令佐根究取見元初舊
額數目務要着實　一令來措置所有逐州縣鎮坊郭官司地段亦合一
體施行　一契勘州縣鄉村有風俗去處該載未盡許州縣條具申經界
所相度施行　一令來置欲候事畢令知通開具舊額并今來供具出田
產數目令實納稅賦保明聞奏一經界所屬官其間有已成資任滿之人
欲乞從本所別行踏逐辟差一應合行事件並參照前後已得指揮施行
如有未盡續具申請從之　四月十二日詔勘會經界之法均稅便民最

卷一萬五千七十六

為實德尚慮措置無術却致苛擾或懷私營已請託沮抑令戶部及所委
官委曲措置止務賦稅均平不得却致苛擾　五月二十六日王鐵等言
兩浙路州縣措置經界奉行日久未見了辦令畫降指揮止令人戶限一
月結絕竊慮拖延不能早集其依今降指揮結甲縣分亦是未見了辦次
第驗是諸處官吏意在遷延不體朝廷務施實德之意若不先次點檢乞
行下賞罰竊慮無以激勵除已分委屬官前去點檢催促令欲乞將率先
了辦措置不擾稅賦均平及拖延違慢最甚并雖了當而所行滅裂苗稅
不均引惹詞訴縣分各先取一兩處官吏乞重賜賞罰施行其知通不切
用心及所委官非其人致有不均及搔擾去處亦具職位姓名申取朝廷
指揮庶使官吏竭力早得集辦從之　八月一日戶部措置經界所言兩
浙諸州縣措置經界日久未見就緒除已分委屬官前去點檢催促近令
限一季了辦緣所委官有任滿在近之人不肯用心措置結絕令相度如
經界所委官有任滿之人並乞權暫存留更與限兩月須管措置一切了
辦若限滿未了即令住支請給與新官同共措置候均稅了畢方得批書
放令離任從之　十月十六日王鐵言兩浙州縣經界地里闊遠唯藉所
委官及知通用心檢察措置務在除去積弊稅賦均平以為公私悠久之

令一作近



利竊緣鄉司公吏等人為見苗稅着腳不得走弄懷意沮壞意圖後來別
有更改却將常熟堪好田上苗稅均減在從來不毛之地致走省額正要
知通用心檢察欲乞行下諸州知通常切用心檢察諸縣官吏須管究心
措置務要關防人吏姦弊又稅賦均平仍將已均稅了當縣分專委通判
躬親點檢有無未實未盡及堪好田上苗稅有無均在荒山滷濼等處從
知通保明若有違戾去處致幾衆詞訴不一覆實委是尚均不均其知通
及逐縣及所委官重賜施行仍不以去官原免從之　十六年二月二十七
日詔案朝正除權戶部侍郎措置經界　十七年五月三日權戶部侍郎
專一措置經界李椿年言今措置兩浙路事件下項　一本路州縣經界
已用打量及砧基簿計四十縣欲乞結絕未曾打量及不曾用砧基簿止
令人戶結甲去處竊慮大姓形勢之家不懼罪賞尚有欺隱欲乞令措置
行下州縣依舊打量畫圖令人戶自造砧基簿赴官印押施行訖申本所
差官覆實稍有欺隱不實不盡即依前來已得指揮斷罪追賞　一結甲
縣分內有先曾打量後來又參照類姓圖帳已得畝角着實別無欺隱不
盡不實欲乞列令州縣出榜限一月許人從實自首限滿從知通保明申
本所以憑差官覆實結絕　一人戶先因結甲致有欺隱畝步滅落土色

卷一萬五千七十六

詭名挾戶之類如令來打量依實供具畫圖入帳置造砧基簿並同自首
一昨來結甲縣分已行起理新稅欲且依新額理納將來各鄉有打量出
田產寬剩畝角即行均減更不增添稅額竊慮民間不知妄有扇搖出榜
曉諭民間通知　一令來措置經界全藉逐州守倅督責令佐究心協力
務要日近了辦無致搔擾如令佐內有無心力不能了辦之人聽守倅商
議於管下選差強明官對移若管下無官可差申本所於曾了辦經界均
稅無擾官員不以有無差遣及有無拘礙差往抵替其所替官只是不能
了辦經界別無過犯乞不理遺闕赴部別行注擬　一已均稅縣分如得
允當別無詞訴即令保正取責都內人自行供具諳實文狀連書押字如
有紛爭不伏即責兩爭人將產對換各儘兩爭入畝角對換依所爭產色
認稅若已對換後有詞訟官司不得受理　一本路率先了辦經界州縣
及民無爭訟去處乞許覆實次第保明申朝廷推賞如守倅令佐違慢不
職許奏劾取旨從之　七月十三日戶部措置經界所言本所契勘用砧
基簿結絕縣分間有人戶告首隱匿詭名挾戶之類蓋緣未曾依元降指
揮差官覆實致得詞訟若不責限許令自首便行覆實竊慮罔犯罪賞令
欲乞下逐縣出榜曉示人戶限一月應有隱匿畝角土色不實不盡詭名

緣一作係

便民一作民便

挾戶之類，並許具狀經縣自陳改正，與免罪賞，仍從本所印簿下縣，將所首狀同逐一抄上人戶姓名、所訴事因，候限滿日同狀申本所照應，以憑差官齎首狀簿前去槩縣覆實。限滿人戶自陳，官司不得受理，依已降指揮斷罪追賞。」從之。　九月二十日，戶部措置經界所言：「今措置兩浙經界，昨來依打量畫圖造砧基簿，從本所差官按圖覆實，稍有欺隱不實不盡，斷罪追賞。中間王鐵申請止令人戶結甲供具，更不差官覆實，近承指揮依舊打量畫圖置造砧基簿，並同自首，從本所差官覆實，若不盡不實方行賞罰。未降指揮已前先被人陳告欺隱畝角、減落土色、詭名挾戶之類，有司為見所降指揮內即無已在官明文，見行追證，令欲乞行下結甲州縣，將見在官追證未結絕之人，並依已降指揮施行。內已打量用砧基簿分，許令結絕。緣為未曾差官覆實，致有隱匿畝角、土色不實不盡、詭名挾戶之類，已申降指揮，許人戶限一月赴縣自陳改正，與免罪賞。如限滿人戶自陳，官司不得受理。雖已行下州縣遵依施行，竊慮諸縣內有鄉村僻遠人戶未能通知，却致冒犯。今欲更乞展限一月，庶幾勸有未降指揮已來，先被人陳告事發見行追證去處，理合一體。令欲乞下結絕州縣，將見在官追證未結絕之人，並乞依前項指揮施行，如將來差官按圖覆實稍

卷一萬五千七十六

有欺隱畝角、不實不盡、減落土色、詭名挾戶之類，即依已得指揮斷罪追賞施行。」從之。　十九年三月二十七日，宰執言四川州縣奉行經界賞罰事，上曰：「刑縣官奉行經界如法，其推恩不須限員數，庶使人人知勸。正經界均賦稅，極為便民。推行之初，臣僚有肆異議圖沮壞者，暨平江府均稅畢，紛紛之議始息。」檜曰：「當時獻議欲使逐戶自陳，若使自陳，豈無失實？上曰：李椿年適擾經界次第，中間以憂去，列官稅領便有失當處。」十一月二十八日，上宣諭輔臣曰：「經界人戶多訴不均，當與受理。若下田受重稅，將無以輸納。」檜曰：「臣當諭戶部侍郎宋貺宜體聖上均稅本意，有未均處亟為改正。」二十年二月五日，戶部言：「措置經界所有諸處申到文字及人戶詞訴等事，令本路措置結絕。其未經界去處，限一月委轉運、守臣依平江府已行事理施行。今乞令轉運司并守臣恪意措置，須管革去逐件情弊，使田產稅賦著實，依限一切了辦。如州縣尚敢遷延出違日限，從本路申奏乞賜放罷。若轉運司容縱不切督責，亦乞點責施行。其每路差本路幹辦公事官二員，及覆實官限指揮到日並罷，並經界所幹辦公事四員別無職事，亦乞限十日結絕罷任。」從之。　十三日，詔瓊州、萬安、昌化、吉陽軍昨令經界所與免經界，緣海外土產瘠薄，僅租稅卻逐州軍並依舊額。



二十五日，戶部言：「勘會本路侍郎李椿年已罷，緣措置經界所日有諸處申到文字及人戶詞訴等事，欲望朝廷詳酌指揮施行。」詔令戶部措置結絕。未經界去處，限一月委轉運司并守臣依倣平江府已行事理施行。　三月二十一日，詔曰：「昨李椿年乞行經界，初欲去民十害，遂從其請。今聞寖失本意，可令戶部逐路選委監司一員專一看詳，應便於民者依已經界施行，其乖謬返為民害事目，並日下改正，具申省部。日後以當否取旨黜陟。」二十七日，戶部言：「諸路州縣近因經界，將額管苗稅均於未開墾荒閑田上一例起催，虛增苗稅，更不出給由子，便用長引監催，致人戶無從供輸，往往逃移失業，其害不細。今欲委諸路轉運司行下州縣，日下先次住催，仍取見諸實供申，即遵依已降指揮施行。」從之。　七月十五日，權發遣福建路提點刑獄公事孫汝翼言：「本路泉、漳、汀三州所管屬縣近經草寇作過，民多逃移，遂縣被受經界指揮，責辦嚴峻，雖號打量均稅，了畢並不盡不實。欲乞將不以已未打量均稅一切權行住罷，候海寇寧息，人民歸業日，申取指揮施行。」從之。　二十三日，前權知資州楊師錫言：「乞誠諭逐路先委監司，令責自逐州守臣恪意遵奉，躬親照應，逐縣逐都已造到圖

卷一萬五千七十六

帳，已均了稅數，一一覆實，先次除去為害事目，外須將貧下　畝依土色合減稅數，均在侵耕冒佃豪強等人戶下，無令依前僥倖。若下戶尚有合訴事理，見得實有未均去處，亦須不憚繁冗，便與去著，自可將逐鄉感零就整之數，用與補填，必要依今來詔旨，日下改正，具申省部，聽候閒遣御史察訪。如是則前日經界打量，不為虛文，後來所畢帳籍可以遵用。」詔令逐州縣遵依今年三月二十一日手詔施行。　二十一年十月二十八日，前權發遣臨江軍王伯淮言：「臨江軍倚郭清江縣有稅錢四十餘貫，苗米四百餘石，人姻田產並在筠州高安縣新豐鄉第一、第二等戶。其稅苗却坐落在本縣修德鄉上項，稅苗在經界法謂之寄佃，在鄉村謂之包佃，未經界之前，尚可追理。經界既定，兩縣各隨產承認元額稅苗，本軍不絕人戶陳訴，雖累行關移，乞隨產坐落而高安不即承受。又兩縣一時結局，清江不免有無田之稅，高安却有無稅之田。謹按國朝淳化癸巳歲，詔建臨江軍，取筠州之瀟灘鎮為清江縣，割高安之建安、修德兩鄉以隸，蓋當時新豐與修德地界相接，以故稅苗有交鄉寄佃之弊。乞行下本路專委監司差清強官體究詣實，改正施行。」詔專委本路轉運判官盧奎措置。　二十三年十一月十八日，南郊赦書：「勘會昨降詔旨，逐路經界，將逐為民害

事目專委監司一員看詳改正。閩有民户陳訴本便事節，遷延之久，民被其害。仰逐路所委官遵依詔旨，恪意奉行，務在便民。二十六年七月十二日，尚書省言：昨來經界，據人户陳論打量畝步、土色高下、均稅不當，雖有指揮許經官陳訴，限半年結絶，今已過限。詔更與展半年，許人户詣州縣陳訴，委守令驗實，將元打量定驗輕重不當，返爲民害事申漕司，審實依公改正訖，逐旋以聞。務在稅賦均平，豪富之家不得幸免，貧民下户不至偏重。如鄉司人吏因而乞覓，擾擾並依重禄法斷配。令守臣監司常切覺察。二十八年四月二十一日，户部言：諸路州軍昨因將經界點檢出僧道違法田産，若依已降指揮用契價錢收買，已撥充養士了當者，更不追改。如今見在官詞訴未曾理斷，或官司未曾支給元契價錢，即合照應見行條法拘没入官。所有紹興十九年三月十二日指揮更不施行。從之。紹熙二年十月一日，詔令福建轉運司行下漳州，將經界事件權行住罷。先是，福建路諸司奏相度條具漳、泉、汀三州經界，得旨先將漳州措置，委本路運判陳公亮專一提轄，俟打量畢聞，具已行事件及打畫圖本申尚書省。既而漳州士民進狀言其不便於民，故有是命。　嘉定十四年十一月四日，臣僚言：臣聞仁政必自經界始，孟軻有是言也。然近年經界一事

卷一萬五千八十六

每難於講畫，而輒敗於垂成。惟官吏縱貪而取贏，故民心多疑以求免。有如諸郡賦役不均，豪右得志，窮弱受害，婺之爲郡，乃其尤者。遇來諫臣潘祭相繼論奏，委曲詳盡，詔旨明可，德惠至渥。臣竊聆此令既放，環婺之境小民懽呼，豪右失色，可謂盛舉。第如守臣趙師嵒申臺狀則，懲前守趙懙夫之覆轍，不無過慮。蠲夫經界，蘭溪頗見端緒，强家合力厚有所搆，遂去乃已。師嵒欲得本臺主盟，遇有訴者，勿與受理。臣竊嘆夫官民上下之分何其參耶。反覆以思，處事在乎審，悉爭在乎公。臣謂是舉當自一邑始，一邑既完，復及他邑，則上之力專，下之力分，雖歲月少遲，可消喧譊。蘭溪文書尚已略備，本州所宜精一二公明謹厚之吏，置局是邑，日與知縣畫加審訂，凡前之規模區畫者可則因，否則革，去私存公，心誠求之，何患不中。關其來愬之路，通其難達之情，裁處精詳，施行明正，仍斟酌遞歲的實上供及支用之數而均敷之，此外一毫不過取焉。他日受納當去見寸納尺之弊，則所謂難者轉而爲易矣。又如嘉定十年檢詳葛洪請以畝起數，前後論者與夫婺之邦人，咸謂洪深識事體，其說極便，乞下婺州守臣，所陳今來經界始于蘭溪一邑，次第而行，如以畝起數之說，委是均一，無害於下户，則自來年爲始，先行之諸邑。如此則經界得以舒徐集事，民亦安之



馬疑誤

實爲順便。從之。　十五年十二月四日，臣僚言：臣聞民有常業而貿易之不齊，户無定籍而巧僞之滋起。欺漏隱匿，色色有之，更復因循，不加整治，則虧官害民之弊殆有甚焉。有版籍紊亂、科率不均之弊，有産稅不明、官課橫失之弊。近者臺諫奏陳，陛下已賜俞允，行之畿甸，而婺郡實先焉。越月踰特有措措置最是詭名挾户虚立文書，賫以出官，恐致敗露，遞年脱減，重有追姦告訐者，流從而邀覓，經畫未見其涯涘，騷擾已及於鄉閭。昔紹興中嘗委從臣行經界於兩浙，止令逐保排定十户爲一甲，遞互糾實供帳，積年所隱，一切不問，事既無擾，人亦便之。然今日經界當以紹興爲法，申教守臣行下屬縣，各令鄉里公舉老成之人，俾率都保打量，不得妄有需索。所至地段，仰當佃人先立牌號，委是何人産業，其有挾户者併歸主户，詭名者改作正名，從前契或未印及脱減爲弊者並免究問，所有量到畝步帳數，類申州郡，差官點覆，熟於民事者，分涖鄉都，使吏之與民同心一力，訖圖永久之利。土業歸主，無産去稅，存之弊户，版從實，無代輸抑納之憂，物力寬裕，則科折易供，貧富有等，則差役無競。乞下兩浙轉運司，備牒婺州，速與施行。從之。

卷一萬五千七十六

宋會要　鈔旁定帖雜錄　起崇寧三年訖乾道年

徽宗崇寧三年六月十日勅諸縣典賣牛畜契書并稅
租鈔旁等印賣田宅契書並從官司印賣除紙筆墨工
費用外量收息錢助贍學用其收息不得過一倍　十
一月十二日尚書省奏白劄子考城縣典畜契每一道
令賣五錢省比舊減下八錢省稅租等鈔旁每十一旁
令賣五十七錢省比舊減下二十二錢省撿會今年六
月十日度支戶金部看詳前項鈔旁並從官司印賣除
紙墨工費外用量收息錢不得過一倍切緣府界諸縣
有未承六月七日朝旨已前舊賣錢數稍多已成定
例與今來逐部看詳所收息錢比之逐縣舊賣錢數除
本價外各有減落數目且以考城一縣計之比舊減下
錢數太多虧損學費詔府界諸路官賣鈔旁契書等收
息不得過四倍隨土俗增損施行如舊賣錢數多者聽
從多仍先次施行　大觀二年正月一日赦書有司曾
以輸納鈔旁出賣收錢以充學用吏緣為奸增損抑配
令學用既足事涉苛細可行寢罷　宣和元年八月二
十二日詔鈔旁元豐以前並從官賣久遠可以照驗以
防偽濫之弊政和修勅令刪去不曾修立及降指揮丞
許出賣今後應鈔旁及定帖並許州縣出賣即不得過
增價直　寔錄元豐六年七月十九日御史翟思言聞
京西轉運司下州縣責賣旁人納紙官以小條印為記

卷一萬七千五百三十四　一



令一作本

紙轉輸一應人戶稅錢非印鈔不受苛細偽體有詔止
之餘未見　二年八月二十日詔官賣鈔旁定帖以防
偽冒寔遵元豐舊制收息分數已降處分並依崇寧三
年十一月指揮如敢數外增錢及邀阻乞取者官吏並
以違制論疾速申明行下從兩浙路轉運司李祉申請
也　十二月十七日尚書省劄子節文官賣鈔旁定帖
並須每戶請納作一鈔不得依前戶連名過人戶請買
當官依法出賣不當官給賣者杖一百公吏人等攬買
出外增搭價錢轉有各徒二年　三年四月四日通判鄧
州張孟謙奏本州已依條委司錄監轄印造鈔旁分下
諸縣遵依出賣據諸戶每年納用鈔旁一百萬副每
副四紙價錢四文足今體訪得本州上中等稅並支移
往沿邊有至十程者人戶赴官買紙齎執前去指定處
送納受納官司或令退換或行毀棄艱阻抑其弊百
端所買鈔旁既經書填却被棄換若只就近買鈔送納
即令縣照證不肯銷鑿人戶須再來買鈔又下等稅賦
坊場房鄰諸般課利用鈔尤多自一文一升亦須買鈔
四紙縣道事叢令佐未必能即時給賣其久來當書之
人冒利犯法攬買增價稍失覺察慶賞愈廣輸納愈遲
退換料數人戶受弊況當陛下節用裕民深戒誅求臣
採諸輿議眾為未便詔申明行下諸路依此　十三日
詔諸路收帖定并貼納錢委逐路提刑司拘轄起發赴

卷一萬七千五百三十四　二

官一作處

賣一作買　出賣一作收賣



内藏庫送納若拘藉隱漏及輒移用並當重行黜責其
已降赴大官庫送納指揮更不施行今後收到錢並依
此先是四月詔依戶部尚書沈積中奏鈔旁定帖等鈔
除陝西河東路及已有指揮支撥外並令提刑司同本
路轉運司措置起發上京赴大官庫送納尋有是詔
五年十一月二十八日詔諸路所收鈔旁定帖錢除兩
浙路疑應奉司外餘路自合並逐州委通判管幹拘收
撥與發運司充糴本六年三月二十二日發運司奏奉
詔與復轉般拘收諸色錢本收糴斛斗數內官賣鈔旁
諸處關報所收錢數不多蓋緣奸弊未能杜絕暗虧官
錢深為未便伏令措置條具下項一鈔旁係司錄廳印



造給付屬縣等官出賣今欲乞諸州鈔旁定帖除依舊
令司錄監轄印造外並用通判勾印記給付屬縣置歷
出賣諸州止于千文字號上添甲子字號每一字號印
造一千副為額仍于每字號下排定第一第二紙以至
一千紙字所貴有以關防諸縣並委縣丞管勾置賣鈔
局出賣即不得輒拘早晚時限仍于鈔旁上印定所賣
錢數從之　七年四月九日講議司言契勘人戶輸納
官賣鈔旁州縣不能鈐束公人計嘱盡行出買卻于人
戶處邀求厚價比之官價多至數倍兼又阻節留滯致
有人戶糴賣所納物斛以充盤費為害甚大今欲更不
印賣止令人戶送便自寫鈔旁納官置單名歷用合同



印記令人戶量納合同印記錢以杜絕阻節之弊今措
置下項一舊來印賣空鈔收息不過四倍每鈔四紙今
之人戶自寫鈔旁納合用印記錢以免邀求厚價之覓
阻節之弊其所納錢數每鈔納錢四十文省不成貫石
只兩東者減半內依法許合鈔送納者聽依舊一舊來
官司失去官鈔即追戶鈔或又失去戶鈔人戶更無照
應今來乞置單名文歷遇人戶送納輸官錢物將人戶
縣分鄉村姓名所納數目一戶作一項鈔上仍將所受
納處銅印于官鈔及歷上用印合同五十戶作一結受
納官僚書過官司去失官鈔只用單名歷比照不得輒
追戶鈔一去失單名歷依去失重害文書法一淮南江



東西湖南北路收到鈔旁錢依宣和二年七月十三日
朝旨令發運司撥充糴本歲終具帳申尚書省一京畿
并舊四輔州及河北東西京西南北路欲依先降指揮
並隸應奉司拘收續承今年二月二十二日御筆六路
贍學鈔旁定帖無額上供經制司添酒錢並充發運司
轉般糴本欲令發運司盡數拘收歲終具帳申尚書省
一陝西河東路依元降指揮令提刑司收糴斛斗别作
二項椿管一京東路先降指揮聽河北京東制司移用
契勘朝廷應副燕山雲中兩路錢物不少今來京東路
合同錢欲令本路提刑司拘收封椿一成都潼川府利
州夔州路欲依先降指揮計置金銀絹帛赴內藏庫送

納一廣東西福建路並令逐路提刑司拘收封樁聽候
朝廷支用一自宣和七年諸路州縣應收到合同錢不
以有無支樁並令提刑上下半年具帳聞奏若他司并
州縣侵支借充依擅〔違〕支借封樁錢法亦仰提刑司覺察
按劾詔依講議司所定施行　欽宗靖康元年正月十
七日詔罷鈔旁定帖錢令歸常平司自是民間輸納任
便書鈔納合同錢後改為勘合錢云〔以上續國朝會要〕　光堯皇帝建炎
元年五月一日赦應今日以前典賣田宅馬牛之類違
限印契合納倍稅者限百日許自陳特予蠲免事發在
限内亦准此　二年十一月二十二日赦紹興元年正
月一日德音九月十五日赦二年九月四日四年九月

卷一萬七千五百三十四　五

十五日七年九月二十二日赦同此制　紹興二年閏
四月三日右朝奉郎姚沇言乞下諸路轉運司相度曾
被兵火亡失契書業人許經所屬陳狀本縣行下本保
鄰人依實供証即出戶帖付之鄰人邀阻不為依實勘
會及縣吏不即給帖並許業人越訴其合干人重寘典
憲　庶幾民間物業各有照據從之　二十三日詔應典田
宅若故違投契日限經隔年月遇赦恩方始自陳即印
契者其所典年限並自交業日為始　四年二月二十
日戶部言人戶典賣田產一年之外不即受稅係是違
法緣在法已有立定日限投契當官注籍對注開收及
説名挾佃并產去稅存之戶依已修立到條法斷罪施

價一作稅

行仍乞行下州縣每季檢舉無致稍有違戾從之　五
年三月四日兩浙西路提刑司言近詔人戶典賣定帖
錢依自來體例施行改作勘合錢收納每季作無額上
供錢起赴行在緣本路州縣有曾被兵火去處皆有案
籍可以照得舊來收納則例自今多以省記立數有收
三十文或一十文去處並各多寡不同于是戶部言乞
將人戶典賣田業計價每貫收納得產人勘合錢一十
文足從之　二十日兩浙轉運付使吳革言在法田宅
契書縣以厚紙印造遇人戶有典賣納紙墨本錢買契
書填緣印板係是縣典自掌往往多數空印私自出賣
將納到稅錢上下通同盜用是致每有論訴今相度欲

卷一萬七千五百三十四　六

委逐州通判用厚紙立千字文為號印造約度縣分大
小用錢多寡每月給付諸縣置櫃封記遇人戶赴縣買
契當官給付仍每季驅磨賣過契白收到錢數内紙墨
本錢專一發赴通判廳置歷拘轄循環作簿既免走失
官錢亦可杜絶情弊仍乞蘇路依此施行從之　六年
七月十五日都省言州縣人戶典賣田宅其文契多是出
限不曾經官投稅昨降指揮只納元初價錢限以半年
許換官契既限内不許陳告及免倍稅斷罪即係利便
人戶往往樂于輸納今來日限已滿訪聞尚有不曾送
納去處蓋緣其間有不知上件指揮兼元降指揮出限
別無約束是致依前隱匿詔更予立限半年許投稅仍

免斷罪倍稅各自今降指揮到日為始從之　十年九
月十日敕勘會州縣受納稅租監官多是晚入早出不
即受納給鈔及容縱合干人百端非理退難遂致憑籍
攬納之人重有倍費仰監司嚴加檢察如尚或蹈習違
戾並仰按劾聞奏　十二月六日臣僚言賦稅之輸止
憑鈔旁為信穀以升帛以尺錢自一文以往必具四鈔
受納官親用團印曰戶鈔則付人戶收執曰縣鈔則關
縣司銷籍曰監鈔則納監官掌之曰住鈔則倉庫藏之
所以防偽冒備去失而互相照此良法也今所在監住
二鈔不復用印廢為故紙而縣司亦不即據鈔銷簿方
且藏匿以要貨賂望申嚴法令戒監司郡守檢察受納

卷一萬七千五百三十四

七世

官司凡戶縣監住四鈔皆須用印存留以備照用而縣
委縣丞簿專一對鈔銷籍無得輒追人戶故為搔擾從
之　十三年四月五日臣寮言人戶典賣田宅印契投
稅出限許人告首乞將今日以前未印契書再限許人
自首戶部看詳欲依臣僚所乞將人戶今日以前違限
不投稅再予展限一季許將未投契自陳免罪只合倍
納稅錢如違今來展予日限告賞斷罪並依已降指揮
施行仍令州縣將今來所降指揮分明大字鏤板多出
文牓遍于鄉村等處曉諭民戶通知務要投納契稅今
後更不得申乞再展限從之　十月六日臣寮言應民
間典賣田產齎執白契因事到官不問出限並不收使



據數投納入官其前因循未投納稅錢白契並限五十
日自陳投納如出限一日更不展限戶部看詳欲依所
乞行下諸路州軍出牓曉諭從之　十一月八日南郊
赦勘會人戶合輸稅租在法布帛不成端疋穀不成升
絲綿不成兩柴藁不成束聽依納月實直價納錢仍許
合鈔送納蓋欲優恤下戶訪聞州縣當職官並不檢察
致公吏作弊高估價直并將已合鈔送納之數不即銷
簿又作掛欠催理追呼搔擾自今應下戶折納畸零稅
租並取實直其願合鈔者亦仰官給遞名已納憑由如
敢依前高價估直及重疊催理因而乞覓以枉法論當
職官重作行遣　十五年四月十一日赦勘會人戶典

卷一萬七千五百三十三

八

賣田宅投稅請契已降指揮寬立信限通計不得過一
百八十日如違限許人告首將業沒官訪聞其間有村
遠民戶不曉條限多有誤犯使將元業拘沒誠可矜憫
可更展兩月赴官陳首免拘沒依條投稅限滿依已降
指揮施行　二十二年十一月十八日二十五年十一
月十九日二十八年十一月二十三日三十一年九月
二日赦並同此制　二十三日知臨安府張澄奏詔條
具受納稅賦不銷簿籍等事下戶部看詳勘會依法輸
納官物用四鈔縣鈔付縣戶鈔給人戶監鈔付監官住
鈔留本司及稅租鈔倉庫封送縣令佐即日監勒分授
鄉司書手各置歷當官收上日別為號計數以五日通

轉每受鈔即時注入當職官對簿押訖封印置櫃收掌并納官物致失繫鈔者以監注鈔銷鑿若不以監住鈔銷鑿輙取戶鈔或追人戶赴官呈驗者各杖一百曰而受乞財物加本罪一等今欲下臨安府約束縣分及受納官司常切遵守見行條法及下諸路轉運司遍牒州縣准此仍令常切點檢覺察施行詔並從之　時以太史奏彗星出東方詔令監司郡守條具便民事故澄有是請　十月三日戶部言應人戶典賣田宅舡畜投稅違限能自首之人並依歷稅法仍三分為率以一沒官二給自首從之　十六年十一月十一日南郊赦訪聞近來人戶輸納稅租官吏作弊多有槩量却盜打白鈔

卷一萬七千五百三十三

出賣致令鄉司攬戶兜收人戶租稅入己更不到官惟藏白鈔以俻論訴巍行書填欺謾上下虧耗公私為害不細自今人戶送納稅租每遇投鈔謂如十戶合作一鈔須管各開納人姓名所輸數目方得印鈔即不得將白鈔旋行銷注委監司常切覺察仍出牓約束尚敢違戾按劾申尚書省取旨重作施行　二十一年五月十五日前權知舒州李觀民言切見民戶納苗稅之類惟憑朱鈔為照其間專典鄉司等人作受納之弊有已納錢物不即時銷簿多端邀阻致成掛欠重疊追擾其害甚大臣愚欲乞每遇受納之時置歷收鈔具若干鈔數次日解州州置歷即時送縣縣委主簿當日對鈔銷簿

候納畢日解簿鈔赴州州委官點磨庶革追擾乞取之弊詔令戶部申嚴條法行下委監司守倅檢察按劾若監司違戾令御史彈奏　二十六年十二月二十五日戶部言人戶典賣田宅印契日限違者斷罪而沒其產皆太重難行徒長告訴欲乞並依紹興法舊限六十日赴縣投稅再限六十日齎錢赴縣請契仍自今降指揮到日為始所有其餘見行應干關防投納印契稅錢申明即與成法不相妨礙自合依舊遵守照用施行仍乞檢坐紹興條法遍下諸路監司州軍約束遵守施行多印文榜鄉村張掛分明曉諭民間通知從之　二十七年三月二十九日詔應人戶買賣耕牛並予蠲免投納

卷一萬七千五百三十四

契稅　二十八年十一月二十三日南郊赦訪聞人戶輸納官物州縣多不即時銷注簿書再行劃刷追擾雖有已給朱鈔不為照用勒令重疊輸納是致民戶困弊長吏坐視恬不加䘏仰監司常切檢察如有違戾去處按劾以聞當重置典憲　三十一年九月二日赦同此制　三十年五月十一日臣寮言在法有縣戶監住四色鈔目欲乞將住鈔改作保鈔應人戶輸納已訖官以戶保二鈔給之如遇保長催欠戶鈔自欲照使即以保鈔責付保長既得保鈔為據則鄉司不得固而移用詔令戶部看詳其後戶部言人戶所輸官物已有見約束受納給鈔銷注條法指揮人戶有官給已納戶鈔照應

官有所留縣注鈔互相照應即不合再令保長重疊催擾緣州縣奉行違戾故鄉司得以移弄欲下諸路轉運司約束所部州縣遵守見行條法如有違戾即仰按劾從之以上中興會要　紹興三十二年壽皇聖帝即位未改元七月二十四日臣僚言州縣受納秋苗合納一石率取二石以上受納官吏輒令人戶細價納錢出給朱鈔謂之虛鈔却以米錢浸盜入己詔監司覺察許人戶越訴　十二月五日刑部立下條件諸縣人戶已納稅租鈔和預買紬絹錢物之類同不即銷薄者當職官吏各杖一百吏人仍勒停其人戶自齎戶鈔出官不為照使抑令重疊輸納者以違制論不以赦降原減許人戶越訴專委知通檢察知情容庇者與同罪仍令提刑司每季檢舉出榜曉示民戶通知

卷一萬七千五百三十四

十一

隆興二年正月十日知潭州黃祖舜言州縣受納銷鈔在法主簿即時銷注主簿若不加省良吏因為姦便所受與者皆中下之戶戶繁稅冗會計之日不問納已未納按籍一例催督縱人戶披訴而追呼之擾已遍于閭里欲望遍鈔至縣主簿立便按籍注銷一路委自監司一州委自知通常切覺察如有違慢或因事罯墨按劾施行詔依仍檢坐見行條法下諸路轉運司行下所屬州縣常切遵守仍令知通依條檢察毋令違戾及委自本司逐時檢點覺察　二十五日詔民間典賣田宅等違限不曾經官投稅白契限一季經官



自陳止納正稅與免入罪如違限不首許人告依匿稅條法斷罪（因臣僚所請）也　乾道二年九月二十四日上封事言人戶二稅每鈔收勘合朱墨錢三十文足（不成貫石疋兩減半收錢）不成貫石尺兩皆是下戶畸零之數而上戶所納自一貫石尺兩以上至數十百貫石尺兩一鈔亦只納三十文足多寡不均及送納人戶多是隱瞞官司只作一大戶投鈔洎至送納了當臨時旋行填寫挖納人戶姓名遂致走失勘合錢數今相度欲將每貫石尺兩以上隨數減作二十文足紬納其下戶錢不成百米麥不成斗紬絹不成尺絲綿不成兩並免收納從之　四年十二月二十五日臣寮言人戶輸納租賦非買官印紙則州縣不肯給鈔每紙

卷一萬七千五百三十四

十二

一張或六七十文或三二十文而其重者有至一二百文在處有之而江西諸色尤甚貧民下戶日削月朘蓋見困弊而不聊生矣縣道習以成風多以辦月樁為名公然印售恬不以為怪欲望戒敕州縣官吏禁絕此弊以除民害從之　五年十二月八日詔人戶應違限未納契稅並已前首契不盡白契並自今降指揮到日限一季許于所在州縣陳首與免罪賞自下狀日更與限一百日送納稅錢專委本州通判拘收入總制帳令作一項解發如一州起發及一十萬貫以上從戶部具知通名銜申朝廷推賞若違限不首或雖曾陳首違百日限不納稅錢之人並許諸色人陳告依條斷罪給賞拘沒

田宅入官仍逐旋開具拘沒到數申户部籍記務在必行以後更不展限以户部尚書曾懷言人户典賣田宅自有投税印契日限違限許人告依匿税法斷罪追沒給賞昨來四川立限許人首納拘收到錢數百萬貫并婺州一州得錢三十餘萬貫其他諸路州縣視爲常事恬不加意是致首納不盡兼循習舊例並不依限投税故有是命　七年二月一日詔户部典賣田宅合納牙契税錢雖有立定所收則例昨降指揮通限一百二十日投納契税可依紹興十年六月二十七日指揮限一百八十日其人户典賣舟舡驢馬合納牙契税錢各有立定所收錢數立契並限三十日印契訪聞諸路州軍往往並不曾投納契税所有人户典賣田宅舡馬驢騾合納牙契税錢昨降指揮專委諸州通判印造契紙以千字文號置簿送諸縣出賣可令各路提舉司立料例以千字文號印造契紙分下屬部郡令民間請買將收到錢專委通判拘收並充上供起發内有元係分隸經總制錢其以乾道四年帳據收到數銷豁外有其餘錢並入總制帳令作一項解發令提舉官逐時檢察每季開具通印給過道數諸郡各計若干某字號至某字號賣過若干字號係某字號至某字號計交易錢若干合收牙税錢若干未賣若干係某字號至某字號開具牒報本路轉運司委官一員驅考施行如印造違慢致積壓有妨

十三

卷一萬七千五百三十四

紐一作交

請買許人越訴依紹興十四年七月八日指揮官吏重作施行如人户納錢違限許諸色人告依匿税法斷罪追賞若提舉官能用心印造并本州拘收通錢及五萬貫已起發交納數足仍從本路轉運司開具本路提舉官并本路知通名銜申朝廷特予推恩先是正宗少卿兼權户部侍郎王佐言典賣田宅舟船騾馬雖有立定條限齎契投税例收藏白契至有加扣方行投印移割不明賦役失當重疊典賣詞訴不已皆緣不即投契所致臣今相度欲令各路提舉司立料例字號印造契紙分下屬郡令民間請買將收到錢並上供起發内有元係分隸經總制錢以乾道四年帳據收到錢數銷豁仍

卷一萬七千五百三十四

依紹興十年六月二十七日指揮立限一百八十日違限不税者許人陳告委自公私兩利故有是命　十四日册皇太子赦人户違限白契税錢已降赦文展限一百日許行自首與免倍輸今來將欲限滿自今降赦書到日再與展限一季許令自陳免行倍輸限滿不納罪復如初　七月二十八日户部尚書曾懷言准乾道六年十二月十一日敕典賣田宅舟船騾馬合用契紙令提舉司印給將收到錢並充上供仍依紹興七年六月二十七日指揮立限一百八十日違限不税者許人陳告本部今照得有未盡未便事件重別條具下項一人户請買契紙若令本路提舉司印給緣所屬州軍繁多

其間又有相去地里寫遠去處窃慮却致留滯今欲乞依舊令逐州通判印給立料例以千字文為號每季給下屬縣委縣丞收掌聽人戶請買其錢專委通判拘收交納每季具給下契紙數目申提刑司照會若稍有不盡不實官吏並以違制論科罪不以赦降原減一人戶合給牙契稅錢每交易一十貫納正稅錢一貫除六百七十五文充經總制錢外其三百二十五文充本州之數今欲乞將本州所得錢三百二十五文數內存留一半充州用其餘一半錢入經總制錢帳如敢隱漏依上供錢斷罪一人戶典賣田宅舟船騾馬牙稅錢若違限不納或于契內減落價貫規免稅錢許牙人并元出產人

大典卷一萬七千五百三十四

十五

戶陳首將所典賣物業一半給賞一半沒官犯人依條施行一人戶投納契稅契錢每交易一貫納正稅錢一百文并頭子等錢二十一文二分訪聞州縣往往遞數拘收或攬納公人邀阻作弊欲專委令佐覺察禁止如有違戾即仰根究重作行遣從之　十一月六日臣寮言比年以來富家大室典賣田宅多不以時稅契有司欲為過割無由稽察其弊有四焉得產者不輸常賦無產者虛籍反存此則催科不便其弊一也富者進產而物力不加多貧者去產而物力不加少此則差役不均其弊二也稅契之直率為乾沒則隱匿官錢其弊三也已賣之產或復求售則重疊交易其弊四也乞詔有司

給一作經



應民間交易并先次令過割而後稅契凡進產之家限十日内繳連小契自陳令本縣取索兩家砧基赤契并以三色官簿賬是夏稅簿秋苗簿物力簿却經自本縣截令本縣主簿對行批鑿如不先經通判即不許人戶投稅仍以牙契一司專隸主簿廳庶幾事揔歸一稽察易見若主簿過割不時及批鑿不盡或已為批鑿而一委于胥吏不復點對稽察者則不職之罰以例受制書而違者之罪罪之如此則四者之弊一旦可革而公私俱便矣詔令敕令所參照見行指揮修立成法申尚書省施行　八年四月十二日臣寮言人戶典賣田宅投稅請契各有日限而今之置產者未嘗以稅契為意其弊

大典卷一萬七千五百三十四

十六

蓋起於赦恩許其免倍納而自首況比年以來監司州郡多因一時闕乏不候朝旨免倍稅契至有將所收錢不復分隸合屬窠名一切拘留以資妄用欲今後如遇降赦刪去人戶稅契違限許其自首免倍一節監司州縣專擅放行者重寘典憲仍行下諸路預先曉示人戶通知從之　八月十四日臣寮言已降指揮今後如遇降赦刪去人戶稅契違限許其免倍自首一節欲乞立限三月應前降指揮到逐州日以前人戶典賣田宅等違限未曾投稅契約並許于今來所立日限自陳與免倍輸坐罪限滿不首罪罰如初從之　九月十九日詔諸州據人戶合鈔送納稅租遵依見行條法及已降指

折一作張　中一作官　志一作忠

食貨七〇之一五一

揮與丁絹憑由一體俵散先是兩浙路轉運司副使沈度言湖嚴處州紹興府人戶合納丁絹近已均減據人戶合納丁絹憑由從本縣印給填寫姓名各隨都分責付戶長交收前去巡門俵散訖閑中本縣照應今尚有人戶合納夏秋稅租不成端疋布帛米穀絲綿等細民多是合鈔給憑由即與上件丁絹事體一同切慮屬縣重疊追催故有是命　九年正月十八日詔人戶典賣田宅物業往往違限不行稅契失陷官錢仰自今降指揮到日出榜立限一月自行陳首與免罪賞自投狀日限一季送納稅錢如限滿不首許元典賣及諸色人陳告其物産以一半給告人充賞餘一半沒官仍委葉嵩

卷一萬七千五百三函　十七

折知常一就措置令項拘收發納所有州縣解發推賞並依賣田錢格法施行　三月十日戶部尚書楊倓言承指揮委戶部郎中薛元鼎同長貳催督諸路賣田乳香契稅等錢緣違限契稅錢諸州縣未曾立限委官催促已立限一月許人戶陳首與免罪賞自投日限一季納錢如限滿不首即依前項已降指揮施行如或州縣侵欺隱移易將當職官吏依擅支使朝廷封樁錢物法斷罪從之　二十五日淮南運判馮志嘉言契勘人戶典賣田宅合納牙稅契紙本錢勘合朱墨頭子錢訪聞州縣巧作名目又有朱墨錢用印錢得産人錢欲望重立法禁契稅正錢外歛取民錢許人戶越訴入私歷者坐贓論

四年疑有誤

食貨七〇之一五二

從之　四年五月詔就委周嗣武張孝曾前去江東路州軍措置人戶典賣田宅物業違限不行稅契各自今降指揮到日與展限一月投稅令項拘收發納左藏南庫樁管所有州縣解發錢推賞並依賣田錢格法施行　乾道會要

## 宋會要　均糴雜錄

徽宗政和元年五月十七日熙河蘭湟秦鳳路宣撫使措置陝西河東路邊事童貫奏乞下轉運司推行均糴之法詔依所奏不得因緣作弊搔擾及糴買不均等仍委提刑提舉常平司走馬承受常切覺察按劾以聞當重行典憲所有河北河東仰逐路監司限半月同共從長相度委實可與不可施行有無窒礙未盡事理保明

卷萬七千五百三函　十八

詣實入遞急聞奏　二十九日又言均糴之法鄉村若以田土頃畝均數則上等所均斛斗數少寔為優幸下等均斛斗定數多不易供辦如以家業錢均則上等所均斛斗數多下等人各均定斛斗數少委是兩事利害不同轉運司具到坊郭戶均數目看詳欲乞依久例只于家業錢上均糴詔今年五月十七日已降指揮童貫奏陝西均糴斛斗若只坊郭鄉村等第均定石數收糴緣元定等第內家業錢六千貫文至一萬貫為第一等之類若作一等均糴切慮法行之後不得均濟下轉運司擬定一州一縣合糴都大石數會計一州一縣逐等第都計家業錢紐筭每家業錢幾文合糴多少石斗盯

責均一已行下訖今乞令陝西轉運司並依今來所奏
事理施行　十一月一日都省言河北路轉運司陳亨
伯奏元降陝西均糴畫一諸州縣官戶即無減免之文
本路州縣已一例均定石斗科納詔官戶無減免之文
多係定蓄斛斗之家可依所奏　二年七月二十八日
詔逐路轉運司各據本路逐路合糴斛斗數目以本縣
人戶見今均敷役錢文簿看定合納錢數于役前數上
紐筭合均糴之數均與逐戶如有畸零欠剩之數並只
就整收糴零數即免內坊郭第六等以下鄉村第五等
下以免均即人戶所出役錢數多致所均之數艱于送
納者仰所屬州縣轉運司量減應今來均糴並依青苗

卷一萬七千五百三十四

十九

法先期支錢候至合送納時引若遇豐凶貴賤不同以
有餘不足通計謂如元支散錢詔責米一百文後却賤
止七十即添糴三分又却責三分即減三分之類餘並
依奏糴法施行　八月三日尚書省言七月二十八日
已降指揮三路均糴斛斗今措置約束均糴法州縣不
得當行並依朝廷降指揮方許均糴不應均而輒均若
不依役錢或多寡不均者徒二年吏人配千里不前期
支錢或斗價支錢增減不實者加一等吏人配一千五
百里已取若贓剩所均錢者以自盜論贓輕者配一千
里送之　三年九月二十八日尚書省言今歲大穰物
賤傷農除災傷檢放去處奉聖旨令諸路轉運司以諸



司封樁錢量行均糴一次契勘三路已行均糴法其諸
路合遵守三路均糴法施行　四年六月二十二日詔
諸路均糴差到非見請重祿人內人吏每日添支重祿
錢三百專斗錢二百仍於寬剩役錢內支給從廣南西
路提舉常平司請也　十月二十三日詔自今均糴斛
斗須管先樁見錢方得均糴如違官員徒一年吏人配
千里以尚書省言河陽縣及孟州溫縣百姓訴納過均
糴斛斗不曾支錢詔官吏罰銅有差焉有是詔　五年
正月二十五日河北東路提刑奏准朝旨滄州無　縣
民昨于政和元年內輸均糴白米每斗支價錢六十四
文政和二年內又斗支一二十而市價為百二十并今

卷一萬七千五百三十四

體量到逐年均糴白米價例比街市私糴價錢委有低
小錢數緣係逐年本州估定行下本縣依價均糴詔均
糴當用市例當職官吏詔赦宥特免黜責今後如或虧
損當重行降黜諸路依此　五月十三日詔河東河北
三州自去歲旱霜田苗不收漢蕃人戶類皆缺食可權
罷今年均糴候豐熟依舊　宣和七年五月九日德音
京東河北路州縣勘會去年八月已降指揮河北一路
均糴斛斗共八十一萬石其間有因災傷人戶全不曾
送納及送納未足去處切慮官司為見今歲二麥豐熟
便行催納其不曾支請價錢人戶未納斛斗並與放免
已請糴本人戶及見管諸司斛斗充數起發未曾填納

之數並與展至夏料止據已請錢數依市價折納餘更
不得催理及別作名目抑配收糴如違許人戶經赴尚
書省越訴向來均糴闕有未還價錢官吏作通互相容
庇仰宣撫司將分隸州縣糴本數目曉示人戶勘驗所
支之數如有未還並措責日下支還了當仍具因依申
朝廷黜責向來河北均糴有人戶結攬衆戶合納之數
前去送納如有欠少未足并合補納斛斗並合於結攬
人名下催理不得將人戶一例搔擾

宋會要　蠲放雜錄

太祖乾德四年華州言旱詔令無出今年租　五年七
月詔夏秋以來水旱作沴言念民庶恐致流離委諸道

卷一萬七千五百三十四

王

州府長吏預告人民有災傷處並放今年租賦　六年
六月詔曰暑雨滂沱隄防決行潦所至多稼用傷憂民
方軫于焦勞當賦宜行于蠲免應諸道州縣民田有經
霖雨及河水損敗者今年夏租及緣納物並予放免
開寶七年十一月放蒲晋陝絳同解六州所欠租稅關
西諸州特蠲其半以災傷故也　八年五月詔邵州武
岡等三縣潭州長沙等七縣應遭梅山洞賊虜劫人戶
去年所欠稅租及今年夏稅並與除放時梅山洞聞江
表用兵因乘間剽劫故有是詔　十二月免開封府諸
縣年今秋稅　太宗太平興國二月詔以河決鄭州滎
澤縣孟州溫縣而民被水災並蠲其稅　七年正月詔





潭州每歲納大紙中紙各七十九萬二千一百十四張
小紙二十萬二千一百八十二張並除之　八年七月
詔開封府管內酸棗陽武封丘長垣等四縣民田爲黃
河水所害及開封浚儀中牟尉氏襄邑雍丘等六縣民
田爲蔡河廣濟白溝河溢及水潦所損者並蠲其稅
雍熙五年二月免瀛州部民租調三年徭役五年以其
再遭犬戎蹂躪也　淳化元年二月詔諸處魚池舊皆有
省司管係與民爭利非朕素懷自今應池塘湖河魚鴨
之類任民採取如經市貨賣即準舊例收稅先是淮南
江浙荊湖廣南福建路當僭據之時應江湖及池潭陂
塘聚魚之處皆納官錢如令人戶占買輸課或官遣吏

卷一萬七千五百三十四

王

主持太宗聞其弊故有是命　四月一日除興州公驗
錢先是乾德三年牧史趙彥韜越置應客旅將驢騾行
行貨入川貨賣川司出給公驗每人稅錢四十八文充
公用至是除之　八月詔興化軍兩浙僞命日以官牛
賦于民歲輸租米牛或死損則令買償自今除之仍以
官牛給租牛戶　七月詔開封府五縣旱傷夏苗開封
一縣全放已耕犂改種者免六分陳留封丘酸棗鄢陵
四縣各放夏稅六分　八月放鳳翔府天興五縣等稅
又減京兆府長安等八縣民萬三千一百十三戶田及
許滄單汝州民其稅十之六皆以旱故也　是月詔汝
州桐城縣大龍宿松縣小孤及長武湖三處魚池特免

税任民採捕吏勿禁　十月詔乾州鄭州旱損夏苗遣
官覆檢皆稱及時改種合依常例收租賦者乾州三千
三百九十一頃鄭州三千六百九十頃除旱損全放外
其合納今夏正税并緣納乾州十分中特減五分見催
者許以秋米豆折納　十一月詔大名府管内夏苗六
百八十頃旱損並權放今年夏税内百三十頃各已耕
種合輸納者特于十分中放三　三年七月大名河中
府絳濮陝曹濟同淄單德徐晉耀磁汝兖鄜汾鄆階
亳慶許齊相沂貝衛青霸等州皆言歲旱無麥詔遣使
分路體量凡三十八處旱損苗五萬二千八百三十七
頃六十八畝其合納今年夏正税并緣料並各除放

卷一萬七千五百三十四

十月詔許州檢到長社臨潁郾城三縣共二千十七戶
依例于元額内減放七分正苗子及緣納芽除三分依
限催納邇者憫近畝之允陽命使車而檢閲未經聞奏
輒則蠲除雖繼長吏之專行當念蒸民之匱乏宜令放
免表我推恩可依本州所奏施行　三年七月霊州言
臨河懷遠等鎮税戶田經蝗等欠端拱二年秋税送納
詔並除之　是年詔忻州當偽命日科民輸刺史潤俸
息錢二百三十六千除之　四年十月以水潦害民田分
遣京朝官按行開府府管勾諸縣籍頃畝之數以免其
税　閏十月詔輸開封府民被水災者前詔除放苗子外
應見隨畝地錢稈草及和買正草並蠲之　十二月詔





諸道州府軍監民被水災甚者所欠税物遣使按行蠲
其半　五年正月詔兩京及諸道州府民欠淳化三年
租調及緣納他物共二百五十一萬五千餘貫石斤兩
並除　二月詔劍南東西川陝路諸州民欠淳化五年
以前租税州縣吏掌倉庫鹽鐵榷酤負官錢上計利及
挽船卒負官物並除之　四月詔開封府及諸道州府
欠淳化三年終已前夏秋税物振貸斛斗自來容限倚
閣者並予除放凡斛斗疋帛絲綿麻縷之類蠲放二百
五十一萬五千餘貫石斤兩馬　五月十二日詔曰先
是歲賦蒿數十萬圍以供窯務及染院所用自今染作
以材給之　二十三日詔利州路興元洋州西縣民華

卷一萬七千五百三十四

運粮草頗甚勞役其今年夏秋正税並沿科物色並予
除放先是王師討蜀寇調民輸粮草而利州等民頗為
勞役故有是命　至道元年正月詔眷彼淮陽民多艱
食雖繼行于賑恤而尚睹于流亡言念本州猶科殘賦
冀蘇疲瘵宜示蠲除其今鄭州據民見欠零殘秋税及
緣科約並蠲之　二月十七日放襄唐汝均隨郢歸峽
等州去年所欠秋税及緣納他物　十一月詔兖州歲
課民輸黄蒿剌子芰十六萬四千八百餘束者除之仍
令諸道轉運司部内常税外有無百餘本者除之仍悉
件析以聞當與蠲免　七月京西轉運使姚鉉言陳許
等九州並光化軍民經災傷及死損牛具今年夏税望

與免放減帝覽奏憫然曰水潦作瀰害民農疵豈可各茲賦稅以重困吾民也其後夏稅并緣科錢物並與減放二年七月詔曰峽路諸州民先欠至道元年租稅及緣科物並除之　真宗咸平元年六月免開封府等二十五州軍田租旱故也　七月二日免畿內旱損戶夏稅之半　六月詔自京至鞏縣民緣太宗山陵曾雇倩人乘夏借售用者於今年秋稅內十分蠲二　十月遣朝一員官齋詔蠲放兩浙管內七州旱人戶苗稅二年正月除江南昇洪等十五州軍去年秋稅旱故也二月度支判陳堯叟廣南使還言西路諸州旱命國子博士彭文質往權轉運司事量所損蠲其稅賦　四月

卷一萬七千五百三十四

二十五

免夔州殘稅五十八萬　是月免河東民溉田水利課錢　十月六日福建轉運使趙賀請除漳州湖塘責蓮荷錢俾民獲利而便于流溉從之　三年五月詔深濱博洺祁州乾寧軍民經蕃戎屠掠不任耕稼者千三百九十八戶無出來歲租官吏常存撫之　六月免益州今年夏稅　九月詔曰昨命王師討戮均賊眷言民俗咸有供須訪聞峽路遂果閬三州最近西蜀科役稍煩而果閬加之水潦不有矜貸曷蘇疲氓其州三今年秋稅宜免十之三　四年六月一日詔近畿數郡春雪損桑令京朝官分往察視蠲其正稅及緣科等物無令折納絲帛　十七日詔東川民田先為江水所汎者除其

稅　五年四月詔峽西運芻粮至邊境者宜蠲常賦之半　七月詔水災州軍伺候檢覆慮有勞擾宜令轉運司体量即予蠲放仍遣使齎詔賑恤　十二月廣南轉運司言新州偽廣日回運黍歲久損棄以其價數十萬分配部民郭懷智等百餘戶輸之遂以為常貧民力所不逮請均賦諸處詔水潦除之　六月五日免靖戎軍漢陽等五鄉秋稅以其經戎馬侵掠也　八月免環州民田稅以其經蕃寇所踐也又蠲　州秋稅十之三十月蠲寧邊軍夏稅以其經蕃寇也　景德元年四月免澧州石門縣田租二年以蠻人寧靜民多復業故也二年正月詔河南府及徐州等廢民轉送軍儲往渭州

卷一萬七千五百三十四

二十六

者蠲其秋稅十之二　二月太常博士直館何亮言桂州荔浦縣猶有偽廣配米百六十斛詔除之　三年五月三司支度副使李士衡言閩右自不禁解鹽計司以賣鹽年額錢分配永興軍同華耀州民送納而永興最多于民不使請減十分之四帝以陝西諸州皆免禁法詔悉除之　四年六月詔鎮趙等州民田近所增稅悉除之　先是轉運司遣官檢視逐州田畝第增稅賦真宗慮擾民故罷之　大中祥符元年正月赦書兩京諸道州府軍永安縣監今年夏稅并緣科物色內東京及河南府特放三分西京并諸道州府軍監等並放二分除常賦　二月免桂路兩州秋稅十之二　十月東封

赦書兖鄆州等内放來年夏秋税賦坊郭人户特放一年屋税澶濮州并開封府東留經歷縣分及滑州韋城縣放來年一料夏税坊郭人户放五分屋税河北并京東州軍供應東封特放來年夏税四分坊郭人户放四分屋税兩京并河北諸州放來年夏税三分諸道州府軍監等放來年夏税二分兖鄆州夏税并修河人夫自來差撥往來處去納功役者並予免放二年 二年十一月詔徐州淮陽軍不訴水災户令年田租特放十之三帝以是州軍雖已蠲賦尤慮民間失于民間故申命焉 四年七月詔濱棣州水潦爲患比降赦命免其租十之三今納七分可更蠲其半年 十一月免雄霸莫

卷一萬七千五百三十四　二十七

州信安乾寧保定軍今年夏税十之七又免澶州沿河民田秋税水潦故也 十二月詔建秦州民爲溺水害稼者蠲其租税 五年正月六日詔蠲蘇州民張訓等租米二千斛以吴江漲害田稼也 十四日免蘇州民蘇照等税粮以水災也 二十一日詔以霖潦害稼開封府民所欠秋税並除之 七月四日詔南諸諸州去年秋税中等以上户免十分之二仍許從便折納餘悉除之 八月詔江淮兩浙令來災傷民户夏税及承前倚閣賑貸逋欠者並除之 九年五月詔開封府祥符開封縣兖州仙源縣今年夏税各放三分府界餘縣各放二分 九月博州蝗旱民有訴兩州縣柳輸常賦特



運司不爲之理詔遣官按視蠲之 十月三日大名府民代登聞鼓訴旱且言本部官吏不納其辭詔遣使按視即蠲其税賦 七日詔京東淮南蝗旱所傷田據遣官按定合放分數外所納税物三分以下者並與倚閣四分以上者便放一分 十一月八日大名府澶相等州民代登聞鼓訴霜旱宰臣請令轉運司體量帝曰比者轉運司言無災傷故州縣不爲蠲減雖慮支計不充然朝廷矜恤之意不可稽也即遣常參官分往按視而蠲其税 十三日詔放果州今年秋税十之三以水災故也 十二月詔利州民爲水壞者免今年秋税十之三 天禧元年四月宰臣王旦言漕濟徐鄆廣濟淮陽

卷一萬七千五百三十四　二十八

六州軍船運上供斛斗歲課三十七萬石緣歲蝗旱望免夏税一料支移從之 六月免華綿等州民税夏旱故也 四年十月詔近降赦文應經雨及河水所害秋苗除優予減放宜令三司據諸處体量檢覆到合放分數外依赦各予更放一分内已放九分止納一分者悉除之 五年二月詔京畿經雨水及京東西河決壞民田者今年夏税並免十之五 仁宗天聖五年十一月陝西体量安撫王沿言京兆府長安等四縣人户訴旱及蟲傷田苗欲于秋税内減放三分其餘咸陽等九縣減放二分減外合納税物乞于本府送納從之 八年十一月赦書開封府諸縣人户夏秋税賦及沿納錢物

差遣清強官與本縣令佐具逐縣權的税數聞奏當議體量減放　十二月詔人戶限一月日各仰自陳手狀具本戶地土頃畝都數及逐段四止夏秋合納税物色數各别開坐每五戶至七戶相保所供地畝税數别無隱漏如有欺隱許人陳告並據所隱田土給與告人充賞犯人科斷　景祐元年二月五日益州言准勅益州灾傷州軍人戶闕食之處中等以下人戶夏税特予倚閣詑餘緣納尺帛殘零并今年夏税等未曾奏乞除放當州勘會山鄉人戶遇去年不熟疾疫死損人戶特予除放從之　慶歷元年十一月赦書以陝西用兵頻有科率放來年夏税十之三以開封府及諸路經灾傷地

卷一萬七千五百三十四　二十九

免其貧下戶今年夏秋殘零鄜府等州經西賊抄掠放所欠今年夏税料配物色及來年夏税緣係安軍因灾傷及河水衝淪放客限倚閣夏秋税賦并緣納租課丁身米及見欠寶元年終以前賑貸和糴種子兩川有江水浸占之土地而虛納税賦兩川有不發之鹽井已廢之鉄冶水磑而虛納課利西川近增之鹽價梓遂添納閏月之税錢諸隱陷租課今日以前已根磨出累年積欠理者除之　三年正月詔三司下諸路轉運司具析諸州縣差徭賦歛之數委中書樞密院議蠲減之　四年三月二十三日詔衡道等州桂陽監昨經賊人驚劫處令荊湖南路轉運司勘會應係經賊地分曾被殺傷





人命燒蕩産業及劫虜卻人口財物等人戶予放免見欠身丁錢數及去年秋税苗米將來夏税并一年差役科配其曾差入山棚戰弓級土下弩手並曾經蠻賊踐踏田苗燒析舍屋及移出鄉村人戶亦予免放見欠秋税及一年差役其應經賊州縣並予免將來夏税支移折變　九月詔寶州近城人戶經兵馬採斫林木踐踏田苗免今年秋税一料少者半之　十一月二十五日赦書乾興以前天下欠負見無家業及正身已沒配流勒妻男償納不以有無侵盜者今日以前欠負元非侵盜攤歸保人雖是侵盜本家係人見無抵當及干繫人吏當均納者並除之湖南桂陽監等處經蠻賊踩踐人

卷一萬七千五百三十四　三十

戶減來年夏税五分應期者減三分京西荊湖北路經軍賊驚擾人戶與免科配一年應三年以前天下因灾傷倚閣租税及支貸種糧未盡輸者并累年隱陷租並除之　五年三月德音應去年冬見欠夏税及倚閣者特除之今年夏秋特放五分其緣納并雜供之物一切停之其當納雀鼠并地里腳錢及麟府二州曾經戎羌侵掠處其四年見欠夏秋及前所倚閣者並除之今年二税特減五分流民復業者特免租賦差科三年其因灾傷逃移限一年令歸業予免三料科催并支移折變不因灾傷逃移者限半年予免一料支移折變　六年十一月欄于南城之東韓村兜乘輿所過民及在圃内

者租税一年時仁宗御帳殿召問所過父老子孫供養之數土地租植所宜嘆慰久之後故有是旨　七年正月二十六日詔連州人戶被猺賊蹂踐處遭殺害人命者減來年夏税六分燒蕩産業者四分見充土丁者三分應付軍期者二分　十一月赦書開封府界今秋經水災體量殘税諸人吏當均納欠負官物者河北京東經河災及淮南蝗為害今年倚閣夏税者并秋税減放外及荆湖南路經蠻猺蹂踐予差役頻併處六年以前倚閣殘税并貸粮支諸處官乾渡錢並除之　八年閏正月曲赦河北諸州軍人戶因用兵踐蹂苗稼傷代桑棗者予放今年夏秋二税鄉兵義勇壯丁在城下應役

卷一萬七千五百三十四　三十二

者己等第放税更予放夏税一年人戶有曾科配軍所之物予免支移折變其坊郭戶放屋税錢十之五　皇祐元年八月詔河北流民之復業者蠲租賦二年　二年八月詔水災州軍令逐路轉運司體量蠲減租税以聞　三年七月三日詔開封府齊國大長公主葬而踐蹂田稼者遣官檢視減其租先是仁宗謂輔臣曰訪聞齊大長公主出殯頗踐踏人戶田苗宜令開封府差官檢估優予減放合納税數故有是詔　九月赦書今年水災州軍除已于税外有漂壞廬舍予免屋税一年陝西河東沿邊蕃部弓箭手支通貸粮及陝西自支錢法以來合干繫人吏填納揀出小鉄鉛者並除之　十一



月三日詔漳州泉州興化軍自偽命以來計丁出米甚重貧者或不能輸朕甚憫之自今泉州興化軍舊納七斗五升者主戶予減二斗五升客戶減四斗五升漳州納八斗八升八合者減三斗八升八合客戶減五斗八升八合為定制先是帝謂輔臣曰遠方之民貧匱者多諸閩所納丁米深測朕懷且民為邦本本固邦寧且使民足國孰予不足宰臣等曰臣等日聞聖語未嘗不以憂國恤民為念且福建所蠲之米若計　約已不下一二萬石數聖恩深厚天下幸甚　四年八月詔鄜州被水災人戶特蠲今年屋税及諸差役折變其軍士所借月粮及百姓口食並除之　九月詔鎮定諸路水災其餘積

卷一萬七千五百三十四　三十二

一年欠負今年秋税仍令轉運司差官減放　十月詔廣南東路北應經劫掠州縣已放今年夏税其秋税亦未得催理　十一月詔江南西路荆南路廣南東西路人戶當供軍須者蠲今年秋税三分　五年二月赦書廣南東西路經賊州縣未納去年夏秋税賦並除放非經賊而應付軍須處已令放税三分令更特放二分如已納即于將來税賦内折除其先曰災傷倚閣税賦並除之江南西路荆湖南路人戶曾運錢粮軍須應付廣南者放將來夏税五分仍免差徭一年其經修築城隍放將來夏税三分去年以前倚閣税賦並除之　四月九日詔益梓利三路去歲蚕事薄收宜令三司權免增上

供絹三年　五月詔荊湖北路災傷州軍先發常平倉以濟饑民如聞司農寺復行催理甚非朝廷振䘏之意並除之　十二月十五日又詔今年十一月四日赦書應諸路昨經蝗蝻水旱爲災去處已經體量減放税數外其第四等已下人户殘欠税物並與倚閣今後但納及七分已上者方爲殘欠永爲定制　至和元年二月詔通者調民治黄河隄如聞疫死者衆其蠲田税一年若雇傭并客户無税可蠲者人給其家錢三千　三年三月以京畿旱除京畿倚閣秋税五萬五千石斤束　嘉祐元年正月赦書天下其災傷處夏秋税賦及見欠倚閣並除之　六月詔開封府界京東西河北轉運司水潦害民田其遣官蠲放税賦　二年五月廣南西路轉運使王罕言右江丁壯隨蕭注擊賊而未經賞者先乞特免夏税一年從之　三年十月詔河北諸州軍坊郭客户乾食鹽錢令坊正陪納者特蠲除之　四年八月詔比者霖雨害稼其遣官体量減放開封府界及京東路民税以聞　十月赦書湖南郴道永州桂陽監及衡州茶陵縣夏秋二税外每丁別納錢絹米豆葯物箭䈎者無業者予盡除有業者予减半自今進丁更不添納　五年九月詔梓州路今春飢夏秋閔雨其人户訴者令轉運司速遣体量蠲其税賦仍勿覆檢　六年六月詔辰州有地民先逃入溪峒今復歸者予蠲丁税三年○

卷一萬七千五百二十三

三十二

八年四月二日赦書四京及諸路州府人户所欠去年夏秋税租綠納并舊例倚閣並予除放　英宗治平元年九月詔以陳州水災特盡蠲其秋税　三年四月端明殿學士錢明逸言奉勑詳定欠負臣切詳治平二年十一月十六日赦欠負非侵盗者皆除之今年正月二十八日詳定欠負所奏請欠負非侵盗自嘉祐七年明堂赦後以十分率之納及三分乃以赦意也之皆除之如赦令　治平四年正月九日神宗即位未改元詔西京及諸道州府災傷人户所欠去年夏秋税租及緣納錢物并自來倚閣税物並予除放　九月十三日德音以山陵後西京緱氏永安縣界回採運石段踐踏却田苗及爲官司借占地土貯納官物并蓋白露屋致防一時耕種者並特放今年一料秋税所有來年夏税更予免支移折変其緱氏永安縣自餘人户并西京鞏縣河陽汜水鄭州滎陽管城開封府中牟縣并昨來靈駕臨通縣分及汝州梁縣爲應付祔葬山陵科率并開封府祥符縣接近官道有園停人户昨被府縣指揮借占予官員止宿致有踐踏並特减放今年秋税五分放外分數仍許送納見錢其祥符縣自餘人户兩京河陽鄭州汝州諸縣人户今年秋税特許第四等以下户全納見錢第三等以上户納五分見錢應諸路州軍和雇百姓匠人曾到陵所工役者並免來年夏税支移折変西京

卷一萬七千五百三十四

三十四

鄭州汝州在州與外縣鎮坊郭人戶昨緣山陵與役亦
有假借器用科買物色並與免放配賣官中物貨二年
如自不該配賣者若曾係山陵科借即予免放戶下屋
稅錢兩料訪聞嘉祐八年永昭陵工畢有養羊場及磚
瓦柴炭場餘剩官物尋已爛腐敗至今尚關帳籍差公
人主管勘會據見存之物特予擘畫撥并支遣如有少
數並除放　神宗熙寧元年十一月八日詔河北州軍
昨因蝗傷之際誤不依條貫支與貧民錢米等干繫官
吏法當倍納者並特除之以南郊恩故也　三年十二
月十三日京東路災傷州軍差提點刑獄及提舉常平
倉官自分頭疾速体量昨來檢放稅賦有無未盡分數

卷萬七千五百三十二

三十五

致人戶難為送納去處據見欠稅數並令倚閣訖奏
四年三月十六日詔判永興軍郭逵如本路州軍有飢
荒處並以官廩賑濟及体量放田稅其逃移人戶亦仰
設法招誘還業以聞　十八日德音陝西河東兩路人
戶昨因軍事被科役者已令安撫轉運司勘會逐人役
過日數逐戶配物色仰疾速等第開析聞奏當議量輕
重特予蠲減將來夏秋稅賦及科配其今日以前少欠
殘零稅賦作因倚閣者並予除放因軍事般運官物內
有損壞欠少合行理納非侵欺盜用者令本州官吏保
明申轉運司看詳除放訖奏　九月十日詔應今日已
前天下欠負官物元非侵欺盜用者並令屬于赦前一



月內保明申轉運司本司並限一月日保明奏聞當議
並予除放如逐處不為依限申奏並許提點刑獄司點
檢及受理欠人披訴依法施行其雖是侵盜見今本家
并干繫保人內有委無抵當財產者亦依此施行其元
非侵盜并嘉祐四以以前侵盜欠負見勒干繫保人攤
納者夫于催納或誤行支遣見攤在干繫人名下理納
者因水火損敗及綱船遭風水拋失若被盜勘會分明
各無欺弊者稍工兵士同綱運少欠所般物色元無欺
弊見剋折請受者罰佃請色官田戶絕田土屋業并諸
般務　隱陷稅租見理納積年稅租課利等委是貧竭
無可償者並委本屬保明申轉運司特予除放奏訖

卷一萬七千五百三十四

三十六

十一月三日詔特蠲天下見欠貸糧　六年七月十五
日德音應災傷人戶本名下稅物其有失于披訴出違
省限不該檢放者轉運提刑司仔細体量如委無可送
納即特予依條檢訖具數聞奏　七年三月六日詔災
傷州縣其四等以下戶應納役錢而飢貧無以輸者委
州縣保明申提舉司体量詣實于役剩錢內量分數或
盡蠲之　八年正月九日詔蠲懷恵州第四等以下戶
去年秋稅役錢以民乏食故也　二月八日以南雄州
民有無田產而有稅錢者例出役錢詔蠲之從廣東轉
運司請也　九年三月十六日詔廣西交賊蹂踐之處
及避賊失業者予免今年二稅　十年五月十八日開

封府界提點司言諸縣夏旱災傷乞令檢覆官同令佐体量的寔灾傷分數保明蠲放從之　十二月十二日詔開封府界諸路累年灾傷積欠三税常平免役錢權倚閣及減放河北京東路河決水灾人户役錢以被灾分數爲差　元豐元年正月十四日詔御史中丞鄧潤甫翰林學士許將與三司并都理欠司同詳定該赦合放欠負以聞　十八日詔免京東西路轉運司年計封樁錢粮以本路言水灾闕之故也　二月二日江南西路提舉司言興國軍永興縣有熈寧六年至九年拖欠役錢萬一千餘緡本縣民户地薄税重累經灾傷又役錢稍重乞特蠲免從之　三月四日淮南東路提舉司

（卷一萬七千五百三十四）

請願人入户增出役錢從下蠲減從之　七月十八日詔廣西提舉司應桂昭賓象梧藤龔尋貴横等州昨運粮充夫之家第二等以下更放一料役錢二分第三等放一料五分第四等以下全放兩料　八月十五日詔齊州章丘縣被水灾其所修縣城倉庫官舍並給省錢其第四等以下户欠夏残税權予倚閣見欠常平苗役錢令提舉司展料次聞奏　十一月十四日詔詹遇等昨自潭州竄洪药來吉復犯湖南郴衡兩州已全火殺獲宜令所屬監司遣官体量賊經歷地爲賊殺畧焚蕩民户等第蠲税其免役錢亦倚閣或量蠲減已經倚閣者更展限常平錢谷准此　二十五日詔在京官司見

監催欠罰銅並除放　十二月十四日詔大名府永濟鎮被水灾槽户依酒場被水蠲買名錢　十六日河北沿邊安撫司言樞密院劄子保明牒知北界燕京留守司指揮容城歸信兩縣鈐束拒馬河南屬户毋得納雄州貸粮委本司考實其中書近降指揮除于雄州歸信容城兩縣輸户賑貸米未得施行本司勘會南北兩界凡賑濟兩輸户及諸科率兩界官司承例互有止約其寔彼此空文今北界循緣舊例即非叔始兼兩縣自九月起催至十一月中旬纔納貸粮三千餘石自中旬北界止約後止十二月中旬已納米萬餘石以比較之情寔可見中書除放指揮今未到本司近奏兩輸户未納

（卷一萬七千五百三十四）

米數乞倚閣候秋料催納以寛下民從之　三年二月二十六日詔在京酒户見帶納舊麴錢及倍罰者展半年不曾驗放倍罰者免三分之一　七月一日詔應歸明人官給田而作次催科者荒田免二十料熟地半之　八月二十六日權點開封府界諸縣鎮公事楊景畧言雄武埽所調發五縣急夫而河餘縣比之他縣尤爲困擾詔河陰縣所差急夫而河春夫外每免雜役錢三千如不足即計年折除　十一月二十四日檢正中書礼房公事會定陝西五路年計王震言前此轉運司積欠别司錢繫朝廷督責擬還有司雖獲罪未有可還之期不如加恩一切蠲賜詔所欠三司經畧　田司并博買

鹽引提舉司催驅秦熙等州市易錢物並予蠲免外餘
限三年撥還　四年八月一日詔免河北東路災傷州
軍今年夏料役錢　十一月二十七日詔聞自軍興以
來閼內人情震懼多全室逃亡令朝旨已經差夫之戶
更不差撥令李承之速往陝西諸路安撫告諭民苦于
調發而非軍興所急者悉蠲之　五年正月二十三日
詔除放榮宗慶等八十六員進奉馬償錢萬緡　四月
二十七日詔內外市易務在京酒戶罰息並除之　五
月八日詔河東轉運司昨所借助償絹二萬匹拾納蕃
部特蠲之　十五日詔除杭睦蘇湖秀常溫潤明台十
州買撲場務積欠淨利過月錢三萬餘緡從司農寺丞

卷一萬七千五百三十三

三十九

韓宗良請也　六月八日詔成都府路應付瀘州邊事
依梓州路曲赦放免二年役錢別路准此　七月二十
九日詔河北路都轉運司借支澶州封椿軍糧五萬石
特除之　八月二日詔酒行下戶借罰麴錢除三分中
已放一分外更免一分　六年二月七日京東轉運付
司吳居厚言商人負正稅錢七萬六千餘緡及倍稅十
五萬二千緡皆單提舉鹽稅司日失于拘催乞依市易
務利除放倍罰錢百千以下上限三年百千以上限五
千止令納正稅上批宜依所奏作朝廷直降指揮　七
月十七日陝西轉運司言昨出界民夫棄失官物多被
雇主名下催納寔重困若乞除放詔陝西諸路轉運司



審寔除放　八月二十三日詔梓州路昨因瀘州邊事
隨軍般運工築正夫之家曲赦免放役錢外其餘雇人
工役之家放一料役錢五分沿流州縣被差夫興蒞馬
外更差雇舟船水手之家加放一分從轉運提舉司請
也　七年六月二十六日知蔡州黃好謙言所部水災
特甚乞放秋稅詔尚書戶部疾速施行　八月二十六
日詔河南被水諸軍借一月糧見尅納者並除之　九
月十二日詔西京被水漂溺之家及秋田災五分戶並
免來年夏秋支移折變從戶部員外郎張詢請也　八
年四月八日詔監察御史劉拯兵部員外郎杜常太府
少卿宋彭年赴御史臺置局點磨欠市易息錢大姓戶

卷一萬七千五百三十四

四十

放七分下戶全放外以合納數開所屬催納具無欺弊
聞奏　以中書省言今年正月九日赦書人戶市易錢
物仰所屬勘會元請本息等錢并納欠數條具聞奏其
息錢當議減放今在京未見有司依赦以聞故也　二
十四日中書省言登極赦書并今月八日朝旨民戶欠
去夏秋稅及元豐六年已前租稅積欠并緣納錢物倚
閣稅租等已並特除放從之　同日詔諸路民戶欠元豐
七年已前常平免役息錢各特減放五分買撲場務佃
賃田宅空地出限當罰錢調春分河防急夫闕修京城
壕及興水利夫罰錢役人誤給工食錢並除放　六月
八日詔河東州軍人戶見欠和糴糧草自三月六日赦

書到日元豐七年以前所欠並予除放　十一月十二
日詔在京物貨場見在物貨應輸錢者並蠲免　十八
日詔蠲大姓户所欠市易三分息錢　從秦祖洽請也
十二月二日詔蠲放沂青州諸縣失軟役錢并罰裁桑
法蠲民所欠罰錢　哲宗元祐元年正月十二日詔河
東路轉運司蠲入界人夫所失陷粮米　閏二月十八
日詔户部應諸路人户欠市易息錢並特予除放　二
十八日詔應内外見監理市易官錢各限一月取索逐
户元請官本點勘特許以納過息罰錢充折如已納及
官本即便與放免坊場淨利錢准此以上通折外尚欠
官本錢并淨利而家業蕩盡及無抵保或正身并保人
孤貧者權住催理及今日已前積欠免役錢予減放一
年除分限三年隨夏税帶納近勘欠負指揮勿行並從
右司蘇轍奏也　四月四日詔府界諸路監司分指轄
下諸州縣体量被災人户合放分數更不檢覆便行除
放訖聞奏以三省言諸路府界火旱夏苗災傷人户被
訴州縣多不盡公檢覆或限内失于披訴官司不為收
折使被災之民困重故也　八月户部言吏部侍郎李
常等奏被水百姓于新河兩堤之兩灘地種麥庶幾一
收以資窮乏体放得本路及州縣理納税租督責欠負
欲乞詔有司權免放從之　二十二日詔河東路日前
係内合鈔輸納見理虧欠並除放從户部請也　九月

卷一萬七千五百二十四





十七日詔諸路坊郭第五等以上及單丁女户官户寺
觀第三等以上舊納免役錢並予減放五分餘並全放
仍自元祐二年為始　三年二月八日詔諸路轉運司
今年春州縣已納免夫錢並給還　六月九日詔嚴潭
州安化縣博易場其人户欠息特行除放從荆湖南路
轉運司請也　七月二十四日詔災傷放税及六分以
下其帶納欠負即随放税外分數催納七分以上並行
倚閣　七年十一月二十二日三省言檢會赦文應官
吏軍民諸色人諸般欠負官錢在元豐八年三月六日
大赦以前者五百貫以下並予除放五百貫以上奏裁
詔翰林學士顧臨御史中丞李純之户部長貳同點
檢催督限一年畢仍就本部置司　二十四日詔環州
及諸鎮寨守御居民及入涤漢蕃人户所借口食曾經
賊馬到今經畧司並特蠲其數以聞　八年九月八日
户部言看詳赦書内稱今日已前曽經災傷去處夏秋
税賦有見欠並倚閣者並予除放既非充災傷去處又
省限未滿即非倚閣自合依條施行詔災傷人户放税
及五分以上雖省限未滿亦予除放　十二月五日尚
書省言勘會災傷欠閣税租依赦不限等第除放其今
年租税省限未滿去處雖降指揮放税五分以上之人
亦予除放外有災傷不及五分人户若不以等第一例
催納竊見人户不易詔第四等以下人户見欠夏税雖

卷一萬七千五百二十四

省限未滿並依曹州已得指揮權行倚閣候將來夏熟
日催納　紹聖元年八月一日詔蜀越温台處州人户
所欠折身丁鹽綿絹虧官錢　十二月二十三日詔府
界人户積欠並令作十料隨二稅送納自紹聖元年秋
料始　二年三月四日詔河北東西路并京東路淄齊
鄆濮濟州災傷人户催去年秋料殘零稅租並行倚閣
四月五日涇原路經略安撫司言本路被災人户已令
逐州軍倚閣稅租通欠從之仍原擅行之罪　十二月
二十三日詔應元豐八年三月六日已前係官欠負五
百貫以上該元祐七年南郊赦合奏裁並十分内放一
分　三年四月十一日詔權倚閣陝西路今年諸逋欠
以轉運司言本路災荒故也　徽宗即位未改元元符三年
卷一萬七千五百三十三
四十三
正年四月十五日赦元符二年以前係官欠負自來該
載未備及拘礙分數所属尚行催理者並除放五百貫
以上及專指定名數者並奏裁　五月二日又詔禮部
侍郎趙挺之殿中侍御史龔夬與户部長貳就户部置
司及令轉運提點刑獄提舉常平等諸司限一季内各
具本路所放人户錢物數目中在京放欠所本所催督
限一年了當　十一月提點開封府界諸縣鎮公事梁
子美言今年正月十三日登極大赦人户欠去年夏秋
租稅並已除放諸路奉行不一却引用令文内常赦稅
不過三分替責甚峻已應登極赦後有催納到數日並

興準折次料租稅庶使王民均被聖澤從之　徽宗崇
寧二年十月十四日詔兩浙杭越温婺等州秋苗不登
人户失于披訴運司悼于閣放又將積年欠負一例折
行催納致人户漸致逃移盗賊滋多物價增倍細民不
易其官司並不申奏顯是提舉轉運司不職令本路提
刑司体量聞奏其積年租欠如是下户被傷不以分數
並令倚閣非災傷户分作三料催科人户失于披訴委
是秋田不熟並量予校放　五年四月十五日詔免兩
浙水災人户租稅　政和五年二月二十五日詔免行
錢自政和二年正月一日前拖欠並予蠲放　十二月
二十五日赦文應緣建築州縣堡寨等差發人夫或經
卷一萬七千五百三十四
四十四
科率物料第三等以上人户特與免户下夏料稅租第
四等已下與放夏秋兩料應人户因進兵從使及應付
軍須并曾和雇人夫車擔頭口等應干欠負諸司官物
非侵欺盗用并少欠夏秋稅租見行倚閣並特予除放
應般運往軍前錢物諸般轉運并衣甲器械及因軍興
般運官物有損壞少欠不係侵欺盗用合理納或剥納
虧官錢並特予除放　八年九月七月詔東南被水州
縣嘗經渰浸人户納官司房錢截自建出日並特予免
納候復業日依舊　十月二十二日江南東西路廉訪
使者徐衡奏南康軍并管下東建昌縣及江州并管下
德安瑞昌縣興國軍坊郭居民舍屋被水渰浸漫没屋

脊人戶各已撥移除移自己産業外其閒僦官私舍屋
居住人戶尚依舊管任元僦房廊地基等錢欲下諸州
軍豁除被淪月日特與放免從之仍詔餘路依此計其
寔日即不得虛偽通不得過一季　宣和三年二月初
五日詔應兩浙江東路被賊燒劫州縣人戶自復業日
戶下以前見欠諸般租賦公私債負一切並予除放自
復業以後戶下應干租賦特予除三年放是年四月八
日又訪方賊不曾燒劫州縣止本戶被燒劫者並依上
件指揮施行　三月二日江南東路轉運司奏歙州自
去年十二月二十日被睦賊相継燒劫每年合發上供
錢和預買紬絹減下淮南衣絹夏税綿絹别路及本路

卷一萬七千五百三十四　四十五

春冬衣紬絹鐃信州買銀茶本錢欲並行除放從之
三日詔諸路州軍積欠內藏庫估剩鹽官錢不欠可自
政和五年已前並特除放　四月七日詔兩浙路提刑
司体究如是應曾被賊燒劫處本戶下以前見欠諸般
租賦及公私債負一切並予除放　二十六日詔盜起
二延及江東除在公之田已降處分蠲免租賦及除放
公私債負積欠外應兩路被賊及鄱州民戶租田産等
輸科私家者可於所納租課內特予量減二分候三年
依舊被焚劫民戶仍全免一年仰州縣明行曉諭如敢
違令或究轉情索者並許民戶越訴　八月十二日詔
應被賊焚劫民戶自今降德音到日以前係官積欠並





與放免如省部諸司輒行催理者本州執奏不行　九
月二十三日詔兩浙江東路州縣曾被焚劫其嘗下不
曾被賊人戶見欠租賦及公私債欠並與除放　四年
正月二十七日詔江浙被賊焚劫州縣除免租賦三年
議者或謂姑息太甚中都上供糧斛錢帛及逐路漕計
恐無以善其後常平錢穀又無以賙濟復業之民委譚
稹及陳亨伯并兩浙江東帥司轉運提刑常平廉訪所
四處審切審度參酌措置中制以聞要在有以寬恤民
力而用無乏事不得懷私自便苟簡滅裂仍限一月疾
速行下參酌措置聞奏　二月十日戶部奏河東路經
畧安撫轉運提刑提舉常平司奏准宣和元年十一月

四十六　卷一萬七千五百三十四

十三日赦書節文應陝西河東路沿邊熟戶及弓箭手
見借欠貸錢物未經除放者經畧轉運提刑提舉司開
具聞奏當議倚閣除放本路所管沿邊九州見欠借貸
過錢斛未經除放詔大觀元年以前借貸過錢斛特予
除放大觀二年以後至政和元年以前數權行倚閣仍
限十年帶納餘依舊催理　五年三月二十三日提舉
道録院奏兩浙路神霄宮并天寧萬壽觀寺昨以係官
田土撥賜並定課租召人佃種今來杭嚴衢婺處州各
係經賊焚劫去處看詳前件租課既係撥賜田土減免
之數合比輸科私家量減二分指揮施行從之　八月
十三日詔燕山府路今年灾傷及不經布種去處其夏

秋稅並放免餘減半、六年九月十七日詔京畿苦雨除稅賦已減外，其宣和五年以前逋欠米穀芻豆並予蠲放 七年正月一日詔河京東路盜賊處郡汝潁流移人戶宣和六年未納稅賦租課沿納和買預買並予免放，其分糴結糴敷糴配糴更不輸納，應合科敷率斂應流移及盜賊歸業民戶當牽挽負擔防守迎送之類並免一年外，宣和七年合納稅租更予免放一料 五月九日德音京東河北兩路州縣有被盜驚劫散失財物燒燬廬舍者，其稅賦見依舊拘催，未加寬恤，寔可憐閔，應被盜去處仰所屬量輕重分等第以聞，當議隨分數蠲免。人戶應賊盜劫擄布種不敷，官軍經過及盜賊

卷一萬七千五百三十四

群聚因致蹂踐損傷苗稼，其合輸稅租等特予減放 十一月十九日南郊制，應第四等以下人戶宣和三年以前因災傷倚閣殘零二稅并諸般租課並特予除放，其宣和四年五年未納之數並權行依閣，候至宣和八年夏料爲頭帶納。應前後赦降合放免及倚閣租賦諸般錢物，州縣尚敢不依詔旨檢舉催理者，徒二年，因而已取者以自盜論。河北京東路今歲年額上供及合起大禮金銀紬絹等已降指揮並皆減免，御前及朝廷給降代爲民出，内有年額放免不盡之數，如係災傷及被盜去處，特予更放三分。深慮州縣監司不體德意，違戾詔條，或作名目依舊科敷，却致搔擾，仰廉訪使者覺察



違戾去處以聞

卷一萬七千五百三十四

國初用唐律令格式外又有元和刪定格後勅太和新編後勅開成詳定
刑法總要格勅後唐同光刑律統類清泰編勅天福編勅周廣順續編勅
顯德刑統皆參用焉　太祖建隆四年二月五日工部尚書判大理寺竇
儀言周刑統科條繁浩或有未明請別加詳定乃命儀與權大理少卿蘇
曉正奚嶼丞張希讓及刑部大理寺法直官陳光乂馮叔向等同撰集凡
削出令式宣勅一百九條增入制十五條又錄律內餘條準此者凡四十
四條附於名例之次并目錄成三十卷別取舊削出格令宣勅及後來續
降要用者凡一百六條為編勅四卷其釐革一司一務一州一縣之類不
在焉至八月二日上之詔並模印頒行　乾德四年三月十八日大理正
高繼申言刑統勅律有錯誤條貫未周者凡三事云刑統職制律準周顯
德五年勅受所監臨財及乞取贓過百匹奏取勅裁伏緣準律若是頻犯
及二人以上之物仍合累併倍論元勅無累倍之文致斷案有取裁之語
今後犯者望依律累倍過百疋奏取勅裁如累倍不過百疋依律文處分
又刑統斷獄律有八十字誤作十八字伏請下諸處令法官檢尋刊正仍
修改大理寺印板又刑統名例律三品五品七品以上官親屬犯罪各有
等第減贖伏恐年代已深不肖自恃先蔭不畏刑章今後犯罪之人身無
官者或使已亡祖父親屬之蔭減贖其罪即須是已亡人曾在皇朝官據
品秩得使如有不曾任皇朝官者須是前代有功惠為時所推歷官至三
品以上者亦得上請伏乞永為定制從之　太宗太平興國三年六月詔
有司取國朝以來勅條纂為編勅頒行凡十五卷曰太平興國編勅　端
拱二年十月詔翰林學士宋白等詳定端拱以前詔勅至淳化二年三月
白等上淳化編勅二十五卷赦書德音目錄五卷帝閱之謂宰相曰其間
賞罰條目頗有重者難於久行宜命重加裁定即詔翰林學士承旨蘇易
簡右諫議大夫知審刑院許驤職方員外郎李範同別詳定至五年八月
二十一日驤範上重刪定淳化編勅三十卷至道元年十二月十五日權
大理寺陳彭年言法寺於刑部寫到令式皆題偽蜀廣政中校勘兼列偽
國官名銜云奉勅付刑部其帝號國諱假日府縣陵廟名悉是當時事伏
望重加校定改正削去偽制詔直昭文館勾中正直集賢院胡昭賜直史
館張復祕閣校理吳淑舒雅崇文院檢討杜鎬於史館校勘翰林學士承
旨宋白禮部侍郎兼祕書監賈黃中史館修撰張佖詳定　真宗咸平元

卷萬九千二十六　一



年十二月二十三日給事中柴成務上刪定編勅儀制勅赦書德音十三
卷詔鏤版頒行　先是二月詔戶部尚書張齊賢專知刪定淳化後盡至
道末續降宣勅權判刑部李範職方員外郎馬襄同知審刑院劉元吉權
判大理寺尹玘直集賢院趙安仁監察御史王濟大理寺丞劉去華同知
刪定十一月齊賢等上新勅又詔成務與知制誥師頏侍御史宋度直祕
閣潘慎修直史館曾致堯晁迥楊嵎張庶凝史館檢討董元亨重詳定至
是成務等上言自唐開元至周顯德咸有格勅並著簡編國初重定刑統
止行編勅四卷太宗朝遂增後勅為太平興國編勅三十卷淳化中又增
後勅為淳化編勅三十卷自淳化以後宣勅至多乃命有司別加刪定取
刑部大理寺在京百司諸路轉運司所受淳化編勅及續降宣勅萬八千
五百五十道徧共披閱凡勅文與刑統令式舊條重出者及一時機宜非
永制者並刪去之其條貫禁法當與三司參酌者委本部編次之凡取八
百五十六道為新刪定編勅其有止係一事前後格勅者合而為一本是
一勅條理數事者各以類分取其條目相因不以年代為次其間文繁意
局者量經制事理增損之情輕法重者取約束刑名削去之凡成二百八
十六道準律分十二門并目錄為十二卷又以儀制車服等勅十六道別
為一卷附儀制令違者如違令法本條自有刑名者依本條又以續降赦
書德音九道別為一卷附淳化赦書合為四卷其釐革一州一縣一司一
務者各還本司令勅稱依法及行朝典勘斷不定刑名者並準律令格式
無本條者準違制勅分故失及不躬親被受條區分臣等重加詳定衆議
無殊伏請鏤版頒下諸路與律令格式刑統同行優詔褒答從之成務等
加階勳又請定諸司使至三班有罪當續條例諸司使以上領遙郡者從
本品諸司使同六品副使至內殿崇班同七品閤門祇候供奉官侍禁同
八品殿直內品同九品奉職借職同九品下詔著於令舊條持仗行劫得
財不得財並處死張齊賢以為大重議貸不得財者濟堅執乃詔尚書省
集議李用成務等言強竊盜刑名比例文用一年半法及配軍條例品官
犯五流不得減贖除名配流如法臣等詳定並可行用欲編入勅史詔諸
司使臣至三班使臣所犯情重者奏裁餘並從之　二年七月三十日戶
部使右諫議大夫索湘上三司刪定編勅六卷詔頒行　先是詔湘與鹽
鐵使陳恕度支使張雍三部判官取三司咸平二年三月以前逐部宣勅
分二十四案為門刪定至是上之　景德二年八月十二日詔諸州應新
編勅後續降宣勅劄子並依三司所奏但係條貫舊制置事件仰當職官

卷萬九千二十六　二

史編録爲二簿一付長吏收掌一送法司行用委逐路轉運使點檢其轉運司亦依此例編録　九月十六日三司上新編勑十五卷請雕印頒行從之　十月九日三司鹽鐵副使林特上三司新編勑三十卷詔依奏施行　先是詔特與直史館權判三司勾院陳堯咨直史館判度支勾院孫冕審刑院詳議官李渭編録至是堯咨冕渭皆補外續詔審刑院詳議官周寔大理寺詳斷官彭愈開封府兵曹參軍孫元方詳勘及書成上之特賜勲一轉餘賜器帛有差　三年正月七日右諫議大夫權三司使丁謂上景德農田編勑五卷詔頒行　先是詔謂與戶部副使崔端度支員外郎崔昈鹽鐵判官樂黃目張若谷戶部判官王曾取條貫戶税勑文及四方所陳農田利害事同删定至是書成昈前任度支判官嘗同編集故亦預焉　四年七月五日帝謂宰臣等曰王濟上刑名勑五道煩簡不等朕嘗覽顯德中勑語甚煩碎蓋世宗嚴急出於一時之意既以頒下羣臣無敢諫者因言魏仁浦爲相嘗作勑草云不得有違堂吏曰云勑命一出違則有刑何假此言也仁浦是之王旦曰詔勑理宜簡當近代亦傷於煩冗極曰開寶中差諸州通判勑刑獄錢穀一一指揮方今已簡畧也　大中祥符二年十二月十九日詔大理寺自今定奪公事並具有無衝改律令

卷一萬九千二十六

三

及前後宣勑開坐以聞　六年正月八日詔自今凡更定刑名邊防軍旅茶鹽酒税等事並令中書樞密院參議施行以上封者言二府命令互出或有差異故也　九年五月二十五日帝謂輔臣曰法官每定羣臣封奏多引往年詔勑云非有大蠹無改舊章所奏請不行王旦曰起請類仍則詔令有司是以法官重於更改近日李溥起請私鬻茶鹽隨行贓仗全給與人充賞者多稱假借他人物色却給元主頗有情弊望並給臣法寺詳定已從溥奏帝曰特從溥奏者正是憚其不伏爾下位有所見當詳究而行之　九月二十一日編勑所上删定編勑儀制赦書德音目録四十三卷詔鏤版頒行　先是六年四月判大理寺王曾等言得法直司狀稱咸平元年編勑後來續降宣勑條同無貫檢坐失詳望差官删定詔曾與翰林學士陳彭年右諫議大夫慎從吉知制誥盛度太常博士倪象先慎鏞殿中丞閻允恭大子洗馬韓允大理寺丞趙廓司徒昌運同詳定止大中詳符六年終又以三司編勑條目煩重亦令彭年等重詳定增損至是上之彭年而下各加階勲帝以彭年等所編詔勑删去繁文甚簡然有本因起請更相詰難衝改前後特留一勑者今悉删去恐異日或須證驗乃令録所删勑一本别付館閣以備檢詳不得行用又命屯田員外郎王汝能



太常寺博士張宗象太常寺奉禮郎謝絳充勘讀官　天禧元年六月七日編勑所上條貫在京及三司勑共十二卷詔頒行　二年十月十七日右巡使王迎等言准詔依趙安仁所請重編定令式伏緣諸處所供文字悉無倫貫難以刊緝望具仍舊從之　四年正月十三日知制誥呂夷簡言諸州續降宣勑舊制常令州縣纂次今多墮墜不係望委提點刑獄官專切檢視奏可　二月九日參知政事李迪等上一州一縣新編勑五十卷　先是元年七月詔迪與翰林學士盛度知制誥呂夷簡審刑院詳官尚霖司徒昌運同詳定至是上之並加階勲　十一月十七日宰臣李迪上删定一司一務編勑三十卷賜器幣有差　仁宗天聖元年三月二十二日大理寺言審刑院大理寺今後定集起請刑名者望依大中小事公案給限應免留滯從之　五年七月四日提擧詳定編勑所言據編勑衆官參詳前後宣勑內只是約束一路或三兩州軍事件若一例編勑未得允當今欲令看詳不銷遍行天下宣勑類聚抄録畫一開坐都爲一卷候將來詳定了畢編所於頭尾開説删定行用因依同編勑進呈乞降中書門下看詳只乞逐處都作散勑一道降下刑部令謄録下逐路合要行用州軍施行與免差互易爲檢斷從之　七年四月二十五日詔審刑院大

卷一萬九千二十六

四

理寺刑部三司自今參詳起請改定條貫當降勑行下者並依編勑體式簡當删定於奏議後面别項寫定於降勑之際止寫後語頒下　五月十八日詳定編勑所止删修令三十卷詔與將來新編勑一處頒行　先是詔參知政事呂夷簡等參定令文乃命大理寺丞龐籍大理評事宋郊爲修令判大理寺趙廓權少卿董希顔充詳定官凡取唐令爲本先擧見行者因其舊文參以新制定之其令不行者亦隨存焉又取勑文內罪名輕簡者五百餘條著於逐卷末曰附令勑至是上之詔兩制與法官同再看詳各賜器幣轉階勲有差　二十一日翰林學士宋綬言准詔以編勑官新修令三十卷并編勑録出罪名輕簡者五百餘條爲附令勑付兩制與刑法官看詳內有添删修改事件並已删正望付中書門下施行從之　九月二十二日詳定編勑所言准詔新定編勑且未雕印令寫録降下諸轉運發運司看詳行用如內有未便事件限一年內逐旋具實封聞奏當所已寫録到海行編勑并目録共三十卷赦書德音十二卷令文三十卷并依奏勑一道上進詔送大理寺收管候將來一年內如有修正未便事件了日令本寺申擧下崇文院雕印施行　十年三月十六日詔以天聖編勑十三卷赦書德音十二卷令文三十卷付崇文院鏤版施行　先是五

年五月詔以大中祥符七年止天聖五年續降宣勅刪定命宰臣呂夷簡
樞密院副使夏竦提舉管句翰林學士蔡齊知制誥程琳龍圖閣待制韓
億燕肅判大理寺趙廓同加詳定又以權大理少卿董希顏為詳定官祕
書丞王球大理寺丞龐籍張頌為刪定官依律分門為十二卷七年六月
上之各賜器幣仍第進階勳至是鏤板又命權大理少卿崔有方審刑院
詳議官張度校勘　明道二年五月二十五日詔曰王言為命著在格言
君舉必書聞諸前史蓋垂名於千古思傳信於四方懷咸憲之頻更則爽
章之是慕朝廷所降宣勅命令不得妄乞更改刪去如實有未便即委中
書樞密院逐旋取旨所冀綱條克振紀律章明無朝令夕改之文成草偃
風行之化吏賴丞疑郎弼中外蓋臣務罄忠勤各宜遵守共致熙寧之運
寬旰宵旰之憂布告遐邇當體予意　八月二十七日權判吏部流內銓
丁度言諸司見管一司一務編勅先于天禧年差官編修行用後來續降
勅望差兩制以上臣僚管句看詳刪定詔翰林學士張得象知制誥鄭向
編定聞奏（向知州以知制誥宋郊代）　景祐元年閏六月十九日詔翰林
侍讀學士范諷御史中丞韓億詳定奏取勅裁及配罪人等條貫於理檢
院置司仍命審刑院詳議官齊廓同詳定二年六月九日上之　二年六

小：卷一萬九千二十六

五

月二十四日翰林學士承旨章得象上一司一務編勅并目錄四十四卷
詔崇文院抄寫頒行　先是詔以大中祥符八月止明道二年所降宣勅
命判大理寺司徒昌運判刑部李遊與得象等同刪定　五年十月四日
審刑院大理寺上減定諸色刺配刑名勅五卷詔依奏施行　先是二年
十一月十五日赦書應犯罪人條禁尚繁配隸尤衆離去鄉土奔迸道途
有惻朕懷特申寬典宜令審刑院大理寺別減定諸色刺配刑名奏中書
門下詳酌施行至是上之　慶曆二年九月二十一日知開封事賈昌朝
言檢會在府逆頒下令頗多欲令檢法官類聚編次以便檢閱從之　慶
曆四年五月十二日司勳員外郎呂紹寧請以見行編勅年月以後續降
宣勅令大理寺檢法官依律門類分十二卷以頒天下庶便於檢閱而無
誤出入刑名從之　八年四月二十八日提舉管句編勅宰臣賈昌朝樞
密副使吳育上刪定編勅赦書德音附令勅目錄二十卷詔崇文院鏤版
頒行　先是詔以天聖編勅止慶曆三年續降宣勅刪定命屯田員外郎
成奕太常博士陳太素國子博士盧士宗秘書丞郝居中田諒殿中丞張
太初劉述充刪定官翰林學士張方平侍讀學士宋祁天章閣侍講曾公
亮權大理少卿錢象先充詳定官昌朝育提舉至是上之　十一月二十



五日命觀文殿學士丁度翰林學士錢明逸翰林侍讀學士張錫同詳定
一州一縣編勅　集賢校理田諒館閣校勘賈章同刪定　皇祐元年十
一月十一日詔今後凡有上言乞更改條制者令中書樞密院審詳利害
執奏　嘉祐二年十月三日三司使張方平上新修祿令十卷詔頒行
先是元年九月樞密使韓琦言內外文武官俸入添支並將校請受雖有
品式而每遇遷徙須申有司檢堪中覆至有待報歲時不下者請命近臣
就三司編定命知制誥吳奎右司諫馬遵殿中侍御史呂景初為編定官
太常博士張子諒太常丞勾諶大理寺丞張適為刪定官至是上之七年
四月九日提舉管句編勅宰臣韓琦曾公亮上刪定編勅赦書德音附令
勅總例目錄二十卷詔編勅所鏤版頒行　先是詔以慶曆編勅止嘉祐
三年續降宣勅刪定命都官員外郎張師顏權大理少卿王惟熙屯田員
外郎宋迪太常丞張宗易充刪定官龍圖閣直學士錢象先盧士宗充詳
定官琦公亮提舉至是上之　八年四月十六日編定錄令所奏將諸道
州軍至京程數分為三卷望頒降天下從之以馹程為名　英宗治平二
年六月十四日提舉在京諸司庫務王珪尚書都官郎中許遵上新編提
舉司並三司額例一百三十冊詔頒行以在京諸司庫務條式為名　以上

永：卷一萬九千二十六

六

國朝會要　治平四年十月九日神宗即位未改元審刑院大理寺言知
汀州同約赳請編敕內諸軍年老病患揀充剩員中小分者若願放停並
聽從便其離犯軍人須及七十以上或有篤疾方許依此施行若元犯情
輕即奏取指揮既云年及七十或身有篤疾依此施行即不應更云若元
犯情輕即奏取指揮檢會元起請條嘉祐六年閏八月樞密院劄子應看
驗諸軍人年老疾病不堪征役人數有已係半分人如後來更合減充半
分中小分者若本人願要放停並從情願其離犯軍人合減充小分願放
停者即須年及七十以上或身負篤疾即依此施行未及此者如元犯情
輕即奏取指揮顯是修勅時於劄子內節去未及此者四字是致語意不
貫引用疑惑寺司參詳依元劄子添入詔於編勅內依此施行字下添入
年未及七十或身無篤疾一十字仍即刑部遍牒施行　十一月二十七
日詔羣牧判官劉航比部員外郎崔台符編修羣牧司條貫仍將唐令并
本朝故事看詳如有合行增損刪定事件旋奏取旨　神宗熙寧元年二
月六日詔近年諸司奏辟官員就本司編錄條例簿書文字頗為煩冗今
後應係條貫體例仰本司官依編敕分門逐時抄錄入冊不得積留別差
辟官如續降宣勅歲久數多合行刪修即依祖宗朝故事奏朝廷差官修

定見令諸司有官編錄處如暫移更不差填　三月十六日詔中書樞密
院及諸司編修條例諸般文字見未畢者令本處官編纂見編修官並減
罷與合人差遣　二年五月十七日中書門下言勘會嘉祐編勅斷自三
年以前後來續降條貫已多理須刪定自來先置局然後許衆人建言而
刪定須待衆人議論然後可以加功致常置局多年乃能成就宜令內外
官及諸色人言見行條貫有不便及約束未盡事件其諸色人若在外即
許經所屬州府軍監等處投狀繳申中書候將來類聚已多即置局刪定
編修則置局不須多年而編勅可成仍曉示諸色人所言如將來有可採
錄施行則量事酬賞或隨材錄用從之　三年五月羣牧判官王誨上馬
政條貫行之　七月二十二日詔編敕所見修續降宣勅及修嘉祐編勅
御候修成一卷日於逐條上鋪寫增損之意先赴中書門下看詳候成日
同進呈　八月二十一日中書門下言下項刑名有義理未安欲並送編
勅所詳議立法一天下死刑大抵一歲幾及二千人比之前代其數殊多
自古殺人者死以殺止殺也不當曲減定法以啓凶人僥倖之心自來奏
請貸死之例頗有未盡理者致失天下之平至如强劫盜並有死法其間
情狀輕重有絕相遠者使之一例抵死良亦可哀若據為從輕之人特議
貸命別立刑等如前代斬右趾之比足以止惡而除害自餘凶盜殺之無
赦禁軍非在邊防屯戍而逃者亦可更寬首身日限以活壯夫之命收其
勇力之効一徒流折杖之法久來緣事立法禁綱加密抵冒者殊甚良民
偶有違犯便致杖脊衆所醜棄為終身之辱愚頑之輩雖坐此刑其瘡不
過累旬而平既平則忘其痛楚又無愧恥之心豈肯逐使悛改所為是不
足以懲其惡也今若詳定徒流罪情理不致巨蠹者復古居作之心如遇
赦降止可次第減月日彼良民則免毀傷肌膚但苦之使思咎而知悔至
歲滿則為完人可以回心而自新彼頑民則困之徒官經歷年歲不能恣
其狡惡侵擾善良庶幾來者懷懼而姦黨自衰如此則俗有恥格之期官
有給使之利一刺配之法大抵二百餘件愚民昌犯罕能知畏使其骨肉
離散而道路死亡者甚衆防送之卒勞費尤苦其間情理輕者亦可復古
徒流之坐移鄉之法俟其再犯然後決刺充軍諸配軍並減就本處或與
近地兇頑之徒自從舊法所有編管之人亦與免送他所量立役作時限
不得髡髮一令州縣考察士民有能孝悌力田為衆所知者委鄉里耆宿
與令佐保明州給付身帖偶有過犯杖以下情輕可恕者特議贖罰如敢
再犯顯是故為復行科決一奏聽勅裁貫繁多致有淹延刑部亦合重行

卷一萬九千七十六



濟會按此並有缺文一二誤

刪定從之　十月十九日詳定編勅所言嘉祐刪定編勅官以二年為任
五年為兩任乞自今應刪定官每月各修勅十條送詳定官如二年內了
當不計月日並理為任如有拖滯雖過二年亦理一任　十一月二十一
日樞密院文彥博言臣聞刑平國用中典自唐末至周五代離亂刑用重
典以救一時故法律之外輕罪或加於重徒流或至於死權宜從之以定
國可也然非律之意不可以為平世常法國家承平百年當用中典然因
循用法猶有重於舊律者若僞造官文書印律止於流二千里今斷從絞
又其甚者因近者臣僚一時起請凡僞造印記再犯皆不至死者亦從絞
坐既云罪不至死而復坐絞刑是不應死而死用刑之失中也若以其累
犯責其不悛即持仗强盜贓滿五匹者死若止於四疋雖五七犯不至於
絞况持杖强盜本法重于造印則令之用法甚異律文恭惟陛下仁寢萬
邦惟刑是恤方詔法官講議刑典欲乞檢詳自五代以來于本朝見用刑
名重於舊律如僞造印之比者以勅律參詳裁定其當所冀聖朝協用中
典詔送編勅所　十二月二十四日命宰臣王安石提舉編修三司令式
并勅文諸司庫務歲計條例　翰林學士元絳權三司使公事李肅之權
發遣三司鹽鐵副使傅堯俞權三司戶部副使張景憲三司度支副使王
靖李壽朋集賢校理陳繹同詳定右贊善大夫呂嘉問光祿寺丞楊蟠崇文
院校書唐坰試秘書省校書郎喬執中許州觀察推官王觀著作佐郎李䂓
張端趙蘊同直儒均州軍事判官孫亶並充刪定官　四年二月五日檢
正中書戶房公事曾布言近以刑統刑名義理多所未安乞加刊定準詔
令臣看詳今逐一條析刑統疏義繁長鄙俚及其間條約今所不行可以
刪除外所駁義乖謬舛錯凡百餘事離為三卷上進詔布更切看詳刑統
內如有未便事理續具條析以聞　十八日中書門下言編勅所應刪條
貫如刪定官衆議有不同即各具所見令詳定官參詳如尚有未安即申
中書門下從之　五月十八日詔自今朝省及都水監司農寺等處凡下
條貫並令進奏院摹印頒降諸路仍每年給錢一千貫充鏤版紙墨之費
十二月十三日侍御史知雜鄧綰言海行編敕逐官刪定將畢所有諸
路一州一縣敕自慶曆年刪修行用已久欲望再行取索重別論次接續
刪定從之　五年二月四日太宗正司上編修條貫六卷　先是嘉祐六
年正月詔魏王宮教授李田編次本司先降宣勅成六卷以輒有刪改元
旨乃命秘閣校理文同王汾陳睦看詳續命大宗正丞張稚圭李德芻館
閣校勘朱初平陳侗林希同編修至是上之　四月二十六日命集賢校

卷一萬九千二十六

理檢正中書户房公事章惇删修都亭西驛條貫　夏人再朝貢三十餘
年西驛條制前後重復未經删定至是令删修　十二月六日審刑院沈
立上新條本院條貫十卷經例一卷詔遵行　六年八月七日提舉編勑
宰臣王安石上删定編敕赦書德音附令勑申明敕目録共二十六卷詔
編勑所鏤版自七年正月一日頒行　先是詔以嘉祐四年已後續降宣
勑删定命大理寺法直官劉賡左班殿直張宗充檢詳官刑房堂後官劉
衮充對點官祕書丞虞太寧充删定官權大理少卿朱温其充編排官翰
林學士曾直龍圖閣待制鄧綰權知審刑院崔台符充詳定官安石提舉
至是上之安石賜銀絹各五百仍降詔奬諭曾布等九人升仕遷官循資
有差　九月四日以翰林學士曾布權御史中丞鄧綰司勲員外郎崔台
符同詳定一路一州一縣一司一務勑綰降黜權御史中丞鄧潤甫代之
七年七月二十一日詔令後中書樞密院諸房應創立或删改海行一
司教條貫可並送刑法司及編敕所詳定訖方得擬進取旨頒行　九月
二日命大宗正丞張敦宋靖國興國子博士孫純同共編修宗室臣寮勑
葬條　十年四月二日上之詔以熙寧葬式為目　十月十四日編勑所言
删定諸上禁軍逃走情狀未明因被盤問不曾隱拒即自首服罪至死者

卷一萬九千二十六

九

減一等勑大理寺檢法官劉賡以法寺近斷滄州兵士王信逃走信名秀
被捕時即别通所隸州北曾問至無秀名者方實招通原情猶可矜如鄆
州成江已充了字號直稱素非縣者用法斬寬恐未為使因賡之請而詳
修之　八年二月三日司勲員外郎崔台符言准詔删修軍馬司敕勘會
嘉祐編敕時有樞密使田況提舉令來置局稽考舊例即未有樞臣總領
伏緣軍政事重上係國論顧非臣等淺見寡聞敢顓筆削欲望檢詳故事
特命典領詔樞密使陳升之提舉　五月十二日詔諸功賞未經酬敘逢
格改者新格賞輕聽依立功時若重聽從重賞詳定修入編勑　九年四
月二十六日詔中書户房習學公事練亨甫等編定省府寺監公使例條
貫　五月八日詔中書堂後官提點五房公事劉衮堂後官周清成州司
理參軍王修三班奉職陳景再行删定海行編勑　六月十二日詔自今應
删立條貫專委官詳定訖中書樞密院同進呈類聚半年一次覆奏頒行
事干急速即臨時取旨中書仍令都檢正逐房檢正監制勑庫官詳定
二十四日判司農寺熊本言乞取索本寺一司勑式選官重行看詳修定
詔只于本寺選屬官一員編修令本寺提舉　八月十六日樞密使吳充
言檢會太中祥符五年十月故書應掌獄詳刑之官累降詔條務從欽恤

甲乙二人正幸
不幸不應以
注



令後按鞫罪人不得妄加逼迫致有冤誣其執法之官所定刑名必先平
允内有情輕法重理合哀矜者即仰審刑院刑部大理寺具事狀取旨當
議寬貸治平四年九月詔開封府三司殿前馬步軍司令後逐處所斷刑
名内有情輕法重許用赦書取旨寬貸在京海行勑諸犯流以上罪若情
重可為懲戒及情理可矜者並奏裁竊詳赦書之意初無中外之别祇緣
立文有礙遂致推擇未均何則審刑院大理寺刑部等處若非於法應奏
無繇取旨從寬雖是命官使臣等合奏公案若有情輕法重方得應用赦
書施行其餘一無該及後來在京刑獄官司亦得換以取旨其為德澤不
為不厚然天下至廣囹圄實繁豈無情輕法重之人而官吏苟避不應奏
之罪一切以重法繩之恐未副　甲乙二人所犯略同甲以於法該奏法
寺得引情輕法重取旨寬貸乙以於法不該奏遂獲全罪殆非均當有幸
不幸爾　朝廷欽慎仁惻之意欲令後天下罪人犯徒流罪或該編配者
情輕法重並許本處具犯狀申提點刑獄司看詳委是依得赦書即繳連
以聞所貴罪法相當中外一體如恐地遠淹繫其川廣福建或乞委安撫
鈐轄司詳酌指揮斷訖聞奏仍委中書樞密院點檢詔送重修編敕所詳
定以聞本所看詳緣天下州郡日有該徒流及編配罪人若更立情輕法

卷一萬九千二十六

十一

重奏裁之法不惟淹繫刑獄兼恐案牘繁多未敢立法乞朝廷更賜指揮
九月二十五日編修令式所上諸司勑式二十四卷詔頒行　先是命
官修令式至是先成閤門儀賜式一支賜式二支贈式十五閤疾澆奠支
支式一御廚食式三炭式二上之　十二月二十日中書門下言重修編
勑所勘會熙寧編勑時係兩制以上官詳定宰相提舉乞依例差官詔知
制誥權三司使公事沈括知制誥判司農寺熊本詳定　二十三日中書
門下言刑房狀自來頒降條貫或送刑部翻錄或只是直付進奏院遍牒
並所揔不一關防未備致其間有不曾修潤成文及不言所入門目者亦
使行下欲乞今後應係條貫並付刑部翻錄或雕印施行其進奏院雕印
條並令住罷從之　二十四日詔勘會熙寧八年司農寺編修常平等勑未
得允當不可行用已留中從來未曾委官重行修定可就差本寺丞蒲編
修呈判看詳其常平勑令一處重行編定以聞

十年正月二十七日權御史中丞鄧潤甫言乞將應係不以赦降去官原
減條令重修編勑所及司農寺揀其中可以刪除者先次詳定從之　二
月二十七日詳定編修諸司敕式所上所修敕令格式十二卷詔頒行　翰
林醫官院五廣聖宮一慶寧宮一入內鑰匙庫一資善堂一後苑東門藥
庫一提點軍器等庫入內內侍省使臣差遣　八月三日館閣校勘范鏜
上准詔修到貢舉勑式十一卷詔頒行　十一月四日詳定編修諸司勑
式上所修勑令格式三十卷詔頒行　龍圖天章寶文閣四延福宮一起
居院一四方館一玉牒所一入內內侍省合用馮田司二翰林圖畫院二
提點內弓箭南庫并內外庫二後苑御弓箭庫一入內內侍省使臣差遣
四內侍省使臣差遣三御藥院二在內宿直人庫藏一　十二月六日詳
定一司勑令所言准送下刑部勑二卷令將所修條并後來勑劄一處看
詳其間事係別司者則悉歸本司若兩司以上通行者候將來修入在京
通用勑已有條式者更不重載文義未安者就加損益其後來聖旨劄子
批送中書頒降者悉名曰勑樞密院班降者悉名曰宣共修成一卷分九
門總六十三條乞降勑命以熙寧詳定尚書刑部勑為名從之　元豐元





年三月二十三日詳定諸司勑式所言令修定學士院龍圖天章寶文閣
等處敕令式如得旨施行後續降朝旨乞從本所詳定編入見修內諸司
令式事於有司奉行者並分入諸司從之　六月二十一日詔司農寺見
行條例繁複致州縣未能通曉引用差誤昨令編修已經歲時未見修成
令丞吳雍孫路主簿閻令權罷其餘職事專一刪修限半年仍月以所修
成條例上中書　七月十一日判司農寺蔡確請令三局丞簿不妨職事
兼刪修本寺條例從之　九月六日刪定在京當直所修成勑令式三卷
乞以元豐新定在京人從敕令式為目頒降從之　十月四日詔兵部以
貢舉敕式內武舉勑條再於諸處索文字刪類成武舉勑式以聞　十三
日御史中丞判司農寺蔡確言常平舊敕多已衝改免役等法素未編定
令除合刪修為敕外所定約束小者為令其名數式樣之類為式乞以元
豐司農敕令式為目從之　十一月十八日上批重編修勑所修海行敕
令未成書已委官參定一司敕不惟次序失倫兼二書交舉亦廣占官吏
去取難於照類或致遺落要切事或與海行敕令相妨又成瑕與人功廣
賜亦所宜惜可令且併力修海行敕令俟成書以一司書勑相繼照會編
修　二年五月十二日成都府等路茶場司上茶法敕式詔行之　先是



詔提舉成都府等茶場李稷編修並是上之乃詔歲增本司公使錢二百
千　六月二十四日左諫議大夫安燾等上諸司敕式上諭燾等曰設於
此而逆彼之至曰格設於此而使彼效之曰式禁其未然之謂令治其已
然之謂敕修書者要當知此有典有則貽厥子孫今之格式令勑即典則
也若其書全具政府總之有司守之斯無事矣　九月二十九日司農寺
上元豐司農勑令式十五卷詔行之　先是熙寧九年六月二十四日判
司農寺熊本言乞取索本寺一司敕式選官重行修定詔令後本寺選屬
官一員編修今本寺提舉至是上之　三年二月詔同判司農寺太常博士
周直孺陞一任承主簿各減磨勘三年仍賜銀絹　三年五月十三日詳
定重修編敕所言見修敕令與格式兼行其唐式二十卷條目至繁文古
今事殊欲取事可海行及一路一州一縣在外一司條件照會編修餘送
詳定諸司勑式所從之　十五日詳定重修編敕所言奉詔月具功課以
聞緣參取眾議研究義理及照會抵牾重複遺誤正是難立課程之時乞
免奏功課詔不許仍令中書立式　六月十八日武學上新修敕令格式
詔行之　八月九日中書奏詳定重修編敕所修立告捕獲倉法給賞條
欲依所定上批不行可並依舊給全賞雖亦案問亦全給時議者欲漸施





倉法故修勑官先覓其告賞自一百貫分等至三百貫而按問者減半給
之中書以熟狀進而上察見其情寢之　五年二月八日寶文閣待制李
承之承議郎董唐臣上編修導洛法賜承之銀絹各五十屏臣減磨勘一年
四月三日戶房檢正官吳雍王震上都提舉市易司勑　九月十四日
詔應修明法式並尚書省議定上中書省速者先次施行餘半年一頒其
樞密院并不隸六曹者下刑部緣功賞者下司勳修立還送尚書省議
二十二日入內供奉官馮宗道上景靈宮供奉勑令格式六十卷　十月
十二日詳定重修編敕所言准朝旨六曹等處條貫送編勑所修定乞自
朝廷於官制見在屬官內選差六員為刪定官從之　十二月十五日尚
書省上元豐五年下半年條貫詔依簽改行下工每進擬勑令必簽貼改
定然後降出其所指擿事理皆有司撿括也　六年九月一日詔內外官
司見行敕律令格式文有未便於事理應改者並申尚書省議奏輒畫旨
衝革者徒一年即面得旨若一時處分應著為法及應衝改者隨所屬申
中書省樞密院奏審　七年三月六日詳定重修編勑書成刪定官尚書
刑部侍郎崔台符中書舍人王震各遷一官前刪定官知制誥熊本寶文
閣侍制李承之李定賜銀絹百　七月二十五日御史黃降言朝廷修立

勅令多因舊文損益其去取意義則具載看詳卷藏之有司以備照使比
看官司議法於敕令文意有疑者或不檢會看詳卷而私出己見裁決可
否乞申飭官司自今申明勅令及定奪疑議並須檢會看詳卷考其意義
所歸所貴法定於一無敢輕重本臺亦得以據文考察詔下刑部本部言
元豐敕令格式看詳卷共二百二十册難以頒降乞自今官司定奪疑議
及申明勅令須看詳卷照用者聽就所掌處抄錄從之　哲宗元祐元年
三月十二日樞密院言修定諸將巡校例物條　二十五日刑部修立到
重錄條同日尚書省上所修吏部四選勅令格式乞先次頒降從之　二十
七日門下中書外省修定起居郎舍人左右司員外郎添補條從之　二
十八日戶部修定鄭滑州捕盜賞錢從之　四月二日刑部言乞改六曹
通用格應檢舉催促文書並郎官書押行下所貴逐曹侍郎稍得日力點
檢予奪文字從之　三日禮部言太學武學條一處相照條立責不數抵
牾從之　六日刑部言立聚集生徒教授辭訟文書編配法及告獲賞格
從之　八日門下中書外省言取到戶部左右曹度支金部倉部官制條
例并諸處関到及舊三司續降并奉行言制後案卷宣敕共一萬五千六
百餘件除修敕令所該載者已行刪去他司置局見編修者各牒送外其

三

卷一萬九千二十七

事理未便體制未順并係屬別曹合歸有司者皆釐所改正刪除重複補
綴闕遺修到勅令式共一千六百一十二件并刪去一時指揮共六百六
十二册並申明畫一刪乞先次頒行以元豐尚書戶部度支金部倉部
勅令格式為名所有元豐七年六月終以前條貫已經刪修者更不施用
其七月以後條貫自為後勅又言上供錢物舊三司雖置吏拘催然無揔
領止據逐案関到上案如有不至遂相因循歲月之久官吏遷易無以拘
考令戶部雖有分職度支部金部以度支関到之數拘催然漫無可考看
昨取索所管類以成書而諸案文部無可為校已詢諸庫務求訪舊籍互
相照驗修立為定例若有不備事節雖據所見送本部看詳緣事例其諸
路尚慮有未盡不同事乞令本部取索點勘如有未盡不同事件即補正
添入並從之　五月八日詳元豐勅令劉摯等言編修官差移不定難得
成書杜紘曉習法令欲留本局詔罷杜紘按察茶事　十二日詔試給事
中兼侍讀孫覺試秘書少監顧臨通直郎充崇政殿說書程頤同國子監
長貳看詳修立國子監太學條制　十七日詳定重修敕令所言應官
吏民庶等如見得見行條貫有未盡未便合行更改或別有利害未經條
約者並許陳述從之　七月二十五日門下省言刑房條到不以去官赦





降條所留尚多所刪尚少切謂當職官以職事廢曠雖去官不免猶有可
言至於赦降大恩與物更始雖劫盜殺人亦蒙寬宥豈可以一事差失負
罪終身今欲更刪改存留從之　八月十二日三省中書門下後省修成
六曹條貫及看詳共三千六百九十四册寺監在外又據編修諸司敕式
所修到勅令格式一千餘卷其間條目苛密抵牾難行者不可勝數欲下
尚書六曹委長二郎官同共看詳刪去本曹舊條已有及防禁太繁難為
遵守者惟取紀綱大體切近事情者留作本司法限兩月以聞從之　同
日詔頒門下中書後省修到度支大禮賞賜敕令格式　十月二十二日
左右司言六曹及不隸六曹官司得旨施行應立法者自來立到條本省
議奏取旨施行非緊切者制敕庫房類聚半年一具冊取旨頒降顯是重
煩欲令後申請並先行下應立法者候立到條干罪賞者覆定申省有取
會趁期不及者於後次入冊從之　十一月二日刑部言大理寺請罷綱
船告賞條看詳嘉祐勅初無告賞之文熙寧勅唯立新錢綱告賞之法欲
依所請從之　四日中書省言刑房斷例嘉祐中原空　令二十
餘年內有謙在不盡者欲委官將續斷例及舊例策一處看詳情理輕重
去取編修成策取旨施行從之　六日樞密院言諸路將兵那移赴闕人

四

卷一萬九千二十七

處合依旨申樞密院外若本處用舊條例差使即不須申其元豐將官敕
渾防令差訖申樞密院一節欲刪去從之　十六日太師文彥博言尚書
省二十四司郎官遷改不定往往未能周知本案事務欲令左右司點檢
勘當定為式例左右丞覆視刑部尚書蘇頌熟知臺省典故亦乞委之詳
定兼尚書省見裁減六曹寺監見在文字欲令蘇頌與左右司同共看詳
結絕並從之　二十八日詔中書省編修刑房斷例候編定付本省舍人
看詳訖三省執政官詳定取旨頒行　二年八月四日詔創立政法並先
次施行應修條者類聚半年一進呈以正條入冊頒行若非海行法即書
所入門目裁取繁文行下如類奏六曹季輪郎官點檢具事目申尚書省
樞密院令左右司取旨同看詳當否不當甚者取旨賞罰從樞密院言也
二十四日詔門下中書後省修立司封考功格式先次施行　十二月
二十四日詳定重修敕令書成以元祐詳定勅令式為名頒行　先是六
年三月二十四日詔御史中丞劉摯原空　刑部郎中杜紘將元豐
敕令格式重行刊修至是上之修書官光祿大夫吏部尚書蘇頌朝散郎
試大理卿杜紘奉議郎試侍御史王覿散朝郎王朋年朝奉郎宋湜祝康
奉議郎王叔憲宣義郎石諤李世南承務郎錢盖各遷一官蔡州一觀察

推官晁端禮循一資宣義郎張益減磨勘一年奉議郎陳牧承奉郎劉公
亞減磨勘二年 閏十二月一日尚書省言初官制未行凡定功賞之類
皆朝廷詳酌之自行官制先從六曹用例擬定其一事數例輕重不同合
具例取裁或事與例等輙加增損或功狀微小輙引優例並當分別事理
等第立法今以舊條增修凡事與例同而輙增損漏落者杖八十內事理
重他施行者徒二年如數例重輕不同或無例而比類他例者並具例勘
當擬定奏裁從之仍增三省樞密院相干事並同取旨 四年六月十六
日詔范育移衘限一月看詳舊三司權貨務已行之法宜於今者與戶部
參酌者為令 八月六日詔自今應修條除法意小有不足當修補外其
更易增損並須類聚申尚書省候得指揮方許編修其尚書省所修條先
經左右司看詳執政官筆削方許更改 五年正月二十三日戶部言諸路
綱運到京例皆少欠元豐公式令諸州解發金銀錢帛通判廳置簿每半
年具解發數目及管押附載人姓名實封申尚書省元佑敕誤有刪去合
重修立從之 六年五月十二日尚書省立監臨主司受乞役人財物枉
法者罪賞法從之 同日刑部言一路等修有不以去官赦降原減條合
行刪去如樞密院奏請鳳翔揀中保甲兵士投換及改教擅投中書省請
卷萬九千二百七
無
與河蘭岷路番部司公使錢輙支用坐倉糴諸軍粮不取軍人情願者皆
不以去官赦降原減並合刪去從之 二十九日尚書省言門下中書後
省詳定諸司庫務條貫刪成敕令格式共二百六冊各冠以元佑為名從
之 八月十七日河北路都轉運司言一路等條有不以去官赦降原減
條條太重者如黃河諸埽修護隄道不得侵掘民田等罪雖該德音降赦
並不原減黃河隄岸不至危急妄有句集人夫並科違治罪不以赦降去
官原免其不原減原免之文並乞刪去從之 八年六月十六日門下中
書後省言准朝旨編修在京通用條貫取到在京諸司條件收為一書除
係海行一路一州一縣及省曹寺監庫務法皆析出關送所屬內一時指
揮不可為永法者且合存留依舊外共修成敕令格式若干冊所有元祐
三年十月終以前條貫已經刪修收藏者更不施行其十一月一日以後
續降自為後敕及雖在上件月日已前若不經本省去取并已行關送者
並合依舊施行仍乞隨敕令格式各冠以元祐為名從之 二十日刑部
言修立到司門條內陳請廢置移復城門關津橋道並申刑部及部送官
物出入晝時具部送人姓名申所屬寺監及尚書本部從之 紹聖元年
八月二十六日三省言見今比較塩事看詳役法措置財利之類名目不



一雖各置局行遣緣官屬多是兼令於職事未能專一今已置重修編敕
所除官長可以兼領外只於刪定官內量添員數令專一看詳中外利害
文字並從朝廷選差詔從之仍不拘資序節次選補不得過六員又詔差
戶部尚書蔡京大理少卿劉賡重行編修詳定並依熙寧元豐舊例權於
東西府空閑位置局 十月九日三省言元祐編敕刊去嘉祐元豐州
軍創修園亭改立官司之禁以故近歲諸道土木昌熾民罷財屈而藩鎮
近臣尤甚監司莫敢問詔重修編敕所依舊立法 十一月一日刑部言
被旨六曹寺監檢例必參取熙寧元豐以前勿專用元祐近例舊例所無
者取旨按 降元祐六門門下中書後省修進擬特旨依斷例冊並用熙
寧元年至元豐七年舊例本省復用黃貼增損輕重本部欲一遵例冊勿
復據引黃貼詔黃貼與原斷同即不用內有增損者具例取旨 二年正
月五日提點京東東路刑獄趙屼言乞於蔭補條內刪去長幼為序字從
之 四月九日詔將來大禮並依元豐大禮令式其元祐所修敕令勿用
令所屬參按新舊令式並續降如有合依元祐所改事即明具事本簽貼
改正餘並從元豐舊例 五月十四日詳定編修國信條例所言欲依元
豐海行敕體例分修為敕令格式其冗不可入者即著為例從之 六月
卷一萬九千二百七
於
三日詳定重修敕令所言故燒黃河浮橋者罪賞並依故燒官粮草法即
於浮橋內停火及遺火者各依倉庫內燃火遺火律看守巡防及部轄人
不覺察各減犯人五等監官又減一等其上流船栰在五里內停火者杖
八十在十里內遺火者杖一百帶火於浮橋上下過者並准此黃河浮橋
脚船創添合用燈者監官當察差部轄人監守用訖撲滅本州置板榜書
大禁於橋兩岸曉示從之 七日詳定重修敕令所修中散大夫橫行使
以上及發運監察官知州帶安撫總管副總管鈐轄并沿邊安撫提點鑄
錢總管提轄將官若走馬承受都將隊將押隊川陝路知州通判及內侍
官任遙郡刺史以上併大使臣充三路沿邊及川廣都監巡檢駐泊捉賊
知城堡寨主赴任大使臣授川廣親民見闕或創差赴任或於川廣福建
路短使官員殿侍散直大將軍將在京吏人各係朝廷非次差出句當并
在京指使伎術官各係軍期出入或急速句當並給遞馬從之 十月十
七日監察御史董敦逸言乞詔吏部自陛下親政以來應文武百官因罪
犯移替後蒙辨雪者旋具姓名關刑部大理寺令詳所犯檢引敕條若按
察官司妄有不當奏取指揮施行庶公朝刑無冤濫從之仍令詳定重修
敕令所立法 二十三日詳定重修敕令所言修立參選人應試免試及

尚書下疑有省字

選人使臣得替蔭補進納應舉出身假官京府助教並傳替合注官者春
秋試推恩等皆有條格從之　十二月二十七日尚書省言詳定重修敕
令所修立禁私鑄錢法從之　三年四月十七日詔轉員後取諸班直及
諸軍上名年歲出職人令殿前馬步軍司軍頭司並檢詳元豐年例施行
將來諸班直出職人令樞密院以熙寧元豐年取揀安排條與元祐定格
參詳立法　六月八日詳定重修敕令所言常平等法在熙寧元豐間各
爲一書令請敕令格式並依元豐體例修外別立常平免役農田水利保
甲等門成書同海行敕令格式頒行降詔自爲一書以常平免役敕令爲
名　七月九日吏部言欲乞以八路四選閑付有司或編敕所用熙寧元
豐舊條並紹聖新制一處參酌條具成書庶有司易爲引用詔令吏部四
選同共編修　八月二日詳定重修敕令所言乞將見修貢舉敕令格式
依常平敕別爲一書從之　十二月十八日翰林學士承旨詳定國監條
制蔡京言奉敕詳定國子監三學並外州軍學制令修成大學敕令式二
十二冊以紹聖新修爲名詔以來年正月一日頒行　二十八日大理寺
修立到重祿人受乞財物雖有官印並不用請減當贖法從之　四年十
一月二十二日三省言錄事都事已下功過除尚書省已有條外門下中
書省未有法理當一體詔給事中中書舍人同編修　十二月三日尚書
言元豐度支令上供祖買物應改罷若減者聽以額責所屬計價費封樁
後增注文稱無額者以三年中數因災傷或特旨免改者並乞刪去注文
又令諸國用物所料供非元科供處者聽以封樁價費還之後增入其千
貫以下不在還例今乞刪去從之　二十八日大理寺言乞正人吏互相
保任法從之　元符元年二月十七日戶部言潭州知通任內應副銅場
買銅賞罰條請著爲法從之　三十日刑部言欲令編敕巡檢縣尉應承
告強盜而故不申往二年字下添入重法地分係結集十人已上者仍不
以赦降去官原減從之　四月二十九日詳定刪修軍馬司敕例成書
先是紹聖元年正月十日詔軍馬司敕例久不刪修類多訛舛可差官置
局修定二年正月十八日詔差知樞密院事韓忠彥提舉管勾刑部侍郎
范純禮度支員外郎賈種民充詳定官至是上之降詔獎諭知樞密院事
曾布知定州韓宗彥餘賜銀絹有差　六月十一日尚書左僕射兼門下侍
郎章惇上常平免役令敕詔頒行之惇賜詔獎諭仍賜銀絹三百匹兩詳
定官翰林學士承旨朝散大夫知制誥蔡京遷一官其餘官吏減半支賜
有差　八月二十九日三省言國子監丞畢仲愈言乞詔迎臣申講六官

卷一萬九千二十七

刑法一之一七

之制達之天下州置六曹參軍而省去職司無補之員左司郎中呂溫卿
言諸路監司及州縣各以事格目放省部分六案詔送詳定一司敕令所
二年五月五日刑部言驅磨告發出失陷錢物合推賞者令上戶部參
驗如有請屬冒賞各杖一百賞錢五十貫又乞立僞造文鈔及知情者流
配告賞等條並從之　七月四日中書舍人趙挺之詳定編修國信條例
八月三日宰臣章惇翰林學士承旨蔡京大理少卿劉賡進呈新修海
行敕令格式惇讀於上前其間有元豐所無而用元祐敕令立者上曰元
祐亦有可取乎惇等對取其是者上又問所取幾何惇等遂進呈新書所
取元豐元祐條并參詳新立件數上令遂條貼出又問誰修元祐敕令京
對蘇頌提舉惇等又讀太學生聽贖條上問新條耶舊條耶京對臣等參
詳新立蓋州縣醫生尚得聽贖大學生亦應許贖次進呈格式件數上曰
元豐止有賞格元祐俱無惇對曰然惇等又言所進冊多乞只進淨條入
內餘付有司上令皆進入閏九月二十六日頒行　先是紹聖元年九月
二十七日差宰臣章惇門下侍郎安燾提舉戶部侍郎王古爲詳定官仍
令專詳定右曹常平免役法等敕劉賡專詳定海行敕至是上之詔賜惇
銀絹各一百匹兩詳定官各轉一官刪定官減三年磨勘仍賜銀帛有差
校勘官吳順候一司敕了日取旨　五日宰臣章惇等言請將申明刑統
律令事以續降相照添入或尚有未盡事從敕令所一面刪修類聚以聞
至來年正月一日施行從之　九月二十五日詔編修刑名斷例成書曾
收安惇各減二年磨勘謝文瓘時彥各減一年磨勘　閏九月四日樞密
院修立陝西河東等路弓箭手合輪城寨上番隊托稱疾避免條從之
三年七月二十四日徽宗已即位未改元中書省言元祐編敕諸海行敕
內不以赦降原減事件除傳習妖教託幻變之術及故決盜決江河隄堰
已決外餘犯若遇非次赦或再遇大禮赦者聽從原免後來刪去上條遂
使一有所犯雖累皆恩沛無以自新詔以元祐舊法　十二月二十七日
詔刪改元符敕數十條皆紹聖以前法輕而新制重者悉復其舊　徽宗
建中靖國元年正月十日中書省言元符戶婚敕諸臣寮丁憂或亡殁應
借舍宇而輒以人戶見債屋借之者以違制論即本家輒出債所借屋者
准此所入債直計贓重者坐贓論看詳官員丁憂亡殁借官舍之意蓋爲
恩恤近上臣寮及亡殁之家若計債直贓重仍坐贓論甚失朝廷優異近
臣之意況今因有許借空閑官舍居止之文若將出債或以非空閑官舍
借者已自有罪上條合行刪去更不用從之　二月十七日承奉郎王寔

卷一萬九千二十七

刑法一之一八

狀伏見新頒元符敕令格式其間多有未詳未便者伏望更加詳究特為陳請再議刪定一舊法申明刑統養同宗子昭穆相當男在日父母不曾遣還本生男既死毋遣孫出外法無許遣孫之文自是不合遣出元符申明講刑統養子尚許遣還即所生之孫自可包括該如養子生孫皆在若父母欲遣還而依申明即遣子留孫甚非法意寔竊詳舊法申明謂養子既終身於所養父母即於其死義不可遣孫若子孫皆在自當從所養之命是舊法特謂養子既死即謂遣孫之理元符駁議恐或未詳都省批送刑部勘當尋送大理寺參詳有子即有孫其子既已遣即無留孫之理其子若死即難以遣孫今欲依舊法申明行下一舊法諸奉制推鞫及根治公事已給限而限內結絕未得者具因依合展日限申尚書省樞密院無故稽違者一日杖一百五日加一等罪止徒二年新定敕稱已給限而無故稽違者徒二年寔竊詳推鞫究治有非朝夕可結絕者故法許其展限若上有稽違即自一日等第論罪至十五日已上方徒二年今法已稽違一日已上即論徒二年竊慮官司迫於禁限或鹵莽結斷別致害犯有所未便從之　二十二日大理少卿周鼎言看詳元豐六年八月十八日勑大理寺勘斷竊盜該案問減等隨減至罪名給賞立法之意蓋謂當時見

卷一萬九千二十七

九

行熙寧編敕竊盜該案問減者無許給賞之文而大理寺所治竊盜多是犯在京畿及事干官物故雖該案問減等特許隨減至罪名給賞今海行令文既已立諸賞犯人案首減等備賞各依本法則本寺推斷竊盜該案首減等者其賞理合亦依本法追給緣上件朝旨元批入大理寺令係一司別致從來未經申明衝革伏乞朝廷詳酌付有司參照刪去上件指揮令後依海行令文施行所貴用賞均一從之　二十六日尚書省言三班奉職萬中復狀元符編敕內一項元祐敕諸化外人為奸細并知情藏匿過致資給人皆斬即藏匿過致資給人能自告捕獲者事雖已發並同首原今敕改云能自獲犯人者事雖已發原其罪中復看詳舊藏匿過致資給奸細之人能自告捕獲者皆許原罪蓋欲廣開屏除奸細之路或告或捕因而獲者皆得原罪今敕止言自獲若只告而他人獲之者拘文不免如此則身力不加或羸弱等人既不能擒捕必須自然不敢告言甚非設法屏除奸細之意欲衝改本條不行從之　六月六日刑部言承奉郎王寔狀伏見新頒元符敕令格式其間多有未詳未便者伏望更加詳究再議刪定一舊法申明刑統僧道在父母喪內犯姦於凡姦本罪上累加四等大理寺再看詳只合加二等元符申明稱僧道雖從釋老之教其於父



應作女冠



母與凡人不殊今合更加居喪罪緣監主內犯姦加一等若在父母喪中合更加二等即僧道合累加四等寔竊詳刑統稱監守內姦者加凡人一等即居父母及夫喪若僧道姦又加一等此凡人通加二等法意甚明蓋緣僧道既無居喪之理即不當居喪加等然與凡人有別今申明敕稱監主內犯奸加一等若在父母喪中合更加二等即是累加三等且刑統自無加二等之文雖從監臨上加二等亦不累加至四等顯是新法乖謬合行刪正大理寺參詳僧道於本家財分身下課役之類皆不入俗人之法或父母服匿不舉哀亦無條禁既已離俗出家則人倫之義已絕其在父母喪內犯奸依律只合加二等今欲依此申明行下都省勘會大理寺稱僧道離俗出家則人倫之義已絕未得允當兼未見申明監臨主守居父母喪於監守內犯姦合如何加等大理寺重別參詳立法居喪與道士女官既別立文其下統言人加一等則是道士女冠居喪更無累加之文在律已明今來王寔申請元符申明乖謬合行刪去委得允當所有監守居喪犯姦自合依律居喪又加一等通加二等今欲申明行下所有前參詳事理伏乞照會更不施行從之　三十日詔頒闕疑情理輕重格於諸路先是格上用於刑部大理寺而州郡讞刑往往出於臨時或得高下其

卷一萬九千二十七

十

手至不能決則以疑慮奏裁以是多留獄大理卿周鼎以為請故有是詔　七月一日臣僚上言今朝廷名為看詳元符增重及創立條件其實將熙寧元豐以來條制一概率意增損欲乞置局重修勑令委詳定官舉辟刑部大理寺官或歷任內曾任法寺及外任檢法者充屬官其已行增損條制並乞付本局再行修完詔差郭如章周鼎看詳王吉甫錢蓋同看詳應合刪改增損條例事件並依累降指揮施行仍令看詳所逐旋具刪修到條件申僕射廳點檢詳正取旨其渠士能等依舊於僕射廳看詳祗應左右司更不詳定　八月二十六日刑部言勘會本部編修一路等敕令緣係四萬餘件蒙朝廷責限三年了當有合申請事件一乞修成書申三省等處限半月看詳有無未盡未便二乞應取會事件並依六曹通用令押貼子會問回報日限三乞應所修條內有在京官司合行事件乞從本部相度釐析關送從之　九月九日吏部言鄜延路經略安撫使司伏准勑諸司屬官與本路經略安撫監司係親嫌者並迴避經略安撫司管勾機宜文字官非本司契勘一路監司所部官並係統屬雖於別司屬官在法亦令互察除師臣子弟充書寫機宜文字自有別條外其餘辟置機宜官依條並在刺舉之例今若不避親嫌則恐於薦辟刺舉皆有妨礙今條

內並不該載慮有未盡本部欲乞於上條內除去註文經畧安撫司管勾機宜文字官非一十三字外即别無衝改前後條貫從之　崇寧元年五月十二日臣寮言三省六曹所守者法法所不載然後用例今顧引例而破法此何理哉且既用例矣則當編類條目與法並行令或藏之有司吏得並緣引用任其私意或至煩瀆聰聽甚無謂也欲將前後所用例以類編修與法防者去之庶幾可以少革吏姦詔吏部七司已編類外令他曹依奏編修　六月十六日尚書省言檢會吏部尚書趙挺之等言准條引例破法及擇用優例者徒三年蓋為有司當守法法所不載然後用例令有正條不用而用例例有輕重而止從優者此胥吏欲廢法而為姦也朝廷已立法禁欲自今決事實無正條者將前後衆例列上一聽朝廷裁決從之　二十一日中書省尚書省送到白劄子元符三年七月二十四日敕檢會元祐編敕諸海行敕內不以赦降原減事件除傳習妖教託幻變之術及故決盜決江河隄堰已決外餘犯若遇非次赦或再遇大禮赦者聽從原免勘會敕內諸條並不以赦降原減者蓋謂禁約指望恩赦故作罪犯之人既遇非次赦宥或兩該大禮事體輕者理合原免今元符新敕諸條內增添不以赦降原減比舊甚多又更將上條刪去遂使一有所犯

卷一萬九千二十七　土

雖累該恩沛終身無以自新奉聖旨依舊條仍先次施行所有犯在今年四月十五日赦前之人亦依上條施行勘會元犯既不以赦原雖再遇大禮赦亦難從原免其減降即並係非次推恩若盡從原免其不以赦降原減遂成空文詔元符三年七月二十四日指揮更不施行　七月二十六日中書省檢會崇寧元年七月六日奉聖旨編敕更不編修並依元豐敕令格式施行其元祐後來所編修更不施行仍並毀板　七月九日奉聖旨並依元符敕令格式施行其今年七月六日指揮更不行用所有元祐敕令格式及元符三年以後衝改元符敕令格式續降指揮并板並行毀棄勘會昨修元符敕令格式內有係干一司一路等條法並行釐出不曾編修令來自合依舊行用竊慮諸處疑惑合申明行下若其間有衝改動元豐法制者仍具利害因依申尚書省從之　八月十二日樞密院奏令來追復元豐法制已衝改元祐條件不行者其元祐條件有原係樞密院指揮詔令有司勾收申樞密院焚毀本院令後依此遵守仍令進奏院遍牒並依此施行　九月二十八日中書省尚書省勘會下項一元符三年已後衝改元符敕令格式續降指揮并板合依朝旨並行毀棄其創立條件不係衝改元符敕令格式者自依舊行用一七月二十六日詔書令來追



復元豐法制已衝改元祐條件不行者其元祐條件勾收申尚書省焚毀勘會所有未曾衝改元祐年條件自合依舊行用一勘會昨修元符敕令格式內有係干一司一路等條法並行釐出不曾編修令來自合依舊行用頒行新法日即依新法施行一勘會昨修元符敕令為戶部見修祿秩其祿令更不曾編修後來建中靖國元年十月二十七日得旨罷修祿秩遂依見管令式條貫施行令欲申明將見行祿令條件且依舊行使仍令一司敕令所將元祐年衝改舊法祿令條貫詳看申尚書省從之　十一月九日都省白劄子契勘一司一路等條內有係元祐以來續降指揮雖不係釐出條件若係衝改動元豐法制者亦合具利害因依申尚書省詔令刑部申明遍牒行下　二年正月四日尚書右僕射兼中書侍郎蔡京等奏昨具陳情乞諸路置學養士伏奉詔令講議立法修立成諸州縣學敕令格式并一時指揮凡一十三冊謹繕寫上進如得允當乞下本司鏤版頒行從之中大夫試尚書刑部侍郎充講議司詳定官劉賡特授太中大夫奉議郎試起居舍人充講議司參詳官林攄特授承議郎承奉郎將作監丞講議司檢討文字呂沆特受承事郎　三年二月二十九日蔡京言奉詔令講議司修立以六尚局條約聞奏謹以元陳請畫一事件并稽

詳　卷一萬九千二十七　土

考參酌修立成殿中省提舉所六尚局供奉庫勅令格式并看詳共六十卷內不可著為永法者存為申明事干兩局以上者總為殿中省通用仍冠以崇寧為名所有應干條畫起請續降申明及合用舊司條法已係新書編載者更不行用不係新書收載各合依舊引用從之　十月十八日詳定一司敕令所修立到龍圖天章寶文顯謨閣學士除授推恩格從之　大觀元年七月二十八日蔡京言伏奉聖旨令尚書省重修馬遞鋪海行法頒行諸路臣奉承聖訓刪潤舊文編纘成書共為一法謹修成敕令格式申明對修總三十卷并看詳七十卷共一百冊計六複隨狀上進如或可行乞降付三省鏤版頒降施行仍乞以大觀馬遞鋪敕令格式為名從之　十一月十一日兵部尚書兼侍讀詳定一司勑令左膚奏伏聞神考詳吿有司修書之法必分敕令格式著為成憲以示天下萬世不可改也今兵部所有陝西河東弓箭手敕乃崇寧元年修成頒降格令格式混而為一既已乖違神考修書之旨兼以元符建中靖國不許引用年分條法修成及至頒降至今衝改名件不少舛錯紕繆難於考証伏望遵依神考修書法分為敕令格式重別刊定垂之永久詔修書蓋無定制神考垂訓分敕令格式之法萬世不易今繼志述事而有司尚或違戾可依奏重

行删定　二年三月十五日殿中少監同詳定一司敕令宋昇奏伏覩陛
下親政以來繼志述事纖悉無遺橫議異端刻削殆盡元祐海行條法雖
已投畀炎火獨諸路一司敕令删修未究前後條法尚藏元祐指揮官司
至今執用俾前日焚毁詔旨却成虛文竊詳諸路一司敕令熙寧以來置
局刊定迨今三十餘年未能成書昨承乏本所官屬亦嘗深究其弊蓋光
自來官必分房房必分路如川廣等路驛程遼遠一有取會動經歲月官
吏安坐侍報即於他路了無相干而勤惰能否且無勸沮之法欲書之成
未易得也欲望特降睿旨本所删定官吏分房令協力共修一路才候了
日別取他日共行删修其每路書成並先納朝廷審覆遂旋頒降若有違
戾仰本路申明删改行下如此不過數年必見完書仍乞納以課程嚴立
期限內詳審精密者量加旌擢稽違牴牾者特行罷黜庶幾成一代不刊
之典詔置局修書餘三十年計日之力所費之廣書猶未成吏慢失職不
可不懲可並依所奏每路限一季具施慢官吏虛糜歲月仍令懲汰以聞
九月十八日詔名不正則言不順言不順則事不成名不可以亂實久
矣比閱軍馬司敕例有敕令格式之名而名混淆敕中有令令中有格甚
失先帝設此逆彼禁於已然未然之訓殆未足以稱揚功遵制之意可令

卷一萬九千二十七

有司重加刊正　十一月二十九日御筆批閱近奏以六曹事修例為條且
法有一定之制而事有無窮之變苟事一為之法則法不勝事又其輕其
重其予其奪或出於一時處斷概為定法則事歸有司而人主操柄失矣
宜令詳定一司敕令所應於六曹已施行事為永制者修為敕令格式外
其出自特旨或輕或重非有司所決可以垂憲者編為定例以備稽考餘
悉删去庶使官吏不得高下其手　三年六月十三日中書省尚書省勘
會詳定敕令所修到外路敕令格式等朝廷置局審覆設官置吏糜費祿
廩顯為重複詔罷審覆如事干諸路下逐路安撫轉運提刑提舉司依公
看詳子細簽貼如有未盡未便事件限半月指陳利害保明申尚書省
七月四日詔內外官司應已行之令一意遵承毋或觀望輒有動搖若妄
言傳播改革及敢沮壞許諸色人陳告白身與三班奉職有官人轉兩官
有名目人轉兩資不願轉資依白身人推恩並支賞錢五十貫　七月九
日臣寮上言伏見近時刑名有出於臣條一時隨事建議不經思慮取辦
目前殆輕重有不協於中者願詔有司將臣條前後奏事所立刑名看詳
酌中立為定制合用舊條者宜依舊條施行庶幾有罪不失而人無冤濫
詔依奏仍令刑部逐旋看詳申尚書省　四年四月二十四日給事中蔡



疑奏箚惟人主稱制故輒違者論以違制之罪臣伏見比來有司以己見
條陳事方欲立法輒請論以違制此臣所未諭也不唯閒因細事踏增重
刑實亦理勢非順其名不正欲望睿慈明示有司因事立法者豈容臆決
謂如付在所司討論參考然後頒行亦可以杜絕輕重不論罪同罰異之
弊從之　六月三十日刑部奏聖旨神考稽古創制講明治具維時憲度
畫載編敕悉出睿斷裁成親加筆削故行之甚久曾無抵牾繼而元符續
敕令疏略重輕頗有不同遂致踳駁寖失本意可委刑部檢詳元豐頒降
敕令格式條具聞奏如有該載未盡參以紹聖所降敕令施行今來元豐
頒降敕令格式書完具欲令先次遵依施行如該載未盡參以紹聖所降
敕令庶幾元豐敕令便可施行又奏元豐敕令格式係元豐七年正月一
日頒降所有後來續降在元豐八年三月五日已前亦合參照施行詔從
之仍具元符崇寧後來敕令等或因官司申請各不失法意有所補完及
隨事創立與元豐敕令格式別無妨礙者且合遵依施行內有刑名輕重
不同去取失當即令本部大理寺限一月條具前後意義簽貼成書取旨
八月三日詔近降指揮刑部檢詳元豐頒降敕令格式條具聞奏可
十三日委本部依元降指揮疾速條具其令存留　用應干敕令續降等

卷一萬九千二十七

條件仍仰刑部大理寺編類成書申尚書省看詳取旨頒降所有今年七月
一日刑部申明先次遵守指揮更不施行　閏八月十八日工部尚書聖
政錄同編修官李圖南奏臣將大觀內外宗子學敕令格式等與奏稟到
條畫事件重別詳定到宗子大小學敕一冊令七冊格五冊式二冊申明
一冊一時指揮一冊對修敕一冊令二冊總二十一冊謹繕寫上進如得
允當乞付尚書省禮部頒降從之　政和元年二月一日手詔神宗皇帝
稽古立極垂裕後世敕令格式之制視六經實相表裏而政令有所因革
官司有所建明宜行修纂以便遵用可依熙豐紹聖故事設官置吏詳定
删修差何執中提舉仍限一年成書　二十三日尚書左僕射何執中奏准
敕差提舉詳定删修敕令格式令以熙豐紹聖修書舊例參酌乞從本所
關牒諸路監司遍下本路州縣曉諭官吏諸色人如有見得見行敕令續
等條貫有未盡未便合行更改或別有利害未經條約者指揮到日限兩
月內具狀分明指說實封經所在投陳隨處州軍附急遞至京仰都進奏
院直赴本所投下在京亦從本所報閤門等處依此曉諭施行從之　四
月十三日尚書左僕射何執中奏近蒙聖恩差提舉重修敕令臣歷觀祖
宗以來除天聖慶曆嘉祐熙寧編敕元符敕令格式各有曾差宰臣提舉

之例蓋是元豐成書輕重去取一出神筆刊削復有總領之官令陛下聖學高明綱觀萬事之表緝熙先烈無不仰遵元降手詔並依元豐紹聖故事當遵時條上以稟睿訓雖元降手詔並依元豐紹聖故事終當以元豐爲法欲望寢罷提舉敕令之名以盡遵制揚功之美詔可以兼領爲名同提舉官准此初以同知樞密院王襄同提舉重修敕令是日襄奏以筆削潤色一稟聖裁提舉之名所不敢當故有同兼領之命 二十四日臣僚言東南茶鹽已盡復熙豐舊法緣熙豐紹聖以來前後申明續降不一宜編次遵守乞委官修類成書從之 十二月二十七日詳定一司敕令所奏奉聖旨編修祿秩以元豐大觀式修定今修成祿令格等計三百二十一册如得允當乞冠以政和爲名雕印頒降下本所先次施行其舊法已係新書編載者更不行用外令來經編載及政和元年十二月十七日已後續降自合遵守詔依 二年二月十三日詔詳定官乞不推恩外刪定官李良佐周穗李富國周用中周因何天衢何亮戴詠檢閱文字吳守仁楊發各轉一官內選人比類施行 二十八日鄭居中奏學法一百三十卷御筆裁成者列於卷首乞冠以政和新修爲名仍乞付國子監頒降從之

二年二月一日手詔朕躬覽萬幾講求民瘼作新憲度孚於萬邦事之

卷一萬九千二十七

圭

缺者悉已補完法之弊者隨即更革熙豐詔令具在謨訓思與天下共遵成憲令貨殖通阜商旅留遷民物安堵邊隅綏靜中外經費頗以寬紓持之歲年其效必著尚慮妨功害能之士貪利希進之徒衆聞抵巇妄意申陳輕議增損規毀其成應今日已行法令三省恪意遵守無容妄有紛更非空礙而輕議改易者已違制論仍令御史臺覺察彈奏 二十二日詔詳定重修敕令所官吏置局未久趣辦條敕進呈了畢委有勤勞刪定官各特轉兩官選人改合入官吏轉一官使臣各轉兩官內尹正特與轉行遙郡一官外一官許回受有官有服親供書使臣轉一官減三年磨勘編修手分及承受下手分點進使臣知雜司手分各轉一資有官人轉一官仍各減三年磨勘內差使臣循差不隔磨勘無官人有出職法者內少五年以下人願先次出職者聽少三年以下出職人仍與占射差遣一次二年以下吏循一資五年以上候補至前行或職級日與先次出職其未有名目人願換大將減三年磨勘者亦聽 二十八日臣僚上言竊見詳定一司敕令所參稽前後憲令條爲萬世之常法朝廷尚慮修書之官未必能盡知天下土俗之所宜與夫民情之所便故書成之日必下之逐路監司審覆可否然後施行爲監司者往往志在觀望不復研究是非審覆逐



爲文且臣愚欲乞詔諸路監司今後審覆一司敕令格式必選擇本路通曉政事之官同共究心參考如能指摘差失有可採擇即以爲監司善最或鹵莽保明及法行之後却有未盡未便即乞量行黜責庶幾有以勸懲從之 九月十五日詔今年五月已後應見行鈔法洎茶鹽法令傳載者大小綱目具著爲令 以太師蔡京還冠宰司圖判國用公藏私餘上下皆足故有是詔 二十九日尚書省言擬立到諸路州軍分曹掾格目共三十册詔自來年正月一日奉行 十月二日司空尚書左僕射兼門下侍郎何執中等上表修成敕令格式等一百三十八卷并看詳四百一十卷共五百四十八册已經節次進呈依御筆修定乞降敕命雕印頒行仍依已降御筆冠以政和重修敕令格式爲名從之仍自政和三年正月一日頒行 先是政和元年二月一日詔以尚書左僕射何執中提舉同知樞密院事王襄同提舉至是上之仍詔兼領官何執中詳定官李稱任良弼承受官張僧祐刪定官劉寬杜充張燾錢隨尚論杜嚴劉寄各轉兩官 十一月十一日臣僚言乞命有司類次詔書律令可以訓民者爲一書與婚冠之禮先後頒爲州縣委官專掌孟月屬民而讀之從之

卷一萬九千二十七

夫

全唐文

宋會要　格令二

三年二月七日殿中省六尚供奉勅令所書成　詳定官朝請郎殿中
監髙伸朝議大夫殿中少監曹旦删定官朝散郎殿中丞王迟朝奉郎殿
中省主簿趙士諦各轉一官内曹旦仍轉行承受官裴說更不推恩使臣
手分書寫人書奏人各與轉一官無官人轉一資内無資可轉者或不願
轉人各支賜絹二十匹或願候有正官日收使者聽進奏官减二年磨勘
二月二日中書省言檢會大觀重修中書令諸每歲取旨下近臣精求疎
遠賢能之士以備器使勘會精求賢能須待聖旨豈可立為常法兼詔侍
從官薦舉臣僚亦難立每歲之文詔上條不行　九月四日刑部奏奏御
筆改定條法内稱主者其應緣條法内更有似此合改稱呼者仰刑部檢
勘逐一條具參酌擬定申尚書省典賣田宅交易文契邀約錢主改為典
買人業主改為典賣人失賊遺物之家稱被主變主事主財主者改為被
盗人主婚人改為掌婚人主守改為典守主司改為典司監司改為監守
諸欠應納田宅入官其元主改為元納田宅人無主死人改為無識認屍
人雇人限滿願留主家改為元雇之家主駕綱運改為駕放海外蕃船主

大　卷一萬九千二十八

改為首領遺物不知主名改為所遺人主將已下改為首將主鎗人改為
掌鎗人主持官物改為掌管官物吏人主行改為吏人管勾主兵官改為
掌兵官以田佃與人限滿並佃人為主改為並歸佃人馬主改為管馬人
已買物未令入官寄椿物主之家改為元寄之家主典改為掌典從之
四年三月二十三日殿中監詳定六尚供奉勅令兼詳定一司勅令髙伸
等言契勘本所見責限編修一路法及禄秩六曹條例等文字浩瀚全籍
官吏夙夜協力緣比来人吏避免督責往往干求他處差遣兼帶請給本
所雖差人權行管勾然虚占名闕積滯課程之弊未之能免伏望聖慈特
降睿旨應今後差出人並行開落姓名不許帶行本所諸般請給除係傳
宣内降外餘降到如有一切追發且依今来指揮亦許本所奏知不行其
已差出人亦乞開落姓名庶幾人各赴功杜絶僥求之幸速得成書又奏
契勘本所無舊請人吏禄稍薄如允臣等今来所乞欲望聖慈許依九域
圖志所無舊請人則例支破其有舊請人願依無舊請人者亦聽詔並依
雖奉傳宣内降宣押亦不許　四月十五日殿中監詳定六尚供奉勅令
兼詳定一司勅令髙伸等上修立到諸路歲貢六尚供奉物法詔令頒行
七月三日詳定一司勅令所奏修立到諸縣丞任内種植林木以青活



須支二萬株有增虧者賞罰如法從之　五日中書省言檢會政和名例
勅諸律刑統疏議及建隆以來赦降與勅令格式兼行文意相妨者從勅
令格式其一司學制常平免役將官在京通用法之類同一路一州一縣
有别制者從别制其諸處有被受尊降指揮即與一司一路一州一縣别
制事理一同亦合各行遵守尊降指揮緣未有明文該載詔令刑部申明
行下　八月二十二日利州路轉運判官髙景山奏伏覩親民官於今罷
任處不得寄居及見任官不得於所任州縣典買田宅著于勅令至若罷
任處典買田宅獨無禁約臣竊疑之且寄居猶不可况罷任處典買田宅
乎臣竊見近時士大夫至有今日解秩而明日立券殖産者膏腴之田不
素圖之安可即置彼既當官之日營營自殖則臨事豈無髙下之心又况
朝辭印而暮占籍與吏民伍其於害義傷風豈特寄居之比耶伏望明立
條禁俾罷任者限以歲月之久方聽自便庶足以責其行法豁衆上副朝
廷嗄寄威厲廉節之意詔於條内添入罷任未及三年者同　十月十九日
詔自今以民功被賞遷秩皆依戰功法仍還任在戰功之上武臣有戰功
犯贓罪者不鎸親民着為令　二十日刑部奏欲依户部擬到紹聖常平
免役令諸承買場務已給付後正身有違礙而無同居親主領者别召人

卷一萬九千二十八

承買擬定主領字作掌領字從之　十二月二十四日中書省言政和四
年十月二十日勅諸以民功被賞轉官者還任在戰功之上仍依戰功法
諸有戰功人有贓罪者不得親民勘會民功人犯罪合追降及準例入重
者除因農田水利賑濟居養安濟漏澤還慢外並合依戰功法取旨施行
詔令刑部申明行下同日尚書省言政和賞令諸應轉一官者承直郎以
下改合入官非軍功捕盗者將仕郎不滿五考從事郎登仕郎不滿四考
文林郎通仕郎不滿三考並循兩資等條詔逐條内稱戰功或軍功者其
有民功之人並依戰功法所有一司一路並應干條法内稱戰功軍功者
及六曹及詳定一司勅令所依隨事參照條具比擬申尚書省　二十六
日將仕郎充國朝會要所檢閲文字李彌遜奏臣仰惟神宗皇帝睿智遠
覽爲斯百度陛下聖孝繼志增光益美纖悉備具其前後詔條固已戴諸
甲令藏在官府矣然閲時既久中更厯紀衛政混殽申明重複深慮官吏
奉行之際浸失本指欲望令在京官司各具所司應自熙寧之初崇觀以
後被受創行事件元降指揮編類成書其諸路郡縣通用者委自六曹類
聚刊再頒降仍乞申戒内外常切遵執詔令在京内外官司各條具元豐
崇觀以来見行及衛政事件申尚書省　五年四月十六日刑部郎中李

繹奏伏覩政和令諸命官將校犯罪自首遇恩並原去官勿論者具事因及除制申尚書省或樞密院緣自來在外官司於狀内多不如令詳具有無專條戰功別犯罪計却致刑寺再行取會動經歲月莫能結絶欲乞立嚴禁使之遵守庶幾革去遷滯淹延之弊詔依奏仍令刑部立法申尚書省又都省勘會今來令官司事因狀内詳具有無戰功等其民功亦合一就立法從之　八月九日手詔法以制人不以便己故法出于至公無黨於私意錯考元豐官制刑部為議法之官尚書省為創法出令之地令有司請立法往往自便應修勅令格式並歸一司勅令所候修畢送刑部議定立法申尚書省詳覆取旨頒行如元豐格其逐處見編修官吏並罷　十三日詔一司勅令所裁官置吏以刪立法令為職而有司輒自請立法不歸本所立吏蓋欲自便近降指揮申飭以革其弊訪聞勅令吏人往往不習法令又多三省樞密院給使之人食其俸而身不在役以故法久不成虛縻廩祿可自今並不得差三省樞密院人其見在吏人並行試補汰其不能者如違以違御筆論仍仰御史臺彈奏　十一月十二日尚書度支員外郎張勲奏竊以東南六路上供糧斛歲額數百萬石前此真楚等州轉般七倉其掌管官吏裝卸兵卒縻費至廣弊亦如之自陛下灼見利

卷一萬九千二十八

病講究直達出于宸斷推行以來舳艫相銜萬里不絶雖五湖之遠皆應期而至不唯省轉般之費而絶侵盗失陷之弊内外刑獄為之一清茲實萬世之利臣自承朝旨差委編修逐參照政和四年六月二十日以前所降直達綱條勅及申明指揮修立成書并看詳共成一百三十一冊總為一部計一十復並已經尚書省看詳訖所有前後應干指揮已修新書編載者更不行用其不係新書所收文意不相妨者并七月一日以後續降指揮自合遵守參行謹具進呈如允所奏先付本部鏤板頒行内覆送條件限十日録送所屬從之　六年閏正月二十九日詳定一司勅令王韶奏修到勅令格式共九百三卷乞冠以政和為名鏤版頒行從之　六月五日戶部尚書兼詳定一司勅令孟昌齡等奏令參照熙寧舊法修到國子監律學勅令格式一百卷乞冠以政和重修為名詔頒行　十三日禮部尚書白時中等奏令將崇寧貢舉去取修到御試貢士勅令格式總一百五十九卷乞冠以政和新修為名詔頒行　七年四月十六日詳定一司勅令所奏修成吏部侍郎左右選條例詔令頒行詳定官孟昌齡等更候三次進書取旨推恩　五月二十七日禮制局編修夏祭勅令格式頒行詳議官兵部尚書蔣猷保和殿學士蔡攸顯謨閣待制蔡儵各轉兩官



承受官中侍大夫青州觀察使鄧忠仁更不推恩檢詳官薛訢司業尚佐均朝奉郎鄧三益徐秉哲太常博士王昇承議郎王溶奉議郎祉從吉正字李陞廸功郎莊造各轉一官減三年磨勘選人改合入官仍減二年磨勘檢討官倪登王庭老各轉一官選人比類施行　八月九日中書省言檢會律文在官犯罪去官事發犯公罪流以下勿論蓋謂命官立文後來勅文相因修立常與辭役謂出職歸農已離本司及勒停永不收叙亦同去官免罪如此若犯罪之後則生姦弊辭役歸農僥免重罪衆覬命官犯罪去官不同詔政和勅内掌典辭役者聽從去官法一節刪去不行　二十五日臣僚上言竊以比年以來六曹等處申請因事立法指定刑名者甚衆或乞依某條或乞科某罪隨時滋久陳請猥多本末輕重不無舛牽臣謹按政和令因事奏請立法不得指定刑名法意詳盡理應遵守而未有專一科罪指揮是致玩習無所畏憚欲望特降睿旨凡因事應立法而輒定刑名者乞嚴立斷罪條法施行庶使便文自營之人知所懲戒詔令勅令所立法申尚書省　十二月二十八日樞密院言修成高麗勅令格式例二百四十冊儀範坐圖一百五十八冊酒食例九十冊目録七十四冊看詳卷三百七十冊頒降官司五百六十六冊總一千四百九十八冊

卷一萬九千二十八

以高麗國入貢接送館伴條例為目繕寫上進詔送同文館遵守施行　八年四月二十四日中書省言檢會諸受制書急速者當日行下遇夜收到限次日午時前非急速者限一日諸承受御筆處分無故違限一時者徒二年一日加一等三日以大不恭論看詳承受御筆處分理宜要不可稽緩然應寫指揮或遇假及出省離齋書押用印并入夜有門禁限滿理宜立限行遣而元條未曾立行下之限詔於制書字上添入御筆二字　五月十八日臣僚言方今政事所先理財為急務比者已詔諸路而旁通格會元豐以來財用之數將來與出入通其有無以制國用又因建利者之言推明權酤鹽鐵坑冶等事于四方是數者皆宜講求畫一之法使當於人情宜於久遠乞依元豐條例司崇寧講議司故事置經制司於尚書省領以宰臣措置官吏專責推行以幸天下詔諸路所上旁通格并日近臣僚推明財計等事可付編修聖政録官講究分別條目仍差馬仲李梲御庭俊王安中劉嗣明為詳議官張大亨張瀚丁彬王禮李子奇為檢閱官　重和元年十二月十三日殿中省編修六尚法書成詳定官蔡行少監趙士諦刪定官李似高竟臣各轉一官檢閱文字手分各轉一官書寫人書奏通引進奏官各減二年磨勘依四年法比折附未有名目人

候有名目日收使顧換進義副尉者聽諸色人共四十一人賜錢一百貫
文付本所等第支給　宣和元年五月十九日中書省言檢會臣僚上言
臣聞天下之所恃以為治者曰法而勅令格式者法之具也臣契勘一司
勅令所上下官屬無慮三十餘員而詳定官居半臣竊惟之今詳定官類
多中臺長貳或侍從官領宮祠者兼之蓋甚重也然中臺長貳或各有本
職使其究心力或有所不給而侍從官領宮祠者朝廷本以優賢不可責
以職事且十羊九牧甲可乙否為屬官者將奚所取正而為之適從非特
如此凡兼詳定其賞給人從之類卑皆添給又書成奏功例有增秩之賞
此在朝廷固不較其多寡也誠恐于法誠之損益利害實未有補而徒為
此紛紛爾伏望睿斷量立員數擇其練達典章深曉法令者俾兼詳定則
著勅令格式以輔成一代之治豈小補哉奉旨員額糯設等令尚書省措
置取旨勘會詳定檢閱官已有立定員額外詳定官係臨時取旨差除難
以立額詔本所官請給並依九域圖志所則例支破不得例外添破酒食
糯設之類違者以違制論　八月二十四日詳定一司勅令所奏新修明
堂勅令格式一千二百六冊乞下本所雕印頒降施行從之　其後詔經
進書官吏各轉一官資選人改合入官不經進書人依例減三年磨勘人

卷一萬九千二十八

吏顧補進義副尉者聽不係首尾人依例減二年磨勘　二十五日成都府
路提刑司奏乞今後有盜昊天玉皇上帝諸州天慶觀聖祖殿及神霄玉
清萬壽宮殿内供獻之物未有專一斷罪條法刑部大理寺今具下項諸
盜大祀神御之物者流三千三百里　謂供神御凡其餘儀仗亦同　其擬供
神御　謂營造未成者　及供而廢闕若饗薦之具已饌呈者徒二年　饗薦謂
常牲牢之屬饌呈謂已入於所祀祀官省視　未饌呈者徒一年半已闕者杖
一百　已闕謂接神御　若盜釜甑刀匕之屬並從常盜之法勘會盜昊天玉皇
上帝及聖祖殿内供獻之物自合引用盜大祀神御之物斷罪外神霄玉
清萬壽宮内供獻之物雖未有明文理當比附前項條令斷罪欲申明行
下從之　十月三日刑部尚書王革奏契勘鞫獄干證無罪之人依政和
令合責狀先釋自來不曾立限遂致縱留動經旬月伏覩開封府令有不
得過兩日之文其餘官司與外路理合一體立法若違限不放亦未有專
一斷罪條約欲望付有司參詳以開封府令修立海行并違限刑名頒下
在京刑獄官司并諸路遵守詔令尚書省立法今增修下條諸鞫獄干證
人無罪者限二日責狀先放其告捕及被侵損人唯照要切情節聽暫追
不得關留證訖仍不得隨司即證徒以上罪犯人未錄問者亦不得遠



出衙改本條不行者鞫獄干證人罪應責狀先放而於令有違者論如官
文書稽程律計日罪者杖六十從之　十二月二十八日尚書省言措
置到詳定一司勅令所事件　一冊定官除以十員為額内四員欲乞元
選曾任刑法差遣或通曉刑法之人承替額内已改官先到　令今後
依此選除其餘額外人依已降指揮添賁日罷任一勘會勅令格式昨降
指揮減歸一司勅令編修畢其自便其詳定官編修到本局勅令亦與奏
書顯屬猥濫自　係修本職條令並免簽書吏不干與從之詳定官今後以
三員為額　二年八月二十七日刑部狀詳定一司勅令所修立到諸綱
運緣路官司輒截留附搭官物者　並行程内批書兩相情願附搭者同　當
職官吏並徒二年命官先次衝替人吏勒停即乞衙改拘截附帶他物者
以違制論發運司常加覺察等條本部已議定立訖從之　三年五月九
日詳定一司勅令所奏今將兩浙福建路與到皇祐以後至政和三年終
應干條制冊修成勅令格式進呈詔依奏頒降施行　六月二十七日提舉
利州路常平韓思儼奏切見朝廷遂時頒下申明續降條制但以年月先
後編次月日浸久在官者未能通知蔽吏因之得為輕重乞照有司應被
受見行勅令逐門編入庶使良法美意繫然易見詔令尚書省立法　四

卷一萬九千二十八

年十二月二日知平陽府商守拙奏伏覩舊法鄉村居民僻要處許置爐造
熟鐵器用即不該載鎮寨切詳諸路州郡所管縣鎮多寡不同河東陝西
縣多而鎮少河北京東縣少而鎮多其逐鎮居民人烟過于河東縣分兼
各有知鎮或監官並管烟火賊盜注親民資序反有過於縣處自可責委
覺察奉行條令今欲乞諸路有監官鎮寨内亦許置爐造熟鐵器用若私
造禁兵器等並依上件罪賞施行只乞於前項條内州縣城外字下添注
入鎮寨有監官兼烟火公事處同一十三字庶得法意周盡即不衝改前
後條貫從之　五年八月十四日刑部增修下條諸重祿案吏人輒引非
本宗同居緦麻以上親　雖從之人非親亦同　在案及書寫文書者並引人
犯贓與同罪從之　欽宗靖康元年四月二十日大理卿周懿文言勅令
格式自熙寧以後四經編修率不踰十年元符勅令行之最久經十二年
亦重修纂見行勅令自政和三年頒行迨今一十五年未再編次其間緣
因革建明條目重多牴牾乖戾無所適從乞下勅令所編次從之　九月
十二日臣僚言祖宗以來皆有一定之法若所謂皇祐嘉祐元豐等編勅
是也因事更改則隨條貼說有司易于奉行天下皆可循守自蔡京當國
欲快已私恐人擬議遂乞降御筆手詔出于法令之外不復經由朝廷有

司得之遂為定令或因人而請或因事而設前後自相抵牾者甚多乞自
今年以前凡所降御筆手詔內令看詳曹寺監諸司外令監司諸州縣各具
錄類聚繳申朝廷付敕令所將祖宗及見行條貫參考刪修成書然後頒
行目下內外官司並乞且用元豐嘉祐編敕以俟新書之成從之。以上續
國朝會要
高宗建炎二年四月三十日福建路提刑司言靖康元年以前
所降御筆手詔或御批手詔或御筆或手詔或御寶批或御筆依奏或御
寶批依奏或御筆依擬定之類未審合與不合亦同御筆手詔引見行
條法詳定一司敕令所看詳靖康元年九月十三日指揮御筆手詔令敕
令所重行參修所有御批手詔或御筆或手詔或御筆依奏御筆依擬定
御寶批及批依奏詳定之類亦合依元降指揮施行從之。四年二月二
十三日德音自今除靖康元年正月一日以前御筆係出於法令之外依
累降指揮施行其餘臟杖恤刑之類者並合依舊遵守。五月十日滁州
推官趙伯總言比年以來法令變更易於反掌且如靖康元年九月十三
日議者乞用元豐嘉祐之法仍候脩書之成殊不知兩法之中自相抵牾
者固多雖嘗行之至十月十四日則又援令用嘉祐格擬斷依元豐條仍
行一司一路等法餘依已降指揮是前日申明又衝改矣至靖康二年四

卷一萬九千二十八

月二十八日再檢會建令申明其係海行等法不係御筆手詔修立者自
合依舊引用所有十月十四日指揮更不施行以此觀之則是前弊累未
能革數易之後尚乏成書參考刪修徒為虛設乞付有司議定專用一年
之法即不得輒引相妨之文以紊成憲詔今無御筆手詔者自合依舊引
用政和海行等法恐稽處疑惑令申明施行。三年四月八日敕自今並
遵用嘉祐條法內擬斷刑名嘉祐與見行條制輕重不等並從輕賞格即
聽從重其官制所掌事務格目及役法等有引用窒礙或該載未盡事件
並令有司條具以聞既而刑部侍郎商守拙條具欲將鬬毆盗博引用嘉
祐條外其餘將嘉祐與政和敕參酬相臨合從輕（謂如畧知誘人為人力女使嘉祐敕依畧和誘人為部曲律減一等政和敕論如為部曲律合從
嘉祐減一等之類）賞與之類並合從重（謂如獲盗贼沐河官木嘉祐敕一
名杖罪錢五貫政和敕每人杖罪錢二十貫合從二十貫之類）責限條約
之類並合從寬（謂如嘉祐敕犯罪經官司斷遣后拘掛贓半年內拔訴與
重勘政和敕稱事已經斷而理訴者一年內聽乞別勘即合從一年內之
類）其一司一路一州一縣在京海行及嘉祐所不該載如免役重祿茶鹽
香礬六曹通用等事並合依見行條法若事干軍政邊防機密漏泄聽擇



情理深重并修書未成間嘉祐敕與見行條法相妨引用窒礙者並合取
自朝廷指揮從之。至四年十月二日重修敕令所再條具嘉祐法疑礙
項目申請奉詔遵依嘉祐成法外情犯刑名至有輕重亦難以並依令本
所隨事損益參酌務要曲盡人情法意仍依已降指揮將合行增損刑名
擬定以聞。四年六月七日大理卿兼同詳定一司敕令王依言修敕舊
例聞報刑部遍下諸州軍等處出榜曉示諸色人等陳言編敕利害於所
在州縣投陳入急脚遞發赴都進奏院本院赴部所投下如看詳得委有
可采即保明申朝廷乞與推恩仍乞以詳定重修敕令所謂名就用見使
印記將見在敕局與大理寺供職官并力同共依元降指揮對修止請見
任請給從之。十日敕令所言修敕舊例合差提舉官詔差范宗尹提舉
張守同提舉既而又言乞將以次所差官於銜內帶刪定官及編修官詔
詳定一司敕令所刪定官兼重修敕令刪定官詳定一司敕令兼詳定重
修敕令同詳定一司敕令兼同詳定重修敕令大理寺官兼詳定重修敕
令刪定官。八月一日臣僚言自渡江以來官司文籍散落無從稽考乃
有司省記之說凡所與奪盡出胥吏其間未免以私意增損舞文出入望
下省部諸司各令合干人吏將所省已條例攢類成冊奏聞施行內吏部

卷一萬九千二十八

銓注條例乞頒下越州雕印出賣詔六曹百司疾速條具申尚書省紹興
元年四月二十四日詔百司進呈條冊候降到頒行各具冊抄錄送刑部
仍逐季具有無衝改續降閱報如有差漏及違慢不報即依舊制人吏杖
一百。十月二十九日又詔先令左右司郎官以省記之文刊定頒行恐不
能專一可改送敕令所立限刊定鏤版頒降內吏部條法最為急務責限
一月餘並限一季成書。紹興三年三月十三日從臣僚所請復詔令百司
各將已省記條例與合為永格續降指揮先委本處當職官吏精加看詳
置冊分門編纂申納朝廷如有所隸去處即申所隸審覆圖簡送敕令所
看詳取旨頒降逐處收掌所有合用紙筆朱墨等各具合用數目申所屬
應付其後諸司編類到省記條令並從敕令所看定訖取旨頒降。四月
敕令所言奉詔將嘉祐與政和條制對修成書本所節次往鄰近州軍抄
錄續降等文字未到竊慮坐費歲月難以成書除已降嘉祐政和條法參
照先次刪脩外緣其間有情犯重而刑名輕或立功輕而推賞重者乞從
本所隨事損益參酌擬脩從之。十月二十一日刑部員外郎王綱等言
律稱日者以百刻稱年者以三百六十日竊詳上條既言稱年以三百六
十日即是一月係三十日為限諸條及指揮內有以月為限者為（如軍人）

許首身之類適當在三十日而過小盡者有司往往便以二十九日為月
引用却作違限並緣未有明文遂致疑惑詔尚書省行下　紹興元年五
月二十三日詳定重修勅令所言伏覩敕書應仁宗法度理合舉行可自
今並遵用嘉祐條法將嘉祐勅與政和勅對修本所今將政和勅并嘉祐
勅先次參修書成乞先次進呈鏤版施行詔依於五月二十八日進呈畢
詳定官韓肖胄續詔編脩官吏除詳定官乞不推恩外望依政和進勅例
施行詔重修勅令所費用浩大仰本所官疾速刊修候成書日一併優與
推恩　八月四日參知政事同提舉重修勅令張守等上紹興新勅一十
二卷令五十卷格三十卷式三十卷目録一十六卷申明刑統及隨勅申
明三卷政和二年以後赦書德音一十五卷及看詳六百四卷詔自紹興
二年正月一日頒行仍以紹興重修勅令格式為名　先是建炎三年四
月八日指揮可自今並遵用嘉祐條法於是下勅令所將嘉祐與政和條
法對修至紹興元年五月二十八日先修勅一十二卷進呈至是續修
成令格式并申明壽上之詔詳定官權工部侍郎韓肖胄落權字同詳定
大理卿王衣除權刑部侍郎見在所并已離所刪定官宣教郎鮑延祖劉
一止曾恬宣義郎李逺文林郎何許胡如壎脩職郎王洋廸功郎李藹陳
卷一萬九千十
戩巖瀷陳康伯張域大理寺官兼刪定官大理正孔仲京大理丞孫光庭
張柄路彬大理評事趙公懽許大美檢閱文字使臣兩經進書人各轉一
官內選人改合入官並更減二年磨勘一經進書人各轉一官選人改合
入官不經進書人減二年磨勘選人循一資無資可循人與改次等合入
官知雜司法司編修手分開拆司以下等第推恩後詔溫州都孔目官陳
邦材令本州支賜錢一十疋以本州供報狀録政和以來續降詳備故也
　二年八月二十九日臣僚言自頒降紹興新書之後恐官司申請叙立
條葉滋增重刑各廢失祖宗立法之意乞令有司如遇臣僚續有申請並
檢會昨用嘉祐法參酌修立施行從之　三年九月
五日權刑部侍郎兼詳定一司勅令章誼言朝廷比修紹興勅令格式簡
編浩博衆議紛紜書務速成論靡弊決去取之間不無舛錯取今頒在有
司州縣權行斷見抵牾欲承疑遵用則衆惑而不爭欲因事申明則法
屢變而難守望詔監司郡守與夫承用官司參考祖宗之舊與斯新書之
闕遺悉隨所見條具以聞然後命官審訂刪去訛謬著為定法從之　十
五日詔今後執政官留身奏事並依宰臣條例其閤門見行條令勅令所
刪修　十八日勅令所看詳臣僚陳請吏部七司近因申請修立到人吏



祀職同保人停降編管斷罪之法自降指揮後來銓曹之吏稍知畏戢然
獨行於吏部七司而戶部以下諸司亦莫之行乞將上條並入尚書六曹
寺監通用勅令施行本所看詳渡江以來銓部案籍不存遂以大觀六曹
寺監通用勅令條立法禁今欲將吏部七司通用勅令並入大觀尚書六
曹寺監通用勅令施行從之　二十七日尚書右僕射同中書門下平章
事朱勝非等上吏部勅五冊令四十一冊格三十二冊式八冊申明一十
七冊目録八十一冊看詳司勲獲盜推賞刑部例三冊勲臣職位姓名一
冊共一百八十八冊詔自紹興四年正月一日頒行仍以紹興重修尚書
吏部勅令格式并通用勅令格式為名　先是建炎四年八月一日臣僚
言渡江以來官司文籍散亡無從稽考乃有司省記之說未免以私意增
損出入乞下自部諸司各令合干吏人將所省記條例攢類成冊奏聞施
行詔令六曹百司疾速條具申尚書省紹興元年十一月二十九日又詔
吏部條法最為急務令勅令所限一月先次鏤板續詔以廣東轉運司録
到元豐元祐吏部條法與吏部七司省記到元豐崇寧看詳政和重修格
式及天聖七年以後案例至紹興三年七月二十四日續降指揮條冊參
酌修立依限頒降時禮部尚書洪擬兵部侍郎章誼為詳定官左承議郎
卷一萬九千二十八
宋庠左通直郎張慱左從政郎李材魏良臣左修職郎金安節為刪定官
相繼修到尚書左右侍左右司勲司封考功條而勅令所切言前項條法
雖已申納尚書省緣七司條法所繫非輕自來凡有成書並經聖覽方始
頒行詔令繕寫投進至是上之前尚書編修進書詳定官各特轉一官刪
定官各減三年磨勘知雜司編修手分書寫人以下各等第推恩　四年
三月二十七日刑部言政和二年七月一日以後至建炎四年六月終續
降條參酌刪修成紹興新書見今遵用外其建炎四年七月一日以後至
紹興三年十二月終海行續降指揮昨緣本部遺火不存已下湖溫州抄
録到續降指揮見行編類鏤板頒降其紹興四年正月一日以後續降指
揮合依舊法春秋編類頒降施行從之　四月二十四日前廣南東路轉
運判官章傑言朝廷自渡江以來圖籍散亡官曹決事無所稽據臣為郎
時嘗乞下諸路編緝繼而備使嶺外於是徧行所部搜訪繕寫到祖宗以
來條令及纂集前後續降指揮九一千十八卷并地圖一十面望下有司
更加訂正然後頒之到曹勅令所看詳章傑投録條冊內戶部一司計一
百九冊共一百八十卷今將目録勘逐部當行人契勘已有未有條令並
件開坐在前乞將戶部一司降付本部參照見行條令逈守照使知有稽

妨室礙者即從本部看詳施行詔章傑拔録到條冊内事干六曹分送逐部看詳以聞　五年三月一日詔監司師守限一月條具逐路州縣被受弃法修寫成冊申尚書省蓋以兵火之後州縣拔弃法申述朝廷無所考據往複詰問久而不决因臣寮上言故有是命　六年八月十八日刑部員外郎周三畏言國家昨以承平日久因事增敍遂有一司一路一州一縣海行勑令格式與律法刑統兼行已是詳盡又或法所不載則律有舉明議罪之文而勑有比附定刑之制可謂纖悉備具乞自今除朝廷因事修立一時指揮外自餘一切悉遵見行成憲從之　九月二十一日尚書右僕射同中書門下平章事提舉詳定一司勑令張浚等上禄秩新書海行勑一卷在京勑一卷海行令二卷在京令一卷海行格一十一卷在京格一十二卷申明一十五卷目録一十三卷修書指揮一卷看詳一百四十七卷詔鏤版施行　初臣僚起請乞下詳定一司勑令所將嘉祐熙寧大觀禄令并政和禄格及前後所降指揮詳定成法修為紹興新書本所尋將嘉祐以来并政和元年十二月以後二十五年續降指揮先次編修到紹興海行文武官請受并在京宰執親王侍從卿大夫郎丞簿而下職事官應干請給勑令格等至是書成上之詔離所提舉官資政殿學士提舉

卷一萬九千二十八

臨安府洞霄宮沈與求詳定官顯謨閣待制知福州張致遠見在所詳定官吏部侍郎晏敦復删定官右從事郎方頴左宣教郎王䂓修左從事郎張庭俊左迪功郎李朝正右迪功郎方扔並各轉一官内選人改合入官見任所詳定官户部侍郎王俣落權字離所删定官減二年磨勘人吏已下等第推恩　七年四月八日左司員外郎樓炤言兵火以来吏書散逸頻年看詳品式粗周而因緣申請者至今未已將為一切紛亂舊章甚者至于徇人而變法用例以破條甚非法守之義此而不革法將廢矣望飭中外官司自今恪守成法無得輕議衡改及已有明文者不得用例從之　是年閏十月二日左正言辛次膺奏近有廢法而用例者且以二事言之致仕從執政之家用致仕遺表恩澤乃援例而補異姓者特奏名進士及以恩例補文學之人不俟赦恩乃援例而敍郎者且事或無條乃可用例事既有條何名為例一例既開一法遂廢望今後凡有正條不許用例詔申嚴今年四月八日指揮行下　紹興元年二月九日御史中丞句龍如淵言有司用例之害有四大略以爲吏私自記録並緣有故乞將官司應干行過舊例委官搜檢並行架閣並吏人私記録者重立罪賞限十日首納燒毁仍飭有司今後一切以法令從事而訴事之人敢輒引例者官員



徒一年百姓杖一百詔勑令所取索百司行過舊例删修取旨　八年六月十九日尚書左僕射同中書門下平章事兼樞密院使趙鼎等上諸班直諸軍轉員勑一卷格一十二卷親從親事官轉員勑一卷令一卷格五卷詔降付樞密院行使仍以紹興樞密院諸班直諸軍轉員勑令格及紹興樞密院親從親事官轉員勑令格為名　十月三日尚書右僕射同中書門下平章事提舉詳定一司勑令秦檜等續上禄勑一卷禄令二卷禄格一十五卷在京禄勑一卷禄令一卷禄格一十二卷中書門下省尚書省令一卷樞密院一卷格一卷尚書六曹寺監通用令一卷大理寺右治獄令一卷目録六卷申明六卷詔自紹興九年正月一日頒行仍以紹興重修禄秩勑令格為名　先有詔將嘉祐熙寧大觀禄令并政和禄令格及政和元年十二月十七日後来續降指揮編修除已先次修成勑二卷令三卷格二十五卷目録一十三卷申明一十五卷修書指揮一卷看詳一百四十七卷于紹興六年九月二十一日進呈訖至是續將上焉詔詳定官吏部侍郎晏敦復户部侍郎李彌遜見在所删定官右迪功郎方疇任紳左迪功郎李郁並各轉一官内選人依條施行曾經修書離所删定官減二年磨勘　九年十月二十五日臣寮言紹興法令著為成書頒飭

卷一萬九千二十八

有司成法具載方冊者務在固守無輒時加新意妄議增損詔令勑令所取索内外申明續降指揮看詳可以永久通行者編類成法餘並取旨　十一年十一月二十七日臣寮言自紹興修法成書之後十年之間或因州郡申請或因臣寮建明叔立條禁增減刑名衝改不一是爲續降指揮乞令監司委屬官州委司法縣委主簿各將被受續降指揮依勑分門編類成書仍于紹興法中應衝改條内分明貼出照某年月日續降衝改指揮長吏再行照對不得漏落詔依　十三年六月十五日尚書刑部員外郎李景山言紹興重修法令成書頒行甫及一紀矣然其間或覲頒詔旨裁定刑名或因修別條衝改不用雖皆已得指揮見行遵用而勑令格式仍舊未改誠恐姦吏得以舞文望詔有司將見頒勑令格式參定改正別行頒印詔令勑令所增修頒降　二十七日詔令後勑令所删定官差曾任親民參用刑法官　十年十月七日尚書右僕射同中書門下平章事提舉詳定一司勑令秦檜等上在京通用勑一十二卷令二十六卷格八卷式二卷目録七卷申明一十二卷詔自紹興十一年正月一日頒行仍以紹興重修在京通用勑令格式為名　先是紹興六年六月一日大理正張柄言伏見國家修復舊章以幸天下如紹興新書係將嘉祐政和勑參

酌成書其於常法之外增立條制並一切刪去以至兵火後來旨記到一司專法盡照左右司及勑令所逐一參酌詳定照後引用惟是大觀在京通用至今依舊遵守為內有已經衝改不該引用之文而載與冊頒之卽職百司及車駕臨幸之所在於觀聽實為未允乞送修立官司逐一看詳刪削詮令詳定一司勑令所重別刪修頒降勑令所言欲乞將崇寧在京通用條法自崇觀後來至紹興八年六月終應續降指揮修為紹興新書檢會一司專法內又各釐正在京通用并大理寺又有崇寧續附在京法緣昨來所得聖旨內未曾有前項釐正續附二件條法各已有旨令編寫修入至是上之時尚書右僕射秦檜提舉參知政事孫近同提舉刑部侍郎陳橐詳定大理卿周三畏同詳定左奉議郎周林右宣教郎陳祚左從政郎石廷慶左迪功郎方雲翼何逢原為刪定官詔本所官吏等該首尾修進詳定刪定官並各轉一官選人改合入官經修不經進書詳定刪定官各減二年磨勘以下人吏等第推賞　十一年八月九日臣僚言紹興係狀式若係毀失符身之類並結除名編置之罪所以深防欺詐重示誠懲使人知法之不可犯不可輕任此責也然稽之見行條法則罪不至於是使無辜去失之人益艱於求保望詔有司令後保狀結罪之文止稱

源卷一萬九千二十八

甘伏刑典一從抵罪之法詔令吏部改定狀式之間　十二年十二月十四日太師尚書左僕射同中書門下平章事提舉詳定一司勑令秦檜等上六曹通用勑一卷令三卷格一卷式一卷目錄六卷寺監通用勑一卷令二卷格一卷式一卷目錄五卷庫務通用勑一卷令二卷目錄四卷六曹寺監通用勑一卷令二卷格一卷式一卷目錄五卷六曹寺監庫務通用勑一卷令一卷格一卷目錄三卷寺監庫務通用勑一卷令一卷目錄二卷申明四卷詔自紹興十三年四月一日頒行仍以紹興重修為名先是紹興六年六月一日大理正張柄言大觀六曹寺監庫務通用法內有已經重改乞送修立官司逐一看詳認下勑令所重別刪修頒降後本所言欲將大觀六曹寺監庫務通用條法自崇觀後來至紹興八年六月終應續降指揮修為紹興新書至是上之時太師尚書左僕射秦檜提舉參知政事王次翁同提舉權戶部尚書張澄為詳定大理卿周三畏同詳定左從事郎游操左從政郎洪适左修職郎沈介迪功郎潘良能右迪功郎張表臣為刪定官有旨勑令所編修大觀六曹寺監等通用條法依昨進在京通用令體例推恩　十三年閏四月四日臣僚言乞詔有司將祖宗舊法所載雖畧詳後諱終因自服依案問自首之文仍舊存留將近修



立再勘方招減一等三問不承不在減等之法特賜刪去勑令所看詳律云知人欲告反案問欲舉為其本情特有發覺不容隱拒必須自首方獲減科勑云因疑被執之人雖有可疑之跡贓證未分明則無也據之理若不因其自服所犯無由辦露以此推原律勑意義蓋謂因疑被執之人贓證未明故可隱拒雖經累諱後招終是因其自服即與知人欲告案問欲舉事體不同所以熙寧勑海立注文合從減等元符政和紹興勑皆以上件舊文詳定成法至紹聖六年內福建憲司申明嘉祐元豐云有嘗經盤問隱拒本罪更不在首減之例遂行刪去卽係入初問再問三問之文不唯使犯罪之人無自新之路亦恐知雖首無益終不自服反致淹延今欲從臣寮所請刪去紹興六年八月二十三日限定次數指揮依舊遵用紹興勑內依案問自首之文從之　十月六日太師尚書左僕射同中書門下平章事提舉詳定一司勑令秦檜等上國子監勑一卷令三卷格三卷目錄七卷太學勑一卷令三卷格一卷式二卷目錄七卷武學勑一卷令二卷格一卷式一卷目錄五卷律學勑一卷令二卷格一卷式一卷目錄五卷小學令格一卷目錄一卷監學申明七卷修書指揮一卷詔自來年二月一日頒行仍以紹興重修為名　是年二月二十三日國子司

卷一萬九千二十八

業高閌言監學在京日應合行事務並遵用宣和新修法昨緣兵火散失目今別無遵照雖見存元祐紹聖條令皆係舊法室礙不同欲下條法官司將元祐紹聖并見行條法指揮一處詳定條立又言昨降指揮太學並諸路科舉取士依遵元豐成憲所有學法在宣和間用元豐以來條件參修自合以元豐法為主令來本監有元看到元豐學法及取到秀州元豐學令並係祖法乞送勑局參修勑令所言元祐紹聖監學條法照係條國子監太學武學律學算法共成一部合依就參修其武學律學條法並包括小學法在內東小學條件不多係在太學法之後附載既而高閌復言勑令所一就修武律學法本監見存建中靖國新法武律學法具載詳備乞將與元祐法參修施行庶不抵牾並從所請至是書成上之詔依昨進大觀六曹寺監等通用條法例推恩禮部國子監詳審官各減二年磨勘　十二月二十九日臣僚言蜀中四路差官若干條令甚詳昨頒降吏部七司法付之逐路藏於有司當職官不能遍曉參選官慢不及知姦吏舞文為害甚大乞令成都府路轉運司鏤印間諸路依紹興新書許人收買所責人皆曉然有不依法者聽于逐路提刑安撫司陳訴改正從之　十四年五月十七日大理評事孫敏修言紹興勑海行條內稱不以赦降

原減若遇非次赦或再遇大禮赦者聽從原免而其間有豁析爲一司專法如擅支常平司錢之類既非海行條內所載有司拘文不復引用理實可矜乞下所屬參酌輕重除去海行條內四字庶幾豁析爲專法者亦霑恩霈刑部看詳欲如所請從之　十六年五月十三日尚書省言已降詔旨委諸路監司郡守措置裕民事件今已條具來上次第施行尚慮條目頗多易致散漫久遠無以稽考欲委官編類成秩詔令吏部侍郎王循友戶部侍郎李朝正編類成冊印本頒降諸路州軍　十七年十一月六日太師尚書左僕射同中書門下平章事提舉詳定一司勑令秦檜等上常平免役勑五卷目錄二卷令二十卷目錄六卷格三卷目錄一卷式五卷目錄一卷申明六卷釐析條三卷對修令一卷修書指揮一卷詔自來年三月一日頒降仍以紹興重修常平免役勑令格式爲名　先是紹興六年六月一日大理正張柄言紹聖常平免役條內有已經衝改顯送修立官司看詳詔送勑令所參照删修後十四年二月十六日勑令所言紹聖法條書後來續降指揮除正和三年四月以前係昨修政和續附法已參用去取更不合引用外欲從本所將政和三年四月一日修政和續附已後至今應干續降與紹聖政和舊條一處參修從之至是上焉時太師左僕

卷一萬九千二十八

射秦檜提舉刑部尚書周三畏詳定右儒林郎黃卓左迪功郎林機左迪功郎周紫芝張好問爲删定官詔依進國子監條司體例推恩於是提舉官秦檜依例轉一官回授賜親屬一名六品服恩數依轄官例　十九年六月八日太師尚書左僕射同中書門下平章事提舉詳定一司勑令秦檜等上吏部七司并七司通判續降共二百五十六卷目錄三卷修書指揮一卷其事干有司及一司一路一州等指揮並行釐出分爲二十七卷所有事爲一名或一事一時申請不該條入七司條司者並作別編一百四十八卷共四百三十五卷詔頒降仍以紹興看詳編類吏部續降爲名　先是紹興十年十二月二十五日權吏部侍郎張宗元言應吏部續降指揮分案條具令官修飾其便於人合於理依倣條文編爲一書詔令吏部長貳措置於是吏部尚書吳表臣等言今遇每旬具合施行及否者上看如得允當乞送勑令所依倣成憲立文修法書成具勑令格式別爲叢帙後勑令所言吏部法昨已修至紹興三年四月終今來合自紹興三年五月爲頭删修本所逐一取會看詳得其間有事干海行者有合屬七司者有係一司或一路專法者即難以一家修爲吏部七司法兼海行及吏部等法各已修爲勑令格式亦難別爲叢帙今來吏部具到續降指揮約



二千七百餘件若不逐一分別編類竊恐官司引用疑惑今欲將前項吏部具到指揮於內將衝改不行或重複及事干海行等條不合收入吏部法者並別用冊編載外將其餘事干七司合存指揮並隨事分門分爲七司及通用編類又言編類續降至紹興十一年終所有自紹興十二年至紹興十五年六月終接續編類並從之至是上焉時檜爲提舉刑部侍郎韓仲通爲詳定右承直郎武師文右儒林郎黃然右文林郎楊迥右從事郎吳松年右迪功郎魏師心並爲删定官詔依常平免役法例推恩既而秦檜辭免恩命并賜檜孫墳進職一等孫女積人封令人依例賜對衣金帶　十月四日上與輔臣論有司立法不可太重恐難必行可諭勑令所檢會日前建明有不可行者並須改正　二十一年七月二十八日太師尚書左僕射同中書門下平章事提舉詳定一司勑令秦檜等上鹽法勑一卷令一卷格一卷式一卷目錄一卷續降指揮一百三十卷目錄二十卷茶法勑令格式并目錄共一卷續降指揮八十八卷目錄一十五卷詔頒行鹽法以紹興編類江湖淮浙京西路鹽法爲名茶法以紹興編類江湖淮浙福建廣南京西路茶法爲名　先是紹興十九年十月三十日幹辦行在諸軍糧料院王珏言竊以茶鹽之法祖宗成憲非不詳備然歲

卷一萬九千二十八

月寖久積弊滋深蓋緣州郡申明或因郡首批送或因陳獻或因海行並皆隨事設定畫時頒降比自建炎之後東來編集例多斷闕改之文又無復參照往往州縣所引專法間是一時省記因此點吏得以輕重其手望下勑令所取應係茶鹽文字并續降畫一見行條法看詳編定予呈勑令所言乞下諸處抄錄到元豐江湖淮浙路鹽法并元豐修書後來應干鹽茶續降指揮八千七百三十件今將見行遵用條法逐一看詳分門編類至是上之時太師尚書左僕射秦檜爲提舉刑部侍郎韓仲通爲詳定左迪功郎魏師遜右儒林郎方洼左修職郎周麟之右從事郎何溥爲删定官詔脩進茶鹽法依吏部七司例皆推恩　二十三年十一月九日詳定一司勑令所上大宗正司勑一十卷令四十卷格一十六卷式五卷申明一十卷目錄五卷詔頒行　先是紹興十四年七月十四日諸王宮大小學教授王覿言宗室支派散居四方雖有大宗正一司法令而難以推行從部取到諸宮院狀契勘本司專法係在京日删修其間有目今檢在外難以推行者或內有合行删修者請從勑令所删修從之至是書成進呈上諭輔臣曰編閱所修甚有條理可頒降施行續詔依茶鹽法進書例推恩　二十五年九月十三日太師尚書左僕射同中書門下平章事

提舉詳定一司勑令秦檜等上寬恤詔令一百六十八卷目録三十一卷修書指揮一卷詔頒行仍以紹興編類寬恤詔令為名一九是紹興二十三年八月二十八日前權知忠州鄭唐佐言陛下臨御以來詔令為民而下者十常八九莫先省刑罰也薄税斂也然親民莫如守令按察莫如監司而守令之職固當精白一意務使實惠及民若監司歲内巡歷所部州縣或不周徧則遐方僻壤郡邑官吏奉行必有不盡望飭攸司自中興以來省刑罰薄税斂凡卹民寬厚之詔令編類成書以賜守令仍令監司歲内分巡所部州縣務要周徧以察奉行詔令之當否官吏之勤惰詔下勑令所編類至是成書上之有旨依昨修大宗正司法進書例推恩二十六年七月二十七日上諭輔臣曰昨來御筆奏陳近年有司申明續降指揮多有與祖宗成法違戾去處已令有司看詳改正至今不曾具到沈該等奏曰六部以謂若一頓更改恐致紛紛欲每因一事便改正一項上曰此固好然恐吏輩臨時得以舞文玩法不若督促與一齊改正 先是魏良臣乞令省部具續降申明指揮付有司看詳廢興祖宗舊法不相背戾詔從之至是來上故有是旨 十月十七日詳定一司勑令所言本所與實録院國史日曆所玉牒所皆係宰執提領一般書局各有進呈及御前降出文字本所舊曾差置内侍官充承受并諸司及提舉諸司官欲依例出差詔都大提舉諸司差延福宮使寧遠軍承宣使入内内侍省押班李珂承受官差入内内侍省東頭供奉官幹辦御藥院兼太一宮李綽 閏十月一日臣寮言文昌政事之本今戶部之婚田禮部之科舉兵部之御軍工部之營繕以至諸寺監一司專法之外竊意無條而用例者尚多有之欲望睿詔大臣董正治官悉令有司手細編類條具合用之例修入見行之法一有隱匿之弊重寘典憲從之 十二月十五日尚書左僕射同中書門下平章事提舉詳定一司勑令万俟卨等上御試貢舉勑一卷令三卷式一卷目録一卷申明一卷省試貢舉勑一卷令一卷式一卷目録一卷申明一卷府監發解勑一卷令一卷式一卷目録一卷申明一卷御試省試府監發解通用勑一卷令一卷格一卷式一卷目録一卷省試府監發解通用勑一卷令二卷格一卷式一卷目録二卷内外通用貢舉勑二卷令五卷格三卷式一卷目録四卷申明二卷釐正省曹寺監内外諸司等法三卷修書指揮一卷詔可頒降仍以紹興重修貢舉勑令格式為名 是年正月九日臣寮言國家取士如糊名謄録之法悉沿唐制而又增廣立號謄録監試巡鋪以至代筆挾書繼燭禁戒尤嚴獨緣試官容私

卷一萬九千二十八



公道不行或先期以出題目或臨時以取封號或假名以入試場或多金以結代筆故孤寒遠方士子不得預高甲而富貴之家子弟常竊巍科乞下有司重修科舉之法革去近年容私之弊如挾書代筆繼燭必欲盡禁如封彌立號謄録必欲依條如考校定去留分高下必欲至公如知舉參詳考試官仍乞御筆點差以復祖宗科舉之法從後勑令所言科舉取士一宗條令盡載貢舉法條自崇寧元年七月修立經今五十餘年其間衝改及增立名件不少前後所降申明州縣多不齊備欲將上件崇寧貢舉條法逐一取索重修施行從之時宰臣万俟卨為提舉戶部侍郎王俣為詳定右宣教郎柳綸右宣議郎魏庭英左從政郎趙雕右從政郎范閎左迪功郎陳椿為删定官至是書成上之詔依寬恤詔令進書例推恩

卷一萬九千二十八

二十七年四月二日吏部狀侍御史周方崇上言伏覩近日勅令所删定官不問歲月遠近偶値進書例行改官雖推賞條舊例然前比亦火假歲月不如是之冒濫也竊見紹興雜壓令删定官在著作佐郎國子監丞之上既改官除監檢鼓院等差遣則序位反存著作佐郎之下欲望將選人删定官雖經進書令依大學正録例到任一年通及五考方與改官仍乞將選人任删定官及其餘選人職事雜壓重行修立別爲一等本部看詳選人任删定官缺令雜壓在大學博士之下其營勘改官在任及一年有出身人通及四考無出身人五考即依紹興六年三月二十七日已降指揮施行其進書賞並與比類循資仍自今降指揮日爲始從之　二十八年三月二十七日司農卿湯允恭言全蜀之地初置宣撫處置使則許便宜行事既立總領財賦司則有措畫指揮二者出於軍興一時濟辦多與一司一路及見行條法不相照應望降指揮俾制置司總領所各具元來所得便宜措置指揮取會四路憲漕常平司見今州縣承受奉行與紹興新書不同處及斷立罪賞輕重或相抵牾逐一參照條具申奏下勅令所看

卷一萬九千二十八

詳拆合存留條件編入紹興新書頒降四川專一遵守從之　二十九年四月十五日尚書右僕射同中書門下平章事兼提領詳定一司勅令所湯思退言中書門下尚書三省覽總萬機之務其章程品式以應期會者亦各有本省之法伏見中書門下料令格式實大觀中修纂歷年既久而尚書省第有看記條冊竊慮官制事各或有增改續降命令所當修纂望下有司重修三省成法蓋三省之法實皆出令官人之程格其小異載吏員遷補之次序非他法比欲與宰執同共遴差尚書侍郎給舍兩三人同本所詳定官以與故法令恭修以來至當臣雖備員提領緣今來條三省法合同宰執詳議審覆乞將來進書臣更不推恩所有選差官係三省屬官論思乃其本職乞不入銜及不添請給書吏之類從之　其後三十一年二月八日刑部侍郎兼詳定官黄祖舜條具修三省法申請氷錢詔罷勅局修書指揮遂寢至乾道六年七月十九日復降詔復修焉　三十年八月十一日尚書右僕射同中書門下平章事兼提舉詳定一司勅令陳康伯等上尚書左選令二卷格二卷式一卷申明一卷目録三卷尚書右選令二卷格二卷申明二卷式一卷目録三卷侍郎左選令二卷格一卷申明一卷目録三卷侍郎右選令二卷格二卷式一卷申明二卷目録三卷



尚書侍郎左右選通用勅一卷令二卷格一卷式一卷申明二卷目録一卷司封勅一卷令一卷格一卷申明一卷目録一卷司勳勅一卷令一卷格一卷申明一卷目録一卷考功勅一卷目録一卷改官申明一卷修書指揮一卷釐析八卷詔下本所頒降仍以紹興參附尚書吏部勅令格式爲名　先是紹興二十八年九月十九日權吏部尚書賀允中言比年以來臣寮奏請取便一時習之續降指揮千章萬目其於成憲不無沿革舞文之吏依傍出入可則附會而從權否則堅吝而沮格惟是吏部七司見今所用法令最爲急務若無一定之法革去久弊而望詮曹之清不可得也願詔勅令所蒐之近限將吏部七司祖宗舊制與續降指揮參定異同先次條纂立爲定制庶免用例破條之患後詳定官黄祖舜言見修吏部七司條法欲將舊來條法與今來事體不同者立爲參附條參照上項勅臣曰祖宗成憲不可廢也存之以備用甚當但今所修法須與祖宗法意不相違背仍論諸詳定既而權吏部尚書周麟之言吏部諸選引用續降指揮前後不一或臣寮建明或有司申請皆從取旨然後施行今以續降條冊觀之乃有頃年都省批狀指揮參列其間亦曰續降識者爲允詔令裁選具紹興二十五年以前批狀指揮如有類此者仰勅令所可削刪

卷一萬九千二十八

之時陳康伯爲提舉刑部侍郎黄祖舜爲詳定右迪功郎閻人滋左從政郎程瓊右從政郎陸游爲删定官至是書成進呈上曰頃來立法加以續降太繁吏部無所遵承今既有成法若更精擇天官長貳銓曹共清吳宰臣湯思退奏曰頃來立法官員到部有所整會一求之吏並緣爲姦今乃看與善例不照則否上曰今既有成法當令一切以三尺從事不可更令引例也續詔脩進官與刑名斷例成書通推恩賞　同日尚書右僕射同中書門下平章事兼提舉詳定一司勅令陳康伯等又上刑部斷例名例衛禁共二卷職制戶婚廄庫擅興共一卷賊盜三卷鬪訟七卷詐僞一卷雜例一卷捕亡三卷斷獄二卷目録一卷修書指揮一卷詔下刑寺遵守仍以紹興編修刑名疑難斷例爲名　以紹興二十六年九月二十九日御史中丞湯鵬舉言三尺之法天下之所通用也四海九州萬邦黎獻知法之所載而已安知百司庶府之有例乎例之所傳乃老姦宿贓秘而藏之用以附下罔上欺君世俗辯文弄法貪賕貸賂而已望詔吏部刑部條具合用之例修入見行之法以爲中興成憲後勅令所詳定官王師心言據刑寺具到崇寧紹興刑名疑難斷例并昨大理寺看詳本寺少卿元衮申明刑名疑難條例乞本所一就編修從之初紹興四年四月二十三日

刑部侍郎故交倚等乞編集刑名斷例當時得旨限一季編集又紹興九
年三月六日臣寮言請以建炎以來斷過刑名近例分類門目編修奉得
旨限一月是年十一月一日臣僚復建言前後所降指揮非無限期取到
大理寺狀雖曾編修審覆即未上朝廷竊詳編類之意蓋爲刑部進擬案
引用案例高下用情輕重失當今既未成書不免隨意引用乞下刑寺根
究節次立限之後如何編類再立嚴限專委官看詳遂詔刑部委員官張
柄晏孝純大理寺丞平事何彥猷趙子䖍依限一月將編集上紹興十年
其後湯鵬舉奏勅令所且言詔得紹興斷例大理寺元止編到紹興十五
年以前所有以後至二十六年終即未曾編類理合一就編集至是成書
與參附吏部法同日上焉詔勅令所修進吏部參附法并刑名疑難斷例
依昨進御試等條法進書推恩其本所差到大理正周自強丞馮巽之評
事賈選潘景珪各與減一年磨勘以嘗兼權刪定官編過斷例及審覆校
也以上中興會要　孝宗隆興二年正月七日宰臣湯思退言令百司皆有
成法中書國政所出三省之法不可不修詔權中書舍人何俌馬騏撿正
諸房公事葉顒右司員外郎沈樞同共編修俟成書差尚書侍郎給事中
詳定覆　二月二十四日臣僚言今日之弊在於捨法用例法者率由舊

卷一萬九千二十八

章多合人情出者出于朝廷一時之予奪官吏一時之私意欲望明詔中
外恪遵成法毋得引例如事理可行而無正條者須自朝廷裁酌取旨施
行從之　五月二十六日吏部尚書金安節言比因臣僚言銓曹用例之
弊臣即與郎吏疏擬例之當去與定例之可用者悉上于朝切慮定例雖
下人不得知欲望申飭有司鏤版刊示從之　乾道元年七月二十日權
刑部侍郎方滋言乞將紹興元年正月一日以後至目今刑寺斷過獄案
於內選取情實可憫之類應得祖宗條法奏裁名件即編類成書及將勅
令所修進斷例更加參酌從之　二年六月五日刑部侍郎方滋上乾道
新編特旨斷例五百四十七件名例三卷衛禁一卷職制三卷戶婚一卷
廐庫二卷擅興一卷賊盜十卷鬬訟十九卷詐偽四卷雜例四卷捕亡十
卷斷獄六卷分爲一十二門共六十四卷目錄四卷條書指揮一卷參用
指揮一卷總七十卷仍乞題以乾道新編特旨斷例爲名從之　八月九
日戶部郎官司馬伋言契勘銓綜之司唯法是守今有二徒是啟吏舞
文之弊欲望明詔吏部七司如有勅令前後不同者並委有司刪定可否
止從其一從之　三年五月二十八日臣僚言切見紹興續降指揮未經
編類前後異同乞詔有司刪修總爲一集頒示天下詔刑部條具既而刑



部言紹興續降指揮已修至建炎四年六月終自當年七月至紹興十八
年應干申明及衝改法令指揮已嘗下大理寺江東西提刑等司取錄見
在本所所有十八年以後至目今續降伏乞劄下諸處繕寫赴部并諸百
官司元係看詳專法內有未予海行并改衝條制理合一就取索參修從
之　四年三月二十三日臣僚言伏見近日將紹興續降重行刪修緣四
十年間前後申請無慮數千重複抵梧難以考據乞且委大理寺官同共
看詳先經正丞次至卿少一如獄案詳難定其可否類中刑部然後以所
隸事目分送六部六部長貳郎官更加參詳委得允當即著爲定令庶幾
勅令之頒可以經久從之　十一月二十九日祕書少監兼權刑部侍郎
汪大猷言切見紹興以來續降幾至二萬餘條閒見層出前後牴牾者不
可一二數比因臣僚所請命刑寺官如斷案例以次刪修然至今數月未
知所裁緣望明詔有司函賜編集有舊法不能盡而續降可以參用者即
分類編次之有舊法文不分明而續降因事立出者即參酌損益之有舊
法所無而後來因事立制者即修立以爲法有一時權宜處分不可著爲
成制者即存留以照用有舊法本自可用而續降不必行者即皆刪去庶
幾一代法令粲然備具詔依仍差大猷兼詳定官大理少卿王彥洪韓元

卷一萬九千二十八

吉兼同詳定官吏部郎官鄭伯熊戶部郎官曾逮刑部郎官蔡光劉尚大
理寺丞潘景珪大理司直洪箴並兼刪修官限一年編修　十二月十八
日祕書少監兼權刑部侍郎兼重修勅令詳定官汪大猷言昨修紹興新
書係用嘉祐法與政和法對修今來重修勅令亦乞以嘉祐法參酌修立
從之　五年三月二十五日吏部侍郎周操言切見吏部七司條令自紹
興三十年以後節次申明續降未經修纂欲乞委官就吏部置局依倣舊
書隨事纂集詔依仍委逐司郎官并吏部架閣文字官編類　六年五月
樞密院檢詳諸房文字張說言比者朝廷命官置局重修紹興以來法
令深上表及諸路一司法令乞取四川二廣逐路專行者併加修削目爲
乾道新修一司法從之　八月二十八日尚書右僕射虞允文言昨將紹
興勅與嘉祐勅及建炎四年十月以後至乾道四年終續降指揮逐一參
酌刪削今已成書勅一十二卷令五十卷格三十卷式三十卷目錄一百
二十二卷存留照用指揮二卷繕寫進呈乞冠以乾道重修勅令格式爲
名詔依仍自八年正月一日頒行　十月十五日尚書右僕射虞允文言伏見
勅令所見修乾道新書係將諸處錄到續降指揮計二萬二千二百餘件
除合刪去外今於舊法有增損元文五百七十四條帶修創立三百六十

并

一條全州舊文八十三條存留指揮一百二十八件已成書例行欲望明詔諸路使頒到新書其間如有疑惑事件許限兩月各條具申本所以憑檢照元修因依分明指說行下從之　七年正月十二日提舉福建常平茶事周自強言切見乾道新書既以頒行自今凡有申請衝改必先送所屬看部詳議如果合衝改然後取旨刪修若舊法已備止請申嚴者乞更不施行從之　九月十一日權刑部侍郎兼詳定一司勑令所王秬言本所重修海行勑令格式已至乾道四年終今乞將乾道五年以後續降指揮令本所詳定修刪每三年一次編類申朝廷審覆頒降從之　十一月二十七日詔令户部將乾道新修條令并申明户婚續降指揮編類成冊送勑令所看詳鏤版遍牒施行　八年八月十八日大理少卿兼同詳定一司勑令莫濛言契勘中書門下省樞密院法係大觀間修立尚書省法係崇寧間修立並未嘗審訂去取止是引用省記今乞將崇觀以後至乾道八年終重加修緝并三省通用法三省樞密院通用法一槩修立從之

九年二月六日右丞相梁克家參知政事曾懷上中書門下省勑二卷令二十二卷格一十三卷式一卷申明一卷尚書省勑二卷令七卷格二卷式三卷申明二卷樞密院勑四卷令二十四卷格十六卷申明二卷三

卷一萬九千二十八

省通用勑一卷令五卷格一卷式一卷申明一卷三省樞密院通用勑二卷令三卷格一卷式一卷申明三卷目錄二十卷并元修看詳意義五百冊乞冠以乾道重修逐省院勑令格式為名從之　三月二日臣僚言伏見乾道新書與舊法頗多違戾訪聞六部每遇一事動輒申請方能施行乞令長貳條具如有未便即重行刪修從之　以上乾道會要　淳熙元年四月二十八日勑令所言喫菜事魔或夜聚曉散因而傳習妖教州縣不行覺察自當坐罪緣係內令丞巡尉都監知通監司既有分立等第斷罪其後徒黨已成者若從吾命官即是即是監司知通令丞等皆合衝替致無以分別東巡尉都監職事警捕欲將命官字改為巡尉都監字及於衝替字下云餘五百里編管不顯餘係是何色目人所以刪去餘字却照得條內上文添入願首等人四字在五百里字上為文殊欠罪責有以區別從之　十月九日詔六部除刑部許用乾道所修刑名斷例及司勳許用格興編類獲盜推賞刑部例并乾道元年四月十八日措置條例擇事指揮內立定合引例外其餘並依成法不得引例　先是臣僚言今之有司既問法之當否又問例之有無法既當然而例或無之則是皆沮而不行夫法之當否人所共知而例之有無多出吏手往往隱匿其例以沮壞良法



甚者使賄賂既行乃為具例為患不一乞詔有司應事有在法制無可行而未有此例者不得以無例廢法事詔下六部看詳至是冬上因有是詔　二年十二月四日參知政事龔茂良等上吏部七司法三百卷詔以淳熙重修尚書吏部勑令格式申明為名　先是乾道五年三月吏部侍郎周操言吏部七司條令自紹興以來凡三經修纂起於天聖七年以後至紹興三年七月終成書目曰吏部七司法自建炎二年八月至紹興十五年六月終成書目曰新吏部七司續降自紹興三年四月三十年七月成書目曰參附吏部七司法上件條令卷冊浩繁又自紹興三十年以後吏有隆興弊事指揮及節次申明續降散漫於各司之間乞委六部主管架閣庫官置局依倣舊書每事編類成門仍令逐司主令法案吏一供具結罪以憑編類候勑令所修勑令畢日取吏部七司以成三書及今來架閣庫官編類紹興三十年以後指揮續降重行刪修共成一書詔從其請至是未上時龔茂良為提舉權吏部尚書蔡洸為詳定官軍器監丞章湘宣教郎孟經儒林郎張季樗宣教郎曾樵承務郎丁常任宣教郎軍器監主簿樂備從事郎樓鑰並為刪定官詔經修進書詳定刪定兼刪定官各轉一官選人改合入官提舉承受諸司官各轉一官經修不經進提舉同提舉

卷一萬九千二十八

官各減三年磨勘詳定同詳定官刪定兼刪定官各減二年磨勘不經進書承受主管諸司官各減二年磨勘本所進書人吏吏部差到供報手分各轉一官資并本所諸司人兵等各依例犒設一次　三年正月十三日勑令所言本所近修吏部七司尚右從龍四色人犯贓許蔭補并致仕推恩條已于內刪去犯贓一節係犯贓人不許蔭補其旁照海行法內第二條與此相關當時得旨令照上條刪去犯贓一節今來勑令所將第二條係從龍等四色人既已刪去曾犯贓及四字若第二條內歷任有入已贓字刪去外尚恐引用疑惑本所今重別看詳中大夫武功大夫以下條內除依舊法外仍于化外人字下添入除犯入已贓外六字在聽奏乞字上立文所有元申前項海行法第二條乞更不施行從之　三月二十九日參知政事龔茂良等上吏部條法總類四十卷　先是淳熙二年十一月有詔勑令所將吏部見行改官奏薦磨勘差注等條法指揮分明編類別刪投進若一條該載二事以上即隨門類釐析具入仍冠以吏部條法總類為名至三年三月五日詳定官蔡洸等言除將吏部見今引用條法指揮分類各載門目外其間有止是吏部具鈔狀體式之類及內有將來引用條件並已于法冊內盡行該載訖今更不重行編類至是來上時

興茂良為提舉官戶部尚書蔡洸為詳定官軍器監覃湘宣教郎張季樗奉議郎曹植承奉郎丁常任軍器監主簿蕐倚宣義郎樓鑰從事郎陸紀為刪定官　四年正月二十三日詔自今春秋頒降此冊從刑部長貳點檢別無差錯漏落方得繳申以本部申到春頒進冊多有錯漏故也　五月二十五日詔勅令所參酌到適中斷例四百二十件以淳熙新編特旨斷例為名併舊斷例並令左右司拘收掌管令後刑寺斷案別無疑慮依條申省取旨裁斷外如有情犯可疑合引例擬斷事件具申尚書省參照施行　十一月十一日參知政事李彥穎等上參考乾道法詔以淳熙重修勅令格式為名　先是淳熙二年臣僚言乾道新書尚多牴牾未免詳有申明至三年六月十一日詔差戶部尚書蔡洸兼詳定官大理少卿吳交如同詳定蓋世良俞澂併暫兼刪定官許於諸處踏逐差通習法令人吏將乾道新書牴牾條令就勅令所與本所官同共逐一參攷刊修時本所官戶部侍郎單夔為詳定官宣教郎張季樗宣教郎樓鑰承奉郎丁常任從事郎吳天驥從事郎周頌為刪定官七月十四日勅令所言舊有五千四百餘條昨修乾道法日於內刪改創修九百餘件除今來合修改皆置冊接進外總令將今次改定條文遂旋置冊進入其元不動文并刪無牴

以上卷一萬九千二十八

牾條件不須投進　八月二日詔六部將乾道五年正月以後應續降衝改條令限半月開具送勅令所一就刪潤　四八年月三日詔勅令所將今來修到牴牾條件於見行乾道法內對定刪修通作一書至是上之詔詳定同詳定官刪定兼刪定官各特轉一官內選人候改官了日收使本所修書人吏有官人各減二年磨勘餘人令戶部各支犒設錢三十貫文　五年二月二十一日中書門下省言命官陳乞改政過名前推錄問官吏不當救坐伏辯條法前後修改不一難以遵用詔遵依紹興重修入淳熙新法施行其乾道重修令并淳熙三年八月十日重修乾道斷獄令並令勅令所刪定　七月二十一日大理司直兼勅令所刪定官王夢若言尋訪得舊本嘉祐編勅四十七卷乞委法官點檢校勘詔胥遂王夢若張維點檢校勘　六年五月六日吏部言重修淳熙新書務合祖宗成憲乞將續降指揮依舊制類成編勅與法令並行毋改輕改成法從之　七月一日刑部郎中潘景珪言朝廷欽恤用刑以條令編類成冊目曰斷例可謂曲盡昨有司刪訂止存留九百五十餘件與見斷案狀其間情犯多有不同難以比擬乞下刑部將隆興以來斷過案狀編類成冊許行參用庶幾刑罰適中無輕重之弊詔刑部長貳選擇元犯與所斷條法相當體例方許



參酌編類其有輕重未適中者不許一槩修入　六日右丞相趙雄等上諸路州軍賞法一百三十九卷目錄一十七卷諸路監司酬賞法四十七卷目錄五卷通用賞法一十三卷目錄一卷西北州軍舊賞一卷詔以淳熙一州一路酬賞法為名　先是乾道二年六月二十七日吏部侍郎李益謙言本選近據諸路州軍或監司申奏到小使臣校尉陳乞任賞其間有格所不載本處援引一司一路專降指揮條法皆是川廣邊遠城寨并處並緣熙寧元豐以前所降指揮本部推尋酬賞體例又多案牘不存乞下諸路州軍監司抄錄一司一路專降指揮著為成法至六年正月二十七日左司員外郎關蒼舒言見修賞法止是四川二廣兩浙京襄湖南北江東西福建兩浙州軍并諸司計一百八十餘處外其餘見今在北界路未通州軍並不該載詔其未復州軍令勅令所別作冊開列至是書成上之時趙雄為提舉參知政事錢良臣同提舉兵部侍郎劉孝韙為詳定官大理卿賁選為同詳定迪功郎部擬宣教郎大理寺丞張維宣義郎胡長卿宣教郎宋之瑞宣教郎樓鍔從政郎鄭瀹為刪定官詔依淳熙二年進七司條法指揮體例推恩　十三日權知徽州陳居仁言乞下勅令所裒集隆興優恤詔旨類而分之如代納折帛蠲減重賦懲罰科擾之類

卷一萬九千二十八

立三十二條大書鏤板頒之郡國名曰隆興以來寬恤詔令申戒官吏務在遵行從之　七年三月二十五日勅令所言昨乞將乾道五年至淳熙六年終續降創立並衝改海行法取會所屬合來逐一取問有合入二十七件並是見行破雕入新書本門之後從之　五月二十七日詔勅令所修立百司省記法以淳熙重修百司法為名　先是大理寺直兼勅令所刪定官李大理言渡江以來官司文籍散逸多出于老吏一時省記今以百司計之總一百七十餘處其間有略舉事端泛為臆說如所謂不記是何月日指揮不記何人申請者不可勝數四五十年來老胥猾吏恣藉此書並緣為姦蓋非一日此書當修非其他比惟是有司供報出於吏手差互不同若據憑便修成法其間私行隱匿供報漏落他日復得以肆為姦弊乞下百司疾速抄錄省記與見行條法責本處職級及當行人吏結罪盡實供報毋致隱匿如將來書成之後輒以漏落事件都乞申明照會其當職官吏重作施行九年六月詔權行住修　二十八日右丞相趙雄等上淳熙條法事類四百二十卷目錄二卷　先是淳熙六年二月十六日都省言海行新法凡五千餘條檢閱之際難以備見詔勅令所將見行勅令格式申明體倣吏部七司條法總類隨事分門修纂別為一書若數

事共條即隨門類入仍冠以淳熙條法事類爲名至是書成上之時趙雄爲提舉參知政事錢良臣同提舉權戶部侍郎陳峴爲詳定官大理卿賈選同詳定刑部郎中潘景珪儒林郎魯寅斷丞直郎任洙奉議郎鄭明從迪功郎李友直承直郎刑綽爲删定官詔依淳熙六年進書體例推恩

八年六月十九日詔淳熙重修吏部勅令格式申明既已頒行其舊條雖爲雖用自今如有疑惑可申尚書省取旨　先是吏部侍郎趙汝愚言昨降指揮令勅令所將紹興吏部七司法吏部七司續降參附吏部七司法三書又取自紹興三十年以後至淳熙元年終節次續降及集議敷奏指揮重修吏部七司勅令格式至淳熙二年書成除是年正月以後指揮合作後勅遵用外自淳熙元年十二月終以前申請指揮自不合行用然勅令之文簡而深請奏之辭詳而備吏官者既未能精通法意遂覆取已行之例用爲據依故吏因得並緣爲姦望委本部主管架閣文字官盡取建炎以來逐選見存指揮分明編類成發付本選長貳郎官參照新書重行考定取於新書別無牴牾者編類成册進呈取自裁斷存留照用外其餘盡行删削自今法案不許引用至是書成故有是詔

十年三月二十三日詔勅令所將乾道七年及淳熙三年所降違限不投税告賞指揮並



與刊除自今專一遵守淳熙新法　先是乾道七年指揮以物産一半沒官一半充賞淳熙三年指揮則以所告物全給告人後來淳熙新法所載違限不投税者三分物產以一分沒官而告人只以沒官之物一半充賞是告人之賞乃六分之中給其一也緣新法與續降既許並行故有司承用之際或得容心姦吏鬻文因例爲市至是臣僚請削去續降當專一遵守淳熙新法故有是命

九月二十五日詳定一司勅令所删定官莫叔光言淳熙新書所修者止於乾道四年庶乾道五年正月以後至淳熙七年六月以前所降指揮並未銓次今因淳熙命書之名莫敢删因之申飭四方使考首局所載指揮明知續降不曾衝改新書所已修者自以條法爲斷新書所未入者自據指揮而行從之

十一年五月一日勅令所上紹興三十二年六月十一日以後淳熙十年十二月以前寬恤事件成書凡三百卷

十月二十七日勅令所看詳臣僚奏紹興新節文諸因事呼萬歲者徒二年其不因事者杖一百紹興五年刑部看詳乞將因事列罪實負寃抑官司欲加刑禁避怕一時鍛鍊輒呼者依不因事法乾道敕於不因事者杖一百之下註云雖因事到官實負寃抑避免刑禁而輒呼者同研究前項看詳及補註其於裁酌輕重切當事情今淳熙重定敕止





云諸輒呼萬歲者徒二年所有紹興勅及刑部看詳二項慮恐州省不復區別乞下勅令所遵用舊法及已看詳事理施行本所今重別參酌改修諸輒呼萬歲者徒二年兵級配本城再犯配五百里若因經嫌害請軍對本本人依階級法餘人對本轄官配本城其實負寃抑者杖一百詔令刑部遍牒從之

十三年十月六日臣僚言吏部尚書左右選通用令諸親被蔭自陳聽改正雖已經陞改仍依初補法與考功承務郎以上使臣兩用令諸官員奏授注謄奏孫作男之類已陳首改正者與通理前任未經磨勘年月仍添展二年二條自相牴牾乞下有司詳議吏刑部長貳看詳尚書左右選令內雖說冒親被蔭不曾聞說如何偽冒合改於被蔭字下添入注文謂奏孫作男之類七字尚書考功令內已陳首改正者下文有與通理前任未經磨勘年月仍添展二年以後依常制不理爲過犯二十六字欲令删去却添入雖已經陞改磨勘其以前歷過年月並不許收使仍依初補法二十四字庶幾法令歸一不致牴牾乞下勅令所詳定重行修立成法從之

同日臣僚言刑部法諸官司失入死罪其首從及錄問審問官定罪各有等差而考功令諸歷任曾失入死罪未決者兩該磨勘已決者三該磨勘一醫施行初不分別推勘官審問錄問官乞令有司



將考功失入官磨勘一節以刑部法爲比審問錄問官比推勘官稍爲等降吏刑部長貳看詳刑部法各已該載分別首從推勘審問錄問官等各不同惟考功令通說曾失入死罪不曾分別今欲於考功令內曾失入死罪字下添入注文謂推勘官四字即與審問錄問官稍分等降庶幾刑部法不相牴牾乞下勅令所修立成法從之

十四年三月十八日中書舍人兼詳定一司勅令陳居仁言乞下勅令所取祖宗免役舊法并户部所指紹興十七年以後續降指揮本所官公共精加參考其有與舊法牴牾者即行删削若仍其申明更修爲一書名曰役法撮要候成鏤版頒之天下以一民聽以杜吏姦從之

十五年五月二十八日修立諸軍及配軍逃入郴桂界捕獲賞格臣僚言郴州宜章桂陽縣并桂陽軍臨武縣當下民性猶獷好武喜動其逃走軍兵既無生業往往爲盜今來郴桂境內捉獲逃軍乞與倍他州之賞勅令所重別參酌立法諸軍及配軍逃亡入郴州桂陽縣軍界捕獲者以海行賞格倍給獲藏匿或過致資給者準此從之　以上孝宗會要

十六年八月二十五日臣僚言仰惟國家新書之設昭如日星事制曲防靡不畢具而又以頒降指揮參錯爲申明一定不易所以一民聽而塞吏姦然州縣之間往往取向來申請續降指揮凡申明所

載者悉與成法參用，書既不載，而下無從折衷，上不得盡察，由是輕重出入惟吏所欲。雖有明曉詳練之官，但見有所稽按而爲施行，豈敢其意立向來續降指揮，其間或有便於人情至今合行，而新舊中明開遺不載，是以相循錯雜，悉至引用。昨淳熙五年七月内因臣僚奏請，乞將乾道修書以前申請續降指揮更加考訂，取其可行者附于新書之後，其餘不許引用。壽皇嘗命有司立限條具，然一時去取不過數件，其後雖更淳熙新書既成，而有司參用如故，弄文舞法皆起乎此。乞明詔有司行下，内而百司庶府，外而監司州郡，令各條具，斷自今日以前、淳熙新書以後，凡經引用續降指揮隨勑申明不曾収載者，並行置册編録，供申刑部，使齊足日繳申朝廷，委官詳與參訂，取其新書闕遺者附于隨勑申明之末，隨微頒行。其已經改者悉從删削，不許更有引用，庶幾法度昭明，有司有所遵守，而民聽不惑。從之。

紹熙元年八月九日，臣僚言：伏見至尊壽皇聖帝命官考訂成淳熙一書，其間申明續降往往删除，從一定之制，悉以新書從事，非書所載，一切不得引用。將來知淳熙新書止將乾道四年十二月以前指揮删修而成，自乾道五年至淳熙七年續降指揮既未經修，即非删去。當時勑令所於進書之前，蓋嘗取旨，以謂乾道五年正月一日以後應干

《卷一萬九千七十八》

續降不收載者並合依舊遵守，新書之首具載此旨，昭然甚明。緣所在官吏元不曾讀前篇所載之文，往往罕能詳知，但憑新書盡衝續降，并法者得行其意，奉法者不知所從。臣淳熙十年九月内嘗具奏，乞申勑四方，使考首篇所載，明知乾道五年正月以後、淳熙七年六月以前續降不曾衝改，鏤板見諸春頒。至於非書所載直去一切不得引用，初不明指乾道四年以前已經删去者爲不得用，乾道五年正月以後、淳熙七年六月以前元非删去者自合遵承。乞檢坐淳熙十年九月二十五日指揮并臣今所陳，頒示中外，咸使明知，庶幾政令之信無所疑違。從之。

二年正月二十七日，臣僚言：淳熙新修新書止乾道四年，自乾道五年至今二十二年之間申明續降未經修纂。比因臣僚有請，令諸處各條具修書以後凡經引用續降指揮，並行置册編類，供申刑部，候齊足日繳申朝廷，委官參訂。經涉二年之久，諸處供申未足，乞行下刑部立限催督發與參訂頒行。從之。

四月十二日，臣僚言：臣聞自昔天下之所通行者法也，不聞有所謂例也。今乃於法之外又有所謂例，法之所無有者則援例以當法，法之所不予者則執例以破法，生姦起弊，莫此爲甚。蓋法者率由故常，著爲今典，難以任情而出入；例者旋次創見，藏于吏手，可以弄智而重輕。是以前後



臣僚屢有建請，皆欲去例而守法，然終于不能革者，蓋以法有所不及，則例亦有不可得而廢者。但欲盡去欲行之例，只守見行之法，未免拘滯而有礙，要在與收可行之例，歸於通行之法，庶幾公共而不膠。今朝廷既已復置詳定勅令一司，臣以爲凡有陳乞申請，儻于法誠有所不及，其例誠有所不可廢者，乞下勅令所詳酌審訂，參照前後，委無抵牾，則著爲定法，然後施行；如有不可，即與盡斷，自後更不許引用。如是則所行者皆法也，非例也。彼爲吏者雖欲任情以出入，弄智而重輕，有不可得，姦弊自然窒洞鑒，天下一之於通行之法，豈不明白坦易而可守也哉。從之。

十七日，臣僚言：近者朝廷復置勅令删修官，並將會粹續降編類無遺，使章程條目昭然可見，誠爲中外之利。然則法貴乎簡，不貴乎繁，今勅令格式既勒成書，餘外建請衝改不知其幾，皆百姓所未聞，庶官其間若雖欲檢閱，欺弊未必盡究，猾吏黠胥操藏玩弄，得以容姦，民庶昧陷於非辜，郡縣奉行乖于定令。若斷之類爲害實多，竊推其原，蓋緣立法以病法，革弊而滋弊，文書猥冗，非所以明邦典而定民志也。乞詔做司將前後續降指揮非已編成書者精加審訂，凡併者省之，異同者析之，可久者著之，難行者削之，蒐剔彙萃，各有倫要，使中外共覩，然後齊風，是爲一代之良法。從之。

《卷一萬九千二十八》

五月六日，臣僚言：淳熙所修新書止乾道四年而已，自乾道五年至書成之日凡十有餘年，自書成以迄於今又十有餘年矣，則是二十二年之間申明續降未經修纂也。比因臣僚有請，令諸處各條具修書以後凡經引用續降指揮，並行置册編録，供申刑部，候齊足日繳申朝廷，委官參訂，此淳熙十六年八月所降指揮也。今諸路州軍抄録到部者纔五十餘處，且朝廷法令不可一日而不舉，諸處編録不過數日而可辦，瀕經涉二年之久而供申有未足者，官吏玩習怠廢已甚。乞下刑部立限催督發與參訂頒行。從之。

同日，權工部侍郎潘景珪言：恭惟至尊壽皇聖帝一朝大典皆爲成書，國史院又獨于法令一書纔修及乾道四年，自五年以至今將二十餘年，未嘗一加删潤之功。臣不敢妄議法令之萬一，竊惟前後臣僚中請始非一端，前後指揮行下殆非一事，或有舊法不能盡，續降參照者；或有舊法文不甚明，而續降因事重出者；或有舊法元不該載，後因事立爲成法者；或有舊法本自可用，而續降不必行者；或有一時權宜措置，而後不可引爲常用者。交互之際，出入之間，誠恐未免有牴牾而相參差者，或删而去，或存而留，使著爲成書，定爲成法，而生民永可以爲司命，是豈宜一朝而緩也哉。臣嘗見祖宗時遇修書則置局，書成則罷，願陛

下體此之意特命大臣選擇闇行之士付以刪潤之職分其條目期以歲時代之精考而修潤之比至書成則還其元職不復再為一司從之八月三日勅令局明立法禁應屍雖經驗妄將傍人屍首告論到官致拷掠無罪人誣服因而枉囚致死者依誣告罪人法其家屬妄認者以不應為重坐之至死者加以徒刑其承勘官司依故入人論罪　先是臣僚言忠州何强因罵人方何念四別無毆擊實狀忽逃而之他有何閏勝者于溪㳺內尋得一不識名屍首遂誣告何强以為毆殺其僕檢驗妻有致命痕傷而僕之父亦妄行識認官司棊勘逼勒虛招何强竟死於獄後何念四生存復還使何强不死於獄必死於法治獄之官可非其人推鞫鍛鍊之際可不致其審哉昨來臣僚申請下大理寺看詳一時止具檢驗不實條法申嚴行下而妄吿妄認妄勘者竟不施行其究濫豈無所歸耶乞行下刪修故有是詔　三年六月二十四日臣僚言竊惟朝廷方嚴盜鑄之禁不可不稍優捕獲之賞照得賞格獲私鑄錢不滿五火止減磨勘半年五火以上減一年十火以上減二年二十火以上止減三年且捉獲私鑄三四火已是不易乃止減得磨勘半年一任之內一官吏之身積而至于二十火固無此等事儻或有之出等殊賞乃止減得三年磨勘計功酬勞

《卷一萬九千二十八》

誠是太輕何以激勸乞將上項賞格重加詳定如通鑑監縣令巡尉獲私鑄照應前項乾道九年八月八日指揮內已增修減磨勘至轉官等項目推賞所是僅立不滿五火至二十火以上之文竊恐于火數太多難得及格之人由此坐視不切用心緝捉欲將不滿五火之文改作一火以上增作減磨勘一年五火以上改作三火以上增作減磨勘二年十火以上改作五火以上增作減磨勘三年二十火以上改作十火以上增作轉一官選人循兩資所有命官親獲賞格并諸色人獲私鑄錢賞格並乞從前項乾道九年八月八日指揮內已增修賞典施行從之以上光宗會要　慶元二年十一月十八日刑部言臣僚劄子乞將強盜除貸命再犯依元項指揮處斷外并強盜已經斷配再犯兩次以上照淳熙十三年二月六日已降指揮施行餘並照元項指揮擬斷本部擬置除曾犯強盜斷配增非貸命者再犯行劫兩次以上自依已降指揮處斷外其初犯百姓行劫欲增作四次以上謂未曾事發者方許照應淳熙十三年指揮施行如不及今來所增次數即聽依乾道六年三月二十五日指揮施行從之　乾道六年三月二十五日指揮應強盜贓滿內為首及下手傷人若下手放火或因而行姦或殺人加功并已曾貸命再犯之人已上六項並依舊法處斷



餘聽依刑名疑慮奏裁淳熙十三年指揮節文強盜若不犯六項雖累行劫至十數次以上併贓至百千貫皆可貸命謂宜除六項指揮外其間有行劫至兩次以上雖是為從亦合依舊法處斷律諸強盜無首從勅諸強盜十貫若持仗五貫者絞　四年十二月四日新權知滁州曾漸言大宗正司內侍省太史局太醫局皆有補授遷轉之法未嘗不關由吏部而吏部無明文可以參考以至百部寺監吏職補授亦然當官者每致參究至末不免迂回詰問且又有不可得而取索者乞將一司一所補授遷轉應首部寺監吏職補授應所專用格法及續降指揮命官並限歲為一書倣淳熙一州一路酬賞法之體鏤版頒行詔令勑令所類聚限一年修立成書　嘉慶元年二月十四日禮部尚書兼吏部尚書葉翥言吏部七司法蓋尚左尚右侍左侍右司勳司封考功通用之條令自紹興三年迄淳熙二年凡四經修纂訂正去取纖悉備盡孝宗皇帝尚慮條章泯闕不便觀覽復詔大臣分門編類然編類之後迨今又更二十有七年其間有朝廷一時特降之指揮有中外臣僚報可之申請歷時寖久不相參照重複牴牾前後甚多或例寬而法嚴則引例以破法或例窄而法寬則援法而廢例予奪去取一出吏手若更遷以歲月則日復一日積歷愈多弊倖愈甚

《卷一萬九千二十八》

竊見孝宗皇帝乾道五年嘗詔七司郎官并吏部架閣將未經修纂指揮置局編類仍委長貳同共點檢乞檢照乾道五年已行體例將吏部七司未經修纂應干申請畫降委官編類正其牴牾刪其重複類為一書頒降中外從之　三月十八日權戶部尚書兼詳定勑令官韓邈等言本所近進呈慶元編類寬恤詔令并役法撮要已降指揮雕板印造今已畢備乞自四月三日頒行從之。二年十一月四日臣僚言吏部七司法自孝廟令勑局刪修凡有建立間出御筆裁處無非參酌為經久可行之典成書既上又令編成總類以便參照至今已二十八年矣自淳熙初元積至今日凡臣僚申請建議續降不知其數淺歲既久吏得並緣為姦其所欲行則援引隨至無所舖嗃則多為沮抑蓋歲久不曾參酌去取編入成書則其弊必至於此也乞令吏部疾速編集二十八年續降指揮置冊繳申朝廷行下勑局公共看詳去其牴牾重複而定其可以永久遵行者毋得輕易變動祖宗舊法以至寬縱生弊庶幾一代成法燦若日星昭示無窮從之　三年七月十九日戶部侍郎李大性言國家之法非不整整而建議之人增損變更不無可議乞今後凡有建請須下之六曹當之勑看更參照舊法有無衝改然後施行其或舊法已當不應衝改者許宰執開陳給合繳駁臺諫論奏從之　四年五月二十三日户部侍郎王蓮刑部侍郎周𢀖奏言㳟奉指揮參修吏部七司條法已將淳熙二年正月一日以後續降指揮四千四百餘件參酌一部舊法三千二百餘條可以附入舊法者就舊法本條刪潤元無舊法則創行修立今已每月申納提舉官欲乞候提舉官看下送三省合屬房分於正都司審覆訖類聚牒送吏部詳審施行從之　開禧元年五月二日權吏部尚書丁常任等言參修吏部七司條法今來成書乞以開禧重修尚書吏部七司勑令格式申明為名從之　六月十九日右丞相提舉編修勑令陳自強等上表昨準指揮參修吏部七司條法已將合修指揮參酌可以附舊法者增潤刪修無舊法者創立為法如是權行指揮雖以立法者編節作申明照用今已成書上進以聞從之　嘉定二年五月八日臣僚言度牒綾造於文思院用尚書省及祠部左右司印令義民一切假偽為之於此而不痛加懲絕則縱弛陵夷何以為國其有偽造之人坐以重辟官吏士庶能捕獲全火者白身則與補官選人則與改秩京官則比附酬賞凡所經由官吏僧道能審驗舉覺得實者亦重立賞格其有經由容隱不覺而發於他處者亦當根究重寘之罰仍令禮部與敕令所參定條法行下諸路州郡書之粉壁明以示人〈卷一萬九千二十八〉

從之　五年十月八日知通州喬行簡言竊覩見行條法計贓定罪元以二貫成足至紹興而增為三貫至乾道又增為四貫且令候絹價低平日別行取旨仰見祖宗違權適變不憚弛法以便民惟恐寘人於深罪今江北專用鐵錢近年以來比之內郡銅錢數輕三倍四絹之直為錢十千而犯贓者以絹定罪亦如銅錢以四貫為足贓輕罪重犯者易入深可憫惻事下大理寺申四川專法以錢計贓定罪者鐵錢二文當銅錢一文今兩淮用鐵錢與川郡事體一同合行下照用鐵錢去處並照應四川專法施行刑部以聞從之　六年二月二十一日刑部尚書李大性言慶元名例勑避親一法該載甚明自可遵守慶元斷獄令所稱鞫獄與罪人有親嫌應避者此法止為斷獄設蓋刑獄事重故差之官稍有親嫌便合回避與銓曹避親之法不同昨修纂吏部總類通用令除去名例勑內避親條法却將慶元斷獄令鞫獄條收入以此吏部循習每遇州縣官避親及退闕換闕之際或引用斷獄親嫌法抵牾分明兼斷獄令引兼之項如曾相薦舉亦合回避使此法在吏部用以避親則監司郡守凡薦舉之人皆當引去以此見得止為鞫獄差官所有昨來以斷獄令誤入吏部總類一節當行改正照得當來編類之時吏部元有避嫌條令却無引嫌名色故牽引



斷獄令文編入欲將元㕘修吏部總類法親嫌門內刪去斷獄令所有名例勑却行編入從之　八年二月四日吏部尚書兼詳定勑令官李大性等言慶元海行勑令格式一書先來用淳熙海行法并乾道五年以後至慶元二年終續降指揮刪修成書即是慶元二年十二月以前但干海行指揮其可行者已於此書該載又開禧吏部七司法一書先來用淳熙吏部法并淳熙二年以後至嘉泰四年十月終續降指揮刪修成書即是嘉泰四年十月以前但干吏部指揮其可行者已於此書該載凡是不合修者並行刪去品式具備昭著日星是宜有司一意遵守而吏胥為姦旁緣出入或以遠年續降已經刪修者復行引用殊失公朝修立成書之意所有海行指揮在慶元二年十二月終以前吏部指揮在嘉泰四年十月終以前凡新書所不該載者並不合引用其修書以後再有續降指揮却合作後勑遵用施行庶幾恪守成憲免致牴牾伏乞朝廷特降指揮仍劄付吏刑部照應遍牒施行從之　十二年十二月二十二日臣僚言京官知縣在法按罷如曾經推勘體究罪狀顯著滿二年後參用有不經取勘體究而贓證明白者滿一年半後參選其有按章內無贓濫實跡止因職事曠弛放罷後半年參選此臺部見遵守之法也臣竊謂官於近地者除道〈卷一萬九千二十八〉

塗日月之外猶有三兩月闕廢官於湖廣福建江東西等處則治裝般挈興道塗之程必須數月始至中都則半年之限已滿到即參部請臺劄無拘礙則是雖經按罷而罰不治其毫毛況有當敗壞之邑日欲求脫以罷為幸換授注闕反為得計乞行下臺部如二年一年半為限者仍舊限半年者自今後令展作一年須絕無贓濫方許參選如有違法科斂之人仍舊以年半為限不許援一年之例庶幾遵論而歸者略使家居循省伺候限滿不敢遽爾僥倖之望從之　十三年九月十八日大理評事趙[illegible]發言伏覩命官因臣僚論列監司按發不曾經有推勘體究之人並免約法乾道元年二月二十二日指揮也命官因州軍按發不曾經所司推勘體究之人並免約法此乾道二年十月九日指揮也至紹熙四年七月八日指揮則又謂按章內雖曾追勘干連人止泛言本官贓汙罪犯無的確犯由贓數證佐驗白之人並用免約法指揮且臣僚之論列監司郡守之按發豈得已哉往往審訂事迹考察情狀而後判來上然處其間有未盡實者所以立此三條是亦寧失不經之意也士大夫不能仰體此意至有不自愛重冒禁觸辜過惜是而覬免一至銓曹百計求脫經營關節織封事日交結胥徒扳援非例過犯狼籍而欲免約法者有之情本決私而欲約

以公罪若有之甚而約罪經涣戳人而欲改約者又有之不恤其法之不可行惟欲徇情以亂吾法乞自今臣僚監司州郡按發官吏每遇有部符閱刑寺之時其合該前項指揮並免約法其當約法之人大理寺先約罪附籍申省部照會省部亦附籍符寺照應俟犯人到選者部閱會照籍告示庶幾法令明信人知不可幸免皆為君子長者之歸從之　十四年十一月四日臣僚言曩時吏坐贓者或加徒黥甚至極與初未聞悔還而寬之也今官吏之盜財受賄往往事將敗露即作先期悔還竟從末减檢驗不定要害致命之因以違制論法至嚴矣而近者檢覆失實則廻為覺舉遂以苟免臣竊謂犯贓不應用悔還之律檢驗不定致死之因不當用與舉之令下刑部詳議從之　十五年十月六日臣僚言今士大夫遭論被劾昔或由風聞或指事實雖曰不經鞫勘是豈無一二之當其罪蓋亦反求諸己方且朝叩天閽暮經朝省以求改正比比皆是使其元犯有追勒者有永不與親民者有未許注擬入國門者有礙仕進之人猶當斟酌輕重行有等差至如始從編鉄放罷之類其官已叙具闕已注廻復汲汲于改正甚至追勒之人自詭伊戚情法兩重厥法行焉其于叙官在刑寺理期猶有可議惟是勒停一節初無叙復專條廻已蓋嚼訛與吏表裏徑行參選乞除之蠹莫此為甚乞下臣此章令刑曹勅局相與看詳立為定法除某件合改正外其餘不許陳乞如叙復追勒必申朝廷斟酌施行之　大典卷一萬九千二十八

以上寧宗會要



全唐文

宋會要　法律

校書吏試法律

太祖乾德四年八月十二日詔應刑部大理寺見任及今後授官並以三周年為滿如常在本司區別公事至滿日便與轉官如有蹤遺不准此任限　太宗太平興國七年八月詔曰朕以刑法之官重難其選如聞自來月給隨例折支宜令三司自今後少卿郎中已上料錢於三分中二分特支見錢員外郎已下並全支見錢如他官任刑法官者亦依此例　端拱二年十月御札朝臣京官等令御史臺告諭有明於格法者許於閤門自陳當議試可送刑部大理寺充職其大理寺官滿三年無闕一依元敕改轉　真宗咸平二年二月詔審刑院舉詳議官自今宜令大理寺試斷案三十道取引用詳明操履無玷者充任　初審官張齊賢奏審刑院舊例舉詳議官令刑部只試斷案二道俱通則便令赴職仍多改賜章服竊詳所斷案牘皆取其事小者以試之是以多闕中選真宗曰如此則求人不精何以懲之齊賢因請釐革四月知審刑院常有終言大理寺斷官每有公案定斷刑名經申奏後內降付審刑院詳議其議官看詳或寺司定斷刑名輕重未允即劄下本寺問難其本斷官各無所執遂而入狀改定謂

全唐文　大典卷二萬一千二百六十

之覺舉且法寺出入刑名朝廷畧無勘問甚非輕恤之義也欲乞自今若將杖罪入徒或徒罪入杖其本斷官具名銜以聞下本寺就勘取旨或杖笞罪遞互出入即依舊取覺舉官狀改正更不行勘從之　八月判大理寺王欽若言本司近日文奏甚簡請止留詳斷官張維等八人其張文晝等四人望令省罷詔從之文晝等悉授近便知縣　六年十二月詔自有有乞試法律者依元敕問律義十道外更試斷徒已上公案十道並於大理寺選斷過舊條律稍繁重輕難等者拆去元斷刑名法狀罪由令本人自新別斷若與元斷並同即得為通如十道全通者具狀奏聞乞於刑獄要重處任使六通已上者亦奏如獎擢五通已下更不以聞　景德元年四月詔御史臺刑部大理寺推直詳覆詳斷官年未滿諸處不得輒有奏舉先是推直官等有缺即令兩省給舍已上保舉而授之至有憚於案獄或別求舉奏改授他職故有是詔　二年三月二十四日詔自今所舉大理寺斷官刑部詳覆官已試斷案五道遣官與二司互考又審刑院言準敕與刑部大理寺詳定自今投狀乞試格法并審官院流內銓等處引見時乞試人並依元敕試律義十道合格外更試斷案三道兩道通者奏取進止所有奏舉到詳覆詳斷并揀選到法直官并審官銓司引見時不曾

乞試特奉聖旨與試人等止試斷案三道通二道者爲合格其兩項人所
試斷案以斷敕內取一人犯罪多者情款與試令得元斷刑名同即爲通
如罪犯易見者取兩人情款與元斷刑名同即爲通仍依近敕並差官與
刑部大理寺交牙考試詔從所請內試到三粗者基子仰徽連以聞別取
進止其選到審刑詳議官亦准此　五月詔刑部自今每定試斷案人前
一日差詳覆官一人親往大理寺委判寺少卿等臨時旋差斷官一人與
差出官同於公案庫內揀選自來條件稍繁輕重難等者公案即不得令
手分檢取仍據所借道數令判寺官實封具公文畫時牒送刑部只在本
廳收掌亦不得下所司收直候引試日當面與同監試官驗認大理寺元
封拆開揀試去却法狀斷語薰令詳覆官等同共監試令所試人自新別
斷其餘通否次第一依前後條貫施行　六月詔刑部大理寺三司法直
官副法直官等自來以令史轉充自今應法直官副法直官令銓司於見
選人中選流內官一任成三考幹謹無遺習書判者具名引見試斷案五
道差官與刑部大理寺三司交牙考試以可者充三司大理寺滿一年刑
部滿三年無私罪並與京官　先是端拱中樞密直學士寇準上言至是
申明之　九月詔審刑院詳議刑部詳覆大理寺詳斷官自令任滿如書
全唐文　卷二萬三千三百九十　二
罰四次已上未得考課引對其同簽連累者件析以聞當酌其輕重差降
任使內供職無遺曠者歲滿優與升奬　大中祥符元年正月詔曰刑罰
所施蓋資乎審克議讞之任當慎於選掄洛乃仕進之流能明科律之要
各宜自薦式協旁求應京朝官有閑習法令歷任無贓濫者許閤門進狀
當遣官考試如有可採即任以審刑院詳議官初審刑院刑部大理寺皆
闕屬官累詔朝臣保任及較試皆不中選乃有是詔　八月知審刑院朱
巽舉太子中允彭愈光祿寺丞張有則又知審刑院事劉國忠舉大理寺
丞閻允恭堪充詳議官詔刑部尚書溫仲舒給事中張秉同考試既而太
子詹事權判刑部慎從吉暨省寺衆官覆視仲舒等所試通粗不同而仲
舒等又引禮部侍郎魏庠等前試大理寺丞裴常前武昌軍節度推官慎
鍇前判尚觀察推官崔肯材所定通粗爲比詔令百官集議吏部侍郎張
齊賢等議裴常慎鍇亦不中程詔奪其官彭愈亦罷　三年四月權判大
理寺王秉式言本寺官屬多避繁重自今望令權詳斷官未替不得別求
任使如實不明法律委在寺衆官體量以聞方許外任正詳斷及檢法官
年滿亦候替人方得出寺從之其權詳判官以半年爲限　六年四月判
大理寺王曾等言自咸平元年編敕後至大中祥符五年八月續降詔敕



千一百餘道及諸路同引到行用詔敕
并新編敕三司編敕農田敕共三千六百餘道內有約束一事而詔至五
七者條目既廣慮檢據失於精詳望差官刪定詔令編敕所依咸平刪錄
六月詔自今應京朝幕職州縣官乞試斷案者委考試官等躬親就庫
密揀公案親自封記候試時於中更選合要道數依元敕精加考試不得
仍前令庫司簽檢致有漏泄其所試斷案須是引用格敕分明方始定斷
合用何罪勿使鹵莽如違其所試官並重寘之法其大理寺應係新舊簿
檢宣敕等庫自後並差官封鎖無使人吏擅有開閉　初中書以試律人
名進呈宰臣王旦言從來已有差遣或已授遠官雖是法寺要人恐涉規
避已不施行其間預試而中選者亦甚僥倖緣選人未經六考無兩人同
罪薦舉則無階升陟此輩雖六詳練格法或考試不精則幸者多矣或權
於審刑院則例改章服歲滿又加等差使以此尤須得人盡公程式帝曰
如卿所言誠有所試斷案往往先知詢至定刑則第曰合入徒罪合入杖
罪即不指陳犯何條格致得其罪自今選官精加考試仍更條約故有是
詔　十二月大理寺又言舊制審刑院詳議官大理少卿詳斷官三年滿
無遺闕考課改官景德中詔歲滿四經書罰者審官院以聞量其輕重殿
降差使如詳刑允當優與升奬向來審刑詳議官年滿雖有責罰亦優擢
全唐文　卷二萬三千三百九十　三
差使而本寺詳斷官偶有責罰不及四次者止授知縣則是詳斷官資敍
與監臨場務無異況京朝官充刑部詳覆官開封府諸曹參軍任滿日並
通判諸州令本寺日有檢斷鮮能無累欲望歲滿書罰不及四次者授通
判諸州以勵官屬詔自今兩經書罰情輕者奏取進止　八年閏六月詔
京官充大理寺刑部職任及御史臺主簿三司檢法官不得便服街行及
市肆下馬委御史臺糾察之　十月詔自今無得舉京朝官充大理寺檢
法官　天禧元年六月十四日詔大理寺自來所舉官內幕職州縣官須
及兩任六考今後但歷任及五考已上並許保舉從今寺之情也　二年
正月詔審刑院詳議官自今歲滿並令中書依例差遣　二月大理寺言
準大中祥符七年九月敕判寺咸度言本寺斷官八員檢法官二員近年
權差官充多不精　依咸平二年敕令審刑大理寺刑部
時詔依其請令所舉須經兩任六考　詳準天禧元年五月敕
舉奏幕職　及四考已上施行本寺欲乞比類　歷任五
考已上並許保薦仍於法官將滿前一月具名以聞所舉精詳法歷得遂
從之仍令自多所舉官先送審刑院試律義五道具通　以聞
閏四月　言劉　上疏言在京刑法曹掾之官近日多因

差授自今望下銓曹精擇寒素之士無得以權勢親屬充選從之　四年
四月三日審刑院刑部大理寺言衆官叅詳今後斷官法直官於年限未
滿前先次舉官内舉到幕職州縣官須曾有奏舉主者先還審刑院試律
義五道得通三者若斷官即更試斷中小案一道仍取斷敕合用律文者
如所試合得元斷敕即申奏施行如試律但通二已上及斷案雖不合元
斷刑名但引用條法節畧案款稍知次第亦自審刑院闕奏送大理寺試
案二十道委判寺官保明具可否以聞其法直官先試義外并斷中小案
稍知使用條法次第不必與元斷法狀一同但參驗曾習法律者並依例
以聞送大理寺試公事三兩月亦委判寺官保明可否以聞後更不得舉
京官充斷官詔從之并刑部詳覆法直官亦准此　仁宗天聖元年三月
判大理寺張師德等言叅詳詔條選人來試充法官自來下法寺考試能
否伏緣所試斷公案並是在寺府吏寫録行遣及掌管敕庫皆知所犯罪
人姓字并元斷刑名苟誠漏泄即有誤精求欲望自今並令御史臺考試
從之仍令審刑院大理寺知判官均輪差一員與斷官一員赴御史臺同
共考試　二年六月詔自今三司檢法官有闕令流内銓依公棟選保明
以聞其三司使副更不得保舉　八月十二日詔審刑院今後所奉詳議



官並須先會問本人如願充職方得奏舉其年滿詳議官候替人到交割
即得離院　先是同判貝州韓錫言詐爲審刑院舉充詳議官准中書劄
子發遣赴闕臣今情願不就詳議官仍乞舊任帝許之因有是詔　十月
吏部流内銓磨勘到選人王揆等八人歷任功過引見仁宗曰内有逐任
出入人罪者今後勿差充刑獄官　三年四月審刑院言近歲所舉詳議
官並須會問本人如願充職方得奏舉以此深煩往復頗亦淶便自今乞
更不會問從之　四年十一月二十三日詔今後舉到大理寺詳斷檢法
官年滿日且與一任家便知縣後即與同判差遣其見在寺官員年滿日
差遣一依舊例施行　五年九月二十一日中書門下言檢會去年十一
月得旨今後大理寺詳斷官檢法官年滿日且與一任家便知縣後即與
同判差遣其今後舉到刑部詳覆官年滿日欲依大理寺官例施行從之
六年十二月八日詔自今詳議官須是曾歷在京刑法司幷朝官方得
奏舉充職其詳斷詳覆法直官亦須幕職州縣官内選舉精練格法者充
如到職後却有法律生踈稍涉私徇其先舉官重寘之法　七年九月詔
今後所舉法官令審刑院刑部大理寺知院主判官等並令同罪保舉
十一月詔自今刑部大理寺與幕職州縣官充詳覆詳斷法直官等如職



任内犯入已贓其舉主並當同罪或舉主不至追官停任及該赦原免并
遇減降者具情理取旨或降官秩或降差遣如職任外犯贓罪於所犯人
下減二等更不取旨若在任及離任後犯私罪其舉主更不收理　九年
二月詔自今後所舉大理詳斷法直官須有出身令録已上歷任中曾充
司法或録事參軍或職官各成資官者闕詳斷法直官並須先取索目前
乞試斷案人但歷五考已上者令衆官將元試卷看詳取其通數稍多引
用不失者並許保舉更不拘資品若其闕無人或未知行止即且依前項
指揮舉官其考試所舉之人律義依舊只試五道内問疏義二道以二通
已上爲中更試中小案三道其案取約三道刑名無以重罪引用律條者
合試若得一通或二粗即免試公事便除京官若試得一粗或書劄稍堪
引用有取者亦與聞奏送本寺試斷案三二十道如堪充職任本寺主判
官已下保明以聞其所試如重罪閒輕罪内差錯一件刑名亦許爲同或
輕罪不同重罪引用刑名正當高下差誤一等於杖徒流死刑名同差者
亦許爲粗其法直官依舊試律義外亦以舊案三道試鋪引法仍以都引
刑名條數十分爲率得六分同者爲合格試日令審刑院差詳議官二員
大理寺差判寺或權少卿臺省御史臺同試其所舉人並須見在任及歷



任曾有轉運發運使一人或太武升朝官二人同罪奏舉依銓格合充舉
主人數者方得奏舉若充大理寺詳斷檢法官年滿日再任者亦聽如轉
官及三周年使與磨勘候再任滿日與折一任知縣差遣便通判　自是
刑部詳覆法直官亦據此詔從之其合該轉官資年限即依舊例如願再
任者亦聽　明道二年十一月詔刑部天下旬奏公事令法直官與詳覆
官分定看詳候二年滿日如在任舉駁覆奏公事别無不了即乞與轉京
官更一年滿日别舉官充替　景祐二年二月九日中書門下言審刑院
大理寺刑部當職官員供職懈慢今後並須早入晚出所有公案文字仰
逐旋結絶仍令御史臺覺察從之　三年十一月三日新判湖北路轉運
使司徒昌運言乞今後詳斷官滿日依敕選充審刑詳議官詔自今審刑
詳議官有闕於弁滿者即於外任曾歷詳斷詳覆官内保舉曾出入人罪
者勿舉　寶元元年六月三日三司檢法官孫杭言三司刑名之有疑者乞如
開封府例許至大理寺商議從之　康定元年三月七日大理寺言檢詳
斷官郭昌等狀今後案牘應係法寺定斷者其主行之人受贓者請以枉
法論從之　皇祐四年三月十四日詔大理寺詳斷官自來大事限三十日
中事二十日小事十日審刑院追各減半然不分有無禁囚大懼炎釀之

除待報淹久起今四月盡六月案内係有禁囚者減限之半其益梓利夔廣南東西福建荊湖南等州軍即依急案例斷奏　嘉祐六年八月二十九日詔審刑院大理寺日有諸路州軍奏到公案慮失於審慎既致滯留今後審刑院大理寺詳議詳斷官闕直令知院判寺少卿與學士院御史臺舍人院同罪輪舉法律精熟論議通明之人以聞餘依照條仍令詳議詳斷官每至月終各具所斷未了公案道數承受月日朱書大中小事元限月日作單狀仰知院判寺少卿於次月五日以前類聚繳連以聞其詳議詳斷官更不得差諸處句當　英宗治平元年十一月二日中書門下言新差提點兩浙路刑獄公事賈壽言審刑院大理寺詳斷諸色公案並須詳定同進如經奏斷後失錯兩司官吏等並不在覺舉之限然苟有失錯不許自陳則慮法官雖覺其失懼於科罰不肯自引其咎而就責如此則仍枉之罪未必發露徒使罪人枉陷重辟已經奏斷但於犯人未行決間維自覺舉改正許從律文原減之法檢會今年五月七日詔審刑院詳議刑部詳覆大理寺詳斷官如斷案或定奪差失雪罪不當及失舉駮曾經勘罰及三次者並當責降已上雖經赦降並理為次數如事係重大或有涉情弊雖知一次亦當重行降黜其檢法法直官錄條差失者亦準此



卷二萬三千二百九十

六

及仰刑房置簿畫時抄上不得漏落如次數合該責降使仰檢舉施行詔今後所入事狀並須主判官等連簽如三次改動刑名元斷官議官並埋為一次勘罰其大理寺一司不在覺舉條更不行用及仰刑房置簿如前敕施行　神宗熙寧元年二月十六日大理寺言敕閣自來輪差詳斷法直官兼監半年一替緣斷官日詣審刑院商量文字及中書密院勾喚不定難為專一監守欲乞專差檢法官二員監敕閣更不輪管本寺紙庫錢庫簽書銓曹審官院文字及檢法直官房依舊於閣下仍差歸司官二人府試二人同監管句舊條審刑院刑部大理寺不許賓客看謁及閑雜人出入如有違犯其賓客并接見官員並從違制科罪乞并親戚不許入寺往還所責杜絕姦弊從之　五月六日御史臺言看詳奏舉乞試法官等條制令與審刑院大理寺衆官將前後所降指揮參詳到六條委得經久可行所有今日以前應係試法官敕劄乞更不行用從之　三年三月二十五日詔試用法官條貫候法官皆是新法試到人即依此施行立定試案鋪刑名及考試等第式樣一卷頒付刑寺及開封府諸州仍許私印出賣九月令考試法官所分為三等考定所試之人如無合入上等之人即止從本寺仍逐場未得駮放合各具等第通數以聞　五年五月十四日詔



大理寺詳斷官每二人同共看詳定斷文案外更於奏狀上繫銜仍同點檢從本寺所請也事具大理寺



卷二萬三千二百九十

七

宋會要　刑法禁約
太祖建隆四年七月九日，武勝軍節度使張永德上言：
當道百姓家有疾病者，雖父母親戚，例皆捨去，不供飲
食醫藥，疾患之人多以饑渴而死，習俗既久，為患實深。
已喻令後有疾者，不計尊幼，並須骨肉躬親看視，如吏有
違犯，並坐嚴科，從之。乾德四年五月十三日，詔曰：如聞
西川諸色人移置內地者，仍習舊俗，有父母骨肉疾病，
多不省視醫藥，宜令逐處長吏常加覺察，仍下西川管
內並曉諭禁止。八月五日，詔曰：朕自下巴邛，繼行恩
宥，務去煩苛之政，俾蘇疲瘵之民，尚念國家之歲賦，常
祖猶令蠲免，臣下之倍稱出息，豈可誅求？應西川諸州
卷二萬一千七百七十七　一
人戶自前有負偽國臣僚債放出利錢帛者，詔到日並
與除放。如或元非出利，及今後別有逋債，不在此限。所
在長吏其備錄詔書，以諭闕內百姓。二十二日，詔曰：
時和年豐，有國之瑞；令三農不害，百姓小康，夏麥既登，
秋稼復稔，倉箱有流衍之望，田里無愁歎之聲，實上天
之垂休，豈涼德之所致。諸道刺史、縣令，職在養民，所宜
敦勸，各令儲蓄，以備凶荒，尚慮下民恃此豐登，廣有費
用，或蒲博好飲，或游墮不勤，有一於此，是為棄本，倍宜
約束，無抵憲章。所在長吏及令佐等當明加告諭，使知朕
意。六年六月十一日，詔曰：厚人倫者莫大於孝慈，正
家道者無先於敦睦，況犬馬尚能有養，而父子豈可異

居？有傷化源，實玷名教。近者西川管內及山南諸州相
次上言，百姓祖父母、父母在者，子孫別籍異財，仍不同
居。詔到日，仰所在長吏明加告誡，不得更習舊風，如違
者並準律處分。開寶八年正月二十六日，詔：今後或
有丘園宿德、鄉縣耆年，並委所在州縣官等時與延容，
親加問訊，察人民之疾苦，除胥吏之誅求。凡有踰違，咸
須改正。太宗太平興國六年十二月二十九日，詔中
外官吏以告身及南曹歷子於貫逼權息錢者，並禁之，
違者官為取之，不償其直。七年五月二十二日，詔曰：
書云：民為邦本，本固邦寧。傳云：人生在勤，勤則不匱。故
一年耕則有三年之食，百日勞則有一日之息，所以敦
卷二萬一千七百七十七　二
本厚生，足兵足食之大略也。如聞南畝之地，污萊尚多，
比屋之民，游墮斯眾，歲稔則犬馬或餘於粱肉，年饑則
妻子不厭於糟糠，罕能固窮，遂至冒法，豈君人者教化
之未審，而為吏者誘道之乖方？宜伸交儆之詞，式變已
然之俗。令膏澤屢降，麰麥將登，當及此時，便為儲蓄。應
州縣長吏限詔到日告諭鄉民，常歲所入，除租調外，不
得以食犬彘，多為酒醪，嫁娶喪葬之具並從簡儉，少年
無賴輩相聚蒲博飲酒者，鄰里共捕之。凡爾庶民，宜體
茲意。九月二十五日，詔曰：應沿邊州軍縣鎮等，朕尊
臨萬國，子育兆民，思欲覆載之間，盡躋仁壽之域。兵者
凶器，豈必用之？況契舟一邦，素無釁隙，頃歲交通使命

各保封疆亭候無虞烽塵罷警尋以太原舊壤僭竊相承毒害生民拒違朝化朕所以親提銳旅直抵孤城蓋為伐罪之行靡有黷武之意而契丹朋附逆黨棄背驩盟輒率氊裘之民來為脣齒之援蚊蝱暴集不免於驅除豺狼無厭須行於翦滅既平汾晉尋幸塞垣靡辭再駕之勤親冒全燕之地諒茲曲直炳若丹青邇年金革甫寧創痍漸復百姓等各思安堵勉務力田不得闌出邊關侵撓帳族及掠奪畜産擾動邊陲宜令所在州縣嚴加詗邏違者重論其罪生口羊馬等並送於塞外以稱朕屈已息民之意焉　雍熙二年閏九月二十四日詔曰嶺嶠之外封域且殊蓋久隔於華風乃染成於汚

卷二萬一千七百六十七

三

俗朕常覽傳記備知其土風飲食男女之儀婚姻喪葬之制不循教義有虧禮法昔漢之任延理九真郡遂變退陋之地而成禮義之俗是知時無古今人無遠近問化之如何耳豈有弗率者乎應邕容桂廣諸州婚嫁喪葬衣服制度并殺人以祭鬼病不求醫藥及僧置妻孥等事並委本郡長吏多方化導漸以治之無宜峻法以致煩擾　初帝覽邕管記知其俗陋故下是詔　四年正月十日帝以萬州所獲犀皮及蹄角示近臣先是有犀自黔南來入忠萬之境郡人因捕殺之詔自今有犀勿復殺　淳化元年八月二十七日峽州長楊縣民向祚與兄向收共受富人錢十貫俾之採生巴峽之俗殺



人為犧牲以祀鬼以錢募人求之謂之採牲祚與其兄謀殺縣民李祈女割截耳鼻斷支節以與富人為鄉民所告抵罪著作郎羅處約奉使道出峽州適見其事抗疏以聞因下詔劍南東西川峽路荊湖嶺南等處管內州縣戒吏謹捕之犯者論死募告者以其家財畀之吏敢匿而不聞者加其罰　九月二十一日崇儀副使郭載言前使劍南日見富人家多名贅婿與所生子齒富人死即分其財貧民多捨其父母出贅甚傷風化而益爭訟望禁之詔從其請　二年閏二月十九日詔曰京城先是無賴輩相聚蒲博開櫃坊屠牛馬驢狗以食私銷鑄銅錢為器用雜物並令開封府嚴戒坊市捕之犯

卷二萬一千七百七十七

四

者斬隱匿而不以聞及居人邸舍僦與惡少為櫃坊者並同其罪　四月二十七日詔雷化新白惠恩等州山林中有羣象民能取其牙官禁不得賣自今許令送官以半價償之有敢藏匿及私市與人者論如法　六月二十三日詔陝西路諸州戒疆吏謹視有掠生口闌出邊關賣與戎人者捕之寘于法匿不以聞者同罪　七月二日詔先是黃門方保言獻議於邠寧慶等州買羊分遣官健牧養村野間侵民田妨種蓺數郡被其害自今宜罷之　七月詔江南兩浙諸州民先娶旁妻在太平興國元年已前者為人所訟不得受　十二月詔嶺南諸州幕職州縣官等並許攜妻孥之任秩滿不得寄

寓於部內，違者罪之。先是黄播以知縣秩權守象州，寄孥於桂州。播被疾且革，潛遣迎妻子至治所。疾愈，自陳於轉運使，因復遣妻子詣本處。本道以聞，帝憫之，釋播罪而降是詔。十二月十日，詔曰：「地氣方閉，不可起衆興作，以發天地之氣，致生人之疾疫。應京城諸處力役土功，並宜權罷，以奉順時令焉。」三年十一月二十九日，詔曰：「兩浙諸州先有衣緋帬巾單執刀吹角稱治病巫者，並嚴加禁斷，吏謹捕之。犯者以造妖惑衆論，實于法。」五年二月二十六日，詔劍南諸州民為州縣長吏建生司堂者，宜禁之。先是官吏有善政，部內豪民必相率建祠宇，刻碑頌，以是為名，因而掊斂，小民患之。

以上《永樂大典》卷二萬一千七百七十七



帝知其事，故降是詔。五月十二日，詔曰：「先是歲用蒿數十萬圍供甄官及尚方染作，自今染作以木柹給之。造弓弩先用牛筋，自今工官為弓弩，其縱理用牛筋，佗悉以羊馬筋代之。」歲省牛筋千萬。帝孜孜政理，應物有横費，恐吏督責急而民有屠耕牛以供官者，故下是詔。八月三日，詔應文武臣僚子弟因父兄亡歿錄用者，如未經百日輒出弃且哀求仕、釋服從吉者，仰御史臺察訪聞奏。至道二年八月二十八日，詔制置劍南峽路諸州旁户。先是巴庸民以財力相君，每富人家役屬至數千户，小民歲輸租庸，亦甚以為便。上言者以為兩川兆亂，職豪民嘯聚旁户之由也。遂下詔令州縣責任鄉豪更相統制，三年能肅靜寇盜、民庶安堵者，並以其豪補州縣職以勸之。道職方員外郎時載、監察御史劉師道乘傳賫詔書諭旨。既而載等復奏：「旁户素役屬豪民，皆相承數世，一旦更以他帥領之，恐人心遂擾，因生佗變。」帝然之，其事遂寢。真宗咸平元年十月二十八日，禁峽州民殺人祭鬼。二年七月二十二日，司封員外郎高如晦言：「三司每下牒諸州，多失通濟，或折科物色非有所產，或移割税賦不便於民，或言若徇公而奇在私曲，或事若利官而貽患於後。如此條件甚衆，外方既為所統，一例遵承。欲望自今許諸州軍長吏詳視，如理實有害，即具駁奏。」從之。三年六月六日，詔河北

以上《永樂大典》卷二萬一千七百七十七



諸州軍凡有科率，本官當親閲文簿均配，不得專委廂鎮，違者罪之。十六日，著作佐郎胡則言，請課河北縣種榆柳以備材用。從之。四年十二月二日，詔曰：「昨益、利、彭州戍兵謀亂，自貽刑憲，來就誅鋤。眷彼黎甿，或多反側，用寬詿誤，式廣好生。宜令逐州除逃亡徒黨見擒捕外，其餘一切不問。」及以西蜀自王均叛渙之後，人心未寧，亦有小民潛相誑惑，宜令長吏嚴切警察，如有訛言動衆、情理切害者，斬訖以聞。五年四月十二日，詔西川官吏勿留東人，從知益州馬知節請。景德元年十月三日，令河東、陝西沿邊州軍倉場謹火禁，備戎謀也。十一月十五日，詔留守司如車駕離京後有無賴

不逞輩騷動人民情理難恕者並斬訖以聞　二年二
月二十五日詔曰頗聞戎人所窩潛寘毒於餅罌投之
井中留害民庶閒者永靜軍多獲此藥宜布告河朔使
知其事　九月九日詔舉放息錢以利為本偽立借貸
文約者從不應為重科罪　十月十一日詔京東近經
水潦應州縣不急之務擾民者悉罷　三年六月六日
禁諸路轉運使副諸州官吏與管內官屬結親違者重
寘其罪　八月十日詔渭州鎮戎軍向來收獲蕃牛以
備犒設自今並轉送內地以給農耕宴犒則用羊豕
九月二日開封府言文武官亡歿諸寺擊鐘未有定制
欲望自今大卿監大將軍觀察使以上命婦郡夫人已

卷二萬一千七百七十七　七

上許於天清開寶二寺擊鐘其餘悉禁從之　十月詔
如聞陝西沿邊州郡游惰之民聚而捕博急則為盜恣
擾鄉閭宜令所在申明舊詔嚴行禁之　十八日詔如
聞河北官吏市民物給直不當價宜令轉運使以前詔
揭榜戒之　十一月八日詔應以歷代帝王畫像列街
衢以聚人者並禁止之　十二月二十日詔牛羊司畜
孳乳者並放牧之無得宰殺　四年八月十五日詔自
今內庭及舍光等殿在京諸處齋醮內臣於諸司庫務
宣索物料並令庫務具名數押書付逐司方得給付給
訖逮內臣文字實封送三司置籍毋旬具兩本進內一
留中一下尚書內省用印憑由除破其奉詔監蒞者事



畢亦具費奏聞錄別本送三司憑由勘驗如前制　先
是內中須索文記委都知司勘驗除破頗有留滯踰年
未能結絕者仍令樞密院三司議定此制因出內省所
批文簿數卷示宰臣皆以諸司奏知牘背為之帝曰宮
中用此記事始自先朝凡宮禁有費多此類也朕常以
在京廨舍營宇所費材木素無條約三司提點司不能
盡察因令事材場八作司日具支用件狀進內遍者閻
承翰面陳官廨棟析望傳宣給換因知有此條約不敢
妄費蓋關西採市羣木軍民甚勞若無禁制其弊滋甚
矣　九月十六日詔曰所寶惟穀兆民之天出於耕耘
是謂勞苦今萬邦嘉靖五穀大穰是謂有秋允符上瑞

卷二萬一千七百七十七　八

如聞里巷所棄捐宜令開封府告諭民無得棄擲米麥
食物犯者重寘其罪　十月七日詔京城倉場受芻糧
勿得留滯令三司開封府察之　大中祥符元年六月
八日詔曰朕憂勤視政清淨保邦將儉德以是遵庶淳
源而可復乘輿服御之物已屏於紛華宮闕苑囿之規
當存於樸素至於王公戚里鄉士庶民因贈遺以相誇
翦繒綵而為飾且念蠶績所出機杼斯勞安可滋侈麗
之風為浮靡之用宜申誡告用示予懷應寺觀祠廟許
依舊外大內及宮院諸苑囿等自前已有綵繪者若便
塗改益成勞費宜令依舊今後止用月白不以五綵裝
飾皇親士庶之家亦不得施用其鏽勝除恩賜外許用

綾絹不得用羅諸般花止許用草不得用練帛　十月
一日詔內臣傳宣取索並令齎御寶文字爲號仍先降
式付所由司以辨詐妄　二年正月一日因觀殿庭假
花株帝曰此花承前多剪繒綵爲之今止用草自茲郊
裡青城園苑亦令準例　十二日詔曰字民之術敦教
爲先眷乃細民尚迷至化但謀酣樂罔慎行藏或靡顧
宗親顯求析戶或不聞尊長潛舉息錢頗開獄訟之源
終致流離之苦念茲多僻宜示禁科自今有誘人子弟
求析家產潛爲不逞及輒壞墳域者仍逐處即時捕捉
并許本家親族鄰人陳告鞫按以聞當議決配其知情
放債人所假錢物不在還理之限如因事彰露應干繫

卷二萬一千七百七十七　九

官吏鄰保並等第勘斷　時開封府民孫亮誘豪家子
韋日新遊飲無度私舉息錢亮又假詞訴理祖業求析
家產命分配兗常州牢遂以戒中外焉　四月二日詔
金明池每歲爲競船之戲縱民游觀者一月仍許群官
游賞御史臺皇城司不得察舉　五月二十一日直集
賢院楊侃請令諸州縣無遣胥吏下鄉追事從之　六
月十一日詔曰如聞京城多有無賴輩妄稱稟命詷察
諸司宜令三司捕而懲之　二十一日詔文武官自今
非公事不得入東百司諸公局如監臨官挈家止廨宇
者許親故來往無得妨其公事　三十日禁皇親募工
造侈靡服物　七月四日詔曰禁呪之方擊刺之術既



靡緣於南畝實有亂於齊民言念僻違用申科禁其河
北諸州軍民戶惰棄農業學禁術槍劍桃棒之伎者自
今委諸縣令佐常切覺察違者論如法重者以令衆
十六日詔洞真宮及諸公主宅所須之物任便市易勿
令雜買務供應　時駙馬都尉柴宗慶家僮自外州市
炭入京城所過免算至則盡鬻以取利復於雜買務市
炭重取之家僮輩競有求丐故禁絕之　十九日詔澶
州自今民以耕牛過河者勿禁　時河朔牛疫河南民
以牛貿易者甚衆而澶州浮梁主吏輒邀留之故也
二十二日詔河北沿邊州軍公吏不得非禮使之時邊
郡以北境遣使朝聘爲之主禮常隸習樂部以備宴犒

卷二萬一千九百七十七　十

復教公吏爲俳優至有以醜言斥軍校咎累爲之戲笑
者人或不堪帝以爲非馭下之體故戒之　三年正月
二十七日知天雄軍寇準言振武等軍士援送契丹使
過境已各給裝錢詔以準不當擅有給賚命備償還官
二月二十五日禁荆南界殺祭棱騰神　三月十八日
詔如聞太康縣民有起妖祠以聚衆者令開封府即加
禁止　四月二十九日詔訪聞關右民每歲夏首於鳳
翔府岐山縣法門寺爲社會游墮之輩晝夜行樂至有
姦詐傷殺人者宜令有司量定聚會日數禁其夜集官
司嚴加警察　四年正月十六日詔江湖間貧民捕魚
豪戶不得封占　九月三日詔諸路州軍縣鎮應文武

官見居遠任家屬寓止者如其子孫弟姪無賴不幹家業即嚴行約束苟不悛革則并其交游之輩劾罪以聞 十一月十四日詔諸路轉運提點刑獄安撫等司自令不得牒監場務京朝官使臣令體量州縣官吏 以其統攝之下言多不實故也 五年正月十七日詔訪聞閤門內有人衆目爲先生每夕身有光能於隙竅出入無礙是必妖妄惑衆其令開封府速擒捕禁止之 五月十三日詔川陝諸屯兵草茅覆屋連接官舍頗致延火宜令自今壞者漸易以瓦無得因緣擾民 六月二十六日詔沿邊民有盜契丹馬趣近南州軍貿市者宜令所在嚴禁止之 七月十日知益州李士衡言

卷二萬一千七百七十七

十一

永康軍村民社賽用棹刀爲戲望行禁止從之 十九日開封府言三司先降紙式並長二尺三寸付洪歙州擣造除給中書樞密學士院外自餘止用次等黃紙非詔勅所用悉染淺色近日頗有踰式者望申明前禁從之 閏十月十四日詔訪聞邊臣每正至五鼓即張燭慶賀日聚宴樂至有夜分而城不扃者自今不得復然 六年三月二十七日詔兩京諸路場務津渡坑冶等不得令仕官之家該蔭贖人主掌其合該贖金及耄者即以次家長代之 先是陳留縣民田用之盧昭一爭奪酒務用之父見任幕職昭一身爲試秩因條約焉 七月二十四日禁內外羣臣市官田宅 八月二十六

丘慶節下同

日禁沿邊寨軍中子弟閱習樂聲 上封者言其勞擾故也 九月二日詔如聞貿賣邸舍而隣並權要家留其契券以艱難之可申明約無使復然 十一月五日詔申嚴火禁 七年五月四日詔兩浙諸州有屠牛充膳自非通議烹宰其因緣買者悉不問罪 初司勳員外郎孔宗閔上言浙民以牛肉爲上味不逞之輩競於屠殺事發即逮捕滋廣請釋不問罪狀下兩浙轉運使陳堯佐悉同其議故有是詔 二十四日吏部流內銓言諸州有親屬爲部內官者到任一考已下依舊對換一考已上請令俟成資日依得替例放罷從之 七月二十六日詔兗州壽丘慶丘非行禮禁人登陟 八年

卷二萬一千七百七十七

十二

正月十七日上封者言自今文武官受川陝任其家族有因依而輒攜赴者請不許首罪從之 十九日詔如聞諸軍三命卒每擒獲多妄引同輩常共賭博逮捕既衆豈無濫刑自今有司更勿窮究止用本罪論決 二月十六日詔皇城內諸司在京百司庫務倉草場無留火燭如致延燔所犯人洎官吏悉處斬番休者減一等 九年四月十一日禁江南民賣鰾膠違者一斤已上以不應爲重論 六月二十七日詔以物價至賤令小民無得輕棄食物違者重寘其罪 七月三日禁民私販紫赤礦 二十三日詔中書門下令者屬歲律之云秋慶甫田之多稼忽茲憖亢遂產蟊螟惟部吏之侵漁

則孽蟲之紛擾感召之應。古令攸同。令後僚寀各守官
箴，勿貽公議。子弟等務思進益，無至踰違。苟揚令淑之
名，必行甄奬；或至悔尤之咎，諒不矜容。咨示宰府，奉而
行之。　八月五日，禁京城殺雞。　十五日，詔曰：「蔵牧之
畜，農耕所資，盜殺之禁素嚴，阜蕃之期是望。或罹宰割，
深可憫傷。自令屠耕牛及盜殺牛，罪不致死者，並繫獄
以聞，當從重斷。」　九月十六日，詔民負息錢無得逼取
莊土牛畜以償。　十一月九日，禁廣南西路白鑞。一本作臘鑞旁字是
天禧元年正月二十八日，禁陝西採
盧甘石。　八月十二日，禁採捕䍐。　十月七日，内殿崇
班閤門祗候羅元備言：「伏見諸路苗稼栽茂，即奏豐稔，
卷二萬一千七百七十八
或多失實。自令請候登稔乃許以聞。」詔從之，其已奏豐
稔而非時災沴者，即須言上，違者重寘于罪。　十一月
十六日，禁川峽民畜飛獒。　二年十一月二十五日，祕
書丞朱正臣言：「前通判廣州，竊見蕃商多往交州貿易，
齎黎字及砂鑞錢至州，頗紊中國之法。望自令犯者決
杖配牢城，隨行貲貨盡没入官。」詔廣南轉運使泊廣州
覆議。既而上言：「本州海路與交州占城相接，蕃商乘舟
多為海風所漂，因至外國，本非故往貿易。欲望自令應
齎到黎字砂鑞等錢，並没入官，其餘博易所得布帛，取
三分之一。餘悉還之。所犯人以違制失論從之。」　三年
七月三日，詔河東路不許攜家赴任州軍有官員挈家

在彼者，並令遣離本任。　二十五日，屯田員外郎鍾離
瑾言：「竊見諸州長吏纔境内雨足苗長，即奏豐稔，其後
霖潦霜旱蝗螟災沴，皆隱而不言，上罔朝廷，下抑民俗。
請自令令諸州有災傷處，即時騰奏，命官檢視如所部。
豐登亦須候夏秋成日上奏，如奏後災傷者，聽別上言。
隱而不言者，論其罪。」從之。　十月四日，詔益梓州夔州
路沿邊夷人有銅皷銅器，許於夷界用之，州縣勿責其
違禁。其内地百姓齎入夷界賣鬻者，即依詔勅論罪。
先是，富順監言：「始姑鎮夷人家有銅皷，子孫祕之，號為
古族，而朝法所禁。」因有是詔。　十三日，禁興州三泉縣
劍利等州白衣師邪法。　十六日，禁京師民賣殺鳥獸
卷二萬一千七百七十八
藥。　四年四月二十四日，詔訪聞忻代州民秋後結朋
角觝，謂之野場，有殺傷者，自令悉禁絶之。　九月二十
六日，太子太保王欽若請令江淮制置使罷顧民船兩
浙淮南，權罷和羅，聽商旅入中，並從之。　十二月八日，
詔自令中使傳宣齎手詔御寶文字赴中書樞密院，係
遷秩加恩事，並先赴入内都知司上籍覆奏訖，仍給付
施行。　仁宗天聖元年閏九月二十六日，詔應翰林醫
官院、司天監、天文圖畫院但係藝術官等處，令後更不
得妄進文字，并告託皇族國親形勢官員請求干黷乞
行奏薦改轉名目、服色及夾帶實封文字，希求恩澤。如
違，據所降出求恩澤人姓名，科違制之罪。或有所進文

狀者仍令閤門承進常切點檢別無違礙方得進入　二年二月十二日殿中丞李丕緒言乞止絕内外姻戚不得更有陳乞班行等充外郡衣襖使命詔今後差下押衣襖使臣坐此奏取知委結罪文狀　七月十三日侍御史兼知雜事姜遵言臣僚取便於三司開封府省謁并帶職文臣等出節呵止有違條貫及翰林醫官司天監丞等未轉至朝官多隨服色佩魚並乞嚴賜止絕是皆舊有條約久而稍弛有司不能振舉詔申明之

三年三月二十二日詔金明池教習船有司列水嬉士民觀者甚多有蹴踏而死者令本地分巡防人員止約令勿奔湊　十月九日詔得替知州通判都監監押幕

卷二萬一千七百七十七

十五

職州縣官不得將逐處公人於益州止射占留綱運管押　四年四月十八日翰林學士夏竦言福建廣南接江南西路百姓於山澤中採取龜倒埋塪中生伐去肉聲動數里人不忍聞暴殄天物最為楚毒又只取殼上薄皮數片謂之龜筒賣與私作玳瑁器人得直至微伏乞禁止從之　閏五月六日中書門下奏檢會天僖元年敕文應諸道州府軍監縣等承受得三司非次有科取收買製造物色等並須畫時具事由實封聞奏内有科率農民事非急切及數目浩大者仍須別候朝旨諸路轉運提刑司每承朝旨降下諸色人論訟公事其間甚有不銷一例差官事件今後仰逐司詳上件事理施行



帝曰事貴簡淨勿至勞擾百姓前來條貫並令申明施行　五年二月二日中書門下言北戎和好已來歲遣人使不絕及雄州榷場商旅往來因茲將帶皇朝臣僚著撰文集印本傳布往彼其中多有論說朝廷防遏邊鄙機宜事件深不便穩詔今後如合有雕印文集仰於逐處投納附遞聞奏候差官看詳別無妨礙許令開板方得雕印如敢違犯必行朝典仍候斷遣訖收索印板隨處當官毀棄　七月九日詔應今後停罷命官使臣不得過河西至府州縣收買羊馬興販　八月七日河東路提點刑獄朱正辭言河陽懷澤州已來鄉村百姓百十人為羣持幡花螺鈸鼓樂執木槍棹刀歌舞叫嘯

卷二萬一千七百七十七

十六

謂之迎聖水以祈雨澤斂取錢物誑惑居民　閤門祗候韓永錫言陝西州軍及京畿許鄭界少壯子弟聚集起置上廟朝嶽社人名著青緋衫子執擎木槀棹刀及木槍排旗子沙羅作隊迎引祀〔祭〕之物望行禁止中書門下檢會編敕諸色人上嶽及祭諸祠廟並不得置造平頭輦黃涼傘黃纓蕝緋鞍復條禁物色并亂集眾人執擎兵刃如違畫時收捉勘斷詔神社槍旗等嚴行鈐轄如有違犯内頭首奏取敕裁及許陳告　九月二日御史臺言開封府近日多有臣僚取便出入看謁雖有先降敕命未聞遵守施行詔令御史臺街司常切覺察聞奏

七年閏二月二日詔見任近臣除所居外無得於京

師廣置屋業　六月十一日殿中侍御史朱諫言河北
邊城每進奏院報狀至望令本州實封呈諸官員若事
涉機密不為遍示從之仍令轉運使密為告諭　二十
五日三司言準詔臣僚置莊田以三十頃為限將吏十
五頃為限仍只許一州之內典賣伏緣有修營墳域之
家若只一州處有地非便宜或塋域狹隘須移他處營
葬者欲望除莊產外聽別置墳域以五頃為限奏可
十二月八日東染院使張可用言邊州官員頗有連宵
聚會及非時開閉城門者望申禁止奏可　九年正月
十八日詔京城救火若巡檢軍校未至前聽集鄰衆赴
救因緣為盜者奏裁當行極斷　帝聞都輦閭巷有延

卷三萬一千七百七十七　十七

燔者火始起雖鄰伍不敢救第俟巡警者至以故焚燔
滋多因有是命　二月十三日御史中丞王隨言選人
歷任有負犯停殿或因監司奏不理慢公者望自今委
吏部勘會勿許改名奏可　五月二日上封者言按長
定格乾德六年八月詔書臣僚違越不公許人陳告獎
擢望申舊敕以儆臣倫奏可　閏十月十五日詔如聞
諸路進奏官報狀之外別錄單狀三司開封府在京諸
司亦有探報妄傳除改至感中外自今聽人告捉勘罪
決停告者量與酬賞　十一月十八日詔夷門山繁臺
公私無得掘土委開封府覺察聞奏　十年三月五日
上封者言諸州知州總管鈐轄都監多遣軍卒入山伐



薪燒炭以故貧不勝役亡命為盜詔申條約自今犯者
嚴斷仍委轉運使察之　八日詔以京城民舍頻有延
燔慮奸狡之輩作過聽人陳告得實賞錢百千　五月
十六日遂州李景上言僧遊峨眉山者茍無約束恐致
為非望降詔須限一月發遣出山詔申一季之限　六
月八日詔廣南福建江浙官無得乘轎出入如山險及
病跨馬不得者聽　二十一日筠州何申甫言臨江軍
婦人沈慄以鼠莽草殺夫以移告管內辨此草鋤根竊
意它州亦有乞令劃毀從之　七月六日上封者言外
任臣僚有貪汙不公虐民害物者轉運使雖知事端又
未有論訴發覺只以見吏體量別具聞奏洎至中書但

卷三萬一千七百七十七　十八

以所奏送審刑院準備他日斷案規免收理若所犯人
至替事不發覺即無懲戒欲望自今但為轉運司體量
者即令審官三班吏部銓上簿拘管縱不發露得替到
闕亦與降等差遣如應磨勘亦腳色之內著其事詔從
之　明道二年四月十七日詔比來羣臣宗戚命婦廣
託進奉干祈恩澤自今例得進奉外餘一切止絕委有
司覺察其違凡寺觀所進乾元節香合山儀悉停惟功
德表疏許官司附驛騰奏內東門司受接以聞所當賜
者內東門司據例取旨凡事有傳宣指揮許有司實封
覆奏官應升殿者翌日面審進止其內批改官若差任
或事應商量者未得即行委中書門下樞密院審取處

分凡中外表奏不得緣親戚於禁中投進並閤門通進
司登聞鼓檢院受而進奏違者論罪凡京都營壁倉軍
邸店以時修繕其他悉從三司計檢功料須旨乃行天
下寺觀塔廟不得奏求創始修建其有廢壞以常住錢
聽加營補凡羣臣乞升殿奏事容先陳啟須中書門下
樞密院進白可否俟旨乃聽　是時常靳總權綱羣臣
屬望及降是詔無不快躍以為天子明察纖微雖潛慝
隱姦無所容其私焉　五月十二日詔卜相伎術篤廢
殘疾之人妄言災異陰規禳䄔誑惑中外冀取貨財並
投隸遠方委官司嚴切禁止　八月三日著作佐郎劉
流言伏覩三司催錢牒內帶出左藏庫闕錢數目泄漏

卷二萬一千七百七十七　九

機事及內中先將金銀買舒州羅源等莊賜與靈仙觀
乾元寺充常住乞賜禁止詔令三司今後行出錢帛文
字不得泄漏見在數目所買官莊下轉運司差官往靈
仙觀乾元寺標撥元買官莊并諸般物色盡給人戶依
舊耕佃　二十七日審刑院詳議官劉京言諸州軍非
朝旨不得擅有科率如違並從違制私罪定斷從之
十月四日起居舍人知諫院孫祖德言判襄州張耆造
剏私宅樓子俯臨社稷祠壇伏乞毀拆詔耆放罪樓子
拆去不得存留　九月太常丞同監左藏庫韓琦言今
後有內臣傳宣取索金銀錢帛等乞依自來條貫候見
合同憑由即得支給仍令本庫次日覆奏降下三司照



會除破從之　十一月十七日中書門下言檢會先詔
外任臣僚有貪污不公被轉運司體量聞奏者候得替
與降等差遣欲今後顯有不公即依例施行若別無顯
狀不降等差遣從之　十二月二日臣僚上言三班人
吏抑屈使臣賄賂公行嗟怨之聲聞於道路欲乞戒約
詔三班院審官院流內銓人吏今後如有受贓並行決
配　景祐元年二月十五日右諫議大夫新授知泰州
孔道輔言父母年老令暫到兗州寧親後立便赴本任
詔道輔昨降職任差知泰州不奏候朝旨枉路赴兗州
免勘特放罪令本州發遣疾赴任訖奏　五月十一日
龍圖閣待制燕肅乞今後內外官司合用宣敕條貫寫

卷二萬一千七百七十七　十

錄聽壁朝夕看讀從之　十二日上封者言在京尼師
之輩或入內庭國親之臣多接朝士洩禁中之語為外
人所聞乞今後入內師尼特賜一絕國親臣僚亦乞誡
礪詔劉與入內內侍省相度及令諸宮司取知委狀
十八日詔今後每豐稔百姓不得率斂錢物建感恩道
場　六月九日詔臣僚失儀依條責罰更不理為過犯
七月十二日中書門下言內降劄子諸處承準宮闈
教旨事件未得施行次日面奏審取指揮不該上殿處
當日內實封申中書樞密院再取旨施行從之　十月
十九日開封府請今後僻靜無隣舍居止宰殺牛馬許
人告捉給賞無隣人處以本住業主家財添給依奏業

主只罪約當人　二年二月五日上封者言近日多有臣僚私入三司及開封府御史臺看謁伏以三司掌天下錢帛國家會要之司御史總持憲綱繩糾愆謬開封府政事繁重四方表則豈容私入謁竊慮別有寄囑妨廢公務導化景德明有條詔並各禁止許御史臺糾奏久無覺舉漸失遵禀乞申明約束其看謁接見監司並從違制論從之仍令御史臺街司常切覺察違犯具名聞奏　十月九日前廣南東路轉運使鄭載言廣州每年多有蕃客帶妻兒過廣州居住今後禁止廣州不得賣與物業詔知廣州任中師與轉運使相度以聞　二十一日臣僚上言駙馬都尉柴宗慶印行登庸集中詞

卷一萬一千七百七十八

語僭越乞毀印板免致流傳詔付兩制看詳聞奏翰林學士承旨章得象等看詳登庸集詞語體制不合規宜不應摹板傳布詔宗慶悉收衆本不得流傳　十二月十四日詔益梓利夔路夜聚曉散傳習妖法能反告者賞錢五萬以犯者家財充　三年二月十三日太常少卿直昭文館扈稱言近歲士庶之家侈靡相尚居第服玩僭擬公侯珠琲金翠照耀衢路約一襲衣千萬錢不能充給乞差近臣議定制度以分等威詔曰如聞輦轂之間士民之族罔遵矩度爭尚紛華服玩僭奢室屋宏麗儻懲革之弗至恐因循而滋多宜專命於攸司再申明於彝憲酌其舊式著此成規其令兩制與太常禮院



同詳定以聞　二十一日詔在京巡檢人戶鋪分選內侍與新舊城巡檢同相度以聞以屢有火災也　三月二十一日天章閣待制李紘言官員使命往來差防送人常一二百人止在道路兵士雖給口食二升衆費不足乞量官品高下差十人已來給護詔依官位量差違者並行朝典　四月七日河北轉運司言滄州南皮縣令朱谷部民論取受不公懼罪逃走已行收捉詔將來遇赦不原永不錄用今後命官使臣依此例　二十五日臣僚上言近日多有臣僚私入三司御史臺開封府看謁乞今後更有臣僚妄託公事私入看謁其接見者及監門使臣一等科罪慮有合入省商量事者詔如實有

卷一萬一千七百七十七

公事許赴省府商量　六月十五日福建轉使言南劍州秋人饒曾託言鬼神恐赫民財已依法處死曾二弟見在本鄉請從江南江陰軍羈管今後有犯者許人告捕鞫罪籍沒家財本縣官不時覺察即與衝替從之　十一月三日國子博士王正平言諸州官得替進發逐處公文百姓用金銀花送路貧者不免作債乞今後止許用草花獻送從之　十二月十七日詔諸宮觀寺廟在城外合行朝拜處今後只令知州軍監通判職官輪赴都監監押更不得去　四年四月四日詔廣南西路諸色人不得容留溪洞婦女在家驅使見在者不問契約年月並放逐便　十月十六日侍御史知雜事龐

籍言朝廷每差使臣道士往建州武夷山設醮差借人夫及般舡準備迎送來往勞役乞自今以官物供辦詔令後如遇設醮合用並以官物充不得非理擾民　五年二月五日殿中丞通判建州高易簡言每差殿頭道士到武夷山設醮多置買物色令後不得令入州買免騷擾詔令後每投龍設醮不差内臣及差殿侍齎送本處知州或通判往彼嚴潔設醮投送龍簡道士本州選差　五月二十八日監察御史張宗誼言向西諸路州軍臣僚罷任隨行車乘多是所歷州縣差借人牛牽拽乞行止絶詔申明前勅　六月三日詔臣僚赴任罷任不得差店戶百姓擔擎物色及借車牛　十一月四日

《卷二萬一千六百七十七》　二三

三司言乞差官點檢宣借官宅及自來曾宣借官中宅屋之家未經店宅務取索元借文字者許勾當人陳首從之　寶元二年三月十七日左正言直集賢院吳育言竊聞近歲以來有造作讖忌之語疑似之文或不顯姓名暗貼文字恣行毀謗以害讎嫌臣只傳聞未審虛實若有此事乞降出姓名問其事狀情若涉於妖妄意或在於傾邪則乞嚴與行遣以絶奸弊詔開封府御史臺常切覺察　五月十四日刑部言著作佐郎王師旦爲於御街上行馬致軍巡人申舉蒙開封府勘罪檢會中書劄子御路上只許近上臣僚行馬及海行條貫本條無指定刑名並從違制失私罪其王師旦從上條杖



一百止私罪定斷有司再詳只言許近上臣僚行馬即不指定品位職名竊慮更有品位稍高臨時無由定奪今欲自宣德至天漢橋北御路上只許應合出節臣僚及正任觀察使已上行馬如隨從聖駕出入及宗室内庭宫院車騎不在此限從之　二十二日右司諫直集賢院韓琦言欲乞不以年分整齊但見得官中支用顯有虛費即定奪減省仍望先飭宫掖之間務修節儉凡奢靡之飾奇巧之玩無名支賜無度取索一切罷之詔三司計會入内内侍省施行餘並依奏　二十三日左司諫直集賢院韓琦言在京故將相兩地戚里近臣之家例合占留六軍兵士枉破衣糧永爲私家僕隸但資

《卷二萬一千七百七十七》　二四

冗食久妨軍役乞定奪有詔依奏　六月十九日右正言直集賢院吳育言條例之中明有賞格以巡檢縣尉捉賊使臣監務課利增盈令佐存撫招携人戶歸業設法催科不行追擾刑責此類皆等第酬奬及得替到闕所司並不舉行乞選官與法寺詳定自令應編勑合有酬奬除在任遷擢遂時便行外自餘本官到闕各據勞績所司舉行不須待陳狀敘理仍立日限免使延滯詔酬奬者有司疾速施行　康定元年五月二日詔訪聞在京無圖之輩及書肆之家多將諸色人所進邊機文字鏤板鬻賣流布於外委開封府密切根捉許人陳告勘鞫聞奏　三日中書門下言訪聞近日無知之輩妄

稱官中括取人户錢物請重禁言者欲許人告捉給賞從之　十一月四日知萬州馬元頡言乞下川陝廣南福建荆湖江淮禁民畜蛇毒蠱藥殺人祭妖神其已殺人者許人陳告賞錢隨處支銅錢及大鐵錢一百貫從之　十二月六日司勳員外郎馬彝言昨判大理累見諸州奏案多有官員率吏出錢創置公用器物望自今犯者重斷委按察官覺舉從之　三年三月五日詔今後舉人不得以進獻邊機及軍國大事為名妄希恩澤　七月十七日中書門下言訪聞浮薄小人撰長韻詩嘲訕大臣令開封府密加察訪許人陳首給錢三百千充賞願就官者亦與補命　二十四日詔樞密院自今

卷二萬一千七百七十七

皇城司探事相度事理方得行下　八月十六日直集賢院知諫院張方平言臣承乏諫省及今未五十日凡内臣外戚醫官之類遷轉者且二十八人大則防團刺史小則近職要司伏以邊陲用兵將士暴露狂賊有憑陵之勢王師無尺寸之功宜增爵賞以待勳勤彼矢石之下鋒刃之前以首爭首以命爭命上功于朝報賞之際未嘗有特恩殊命及之者今惟幄密侍肺腑近歲坐受優寵動霑厚賜至于方伎雜類恩澤過宜伏願慎茲威福之柄深計安危之本無容親近之奸請以撓公朝之法制仍乞宣諭執政之臣今後即有傳宣内批諸非次不正除授必須詳酌事體覆奏其或僥求過分宜為

刑法二之二五

條約禁止詔並依前降指揮嘗切遵守　十月二十六日臣僚上言日近河北諸州軍有停閑丁憂不及第人亦非鄉土多經遊邊郡停閑者不思已過至犯律法丁憂者不執親喪唯求經營謁託稍不如意便有誹謗下第者不言文理紕繆無由進取凡得解首例生怨嗟況國家西事未寧宜杜絶此輩望降指揮都轉運司轄下州縣常令覺察無致聚集不是土居者盡可斷絶遊邊詔令河北河東陝西都轉運司依所奏　二十七日翰林學士蘇紳言沿邊臣僚筵會自今並不得以妓女祇應從之　慶歷二年正月二十八日杭州言知仁和縣太子中舍翟昭應將刑統律疏正本改為金科正義鏤板印賣詔轉運司鞫罪毀其板　六月十五日詳定減省所言請今後宗室及郡縣主兩地臣僚節度使殿前馬步都知押班母妻依舊賜冠帔兩府許乞長女或長子之妻餘並不許僧道紫衣師號除御前恩賜外臣僚不得奏薦如於延州納細色軍糧一百萬石賜衣或師號詔中書樞密郡王使相宣徽管軍節度并皇親正刺史以及長公主許依舊奏薦餘如所請　三年七月二十七日臣僚上言益州每年舊例知州已下五次出遊江并山寺排當從民遨樂去城稍遠竊以軍資甲仗錢帛軍器法從以至糧倉草場等庫藏須藉官員在城管句欲乞下本州今後遇此筵設更互常輪通判職官各

卷二萬一千七百七十七

刑法二之二六

一員在州照管及提舉監官專防守倉庫從 四年八
月七日度支判官李參言自今在京作過人該徒配外
州者無得差駕綱接送諸般名目工京其在京場務亦
不得指定抽差及招填影占如違干繫官吏嚴行勘斷
從之 時内東門司胥史犯自盜贓決配慈州有姻戚
内侍為求綱役上京作方指射為甲匠三司覺其都妄
故也 十一月十七日詔曰朕夙承先訓恭紹丕基賴
二聖之貽謀奉三靈之眷命必藉衆賢之助以躋至治
之風詳刑之局掌法之臣宜盡京矜務從平允牧守之
任綏養為先漕輓之司澄清是寄至於令宰實字吾民
所宜撫郵疲羸蠲除苛察布寬大之詔流愷悌之聲布

卷二萬一千七百七十七

告遐邇知朕意焉 五年五月七日皇城司言訪聞在
京諸色軍人百姓等訛言云道四月不戴皂角牙直到
五月脚攤沙恐是不祥之言乞行禁止詔開府嚴切禁
止如敢狂言依法施行 七月十六日知延州梁適言
保安軍榷場虜有官員於場内博買物色乞科違制之
罪從之 六年十二月一日判大明府夏竦言準朝旨
封下定州王德基所奏近邊無圖之輩有游墮拳勇乞
與羈管欲望遇邊防警急長吏籍名羈管的有材武許
保明與殿侍散直從之 四日臣僚上言益州路州縣
乞今後諸色人不得遠詣轉運提刑司舉留官員候遂
司巡歷到處陳狀從之 七年六月二日諫官上言風



聞近年官員中有不修士檢不畏物議銳於進取紛然
馳騖遂有五鬼之號出焉日近復聞有六耗七虛之說
雖事類不一良由被此名者更相纔想伺察出入指定
為疵以是分曹成黨非議詆讟我盛明嫚我盛際傷敗
風教無甚於此唐長慶中八關十六子者于時朝政不
綱姦邪並進是使羣小得以朋比自張又新李續之黨
斥之後此風寖息豈公朝盛際宜有此事伏乞下御史
臺覺察特行禁止如今後更妄以名聞上者望於法外
嚴行治罪詔令開封府密切覺察如有浮薄之人撰寫
上件文字許人指定姓名具實封文字陳告登聞皷院
檢院開封府畫時收接投進勘鞫不虛所犯人有官者

卷二萬一千七百七十七

重行貶削無祿者便與決配告首人優與官資不願身
事者官給賞錢五百貫知情及同撰之人首告並與放
罪亦依上項酬獎 十月九日判北京賈昌朝言河北
諸州軍及總管司等爭飾廚傳以待使客肴饌果實皆
求多品以相誇尚蓋承平日久積習成風稍加裁損遂
興謗議為守將者不得不然近水靜軍收買公用羊麥
剩取數目偶因發擿遂至彰露其如諸處州縣似此者
多衙前公人已家破產市肆商賈虧本失業者不可勝
數欲乞應河北州軍有公使錢除管領軍校接待信使
不得輒有減刻外其餘筵會迎送並從簡約不得令衙
前公人遠詣諸處求買珍異之物所買諸般公用物色

並須依準市價不得虧損百姓從之　十二月十二日
詔訪聞貝州來投軍民多行殺戮以邀功賞其令賈昌
期王信等嚴切約束違者以軍法從之　八年正月十
日詔士庶之家所藏兵器非編勑所許者限一月送官
如敢有匿聽人告捕之　十二日祕閣校書知相州楊
孜言進奏院逐旬發外州軍報狀蓋朝廷之意欲以遷
授降黜示賞功罰罪勉勵天下之為吏者積習因循將
災異之事悉報於天下奸人贓吏游手兇徒喜有聞轉
相扇惑遂生覬望京東逆黨未必不由此而狂妄之謀
況邊禁不嚴細人往來欲乞下進奏院今後唯除改差
任臣僚賞罰功過保薦官吏乃得通報自餘災祥之事

卷一萬一千七百七十七

二十九

不得輒以單狀偽題親識名銜以報天下如違進奏院
官吏並乞科違制之罪從之　三月四日詔諸傳習妖
教非情涉不順者毋得過有追捕　初王則之亂州郡
大索妖黨被繫者不可勝數帝恐濫及良民而寬之
皇祐元年三月十二日北京賈昌朝言乞依定州韓琦
奏定州界以北一概禁止採伐林木從之　二年八月
七日環慶走馬承受公事元舜言乞禁絕邊臣養放鷹
鶻如差兵士飛放以違制論私罪從之　九月二十七
日詔中書門下朕紹承駿烈祗服先猷蹈道以臨庶邦
謹憲而持大柄馭其予奪正以賞刑悉任至公靡容褻
法此有憸幸肆興妄圖或違理覬恩或負罪希貸率求





內出間亦奉行蠹政虧風莫斯為甚雖屢頒於詔約曾
未絕於祈求兼慮臣庶之家貴近之列交通請託巧詐
營為陰數貨賕密輸珍玩寅緣結納侵撓權綱方務澄
清當嚴禁約儻復逾犯斷在必行重念成湯以六事責
躬女謁包苴之先戒管氏以四維正國禮義廉恥之具
張矧宗祀之消成釐祥釐之均被嘉與中外紲此非衷
勉于自新以隆至治今後應內降指揮將與恩澤及原
減罪犯者並仰中書樞密院并承受官司具前後詔條
執奏不得施行及臣庶之家如有潛行賄賂結託貴近
者並令御史諫官覺察論奏咨爾承弼體朕意焉　三
年二月十九日詔近侍之臣考決大議令利害曉白尚

卷一萬一千七百七十七

三十

慮輕肆之人陳舞空言幸撓其端夫利百而法乃變令
下而議不起然後民聽不眩而憲度行焉自今有依前
項事為議者並須究知厥理當可施用若其事已上而
驗問無狀一當施之重罰　時河北入中糧草既更用
見錢法恐要利者扇其事故下是詔　四年二月四日
詔開封府比聞浮薄之徒作無名詩玩侮大臣毀訾朝
士及注釋臣僚詩句以為戲笑其嚴行捕察有告者優
與恩賞　六月十一日詔河北河東陝西沿邊今後不
得夜間筵會及令逐路經畧安撫使轉運提刑司覺察
如違奏裁　九月十七日詔訪聞諸州進奏官日近多
撰合事端騰報扇惑人心及將機密不合報外之事供

申令後許經開封府陳告如獲進奏官不俟年滿優與授官出職餘遞遷職掌不願本院轉職當議比類安排本犯人特行決配同保人等第斷遣同保覺察告首捕獲亦與免罪酬獎監官不舉覺致有敗露當行衝替降官仍令後只得以樞密院送下報狀供申逐處施行

至和元年九月五日詔比聞差官繕修京師官舍其初多廣計功料既而指羨蠃以邀賞故修不得完久自今須實計功料申三司如七年內損隳者其監修官吏及工匠並劾罪以聞

二年二月二十四日中書門下言近日面奉德音今後傳宣內降除依得法律賞罰外餘並仰中書樞密院及所屬官執奏恭惟聖慮深切蓋欲杜

卷二萬一千七百七十七

請託之門塞僥倖之路也忠義之士莫不稱慶以臣愚昧復有淺見且君上由中之命尚容執奏而臣下過分之情未加裁損非所謂尊君卑臣之義也竊見近年臣僚有不循法律以私黨自任者陳乞保薦而執政之臣內防怨謗外徇私情明知違越不敢阻難必將所上表章進上取旨陛下至仁待物多賜允從既從之後則便以為例援例者眾則法殆虛設夫三尺之法天下所共豈有大君之命許執法而不行羣臣所求並違法而取旨囘上附下莫此之甚乞今後中外臣僚保薦官吏陳乞親屬敘勞干進援例希恩者仰中書樞密院三司及所屬官司一例依前後條詔指揮更不得用例施行及



進呈取旨違者坐之詔可

嘉祐二年九月五日龍圖閣直學士知諫院陳升之言近日內降恩賞頗多雖許有司執奏然亦時有奉行虧損政體無甚於此臣嘗觀治世設官制祿不以假人必得賢才乃授其任今之任人殊不及古雖然遷次補用之法中書樞密院國朝典故具存焉若命一官除一職參之典故故為可與質之公論不以為非當議于朝拜于廷可也或典故所當得其職事者不時上聞朝廷故未嘗抑臣下自陳使之公言於朝然後授之亦可也不知有求之人何故捨此而不為必欲緣近習女謁而後進是必自度於典故為不當得所以去坦夷公直之途而蹈邪險私曲之徑也伏

卷二萬一千七百七十七

惟陛下以大公至正臨御天下亦嘗患近習女謁撓壞法律故屢詔有司事從中出者皆令執奏然天地并容曲從其欲其閒時有假貸故僥倖之人習知如此所干請日甚一日也料左右私謁之人瀆陛下睿聽亦已煩矣雖聖度含覆將厭其喋喋無知者乎但卹於小不忍不能驟絕之也臣歷觀前世近習女嬖之說行使人君賞罰之柄不得由至公之道法度未有不陵遲而國家未有不顛覆者此臣所以夙夕憤歎不敢不盡其愚陛下不得不留神審計而速斷也願特降詔旨應臣下於法當蒙賞而未列上者聽其自陳中書樞密院參考典故以聞如僥倖求內降指揮委二府劾奏正干請者之

罪如此行之則中外不敢萌覬覦之心矣此制若行不罰一人而群下固已肅然矣其蠹雖大絶之甚易在陛下一言則天下蒙幸有詔從之而升之復上言伏聞已降指揮中書樞密院應臣下僥求内降恩賞許令劾奏正干請者之罪即未覩明文頒下望特降詔付御史臺令告諭中外使知朝廷立法必行之意而人不敢犯者（犯者有）有司得以按劾施行詔令御史臺閤門出榜告諭　三年九月二十二日詔開封府止絶百姓不得以獻送為名製造御服之類於街市乞貸錢物　十二月十一日知成都府趙抃言傳宣使臣川中不得住過十日内侍省官差出内臣傳宣等須日行兩驛所住處到發三日

卷一萬二千七百七十七　三三

並依奏　英宗治平三年七月十二日詔今後沿邊大教不得放士庶入教場紋棚觀看從之　治平四年七月四日神宗已即位未改元侍御史吳申言乞察訪豪民與妃嬪之家用賂為親得官者許人陳告給賞削其官籍沒納貨賂詔令御史臺開封府察訪以聞　十月二十五日侍御史張紀言河南府本是故都衣冠將相占籍繁夥其如民力凋弊甚於佗州詔今後臣僚鄉里田宅在河南府不得陳乞骨肉充本府通判知縣仍不得陳乞兩人同時在彼從之　神宗熙寧元年二月十六日詔今後曾任中書樞密院及節度使以上所居第宅子孫不得分割　十二月四日詔今後内批降指揮



俟次日覆奏訖即於當日行下文字守為永式　二年十月九日詔金明池每遇傳宣打魚今後只得令本池兵士採打不得更差百姓　閏十一月二十五日監察御史裏行張戩言竊聞近日有姦妄小人肆毁時政搖動衆情傳惑天下至有矯撰勑文印賣都市乞下開封府嚴行根捉造意雕賣之人行遣從之　四年十一月十二日太子中允充崇政殿說書王雱言差押賜父安石生日禮物勘會自來押賜例有書送人事赴閤門繳書申密院取旨密院出劄子許收兼下牓子謝恩緣父子同財禮無饋遺取旨謝恩一皆偽作竊恐君臣父子之際為禮不宜如此欲乞今後應差子孫弟姪押賜並

卷一萬二千七百七十七　三四

不用此例從之　七年六月十九日樞密副都承旨張誠一言乞令三司約計年例宣紙預遣軍大將或殿侍就出產州軍管押上京專置窠宣吏人詔降紙式下杭州抄造歲五萬番自今公私常用紙長短廣狹不得與宣紙相亂　九年六月十八日判太常寺高賦言乞河北河東沿邊安撫外都水監丞逐路提舉便糴茶鹽之類走馬承受及朝廷專差出外諸般勾當公事臣僚依法運使等所至州縣不得令官吏軍員妓樂出城迎送詔除走馬承受公事外令中書立法以聞　八月九日詔中書門下訪聞司農寺見出賣天下祠廟辱國黷神此為甚者可速遍降指揮更不施行自今司農寺市易

司應改更條貫創請事件可並進呈取旨不得一面擬
進行下　九月詔今後將作都水軍器監如遇差出勾
當公事官出外並不得赴筵宴　十年三月二十二日
中書門下言刑部删立到諸災傷州軍合降下司敕減
等斷遣賊盜者夏田災傷自四月一日至八月終秋田
災傷自八月一日至四月終爲限限内犯者方得減等
今欲頒下從之　元豐元年五月七日詔應有謁禁之
官如士人内通醫藥者聽往還　九月六日詔州縣官
吏毋得迎送過客即泛遣使命及太中大夫觀察使以
上聽如舊　二年二月十五日詔大理寺官屬可依御
史臺例禁出謁及見賓客　十二月十三日御史舒亶
卷二萬一千七百七十七
三五
言比聞朝廷遣中官出使所至多委州郡造買器物其
當職官承望風旨追呼督索無所不至遠方之民受弊
良甚乞重立條約詔兩浙提點刑獄司體量實狀以聞
二十八日詔在京管軍臣僚外任路分兵官將副押
隊使臣禁出謁及見賓客著爲令　四年四月二十五
日侍御史知雜事舒亶言執政大臣接見賓客已有約
束而子弟過還看謁交接賓友未之禁止實於事體未
安詔中書立法其後立法執政官在京本宗有服親戚
非職事相干及親屬不得往還看謁違者並往還之人
各杖一百　八月十二日詔河東陝西路轉運司及同
經制馬申等應副軍興各已分撥錢物有可擘畫計置



其須至於民間償借等事件即時明給價值不得直行
科率仍常切撫存人户務令安靜無致搔擾如有措置
乖失令提刑提舉司密具事由聞奏當議重行廢黜有
失舉覺與同罪　五年四月十七日詔鄜州百姓陳訴
昨鄜延路軍興日科率之物名件不一内亦有非軍中
要急使用可下李承之等除軍中委的要用之物方得
科買製造如敢此外配率及耗費官錢收買當重行黜
降并仰提點刑獄司覺察　六年正月二十六日詔官
司如轄下有申請並須明具合用條例行下不得泛言
依條例施行從提舉京師常平等事黄寔請也　五月
十三日詔州郡禁謁並依在京百司例仍令詳定重修
卷二萬一千七百七十七
三六
編敕所立法從前知湖州唐淑問請也六月十七日尚
書右司郎中楊景略乞左右司官依樞密都承旨例禁
謁從之　二十一日詔諸路主管機宜文字及幹當公
事官並禁謁見　七年十月二十二日詔諸路兵官沿
邊都監武臣知縣堡塞主如尚書左右司禁謁法　八
年四月二十二日詔成都府織造錦緊絲鹿胎並權罷
從知府呂大防請也　七月二十八日詔罷提舉開封
府界京東京西路將兵官謁禁從劉奉世之請也　哲
宗元祐元年四月四日詔諸路分兵官將副沿邊都監
武臣知城縣及堡塞主非本處見任官不得往謁及接
見如職事相干并親戚並聽往還其往謁及接見賓客

違法并見之者各杖一百　知大名府韓絳言路分兵官將官不得出謁接見賓客僅同囚禁恐非待將佐之體乞賜删除禁約以示優恩故有是詔　二十四日監察御史韓川乞除官局依舊不許接賓客外内謁禁並廢監察御史上官均乞除開封大理官司依舊行謁禁外其餘一切簡罷如罷謁禁後小大之臣或敢挾私背公慢職玩令執法言事之吏得以糾舉上聞黜之譴之於是尚書省看詳參用舊條申飭謁禁之制其舊條中徒二年者悉從杖一百本應輕者聽從本條並從之　十一月十五日吏部言諸色人援引舊例僥倖求入官者甚衆小不如意則經御史臺登聞鼓院理訴若不約束

卷二萬一千七百七十七　辛又

恐入流太冗請令後諸色工匠舟人伎藝之類初無法合入官者雖有勞績並止比類隨功力小大支賜其已前未經酬獎者亦如之則僥倖之路塞而賞不至濫從之　二十八日尚書省言門下中書後省并詳定重修勅令所删定官檢閱點檢文字使臣並依在京職事官禁謁法從之　三年三月一日詔編敕及春秋頒降條具勿印賣　六月十三日詔河岷蘭州沿邊令後蕃客入漢販賣回日許所經城寨搜檢不得帶錢入蕃若在漢界從其便　十二月十八日詔禁民庶傳録編敕　四年正月二十三日詔寺監屬官庫務官若職事有當赴左右司郎官廳商議者明具合議事報左右司稟執



政得筆方許赴　同日詔州縣當水陸之衝者監司守令非假日並謁著為法　十月六日左諫議大夫梁燾等言乞約束逐路監司及都水官吏應緣修河所用物料除朝廷應副外並須和買不得擾民從之　十一月二十六日尚書省言改正發運轉運提刑預伎樂宴會徒二年法從之　五年五月十四日樞密院言令舉人及曾聚學人并陰陽卜筮州縣停廢吏人諳造兵器工匠並不得入溪洞與歸明蠻人相見違制論從之　七月二十五日禮部言凡議時政得失邊事軍機文字不得寫録傳布本朝會要實録不得雕印違者徒二年告者賞緡錢十萬内國史實録仍不得傳寫即其他書籍

卷二萬一千七百七十七　辛九

欲雕印者選官詳定有益於學者方許鏤板候印訖送祕書省如詳定不當取勘施行諸戲褻之文不得雕印違者杖一百委州縣監司國子監覺察從之　以翰林學士蘇轍言奉使北界見本朝民間印行文字多以流傳在北請立法故也　十二月二十五日刑部言應天下郡縣水陸驛路所經並行禁謁知州通州縣令劍門關都監非假日不得出謁即謁本州見任官及職事相干若親戚屬并泛遣使命或知州鈐轄以上者聽發運監司在州縣者準此從之　六年六月十二日詔諸路州縣自令非法所聽不得以官物賒貸及抑配亦不得以財產質出令監司鈐束如違并監司不切覺察並取

旨重寘於法　閏八月十二日刑部言墓田及田内林
木土石不許典賣及非理毁伐違者杖一百不以蔭論
仍改正從之九月二十八日御史中丞鄭雍言執政官
行謁禁法非便詔官員有利害陳述勿禁　十月十二
日殿中侍御史楊畏言近日布衣薛鴻漸林明發以妖
妄文字上聞詔送兩浙福建路轉運司根治臣聞鴻漸
教本自海上異域人於中國已數十年而近者益熾故
其桀黠至敢上書以幸張大願詔逐路監司嚴切禁止
從之　七年二月三日詔商賈許往外蕃不得輒帶書
物送中國官　九月七日詔軍人不許習學乞試陰陽
文書如違犯並依私習條　十一月二十六日刑部言
卷二萬一千七百七十八　罕
夜聚曉散傳習妖教者欲州縣以斷罪告賞全條於要
會處曉示監司每季舉行從之　八年四月十二日御
史中丞李之純言願降明詔禁廣南東西路人戶採珠
止絕官司不得買外海南諸蕃販真珠至諸路市舶司
者抽解一二分入官外其餘責與民間欲乞如國初之
制復行禁榷珠具抽解之外盡數中賣入官以備乘輿
官掖之用申行法禁命婦品官夫姓良家許依舊例裝
飾者令就官買雜戶不得服用及民間服用諸般金飾
之物浮侈尤甚而條貫止禁銷金其縷金貼金之類皆
至糜壞至寶僭擬宮掖往年條禁甚多亦乞修立如銷
金之法詔縷金貼金之類令禮部檢舉舊條殊字令戶



部相度以聞　紹聖元年五月二十三日三省樞密院
言近聞姦人多妄說朝廷未施行事以惑民情詔開封
府界提點司及諸路監司常切覺察其違犯者並依法
情重錄案以聞當議編配有蔭人不用蔭命官重行黜
責　九月十四日三省奏事畢上宣諭曰昨日城東開
壕處有役兵輒毆部役使臣卿等知否宰臣章惇等對
不知上曰輦轂之下小人敢爾須當重行處置蓋大衆
所聚不然恐無以彈壓仍趣開封府令速具案　十月
二日殿中侍御史井亮采言西戎仰中國和市以生擽
縱在我所以制其命邊人與之私貿易非便詔陝西河
東經略提刑轉運司申嚴其禁　十一月二十五日戶
卷二萬一千七百八十八　里
部尚書蔡京言詳定勑令所刪定看詳檢閱官乞依舊
例假日許接見賓客不許出謁並從之　二年正月二
十一日樞密院言諸武臣任主兵差遣沿邊安撫官走
馬承受並不得乘轎子從之　同日刑部言諸習學刑
法人合用敕令式等許名官委保納紙墨工真赴部陳
狀印給詐冒者論如盜印法從之　四年三月十九日
詔亡殁官員家屬合給倉劵者服闋後三年外起發更
不支給及官吏知情違法除依條斷罪外仍勒均陪支
過錢物從詳定重修勑令所言也　十一月二十一日
大理寺言制書應給者具狀經郎官書押注籍限五日
還納限滿應留照用者聽量展若還納違限斷罪準官

文書稽程律加二等從之　二十八日吏部言官司承告彊盜其行移不得開具告人姓名郡邑每季檢舉從之　元符元年三月三日戶部言諸押綱人押荊湖南路鹽糧綱已受省部付身除程限三十日到轉運司公參如無故違限論如之官限滿不赴律違限月日仍不理磨勘從之　十九日詔近聞省寺官多私謁后族之家或以邂逅為名諸處宴聚不可不戒　四月十五日尚書省言宗室宮院遺火宗正司取勘聞奏宗室及同居尊長展磨勘年罰俸給有差祇應當直人若女奴失火同保人不覺察或自祇應人不即救應勾當使臣不切鈐束等第坐罪從之　五月十五日尚書省言進奏官

卷三萬一千七百七十七

許傳報常程申奏及經尚書省已出文字其實封文字或事干機密者不得傳報如違並以違制論即撰造事端謄報若交結誑惑衆者亦如之並許人告賞錢三百貫事理重者奏裁從之　二十三日禮刑部言請諸赴朝參宗室如有疾病請朝假申閤門報入內內侍省差使臣押醫官看驗如涉詐妄所差使臣申大宗正司其請假一日者正任以上具牌子於閤門投下閤門關宗正司遙郡以下申大宗正司施行若月內請過三日者亦報所屬差使臣押醫官看驗每半年一次比較二十日以上取誡勵三十日以上罰俸半月四十日以上罰俸一月五十日以上取旨責罰即痼疾未能痊者奏大



宗正司保明奏裁從之　二年二月九日熙河蘭會路經畧司言押伴瞎征般次使臣郭詡等具析般次人內夾帶回紇劉三等至京請今後解發諸蕃般次不許數外夾帶私下抵御史鄧棐言伏見發運司屬官近輒跋大臣與駙馬都尉皆用恩例為親戚陳乞望下有司立法詔張敦義罷發運司管勾文字　八月十日詔應國戚命婦入內輒將帶元自內中放出及作過經斷宮人者並以違制論　十八日詔諸上殿進呈文字並批送三省樞密院不得直批聖旨送諸處違者承受官司繳奏　九月十九日通判潭州畢漸言請應元祐中諸路所立碑刻紀述等並令碎毀從之　閏九月十二日詔

卷三萬一千七百七十七

諸供官之物轉運司豫計置錢令本州於出產處置場比市價量添錢和買亦許先一年召保請錢認數中賣即輒拋降下縣收買及造製物色者並以違制論不以去官赦降原減　十四日御史中丞安惇言欲應陝西沿邊收復故地并納降疆界內有羌人墳壠及靈祠寺觀等不得輒行發掘毀拆從之　徽宗建中靖國元年七月二日河東路轉運使孫賁言河東習俗儉陋死者焚之懵不知禮韓琦知太原官營墓域使葬其後罷籍奏蠲地稅孫沔乞令三寺主之歲度一僧仁宗悉從其請逮今歲久弊俗如故乞令太原守臣同轉運司官常加禁約無廢前規應河東州縣依此從之　崇寧元年

正月二十六日詔應民庶朝嶽獻神之類不得倣效乘
輿服玩製造真物祇得圖畫焚獻餘依舊條及令開封
府并諸路府界監司逐季舉行粉壁曉示仍嚴切覺察
施行　先是臣僚言竊惟小民無知因祠賽會社兵仗旗
幟執引先後乘輿器服或張黃蓋造珠簾車馬備飾儀
衛呼喝載路京師尤甚坐元符令止之故有是命　十
二月二十七日詔諸邪說詖行非聖賢之書并元祐學術
政事不得教授學生犯者屏出　二年六月十八日詔
應官員不得與宗室戚里之家往還其宗室戚里之家
門客申尚書省保明選行義純正之人充其見在門客
準此　七月十三日知泗州姚孳狀伏覩學制凡邪說

卷二萬一千七百七十七

四三

詖行非先聖賢之書并元祐學術政事不得教授非此
法特於太學耳其在外者屬禁未加且邪說詖行非特
成人之學可禁而童子之學亦不可不禁講議司看詳
欲令諸路州縣并開封府管內遍行曉諭應私下聚學
之家並仰遵守一依上條從之　三年四月十九日中
書省尚書省劄會近據康州張壽之繳到無圖之輩撰
造佛說未到經言涉訛妄意要惑衆雖已降指揮令荊
湖南北路提點刑獄司根究印撰之人取勘具案聞奏
其民間所收本限十日赴所在州縣鎮寨繳納焚訖所
在具數申尚書省竊慮上件文字亦有散在諸路州軍
使良民亂行傳誦深為未便詔令刑部實封行下開封



府界及諸路州軍子細告諭民間如有上件文字並仰
依前項朝旨焚毀訖具申尚書省　六月十二日臣僚
言檢會前後臣僚奏請有礙條禁特乞且依令來指揮
施行其類非一甚非所以維持紀綱與衆共守之意欲
乞惟供奉至尊及措置邊防法雖具載者許臨時奏請
其餘著在敕令並仰有司遵守所有特乞權依令來指
揮之類並罷庶使因緣苟且之人無復有意外之幸詔
從之如今後輒敢陳乞以違制論仍令御史臺覺察彈
奏　十月十三日戶部狀承都省批下熙河路提舉司
奏契勘本司自來差官體量坊場河渡或檢察災傷或
被朝旨分定州軍選差官結絶刑禁等事其依條合差

卷二萬一千七百七十七

四五

出之官每遇差委須計會本州占留守臣收斂人情便
為申乞別行差官既無官可差往復行遣動經三兩月
方肯前去率皆遲誤無坊場河渡係出納淨利錢若所
差官逗遛月日枉有積壓官錢檢察災傷及獄囚在禁
却居家待免尤為害事蓋是自來別無專條禁約本司
令欲乞立法應監司依條差官別無違礙不許申乞占
留依限起發輒推避及為申者並科杖一百罷從之
四年正月二十三日詔曰日者諸路監司靡䘏百姓或
增價折税或併輸糴買聚斂掊克自以為能州縣觀望
又有甚焉百方罔利求益公帑規取苛細害侵小民其
令中外按察官覺察糾劾以聞當議重貶以戒貪冒

四月十二日中書門下省送到白劄子勘會民間私鑄
錢寶及私造鍮石銅器各有條格及朝廷近降指揮自
合遵守外全藉監司州縣及巡捕官司上下究心方能
杜絶令具約束事件下項一私鑄錢私造銅器罪賞條
禁並仰於逐地分粉壁曉示仍真謹書寫監司所至點
檢一獲私鑄錢寶私造銅器合支賞錢才候見得情由
即據合支數目立便支給各於犯人名下理納入官一
鄰保内如有私鑄錢寶私造銅器之人若知而不告並
依五保内犯知而不糾法一提刑司每歲比較巡捕官
所獲私鑄錢寶私造銅器一路最少之人名二員聞奏
當議除合得罪賞外明行陞黜以為勸戒從之　十月

卷二萬一千七百七十七　四五

二十二日尚書省劄子奉御筆備邊兵馬消耗甚多蓋
蓋自衣糧不時賙給切當留意措置招填檢察官司預
橋請受無令減剋究折坐倉令勘會諸軍及減剋請受
究折坐倉不止陝西熙河應三路沿邊皆當立法從之
　五年二月二十四日詔河北京東機戶多被知通及
以次官員拘占止給織造匹帛日有陪費侵漁可詔監
司常切按察如敢循舊拘占機戶織造諸色人陳首將
所虧過機戶工價等錢計贓定罪行下諸路約束施行
　三月二十三日京東東路安撫使狀據萊州申契勘
舊條禁海地分不通舟船往來昨因鈔鹽新法令客人一
借海道通行往淮南等州軍般販鹽貨令來若不依舊



法禁止竊慮夾帶姦細及隱藏海賊難以辨認別致生
事本州已行下沿海地方分令依舊權行禁絶百姓船
本司今相度欲依本州所申權行禁止從之　八月十
九日詔訪聞諸路監司屬官擅行文書付下州縣及出
按所部犯分搔擾可令今後學事司屬官許出諸處點
檢學事外餘並不得離司出詣所部及不得擅移文書
付下州縣即有公事差委勾當者徑詣所差處沿路不
許見州縣官及受饋送違者徒二年仍不以赦降去官
原減　大觀元年七月十六日詔天文等書悉已有禁
奉法弛藏盜習尚有之一被告訐詿誤抵罪可令諸路
應係禁書限一季首納並與免罪不首復罪如初　八

卷二萬一千七百七十七　四六

月十二日詔在京有房廊屋業之家近來多以蓋修為
名增添房錢往往過倍日來尤甚使編戶細民難以出
辦若不禁止於久非便自今後京城内外業主增修屋
業如不曾添展間椽地步者不得輒添房錢如違以違
制論　二十一日新差權提舉江南東路常平等事何
誼直劄子臣竊見豪右兼并之家雕楹刻桷異服奇器
極珠璣紈綺之飾備聲樂妓妾之奉傷生以送死破產
以嫁子專利自厚莫知紀極臣願申明禁令事為之制
待以期月行之必信臣蓋知防範禮樂以輔太平之功
者有在於是也奉御筆可詳所奏定五禮之制條上
十月十九日四方館使萊州防禦使郭天信奏乞今後

中外並罷翡翠裝飾上枕先王之政仁及草木禽獸皆
在所治令取其羽毛用於不急傷生害性非先王惠養
萬物之意可令有司立法聞奏　十一月十四日詔比
來京師傳報差除皆出偽妄蓋緣小人意不得騁造言
欺衆規欲動揺以幸回遹姦不可縱可令開封府立賞
一百貫許人告捕仍以違制論　二年正月二十九日
詔古者命之教然後學比聞上書及黨人聚徒立衆教
以邪說所習非正違理害義其能一道德同風俗乎除
士子並合入所在學外自今應於鄉村城市教導童稚
令經州縣陳赴所在學試藝一道文理不背義理者聽
之上書及黨籍人不在此限違者以違制論　三月十

卷二萬一千七百七十七　四七

三日詔訪聞虜中多收蓄本朝見行印賣文集書冊之
類其間不無夾帶論議邊防兵機夷狄之事深屬未便
其雕印書鋪昨降指揮令所屬看驗無違礙然後印行
可檢舉行下仍修立不經看驗校定文書擅行印賣告
捕條禁頒降其沿邊州軍仍嚴行禁止應販賣藏匿出
界者並依銅錢法出界罪賞施行　五月一日詔工作
之事兵匠不足遂顧民工已恐勞人比來官司顧募拘
占更以爭奪稍不如意斷以重刑甚非悅以使民民忘
其勞之意應官局不以前後有籍無籍民工仰限指揮
到並放逐便自今造作計其工限軍工委有不足方許
和顧民工事訖即遣不得以他事故作占留應今日以



前緣局所被罷編管民工並放逐便其官司以給付身
文帖者限三日於開封府送納類聚具狀繳進如違及
輒有奏請者以違制令御史臺入內內侍省按劾以聞
六月十六日尚書省言安濟坊本意以養疾病細民
訪聞諸路官員將帶送還般家等人妄作病患名目寄
留在安濟坊希覬日支官米以給口食欲令後並以違
制論從之　七月二十五日新差權發遣提舉淮南西
路學事蘇棫劄子諸子百家之學非無所長但以不純
先王之道故禁止之今之學者程文短晷之下未容無
忤而鬻書之人急於錐刀之利高立標目鏤板誇新傳
之四方往往晚進小生以為時之所尚爭售編誦以備

卷二萬一千七百七十七　四八

文場剽竊之用不復深究義理之歸忘本尚華去道逾
遠欲乞今後一取聖裁儻有可傳為學者式願降旨付
國子監并諸路學事司鏤板頒行餘悉斷絕禁棄不得
擅自賣買收藏從之　八月十四日信陽軍言契勘夜
聚曉散傳習妖教及集經社香會之人若與男女雜處
自合依條斷遣外若偶有婦女雜處者即未有專法乞
委監司每季一行州縣覺察禁止仍下有司立法施行
從之　十二月八日臣僚言自今後監司并屬官帥司
等處差勾當公事官於廨宇所在遇筵會許折送供不
盡酒食其餘巡歷所至止許收例冊內饋送仍乞今後
於舊例冊外別作諸般名目收受並同監主自盜法立

賞許人陳告仍不以赦降去官原減隨行人吏亦乞於合破酒食外量與添破重立（行）法走馬承受屯田安撫副使亦乞依此仍乞今後朝廷專差體量公事官吏不許收受逐處酒食饋送違者亦依此伏乞立法施行詔部使者以澄察刺舉為職今則諸路監司貪饕無厭冒法受饋鮮廉寡恥若此州縣不法可得上聞乎宜修立法禁遍行諸路先次條具以聞　同日詔天下每歲賜錢合藥以救民病比聞州郡因循苟簡姦猾干請不及貧病患靡逮下吏慢弗察可詳立法修製不依方給散不如法徒一年當職冒請者以自盜論　三年四月二十二日臣僚言訪聞近因上殿論事而好事之人因緣傳

卷二萬一千七百七十七　四九

會造為語言事出不根喧播中外動搖上下因以脅持言語顯其震怒亦恐姦人伺間肆為異謀浸淫成風為患不細伏望特降睿旨令開封府出牓禁絕施行奉詔仰開封府嚴行禁止仍令刑部立法聞奏其後刑部修立到條目臣僚上殿論事而因緣傳會興造語言喧播中外動搖上下者以違制論從之　五月十九日臣僚言伏見福建路風俗尅意事佛樂供好施休咎問僧每多淫祀故民間衣食因此未及豐足獄訟至多奈煩州縣家產計其所有父母生存男女共議私相分割為主與父母均之既分割之後繼生嗣續不及繈褓一切殺溺俚語之薅子慮有更分家產建州尤甚曾未禁止伏



乞立法施行上抗遠方愚俗殘忍薄惡莫此之甚有害風教當行禁止仰本路走馬承受密切體量有無實狀以聞候到立法禁止如有違犯州縣不切窮治守倅令佐並當重行竄黜吏人決配千里　八月二十六日詔毀在京淫祀不在祀典者其假託鬼神以妖言惑衆之人令開封府迹捕科罪送鄰州編管情重者奏裁　九月十八日臣僚言竊見每年皇帝本命及天寧天慶天祺天貺節三元及諸處醮設皆有降到青詞等係崇奉高真祝延聖壽理當嚴潔其諸路州軍往往於軍資公使庫或吏舍收掌顯屬不虔乞行約束詔立法行下令擬修下條諸受朝廷降到設醮青詞等並以複匣於長

卷二萬一千七百七十七　五十

吏廳置櫃嚴潔封鎖臨日給付宣讀若祠所不在城下即量遠近用匣封送從之　二十五日詔經大製煉砒霜硫黃朱砂等藥已令不得入皇城門即令醫藥和劑局見修合湯藥如有合使上件藥物之類宜行止絕庶使疾病服藥者免為熱藥所毒不致橫夭其利甚大　十一月九日兵部侍郎詳定一司勑令王襄等奏福建荆湖南北江南東西有生子不舉者近詔中嚴禁約其刑名告賞止行於福建而未及江湖諸路乞一等立法從之　十九日禮部狀修立到下條諸非品官之家不得以真珠為飾從之　二十八日詔京畿并諸路州軍宮觀寺院比來所屬不切檢舉已降指揮公然容縱在

任或寄居官居居住安下縱意改造或貯積官物或權泊軍兵甚至於函像設以築垣墻就厨堂以為厩厠産乳屠宰黷教慢神莫此為甚可勘當舊制重別修立除經過暫居不得過十日外其餘見任或寄居官并軍兵及官物居占並限一季起移或尚敢留並以違制論仍許寺觀越訴州委守倅路委監司按劾施行如稍涉容庇並與同罪　四年正月二十二日臣僚言欲乞應天下寺院不得設高座僭據使其徒列拜其下如搢紳士大夫敢有屈膝並列以辱君命者尤當重為法禁使天下後世知崇尚儒術邁絶横流自聖時始庶亦一變而至道詔非其徒而設拜者以大不恭論内令御史臺外

卷二萬一千七百七十六　垩

仰監司糾劾覺察　三十日詔當春發生萬物萌動在京委開封府京畿并諸路仰州縣官告諭奉行令禁止伐木毀巢殺胎麛卵檢會舉行牓示知委常切覺察違犯依條施行　二月一日詔諸色人燃頂煉臂刺血斷指並行禁止　十一日詔訪聞河北諸路帥司人吏與沿邊巡檢捕盜官司兵員營營等上下計會受賕作弊容縱客旅公然般運違禁物色透漏盜販過界帥臣安撫通知其弊莫肯按劾彌縫膠固牢不可破雖設禁制僅成虛文可申嚴約束帥臣并沿邊安撫及合屬官吏等日後如有違犯正犯人於常法外加等科罪官吏知情者與同罪仍增告捕賞與仰走馬承受常切覺察令



樞密院立法申明行下　三月二十七日臣僚言伏見無知之民日以屠牛取利者所在有之比年朝廷雖增嚴法度然亦未能止絶蓋一牛之價不過五七千一牛之肉不下三二百斤肉每斤價直須百錢利入厚故人多貪利不顧重刑臣竊謂力田為生民之本牛具為力田之本若不禁屠牛而覬稼穡豐登民食富足誠不可得況太牢惟祀天與祖祭神亦不敢用令貪利之民計會上下秪作病牛倒死申官披剥因緣屠不畏官司肉積凡案羅列市肆冒法而不為禁啖食而不知忌如此非所以尊崇神祇申嚴命令伏望特下有司立法凡倒死牛肉每斤價直不得過二十文如輒敢增添者約定

卷二萬一千七百七十六　垩

刑名其買賣人並同罪許人告捉內既價賤則賣者無利雖不嚴禁增賞自絶其弊詔諸獲殺牛賞依元豐格并見行斷罪並令刑部檢坐申明行下常切遵守施行　六月七日上批訪聞日近有諸色人撰造浮言誑惑羣聽亂有傳播賜予差除以少為多將無作有之類可嚴行禁止仍於御前降到提賊賞錢內支一千貫文開封府門外堆垜名人告捕如提獲虛造無根言語情重人即支充賞錢　七月七日詔勘會私有銅鍮石等在法自許人告如係販賣即許人捕若私鑄造亦有鄰保不覺察斷罪之法況私有銅鍮石昨雖曾降指揮立限首納而無知之人玩法無所畏憚令已增立罪賞尚慮

民間將同常事以不應存置之物依舊隱藏不行首納
可限令來指揮到日於州縣鎭寨散出曉示仍限一月
内許人經所在官司首納依實直支還價錢過月不納
或收藏隱匿聽鄰保諸色人糾告均收入官知而不告
事發同罪兼慮官司不切奉行諸州仍委通判縣委知
令專切覺察督責施行無致滅裂弛慢候限滿令本路
轉運司具諸州縣首納到名數申尚書省　閏八月八
日給事中蔡嶷奏臣觀輦轂之下士庶之間侈靡之風
曾未少革富民墻屋得被文繡倡優下賤得爲后飾殆
有甚於漢儒之所太息者雕文纂組之日新金珠奇巧
之相勝富者既以自夸貧者恥其不若則人欲何由而

卷二萬一千七百七十七　五十三

少定哉願明詔有司因時立法若衣服之宜屋室之制
械器之用金玉之飾辨其等威以示制度唯無駭於俗
不甚苛細而易以遵守者具爲品式而頒焉其制一定
然後嚴爲之禁孰敢有不從者乎庶幾仰稱陛下敦厚
風俗之意詔送議禮局　十月一日詔近傳僞詔曰朕
承祖宗之烈在位數年深思股肱之臣盡皆忠輔以相
予治不可得也前宰相蔡京目不明而强視耳不聰而
强聽公行狡詐行迹諂諛内外不仁上下無檢所以起
天下之議四夷凶頑百姓失業遠竄忠良之臣外擢暗
昧之流不察所爲朕之過也今州縣有蔡京蹤跡盡皆
削除有朋黨之輩悉皆貶剥仰内外文武臣僚無隱奉





御筆内外盛傳此御筆手詔深駭聞聽且姦人衆聞輒
僞撰詔撰造異端皷惑群心可立賞錢内外收捕并訟
流州縣等處仍立知情陳告者特與免罪候獲不以赦
降原減當於法外痛與懲治仍立賞錢五百貫文召人
告捉　六月詔近撰造事端妄作朝報累有約束當定
罪賞仰開封府檢舉嚴切差人緝捉并進奏官密切覺
察　十五日詔在京并外路州郡自來多有愚夫感於
邪説或誘引人口傷殘支體或無圖之輩緣作過犯遯
迹寺院詐稱沙彌陀頭苟免罪辜閃避徭役煉臂灼頂
刲肉燃指截指斷腕號曰教化甚者致有投崖赴谷謂
之捨身州郡有一誼傳騰播男女老稚群聚咨嗟皷動

卷二萬一千七百七十七　五十四

蠢愚掊斂錢物殘害人命互相漸染有害風教在法自
有明文禁止有司不切遵守日來尤甚可檢會條制遍
行下如有違犯並依法科罪其誘引之人爲首仍重加
編配如有因父母疾患割股割肝之類者非若州縣尚
敢苟且不切禁止其本路監司守臣並行嚴斷在京委
開封府京畿并諸路委監司歲首檢舉行下　政和元
年三月二十一日詔諸路公使支用隨逐處各有已定
例册其監司所在及巡歷或朝省遣官所至州郡往往
多不循例過有供饋朝廷察知其弊遂修立崇寧五年
春頒敕諸與所部監司若朝省所遣使命至本路以香
藥饋送者徒二年折計價直以自盜論雖已行下而諸

聞〔其州〕或不顧廉恥之吏尚敢巧作名目或將香藥變為飲食之類折等價錢貪冒無厭不知正極今後監司或朝廷所遣官至本路雖非以香藥饋送并折計價直而輒敢巧為別色名目收受者並依上項崇寧五年敕條施行

四月十五日刑部奏定州乞申嚴自令將銅錢出雄霸州安肅廣信軍等處隨所犯刑名上各加一等斷罪從之 十九日詔獄吏不卹囚至多瘐死州縣公人受文引追逮多滯不還用鐵環杵索毆縛乞取錢物深可惻憫宜嚴立法禁 六月十六日詔川路接夷界地自令取有請射開懇以違制論 二十日臣僚言官員年六十以上及曾犯贓罪情重不注知縣進納授官不許權縣事從之 卷二萬一千七百六十七

七月四日臣僚言成都府沽科民間織造錦綺等非便令約束無使暴吏抑配擾民 十八日臣僚言應許舉辟官司不得奏辟權貴親屬除依元豐舊制外不得旋置窠闕增辟冗員乞申告戒常切遵奉稍有違戾必罰無赦 九月十七日詔比年遣使不計重輕皆以詔使為名凌脅州郡甚非觀風察俗之意應文武臣僚奉使只依所領職任稱呼其供饋依監司巡歷所至州縣迎送不許出城沿邊自來合差人馬防護不得過數如違以違制論 十一月十二日臣僚言竊惟陛下親御詔墨訓迪厥官所以申勸沮示好惡可謂至矣然而士大夫昧於擇術至有廢人事而談天捨



儒術而言命馳辯穿鑿時乎幸中故權門貴勢或恍其面佞輒生狂士或藉以善鑽寖淫成風為害不細臣願特降睿旨申以戒飭專尚儒學勿談術數庶幾習是勝非安於義命詔榜朝堂禁止如日後違犯有玷士風當行停廢永不齒錄仍令御史臺覺察糾劾以聞 二十三日臣僚言士大夫有詣僧寺參請入室至去冠帶衣緇褐折腰俛首合爪作禮立侍席末師受其說而弗慚其甚至有少妻寡婦屏去侍妾密隨其徒更入迭出敗教化壞風俗莫此為甚乞非其徒而於僧寺入室者以違制論婦妻有犯仍坐尊長詔士大夫習聖人之正道服先王之法服而反易緇素攀躋曲拳於釋子之前曾無愧恥觀此流且以純素恬淡寡合自高要譽於鄉曲之間較其實則奔競躁進毀譽是非未必不甚於常輩加之婦女出入揉雜無間誠宜禁止可依所奏 卷二萬一千七百七十七

二十四日詔毀傷人體有害民教況夷人之教中華豈可效之宜增賞禁止監司不舉同罪 二年二月五日臣僚言一時特旨乃人主威福操縱御下之權豈容攀援為例乞詔有司恪遵成法不得以例決事頃歲命一司令所以六曹事可為永制者修為法其出自特旨非有司所決者編集以備稽考閱歲斯久未聞奏御亦乞立限修纂詔自令援例破條者徒二年令御史臺覺察彈奏 四月十二日臣僚言福建愚俗溺子不育已立禁

賞頑愚村鄉習以爲常鄰保親族皆與之隱州縣勘鞫
告者認妄究其弊源蓋緣福建路厚其婚葬至如殯葬
不得其力供祭羅列焚獻之物創新繒帛里閭之間不
問知識盡行送禮不顧父母具存藏凶服以待送喪之
用利赴凶齋意在所得使遭喪者所費浩瀚遂致有父
母之喪歲月深久而不葬愚貧之俗避於葬費而焚棄
伏乞有司詳議士庶等各立格法刑部看詳福建路溺
子已有增立新法外所有江南東西荆湖南北路溺子
雖有大觀四年四月敕生子而殺刑名告賞令已於遂
項條內生子字下各添入孫字一字并於敕內第一項
放遂便字下添入賞仍依格四字又禮部看祥福建路
卷一萬一千七百七十七
婚葬豐厚等條已有海行外令重別擬定下項諸父母
存非本宗及內外有服親而輒凶服送喪受顧行喪人
非若遇父母喪而過百日無故不殯者各杖六十從之
六月二十二日臣僚言訪聞入蕃海商自元祐後來
押販海船人時有附帶曾經赴試士人及過犯停替胥
吏過海入蕃或名爲住冬留在彼國數年不回有二十
年者取妻養子轉於近北蕃國無所不至元豐年中停
替編配人自有條禁不許過海及今歲久法在有司未
常檢舉又有遠僻白屋士人多是占戶爲商趨利過海未
有法禁欲乞睿斷指揮檢會元豐編配人不許過海條
重別增修及創立今日已後曾預貢解及州縣有學籍



士人不得過海條貫明示諸路沿海次海州軍詔依有
條令者坐條申明行下其曾預貢解及學籍士人不得
過海一節於元條內添入　七月三日宣州布衣臣呂
堂上書東南數州之地尚有安於遺風狃於故習忮害
不悛公然殺人賊父子之仁傷天性之愛男多則殺其
男女多則殺其女習俗相傳謂之薅子即其土風宣歙
爲甚江寧次之饒信又次之願委守令以禁戒之聯保伍
以督察之立重賞以收捕之有不變者寘以極刑殺一
警百使人有畏懼之心則所活人命不可勝計矣詔依
福建已得指揮仍委監司按察如有違犯重寘於法
八月一日詔比來內外職事諸司官等有同列處多是
卷一萬四千七百七十七
獨陳本處利害賞罰之類專一畫旨不候通簽一面施
行使賞恩不出於公上罰怨歸於人主殊失事上之義
自今諸司局所雙員以上者並不許獨員畫旨如違官
員坐流刑吏人決配令尚書省立法以聞仍御史覺察
糾劾聞奏　十一月詔古我先王綏厥兆民一夫不獲
時予之辜朕嗣守祖宗鴻業休養生息四海泰定夙興
夜寐罔不惟民之承比年以來詔令數下訓迪戒諭毋
得騷動播告之修不遑厥旨吏輒託法自便廢格違戾
奪其農時害其常生役使無藝其令諸路監司檢舉前
後不得科買科配率斂差顧假借製造紐折之類條詔
申明牓諭咸使知之自今後有違者罪加一等吏人配

二千里即以軀為和以抑勒為情願者罪亦如之因而乞取以自盜論贓輕配千里若陳訴而不為理直者徒二年其大觀三年以後許差顧及和預買指揮可更不施行十一月十一日臣僚言自今已後諸在外見任官如私置機軸公然織造匹帛者並科徒二年仍乞下有司立為永法詔依奏許人告立賞錢二百貫及許越訴　二十一日臣僚言竊見近時士大夫或居本鄉或寄他郡或居休謝事或朝廷差與宮觀之類自係閑居別無職事干預則其與在任官固有間矣其間不自愛重鮮廉寡恥之徒自選人以上至曾歷禁從者交通州縣見任官員非法受財囑託公事為人延譽干求薦章倉場庫務請納錢物至於廨舍官舟假借居止一有不如所

卷二萬一千七百七十七

五九

欲則怨謗紛然又況擅用時估賣直騷擾行鋪人已苦其供應或有不還價錢者其弊百端靡所不有蓋緣自來別無檢舉而條禁或有未盡故也臣愚願降睿旨行下諸路衝要州縣應係閑居官非見任者委自監司密行體究常切覺察如有前項一切違犯許人按舉聞奏乞賜詳酌施行從之





政和三年三月二日臣僚言陛下肇新官制自公少而下以及武臣考古驗今是正名實然臣竊謂名雖正矣而亂名者無禁律雖設矣而破律者無誅官為將仕尚稱秘校職列諸曹仍呼府判則名實安得而正乎詔令開封府曉示約束　八月十五日臣僚言軍馬教諸教象法謄錄傳播者杖一百訪聞比年以來市民將教法并象法公然鏤板印賣伏望下開封府禁止詔印板並令禁毀仍令刑部立法申樞密院　九月二十七日詔後苑作製造御前生活所翫樣打造纈帛蓋自元豐初置以為行軍之號又為衛士之衣以辨其姦詐遂禁止

卷二萬一千七百七十八

一

民間打造日來多是使臣之家顧工開板公然打造更無法禁仰開封府候指揮到除降樣制并自來民間打造二紅相纈外並行禁止其外路亦不許打造客旅興販入京違者以違御筆論許人告賞錢三千貫文所有所有纈板許人陳首赴府送納焚毀仍令出牓委四廂使臣告示後限五日有犯依此施行　十月一日尚書省言訪聞諸色人多將京城內私下寄附錢物會子之類出城及於外處行使有害鈔法詔寄附錢會子輒出新城外行用者徒二年許人告賞錢以會子所會錢賞之　十三日荊淮江浙等路發運副使賈偉節奏當今太平極治之時而號名之間誦習傳道猶有稱漢官漢

地漢服之類士大夫習見為常因循不改誠非尊重朝廷齊一海内之意宜明降詔書號名之間悉稱云宋凡舊稱漢者一切禁止亦三代著有夏有商有周之義從之　十一月十九日臣僚言江南逐年秋夏之交深僻溪澗往往有人卒暴死亡者皆因取魚之患愚民採毒藥置於水中魚食之而死因得捕之蓋止知取魚之利而不知害人之命也欲望嚴立罪賞禁止詔以毒藥捕魚者杖一百因食魚飲水而殺人者減鬬殺罪一等　十二月二十七日詔自今應内外非刑禁官司不得輒置小荆杖拷訊　二十九日臣僚言諸帥臣監司凡按察之官所以表率一道每於朝拜行香之日往往敢憚



夙興稱疾免赴曾未喻時邇復出謁遊從燕飲上下相習無或顧忌欲望嚴立法禁如既以疾病不赴而輒出入游賞宴飲者以大不恭論庶幾傲慢不虔之吏有所懲畏詔刑部立法申尚書省　四年三月二十三日刑部修立到條諸按察官遇朝拜行香以疾免赴而輒出謁若遊宴者各徒一年從之　四年二月五日臣僚言欲乞下諸路括責州縣前此有以講說燒香齋會為名而私置佛堂道院為聚衆人之所者盡行毀拆明立賞典揭示鄉保仍令逐都保每季具有邪法聚衆申縣縣申州州申提刑司類聚以止朝廷結集徒黨事非細密中令已明懺復違犯當嚴鄰保之法州城兵官縣巡尉



其不覺察之罪比佗官宜加等坐之庶止邪於未形且使無知之人免陷於刑戮從之　三月十八日尚書省契勘密州接近登萊州界係南北商賈所會去處理合禁止蕃舶及海南舟船到彼令添修下條諸商賈海道興販不請公憑而行或乘船自海道入界河及往登萊州界者販諸蕃及海南州縣物回若海南州縣船到密州界同徒二年往大遼國者加二等已買賣取與者徒三年私相交易者仍奏裁船物給賞外仍沒官不請公憑而未行者徒一年並許人捕以上保人減犯人三等同行人各杖八十從之　六月十九日權發遣提舉利州路學事黃潛善奏仰惟陛下推崇先志凡非先聖賢



之書若元祐學術政事害於教者悉毋習士寖彊學待問以承休德而比年以來於時文中採摭陳言區別事類編次成集便於剽竊謂之決科機要偷惰之士往往記誦以欺有司讀之則似是究之則不根於經術本源之學為害不細臣愚欲望聖斷特行禁毀庶使人知自勵以實學待選詔立賞錢一百貫告捉仍拘板毀棄仰開封府限半月外州縣限一月　二十七日開封府奏太學生張伯奮狀乞立法禁止太平純正典麗集其間甚有詐偽可速行禁止仍追取印板繳納詔已賣在諸處者許限一月繳納所在官司繳申尚書省如違杖一百賞錢五十貫許人告　七月五日御筆取會到八

內內侍省所轄苑東門藥庫見置庫在皇城內東北隅
拱宸門東所藏鴆鳥蛇頭葫蔓藤鉤吻草毒汗之類名
品尚多皆屬川廣所貢與掌官等三十餘人契勘元無
支遣顯屬虛設蓋自五季亂離紀綱頹靡多用此以勦
不臣者沿襲至于本朝自藝祖以來好生之德洽于人
心自干憲網莫不明寘五刑誅殛市朝何嘗用此自今
可悉罷貢額並行停貢仍廢庫放散官吏比附安排應
毒藥并盛貯器皿並交付軍器所仰於新城門外曠闊
迴野焚棄灰燼於官地坎瘞分明立堠摽識無使人畜
近犯疾速措置施行　十二日詔諸路提刑司常行覺
察夜聚曉散徒衆及督責仍每年具部內委無夜聚曉



散徒衆申尚書省　十三日詔中外不許越職侵官撥
例申請以害成法　八月十三日權發遣廣南東路轉
運判官公事李堯文奏竊見諸州外縣多以公事付廂
收繫動成底滯縣之有廂止於地分廂界非有舍獄之
設也類以邸店逐月輪受廂吏恣行乞取其毒有甚於
囹圄願行禁止應諸縣不得以公事付廂收繫委監司
常切覺察庶幾人均恤隱之澤可以仰副陛下子育庶
民之意從之　三十日詔河北州縣傳習妖教甚多雖
加之重辟終不悛革聞別有經文互相傳習鼓惑致此
雖非大文圖讖之書亦宜立法禁戢仰所收之家經州
縣投納守令類聚繳申尚書省或有印板石刻並行追



取當官棄毀應有似此不根經文非藏經所載準此
九月八日臣僚言訪聞惠州海豐縣長橋亭壁上張掛
白絹水墨畫龍圖子一面四畔用紫絹緣兼本路民庶
之家多有上件龍圖子並是久來置造其愚民不曉
因循習以成風蓋是自來官司失於奏請全失奉君之
禮無所禁約詔仰監司體究因依如別無他弊特免根
究繳申尚書省仍速行禁止民庶之家仰限一月經州
縣首納免罪逐州縣類聚納尚書省逐旋進納　十一
月二十五日臣僚言竊見民間尚有師巫作為淫祀假
託神語鼓惑愚衆二廣之民信向尤甚恐非一道德同
風俗之意也臣愚欲乞申嚴法禁以止絕之若師巫假
託神語欺愚惑衆徒二年許人告賞錢一百貫文　五



年四月二十三日臣僚言江南盜賊間作蓋起於鄉閭
愚民無知習學槍梃弓刀藝之精者從而教之一旦糾
率惟聽指呼習以成風乞詔有司責鄰保禁止示之厚
賞敢為首者加以重刑庶免搔擾從之　八月十一日
刑部大理寺奏修立到條法諸臣僚樞密院都承旨左
右司郎官一省錄事都事樞密院逐房副承旨差守闕
當官法司及貼司同大理寺開封府國子監太學辟廱
官赤縣若左右廂縣尉當公事不許出謁及接見賓客
翰林學士承旨翰林學士給事中中書舍人起居郎起
居舍人太子侍讀侍講尚書刑部殿中省官司農寺長

貳丞並禁出謁假日即見客　尚書省官六曹秘書省及
寺監御史臺檢法主簿遇假日聽出謁仍許見客從之
十一月四日臣僚言諸色人燃頂煉臂刺血斷指已
降指揮並行禁止日來未見止絶乞行立法詔毁傷支
體有害風教况夷人之法中華豈可效之累有處分終
未能革可徧行下違者以大不恭論添賞錢三千貫文
監司守臣知而不舉覺與同罪京師委開封府嚴行禁
止　六年正月二十三日詔近來京師姦猾狂妄之輩
輒以箕筆聚衆立堂號曰天尊大仙之名書字無取語
言不經竊慮浸成邪慝可令八廂使臣逐地方告示毁
徹焚燒限三日外立賞錢三千貫收捉犯人斷徒二年
刺配千里官員勒停千里編管若因別事彰露本地分
使臣與犯人同罪每月二次檢察告示取使臣知委繳
連聞奏京城内外準此　其後閏正月二十七日臣僚
又言乞遍下諸路約束詔依前降指揮行下　閏正月
八日尚書省言訪聞士庶之家以閏月爲嫌至於几筵
之類收藏不復祭饗失禮爲甚自今許人告以徒二年
坐之從之在京令開封府止絶　五月十五日提舉寶
籙宫兼詳定一司敕令王詔奏内外官司應今後行遣
文字並用真楷不得草書至於州縣請納鈔旁亦依此
例乞令尚書省立法詔諸官文書輒草書者杖八十
二十一日詔訪聞成都府大慈寺門樓斜廊安設鴟尾





沿襲五季專恣之弊僭侈無度其師府監司七夕率皆
登宴飲無復忌憚吏民聚觀不可以訓今後七夕排當
登寺門事可罷如更有以此虧違典禮者仰帥臣禁止
施行　六月十一日詔訪聞諸路民間多是銷毁銅錢
打造器皿毁壞錢寶爲害不細仰尚書省申明條法重
立賞嚴行禁止檢會政和賞格告獲鉟銷磨錯翦鑿錢
取銅以求利及買之者杖罪錢一十貫徒一年錢二十
貫每等加一十貫流二千里錢七十貫每等加一十貫
詔於賞格内杖罪添作五十貫徒一年七十貫流二千
里一百貫餘並申明行下　七月三十日詔訪聞相州
林慮縣邢州龍岡縣天平陵霄二山高崖之上有捨身
臺每歲春月村民燒香聞有僧行誘惑使人捨身者導
以法事欲悔不能僧行利其貲財衣物愚民無罪而就
死地不有禁止何以愛民仰本州縣當職官常切覺察
犯者以故殺論仍令主僧償命許人告捕每名支賞錢
一千貫白身與補進義校尉有官人轉兩官諸色人轉
兩資並不原赦官司失覺察以違御筆論仍版牓揭示
二縣山路監司走馬失按劾者與同罪仍著爲令　十
月十八日入内内侍省武翼大夫淮南路走馬承受公
事王道奏外路州軍百姓有報仇怨包藏禍心多用砒
霜毒藥密以中人伏望特降睿旨盡收入官不得私相
買賣詔違者徒二年許人告賞錢三百貫　十一月十

日詔令祭祀赦勘會累降指揮及嚴立法禁諸路州縣不得科配率斂差顧假借什物製造紐折之類及租賦和買不得前期催理并和買之物須得即時支價錢訪聞州縣循習既久經赦猶未盡革仰監司點檢速行改正所有不即支給價錢仍互相按劾以聞違者徒三年許人告吏人配千里　二十九日詔比聞諸局擅遣大小使臣出外計置物件所遣官騷動州縣擾害良民自今無付受朝旨輒遣使臣出外若所在受而爲施行者並違御筆論令監司覺察御史臺彈劾以聞　十二月十日刑部奏修立到諸監司依監司例人凡可按刺州縣者同輒赴州郡筵會及收受上下馬供饋者各徒二

卷二萬一千七百七十八　八

年等條從之　七年六月九日臣僚言近詔吏部有禁謁之文諸部中亦有職任煩重於天官者而謁制未行恐難獨異詔戶禮部兵工部並依吏刑部法禁謁　二十五日前提點江南東路刑獄周邦式奏江南風俗循楚人好巫之習閭巷之民一有疾病屏去醫官惟覡之信親戚鄰里畏而不相往來甚者至於家人猶遠之而弗顧食飲不時坐以致斃乞立法責鄰保糾告隱蔽而不言者坐之詔令監司守令禁止　七月六日臣僚言臣竊惟朝廷大興庠序養士求材每患晚進小生蹈襲剽竊不根義理頃因臣僚奏請嘗降御筆明行禁絕書肆私購程文鏤板市利而法出姦生旋立標目或曰編



題或曰類要曾不少禁近又公然冒法如昔官司全不檢察乞令有司常切檢舉緝捕禁絕從之　十七日詔廣東之民多用白巾習夷風有傷教化令州縣禁止　八月三日詔訪聞河朔郡縣凡有逐急應副河埽梢草等物多是寄居命官子弟及舉人伎術道僧公吏人別作名目攬納或干託時官權要以攬狀封送令佐逖其立價多取於民或令民戶陪貼錢物郡縣爲之理索甚失朝廷革弊卹民之意　令並以違御筆論不以蔭贖及赦降自首原減許人告賞錢一千貫以犯事人家財充當職官輒受請求者與同罪　十一月六日臣僚言伏覩令州官及本縣官不許託縣鎮寨官買物訪聞貪

卷二萬一千七百七十八　九

吏違法禁託買而不禁自貫故州官行屬縣縣官行鎮寨多出頭引收買疋帛絲綿等物外邑鎮寨之民尤甚苦之欲乞令後州縣官非廨宇所在如因事至邑鎮寨唯許買飲食藥餌日用之物外餘悉禁之仍立法行下戶部供到政和敕諸監司依監司例人凡可按刺州縣者同不係置司去處每遇出巡止許收買飲食藥餌及日用物色其餘輒置買者依託所部命官賣買物色法契勘即無州縣官非廨宇所在因事至屬邑鎮寨唯許收買飲食藥餌日用之物外不許買他物法條禁詔於上條內賣買物色法字下添入州縣官出外準此從之　十二月十三日詔除刑部斷例外今後應官司不得

引例申請　八年正月十二日詔訪聞撫州每年社會賽城隍土地聚集百姓軍人張黄羅繖及唱喝排立起居行列兼本州南寺幹辦年例作葬佛會多是僧行預散帖子糾率縣下鄉民戶百姓男女同處身服布衣首施紙花沿路引迎紙佛及經由道路林木皆用紙錢裝掛選地焚燒數千餘人並行舉哭事奉御筆為累經赦宥特免根究可下本州禁止今後除宮觀崇奉天神許存留紅黄繖扇外餘遍下諸路州軍委知通縣委令佐官司躬親契勘有處仍與免罪當官焚毁訖申本路轉運司覈實保明有無漏落以聞所有葬佛服縞素等舉哭一節仰止絶如日後有犯為首糾率人並杖脊黥配遠惡去處預會人各等第科罪州縣守令常切覺察仍遍行下守倅失覺察徒二年監司按劾廉訪使者互察

卷二萬一千七百七十八　十八

二月十二日詔君出命以尹衆主道也古之人言聖君明君人君以尊天子帝君大君元君以嚴高真循名而考實宜人臣可得而稱者今則或以制名或以命字或指相謂為君忝上下之分乖君臣之義不可以訓宜行禁止以詔萬世違者以大不恭論　同日臣僚言應官司不得引例申請法所不載故用例以相參則事不失輕重且元豐即無不許用例之制惟元祐例立法禁不得引用令一切不用則皆元祐之事又有司臨時高下其手可以為弊詔除無正條引例外不得引例破條



及不得引用元祐年例　二十五日詔朕君臨萬邦富有四海天下之奉何有所闕除依歲格任土作貢外未始有抑配科率詔誥訓飭止絶搔擾形于翰墨丁寧備至未嘗少寬科率之刑聞有御前自京給降見錢度牒銀絹付諸監司於出産州軍仍以市價私相和買口味木石之類者有之以備薦饗宗廟須宣大臣戚里亦非以專於奉己為事監司敢以御前錢物計置到物用為己有以充芭苴饋獻罔上弗虔罪何可逭當重為禁之今後有犯者以大不恭論不以赦降去官原減違者御史糾劾以聞　先是臣僚上言臣訪聞天下收買御前上供等物有司多以御前為名廣行計置或虚擡價直

卷二萬一千七百七十八

侵漁入己或過數收買不盡供貢或分為苞苴公行獻饋奉工弗虔人皆切齒如日前兩浙漕臣劉既濟無錫縣丞張興等並以寅緣為姦上干典憲蓋是自來别無法禁難以禁察遂至如此伏望特降睿旨措置立法專差御前官司受納天下收置上供之物如某鈔某日買到某物若干價錢若干　逐一開坐據數交納即時投進聽給印鈔收附文字令歸本處照會故有是詔　三月一日臣僚言一人之尊先天弗違以道為本而遐方外郡俳優之賤猶敢為道家者流戲於庭墀之下臣竊憤之伏願特降睿旨使民知禁詔合行禁止如違以違制論　四日詔訪聞江東路饒州管下鄉落之

間信用師巫蔽溺流俗多以紙帛畫三清上真與邪神
同祀以祈禳為事葷茹雜進殊不嚴潔甚失崇奉高真
之意自今仰本路提點刑獄行下所屬州縣嚴行禁止
後有犯者以違制論仍拘收三清等畫像赴逐處宮觀
收掌諸路準此　五月四日尚書戶部管勾公事李寬
奏臣聞大而化之之謂聖兆於變化謂之聖人如孔子
雖有先聖之號至於聖則不敢居嘗曰若聖與仁則吾
豈敢自非有聖人之位為天下君豈得而言聖哉今則
制名命字率多以聖為稱甚非所宜欲乞凡以聖為名
字並行禁止以正名稱從之　七月十二日饒州浮梁
縣丞陸元佐上言近世有取王者之實以寓其名者有
〔卷二萬一千七百七十八〕　十二
取霸者之迹以寓其名者有里名東宮者不可不改其
里有院名中宮者不可不易其額有僭玉皇之尊者其
禁尚未廣有褻瀆三清者不可不嚴詔行下逐處并所
屬令改正禁之　二十四日詔訪聞川陝民庶因賽神
祇引拽簇社多紅黃羅為繖扇僭越無度理當禁止可
檢會近降不許裝飾神鬼隊仗指揮內添入民庶社火
不得輒造紅黃繖扇及彩繪以為祀神之物紙絹同犯
者以違制論所屬常切覺察　八月五日臣僚言近者
臣僚被旨保明官吏等姓名推賞欲乞今後止得開具
等第姓名不得指定陳乞違者重立憲禁以正國體以
重君命詔依奏違者以違制論　九月十三日詔州縣





過糴以私境內邊將殺降以倖功賞殊失患養元元招
撫羌戎之意自今有犯必罰無赦　以刑部尚書范致
虛言州縣擅下過糴之令實為民害邊將殺降沮外
夷嚮化之心乞立法輒殺降者如殺人之罪故有是詔
閏九月十一日提舉河北西路學事張綽奏伏見士
大夫有造私第而干謁者無兩勝寒暑之憚故命令一
出人皆知之曰某官乃某人門下也既得之獲舉者必
謝受謝者不辭恬不以嫌疑為避欲望睿斷應有公舉
而輒私謝者立法以禁止之詔諸省臺寺監官以公事
見宰相執政者詣都堂及所聚廳處若得替赴任參辭
者準此即屬官及所請名若親戚不以有無服紀聽詣
〔卷二萬一千七百七十八〕　十三
府　二十六日給事中趙野奏士庶之間豈宜以天字
為稱凡世俗以君王聖三字為名字悉命革而正之然
尚有天字為稱者竊慮亦當禁約詔莫尊於天而人名
之瀆莫甚矣可依所奏　重和元年十一月十五日中
書省言乞在京官司遇壬戌日不奏刑殺從之　十二
月十二日臣僚言姦人巧詐妄為命令恐動官司規求
貨財者都城之內尚或有之況萬里之遠邪詐稱御筆
於左藏庫公取金銀有若開封王師旦者詐奉御筆齎
金字牌搔擾人民有若濬州趙士誠者有許紐折收贖
產業詐撰御筆手詔如威德軍趙涛者有稱本路勾當
乞取錢物詐作御前蒼箆如唐州許洵丁韶者其姦狀敗

露臣之所知者數人而已乃若蹤跡詭秘假詔命於州縣之間而事未發露者又不知其幾人也陛下常降親翰謂自今無付身受朝旨輒遣使臣出外計置物件所在受而為施行者並以違御筆論宸衷所念有及於此亦恐詐偽者因之而肆姦也然臣竊謂方其真偽未分是非未辨託朝廷之命如前所疏數人者所在官吏豈得不信而奉承乎伏望特詔州縣當職官凡遇有勾當之人常切覺察或事有可疑許取索付受文字看驗如此則真偽是非判然可見而詐稱御筆以惑州縣者必不能容其跡庶幾仰奉君親益尊命令從之　十五日開封尹盛章奏竊惟陛下即位以來屢詔有司討論禮



制張官庀局首尾十年始克成書伏自新書之頒累年于茲矣比者帝子下降帥臣之家始修舅姑饋盥之禮位置粢果進拜唯謹事既傳聞下至閭巷細民無不咨嗟歎息以謂雖王姬之貴陛下猶且以新儀從事況我曹之賤而敢有不遵者乎曰者陛下又慮所頒新儀天下遵行未徧在京流俗尚又沿循舊例者再降處分令本府立法施行臣契勘民間冠昏所用之人多是俚儒媒妁及陰陽卜祝之人臣已令四廂並籍定姓名逐旋勾追赴府令本府禮生指教候其通曉即給文帖遍民庶之家有冠昏喪葬之禮即令指受新儀如尚敢沿循舊例致使民庶有所違戾及被呼不赴因緣騷擾邀阻



賄賂並許本色人遞相覺察陳告勒出本行其不係逐廂籍定之人不許使令所貴各務講尋新儀上下通曉本府恭依處分立到條法一違儀不奉行者以違制論不以去官赦降原減從之　宣和元年正月二十一日詔昨降指揮諸路州軍除奉天神之物許用紅黃繖扇等外其餘祠廟並行禁絕訪聞諸處畫壁塑像儀仗之類尚多僭侈或用龍飾可限指揮到日本州長貳當職官檢察僭侈名件圬墁改易仍加嚴不得褻慢委廉訪使者覺察以聞　二月四日提舉道籙院奏伏覩僻遠鄉邑畫三清玉皇儀像於尺素方紙間每薦以盤盞盃酒混雜諸神習之既久不為禁止欲望特降睿旨下諸



路委監司廉訪守令及以次當職官吏嚴行下覺察捜訪正以典刑仍以捕獲彊盜之賞賞之從之　三月十四日詔今後官司稽違三經臺察事大者不以赦降原減　二十五日權發遣京畿計度轉運副使賞讜奏仰惟聖治法令全具名分不逾而天下州府儀門之外猶立碑刻文曰應軍州官於此下馬此蓋藩鎮僭擬之弊因循未除欲望特降睿旨悉令除毀從之　四月一日詔滄州清池縣饒安鎮市戶張遠無隸縣新豐村張用清州乾寧縣齊玘等各為燒香受戒夜聚曉散男女雜處互相作過見令根勘仰承勘官子細研窮不得漏失有罪亦不得橫及無辜兼訪聞滄清恩州界日近累有

夜聚曉散公事從來條約甚明深慮愚人易惑因而滋長害及良民仰本路提點刑獄司檢會條貫申明行下令逐州縣鎮粉壁曉示重立告賞其為首人於常法之外當議重行斷罪　二十二日臣寮言五部禁令斷自聖學著為成書嚴若防範不可踰也臣伏見郡守縣令奉法不虔士俗民風故習猶在昏葬之禮務僭奢有司執視恬不可止五禮之禁令僅掛墻屋謂宜申嚴詔旨責監司按舉而行之使太平盛典不為空文詔仰禮部檢會前後累降指揮申明行下監司以時按劾　五月四日權發遣福建路轉運判官公事鄭可簡奏應任刑獄官不許兼他職及容本州權暫差委庶幾心不兩用



事得其情從之　八日臣寮言欲望出自宸斷唯知通許用妓樂其次郡縣官除赴本州公筵及過外邑聖節開啓與旬休日聽用伎樂外餘乞並依教授法詔郡縣官公務之暇飲食宴樂未為深罪若沉酣不節因而廢事則失職生弊可詳臣僚所奏措置立法將上取旨施行　十四日臣僚言臣竊見近日臣僚多稱官名選人自一命以上例呼宣教所謂七階鮮有稱者文臣朝請郎武臣武功郎以下通呼大夫者往往有之其妄冒稱呼不可概舉況政和職制令諸命官不得容人過稱官名自有明文但未舉而行之耳伏望聖慈特賜申敕今後如有違犯在京委御史臺在外委監司糾劾以聞詔



依奏如承宣使稱節度使節度使稱相公王稱大王之類並悉行禁止如違並以違制論委御史臺東上閤門覺察彈奏　六月十四日臣僚言竊見邇來凡朝廷進用□人材除授差遣之類曾未擬議而士大夫間好事者樂於傳播撰造無根之言欲望明詔有司嚴為禁止詔令後妄有傳報差除以違御筆論委三省御史臺開封府覺察仍令開封府提事使臣告捉　八月十八日京東西路提舉學事司奏本司管勾文字職事與他司屬官不同每歲看詳文武學生上舍等試卷及州學講義每年上舍等題目文字最為浩繁其禁止接送之法乞依諸路州學教授條禁施行從之　十九日河東路



都轉運司奏伏覩律節文諸堂外甥女不得為婚姻違者杖一百離之刑統疏議外甥女亦係堂姊妹所生者於身雖無服據理不可為婚契勘上件律文止為堂外甥女不得為婚即未審再從姊妹所生女合與不合成婚有此疑惑乞申明降下刑部參詳律稱已之堂姨及再從姨堂外甥女並不得為婚者蓋為母之同列及已身卑幼使尊卑混亂人倫失序故不得為婚姻雖刑統議止稱堂外甥女謂堂姊妹所生緣律內稱男不得娶已之再從姨其再從舅者婚再從姊妹所女即與男娶再從姨尊卑事體無異於理亦合禁止從之　九月二十二日臣僚言比者關中使命往來州縣循襲舊例以

和顧為名，前期追集農民，以備驅役，拘繫占留，動經旬月，民力不堪。乞立法禁止，仍令監司覺察。從之。十月二日，河北路轉運副使李昌孝奏：近歲諸路上戶有力之家，苟免科役，私以田產託於官戶，或量立價錢，正為交易，或約分租課，券契自收，等第減於豪彊，科役併於貪弱。雖有法禁，莫能杜絕。其間亦有假於官戶，久而不歸者，起訟滋獄，傷教敗俗，莫此為甚。乞委監司、郡守嚴加檢察。詔尚書省立法。二年正月二十八日，臣僚言：乞自今後諸司及州縣當職官，若被受朝省拋降應副用所須之物，輒敢不依元數拋置，妄有增加者，不以已未供納，其剩數並乞計贓論罪。若敢依前違犯，許人陳告，

卷二萬一千七百七十八　十八

及乞委廉訪使者常切覺察。從之。三月十九日，朝奉郎、守開封府右司錄李伺奏：伏見監司被受御筆處分，或暫攝帥府，或託故在假，身不行而委官以代之，被委小吏請託避免，動涉月日，莫肯就道，慢命不虔，於此為甚。欲望嚴立約束。詔：今後監司被受御筆處分，無故不親往，輒委官者，徒二年，不以失減。四月十四日，權發遣提舉淮南西路學士楊通奏：今竊見州縣官陞朝以上，因仍舊例，多用主斧為從物。其事甚細，而於禮非所宜。蓋主為君道，斧象君德。前日以有主為言者，陛下一切禁止矣。今用主斧，則其為儀物名稱，若近於僭。欲乞睿旨特行禁約。從之。十八日，詔：今後應勾追被盜人



到官對會訖，便行疎放。或委有事故，聽獄官具情由稟長吏，通不得過五日，庶幾革去姦弊。仰刑部檢詳立法。六月十二日，詔：自今衝改元豐法制，以大不恭論。八月二十日，詔：先帝董正六部，應依條式事，奏鈔畫聞。近來差注、轉官、支賜、支破請給、封贈、回授等事，不合具鈔及應取旨者，皆批狀送鈔旁，有違官制。自今後並遵依元豐法令，如違，仰御史臺彈奏。令日以前，特免改正。七月二十一日，詔：應諸路工役去處，不得支破搞設等。十一月四日，臣僚言：一、溫州等處狂悖之人，自稱明教，號為行者。今來明教行者各於所居鄉村建立屋宇，號為齋堂，如溫州共有四十餘處，並是私建無名額佛堂，

卷二萬一千七百七十八　十九

每年正月內取歷中密日，聚集侍者、聽者、姑婆、齋姊等人，建設道場，鼓扇愚民，男女夜聚曉散。一、明教之人所念經文及繪畫佛像，號曰訖思經、證明經、太子下生經、父母經、圖經、文緣經、七時偈、日光偈、月光偈、平文策、漢贊策、證明贊、廣大懺、妙水佛幀、先意佛幀、夷數佛幀、善惡幀、太子幀、四天王幀，已上等經佛號，即於道釋經藏並無明文該載，皆是妄誕妖怪之言，多引爾時明尊之事，與道釋經文不同，至於字音又難辨認，委是狂妄之人偽造言辭，誑愚惑眾，上僭天王太子之號。奉御筆：仰所在官司根究指實，將齋堂等一切毀拆，所犯為首之人依條施行外，嚴立賞格，許人陳告。今後更有似此去

處州縣官並行停廢以違御筆論廉訪使者失覺察監
司失按劾與同罪　二十七日臣僚言背公徇私而忘
出位之戒者尚或未能仰體聖意至有因陛對而輒薦
所知者有緣創局而格外奏辟者有欲使便於營私而
乞與對移者有將秩滿而乞與再任者籍籍紛紛不可
概舉是以冗濫百出漫不可支臣願陛下明詔輔臣精
加進擬必度德而後定位必量能而後授官開公正之
路塞邪枉之門其或職非得以進退人材而妄伸薦引
如臣前所陳者乞賜睿斷重行竄殛詔依所奏仰三省
遵守御史臺彈奏　三年正月十三日詔兩浙江東路
賊發應知州通判應州縣等官並不得陳乞致仕尋醫

卷一萬一千七百七十八

二十一

侍養并請假離任已沐乞及離任者令本路監司疾速勾還
本任托疾致仕者令中書省記錄候賊平取旨　二十
一日詔訪聞兩浙江東路因備禦羣賊修完城壁計備
糧食之類大段騷擾方賊徒嘯聚深爲不便仰逐路監
司嚴切覺察應修完城壁計備糧食等不得妄有抑配
及因緣乞取違者並具事因取旨當議重加典憲仍令
宣撫司鈐束覺察　二十五日詔自來收買計置花竹
果石造作供奉物色委州縣監司幹置皆是御前預行
支降錢物令依私價和買累降指揮嚴立法禁不得少
有抑配比者始聞贓私之吏借以爲名率多並緣爲姦
馴致搔擾違於聞聽可限指揮到應有見收買花石造



作供奉之物置局及專承指揮計置去處一切廢罷仍
限十日結絕官吏作匠錢物並撥歸元處已計置造作
收買到見在之物所在據管具奏若爾後尚敢以貢奉
爲名因緣科擾以違御筆論　二月一日詔水陸船車
輒置旗號牌牓妄稱御前急切綱運物色因而搔擾州
縣者以違制論係臣僚之家私物及興販而輒稱御前
綱運物色者以違御筆論許人告賞錢五百貫　二日
詔近來臣庶之家於淮南兩浙福建等處計置山石花
竹之類數有騷擾可令禁止違者以違制論　四月一
日臣僚言忻代州寧化軍界山林險阻仁宗神宗常有
詔禁止採斫積有歲年茂密成林險固可恃猶河朔之

卷一萬一千七百七十八

二十二

有塘濼也比年採伐漸多乞立法禁從之　九月懷安
軍奏奉聖旨尚書省公相廳改作都廳內外都廳並行
禁止契勘本軍職官目前並於都廳聚議文字今準前
項指揮欲將本軍都廳改作簽廳爲名如蒙允許其條
令內所載亦乞準此貼改施行從之諸路依此　二十
四日詔臣僚章疏不許傳報中外仰開封府常切覺察
仍關報合屬去處內勅黃行下臣僚章疏自合傳報其
不係勅黃行下臣僚章疏輒傳報者以違制論　二十
五日臣僚言欲乞應官司出賣鈔旁如諸色人輒敢販
賣於官價外增搭一文以上乞重寘于法仍立賞許人
告庶絕搔擾細民之弊奉御筆相度施行尚書省勘會

諸色人增價販賣鈔旁定帖即與公吏人等增價轉賣事體無異緣五文未明令相度欲諸色人增價販賣鈔旁定帖罪賞並依公吏人增價轉賣已降指揮施行從之　二十七日中書省尚書省言勘會僧尼所用銕鈸已措置令在京文思院廣行製造出賣訪聞多有昨來首納未盡數目竊慮影帶私造難以禁戢詔應首納未盡銕鈸限一月許隨所在官司陳首特與免罪官為鐫鑿字號給據照驗使用如出限不行陳首斷罪告賞並依私有銅法仍仰所屬言行覺察公吏人等不得阻節接便乞取騷擾　五月十六日中書省尚書省言四月二十八日奉御筆應諸路和糴比較優劣及糴場官吏乞取減剋邀阻留滯取樣過數或妄立名目收錢若命官進士僧道公人等請託入中等事仰尚書省檢會見行條令措置增立刑名及告賞條格行下諸路遵守勘會和糴斛斗請託入中罪賞已嚴其宣和二年正月十九日指揮止為東南六路餘路亦合依此今措置諸路斛斗和糴請託入中等欲並依前項東南六路已降指揮施行從之　閏五月七日尚書省言契勘江浙喫菜事魔之徒習以成風自來雖有禁止傳習妖教刑賞既無止絕喫菜事魔之文即州縣監司不為禁止民間無由告捕遂致事魔之人聚衆山谷一日竊發倍費經畫若不重立禁約即難以止絕乞修立條從之　十九日

〔卷二萬一千七百七十八〕



臣僚言古者府史胥徒皆有常職今州縣小吏或濫躋仕版不欲去里閭遠親戚則又求仕鄉邦夤緣請託乞令後州縣人吏緣勞績入官者不許任本州縣差遣從之　六月十四日京西南路提舉常平司奏准御筆近歲諸路州軍公吏人違條顧覓私身發放文字及勾追百姓或謂之家人擅置縲絏以威力取乞錢物為害遍於四方監司守令坐視漫不省察可令諸路提舉常平官躬親巡按點檢覺察應公吏人除依許顧家人外輒置家人或貼身之類者並以違制論許人告賞錢一百貫仍許民戶詣監司越訴本司官除已不住點檢覺施行外看詳公吏人令本家親戚或他人顧到人力以借為名下鄉勾當追呼搔擾乞取即與私置家人事體無異緣未有該載明文欲乞應公吏人令本家親戚或借請他人力等發放文字勾追百姓並依前項御筆指揮施行從之諸路依此　二十七日中書省尚書省言竊聞諸州軍公使庫置造陳設及從人衣裝之類并筵會多是不支見錢收買只出頭子於行戶取索動經歲月不即支還價錢或遇守臣移替新官更不管認使行戶雖執頭引無處支請及聞州縣見任官員亦有不支見錢只用頭子取索不即支還價錢者以致替罷不能還足而去委屬搔擾殊不體認朝廷愛民之意欲下逐路監司體訪如有官中及官員未還行人價錢嚴立法禁

〔卷二萬一千七百七十八〕

請

勒限支還常切覺察勘會見任官及公使庫并買物充官用支還價錢各已有立定日限斷罪法禁所屬監司及廉訪使者並合常加按察約束遵守所有前官買過公使及官用物色若有未還價錢如已出違條限合依法科罪外其後官自合認數支還令欲申明行下如後官不為支還者仰所屬監司廉訪使者覺察按劾聞奏詔從之　七月六日三省言州縣祀神聚衆相毆未有禁約詔令後為首罪輕者徒二年　八月二十五日詔諸路事魔聚衆燒香等人所習經文令尚書省取索名件嚴立法禁行下諸處焚毀令刑部遍下諸路州軍多出文牓於州縣城郭鄉村要會處分明曉諭應有逐件

〈卷二萬一千七百七十八〉

二十四

經文等限令來指揮到一季內於所在州縣首納除二宗經外並焚毀限滿不首杖一百本條私有罪重者自從重仍仰州縣嚴切覺察施行及仰刑部大理寺今後諸處申奏案內如有非道釋藏內所有經文等除已追取到聲說下本處焚毀外仍具名件行下諸路照會出牓曉諭人戶依今來日限約束首納焚毀施行　九月二日臣僚言臣聞四海之廣所與共治者莫嚴守令而監司刺舉之官也伏見近歲以來任非其人背公自營倚令掻衆到職之後上之德意弗務宣究民之利病弗務詢採一意以附託權勢為計委之營緝田產製造器用與辦治其私者公然不以為嫌由是傍立名目侵用



公錢須索誅求靡有藝極公私被害有不可勝言者甚則指名其人假託氣焰彊市横斂抑配追呼弗酬其直弗顧其力類多有之伏望特降詔旨自今有敢蹈習抵犯重立典刑內令御史臺外委廉訪使者覺察按治詔被委及委之者並以枉法自盗論御史臺廉訪知而不按與同罪仍鏤版印給諸路監司　又詔以降指揮禁止監司守令為人營治私事如差使出外勾當而憑藉聲勢干託監司州縣或掻擾百姓者並依降指揮仍並以違御筆論　二十二日臣僚言官守鄉邦著令有禁陛下待遇勳賢優卹後裔故其子孫宗族有除授本貫差遣不以為嫌示眷禮也而邇來非勳賢之後多任本貫

〈卷二萬一千七百七十八〉

二十五

及有產業州縣官其田舍連屬悉皆親舊而胥吏輩並緣為姦民訟在庭以曲為直撓法營私莫此為甚乞除勳賢之後得旨令子孫任本州官及曾任宰執外餘令自陳對移一等差遣願罷者聽選而不言或冒居者必罰無貸從之　十月八日詔訪聞城寨掌兵官近年已來多規求差出妄作假故動經數月離去本任其一寨職事並付權官此及任滿虛受賞典深屬僥倖令後諸路城寨掌兵官除軍興許差外餘並不得差出給假離任違者以違制論　二十一日詔諸非應奉司輒遣使臣來往州郡計置收買什物果石者以違御筆論守臣監司應付者與同罪　二十九日詔樞密院禁軍闕額

諸收受租保甲封樁錢物非專承樞密院及三省樞密院同降指揮不許使用不得一例作朝廷諸司封樁錢物借支支那如違以違制論　十二月十五日臣僚言邇者因事援例侵紊成憲者間出於疏遠之吏開端之漸不可不杜也乞嚴行禁止從之　二十七日詔進奏院朝報非定本事輒傳報者令尚書省檢會以降指揮別行措置約束取旨　四年四月十二日中書省尚書省言勘會官司被受條制置籍編錄以元本架閣并應注銜改而不注或編錄不如法若脫誤有害所掌吏人替日交受並已有斷罪約束條法自合遵守更不銷別有增立伏乞申嚴行下詔應被受條制置冊編錄者並用印當職官以所受真本逐一校讀訖付吏人掌之如違杖一百　二十八日詔國朝置禁旅於京師處則謹守衛出則扞邊境故擇諸爽塏列屯相望將校步騎馳走教閱分都置舍多寡往來各有區處以相保守其法甚嚴比來官司臣僚指射干請置局增第致令禁旅暴露湫隘不安其居聞之惻然夫介冑之士所與共患難惟有以恤其私然後可使之竭力自今敢有如前指射者以違制論　七月六日臣僚上言伏見自來州縣官奉行法度或有殿負則本司檢舉書罰曹不踰時至若究心職事悉力公家於格合該推賞則猾胥老吏多方沮抑遷延以倖賕謝不為保明甚者經涉歲月之久不





能得遂致士大夫接武臺省喋喋陳訴不已令著令除獲盜推賞有限三十日保明之文外餘並未有立定期限有司留難而有情弊罪亦止於杖八十而已法不勝姦遂成文具臣愚伏望特賜明詔令後官員奉行熙豐崇觀以來成法合該推賞所屬保明勘會應報之際比類獲盜法量立期限如留難而有情弊者加等坐罪庶幾信賞不為黠吏所持止息士大夫爭訟實有補於政教詔申明行下　八月十六日三省言命官所得轉行及回授恩賞或未至止官及未該回授並不許收留候該使日陳乞以絕僥冒從之　二十二日詔諸沿邊官吏輒以私書報邊事以違制論　十月十八日詔訪聞州縣倉場受納多不以時留滯鄉民物斛露積或遇風雨遂成棄物非理退換為害不細令後應退換物並書文籍違者以違制論　十二月七日詔應買物斛差官稱量被差官不躬親監臨或指數約貌量收出剩或得支用過數目為已稱量出數者各杖一百赴本處宴會者加一等　十二日權知密州趙子晝奏竊聞神宗皇帝正史多取故相王安石日錄以為根柢而又其中兵謀政術往往具存然則其書固亦應密近者責書籍人乃有舒王日錄出賣臣愚竊以為非便願賜禁止無使國之機事傳播閭閻或流入四夷於體實大從之仍令開封府及諸路州軍毀板禁止如違許諸色人告賞錢

一百貫　二十四日臣僚言林虙編進神宗皇帝政績故實其序稱先臣希嘗直史館因得其緒纂集成書鬻於書肆立名非一所謂辭場新範之類是也乞禁止從之　宣和五年五月二十七日中書省言訪聞外路縣官多有不恤民力抑勒侵擾事件鄉村陳過詞狀未論所訴事理如何却先根刷陳狀人戶下積久不開蠲放分數倚閣年限並行催索百姓避懼遂致不敢到官披訴冤抑或因對證勾追人戶到縣與詞狀分日引受若遇事故有遷延至五七日不能辨對了當非理拘留妨廢農事又有保正長甲頭之類日限分催稅數仍令三日赴縣衙出頭比磨期限迫促趨赴下辦鄉村地里窎遠多是不得及時催督皆屬未便令乞轉運司覺察如有上項去處並行止絕日後常切點檢仍遍行曉示鄉村知悉勘會租稅輒勾催稅人赴官比磨已有法禁外縣道民訟與追會到公事並合每日受理行遣不當分日引受其人戶有欠自合平日催督若遇赴訴却根刷出戶下積欠催索顯是故為抑塞並屬違法詔令戶部坐條申明及遍下諸路監司常切覺察點檢如有前項違慢去處並仰按劾施行　六月十一日中書省言近降指揮禁止市井營利之家不得以官號揭榜門肆其醫藥鋪以所授官號職位稱呼自不合禁止檢准宣和五年三月十七日延康殿學士趙遹奏乞降睿旨禁止

〔卷二萬一千七百七十八〕



市井營利之家伎巧賤工不得以官號揭榜於門肆詔令開封府禁止外路依此詔宣和五年三月指揮更不施行令開封府出榜曉諭　七月十三日中書省言勘會福建等路近印造蘇軾司馬光文集等詔令後舉人傳習元祐學術以違制論印造及出賣者與同罪著為令見印賣文集在京令開封府四川路福建路令諸州軍毀板　十一月二十七日提舉潼川府路常平等事呂希莘奏竊見近來州郡多差軍人散在市井以捉事為名侵漁百姓恐嚇求取其弊百端小不如意肆為凌暴良民被害甚於盜賊欲望特詔有司立法諸州郡非因巡捕兵而輒差軍人散在街市以捉事為名者重為之禁提刑司覺察每季檢舉出榜曉示使民間通知庶使太平之民各享安業之樂從之　十二月四日尚書省言勘會禁止蕃裝胡服斷罪告賞指揮已嚴近日士庶頭巾後垂長帶有類胡服亦合禁止詔申明行下仍令閤門御史臺太常寺開封府常切覺察及彈奏　五日權發遣萬州李載奏本州非時監司呼索採取石硯民無休息欲乞於農務之月不許採取虞部供到即行禁止不許採取指揮及無立定上供之數條法看詳萬州硯石監司相承勞民採取顯屬騷擾欲乞立法應見任官輒下州縣差人採取者並科違制之罪仍計庸坐贓論從之　六年正月十三日秦鳳路經畧安撫使郭

〔卷二萬一千七百六十八〕

恩奏訪聞管下州縣將人戶籍充樂人百戲人尋常筵會接送一例有追呼之擾乞降指揮除聖節開啟外截日改正禮部狀稱將人戶籍充樂人百戰人勒令閱習百戲社火尋常筵會接送追呼等即未有禁約條法看詳除聖節開啟并傳宣撫問之類外並合立法禁止詔州縣輒抑勒人戶充樂人百戲社火者杖一百　二月四日臣僚言比者紛然傳出一種邪說或曰五公符或曰五符經言辭詭誕不經甚大可畏臣竊意以謂其書不可留在人間奉聖旨令刑部遍下諸路州軍多出文榜分明曉諭應有五公符自今降指揮到限一季於所在官司首納當時即時焚毀特與免罪如限滿不首並

卷二萬一千七百七十八　三十

依條斷罪施行仍仰州縣官嚴切覺察詔限一季首納限滿不首依讖書法斷罪許人告賞錢一百貫餘依已降指揮　三十日詔諸路州縣公人犯贓私罪依格雖會恩永不收敘或雖許敘皆有期限若有所規避改易名姓應名募官司明有法禁訪聞州縣近來多以不應敘或合敘而歲月未滿或曾斷罪而改姓名之人輒敢違法收補容庇姦猾肆為欺擾可申明條約行下仍令逐路監司常切覺察　三月四日詔臣寮將帶人從依格有定數其輒借人力除宗室已立法外在內供職臣僚亦合一體禁止今後應臣僚輒帶借債或售顧人力入宮門罪賞並依宗室法將帶過數止坐本官若無領



外局所破人從非隨本官輒入者自依闌入法　同日提舉荊湖北路常平等事鄭庭芳奏契勘天下坊場所入酒利最厚比年買撲坊場之家類多敗闕多因州縣官令酒場戶賣供給酒及薦送伶人之類欲乞朝廷立法勘會除在任官薦送人於所部已有法禁自合遵守外餘合取自朝廷指揮詔見任官將所得供給酒抑配令酒場戶出賣者以違制論　八日詔諸路提刑司奏請中發根催各有日限訪聞吏緣不虔公然弛慢憲司州縣恬莫加血或法寺退駁致有往復留滯可自今奏案並限三日申發除依條關中外仍仰御史臺檢察稽滯去處彈劾以聞　閏三月二十五日中書省言臣僚言

卷二萬一千七百七十八　三十一

臣僚言神宗皇帝肇修免役之法罷豪右管勾公庫增吏祿以養廉而近歲士大夫奔競成俗饋獻苞苴之風盛行於時不可不禁詔令立法令擬諸命官以金繒珠玉器用什物果實醯醢之類送遺按察官及權貴若受之者並坐贓論從之　二十九日中書省尚書省言勘會諸色因祀賽社會之類聚衆執引利刃從來官司不行止絕其利刃之具雖非兵仗亦當禁止詔應諸色人因祠賽社會之類執引利刃雖非兵仗其罪賞並依執引兵仗法仍仰州縣每季檢舉條制出榜禁止如以竹木為器鑞紙等裹貼為刃者不在禁限　四月二日詔河南府中嶽有受戒亭一所內立石刻并嵩山戒壇院

嶽寺竹木洞見塑中嶽聖帝受戒之像及碑文等並行
毁棄應有似此褻瀆聖像去處仰所屬常切覺察遵依
已降指揮施行輒敢存留並以違制論　四日臣僚言
乞詔有司應諸州公使庫輒均配人户米麥及在任官
令機户織造匹帛者重立憲法庶使黷慢之吏少知畏
戢詔令尚書省立法尚書省修到諸外任官自置機杼
或令機户織造匹帛者各徒二年計所利贓重者以自
盜論仍並許越訴從之　五月六日臣僚言伏覩宣和
二年御筆在京官司輒置櫃坊收禁罪人乞取錢物害
及無辜已降指揮並令去拆及已重立法禁又訪聞外
路尚有沿襲置櫃坊去處為民之害尤甚限一日去拆
卷二萬一千七百七十八
三十二
自令敢置者以違御筆論臣謹按詔書數下訓辭深厚
恩施甚美盛德之事也然豪吏擅私貪夫求利覆出惡
無所畏忌四方萬里之遠耳目所不及者其為害可勝
言耶或鎖之櫃坊或幽之旅邸近則數月遠則一年守
貳不能察監司不以聞銜冤之民無所告愬殊失陛下
勤恤民隱之意欲望特降處分在京選彊明郎官一員
遍詣提事使臣家毁拆禁房於法應捕人限當日解府
有不及者許送廂寄禁輒經宿者許人告重坐以罪在
外委監司各據分界歲州縣親詣點檢毁拆私置櫃坊
禁房見有拘留人户去處按劾以聞庶幾少副詔書懇
惻本旨實天下幸甚詔依宣和二年已降御筆指揮餘



令尚書省立法　十七日臣僚言竊見司守令皆赴寄
居之家酒食甚者雜以婢妾深夜方散交通所部弛廢
職事二者固已違法因緣稔熟遂至請囑公事無所不
至如此豈復虔奉詔條嚴戢官吏伏望特降睿旨重立
法禁詔守令依監司法　九月二十三日詔諸路監司
公沿合破舟船訪聞多差定牽挽人兵每遇出巡歸司
依舊占留不即發遣可令立法禁止仍不以失減　十
月一日詔品官之家依格鄉村田產免差科其格外之
數並同編户隨襲官依品格置到田產並充贍墳特免
夫役夏秋稅物並免支移折變於本縣止納本色及所
居莊舍宅宇亦免加檯等第日後子孫並不許典賣如
卷二萬一千七百七十八
三十三
有一切衝改並特依今降指揮餘人自不合援例　七
年正月二十四日詔民間私置博刀及爐户輒造並依
私有禁兵器法見有者限一月赴官首納限外罪賞依
本法仍令諸路提刑司行下所屬州縣　二月二日詔
曰朝廷詔爵祿以待士士修身潔已以奉公故廉恥之
道行而各安其分比者士或玩法貪汚遂致小大循習
貨賂公行莫之能禁外則監司守令內則公卿大夫託
公徇私誅求百姓公然竊取略無畏憚將何以安上訓
下乎昔我祖宗未嘗容貸至杖脊朝堂配流領表內外
以治至於丕平今其風浸興不大黜責莫之可懲其令
被擾之人及盜取公私財物并指引過度者並許赴尚

書省陳訴當重寘於法仍令御史舉按以聞毋或緘默阿徇以稱朕意　三月十三日中書省尚書省言諸路當職官多是亂出頭引下行過收買物色行人見其數目甚多少肯應副即便收送下廂本廂禁繫動是旬日不免責價隣州隣路收買應副且免杖責遠方尤甚民戶無所告訴良可憫恤詔官員收買物將行人輒送廂收禁者以違制論仍令廂司置簿如有送廂公事即時抄上巡押州縣按察官監司廉訪出巡點檢如違按劾以聞當重寘典憲　四月五日尚書省條下條諸非見任官有貪恣害民干撓州縣而迹狀顯著者監司按劾以聞從之　五月二日詔内外官以苞苴相賂遺其賂

卷二萬一千七百七十八

遣并收受人並以坐贓論如有違犯必行竄責令御史臺常切覺察彈奏　同日詔令後内外官遵依已降詔旨並以三年為任如治狀顯著仍許再任輒敢陳乞替成資以違御筆論　七月一日詔曰朕惟王者之法易避而難犯若苛舉細故使人拘畏而忌諱非所以示夫體也臣僚建請士庶名字有犯天王君聖及主字者悉禁既非上帝名諱及無經據謟佞不根貽譏後世并壬戌日宰執燒香住斷刑釋輕罪至留繫佚罰皆非朕意可並勿行　八月二十日中書省尚書省言契勘諸州軍每遇受納糴買往往差公使庫官領之其害不可勝言應管公使庫官並不得差充受納糴買違者重行流

三十四



竄詔應管勾公使庫官輒差充受納糴買及受差者各以違制論　十月一日中書省言奉議郎守尚書都官員外郎葉三省奏昨見諸路財計之臣有以羨餘為獻而被賞者臣竊惑之欲自今有以羨餘獻者勿復推賞仍令别路監司驅磨覈實以聞其間稍涉虛偽則重加竄斥驅磨不實與同罪庶幾誕謾之風熄而人之忠厚之歸詔坐條申嚴行下　十二月十九日詔二浙漕計積弊之久訪聞自來多務看謁妨廢職事自今可恪守詔條迎送之類除專使外餘一切並罷如違以大不恭論　同日詔市戶非聖節不許假借自有定制比來貪吏以和顧和賃為名須索無厭不為給還仰諸路監司覺察

卷二萬一千七百七十八

欽宗靖康元年五月五日臣僚言醫官周道隆王舜康王永言荆瑋初以大請官錢奉旨勘鞫及至案具準内降御寶批特與放免竊以謂法者太祖太宗之法所與天下共之不得而私也若使獄具可以幸免則人人安然玩法無所懲艾前日之弊殊未易革乞正典刑以厲其餘從之　同日監察御史余應求言開封府尹王時雍奏奉御批開封府禁勘御前使喚西兵蔡宗等三人並不曾刼盜捉事使臣范振亂捉平人可依理施行又言其人係屬京畿等路制置司盧功裔下止因被盜人暮夜錯認賊人頭面以至范振涉疑收捉伏見近年官司類以御前二字刼持上下具六軍之衆當齊

三十五

以一法不可更分御前使喚之人以失其余軍士之心
兼自來權貴之家及局分多占蔽部曲盜博縱恣稍加
繩治反遭屈辱懲革此風誠在今日臣待罪天府請坐
不能戢盜之罪有旨放免臣詳觀時雍所言則是近年
宦官用事淩轢百司其弊皆若此也范振宜在釋放此
事宜在懲格今但赦時雍之罪而已振猶取勘具案所
陳之弊曾未禁戢夫以軍卒犯公事而乞降御寶以被
盜人錯認而云亂捉平人以官者當直而稱御前使喚
此皆可深疑者奏請之臣以微末私事誣罔聖明其罪
固不容誅而陛下又為之作御使喚之名特降寶行下
則其失又甚矣陛下往者下詔又曰不任中人言猶在
卷二萬一千七百七十八　三千大
耳今乃遽信其言為之委曲批降陛下即位之初内侍
莫不恐懼畏避靡敢輒干以私曾未數月遽復為此官
者之權自此復熾而以私事求請者何所不至也自今
若此等類乞一切杜絕敢以私事干請御寶者重寘于
法然後正功啇誣罔之大罪明范振涉疑之無辜其時
雍所陳嚴加禁約庶幾抑官者尊主威絕近習請謁欺
弊之原伸百司屈辱刲持之弊從之　六日臣僚言去
秋四方豐稔粒米狼戾至今春夏物價猶賤而官私錢
弊匱乏無以收糴不唯公上費出無節兼恩倖之家收
蓄不訾亦緣鑄錢銅料為他工匠盜竊奇玩什器及銷
毀錢寶以營厚利致官冶銅料闕絕不登課額錢弊匱



乏職此之由欲乞申明銅禁除照子磬鈸籍記工匠姓
名許造外餘一切禁止從之　十日禁士庶之家以銷
金為飾　七月十五日詔祖宗以來戢有拋買合用之
物徧下諸路既不過數又復有常故物不踊貴民易供
應自崇寧以來大臣誤國庶事紛起而侈靡隨之無有
紀極太上皇帝念黎元之困革舊政之弊乃下明詔罷
非泛拋買朕恭承德意要在裕民聞省部尚有檢舉年
例便行拋買非不可闕之物及不可減之數致州縣官
吏並緣為姦未免前日困民之弊可具祖宗拋買之額
酌今日合用之數立為定式如係軍須或急闕之物不
得已者亦指定合用不得濫增數目及取特旨如州縣
卷二萬一千七百七十八　三千大
被受拋買多增物數或貼納錢物官吏分盜雖入已數
少據所剩準全入己論按察官失於按發並以等第議
罪　八月二日臣僚言祖宗以來天下禁兵皆使之習攻
守戰陣之法挽彊擊刺之利至於他伎未嘗學也故用
心專而藝能精近年以來帥臣監司與夫守倅將副多
違法徇私使禁卒習奇巧藝能之事或以組繡而執役
或以機織而致工或為首飾玩好或為塗繪文縷公然
占破坐免教習名編卒伍而行列不知身為戰士而攻
守不預至有因緣請託陞遷階級或在衆人之上遂使
轅門武功之士困於差役之勞末作庇身之人復享安
閑之利所以兵陣教習之法日廢工匠技巧之事日多

兵政之弊一至於此欲乞除行兵合用工匠外其末作他技皆嚴行禁止從之　二十三日臣僚言朝廷比令六曹寺監條具逐歲拋科物色多不盡實聞即令京東所科買如泗水上供綿木炭及燕山絲之類並如宣和七年以前元不少減至於不要令色止督價錢炭每秤每兩皆至六百逐州縣所取名色不同其視詔令爲空文而已方命蠹民曾無體國之意望申飭有司條上其實如有應罷催擾如故及並緣爲姦規利入已者並重賜施行詔犯者並從違制科罪姦利入已以贓論定之　二十八日臣僚言陛下昨以章服之濫悉從釐正在京委禮部在外委郡守移文告諭俾之自陳除在京臣僚不住繳申禮部及外路十餘州已申照會外其餘去處久未聽從尚有僥倖之意望量立日限再俾自陳仍令在外州軍具數申禮部自今尚敢違慢許覺察舉劾從之　高宗建炎元年六月二十二日詔曰方時艱難兵革未息中原經劫掠之禍四方有調發之勞方撤樂菲食夙宵在念與羣臣共圖康濟訪聞州郡官吏歌樂自若殊無憂國念民之心未欲便行誅責可自今未得用歌樂筵燕敢有違犯監司按劾以聞　七月十一日詔年在京并外任官多求差出託故便私般家東下假勢作威擾擾百端及外州縣奉使寄居待闕官甚多妄是坐費廩祿令吏部關牒諸部省臺寺監諸路監司具





自今年五月一日以前差出官罷歸元任及月具奉使并寄居待闕官申尚書省　八月二十四日詔州縣官不得於見任科役人匠造竹木等什物從中書舍人劉珏之請也　二十七日臣僚言淮南真楊楚泗等州係九路沿流之衝舳艫相銜不下數十州郡終日將迎職事盡廢況即今祗備車駕巡幸及防姦禦寇事務非一乞一切迎送並行住罷雖非泛使命及本路監司太中大夫以上等官亦不許接送所貴郡縣官吏各得一意修舉職事從之淮南江浙並依此施行　十二月二日詔曰朕側身寅畏與二三大臣宵旰圖治罔貴奇玩罔好畋遊罔昵近習使干政事罔有邪封墨敕以濫名器夙夜正心持誠祈天助順訪聞小人爲姦或詐欺請託鬻爵是謀或臂鷹走犬畋獵是習乃狂百姓輒謂御前之物朕之好惡何以昭示外人何以格于上帝慮近習餘風未殄朕不遑寧仰三省樞密院榜諭戒約言官覺察彈奏敢有違者寘于法並許人告賞錢一千貫內畋獵之人輒稱御前鷹犬者根治得實配沙門島　二年正月六日戶部侍郎呂頤浩言臣嘗聞官軍所至爭取金帛之罪猶小劫掠婦女之禍至深嘗觀唐李晟復京師秋毫無所犯惟別將高明曜取賊妓一即斬以徇願以此事申諭主兵將帥各令體認聖朝仁政儻或有犯必罰無赦昨來鎮江府賊中婦女有尚在軍中者亦乞

速令放歸詔劉與都統制行軍諸將知委 七日知鎮江府錢伯言奏已依處分螺鈿椅卓於市中焚毀萬姓觀者莫不悅服上曰還淳返朴須人主以身先之天下自然嚮化 先是鎮江府軍資庫杭州温州寄留上供物有螺鈿椅卓并脚踏子三十六件前十日降聖旨螺鈿淫巧之物不可留令錢伯言於通衢遣官監毀仍榜諭使人知朕崇儉去華還淳返朴之意上因信言奏至故又及此 二十一日令揚州開具見稱御前頓放金玉等物亂占屋宇寺院去處申尚書省不得漏落及訪聞兩浙路有妄稱御前收買海味等物者仰本路提刑司收捉根勘先具聞奏仍令尚書省出榜曉諭 二月

（永樂大典）卷二萬一千七百七十八 四十

二十三日詔曰先王省方所以觀民天子巡守蓋將展義粤朕纂臨之歲肇為時邁之行爰蹕惟揚來撫淮甸詢究民瘼采聽風謠頗聞東南極困征斂驛騷未定惻怛靡忘方將孚惠澤以感人心躬節儉以先天下卑宮菲食刑家御邦而掊克之臣奉行失指務為奢利志在悅諛營繕廣於塼灰期會急於星火轉輸罷極趣督苛自聞張皇旋即貶黜以至率私財而助國下及胥徒納經稅以輸倉大增概量亦既訓告俾悉蠲除尚餘弊端猶鬱輿議若郡縣泛供須以奉公上侵漁民貲監司妄犒設以市私恩耗蠹邦用豈不知民貲匱則斂怨於國邦用竭則復取於民吏弗知恩朕復何望豈表儀之不





至將播告之未修云何糾紛自作詩謗茲中嚴於儆飭庶咸變於恪恭克黜乃心丕從朕志嗚呼高宗遯於荒野爰知稼穡之勤宣帝興于閭閻洞悉艱難之務茲見自昔中興之主未有不通衆志之微朕久涉兵間深燭民隱况撫巡之滋久顧情偽之益分每聆怨咨重軫矜憫自今詔令到日其各懇款恤民務銷愁歎之聲同底樂康之俗布告列位深體至懷否有常刑朕不汝赦故茲詔示想宜知悉 先是江南西路安撫使胡直孺言切見經制司拖科摶灰等萬數浩瀚錢出民間怨歸公上此害一也勸誘忠義之人以私財助國而憲司往往均科錢數此害二也諸州軍受納苗稅大加合耗此害

（永樂大典）卷二萬一千七百七十八 四十一

三也朝廷所須郡縣取之於行户所欠數千計而闕不足以償此害四也監司多不體國巧為犒設之名動搖軍情人益驕恣帥臣郡守威令不伸此害五也望下寬恤之詔除此五害然後汰監司之躁妄黜帥守之懦庸懲縣令之貪殘去官兵之愚怯者故降是詔 三月十一日臣僚言江淮荊浙等路州縣輒於賊過之後科率百姓金銀錢米等物或稱犒賞或稱創置防城軍器之屬往往並緣為姦肆行侵盜伏望嚴立約束委監司覺察敢有抵冒者重行黜責監司知而不糾與同罪從之 四月十日詔非警急不得擅閉[城非因]急闕不得輒拘城中房錢拘到錢置歷收支專充軍須不得他用 五月十一

日曲赦河北陝西京東路昨降詔曰今後如聞見任官有涉疑異志者止許經不干礙官陳告如迹狀明白委非誣罔即收捕付獄以聞如輒一面擅行殺戮事雖有實亦坐擅殺官吏之罪仍仰上下覺察爲賊反間妄亂語言姦細許諸色人捕捉赴官比常格倍賞推恩又詔聞軍旅及小民內有頑惡兇悍之人輒敢凌犯官吏欺壓良民苟不如意誣以姦細之名反中賊計遂使被誣者枉遭刑戮令帥司徧下所部出膀約束立賞錢三百貫許人捕捉並從軍法處斷　建炎四年十月十四日通判臨安府鄭作肅言去冬賊馬過江州縣驚擾鄉分輒因把隘結社率衆刦奪財物甚者指平人爲姦細殺戮良善乞令逐州行下諸路令本保內每十家結爲一甲遞相委保不得刦奪財物及妄以姦細爲名殺戮平人如有違犯聽甲內人詣保陳首賞錢一百貫者如本保內不即陳首却致因自敗露並一等科罪仍乞限十日結甲了當其鄉村把隘處如遇實有姦細亦須解送本保解縣施行從之紹興四年四月十二日大理寺丞韓仲綺言近因泗州申請獲僞齊姦細依化外姦細推賞轉官或恐遠方兇悍之徒貪賞妄殺良善爲害滋大乞應知有姦細並告官司收捕依條結賞若擅收捕致殺傷不經官司勘證者爲首人坐以故殺傷人罪契勘江湖閩廣之遠西北士民流寓者衆若被誣執因而遇





害其其必不能遠赴行在伸訴仍乞鏤板遍行詔刑部限三日勘當　七月十六日詔自來入川陝之人依法經官司投狀給公憑聽行令多事之際尤宜幾密若詐冒入川杖一百已度關者加一等所犯重者從重候事息日即依常法　三年二月二十三日詔江淛等州軍應客旅般販米斛並從便往來其經由官司如敢非理騷擾阻節許客人經尚書省越訴官員停替人吏決配仰提刑司覺察　四年二月二十三日德音禁米穀鋪戶停米邀勒高價如違杖一百紹興元年三月十九日詔比來行在米價騰踊或重稅以困其興販或遏糴以扼其流通或奪舡以害其往來今後仰州縣特蠲收稅嚴止遏糴及不得奪裝載米斛舟船如違並以違制論　六月十九日詔浙西州縣米價翔貴雖有南船載到瀕海諸州多被米牙人邀阻用大斗低價量糴私停高價出糶仍令溫台明越州嚴行約束　同日詔監司州縣有擅立軍期司爲名諷諭迫脅掊刻民財自今盡令止罷違者委御史臺專切糾察當重實典憲從尚書右丞葉夢得之請也　九月十日詔監司守臣今後不得並緣軍興妄有橫斂如違命官竄海外吏人決配十二日詔江東西湖南北兩浙福建守倅今後並不許出謁及受謁接送違者徒三年雖監司亦不許接送如係休務假日准此官屬非實緣幹辦事妄作名目輒求差出與

差者各徒二年　十一月九日都省言近以軍興之際
州郡將迎送謁妨廢日力遂降指揮立守倅受謁出謁
之文訪聞緣此却有端坐廨宇一兩日不出廳者詔自
今及有職事及急速利害並許接見外受謁出謁依已
降指揮如依前廢事仰監司按劾以聞　十一月三日
德音訪聞州縣近因軍興並緣為姦非理科率如修城
科買塼石採斫材木及沿江州郡科造木筏致費四五
十千大困民力並令日下住罷如依舊科率許人户越
訴及探訪得知其當職官並竄嶺表　十五日衢州盈
川縣進士呂南翼言近來場務私置巡子四五十人常
持杖鄉村往來及夜半舉火以捉私酒為名破毀人家

卷二萬一千七百七十八　四十四

什器挾勢刻掠財物竊恐夜深民間不知或相鬭敵因
茲成事詔逐州縣長貳常切覺察如違重行黜責　二
十五日詔今後舡户輒敢攬載無券引軍人不以曾與
不曾作過許諸人告捉每名支賞錢五十貫其犯人並
依軍法施行及舡户名下船沒官或給告捕人充賞如
軍人散往私小路鄉村僻靜處作過其經從官司失覺
察致透漏去處並科違制之罪　四年正月二十八日
詔訪聞士大夫避難入福建者所至守監之人以搜檢
為名拘留行李又不聽去稍自辨明至有被害者不免
復還溫台而逐州不許入城至今縣鎮有不得安泊之
禁老幼流離進退無所甚非朕存卹衣冠之意可行下



戒飭逐州令約束所在防托官辨驗如來歷分明不得
輒有邀阻　二月一日詔巡幸所至令御營使司嚴切
覺察如有官員將兵人吏彊占民間舍屋輒奪商旅舟
船買物不還價直及諸般騷擾等事將工取旨犯人重
作施行應干官司取索等事不經三省樞密院取旨行
下事件州縣不得回報亦不得應副三省六曹不得發
白帖子勾喚人吏須經官長印押勾追方許發如違官
員勒停吏人決配仍出牓曉示　四月三十日詔比年
以來爵賞失實名器寖輕人不加勸蓋自童貫譚稹之
流統兵乘時射利預乞空名告勅宣劄任意書填馴致
今日未能遽革深屬冒濫可自今後應將帥監司守臣

卷二萬一千七百七十八　四五

等並不得陳乞空名告勅宣劄如係實有功人即仰保
明申奏以憑推賞雖大臣出使亦當遵守如違重寘典
憲　五月二十三日詔訪聞行在諸軍及越州內外多
有宰殺耕牛之人可令御營使司出榜禁止諸色人告
捉賞錢三百貫犯人依軍法如係軍兵其本軍統領官
取旨施行　十月十四日詔知情買肉興販者徒二年
許人告賞錢五十貫紹興元年九月二十九日詔越州
內外殺牛知情買肉人並徒二年配千里立賞錢一百
貫十一月二十六日詔左藏庫支錢三百貫於尚書省
都門播琛充賞許諸色人告捉如紹興府內外捕盜兵
官不切用心緝捕並先勒停仍令尚書省檢坐指揮出

榜曉示二年九月四日赦五家結為一保隣保知而不
糾及主兵官失覺與同罪三年二月六日禁影帶宰殺
妄以斃死投報其賞格並如上條五年二月二十五日
詔應殺官私牛罪一等官司斷罪不如法杖一百其告
獲殺官私牛及私自殺者每頭賞錢三百貫二十三年
三月二十四日以軍器監丞黃然言復申嚴條法禁止
二十八年十一月二十三日赦禁農生牛犢創使納錢
者　六月八日詔行在受納米斛錢帛倉庫令後須管
兩平交納不得大量升合非理退剥阻節騷擾如違許
納人經尚書省越訴其合干官吏並科二年之罪及許
人告捉每名支賞錢二百貫仍令尚書省出榜曉示

卷二萬一千七百七十八　四十六

九日尚書省言勘會三省樞密院六曹百司人吏自軍
興以來全無忌憚請託受賕弊端不可概舉除已差人
密行覺察如有漏泄朝廷未敢下有司政事差除之類
又受請託賄賂私相看謁六曹百司等處因公事受乞
錢物等事即具姓名密報送所司根勘即依法施行竊
慮未知上件措置尚有抵犯理合檢會條法申嚴曉告
詔三省樞密院六曹令尚書省出榜百司等處令六曹
隨所隸出牓並於門首曉諭　是日進呈令海巡八廂
密行視察無出榜曉諭上曰人吏請託受賕不可不革
然此風已久須三令五申使上下通知而不敢犯恐一
旦付之八廂犯法者必衆范宗尹曰更望訓諭八廂止



為人吏不可使及百姓若行在百姓因此恐懼不安則
則亦非便上曰不惟不及百姓公人受賕固有可闕畧
者如大程官送勅告宣劄之類各有所得豈人吏受賕
之比朕當一一諭之　十七日閤門言奉旨近來臣僚
為患在朝假往往赴局治事及看謁並無約束自今後
如在假輒起局治事及看謁令閤門覺察彈奏取旨内
文臣令御史覺察彈奏詔臣僚為患在朝假若不妨本
職自合赴局治事外餘依已降指揮　二十三日詔諸
軍統制官常切鈐束不得容縱軍兵等帶領無圖百姓
挾持兵勢採打魚蝦蓮荷菱草踐踏苗稻及拆去笆籬
斫伐墓園桑竹等如有違犯之人並依彊刈田苗已降

卷二萬一千七百七十八　四十七

指揮立賞錢五百貫許諸色人告捉犯人並申解樞密
院重作施行其統制官不切覺察亦當重寘典憲仍出
牓禁約　七月六日詔閩粤商賈常載重貨往山東令
廣南福建兩浙沿海守臣措置禁止　四年七月十九
日禁明越州山東游民來販糴紹興二年三月九日禁
江浙之民販米入京東及販易絲帛者瀕海巡捕官覺
察止絶告捕人賞錢三千貫白身補承信郎有官人取
旨推恩犯人並依軍法三年二月一日禁販箭簳往山
東其有透漏并元裝發州縣當職官吏並流三千里各
不以官赦降原減三年八月七日詔應水陸興販出界
其知情負載及隨船售顧火兒並徒二年罪三年十月

二日禁客人以箬葉重龍及於茶篰中藏筋鰾漆貨過淮前往外界貨賣許人告捉並行軍法所販物充賞外其當職官吏等並依客舡泛海往山東法並流三千里不以去官赦降原減每旬具申以聞京西等路州縣界首並依此四年二月十九日禁客人收買諸軍春衣絹往偽界貨賣罪賞並依透漏筋鰾條法五年五月十九日以沿海人户五家結為一保不許透漏舟舡出北界如違將所販物貨盡給充賞外仍將應有家財田產並籍沒入官同保人減一等六年六月二十一日禁販海金沙往偽界十二年八月三日禁客旅私販茶貨私渡淮河與北客私相博易若糾合火伴連財合本或非連

卷一萬一千七百七十八　四十八

財合本而糾集同行之人數內自相告發者與免本罪其物貨給告人若同伴客人令本家人告發者亦與免罪減半給賞仍比附獲私茶鹽法令户部立定賞格二十二年八月二十六日禁泉州商人泛海私販上宣諭曰累有約束禁止私泛海商人闌泉州界尚多有之宜令沿海守臣常切禁止無致生事　九月十五日臣僚言近年州縣之吏贓貪頗衆望應官員犯入已贓許人越訴其監司守倅不即究治並行黜責從之　十八日進皇越州勘到背嵬軍狂人王師吴惟妄惑衆事上曰必是狂蕩可只送鄰州編管朕大開言路鼓檢院進狀日闕聽覽言有可採至命以官言或不當雖忤朕躬朕



亦置而不問至於狂誕惑衆不免畧須禁止卿等可以此意曉諭士民紹興元年三月十七日詔諸州軍係已降指揮免行錢並罷見係行人户更不作行户供應見任官買賣並依市價違者計贓以自盜論許人户越訴監司所部州軍分明出榜曉諭如有違戾按劾聞奏候邊事寧息日令户部取旨依舊法　四月四日詔令樞密院劄下諸軍統制今後遇軍兵出城打草須差使臣部押不得將人户田苗收刈如或違犯許人告捉賞錢一百貫其統兵將佐不切覺察亦當重黜責　五月十四日詔曰朕遭時艱難盜賊蜂起比分遣將帥指來平蕩而民力久困不可枝梧訪聞縣令貪緣為姦廉者取

卷一萬一千七百七十八　四十九

羡餘悦權貴為進身之術貪者充家民無所聊朕甚憫惻雖累降指揮州縣不得非理科率緣其間實因軍期急切有不得已合須索之物竊慮州縣假此聲勢過數率斂為害不細仰自令後州縣如有似此合科物色須管明以印榜開坐實數於前次具鄉村户口若干依等第每户合出若干仍具一般印榜申監司因出巡親行按察不得更似日前先多科其數然後輕重出沒如違官竄嶺表人吏決配仍許民户越訴　九月二十五日詔福建路轉運司不得齎牒下所部州縣抑勒士民出備助軍錢物如違仰提刑司覺察聞奏　以福州寄居陳義夫願以人户一錢之產均出十錢以助軍費於是

本路運司遣官齎牒諭下四州知漳州綦崈禮言其事故有是命　十月四日詔已降指揮令逐軍自二月十三日後權住採斫若闕少柴薪申取指揮給限於買到山内採斫如擅出城斫柴當依軍法將佐不鈐束重寘典憲外令後諸軍并三衙遇得朝廷指揮許打柴軍兵並令長官給號差官部押如無押號及雖有而採斫墳塋林木作過許巡尉鄉保收捉赴樞密院取旨部押官重作行遣從臣僚請也　二年正月二十一日樞密院言訪聞日近有諸軍使臣軍兵等趕逐居民彊占屋宇致人户不得安居詔令樞密院出榜禁止如違犯之人仰臨安府收捉申解赴樞密院重作行遣　二月十一

詳　卷一萬一千七百七十八

五十

日詔臨安府居民多不畏謹火燭雖已差殿前馬步軍司人兵救護緣措置未嚴致多攘奪財物民甚苦之可更令本府差定救護人兵仍令逐司并臨安府依東京例各置新號并救火器具候撲滅即時點數搜檢訖方得放散及仰臨安府差緝捕使臣立賞錢收捉遺火去處作賊之人犯人並依前項指揮其寄贓隱匿之家許依已立日限陳首仍與免罪給賞　二年三月四日詔臨安府城内犯強盜及放火燒有人居止之室並依開封府條法斷罪告捕人除依條推賞外令所屬具諸實聞奏當復興推恩仍令尚書省出榜　二年三月二十八日知臨安府宋輝言日近有遺火去處其犯人多是趦



罪走閃根捉不獲乞每五家結為一保互相覺察逃亡軍人及姦細盜賊停藏之家仰同保人赴官陳告特與免罪仍令後人户有遺火去處本保人先次收捉正犯人赴府如正犯人走失其同保人並一例科罪從之　二年十二月十二日尚書省言臨安府近來累經遺火至焚燒官司舍屋間有存在皆是瓦屋今措置朝天門以南除諸軍營寨外應官司舍屋舊用茅草搭蓋者限十日改造瓦屋限滿差官點檢詔依尚書省出榜曉諭　二年十二月三十日詔行在榷貨務火禁并行在省倉草料場火禁並依皇城法　三年十二月九日詔臨安府官司已改造瓦屋開通瓦巷各有專降指揮令後如有違

刑　卷一萬一千七百七十八

五十

犯之人依條根治命官降一官民户徒一年當職官奉行滅裂亦從降官行遣　三年十二月十一日殿中侍御史常同言乞委臨安府守臣多方措置於緊切地分專置防火司立望火樓多差人兵廣置器用明立賞罰從之　三年十二月十七日詔令後火發去處委官及臨安府當職官監轄軍民約度火勢遠近拆截不得乘時作過其救火之兵並不得帶刀劍軍器出寨因而邀奪物色又乘火之際於相去遠處尋求有力之家用鐵貓鈎索於屋上鈎定商量乞覓錢物稍不滿意即便拆拽令臨安府覺察犯人計贓斷罪重者取旨　因火發有良民妻女人口迷路為人誘引知下落不肯收贖者許

赴尚書省陳詐七年十一月九日進呈臨安府火禁條約放火者行軍法失火延燒數多者亦如之　上曰放火失火豈可同罪大凡立法太重往往不能行趙鼎曰失火延燒多者止可將上取旨斷遣　上曰止於徒亦足矣庶幾可以必行兼刑罰太重非朝廷美事八月二十七日詔訪聞行在漸賞花木窠株或一二珍禽此風不可長及有舟船興販多以旗幟妄作御前物色可嚴行禁止如或官司合行收買者須明坐所屬去處其花木窠株珍禽可劄下臨安府門曉示不得放入九月二十五日詔令三省樞密院常切戒飭檢察將兵不得妄有拖拽舟船閙發篋笥及因而擄奪物色如違軍兵重

卷三萬一千七百七十八　五十三

行斷配將官取旨施行從殿中侍御史黃龜年請也十月二十九日樞密院言宣和間温台村民多學妖法號喫菜事魔鼓惑衆聽刦持州縣朝廷遣兵蕩平之後專立法禁非不嚴切訪聞日近又有姦猾改易名稱結集社會或名白衣禮佛會及假天兵號迎神會千百成羣夜聚曉散傳習妖教州縣坐視全不覺察詔令浙東帥憲司温台州守臣疾速措置收捉為首鼓衆之人依條斷遣今後遵依見行條法各先具已措置事狀以聞

三年四月十五日申嚴收捕歙嚴衢州傳受魔法人

四年五月四日詔令諸路措置禁止喫菜事魔六年六月八日詔結集五顧斷絕飲酒為首人徒二年鄰州編



管從者減二等並許人告賞錢三百貫巡尉廂耆巡察人并鄰保失覺察杖一百七年三月二十四日禁東南民喫菜有妄立名稱之人罪賞並依事魔條法九年七月八日以臣僚言喫菜事魔立法太重刑部遂立非傳習妖教除為首者依條處斷其非徒侶而被誑誘不曾傳受他人者各杖一百斷罪十一年正月九日臣僚乞黜責婺州東陽縣官吏以不能擒捕事魔之人詔自今州縣守令能悉心措置許本路監司審覈以聞除推賞外量加獎擢十一年正月十七日尚書省檢會紹興敕諸喫菜事魔或夜聚曉散傳習妖教者絞從者配三千里婦人千里編管託幻變術者減一等皆配千里婦人

卷三萬一千七百七十八　五十三

五百里編管情涉不順者絞以上不以赦降原減情理重者奏裁非傳習妖教流三千里許人捕至死財產備賞有餘沒官其本非徒侶而被誑誘不曾傳授他人者各減二等又紹興九年七月八日刑部看詳臣僚劄子喫菜事魔本非徒侶而被誑誘不曾傳授他人者各從徒二年半委是立法太重請各杖一百斷罪詔依紹興勅斷罪其紹興九年七月八日指揮更不施行十二年七月十三日詔喫菜事魔夜聚曉散傳習妖教情涉不順者及非傳習妖教止喫菜事魔並許諸色人或徒中告首獲者依諸色人推賞其本罪並同原首自今指揮下日令州縣多出印榜曉諭限兩月出首依法原罪限

滿不首許諸色人告如前及令州縣每季檢舉於要會處置立粉壁大字書寫仍令提刑司責據州縣有無喫菜事魔人月具奏聞十五年二月四日上曰近傳聞軍中亦時有喫菜者若此輩多食素則俸給有餘卻恐驕怠之心易生可諭與諸處統兵官嚴行禁戢於是降旨行下二十年五月二十七日詔申嚴喫菜事魔罪賞仰提刑司督切檢察須管每月申奏務在恪意奉行三十年七月二十日知太平州周葵言乞禁師公勸人食素刑部看詳喫菜事魔皆有斷罪告賞前後詳備准紹興六年六月八日條結集立願斷絕飲酒令來所申為師公勸人食素未有夜聚曉散之事除為首師公立願斷酒依上條斷罪追賞外欲令後若有似此違犯同時捕獲之人將為首人從徒二年斷罪鄰州編管仍許人告賞錢三百貫其被勸誘為從之人並從杖一百如徒中自告免罪追賞

卷二萬一千七百七十八　五四

十二月三日詔大理寺官自卿少至司直評事雖假日亦不得出謁及接見賓客令本寺長貳常切覺察仍令尚書省出榜於本寺門曉示七年七月十五日三省言謁禁之制皆有專條比緣多事因循廢弛昨因臣僚論列已降指揮申嚴訪聞近來依前不遵法禁非唯以杜絕請求亦恐妨廢職事詔令刑部再檢坐條法申嚴委御史臺常切覺察仍出榜曉諭如有違犯之人具名聞奏七年十二月十三日臣僚言國家



著令臺諫不許出謁而賓客之造請者許見不以時給舍亦許出謁既與之同而受謁乃特在於假日使論思獻納者例壅於見聞而不得盡知是非利害之實乞詔有司更定給舍受謁之令一視臺諫詔依九年七月十六日詔申嚴謁禁之制仍令後御史臺每季檢舉九年八月十七日臣僚言乞申嚴謁禁及在外新任待闕官吏寄居於新部與吏民私相往還者並乞禁絕從之十年八月四日詔謁禁之制具有成法仰御史臺覺察彈劾十一年三月十三日中書門下省奏契勘紹興七年十二月十三日臣僚言乞更定給舍受謁之令一視臺諫令來頒降新書修立臺諫兩省官不許出謁雖非假

卷二萬一千七百七十八　五五

日亦許見客切緣臺諫許風聞言事欲廣耳目故雖非假日亦許見客其兩省官所掌書讀繳駁制誥記注等事盡是朝廷機密利害即與臺諫事體不同兼有秦祖宗舊制詔依崇寧舊法給事中中書舍人起居郎舍人並禁出謁假日許見客十八年七月十三日御史臺主簿陳夔二十二年四月二十七日國子監主簿史才二十二年七月十三日祠部員外郎李嵩老並乞申嚴內外謁禁之制二十六年九月四日尚書省劄子申嚴檢正都司官不許出謁及接見賓客之令二十七年四月十八日詔除臺諫兩省依令雖非假日亦許見客外餘官非旬假日並不許出謁受謁如違御史臺彈奏二十

七年五月五日詔給事中中書舍人起居郎起居舍人
並依紹興十一年三月十三日已得指揮禁出謁假日
許見客從兩省請也二十七年十二月二十一日左正
言何溥言乞推行外官謁禁之令大要監司視臺諫典
獄視大理自餘官概同在京百司而職事相干者勿坐
八日上諭輔臣曰昨日因看韓琦家傳論戚里多用
銷金衣服嚴行禁止朕聞近來行在銷金頗多若日銷
不已可惜廢於無用朕觀春秋正義謂質則用物貴淫
則侈物貴蓋淫侈不可不革越二日復有旨古者商旅
于市以視時所貴尚而為低昂政淫則侈物貴也訪聞
比來民間銷金服飾甚盛可檢舉舊制嚴行禁絕都省

卷一萬一千七百七十八　五十六

勘會民間以銷金為服飾紹興勑內雖有立定斷罪其
小兒婦人自合一體禁止詔申明行下如有違犯之人
並依勑條斷罪仍令尚書省出榜曉諭　後五年十一
月二十四日上復謂輔臣曰銷金翠羽為婦人服飾之
類不惟靡損貨寶殘殺物命而侈靡之習實關風化朕
甚矜之已戒宮中內人不得用此等服飾及下令不得
放入宮門無一人犯者尚恐士民之家未能盡革可申
嚴止之仍下廣南福建禁採捕者十二月七日諸王宮
大小學教授錢觀復乞檢會祥符天聖景祐以來勑條
申嚴約束詔令後銷金為服增賞錢三百貫其採捕翡
翠及販賣并為服飾並依銷金為服罪賞其以金打箔



并以金箔粧飾神佛像圖畫供具之類及工匠並徒三
年賞錢三百貫鄰里不覺察杖一百賞錢一百貫許人
告其見存神佛像圖畫供具諸軍撚金錦戰袍並許存
留所有翠羽銷金服飾限三日毀棄九年五月十七日
申嚴金翠十年五月四日詔其犯金翠人并當職官除
依條坐罪外更取旨重作行遣二十六年九月二日沈
該等奏安南人使欲買撚金線段此服華侈非所以示
四方上曰華侈之服如銷金之類不可不禁近時金絕
少緣小人貪利銷而為泥不復可用甚可惜蓋天下產
金處極難得計其所生不足以供銷毀之費朝廷屢降
指揮而奢侈成風終未能禁絕須申嚴行下該等曰謹

卷一萬一千七百七十八　五十七

奉聖訓便當嚴立法禁二十七年三月二十一日內降
詔曰朕惟崇尚儉素實帝王之先務祖宗之盛德比年
以來中外服飾過為侈靡雖累行禁止終未盡革朕躬
行敦朴以先天下近外國所貢翠羽六百餘隻可令焚
之通衢以示百姓行法當自近始自今後宮中首飾衣
服並不許鋪翠銷金仰幹辦內東門司當切覺察如違
以違制論次日復詔自今後宮中如有違犯之人令會
通門捉獲先於犯人名下追取賞錢一千貫充賞如不
及數令內東門司官錢內貼支將犯人取旨其元經手
轉入院子儀鸞等從徒三年罪於是有司條具乞自今
降指揮應士庶貴戚之家限三日毀棄如違並徒二年

賞錢三百貫令後不得採捕翡翠并造作鋪翠銷金為首飾衣服及造貼金縷金間金圈金剔金陷金解金明金泥金楞金背金影金盤金織金線金鋪蒙金描金撚金線真金紙應以金泥為粧飾之類若令人製造及為人造作并買賣及服用之人並徒二年賞錢三百貫許諸色人告婦人并夫同坐無夫者坐家長命官婦申奏取旨仍并下諸路州軍嚴行禁止每季檢舉巡捕官當職官常切覺察如違仰監司按劾從之

卷二萬一千七百七十八



續宋會要

淳熙元年四月二十八日詔諸非僧結集經社及聚衆行道者並禁　紹興二十一年正月二十八日詔旨仍令勅令所修立條法　六月十三日詔已授差遣人朝辭訖限半月出門如元在臨安府住居之人及現任行在官同居有服親與免出門不許出謁若有違戾令御史臺覺察彈奏　十二月十五日盱眙軍守臣言乞自今有蔭應贖之人並不許通放過淮貿易如有進犯透漏錢銀事發到官並不許引用蔭贖止依無蔭人例斷遣從之　二年二月十二日詔自今將舉人程文并江程地里圖籍與販過外界貿賣或博易者依與化外人私相交易條法施行及將舉人程文令禮部委太學官點勘訖申取指揮刊行　五月十四日詔湖北轉運司約束州縣應有科數軍器物料錢或招軍去處截日住罷過今支招軍例物止令逐州省司公庫通融支遣　以監察御史劉藩言湖北州縣收買分抛軍器物料科擾於民多不支錢近年以來帥司劄下免行起解止令出備招軍例物民始受弊近降指揮招人雖減分數比之送納物料猶為煩費蓋皮筋鐵葉屠夫冶户容或有之若轉而為錢則私家所無必致貿易穀帛以備輸納甚為民害故有是詔　六月一日詔諸路監司遇巡歷到

卷一萬九千七百九十二

州縣檢照有無科罰民户錢物如敢違戾即令給還官吏重寘典憲從司諫湯邦孝請也　七月十日詔六曹等處人吏不得與諸路作承受規圖厚利探報利害入斥堠轉送如違計贓坐罪及諸司遞發簡牌令當官入遞印押發於不得私帶移文字傳遞從度支郎中王松老請也　十月十五日詔兩淮州軍及帥臣監司并駐劄御前諸軍應有事干邊防軍機文字緊切事宜許具奏并申三省樞密院不得泛濫申發或作劄子具報他處如敢違戾具職位姓名取旨重作施行　二年二月二十三日中書門下省言湖南北路每歲販茶除官司差撥軍兵戍守彈壓訪聞所差官以巡綽為名將過往客旅興販物貨不問有無文引攔截搜檢騷擾詔湖南北帥憲司戒約部轄兵將官各嚴行鈐束所部官兵務要鎮靜毋令非理騷擾生事如有違犯重作施行　五（三年）月七日詔民間採捕蝦蟆殺害生命訪聞多是臨安府緝捕使臣所管火下買販及主張百姓出賣令本府日下先次出榜曉諭三日外別差人收捉赴府懲治如捉獲火下貨賣即將所管使臣一例坐罪　八月十七日臣僚言臨安府前有人户私置牢房與公人通同作弊專一鎖閉理對知在公事之人號曰關留店每夜不下一二十人雖無脚匣亦有門鎖詔本府常切覺察不得依前違戾　二十

六日中書門下省言累降指揮約束州縣不輒得因公事科罰百姓錢物
許人越訴坐以私罪非不嚴切近來尚有人户經臺省陳訴不絶詔自今
有經臺省陳狀事實十已者仰户開具科罰官職位姓名申尚書省　十
月十六日中書門下省言已降指揮禁約奢侈踰制事件緣篇數之下四
方取則奉法行令當自近始若臨安府不切遵守則外路必將倣傚視同
文具詔行在專委臨安府守臣嚴切禁止斷在必行如有違戾令御史臺
覺察彈奏先次將守臣重行責罰其犯人依條斷罪追賞有官人取旨施
行外路州軍依此仍委監司覺察按劾多出文榜曉諭　十七日中書門
下省言訪聞鄉民歲將賽願迎神雖係土俗然皆執持真仗立社相令一
有忿爭互起殺傷往往致興大獄理宜措置詔諸路提刑司行下所部州
縣嚴行禁戢如有違戾重作施行　十二月七日詔臨安府城外占據江
岸之家收掠橦岸錢等日下住罷仍於沿江一帶出榜曉諭臣僚言自六
和塔至黑樓子沿岸沙地為形勢之家所占析而為八或收橦岸錢或收
賃地錢雖柴薪果實之屬無有免者稅場既已取之於公形勢之家又取
之於私咫尺之間而有公稅兩稅民何以堪乞行住罷故有是命　四年
二月七日監察御史郄慶冑言沿海諸處屯駐水軍多因土地所產飄置

卷一萬九千三百九十二

單圍過有民艇將到物貨雖已經商稅未許貨賣必令赴圍上歷給牌解
牙息方得自便客販由此妨滯物價因而騰踊乞令住罷從之　四月二
十八日詔曾經編配吏人及見役吏人並不許充官民户幹人如違許人
陳告依冒役法斷罪追賞　先是前知常州晋陵縣葉元凱言州縣形勢
官户及豪右之家多蓄停罷公吏以為幹人恃其姦惡持吏短長官物拖
碩不輸詞訟則變白為黑小民被害乞立條制行下禁止故有是命　八
月二十七日詔累降指揮立法禁止私販耕牛過界如聞近來邊界多有
客旅依前私販顯是沿邊州軍奉行滅裂自今如有一頭透漏過界因事
發覺其守臣以下取旨重作施行帥臣監司亦坐以失覺察之罪　十一
月十二日詔已降指揮江上四川駐劄諸軍兵官不許接見賓客恐妨軍
務及干求騷擾如有違戾將受謁及看謁之人一例重作施行干求乞覓
若借舟船人馬之類並計贓論　五年六月二十日詔湖北京西路沿邊
州縣自今客人輒以耕牛并戰馬負茶過北界者並依軍法其知情引領
停藏乘載之人及透漏州縣官吏公人兵級並依興販軍須物斷罪許諸
色人告捕賞錢二千貫仍補進義校尉命官轉兩官其知情停藏同船同
行稍工水手能告捕及人力女使告首者並與免罪與依諸色人告捕支



賞知通任內能捕獲與轉兩官　從知興隆府辛棄疾請也　七月十二
日濠州言隆興元年二月十三日敕興販耕牛過界罪賞與乾道編類指
揮不同緣本州乃是極邊應奉行祗牾不便詔自今興販過淮知情引領
停藏負載之人并透漏去處賞罰並依隆興元年五月九日牒膠過淮已
得指揮令户部遍牒兩淮州軍遵守　九月九日詔沿江船户五家結為
一甲如有透漏奸細盜賊及違禁之物甲內人一等科罪仍立賞錢二百
貫許告如甲內人能自首獲與免罪亦支賞錢沿江州軍依此　十二月
十一日詔訪聞興元府大軍有總領所發到紅漆牌子金書聖旨每過打
請日分掛於倉中廳上監倉先着公裳拜訖次令統領將官以下着公裳
拜畢方令軍中打請可劄下四川總領所日下禁止　十八日臣僚言沿
淮州軍多有透漏錢銀茶貨及違禁等物其最甚者莫若正陽之水寨蓋
水寨每發一船其管事將官各有常例乞嚴行禁止詔本路帥憲守臣常
切覺察犯人依條斷罪追賞仍約束水寨首領違者重作施行　七年四
月十五日臣僚言已降指揮放免行錢纖羅市令司非不嚴切諸路州軍間
有別作名色如行頭之類收買物色未免科擾乞令所屬申嚴行下不得
循習前弊從之　五月二十日詔自今諸路監司并州郡吏卒除依條差

卷一萬九千三百九十二

出勘旁借請外輒用白狀借請並計贓斷罪　二十八日詔自今應諸司
屬官止令置司州軍依格支破當直人不得下外州取撥及取受錢糧衣
賜等入己如有違戾令諸司互察重寘典憲　六月十六日詔監司郡守
毋得以寬剩為名剗刷州縣非正額錢物其巡歷處到任之初亦不得抑
勒州縣輒取獻納如有違戾在外許監司互相覺察在內令臺諫按劾以
聞　七月九日臣僚言乞戒飭州縣非帥臣監司不許用紫帘幕列郡不
許用朱旗及輸前列扇通判知縣不得用紫轎衣州郡迎接不得發遣旗
幟圍子挖鈿之屬止於所部界內隨宜迎送從之　八月十九日詔旱傷
去處如客旅興販米斛過稅場即時免稅通放不得妄作雜稅及船力勝
收錢　十月二十四日臣僚言廣南諸郡創鬻沙彌師巫二帖以滋財用
緣此鄉民怠惰者為僧姦猾者則因是為妖術除出給沙彌文帖已立限
收毀外詔廣東西路帥司行下所部州軍將給過師巫文帖並傳習妖教
文書委官限一月根刷拘收毀抹嚴行禁止毋致違犯　八年正月二十
一日臣僚言愚民喫菜事魔夜聚曉散非僧道而輒置庵寮非親戚而男
女雜處所在廟宇之盛輒以社會為名百十為群張旗鳴鑼或執器刃橫
行郊野間此幾於假鬼神以疑衆皆王制所當禁詔諸路提刑司嚴行禁

戢州縣巡尉失於覺察並寘典憲　五月一日上謂輔臣曰近日都下鏁
金鋪翠復行於市不必降指揮只諭王佐嚴加禁戢若有敗露京尹亦能
妄逃責耶朕以宰耕牛禁銅器及金翠等事刻之記事板每京尹初上輒
示之　七月十一日詔四川制置生日慶賀之禮如有循襲違戾餽者受
者并寘典憲　十二月五日詔自今州縣學校倉庫有大頽弊者許隨宜
脩葺不得别作名色以擾民內則臺諫外則監司各以狀聞重寘典憲
九年三月二十一日詔諸路轉運司行下所部州軍將見賣舉人時務策
并印板日下拘收焚毀令禮部檢坐見行條法申嚴禁約延致違戾　以
給事中施師點言文字過界法禁甚嚴人為利回多所抵冒竊見書坊所
印時文如詩賦經義論因題而作不及外事至於策試莫非時務而臨軒
親試又皆深自貶損以求直言所宜禁止印賣故有是命　四月九日詔
自今州郡文武官再任並不得講到罷禮例不得令府庫吏新製造應干
物色　九月十三日明堂赦保正副依條所掌止於煙火盜賊橋道等事
訪聞官司動以一切取辦如脩葺材料差顧夫力至於勸令催科並是違
法令後州縣遵守條令不得泛有科擾如違許充役家越訴仍令監司按
劾以聞　同日赦罪人財產自有應籍沒法訪聞州縣輒用私意違法拘

卷一萬九千三百九十三

籍以資妄用自今如有依法合行籍沒財產人並須具情犯申提刑司審
覆得報方許籍沒仍令本司常切覺察如有違戾按劾以聞許人戶越訴
二十五日臣僚言四川州郡常職之外有所謂檢察局務提點倉場者
類皆於員外創添以周給親舊自非正員無職事繁處徒以耗蠹國用於
月給外仍求以便私計乞下逐路監司覺察如有違戾按劾以聞從之
十月二日詔諸路帥司監司州軍遍行曉諭富室上戶因舊年旱傷借貸
人戶米穀不得高折價錢並還學色仍取利不得過五分數有違戾許欠
戶經監司帥守陳訴或人戶拖欠不還亦許經官理索　十一月二十一
日詔廣東經畧司曉諭大奚山民戶各依元降指揮只許用八尺面船採
捕為生不得增置大船仍遞相結甲不得停著他處逃亡人如有逃亡人
令澳長民戶收捉申解經畧司重與支賞　以樞密院言大觀間嘗降指
揮大奚山民戶所置船面不得過八尺近年多有興化漳泉等州逃之
人聚集其處易置大船創造兵器販私鹽劫掠商旅故有是命　十年
正月四日詔禁淮西州郡採捕　臣僚言歷淮南州郡有里正保長又有總
首綱捕等人緣地饒麞鹿麂兔之屬當官者欲得以為包苴歲科凡羣採
捕例咸白取每至冬間盡將漁者拘集名曰綱船皆以決臣軍兵課日採



捕復立賞禁其私市戕物性命人力莫此為甚嚴行禁止故有是命　十
一月六日詔州縣文移市肆牌額不得輒犯廟諱違者依法坐罪　十一
年九月二十九日詔諸路州軍犯盜等人間有意欲報仇及受吏人教唆
妄將本處富室上戶及沿海有船之家以停藏資給之類攀引追逮州縣
不審是否便行捕治及所在巡尉弓兵商稅場務以搜檢銅錢為名輒將
船戶舟中所需之具指為軍器取詐錢物致使無辜之人枉被追擾令諸
路提刑司及沿海帥臣制置司各約束所部州縣常切禁止如有違戾覺
察以聞仍出榜曉諭　十二年三月八日右正言蔣繼周言今番樂有名
渤海樂者盛行于世都人多肆習之往往流傳宮禁乞行禁戢從之　二
十五日前權發遣筠州趙謐言湖外風俗用人祭鬼每以小兒婦女生剔眼
目截取耳鼻埋之幽穽沃以沸湯糜爛飢膚靡所不至蓋緣販弄生口之
人偷竊小兒婦女販入湖之南北貪取厚利乞行下諸路州軍應興販生
口入湖南北者嚴立賞罰委自監司守臣并責巡尉如能捉獲比類盜
賊之酬賞從之　二十八日詔內外諸軍兵將官赴樞密院審察其官司
諸色人往往巧作名色乞覓欺詐自今許諸色人指名赴樞密院陳告將
犯人送所屬根勘重作施行其告人每一名支賞錢三百貫事理重者取

卷一萬九千三百九十二

旨特與轉官資仍出牓曉諭　七月二日右正言蔣繼周言乞明詔諸軍
將佐於屯駐去處自今後並不許私置田宅房廊質庫邸店及私自興販
營運從之　八月二十九日詔殿前司行下韶州屯駐摧鋒軍嚴行禁止
軍中回易將見科斂錢物日下除放仍仰廣東經畧提刑司取見營運科
抑名色及除放過錢數開具申樞密院日後帥臣監司如失覺察並行賞
罰　從知英州許從龍請也　九月二十三日詔應被差郊祀景靈宮太
廟行事等官如敢仍前託故避免申乞改差之人委臺諫審切覺察具名
彈奏取旨施行　十月二日詔淮南東路帥憲司差使臣二員專一機察
楚州北神鎮私渡仍令覺察如失覺察仰逐司按治　十一月二十二日
南郊赦在法病人無緦麻以上親同居者廂耆報所屬官為醫治訪聞比
來店舍寺觀遇有病患避免看視聞官趕逐出外及道路暴病之人店戶
不令安泊風雨暴露往往致斃可令州縣委官檢察依條醫治仍加存恤
及出榜鄉村曉諭十五年明堂赦同　同日南郊赦州縣間有將人戶計
口折負會鹽嚴限催錢過於常賦深山僻遠無得免者稍有違限便行追
斷號令可令提舉司覺察禁戢如有違戾按劾施行十五年明堂赦同
同日赦官司輒立茶鹽倉庫給帖子均科人戶勒令齎錢赴鋪繳納未嘗

史給茶鹽顯是違法科抑仰提舉司及諸州主管官嚴行禁戢仍許人戶
越訴 十五年明堂赦同　同日赦州縣酒坊多就人戶賒糴不支價錢
即將酸黃酒權償折還或因節朔吉凶修造之類抑勒酤賣監繫追納官
錢顯屬騷擾可令監司常切覺察如有違戾去處按劾以聞仍許人戶越
訴 十五年明堂赦同　同日赦州縣以權勢親戚過往干託輒於鄉村差
借人夫顯屬違法仰監司常切覺察按劾以聞仍許人戶越訴 十五年明
堂赦同　同日赦人戶折帛錢已降指揮聽以錢會中半輸納訪聞州縣
間有抑納銀兩重困民力可令監司覺察按劾 十五年明堂赦同　十一
月十一日兵部勘會擅入溪洞及典賣田產與夷人斷罪告賞非不嚴備蓋
緣當職官吏奉行不虔致有臣僚陳請詔令廣西帥司約束邊州遵依見
行條法常切嚴行禁止令後如有違戾仰本司將當職官吏按劾施行
十四年正月二十三日新知秀州趙亮夫奏所在州縣有神祠去處每歲
秋成豐稔多用器械之屬前後導引乞申嚴條令行下諸路州軍告諭民
間應有所藏迎神兵器立限出首赴官交納許以木錫代用從之　十五
年正月二十日詔近聞不逞之徒撰造無根之語名曰小報轉播中外駭
惑聽聞令後除進奏院合行關報已施行事外如有似此之人當重決配



其所受小報官吏取旨施行令臨安府常切覺察御史臺彈劾　五月二
十九日知南安軍趙不逮言乞令江西守令遇有祈禱只許用香花鼓樂
迎神不得輒持兵器詔令諸司常切覺察禁戢毋致違戾　十二月五日
臣僚言日來都城之內士庶盡持青繖始時不過二三尺今乃悉是重釐
油繖邇日多至三五十柄見者嘆駭謂僭後亦不如此非所以尊崇輦轂
觀示四方乞下有司嚴行禁戢從之以上孝宗會要　淳熙十六年二月
四日登極赦私放軍債及質買所轄請給賞賜前後約束甚嚴偏慮有力
之人依前年利侵尅致使軍士不能贍家可令主帥嚴行覺察將見欠債
負並行除放訪聞諸軍回易市帛等物賒與官兵重搭息錢却於請給內
過數除尅及輒差請受最多人掌管庫務店肆稍有虧欠勒令陪償又有
見占私役科攤造作及買工之類幹辛不一致令軍士貧乏前後約束雖
已嚴切深慮未能盡革仰主帥嚴行禁戢將見欠本軍錢物並行除放尚
有違戾在內委御史臺在外委總領所覺察以聞重真典憲　七日禮刑
部言將來遇丁卯皇帝本命日依例合禁屠宰禁刑從之　五月十一日
前權發遣洋州王知新言竊見本州真符縣沿邊所置關隘皆高山峻嶺



林木參天虎豹熊羆不通人行自可以限隔自辛巳歲比來帥臣之人將
關外空閑山地給人耕種今已三十年生子生孫蕃息甚衆盡是斫伐林
木為刀耕火種之事一二年間地力稍退又復別斫一山兼又皆射獵放
於深山窮谷持弓挾矢探虎豹之穴又將林木翦薙之處開踏成路採取
漆蠟以為養生之具如此一年復一年林木漸稀則關隘不足恃矣或有
姦細潛伏於關外去州縣極遠官司無緣得知如此則救之難禁姦細不
防矣詔令四川制置司行下沿邊州郡將應有林木關隘去處措置嚴切
禁戢毋致採斫　十六日戶部郎中豐誼言沿江並海深水取魚之處乞
許令衆戶舟楫往來從便漁業勿有所問不得容令巨室妄作指占仍蠲
勒取租錢雖昔係耕種之地淪落今為深水亦不在占據之限豪彊擅斂
違戾州縣覺察或縱容即許人戶越訴擇其首倡重作懲戒從之　閏五月
二十日詔今後有私撰小報唱說事端許人告首賞錢三百貫文犯人編
管五百里　六月五日詔諭前不曾差人往榷場并海外去處收買物貨
深慮或有徵作名色夾帶銅錢銀兩過界仰沿邊官司嚴切機察如有似
此之人先次拘管即時具奏聽旨　七月三日詔鎮江建康都統制司嚴
行約束今後修城軍人并搬運綱兵等人將帶銅錢至沿邊諸州或因事



敢容其統兵官或管押將副使臣等並仰逐州取會名銜具申朝廷取旨
施行如州郡或行容庇一例行遣　以臣僚言楚州修築城壁鎮江萬兵
往來更替并隨行親屬裝載船隻因而載帶銅錢過江又本軍與建康軍
中津發艦戍官船動以百計經從揚州高郵寶應乃至楚州逐處雖行禁
戢勢力不加譏察向通放閑近來軍人結黨遮相防護錢於前持放於
後間有捕捉公然拾奪雖死不顧乞行禁止故有是詔　十一月二十五
日詔福建路監司嚴戒州縣如有盜賊緊急不得輒於數里之外起動保
甲使農民有或違戾特許越訴必寘典憲以右正言黃掄請也　紹熙
元年三月八日詔建寧府將書坊日前違禁雕賣策試文字日下盡行毀
板仍立賞格許人陳告有敢似前冒犯斷在必行官吏失察一例坐罪其
餘州郡無得妄用公帑刊行私書疑誤後學犯者必罰無赦從起居郎諸葛
廷瑞請也　四月十七日詔臨安府今後江上客人取到柴薪不得侵近
居民屋舍仍舊於塘岸寬闊處或沙地上堆放常切檢舉約束　二年二
月二十五日詔盱眙安豐軍每遇客旅過淮傳易差官檢視不許差歸正
歸朝人　三月十七日侍御史林大中言近有造匿名詩嘲訕宰相學官
及樞臣侍從者乞申嚴法禁有犯毋貸詔本府多出文牓曉諭如有根捉

之人送獄根勘重作施行　六月十一日臣僚言長官曹屬相過於塗自有定制令也不問別曹與局必揖讓相待甚則並與相語有駭觀瞻識者以謂避遇之制廢矣至於夜集衆以諷誦梵文立社首以裒掠民財假巫祝以誑惑愚衆興妖祠以張皇禍福其在明時皆所當禁乞謹飭有司申嚴厥令一或有犯必加以罪從之　十二日臣僚言沿邊無賴之民渡淮行劫殺人放火蹤跡敗露則復竄淮南有司究治乃比附亡叛歸本所藏二等坐之令淮北作劫而復歸淮南正以淮之南作窠穴耳乞明詔有司申嚴行下沿邊州郡出榜曉諭一季之後作過徒伴供通贓證分明者並照現行條法罪不致死合從寬貸亦乞照應已降指揮分配屯駐軍施行從之　十月四日湖南提刑徐逢吉言近年以來為守令者不修其官以待考察往往崇飾虛偽撰造政績或葺一亭舍或疏一陂渠或於常賦薄有所蠲或於舊弊微有所革自職事而言皆其所當遵者而刊刻碑記張大其事繪畫圖冊表聞于朝甚者舉印狀稽納中外至於分配坊市建立生祠陰諷士民借留再任其間鉤遺請託何所不有監司在遠難盡察知蓋有欺以其姓名登徹天聽者矣此誕謾詐巧之大者誠不可不禁過也詔檢坐建祠立碑舉留條制申嚴行下　四年六月十九日臣僚言朝廷大臣之奏議臺諫之章疏內外之封事士子之程文機謀密畫不可漏洩今乃傳播街市書坊刊行流布四遠事屬未便乞嚴切禁止詔四川制司行下所屬州軍並仰臨安府婺州建寧府照見年條法指揮嚴行禁止其書坊見刊板及已印者並日下追取當官焚毀具已焚毀名件申樞密院今後雕印文書須經本州委官看定然後刊行仍委各州通判專切覺察如或違戾取旨責罰　十月四日臣僚言恭惟國朝置建奏院於京都而諸路州郡亦各有進奏吏凡朝廷已行之命令已定之差除皆以達於四方謂之邸報所從久矣而比來有司防禁不嚴遂有命令未行差除未定即時騰播謂之小報始自都下傳之四方甚者鑿空撰造以無為有流布近遠疑悟群聽且常程小事傳之不實猶未害也倘事干國體或涉邊防妄有流傳為害非細乞申明有司嚴行約束應妄傳小報許人告首根究得實斷罪追賞務在必行又言朝報逐日自有門下後省定本經由宰執始可報行近年有所謂小報者或是朝報未報之事或是官員陳乞未曾施行之事先傳于外固已不可至有撰造命令妄傳事端朝廷之差除臺諫百官之章奏以無為有傳播于外訪聞有一使臣及閤門院子專以探報此等事為生或得於省院之漏泄或得於街市之剽聞又或意見之





撰造日書一紙以出局之後省部寺監知雜司及進奏官悉皆傳授坐獲不貲之利以先得者為功一以傳十十以傳百以至遍達於州郡監司人情喜新而好奇皆以小報為先而以朝報為常真偽亦不復辨也欲乞在內令臨安府重立賞榜緝捉根勘重作施行其進奏官令院官以五人為甲遞相委保覺察不得仍前小報於外如違重真典憲從之　十二月四日樞密院進呈兩淮荊襄控扼去處全藉山林蔽護訪聞民間採斫官司更不禁止上曰屢有約束久而人玩宜再禁戢　五年二月十八日臣僚言遏糴之風近日尤甚去歲江浙湖南皆有旱傷去處唯是江東為甚而湖南江西所損差多米價甚賤足可遠近通流州縣各顧其私聽信城市之民妄言不可放米出界乞督責兩路監司約束州縣不便遏糴以惠斯民從之　四月十四日刑部御史臺太常寺臨安府先承指揮同措置臨安府諸門緣以祀事中夜啟閉本部照得如遇行事官有合趁受誓戒及朝參等官從太常寺預夜關報經由門戶於五更二點開門放入即行鎖閉令監門官吏嚴緊守鑰不得搭闖攏鎖徇私出入須候依時開門其餘行事官祀祭畢依時入門從之以上光宗會要　紹熙五年七月十七日禮部太常寺言伏覩皇帝御名並同音計一十八字擴㶊鞹漷廓郭霩槨䳭鞹鞟彍彍劇鄺鄺霍藿漷乞下刑部國子監於文書式並顧畧內添入從禮部行下都進奏院頒降回避從之　九月十四日明堂赦訪聞湖廣等處州縣殺人祭鬼及略賣人口并貧乏下戶往往生子不舉條法禁約非不嚴切習以為常人不知畏可令守令檢舉見行條法鏤板於鄉村道店關津渡口曉諭許諸色人告捉依條施行仍仰監司嚴行覺察毋致違戾　十一月二十四日刑部言乞照昨來浙西提舉司所申行下內外諸軍嚴行約束所遣回易官兵不得以收買軍須為名公然販賣私鹽如有違戾重作施行詔令刑部鏤板行下內外諸軍主帥約束　慶元元年八月十七日詔有司檢坐見行條法給榜下州軍縣鎮今後現任官收買飲食服用之物並隨市直各用見錢不得於價之外更立官價違許入戶越訴在外令監司按劾在內令御史臺覺察　從臣僚請也　十二月二十四日樞密院言勘會有不畏公法之人詣見兵官乞覓錢物或占據屋舍或極賣物貨或告求關節稍不如意撰造事端誣謗迫脅必欲從其所欲甚者教唆他人上書伏闕投納短卷恐嚇主帥疑惑衆聽以遂其私若不嚴加禁約無緣止絕詔令內外諸軍今後如有似此不畏公法等人許押赴所在州軍先次收禁具申樞密院送有司根勘如事理頗輕依條施行

特送鮮遂州軍居住或稍涉情重取旨施行仰諸軍出榜軍門曉諭　二
年二月十二日知臨安府謝源明言向蒙高宗皇帝矜恤本府
支費百出遂降指揮應諸軍等處收買物色并依條收税近來權勢之家
及官司寺觀等處收買木植浩瀚或執官司公據或旋申請指揮不問多
寡盡免抽解遂使前項記令皆為虛文乞申嚴前項指揮行下本府照應
施行從之　六月十五日國子監言已降指揮風諭士子專以語孟為師
以六經子史為習毋得復傳語錄以滋盜名欺世之僞所有進卷待遇集
并近時妄傳語錄之類並行毀板其未盡僞書併令國子監搜尋名件具
數聞奏今搜尋到七先生奧論發樞百鍊真隱李元綱文字劉子翬十論
潘浩然子性理書江民表心性說合行毀劈乞許本監行下諸州及提舉
司將上件內書板當官劈毀從之　八月十四日中書門下省訪聞臨安
府城內外私鹽盛行多是無賴之徒脅持鋪戶寺觀營寨或士庶之家隨
門抑賣理合措置欲令臨安府日下大字鏤板曉諭以前罪犯一切不問
若今後再敢違犯許諸色人告依格給賞犯人送獄根勘依法斷罪追賞
如自能執捕販人赴官陳首降與免罪外更與依格推賞從之　二十七
日臣僚言銷錢之禁不可不嚴且如輦轂之下實為法令之始孝宗皇帝
固嘗親有訓戒矣今乃列肆貿擅無非銅器打鑄稜作公然為業又如建
康之句容台州之城下專以古器得名今則紹興平江等處皆有之江西
之撫州專以七筋器皿得名今則四明隆興鄂州靜江等處皆有之且今
治司歲鑄生銅所入蓋自有限其餘皆是取給於淋銅浸銅夫毀一錢則
則有十餘之獲小人嗜利十倍何所顧藉欲責之守令凡臣庶家所有銅
器及僧道供具立以近限赴官鎔鑿不得纔行置造如有違犯坐以違制
之罪不以蔭論官吏失覺察罪亦如之其鼓鑄打造爐戶仰所屬州縣括
籍姓名監令日下改業犯者決配海外永不放還仍乞重立賞格許人
告捕詔令三省措置條具將上　三年正月三省措置下項一令諸路監
司守臣行下州縣等結甲立罪賞粉壁曉諭一令諸路監司守官根刷私
鑄銅器之家免罪改業再犯立賞斷配一有於軍寨寺觀舟船內鑄造仰
主兵官巡尉嚴切緝捉一官民戶日前現有腰帶鞶鐙及鞍轡作子照子
外應有銅器并有銅釘飾器具不許使用一巡尉都監捉獲銷銅錢到
官即與保奏推賞一內外應奉官司等處法物等應用銅鑄釘飾限一月
申朝廷仍舊使用一僧道鐘磬等并民間及船戶日前置到銅鑼係防托
使用者仰寺觀主首及民戶各開具件數經州府陳狀鐫鑿限一月申官

卷一萬九千三百九十二



一鑄造之家未賣器皿委官置場立限聽人戶投賣一鐘磬等鞍轡作子
令文思院鑄造聽人戶僧道請買一應造軍器須用銅者申所屬支降一
民間照子令湖州拘藉工匠在官鑄造從人戶請買一諸路監司州軍公
狀呼集工匠鑄造今後敢自違戾外責監司互察內委御史臺彈奏一自
令降指揮之後官員士庶尚敢私下收買者許人陳告一令降指揮到日
仰諸路監司等鏤板曉示一有關防未盡事件許所在官司限一月條具
申聞詔令刑部疾速遍牒施行　十月七日知臨安府趙師𢍰言元祐五
年蘇軾奏西湖有五不可廢而放生池首居其一至紹興十三年議臣謂
令之臨安鑾輿駐蹕尤宜涵養以示渥澤乞檢會天禧故事仍舊以湖為
放生池禁止採捕高宗皇帝賜可令本府措置申明約束淳熙二年慶壽
赦文嘗令本府立賞禁戢專責巡警官司毋或縱容臣家恩假手前當遵
奉照揭之具未立無以示虔寓敬而天禧之碑淪於草莽遷於居民往來
之人不知其為放生池欲於西湖之濱買立亭宇書以扁牓每遇誕節前
一日從守臣率官吏於亭縱釋鱗羽推廣上澤仍明具條劃及前後繳降
指揮牓亭左右庶幾表制嚴備人知崇敬從之　十三日潼川安撫司言
瀘敘州長寧軍沿邊連接夷蠻全藉禁山林箐以為限隔從條不許漢人
擅將物貨搬入蕃界侵越禁山斫伐林木照得蠻人載馬敘州互有齎
帶板木前來本州變賣是致諸司遞年常下敘州打造舟船州縣寅緣騷
擾乞令敘州委知通常切覺察檢舉毋令漢人將物貨搬入蕃蠻界販賣
斫伐禁山林箐須候蠻人齎帶板木出江方得就敘州城下交易如有違
犯被捉到官送獄根究從條斷罪追賞施行如遇打造舟船自行差人收
買板材置造無得準前直下敘州打造免致騷擾從之　三年正月十一
日監察御史沈繼祖言乞戒敕外官無故不得輒與朝例通書其合通書
只許一幅如慶賀之類止於三幅及在外書問往來並不許過數若過數
不許接受如違並許彈劾重加責罰以儆有位從之　五月二十一日臣
僚言乞戒敕朝士今後不得輒與諂士術人等書牘外路如有持書以
取錢酒者並計贓與書及與錢物者同罪許人告首之令甲務在必行外
令監司內令御史臺覺察奏聞從之　二十五日臣僚言古者宰衡出鎮
則曰判判者專制之稱也非庶僚可擬今一州一軍一縣皆曰判下至丞
簿稅亦曰判何判之多也判司簿尉以朝議為未足則曰中大令倅而上
稱以中大為未足則曰太中且大朝議八十一元士也太中大夫天子之
侍從臣也今使人得以自相推予何僭濫如之不特此耳服食器用率多

卷一萬九千三百九十二

踰越且三峯青蓋皆時郡國長吏用之以其遠君而伸也輦轂之下雖胥
極一品亦惟獨峯今州縣之間官無大小下至士庶以及皂隸率用三峯
簇衒塞巷蔽空如雲混殺若此何以正名分別嫌隱耶欲望斷自聖衷官
稱各從其實出而御蓋非長吏無得用三峯敢有越者重寘于憲亦反樸
還淳之漸也從之　十二月二十七日臣僚言州縣之間害民者莫甚於
科罰虐民者莫甚於慘酷且如以贖罪並緣而責其獻納以酒税率迫而
責其認錢或科數於里正保正長或横斂於師巫僧道或利富室之財而
啟誣告之風監司所當廉察也或以頭子錢為名而科取州縣郡守所當
表帥也或以助州錢為名而科取屬邑此科罰之害民者也非州縣長官
不許受辭而他官輒受禮非親民不許科決杖罪而鎮寨輒自專推司輒
自訊因荆杖代用藤條觀望鍛鍊備極荼毒此慘酷之虐民者也前後禁
約科罰慘酷條令大字鏤板行下諸路郡邑揭于通衢其有犯者必罰無
赦從之　四年二月五日國子監言福建麻沙書坊見刊雕太學總新文
體内丁巳太學春季私試都魁郭明卿問定國是問京西屯田問聖孝風
化本監尋將案籍抱照得郭明卿去年春季策試即不曾中選亦不曾有
前項問目皎將程文披閱多是撰造佐辟虛浮之語又妄作祭酒以下批

卷一萬九千三百九十二

鑿似主張偽學欺惑天下深為不便乞行下福建運司追取印板發赴國
子監交納及已印未賣並當官焚之仍將雕行印賣人送獄根勘因依供
申取旨施行從之　三月四日詔弔祭使人過界仰經過州縣嚴行禁止
民間不許歌樂及觀看人户毋致衣服華飾　十一日臣僚言今天下郡
邑鄉聚每歲立社計户衆金以造作兵器小有忤意變故隨生近者鄂城
鬻賣娛悦童稚之具多有裝飾兵器其偽成真乞令後遇有獻神禱旱等
事不得以頭刃為戲凡物之像兵器者亦不許做鬻於市從之　二十一
日臣僚言乞將建寧府及諸州應有書肆去處輒將曲學小儒撰到時文
改換名色真偽相雜不經國子監看詳及破碎編類有誤傳習者並日下
毀板仍具數申尚書省并禮部其已印未賣者悉不得私賣如有違犯科
罪惟均從之　四月二十九日詔應朝士以下並不許講旦朔慶賀私謝
苛禮惟議職事陳利害方許相見其有無故有謁躁進不悛者朝士則令
御史臺覺察局務則令所屬長官按劾　五月六日臣僚言楚俗淫祠其
來尚矣惟是戕人以賽鬼不宜有聞於聖世俗尚師巫能以禍福證兆簧
鼓愚民歲有輸於公曰師巫錢自謂有籍於官官利其一孔之入於是縱
其所為無復誰何浸淫妖幻詛厭益膽逐至用人以祭每遇閏歲此風愈



熾乞告戒湖北一路監司帥守先嚴官吏收納師巫錢之禁然後取其為
巫者並勒令易業不師者與傳習妖教同科庶幾此俗漸革從之　十三
日詔今後女冠道士不得出入宮禁三宮準此　十六日臣僚言邇歲以
來革私鑄之姦嚴銷毀之禁猶沙毛猶未盡戢乞下所屬監司州縣督責
廂分警飭巡尉嚴保伍之法申粉壁之禁使盜鑄之弊銷銷販之習斷行
用之患革一有違戾鍘去本根庶幾寔其弊於本原享其利於經久從之
八月二十九日臣僚言南恩州介於德慶府新高雷化數州之間程途
相去三五百里之遠久例凡有送迎並過往類差農民以為夫腳既妨農
時遂失本業他處更相做效實為民害又軍兵所押馬綱經從州縣鄉村
最為擾民每綱馬二疋條差一人牽篤放路無塞遏令乃成群散走馳突
才道通城市則衝踏人物遇秋成則踐損禾稼乞下諸路監司禁約州縣
不得輒差農民充夫腳所屬約束綱官兵嚴行部轄不得擾害州縣損
傷禾稼如違並寘典憲從之　九月一日臣僚言浙右有所謂道民實喫
菜事魔之流而竊自託於佛老以掩物議既非僧道又非童行輒於編户
之外別為一族姦法汙穢甚於常人而以屏妻孥斷葷酒為戒法貪冒貨
賄甚於常人而以建祠廟修橋梁為功德鄉一聚各有魁宿平居暇日公

卷一萬九千三百九十二

為結集曰燒香曰燃燈曰設齋曰誦經千百為群倏聚忽散撰造事端興
動工役食緣名色斂率民財陵駕善良横行村疃間有鬪訟則合謀併力
共出金錢厚賂胥吏必勝乃已每遇營造陰相部勒嘯呼所及跨縣連州
工匠役徒悉出其黨什器資糧隨即備具人徒見其一切辦事之可甚而
不知張皇聲勢之可慮也及今不圖後將若何乞行下浙西諸郡今後百
姓不得妄立名色自稱道民結集徒黨嚴切曉諭各令四散着業如敢違
戾將為首人決配遠惡州軍徒黨編管務要消散異類使復齒於平民以
推廣陛下抑邪扶正暢皇極之意從之　五年正月二十六日臣僚言閩二
廣州軍民為僧者豈真出家之人益游手之徒遍走二廣廣緣州郡求售
祠牒號曰沙彌即擅自披剃為僧或即營求住持寺院不數年間常住財
物掩為己有席捲而去則奔走他鄉復為齊民乞明詔二廣監司禁約州
軍自今後不許妄給沙彌僞帖如已給立限許自首納嚴示賞罰毋致違
戾從之　八月二十八日臣僚言乞今所在官司自到任之日即具吏人
姓名保明申常平司如已經斷罷不該收叙之人不許存留其合叙用之
人非經元犯官司陳乞不許收叙其州縣官任滿日仍於印紙内畫一批
書不曾違法收叙絕罷吏人以憑稽攷庶幾為吏者稍知斷罷叙復之難

亦皆有以自變是亦檢梲史吏之一端也從之　十一月十八日臣僚言乞令後祠祭須管候禮畢班退方許徐徐收徹如之卒準前誰諱御史臺同重行斷治或是攝祭監祭即仰具申本臺取有縱容併加彈劾從之　二十一日臣僚言乞今後隨駕儀衛須管各依次序接續安行不得參差錯雜掌臣班列仰班史遵依儀式務令整肅或遇庭應管處亦須隨宜措畫略依雜壓稍成班序如敢違戾並令御史臺彈劾重寘典憲從之　六年五月六日詔令內外諸軍主帥應軍士見欠營運息錢日下並與除放今後不許科抑差發不願營運之人儻違令來所降指揮在內委御史臺在外委總領所不係總領制司去處委守臣各常切覺察稍有違戾取旨施行仰主帥日下給牓諸軍寨門曉示　從樞密院請也　嘉泰元年二月十七日臣僚言通來姦人往往藏形匿影緣飾語言或密牓通衢或潛投詭名用以動搖州縣誣蠛善良大抵守令行法奉公羣小類多不悅按察之官設或先有憎惡誤采其說必致守令枉罹罪譴姦人因得武斷一方其風始於州縣浸淫入於都城甚至詆訐朝臣譏訕時政其迹若近於公而其心實根於搖撼此風漸長非國之福乞詔有司嚴戒諸路按察官不許采聽揞昧不根匿名文書有如民間冤抑自當明著年月指陳實事親經所屬



陳訴即為施行其有上書陳說利害即委之納言之官擇其果忠於為國不涉私邪者即為數納于上如是則州縣守宰各得展布不為巧猾之所傾陷公朝親信盡忠竭節之臣得以功名終始而不為讒邪之所動搖姦萌杜絕國勢尊安實宗社之幸從之　四月十三日御筆風俗侈靡日甚一日服食器用殊無區別雖屢有約束終未盡革令回祿之後凡官民戶起蓋屋宇一遵制度務從簡朴毋事華飾銷金鋪翠並不許服用除先將宮中首飾衣服等令內東門司日下拘收焚之通衢其中外士庶之家令有司檢照前後條法嚴立罪賞禁止貴近之家尤當遵守如有違犯必罰無赦　二十四日新權知資州劉述言臣竊見蜀之邊郡多與蕃界相接深山峻嶺大林巨木綿亘數千百里虎狼窟宅人迹不通自無窺伺之虞祖宗禁止採伐不為不嚴有如施州邊民嗜利冒禁公然斫伐萬一夷人從此出沒則八寨防扎遂成虛設舊申諸司乃行禁止曾未數歲復斫如初乞行下施州令守倅任責差人於水溢十二渡等處巡邏月具申樞密院如敢犯禁重寘典憲守倅失於覺察亦乞罷黜凡蜀郡禁山各於要害之地一例照應施行從之　九月十九日臣僚言臣昨試郡吳興首問獄囚自當年正月至月終境由已殺四十九人而鄰里掩蓋不以聞者不預



為匪甚驗之力詢其故皆淫祠有以啟之所謂淫祠者始因愚民無知以誦殺人而死可得為神其家父子兄弟與夫鄉黨隣里又憚關官之擾相與從臾使之自經於是立廟以祠稱之為神故後之凡欲殺人者三五為群醉酒割牲謂之起傷起傷之廟蓋徧于四境之內矣生不正典刑死乃得立廟遠相做傚皆以殺人為善豈清明之世近畿之地所宜有哉臣近禱雨祠山訪之道途頗言廣德愚民殺人之風漸入吳興寖寖不已其害將有不可勝言者乞行下所屬應淫祠不載祀典者盡行毀拆勿令再造凡有殺人而自經者以法戮屍其父母兄弟妻孥不即諫止與夫已殺人而逃令自經祠之以廟者次第坐罪徙之遠方從之　十二月十一日詔已降指揮禁止銷金鋪翠非不嚴切訪聞外方州縣視為文具略不禁止可專委逐路提刑并一禁戢如守令奉行滅裂仰具名聞奏切待重作行遣如所御內尚有製造服著之人併將提刑一例責降　二年二月二十八日新差權知隨州趙彥衛言恭惟國家祖功宗德起冠百王真贋實能遠踰前代史館成書有三朝國史兩朝國史五朝國史莫不命大臣以總提趣鴻儒以撰輯秘諸金匱傳寫有禁近來忽見有本朝通鑑長編東都事略九朝通略丁未錄與夫語錄家傳品目類多鏤板盛行於世其間蓋有



不曾徹聖聽者學者亦信之然初未嘗經有司之討正乞盡行取索私史下之史館公共考核或有裨於公議即乞存留仍不許刊行自餘悉皆盡絕如有違戾重寘典憲從之　六月十三日臣僚言比年以來有所謂白衣道者聾瞽愚俗看經念佛雜混男女夜聚曉散相率成風呼吸之間千百響應江浙於今為盛閩又次之臣恐此風寖長日甚一日其患有出於意料之外者乞申飭有司必舉而行以正風俗不許私創庵舍詔令逐路監司常切覺察如有違戾去處條具聞奏　既而又詔諸路監司各行下所部州縣出牓曉諭限半月許令本州自陳給據付主庵人收執如出限不自陳及再有創置之人告受支給賞錢一千貫先以官錢代支却與犯人名下追納其庵舍屋業盡行籍沒入官候出給公據足日逐州置籍申監司類聚施行　七月九日詔令諸路帥憲司行下逐州軍應有書坊去處將事干國體及邊機軍政利害文籍各州委官看詳如委是不許私下雕印有違見行條法指揮並仰拘收繳申國子監所有板本日下並行毀劈不得稍有隱漏及憑藉騷擾仍仰江邊州軍常切措置關防或因事發露即將與販經由地分乃印造州軍不覺察官吏根究重作施行委自帥憲司嚴立賞牓許人告捉月具有無違戾聞奏　以盱眙軍獲到截十六

等鄉將本朝事實等文字欲行過界故也　十二月九日權知萬州趙師作言峽路民居險遠素習夷風易惑以詐易動以惡致使淫巫得肆簧鼓凡遇疾病不事醫藥聽命於巫決卜求神殺牲為祭虛費家財無益病人雖或抵死猶謂事神之未至故凡得疾十死八九又其俗以不遣千當祀諸客滋之鬼往往用人傀冀作福流為殘忍不可備言乞行下本路先禁師巫俾之改業嚴結保伍斷絕禁呪及祭鬼器用庶幾拔本塞源不致滋長詔仰本路提刑嚴切禁止務要盡絕如有違犯重作施行　三年五月十八日臣僚言臣聞治道之要在正風俗而風俗之別則有二焉曰民俗曰士俗民俗不正士俗救之士俗不正而欲正其在民者不可得也厥今之正風俗莫先銷金鋪翠之飾竊見近日以來街坊賤人公然貨鬻倡優下妾恣為服飾以至游手之徒為左道之奉迎神祠佛千百為群裝飾儀仗踐地為衣金翠奪目臣推其本弊不在民實緣士夫之家祖於豪貴之習服用華侈則下而民俗得以轉相視傚乞申嚴法禁首飾士夫犯者痛罰雖貴不赦告者立賞雖多不吝若此則士俗既正民俗不正者未之有也從之　七月二十一日臣僚言今日民力彈匱極可憐憫州縣之間恬不顧恤守臣知財富之當急而不知民力之不支或委曹職或差監當或



檄異縣之繇惟欲使是擇又輔之以殘刻之州吏其人禀承風旨奔赴期會不復知有百姓之痛癢戶稅合輸之外刻剝殘零驅磨隱漏已納者追以重輸產去者抑令陪納編氓役戶冤痛無訴邑長縣佐旁觀而不敢言國家倚民為命脈而州郡視縣猶子舍豈應不恤如此乞嚴戒諸路守臣令後不許以拘催稅賦刻剝官錢為名別差本州官吏及外縣官下屬邑騷擾其間知縣果有罷軟不勝任者只就當邑僚佐選委仍須斟酌緩急使應期會若本縣素來限節已定不許破限迫趣重為戶長之害或有違戾監司覺察按劾重寘典憲從之　十一月十一日南郊赦文訪聞形勢之家違法私置獄具鮮截隱僻屋宇或因一時喜怒或因爭訟財產之類輒將貧弱無辜之人關鎖鐵鉞任情拷栲以致死於非命雖偶不死亦成殘廢之疾被苦之家不敢伸訴深為可憫自今赦到日仰守臣多立賞膀遍示縣鎮嚴行禁止如有詞訴到官須管盡情根究依法施行或州縣奉行不虔仰提刑司按劾月具有無違戾以聞　四年三月九日樞密院奏步軍都虞候李郁言街市鋪戶典當質庫輒將弓弩箭鏃之屬公肆出賣收當乞下所屬重立罪賞約束但係軍器不許收當出賣從之　二十五日閤門舍人林伯成言驢騾駞馬有乘載之功宜禁輕殺以備般運牛皮



筋角受納去處毋致散失以供軍須之用從之　五月十四日知桂陽軍王夔言乞下沿江兜壓等處嚴戒主帥不得容令統制官已下輒役部曲修造私室仍委總領專一覺察將違戾兵官具姓名奏劾併坐主帥失察之罪從之　十六日臣僚言牛皮筋角惟兩淮荊襄最多者蓋其地空曠便於水草其民用之不恤所以多斃姑以臣前任安豐一郡言之每歲官收皮角不下千餘件弃常皆係姦民計會所屬估賣卻行轉賣與北人蓋緣州解至臨安重有所費而不解發者有部未審稽考若從朝廷委自提刑司專一拘刷申解仍許於係省或經總制錢內支破腳剩糜費之類嚴加禁約如州縣輒貨民拘占不發者必寘重罰如此則非惟朝廷省支買之費矣膠鰾翎毛載在令甲禁止甚嚴比年公然過界累有敗獲甚至見任官親戚僕從等專以此為優潤之資蓋緣外借應副民間使用之名其實在於過界獲利數倍今若頓加杜絕不許過江又恐民間闕用欲做鈆礬乳香體例從雜賣場量立數目給官引隨膠鰾翎毛盤付沿邊州郡置曆給賣其無官引者不許過江沿路覺察並同販鉛礬之法而加嚴焉如此則姦民無所容其計矣從之　六月十七日詔累降指揮三衙江上諸軍不得私借人馬舟船非不嚴切訪聞日來略不遵守至於巧作名色輒



差權攝支送月饋盡耗財賦自今截日住罷除赴趁朝參官許量差備馬外餘並限一日拘收回軍馬亦不踏逐將隊戰馬尚或不悛必罰無赦　八月二十七日臣僚言廣西諸州之土丁初為防盜設命土豪首領選其壯而可用者部為隊伍教以弓弩擊刺之法有司歲一點集撫勞之今諸州之民無非土丁凡有工役驅馳迫逐不以人類待之壯者去而為盜弱者東逃西走有死而已廣東鹽司捕私鹽之令每日責弓兵必要獲鹽小人並緣為虐客船有零鹽三五觔則陰取湊數解之鹽司甚者散入鄉民之家取其食鹽為私鹽料徼漁船淹進之鹽為私鹽醎魚汁為煎鹽水與德府之山石其南取極已盡其北隸浛光縣峭板萬仞下臨大江近山之民驅而取石不問能否沿崖攀木縛閣棧於半空之間穴山洗石有性命之憂肇慶府之硯石歲鑿不已致江水淪入今則候冬月嚴水稍淺命農夫車水硯匠伐石人有新坑南坑攫抉殆遍大匠絡繹山間識失生業不能自存廉州之合浦產珠或云古有是語實未嘗有珠貪者影響傳聞拘籍漁船為採珠戶其擾不可一二計海南四州黎洞地與南番相望有所謂茅葉沉香黎人得之甚艱貴者傳以為珍一路士大夫競屬四州收買或差人入洞壓買竟不得至還又有責之以威逼至出者地焚劫生事一方

禁採捕



之民何辜乞詔二廣監司常切覺察諸州縣官吏等人不得枝使土工不得科柳傜丁不得以食鹽厚誣平民不得以醃造之鹽魚汁羅織客旅英德不得取山石肇慶不得取硯石廉州不得取海蚌之屬海上四州不得遣人入黎洞買香有一違戾官吏按劾以違制論餘人決配從之　十月二十七日臣僚言在廷之臣自一命而上至位絕百僚莫不各以其官職為稱今州縣官之初品與夫一再銜轉者即取卿監侍從兩府之階官通為稱呼如彼右列抑又甚焉以至守令丞簿之屬僭稱曰判小小監當例以判院呼之欲戒飭州縣一遵中都事體隨其官職為稱不得輒循故習僭有過制從之

禁採捕　開禧元年五月十八日工部郎官吳鑄言昨者朝廷禁止私鑄銅器閭巷游手不作鑄造貨鬻之風一旦寢息而在京官司工役之處或因製造軍器及公廨用度之物旁緣打造潛行貨鬻竊恐人見輦轂之下尚敢如此遠州僻邑相率效尤漸不可制乞申嚴禁約從之　二十五日詔訪聞內外諸軍將合千等人有詐作百姓名色私放軍債已是違戾法禁又輒將物貨高價抑賣每遇支散衣糧料錢等輒於打請之際衷持部轄徑行兌取關屬掊剋自今降指揮到日仰主帥嚴行禁戢如敢仍前違犯主帥覺察開具姓名申樞密院取旨重寘典憲主帥

卷一萬九千三百九十二

不行覺察亦當重議鐫罰可令三省樞密院給降黃榜下諸軍曉示　十一月九日淮東提舉陳續言主將尅剝至重莫甚於今日私役之弊買工之弊差使營運之弊未嘗少革是猶曰公家之事然也至於屯駐之所私買田宅役官兵以為之管幹役軍匠以為之營造竹木瓶瓦之屬悉取之官國家竭民力以養兵而主將乃竭兵力以奉已乞令後應管兵官輒敢於屯駐之所私置田宅許民間告首以違制論從之　二年四月十七日臣僚言都城之內連甍比屋儻有火災隨時撲滅獨於彈壓一事猶未深講臣謹條其利害而備言之方斷彼之盜賊也姦民幸災乘時剽掠張皇聲勢動搖人心為害一也河渠貴相貫通政欲舟檝無壅而公私舡舳艫相銜竹木排筏縱橫偪塞阻礙傷害人命其為害二也古者棟宇之盛謂之木妖蓋者一變之後土木之侈反過於前是欲以人勝天豈不悖理傷道其為害三也欲令臨安府於通判幕職官及本府兵將官內先次推擇廉敏有才之人以備緩急遇有遺漏即差委於要害處分布彈壓仍分差總轄使臣機察彈壓之官尚集頭項火下四散幾察如有姦民乘奪掠人財物藏諱驚眾者即時收捕枷送所屬根勘情重者依軍法施行應公私坐船常時並不得放令入城及於裏河攏泊應公私修造竹木並用舟船





乘載不得編成排筏擇駕入城應官民戶不得以板木器用壅塞河道令臨安府多出文榜豫先曉諭約束犯人以違制論彈壓官吏等不切覺察次第責罰從之　三年正月十六日行在榷貨務狀行在務場每歲收趁課額八百萬貫應副左藏西庫就支大軍給遣及朝廷封樁對計造褁一千二百萬貫鎮江四百萬貫應副淮東總領所給遣屯戍軍馬支費并辭發上供封樁之數事繫重害今諸州府却依安撫司行下更不顧客販茶鹽舟船並行拘廢致有不數之人使作有悞軍期行遣遂使客人畏懼不肯興販三務所收課利全然稀少乞指揮下三務場遍牒曉諭興販茶鹽客人知委有茶鹽船經本務場陳乞送舖戶保明諳實給黃旗公據收執興販州縣等處不得妄有拘攔邀抑客人指實越訴將官吏重行施行從之　十月十七日臣僚言乞申飭諸路監司嚴切覺察部內如有因科罰而不還價錢以和糴而輒作姦弊即州追都吏縣追典押及承行人吏並行決配仍許人戶越訴內守令縱容情理巨蠹即併按劾以聞從之　嘉定二年七月四日權知漳州薛揚祖言科罰之為民病在在有之夫以小小爭訟而姑從科罰已非息爭之道今有以殺傷而至死者亦或以罰而苟免則冤氣何所伸乞明詔四方使為郡縣者不至科罰病民又言古有

卷一萬九千三百九十二

四民權士農工商之外無他業自佛法流入中國民俗趨之而南方尤盛有如漳郡之民不假度牒以奉佛為名私置庵寮者其弊抑甚男子則稱為白衣道者女子則號曰女道男人失時不婚不嫁竊修道之名濟姦私之行已嚴切禁戢應非度牒披剃之人並條各歸本業從之　三年三月二十日臣僚言淮甸旱蝗江湖中熟商販不通乞下諸路監司嚴戒州縣官通販米之舟弛下河出界之禁無得出稅截糴或巧作名色拘留米舟許客人經所屬陳訴監司按劾以聞從之　四年十二月二十五日臣僚言今日之習俗僭擬踰制冒上無禁浸弊至此不可不革青蓋之制輦轂之下非親王宰執不得輒用今通都大邑不問貴賤幢幢往來蔽空如雲黃幰之設尚方所用今編戶齊民一有醮設張之私室宜令臨安府師臣具見行條令一切禁止如有違戾必寘諸罰從之　五年二月十九日臣僚言令之仕於廣者凡有出產皆賤價收之而歸舟滿載南方地廣民稀民無蓋藏所藉土產以為卒歲之備今為官吏驅買商旅為之憚行若不禁戢應傷民力乞下廣東西兩路監司帥臣嚴行約束違者按劾重寘典憲從之　八月一日臣僚言州郡商稅經費所繫出也今沿江場務較之往年所收十不及四五推原其繇皆士大夫之貪黷者實為之巨蠹西下

家貲如山經田場務囪為免稅沿江諸郡因此凋弊日甚其可不思所以扶持拯捄哉乞令沿江州郡揭榜稅場嚴行禁戢如有違戾許令守臣案其職位姓名申尚書省及御史臺從之　九月二十八日臣僚言竊見漳泉福興化凡瀕海之民所造舟船乃自備財力興販牟利而已朝廷以備邊之務不可弛聞籍定其數更番以備防托奈何州縣劃例科取脅使並緣搔擾百出利歸於下怨歸於上乞行下漳泉福興化等郡禁戢沿海諸邑凡大小海船除防托差使外纔千料歛無名色錢並行蠲免如溫台明等有海船去處亦一例禁戢毋得非法科取若水居小船不應入籍不得拘籍騷擾如違許船戶越訴官吏計贓重寘典憲從之　二十九日臣僚言沿江有諸屯州郡有禁旅蓋欲專備緩急豈容輒充私役令不惟私役至於寄居皆得借事教閱被帶一切蠲免平時不習紀律不識行陣方時閱教怗不為惟倘有緩急何所倚仗乞嚴戒江上諸屯依時教閱並不許差借私役諸路州軍禁軍自監司守倅而下不許占破役使及非法差出須令逐日盡赴教閱諸屯責總餉之官諸路責帥臣嚴行覺察不測委官點檢如或違例從實具申朝廷將主帥守臣重賜懲戒庶幾武備修飭兼諸縣土軍弓手近日專充州縣役使及下鄉追呼教閱一事尤不之問乞

卷一萬九千三百九十二

並下諸路提刑司嚴切約束違者提刑司從公奏劾例行降黜亦可為緩急之備從之　十二月二十日臣僚言州縣之間頑民健訟不顧三尺稍不得志以折角為恥妄經翻訴必欲僥倖一勝則經州經諸司經臺部投窮則又敢輕易妄經朝省撫時肯止甚至陳乞告中微賞未遂其意亦敢輒然上瀆天聽語言妄亂觸犯不一不有以懲之則無忌憚不但害及善良官司亦為其紊煩乞遍下州縣揭牓曉示今後經州縣監司及至臺部的然虛妄者必行收坐妄經朝省者重作施行欺罔天聽者定行編配從之　六年四月二十六日右諫議大夫鄭昭先言張官置吏各有司存獄有重囚差官審覆委之倅貳令倅或辭避不行至委幕職代之遠司吏胥不受約束不過具成案涉筆紙尾而已冤枉何自而伸縣闕正宰權攝當屬邑佐令縣官不差至委郡僚或外官兼攝擅作威福非理擾民民力安得不困酒稅自有省限固當責之令佐今乃差官交納或差州吏下縣已納再輸已放復催監繫鞭箠殘虐如此酒稅自有定額監官皆係正員今乃欲應人情酒務則差官提督稅場則剗委拘收規圖添給且利羨餘紊亂如此乞明示中外自今仍前違戾外則委監司覺察內則許臺諫風聞重寘典憲從之　六月二十九日臣僚言曩歲權姦用事讒邪得志四方



游士紛集都城假借聲援黃緣是非甚至脅持朝士凌駕言路動如所欲同聲相應實繁有徒更化以來斥逐輕浮亦當漸變不意此風復長士大夫惴惴然有朝不謀夕之憂乞下臨安府嚴行禁止如有仍前撰造脅持鼓惑令總轄使臣密切根緝追勘施行從之　十月二十八日臣僚言國朝令甲雕印言時政邊機文書者皆有罪近日書肆有北征讜議治安藥石等書乃龔日章華岳投進書劄所言間涉邊機乃筆之書鋟之木鬻之市井之外夷事若甚微所關甚大乞行下禁止取私雕龔日章華岳文字盡行毀板其有已印賣者責書坊日下繳納當官毀壞從之　十二月六日臣僚言陛下當降御筆官民戶遠屋一遵制度無事華飾令都城內外多建大第傑棟崇梁輪奐相高至於釋老之宮峻殿邃閣僭擬莫狀此土木奢僭之弊也陛下亦嘗降御筆銷金鋪翠不許服用令有司檢照條令申飭中外務在必行今禁防既寬銷金日盛什物器用無蓋果核無一而不施金此銷金奢僭之弊也監司郡守迎新供帳泰侈特甚幃幕俱用綾羅褥裀色以綺錦此州縣奢僭之弊也執侍營軍或服乘騎此軍將之當然今內營軍之官出則乘轎峻恆自衞作為奇巧以充饋送盛飾優伶以供宴娛此軍官奢僭之弊也甚至民德不一衣服無常都城皂隸高巾大

卷一萬九千三百九十二

袖混雜士流民庶妻妾冠帔珠翠僭擬貴其他未易悉數教化不明法制隳壞夫豈細故乞申嚴土木之制及銷金條令所在官司供帳不得徇例過數管軍官不許循習舊弊仍風厲中外率循禮範以為民則共革奢僭之俗助成殷富之風從之　七年三月十六日臣僚言辰沅靖三州內則省民居之外則為熟戶山猺又有號曰峒丁接近生界迤邐深入團峒甚多平時省民得以安居實賴熟戶之猺與夫峒丁相為捍蔽湖郡之初區處詳密隄防曲盡故立法有溪洞之專條行事有溪洞之體例無非為綏遠之策近年以來生界猺獠多有出沒省地而州縣無以禁戢者皆繇不能遵守良法夫溪峒專條山猺峒丁田地並不許與省民交易蓋慮其窮困無所顧籍今也州郡悉聽其與省民交易利於牙契所得輸稅可以資郡帑汎用而山猺峒丁之丁米掛籍自如催督嚴峻多不聊生反引惹生界出沒省地若騷擾不已其害有不可勝言者乞明救湖廣監司行下[illegible]一郡凡屬溪峒去處所有山猺峒丁田業一遵成憲不得擅與省民交易犯者科以違制之罪從之　五月十六日嘉興府狀乞令倭船前來本部住泊起發計詔權令嘉興府行下華亭縣住泊海南船隻抽解如客人陳給公據仰本府具申戶部出給及不得住泊高麗倭船其客人起發前往海

南州軍仰本府縣嚴行覺察不得容令夾帶銅錢申提刑司委官搜檢亦
不許淅元船再販物貨往廣泉州軍如輙有夾帶銅錢到於別處官司敗
獲守臣知縣並行黜責仍行下兩浙轉運司慶元府照會及浙西提刑司
專一覺察施行　九月二十六日臣僚言今之風俗自京畿以至江浙具
微之不可不謹者非一社稷之所報有常祀也今愚民之媚於神者每以
社會為名集無賴千百操戈被甲鳴鉦擊鼓迭行於鄉井之間萬一有嘯
呼其間如竊弄潢池之兵者則里社何以禦之此習俗之不可不謹其微
者一也古者衣服有常民得歸一今愚民以迎神為名妄一男子目以為
神如古者立尸以祭冠冕之華嚴色之僭飾金車張皇蓋縱觀者不駭與
法者不詞僭亂之俗莫此為甚此習俗之不可不謹其微者二也古之命
名者不以日月山川非獨欲其不難於避也蓋名以立義義以正行今之
士夫興豪傑之劳午於鄉井旨或襲古帝王之名殆將何為耶此又習俗
之不可不謹其微者三也天下之事必自其微而謹之微之不謹積習至
著殆有難於政者已明詔大臣申嚴行下監司郡守鏤牓曉示嚴行禁戢
其或不悛必置重憲從之　八年正月二十八日臣僚言京師風俗之樞
機禮教人心之防範陛下崇尚朴素躬履儉約固嘗特降御筆首嚴銷金

卷一萬九千三百九十二

鋪翠之禁曾未數月冒犯如故臣以為行法固自近始而尤當禁絕其源
竊見京城內外有專以打造金箔及鋪翠銷金為業者不下數百家列之
市肆藏之箧笥通販往來者往往至數千人若於其源而盡絕之顯造者
既無所容則服用者不期革而自革矣乞行下臨安府檢坐見行條法申
嚴牓示其打造金箔及銷金鋪翠工匠等人仰日下改業將應干作具經
官首納如限外不首仍前製造販賣並許人告犯人從杖罪科斷和項錢
令監賞候犯人替外路州軍專委轉運司嚴切禁戢準此施行從之　五
月一日禮部尚書兼給事中曾從龍等看詳殿中侍御史兼侍講應武奏
去年江浙災傷州郡多為官司掩蔽減放租稅率不以實權與倚閣四等
以下當年所欠二稅直候今秋成熟方許催納所有六年以前諸色稅賦
零欠悉與蠲放從龍等看詳欲下戶部疾速具申尚書省一諸州科折綾
綿豆麥之類惟計一歲所費科之上戶蓋上戶力勝重賦猶可辦難自二
等而下則非其比近年以來州郡利於羸餘大率多科數目乃使二等之
末例同科折乞令戶部轉運司行下諸州除折帛自有成法外其綾綿豆
麥之類止合指定合用數目如科折過數許人戶越訴從龍等看詳欲下
戶部嚴行約束如違許人戶越訴一諸路州縣人戶多有坍江落漢之田



業既不存稅則如故州縣不與除減遂至人戶困於虛賦監錮斷決無所
告愬乞令上司差官檢覆除豁二稅毋擲簿籍久為民害從龍等看詳欲
下諸路運司嚴行約束如遇人戶陳訴即與差官覈實除豁施行一諸州
坊場多有敗闕既欠額錢仍舊或界限已滿抑使抱認或敷攤衆戶使之
均納追呼監繫無由了絕乞令所屬監司覈數如敗闕日久合與體減不
許抑勒抱認敢有違戾令監司覺察從龍等看詳欲下所屬監司覈實取
見敗闕去處具申尚書省取旨除豁劄內藏庫照會施行一預借人戶稅
賦已應屢有奏請朝廷屢行禁止非不嚴切訪聞州縣奉承不虔多是循
習如役錢一項或借及三兩年盡被官吏侵欺故民間每受預借之苦乞
令諸路提舉常平司行下諸州縣照應施行其餘諸色稅賦亦合照已降
指揮不得先期預催如有違戾許人戶越訴從龍等看詳欲下戶部照累
降指揮申嚴行下約束施行並從之　十二一日右正言兼侍講倪千里言
版曹嚴買綿絹於諸郡不以時估定價率以官價抑民弃廢猶諸縣諸縣
責牙儈紛紛追擾民奮怨咨乞令戶部如諸郡申發到綿絹則樣仰依時
估定價不得減剋仍行下轉運司嚴行禁戢諸郡不得科擾如違按奏施
行從之　七月四日主管戶部架閣文字周勉言今日生民之苦其最甚

卷一萬九千三百九十二

者稅斂之日急郡守以豐裕為能縣令以峻急祈免一縣之賦十分而納
九分之九可以少舒矣然文移之出如雷如霆縣吏逃逸故為令者日
坐湯火塗炭而無不聊生者之何長吏不恤也版曹大計臣不能知專人
下郡豈曰美事求無疲暴賂必不賓若是欲郡之寬縣郡脊之無為侵竊
不可得也夏秋二稅法有省限今兩浙州郡有以三月末而催夏稅者矣
有責絹以錢必四月取足因買絹於他郡而規取其羸者矣均之稅也貧者
稱貸于錢則一月之先有一月之害然則版曹州郡專人亦可無遺乎稅
畝苟及九分有奇亦可少緩乎省限亦可復乎兼給事中曾從龍等看詳
欲乞嚴行禁戢仍許御史臺覺察從之　八月二十二日臣僚言竊見兩
浙江淮旱蝗今歲旱魃為虐種不入土者什七八加之飛蝗肆害所過一
空民心憂懼甚可憂也且州縣之間正使有無相通未至艱食今閩師臣
守令各私其境以鄰為壑禁遏米斛並不出本路州縣之界遂至上戶閉
糶望風翔貴盜賊間作流離饑莩不絕于道邊以旬月其害有不可勝言
者乞行下並仰通販米斛舟楫往來不得禁遏纖由場務不得收力勝等
稅錢聽民旅從便糶羅官司不必定其價直如有違戾外委監司內而臺
諫覺察彈劾重寘典憲從之　二十七日臣僚言竊惟朝廷張官置吏上

下相維繫，非使之奉行主德乃有立意本善而流弊滋甚者，諸路監司差官餽送之弊是也。冬夏慮囚則差官疎決，義倉應移易則差官覈實，楮價應折閱則差官體訪。凡幾州州凡幾縣，而監司不能以偏歷，故聽遣其所屬而互察之。承其命者固當體其分遣之意，今乃奉檄而行，惟利是圖，稍不滿欲，多端羅織，饋遺悅心，雖有過愆，置而不言，為監司者亦將何從而察之耶？乞令後諸路應差官吏須擇清廉介潔之人，除札券之外，其餘饋送並不許接受，比以贓論。從之。　十二月四日，臣僚言：「銅錢銷毀最為大患，今欲嚴行禁戢，非必別為條令，但遵守舊法，務在必行。如有冒禁者，以銷毀不多，或從闊略，一遵條令，庶幾銅錢不至消耗，實非小補。」從之。

三十日，臣僚言：「比者旱蝗為孽，民食泰艱，朝廷經理不遺餘力，蠲糜朝奏夕可，惠至渥也。臣久歷州縣，備究疾苦，去年饑歲，惟中戶最可憫傷。蓋中人之家，入僅償出，粒米狼戾，尚鮮蓋藏，不幸遇災，自救不給。州縣例行科抑，使之出粟，期會督迫，迫於常賦，當因貸室轉糴應輸，富者乘時高價取贏，民逆其吞并之計，胥吏並緣推排，以飽谿壑之欲。乞行下應旱荒州縣出粟賑糶，未免亦科及中戶，當量察其有無，不可專論産錢多方招誘，不可專事抑勒。如官司過於暴刻，胥吏緣此取受，許人戶越訴，當擇其甚者重寘典憲。」從之。

（卷一萬九千三百九十二）

同日，臣僚言：「臣遺跡會朝，或因奏對，備見內諸司之吏與夫伏衛之人，雜次而錯立，聚首而竊談，心竊怪之。至於身之冠服各有常度，或迺持幞帽于手，繫衫服于腰，短褐便衣，恬無忌憚。乞行下所屬，嚴立約束，應入出宮門，衣冠並須如儀，裹戴服繫，行立之際，務在整肅。其或不恭，重寘典憲，所隸官司或不覺察，亦加責罰，庶幾天極崇嚴，主勢隆重。」從之。　九年正月二十五日，臣僚言：「州縣之間事力有限，而游士挾書以干懇者甚非所宜。乞申飭有位應有求書抵州縣干乞，或覬書或連衒，並不許發，其州縣得書亦不許輒有應副，違者亦以懲罰。」從之。　十年三月一日，臣僚言：「近因職事檢獄天府，具聞王正國等屢入番國滿泊一事，業積所供珠璣，觀聽駭聞。沿海州縣如華亭、海鹽、青龍、顧逕、江陰、鎮江、通、泰等處，姦民豪戶廣收米斛，販入諸番，此尤利害之切者。乞行下沿海州軍，各敕所屬縣鎮籍定海舟，應有買販入番，先具所載名件，經官給據，委官檢實，方得出海。巡警官司看驗公憑，方許放行。如係禁之物，許令徒黨告首，重者以舟中之物充賞。至若米斛在舟，只許會計舟人期程食用，庶幾姦民知所畏戢。」從之。　八月二十九日，臣僚言：「比日以來，海多寇盜，剽掠平民。如廣之多槳船、溫台之捕魚船，所至為害，沿海官兵皆相為囊橐，一旦

刑法二之一四一

有警，不肯極力追捕，間有捕獲，類多故縱。乞行下沿海州軍及逐州巡捕等官，應界分之大，遇有劫盜，立限緝捉，踰時刻不獲者，即行責罰。或行劫之盜續被他處捉獲，兵級興販一同坐罪，其官屬有失覺察，重賜鐫責。」從之。　十月四日，臣僚言：「選侯擇令，所以分民社之寄；重藩宣之記，職任益不輕也。而疆埂帶牽循得以為州縣之撓，則亦積習既深，而其類非一。盖何者？倚勢干請，挾公濟私，則有寄居之擾；事力有餘，劫制是務，則有豪富之擾；挾冒法禁，刑責不加，則宗室之擾；鼠牙雀角，坐筆健訟，則有頑民之擾；隱占逋賦，悠然督促，則有攬戶之擾；甚而侵撓事權，陵轢傾陷，則又有同官之擾。臣備數臺察，每遇受詞，目覩其弊，悉行體訪，皆無藉之徒陷於繳利受情，而眾多者或至數十為群，黨易驅末，巧飾詞理，期於必中。聽受之際，固不容不致其審。近者畿邑之民有訴其長者，至有司究詰，乃得其所使之實，聞者為之駭愕。夫以天府耳目之近，官聯之密，且猶若此，則四方萬里之廣蓋可知矣。欲行下諸路郡縣，明行揭示，俾各知分義之守，仍令聽受官司或遇此等詞訴，必須公心究竟其實。若州縣長吏貪謬殘虐，狥理傷道，則嚴行按奏，重寘於法；或疆橫姦欺之輩妄為陵犯，亦必遵照中令嚴與施行。」從之。　十一月二十九日，臣僚言：「臣聞楮幣之折閱原於

（卷一萬九千三百九十二）

銅錢之消耗，銅錢之消耗原於透漏之無涯。乞行下慶元、泉、廣諸郡，多於舶船離岸之時差官檢視之外，令綱首重立罪狀，舟行之後或有告首販露，不問緍錢之多寡，將貨悉與拘沒。仍令沿海州郡多出牓示於灣澳泊舟去處，重立賞格，許人緝捉，每獲到下海銅錢一貫，酬以十貫之賞。仍將犯人重與估籍，庶幾透漏之弊少革。」從之。　十一年四月四日，臣僚言：「朝廷以浙左諸郡去歲小歉，民生艱食，權宜通變，從商販運米過江，救災恤民，不容不圖。夫何乘隙好利之徒抵冒法禁，一離江岸，蕩無禁止，遵海而往，透入虜界者不一。邇者浙右如華亭、海鹽、江陰、顧逕等處，其為漏泄米斛不可勝計。且天禍彼國，連年飢饉，猶且逞其凶暴，而吾之姦民趨利玩法，以資盜糧，利害豈小！乞行下淮浙漕司及沿海州郡，各飭所屬措置關防，如獲到違戾之人，研窮勘鞫處斷法，具能告捕者，官司給賞之外，盡以所載之物與之，斷在必行，期以無犯。」從之。　十二年六月二十八日，都省言：「勘會見錢稀少，會價漸至低減，訪聞日來皆由銅錢下江并番舶偷載，與夫越界販賣出外。已劄下諸路提刑、提舉、轉運、市舶司，日下各嚴切行下所部州軍縣人，嚴行機檢船戶，不許偷載銅錢下船。如有違犯之人，許同舟徒伴並諸色人告首，即將犯人送獄根勘，仍於名下重與追賞。犯人

刑法二之一四二

并船戶與所販物貨并船盡籍沒入官一體決配斷罪仍仰州縣分明畫立罪賞多出文牓曉諭常切從公緝捉無使透漏仍仰所部監司覺察州縣違慢去處切待取旨重行竄責施行　八月九日臣僚言今日楮務之弊較之開禧之前固不若彼之甚州縣稱提久而厭玩不無折閱去處然振起其折閱之漸而杜絕其致弊之因其策在錢而不在楮蓋錢者所以權乎楮也今日之錢鼓鑄不登滲漏不貲鉟銷日蠹私家藏匿疊是四弊固宜銅錢日少而無以濟楮弊之流行乞申明禁令凡坑冶鼓鑄責之所司必欲歲數增衍至於蓄貫之滲漏工匠之鉟銷豪民贓吏之藏積嚴行禁止無尚虛文無恤浮議則銅錢可以漸裕子母可以相權楮弊之價不至於隨起而隨朴矣至若州縣稱提之策則民賦輸納官吏俸給一用錢會中半之說猶可奉行而嘉定九年臣僚所奏具在可覆乞檢舉頒下州縣務在必行從之　十一月十一日臣僚言錢塘為天子之行都神京之禁地三數年來庸人販夫詭稱王貴胄之名占他人墳壠之地以為石蕩打鑿窖鑿豈獨山川鬼神為之不寧而山居之民亦不得安跡乞行下所屬嚴切禁止不許仍舊公然打鑿所是已鑿空洞亦乞旋行填塞以實舊址從之

〔卷一萬九千三百九十二〕

十二月三日臣僚言天祐我宋百年故土挈之來歸屬日敗亡正不足應第惟邊城穡事屢以稔告而彼境旱潦無歲無之反聞虜俘竊躍吾境姦民趨利公然般販非細故也虜之長技所恃為馬連年騎從販棲十耗七八彼平時取馬或於西界仇怨以來既不復通遂乃厚捐珍寶竊市於吾襄漢間甚而膠縣亦從而往借冦兵資盜糧莫此為甚乞行下沿邊州郡應民間移運米穀及有交易並令本鄉總保或鄰甲保識委無出界情弊方許通行如已保識而故違出界者併保識人同罪及販賣膠縣軍須等物併令所屬官司嚴切巡捕如或奉行不虔別致發覺官吏重行責罰竄罷從之　十三年九月六日臣僚言浙科之弊利不歸於公上而害切於生民始也惟係有務其歛尚微自後諸務從而効之所征無藝民賦頓增上供暗減歲復一歲至今極矣乞令兩浙轉運司先行約束專差精強官屬覈實若數外多科並合許民戶越訴當職官皆坐以違制之罪從之　十四年二月十二日臣僚言國朝差役有保正有戶長保正主掌煙火來行文引而又有收捕兇暴盜賊之虞戶長夏則催稅秋則催苗而又有併催二稅役錢之若所以任民之力不為不重矣今州縣官吏於斯二者不惟不加優恤又且乘時刻剝勞單力窮必致破蕩乞行下州縣令保正專任煙火文引之責諸色科歛並行禁絕戶長惟任拘催二稅役錢之責其有侍頑拖欠之戶即與嚴行追斷庶使充役之家不至重困從之



六月十六日德音赦文勘會蘄黃州并管下縣鎮民戶昨緣避地流移渡江今欲復業之人應隨行衣物牛具騾馬之類並不得邀阻收稅舟船免力勝如有違戾許民戶越訴仍多出文牓曉諭　九月十日明堂赦文勘會漳泉福興化四郡瀕海細民以漁為業所得其實無幾州縣官吏不恤却行征取自今赦到日仰本路轉運提刑司常切覺察如州縣仍前違戾按劾聞奏　又赦文勘會諸縣起解本州及上司財賦如糴本錢牙契錢志順官錢經總制錢之類各有立定窠名訪聞諸州軍不恤縣道逐時添立項目錢數遂為永額可令日下改正或有違戾仰監司覺察按劾以聞　又赦文勘會保正副依條止掌煙火盜賊橋道等事訪聞官司動用一切取辦如修葺材料差顧夫力勤令催科並是違法仰今後州縣遵守條令不得泥有科擾如違許充役之家越訴仍仰監司覺察按劾聞奏

十五年十月十一日臣僚言國家置舶官於泉廣招徠島夷阜通貨賄彼之所關者如瓷器茗醴之屬皆所願得故以吾無用之物易彼有用之貨猶未見其害也今積習玩熟來往頻繁金銀銅錢銅器之類皆以充斥外國頃年泉州尉官嘗捕銅鋃十餘斤光燦如金皆精銅所造若非銷錢何

〔卷一萬九千三百九十二〕

以得此頗聞舶司拘於歲課每冬津遣富商請驗以往其有不願者照籍點發夫既驅之而行雖有禁物人不敢告官不暇問銅日以耗職此之由臣愚謂宜戒飭舶司俾之從長措置至冬不必遣船只如初制聽其自至彼既習用中國之物一歲不通必至乏用勢不容不求求市於我吾以客主之勢坐制其出入稽察其違犯較夫津遣豪民齎物求售盜視其弊而莫之禁者得失有間矣乞亟賜行下是亦禁戢銅錢稱提官會之一助也　又言泉廣每歲起綱所謂麤色雖海運以達中都然水腳之費亦自不貲今外帑香貨充斥積壓陳腐幾為無用之物臣以為當令舶司就地頭變賣止以官券來輸左帑乞併賜行下其於稱提官會亦非小補　又言蕃夷得中國錢分庫藏貯以為鎮國之寶故入蕃者非銅錢不往而蕃貨亦非銅錢不售利源孔厚趨者日衆今則沿海郡縣寄居不論大小凡有勢力者則皆為之官司不敢誰何且為防護出境銅錢日寡弊或由此儻不行嚴行禁戢痛加懲治中國之錢將盡流入化外矣乞亟賜行下應與販銅錢下海入蕃者別立賞格許人指告命官追官勒停永不敘理百姓籍沒家財重行決配並從之　十一月六日臣僚言比年以來游官不得志之士轟謂無顧忌之儔專事口吻論議橫生動乎不知底止甚則以此布榮

干進小則以此條尾乞憐稍弗快意撰造事端驚駭閭巷一有激其鬪繫至不細也乞下臣此章以風厲之仍行下臨安府揭榜曉示俾之改過自新如或不悛臣當指實彈奏重行懲治從之　十六年正月五日臣僚言年來僞楮日甚丁卯舊楮緩補以爲新者有之蜀道楮綱潛易於中流者有之小夫窶人之家盜天子之權私鑄印文者亦有之如一界之楮爲數若干行之數年之間耗於水火耗於破損耗於遐方踰界而不易者又不知其幾也及其界滿而收也其數常溢則僞楮之多可知今僞造有禁刑之印文僞之數令非不嚴具而愚民無知抵冒自若意者朝廷過於仁厚前後犯禁之人未必盡論如法故小人猶得以玩之歟乞條具累朝僞造官會之禁嚴立黃牓揭示都闠仍下逐路鏤板其有犯者斷在必行官司或失覺察併寘典憲仍重捕獲之賞從之　十一日臣僚言六飛駐蹕錢塘閱數十年宮殿所峙實在鳳山之前蓋古人所謂自天目山龍飛鳳舞而至者鄉來鳳山一帶路南未闢車馬冠蓋多由嘉會門路比年八盤嶺屢經砌疊其平如砥遂爲通衢殊不思前近帝闕後涉禁山行人敢爾紛擾非所以示尊崇也乞下殿前司日下自和寧門相近八盤嶺路口建立門闕嚴正門西舊自有門並行關閉除巡徼軍兵往來外應干官員等

卷一萬九千三百九十二

騎馬買賣物貨等人並立牌禁止不得經行違者具名申尚書省重作行遣官兵並不許假徼巡之名因而取道仍乞指揮令臨安府嚴揭賞牓禁約增重帝都實爲利便從之　八月五日詔令戶部日下遍牒諸路州軍嚴行約束當職官吏將受納苗米不得過數增收多量斗面如有違戾許人戶越訴并行下逐路轉運司更切覺察將違戾去處按劾施行仍多出文牓曉諭　十七年二月二日詔令刑部關牒六部御史臺諫院寺監帑庾應干胥吏凡經斥逐不以元犯輕重曾無勘決日後並不許引赦限及特行收敘入役以革吏姦　四月八日臣僚言臨安府轉運司凡所施行公事兩造在庭有押到而未供者有已供而未呈者未免押出名保卒毆打乞覓騷擾於委巷之中僦客邸爲關留之所名曰窠裏得錢則聽其責保而去無錢則執縛拘繫魚貫蟻聚臭穢薰蒸隆暑嚴寒備極其苦安邊所及南北兩廂錢塘仁和兩縣循習效做已令轉運司臨安府委官嚴行根刷追斷毀拆窠櫃鏤牓曉示自今知在人關留窠裏仰家屬經御史臺越訴將犯人重斷編管四廂不告一例懲治從之　九日臣僚言今進奏有邸吏各分郡以掌之苟事出於公則凡案牘之要程緘縢之委其俾之申達足副使令其如利己自營務求巧便知私人之可用而不知常度之不

從之十增小注　以上續會要

淳熙二年十二月十七日及三年五月八日兩條移前第一百五十頁前半十五行四年二月七日條上　四年六月二十日條應移第百十九頁後半第六行八月二十七日條上



可違知曲徑之可從而不知公法之爲可憚於是部曹寺監之吏有因州郡委屬冒充承受郡守明知其人可以倚仗委心屈己而聽之動以二三千緡俾予其家供請託之費或馳書要位控露款私必使委曲投陳探求意嚮或公衙列事未即緘封必使審細斟量旋行改易又甚至結連吏黨或倡浮言附託明徒播騰虛說守之所短則多方擠覆更謂循良守之所忌則撰事興謗力爲排詆以賊吏而敢與候牧交通罪固不容於誅矣謹按御史臺三司人吏結甲不得充州郡承受月狀申省具有明文到在諸司並居朝職嚴於戢吏理亦宜然乞行下六部寺監等處依倣御史臺見行條制月具逐司人吏自主令而下並不得充州郡承受結狀保明申尚書省仍申臺察會若官吏通同故相容庇並許覺察彈奏追勒犯吏重作施行其諸州申達文字奏邸屬吏專一稟承但示至公併下臨安府備榜賞榜責令緝捕使臣常切家探有外郡差人齎持苞餽復往舊爲承受之家即行收捉究勘得實計贓估配將守臣之違戾者取旨黜罷從之　淳熙二年十二月十七日慶壽赦臨安府西湖係放生池專降指揮不得採捕邇來小民冒利採取所屬本營禁止可令本府嚴立罪賞出牒禁戢專責巡警官司毋得容縱應諸路州軍放生池依此　三年五月八日詔民

卷一萬九千三百九十二

間採捕田鵪殺害生命雖累有約束貨賣愈多訪聞多是緝捕使臣火下買販及縱容百姓出賣令出牓曉諭差不干礙人收捉如火下貨賣捉獲其所管使臣一例坐罪　四年六月二十日詔江東提刑司下所屬州郡禁止採捕蜂兒從知寧國府蔡洸請也

宋會要　禁約三

紹興三年三月十八日，知臨安府盧知原言：車駕駐蹕臨安府，屯兵既衆，居民浩穰，今欲相度每夜三更斷夜，五更依舊許人行往。從之。

七月四日，浙東福建路宣諭朱異言：衢州所盖東嶽神祠，氣象雄偉，州人每遇嶽神生日，人戶連日聚集百戲，迎引其服飾儀物，大段僭侈，窃慮所在祟奉淫祠之人，逓相倣傚，別致生事。應州縣奉祀神祠設祭迎引，輒以旗鑼兵仗僭擬服飾為儀數者，令提刑司行下諸州縣嚴行禁止。詔坐條行下。

二十二日，詔：江北流寓之人，賃屋居住，多被業主騷擾，添搭房錢，坐致窮困。又豪右兼并之家占據官地，起蓋房廊，重賃與人，錢數增多，小人重困。令臨安府禁止，仍許被抑勒之人詣府陳告，根究得實，將業主重行斷遣，其物沒納入官。本府不為受理，許詣朝省越訴。

同日，詔：宗室及有蔭不肖子弟，多是酤私酒，開櫃坊，遇夜將帶不逞，毆打平人，奪取沿身財物。令臨安府寅夜密行收捕，如獲，上件作過之人先行收禁枷訊，具奏聽旨。

十月十七日，監察御史廣南東西路宣諭明橐言：訪聞邕州之地南鄰交趾，其左右江州洞五鎮寨諸坑場多有無賴之徒，累責人口販入交趾。又邕、欽、廉三州與交趾海道相連，逐年規利之徒貿易金香，必以小

卷二萬一千七百六十九

平錢為約，而又下令其國小平錢許入而不許出，二者之數，若不申嚴禁止，其害非輕。臣已備坐見行條制，行下三郡，外欲乞自今二廣邊郡透漏生口、銅錢，應帥臣、監司、守倅、巡捕當職官已比犯人減等坐罪。詔依奏，令戶刑部限三日立法申尚書省。（立法見刑制）

十一月八日，臣僚言：浙東衢、嚴之間，田野之民每憂口衆為累，及生其子，率多不舉。又旁近江東饒、信皆然。望賜止絕。刑部檢準見行條法，為係江南東西、荊湖南北、福建路，其兩浙東西路未有，乞依上條。詔依。

五年閏二月九日，臣僚言：不收養子孫，二廣尤甚，諸路其誤載不盡，諸路分依兩浙等路見行條法。

八年五月十六日，詔：應州縣鄉村第五等、坊郭第七等以下人戶及無等第貧乏之家，生男女而不能養贍者，每人支錢四貫，于常平或免役寬剩錢內支給，官吏違慢，以違制論，仍委守令勸諭本處土豪父老及名德僧行，常切曉喻禍福，或加賙給，如奉行如法，存活數多，許本路監司保明，並與推賞。

十五年六月二十一日，臣僚言：乞降指揮，生男女每名支錢四貫文，于常平或免役寬剩錢內支，窃聞州縣免役錢所收微細，乞發義倉之米以賑之。詔於見管常平義倉米內每人支米一碩。

二十年六月四日，以臣僚言，復申嚴行下。

二十八年十一月三日，以臣僚言，詔勅令所立法。

四年二月二十三





日，詔：今後諸路有頒降詔令，並仰監司開報州縣，真書文字鏤板印給于民間，仍約束巡尉不得以曉示為名，差人下鄉騷擾。以臣僚言，置立粉壁立禁也。

四月十五日，御史臺言：訪聞西北流寓之民，作到行在，往往不知巷陌，誤失人口，其廂巡人不即收領送官，責付本家識認，致被外人用情誘藏在家，恐嚇以言，或作賣與人為奴婢，或抑勒為娼者甚衆。雖有常法斷罪，未曾約束。望下臨安府措置禁止，常切覺察。從之。

二十九日，上諭宰輔曰：前日王居正上殿劄子論收買御廚炭須胡桃紋鵓鴿色者，何嘗有此指揮？緣兩浙轉運司下婺州買炭，標界有上件紋色上供。朕曰宮中無用炭，並不揀擇，當艱難之時，豈宜以此擾人？可令速罷，仍令戶部講究更有似此之類，並行禁止。

七月六日，臣僚言：乞下諸路，今後有冒陣亡恩澤自首及因人告首所給付身，便行毀抹，斷人悉免根究，如自首之人，特與放罪，若因人告發，令推究斷罪，將賞不得較變。詔：若有冒陣亡恩澤自首之人，不以所犯在今降指揮前後，並令遵依已降指揮施行。

十月十七日，宰執進呈臣僚奏疏，車駕駐蹕有日，逐州縣以供億擾民，朝廷雖出降約束，乞粉壁曉諭。上曰：朕常出使河朔，見官私間茶鹽條法粉壁列屋長廊，徒為文具，適以害民，不如多出文榜曉諭。

卷二萬一千七百七十

因陛下聖慮及此，幸甚。

十一月六日，宰執進呈監察御史田如鼇論戢事不密，則害成，朝廷近來未行之事，中外已自宣傳，及議令未出，往往已悉如衆人所料，當推求其故，皆緣人吏不能謹密，致上曰：此緣呂頤浩不知大體，雖賣物人亦縱之入政事堂，每每漏泄。趙鼎斷自前此中書省、樞密院置在城內，如在天上，何由探知？自渡江，廨宇淺陋，人跡錯雜，自然不密。上命申嚴法禁。又詔應漏泄邊機事務並行軍法，賞錢一千貫，許人告，仍令尚書省出榜。

五年閏二月二十三日，都省言：三省、樞密院人吏約束條貫甚嚴，入酒肆並開置邸店沽賣酒食之類，所立告賞切恐太輕，理當增立。詔各更增立賞錢一百貫，條並依累降指揮，仍出榜曉示三省、樞密院門，樞密院宣旨門。

五月十九日，戶部言：禁戢私鑄銅器，已有見行條法罪賞，若私置爐烹鍊，銷鑿磨錯，剪鑿錢寶，鑄造銅器，乞以五家結為一保，自相覺察，保犯人，依保外若鄰保內不覺察者，乞依私鑄錢鄰保知而不糾法。詔依。

六年五月二十七日，詔：今後有銷毀錢寶及私以銅碻石鑄造器物貨賣興販者，一兩以上並依服用翡翠法，徒二年，賞錢三百貫；鄰保失覺察，鑄造並杖一百，賞錢二百貫，許人告，仍令州縣每季檢舉。

七年六月二十五日，申嚴禁止，仰逐路監司月具有無所犯及捉獲人數申

渭清按：此八月二十四日是紹興五年此德音，卷一萬三千二百二十四赦門引有，正作五年，可証。

尚書省八年八月二十七日，臣僚言：乞將諸路見存鍮石銅器許存留外，後來更不許鑄造販賣，許人告捉，罪賞依法。外有民間合用之物，就官鑄造出賣。詔申明行下。十年五月十三日，戶部言：續降禁銅器指揮，一兩以上並依翦鑿服用法徒二年，賞錢三百貫，緣立法太重，諸路州縣未見遵依。今欲並依紹興舊法，一兩杖一百，一斤加一等，令衆三日，配本城；十斤配五百里。廂耆、巡察人失覺察，杖八十；杖一百罪賞錢五十貫，徒二年錢七十貫，每等加十貫，流二千里錢一百貫，每等加十貫。鄰保知而不糾者，以犯人減一等。仍州委通判、縣委令丞，先將見造賣銅器之家應有動用作具，限一日並行毀棄；及將自來私造銅器之人，先籍定姓名，散榜曉示。其民間見賣銅器，限一月令人戶赴所屬送納，隨斤兩給還價錢。州縣當職官吏違戾，具名取旨。十二年四月三日，戶工部言：今欲將民間見買賣銅器之物，立定每兩價錢不得過二十文足，概增價錢一文以上，並依紹興十年五月十三日指揮。二十六年六月二十二日，戶工部言：其買銅器之人，未有約束，欲並從杖一百私罪科斷。七月十一日，御史中丞湯鵬舉言：乞將已成坯而未鑄者、已鑄而未出賣者，並許諸色人告，盡以家業充賞，仍以犯人斷配錢監。二十七年四月八日，左司諫凌哲言：欲將

卷二萬一千七百六十九

天下寺觀佛像銅磬之屬，官為籍記存留外，自後鑄造者許人告，首僧徒工匠施與受施並依見行罪賞斷遣。二十八年七月二十四日，戶部言：士庶之家除照子及寺觀佛像鐘磬鐃鈸、官司銅鑼存留外，其餘所有鍮石銅器，如違限不納入官，不滿十斤杖一百，賞錢一百貫；十斤以上並徒二年，賞錢三百貫，許諸色人告。或豪富命官之家限外尚敢沉匿，依條給賞斷罪外，具名取旨。當職官奉行違慢，重行黜責；鑄銅器匠人立賞錢三百貫，許人告捉，徒二年，斷罪配鑄錢監重役。二十八年十月十日，提領鑄錢所言：乞行下逐州府，如有鑄銅工匠願投充近便鑄錢監工匠之人，更不刺軍號，日支食錢二百五十省、米二勝半，常切存恤，無致失所。並從之。

八月二十四日德音：應潭、柳、鼎、澧、岳、復州、荊南、龍陽軍、循、海、潮、惠、英、廣、韶、南雄、虔、吉、撫州、南安、臨江軍、汀州管內，訪聞逐路州縣昨因捕盜創置軍期司，行移公文，追科差役，猾胥姦吏以此恐嚇良善，無所不至。今來軍事已定，仰提刑司委官點檢，並行住罷。如尚敢存留，按劾以聞，當議重寘典憲。又前項管內州軍應見收藏姬虜到人，或展轉在賣，買人知情，至今未令還便，如限滿依舊拘留，並從略人為女使法科罪；鄰保知而不糾，減犯人罪一等，許被虜人或親屬次第陳訴。六年二月八日，監察御史梁仲

言：行在省官僚滿有出剩之賞，每交納諸州綱運，必多般加量，遂致獄訴，送納監繫，桎梏相望。欲望寢罷監官出剩之賞，若任內交納不撓，特與推恩。從之。十九日，中書門下省言：訪聞臨安府并諸路州縣多有邪僞之人，予通衢要鬧處剏裁支體，割剔腸胃，作場惑衆，俗謂南法，遞相傳習，若不禁止，為害不細。詔令刑部檢坐斷罪條法，遍牒諸路州縣申嚴禁止。四月二十四日，太常博士李衡直言：川陝四路邊面聯屬，綿亘數千餘里，所恃為形勝者，非特山谿險阻，蓋有林木以為障蔽，謂之禁山。祖宗時每歲歷到官，即分遣屬吏檢閱禁山，為典故。頃歲以來，以軍興所需器械運糧而造船筏，自邊及遠，採斫殆盡，與時深蔽之地，今乃四通八達。望詔有司檢會禁山條例，嚴行約束。詔令四川安撫制置大使司相度禁止。七年六月十五日，尚書省勘會：浙江兩岸濟渡多因過渡人衆爭奪上船，或因渡子乞覓邀阻，故渡失時，致多沉溺。自紹興元年至今年已三次失船，死者甚衆，其監渡官係兼職，難以專一，理合措置。有旨：如裝載過數，梢工杖八十；致損失人命，加常法二等。監官故縱與同罪，不覺察杖一百。擬以渡船私用或借人並徒一年，其新林、翁山私渡人杖一百，仍許人告，賞錢五十貫。九月二十二日，明堂赦：訪聞虔、吉等州專有家學教習詞訴，

卷二萬一千七百六十九

積久成風，脅持州縣，傷害善良，仰監司守令遍出文榜，常切禁止。犯者重真以法。十三年閏四月十二日，尚書度支員外郎林大鼐言：江西州縣有號為教書夫子者，聚集兒童，授以非聖之書，有如四言雜字，名類非一，方言俚鄙，皆詞訴語。欲望播告天下，委監司守令，如有非僻之書，嚴行禁止。詔令本路提刑司徹納禮部，看詳取旨。八年三月七日，台州州衙門外有匿名文字，其間稱常平主管官李椿年刻薄等事，欲率衆作過，言頗不遜。上諭宰臣曰：兵火以來，官錢多有失陷，既差官檢察，若稍留心職事，便生誣毀，此必州縣人吏所為。萬一作過，當遣兵勦殺。趙鼎已下退而歎服上之英明。十九日，御史中丞常同言：吏部差注闕陞、磨勘奏補等事，人吏書鋪邀求常例，數目至多，上四官員到部所費如此，則到官之後豈免貪取？何以責廉？令尚書省出榜部門，嚴行約束。十年四月二十一日，詔：新復州軍官員到行在整會差遣之類，如所屬胥吏非理阻抑乞覓，一錢以上取與并過渡人並一等，計贓重行科罪，不以赦降原免，許告，賞錢五百貫，仍令尚書省出榜。十一年正月十二日，桂陽監言：皇帝本命日近降指揮，禁止屠宰，所有禁刑一節，不曾該說，理合禀約。刑寺看詳：雖紹興令內未曾備，或法緣今來既已降指揮，下表日禁止屠宰一日，所有決

禎按十二月九日是十三年宋史本紀高宗十三年十二月辛卯毀私鑄毛錢是月癸未朔九日則辛卯也

大辟并流以下罪，如遇丁亥日亦不合行決。從之。 八月七日，詔應干
託州縣住人，輒差科或以官錢應付，及於寺觀人戶借夫，或以僱夫爲名
收受，僱直入己，本罪輕者並以違制論，不以赦降原減。按官屬出巡及官
員祇差驛，辦公事合雇人夫，輒過數及於衙市驅逐責物，村民準此。 十
二年五月十四日，詔至晚過通高年望見禁中去處并州城上人行，先立
法收捉，從徒二年科斷，其候潮門上及城上平視禁庭，並不禁止，可令臨
安府日下量塞蹤遺，有犯罪依已降指揮施行。 十三年五月十九日，中
書舍人楊愿言：乞天中令節天下訪求遺跡，各置放生池，申嚴法禁，以廣
好生之德。詔諸路監司措置以聞。 是日，工部郎中林乂言：臨安府西湖
自來每歲四月八日，郡人會于湖上，所放羽毛鱗介以百萬數，比年以來
往往採捕殆無虛日，至有竭澤而漁者，傷生害物，莫此爲甚。乞檢會天禧
故事，仍舊爲放生池，禁民採捕。從之。 十七年十月二十一日，知閤門事
趙士𥗧言：禁觀條法，畜有孕者不得殺，禽獸雛卵之類，仲春之月禁採捕。
令來伏遇丁亥日，禁屠宰，未曾禁漁獵，乞添入丁亥日禁漁獵之文。詔依。
詳見禁採捕。 七月十九日，左修職郎趙公傳言：近年以來，諸路書坊將
曲學邪說不中程之文擅自印行，以瞽聽學者，其爲害大矣。望委逐路運

卷二萬一千七百七十九

司差官討論，將見在板本不繫六經子史之中而又是非頗繆於聖人者
日下除毀。從之。 十五年七月二日，兩浙東路安撫司幹辦公事司馬伋
言：建州近日刊行司馬溫公記聞，其間頗關前朝政事，竊緣曾祖光平日
論著即無上件文字，妄借名字售其私說。詔委建州守臣將不合開板文
字並行毀棄。 十五年十二月十七日，太學正孫仲鼇言：諸州民間書坊收
拾詭僻之辭，託名前輩，輒自刊行，雖屢降指揮禁遏，尚猶未革。欲申嚴條
制，自今民間書坊刊行文籍，先經所屬看詳，又委教官討論，擇其可者許
之鏤板。從之。 十二月九日，上諭輔臣曰：朕前日降出錢樣，卿等見
否？吏不成錢，仍是銷錢好錢私自鼓鑄，可降指揮盡令銷毀，民間不得行
使，官司亦不許受納。今日若不嚴爲之禁，將來盜鑄愈多，所尤當如此。於
是詔民間應現在私鑄輕薄當二毛錢，並拘毀。 十四年正月二十九日，
詔北使所過州軍如要收買物色，令接送館伴所應付，即不得賤令百姓
與北使私相交易，引惹生事，可劄下所屬立法禁止。 九月一日，詔士庶
與國姓同單名，偏傍并連名相犯之人，令刑部遍牒州軍限一月改正，如
違，從杖一百斷罪。 十五年十一月十六日，右諫議大夫何若言：伏見近
降指揮，應有差遣人，五日朝辭出門，蓋以息奔競，絕覬覦也。而苟得無耻



之，徒禍淄宿不去。欲望申戒勅，自後有犯重賜黜責。從之。 十六年二月
三日，臣僚言：近來淫祠稍行，江浙之間此風尤熾，一有疾病，唯妖巫之言
是聽，親族鄰里不相問勞，且曰此神所不喜，不求治于醫藥而屠宰牲畜
以禱邪魅，至于罄竭家貲，略無效驗，而終不悔。欲望申嚴條令，俾諸路監
司、郡守重行禁止。詔令禮、刑部坐條行下，如不係祀典，日下毀去。 二十
年六月二十四日，宰執進呈直秘閣前權發遣閬州王湛言：乞守令每遇
勸農，不得輒用妓樂宴會賓客，仍責郡縣之官周衆詳訪鄉老出入阡
陌，糾罰游惰，以田萊墾闢爲之旌賞。上曰：四川去朝廷遠，雖降指揮，多奉
行滅裂，可令戶部立法。 八月十九日，太醫局言：本草玉石部中有砒霜
一味，委有大毒，並無起病之功，望令出產州軍今後不許收採，商旅不得
依前貨賣，見在者並令燒毀，重立斷罪，許人告捉施行。從之。 十二月十
五日，詔應貸農民以米穀者，止許以米穀償之，如輒敢準折，以前及重增
其利，致有欠負，官司不得收理。 二十一年閏四月十六日，知沅州傅寀
言：湖南北兩路風俗，每遇閏月之年，前期盜殺小兒以祭淫祠，謂之採生。
望下逐路帥憲監司嚴責巡尉，如一任之內糾察採生之人，以上係獲贓
盜法，特與推賞；失于糾察，因事發覺，巡尉並決捕強盜之罪。從之。 二十

卷二萬一千七百七十九

二年十一月十八日，南郊赦：近來州縣違法差公吏兵級將子之類，藉
文引追下鄉村民戶，假借什物器用，妄行需索，所無之物，抑令置備，因而
搔擾，已致民被其害。仰監司覺察按劾，如敢容庇，許監司互察。 二十三
年四月十五日，上宣諭輔臣曰：近令臨安府收捕破落戶，編置外州，務爲
百姓除害。前日有論訴緝捕下人誑詐取覓，妄有供具，可令有司子細根
治，務要得實。恐小人無知，反有騷擾，甚非除害安民之本意。 二十四年
八月十三日，宰執進呈溫州平陽縣布衣黃元龍狀：因一項溫州科賣
無藝，係正和買百顆以卷帶額所納者，須及尺寸，積有分毫不足，或至六
類，然後拆當一疋，精有避祖鞭笞兩並。上曰：可劄下本州，照會不得明理
科擾並稱違慢，戒不當使令收罝，今後並不得依憑。 二十五年十一月
二十七日，三省樞密院言：頃者較儀之子輒發覬覦，籠蓋私書，訴于朝廷，
遂興大獄，因得共官。緣是之後告訐成風，致開騰于往來之間，緣覬訐于
辭說之後，雖朋儕骨肉，實相傾陷，漸啟之風，莫甚於此。乞令有司開具前
後告訐姓名，議加黜罰。詔令刑部開具取旨。 二十六年正月二十四日，御
史湯鵬舉言：乞申嚴州縣，今後應有告訐私事者，雖以公事，不許受理，
則事不干己之法必行，而此風自息。稍或不遵，理不實者，重真縲絏

之十二月九日參知政事董德元等言監司守臣競事刻剝重爲民蠹
者一郡常賦自有定額乃取無名之資謂之羨餘官有常俸猶或不繼而
乃祿無用之人謂之推擴學校則有校正讎書之職庫務則有檢察稽數
之名創置不一誅求日繁民力困弊望嚴行禁約或有違戾仰御史臺及
監司彈奏重寘典憲上曰此等無非害民者可依此行下　二十六日宰
執進呈張㝡差除上曰張㝡是會稽人前日論及紹興府科買箭笋大擾
百姓皆前此曹泳趙士粲所爲魏良臣奏聞士粲在紹興日事甚不獨
此郡箭笋如平江府洞庭柑每顆二千宣州蜂兒每斤不下三十千近
增至四十千科于民間極以爲害上乃詔悉罷之因宣諭曰朕尋常未嘗
毫末有取于民如日用紙亦不令臨安府收買恐至騷擾只自令人於市
肆中買仍得佳者魏良臣等奏陛下聖德恭儉如此雖古帝王何以加
□□□□　二月二日左朝請大夫提舉江州太平興國宮劉才邵奏近年
民間受弊莫甚于受納追催差役三事倉場官吏與攬子爲市阻節人户
米則多加合數絹則抑取輕錢或於一碩一疋別責常例計其浮費已過
正數一二倍此受納之弊也追催本屬户長今則差公人或差土豪土軍
並至將帶攬子動十數人驚擾鄉民煩費百出此追催之弊也民間田業

本三萬一千七百七十九

稅貴高低灼然差役自上及下而猾吏求賂無闕一名必追十數户請求
脫免所費不貲此差役之弊也欲委諸路監司詢訪民間利病以聞詳爲
法禁上可其奏曰此三者皆民間大事宜速行之　三月十八日侍御史
湯鵬舉言近年州縣許用妓樂宴集達旦之會監司郡守或戒約之則閔
然生謗此風起于通判行于司理至于監用官錢官酒務判牙人鋪户巡
繳市買以至縣官追會之費盡科配于公吏乞于天申節及人使往來之
處守臣休務之日許用妓樂于公庭其餘自總管漕臣監司通判以下並不
許擅用借用違者委監司郡守即時具奏從之　五月十六日新受廷尉
令人兼權給事中凌景夏新除後中書舍人吳秉信各論奏錢塘縣百姓
楊康以市井駔儈敢進狀欲專一府屠宰之利依其衛輦供手大業乃
以廟享及御膳爲辭輕量朝廷褻瀆宗廟乞送大理寺根治重行斷遣並
從之　時楊康進狀以元係浙江每年官園部宰人今乞依舊在園專一
管幹其貸羊贏落錢每年二萬三千貫文盡乞獻納赴官買辦四季朝獻
等使用及買獻內膳御膳羊仍乞朝省降約束其他宰人不得在園作弊
事下臨安府看詳故有是論列　六月五日御史臺檢法官褚籍言近年
以來州縣守令類多貪墨每有平等豪户及僧道富豪者犯罪一至訟庭



往往視爲奇貨違法禁勒經隔月方令入狀以酬獻助錢物爲名或作
贍軍支用或作修造亭館吏不顧其所犯輕重一例釋放乞嚴立法禁凡
犯罪者輕重自有斷罪條法如或巧作名目令犯人獻助錢物以自勉者
官吏當以坐贓論從之　十三日御史中丞湯鵬舉言建州私置稅場廣
收稅息係百所入盡歸公庫恣已所用波及僻屬兼向添給所在有之如
蘇湖秀之吳職曹官令佐請給其間月有二三百千者而居民僻道店鋪
舟船經由場務無不科斂以納課息其害不可言者伏乞申嚴守倅遵依
紹興勑令按月支見任供給違者並以自盜論令臺諫監司按劾從之
九月一日太學錄馮成象言昨者大臣專國權傾天下乃於始生之日受
四方之獻寶貨珍奇蟠湊其門至于監司州郡轉相視效屬吏諂奉爭新
鬬奇衒異所在諸將遺賂金珠綵帛皆以萬計甚者給綵張樂百戲迎引
所至驕然道於誕節夫以州郡而爲朝廷之儀以人臣而享天下之奉名分
不正未有甚于此者乞嚴禁止詔令有司立法刑部立法諸內外見任官
因生日輒受所屬慶賀之禮及與之者各徒一年所受贓重者坐贓論
十一日太學博士何俌言伏見元降指揮將送饋折會之類紐計過數者
皆以贓坐近年監司郡守蓋有供給之外通相送遺公行博易月至千緡者

本三萬一千七百七十九

至於官屬往往創名件謂之魚句提點檢察監催之名其所入亦有月
至二三百緡者而閑慢之官今得供給俸錢或反析酒醋或累月倚閣其
爲不均如此望下按察官司嚴行禁止悉遵見行條法從之　十月十九
日詔闤闠衢市貨賣熟藥之家往往圖利多用假藥致服者傷生深爲惻
然自今後賣藥人有合用細色藥數以他物代者許其家修合人陳首如
隱敝卻因他人告首而與賣藥人一等斷罪並追賞錢三百貫先以官錢
代支異犯人不理有官及蔭贖並依不如本方殺傷人科罪令臨安府及
諸路州縣出牓曉諭　閏十月十五日刑部看詳臣僚劄子在京州縣違
法差雇夫輪馱之類及驅逐街市貨物村民並以違制論不以赦降原減
官吏亂作名色拘占舟船者徒一年科罪並許人户越訴其州縣見任
官私役工匠即未曾申嚴禁約今欲乞見任官如敢於所部私役工匠營
造己物依律計庸準盜論若緣公興造即具事因送所屬量事差撥仍依
籍內姓名從上輪差務要均平及令所役官司優支雇直如有違犯並許
人户越訴監司不行覺察依條科罪施行從之仍令勑令所編入成法
十一月二十五日尚書吏部員外郎王晞亮言比年以來承平寖久俗尚
益濫婚姻者貨田業而猶恥卑薄以至女不能嫁多老於幽居遂終者歷

身進修而常繕無貲以至競不能贅多謝于淺土富者競侈而越法貧者强欲而墮業欲望委監司明加誠飭使稱家有無各遵禮制毋尚侈靡從之　十二月十八日宰執進呈知盱眙軍吴説劄子乞令後禁止販城人上曰暴殄天物豈誠可禁第恐貧民以販賊爲生一旦禁之遂至失業所與捕魚一般何由禁得古之聖人先仁民然後愛物令但令官司不得買賊民間各聽從便　三十年三月十四日臣僚言金錢塘南山士庶墳塋極多往往與刑勢之家及諸軍寨相鄰横遭包占平夷其子孫貧弱不能認爲己有乞令臨安府出榜嚴行禁約并本縣官吏不得受賂容情擅行給佃如有違犯仰人户經諸臺府越訴重行斷治從之　四月十九日詔應已得差遣人遵依舊法限半月出門州縣觸官應專備者不得差本處寄居官内已有差遣人不得於行在并臨安府權攝猶情冒差者並以私罪收坐從吏部請也　十一月二十一日知黎州馮時行言本州係極邊與吐蕃南蠻接境全仰百姓土丁防托而官吏求索紅桑木琵琶槽支楮楠瘤影洗鑼吐盂土酥蕃蘭蜀川椒紅花虎豹皮有色騣披是致土丁逃亡不能自存乞行禁止詔下本路轉運司覺察如違即行按治仍出榜曉諭　十二月六日臣僚言邕州管下官吏受賄停留販生口之人誘略良



口賣入深溪洞左江一帶七元等州羈縻交趾諸蠻國所產生金雞香朱砂等物甚多易博買平民一人蠻洞非惟用爲奴婢又且殺以祭鬼其賊賣交易每名致有得生金五七兩者以是良民横死實可憐憫乞申嚴法禁仍每季令帥憲司檢察行下邕州及沿路州軍取到無販賣結罪保明詣實帳狀申詔令刑部增立賞格　三十一年五月八日知臨安府趙子瀟言訪聞街市無圖之輩抻帶撑萇及着卧辣閑長藤爲馬散聚衆沽酒肆吹唱鷓鴣手撥葫蘆琴跳膽蹴酒有傷風教今立賞錢一百貫文禁止違者從重斷遣有官蔭人申取指揮及近有官員出城外張小涼傘上用紅油火珠亦乞禁止從之　八月十八日知臨安府趙子瀟言近來品官之家典雇女使避免立定年限將來父母取認多是文約内妄作妳婆或養娘房下養女其實爲主家作奴婢役使終身爲妻永無出期情實可憫望有司參法户部看詳欲將品官之家典雇女使妄作養女立契如有違犯其雇主并引領牙保人並依律不應爲從杖八十科罪錢不追人還主仍許被雇之家陳首從之　十月十八日詔將來視師經由去處排辦頓遞修治道路不得過爲華飾勞民費財三省行下約束如有違戾令監司按劾御史臺彈奏　三十二年二月二十九日臣僚言訪聞州郡尚有以



獻助爲名而下科率之令如福州每産錢一文輙科八文建州每産錢一文輙五文或三文民甚病之往往它郡間有此類望賜止絶如有輸納非理再給還即乞理爲本户將來税賦之數仍乞鏤板行下違者許民户越訴當寘嚴憲從之　以上中興會要　孝宗紹興三十二年未改元十月二十七日户部言近日民間多有貨賣銅器者公然銷錢鑄造乞行下州縣將逐處銅匠籍定姓名如有違犯人先次斷罪押赴鑄錢監充役從之　隆興元年三月十三日中書門下言檢會已降指揮應諸軍不得令軍人回易及科斂買物剋剝士卒請給訪聞諸軍近日放免雇錢仍前勒令回易及依散布帛柴炭之類并開坊造酒分俵量其請給每月剋除令嚴行禁止詔三衙諸軍遵依已降指揮如敢再有違戾許軍人徑赴三省樞密院越訴願移軍别入役或領離軍者聽　四月七日臣僚言邇來風俗侈靡日甚一日民間泥金飾繡競爲奇巧衣服器具皆雕鏤粧綴極其華美望飭守臣嚴切禁止詔檢會紹興二十七年禁鋪翠銷金手詔申嚴行下　七月二十五日中書門下省言竊見近來臨安府士庶服飾亂常聲音亂雅如插掉篦吹鷓鴣撥胡琴作胡舞之類已降指揮嚴行禁止外訪聞歸朝正等人往往不改胡服及諸軍有仿傚蕃裝所習音樂雜以胡聲乞行



下諸軍及諸州縣並行禁止從之　二年正月十日知潭州黄祖舜言竊見湖南北多有殺人祭鬼者耳目既習遂成風俗乞委兩路監司嚴行禁戢如捕獲犯人依法重作行遣從之　十四日詔諸州飲燕之費豐侈過當傷財害民自今各令務從省約敢有違戾必寘之罰仍令户部條約行下　同日詔諸州公庫合支見任官供給止許送酒仍不得過數敢以錢物私贈並以違制論令提刑司常切覺察　二月六日知潭州黄祖舜言竊見湖南人户有欠負客人鹽錢貧無以償者至以男女折充奴婢望勅湖南提舉司嚴切禁戢從之　三月二十七日德音勘會高藤雷容等州累降指揮禁止採捕翠羽蚌珠玳瑁龜筒鹿胎之屬非不嚴切尚慮貪吏抑勒民户採捕傷害物命仰本路監司常切覺察如違按劾聞奏　六月三日權給事中葉顒言淮南州縣例以丁夫迎送過客多至百餘人少不下一二十人甚者使供菲屨之直陪道里之費謂之差借去歲觀餉給還有司不能捐辦舟楫盡奪客舟以載甚有既歸而復往謂之摺運詔望明詔本路監司常切覺察如州縣或有違戾具名按奏從之　七月二十日知賀州秦顒言韶賀全道賀州及静江府居民常往來南州爭處買賤物貨其間多有打造兵器出界貨賣者乞行下諸州縣巡尉及津務鎮場嚴行

禁止如運商人有夫帶兵器並拘沒入官從之　九月十九日權發遣昌
化軍李康臣言竊見二廣婚姻喪葬習爲華侈誇競相勝有害風俗行下
二廣安撫守臣監司常切覺察如違重寘典憲從之　同日戶部言准送下
事江軍中四川近日多有浮浪不逞之人規圖厚利於恭涪瀘州興生口
子人通同誘略良民婦女載于江邊用船津載每船不下數十人其剩門
閒即自鳳州興販入對境州軍茶馬司押馬軍兵即自金房州興販入京
西湖北湖南一帶亦有即自瀘州販入蠻界者欲乞行下四川監司瀘敍
所部州縣置立粉壁令民間通知仍仰巡尉常切覺察如有違犯人收捕
赴官依法施行從之　乾道元年正月一日大禮赦勘會累降指揮條件罪賞
非不嚴備因州縣失于檢察使愚民多有違犯仰具指揮于鄉村要閙處
分明出榜曉示仍備責令捕官司嚴行覺察　同日赦勘會州縣輒將犯
罪人不問輕重巧作名色勒令獻助錢物顯是違犯仰監司覺察按劾
同日赦勘會豪右兼并之家多因民戶欠負私債或挾怨嫌恣行繫縛至
於鎖閉類若刑獄動涉旬月重違條禁良善受弊仰州縣嚴行覺察　同
日赦勘會累年以來已將日前科須數率一切蠲免竊慮州縣不體至意
尚有違戾及胥吏巧作誅求可令諸路監司常切覺察如違按劾以

〈卷一萬一千七百四十九〉

聞　同日赦勘會諸州公使酒庫累降指揮不得科抑人戶訪聞州府利
於所入依舊抑配至及人戶軍營寺觀甚爲騷擾仰監司舉察按治　三
年十一月二日六年十一月六日九年十一月九日南郊同此制　八月
三日臣僚言伏見朝廷以比年服飾侈靡故嚴銷金之禁誥旨叮嚀
務在必行今都城約束雖嚴民不敢犯而遠方風俗習爲華靡未容遽革
欲望申勅諸州嚴行禁止從之　二年三月十二日詔應私鑄銅器銷壞
錢寶建康府台明州尤甚可委守臣嚴切禁止　七月一日三省樞密
院言勘會已降指揮沿海州軍興販物貨往山東者已立定罪賞非不詳
備訪聞尚有冒法之人公然興販理合申嚴約束詔沿海逐路帥臣常切
檢察仍並委縣有無興販過北界船隻開具奏聞　十月三十日四川茶
馬司言國戶收販茶子入蕃界已有中書禁止指揮近日輒有持茶苗入
蕃界貨賣深屬不便欲乞行下並依茶子罪賞施行從之　十一月十一日
詔諸路兵官經由州軍將放敵以載運私販錢物並合坐贓論仍令監司
檢察　三年三月二日臣僚言伏見錢寶之禁非不嚴切而沿淮冒利之
徒不畏條法公然般運出界不可禁止乞劄下沿邊州縣嚴加覺察如捕
獲犯人與重寘典憲從之　五月十四日知邵武軍王佾言本軍管下鄉



村多有不畏公法之人私置兵器結集人丁識以爲常謂之關社持鐵枝
鳴鑼鼓千百成羣動以迎神爲名甚者倚恃徒衆因而爲盜欲望約束行
下自今有犯並依結集立社法庶幾俗有所畏憚從之　七月四日詔
淮東西路安撫司行下沿邊州軍嚴切立賞禁止私度買馬人如有違犯
具姓名申三省樞密院取旨重作施行　十一月二日大禮赦勘會民間
多有殺人祭鬼及貧乏下戶往往生子不舉甚傷風俗可令逐路州軍檢
舉見行條法令于縣鎮鄉村曉諭嚴行覺察許人陳告　九年十一月九
日同此制　四年八月十四日尚書省言檢會累降指揮令沿邊州軍禁
止私擅渡淮如遇捕獲私渡人並依軍法訪聞近日禁防不嚴仍多私度
深慮透漏姦細合再行約束詔沿邊州軍常切遵守仍鈐束縣令巡尉嚴
行閙防若有透漏致它處官司捕獲其當職地分官並取旨行遣　十月
九日權知廣州唐儀言本州昨蒙朝廷降詔旨蕃貢珍珠然官吏不能仰
體上意公然採取日甚一日以至逼勒蜑戶深入無底之淵墜身殞命曾
不之恤期于得珠而後已行下本路監司嚴行禁戢如違具職位姓名按
劾聞奏從之　六年四月二十八日臣僚言近日並邊代者差除輒厭未
退事已傅播甚者諸處進奏官將朝廷機事公然傳寫騰報欲乞嚴行禁

〈卷一萬一千七百四十九〉

止詔三省檢坐條法出榜曉諭　十月二十八日權發遣盱眙軍龔鎣言
每年津發歲幣過淮交割與通綱軍兵及使臣等日不下四五十人往往
循習年例私將錢寶出界并夾帶私商不容搜檢欲乞劄下本軍自今遇
綱兵士使臣不許過淮止於本軍句差官兵據合用人數差撥庶可革銅
錢過界之弊詔依今後仍有違犯人具姓名申取朝廷指揮　七年三月
十一日知明州兼沿海制置使趙伯圭言伏詳銅錢同界法禁甚嚴緣海
界南自閩廣通化外諸國東接高麗日本北接山東一入大洋難以拘檢
乞自今應官司銅錢不得輒載入海船如有違犯人重作施行從之　二
十二日權吏部侍郎王之奇言竊見閩外諸州連接敵境多有歸正忠義
之人及逃亡惡少之徒以興販爲名嘯聚邊境動輒成羣久而不禁將有
未萌之患欲望申勅州縣嚴行禁止詔宣撫司措置施行　六月十八日
知興州府兩浙東路安撫使蔣芾言據本司參議官高敞劄子頃在北方
備知中原利害知山東沿海一帶登萊沂密濰濱滄霸等州多有東南海
船興販銅鐵水牛皮鰾膠等物虜人所造海船器甲仰給于此及唐鄧州
收買水牛皮竹箭桿漆貨係荊襄客人販入北界緣北方少水牛皮竹可
以造甲至如竹箭桿漆貨皆北所無伏望嚴敕於沿海沿淮州軍嚴行禁

絶如捕獲客人有興販上項等事與重賞典憲從之　八年二月二十九
日浙東提點刑獄公事程大昌言竊見豪民私置牢獄前後詔旨禁戢非
不嚴備訪聞近日形勢之家仍前私置手鐐枷杖之屬殘害善良忍爲不
法欲乞申嚴禁約詔依內情理重害者令州縣具姓名申奏取旨行遣
九年三月六日臣僚言伏見朝廷禁止見錢三貫以上不得出城門五貫
以上不得下江已立定罪賞其諸軍每月支請券食見錢動計萬數往
出城歸寨支散家軍卻將見錢衷私般載外州回易以致行在見錢稀少
乞行下殿前馬步軍嚴行約束如有違戾即依立定罪賞施行從之　六
月八日詔諸路監司郡守不得非法聚歛並緣申請妄進羨餘違者重寘
于罪令御史臺常切覺察彈上　太祖建隆二年二月十五日
詔曰鳥獸虫魚宜各安于物性置罘羅網當不出于國門庶無胎卵之傷
用助陰陽之氣其禁民無得採捕虫魚彈射飛鳥仍爲定式　太宗太平
興國三年四月三日詔曰方春陽和鳥獸孳育民或捕取甚傷生理自今
宜禁民二月至九月無得捕獵及持竿挾彈探巢摘卵州縣長吏嚴敕里
胥伺察擒捕重致其罪仍令州縣于要害處粉壁揭詔書示之　真宗景
德四年二月十三日詔方春用事前令禁採捕鳥獸有司當申明之　大

卷二萬一千七百七十九

中祥符二年十一月二日詔曰朕承天育物體道臨人宗上聖之無爲期
有生之咸遂況列真祕宇大覺仁祠式示劇崇豈宜褻瀆自今應傷生實
禽之類粘竿彈弓等物不得携入宮觀寺院及有屠宰違者論如法仍令
開封府條約民間無使廣有採捕　三年二月十九日詔諸州應粘竿彈
弓置網獵捕之物於春夏依前詔禁斷犯者委長吏嚴行決罰自後每歲
降詔申戒　八月二十四日詔以將祀汾陰沿路應有粘竿彈弓罝網
及諸般飛放獵捕禽獸并採取雛卵等並令禁斷　九月十七日詔將來
祀汾陰百司并從駕臣僚并應網罟鷹鷂傷生之物並不得將行令御史
臺採察聞奏九年行事竟亦下此二詔　四年正月二十五日帝謂宰臣王
欽若曰已禁斷採捕尚慮隨駕臣僚從人以鷙禽網罟妄稱于廟內獻送
宜嚴戒約之　八月五日詔曰火田之禁著在禮經山林之間合順時令
其或昆虫未蟄草木猶蕃輒縱燎原有傷生類應天下有畬田依鄉川舊
例其餘焚燒田野並過十月及禁居民延燔　十二月十二日上封者言
京城多殺禽鳥水族以供食饌有傷生理帝謂近臣曰如聞內庭洎宗室
市此物者尤衆可令約束庶自內形外使民知禁　八年八月二十四日
禁獲龍河魚者初皇城司言民有私捕河魚效命開封府諭禁之　九





年四月二十四日詔江南民先禁鵝鴨自今復有違犯者一斤已上從不
應爲重一斤已下從輕斷之　八月四日禁京城殺雉者違者罪之初帝
曰比聞京中烹雉者滋多增害物命故行此禁　十一月一日詔應圓陵
三宮觀林所木植山林之處公私永禁採伐餘處亦任採取樵薪者聽從
便　天禧元年八月十一日詔禁捕採取狨毛　十一月八日詔淮南江
浙荊湖擅放生池廢者悉興之元無池處沿江淮州軍近城上下各五里
並禁採捕　三年二月七日詔禁諸色人不得採捕山鵲　十月十六日
禁京師民賣殺鷹鷂獸藥　仁宗天聖四年四月十八日詔山澤之民採取
大龜倒植坎中生伐去肉剔殼上薄皮謂之龜筒貨之作玳瑁器暴殄天
物茲爲甚矣宜令江淮兩浙荊湖福建廣南諸路轉運司嚴加禁止如官
中須用即臨時計度之　六年二月十二日詔禁止諸色人等持黏竿彈
弓罝網及諸般飛放獵捕禽獸採取雛卵犯者嚴斷　景祐三年二月五
日詔曰國家本仁義之用達天地之和春令方行物性咸遂當明弋獵之
禁俾無麛卵之傷眷乃攸司各謹常憲應有持黏竿彈弓罝網及諸般飛
放獵捕禽獸并採取雛卵及鹿胎人等於春夏月並依條嚴切禁斷令後
春首舉行　六月十五日詔曰冠服有制必戒於侈心麛卵無傷用蕃于

卷二萬一千七百七十九

庶類惟茲鹿胎伏在中林俗貴其皮用諸首飾競刳胎而是取曾走險之
莫逃既流民風且暴天物特申明詔仍立嚴科絶其尚異之求一此好生
之德應臣僚士庶之家禁戴鹿胎冠子及無得輒採捕製造乃聽賞以募
告者　慶曆四年六月二日詔畜猛獸而害人者以違制論　高宗紹興
十三年五月十九日中書舍人楊愿言天中令節詔天下訪求國朝放生
池遺跡申嚴法禁仰祝聖壽從之　十九日尚書工部郎中林大言竊見
臨安府西湖實爲勝之地天禧中王欽若嘗奏爲放生池禁採捕爲人主
祈福比年以來佃于私家官收遺利採捕殆無虛日冒濁澤而漁者傷生
害物莫此爲甚今鑾輿駐蹕五氣所存尤宜涵養以示渥澤望依天禧故
事依舊爲放生池禁民採捕仍講利害而浚治之詔令臨安府措置　十
一月十四日詔諸路州軍並遇天申節應水生之物係在錢贖生養之於
池禁止斷罪依竊盜法　十四年五月一日宰執進呈諸路已置放生池
事上曰此事固善但恐有妨細民漁採所害亦大其元有處可令復舊
十七年十月二十一日知荊門軍趙士初言丁亥日禁屠宰未有禁漁獵
望與條禁內添入丁亥日禁漁獵之文從之　二十年二月三日臣僚
登齋旦言今江浙之民衆于漁捕往往結網罟罩弋以候春時揆以八山

林川澤所取必竭盡未有斷罪望詔有司申嚴法禁刑部看詳禁止採捕
在法止科違令之罪欲從杖八十科斷從之　二十七年九月二十九日
宰執進呈知均州呂游問奏城下迫據漢水乃是放生去處公使庫歲收
魚利錢補助收買天申節進銀自金州以來盡布魚枋上下數百里竭澤
而漁無一脫者乞特本州魚枋盡行毀拆除免公使庫魚利錢寘名蠲主
法禁幾來不得復置仍禁止應干沿流不得採捕上曰均州所貢銀數不
多而經營至此只是剝無窮名錢物可以應辦且放生雖有法禁亦細民
衣食所資始大為之防豈能盡絕令自官中竭澤採捕以供誕節其亦不
仁甚矣宜依奏　二十九年二月九日詔比得太宗皇帝尹京日禁斷春
夏捕雛卵等榜文訓勅丁寧唯恐不至仰見深仁厚澤及于昆蟲令付三
省可申嚴法禁行下以廣祖宗好生之德既而宰臣沈該等言伏奉御筆
頒降太宗皇帝尹京日禁採捕御陛下以不殺之仁再造區宇推愛人之
心普及含生忍使動植雖鳥獸魚鼈罔不咸若好生之德同符祖宗實萬
世無疆之休乞宣付史館並示無窮于是可其請　十二日知樞密院事
陳誠之言竊見民間輕用物命以供玩好有甚于翠毛者如龜筒玳瑁鹿
胎是也玳瑁出于海南龜則山澤之間皆有之取其殼為龜筒與玳瑁同
卷之萬一千五百九十九
為器圖人爭採捕掘地以為倒直坎中生棧其肉至于鹿胎抑又甚焉殘
二物之命以為一冠之飾其用至危其害甚酷望今後不得用龜筒玳瑁
為器用鹿胎為冠所有興販製造乞依翠毛條禁從之



## 雜禁

宋會要　禁造偽金

太祖開寶四年開封府捕得偽金民王元義等禁閉皆
伏牟帝怒並決杖流于海島因下詔曰昔漢法作偽黃
金者棄市所以防民之姦弊也比云京城之內競習其
術轉相誑耀此而不止為盜之萌自京應兩京及諸道
州府禁民無得作偽金違者捕繫案驗得寘並寘極典

宋會要　詔禁市金

大中祥符元年帝以京城金銀價貴以問三司使丁謂
謂言多為西賊回鶻所市入蕃詔約束之

宋會要　禁服用金

孝宗隆興元年上封者言乞詔有司自今拍造金箔金
緣之家尚敢取金以靡壞器用衣服與神佛之像尚敢
取金以粧飾皆論如法仍許人陳告詔戶工部檢坐見
行條法申嚴行下

宋會要　禁金出關

淳熙元年五月十五日盱眙軍守臣言銅錢金銀并軍
須違禁之物不許透漏過界法令甚嚴本軍係與泗州
對境逐時客旅過淮博易財利之徒殊不知畏且本軍
與泗州以淮河中流為界渡船既已離岸無由敗獲今
欲自客旅往渡口正路本軍西門外立為禁約地分遇
有違犯之人分別輕重斷遣庶幾有所畏憚今條畫如
後　一照應榷場逐時發客過淮博易係經由本軍西

門出入今欲每遇榷場發客令搜檢官先就西門搜檢如無藏帶金銀銅錢并違禁之物方得通放若客人經由西門搜檢之後于西門外未至淮河渡口搜獲藏帶金銀銅錢者欲將犯人比附越州城未過減一等斷遣仍將搜獲到金銀銅錢物貨盡數充賞一今欲于淮河渡口築土墻置門户以為禁約地分如客旅或諸色人藏帶金銀銅錢輒過所置墻門雖未上船或已上船而未離岸即與已過界事體無異欲並依已出界法断罪犯人應有錢物盡數給與搜獲之人充賞從之

卷九千四百八十四

全唐文

宋會要　定贓罪

國朝之制凡犯贓者據犯處當時物準上估絹平贓如
所犯贓去見禁處千里外及贓已費用者皆於事發處
依犯時中估物價約估亦依上估絹平贓兼具贓物已
費見在其生產之類有無蕃息及以贓轉易得物皆具
言之內有經赦即言在赦前後贓錢絹匹入梅估時皆
長吏通判本判官面勒行人估定實價其制勘推鞫者
亦勘官監估　太祖建隆二年二月二十五日詔自今
犯竊盜贓滿三貫文坐死不滿者節級科罪其錢八十
為陌先是周廣順中勅竊盜計贓絹三匹以上者死絹
以本處上估為定不滿者等第決斷至是以絹價不等
故有是詔　三年二月十三日詔曰竊盜之徒本非巨
蠹姦生不足罪抵嚴科令條法重於律文財賄輕於人
命俾寬憲網用副哀矜今後犯竊盜贓滿五貫處死以
百錢足為陌不滿者決杖徒役各從降殺先是漢法一
錢之罪必加重法周初以所犯贓滿絹三匹坐死帝以
死者不可復生以錢代絹滿三十尺處死及是又改
太宗太平興國二年八月二十五日知資州著作佐郎
成肅上言先是開寶六年六月丁亥詔書劍南西川吏
民犯竊盜贓以鐵錫錢計之滿萬錢者抵罪犯強盜贓
滿六千者亦抵法鐵錫錢輕四直銅錢之一願均定其

卷七千五百二十



法事下有司法寺言劍南諸州官市金銀絲絹茶鹽悉
以鐵錫錢四當銅錢之一他物價隨時高下不可以為
準自今本犯竊盜強盜及他贓並望以銅錢一千為銀一
兩定其罪亦循內郡國以絹論從之　四年九月二十
六日詔曰先是江浙諸州所定法以絹計贓物絹價錢
每二足當江北之一令宜以千錢為尺計贓論其罪
五年三月二十一日詔荊湖嶺南等處絹價錢自今所
定法如江浙例悉以千錢為絹一匹論其罪　八年十
二月二十三日福州言先是銅鐵錢兼用鐵錢三直銅
錢當一吏受賕盜用官物參以銅鐵錢計其贓差互自
令望悉以銅錢定罪從之　至道三年七月二十二日
詔逐處將鐵錢依時價準折銅錢實數定罪施行　大
中祥符六年二月一日詔川陝四路贓錢償罰錢以小
鐵錢十當一　天禧元年十月二日殿中侍御史薛奎
言吳傷州軍有鐵民為盜者望止以見贓估斷餘已費
者不計詔審刑院大理寺定奪以聞　三年二月十二
日殿中侍御史董溫其言自今見認贓當官前令變
主識認題號著字內不是元贓即勘官著字呈錄問時
令本判官吏切覆問又準先降敕命應諸色贓物妻長
吏著字記號令被盜家識認斷訖當面給付當納官司
首籍其數金銀疋段等送軍資庫衣甲器械送甲仗庫
自餘品配析支料錢及估計貨賣充禁囚紙筆不堪者

卷七千五百二十

焚毁又被盜之家如是認贓之時明知不是己物虛有識認或舊有嫌隙致官司承誤斷殺平民者其認贓人從誣告死罪已決法科處從之

仁宗天聖八年三月詔審刑院刑部大理寺令後案內有收理合納官名件除條千錢數物色數目稍多即依自來體例中奏外自餘錢帛不及貫尺石秤并棒杖器刃之類並於案內節掠合納官數候降勑下寺直牒三司勘會依例施行內無還寺救文者候奏上公案直牒三司

景祐元年閏六月二十九日法寺請令後凡勘贓盜所通贓物稱於人户處典質即先取簿歷認證方得追取若官司挾情教令指說又追取贓物抑令民陪備並科違例罪從之

卷七千五百二十

三年四月二十三日開封府言容司李簡三受人錢並經杖罰令又使却文負錢乞特決停令後公人犯贓杖已下經三次者依此奏以上國朝會要

神宗元豐二年十二月四日成都府利州路鈐轄司言往時川峽絹匹為錢二千六百以此編敕估贓兩鐵錢得銅錢之一近歲絹匹不過千三百估贓二匹乃得一足之罪多不至重法盜贓達多法寺乞以一錢半當銅錢之一從之

紹聖二年四月二十三日詔陝西雜用銅錢鐵錢地分計贓者以銅錢為準如只用鐵錢處即紐計銅錢定罪

徽宗建中靖國元年九月六日刑部言元符令定罪以絹者每絹一匹準錢一貫三百近歲物價踴貴非昔時比一絹之直多過於舊價乞於令文添入若犯處絹價高者依上絹計直從之

二十二日中書省檢會元符三年十一月七日指揮強盜計贓應絞者贓數並增一倍贓滿不曾傷人及雖傷人情理輕者奏裁其用兵仗湯火之類傷人及殘虐財主并情狀酷毒者或污辱良家或入州縣鎮寨內行劫不在奏裁之限若驅虜官吏巡防人等罪不至死仍奏裁詔強盜應絞者並依舊計贓其前降指揮內增倍一節更不施行

大觀元年閏十月二十日詔計贓之律以絹論罪絹價有貴賤故論罪有重輕令四方絹價增貴至兩貫以上而計絹之數獨循舊例以一貫三百足為率計價既少抵罪太重可

卷七千五百二十

以一貫五百足定罪

政和五年三月二十一日刑部尚書慕容彥逢等奏竊見刑獄官司承勘公事內有合備贓賞之人先盡拘本家財產遣出家屬封閉室宇以備填納其間贓賞數少而財產數多及勘證不合出備者事決之後給還稽違動經歲月妨廢營生因致失所乞詔有司立法應承勘官司如犯人合備贓賞先下所屬估定財產據合備的數擗截拘管如勘證不合備贓賞者斷訖限當日給還從之

六年四月十九日刑部奏檢會當年閏正月二十四日敕中書省刑部員外郎李撥奏竊見天下諸縣推鞫強盜依條解州結斷其間有所通贓數稍多初勘官司以追究未足不敢解送勤

經歲月未能結施乞特詔有司立法詔令刑部立法申尚書省本部尋下大理寺修立到諸縣推鞠殭盜而追到贓已滿或别有輕罪各不礙檢斷者先次結觧餘贓從後追從之以上續國朝會要 高祖建炎元年六月七日大理正寺權尚書刑部郎中朱端友言看詳見今犯罪計絹定罪者舊法以一貫三百足準絹一足後以四方絹價增貴遂增至一貫五百足州縣絹價比日前例皆增貴其直高下不一欲應州縣犯贓合計絹定罪者隨當時在市價賈直價計貫伯紐計絹數科罪其鐵錢地分並以銅錢計數科罪詔自今計絹定罪並以二貫為準二年二月十七日詔犯枉法自盜贓罪至死者籍没家產入官 卷七千五百十 二年八月二十三日大理寺言陝西路舊法唯許行鐵錢不許私用銅錢所以計贓以鈔而為準紐銅錢定罪今來本路既得通使銅錢即計贓者合據犯處以銅錢估價為準如元贓即以銅錢計絹價準贓從之謂如犯時本處絹每疋鐵錢三十貫文銅錢三貫足即元贓鐵錢一十貫足準銅錢一貫足計贓之類 紹興三年九月八日詔曰朕聞子產鑄刑書叔向罪之蓋刑法世輕世重有倫有要而已昨因臣僚有請舉行祖宗之制欲杖脊贓吏於朝堂痛恨推虐利體於斯民亦以刑止刑之意也復思紐絹之法與祖宗立意大不相侔是時絹值不滿千錢故以一貫三百計足是官估比市

價錢過半矣其後嘗因論例遂增至二貫足自令絹價不下四五貫豈可尚守舊制耶可每疋更增一貫通作三貫足俟戎馬平定絹價低小别行取旨而令而後贓吏犯法夫復何言 十月十四日臣僚言按救竊盜以贓準錢及四百以上即科杖罪纔及兩貫遂斷徒刑且承平之日物價適平以物準錢則物多而錢寡故抵罪者不至遽罹重法迨今師旅之際百物騰踴贓雖無幾而錢價以多一為盜竊不下徒罪情實可憫乞將紹興敕犯盜定罪者通增其數庶使無知窮民免致輕陷重憲詔令刑部勘當契勘計絹定罪者元估每疋價錢二貫足近承今年九月八日手詔每疋增錢一貫足通作三貫足即是二貫以十分為率增及五分所有應敕內 卷七千五百二十 計錢定罪既係錢輕物重即與紐絹事體無異理合隨宜比附定罪除殭盜緣情理兇惡以錢定罪自合遵依舊制外今參酌臣僚所乞將敕內犯竊盜以錢定罪者通增其數事理緣在法不止竊盜一事其餘計錢定罪者理合一體措置今欲權宜將敕內應以錢定罪之法各與通增錢五分斷罪謂如犯竊盜三貫徒一年之類候邊事寧息物價平日依舊從之 十九年十一月十四日南郊赦勘會犯罪籍没財產條法皆是情犯深重本以禁奸戢吏訪聞州縣輒挾私意違法籍没罪人財產因而妄用殊非立法本意如有罪犯依法合行籍没

財產之人並令所屬具情犯條法申提刑司審覆得報
方許拘籍仍仰監司常切覺察　二十二年十一月十八
日南郊赦　二十五年十一月十九日南郊赦　二十八年
十一月二十二日南郊赦　三十一年九月二日明堂赦
並同此制　同日南郊赦勘會已降指揮應緣經界乞
受財物如見係給重祿公人因本職乞受錢物見行重
祿法斷罪若不係給重祿人并百姓差役等人受請求
曲法作弊等事並依見行紹興條法律文斷遣　內公吏
人犯枉法自盜罪至流即籍沒家財所有未降指揮已
前斷配籍沒家財之人如依今來指揮不該斷配籍沒
家財並特與改正　二十六年四月十七日祕書少監
卷七千五百二十
楊椿言伏覩紹興二十二年二十五年赦文如有令後
籍沒財產之人並令所屬具情犯條法申提刑司審覆
得報方許拘籍仍仰監司常切覺察其所以約束關防
周悉如此而所至猶有不遵赦令輒任私意籍沒罪人
財產者蓋緣未曾立法斷罪故也望詔有司申嚴行下
如是違法籍沒罪人財產及不先申提刑司審覆得報
便行拘籍者科以某罪監司不覺察者降一等坐之庶
幾政平訟理不致濫及無辜　上曰此須立法斷罪但刑
名不必太重務在必行　五月十七日乃詔諸財產不應
籍沒而籍沒者徒二年若應籍沒而不申提刑司審覆
及雖申而不待報者杖一百監司不覺察者各減一等



著為令　二十七年三月七日權尚書刑部侍郎張杓
奏言法者天下之平令衆貨之用銅鐵相準在法有制
然四川郡縣俗行錢引以引定價準之銅錢以定罪犯
遂致不侔則有自笞入杖入徒或應徒而流或應流而
死者謂如強盜持杖銅錢五貫鐵錢十貫俱坐絞刑若
盜錢引十道便以十貫為罪市價止八貫比之銅錢止
是四貫少一貫遂處以死又如枉法二十疋絞計銅錢
六十貫鐵錢一百二十貫若受錢引一百二十道便以
一百二十貫計罪市價止計九十六貫比之銅錢止是
四十八貫少一十二貫亦處以死由是言之四川之法
偏重極可憫恤欲望行下四川州縣凡以錢引定價科
卷七千五百二十
罪者並依犯處市價為數從之　三十年九月二十三
日臣僚言伏見外路州郡或以闕乏為名挾私喜怒因
事檢估人戶家產侵欺妄用不申朝省難以稽考乞自
令於合行檢估之家並坐條先申審刑部及將諸估錢
物實數關戶部拘收並令解赴行在庫分交納州縣不
得侵用如違乞重寘典憲從之　三十一年八月二十
二日詔知臨安府趙子潚拘籍到王繼先房廊田園山
地并應干物件並令臨安府估價出賣其賣到錢逐旋
赴激賞庫送納內木植如有堪好者存留椿管使用金
銀見錢并鞍馬令激賞庫拘收令項椿管專充犒賞將
士海船交付李寶充封雜物并箱籠令本府差清強得

力官延一閑折抄劄無名件中尚書省不得容縱偷盜

卷七千五百二十





全唐文

宋會要

## 訴訟 田訟附

大祖乾德二年正月二十八日詔曰設官分職委任責成俾郡縣以決刑見朝廷之致理若從越訴是紊舊章自今應有論訴等人所在曉諭不得蓦越陳狀違者先科越訴之罪却送本屬州縣依理區分如已經州縣論理不為施行及情涉阿曲當職官吏並當深罪仍令於要路粉壁揭詔書示人　明年六月三日宋州觀察判官何保樞上言民爭訟婚田多令七十以上家長陳状意謂避在禁繫無妨農務又恃老年不任杖責以此紊煩公法欲望自今應年七十以上不得論訟須令以次家人陳状如實無他丁而孤老惸獨者不在此限從之

卷一萬三千五百二十

太宗太平興國二年九月八日有司言詔問老而訟不實者不可以加刑當詳定其法准名例律八十以上十歲以下及篤疾聽告謀反叛逆子孫不孝及同居之內為人侵犯者餘並不得論告官司受而為理者各減所理罪三等又乾德四年六月詔七十以上爭訟婚田並令家人陳状又律家人共犯止坐尊長於法不坐者歸罪其次疏云於法不坐者謂八十以上十歲以下及疾患者自今應論訟人有篤疾及年七十以上所訟事不實當坐其罪而不任者望移於家人之次長又不任即又移於其次其論訟人若老及篤疾當其罪不任者

論如律從之　雍熙四年四月四日詔曰悼耄之歲刑
責不加斯聖人恭老念幼之旨也然則爭訟之端不可
不脊姦險之作抑亦多途或有恃以高年多為虛誕者
並從乾德四年六月詔書從事先是太平興國二年九
月詔書老人論訟事虛罪其次家長至是有司以為或
不知情虛坐其罪請依乾德詔書七十以上不得論訴
當令宗族中一人同狀官乃為理若實孤老即不在此
限乃下此詔　至道元年三月十五日詔諸道州府軍
監令後部下吏民有再詣闕陳訴朝廷勘鞫事皆不實
者更改陳訴州不得為理即禁錮具前後事狀奏取進
止　五月二十八日詔曰古者二千石不察黃綬故事
〔卷一萬三千五百十十〕
丞相府不滿萬錢不為移書所以明慎經制而斥去苛
碎各守職分而不至踰越也今分建轉運之任以按察
風俗州縣吏皆文學高第朝廷慎選甘棠聽訟圄惟舊
馬肺石稱冤安及於此應諸路禁民不得越訴杖罪以
下縣長吏決遣有冤枉者即許訴於州　真宗咸平元
年七月三十日詔論事人如所訴虛妄素好持入短長
為鄉縣之害再犯徒三犯杖者令所在具前後所犯械
送軍頭引見司從陝西轉運使陳緯之請　六年七月
十八日詔軍士因將校科責挾恨訴訟推劾虛妄者並
禁錮奏裁　十一月十七日詔曰國家選擇群材明慎
庶獄列州縣之職屬在審詳委漕運之臣俾其聽察而



詣闕越訴頑猾亦多不顧憲章忘陳文狀洎行推鞫頗
有紊煩特舉詔條用清刑辟應論訴公事不得蓦越須
先經本縣勘問該徒罪以上送本州杖罪以下在縣斷
遣如不當即經州論理本州勘鞫若縣斷不當返送杖
罪並勘官吏情罪依條施行若本州區分不當既經轉
運司陳狀專委官員或躬親往彼取勘盡理施行情理
重者備錄申奏仍於隣路差官鞫問斷遣若實有不當
干繫官吏一處勘訖結案申轉運使流罪以下先次決
放死罪及命官具按聞奏如轉運使妄接文狀拖延避
事不切定奪致詣闕陳論差官制勘顯有不當即并勘
轉運司官吏如公然妄興論訴玷瀆官員該徒罪以上
〔卷一萬三千二百三十〕
者逐處決訖禁奏取裁其越訴狀官司不得與理若論
縣許經州論州經轉運使或論長吏及轉運使在京臣
僚并言機密事並許詣鼓司登聞院進狀若夾帶合經
州縣轉運論訴事件不得收接若所進狀內稱已經官
司斷遣不平者即別取事狀與所進狀一處進內其代
寫狀人不得增加詞理仍於狀後著名違者勘罪州縣
錄此詔當廳懸掛常切遵稟　景德二年六月十三日
詔諸色人自今訟不干己事即決杖枷項令衆十日情
理蠹害屢訴人者具名以聞當從決配恐唱贓重者處
死被恐唱者許陳首免其罪　時曹州民趙諫與其弟
諤皆凶狡無賴恐唱取財交結權右長吏多與亢禮率

干預郡政太常博士李及受詔通判州事諫適來京師即投刺請見及拒之諫大怒慢罵而去因帖榜言及非毀朝政及得之以匿名書未敢發會大理寺丞任中行本諫同鄉里盡知其姦慝密表言之真宗即遣中使就訪京東轉運施護知曹州謝濤并及旨條疏諫兄弟配迹乃逮繫御史獄又詔開封府曹州吏民先為諫謂恐唱者得自首釋罪命捜其家得朝士內職中貴所與書尺甚衆計贓鉅萬詔並斬於西市黨與悉决杖流嶺外與之游者並坐降黜故有是詔　七月十三日詔自今詣闕論事人須具州縣施行不當曾經轉運使披訴日月鼓司登聞院乃得受之越訴虛妄論如法　十四日

卷一萬三千一百二十

詔曰先是咸平六年十一月勅禁論訴驀越近日詣闕進狀人多稱轉運司不為收接及至降勅施行多未經轉運司陳狀自今應論訴稱州縣斷遣不當者轉運使即時收接看詳施行如合候務開及别有違礙格勅不合施行者亦當面告示取索知委結罪狀如所訴事理合與施行轉運使行遣不當不與收接須詣闕披陳者並具曾經轉運陳訴日月因依方許詣鼓司登聞院進狀若將來勘鞫却有虛妄依法科罪從河北轉運使劉綜之請也　四年五月十三日詔自今文武官無例于閤門上封者並諸色人並許詣鼓院進狀本院官看詳其告機密及論訟在京官吏許實封進內自餘刑訟冤



枉朝政闕失民間利害並許上言事有可採亦依例進入違理不可行者罷之其鼓院不行如本人稱不盡情即許詣檢院披訴仰詳事理如委是允當即判書狀付之如實不當即繳連聞奏如檢院不判當狀給付即許御史臺陳訴其兩院委實行遣不當者方得邀車駕進狀兩院官必行朝典如涉虛妄科上書詐不實之罪如未經鼓院進狀檢院不得收接未經檢院不得邀駕進狀如違亦依法科罪如是令人代筆為狀即不得增添情理别入言詞并元陳狀入本無枝蔓論奏事被代筆人誘引妄有覬求者以代筆人為首科罪　大中祥符元年正月二十九日詔曰朕務闢言路期清化源念庶獄

卷一萬三千一百二十

之斯繁多繫人之誤犯宜遵寬簡式示哀矜前詔條約接駕進狀又近日以來所犯猶衆悉坐徒刑頗軫朕意雖從減等尚恐未明特審載於情由免陷人於刑法自今車駕出如入內內侍省送到接駕人等仰軍頭司官密詢事宜訖內有未依勅命經歷逐處者具録劄子分明曉示如堅訖施行即取責乞施行如稱不細認勅命誤來接駕進狀者取乞不施行狀當議更不勘罪若內稱已曾經歷逐處依得勅命者即不取狀本司逐色具狀實封聞奏候御寶批出即得施行先是內出條約邀車駕陳狀人及禁中所録進狀數詔樞密曰下俚愚民不知條法偶来進狀便至重刑今後更令引見司逐名

撾事理及曾與不曾經鼓檢院進狀具合經某司行遣內中但拋合與指揮免使愚民陷於法也時上元行幸訴事帝恩者衆有司舉前詔悉以違治論特詔寬其罰焉　四年九月十日詔自今訴訟民年七十以上及廢疾者不得投牒並令以次家長代之若已自犯罪及孤獨者論如律　五年四月二十四日詔比來因公事勘斷人經年遇赦多詣闕訴枉自今宜令制勘官每獄具則請官録問得手狀伏辨乃議條決罪如事有濫枉許詣録問官陳訴即選官覆按如勘官委實偏曲即劾罪同奏如録問官不爲申舉許詣轉運提刑司即不得詣闕越訴　六年三月十七日開封府勘三司磨勘吏訟

卷一萬三千一百二十

判官楊嵎款狀帝曰此誠申嵎行遣不當大凡因公事送人吏付有司劾問須候推鞫得實法寺定斷方見刑名豈有行下文字便須合招違勅罪致小吏興訟是不觧事役使公人然雖可恕其如顯是違勅文不欲因人吏責降嵎特免追官與監當元訴人決杖停職　七年三月十三日殿中侍御史曹定言諸州長吏有罪恐爲人所訟即投牒本州首露雖情狀至重者亦以例免請行條約詔自今知州通判幕職官使臣等首罪如實未彰露則狀報本路轉運使令檢格條從當原免亦書于曆　九月十日詔如聞外州百姓詣登聞院釘足斷指訴事者有司以妄自傷殘並先決杖流離道路深可嗟



憫自今並送所屬州縣依法決罰時忻州有民詣撿院釘手訴田帝因謂宰臣曰朕頃涖京府有蕲州女子訴父經縣理田產被杖千里而來不爲田而爲父也此事或有枉撓即傷和氣因有是詔　天禧元年十月十一日詔如聞諸班直諸軍坊監庫務官健飲博無賴或鄙分猾嶮即掘摭興訟今後所訴事並須干己證佐明白官司乃得受理違者坐之情或巨蠹具案以聞人員被欺嚇者仰自首露並釋其罪　三年六月九日詔兵部郎中直史館陳靖頃以興領諸條決遣民訟知晉徒之納賄列事狀以上言既飲怨於寺司遂受誣於吏議載披封奏深用軫懷非沆瑕疵宜從洗滌靖先知泉州有

卷一萬三千一百二十

民張績張雅訟文產績雅皆假手靖奏條理待報未下又獲奏其事并發法寺胥吏受請納貨得實既而法官摘靖奏中有必是不經聖覽之語以爲指斥乘輿抵靖私罪及是靖訴雪前事故有是詔　七月十八日詔今後有進狀稱累經勘斷不當披訴抑屈事下本路轉運司或提點刑獄司詳所陳取索前後公事案看詳如實有抑屈未盡情理堪斷不當即仰依公盡理施行訖奏如勘斷已得允當即告示知委如不伏再陳訴即勘本人情罪區分如是指論本路轉運提刑司即下別路施行　五年六月九日詔廣南路民訟命官不公者須本官在任及得替未發事實干己及條詔許訴者乃得受

理如已離任路除犯贓及私罪徒已上即委轉運提點
司體量證佐明白非誣構者乃得追攝自餘杖以下私
罪飛驛以聞　時侍御史燕肅言嶺南遐遠攝官校吏
多務阿私在任命官順之以情則憲姦糾之以法則聚
怨故有無端之輩或遭刑責或違請求聞其得替將到
闕庭据拾微釁興起訟詞官司不詳事理大小即行追
對往來萬里煙瘴之鄉或懼逗遛便行擬伏以此負譴
亦可憫傷故有懼致此意務於因循者望行條約故有
是詔　仁宗天聖八年八月一日詔登聞檢院今後諸
色人投進實封文狀仰先重責結罪狀如委實別有冤
枉沉屈事件不係婚田公事即與收接投進如拆開却

卷一萬三千二百二十

究帶婚田公事在內其進狀人必當勘罪依法斷遣所
有爭論婚田公事今後並仰諸登聞鼓院投進依前後
條貫施行　九年八月九日審刑院言請自今鞫劾盜
賊如實枉抑者許於虑問時披訴若不受理聽斷訖半
年次第申訴限內不能翻訴者勿更受理從之　十年
正月二十二日詔制置轉運使知州參劾所部官吏罪
逗為稽劾人論奏者自今無得受理凡按察官悉如此
比　景祐元年六月十五日中書門下言檢會條貫諸
色人訴論公事稱州軍斷遣不當許於轉運司理訴轉
運不理許於提點刑獄陳訴者慮諸色人方欲轉運披
理却值出巡地遠難便披訴自今如因提點刑獄廵到





諸般公事未經轉運理斷者所訴事狀顯有枉屈即提
點刑獄收接牒送轉運司即不得收接當程公事從之
三年七月七日淮南轉運副使吳遵路言民被骨肉
指論本父亡没元是異姓養男奪却田業年歲既遠事
理不明欺罔幼孤規圖賂財乞自今論泊叔以上遺親
是違律養男其被養本身所養父祖並已亡殁官司不
在受理之限奏可　康定二年正月二十六日詔自今
諸討捕獲劫賊須於現任州軍轉運司陳狀保明申奏
如官司不為申奏或自因事故離任許參選日進狀敘
陳送刑部定奪如定奪未了限一年別具申訴送別司
再定委是刑部不當本人妄訴並依法施行如不曾進

卷一萬三千二百二十

狀及披述經隔三年更不在敘述之限　八月詔軍人
差出戍邊如有事訴理一面前去委所隸官司移牒訊
問若須對理候軍廻乃得陳訴　慶曆七年三月十七
日權御史中丞高若訥言近年以來犯罪之人已經斷
遣却來訴雪者多下逐處看詳定奪除合別行根勘結
絶外有定奪得顯是理訴不實及更有妄論他人或帶
不干己事者乃至再三進狀紊煩朝廷定奪得不合訴
雪者承例多止報罷以此狂愚之輩僥倖理雪亦有官
司因循為之雪罪者一成之法遂可苟免欲乞今後理
雪罪名者除定奪得合行別勘斷遣外如顯然不實及妄
論他人或帶不干己事者今逐處分明聲說勘罪依法

施行如經三度虛妄論訴不息者委執政臣僚量遠近取旨安置羈管所冀稍抑姦妄從之　十月二十二日詔今後命官犯罪經斷後如有理雪者在三年外更不施行　皇祐元年十一月十三日詔民有訴寃枉而貧不能詣闕者聽投狀轉運提點刑獄司附遞以聞　四年四月九日詔應今後命官犯罪理雪如曾丁憂並與除出持服月日外依編勅年限釐革施行　五年八月一日詔災傷之民訴于轉運司而不受者聽逐州軍繳實狀以聞　十一月二十七日詔廣南州縣簿書被蠻賊焚劫而已經官司理斷者勿受理　嘉祐三年閏十二月七日詔中外有陳叙勞績或訴雪罪犯中書批送

【卷一萬三千一百二十】

省司者謂之送殺更不施行自今宜令主判官詳其可行者別奏聽裁　四年十月十二日詔應今日以前因過犯經斷有司引用刑法差誤後來爲礙條貫三年外不許理雪致久負寃抑者並仰經所在投狀以聞當議別委官司定奪改正　神宗元豐三年六月十五日如京使高遵上其叔永亨獄中訴寃文字二十二紙乞移永亨別路州軍待報寃爲呂惠卿等刑禁寃死牢獄上批永亨邊遠小臣犯法而主帥治其姦狀尚不知懼乃敢飾情自言寃頑之實於此可見仰見勘官司分析寃縱罪人漏泄獄情因依以聞仍將來遇恩不原　五年五月四日詔訴訟不得理應赴省訴者先詣本曹在京



者先所屬寺監依尚書省本曹次御史臺次尚書都省次登聞鼓院六曹諸司寺監行遣不當並詣尚書省　哲宗元祐元年三月十四日詔熙寧元年正月已後至元豐八年三月六日赦前命官諸色人被罪合行訴理並限半年進狀先從有司依法定奪如內有不該雪除及事理有所未盡者送管勾看詳訴理所　四月十二日看詳訴理所言應係內降探報公事於法不合受理者如內有情可矜恕具事理申奏從之　十三日看詳訴理所言刑部等處送到官員諸色人犯罪進狀理雪公案其間有一案干連數人內有情犯一般者並合一體施行緣係不經進狀之人致未敢便行一處看詳奏

【卷一萬三千一百二十】

聞詔令一處看詳以聞　三年正月十八日詔看詳訴理所應元祐元年明堂赦恩以前內外官司所斷公事內有情可矜恕者並聽於元限內進狀訴理依前詔看詳　八年十月十八日御史中丞李之純言欲望朝廷嚴飭省部勾檢前後詞狀文簿名件行下在京者令本部長二貳行催驅在外者令府界及諸路監司互行取索責限促期早令與決了當如察見妄有情弊即按劾奏聞等第降黜以警慢吏其所差定奪官員如承受經百日不爲結絕者雖得替交割並須勒留候畢了日方給與批書曆子前去如此則不敢遷延幸免民間訴事早得辨正從之　紹聖元年六月十九日殿中侍御史

郭知章言近年官吏軍民詣闕辨明酬奬理訴冤抑司勳刑部會問稽留有逾一二年不決者辨訴之人致竭資產困躓道塗而官吏習為鹵莽惟以沮格為能乞令左右司每季分取司勳刑部辨訴未了事具情節反詰難踈駮因依如望作滋蔓行遣稽留隨事大小罪之詔左右司郎官取索司勳刑部酬奬叙雪事催促如有違滯舉劾施行　二年三月十七日江南西路轉運副使馬瑊言訴事而自毀傷者官不受理事干謀叛以上不用此制從之　元符元年六月二十五日御史中丞安惇言伏思神宗皇帝勵精為治明恤庶獄天下莫不知之而元祐之初陛下未親政事姦臣乘時議置理訴所凡

（卷一萬三千二百二十）

得罪於元豐之間者咸為雪除歸怨先朝收恩私室意者呼吸罪當用為已助未審當時有司如何理雪償出姦意不可不行改正欲乞朝廷差官將元祐中理訴所公按看詳如何改正即乞中明得罪之意復依元斷施行詔蹇序辰安惇看詳內元狀陳述及訴理所看詳語言於先朝不順者具職位姓名以聞　十月二十三日看詳訴理所奏元祐訴理公按內如語言止係稱美置訴理事未審合與不合聞奏詔語言過者貼說　二年正月二十一日詔元祐訴理事內公人軍人百姓其語言非于先朝不順者令看詳訴理文字所左右司更不看詳　徽宗崇寧元年三月十八日詔應諸色人詞訟





六曹行下別處定奪理斷經赦尚未了者內事小並令依條結絕若事大合差官置司推究者令本曹量事大小給限催促結絕如違仰本曹檢按究治若本曹失催及不切檢察究治並令御史臺及尚書省催驅房點檢申舉如催驅房不切檢舉令左右司申舉施行　二年四月八日臣僚言乞令內外應受詞訟官司並如六曹法置退狀簿其六曹詞訟不屬本處者即具事因關送施行庶幾有以關防檢察從之　三年六月十八日中書省言勘會命官諸色人陳乞理訴功罪之類稱熙寧元豐條制因元祐改更既行看詳勘當都係熙寧元豐舊有條例或條別無定制出於朝廷臨時詳酌處分或

（卷一萬三千二百二十）

所訴事理計其年限依條釐革詔今後如有似此妄亂陳訴之人並量輕重取旨施行　政和元年二月五日詔應邀車駕陳訴人係尚書省釐會事可令左右司置籍拘管候結絕勾銷月具已未與決名件進入　四年七月四日中書省言勘會官司承受諸色人詞訴狀內稱上命及與民作主之類其受狀之官便將陳狀人根勘及一面具奏待罪上件言語言雖不當稱緣愚民無知別無情意即與言語不順事體有異詔今後官司承受諸色人詞訴狀內有上件言語者並勿受理令別陳狀　八年閏九月十四日臣僚言伏覩州縣聽訟其間或有冤濫即詣監司申訴而監司多不即為根治但以

取索公按看詳為名久不結絕或只送下本處或不為受理致無所控告自來非無法禁蓋官吏玩習恬不介意雖廉訪使者許摭實以聞而訟牒難以悉陳上瀆天聽臣愚欲乞詔有司立法諸路監司有能改正州郡所斷不當總其實數歲終考校以為殿最庶幾訴訟獲申以副陛下愛民之意詔臣僚所言切中今日監司之弊可措置立法行下　十月十三日臣僚言臣自到臺日閱四方詞訟訴酬賞稽違者率居其半遠者至十餘載近者或五六年結恨銜冤深可憐憫夫賞不踰月欲人知為善之利也今留滯如此何以勵之使勸乎臣究其所以然為弊有七酬賞保明自有條式所屬未嘗參對



致省曹點照不完旋行取會又不如期應報其弊一也部吏承受文狀不即時投下候伺求覓視多寡為後先至有沉匿經年而不上者其弊二也六曹胥吏倚法為姦賄賂公行則洗垢吹毛曲為沮抑其弊三也間有不圓理須整會則自應會問徑行催促卻令重別保明便作結絕其弊四也掌典代替文案並不交承多有漏落無憑稽考其弊五也司勳勾復專務自營謂稽留之罰輕而差失之罪重故根蔓牽連以問難為得計其弊六也省曹行遣無故稽違于法自當彈奏然經隔歲時率以赦恩原免故公然無所忌憚其弊七也凡此積有歲年胥吏肆文惟有力者往往緣姦而得志孤寒寡援者



一歸於無可柰何近者胥吏因循不以為事日趨于廢弛而終更赴訴者稽留待報困於羇旅皆由此也陛下循名責實設慶賞以馭群臣而輕重與奪之權乃歸胥吏恐此數者關防舊有成法若但申明行下深恐玩習徒為虛文兼聞六曹住滯酬賞無慮萬計願頒睿旨別行措置見今積壓立限催督尚有違戾則赦恩不原庶幾賞信必行人無觖望詔尚書省取六曹未結絕名件應賞未賞如言者所論開具以聞當行黜責輒隱漏不實以違詔赦降不原　宣和元年十二月六日臣僚言省部應年月未絕公事並行根刷責近限結絕仍乞今後省部催促究治每及二年以上而未結絕者並類聚



申朝廷勘會住滯因依取旨黜責庶幾諸路警畏不敢慢易而理訴之人早獲伸雪詔依奏仍限一月　二年六月二十五日詔應陳訴事過依累降指揮不得用例破條條所不載者仍不得援引優例違者以違制論三年三月二十三日詔被賊人戶復業如有論訴並不得受理應以前罪犯一切不問並與釋放　五年正月二十八日詔諸被受監司行下辭訟應追治者先追陳訴人方許推治著為令從提點京兆府路刑獄鄢子業之請也　高宗建炎四年二月二十三日德音昨差張浚為川陝京西湖北路宣撫處置使見在秦州置司所有川陝等路去行在道里遙遠民間疾苦無由得知或負冤抑無緣伸訴

仰宣撫處置司詢訪疾苦以聞民有冤抑亦仰經宣撫
處置司陳訴　紹興元年十一月十三日詔官員犯入
已贓許人越訴其監司守倅不即究治並行黜責（從知瓊州實聞請）
二年九月四日赦應經斷人依限三年外不許
訴雪如元因有司勘斷委有不當致久負冤抑在五年
限內者並仰經所屬投狀以聞刑部審實改正（四年九月十九日明堂赦七年九月二十二日明堂赦十年九月十日明堂赦十三年十一月八日南郊赦十六年十一月十日南郊赦十九年十一月十四日南郊赦二十二年十一月十八日南郊赦二十五年十一月十九日南郊赦二十八年十一月二十三日南郊赦三十一年九月二日明堂赦並同此制）
三年十月二十
二日詔諸路州縣自紹興二年正月一日以前應因群
寇殘破占據去處乘時作過之人限今降指揮到日將

卷一萬三千二百二十

已受理詞訴限十日結絕不得枝蔓日後更有詞訴並
不得受理曾經金人占據去處依紹興府已降指揮施
行以臣僚言所在寇亂愚民無知乘時作過何所不有
事既滅息而姦人或挾怨仇或規賄利轉相告訴無有
已時黨與未平連逮繫證擠獄久不決死者甚衆故有
是詔　四年十二月十一日刑部言臣僚劄子乞立法
應人戶於條許越訴而被訴官司輒以佗故据摭者隨
其所訴輕重以故入人罪坐之本部看詳立法諸人戶
依條許越訴事而被訴官司輒以他事据摭追呼赴官
者（家屬同）杖八十若枷禁棰拷者加三等欲乞遍牒施行
從之　六年十二月十九日江州進士孫復禮進狀訟



德安令黃覲等御筆批令監司體究已下本路漕司施
行上日孫復禮亦須知當如體究所訟不實即痛與懲
誡檢鞫院止許士庶陳獻利害儻挾私怨有所中傷不
惟長告訐之風亦非求言本意　十二年五月六日詔
帥臣諸司州郡自今受理詞訴輒委送所訟官司許人
戶越訴違法官吏並取旨重行黜責在內令御史臺彈
糾外路監司互察以聞仍月具奏行有無違戾申尚書
省　紹興令諸州訴縣理斷事不當者州委官定奪若
諸監司訴本州者送鄰州委官諸受訴訟應取會與奪
而輒送所訟官司者聽越訴受訴之司取見詣實具事
因及官吏職位姓名虛妄者具訴人申尚書省　十三

卷一萬三千二百二十

年八月二十三日禮部言臣僚劄子江西州縣百姓好
訟教兒童之書有如四言雜字之類皆詞訴語乞付有
司禁止國子監看詳檢準紹興勅諸聚集生徒教辭訟
文書杖一百許人告再犯者不以赦前後鄰州編管從
學者各杖八十今四言雜字皆係教授詞訟之書有犯
合依上條斷罪欲乞行下諸路州軍監司依條施行從
之　十四年四月七日刑部言臣僚劄子民有冤抑訴
于郡守監司其所委定奪之官或不即與決繇是披牘
亡失間被折換亦無從稽考欲乞令縣官每月終具所
承定奪事目畫一開坐被受年月日若干件已回申若
干件見索按已未索到結無漏落文狀申本縣類申本

州本州類申逐司如此一閱盡在目前易爲督責不惟
下情無壅且可以察官吏之能否本部看詳欲依所乞
行下從之　十五年四月二十二日尚書省言民戶理
訴詞訟遠詣朝廷披陳慮有寃抑遂取索他司定奪訪
聞元行官司恐具指論据以他事非理科罪是使抱寃
之民不敢伸訴詔令諸路監司州縣將民戶陳訴事務
並仰長官躬親審詳依公斷理無致少有偏曲仍仰所
屬監司覺察按劾當議重作行遣監司違戾仰帥司互
察　七月二十日臣僚言昔王符作愛日篇深言民之
不獲理於州縣故遠詣公府復不能察而延之日月此
小民所以易侵苦而天下所以多困窮方今之弊何以
異此乞令諸路各置籍凡民戶經由臺部及朝廷訴事
行下所委官司去處除程期外並限一季或至半年具
中如敢稽慢則從本部撿舉奏聞特賜行遣非特以戒
慢吏將見遠民舉無寃枉從之　十八年二月十四日
刑部言臣僚奏請在法放停人吏與詞訟之人交涉者
徒一年因而計囑公事加一等受財重者自從重此良
法也然於放停人吏則知畏而見役人吏及豪橫有力
之家與健訟之人陰爲與援表裏相通致使良善之人
深被其害欲望更加參訂重立法禁本部看詳見役人
吏與詞訟之人交涉欲元條徒一年上加一等從徒一
年半若因而爲計囑公事更加一等從徒二年斷罪各





條遞加一等從之　二十一年十一月十七日刑部言
臣僚陳乞禁約健訟之人本部欲於見行條法指揮外
其訴事不干己并理曲或誣告及教令詞訴之人依法
斷訖本州縣將犯由鄉貫姓名籍記訖縣申州州申監
司照會若日後再有違犯即具情犯申奏斷遣從斷訖
再注仍先次鏤板曉諭從之　二十二年五月七日臣
僚言今後民戶所訟如有婚田差役之類曾經結絕官
司須具情與法敘述定奪因依謂之斷由人給一本如
有飜異仰繳所給斷由于狀首不然不受理使官司得
以參照批判或依違移索不失輕重將來事符前斷即
痛與懲治上宣諭宰臣曰自來應人戶陳訴自縣結斷
不當然後經州由州經監司以至經臺然後到省今三
吳人多是經至省如此則朝廷多事可依奏　二十四
年四月九日上宣諭宰臣曰前日孟饗有利州民王孝
先邀駕訴閬州守臣王陞在任不法用刑慘酷枉遭決
刺宜差人押送本路官司究實處蜀道險遠追逮爲勞
也　二十六年七月三日臣僚言比年臣僚有緣誣告
不測之罪投竄遐裔無路自明者遇因郊赦與之照洗
甚盛德也然中外陳訴辨雪檢鼓院上封者滋多頗涉
冒濫如其所犯元因語言疑似之類誠可矜憫至于姦
贓狼籍已經按治跡狀顯著人所共知者亦復巧飾詞
理公肆誕謾咸稱向曾違忤權臣所致制書辭免望詔

有司應自今陳雪過名之人並須撿會元犯因事如係
贓罪已經勘劾者乞止依元斷條法施行刑部看詳命
官犯罪若元因人戶論訴及因監司郡守按發鞫勘贓
證結按曾經録問別無翻異已行斷遣如日後陳訴者
欲具元斷因依分明告示其餘一時被罪或因緣連累
等斷遣之人若有訴雪從有司更行看詳委有寃抑即
行開具因依申取朝廷指揮從之　十月二日臣僚言
向者風俗媮薄告訐大興士大夫陷於憲綱者前後非
一比降詔旨檢舉追復仍許自行陳訴然有司尚多艱
阻能自伸雪者十無一二誠為可矜欲望嚴飭有司將
紹興二十五年十月二十日以前應斷過之人除犯大

卷一萬三千二百二十

不恭不孝及蠹國害民并枉法不枉法監主自盜彊乞
取已上並因人告發跡狀明白者各論如法其餘犯在
上件月日前者不以年限許自陳訴委官看詳如實係
無辜則與行改正理元斷月日若稍涉疑似則且與除
落過名所有元斷官吏並免收坐從之　二十七年七
月二十二日侍御史周方崇言民間詞訴必有次第經
曰若蔑妄蓦越則坐之以罪茍情理大有屈抑官司敢
為容隱乃設為越訴之法而勑令該載者止十數條比
年以來一時越訴指揮亡慮百餘件頑民反恃此以撓
官司獄訟滋長望行下刑部將一時許越訴指揮非編
勑所載並令勑令所重加刪除以省訟牒從之　二十





八年八月二日上諭大臣曰近來州縣人戶詞訴稍多
既經監司又經臺省又復進狀乞送大理寺比比皆是
無他其弊有二其一不治妄狀其二受理官司沿襲舊
例却送元來去處如此不唯善良受弊無所赴愬而訟
牒紛紜至有一二十年不決者卿等竊為措置於是詔
諸色人進狀及詣朝省陳訴州縣等處理斷不當公事
送所屬曹部施行仰今後不得却送所訴官司別委官
司立限依公結絶若所訴虛妄依條施行候結絶訖申
尚書省令本省置籍拘催如有違戾三省覺察取旨
三十年十月七日詔應民間訟牒有事不干己並仰衆
照成憲依公施行其訴州縣不法自當受理不許輙加

卷一萬三千二百二十

以告訐之罪左正言王淮之請也　紹興三十年八月
二十三日（孝宗即位未改元）詔所在罷役人吏多誘導姦豪巧
生詞訟實為鄉曲之蠹自今如或不悛當議刺配永不
移放　二十四日詔比來省部人吏隨事生弊命官士
庶理訴公事法雖可行賄賂未至則行遣迂迴問難不
已若所求如欲則雖不可行亦必舞法以遂其請自今
如有寃抑之人許詣登聞鼓院陳訴當議重寘於法
孝宗隆興元年九月二十二日臣僚命官斷罪其始悉
由刑部大理寺擬定刑名今於既斷之後遇有雪訴却
付外路監司委官看定徇情出入則是外路監司及得
駁正刑寺事屬倒置乞自今遇有命官陳訴元斷不當

者並不許送外路監司先委大理寺官參酌情法保明申部再委刑部郎官長貳重行看定續次申省送左右司審詳取旨施行從之　二年正月五日三省言人戶訟訴在法先經所屬次本州次轉運司次提點刑獄司次尚書本部次御史臺次尚書省近來健訟之人多不候官司結絕輒敢隔越陳訴理合懲革詔除許越訴事外餘並依條次第經由仍令刑部遍牒行下　二十日臣僚言伏覩刑部關牒不許人戶越訴甚爲至當然州縣監司所受詞訟多有經涉歲月不爲結絕者欲乞行下刑寺將州縣監司詞訴分别輕重立限結絕如限滿尚未與決許人戶次第陳訴從之　八月十三日臣僚



言伏見御史臺訟牒日不下數十紙皆由州縣斷遣不當使有理者不獲伸無辜者反被害遂經省部以至赴臺乞令御史臺擇其甚者具事因與元斷官吏姓名奏劾取旨行遣從之　乾道元年正月一日大禮赦應過犯經斷人依條限三年外不許雪訴如元因有司違法勘斷不當實在五年內者並經所屬投狀以聞當議實責改正施行　同日赦勘會進士枉被州縣刑責依條令所屬審定保明聞奏慮恐所屬多係元斷官司嫌避遷延不爲保奏仰諸路監司遇有訴理之人即取索元按委官看定如係枉斷即令所屬疾速依條保奏施行九年十一月九日同此制　十七日中書門下省言近日四方之人多





有經省部御史臺陳訴寃抑者有司事無果決遂至久困逆旅情實可憫詔三省樞密院開具應干人結絕事件分委刑部大理寺限一月與決如合追逮及案牘未具委逐路監司限兩月理斷並各具已斷事目聞奏　二年七月九日臣僚言比來民訟至有一事經涉歲月而州縣終無予決者緣在法縣結絕不當而後經州州又不當而後經監司乞自今詞訴在州縣半年以上不爲結絕者悉許監司受理從之　四年六月十八日權戶部尚書曾懷言近來監司州縣承受省部看詳定奪事件動經歲月不爲結絕今欲行下諸路自指揮到日並限一月結絕具名件申尚書省從之　七月十三日



臣僚言竊惟守令治所部之兇頑犯法者監司郡守刻所隸之贓私不法者皆所以奉行天子之法也比年多有所部之民所隸之吏曾遭治劾者往往懷怨挾恨公肆論訴使其訟得行則爲守令監司者殆將縮手而不敢問矣小人長惡不悛何所忌憚望特降指揮如敢以私事訟元治劾之官者更不究問虛實即以告訐之罪罪之庶幾此風衰息從之　十六日三省言邇來健訟之人多巧作緣故妄經臺省越訴理合措置應所訴事並須依條次第經由仍真謹書寫通不得過五百字亦不許連粘畫一單子在前應過詞狀日輪都司官一員點檢如不依式該說已經某處結絕者並即時退還所

受訟牒專一置簿拘上赴左右司斟量行遣或已經陳辭見送有司看詳定奪如限外未有結絶或官司理斷不當者方許經朝廷陳訴應陳詞人除軍期急速事干人命許越訴外餘敢於宰執馬前投陳白紙及自毀傷者並不得受理從之　八月十六日中書門下言近來無賴健訟之人自知理曲意謂官司不爲受理往往妄自毀傷合行約束詔令後如有似此等人先依條斷罪將所訴事更不受理　五年七月一日大理寺丞魏欽緒言越訴之法前後申嚴非不詳備今有所訟至微而輙以上聞者又有冐寃而伏闕者則越訴之法殆爲虛設欲望明詔有司嚴立法制庶幾人稍知畏詔送刑部看詳已而刑部看詳到條制詳見刑制門

卷一萬三千二百二十

六年八月二日宗正少卿燕璉戶部侍郎王佐言朝廷慮猾吏之爲民害故開冐役越訴之門然頑民敢巧佞往往假此爲脅持縣道之計甚至舉論閭縣之吏乞自今有論訴冐役者必須指陳所犯及收叙不當因依如敢挾私妄訴與重作行遣從之六日刑部侍郎王柜言近日訟訴滋繁其弊有二一曰妄訴之弊二曰改正之弊夫訟有當決于州縣監司者有當決于省部朝廷者州縣頑民狃于健訟例皆投牒省部紊煩朝廷乞自今除身負寃抑事繫利害方許陳訴其餘瑣屑並不許受理則妄訴之弊可以少革刑部訟雪過犯前後非一其間亡辜坐累固不爲無人然巨



姦猾惡有不可不正典刑者小人粉飾事情百端伸訴蓋未嘗治其誕妄之罪乞自今遇有訟雪過犯之人令別勘官司精加覆治果有寃抑即與洗滌如妄有陳列更與重作行遣則改正之弊可以少革從之　十一月六日大禮赦勘會已降指揮命官雪訴罪犯刑寺見得委實寃抑合行改正之人其元斷月日令一就看定近來胥吏故作沮抑意在請求却兩次申省顯是違枉自今後應命官理雪寃抑如委合改正其元斷月日並令刑寺一就看定申省取旨　七年三月三日中書門下省檢正諸房公事司馬伋言近有爭　産業理雪過名之人輙作公私利濟軍期機密文字具奏齋瀆天聽者

卷一萬三千二百二十

法欺罔乞自今遇有士庶進狀陳訴並赴鼓院投匭方許進入從之　十二月十四日臣僚言民間詞訟有黜論理斷不當者政緣所斷官司不曾出給斷由致使健訟之人巧飾偏詞紊煩朝省欲望行下監司州縣令後遇有理斷並仰出給斷由如違官吏取旨發行遣從之九年十一月九日大禮赦勘會命官犯罪曾經體究勘鞫被斷之後雪訴寃抑已有別定別勘條法具元因官司按法發一時直降指揮先次停罷降官衝替之類不曾經體究根勘或有寔負寃抑緣無理訴條限有司拘文不爲受理情實可矜可並與照別定別勘年限施行同日赦勘會民間諸色人訟訴事節州縣監司各有

結絶日限近來官司往往縱容人吏故作遷延或枝蔓
行遷（譖）希望求囑至有經涉歲月不爲結絶者使實被枉
之人困于逆旅其當職官恬不加恤今敕到日將應未
結絶名件限一月依公結絶如違許人戶越訴　淳熙
元年三月二十九日御前忠佐軍頭引見司言每遇車
駕行幸有唐突人所訴事不經次第本司降奏指揮從
杖一百斷罪乞自今有似此唐突人令臨安府斷罪訖
報軍頭司照會取旨從之　十月十四日詔自今監司
被受三省六曹委送民訟並令躬親依公與決疎（跌）遠回
報若事干人衆或涉遠路須合委定奪亦令立限催促
候到從本司再加詳審別無不當方得具申仍令所屬
卷一萬三千二百二十
曹部置籍稽考住滯申尚書省其所委監司取旨　五
年八月十三日知平江府單夔言詞訟改送止欲別議
是非使不失實而已若前斷之官已經移替自不妨復
付之本處乎事既已無嫌吏得舊訟悉理民無遠赴之
患從之　六年九月十六日明堂赦命官雪訴罪犯刑
寺見得委實冤抑合行改正所有元斷月日若再令陳
乞却致往返虛延歲月可令刑寺一就看定申尚書省
　十月十六日詔諸路監司自今應有齎將州縣訴不
干己者籍定申聞量看候將來再犯累其罪狀重寘典
憲先是刑部尚書謝廓然言郡縣臺省訟牒繁夥皆閭
里亡賴憑恃籍囂訟以爲囊橐縱使守令稍有風力猶不



免其指摘舊例已行之事撰造無根難明之詞甚者使
其任滿到闕公然攔擾凌辱無禮故近來州縣畏是愈
不可爲故有是命　七年六月十三日詔監司郡守應
所屬官吏或身有顯過而政害於民者即依公按劾或
才不勝任而民受其弊者亦詳其不能之狀俾依近例
改受祠祿不得務從姑息致有民訟方行按劾若廉察
素明而的知其興訟不當者則當爲白其是否以明正
其妄訴之罪不得一例文具舉覺　十二月十六日詔
自今獄事委送鄰郡或鄰郡追逮稽慢不遣令具申監
司從監司差人追發若被訴人在禁而詞主再追不出
即將被訴人先次知責　九年八月二十六日詔諸路
卷一萬三千二百二十
監司自今人戶訟訴有合送別州追人索殺推治者止
就鄰近州軍仍不得過五百里　十五年八月二十六
日詔諸路凡有訟事斟酌大小輕重於送獄之際不許
輕率仍令刑獄長貳常切稽考御史臺常切覺察　淳
熙十六年閏五月七日大理卿陳倚言近來人戶理訴
婚田等事皆有監司州縣自可理斷者其間有不曾次
第經由官司或雖曾經由不候與奪及有已經官司定
奪自知無理輒便越經天庭進狀妄訴於貼黃籍定乞
送大理寺顯是全無忌憚乞今後應有進狀訴事從自
來體例先次降付尚書省量度輕重合與不合送寺取
旨施行從之　紹熙元年六月十四日臣僚言州縣遇

民訟之結絶必給斷由，非固為是文具，上以見聽訟者之不苟簡，下以使訟者之有所憑據，皆所以為無訟之道也。比年以來，州縣或有不肯出給斷由之處，蓋其聽訟之際不能公平，所以隱而不給。其被冤之人或經上司陳理，則上司以謂無斷由而不肯受理。如此，則下不能伸其理，上不為雪其冤，則下民抑鬱之情皆無所而訴也。乞諸路監司郡邑自今後人戶應有爭訟結絶，仰當廳出給斷由，付兩爭人收執，以為將來憑據。如元官司不肯出給斷由，許令人戶徑詣上司陳理，其上司即不得以無斷由不為受理，仍就狀判索元處斷由。如元官司不肯繳納，即是顯有情弊，自合追上承行人吏重行斷決。從之。〔卷一萬三千二百二十〕

紹熙五年九月十四日，明堂赦：州縣民戶詞訴已經朝省監司受理行下所屬州縣追究定奪之類，往往經涉歲月，不與斷理，使實負冤抑之人無由伸雪。仰諸路監司催促，限一月依公結絶。如仍前遷延，許人戶越訴，將當職官吏重作施行。（自後赦並同。）

慶元元年六月二十一日，知臨安府錢象祖言：「日來頗多滯訟，乞戒飭御史監司常切覺察，有翻理不決之訟，必差官吏分互委送，閱實審覆，使是非枉直咸得其當。至有經投匭進狀者，亦先從都司詳所屬曹部見今所行，果有未盡，朝廷別委清疆明練之吏重為看定。」從之。

三年三月二十七日，臣僚言：「乞申嚴舊法，行下諸路，應訟事照條限結絶，限三日內即與出給斷由。如過限不給，許人戶陳訴。」從之。

四年八月五日，臣僚言：「乞行下諸路監司州縣，如有告訴事干人命，並須實係被害之家血屬，其所訴事理證據分明，方許追勘。倘涉誣罔，須與反坐。其詐稱被盜放火之人，如正賊敗獲，究證得實，曾將平人誣罔騷擾，必坐以坐。其他誣告之事罪當反坐者，並須從條斷治。州縣具情節申提刑司，提刑司具申刑部照會，庶幾誣罔之風稍戢，實清獄訟之切務也。」從之。

十月二日，臣僚言：「百姓有冤，訴之有司，將以求伸也。今民詞到官，例借契錢，不問理之曲直，惟視錢之多寡，富者重費而得勝，貧者銜冤而被罰，以故冤抑之事類皆吞聲飲氣。乞行禁止。」從之。〔卷一萬三千二百二十〕

六年閏二月五日，臣僚言：「乞申敕戶刑兩司刷其詞訴名件，斟酌事宜，立定日限，趣令結絶。其或所屬官司仍前稽違滅裂不報，及雖回報而定斷失當，翻論不已者，則從省部擇其甚者申奏一二，乞行責罰。不惟止及監司郡守，而經由官司例皆懲治。」從之。

五月十四日，中書門下言：「戶部詞訴公事多是發送定奪，枝蔓遷延，遂致積年不曾結絶。」詔戶部行下所屬曹部，將目今應干累年未了詞訴公事，須管目下盡行定斷，不得仍前循習舊弊，復致積壓詞訴不絶，各具已結絶名件申尚書省。

嘉泰元年二月十二日，監察御史施康年言：「乞戒飭諸路監司，凡有詞訴必

使盡情處斷務要結絕如或淹延歲月與決不當猶或
上聞令御史臺擇其尤者將本路監司彈劾聞奏仍將
所屬州縣官吏重寘如法若頑民健訟事涉細微輒敢
投匭進狀亦令所屬常切檢舉重作行遣從之　開禧
元年六月二十一日臣僚言乞下諸路郡縣應干獄訟
並令照條令理斷如有淹延數年重為民害者委監司
糾察如監司不糾察或自為淹延者從臺諫論奏從之
　十一月十一日監登聞鼓院章燁言進狀之弊有一
事而累經進狀或經年而未曾結絕者是法令之不立
賞罰之不行故也前來奏劄所以顧重朝廷之事體申
飭諫院自今進狀凡所送官司除程與限一月結絕仍

卷一萬三千二百二十

具結絕因依備申諫院如違限不與結絕或結絕或未
結絕而所斷不當以致冤民再進狀者許諫院稽考隨
事輕重劾奏而責罰之或官司結絕已得公當而頑民
健訟復敢虛妄進狀者當從狀尾所甘坐以上書虛妄
不實之罪務在必行如是則冤枉可以伸嚚訟可以息
從之　十三日臣僚言州縣之間獄訟繁多者告訐未
盡革也蓋罷役胥徒與夫武斷鄉曲頑賴無業之人交
相表裏窺伺善良始則搜剔疑似鈐制恐脅詐取財物
繼以巧飾虛詞公形訴牘州縣類多不察與之受理根
連株逮鍛鍊非辜加以貪刻之吏利其資財抄估籍沒
肆其慘毒間有得直者固已家破產亡而所誦告訐之

刑法三之三九

人未嘗反坐不過科以不應為不干已之罪而已乞行
下監司州縣申嚴告訐之禁官吏有敢故縱違犯者重
寘典憲其告訐之人照條反坐從之　二年二月五日
臣僚言省部送下公事有已經州縣監司累年不決者
臣初恠其健訟及探討本末始知多因官司不能分明
剖析致使兩詞經臺經部經都省而不以為瀆乞自今
省部送下公事送之監司者監司不可付之郡太守送
之郡太守者郡太守不可付之郡縣吏大率地位稍近
者易囑託分勢稍高者難請求必須監司太守自行理
斷從之　嘉定三年四月二十四日臣僚言詞訴之法
自本屬州縣以至進狀其資次遂絕如此今捨縣而州

卷一萬三千二百二十

捨州而監司等而上之至于臺省乃有不候所由官司
結絕而直敢進狀或至伏闕乞自今進狀如係臺省未
經結絕名件許令繳奏取旨行下所送官司催趣從公
結絕如所斷平允即從斷施行如尚未盡却行一按追
究即不得徑行追會根勘則紀綱正而刑罰清矣從之
　五年八月一日臣僚言乞自今令左右司以進狀之
籍照程限稽考必令所送官司分辨曲直申上朝省見
得日前所斷果有屈抑將官吏重寘之罪若所訴事未
經定奪而輒詣鼓院者都司勿與施行本無屈抑而妄
言屈抑者必與懲治從之　九月二日臣僚言竊照慶
元令諸受理詞訴限當日結絕若事須追證者不得過

刑法三之四〇

五日州郡十日監司限半月有故者除之無故而違限
者聽越訴今州縣監司理對民訟久者至累年，近者亦
幾一歲稽違程限率以為常乞戒飭監司州縣照應條
法應詞訴稽程不為結絕者即與次第受理已結絕即
與出給斷由仍下戶刑部如受理詞訴即時出給告示
不受理者亦於告示內明具因依庶使人戶憑此得經
臺省陳理民情上達寃枉獲申從之　六年六月七日
權刑部尚書曾從龍言乞今後每遇歲終從本部具諸
路及諸州軍詞訟未結絕名件申尚書省摘其歲月最
久者劄下本處具析不結絕因依仍具當職官姓名并
吏人取旨量行責罰庶幾民訟免至淹延從之　八月

卷一萬三千二百二十

二日臣僚言自今部中所受民訟棘寺所勘公事須令
從公予奪盡情根究不得更循囑託觀望顧慮其或不
悛本臺密切體訪彈奏從之　十月二十六日權戶部
侍郎李珏言竊惟今日中外之弊莫甚于按牘積滯吏
習因循視民政為不切之務近因置籍稽考諸路監司
并州郡承受本部發送民訟截至九月終未結絕共一
千三百三十四件其間蓋有經數年尚未結絕近而兩
浙轉運司未結絕者亦二百四十餘件是致人戶不住
經部經臺催趣乞許從本部做財賦殿最之法歲終將
諸路諸郡所受臺部符移擇其淹延最甚者申朝廷量
行責罰至於留意民政獄訟平理並無違滯亦許以姓





名上聞特加旌擢庶使為政者皆知以民事為急從之
　七年九月十九日臣僚言四方投匭之辭正緣屢涉
有司未平而造及上達廉陛之前乃必分枉直之地若
復付之悠緩終將無所予決乞明敕有司今後應經匭
院進狀都省竊詳嚴限送部盡索前後所斷照法指定
不許復行改送如委屬寃枉即與申雪或元斷已當罷
訟不悛必加懲治本部適限不為結絕或致再詞仍議
官吏稽違之罰則天聽尊嚴民情洞達朝省訟牒立至
簡清益廣聖主明目達聰之意從之　十年十一月四
日臣僚言近年疆宗大姓武斷鄉曲甚以小利而漁奪細
民以彊詞而妄興獄訟持厚賂以變事理之曲直持戚

卷一萬三千一百二十

訴以格州縣之追呼大率把持官吏欺壓善良乞戒飭
監司守臣其有訟訴必詳加審察已結絕者則取索斷
由重加審定未結絕者則立限催斷具由情節如見得
委有情弊予奪不公即與追治承吏若乃憑情兇狡飾
詞越訴意在挾持即將犯人嚴與根究必罰無赦從之
　十二年十二月二日臣僚言夫民必有爭而後刑於
訟訟之所起始於其鄉而達于其邑使邑有賢宰則訟
可息爭可定自其縣未足以平其心然後訴之于州州
又未足以平其心然後訴之於監司已出于其勢之不
得已孰知其又有經臺部而猶未止者乞下此章申儆
州縣凡有民訟隨時斷遣或遇臺部送下狀詞亦仰監

田訟

司及所部郡縣察詳事理疾速施行其或以獄為市淹
延歲時荼亂曲直臣當次第覺察以聞重寘典憲從之
田訟 太祖乾德四年閏八月五日詔應先陷在劔
外人蜀平來認田宅者如已過十五年除本戶墳塋外
不在理訴 太宗淳化二年正月二十六日詔荊湖淮
南江南兩浙西川嶺南管內諸州民訴水旱害田稼自
今夏以四月三十日秋以八月三十日違限者更不得
受 真宗景德二年六月九日詔河東管內有訴認仍
偽命前祖先莊產者止給荒田墳墓其桑熟地土不在
分割之限 大中祥符九年九月十六日詔緣蝗旱
今始得雨諸處務開公事比常年更延一月八年以前
卷一萬三千二百二十
婚田等事未得受理候豐稔如舊 十八日詔諸路州
縣七月以後訴災傷者准格例不許今歲蝗旱特聽收
受 仁宗天聖七年五月十一日太常博士王告言昨
通判桂州每歲務開民多爭析財產洎令進狀多是積
年舊事拔偽劉時凡民祖父母父母在手孫始娶便析
產異爨或斂於營度資業益蓄或惰不自脩田畝蕪廢
其後尊親淪逝及地歸中國乃知朝廷編勑須父亡殁
始均產因萌狡計以圖規奪或鄉黨里巷傭筆之人替
為教引借詞買狀重請均分洎勾捕證佐刑獄滋彰或
任均分遂成忿競故每新官到任動須論訴游手之輩
僥倖實多勤懇之民冤抑無告今請限乾興元年正月







一日以前凡廣南民若祖父在日分產與子孫者悉以
見佃為主不在論理之限詔如所奏仍以勑到日為限
其限後若祖父在而別籍者論如律 九年五月十二
日京兆府言涇陽縣民劉顯等五戶訴先於二十年前
以田錩產鬻於豪戶其時割稅不盡自後無田抱稅相
繼輸納累經披訴未蒙蠲放即移本縣覆驗得實按新
編勑凡立契十年以上縱有未盡稅數亦不在均送之
限竊詳上件百姓累嘗披訴蓋是縣司徇豪民之意未
曾改正不田而稅於理無文兼當府諸縣似此貧戶田
盡稅在者甚多望下有司別定規制事下大理寺具言
編勑未行之前已經官司論理合下本府改正仍慮諸
卷一萬三千二百二十
路有似此官吏厄塞細民曲徇豪倖者望以勑到日給
限一年聽自官司改正限滿不首勿更論理從之 景
祐四年十月二十三日御史臺言威勝軍狀錄事參軍
楊中孚訴於澶州請買官莊為宗璘爭買乞賜定奪詔
付詳定看詳如依澶州及刑部用啟倖隱稅條定奪緣
元按衛南稅簿點檢中孚所請買田元在樓店簿內開
閣稅賦令來已收入催科簿內拘管稅額三司擬未落
簿盡未為失陷若依法寺引用廻避詐匿不輸條却給
地與中孚又緣中孚違限不納價錢告囑手分未出戶
帖虛鑿稅簿避兩料稅物以此難給與中孚仍舊為主
所隱稅物若無宗璘告論官司無因得知欲望給田宗

詳用為激勸中學昨於澶州以財行求鄉縣手分用倖充兩科税物見充録事条軍躬掌薄籍輕冐典章乞行降黜以戒群倫今後但用倖隱避不納省税不以税額落與未落其田土並給與告事人充賞從之中丞特令衝替

五年五月三日詔諸色人論田上詣闕進狀朝廷下轉運提刑差官推勘者並依令十月一日以後施行不得有妨農務從中丞晏殊請

慶暦二年十月五日訪聞諸處有𪻐子情其罰贖遇小有水旱即糾集人衆為辭牒之首妄撓州縣自今後不得聽為狀首如違犒實奏斷

治平四年閏三月十八日（神宗即位未改元）詔天下有閑官并彊徒之輩昏賴田土有妨農業令轉運提



刑司早催促結絶施行

哲宗紹聖元年八月二十六日左正言張商英言許州陽翟縣豪民蓋漸家貲累巨萬計女兄弟三人有朝士之無耻者利其財納其仲為子婦以漸非蓋氏子闌通州縣訟而逐之三分其財而有之蓋漸無所生養父母法合承分詣朝省理訴終為勢力者所扼欲乞送不干礙官司推究情弊以伸沉冤詔令戶部選差郎官依公根勘具案以聞

十一月十六日左司諫商英言潁昌府百姓蓋漸遮執政馬首聲寃稱侍御史来之邵滅絶本家祭祀規奪父祖財産臣以之邵在風憲之任為小民毀辱不自奏辨送具劄子論奏蒙送戶部選郎官看詳按法諸義子孫身雖存而



所養所生父母祖父母俱亡被人及自有所論訴各不得受理據臣所聞蓋漸曾有姑證是族生親姪男又有改嫁母阿張證是義男於法皆不可用乃是所養祖父母於其母嫁之後養以為孫于條正是義孫若無所生父母即官司不當受理此訟止是片言可决訪聞潁昌府公按内自有之邵手書欲將蓋氏住宅兑換房錢審若有之知情明甚文昌從官舉動如此深可嗟駭望早賜施行（同並後由此罷事具黜監門）

高宗紹興二年三月十七日兩浙轉運司言准紹興令諸鄉村以二月一日後為入務應訴田宅婚姻負債者勿受理十月一日後為務開竊詳上條入務不受理田宅等詞訴為恐追人理對妨廢



農業其人戶典過田産限滿備贖官司自合受理交還緣形勢豪右之家交易故為拖延至務限便引條法又貪取一年租課致細民受害詔應人戶與過田産如於入務限内年限已滿備到元錢收贖別無交互不明並許收贖如有詞訴亦許官司受理餘依條施行

是年八月十五日臣僚言法之有務限要所以大為之防今若一决其防不免于争競但既在務限前投狀自可申飾有司嚴行理贖或寄錢在官給據為憑業令若改法恐有其弊至于害民戶部契勘人戶典田年限已滿于務限前收贖自有見行條法若于務限内年限已滿或未滿錢業主兩情願收贖自聽從便若有論訴自合依

紹興格限條法詔依　四月十一日德音訪聞福建路范汝爲等賊徒及上四州軍曾係作賊招安之人自前占據鄉村民田耕種或雖不占據而令田主計畝納租及錢銀之類令賊魁已行誅戮深慮尚敢憑恃恩貸占奪民田認爲己業仰州縣出榜曉諭許人戶陳訴官爲斷還　五年八月二十四日德音應潭郴鼎澧岳復州荆南龍陽軍循梅潮惠英廣韶南雄虔吉撫州南安臨江軍汀州管內訪聞昨來作過首領多是占據民田或雖不占據而令田主出納租課今來既已出首公參尚慮依舊拘占人戶畏懼不敢爭訟仰州縣多出文榜曉諭限一月陳首退還元主如依前占吝許人戶陳訴官爲斷還　閏四月十日戶部言賣田宅依法滿三年而

卷一萬三千二百二十

訴以利息債負準折或應問鄰而不問者各不得受理邇來田價增高於往昔其賣典之人往往妄稱親鄰至及墓田鄰至不曾批退或稱卑幼瞞昧代書人類百端規求雖有滿三年不許受理條限緣日限大寬引惹詞訟詔典賣田產不經親鄰及墓田鄰至批退一年內陳訴出限不得受理　十三年六月二十八日大理寺參詳戶部所申違法典賣田宅陳訴者依勅自十八歲理限十年係謂典賣田宅之時年小後來長立方知當時違法之類即合依自十八歲理限十年陳訴其理三年限自陳係謂陳乞恩賞理訴罪犯之類與十件事理不



相干欲依本部看詳施行從之　十九年十二月十三日權尚書戶部侍郎宋貺言湖湘江淮之間昨經寇盜多有百姓遺棄田產比年以來各思復業而形勢戶侵奪地界不許耕鑿欲望立法誡飭戶部措置欲乞下江南東西荆湖南北淮南東西路安撫轉運提刑司檢坐見行條法出榜曉諭如被上戶侵奪田土之人仰赴官陳訴若幹當人係白身或軍人即仰依條重行斷遣如有官人即同形勢官戶人家並具情犯姓名申朝廷依法重作施行州縣觀望不爲受理仰監司按劾其四川兩浙東西二廣福建京西路亦乞依此從之　孝宗隆興元年四月二十四日大理卿李洪言務限之法大要

卷一萬三千二百二十

欲民不違農時故凡入務而訴婚田之事者州縣勿得受理然慮富强之家乘時恣橫豪奪貧弱於是又爲之制使交相侵奪者受理不拘務限比年以來州縣之官務爲苟且往往借令文爲說入務之後一切不問遂使貧民横被豪奪者無所伸訴欲望明飭州縣應婚田之訟有下戶爲豪强侵奪者不得以務限爲拘如違許人戶越訴從之

宋會要

# 勘獄

太宗太平興國五年閏三月二十四日，詔應命官犯徒已上罪去官事發者，宜令逐處追尋勘鞫，以其狀聞。八年八月二十日，詔今後勘諸司使副、供奉官、殿直等案內，須具出身入仕因依，法寺斷罪亦取敕裁。　雍熙三年九月二十三日，著作佐郎劉芳言：「朝廷差出制勘使臣，自來只於本州附遞，竊慮漏洩獄情，今後望許直發遞。」從之。十月二十二日，有司言：「準太平興國六年五月詔書，諸道刑獄大事限四十日，中事二十日，小事十一日，皆十下三日加一等，罪止杖八十。自來諸道刑獄出限三十日以下者，比官文書稽程定罪；故違日限稍多者，即引上件詔書從違制定罪。今請別立條制，凡違四十日以下者，比附官文書定斷，罪止杖八十；四十日以上奏取旨。如事有關連，須至移牒刺問致稽緩者，具以事聞奏。」卷一萬九千九百七十八　四年八月八日，將作監丞宰著言：「今後差使臣制勘公事，望令於所勘事州軍鄰近處據名抽差司獄。」從之。　端拱元年十二月二十七日，兗州判官劉昌言：「竊見外州府推勘刑獄，多於禁人本狀之外根勘他罪。欲乞今後除事該劫盜殺人須至根勘外，其餘刑獄並不得狀外勘事。」從之。　二年二月十八日，詔今後應宣敕差出勘事使臣，朝辭日具所勘公事因依，回日具招對情罪事節進呈。　淳化二年四月一日，詔諸路轉運使今後差官勘事，並於幕職州縣內揀選清強官一員，仍於本州別選清千礙監當京朝官或監押、幕職一員同推，務要盡公，以絕枉曲。　十四日，詔應差官制勘并轉運司差官推勘及省寺　公案不圓合行取勘等事，敕下之日，先具事由送大理寺，仰本寺置簿抄上，候勘到公案下寺斷遣了日勾鑿。內有延遲過違日限者，便仰舉行勘責。　八月十八日，光祿寺丞奏言：「勘鞫公事，欲乞今後命官、將校等合該杖罪，則牒送本州仍舊勾當，候敕命指揮；如徒罪，仍舊收禁。」從之。　三年五月十九日，御史臺言：「欲乞今後應制勘官約束一行人等，不得容有囑求，及到州府無泄事情。如違，並許逐處卷一萬九千九百七十八官吏舉覺。」從之。　七月十六日，詔：「訪聞諸州事應刑獄公事，若是州府受情，須至經轉運司論訟。其間須富豪形勢之輩，卻於轉運司請求司吏，揀選州縣將欲注滿之人推勘。令逐路轉運司今後並須使副親自差強幹能勘事人，不得更似日前致有違越。」　三十日，峽路轉運使崔邁言：「川峽之民好訟，皆稱被本州抑屈，又關官抽差。乞今後如非疑獄及不關人命，只依元敕行遣，減去同共勘斷二人，仍乞縣令之中容選清強差使。」詔逐路轉運司今後應勘事只差勘官一人，如公案了當，依舊例請錄問官、檢法官一員；或有大段刑獄公事，臨時取旨。　四年五月二十九日，詔御史臺應有刑獄公事御史中丞以下躬親點檢推鞫，不得信任所司，致有冤濫。 七月三日，淮南路提點刑獄尹玘言：「今後制勘使臣乞不指謝州縣踏逐係官空閑舍屋充制勘院。」從之。 十一月十五日，知制誥柴成務言：「應差官勘事及諸州推鞫罪人，案成差官録問，其大辟罪別差職員監決。如録問飜變或監決稱冤，即別差官推勘，此誠重刑之至。然臣詳酌滋長奬偉，且人之犯罪至重者死，數有飜變，或過赦免，則姦計得成，縱不遇恩，止是一死。近見達州賈克明為殺人，前後禁縶一年半，七次勘鞫，皆伏本罪，録問翻變，賴陛下英明經裁，不放，差轉運副使蔣堅白、提點使臣董循再同推勘，方得處斷。其如干連證逮

卷一萬九十九百七十八

州縣追禁，此又何辜！欲望今後朝廷、轉運司、州府差官勘鞫，如伏罪分明，録問飜變移者，委本州處別勘；重者轉運司隣州遣官鞫勘。如三經推勘，伏罪如初，款辨分明，録問飜變，監決稱冤者，並依法處斷。」事下大理寺詳定。本司言：「檢會刑統唐長慶元年十一月五日敕：『應犯罪臨決稱冤，已經三度斷結，不在重推之限。自今以後，有此色，不問臺與府縣及外州縣，但通計都經三度推勘，每度推官不同，囚徒皆有伏款，及經三度斷結，更有論訴，一切不在重推問之限。其中縱有進狀敕下，如已經三度結斷者，亦許執奏。如告本推官典受賂推勘不平，及稱冤事狀有據驗者，即與重推。如所告及稱冤無理者，除本犯死刑外，餘罪於本條加一等；如官典取受有實者，亦於本罪外加罪一等。如囚徒冤屈不盡者，其第三度推事官典本法外加等貶責，第二度、第一度官典節級科處。』今詳刑統內雖有此條，承前官吏因循，不能申明，自今請（原空）成務起請施行。」從之。 五年三月二十一日，黄御河催運葉傚言：「河北轉運使李若拙先差刑州散參軍廉成式往通利軍勘公事，近七十日尚未了當。文式元是犯事人，若拙不合抽差。乞令逐路轉運司今後更不得差散參軍、文學、長史、司馬、別駕并配衙前人等勘鞫公事。」詔文武見勘公事，令轉運司疾速別差官替，訪送樞密院與記姓名。 四月十一日，詔開封

卷一萬九千九百七十八

府左右軍巡司、録司：炎暑之月，禁縶極多，皆是淹延，令御史臺差官取勘知府張宏等情罪以聞。 十一月四日，著作佐郎夏象言：「制勘公事，只令於隣近州府抽差司姬，其間或是親姻，必有倖門。乞令制勘官取便抽差。」詔今後凡差官推勘公事，所要司獄取便抽差，即不得全然隔驀州府。 至道元年正月十一日，詔曰：「朕君臨大寶，子育羣生，漸致隆平，歷務煩劇，而禁者尚容，深用疚懷。諸州長史雖職在親民，而動多率意，怨致枉濫，須革因循。宜令轉運使申諭諸州，應勘鞫罪人，如情理別無枝蔓，杖罪以下，長史與通判量罪區分，徒以上結正行遣。」 十一月二十九日，詔審官院自今不得差京朝

官往本鄉里制勘勾當公事諸般如中書樞密院要京朝官差遣並仰具本官鄉貫去處供申其推勘官仍令御史臺亦依此指揮　二年九月十四日河北轉運使高象先言欲乞今後除降宣敕令差官外所有經本州軍指論公事只委是知州通判職官事依公推勘斷遣更免差官支費從之　三年四月二十七日審刑院言并州推官羅伯英起請乞今後授宣敕及轉運司差官推勘公事所到推勘處州府不得置延會迎待及到推勘院相見看詳並得允當從之　真宗咸平元年三月二十日判大理寺尹圮言諸州奏案多不圓備欲別定推勘條式須下從之　十月十九日帝謂輔臣曰往者憲

卷一萬九千九百七十八

司承詔推事多詣中書稟命或有愛憎尤為非便張齊賢曰推勘官但執詔命不原事理箠楚之下何情不得漢相周勃下獄見獄吏則頭搶地故云削木為吏議不對是也帝曰斯尤可念卿等當慎用刑期於平允　二十日詔應降宣敕推勘公事並須據實勘鞫不得抑勒令禁人須依宣敕虛有招通今後所差勘事官敕內入此聖旨　二年四月八日御史中丞張詠請自今御史京朝官使臣受詔推劾不得求升殿取旨及詣中書稟命從之　十四日帝謂宰臣曰所差京朝官推勘公事承命之後多聞稱疾此有所規避也張齊賢等曰朝廷比選儒臣奧明理道使之鞫獄殊未盡心案文多所不



圓跳駮更勞推覆動罹枉撓實起怨咨若不塞其弊源恐有傷於和氣欲望於三班中選定諳會推鞫刑名者十人以備差使從之　尋以殿直孫遜等赴中書祗候勘事依勘官支料錢見收仍與食直錢及定三年一替　九月二十日詔差殿中丞毋卯震托刑州制勘公事放朝辭便令進發所有盤纏錢令閤門依例支給仍自今後制勘公事放朝辭者准此　四年四月十四日知沂州王矩言轉運司差轄下官吏推勘公事如不得了當者乞量定責元詔諸路轉運司今後並須選差諳會刑獄清強者不得鹵莽差遣致刑禁淹延　五年八月六日水部郎中何蒙言今後如有經轉運司陳狀論理

卷一萬九千九百七十八

公事乞且於本州選官將狀看詳如必然即差官推勘詔諸路轉運司有論訴公事並先取索本州公案參酌事理不得便憑文狀如事須推治即選清強官勘鞫　景德元年八月十一日詔諸差勘事官等有犯贓私罪官員並須具從來有無舉主入案令審刑院大理寺更加檢覆先是帝曰向來中外奏薦並令連坐有被舉者或罹憸犯多匿舉主姓名故有是詔　二年四月八日右諫議大夫薛映言兩浙民多因屠牛私販酒麴茶鹽并盜竊贓隨贓捉獲亦有屯駐禁軍酒醉或軍人賭錢逐事證驗諳實不必追證雖係徒刑自來只當直司勘狀當日依法斷遣及有外縣勘證結正到諸雜徒罪公

業看詳情節圖倫所送罪人當面引問別無未同者只
重責審狀依法施行不更下司禁勘令轉運司牒州令
後當直司不得輒斷徒罪公事臣以為事理分明不宜
屢須刑禁乞依舊許當直司斷徒罪公事帝曰苟事狀
章明不須繫獄者固當即時決遣　八月十八日左巡
使艾仲儒言在京勘公事乞依外處例許指射推司姓
名抽差一兩人祗應詔只得定名一人餘令本府差定
既而知開封府司錄叅軍王陳奏乞罷御史臺及制勘
所指差曹司詔除在京勘公事依前詔外其餘公事不
得定名抽差　九月詔應差推勘錄問官除同年同科
目及第依元敕迴避外其同年不同科目者不得更有

卷一萬九千九百七十八

辭避　三年八月二十八日詔令後宣徽院勘使臣非
贓污及公罪徒以上並不在禁限　大中祥符二年七
月二十九日詔大辟罪人案牘已具臨刑而訴冤並令
不干礙明幹官吏覆推如本州官皆礙則委轉運提點
刑獄司就近差官　時光化軍斷曹與將刑稱冤後命
縣尉鞫治刑部上言縣尉是元捕盜官事正干礙望頒
制以防枉濫故也　十一月十日御史臺推勘官章得
一言奉宣赴懷州制勘都監王懷一蹈違事緣本人掌
兵乞先差官衝替然後捕鞫帝曰懷一犯罪被推將慵
恐不暇得一之奏過也帝令依所受命速往追勘　三
年四月十九日詔內外官犯罪被推情理昭然不即引

刑法三之五五

伏竊望滯留者並權格仍不得領務常從人亦罷去之
先是虞部員外郎知通州李慕清以不察鹽場官為盜
累遣官按劾不承為御史臺所舉故有是詔　四年十
一月十六日詔令後差官覆劾事如前案大事既正雖
有小節目不圓但不是出入罪者其元勘錄問檢斷官
更不行勘只收理聞奏審刑院大理寺候奏到取旨
二十六日大理寺言推鞫公事並須當職官躬親監轄
向來定斷刑名輕重未適欲自今除司理叅軍并專受
命鞫獄之官如不躬親並依舊制自餘諸色勘鞫偶有
違犯具事以聞如所劾罪出入重於前條即依元制從
之　五年閏三月二十六日詔應官吏犯徒以上徒罪

卷一萬九千九百七十八

去官事發者宜令逐處鞫之以其狀聞　四月二日詔
遣官制鞫公事所差推鞫獄卒如經七次無法司駁難
者遞遷一級如未有闕即令守闕　十八日詔文武官
被制劾者所司移報閤門禁止朝謁　時嘗叅官有別
制推問或因事到京即便入見及上殿奏事閤門及所
由司不知故也　八月二十九日詔制劾刑獄無特處
分者並依推勘條式決遣流罪及命官別具案以聞時
詳議官沓拱之言諸州奏案多以所降宣命止言制劾
應干繫官吏情罪具案以聞乃悉拘禁以伺斷勅頗成
留滯故有是詔　十月二十五日詔掌獄之官累降詔
條務從欽卹今承景貺尤軫深衷今後案鞫罪人不得

刑法三之五六

妄加逼迫致有冤誣　七年正月十七日詔推勘公事
干連女已當為證者千里之外勿追攝移牒所在區斷
時鼎州判官孫蹕受財坐罪轉運使牒鄂州追其妻證
三子皆幼帝愍之故有是詔　四月十二日詔諸路差
官推勘刑獄已追劾而受敕移官者俟決訖方得赴任
先是金部員外郎梁象言外州推劾有方行追鞫或當
結案次以勘官受命移官者皆避事牒本州而去洎再
差官復有追擾淹延刑禁漏泄獄情乞行條約故有是
詔　八月十九日詔曰齊俗之刑蓋非獲已苟違詳審
必爽至和如聞推勘之官罔遵欽卹之念加於巧詆迫
以自誣遂使愿章或虧平允自今勘鞫官須盡理推勘
卷一萬九千九百七十八
本犯不得以刑勢及元奏抑令招服致有枉曲如囚事
胥罣及被訴虛招情罪別勘諸實其元勘官當行朝典
先是三司開封府奏劄子刺事止依元降事意令人
伏辨帝慮誤入其罪故有是詔　八年七月九日詔今
後公事干連知州通判都監贓私罪許轉運司差官取
勘外自餘知州通判都監公罪並就本州差無干礙官
取勘其統屬官長吏量公私贓罪輕重於州院司理院
及差職員取勘　九年正月七日糾察在京刑獄王曾
趙稹上言咸平縣民婦盧與義爭財府縣官吏恣受其
賄知府慎從吉男亦為請求憲軍巡訊問有所顧避望
移鞫他所宰臣奏曰若委臺司又稹知雜御史亦為礙



事即令殿中侍御史王奇王司戶部郎官梁固雜治其
事中使譚元吉監鞫帝又謂王旦曰昨譚元吉監劾公
事並不知的然管勾之事降敕具條樣名目自今監劾
逐時付與使有所遵據　六月二十三日樞密直學士
任中正言昨見吉州奏姜遵知縣日取銀百兩衆以遵
清幹必無此事朝廷合差官押赴制勘免為轉運衙錄
宰臣王旦曰王曾嘗保任遵近到中書言亦如此朝廷
雖差官押去豈便能保明實無贓濫但常指揮江南轉
運提點刑獄官專切管勾如稍偏曲罪在兩司受之
八月二十八日詔大辟罪臨刑聲冤者並送不干礙刑
獄留禁具馬遞申轉運提點刑獄就州選官覆勘　十
卷一萬九千九百七十八
月十二日詔中書樞密院今後差官勘事各置簿記之
庶見逐州治迹能否　天禧元年正月十日詔諸路轉
運提點刑獄每受朝廷降下及訴訟公事不體事理究
取公案看詳便於別州差官置司推鞫妨廢所差官職
事及多煩擾自今須詳事理施行　十一月⊕七日侍
御史知雜呂夷簡言臺直官所劾公事自來有同科同
年及第者多授詔文稱有違礙望行條納詔自今勿復
迴避　十二月二十六日玉清昭應宮判官夏竦乞代
母赴臺證事從之如事須問毋者聽就其家　二年二
月詔軍巡院所勘罪人如有通指合要干證人並具姓
名人數及所支證事狀申府句追候詔證畢無非罪者

即時疏放三月二十三日知虢州查道言諸路承例遣幕職官鞫問本路轉運提刑獄官公事體頗未便望自今止令兩司互相推問從之　四月十四日判大理寺李虛己言請自今命官犯贓不以輕重並劾舉主私罪杖以下勿論從之　七月八日詔應制勘公事不得援例於御史臺差推司　三年五月一日詔自今管軍將校沿邊總管鈐轄犯贓私罪當禁錮者即以本司事付長吏訖禁勘　時鄜延鈐轄高繼勳犯私罪勒停後始以本司事付知州因有是詔　四年正月二十三日詔桂州職官宜令流內銓各添註及五員仍揀選壯年辦事人往彼除供本職外祗候轉運提點刑獄司差遣推

卷一萬九千九百七十八

勘定奪公事　二月詔大理寺自今駁勘并留案及翻變再勘公案等候札送都進奏院催促即具申審刑院令本院置簿抄上委詳議官一員管勾仍與衆官同簽書知院通判押點檢日數稍多令本寺移文催促或更未奏即同牒本路提點刑獄司催促候銜奏訖即判院官當面勾銷簿曆　五月一日太常少卿直館陳靖言竊見逐路轉運提刑司差推勘公事並支口食其間官典輒或取舍不公以俯近赦宥因循勘結不務專研乞今後應差勘官勘正前來公事其餘官典並須取勘罪懲詔逐路轉運勸農司今後應勘鞫公事並選差清幹官如或鹵莽及拖延俟赦仰具元由別差官勘結元勘





官吏情罪以聞　仁宗天聖二年正月詔開封府自今禁勘公事干係外州軍追捉照證人及合行會問公文令入馬遞發放不得將常程公事一應發遣　二年六月一日右巡使張億言伏覩右京官員過犯下臺差官取勘乞今後更不於開封府抽差所司只就本臺差人勘鞫中書門下奏臺司自有四推人吏限以年歲遷轉出職而公事至少絕無勞績乞依億所奏從之　十一月六日御史臺推直官林永言奉敕往相州勘鞫前大名府永濟縣令崔道昇指使百姓劉寧打折母手及強奪地上事道昇前後推勘五年逐度招承虛誑每經錄問多是翻變禎稍恃賴罰銅繫治平人以致貧民嗟怨廢

卷一萬九千九百七十八

業況本人已經編配不改前非望詳察事理時降指揮詔以道昇為安州參軍其餘干連人並放　四年六月二十三日中書門下言據安州奏轉運司差荊南府節度推官徐起到州置院取勘本州官吏為不覺察參軍崔道升衷私逃走歸鄉事凡推勘公事須事理稍大或錢數刑獄或事干兩詞須要對定勾追干證者即合特置院推勘今詳安州公事情理顯然於理不須差官置院兼檢會今年閏五月八日敕命條貫分明欲申明告諭從之　七年十二月詔開封府自今府界諸縣推鞫賊徒獲半以上贓證分明公事解狀內大情已正止有小可未盡事意宜令更不收理本縣　八年十一月二

十八日，詔今後差臺官并三司判官、開封府推判官勘鞫公事，並與本任添支。　景祐元年正月五日，京東路提點刑獄崔有方言：「今後應承準宣敕推勘公事，除命官使臣、將校或死罪及情理切害者奏聞外，其餘流罪以下，雖所受宣敕內言具案聞奏，並乞推勘條敕先次斷遣。」詔流罪以下，除指定姓名具案聞奏外，其餘干連人並依推勘條施行。　二十四日，殿中侍御史龐籍言：「勘鞫知定州馬洵美，據祁州通判成璧磨勘出分使錢物支銀羅送與高繼勲等充送路，乞責逐人請實文狀以憑定奪。」詔公用文曆更不磨勘，其已磨勘出事件更不施行，仍令龐籍疾速結案聞奏，不得淹延刑禁。　六

卷一萬九千九百七十八

月十七日，御史中丞韓億言：「準敕勘鼓司官吏不合接馬季良乞致仕狀。朝廷比置鼓司，蓋使申理冤枉，豈可未經奏御，更許退還？鼓司官吏更不取勘。」詔億合具奏裁，不合擅繳敕放罪，仍勘鼓司官吏以聞。　閏六月二十九日，審刑院、大理寺言：「欲乞今後元勘盜賊所通贓物稱於人戶處典質，即先抽取簿曆照証，方得追取。若是官司挾情教令賊人妄有指說，及官司追取賊人等枷令戶民賠備贓物，並科違制之罪。」從之。　七月十六日，河東轉運司言：「今後諸州刑獄中如有轉運、提刑巡歷審問得大情未正，差官推勘大情顯別者，所屬理一次重難勘事，批上曆子。」從之。　三年二月七日，龍圖閣直學士燕肅言：「諸獄公案，乞申明前敕，如無情弊枉曲，不得駁勘，及依條不得用例破敕，委知審刑官如妄行駁勘，並令申舉。」從之。　四年正月十三日，詔諸州勘大辟罪人，結成公案，聚聽録問，或罪人翻變，骨肉申冤，本處移司，差無干繫官吏推勘，或再翻變，即申轉運、提刑司差官推勘。　寶元二年五月一日，兩浙路提點刑獄周陵言：「今後命官犯罪係州府禁勘者，乞案成録問後，並就近申轉運或提刑司，於轄下別郡選差官吏再行録問。如事理分明，即繳案申奏；若事無証據，顯有抑屈，即明具抑屈不平事件申本司，別差不干礙官員覆勘。」從之。　康定二年九月十七日，翰林學士聶冠卿言：「天下

卷一萬九千九百七十八

州府勘到命官公案內有干連收理人數甚多，亦有情理至輕及本不合得罪，枝蔓推究，頗害良善。緣奏案之時先已決訖，法司雖行點檢，免其緣坐，亦追究不及。且愚民無知，制在官吏，誅求驅使，何敢不從？即事原情，誠可嗟憫。欲乞今後所勘命官使臣內有干連人，須是灼然有過，於法明有正條，方得收罪；自餘連累，若須要照證，暫勾分析，事了先放，只於案後辭說。」從之。　慶曆二年十一月六日，詔今後御史臺鞫獄，自依舊令外，或有別制委官劾事，合止所劾臣僚朝參者，不得直牒閤門，並從御史臺關報。從御史中丞賈昌朝之請。　二年三月二十二日，詔諸路轉運、提刑司今後準朝旨差官勘

鞫公事仰具所差官職位姓名入馬遞以聞　四年十二月二十七日知諫院余靖言竊聞太常博士王翼西京勘公事回賜緋章服伏以朝廷賞罰當慎其源勸沮之本不可不惜伏見真皇御宇敦尚仁愛勘事之官惟能雪活人命乃得叙爲勞績至今書於甲令又伏覩工部郎中呂覺陳留勘公事迴上殿自陳着緋年深乞改章服陛下曰待别因差遣與換章服朕不欲因勘事與人恩澤臣在殿門詢問呂覺初聞此語乃知陛下聰明照見隱微書於起居注以爲美事伏緣朝廷之士貪得務進者多故須每於事端抑其奔競今來陸經以交通財賄自取深罪而勘事之官先得恩澤外人以爲深文重

卷一萬九千九百七十

法能合上旨今後苛酷之吏望風希進衣冠下獄必加深罪有傷陛下欽恤之仁慎罰之義矣伏乞今後勘事臣僚上殿不得妄乞恩澤如有陳乞並委閤門御史臺彈奏特行嚴斷以示陛下仁愛之德詔今後臣僚上殿令閤門將前後條貫分明曉諭不得因進呈公事後輒有乞恩澤　五年七月二十五日詔諸州自今有犯死罪公案仰於卷内分明開說有無祖父母父母年八十以上及篤疾家無朞親成丁一處聞奏免往復淹延　七年十月十二日赦書應諸道州府軍監諸色人詣闕披訴寃枉事自來行下諸路轉運提刑司差官置院推勘甚有徇情偏曲及所差官不曉道理承前勘鞫致元訴之人寃狀不伸例遭重斷憫其抑塞宜令中書門下别爲約束者詔今後應有訴寃枉事中書置簿籍其姓名事件封元狀下本路轉運司如已經轉運司即下提刑司選清官置院推勘務要窮究事端伸理寃枉候斷放日具節畧公案入馬遞聞奏中書對簿銷落推勘官如在任三次差勘别無纇異特與理爲勞績如或準前鹵莽别致詞訟亦當嚴行降黜　皇祐三年六月三日詔昨差推直官鄭伸錫往慶州華池縣置院勘馬祐公事勘官自二年十二月到彼馬祐至次年三月方勾追到院今後朝廷差官往外州軍院推勘公事須預先劄下置院州軍仰先勾追元進狀人収管知在或闕禁訖

卷一萬九千九百七十八

疾速入馬遞申奏以憑發遣推勘官往彼免致推獄虛有留滯　五年九月二十二日侍御史毋湜言伏睹祖宗朝有中外臣僚公事發露多送御史臺推勘當時羣臣頗有畏懼自承平既久此制漸隳官吏犯法罪有直御史獄者近日道士趙清貺等請求公事干連執政大臣固宜於御史詔獄竊恐今後習以爲常有事干大臣止於所司及差官推勘儻不能盡公伸法或容苟免則挾私冒禁者豈有懼朝廷之意也乞今後公事不以大小但干涉執政臣僚者並乞送御史臺勘鞫冀新人聽以協公議仍須降詔旨以爲定式詔應有合行取勘公事並臨時取旨　嘉祐五年三月二十四日江浙等路

提點鑄錢公事沈扶言準詔赴邵武軍推勘院監勘曹均打發阿黃公事勘會建昌軍上件爭競公事始自嘉祐三年事發四年六月方始斷遣在禁及在獄病患到家身死者一十八人乞下本軍應係經兩次勾追照証除係公人之外特加存恤其死亡之家與免色役一次詔令江西轉運司勘會本軍應曾經禁勘照証公事身死人之家不問有無罪犯並與免戶下二年差徭科配其餘被追照證曾在禁者與免一年內有罪者更不免放　七年正月七日權御史中丞王疇等言聞糾察在京刑獄司嘗奏府司左右軍巡皆省府所屬其錄大辟之斷異者請下御史臺竊唯府縣之政各存官司臺局

卷一萬九千九百七十八

所領自有故事若每因一囚飜罪用御史勘劾是風憲之職下與府司軍巡共治京獄也恐不可遽行從之

神宗熙寧二年閏十一月八日遣舉句當公事沈衡鞫前知杭州龍圖閣學士祖無擇於秀州遣內侍管担無擇乘驛騎就對獄又遣權御史臺推直官張景直鞫前知明州光祿卿苗振於越州皆以御史王子韶得其不法事故也景直以親嫌辭命職方員外郎徐九思代之　二十二日命崇文院校書張載劾苗振事初遣徐九思未行而王子韶乞別選人故改命載於是呂公著與程顥等皆言載賢者不當使鞫獄上曰鞫獄豈賢者不可爲之弗許　九年四月三日詔遣權提點開封府





界諸縣鎮公事蔡確乘驛騎劾秦鳳路轉運司及熙河路官吏以聞　八月二十九日詔司農寺不合擅令天下出賣祠廟為首之人已令取勘其後來失覺察改正官吏並取勘以聞　九月二十三日手詔訪聞秦州制勘院見收禁熙河路官員人數不少今本路都副總管既新移易或未知任萬一或有邊事乃是都無人倚託可速令制勘院見禁繫熙河路官員如徒罪以下候詔勘訖疾速發歸本任內有因追禁闕官去處仰轉司於本路及隣路選差得替待闕見任官權行管勾訖以聞

元豐元年閏正月五日上批近降相州吏人於刑寺請求失入死罪刑名事緣開封府刑獄與法寺日有相

卷一萬九千九百七十八

干涉恐上下忌礙不盡情推劾致姦贓之吏得以幸免宜移送史臺　四月三日詔宰臣吳充免進呈及簽書相州獄案候上中書樞密院同取旨令知監院蔡確黃履監察御史裏行黃廉就臺劾實仍遣御藥院李舜英監之　先是充言御史臺鞫相州獄逮臣婿文及甫其事在中書有嫌乞免進呈或送樞密院又御史上官均言臣與蔡確治相州獄踰兩月觀其刑法刻深不考情實大理持天下之平若挾情重輕其手朝廷所宜深治也陛下必欲令蔡確兼領事亦乞止就本臺與臣等叅治故有是詔　二年正月十七日知大理卿崔台符言乞自今大理勘事內有情法不稱者許依三司條例斷

奏事若重密仍依審刑院三司開封府例上殿奏裁從之 八月十二日中書言應朝旨置獄究治事欲委審刑院刑部主簿主管非特旨立限者及一季未奏下所屬催促無故稽留若行移宿緩并所屬不催舉並劾奏責刑房季中點檢從之 四年三月六日詔自今諸司見勘未結案公事令御史臺刑察不得輒取索情節其承受官司亦不得供報 六月四日詔開封府治蓋漸之獄禁繫已久詳其所治在民間至為小事本府所以如此淹延者以御史所言致為意外推求盛暑之際追逮不已異附致近臣之罪以奉言者之口宜限五日結絕無得枝蔓 五年六月一日詔鄜州制勘公事追繫

卷一萬九千九百七十八

八十一人當此盛暑非人情所堪可限十日結案畢恩詔張蕘發來赴闕如有罪案後以聞其得力著官亦先疏出有罪就鞫之 十二月十七日奉議郎王欽臣言諸路監司被制書鞫事所降指揮有差官取勘者有取勘聞奏者一例差官伏緣詔旨自有區別伏望申明自今朝旨稱取勘者監司自勘委勘處或隣近通判錄問檢斷如干繫者衆須當置司乃得差官從之 同日承議郎試比部員外郎宇文昌齡自鄜州制勘回進對賜緋章服 哲宗元祐元年正月十八日御史安敦言開封府推官胡及推勘公事漏獄情詔送吏部與降等差遣 四月二十四日殿中侍御史林旦言竊聞在京諸



州獄推問囚徒勘官或多畏避嫌疑苟簡不肯親臨訊問箠楚枷錮一委胥吏詔刑部立法以聞 三年五月二日三省言大理寺右治獄並罷請依三司舊例於戶部置推勘檢法官治在京官司應干錢穀公事從之 四年正月二十二日詔開封府坊礙公事事體小者送戶部取勘以刑部言大理寺右治獄廢故也 五年八月二十五日刑部言犯罪會恩及去官應原而特旨猶推者雖又會恩及去官推奏如旨從之 七年三月十四日河東路經略司言應邊防或機密軍政公事係帥臣一面推勘者監司更不點檢如察得冤濫許具狀聞奏從之 紹聖二年五月二日詔戶部推勘官令本部

卷一萬九千九百七十八

長貳舉第二任知縣資序以上實歷親民或刑獄人充 三年正月十九日刑部言權提點湖北路刑獄周鼎言按例鞫獄必據告者本章非本章所指而蔓求他罪以故入人罪坐之比有司劾囚囚茫然莫知所以被劾者或自疏他罪奏請窮治滋長奸獄絕無愛利之風與律意不合詔鞫獄請治狀外事者論如求他罪例 元符元年六月四日尚書省言大理寺修立到大辟或品官犯罪已結案未錄問而罪人翻異或其家屬稱冤者聽移司別勘若已錄問而翻異稱冤者申提刑司審察事有不可委本州者差官別勘從之 徽宗大觀元年八月四日尚書省言大理少卿任良弼劄子奏竊聞州

縣推獄承勘盜賊多容妄稱山林田野宿泊更不根究的實窩藏去處不推使代支官賞無從追理兼藏盜之家干繫隣保等人無所俾畏致有公然容養縱令他界作過侵害良民欲乞應州縣推治强盜並須根究窩藏住止鄰保地分依法施行理當明立條約諸推强盜而不根究窩藏之家及住止鄰保地分人者各徒二年不盡者減二等監司當行檢察其違慢官吏並從違制勘罪從之　四年二月十三日刑部尚書白時中奏令後應奉制令監司推鞫公事如合委官候省符到日具所委官職位姓名及置司處所申部仍令所委官依條供申如違許從本部奏劾施行從之　政和四年四月十

卷一萬九千九百七十八

八日刑部奏晉寧軍申承勑應諸路推勘掾官除本職及依條該載許差稟名餘不得泛領庫務仍不許接送本軍係不置掾官自來止是曹官兼推勘公事與掾官事體一同即未審合與不合依上條施行大理寺參詳到本軍係不置掾官止是曹官兼推勘即與掾官事體無異理合依上條施行從之　十二月十八日中書省言檢承政和令諸犯罪會恩或去官應原免勿論而特旨猶推雖又會恩或去官並奏取旨勘會朝廷降指揮取勘聞奏或具案申尚書省公事後來遇赦降係命官將校如所犯合該恩原依法合具事因申尚書省或樞密院刑寺約法上朝廷處分其餘色人所犯元係朝旨



取勘後來會恩非應結案者若止從有司一面施行慮其間所犯情理重輕不倫亦合具情犯申取朝廷指揮從之　五年十二月十八日刑部尚書慕容彥逢奏竊見被鞫罪人自知不免往往泛引讎怨妄有指執終雖辨明而已枉遭追訊乞照有司誣執人並結勘別科事發吏為之罪從之　六年十一月四日詔今後不法官吏已被按察所劾而輒論告案察官者雖係指斥等事須俟結斷罪了絕再將論告之人與按察官同共推勘明正典刑如是不實即將誣告之人特於法外別行重斷　尚書省檢會陝西河東路宣撫使童貫奏朝廷置監司郡守之官皆付以按察之權所以澄清所部若不

卷一萬九千九百七十八

法之吏以被按察官所發而告論按察官之罪欲以遷延苟免則按察之職不得行法雖因禁不許告論在律已有明文然近年以來陝西頗有似此故有是命　七年四月三日詔州縣有刑禁處推司獄子最為急切仰諸路提點刑獄檢察所部獄子有未行重祿法處並依重祿法施行其移勘公事須先次幇勘後來承勘司獄與前來司獄有無親戚令自陳迴避不自陳者許人告賞錢三百貫犯人決配　八月二十五日詔應命官命婦犯罪在法三問拒抗輒不承伏方具奏稟乞行追攝勘鞫示與常人有異累年以來刑法官司往往不遵條法不顧官品未知所犯輕重更不三問習常奏乞直行

追攝枷訊栲掠無所不至如此與常人何異則命官終不得蔭身豈不有違祖宗法令輕朕爵祿乎可自今後命官命婦犯罪依法須候實有三問不承方行奏稟追攝再一問枷又一問訊以上並為不承首即不得依前違法輒有奏稟及亂行收禁枷訊栲掠可立條令載在斷獄著為永法如違其官吏以違御筆科罪仍御史臺出榜在刑獄官常切按察糾劾　宣和元年十月八日提點潼川府路刑獄公事蒲卤奏乞自今後被受御筆及特旨體究根勘公事應合差推勘官並依本條更不拘礙諸司雖不拘常制亦不得違專條所貴差請得行不致淹滯從之　二年九月二十三日中書省言勘

卷一萬九千九百七十八

會諸路監司郡守被奉特旨置司推勘公事其指差司獄支破請給及緣獄司費用之類皆有條法近來往往旋行申請畫一致有數千里待報去處顯是淹延刑禁詔令後被奉特旨置推勘公事不得申請畫一如違重行黜責　十二月六日臣僚言推勘事畢不得輒具官吏有勞乞行推賞如違者取旨黜責從之　三年六月五日臣僚上言官員所犯已有旨先次停罷取勘之人其間卻有已得替不在本處或任川廣差遣在法須差人齎問目取勘往來已淹結絕雖該霈宥不獲沾恩欲乞應官員有犯已得旨先次停罷取勘之人並令同在一處就便供答文字則是非曲直便可判見不至遷延若





五百外除贓私罪自合究治外其犯公罪只乞以衆証為定案後書坐厥免留獄滯訟徒以上罪並依奏　四年正月二十八日刑部奏應犯罪會恩或去官應原免勿論被旨取勘者如所降指揮內聲說雖已該恩或去官而令取勘合作特旨猶推外若無此聲說沒降指揮取勘自不合作特旨猶推欲申明行下從之　六年四月一日尚書省言提舉兩浙路鹽香茶礬事李彌據申獄官推勘鹽茶公事不當已有奉行違戾徒二年不以赦降去官原減條法外令相度諸州獄司官吏逐年承勘私鹽茶公事如無違戾不當欲乞量立賞格從之二十五日前權發遣京西南路提點刑獄公事周因奏

卷一萬九千九百七十八

臣每見諸大辟已錄問得飜異提刑司自合依條差不干礙官司別推至臨赴刑時飜異本州不免再申提刑司乞差官別推若只差本部官竊慮有所觀望未盡寃抑欲望睿旨今後已經提刑司詳覆行下本州論決臨赴刑時飜異乞令鄰路提刑司差官別推庶得別無觀望詔令後大辟已經提刑司詳覆臨赴刑時飜異令本路不干礙監司別推如本路監司盡有妨礙即令鄰路提刑司別推　七年六月二十二日臣僚上言臣願陛下亟命刑部悉令開具見今體究與推勘未了公事以聞取其稽滯淹久屢推不報者重賜降黜以為慢令容姦之戒仍命刑部舉行元豐稽留奏劾之令嚴立近限

使之結絕若刑部失料亦當坐罪詔令尚書省責限下
刑擧催餘依奏刑部失料令尚書立法令修立下條諸
差官被旨推鞫追究公事下所屬及御史臺差官就推
官無故稽違而不奏劾者杖一百從之　高宗建炎二
年二月十六日德音應見被根勘取勘未畢除該今降
德音外尚有餘者仰監司點檢督限十日結絕了當無
致淹延　七月五日江東提刑司言取勘本路監司違
慢乞委隣路監司從之　紹興元年二月二十五日江
南西路提刑蘇恪言州縣見勘强盜公事已招認者其
勘司猶候追贓齊足及捉獲到同盜人方始勘結方令
盜賊欃攘欲乞將本路見勘强盜傷殺人等重罪已係

卷一萬九千九百七十八

招認情犯分明並限日下先次斷結其贓物從後推究
所貴無留滯從之　十月二十四日宰執進呈呂頤浩
推僞造告劄文字事連潘永思上曰永思雖戚里既有
過安可廢法於是詔永思罷見任閤門執事就逮　三
年三月十五日臣僚言乞今後有特旨推勘及具情犯
申尚書省及樞密院者除止留正犯及依法合奏之人
具案聞奏外餘並許令先次決遣著為定制續具大理
寺省詳紹興敕諸獄案以非本處得論之人上聞者杖
一百今來罪人若不係元降指揮取勘人數依法非應
奏裁謂如非情重法輕之類若行先次決遣即別無妨
礙欲依臣僚所乞施行從之　九月十七日廣南東路



宣諭明橐言二廣去朝廷遠官吏奸贓狼籍見令台勘
者廣西運判王據南恩州司戶莫憲章原空　縣令陳子
鎮桂陽權縣令馬緘廣州通判原空　禧皆已積年未曾
結絕竊緣嶺南官吏淹延刑禁巧作姦幸避免罪罰久
已成俗徒使朝廷法令不行於遠方不信於遠人姦贓
之徒無所畏憚詔並令見承勘官司疾速根勘結絕
原案聞奏如尚敢稽違當重寘憲典仍令帥師先具體
究遷延不當并不切用心催促當職官職位姓名申尚
書省　十二月十一日江南東路提刑司言撫州司理
院見禁周七十等為周三十七身死公事將及一年淹
禁坐獄並不結絕又本院見罪人陳俊為行刀殺死張

卷一萬九千九百七十八

進至今亦及一年有餘未曾結絕以致陳俊脫去枷杻
跳墻逃走見今未獲其司理叅軍宋仲和顯是弛慢不
職已牒信州取勘詔宋仲和先次放罷令本路提刑司
催促信州疾速取勘具案聞奏　四年三月二十一日
伏見江西安撫大使趙鼎奏為馬居中根勘李操曾欽
臣等公事內李操受本司統領官文廣金二百兩乞止
令文廣在外供答文字與免追攝入院詔令趙鼎指揮
文廣依實供答竊宣諭司元按李操四事唯受金一事
尤為要切陛下既已灼見其情為之謫大帥罷二漕停
憲臣斥勘官固欲盡得贓狀以明懲戒而一年之後乃
復滅裂如此則不若不治之為愈也望下帥司及勘院

密追文廣赴獄根勘如文廣近嘗宣力捕盜有功即乞
候上斷罪日量行减降施行庶幾獄訟早得結絶勘會
趙鼎已赴行在除叅知政事所有文廣竊慮在外供答
未圓枉致淹延刑禁從之　五年二月二十八日尚書
省言勘會紹興令文事已經斷而理訴者一年内聽乞
别勘法意葢謂元勘不當負冤抑之　近來命官諸色
人不論元勘當否陳乞别勘致奸贓之人干請行賂動
終歲月不能結絶詔應命官諸色人陳乞别勘在條限
内者行在令刑部在外提刑司先行責限委不干礙官
體究諸實如委涉冤抑不當即分明開具事狀申尚書
省下所屬依條别勘施行　閏二月六日尚書省言勘
卷一萬九千九百七十八
會宣諭按發過諸路未結絶公事續降指揮令刑部每
三日一次舉催如有住滯取旨重行黜責尚未見奏到
案狀顯屬違滯詔令逐路提刑司及承勘官自今降指
揮到限十日勘結了當專差人賫奏案赴行在如敢依
前違慢當職官重寘典憲之吏決配海外　七月十五
日詔令後刑獄官司承受案發命官犯贓公事仰先次
拘留正身候聽叅對依條決絶如失行拘留致得逃竄
當職官吏仰提刑司按劾申尚書省取旨重作行遣
十月九日刑部言監司按發公事應推鞫不得送廨宇
所在州軍已有立定條法外其諸州軍發劾屬吏即無
不許送本州取勘條法今來若將合取勘公事送别州



取勘竊慮干連追呼轉致淹延乞今後止送本州依公
取勘若勘未圓獄官不得稟受如違依監司稟受法斷
罪施行候勘結圓備即差鄰州官前來録問庶得日後
杜絶詞訟若諸州軍按發屬吏已申監司一例按削如
後有陳訴欲令監司並不作妨碍其監司按發官吏如
有陳訴欲除初按發司外餘司並不作妨碍免致移獄
追証重成留滯從之　是年六月二十八日都省劄子
奏官員理雪元勘不當有司用防嫌例皆送隣路追證
滯淹等事刑部得旨具致如右　十二月二十一日宰
執進呈知衡州向子忞不法取勘事上曰監司外臺耳
目之官既按劾自當推治然有罪者家居待命而証佐
卷一萬九千九百七十八
無辜之人往往淹延囚禁動經歲月深可憫也子忞罪
狀既明别不須干証苐黜責其身足矣趙鼎乞將子忞
落職放罷更須取勘從之　六年正月二十五日殿中
侍御史王縉言乞應置司推鞫公事有干證及陳訴等
人死於獄中及拷掠楚毒責出即死者候結案訖令提
點刑獄司委檢法官取索碎款看詳有詞款異同而申
報病死者研究情實如有冤枉即具事因申尚書省從
之　六月八日詔令後外路諸司應承勘公事並仰依
條根勘絶結若計程過半年不見申奏到案狀令刑部
具被受官司職位姓名申尚書省取旨行遣其見勘未
結絶去處各仰照應元降指揮勘結施行不得依前住

滯　七月八日右司諫王縉言竊見諸處推勘姦贓之吏干連追禁有至一二百人者蓋司獄之利在於枝蔓而無辜受害有不勝言望令諸路應推勘公事其干係人並依湖南路已得指揮施行從之　時以湖南路運司起大獄無辜就逮死者甚衆詔委本路提刑司躬親疎放干繫人故縉援此為請既而侍御史周秘又言命官犯贓合用干証人者不可一概放釋乞令時暫勒留對証如有司故作淹留並令監司按劾從之　八月一日中書舍人董棻言近取會到刑部諸路見勘命官公事計二百二十四件其間姦贓不法等罪為數百二十有一其干連禁繫有及三四年未結絕死於狴犴又不知

卷一萬九千九百七十八

其幾何人臣愚欲望申敕諸路提點刑獄官詳加檢察務在平允其有事涉究實妄作滯係並按劾以聞如提點官故縱不舉他司自合互察亦乞申嚴條令從之

是年十一月七日詔諸路體量取勘公事人刑部開具住滯尤甚者申尚書省取旨施行以臣僚言諸路未結絕公事有二百八十九件其間有自紹興二年淹延至今日故也　七年十月六日刑部開具下項一鼎州為循職郎舒邦彥於安撫司使臣何商處受寄李允文激賞庫并宅庫金銀侵欺入己委邵州根勘本部計一十次催促並無回報一廣東經略安撫司奏本州訪聞得進義副尉權廣州香山鎮林智在任與本鎮副坊洪浩為



保頭黄世通不納牛皮事林知取乞洪浩銀七十兩等已牒廣州送所司根勘施行據申林智逃走乞下高州催勘施行本部已勘會自合一面移文高州發遣前來本州根勘計二十九次符下廣州四次申到因依兩次根治即目未有結絕詔知州勘官各特降一官餘當職官展二年磨勘遂處當行人吏各杖一百決訖勒罷永不得充後被受推治不回報官罰銅十斤人吏從杖一百科斷仍令帥司開具合降官展年罰銅人職位姓名申尚書省其逐年件公事各限十日依條勘結施行　十一月十八日廣南東路提刑司言德慶府根勘封州縣令林廷輝在任不法上下受囑故作違慢本司推勘計

卷一萬九千九百七十八

八十八次經七箇月未見申到結絕其本府官吏係在朝散大夫權知軍府文彥博右朝奉郎權通判陳泳左從政郎錄事參軍兼司戶司法吳廷賓詔各降一官

八年五月二十七日福建轉運判官范同言贓吏翻異不改前勘乞并初勘共不得過三次上曰官吏犯贓既已斷罪多進狀訴雪何也比年尤多宰臣趙鼎曰意在徼倖改正須更令體究執政劉大中曰在法雖許雪訴却合再勘上曰若再勘委實無罪元勘官吏固應點責若勘得所訴不實却合別勘妄訴之罪宰臣秦檜曰當送刑部施行　六月八日刑部言今後諸路州縣及推判官司勘鞫公事雖有緣故若經一年之外不決者並

具因依申本路提點刑獄司備申刑部及御史臺看詳有無冤滯申取朝廷指揮施行從之　十一月五日詔令諸路帥司各選委強明官一員將本路應見禁一年以上公事並專一催促勘結仍逐旋具已結勘過名申尚書省　九年八月三日臣僚言契勘廣右避遠禁每多淹延其弊有三其一監司輕於按發不加審覈或所勘與所按不同則疏駁移推必欲如其所按又諸郡申請移推詳覆之類皆不即報應有及三五月者率以為常其二罪人易於飜異多緣奸吏之所教令每一移推旋改情節或自招伏而令家屬稱冤或故為不圓以使監司疏駁或沉溺遞角以致奏案不到遷延歲月

卷一萬九千九百七十八

以待按發之官去任或徒伴有死亡者然後計囑官司盡脫其罪其三追證取會及差官審錄之類一涉他州互相推避文移往返動經歲月以上三弊皆有成法特有司奉行不虔遂致弛廢欲乞檢坐申嚴行下遵守按察施行從之　十一年六月十五日臣僚言伏見紹興五年臣僚起請諸鞫獄明白而妄行飜異雖罪至死者三經別推即令逐路提刑司申察繳奏加本罪一等仍著為令至紹興七年指揮流罪以下雖不繳奏亦依此施行蓋緣當時偶有奸民抵法有司始為此請然而其間豈無冤濫萬一吏非其人情未盡得而概以此律論之不無失入者矣欲望除贓罪自合依前項繳奏外其



餘死罪流以下移推之法悉依祖宗舊制從之　十二年正月十四日門下省勘會專差三省樞密院六人行遣制勘文字恭照案牘委得平允顯見究心詔各與轉一官資礙止法人依條回授轉資人候入正額入支破請給願換支賜者仍聽支本色　二月二十三日臣僚言比者諸路推究飜異公事或朝廷委之鞫勘多於闒慢可差出之官例皆初官蔭補子弟及新第進士於法令實未嫻習其勢必委之於其下老胥猾吏得以輕重其手欲乞行下諸路逐司應有勘鞫公事並須擇曾經歷任人庶幾奸吏無所措手　十三年三月十三日刑部言奉詔令大理寺選差寺丞一員前去荆州取勘

卷一萬九千九百七十八

知雍州俞僾冒請遥郡全俸事仰一就催結湖南北廣西見禁淹留公事餘路令刑部大理寺體做措置催促今契勘諸路見承聖旨朝旨取勘公事計一百三十三件欲候今降指揮到日專委本路提刑躬親前去逐州取索檢點限十日勘結內有委合守待追取會問公事即嚴立近限催促如或出違所責日限仰提刑具職位姓名申部取朝廷指揮施行從之　閏四月二十九日刑部言今後飜異及駁勘公事應合該二案勘結官吏內有替移者免行拘留鞫令供願於某處聽候供狀結罪狀如不在元指去處令提刑司具因依申朝廷先次施行從之　十四年四月三日詔刑部將半年以上未

結絶公事開具名件行在委本部外臺委所屬監司量
事輕重責限催促結絶內月日稍遠者取問因依申奏
仍檢舉前後已得指揮申嚴約束如敢違戾並當具職
官吏申尚書省取旨施行其不係申奏本處一面論決
公事或有淹留許被追干証之家越訴　十五年正月
十日刑部言勘會監司差官推鞫公事如録有翻異或
家屬稱寃依法合行移文隣路提刑轉運司差官別勘
今來淮南路提刑司係本路轉運司通行主管若逐司
有翻異或稱寃合依法別推公事欲乞移文隣路提刑
轉運司差官施行從之　十六年三月一日刑部言宣
和二年御筆諸路州軍推勘公事干照之人每程給米
　卷一萬九千九百七十八
一升半錢五文給與修書即不該載今欲檢照前項修
立成法諸鞫獄他處追到干照人若無罪合遣還而貧
缺者推鞫官司計程於因糧內以錢米當官給之又鞫
獄他處追到無罪干照人合遣還而貧闕者每程人給
米一升半錢一十五文從之　五月十四日吏部看詳
福建提刑司奏應鞫獄録問檢斷体量公事于非坑冶
興發去處縣丞內通行選差經任寃曉法之人如或缺
官即于合差出初任已經一考以上員數內通行選委
本部欲依所乞餘照應紹興十四年五月已降指揮從
之　二十一年八月十九日詔今後諸州軍承勘兇惡
強盜成案侯審録訖將前元勘始末一宗案款録白二



本審録問官具詣寔保明文狀申繳赴提刑司并刑部
行下大理寺收管候所屬保奏到陳乞推賞之人參照
並同方許依格定賞餘依見行條法施行　二十二年
八月六日大理正孫敏修言州縣胥吏因緣推究強竊
盜罪人而教令虛通贓物追逮無辜因而受賂又有推
鞫強盜捕盜官希賞求嘱獄吏鍛鍊平人誣服其罪奸
詐不可槩舉欲望申嚴法禁行下仍令監司覺察似此
去處重作行遣庶幾刑無濫及從之　二十三年十月
十一日大理寺丞環周言乞自今後結解公事不得退
還下縣如委有情節不圓長官當寔推鞫依限結斷庶
使吏不得容奸民受其賜刑部看詳在法犯徒以上及
　卷一萬九千九百七十八
應奏者送州若本州見得所勘情節未圓事碍大情委
合取會事件仰行下所屬取會斷結施行即不得將解
到罪人退送下縣重行勘結庶免囚徒送往淹延刑禁
令看詳欲行下諸州軍各仰常切遵守從之　二十七
年二月二十一日監察御史何溥言伏見在京諸獄刑
察御史每季點檢夏冬仲月刑部郎中循行督遣而郎
官所指如遇勘鞫夫實事理妨碍直行移送惟御史未
有明文乞今後御史點覆察諸獄許依刑部已得指揮
施行從之　十一月六日詔今後遇有勘鞫公事並于
京朝官曾經任人內選差諳曉刑獄及有材幹之人如
缺京朝官即從提刑司于一路選差提刑司于一路選

刑法三之八三

差提刑司妨時即於轉運司以歷條言所差選人僥倖陞改顧望出入欲
失其平乞選差京朝官庶幾事體稍重不爲威勢搖奪故也　二十八年
五月七日刑部言今後應中外翻異駁勘及別推公事若前勘有不當依
條合一案推結者其官吏未有替移事故即依紹興九年指揮施行如委
有替移事故難以追會者候供證盡實先次結案其不當官吏雖遇恩去
官仍取伏辯依條施行今一案推結者其檢斷案書錄問官包括在內除
無勿原指揮外依指揮雖遇赦去官亦合取責伏辯從之　十一月二十
三日南郊赦文應鞫干證如係緊切方得時暫追証有罪先次摘辨無罪
日下疎放尚慮當職官不切究心仰監司常切覺察不得容庇　二十九
年二月二十四日詔今後諸路應被差推勘官指定所屬州郡司獄姓名
徑申元差官司即時行下所屬發遣無得巧作規免以刑部侍郎黄祖舜
言被差之官指名中所屬差司獄等人多爲挾州郡之勢巧作推避及至
別項指差類皆庸懦之吏對翻異之囚不得推詰得情故也　五月十一
日廣西提刑王考先言殺人無証屍不經驗公事依條先具按奏裁候朝
廷斷下專委提刑前去審問施行若或情犯稍有可疑或罪人翻異中覆
具奏取旨方行下差官恵勘往來待報經隔年歲不得決遣今欲乞案成
先申提刑親行審問訖後具奏取旨斷遣刑部看詳奏裁公事雖斷勅下
日尚委提刑司審問盡防冤濫重惜人命若先申提刑審問訖具奏竊慮
或有失實今後訖祈諸路初奏到上件狀降斷勅下日委提刑親行審問
如有可疑及翻異即送本司選差清強官重別勘鞫候案成申本路不干
礙監司先請臣次議奏官躬親審問如無翻異即據所差官于案內聲說
聞奏若依前翻異從審監司一面差官別勘如監司俱有妨礙即申安撫
司差官尚行翻異令本司具案并翻異因依申取朝廷指揮從之　三十
年五月十三日詔今後外路翻異之囚悉祖宗條格施行更不移送大理
寺先是有司建議外路之獄三經翻異在千里內者移送棘寺刑部侍郎
張運言其非祖宗法至是給舍看詳故有是命以上中興会要　紹興三
十二年八月二十三日孝宗已即位未改元詔州縣捕獲盜賊獄吏往往
教導使廣引豪富之人指爲窩藏至有一家被盜鄰里騷然賊情未得而
胥吏之家賄賂充切自今除緊切干証外不得泛濫追呼如違許被擾人
越訴及反坐吏人以藏匿之罪　十一月二十五日詔樞密院刺將張耘
送大理寺根勘以殿中侍御史張震言其剋剝士卒侵盜錢粮故也　二
十八日大理寺丞蔡洸言乞自今監司差鞫獄之官仰於當日具姓名申

刑法三之八四

刑部若在法當避即別具改差之官申聞倘有循違許刑部究察之　二
十九日樞密院檢詳刑房文字許樞言在法獄囚翻異皆委監司差官別
推若犯徒流罪已錄問後引斷翻異申提刑司審詳如情犯分明則行下
斷遣或大情疑慮推勘未盡即令別勘然近者翻異多係猾吏犯贓奸民
犯盜之類未至引斷只於錄問便行翻異使無辜之人濫被追証乞自今
如有似此等類即從前項引斷翻異申提刑司審詳指揮施行從之　隆
興元年二月十七日詔大理寺丞俞長吉前往吉州根勘豪民易致堯不
法公事以右正言周操論致堯家貲豪富雄據一方收養亡命至數百人
陷害良善致之死地官司熟視莫敢誰何故也　二年二月初一日中書
門下省言訪聞廣州縣鞫獄推吏受贓往往指教罪人翻異移司別勘累
歲不決使干連無辜之人枉被刑禁間有死亡甚失朝廷好欽恤之意乞
令本路提刑司常切覺察如違戾去處具當職官吏姓名按劾聞奏從之
五月二十三日詔今後內外職私不法官吏或已按劾稽于勘鞫不即結
絕可令尚書省置籍檢舉月具節目聞奏　八月十三日知潭州益陽縣
謝純孝送本路提刑司取勘以言者論其折換亦歷盜用官錢故也　乾
道元年正月一日大礼赦應鞫獄干証如係緊切聯勘方得時暫追証有
罪先次摘斷無罪日下疎放前後約束非不嚴緊尚慮當職官不切究心
止憑吏杖蔓追逮連及無辜有失恤刑之意仰監司常切覺察不得容
庇　五月十四日刑部言據舒州申本州諸縣杆獄淹延動涉歲月蓋由
淮南之人多自浙江遷徙在法合于本貫会問三代有無官蔭及祖父母
父母有無并老疾留侍丁及非犯罪事發見行追捕之人若數人共犯則
自東徂西皆合会問道途往返少亦不下數千里竊謂住及七年以上者
自可以見住州縣爲本貫庶幾官司易勘爲結本部今契勘如犯死罪及
徒以上并合用蔭人根勘官司自合依條逐處会問所有其餘罪犯欲從
本州申請施行從之　六月十一日詔自今諸縣結解大辟仰本州長吏
先當情實如無冤抑方付獄獄官親行勘鞫仍委長吏逐司處問如違許
監司按刺以聞　二十三日權刑部侍郎方滋言乞自今命官曾爲監司
按察不經所司推勘之人並免從之　七月二日詔今後諸路州軍被差
體究官務要從實如輕重出入並實典憲　三年二月八日以新知貴州
姚孝資言在法諸錄囚有翻異者聽別推然後移推初無止限至有一獄
經六七推不得決者証佐之人追呼拘繫率被其毒乞自今內外之獄至
三推未成者其証佐人免行追呼庶幾無辜得免殞于非命詔今後承勘

翻異公事如經三推者其緊切干証人若干碍出入情節方許追証其餘不得泛濫追呼　三年正月二十五日大理少卿刘敏求言伏見州縣之獄追逮最多淹延最久者無如強盜贓吏皆擇其重罪研窮詳脩其餘輕罪非應累併者惟令鞫正大情雖有小節未圓勿復追証並須依限結案庶使早正典刑免枝蔓留滯之弊從之　十二月二日臣寮言竊見近歲以來大理獄多取決于大臣州縣獄多取決于太守獄官不循三尺專以上官私喜怒為輕重求民無冤不可得矣欲望明勅中外自今有忘公循私阿意為獄者重作行遣庶幾冤抑獲伸而刑罰不至濫及從之　四年正月二十一日權刑部侍郎姜詵言自已分遇有翻異公事先須本路提刑轉運安撫司適行差官推勘倘尚伸冤却于鄰路再差勿復隔路其已過經鄰路置勘而又翻異者令後勘官開具前後所招及翻異因依申取朝廷指揮從之　六月十四日臣寮言竊見監司守郡按發所部或有止據一時訪聞使具申奏致降指揮先次收罷後來勘結止係公罪于法不至差替衝替追官勒停其被按之官情理可憫欲望特降睿旨如有似此冤被按發之人並依循與本等差遣從之　五年正月二十八日臣寮言竊見監司郡守發擿官吏必先委官體究體究有罪則繼以鞫勘若云無罪則寘而不問所謀亦甚重矣比來體究官或迎合上官或阿蔽黨與或力報怨仇或委胥吏遂至鞫勘則體究之事如此鞫勘之實如彼紛錯無據莫可考証乞自今凡體究不實者並令案後收坐從之　十二月二十五日詔大理寺丞單夔前往潮州根勘知州曾造不法公事以臣僚論造贓污狼籍為監司所劾凡三置勘避就翻異故也　六年二月十八日臣僚言浙東提刑程大昌言自今審問重勘公事于選人致仕已及一考以上内有諳曉刑獄及有材幹之人與京官通行選差從之　三月二十六日權刑部侍郎汪大猷言契勘諸路推勘翻異公事在法于提刑轉運安撫司以次差官竊詳近制提舉常平亦係監司乃于法特不許差委有未當乞自今諸路遇有推勘翻公事許提舉常平依諸司差官從之　同日權刑部侍郎汪大猷言竊見諸勘鞫公事多是翻異別勘録問官未嘗詰問総問冤便取責短狀以出後勘官見累勘不承應其翻訴不已獄情一變或坐夫入之罪故為脱免乞特降指揮自今録問官遇有翻異當廳令罪人供具實情却以前案并翻詞送後勘官參互推鞫不得更于翻詞之外別生情節增減罪名其累勘不承者依條選官審勘從之　四月十九日權刑部侍郎汪大猷言勘會昨降指揮令後監司按發官吏不得送置司州



軍根勘令來諸路多不遵守其承勘州軍被受不同旋行申審文移往復遂成稽滯乞將元降指揮申嚴行下從之　六月三日權刑部侍郎汪大猷言大理寺擬斷案後收坐者不一其間多有去官及經恩赦者緣法有具事因申寺之文故有司不敢但已必候元勘官司取責違官脚色犯由申寺方敢結絶緣法有住居江浙而守官在福建其事發却在湖廣亦有干連數十人者必欲一一取責方得圓結遂致經隔數年紛紛無已今乞將案後收坐除不該赦及非自首去官之人及雖該赦亦合候結案取旨伏辨自依本法外其他所犯令元勘官司于結案之後開具干連名銜定斷並所具事因即是犯由既真案已到則所犯輕重亦可槩見不必一一取責詔刑部看詳申尚書省已而都刑看詳乞于斷獄令命官將校犯罪自首過恩去官開具事因令文下添入若因事干連者元勘官司于正犯人結案後限五日取干連官名銜声說所犯因依隨案供申如不見得名銜即具因依及所犯處地分月日申刑部從之　八月九日臣寮言竊見州縣鞫勘未圓于檢斷有碍不得不疏駮令問者而承准官吏殊不介意有堅執前勘已當而不復審寔者有所問數事而略報一二以塞責者有故為迂迴曲折而終不得其寔情者乞下刑部牒寺將諸處取会事件加嚴程限有稽遲者具官吏姓名科罪以聞從之　十七日刑部言凡勘鞫體量公事有不當者雖于案後收坐往往在任或有親故避免或有離任及事故之人乞自今應案後收坐官吏即時行下所屬具職位姓名事因申朝廷嚴賜施行從之　十一月十六日大理少卿周自強言伏見監司郡守按發贓吏多送鄰州根勘其干連人被追逮者多至一二百人少亦不下數十人獄成之後往往翻異差官別勘至有經年不決者乞自今見任官公事止差官本州根勘不得輙送鄰州若獄成翻異惟據所翻之事別勘所有干証止許追緊切人或有濫追淹禁並令提刑司案奏從之　七年九月十八日江東路提點刑獄公事胡襄言竊見諸州軍推勘大辟已經申奏蒙朝廷依條斷下罪人或臨刑翻異或家屬稱冤在法更合申取指揮緣伺候回降動經數月今後如有似此等人乞令提刑司一面差官別勘却申省部照会從之　十月四日詔諸路見勘公事内有五次以上翻異人仰提刑司躬親前去審具案聞奏如仍前翻異即根勘着寔情節取旨施行内有合移送大理寺者即差人管押赴闕　八年九月十七日詔大理寺吳淵前往處州置勘右從政郎專一措置處州庫山等處銀場管准不法公事以准侵盜官銀入己故也　十二月八日詔大理寺正

滿景珪前往泉州根勘提舉市舶陸沅不法公事以沅在任贓污狼籍故也　九年閏正月十一日以中書門下省言命官獲賊合該推賞者多有計囑獄司將無辜人鍛鍊例目爲賊希求賞典有司規望結案保奏合行禁戢詔自今諸路州軍推勘强盜止將正賊根治不得以無辜人徇情勘鞫保奏官以元案再行審定偽無偽冒方得申奏如違許監司按劾以聞　五月十六日新知湖州趙師䕫言竊見諸州軍重囚或有翻異不于鄰郡差官再勘承勘官吏深慮犯人供具異同則爲元勘官司之累往往循習舊案相爲符合使有冤抑者不得自伸乞下諸路監司嚴行戒約詔依仍令監司遇差官推勘仰檢坐故失出入人條法移文所差官照會不得違戾　二十六日兩浙東路提點刑獄公事鄭興裔言獄者所以合異同之詞差官置勘正欲得其實情合之勘官往往視爲常事出入其罪上下其手及至翻異則又別勘或後勘駁正所犯不至前勘之重或前勘已得實情而後勘却與出脱雖在法有故出故入失出失入之罪徒爲文具欲望明詔有司俾之遵守詔刑部檢坐見行條法申嚴行下　十一月九日大理教勘会被差鞫獄録問起發違戾輒占留詞避者皆有成法近來所差之官往往不即起發飾詞避免或妄稱它司先以差委文牒往來廷延月日致使罪人久被囚繫今後如有似此之人仰監司守臣覺察按劾重真典憲　同日敕勘会鞫獄之官多不親臨惟憑推吏鞭楚傳致深文審録引斷隨即翻異追逮干連經涉歲月深可憐憫今後並仰獄官依條親行勘鞫务得實情除緊切干証人外不得枝蔓追呼如有違戾許監司按劾以聞　十二月一日臣寮言竊見諸路帥臣監司差官置院推勘大辟贓吏有合具案奏聞者勘官往往止候結録畢即時出院將帶人吏歸元處旋寫奏案竊慮有暗受出脱變换情節者乞自今勘推大辟贓吏合具案奏聞者須就院中發敵有違戾當重作行遣從之　九日臣寮言獄貴初情初情利害實在縣獄今大辟之囚必先由本縣勘鞫圓備然後解州州獄一成奏案遂上刑寺擬案制之于法則死者不可復生矣竊見外郡大辟翻異鄰州鄰路差官別勘多至六七次遠至八九年未嘗不因縣獄初勘失實乞自今後遇有重囚翻訴委官根勘見得當來縣獄失實將官吏並坐出入之罪詔刑部看詳申尚書省　淳熙六年六月刑部言昨乾道重修法增立縣以杖笞及無罪人作徒流罪或以徒流罪作死罪送州者杖一百若以杖笞及無罪人作死送州者科徒一年緣縣獄比之州獄刑禁事体不同止合結解送州故縣不坐出入之罪今欲依乾道



重修法科罪如係故增減情狀合從出入法施行從之　嘉定五年十二月十四日臣寮言刑獄民之大命州縣之間其獘有可言如勘死囚難得其情或俾于詳覆之㢘費而徑用奏裁如該徒流法所不宥或畏于州郡之疏駁而止從杖責罪至死徒者法當録問今不復差官或出于私意而徑從特判獄有翻異者法當別鞫令被差之官或重于根勘而教令辯欵寒暑必慮獄囚法也今監司按行之時多是詭爲知在遇夜不得行杖法也今郡邑斷遣之際或至燈下行刑獄許破常平錢米亦皆法也今守令不以經意或從減尅或吏不以時逐至因多瘐死凡是數者冤抑寔多乞行下諸路提刑司嚴行覺察照見行條法或有違戾罪在必刑從之　十五年九月二十四日臣寮言民之犯罪至于重辟勘結自有限日而近之作縣者委成于吏枝蔓牽動淹歲月或導因翻異變亂獄情或牽執平民安行追擾或根連干証與囚同禁致失農業甚至瘐死豈有不傷和氣乞嚴勑郡縣自今民有麗于刑辟凡有關于人命者巻遵日限結正無得淹留其或奉行不虔許監司具官吏姓名聞奏從之

宋會要　配隸

國朝凡犯罪流罪決訖配役如舊條杖以上情重者有刺面不刺面配本州牢城仍各分地里近遠五百里千里以上及廣南福建荆湖之別京城有配窑務忠靖六軍等亦有自南配河北屯田者如免死者配沙門島瓊崖儋萬州又有遇赦不還者國初有配沙門島者婦女亦有配執鍼者後皆罷之　太祖建隆二年五月一日詔應有配流人及流貶官在邊遠處者並與移置近地如見在近地者不在更移之限所有移置處所申奏取裁應配流人除刺面及職任職官人別行指揮外其餘不刺面及配役婦人並放逐便其後赦書德音約此著

一　卷一萬五千一百六十八

條八月二十六日詔刑部應諸道州府有犯監者之人合役配者祇令本州充役　二年七月十九日詔搜索內外諸軍不還者悉配隸登州沙門島先是雲捷軍逃卒李興僞刻侍衛司印捕得斬之故有是命　乾德四年八月二十一日詔搜索殿前諸軍亡賴者得數十人悉黥面配通州義豐監　五年二月十四日御史臺言伏見大理寺斷徒人非當官罰銅之外送將作監役者其將作監舊兼充內作使又有左校右校局比來工役並在此司今雖有其名無復役使或遇祠祭供水火則有本司供官欲望令大理寺依法斷遣徒罪人後並送付作坊應役從之自後命官犯罪當隸者多於外州編





管或隸牙校其坐死特貸者決杖黥面配遠州牢城經恩量移即免軍籍大凡命官犯罪多有特旨或勒停或令釐務贓私罪重即有配隸或處散秩自遠移近者經恩三四或放從便所以禁貪濫而肅諸品也　四月十六日閱殿前承旨不逞者百二十六人往隸鄆齊冀博滄等州　太宗太平興國二年正月二十八日詔曰先是罪人配西北邊者多亡投塞外誘羌戎為寇自今當徙者勿復隸秦州靈武通遠軍及沿邊諸郡自江南湖廣平後罪人皆配南方　五年二月四日溫州言捕獲養猫鬼呪詛殺人賊鄧翁并其親族械繫送闕下腰斬鄧翁親族悉配隸遠惡處　七年閏十二月八日詔曰

二　卷一萬五千一百六十八

朕宵衣旰食未嘗暫忘於憂勞分職設官豈可不思於勤瘁況復刑名至重且州郡寔繁若動取於勅裁則何勝於利禄雖累行詔諭而尚慮因循仍有事宜更從條約應諸道州府犯徒流罪人等並配隸所在牢城禁錮不須傳送闕下仍不得輒以案牘聞奏稽留刑獄並所在決遣違者論其罪　雍熙四年十二月十三日詔應諸道擒獲劫賊獄成遇赦者隸本城軍仍廩給之先是江南轉運使許驤上言劫盜遇赦得原還本鄉讎告捕者多行殺害請以隸軍故也　淳化元年十一月十八日詔竊盜强盜至徒以北并劫賊罪在赦前而少壯者並黥面配本城　三年四月廿四日詔江南兩浙荆湖

等處吏民先犯罪配嶺南諸禁錮者並還本郡仍禁錮之 八月二十八日詔廣南東西路先是犯罪配隸人皆荷校執役自今除之 四年正月二日詔西川江南兩浙荆湖廣南泉福等路僞命軍校及官吏配隸諸州禁錮者所在以聞並給牒許歸故郡 七月六日詔凡婦人有罪至流者免配役 閏十月四日詔今後應諸色（罪）犯人配衙前者並不得與本貫州府 真宗咸平元年十二月二十日詔雜犯至死貸命者不須配沙門島並永配諸軍牢城兇惡情重者審刑院奏裁 四年七月五日詔福建廣南江浙荆湖遠地應強盗及持杖不至死者依法決訖刺配本處五百里外充軍先是并其



家部送上京多殞於道途特有是命 景德元年正月一日詔川廣犯事人解送赴闕配逐處及已逐便者正身已亡兒幼小無以存濟者委逐處勘會給與公憑放還鄉里又所送罪人赴闕多是與一房老幼同來拋廢田園流散道路自今止得押送本身并妻知骨肉願從者亦聽 二月詔御史臺自今應流配罪人止令逐州轉遞如合差使臣官吏押送者即於逐州閑慢勾當并因迯歷使臣及公吏內抽差押送前去逐州交割 二年四月二十三日詔曰先是諸路部送罪人至闕下者軍頭司引對便坐即將決遣或刑名疑誤則無所準詳自今委本司名法官一人審定以聞 九月二十九日詔



廣南西路州軍有縱火焚人廬舍情理兇蠹者依法決訖刺配五百里外牢城 十月二十一日詔今後應盜賊合刺配牢城者並配千里外其河北河東州軍並配過黃河南陝西州軍配潼關東荆湖南路州軍配嶺南北路州軍配過漢江江南兩浙並配江北川峽州軍配出川界廣南州軍近嶺者配嶺北不近嶺者東西路交互移配福建路亦配廣南江浙其同火人量遠近散配 三年六月一日詔川峽民為盜配軍者如再犯至徒及情理難恕並部送出川峽界配諸州軍牢城 七月十七日樞密院言諸路部送罪人赴闕者皆令軍頭司引對頗為煩細望止令本司依例降配帝曰朕慮其間



或有枉濫及情理可矜者令銀臺司自今諸處送到罪人並先取審狀送樞密院進擬付軍頭司施行其情涉屈抑者不須取狀即令引見 十二月二十九日廣南西路安撫使邵曄言今後犯罪人配隸廣南牢城者乞委轉運使詳元犯情理兇惡者以便宜分配隸所部州軍從之 大中祥符元年正月六日詔左降官配隸諸州衙前者所在件析以聞配流徒役人及奴婢鍼工並放從便黥面配隸者具元犯取旨以天書降也 二十五日詔軍頭引見司自今諸處部送罪人至司先上其數如近休假即日以聞 十月二十六日東封赦應配罪人先委逐處決配五百里外州軍者今後祇配本州情

理重者配隸隣近州府　三年二月二十四日詔如聞
兩京諸路隸忠靖徒役人刺配者即給衣粮不刺配者
止給囚人日食各有家眷或至匱乏宜令依例給之
閏二月七日詔江南福建路罪人配廣南充軍至配所
逃歸者自今止委逐處勘罪差人押送元配州軍依法
決訖收管舊條應配廣南罪人逃歸者逐州奏裁工部
郎中袁焯以謂繫獄淹久故有是命　五月知昇州張
詠言當州水陸要衝多有兇惡之輩放火為盜準詔刺
配潭賀州充軍訖檢會舊條累犯惡跡者禁身奏裁請
應自來兇惡之人犯杖罪十次徒罪七次或犯徒杖罪
作賊違戾父母者五次及廂界與兇惡通情搔擾侵凌

卷一萬五千一百六十八　五

人者所犯杖罪三次及犯侵擾人至徒一次者並許刺
配登萊沂密福建路州軍充軍詔須累犯兇惡合申奏
者及放火盜財杖訖刺面配一千里外牢城十二月二
十二日詔沙門島流人量給口粮初使至言其多殍死
請粗給菽粟樞密副使馬知節曰流人無廩食之理帝
憫之特有是詔　五年四月十三日詔江淮南諸州不
刺面配役人咸釋之從安撫使李迪等奏請十六日雄
州言邊人越入北界賭博者望準法決訖徒隸向南軍
籍從之　六月二十九日詔諸軍故斷手足指以避征
役及圖徙便郡者自今決訖並隸本軍下名罪重者從
重斷傷殘甚者決配本鄉五百里外牢城從知昇州張



詠之請　十月一日帝謂宰臣曰天下犯罪配牢城者
多非令總括其數非盡朝廷配去蓋外州承准宣勅犯
罪情重不可留於鄉邑者以故移配稍多時久承平所
宜斂恤遂詔法寺取開封府殿前侍衛軍頭司等處見
用宣勅凡干配隸罪名悉送樞密院詳所犯量行寬恤
改易配牢城罪名內軍人須合配者並降填以次禁軍
及本城諸色人情重須配者量所犯輕重更不刺面配
定官役年限令本處使役如遇赦不以役滿未滿咸釋
之俟詳定訖進納入內朕自省審訖付中書門下與法
寺再加詳度如皆允當即降指揮　閏十月詔京城盜
賊該決杖配隸者免其令衆即送配所情理重者奏裁

卷一萬五千一百六十八　六

六年正月八日詔曰配隸之人刑科至重屬膺善貺
交舉鴻儀載念黎氓益懷欽恤其先降宣勅罪不至死
配隸逐州五百千里外牢城及沙門島憫甚稍重特議
從寬宜令審刑部大理寺三司將前後條貫編類以聞
既而取犯茶鹽礬麴私鑄錢造軍器市外蕃香藥帶銅
錢誘漢口出界至吏貸官物馬遞卒盜官物夜聚為妖
皆比舊法咸從輕減　二月一日詔廣南福建川峽路
軍民兇惡為患者依法斷訖并家眷械送赴闕其非兇
惡者令轉運司散隸部內牢城三司開封府殿前侍衛
軍頭引見司應配人除奉宣大刺面外餘並依格軍例
小刺諸處已刺指揮字者止添所配處應押赴闕及配

隸諸處者并家眷並給口食川峽路贓錢斷罪者以小
鐵錢十當一　三月十六日詔沙門島罪人除該赦遣
赴闕外自餘量其所犯輕者徙至近地　五月十一日詔
諸州凡配隸罪人於隣州者皆録其犯狀移送逐處置
簿謄録以防照會先是令棣配軍外隸上軍者舊例移
配第云賊某配某所而隐其狀犯難於證驗京西提點
刑獄周寔言其事因請條約之　七年二月一日詔買
犯人刺面者多大刺文字毁傷既甚深可哀矜自今官
吏點檢如有違越委所司覺察聞奏永為定制　十二
月三日詔諸路部送罪人赴闕及他州者並所在為券
給以口粮仍令依程而行不得非理縶朴倍道起發有

卷一萬五千一百六十八

七

疾病所至州縣醫治死者雖檢視無他故即給公憑赴
部送人違者所在官司劾罪以聞先是淄州遣牙校送
罪人赴闕塗中致斃者多懲其懈慢因條約之　八年
閏六月八日詔廣州自今不逞之民五犯罪者依法決
杖刺配嶺南州軍牢城内未滿五次而情理切害者亦
准此　八月十九日知密州孫奭言本州累有强劫賊
結案遇赦或赦後捉獲准詔配本城據官吏衆稱準例
配本城者並配牢城朝廷以本城牢城分為輕重今若
一槩處斷慮失詔意請下法官參議詔自今準詔刺配
牢城者並止配本城有軍額指揮不得例配牢城　九
年正月詔開封府自今應勘到罪人除顯有條法合行

配遞編管外其餘並須進呈取旨　七月十九日詔强
劫賊人罪當死以德音降從流者決訖仍隸本城初磁
州賊逯慝持杖行劫德音降罪免配州疑刑輕狀下法
寺詳定而有是詔　十一月八日河西軍節度使知許
州石普坐私習天文妄言日蝕除名配賀州詔聽其挈
族從行先是帝聞普在禁所思幼子輙泣下謂宰臣曰
流人有例携家否王旦等曰律令無禁止之文乃有是
詔　天禧元年七月二十一日上封者言江南有因事
配軍人悉免惡之徒既不許差出又無役使望檢會元
犯罪名輕重升隸廂軍從之　八月五日詔諸路為盜
而質狀小弱當配本城者如所犯情重並配牢城先是

卷一萬五千一百六十八

八

潞州錢惟濟言準前詔今後為盜者刺配本城臣自到
任以來累捉到穿墻賊並贓滿五貫已上身首小弱準
條並配本城永寧指揮永寧雖本州有軍額請給甚厚
所募之人並少壯任披帶者今為盜小弱免死之輩参
於其中深未允當乞行條約故有是詔　九月詔令令
軍人曹司賭錢罪犯並依法決刺面配外處牢城　二
年三月十七日詔諸班殿直諸軍妻坐姦者決訖即放
不須隸作坊鍼工其見役百五十七人皆釋之　閏四
月十九日詔諸州該四月二十七日赦文劫盜至死降
從流傷人者刺配沙門島内廣南路配瓊崖儋萬州益
梓路配商虢均金襄鄧等州利夔路配荊湖南路州軍

並隸牢城不傷人者刺面配千里外牢城罪不至死並
刺面配本州牢城先是赦書強劫盜不殺人者悉奏裁
瀕隸巡檢趙繼昌言如此等人朝廷若配本州慮不悛
革故條約之　九月十八日詔配沙門島人仰遂州選
吏部送差兵防護州府遞相交割舊有此條是年泗州
亡失配沙門島軍士故申明之　二十八日起居舍人
呂夷簡言按編勑配罪人父母妻子不欲同行者亦聽
其有并一房家累部送赴闕者未有著令極有老幼馳
走以至夭歿望自今當配送者長吏召問如不願同行
者聽若不至強盜者止決配近州情重與鄉里為患不
可留者部送京師奏可　三年二月五日詔沙門寨監
卷一萬五千一百六十八　九
押不得挾私事非理殺配流人委提點五島使臣常察
舉之違者具事以聞重寘其罪先是著作佐郎高靖襄
州文學樵邕皆以罪配隸監押董遇因事殺之至是清
長子伐登聞鼓上言遇責賂不足誣以構叛詔詰遇而
清既死無以證辯故有是命　八月九日詔自今京城
內犯盜賊人合刺配忠靖者並配外州軍牢城其人力
偷盜并京城外竊盜贓數合刺配武肅武和者分配京
東西淮南州軍先是開封府言承前竊盜等第決配忠
靖六軍處於輦轂聚集稍多望分配外州牢臣寇準請
止配京東西淮南州軍仍下是詔　十八日詔謀殺故
殺劫殺人罪至死用今月三日赦原者諸州並依強劫



賊例配本城情重不可宥者部送京師自今用為定式
十月十四日中書門下言準詔犯銅鍮石私酒麴並
免極刑令參詳罪至死者請令所在杖脊黥面配五百
里外牢城從之　四年六月十六日益州路安撫呂夷
簡言淳化五年西川有從草寇刺面充應運雄軍百姓
請擇罪重者分配潼關以東州府牢城從之　十二月
知開封府呂夷簡言請今後應賊人竊盜持杖穿牆五
貫以上強盜滿三貫及持杖罪不至死者更不部送赴
闕只委逐處依法決脊杖二十內身首強壯者刺配五
百里外牢城兇惡難恕者刺配千里外遠惡州軍牢城
若老小疾病久遠不堪充軍役者依法施行事下法寺
卷一萬五千一百六十八　十
既而言舊條皆押赴闕今請如夷簡所奏詔可仍候斷
訖刺指揮二字取轉運使指揮移配　乾興元年七月
永興軍言民王延福累犯巨蠹已刺面杖配蔡州牢城
詔今後不得直行刺配如有此類依決訖收禁奏裁
仁宗天聖元年七月侍衛步軍司開封府勘斷不刺面
配忠靖徒役人本司只是令本指揮收管日支口食差
節級監赴八作司徒役至夜歸營欲乞今後直送八作
司轄下司分收管從之　閏九月十一日陳州言近宛
丘縣盜牛賊人決訖收禁申取轉運司移配禁繫四十
餘日方得牒配舒州牢城伏緣當州去轉運司地里不
遠尚爾稽緩竊慮諸道似此轉有淹延欲望自今只委

知州通判等依法決訖酌情輕重刺面配五百里或千
里外牢城奏可　二十一日詔南北作坊見管配到諸
軍家口充鍼工并裁造院先名到女工並放逐令後更
不配充鍼工如有犯此刑名者依斷訖配窰務及致遠
務無家累兵士　二年二月開封府言應斷訖賊情重
兇惡者乞字樣稍大仍於兩面分刺所貴與招募之人
稍異難為逃走燒炙塗藥詔如委寔兇惡巨蠹只一面
刺稍大字樣　四月開封府言準近詔應遇犯軍士合
移配者並配鄭州賈谷山採造務今得車營務狀本務
軍士故要配採造以故多有許反以冀移配請自今後
軍人合移配者依原舊條外應不喫酒許反及許萬歲
卷一萬五千一百六十八　十一
並刺配商州坑治務奏可　八月開封府言醋庫刺面
曹司徐政坐逃走該赦捕獲按格條即無諸軍刺面不
刺面曹司逃走捉獲之文今欲依廂軍逃走三年已上
不曾取却字號杖一百刺配千里外牢城自今應諸軍
諸司庫務刺面曹司不以有無料錢逃走並依廂軍條
其不刺面曹司亦乞明降條制事下法寺請不刺面曹
司不以有無料錢如逃走三年內捉到者第一次杖七
十首身杖六十再犯捉獲首身並於逐次上遞加一等
仍舊收管至第三次及逃走三年已上決訖刺配五百
里外州軍近軍分首身決訖仍舊皆以赦後為坐奏可
三年四月詔如聞開封府軍巡院見禁罪人內有已

決配遞外州及側近州府轉送者動經旬日尚未監送
往彼暑月虛有淹延自今並須晝時時差人監送所配
去處病患差人醫治損日押出如更淹滯並當嚴斷
七月詔自今馬遞鋪軍士受贓窩盤劫賊供食指導偵
探巡捕者所在具事狀聞奏當遠配　時皆嵐軍郵鋪
軍士有為賊鄉導者配沙門島逢恩不放因有是命
八月臣僚言諸州斷强賊決配遠惡州軍或沙門島多
在路走透蓋部送之人不切監防請行條約事下樞密
院勘會天聖元年十二月宣監防遞配强劫賊須選有
行止衙校前去若受錢縱去重行斷遣又按編勅配送
罪人須分明置歷管係候到配處晝時具交割月日回
卷一萬五千一百六十八　十二
報元配之處若經時未報即移文根問若在路走失者
隨處根逐元監送人繫行捕捉逐認中明前制仰逐處
據所配罪人約度地里日數移文會問每年終具數聞
奏轉運使每半年一次舉行指揮常切關防不得曠慢
十月開封府言百姓陳文政及妻阿宗坐誘虎翼兵
士妻傭雇得錢法當徒一年半夫妻皆雙瞽應原文政
恃瞽為惡乞送外州編管自今有恃老疾不任決故作
過犯情難恕者勘罪取旨送外州編管奏可　十一月
二日給事中王隨言諸州罪人合該配遞不送赴闕直
行斷遣者或有憎愛組織便行配移或并妻男女之荒
遠解有生還慮傷至和望自今令長吏已下依公勘鞫

集廳録問依法施行訖録案坐條具所配地里上刑部
詳覆奏可既而開封府言京府準條配罪名件不少與
外州不同無於次日具罪由刑名配處報糾察司訖令
如随所奏更下詳覆枉費行遣虛負曠慢欲具依自來
條例從之　二十日車營務言扶駕軍士元額多闕緣
係重役無人招募欲望令後雜犯罪人合配南山賈谷
山採造務者並配本務奏可　四年正月二十二日益
州薛田言先準詔西川犯罪配牢城人如遇赦委寔老
病不任征役者放停許於所配州軍居住不放歸鄉令
得卭州狀有係宰牛配軍之人即非老疾未敢放停奏
取旨帝曰遠方細民犯罪雖不至重遇赦歸農亦是寛

卷一萬五千一百六十八　十三

恩然田意欲羈縻又非欽恤之旨　二月開封府言檢
會條貫凡作賊三犯徒軍人不喫酒叫反喫酒再犯因
與人相爭忿叫萬歲舊例決訖並刺配商州坑冶務及
配西京南山鄭州賈谷山採造務近準詔並權住配自
今有合配罪人乞指定去處詔合配坑冶務罪人並配
廣南遠處牢城　八月開封府言東窯務軍士儲慶等
各不飲酒呼萬歲準格當配廣南本務工役最重又江
浙人務求決配家鄉規免重役望自今犯者依法杖訖
却送本務再犯刺配沙門島奏可　九月殿前司言秦
州勘斷駐泊渤海軍士郝斌杖配白州牢城州牒發遣
妻子付本夫尋轉遞往彼續準本處牒所配軍不到根



究稱在道病死欲乞自今犯事配軍妻逐處相度如所
配處路從京師不至迂遠即令押就本營搬取妻男路
遠即問本人如要妻男即發遣前去不要即放逐便詔
從之其妻男同往者仍據數給沿路口食　十月二十
六日戶部副使王博文言陝西沿邊蕃族捕送逃軍頗
有因差勾當或遠探伏路伐木採柴偶逢蕃賊拒敵不
下被虜掠前去蕃部利於賞給經涉年月返捕送官有
司勘鞫但招背漢投蕃之罪依條處死請降赦邊臣不
令下司自今如有蕃部捕到兵士根勘但如此類稍有
憑據情理分明者特與貸命減死一等決配遠惡州軍
牢城詔自今但不是故投蕃部詳酌稍有證據根勘分

卷一萬五千一百六十八　十四

明者特與貸命決配外州牢城訖奏情至輕者奏裁
十二月詔令後應在京工巧匠人等犯罪該配流者具
事奏裁　五年正月十七日中書門下言累據諸處勘
到衙前軍人部送配軍在路逃竄望下諸路今後應配
送罪人內有强惡罪並須牢固監防不管走失仍先具
元犯因依移文所配州軍從之　八月六日詔諸路州
軍刺犯罪人仰點檢隨行物色具數牒交付防送公人
管押前去沿路罪人使用置歷支給　九月八日汀州
言兵帳見管雜犯配軍三百五十九人並是景跡賊盗
之輩人數稍多望權住配奏可凡諸州有奏配軍多皆
如此例　十九日臣僚言嶺外雜犯配軍至多皆兇獷

奏可下脱四
條補在末頁

頑狡精悪難改聚之遠方黨肩非便如所犯切害合配遠悪處外自餘請稍减去以安遠方如江淮篙工水手使過水脚錢之類但於嶺北重役皆可移配望除元條明言配嶺南外今後毋得擅配往彼合移配者止於嶺北量地里有役處情理切害須配遠悪以誡衆者奏裁從之　六年正月勾當汴口康德輿言沿汴河清軍士盗伐榆柳自來杖配西京開山指揮緣汴河功役憂輕故要移配欲望自今後止配汴口廣濟指揮奏可

五月二十三日京東轉運使蕭貫言乞今後流配軍人如有盤纏錢物於長牒内具數交與管押之人如罪人要用即於牒内批鑿給付庶免侵盗以安流竄奏可

卷一萬五千一百六十八　十五

三月二日開封府言準詔軍人作賊不以廂禁軍逃亡捉獲曾持杖劄牆罪皆至流者並决訖配千里外牢城犯徒者配五百里外牢城即不言刺面與否欲請該上條移配者悉刺面奏可　五月文思使知邕州曹克明言近日諸路以雜犯軍人配當州本城牢城者甚多並是累犯兇悪與民為害當州地連交趾窃恐别結徒黨難以鈐束望自今後住配罪人往邕欽廉州奏可　六月隰州防禦使何俊言昨知慶州窃見京城近上禁軍因過犯配環慶牢城者多是少壯武藝之人或有不改前非投入蕃部教習武藝勾引結集望自今住配奏可

七月四日知滑州季若谷言河清軍士盗伐堤埽榆柳準條凡盗及賣知情者贓不滿千錢以違制失論軍士刺配西京開山軍諸色人决訖縱之千錢已上繫獄裁如持杖鬥敵以持杖窃盗論臣所部州多此輩盗堤埽重役故圖徒配欲望自今河清軍士盗不滿千錢者决訖仍舊充役千錢以上及三犯者决訖刺配廣南遠悪州牢城諸色人準舊條施行事下法寺請如所奏凡京東西河北淮南瀕河之所悉如滑州例從之　八年四月法寺言請今後陝西犯青塩罪至加役流者决訖内少壯堪披帶者配蕃落指揮給與請受自來販青塩經徒罪願充軍者委自長吏選少壯堪披帶者亦配蕃落事下涇原環慶鄜延路相度既而諸路言蕃指揮係

卷一萬五千一百六十八　十六

禁軍招塡皆選人材弓力有勇猛者今犯塩百姓皆游惰之輩既加徒罪豈惜行止不惟紊瀆軍法兼慮閒變蕃情欲乞自今罪至加役流决訖取少壯堪披帶配近裹州軍牢城犯塩經徒之人願投軍者亦不收充蕃落奏可　八月七日詔如聞犯罪配流廣南福建荆湖有帶妻子者本身道死妻子無託自今願回鄉里者逐處遞送還鄉仍給口券如本犯罪於律妻子不合還鄉者自如律　九年二月二十二日詔曰朕以禋燔絜祀雷雨推恩念兹配隷之人特示矜寬之典或許歸田里或移近鄉園用推在宥之仁咸啓自新之路惟彼均輸之寄遠於牧守之權宜盡詳明庶符委屬宜令廣南東西荆

湖南北江南東西淮南兩浙京東京西路轉運使副親往本路諸州軍監取赦前見管雜犯刺面不刺面配軍與逐州長吏兵官同共取索配犯因依勘會配到後有無違犯看詳揀選就近體量移配其廣東西荆湖南北福建並移江浙州軍江南兩浙並移配淮南州軍淮南並移京東京西亦與量移側近州軍牢城及本城無料錢軍分元不刺面人不得刺面亦依此移配元係廣南荆湖福建配江北州軍即量移往近南州軍不得移過嶺南及大江仍相度大小州軍合銷人數均配其年老病患者看驗委寔不堪醫治充役即給公憑放停逐歸本貫州縣知在係帳編管元奉宜敕永不放停及情理

卷一萬五千一百六十八　十七

巨蠹累行惡跡攪擾州縣豪彊欺壓良善恐嚇錢物并借詞論訴不忤已事僞造符印或持杖驚劫傷殺人命及不受尊長教訓父母陳首人等不得移配亦不得以老患爲名放停其餘雜犯人中少壯堪披帶者即押赴闕送軍頭司揀選分配諸軍安排如不願量移及赴闕者亦聽從便仍具分析聞奏當量遷改軍分不得將赦後配及經赦已量移人一例揀選自來選還至威邊騎射及本城有料錢人相度本處合銷執役數外分配於事務多處州軍一般軍分諸雜差使候了日具析都數聞坐驛置以聞　閏十月八日三司鹽鐵判官蕭律上言廣州每歲押雜犯罪人配嶺北福建者其數甚衆皆





不計赦前後但杖罪三次悉不黥面徒配又不給日食所過縻以鐵索求丐口粮苦痛如此有惻行路竊以遠方之民魚鹽自給縱犯笞杖未爲巨蠹本因一時奏請累經赦宥未滌宿釁望除此勅以惠遐陬詔自今犯徒并赦前二次犯杖赦後五次者委本州審度情理移配嶺北州軍或止羈管　十年六月十二日詔自今鄉書手移減稅務雖決杖亦黥面配五百里外本城犯徒奏裁　二十七日右諫議大夫趙賀請自今配罪姦惡之人本房老小若病不願行亦聽從便奏可　七月三日益州路鈐轄司言西川決配充軍之人奏乞停者自今望下本路閲元犯保委聞奏免縱兇惡還鄉復爲擾攘

卷一萬五千一百六十八　十八

從之　十月十六日侍御史李紘上言前領陝西轉運沿邊有老病軍士多是川峽配到蹇瘦甚多蓋元配一房日食不足深可憫傷望自今川峽配軍牢城之人如女年十五以上已定婚及子婦不欲從乞放逐使從之

明道二年五月十四日詔劫盜在今年二月丁酉及三月庚寅赦書以前合刺面隸五百里外州者有司不須具奏並按赦文施行劫盜傷人仍隸千里外疎決以前諸罪人追逮未至須至具欵準疎決施行若疑獄及死罪者聽奏取指揮軍籍逃亡能自歸若獲者更不刺面許還舊籍　十一月三日龍圖閣直學士狄棐言廣州雜犯罪人五犯杖罪不以赦前赦後決訖配嶺北州

軍本城近改更赦後五犯方行刺配欲乞並依元勑詔五犯杖罪赦前者送隣州編管赦後者即依前降指揮施行　景祐元年三月十八日京東轉運使張存言點檢兗沂萊密四州見管配役三百餘人乞今後竊盜犯流人權免配役詔見配役人並放還歸農今後如有情理輕者特免配役候豐稔日依舊　四月二十九日中書門下言諸路州軍明道二年三月赦前配軍人除十惡殺人放火父母陳首及元是軍人作過配到者依舊外自餘雜犯配軍人並放逐便　五月二日中書門下言檢會編敕應配軍該恩放逐便後有情憑兇惡不務農桑盜竊資財恐嚇民户罪不致死者並決訖刺配牢城詔應合該放停人以此告示仍責誡勵文狀　二十

卷一萬五千一百六八

十九

二日提點京東路刑獄崔有方言應灾傷州軍捉獲强劫賊人有因飢困與家人共犯俱合重斷者乞數內勘會一名元不是行兇惡情理輕者決放詔從之仍決徒刺配本州牢城候豐稔日依舊　三年七月五日詔諸道新犯罪人內準宣勅合配沙門島者今後止刺面配廣南遠惡軍牢城如南人即配嶺北　九月二十三日國子博士盧南金言今後沙門島罪人日支口食一升不得妄以病患別致殺害及本寨船栰當切有管詺繳害人命船栰嚴加鎖鑰餘不行　康定元年七月六日中書門下言開封府京東西河北淮南應罪人合配千





里五百里外牢城者請並配永興軍仍令本軍自今取為盜貸命并雜犯罪人候及三二百人團作指揮以威捷為額選軍校教閱分隸逐路如遇戰鬥令于陣前驅使果能用命立功保明聞奏當議酬獎內貸命劫賊人本以情理可憫及有疑慮貸命者若至配所更作過犯罪法至徒情理兇惡者處斬訖奏其餘非貸命配到者如有過犯加常法一等斷遣詔可　十月二十三日權知開封府吳遵路言乞今後京城內偷盜犯贓錢十貫以上並配永興軍或二千里外牢城詔京城內偷盜贓錢十貫已上年五十已下無病並決配永興軍牢城年五十已上並決配二千里外牢城　二十五日詔應諸處捉到強劫賊人並依法施行不得解赴開封府乞降

卷一萬五千一百六八

二十

朝旨却納中書其合配五百里千里外牢城者刺配永興軍牢城　二年八月三日知儀州礼賓副使曹德言應開櫃坊停留軍伍樗博之人乞依法決訖刺配清邊弩手從之　慶歷元年八月二十日詔沿邊弓箭手於近裏州軍別置產業以避役者決配近南州軍本城　二年三月十六日詔軍頭司撥沙門島放還罪人之伉健者隸近京歸遠壯勇指揮　五月十八日陝西轉運使卞咸言所部民有累犯罪而其理兇悍者請籍其姓名毋令出外從之　十一月十八日詔罪人累犯為盜及諸兇惡依法決訖並黥面徒以遂州遠近差次籍為

役兵　三年五月十一日詔諸路配役人在詸決以前者並釋之　七月十六日詔諸犯罪人自今不得配隸河北沿邊州軍　二十五日詔廣南轉運司諸配軍有累犯情涉兇惡者許便宜處斬以聞　四年四月二日詔廣南東西荊湖南北路轉運司提刑司比者郡盜結集未盡捕減其體量逐路配軍及編管人內有兇惡不可存者徙配近裏州軍仍令諸路罪人權住配往四路　三日詔自今諸處合移配罪人除不配往川界及沿邊州軍外餘據地里遠近均配逐處各置簿拘管不得只配以南州軍轉運提刑司常切體量如配到人多即具申奏移於一般軍分地里罪人少處　七月十六日

卷一萬五千一百六十八　二十一

法寺言自今差出屯駐駐泊禁軍妻口在營及諸處犯姦各加姦罪二等軍人改配隣州一般軍分下名收管父兄子弟並刺面諸色人不刺面配隣州本城從之　八月七日詔在京犯罪配隸外州軍者不得因差役上京在京諸司亦不得指名抽差時內東門吏犯贓配黃州其親戚多內臣求駕綱上京而南作坊射爲甲頭權三司度支判官李參奏以謂恐母以懲姦故禁止之　五年十一月十二日審刑院大理寺言參詳乞諸處不刺面配本城牢城人願從軍者當職看驗如人材少壯別無疾病與刺面充之下廂軍不支例物如充軍後不犯徙罪依條遷補官司不得抑勒充軍從之　六月七月



七日詔如聞州郡民若犯輕罪而多行刺配他處使其有離去鄉里之歎朕甚憫之自今非嘗受朝廷指揮毋得擅於法外施行　八年十月九日上封者言決配親從親事官輦官請不得占留當直及令上京雖有該揀不得放停從之　皇祐二年十一月六日詔知制誥曾公亮李絢看詳諸州軍編配罪人元犯情理輕重以聞自今每降赦後即命官看詳如例　十五日審刑院大理寺言荊湖南路安撫司奏近爲潭州不住準逐處推院公文追呼鄉縣干證人數頗衆有妨農業望自今勘斷公事內有累作過犯之人並令官司根檢元犯逐度公案照驗入案若委是毀失公案檢尋不得即暫勾元

卷一萬五千一百六十八　二十二

犯罪時干連之人取責證據的確不虛亦許累爲度數如依應得上項編敕即行刺配如檢尋元犯公案不得又無從初干連人照證即不入連累之數仍令轉運提刑常切覺察點檢如又違犯其官司從違制分故失定罪所有有軍民公人犯罪內有情理兇惡條法不該刺配不可存留在彼即依慶歷六年七月七日朝旨奏裁所貴別無枉失追擾平民有妨農務寺司參詳其累犯該配人已有前項編勅外有似此經隔年歲其間或與州縣官吏通同作弊偷毀公案後却經官司論理稱刺配不當蓋是未有釐革條貫以致引惹詞訟欲乞應累作過犯罪人依條刺配後却稱元初刺配不當者限一

年内許経逐處理訴如在一年限外官司不得受理從
之　三年十月十三日翰林學士曾公亮言昨奉敕以
明堂赦後看詳諸道編管配軍人罪犯輕重逐時具狀
貼黄奏訖伏思自前南郊赦令雖與今一體及其奏到
罪人犯狀久不蒙移放不惟赦令失信其間甚有州軍
妄行編配遂至一二十年羈囚至死傷害和氣衆所共聞
欲乞特降恩旨今後依此永為著例無詳益梓利夔四
路地里至遠凡取索干證文字経年未得齊足况此四
路各有鈐轄司欲乞今後益梓利夔四路編管配軍人
如経大赦只就本路轉運鈐轄司同共看詳據犯狀輕
重量移釋放詔依奏其益梓利夔路編配人内情理重

卷一萬五千一百六十八　二三

及干礙條貫者奏裁　五年十月二十七日臣僚上言
切見諸州軍犯罪人送逐處編管若非不肖之流即是
無圖之輩不自知非恐生異意欲乞今後有編管人逐
州軍及十人以上即送隣近州軍編管仍不許在極邊
之處切慮誘衆糾集作過詔今後編管人更不配沿邊
州軍　十一月四日詔南郊赦應東西兩川配出川界
之人永不放還鄉里者其間有情輕偶被詿誤之人宜
令所在件析以聞　十二月二十一日詔川峡人刺配
為内地軍者遇揀停毋得放歸其令關津常譏察之
至和二年七月二十日詔蕃部犯青白塩坐法當死者
自今並配沙門島若群兇為民害者聽奏裁　嘉祐三



年十二月六日京東轉運使王舉元言登州沙門島每
年約收罪人二三百人並無衣粮只在島戸八十餘家
傭作若不逐旋去除即島戸難為贍養蓋諸州軍不體
認條法將罪人一例刺面配海島内亦有情不深重者
如計每年配到三百人十年約有三千人内除一分死
亡合有二千人見管今只及一百八十足見其弊蓋無
衣粮須至去除有足傷憫望嚴戒諸路州軍除依編敕
合配海島外餘罪不得配往登年終具收配到沙門島
罪人元犯因依開項申奏委刑部點檢如不合該刺配
往彼者具事由以聞從之　五年三月二十五日詔登
州配沙門寨罪人三十二人於諸州牢城　七年九月

卷一萬五千一百六十八　二四

七日明堂赦陝西路北犯青白塩配逐處充軍者如経
一赦並押送本路安撫司以人材壯健者改配原住州
軍蕃落或保捷指揮小弱者止隷本城経今赦者且與
量移編管人年七十已上或篤疾者不以赦數並放逐
便在京雜犯配軍隷步軍司者自來不得量移揀放今
並與量移揀放　八年五月十三日詔赦前雜犯編管
人除情理兇悪并吏受贓徒以上川峡人編管在銅錢
地分依嘉祐七年十月十八日指揮不移放外命官使
臣即具元犯以聞餘量重輕及赦數移放　十月二十
八日詔明堂赦後特行編管人経即位赦未放者諸路
轉運司指揮諸州軍具元犯以聞　治平四年六月二

十五日神宗即位未改元登州并沙門寨監押李慶奏依赦分析罪人二百七人詔特取三十二人仍選使臣二人管押赴闕交付軍頭司刺面分配淮南路牢城内一名遇赦不還改配荆湖南路牢城餘係所犯情重及在彼未久並仍舊　神宗熙寧三年正月二十四日審刑院大理寺斷通州百姓仇承廣等九人持杖彊劫贓滿合處死特貸命決脊杖二十刺面配廣南東西路遠州牢城御批可分析移配仍令後應持杖彊盜群隊賊人不要全火置在一路州軍於是承廣等分配廣南陝西河北諸州軍　三月四日詔令後彊劫賊合該刺配廣南者如同火五人以上不得同配一路州軍並須分擘廉配河北河東陝西邊遠州軍如係河北等三路賊人即分配廣南福建州軍　六月二十六日詔諸路提刑司勘會逐州軍經略安撫鈐轄司將刺配充軍人元犯因依聞奏　十一月十六日詔諸路編管人令提刑司於逐州軍選官與當職官吏看詳元犯檢坐條貫詳定委是州郡法外編管即放逐便訖具事理聞奏雖於法不合編管情理重害者奏請朝旨　二十六日京東轉運司言準詔揀選雜犯配軍鄆州揀中兵事内朱信等三人元係親從官配到未敢一例送陝西宣撫司樞密院言欲令勘會如不是慶歷八年殿内作過即依例招填龍猛龍騎蓋是在京禁旅於理不便令止選於極





邊効用雖是慶歷八年雜犯誤人亦不妨可並令一例揀選　四年四月十二日詔慶州叛軍已就戮其同居骨肉配充奴婢及年二十以上刺配京西牢城者令永興軍路安撫司勘會内有服紀於法不該緣坐者即放令逐便内充軍者仍給與公據所有元係軍人配往湖北牢城者即令依舊收管更不改配　五年閏七月二十一日知審刑院崔台符言看詳沙門島量移罪人令先次編排到熙寧元年以前罪人趙能等共九十三人情理輕者分作兩等詔趙能等四十四人並量移過海相度情理輕重分配逐路牢城姚素等依舊收管先是知登州李師中言島之流人多戍兵少不便請減徙故也　六年六月四日樞密院言登州沙門寨罪人請以以二百為額額外有二百一人若移配過海恐非禁姦之意自今配沙門島罪並配瓊崖儋萬州牢城其見在人依例隨赦量移詔以三百人為額　七月十八日知登州李師中言近累奏乞移沙門島罪人令來者未已不惟事繫防虞無罪人已無處存泊更添戍兵亦無著處今後許本州月具沙門島罪人姓名鄉貫犯由申樞密院置簿抄録更不下本州取索額外人數但據簿量移如此則令出惟行行之可久詔除朝旨刺配外諸處因德音續配到人且於登州收禁驛奏犯由以聞仍增兵防守餘從之　七年六月十八日籍諸班直并皇城

司親從官配隸諸路州軍充牢城本城年五十以下情理輕者班直改罷配龍騎親從官配壯勇仍令刑部立諸班直叙法先是衛士以小罪或連坐降配者多其居南方者尤不便風土多死焉自恃才武窘於衣食或亡為盜賊故命收卹　十年正月二十九日詔自淮以南州軍應合配罪人並配廣源州　二月四日中書門下言廣南東西路權住配罪人令事宜寧息欲下逐路復令如故從之　十二月十一日詔應配在衙前并刺面配本城牢城編管羈管人等在京委三司開封府步軍司諸路委轉運使副判官提點刑獄司分詣轄下州軍同當職官取索犯由看詳依赦移放　元豐三年八月

卷一萬五千一百六十八　二十七

十四日詔知成都府張詵覺姦盜存撫人戶務令安靜應犯罪情涉兇惡法不至編配者聽編配出州俟瀘州事平日如故　九月二十二日詔熙寧十年以前配沙門島罪人具配到後有無過犯以聞百姓移鄉十年不不犯徒者轉運司酌情輕者放逐便　五年七月三日上因論刑曰先王之制肉刑蓋不可廢夫人受形於天以法壞之故謂之肉刑揚子曰肉刑之刑刑也周穆王訓刑大則五刑次則五宥又次則贖凡十五等輕重有倫至漢文帝罷之若革秦之弊欲休養生民則可矣如格以先王之法則不得為無失三代之時民有疆井分別圻域彰善癉惡人重遷徙故以流為重後世之民遷



徙不常而流不足治也故用加役流又未足徵也故有刺配猶未足以待故又有遠近之別蓋先王教化明習俗成則肉刑不為過也　十月二十三日知蘭州李浩乞諸路雜犯罪刺配人一二千里者免決充蘭州本城廂軍從之　六年二月二十五日种諤言自今捕獲侵犯邊界西人依朝旨施行外若諸處捕子捕獲非作過西界人並乞刺配荊湖或京西本城從之　三月二十六日上批早來擬奏配軍畫一法內稱刺充某指揮配軍恐於上軍稱呼有嫌可諭修法官改云某指揮雜役·時犯罪法應配流者其罪輕得免配行盡以隸禁軍營為雜役然禁卒素憚配法嘗恥言之上於人情至微

卷一萬五千一百六十八　二十八

無不曲盡　五月十二日詔降配禁軍營雜役卒在京可輪月刺配先殿前司次馬軍司次步軍司周而復始　閏六月二十三日詔尚書刑部應移鄉人情理輕者十年稍重者二十年遇赦檢舉放令逐便令刑部著為令　八月七日兩浙轉運司言犯盜徒五百里外州軍無放還法乞比移鄉人例放從之　八年九月四日三省樞密院言該配合從本府及軍馬司斷遣者並依法配行無軍名者五百里以上並配牢城鄜州本府並配本城强盜或三犯竊盜因盜配軍後更犯罪若謀殺并以刃故傷人放火强姦或人力姦主已成造畜蠱毒及教令人并傳習妖教故沉有人居止舟船拒捕已上於

法合配者并諸軍犯階級及逃亡應配千里以上並依
法配行無軍額五百里以上配牢城隣州或本州配本
城已係本城配牢城已係牢城配重役從之　十月八
日詔改新配法初神宗以流人離去鄉邑或疾死於道
而護送禁卒失教習有往來勞費故倣古法犯罪應流
者加決刺隨所在配處諸軍重役至是中丞黃履有言
故令改應配者悉配行並如舊法　哲宗元祐元年六
月十四日詔雜役配軍諸路州軍並配本州牢城在京
者元犯配廣南分配東西窰務三千里者配車營務二
千里者分配廣固指揮自今犯杖以下罪並依元犯配行
十二月二十一日刑部言赦書節文應赦書該載不

卷一萬五千一百六十八　二十九

盡事所屬看詳比類條析聞奏看詳開封府界諸路向
來違犯常平法編配之人比違犯重祿法事理尤輕其
經今赦未合放逐便者欲乞比類推行重祿法編配之
人並具元犯保明聞奏從之　二年六月十七日開封府
言續降朝旨河北河東陝西京東西淮南路開封府界
竊盜贓滿五百文以上并強盜不該刺配內杖罪免決
徒減從杖並給招軍例物刺填本處或隣州廂軍看詳
在京犯盜一貫至徒即無編管六貫已合刺配行此重
法尚無畏懼欲請本府界有犯更不行減免並準法斷
罪給例物刺充廂軍詔開封府界竊盜贓滿一貫以上
并強盜不該刺配從所請　三年二月八日三省言



配軍及逃亡軍人應部送者遇寒月隨所斷州及所過
州權留工役給請受至二月乃遣詔在京及諸路特展
至三月二十一日詔應刺面不刺面配本城牢城編管
經明堂赦恩不該放人通今年德音已前年月已及格
令其緣坐編管羈管人亦通及十年以上聽依赦移放
四月二十一日監察御史趙屼言元豐勑重法地分
劫盜者妻子編管元祐新勑一切削去前此編管者宜
不少請令從便從之　四年十月十九日刑部言開封
府奏元降權宜指揮欲乞將竊盜至徒刺填一節先往
任羅外其強盜不刻刺配之人乞依舊存留刺填廂軍
欲依所奏從之　六年八月十二日詔京城內諸官司

卷一萬五千一百六十八　三十

向來因推行重祿法行賂並違犯常平法編配之人並
依元祐二年三月二十五日指揮移放　二十三日滄
州言按元祐敕錢監及重役軍人合配者除沙門島及
遠惡處依本條外餘並勒充本指揮下名其不可存留
者即配別監及它處重役則是係以廣南為輕重役為
重遂不配行令重法地分重役人多是累曾作賊劫令
徒半會於一處易於復結為盜其告捕之人見其依舊
只在本營或別重役處相去不遠懼其讎害不敢告捕
欲乞於上條沙門島字下添入廣南二字從之　閏八
月十七日大理寺言配軍並不許特行投換在京已投
換者但犯杖已上罪並依元犯里數配出若自首并已

投換充作坊工匠而犯杖以上罪非犯盜及餘犯非情
重者聽免從之　十一月十九日刑部言配沙門島人
强盜親下手或已殺人放火計贓及五十貫因而强姦
親毆人折傷兩犯至死或累贓滿三百貫贓滿二百貫
以上謀殺人造意或加功因而致死十惡本罪至死造畜
蠱毒藥已殺人不移配并遇赦不還而年六十已上在
島五年移配廣南牢城在島十年依餘犯格移配篤疾
或年七十在島三年已上移配近鄉州軍牢城犯狀應
移而老疾者同其永不放還者各加二年移配從之
紹聖元年十一月十八日刑部言廣西轉運司奏海北
罪人配過海南人數稍多別無功役今立到朱崖等軍

卷一萬五千一百六十八　三十一

牢城額數從之　元符元年十二月二十六日詔應犯
罪合配本州隣州身手强壯而願免決配填逐路軍者
聽輒抑勒者依故入人罪法　三年正月二十六日徽
宗即位未改元　沅州奏本州牢城軍元置一百人役使
不足乞依辰州以三百人為額仍下諸路將罪人合配
者並與免決刺送本州牢城兵刑部請如本州所乞從
之　九月十六日陝西轉運司奏準刑部符都省送下
保平章奏勘會陝西州縣多盜賊内有逃軍者見令號
州賊徒驚擾一方皆緣諸路賊人免決配到工役辛苦
因逃走恣為不法伏乞指揮天下應免決刺配陝西諸
路罪人内有元係犯强盜情理稍重者并鑄錢之人不



得配陝西州軍本部下逐路相度本司相度陝西申請
委是允當兼諸司亦相度得穩便唯鄜延路要兩色人
依舊刺配詔元符元年九月七日犯罪該配免決次配
陝西河東逐路廂軍指揮更不施行元符元年九月七
日指揮檢未獲　徽宗崇寧三年三月十四日尚書省
言比年强盜累犯習知案問皆能巧法求免或累十犯
猶入生議又配流者盡往東南諸路歲無慮千計至配
所者則聚為寇掠中道亡命者復暴横鄉閭為良民害
令欲倣周官司圜土之法令諸州築圜土以居强盜貸
死者晝則役作夜則拘之視罪之輕重以為久近之限
許出圜土日充軍無過者縱釋之從之　五年正月十

卷一萬五千一百六十八　三十二

九日詔罷圜土　大觀元年五月二十八日通判河陽
張竦言圜土之法乞檢會前後所修圜土成法早賜頒
降施言行從之　七月十五日池州言勘會永豐監除
見管兵匠及外州軍差來兵士六百九十五人外見闕
六十四人勅[illegible]鑄御筆大觀通寶小平錢字精細係背
赤仄合增添烏磨錢工共二十五萬三千工令來所闕
人工雖已一面劄刷廂軍和雇百姓相兼烏磨錢寶闕
少人工數多令相度欲乞下諸路將合配罪人除本犯
罪至死貸命刺配并合配遠惡州及沙門島并强盜殺
人合該刺配人各依法刺配外餘犯徒杖合配之人並
乞免決配填本州永豐監如犯人年五十五以上及瘦

弱不堪工役之人不許一例刺填候額足日住配從之
江饒建此並依此　閏十月二十日靖州奏本州只管
牢城一指揮外別無廂軍委是差使不足窃慮緩急闕
人乞添置宣節一指揮以五百人為額依崇寧三年四
月九日勅命指揮下諸路州軍除合配本州鄰州及沙
門島廣南西路并强盜及元犯情理兇惡人外將杖枚
窃盜并其餘合配之人免決刺配本州宣節指揮候人
額足日住配從之　十一月五日詔訪聞配沙門島罪
人已踰額數一倍所配隸皆貸命强惡之人防托之兵
其數甚少慮不足以制姦惡可更增二百人　二年三
月二十一日都省劄子勘會圜土法後來犯罪之人方

卷一萬五千一百六十八　三三

合配入圜土其已前已配牢城本城重役等人自合依
舊更無改入圜土之法切慮諸路不曉法意誤將已配
之人一例改配入圜土合申明行下從之　八月十九
日臣僚言切見黎賊自去秋結集作過攻刼諸軍殺害
官吏致煩朝廷遣官選將捕殺體訪得海南諸州軍甚
有逃背配軍走投黎界緣海南配軍盡是所犯情理兇
惡或免死配流之人昨東西兩路進兵逢賊戰鬥率先
迎敵多是大字配軍滋長賊勢邊防為患乞將應今後
所犯情理兇惡合刺配海南之人權且配海北水土惡
弱州軍候將來黎人馴熟別降指揮施行從之　九月
十五日中書省據廣南西路經畧司勾當公事闕沉劄



子乞立法凡有作過流竄之人入本路界官司即時編
報本路監司差人管押置行程歷批上所過定有疾病
即所至結罪保明庶不敢違慢朝廷法令仍乞立法應
編管海南人秖於循梅恩新等處自係惡弱之地免致
悪党逃入黎峒并常與黎人交通詔編管海南人依大
觀二年八月十六日指揮編管海北水土惡弱州軍候
將來黎人馴熟別降指揮餘依仍令刑部立法　四年
三月二十七日詔配圜土法並罷已配圜土之人且依
舊法候銷盡日其圜土即行去拆　政和二年二月十
二日尚書刑部侍郎馬防等奏契勘昨降指揮應配沙門
島人為溢額權配廣南遠惡處海南州權配海北緣遠

卷一萬五千一百六十八　三四

惡處內海南住配外海北新循等九州前後配過人數
不少深恐未便乞除合配沙門島并海南人依已降朝
旨配海北遠惡處外將其餘應配遠惡處人權配廣南
諸州軍將來沙門島并海南人配行即依並依舊從之
三年正月二十一日靖州奏本州運粮兩指揮各五
百人為額見管一百餘人所闕人兵欲乞於大觀元年
閏十月二十一日指揮諸路州軍除合配本州鄰州及
沙門島廣南東西路并强盜及元犯情理兇惡人外其
餘合配之人免決刺配靖州運粮兩指揮候額足申乞
住罷從之　二月二十五日永興軍等路提刑司申商
虢兩州界多係山林素來逃軍盜賊聚集作過去處乞

令後應强盜人更不配填商虢州外將其餘合配之人配填施行從之　閏四月五日權提轄措置陝西路坑冶蔣彝奏昨來本路錢監招刺人匠未足間係諸處降配到罪人充諸監人數後因減廢錢監並行住罷今來乞仍舊下刑部遍下諸路合配二千里以上本路千里以上牢城情重人並乞轉押付本司分擘刺填入監候將來人匠足日住罷並從之　四年八月十三日工部奏定國軍狀契勘韓城縣東西兩錢監人匠見闕乞下諸路州軍除犯强盜及合配廣南遠惡沙門島并殺人放火兇惡之人外將其餘犯流徒合配之人並乞免決先刺同州韓城縣錢監等候額足住配刑部欲依行下諸路仍於刺錢監字定東西一字候刺填數足日申乞住配仍以所降指揮年月先後資次配填施行所有止犯流徒不該刺配之人難議施行從之　五年三月七日刑部奏府畿轉運司狀爲拱州復爲輔郡合置牢城指揮所有人兵乞先次量度配填欲下諸路州軍將合配之人量度地里先次配填本州施行從之　六年四月三日大理卿李伯宗奏契勘自來合編配之人如有瘡病未任科決合編配所至一面看驗疾損日科決訖銷籍緣犯人有送廣南遠惡州軍編配之人往回萬里移文取會若沿路別無失墜動經半年方有報應致久掛事阻不能結絕乞今後有合編配瘡病之人報本路





提點刑獄司置籍拘催科決施行從之　七年二月十一日詔懷衛二州界於太行太河之間姦宄憑恃險阻倚爲淵藪訪聞諸處間將犯强盜之人配填逐州至則逋逃難於緝捕可依商虢二州例更不配填立法行下　六月四日河東路經略安撫使薛嗣昌奏據知平定軍郭价申契勘本軍係河東山嶮最幽僻去處緣此盜賊逃軍隱藏昔日李免一卒動河東北兩路將兵不能收捉兄至於厚賞招出卽非李免有智謀强勇止是藏泊於山林幽隱去處所致也欲乞申明朝廷乞今後免降配强盜人至本軍寔爲利便兼臣契勘遼州與平定軍事體一般乞下諸路州軍及開封府今後將强盜罪人並免降配平定軍遼州從之　九月二十五日手詔明堂大赦加恩寓內應沙門島見禁罪人雖皆巨蠹亦既貸死而晝監夜禁與死爲隣天道貴生在所矜恤可令本州當職官撿會元犯據罪重輕分爲三等具年月久近限半月申刑部取旨移配遠惡州軍以示生意仰刑部遍牒京畿諸路今後罪人除特旨外權住配流海島候及額日仍舊　八年五月二十三日陝西河東河北路宣撫使童貫奏撿會昨鄜延路經略使賈炎奏乞今後城寨官公使庫官員使臣收買漢蕃弓箭手廂禁軍馬遞鋪之類請受文旁與販轉放違犯之人仍乞朝廷不以入己各依本罪外不論有無戰功並不以去官

赦降原減一例重行廢斥内寔有膽勇戰功禦邊得力之人乞委帥臣相度奏留充本路準備使喚或充効用候立到奇功與甄叙詔從之契勘鄜延路第二將張安元係鄜延路蕃弓箭手長行累立戰功轉至武功大夫昨因買文旁事追官韶州編管其人委有膽勇緩急可以驅使乞依前項賈炎申明許留自效從之　九月十六日詔開封府今後應斷配盜賊令本府每名添差防送兵士一名千里以上添二名湖南廣南添兵級三人海島添兵級五人監防經歷州縣依此差人交割監轉前去内配二千里以上罪人從府尹量酌所犯如係情重及兇惡之人一面下吏部添差小使臣一員院虞候

卷一萬五千一百六十八

三十七

一名管押直至配所交割内院虞候除支口劵外每日給食錢二百文取配所收管公文報府保明聞奏仍置籍勾銷　宣和二年十月三日翰林學士趙野奏竊詳犯罪應編配之人在法皆以本犯情罪輕重立定地分遠近依令不得過應配地里三百里蓋欲刑當其罪也昨大觀元年因白波輦運司等處申請將諸路合配千里以上及本路鄰路合配鄰州五百里罪人並配西京白波窯務及汜水輦運司廣濟重役其間有增加地里大段不同者謂如京西鄰路數内京東路登州犯罪合配鄰州或五百里之人若配窯務廣濟係配及二千里以上又加餘路瀘州有合配千里之人即係配及四千



餘里者委是情法未稱乞應諸路合配罪人並以地里相當依令不得過應配處所三百里方得配所所貴遠近得宜少副陛下恤刑愛民之意詔從之　十二月十八日中書省尚書省言勘會命官犯罪編配遇赦應量移者自來止是刑部以地理赦數量移近鄉州軍即未有立定紐計地里遠近隨赦數量移條至有遠近輕重不倫之弊除見行條法自合遵依外今擬修下條諸命官犯罪編配遇赦應量移者以編配地里隨所犯情理輕重依移放格赦數紐計為分元編配地里外剩數不計每赦量移一分謂如合二赦放元係三千里以一千五百里為一分合三赦放以千里為一分之類若所移地里内無州者移以次近鄉州從之元犯編配鄰州或量移已至鄰州若遇赦未該放逐便合量移者即移近鄉州如不願移者聽仍理為赦數以上奏抄内擬定合移地里州軍并取到刑部狀稱所修條下別無未盡未便從之　三年二月三日刑部奏均州狀為本路舊管禁軍効忠一指揮勁武牢城廂禁兩指揮今來効忠全指揮準宣往利州路防戍計差發却三百五十一人本路安撫司只差到一百人補戍見今闕人彈壓防守契勘牢城見管兵員二百四十三人其間一百九十三人並係諸州軍強劫盜賊配到自來有効忠一指揮數百人彈壓則容元犯強劫盜一百九十餘人在州未至可虞

卷一萬五千一百六十八

三十八

令既闕少禁軍州司不敢别有陳請只乞指揮諸路州軍將强刼盜賊權住配填本州牢城候滿三年别取朝廷指揮本部勘會自來牢城溢額並依條申本部乞行住配令來均州牢城雖不係溢額縁爲本戍闕禁軍彈壓防守事屬未便今勘當欲依本州所乞事理權行住配施行從之　八月二十日刑部奏嚴州申本州牢城缺一百八十八人欲乞下諸路州軍將合配罪人配填指揮額管廂軍二百人因方賊燒劫多被殺傷逃避見本部勘會欲乞下諸路將所强姦盜除殺人放火及情犯兇惡之人外契勘應配地里填額施行詔依所申其被賊去處徽杭衢婺處等州依此施行　十二月二十

卷一萬五千一百六十八　三十九

九日中書省言勘會沙門島罪人已降指揮候及五百人令具奏聽旨及配海南人昨來係爲黎人作過權配海北令來黎人已是馴熟詔大觀二年八月十九日政和二年二月十二日指揮更不施行　四年三月二十六日臣僚上言竊見犯罪編配之人有量移叙免之法遇赦則原之録犯由二本一則附遞至所配隸州軍一則隨罪人前去此著令也蓋有所犯之由則知元罪之重輕與歲月之久近故赦至則看詳奉行無復淹滯必二本者防遺失也乞申勅有司遵奉成法仍加大字真書遇有編之人本曹官吏須先録犯由點對訖乃得書斷訖到州軍無犯由不全者並申提刑司取會劾治尚



或違慢例加顯黜從之　五年六月五日大理少卿聶宇奏伏覩政和勅祖父母父母老疾應侍養家無期親成丁者犯配沙門島遠惡州及廣南並配千五百里以上配鄰州而雜犯移鄉者初未有損減之法乞將殺人會赦應移鄉者如合給丁侍親許依法犯量移隣州庶使配移之人均不失其養親之心從之　七年五月九日德音京東河北路州縣應兩路編管羈管及配到人並與減三年移改命官理爲一赦如元犯係杖已下特旨編配並聽具元犯申尚書省當議特與移放　十一月十九日南郊制應犯流罪配役人並放逐便應刺面不刺面配軍編管人等除謀叛以上縁坐入强盜已殺

卷一萬五千一百六十八　四十

人外並特與減三年理爲檢放年限在京委所屬開封府步軍司在外委諸州當職官量元犯輕重依條揀選移放訖節畧犯由在京申尚書刑部諸路申提刑司審覆訖類聚申刑部其配軍編管羈管人係永不移放者年五十五以上至今及十二年年六十以上及七十其餘縁坐編管羈管人至今及七十並具元犯聞奏當議量輕重移放或放逐便若篤疾并年七十以上編配及五年驗寔特與放逐便雖年限未足而祖父母父母年及八十以上無兼侍或篤疾者具元犯因依奏裁當議看詳情理罪犯特與量移應罪人元犯止係杖罪因官司奏請特旨編配羈管人者除依條合放與諸州當職

塩類

官限一季內具元犯申刑部看詳情理輕重聞奏當議特與移放應諸色人因殺傷强竊盜并殺人賊及合捕死罪人而編管及刺面不刺面在逐州軍者除赦前依條合放外餘候編配到及三年具元犯因依聞奏　高宗建炎元年五月一日赦應編配移鄉人永不移放者並放逐便沙門島罪人不以年歲遠近並移近鄉五百里州軍　二年十一月二十二日赦應犯流罪配役人並放逐便沙門島人限赦到兩月內具元犯因依配到年月日自到有無過犯開拆聞奏當議特與量移三年四月八日同元年五月一日之制內情理重者仰所在州軍具元犯申尚書省取旨移放　二年六月五日臣

卷一萬五千一百六十八　四十一

僚言建炎元年五月一日赦書內應編配移鄉人并不移放者並放逐便且如秦州兵士該赦者幾及百人元係隸牢城指揮收管鈐制嚴於它軍僅免作過今一旦盡給公據放令逐便乃為游手散處城市小則剽竊大或嘯聚為患不細欲權勾收公據寄官依舊月給錢粮本營居住仍與優輕窠坐俟其歸鄉日給據聽行從之　十一月二十二日赦應刺面不刺面配軍編管羈管人等除謀叛已上緣坐入强盜已殺人外並特與減三年三歲理為揀放年限其係永不移放而祖父母父母年及八十以上或篤疾者具元犯因依奏裁以上情理巨蠹及蕃部溪洞人具元犯因依及自到後有無過犯



開析奏裁當議看詳情犯時量移　紹興元年九月十八日明堂赦四年九月十五日明堂赦七年九月二十二日明堂赦十年九月十日明堂赦十三年十二月八日南郊赦十六年十一月十日南郊赦十九年十一月十四日南郊赦二十二年十一月十一日南郊赦二十三年十一月十九日南郊赦二十八年十一月二十三日南郊赦三十一年九月二日明堂赦恩並同此制　四年十月二日臣僚言欲乞應州縣吏人緣罪犯配隸它州者須行驗定不得輙有停放如以寔病放還者更不許再叙入役詔令尚書省申嚴行下　十一月十二日刑部言乞應諸路人犯配沙門島權配海外州軍謂

卷一萬五千一百六十八　四十二

萬安昌化吉陽軍瓊藤州林州廣南福建江西湖南北路人應配廣南遠惡及廣南者並止依本法配行仍須各及二千里以上州軍無二千里以上州軍止於廣南東路西路從一遠配候道路通快日依舊從之　紹興元年九月十四日詔政和殿救免決刺配靖州運粮等指揮更不施行皆以虜人入寇向北道路未通故也　紹興元年正月一日德音應編配羈管安置居住命官並與理為一赦編配諸色人特與減三年三歲理為揀放年限其蔡京童貫王黼朱勔李邦彥孟昌齡梁師成譚稹及其子孫並係誤國之害民之人并苗傅劉正彥王均甫馬柔吉王世脩張逵苗翊苗瑀范瓊及其家屬

皆係反逆之家更不移放　五月二十二日詔今後持杖劫盜并其餘合配之人並令依法真決據地里配行其政和三年正月二十一日免決刺配靖州運糧指揮更不施行以泉州言比緣賊馬路途梗澁配去之人不到配所乞今後依法真決配行候道路通快日依舊故也未幾汀州又言免決刺配池州錢監靖州運糧等指揮乞並依法決配詔依上條　二年九月四日詔四川見編配羈管及因事停降命官有已遇恩或期限已滿合該移放及敘復者令宣撫處置使司依便宜指揮一面依條施行訖類聚具奏　十八日刑部言今年九月一日赦書內一項應命官公人軍人犯罪除名有特旨斷

卷一萬五千一百六十八

例并刑部大理寺合斷刑名外一時特旨除名停替羈管編配安置之類本不合坐罪者並與除落仍理元斷月日本日勘會本不合坐罪非謂全不合坐罪者其雖有罪犯而止係杖笞公坐情理不至深重者亦合依赦除落仍理元斷月日從之　三年二月十五日詔部送罪人所至州軍不差人交替如通並從徒一年科罪仍差職官一員專一主管令詳定一司勅令所立法申尚書省　三月十九日詔今後應差兵級公人等部送罪人除合破口劵外每人逐日添支食錢五十文所至州縣即時批支仍令監司常切覺察　五月二十九日臣僚言竊見遞來編管之人各路管押人往往不達其所



至之地或止出門或於半途而遂反雖有差禁軍部送罪人之法緣紹興條格並無立賞許告之文是致防送者尚得以受情而縱釋使作過之人道亡而歸萃於行在肆為姦慝乞撿舉依在京開封府六曹通用勅許人告捕給賞庶使防送者不敢擅縱而過惡者不敢遁還從之　四年正月二十三日臣僚言車駕駐蹕臨安府即與開封府事體無異若有犯盜合配本府之人理難止配本府令欲權行引用在京法並配近本府州軍所有臨安府四至州軍有犯罪合配本府之人亦乞依此附罪人不得編配入京條配臨安府候車駕回鑾日依舊從之　三月二十日大理寺言決配指揮紹興元年正

卷一萬五千一百六十八

月十四日勅行在見任官三省樞密院六曹百司人吏等並不得於五軍并諸頭項統兵官下兼帶差遣及諸軍人不得互換相兼今後有犯被差又差之者有官人除名勒停無官人決配　紹興元年五月二十四日詔自今後州縣如有合科催物色須管明以印榜開坐寔數若干仍具一般印榜申監司監司因出巡視行按察不得更似日前先多科其數然後輕重出入違者竄嶺表人吏決配仍許民戶越訴嘉祐勅一宣勅言當行極斷決配除名之類本犯輕者並以違制論仍具案奏聽勅裁大觀尚書六曹寺監庫務通用勅諸稱配及編管少言地理者並五百里外其前立定決配明文庶使承

用官司有以遵守勑令所看詳犯罪之人情狀輕重不一本罪刑名自有等差決配之法不得不與若謂前項元無立定決配之文立為定法恐或罪不稱情令欲申明如於逐項指揮有違犯之人除依法定斷本罪外取旨量輕重決配施行從之　九月十五日明堂赦勘會流配役人依條會恩則放訪聞州軍不遵條令遇赦則尚行拘留情寔可矜仰限赦到日須管日下放令逐便仍仰提刑司覺察如違奏劾　七年九月二十二日明堂赦十年九月十日明堂赦十三年十一月八日南郊赦十六年十一月十日南郊赦十九年十一月十四日南郊赦二十二年十一月十八日南郊赦二十五年十

卷一萬二千一百六十八　四五

一月十九日南郊赦二十八年十一月二十三日南郊赦三十一年九月一日明堂赦並同此例　五年七月二十一日臣僚言竊聞前此朝廷之議以宣州勘黃大本及兖州勘應問二人所犯俟其獄具中取一人尤甚者用祖宗舊制真決刺配以警贓吏今大本既依法論決而應問贓罪貫盈止從編置自去年九月十二日在秀州準刺編管化州十七日至平江府即作在道會赦量移且應門贓罪百倍大本吳中士庶皆能言之而經斷五日之內便用赦量移何應問之幸而大本之不幸幸也望特降指揮不許用今赦量移之文差人管押前去化州編管庶幾貪贓之吏知不可以計免或少懲艾



從之　九年正月五日新復河南州軍中應配及編管羈管人並特與減三年三歲理為揀放年限永不量移或不放還者若篤廢疾及年七十以上仰所屬驗寔特與放還配軍年五十以上到本處已及十年年六十以上五年編管羈管人情重及五年稍重及三年情輕及一年亦與放還仰所屬限一月疾速依赦移放施行若元係緣坐及所犯情理巨蠹事干邊界蕃部溪洞人仰所屬開析元犯因依其配吉陽昌化萬安軍瓊州罪人雖永不量移或永不放還者限赦到十日內所屬各具元犯人到配所有無過犯聞奏當議量輕重特與移放

十二年九月十三日徽宗梓宮還赦同此　十三年

卷一萬五千一百六十八　四六

十二月十七日階成岷鳳州提刑司言在法罪人不得編配入京及往三路沿邊川峽路今來逐州密接北界委是無處配行刑部勘當欲將階成岷鳳州犯罪合該刺配之人計地里權行配入川峽路州軍從之　十七年十二月一日刑部言契勘編配羈管等命官及事干邊界情理重害之人遇赦依法合係所管州軍勘驗別無過犯方許保奏本部以所犯情理輕重接法具奏鈔擬奏聽旨移放訪聞近來州軍往往更不依法具奏一面引赦移放深屬不便欲遍下諸路州軍各守成法仍仰提刑司檢察違戾去處按劾從之先是右文林郎周行己計囑本州一面引赦移放為衢州人戶告發故有

是請 十九年八月二十二日刑部看詳捕獲沿海劫盜並係持杖兇惡徒衆理宜措置關防令欲將合該刺配廣南及三千里之人斷訖權行刺配鄂州都統制軍下二千三百里以下之人斷訖量地里遠近權行刺配池州鄂州建康府都統制軍下並收管重役使喚其刺字欲以配州府屯駐軍重役字爲文候盜賊衰息日依舊法從之 二十四年二月二十三日有旨令後將臨安府已配盜賊逃歸之人並以合該配地里分配江州鄂州軍下重役 二十三年四月二十三年詔編管羈管人在諸州軍者於法止許月赴長吏廳呈驗訪聞比來多不用法因禁鎖閉甚於配隸可令遵守成憲 二

卷一萬五千一百六十八

四七

十四年二月二十三日詔臨安府令後捕獲正犯盜賊已行斷配逃走復回合該展配之人並以合配地里依紹興二十三年已降指揮分配池州鄂州都統制軍下重役各以所配州屯駐軍重役刺字常切監管毋致走逸以知臨府曹泳有請從刑部看詳也先是紹興二十三年十二月十三日知臨安府曹泳劄子契勘本府近緣賊盜稍多雖不住緝捉根勘斷配往遠惡州軍其配軍多是不旋踵復到本府作過緣本府係車駕駐蹕去處理宜措置禁止令相度令後凡遇斷配賊人欲望許依海賊例應有合配之人量遠近分配池州建康府鎮江府鄂州太平州駐劄軍分重役不唯免至盜賊仍前



歸府作過兼可補填軍額刑部看詳欲令臨安府將日後勘斷正犯盜賊依法合配之人候斷訖量地里遠近權行刺配諸軍下收管其合配千里已下之人斷訖權行分配池州其合配千里已上之人權行分配鄂州並都統制軍分送將下收管重役各以所酬州屯駐軍重役刺字常切監管毋致走逸仰仰斷遣處差人錮監押前去餘依見行條法施行從之 十一月二十二日詔令後臨安府所差使臣管押編配廣南并遠惡州罪人及兩次押到編配所别無疎虞與減一年磨勘在路有死損人數及兩次與展一年磨勘其管押編配千里以以上罪人及兩次押到配所交管與減半年磨勘如在

卷一萬五千一百六十八

四八

路有死損人數及兩次與展半年磨勘以上展減磨勘對行比折外理數賞罰並至二年止餘依見行條法施行以大理正許興古古請下刑部看詳故有是命 十二月二十三日詔諸路州軍如有編管之人願充廂軍者聽 上因宣諭大臣曰朕昨在元帥府見河朔州軍將編管人穿鎖傳送旅店三五相聯乞丐於市蓋緣不不支口食以致於此誠可憫惻可申嚴約束行下 二十六年閏十月十七日大理寺丞莫濛言竊見江西及浙東沿海強盜應配者並分配諸軍重役蓋以江西之與沿海乃盜賊素之處故犯盜之強劫者然後配以重役而犯竊盜初不與焉比於紹興二十四年因臣寮建

請凡諸路應犯盜合配之人不分强竊悉從重役之配
竊謂諸路强盜俾同於江西及沿海去處增重其配可
也至於竊盜穿窬之徒其情理豈可與兇惡强悍者同
日而語哉乞更加參詳使輕重各適其當刑部看詳除
正犯强盜之人照應已降指揮其犯竊盜之人並仰依
見行條法從之　二十七年九月二十一日尚書省言
勘會諸路州軍斷犯强盜合配廣南并遠惡州軍已依
舊配行外其餘見配諸軍重役人緣積以歲月人數漸
多理合措置詔今後並依舊法施行更不配填諸軍其
逐軍已配到人令戶部量行增添請受　三十年五月
四日領殿前都指揮使職事楊存中言本司大軍在明

卷一萬五千一百六十八　四九

州定海縣駐劄逐時收捕海賊解赴所屬根勘罪不至
死者配竊慮逃竄復為盜賊本司見招人填闕欲於內
選人材及等者刺填龍猛龍騎指揮闕支破全分請給
所貴海道安靜從之　八月刑部看詳乞將犯强盜貸
命並遇赦及兇惡强盜合該刺配之人仰元勘州軍除合
配海外及老弱怯懦疾病人依舊配行外將少壯人斷
訖量地里遠近押赴本路帥司躬親審量如强壯堪充
軍役即刺填本路闕額將兵下等支破請給如日後逃
走捉獲當行軍法從之後刑部言諸路州軍有至帥司
路遠竊慮罪人往返走逸欲與本州軍長吏親行量審
將勘充軍人申本路帥司待報合刺填某州軍径自押



赴即不得放本州及鄰州充軍役從之　八月二十三
日詔諸路將犯罪合編管人不得配隸行在傍近五百
里內州軍從知信州徐林之請也　孝宗紹興三十二
年六月十三日登極赦應編配及移鄉人并永不移放
者並放逐便　十四日臣寮言近降指揮將强盜并持杖
劫盜貸命流配之人并押赴屯駐軍隨等仗依招軍法
刺填竊詳犯人皆是兇惡强橫之徒若至軍前方行刺
配深慮在路逃竄無以辯驗乞令元勘州軍從長貳擇
健壯堪充軍者先次刺填龍猛或龍騎指揮然後差人
押赴屯駐軍庶幾沿路免致逃竄從之　十月二十六
日臣僚言防托海道全藉水軍乞將海賊貸命人互配

卷一萬五千一百六十八　五十

諸處水軍令元斷州郡多差兵級管押如三人已上即
逐旋發遣從之　隆興元年正月八日臣僚言諸州斷
配賊例送廣南遠惡州軍緣其間瀕海多有盜船嘯聚
深慮滋長姦惡乞自今並分撥赴淮上水軍收管從之
二年正月九日臣僚言近日强盜貸命之人多是配
隸二廣其間州郡往往一例差使並無關防遂致逃逸
聚成郡盜乞自今强盜更不配入二廣止配諸軍重役
使喚其見在諸州配軍各仰嚴作關防無令出入從之
八月十四日臣僚言諸軍兵効用亦有犯罪合行刺
配之人在法却配隸諸州牢城緣此等元係揀中及有
素習武藝者乞依做强盜配屯駐軍法令主兵官鈐轄

强壯量地里遠近刺填別軍分從之　乾道元年正月一日大礼赦勘會犯流配役人依條會恩則放訪聞州軍不遵條令遇赦到尚行拘留情寔可矜仰限赦到除元犯悪逆及事干邊界外須管日下放役仍仰提刑司覺察如違按劾　三年十一月二日六年十一月六日九年十一月九日大礼赦並同此制　八月十二日冊皇太子赦應配軍編管羈管人永不移放者祖父母父母年及八十歲以上無兼侍或篤疾者具元犯因依奏裁　二年六月三日淮西總領楊倓言近日將强盗罪不至死者擇其健壯配屯駐諸軍訪聞諸州多將老弱不堪充軍之人一例分配深慮虛占軍額緩急不足倚仗欲乞申飭諸州委自長貳一一精加選擇從之　三年十月三日翰林學士知制誥劉珙言竊見自來强盗貸命配流之人往往纔至配所即行竄逸亦有道殺防卒而歸者昨降指揮令擇其壯健刺填充軍此法甚當比來諸處多將情重者配遠悪州郡情輕者分隸諸軍不流遠郡者皆竄逸隸軍中者少遁逃欲乞自今應有減死一等之人其情重者並大字配屯駐軍情輕者止刺填軍分庶幾悪少知所警懼從之　十一月二日赦應刺面不刺面配軍編管羈管人等除謀叛以上緣坐人及事干邊界或强盗已殺人外並特與減三年三歲理為揀放年限　六年十一月六日九年十一月九日大

卷一萬五千一百六十八　五千二



礼赦並同此制　四年三月九日知臨安府周淙言近來所至郡縣時有小竊三五為群剽刼民旅蓋因諸處斷配人未至配所中路逃竄或已至配所官司縱釋及有分往諸處屯駐軍軍中失於拘管遂至散逸既無所歸聚集為盗乞令諸州知通及屯駐軍統兵官常切點檢每一季具所管編配人姓名有無逃亡保明申朝廷仍委諸路帥臣及提點刑獄覺察施行從之　五年八月四日龍神衛四廂都指揮使廣州觀察使充鄂州駐劄御前諸軍都統制趙撙言强盗減死配隸屯駐軍人近日人數漸多其間有累犯不悛相結逃竄者若不措置收捕竊慮聚集為害乞自今如有擒獲似此等人將為首結連者依軍法處斬自餘徒党並嚴行斷遣諸依從來軍中條法施行　十日權刑部侍郎汪大猷言近降指揮江池州屯駐軍并韶州摧鋒軍緣近年擬配人數已多各權免二年配填竊見建康鎮江荆南鄂州與三處事體不同所有强盗貸命刺配之人乞更不分隸並依地里遠近配諸州軍牢城從之　六年閏五月二十八日臣僚言近降指揮應强盗合配隸屯駐軍人權行住罷依舊配諸州牢城竊緣犯强盗者皆是積悪亡命之徒深慮州郡不能拘制或有走逸嘯聚為盗乞將强壯堪披帶者依舊配隸屯駐軍從之　九月十七日詔刑部行下外路駐劄諸軍將諸處犯强盗貸命配到

卷一萬五千一百六十八　五千三

重役之人如今後輒敢逃亡捕獲勘證情犯本軍可徑依軍法施行　九年七月一日樞密院言强盗配隸屯駐軍人多有短少癃老及殘疾不堪執役者虚填軍額理宜措置詔今後合配人免駐屯配軍各隨所配地里遠近配諸軍州牢城收管　淳熙元年五月三十日詔自今走失强盗配軍依犯流已決未役已役未滿而主守不覺亡罪杖一百斷遣或有妄作緣故放停强盗配軍以附取配軍充宣借被差官司輙遣徒二年斷罪違戾去處委本路安撫提刑司按劾以知隆興府龔茂良言斷配罪囚未到配所中路託病為之寄留往往更不發遣乞立法禁故有是命　八月十五日詔廣州自今

卷一萬五千一百六十八　五十三

有正犯强盗持杖刧盗之人如人材少壯並量遠近分配潮韶兩州摧鋒軍以知廣州曾汪言本州去鄂州屯駐處隔越嶺嶠雖差人防押多致竄逃作過乞止配隸摧鋒軍故從　九月十二日知静江府張栻言近來配隸之人雖有指揮刧盗罪不致逐州長貳躬親審量少壯之人配屯駐軍此誠良法若逃亡出首又押配元配所竊慮復致竄逸欲將首身人審量强壯刺填軍兵其餘刺充作院壯城指揮從之　三年六月五日詔諸路帥憲司自今所部州軍有犯罪應配人更不分隸屯駐諸軍諸依見行條法指揮斷配施行從樞密院請也　十月四日詔犯私盐除應配及杖以下自依法外將合科



流罪人相貌强壯及得等仗堪充征役並依已降指揮免罪免追贓刺填軍額其元係舟船内被獲之人即刺充本路水軍　十四日詔辰州深接溪洞與沅靖一等邊郡自今諸州軍應配强盗及情理兇惡之人不得配隸辰州從本州請也　十一月十二日南郊赦應刺面配軍編管羈管人等除謀叛以上緣坐人及事干邊界或强盗已殺人及貸配重役人外並特與減三年理為揀放年限令諸州當職官量元犯輕重依條揀選移放訖節畧犯由申提刑司審覆類刑部内命官具元犯聞奏其永不移放人祖父母父母年八十以上或篤疾者保明以聞情理巨蠹及溪洞蠻人等並録元犯并後來有

卷一萬五千一百六十八　五十四

無過犯開析奏裁自後郊赦同　同日赦編管羈管人如無保識人鎖閉廂房别無口食其間飢餓疾病死亡自今編管羈管人無保識者本州日支米二升錢二十文贍養如有疾病即時差人醫治無致死亡自今郊祀赦同　四年四月二十二日詔廣南東西路重行修葺牢城營其有闕處即行創造盡收管配隸人在營著役從樞密院請也　十二月十二日楚州言準勅犯私塩科徒流罪人刺充水軍緣本路即無屯駐水軍未審合配是何軍分法寺契勘楚州既無屯駐水軍去處即合依六路犯私塩被獲依已降指揮刺填軍額施行其他諸路理合一體從之　五年二月一日知廣州周自强言

諸路專委通判簽判縣專委令各置籍遇有傳到配軍即時注籍差人押往前路州縣候取到交領亦注於籍有竄逸者嚴責部送之人根捕仍令通判常切覺察每月本州交傳過人數有無截留走失申本路帥司檢察其諸州斷配過人若計程應至配所而未有報到交收者即時移文沿路州縣會問若詢究得有截留役使之人並申所屬帥司根治施行從之　六年九月二十七日詔自今大理寺并諸州勘到强盗內有貸命人並令勘會的㝛鄉貫遠行分配不得相近庶使其徒相遠無以啟其姦謀免致生事　七年九月十四日詔私鑄銅器須并其家屬押赴鑄錢監則將來不致逃竄　八年四

卷一萬五千一百六十八　五十五

月十五日詔自今强盗貸命人並配隸廣東摧鋒軍福建左翼軍湖北神勁軍湖南江西江東安撫司親兵成都府飛山軍雄邊軍及諸路州郡係將不係將禁軍重役專聽部轄人役使刺字以某軍或某州重役為文仍隨罪犯輕重酌地里遠近分配內摧鋒等諸軍軍額每五十人諸州禁軍軍額每一百人逐年各與支破諸州牢城長行請給候及五年無過犯與免重役如敢逃走依軍法施行其本轄人從杖一百科斷更降本職名一等仍責部轄人每月具存在報所屬備申三省樞密院先是紹興三十二年六月詔强盗并持杖竊盗貸命流配之人令元勘州軍長貳擇壯健堪充軍者先次刺填



龍猛或龍騎指揮差人押赴屯駐軍至乾道五年以後議者屢以不堪執役為請嘗廢不行止隨所配地里遠近配諸州軍牢城淳熙元年臣僚或謂配屯駐為便立為永制至是復改命焉　五月十六日詔自今强盗抵死特貸命之人並為額上刺强盗二字餘字分刺兩臉若額上曾經刺字者即元係貸命之人不須更行追會以浙西提刑司言强盗內有逃軍已經貸命斷配之人避免再犯重刑到官不㝛通元犯及元配去處追會有至數四終不得㝛故有是命　十九日刑部言已降指揮强盗貸命並配充諸路州軍郡係將不係將禁軍下重役尚慮諸州所差部送人或致竄逸及故作住滯乞

卷一萬五千一百六十八　五十六

自本部排千字文號每名給行程歷一道開具前後部送條法指揮隨斷勑行下候到本州將犯斷人斷配訖如法錮身依條差人防送所過州軍限一月差人交替仍批上到發日時當職官印押訖催發前去罪人在路病患即申官司州委兵官縣委巡尉交管醫治候痊安即時發遣仍批行程歷從之　十二年三月八日詔應過淮盗馬見令編管人仰各州軍差人押赴本路帥司刺充禁軍收管沿淮竊馬之人特旨編管諸路州軍者緣事干邊界獨無年限移放因臣僚有請故有是命　八月二十五日廣東經畧安撫司言殿前司摧鋒軍統制韶州駐劄闗瓘申乞將滿及五年重役者許令揀選

少壯堪披帶迭等仗人刺填軍額放行義兵請受錢米
詔特與刺填義兵一次令諸路軍今後照應淳熙八年
指揮不得過數配充本軍重役　十一月五日詔泉州
駐劄殿前司左翼軍前後所收諸州軍刺配强盜重役
人有長大少壯者到官稱本寺何由引用蔭減不過只
據見任之官約法申上注擬之際利害非輕乞令吏部
四選今後合約法之人須開具四代官稱一併行下刑
寺依條約法施行庶使九品之官被罷免者得以改過
自新吏部勘當若蒙許從所請乞行下諸州軍日後遇
有刑獄奏案文字即開具前項四代姓名官稱就案内
一併具申刑部施行從之　嘉泰三年五月二十一日
卷一萬五千一百六十八　五七
右正言李景和言大辟之獄在縣則先以結解在郡則
申以審勘罪狀明白刑法相當郡申憲司以聽論決是
謂詳覆情輕法重情重法輕事有疑慮理可矜憫憲司
具因依繳奏朝廷將上取旨率多從貸是謂奏案著在
令典二者皆屬憲司之職初無許令諸司自奏之文比
年以來詳覆之獄固已絶無而僅有奏案一事乃委諸
郡冒法自爲漫不復問其事皆起於提刑失職縱吏受
賕以致於此乞行下諸路提刑悉令條具故違典憲嚴
爲之法以警其失職之罪從之　開禧元年二月十五
日新權發遣無爲軍張穎言乞下監司州郡應今後有
殺人强盜罪案須管督責獄官從公盡情勘結即不許



憲司肆意姑息妄廢祖宗成法不行詳覆致令州郡妄
指疑慮可憫之類具奏如或委是疑慮可憫合行具奏
罪案先從當職官吏次第守臣契勘得實因共結罪保
明奏上庶幾論決當理姦謀絶幸管牢固拘管事理重
害之人如有走逃逸將守倅當職官吏及監管兵官取
旨責罰　十五年十一月十六日詔湖北神勁軍權住
配三年從本路帥臣之請也　淳熙十六年三月十三
日臣僚言竊見諸州軍流配二廣海南罪人無非故犯
法律而得此也而乃巧生計謀創爲截留之例遠者不
過中路近者只在七五程之間或假夤緣或行賄賂或
求書劄或憑技巧便得截留更不到元斷地所深恐究
卷一萬五千一百六十八　五十八
惡之人不知所畏犯者日繁非刑期無刑之意乞行下
諸路提刑司將流犯二廣海南罪人他州不得仍舊截
留須管押至元斷地所諮檢坐見行條法委諸路提刑
司嚴切禁止將違戾去處按劾以聞　六月十六日臣
僚言近降指揮應諸路州軍見編配羈管及移鄉等人
除謀叛并緣坐及事干邊界編配并强盜殺人貸配月
具存在外人其餘罪犯既已該登極赦恩並放自便夫
編配縣徒隸籍他州仰給衣糧平時州郡窘於用度常
若不給今聞赦放即便捐除困弱者懷飢寒之憂强悍
者思飽煖之策既無資籍直有相聚爲盗耳乞令所在
州軍編配應赦合放罪人願歸鄉井者給據停放其無

所歸不願停放者改刺存留庶幾依舊仰給衣糧不致失所從之　七月十九日詔刑部行下諸路州軍將該遇赦恩合放逐便之人當官審問願與不願放停如不願放停仍舊存留支破請給從臣僚之請也　八月十五日檢正諸房公事王同等言諸州軍配隸人因該指揮停放之後除有力可以歸鄉聽其自便其餘在道失所之人行下所在州軍出榜許合就便陳狀從各州給據改充廂軍依條按月支給衣糧如願再歸元放停去處亦與關牒囘程州縣量給口券送至地頭如其間有奸猾不逞之人不願充軍於道路結集作過乞令所在州軍巡尉官司等捕捉赴官根勘重作施行仍多鏤文牓曉示從之（卷一萬五千一百六十八）　紹熙二年三月八日詔諸路州軍將登極赦以前所配權鋒等軍并諸州係將不係將禁軍重役人自到配所如不曾經逃走被獲別無過犯并元犯不係情理深重巨蠹之人即開具元犯事因結罪保明具申樞密院取旨特免重役　二十四日詔諸州軍如有諸色人犯情理兇惡或强盜合配之人照沅州條法不得配往靖州以靖州守臣姚㮚言本州接連溪洞蠻猺去處在沅州二百里之外前後作過為本州之患多因配隸之卒乞依沅州例免配本州故有是命　九月十六日知瓊州黄揆言今中外之姦民以罪抵死而獲貸必盡投之海外以為兵是聚千百虎狼而共寘之一



丘也今其日積者已多而纍纍遞送者方來而未已一旦稔惡積釁潰裂四出臣恐偏州之民項背不能帖席而卧也乞自今凡兇惡貸死而隸于流籍者許分之沿江諸屯及其他遠惡之地無專指海外以為兇藪庶幾陰銷潛削不至滋蔓流毒偏方從之　三年三月二十一日臣僚言朝廷立法犯入已贓公吏并强刼盜等人配至所在州軍自有限方許放停逐便近年以來州軍更不照應一二年間隨即放停是致人皆玩法以配面為或經三五度刺配者再至所竄州軍更不悛改不過易地居處愈肆其惡寖為民害乞行下諸路應犯法刺配人如至本州須依條限方許放停如限内再有所犯乞撥入屯駐軍中重役永不許逐便從之（卷一萬五千一百六十八）　六月十六日權知梅州陳友聞奏乞將配隸犯强盜人刺填推鋒軍免遁逃山谷嘯聚為盜上曰如此則免嘯聚山谷為良善甚好恐在軍收之又不相能友聞奏此曹皆是亡命之徒尋常配隸　九月二日詔今後諸州軍如有兇惡强盜合配之人照全州已得指揮不得配往武岡軍以本軍言本軍在溪洞蠻獠腹心之内朝廷及諸路州軍將兇惡强盜貸命重役之人斷配本軍竊恐竄入溪洞嘯聚故也　四年十一月二十八日知温州孫楙言本州士人胡袓情勢把持詐取錢物究勘皆是寔跡姦贓狼籍為害一方偶以祖蔭聽贖送鄰州編管尚慮他

日還鄉復讎報怨為害愈多乞行下建寧府將胡昶牢固拘管雖經赦宥或年限已滿不許放還庶幾永嘉一郡生靈稍獲安居詔特不移放　五年二月三日樞密院言已降指揮將強盜貸命罪人並配隸摧鋒軍等處并諸路州軍係將不係將禁軍重役候及五年無過犯與免重役命來節次有已免重役人據所在州軍申乞改刺軍額收管并已有改刺充禁軍去處緣上件重役人充犯情理深重所以配充重役今既以年限與免重役便得改刺充禁軍不惟正禁軍恥與為伍又且永遠得支給禁軍衣糧及在犯配牢城人上竊恐輕重失當詔將諸軍并諸路州軍已得指揮免重役之人自今後並與改刺充本州牢城收管支破牢城衣糧內有係韶州摧鋒軍泉州左翼軍江陵府神勁軍潭州隆興府建康府安撫司親兵成都飛山軍雄邊軍並改刺元駐劄處本州牢城收管餘依節次已降指揮施行　慶元元年正月二十六日詔令刑部鏤版遍下諸路州軍將犯配偽造會子人須管責令本營每日酉點嚴切關防常令存在不得差出借事致令走逸如有違犯即將兵官合干人等重行降責　五年三月二十八日臣僚言遠方豪民一罹大辟傾其家貲請求附會作疑獄奏多得減死倖僥已甚使到配所居作如法不許還鄉猶云可也又復計囑防送中途縱逸公私通知恬不為怪乞行

卷一萬五千一百六十八　卒



下諸道令後如有疑獄已經奏減者仰差得力之人防送具起離日分申刑部仍令刑部行下所隸州軍候罪人到日即便繳申照會如或過限不見申到許刑部檢舉送本路監司根究按劾以聞重寘典憲從之　五月二十三日臣僚言乞行下諸路州軍應貸命配軍罪人令沿路選差軍兵牢固管押傳遞取各州交管公文回照不得容令管押人受囑作弊如有走透知通兵官各坐以罪及配隸州軍須管牢固關防不得作借事公文縱放違者併坐知通當職官之罪令所在州軍專委巡尉根捉見今逃竄在管下橫擾作過之人解赴所司押歸元配去處所有胥吏犯贓罪至徒之人永不許放敘亦令各州縣根刷如有衷私存留在役日下逐出大字具姓名用版榜揭于州縣之門不許復入如有違戾其州縣容縱官司亦各坐罪並令監司常切覺察御史臺體訪彈劾從之　六年十月二十二日臣僚言大辟奏讞貸以重役在法再犯必加銖戮今此徒既獲貸死又無官役至配所未幾乃委身求託於貪婪士夫之當官者強所隸之州給之以放停之據而遂蓄之於私家或使之自便彼無以自養復嘯聚以害人乞舉行條法重役之人州縣不許放停與之經營給據留於私家許人告首重寘典憲從之　嘉泰元年四月二十七日詔令諸州軍各將見管強劫盜配軍并日後似此配到之人

卷一萬五千一百六十八　卒

約束當職官吏常切鈐束不得輒行差撥如違從監司按劾重作施行若因事敗露其守臣並議責罰 八月九日臣僚言逃軍非為盜則嘗殺人者也黥隸之後或傳送之不專或拘繫之不謹或夤緣而差出或計幸而脫放散處鄉落長惡不悛又有富家巨室囊槖其姦則自竊而盜自結集而嘯聚為民之害蓋不少矣乞戒飭有司申嚴條令縣則責之令尉嚴立保五有犯同坐州則責之守臣明行關報旬存否凡兇惡強盜並令牢固拘管一路刑委提刑司每遇巡歷按籍閱視如有違戾覺察以聞從之 三年六月十八日臣僚言竊惟人之犯罪有流配者罪未至死故至配所仍俾著役猶有自新之路近緣州郡匱以黥卒溢額申聞者部乞令住配纔得指揮初未嘗遍牒諸州軍每遇他郡罪人押到則以住配卻之甚至一二千里之遙竟以牒回其間嚴寒極暑疾患所侵斃於非命者不一況已配之人又復押還不知本州軍置之何所若易他郡則先以刺定州軍之名豈容再改刺乎乞明詔有司令後諸路州軍有申到配軍溢額去處先委本路監司差官從寔勘會果係溢額方許住配仍疾速遍牒諸州軍照會或有已配未到之人所配州軍雖是溢額具與收管不得再行傳押回歸仍乞逐路提刑司常切糾察毋得違戾從之 七月三日前知漳州方銓言為民之害者莫甚於猾吏而

卷一萬五千一百六十八

六三

刑法四之六三

為民害之尤者又莫甚於已黥之猾吏今之士大乃有蓄之私家以為鷹犬收之官府以為爪牙民之被害者雖欲執之以聞於官則彼已黥矣尚何所顧藉往往亦逡巡而退卻乞行下諸路委自提刑覺察庶幾姦猾不為民害從之 四年正月二十三日臣僚言後世衣食之路日蹙犯法者既眾配隸之人中路多逸及到配所州郡憚於贍養往往故縱不捕此徒雖幸脫免而其身寔無所容於天地間飢寒切身若非群眾販賣私商即是聚為強盜配隸之人蓋有二種其間鄉民一時鬭毆殺傷及胥吏犯贓貸命流配等人設使逃逸未必皆是強勇能為大過欲止從徒配本州牢城重役立為赦限限滿給據復為良民至於累犯強劫及聚眾販賣私商曾經殺傷捕人之人皆能跳梁山溪運動兵仗非村民胥吏之比欲並配屯駐軍立為年限限滿改刺從正軍衣糧此外更有前後逃亡未獲之人該遇今郊亦並許出首投充正軍不惟人有改過之門而軍伍之中亦得強壯之助誠為利便從之 四月十二日臣僚言兩淮編置之人多因渡淮作過遂罹三尺械頸縶足閉鎖牢城聽其死而後已豈不可憫欲將諸州所收過淮編置罪人特令分刺屯駐諸軍各使自効詔令諸路安撫司行下逐路州軍先次密切開具見拘管編置人姓名元犯於旬呈日審驗畫一開具老弱強壯姓名人數申樞

卷一萬五千一百六十八

六四

刑法四之六四

密院　開禧元年閏八月十九日臣僚言配隸羈編管之條非姦贓強盜殺人貸命與夫鬬殺情重者不以是罪之酷虐之吏曾不是思創為押出外界之例稽之刑統新書無是法欲嚴飭中外自配隸編羈管之外惟他郡作過之人許勒還本貫其餘悉從本條科罪不得輒將土著之人并家屬押出外界從之　嘉定五年十二月十六日信陽軍申信陽最係極邊今他郡將斷訖兇惡強盜等人編配本軍未便從之　七年八月五日知鎮江府史彌堅言闗防傳送配隸強盜走逸之弊前後頒降指揮可謂詳密然續降申明頗與舊法牴牾所合檢坐條法指揮畫一開具乞從朝廷更切審訂分明頒降施行一檢準慶元令諸應部送罪人逐州軍常切預差禁軍二十人籍定姓名在營祗備遇有押到罪人依次差撥即時交替不得越過彌堅看詳此項係舊法應被差防送軍兵許令逐州交替一檢準慶元隨敕申明明乾道七年八月內勑斷配海賊並兇惡強盜有配廣南遠惡或海外州軍去處若只循例逐州傳押前去竊慮交替稍頻縱其走透彌閣看詳此項申明蓋為海賊并兇惡強盜廣南遠惡及海外州軍者設係專差人管押逐路傳遞押至路首州軍交替一嘉定四年八月內臣僚奏請凡四方極刑來上情有可憫悉從原貸黥隸遠方必置之廣南惡弱之地者所以慰謝死者之冤今

卷一萬五千一百六十八

六五



所在州軍押發罪人名曰長送往往前途走逸甚者斃於遠行沒於無辜欲乞朝廷遇有貸配不必使之長送遠役遇逐州交替即止除批行程歷外別具公狀判憑回州照會以驗至否倘有走逸即行根捕責以必獲弥堅看詳此項奏請蓋為矜憐押送軍兵類因長送往往至死故欲將貸配之人使防送軍兵逐州交替免致無辜斃於遠役一嘉定五年正月內臣僚言守將縱姦犯盜黥徒或配遐方群憚所費付之遞鋪傳押一得所欲隨即釋去所配之郡守將吝於衣糧牒至未必受受則與之空文無所廩給率皆竄逃復出為害乞申戒郡將犯有此徒必專人押往憲司歲終檢察或中道而遁或回牒不至先追推吏根究仍申捕亡之令其逃軍被獲詰其竄逸之由或配所不支衣糧則將守臣重加鐫責弥堅看詳此項蓋因州郡守將不切留意防傳或致縱姦是致臣僚有此奏陳弥堅看詳舊法與節次臣僚申明關防走逸矜恤無辜皆有深意恐難以一時臣僚申請盡行更改致使州郡引用未免疑惑若不畫項指陳尤恐有違法意官吏得以用情出入關繫非輕欲望送有司審計分別重輕其罪可以逐州其罪可以逐路甚罪可以專人押至配所明賜指定頒降諸道州軍使有憑據恪意奉行免有疑惑從之　九年三月二十七日新知南恩州翟畇言乞應羈管編配之人不得仍前巧作

卷一萬五千一百六十八

六六

名色借事非過恩赦不得給據放令還鄉從之　十四年九月十日明堂赦應有犯罪除從條合行編管并情理重害及曾經奏斷特旨施行外其餘或因州軍一時任意非法編管人自今赦到日仰提刑司取索元犯看詳如見得情理稍輕給據放令逐便　十二月一日臣僚言民之犯罪至於流放者其去死刑無幾蓋欲使天下爲惡者有所戒懼今流放未幾皆得因緣而返此輩本非良善况復刑餘何所顧籍一旦得還寧復安靜已行下諸路州郡自今以往凡刺配罪人須押至竄所嚴故縱逋逃之禁絶借事截留之弊其已逃亡而歸復恣睢於閭里者則申嚴舊制毋爲文具從之

卷一萬五千一百六十八

六十七



七月二十二日開封府言今後京城内偷盜牛馬馳驢宰殺爲首者並刺配廣南本城又府司每勘該赦彊劫賊並配武肅武和指揮人數已多令後應罪人配上件軍者散配遠處本城並從之　八月知永興軍姜遵言關中之民性多剛愎鮮勤耕鑿村落之間貧者恃强攘竊敗獲止是決杖縱去兇頑不畏刑責請應陝西捉獲强盜賊贓及一貫已上永配牢城一貫已下再犯及竊盜不計赦前後但經三犯並配軍庶令悛改肅清關輔奏可　七年正月二十四日屯田郎中崔立言編勅應配逃罪人有父母妻子不願隨者亦聽本處多不審問一例起遣經過州府又不接狀老幼流離多至損失望勅諸道所過州郡子細取問不願隨者逐旋放還從之閏二月一日荆湖南路轉運使言諸州雜犯配軍比來多轉送全邵郴道州皆無重役本路惟潭州水運牽挽又造船冶鐵工役尤衆望傳諭諸州自今應配當路者悉送潭州奏可

卷一萬五千一百六十八

六十八

以上四條補本卷第十五頁前半十一行奏可下

宋會要

刑獄

太宗雍熙三年五月刑部言果州達州密州徐州官吏
枉斷死罪雖已駁舉而人命至重死者不可復生非少
峻條貫何以責其明慎按斷獄律從徒罪失入死罪者
減三等當徒二年半公罪分四等望自今斷奏失入死
刑者不得以官減贖檢法官削一任更贖銅十斤本州
判官削一任本吏並勒見任從之　真宗景德二年七
月五日上刑者言刑部舉駮外州官吏失入死罪准斷
獄律從流失入死罪者減三年徒二年半公罪分四等
定斷官減外徒二年為首者追官餘三等徒罪並止罰
錮伏以法之至重者死人之所保者生儻官司不能盡心

卷一萬九千九百七十九

則刑辟乃有失入蓋幕職州縣官初歷官途未諳吏事
長吏明知從坐因循不自詳究雍熙三年七月勅權判
刑部張佖起請失入死罪不許以官當贖知州通判勒
停咸平二年編勅之時輒從删去臣以為若依格法舊
條似虧懲勸或准張佖起請又未酬中欲望自今失入
死罪至追官者斷官衝替候放選日注僻遠小處官繫
書幕職州縣官注小處官景朝官任知州通判知令録
幕職授遠處監當其官高及武品內職奏裁詔可　大
中祥符七年九月十二日權知開封府王曉泊判官等
坐斷獄失誤罰金　初法寺准詔長吏為部民訟罰訖
代之帝以京府事繁與外郡異止命增贖銅十斤而復



其任　八年八月二日開封府判官國子博士韓允殿
中丞權大理少卿閻允恭並除名允授岳州文學允恭
授復州文學百姓崔白杖脊配崖州牢城白子端決杖
配江州本城白家于京師素無賴凌脅羣小取材以致
富先有滿子路強狠任俠名聞都下又有趙諫以豪橫
伏法白謂人曰滿子路吾之流輩也趙諫吾門人爾餘
不足筭也百姓梁文尉與白鄰居白素欲強買其舍文
蔚未之許屢加詬辱會文蔚死妻張與二子皆幼白日
夕遣人投瓦石以駭之張不得已徙去即以其舍求質
錢百三十萬白固以九十萬因市之張訴于京府白遂
增錢三十萬因潛減賃課以已僕為證諸府訟張且厚

卷一萬九千九百七十九　二

賂胥吏白素與允恭善遂從允恭達其事於允坐張妄
增屋課杖之白因大言銜其事于鄽閭皇城司廉知以
聞詔捕白付御史臺鞫問得實故並及罪責　九年三
月八日免給事中慎從吉削一任翰林學士給事中知
制誥錢惟演罷職守本官　初咸平縣民張贇妻盧訴
姪質被酒忔悖張豪族也質本養子而證左明白質納
賄胥吏從吉子大理寺丞銳時督運石塘河往來咸平
為請求縣宰本縣斷復質劉姓而弟令與盧同居質洎
盧迭為訟縣聞於府會從吉權知府事命戶曹參軍呂
楷就縣推問盧之從叔號巽尉昭一納白金三百兩于
楷楷久而不決且以僕追劉族為名即還府盧兄大子

中舍文質又因進士吳及納錢七十萬于從吉長子大
理寺丞鈞以其事白父而隱其受賄之狀盧又詣府列
訴即下右軍巡院昭一兄澄嘗以手書達惟演云寄語
從吉事連鈞銳請緩之時及已亡命軍巡請捜捕且曰
未得及則獄不具從吉亟召軍巡判官祝坦至廳事後
廡詢之毀所請狀又令銳密問坦獄情若何頗自疑懼
因密作奏請付御史臺未報糾察刑獄王曾趙稹詣便
殿以聞且言事涉從吉慮軍巡顧避稹方知雜請不以
付臺乃命殿中侍御史王奇三司戶部判官著作郎直
史館梁固鞫治仍遣中使譚元吉監之逮捕者百餘人
獄成奪楷鈞二官配隸衡州銳坦文質皆奪一官坦



貶豪州司戶參軍盧澄本陳留縣大豪也常入粟得曹
州助教殖貨射利侵牟細民頗結貴要以是益橫劉綜
知府日常犯法綜憤其豪縱重繩之奪官配郢州仍請
後有過不以贖論詔可其奏至是與昭一並決杖澄配
隸江州昭一特除名從吉惟演並坐責餘責罰有差情
重者配隸外州軍二十一日右諫議大夫慎從吉追一
任官著作佐郎高清杖脊黥面配沙門島　清知大康
縣民有詣府訴家產者清納其賄時以罷任即逃避所
知家慎從吉請對言其子銳先假清白金七十兩望傳
詔捕繫仍別置獄遂命駕部員外郎劉宗古監察御史
江仲甫推劾清遇于進士丁禹家禹白官捕得之且捜



其家獲財貨甚衆衣服有僭侈違禁者因揭榜許民戶
告首并得他贓狀獄具法寺以其所受贓不分枉直致
命屯田員外郎丁慎脩覆按清枉法當死帝命貸之清
庫部郎中士宏之子景德中進士宰相寇準以弟之女
妻之準死故相李沆家復取爲婿歷官以前聞頗恃姻
援以是欺蠹小民務自奢縱被服如公侯家初慎銳就
清假貸清以多納賕賄事將敗遂諾之求其爲助時方
鞫盧氏獄從吉發此事欲以自解銳素狡獪始假清銀
欲爲庇護及聞有訟即以還之前以盧氏事奪一任至
是又坐請求削衛尉寺丞從吉坐首露在己發又奏銀
不實用官減當罰金詔以從吉累奉憲章合當黜竄特



追右諫議大夫免其安置銳配單州自餘決罰配隸者
數十人宗古仲甫以鞫獄失實並黜監物務府界提點
虞部員外郎姚潤之內殿崇班閤門祇候王承僅坐不
能察舉復保任清並免所居官　仁宗天聖九年十二
月十五日刑部言漣水軍鞫僧處照僞爲公驗祇死省
司詳覆按處照始與人鬬巡邏者白官乃持公驗爲是
未嘗行用失入死罪望下轉運使選官詳案牘具當否
聞奏從之　十年五月十一日審刑院言虞部員外郎
知睦州劉宗諒坐誤以犯杖因杖脊配軍人決杖釋放
法應罰銅二十斤特絀遠處監當　明道二年十二月
六日刑部言潭州四月旬禁狀內弓手雷遂因根捉賊

人摑打婦人阿劉身死，該赦合移鄉千里，不合刺配漳州牢城，詔改配潭州本城。其檢斷官吏免勘，特放。　景祐三年正月七日，中書門下言：「令據臣僚進狀，洗雪罪犯，尋送別司定奪，屢有改正元斷罪名，顯是前來斷奏及定奪官不切審詳，或有狥私，是致定斷不得盡公。欲令審刑院、大理寺、刑部，今後命官使臣披雪犯罪經別定奪，顯是不當者，元奏斷定奪簽書官員不以赦前赦後，並具姓名聞奏。」從之。　四月九日，法寺奏：斷泉州錄事參軍張尋失吳皓死罪徒二年半，公罪，定斷合追一任，勒停，支使施收罰銅三十斤，勒停，通判張大冲二十斤，知州蘇壽十斤，各與監當，權司法呂喬卿、權南安主

卷一萬九千九百七十七

五

簿惟條去官。詔特衝替。　八月十五日，知蘄州、虞部員外郎王蒙正責洪州別駕，坐故入林宗言死罪，合追三官勒停，特有是命。判官尹奉天、司理參軍劉渙並坐隨順，奉天追兩任官，渙曾有議狀免追官，監酒借職崔允明將酸黃酒入己，特免除名，追官勒停，通判張士宗隨順蒙正虛妄申奏，追見任官，黃州通判潘衢不依指揮再勘林宗言讞訴事，罰銅三十斤，特勒停，權蘄州水主簿鄭照搜求宗言事，罰銅九斤，蘄春知縣蘇諲錄問不當，罰銅十斤，並特衝替，宗言將官麻入己，罰銅八斤，特勒停，殿直皇甫振借銀與蒙正，合罰銅七斤，錄事參軍尹化南、司法參軍胡揆不駁公案，各罰銅五斤，轉運使蔣



當、吳遵路以勾當發運勞績免勘，優與知州，提刑徐越、趙日宣為勾提到蒙正，特免勘，越近便知州，日宣近從便合入差遣。　十一月十日，梓州路提刑司言：「法司人吏失出入徒罪二人以上及二人以下，再犯，乞求不差充法司。」詔可。　寶元二年十二月十四日，就徒知盧州、祠部郎中、集賢校理王質監舒州靈仙觀，前通判、比部員外郎陳執方通判潭州，並坐失入因死罪，自餘幕官曹掾連坐五人。先是執方已去官不坐，人例當知州，帝覽其案曰：「執方雖去官，乃知樞密院執中之兄也，外方不知者見其獨免，謂朝廷因執中而私之，可且更令通判大郡一任，亦非降也，但欲均其罰爾。」蓋與執中免

卷一萬九千九百七十九

六

多言之謗，宰臣以處斷詳允皆常意所不及，乃奉詔施行。　二十五日，屯田郎中、知閬州張保之言：「縣司解送公事若犯死罪只作徒以上或本犯徒卻作死罪解送赴州，州司勘正，縣司官吏乞申明合與不合成故失入罪論事。」下法寺衆官看詳：「諸縣申解公事，州與縣解罪名差互不同者，縣司官吏依令文更不問罪。或解徒以上到州，推勘卻至杖罪，及平人即從違制失定；如挾私故意增減，即以故入人罪論。」從之。　至和二年二月五日，廣州司理參軍陳仲約特勒停。仲約任廣州司理參軍，因失入死罪，從公坐贖銅，放常調。知院張揆曰：「死者不可復生，而獄吏它日猶得敘用，豈可不重其罰

接下頁

也乃特仍遇恩未得敘用嘉祐六年十月十八日詔磨
勘選人應任内曾失入死罪决者俟再任與王應格聽
引見已决者三次乃許之若失入二人以上者雖得旨
改官仍與次等京朝官　治平四年十一月二十六日
英宗已即位未改元詔新判大理寺太常少卿視詔依
舊與提刑差遣　右司諫劉庠言詔同任少卿斷銀沙
獄失入大辟七十八人賴朝廷疑其冤覆於御史臺皆
得減等詔之用法不詳見於已試豈可復主天下之平
故罷之　神宗熙寧二年九月七日詔審刑院大理寺
元簽書檢斷蘇州百姓張朝法官並命御史臺取勘奏
聞以張朝因堂兄張念六行搶殺朝父死後走却被朝
卷一萬九千九百七十九　七
提見打死張念六審刑院大理寺用法斷朝犯十惡不
睦當死奏案而參知政事王安石引律奏朝父為房兄
所殺則於法不得與之私和則無緣責其不睦合依條
得加役流罪會赦合原上得是奏乃詔依安石所議施
行其審刑院等法官以用法不當故有劾也　十二月
十一日詔今後失入死罪已决三名為首者手分判配
千里外牢城命官除名編管第二從除名第四從追官
勒停二名為首者手分遠惡處編管命官除名第二從
追官勒停第三第四從勒停一名為首者手分千里外
編管命官勒停第二從勒停第三第四從



衝替以上赦降去官不免後合磨勘酬獎轉
官取旨未决者比數遞減一等赦降去官又遞減一等
内使相宣徽使前兩府取旨大卿監閤門使以上以聞
上條降官降官落職分司或移差遣其武臣知州軍自
來不習刑名者取旨施行　三年六月十八日詔審刑
院大理寺官坐失入秦州百姓曹政死罪未决判審刑
院韓維齊恢已去官及會熙寧二年十一月二十六日
德音勿論斷官李達胡擇並衝替權大理少卿蔡冠卿
與小處差遣權判大理寺許遵議官朱大簡韓晉卿趙
文昌馮安之並與移一般差遣　四年四月十二日詔
開封府河東轉運使取勘太原府及經畧司審刑院大
卷一萬九千九百七十九　六
理寺勘斷王育等刑名不當以聞刑房申太原大谷縣
尉王育權本縣斷高福行奸因謀合人白雅并妻阿程
隱庇不通捶拷至死本府官吏以阿程為有罪之人將
王育為失減法寺又引律稱所拷數不過合無罪并依
比司攝判去官勿論外只將令手分族寫獄子申報及
拆粘公案從不應為重杖八十私罪贖銅八斤令詳阿
程係與夫同犯于法止坐尊長及不合隱庇既阿程身
死顯是官司于法不應捶拷准律鬬殺傷論至死加役
流今王育合于加役流上定斷會降徒三年追一官更
罰銅十二斤勒停所有太原府應干官吏河東經畧司
審刑院大理寺主判官並各有上項減誤斷罪名不當

故也　五年十一月五日詳定編勅所開封府言定奪
沂州軍賊李則合依條于斬刑上從按問欲舉自首減
二等詔依其沂州官吏失入李則死罪審刑院大理寺
御史臺定奪不當官並取勘以聞　十年六月十六日
詔刑部審刑院大理寺歲終比較刑法官內有失入罪
及失錯稽違多者具名以聞當量輕重特與施行　元
豐二年四月二十六日詔權判南京國子監尚書駕部
郎中鄭宗礪罰銅十斤致仕坐前知眉州失入人死會
舍赦而宗礪年已七十餘故也　哲宗元祐元年十二
月十七日尚書省言左司狀失入死罪未決并流徒罪
已決雖經去官及赦降原減舊中書例各有特旨昨於



熙寧中始將失入死罪修入海行勅其失入死徒罪例
為比元罪稍輕以此不曾入勅只係朝廷行使近准朝
旨于勅內刪去死罪（原缺）罪例在刑房者依舊不
廢即是重者（原缺）反異于輕者于理未便本房再
詳徒罪已決例既不可廢即死罪未決例仍合存留乞
依舊存留元豐編勅全條從之　四年五月二十七日
詔諸路斷流配罪已當若本案內徒以下罪有出入者
奏裁其出入笞杖及半年徒從刑部下所屬改正　六
年八月十六日樞密院言中書省以知岷州康識前任
知鄜州日失入罪有詔特差替緣識久在熙河見係本
路鈐轄知岷州今防秋是時詔識展磨勘二年罷差替





謫命　七年八月五日臣僚言伏見法寺斷大辟失入
一人有罰失出百人無罪斷徒流罪失入五人則責及
之失出雖百人不書過常人之情能自擇利害誰出入
公心為朝廷正法者乞今於條內添入失出罪五人比失入
一人失出徒流罪三人比失入一人從之　紹聖四年
四月十五日刑部言前臨江軍判官李適在任失入三
人死罪合追兩官勒停兩遇大禮合該原免詔李適依
斷特免勒停與小遠處差遣　元符三年五月二日徽
宗已即位未改元臣僚言大理寺讞斷天下奏案元豐
舊法無失出之罪罰後因臣僚建言增修失出比較遂
紹聖立（原缺）遂以失出三人比失入一人則一歲之中偶



失出死罪三人者便被重譴甚可惑也（原缺）者臣
下之小過好生者聖之大德（原缺）失出之罰詔紹聖
四年十一月二十九日指揮勿行　徽宗宣和三年閏
五月五日詔朝奉郎汪希旦特降一官刑部大理寺言
希旦前任齊州士掾鞫獄失出劫盜趙俊死罪會赦當
原特有是命　十二月五日臣僚言伏見大理寺斷索
州百姓李彥聡令人力何大打楊聡致死公事其大理
寺以元勘官作威力斷罪可憫寺正丞評並無論難因
少卿聶宇看詳駮難稱是李彥聰止合杖罪定斷其寺
丞與評事亦從而改作杖罪案上刑部看詳駮難稱大
理寺不將李彥聡作威力使令毆擊致死斷罪未當欲

令改作斬罪其寺正評事議論反復少卿聶宇執守前
斷供報省部本部遂申朝廷稱大理寺所斷刑名未當
已疑難不改若再問必又依前固執枉有留滯伏乞特
賜詳酌既而大理寺檢到元豐斷例刑部方始依前斷
杖罪施行訪聞寺正評事其初皆以聶宇之言為非兼
刑部駁難及申朝廷詳酌則以斬罪為是杖罪為非若
聶宇依隨刑部改斷則刑部以駁正論功聶宇失出之
罪將何所逃直至尋出元豐斷例刑部方始釋然無疑
使李彥聡者偶得保其守領則杖者為是斬者乃非矣
伏望聖　慈取付三省辨正是非明正出入之罪兼詳
看法寺案　宿尤無執守其議李彥聽案遂持

卷一萬九千九百十九　九

兩　望併賜黜責施行詔高宿降一官周懿文
罰銅十斤　高宗紹興元年八月二十九日刑部尚書
朝直孺言大理寺自去年七月以後到今畧舉出入刑
名死罪十四件流罪以下一百餘件並係郎官王綱親
覩行疏駁改正除徒流及出入死罪不計數外其失入
死罪五名皆死中獲生若不附之推恩則無以激勸尚
公之吏詔朝請郎守大理少卿王綱特受朝奉大夫二
年六月二十九日詔大理寺當斷靖州鄭頲作不應為
重杖罪差錯官左奉議郎評事黃邦俊右朝奉郎行丞
路彬各罰銅十斤　三年四月四日駕部員外郎韓膺
胄言凡獄官失入死罪者乞終身廢之雖經赦宥不原



如祖宗法上曰此仁宗之事也其仁民詳刑如此　六
月二十三日臣僚言中軍統領官張識冒請逃亡軍人
米刑寺元斷公罪侍致朝廷疏間却將盜米贓罪杖斷
作贓罪流顯見前斷不當其刑部大理寺事屬失職寺
丞胥介評事許絳權刑部郎官劉藻各特降一官章誼
元袞各罰銅十斤仍令李與權將元勘不當人吏疾速
根勘施行續有旨張識追毀出身以文字除名勒停特
送筠州編管　四年二月七日都省言大　百姓
孫昱等案內孫昱所殺人係屍　作疑慮裁奏其
刑寺並不引用此緣朝廷疏間方乞添入顯屬鹵莽詔
大理寺當職丞評各將罰銅十斤刑部人吏各罰銅五

卷一萬九千九百十九　十

斤　三月十四日詔大理寺當職丞評事各得罰銅二
十斤刑部郎官罰銅十斤刑部人吏從杖一百科斷以
宣州奏勘到有蔡人檀偕及地客院授院捉毆縛葉全
三等五人致死內三人係因執盜贓外有陳伴弟等
三人係故殺平人眾證分明止因屍不驗作疑慮奏裁
有司不駁正為臣僚所論再送御史臺看詳定斷故有
是行遣　五年三月十六日御史臺言准詔委臺屬憲
臣常切檢察月具所平及過刑獄以聞三省歲終鉤考
當議殿最契勘本臺官吏奉詔條平反刑獄職當檢察
緣上件鉤考殿最之法本臺循習舊　時取摘案款
點檢不無希賞之嫌令後歲　本臺并諸路提刑司

檢察名件以出入徒以上與杖以下罪為再看取旨施行所貴官吏以得舉職從之　四月九日給事中陳與言臣聞魏相條奏多採賈誼鼂錯之言龔勝上言實本王陽貢禹之意本朝道德名臣議論至到莫如司馬光者曹州嘗奏強盜趙倩等二人案作情可憫乞從寬貸光則上奏曰如趙倩等所犯皆得免死則盜賊加盛良善民無以自存殆　懲勸善之道乞自今後天下州軍勘到　理無可憫刑名無可慮輒敢奏聞者並令刑部舉駁重行典憲泰寧軍勘到姜齊懷州勘到魏簡輝州堪到張志松皆為毆殺人而妄作情理可憫刑名疑慮奏裁光則上奏曰于殺人者雖荷寬恩其被殺者

卷一萬九十九頁七十九

十一

何所告訴非所以禁制凶暴保安良善也乞今後應奏大辟刑部于奏鈔後別用貼黃聲說情理如何可憫刑名如何疑慮令擬如何施行門下省審如何妄得允當如有不當及用例條即奏行取勘以道德名臣議論如此豈其樂殺人也哉乃所以禁奸暴申究枉期於庶獄之中允而措一世於無刑也大抵獄之庇無他有所出入則不得其平陛下哀矜庶獄患中外之吏容心毀法乃紹興三年正月沛然下詔以訓以戒天下皆知推廣好生之德獨州郡妄奏以出人之罪者尚多有之乞捺用司馬光之言申嚴立法從之　六年六月五日刑部審覆大理寺看詳到宋悆元勘林德珍等不係失入死



罪分明其已斷本官作失入公罪徒特差督指揮刑名合與改正從之先是悆以左廸功郎為明州司理勘到林德珍等公事翻異提刑司再差官重勘奏悆作失入死罪行遣悆進狀訟究一是改正　十一年五月二十七日臣僚言知泉州富直柔因本州奏勘殺人海劫黃（原缺）州院官吏將合斷配陳翁進作陳進哥領（原缺）重杖處死郤將進哥作翁進解押上州既而直柔將錯誤官吏送司理院取勘外上章自劾得旨令直柔根勘官吏具案以聞臣以謂上件錯誤係本州事而復令本州勘恐未肯盡情究治欲乞令本路監司取勘候案上取旨重賜施行臣契勘直柔身為前執政而不親郡事

卷一萬九十九頁七十九

十二

致僚屬殆慢如此直柔知其失職遂力請奉祠今雖已得宮觀亦當具正典刑竊見近撫州官吏誤殺陳四閑其知州已下雖去官猶坐罪有差若罪同而罰異不唯無以厭服人心且使後來者莫知所戒懼焉詔令本路提刑司取勘具案取旨　七月十六日刑部詳看臣僚所論諸州獄官誤殺不應死罪人及巡尉希賞強執平人以為冦等契勘紹興十一年五月十七日詔自今大辟罪人赴刑日令長吏遣當職官引囚親行審問鄉貫年甲姓名來歷別無不同即依法施行若巡尉捕盜意在希賞便將平民執以為冦條律官司入人罪若入全罪以全罪論從輕入重以所剩論合從故入人罪法科斷

欲乞朝廷申嚴行下從之　十八年閏八月七日大理寺臣石邦哲言伏覩紹興令吏大辟皆於市先給酒食聽親戚辭決示以犯狀不得窒塞口耳蒙蔽面目及喧呼奔逼而有司不以舉行殆為文具無辜之民至有強置之法如枉年撫州獄案名缺陳四閑合斷放陳四合依軍法又如泉州名缺戚陳翁進合決配陳進哥合決重杖姓名畧同而罪犯迥別臨決遣之日乃誤認以陳四閑為陳四以陳公進為進哥皆已決而事方發露使不窒塞蒙蔽其面目口耳而舉行給酒辭訣之令則是二人者豈不能呼冤以警官吏之失哉欲望申嚴法禁如有司吏不遵守以違制論從之　二十八年二

卷一萬七千九百七十九

圭

月二日殿中侍御史葉義問言嘗具奏殿前馬步軍司差人招軍而吐渾押官潘勝者強作輦官得旨行下根究今刑部將元捉人定斷杖一百公論咻為不平臣聞感路馬芻有誅以天子之所乘馬也況夫輦官最為親近執謂強捉充軍擬行改刺而可以輕刑處之刑部官吏不取奏裁而擅行處分望賜行遣詔刑部官各罰銅十斤當行人從杖八十科斷　孝宗乾道六年八月六日權刑部侍郎王秬言比來犯罪人或經赦宥刑寺例皆擬以情重所得之罪往往過舊遠甚如赦前所犯贓盜于法當徒經赦之後反置之死配乞自今凡經赦宥情重法輕之人有司擬斷毋得過本罪從之　九年五月



二十六日兩浙東路提點刑獄公事鄭興裔言獄者所以合異同之辭差官勘鞫正欲得其實情令之勘官往往出入情罪上下其手或極楚煅煉文致其罪或衷私容情陰與脫免雖在法有故出故入失出失入之罪幾為文具欲望明詔有司俾之遵守名缺　郭檢坐見行條法申嚴行下　二年四月二十七日臣僚言獄者愚民犯法固其自取然亦有遷延枝蔓而情實可憫者竊見春夏之交疫癘方作囚繫淹抑最易傳染一人得疾馴至滿獄州縣謂之獄瘟乞明詔諸路監司守臣遵守成憲入夏之初躬親或差官慮囚如犯大辟立限催促勘結不得遷延枝蔓其餘罪輕者即時斷遣見坐獄人或遇疾病亦須支破官錢為醫藥饘粥之費具已斷遣人數及有無疾病以聞仲夏復命憲臣斷行疎決無致後時務令囚繫得脫疫癘炎暑之酷從之

卷一萬七千九百七十九

卣

全唐文
宋會要　獄空
凡諸州獄空舊制皆除詔勑奬諭若州司司理院獄空及三日以上者隨
處起建道場所用齋供之物並給官錢節鎮五貫諸州三貫不得輙擾民
吏太宗太平興國七年八月十五日兩浙路轉運使高冕言部內諸州繫
囚甚多蓋知州通判慢公不即決遣致成淹延或虛奏獄空隱落罪人數
目以避朝廷按問望自今虛奏獄空及見禁人狀內落下人數隱縮入禁
月日者許本州官吏互相申糾重行朝典從之淳化三年四月十二日詔
諸州須司理院州司倚郭縣俱無禁繫方得奏為獄空如逐司官吏自勤
發遣致獄空者仰長吏勘會詣實批書印歷更不降詔奬諭並依編勑施
行真宗大中祥符二年四月十二日詔諸州雖封部閑靜獄空及季者亦
賜詔奬之五月八日銀臺司言降詔書奬諭饒歙州獄空看詳皆是州司
司理院互有獄空不應得編勑條貫今後乞先委刑部將句奏禁狀點勘
不謬即具奏降詔刑部點勘如依得編勑即具以聞十一月一日權判刑
部慎從吉復見提點刑獄司所奏獄空狀本部比對多不應編勑外州妄
覬奬諭沽市虛名近據邠滄二州勘鞫大辟罪囚干證數人纔一夕即行
全唐文　卷一萬九千九百八十三　一十
斬決況前代京師決獄尚須覆奏蓋欲慎重大辟豈宜一日之內使決兇
刑朝廷比要審詳恐有冤濫即非求急速如此則不體朝旨邀已功但務
獄空必無所益欲望依準前詔不行奬諭今後轉委提點刑獄轉運司將
州府軍監以公事多少分三等第一等公事多處五日第二等十日第三
等二十日須州司司理院倚郭縣全無責保寄店之類方為獄空所以知
州通判勘會詣實各與批上曆子直候得替赴闕具狀開祈保明以聞奏
可神宗元豐五年四月一日知開封府王安禮言三院獄空詔送史館安
禮遷一官推官許懋胡宗愈劉摯劉仲熊並賜章服軍巡判官畢之才以
下十四人為三等第一等遷官第二等減磨勘二年第三等一年吏史轉
資仍次絹千疋銀一百五十兩錢五百千　七日大理卿崔台符言本寺
獄空詔送史館台符磨勘二年少卿韓晉卿楊汲一年　九月十三日大
理卿楊汲等言獄空詔付史館　十月六日詔大理寺獄空官吏量與支
賜　六年六月二十五日龍圖閣直學士朝奉郎權知開封府王存言三
院獄空詔開封府官吏並依元豐五年推恩　十月十三日朝奉郎試大
理卿汲言大理寺斷絶獄空詔付史館以汲試刑部侍郎　七年正月十
八日知開封府王存言司録司左右軍巡院獄空乞付史館詔王存遷一





官官吏令第勞上司勳二月十一日以開封府獄空賜知府王存奬諭勑
書銀絹百疋兩推判官胡宗愈等銀絹三十疋兩　初存等奏獄宗命如
故事遷官而門下省以謂前此存等以獄空遷官或賜章服才半歲今推
賞不可上乃命止賜詔及銀絹而已四月十九日大理卿王孝先言本寺
獄空詔降勑奬諭自今有司上獄空令御史臺刑部按實上以開封府大
理寺比歲務為獄空恐希賞不實也　八年四月四日大理卿王孝先等言
獄空詔付祕書省仍令學士院降詔奬諭　哲宗元祐三年三月二十八
日開封府獄空詔付史館權知府錢勰轉一官推官賜章服　九月十七
日龍圖閣待制權知開封府錢勰知越州朝散大夫倉部郎中范子諒知
蘄州朝奉大夫新差提點河北西路刑獄林郡知光州仍各贖銅二十斤
內勰展三年磨勘郡展二年磨勘坐奏獄空不實也　紹聖二年正月二
十六日龍圖閣直學士權知開封府王震言司録司左右軍巡院狀並無
見勘公事及門留知在人請官詔送史館賜銀絹章服減磨勘年有二十
八日前副都指揮使保康軍節度使苗授言殿前司獄空詔賜銀絹有差
徽宗崇寧四年閏二月六日詔開封府獄空王寧特轉兩官兩經獄空
推官晏幾道何述李注推官轉管勾使院貫炎並轉一官仍賜章服法曹
全唐文　卷一萬九千九百八十三　二
曹謂轉一官減二年磨勘倉曹楊允戶曹劉湜兵曹陸偕士曹張元膺各
減三年磨勘軍巡判官賀項張華孫況張必檢法使臣李宗謹程諒各轉
一官減二年磨勘一經獄空推官曹調賜金紫工曹王良弼轉一官司録
李士高減二年磨勘候敘用了日收使檢法司臣劉禹臣特與轉一官減
二年磨勘九月十三日大理寺劄子勘會本寺今月七日獄空已具奏聞
去訖伏覩開封府第一次獄空中乞支破雜供庫錢管設官吏依立春祈
神例用衙前樂祇應二獄空棊下戶部支降錢二百貫文欲望朝廷特依
近例支賜錢下寺排設詔依例支賜錢二百貫文五年十月三日開封尹
時彥奏開封府一歲內四次獄空乞宣付史館從之　大觀元年九月二
十九日勑檢會大觀元年八月刑部大理寺斷絶天獄空夫曹推恩取到
大理寺狀勘會七月二十五日起首稱辦至二十九日終斷罪盡絶八月
一日申奏今具到斷絶官職位姓名數內王衣周澤商守拙林淵並目七
月二十六日中書差　依崇寧四年例減半推恩內周澤商守拙各與減
二年磨勘王依林淵比類施行大理寺卿馬防少卿任良弼各轉一官二
年五月二十四日中書省勘會大理寺今年四月二十七日獄空詔　崇
寧五年六月三日例推恩朝請大夫大理卿曹調朝議大夫大理少卿任

刑法四之八七

良弼各與轉行一官九月十四日開封府尹宋喬年奏勘會今年五月十
七日本府獄空審面奏乞不推恩而訓戒丁寧不許辭免且有勸能之語
臣仰承眷獎不敢牢辭今曹掾句圄再空其管設官吏之類已得指揮
依例施行外若更獎賚顯屬僥倖欲望聖慈特降睿旨更不施行詔府尹
令學士院降詔餘官降勑書獎諭人吏依例支賜　三年二月十四日前
淮南東路提點刑獄公事吳慈奏前任本路管下州縣由到自大觀元年
至二年六月終獄空月日次數又陝州奏大觀元年二月州院司理院平
陸等縣獄空月日詔淮東提刑并陝州知州并降勑書獎諭平陸縣知佐
通判司理院當職各指射差遣一次通判陝州州院亭郵軍院海州司理
院當職官各支賜絹二十疋四年五月四日文武百僚尚書左僕射何執
中等言復見開封府左治獄空並斷絕上表乞宣付史館從之政和元
年十二月十一日朝散大夫知解州上官行奏臣昨任京東西路提刑准
大觀元年八月七日御筆手詔京師犴獄屢空四方郡縣又繫不決令監
司慮囚決獄欲囹圄之空遍及天下臣受奉聖訓躬督州縣本年終一路
州縣並經獄空京東近郡欽闔境澄清悉資神化臣嘗具全路獄空應詔
以聞乞宣付史館以彰聖德臣備員使事無補涓塵本年獄空已嘗兩被
全唐文
卷一萬九千九百八十三
勑書獎諭州縣獄官亦蒙朝廷漸加激勸契勘京東舊係重法地分素號
獄訟煩冗昨來全路獄空與一州一縣獄空事體不同皆聖化旁達民知
不犯考之編簡前此未聞小臣區區不避僭越伏望特降睿旨付之信史
從之　二年五月十八日刑部奏知容州曹量奏竊見諸路州縣凡有獄
空自來未嘗奏聞欲乞今後令逐路提刑司據州縣由到獄空去處每月
類聚奏聞庶使無留刑禁罪辜獲免淹繫刑部欲依本官奏乞事理行下
從之　三年九月十二日詔大理寺開封府自今不得奏獄空其推恩支
賜並罷　四年十一月二日刑部奏淮南東路提點刑獄司申據高郵知
縣狀具到獄空次數本部看詳州縣獄空理當立法令中提刑司類聚月
終奏聞詔依令據修下條諸州縣獄空並申提點刑獄司類聚月終以聞
五年三月詔已降處分開封府限三日結絕公事令兩獄奏空具官吏究
心公事依應批旨即日奏上頗見宣力可依昨獄空例推恩開封府尹盛
章少尹陳彥修李孝端左司錄事李傳正右司錄事王行可並轉一官餘
有官人減三年磨勘無官人等第支賜　六年二月二十七日大理卿李百
宗奏伏覩本寺本月二十一日兩推獄空已具表稱賀奏聞詔大理卿李
百宗少卿李傳正及正丞各特轉行一官捉事使臣各支賜絹五疋杖直

三

刑法四之八八

節級長行道引官捉事人等知官賜絹三疋表奏司各支賜絹二疋餘並
依崇寧四年十月八日指揮推恩四月十五日中書省言奉詔開封府兩獄
并四廂赤縣並獄空可取索官吏推獄等職次姓名擬定取旨推恩除缺
廂兩縣官別作施行外詔六曹官吏推獄等依兩獄已得指揮推恩尹王
革少尹張微言王規司錄趙靖孟楊各轉一官內張微言回授本宗有官
有服親王規趙靖依條施行左右獄掾官陳巽等四人議刑掾官范榛等
二人檢法官梁立等四人催促推勘公事并廳司使臣咸廣等六人鈐司
使臣陳宗道等二人左右獄催級萬忠等二人雜務掾官王直方等二人
奏報使臣咸友直監門使臣沈昝催促使臣趙禹等三人四廂官滕陶等
四人捉事使臣韓應等十一人各減磨勘三年開封府祥符兩縣官許大
年等九人各減磨勘二年左右獄推級賈戍等各等第支賜九月十七日
開封尹王革等奏契勘七月初十日本府六曹兩獄四廂十六縣獄空已
具表稱賀訖今保明到合推恩官吏下項第一等三十一員尹一員乞不
推恩少尹二員司錄二員刑曹三員左右獄掾四員議刑掾二員檢法使
臣四員催督并監勘公事廳司使臣四員吏人一名催督并監勘公事准
備差遣使臣二員第二等一十九員士曹官二員議曹官一員兵曹官二
全唐文
卷一萬九千九百八十三
員工曹官二員舊新左廂官二員東明鄢陵酸棗扶溝知縣四員催促公
事官并使臣四員書狀兼奏報使臣一員進武副尉一名第三等三十五
員舊新右廂官二員陳留中牟雍丘祥符長垣開封咸平陽武知縣八員
雜務掾官二員催督監勘公事准備差遣臣一員捉事使臣十七員進義
副尉一名監大門使臣二員提轄使臣二員人吏第一等四十三人左右
獄職級二人推司一十三人刑曹級一名典書一十人戶曹職級二人典
書二人法司手分八人第二等六十五人左右獄推司二十人士曹職級
二人典史四人戶曹典書六人儀曹職級一名典書五人兵曹職級二人
典書一十人刑曹典書五人工曹職級一名典書五人催捉特報公事職
級二人第三等一百八十七人士曹典書五人戶曹典書一十四人兵曹
典書二人刑曹典書一名工曹典書一名奏司職級一名典書一名監讀
案典書四人左右獄副典書八人六曹副典書二十八人左右獄獄子五十
一人六曹獄子三十七人刑獄案職級七人典書一十九人副典書四人詔
第一等官員各轉一官人吏有官資人各轉一官資無官資人各支賜絹
一十疋第二等官并有官人吏減三年磨勘無官人吏各支賜綃七疋第
三等官并有官人吏各減二年磨勘無官人吏各支賜綃七疋第三等官

四

并有官人吏各減二年磨勘無官人吏各支賜絹五疋左右獄獄子各支
賜絹三疋六曹獄子各支賜絹二疋提刑錢歸善等轉一官屬官減三年
磨勘內王序錢歸善轉行餘礙止法人依條回授年限不同人依條施行
十二月六日太師魯國公臣蔡京言伏覩開封尹王革奏奉詔開封府
見禁公事稀少仰催促結絕冬祀前奏獄空十月二十九日據左右獄等
處公事並已斷絕即日獄空詔許稱賀　七年四月三日王革又奏奉詔
開封府見禁公事稀少可催促奏獄空據本府左右獄六曹四廂并鄢陵
縣狀見禁公事並已斷絕即日獄空乞宣付史館詔送秘書省仍拜表稱
賀　重和元年十二月五日詔開封府獄空已降指揮等第推恩並依政
和六年九月例施行盛章轉一官張徽言王吉甫李中正梁立威廣龐恩
轉一官並回授本宗有官有服親孟彥弼范榛依條減四年磨勘蔡燾吏
不推恩　宣和五年十一月二十六日歐陽元紹直言本州兩獄並無見
禁公事各是獄空奉詔特許支破係省錢賜宴犒設官吏　高宗紹興六
年六月四日大理寺奏左右推見禁公事勘斷盡絕即日獄空省紀得在
京日本寺官上表稱賀詔免上表令學士院降詔獎諭　十三年六月二
十三日大理少卿朱斐等二十二年五月一日大理卿許大英等二十六
全唐文　卷萬九千九百八十三　五一
年四月十九日大理少卿韋燾等二十九年正月一日大理少卿金安節
等及三十年四月十八日三十一年五月八日大理寺並奏獄空各詔免
上表稱賀令學士院降詔獎諭　十三年正月十五日臨安府奏左右司
理府院禁勘公事並已結斷今當即目獄空詔令學士院降詔獎諭　是
年五月二十八日臨安府奏左右司理府院并管下錢塘等九縣內外一
十二處並皆獄空降詔如前　十九年三月十四日上諭宰臣曰諸州申
奏獄空　是將見禁罪人於縣獄或相界藏寄此風不可滋長令後如奏
獄空可令監司驗實或有妄誕即行按劾仍令御史臺覺察彈奏若不懲
戒則奏甘露芝草之類崇虛誕謾無所不至矣　三十一年五月十二日
宰執進呈大理寺獄空上曰令大理寺及臨安府近在闕下雖未敢謂刑
錯然獄訟清簡寃抑得伸亦庶幾矣惟是諸路憲臣或不得人則吏彊官
弱民無所訴深恐此弊未革卿等更宜商量措置　孝皇隆興元年五月
知盱眙軍周琮言本軍獄空十二月二十六日大理卿李洪言大理獄空
乞上表稱賀不允令學士院降詔獎諭推級等於贓罰錢內等第支給食
錢　二年五月知荊門軍胡儔言本軍獄空同月荊湖北路提點刑獄公
事富元衡言本路獄空十月福建路提點刑獄公事任盡言本路獄空



乾道二年正月知興化軍張允蹈言本軍獄空　三月二十一日知揚州
周琮言本州獄空　四年八月十六日大理卿韓元吉言大理獄空乞上
表稱賀不允令學士院降詔獎諭推級等於贓罰錢內等第支給食錢十
九日權發遣臨安府周琮言本府獄空降詔獎諭推級等本府量行犒設
五年二月二十二日知揚州莫濛言本州獄空六月四日大理卿沈度
言大理獄空降詔獎諭推級等於贓罰錢內等第支給食錢同日知廬州
郭振言本州獄空　七年十二月二十五日皇太子領臨安尹惇言本府
直司三院獄空上表稱賀令學士院降詔獎諭推級等本府量行犒設
八年正月知荊門軍胡儔言本軍獄空　二月知贛州洪邁言本州獄空
九月十一日大理少卿馬希言言大理獄空免上表令學士院降詔獎諭
推級等於贓罰錢內等第支給食錢　十一月知贛州洪邁言本州獄空
九年閏正月二十二日皇太子領臨安尹惇言本府獄空詔免上表稱
賀推級等本府量行犒設　二月六日皇子判寧國府魏王愷言本府獄
空令學士院降詔獎諭同日知荊門軍胡儔言本軍獄空七日知贛州洪
邁言本州獄空十二月知成都府薛良朋言本府獄空　淳熙十六年閏
五月二十三日大理少卿陳倚等言大理獄空乞上表稱賀詔免上表令
全唐文　卷萬九千九百八十三　六一
學士院降詔獎諭　紹熙元年十二月二十二日大理寺丞周晞言舊例
奏獄空犒賞胥吏凡所經由等第支給至數千緡寺庫既不能辦獄雖無
繫囚但申省部不敢陳奏遂至賒作獄空常欠利債且屢空屢奏盡善盡
美豈可以犒吏之故有隱於君父乎臣又見獄空有奉表稱賀之禮有降
詔獎諭之文陛下謙沖抑稱賀而不許人臣何德受獎諭而不辭且職事
無曠分所當然乞明詔寺臣凡遇獄空悉以聞奏無用犒吏降詔獎諭亦
乞特免從之　三年十一月二十六日知臨安府袁說友言本府獄空詔
學士院降詔獎諭　嘉泰二年正月十五日司農少卿兼知臨安府丁常
任言本府獄空詔令學士院降詔獎諭　詔曰天府素號浩穰比加繕治
庶務尤劇卿通明詳練輔以儒雅從容裁剸弗施弗苛用能數月之間下
安其政庭無留訟犴空虛朕以好生為德期于無刑首京師以示四方
卿之功茂矣載覽封章良深嘉歎　四年七月七日試太府卿兼知臨安
府王輔之言本府獄空詔令學士院降詔獎諭　詔曰京師衆大之區獄
事繁多刑書填委惟剸裁無滯始足以表倡四方卿本以公平加之識鍊
從容剖決務得其情迄無械繫之民卒至圄空之効厥功茂矣良用歎嘉
繼自今以往期於無刑以廣朕好生之德顧不美哉　開禧元年正月二

十三日權工部尚書兼知臨安府趙師𢍰言本府獄空詔令學士院降詔
獎諭詔曰犴獄之留大易所戒與我國家哀民之愚罹罪者衆每詔郡國
亡得淹繫至仁之念蓋與天通卿屬藉之英法從之老曰爲才選再領京
邑惟其彊濟閑敏平決如流又能本之忠愛以無冤者囹圄之內論𤅢用單
朕甚嘉之夫使上之德意志慮無壅而民被惻隱之實惠茲朕所望於承
流宣化之臣也顧可靳一札之褒不使四方知勸而慕乎　二月二十五日
大理卿兼刪修勑令官曾焕等言本寺數月之間獄凡再空昨嘗陳請欲
循故事上表來蒙朝廷賜報照得頃年特以犒吏薄費乞行請免因此成
例恐非所以彰聖世無窮之休欲望許令上表稱賀宣付史館以明帝王
錯刑之極功所有依例合支犒設本寺自於見追贓罰籍沒錢內那融支
遣取自朝廷指揮施行詔免上表稱賀令學士院降詔獎諭　詔曰蓋聞
刑者所以輔治而非所以致治也今律令煩多吏或深文使吾元元罹于
非辜朕甚痛之故凡天下具獄悉上廷尉庶幾哀矜審克期于無刑閭者
數月之間囹空不試至于一載非卿等持法平恕蔽斷詳明之效歟書不
云乎俾予從欲以治惟乃之休此舜之所以美臯陶也覽奏來上嘆嘉不
忘與免上表稱賀　二年二月十二日直寶謨閣權發遣臨安軍府事趙
全唐文　卷一萬九千九百八十二　七一
善防言本府獄空詔令學士院降詔獎諭　詔曰夫刑所以輔治也惟教
之未孚民不幸而入于刑非吾有司蔽斷不留審克亡濫則刑者乃將以
屬民豈輔治之意哉卿履潔抱公化流京邑惻然有衆戚底罪辜能單厥
心濟以民恕俾犴狴毋瘐死之苦而國家廣好生之仁任吾攸守之事者
不當如是乎覽奏歎嘉曷維其已　嘉定二年七月八日大理寺言本寺
獄空欲遵累降指揮免上表稱賀仍免降詔獎諭外有犒吏一節欲於本
寺贓罰錢內減半支給從之　六年正月二十四日直煥章閣兼知臨安
府趙時侃言本府獄空詔令學士院降詔獎諭詔允惟衆大之區五方之
民聚焉故其俗錯雜而麗于辟者衆欲犴獄之清難矣卿儒雅而濟以通
彊敏而行以恕于茲累月克底囹空者廣漢神于擿姦不聞其能止姦延
篤明於聽訟不能使之無訟載披卿奏良用歎嘉詩不云乎商邑翼翼四
方之極使朕好生之德達于天下端自茲始何惜璽褒不以示勸　九年
五月十二日大理卿錢仲彪言本寺獄空實及一年即與時暫獄空不同
欲遵典故乞令上表稱賀宣付史館所有犒設吏人即照舊例於本寺贓
罰錢內減半支給詔依令學士院降詔獎諭詔允朕觀至治之世時和歲
豐而禮遜之俗興家給人足而爭奪之風息是以刑錯不試囹圄屢空朕



甚慕之比歲早蝗近延郊甸每慮飢寒之民冒法抵罪麗於廷尉者衆也
而期月以來獄無頌繫實惟汝等明刑弼教風動四方以稱朕期于無刑
之意省覽來奏嘉歎不忘所請上表宜免　十一年正月十六日直徽猷
閣兼知臨安府程覃言本府獄空詔令學士院降詔獎諭　詔曰爾以材
被選典領神皋馭吏愛民恩威相濟詰姦禁暴犴獄用虛使朕庶幾成康
錯刑之風爾尚繼趙張尹京之政載披來奏嘉歎不忘　十六年六月六
日太府卿兼權戶部侍郎兼知臨安府袁韶言本府獄空詔令學士院降
詔獎諭　詔曰朕爲京師首善之地布德流化當自近始德化不洽刑獄
滋煩何以示四方萬里哉爾以通儒尹畿甸明恕勤敏百廢具興嚴威不
施隱然彈壓之望刑清獄簡用奏圜空斯可爲承流者勸矣批覽來章不
忘嘉歎
全唐文　卷一萬九千九百八十二　八一

宋會要

# 冤獄



太祖建隆二年九月詔幕職州縣官檢法官因引問檢法雪活得人命之酬奬者自今須躬親覆推方得叙為功勞餘准唐長興四年晉開運二年勑施行若引問檢法雪活不在叙勞之限自後凡雪活者須元推勘官枉死已結案除知州簽書官駁正本職不為雪活外若檢法官或轉運使他司經歷官舉駁別勘因此駁議從死得生即理為雪活若從初止作疑狀不指事狀或因罪人稱冤別勘雪活者即覆推官理為雪活仍勘元推官一案斷遣或逢赦亦須招罪狀其雪活得人者替罷日刑部給與優牒許非時參選若雪活一人者幕職稱一資州縣官幕職二人以上加章服已有章服加檢校官檢校至五品以上及合賜章服并京朝官雪活並許比附奏裁或覆推官妄欲變移希冀酬奬却為元推勘官對衆過者其元駁議及覆推官各以出入人罪論真宗咸平六年十二月詔應自今叙雪活及捉賊勞績文武官等合與不合該酬奬者並令審刑院詳覆聞奏景德二年五月二十一日詔自今後雪活得人性命者理為勞績先是著作佐郎曹定奏長吏雪活乃其職分不當更論課最至是判刑部慎從吉復上言以為長吏誤失用刑率皆受責雪活究獄曾不霑恩懲勸之間未協於理故有是詔

卷一萬九千九百八十七

仁宗天聖四年八月八日前權知石州判官馮元吉辨雪得百姓李海等兩人不該極典帝曰特與超換一資仍賜緋章服　景祐二年十二月二十七日審刑院定奪太常博士陳希亮雪活合得酬奬詔賜緋　三年九月二十一日大理寺言據詳斷官楊務本准好問狀昨斷州太常博士林宗言為延官州該極典尋訊駁疑勘雪活得宗言元罪乞賜酬奬詔各賜銀絹三　寶元元年二月二十九日刑部言虞部員外郎鄭知白雪活得徐德一名性命合該酬奬詔賜金紫　八月九日刑部言據前右軍巡判官大理寺丞馮振狀雪活得許從善一名乞酬奬者詳不應編勑酬奬詔候依例合移入川通判與當一任通判令後正該雪活條貫即與酬奬　康定二年三月七日審刑院大理寺言廣濟軍録事參軍麻永前任和州録事參軍日雪活得賊人于誠陳益死罪合該勑酬奬詔與兩使職官賜緋　神宗熙寧四年九月十六日太子中允檢正中書刑房公事李承之以駁正法寺大辟四人及刑部失覆大辟一人特遷太常丞　高宗紹興三年三月二十二日惠州言從政郎前司士曹事兼管左推勘公事孟師尹入議狀駁正黃四等七名作凌遲處斬緣問駁正無罪釋放詔孟師尹特與改合入官　四年十月四日詔右宣教郎新知道州營道縣丞孟師尹與轉一官以師尹前任惠州司士曹入議狀駁正前勘官吏呂堯勘人無罪人黎九等六人斬罪事作無罪釋放故也　五年二月十七日詔左朝奉大夫知汀州鄭彊躬親鞫正汀州永化縣冤獄大辟十人與轉兩官具知寧化縣楊者年勘斷不當候案到令刑部於案後聲說汀州寧化縣以大辟十人其獄上郡彊躬臨審問親加鞫治又遣縣官按驗得冤皆非其罪十人冤獄並獲平反刑部侍郎胡交修乞寵以增秩之賞及乞將當年勘斷不當重加譴典故有是命　六年七月二十七日漳州言司理參軍右迪功郎林賜明辨流死罪刑名五件計一十人欲望推賞刑部勘當林賜明辨裁決公事五件已得允當其元勘不當去處合下本處依條施行詔林賜明與減一年磨勘餘依　七年十月九日知信州永豐縣事李景山上書見黃閎彊盜初無事發之因後無被盜之人彼警捕之官貪功妄作惡攀平民二十有五人違法鍛鍊致誣服者十有三人有司觀望肆其慘為卒成其罪審問之吏屬之武人既不能辨其冤濫議法之官公事証慢又不能條其可否而姦吏得以舞文不俟斷而誅戮實而流竄斷民抱冤茹苦籲天莫聞朝廷移送九江辨正其事昭然殊無盜迹既得其情悉以上聞朝廷以九江所推與黃閎不同移鄰路別勘差監司親鞫果皆平人而釋之然黃閎冤濫以漁為業以船為居盜為捕人盡驅而繫之所居八舟與夫舟中生生之具衣物錢米之屬悉拘納于公將臣願黃閎盡以元舟錢米衣物歸之可乎一時追捕者十有三人而家屬無慮十數人既歲之久必有流離轉徙或適他人或為奴婢皆願下元勘郡尋訪家屬盡歸之可乎黃閎既誣以為竊盜洗外淩遲者二人臣願下黃閎訪其親屬官給錢米以存撫之可乎凡此數端實盛明之急務從之　二十六年六月二十一日秘書省正字張孝祥言乞將去歲郊祀以前官吏犯贓私罪除州縣監臨之官因民論訴監司按劾即依條指詳審實外如係取怨故相並緣文致有司觀望鍛鍊成罪之人乞免審實使與改正上宣諭曰近來如此雪正者甚已令刑部施行

卷一萬九千九百八十七

全唐文

宋會要 斷死罪

淳熙四年五月二日詔迪功郎建康府右司理史光祖特改承事郎仍减三年磨勘以駮正死罪李慶等三十人推賞也

宋會要 出入罪

淳熙元年六月四日敕令所言大辟飜異後來勘得縣獄失實乞止依乾道敕條科罪如係故增减情狀合從出入法施行從之 乾道敕增立縣以杖笞及無罪人作徒流罪或以徒流罪作死罪送州杖一百若以杖笞及無罪人作死罪送州者科徒一年刑名先是臣僚言

[illegible]卷一萬七千四百五十八

縣獄失實當將官吏一等推坐出入之罪刑寺謂縣獄與州獄刑禁不同故是看詳之 六年十二月十六日詔命官犯贓至死後因理雪特與减降而元勘鞫官吏應坐失入死罪者止從犯人所得流罪理為失入施行

宋會要親決獄

太祖乾德四年八月二十四日帝御講武殿親録開封府繫囚會宥者數十人　太宗太平興國七年五月十六日西窑務役夫夏遇醉毆傷隊長楊彥進召至便殿帝親問狀彥進具狀指揮使牛鸜素嫉遇因巧誣之帝怒斬彥進流鸜海島擢遇十將仍賜束帛銀帶　先是內園吏高進誣告役夫朱希惡迹帝召問狀乃進嘗求賂於希希不與誣之也帝怒杖進脊流海島希為庶人至是宰相以帝親決獄察見隱微相率賀仍請以其事付史館從之九年二月十三日詔曰著作佐郎龍士元告其姪小喜之獄罪既具將加刑朕疑其有姦因令有

永樂大典卷一萬九千九百八十

司再窮問果得士元姦狀方今撫育黎元欽恤刑憲豈容照臨之下尚有寃枉之人黷亂政經損傷和氣望其安治其可得乎應兩京及諸道州府凡有鞫獄宜令盡心無致枉撓　先是士元居於單州其兄士安卒十餘年子小喜承其父業士元貪利欲奪之乃誣告小喜無賴好蒱慱將加罪斥去之士元嘗笞摽小喜喧呼其母因驚而死知州劉察通判田贄嘗為士元所召飲宴故為具獄書奏既引對帝覽之疑小喜被誣付御史臺鞫之果得實狀士元決杖配商州衙前禁錮察贄俱免官家財仍令中分乃下是詔十五日御崇政殿引見諸軍人負罪被鉗者釋之先是去年冬有盜數人夜入人家



刼取財物經時不獲帝欲必得之令厚其購賞果有告者乃軍卒數人缺結約原缺　而出同行刼盜後盡獲其黨而戮之缺　軍中累有罪罰兇惡無賴者原缺　不忍悉誅遂以鐵鉗其頸羈於本軍至是盡釋之仍各賜錢三十文舊日缺受缺　六月二十六日開封　寡婦劉有姦狀恐事露憂悸成疾復懼其子陳告遂令侍婢詐稱其子王元吉寘毒食中缺疾但未死事下右軍巡按之未得實狀移左軍巡推典受劉賂治元吉元吉自誣相次劉以疾死及本府引問元吉始以實對府中徙繫數月不能決又移司録司盡捕兩軍巡元推胥吏按問之稍見誣講之跡府中以追捕者衆列

永樂大典卷一萬九千九百八十

狀引見帝以元吉藥母事狀暗眛令免死決徒開封府將杖之元吉大呼曰元吉苟受刑府中官吏豈得了乎須盡還元吉所用貨賂府中不敢決因問行賂之狀元吉歷指之遂具詞欵上言元吉復令妻張撾登聞鼓帝覽之臨軒顧問悉見其寃狀亟令中使收捕元推官吏送御史臺再鞫之至是獄具引見推官張雍左右軍巡判官韓昭裔宋廷照並奪一官勒停左右軍巡使殿直龐則王業並降充殿前承旨又慱州慱平令楊處仁嘗增改劉氏詞狀亦追一官豎人陳上良誑稱之吉嘗用解毒藥曹司孫節受賂並杖脊配沙門島司吏以依理一推鞫等第給賞又賜元吉妻張氏帛十疋　先是元

吉繫軍巡為獄吏縶縛謂之鼠彈箏榜治慘毒不勝其苦至是帝復令縛獄吏以其法償之吏死轉號叫唯求速死帝曰汝猶不原缺人能勝之乎及解其縛兩手不能舉良久方復帝謂宰相曰刑獄有如此慘酷京城尚如此況僻遠乎遂以諫議大夫辛仲原缺劉保勳知開封府保勳洎判官李繼缺各奪一季俸缺

雍熙二年十月一日御崇政殿引問御史臺開封府禁囚數百人據罪狀輕重疎決之　既罷謂宰臣朕錄囚徒殊不覺勞但坐少時耳如中外臣僚皆留心政務天下安有不治者古人宰一邑治一郡或致飛蝗避境猛虎渡江況人君能惠養黎庶伸治冤滯豈不感召和氣乎宋琪等對曰陛

永樂大典卷一萬九千九百八十

勤勞致治蒼生之幸也　端拱二年五月十九日以旱御崇政殿錄在京諸司繫囚多所寬宥分命常參官四十二人決天下獄時自季春不雨帝乃臨軒親決庶獄是夜雨足　淳化三年六月十六日以暑甚御崇政殿錄在京諸司繫囚數百人流罪以下悉與原赦　七月二十五日御崇政殿錄在京諸司繫囚流罪以下悉從原宥尋敕諸路見禁囚除四殺官典犯正枉法贓外餘死罪降從流流已下遞減一等杖已下釋之　五年正月十三日以春和在候閔其幽繫御崇政殿錄在京諸司繫囚流已下悉從原宥帝謂宰相曰古人立法非欲案蓋欲親善遠罪者覩之以為鑒



誡耳既犯刑憲繫牢獄者有司宜盡心聽斷無有壅滯斯為供職矣　四月十日御崇政殿錄在京諸司繫囚流罪已下悉從原放帝以炎月決獄雍滯詔勑知開封府張宏已下及宏請罪復釋之　至道元年二月十二日入京畿闕雨御崇政殿錄在京諸司繫囚流已下悉原減其毆傷支體干人命者聽從法隱設及通欠者理納償官餘罪皆從輕重非故犯者悉原之殿中丞常顯信以前知兗州日坐事為通判李延所訟出為團練副使大理評事林倓隱漏前任贓罪除名配商州衙前大理評事宋克正前知考城縣擅出官倉斛斗入已貸死除名配商州衙前帝又謂左右曰外州刑獄多有淹繫

永樂大典卷一萬九千九百八十

蓋官吏不能躬親科斷朕今頃刻間悉與疎理又何難哉乃諭開封府判官楊徽之已下應犯杖罪即躬親區處不得更付所司　四月二十日御崇政殿錄在京諸司繫囚除十惡四殺官典犯贓損散官物外自大辟罪以下並與原減　大理寺丞魏贇坐劾事河陰與官吏宴飲特免見任侍御史張利涉益州為政浚急治盜攻劫門亦以此為言帝詰其致寇之由利涉不能對遣出具欵來上帝以三司別有繫囚多委左右軍巡院動淹時月不速斷囚詔自今三司屢更可下兩軍巡只令本部判官當廳推鞫　真宗咸平元年二月六日帝御崇政殿錄在京諸司繫囚並減等情理可恕者並釋之以詔

西京乃諸路繫囚限勑到日長史盡時决斷如有寃濫即與申理限三日内具畢聞奏追證未圓候對欵者亦速爲結絶老幼疾患不任科責者流徒罪準律收罰杖已下釋之時以彗星見也 三年二月二十日以京畿闕雨御崇政殿録在京諸司繫囚多所原宥 四年二月十一日以京畿闕雨御崇政殿録在京諸司繫囚死罪者詳覆之餘悉從輕杖已下釋之 七月十九日御便殿引見三司軍將趙永昌臨訊之永昌凶狠無行督運江南所爲多不法知饒州韓昌齡廉其贓狀及違禁事移於轉運司馮亮坐决杖停職遂檛登聞鼓訟昌齡與亮訕謗朝政仍僞爲印作亮等求解之狀詔下御史臺

永樂大典卷一萬九千九百八十

鞫問帝察其詐引見召前饒州録事楊傑證其事永昌屈伏遂斬之釋亮不問而昌齡以酒過貶郢州團練副使 六年十一月一日以萬安太后疾御崇政殿録在京諸司繫囚徒已上遞減一等杖已下並釋之 景德二年四月二十三日令軍頭司自今引見罪人召法官先定刑名 時本司言開封府獄囚當引見不坐格律請再送引見司定斷帝慮其稽遲故有是詔 三年四月十五日命樞密直學士劉綜西上閤門使李允則工部侍郎董儼龍圖閣待制戚綸宮苑使劉承圭知制誥朱巽龍圖閣待制陳彭年東上閤門使曹利用分詣三司御史臺開封府殿前侍衛馬步軍司編敘繫囚翌日



帝御崇政殿臨決之雜犯死罪降流流徒遞降杖笞釋之時御史臺引都官員外郎賓謜前知京兆府長安縣坐苛刻劾罪帝親民之官不循理道酷用刑罰宜擯弃也遂令分司西京除殺人者論如律餘罪遞降釋之日旰既罷復令軍頭司引見司覆奏所决刑名審視訖乃命施行自是每歲暑熱皆遣官編排親臨疏放遂爲定制 四年閏五月二十七日御崇政殿録在京諸司繫囚多所原減 大中祥符元年五月十七日御崇政殿録在京諸司繫囚流已下遞減一等笞杖釋原之 二年五月十二日御崇政殿録在京諸司繫囚死罪從流流從徒徒從杖其下並釋之殺人者依法民有戶絶而妻

永樂大典卷一萬九千九百八十

鬻產適他族者至是事發而估錢已費用有司議準法產業當沒官帝令以產業給見主納估錢者存之 三年五月十七日御崇政殿録在京諸司繫囚唯彊盜準法餘死罪降從流流徒並降從杖流仍配隸杖已下釋之凡五百五十九人 四年五月十四日御崇政殿録在京諸司繫囚殺人者死自餘死及徒流遞減一等杖已下釋之 五年五月十三日六年五月一日八年五月十四日天禧三年五月十五日四年六月九日並同此制 七年正月十四日御崇政殿録在京諸司繫囚多所原減以車駕行幸故 五月二十二日御崇政殿録在京諸司繫囚死罪至徒流遞減杖已下釋之 賊

吏董塋配曰外牢城永不與官前一日編排外至日又遣中使以罪目二卷付宰臣王旦等令與知開封府王等再詳審訖施行　天禧元年五月十三日御崇政殿録在京諸司繫囚死罪情理輕者流海島徒流遞減一等杖已下釋之　五年五月一日御崇政殿録在京諸司繫囚死罪降從流流從杖已下釋之乾興元年五月七日仁宗即位未改元帝御崇政殿録在京諸司繫囚各從原降　仁宗天聖元年三月九日御崇政殿録在京諸司繫囚既原減訖又出軍頭司所録刑名示中書樞密院再令看祥始付外施行　二年五月九日御崇政殿録在京諸司繫囚雜犯死罪已下遞減一等杖已

永樂大典卷一萬九千九百八十

下釋之　三年五月九日四年五月十三日五年五月十三日八年三月九日九年五月十九日景祐元年三月二十三日二年五月十三日寶元二年五月十五日慶曆二年五月九日三年五月四日四年五月九日五年四月一日六年五月一日九月七日七年三月八日八年三月二十四日皇祐元年三月二十五日二年六月二十八日五年五月二十八日四年三月十六日六年正月二十六日嘉祐七年二月五日並同此制　七年五月十五日御崇政殿録在京諸司繫囚減原者四十三人軍卒亡命限一月首露送所管依例原減至死者奏裁仍詔今日已前諸處送到及已追未致諸色人







候勘到所犯情罪仰依踈決例斷訖奏聞有疑慮者奏裁其逃走軍人更不刺面依舊收管及踈決已前軍人犯死罪者並奏取旨　十年四月六日減降死罪原減亡命軍卒同此制　明道二年五月十四日御崇政殿録在京諸司繫囚減重罪事輕罪仍詔踈決其前諸罪人追逮未至須到與欵進踈決施行若疑獄及死罪者聽奏取旨在籍逃亡能自歸若獲者更不刺面許還本所　自後每踈決悉用此制　景祐二年五月十九日御崇政殿録在京諸司繫囚死罪從流流已下原之　七月二十五日帝已五月踈決罪人有事發未追合該降釋遂詔刑部應三京畿縣見禁罪人除劫謀故鬬並

永樂大典卷一萬九千九百八十

為已殺人者並十惡官典正枉法贓監主自盜僞造符印放火依法外雜犯死罪並降從徒情理重及鬬殺情可閔者依減降決配五百里外牢城其餘流罪降徒杖已下並放先是詔疑罪奏裁故始立為定法　四年五月九日御崇政殿録在京諸司繫囚帝謂宰臣王隨曰今旦皇子誕生踈決固宜寬貸隨等拜賀是日死罪降從流配嶺南牢城者五人流罪配近郡軍籍者五人徒十三人杖笞三十一人並釋之　寶元二年四月二十五日開封府言今後踈放前有罪人稱祖父告勑在外及婦人稱有娠乞且送知在如無官告娠孕不與原免從之　康定元年五月十一日詔以近降德音更不踈

決繫囚　二年五月九日御崇政殿録在京諸司繫囚流已下減一等杖已下原之　慶歷四年三月十四日開封府言酸棗縣吏受贓拷掠平人事發而逃帝曰吏人舞文受贓雖仲夏疎理勿以常例原之　皇祐五年五月十三日御崇政殿録在京諸司繫囚雜犯死罪已下遞減一等徒已下釋之　至和元年正月二十五日二年四月二十三日嘉祐元年四月二十三日二年二月三日八月二十六日三年二月十二日閏十二月十六日四年四月二十八日五年二月三日五月十九日六年二月十二日六月十七日並同此制　嘉祐七年五月八日詔自今疎決罪人以降指揮所至時刻爲限

永樂大典卷一萬九千九百八十

在編排後者每得以減論　英宗治平元年二月二十二日帝御崇政殿録在京諸司繫囚雜犯死罪以下遞減一等杖已下釋之鬪殺情可閔者決配五百里外牢城彊刧罪至死者廣南牢城情理重者廣南遠惡州軍　二年二月十七日六月四日三年三月十四日六月二十六日並同此制　治平四年四月十九日神宗即位未改元上御崇政殿録在京諸司繫囚雜犯死罪已下遞降一等杖已下釋之　熙寧元年三月二十八日三年八月九日四年六月十三日五年四月五日六年七月十三日七年三月五日八年五月一日十年三月二十一日元豐元年三月七日四年四月十五日六年





五月十五日七年五月十四日並同此制　神宗熙寧九年六月十五日上御崇政殿録在京諸司繫囚除犯謀殺鬪殺者並爲已殺人者并十惡彊盜僞造符印放火官負犯人已贓將校軍人公人犯枉法贓監主自盜贓並依法其餘犯死罪降從流流降從徒徒降從杖杖已下並放內鬪殺情理輕者減一等并雜犯死罪情理重者依所降決訖並刺面配千里外牢城斷訖録案聞奏彊盜罪至死情理輕者減一等刺配本住處三千里外牢城開封府界諸縣見禁罪人一依上項疎決指揮到時以前應犯徒罪並降從杖杖罪已下只委本縣斷放徒已下罪即解府依疎決施行　九月十一日詔開

永樂大典卷一萬九千九百八十

封府該今年六月十五日疎決內見禁有孕婦人係杖罪情輕者並釋之　元豐三年四月十七日審刑院刑部言宣州民葉元有爲同居兄亂其妻縊殺之又殺兄子而彊其父與嫂爲約契不訟於官鄰里發其事州爲上請上批同居兄亂其妻彊或和既本無證左又罪人今皆已死則二者周出於葉元一口不足以定罪然以妻子之愛既罔其父又殺其兄繼戕其侄背逆天理傷敗人倫宜以毆兄至死律論　哲宗元祐元年正月十七日上御延和殿疎決在京繫囚除常赦所不原外雜犯死罪已下降一等杖已下釋之　二年四月七日六年六月一日並同此制　元符三年十二月九日徽

宗即已元民立詔皇太后服藥宜施恩宥以速康和御
崇政殿疎決在京見禁罪人　徽宗崇寧元年閏六月
八日上御崇政殿疎決罪人如故事　二年六月十五
日三年六月二十二日四年六月十二日五年六月十
二日大觀元年六月二十二日二年五月二日三年五
月十三日四年八月二十二日政和元年四月二十四
日二年五月七日三年五月六日五年五月十三日六
年六月八日八年六月十九日宣和元年五月二十七
日三年閏五月十五日四年五月二十九日五年五月
十八日六年五月二十六日七年六月十一日　並同
此制　高宗建炎二年六月十一日疎決行在揚州并

永樂大典卷一萬九千九百八十

屬縣及行在大理寺御史臺殿前馬步三司見禁罪人
除犯劫殺謀殺故殺鬭殺並為已殺人者并十惡偽造
符印放火官員犯入已贓將校軍人公人犯枉法贓監
主自盜贓並依法其餘雜犯死罪降從流流罪降從徒
徒罪降從杖杖罪已下並放內鬭殺情理輕者減一等
并雜犯死罪情理重者依所降決訖並刺配千里外牢
城斷訖錄案聞奏強盜罪至死依所降決訖情理重者
刺配廣南遠惡處情理輕者刺配二千里外並牢城又
詔東京大理寺御史臺殿前馬步三司開封府京畿西
京南京北京及諸縣准此　三年七月三日行在疎決
建康府四年六月十一日紹興元年六月二十三日行



在疎決越州並同此制　紹興二年五月二十四日詔
今月二十五日疎決臨安府並屬縣及行在大理寺御
史臺殿前司馬軍司步軍司見禁罪人依例差官編排
引見大理寺御史臺宜差戶部侍郎黃叔敖同管客省
四方館閤門公事劉公彥臨安府殿前司馬軍司步軍
司宜差工部侍郎韓肖胄同管客省四方館閤門公事
來載孫　二十五日上御後殿疎決臨安府并屬縣行
在諸司繫囚除犯四殺十惡偽造符印放火官員犯人
已贓將校軍人公人犯枉法贓監主自盜贓並依法其
餘雜犯死罪遞降一等杖罪已下釋之內鬭殺情理輕
者減一等并雜犯死罪情理重者依所降決訖並刺配

永樂大典卷一萬九千九百八十

千里外牢城斷訖錄按聞奏強盜罪至死依所降決訖
情理重者刺配廣南遠惡處情理輕者刺配二千里外
並牢城　三年六月二十四日四年六月二十五日五
年五月二十五日六年六月十六日七年六月二十二
日八年六月五日九年六月十三日十年閏六月二日
十一年六月五日十二年六月二十三日十三年五月
二十七日十四年六月二十六日十五年七月二日十
六年六月十六日十七年六月二十七日十八年六月
七日十九年六月十九日二十年七月四日二十一年
六月九日二十二年六月十九日二十三年六月十九
日二十四年六月十二日二十五年七月四日二十六

年六月二十四日二十七年六月九日二十八年六月十四日二十九年閏六月二日三十年六月九日三十一年六月二十五日三十二年六月四日並如此制三年六月二十四日軍頭司引見踈決罪人大理寺一火一名臨安府三火三名杖罪並放　四年六月二十四日詔今月二十五日踈決臨安府并屬縣及行大理寺御史臺殿前司馬軍司見禁罪人依例差官編排引見大理寺御史臺宜差户部尚書黄叔敖帶御器械楊沂中臨安府殿前司馬軍司步軍司宜差吏部侍郎鄭滋同館客省四方館閤門公事韓恕　二十五日軍頭司引見大理寺臨安府踈決罪人有旨放　八年六月三

永樂大典卷一萬九千九百八十

日臨安府勘到故知閤門事潘永思幹事人郭壽之私用過錢物情節內壽之招認使過錢三千緡餘七人共認各不下一二千緡上曰既無文約又别無照據必是郭壽妄有通攤豈可抑勒招承可除壽之外餘並日下放免趙鼎以下退而讚上之聽明曰此一事勝踈決多矣蓋時方盛暑已釋初五日踈決故有是言　孝宗隆興元年六月十九日上御後殿録行在諸司繫囚雜犯死罪已下遞降一等杖已下釋之隆興二年六月十六日乾道元年六月一日二年六月七日並同此制　乾道三年六月二十五日上御後殿引見踈決罪人尋有旨引見例踈放四年五月二十八日上御後殿踈決罪人如二十六月之制　六月七日上謂宰相曰朕前日見踈決全是文具可具典故將來蔣芾奏曰祖宗朝皆人主自臨決囚徒不拘暑月至景德中盛暑臨決遂為定制上曰朕欲依祖宗故事先令有司具囚情款前數日進入朕親閲之可釋者釋之可罪者罪之庶不為虚文可降指揮今後並依祖宗典故　八日詔自今每歲踈決依祖宗典故預行差官前去御史臺大理寺臨安府殿前馬步軍司編敘繫囚定其罪目申尚書省進呈七月二十七日詔陰雨未晴竊慮刑獄淹延有奸和氣御史臺大理寺差梁克家張説臨安府殿前馬步軍司差陳彌作康滑編叙繫囚定其罪目申尚書省取旨點

永樂大典卷一萬九千九百八十

定名件擇日引見臨軒審問決遣罪人　二十八日詔臨軒慮問決遣罪人編排引見官差汪大猷張説周淙宋直温其日俟進食後殿特坐引呈並依踈失罪人體例施行　三十日上特御後殿臨軒引見決遣罪人餘依今年五月之制　六年閏五月十日詔今歲踈決御史臺大理寺差鄭聞張説臨安府殿前馬步軍司差王柜宋鈞將見禁罪人編叙繫囚定其罪目申尚書省進呈取旨擇日引見　十一日詔踈決罪人編排引見差官汪大猷張説姚憲宋鈞　十四日上御崇政殿踈決罪人依四年七月之制　七年六月五日詔今歲踈決御史臺大理寺差葉衡宋鈞臨安府殿前馬步軍司差

省獄 附 太祖建隆二年起



司馬伋王抃將見禁罪人編叙繫囚定其罪目申尚書進呈取旨降下擇日引見　七日詔踈決罪人編排引見官差王柜宋鈞見公武王抃　十一日宰臣虞允文奏皇太子昨至臨臨安府引問公事內一二輕罪便可踈決屬吏白之太子不許以臨軒踈決在近故也上曰甚善　十四日上御後殿踈決罪人如六年閏五月之制　八年四月詔令歲踈決御史臺大理寺差韓元吉徐本中臨安府殿前馬步軍司差馬希言龍雱將見禁罪人編叙繫囚定其罪目申尚書省進呈取旨降下擇日引見　六月七日詔踈決罪人編排引見官差鄭聞徐本中莫蒙十二日上御後殿踈決罪人如十年六月

永樂大典卷一萬九千九百八十

之制　九年五月二十八日詔令歲踈決御史臺大理寺差韓元吉王抃臨安府殿前馬步軍司差馬希言龍雱將見禁罪人編叙繫囚定其罪目申尚書省進呈取旨降下擇日引見　三十日詔踈決罪人編排引見官差沈度龍雱　六月一日上御後殿踈決罪人如八年之制　太祖建隆二年六月九日以旱詔東京管內見禁罪人除惡逆不孝劫賊故殺放火官典受枉法贓不赦外其餘雜犯死罪除同情共犯頭首處死餘並減一等配靈武流罪以下減三等杖罪已下並放所有不該釋放罪人令開封府尹速與踈決其大名府滑衛澶鄆濮齊相磁刑洺貝冀博鎮深趙易定祁滄德瀛莫推覇



州敕到日並依此處分　太宗太平興國九年六月八日遣殿中侍御史李範等八人往兩浙淮南江南西川廣南錄問刑獄先是登聞院引對婦人李氏自陳云無兒息身且病恐一旦溘死家業委棄欲未死有所歸帝因謂宰臣曰此婦人數日前朕已令開封府依所欲裁置之今復來告訴稱其父已被繫矣此是小事何用禁繫京輦之下尚敢如此天下至廣寃枉可知朕恨不能編閱天下獄訟新行決斷每見大理寺斷遣諸州刑獄多為其中有小未盡即却之令國家封疆廣遠來往動是五七千里再令勘覆轉是掩延今後宜令周細詳酌如不干人命便與斷決不須重勘琪等曰謹奉詔即日

永樂大典卷一萬九千九百八十

分遣使焉　雍熙二年八月一日詔曰朕以庶政之中獄訟為切欽恤之意何嘗暫忘蓋郡縣至廣械繫者衆苟有寃抑即傷至和令遣祕書丞崔維翰等六人分往兩浙荆湖福建江南淮南逐路按問小事即決之大事須證左者促行之仍廉察官吏勤惰以聞　四年正月十六日詔曰庶務之中准刑是恤苟獄訟有所枉抑則和氣為損傷宜遣右補闕韓授等分往西川嶺南江浙等路按問刑獄小事即決之大事趣令結絕事有可斷而官吏故為稽緩者劾其狀以聞官吏臨事彊明獄無寃滯者亦以名聞當行旌賞見禁人內有命官并合該申奏者具案以聞端拱二年四月四日遣殿中侍御史

劉丹等八人分錄天下刑禁　五月十九日詔曰：昨以炎熱在候，聽覽餘閑，狴牢盡出於縶囚，軒陛躬行於斷決，冀申淹滯，罔憚勤勞。載念方州實繁庶獄，或官吏不明於詳讞，則縲絏得無於寃沉？是用特遣使臣，就令疎決，庶洽和平之氣，式昭欽恤之仁。宜差朝官京官四十人分十四路往逐處點檢見禁罪人，流罪已下如錄問無闕違，又非錢穀干繫者，與本處知州軍通判等約法決遣，不得淹滯刑禁。　淳化元年四月五日，以自春不雨，選近臣分往諸處決刑獄。　三年五月十六日，以久旱分遣常參官乘傳往諸路決獄。　帝以久愆時雨，憂形於色，謂宰相曰：「我旱滋甚，朕懇禱精至，並走神祇，而

永樂大典卷一萬九千九百八十

猶未獲膏澤者，豈非四方刑獄寃濫，郡縣吏不稱職，朝廷政理有所缺乎？」是夕降雨尺餘。翌日，宰相以時雨應期，相率拜賀。帝曰：「朕孜孜求理，視民如傷，內省於心，無所負矣，而久愆時雨，蓋陰陽之數，非朕所憂。朕所憂者，在政化之未孚，官吏之不稱職耳。」因切責宰相李昉等，慙懼拜伏，退上表待罪，詔答之。　五年正月十六日，遣京朝官十七人分詣諸州決遣刑獄，因饑持伏劫奪藏粟，止誅為首者，餘悉減死論。　至道元年四月十九日詔曰：朕撫臨區夏，勤恤黎元，每夙夜之惟寅，庶昆蟲之咸遂。而刑罰未措，獄訟尚繁，適當炎酷之時，慮鬱和平之氣，言念於此，良深惕然。分命使臣，往申寬典，俾無枉、



橈，稱朕意焉。宜令常參官乘傳分往諸路，與長吏同決遣刑獄。應惡逆、四殺、官典犯贓、欠負官物見行催理不赦外，其劫盜止誅首惡，余黨悉杖脊刺面，本處牢城；其餘罪流以下遞降一等，杖已下放。所至決遣訖，具刑名事狀附疾置以聞。時命侍御史元玘、職方員外郎李範、戶部員外郎魏廷式、都官員外郎孫紘、比部員外郎直昭文館勾中正、虞部員外郎呂宏之、太常博士直昭文館席羲叟、太常博士李昭素、春秋博士王柄、太常丞劉元吉、殿中丞李居簡、梁正、馬表微、著作郎李通微、太子中舍彭繪、著作佐郎楊士元、直史館趙況、直集賢院趙安仁、大理寺丞張維、樂世隆、李承信等二十二人，殿直

永樂大典卷一萬九千九百八十

陳居與等十人，三班奉職崔懿等十二人，凡四十五人分往焉。　真宗咸平元年二月五日詔曰：朕欽承先訓，嗣守鴻圖，視民如傷，惟刑是恤。言念庶獄尚多繫囚，或寃枉莫伸，或滯淹未決，感傷和氣，莫甚斯凡。爾庶僚各宜匪懈。應在京禁囚已親踈決，其西京諸路繫囚，限勑到日長吏盡時決斷，如有寃濫，便與申理，限三日內舉聞奏。內追證未圓須對欵者，疾速結絕。老幼疾患不任科責者，流徒罪准律收贖，杖已下並放。若久析官物經赦未放者，並具析申奏，當議除放。禁囚無食者，量破官米。獄內掃洒潔淨，供給水漿，職官專切檢校，枷杖輕重並須一依令式，不得踰越制度。　四月一日以懲旱命

翰林學士宋湜王旦知制誥李若拙疎決三司御史臺
開封府繫囚詔曰朕道未方古德罔洽人致使庱獄尚
繫五刑未措興言及此良用愧焉載念黎人陷于刑辟
或櫝楚之下痛急自誣或狴牢之中苦極誰訴感傷和
氣職此之由是用分命使車徧詣方郡申此納隍之意
成予空圄之心宜遣常參官馳往諸路疎決刑獄　三
年十月二十三日命翰林學士王欽若知制誥梁灝為
西川峽路安撫使仍詔所至録問繫囚除十惡至死官
典犯正枉法贓至殺人劫殺謀殺故殺鬬殺並為已殺
人不降外餘死罪徒流流已下遞降等杖已下釋之死
罪合該減降情理難恕者疾置以聞　四年二月十二
永樂大典卷一萬九千九百八十
日詔曰去冬以來嘉雪未普今春將半膏澤尚愆農事
方興亢陽是懼編走郡望精祈上穹感應未聞祇畏良
切得非郡國之内獄訟滋彰狴牢之間縲繫淹久或傷
氣乃兆災氛是遣使車巡行諸路決其留滯務盡哀矜
宜令庫部員外郎程渥等乘驛分詣諸路疎理繫囚杖
已下並放内有公然淹緩刑獄之處具事以聞　六年
二月十九日遣朝臣使臣分往京東西淮南水災州軍
賑恤貧民疎理刑獄　六月八日詔陝西諸州疎理繫
囚　景德元年正月二十五日平虜城上言軍營遺火
焚居人廬舍甚衆遣閤門祇候謝德權乘驛至寧邊軍
會孫全照同往窮詰其故軍民謀劃財物者並按軍令



軍校不知情者決杖隸別州員僚直餘並論如律　八
月十六日詔曰江吳之分亢暵為災言念烝民遘之艱
食致罹法網或繫圄扉特命使車就加欽恤宜令户部
判官李防直史館張知白閤門祇候李守仁郭盛乘驛
分詣江南東西疎理繫囚據見禁罪人與長吏已下勘
問詣實情款限三日内依法斷遣若重罪照證未圓者
亦須催促了當民間有不便者事相度利害以聞名山
大川靈祠委長吏精虔祭醮　二十七日詔曰朕臨馭
寰區夏勤政理眷惟遠俗尤所注懷慮庶獄之稽留或
齊民之疾苦是用下詔疎決命使撫存特申欽恤之恩
以慰黎元之望宜令直史館何亮閤門祇候康元乘驛
永樂大典卷一萬九千九百八十
往廣南東西路疎理繫囚民間不便事與長吏實以聞
所至父老軍校犒勞撫問之　三年九月五日以淮南
秋旱民饑命轉運使疎理管内繫囚　二十六日詔給
事中董儼職方員外郎韓國華知開封府張雍同慮問
本府見禁罪人情理輕者即時決遣其連逮證勘者有
催督結絶無使留滯　時府獄禁囚二百餘人慮其決
斷淹延故也　十二月二十二日命鹽鐵判官馮亮直
史館陳堯佐閤門祇候高維忠侍其振分開封府界提
點刑獄　大中祥符二年五月十二日以陝西旱遣三
司鹽鐵判官楊可馳驛往疎決繫囚除罪至死及官典
犯贓外餘流罪已下遞降一等杖已下釋之雜犯死罪

情理可閔者奏裁　三年八月十八日以淮南旱詔轉運提點刑獄官疏理繫囚並從減等民有盜粟食者量事裁遣　七年六月五日詔曰齊民之刑惟舜猶恤禀揚善氣方屬於豐穰長養仁風適當於炎暑念縲紲咸有繫淹特示寬恩並從輕典除在京禁囚朕已親疏決外宜令兩京諸路限勑到據見禁罪人除重刑外便仰長吏躬親詳鞫情欵流罪降等決遣杖已下釋之官典等不得一例減降管內縣分應係杖罪並就縣疏放天禧三年八月十五日命開封府釋杖已下繫囚　五年五月一日詔曰朕撫馭寰區憂勤旰昃屬歊蒸之戒候慮刑罰之滋冤是用祗率舊章親決庶獄雖浩穰之地

永樂大典卷一萬九千九百八十

咸被於矜寬而溥率之間豈無於淹繫爰申誕告式洽至仁應兩京諸路流罪降從徒徒杖杖已下並放內十惡五逆官典犯贓持杖行劫盜官物僞造符印放火等罪不在此限　是日帝親疏決京師繫囚復下是詔

仁宗天聖十年三月二十七日詔曰江淮之間愆亢爲沴宜示從寬之典用蘇艱食之民昨命馬季良等體量安撫候到災傷州索見禁囚與長吏訊問除死罪及情理巨蠹兇惡爲民患官典犯罪不以輕重並如法外自餘徒流遞降一等杖已下並放雜犯死罪刑名疑慮情可憫者具事驛奏　景祐二年五月二十四日詔逐路轉運使副提點刑獄朝臣使臣分於轄下州軍疏決刑獄



二十七日中書門下言已差府界提舉朝臣使臣及臺官髙若訥蕭定基等分逐縣疏決刑禁欲令因便察切體量逐縣昨經霖雨收刈不及夏麥并渰浸低下秋田分數具實以聞不得下司行遣引惹陳訴從之　六月二日中書門下言今年五月二十五日已降勑令應諸州軍縣等見禁繫罪人令轉運提刑司分頭疏理所有路州軍奏取勑裁公案欲令法寺看詳如係五月二十五日已前事發並依今來疏理施行從之　七月二十五日詔以興國寺災見禁人吏不根問並特放罪三京畿縣見禁罪人各差官減降疏決雜犯死罪降從流流罪從徒杖已下並放　八月五日淮南轉運使言準

永樂大典卷一萬九千九百八十

詔往轄下州軍疏理見禁罪人其加役流已下徒役人乞許依德音例疏放詔應係今年五月二十五日以前配到者並放逐便　四年五月十三日詔在京已行疏決其開封諸縣西京南京畿縣見禁罪人各差官疏決雜犯死罪以下遞降一等杖已下放　康定元年六月十一日詔三京疏決刑獄在京翰林學士王堯臣天章閣待制宋祁西京侍御史趙及南京侍御史方偕開封府界諸縣直史館張子皐集賢校理胡宿與提點縣鎮公事官員分往疏理應雜犯死罪降從流徒罪降從杖杖已下釋之　慶曆二年十月十四日詔冬至日近慮在京刑獄遣使趣令理決無使淹繫　三年五月四日帝

輕者仍聽奏
裁。八月一日
詔開封府畿
内及輔郡繫
囚雜犯死罪
已下遞降一等
杖已下釋之鬪
殺
情可憫上



親録繫囚，命侍御史沈邈等分詣京畿及三京，其諸路
委轉運使、提點刑獄官親行疏決，雜犯死罪已下遞降
一等，杖已下釋之。　四年六月二十二日，詔天下刑禁
或多冤滯，況當炎暑，須行疏決。其下三京、諸路，委長吏
據見禁囚除十惡、四殺、强竊盜、放火、僞印、官典正贓外，
雜犯死罪情可閔者具案驛奏，餘罪遞降一等，至杖並
放。侵損於人、情難恕者，各依本法科斷訖奏。在京諸縣
令開封府依此施行，無得出入人罪。　五年四月一日，
帝親録繫囚，雜犯死罪以下遞降一等，杖已下釋之。命
監察御史劉元瑜等往三京疏決。　以司天監言四月
朔日太陽當食而陰晦不見故也。　七年三月八日，帝
永樂大典卷一萬九千九百八十
親録繫囚，詔天下雜犯死罪已下遞減一等，杖以下釋
之。以歲旱故也。皇祐三年五月一日，詔忠、冀等州旱，其
令長吏精虔禱雨，決繫囚無或淹滯，仍令轉運司體量
今年夏稅以聞。　至和三年正月八日，詔開封府畿内
及輔近郡繫雜犯死罪以下遞降一等，杖已下釋之。鬪
殺情可憫者聽奏裁。　二日，太平興國寺奉安祖宗神
御禮畢，詔在京并輔郡見禁罪人除犯十惡、四殺、官典
正枉法贓、監主自盜、僞造符印、放火不赦外，其餘雜犯
死罪降從流，流罪降從徒，徒罪已下並放。如鬪殺情理
可憫者奏裁，限敕到日，仰長吏已下當面決遣訖，具事
狀以聞。　嘉祐元年八月二十六日，詔開封府繫囚徒



罪降從杖，杖已下釋之。　二年二月三日，帝親録繫囚，
雜犯死罪已下遞降一等，杖已下釋之。三京及輔郡仍
遣官疏決。　三年閏十二月十六日，帝親録繫囚雜犯
死罪已遞下降一等，杖已下釋之，及遣官疏決三京。　六
年十一月十七日，帝親録繫囚，如三年閏十二月之制。
七年二月三日，詔河北、陝西、京東京西、淮南、兩浙、荆
湖北路災傷州軍就委官疏決。　英宗治平元年三月
十一日，帝親録繫囚，十惡、四殺、官典犯正枉法贓、監主
自盜、僞造符印、放火論如法，餘死罪降從流，内情理重
及鬪殺可憫者依降刺配五百里外牢城，强盜當死亦
依降刺配廣南牢城，情理重者配廣南遠惡州軍，流降
永樂大典卷一萬九千九百八十
從徒，徒降從杖，杖已下並放。命權御史臺推直官向宗
道等三人疏決開封府諸縣罪人。　二年二月十七日，
帝親録繫囚，除十惡、四殺、官典犯贓、監主自盜、僞造符
印、放火外，鬪殺可憫及劫盜至死決訖刺配牢城，餘犯
死罪徒各降一等，杖已下釋之。命權御史臺推直官張
公度、鄆牧判官裴煜疏決府界諸縣罪人，京東西、淮南
轉運使、提點刑獄疏決災傷州軍罪人。　六月四日，帝
親録在京繫囚，除十惡、四殺、官典犯贓、監主自盜、僞造
符印、放火不降，餘罪死降從流，流從徒，徒從杖，杖已下放。
餘罪情重及鬪殺可憫者依降決配五百里外牢城，强
盜罪死者廣南牢城，情理重者廣南遠惡州軍，命直集

賢院王廣淵秘閣校理錢藻與開府界提點疎決開封
府諸縣罪人　三年三月十四日帝親録在京繫囚除
十惡四殺官典犯贓監主自盜僞造符印放火不降餘
罪死降從流流已下遞降之降在流而情重及鬬殺可
憫者依降決配五百里外牢城强刼盜罪死者沙門島
流者廣南牢城杖已下放命尚書屯田郎中徐總館閣
校勘劉瑾秘閣校理錢藻與開封府界提點分詣諸縣
疎決　六月二十六日帝親録在京繫囚除十惡四殺
官典犯贓監主自盜僞造符印放火依法外死罪降流
情理重并鬬殺可憫者各刺配五百里外州軍牢城强
竊盜罪死者配沙門島流者配廣南牢城餘罪遞一等
永樂大典卷一萬九千九百八十
杖已下釋之命都官郎中張公度屯田郎中范道卿與
開封府界提點分詣諸縣疎決　治平四年神宗即位
未改元四月十九日上親録在京繫囚除十惡四殺官
典犯贓監主自盜僞造符印放火依法施行外應雜犯
死罪並降從流內情理并鬬殺情理可憫者依減降決
訖各配五百里外牢城强刼該死贓人亦依減降決訖
配沙門島罪至流依減降刺配廣南牢城其餘流罪降
從徒徒罪降從杖杖罪已下並釋之仍命集賢校理劉
瑾孫洙往開封府界諸縣依在京指揮疎決　神宗熈
寧二年三月二十八日上親録在京繫囚命官往諸縣
疎決　三年七月九日詔今後疎決或及府界三京仰

中書於初降德音日取旨仍與在京同日指揮限勑命
到以前應犯罪人權住斷遣聽候指揮四京縣更不差
官應犯杖罪并降從杖罪已下只委本縣依次日所降
朝旨施行　九年五月十六日中書門下言在京左右
軍巡院司録司開封府祥符縣當此暑月應有刑獄淹
延詔遣檢正中書刑房公事張安國計會當職官疾速
結絶以聞自是歲著為例　元豐元年三月七日詔諸路
監司覺察巡按結絶刑獄毋令淹蔓　八日遣檢正中
書吏房公事王陟臣檢正刑房公事范鏜同三司開封
府吏了絶見禁獄疑者申中書樞密院　同知諫院黃
履言近遣官禱雨令又降釋罪囚闕三司罪人七十餘
永樂大典卷一萬九千九百八十
火而免者四開封府百餘火而免者五由二者推之則
淹延未決者蓋多矣乞令隨其罪之輕重立限結絶庶
乎被澤者衆矣　十二月四日詔開封府界提點司諸
路監司分決繫囚內干照及事輕者先斷遣　二年六
月三日命權御史臺推直官盛南仲權檢正中書刑房
公事王修同催促結絶在京繫囚　三年四月十四日
詔開封府界京東西河北陝西等路久苦旱災近雖霑
潤未至優渥深慮刑獄或有寃留上干和氣可令諸路
分委監司在京遣中書刑房檢正督遣囚禁　七年十一
月八日中書言開封府大理寺禁繫甚苦詔令監察御
史與刑部郎官速往點檢催促結絶　哲宗元祐元年

正月三日詔曰久愆時雪慮囚繫淹留在京委刑部郎中御史開封府畧令提點司諸路州軍令監司催促結絶　四月五日以久不雨詔疎決在京繫囚雜犯死罪以下遞降一等至杖釋之　十二日詔在京并開封府界諸縣見禁罪人内有根究未見本末或會問結絶未得者在京差左司諫王巖叟開封府界諸縣差監察御史孫升親往分視獄囚約法斷遣右諫議大夫孫覺言或有所在膩降之恩雖出聖意然獄吏沿因根究未見本末或會問在遠州縣候事異議法始引減降得從輕坐臣以為在京左右軍巡司録司乞差西制官一員畿内諸縣差諫官御史一員分視獄囚故有是詔　九月

永樂大典卷一萬九千九百八十

十七日權知開封府謝景温言明堂大赦乞差推官一員將帶人吏及法司一名與府界提刑分詣諸縣催促決遣該赦不合原免公事如内有久被禁繫根究未見本末正在在遠所犯該徒以正罪令申解赴府斷遣杖已下即一面結絶及乞今後每遇非次疎決并冬夏仲季月盛暑嚴寒在京差官催促結絶之時本府亦依此施行從之　二年六月十一日權知開封府錢勰言近制疎決朝廷差臺官催促諸縣禁囚慮諸縣懼見點檢以不圖公事便行申解遂差推判官將帶人吏及法司與府界提刑分詣諸縣催促決遣本府每遇非次疎決并盛暑嚴寒在京差官催促結絶畿内諸縣禁繫人數不



多近者朝廷添置提刑與提點司係監司兩員逐時巡按不容留滯今本府事多推判官每季差出委有妨闕欲請凡遇疎決如不差御史即本府輪官下縣如故從之　十一月二十八日詔以雪寒促決見囚　三年八月二十八日録繫囚雜犯死罪已下遞降一等杖以下釋之開封府界及三京准此　四年三月二十二日疎決在京繫囚雜犯死罪以下遞降一等杖釋之以時雨稍愆也　二十七日詔諸路監司除近便州軍　躬親外餘各於轄下選官分詣諸州軍將見禁公事與當職官逐一躬親引問除死罪於法合聽旨及重傷守辜外餘並疾速斷訖以聞　五年二月十二日疎決四京府

永樂大典卷一萬九千九百八十

罪諸縣繫囚除常赦所不原外雜犯死罪以下遞降一等杖以下釋之其後又詔疎決應天下州府軍監縣等繫囚　六年六月十二日詔方盛暑慮刑獄淹繫除在京府界諸縣已降疎決其諸路令監司除置司處及鄰近州分詣外其餘州軍選官催促結絶事理輕者先次斷放　紹聖元年四月八日詔時雨稍愆慮刑獄淹繫在京委刑部郎官及御史一員開封府界令提點刑獄諸路令監司催結繫囚事輕者先次斷放訖奏府界徒以下罪人罪狀顯著不該配及申奏者雖小節不圓並決訖以聞　十九日以時雨稍愆疎決四京并府界諸縣繫囚如故事　十二月十一日詔允愆時雪慮刑獄淹延

在京委刑部郎官及御史一員開封府界并諸路州軍令監司提所部結絶内事理輕者先次決遣府界徒以下罪人罪狀分明不該編配及申奏公事並斷訖以聞　三年五月十六日詔春夏以來雨澤以時二麥豐稔尚慮刑獄滯留更宜深恤其諸路州縣委監司分詣逐處催促結絶見禁公事　四年五月八日詔皇太妃近嘗服藥及雨澤稍愆農田在望宜須恩宥以導嘉祥疏決慮在京府界并三京及諸縣罪人　元符二年三月二十六日詔稍愆時雨竊慮刑獄淹延枝蔓在京委刑部郎中及御史一員開封府界令提點諸路闕雨州軍令監司催促結絶見禁罪人　四月十五日以時雨稍

永樂大典卷一萬九千九百八十

愆疏決在京及河南應天大名府繫囚雜犯死罪以下遞降一等至杖釋之　七月四日詔以盛暑在京令刑部郎官開封府界令提點提舉司諸路令監司催促結絶囚禁内干照人及事理輕者先次决遣　三年四月三日詔諸路刑獄慮有淹延除四京已降德音外令諸路監司分頭催促結絶見禁罪人内干照人及事理輕者先次斷放如委有事故親到不遍處即選官前去仍具起發及每到處月日并事故因依徑申尚書省如有疾病之人即仰當職官常竊點檢醫治　徽宗建中靖國元年四月二十九日中書省勘會正當時暑竊慮刑獄淹延枝蔓詔在京委刑部郎官及御史一員開封府界

刑法五之二九

令提點諸路州軍令監司分頭點檢催促結絶見禁罪人内干照人及事理輕者先次斷決訖奏内府界徒以下罪人罪狀分明不該編配及申奏公事或雖小節不圓不礙大情并許一面決斷訖奏其府界及諸路監司如委有事故親去未得即選官前去仍具每到處月日事故因依徑申尚書省決自是歲著為例　崇寧二年正月二十六日詔曰臣僚言天下囹圄見勘治者一百四十餘事證逮多者五七十人少者尚二三十人已數千人矣而縣之獄不與焉窮冬沍寒重圍叢棘之中桁楊接槢之下慮無向隅而泣者慮傷陰陽之和朕甚憫之可令監司乘驛躬詣限一月結絶仍具獄官姓名

永樂大典卷一萬九千九百八十

推治事目報御史臺令具籍檢察　四年十一月十四日朝奉郎前提點梓州路刑獄公事王峴劄子奏昨在任每年承尚書刑部符承中書省勘當時暑竊慮刑獄淹延枝蔓詔令諸路監司分頭點檢催促結絶見禁罪人然川路遼遠比至勅命到日多是過時囹圄囚人實未霑恩賜臣欲乞著為定令今後路分遠處更不候降敕並令監司每年於六月中分頭催促結絶斷放仍具所到州縣月日徑申尚書省檢察施行庶使遠人均霑惠澤從之　大觀元年八月五日詔京司犴獄屢空四方郡縣吏或以微文細故招擴追逮久繫不決甚非欽恤之意可令監司分諸所部慮囚決獄其或淹延不治

刑法五之三〇

留禁輿辜即按劾以聞　政和二年七月二十二日臣僚言諸路監司歲奉詔旨分部決獄而承例差官吏或不慶徒為文具乞令監司每被旨決獄皆依當日親行若計程日未周方聽差官從之　三年九月九日都省言尚書刑部郎中錢歸善奏承勅節文正當時暑竊慮刑獄淹延枝蔓在京委刑部郎中及御史一員分頭點檢催促結絕見禁罪人内干照人及事理輕者先次斷訖奏杖已下應禁者並與責保知在委本部員外郎耿良能點檢催促大理寺等處節次具已結絕名件奏聞外所有未了公事見行催促詔五月恤刑蓋當炎暑朝廷所以示寬恕之政豈可稽留直至秋深尚未結絕

永樂大典卷一萬九千九百八十

顯屬過期自今後仰所委官限一月結絕如取會未圓見行推治公事自合依條施行　六年五月十四日詔每歲大暑差官慮囚外路限四月在京限六月行下以川廣路遠受命多後時故有是詔　七年二月二十五日詔諸路監司每年分定州軍巡按決獄往往不徧民無所訴令互察彈奏宣和六年四月四日臣僚言伏望詔有司根究見今諸路被旨根勘未了公事最久者顯絀一二路以示慢令之戒自餘皆責近限趁令結絕詔見禁勘公事如大情已正小節未圓並仰疾速結絕應干證人並先次踈放仍令提點刑獄官躬親徧詣所部催促其巡歷不徧去處選官前去不管少有淹延刑禁



高宗建炎元年九月十九日兩浙福建路撫諭江端友言比年以來州縣刑獄淹滯臣忝使兩路欲乞許臣所至州縣依祖宗遣使法親閱獄訟或遣提刑司分詣本路其大節已具小節未圓者約法從輕日下斷遣其雜犯死罪有疑惑情理可憫須上請俟報者比緣盜賊未平道路不通奏章未必得達兼朝廷多事或不以時行下罪人久繫不幸瘦死則非上請本意亦乞酌情減降斷遣訖奏聞詔除張檝王璞外餘撫諭官准此　十一月三日又言臣已遵依詔旨遍牒兩路州軍不候臣及提刑到州一面遵依聖旨施行去訖臣恐一過之後復循舊弊欲望聖慈特令今日以後並依九月十九日已

永樂大典卷一萬九千九百八十

得指揮候將來盜賊寧息道路通行即依舊法仍令提刑司常切覺察有斷獄稽程淹久不決者依條勘劾詔諸路依此　紹興元年九月五日詔越州見勘軍人黃德等令刑部郎官躬親往彼取索公案看詳審問如情犯別無疑異即依今來指揮斷遣如或情節可疑難便處斷即具奏聞　先是越州勘到軍人黃德陸青周立徐青傅青吳城百姓苗貴持杖劫盜前酒庫人員李成等差出買柴船殺死四口各合家凌遲處斬所殺之人屍不經驗疑慮奏裁既詔黃德依斷凌遲處斬周立陸青苗貴並特處斬徐青傅青吳城並決重杖處死而又命官錄問云　十月三十日詔致理之體先德後刑比來

旱既太甚斯民嗸嗸而望雲霓深可憫惻朕惟兢兢業業祇畏祈禳未嘗敢自赦也竊慮刑法失當獄訟淹滯怨懟所由生而和氣消鑠多矣可令逐路憲臣限指揮到日日下躬親前去遍詣諸州縣刑獄催督結絕施行如違當議黜責　二年五月十三日詔霖雨不止諸處刑獄竊慮淹延行在委刑部郎官在外委提刑躬親催督結絕見禁公事具已結絕月日申尚書省　十二月十五日刑部侍郎韋誼言近者分遣五使按行郡縣親加勅戒以刑獄爲首務若將命之臣僅能察訟諜之繁詞按稽緩之小吏亦何足以仰副惻怛哀矜之惠哉欲望應制勘事自贓罪流罪與夫元降指揮具情犯申奏

永樂大典卷一萬九千九百八十

外具餘徒杖而下自非重害不可貸捨悉許五使酌情斷遣具按以聞庶幾使指所臨獄訟即決遠邇之民咸被實德若分鎮去處四川路分望委帥臣監司限日結絕詔令劉與諸路宣諭官其四川令宣撫制置使司分鎮去處令鎮撫使各差官點檢結絕　三年七月十六日詔浙東路及臨安府嚴秀等州久闕雨澤竊慮刑獄淹滯仰兩浙路提刑躬詣所部州縣將見禁罪人事小者監視決遣事大及合行追逮干照者疾速催促勾追結絕如遐遠去處即仰選差通判幕職官分詣仍逐旋具已施行次第申尚書省　既而右司諫唐輝言乞令提點刑獄所到州縣不得憑案牘委胥吏須一一親自





引問聽其言察其情無罪者即出之獄吏高下嚴實以法庶幾冤枉獲伸感召和氣其所選官分詣者亦乞依此從之仍先詣最未得雨去處決遣　二十二日詔大理寺臨安府等刑獄已施行外諸州縣囚禁尚多其間慮多冤枉淹繫令臨安府及諸州各選强明官分詣諸縣檢察決遣　爲久闕雨澤故有是詔　四年六月十一日詔大理寺臨安府并錢塘仁和兩縣見禁公事委御史臺官刑部郎官諸州縣刑禁委提點刑獄官并躬親前去務察催促結絕如外邑遐遠去處令提刑司選差官前去　五年正月一日刑部尚書張誼等言紹興四年十二月二十五日手詔爲正月朔日有蝕之講求闕

永樂大典卷一萬九千九百八十

政察理冤獄等事本部檢會令來車駕駐蹕平江乞委郎官一員詣本府應刑獄去處點檢見禁催督結絕施行　五月二十四日宰執進呈踈決上曰外路如何趙鼎曰臣記得每年夏熱時令提刑司催決獄事自渡江後不曾舉行上曰行在大理寺等處禁繫不多須行諸路令無淹延刑禁庶暑熱時不致罪人疾病於是下詔正當時暑竊慮刑獄淹延枝蔓行在委刑部郎官及御史一員臨安府屬縣并諸路州軍令監司分頭點檢催促結絕見禁罪人內干照人及事理輕者先次決訖奏臨安府屬縣徒已下罪事狀分明不該編配及合申奏公事或雖小節不圓不礙大情並許本府一面決斷訖

奏杖以下應禁者並與責保知在，除行在外有事故不能親行，即選官前去，仍具每到處月日事故因依，經申尚書省。　自是歲著為例。　六年六月二十八日，刑部尚書故交修言：「奉詔為六日己巳地震，察究繫禁苛擾等事，欲乞差委本部郎官詣臨安府并仁和、錢塘兩縣、大理寺、殿前馬步軍司點檢見禁，催督結絕。其諸路州縣及應有刑獄去處，欲委逐路提點刑獄官檢察。」從之。

七年七月二十九日，詔已降指揮諸路州縣刑獄官司，並令提刑躬親疾速催促結絕見禁公事，僻遠委官前去，逐旋具已結絕過件數申尚書省，仍令諸路提刑遵稟已降指揮，恪意詳審，即不得將不係僻遠去處一

永樂大典卷一萬九千九百八十

例差官前去，須於旬申已結絕公事名件狀內具無冤濫，申尚書省。　以臣僚言乞申戒監司務在詳審故也。

八年六月十八日，詔曰：「近雨澤稍愆，可令浙西提刑躬親遍詣刑獄司官催促結絕見禁公事，內僻遠州縣不能周遍，許委官前去。諸路闕雨去處依此。」　十一月四日，大理寺奏：「差官詣諸路結絕滯獄，以廣南東西路地遠，乞就鄰路委官。」上曰：「二廣去朝廷遠，民間冤滯無所赴訴，尤當欽恤，正須本寺官前去。如江浙近地，苟有冤抑，不患不聞，止令帥司選官。」時大臣咨嘆，以思慮所不及。既而有旨，廣南東路差薛倞、西路差朱斐量帶推獄前去，將本路應見禁一年以上未結絕公事並行勘



結，即不得因而却致枝蔓。具刑寺應干合催結絕逐路公事，許長貳條具委付內有小節不圓不礙刑名公事，許隨宜結絕，餘令逐官具畫一申尚書省。　九年六月二十五日，詔以日近雨澤稍愆，在行委刑部官及御史各一員，臨安府屬縣并諸路州軍令監司分頭點檢催促結絕見禁罪人，內干照人及事理輕者先次斷放。臨安府屬縣徒以下罪事狀分明，不該編配及申奏公事，雖小節不圓不礙大情，並許一面斷遣訖申奏。杖以下應禁者並責保知在，如監司有故不能親行，仰選官前去；內僻遠州縣，即州委守臣，縣委通判、職官，務在恪意奉行，毋致冤濫。　十一年七月十九日，詔旱暵既久，雨

永樂大典卷一萬九千九百八十

未霑足，已差官躬親前去決獄，可丁寧告戒，務要去淹滯，察非辜，無或苟簡，徒為文具。其干連逮捕，先令州縣即時疏放，無令愁嘆之聲致傷和氣。　十二年三月三日，詔以日近雨澤稍愆，切慮刑獄淹延，在內委刑部郎官、監察御史，在外委提點刑獄官躬親遍一慮問，責限結絕，雖小節未圓不礙大情，並免追逮，或有冤濫，即與申理，干連無罪人日下便行責放，各且已檢察斷放過名件聞奏。　二十九年三月四日，詔自冬及春，甚愆雨澤，雖闕躬省咎祈禱，未應，深慮內外有獄訟淹延，失於詳平，致傷和氣，可在內委刑部，在外令提刑司躬至州縣，索案結絕。　十三年正月十九日，詔郴州見勘前知邕州俞

滯令大理寺選差寺丞一員前去疾速根勘結絶具案
奏聞的具見勘及回報官司的實違滯去處取旨湖（其）
南北廣東西路見淹留公事仰一就取索催促勘結餘
路令刑部大理寺體倣措置催促月具結絶名件及有
無淹延申尚書省　以臣僚言儋在任日冒請遞郡全
俸及路分鈐轄添支討贓二十匹又上及侵欺朝廷買
馬錢元令象州根勘近因臺臣論列送湖南提刑司見
付郴州近今三年未聞結絶緣邕管係儋舊治往往相
與圖救致無辜之人久此拘囚而巨贓未正典刑乞詰
其住滯之因故也　十五年正月八日上前一日嘗宣
諭曰彗星見朕甚懼焉卿等可圖所以消弭之道秦檜

永樂大典卷一萬九千九百八十

因奏上前太宗真宗朝嘗緣彗星疎決獄囚等事上曰
可且降詔以四事為主避殿減膳寬民力恤滯獄度幾
應天下以實不以文也於是内降詔曰太史奏彗出東
方朕甚懼焉已避殿減膳側躬省愆尚慮征科苛擾獄
繫淹延致傷和氣上干垂象可令逐路提點刑獄官躬
親詣所部決獄具已決遣未決遣及盡絶月日逐一以
聞應枝蔓干連人日下踈放仍準備朝廷遣官檢察其
其有貪酷官吏並仰按劾重行黜責續詔其行在刑獄
令刑部郎官監察御史躬親逐一決遣二十六年七月
九日詔太史奏彗出東方朕甚懼焉已避殿減膳側身
省愆尚慮刑獄寃濫官吏貪殘致傷和氣上干垂象諸



路提刑司官親詣所部州詳慮決遣將枝干（蔓）連人日下
踈放務施實惠以盡應天之實　十二日内降制曰近
降手詔委逐路提點刑獄官躬親決獄逐一開具聞奏
仍日下踈放枝蔓干連之人尚慮不切奉行委御史臺
覺察按劾黜責三省擇其尤稱職者取旨陞擢　二十
五年七月三日宰執進呈踈決文字上宣諭曰行在刑
獄皆已審克外路須令憲臣因踈決旨揮下躬親詣州
縣檢斷庶無寃濫　二十八年四月二十七日三省言
每歲三伏内聖恩踈決慮囚其外路委官旨揮同時行
下緣川廣等路去朝廷遥遠旨揮到日已過盛暑竊慮
未稱矜恤之意伏覩政和六年五月十四日聖旨盛暑

永樂大典卷一萬九千九百八十

點檢因禁外路限四月下旬預行檢會欲乞依政和例
預於四月檢會行下有旨遵依施行越三日上復諭輔
臣曰踈決減降蓋念盛暑因禁特施恩惠固當依政和
間旨揮施行至於慮囚乃是祖宗成憲似不當拘以時
月宜令有司各舉嘗職乃詔諸路州軍令提刑須於六
月初躬親前去點檢催促結絶見禁罪人内干照人及
事理輕者先次斷放如提刑闕官仰監司躬親分頭前
去内僻遠州縣即州委守臣縣委通判職官其所委官
點檢催促過刑禁並仰本路監司復行檢察如斷放不
當滅裂違滯即按劾聞奏　是年六月一日詔以東浙
東西係最近路分令邵大受徐康躬親遍詣逐州軍點

委提點刑獄前往催促結絕事理輕者先次決斷臨安府屬縣杖徒已下上

檢催促仍依已降指揮不得多帶人從自是歲以為常
孝宗隆興元年四月三日詔霖雨為沴行在委監察御史外路委監司守令催促見禁公事疾速結絕事理輕者先次決放如有冤濫從實改正　二十三日詔每歲盛暑合慮囚徒諸路州郡委提刑於六月內遍詣所部將見禁公事催促結絕事理輕者先次決放內僻遠州縣即州委守臣縣委通判職官各具已施行事件申尚書省自是歲著為例　六月十九日詔以時當盛暑深慮囹圄淹延追逮枝蔓行在所委刑部郎官及御史各一員臨安府屬縣徒已下罪一面斷遣自今歲著為例　八月二十四日詔委監察御史一員親詣大理寺

永樂大典卷一萬九千九百八十

及三衙臨安府并前塘仁和縣催促見禁公事疾速結絕內事理輕者先次決斷如有冤濫從實改正　十一月二十六日中書門下省言勘會當此雪寒竊慮刑獄淹延深可矜憫詔委刑部郎官前詣大理寺臨安府并錢塘仁和兩縣催促結絕　二年三月十四日中書門下省言外路州軍每歲盛暑慮囚四月下旬方檢會行下竊慮二廣四川道路遥遠指揮到日亦已過時詔二廣四川提刑於六月初親詣所部點檢結絕內僻遠州縣即州委臣縣委判通職官各具已施行事件申尚書省自是歲著為例　八月二十六日詔久雨未晴深株慮刑獄淹延有奸和氣可令侍御史尹穡往大理寺臨安



府決遣　二十七日詔浙西江東霖雨害稼竊慮刑獄淹滯可令逐路提刑前往州縣決遣　乾道元年二月二十四日詔久雨未晴深慮刑獄淹延有奸和氣可令殿中侍御史章服往大理寺臨安府仁和錢塘兩縣兩浙東西路令提刑躬親詣所部州縣決遣　二年四月四日詔淫雨為冷宮及禾麥豈刑政失中以致咎歟可令侍從臺諫講究所宜以聞其臨安府并諸路郡縣見禁刑獄立見結絕委官分詣檢察以稱朕寅畏之意　五日詔久雨未晴深慮刑獄淹延有傷和氣大理寺臨安府委臺官一員浙西州縣委憲臣往決遣　六月中書門下省言適來淫雨為沴竊慮刑獄淹延雖委官決遣

永樂大典卷一萬九千九百八十

尚恐未盡詔大理寺臨安府并三衙及浙西州縣見禁罪人在內委刑部御史臺官在外州委守臣縣委通判躬親就獄引問如大情已正內關殺情理輕并雜犯死罪至徒罪已上各減一等斷遣杖罪已下並放　九月十二日詔溫州諸邑近被水災已差璩前往賑恤可就令點檢本州并諸縣刑禁將杖罪以下先次疏放如有冤抑從實改正　三年八月二十四日臣寮言積陰久雨尚未晴霽深恐州縣之間刑禁淹延欲望特降睿旨在內委郎官在外委提刑檢察兩浙州郡刑獄決遣滯囚從之　五年十二月十七日詔以雨雪愆期竊慮刑獄淹延追逮枝蔓行在所委刑部郎官臨安府屬縣委

本府通判各一員躬親點檢疾速結絶仍各具決斷名件申尚書省　六年閏五月四日詔以久雨未晴深慮刑獄淹延有傷和氣大理寺臨安府并屬縣三衙見禁罪人在内委刑部郎官在外委通判躬親決遣具已斷名件申尚書省　八年六月九日中書門下省言行在三衙見禁罪人已降指揮疎決其馬軍行司見在建康屯戍理合一體施行詔委户部郎官淮西總領滕膺躬親前往決遣　淳熙元年十月九日詔陰雨未已大理寺臨安府并屬縣三衙及諸路州縣見禁罪人杖罪已下並放在内委臺官在外委提刑決遣　二年六月三年八月十月四年十月皆以久雨並同此制　五年五

永樂大典卷一萬九千九百八十

月八日詔浙西常州鎮江府及淮南江東西州郡有稍愆雨澤去處竊慮刑禁淹延逐路見禁罪人各委提刑決遣杖已下罪並放　十六年四月八日中書門下省言外路州軍每歲盛暑慮囚除二廣四川已降指揮外詔餘路州軍令提刑須管於五月下旬躬親前去點檢催促結絶見禁罪人内干照人及事理輕者先次斷放如提刑闕官仰監司躬親分頭前去内僻遠州縣即州委守臣縣委判通職官躬親分頭點檢催促應所委官各具所到及點檢日時已施行事件申尚書省其守倅等點檢催促過刑禁並仰本路監司覆行檢察如滅裂違滯按劾奏聞務在恪意奉行不致寃濫如奉行不虔





令御史臺覺察彈劾自是歲以為例閏五月二十四日詔馬軍行司見在建康屯戍所有見禁罪人並依行在踈決減降仍委淮西總領躬親前去決遣自是歲以為例二十六日中書門下省言正當時暑深慮囹圄淹延及追逮枝蔓理合催促結絶除諸路州軍已降指揮委官點外詔行在委刑部郎官及御史各一員臨安府屬縣令提刑躬親前去點檢結絶見禁人内干照及事理輕者先次斷放徒已下罪事狀分明不應編配及申奏公事雖小節不圓不礙大情並許一面斷遣訖申奏杖以下應禁者並責保知在如提刑已往别州處因或闕官即令漕臣一員前去各具所到點檢日時已施行訖

永樂大典卷一萬九千九百八十

事件申尚書省務在恪意奉行不致寃濫如奉行不虔令御史臺覺察彈劾自是歲以為例九月十九日詔陰雨未晴竊慮刑獄或有淹延去處大理寺臨安府并屬縣三衙及兩浙諸路州縣見禁罪人在内委臺官在外委提刑躬親即時前去如路遠去處分委通判檢察決遣内杖罪已下并干繫等人並日下踈放應臨安府并屬縣見監追贓賞錢及轉廂號令之人可並日下免追釋放淳熙元年十月四日前知柳州趙彦穮言伏覩指揮每歲盛夏慮囚專委提刑如提刑闕官仰監司分頭前去此良法也臣謂提刑之職固當慮（原空）且以廣西一路論之所管二十五州一兩月安能徧歷執若令監司

分詣無問提刑關與不關然指揮內既令監司躬親又謂內僻遠州縣即委守臣縣委通判職官臣恐監司畏暑重出者假此為自便之計雖置司之鄰州近縣或指為僻遠悉委之守倅職官夫州縣之獄正恐州縣官吏不時點檢結絕致有冤滯故委監司親慮不惟可使官吏知畏不敢淹留而禁囚冤枉亦得自伸若復委之守倅職官則其間徒有慮囚之名而無實者多矣乞戒飭監司每歲各隨置司去處地里遠近分詣所部州軍點檢催促結絕見禁罪人限五月下旬起發至七月十五日以前巡徧如屬縣非監司巡歷經由之路即從監司委官前去仍各開具所過州縣月日慮囚名件關白

永樂大典卷一萬九千九百八十

提刑司類申朝廷並不許妄以近便州縣指為僻遠分委守倅職官庶幾慮囚之法不為文具從之　七月十四日詔近日雨澤稍愆竊慮刑獄淹延大理寺臨安府并屬縣三衙及諸路關兩州縣應見禁罪人在內委臺官在外令提刑委官躬親即時前去檢察決遣內杖罪已下并干繫等人並日下疏放仍將已斷放過名件逐一開具聞奏應申奏按狀督責疾速依條施行毋致違戾

紹熙元年十一月二十七日臣僚言縣獄之設縣官任其責小則決遣大則申所屬州郡非徒文具而已比年以來士大夫寓居多以外邑為便縣官甫下車則先詔問權要聲援往往循習諂媚互相交結其為權要聲



援者因縣官之見知遂假此以恐嚇齊民或以私忿未決債負未償輒將小民拘送縣獄縣官方承奉之不暇乃俾老胥猾吏鍛鍊追考有一人扺罪或至一戶蕩產甚者根連逮捕以決權門之獄雖其事可以立談判者亦必拘囚月餘如此則小民被虐者若何而申訴乞行下諸郡屬縣嚴行戒約應小民有不因詞訟而輒相寄獄郡守監司不行覺察許經臺省陳訴從之　五年四月十一日詔雨澤稍愆竊慮刑獄淹延差官檢察決遣　二十一日中書門下省言近日稍闕雨澤竊慮刑獄淹延除大理寺臨安府并屬縣三衙及兩浙路州縣已降指揮委官決遣外尚慮江東西兩淮州縣亦有闕

永樂大典卷一萬九千九百八十

雨去處詔江東西兩淮路提刑躬親即時前去將見禁罪人檢察決遣內杖罪以下并干繫等人並日下疏放如路遠去處分委通判仍將已斷放過名件逐一開具聞奏應申奏案督責疾速依條施行毋致違戾　慶元元年二月七日詔陰雨未晴有妨二麥竊恐刑獄淹延感傷和氣大理寺臨安府并屬縣三衙及兩浙諸路州縣見禁罪人在內委臺官在外委提刑躬親即時前去如路遠去處分委通判檢察決遣內杖罪以下并干繫等人並日下疏放仍將已斷放過名件逐一開具聞奏其諸處申奏案狀督責疾速依條施行毋致違戾　三月十七日勘會四川二廣州軍每歲盛夏慮囚詔令逐

路監司各隨置司去處遠近分詣所部州軍限五月下
旬起發躬親前去催促結絕見禁罪人內干照人及事
理輕者先次斷放至七月十五日以前巡遍如屬縣非
監司巡歷之路委官躬親分頭前去點檢催促並仰本
路監司復行檢察自是歲以為例四月十三日勘會外
路州軍每歲盛暑慮囚除二廣四川已降旨揮外詔餘
路州軍令監司依已降旨揮各隨置司去處地里遠近
詣所部州軍限五月下旬起發躬親前去點檢催促結
絕見禁罪人內干照人及事理輕者先次斷放至七月
十五日以前巡遍如屬縣非監司巡歷經由之處即令
監司委官躬親分頭前去點檢催促各具所到及點檢
永樂大典卷一萬九千九百八十
日時已施行事件關牒提刑司類聚申尚書省內所委
官點檢催促過刑禁並仰本路監司復行檢察如滅裂
違滯按劾聞奏或奉行不虔令御史臺覺察彈劾自是
歲以為例六月十二日都省勘會正當時暑深慮囹圄
淹延追逮枝蔓理合催促結絕詔行在委刑部郎官及
御史一員臨安府屬縣令提刑躬親前去點檢催促結
絕事理輕者先次斷放臨安府屬縣徒以下罪事狀分
明不應編配及申奏公事雖小節不圓不礙大情並詣
一面斷遣訖申奏杖以下應禁者並責保知在如提刑
已往別州慮囚或闕官即令漕臣一員前去各具所到
及點檢日時已施行訖事件申尚書省知奉行不虔令



御史臺覺察聞奏自是歲以為例二十六日詔馬軍行
司見在建康府屯戍理宜一體並依行在疎決減降仍
委淮西總領躬親前去決遣自是歲以為例十二月八
日詔時雪未降見行祈禱竊慮刑獄淹延致傷和氣大
理寺臨安府屬縣三衙及兩浙路諸州縣見禁罪人在
內委臺官在外委提刑躬親即時前去檢察決遣內杖
罪以下并干繫等人並日下疎決　四年八月二日詔
陰雨未晴見行祈禱令大理寺臨安府并屬縣三衙各
委長官日下躬親檢察決遣除縶人干繫人外並與疎
放　開禧二年三月十六日殿中侍御史徐柟言近年
以來州縣官吏以獄為市大辟之干連強盜之證對縲
日　永樂大典卷一萬九千九百八十
縶充斥非法緋訊任意鍛鍊極其慘酷每遇提刑巡歷
責寄廂保及監司出境而因縶如初盛夏之月恐其蒸
鬱故分遣疎決至於隆冬寒凍其苦甚於盛夏良由監
司雖於五月巡歷所部平遣囚徒殆與一時經過無異
足跡未嘗一登獄門囚徒未嘗引問案牘未嘗閱視非
法收禁者未嘗根究赴訴責保者未嘗受理宜乎州縣
得以揣摩罔知畏憚乞令監司每歲十月下旬躬詣巡
歷疎決一遵盛夏五月下旬慮囚之法從之　九月十
七日詔四川二廣州軍令逐路監司依每歲所降盛暑
慮囚指揮各隨置司去處地里遠近分詣所部州軍限
十一月下旬起發躬親前去點檢催促結絕事理輕者

先次斷放至來年正月十五日以前巡遍如屬縣非監司經由之路即令監司委官躬親分頭前去點檢催促各具所到及點檢日時已施行事件關牒提刑司類聚申尚書省內所委官點檢催促過刑禁並仰本路監司復行檢察如滅裂遷滯按劾聞奏或奉行不虔令御史臺覺察彈劾條路州軍亦同此制每歲如之嘉定五年六月二十日臣僚言　祖宗立國以恤刑為急務每遇祈寒隆暑必令提刑司分委官於所部州縣慮囚臣觀廣右州郡多號瘴鄉司臬事者憚於衝寒冒暑深入煙嵐所委之官非州之倅則簽與推也然廣右州軍有倅者未一二而所委職官間有瘴者補攝之人每得臺檄

永樂大典卷一萬九千九百八十

更不起發必遲之數月而後至或有違命托故而規圖改差者為囚徒者將何以赴愬乞刑下本路提刑司凡有處囚決獄如躬親所不及必精擇所委務得其人無使瘴老補攝之人得以淹囚留獄從之　六年七月十八日臣僚言乞行下諸路提刑每遇諸郡疏決先令兵官責實土牢見禁人數或不測於未決獄之前躬至土牢閱視之其有不應拘繫以至死者許其戚屬陳告守與兵官皆當坐罪每委官下縣決獄亦先令尉司吏級審責有無拘繫平民有非法拘繫者許人告首痛懲一二以革其害使斯民無抑抳誣告之患從之　十四年六月十七日臣僚言今後遇暑慮囚命所差官將臨安



府三獄見禁公事除情理深重常例所不得原者自合聽候依法施行其餘各隨輕重盡行編排減降決遣大理寺三衙兩赤縣並照應一體斷決其今年斷遣未盡者截自未降得決指揮以前行下所屬催促速與減降裁斷庶縲絏之囚亟拜實惠從之　七月十五日白劄子言刑部見催促諸路累翻積年未決之獄共四十六件其間有係八年九年公事今來已經涉七年尚未了絕兼諸路翻異公事徑行移勘不曾申上者又不知其幾淹延刑禁追逮干連旁及無辜或有死亡者皆因頑囚避罪妄翻及有元勘失實遂致興獄不已乞朝廷照淳熙十四年及紹熙四年已降指揮令諸路提刑躬親

永樂大典卷一萬九千九百八十

將翻異之獄與逐州守臣臨安府即令兩浙運司同守臣吏切從公審勘如罪人情狀明白別無可疑委係避罪妄翻即照刑寺已定斷得旨事理施行若見得前勘有未盡情節委涉冤抑可疑及未經刑寺定斷並仰具奏取旨施行其元勘失當官吏並與免一案推結收坐一次庶幾治獄一清從之

全唐文

宋會要 檢驗

真宗咸平三年十月詔今後殺傷公事在縣委尉在州委司理參軍如闕正官差以次官畫時部領一行人躬親檢驗委的要害致命去處或的是病死之人只仰命官一員畫時檢驗若是非理致命及有他故即檢驗畢畫時申州差官覆檢詣實方可給與殯埋其遠處縣分先委本縣尉檢驗畢取鄰近相去一程以下縣分內牒請令尉或主簿一程以上只關報本縣令佐覆檢獨員處亦取鄰州縣最近者覆檢詣實即給屍首殯埋申報所隸州府不得推延　大中祥符六年二月一日詔曰京邑至大閭閻實繁每有喪亡重行檢視或在欝蒸之候頗稽藏瘞之期爰覲奏對請從簡便然則民命至重刑政攸先官司所陳固軫盡傷之念命令將出彌增欽恤之懷宜令開封府自四月至八月死亡者不須覆檢餘月仍舊施行　天禧二年五月十三日權知開封府樂黃目言應有非理致命及諸般殺傷人屍首如檢驗覆檢官吏等定奪得致命去處大事得正或有小可聲說傷損去處不同別無妨礙不係要害致命去處者只從違制失科罪如是鹵莽不切定奪出入致命去處即從違制從之　先是本府官司檢定金刃殺傷屍它官



覆檢則以為箠撻所害初檢官坐是差繆從違制徒三年科罪至黃目言其刑名頗重故條約之　三年九月十六日詔今後三月以後八月以前應有非理致命公事只本州縣差官覆檢九月以後一依元敕施行仁宗天聖元年四月十二日審刑院大理寺言諸道州縣分每有非理殺傷公事遇夏月請官覆檢去隣縣遥遠之處有所未便欲望自今應諸處覆檢屍首不以冬夏並依咸平三年十月敕施行其天禧三年九月敕更不行用從之　二年四月十二日詔諸處有病患及非理致命身死者須候再差官覆檢方得埋瘞外州闕官處頗有淹滯炎暑多致傷壞因有異同枉興詞訟宜令今後所差官須集干連人分明檢驗具有無他故定上自四月一日後至九月更不覆檢春冬依舊施行　三年十一月詔今後春冬月在京及畿內縣鎮除非理致命事有不明兩爭并干礙勘照死刑須合覆檢者即以前敕差官覆檢外其餘自縊割投水病患諸般致死事理分明者檢驗後屍首主別無詞說即給付埋殯更不覆驗　明道二年十二月二十七日河東路提刑點獄張仲尹言應刑獄司內有要切罪人病患者乞差不干礙官隔手看驗從之　景祐三年四月三十日開封府言舊制公私家婢僕疾病三申官者死日不須檢驗或有夾帶致害無由覺察望別為條約詔今後所申狀內無醫

人姓名及一日三申若差人檢驗餘依舊制　五年七月二十一日大理評事林槩言伏覩編敕應殺傷及非理致命公事在縣委尉在州委司理參軍畫時躬親集衆檢驗委的要害致命去處申本屬州軍差官覆檢給與埋殯縣尉即檢驗訖於最近州縣有雙員處請官覆檢受請官不得推避竊詳諸縣只當於最近州縣有二員處那官覆檢令來不明上件敕意每有非理死傷公事縣尉檢驗纔畢多就近移牒本縣令便行覆檢欲乞今後縣尉檢驗訖於別州縣最近處請官覆檢不得一例移牒從之康定二年二月十七日詔自今諸縣令佐受到諸縣牒請覆檢者須本縣簿尉及監當官員闕縣令獨員在縣方聽依條免去　神宗元豐八年六月二十四日知河南府韓絳言山陵役兵病死方盛暑之際臣權宜與免檢覆然輙違詔條自劾以聞工部言人命所繫恐致弊詔特依絳所奏仍赦罪　哲宗元祐七年七月十一日殿中侍御史楊畏言在京刑獄姦弊近聞封縣申李寶病癰死及本臺牒府差官覆檢乃拷掠致死其糾察在京刑獄一司既歸臺察今後若有禁囚死亡乞從御史臺差官依條檢驗施行　徽宗政和七年十月十九日詔訪聞福建路州縣鄉村委官檢驗覆檢多不躬親前去只委公人同耆壯等事干人命慮有冤枉仰提點刑獄申明條法行下州縣違者奏劾不以赦



原　宣和六年六月十八日淮南西路提刑富壽松奏殺人公事有司推鞫以驗定致死之因為據兩檢驗官吏多是規避並不即申驗狀動經旬月若所驗致死之因不實不盡而獄情疑貳未決或兩詞互有陳論雖欲再差官覆檢則其屍已是壞爛難以辨明往往遷就扶同結斷甚者受賂請託以時增改蓋緣從來未有定申發驗狀條限今欲乞應驗屍官吏候驗限當日具驗狀申所屬仍於狀內分明書塡驗畢申發日時如違限仍乞立斷罪刑名詔依所乞發違限從杖一百科罪　高宗紹興三十二年閏二月六日臣僚言在法檢驗之官州差司理縣差縣尉以次差丞簿監當若皆闕則須縣令自行至於覆檢乃於鄰縣差官若百里之內無縣然後不得已而委之巡檢三尺具在不可不守方今州縣之官視檢驗一事不肯親臨往往多以事辭免率委之巡檢蓋緣巡檢武人其間多出軍伍致有不識字畫者甚胥猾吏因得其便往往是非曲直顛倒徇情乞申嚴檢驗之條其初驗官須委司理縣尉丞簿不許以事辭免至於覆驗如委無官可差仰所在州縣選差曉事識字巡前去如有不虔重寘典從之　孝宗乾道元年五月二十六日臣僚言近日州縣所差檢驗官其間多有素昧書畫庸懦畏避之人乞今後遇有差檢驗官令守令選擇諳曉世務者內武臣仍差識字有心力人從之　九

年十月四日臣僚言諸大辟同案五人及殺人應死而死不經驗旁無證佐不應奏者監司一員審問如在三百外則牒鄰州通判此着令也其間乃有視為不急之務在近固未必躬親審問而在遠者鄰州通判亦復託故不行甚至擇主簿監當無能之人州郡可輟者充大使寃濫何所伸訴欲望申敕刑寺檢舉施行詔御史臺覺察　淳熙元年五月十七日浙西提刑鄭興裔言檢驗之制自有成法州縣視為閑慢不即差官或所差官遲延起發或因道里隅遠憚於寒暑却作不堪檢覆或承檢官不肯親臨合干人等情弊百端遂使寃枉不明獄訟滋繁今措置格目行下所屬州縣每一次檢驗依立定字號用格目三本一申所屬州縣一付被害之家一申本司照會並依格目內所載事理施行并繳格目一本令刑部鏤板頒下諸路提刑司依此施行從之

興裔措置格目云一某處於某年某月某日某時據某人狀乞驗屍首本案人吏某人承行於某日某時差某人賫牒某處官初檢本官離舍至泊屍地頭計幾里人吏某人押批本案某官覆檢亦如之　一初檢官某時承受將帶仵作某人人吏某人於某日某時到地頭集耆甲某人保正副某人及已死人親（如是親兄即填云親兄如是堂兄即填云堂兄之類）某人初檢到已死人某人痕損數內致命因依的係要害致命身死分明各於驗狀親簽於當日某時差某人賫初檢單狀保明申某處仍於當時對證入某字號遞具狀繳連檢



檢目申本司照會人吏某人押批初檢官職位姓名　一覆檢官某時承受將帶仵作某人人吏某人於某日某時到地頭集耆甲某人保正副某人及死人親（如是親兄即填云親兄如是堂兄即填云堂兄之類）某人覆檢到已死人某人痕損數內致命因依的係要害致命身死分明各於驗狀親簽單具覔即時責付血屬買棺木埋瘞若其家貧乏或無主之家即合勒行兇人陪備或某人委實又無力可出且令耆保應錢買用本縣依價給還並不得燒化如違令來約束依前燒化日後致有詞訴其覆檢官與保正耆甲仵作人吏必有情弊定當根究施行仍於當日某時差人賫覆檢單狀保明申某處仍於當時對衆入某字號遞具狀繳連格目申（本）司照會人吏某人押批覆檢官職位姓名　慶元二年十月四日敕令局以淳熙令紹熙五年十月四日聖旨指揮參酌增閏修立下條諸驗屍州差司理參軍（本院囚別差官或止有司理一員準此）縣差尉闕即差簿丞（丞不得出縣界）監當官皆闕者縣令前去若過十里或驗本院囚牒最近其郭下縣皆申州應覆驗者並初驗日先次申牒差官應牒最近而（百里）無縣者聽就近牒巡檢或都巡檢使（內覆驗應止牒本縣官而獨員者準此並謂非見出巡捕者）右入淳熙重修職制令（以淳熙令并紹熙五年十月十四日聖旨指揮詳定）保衛改元條乞行下刑部先次遍牒遵守施行從之（以知長寧軍張子震有請故也）　嘉泰元年正月二十八日臣僚言近日大辟行

免之人鄰保逼令自盡或使之説誘被死家賂之錢物不令到官嘗求其故始則保甲憚檢驗之費避左證之勞次則巡尉憚於檢覆又次則縣道憚於勘鞫結解上下蒙蔽欲知省事不知置立官府本何所為今若縱而不問則是被殺者反為妻子親戚乞錢之資甚可痛也乞明指揮凡有殺傷人去處如都保不即申官州縣不差官檢覆及家屬受財私和許諸色人告首並合從條究治其行財受和會之人更合計贓重行論罪從之

嘉定四年十二月二十二日江西提刑徐似道言推鞫大辟之獄自檢驗始其間有因檢驗官司指輕作重以有為無差訛交互以故吏姦出入人罪弊倖不一人命所繫豈不利害伏見湖廣廣西憲司見行刊印正背人形隨格目給下檢驗官司令於損傷去處依樣朱紅書畫横斜曲直仍仰檢驗之時唱喝傷痕令衆人同共觀看所畫圖本衆無異詞然後著押則吏姦難行愚民易曉如或不同許受屈人徑經所屬訴告乞編下提刑司徑行關會樣一體施行從之既而刑部取索所刊正背人形式樣參酌大理寺申稱湖南提刑司格式稍為詳備乞下諸路提刑司體倣施行　六年十二月六日臣僚言令縣邑檢驗偶本縣有妨合牒鄰縣委官鄰縣多不相統屬或遇移文不曰所屬官有假故則曰已差出無人或預有所聞則併與緘封不啟如此數四往返累



日雖即申聞憲司州郡亦非旦暮可畢暑月腐壞至不可驗由是姦胥黠吏因得並緣不得其情多基於此乞下諸路提刑司約束諸縣遇有檢覆公事合牒鄰縣差官者即於移牒封題明著其事有辭避不承稽遲時日者重與責罰從之

全唐文

宋會要 刑法

太宗至道二年八月十一日蜀州言捕獲劫賊十八內
文次年十三其父令持兵器從行法當死帝以其幼駭
特宥之　真宗景德元年八月八日知壽州陳堯佐言
飢民劫害藏粟麥者九七十餘人以遷徙計贓並合處
死詔並決脊黥面配牢城爲首隸五百里外餘隸本城
四年十一月十一日有司言捕獲象州民盧羅等嘗以
飲食饋賊已減死決杖配隸諸州凡類竊適者已散令
擒捕請行嚴斷帝曰遐方愚民爲賊所迫供置食物乃
是常理乃揭榜曉諭並釋其罪已獲者令本州量事決

卷一萬五千四

責以聞二十日驍騎小校張信棄市餘配隸外州信訴
指揮使蓋贊御下嚴急輒撻過當陳堯叟曰都虞候婁
繼和言士卒不禀所部合從軍令帝曰知罪在士卒可
以嚴斷若撻楚過當安可不蓋其理所爲知節曰太祖
朝每命將校唯取剛方有斷士卒畏威者帝曰此蓋時
所宜爾即下吏按劾信疑云贊飲酒後數習決責部下
信遂以弓弩攤卒四十餘騰譟曰我輩終爲指揮使柬
辭所縱殺即經詣馬軍司陳告贊雖曰飲酒而所殺士
卒皆有過者繼和請斬首者十餘人餘配沙門島罰指
揮使都虞候詔誅信餘決杖配隸外州輕者復隸本軍
贊決配許州員僚直其都虞候不能覺察副指揮使不

業



能釋贊並下本州決罰十二月六日釋殿前司虎翼都
虞候高鸞城外鄉巡檢步軍副都指揮使王隱罪初河
南場火隱等集近便營兵救護而殿前司上言鸞等非
本轄營侯宣旨請罪之帝以救災之急又隱以便宜行
事故詔釋之因戒自今令遵守往制　大中祥符五年
九月十八日開封府勘糧料院專句院吏因諸軍訛請
納賂罪當黥帝曰此但縱筆之貲累而爲贓第決杖釋
之八年五月二十五日妖人谷隱黥面配瓊州牢城遇
赦不放還新垂榮黥面配汀州牢城新有面黥面配沙
門島詔辭州言內百姓僧道等曰先王立法在懲奸而
必誅有國彝刑亦哀矜而爲務顧小民之多辟習左道

卷一萬五千四

而相傳蓋用常科難從極斷屈茲愚惑投寘遠方惟彼
明徒合行追捕特從寬宥咸許自新其谷隱下弟子除
係禁勘別行指揮外其餘干連人並放御州縣安撫各
令着業自今不得傳習隱先以罪編管辭州因用妖
術惑鄉人董榮師事之有方當給取隱資財甚衆至是
御史鞠勘而論之　天禧元年十一月六日開封府長
垣縣民李遜與其子同盜殺驢法並坐徒詔特免其子
五年四月十二日事材場軍士楊勝等三人杖脊黥面
配沙門島當病監官內殿承制石惟清削兩任贖銅二
十斤勒停下番監官內殿崇班閤門祗候王承僅供奉
官閤門祗候張惟一並勒停自餘主典軍校皆決杖降

藏有差，坐本場火發，勝等泊惟清法當處死，特貸之。
仁宗天聖元年十一月十二日，知漣水軍都官員外郎
鄭餘慶、永興軍興平縣監酒税殿直何承勛、鎮南軍監
進賢鎮塩酒務殿直易著明、秦州三陽寨主供奉官閤
門祗候判信特貸命，決配遠處牢城。餘慶坐受承天院
僧惠良銀器，著越差充院主。承勛自盜官印，印文鈔，并
盜官錢。著明偷官錢酒，及截落税錢入己。信將陳朱等
假借人戶名目，作新色斛斗入中，求利入己，並准條合
處死，特貸之，仍降詔諸道，今後更有似此違犯，必當依
法施行。十一月十六日，寧州民龐張兒特貸死，罰銅百
二十斤，與龐惜喜家。審刑院斷張兒毆龐惜喜死，當極

卷一萬五千四

刑。張兒年九歲，童稚爭鬭，無殺心，特矜之。四年二月二
十四日，開封府教學人董可道特貸死，杖脊十七，放。可
道舊學生死，宰臣曰：據法合死，然原其情理，教道童孺
不施榎楚，無以訓習。設禮稱家塾黨庠術序，乃閭里就
學之所。帝曰：情雖可矜，法亦難屈。知府王臻亦言：父母
無他子，頗甚悲苦，特有是旨，以慰父母之心。六年五月
十二日，貸鳳翔府盩厔縣尉孫周翰命，決杖二十，刺面
配廣南城牢，以決百姓田義至死，罪重而愍矜之。十月
六日，貸前滑州觀察支使索希甫死，刺面決配遠州牢
城，以希甫受百姓劉興錢銀，斷阿張、劉興聽離，合枉法
極刑，特寬常法全之。七年五月七日，京兆府民魏太嬌



妻趙處死，特給母張錢二十千、米五石，并廪諸縣日食
米二勝，終張身。奏稱趙毆太嬌至死，當處極刑。據太嬌
母張狀稱，趙有男四人，皆幼小，張年八十六，無的親，恐
趙歸法之後，難以自活。府為具奏，特有是旨。九月五日，
泉州民柯智特貸命，杖脊，刺配廣南。智毆養男蔡伯先
死，法當棄市。本州言智養伯先為子已五年，上請特矜
貸之。　天聖八年十一月六日，監翰林司閤門副使郭
承祐特貸命，免決刺，除名配岳州衙前編管。坐盜金銀
什物，除罪輕及該赦外，計贓一百四十一匹零，監主自
盜，合寘極典，詔從寬宥。儀鸞司指揮使謝演私借壁衣
與承祐，翰林司專知官郭顯、句押官賀吉、前行閑元、庫

卷一萬五千四

子趙達閏過知盜不告，及為承祐取索偷那官物於曆
上私作入庫，長行趙德於衣版內偷藏出官物，事發逃
走，八作司典司閏私借赤白匠與承祐家私使，各杖一
百。翰林司庫子蔡賛等六人，藥童長行闞成、庫子董昇、
儀鸞司工匠侯昌、金銀庫子張用等四人，翰林司長行
李均等一十四人，十將劉和、法酒庫長張嬿，並受承祐
指揮，盜出官物及借金銀什物等罪，各杖八十。翰林司
指揮使丁継寄藏官酒，合杖九十。比部員外郎郭世隆
為男承祐送到手本額外當直長行七人在宅私占，及
受男將到官物，承祐已坐罪，流合杖八十，私罪。翰林司
副　越興藥童長行王恩知承祐偷盜不告，犯在赦前

合原免詔演矩並於外州近下軍分降資安排興於外
州近下軍分安排丁將專知官句押官等並移近下庫
世隆特勒停又翰林司監官郭中和於官曆上押字擬
酒供與承祐合徒一年私罪監御廚李遵懿監八作司
劉懷懿徐奎張永和各不合借工匠與承祐句當危務
錢恕不合私差寧手並從杖八十私罪同句當翰林司
夏元亨王守忠各不覺察杖八十公罪監儀鸞司劉從
應王克基何誠用藍昌裕林志華各杖六十詔中和特
勒停遵懿懷懿奎永和元亨守忠並衝替餘薰句當
亦差替各未得與差遣九年七月七日慶州民楊士康
特貸命配隸廣南牢城坐僞刻蕩場印爲輸欽許贓應



死特貸之八月三日麟林州民黃晟褒免死黥面配沙
門島遇赦不還坐毆將公歸死計贓錢栽千五百法皆
死特貸之九月二十八日都官郎中前知嘉州張約免
死杖脊黥面配連州牢城坐受賕枉法計銀千五百兩
法抵死在降詔約束之前其後又受銀二百六十兩法
應絞特貸之初閻約在郡貪瀆詔轉運使高覿體量其
事且言約越次補牙職又令教練使楊澄吉恐唱取揭
齋古錢澄吉逃遁即分遣使捜捕揭牓許吏民告首約
時以代歸華州遂委陝西轉運司押領赴嘉州澄吉亦
坐黥面配商州坑冶十月三日渝州民黃添特免死黥
面配隸海島坐捉殺盜粟人程大法應死特貸之十一



月二十三日舒州民王翰堂叔昇挾刃毆翰翰以挺傷
昇死詔釋之十年正月二十四日安州劫賊胡參特貸
命黥面配沙門島參以父命劫孫緒財法當死情可憫
特貸之二十八日益州民費進特贖銅百二十斤婢趙
氏配鄰州羈管坐怒趙索逋錢毆趙死法當死進年十
四上請特貸之三月九日真定府井陘令張起免除名
奪三官坐倍取職田細絹十五匹法應奪四官除名特
貸之四月十八日虞部郎中知陝州王涣特免黥面配
廣南本城永不錄用坐冒請官職田估贓絹百七十匹
法應死用赦原罪外有不容佃戶訴災輸物估贓五十
匹法應加役流除名特貸之六月四日秘書丞知永興



軍興平縣王衮特免除名授廣南文學坐受銀估贓絹
三十匹法應加役流特貸之明道二年正月十三日
廬州言州境災歉有偷掘白殯墓見尸望貸命決遣詔
贓錢不滿一千如法豈黥仍舊景祐元年正月二十
八日豪州民王津奇罰銅一百二十斤入楚李婆之家
津奇相爭斫禾家用鐮斫傷楚李婆致死合處死年九
歲上請特貸之三月十七日西京作坊使英州刺史知
定州馬洵美特貸命除名免決配連州牢城侍禁馬慶
宗除名坐以公用酒米等偷糴入已法應死特貸之七
月十三日容州民劉道明王真貸命刺配廣南牢城毛
最三人決杖十七道明坐妄論王真計謀同事夜間縣

會假造魰霞草龍感賊准條處死戢等知妖妄不告合徒一年半特詔矜之八月九日濠州民謝象爲李齊打殺母并驚殺孩兒後却打齊致死合决脊情理可憫詔象特放四年二月七日洪州別駕王蒙正特除名配廣南編管永不録用坐私通父婢前任取受楊澄吉金故入温嗣良流罪合流三千里特有是命司理參軍劉涣主簿鄭滋爲從各徒三年表恕虛稱折買得小池莊杖八十並該赦釋放詔恕照並勒停涣衝替蒙正女從德妻今後不令入內兒女見與皇族爲婚者除已成結更不得爲親閏四月二十七日武寧軍節度使真定府路總管夏守恩特貸命除名配連州編管坐受軍民錢物

卷一萬五千四

枉法贓六十二匹合處死職事官三品請議驍武軍士周祚轉遞錢物事發逃走捉獲合處斬男內殿承制元吉取受借錢虛妄上奏假令其徒上書詐不實徒二年本司手分孫素各不取覆合決杖一百詔守恩付朝堂集百官議據御史臺奏請依斷處死詔特貸極刑周祚貸命刺配沙門島元吉等依斷守恩差使以兵卒三十人監往前去六月三日六宅副使李士彬殺義男并堂姪女小兒三口法應死詔士彬久在邊任特貸極刑依舊句當今後更有所犯必行朝典八月十九日太常博士曾易占除名配廣南衙前編管坐前知信州玉山縣受賕事發命監察御史裏行張宗誼按其罪法當死特



貸之五年五月四日開封府言殿侍李玉逃歸安州葵母事訖首身詔特原其罪　康定元年三月四日原州乾興寨主供奉官李繼明監押殿直孫信並特貸命決脊杖二十刺面配沙門島坐贓圍鎮西堡不畫時出兵赴堡救援及改換時辰申報致官軍敗衄合比附死罪除名特矜之　慶曆四年四月十日知秀州祠部郎中集賢校理錢仙芝特貸命決脊杖十七配沙門島遇赦不還坐在任遺越枉法贓滿法當死特矜之　英宗治平元年四月三日左侍禁監温州商稅徐可道令兵典寫編敕事既發乃題充公用法寺斷私罪杖詔特改爲公罪六月九日三班奉職和欽貸死免決刺配福建路

卷一萬五千四

牢城欽貸所部虔州綱錢贓至絞特減死審刑院盧士宗奏欽至情輕乞稍寬減帝曰刑故無小若故而得寬則犯者滋甚非期無刑之道使有過誤貸無傷也　神宗熙寧七年十二月二十一日入內祗候高班內品梁慶之梁恭禮入內高班吳立張德恭特免除名勒停入內副都知左騏驥使王昭明追兩官免除名勒停入內殿頭張球衛元璉追一官勒停慶之誤發內降文字恭禮白昭明令立德恭入內求龐夫人重封印盜御寶流三千里係十惡除名勒停球元璉知所部犯法不舉勒減三等特矜之九年五月三日開封府百姓孫真特杖脊配沙門島遇赦不還句當皇城司內侍押班王中正

置銅三十斤守衛人特決杖一百真造妖言越皇城宮城殿垣於法處死守衛人徒二年并特貸之元豐元年二月二十三日上批前安南戰棹都監楊從先等非以孤軍深入賊境大小數十戰雖無甚斬獲然官軍亦不至傷敗而師還繫獄殆將逾年原其情於王事實可矜憫況罪已經郊赦宜並釋之其一行有功將士等第賞録二年正月二十六日詔勒停人前梓州司户參軍姜適狂妄上書圖上感疾特示寬貸可除籍郴州編管適辟穀自謂有長年術館于金明池其言不驗故也五月二十三日梓夔路鈐轄司上瀘州路分都監王宣等所部親兵不救護主將詔並免死等第決配重傷人免

卷一萬五千四

杖七月十二日詔御史臺見鞫安南宣撫招討司事吴充諸子有干決細故並免根治四年十二月二十三日宣州觀察使入內副都知李憲言準朝旨具析擅歸本路因依臣以糧草闕乏不可久留遂巡邏迎接饋運詔憲力圖來効以贖今罪五年正月六日環慶路經略使言涇原路隊將李貴扇搖兵衆逃歸乞特行法以懲後盧秉又言貴情非巨蠹昨以出界兵將上下失律臣即權宜傳放罪指揮兼已奏得朝旨若更追劾恐致驚疑詔釋之二月五日開封府言令文諸老幼疾病犯罪應罰銅而孤貧無以入贖者取保矜放本府日決獄訟應贖者多孤寡貧乏又無鄰保不免責廂巡狀以便取保



之文自今乞從審察貧乏直行放免從之二月二十一日桂州張頡言昌化軍効狩破結九人犯持仗强盜殺人罪皆死緣係擒盜官招誘令解下弓刀更與酒食然後擒縛若從捕獲法慮致生黎疑懼將來無以示信詔釋之五月十三日河東經略司言豐州屯駐神鋭指揮因脩葭蘆寨王安等百餘人鼓動軍衆擅還豐州及恐嚇指揮使張臻語言不遜內已捕斬十六人詔續捕獲人證左明者並處斬餘更不得推究為首之家屬應緣坐者押赴豐州處斬其後經略司言安等已斬莫知為首者而安有母年六十三上特貸之十月六日詔涇原路第八將戴嗣良貫辯免所追官先是嗣良等出師亡

卷一萬五十四

失二分一釐當追一官既而嗣良自陳計數不及二分故詔免之六年十一月十七日朝請郎蒲宗閔可免劾為尚書都官郎中初詔張汝賢定奪宗閔與郭茂恂互奏事多不當以茶法推行之初宗閔能協力職事不為異論所搖故免之十二月二十二日上批追官免勒停衛替人孫諤元犯情為可矜又經大宥可除落衛替諤初為國子監直講坐受參知政事元絳囑從孫伯虎陞內舍及為絳請求判監黄履以伯虎為小學教諭追兩官諤上書自明故有是詔七年十一月二十二日詔太府少卿吴安持特免勒停差監曹州酒務先是安持謾奏宰臣蔡確弟碩應私罪徒二年蔡確言安持本緣臣家事

乞特寬赦故有詔十二月一日三班奉職李保貸死免除名追二官勒停坐毆盜務逃卒死大理寺當保公罪絞特貸之八年五月二十四日刑部言趙嚳等坐父世居嘗謀不軌除名停降鎖閉今已十年乞比類流配人詔免鎖閉就僧屋居之　哲宗元祐元年閏二月二十二日刑部言乞應該登極赦以前雜犯配軍除元係軍人及宣敕永不放還者更不移放其元犯殺人放火强盜僞造符印謀殺人持杖竊盜罪至徒雜犯死罪貸命并餘罪徒已上情理凶惡者在京令所屬及開封府收軍司諸路令轉運使副判官提刑司取索元犯看詳量移從之四月六日監察御史孫升言知興國軍楊繪簽

卷一萬五千四

書淮南節度判官廳公事沈季長詿誤深刑情非故冒嘗居近侍義難自陳望特令理訴斷遺所取索元案看詳從之五月八日殿中侍御史林旦言熙寧初改議助役法知許州長葛縣事樂京知唐州湖陽縣事劉蒙各因入州會議役法遂自劾待罪作擅去官公罪徒二年各追一官勒停情實可矜願令有司改正又看詳訴理所言樂京言役法不便自劾待罪斷徒二年公罪即與擅去官事理不同合從末減詔樂京特與除落致仕授承議郎各赴闕劉蒙物故賜帛五十匹付其家八月十八日刑部言重法地分劫盜因按問首告減等依常法妻子不緣坐應有已行編管者請令逐便從之二年二

興原作聖



月十六日奉議郎前軍器計置材料劉仲昕前軍器少監蔡碩並貸命免其決追毀出身已來告敕文字除名勒停仲昕送昭州碩韶州編管三年四月二十一日監察御史趙屼言元豐敕重法地分元劫盜者妻子編管元祐新敕一切削去則前此編管者宜不少請令從便從之八月十三日秀州團練副使本州安置不得簽書公事沈括賜絹百匹仍從便居止以括上編修天下郡縣圖故也五年九月二十五日詔勝如堡使臣執到西賊四人特免責罰熙河蘭岷路經略使范育知蘭州种誼並特放罪八年九月十五日詔京東西河北淮南路饑民為盜者特末減　紹興元年二月二十七日中書

卷一萬五千四

省言聞河東路災傷所被甚廣慮饑民為盜請河東路轉運司災及七分處盜罪至死減等杖脊刺配牢城五月十五日詔編管黄州蔡碩特放逐便從其母請也七月二十一日宰臣章惇等奏曰前日再謫呂大防劉摯蘇轍梁燾劉安世并司馬光呂公著追謚誥贈典及仆神道碑既曉朝堂衆論咸以為寬餘人連逮尚衆陛下許其自新一切不問莫不忻悅上曰據其罪狀甚可誅滅不欲究其事乃用輕典聊示懲責爾十一月十六日開封府民呂安坐作乘輿大理寺論當處斬上批特貸死再取旨上曰此因醉狂語與情理悖逆者異故貸其死二年正月十一日詔開封府寄杖未決罪人悉緣病

孚久繫囚縈方春發生推覽大應徒罪情重減從杖一百情輕減從杖八十餘罪不以輕重並放殿前馬步軍司大理寺准此　元符二年二月十七日上御崇政殿軍頭司引見涇原路擒獲西界統軍嵬名阿埋妹勒都逋等共二十七人詔並特貸命釋縛押赴懷遠驛閏九月十六日詔東頭供奉官權鎮戎軍平下城監押劉貴特貸命除名勒停留充本路極邊巡防使喚坐擅殺斗子李立以戰功贖罪也　徽宗崇寧元年二月十六日詔趙諗謀反從坐者既已伏誅應曾詿誤人未在吏者勿推親戚不當緣坐者並釋放五月二十三日詔曰昔在元祐權臣擅邦倡導邪朋誣詆先烈善政良法肆爲

卷一萬五千四

紛更紹聖親攬政幾灼見群慝斥逐流竄具正典刑肆朕纂承與之洗滌悉復收召寘諸朝廷而締交合謀彌復膠固唯以沮壞爲報復快怨爲事譸譸詆訕必欲一變熙寧元豐之法度爲元祐之政而後已凡所論列深駭朕聽至其黨與則遷叙不次無復舊章或緣冗散之中登殿閣而撫四面或既阻謝之後還舊職而加橫恩撓法惠姦鮮不類此稍從屏遠始務函容而言路交攻義不可遏適擇其尤者第加裁削以適厭中尚慮中外詿誤之人未免反側盡詳示訓諭以慰安衆情應元祐以來及元符末嘗以朋比附會得罪者除已施行外自今已往一切釋而不問在言責者亦可復輙以爲言朕



言不渝群聽毋惑四年七月二十二日詔曰朕嗣承先烈夙夜究宣罔敢怠忽嘗憫弗及迺者詢謀逮下而士輙乘間詆訕無所忌憚朕惟父子兄弟之分於義有害在法靡容已屈常刑止從遠竄然士流於俗見利忘義久矣朕甚憫焉蓋行法而明教宥過而示恩貸其終身不齒之罪俾之自新朕之遇士厚矣應上書奏疏見羈管人可特與放還鄉里仰州縣長吏同監司取責親屬保任其身仍令三省量輕重具名立法聞奏九月五日詔曰元祐姦黨詆訕先帝罪在不赦義屈常憲貸與之生屏之遠方固無還理棄死貶所豈不爲宜今先烈紹興年穀豐稔鑄鼎以安廟社作樂以協神民嘉祥荐臻

卷一萬五千四

和氣浹洽肆頒赦宥覃及萬方興言邪誣久負遐裔一夫失所朕尚惻然用示至仁稍從內徙服我寬德其革爾心應嶺南移荊湖荊湖移江淮江淮移近地惟不得在四輔畿甸　大觀二年四月十三日開封尹宋喬年奏欲乞今後外州軍承開封府移送到强盗不曾殺人但贓滿或傷人應死者并同犯人並許奏裁所貴萬一有原貸之理可以廣陛下好生之德詔强盗贓滿傷人法所不貸者已衆及貸于京師而不貸於移送之人法不一矣可依所奏　政和五年十月十八日詔成中郎監政州清川縣市易務沈希能係宗室女夫因事下獄今已一年家極貧乏無以贍給其宗室女年大止有一

要兒外並無人照管兼累經赦宥可特放罪仍免根勘六年四月十三日詔眉州違法開井本路轉運司已行改正椶閣了畢所有令提刑司取勘漕臣指揮更不施行特與放罪八年六月二十八日詔曰朕惟先王以仁為恩以義為理仁之施者惟恐其不愽而義之盡者有所不為朕奉承祖宗令緒德澤之美垂休無窮稽唐虞忠厚之政鮮漢唐嚴苛之法所以惠天下者甚厚比年以來内自畿甸外薄四海民重犯法囹圄屢空而逆亂之謀謗議之言與夫妖妄矯誣撰造非語不在於鄉閭之小民賤吏而出於勳臣之世禁從之間庠序崇養之士迭相附會以偽為真朕照知邪謀俾加驗治至于句

卷一萬五千四

湙蹤跡既露乃命有司佐以近密研窮究曉情犯斯得尚慮獄詞或出誣伏詔遣審録至于再三閲實無異一聽以法無加損焉姚立之王大年一介賤士不足比數劉昺出入禁闥腹心之臣王寀儒館通籍勳閥之後而議論交通蹤跡往復詩歌酬唱辭所連逮者三十人悖逆不道謗訕妖訛載籍所未嘗有人臣所不忍聞立之大年寀誅止其身家屬悉原昺特貸死長流海外又聽其子隨逐非敢屈法宥奸蓋所以體天道之貴生視斯民之靚德故茲詔示可出榜朝堂布告在位咸使聞之

宣和三年五月十五日通判睦州葉居中特貸命免真次刺配長流瓊州令所在州軍枷項差大使臣一員

追



禁軍二十人將校二人管押前去遂州交替坐部領營下廵尉弓兵同杭越將兵二千五百餘人收捕兇賊方十三等致損折軍兵人數甚多仍被賊徒入城放火居中自陳有母親陳氏年老見病別無依倚又自緣擷損腰脚見求醫將理待罪乞賜寬宥故有是詔六年四月二十一日責授岳陽軍節度副使致仕李邁可特從寛貸降充團練副使依舊致仕免除名安置坐令京東窑務監官收買木植並不依價支錢又支官錢買賣求玉入家法寺奏除議贓外徒三年合追見任并歷任兩任文字詔以邁被遇神考及累立戰功故有是旨七年五月十七日詔昨處分招安河北京東路群賊如能出首

卷一萬五千四

應已前罪犯一切不問並與釋放各令歸業訪聞賊徒多有元被驅虜協從入火已曾作過後來未經官司招安間先已出火並已經招安出首歸業後去失元給公憑者因而鄉里不敢存住走竄他處或投刺充填諸軍之人既已自新其未充軍並日前若作過為盜等自合依所降招安前後分處一切不問免罪收管如有見在官司收禁之人依此施行

欽宗靖康元年六月二十一日詔統制官郝懷張遠並除名勒停隨軍自效以擅離南北關地分法當斬河南制置副使解潛有請特貸之八月二十八日尚書省言福州將兵作過殺守臣柳庭俊已就招安緣將副劉政姚成等先不能彈壓兵衆

以致作亂至南劍州乃能擒捕首惡之人詔將官許以
功贖過其餘軍兵並放罪　高宗建炎元年八月一日
詔余大均陳仲洪錫各特貸命除名勒停長流沙門島
永不放還張卿才責授文州別駕雷州安置李彜責授
茂州別駕新州安置王及之責授隨州別駕南州安置
周懿文責授隴州別駕英州安置胡思責授沂州別駕
連州安置以御史鞠治陳仲余大均洪錫王及之等皆
在圍城中誘致內人為妾及因拘劄金銀自盗入己論
當棄市上曰王及之等所犯當戮有司之法如此但朕
新政重於殺士夫故有是命四年五月二十七日詔修
職郎蔣安義進武副尉張大任並特貸命內蔣安義除

卷一萬五千四

名免真決刺配瓊州牢城張大任決脊杖二十刺配廣
南遠惡州軍牢城收管以安義等坐就番人招安援報
從偽命作知州通判及出榜贖人入城被番人虜殺死
不可計數知番人去依前入城偽領州事法當死故特
貸之九月二十九日范宗尹言昨日郎諤傳旨越州禁
勘內侍蘇淵子如無顯然罪犯即令日下疎放已依旨
施行訖上曰朕於有功即賞有罪即罰犯罪之人未嘗
妄貸止緣其家數人遺骸無人收斂於人情非所安儻
無顯過且令其子瘞之先是蘇淵者夜殺其一妻二妾
而自裁上疑二子預知因付有司十月二十九日臣僚
言今年春以前福建路提刑林杞擅殺苗傳徒中張政



除名勒停送連州編管恐罪罰過重未蒙施行詔林杞
放令逐便十一月十二日保義郎劉湨廸功郎陸寅趙
霈承信張椿承節郎於正吏部入品令史薛舜民吏部
左選守當官楊澤揚州助教鄭數百姓鄭甄居爽詔劉
湨特貸命除名勒停決脊杖二十刺配雷州牢城收管
楊澤薛舜民鄭甄趙霈陸寅張椿於正居爽並依斷內
鄭甄趙霈陸寅除名展三期叙張椿勒停於正降一官
鄭甄決脊杖十七送五百里外編管餘依大理寺所申
以湨等偽造尚書省印吏部印各一顆偽印官告差劄
等因臣僚上言法寺鞠實薛舜民楊澤劉湨並合准條
於絞刑私罪上定斷合契重杖處死鄭甄陸寅並合於

卷一萬五千四

流二千里私罪上定斷趙霈合於徒三年私罪上定斷
張椿合杖一百居爽合杖八十並私罪上定斷故特貸
之十三日權知湖口縣孫咸贓罪抵死貸命特刺配連
州牢城上曰祖宗時贓吏有杖朝堂者黥面特配尚為
寬典十四日詔廸功郎邵武軍泰寧縣主簿吳明卓特
降一資時本軍百姓般移出城而軍期司人吏丁宗賢
者亦將人口出城明卓乃虛作知軍訪聞將宗賢斬首
號令法當死特貸之　紹興三年二月八日詔選鋒部
隊將借補保義郎王福特貸命除名勒停決脊杖二十
刺配瓊州牢城以福有酒毆殺婢依法合死緣累立戰
功故特矜之三年三月十八日詔左承直郎池州東流

縣令王鮪特貸命除名勒停永不收叙送新州編管其
合追贓錢令所屬疾速依條追納入官以鮪節次納苗
米例外科納水脚等錢入已准條於絞刑定斷特貸之
四月四日詔李嗣昌特貸命除名勒停永不收叙送梅
州編管其合追贓錢等令所屬疾速依條追納入官餘
依大理寺所申以嗣昌元係保義郎監汀州寧化縣商
税塲務嘗兼受納和糴米有印給虚鈔㭊價入已等罪
故也十月十八日江南西路安撫制置大使趙鼎言乞
將喬信特降官資免行取勘或與放罪責其後效詔依
奏免勘特與放罪令本司責其後效以信軍馬把截捕
殺彭支等賊火徒黨數多衆寡不敵是致不能成功日

卷一萬五千四

夕憂疑不能安職故貸之十一月十七日詔承直郎權
邵州新化縣張師文特貸命除名勒停送韶州編管餘
依大理寺所申其合追贓錢等令疾速依條追納入官
以師文除罪輕誤恩外法當死故特貸之四年九月一
日詔呂應問特貸命除名勒停永不收叙送化州編管
其合追贓錢等令所屬疾速依條追納入官以應問知
秀州華亭縣將職田糙米換到苗米入已并將贓罰庫
枋歸湖州修屋刑部稱應問於贓罪絞刑上定斷故也
五年八月十八日淮南東路宣撫使韓世忠言選差統
領官韓彥臣等前往淮陽軍活捉到知軍成忠郎王拱
等并逐人家屬共四十二人詔王拱等不合從偽罪當



誅戮緣皆係朝廷赤子可特貸命依見今官資並送忠
鋭軍第五將收管六年正月八日詔承信郎徐如海特
貸命追毁出身以來文字除名勒停決脊杖二十刺面
配化州牢城收管永不放還以如海屢往偽齊販賣因
過江來作姦細至臨安府劉探軍馬起發法寺鞫實係
情理重故特貸之五月二十六日詔偽都統華知剛等
一十三人不合從偽罪當誅戮緣係朝廷赤子並特貸
命撥與劉光世收管以酈瓊捉獲故矜之七年九月二
十七日詔右宣教郎知温州永嘉縣李處廉特貸命除
名勒停送新州編管餘依大理寺所申仍籍没家財以
處廉未赴任間受所部人周知萬錢物及令人吏代支

卷一萬五千四

錢買乳柑不支還到任受葉茈郭浩金銀事及買到無
主船錢并贓罰錢不即書曆別置私曆及因林贇為公
事在官有女使高十八娘入城令吴徹顧本人充本家
女使因理斷葉昉與陳饒墳地事枉法受葉昉等金銀
法寺鞫實准條於絞刑贓罪定斷故特貸之九年七月二十七日
詔借補通直郎馮邦傑特免科罪令臨安府追毁借補
文字差人押出本界以邦傑上書所陳事言實無根理
不足採故特矜之十六年正月二十一日詔承信郎全
勝特貸命除名勒停永不收叙送宜州編管仍籍没家
財以勝前監荆南府石首縣建寧鎮税坐贓抵法故也
十七年六月十八日詔進武校尉李福除名勒停不刺

面配昭州本城收管以福本太平州駐劄軍以合伴狩
狀行刼法當死特貸之二十四日詔右從政郎新建康
府司戶參軍張次留除名勒停永不收叙送循州編管
仍籍沒家財以次留前權湖州西安鎮税坐贓法當死
特貸之七月五日詔保義郎房天倪除名勒停永不收
叙送惠州編管仍籍沒家財以天倪前監江西安府司
酒務坐贓法應死特貸之九月十六日詔從義郎為珪除
名勒停送萬安軍編管以珪侵盜官錢妄投北界為泗
州押還法當死特貸之十二月二十二日詔左迪功郎
曾嚴追毀出身以來告勅文字除名勒停送沅州編管
以嚴前任鄂州管內安撫司幹辦公事因押經總制錢

卷一萬五千四

赴行在沿路盜貸入已法當死特貸之二十六日詔武
節郎楊林除名勒停永不收叙送化州編管仍籍沒家
財以林權鎮江府駐劄右軍第二政將冒請逃亡事故
軍兵錢物入已為都統王勝所劾法當死特貸之十八
年五月二十六日詔右宣義郎詹宗古除名勒停送南
安軍編管以宗古監臨安府浙江稅坐贓法當死特貸
之六月九日詔保義郎太平州指揮使周用特貸命除
名勒停決脊杖二十刺配昌化軍牢城收管以用毆擊
妻阿龔因傷致死又通逐阿龔前夫朱明二子出外且
欲將明陣亡恩澤貸賣至是為其子所告法寺鞫實故
有是命二十二日詔保義郎監潭州南嶽廟趙伯勳特



貸命除名勒停令臨安府差人押送大宗正司鏁閉以
伯勳乘酒毆擊百姓錢三致死法寺鞫實乃有是命閏
八月二十七日詔武翼郎魏丈除名勒停永不收叙送
惠州編管以丈前權西和州臨江寨兼管酒稅坐贓法
當死特貸之十一月二十七日詔武功大夫京畿第二
將臨安府駐劄廖周弼除名勒停永不收叙送惠州編
管仍管沒家財以周弼管幹修造景靈宮萬壽觀受贓
法當死特貸之十九年三月二十四日詔武節郎特添
差嚴州准備差使韓展除名勒停送漢陽軍編管以展
毆妻韋內致死法當絞刑特貸之六月十四日詔左宣
教郎何来中除名勒停永不收叙送容州編管仍籍沒

卷一萬五千四

家財以来中知前廣州新會縣坐贓法當死特貸之二
十三日詔保義郎游伯虎除名勒停永不收叙不刺面
配道州本城收管仍籍沒家財以伯虎前監潮州惠来
場鹽税犯贓法當死特貸之七月十日詔右通直郎通
判遂寧府張括除名勒停送靜江府編管以括本廳主
管印賣退馬減價欺盜官錢法當死特貸之十五日詔
右迪功郎新差監臨安府在城都酒務孟彥康除名勒
停永不收叙送賀州編管仍籍沒家財以彥康前權秀
州崇德犯贓法當死特貸之八月二日詔承信郎建康
府駐劄御前選鋒軍使臣張横除名勒停送饒州編管
以横毆擊百姓為皋韋內身死法當絞特貸之二十年

二月六日，詔進武校尉池州太平州駐劄御前都統制
王進下使喚靖皐除名勒停，送南恩州編管，以皐用刃
殺百姓蔣臘哥身死，法當絞，特貸之。四月二十五日，詔
右承務郎徐滋除名勒停，永不收叙，送廉州編管，仍籍
沒家財，以滋前監廉州都鹽倉坐贓法當死，特貸之。六
月十九日，詔保義郎竇昷除名勒停，送建州編管，以昷
毆擊百姓鄭義致死，法當絞，特貸之。二十三日，詔右宣
教郎吳擇鄰除名勒停，永不收叙，送昭州編管，仍籍沒
家財，以擇鄰前知潭州潭鄉縣坐贓法當死，特貸之。二
十四日，詔武功郎東文從義郎馮青陳全忠訓郎周寧
成忠郎趙興承信郎李真各除名勒停，不刺面，分配遂

卷一萬五千四

州軍本城收管。東文韶州，馮青衣州，陳全建州，周寧洪
州，趙興建昌軍，李真邵武軍。以文等並持杖叔奪民財，
法當絞，故特貸之。七月四日，武翼郎御前破敵軍使臣
蘭宏除名勒停，送邵武軍編管，以宏毆擊百姓李彥致
死，法當絞，特貸之。九月十一日，詔降授左承事郎前福
建路安撫司主管機宜文字吳元美除名勒停，送容州
編管，以鄭煒告論元美任太常寺主簿日與李光交結，
因言章補外，心懷怨望，遂將蝙蝠為名撰造《夏二子傳》，
指斥國家及譏毀大臣，以快私忿，刑寺鞫實，法當死，特
貸之。十二月二十六日，詔右從政郎謝邴除名勒停，永
不收叙，送靜江府編管，仍籍沒家財，以邴任普州安岳



縣令坐贓法當絞，特貸之。二十一年四月五日，詔忠翊
郎閻溫除名勒停，送潭州編管，以溫毆擊百姓吳二致
死，法當絞，特貸之。十月十九日，詔左武大夫充御前選
鋒第一正將陳忠除名勒停，送萬安軍編管，初忠緣公
毆擊所部軍兵寧宥致死，既而聞宥妻阿崔與其婿朱
立謀欲復讎，懼，即令以毒藥殺二人，於法應死，特貸之。
十二月五日，詔成忠郎劉俊除名勒停，送利州編管，以
俊謀殺郭漸不克，法應絞，特貸之。十六日，詔入內內侍
省東頭供奉官寄資武翼郎吳曇除名，以曇主管建康
府行宫大內鍱鑰，虛作客人中賣花木，盜錢入己，法當
絞，特貸之。二十二日，詔臨安府徑山能仁禪院僧陸清

卷一萬五千四

言決脊杖二十，刺面配廣南遠惡州軍牢城，以清言撰
造偈頌，蠱惑士庶，至有指斥語言，於法應絞，特貸之。二
十二年四月五日，詔保義郎邢若愚除名勒停，永不收
叙，送德慶府編管，仍籍沒家財，以若愚前監廉州白石
場坐贓法當絞，特貸之。六月十日，詔進武校尉殿前司
策選鋒軍使臣徐朝除名勒停，送饒州編管，以朝毆擊
百姓黃五三致死，當絞，特貸之。八月九日，詔秉義郎新
添差泰州兵馬監押趙不墊除名勒停，令南安軍押送
大宗正司鎖閉，以不墊前任本軍兵馬監押，因與管界
巡檢張遠宴會，戲謔發怒，不墊毆遠，限內致死，法當絞，
特貸之。二十三年三月二十五日，詔右迪功郎鄧衍除

名勒停永不收敘送廣州編管仍籍沒家財以行前監
秀州新城市稅坐贓法應絞特貸之六月二十八日詔
入內內侍省東頭供奉官寄資修武郎裴詠除名勒停
送海外瓊州編管永不放還其初詠被旨往盱眙軍傳
宣撫問北使私市北貨希旨拘收心懷怨望有指斥語
言法當絞特貸之二十四年十二月二十一日詔右通
直郎知明州鄞縣程繹除名勒停永不收敘送貴州編
管仍籍沒家財以繹坐贓法當絞故特貸之二十五年
六月二十二日詔宜州觀察使殿前司選鋒軍統制權
發遣江南東路馬步軍副總管王升罷從軍令日下前
去之任饒州駐劄男忠訓郎世雄特貸命除名勒停決
卷一萬五千四
脊杖二十不刺面配邕州本城牧管初世雄因赴武舉
不第心懷怨望撰造平治之書譏訕朝政及作詩有指
斥語言為楊名所告法寺鞫實故有是命二十六年六
月二十五日詔武翼郎楊暉承節郎王榮除名勒停永
不收敘暉送橫州榮送藤州編管各籍沒家財以暉前
權廣南經畧司準備將領監廣豐倉門榮前任五鎮巡
檢並坐贓法寺鞫實當絞是有是命二十七年九月十
四日詔前知處州鄒栩特免真決送吉州編管仍不收
敘栩乃浩之子以犯贓法寺准條合追毀出身以來告
敕除名勒停流三千里上曰所取贓是入己否沈該曰
據案是入己上曰浩元祐閒有聲譽其子乃爾既犯贓



法不當赦可特免真決故有是命三十年六月十九日
詔忠翊郎前監永康軍青城縣酒稅王楊特貸命追毀
出身以來告敕文字除名勒停送靜江府編管以楊任
內欠本軍酒課及酒務曆內虛收錢引及與娼妓踰濫
法寺稱除罪輕該恩准條於絞刑合決重杖處死又稱
楊嘗有戰功故特貸之八月三日詔右從政郎前潭州
寧鄉縣令呂大壯特貸命追毀出身以來告敕文字除
名勒停送韶州編管大壯在任日令押錄於縣庫窠名
錢內妄作名色支用及與娼妓踰濫法寺稱除罪輕准
條於贓罪上斷合決重杖處死故特貸之　孝宗隆興
元年正月十六日詔右朝請大夫新知永州陸廉特免
卷一萬五千四
真決除名勒停追毀出身以來文字不刺面配韶州牢
城仍籍沒家財坐前知滁州贓污不法為養老軍人經
御史臺陳告大理寺勘鞫是實故有是命也三十日詔
修武郎閤門祗候充御前神銳軍第五將張耘特貸命
除名勒停追毀出身以來文字免真決不刺面配惠州
牢城仍籍沒家財以耘差往漢陽軍屯駐欺隱樞密稽
杖手借請錢米入己大理寺定斷當絞特貸之五月六
日詔成忠郎前監秀州崇德縣酒稅郭世倫特貸命追
毀出身以來文字除名勒停永不收敘送藤州編管仍
籍沒家財以世倫在任私置文曆盜用官錢大理寺定
斷當絞特貸之二年九月八日詔降授敦武郎殿前左

翼軍權統制魏尚特貸命免真決除名勒停追毀出身以來文字不刺面配韶州牢城坐在任減尅軍士錢粮入己故有是命　乾道元年正月二十六日詔中衛大夫貴州刺史建康駐劄御前後軍統制兼知壽春府頓遇特貸命追毀出身以來文字免真決刺配吉陽軍牢城以遇屯兵戍守邊郡金人未至弃城逃避緣嘗被受宣諭司文檄特貸之　二年二月六日詔武義大夫充殿前司神勇軍訓練官王傑特貸命追毀出身以來文字除名勒停送藤州編管以傑部轄官兵裝發馬草因問百姓周二借房宿泊其人不從傑乃用拳及縱人毆打致周二赴水而死故有是命　十二日詔右宣教郎新通判廬州龔疇特貸命追毀出身以來文字除名勒停永不收敘免真決不刺面送賀州牢城收管仍籍沒家財以疇前任江陰軍僉判擅支經總制及下綱縻費錢充修造等用及貸支官錢買和糴銀及句牙人壇增和糴米價為知軍宋藻所發本路憲司鞫實以聞故有是命　十七日詔降授忠訓郎前監軍激賞新北酒庫呂安行特貸命追毀出身以來文字除名勒停決脊杖二十不刺面配韶州牢城收管仍籍沒家財以安行在任收受浮鋪賃屋錢入己并額外多破柴水夫腳錢及節次貸借官錢妄作修葺公廨支遣送大理寺鞫勘悉得其實故有是命　九月四日詔左從政郎前建康府上元縣令





李允升特特命追毀出身以來文字除名勒停決脊杖二十刺面配惠州牢城收管仍籍沒家財以允升在任日私於廳側置上庫拘收贓罰錢并諸色雜收官錢並不附曆節次盜支入己大理寺定斷當絞特貸之　三年二月二十九日詔右朝議大夫直秘閣權廣南東路提點刑獄公事石敦義特貸命為癃老免真決追毀出身以來文字除名勒停永不收叙刺面配柳州牢城以敦義任廣東提舉日盜用鹽腳贓賞錢等入己及減尅鹽亭戶鹽本錢買銀入己贓污狼藉為言者論列送大理寺勘鞫得實故有是命　五年五月一日詔右從政郎前化州司法參軍趙戢特貸命除名勒停追毀出身以來文字送欽州編管仍籍沒家財坐在任受納人戶役錢不書于曆皆收盜入己法寺勘鞫詣實合決重杖處死特貸之　同日詔右朝請郎薛家特貸命追毀出身以來文字除名勒停決脊杖二十刺面配韶州牢城收管仍籍沒家財坐前任化州及瓊州日將軍資庫出剩銀錢及椿留買馬錢並擅人搞賞充非泛雜支及收買金珠香物並不還價錢法寺鞫勘詣實當贓罪絞特貸之　九月二十四日詔右文林郎監明州昌國買納鹽場惠催煎張廣仁特貸命追毀出身以來文字除名勒停決脊杖二十刺面配惠州牢城以廣仁在任增秤亭戶鹽於亭戶單狀內添寫鹽數盜請官錢入己故有是命　十月

十一日詔右文林郎前贛州會昌縣令韓元奕特貸命
追毀出身以來文字除名勒停送韶州編管仍籍沒家
財以元奕在任縱容胥吏並緣為姦違法科歛民錢入
已私役工匠不支食錢數買綿帛虧減價直大理寺定
斷當重杖處死特貸之六年五月二十七日詔右朝散
郎前知潮州曾造特貸命追毀出身以來文字除名勒
停送南雄州編管仍籍沒家財以造在任日贓污不法
為漕司所劾繼而臣僚論列故有是命七月十四日詔
武節郎前監吉州在城商稅張縉特貸命追毀出身以
來文字除名勒停永不收叙送韶州編管仍籍沒家財
坐在任受稅務諸門津押曆錢及除減官稅錢分受入

卷一萬五千四

已大理寺斷當贓罪絞特貸之九月十七日詔成忠郎
孫尚特貸命追毀出身以來文字除名勒停決脊杖二
十刺面配廉州牢城收管仍籍沒家財以尚被差押市
舶司麤色香藥綱赴行在交納將胡椒盜拆官封出賣
錢銀等物侵盜入已大理寺斷合決重杖處死特貸之
十月十八日詔武翼大夫前權發遣橫州皇甫謹特貸
命追毀出身以來文字除名勒停決脊杖二十刺面配
梅州牢城收管仍籍沒家財以在任受賂及侵盜官物
入已故也七年正月二十一日詔武翼郎閤門祗候建
康府屯駐官韓千虎特貸命追毀出身以來文字除名
勒停送連州編管以千虎用錫板偽造官會行用大理

寺鞫實當重杖處死以千虎嘗立戰功特貸之八年九
月十七日詔右從事郎專一措置處州庫山等處銀場
管華特貸命追毀出身以來文字除名勒停決脊杖二
十刺面配連州牢城仍籍沒家財坐將銀場折合銀收
盜入已銷鎔為銅以應官課朝廷遣大理寺丞吳淵即
處州置勘得實大理寺定斷合決重杖處死特貸之十
月十六日詔保義郎孫文亮特貸命追毀出身以來文
字除名勒停決脊杖二十送韶州編管仍籍沒家財坐
任臨安府緝捕使臣部下捕獲偽造官會人文亮將特
嬌設錢收受入已大理寺定斷合決重杖處死特貸之
十一月十二日詔忠翊郎石永寧特貸命追毀出身以

卷一萬五千四

身文字除名勒停送潭州編管以永寧管押臨江軍米
綱從綱梢盜米及自入已大理寺定斷當絞特貸之十
二月三十日詔忠翊郎趙善詠特貸命追毀出身以來
文字除名勒停永不收叙送南外宗正司庭訓託鎖閉
永不放還以善詠因造私酒酤賣為所由所捕乃用斧
斫死所由大理寺定斷當死特貸之九年三月二十八
日詔右宣教郎權知英州吳名世特貸命追毀出身以
來文字除名勒停永不收叙送藤州編管仍籍沒家財
坐在任收受金銀及詭名請兵士借請入已大理寺鞫
勘得實故有是命　淳熙二年三月一日臨安府大理
寺奏北界姦細張弼張禹棄上曰可將所招情款牒還

對境彼遣姦細來為我所得曲在彼今遣還之使知愧宰臣葉衡等奏此誠足以示陛下威德但張弼累次往来刺探罪犯與張禹不同上曰張弼令依法施行只張禹牒還九月十四日詔南安軍司户參軍蔡大廉特貸命除名勒停送化州編管永不收叙將蔡宼自吉州犯南安軍上猶縣尉濤匡錢佃妻大廉應辦鄂州都統解彦詳軍馬錢粮廉以妻產難乞給假有誤軍期法當處斬特貸之十一月十六日詔儀鸞司看管官物人石安王進各特貸命决脊杖二十刺面配二千里外州軍以夫內火石安王進輪當守宿法寺奏並當死緣係積油衣致火故特貸之四年三月四日詔敦武郎監通州買

卷一萬五千四

納鹽場張孝寬特貸之追毀出身以來文字除名勒停永不收叙送郴州編管仍籍沒家財以提舉鹽事官奏劾孝寬與吏並緣為姦盜用官錢入己鞫得其實故有是命六年六月十二日大理寺奏強盜葉內八名當斬三名當重杖處死上曰三名所坐稍輕正當大暑不欲多殺可貸其死八年五月二十七日詔平江府司法時亨祖特貸命追毀出身以來文字除名勒停送筠州編管仍籍沒家財以亨祖在任兼常平庫節次貣貸常平頭子坊名錢私用故有是命九年正月二十四日詔軍人詹保特貸命決脊杖二十刺面配海外州軍牢城收管永不放還保先因毆死葉先貸命配道州逃竄歸庸



顧張彥文家因趙汝諧醉酒執刀欲殺彥文保勸止之併欲殺保保遂以木檑打汝諧右足致死法司擬罪當寺後看言保月不測以救顧主之死本無殺汝諧之心據其所為猶是果義故貸之十年閏十一月六日前知信州鉛山縣蔣德特貸命除名勒停免真決不刺面配惠州仍籍沒家財以侵盜官錢入己故也十二年十一月二十二日南郊赦諸路州縣見追積年官贓并捉獲私茶鹽酒醋匿税商販違禁之物及應犯罪合追贓備賞并以官錢代充之人如委實貧乏或已不存無可催理見行監錮家屬并干繫人名下均攤備償及監司州縣一時增立若特立賞錢或已籍沒家財外有追理未

卷一萬五千四

足之數無可送納或見在配所除魁請給並特與蠲放仰州縣多出文榜曉諭（十五年明堂赦同）同日赦應命官本犯係公罪在任不曾經取勘及已去官監司州軍不驗照去官條法輒差人追捕拘繫赦到日並與釋放（十五年明堂赦同）同日赦應官員諸色人犯罪赦後尚合收坐及猶應勒停僧道還俗之類如非情理深重及因事干連案後收坐公罪笞杖之人特依今赦放免（十五年明堂赦同）十四年三月八日詔南康軍民婦阿梁特貸命決脊杖二十送二千里外州軍編管刑部尚書葛邲言阿梁因與葉勝同謀殺夫程念二葉勝身死在獄今已九年節次翻異九十差官勘鞫已降指揮處斬既差官審問又行翻異

興易熙



復差江東提刑猷延年親勘今延年申請程念二元係
葉勝殺死阿梁初不同謀興前來十勘不同今若便以
提刑司所勘為據則十次所勘官吏皆合坐以失入之
罪干連者猷以一人所見而易十次所勘事亦可疑若
不以提刑司所勘為據則又須別差官再勘葉勝既以
瘐死獄中阿梁得以推托淹延歲久追逮及於無辜委
是有傷和氣竊謂九年之獄十官之勘不為不詳矣而
猶有異同則謂之疑獄可也夫罪疑為輕則阿梁當貸
死既不死則所有前後推勘官吏亦難坐以失入之罪
乞自聖裁故是貸之十五年九月八日明堂赦在法違
欠茶塩錢物止合估欠人并牙保人物產折還即無監
卷一萬五千四
繫親戚填還及妻已改嫁尚行追理之文昨令戶部申
嚴行下許人戶越訴訪聞人戶欠負客旅及店鋪價錢
緣係推貧有已經估籍家產償還不足依舊監繫及迯
亡死絕又行監繫牙保人等率聯不已可並與除放毋
致違戾　紹興元年正月二十八日詔前知秀州華亭
縣劉璧特貸命追毀出身以來文字除名勒停永不收
叙免真決不面刺配贑州牢城收管仍籍沒家財坐在
任盜縣庫錢入已及受部民賄賂法寺鞫實故也六月
十四日詔前知金州秦嵩特貸命追毀出身以來文字
除名勒停送潭州編管仍籍沒家財是日上御後殿宰
執劉正等進呈高嵩上曰贓污實跡如此之多豈可輕



恕劉正等言嵩罪在不貸但向來亦有戰功例須薄棫
罪亦當除名編管上曰如是足矣八月十五日宰執進
呈臨安府奏審洪知言斷罪上曰張杓欲杖脊黥配罪
不至此却以太重不用蔭真決編管足矣知言本臨安
府術士守臣張杓奏其平日憑恃口吻專以欺詐為生
前後過惡不一乞不以蔭決配故也二十五日宰執進
呈知平江府袁說友奏乞將閻儀貸命上曰罪疑惟輕
既有所疑豈可不貸先是說友奏平江府所勘閻儀打
死孫十三事其罪有可疑者故也三年七月二日詔前
監文思院上界常良孫特貸命追毀出身以來文字除
名勒停永不收叙免真決不刺面配萬安軍牢城收管
卷一萬五千四
仍籍沒家財以良孫在任日節次盜造作金銀入已因
提轄林復覺察牒寺追勘得實以家世之故特貸之十
三日詔知嚴州葉籌特貸命追毀出身以來文字除名
勒停永不收叙免真決刺面配連州牢城收管仍籍沒
家財坐在任將公庫錢盜支入已先是臣僚論列令浙
西憲司勘鞫得實宰執奏其年老不任真決上只令刺
配十九日宰執進呈成州奏勘到北人王皐為過界劫
盜西和州管下血厚家財物殺死捕盜人王仲刑部擬
王皐合斬刑上定斷葛邲奏曰且令土牢拘管陳騤奏
曰若此等人不知拘留為是且牒還為是上曰令牒還
對境亦示我包容之意四年七月十三日詔修武郎石

太協特貸命除名勒停永不收叙免真決送潭州編管
仍籍沒家財以太協添差監建昌軍在城酒税因所押
牙税免丁等窠名錢赴行在沿路盜貸入已棘寺鞫實
法當死係陳國大長公主孫特貸之五年二月七日詔
陸材特貸命决脊杖二十刺面配廣南州軍牢城收管
先是平江府奏勘有蔭人陸材拈親還搏殺叔父陸濤
致死法寺定以故死奉聖旨陸材特貸命真決不刺面
配廣南州軍本城收管既而臣僚繳奏故有是命　紹
熙五年九月十四日明堂赦應命官在駁所物故可自
今赦到日仰所在州軍勘檢詣實許令從便歸葬訖保
明具申省部若元犯事理重者申取朝廷指揮閏十月

卷一萬五千四

二十一日知臨安府袁説友言乞將本府見行項固拘
鎖之人如元係配隸者即押回元配所如有強壯者即
照淳熙十年五月内本府已承指揮與分刺屯駐軍其
餘皆連各人家屬分押出本府隣州界庶幾姦盜有自
新之路無終因之苦詔令臨安府將見管職人各差人
管押分送外州軍牢固拘管月具存在申三省樞密院
既而有旨除所犯五次以上并刺配之人仍舊拘管外
餘並放令逐便不得入臨安府界　慶元六年五月六
日中書門下省言近日祈禱雨澤檢會淳熙十四年八
月二十六日勅應諸路州軍一將監司守臣特判編管
之人並仰逐路提刑取元斷由子細詳覆除情理重害



應得條法許仍舊外其他于條不應編管而編管者並
令一面給據疎放具已疎放人數申尚書省照得上件
指揮行之歲久近來州郡全無申到已放人數情節竊
慮奉行不虔理合檢舉詔令諸路提刑司照應已降指
揮常切覺察或有似此違戾去處按劾以聞　嘉泰二
年十一月十一日起居郎兼權刑部侍郎林采言嘉泰
改元一全年天下所上死案共一千八百一十一人而
斷死者纔一百八十一人餘皆貸放夫有司以具獄來
上必皆可議刑之人蒙陛下貸其非辜者九一千六百
三十人豈謂細事欲令秘書省修入日曆上以示陛下
好生之德下以戒有司用刑之濫從之三年十一月十

卷一萬五千四

一日南郊赦文刑獄飜異自有條法不得於詞外推鞫
其干連人雖有罪而於出入飜異稱冤情節元不相干
者録訖先斷近來州郡恐勘官到來臨期旬追遲緩却
將干證人盡行拘繫破家失業或至死亡可並令釋放
着家知在如違許被拘留人經監司陳訴開禧二年嘉定二年明堂
赦亦如之又赦文應命官本犯係公罪在任不曾經取勘及
已去官監司州軍不檢照去官條法輙差人追捕拘繫
赦到日並與釋放開禧二年嘉定二年明堂赦亦如之開禧二年五月二
十五日詔韓林係勳臣韓世忠親孫久在責缺　有可
放令逐便三年三月二十六日吏部尚書兼給事中陸
峻兵部尚書宇文紹節吏部侍郎兼直學士院衛涇工

部侍郎兼知臨安府趙善堅龍圖閣待制在京宮觀辛棄疾吏部侍郎曾孝友戶部侍郎梁季珌林祖洽禮部侍郎兼刑部侍郎史彌遠大理卿李詵太常少卿兼權直學士院兼權中書舍人兼樞密副都承旨田澹大理少卿奚士遜起居郎趙夢極起居舍人許奕侍御史徐柟戶部侍郎兼刑部郎官賈培左司諫朱質右正言葉時監察御史王益祥喬夢符宗正丞兼權刑部郎官周震大理正史厚宗大理寺丞沈紡大理評事權丞林大章大理司直兼評事王益之大理寺主簿兼評事施械大理評事鮑瀞之趙時適翁潾鮑華沈實狀奏逆曦就戮族屬悉當連坐恭奉聖旨令臣等集議合得刑名聞

卷一萬五千四

奏臣等竊詳反逆議罪父子年十六以上皆絞伯叔父兄弟之子合流三千里自有正條外所有十五以下及母女妻妾祖孫兄弟姊妹敎無罪名律止沒官比之伯叔父兄弟之子服屬尤近即顯沒官重於流三千里蓋緣坐（缺）官雖貧而不死世為奴婢律比畜產此法雖存而不見於用其母女妻妾子妻妾祖孫兄弟姊妹合於流罪以上議刑竊緣上條所載止謂謀反踈文云臣下將圖逆節若設今來吳曦建號稱元備極僭擬反逆已成上條未足以盡其罪伏乞睿斷施行詔吳曦叛逆族屬悉合誅戮朕念其先世不忍盡滅除曦妻男並決重杖處死外其男年十五以下并女反生子之妾並分送

刑法六之四五

二廣遠惡州軍編管內女已出嫁者免親兄弟有宜人除名勒停應吳璘位下子孫並移徙出蜀分往湖廣諸郡居住吳玠位下子孫與免連坐通主吳璘墳廟祭祀令四川宣撫制置司取見服屬官職照應施行訖聞奏二十七日四川都大茶馬吳總言逆賊吳曦不遵臣節上負國恩下隳家世臣與闔室罪當萬坐謹同男昭等伏闕待罪詔吳總落職放罪并吳昭等並照應已降指揮於湖廣州郡居住五月二日權四川宣撫使安丙言逆臣吳曦罪當赤族丙以吳氏三世為將其族甚大吳玠下諸房素與吳挺父子不相往來雖吳璘下諸子其間亦有與吳曦絕迹不相交者若依法一槩誅戮懼有

卷一萬五千四

傷聖天子好生之德恭承詔免其吳曦一門附於逆黨者並加誅戮其餘協從置而不問令具列吳曦一門當行誅斬其他異居族人當與原免者各具姓名如後一吳曦二子已斬首號令一吳晛係曦之堂弟受曦偽命為侍中兼司農卿一吳柄係曦之父挺同胞兄弟一吳曉係曦同母弟曦僭號之後除集英殿修撰知興元府充利州東路安撫使一吳暐係曦之親弟已上六人並已斬首號令其他婢妾等已分送諸軍嫁與軍兵去訖一吳玠妻係勳臣其諸孫與兵曦不協一吳挺異母兄吳總舊與挺不和在孝宗皇帝朝揔嘗於御榻前稟曰以挺之權太重異時有變臣乞不坐此言中外之所共

刑法六之四六

知一吳挺異母兄吳廣已死廣之妻係宗女清節凛然曦僭竊之後以書名之斥詈曦所遣人曦有親戚畔之之語一吳挺異母弟吳拭已死拭之妻劉氏聞曦僭號吼罵曦三日暮夜號哭曦遣人扶出掩門不許再入一吳挺異母弟吳拯已死止有一孫幼小素不為曦所齒已上五房雖在法不可免而其情則可矜中心昭然欲乞特與原貸施行詔除安丙已施行人外餘並照三月二十六日已降指揮施行吳摠依舊責授團練副使特許於湖廣州軍從便居住九月十七日端明殿學士知沔州兼四川宣撫副使安丙言契勘逆曦僭叛在法當誅夷三族聖恩寬大念其先世保蜀之勳並特貸命止

卷一萬五千四

流徙湖廣州軍居住所有家產如吳摠吳拭皆仍令收管合得租利之屬止是吳挺係曦之父此一房田業自當籍沒此外吳璘位下諸房子孫朝廷雖已降指揮流徙湖廣居住緣其人皆富貴膏粱之久不辨菽麥一出蜀口必填溝壑臣今仰體朝廷忠厚之意欲乞將吳璘位下子孫田產除吳摠吳廣兩房俱有子孫可以給付吳拭妻劉氏見存無子孫俱與免籍沒外其餘人皆癡庸病風之人欲乞指揮免行流徙出蜀止分送潼川府夔州路州軍居住依歸朝人體例與計口支給廩粟俾可自存所有本分田產及諸房應闕外四州田併用招集民兵止從宣撫司更各人與支給行錢三百貫令往



夔州潼州路州縣任便居住庶吳璘子孫免溝壑之患詔劉氏趙氏並照已降特免遷徙指揮施行餘從之十二月六日御史中丞雷孝友言嘗觀漢誅梁冀而張綱條其無君之心十五事以韓侂胄而視冀所為其罪惡蓋有加焉謹條列而言之侂胄恣情專擅凡所欲為不復奏稟偽作御筆批出同列憚其權勢不敢爭執此其無君之心一也廟堂以徐邦憲嘗請建儲欲召用之侂胄篤言上怒未已遽輒沮止不知其意安在此其無君之心二也機速房乃軍國要密之地而輒置於私第凡所謂發與群吏為密廟堂不得與聞此其無君之心三也金字牌合自御前給降而擅留于私家凡所遣發未

卷一萬五千四

嘗關白于上此其無君之心四也周筠本侂胄僕廝乃作恭淑皇后親屬補授此其無君之心五也蘇師但乃侂胄書吏而階銜輒帶隨龍此其無君之心六也寢室上下四圍皆用羅木如木圍之制此其無君之心七也諸婢房閣皆宮禁之物各有內中鐫記此其無君之心八也搜索其家有北界牓文三紙逆曦偽蜀牓文一紙皆不以上聞此其無君之心九也壽慈宮錢物寶玩侂胄皆先用掌記抄錄擇其所欲盜歸私第其餘偽作太皇太后分賜此其無君之心十也侂胄罪惡所宜肆諸市朝與眾棄之陛下曲為容貸俾其全軀又活其孥而天下之人但知稱兵首亂殘民誤國至其蓄無君之心

有如此十事者或未盡知乞下臣此章播告中外使減
知侂胄負滔天之罪而陛下聖度優容如此以詔天下
來世從之　嘉定二年五月十三日詔羅日愿欲狂妄
作過已送有司勘證處斷訖其奸黨親屬並合照法移
從外或有詿誤誘協人未發覺到官更不追究令尚書
省給降黃牓曉諭　三年正月八日詔淮東湖南江西三
路節次申奏盜賊作過皆緣權臣妄開兵釁科擾頻仍
斷以旱蝗州縣失於存撫是致姦民倡率嘯聚貽害縣
鎮良軫朕懷除非作過賊首合行收捕外其餘協從人
等並從原貸許以自新各令復業仍仰州縣多方賑恤
十五日詔楚州衡彬吉州南安軍等處盜賊作過除賊

卷一萬五千四

首合行收捕外其餘協從等人如能解散歸投並從原
貸各令復業許以自新仰州縣多方賑恤　四年十一月
二十八日詔承信郎王從龍特貸命決脊杖二十刺面
配泉州左翼軍重役使喚仍追毀語命以從龍招安黑
風峒羅孟二等受賊賄賂以來資給之及受李元勵書
佯敗而走法守言在律合斬雖皆踈決非雜犯之比亦
當處以死刑詔特貸之　八年十二月三日臣僚言邇者
畢再遇團虎莊松葦盜請錢米銀兩罪狀顯著聖心寬
恕以其守禦微勞止從鐫秩略行追奪僅移所居旋令
自便昔漢魏尚為雲中守厥功茂矣上功首虜差六級
文帝下之吏削其爵不少貸夫再遇等區區之功何足
比魏尚而尚以私錢饗士視再遇輩勍士卒錢以自私
萬萬不侔文帝用法則如彼陛下用法止如此臣知陛
下措心積慮拳拳念功過文帝遠甚乞下此章播告天
下繼今如有贓敗自從本條更不為例庶幾中外知寬
恩不可倖得成法所宜遵守從之

卷一萬五千四

刑法六之五一

宋會要　禁囚

國朝獄官令禁繫皆輕重異處因家送飲食獄官檢視即時付與無使減節滯留若因死罪枷杻劫賊在禁五人以上別差軍人及將校日夕防守婦人及流以下去杻婦人在禁皆與男夫別所仍以雜色婦人伴守杖罪散禁若隱情拒抗者亦加杻八十以上十歲以下及廢疾懷妊侏儒之類雖犯死罪亦散禁　太祖開寶二年五月十一日詔曰扇暍泣辜前王能事恤刑緩獄有國通規朱夏既臨溽暑方盛睠茲縲繫深用哀矜宜令有司限詔到其囚人枷械闌圄户庭長吏每五日一次檢視灑掃務在清潔貧無所自給者供飲食病者給醫藥小罪即時次遣重繫無得淹滯　太宗太平興國七年五

卷六千二百十六

月九日知相州張仲容言諸州兵馬監押郎幕使臣等或因小事直送百姓軍人赴所司禁繫皆不牒報欲望自今先具罪犯申本州詳酌事理禁留從之　九年三月三日詔自今天下繫囚依舊例十日一具所犯事因收禁月日申奏其間留寄禁店户將養保明出外知在並同見禁人數仍委刑部糾舉如事理可斷及事有小虛有禁繫者本處官吏重行朝典人吏仍勒停配重處色役奏禁人數不以實及淹延日月當案行察訪許人告　雍熙三年二月十二日左拾遺張素言諸州縣繫囚動經旬月迄令自今諸縣鎮禁繫不得過十日仍令本州長吏察訪從之　四月四日詔諸道州府凡禁繫

刑法六之五二

之所並須灑掃牢獄供給漿飲械繫之具皆令潔淨疾者為致醫藥無家者官給口糧小罪即決遣大罪審辯其情無致淹延　至是因每歲首夏下詔書如此例至道德三年二月令京城諸司不得專械繫人　真宗咸平三年六月十三日詔曰朕亭育萬方哀矜庶獄民或多僻義在正刑而方屬炎蒸深憂繫滯仍慮理直者不能自辯情輕者或苟禁留縲絏之中飲食失所時行告諭當體朕懷宜令兩京及諸路見禁罪人有罪輕者不得禁留旋為疏理徒罪以上疾速勘斷無致淹延　四年二月二十六日知黃州王禹偁上言病囚院每有患時疾者互相浸染或致死亡請自今持仗劫賊徒

卷九千二百十六

流以上有疾即於病牢將治其鬬訟户婚杖以下得情款者許在外責保看醫俟痊日區分從之　五年八月二十七日詔四排岸司繫囚無親屬者量給薪米仍速裁斷　景德三年七月一日詔曰應禁劫盜賊委長吏鈐轄無令妄引徒伴以時飲食有疾者醫治之仍分輕重男女別房禁繫時上封者言盜賊多緣私憾妄引無辜官司因而追擾又重禁者拳手令小兒哺食多受饑渴不問所犯大小同繫一牢帝憫之故詔誡諸道焉　九月二十六日詔陝西諸州納質院戎人並放還之先是蕃落每為寇盜既經和解所在慮其復叛因置此院收其子弟有壯年禁錮至白首者帝聞而憐之特有是

命大中祥符四年十月三十日詔訪聞天下司理院
州院罪人獄死者皆司理參糾軍與州曹官迭差檢驗慮
相庇蓋自今須選差不干礙刑獄官依公檢驗　五年
十二月二十八日河東路提點刑獄張懷寶言伏見諸
路大辟罪皆俟旬終報轉運提刑司若旬初路遠即禁
囚動經半月或有情款疑互審察不及自今望令即日
報兩司從之　六年十一月四日詔諸州所供禁囚犯
由其命官居禁及責保參對者悉以所犯別狀申奏初
諸道通為一奏至有命官犯輕繫同於重獄者帝以非
便命刑寺議故有是詔　八年二月詔開封府命後應
命官合該勘鞫未得追禁奏後候指揮　五月詔開封府



應禁罪人並置印薄抄上緣身衣物拘管候斷放日給
付銷薄獄內不得置紙筆硯瓦每遇夜有未結絕罪人
監送下禁早晨引領赴府並差職員部押緣路不得縱與
外人言語亦不得於店肆暫住如違勘罪嚴斷　九年
四月二十三日詔三京諸路大辟罪獄既具而非理致
罪死者委糾察提點刑獄官察之　天禧元年十一月
開封府言左右軍巡見禁勘罪人今值冬寒若不問輕
重須候結案必恐淹延欲望許除大辟罪依舊結案外
其餘流罪以下公事止依在府勘事體例寫狀長具劄
子纖連錄問後送法司定刑名斷遣從之　四年十二
月詔自今每軍巡院禁繫情理兇惡重罪人數稍多即



從府司牒殿前或馬步軍司逐院選差兵士十五人員
僚節級各一人寅夜防護候斷訖即放歸營　仁宗天
聖二年十一月二日臣僚上言御樓賜赦見禁罪人並
於樓前釋放支賜綿袍頭巾麻鞋今詳釋罪已是厚恩
望別定制詔自今後所給衣物須罪人在禁一月以上
妻是貧不濟者即給　四年正月糾察在禁京刑獄司言
左軍巡勘咸平縣賊姜則為累行打劫錄問並無翻異
其人手指凍落九指欲乞今後令當職官吏躬親勤醫
人子細看驗如有疾患瘡病鈐轄獄子醫人看承醫療
從之　八年五月詔大辟公事自今令長吏躬親問逐
然後押下所司點檢勘鞫無致偏曲出入人罪若依前



違慢致有出入信憑人吏擅行考決當重行朝典時感
德軍司理楊若愚不申長吏考決無罪人駱憲等加石
械上若愚特追一官與押獄卒各刺配因有是詔　六
月詔開封府言準律諸主守不覺失囚者減囚罪二等
若囚拒捍走者又減二等皆聽一百日追捕自來失囚
依條給限監捕限滿不獲方行決斷內有減至杖罪者
若便行斷遣又礙律文須至一例給限伏緣京畿諸縣
亦有失囚若不分重輕一例監捕頗復淹延欲乞自今
在京及府界諸縣應失囚本非固縱依律減至杖罪以
下者便行決遣更不給限所走罪人散行捕捉從之
十年正月二十一日詔諸州傳囚若所過未差捕送人

任日續其口糧不得過三日　明道二年六月九日中書門下言天下配隸罪人禁奏待報者甚衆既淹牢禁亦煩裁決宜委有司參酌當取百者減其等著爲定法以省奏請之煩詔權御史中丞范諷天章閣待制王鬷秘閣校理范仲淹與審刑院大理寺主判官同詳定以聞　景祐元年五月二十七日左司諫姚仲孫言天下郡縣禁囚或稱緊死獄中者請令徑報提刑轉運省察詔諸州軍刑獄禁罪内不因疾患非理致死者提刑常切體訪覺察出榜曉示許人陳告委是故行殘虐勘鞫事理不虚告事人與支賞錢一百千以係省錢充公人與轉一資同犯首告者與免罪仍轉資支賞　慶歷七

卷九千二百十六

年三月七日河東轉運司言近年郡國刑獄中罪人多是禁繫連月飲食失所及榜掠而死上下隱庇檢驗時祇以病患爲名欲望令轉運提刑司每巡歷至州縣先入刑獄中詢問罪人其有禁繫人身死仰畫時具檢驗狀申二司點檢如情理不明有榜掠痕立便取索公案差官看詳依公施行從之　皇祐二年三月二十六日廣南東路提點刑獄席平言準敕職制條每州旬具本州及外縣禁繫并隨衙門留保管出外人數開坐犯由禁日次第供提刑點檢又斷獄條諸縣每旬具禁數犯因斷遣刑名月日申州點檢如可斷不斷小事虚禁淹延不實並令舉勘更不開坐諸縣人數竊詳二條職制則



具州縣禁數斷獄則不開人數未委如何遵守詔付法寺法寺言欲依景德四年景祐四年敕每旬具本州字下外縣字餘如舊條施行從之　英宗治平二年二月七日開封府言軍巡院見禁杖瘡未損逃走軍人乞責付所轄去處監防執役依疾病之例日給口食内羸瘦未任功役者亦與口食委官司鈐轄如法造致供給將理不得減尅令後如此類並乞準例從之（以上國朝會要）　治平四年十二月二十二日（神宗已即位未改元）詔夫獄者民命之所繫也比聞有司歲考天下之奏而瘐死者甚多竊懼乎獄吏與奉法者旁緣爲姦檢視或有不明使吾元元橫罹其害良可憫焉其具爲令應今後諸處軍巡州司

卷九千二百十六

理院所禁罪人一歲内在獄病死及兩人者推司獄子並從杖六十科斷再增一名加罪一等至杖一百止如係五縣以軍州每院歲死及三人開封府司軍巡歲及七人即依上項死兩人法科罪加等亦如之典獄之官如推獄經兩犯即坐本官仍從違制失其縣獄亦依上條若三萬户以上即依五縣以上州軍條其有司若不依條貫者自依本法仍仰開封府及諸路提點刑獄每歲終會聚死者之數以聞委中書門下點檢或死者過多官吏雖不科斷更加黜責　神宗熙寧元年六月三日詔令後四京及諸路州軍旬禁犯囚並限一月申發諸縣申本州者限十日　十月二日詔諸處禁繫非人

應冬寒有失存恤在京刑獄司及諸道委當職官吏應
繫人獄房常給柴炭務令溫煖製造衲襖袴并衲襪手
衣權給與闕少衣服罪人及所供飯食無容司獄作弊
使囚人凍餒以致疾患仍委長吏逐時提舉　哲宗元
祐七年十二月四日詔應獄死罪人歲終委提刑司在
京委御史臺取索具姓名罪犯報刑部數多者申尚書
省　八年二月五日中書省檢會元祐五年五月二十
五日指揮諸路開封府界提刑司每歲終具諸獄瘦死
人數仍開析因依申刑部內數多者申尚書省在京禁
繫委御史臺取索報刑部看詳上件朝旨即無許分別
禁繫人數目至元祐七年諸路具到獄死人數刑部遂

卷九千二百十六

分每禁二十人以上死一人者更不開具即是令後應
繫囚處歲禁二百人許破十人獄死深慮州縣獄官公
然懈弛甚非欽恤之意詔刑部令後更不得分禁繫人
數依元降朝旨將瘦死人數多者申尚書省　紹聖元
年七月九日浙江南東路計度轉運副使周之道言昨
領刑部職事竊見府界諸路刑獄司見勘命官等公事
自紹聖元年以前尚有二百餘件乞下府界諸路提刑
司具入禁年月日見禁人數及未結絶者依申刑部依
條限舉催有故留滯者許奏劾詔令刑部立限過限即
奏劾餘從之　徽宗大觀二年十二月十八日上批比
聞刑書因考案式一事不備則案不如式然罪有重輕

人有衆寡人衆罪重已該極刑則其輕罪不當追證如
會問逃軍之類軍狀來至餘人久繫不得結斷是以輕
罪妨重罪以重罪待輕罪犴獄之繫良以此歟甚非先
王欽恤之意可自今勿俟輕罪免其追證庶無留獄
三年五月七日中書省勘會正當時暑竊慮刑獄淹延
枝蔓詔在京委刑部郎中及御史一員京畿并諸路州
軍令轉運提刑提舉常平司分頭點檢催促結絶見禁
罪人內干照人及事理輕者先次斷訖奏京畿徒以下
罪事狀分明不該編配及合申奏公事或雖小節不圓
不礙大情並許一面結決斷訖奏杖以下應禁者並與
責保知在除在京外有事故不能親行即選官前去仍

卷九千二百十六

具每到處及月日事故因依徑申尚書省　政和二年
二月七日臣僚上言竊聞遠方郡邑官吏多輕視獄囚
不盡書歷雖在法有一百之罪深恐未盡遵承及門留
知在亦多不書致監司無由檢察遂成留滯欲乞州縣
獄因并門留知在敢不書歷者除本罪外量輕重立法
特行黜責仍先委監司常切檢察庶無留滯之弊詔可
令刑部疾速遍牒諸路監司鈐束所部如有不法去處
即按劾奏作檢舉申明行下　三年七月二十三日大
理寺丞郭異求奏應刑獄官司寄禁無人供送飯食之
人依正禁人支破或乞減半支給詔減半支破　十二
月八日臣僚上言竊見遠方官吏於文法既疎於職事

亦急故刑罰失中民不能無冤積日累久得無傷陰陽之和斷仁厚之政願委耳目之官專一分錄所部見禁囚遇有冤抑先釋而後以聞歲終較所釋多寡爲之殿最具微功故出有罪者論所法詔依奏仍令刑部立法

四年八月十七日權發遣京畿提點刑獄公事林箎奏乞應今後獄司取會獄事其承受官司再催不報故作不完者並令獄司除申所屬官司施行外在京徑申御史臺在外申提刑司依法案治從之

十二月十四日刑部郎中李綽奏諸路奏案凡承勘結絕入遞雖有程限然州郡尚或因循淹滯因繫至有結絕後數月方入遞者欲乞今後諸路奏案並令法寺點檢如有稽留摘其

卷萬二千三百十六

甚者上之朝廷下之有司依法勘劾施行從之

五年六月二十二日開封尹盛章奏陳御筆時當大暑應兩獄繫囚催督限日近結絕所有已未上朝廷斷遣公事欲乞候案上共限三日斷下如有續上公事亦乞依此詔依奏限三日斷下無致留滯

六年正月二十五日刑部尚書慕容彥逢奏會勘奏案等專條入遞後限一日以申奏姓名日時引號牒進奏院如承本院報未到者別錄以聞仍稱說再申奏事因入遞牒會依上法凡此以防遺滯欲使繫囚早獲決遣臣竊見諸州從前多不舉行上條其未到進奏院亦無文籍拘催今欲乞諸州不依限牒會依案申詳覆違限條科罪仍令進奏院



置籍以時催促候別錄到房許勾銷庶幾有以檢察不至留獄從之

閏正月二十三日刑部員外郎李棪奏應縣鞫強盜追贓已至罪止或別有重罪不礙刑名者許先解州結斷續追餘贓庶獄無留滯從之

宣和元年二月六日舒州言據從仕郎司兵曹事兼管左推勘公事田泰靖言竊以禁囚有無人供食在法許令官爲造給其間有病患之人理合改造粥食調理緣請到官米多是經年陳次米斛難以製造粥食不免旋行兌換新色白米造食供給仍監勒醫人用藥醫療乃獲痊安詢究得以前並不曾如此改造飲食至於損失人命者往往緣此蓋條內別無許令改換別色飲食之文遂致

卷九千二百十六

刑獄官司無以遵守按部之官亦難檢察今欲乞申明朝廷應病不應責出而無人供食者據應給米兌換新色白米改換粥食獄官躬親責給罪人食用從之

二年正月二十六日尚書右司員外郎翁彥深奏伏覩陛下欽恤庶獄四方大辟疑者以聞輒爲末減而州郡不能審克吏乘爲姦邪刑所加多貧人子罕及富民觀其奏牘之首腳色纖悉備載而略其户等高下不爲無意乞應奏裁並著等第察其弊者顯懲一二從之

三年二月二十三日詔應江東兩浙路諸州申奏到見禁待報公案大理寺大案十日中案小案限五日刑部大案限五日中案小案限三日上省候賊平日依舊其應已

申奏公案干證無罪人如官司違法留禁仰監司點檢
覺察按劾施行四年六月八日臣僚言州縣刑禁本以
戢姦而官吏或妄用以殺人州郡猶以檢制而縣令惟
意所欲淹留訊治垂盡責出不旋踵而死者實官吏殺
之也乞依在京通用令責出十日內死者驗覆如法重
者奏裁輕者置籍歲考其不應禁而致死者亦奏裁從
之　十二月二十四日詔應在禁罪人官司避免檢察
官點檢輒私他所者以違制論許被禁之家越訴仍委
監司廉訪使者覺察　五年六月二十日刑部奏檢會
臣僚上言伏覩州縣鞫獄在法不得具情節申監司及
不得聽候指揮結斷此蓋朝廷欲使州縣盡公據實依



斷遣不得觀望且使獄刑無淹延之弊而比年以來諸
路監司往往挾情偏見每有公事必使州縣先具情節
申稟聽候指揮方得斷遣稍未如意即再三問難必快
其欲而後已臣愚欲乞特降睿旨補完見行條法應囚
在禁如監司指揮具情節及令聽候指揮結斷者州縣
不得承受一面依條施行如監司見得果有情弊及情
理未盡即別行按劾勘會上件事理刑部每半年一次
檢舉行下條一時指揮自合遵守施行若監司於所部
刑獄令承勘官司稟受推鞫已有政和勑科罪又近降
御筆囚在禁如監司指揮具情節及令聽候指揮結斷
者以違制論仍令監司廉訪使者互察既互察在監司



合坐違制之罪即隨事朝廷自有特旨黜責不須更行
立法欲下諸路監司州縣遵守近降御筆處分施行詔
依如違以違制論　六年正月十二日提點京東路刑
獄公事孟特奏準刑部符承上項敕本司係專一檢察
刑獄稽違如有情犯可疑或事干非常理合要見所犯
情由檢察未審合與不合隨時取會看詳依條施行大
理寺參詳提刑司既係專行檢察刑獄若實有情犯可
疑或事干非常理合要見情由檢察即合隨事取會尚
書省言應干禁囚監司並不合令聽候指揮結斷外其
不許令具情節謂本司送下公事或干涉遞司妨礙詔
令刑部申明遍牒施行　七年四月十一日尚書省言罷



獄子等不行重祿深惟獄吏切於囹圄故立重法以馭
姦猾今緣小費闕其枉法合復獄子重祿罷諸囚在禁
病死歲終保明條不行獄囚在禁而死政和中以最多
最少立為賞罰因不梓濫合復囚禁歲終保明法從之
高宗建炎三年四月八日赦文應諸路見禁公事除
該今來赦合原放外內有未結正者限十日結絕了當
或有合申奏斷遣之人亦仰疾速依條結案申奏不得
淹延刑禁四年二月二十三日德音紹興元年正月一
日改元赦九月十八日明堂赦四年九月十五日明堂赦
七年九月二十二日明堂赦九年正月五日新復河南
州軍赦十年九月十日明堂赦十二年九月十三日繳

宗梓宮還赦內申奏下不得留滯具經一年以上未結
絕者令提刑司限十日根究見住滯去處申尚書省取
旨施行十三年十二月八日南郊赦十六年十一月十
日南郊赦十九年十一月十四日南郊赦二十二年十
一月十八日南郊赦二十五年十一月十九日南郊赦
二十八年十一月十三日南郊赦三十一年九月二日
明堂赦並同上制四年二月二十三日德音三省樞密
院淹延刑禁可限德音到日令提刑司關牒所部州軍
照會今後奏案並發往行在同日德音鞫獄干證人無
罪依條限當日責狀先放訪聞州縣多將干證無罪人
與正犯人一例禁繫動經旬月公然乞取蓋緣當職官

卷九千二百十六

漫不覺察致平民受弊自今監司常切覺察按劾無令
蹈習前弊違例條法十二月二十九日江南西路轉運
判官張匯言乞將應係昨因番寇潰兵作過之時若有
乘時殺人放火虜奪財物者如首領人已經捉獲依法
斷罪外其餘徒黨元係脅從本無他意者委州縣詳度
虛實方許受理所有緣此見禁勘公事既大情已正小
節未完並許結斷詔仍委提刑司專切點檢覺察即不
得將作過正賊妄作脅從之人一例不行受理其見禁
公事限半月結絕　紹興二年七月十五日刑部言據
臣僚奏請縣囚在禁病者流罪以下情款已定皆許如
在京一司法責保知在緣依條犯罪徒以上送州情款



方定即是在縣別無流徒罪情款已定禁囚外看詳在
京法係謂病囚困重非兇惡者許責保在外損日追斷
紹興法杖以下囚在禁病者止係量病勢聽家人入侍
即無該載困重者許責保在外之文今若依臣僚所乞
諸州病囚困重者不問徒流並依在京法緣在京病囚
依法即時申所屬并刑部御史臺日具醫治加減文狀
困重者申所屬差不干礙官押醫看驗有無他故及責
因得病所由連報雖犯徒流罪而情款已定非兇惡者
方許責保在外損日追斷其在外州軍即別無關申所
屬檢察去處若不委官看驗又慮別生姦弊今欲乞諸
州病囚比附在京法即時申知通有監司處申監司各

卷九千二百十六

常行檢察日具醫治加減文狀困重者仍即時申州差
不干礙官押醫驗有無他故及責困得病所由連報雖
犯徒流罪而情款已定非兇惡者即行責保知在州委
元差押醫每三日一次看驗如委實病損即時申所屬
郤行勾追赴獄聽候斷遣從之　十二月二十六日臣
僚言乞自今已後令州縣月具繫囚存亡之數長吏結
罪保明申提刑司歲終舉行斷罪之法仍每路比較一
州一縣死囚最多之數具當職官吏姓名取旨黜責其
最少處亦乞量行褒賞詔令敕令所重別刪修增立刑
名申尚書省三年三月五日敕令所增修到條法已入
紹興重修敕令及重修斷獄令四年三月六日御史臺

言訪聞臨安府提事使臣等多私置禁房收繫罪人一
面追呼搔擾非理鍛錬勤經旬日解所屬推治又與當
勘推獄等往還行賕要從元初鍛錬規圖厚賞致無辜
之人枉被刑禁深可矜恤乞詔有司嚴立法禁許人陳
告仍下臨安府檢察如有私置禁房去處責令日下去
拆其提事人并推獄情弊常切覺察重作施行從之五
年閏二月十二日尚書省言州縣之（治獄）吏專事慘酷待其
垂死皆託以疾患縱之亦未嘗依條視驗醫治庶有歲
終計分斷罪條法並不奉行理合申嚴詔諸路去年分
合依條計數至（令）見未見具奏除已行約束外令諸路提
刑司將管下諸州禁囚病死人數遵依條敕計分斷罪

卷九千二百十六

仍疾速比較聞奏不得容庇違滯仍候指揮到限十日
專差人賫赴行在於是五年宣州上收禁三百五十五
人即無病死人數以最少去處當職官各轉一官婺州
武義縣七十二人雖死過四人即不及六釐最少處衢
州六百一十八人不曾死過人數內衢州當職官各轉
一官福州即無死損人數當職官與轉一官六年江陰
軍七十四人病死過四人最少臨安府一千六百三十
四人病死無臨安府當職官與轉一官七年福州六百
八十二人病死無福州當職官與轉一官五年舒州宿
松縣七人內一名病死計死一分當職官特降一官惠
州病死二分六釐以上當職官特降一官六年洋州一



百二十二人病死一十二人當職官特降一官七年汀
州武平縣四十人死損二人紐及五釐汀州武平縣當
職官展一年磨勘十二年九月十三日赦文勘會禁囚
貧乏無家供送飲食依法每名官給鹽菜錢五文即今
物貴行在可增作二十文外路增作一十五文仍令當
職官常切檢察毋令減尅作弊十三年十一月八日南
郊赦勘會禁囚無家依法官給飲食訪聞近來州縣多
不預行樁備取給公吏因而措尅致多瘦損仰逐州守
臣斟量每月預（預）行樁備應副毋得減尅作弊十三年六
月四日詔令後應諸官司送下見禁取會未完并患病
罪人赴在城巡（檢）檢司知管責保人並與依臨安府見禁

卷九千二百十六

槩罪囚例支破飲食內病患者差醫人醫治尋詔諸路
州軍依此十四年五月二十九日臣僚言刑辟之間禁
繫爲重其罪當禁者有歷以書之應書不書具有成法
比來州縣或避滯留之責更不附正歷輒置單子以爲
私記使案察者無以稽察淹抑者無所訴告欲望申飭
有司檢坐前後條令嚴行禁止從之　二十一年三月
二日詔今後命官犯罪逃亡如勘得干繫人已供情犯
分明即據招先次結斷案後根捉候獲日依已斷干繫
人數供具案申奏以成都府路提點刑獄司有請從刑
部看詳閏四月二十六日臣僚言紹興令諸囚在禁病
者給（官）藥物醫治大理寺醫官二員輪日宿獄緣官中

瘐

不曾支給藥物又無合破官錢或遇疾疫名有醫而實
無藥法意幾為虛設望明詔有司行下內外之獄量支
官錢修合湯藥所費甚微而所利甚大上曰可令戶部
依紹興令措置官給藥物酌度合支錢數申尚書省尋
詔戶部措置到每歲殿前馬步軍司各支錢五十貫文
大理寺一百貫文京府節鎮一百貫文餘州六十貫文
大縣三十貫文小縣二十貫文置歷收支若歲終餘剩
錢數即充次年支用二十七年十一月二十七日詔諸
路見禁公事所犯人約係死罪即仰州軍具單狀二本
申提刑司檢察本司繳連一本申刑部點檢勾銷如後
來勘得却是大辟公事亦具情節供申其單狀並依旬

卷九千二百十六

具禁狀條式施行　熙寧四年七月御史陳乞如上件
至是臣僚乞檢行故事從之二十八年十月二十三日
南郊赦文勘會在獄病囚官給藥物醫治病重責出自
有成憲竊恐州縣循習苟簡致有瘦死誠可憐憫仰諸
路監司守倅檢察毋致違戾即不得在職醫官糾差醫
僧及貨賣藥人直獄恣行追擾故倖生事以致淹延三
十一年九月二日明堂赦同此制（以上中興會要）孝宗隆興元
年十一月二十六日中書門下省言勘會大理寺臨安
府獄囚近緣雪寒已降指揮除破糧食外更給柴炭貧
者假以襖袴手衣之類其外路州軍亦合一體施行二年
正月二十七日尚書省言福建諸州軍間有地震之處





已令本路帥臣監司條具民間利病措置賑恤竊慮刑
獄冤濫禁繫淹延理合催促詔本路監司取索所部州
縣見禁罪囚一一推究所犯以時結絕如故作淹延具
守令姓名申尚書省六月八日臣僚言比來州縣獄囚
率多死亡蓋由禁繫猥衆牢戶不清當此蒸溽易成疾
疫欲望嚴申敕守令將見禁罪囚除有罪犯深重速行
勘結外其餘所犯稍輕并枝蔓干證人並日下決遣疎
放從之同日臣僚言訪聞州縣之獄率多滯留不決致
前後死亡不一伏望申敕諸路監司察所部守令如有
貪虐殘酷尚敢故作淹延以致在獄多死之人即具姓
名按劾重寘典憲從之　乾道元年正月一日大禮赦

卷九千二百十六

竊勘會在獄病囚官給藥物醫治病重責出自有成憲
竊恐州縣循習苟簡致有瘦死誠可憐憫仰諸監司守
倅常切檢察毋致違戾三年十一月二日六年十一月
六日九年十一月九日大禮赦並同此制同日赦訪聞
州縣多以私意將不應禁人寄獄皆不書禁歷或遇樓
察官到盡責付公入在外看守候樓察官過却行收禁
動經歲月雖有約束竊慮尚循舊弊仰監司覺察按劾
以聞當議重寘典憲十二月二十九日新知潮州黃昭
祖言竊見潮州近奏海陽縣見禁獄囚盜取獄內器仗
奔逸契勘州縣每獲盜賊其贓仗並寘獄內以備估值
定罪歲月淹延不復防閑故時有拔鐐破械直取器仗

而出者欲乞明敕州縣自今遇獲兇盜祇留贓物在獄照肴其器仗並寄收甲仗庫從之六年二月二十二日左諫議大夫陳良翰言竊見州縣囚禁往往不即與決非特有正禁之繁又且有寄禁之濫疫癘一作多殞非命契勘禁囚自有日限具載甲令不許淹延歘乞特降指揮應州縣之獄仰守令依限決遣從之十一月十六日大理少卿周自強言乞自今監司郡守按察官吏如遇差官勘鞫內合有干證止許追繫切人或有泛濫追逮淹延因禁致多瘦死者並令提刑司按奏從之七年六月十日刑部準批下臣僚劄子乞令諸州長吏每旬同當職官慮問州院司理院禁囚諸路監司每季親詣

卷九千二百十六

所部州縣將見禁因徒逐一慮問照對上項申請乾道重修令該載甚備令乞申嚴行下從之八年五月一日刑部侍郎鄭聞言竊見州郡獄囚方當盛暑漸染時氣或致疾病雖有醫者療治多不留意遂致死亡相繼乞下諸路提刑司將州縣醫人姓名籍定務在加意診視不得滅裂從之十月九日工部侍郎兼臨安府少尹莫濛言乞自今將州郡徒以上囚人禁及三月者令提刑司類申刑部置籍立限催促如或稽程繩治如律庶幾獄因不致久繫從之九年三月二十二日詔刑部長貳郎官并監察御史每月通輪一員分作兩日往大理寺臨安府親錄因徒仍具名件聞奏以上乾道會要淳熙元年正月



八日詔諸路禁囚有不得其死或人數稍多獄官令佐守倅悉坐其罪不以去官赦原以大理卿周自強言廣西獄囚死於凍餒笞掠者甚衆故有是命三年四月二十七日知潭州李椿言乾道新書諸強盜因在禁每火死及五分以上依因在禁病死歲終通計及一分法蓋防獲盜之人徼求功賞誣執平人計數坐獄身死之弊然假如強盜二人一名偶死便成五分坐一歲通比及分之罪可謂不幸敕令所看詳欲於上條每火字下添入謂三人以上五字為注文如死及五分以上合依強盜五分法科罪外若強盜二人以下在禁病死止用諸因在禁病死法歲終通計分數科罪施行從之十一月

卷九千二百十六

十二日南郊赦應諸色人犯罪在禁雖已未結正見得合該赦原止因元條指揮准勘合具情犯申省有司不敢一面原放申會待報可並直依今赦施行六年九年十二年十五年赦同同日赦見禁公事有合結正者限十日結絕有合申奏者亦疾速申奏不得淹延刑禁在外委提刑司在內委御史臺常切覺察六年九年十二年十五年赦同八年五月二十三日詔縣獄如州獄例以常平或義倉米支破糧食歲上繫囚饑寒瘦死於獄者為吏殿最以臣僚言縣獄不支糧多有飢死故有是命十二年十一月二十二日南郊赦州縣囚糧合以係省米充訪聞諸縣不即依時支撥止取給於吏卒可

令監司常切覺察毋致違戾十五年明堂赦同十三年
十月八日前權知德慶府趙伯湯言每遇盛暑之月其
守倅等點檢催促結絕刑禁仍仰本路監司復行檢察
如贓製違戾按劾聞奏而遠方州縣所謂慮囚者實為
文具守臣去郡獄不遠尚有親臨決遣者至於通判職
官或畏冒暑或憚遠涉往往秖令人下縣取索而供報
上司却云某日某時躬親起離諸路州縣如慮囚敢不
親行許令監司守臣覺察奏劾施行從之以上孝宗會要紹熙
元年七月十二日臣僚言州縣獄必有歷凡有罪而入
禁者必書其月日以時檢舉結絕無致淹延此法意也
往往不能仰體朝廷欽恤之意疾心獄事公事到官付

卷九千二百十六

之吏手不問曲直將干連無辜之人一例收禁獄犴常
滿不上禁歷號為寄收乞取厭足旋行踈放乞申飭諸
路提點刑獄常切覺察自今後分上下半年從本司印
給赤歷下州縣獄官以時抄轉所禁罪人不得別置寄
收私歷州委司法縣委佐官五日一申隨即檢舉催促
結絕巡歷所至索歷稽考如輙輒將干證無罪之人淹延
收繫及隱落禁歷不行抄上而別置歷者按劾聞奏官
吏重寘典憲從之十月二十五日臨安府言已降指揮
依倣開封府其三獄直司并錢塘仁和兩縣公事所隸
臺察罪囚禁歷日申臺部即無漏落比之外郡隸提刑
司事體不同若一槩從提刑司出給禁歷委官檢舉催



促結絕不唯禁歷在路恐有泄漏兼慮委官一節於臺
部實有相妨乞遵從御史臺已降指揮施行從之二年
三月二十四日刑部言大理寺叅詳臣僚奏請州縣之
間諸案知在人數多少歲月久近莫得而知乞委提刑
分上下半年從本司印給赤歷下州縣凡逐時諸案知
本罪之人並令抄轉在歷催促結絕臨安府申本府三獄
直司及錢塘仁和縣公事所隸臺察令來令置知在人
歷其臨安府并錢塘仁和兩縣難以從提刑司一槩同
外郡給歷今看詳欲委自本府詳照臣僚所奏別給知
在人歷分上下半年印記發下三獄直司并錢塘仁和
兩縣遵依已降指揮將諸案應知在人抄轉施行若臺

卷九千二百十六

部官每遇點檢刑獄許從一就取索按驗從之十一月
二十七日南郊赦在獄病囚官給藥物醫治病重責出
自有成憲深慮州縣循習苟簡不與救療及不照條責
出因致死亡仰監司知通常切覺察四年七月二十五
日知臨安府袁說友言遵承舊制凡盜賊累犯其人桀
黠難制與已斷逐而復回者項筒永遠拘鎖外縣寨日
給糧食惟是積日既久拘囚數多罪固可嫉情亦可憫
在發覊管編管各有年限蓋未嘗終其身而拘囚也乞
將本府見行項筒拘鎖之人如元係配隸者即押回元
配所如有疆壯者即照已承指揮與分剌屯駐軍其餘
分押出本府鄰州界詔令臨安府將見管賊人各差人

管押分送外州軍牢固拘管日具存亡申樞密院以上光宗
會要
紹興五年九月十四日明堂赦勘會在獄病囚官
給藥物醫治病重責出自有成憲深慮州縣循習苟簡
不與救療及不照條責出因致死亡仰監司知通常切
覺察自後郊赦並同　慶元六年五月六日詔令大理寺臨安
府并屬縣及三衙諸路闕雨去處見禁囚徒並仰即時
點檢看視其間稍有病患即遵守見行條法施行毋為
文具　嘉泰元年正月七日臣僚言乞令諸路提刑司
檢坐應禁不應禁條法出給榜版大字書寫行下逐州
縣委自通判縣丞各於獄門釘掛曉示被禁之人如因
罪入獄仰就取禁歷書寫所犯并月日姓名著押歷上
卷九千二百十六
以並新收出獄日亦如之以憑便銷落其有不能書寫者
令同禁人或當日書鋪代書親自押字仰通判縣丞逐
時點檢如遇月終申發禁歷赴提刑司從提刑躬親檢
察行下內有不應禁而收禁者提刑按劾守令以聞仍
許不應禁人或家屬經提刑司越訴如提刑不為受理
仰經刑部御史臺越訴乞從本臺覺察彈奏仍乞更令
提刑司每歲終檢察管下州縣獄空最多并禁人最少
者一兩處具申尚書省取旨激勸如因民訟見得不實
坐以妄申之罪從之三年十一月十一日南郊赦文在
法禁囚應給飲食合於轉運司錢內支其病囚藥物合
於贓罰錢內支訪聞州縣違戾却將合給禁囚飲食止



令獄子就街市打掠或取給於吏卒病囚藥物抑勒醫
人陪備是致禁囚飲食不充飢餓致病醫人無錢合藥
病因無藥可服多致死亡誠可憐憫可自今赦到日應
合給囚糧並仰守令於轉運司錢內分明取撥置造飲
食病囚藥物並於贓罰錢內支破修合各具赤歷收支
不得仍前再令獄子斂於街市打掠及勒醫人陪備藥
物如違仰監司按劾以聞重寘典憲自後郊祀明堂赦文並同　四年
正月龝六日臣僚言乞內委刑部外委提刑戒察獄司應
非事干人命及重害公事勿許妄禁從之十八日臣僚
言竊見縣獄苦無囚糧而城下之邑又甚法許於運司
錢內支往往縣道不敢支破例多倚辦於推獄私取於
卷九千二百十六
役戶甘於同禁之人單食入獄横罹紛然極可憐憫
乞從諸縣申州就於常平米支撥歲終州具實支數申
提舉司出豁從之　開禧三年三月二十九日詔應州
縣輒將病囚押下巡尉司以致死亡者許被死之家直
經刑部陳訴仍令提刑司於歲終別項檢察併行具申
將州縣官重作施行以臣僚言州縣之獄遇有病囚多
是不切醫治聽其自愈至疾勢稍篤欲避免在禁死亡
之數則一切付巡尉司交管被巡尉司既無醫藥可療
又無飲食可給拘縶空屋困頓飢餓往往至於死亡故
是有命　嘉定三年四月二十六日詔諸路提刑司歲
終擇一路獄囚瘦死最多者必按劾以懲不職擇一路

醫療全活最多者必為舉以勸其勤刑部則總覈之從臣僚請也 七年正月七日詔應州縣除事干人命及重害公事許照條收禁提刑司以州縣申到禁歷須管躬親檢察將不應禁及久困去處嚴行責罰毋為文具從臣僚請也 八年六月十三日臣僚言夫州縣之獄凡為民害者朝廷因臣僚奏請屢嘗戒飭獨囚糧一事未見施行獄户沈鬱易於生疾一有乏食病輙隨之州縣但謂之獄瘟發動而不知其端蓋在於此江浙州郡皆有囚糧遠州僻郡大率疎畧乞令僻遠之州皆視内郡以見管食米正行支破縣則以贓罰錢物收糴充數仍令提刑司免其解發别置循環曆二本名曰囚糧歷日具

卷七千二百十六

支破姓名取其著押不顧支者亦明書何人饋餉俾隨禁歷月申提刑司以備參考仍乞行下提刑司申嚴見行條法歲終類申刑部開𤸇死人數多者將守令量行責罰從之 十六年八月八日大理司直朱藻言乞行下諸路提刑司嚴戒諸縣除附郭縣獄許通判寄收罪囚外凡佐官遇有合收禁人須具事因申解本縣遵照條令書上禁歷如擅自送獄不許接受詔送刑部看詳申尚書省已而刑部言準都省批下朱藻奏尋下刑寺看詳令據本寺申勑諸因不應禁而禁者徒二年當職官知情與同罪失覺察者減二等許被關留人越訴看詳得州縣將不應禁人輙行收禁自有見行條法指揮具



開縣佐寄收人多是不曾書上禁歷非理囚禁今本官奏請誠為允當本部欲從刑寺看詳到事理施行從之 十一月六日臣僚言訪聞安邊所屬官多不稟命使長輙將每日送下公事不問輕重遇夜寄錢塘仁和兩縣并諸廂尉司等處淹繫日久不即予決拘囚囹圄病瘴相纒前後死者不知其幾乞行下兩縣等處每日御官吏具本所有無送下寄收公事申御史臺以便稽考如或仍前違戾許被寄禁人家屬直經本臺陳訴訪聞得實將當職官具申朝廷重賜鐫責公吏決配從之 以上寧宗會要

卷九千二百十六

宋會要　枷制

宋朝獄官令諸枷大辟重二十五斤流徒二十斤杖罪十五斤各長五尺以上六尺以下頰長二尺五寸以上六寸以下共闊一尺四寸以上六寸已下徑三寸以上四寸已下仍以乾木為之其闊狹輕重刻志其上杻長一尺六寸已上二尺已下廣三寸厚一寸鉗重八兩已上一斤已下長一尺已上一尺五寸已下鏁長八尺已上一丈二尺已下太宗淳化二年九月詔所置枷徒流罪重二十斤死罪重二十五斤並用乾木長短闊厚如令三年十月大理寺丞恵價言州縣制枷多不如令請委逐處知州通判依令制造稱校一依等第書字刻訖各據所犯罪施用違者官吏劾罪不恕令者一切毀棄

卷五千八百十二　一

四年十二月二十八日太常博士河北提點刑獄陳綱言諸州勘事杖已下法當令衆及抗拒不招當枷問者未有定制自今請置枷重十五斤命法寺參議如綱奏從之仍須情狀頑惡及準條令衆者方得行用真宗天禧二年二月工部郎中知制誥盛度言請委軍巡使判官點檢見管枷杻鏁鈑如有竅稜生澁修葺錯磨滑易無致磨損罪人肌膚如違獄子乞行嚴斷官吏重行科罪從之二月詔開封府將見造到枷並依式樣斤重刻字為記令左右軍巡使判官依元條輕重施用常切覺察不得違越仁宗慶曆五年三月二十六日殿中丞田頫



言伏覩獄官令內大辟以下枷有三等獨盤枷之制不著令式而天下有司常所用之縣送徒於州州送囚於他所僱理官物督責賦稅錮身千里之外苛校連月之間考其所設議謂得宜審其所行當須定制令諸處輕者同於無用重者至於太刻輕重不等何以為法且小杖亦立分寸豈盤枷獨有差殊欲乞許置盤枷委有司明立觔數頒行天下俾之遵守從之徽宗政和五年十一月十七日中散大夫新差提點京畿刑獄公事兼提舉保甲錢歸善奏臣檢會政和勅諸笞杖若諸軍小杖制度違式者已有斷罪之文而獨訊囚杖枷杻未有專法臣欲乞下有司修立補完以稱陛下欽恤之意詔違

卷五千八百十二　二

者以違制論宣和元年五月六日詔獄具盤枷止重十斤日近官司不究法意增置斤重過倍其犯罪編配枷錮不惟途路若楚枉致性命亦皆有之可檢會政和斷獄條式行下內外刑獄官司常切遵守其見使不依法式者速令改正若敢違戾以杖刑法施行仰刑部御史臺覺察彈奏高宗紹興十二年四月二十六日御史臺言檢會紹興令諸獄具當職官依式檢校枷以乾木為之長者以輕重刻式其上不得留節目亦不得釘飾及加筋膠之類仍用火印從長官給訪聞當職官吏視為虛文並不依時檢舉甚失朝廷欽恤刑獄之意詔令刑部行下內外應有刑獄去處各仰遵守成法施行敢有

違戾在內,令御史臺、諸路委提刑司彈劾以聞,仍季具奉行有無違戾申尚書省。本臺令檢點得錢塘、仁和縣長枷并大杖各有違戾,內錢塘縣杖直丁貴大杖一條重多五錢半,仁和縣第二等長枷一具重多一斤,第三等長枷二具輕少半斤。臨安府供到狀:錢塘縣左奉議郎知縣方懋德、右宣議郎縣丞蔡純誠、左修職郎主簿趙彥端、左迪功郎縣尉陳從易,仁和縣左從政郎知縣王鞏、左從政郎縣丞范光、左迪功郎主簿謝沇、左迪功郎縣尉劉贄。詔兩縣官吏各降一官。

卷五千八百十一

全唐文

宋會要　軍制

太祖建隆三年七月詔捜索内外諸軍不逞者悉配隸
登州沙門島先是上捉逃卒李興偽刻侍衛司印捕得斬之故有是命乾德三年十
一月斬雄武軍卒百人先是詔諸道籍驍勇兵送闕下太祖親閲結為雄武軍命王繼勳主之仍給緡錢俾娶妻繼勳縱其軍白日掠人妻女於都下街使不能禁里巷驚擾半日方止帝聞之大怒即命捕而戮之小黄門十數輩承勅見而不奏亦杖數十四年閏八月捜索殿前諸軍
亡頼者得數十人悉黥配通州義豐監太宗太平興
國九年二月釋軍人被鉗者先是去年冬有軍人夜入人家劫逃捕之經時不獲太宗欲必得之令厚其購賞果有告者乃軍人數輩結約夜踰壘垣而出盡獲而戮之因編索軍中累有罪罰兇惡無頼者得百餘人不忍殺以鐵鉗鉗頸羈於本軍至是並釋之仍各賜錢三千至道二年詔

卷八千三百四十五

自令沿邊城寨諸軍内有故自傷殘冀望棟停者仰便
處斬訖奏　真宗咸平五年五月十四日詔西路將士
臨陣巧詐退避者即按軍令不須以聞　六年七月四
日詔陝西振武軍有願依河東廣鋭例官給價直市戰
馬者聽先是帝曰河東廣鋭元是州兵官給中金充價其兵各立社馬亡醵錢同市以補之者自然用心養飼官亦為利陝西振武亦可依廣鋭例處分令立社市馬十八日帝曰累有臣僚
言邇来單旅之間若不懔畏都將蓋緣此輩為過犯自
抵科懲即生怒恨紀拾論訴乞行極斷朕熟思之便依
此行復有妨礙如近者繼有論訴本軍人員非理不公
事皆得實若論者不報覆加嚴刑或有他謀亦不敢告
即所繫大矣只可降宣命令後諸軍因人員科責挾恨





論事覊勘虚妄者並禁錮取旨　景德四年四月詔諸
軍廂主至員僚令後各依職一階一級全歸伏事之儀
違者處斬其御前忠佐軍見排陣使總管亦准此　七
月如京使何士宗言詔書條貫禁軍將士等各依舊等
級並行伏事之理違者按軍令其廂軍將士等未立條
制欲望約前詔減一等定令帝曰禁衛兵士無他役唯
習戎藝耳且廩給優厚欲其整肅有所懔畏故設此條
禁令以廂軍約此施行必恐滋彰難於經久况尊卑相
犯自有條律不行可也　是月詔北面諸路駐泊兵馬
使臣等自令臨陣之際能率先用命殺賊者與賊鬭戰
生擒獲賊者臨陣擒獲賊首領者偷侵營寨能驚賊令

卷八千三百四十五

擾亂及擒獲人畜者諸偏裨下軍士與戎人鬭敵能用
命衆應殺退賊者戎人與誘兵翼張受命掩擊能破走
之者賊遊騎往來或近大軍受命掩襲而擒賊者用命
深入被傷者臨陣能用命入賊斫刺其首領分散其旗
鼓者並賞之其擒賊首領酋渠者并奪得旗鼓者悉加
等馬如賊已敗走所奪車帳生口資財牛羊什物等給
與立功者斬獲首級及奪得馬如前詔給以金帛仍令
都總管等依此條制差其功伐或承制遷其資級或賜
以錦袍銀帶金帛内遷職十將已十補置訖以聞副總
頭副兵馬使已下即給牒以俟朝旨使臣等亦給文據
仍具功状来上若赳日會戰不齊者夜喧衆者不俟賊

稍前而遥箭亂射者軍陣既列如都監軍員使臣於步騎兵内擅簡取一卒一騎者攔後馬有犯者陣既成列而不齊者旗鎗交錯隊伍者賊兵至可以出軍而不出者方戰鬭而觀望不救者兵器不預修理致臨陣不堪施用者巧詐以避征役者臨陣先退者奮争背畜而不負殺賊者當遣入賊境規避不去既復命言不以實者被遣斥候而不覺賊來者臨陣不射賊及有餘箭輙棄之者遺失鎧甲兵器者既賊伏降而輙殺者分布軍號及傳軍中令不慎密而漏泄者受命逐賊只至某處而輙過者總管下衙隊軍員并左右指揮使臣忠佐及隨從當直人等及使臣軍員下押前隊員僚軍頭十將并

卷八千三百四十五

隨從當直人等臨陣輙離左右及不受節度者並斬二年二月詔開封府自今殿前侍衛司軍人合追攝證對公事者如舊制其軍人身死犯杖罪送本司施行若將校及軍人犯徒罪已上者未得直牒追攝奏聞取裁時殿前侍衛司言開封府多直行捕逐禁軍兵士並不聞報本司事恐非便故有是詔 三年八月帝問知樞密院王欽若等曰每發禁軍及補戰馬其數或有異同者何也欽若等對曰騎步諸軍樞密院但按籍而遣本軍於在處旋取見數以言帝曰若然則不惟有所闕誤亦且不得的確可下殿前侍衛馬步軍自今後據諸班直并禁軍具逐指揮見管將校姓名所轄人數內差出者具言見在某處離營若干年月何處替回或





是新添配到内馬軍亦令具逐指揮已有闕馬之數其營在京者逐月具實封奏狀於次月五日赴樞密院通進外處就粮者每兩月一奏依此分析仍令逐處各選知次第典級令密切主掌非奉宣取索不得輙供 十月帝宣示御史臺所勘神衛卒歛訪聞内外諸軍常有此事緣條法甚重朕慮諸軍見此處斷各懷憂疑可速降宣諭之自今年十月十日已前應曾卒歛請求者並特放罪如有卒歛物色見在者並給還本主今後尚敢踰違其造意及行用受贓者並當極斷人員知情者同坐不知情者決杖配隸仍令逐營置版榜示之 四年十二月詔廂軍及諸州本城犯所部決杖訖並移隸

卷八千三百四十五

他軍内情理重及緣邊隨軍奏裁先是法寺言請與禁軍同等帝以軍秩既有差降故犯者亦從末減 大中祥符元年三月詔應諸道州府軍監廂軍及本城指揮自都指揮使已下至長行對本轄人員有犯階級者並於禁軍斬罪上減等從流三千里上定斷副兵馬使已上勘罪具案聞奏廂軍軍頭已下至長行准勑犯流免配役並徒三年上定斷只委逐處決訖節級已上配別指揮長行上名長行決訖配別指揮下名收管如本處別無軍分指揮即配鄰近州府軍監指揮收管内有別犯重者自從重法其諸司庫務人員兵士有犯上件罪名者並依前項廂軍條例施行 十一月詔内外諸軍勿得科率部下盛為軍裝及錦繡之

飾（初興元府寧朔戍將課軍中服錦纈以壯戎容士伍廩給不充其費因相與謀亡命為盜帝知之故有是詔）三年十月殿前侍衛親軍馬步軍等司言分析到諸軍累作過犯員僚節級兵士帝宣示知樞密院王欽若等曰俱是無賴不逞之輩本營畏懼不敢申陳然一概行之失於輕重可分作四等一等配海島一等配遠處牢城一等降配遠處本城一等降配並依例刺面仍中書樞密院籍之遇赦不得放還逐處只在差使不得諸處屯駐　是月詔皇城司奏察訪御龍直班院副指揮使呂遇日暮歸馳馬奔逸不能制百姓石謙為馬踐傷甚又言常時本班將士無故不出令不能禁帝曰可下開封府按問因謂王旦等曰禁軍將士無故不令出

卷八千三百四十五

本班故每班置市買二人太祖朝法令嚴肅無敢犯者大宗時稍從寬貸亦安敢醉酒馳馬以歸旦等言此皆驍勇之士正當因事誡約帝然之　四年九月詔殿前侍衛司宣徽院三司軍頭司自今以請託為名率歛軍頭士緡錢者其同謀及受贓並處斬軍校知情者連坐不知情者決配　十月宣示大凡國家詔令每諭中書樞密院常須執守施行無議輕改朕素聞軍中不便之事其兵士入員所得戰馬稍良者則有勢力者及將校等以弱馬豪易之其人但飲怨含怨不敢伸理累降宣命鈐轄如敢輙借改易軍員兵士戰馬者當寘極典猶有犯者朕唯貸死而懲之自三五年來衆皆為便人無



敢違數日前有臣僚自邊上來言緣路驍捷驍武兵士脚下戰馬復有為人易者察之蓋因入契丹界臣僚所給借馬或有病患乞於緣路諸軍納換曾降宣命因其奏自此緣邊州為朝廷弛禁倣傚犯之可降宣命應差赴契丹界持禮臣僚並選擇准備馬同行不得更於沿路州軍輙借回易仍明以此意曉諭　五年二月內殿崇班閤門祇候錢昭厚言河清卒有惰役者以鐮斧自斷足指例於徙隣州牢城自有此類望決訖復隷本軍從之　九月殿前司言諸軍訴本軍校長歛錢飾營舍仗物數少者望令皷司勿受之帝曰軍民訴事有瑣細非切害者朕常寢而不行若明諭有司則下情壅塞而

卷八千三百四十五

人有冤滯矣不許　六年三月帝曰京師每遇冬至寒節假日許士庶賭博其禁軍違犯一例捨之可再降宣命曉示軍人仍舊禁犯者論如律　五年詔一應軍人出九和合而賭錢者與同罪民伍論如律（先是軍人賭博以違制徒二年仍降其名次律有博戲賭博財物者杖一百出九和合如之而無軍人出九條格鳳州威邊軍健閻晏以己錢借韓興賭戲州坐興徒晏第從杖科因以上言狀下刑寺請自今同其罪從之）　二月詔隨駕衛殿前司所管諸班直諸軍如有過犯情理難原者並申取樞密院指揮其行宮內外庫務諸色人等如公然為非理重者申取宣徽使馬知節指揮仍仰量其所犯嚴行斷遣內情重者即便斬決不候勑裁　八年三月詔河北諸州自今差防送兵士不得以馬軍充（初河朔州郡每

（臣僚經由多以驍武雲翼軍防送所給官馬第令其家飼餵而死者幾半至是有司上言故也）六月詔
忠翊六軍人員十將今後不得輒有取受本指揮兵士
及諸色配役人等錢物其執役處並仰置簿次第均勻
差遣仍各用心部轄常須齊整無致別作過犯如違許
人陳告勘逐不虛犯當行決配被取受却錢物人免罪
陳告人若係忠靖六軍常與優輕處執役如是被取受
却錢物人並不陳告致別有彰露亦當重斷仍令各置
板榜抄錄宣念於本營張掛（先是以忠靖六軍所軍校凡受其貨賂者則優假之
無所賂者則委之重役賄非均濟故條約之）閏六月詔殿前侍衛軍司如非
時宣取兵士候見御寶文字乃得交付如無則畫時奏
取進止所降宣命仍仰本官躬親收掌不得傳付所司

卷八千三百四十五

每遇轉遷遞相交受（先是宮城遺燼夕宣詔諸軍皆即時奔赴帝以王旅之衆非時召集
宜有符驗因條約之）九月詔諸路轉運司殿前侍衛馬步軍軍頭
司三司宣徽院開封府諸司庫務等處人員兵士等如
內有殺賊得功及諸般使喚得力者或因官中取索之
時具詣實結罪供申所轄去處委得詣實保明申奏不
得更受僥倖虛妄及有隱落　九年正月詔樞密院逐
月進兵馬都數每季易之　天禧元年八月詔樞密院
所錄諸班諸軍兵籍並令整俻無容主吏漏泄　十月
詔如聞諸班直諸軍坊監庫務官健飲博無賴或部分
稍峻即招誘興訟仰今後所許事並須干己證佐明白
官司乃得受理違者坐之或情理巨蠹即具案以聞



二年十一月詔環慶寧三州禁兵犯罪至死者委本州
依條區斷訖申總管司罪狀切害者依舊例（先是上封言環慶
寧三州禁兵犯極刑者檄院具先以案牘申總管司以俟裁斷往復近十日致留滯故條約之）三年五
月詔自今放停軍士願還鄉里者並依大中祥符五年
詔驗認得實即遣之（時編敕止用大中祥符元年八月十三日敕放停軍士願還鄉者移
牒會問其骨肉仍奏取進止方遣之而不錄五年敕文至是如河陽孫奭言不便乞改用五年敕故從之）
乾興元年十二月詔今後差發諸軍人員兵士赴逐處
本州長吏讀示宣命不得歛掠錢物與本押使臣殿侍
仍責知委結罪文狀管係訖起發如稍有違因事罰罪
或人陳告人員都將並當決配元遣意掠錢物人處斬
管押使臣殿侍只於兵士側近安泊不得入館驛　仁

卷八千三百四十五

宗天聖三年七月詔應有歸遠指揮處容降約束自今
節級兵士內有作過者本管人員區分後致死若事不
挾情其人員不得收禁具事由奏裁（初象州民兵譚州歸遠指揮使尹元
等以本營卒莊贇喫酒作決臀杖七十餘身死轉運使王湛以成累犯兇惡奏乞於免元等太宗令元無干繫
人並特放故有是詔）十二月詔自今軍人犯私置兵器等其本路
人員連累負犯者並從杖罪斷遣即更不等第降職
四年四月審刑院言准敕軍員節級等因公事情不涉
私行小杖決人十五已上因而致死者具奏取裁自來
法寺檢斷依諸色官員因公事小杖決人杖數過多致
死律條考因數過以致死者徒二年定斷取旨緣軍法
務嚴與他官不同若依上條似未允當欲乞自今應軍

節級因所管人有過情理難恕須合區分情不涉私行小杖決十五已上因而致死者並從律文決罪不如法以故致死徒一年上失減三等杖八十定斷仍具情理取旨從之　五年四月樞密院言諸歸遠指揮係雜犯配軍人揀充先曾密降宣命如有賭博喫酒刼盜恐喝不受約束者便行處斬訪聞近日軍伍漸有倫序慮其間有因輕罪配軍令來再犯小過遂處盡從極斷欲降宣就粮并屯泊州軍如歸遠節級兵士不改前非再作過犯先詳前犯如是貸命決配之人又作過者即依宣命施行若前罪稍輕再作過犯者止依法決斷仍此宣命不得下司令長吏慎密收掌從之　七年審刑院大理寺言准敕定奪軍人隨身裝着衣物與軍號法物立定名目開坐聞奏寺司捡會前後條貫並無諸軍軍號與隨身裝着名件明文尋牒殿前侍衛馬步軍司會問到諸軍兵士合屬軍號與隨身裝着衣物名姓殿前司捧日天武拱衛驍騎驍勝寧朔龍猛飛猛神勇宣武虎翼衛聖緋紬衫子渤海紫紬衫子吐渾紫絁衫子諸軍指揮緋小綾皁畫帶甲背子冬一領係軍號請到春冬衣賜製造軍裝隨身裝着衣物即不係軍號春衣馬軍七事皂紬衫白絹汗衫白絹袂袴紫羅頭巾緋絹勒帛白絹襯衣麻鞋步軍七事皂紬衫白絹汗衫白絹袂袴紫羅頭巾藍黃搭膊白絹襯衣麻鞋冬衣馬軍七事皂

卷八千三百四十五



紬綿披襖黃絹綿襖子白絹綿襪頭袴白絹夾襪頭袴紫羅頭巾緋絹勒帛麻鞋步軍六事皂紬綿披襖黃絹綿襖子白絹綿襪頭袴紫羅頭巾藍黃搭膊麻鞋侍衛馬軍司員僚直龍衛雲騎武騎帶甲剩員紫絁衫子各一領係軍號請到春冬衣賜軍裝隨身裝着衣物不係軍號春衣七事冬衣七事與前殿司並同侍衛步軍司神衛神衛水軍奉節床子弩雄武飛山雄武各紫衫虎翼水軍虎翼各緋衫子諸軍指揮使緋皁畫背子係軍號請到春冬衣賜製造軍裝隨身裝着衣物不係軍號春衣七事冬衣六事並與殿前司同殿前司諸班直馬軍諸班直殿前指揮使左右班內殿直散員指揮散都頭散祗候金槍東西班鈞容直長行舊例自初伏班時請到例物銀束帶各一條至出職及轉班並隨身帶去內有病死者亦付本家若正身犯事該決配已上罪即例納官其諸班直錦襖子背子銀鞍轡步人御龍四直渾銀度金腰帶錦襖子背子皂羅真珠頭巾及旗號等並係儀注物色寺司看詳殿前司諸班直馬軍長行等所有儀注物色亦合係屬軍號法物乞自今諸軍兵士將軍號法物轉賣典當者並依至道元年并大中祥符七年六月二十四日敕從違制本條定罪若將衣賜製造到隨身衣物非時破貨典賣即依天禧四年四月二十五日敕從不應為重杖八十上定斷從之　明道四

卷八千三百四十五

年五月詔禁軍料錢五百犯階級者斬先是開封府言編敕禁軍料錢三百化階級者斬刑名大重故易之　七月益州路鈐轄司言自今兩川配隸軍籍之人其元犯兇惡者不得放還鄉里從之　景祐元年九月樞密院言陝西沿邊戍兵多爲近上將臣選置麾下及臨行陣而裨將鮮得精兵自隨請自今以全軍隸逐將下不得擅有占留從之　寶元二年十月臣僚上言邊地用兵之際悉藉全其隊伍熟其將守多被帥臣挑揀以爲防衛是致餘殘冗怯之衆每臨行陣屢先挫衄其精擇者雖驍勇強梁然而部伍不成軍分錯雜既無本轄將領致使人心攜貳乞今後每差衛隊只得於全指揮内勾充不得於逐指揮内揀選抽差如

卷八千三百四十五

違並科違制之罪從之　十一月十五日范雍言今後臨陣有退卻走泊妄言賊勢扇搖軍伍者只於隨處處斬詔如有所犯者仰押赴經略使依軍法處置　是月韓琦等言鎮戍軍昨來戰賊敗狀雖是主將素不經歷軍員亦責部分其如兵士等方布行陣纔被賊兵呼譟來逼即已不能駐足一槩奔潰令或只坐主將軍校之罪雖有所動即恐兵士等以法不加衆向去臨陣戰又即依前退卻且謂自有主將被刑復免一時鋒刃之害唯求生路豈有鬬心兼聞諸路士卒往往如此不唯膽勇將佐動爲兵衆所誤深慮軍氣不振上損國威欲乞令後主兵官員與賊接戰手下兵士並令軍員已下至



節級依次約束如有不用命退卻之人便令軍員等於陣前處斬若軍員不能部轄致部伍錯亂卻亦令主將即時處斬所責士卒畏法以取勝功從之　康定元年八月二十四日端明殿學士李淑等言恭酌古制定到銅符木契傳言牌刑制及施用條件銅符之制上面刻篆字曰某處發兵符下面鑄虎豹爲飾而中分之右符五左旁作虎豹頭四左符一右旁闕四竅爲勘合之處又以上面篆文相向於側畔刻十干字爲號第一符勘甲己字第二符勘乙庚字第三符勘丙辛字第四符勘丁壬字第五符勘戊癸字左符全刻十干字半右符止刻甲己等兩半字右五符留京師左符降逐處總管鈐

卷八千三百四十五

轄知州軍官高者掌之凡發兵樞密院下符第一至第五周而復始全指揮三百人至五千人用一虎一豹符五千人以上用雙虎雙豹符下符日樞密院以右符第一爲始盛以匣封以樞密院印差使臣賚宣命同下宣頭内言下第一符發兵若干本處將佐符勘訖即發兵與使臣復封右符使（付）使臣還仍急遞以聞本處置簿錄下符次第月日及兵數不得下司其木契上下兩並題某處契中剖之上三段中爲魚形并題一二三次第下二段中刻空魚爲勘合之處左側題云左魚合右側題云右魚合上三段留總管鈐轄司官高者掌之下一段付諸州軍城寨主掌之每總管鈐轄司發兵馬日千人

以上先發上契第一段以皮囊封以本司印差指使并
牒賫往逐處驗下契與上契合即發兵却封上契付去
人還仍報總管鈐轄司其發第二第三契亦如之掌契
司各置簿抄録發契次第月日及兵數互照驗之其傳
信牌中爲池漕藏筆令主將掌之每臨陣傳言語寫紙
上置牌中持往報兵官復寫事宜牌中而還仍臨時密
以字號爲驗其字號只令主將旋定毋得漏軍中　詔有
司製造仍令㴲領其事　慶曆元年十二月二十一日
中書樞密院並言欲令諸路將帥各置親兵選有武藝
膽勇充每月特給錢二百應出師臨敵援護本官如陷
没者親兵並皆處斬　詔陝西河東諸路總管許置親兵



百五十人招討鈐轄百人招討都監等七十人餘並如
所請施行時陝西用師或陷没將官而麾下大率以罪不加衆戎援護不謹故特嚴其制而有是命
也　二年二月十四日詔令後興賊兵戰之後内有兵士
在身别無傷損只是割却耳鼻或遺失器甲剥脱衣服
者顯是一向怯懦全不曾鬬敵仰主將當面驗認委實
集衆處斬訖奏仍令於教場上曉示知委　四年三月
二十三日詔禁軍料錢滿伍百有犯階級者自今毋得
作情理可憫奏裁　十一月十一日詔主兵之官皆有
牙隊帶器械以從護之其遇賊不用命而致陷没主將
者自令人雖衆並以軍法論苟能顯立功効亦當優拔
之其令諸路總管司嚴申飾戒　五年六月詔諸軍將





卒如經戰鬬敢僞入箭頭在身欲希功賞者以違制論
軍中失覺察者坐之　是月詔殿前馬步軍自今内外
禁軍非武藝優者毋得入優輕差遣　十一月詔河北
安撫司如聞自保州兵叛多務姑息恐軍情並驕其密
諭主兵臣僚常加撫御之如敢輙犯軍律者亦聽法外
施行　七年正月十二日樞密言陝西四路兵馬自來
分在主兵官員及都司巡檢下泊外城堡寨防守當邊
上事宜之時裹外兵馬辛苦頗均今邊事漸寧諸將下
兵馬絶少出入比之巡檢下及城寨諸軍不唯勞逸不
同兼恐漸成慵惰欲令逐路經畧司將裹外兵馬定日
分作畨次輪牙差撥務要均一慣習披帶定奪聞奏從



之　皇祐元年六月詔管軍臣僚自今麾下軍士非有
戰功毋得請遷隸上軍　四年八月詔川陝四路配罪
元犯情輕合揀放者押送本軍其不願者亦聽之　英
宗治平元年二月樞密院言請河北河東陝西就糧禁
軍年五十以上者子孫弟姪異姓骨肉年三十以下雖
短本指揮等樣一兩指但壯健任征役之人許以爲代
無親戚即召外人爲代皆不支例物即雖年五十以上
無病樂在軍者射弓七斗弩兩石聽依舊從之　四年
五月三日神宗已即位未改元樞密院言國家置兵本備戰守而
主兵之官率多冗占雜使欲令逐路帥臣安撫使詳此
事節嚴行約束轄下州郡及主兵之官今後犯者奏乞

法外重斷仍每季舉行訖奏及下本路轉運使提點刑
獄官每因巡歷覺察奏聞庶幾除去宿弊稍減冗費邊
備兵政漸有倫理詔每年春首令樞密院舉行此制
是月詔奉國兵士等樣例物請受即依奉先指揮招置
其諸班違犯及改配等並合作禁軍（舊制奉先兵士犯杖以下情輕者斷
訖仍舊犯徒以上及杖罪情理重者斷訖配千里外牢城）八月十八日殿前侍衛馬
步軍司言准詔相度知辰州張宗義上言諸軍每年一
次造年額簿上騰錄舊簿鄉貫唯加起一歲欲乞應係
諸軍年額簿今後開坐軍人投軍時鄉貫歲數庚甲括
定年幾更不別造新簿當司檢會准嘉祐編敕內外諸
軍逐指揮置年甲簿二道抄寫軍員兵級鄉貫姓名的

卷八千三百四十五

實年幾并投事到營年月日委總管鈐轄主兵當職官
員點檢印押一於住營處兵官廳收掌一付本營指揮
使廳封錄照使其新收人數並依此抄上若遷補移配
入別指揮即仰互相關報內軍員節級仍於補充文字
開坐令勘會在京諸班直諸軍指揮久來已有年甲版
簿卷歷據每歲首即不曾飜換竊慮外州軍有承例每
年飜換處自今並令止絕敢有違犯準敕科罪從之
神宗熙寧元年正月樞密院言諸路州軍多差兵級營
置雜物以助公用分給官員及至犒設將士全然疎簿
蓋緣上下刻於供給致違條貫所差兵士打柴燒炭不
任重役往往投賊蕪先有保州燒炭軍員以納課不充



逃走並宜禁止從之　二年九月審刑院言應諸路州
軍人犯罪情重法輕難恕者仰逐處具所犯申本路經
畧安撫或總管鈐轄司詳酌情理法外斷遣詔無經畧
安撫總管司方許申鈐轄司施行　三年五月十四日
詔諸廂軍指揮兵士依禁軍例分五都管轄　四年十
月二十八日樞密使吳充言應雜犯軍所坐不至巨蠹
者每十一月後至明年正月終並依法斷刺訖且留於
本處工役候至二月即差人遞送所配州軍其已配未
發雖遇恩降並依元斷如願便之配所者亦聽首獲逃
軍合遞還本所者准此從之　五年閏七月四日詔諸
廂軍係教閱者不在教閱之上　十二月詔今後諸路

卷八千三百四十五

屯戍迴引見諸軍力曾有功勞所在不為酬獎或輕重
未當功狀者許於軍頭司自陳本司抄劄所許事理責
指實結罪文狀并隨身公據以聞　六年九月二十一
日詔自今樞密院降宣差撥諸路州軍役兵先契勘本
州合均定使役人數就差外有剩合差那者即先自近
及遠差撥如本州合役人未足不得分擘應副別州盧
致交互往來　十月四日詔諸軍排連長行充節級應
取功勞人者取兩次以上人若功勞等即分先後先後
等即分輕重輕重均即以所傷多者為先　元豐元年
正月一日提舉修閉澶州曹村決口所總管燕達言士
卒有犯無禮及呼萬歲乞酪口斬訖以聞若有扇搖軍

人掠奪財物及叫呼動衆為首者亦乞處斬為從者刖
減等配千里外牢城從之毋得下司　八月斬内殿崇
班扒榔縣巡防坊地分陳嵩剌配三班差使扒榔縣守
把胡清沙門島坐無故棄城寨也　閏正月十四日福
建路體量安撫司言捕獲廖恩黨龍騎卒李貞楊禪之
法外重斷所冀元剌充軍之人有所畏憚不敢竄走上
批並處斬梟首示衆　三月二十一日詔應諸軍軍員
等與管軍臣僚同姓名者並令改名　二年十一月二
十六日詔禁軍教閱廂軍毋得以為作院工匠　四年
正月九日詔曰韓存寶總領重兵往討小蠻不能擒戮
首惡虛有暴露士卒使忠勇之士無所効命不候朝旨

卷八千三百四十五

輒自退軍逗撓怯避韓永式同商量軍事輒敢符同令
遣侍御史知雜事何正臣幹當御藥院梁從政於軍前
告諭存寶永式罪狀當正典刑曉告將校士卒並由存
寶節制不任退軍之罪其所立功依例推賞　二十六
日樞密院擬令彭孫討瀘州夷賊隨行軍兵約束上批
彭孫所部多獷人難繩以常法須特簡嚴為一約束付
孫令據所犯隨宜處斷勿令拘制送州縣遂詔應所部
兵令彭孫知其甘苦無令失所如有罪犯量輕重行罰
仍令經歷路分轉運司指揮隨處州縣密覺察如有擾
擾具以聞　六月十六日李憲言准宣發廣勇右二十
指揮駐熙河令臣將之以往廣勇揔置未常出軍乞於

宣武神勇殿前虎翼差指揮為臣親兵詔改差殿前虎
翼右一四指揮所乞親兵牙隊管軍方許劉與憲知管
七月六日經略司走馬承受麥時晒言乞梓夔兩路
入蠻界人夫令轉運司剌其額如諸將獲級委官省驗
詔如入蠻界殺人夫以充級其主將重行朝典　十一
月九日种諤言將來諸路兵乘冰渡河竊慮推究相先
爭奪財貨將佐不易禁止乞早降約束詔諸路總兵官
將來得賊府庫應當日同有功士卒並主將親檢校均
給如金帛浩瀚宜量留充將來置帥供饋之用若賊逋
竄尚有繁顧逗據巢穴之心即焚其所居五年正月二
十三日詔彭孫追供奉官趙福斬訖奏先是遣福隨涇原兵睦討隸將

卷八千三百四十五

下至靈州糧道斷絕十路逢賊瑠戰大軍夜相失潰走慶東奏已得旨放罪福在東塞下用事見經不為禮遂因以惡語奏福坐軍中不入賊故也　三月二日詔環慶路經略司昨出界
將領官所部兵除死事及因傷而死外會計已及數如
及二分追一官二分半二官三分三官五分半四分五
官四分半六官免勒停差遣依舊其降官至奉職各罷
將副差遣令曾布據出界時分隸將領官所部及失亡
數并應奪官人名位以聞其鄜延路涇原路秦鳳熙河
河東路取會亡失數准此　十八日詔鄜延路經略司
聞沿邊防拓將下士卒頗有逃歸者勘會是實嚴行收
捕為首人陵遲處斬餘並斬訖具人數以聞　五月十
一日河東經略司言豐州屯駐神銳指揮千餘人薛義

所部照應修葭蘆寨至府州百十寨王安等百餘人詖
動軍衆擅還豐州及恐喝指揮使張臻言不遜内捕獲
十六人張世規已陵遲處斬其餘人見捕逐詔續獲人
但嘗逼嚇指揮使出不遜語證佐明者並處斬余更不
得推究為首人家屬應緣坐者押赴豐州處斬其同居
骨肉依編配法其後經畧司言安等已斬莫知為首者
而安有母年六十上特貸之　六月十六日詔將下諸
軍從軍走回並特免押赴軍前配逐處本城人員降一
資　七月廿九日詔熙河路自今如不用條詔擅役將
下兵毋得應副以李浩擅役令般木踏擊故也　八月九日詔鄜延路招
納歸順蕃部壯人十人老小婦女四十人並遷一資十

卷八千三百四十五

歲以下不許累遷不得過三資即不及與減磨勘一年
不及減年及遷資止毎一壯人支絹四匹老小婦女一
匹殺降人者許人告毎人賞錢二十千至百千上告殺
五人以上者仍遷一資殺降人者斬　六年三月二十
六日上批早來擬奏配軍畫一法内稱刺充某指揮恐
於上軍稱呼有嫌可諭修法官改云某指揮雜役特犯
罪法應配流者其罪得輕免配行盡以隸禁軍營為雜
從然禁卒素悍配法嘗耻言之故也上於人情至微無
不曲盡　四月二十三日熙河蘭會路制置司言准詔
劾李浩罷蘭州猶帶本路鈐轄擅奏赴闕罪狀浩自言
雖嘗奏赴闕未離任詔浩於法當以擅去官守論以本



離本路及近出塞有功罰銅二十斤　五月一日涇原
路經畧司言第五將申熙寧寨硝抗堡巡檢王世隆追
賊至水東山戰死弓箭手十將王和等十四人各傷中
詔世隆擅領兵過壕又不能策知伏兵致傷折人衆如
其生全朝廷必重加責可更不推恩其輕重傷人依格
陣亡人依陣不勝例　六月十一日河東經畧司言葭
蘆寨巡防兵逢賊以衆寡不敵陷没本欵依陣不勝法
施行詔陣亡人准將官使臣等分陣勝陣負諸軍用陣
勝例一等推恩　十四日彭遜言涇原路蕃兵皆富有
出入止差顧人僕從軍蓋舊無正官管轄遇軍行即差
將副人心不相諳故難指呼及差蕃官兩員及諳事將

卷八千三百四十五

官同管轄處置責皆得素養之兵為用詔經畧司看詳
立法　七年正月二十七日詔葭蘆寨居山形勢險絶
非出兵便地縱賊大至不過城守東本寨城圍止千餘
步步立一人止千餘人加倍計之二千人足矣經畧司
都不卹邊費視朝廷財用輕泥沙無故輒乞重兵情不
可赦其王居卿雖已離任令提點刑獄司追此按罪以
聞　六月十一日建寧軍言軍居河流之間隄防之内
應有違犯若自大城越至本軍或自本軍越過河東之
類並依已至越所未度法併越兩河自依私渡法從之
　九月二十一日鄜延路走馬承受李元嗣言軍士崔
皋自截手指避出戰崔皋配本處禁軍雜役令劉昌祚

體量軍中如此者斟酌施行　十二月十六日詔諸軍
雖非出戍因差出不宿於家其妻犯姦許人告　哲宗
元祐元年四月十八日殿前馬步軍司言禁軍排連欲
且依熙寧編敕施行從之　十月一日樞密院言東南
十三將初未定出戍路分及不隸將兵內有出戍名額
少而所轄指揮數多處未得均當欲除廣南東西兩路
駐劄三將各專隸本路及虔州第六將全永州第九將
專備兩路緩急並免戍他路外餘八將及不隸將兵依
均定路分輪戍各聽路分都鈐轄司差使即輪出將兵
不隸將兵路分權撥在京步軍補戍回日復初從之
二年二月八日太師文彥博言廂軍舊隸樞密院新制

卷八千三百四十五

改隸兵部其本兵部府豈可無籍樞密院言官制行廂
軍分隸戶兵工三部於兵工部置籍揭貼逐部自令進
用以其副上樞密院仍更揭貼　三年正月十八日詔
陝西河東出界總兵官奏功必具還塞人數其亡失也
必具所因其不出境即賊退亦具見數以聞　三月十
日詔廂軍歸營及一季乃聽從役　閏十二月十四日
詔陝西河東蕃官蕃兵三路廣西川陝荊湖民兵及敢
勇効用之屬並隸樞密院兵部依舊主行其餘路民兵
令兵部依舊上尚書省　四年十一月二十六日刑部
言諸軍率衆對本轄不唱喏法上軍處斬下軍及廂軍
徒三年配廣南對本轄將校節級依犯階級及立告賞



法從之　六年七月十二日湖北運事司言自後馬軍
犯罪該配者並免特刺充沅州雄略馬軍不許差出從
之　閏八月十三日兵部言諸軍指揮各置籍細開姓
名遇有差使務均勞逸其因疾病權免者損日先差若
限年合替者前期檢舉闕人者申轉運司於別州應副
不檢舉差人或占留合替人及妄作名目拘占及妄多
過限六十日不差者各徒二年每季州委官點檢具有
無不當申州監司巡歷覆視失當者按舉禁軍則知州
通同共點檢從之　七年十一月四日秦鳳路經略司
言近年兵將官與城寨等使臣因違朝旨及帥司節制
以至敗事者以其當立邊功多從寬減上下玩習浸已

卷八千三百四十五

成風請令後將官及城寨堡使臣應緣守禦有違朝旨
及帥臣節制並乞不以邊功寬減庶幾人知畏懍紀律
稍嚴從之　紹聖元年西夏兵入鄜延破金明寨經略
使呂惠卿遣將張輿等襲逐專一其職任襲逐洩奏至
宰相章惇怒其失主將欲誅全軍凡四千人中書侍郎
李清臣曰將沒亦多端或先登爭利輕身入敵令全軍
盡誅異時亡將全軍皆降虜矣上於是詔惠卿隨宜裁
處後得惠卿奏所誅并兵才十六人　二年十月十三
日樞密院言接送人應差兵士者知州及兵官路分都
監已上許差禁軍路分總管副總管路分鈐轄仍許差
馬軍差禁軍馬軍禁軍通計毋得過三分之一內文武

官係知州鈐轄已上並貼差下禁軍通判都監已上及
依通判都監資序差人者亦許貼差近下禁軍毋得過
所闕之半別有廂軍可差而輙差禁軍者以違制論從
之
三年八月六日樞密院言河北第七將狀據舊法
將兵犯令許將官一面決遣昨自知州縣同管以來凡
將兵有犯及應干軍事動多牽制欲依舊條外諸軍轄
補排連差使窠坐旬呈給假並隸將司州縣不得干預
非駐劄處除轄補排連候將副巡歷施行外餘委訓練
官從之
九月八日詔經畧司應軍馬出入臨時差人
部押隊者不及五十人不得過一人五十人已上不
得過兩人每一百人不得過三人（先是樞密院言日近諸路保州費功漢蕃使呂部兵止五七十人至百人有三四員共部一隊者雖依格計隊內所從分數各行推恩比之獨員部人酬獎太優故有是詔）

[卷八千三百四十五]

四年九月二十九日樞密院禁軍長行杷杖
若徒配已升軍分而無過犯者並聽排連從之 元符
三年五月二十六日知成都府路昌衡奏乞精選諳曉
軍政之官以為將副使之分總教習各以逐色比較短
長除本習外兼教他藝及摞帶衣甲應將兵除諳會修
泥城壁吊掛樓櫓板木及補縫衣甲之人許令存留仍
不妨本等事藝外有手藝及機織諸色工匠如年及四
十者並降填廂軍官司如敢隱蔽虛占名糧請受本將
及本州官吏以違制分等科罪弁臣僚上言禁軍內有
會諸作手藝之類諸處不得久占妨廢教閱致武藝隳



墮其別作名目占破手藝人未有立定條約及禁軍習
學手藝雖有斷罪之文即未有移降指揮致軍人尚敢
習學詔諸處禁軍處當職官別作名目差占有手藝人
致妨教閱者以違制論 徽宗建中靖國元年二月二
十三日兵部狀鄜延路都總管司奏乞今後有諸色人
等輙敢將官軍器衲襖披氊之類質賣錢物乞嚴立決
配斷遣條約大理寺修立到下條諸軍以軍號（隨身衣服非）
軍器法物（軍須納襖披氊之類同）質買錢物者徒二年知情質買
若以官給鞍轡質買借人及質買之者各杖一百軍號
器物等並追還質買錢物沒官從之 崇寧元年九月
十七日尚書省臣僚上言竊以朝廷置兵本備戰守約

[卷八千三百四十五]

束稍緩遊藝寖多率以工匠之名影占身役主兵之官
差在本廳則利於役使習學之人得預占破則利於偷
安又其甚者巡檢土兵占充樂人有妨巡邏今欲乞應
戰兵除食手泥瓦匠之外不得招刺諸色匠人及見今
已有工作之人官員並不得差充白直及諸般名目占
破仍乞將手藝工匠並行降填廂軍令後不得依前習
學責在本轄兵官常切覺察依此逐旋降填如敢隱蔽
占破及復招刺者並科違制之罪其巡檢土兵依此詔
尚書刑部遍牒施行 五年八月十六日詔近來官司
多有奏請乞許軍兵投換遂致軍制隳紊紀律不嚴懦
墮軍兵巧避征役公然逃竄投換往來借請衣糧疊支

例物恵奸壞法莫甚於斯已許投換去處並限一月結絶令後官司輙申請軍兵投換以違制論其廂禁軍逃亡並係元豐法　大觀四年十月二十八日樞密院言訪聞諸路招軍殊不以人物年甲幼小未及等尺爲限但以數數塞責而已往往侏儒怯弱童稚之人剌填軍分計一營之數十有二三不唯徒有其數寖耗軍儲竊恐緩急不堪實用詔諸路帥臣嚴切指揮轄下州軍當職官司今後每遇招軍常切子細審驗不得更似日前鹵莽仍逐時檢舉招軍條法行下如敢不依其當職官必定重行黜責干繫人亦等第降配　政和三年三月三日樞密院奏殿前馬步軍司准批送下梓夔路兵馬

卷分三百四十五

鈐轄章民紀等狀伏覩軍防令諸軍差赴川陝路屯駐者如曾犯徒并逃亡捕獲不係全軍差發者所不應差人權移送本州或隣近以次一等軍分指揮即不審諸軍元差赴川峽路時不曾犯徒并逃亡捕獲全軍到川峽路後有犯徒并逃亡捕獲之人合與不合依舊在川峽路屯駐殿前馬步軍司相度契勘自來諸軍遇差赴川峽路屯駐未曾有本處被犯之人欲令後諸軍差在川峽路如有違犯之人令逐處斷訖不至配降即發遣赴所屬依條施行從之　七年三月二十一日臣僚上言近來兵將官或有不能御下以致兵衆弛慢或有督責太甚以致兵衆有言欲損害兵將官則因教閱而不



唱喏欲損害州縣官則因請物而相喧競並不曾重行處斷欲乞今後如有上件事並乞嚴行推治如是事由兵將州縣官即重責官吏如係兵士驕恣即乞於階級法外重斷遣奉御筆依奏立法行下　宣和元年六月十八日陝西河東河北宣撫使司奏勘會諸邊遇事調發軍馬其軍人隨身衣甲器械巻從官給事畢還納訖來墮卒鬬請器甲衲襖之類避免征役多是逃走或託疾拖後並將元請衣甲器械衲襖擅行貨易或典質錢物自知逃亡罪重又已破貨器甲之類理不可還遂絶自新之意兵額由此頓闕臣詢究得蓋緣典質收買器甲衲襖之人罪賞未嚴亦未有隣保備償及許覺察自

卷分三百四十五

首給賞免罪之法是以奸弊日增有害邊方大計伏望朝廷詳酌立法庶有以懲革奉詔依立法聞奏　三年四月一日通奉大夫新除户部尚書沈積中奏臣竊以今之河北乃古燕趙之地自昔號勁兵處朝廷設置諸將養兵之費不知幾何宜其精悍無敵而乃士氣驕惰一可用日者羣寇嘯聚纔數十人爾官軍追捕動以千計强弱之勢固自明甚而遇敵輙北至有束手就死者臣竊怪之而考其所由來蓋紀律不明訓練不精之過也夫禁軍逃亡罪亦重矣然將副則遷就歲終賞罰之格軍校則利其每月粮食之入往往逃亡者並不開落獲者亦不行法至有部轄人糾率隊伍公然私竄其中

冒名代充者比比皆是因循玩習恬不爲異至於教閱
則又苟簡滅裂僅應文具將佐未嘗朝夕親臨訓以馳
射格鬬之事武勇者無賞退惰者不懲而州郡兵官違
法占留牽不依次赴教廂軍小分冗占剩破乃以禁軍
充代差使動妨教閱一旦使之臨敵是何異𢀖市人而
戰之故又況優重不均廩食不精而率斂乞索累不禁
戢凡此皆害軍政之大者臣愚伏望聖慈明詔帥臣申
嚴紀律號令將佐精加訓齊其諸積弊悉俾革去使人
人鼓勇則何獨不若陝晋士卒之銳也且兵在於精不
在於衆自崇寧以來增置幾五之一冗食縣官未見有
補曷若汰其孱弱者悉如元豐舊數稍精其糧廩而教
卷八千三百四十五
之加詳焉則備預於不虞銷患於未萌誠今日先務也
奉御筆依　四年十二月六日臣僚上言應今後諸軍
減破須及五十以上實有病在假及百日看驗委是不
堪征役即申提刑司差官審驗詣實方行減破若年未
五十而患手足折跌眼目要害之處不堪征役並差官
覆實減破如違並乞立法其犯人與看驗官部轄人等
科罪仍許人告所費軍額日有進益軍人自無規倖之
弊詔契勘見行條貫申嚴行下　五年十一月十四日詔
樞密院士不用命亡失掌兵官即依軍法不得容貸有
廢紀律（以臣僚言承平日久卒情而驕故也）　七年十二月二十八日詔
已差諸路統制將兵應援河北河東如沿路故作住滯



及申請爲名逗留不進有悞邊事仰所至帥臣聞奏當
以軍法從事其已遣諸路統制兵馬并召募効用敢勇
等所過州軍合請錢糧軍器守令竭力應辦不得少有
稽慢邊事寧息當優與推恩如敢違戾並行軍法　欽
宗靖康元年二月二十七日知建州王賓言軍興
以來諸處敢用勇効用保甲弓箭社等帶隨身器甲於
經過州縣城内安泊往往作過未有明文禁止檢准政
和軍防令諸全將差發所由州縣承報量兵馬標占驛
鋪官私邸舍各以部分區處取定仍前期一日以圖報本
將又賊役令諸丁夫經過縣鎮城市三里外下寨宿止
不得入食店酒肆有所須物火頭收買竊原法意全將
卷八千三百四十五
之兵久經訓練故枋經州縣合行標撥驛鋪邸舍至於
丁夫則不然本皆愚民不閑教督若使持器杖入城邑
干百爲羣耳目之欲不勝其求必致爭亂今來諸處所
起人兵皆新招烏合之衆部押兵官素非統轄縱有不
循紀律未敢以軍法從事是以經由州縣例多分擾乞
比附丁夫法並於城外下寨仍令部押官前期報所過
州縣備合請錢糧令就倉庫請領或差官於城外支散
庶使平民得以安居從之　十一月十四日詔諸州勤
王如敢後時當職官並以軍法從之　光堯皇帝建炎
元年六月十四日詔自今行軍用師並依新法從事可
依下項一祖宗法一階一級全歸伏事之議敢有違犯上

軍當行處斬下軍徒三年配五百里近來因循浸失法
意可遵守施行　一祖宗禁軍逃亡上軍處斬在七日
內者流三千里首（配千里）身杖一百下軍第一度三年首身杖
九十第二度流三千里配隣州本城首身徒二年自今
可常切遵守過七日者不許自首許人告捕每獲一名
賞錢十貫文　一禁軍出戰遇賊敵進前用命者賞輒
退不用命者斬賊衆我寡力不能勝因致潰散不歸本
部本寨聚集者斬因而逃歸往營去處及作過者家族
並誅　一禁軍於行師之際盜博鬥毆飲酒至醉拍攦
器甲藏匿婦人脅持財物扇搖惑衆買物不還價錢並
依軍法　一統制官部隊將遇敵怯懦不能率衆用命

卷八千三百四十五

者斬賊攻一軍危急而餘軍不策應者統兵官當行軍
法賊攻一部一隊部隊不策應者部隊將當行軍法
一統制官明保公狀故不實徇私不公者當行軍法
一統制官不能撫御將士致士卒擾動者當行竄黜
一統制官不能用兵不能乘機取勝致敗北事理重者
者當行處斬事理輕者編竄遠惡州軍　一將士卒伍
先登陷陣及以弓弩射退賊者雖不納級亦行推賞
一全軍勝則全軍推賞全隊勝則全隊推賞同退走者
盡斬軍隊雖不勝其間有能自斬賊級及中傷在前者
自行推賞　一將士戰沒五甲將佐親身而非逃亡者
委五甲將佐開具保明當優恤其家不得輒以收身不



到闕落莚者重行編配許其家陳訴　一統制官部隊
將所統兵以十分為率遇敵接戰獲級與殺死士卒人
數等者免罪推賞獲級分數少殺死士卒分數多比折
推恩不能獲級而士卒殺死衆多者斬　一統制官不
受大帥節制部隊將甲正伍長不遵受節制跡狀顯著
者斬　一統制以下因出師輒敢扇搖謀變者先家族
一將佐卒伍出戰獲功多緣再下保明遂致行賞稽
滯夫賞不踰時欲士卒之知勸也自今大帥統軍盡時
保明即行推賞故不以實許人告根究得實以賞與之
樞密院人吏輒拖延者編配遠惡州軍　一守紀律保
護其上者賞違犯者斬　一守捍扼要害敵處至固守

卷八千三百四十五

不去者賞棄所守者斬　一使劫寨或邀截或追逐或
設伏或出奇或入敵營壘探事能如令者賞違戾者斬
一凡賞應轉官資或支例物並軍中盡時給付　一
凡有罪處斬訖並梟首令衆率先退走者家屬盡殺餘
並依將法　十一月十一日詔財用以贍軍兵其詐冒
軍兵姓名僞造券旁盜請係官錢粮入己之人侵耗邦
財有害軍須情犯深重可特不用今降赦原免　二年
三月二十一日詔應行在并差出及五軍下出戰軍兵
閃避征役拋離隊伍妄通姓名應募他處之人并招收
知情爭占人並依軍法施行　五月八日詔諸路應緣
軍事請求依曲法請求法（以臣僚言行在五軍并御營司及差出將領等所辟大小）

使臣例各不公故也 二十三日御營使司言都統制王淵稱兩浙路州府軍兵多不諳軍中紀律止是別採撰造事端致民間不安乞差官幾察詔王淵依旨時淵奏勘兩浙路軍兵雖有營房亦不在營房居住多與居民雜居講造言語致民不安乞將見在街市居住軍兵並遣入營房如有闕營舍去處許用官錢修蓋詔本路提刑司措置以聞 九月十四日詔今後諸路應係將不係將軍兵並聽帥司差撥應土軍弓手並聽本路提刑司差撥如輒敢申請占吝反直行差撥者並以違制論其後樞密院言已降旨揮即未曾立定分數切慮諸路帥臣監司各不知稽國畫數抽差卻妨本處防守今後如遇差撥仍不得過見管人數三分之一 三年四月二日詔自來將帥行軍諸軍於軍前犯罪或違節制不用命自合於軍前處置外若軍馬已還行在諸軍犯罪至死申樞密

卷八千三百四十五

院取旨斷遣 六月二十八日臣僚言軍興以來鮮有可用之兵蓋以紀律不嚴軍政弛亂每破驛劵多至數倍每行一驛不批數日此冒請之患也請受之外須更犒設此邀求之患也州縣畏威暴斂民力重困此騷擾之患也迫以軍期脅以軍法或執縛縣或箠撻公吏此苛暴之患也毀撤民居以為蒸新強市飲食不還價直甚至攫拏財物誘掠婦女此剽擄之患也婦女從行謂為老小將領而下各有所携少則一人多則數輩上下相蒙無復鬭志此老小之患也功狀濫失實廣增俘馘僥求上賞公受貨賂鬻賣官資此冒賞之患也空名告劄以俟賞功隨意補轉功重者多賞不當功名器實濫



此補授之患也凡此八者為患實大或見敵而避或望風而逃乞下諸將申嚴紀律仍委三省樞密院御營使副按劾及臺諫覺察以聞詔劉與諸將 八月十九日詔應差往諸路捉殺軍兵經過州縣不得直入州縣止許城外踏逐寺院并空閑官舍安泊如遇批請買賣物色仰統兵官據差定人數預報諸縣給牌號方許放入不得經宿其劵驛並據往還合勘請日分支給不得過數批勘仍令州縣如遇軍兵過往候起離日具有無搔擾及應副過錢物等數目申尚書省仍劄與行在諸軍統兵官遵守以尚書省言昨喬仲福領兵經由使州軍馬等直入州城四散占據民居擄掠良民妻女作過故有是命 閏八月十五日詔分擘定防江臣僚杜充

卷八千三百四十五

建康府王民孟涓劉經顏孝恭曹琺郭仲荀並聽杜充使喚劉光世太平州兼保護池州韓世忠鎮江府辛企宗吳江縣陳思恭福山口王燮常州內劉光世仍聽杜充節制 二十六日江南東路宣撫使劉光世言受杜充節制有六不可乞不受杜充節制上怒曰豈容如此跋扈便降指揮言杜充除將出自朕意令盡護諸將光世輒敢首拒詔命慢紊朝綱候指揮到都令過江如尚敢違拒當寘典憲仍令閤門不得收接朝見文字繼而光世已依指揮畫時渡江即嘉其遵奉詔令遣中使以茶藥銀合賜之 九月二十七日御營使司言訪聞江南東西及兩浙路統兵官並不鈐束兵衆致擄奪村民財物虜掠婦女拘占舍屋作過深傷

不便，詔令江南東西兩浙路防江統制等官嚴加鈐束，縱令有犯，其統制等官先行軍法，犯人不以多寡，並行處斬。十五日，詔諸軍擅入川，依軍法。以利州路轉運司言：興州准辛企宗隊先得旨，發送行在，帶領家屬人馬經由本路興洋等州前去，緣本司不曾承准關報，本官特帶人馬已入界前來，竊虑陝西將兵援例入川，不惟侵耗歲計，萬一本司應副不前，以致生事，乞立法約束。有旨令樞密院立法，至是上言。紹興元年十二月二十四日，詔諸軍出師並合嚴切鈐束，一行沿路不得秋毫騷擾作過，仍從樞密院採訪覺察。大將察統制官，察統領官，統領官察將副，將副察部隊將使臣，部隊將使臣察擁押隊旗頭，擁押隊旗頭察隊下人，如敢違犯之人，並行軍法，家人有犯而知情者與同罪。若失覺察，別因敗露，其次序合覺察人並當重寘典憲。所有見在諸處屯泊出師軍馬，令依此遵守，各具知稟聞奏。以右司諫方孟卿上言：比年軍宿姦起，為民久害，陛下遣師命將，掃蕩妖氛，然軍政久壞，士無紀律，凡大兵起發，其統制官不各給印歷付部隊將，排日書所過地分宿食去處，覺察作過之人，使行軍法，更委本處監司州縣覺察，如有軍兵作過，而將佐容縱，即時申大將根究，仍具一般事狀申朝廷。檢察如大將蒙蔽，監司州縣有失覺察，致朝廷訪聞，或因人陳訴，別乞重寘典刑，嚴行黜責，故有是詔。二年四月十一日，詔應神武諸軍、御前忠銳軍諸將准備差遣、使喚使臣不能馬步射者，逐軍統制將官體量放罷，今後不許衣私借差本軍兵卒，如違及借之者，並科違制之罪。閏四月二日，詔諸處分遣在州縣守戍官兵并餘統兵官等，元係朝廷遣使，即依將副序位；若止是軍中或帥司一面差委，即與州都監序

卷八千三百四十五

位，其餘使臣與當部隊將序位。如違，並依部內有犯，許令守臣監司按舉，其兵校於屯駐去處知通並依階級法。時軍興，諸處各有分屯守戍將官，與州縣官即無序官統攝，多在州縣欺凌官屬，過數批請，直入倉庫，以至請求犒設，虜掠州縣，百端需索。至是樞密院措置，故有是詔。七月十一日，詔令諸軍統制官鈐束所部官兵，應有陳訴事務，並須依條次第經由朝廷施行，不得依前隔驀。如違，其越訴人當議重作行遣，統兵官容縱，亦仰取旨施行，各具依稟申樞密院。以樞密院言：勘會行在諸軍兵級，凡有陳訴事務，自合經本軍統兵官陳乞，近來諸軍官兵有陳乞本身恩賞換授之類，往往不由所轄越訴，理宜約束，故有是詔。二十七日，臣僚言：今東車駕駐蹕臨安府，日近府城遺火，諸軍以救火為名，持刃乘鬧，公然搶奪錢物，乞今後遇有火，依京城例，止

卷八千三百四十五

許馬步軍司及臨安府兵級救撲，仍預給色號，常切准備外，其餘諸軍並不許輒離本寨，仍委統兵官鈐束，犯人重作行遣。若臨時御前處分，差殿前司官或搭財兵級，或神武統制下一軍同共救撲。從之。十月九日，兵部言：乞應今後統領兵官、使臣等經由州縣，於守倅令如屯駐法，或輒以請受為名，執縛笞撻命官，許州郡監司按劾以聞，重加典憲；州郡監司庇而不發，因而暴露，例行黜責，乞立法。詔令限三日立法申尚書省。本部欲依諸軍違犯階級上軍法；州縣監司庇而不發，因事暴露，依律文內諸監主首知所部有犯法不舉劾者，減罪人三等科罪。從之。三年三月二十三日，江南東西路

宣撫使韓世忠言累降指揮諸軍不得互相招收及將別人軍兵等一面差人拖拽欲將諸軍官兵効用已受應告敕宣劄文帖許令本軍統制官於背後批寫某軍押字用印仍自令以後如遇後來官兵効用批勘請受並仰本軍先次取索出身文字照驗過勘及令所屬粮科院復驗委無違戾批歷身訖放行詔依若敢尚習舊弊互相隱匿主兵官重行黜責本軍幹書將佐及批勘官並徒二年內外諸軍忠鋭兵將並依此施行　二十七日臣僚言聞軍兵所屯之地發掘墳墓鞭尸暴骨旁亘百里間鮮有免者死者銜冤生者痛哭又聞自來用兵破敵之後必以所得者首級多少定賞其空手無獲

卷八千三百四十五

與所獲之少者往往捜攎平人借取其首以充納級之數願降詔訓飭諸將凡軍兵所至申嚴紀律令毋得發掘墳墓凡遇敵乘勝毋得借取平人首級詔劄與都督府及神武諸軍逐路帥司常切遵守嚴行覺察禁止如有違犯之人取旨重作施行　四月二十三日詔諸軍棄毀亡失付身宣帖之類令後並依見行條令所在州保奏施行即不依前於本軍陳乞一面出給公據如輒敢一面出給公據並從杖一百科斷其給到公據亦不得收使令殿前馬步軍司常切檢察遵守時樞密院言諸軍自來棄毀亡失付身宣帖之類依條詔本色保官二人如條將校所在州保奏餘人並補元給官司出給公遇近年以來諸軍亡失宣帖寫並不遵依條令經由所在州保奏亦不報元給官司出給公憑止於本軍等處陳乞一而出給





公據照驗批勘請受過有功賞轉補便作付身擬身轉資綴兼日近諸軍換受前班都虞候亦止憑本軍給到亡失公平收使換官似此不唯有遺條令申無以驗資賜絕奸弊有害民制故有是詔　十月七日樞密院言訪聞有軍兵持杖踰候潮門城出外作過蓋緣兵將官從來有失覺察理宜禁止詔令張俊揚沂中嚴行約束所部官兵寅夜不得輒出營寨如違收捉解赴樞密院並行軍法若本軍不覺察致敗露其本轄兵將官並重寘典憲　四年六月二十六日二十六日詔今後使臣効用軍兵並權住招收令張俊揚沂中根究將日近強刺人數並給公據放令逐便及約束諸軍今後不得擅便招人若更有違犯其本頭項統制統領將佐等一例重作停降所遣街市強招人軍兵使臣並

卷八千三百四十五

行軍法仍立賞錢三百貫許諸色人告捉樞密院給黃榜曉諭先是諫議大夫唐暉言近諸軍遣人於街市擄捉充軍鞞鼓之下人心必攜乞降約束不許彊刺故有是命　十二月十五日權淮東帥臣趙康直言劾奏州兵官任顯不伏使令已械送有司乞行竄責上曰康直既權帥事自令施行嘗記朕為元帥時有一部將醉入酒家壞其盆盎朕捐白金償之而斬部將梟其首自此更無一人犯令者大抵用兵當以威信為先　五年二月十四日詔朝廷攘却寇盜皆將帥之力理須恩威兼濟使人悦服竭節效命自頃戎虜荐至賴二三大帥能體德意撫馭士卒果獲其用尚慮本軍偏裨將佐不能遵守諸帥約束非因行軍用刑過當自今本將本隊士

卒有犯依條斷遣間當有官人具情犯申樞密院量度事因重行編置即不得故為慘酷因致殺害務要士卒悅服庶使主帥仰副朝廷責任事功之意如遇教閱行軍合依自來條例施行　八年正月六日宰臣趙鼎言建康府捕盜馬者事連殿前司兵士本府已行追究上曰朕嘗諭揚沂中統兵既衆其間豈無作過之人切不可占護若有所占護則軍中紀律便不行矣沂中亦曰大凡軍中占護有過犯者為非建康府追逮沂中必不敢隱而不遣　八月十七日後殿進呈次上以諸軍用臣挺捶偏裨有過數而死者嘗戒殿帥揚沂中曰平日將士少有違誤法令具存不可以一時褊情恣為暴虐

卷八千三百四十五

不比在行軍處也　九年九月十四日臣僚言兵興以來蓋有不能悉如舊制者然莫甚於諸軍代名之失也紹興六年密院措置空名給據付逐路宣撫司及其餘州軍許令代名之人赴軍書填一切不問舊請給銷鑿元承代某人職次俟立功日改正補轉此蓋都督視師于外隨宜措置以安一時非良法也行之至今自陳承代冒名窃祿者不知幾人乞將前降許代名指揮自今日為始更不施行詔依今後不許代名　十四年正月二十四日宰執言領殿前都指揮職事揚存中乞將本軍未刺字人並刺字識認以防諸處互相招置及乞嚴行約束事秦檜曰舊有一法招刺軍人並從軍法所以



難行一法立賞許人陳告犯人請給計贓坐罪統制統領將佐取旨今欲依此施行上曰立法不必大重責在必行法必行則人莫敢犯　二十五年十二月二十七日詔御前諸軍統制可依見行管軍條法不許出謁接見賓客內兼州事者依本法　二十八年正月十一日宰執進呈臣僚論殿前司强刺人充軍事上曰招軍一節士大夫往往以為不切事宜殊不知除戎器戒不虞聖人所以思患而預防於無事之時為先事之備豈可但已今殿司見闕數千人積之歲月切恐暗失軍額不便但當措置約束無令擾人足矣宰臣該等奏曰誠如聖訓　三十年六月二十五日宰執進呈次上曰如聞

卷八千三百四十五

諸州軍私役禁軍兼闕額多不招填三省可同議檢會條法行下如守臣以下非法占破監司按劾仍令監司互察　三十一年二月一日後殿進呈乞編修樞密院軍政條法上曰依故事委編修官　十一月三日詔後諸軍統制官韓霖依軍法施行以建康府駐劄御馬前軍都統制王權言霖託詐中風不起及差當官診視得即無病證諸軍與賊血戰終日霖獨乘小舟泊於江內觀望並不入賊故也　九月詔後軍准備將權正將武翼大夫李在除名勒停令本軍自効以江州駐劄御前諸軍都統制戚方令統押人馬渡江不稟號令棄離軍馬先用小舡過江無人部轄人致渰死五十二人故也　十八日詔劉汜貸命追毀出身文字除名勒停送英州編管令鎮江府日下差使臣一員兵級十人管押前去內兵級逐州交替各具已收管

中三省樞密院以三省樞密院機速房勘會據諸處申到十一月四日瓜州之戰首因劉汜退失理合按軍法施行故有是詔。二十一日，詔王權可特貸命除名勒停，永不收敘，送瓊州編管，月具存在聞奏。令臨安府差得力使臣二員、軍兵二十人押送前去，沿路不得時刻住滯，具已起發申三省樞密院。先是臣僚言謹按建康府駐劄御前諸軍都統制王權沿淮守禦之備初不經意及虜人犯淮得以繫橋從而進兵如入無人之境權亦旋棄廬州回屯昭關將士雖有欲戰之心權領親兵先遁麾衆使退及虜騎至尉子橋始遣姚興一軍迎敵興戰力血戰數告急于權權於山宗山上以群刀斧手自衛飲宴自若殊無應援之意自辰至申僅遣二百輩往已無及矣興勢難卻然猶殺賊數百人生擒賊首而回不意賊假立旗幟以紿之興棄而入遂與其衆俱陷所存者無一一權往回和州謂已得全字牌令棄城守江故自十月二十一日先往采石放火以燒西門而城內錢糧器甲騾馬盡再委于賊使軍民奔道擁入城河及江爭沒死溺而死者又三之一將士怒怨號呼聲動天地指船訴駡皆已權不戰誤國負朝廷為言且恨不食其肉也其亦不容誅矣乞明正典刑梟首江上使將士聞風爭先効命以副國難故有是詔

卷八千二百四十五

應歸敘宥類



全唐文

宋會要

淳熙十四年二月二十七日，詔婺州陰婦阿徐特送鄰州編管。婺州獄勘阿徐為顧主楊伷被人力陳山童殺死，山童父陳十六從伷家前經過，阿徐為憤其子殺害顧主，用棒行打陳十六左脇身死，法當絞。刑部奏以阿徐既能忘身為顧主復讎，即與尋常鬬毆不同，忠於顧主，其節可嘉，故特貸之。

卷九千六十

宋會要
鄉兵
真宗咸平五年正月侍御史吴清言奉詔與陝西轉運
司點緣邊丁壯充保毅軍凡男六萬八千七百七十五
人已給資粮詔令分郡支　五月詔集近京諸州丁壯
選隷軍籍是時西北邊屡請益云輔臣請以河北彊壯
「選充帝曰河北河東之民取而為兵數已甚衆前置彊
壯時諭以永不充軍今一旦籍之是失信也呂蒙正等
言闕兵非取於民不可請於河南諸州籍丁壯量數抽
取帝乃曰如此必有騷動然戍兵未充衛士尚少不得
已也卒從之　七月詔邊防未定遂募鄉兵離去故土

足傷和氣應諸點點充彊壯戶税賦止令本州諭納有
司勿得支移　景德元年正月詔河北諸州先所募强
壯自今或逃亡更不添補先是帝謂侍臣曰昨日咸倫
自河北来言磁州點集彊壯簡閱且河朔之民豈得無
故追擾樞密使王繼英言近日磁州奏彊壯有逃亡者
恐不及顏故再有追集帝亟令止之故有是詔　九月
五日詔河北河東州軍調集彊壯訓練之　二年正月
詔河北諸州彊壯除瀛州城守得功人令第其等級以
聞餘並遣歸農　四月并代總管司言廣税充軍人老
疾者須親屬代名乃得除籍為民請自今應本土居人
雖非親屬而願代者亦聽從之　大中祥符二年二月



詔河北諸州彊自今每歲十月至正月以旬休日召集
校閱免奪農時　六年帝謂樞密院王欽若等曰河北
校閱强壯自北鄙罷兵之後尋令逐州並依常於農隙
時教閱蓋不忘兵戰而使其習以為常若絶而復行契
丹必生疑慮昨日見趙州奏稱准宣命教閱可密諭此
意及詰其不奉詔之由　四年十月詔河北忠烈宣勇
「軍士本自戶籍選置其老疾者許名人承補即聽歸農
如聞補者逃亡官司復取歸農者充役此甚無謂自今
禁之　五年七月二十一日詔河北河東忠烈宣勇廣
鋭軍士自今老疾者即歸農無勒名人承替其闕員並
自京差補　六年四月九日詔雄霸州所調鄉丁為忠

順軍指揮戍於河上歲月既久宜特選補　九年十月
知秦州曹瑋等言本州先管保毅六指揮共三千人後
放四指揮歸農緣皆土人諳識番情便習射藝況今邊
戶夾名并本管人員見在欲乞勾點教閱准備非時防
托樞密院檢會　景德二年以秦州保毅義軍三千人
自来分番邊寨守把甚有貧困不諳練之人費耗家産
祿廪遂令選留少壯會武藝而家産者千人外並放歸
農自後知秦州王承衎楊懷忠等累奏乞揀留保毅千
人以来多相決射及受雇替名逃竄難為拘管兼河民
學武藝惰農業實無濟用乞並放歸農令樞密院王欽
若以此諭瑋等北来軍兵數多民毅前後累經揀度者

詳以聞　天禧元年十月詔河北河東忠烈宣勇兵士有老病揀給半粮者自來令人承替如聞多是貧獨無力名人宜令轉運司自今有如此類及不給錢粮者遂處保明放停所少兵士並依本城例招補　仁宗天聖五年三月臣僚上言者稱秦州保捷五指揮人內有年老及十年以上者曾揀選者詔就差陝西同提點刑獄崔淮揀選其十年以上不曾揀選兵士令提點刑獄司及秦州分併因依聞奏　八月詔河北河東自今見在強壯身亡并老疾不任充應者本家別差一丁承填除依常例修完城壘外非時不得勾集差使　十二月前河北轉運司周好問言河北河東強壯身死並年高殘

卷八千三百五

三

疾及見今單獨不任充應者令本家別差一丁充填若無餘丁並於本村別戶差選從之　景祐二年五月詔施州義軍如聞多雇人代戍既不時教閱復私加役使其令監司察視違者以私役兵防論　寶元三年二月八日中書門下言累據臣僚上言請令諸州強壯教習兵戰以備征役從之　十一日詔陝西州軍已差轉運使張存專點集強壯宜令安撫使韓琦等偏行撫諭無致驚擾其應蠲免事件規畫聞奏及令存琦慰諭所差強壯止本土防守城池不差他處　康定元年三月詔陝西所募強壯止留捍守城池毋得遣戍邊　四月詔河北都轉運使姚仲孫緣邊安撫使高志寧密下諸州

此節載宋史兵志兵四陝西保毅下



軍添補強壯初知制誥王拱辰言昨奉使時聞契丹不畏官軍而畏土兵蓋天資勇悍鄉閭之城人自為戰不費粮廩坐得勁兵宜速加招募而訓練之故有是詔　二年七月陝西都總管緣邊招討司言准降下鳳翔府通判張廣奏近邊州軍鄉兵弓手應三等戶以上暨向下有及四丁以上者並不限十月初正月終但遇邊上有事宜緊急便許府郡勾集防護乞如所請如不足更於向下有物力弓手內勾抽才候賊退却放歸農　是月二十六日詔比置宣毅指揮以防守城池其先所增弓手於第二第三等戶內選壯勇者並舊額兩倍每五十人置節級一名餘悉放歸農　十月鄜延路兵馬都

卷八千三百五

四

監种世衡請募青澗城土丁不刺面別名為一軍從之　慶曆元年二月中書樞密院言欲委逐路總管等於本處職員內擇有行止人令募近邊土人立充護塞指揮立在鄉村教閱武藝遇有事宜勾集使喚從之　二年五月詔廼者以河北河東弓手為軍蓋欲知鄉川道路服習耕戰而諸遊冗之人皆願雇代人入籍其非正身者一切罷之　閏九月詔河北路義勇鄉兵死而其家有丁壯者令逐處選填之　十一月詔秦州六縣保毅指揮自今如敢私役者以計庸律論初涇原路都總管程戡言陝西諸路舊有保毅不知所置時逐指揮不計人數元不刺手面又死子承籍不可脫原其初置之

意蓋欲緩急保捍邊陲，近年唯充州縣夫役，無復責以武藝。比經點刺為保捷軍，而家猶不免保毅之籍，今皆孤弱下戶，既應役不任，即析賣田產，所買之家以分數助役，至五十家共負一夫之役。臣昨在秦州，見此輩每斬材伐薪，修城築堠，未嘗暫息，以至就傭日不下二三百錢，加有都將歛率，誠可矜念。況諸路已有鄉兵，沿邊又有蕃手，請並罷保毅指揮。下陝西都轉運使議經久利害。而永興軍通判郤良佐言：陝西保毅軍舊制，遇邊上有警，會集以守城，事已則放歸農。今鄜延、環慶、涇原三路則不占它役，獨秦州賦馬未嘗至境，其保毅四指揮僅三千人，常供役本州，貧瘁之民久廢農業，乞朝廷垂約束之，故降是詔。卷八千三百五

六年六月二十七日，知并州鄭戩言：本路義勇鄉兵，昨因明鎬擘劃，乞今後相度邊事或勾或放。今經二年不曾教閱，慮因循惰廢武藝，乞下經略司，每歲九月農隙之際，分兩番教，多處分四番，番於本縣教閱半月，遂州軍吏教半月，放歸田里。從之。

兵一之五

嘉祐七年六月，同判都水監張鞏言：前為河北轉運使，所部辰、鼎、澧三州有係籍二丁，習知山川險易之處，而不習戰閱之事。請下鈐轄、轉運司，每歲冬初集本州教閱一司，令戍管下諸寨堡，減北兵歸京師。其技高者戍日少，次者戍日多，下者倍之，仍免其戶下科調，人給口食二升，其技之尤高者遷補之。從之。

神宗熙寧二年十月二十一日，知滄州李壽朋言：乞將本州及乾寧軍界河之南低下經河水淤澱之地不起租稅，每二頃招強壯堪征役一名充為寨戶，如願養馬更給地五十畝，只隸諸寨更番戍守，所置將窠、兵仗、刺手之法並依義勇條例施行。詔以強壯為名，仍令河北安撫使司應有合行處置事件相度施行訖奏。

三年正月，廣南西路經略安撫轉運司言：土丁每年冬句赴本縣教閱，次年赴州，並一月放散，有妨農務，已令諸州用十一月。從之。

八月，荊湖北路都鈐轄轉運司言：辰州舊用土丁二千人，分作三季入寨防托，每季計差六百人。今以江南銅安、龍門、漫水、敘浦等處閑漫地，可減百人，仍展為一季，所費人得蘇息，不妨農業，省減祿廩。從之。卷八千三百五

七月二十六日，澧州言：奉詔與保毅更不勾追應役，只令一名納錢三千。緣保毅充置年深，多本戶下下各戶貧民，沿邊納已前醵土人，並願且依舊應役差使，更不納錢。詔本名合納錢三千，更與減一等。咸平五年，蓋繼遷叛，西陲用兵，遣侍御史吳倩與陝西轉運司閱緣邊丁壯充保毅軍，凡得六萬八千七百餘人，給資糧，與諸軍分戍。保毅之名自此始也。治平剌陝西義勇，環慶路保毅遂撥充義勇，鄜延路或隸為義勇，餘仍舊。秦鳳、涇原路下應役，止約備錢，民頗苦之，故有是詔。

十二月，知定州滕甫言：中國夷狄之兵常多寡之不敵，蓋中國兵有

兵一之六

定數至於平民則素不知戰戰夷狄之俗人人能戰舉
國皆兵此其多勝也今河北州縣近山谷處民間各有
弓箭社及射獵等人戶習慣便利與夷人無異欲下本
道逐州縣並令募諸色公人及城郭鄉村百姓有武勇
情願學習弓箭自為之社每年春時長吏就其射處閲
謗閲試之況北人具俗勁悍性亦樂為緩急雖不可調
發亦足以防守從之　七年六月二十六日尚書兵部
言廣南東路轉運司申廣南東西路槍手土丁內第四
等主戶有三丁者以一丁為土丁揀人材壯健者充及
立正副都頭使副都頭各分番匀赴州教試支與錢米
等事本司檢會本路十四州惟廣惠循潮南恩五州已

卷八千三百五

七

奉詔共置槍手一萬四千餘人只是鄉耆遞相推排不
拘等第主客人戶或招名不足即於本屬分差填其第
三等以上免本身役四等以上免役當何如也所有都
分將稟只自副都頭以上除將所置槍手於在州教閲
外縣委令佐或差官以教事畢放散詳此只說於第四
等以上主戶有三丁者以一丁為土丁未委一戶有六
丁者合取二丁或戶有九丁者取三丁為復今戶內但
有三丁以上者只取一丁以此未敢編排其第五等舊
係槍手人數已行放落外有九州元無槍手只新定保
甲每戶二丁以上取一丁充保丁即未委重行排定槍
手或更不置立今槍手是三人者保甲是兩丁以上即



不知槍手一戶六丁以上或保甲四丁以上合又差一
丁及已係排槍手人戶尚無更排保丁已否本部勘會
若依義勇條例其第四等以上主戶每三丁合取一丁
為土丁又緣元降詔旨只言第四等以上主戶有三丁
者以一丁為土丁及自來無土丁州軍合與不合差點
詔令逐路經畧安撫轉運司據元管槍手土丁人戶依
義勇例廣南東路每三丁差一丁充槍手廣南西路每
三丁差一丁充土丁其自來無土丁槍手州軍即更不
差置　八年十二月二十二日詔廣廣西路選募少健
丁壯三二千守邕廉等州城不足即於土丁內揀選
九年正月六日詔廣南西路經畧轉運應控扼州軍并

卷八千三百五

八

修城去處土丁並支與錢米修城者仍分番赴役內不
當控扼去處即依條教閲滿一日罷　十年七月十七
日詔應民兵戶內餘丁若歸明人子孫官戶客戶女戶
有男夫同居者依有丁例單丁戶探事人戶河北沿邊
弓手戶并免丁之人並令附保　元豐元年十一月二
十八日荊湖南路安撫使謝景溫言相度轉運司乞以
邵州武岡等縣保丁於界上置鋪堡其已發往闗硤等
寨弩手並就本縣差填所置鋪堡望辰州界並在百里
內欲許保丁依條置器甲以備保聚教習皆便從之非
蠻界百里者不用此法　二年十一月二十八日前權
廣東提點刑獄許懋知賀州王諤言詔英南雄連賀端

康封新九州宜依廣恵循潮南恩五州例於四等以上
主戶三丁取一為槍杖手從之　四年正月二十一日
詔河北河東陝西見訓民兵不日什長藝成當推行開
封府界團教之法其所須錢粮設官吏從此準畿縣取
索會較未知及期能辦與否若吏遷延恐不能以時舉
可依府界近例令樞密承旨司取索會較　七月十八
日詔三路見教民兵第一番除澶澤陝州已有指揮外
據狄諮等奏並已教成若久不按試不唯枉費錢粮兼
妨它州起教第二番及轉教之法卒不得頒降宜差天
章閣待制判尚書兵部趙禼文思使文州刺史內侍押
班李舜舉依開封府界已引見格逐一按閱推賞仍差

卷八千三百五

九

入內東頭供奉官宋用臣髙品劉友端充承受兼監視
按閱　五年九月二十三日詔應緣民兵事悉隸兵部
六年六月四日廣西經畧使熊本言知宜州和斌通判
豐禑相度宜州思恩天河池龍水等縣所管二萬七
千餘人過有賊盜緩急可以追呼兼普義德謹思立鎮
寨四寨控制蠻出入路欲令所屬編排土丁分作都分
除逐隘舊防托土丁外各增三十人其非防托者遇有
盜入省地並許緣邊縣及州追呼遣人部領會合捕殺
從之　七年四月六日福建路轉運使賈青言昨提點
江西刑獄編排虔州諸縣槍杖手立額依保甲法歲一
按閱民以為便江西一路可以推行詔下本路依虔撫





州建昌軍等處見行法　五月十一日詔辰州土丁屯
守城沅州每十人兼顧歸明人四人從荆湖路相度公
事孫覽請也　二十一日詔明州昌國西監巡檢司招土
兵百人於明州崇節指揮除其數以鈐轄司言昌國西
監岱山鹽場控扼海道也　哲宗元祐元年三月五日
樞密院言修定監司按土兵賞格從之　十二月二十
六日詔熙河蘭會路住營土兵二十指揮存留一十二
指揮本路住營移八指揮於秦隴州鳳翔府置營以鎮
邊物價踊貴故也　二年五月二十八日瀘南沿邊安
撫使司言請應瀘州界土人因邊事補授班行自出備
土丁子弟在本家地方把扼之人並循久例把扼邊界

卷八千三百五

十

更不與請給亦不理為資任磨勘改轉若別有勞績戰
功并被差入夷蠻界合該推賞自繫臨時奏請恩旨其
敵邀功生事根究得實並不用蔭贖特行決配廣南遠
惡州牢城從之　三年二月十四日詔廣南西路兵民
第四等以上戶兩丁第五等戶不以丁多寡及東路不
以戶等高下並免教　四年三月二日詔融州管下舊
係皇祐勑差置全家成丁係籍之戶每年遇教閱並三
丁抽一丁兩丁之家亦抽一丁赴教單丁者即二年一
赴外戶內餘丁依舊存留係籍以備邊防更不教閱從
廣西經畧司請也　七年正月二十五日荆湖南路兵
馬鈐轄謝麟言乞依舊制於邵州邵陽武岡新化等縣

中等以下戶選充土丁弩手與免科役七年一替排補將級不拘替放年月分作兩番邊寨防托不得雇人每遇上番依禁軍例教閱武藝及專習木弩如妄有役使並依私役禁軍法從之　紹聖三年三月十六日詔廣南東西路槍手土丁依熙寧舊法一年縣教一年上州以樞密院言元祐以來罷上州法慮因此漸成廢惰故有是詔　四年二月四日詔淮南東西江南東西路巡檢並依舊法全招置土兵　元符元年四月十三日詔南安撫司言瀘州義軍乞於十月農隙之際赴所屬摘設以便𠒇衆應推排到義軍職級亦乞委自本司出帖每年合支衣物乞據數給與逐處義軍職級庶幾均被恩賜從之

卷八千三百五　十一

二年六月三日環慶路總管司言展築慶州白豹城畢係控扼處全藉土兵戍守合添置住營馬步軍二指揮從之　三年三月二十七日樞密院言京西路安撫提刑司奏乞依元豐五年詔巡檢司全置土兵仍須招有戶籍或有主戶一名保住者　徽宗建中靖國元年二月八日詔有邊事寧息減放秦鳳路土兵大觀三年六月二十七日詔諸處捕盜巡檢下兵士捕捉不行多是逐縣弓手捕獲可令諸縣各增置弓手小縣一十人中縣十五人大縣二十人其役錢令數出政和六年六月四日詔諸縣尉司招置弓手不許上三等人戶役充近來往往作弊計會縣官漫不省察致使



下等人戶承帶僱下夫役支移科買等以至破產自今上三等人戶輒敢計會投充者每名立賞錢三百貫文許人告以犯人家財充賞行官吏本保正副依條科罪不以去官赦降原減其見今冒役之人仰逐路提刑司指揮州縣並行改正自首特與免罪　十二月七日詔河北路有弓箭社縣分已降指揮解發異等所有逐路縣令佐候歲終教閱了畢仰帥司比較每歲具最優最劣各一縣取旨賞罰以為勸沮仍著為令又高陽關路安撫使司奏准大觀三年十一月內朝旨弓箭射人依保甲法推賞准政和保甲格比較最優縣令佐各減磨勘三年巡檢減磨勘二年最劣縣分令佐各磨勘三年巡檢磨勘二年若到任不及半年應賞罰者並減半即

卷八千三百五　十二

不經管勾聚教者不在比較之限詔弓箭社準保甲格賞罰施行　十八日朝請大夫許斅奏本朝聯保甲於西北籍槍杖於東南深得寓兵於農之意竊見東南諸槍杖手籍多至千員下不減數百其間係籍經年寖失稽考至疲癃力竭而莫或檢視事藝日退而未嘗審察名編於籍而人實不存每遇歲終按閱始行追呼旋驅遊手代名充數望申勑州縣嚴加括責詢訪少壯通習事藝之人重加較試籍記姓名年甲預為之備從之宣和元年十二月二十九日詔四川自討蕩晏州並綿茂作過番部之後開斥土疆建置城寨接連蕃界全籍

土兵以備戰守應成都府等路土兵可依陝西河東法除訓練官得差破外餘並不得役使接送鈐轄司檢察季具有無違戾申樞密院　三年六月十四日詔福建路槍杖手依元豐法隸提刑司　七月二十四日兵部言熙豐間民兵總籍幾至百萬而京畿三路保甲不與馬近因江西漕臣請本路槍杖手元豐七年以八千三十五人爲額至元祐中減罷七千一百四十二人元符間雖嘗增立人數比之元額猶減七分乞詔諸路監司帥臣並遵熙豐舊制補足元額并後來損益之因與今日增闕之數歲中本部按籍檢察從之　十一月十二日詔近降指揮弓手依元豐法募上三等人户候召募

卷八千三百五

十三

到人方得替罷訪聞官司奉行苟且其見存之人計屬障欄至今歲餘未見放替了當可立限一季須管數足監司廉訪使者候限滿覺察以聞應重法地分准此

六年五月一日中書省言勘會巡檢下招置土軍自來不給口券止於本寨月粮內零碎并合令人槖夯隨行以充口食既將帶不多則沿路必致飢餓逃竄作過緣此巡檢雖出不過旬日便回多不遍由地界警捕欲巡檢應管兩縣以上或都巡檢並於所屬州先次出給差帶兵人都口券一道付逐官拘掌每遇出巡捕盜即抄上所帶的實人兵姓名月日於所倉驛每人每日支借口食本色米豆二升應付逐日喫用候回日赴納其券



一年一易繳赴所屬驅磨從之　七年二月十四日臣僚言近歲邀功生事使無辜之民坐罹其殃者京東之置弓箭社是也竊見京東西路昨於宣和四年緣西路提點刑獄梁楊祖奏請乞勸誘民户充弓箭社總下東路令依倣格誘若如立法之意不過使鄉民自願入社者閱習武備爲禦賊之具爾如邀功生事之人唯以入社之民衆多爲功厚誣朝廷督責州縣取五等之籍甲乙而次之悉驅之入社豈問其願與否也法始行於西路西路既已冒受厚賞矣於是東路憲司前後論列誕謾滋甚近者東路之奏以數計至二十四萬一千七百人又奏續勸誘三十八百二十八人又奏武藝長優十

卷八千三百五

十四

十一萬六千餘人並已就緒且云比之西路僅多一倍審如所奏有被甲執兵之民數十萬按閱有方則山東之寇何至累月淹時未見殄滅我且私有兵器在律之禁甚嚴今弓箭社一切兵器民皆自藏於家不幾於借寇乎伏望斷自聖心罷京東弓箭社之名所藏兵器悉送之官使民得免非時追呼廹脅之擾以安其生應兩路緣弓箭社推恩者並追集改正首議之人重賜黜責後來奏請誕謾亦乞特賜施行詔並依奏梁楊祖落職其禁兵器令安撫司指揮逐州軍並拘收入官弓箭社人依指揮放散　欽宗靖康元年五月九日應緣令來事宜諸路被差兵民并守禦保甲人户等並特免一料

支移變折及借差料一次　高宗建炎二年六月二十七日，詔福建路提刑司募少壯武勇槍杖手五千人專一准備東南捕盜使喚數內選取事藝高強衆所推伏或曾經調發有功之人每百人差一名部轄人先次借補進武校尉若所部人一年別無過犯委所屬保明特與補正所借名目或別有立到功效即隨所立功優加爵賞令逐路曉諭所募人並不差往西北仍令逐州知通專一措置合用器甲常切訓練教習合用錢粮令提刑司立定則例申尚書省　八月十一日兵部尚書盧益言近制以田括丁號為民兵亦古鄉兵之意恐州縣奉行或過當滅裂乞差官分路按察詔令逐路提刑司按察仍具訓練招置次第申尚書省

卷八千三百五

十五

十一月二十二日南郊赦近立法選擇民兵備禦盜賊保護鄉縣以安吾民訪聞州縣有奉行失當猾吏姦民並緣煩擾仰逐路轉運提刑官躬詣所部詢察所行次第尚有合行更易利便速具條奏若違戾初意致有煩擾去處即仰按劾以聞　三年四月八日赦應天下民庶並許置弓弩本家習學以防外患如有事藝高強許於所在州縣自陳委長吏審驗人材解發赴御營使司審議推恩　六月六日詔池州招槍杖手及忠義敢勇一萬人充控扼守禦內破用使臣日支食錢四百文米三升錢粮並從朝廷應付從知州袁植請也　閏八月十日御營使司



參議官柳約言令修畫土豪召募民兵沿江把隘自備錢粮器甲二百五十人承信郎四百人承節郎七百人保義郎土豪召募民兵官給錢粮器甲五百人進義副尉七百人進武副尉一千人承信郎以上並先與補授如有逃亡作過等人不及數即計數多少具數申朝廷依法行遣若所部人兵立到功效並依軍功推賞從之　四年正月一日知溫州盧知原言本州召集土豪民兵別無激勸乞給降空名官告度牒詔令禮部給降度牒三百道　二月十二日召令後召募鄉兵土豪專委守臣召募以臣僚言近朝廷以兵不足而起鄉兵防江又慮武藝未精從而募土豪膽勇殊不知土豪膽勇是亦鄉兵也或者置司自行募召差守他郡非也募土豪當責守令不必監守蓋守令近而親勸以利害必欣然而從以其守鄉邦故也監司遠而踈雖多方誘之未必從以其未知所向也乞召募土豪膽勇必責守臣使各守鄉井故有是詔

卷八千三百五

十六

七月十九日臣僚言浙江福建土豪等既立寨柵團結槍杖手及民兵內則恐更縣道應副錢粮外則騷擾百姓要求犒設無所不至蓋緣州縣失守監司不曾巡按詔令逐路提點刑獄與提舉茶鹽官斟量緊慢分定州縣巡按篤責措置如不親臨當重置典憲仍州委通判縣委知令火急措置其募充甲頭寨長所差官候過防秋別無踈虞令東所部民兵槍杖手

不曾作過即具保奏特與推恩若稍有透漏違犯及官
吏用情抑配不均並當重作施行各具相度到險隘置
寨處去令提點刑獄提舉茶鹽官具以分定州縣畫圖
貼說以聞　八月九日詔諸路州縣應水陸控扼合行
把隘去處委守臣知縣召募土豪糾集鄉兵捍禦把隘
如能自備錢糧器甲招到委可使喚兵及三百人把隘
二十日以上其首領仰所屬州軍開具召募人數把隘
日分保明奏聞當議參酌各隨人數日分多寡等第補
授官資內有立到奇功忠義顯著之人即優加旌賞其
把隘土豪鄉兵並仰先期籍定姓名人數如遇警急即
赴隘所防托仍仰所屬州縣選擇清強官躬親前去隘

卷八千三百五

所部轄即不得以把隘及辨驗奸細為名將官員商賈
一例妄行阻當騷擾如違並依軍法施行仍多出文榜
於隘所并州縣分明曉示以知越州陳君錫言乞將陸
地把隘土豪正副首領從朝廷比類前項申明立定把
隘日限及召募人數量其費用隨數多寡立為賞格委
自諸州守臣召募有能於衝要處結集民兵出備糧食
置辦土俗器仗者候見結定人數令守臣選官前去點
檢見得所部人數委可使喚器仗足備即從本州一面
依朝廷立定合該官資先次給與公據照證候過防秋
保守無虞具奏正行補授若或別有立到奇功之人即
乞優異推恩故有是詔其後有旨令諸州將昨來土豪

十七



實曾立功之人勘驗詣實保明申奏當議參酌推賞仍
分明出榜告諭若今來防秋或敢報怨復響劫掠作過
並許相容隱人并奴僕同伴告首特與推賞犯人遣兵
勦殺定不招撫　九月一日詔今後並仰所屬州軍將
實有勞効官員鄉兵土豪如因捕賊立功即保明申本
路安撫司或緣盜有勞即申本路提刑司並令逐司核
實保明聞奏推恩　十月承侍郎徐端禮言自軍興以
來東南州縣糾率鄉兵捍禦盜賊官司無一毫之費若
非激賞難以勸功欲將應鄉社守隘防托去處每鄉首
領限以名數從州縣出給文憑與免身役候有勞績顯
著之人次第保明申朝廷量加爵賞從之　十一月二

卷八千三百五

十六日詔應諸路召募到土豪鄉兵各聽本州縣守令
節制　紹興五年五月十二日秘書省正字李彌正言
見存西北之兵歲久銷減乞令州郡募東南民兵教習
以壯國威禦盜賊萬一朝廷有警亦可募以調發上曰
朕自知南兵可用向有五百人皆平江府人在張俊軍
人往往率先犯陣其不可用者但未教習耳　六月二
十七日福建路安撫司言臣僚乞將福建係籍槍杖手
人悉行蠲放本司相度福建漳泉南劍汀州興化邵武
軍逐州熙寧年間因南劍州將樂縣槍杖手廖承肅等
捕獲強盜賊吳爭等係提刑司奏准朝旨選揀籍定姓
名今已五十餘年元有武藝強壯之人皆已老病虛繫

十八

名籍遇有盜賊並是臨時呼集遊手之徒充數今乞依臣僚陳請委實利便從之　六年十二月四日荊湖南路轉運司言湖南武岡軍管下有綏寧臨岡縣創置之時於武岡部陽輪差鄉戶作弩手名目遠戍於彼今欲依臣僚上言罷雇外乞就本軍量差軍兵前法沿邊二十一縣寨分番防拓使喚從之先是三年八月十七日臣僚言武岡軍管下三縣除依郭武岡尚存外有綏寧臨岡兩處舊來強名為縣及寨者盡為徭人所有往者創置之時於武岡部陽兩縣輪差鄉戶作弩手名目遠戍於彼及供役使今既無縣寨之實而弩手之名尚存都頭隊長及逐處胥隸常執文引往來於兩縣之閭追呼騷擾歲取其直每名不下二三千人民怨嗟為害甚

卷八千三百五

十九

大理委本路監司詳究利害及更革之方條具以聞詔令本路監司同共相度經久可行利害具狀申尚書省至是上言　二十六日荊湖北路經略安撫司言湖北路澧辰沅靖州並係接連蠻猺溪洞昨營田四州其招置弓弩手九千九百一十人已見就緒散居邊境教習武藝彈壓蠻夷並不請官中錢糧平常無事耕作自贍若與緩急勾集使喚極有便利止有靖康元年內全軍調發應援河東陷沒又遭兵火遂致死亡闕額數多今若盡行省汰緣澧辰沅靖州並無正兵防守竊慮引惹蠻夷觀望別致生事欲將前項四州刀弩手元額並權





行裁減立正千五百人為額內澧州五百人辰州一千人沅州一千五百人靖州五百人依條責委知通提舉先將堪好田土標撥措置招填訓練彈壓仍候招補足數從本司別行相度以元中增添補所有減下人額空閒地土並乞召人承佃出租課補助歲計委於本路邊防財計兩便從之先是知鼎州張觷言湖北路鼎澧辰沅靖州並係接連蠻猺溪洞去處祖宗以來各有排置刀弩手最為得力比緣多事之際例皆闕額詔令本路帥臣同監將闕額人數參酌舊額合與不合裁減如令招填可以數額並新舊管刀弩手若給回田土如何標撥若干數目仍先多方招填仍限一月條具邊防經久可行利便聞奏至是上言

卷八千三百五

二十

八年三月二十六日知揚州析彥質言諸州起發弓弩手先行撥回宰臣得旨呼楊沂中到堂商量欲朝廷應副錢物招收填闕可以久長使用諸州弓弩手欲節次遣還之上曰甚好　二十七年九月二十五日廣西西路經略安撫轉運提刑司言宜州不係團結土丁每年見納身丁米緣與團結土丁一例輪流差在沿邊守戍合依團結土丁體例免納從之　二十一年九月十二日淮淮南運副楊杭言高郵軍叛後之初錢糧闕乏無力招置馬兵防捍有主管官秉義郎陳順忠訓郎車定方二人各於本軍界糾集團練到義兵內陳順六百餘人車定方三百餘人自

備器仗旗號錢粮更不支破官中請給其斜集到人並
是東北强壯義勇堪披帶之人皆有老小緩急可以守
禦使喚委見陳順東定方忠義可嘉詔陳爾特與轉一
官東定方減三年磨勘　十一月二十七日樞密院言
嚴州起發方文燧部押到義兵三百餘人已送忠銳第
五將張耘常切教閱詔令聽張耘節制　孝宗隆興元
年八月二日詔廣西經畧安撫司先次將士丁輸竹本
上籍州縣官科需部轄人措置堡寨官取結並日下嚴
行禁絶　二年正月二十七日兵部言契勘廣西土丁
教閱熙寧舊法一年縣教一年州教昨自元祐以來並
罷之州續紹聖三年指揮每一年在縣次年上州各以

卷八千三百五

三五

都管指揮均作三番自十一月至正月終每月輪教一
番如敵別有差倩及諸般科配和雇並科違制之罪今
竊詳土丁雖每一年在縣次年上州各自十月至次年
正月教閱三月又緣分作三番止係赴教一月是致因
緣私役差倩及有私需今来若照應元祐指揮免赴州
教又恐漸成廢弛今欲將州縣教閱並合住罷兩月止
於十二月赴教一月分作兩番教閱即依自來條例放
散所有命官及諸色人私役手藝土丁並有妨教閱並
乞依私役禁軍法條斷罪從之　三月二十七日德音
敕勘會高藤雷容州土丁昨緣教閱月日并分番頻數是
致州縣因緣科需私役差倩已降指揮住罷兩月止於



十二月赴教一月分作兩番所有諸色公人等欲掠乞
取錢物官司擅自勾抽及諸般科配私役等亦有斷罪
指揮條法非不詳備竊慮州縣尚爾循習科擾有失朝
廷寬恤之意仰本路監司常切覺察如有違例去處按
劾以聞當議重寘典憲　十二月十日德音放楚滁濠
廬光州盱眙光化軍當内并揚成西和州襄陽德安府
信陽高郵軍應州縣土豪并山水寨首領自備錢糧料
集鄉兵把截關隘或曾戰鬭或能保護鄉井有功者仰
逐州軍守臣開具保明委帥臣監司覆實申尚書省取
旨推恩　乾道元年四月四日知德慶府莫廷秀言二
廣諸州多與江西接境江西之民以興販私茶鹽爲業

卷八千三百五

三二

刼殺平民而二廣諸州軍兵孱弱惟賴土豪號曰統率
者聚其保伍以遏絶之然其間百姓有以死戰而不見
恤統率保全州縣而無以賞功望行下二廣諸州或有
百姓身死於戰無統率能阻遏賊勢保全州縣者所屬
保明申朝廷推賞從之　十一月七日權知荆門軍徃
逖言湖北荆門軍等處最緣疆埸有興從權制宜團結
丁壯或號義勇或號强壯防秋之際追集訓勵以備不
虞今鄰國修好並邊解嚴望戒勅湖北諸州軍應先團
結民兵之類非因邊事不得分番追集以守把教閱爲
名詔依籍定姓名並各放散　二年正月二十四日殿
中侍御史張之綱言二廣有土丁保丁之法保丁則每

戶一名土丁則父子兄弟皆在其數常以十月一日聚而敎閱于州縣盡十二月而後罷姦吏舞法循習爲弊拘留連役盡正月而不得去其爲民害大矣望一切罷去不得循習別致勞擾詔令廣南東西路經畧安撫司行下諸州如有似此去處並日下放散今後不得依前追擾　三月二日臣僚言金州等處以農夫戶口差科役使名曰保勝每一家二丁則取一丁四丁五丁則取「二丁三丁名曰義士均州亦曰保勝科取注籍則州縣主之至於差撥役使乃係統兵官如金州洋州則係都統司均州則係管内安撫司州縣不得治之遇并役使未嘗少息乞行下利路均州等處應有科役保勝義士者一切放免詔依令京西安撫司並日下放散更有似此去處依此　九月十三日詔廣西一路邕宜融等州土丁籍定姓名年甲專統土丁年至五十即行揀汰則選戶丁承替每歲遇農隙秪於逐鄉便處各置教場春秋二次如法教習候武藝精熟即便放散從知潯州朱師孟之請也　三年十二月十八日宰執進呈主管淮南西路安撫司公事胡昉乞將淮西總首與補正一資庶幾激勸上曰且令帥司借補俟二年却申朝廷補正蔣芾奏胡昉之言謂前此諸人受帥司借補名目甚衆不以爲重須朝廷與補乃可使之欣慕上曰五百餘人如何盡補可令胡昉具前此立功已借補人申朝廷其

卷八千三百五　廿三



未經借補者可從令帥司借補一資　同日胡昉言乞將本路籍定萬弩手之家依元降指揮並與免戶下三百畝稅賦不惟有以激勸庶幾緩急樂於用命從之　四年正月五日前知荊南湖北路安撫使王炎言荊南團結義勇民兵取會得荊南七縣主客佃戶共管四萬二千二十戶丁口計一十餘萬除官戶并當差役人外「淨得八千四百一十九人若調集團教之際使之自備食用必不能辦乞截留苗府苗米一萬四千石又乞漕司應副錢二萬貫充日支錢米自十月起發每爲三番每教一月即放重給弓弩與總首俾民暇日從便閱習不得追擾又於鄂州都統司關支弓一千五百張箭五萬隻於内選願爲弓弩手者悉給以弓弩官箭仍加旗幟金鼓盡出於官民無毫髮之費又於都統司關甲三千副三番輪教悉是全裝若更常支降衣甲二三千副即上流創添此一軍遲以數年更行蒐補可得萬人若比之所養官軍利害豈不較然易見乞下湖北安撫司日後每於農隙月日輪番教閱及下總領所轉運司支降每年本府苗米歲計錢毋得違闕從之　二十七日四川宣撫使虞允文言興元府一帶義士人材可用一面委晁公武拘收人丁并尋訪陝西弓箭手舊法乃得之瀘州蓋祖宗朝所頒降也重加看詳凡一百四十一條分十三門爲一書敢編錄爲冊上進竊詳興洋之關

卷八千三百五　廿四

在紹聖初義士係籍者以七萬計紹興三十一年大散關之戰大將不稜以甲驅之使在官軍之前死損逃亡之後僅存六千餘人今公武所籍興元之丁增至一萬六千四百三十四人合洋州西縣三千七百八十九人有真府一縣拘籍未到大安軍一千七百六十八人共二萬三十九百八十一人見已結成隊伍其金房階成西和鳳興州亦用結保社守鄉村防姦盜為名重加整治約亦可得三萬人有家屬物業各有鄉籍人自為死其為用過於官軍而風聲氣俗皆薄陝服之舊安於弓箭手之良法舊係官給田故其法從重今義士等私田止免家業錢所立法皆從輕絕增募之擾歲可免六七百萬之費而獲四五萬人之用其為便利甚明乞付有司早賜頒降施行詔依仍先次施行　照得興元義士自紹興初團結之後獲其死力居多兵火後舊制不存比年調發隸屬諸軍兵官不給衣甲放之充地始不即害況興元梁洋之民素號驍勇實可濟事若為專法禁止私役分隸然赭盜皆成功謹以陝西弓箭手條格擬定成法為永久之利　一精選將新舊保丁揀選每兩丁三丁揀一丁四丁五丁揀兩丁六丁七丁揀三丁逐少壯堪充義士之人團結每戶免家業錢二百貫非泛科率今欲乞除常賦外義士長行每戶依舊與免家業錢一百五十貫不及貫免擁隊一百七十貫隊官二百

卷八千三百五

二十五





貫上科糴外與免本戶差役言取義士一名戶下元管家業錢三百貫除免二百一貫外其免不盡外數即合依舊差科　一即令見管義士人數欲依將兵例團結隊伍每六十五人為一隊推服管隊一名火頭五名仍於數內揀習神臂弓手并平射弓手及甲軍槍手仍官為置教閱弓箭手槍旗訓練如遇調發每人日破口食米二升半回軍日止其行軍犒賞帮甲等錢並許依正軍例一等支破　一如遇調發計從安撫司踏逐選官統押申聽安撫司分撥使喚其御前諸軍統兵官不得干預　一逐州知州專一提舉義士知縣兼義士軍正縣尉兼軍副非因調發輒差使義士者乞依私役禁軍法　一義士若追集教習有妨農務今欲且令各在鄉各教習武藝隸屬本路安撫司本司遇農隙自十一月一日追集生踈人教習至十二月二十日放散若武藝精熟逐旋發歸及一月以上人量破口食　一遇有緩急其軍行所須什物器械衣甲自合官給事寧息日並納本路安撫司收管　一義士內有願充馬軍之人並聽內願自備馬草料乞請官馬即從軍給如一就自備即與於已免家業上更免錢三十貫遇調發官破草料器甲依步軍並從官給　一義士依效用法補轉與陣亡恩例自有條格緣措置之初多是白身欲乞應陣亡內白身人除依例合得贈絹三疋外更與補進勇副尉

卷八千三百五

二十六

恩澤一名及因調撥在軍前病患身亡之人與免戶下三年稅賦科役　一令來措置與免戶下家業科役專一准備緩急出戰守把關隘與陝西弓箭手利害一同欲乞依陝西弓箭手許行承籍　一除興元府洋州外有興州大安軍等處義士全房州保勝階成西和鳳州忠義軍乞依洋州令來興元府義士一體施行　一令來措置義士比陝西弓箭手條擬到專法將敎令格式隨門類總入項內乞以義士專法為名行下　二月四日荊湖北路轉運判官程遜言澧辰沅靖四州弓弩手乞下本路安撫司且以裁減定三千人為額委各州守臣限以一年招募數足將舊管田畝令係外人請佃數多者於內分數次第撥與所招募到人以時訓練如守臣於限內招募撥田數足乞與優異陞擢或與轉官詔依內逐州刀弩手田畝如元係人戶納錢承買之數即於一般係官田內對數標撥　四月二十九日淮南轉運副使沈復言沿邊之民豈無强壯之人官司無粮以給終不能統集欲將舒蘄州有義倉常平等米樁留外皆發赴無為廬江巢縣等處緩急之際給散强壯之人有以聚之然後可役從之　八月二日尚書省言欲令諸路州縣如强盜竊發總首保正鄉豪之家能率衆捕獲第其勞効從州縣次第申帥師保明奏聞與優補官資從之　十一月四日詔令兩淮守臣以戶口多寡

卷八千一三百五

二十七



於三丁取其强壯者一名籍為義兵於農隙教閲自十月為頭正月終放散每人日支破錢一百文米二升總首日支錢二百文米三升合用錢米於合發赴戶部窠名內取撥一半諸州軍於係省錢米內自認一半應副支遣　五年正月二十七日詔舒州駐泊兵馬都監專一充教閲民兵撥發官孫嗃令本官再任依舊專一充民兵等訓練撥發官以淮西總管李横言嗃教閲以來事皆躬親故也　三月十二日四川宣撫使虞允文言興元府洋州大安軍興州見管義士二萬六千一百四十人結成隊伍見委利州東路總管皇甫倜訓練已見成効乞就移皇甫倜於興元府駐扎專一教閲逐州義士准備緩急使喚從之　四月二十五日樞密院言得旨令沿江十州軍措置團集兵民未有立定日限詔令逐處守臣限兩月相度條具經久可行利便務在着實奉行毋致擾民開具申樞密院俟條具到聽候指揮方得點集　九月八日措置兩淮官田徐子寅言得旨於農隙時官支錢米將本路諸州軍已籍山水寨伍民兵應三丁以上主戶選取壯丁赴州教閲一月令相度欲令諸州軍自十月十五日拘集民兵上教至十一月終五日往教仍每日於辰時未時兩教如遇雨雪權免所教民兵本司差官比較拍試武藝精熟之人令州軍優與犒賞謂如射箭上帖每隻支犒錢一貫文省中紅心

卷八千三百五

二十八

每隻支犒錢二貫文省槍手剩贏者每人支犒錢三百
文省所有合用錢物乞依已降指揮於合發赴戶案名
并本州軍係省錢米內各取一半應副支散從之十
一月一日知荊南充制湖北路安撫使劉珙言荊門軍
昨來團結到強壯民兵三千餘人並係自備錢米器械
赴軍教習今除節次抵替逃亡事故外且以三千四百
五十人為則分作三番追教每番一月放散每人每日
官給米二升錢三百文足三番計合用錢四千三十二
貫一百九十文省米二千七十石并有合用衣甲槍刀
弓弩器械緣本軍係省闕乏照得荊南路州縣義勇每
遇農隙追集赴教衣甲器械盡是官給日支錢米今來

卷八千三百五　二十九

荊門軍事體一同既使教閱軍陣卻令自辦器械自備
裹糧委是經久不便已於本司甲仗庫見管衣甲軍器
內量行分撥及那融錢米權行應副外欲望令本路轉
運司貼撥應副日後年分亦乞依此應副從之　六年
二月三日措置兩淮官田許子中言萬弩手當立二千
人之額只就鄉社教閱從之　子中內殿奏事上問萬
弩手營寨招集起如何子中奏云恐未便淮東有千四
百人淮西已申到千六百餘人大率皆當立二千人之
額計人日支錢三百文米三升約一歲當用二十五萬
緡賞犒射親之類又須用五萬緡若今年集起苟財賦
不給卻從放散一旦再行結集恐失信招之不再來徒



候事又淮西地里濶遠不比淮東遠不過三五日人尚
不便之淮西動或半月程寧不為擾上曰朕不惜錢放
之則不若養之者放之既不集將何以教閱之子中云
臣欲就鄉社教閱且如團結保甲亦欲混為一區而教
閱上問恐人不用心子中奏云臣當以術激勵之使人
人各務精於武藝上曰其術如何子中答云臣欲先三
令五申之約總首團寨長告報於農務少閒相率為挽
彊蹶張并習擊刺至農隙之際先期行下令團總指日
告報結集於縣中俟臣之至教閱三月取武藝精熟射
屢中的擊刺雄捷者即時放散收情慢不精熟者率而
赴州依年例教三月有能於州中兼晝夜有力隨取其

卷八千三百五　三十

精者隨放之如是則民不受擾耕不失業習兵而不遠
去其家不勸而相率自習其藝上稱善久之退因乞置
萬弩營寨劄子令別除兵吏不拘集從所請就鄉社教
閱　二十八日四川宣撫使王炎言欲將大安軍義士
只就鄉村自行教閱令安撫司依時差官前去就本軍
點摘按試所習武藝有無精熟所有興元洋州義士亦
乞一體施行從之　三十日劉珙言京西湖北兩路民
兵條具如後　一訪聞諸郡起籍民兵其間有上三等
戶取義勇一人亦有四等五等戶者亦取義勇一人凡
家產多者可以枝梧若家產少者往往棄產逋逃欲乞
應充義勇並與免非泛科役有身丁錢處與免身丁錢

其第四等户除非泛科役外更與免差保正及大小保正五等人户除免應于科差外更與量免三分或二分稅役總首部將係是部轄之人一縣通不滿十數人乞與免保正長差役　一訪聞諸郡多將合作總首之人與陞作統制統領往往擅差民兵分番當直不受縣官號令欲乞每郡只許選見任待闕武臣一兩員遇教閲之際俾充訓練官教罰則不復相隸不得輪差民兵當直各縣只選有物力材武為衆所推服者作正副總首不得稱統制統領緩急調發方許帥司差官統之庶免騷擾之患　一訪聞諸郡民兵結隊亦如正軍簡選結集民兵散處村落鄉分不同若非正軍同一營寨只合隨鄉結隊每七十五人為一隊五十人正軍十人准備帶甲十五人輜重火頭有零數則作畸零隊　一訪聞諸郡向來民兵教閲其糧食多令自備人尤以為苦若盡令總漕司應付竊恐侵損歲計契勘京西湖北皆有屯營田穀斛民兵每人合日給米二升半錢五十文省一月計之米七斗五升錢一貫五百文省穀每石可得米四斗為錢可準一貫省若每歲於營屯田穀內據人數分撥所用亦不至多　一訪聞諸郡民兵弓弩槍刀箭鑿之屬並令民間自備平居教閲且不中用況欲出戰豈不誤事近四川宣撫使司已發到三千副僅可以應副荆南及荆門兩處京西已蒙支撥器甲二千餘副

卷八千三百五　三十一



其少數尚多望支降數千副應副使用詔並依內器甲令趙樽於諸軍退下舊甲內挪撥五千副付湖北安撫司應副兩路兵民使用如尚闕少即更於湖北路州軍見教閲禁軍甲內取撥卻令本處依數補造　五月十六日詔淮東萬弩手令本路安撫司行下諸州軍候秋成了日依淮西路一體教閲施行　十月六日淮南東路安撫司言臣僚乞淮東萬弩手二千餘人昨在真州置司教閲已給假時暫歸農望許令淮東帥司一就拘收不妨農務教閲所合用器甲之類乞賜給降仍乞於農隙時官支錢米與民兵一體教閲二十日即便放散詔依其器甲委自安撫司相度據闕少數隨宜措置製造　二十八日淮南東路安撫使晁公武言揚州民兵素號驍捷若教閲有方必堪使用緣未曾立定賞格無以激勸欲將利州路義士條法降下安撫司以憑編行諸州遵依施行庶幾有以激勸詔依令户部謄寫給行　七年正月二十五日權知荆門軍馮忠嘉言教閲本軍義勇三千四百人增補得三百人又勸諭有馬人户為馬軍得馬四百匹分為六隊見今上户有力之家情願買馬以充馬軍除已將馬軍日給以草外有馬料一色本軍所入微細不能辦集望給以五分之料數之百日不過十石詔令湖廣總領所應副五分馬料百一日所有養户馬之家免本户非泛差使科擾之類其馮忠嘉

卷八千三百五　三十二

勸諭到户馬同義勇教閲及製造軍器有勞可除直秘閣兼湖南北兩淮諸州軍守臣照會　六月十二日知廬州趙善俊言昨來招置萬弩手効用係作神勁一軍至乾道元年籍定姓名放令歸耕本司管下州軍所管共一千八百三十一人其人既經訓練及熟行伍不復留意農務今若依前召募充萬弩手必欣然聽從是一日之間兩得二千彊壯已習武藝之人乞盡數根刷發赴廬州依舊以神勁軍為額差諳練兵官一員教閲自八月下旬赴本司至二月上旬放散從之　八月十四日詔兩淮州軍民户既將一丁充民兵其有本名丁錢可與蠲免　八年五月二十六日詔荆門軍解發到義勇總首王昇副總首孫奇訓教發馬紳已依元解發弓弩斗力試驗合格王昇特與補進義副尉孫奇馬紳各特與補守闕進勇副尉　六月一日詔淮東淮西兩路并沿江諸州民兵及兩淮萬弩手每歲農隙拘集教閲其間有武藝超越之人令逐路帥司行下所部州軍自今歲為始將所教民兵及萬弩手遇教閲月選擇能步射一石四斗力弓踏三石五斗力弩馬上直背射一石力弓各應法人材智勇可以伏衆解赴本司拍試其姓名事藝保明申三省樞密院以憑抽摘覆試推恩　七月十八日措置兩淮官田徐子寅言淮東諸山水寨并諸州民兵總首首領内有一寨止管民兵三四十名而

卷八千三百五

三十三



總首首領三四名者若一例補授名目誠恐泛濫欲每縣逐差總首一名特與補一名目諸寨應管轄閲習忠勇民兵每一百人者置首領一名特與借補一名目如一寨不及百人者許令更行勸募候人數足者方與推恩總首首領并忠勇民兵並與免户下科敷差使如遇緩急使喚官給錢米以贍其家欲每遇拍試民兵官將十二箭全上帖者特與借補闕守進勇副尉候立到新功日補正詔依總首與補進義副尉首領令本路安撫司借補守闕進勇副尉　繼而知廬州趙善俊言兩淮之民無非可用之兵且以一縣為言大縣民兵之强壯者可籍五百人下縣不下三四百人今一縣擇總首一名素為强壯所推服者借補爵命以充統領又擇總首能統率强壯者二人借補以為正副將五十人置隊將一名亦是總首借補五人為伍每二十五人則置隊將一人使居鄉井遇閑暇之時從便教閲以習射刀槍為殿最歲終帥司差官逐縣按試如統領果能統率本籍定人數教閲有方明習戰陣即先補一資如後來教閲日久武藝精熟緩急委是可用則補正承信郎正副隊將亦如之其軍伍中能自奮發騎射刀鎗精熟出衆者亦與借補以次遷遷仍以義勝名軍並聽帥臣節制緩急從帥臣調發淮西一路緩急之際得勝兵五萬人今俱借補統領等官資及軍器賞格如後借補總首充統領

卷八千三百五

三十四

等官資統領先借補承信郎教閲有方一年先補一資後來所統民兵武藝精熟即補正承信郎正副將先借補進武校尉教閲有方一年先借補承信郎次年統師所管兵民武藝精熟即補一資隊將先借補進義校尉一年借補進武校尉次年補一資且以五百為一單合用軍器數目乞從朝廷給降弩手一百人槍刀二百人弓箭手二百人每遇差官按試犒賞統領錢一貫正副將錢七百隊將錢五百隊身錢三百中紅心錢五百帖錢三百垛錢一百鏃比類弓箭詔並依淮東路已得指揮施行　十一月二日權發遣利州崔澥上言論興元府洋州等處義士乞加存恤上曰百姓肯出力為國如

卷八千三百五

三十五

何不愛恤於是詔令四川宣撫司詳崔澥所奏事理施行　澥上言伏見蜀地偏在一隅與隴相接故近西之民皆英氣喬發剛健敢勇異時陝西諸路有所謂弓箭手者皆民兵也今興元府洋州等處有義士亦皆弓箭手之意也紹興初饒風之戰散關之捷義士宣勞與戰士功力相等朝廷不知至壬午之戰原州華州之舉肝膽塗地皆義士也前此一二帥臣再加葺治凡民户一家之産官計其贏名曰家業錢為義士則免之一身之役官籍其年名曰身丁錢者為義士則免之以至遷補有次率斂有時私役有禁比年以來浸以壞弛或多張家業之數抑勒不均或根刷餘丁之人更行差補或



拘充白直接送般家或課其工程修造第宅或農隙點集非錢則有留難之憂或照集書名非錢則有漏落之患以至誅求有常例公參有定價屈抑士氣弱損邊防不知緩急何以使之願下本路監司帥臣檢照前後義士指揮將違戾去處嚴行核治仍立罪賞書為殿最求為後日之用　十二月二十三日詔兩淮民兵自乾道九年為始農隙日拘閲教集一月放散每人日支錢一百文米二升半　九年閏正月十四日臣僚言訪聞淮西運司見今拘集本路民兵方農事將興久留城市深可憐憫望日下放散候農隙日教閲一月從之　九月一日知荆南府葉衡言荆襄兩路民兵緣前年荒旱民

卷八千三百五

三十六

力未蘇乞令各在家閲習武藝候至來年春畧行追喚武藝精强人赴州等第犒設以激勸其餘所有年例教閲候至來冬別聽指揮從之　十月八日樞密院言湖北江西昨團結民兵差置總首專責捕盜近來不申官司擅自捕人及出別州縣界生事騷擾詔令總首隊長須聽捕盜官及縣道約束除正賊外不得擅自捕人或當會保伍及出界捕逐盜賊即於官司出給文引報所在去處方許前去大典卷八千三百五

宋會要　鄉兵

義勇保甲七　仁宗慶歷二年二月簡河北路强壯勁勇者刺手背爲義勇指揮　三月詔簡河東弓手有武勇者不刺面爲義勇指揮陝西弓手爲保捷指揮　四月詔河北教閱義勇指揮令番休于家其惰游不業畏者聽其家長吉官重行科責　閏九月詔河北路義勇鄉兵死而其家有丁壯者令逐處選填之　六年三月十一日資政殿大學士程琳自知大名府還言河北義勇人員軍士乞令後每年入冬只令教閱一月即便放散從之　六月知并州鄭戩言請每歲于九月農隙教閱義勇從之　嘉祐四年十一月二十二日大名府路安

卷八千三百六

撫使李昭亮言河北州軍見闕義勇乞以來年爲始三年内並令補足其彊壯緣元不係教閱欲候義勇足日亦令補復從之仍仰河北都轉運司逐路安撫司令轄下州軍于每年勾集義勇教閱時具舊管及補填見闕人數以聞　六年十月十七日河南轉運司言嘉祐六年滄州奏請以殘疾之人不妨農作遂令將一目盲足無大毋指及充癃無髮之人並不免義勇身丁續降内却言六十以上及殘單丁之人令本戶下揀選少壯無病患人對替如本戶委無人丁許于本鄉管内決射對替即法意還乞賜中明詔依滄州元奏施行　英宗治平元年四月詔以河北州縣官吏補義勇不足令轉

慶歷二年一行重文刪

運司劾治之都轉運使趙抃言初受詔官吏多以罷散令多新至若皆治則新至者被罪衆請以歲盡爲限不足乃劾詔許之其它州軍令漸補之　三年八月二十八日知涇州劉渙言陝西自夏雨不雨大夫秋望將及十一月初起教義勇正在饑寒之際乞權住今年拘集上教樞密院檢會秦隴等州軍義勇見別議優假次詔緣邊秦隴儀渭涇原邠寧環慶鄜延一十二州爲災傷今只于逐縣教閱每人日特支口食二升半餘州如係災傷准例施行　十月二十五日樞密院言陝西新刺義勇内秦隴等一十二州民俗尚武可以備邊如遇緩急勾抽防托時乞依環慶州保毅例日支口食米二升

卷八千三百六

各當菜錢三十文人員下馬亦支草粮放散日住從之

慶歷二年簡河北强壯勁勇者刺手背爲義勇指揮治平元年又于陝西四路鄉兵中選義勇刺手如河北之法熙寧三年團籍開封府畿縣保甲止警捕賊盜故前會要保甲義勇分爲二門而河東陝西弓手于義勇門附載其後以識向之法推之五路至元豐四年遂以五路義勇悉改爲保甲總入推行保甲于諸路于是前會要保甲門内亦多雜以義勇事迹二者之法既同則熙寧以後當併爲一門　神宗熙寧元年五月二十五日樞密使呂公弼言請以河北義勇每指揮使少壯人材事藝者一百人爲上等手背添刺上等二字量免戶

下支移折變別團聚一處合陣子教閱依日限放散並
給口食逐州甲仗庫支椿逐人衣甲器械別庫題號姓
名排場候教閱了赴庫披帶已及百人更有武藝出衆
者亦籍定姓名候有闕依次補填從之　同日樞密院
言義勇人員長行內有膽勇心力者並令本州籍為一
等用備非時捉殺羣黨賊徒候有功效當議量材優與
并呈試三等事藝內上等許諸色人自陳中下等許義
勇乞試從之　二年正月陝西轉運提點刑獄司言諸
州軍所管義勇乞不以月分為限每年冬至前約元條
日限起教至節前三五日放散所貴不妨農事免值苦
寒詔今後每年候教閱滿一月約冬至節前十日放散

卷八千三百六

二月詔內來河北路諸州軍義勇每年輪番上州教
閱指揮多處十餘年方遍已令每州輪番上州教閱陝
西河東路各係每年輪番並須經隔年歲未遍令陝西
環慶秦延渭邠隴鄜儀涇原寧一十二州別行指揮外
其餘州軍依河北重別分作番次每年輪一番上州教
閱滿一月日放散仍自今年起教月日為始如遇災傷
雖合權罷亦須奏取朝旨　八月詔河北陝西河東都轉
運司令不當輪番上州義勇亦于本縣教閱一月日放
散　九月七日司空兼侍中韓琦言河北州軍義勇自
災傷後來教閱久廢今夏秋田苗有望乞令依舊各自
置弓弩于縣令廳側近置庫架閣準備教閱從之　三



年九月十九日秦鳳路經略安撫司言保毅人數不曾
揀刺充義勇無由破得元額緣其子孫轉易田土分烟
析生各于名下承認每遇差役于祖名上勾抽年歲深
遠者少有正身乞將見管人數勒令分析見承祖名人
丁即揀充正身其餘典賣分居並為助戶無人即隨田
土所轉揀充仍揀人材充將案並刺手背近以轉運副
使薛向乞揀刺義勇重行點集置簿籍定姓名人數每
事故畫時銷鑿或別立正名代當仍常時點集拘管詔
除乞令陝西逐路州軍見行買得保毅田土承認保毅
軍者已于丁數等第內揀刺充義勇與免承認若係本
戶內來正充者亦等第更刺丁數充義義勇餘並從之

卷八千三百六

九月二十六日樞密院言陝西初揀義勇每家三丁
揀一丁六丁揀二丁九丁揀三丁以上數多亦只揀三
丁詔環慶路近有陣亡義勇其本戶內如尚有餘丁合
添刺義勇者與免之所有見闕人數于別戶內有人丁
者刺填　十一月上宣諭曰陝西義勇是一好事閣教
閱未有賞罰宜令立格以勸沮及約束不得給宅役
五日判延州郭逵言陝西起發義勇赴沿邊戰守今後
並令自齎一月糗糧折本戶稅賦若不能自備乞就所
發州軍預請口食一月者亦聽從之　十二日陝西安
撫使司言今將義勇分為七路鄜延丹坊為一路邠寧
環慶一路涇原儀渭為一路秦隴為一路陝解同河中

府為一路，階成鳳州鳳翔為一路，乾曜華永興軍為一路。逐年將一州之數分為四番，沿邊四路十四州每年秋冬各用一番屯戍，近裏三路十三州軍即令依此立定番次，來得逐年差發過本處闕少正兵，即得均抽戍那往次邊守戍。從之。當秋季者自八月一日，當冬季者以十月下旬，必須滿三箇月日放回，周而復始。仍將季分底擬差發時，以內賊作過，乃在春秋。當冬季者改作春季，自正月十五日至三月終放回。

三年十二月九日，中書門下言：司農寺定到畿縣保甲條制：凡十家為一保，選主戶有心力者一人為保長；五十家為一大保，選主戶最有心力及物力最高者一人為大保長；十大保為一都保，選主戶最有行止、心力材勇為衆所伏及物力最高者二人為都副保正。凡選

卷八千三百六

一家兩丁以上，通主客為之，謂之保丁。但二丁以上皆充。单丁、老幼、病患、女戶等，不以多少，並令就近附保。兩丁以上更有餘人身力少壯者，並令附保。內材勇為衆所伏及物力最高者，充逐保保丁。除禁兵器不得置外，其餘弓箭並許從便自置，習學武藝。每一大保逐夜輪差三人於保分內往來巡警，遇有賊盜，畫時聲鼓告報大保長以下同保人戶，即時前去救應追捕。如賊入別保，即遞相擊鼓，應接襲逐。每捕捉到盜賊，除編敕已有賞格外，如告捉到竊盜徒以上，每名支賞錢三千，杖以上支一千，以犯事人家財充，如委實貧闕無可追理，即取保酌放。同保內有犯除強竊盜、殺人、放火、強姦、略人、



傳習妖教、造畜蠱毒，知而不告，並依從伍保法科罪。其餘事不干己者，除依律許諸色人陳告，皆不得論告。若知情不知情，並不科罪。其編敕內隣保合坐罪者，並依舊條。及居民添益三人以上，經三日同保內隣人雖不知情，亦科不覺察之罪。保甲如有人戶逃移死絕，即仰具狀申縣。如同保人戶不及五戶，即聽併入別保。其有外來人戶入保居止者，亦便仰申縣收入保甲。本保內戶數雖足，且令附保，收係候及十戶，即却令別為一保。若一保內有外來行止不明之人，須覺察收捕送官。逐保各置牌，拘管人戶及保丁姓名。如有申報本縣文字，並令保長輪差保丁齎送，仍乞選官先于開封府界

府縣曉諭人戶，明親團成保甲，不得別致搔擾。候成次序，以次差官詣逐縣依此施行。並從之。先是，同管句開封府界常平廣惠倉兼農田水利差役事趙子幾言：昨任開封府曹官日，因勾當公事往來畿內諸縣鄉村，咨體問疾苦，皆以近歲以來，盜賊充斥，劫掠公行，為患。中間雖有地分耆壯、隣里、諸人，大率勢力怯弱，與賊不敵，縱有捕捉赴官，即其餘徒黨同惡相濟，輒行讐報，肆極慘毒，不可勝言。因詰其所以縱盜之由，皆言自來鄉村人戶各以遠近團為保甲，當時官司指揮專于覺察姦偽，止絕寇盜，歲月浸久，此法廢弛。兼元初創制保甲，所在縣道事無苟簡別，無經久從長約束，是致兇惡亡命容于其間，聚徒結党，乘間伺隙，公為民患，以此鄉村無由寧息。今相度欲乞因舊來保甲重行隱括，逐縣見管鄉民的實戶口都數，除病患、老幼、單丁、女戶別為附保，僅籍係管外，將其餘主客戶兩丁以上，自近及遠，結為大小諸保，各立首領，使相部勒管轄。如此，則富者不虞寇劫，貧者相保以為存，貧者有所周給，恃富者相保以為生，使富貧交親，以樂業，謂無如使之相保之法也。所有置保及捕賊賞格、夜于保分內巡邏、更宿、應係諸般約束，次第條例，願陛下救其狂愚，假以詰盜之權，使因職事，遍行斂

縣得奏差句當得事選人一兩員及得選妾薄尉與當職官員吏於校舊籍置法編戶之伍不獨生聚年居桴鼓不為若遂行之綿以歲時不為常情狃習所廢規模施設推及于天下將為萬世長安之術生靈幸甚及下司農寺詳定是增損成係中書進呈取旨批具請　十三日陝西宣撫使司言延
慶環三州義勇節級以上係第三等人戶如有田土瘠
薄無錢買馬者並官給馬一匹倒死不再給勒令自填
從之　四年正月十三日詔陝西宣撫司指揮河東路
計度般糧義勇人夫所備人數過多頗聞騷擾仰約度
確定人數準備應副不得騷擾糧草亦須合用定數于
近倉場支給準般仍嚴切約束州縣人吏不得接便騷
擾　二月二十八日詔陝西河東義勇戍邊並免自備
乾糧時宣撫使韓絳言判延州郭逵近請以義勇赴邊

卷八千三百六

戍妻能自備口食一月與折將來戶下錢賦租頭以在
左右軍預請一月糧者亦聽緣逐人已有官乾糧及隨
身衣裝物若更負重恐于人行非便上以鄜延累行之
頗云公私之便率從逵請　三月二日詔河東縣糧草
義勇強壯免令來本戶夏秋兩稅支移折變仍免一料
和糴支移逃亡者放罪令復業聽候令將來合句抽差
使即補填月日　是日臣僚上言竊聞陝西義勇所置
弓弩每歲教閱畢悉納逐縣架閣收管積壓經歲偏窩
損折至教閱時支出多有不堪施放若遇緩急深恐誤
事欲乞將弓弩弦箭給付逐人收執所貫常行修整兼
農隙之際時得閱習詔以弦并箭給付逐人弓弩仍舊



寄納如有損折即依條修整　四月六日詔罷陝西路
義勇差役　五月四日詔罷陝西諸路提舉義勇官委
本屬州縣依舊分番教閱轉運提點刑獄司遇起發日
提舉初陝西宣撫司請辟官八員分總諸路義勇人情以為擾擾無補魯公亮出鎮永興對日首以為言故罷之　八月二日詔今後應保甲人戶因與賊鬥敵被
傷者給錢五千折傷以上給錢二千至篤疾者給其家
錢二十千因傷至死者五十千仍免三年科配支移折
變先是開封府界提點司言新籍戲民為保甲未幾已有奮不顧身捕盜者願優恤之以為激勸故有是命
九月二十四日詔開封府界提點司諸縣保甲官置
旗鼓以備教閱武藝　十月二十九日以權襄邑縣都
監內殿崇班楊復為府界東路巡檢教習諸縣保甲武

卷八千三百六

藝仍令提點司勘會府界巡檢有不諳會武藝之人即
舉官差替依併省官員條指射合入差遣　十一月詔
陝西逐路經略司遍下逐處今後義勇除備邊禦敵使
喚外不得擅便勾抽役使如修關池關寨委無合役人
夫即依條申轉運經略等同相度施行訖奏　五年閏
七月十九日秦鳳路經略使呂公弼言乞從本司選差
官從十月初揀諸州土番義勇材武者以為上義勇免
賫送芻糧之役募養馬者為有馬上義勇并免其本戶
支移從之後就差本路鈐轄周永清提舉訓練亦從公
弼請也　九月四日樞密院言河北義勇雖係籍萬數
不少訪聞其間年老愚疾少弱尪悴不堪征役者多緣

向因地震水災流移出外若衆每遇災傷又權罷教閱
官司既不可集無由見合去留數欲因今冬教閱委逐
路安撫司選差兵官計會州縣閱視如委是不堪征役
並令本縣依條給公憑放免從之　六年九月三日詔
義勇人員節級名闕須因教閱排連遷補　十二月十
六日司農寺言看詳排定保甲漏丁條貫自合候編排
保甲籍簿了方許陳告給賞若有漏丁依條施行其增
減年狀即與漏丁同從之　七年三月十九日詔農事
是時秦鳳路勾起義勇人數不少處有妨田作將來教
價翔貴邊粮愈難計置令秦州張詵如從京差撥兵馬
到本路即相度將義勇先次放散　八年閏四月四日
詔五路義勇保甲差在京有職事官一員提舉仍各不
限常制奏舉選人或班行一員勾當公事不以時差出
或躬親巡歷按察知制誥沈括提舉大名府澶恩州提點在京倉草場沈希顏真定府深趙州權發遣開封府推官燕吉使院公事蹇周輔邢洺相州中書檢正官呂嘉問定祁保州永寧安肅廣信順安軍向宗儒瀛莫雄州保定軍曾伉絳濱州蒲宗孟濱棣德博州權發遣三司度支判官公事楊景略滄州乾寧信安永靜軍權知都水監丞公事劉璯潞澤州威勝軍樞密院檢詳官劉奉世太原府忻代州平定軍張修寅石州火山寧化保德岢嵐州杜紘晉汾州並合人院李定懷隰州定免代以權發遣三司戶部判官公事丁執禮寺皆罷之　五月十七日詔諸路民兵皆有籍惟保甲
江南西路槍手未籍名並依義勇置籍　七月二十四
日詔應義勇家人投軍後本戶餘丁數少合免義勇並
許投軍　八月十一日夔州路提刑司言見差在渝州







南川縣沿邊防托黔州義勇欲乞依差往瀘州蠻界防
托條例支給錢糧醬菜等請受從之　十九日詔河東路
義勇保甲雖遇災傷放稅及數依例教閱別給米付其
家　十月七日詔五路義勇每年赴州教保甲赴縣教
並自十月至次年正月終義勇不及十指揮保甲不及
十都者自十一月起發教各據人數分定番次教閱一
月不得圻破指揮都保其人數少處只作一番兩番不
須滿所教月分即當年內以上番者上教半月　十七
日詔永興秦鳳河北東西災傷義勇保甲並依河東路
不免教閱別支口食依條施行　同日尚書兵部言隴
成州義勇不多應援西河路關數乞以第四等以上兩
丁幷第五等三丁保丁內兼充數從之　十二月三日
詔五路義勇並與保丁輪充及檢察盜賊有違者並致
于法　同日兵部言河北河東路各分擘本路州縣保
甲赴巡檢司日逐上番檢會今年五月十三日詔自河
東各路人戶多少不等巡檢縣尉亦有相去遠數里者
逐番上至巡檢縣尉廨宇所在人戶以多少數以近及
遠就近分擘上番今來逐司雖將人戶以近及遠分擘
其間多有圻破保分去處日逐上番及河東路依上條
以近及遠分擘番次巡檢縣尉各處無得差那以次附
近保內人戶亦不妄許自失次本保內保正長都轄亦
不許妄差占從之　九日詔上番保甲合分番者各三

十人以下依疾患條寄教　九年正月二十八日詔義勇保甲逐年教閲日比試所習武藝五路每州以二十分為率取一分為五等第一等解發　三月二十八日詔府界保甲令提舉司今後每年于十二月内引呈一縣仍預先于十一月内具逐縣人數申樞密院取旨點定　四月二十五日詔河北西路義勇保甲分三十六番随便近村分于巡檢縣尉下番半月一替歲于農閑月并下番人並令所轄巡檢縣尉擇寬廣處聚教五日放四路准此　五月六日詔諸保甲每兩大保團為一隊其引戰擁隊以大保長充并每一小保各別為一隊小保長一人在後仍依隊様結隊令兵部將隊様送提



點司下諸路巡檢縣尉司每一都保給一本副都副保正令連隊二百一十八本令兵部關牒施行　是日兵部言舊係義勇保甲所習事藝以十分為率弓不得過二分槍刀共不得過二分餘並習弓弩看詳若五路民兵合依府界隊法即所用弓弩槍刀旗號與見行分數不同緣分數弓弩見從官司給付詔槍手依舊專習外刀牌手令兼習弓弩其弩様仍頒下五路施行　十三日詔上番保甲令兵部分擘定巡檢縣尉司合輪保分即不得折破大保　十五日夔州安撫司句當公事程之元言編排保伍係教閲路分客户並附在保外本州自来多兼并之家至有數百客户者以此編排不成匠



欲乞將主户下所管客户依法編排就令主户充都副保正等提轄于人情事勢最為順便詔令兵部勘會立法推行　二十三日詔府界五路保甲合置都保正副保正並于十保長數外置立總押一都保諸隊仍令附保　九月二十二日詔永興秦鳳等路義勇以主户三丁以上充不拘户等　十月樞密院言兵部立到五路上番條約已施行外合删者諸縣尉弓手元額六十人以上留二十五人五十人以上留二十人不滿五十人留十五人餘以保甲填元額人數諸上番各随巡檢縣尉所在以近及遠籍定番次内保甲不得折破都保分在兩司上番諸上番以額定人為正番別取三分為貼



番人數雖多不得過三十六番並從之　十一月三日詔開封府界保甲所養馬不得過五千匹　十二月二日中書門下言羣牧司勘會開來府界提點司于中年縣將上京綱馬内截馬支給保甲欲乞令提刑司先具保甲合支姓名人數關支給更不截留詔近許府界保甲養馬二千匹令作二年截留支給仍令提舉司相度都副保正以下願與不願三年一替利害詳具以聞

熙寧九年府界諸路帳管義勇保甲并民兵七百一十八萬二千二十八人不教閲保甲用九年刺狀餘並係十年數義勇教閲保甲弓箭手等隸兵部　義勇二十四萬七千五百三十七人　民兵保甲六百九十三萬四百九十一人教閲五十六萬八百二十七人不教閲鄉

村六百二十萬三千三百七十四人，草鎮市二十三萬五百二十八人，城寨內察姦細一十萬二十六百六十二人，團洞六十一百二人。開封府界，保甲七萬三千七百一十八人。教閱七萬六百四十二人，不教閱草鎮市三千七十六人。京東東路　保甲三十四萬六千一百三人不教閱。鄉村三十三萬八十三百八十四人，草鎮市七千七百一十九人。京東西路　保甲二十八萬三千八百九十人不教閱。鄉村二十七萬六千五百三十八人，草鎮市九千三百五十二人。京西南路　保甲二十四萬一千六十五人不教閱。鄉村二十三萬二千五百五十八人，草鎮市八千五百七人。京西北路　保甲二十二萬六千四百七十人不教閱。鄉村二十一萬七千二百三十三人，草鎮市九千二百三十七人。河北東路　義勇三萬六千二百一十八人　保甲一十二萬五千五百七人。教閱九萬六千七十六人，不教閱草鎮市一萬六千三百一十三人，城寨內察姦細一萬三千一百一十八人。河北西路　義勇四萬五千七百六十六人　保甲一十二萬七千一百四十人。教閱十萬四千四百九十二人，不教閱草鎮市三千二百五十六人，城寨內察姦細一萬九千三百九十三人。永興軍等路　義勇八萬七千九百七十八人　保甲一十四萬五千七百六十二人。教閱一十二萬四百六十一人，不教閱鄉村七千九百三十四人，草鎮市五千七百一十二人，城寨內察姦細一萬一千六百五十五人。秦鳳等路　義勇三萬九千九百八十文　保甲一十二萬六千四百九十一人。教閱六萬三千九百五十八人，不教閱草鎮市二萬一千九百九十二人，城寨內察姦細四萬五百四十一人。河東路　義勇三千五百九十五人　保甲一十三萬五千六百三十八文。教閱一十一萬五十一百九十六人，不教閱鄉村三十八人，草鎮市二千四百四十八人，城寨內察姦細二萬七千九百

卷八千三百六

五十六人。淮南東路　保甲三十八萬五千九百七十二人不教閱。鄉村三十六萬七千四百九十六人，草鎮市一萬八千四百七十六人。淮南西路　保甲三十六萬五千三百八十四文不教閱。鄉村三十四萬九千九百一十人，草鎮市一萬五千四百七十四人。兩浙路　保甲八十十萬七百七十人不教閱。鄉村七十九萬六千三百一十四人，草鎮市一萬四千四百五十六人。江南東路　保甲五十六萬八千八百一十三人不教閱。鄉村五十六萬二百六十人，草鎮市八千五百四十五人。江南西路　保甲六十七萬四千八百六人不教閱。鄉村六十五萬七千七百四十七人，草鎮市一萬七千五十九人。荊湖南路　保甲四十四萬三千一百六十一人不教閱。鄉村四十三萬五千九百二十五人，草鎮市七千一百八十六人。荊湖北路　保甲三十四萬四千五十八人不教閱。鄉村三十三萬八千四百三十八人，草鎮市五千六百一十八人，隨國河排剗保甲七千一百人不在此數。福建路　保甲四十八萬七千五百七人不教閱。鄉村四十七萬八千四百一十七人，草鎮市九千九十人。成都府路　保甲三十一萬五百五十二人不教閱。鄉村三十萬一千六百二十一人，草鎮市八十九百三十一人。梓州路　保甲二十一萬九千三百五十五人不教閱。鄉村二十萬七千二百三十九人，草鎮市一萬二千一百一十六人。利州路　保甲一十一萬五千三百八十二人不教閱。鄉村一十一萬一千二百六人，草鎮市二千一百七十六人。夔州路　保甲九萬一千一百七十二人不教閱。鄉村八萬五千八百三十一人，草鎮市五千三百四十一人。廣南東路　保甲二十一萬三千七百八十人不教閱。鄉村一十九萬九千五百九十六人，鎮市一萬四千一百八十四人。廣南西路　保甲六

卷八千三百六

萬九十九百九十四人不教閱（鄉村六萬五千七百一人鎮市四十二百九十三人）　元豐元年二月二十四日詔義勇保甲上番所省諸軍請給唯糧米聽留本色外餘並封樁仍以諸路義勇保甲隸提點刑獄司開封府界隸提點司　四月二十五日詔義勇保甲無得應進士舉今日以前已習文業聽自陳本州試驗若堪取應即給公據落籍別籍本家一丁　十一月二十八日荊湖南路安撫使謝景溫言相度轉運司乞以邵州武岡等縣保丁于界上置鋪堡其已發往關硤寨弩手並就本縣差填所置鋪堡望辰州界並在百里內欲許保丁依條置器甲以備保聚教習詔從之非蠻界百里內不用此法　十二月二

卷八千三百六

日權判兵部許將言開封府界五路保甲義勇支費止有減兵級請受賞給并弓手雇錢等充用乞從本部委提點刑獄司取索應減錢糧及郡費支賜折支等通取一年實數立額歲令所屬分四季撥與提點刑獄司除義勇保甲所用物外餘並變錢給用歲終有餘即封樁從之　二年九月二十七日中書樞密院請河北陝西義勇保甲皆知諸軍誦教閱法從之（先是內出教閱法使人誦之）　十月十八日樞密承旨司言會計減罷開封府界巡檢縣尉下兵員弓手請受雇錢等以給大保長教藝錢從之令承旨司立教閱法吏支府界坊場錢三萬緡給保甲　十一月二十九日詔開封府界教大保長充教頭





其提舉官以昭宣使果州防禦使入內副都知王中正東上閤門使榮州刺史狄諮為之（初王安石議減正兵以保甲民兵代之于是始置提舉教閱之使後又行于西北三路太祖皇帝懲唐末五代之亂始為軍制辟營厚祿以收才武之士宿重兵于京師以消四方不軌之氣番休互遷使不得久而生變故百餘年天下無事雖漢唐盛時不可以為比養兵之費一出于民而禦戎悍寇民不知有金革之事安石當不深究而輕議變易苟欲以三代之法行之于今蓋不思本末不相稱而利害異也世議不以為然後卒改焉）　十二月十七日詔廣南東路惠廣潮封康端南恩七州依西路保甲教習武藝先是提舉廣南東路常平等事林顏言今天下之民家為之保保為長長為之正者豈特不容其姦而已蓋歸兵食于農事藏武士于耕夫所謂教而後使之道也故其法一總于兵部而畿內之人陛下又歲躬引見

卷八千三百六

旌其藝能以勸之其在五路則又使有司以時遣官分行按視法既久而令益信然則舉而加諸四方其勢宜無聽者今二廣之民亦有伍保之籍訪聞廣西沿邊稍肄習武藝東路雖間有槍手然保甲之教常闕欲乞本路沿江海諸州依西路法訓閱使其人既熟山川之險易而又知夫弓矢金鼓之習則一方自足為備可以不勞北兵矣詔下廣南東路經畧轉運提舉鈐轄司相度皆言七州皆並邊及江海外接蠻賊可依西路保甲教習武藝于是從之　二十八日詔開封府界上保甲依五路增給米月三斗　四月十七日詔開封府諸縣自今先簡太保長大足方選家丁及以次人（以禪符知縣農時進集保）

甲二千餘人簡閱人材致有是命 同日樞密院言提舉教馬軍所教
保甲已經閱試補三班借職五人三班差人十六人披
帶班殿侍四人下班殿侍九人賜銀絹六十人五人充
王中正教太保長隨行餘分差赴巡檢縣尉下指教長
上保 月三日詔五路轉運提舉官巡歷所至許按
閱見教義勇保甲武藝有不如法閱牒提點刑獄司施
行以河北提點刑獄劉定言一司本能遍閱州縣保甲故也 十三日詔河北河
東陝西未置保甲以前義勇冬教所費錢粮令逐路轉
運司依舊教管認 同日詔廣南梓夔利州路保甲令
監司提舉官歲分州縣按閱從兵部請也 十五日詔
河北河東陝西路各選文武官一員提舉義勇保甲武

卷八千三百六

臣提舉義勇保甲兼提點刑獄文臣提點刑獄兼提舉
義勇保甲自今五路提點刑獄准此 二十四日京東
路轉運副使李察言保甲之法蓋將防撿姦盜緩急得
以呼集追捕本路排定累年既不教習復無點閱之法
進丁開戶簿籍不明寖成空文乞每歲農隙委提點刑
獄司選官分縣就鄉村對籍閱丁數其不同者正之詔
送司農寺 八月三日詔商虢州保甲內大保長一例
集教其保甲隸兵部以提舉義勇保甲張山甫言商虢州無義勇有保甲山險民遠者法
不教閱上省故有是詔 同日提舉河東義勇保甲王崇拯黃廉
言集教義勇保甲絳晉澤潞威勝等軍五州三十二縣
置八場節級大保長總三千六百六人太原府忻代平

定汾隰石嵐憲苛嵐保德火山寧化等十三州軍三十
七縣置九場節級大保長總三千七十八 二十一日
永興軍等路提點刑獄兼提舉義勇保甲葉康直言近
歲會比保伍寄諸軍政首于畿甸而推之五路修明教
戰之法周旋曲折近古所未有然其兵隱于農則多寡
異數其教視成則遲速異期今河東以二年河北以三
年陝西民兵較諸河北其數不相遠而獨以四年為限
臣竊遲之欲乞陝西義勇節級保甲大保長止作三年
教閱所貴速趣成效詔河北陝西路教閱毋過三年
二十五日提舉永興秦鳳等路保甲張山甫奏本路二
十八州軍義勇保甲三十一萬七千六百二十三人合

卷八千三百六

教節級大保長一萬二千六百六十四人置集教場三
十三所欲乞併作三番計三年可畢從之 閏九月十
二日詔府界河北河東陝西提舉保甲官各給內降教
閱格一本 十一月六日詔知相州劉航降勑獎諭仍
賜銀絹以保甲司言航到任半年修置教場室宇什器精至教閱不驚擾故也 十二月
二日瓊管體量安撫朱初平言四州軍兵備全少若招
誘生黎籍成保甲與黎人雜居分耕教習武藝足以枝
梧邊寇從之 四年正月六日提舉永興等路義勇保
甲司言集教諸軍教頭并義勇保甲合用馬詔提舉陝
西買馬監牧司選馬均配之 九日詔開封府界保甲
朝廷專命官訓習武事加以肅清姦盜可差入內副都

知王中正兼都大提舉開封府界巡檢公事，仍差澶州揔管熙順同提舉。及巡檢、縣尉下長上番土保甲並罷，諸縣尉惟主捕縣城及草市內賊盜，鄉村並責巡檢主管。復置京城四面巡檢二員，其增減錢糧並送樞密都承旨司會校。已而都承旨司言：「開封、祥符縣各省尉一員、弓手四十人，存尉一員、弓手二十人，陳留等二十縣弓手亦如之。都副保正主管教閱，欲令依舊主管本保公事。每保共募承幹七人，每月給顧錢千五，隸保正承受文字、催稅租常等錢。其大小保長舊法差使及催稅甲頭並罷，當教閱者專令赴教。凡省錢二十三萬六千七百緡有奇，費錢八萬五千三百緡有奇。」從之。上批：其錢物宜

卷八千三百六

村提舉保甲司，專令文臣領之，歲具帳上兵部。其承幹人設為承帖人，如犯，都副保正依毆詈本屬。

二十二日，判尚書兵部蒲宗孟言：「開封府界惟有保甲，無義勇；五路義勇、保甲教習之法，事體畧同，給錢糧亦不相遠。今上番教既立一法，五路不得獨異于府界。欲乞五路義勇並排為保甲，所貴民兵法出于一。」樞密院言：「熙河五路義勇、保甲之法，主戶第四等以上每三丁選一丁為義勇，諸縣每百人為都，五都為一指揮，不及五都亦為一指揮，不及百人附別都，一縣級不及百人亦為一都。每都有都頭、副都頭、十將、將虞候、承局、押官各一人，四都立副指揮使一人，五都立正指揮使一人。主戶兩丁選一丁為保甲，以村疃五家相近者為一



小保，有小保長；五小保為一大保，有大保長；十大保為一都保，保外別立副都保正各一人。及二小保以上亦立大保長一人，五大保以上亦立都保正一人；不及者就近附別保，隔絕不可附者，二小保亦置大保長一人，四保亦置保正一人。」詔五路義勇宜悉改為保甲，籍後丁日增減，並依見行保甲法。河北、河東第四等、陝西第五等以上戶及五丁以上者取兩丁，令兵部具畫一以聞。其舊管人員節級，即改為正長。　二十八日，提舉開封府界教閱保甲大保長所言：「管城縣民魏定訴兩目失明，惟有弟存一丁，祖母年八十一，令存選在集教場閱教，乞賜依條放免。本所按魏存選充保長，習學弓馬，

卷八千三百六

請官中錢米不少，武藝稍成，今魏定乞放免。」詔本所問魏存，如願且在場學習武藝，即聽。　四月六日，上御延和殿，親閱試保甲。　五月十二日，詔保州守上皇墳園戶與免義勇、保甲，止令附保。　七月六日，提舉河北路義勇保甲兼提點刑獄狄諮言：「懷、衛、澶、恩、冀、相、洺、邢、瀛、趙州并北京教場所教義勇節級、保甲大保長等武藝，先奏乞于八九月引見，今至磁州教場按試，已皆應法。」詔先引呈澶、澤州集教場，其餘州別聽指揮。澶州八月中旬起發，令狄諮、劉定部領；澤州九月上旬起發，令王崇拯部領赴闕。其義勇、保甲自離場日，人日給食錢百。

九月十九日，帝御崇政殿，召執政賜坐，閱試澶州集

教大保長并押教使臣等四百八十三人畢三人補三班借職三十三人補三班差使借差餘賜銀絹錢有差東上閤門使榮州刺史狄諮遷四方館使朝散郎劉定遷集賢校理監教使臣等轉官或減磨勘　二十七日詔權發遣提點河東路刑獄兼提舉義勇保甲集賢校理黃廉轉一官以引見澤州保甲推恩也　十二月四日詔三路保甲每都保旗上並建州府縣名所載禽獸等物可依先降指揮次序圖識令提舉保甲司製造

十二日鄜延路經畧司言準朝旨簡未嘗出界人兵盡以與王中正其諸城堡守禦頓闕若有警急須發義勇保甲守城慮逐州縣役使放散歇泊臨時有誤句集欲乞令官司不得差顧召使違者以乏軍興論從之　元豐五年正月十七日詔陝西集教場出等義勇保甲昨按閲官誤以馬步射弓相須拍試其一藝應格者不得解發可再檢視元試弓弩一事應格即解赴闕　二十一日詔河北路保甲司團結不及兩大保即分附鄰近團教其山河隔絶去教處遠或每及兩大保以上許別置一團教場如隔河歷亭縣人户即附武城縣團教陝西河東準此　二十二日詔三路集教大保長除教騎人兼習馬槍外其教步弓弩兼習步槍其團教保丁依元降指揮二分教騎兼習馬槍以分教弓四分教弩如不堪教弩者即依開封府界例教槍雖多不得過二分





二月一日詔陝西諸路應經出界死亡義勇保甲人夫係本户正身者與免夏秋二税兩料　十四日詔河北沿邊州軍保甲與兩輸户連接者更不起教雖沿邊而無兩輸户處不用此令　二十三日提舉河北路保甲司言兩路團教場當用錢六十萬緡乞支闕額禁軍及耆户長等役錢詔提舉保甲司具折支使名件以聞

三月一日詔昨應募隨王中正出界開封府界大保長雖未嘗立功者各遷一資庶可皷舞百姓使人人樂於公戰　十七日秦鳳等路提舉保甲司言本路義勇並改為保甲其間多有一名男夫五人以上成丁者若排兩丁或三丁充保丁即難拘以為五家為一小保欲每五丁為一小保詔保甲以家聯保以丁聯兵小保長以上緣兵置令三路依詳施行如于舊法有礙條畫以聞　十九日詔諸路保甲封樁錢物非有朝旨而輒支用者論如支封樁錢法　四月三日樞密院副都承旨張誠一言近者發兵西往告之者數郡朝廷遣官裁削冗占僅始足用若三路則無慮皆隸將下近裏州有不隸者亦籍在沿邊分時番上故凡差使率用將兵遇調發時近裏逐州惟有義勇保甲與小分共守空壁隨州郡大小稍增舊額取諸路所減廂軍請給以佐其費十分入數以五分教弩及掛搭守城五分專治壁壘或值將兵俱出則量數差發以代其役惟不許出城從之

卷八千三百六

十六日，詔漢弓箭手出戰義勇保甲在賊界因傷及病羸不能自還者並依軍例賜其家。　二十七日，賜河北提舉義勇保甲狄諮每年公使錢千緡專給犒設。　五月七日，詔開封府界保甲三丁內一丁充太常樂工者充餘二丁。　六月八日，提舉河東路保甲司言：準朝旨，保甲以家聯保，以丁聯兵，小保長以上緣兵置，令三路施行。如有未便事理，條畫以聞。本司今相度以家聯保差免勅內保甲以二丁、義勇以三丁入保，單丁客戶並為附保。今欲乞除官戶、女口、歸明人子孫、剩事人、河北沿邊弓手戶合依舊附保外，其客戶單丁戶及免丁之人自合排入家保，責以互相覺察；以丁聯兵差免勅本

卷八千三百六

縣與都保別置簿，遇有事故，如外來及進丁，限五日申舉開收分併。今欲乞限五日申舉開收，限一年分併。其未分之間，多者就近權附，少者姑闕。若地里相遠餘丁不可聯者，從舊法。小保長以上緣兵置家保之法，無所與於兵政，至其覺察欺詐、襲逐姦盜，亦其所當有事於保伍之間，非有總率，無緣齊一。今欲應家保之內有大小保長既亦干豫本保內事，並令就轄家保，所責上下有分，緩急易使。從之，其分併限三年。　十一日，詔廣南路保甲依戎瀘州例，令自置裹頭無刃槍、竹鏢排、木弓刀、蒿箭等，在保下閱習，若遇捕盜，器甲並從官給。　七月二十一日，詔開封府界團教場置簿記保甲事藝，其紙



札并顧直未知從何出辦，提舉司具析以聞。先是，緣教習保甲費皆從官給，獨此無所從出，上恐其擾，故雖小亦令究治。　八月二日，河北轉運司言：準朝旨，令兵部以三路自置保甲候過年分實費錢糧，裁取一年數為額，自今封樁年額充保甲支費。契勘保甲冬教錢糧，朝廷已不封樁，令恐令本司承認，應久遠不能供億。詔自元豐四年降指揮後封樁，陝西、河東準此。　九月二十三日，詔慈練義勇事並隸樞密院，其餘民兵悉隸兵部。

十月一日，提舉河北路保甲司言：見任巡檢多不曉教閱新法，欲望許本路選差人代其十三場監教使臣，候按閱罷，權留本司，遇有不得力巡檢補填。詔奏從之。

卷八千三百六

十一日，河北路提舉保甲司言：所統百七縣團教場五千五百，止有幹當公事官二員，乞更選差大使臣二員。又言：教罷第二番都教頭當發赴闕，如掌擬授三班使臣，乞令本司指名抽差充本路巡檢。從之。　十八日，詔自今義勇保甲及呈試武藝得班行者，不許試換文資。　十一月十四日，就差按閱河北集教保甲樞密副都承旨張山甫、幹當御樂院劉惟簡按閱本路團教保甲。仗按閱賞格給賜：弓箭手馬射第一等銀椀七兩、絹五匹，步射及弩手第一等銀椀五兩、絹五匹，第二、第三等各第減三之一。都副保正、大保長并已補名目教本保人武藝及第一等，都副保正計本都保及十分三班

差使九分三班借差八分大保正計一都保及十分三班借差九分下班殿侍八分並給銀椀十兩絹五疋不及十分第減有差　六年正月十九日河北提舉保甲司言都副保正多於教成大保長内選補係主教人員團教一都保人武藝方且責成人令管本都保公事應副州縣役使以至期會稽違必遭刑責不惟有妨主教恐非朝廷教養之意乞應合係本縣于本都保追呼公事止責承帖人計會追呼毋令親身幹當及管解赴縣從之　二十四日詔自今禁軍馬軍保甲教閲隸樞密院　二十九日提舉河北保甲司言乞義子孫舍居壻隨母子孫接脚夫等見為保甲者候分居日比有親屬

卷八千三百六

給半詔立法　二月十一日詔河北保甲使臣等共五十六人保長五人借職十七人與差使減磨勘二年二十六人與差使授教指使四人遷一資減磨勘三年三人遷一資減磨勘二年無差充諸縣新置團教場巡檢指使一人遷一資減磨勘三年　十五日詔提舉河北東路保甲司公邉州軍于今不教閲地以南二十里外方得置團教場若旁近北人小使所行路並移于五里外　二十一日提舉河東保甲司言太原府十三州軍九場集教保甲事藝及格詔差王淵梁從政按閲　三月四日詔開封府第三等以下見保甲户去年以前逋負權住催一年從提舉教閲保甲劉琯請也　十七日



提舉河北路保甲狄諮劉定監教使臣孟斌等所教武藝及九分各遷一官保甲司幹當公事李允蹈狄璋孫文各減磨勘三年指使張彦孫等各減二年（按閲河北集教保甲司上第二番集教功狀也）　同日提舉開封府界保甲劉琯言諸縣保甲每起夫役不計家產厚薄但以丁口均差故下户常艱于力役伏望令有司立法諸縣調夫不計丁之多少而計户之上下不惟國家力役之政大均而所訓保甲亦得安居就教詔開封府界諸監司與提舉司同相度　二十五日詔開封府界五路保甲輒投軍者杖八十還充本色立告賞法餘丁投軍而應免保甲者準此其五路保甲餘丁願充弓箭手者聽不在破丁之限

卷八千三百六

四月八日提舉陝西保甲司言河中府民姚用和齋慶歷八年黄敷言姚柄雲十世同居孝行可法賜旌表門閭二税免差徭乞與免保甲從之　二十二日永興軍等路安撫使言近者盜賊屢發其禁軍逐路抽二邉全闕正兵差使乞有盜賊許令所在官司量事勢追呼以集教大保長捕殺詔遇有强盜及十五人以上量數暫勾抽日支錢米候收獲即放還　六月二十四日同提舉開封府界教閲保甲劉琯言開封府界及滑州諸縣保甲元養馬五千疋死損千九百餘疋已催價錢萬緡乞專委官往來買馬其未納錢亦可就令督趣應副詔專差呂公雅其買到馬送劉琯從武藝高者先給之

閏六月二日鄜延路經略司言弓箭手于近裏縣置田兩處立戶及四丁以上乞取一丁為保甲一丁為弓箭手有二丁至三丁即且令充弓箭手詔保甲願充弓箭手者聽其見充弓箭手與當役毋得退就保甲陝西河東準此　七月二十八日河東路提舉保甲容省副使王崇拯同提舉集賢校理黄廉幹當公事供備庫副使宋宣及監教使臣九人各遷一資集教保甲武藝及九分也　八月二十七日詔提舉保甲司三路比轉運司提舉視轉運使同提舉視副使同主管視判官　開封府界比提點司提舉視提點官同提舉視三路同主管官並為監司其入從舉官恩數等並依所視職任內

卷八千三百六

武臣教閲文臣推驅收支錢物各不得侵紊　同日提舉河東路保甲王崇拯乞自今差使民兵以武藝優劣高下立為力役之制遞司不得擅差撥詔樞密承旨司著為令其後承旨司言五路保甲非次欲差使乞閲本司相度指揮記奏仍須量人材所宜稱事差撥若擅差者徒二年從之　九月四日提舉河東保甲兼提點刑獄王崇拯等言第四等以下保丁之家如本戶災傷及五分以上即乞依常平條施行從之仍令河北陝西開封府界並依此　七日詔諸路經畧安撫轉運司要急差用保甲牒提舉司隨色應副戰守防托差武藝高強及第一等者役使差以次人　十二月五日詔開封府



界保甲餘丁投軍更不會問即斷罪放停已及一年者聽充軍父母願放停者勿限年三路準此　十三日詔諸路并畿內保甲率五六年按閲一周惟河東以金帛不豊十一年乃遍晋人土性悍勇俗尚武事又介居二虜之間講勸武功不可緩反居諸路之後可下吳居厚于京東新法塩錢內歲賜十五萬緡買紬絹送澤州助保甲司給賞自今年下半年為始　二十四日詔開封府界陳留縣置保甲都作院修二十二縣兵器　同日提舉保甲劉琯言諸縣保甲戶有年已成丁尚為稚小以避役者欲乞本司官因巡按相視年貌收入餘丁詔巡按見教保甲有人材不任事許追餘丁相視年貌選

卷八千三百六

擇又言鄢陵縣巡檢戴恩先引見第一都保甲減磨勘三年今按閲八都保畢更減三年乞以五年轉一官餘一年候磨勘收使從之　同日詔開封府界團教保甲武藝各應格劉琯除西上閤門副使　七年正月十二日提舉河北路保甲司言保甲逃亡免教乞給捕賞外更立藏隱之家追賞法所藏之家雖許相容隱亦不免賞錢詔三路知情庸顧藏隱逃亡保甲之家減保甲罪二等許人告均出賞錢兩犯捕獲應配者追其半餘以保甲司封樁錢支開封府界準此　十七日詔保甲犯罪情涉兇惡速具奏聽裁　二十一日詔近指揮將來朝廷按閲保甲令諸路提舉司擇藝成者先按閲提舉

司乃以意欲與賞及成就巡檢處徧擇當按保分不時
教習甚失朝廷勸作之意可令提舉司毋得預定合按
閱保分　二月一日河北轉運司言保甲三百許人入
澶州觀城二縣鎮劫民財物詔追赴澶州根勘呂公雅
監之先體量作過因依以聞　八月日詔京東京西路保
甲免教閱每都保養馬五十匹每匹給價錢十千京東
限十年京西十五年數足其當優䘏量給芻粟等令轉
運提舉司同議仍專置官提舉其京東京西路鄉村以
物力養馬指揮不行　十三日詔州縣除依條不許干
預教閱外其保甲有違犯及當撫諭壓彈巡教官指使
違犯自當覺察施行若失于覺察保甲司按劾　十四

日樞密院言聞澶魏作過保甲多爲首人唱率別無情
理官司已許首身欲降指揮首身保甲如唱率及拒捕
傷人並追勘餘皆放罪令赴教從之是時狄諮劉定繼保甲暴横州縣不
得呵問澶魏保甲白晝剽暴驚動一路而朝廷不聞其實自此河北盜賊公行多保甲也　十六日
上批集賢校理劉定言澶魏保甲初無兇惡跡狀乃是
衆懷不忠異議之人張大扇搖破壞保甲成法以至上
違朝廷爲之動心差官求治其事駭聞四方可卜劉定
具析從初張皇官司以聞無得避忌不盡仍下李宜之
王子淵見鞫保甲事限十日結絕杖以下勿禁　三月
十四日詔京東西兩路保甲領于提舉司近已專置官
提舉御保內所養馬則保民相干理難兩屬令提舉京



東路保馬霍翔管勾京西路保馬呂公雅並兼保甲
四月三日詔開封府界三路提舉教閱保甲官并本司
幹當公事指使每再遣官教閱通比三等武藝及五分
與減磨勘三年六分減四年七分遷一官以上每加一
分更減一年至十分取旨如止及三分展磨勘二年二
分展三年一分以下降一官　五月四日詔三路保甲
借民私馬習藝者聽依舊　二十一日河東路提舉常
平司言提舉河東保甲司乞借粮于停積之家貸闕食
保甲常平司以常格止絶若貸非保甲户即爲侵越已
奏詔聽本司施行勘會保甲司勸誘多勒令出辦教事
錢粮乃其本職賑濟當闕本司豈非侵越詔提舉保甲

放罪提舉常平司撥銀二十萬碩紬保甲隨處封樁保
甲司有災傷奏聽朝旨賑濟河北陝西準此河北等路
各十五萬碩永興等路各二十萬碩秦鳳等路各十萬
碩　同日提舉河東保甲司言乞輪家保甲户逐村巡
宿從之　二十三日提舉京東保甲馬霍翔言民有物
力在鄉村而居城郭謂之遥佃户欲依鄉村保甲養保
馬均出助價及單丁女户單户見與保甲同等第人自
第三等以上推排主養官户守官在外及第四等以下
女户單丁止出助錢寺觀有物力依附户從之　六月
一日詔五路提舉保甲司已撥常平粮準備賑濟令相
度保甲户遇災傷不及五分當如何等第賑濟具以聞

後提舉河東路保甲王崇拯言賑濟災傷保丁四等以下本户災傷及五分以上即依常平司七分以上法從之河北陝西開封府界準此　同日詔河東路鎖廢五指揮禁軍錢粮即非一路兵額偶有閏數衣糧之比並封樁以給提舉保甲司起教之費　二十七日詔府界保甲司市按賞錢毋得抑配　七月二日詔徐彥孚提舉荆湖北路常平等事以彥孚知衛州黎陽縣嘗言保甲逃亡怨積以歲月寖虧本數乞立貢正長法下開封府界三路保甲司相度以聞故有是命　十日知太原府吕惠卿言麟府豐州守禦人闕乞牒提舉保甲司發保甲乞令提舉司官撫諭并立調發約束之法從之



二十三日知延州劉昌祚言昨集教保甲弓馬並不精當但令守禦已用土兵換赴將下團結成隊遇敵呼使如有功乞優賜推恩從之　八月十八日詔河東陝西發保甲給路費出州界二百里以上保正三千副保正二千保長一千小保長保丁七百不滿二百里及沿邊不出本州界二百里以上保正二千副保正千五百保長七百小保長保丁五百　九月十三日詔提舉河北永興秦鳳等路保甲司官各兩員自今奏請文字並聯書機速字不用此法　十一月二十一日京東路都轉運使吳居厚乞歲以塩息買絹十三萬送河東保甲司河東保甲司從之　二十五日廣南西路經畧司



乞依温杲奏召募邊州居民子弟有勇力武藝者結保甲習戰遇捕賊官給甲仗請受下尚書省施行　十二月二十七日詔保甲願責所賞銀盃椀入官者聽保甲司開封府界河東路于禁軍闕額錢内借支河北路于常平倉司借支各七萬緡　八年四月二十二日哲宗即位未改元樞密院言府界三路保甲兩丁之家見教人小弱或久病及除當教人外家止有病丁并第五等以下田不及二十畝者聽自陳提舉審驗與放免從之　六月四日詔罷府界三路保甲不許投軍及充弓箭手指揮　七月六日詔府界三路保甲自來年正月以後並罷團教仍依義勇舊法每歲農隙赴縣教閲一月其差官



置場排備軍器教閲法式畨次按賞費用令樞密院三省同立法後詔五都保以上並分四畨自十月起教至正月罷零保即先從多教周而復始其提舉錢粮官司並罷令教閲司兼領其後門下侍郎司馬光言先帝以戎狄驕傲侵據漢唐故地有征伐開拓之志故置保甲令開封府界及河北陝西河東三路皆五日一教閲京東西兩路保甲養馬仍各置提舉官權任比監司既而有司各務張皇以希功賞其提舉官專護本局不領他司事干保甲州縣皆不得關預管内百姓不得處治其巡檢指使保正保長競為搔擾蠶食無厭稍不如意擅行捶撻其保丁習于游墮不復務農或自為知掠或侵陵鄉里其本家以耕種紡績率皆廢供送不辦率斂無窮貲産耗竭無以為生弱者流移四方壯者亡為盜賊行之數年先帝寖知其弊申敕州縣令保甲應有違犯并巡教官指使違法事件并許州縣覺察施行及陛下踐祚聽政首令東西兩路保甲養馬並依元降年限收買其剩過數目並充以次年之數　開封府界三路團教已及半年經朝廷按閲者每月併教兩日未經教閲者併教三日又令見教人身材弱小

戍久來疾病及本家止有一丁病患不堪營作并第五等以下地土不及二十畝者，並州縣保明，提舉司審驗放免。又令一縣不得放免過二分，皆聖澤於寬民力保甲勞費。雖十減五六，然保甲、保馬向去點揀，買養補填，尚猶如舊。其巡教、指使、保正、保長名目，猶在于所轄保甲。恐不免須有陵逼侵漁，其四時教閱，日減日數，未免妨農。臣愚以為此保甲若使之逐捕盜賊，則近已有指揮巡檢、縣尉及弓手兵級人數，並令依保甲未上番以前人數復置。其保甲更不令管捕盜，若使之攻討四夷，則此皆畎畝白徒，教閱雖熟，未嘗見敵，與夫狀戰鬬必望風奔潰。登極詔書，救邊吏令不得侵擾外界，務要靜守疆場。然則此保甲、保馬的實有何所用？徒令府界及五路農民不堪愁苦，幸賴社稷之靈，適值累年豐稔，猶流民甚多，盜賊充斥。若遇如明道年之蝗，康定年之旱，至和年之水，則為國家大患，豈可盡言！近者羣盜王冲乘保馬諸處行劫，蓋保馬本欲逐盜，今更為盜資。又獲鹿縣保甲斫射毆傷提轄孫文、巡檢張宗師，以下陵上，之是大亂之源，漸不可長。凡保甲、保馬有害無利，天下之人莫不知之，臣不知朝廷何憚而久不斷罷？伏乞斷自聖志，盡罷諸處保甲、保正、保長，使歸農，依舊置耆長、壯丁，巡捕盜賊；戶長催督稅賦；其所養保馬揀擇拘收，太僕寺量給價錢，分配兩騏驥院、坊監、諸軍。召提舉還朝，

卷八千三百六

其勾當公事、巡檢、指使並送吏部，與合入差遣。如此，開封府界及五路之民孰不歡呼鼓舞，荷戴聖德？若以保甲中武藝已成之人可惜，使之歸農，即乞令逐縣戶馬數每五十戶置弓手一人，家依㳂邊弓箭手法許蔭本戶田二頃，與免二稅，或稅輕者與免若干石斗，稅及戶下諸般科役。本戶田不足，聽蔭親戚田，務在優假，使人勸慕。然後召募本縣鄉村戶有勇力武藝者必投充弓手。計即令保甲中有勇力武藝者必當願募。若一人闕額有二人以上爭投者，即委本縣令佐揀試武藝高強者充；若見充弓手人有勇力武藝衰退，許他人指名比較，若勝于舊者，即令充替。如此則不須教閱，武藝自然常精熟。一縣之中其勇壯者既充弓手，其羸者須使之為盜，亦無能為患。仍委本州及提點刑獄常切覺察，令佐有取捨不公者，量加刑典；若無人投名，乞更議優法。若尚召募不足，即且于鄉村戶上依舊顧人，候有投名者，即令充替。若弓手數多，即令分番更互在縣，祗應一年一替。其餘各分地分巡捕盜賊，每獲賊勘得赦後止及窩藏去處，其地分嚴行科責，及令出賞錢與獲賊之人。其賊發地分更不作三限科校，只令捕賊給賞。如此則賊發之處，捕盜之人不復掩蔽；住止窩藏之處，捕盜人不肯庇匿，盜賊無所容身，自然希少。疏奏，以獎確等執奏不行。詔依樞密院今月六日指揮。

十



八日，樞密院言：府界三路團結保甲，雖不當赴教日，從往于鎮市村疃，以習學字藝為名，聚集飲酒，不務生業。詔提舉保甲司關牒轄下不赴教司，令務農作，遇閑暇，許于本家閱習事藝，違者重坐之。　二十三日，詔遣官分按逐路團教保甲。　八月二十六日，詔逐路保甲罷教騎，其借戶馬及私馬並歸主，管馬以配諸軍。　十月二十八日，詔罷府界三路提舉保甲官，諸路以提點刑獄兼領其保甲，止冬教三月。　十一月十六日，詔罷監教保甲官，置勾當公事及指使一員。　十二月六日，詔府界三路保甲第五等兩丁之家免冬教。　哲宗元祐元年正月十四日，詔罷商、虢州保州冬教。　二月二日，

卷八千三百六

樞密院言：府界五路保甲已罷團教，應保甲赴教日止用民間衣裝，不得勒令別造。從之。　八日，殿前、都指揮使、武信軍節度使燕達言：試驗太原府曲陽縣大保長劉用事藝應法。詔與三班差使，賜衣帶，令歸吏部。　十四日，詔河北路解發到保甲內尚榮、孟隆、李賓與三班差使，減二年磨勘；孔震與三班借差，並賜袍帶，令歸吏部。以試驗武藝出等相恩也。　同日，兵部言：府界提舉保甲司申準朝旨，保甲更不教騎，諸縣見催人戶買馬填官者，乞並令依元價送納價錢，本司封樁。從之。仍以元價十分為率，若養及一年以上倒死者，與免價錢二分，每及一年遞減二分，至五年者依條蠲免。　十五日，詔府界

三路提舉保甲官并官屬罷謁禁　閏二月二十四日詔河北東西路永興秦鳳等路提點刑獄兼提舉保甲司並依提刑司例各為一司　四月六日詔開封府界三路保甲已罷團教免按閲只令隨逐次柏試事藝　二十二日按閲河北團教保甲所保明到提舉保甲官等合該酬奬内狄諮劉定孫文張彦孫各擬轉一官吏減磨勘二年李允齊等轉官減磨勘有差樞密院言近吏部擬到提舉府界保甲司官酬奬並已減半推恩今來狄諮劉定為措置乖方屢致保甲作過及擅于團場種蒔致保甲陪備錢物孫文為不受理指使受贓及妄打保正等罪已各責降及狄諮劉定孫文更不推恩餘

卷八千三百六

依吏部所定酬奬　同日提舉河東路保甲司言欲乞應坊郭草市鎮市義勇及妻係義勇之家改排充保甲詔三路坊鎮等處人民及有元係充不教閲保甲其元係義勇教閲人不改正依不教閲保甲法施行　七月二十八日詔府界三路保甲遇本户災傷及七分以上並免放當年冬教訖奏　八月十二日詔陝西路保甲冬教並自十一月一日起至次年正月終罷　十八日詔河北路保甲見欠弓箭錢如係第四等以下户委經災傷檢放今年秋税並權住催候來年夏熟日拘催　同日詔三路轄下縣分如災傷約及五分其保甲權免今年冬教　十一月十七日利州路提刑司言文龍二州



保甲其間有充役之人欲乞並依府界三路指揮權免冬教從之　二十六日詔府界三路保甲人户五等以下土地不及二十畝者雖三丁以上並免放以殿中侍御史呂陶請也　十二月六日左諫議大夫鮮于侁言開封府界保甲授班行人不少官户既多縣道差役頗難聞祥符縣内一鄉止有一户可差伏以武舉試策及弓馬入等方得近下班行今來保甲人事藝入等綫授恩便與公卿大夫一等為官户免役頗為僥倖臣欲乞保甲授班行人依進納官例候改轉陞朝官方免户下色役庶令縣道差役得行其三路保甲亦乞依此從之

二年正月十二日左諫議大夫鮮于侁言熙寧中以

卷八千三百六

戎瀘夷漢主客户通為義勇保甲歲以農隙教習武藝歇後夷人不免作過兩税地遂或廢耕墾請罷之會知鄭州夲象求亦為言詔本路轉運鈐轄司詳度以聞　二月四日知邢州畢彦輔言施黔戎瀘州南平軍極邊之地保甲多居山谷請每歲農隙令縣尉親詣其居如監司按閲終一月而畢毋復賞監司三歲一閲如舊法從之　五月二十八日詔河北陝司路提刑兼提舉保甲並依提刑司分路　六月二十八日詔三路保甲司冬教賞物據本路舊義勇保甲合支各教錢粮各依減定數令轉運司每年分四季撥與保甲充賞　八月十二日樞密院言河東河北陝西保甲不一請並以五家

為保丁雖多止作一保其正長谷隨家保置從之　三
年六月八日詔保甲補借差以上者初該磨勘有本轄
官二員同時奏舉陞陟聽如常法磨勘即無舉主或不
足或犯贓若私罪徒即展二年應別格合展者并累展
其元豐元年以後補授人雖磨勘改轉內歷一任元無
舉主或不足者將來磨勘亦如之　九月四日樞密院
言府界累年災傷又夏田不熟雖令方秋成民力未裕
乞詔開封界保甲特免今年秋冬教從之　二十一日
詔永興軍耀同解華陵州河中府今年秋災傷保甲不
以分數並權免冬教內本戶不係災傷者亦放免其後五年
十月又以秋傷准免　四年五月二十五日尚書省言保甲出身

卷八千三百六

補借差以上初該磨勘已降指揮用舉主或無即展二
年磨勘如已曾經磨勘改轉準此其補授殿侍或軍大
將之類即未有該說詔候至借差以上該磨勘日並依
借差初該法　七月八日詔陝西河北河東路與免逐
年封樁保甲冬教賞物自今令轉運司應副仍于教前
排辦足備如違保甲司以聞　五年九月十一日戶部
言諸保甲因娶宗室女并內命婦授官者並不免本戶
料配從之　六年二月十三日樞密院上冬教保甲敕
詔行之　閏八月十七日詔三路保甲令後冬教五都
保以下不及千人縣分作一月及千人或六都保以上
分作兩月及一千五百人或十都保以上分作三月仍



須弓弩教場屋舍足備如有不備即依舊條先是逐路提刑兼提
舉保甲司相度以併月聚教為便故有是詔　七年三月二十一日詔應保
甲除指定合差者許從經畧安撫轉運司一面抽差訖
報提舉保甲司其非次差使並關本司相度奏聽朝旨
如事體緊急待報不及者遣訖保明聞奏仍須量人材
所宜稱事差撥務要均當　八月秦鳳路經畧司言秦
州逵隆保安遠寨守禦人足用請罷鳳州梁泉縣差來
保甲從之　紹聖元年五月二十七日樞密院言戶部
看詳役法所申諸路復免役法未審保甲合與不合依
舊行免役法詔並依熙寧舊敕施行　二年七月八日
上問義勇保甲數宰臣章惇對曰義勇自祖宗已來舊

卷八千三百六

法治平中韓琦請遣使詣陝西再括丁數添刺熙寧中
先帝始行保甲法三路府得七十餘萬丁設官教閱始
于府界衆議沸騰教閱既成更勝正兵元豐中始遣使
徧教三路先帝留神按閱藝精者厚賞或擢以差使軍
將名目而一時賞賚率取者封樁者長或禁軍闕額未
嘗費戶部一錢元祐弛廢深可惜也中書侍郎李清臣
曰元豐保甲備對具詳上問備對何書何人修纂惇曰
宰相吳充奏請命檢正官畢仲衍修纂今藏在中書上
曰可錄一本進　十二月二十四日詔保甲補授人用
舉主及展磨勘年條勿行　三年二月一日樞密院言
三路保甲元祐以來冬教文具而已又無激勸之賞大

抵保甲及義勇法皆弛壞謂宜按義勇舊法番次赴州校試以射親挽强次第賞之從之　八月十九日樞密院言河北東西路按閱保甲額外主教人員如與額内正長同教得本保人事藝分數該賞並依格推賞其額外都副保正比附大保長與本内保人以等第高下裁同選補從之　四年二月十一日鄜延路經略使呂惠卿言近奏乞將永興軍路近裏保甲作兩番勾抽分與延安府及軍城保寨合守禦城壁工役各支粮餉工直得旨難議勾抽按本路保甲為有四千餘人去年春秋西賊點集兩次赴本府及諸軍城寨守禦甚勞如朝廷以遠處不欲勾抽即乞就近于河中府同華州勾抽應

卷八千三百六

副從之仍許勾第四等已上人應役工役不得過一月　五月二日知福州溫益言京東菑民多逃深山窮谷之間時出為盜請應重法地分山谷僻遠處獨居無常產者並還居近裏鄉村團結成保從之　元符三年四月二十七日（徽宗已即位未改元）樞密院奏陝西河東路流冗未肯歸業乞免今年保甲冬教一次從之　徽宗崇寧五年二月三日詔詔河北東西河東永興秦鳳路各置武臣提舉保甲兼提點刑獄罷提舉保甲文臣　政和三年五月十八日樞密院言今年四月十八日指揮下京東東西京西南北路令將主客戶點擇主戶重行編排團成教閱保甲今來京東西路任諒于兩月之内首先



點擇了當團成教閱保甲一十五萬顯是措置有方並無搔擾詔諒轉一官仍除直秘閣　八月二十六日樞密院奏京東西四路教閱保甲東路七百五十七都保十九萬三百餘人西路五百七十九都保十五萬七百餘人南路四百七十一都保十二萬三千二百餘人北路五百六十二都保十四萬九千三百餘人詔提舉官轉一官　九月九日樞密院言保甲令諸主戶兩丁以上選一丁又條客戶並令附保詔應稱主戶處並改為稅戶　四年十一月十五日真定府路安撫使洪中孚奏按教保甲鄉共弓弩手神臂弓射親互學寨分隊六軍五變槍刀標牌與夫騎射一皆如法詔提舉保甲官

卷八千三百六

轉官有差　五年十月十三日詔應保甲聚教月分知縣非應副軍期雖不拘常制並不得差出違者以違制論　同日詔大名府館陶夏津冀州棗强武邑衡水南宫六縣今後並令本路保甲司依條路遍試驗奏差武臣充縣尉應教保甲州縣分無巡檢係差文臣縣尉處並依此　十二月十九日詔河間路諸縣見教保甲本路帥臣按試陣隊並依得元豐陣法式分行布隊坐作進退人各次第其提舉本路保甲官可依京東西路檢會推賞　六年八月十二日陝西宣撫使童貫奏鄜延路自去年五月夏賊犯順保甲家丁守城般運軍儲已是勞費若再行方田深慮民力困乏欲係曾應副軍儲

去惡植住方量從之　宣和元年六月二十一日，詔提舉保甲官督察州縣都保有不如條令者，並限一月改正。如奉行違戾，不依法差使，並以違詔論。保內有犯及匿盜三日，皆須究治，依法科罪。即匿強盜十人以上及十日，加二等。本縣當職官不覺察，以違制論；知、通、監司不按劾，與同罪。並仰廉訪使者以聞，當議重行黜陟。廉訪使者不得直許監司互察，當議遠竄。　二年六月十四日，詔諸路保甲法並遵元豐舊制，京東、京西路並罷。　十七日，詔：「諸路保甲法並遵依元豐舊制，止為罷京東、京西四路保甲，即不衝改京畿三路見行教閱條法。」令甲明行下。　三年閏五月二十九日，成都府路提點刑獄公事高景山奏：「准朝旨，於諸路提點刑獄或提舉常平官內每季選委一員，令專一督責逐縣令佐，將保甲簿內人丁逐一開收，取見諳寔。契勘諸縣保甲簿係總闕縣人丁開收及進丁入老事，所繫利害非輕。欲依產業簿法，諸縣置櫃封鎖，每季依條批鑿開收。」從之。　七年五月九日，詔：「比降指揮，京東、河北路州縣保甲併免三次聚教，將事藝出等者比拍解發一次。慮其中有不願解發之人，一例勾集，有妨農作，却致搔擾。仰提舉保甲將事藝出等願比拍解發人方許勾集，依條比拍解發。」　欽宗靖康元年三月二十八日，以尚書戶部侍郎錢蓋為龍圖學士、陝西五路制置使，專一措置京兆





府保甲。　五月十八日，河北、河東路宣撫司言：「河北諸州正兵闕少，乞以禁軍例物于陝西募游手惰民充義勇，五路各四千人，可赴防秋。」從之，仍令尚書省撥降銀絹。　高宗建炎元年五月一日，赦：「應去歲差人防秋，至今春未能放散，顯妨農務。應緣今來差科保甲，除逃亡人外，特與免一料支移折變。」　二年五月十一日，曲赦：「河北、陝西路保甲累年應副軍期使喚，可特與權免今年聚教一次。」　同日，曲赦：「河北、陝西、京東路應逐路諸州軍府見差赴行在民兵、保甲及効用人戶，今年二稅並與免支移，仍免諸色科配。」　三年三月十七日，詔諸路民兵火甲之令，重立勸沮誅賞之法，委逐州守臣措置，即不得因緣搔擾，仍委提刑司專切點檢。以迪功郎吳柜言：大併之利，諸州往往行之，恐未得策。若所至州軍推行，復一級人依軍功八資轉行，既有激勸，又可河微。既而所授平江府司理參軍薛保言：為郡守者必能保一州，為邑長者必能保一縣，英如嚴保伍，授器械，教之鄉附，使耳目惟金鼓旗幟之為玩，則郡邑編民悉皆被監執，致為敵戰之死亡，盜賊何所與其鋒哉？空中嚴諸路，故有是詔。　紹興六年三月一日，權發遣金州兼金、均、房三州管內安撫使榮斌言：「契勘金、均、房州保甲，緣其名詭習歲久，前鎮撫司稱呼作保勝。今來保勝稱呼又復日久，兼敵境侍為民夫，恐不足以威遠。權行措置，將三州逐縣保勝結成陣隊，分為五軍，乞名為保勝軍，以壯軍勢。」從之。　三十二年閏二月十九日，戶部言：「臨安府昨來車駕巡幸視師，得旨權行團結保甲，巡察姦盜，候平息

日放免今来車駕回鑾欲下臨安府且令依舊從之
孝宗隆興元年六月十日詔沿海州軍專委巡尉將管下諸鄉人户從本都保正副重别編排住處比隣每五家給為一甲内選一名為甲頭五甲結為一保内選一名為保長五保結為一隊内選物力高并人丁强壯之家一名為隊首置籍統率彈壓各從便置弓箭槍刀之類如保正副受財編排不當許人户越訴依條斷罪如遇盜賊竊發令隊首鳴鼓集衆併力擒捕内有托故不伏入隊之人許令隊首申官勾追從杖一百斷遣若能擒捕依格法給賞〔以臣寮言沿海之盜盡是沿海之人雖朝廷各令保甲其間賊徒自與其黨為伍結為保甲遞相庇藏故有是命〕　二年十月二十八日權發遣臨

卷八千三百六

安府黄仁榮言本府團結保甲昨得旨放免緣今年係大禮年分除在城別行措置外所有城南北廂街巷地分廣闊無以姦察姦盜望于本府城外權行團結保甲庶幾可以巡警從之　十一月十日臨安府言本府城内居民繁盛欲權依舊例將在城居民結保十家為一小甲一百家為一大保置大甲頭一名週而復始每夜輪一小甲巡視甲内人户遇有犯夜過往之人詢問來歷上連下接傳送至所居地頭交管仍乞不以官私房錢將甲内輪當夜巡之家與免房錢一日不得過一百免油火費用杜絶姦盜從之　二十六日臣僚言欲行下沿江州軍每縣發保甲一千人分布諸渡口官給錢

清擇言炎乃王炎之誤



米每日各人米三勝錢一百文仍每渡擇土豪統之各出其家資時時犒賞以激敢戰之氣候事平日與補土豪承信郎詔委逐路監司郡守日下措畫　乾道元年十二月十四日詔荆湖北路州縣所團保伍軍器權行依舊存留免行納官使其彈壓盜賊各保鄉閭〔以本路安撫提刑言本路係產茶去處常有興販私茶停衆劫財物殺人逐團結保伍置槍刀近准指揮令人户盡數納官如有藏匿許人陳告依條斷罪諸路依此緣本路見有上件利害仍乞依舊存留故有是命〕　六年二月三日措置兩淮官田許子中奏云除濠廬和州無為軍所有民社自叢寔之後不曾團結乞依河北路作保甲稱呼仍依陝西弓箭手與洋義士法量與減丁賦令諸路守令再行團結上曰極好　七年正月十七日

卷八千三百六

四川宣撫使言炎言閬外成西和鳳州所管忠勇軍元係保甲改置並依十資格法轉補各自備鞍馬器甲修置營寨成立將分差官訓練教閲團結隊伍係與見屯御前軍馬一般出入經戰屢曾立功其間有已補官資之人偶因疾病揀汰元未有指揮許依諸軍揀汰人參部注授乞將曾因經戰得功補轉大小使臣校副尉下班祇應遇有疾病揀汰之人並許依諸軍離軍人前後條法指揮體例分送四川轉運司參部注授合人差遣上曰雖是保甲實曾立功即與官平事體一同可依奏施行　八年十月十二日淮南轉運判官馮忠嘉言教閲本路保甲民兵今行事件一逐縣差訓練官一員入

數及二十人以上差兩員于諸軍揀汰准備使喚使臣內差每一員添支食錢八貫文于逐州公使軍支給一保甲總首月給食錢五貫文都教頭撥發官四貫文押擁隊管事人月支食錢三貫文隊身人月支食錢一貫文米計口並二勝半月支錢米食錢照月分起支放散日住支一有馬願充馬軍之人馬支五分草料免充身內諸役使喚有知州知縣及訓練官私役保甲依私家慕軍法科罪一取下依淮東選取民兵三丁四丁之家取一丁五丁六丁之家取二丁七丁八丁之家取三丁一教閲至歲終欲乞令逐州事藝最高强人保明解發赴本司拍試具申樞密院抽摘覆試推恩一本路二漕

（卷八千三百六）

一置司真州一置司無為軍今來教閲保甲惟復兩司逐銜惟復依從來體例分領教閲欲乞明降指揮以憑遵奉詔依令馮忠嘉專一教閲淮西路保甲內訓練官添支食錢保甲總首等月給食錢隊身人月支錢米令諸州軍斟量支破仍自農隙日教閲三月分散大典卷八千三百六

續會要　保甲

淳熙二年三月二日詔刑部檢坐條法指揮行下諸路帥憲司委州軍縣鎮及鄉村將結甲保伍之法常切遵守不得輒有追集騷擾止差官巡門結定務要盜賊屏息民得安居候結訖開具置冊繳申樞密院如窩藏姦盜甲內不相救應覺察一等科罪從臣僚請也

五月四日廬州言東南有焦湖水面濶遠港汊極多乞籍定出入船隻姓名結以牌號庶可稽察盜賊仍乞籍定湖內魚利錢四千五百貫內減三分之一名漁戶分佃承認仍令五家結為一保庶不至以取魚為名結黨作過從之

八月二十五日詔諸路帥憲司結定保伍置辦救火捕盜器仗州縣委知通令丞鎮寨鄉村委縣官點檢仍勸諭民戶從便習弓箭如射藝精强之人許自陳委守臣按拍優加旌賞

（卷八千三百六）

六年五月一日四川制置使胡元質言近降指揮諸路帥憲司責州軍縣鎮鄉村結為保伍令置救火捕盜器仗川蜀州縣地狹人稠少有荒迥可以容隱盜賊去處止是穿窬易於擒捕舊存禁約民間不得私造軍器今若令自造非唯有駭觀聽又使平時所禁一旦盡弛非便乞依舊來結甲體例遇有盜賊止聲鼓遞相呼集救應收捕從之

十二年五月十五日詔自今保伍寔緣禦盜被傷或一時傷重致損者令戶刑部檢坐賞格如有該載未盡即仰比擬聞具申樞

密院 紹熙五年九月十四日明堂赦：勘會保正副依條止掌烟火盜賊橋道等事，訪聞官司勑用一切取辦，如差葺材料、差顧夫力，至于勸令催科，並是違法。仰令後州縣遵守條令，不得汎有科擾。如違，許充役之家越訴，仍仰監司按劾聞奏。 慶元二年十一月十八日，湖南安撫司言：潭州條畫措置保伍防閑盜賊合行事件，委是經久可行，乞下本路州軍遵守。從之。 一村疃保伍，自有舊法。緣縣道失于檢舉，遂致廢弛。湖湘鄉分闊遠，間有盜賊竊發，彼此不相救應。今措置團長，以便民情，初無騷擾。團長不久充，則無武斷鄉曲之患；官司不差使，則無追呼之擾。 一諸縣管下鄉分五家結為一甲，

卷八千三百六

家出一丁，其丁多之家兩丁。一甲之內推一名為甲頭，五甲內輪一名為隊長，于都內又推一名物力高者為團長，同保正副統率其丁，器仗等各隨所有。遇盜賊，有先覺處鳴擊梆鼓，隊長即時率甲士或攔于前，或截于後，上連下接，其賊自無逃遁。團長一年一替。 一今來結甲，專委知縣、縣尉告諭，令保正副就鄉結甲，具已推團長等姓名申縣，即不得差公人騷擾。縣尉許行點檢，一年不得過二次，非捕盜賊，不許役使及追赴縣點集。如違，許人陳告，定行按劾。 一甲內人如停著逃軍、盜賊及自為劫掠者，仰團長等執捉赴官，斷罪給賞。其窩停人照條坼屋，行遣甲內容庇，五家一例重斷。 一逃亡軍兵



及配隸之人散在鄉村住泊，或經赦放回鄉，仰本保抄錄姓名，取索放停公據等，解官驗實，責保居住。或無停據，押歸元來軍分施行。 一盜賊竊發去處，甲內不覺察違漏，先行遣團長、近隊甲不即救助，許先發覺處隊長具名申官施行。 一市鎮居民，邸店多是作過之人藏泊，仰團長等隨所在集逐甲內丁，每季點檢一次，于點檢之際，將前項約束逐一申飭。隊丁一都分內居民稀少，不成保伍去處，各隨人家多少，自結成一保，從團長等管。一所差團長，本縣不得使之承受文引等事。如違，許團長經州陳訴，將所犯官吏按治施行。 嘉定十五年九月十六日，夔路提刑兼提舉虞剛簡言：夔路在蜀東

卷八千三百六

號僻阻，荒崖峭谷，民生其間，少知禮遜。不惟封疆廣袤，盜賊出沒，難于擒捕，加以愚民無知，但營私利，為之囊橐。且一家被盜，鄉鄰不恤，或不敢救之，因根括之，徒無異剽掠拘羅之啟。米爲翔湧，民生滋艱，計無所出。二三年來，至敢操戈千百為羣，白晝行劫，焚屋殺人，溢盡財物，至為慘酷。官司雖例責之巡尉，立限追捕，緣本路官吏少有正員，多是權攝，依應行遣，乞覓錢物，反更擾人，致使平民亦如被盜。臣誤司臬事，適在巴山問俗之初，閱視民訟，多訴被劫，或稱被殺，私竊凜思所以弭盜之計，罔無出保伍之法，盍使之比聯保受，出入守望，使民相親相恤，相友相助，平居無乖爭之習，緩急有援救之

義而又有以察姦不敢容姦此誠成周鄉井之制寔萬世經久之利也是以熙寧盛時嘗申行保甲之法始自河北遍及天下所謂義勇保社保馬其制備詳不特為盜賊之防又深寓民兵之意歲久因循偶失修復今若略倣舊規嚴切措置則一路盜賊自今以始遂其可弭乞將本路郡縣城郭徧及鄉村市鎮以五家為甲五甲為一小保五小保為一大保使之遞相覺察五家之内有一家犯盜四家不即糾察皆當連坐仍各行粉壁書寫甲下姓名縣道鄉㯋則各置甲簿書寫保甲細帳仍圖其山川險易往坐去處稽考其寔以防圍結滲落之弊則知保甲之成盜賊將無所容官司將有所恃欲望聖慈特降睿旨行下本司依公圍結不遺于成常加辦理堅而凝之庶幾成周鄉井之餘規祖宗已行之良法被之一路永庇生民從之大典卷八千三百六





忠義巡社建炎切見州縣結集民社名為忠義巡社所立條法及廢罷事并後來義社具載此門

高宗建炎元年八月十日詔諸路州軍府巡社並以忠義巡社為名仍專隸安撫使司以戶部尚書張慤講究到河北路坊郭村鄉民戶自結集強壯巡社可因其情而用之獎之以忠義之名加之以撫馭之方用縲金人捕過羣盜每有實效除依靖康元年七月七日勅勸募強民招集強壯禦捍賊寇補授官資指揮以人數借補官資并將校獲金賊并羣盜有功之人即行激賞外再講究得籍丁壯分隊伍務訓習簡器械嚴階級正師律數教化覓經役明賞罰重選舉宜體戢乎屢歷年置兵選義勇詔旨增修條制速下諸路行之便可得忠義巡社自萬其官軍保甲弓手并弓箭手皆不預焉故有是詔卷八千三百六

同日三省樞密院言今參酌立定諸路州軍府忠義巡社可行之法乞遍下諸路詔依仰諸路安撫使及鈐轄司提舉司各依今來措畫督責州縣疾速推行仍令尚書戶部遍牒行下及令本部置籍舉催每旬檢舉取會諸路已施行次第繳申樞密院一鄉村民戶除三路保甲并京畿諸路諸色役人并稚小老病外雖客戶但有家屬烟爨而願入巡社者亦聽即不得抑勒單丁貧弱之人仍逐社置籍縣置都簿內有能自置馬者於籍內開說別加優恤謂如免戶下差使之類籍內載其縣分鄉村戶頭姓名及充巡社正身姓名年甲並聽鄉村民戶自結集到人數即不許州縣抑勒其坊郭民戶

巡社並依鄉村巡社法施行，並以忠義彊壯為名，仍各
供申户部左曹置籍。一、忠義彊壯巡社令自相團結，每
一十人為一甲，互相保識，每一甲內推擇一名為甲長；
每五甲為一隊，（有馬者別為隊，並注籍。）於本隊內推擇一名為隊
長；每四隊為一部，於本部內推擇一名為部長；每五部
為一社，於本社內推擇二人，內上名為社長，次名為副
社長；每五社為一都，社於內推擇二人，內上名為都社
正，次名為副都社正；若及兩都社，謂及一萬人以上者，
社內推擇首領為忠義彊壯巡社都總轄，副首領為副
都總轄。遇遂（逐）階有闕，依格目資次陞補。有勞績無過犯
之人，應充甲長以上職名次人，並免本家保甲身役。其



逐階部轄人，從初並令本社內互相推擇，自來有信義
及有材勇智畧兼物力高彊為鄉里衆所推服者充。依
靖康元年六月一日勅節文，勸募到鄉民丁壯，忠義社
各使推擇為首領，自相團結。若及千人以上，與借授保
義郎；八百人以上，借授承節郎；五百人以上，借授承信
郎。今除依上條施行外，若結集及一萬人以上者，首領
并副首領並與借授成忠郎，各據勸募結集到人數，令
借授官資差充社長以上至都副總轄職次。日後遷轉，
依資次條格。若同力勸募結集到人數，即從衆人推排，
依資次借授官資，差補職次。所有社長、副社長、部長及
隊長、甲長非時捕盜，獲（賞）金賊有功合補官者，更不拘年



限資次補授外，自都總轄至甲長各三年一次遷遷（轉），內
有過犯事理或情理重及有病者，不在遷轉之限。內自
甲長遷至正副社長以上，依元結集到人數借授官資
充逐階職名。至該後項條格解發者，如以武藝解發，即
赴闕引見呈試，合格赴吏部補正元借官資，仍便注授
監當、隊將并許權入縣尉、巡檢及新置縣尉、諸縣指使
差遣。若轉至都總轄實歷二年合該解發者，即直赴吏
部補正元借官資，依上條注差遣。所有借官公據，從本
州統制官、知通及兩職官驗實，通簽給付，仍申户部左
曹注籍。一、每十人結為一甲，互相保識，覺察姦細賊盜
窩藏外來姦細賊盜等事，如失覺察者，減罪人罪三等。



甲長、隊長各減一等，社長、副社長又減一等，社正副及
都副總轄又減一等。能自覺察捕獲者，依條格推賞。一、
鄉民集為巡社禦賊，備戰理須教習武藝陣隊。若驅率
赴本州縣教場教習，竊慮民户勞費。訪聞巡社嘗于莊
并近便處創寨，以聚丁壯，以防寇盜，可各從便輪番就
寨教習。（如寨地係官地，即據地數權免賦租；若係民田，即以官地撥或給價錢。）其近江河
鄉村，仍相度沿江河置寨教閱，各分輪人准備應援。本
州縣并隣接鄉村、州縣或把截津渡外，當留一半人數
防守村鄉莊井，並務要土著人應援。若知隣近鄉村或
連接州縣緩急盜賊竊發，巡捕官及兵將未到，並許都
總轄以下至部長、隊長、甲長即時呼集社人互相應援

隣近鄉村州縣或攔截掩殺盜賊申報不及者聽都副總轄或都副社正及社長臨時隨宜從便管押前去仍飛申所屬州縣其應援本州軍府及隣近州縣并把截津渡離家地遠者依保甲戍守巡防例日給錢一百文米三升其馬日給草料七分仍令逐州縣各將管内逐鄉村民户合納義倉糧斛撥充前件支用如不足以應係官錢粮草料充一忠義巡社人各許置合用器械或甲冑之類並赴本縣置籍拘管應副本社使用一忠義彊壯巡社一階一級全歸伏事之義每遇點集禦金賊及應援本州軍府或隣近州縣鄉村及把截津渡但依公衆集之時若有違犯階級者杖一百毆者加一等傷



重加鬬傷二等其違犯本屬官者徒一年詈者徒二年毆者徒三年仍配千里傷者斬若情犯兇惡或事涉扇揺者勘罪聞奏即陵遲處斬若不因點集等有犯各加凡人一等若遇禦捍金賊或捉殺羣盜臨陣有犯並依軍法一巡社自都副總轄及社正長以下事本縣令縣尉及本州知通皆師帥之官也合以縣令為本縣忠義巡社統領官縣丞為同統官領知州為統制官通判為同統制官若知州係本路安撫使或都總管自依帥臣節制一路官軍民兵條法仍以一州一縣忠義巡社增耗功罪立法知通縣令及縣尉殿最歲終考較最優者各轉一官最劣者各降一官知通最優者轉一官更減



一年磨勘最劣者展三年磨勘仍以隣近有盜不犯而犯不能擾或能克獲者為優一帥守縣令各實任教化之責務化民忠勇和睦孝悌仍不廢農務令逐縣於鄉村衝要去處粉壁曉諭巡社在家之人並須依時農作若于家孝悌又勤于農作事顯著者從本鄉社保明申縣縣申州審實特與陞補本社内階級職名一忠義巡社官司并本轄官等若專擅拘抽私役差使者以違制論徒二年不以失減仍不以去官赦降原減如遇點集收捕盜賊及應援州軍府把截津渡并都保聚集之時本轄官并都副總管及社正等如有率斂取受社人財物罪輕者徒二年贓重者自從本法若許而未得並依



監臨主司因事受財物法加一等事若枉法者自依枉法斷罪不因事而率斂者杖一百一貫文徒二年不入已減三等應被率斂者不坐並許人告計贓依格支賞錢統轄人知而不告各減罪人罪五等坐之其州縣入吏及諸色公人百姓等如因點集敢起動社人乞覓錢物委州縣收捉贓輕者科徒二年刺配五百里外州軍本城贓重者禁勘具奏一忠義巡社犯放火彊盜持仗劫盜並各加凡人一等如不因點集及教閲本州軍府及隣近鄉村縣分非次盜賊警急即委自逐縣令或縣尉晝時量盜賊多少呼集社人併力掩捕襲逐其社人若捉殺到賊人除依條即時支賞外功大者具功狀保

奏當量功力補授或遷轉官資名目若見賊不用心捉
殺有走透及自為賊盜并窩藏蓋蔽盜賊至因事彰露
本管都副總轄社正等不能覺察者殿降一年名次若
能自設方略率衆殺獲持仗强盜及殺人賊各據身分
獲到人數除依條支給賞錢外若所獲人數多及獲到
近上首領事狀明者量功更與轉資如無資可轉即量
勞效別優加酬獎若赴官司陳告捉獲兇惡賊一名除
支賞錢外亦與等第遷轉如未有名目人即特與借補
官資名目其告捉到殺人及持仗强盜每獲一名除支
賞錢外給與公憑更獲一名即依前項酬獎其殺獲金
寇立軍功戰功之人即量功力優加酬賞功大者保奏



超授官資一巡社往往以辨認姦細為名刼奪居民或
過往客旅公人官兵財物或殺人者其犯事人並行處
斬許人告每名賞錢一百貫文如根究得情理詣實其
賞錢並以官錢代支於犯事并干繫人名下均備還官
一巡社都總轄副都總轄都社正副都社正社長並副
社長各能統轄社衆及教習社内人武藝精熟并自結
集成社後來自已不曾犯盜并糾察屏除得本城分内
賊盜稀少及應援本州縣并把截津要及應援隣近州
縣鄉村別無違慢每歲從本縣統領官按試武藝解發
内都總轄及副都總轄各射得弓九斗弩三石都社正
及副都社正各射得弓一石弩三石二斗社長及副社



長各射得弓一石一斗弩三石五斗本社保明申縣縣
申州州審察按試得實各保明申按撫使司或鈐轄司
内京畿即保明申提刑司覈較得實聞奏得旨解發赴
闕引見呈試前件身分弓弩斗力赴吏部補正元借官
資仍使注授監當及隊將并許權注授縣尉巡檢及新
置縣尉諸縣指揮差遣仍依弓馬所子弟呈試武藝合
格出身法都總轄以下至副社長每歲每管内諸縣所
管以十分為率解發不得過五分若合格人數多者先
取職名高者若職名同即取武藝斗力大者若斗力同
即取精熟者解發内有武藝不合格之人都總轄實歷
二年自已不曾犯盜并糾察屏除得本地分内賊盜稀



少及應援本州縣并把截津渡要害及應援隣近州縣
鄉村別無違戾者本州縣保明申安撫司或鈐轄司内
京畿即保明申提刑司解發赴吏部補正元借官資仍
更注授監當及隊將并許權注授縣尉巡檢及新置縣
尉指使差遣仍依弓馬所子弟呈試武藝合格出身法
遇都副總轄轉資出官以次遞遷若一職至兩名以上
者即以次人為守闕一巡社部長以下至衆社人每歲
十月從本縣統領官按試武藝内部長隊長甲長弓箭
一石二斗兼射親二中弩射三石八斗衆社人弓各射
一石三斗兼射親三中弩四石内部長隊長甲長能部
轄及教習社人武藝精熟并社人各不曾犯盜及捷以

上罪并不曾違犯階級並從本縣保明解發赴州本州再試合格聽解發赴安撫使司或鈐轄司内京畿諸縣即解赴提刑司覆較得實方許保奏候得旨解發每歲每州管内諸縣所管巡社共及三萬人以上許解發六人一萬人以上許解發五人一萬人以下許解發三人並依解發保甲赴闕引見呈試授官注授差遣若無人應格或應格者數少即聽闕　一逐社部長以上致都總轄行遣文字各從本州給木朱記行使　一每遇春天其社人並免身丁自養馬者並非次科差夫役丁數並免　一本社防護過往綱運使命轉送朝省文字及軍期急速文字保護無疎失違滯仰本州保明聞奏當



議特與推賞　一除本縣官充統領官本州軍府知通充統制官仍隸本路安撫使司無安撫司處即隸鈐轄司（京畿即隸提刑司）逐路提刑充提舉巡社官除遇緊殺金賊并賊盜許會合點集外並不得非時追擾役使巡社人其提刑司人吏公人軍人敢起動巡社乞覓錢物者並依州縣人吏公人等斷罪條法　一諸縣奉行巡社措置先次就緒不擾者許本州保明申帥司帥司審察詣實保奏當議優與推恩其今來措置到巡社畫一若與已降指揮文意相妨者並依今降指揮施行如有未盡或于本處土俗人情未便者仰本縣條具申州本州審實内京畿申提刑司相度如有利便可行事節先次施



行訖奏詔諸路安撫使及鈐轄司提刑司各依今来措置督責州縣疾速推行仍令尚書户部遍牒行下及令本路置籍舉催每旬檢舉取會諸路已施行次第繳申樞密院　十月二十一日樞密院言諸路招集巡社内一項除本縣官充統領官本州軍府知通充統制官仍隸本路安撫司無安撫司處即隸鈐轄司京畿即隸提刑司外逐路提刑充提舉巡社官今来契勘逐路創置武臣提刑一員其舊保甲提刑并令提刑御内自合帶入提舉巡社字從之　十二月二十五日詔除京畿京東京西河北河東陝西路依元降指揮置巡社外後来增置路分並罷内有已就緒去處民情或以為便願存



留者仰本處申取朝廷指揮（以臣寮言訪聞近日州縣頗行追呼點集頻數遂致農民失業公私紛擾殊非朝廷立法本意願申勑提舉統制統領官令各以至誠惻怛之心推廣至意無令害吾民仍令監司互察取有違戾者重行黜責故有是命）　二年四月六日詔京畿京東京西河北河東陝西依元降指揮置巡社外餘路應權添置武臣提刑去處並于銜内帶兼專一措置捉殺盜賊公事仍除去舊銜内提舉巡社四字内杭州温州巡社已就緒願存留指揮更不施行從臣寮請也　五月三日詔諸州巡社内人户自置出戰鞍馬今後官司不許差顧借借從知亳州韓宗胄請也　三年七月二十五日知除州向子仍言乞罷民兵復巡社緣朝廷并監司等將巡社例差把隘動經歲月並無請給其民

兵則有減免科率而巡社亦無減色若有差出往往破家由此人不願募今來所集巡社係民自相糾率保守鄉井已曉諭不許差出州界及諸處勾抽把隘以此願就者衆所屬三縣巡社比以前召募增及十倍委實利便欲望立法將募到巡社人不許差出州界及行下諸司照會所貴不壞良法從之　紹興三年五月十一日三省樞密院賞功房言迪功郎前無為軍廬江尉譚友本貫宣州太平縣待闕自備錢粮招集義社捍禦羣賊江東提刑司保明詣實詔譚友轉一官比類施行　十月九日樞密院言淮南州縣有團集到義社民兵每歲防秋自保鄉土及準備所屬州縣使喚竊慮本路監司帥

卷八千三百六

司輒有呼集及差往別州縣不惟有妨本處緩急守禦兼恐差出失所詔劄下淮南州軍應管下防秋團結到義兵並從守臣使喚劄下監司帥司不得勾集及差出州界　四年四月九日詔洪州武寧縣義兵首領材武人佘茂社長攝忠訓郎李真卿並與補守闕進義副尉其借補文帖令拘收繳申尚書省毀抹　五年五月三日知和州皇甫彥言團結到巡社雖合守臣使喚切慮緩急難以統率乞聽守臣節制從之　六年正月五日宰執進呈岳飛言太行山忠義保社梁興等百有餘人奪河徑渡欲自襄陽府至飛軍前上曰果如此則梁興當與優轉官資以勸來者朕固知諜者之言未可盡信



若此等人來歸方見敵情沈與求曰若虜誠衰則此等人皆相繼來歸何但梁興來歸者衆則敵情寡矣　十年七月十六日尚書省言淮北見有土豪自備錢粮聚集忠義民兵劉立山寨保守鄉土今來楊沂中已除淮北宣撫副使理合一就措置招諭詔遇有率衆前來願就使喚之人令楊沂中斟量功力高下先次出給照劄逐旋申朝廷取旨推恩　十七年五月六日知福州沈調言福建諸縣有忠義社各隨鄉村人戶多寡團結推擇豪右衆所畏服者以為正副仍量置槍仗器甲之屬以故盜賊屏息民以為便今訪聞縣道不能安卹尉司因而追集驅擾及有科率置辦器甲之屬却致社戶不

卷八千三百六

得安處甚失元置忠義社之意乞委逐州守臣常切覺察務要不擾如有違戾令帥憲司按劾以聞從之大典卷八千三六百

徐輯大典
每卷數

全唐文

宋會要

# 廂巡

真宗景德四年閏五月詔京城内外諸廂比差禁軍巡
檢蓋察寇盜如聞以覘事為名取求財物宜令開封府
偵捕嚴斷仍委殿前侍衛司常行約束大中祥符元年
十二月置京新城外八廂真宗以都門之外居民頗多
舊例惟赤縣尉主其事至是特置廂吏命京府統之二
年六月詔在京人户遺火須候都巡檢到方始救潑致
枉燒屋先令開封府今後如有遺火仰探火軍人走報
巡檢晝時赴救都巡檢未到即本廂巡檢先救如去巡
檢地分遥遠左右軍巡使或本地分廂界巡檢員僚指
揮使先到即指揮兵士水行人等與本主同共救潑不
得枉拆遠火屋舍仍鈐轄不得接便偷盜財物如有違
犯其軍巡使廂虞候員僚指揮使並勘罪以聞其本犯
人即送軍頭司引見訪聞近日須候都巡到方始下手
宜令檢會分明榜示舉行違者計遺火人户側近公私
人等陳告當行重斷天聖五年六月十五日復申明前
詔六年三月開封府勘宿鋪兵士三人因寒食節假質
庫衣裝睹博不勝遂謀於五鼓時伺行人擊之棄屍河
流取衣裝貿易贖其所質帝曰太宗時巡鋪兵士不令
同指揮人一處須馬步軍相參分擘緣軍分不同未相
諳委責令各相覺察此乃朝廷機事何故不能遵守樞



密院可申前詔行之四月詔禁諸廂鎮擅置刑禁者至
道初禁鎮將廂校受理詞訴而禁錮人者至是潁州廂
校張珪强錮牛者為盜至死刑部請申前制七年五月，
詔諸州廂鎮、所由捕未獲用百日為三限決罰減等如
景德二年三大户條八月十九日詔京城鬬競願送開
封府者並聽本廂巡檢不得斷決外州巡檢亦准此送
所屬州府天禧二年八月詔新城裏地分巡檢兵士自
今捕獲逃軍一人支錢二百賊一人支錢五百三年二
月并代州走馬承受張永和等言并州城南草市關城
内民户二千餘亦有軍營在其間止以廂四人巡邏望
詔并州總管司選指使忠佐一人給兵健五人每夜警
巡從之四年四月九日詔近日遺火稍多雖累條約訪
聞尚有接便姦倖放火謀盜財物其救火兵士水行人
等又不用心救潑及收捉賊人致有將拏刀斧斫開門
户籠櫃般盜物色本主收救又為巡檢人員約攔不令
向前或致緣燒舍屋踈失財物甚多開封府宜令左右
軍巡使廂界所由及密切差人緝捉放火及遺火去處
賊人仍榜示許人陳告候獲賊勘逐人不虛犯人於本
處處斬一房骨肉並配遠惡州軍告事及緝捉人支賞
錢一百千軍人公人更與轉三資百姓願安排者亦聽
不願者更兩倍支賜如同情并受寄賊人等亦許徒中
首告給賞軍人與轉兩資百姓願安排者亦聽不願者

吏一倍支賜並以係省錢支如止於遺火處偷竊仰收
捉勘罪仍不得約攔本主收救財物候救滅即都巡檢
等接撿救火當直軍人及水行人等如捜捉下財物犯
人即送開封府依令條施行別處捉獲及因事彰露本
地分人員所由並當嚴斷巡撿並軍巡使亦重行朝典
十四日增遣軍王都虞候各一員巡轄新城裏望火兵
士五年正月詔新城外置九廂每五百户以上置所由
四人街子三人行官四人廂典一名五百户以下置所
由三人街子二人行官四人廂典一名內都所由於軍
巡差虞候充其餘並招所由新舊城裏八廂左軍第一
廂管二十坊人户約八千九百五十户元街子所由行
官書手廂典共三十二人今減八人差廂典書手都所
由各一人所由五人街子二人行官十四人第二廂管
十六坊人户約萬五千九百户元共三十四人今減八
人定廂典書手都所由各一人所由五人街子四人行
官十四人城南左軍廂管七坊人户約八千二百户元
共二十人今減四人定廂典書手都所由各一人所由
二人街子二人行官九人城東三軍廂管九坊人户約
二萬六千八百户元共二十九人今減十人定廂典書
手都所由各一人所由四人街子四人行官八人城北
左軍廂管九坊人户約四千户元共二十六人今減十
人定廂典書手所由各一人所由三人街子三人行官



七人右軍第一廂管八坊人户約七千户元共二十一
人今減九人定廂典書手都所由各一人所由二人街
子二人行官六人第二廂管南坊人户約七百户元共
九人今減三人定廂典書手都所由各一人所由三人
街子一人行官二人城南右軍廂管十三坊人户約九
千八百户元共二十四人今減九人定廂典書手都所
由各一人所由三人街子六人行官八人城西右軍廂
管二十六坊人户約八千五百户元共三十一人今減
六人定廂典書手都所由各一人所由五人街子六人
行官十一人城北右軍廂管十一坊人户都所七千九
百户元共二十八人今減十五人定廂典書手都所由
各一人所由二人街子二人行官六人仁宗天聖二年
正月詔自今諸處遺火如救火兵士諸色水行人等於
救火處偷取財物其巡撿人員當面捉下勘逐不虛元
捉人令開封府候斷遣賊人訖具職次姓名并賊人所
偷贓物估直錢數以聞當議於開封府贓罰錢內量與
支賜如獲偷物數多者亦別與酬奬諸色人告捉獲亦
比類申奏三年三月詔新舊城裏外左右廂巡撿自今
逐處所差巡檢人員節給兵士等逐月嚴切曉示每收
領公事並須分明依實寫定元犯因依申送投事指揮
使員僚等收到公事更切審問罪人元犯事狀申送不
得輒更虛妄添減罪狀及所領罪人除是賊盜拒捍及

亮恐人不伏收領外其餘雜犯罪人並不得非理毆打
乞覓錢物四年三月詔開封府勘得親從兵士裴達御
輦院節級唐政百姓丁遂田從等各詐作殿巡察親
事官并火下恐喝倉場所專典及官員僧道客旅金銀
錢物已斷遣政處死遂從決配沙門島遇赦不還宜令
開封府每季一度出榜曉示在京倉場庫務自今有犯
罪未發并無罪之人如有稱巡察公事恐喝卻錢物許
盡時經官陳首及收捉元犯人勘罪嚴斷更不根勘被
恐喝人因依情罪並特放免如不陳首因事彰露或察
訪得知其被恐喝人一例依法施行八年七月詔殿前
司馬步軍司自今差在地方分巡檢禁軍將領到諸般
公事取受錢物衷私放卻罪人斷遣後十將節級勒充
長行上名長行移配近下軍巡十一月詔近日頻有遺
火雖累降條約尚慮不切防慎令南郊俯逼宜令開封
府指揮諸宮觀寺院及裏外諸廂巡檢人員等常切提
舉不管疎遺如違並當極斷經赦不原十二月詔京城
諸廂虞候非次為事故及逃亡者令三司衙門開封府
依例權差人管勾具因依姓名申樞密院明道二年八
月十三日殿中侍御史張奎言開封府日生公事多依
事頭決斷欲乞在京裏外左右廂各添置授事判官一
員詔令翰林學士盛度馮元樞密直學士張若谷王臏
於在京或側近各舉一員聞奏　士盛度神宗熙寧元年十二





月九日詔新舊城裏都巡檢諸處巡鋪圖二面如有可
省罷分明簽貼進入乃減罷八十六鋪計五百四十六
人先是京城巡鋪所占禁軍人數甚多步軍兵士尤衆
不得番休故量行裁省其鋪分遠近不均者委巡檢使
移那焉十年正月十三日詔諸巡捕人不覺察本地分
內有停藏透漏貨易私茶鹽香礬銅錫鉛被佗人告捕
獲者量予區分本犯人罪至徒杖八十至流杖一百同
保知情杖六十不知情并保長不覺察者各不坐　徽
宗政和六年三月二十九日開封尹王革上下和營繕
軍鋪錄序　其文曰政和六年春某月甲子開封尹臣
革奏事殿中建言臣所部都城四廂無慮若干坊坊有
徼巡卒合若千人數嘗築廬以居歲久廬壞或廢從亡
失無以庇風雨禦寒暑卒皆僑寄佗處往往託民籬下
私貰販以自營訟者莫知所詰盜賊益玩弛無忌憚甚
不稱詔令顧下將作以時繕完臣昧死以聞皇帝曰嘻
弊有甚於此者邪顧將作役多力弗能專汝言可績甚
為朕典司之因出御府錢二萬緡下開封府如章臣既
承詔鳩功揆材相方視址均遠近視要害有遷有仍或
因或革作以某月之甲子成於某月之甲子若干區朞
布星列縱見橫出鼓引鉤聯聲通氣接都人聚觀愕怡
踴躍僖舍甲乙之次雜取旁近宮寺若佛老之居以為
題牓久或遷易寖失本真因一切削去詭外冠以坊名

具綬勺儲水器畧以潦唱火以濡焚書之于籍轉相付
授月校季考稽比以時有可以資備預者無弗餙也先
時無賴之民喜以嚚訟自賢小睚眦即坐廬下并原良
而就拘閭里重愧謝或賄守者迺得釋習以爲常長老
苦之上謂臣革曰訟之所聽吏也今公繫而私釋之其
如政何命增其禁臣因以詔旨揭諸廬上他日爭者知
繫之不可以苟釋也雖盛氣虛驕終相視而莫敢先訟
愈盜衰盖京師者天子之所居四方之所會百官有司
之所治也自唐虞三代以來所以拱衛而尊崇之咸所
致嚴漢家衛士於周垣下爲區廬說者謂區廬猶今之
仗宿屋班固因昚言之曰周廬千列徼道綺錯此雖其
宮中之制然以內外推之宜略相準雄吾太平極盛之
世可使輦轂制度有所缺而弗講歟昔者周人考牧雖
薪蒸篝笠微末細碎咸所記錄罔或遺漏君子之於政
事凡可以爲法者不厭其謹且詳也今幸賴陛下至仁
加惠誰何之卒使得聚廬而託處臣謹緣聖恩裒次前
後所被詔令與夫所費之要凡器凡目廬之號名地之
阡陌輯而成書目曰政和重建軍鋪錄繕寫奏御以待
詔旨頒爲庶使來者知聖訓之所自時葺織繕毋敢不
恭他日吏欲因緣爲姦有所詆欺而按籍求之可以輒
得雖至於千萬年可也臣革謹序　高宗皇帝紹興二
年正月二十一日臣僚言錢塘州城內相去稍遠數有



盜賊又緣兵火之後流寓士民往往茅屋以居則火政
尤當加嚴雖有左右廂巡檢二人法制闊略名存而已
乞下樞密院委馬步軍司措置略倣京城內外徼巡之
法就錢塘城內分爲四廂每廂各置巡檢一人權差以
次軍都指揮使有材能者充每廂量地步遠近置鋪若
干每一鋪差禁軍長行六名夜擊鼓以應更漏使聲相
聞仍略備防火器物每兩鋪差節級一名每十名差軍
員一名皆總之於巡檢遇有收領公事解送臨安府仍
日具平安申馬步軍司本地分有盜賊則巡檢而下皆
坐罪如在京法從之二十六日殿前馬步軍司言左右
廂巡乞與臨安府都監司同共量度攤撥定作一百二
鋪計差禁軍六百七十三人內軍員一十人丁將節級
五十一人長行六百一十二人充巡防契勘係將在京
住營軍兵三司分定差撥今來三司見管軍兵共係畸
零逐司亦當準備緩急使喚切見臨安府即今見有將
兵約二千人不隸將兵一千人欲將今來合差軍兵以
十分爲率五分令三司分差每月一替餘五分令臨安
府管認應副差撥從之四月二十二日主管侍衛步軍
司公事邊順言久來東京馬步軍司管軍內馬軍司兼
舊城裏都巡檢步軍司兼新城裏都巡檢近臨安府略
倣京城設置鋪分及差置新城裏六巡檢昨緣順主管
兩司公事兼都巡檢提舉巡警今來已差蘭整主管馬

軍司所有兼都巡檢職事欲乞依舊例與馬軍司官分隸新舊城王管詔令馬步軍司分左右廂巡警照管七月一日臣僚言侍衛馬步軍司管軍在京分新舊城裏都巡檢新城裏係步軍司舊城裏係馬軍司遇出巡提舉逐地分軍巡人及鈴束望火人兵如有民間盜竊逐地分軍巡人等收捉一面申解開封府依法施行自來條例不曾干預管軍令來行在分左右廂巡檢做傚在京承差到緝捕使臣二人軍兵二十人充小火下不唯無補於事切緣在京不曾差破詔左右廂都巡檢差破緝捕使臣軍兵並罷發遣歸所屬二十二年十月十八日知臨安府趙士𤩽言本府所管地分闊遠元降指



揮雖置一百一十五鋪委是鋪分稀少闕人巡警今欲更增置三十五鋪量地里緊慢分布置立作一百五十鋪應副寅夜巡警盜賊所有合添兵級乞於行在殿前馬步三司軍兵內與本府相度差撥從之　紹興三十二年孝宗已即位未改元六月二十七日詔臨安府保甲夜巡可權罷其軍巡人所屬常切差撥數足本府除兵官巡邏外仍仰多差使臣檀點孝宗乾道元年三月二十八日權發遣臨安府薛良朋言本府與三衙所差軍巡人數分定本府地界每月均攤鋪分逐鋪止差一處軍兵不得依前混雜仍於逐司并本府每月各輪差官統轄從之三年四月十九日知臨安府王炎言契勘

本府城外四廂去巡尉廨遠應接不及欲乞差臨安府城外四廂都巡檢使就城西置廨宇將兵內撥三十人兩月一替量行添支食錢專一往來提督城外巡尉措置警捕從之同日王炎言契勘本府軍巡覺察警捕元降指揮殿前馬步三司及本府三將差撥每月輪替今所差軍巡內有累月不換緣熟知街巷往往作過節次捉獲甚多今欲乞下殿前馬步三司遇差軍巡令都轄人結罪保明有行止家累之人月終盡數替換不得再差從之二十七日王炎言契勘本府城外四廂地分廣闊已差都巡檢使奉旨令更行添置令於城東添置一員以臨安府城東廂都巡檢使為名分管地分於本府三將內各差三十人許帶隨身器仗巡警兩月一替從之七年正月二日臨安府言契勘本府城內外地里闊遠置立巡鋪二百三十二處每鋪差軍兵四人押鋪一名共差軍巡一千一百五十五人依元降指揮令三衙同本府差撥三衙人常是不足兼多不守行止本府見管新招禁軍三千人欲椿二千人教閱外每月選擇有家累行止一千人輪差與本府所管軍兵地分巡邏庶可鈐束從之九年九月十六日詔臨安府城內外軍巡可依舊差殿前馬步舊司人與臨安府將兵同共巡邏以上乾道會要淳熙七年二月七日詔臨安府城南廂官米俁北廂官劉唐暨並放罷令臨安府將胥役及受

財人依條施行其公吏斟量存留外餘人並腰廂並日
下廢罷　以臣僚言臨安府南廂散從官家人等近百
單北廂亦不下六七十人其間多市井惡少亦有累經
斷勒人吏取受各有定數又私置腰廂兩所廂典手十
餘人應公事必先至腰廂關不即申解詔本府體究得
實而有是命　八年十二月三日詔臨安府依三衙例
揀中軍兵内通融差撥諸鋪軍巡一月一替不妨教閱
同臨安府將兵探括地分軍巡一季一替從守臣王佐
從守臣王佐請也九年四月十三日詔三衙差到軍兵
請也十年十二月四日詔臨安府添置兵官一員　以
本府言在城八廂惟左一地分散闊所管四十鋪内一
十五鋪坐占山嶺比之諸廂地分最為遥遠兵官巡警
力不能周深處隱匿姦盜乞添置一兵官令左一南廂
左一北廂分認地分送部勘當而從之以上孝宗會要
紹熙二年六月二十八日臨安府言據城東諸巡檢使
高琮申外沙巡檢使沿江止二十五鋪各軍兵互司地
分闊遠戶口繁多足力不及今乞於塘勝匯馬婆巷兩
處地分各增置一鋪從之以上光宗會要嘉定十年十
一月二十八日臣僚言近者都城内外有白晝攫人飲
食者有掠去婦女釵鐶者又有暮夜於衢巷剝人衣裳
劫奪財物至毆傷者聽聞駭異動搖人心非所以示四
方而戢姦宄也乞下臨安府於幽巷小徑更添置廂鋪



燈火仍嚴督巡邏竊盜者必明立賞罰限日追捕庶幾
京城肅靜從之　十一年正月六日楚州言城外舊有
西北兩廂官靖康朔騎蹂踐俱廢紹興復置逐県杞淮
兩廂官及教授山陽簿俱不置至淳熙二年始復教官
山陽簿如城北廂官則以北神監鎮兼領若城西廂官
則因循不復緣其地接連諸湖向來湖海之叛羣小已
並緣劫掠今雖無他不可以全無警邏合復置城西廂
官一員容本州路遂經任有材力人選辟一次從之大典
卷八千三百四

宋會要

高宗建炎元年六月十七日樞密院言河北河東京東西京畿要害控扼及附近去處每縣各添差武臣縣尉本縣指使各一員招置土着有家産戶籍人充弓手以五百人爲額縣大民衆調度有餘者更許增置不得過一千人並知縣兼領內沿邊知縣仍差武臣詔弓手五百人神臂弓一百人上等二十人各兩石八斗中等二十人各兩石六斗下等六十人各兩石四斗短樁神臂弓一百人上等二十人各三石四斗以上中等二十人各三石二斗以上下等六十人各三石以上弓箭手三百人上等六十人各一石一斗以上或馬射九斗中等六十人各一石以斗或馬射八斗下等一百八十人各九斗以上或馬射七斗以上並兼習長槍袖棍於內隨宜差兼牌手以充蕃捍每州四縣以上置準備將領一員部將一員總領每旬遍諸縣教習遍統弓手人馬出入依將法不及四縣令帥司措置以隣近縣分兼隸雖不及四縣而人數及二千人者依四縣法更不兼附近別縣弓手三等月給每人米一石食錢上等二貫五百文中等二貫文下等一貫五伯文每五百人置都頭二人總轄十將五人分管一百人左將虞候五人右虞候五人左承局五人右承局五人左右將虞候承局每人分管二十五人押官五人分管一百人差發事管轄人

卷八千三百七

一



有闕先取有功人差填如無有功人於武藝內試高強人充長行填下名押官至都頭並次第升填若獲賊頭依大教法每一級轉一資若都頭獲級本州保明量功賞輕重更不理年限特與出官如射得兩石五斗以上弓上等神臂弓一百二十步短樁上等神臂弓一百步箭六隻皆上垛三中帖押解赴帥司保明解赴闕再試換承信郎弓手教頭無公私過犯馬軍滿五年步人滿七年並換進武校尉如招置數足委是土着人戶武藝及格州縣應副錢糧足備本路帥司保明聞奏特優與推賞　同日詔江淮兩浙路招置弓手一切體格並依河北河東京畿等路已降指揮疾速催行大縣以三百人小縣以二百人爲額小縣更不添置指使餘依已降指揮施行　十二日臣僚言乞諸郡縣招置弓手依雄州歸信容城縣法以有物力人充每縣置武尉一員　七月十四日詔創置弓手差武臣縣尉一員專一總領不得預縣中差使　十五日江南東西路經制使翁彥國言禁軍闕額錢望下諸路須管據闕額錢依條樁簇雖無舊積自此月有所入歲有所積可以速久應副增置弓手麋費詔以應免役寬剩錢并廂禁軍闕額錢五色田租課錢裁減曹椽官錢胥吏散從官手力雇錢充增置弓手　十一月十二日知光州任詩言今來招置弓手條訓習武藝以備使喚之人如州縣官司輒役

卷八千三百七

二

使並從私役禁軍法所置弓手如輒非理喫酒賭博錢
物欲依禁軍法所置弓手合用神臂弓短樁弩袖棍槍
牌之類幷衣甲等除神臂弓短樁弩欲令屬縣計置材
料赴州作院製造給降外有袖棍槍牌衣甲等令逐州
降樣下縣置造應副行使弓手排補遷轉本轄人及當
案人吏乞覓錢物並從贓法其弓手輒敢無故下村以
捕賊爲名搔擾人户乞覓錢物欲並依强乞取法如聚
衆作鬧扇搖人户情理巨蠹者依軍法令來逐縣置弓
手每過將領教習若不立定激賞則無以爲勸欲取其
武藝高强人每名欲支一兩銀椀一隻小縣不得過兩
隻大縣不得過三隻其次事藝高强者支半兩銀楪子

卷八千三百七　三

一片小縣不得過二十片大縣不得過三十片乞每月一
次支給仍每上下半年委本州通判同將領詣縣按閱
例物依大教法已降指揮招五百人續降指揮招三百
人或二百人竊詳法意謂恐錢粮不足民户騷然淮南
控扼要害處人户若有願召募五百人備禦盜賊者欲
特降指揮如錢粮有餘小縣所召募人不得過五百人
大縣不得過一千人行下庶得州縣緩急可以守禦詔
從之　二十五日臣僚言添置弓手立法不可不行於
福建大縣止添三百人中縣二百五十人下縣二百人
且如建州七縣幷舊額弓手可得二千餘人訓練有方
統領得人豈復有盜賊之虞以京東西等處添置弓手





法付與新除福建路運判謝如意令全本州同提刑司
措置勘會福建路除建州郡邵武軍南劍州汀州及管
下諸州已降指揮添置到外詔本路未措置去處已降
指揮將免役寬剩錢幷廂禁軍闕額錢五色田租課錢
裁減曹椽官錢胥吏散從官手力雇錢計可以贍養之
數招置幷從之　十二月三十日廣南西路經畧安撫
司言本路邊面比之他路最爲濶遠雖額管東南兩將
及諸州不係將軍兵人數即目例皆額闕一半及朝廷
添差來荆湖南北江東西等軍兵在本路出戍分布沿
邊州軍防拓其間大半逃亡死損止十有三四人乞依
京畿等路招置弓手望下本路同共提刑司將元降畫

卷八千三百七　四

一參酌以土俗人情相度措置招置取旨施行詔依仍
令廣南東路仰本路經畧安撫司相度如可以招置亦
依此施行　二年五月二十七日臣僚言湖南北路本
荆楚之地人素勇悍可用欲乞並令招置弓手推行新
法將領巡歷諸縣按試其縣尉即不將帶弓手前路迎
送自令指揮下日户絶逃田屋業並係籍拘收專應副
弓手錢粮等支用其有願給田産不請官中月給錢粮
者每名聽給田三十畝願養及格馬者增給二十畝官
户役錢舊法比民户減半今來招置弓手以禦暴防患
與其他徭役不同官户所賴尤重欲令官户役錢更不
減而民户比舊役錢量增三分專樁管以助養給弓手

分為三等下等月給錢一貫五百文初役民人只支下等錢日計得錢五十文省故投名者少乞每名添支錢一貫五百庶易招集仍可責辦所習兵器所用衣甲雖有定制如遠方土俗各有所宜許將領官詳度披試可以便於戰鬬者權宜施行仍具奏聞所差將領等官並以三年為任如得其人不許移易勞效昭著即就任加秩褒賞朝廷有指會會合並令本路本縣官統領自為隊伍不許分隸别將庶幾上下相安同心協力可濟事功詔遞田以有指揮外其給田以水陸色額不均令逐路提刑司相度聞奏月給錢每等進增五百文餘並從之　八月十一日詔新額招置弓手令逐路提刑按察

卷八千三百七　五

仍具訓練招置次第申尚書省從兵部尚書盧益請也

九月九日尚書省言諸路弓手土兵多是監司州縣非緣巡捕盜賊輙行差占致妨教習及有追呼勞費緩急有悞差使詔令後除依條合差數外若不因巡捕盜賊即不得勾抽差占如遇會合並令巡尉部領前去仍不許畸零抽差如違仰逐路帥臣按劾聞奏重實典憲

十三日兩浙西路安撫司言招置弓手每州四縣以上置準備將領部將各一員教習統弓手人馬出入依將法不及四縣令帥司措置以鄰近縣分兼隸今來杭州已有七縣更令兼隸嚴州桐廬縣即計八縣地里南北大段遥遠望更置準備將領部將各一員將兩州八



縣分隸教習所貴每旬可以遍詣緩急總領出入不致悞事詔更添置準備將領部將各一員其諸路若一州係八縣或不及八縣以隣近縣分合兼隸及八縣以上並依此添置　十二月五日太平州言諸州增募弓兵應募人若非將兒身丁量減科率則願投者少詔令尚書省立法令擬修新置弓手聽免本身丁役從之　三年正月二十五日臣僚言添置弓手州縣但欲招募數足往往率是小兒或老病者每至州官季點監司巡按則以私身替名上數僅同兒戲望委鄰州通判遍詣逐縣子細揀選如有老弱不能披帶之人即時放罷别行名募已揀中者即於左手背上刺揀中弓手四小字為

卷八千三百七　六

號將已揀中者本縣置籍兩扇籍定鄉貫姓名年甲入月日所習事藝同所委官繫銜印押訖一本送本路安撫司一本留知縣廳收掌遇閲收躬親對簿銷鑿每月具人數姓名申安撫司照會獨貼訪新置弓手遇教習輙令人代及代之者各杖一百當轄人容縱與同罪失覺察杖六十餘並從之　二月十八日知明州沈晦言新募弓手欲逐州專委郡守覈實教閲去其流寓汰其怯弱限半年補足從之　六月九日樞密院言添置弓手多與舊置弓手不務協和却分彼我若有緩急必致悞事詔將京畿諸路添置武臣縣尉將領等官依舊通行總領部轄添置縣尉亦與舊置縣尉通管職事仍令

逐路通判遍詣所管縣分將年老弱不堪使喚弓手使
行揀放令後即不得將不堪使喚之人亂行招填闕額
枉費錢粮其未盡事理仍令京畿提刑司逐路安撫鈐
轄司將新舊弓手條約續降指揮子細參酌條具經久
可行事狀聞奏　十九日朝請大夫王梅言諸州新募
弓手請受差使不同事多抵捂緣行之累年難遽廢罷
乞下逐路提刑司令逐州知通外縣即令佐公共揀選
其老弱疾病事藝生疎之人量行揀放三分之一更不
招補仍不得却將彊壯之人妄有減放如有冒濫許令
越訴其未及元額去處更不補填從之　八月六日知
樞密院事御營副使宣撫處置使張浚言舊置弓手請

卷八千三百七

七

給止有雇錢無米其新置弓手各有錢米今既令新置
弓手撥併與舊弓手一處衮同差使望將諸路新招弓
手請給並依舊弓手則例支破施行從之　閏八月二
十三日兩浙路提點刑獄公事王𦒎言兩浙東西路新
舊弓手以七十縣言之約計大小縣除各留百人外可
起二萬餘人昨自王梅申其老弱疾病事藝生疎之人
請乞減三分之一每縣大不過三百人小不過二百人
通起土兵共約可起一萬五千餘人若使防秋緩急以
當一路差委使統制官得人精鋭驍勇不在五軍之下
欲乞浙西令平江府憲臣差撥浙東令本司差撥仍乞
各差曾經出戰大小使臣不以有無違礙抽差充統制



官遇有防秋緩急即行起發詔依常切訓練聽候勾抽
使喚　十月初一日臣僚言吉州所管八縣新置弓手
見今所管八百餘人依近降指揮揀放三分之一見存
不過五六百人而武尉指使八縣共一十六員將領部
將四員以五百人之弓手而部轄官二十員當直差使
尚自不足教閱事藝何暇及之乞少加裁減詔部轄官
減半其餘州縣準此　二十一日知湖州張虞卿言湖
州路兼水陸管下長興縣四安鎮最係水陸衝要乞添
置賊尉一員選曾經戰陣材武人差充依舊法置弓手
一百二十人就四安鎮專一控扼水陸盜賊仍不許諸
處抽差從之　四年正月二十四日樞密院言江南東

卷八千三百七

八

路提刑司申本路州軍多有直差外縣巡尉入城防拓
應管弓兵盡數帶行以致居民未嘗安業羣小乘隙作
過令佐往往棄城逃避倉庫官物為之一空乞重立法
禁戒逐州不得妄起屬縣弓兵所貴可以禁戢姦盜慰
安細民詔如過本州差撥不得過一半　十月一日樞
密院言捌置弓手添差使臣本以禦寇訪聞過往官吏
例於所屬出給文牒於沿路巡尉差弓兵以防護為名
差使頻併多致逃亡詔令諸路提刑司出榜嚴行約束
如有違犯之人密具職位姓名申樞密院取旨重作施
行　十一月五日廣南東路提刑司言南雄州保昌縣
元額添招弓手二百人始興縣一百人各置武臣縣尉

一員後准朝旨減三分之一保昌縣見管三十六人始興縣一十二人今來南雄州係當二廣之衝常有虔南信豐等處賊徒作過已申乞存留兩縣武尉一面招填見闕弓手以備使喚其詔連州扺湖南路潮循梅封州接近福建廣西等路各是控扼去處亦合依南雄州路存留武尉及招填見闕弓手詔依其揀放三分之一闕額處更不補填指揮更不施行　十六日詔諸路舊置弓手節級立功轉資與比附新置弓手押官名目上轉行　二十八日江南東路提點刑獄司言諸縣新添置弓手乞置將領部將各一員饒州南康軍將領部將各一員撫州建昌軍將領部將各一員池州太平州將領

卷八千三百七

九

部將各一員宣州廣德軍將領部將各一員從之　紹興元年十月十六日福建路轉運判官曹愿言諸州申明或乞罷武尉或乞罷指使或乞罷先到人或乞候軍期事畢日減罷顯屬廷延虛費廩祿乞明降指揮應州縣新置弓手及六十人以上即存留武尉減罷指使若不滿六十人即減罷武尉存留指使一州通及五百人即存留將領如不滿五百人將領部將並減罷庶幾州縣有所遵守詔依內見任合減罷人候任滿日更不差人　四年正月二十四日尚書省言諸路州縣新置弓手見一等支破雇錢據諸處陳請新弓手多有不堪使喚之人乞行廢併并舊弓手乞減支雇錢添破糧米錢



塘縣舊弓手減三分之一雇錢并新弓手並罷每人却添米七斗五升又慮諸州縣人數多寡不一欲令提刑司依做錢塘縣支破新弓手減罷雇錢等各據減下錢數先會計支舊弓手雇錢及收糴舊弓手米外將餘錢於內量行樁留准備向去米價增長貼助收糴所有其餘剩錢仰紐計合贍養人數額外增置仍將逐州縣數目逐一開具限十日申樞密院詔並依內新弓手撥併揀廢限十日施行了當其所支米斛以今來指揮到日月分限次月為始支給先是江南東路提點刑獄公事朱異言昨着添置武尉一司別立新弓手員額後來朝廷酌見於事無補應新弓手不滿六十人處已降罷武尉指揮契勘弓手舊法係差第三等以上故唯日支食錢一百今來米穀飲食時價高貴委是供給衣食不給則必取足於鄉村人戶即是弓

卷八千三百七

十

手員數之多但見搔擾之害過於緝捕之利也今乞以新舊弓手合為一營並隸於舊尉其懦弱羸老者先以揀退內寔有材武堪任捕盜者權聽於舊額外存留侯舊額足日依舊仍與月給食錢添支糧米使其衣食得以精足而後可以絕其作過之獎如此則鄉村之民免受受搔擾詔令兵部勘當申尚書省至是上言　四月二十八日吏部言已降指揮弓手准備將領欲依舊存留令每季遍詣諸縣教閱務要武藝精熟其武尉指使可以廢罷本部即未審今來指揮係止為將諸路州軍新置弓手及五百人去處見任將領依舊存留准復將應干州軍元置窠闕弓手不及五百人去處一例存留將領詔諸州軍並領依舊差置弓手准備將領一員　十月二十二日樞密院言諸路州郡差置將領巡尉總領教閱弓手以防賊盜訪聞州縣止是縣官使令

般挈骨肉防護逃避緩急全不爲用詔令諸州弓手准
倫將領所管縣尉如敢更似日前私有役使及借情差
占并般挈骨肉防護逃避之類並仰提刑按劾聞奏
五年正月十六日詔諸路州軍弓手選人材少壯以十
分爲率取五分專一教習弓弩手內弓八斗以上弩二
石七斗以並須施放精熟每旬委守臣按視量與支賜
「令逐州選差兵官同巡尉措置教習委逐路提刑司歲
終比較精粗保明聞奏其當職官依旨陞擢如弛慢」不
職」重行黜責　二十六日知湖州陳興義言教閱弓手
弓弩除烏程歸安縣係倚郭外其餘長興等四縣各係
外縣及湖秀管界等五處巡檢係在鄉村駐劄即不在

卷八千三百七　十一

州縣城郭窃慮難令兵官出城教習欲將弓手就委六
縣尉每旬知縣按視每月令本州弓手准倫將領遍詣
諸縣教閱土兵就委巡檢每月就本縣差官一員前去
按視仍每季發遣赴州委守臣按柏量與支賜詔依其
餘州縣依此仰諸路安撫提刑司常切檢察施行如有
違慢去處按劾聞奏　四月一日兩浙東路安撫司言
紹興府嵊縣弓手每季起發赴府按柏不唯緩急之際
本縣闕人防托緣往來道路累費極重乞與免發赴府
從本府每季差官下縣按柏照依通判季點日一就按
廹施行餘依已降指揮諸路逐縣依此　二十一日江
南西路提點刑獄司言本路有兩員縣尉去處謂如建



昌軍南豐縣兩尉廨宇相去縣郭八十里若每旬令知
縣前去按視窃恐經日在外妨廢縣事或令縣尉遇按
視將帶弓級前來赴縣亦慮往復有妨教閱令欲比附
巡檢例就縣尉逐日教閱准倫將領每月前去按視所
貴各不致妨廢職事詔令本縣每月委官前去按視餘
路若有似此去處依此施行　五月三日知和州皇甫
「彥言團結到弓兵雖合守臣使喚窃慮緩急難以統率」
「乞聽守臣節制從之　十二年七月五日詔諸州軍添
置諸縣教閱弓手准倫將領自今後並差大使臣年五
十以下應材武親民資序無贓罪及私罪重有舉主二
員人充諸路安撫司辟差准倫將領准此其日前已差

卷八千三百七　十二

下小使臣充逐件窠闕未赴任之人依省罷法已列任
人且令終滿今任　十五年閏十一月十二日夔州路
提刑兼提舉常平司王利用言本路諸州屬縣昨緣軍
興之際添置弓手其數頗多今軍事寧息理合減損數
內夔州係四州會口并其餘沿邊去處難以裁減外有
恭涪忠萬開達州梁山軍大寧監皆係近裏欲將上件
八州軍舊管并添置弓手一千五十五人數內隨縣分
大小量減三分之一從之　二十年十一月十七日臣
僚言諸路州軍諸縣教閱弓手准倫將領昨緣軍興一
時添置令既寧息兼所管弓手自有本路憲司并巡尉
教閱別無所掌職事乞罷上件窠闕詔依未赴人依省

罷法見任人令終滿今任　二十八年正月十四日臣
僚言乞行下沿淮郡縣條具弓兵舊例及見管人數斟
量多寡權立新額措置招募閱習巡捕不得抽占差使
遣者重寘以法户部契勘楚州山陽寶應盐城縣尉盱
眙軍天長盱眙縣尉弓手見闕人數不多不須裁減合
依舊存留外有其餘去處巡尉弓兵人數欲權行減半
立為新額應寔闕人數督責州軍招填以備巡捕盜賊
使喚從之　二十九日六月十一日詔每州於兵官內
選差有材武人一員兼諸縣弓手將領逐季下縣點檢
教閱從臣僚請也　三十二年閏二月二十八日江西
安撫轉運提點刑獄提舉常平茶盐公事司言洪州進
卷八千三百七　十三
賢縣所管縣界路當衝要地里濶遠賊盜窃發全藉所
管弓手衆共協力緝捕緣尉司止額管弓手五十名比
之其他縣分數目極窄乞添置弓手三十名其合支雇
食錢乞於人户常平每稅錢一百文只增數役錢一十
四文一分一釐支給充雇食錢户部勘當欲依所乞從
之　紹興三十二年七月二十七日孝宗即位未改元詔令浙
東江東西湖南福建路各添招弓手五分除依本處支
破錢米則例外先次立定初應募日支給募錢五貫文
孝宗乾道四年八月二日尚書省言諸路州縣比因
水旱之後多有盜賊嘯聚欲令諸路帥臣審察巡尉昏
繆不職者亟加奏罷仍仰撫恤弓手請受按月支給闕

額者速招募數足常切教閱若捕盜有勞之人合得功
賞催促保明從之　五年五月十三日權發遣處州軍
州事范成大進對奏弓手之制弊壞大縣額管百人姑
以十分為率其闕額不補者常二分差出借事者亦二
分縣中過數占留與縣尉干預民事承引追呼者又二
分此三色者固已占破六十餘人寔在尉司者四十人
而已又有小吏閽人院子市買之屬亦不下十數人寔
計真為弓手者纔二十人而已僅足以充縣尉當直肩
輿之役往往全無楷充教閱緝捕之數欲望先委諸路
提刑官徧行屬州汰減老弱隨闕招填依令来訓練將
兵之制分定弓弩槍牌諸色技藝具名注籍逐州委鈐
卷八千三百七　十四
轄或路分一員每季下縣教閱做禁軍賞格隨宜激賜
略以軍法檢校如此則州縣之勢稍壯上曰御理會此
極切事情　十五日詔逐路提刑司將本路州軍弓手
土軍闕額須管日下招填數足諸縣分番差撥貼司充
巡尉虞候廳子巡尉只許乘馬不得以土兵弓手負轎
合支雇錢按月支給無致拖欠不得以虛名積欠勒令
承認有誤支給所製造弓弩刀甲仍於逐州軍所得係
省窠名錢內那融脩置如有違戾去處即按劾施行以
部侍郎薛良朋言巡檢之土軍縣尉之弓兵州縣窩於吏
財賦見舊以百人為額者止有五十人日以減少不復
招填內有虞候廳子直廳之類往往占破只半乞行下
逐路提點刑獄於所部州縣供具舊額闕坐闕額合若
干人就將闕數立限下州縣須當招募填足弓手合支
常平錢米仰於見管數按月支付巡尉只許乘騎不得

五人見在闕額

（以土軍弓手貧窘令本州那融官錢置造弓弩刀甲日逐教閱每季提點刑獄巡行按試故有是詔）十二月八日知臨安府周淙言本府諸縣額管土軍一千三百六十六人闕四百五十五人弓手七百八十二八闕四十（人及修置弓弩刀甲等督責巡尉常切教閱務要武藝精熟）熟外所有諸路州縣望委守臣依此施行從之 六年三月二十八日知臨安府姚憲言巡尉所管弓手土軍本為巡捕盜賊往往多被占破他役以致捕盜之時人力不勝欲將本府管下土軍弓手令逐處巡尉盡行拘收歸寨從本府添置軍器常切教閱專一巡捕私鹽賊盜不得他役本府不時差官遍詣點檢按閱如有占破他役去處及教閱怠惰從本府按劾施行從之 五月四日詔令諸路提刑司行下所部州縣遵依已降指揮將弓手精加教閱每歲躬親前去點檢拍試具有無事藝陞進退黜置籍申樞密院（以起居舍人范成大言近日臨安府餘杭縣尉司弓手捕捉私鹽勢力不敵爲所殺傷正以弓手單弱跡失如此狀見諸州禁軍占役偷惰之弊陛下令以姓名事藝注籍于御前不測於逐州點撥一二十人到行在校閱實錄此州郡皇恐奉承斷不致占留雜役及不敢一日不入教場若欲痛革弓手之弊亦當依禁軍遣籍闕具姓名及所執事藝手力細數上之於兵部一年一次取吉量揀一二十縣每縣點撥數名赴兵部或樞密院依籍校試以其殿最虛實將教閱官及尉重作賞罰其籍乞限指揮到一季申發令兵部專一拘催毋令違遵廢格故有是命）

卷八千三百七

十五

七年二月二日帶御器械王明言得旨前去江南西路諸州軍點揀土兵弓手其能弓弩武藝者十無二三巡尉往往不曉軍旅竊見諸州軍多有軍中揀汰之人每處添差一員專一訓練以上分為率五分習弩三分習



弓二分習槍揀汰老弱招收彊壯填闕詔依土兵令逐路安撫司弓手令逐路提刑司將見令闕額行下逐州限日近招填數足添差訓練官請給按月批勘不曾拖積 二十八日兩浙西路兵馬鈐轄張荐言得旨點檢臨安府土軍弓手揀到彊壯第一第二等及老弱病疾五等單名年甲外點得土軍外沙等一十三巡檢司額管一千三百六十六人見管一千六十四人見闕三百二人弓手錢塘等九縣尉司額管七百八十二人見管七百三十九人見闕四十三人詔令臨安府守臣將老弱病患人限一季盡行抵換少壯及等堪披帶之人毋致依前違戾具已抵換人數姓名申樞密院差官覈實

卷八千三百七

十六

見闕人額疾速招填務要日近數足仍責令教習弓弩事藝諸路州軍依此施行 六月八日宰執進呈劉源點檢到湖南弓手土兵上覽其數曰他日亦足以助大軍聲勢其怯小老弱者令州郡招人抵換虞允文奏曰湖南有可招之人乞限以季一梁克家奏曰須令各路依將兵例分番教閱既得事藝精熟他日調發亦不致也上曰甚好 七月十九日宰執進呈帶御器械統轄訓練土軍弓手王明等具到浙東西土兵弓手數上曰兩路有萬餘人莫可起發教閱否虞允文奏亦可依將兵體例發赴行在教閱上曰請給如何允文奏須朝廷應副且土軍弓手所請甚微此間支口食錢米則本身

請受可留以贍其家，亦可依將兵一般支給，庶無彼此厚薄之嫌。上曰：「然，可令分作兩番起發，將每歲更番，抑半年乎？」梁克家奏：「歲更番。」上曰：「可悉依將兵例施行。」　二十三日，權發遣隆興府龔茂良言：「本路諸州軍土兵五十五寨見管五千四百人，除彊壯外，老弱疾病一千四十四人，差出及緣公事三十一人。弓手六十一尉見管四千四百九十三人，除強壯外，老弱疾病七百五十二人，差出及緣公事六十人。」詔令江西安撫司行下所部州軍，將老弱疾病人揀汰，如各人本家有子弟，却行招收，如無，限一季召募填闕。　二十四日，宰執進呈王明乞令州縣按月支土兵弓手請給，虞允文等因奏：「兩

七　卷八千三百七　十七

浙諸州弓兵有旨作兩番起發，州縣借請之類，所費甚多。忠銳軍將兵舊分三番，今亦乞作三番。」上曰：「卿等契勘所費幾何，特與支降。止令作兩番起發，教閱庶幾早得精熟，以備緩急之用。」　十一月十二日，帶御器械、統轄訓練土軍弓手王明言：「得旨兩浙路揀中土軍弓手分作兩番，前來教閱一年一番，今來見揀七十五隊，計四千五百餘人，每隊合用造飯鐵葉鍋二口，計一百五十口，望下有鐵去處支降。」應副令軍器所製造。　八年二月八日，統轄訓練兩浙土兵弓手宋端友言：「今具見管土兵弓手内將帶到老小在寨居住土兵四十七人、弓手三十一人。」詔有家屬人與支雄威請給，每人令左

藏南庫支撥，設三貫，續到家屬人申樞密院，其舊請給令逐州椿管，别行召募補填。　十月二十四日，宰執進呈臨安府鹽官縣申：「本縣合發揀中弓手五十五人，抵替第一番人歸縣。窃緣本縣瀕海，早晚兩潮，海船出沒作過，全籍弓手防托巡捕，乞蠲免起發。」上曰：「鹽官人數不多，况又瀕海，特免起發。」　十一月八日，樞密院言：「嚴州申，淳安縣揀中弓手方亮等在縣作過，得旨令本州依軍法施行。本州未准指揮以前，將方亮決脊杖二十，刺配南劍州牢城，未曾上道，更合申取明朝廷處分。」詔方亮特貸命，刺面配廣南遠惡州軍牢城收管。　九年四月十三日，樞密院言：「得旨發回兩浙路禁軍、土軍、弓

七　卷八千三百七　十八

手，乞令提刑司行下諸州軍，見在人各籍定人數、姓名，不得亂有差使寨占，仍委巡尉並專一訓練教閱，以備不測。差官所去按閱，如武藝精彊，不致退墮，任滿即與陞擢差遣；若弛慢不職，當職官並取旨重作施行。」從之。

續會要弓兵

淳熙二年五月十一日，福建提刑司言：「已降指揮，令州郡每月差官下縣拍試弓手、土兵武藝，其弓手居處各附尉司，可以赴；若土軍營寨有至二三百里者，往來旬日，妨廢教閱。乞下諸路州軍，每季差官拍試。」從之。

十二年八月二十三日，新權發遣南康軍葉翼言：「乞下諸路州軍籍其所隸之縣弓手、土軍之數，各置器甲，務

令具備以時教閱詔令諸路州軍以時措置毋致闕誤如有違慢仰安撫提刑司覺察以聞　淳熙十六年三月四日前湖北提刑馬大同言本路土曠人稀素多寇盜又與蠻傜接境所資備禦者惟土兵弓手最為切近蓋因州縣匱乏凡土兵合得衣糧常拖下數月不支以此無人願充竊見辰州思微寨土兵衣粮未嘗仰給州縣乃將刀弩手餘田撥付俾其徑自佃種以代衣粮之用為今之計欲土兵之足額而有以自存謂宜視思微寨已事之驗每招土兵一名給官田百畝亦足以充一歲之用使之或耕或佃各從其便仍盡蠲其租稅得旨令湖北諸司同逐州守臣相度申尚書省照得逐州多稱管內田畝盡係民田別無係官荒閑田土令相度乞行下逐州如日後管下諸寨近便去處遇有逃移戶絕沒官田專一措置椿管不許撥充職田學粮及百姓請佃即行召募有家累願管田之人充應土兵給付耕墾從之　紹熙二年正月二十一日臣寮言竊見州縣之有弓手所以徼巡一縣之盜賊預備不虞之患如汀劍諸州與夫江之東西湖之南北民俗尤為輕悍捕緝之責全籍弓兵比年以來教閱多廢其弊日起於雇錢之不支且弓兵月顧係本縣役錢支給縣道窘乏遂致拖欠動或數月未嘗支散既無以為皆給之費往往寅緣差出擾擾鄉民教閱之事縣官亦不復留意深恐稍有





緩急難以倚仗乞下本州專一委任官計一歲雇錢之從所委官拘催役錢按月支給具申本州庶免拖欠縣道不許侵支移用而弓兵日給既有定期然後嚴之以教閱程之以藝能汰其老弱禁其差出庶幾得以專習武事禁止姦回從之　三月十六日臣寮言竊見淮東天長一縣弓級等只有八人容詢其故緣州郡恐支役錢不肯招收乞依舊額招填取足詔淮東西提刑司行下所屬州縣照依元額招填　十一月八日前知桂陽軍徐閎言土軍之在州縣去官司為最近一有緩急朝令而夕至彈壓封境孰有急於此者夫兵之所仰者衣食也而糧不按月衣不及時惟凍餒之是憂何以責其死力乞行下諸路提刑司應土軍請給衣糧並就本州軍及時支給若弓弩器械未備並支官錢修置每日教閱無得占破如有闕額即招壯勇及等仗之人差注巡檢寨關必用有舉主係親民資序之人令吏部長貳精加銓量方與注授從之　十二月二十四日詔逐路提刑司嚴行約束巡尉不得徇私違法差借弓兵（以知郢州陳居仁言諸州軍弓手土兵近來諸處率多差借見任寄居如淮南湖北弓手土軍營額不多差借卻同內地緩急之閒豈不誤事故有是命）　三年八月十八日江西提刑鄭湜知贛州趙彥操言贛州諸縣昨因寇難增創土軍後來安靜已久而因仍不去今凡一十二寨所管一千一百餘人歲費衣粮料錢二萬七千餘貫米二萬一千餘斛當時

失於申明科撥衣糧止是州縣那融支給緣州縣財賦有限支遣之日土軍衣糧多不時得令諸寨未敢遽議廢併蓋亦量度緊慢少損其數別立新額若見管人過於新額姑與存留有闕不補苟不及新額續議招填如此亦可以寬諸縣煎熬之憂而科罰之擾不及於百姓衣糧之給無乏於土軍一舉而三獲其利今具元額及欲立新額下項　贛縣磨刀巡檢寨元額一百人今欲六十人為額興國衣錦巡檢寨元額一百人今欲六十人為額贛州南安軍都巡檢寨元額二百人今欲一百二十人為額安遠信豐龍南三縣巡檢寨元額一百人令欲六十人為額寧都青唐巡檢寨元額一百人令欲

卷八千三百七

兰三

六十人為額寧都挍殺寨元額七十人令欲四十人為額寧都巡檢寨元額一百人令欲六十人為額寧都石城雩都三縣巡檢寨元額一百二十人令欲七十人為額會昌湘鄉巡檢寨元額一百人令欲六十人為額會昌瑞金兩縣巡檢寨元額一百二十人令欲七十人為額瑞金筍脚巡檢寨元額一百人令欲六十人為額石城捉殺寨元額五十人令欲四十人額詔令見在人並令仍舊如已溢新額將來有闕更不招填　嘉泰三年三月二十九日浙西提舉趙不惌言弓手之置所以禦盜賊而備巡警隨其邑之大小以立定額為令佐者固當體立法之意參照元額其有亡逸者從而招填癃老



者從而汰易庸錢有常給以安其生教閱有常時以精其藝冗使有常禁以養其力今乃不然章額數之闕以為虛破庸錢之地教閱訓習漫不經意迎送差使畧無虛日一旦有不測之警捍禦無人將何所恃乞行下諸路仰各縣重行置籍照祖額數目限三月招填年齒若干身驅長短令本縣令佐列銜保明每季一申提刑司不時差官點籍按視一申提舉司憑籍照數支破庸錢自然名寔相副仍戒教逐縣訓習教閱務在以時迎送差使不許違禁稍有乖戾重寘典憲庶幾捍禦可恃盜竊之徒望風畏戢從之　開禧二年三月二十六日臣僚言浙東諸郡瀕海則有販鬻私塩之利居山則有趣

卷八千三百七

兰三

逐坑場之利利之所在民爭趨之是以兇黠不逞之徒黠窳逃亡之卒烏合蜂聚什百為羣坑場作過則逃死於海瀆私販苟敗則偷生於坑井深山大澤互為窟穴平時望屋而食稍不如意則公行剽刼莫敢誰何歲歉可乘相挺而起豈不重為田里之憂哉比年以來塩寇之患人皆知之而不知盜賊之可憂者尤在於此鐵内寨通所宜防閑乞下本路帥臣監司常切禁戢其有塩監及坑場去處所管巡尉司土兵弓手並令日下招補及額仍申嚴不許差出之令以時教閱使武藝精習足以扞護鄉井而為盜賊之防從之　四月十八日樞密院言諸路揀中禁軍并土兵弓手累有指揮約束不許

差借私役非不嚴切訪聞州郡往往視為文具全不留意見任寄居等官例皆差借私役是致入教人數稀少及關人巡警盜賊理宜措置詔令諸路帥司各行下所部州軍並仰日下盡數拘收入教專令兵官任責教閱内土兵弓手仍須巡警盜賊雖監司守臣亦不許占破一名只許差破廂軍寄居等官雖廂軍亦不許差借如尚敢占留重鐫責候令降指揮到日限五日並要拘收齊足仰安撫提刑司并御史臺常切覺察月具有無違戾聞奏如安撫提刑蒙庇及視為文具一例責罰仰帥憲司先次開具已拘收人數申樞密院　嘉定五年二月十四日臣寮言郡無大小皆有禁兵兵無衆寡皆厚

卷八千三百七　二十三

廩食弓手土兵其去民為甚近於警捕為尤切禁卒衣粮如期支給土兵弓手或至稽緩所得月粮或撥發綱運縱使給付多腐壞糲碎之米使之何以充食所得廩金或輟那他用至於官舍敝陋責其修葺送迎費耗彊其陪備使之何所從出間有撥一二碩鄉役錢付尉司徑自拘催給散催理頗艱未免愆期甚至科折以酒倍增其價是直攘之而已矣既蓄此曹安可不優恤之乎乞飭諸路州縣視禁卒弓兵均為一體勿令重輕土兵衣粮以堪好者如期給付弓手廩直於催到役錢按月支散并禁止折酒掊尅之擾或有闕額並令招填仍令監司郡守常切覺察從之　十年三月六日臣僚言竊



惟國家之設兵所以豫備不虞非直為是觀美也今之弓手寨兵羣然坐食無異平民春秋教閱雖常程視為具文安有實藝每日不過奔走衙前承受文引供應雜役伺候酉點之外則晏然以為無事矣為巡尉者不問弓兵額管多寡其間占破如廳子虞候動十餘人甚至年方童稚或衰老罷懦力不勝任補為小廳院子入宅使令虛占名籍耗費廩給脫有緩急何以倚仗乞下州縣巡尉兩司嚴督弓手寨兵除差出巡捕外每日親到教場團集聚習務在武藝精熟汰去老弱專選彊壯有力之人補填舊額所差廳子虞候止許存留三人亦須隨衆教閱不得避免每日教罷前赴縣衙放散其巡檢

卷八千三百七　二十四

司或有去路遥遠只令巡檢司更加點集每遇春秋大閱州縣按試不得仍前視為具文擇武藝優彊者厚加精賞否則罪亦不恕其巡尉尚敢慢令許監司郡守覺察併乞行下州縣弓手寨兵衣粮雇錢須管按月支給不許積壓拖欠可以責其練習精勤而無饑寒之慮也從之　十六年十一月一日臣寮言仰觀國史乾道間尚書省言諸州水旱之後或有盜賊欲令諸路察巡尉之昏繆者亟加奏罷仍撫恤弓手按月支請闕額者速招募數足捕盜合得功賞催促保明申聞孝宗從之臣訪聞近來浙西有被潦去處小寇閒作提刑司措置行下諸州招填弓手土軍闕額其嘗隸兵籍以微罪逐者

俾之捕賊而復元名以爲歎歲寇盗之防僉謂所以委是允當臣每見州縣守令常以弓手土軍闕額之多爲喜蓋可以減月廩庸錢以資妄用不暇爲防姦計也巡尉間有振職以招填爲請則往往忤長官之意是豈容不申儆欽望聖慈仰循祖法行下刑部疾速遍牒諸路提刑司並仰日下從浙西例一體施行仍察巡尉之昏繆不任事者具名申省弓手土軍請給錢米並須按月以本色支給如郡邑違戾提刑即行按劾從之大典卷八千三百七

卷八千三百七

二十五

過

宋會要　弓箭手

真宗景德二年五月知鎮戎軍曹瑋言有邊民應募爲弓箭手者欲給以境内閒田每邊防警急皆願爲前鋒而官無資糧戎械之費請永蠲其田賦使得安居從之　大中祥符四年九月七日涇原路鈐轄曹瑋言隴山外籠竿川熟戶蕃部以閑田輸官已規畫於要害之地立堡寨募弓箭手居從之　五年八月鄜延路總管曹利用言沿邊所居歸明人戶防遏立功者望補爲弓弩手十指揮詔利用詢其人如願爲之及經久利便即依所奏　六年十二月涇原路兵馬都鈐轄曹瑋言原州五井堡弓箭手指揮使張文義彊毅有膽決請補渭州蕃落指揮使真宗曰弓箭手人員乃自鄉民補除給冬服外元無衣糧未立顯効便補蕃落軍職即超越太甚可副指揮使仍以此意諭瑋　七年十月吏部員外郎李及言鄜延路正當邊防所管弓箭手員僚指揮使自來並無衣甲乞許量行置辦以備緩急從之　仁宗天聖二年九月陝府西路轉運使范雍言准詔旨相度原州沿邊弓箭手欲將慶州割屬柳泉鄉趙明等百八十四人并顯德五年至咸平三年抄點到係稅弓箭手四百人放免歸農應副州縣色役其無稅弓箭手且令存留者竊以原州最處極邊全藉新舊弓箭手諳會蕃情道路經慣出入自備鞍馬器械糧食分番極邊防托復

卷八千三百七

一

又舊弓箭手准宣敕置立子父兄弟相承州縣不曾差
撓久經使喚武藝精熟新置弓箭手邊上差使頗得氣
力令放免舊弓箭手却令應當鄉縣色役不惟極邊闕
人把截兼慮人户願就輕役邊補有妨欲乞依舊存留
縣司不得妄有差役從之　六年四月詔渭州鎮戎軍
所招弓箭手自令揀選及於左手背上各撿州軍名刺
第幾指揮字不得虚立人數請射官中地土又鎮戎軍
三百餘人不曾令耕種所有新人無處歸投令將新開
壕裏地土分劈與側近弓箭手等耕種依鄉原例輸租
課　九月詔鎮戎軍弓箭手九五十四指揮共有七千
九百餘人令并為三指揮名額　七年五月鎮戎軍言
卷八千三百七
二
昨聞托新壕包括山林甚多近西人多伏林莽以害往
来乞沿壕立堡以弓箭手防托從之　十一月涇原路
鈐轄兼知鎮戎軍王仲寶言准宣鎮戎軍弓箭手自今
抛下地土逃走避罪三五日首身者依格法區分却給
舊地土逃走一月以上地土已别招人種蒔即永不得
收録姓名近准宣令所招弓箭手並於手背上刺弓箭
手指揮字號欲乞自令如有未刺手背弓箭手逃走一
月内首身從獲者決訖亦刺字號收管差使一月以上
止依舊例永不收録姓名將地土别招人請射其已刺
手背正身逃走權令本家少壯兒孫弟姪承替應役如
無得力人丁及全家逃走者限三月内首身決杖十三



捉獲決杖十五依舊收管差使限外不首身本家却令
兒孫弟姪情願投代本指揮人員保明押領令赴官呈驗
得中依例刺手背收管却給元舊地土耕種如限外不
首及捉獲又無人代名者即將地土納官别招人如元
逃弓箭手却來首身者決杖十七捉獲決二十其地土
如本家已有人承替及别招到人請射其逃人少壯有
武勇者亦乞却勒依舊别給空地土耕種如刺手背人
員弓箭手年老病患令兒孫弟姪承替及逃走首身捉
到其中亦有年老軟弱病患者當官呈驗委的不任征
役即乞給與公憑放令逐便或刺手背人往别州軍界
逃避及出取却字號驗認有癥痕隨身别無公憑捉送
卷八千三百七
三
所屬州軍勘斷施行從之　慶歷元年十一月涇原路
總管司請修業樂寨募彊人弓箭手十指揮從之　二
年十一月詔涇原路弓箭手避寇未還者令經畧司招
輯之　六年九月知并州鄭戩言鄜府二州有並塞閒
田可招弓箭手一二萬人計口給田以為疆埸之防從
之　皇祐元年九月秦鳳路經略司言秦州沿邊弓箭
手雖令同社助錢買馬然貧不得以自給故馬多闕乞
計市屬户接漢界土田以資贍之從之　三年二月涇
原路經略使夏安期言選弓箭手萬三千人分隸東西
路都巡檢下屬歲豐稔召至州大閱投縈精彊且言可
當正兵五七萬因上弓箭手陣圖法有詔奬諭　四年

兵四之四

三月鄜延路經略使狄青言延州保安軍弓箭手押官以上皆給身分田欲自十將至指揮使量其家口數更等第益以閑田從之　至和二年四月知并州韓琦言相度代州寧化軍宜如岢嵐軍例去北界十里為禁地其餘地請就委鈐轄蘇安靜與兩州通判召募强壯人刺為弓箭手分給其田令住坐防邊從之　嘉祐六年五月詔陝西逐路經略安撫司沿邊州軍所置寨戶弓箭手專令防托邊界累曾約束訓諫令後所屬專切提點有田土未足者速根括支給未置到鞍馬器械者限一月捌置足除係邊界禦捍巡防外雖官中工役不得抽差違者以違制論　七年四月涇原路經略

卷八千三百七

四

安撫司言先有條約沿邊弓箭手除巡防捍禦外一切不得役使近日本路沿邊諸州軍城寨却申乞借倩弓箭手家人應副官中雜役看詳弓箭手各有身分地土每遇輪番往邊上巡防窠坐即全仰給家人若更差借即是兩項差使雖已禁止蓋緣元初未有正條乞於弓箭手舊條內添入應逐處官吏如敢以借倩為名擅役使弓箭手家人者不以官私色役並於抽差弓箭手條內同罪定斷從之　是歲除慶州西谷寨弓箭手地基稅錢　治平四年十二月二十一日神宗即位未改元　詔涇原路經略安撫司常切安恤賑貸本路弓箭弓所有見逃人數多方招喚依舊住坐　神宗熙寧元年二月

兵四之五

知青澗城劉怤言本城所管歸明弓箭手八指揮元額三千四百餘人馬九百疋連歲不登已是艱食復會綏州事宜物價翔踴遂至孳畜餓粮罄盡逃亡者多官馬死者十已四五白草順安兩寨正當西界蒲堂川素藉此弓箭手禦扞令隄防罅缺深可為虞竊見丹州儲粮陳積乞行賑貸令戶口自赴丹州請領所貴人可存留兼不廢耕耘秋成有望詔本路轉運使司詳所奏施行　二年十二月環慶路經略安撫使司言知環州种診言本州及鄰近州軍刺手背弓箭手多相勾扇逃走或因事投別路州軍已嘗奏乞下陝西有弓箭手州軍子細驗認手背如內有元係別州軍者即使押迴本處所貴

卷八千三百七

五

有以戒約兼聞秦州召募敢勇人每月等第支給料錢白米深慮誘動環州弓箭手土人轉見數少有悞防邊本司勘會環州平遠等寨弓箭手係近年招到正當控扼要害去處最為得力乞下陝西逐路經略司令所轄州軍今後如有投充本處弓箭手須是當官驗認委不是刺手背弓箭手即得招刺如係別州軍刺手背者令先取問後會本管州軍的寔逃走因依却抽歸本處依條收管施行從之　五年六月十三日鄜延路經略司言相度以舊捉生充正名弓箭手其新刺舊捉生依舊支賜錢粮從之　八月四日管勾秦鳳路沿邊安撫司公事王韶言就竹牛嶺東西各招弓箭弓手一指揮從

之十月八日詔令秦鳳路沿邊安撫司支官錢收買鎮洮軍蕃部田土招置弓箭手　二十五日河東察訪曾孝寬言根括到河北外荒地七百餘頃及沿邊州軍有不該歸業逃田乞令根括招弓箭手並從之　十二月三日知太原府劉庠言根括到忻麟州寧化軍空閑田土詔以可耕地招置弓箭手　六年六月十一日秦鳳路經畧使張詵言准詔打量官員職田及空閑地得三千餘頃詔並招置弓箭手內職田仍依例支鹽鈔　十月八日秦鳳路經畧司言差弓箭手強人二千人往岷州駐劄詔於水洛城及永興軍駐劄軍馬內差人替歸本路上以邊人調發頻數慮民力不堪故命寬之

卷八千三百七

六

十月四日麟府走馬承受全惟幾言乞罷諸州軍廂兵充弓箭手從之初河外曠土上遣帶御器械王中正募民為弓箭手以實之可省屯戍轉運使趙子幾獻策募廂軍策而不較廩給之費故罷之　五日詔麟府路弓箭手近行招添全籍安集本州及城寨除合差配及和顧馬牛驢夫力等皆申經畧使若有賊馬入界許差發訖申如違並以違制論不以赦降去官原減仍許人告官給賞錢二百千　六日河東路經畧司言修新招弓箭手墻院屋宇等詔令官中並為修蓋如其人願請材木自備人工者聽　二十五日涇原路經畧司言今後弓箭手人員立功授班行名下地土更不帶過只令兒孫或佃户剌填弓箭手從之　七年三月二十五日知熙州



王韶言乞以河州作過蕃部近城川地招弓箭手外其山坡地招蕃兵弓箭手每寨三五指揮以二百五十人為額每人給地一頃蕃官兩頃大蕃官三頃仍召募漢人弓箭手等充甲頭候招及人數補節級人員與蕃官同管勾自來出軍多為漢兵盜殺蕃兵以為首功今蕃兵各情願依正兵例黥面或刺手背為弓箭手字號詔更於左耳前刺蕃兵字詔止刺耳前　八年六月二十八日詔岢嵐火山軍堪耕種地土如均給遷移弓箭手得足即將西陘等寨未開耕官地堪耕種者漸次招置弓箭手河東與北界分畫疆土有起移弓箭手籍曠土分給之因其有餘乃命增置　七月十四日臣僚上言沿邊弓箭手寨户田土雖有都

卷八千三百七

七

數然經畧司自來素無拘管頃畝細帳每有取索須下城寨亦恐經久不明欲乞委經畧司將田段步畝鄰至户名重細置籍每有增減逐旋開收從之　八月十三日詔隴山一帶新經差官按視可耕官田德順軍儀州四千八百八十八頃令王廣淵籍佃户剌充弓箭手與免所納租課內有不願充弓箭手者即令退地土別召人佃具所籍人馬數目以聞　九月二十二日詔頒陝西河東弓箭手所養官馬條約　九年五月秦鳳路路轉運判官孫迥言乞令熙河路經畧司與提舉弓箭弓司同共據本路見在弓箭手編排選定係堪充代正兵之人所責不至虛費財用從之　十年知延州呂惠卿

言自熙寧五年招到弓箭手只是權行差補未曾團定指揮本司見將本路團結將分除出守禦人數外不多令來弓箭手並係少壯堪任教習戰守之人其乞排連軍員遂與團成指揮都分置立將校統轄即於臨時易爲勾喚除保安軍畸零欲只就近撥屬順寧寨舊管漢户弓箭手第七指揮外餘並便團作四指揮仍依資次排在沿邊第九指揮之下其闕人數候招到即逐旋撥塡所有管轄人員各立一名仍以見管節級揀人材武藝最強之人排充兼尚有空閑地土見令招人其後來招到人數即便發入令來團成都分從之　元豐元年六月十四日經制財用司言熙河路弓箭手昨准朝旨

卷八千三百七

四人同治官莊一頃頗闕困於役使見闕二千人欲罷四人治田指揮唯收成時聽暫應副收穫餘毋得役兼秦鳳路轉運司綱運所兵級已招隸本司乞勘會元額下陝西轉運司廂軍投換以充治田如不足益以選

八

中保寧兵從之　十一月十七日河東路經畧司言准中書送下河東沿邊安撫司王崇拯言豐州永安保寧二寨地昨與西界首領商量分定以奢俄爲界委官標量合耕地三十頃有畸乞下本司更令槩視募弓箭手本司令欲依崇拯奏施行從之　二年二月二十九日經制熙河路邊防財用司言乞收熙河岷州通遠軍官員職田以募弓箭手視逐官元給頃畝每頃歲給本司



錢十千從之　三月十四日秦鳳路經畧使呂大防言階州漢蕃户獻納并根括田五百二十頃可募指揮弓箭手詔依沿邊法人給地兩頃　八月六日計議措置邊防事所言以涇原路正兵漢蕃弓箭手爲十一將第一第二將駐渭州第三將原州第四將綏寧寨第五將鎭戎軍第六將彭陽城第七將德順軍第八將水洛城第九將靜邊寨第十將隆德寨第十一將永興軍奉天縣並從之仍於分定將内别定一將策應熙河路　三年二月七日河東都轉運司言憲州靜樂縣民請射石神幔坡堝荒地千餘頃置弓箭手五百人歲輸租米三千石令根靜樂縣尉按行止有百二十三頃即令林木

九

卷八千三百七

蕃茂乞禁採伐養成良材以備官用從之　三月十四日上批聞群牧行司就給諸路弓箭手馬殊不堪宜專一委有風力監司覆按訖支配遂命陝西轉運使李稷按之　四月二十一日入内東頭供奉官瀘州勾當公事韓永式乞差熙州弓箭手都虞候呂昱爲指使上批昱本熙河弓箭手累立戰功補都虞候近私隨韓存寶討夷賊本路已作逃亡除籍故困躓無所歸可與三司軍將令帶隨行　五月二十一日權發遣鄜延路鈐轄曲珍乞德順軍界祖父弓箭手地改正户名不可則乞輸錢詔曲珍累有戰功其地四頃半特賜之　七月十七日詔經制瀘州夷賊韓存寶所將涇原路弓箭手可

此卷有與職
官提舉弓箭
重者

月給其家十將以下至長行錢一千副兵馬使以上二
千都虞候以上三千　九月二十九日熙河路經畧司
乞團結蕃弓箭手從之　四年五月二日涇原路經畧
司言本路弓箭手闕地九千七百頃渭州隴山一帶州
原陂地四千餘頃可募弓箭手二千餘人諸佃户或不
願應募乞如熙寧八年八月詔收其入官及以逃亡弓
箭手地均給田少之人詔渭州德順軍隴山一帶地令
民依舊佃租見充弓箭手逃亡限滿不首獲者其地即
與閑地弓箭手　七月二十七日熙河路都大經制司
言蘭州西使城川原地極肥美兼據邊面須多選募强
壯以備戍守熙河民兵唯北關最得力又地接皋蘭歲

卷八千三百七

十

入特厚芻粟充衍人馬驍勇今復蘭州遂可廣選募欲
乞除留置官莊地並募弓箭手人給二頃緣初置州城
難得耕牛器用若募新民必種植不得乞依熙河舊例
許涇原秦鳳環慶及熙河路弓箭手投換仍帶舊户田
土耕種二年即收入官别招弓箭手從之　五年正月
五日鄜延路經畧司乞以新收復米脂吴堡義（原缺）細浮
圖塞門五寨地置漢蕃弓箭手及春耕種其約束補職
並用舊條從之　二月十五日詔提舉熙河等路弓箭
手營田蕃部共爲一司隸涇原路制置司許奏舉幹當
公事官一員准備差使使臣三員給公使錢千緡　同
日秦鳳路提點刑獄康月言熙河路四州軍弓箭手闕





拓之初借牛種借助等錢及承地認欠之數近諸州軍
依例撿舉督索緣逐人久在軍前方此休養望令倚閣
候歲豐日依料次送納詔與展限二年　二十四日知
秦州吕公孺言經畧司常平錢斛法以救恤屬蕃弓箭
手之類今所存甚少望特權借提舉司錢斛相兼支俵
仍展至三月詔權借錢穀五千貫碩　四月十六日詔
蕃弓箭手陣亡依漢弓箭手給賻漢弓箭手出戰因傷
及病羸不能自還者並依軍例賜其家　五月四日詔
引戰環州弓箭手都指揮王隱舊病右目因奪臨力戰
箭中左目與丁班借職給俸禄於其身並與引戰支賜
仍許子孫承襲　六月五日鄜延路經畧司言權蕃蘆

卷八千三百七

十一

寨主折可適等乞招弓箭手借與地耕種從之　七月
七日提舉熙河等路弓箭手營田蕃部司康識言與兼
提舉營田張太寧同議立法乞應新收復地差官以千
字文分畫經界選知農廂軍耕佃頃一人餘並招弓箭
手人給二頃有馬者加五十畝從之　十月十九日种
諤言乞以永寧寨致漢蕃弓箭手及再招填得力人各
支馬一疋不納元賞價依舊給馬口分田從之　六年
正月八日提舉熙河營田蕃部司言蘭州及定西城新
招弓箭手貧乏無種粮牛具乞貸錢十五萬貫與之候
墾地得穀償納從之仍增賜十萬貫　閏六月二日鄜
延路經畧司言弓箭手於近裏縣置田兩處立户及四

丁巳上乞取一丁為保甲一丁為弓箭手有二丁至三丁即且令充弓箭手詔保甲願充弓箭手者聽其見充弓箭手與當丁役毋得退就保甲陝西河東准此　二十七日詔借軍須錢五萬緡與陝西轉運司支貧闕漢蕃弓箭手　九月十七日權主管秦鳳路經略司呂惠卿乞輪差將官在外城寨駐劄訓練漢蕃弓箭手兵馬「從之毋得朔修廨舍　十月十九日秦鳳等路提點刑「獄權主管經畧司呂温卿言昨點檢漢蕃人馬秦州巷弓箭手比元額少八百四十三人馬三百六十五疋取諸城寨弓箭手丁産簿初無開收不可鉤考經畧司亦無文籍勘會三陽寨主内殿崇班楊應辰到任三季招

卷八千三百七　十二

漢蕃弓箭手五百三十三馬一百七十二主管治坊堡供奉官王訥根括伏羌城等三寨荒田三百六十頃以此見其餘城寨隱陷荒閑必多兼訪聞甚有冒佃及弓箭手占在名下不刺人丁乞降指揮令軍畧司遣官根究城寨弓箭手官田置籍具佃人姓名頃畝一送經畧司一留本城寨開收其前占佃人並免納租釋罪止令增刺人從之　七年二月三日鄜延路經畧司乞選保安軍蕃族貧闕單丁弓箭手刺充捉生從之　九月四日詔知秦州吴雍依近降法分四教場教漢蕃弓箭手　八年六月二十六日哲宗即位未改元　詔罷秦鳳路置場集教弓箭手令經畧司講求土人習教所宜立法本路經畧安撫司公事呂温卿乞寬漢蕃弓箭手集教故有是命　七月二十二日詔河東第十一將下弓箭手新定團教等條格及創添上番人數更不施行令本將並依舊條管轄教閱不得有妨農務如合增損條約仰經畧司講求土人教習所尸立法以聞

哲宗元祐元年三月十八日樞密院言請以蘭州通遠軍沿邊水陸田募人充弓箭手他路舊人聽帶舊地換充並依例給田自買馬者加五十畝仍官借錢粮俟及三年乃令應役從之　二十八日詔罷提舉熙河等路弓箭營田蕃部司　四月十二日權發遣秦鳳路經畧安撫司公事范育言熙寧八年内知秦州張詵奏諸城寨弓箭手寨戶蕃戶稍覺闕食欲將秦州省倉陳次

卷八千三百七　十三

斛斗借支接濟候夏秋熟日常平倉撥還令秦州外城寨省倉年計亦有剩處經畧司常平公據糴買糧草亦有樁管之數乞將來如遇本倉粮斛賑救不足許以省倉年計之餘陳次麤色斛㪷借支并將經畧司常平公據糴買糧草約度存留准備緩急移用外遂急支貸或量減市價出糶從之　九月二十六日兵部言涇原路隴山係官地例為人指占量輸租課寅緣侵冒畧無色役累有朝旨令招刺弓箭手而人戶侵冒歲久財力富强奸弊日深懷非稟自朝廷置局招置標撥無以度絶奸弊從之　十月十八日熙河蘭會路經畧司言乞將新復啞嘌川一帶地土依舊令定西城招置弓箭手耕

種從之　四年正月二十四日詔石州葭蘆吴堡兩寨弓箭手所貸錢斛限三年為六料隨二税送納以同主管河東沿邊安撫司公事郭宗顔請也　四月十二日涇原路經畧安撫司請將隴山一帶弓箭手人馬别置一將管句仍以涇原路第十二將為名詔令本司奏舉大使臣二員充訓練官俟二年減罷　十一月四日詔涇原路弓箭手以家業分三等月集社錢買馬上等二百中等一百五十下等一百以備死損漸填從本路帥劉昌祚請也　二十三日殿前副都指揮使武康軍節度使劉昌祚奏根括隴山地九一萬九百九十頃招置弓箭手人馬九五千二百六十一人騎賜敕書奬諭

卷八千三百七

十四

五年四月三日熙河蘭岷路經畧司言乞委城寨使臣同名募少壯堪耕戰人刺充弓箭手每員招及三百人着業及一年減磨勘一年百人減半仍委知通提舉每及六百人各與減磨勘一年三百人減半從之　七月九日涇原路經畧司言請自元祐三年五月以後根括違法典買蕃部地土人與免罪許以兩頃五十畝出刺弓箭手一人買馬一疋從之　十一日詔涇原路隴山及安化縣新招置弓箭手及已降指揮將陳首違法并許典賣蕃部地土人據頃畝合刺弓箭手令本路經畧司指揮别圖為將以訓練將為名　七年八月十八日詔河東陝西弓箭手自今應排轉承襲承替補職付身



文字除十將已下從經畧司一面給帖外餘並令兵部上樞密院都虞候以上降宣指揮使以下降明首令經畧司給牒　十月二十九日河東路經畧司言應弓箭手年老或病患不任征役者給公憑放停令看詳未有立定許揀選之人其間不無隱庇切慮緩急有誤驅使欲委知州軍并將官因每歲教閲揀選弓箭手如有年高或病患及尫弱不任征役之人許本家或親屬内選人承替若遇宂傷及七分已上權免教祇令作番次柚揀從之　八年正月二十七日兵部言河東路臨府豐三州弓箭手除見耕熟地者與免一年得舊熟地今荒閑者與免二年得生荒地者與免三年上番從之　同

卷八千三百七

十五

日麟府路體量安撫官奏弓箭手每指揮多不敷額縁弓箭手不費錢粮可代正兵而又便習弓馬勇於戰鬬諳熟山川通知出入道路在邊防誠為得力所以招置不足。縁河外地瘠差役頻併欲行下河東路經畧司詳度乞令巡檢司多方招置外其所招並須土人為保若任内復有逃亡任終考察不理人數從之　紹聖元年四月十一日兵部言河南州軍弓箭手每遇耕種收刈月分如願替請令五日一替如地理遥遠人情不願及農隙月分即仍舊條半月一替從之　十一月一日權兵部侍郎韓宗師言河東陝西職田招弓箭手號邊郡勁兵請令六路經畧司悉表隙地並招置地瘠必以

差增之詔逐路經畧司措置闢田募士多者樞密院以
聞二年正月十六日兵部言投弓箭手者經所屬官
陳狀召有家業二人委保不是奸細化外兩地供輸蕃
部河東義軍及已係弓箭手人年十七至四十堪披帶
射七斗弓者諸闕有兩人以上投刺者揀武藝高強人
充有司如招到已係弓箭手河東義軍年不應格不堪
披帶不責保或蕃部兩地供輸化外姦細人等者坐罪
有差仍奏裁保識人亦坐罪有差招弓箭手應賞而曾
經上條責罰者雖該恩原罪不復推賞從之　三年五
月四日樞密院言涇原秦鳳熙河路弓箭手蕃兵已專
委鍾傅往逐路團結及因便犒賞按逐路正兵昨等第
卷八千三百七　十六
給賜陝西河東路經畧司度牒回易專備探事及激賞
漢蕃將令來遇有出入或因鍾傅犒賞經畧司亦合相
度隨宜於回易錢內給賞詔熙蘭岷路涇原秦鳳路經
畧司隨宜於回易息錢犒賞務要漢蕃士卒例霑勞賜
激厲士氣弁下鄜延環慶河東路　六日詔在京府界
諸路馬軍槍手並改充弓箭手蕃習蕃槍　四年五月
八日詔張詢巴宜專根括安西金城膏腴地土頃畝可
以招置弓箭手若干人具圖以聞　元符元年二月十
七日樞密院言鍾傅奏近准朝旨往涇原與章楶講究
進築天都山南牟等處令相度如展置青南訥心須置
一將正將在青南訥心駐劄副將在青南訥心嶺耳中





間駐劄逐城寨防守軍馬乞權於熙秦兩路輟那新城
內地土並招弓箭手居住仍置提舉官二員熙秦兩路
弓箭手每指揮以三百人為額乞作二十指揮招置不
一二年間須得數千民兵以充武備從之　七月二十一
日詔陝西河東路新城寨合招弓箭手並依元豐四年
九月詔許別路弓箭手投換其元祐八年四月不得招
他路弓箭手指揮勿用　先是熙河蘭岷路招置弓箭
手李夷行奏請新建會寧關全賴投換弓箭弓麻譜山
川道路故有是詔　二年二月十六日樞密院言提舉
熙河蘭會路弓箭手李夷行言乞許弓箭手就城寨將
副處招刺以絕州府往返勞費及留滯邀阻之弊從之
卷八千三百七　十七
十二月二十一日樞密院言呂惠卿奏本路沿邊漢
蕃弓箭手蕃捉生自來每遇事宜作一番差在沿邊巡
防把截及將下准備使喚無事日分作兩番令西賊進
上誓表已裁減東兵外尋令逐將擬分定巡防把截等
合用處作三番或四番令一番在邊防守餘令下番更
不支口食草料仍諸路並合依此裁減上番人數庶漢
蕃軍兵稍得休息及時耕種安業不至坐糜粮食從之
三年三月八日（徽宗即位未改元）　提舉涇原路弓箭手安師
文涇州罷提舉弓箭手司從章楶之請也　徽宗崇寧
二年十一月二十四日提舉涇原路弓箭手安師文奏
據權通判德順軍事盧逢原申根括打量出四將地分

営下五寨新包占到舊邊壕外地土共四萬八千七百三十一頃二十六畝零一百七十四步半（中間一萬八千三百六十頃係自來懷遠隆德得勝靜邊治平五寨地分舊管三十六指揮合得一身分地每指揮元只合得五百一十頃三萬三百七十一頃二十六畝零一百七十四步半係令來逐原根括打量到自來弓箭手冒占出剩地土數）除山坡溝澗不堪耕種之地外有三萬九百六十三頃五十九畝零二百三十五步半內二萬九百餘頃已有成效（一萬六千八百三十頃已圖立招刺到成三十三指揮四千一百三十三頃五十九畝零二百三十五步半見名人請射）｜臣契勘朝廷方患新邊之田為公私侵冒設官立法可謂備具今來盧逢原根括到上項堪耕種地土乞朝廷詳酌特賜優賞詔盧逢原特轉三官差提舉鄜延路弓箭手將寨官等令弓箭手司保明聞奏

卷八千三百七　六

五年三月二十二日權發遣陝西府路轉運判官黃鐸申勘會沿邊新置城寨遠近甚有肥沃地土多被城寨官及諸名目名人耕佃或作園圃蒙庇循習官不檢察似此之類有妨招置弓箭手擬乞指揮下提舉弓箭手司體究冒占田土分給與歸順蕃戶耕種使之奠居安業而有常心詔依所乞不得別致搔擾使蕃漢人戶有失安居河東路依此　政和二年十二月三十日詔諸路漢蕃弓箭手守邊捍禦籍為軍鋒素號驍勇可令安撫司提舉弓箭手官存恤使謀生足食以實邊徼仍令尚書省樞密院同措置　五年二月十八日詔陝西河東逐路自紹聖開拓邊疆以來及西寧湟鄯洮州積

業批栮字當為摽字



石等處新邊各有包占良田並合招置弓箭手以為邊防籬落至今累年曠土尚多蓋緣自罷提舉官隸屬經畧司事權不專頗失措置根括打量催督開墾理斷交侵等職事盡在極邊帥臣無由親到窮慮因循浸久曠土愈多銷耗民兵人額有害邊防大計兼提舉文臣罕能躬親衝冒寒暑奔走往來議事可令陝西河東逐路並復置提舉弓箭手司仍各選差武臣一員每路勾當公事使臣二員每歲令樞密院取索逐路招置弓箭手並開墾過地土比較優劣殿最取旨黜降　四月二十七日大尉武信軍節度使童貫奏於提舉陝西河東路弓箭手何灌等申請畫一下項　一親邊地多有侵冒自來將寨官已失覺察今慮隱庇前非無緣得實欲乞於近裏州軍差出文武官及本處將寨官同共打量根括本州軍知通覺察情弊候打量了日逐官連銜保明申　一所立首限乞自今年七月一日為頭其打量自十月一日為頭庶不妨農事　一新邊官員職田多是挑揀膏腴地有害招置良法今欲並行拘收依條於近裏州軍支給價錢　一檢承崇寧弓箭手通用勅給田所屬出給戶帖又勅稱所屬者謂州縣城寨緣此諸路自來出給戶帖不一不無移易情弊乞今後並從提舉司出帖下所屬州縣城寨給付如有阻節情弊聽赴訴　一沿邊騎兵最為先務令逐路弓箭手闕馬甚多自

卷八千三百七　九

來雖有馬社錢補助買馬緣所積不多馬價倍貴歲給
買馬不過三五匹若非朝旨支降無緣增置騎兵今欲
乞支降綱馬均配逐路弓箭手内熙河路乞依舊令弓
箭手選買官支價錢其支降綱广乞專委邊防司計置
分撥　一逐路各許指名抽差手分三人貼書二人緣
今來復司之始文移繁冗欲乞逐路添差典書二人貼
書二人請給還轉出職並依提舉保甲司已得指揮施
行兼先罷司日人吏多在諸司充役諳知本司行遣欲
乞許本司勾抽諸司不許占留仍許通理在司月日聽
從優處出職　一弓箭手租田其所出租子見隸經略
司緣弓箭手借助牛糧種子及賑貸之類並係提舉司
卷八千三百七　廿
責限支給今欲乞將前項租子撥隸提舉弓箭手司不
惟支遣不至留滯闕誤兼得職事專一　一欲乞逐路
路逐奏差校尉已上小使臣二員充本司准備差使並
依經畧司準備差使條例如有違礙乞特行差注一次
一按試弓箭手武藝舊分三等支賞出等人支三錢
銀椀第一等支二錢銀楪子二等支一錢銀楪子其所
支賞物雖可以激勸緣極邊難得躬甲竹箭今欲乞逐
路各支降射甲箭三五萬隻遇按試武藝精熟及開耕
土地招置人馬數多量輕重支給充為激賞　一弓箭
手指射堪好地土盡絶内有薄弱稍堪耕種者自合增
給其不堪耕種者若一例品搭則全無所得地利贍家



不足遂致逃亡深害招刺良法今欲乞將不堪耕地上
除豁更不品搭　一弓箭手自來均羅雖分等第緣物
力貧富不同遂至輕重不均今欲乞上等均羅三碩中
等二碩下等一碩依在市中價及乞依崇寧弓箭手敕
本户結羅法預借價錢其新招到人權免二年均羅
一元降指揮提舉弓箭手官理任請給恩數等並依提
舉保甲司條例施行契勘逐官次序不等緣曾任都鈐
轄鈐轄知州軍路分都監資序所有請給人從隨行指
使接送人並乞依上項從高條令支破施行　一契勘
提舉弓箭手司舊規提舉常平司檢承崇寧三年正月
敕節文提舉弓箭手官歲舉改官縣令比提舉常平官
卷八千三百七　廿一
減半今來本司係依提舉保甲與提點刑獄條例並同
欲乞薦舉改官縣令依提點刑獄官減半外有分曹建
椽後來添舉改官員數内零分更舉一員其逐路城寨
當職使臣並係奉行弓箭手職事所有薦舉大小使臣
乞並依提舉保甲司條例更不減半　一元指揮禮部
每路各支降空名度牒一百道應副新邊招刺今來法
行之初招刺人便合支借錢糧所用不少竊慮度牒難
以便行變易欲將上件度牒共六百道並回納却乞逐
路各支降錢三二萬貫令平貨西場計置物帛起綱前
去應副　一保甲司歲賜公使錢四百貫今來本司剏
置之初犒設得力官吏比保甲司不同支用不足欲乞

兵四之二二

逐路各添賜錢六百貫以係省頭子錢充如不足支轉運使錢欲逐司添支錢三百貫　一弓箭手所置耕牛欲乞於角上官用火印如不堪使用即令別買赴官呈驗火印訖却將替下牛火印退字方得貨賣如違許人告捉支賞錢五十貫買賣人均備仍依貨賣兵器法

一熙河新邊一帶土地荒蕪太久開墾甚難又人貧少力種糧倍貴故弓箭手旋募旋散令雖當厚借貸以廣招募亦宜委曲措畫以成地利如前日湟州東原近千頃亦以荒曠太久人悉置而不問因得漢唐引水故渠修葺引水不一月間其田悉為膏腴人之占射者溢數今西寧湟廓一帶可入水之地甚多又漢唐故渠間亦依稀可考今欲乞於本路近裏弓箭手步人內輪差三五百人每月一替開渠引水以變荒曠難闢之田以勸富強難募之民又地之所入可數倍於旱田庶得新邊立見富強並從之

卷八千三百七　廿二

八月六日樞密院言提舉涇原路弓箭手司狀據人戶李德等告論冒種田土乞行打量及拘照本司前後受理侵冒官田公事動經三五年不能了當欲將近裏弓箭手地土但有爭訟其論侵耕冒種之處並行打量庶幾杜絕侵冒之弊從之　九月提舉河東路弓箭手司奏檢會熙寧八年閏四月四日河東路察訪司奏據代州繁畤縣百姓冀榮等狀乞請射東作付人戶住佃官莊地土投充弓箭手續據李素等

兵四之二三

三十五戶狀稱自來先祖不記年月住佃本村係省官莊地土逐年出納租課不曾有闕若招弓箭手退却地土人戶立見逃移乞依舊承佃供輸本司體訪得沿邊州軍逐處招置弓箭手多是將人戶久來用力開耕到熟地指射劃奪住佃其舊佃人戶便致失業又所出租課只比佃戶五分之一顯是官私不便今欲乞應係官莊屯田已有人出租承佃及五年者並不在招置弓箭手請射之限所有今來冀榮等指射地土亦乞依此施行本司勘會本路沿次邊諸州軍縣寨熙寧八年以前人戶租佃合招弓箭手係官地土不少為有前項熙寧八年閏四月四日朝旨自來不敢招人投刺弓箭手請

卷八千三百七　廿三

射今體訪得上件地土多是膏腴盡被有力之家量出些小租課佃種其頃畝不及弓箭手合納租課十分之一二虧損官課大為僥倖今且以忻州秀容一縣地土數少去處先次根究到熙寧八年以前人戶出租承佃官地七十八頃每年出納租課二十九碩若招弓箭手請射每二頃五十畝充人馬地一分計合招三十一人以肥濃及稍堪耕種地土相兼依本路弓箭手久來出納租課條令取酌中數目每畝止納租課三升計合出租二百三十四碩比之見佃人戶所納租課增添二百五碩本路弓箭手請射官地所出課則係自景德四年至熙寧六年立定即非本司今來創有增添又得弓箭手三十一人應副邊防差使若將一路租佃

官地盡行根括不惟增廣邊兵兼增添入官租課其河東路察訪司元初不以邊防民兵爲姑息佃戶是致有此奏請當時灼有弊倖但年歲深遠不可根究欲乞應熙寧八年以前人戶租係官地土並先行取問見佃之人如願令少壯及格家人或正身投刺弓箭手每出一丁許依條給見佃地土二頃五十畝充人馬地一分如所佃地土不足別行貼撥若不願充弓箭手及出丁外尚有請占不盡地土即拘收入官依條品搭成分召人指射投刺或給與見闕地之人又奏代州崞縣寨見管戶絶逃田官莊天荒地三百二十六頃内已有佃人并人戶指射願自備錢買馬投刺弓箭手若許依所乞即一路增添民兵人馬不少以備緩急委是利濟伏望詳酌施行詔送邊防司看詳本司看詳河東路熙寧八年以前人戶所佃官田不出民兵量行出租從來未曾根括委是虧官令來本路申請乞行拘收招置弓箭手事理可行但上件田土元係官莊天荒人戶開耕並爲熟地歲已深遠若不量與立限一起拘收恐於人情未便令相度欲依河東弓箭手司所申施行外其見佃人如願出家丁及正身充弓箭手給田外尚有剩地更許名親戚承刺限一年無人就刺即行拘收別行名人所貴不至督逼公私隱便從之　二十七日奉承御前處分邊防司奏據何灌申檢承當承二月十七日聖旨招到

卷八千三百七

廿四



弓箭手並於合給地土數内各增給地土一頃有馬者更增三十畝緣極邊土地甚重不宜容易添展又弓箭手舊得二頃若能使自耕則人人自已當強令遍諳新邊自湟州以次西寧等州諸城寨相視得地土悉皆膏腴不消別有增添惟有西寧州清平寨積石軍懷和寨地高氣晚間歲種收緣此少人願募理宜增地令相度每石欲只增地土五十畝共作二頃五十畝餘並依舊本司看詳欲依上項所申外其有馬者並依元降指揮施行從之　十一月十日邊防司奏據提舉熙河蘭湟路弓箭手河灌申本路邊遠土地至重非特養兵待戰而收復之初艱難亦甚深宜實惜令在弓箭手雖已不容侵冒而漢置蕃田尚甚泛濫近緣打量其人亦不自安首陳已及一千餘頃若招弓箭手即可以招五百人若納租稅依條每畝三斗五勝草二束一歲之間亦可以得米三萬五千碩草二十萬束令相度欲乞將漢人置到蕃部土田願爲弓箭手者兩頃已上刺一名四頃以上刺二名如不願者依條所定租稅輸納其巧爲蕃部將已買到地土別爲名影占者重爲禁止庶邊遠重地不至僥冒本司契勘欲依何灌所乞外有別爲名影占者許人首告以所告地三分之一給與所貴有以革去影占之弊從之　同日邊防司奏提舉河東路弓箭手同申檢會崇寧陝西河東路弓箭手通用敕諸戶絶

卷八千三百七

廿五

田土委本州具頃畝姓名申本司招置弓箭手令縣檢
得管下州縣户絶財産條内有合給者州縣公人作弊
將地土小估價直給與得財産人若不申請即户絶田
土無緣拘收招置民兵欲乞應本路沿邊户絶財産依
條給與者先給見錢物帛斛㪷什物畜産之類次給舍
屋或不足許給地土所貴户絶田土本司拘收招置漸
有增廣以備邊防從之　十三日邊防司奏提舉涇原
路弓箭手司奏據通安寨等處蕃官耕種外餘剩冒占
地土往往荒閑不曾耕種及不曾牧放牛馬止是虚冒
占恡不令漢人請射令欲將蕃漢所占地土除已開耕
熟地着業外將不曾承準朝旨止是州軍安撫司一時

卷八千三百七　廿六

徇情所撥地土及不曾耕種見令荒閑川原慢坡地土
並打量給發招置見闕人馬將不堪耕種去處撥充牧
放地土庶幾得盡地利增廣民兵從之　十八日提舉
河東路弓箭手司申檢承政和三年四月十九日詔諸
道監司置簿應一路州司録事各以其簿授之將事之
稽違已經科舉者具載其上候逐司巡歷到檢察曹案
對簿所記考其勤惰歲終諸監司參較定為優劣悉聞
於上以俟陞黜典勸本司近奉御筆復理任等並依提
舉保甲司條例與提刑司事體一般令來復置之初奉
行御前處分朝廷措置并本司推行事務不少切慮合
依上條置簿檢察參較緣未有許置籍并依諸監司參



較定為優劣悉聞於上明文乞詳酌降下邊防司與勘
提舉弓箭手官理任等並依提舉保甲司條例與提刑
事體一般兼招刺民兵係備邊防戰守事務頗重欲陝
西河東路弓箭手司並依先降教條置簿檢察及歲終
監司參較定其優劣聞奏從之　二十二日邊防司奏
提舉鄜延路弓箭手張琚申近巡歷管下新邊城寨包
占到地土名人請占往往多是近裏城寨管蕃官指占
地土有及千頃或至五七百頃既已拘占招刺只及百
餘人或五七十人遂生僥倖不肯招刺蕃落官中空閑
地土恣意冒種且如威戎城四至界内見令却有黑水
安定堡蕃弓箭手請射地土住坐耕種之人洎至威戎

卷八千三百七　廿七

地官前去根括打量勾呼却稱我隸黑水安定堡官轄
至如黑水等堡勾呼又妄稱威戎城地界管轄似此互
相推避不唯有害根括打量又妨平日檢察姦細理斷
公事既是近裏城寨所轄却在近邊別寨地内住坐緩
急有害邊防大事自來官司失於理會因循至於今日
已牒逐地分將寨官照會如有別寨漢蕃弓箭手請射
本城寨界内地土耕種住坐合依天下諸州軍縣鎮體
例隨地隸屬逐城寨管轄所貴易為根括地土及就便
覺察姦細勾呼理斷公事萬一起遣各得就便專一免
致兩處亂有推避從之　十二月九日邊防司奏提舉
涇原路弓箭手司申承朝旨打量官若事未畢而任滿

許新官就任其打量官並候打量了日罷任本司契勘根括地土地分濶遠限内難以周遍陰雪泥滑農務未畢不免等候其打量官内有已替之人别無請給人從委是難以坐待乞從本司時暫差權本路州縣城寨闕官去處具請給人從管幹月並並依逐處見任及所差官别無違理在任月日明文亦乞特降指揮從之　六年九月四日詔逐路提舉弓箭手官常切講求興利除害嚴刑戒飭當職官等無輙差科搔擾優加存恤勸誘以時耕種務使安居樂業家給人足增壯軍聲以寔邊陣仰逐旋具已施行次第以聞　宣和三年八月十七日樞密院言知定邊軍楊可世申自來陝西沿邊歸順

卷八千三百七　廿八

熟户蕃作過者編置東南州軍多是慣習弓馬桀黠之人比者東南盜賊切意不可存留在彼乞選少壯堪任戰鬭者發赴定邊軍安撫司收管刺充弓箭手從之　七年五月九日德音應陝西河東蕃官蕃兵漢蕃弓箭手合該承襲偶緣差赴京東河北路收捕群賊使唤致限内失於陳乞出違條限候回日許經所屬自陳特與理限承襲　十一月十九日南郊制應陝西河東沿邊弓箭手蕃兵見欠借貸錢物未經除放者仰經畧轉運提刑提舉司開具聞奏當議相度等第倚閣除放其昨因收捕羣賊立功未經推賞因患身故之人特許依戰歿條制承襲應歿於王事被録用親依條聽十年内陳



乞差遣雖已出違條限如在十五年内者特與限兩季陳乞應合承襲之人限百日陳乞如限内有失申陳在一年内者特與展限一季所屬勘會詣寔若少壯無病患武藝及等堪任披帶聽保明申本路帥司驗寔以聞當議許令承襲　欽宗靖康元年二月二十四日詔罷陝西河東提舉弓箭手官以其人復隸帥司　五月七日監察御史胡舜陟言國家自熙寧以來陝右沿邊招置弓箭手無事之時則服田力穡不仰給於官農隙之際則操戈擐彊得以閑習一有警急則馳以直前號召不遠其與招兵之利異矣自河以北信安軍及霸州文安清州乾寧等縣雖有淤澱田土招置弓箭手然皆出

卷八千三百七　廿九

租課以助邊廩乞應河北沿邊州軍並如陝右招置弓箭手法給付田土蠲除賦租第其等級團併教習日以防托邊境為事從之　六月一日真定府路安撫司言河北山東荒閑之地頃畝萬數乞依陝西河東體例創起弓箭手從之　十月二十四日詔陝西招置弓箭手給田不依舊法以甲馬相爭見今調發差出者往往逃歸依舊却承佃元給田土可令逐路帥司别行招置有甲馬武勇人仍仰錢蓋疾速措置　高宗建炎元年六月十三日赦應諸路漢蕃弓箭手各合該承襲之人因差使出入及别緣事故有失陳乞致出違日限者候赦書到日限百日經所屬自陳許令依條承襲　十月二

十九日臣寮言涇原路沿邊城寨鄉外居民盡係弓箭手之家別無稅地人戶自來城寨將粗可飽煖之家一同稅戶安立等第家業應科率一切責辦然有法存恤當職官承習成風不能頓革逃移闕額之患良由如此深慮因循銷廢兵額緩急調發致誤國事前後約束雖嚴無緣杜絕望重立法禁乞令帥司監司守臣嚴行覺察庶使民兵安業不至逃移詔依如違以違制論 二年五月十一日曲赦應陝西漢蕃弓箭手合該承襲之人如有限內失於陳乞者出違條限特與再限一季許經所屬自陳承襲 十一月二十二日南郊赦應漢蕃弓箭手合承襲之人依條限百日陳乞如限內有失申

卷八千三百七

陳在一年內特與限一季許經所屬自陳勘會詣實若少壯無病武藝及等堪任披帶保明申本路帥司驗實許令承襲紹興元年九月十八日明堂赦四年九月十五日明堂赦並用此制 紹興二年五月十六日詔應神武五軍下漢弓箭手除見隨韓世忠外並依韓世清下軍兵每月權添口食米三㪷餘人不得援例以神武中軍統制楊沂中言本軍見管陝西漢弓箭手近及二百人先是建炎二年於本路起發前來赴行在到今四年有餘累次扈從聖駕巡幸委有勞效蕃遊人從軍日久例各有老小三兩口除每日支破口食錢米外別無請給養贍不足故有是詔 六年三月二十四日宰執進呈韓世忠奏捷上因語及世忠將所得青徐州土兵弓箭手皆放歸甚善朕思之不若更與數百錢令去此事雖似非急務使中原之人知朝廷恩意縱被劉豫



父子驅率亦豈肯為之盡力顧寧臣趙鼎曰卿可作書速諭張浚 九年二月十日京城副留守郭仲荀言乞將京城外空閑地土依陝西河東沿邊體例招置弓箭手給地種蒔詔令郭仲荀候到委官子細點檢如地內遇有后妃國戚墳塋士庶冢墓并有主私地即仰回互除豁不得一例摽撥侵占大典卷八千三百七

卷八千三百七

圭

至十一葉

宋會要　峒丁

仁宗皇祐四年夏，廣南經畧使司以邕州進士石鑑借昭州軍事推官，挈輕兵入三十六峒，以朝廷威德曉諭峒之壯丁，以類攻討，殺獠蠻頗眾。英宗治平二年八月二十八日，知桂州陸詵言：「邕州溪洞壯丁，乞今後除有事宜非次勾抽外，二年一次勾抽教閱。」詔依前降指揮，今後每三年終造帳開坐具狀聞奏。神宗熙寧元年九月二日，衛尉卿王罕言：「乞委廣南安撫轉運司及邕州知州曉諭諸峒首領，體量逐峒人數多少，專切禦捍交趾，及以本路澄海、忠敢於邕州諸寨防托，更不須差禁軍往彼。」詔令廣南西路提舉司常切檢詳前後團結峒丁及添填土兵逐件指揮，遵守施行，不得廢弛，有誤邊備。二年五月十一日，詔廣南西路分左右江，各置使臣提舉管下寨鎮兵甲，每有賊盜，遞相應援，撫御峒丁首領等，並須恩威並濟，服從驅策。七年五月二十一日，中書刑房言：「桂州沈起奏，昨舉官八員編排教閱邕州五十一州峒丁保甲，齎會本州同入諸峒，時屬農忙，前去未得，亦慮外界驚疑生事。本司相度，欲授與邕州并逐寨使臣規式，令使臣與逐州峒知州峒首勾仍罷所舉官。」會起自罷，詔付劉彝令相度施行。

卷八千三百六

八年閏四月五日，知桂州謝麟言：「招出溪洞草呼古誠等州二十三州峒丁二千七百一十九戶，九千四百九十六丁，願出納課米，量支食鹽。逐州知州仍乞補授班行名目。」並從之。楊光富補右班殿直，楊昌進等五人並補奉職，楊琇延等六人並補下班殿侍，楊晟情等十六人並補三司軍將，侯納到課米，即給以鹽。十二月二十一日，廣南西路經畧安府司言：「乞軍器及峒丁應副軍興，及暫移經畧司往象州。」並從之。十年十二月二十七日，知桂州趙高言：「奉詔相度邕、欽州峒丁，自極邊、次邊、腹內分左江、右江州峒，定到提舉訓練條制，賞罰支賜事節各以條目來上，並從之。元豐元年三月九日，廣南西路經畧司乞以兩江峒丁團成指揮，權補人員部轄，及置馬社，乞降度僧牒五百，市戰馬，手足分給峒丁，使教成可戰，以次令自買馬教習。從之。所乞教峒丁馬戰不行，只令習溪洞所長武藝。先是，權知邕州劉初等被旨抄點左右江峒丁團結成保隊，乞每五百人為一指揮，別差正副指揮使二人，都頭五人，統轄教閱。又言州丁昨經王師討伐交人，因馬取勝，願習戰。乞選兩江武勇峒丁，結成馬社，入自買蠻馬，每疋官給錢三萬，如死，即買填，主備三分之一，餘令社內均出。如習閱武藝少倫，與遷補，仍令提舉教閱司逐旋呈試注籍；如藝疏，三次注籍，即以其馬別給藝精之人，故有此旨。二年五月十二日，廣西經畧司奏根括團結到邕欽州峒丁成一百七十五指揮，內先籍定藝上等一萬三千六百七人。知邕州劉初又乞於邕州左右江增置將官二員，令左右江提舉官就充副將，及選兩江知州峒班行輪十人或八人充隊將或指使、遞指揮官，給旗號鑼鼓，其器甲標牌之類，依溪峒例私各置辦，官置籍拘收。詔備錄前後圻降朝旨及趙禼、劉初論列更制什伍訓肄部勒等利害，并凡諸臣獻議應干措置峒丁事，並降付曾布，令參酌。其後布言：欲乞令逐鎮寨監押、寨主同管轄兵甲使臣並與巡檢等分定州峒等，專一主管，立賞罰條約，以為懲勸；增置都巡檢使兩員，地分提舉，及增首領丁壯，每歲按閱及大教犒設例物，其武藝絕倫之人，保明聞奏，量材補授名目，及分擘使臣主管地分。詔添置都巡檢使二員，餘送熊本擇可



行者一面施行。九月十九日，詔權知邕州、莊宅副使、蕭閤門通事舍人劉初等二十六人遷官、減磨勘年，賜銀絹有差，以團結邕欽州峒丁為指揮保隊，凡十萬餘人，錄其勞也。六年正月二十六日，詔新廣西轉運判官許彥先、廣西提舉常平劉何赴樞密承旨講議廣西峒丁，依開封府界保甲集教法，所用錢糧與經畧轉運司計置。二月十二日，提點廣南西路刑獄彭次雲言：邕州外鎮寨水土惡弱，乞量留兵更戍，其餘盡用峒丁於管下諸州以季月輪差，給禁軍錢糧。詔許彥先、劉何相度。後彥先等言：若盡以代正兵防守，妨其農力，經久非便。請計戍兵三分，以一分用峒丁代，季輪二千人赴邕

卷八千三百六

州肄習武事。從之。徽宗大觀二年八月二十八日，上批：熙寧團集左右江峒丁十餘萬衆，自廣以西賴以防守。今又有二十萬衆投誠歸化，已令張莊依左右江例相度聞奏。尚慮官司不知先務，措置滅裂，可依下項：一、令來峒丁既願納土，可依觀允平從等州例先行犒設，仍更加優厚。其結保置籍、條賜犒設、教閱按試、巡守番上之類，仰並依左右江舊法施行，仍務加寬恤，條畫聞奏。一、峒丁能率衆從順，宜加優異，以適其心。舊來有部副指揮使、都頭、十將、節級名目及小使臣官爵并酬獎減年，未至優厚，今宜量與加等之法推恩。內有酋首為衆推許并舊來統衆之人，可與使臣安排，人材尤異者

吏與轉三兩官一令來納土之人新歸王化深恐官司搔擾乞取以失其心可撿會昨降付熙河湟廓侵犯禁約須下委張莊措置緣邕州去融州遼遠深恐安化之初事務繁多張莊力有不及可令與程與同共協力相度及令程鄰前去邕州就近措置仍並依張莊已得指揮即不得輒分彼我一歸順峒丁地出良馬可相度置場博買及其餘出產之物亦仰措置有無相易不得虧損以利其民條具聞奏一峒丁去交趾稍近令其民革心從化不係朝廷用兵討伏深慮異意樂禍之人故為傳布使之驚疑可令安撫經畧司差人賫公文告諭沿邊及交趾知委不得別致生事一大觀二年六月二十

卷八千三百六

九日檢會崇寧四年六月三十日勅中書省勘會熙河秦鳳路歸順蕃族熟戶歸投以來本無背叛訪聞止緣官吏及諸色人公然不法奪取財物姦私婦女全不畏憚蓋是法禁不嚴人敢冒犯今擬修下條語依擬定到湖南北廣南西路新邊依此仍多出榜曉示諸乞取蕃族熟戶財物者徒二年二貫徒三年十貫加一等至一百貫或姦若畧人者斬不以赦降原減諸與蕃部熟戶交易而小為價致虧損者計所剩以監主自盜論諸蕃族熟戶無故輒勾呼追擾者徒二年禁留拘繫加一等三日以上又加一等因而致逃叛者又加一等右入熙河蘭湟秦鳳路勅勘會平允等州已分為黔南路依上



件朝旨即不該載今欲黔南路應新邊並依崇寧四年六月三十日朝旨施行從之仍入黔南路勅　高宗建炎三年七月二十九日詔江西福建廣南東西湖南北槍杖手峒丁各預先依數團結仍差官總領排揀定姓名人數准備緩急勾喚　四年七月二十九日知桂州主管廣南西路經畧安撫司公事許中言本路兩江峒丁祖宗以來給田薄稅使各家給人足居在窮南冬衣絺綌尋常來到桂州日已自不勝其寒若更起向北使喚非徒無益反生大害如臣僚妄乞調發別路戰守許本司執奏從之　八月二十七日許中言提舉左右江峒丁司昨緣臣寮上言廢併歸帥司于屬官內遣差一

卷八千三百六

員兼領竊詳本司主管機宜文字外止有屬官兩員若就以一員兼領則軍期之際應辦不前乞數內存留一員充本司屬官專切提舉左右江峒丁及收買戰馬等公事其請給人從序位並與幹辦公事一等令踏逐宣義郎賈公庠望特差充前件職事所有合用人吏止令量置三兩人其創置招誘買馬官候將來住買馬日減罷從之　紹興元年六月二十九日詔廣南西路峒丁提舉官歲破公使錢二百貫並行減罷以本路轉運司言經畧司幹辦公事兼領提舉峒丁任擇彥乞依例支給公使錢契勘峒丁買馬提舉官已罷止令帥司屬官一員兼領乃更支破公使錢二百貫文即是與存留峒丁買馬提舉四官無異戶部相度欲依轉運司所申故有是詔　四年二月二十一日廣南東路宣諭明槖言邕州有左右

江峒丁欽廉州有沿海土丁宜融州有防拓土丁平州元係王口寨觀州元係高峯寨各有捍邊土丁及省地山保上頂峒丁土丁各要害防守去處其邕州峒丁本以防遏交趾比年以來本路帥臣委官點揀差羈縻州峒官部押赴桂州防拓駐使峒官親屬及其本戶丁夫未嘗被差其所差者率皆無勢可陵之人科率錢粮置造衣甲擾之無所不至兼處炎方絶無寒雪自來不備衣裘凡遇風雨入處巢穴又且炊糯而食以鼻飲水今乃以防秋之故驅率前來動至三二千人經涉寒冬水土失常死損居半兼往來剽刧所過騷然頗爲民害又宜融州土丁朝旨始以三等戶五丁以一丁充募名曰

卷八千三百六

土丁四等戶以一丁充團結至捍邊之地又團結父子全丁止為控扼當地蠻猺逐時更戍不離本處而比年以來一例調發盡同官兵每遇戰守其統兵官多惜正兵必以土丁當先禦敵乃至負重雜役驚潰損折其數已多兼土丁別無衣賜請給惟免身丁稅錢其戶下稅米亦係支撥雖有朝旨許團結土丁免支移之文州縣訖習未嘗得免今來若又團結餘丁則邊民愈擾逃竄益多乞嚴立禁約行下廣西經畧司應峒丁土丁各仰本處防守其調發赴靜江府并團結餘丁並各住罷仍令本路監司覺察如有違戾具狀奏聞　九月五日知鼎州程昌禹言攻討水賊黃誠楊太等勘會辰州沅靖州



峒丁內有牌弩手今邊州寧靜可以摘差與官軍夾帶使喚緣昨准朝旨峒丁不須勾抽致未敢一面行下乞于逐州峒丁刀弩手內選差刀弩手三百人前來鼎州相兼使喚之仍候捕賊了日發歸元來去處

宋會要

屯戍

真宗咸平六年七月内帝曰自来邉鄙戍兵受代往還
朝廷須遣使部押本營既知各辦行計洎列商議改更
或即且留虛成煩費各有怨咨令後替移並密封宣頭
令遣使直至軍前施行　十一月帝曰迩來累有人告
論將校歛兵士緡錢稱赴京於樞密院所司請求出軍
及屯戍之處及令鞫勘皆小人妄託名目規求財利兵
士雖已寘於法累行條約尚有違犯可再告諭諸軍朝
廷所發師旅皆是進上兵籍朕自點定所去處之所貴
稟信免令枉費至陷刑辟　景德元年二月詔應西川
峽路等處戍兵先以二年為限其權管將校亦如之先是帝曰劒外戍卒更代已是有定制其將校有至五七年十年者尤所非便故有是命　四月詔并代管内緣邉
戍兵二年以上並代之仍自令所上兵籍並明註出外
年月不得隱漏先是帝曰并代邉塞苦寒逃亡者相繼王繼英等近閲并代兵籍其沿邊戍兵有自迩處移替有至七年十年不代者故有是命　四年七月帝謂知樞
密院王欽若等曰河東一方就糧禁軍數多朕常以為
若措置失宜久恐非便令又併令并代州總管司一處
管勾事權非輕已議差吳元扆知潞州其并代州總管
司所轄兵馬可割澤潞晋絳慈隰威勝等七州軍就粮

卷八千三百九　一



禁軍令吳元扆提舉管轄更不隸并代總管司其潞州
仍差如京使劉贊元充轄兼同提舉澤潞等州軍馬所
降宣命恐遂路未悉其事未有憂疑可具以澤潞等州
軍屯駐駐泊就粮本城諸軍兵士每有申帳及揀人呈
馬并諸般公事往并代州總管司取候指揮山路遥遠
不易令就近劄屬吳元扆管提舉管勾更不係并代州
總管司仍盡籍兵馬之数付之　大中祥符二年九月
令有司籍川峽廣南福建江南戍兵及三年者代之
五年九月廣州駐泊鈐轄秦羲言州有澄海三指揮前
準詔止令訓練無得差役慮寖以驕惰望徙屯嶺北州
軍從之　七年八月詔嶺表屯駐駐泊禁軍本城兵士

卷八千三百九　二

得替日各支出嶺盤纏錢　九月令瀘州淯井監戍兵
自令分番而往以地多疾疫故也　天禧二年詔外戍
諸軍前賜緡錢減在營者半令特全給之　仁宗寶元
二年二月七日輔臣張士遜等言禁兵西戍其家屬在
營者多貧窶帝曰朕亦慮之即召内侍等就殿隅取刀
筆疏其大校以下至卒伍凡數以示輔臣曰令出内府
錢十萬貫付有司以濟其家不欲損三司經費故也士
遜等曰上恩如此人臣安得不投死耶謹奉詔　康定
元年四月九日詔在京諸軍戍邉者其在營家屬令入
内内侍省每月一次選差内臣三兩員就營存問有疾
者令翰林祗候看驗死喪無親屬者官為殯埋其外處

令本屬官差人依此存恤　二年七月十五日翰林學士王堯臣言諸州土兵並差在沿邊屯駐内有已及四年未得更替者乞候入夏別無緊切事宜即每指揮逐都作一番次方歸務令均一從之是月二十七日詔陝西都總管司邊兵未經教閲者權從近裹州軍候訓練精熟即遣戍邊而　慶歷二年正月詔麟府路兵罷癃而不任征役者從近裹州軍以省邊費　四年正月詔以陝西災傷永興軍軍馬從近粮草多處候麥收還軍　五年正月樞密副使韓琦言夏人雖已請命而不可不備羌人翻覆之變令四路所駐兵十分中且留六分在邊二分令東還二分徙屯近裹州軍其鄜延路徙屯

卷八千三百九　三

河中府環慶涇原路徙屯邠州永興軍秦鳳路徙屯鳳翔府從之　六月知益州文彥博言益彭邛蜀漢五州非用馬之地而遂州共屯馬軍凡二千餘人請皆易以步軍詔易三之一　六年正月詔廣南東西路轉運鈐轄司方春瘴起戍兵在邊者權從善地以處之　二月二日河東經畧安撫使判并州夏竦言將來分屯本路軍馬鄜三千河陽二千懷州乞下河北京西轉運司計度糧草營房從之　四月帝謂輔臣曰湖南蠻猺未平而兵久留方夏秋之交嘗苦瘴霧之疾其令醫官院定方和藥遣使以給之　五月徙陝西駐泊軍士月給錢糧多者屯近裹州軍　七月七日廣南東路鈐轄司言



連賀州兵級屯戍多時正當交酷久在煙嵐之地人多病患望量賜特支從之　九月知青州葉清臣言登州地震不止請增屯禁軍以防兵寇之變從之　皇祐元年二月詔發京師禁軍十指揮赴京東東西路駐泊以備宄盗而京東東路安撫使富弼言本路遽增屯禁兵慮動搖人心欲量留一兩指揮詔兵已就道候將來歲豐令還京師　三月三司戶部副使包拯請從河北闕粮處土兵及戍兵於近南州軍候經置邊儲有備復令還軍從之　六月包拯言自河北經水災而州郡多闕食請權從莫州馬軍十指揮于真定府深州馬軍兩指揮于祁州步軍兩指揮于澶州從之　十二月詔陝西

卷八千三百九　四

諸路經畧司從屯馬軍近地以省邊儲　二年七月詔廣南西路安撫司比留禁兵四千戍邕州其月給錢三百季給銀鞋錢一千俟桂州募足雄畧軍即代還之　五年閏七月詔廣南西路戍兵及二年而未得代者並罷歸其鈐轄司所遣土兵歲一代之自儂智高之亂駐泊禁軍及桂州等處雄畧忠敢澄海軍凡三萬四千四百四十一人分戍諸州至是罷還戍兵而令土兵屯戍　嘉祐五年十一月鄜延路經畧司言緣邊德靖等十堡寨頻有賊馬入界開墾生地并剽畧畜産雖以戍兵扞守比稍習山川道路又復代去請就十堡寨招土兵兩指揮教以騎射之法每處留屯百人從之　七年十

二月，詔陝西土兵毋得戍他路，見戍者亦遣代歸。治平元年九月二十六日，詔涇原路等處屯駐駐泊近上禁軍、廣南西路都鈐轄司桂州等處屯駐駐泊等兵士年滿，並依例抽差替換歸營。三年五月十五日，樞密院言：「桂州等處駐泊虎翼等指揮畸零人依舊例差人替換外，全指揮兵士欲差在京或府界、京東西就糧禁軍、江淮教閱忠節對替，仍今後依此輪差，及勘會到廣西等處駐泊人數。」從之。先是中旨：自來東兵差往廣南瘴煙之地屯駐，多不服彼中水土，十無五六得回營者，迨具經久利害聞奏，故有是詔。治平四年五月二十八日，神宗即位未改元。樞密院言：「勘會賈昌朝乞在京就粮禁軍差往河北東路緣邊駐泊，如北京闕人，却乞於隣近州軍輪那。」詔令後太原府、代州路屯駐駐泊在京禁軍年滿者，先自大明府路差兩指揮替換，候年滿即於真定府及高陽關路互換差撥；如鄜延、環慶路，即於河東路就便差撥替換。

卷八千三百九　五

六月七日，同知諫院傅卞言：「乞今後畿縣屯禁兵及五千人以上，更添兵官一員，仍並精選材武之人。」詔府界縣分屯兵多處，知縣、都監依舊條精加舉選。是月，右監門衛將軍蕭注言乞減省安撫都監及兵員等事，樞密院檢會：「廣南東西兩路屯泊就糧兵士，蓋自儂賊事宜後求添屯。今賊平已久，嶺外無事，屯兵尚多，况廣西稅入至薄，糧餉不給，皆自內



地輸輸。」詔下廣東經畧使具本路見屯兵甲合行減省利害以聞。經畧安撫司言：「準詔減屯駐兵士，仍揀刺澄海三千人添補。相度利害，廣、韶、南雄等州須至宿兵爲防，只淮南、江南東西、荆湖南北威果、忠節、雄畧之類三百料錢全指揮充。」詔留駐泊禁軍一千人分在三州。十一月，陝西轉運司薛向言：「緣邊多差東兵戍守，如慶州大順城、荔原堡、保安軍德靖寨，去虜境甚邇，皆有龍神衛、拱聖、神騎兵士，輩不閑戰鬬，不保安軍德靖塞去虜境甚邇皆有龍神衛拱聖神騎兵士輩不閑戰鬬不知山川道路，往往敗事。却有土兵駐泊，只是防托。乞拯邊城寨只土兵，却那東兵近裏城寨守把。」詔陝西四路經畧司依此施行。

八千三百九　六

神宗熙寧元年十二月四日，詔令京東武衛四十二指揮並隸河北逐郡都總管司管轄，定州、高陽關路各一十八指揮，大名府路六指揮，分番往戍；其下番者，於本路兵官中選差三員，依河北教閱新法訓練，仍差使臣押教。先是此軍本備河北戍守，近歲亦分屯諸路，今並隸河北，將減沿邊土兵，以省三司供餽之費也。二年正月十七日，樞密院進呈河北糴便司所具本路難得軍儲入中州軍。上曰：「近令勘會此事，欲於粟麥價貴州軍量減住營兵數，立爲定額，庶以省財用也。且祖宗朝北戎無警，即使罷兵，今既講和而屯兵至多，徒耗錢帛。若於近裏糧食賤處增募營兵，但令

九年六月十六日清按宋史兵志屯戍制作五年六月十六日



往戍極邊甚爲便計呂公弼曰沿邊之兵不可多減若
遇大閱人數全少北戎覘之非便彥博曰自有遣戍兵
衆不至闕事也上曰卿等可詳議以聞 三年九月十
四日詔樞密院畸零兵士今後差往諸處屯駐駐泊并
巡檢下及守把年滿即令就整頭項差撥替換仍差令
史李紘張維恩管勾如遇轉移依舊管勾 十二月三
日內降府界及諸路兵更戍之法先是諸路戍兵多是畸零不成隊伍及互換差撥絡繹道路公私之間皆所
未便故特降盡一指揮仍詔令後依此其該說未盡事理令樞密院比類條奏 四年二月十四日詔先差河北
廣南年滿全指揮禁軍差人替換歸營陝西已差替兵

卷八千三百九 七

士遞處不得占留發遣歸營先是中旨勘會在京殿前馬步軍司差撥外兵數不少京師根本之重於理非便其治平四年熙寧元年差出之人可契勘抽回故有是
命 九年六月十六日詔河北軍馬番上河東屯泊者今
後並二年一替河北軍馬例不出戍上慮其驕惰因命
更互於河東駐而減更期一歲以優之 閏七月二十
六日樞密院請以京東武衛兵四十二指揮屬河北路
令總管司勾押差使從之仍並以二年一替於數內以
三千人赴揚州杭州江寧府權駐泊河北兵籍比諸路
爲多其沿邊者悉仰給三司言事者屢請損其數比因
撥併畸零而立額止於禁兵七萬京東土地沃饒租賦



有餘於是又增置武衛軍嚴其訓練之法數年皆爲精
兵至是分隸河北四路物議稱便京東除已將武衛等
隸河北路屯戍外見管軍馬四十三指揮又以東南兵
籍寡少議者多以盜賊爲言故遣戍焉 八月十三日
詔陝西諸路經畧使夏國已差人進誓表可相度減將
下及州軍城寨屯泊東兵 十月二十三日詔京西路
就糧禁軍番上永興軍路屯戍二年一替京東路糧禁
軍番上河北路屯戍舊制在京諸軍衆同差遣上以兩路去河北陝西地里便近人情諳習故先命京東武衛等六十指揮就戍河北又以京西武騎等二十六指揮戍陝西仍隸逐路都總管司統轄分番迭上人無遠戍之勞率以爲便 二十九日詔河東路屯泊兵士減
十指揮歸營更不差人替仍令本路相度更于外抽減

卷八千三百九 八

就糧兵士歸營時西事已平又河外自慶曆事宜之後部族未完非兩賊寇掠之地故命省兵以惜財費 六年五月二十五日詔河東就糧馬軍四十七指
揮自今輪差七指揮赴鄜延路都總管司抽減屯泊馬
軍內十指揮歸營 十一月十一日熙河路都總管司
言乞將秦鳳路宣武等指揮赴本路權替土兵歇泊從
之 七年八月二十六日詔河北上番京東武衛等兵
士並抽歸營歇泊以省邊儲 十二月二十四日詔權
發遣慶州范純仁權同判武學劉奉世看詳鄜延路分
將文字當如何措置以聞其後純仁等言相度將本路
第一將駐慶州第二將環州第三將大順城第四將淮
安鎮第五將業樂鎮第六將木波鎮第七將永和寨第

八將邠州各統領就粮屯駐駐泊并下番正軍强人漢
蕃弓箭手兵馬從之　八年二月十三日詔移河東屯
戍兵馬五千歸營以其餘粮賑濟飢民具次第以聞
十二月十三日詔令鄜延環慶涇源秦鳳路經畧司與
本司轉運司相度如沿邊錢粮闕乏即將上番就粮兵
量減歸營（先是中書門下奏永興秦鳳等路連歲災傷邊鄙無事可議減屯泊等故有是詔）　九年
十一月一日樞密院言熙河駐泊兵歲滿令差當以在
京虎翼等指揮代之上批衛兵已少若於京師取足必
恐日益朘減可令在京步兵止差十二指揮神勇宣武
廣勇各一指揮虎翼九指揮　元豐四年二月二十八
日詔諸州駐泊軍馬知州與駐泊兵官同管屯駐就粮

卷八千三百九　十

本城軍馬知州通判與本州兵官同管其五路都總管
司所在舊分將分管轄者即通判與本州兵官更不管
轄（以夔州路轉運司申明舊制故也）　五年正月十八
日詔諸路戍兵逾期久未更代慮人情思歸應守戍之
人展一年為替限　四月十七日熙河蘭會路經畧司
言經制司欲以熙河州戰兵對替蘭州疲病不勝甲將
士緣本管兵不少乞自朝廷應副詔發在京拱聖驍騎
雲騎武騎各一指揮殿前步軍司虎翼各五指揮　六
年二月二十二日提點廣南西路刑獄彭次雲言邕州
外鎮寨水土惡弱乞量留兵更戍其餘盡用峒丁於管
下諸州以季月輪差給禁軍錢糧詔許彥先劉何相度



後彥先等奏若盡以峒丁代正兵防守妨其力農經久
非便請計戍兵三分以一分用峒丁代之季輪二千人
赴邕州肄習武事從之　七年正月十八日詔河東鄜
延環慶涇原路經畧司如無大段賊馬嘯聚可遣邊兵
分屯免虛食貴價粮草　二月十一日秦鳳路經畧司
言對境尚有賊馬未敢放漢蕃諸軍詔諸州無冦已散
遣兵馬委經畧司詳度如虜不大入寇即以次放散李
憲言本路上下番土兵自軍興以來未嘗下近乞歸營
補洗詔昨新蕃往永興軍駐泊將兵可權差半將往代
下番人　十一月十九日樞密院言西賊近冠熙河涇
原勢已敗北深冬苦寒必不能大舉涇原秦鳳防秋軍

卷八千三百九　十

馬並在極邊坐耗芻粟欲委經畧司審度抽兵各歸近
裏從之（以陝西轉運司言賊退乞減邊兵也）　哲宗元祐
元年四月十八日樞密院奏應諸州縣寨坐禁軍日分
其半赴教寨坐者月替州界巡檢半生縣鎮寨守禦季
替遇出戍並當日差人替換歸營　六月十四日右諫
議大夫孫覺言將兵之禁宜可少解而責之所在守臣
與州郡兵官可乘此時令所在廣行召募稍補前日之
額循祖宗之法使屯駐三邊及川廣福建諸道州軍往
來道路足以服習勞苦南北番屯足以均其勞佚詔陝
西河東廣南將兵不輪戍屯它路河北輪近裏一將赴
河東府界諸路逐將與不隸將兵並更互差撥出戍別

路赴三路者差全將或半將餘路聽全指揮分差仍不過半將　十月一日樞密院言東南十三將初未定出戍路分及不隸將兵內有出戍名額少而所轄指揮數多處未得均當欲除廣東東西兩路駐劄三將各專隸本路及虔州等六將全永州第九將專備兩路緩急並免戍他路外餘八將及不隸將兵依均定分輪戍各聽路分都鈐轄司差使即輪出將兵不隸將兵路分權撥在京步軍補戍回日復初從之　十二月十六日廣西經略安撫都鈐轄司言乞除桂宜融欽廣州係將不係將馬步軍輪差赴邕州極邊水土惡弱寨鎮監柵及巡防并都同巡檢等處並乞依邕州條例一年一替其餘諸州差往邕州寨鎮及左右江溪峒巡檢并欽州如昔峒抵棹寨並二年一替其諸州巡檢下一年一替從之

二年六月二十四日樞密院言往者熙河蘭會路戍兵數多尋以年滿二千餘人節次抽減歸營兼本路見管戍兵比類尚多一千三百餘人令朝旨令熙河蘭會路都總管司遇本路緩急闕人許於秦鳳路勾抽一將應副緣本路慮向秋闕人防守欲熙河蘭會路都總管司遇本路緩急闕人聽全勾秦鳳路九將應副差使從京差步軍五指揮赴永興軍商虢軍州權駐劄以備秦鳳路勾抽從之　三年二月九日詔以陰雪苦寒令河東路經略司於例外量度存恤差發戍兵　四年五月

卷八千三百九

十二



四日樞密院言河北陝西河東路兵馬輪戍沿邊舊例並係一年交替內河東自元豐八年改作二年欲請仍舊從之　十二月八日詔減鄜延等路戍兵節次歸營（先是夏人逆命陝西諸路奏乞添屯今已通貢故有是命）

六年七月八日樞密院言調發諸路出戍軍兵一月差人替換從之　十二月湖北邊事司言沅州最處極邊戍兵不習水土例多死亡乞以辰州雄略兩指揮兵員更戍免戍它路從之　紹聖元年閏四月二十六日詔廣西路戍兵欽州抵棹寨二百人如昔峒巡防二百人廉州三村鹿井寨各十人融州王口寨安扇寨共二百七十人依邕州縣寨防托守隘例輪差土丁以代正兵內抵棹寨土丁六十人如昔峒壯丁七十人三村鹿井寨土兵共二十人王口安扇寨土丁共九十人並月一替各支錢米有差仍免冬教（先是經略使謝麟奏請本路駐泊及巡檢下並差土丁以代三分之一下轉運提刑司相度故有是詔）　三年正月二十八日熙河蘭岷路經略司言夏賊盜塞多趣通遠軍定西城尤當賊衝而戍兵單寡不足以威虜欲分通遠軍駐劄第五副將屯定西城從之　三月廿六日樞密院言自來調發軍馬出戍到營年月深淺差使勞逸不均詔今後應發軍馬並到營及二年方許差戍　四年二月九日詔河東路都總管司那融替換上番兵馬無令戍邊日久致有勞弊如無人替換俟春月事宜稍息即先後上

卷八千三百九

十二

百字据宋史兵制兵十改

番四時抽減一番兵馬歸番營　二十二日樞密院言呂惠卿奏諜告夏賊將盜塞賫路土兵多闕番兵弓箭手以元豐元年少二千二百東兵馬步軍比元豐四年七年少十六指揮乞差東兵步人十六指揮助守按元豐中大兵加興靈是以東兵少今鄜延戍兵已三萬六千視元豐不為少正兵雖闕目可以招補若能裁損冗占分布要害以待寇至何不足之有況其它被邊路未有請益兵者詔鄜延總管司賊犯塞賫戍人戍守可量留戍兵八指揮之年滿者事平立遣　元符二年六月二十四日鄜延路都總管司言本路修米脂等八堡寨乞不招置土兵只用永興軍等四州新置番落八指揮



歲輪四指揮赴本路詔河中府同華州新置番落六指揮分作兩番每年迭赴鄜延路　三年十二月二十四日（徽宗即位未改元）詔邊師減額外戍兵　徽宗大觀三年六月二十一日詔東南兵雖令招足闕額緣祖宗已來人未繁盛舊來兵數雖少可以支吾今承平二五十年之久地大人衆已見兵寡勢弱非持久之道可除見今兵額外帥府別屯兵二千人望郡屯兵一千人每二年令更互出戍　四年閏八月十日臣僚言勘會自來宣發出戍將兵每二千里外支借兩月錢糧三千里外借三月錢糧蓋所降宣命係駐劄近而戍守遠若今後宣發將兵如駐劄遠而戍守近或駐劄近而戍守遠



其借請恐合並從遠支借自來未有明文又契勘自來起發將兵州軍闕少衣糧錢物之類並移申本路轉運司下有處州軍支移其闕物州軍差衙前往彼般取至有往復遲延應用不及致有闕誤若不立法竊慮今後紊煩朝廷今檢會元符令諸軍差出五百里以上許借請受一月千里以上兩月三千里以上三月諸借兌錢物應支地里腳錢者借兌官司出備崇寧將官敕諸軍差出五百里以上具人數地里報州縣借支請受看詳除借兌錢物自合依條令借兌州軍出備腳乘外其轉運司行下諸州借兌錢物多不契勘的實有物州軍致展轉般運虛費腳乘使軍兵有違起發日限顯屬未便



今增修下條諸軍差出五百里以上人數地里報州縣借支請受其一將下人兵住營在兩州以上者以地里遠處為限一等支借（謂如京東第二將人兵係京南穀熟徐州住營若差發赴陝西以徐州計地里之類）詔依修定例條施行　宣和三年正月二十九日詔河北軍馬與陝西河東更戍非元豐法所有宣和二年九月二十一日更戍指揮可更不施行應施後及趕隊不上因為避罪東西人並與免罪依舊收管仍免本營問當（宣和二年九月二十一日指揮檢未獲）　六月十一日知婺州楊應誠奏凡屯戍將兵須隸守臣使兵民之任歸一則號令不二然後可以立事詔從之續有旨屯戍將兵所隸自合遵依將官敕條所降隸守臣指揮更不施行

閏五月八日江浙淮南等路宣武使童貫奏睦賊討平之後脅從叛亡之徒方始還業自非增屯戍兵鎮遏無以潛消宄暴臣今措置已留戍兵共二萬五千五百七十八日分於江南東路兩浙東西路州軍防托緣所留東兵累經鬭戰暴露日久辛苦不易已令通理自到本路捕賊日止計一年滿替使當出軍一次依平蠻故事每月各別給錢三百文歲終給銀鞋錢一貫文其軍並隸本路安撫司統轄訓練委自將副并逐州知通當職常加撫存管責令依時閱教除專差防托外不管別行差使從之江南東路留七千九百六十人内歙州一全將鈐分在江寧府宣州廣德軍等處州守兩浙西路留九千六人兩浙東路留八千六百一十二人衢婺處三州各二十人溫台明三州各五百人餘數在越州戍守

卷八千三百九　十五

四年正月二十四日提點制置譚稹奏據知嚴州李遡申本州所管擒虎等一十指揮人兵自去正月以後分屯前來戍守止理一年滿替便合回軍緣今年歲首合行依條揀選年及七十歲將校合該放停六十五歲將級六十歲長行合該減破請受竊慮多有托以老病及願要減糧自在歸營損折元額欲乞權免揀選從之　三月二十一日臣僚言政和令出軍衣春限年前十月十六日支十二月十五日以前發冬限三月二十一日支五月十五日以前發在沿邊者支發各先二十日蓋出戍軍先出給冬衣者為其離營已遠旋寄異鄉使無衣裘之憂此良法美意也然冬衣之到多是八



九月之前天氣尚暄多是將綿衣典賣非理破費洎至風雪之際例皆赤露伏望特降睿旨凡戍去處如冬衣已到未係冬月未得俵散當廳置櫃封鎖收藏至十月上旬方得支俵庶幾兵級軍裝風雪之際得獲溫煖從之　欽宗靖康元年五月二日詔將來調發諸路防秋人兵令安撫鈐轄轉運司將諸州係將不係將合起之數各辦半年合支糧直易置輕貨押赴隨軍於屯泊處交割　十七日詔調發諸路係將不係將兵分屯河北河東京東等路防秋各以遠近立為到闕之期京西淮南江浙限七月十五日以前陝西湖廣福建限八月一日以前令逐路轉運司預備錢糧於經由州郡樁管

卷八千三百九　十六

光堯皇帝建炎二年正月二十九日知越州翟汝文言從自到任已來城郭空虛並無禁卒逐急於廂軍内揀招不滿千人皆侏儒不及等尺伏見武經郎王政見押回本路軍兵一千餘人還管下六州其人戍河北稍習邊面乞盡屯駐在越州專委帥司合為一軍則兵勢稍衆可以鎮壓一路貼伏姦宄從之　紹興三年五月十八日提舉江南西路茶鹽公事趙伯瑜言洪州分寧武寧兩縣歲趁茶課五百三十餘萬此縣去州六百里地界湖北鄂岳潭州三路之間皆盜賊棲止之地民不敢歸業安撫司雖差兵捉殺既退其賊復出望下師司或於岳飛下摘那有紀律兵將前去逐縣屯駐彈壓詔令

本路帥司選差官兵一千人委有材武統領官統率於
卯寧武寧可以相照應去處駐劄彈壓　二十五日參
知政事同都督江淮荆浙諸軍事孟庾淮南東西路宣
撫使韓世忠言得旨大金國已約和議相度將已差往
泗州解元杜琳人馬且在盱眙下寨量差官兵往泗州
屯戍不得侵犯僞齊地分其餘人馬仰孟庾韓世忠同
相度屯泊去處聞奏今欲差路分都監劉綱帶領本頭
項并宣撫司盱眙差共五百人於泗州屯泊外將解元杜
琳兩軍人馬移於楊州駐劄其宣撫司并自餘人馬並
於鎮江府安泊庶得夾江對岸易爲照應詔解元杜琳
兩項軍馬内留二千人於泗州駐劄其餘軍馬斟量分



撥於承楚楊州屯駐　七月二十二日樞密院言得旨
選差統兵官帶領官兵前去廣州駐劄彈壓盜賊契勘
江西見有岳飛一軍二萬餘人理宜就便差撥詔令岳
飛就便差官兵三千人并家小前去廣州屯戍候及一
年各與轉一官資仰精選可以委任統領官具姓名奏
差發遣　六年六月二十五日翰林學士朱震言願詔
樞密院令於潮州安泊一軍以斷賊路令韶州已有韓
京一軍虔賊度嶺欲犯南雄英韶等州則有所畏憚如
別置一軍屯于潮州姦盜之心息於冥冥之間不待剪
鋤心知其不可爲矣從之　十年十月十七日川陜宣
撫使司言嘉州管禁軍三指揮元額共一千一百八十



人除差往別州軍守戍外在州常不滿四百人遇有蠻
賊闕人捍禦乞樁留在州以備使唤所有嘉州舊額合
差往外州軍守戍人兵數目乞令鈐轄司於近裏不係
邊州均差應副從之　二十四年七月九日領殿前都
指揮使職事楊存中言乞差本司統領官杜伯通將帶
官兵前去贛州屯戍上因昨贛州軍賊竊發之初外連
百姓率多響應今留兵屯駐庶得消弭　二十六年七
月八日左武大夫伏深言四川州郡駐泊東軍皆係宣
和間差發前來戍守緣兵火各無所歸今來邊事寧息
灼見諸州軍盡將年老或殘疾之人並行揀放無所仰
食往往至於乞丐甚可憐憫殊失朝廷撫養士卒之意



乞下四川制置司將應出戍東軍先行揀汰如年老實
有殘疾不堪執役之人支破半分衣糧至身故日止仍
將已揀放人拘收依此存恤詔令四川制置司行下應
駐泊東軍去處措置存恤無致失所　二十七年六月
十九日戶部侍郎王師心言乞差兵三千人屯戍荆南
府上曰此事亦有利害若荆南財力有餘自可招兵況
兵火之後民力不易令增二三千屯戍豈無科擾舊差
一千人在彼足矣但半年一替往來勞勤今後令每歲
一替　二十八年正月二十二日詔令池州駐劄御前
都統制岳超差撥一千人赴江西帥司分布駐劄仍每
歲一替從本路帥司請也　二十九年三月二十七日詔

新差充荊湖北路副總管鼎州駐劄兼權知鼎州陳敏令將帶所管泉州左翼軍官兵二千前去本州屯駐彈壓。 五月四日詔：訪聞江州瑞昌興國軍界時有盜賊作過，可令楊存中選差統制官一員將帶官兵一千人前去江州駐劄彈壓，令後三衙差人輪戍一年一替。其後七月三日殿前司言：令差統制官孟珪統押官兵一千四十二人前去江州屯駐彈壓盜賊，切慮官兵內逐時有逃亡事故之人，欲令孟珪招收少壯依本司例刺充，亦用勝捷吐渾雄威填闕，依見招人例支破請給，合用錢糧令轉運司應副。從之。 閏六月二日知荊南府劉錡言：本路所管屯駐官兵不多，闕人彈壓盜賊，欲量行添差官兵。詔令馬軍司選差官兵一千人、馬二百騎，衣甲器械全赴荊南屯駐，合支錢糧草料令戶部依例科撥支降，起發犒設照例倍支。

卷八千三百九 十九

三十年五月十三日詔馬軍司差撥三千人前去江州駐劄彈壓盜賊。 十四日殿前司差撥三千人前去江州駐劄。 三十一年四月二十四日樞密院言：太平州駐劄馬軍司統制陳敏稱先收到南劍州等處寄招軍兵虞兗等一百九十三人，批放月糧口食米折麥錢外，有日支食錢，望先次放行，候本軍有闕日正行撥填。勘會陳敏太平州屯駐，即與諸處額外先次收管支破請收，使人心大同。從之。 紹興三十二年六月十三日壽皇聖帝即位未改元赦：勘會諸軍出暴露官兵已降指揮各與推恩，至今尚未有申奏去處，致礙定賞，仰主帥遵依已降指揮疾速一併開具保明聞奏。 孝宗隆興元年三月二十四日都督江淮軍馬張浚言：諸軍官兵自去年差出兩淮屯戍，已是日久，乞於殿前司差撥軍馬一萬人、步軍司五千人起發前來鎮江府，分發前去催上抵替三衙并江上諸軍歸寨休息。從之。 四月一日詔令淮東西、湖廣總領所將鎮江、建康、江州、鄂州、荊南等處見今差出屯戍官兵在寨老小的實數目，依例支給犒設，使臣一貫文，軍兵七百文，仍於屯駐去處出牓曉諭。以中書門下省言行在三衙差出官兵在寨老小已行犒設，在外諸軍理宜一體存恤，故有是命。 十七日詔令四川總領所將諸軍昨差出德順屯戍官兵在寨老小當時的實數目，依三衙等處差出官兵例支給犒設，仍出牓曉諭。從中書門下省請也。

卷八千三百九

二年正月五日詔湖廣、江西、京西路總領所取見荊、鄂逐軍兩等最低小請受軍兵的實入隊、不入隊有家累人數，依行在三衙差出軍兵體例，即便添破施行，仍自今降指揮日為始。以湖北荊西路制置使虞允文言兩軍沿邊戍守，請受微薄，在寨老小兩處支用不足，故有是命。 三月十六日宰執進呈殿前司狀：遊奕軍統制王公述、選鋒軍統制宋受兩軍隨成閔出戍襄漢，至今將及三年，去行在三千里，鞋脚衣裝盡皆破損，乞移江淮屯駐，使近取送衣裝，不致逃竄。上曰：「淮上自有兵，便降指揮歸行本軍休息，入金字牌發去，令主兵官沿路存恤士卒，照管鞍馬器械。」繼而詔三衙軍兵可便降指揮，皆令歸司，建康、鎮江大軍更番出

戍 乾道元年正月十二日主管侍衛步軍司公事郭
振言得旨殿前司出戍官兵先次班師馬步軍司節次
起發歸於本司諸軍人內共存留一千人在六合縣看
守營寨一季一次更替歸司休息從之 五月七日主
管殿前司公事王琪言本司昨差右軍統制員琦將帶
官兵七百人往真州戍守日久未曾休息欲於本軍在
寨官兵內依元數差撥仍差將官一員部押前去交替
歸司從之 十一月十九日執政進呈知盱眙軍胡堅
常乞免白直人一次交替上曰戍軍皆合更番既家口
不曾自隨未必軍人之意願留此法難改 二十六日
主管建康府駐劄御前諸軍都統制職事劉源奏淮西

卷八千三百九

都巡下官兵亦乞半年一替上曰既依舊是它部曲合
令半年更番 十二月二十日宰執進呈淮東帥司等
處申六合逃走官兵上曰如何有此項人洪适等奏曰
郭振先屯六合自人馬回司留千以下人看管營寨此
項人亦好追回上曰然六合不須差人得矣 二十五
日宰執進呈四川宣撫使領御前諸軍都統制職事吳
璘乞移屯興州等處軍馬上曰如何兩下皆移莫有勞
擾洪适等奏曰吳璘等乞移屯軍馬各以平時親兵要
得自隨以為腹心矣從之 二年正月二十三日宰執
進呈淮東西諸州出戍屯田軍兵人數淮東四千八百
餘人淮西一萬九百餘人上曰泰滁州各五百人和州



二千人並令發回元處廬州一千人可發回一半餘依
舊存留 二月六日詔真州出戍官兵三百人可令追
回不須差替（以王琪言乞令郭振差人抵替回司故有是命） 三月十二日宰
執進呈戶部員外郎江西京西湖北總領司馬倬奏襄
陽屯駐荊南軍馬艱於漕運乞以三分為率分番留一
分屯駐上曰分番良便然只可分作兩番适等奏防日
日自合依舊上曰可 七月八日詔令知泉州韓仲通於
本州駐劄左翼軍官兵內揀選強壯二千人將帶衣甲
器械差統領官李彥椿部押日下起發前來江陰軍許
浦一帶擺泊彈壓海賊其借請等並依昨出戍體例
十一月七日詔殿前馬步軍司昨各差三千人出戍江

卷八千三百九

州令苗定發遣殿前司三千人馬步軍司各二千人仍
令逐司各差統領一員前去取押分定月日資次起發
沿路不得擁併 三年正月十日宰執葉顒等奏今雖
和好少定然邊備不可一日弛如江州萬五千人為上
流聲援昨得旨令春暖抽回臣等所未諭上曰今只發
皇甫倜并江州續募人令來鎮江其餘三司人並依舊
留江州亦可為聲援 三月二十九日主管侍衛步軍
司公事郭振言本司所取江州二千三百一人已承指
揮且令至鎮江府今乞將上件官兵就便發往六合縣
屯駐外於本司諸軍更差官兵二千人令通領官劉福
同將官五員將帶着腳鞍馬部押前去六合縣屯駐並

依本司昨來差往屯戍官兵體例一年一次交替從之
十一月十一日主管殿前司公事王琪言本司揚州見
存留住官兵二千人統領官一員先自閏七月起發前
去到彼修築城壁委是辛苦勞役今來未有替期乞於
本司諸軍在寨人內摘差官兵二千人內將官四員并
部轄統領官一員於來年正月內起發前去揚州抵替
歸司從之　四年三月十日知潮州曾造言郡界閩廣
兩路之間東抵漳西抵惠兩郡相去雖十數程剽竊之
害目今尚未寧欲於漳州管下地名雲霄漳溪之間惠
州管下地名鳳湖南山嶺烏龜徑置巡檢官兵三五十
人差將官一員屯駐季一更之可以為保伍之援巡警

盜賊從之　九月十五日主管侍衛步軍司公事王琪
言本司有出戍六合三千人兵至今半載有餘欲於本
司諸軍差撥官兵二千人將帶隨身器甲差將官二員
部押前去六合屯駐交替先差出人歸司休息今後乞
半年一次交替從之　十六日詔馬軍司差撥官兵一
千人前去和州燒造塼灰等使喚每及一季差人交替
十一月六日四川宣撫使虞允文言荆襄邊面濶遠
合行遞償軍馬互相照應已措置將郭謙所管近東劔
州等處官兵共二千六百三十八人同老少移那前去
金州屯駐仍於興元府別行遞償兩將軍馬同老小前
去洋州屯泊緩急應援金州使喚外所有郭謙等先差



馬軍二千五百人見在郢州任天錫馬軍五百人見在
荆南出戍照得吳拱先帶軍馬三十二百人同老小前
去襄陽府屯駐後來依數招填欲乞將荆南郢州出戍
軍馬家小下總領所差撥舟舡津發前去就糧屯駐庶
幾老小團聚安帖防托荆襄邊面從之　二十六日詔
令後殿前司鎮江都統司差往揚州看守城壁官兵並
一年一替　五年十一月二十一日詔昨差撥鎮江府
駐劄御前右軍官兵三千餘人并馬前去高郵軍屯戍
可正撥隸武鋒軍　六年正月二十七日殿前司言已
降指揮令後殿前司鎮江都統司差往揚州看守城壁
官兵並一年一替續准揚州安撫莫濛申上件官兵合

在正月間交替竊緣正月正是春寒之時軍馬道塗不
無暴露又以江口兩處湖閘釘閉未開日後出戍官兵
那候潮水登應開閘之時起發朝廷已依所申拖行本
司今年合差撥前軍人馬前去揚州更替遊奕軍官兵
歸司欲候三月初間擇日起發從之　四月二十五日
詔令殿前司於選鋒軍官兵內差撥三百人策選鋒軍
差二百人馬軍司中軍差三百人步軍司中軍差二百
人建康府都統司差五百人應副舟舡津發差人管押
同家小發赴江州王明軍收管使喚並要全隊強壯入
隊之人不得以老弱不堪披帶人充數內三衙人令戶
部建康府人令總領所依出戍人例支給借請起發犒

設　五月二十五日詔楚州建屯戍殿前司護聖步軍
官兵盡發遣歸司　六月十三日馬軍司言修築和州
城壁令已畢工所有工役官兵將及一季合行發遣歸
司今欲差本司左軍官兵三千人馬五十疋起發去和
州詔依仍一年一替　九月八日詔令殿前司差撥遊
奕軍全軍人馬前去高郵軍出戍聽陳敏節制其忠銳
軍見管寄招軍兵令遊奕軍統制官一就統押前去
七年正月五日荊南駐劄御前諸軍都統制秦琪言荊
南軍馬出戍襄陽元降指揮許令三月一次更休前後
主帥議論不一却作一月一次更替到家未定又復奔
走欲將見在襄陽七軍官兵及戰馬乞自乾道六年正

〈卷八千三百九〉

月為始遇春夏全留三軍在襄陽照管邊面其餘四軍
發回荊南休息秋冬却發四軍前來襄陽更替先留下
三軍歸本寨如遇緩急則盡數勾抽前來襄陽使喚庶
幾軍士知有室家之樂所有單身無家累官兵徒走道
路欲將單身官兵免差前去更替從之　二十一日廣
南西路經畧安撫李浩言昨於荊南差撥大軍五百人
前來本路更戍彈壓盜賊續降指揮為廣西盜賊已息
令廣西帥司自行招募親兵五百人所有荊南差到官
兵五百人已發遣前去訖見所招効用總及二百人雖
多方招募而應者絕少乞於屯戍大軍差撥三百人選
委有材畧請曉戍事統領官一員前來本府駐劄聽從





本司節制使喚詔令摧鋒軍於韶州在寨人內差撥二
百人餘一百人令帥司措置招收　二十七日興州駐
劄御前諸軍都統制負琪言昨准指揮差發官兵三千
人前去荊南出戍一年一替其所差人已及一年若更
差三千人去去即是六千人往來盤費似見未便今欲
將已差在荊南三千人於內取問願在荊南屯戍人存
留一千人津發老小前去本處永遠屯駐餘二千人發
回如其間願存留之人不及一千人之數據餘少人於
所部諸軍取問願去人湊成一千人差撥前去補數其
一千人闕却令諸軍招填從之　二月十七日詔令湖
南安撫司招募軍兵一千人發往鄂州駐劄御前諸軍

〈卷八千三百九〉

使喚却令本軍差撥慣熟軍兵一千人前往柳州桂陽
軍屯戍防托盜賊以知潭州沈介言本路柳州桂陽軍昨因李金作過之後蒙朝廷調發鄂州大軍一千人分戍二郡續令軍戍一年緣令來戍期將畢欲令依舊更戍故有是命　二十
一日宰執進呈主管殿前司公事王琪乞更替遊奕軍
出戍高郵軍人上問降指揮虞允文奏曰止令出戍不
曾立限更替上曰總及半年且未須理會　三月四日
詔令馬軍司於三月中旬內將官兵連老小逐旋津發
前去建康府與出戍官兵一處居住　其後十月三日
臣僚言伏覩閣報馬軍司中軍已擇十月二十日起發
令四軍久在建業而主帥尚留輦下事體未便伏望申
諭樞機之臣俾鐫諭主帥誠飾裨將令以是半月之頃

一切計置起發并指揮江東帥臣總領視其營寨補其闕漏詔劉下李顯忠并江東帥漕臣總領依此施行

六月二十一日荆南駐劄御前諸軍都統制秦琪等言得旨荆南七軍官兵自乾道六年為始遇春夏全留三軍在襄陽秋冬却發四軍前來襄陽更替今來所差四軍一千人却令荆南腹裏州軍屯駐到襄陽四百五十里竊慮緩急有警不能接濟望移屯襄陽照應邊面從之　七月十四日宰執進呈福建安撫司申明起發土兵虞久文等奏曰今春隄備海道令福建先期起發土兵比有到明州者却得指揮發回今陳俊卿申審合與不合再行起發明州防托恐不可無人上曰福建每歲



起若干人梁克家奏曰福建浙東各千人止曰除福州興化發回四百人外餘依年例起發　八月十一日宰執進呈御筆處分遊奕軍出戍人歸司允文奏曰浙西湖南募到二千餘人乞均撥殿前諸軍却依處分每軍摘一將湊三千人戍髙郵俟來歲募人足額再起三千人上曰甚好先降指揮均撥募到人仍令遊奕軍歸司餘續次施行　九月十二日總領湖廣江西京西財賦呂游問言鄂州都統司差撥官兵一百三十九人前去江州措置收捕盜賊一季一替而近年以來江湖間有羣盜其都統司所差巡江官兵元無捉到人數詔令鄂州都統司拘收所差官兵歸軍教閱專委安撫提刑司



嚴責巡尉多方巡捕如遇有盜賊須管捉獲　十七日呂游問言得旨將諸屯人馬斟酌緊慢抽回教閱今鄂州軍差出見屯德安府欲留一千人郢州欲留三千人隨州欲留五百人常德府欲留二百人信陽軍三百人棗陽縣六十五人漢陽軍馬監九百六十人應城縣孳生馬監二百二十七人欲並存留潭州九百九十二人復州一百人應城縣四百九十五人武昌縣五十人漢陽軍四人永興縣八人欲並抽回荆南軍差出襄陽一萬五千五百七十二人均州一百人光化軍一百九十八一欲並存留江州差出光化軍欲留三百人黄州欲留五百人大冶縣欲留三十人麻城縣五十一人欲抽



回棗陽縣人並抽回却於隨州存留人內每季輪差五十人於本縣屯戍漢陽應城縣兩監養馬人發回本軍八隊教閱却於本軍減半請給人內對數摘差赴逐監使喚仍令將帶老小前去一處居住黄州并大冶縣人並盡數抽回歸軍令安撫司於係將不係將人內差撥三千人赴大冶縣餘從之　十一月十九日鄂州駐劄御前諸軍都統制韓彥直言近准指揮令於揀下隊外無窠名軍効內揀慣熟稍壯健一千人發赴湖南元出戍州軍屯駐將上項人揀選止有軍兵一千八百五人擇出一千人緣若無大段壯健詔令韓彥直於內揀選筋力未衰壯健堪使喚五百人前去餘五百人令湖南

帥司疾速措置招填　二十一日權發遣隆興府龔茂良言江州興國軍接連淮甸江東湖北每歲常有茶寇百十爲羣前来今歲大旱茶芽不發皆積壓在園户等處人家住泊竊慮此曹乘時荒歉聚集作過乞下江州都統司輪差官兵一二百人前去屯駐彈壓候来年秋熟日依舊歸軍詔令龔茂良斟酌合差人數於本路州軍係將不係將禁軍内差撥施行　二十三日權發遣常德府劉邦翰言本府素爲茶寇出没之地今歲湖南北旱傷持杖刼掠者日多望下鄂州都統司差撥五百人赴府出戍詔令湖北安撫司斟量合差人數於本路州係將不係將禁軍内差撥　八年三月十一日知常德府樓圖南言非鄂州都統制司撥到官兵五百人前来本府屯戍聽候守臣節制續鄂州都統制司發回二百人正差三百人屯戍一年一替後来沅州管下徭賊楊再彤等作過遂於鄂州調發往復三千餘里乞依舊令本路於係將内差撥五百人聽守臣節制從之　九年二月二十八日樞密院承旨權知荆南葉衡言荆南馬軍并老小已得旨移屯襄陽竊緣荆南係自来屯駐軍馬家計止是逐年上下番更戍出襄陽況襄陽去處尤近止可分屯軍馬即非存養老小去處望只令依年例上下半年出襄陽更戍老小存留荆南誠爲利便從之　五月十八日詔江州駐劄御前諸軍都統制各差

兵五之二九

撥官兵五十人於黄州麻城縣興國軍大冶縣屯戍　六月十一日御前諸軍都統制郭剛言廬州城壁每年差撥一軍五千人屯守葺治内除馬步軍并入隊人趂赴教閲外買入役者纔及千餘人往行差撥欲止於諸軍共差一千人委有心力統領官一員部押前去廬州專一修治未備城池每及一年差人交替從之　九月二十一日汀州言本州下苦竹兩寨係輪差在州禁軍一百五十人前去半年或一年一替見抽回教閲欲於三溪巡鹽兩寨逐寨各抽撥二十五人明溪寨欲抽差五十人共一百人永爲額數連老小前去苦竹兩寨抵替逐寨禁軍歸州教閲從之

兵五之三〇

屯戍下

淳熙二年五月二十七

卷八千三百九

日詔潼川府及綿州所屯將兵內各輪差三百人作兩番分上下半年更替於黎州屯戍從宣撫使沈夏請也　十月十六日四川制置使范成大言更就綿州潼川兩處屯駐西兵內各選差一百人從之　十月廿二日宰執進呈知常德府張璹申辰州守臣尹機乞差撥大軍屯戍令相度欲於靖州見屯官軍二百人內分一百人在辰州屯駐使逐州各有官軍兵勢相接可以應援上曰如此措置甚好可依此施行　三年七月八日詔荆鄂統制明椿候從人平定了日權留官兵四百人將官一員在靖州屯戍彈壓至來春申取朝廷指揮次年二月四日詔辰州戍兵一百人依舊外令明椿差撥官



兵二百人戍靖州更差一百人戍沅州並依例一年一替其存留四百人拘收歸軍以湖北提刑司請故有是命　四年七月十四日金州都統李思齊言房州竹山縣見屯軍馬緣水土重惡多成瘿疾暗消軍額乞移洋州屯駐其合用錢糧令兩浙應副從之　十六日四川總領李蘩言被旨同都統制相度將金州階成等郡增戍兵稍移於沿流就糧或近裏屯戍少損和糴之額今乞將黑谷軍馬依舊移在西和州屯駐所有黑谷亦不可闕人防守欲將西和州每年合差更戍官兵一千六十一人於數內取步軍五百人出戍黑谷依例交替餘五百六十一人馬二百疋並行裁減逐年更不差撥一歲之內已省添支口食米五千餘石從之　九月十四日詔興州駐

卷八千三百九

劄御前諸軍所管馬步軍六萬人作前右中左後踏白摧鋒選鋒策選鋒遊奕馬爲名每軍計六千人差統制官一員統領官一員每將差正副準備將各一員以都統制吳挺言所管前右中左後選鋒六軍兵四十七將額管馬步軍六萬人緣就糧在十一州軍并管下縣鎮等一十六處共二二七處屯駐更有出戍去處在外周回二千餘里緣先來移屯遷徙致得軍將分析地理遠近不相連接每有行移往返迂回經數千里不下累月方得應報乞將所管軍將就近撥併軍次稱呼故有是命　五年八月三日鎮江武鋒軍都統兼知揚州郭杲言已降指揮將楚州屯戍武鋒軍左右兩軍官兵老小移戍揚州西城慮恐楚州闕人彈壓已差鎮江前軍人馬揚州看守城壁人前去楚州屯戍又緣楚州係極邊乞

於鎮江諸軍并武鋒軍摘差馬步軍前去楚州更替前軍人馬歸司其分差高郵軍看守城壁盱眙軍巡檢下防托人若依舊於屯戍人內摘差却恐隊伍散漫紀律失紋欲於諸軍別行差撥前去並乞依例半年一替從之　七日荊鄂副都統岳建壽言荊南諸軍依已降指揮分番荊襄更休出戍今來防秋之際守戍襄陽邊面人數不多其差出均州光化軍沅靖州荊南管下大江巡邏盜賊松滋縣西平市把截屯戍人兵共九百七十人合與不合依鄂州軍例拘收歸軍赴教閱詔除均州光化軍屯戍四百人存留外其沅州等處五百七十人依鄂州體例限一月拘收歸軍赴教閱　六年六

卷八千三百九

月十一日詔湖南帥臣王佐等揀選精兵一千人彈壓郴桂二州內五百人屯駐黃沙寨二百人屯駐宜章縣三百人屯駐臨武縣一年一替　七年十一月十六日詔六合防守城壁差統領官一員自今每年輪差遇更替日照檢城壁樓櫓等有無損動交割申本司備申樞密院先是有詔更戍官兵具統轄兵官更不交替至是岳建壽言所差統領官一員在彼別無經畫事務若久在外廢弛職事故有是命　八年十一月二十四日冨順監王秭言制置司揀摘綿漢邛蜀彭眉隆簡等州禁軍共一千人就城都府團結教閱名曰雄邊軍欲代西兵然聚於成都而邊城無兵更替欲將上件雄邊軍分差邊城守戍詔從之仍令四川制置司將成都府禁軍闕額日



下指填數足抵替見屯雄邊軍　九年正月五日詔自今屯駐兵官如係橫行以上大軍統制官即專聽帥臣節制所至州郡與守臣同共措置如係統領官以下非橫行即依元降指揮聽守臣調發從知潭州李椿請也　二月一日詔興元府屯駐中軍見管一萬二千一百六十一人內將三將共管四千三百人排作右軍令右軍統兵官前來主管却將閬州潼川府大安軍一帶屯駐左右後三軍通管八千六百二十人併作左後兩軍令見在閬州左後軍統兵官主管各從見今將分去處屯駐更不移動以都統制彭杲言得旨每軍各差統制官一員統領官二員切詳所置統制領官五軍員數緣各管軍馬人數多寡不同本司除前軍見管四千七百一十人外有中軍却管一萬二十一百六十一人其左右後軍三軍通管八千六百二十人以此較之繁簡不均故有是命

卷八千三百九

六日詔兩淮出戍兵令一年一替從淮東漕臣錢冲之請也尋又詔於每年正月內交替　九月二十日詔殿前司於許浦差將官一員撥水軍三百人就江陰軍控扼去處置寨屯戍專一巡捕彈壓盜賊從浙西提舉張杓請也　十一年四月六日詔興元府義勝軍皆係歸正之人忠勇可用其馬步軍共約五百餘家近於二月一日本將遺火屋宇被焚雖別行蓋造終是草創可令改隸荊鄂仰郭杲同牛僎於襄陽府踏逐空閑寨屋伺候今秋移戍　樞密院言勘會興元府都統司義勝軍近因遺火沿燒寨屋雖已起蓋尚慮草創已令襄陽府踏逐見成營舍候至秋涼同家

屬移戍所有蕭幹里剌等四十餘人見在金州都統司，緣係一體忠義遠來之人，切慮親故欲得團聚。詔蕭幹里剌等候義勝軍合秋經過金州日，同家屬一就起發移戍襄陽，仍仰總領所、都統司優支犒設路費，其寨屋委郭杲、牛僎先次措置。　紹熙元年正月十四日，權知漳州傅伯壽言：「左翼水軍五百餘人皆屯于泉州，乞移撥五七十人於漳州駐劄，以防海道。」詔可於泉州左翼軍差撥水軍五十人并舡一隻，分劈口劵及老小前去漳州，替換步軍五十人回軍。　慶元元年正月十九日，殿前司言：「鎮江都統司屯駐與揚州止隔一水，本司去揚州僅數百里，即與鎮江軍附近差人事體不同。紹熙

卷八千三百九

三年內條畫差千人戍守揚州，蒙朝廷指揮，許依步司出戍六合人例，分劈口劵，添破錢米，支給犒設、借請等。今乞朝廷檢照施行。」從之。　二月十一日，興州都統制張詔言：「乞量帶隨馬牙兵先往關外點視屯戍軍馬。」詔依，令張詔更切相度，檢照舊例，如見得不致張皇引事，即照應紹熙五年七月二十七日指揮點視軍馬，拊循士卒，務要安靜，量帶官兵前去，約束不得憑藉騷擾。　八月九日，戶部侍郎袁說友等言：「左藏庫每歲春冬支散諸軍綿絹，又有支散外軍一項，係鎮江、建康屯駐大軍及建康馬軍、許浦水軍，共約計二十萬餘匹，並前來赴往在支請。竊聞四處屯駐大軍月請錢粮等既係各



路總領所科撥到上供錢米，何獨於春冬衣絹不照江、鄂諸軍例就總領所支散？乞劄付各處都統司同總領所相度，今來所陳如委於軍中為便，即行具申，然後本部照江、鄂諸軍例，將比近屯駐州軍每年各催到紬絹等，照春秋支散實數科撥下總領所，徑行拘催給散。」從之。　十二月三日，宰執進呈臣僚劄子論大軍屯江南不如屯江北形勢利害，京鏜奏云：「自講和有誓約，彼此臨邊不許屯兵，所以只是分兵出戍。」上曰：「天時若至，卻不問此。況師直為壯，曲為老，若臨邊屯兵，則我先背約為曲矣。」　十三日，詔楚州守臣更不兼帶統轄屯戍軍馬，其楚州戍兵責在統兵官常切約束，務要遵守紀律，

卷八千三百九

仍訓習事藝，毋致生疎。或與百姓相侵陳訴事理，即照應乾道二年四月十五日條法施行。（以樞密院言戍兵既有統制部押，其守臣又帶統轄，號令不一，士聽不專，故有是命詔。）　開禧元年十二月二日，淮東安撫司言：「照對天長縣出戍殿前司官兵共一千九百三十七人，見係殿前司統制官馬梓管轄。本司近因拘回殿司出戍盱眙軍官兵，遂申明朝廷，畫降指揮，於鎮江府都統司撥差軍兵二千八百八十七人，并差統領官薛恭管押前去天長，同殿司軍兵守戍。今係兩司軍人在彼，竊慮互分彼此，恐生喧閧，乞將兩司軍兵悉聽殿前司統制官馮梓管轄，遇有修築城壁等役，均平差撥，務要人情和協。其修城應用物料之屬並於殿司

支破仍令各司所差主兵官常切鈐束軍校不得互相
作鬧有壞軍律從之　二年四月十八日鎮江都統兼
知揚州淮東安撫使郭倪言淮東邊面闊遠目今出戍
軍馬分布不敷已恭承指揮處分差發等事乞於殿前
司通見出戍人共輳差精鋭壯健正帶甲二萬人準備
帶甲火頭傔兵在庶幾可以分布使唤如遇緩急足可
抵敵詔令郭杲王處久疾速揀選精鋭官兵内殿前司
五千人步軍司二千人并有智勇統制統領部押前去
並聽郭倪節制合用軍器衣甲等並要足備所有起發
犒設正帶甲每名四貫不入隊每名三貫令户部以會
子支付逐司給散起發　嘉定五年八月二十五日知

卷八千三百九

興元府利路安撫使四川制置大使安丙言夔路黔州
接境思州係夷族世襲近緣田氏互争承襲於黔州省
地紛擾本州兵額絶少備禦單弱夷蠻無所畏忌以致
殺傷省民又潼川路敍州係通放夷蠻互市之地漢蕃
雜揉全藉近上兵官彈壓又利州路天水軍係新剏州
郡密迩對境所管關堡比其他邊郡尤為緊切雖有出
戍統兵將佐守禦例皆半年一更各懷去替之心合將
内郡閑慢近上兵官遷於三州屯駐置司作聲援以警
戒心於官私別無侵損竊見夔路所管兵馬都監一員
在重慶府駐劄係是内郡又有提刑在彼置司兵馬郡
監絶無職事乞令移司黔州仍從重慶府分割禁兵一



百名前去以鎮夷族成都府等路第三副將一員榮州
駐劄近乞將榮州所屯第三副將并禁兵移屯嘉定府
管下之犍為已準樞密院從申移屯緣嘉定府係屬成
都府路榮州係屬潼州府路竊慮分擘支移請給恐有
未便欲將榮川第三副將移於本路敍州駐劄專一彈
壓漢蕃互市庶使有以和畏亦不失與嘉定為輔車之
勢其榮州第三副將下禁兵於内量移五十人前去敍
州屯駐利州路兵馬都監一員見在隆慶府管下劍門
關駐劄本處已有駐泊及兵馬都監二員又有劍門縣
專一幹當關事兼御前從軍屯駐前有昭化縣後有隆
慶府相去不遠實非衝要所有上件本路兵馬都監欲

卷八千三百九

遷於天水軍管下湫池堡駐劄量帶本關駐泊司禁兵
五十名前去兼天水軍近申獲樞密院指揮招填把邊
將軍兵共一百餘人雖隸天水知縣管轄又教閲不專
因而廢弛乞令湫池堡駐劄兵馬都監兼管把邊將兵
依時用心教閲照應邊面實為經久利便所有官兵合
得月糧請給仍就元置司州郡支移前去支給從之
七年九月十七日樞密院言真州六合縣昨來招到淮
效一千人見管計七百三十一人並隸步軍司關額人
數今來竊慮統屬不專緩急不堪倚用詔令步軍司將
見在淮效人數改充真州六合縣守禦兵效稱呼仍舊
理作本司闕額令真州守臣節制知縣彈壓權令霍儀

專一統轄訓練緩急差撥守禦所有見管淮效仰知縣劉昌詩同統制霍儀日下措置逐一從公點揀彊壯老疾的實人數申取朝廷指揮别議增招　十八日侍衛步軍司言六合縣城坐落兩淮之中地形平坦最為衝要設有不測要得騎軍追奔馳逐廵連應用今相度欲除已差步軍二十人外别於殿右兩軍通行差撥精銳馬軍二百人騎并火頭傔兵六十人更差將官一員部押將帶椿辦器甲軍須同已差更戍人兵並令統領劉公輔一就部押起發前去六合戍守以備緩急庶免倉卒誤事所有差去人馬乞下所屬並照出戍例分擘請給添破錢米支給借請起發犒設施行詔令步軍司行

卷八千三百九

下部轄兵將官密切起發前去仍戒約在路無或騷擾候到並令霍儀總轄仍專聽真州守臣節制知縣彈壓所有合用錢糧草料令淮東總領所疾速照例支給應副食用毋致闕誤先具知稟并起發日時申樞密院其後十月一日復請於前右軍更行選差馬軍一百人騎以馬數稀少緩急分布不敷故也

十年二月四日詔無為軍巢縣戍兵聽本軍節制仍與御內帶行從知軍薛伯虎之請也　四月十八日淮東安撫司言六合縣係步司地分西接滁濠北連天長亦是衝要之地契勘本縣見管戍兵二千餘人設遇緩急委是兵力單弱分布不敷乞下步軍司先次具差官兵三千人湊見戍作五千人以備守禦仍帶衣甲軍器隨



行以備不測從與詔令步軍司於後軍精選官兵二千五百人內馬軍二百人騎令統制徐端并統領將佐等人密切統押起發前去六合縣同見戍人馬專備戰禦

同日淮東安撫司言天長縣係殿司地分與真揚州盱眙地界至相連屬係是衝要之地又有新築關城亦合用兵屯守以備不虞照得本縣元有殿前司戍兵三千八百餘人馬五百餘疋近統制侯忠信將帶官兵一千三百餘人馬二百疋移戍盱眙軍目今本縣止管官兵二千五百餘人馬三百疋委是人馬數少緩急分布不敷乞下殿前司且增差官軍二千五百人湊見戍通作五千人以備守禦仍帶衣甲軍器隨行以便不測使

卷八千三百九

喚詔令殿前司於選鋒軍精選官兵二千五百人內馬軍二百人騎令統制霍儀并統領將佐等人密切統押起發前去天長縣同見戍人馬專備戰禦仍並聽盱眙軍守臣節制天長知縣彈壓仍令霍儀通行總轄差使限兩日起發其添支盤菜錢米起發盤纏錢仍關報所屬疾速照例幇支毋令遲誤更切戒約兵將官用心部轄務要整肅合行事件限一日條具保明三省樞密院

九月十一日盱眙軍屯駐鎮江都統劉倬言竊見盱胎新壘屹然山巔下視泗州動息畢見一望彼界百里經平是我先得要害之地若措置得宜孰敢侵犯今泗之東西兩城屯兵不滿三千我據險阻而屯反令衆宿

灘宿巻暴露經時士卒良苦是我之兵日夜不得休息
而彼泰然自處貽笑於敵非良策也宜備要害察彼已
審虛實少加通變庶幾備禦兩全令斟量減戍議可省
總計寬民力養全師之銳氣以俟大舉令欲於盱眙山
城見屯守把及捍禦人內共減三千人外有天長六合
連營相屬數舍相望亦欲各減千兵共計減去戍兵五
千乞行下殿步司照應施行從之　十三年五月十三
日樞密院言殿前司昨差發官兵前去揚州并天長縣
戍守捍禦已及二年詔令殿前司日下於策選鋒軍揀
選步軍二千人馬軍二百人騎令本軍統領官常忠訓
部押前去天長縣屯戍就令統制王明在縣統轄捍禦
卷八千三百九
聽天長知縣彈壓仍於遊奕軍揀選步軍五百人令本
軍統領官唐喜部押前去揚州戍守及看管防城器具
軍器什物聽揚州守臣節制並要精擇彊壯勇悍官兵
不得以老弱怯懦之人充數其添支鹽菜錢米起發盤
纏錢令所屬疾速照例幫支毋令遲誤仍戒約兵將官
用心部轄在路及到彼務要整肅不得稍有騷擾候到
各處仰淮東提刑兼知揚州鄭損知天長縣張翼照覈
如內有老弱怯懦等人各隨即摘發回司揀換不許徇
情容留所有揚州天長縣高郵軍見戍殿前司官兵令
統制官王寧統領官鄧略候今來差撥人馬到日更替
歸司



全唐文

營壘一作修軍營

宋會要

真宗咸平五年七月遣使臣完葺京城軍營應諸州因
霖雨壞營舍有軍出而家屬在營者賜緡錢時京師積
潦自朱雀門東抵宣化門尤甚深至三四尺浸道路壞
廬舍城南流水皆入惠民河河復漲溢詔選使馳往河
之上游有陂塘古河道處按視疏決　六年六月初自
望都失利帝日訪禦戎之策因防秋之始與將相極論
其利害馬時議就定州為大陣既而慮北虜知之潛為
姦計乃詔王超遣裨校於徐曹飽河別擇營柵之地以
疑之　八月以時雨稍頻命樞密都承旨曹璨與天武
卷一萬二千七十三
捧日四廂都指揮使劉謙分往諸營同除水患令便宜
施行內有水勢稍深不可安處即令遷徙於近便園苑
及官舍內居止　景德三年七月十日帝宣諭曰河北
諸州振武軍士比遣以少就多團成指揮並令總管司
添補武衛如聞所在官司不能預備營舍軍士到日無
以安泊且逼冬寒復難工作可委逐處官吏依令辦集
以聞　八月詔諸州每有役徒赴京雖時與優給如聞
多闕營舍可遣使臣以京城就近指射係官屋宇令居
止　大中祥符元年三月增置東西班殿侍院一於彰
化橋北　三年五月大雨平地數尺以諸軍營壁圮壞
令內侍都知閻承翰與八作司官吏按視完葺　六年

財材之誤



六月詔環州修城餘財令主者覆護之倫修營舍自今年不得配率環州窮邊不產財木凡有所須即於地內科斫踰越山阻輂致甚艱故有是命　七年八月詔城門外軍營雖各有本營人員然闕人都提轄可差近上軍主或都虞候一員點檢教閱因令巡警　天禧四年二月樞密使丁謂言昇州柚稅竹木官充甚多而營壘多葺茅為舍延燔所及難於救止望令本州接續增益從之　七月以連雨詔三司計度材木完葺營舍又令八作司併集工徒修建其軍士有無屋者配以空閑廨宇處之　五年正月命內藏庫使劉贊元等同共管勾修葺諸班院營舍　仁宗天聖四年十月西上閤門使

卷一萬六千七十三　二

曹儀等言昨雨水損壞諸軍營房蒙差臣與江德明提舉修蓋自六月二十五日用功起役至今都修舍屋墻壁共十二萬九千一百餘間緒所役兵士頗涉辛苦欲自十月二十日後住役所有八作司事材場各歸逐司并內臣十人發歸兩省外有畸零修蓋乞令東西八作司將本司兵士工匠一面修蓋其外處并在京柚差到兵士等卻遣赴逐處救管從之詔儀德明各賜對衣金帶器幣八作使臣賜中金束帛內臣使臣軍員各賜緡錢有差　慶曆六年六月二十四日詔在京坊郭軍營并畿縣鑿井數百先是京師閔雨井泊多竭人有暍死者帝聞之惻然遣中貴人及開封府屬官督作以濟民



用　至和元年六月十二日帝曰諸軍營房竊慮經此霖雨有摧塌欹側去處令三司速差人檢計添修不得有妨兵士居止　二年十月九日詔近撥併剩員營房令為冬寒其未搬移者令權住候春暖其營房仍漸次添蓋人給一間　嘉祐二年七月十二日樞密院言令為霖雨倒塌軍營官私舍屋及有積水去處詔選差內臣大使臣三員前班大使臣三人忠佐三人計會東西八作司街道司分擘溝畎積水內忠佐即令提舉工役　英宗治平元年六月二十二日知制誥錢公輔言伏見大雨之後營舍必有地壞宜選能吏相視可修者修完樞密院勘會已下殿前馬步軍司令點檢諸營房倒

卷一萬六千七十三　三

塌去處如五間已下即本營糞土錢修蓋六間以上即申三司檢計修整從之　八月一日知諫院呂誨言訪聞諸軍甚多屋舍倒塌乞朝廷差官計會修蓋詔選差朝臣二人近上內臣二人將帶壕寨工匠計會殿前馬步軍司詣諸班直及諸營點檢見在舍屋內有踈漏倒塌合行修蓋者立便檢計工料　二年八月七日命三司鹽鐵副使楊佐權三司度支副使李肅之景福殿使石全彬入內押班張茂則都大提舉修葺在京諸班直及不出軍營房內全彬肅之提舉東南壁茂則佐西北壁又分命差朝臣大使臣共八員度功督役殿前司委郝質馬步軍司委宋守約專切提舉修葺應有合行事

兵六之一五

件仍與都大提舉修葺營房近邇相關報，又命四廂都指揮使盧政、步軍都虞候楊遂同其事，貿守約提綱而已。至四年二月二十二日，奏工畢，自提舉已下賞賚有差。神宗熙寧八年閏四月二十一日，修廢營六所充馬軍教場，隸殿前馬軍司。　八月十六日，詔在京剩員營房差沈希顏專切管勾，以營房迫隘，疲老缺所依故也。哲宗紹聖三年八月一日，河東路經略司言：「吳堡寨在河之外，東岸渡頭有倉草場、酒稅務、舟船等，而無城堡可以保守。渡口之東山勢高險，下瞰黃河，可以築壘壁，置樓櫓，儲峙糧草，以為吳堡寨聲援。就用見今監渡使臣主之為便。」從之。　四年閏二月四日，樞密院言：

卷一萬一千七十三

四

「向者熙河路築安西城，日夜不輟工，自今若復爾，將為賊所乘。」詔陝西、河東等路經略司及提點熙河蘭岷等路漢蕃弓箭手鍾傳，如興役非事機交急，毋得夜役兵。徽宗大觀二年七月一日，御筆：「闕額禁軍久不招填，其營房必久不修治。在京仰工部，在外仰提刑、提舉司限兩季完葺了當。」　政和元年十一月十日，臣僚言：「訪聞西京自崇寧四年内剏行招置皇城、水南北三巡檢司上兵，凡六百人，共三營，效忠指揮凡四百人一營，未有營房，各於街市賃屋居住，混雜逋逃寇盜，難以辨察。部轄酉點不得如律。聞已那容修蓋，將欲了當，無訪聞諸路亦有似此創行招置至今營房未了者。」詔轉運、提

三年上疑落紹興二字

兵六之一六

刑司點檢督促所屬，限一季須管那容修蓋了當。四年十一月七日，臣僚言：「伏覩兩浙廂軍營房多因霖雨摧壞，致見管軍兵賃屋散居，將校難為鈴束，與逃軍雜居，捕盜官無以辨認，遇夜為寇，部轄人無以知覺，是致逃軍日甚，盜賊滋多。欲乞下本路立限修蓋，須管足備，庶得逃軍盜賊易為緝捉。」從之，仍令所屬限半年修蓋了當。宣和四年四月二十八日，詔：「宋朝置禁旅於京師，處則謹守衛，出則捍邊境，故擇諸班營列屯相望，將校步騎馳走教閱，分都置舍，多寡往來，各有區處，以相保守。其法甚嚴。比來官司臣僚指射干請置局，增第致吾禁旅暴露湫溢，不安其居，夫介胄之士所與共患難，惟

卷一萬一千七十三

五

有以恤其私，然後可使之竭力。自今敢有如前指射者，以違制論。」　五年二月五日，詔：「江浙被賊州縣軍兵營房多有焚毀，仰轉運司檢計興修，其合用工料並官為應副。或有所闕，聽以係省錢顧買，不得因此搔擾，如依限了當，特與推賞，弛慢滅裂，並仰轉運司劾奏。」　光堯皇帝建炎四年六月十日，詔神武前軍統制王𤫊軍兵頗多暴露，至於架篠枝、蒙破席而寢處，雨不能免沾濡，暑無以芘烈日，可賜錢三千緡為席屋之費。　三年四月二十七日，詔韓世忠諸軍合用營寨席屋壹萬間，每間支錢四貫文，建康府椎貨務錢内支四萬貫文付世忠，令諸將搭蓋席屋以處人兵。從江淮荆浙都督府請

也　四年二月四日神武中軍統制楊沂中言樞密張
浚起發到馬軍一千人騎已降指揮令戶部支錢一萬
貫令本軍收買蓆竹蓋屋二千間應副安泊外有武騎
銳士良家子漢兒赤心軍并騾馬等乞下所屬支降錢
一萬貫文蓋蓆屋二千間詔令戶部更支錢五千貫付
本軍修蓋　七年九月十六日宰執言張俊營寨未辦
乞與增支錢上因論財用皆出民力若如此之費不可
已苟可已者須極愛惜張俊嘗奏軍中費却陛下無限
錢糧朕即語之朕何嘗有一錢與卿皆百姓膏血也卿
須知百姓膏血不可窮竭務與朝廷為一體則中興之
功不難致矣　十月九日宰臣趙鼎言昨日遣人閱張



俊營寨云一半已了上曰朕昨日又遣人喻俊令撫勞
諸軍本欲遣一內侍傳宣又恐卒伍輩見內侍至不無
所覬望或謂空言不濟實用朕嘗聞楚子代蕭師人多
寒王巡三軍拊而勉之三軍之士皆如挾纊要是古之
軍士知義與今人不同耳　十六年七月十九日詔諸
軍寨屋經夏霖雨不無損壞令修整俾各安處於是人
支錢一千　十九年十月十三日詔西溪標撥馬軍寨
地可令宋貺親往檢視毋得侵掘墳墓多占民田　二
十三年六月三日詔近緣霖雨軍營多壞已降指揮賜
錢七萬貫令修整庶得安處　二十八年二月三日殿
前司言平江府合用寨屋一萬三千三百九十四間并



秀州護聖軍添蓋二百間除平江府已蓋瓦屋外有合
造瓦屋一萬二千二百五十三間每間支錢一十貫文
共計錢一十二萬貫二千五百三十貫文已承激賞庫
節次支降通計錢一十萬五千貫尚少一萬七千五百
三十貫乞下椿管御前激賞庫一就貼降從之　三十
一年八月四日淮南轉運副使王秬言得旨同池州駐
劄都統制李顯忠商議於撥陽鎮以北二十五里地名
中坊淨嚴寺先次修蓋寨屋三千間及江州駐劄都統
制戚方軍馬踏逐得本州黃梅縣地名龍平山屯泊見
行措置蓋造寨屋兩州合用材植物料人工價錢逐急
於見管官錢內兌那支使欲於見管常平錢內却行撥



還逐州借兌窠名從之　壽皇聖帝隆興元年四月十
五日詔自紹興三十一年軍興以來應朝廷科降并督
視行府兩淮節制司江淮宣撫司都督府蓋造營寨之
類并係科撥經總制及支降激賞錢銀於州縣和買計
置尚慮官吏作弊因緣措斂不即支還價錢許令人戶
越訴仰所屬監司取索違戾去處按治以聞　二年三
月十七日詔諸軍暴露日夕將來歸司休息處恐營寨
損弊可令三衙及在外諸軍檢計預行修葺在內委戶
部在外總令所量支錢物應副以宰執進呈王公述宗
受兩軍令歸行在休息指揮湯思退奏乞下都督府制
置司相度事勢出戍久遠更番休息上曰先放歸不妨

故有是詔　五月七日馬軍司言已降詔諸軍將校將
来歸司休息營寨損獘令預行修葺本司有陳漏倒塌
柱脚朽爛籬壁笆箔損壞合行修葺共計五千二百五
十一間每間計價錢二貫四伯有零共計一萬二千八
百餘貫乞下戶部支降施行從之　乾道二年七月五
日戶部言馬軍司申差人前去嚴州収買木植二萬條
添置湖州牧放寨屋下本部出給免抽税文引有礙已
降紹興三十一年正月二十五日依條収税許執奏不
行指揮難以施行詔特依仍免執奏　三年三月二十
五日武鋒軍都統制兼知高郵軍陳敏言蒙撥錢三萬
貫前去六合縣添造瓦屋相度高郵軍所管舊寨屋自

卷一萬一千七十二　八

武鋒軍起離後經今日久多是倒塌乞將上件錢除六
合支使外往高郵軍添貼就蓋寨屋支使從之　四年
二月六日詔令戶部支降三合同五分優潤闕子三十
萬貫舊會子三十萬貫付郭振充修蓋營寨等使用
二月十一日主管殿前司公事王琪言本軍元有小教
場寨屋一所坐落東青門裏昨臨安府起蓋環衛官宅
緣無官員居住却盡行拆去今来本軍先有收管江州
撥到官兵并新招到人兵及增添隊伍見今官兵權行
合併居住委是闕少寨屋乞下臨安府將見今空閑地
段撥還本司應副起蓋寨屋令官兵居住從之　十四
日詔降殿前指揮使寨圖付殿前司依此改造新屋





五月十三日新權發遣處州范成大進對論諸州軍蘭
閱未精營伍未立上曰正緣無營寨所以紀律不行
六月四日知揚州莫濛言措置起蓋揚州牧馬官兵寨
三千間其所用竹木萬数浩瀚緣淮東不係出產去處
已分差使臣前去和州太平州以来収買望行下所屬
税場通放詔依仍免執奏　十一月六日詔荊南鄂州
出戍軍馬家小並津發前去就粮屯駐合用寨屋令湖
北轉運司於荊南大軍營寨相近踏逐係官空閑地段
疾速措置修蓋合用錢物於本司應管官錢内支給
六年三月十九日兩浙路計度轉運副使劉敏士言得
旨令本司計置材植蘆瓦等處蓋步軍司寨屋二千間

卷一萬一千七十三　九

應副撥到廣西湖南寄招人兵居止望依例同與臨安
分認起造一千間仍乞下步軍司摽撥地段應副蓋造
詔令兩浙轉運司臨安府各分認造一千間繼而兩浙
計度轉運副使劉敏士權發遣臨安府姚憲言照得昨
修蓋馬軍寨應副班直居住每間估計材植塼瓦蘆竹
篾石灰等價錢一十八貫二伯五十九文省今来所造
寨屋二千間共計三萬六千五百一十八貫文省兩司
各計一萬八千二百五十九貫文省欲依例發送步軍
司交収計置物料用軍工自行修蓋從之　四月二十
八日詔兩浙路轉運司見蓋楊家橋寨屋一千間權住
修蓋　十月四日權江南東路計度轉運副使張松言

得旨蓋造牧馬寨屋今已畢工詔令張松將城東齊安寺半山寺二寨並分屯殿前司牧馬官兵安泊已而張松言建康兩次共起寨屋四萬五千餘間三衙牧馬已占一萬二千間外尚有寨屋三萬三千間計九寨在馬鞍山外餘八寨盡在東城兩路連秦淮一帶今来上件寨屋闕人看守欲望每寨差副將一員軍兵三十人前来交割看守詔依令馬軍司差人前去

十一月十一日張松又言創造寨屋二萬間計五寨并椿管到材植物料一萬間各已圖備每寨委幹辦官一員知縣一員巡檢一員監督工役委是協濟望特與逐官量行推賞庶可激勸其指使以下從本司犒設一次第一等知建康府上元縣方廷瑞江寧縣何作善句容縣慕容邦用溧水縣陳嘉善溧陽縣喻仲遷第二等本司主管文字吳麟幹辦公事趙彥聲苗觀顧茹驤主管帳司文字趙彥駿第三等建康府東陽鎮巡檢王立靖安寨巡檢商文馬家渡巡檢韓居實溧水縣管界巡檢吳忠溧陽舊縣管界巡檢陳沂詔第一等轉一官第二等減三年磨勘第三等減二年磨勘選人比類施行餘依

卷一萬一千七十三　十

十二月二十六日權兩浙路轉運判官胡昉言得旨踏逐地段修蓋鎮江府牧馬官兵寨屋已到鎮江府西門七里店至高資一帶踏逐數處見今標遷除官地外有民間地段欲從鎮江府踏逐係官田地依數對換內有墳塋即



用籬圍攔截許令春秋祭祀從之

七年二月十六日詔浙西諸州三衙舊牧馬寨屋除存留秀州營下屋外餘並令胡堅常拆移內平江府屋發往建康府令張松沈度拘收湖常州屋發往鎮江府各揀堪好瓦木材植內瓦充修蓋新牧馬寨屋木植椿留別聽指揮其不堪物料給散移戍諸軍充柴薪使用

三月四日詔令張松疾速於建康府城內撥移都統司空閑六段寨地內摽撥一處措置修蓋一千間充馬軍司廨舍并親隨衙兵及潛火官兵吏舍庫局等使用

十四日主管侍衛馬軍司公事李顯忠言得旨令本司將官兵連老小逐旋津發前去建康府與出戍官兵一處居住本司并諸軍各有自行計置買到教場等地段候軍馬起發之後許令本司拘收召人耕種詔依教場內營寨地令兩浙轉運司權行拘收

卷一萬一千七十三　十一

四月十一日宰執進呈馬軍司右軍已到建康上曰聞寨屋稍齊整人情莫安帖否虞允文等奏曰昨李顯忠說張松措置得叛之甚多今欲令張松廣行燒變逐旋修換庶幾可以慰安士卒之心上曰極是雖日下未能一發修但此聲一出覆瓦有期人心自喜可便降指揮

五月十三日宰執進呈洪遵已措置燒瓦上曰洪遵近日職事甚留意允文等奏曰遵言建康寨屋間有木植小者若欲覆瓦須當抽換臣等昨日因問李擇乃知蕪湖當塗所造兩寨木植甚小不

能勝瓦此皆太平管下縣也故遵以為言上曰遵樸不欺如此上又曰有内侍自建康回聞馬司人至新寨無不懽喜皆云官家愛惜士卒它日調發止過一水便可接戰免得臨時道塗之勞允文奏曰士卒却知陛下聖意朝臣喜為紛紛之論使聞此言能無媿乎上曰然

十月六日主管侍衛馬軍司公事李顯忠本司舊管諸軍營寨昨來蒙標撥到臨安府管下西溪一帶民户地段起蓋營屋並於寨墻外撥到空地付本司自行計置材植蓋造房廊賃與隨軍父老作經紀買賣收掠賃錢贍軍百色支用今來移屯建康府望依臨安府本司營寨體例於寨墻外撥地五丈令本司自行計置木植起

卷一萬一千七十三　十二

蓋收掠賃錢補助軍用從之　八年三月一日步軍司言本司鎮江府擺木橋石炭渚高資五寨一萬七千間差將官前去交點以十分為率於内有八九分走趄踈漏壁飾倒孄望下兩浙轉運司修整施行詔令胡堅常將蓆草並行去拆瓦屋別聽指揮　八月主管侍衛步軍司公事吳挺言六合見屯駐本司出戍官兵三千人緣彼處寨屋多有茆草搭蓋低矮窄狹官兵居止不便竊見鎮江府七里崗新寨内有拆下寨屋材植蘆瓦等見在本處堆垜欲望令兩浙轉運司於内取撥堪好材植一千間并蘆瓦等差船津送往六合縣應副本司自用軍工逐旋起蓋詔依其六合縣見有寨屋如有損漏



仰本司亦行修整令淮南轉運司量行應副材料　十月十二日知建康府洪遵言修蓋馬寨屋一行官屬提督官添差江東安撫司幹辦公事韓琳提督監轄修蓋左軍後軍寨屋共一萬二千二百間修造官知江寧縣何作善修蓋本縣所分左右兩處寨屋三千五百五十間提督右軍寨屋二千一百間知溧水縣梁公永修蓋本縣所分左軍寨屋四千間知上元縣方廷瑞修蓋本縣所分左右軍寨屋三千五百五十間詔韓琳轉一官減二年磨勘何作善梁公永方廷瑞各轉一官繼而遵言知溧陽縣丞蔣機蓋本縣所分後軍寨屋四千間句容縣尉嵇忱修蓋本縣所分左軍寨屋一千一百間措置木植竹瓦官太平州軍事判官趙子覅權句容縣日收買右軍寨屋木植一千間并收買板瓦及竹木五萬竿詔蔣機轉一官嵇忱趙子覅各減三年磨勘　十九日主管殿前司公事王友直言平江府舊管本司諸軍牧放戰馬寨屋共一萬三百二間内九千四百四十五間先拆移往建康府起蓋其木植椿留別聽指揮竊詳建康水草不便若來年許令依舊平江府牧養所有寨屋望行下計置修蓋應副將來牧放人馬安泊詔依令殿前司拘收見今椿留瓦木并於將作監見管木植内支降二寸半徑三寸徑共五千條應副修蓋使用所有昨鎮江府起蓋寨屋已撥取過瓦木令左藏南庫支降

卷一萬一千七十三　十三

會子一千貫依元数収買添修使用仍並依元間数起蓋不得減裂　十一月九日詔令臨安府於忠鋭軍寨相近踏逐地叚和買修蓋寨屋六百間兩浙轉運司於忠武軍寨接連元馬軍司退下寨地内修蓋一千間並限兩月了畢　二十四日詔令殿前司差統領官一員將帶壕寨等前去楊州與胡堅常高禹同共相視修蓋出戍官兵寨屋　九年三月二十七日馬軍司言本司雲騎寨除倒塌外見在一百六間與樞密院親兵寨相連鐵冶嶺寨除倒塌外見在三百二十八間與步軍司右軍潛火寨相連竊恐日後倒塌数多不便乞下逐處權行交割攤撥付官兵居住候本司軍馬回日具申朝廷指揮施行從之　六月二十三日侍衛步軍都虞候郭弟言本司中軍營寨緣地形低窪近因霖雨水漲四面河道溢滿所渰寨屋三千二百餘間今欲盡数撥移往本軍西觀音寨内空閑地段上起蓋外有湖州市兩寨屋宇二千七百餘間例皆經水損壞欲將兩寨通作一處周圍開掘水道就便取土先次打築堤岸復於堤上再築圍墻庶幾牢固可以隔水所有合用材植錢米望應付支用詔依左藏南庫支會子一萬貫文　十一月二十二日臣僚言臨安府所管將兵營房不多往往星散而處往来出入更無關防望令臨安府踏逐地段據所闕廂禁軍營房量事蓋造從之　淳熙元年七月

卷一萬千七十三

西



三日知建康府胡元質言乞將江東諸州已發回圍結禁軍寨屋拆移入城改充軍兵營屋從之　二年九月十二日詔西溪馬軍司教場營寨地撥還馬軍司先是乾道七年三月十日有旨西溪馬軍司人馬移屯建康府其教場營寨地令兩浙轉運司拘収至是馬司有請故有是命　五年正月十一日詔諸路州軍所管廂禁軍有在營外人盡拘収入營其無營房去處限半年修蓋從臣僚請也　十一年五月二十四日步軍司言六合縣見管寨屋三千三百九十八間内有草房三百一十四間年深損爛不堪居住乞行拆卸揀選堪好材植令項樁管應副逐時添修瓦屋使用詔令淮南轉運司如法修葺付本司交管均撥見屯官兵居止日後毋致更有損壞　八月十五日淮南轉運判官趙彥逾言本司委官前去相驗得目今見屯官兵不多若以便行起蓋亦是空閑未用又致損壞枉費工物乞將来有添屯官兵令步軍司預行關報本司即行蓋造從之　十二年十二月三日詔福建路安撫司同泉州措置蓋造殿前司左翼軍水軍官兵寨屋　十三年正月六日樞密院言温州申本州僻在海隅軍民雜居動輒生事軍人無營可歸多是在外賃屋居止所有威捷雄威節三十三崇節三十四牢城等六營屋十闕八九已撥係省錢収買木植蓋造將軍人盡拘入營教閱從之　閏七月

卷一萬千七十三

十六日主管建康府行宮大內匙鑰鄧境言行宮八作司營屋斜傾乞下建康府并江東轉運司同共修蓋從之　十五年正月二十一日權發遣福建路兵馬鈐轄鄭康孫言乞下諸州將營房倒損闕少去處悉令添造修葺將在外兵卒拘收入營從之　十六年正月二十六日樞密院進呈知荊門軍王銖奏本軍創建義勇甲仗庫充屋五十一間又創蓋廂禁軍寨屋四十一間上曰王銖如此亦不可不賞可特減二年磨勘　紹熙元年二月十一日知建康府章森言本府鈐轄司東南第五將兵馬司見管廂禁軍三千五百一人內禁軍一千人撥充安撫司親兵自淳熙二年劉珙措置營屋作兩



寨居止附大軍入教目今事藝稍似精熟外其餘皆無紀律蓋緣諸軍徒有營基初無營寨散居四外雖有隊伍難於結集逐時教閱遂成虛文實為軍政之害本府已差官逐一相視將諸營基址盡復其舊取傚御前屯駐營寨規模創立屋宇庶得軍伍屯聚知其戎律朝夕訓練易於督責見行標撥諸軍逐旋選入居止詔章森令學士院降詔獎諭監造官徐文度韓曆各特減二年磨勘　二年十一月二十七日詔鎮江大軍寨屋窄狹添應軍人居止未便令韓彥古家將見賃地段標撥付本軍都統司添蓋寨屋七百間其賃地錢依數支還候畢工差官覈實合用木植物料錢令淮東總領所先次



依數支降　五年三月十一日詔廬州支撥鐵錢交子共五萬貫文添造本州屯戍建康都統司官兵寨屋八百二十一間畢工日開具出豁申朝廷施行　慶元五年十二月二日臣僚言諸州軍兵各有營房近年因循不葺旋至圮壞其地多為豪責請佃軍兵遂至賃屋以居乞下諸路提刑司督責州郡限半年修蓋營屋委官驗察違者按劾詔諸路州軍如委有闕少營房及損壞去處隨宜修蓋拘收軍兵居止不得因而大破官錢候蓋造畢具申監司覈實保明申尚書省　嘉泰三年十月十一日荊湖北路兵馬鈐轄張舜臣言九江上游之地控扼險要禁軍舊皆營居今則室廬圮壞散處於外



每遇教閱莫能點集器仗之屬必須特加磨礪今既散居臨時關請則有不及之憂預先給付則有不測之患況彼請給有限僦居塵市衣食必闕乞令州郡計置營舍無使散處詔依隨宜措置不得科擾　開禧二年四月十五日知隆興府江西安撫施康年言隆興府所管廂禁軍計一十五指揮除團結揀中禁軍一千人見有營寨居止外有不係揀中禁軍并廂軍舊來各有營分緣自建炎兵火之後盡為廢地諸軍散居民間雖有營營軍頭等人名回部轄實不相統向來帥守非無意於修廢往往窘於用度不敢過而問焉取會諸營見管人數合造屋一千五百八十六間會約人工物料錢二萬

五千餘緡米七百餘石本府財賦歲入有限委難悉辦伏望朝廷以今來會約到工料錢米許於本府見樁管錢內應副一半其餘本府自行那容支遣詔令本府於交割錢內取撥會子一萬貫專充蓋造寨屋支用務要如法毋致滅裂　嘉定五年二月十二日臣僚言仰惟聖朝規模宏遠諸州置立禁軍有什五有隊長統於帥司隸於州籍廪其稍廪以代其耕雄其營柵以安其處一則責其教閱以備不虞二則不使與平民散處易於關防也臣項以鈐戌職事每歲兩詣諸郡按閱竊見營寨多致傾圮主兵之吏恬不加意而州郡又視為故常至使軍旅僦居市廛與民無異其患有二一則軍民雜處多有憑藉伍符因而屠沽賭博陵轢細民既無門禁關防合干軍頭何由禁戢深為民患誠不可忽一則州郡之間或有盜賊風燭卒伍之衆星分異處卒難鳩集乞行下諸路州軍常切檢視營屋如有傾壞隨即修治照所管軍頭拘收入營不許仍前在外居止仍委帥司嚴行覺察從之　十一月二十日南郊赦嘉定五年二月十二日指揮行下諸路州軍常切檢視禁軍營屋如有傾壞隨即脩治竊慮州縣視為文具不與修葺仰守臣常切差官檢視歲具修過數目申安撫司照會如違許安撫司覺察以聞　十三年三月七日詔鎮江府於令項寄樁交會內支撥會子五千貫黃州充樁管米內

卷一萬一千七十三

十八



支取五百石付知黃州淮西提刑何大節專充起蓋寨屋一千間工物食口之費以本州增募敢死軍一千人故也　十四年九月十日明堂赦嘉定五年三月十三日指揮行下諸路州軍常切檢視禁軍營屋如有傾壞隨即修治竊慮州縣視為文具不與修葺仰守臣常切差官檢視歲具修過數目申安撫司照會如違許安撫司覺察聞奏其諸處屯戍軍兵營屋仰主帥一體施行

卷一萬一千七十三

十九

宋會要　親征

太祖建隆元年四月十四日昭義軍節度李筠叛五月
十九日内出手詔曰朕仰膺天睠肇啓皇圖念可畏之
非民敢無名而動衆李筠不知天命犯我王誅棄帶河
礪嶽之恩為干紀亂常之事已行攻討即俟盪平當九
夏之炎蒸念六師之勞苦深居宫闕情所難安當議省
廵用申慰撫朕取此月内暫幸軍前所司借頓務從儉
約郡國長吏不得擅赴行在兩京留守官起居表章傳
置以聞勿令勞擾以稱朕意二十四日次滎陽西京留
守向拱河陽節度使趙晁来朝太祖名拱與語拱曰李



筠逆節久露兵勢漸盛陛下宜速濟大河歷太行乘其
未集而擊之平賊必矣若稽淹旬日恐賊鋒益熾攻之
難力矣帝深然之三十日王師環其城龍捷軍使王廷
鲁率所部兵自昭義来歸六月一日車駕傅澤州城下
命諸軍攻之初吐渾府都留後汾州團練使五金德師
所部從筠至與王師接戰兵大敗奔潞州及帝圍澤州
金德大懼率親信數十人斬關而出歸於行在十三日
帝率衛兵急攻賊壘已時援之獲偽宰相衛融詔釋其
罪筠赴火而死十七日車駕北伐潞州十九日其子守節
舉城迎降詔釋其罪賜襲衣鞍馬以撫之是日帝入潞
州宴從官於行宫守節與焉二十二日升單州為團練



以守節為使餘偽官効順者皆優録之二十三日赦應
行營將士並與優給没王事者録其子孫無子孫者給
其家粮廩二年十將已上仍加等贈官七月十日車駕
至自澤潞九月揚州李重進叛十月二十一日内降手
詔曰朕以叛臣負國兇黨嬰城勞將帥以征行救生靈
之塗炭重念蒙犯霜露跋涉山川將親示於撫廵須暫
離於京闕朕取今月内幸揚州凡所供須務令省約方
期靜亂無至勞人餘依征澤潞詔書從事　先是帝謂
侍臣曰朕於周室舊臣無所猜間但重進不體朕心自
懐反側今既遠勞師旅須自撫廵故下詔焉二十四日
車駕南征二十七日次宋州時城中軍有戍揚州者父



母妻子頗懐疑懼分命中使就撫之十一月八日次泗
州命諸軍陸行而進十一日次大儀頓前軍都總管石
守信遣馳騎上言揚州破在頃刻請速臨幸帝覧奏徑
至城下併兵攻之尋拔其城重進擁其家屬登于城東
樓縱火自焚重進兄深州刺史重興聞其叛自剄而死
弟解州刺史重贇及其子尚食使延福並戮於市揚州
平帝駐蹕西南隅閲逆黨誅數百人賑給揚州民米一
斛十歲以下半之為重進逼脅隸軍籍者賜衣屨遣之
又詔揚州城下役夫有死於矢石者人給絹三匹復其
家　三年二月九日以宣徽北院使李處耘權知揚州
十二月二十二日車駕至自揚州　開寶二年二月十

一日内降手詔曰朕以菲薄為天下君臨御以来不敢
逸豫憂勞庶政勤恤下民所冀咸遂昭蘇漸臻治定雖
未遑於偃草固匪願於加兵蠢爾太原獨背朝化潛依
虜帳數結蜀川既喪劉鈞旋立異姓豈能保守尋亦覆
亡今殘衆游魂騃童專國乘我郊禋之際来侵晉絳之
民焚盪鄉川毆略黎庶致數州之被害顧涼德以何安
宜順人心襲行天討朕取此月内率六師親征沿路供
須並從官給務令省約無至勞人十七日車駕北征三
月二十一日傳令城下二十三日觀兵於城南命築長
連城二十四日幸汾河修橋梁分命朝臣發太原諸縣
丁夫數萬赴城下二十六日僞憲州軍事判官史昭文



以郡来降即授本州刺史仍賜襲衣金帶鞍勒馬二十
八日幸城東南始命築長隄壅水灌其城二十九日決
晉祠水注于城下三十日置寨於城四面李繼勳軍於
南趙贊軍於西曹彬軍於北党進軍於東以脅之四月
四日遣海州刺史孫方進率兵數千人圍汾州以判四
方館翟守素監其軍五月八日城北引汾水入新隄灌
其城内十二日幸城東南命水軍乘小舟載彊弩以偪
其城二十一日命諸軍進攻西門二十三日僞知嵐州
趙文度来歸待罪於行宫帝命釋之賜襲衣玉帶鞍勒
馬器幣應嵐州僞官賜物有差時殿前指揮使都虞候
趙廷翰上言以城壘未下諸班衛士咸願登城死力以



圍攻取帝曰汝等吾躬自訓練皆一以當百所以備肘
腋同休戚也一旦以小寇未平而欲先登陷敵吾寧不
得太原城不欲令汝輩蹈必死之地左右皆感泣再拜
呼萬歲　閏五月二日太原城堞摧圯大水注於城中
并人莫之禦太祖遽幸長隄觀焉軍士登望樓見城中
人奔竄不暇三日幸城南命水軍乘舟以焚其門七日
移行宫於東平山之南将班師也　時太常博士李光
贊上言曰陛下應天順人體元御極戰無不勝謀無不
臧四方恃險之邦僭竊帝王之號者昔與中國為鄰今
日與陛下為臣最爾晉陽豈須親討重勞飛輓積怨黠
黎得之未足為榮失之未足為辱國家貴静天道惡盈



所慮向来恃險之邦近日歸明之國聞是役也竭府庫
之財盡生民之力中心踊躍各有窺覦傳曰鄰之厚君
之薄也豈若迴鑾復都屯兵上黨使夏取其麥秋取其
禾既寬力役之勞便是蕩平之策惟陛下裁之況時屬
炎蒸候當暑雨儻或河津汎溢道路阻艱輦運稽遲恐
勞宸慮帝覽奏甚喜命宰相趙普撫諭之而詔移軍焉
六月十八日車駕至自太原　大典卷七千九百九十八

宋會要親征

太宗興國四年二月二日詔曰王者肆覲羣后存問百年必因龜筮之祥會於方嶽之下所以巡諸侯之守達遠民之情斯為舊章豈可暫廢眷茲河朔控乃邊陲翠華久曠於豫遊比屋實勤於望幸宜親巡於疆場庶躬撫於士民慰其徯后之心用展省方之義櫛風沐雨朕無憚焉朕今暫幸鎮州以此月內進發沿路供頓並從簡儉凡百費用悉以官物充不得於民間輒有科率諸州不得於州縣輒有須索車駕經過州府縣鎮並不得於道路排比香臺畫甕青繩欄竿等物近處節度防禦團練刺史知州等不得輒離任所求赴朝覲西京留守

卷七千九百九十九

司官及諸州屯戍將校上表起居並附驛以聞應經過除州府外縣鎮官吏並不得輒以饔餼為獻十九日次德清軍均州刺史解暉尚食使折彥斌攻隆州二十七日次臨城縣契丹遣使耶律尚書挾剌梅里上表對於行在三月一日次真定府四月十四日發真定府二十二日次太原駐蹕於汾水東之行宮二十三日幸太原城四面按行營壘閱視攻具機石革笥梯衝器用所至皆下馬名諸將慰勞久之歸行宮詔諭劉繼元曰太原一方介于三晉有陶唐之舊俗有西河之遺風務穡勸分憂深思遠知去就之分為禮義之邦而乃詿誤閭閻淪胥塗炭北面稱臣於胡虜南向拒命於闕庭假息偷

蹲



安苟延歲月為計如此不亦謬歟今朕親御戎衣龔行天討靈旗所指虎旅爭先以王者時雨之師救比戶倒懸之急孤壘四絕竒兵各攻翦滅之期在於刻漏又念一城之內百姓何辜用推仁恕之心更諭安危之理繼元素懷明略合有遠圖當茲窮蹙之中必念通變之術先人宗社豈使絕於蒸嘗編戶生民豈令塗於原野比鄰之救何益駟馬之悔莫追事理較然所宜熟慮儻能翻然改過束身來降實亦富貴可期何止待以不死恃險與焉往戒實深大王小侯朕言不食在城文武官僚等忠純事主明哲保身儻思轉禍之言共定歸朝之計我有好爵與爾縻之苟執迷之不悛則追悔而無及審

卷七千九百九十九

定良計以副朕懷傳詔至城下守陴者疑懼不敢受詔繼元不之知也二十四日夜漏未盡太宗幸太原城西督諸將麾兵發機石攻城先是帝決意取太原乃選諸軍壯士數百教以劍舞皆能擲劍空中躍其身左右承之妙絕無比見者震恐會北戎遣使修貢賜宴便殿因出劍士示之袒裼鼓譟揮刃而入跳躑承接霜鋒雪刃飛舞滿空戎使見之讋形於色及是每巡城耀武必令劍舞前導各呈其伎賊衆衆時望之破膽帝每躬擐甲胄犯矢石指揮戎旅左右有諫者帝曰將士爭奮命於鋒鏑之下朕豈忍坐觀王卒聞之人百其勇皆爭先登凡控弦之士數十萬列陳於前蹲甲交射矢集賊城如蝟毛每給諸軍矢數百萬必頃刻而盡捕得生口云繼元城中購市所射之箭以十錢易一隻凡得百餘萬隻聚而貯之帝聞笑曰此箭為我蓄也及城降盡得二十六日幸諸寨親督諸將攻城二十七日夜漏未盡又幸連城諸洞命瀛州防禦使馬仁禹成州刺史慕容福趙飛龍使白重貴八作使李繼昇分道率

卒攻城二十九日幸城西連城樓親督諸軍攻城甚危
五月一日晚帝躬擐甲冑幸城西南隅督諸將急攻
達曉而止陷其羊馬城生擒偽宣徽使范超斬於纛下
四日幸城南督衆攻城帝自草詔賜繼元曰繼元孤
壘朝夕盪平朕憫萬姓之倒懸思一戎之底定蓋救焚
拯溺之舉無佳兵樂戰之心特推寬大之恩爰示生全
之路繼元素懷英氣當體朕懷恐於危蹙之中遽罹鋒
鏑之禍奉父母之遺體當如是耶此非男子之見也日
前或繕戈甲敢抗王師及至討除悉皆釋放昨者越王
吳王獻地歸明或授以大藩或列於上將臣僚子弟皆
享官封繼元但速歸降必保終始富貴先人之祭祀不
卷七千九百九十九
絕一城之生聚獲全安危兩途爾宜決擇故茲詔示當
悉至懷五日諸將急攻士卒奮怒乘城矢石交發梯衝
並進城欲壞士氣不可遏帝恐屠其城因麾衆稍退是
夜繼元遣偽客省使李勳上表納款賜襲衣金帶銀器
綿絲鞍馬命通事舍人薛文寶齎詔入城宣諭繼元曰
卿聿承世業據有并門與我國家本無仇怨屬中原之
多故遂王祭之闕供致干戈之日尋使生靈之塗地朕
君臨區寓子育蒸黎豈是三晉之邦未歸於封略一方
之俗尚隔於照臨是用親御六師龔行天討以神武而
不殺欲比屋之來蘇當茲危迫之中能定變通之計上
表待罪束身請降益彰君子之見機實救生民之焚首



嘉茲効順副我好生從前慭尤並與洗滌待以優禮蓋
有彝章方示信於萬邦必延賞於十世諒卿明晤深識
朕懷是夜幸太原城北張樂宴從官於城臺受繼元之
降御製平晉賦及五七言詩令從臣繼作十八日幸太
原城北御河沙門樓遣使部居民盡徙於新城民既出
即命縱火萬炬皆發官寺民舍一日俱燼以行在所為
佛寺賜號平晉御製平晉記刻於石　六月七日詔發
兗鄆齊魏貝博滄鎮冀邢滋洺德易定祁瀛莫雄霸深
趙等州及乾寧保寨等軍芻粟赴北面行營分遣使督
之將有事於幽薊也十九日次金臺頓北戎據有之地
也募其民能爲鄉導者百人人賜錢二千　二十日帝躬
卷七千九百九十九
擐甲冑率兵次東易州州戎人之所立也偽刺史劉宇
率官吏開門迎王師乞降賜衣服錢帛慰撫之留兵千
人守焉二十三日未明次幽州城南契丹衆萬餘屯於
地北帝親率兵乘之斬首千餘級餘黨遁去契丹渤海
兵三百餘人范陽軍民二百餘人來降二十五日命諸
將分兵攻城定國軍節度宋延渥部南面尚食使侯昭
愿副之河陽節度崔彥進北面內供奉官江守鈞副之
彰信軍節度劉遇東面儀鸞副使王賓副之定武軍節
度孟元喆西面閑廄副使張守明副之命宣徽南院使
潘美知幽州行府度支判官奚嶼戶部判官杜載並爲
行府判官契丹鐵林都指揮使右廂主李札盧存以都

兵七之九

下兵百二十五人來降二十六日幸城北督諸將攻城村民獲戎馬三百餘疋來獻幽州本城神武廳直并鄉兵四萬餘人來降二十八日范陽鄉民百人相率以牛酒迎犒王師三十日帝乘步輦至城下督諸將攻幽州都內諸縣令左及鄉民一百五十人來降七月三日契丹僞武雄軍節度使知順州劉廷素率官屬十四人來降五日僞節度使知薊州劉守恩與官屬十七人來降六日幸城西北隅督攻城七日詔班師二十八日車駕至自范陽先自帝平汾迴欲乘勝取范陽諸將皆贊成其事至是以士卒疲頓轉輸迴遠且虞戎虜之至遂班師是年十一月十日詔曰邊境多虞寇戎猶梗介冑之士

卷七千九百九十九

上

息肩未遑樽俎之儔折衝靡暇兩河之際列障相望烽火時至於近郊羽檄尚馳於絕塞是用大興戈甲遂殄氛霾昔者師人多寒楚子所以躬撫匈奴未滅漢武於是親巡蓋以慰虎旅之心破犬戎之膽雖在窮冬之候敢辭夙駕之辭朕取此月暫幸邊陲親撫士卒應經過頓合凡百費用悉以官物充所在不得輙有裒斂諸司須索非有勅命州縣不得供給馳道左右並不得排比香臺畫鞶青繩欄竿等物鄰近州府長吏各司其局不得輙離本任來赴行在亦不得以貢奉為名輙有科率兩京留守司及諸州起居表疏並附廐置以聞十三日車駕發京師十四日關南言破契丹萬餘衆斬首三十

兵七之一〇

餘級翌日從臣詣行宮稱賀十九日駐蹕大名府雄州言戎虜皆遁邊侯徼警從臣稱賀十二月十六日車駕至大名　雍熙三年正月詔幽州吏民曰朕祇膺景命光宅中區右蜀全吳盡在提封之內東漸西被咸歸覆育之中常令萬物以由庚每恥一夫之不獲睠此北燕之地本為中國之民晉漢以來戎夷竊據迨今不復垂五十年國家化被華夷恩覃動植豈可使幽燕奧壤猶為被髮之鄉冠帶遺民尚雜茹毛之俗爰興師律以正封疆拯溺救焚聿從於民望執訊獲醜即震於皇威凡爾衆多宜體此意今遣行營前軍都總管曹彬副總管崔彥進等推鋒直進振旅長驅朕當續御戎車親臨寇

卷七千九百九十九

上

境徑指西樓之地盡焚老上之庭灌爝火之微寧勞巨浸析春蠶之股豈待隆車應大軍入界百姓倍加安撫不得誤有傷殺及發掘墳墓焚燒廬舍斬伐桑棗虜掠人畜犯者並當處斬應收復城邑文武官吏皆依舊任候平幽州日別加擢用若有識機知變因事建功以節度防禦團練刺史州降者即以本任授之仍加優賞軍鎮城邑亦如之鄉縣戶民候平定日除二稅外無名科率並當除放凡在衆庶當體朕懷會岐溝關敗績遂罷親征　真宗咸平二年十二月二日詔曰朕惟念遠圖冀寧中夏而引弓之俗尚恣貪婪侵軼我邊防繹騷我黎庶是用當食而歎投袂以興整七年之師幸兩河之

壤蓋所以慰編甿之徯望撫戎士之多寒朕今月五日暫幸河北應經過頓舍凡百費用悉從官給所在不得輙有率斂諸司須索非勅命州縣不得供億兩京諸州表章附驛以聞五日車駕進發真宗駐蹕澶州十三日賜輔臣甲冑弓劍十四日次德靖軍十五日以扈從軍衛列為行陣真宗躬御鎧甲於中軍諸王樞密等介冑以從命王顯宋湜分押後軍東西緜亘數十里旌旗滿野部伍嚴整次天雄軍十七日詔曰朕奄宅中宇茂育羣生眷全魏之部封罹寇戎之侵軼念茲瘡痏惕然疚懷爰整師徒聿來巡幸冀而蒸庶咸遂撫寧應驚擾流移人户詔到日各復本業當别行優恤仍委所屬州縣

卷七千九百九十九

倍加安撫命屯田郎中李蟠比部員外郎孫元振虞部員外郎史館檢討董元亨秘書丞李易直殿許洞中丞宋革太子中舍耿忠明秘書郎董翺齎詔馳往邢洺祁趙雄霸貝冀諸州帝謂之曰汝等此行可遍諸閭里諭以朕已至此速令復業無或流散　三年正月十二日高陽關貝冀州路都總管范廷召遣寄班待禁郭筠入奏今月十九日領兵追契丹至莫州東三十里大破之斬首萬餘級所虜老幼數萬鞍馬兵仗不可勝紀餘寇遁逃出境宰臣率百官稱賀帝作喜聞捷奏五七言詩二首題於行宮之壁命近臣館閣屬和二十二日車駕至自天雄軍　六年以契丹入寇將議親征七月十五



日先命司封郎中欒崇吉自京至鎮定檢視行宮頓遞　景德元年九月帝謂輔臣曰國家重兵多在河北不乘此時決勝則邊防之憂未已朕決策親征卿等共議何時可行宰臣畢士安等曰陛下已命將出師委任責成必立功効如欲親征宜駐澶淵就便處事然城郭非廣兵難久聚況冬候猶遠順動之事更望深圖寇準曰大兵在外須勞聖駕暫幸澶州進發之期不可稽緩知樞密院王繼英等曰犬戎舉國入寇朝廷必期決勝所宜順動以壯兵威仍督諸路進軍臨事得以裁制然將來駐蹕不可更越澶州庶不虧慎重所議進發尤宜緩圖若速至彼勢難久留乃詔士安等各述所見具狀以

卷七千九百九十九

聞而帝決意親征　十一月二十日車駕發京師二十二日次韋城縣命知滑州張秉知齊州馬應昌知濮州張晟往來河上部丁夫鑿冰以防戎馬之渡二十四日晨發極寒左右進貂帽毳裘帝曰臣下皆冒寒冱朕不須此卻而不御次衛南北戎遣使致書乞和帝謂宰臣曰戎人雖有善意國家以安民息戰為念固已許之然彼尚率腥羶深入吾土又河冰已合戎馬可渡亦宜過為之備朕已決成算親勵全師況狄人貪婪不顧德義若盟約之際別有邀求當決於一戰殄茲醜虜上天景靈諒必助順可再督諸路將師速會駕前仍命陳堯叟乘傳赴澶州北寨密諭將師整飭戎容以便宜從事二

十五日給隨駕諸軍介冑內出陣圖二一行一止付殿前都指揮使高瓊等駕前東西路都排陣使李繼隆等遣人入奏戎寇過天雄軍以德清軍無備乘虛而入二十四日率衆至澶州城北直犯大軍圍合三面輕騎由西北隅突進大軍既成列戎騎止而不進臣等分伏勁弩控其要害有戎師號先鋒統軍順國王撻覽者與其旗幟方出行軍伏弩齊發矢中撻覽額而斃戎人數十百輩競前與曳而去戎師悉遁至夕分遣伺察戎人漸北但時令輕騎來窺大軍二十六日車駕將前進李繼隆等言諸軍並集澶州北城閭巷湫隘望且於南城駐蹕從之是日次澶州南城以驛舍爲行宮遣使赴北州

卷七千九百九十九

部分兵甲闢除城中是夕帝步輦渡河幸北寨御北門樓覽觀營壁名見李繼隆以下諸將慰撫久之賜諸軍酒食緡錢十二月四日幸北寨歷覽營柵詔東京官吏將校僧道軍民等曰昨駕前大軍頓澶州城北前月二十四日蕃賊忽來奔衝尋量出軍馬當時殺退今月一日據德博州各遣人入奏蕃賊已移寨逃巡東北而去三日又有從賊寨走來百姓石興等稱蕃賊已奔逃北去又北面都總管王超等遣借職張禹吉殿侍劉潛走馬入奏部領大軍相次至駕前會合鄆齊濮等州巡檢使丁謂奏部到細作稱賊界遣百餘人過來河南虛稱言詞扇搖人户朕以虜寇犯邊生靈是念親提銳旅直



抵澶淵大軍合勢以南來凶醜應時而遁去如聞姦詐妄有動搖宜命近臣往宣事實覩茲寧靜勿復驚疑朕俟安撫軍民即還京闕令特命給事中呂祐之齎勅榜撫諭西京亦依此降下東京留守雍王元份等上表稱賀七日命右正言知制誥陳堯咨虞部員外郎兼侍御史知雜事李濬安撫河陽懷衛澤潞等州都官員外郎王礪祕書丞許洞安撫開封府界滑鄭等州以戎人遁去告諭閭里所至放强壯歸農八日遣侍御史高貽慶三司户部判官屯田員外郎郝太沖殿中丞通判天雄軍周漸國子博士知天雄軍節度判官張紳分詣河北諸州軍招撫人民悉令歸業羣盜結集未擒獲者移牒

卷七千九百九十九

督官吏討逐仍招誘首身暴露骸骨令逐處埋瘞祭奠許北戎請和遂班師十九日車駕至自澶州　欽宗靖康元年正月三日詔曰朕以金國渝盟藥師叛命侵軼邊鄙刼掠吏民雖在纘成之初敢忘付託之重事非獲已師實有名已戒六師躬行天討應親征合行事件令有司並依真宗皇帝幸澶淵故事　四日募武舉及第有材武方畧或有戰功曾經戰陣及經邊任大小使臣不以罪犯已叙未叙及武學有方畧智謀及曾充弓馬所子弟及諸色有膽勇敢戰之人並許赴親征行營司

高宗建炎元年七月十三日詔曰祖宗都汴垂二百年天下乂安重熙累洽未嘗稍有變故承平之久超軼漢

唐比年以來圖慮弗臧禍生所忽金人一歲之間再犯都城信其詐謀終墮賊計肆朕纂承永念先烈顧瞻宮室何以爲懷是用權時之宜法古巡狩駐蹕近甸號召軍馬以防金人秋高氣寒再來入寇朕將親督六師以援京城及河北河東諸路與之決戰已詔迎奉元祐太后津遣六宮及衛士家屬置之東南朕與羣臣將士獨留中原以爲爾京城及萬方百姓請命于皇天庶幾天意昭荅中國之勢寖（帝彊）彊歸宅故都還迎二聖以稱朕夙夜憂勤之意應在京屯兵聚糧修治樓櫓器具並令留守司京城所戶部疾速措置施行咨爾士大夫軍民體朕至懷無有疑慮 卷七千九百九十九

三年十一月二十三日詔曰國家自遭金人侵逼無歲無兵朕纂承以來深軫念慮謂父兄在難而吾民未撫不欲使之陷於鋒鏑故包羞忍恥爲退避之謀冀其遲志而歸稍得休息自南京移淮甸自淮甸移建康自建康移會稽播遷之遠極於海隅卑詞厚禮遣使相望以至願去尊稱甘心貶屈請用正朔比於藩臣在建康則遣洪皓崔縱杜時亮在平江則遣張邵其爲書言無不曲盡哀祈假使金石無情亦當少動近探報金人一項於和州欲渡采石一項於黃州渡兵已至興國軍界是朕累年卑屈奉拳哀祈者卒未見從生民嗷嗷何時寧息今諸路兵聚於浙江之間朕不憚親行據其要會如金人尚容朕爲汝兵民之主則朕



於事天之禮敢有不恭或必欲窺我行在傾我宗社塗炭生靈竭取東南金帛子女則朕亦何愛一身不臨行陣以踐前言以死保羣生朕已取十一月二十五日移蹕前去浙西爲迎敵之計惟我將士人民念國家涵養之恩二聖拘縻之辱悼殺戮焚殘之禍與其束手待斃曷若并計合謀同心戮力奮勵而前以存國家故茲詔示想宜知悉

紹興四年十一月一日宰臣趙鼎等進呈韓世忠奏報蕃僞賊馬自淮陽軍犯楚州上曰朕爲二聖在遠及天下生靈久罹塗炭屈己請和而黠虜貪惏不已復肆侵凌朕當親總六師往臨大江決於一戰遂詔先遣張俊統率所部馬軍前去應援韓世忠及令劉光世移軍建康 卷七千九百九十九

六年八月九日詔曰迺者彊敵亂常阻兵猾夏兩宮北狩六馭南巡霜露十年關河萬里朕爲人之子而雞鳴之問不至爲人之弟而鴒原之難不聞眷言臣子之心誰無父兄之念而又干戈未息疆埸多虞遣戍經時不離甲冑飛芻越險久棄室家爾則效忠朕寧不愧是用當饋投已未明求衣弗辭馬上之勞以便軍中之務若投機制勝朕將親撫於六師若蓄銳待時朕則輯和於百姓且黃帝以車爲衛豈不知九重之安漢文按轡而行豈不知四體之逸蓋國家急先務者況禍難至於此乎天實臨之民亦勞止諒彼同舟之衆知吾發軔之情咨爾有官各揚其職布告中外悉

使聞知　七年正月一日詔曰朕獲奉丕圖行將一紀
每念多故惕然于心昨以盛秋載覩戎乘露蓋于野率
示四方屬叛逆之來侵幸以時而克定重念兩宮征駕
未還於殊俗列聖陵寢尚隔於妖氛黎元多艱兵革靡
息永惟厥咎在予一人其敢即安彌志大業思鼓士氣
以恢遠猷惟黃帝以上聖之君無常居之邑周王當平
治之日有于邁之師朕於斯時敢替前軌將乘春律往
臨大江駐蹕建康以察天意播告遐邇俾迪朕懷　三
十一年九月二十九日詔金虜無厭背盟失信軍馬已
犯川界今茲率精兵百萬躬行天討於是內出手詔曰
朕履運中微遭家多難八陵廢祀可勝抔土之悲二帝
卷七千九百九十一
蒙塵莫贖終天之痛皇族尚淪於沙漠神京猶汙於腥
羶銜恨何窮待時而動未免屈身而事小庶幾通好以
弭兵屬戎虜之無厭曾信盟之弗顧怙其篡奪之惡濟
以貪殘之兇流毒徧於華夷視民幾於草芥赤地千里
謂暴虐為無傷蒼天九重以高明為可侮輒因賀使公
肆嫚言指求將相之臣坐索漢淮之壤吠堯之犬謂秦
無人朕姑務於含容彼尚飾其姦詐嘯厥醜類驅吾善
良妖氛寖結於中原烽火遂交於蜀道皆朕威不足以
震疊德不足以綏懷負爾萬邦于今三紀撫心自悼流
涕無從方將躬縞素以啟行率貔貅而薄伐取細柳勞
軍之制考澶淵卻狄之規詔旨未頒歡聲四起歲星臨



於吳分冀成淝水之勳鬬士倍於晉師當決韓原之勝
尚賴股肱爪牙之士文武小大之臣戮力一心捐軀報
國共雪侵陵之恥各肩恢復之圖播告邇遐明知朕意
又詔契丹與我為二百年兄弟之國頃緣姦臣誤國招
致女真彼此皆被其毒朕既移蹕江南而遼家亦遠徙
漠北相去萬里音信不通天亡北虜使自送死朕提兵
百萬收復中原惟大遼豪傑忠義之人亦宜協力乘勢
殲厥渠魁報耶律之深讎將來事定通好如初　命吳
璘為陝西河東路招討使劉琦為京畿淮北京東路河
北東路招討使成閔為京西路河北西路招討使楊存
忠為御營宿衞使主管馬軍司公事成閔兼鎮江府駐
卷七千九百九十九
劄御前諸軍都統制淮南東路制置使東京西路河北
東路淮北泗宿州招討使李顯忠為淮南西路制置使
京畿河北西路淮北壽亳州招討使依前建康府駐劄
御前諸軍都統制吳拱為湖北京西路制置使京西北
路招討使依前鄂州駐劄御前諸軍都統制　十二月
五日詔曰朕以逆亮渝盟侵犯王略肆頒詔旨躬往視
師久已戒嚴屬茲進發凡遠邇股肱之郡小大文武之
臣宜體朕心各揚爾職毋縱姦宄毋虐善良毋事征求
毋擾獄市內則輯寧於封部外則式遏於寇攘共濟大
勳永底丕乂　十日車駕自臨安府進發視師次臨平
鎮十一日次秀州崇德縣十二日次秀州十三日次平

望十四日次平江府姑蘇館十五日自姑蘇館乘馬次平江府行宮殿十六日次無錫縣十七日次常州荆溪館十八日次呂城十九日次丹陽縣二十日次丹陽館二十一日次鎮江府自丹陽館乘馬至鎮江府行宮殿　三十二年正月三日車駕自鎮江府出陸乘馬次下蜀鎮四日次東陽鎮五日次建康府大内下馬入宮　二十一日詔比者視師江上虜騎遁去兩淮無警已委重臣統禦諸將一面經畫進討今暫還臨安府奉恭文順德仁孝皇帝祔廟之禮重惟建康形勢之地宜令有司增修百官吏舍諸軍營寨以備往來巡幸應諸軍合行推賞除立功人別行推恩外應扈衛人令御營宿衛



司出戍暴露人令主帥往來道路勞役人令成閔各開具的實人數保明聞奏　二月六日車駕自建康出陸進發次東陽鎮七日次下蜀鎮八日次丹陽館九日次丹陽縣十日次呂城縣十一日次常州荆溪館十二日次無錫縣十三日次平江府十四日次平望十五日次秀州北門外十六日次崇德縣十七日次臨平鎮十八日次臨安府餘杭門外稅務亭御幄乘馬入餘杭門至祥曦殿上降馬入宮　孝宗隆興元年五月二十五日詔親征可令有司排辦候秋涼擇日進發　詔曰朕陽膺睿訓祇適先圖永惟國步之艱越在海隅之阻間者亟馳於使馹庶幾少戢於兵鋒而邊候屢驚敵情未革





既搖蕩於秦隴復窺伺於荆襄念億萬姓之黎民久遭殘虐慨二百年之陵寢莫獲薦陳爰奮勵於諸軍比肅清於舊壤靡待前茅之警備將臨細柳以勞師副上皇與子之心攄列聖在天之憤肆諏龜筮躬御戎車眷言清蹕之初申飭攸同之衆各揚乃職明聽朕言毋徭役以煩民毋誅求以剩下佇成嘉績迄底丕平咨爾内外咸體至懷　六月十四日中書門下省言近降指揮候秋涼擇日巡幸已差楊存中充御營使詔令楊存中先次起發往建康府措置營寨并點檢沿江一帶守備事務　十八日臣僚言伏覩視師之詔既頒沿路州軍日聽警蹕財計事務與防邊之備分而為二用志不專深



為可憂乞明諭州縣展巡幸之期別聽指揮仍令專一措置邊防事務庶得内外協心軍旅整肅從之二十五日右諫議大夫王大寶論及移蹕上曰吾欲亟行大寶云今日之勢似未可請少寬歲月　二年十一月五日詔曰朕奉慈訓嗣有基業永念祖宗陵寢朝獻路絕黎元塗炭屯戍未休朕為人之後而不能報上世之憤為人之君而不能拯斯民之厄故食不知味寢不安枕未嘗以尊位為樂也特以戰爭之役肝腦塗地不忍南北之人枉罹非命自即位以來兩發聘使冀尋舊盟而端師主兵及境弗納追行人再往始則立式邀求繼則追脅困辱朕以兵隙難開隱忍自屈仍遣魏杞銜命復行

不較禮文書辭屢易不愛四郡割以奉之乃渝元約又求商州耳索臨陣倏虜之人是其更變無厭必欲尋釁初無休兵結離之意今使命逗遛議論不決積粟出船已藏罔測朕重違太上聖意而宰輔羣臣前後屢請盡依初式再換國書歳幣成數亦如其議在我可從無一顧惜若彼堅欲商秦之地俘降之人則朕有以國斃不能從也儻或不諧前去至於交兵天實臨之非朕得已想彼兵民厭其黷武亦當嗟怨況我將校六師受國家爵祿之久忠義所激自應奮勇捐軀為國雪恥夫立非常之事彰無窮之名醲賞厚賜朕不敢吝嗚呼兵凶器也朕既無德以修二國之睦又無威以寢敵人之謀

卷七千九百九十九

特當三冬而使軍士有暴露之艱人民有轉輸之勞害貽爾衆痛在朕躬凡百臣子當念興師用衆匪朕本心我直彼曲動則有辭共輸報國之忠永饗安居之樂

十六日詔朕當擇日親征視師所過務從節省並不得有所騷擾詔向者虜師移書執復欲議和朕以生靈之故不憚屈己苟可以休兵息民者一無所吝而虜情變詐意有包藏遣使在途興師壓境侵撓淮甸虔劉吏民曲直甚明神人共憤朕當擇日親往視師所過務從省節並不得有所騷擾

乾道八年八月七日宰執進呈周操奏曰陛下天錫勇智如商成湯不能鬱鬱久居漢中如漢高祖恢復之計久存聖抱然而帝王之勝出於萬全章聖皇帝澶淵之役最為盛德大業當時議者猶有付乾坤一擲之語陛下審而又審萬全而後舉宗社生靈之幸上曰甚是大典卷七千九百九十九

卷七千九百九十九

李筠　太祖建隆元年四月，以昭義軍節度使李筠叛，命侍衛親軍副都指揮使歸德軍節度使石守信、殿前副都點檢義成軍節度使高懷德率諸軍進討。五月二日，又命宣徽南院使昝居潤赴澶州巡警，詔殿前都點檢昭化軍節度使慕容延釗、彰德軍節度觀察留後王全斌由東路會兵進討。前德州刺史曹翰、前耀州刺史張暉並充行營濠寨使。其月，石守信敗李筠軍於長平，斬首三千餘級，拔大會寨。十九日，命侍衛親軍都指揮使天平軍節度使韓令坤率兵屯河陽。石守信、高懷德又破筠衆三萬於澤州，獲偽河陽節度使范守圖，降河東援軍數千，皆殺之。初筠送款於河東劉鈞，及王師至，筠求援於鈞，鈞遣守圖等赴之，故并獲焉。筠遁入澤州，及車駕親征，遂平之。

卷九百三十

李重進　太祖建隆元年九月，以淮南節度使李重進叛，又命石守信為揚州行營都總管，兼知揚州行府事，殿前都指揮使義成軍節度使王審琦副之，宣徽北院使李處耘、客省使潘美並為都監，保信軍節度使宋延渥為排陣使，統侍衛諸軍討之。

周保權　太祖建隆四年，武陵周行逢偽命衡州刺史張文表舉兵攻潭州。行逢子保權初嗣立，乞師於朝廷，以為救援。正月七日，詔以山南東道節度使慕容延釗為湖南行營都總管，宣徽南院使李處耘為都監，率兵討之。又以申州刺史聶章為壕寨使，遣內酒坊副使盧懷忠、氊毯使張繼勳、染院副使康仁澤領步騎數千赴之，分命使臣十一人發安、復、郢、陳、澶、孟、宋、亳、潁、光等州兵會襄陽。以判四方館事武懷節為行營戰棹都監，郢州刺史趙重進為先鋒都監。八日，以淄州刺史尹崇珂為行營馬軍都指揮使。師至荊門，保權已擒文表，殺之。二月十一日，王師入荊南，高繼沖請舉族歸朝。時王師路出荊渚，繼沖即日迎延釗入城聽命，自是江陵數郡皆平。三月二十六日，克武陵。初保權既殺張文表，復謀拒命，故王師鼓行而前，大破其軍於澧州，乘勝入其城。保權遁匿于溪洞，由是盡有湖湘之故地。九月二十七日，慕容延釗獲賊將汪端，詔磔於武陵。

卷九百三十

時廣南劉鋹數寇桂陽、江華。乾德二年，潭州防禦使潘美與武陵團練使尹崇珂、西南面都監引進使丁德裕、衡州刺史張繼勳同率兵收復郴州，即詔以繼勳為郴州刺史。

平蜀　太祖乾德二年十一月，詔曰：「朕奄宅萬邦，於茲五稔，陳師鞠旅，出必有名，伐罪弔民，動非獲已。睠惟卭蜀，久限化風，舞階詎識於懷柔，干紀自貽於禍釁。近擒獲西川偽樞密院大使程官孫遇等三人，搜得孟昶與河東劉鈞蠟書，潛相表裏，欲起寇戎，致姦謀之自彰，蓋天道之助順。將定一方之亂，難稽六月之師，爰命將臣，俾正戎律，建靈旗而遠指，授成算以徂征。言念坤維，久沉污俗，既為民而除害，必徯后以來蘇。式清

全蜀之封，止正渠魁之罪。況西川將校多是北人，所宜
鼢然改圖，轉禍為福，苟執迷而不復，雖後悔以難追。如
能引導王師，供饋軍食，率衆歸順，舉城來降，咸推不次
之恩，用啟自新之路。重念征行之際，宜申約束之文，以
戒師徒，務遵法令，不得燔盪廬舍，毆略吏民，開發丘墳，
剪伐桑柘，共體救焚之意，以成不陣之功。凡彼蒸黎，勿
懷憂慮，故茲詔示，知朕意焉。以忠武軍節度使王全斌
為西川行營前軍兵馬都總管，武信軍節度使、侍衛步
軍都指揮使崔彥進副之，樞密副使王仁贍為都監；龍
捷右廂都指揮使史延德為行營馬軍都指揮使，虎捷
右廂都指揮使張萬友為步軍都指揮使，隴州防禦使
卷九百三十
張凝為先鋒都指揮使，左神武大將軍王繼濤為濠寨
使，內染院使康延澤為馬軍都監，翰林副使張煦為步
軍都監，供奉官田仁明為壕寨都監。自全斌而下，率禁
軍步騎二萬、諸道州兵一萬，由鳳州路進討，以治事中
沈義倫為隨軍水陸轉運使。又以寧江軍節度使、侍衛
馬軍都指揮使劉光義為西川行營前軍兵馬副總管，
內客省使、兼樞密承旨曹彬為都監，客省使武懷節為
前軍戰棹總管，龍捷左廂都指揮使張廷翰為行營馬
軍都指揮使，虎捷左廂都指揮使李進卿為步軍都指
揮使，前隋州刺史高彥暉為先鋒都指揮使，右衛將軍
白廷誨為壕寨使，御廚副使米光緒為馬軍都監，儀鸞



副使折彥贇為步軍都監，八作副使王令巖為先鋒都
監，供奉官郝守濬為壕寨都監，馬步軍都軍頭楊光美
為戰棹左右廂都指揮使。自光義而下，率禁兵步騎一
萬、諸道州兵一萬，由歸州路進討，以均州刺史曹翰為
西南面水陸諸州轉運使。仍鑄印以賜之。太祖召全斌
等示川峽地圖，授以方略，仍令所至之處，以前詔告諭
偽將吏軍民。十二月，全斌等收復乾渠渡萬仞、燕子二
寨，下興州，偽刺史藍思綰退保西縣，敗蜀軍七千人，獲
軍糧四十餘萬石，乘勝連拔石圖、魚關、白水閣二十餘
寨。二十八日，詔曰：命將出師，指期殄寇，令所向皆下，捷
音繼來，方乘破竹之功，更示戢兵之令。如聞收復州縣
卷九百三十
其偽命軍員兵士或旁投山林，或散匿民舍，俾安疑懼，
特用招懷，詔到限一月許於逐處首身，更不問罪。是月，
史延德等進軍至三泉寨，敗蜀軍數萬人，生獲偽招討
使、山南節度使韓保正，副使、洋州節度使李進等，又獲
軍糧三十餘萬石。三年正月，劉光義等收復三會、巫山
等寨，殺偽將南光海等五千餘人，生擒戰棹都指揮使
渝州刺史袁德宏等千二百人，奪戰艦二百餘艘；又殺
水軍三千人，又拔夔州，偽節度使高彥儔縱火自焚。初，
光義等將行，帝以地圖示之，指夔州鎖江處，謂光義等
曰：至此，我軍泝流而上，慎勿以舟師爭先，當以步騎陸
行，出其不意而擊之，俟其稍却，即以戰棹夾攻，取之必

矣及捷奏至帝問其狀果如所料　詔蜀中偽將士死於兵及暴露原野者所在郡縣速收瘞之又詔行營兵士戰陣被傷者等第給以繒帛八日詔行營馬步軍兵士及諸道義軍所經之處長吏以牛酒犒之王全斌等拔利州得軍糧八十萬石崔彥進康延澤等逐蜀軍過三泉殺戮虜獲甚衆遂至嘉川進擊金山寨又破小漫天寨至深渡蜀人依江列陣以待我師彥進遣張萬友等擊之奪其橋會天暮蜀人退保大漫天寨詰朝彥進萬友與康延澤分兵三道擊之蜀人悉以精鋭來拒又大破其衆乘勝奪其寨擒寨主王審超監軍趙崇渥又獲三泉監軍劉延祚蜀將王昭遠引兵來救遇我師三

卷九百三十

戰三敗追至利州北昭遠遁去渡桔柏江焚浮橋退守劍門王師遂入利州先是既至嘉川會蜀人斷閣道未得進王全斌議欲取羅川路入康延澤謂彥進曰羅川路險軍士難進不如督修閣道取大路與全斌會於深渡彥進然之不數日閣道成遂進軍王全斌等收復劍州殺蜀軍萬餘人生擒偽都統都監通奏使知樞密院事山南節度使王昭遠左衛聖馬步軍都指揮使前洋州節度使趙崇韜　先是王師發利州至益光全斌會諸將令各陳進取之計侍衛軍頭向韜曰得降卒牟進言益光江東越大山數重有小路名來蘇蜀人於江西置寨對岸有渡路出劍關南二十里至青疆界與大路合可於此進兵則劍門之險不足恃也全斌等即全領兵赴之康延澤曰來蘇細路無煩



主師自往且蜀人自與官軍相遇數戰數敗今聞併兵守劍門不如諸帥協力攻取命偏將趨來蘇若達青疆北擊劍關與大兵夾攻破之必矣全斌等然之遂命史延德等分兵趨來蘇起浮橋於江上蜀人見橋成棄寨而遁昭遠聞延德至青疆即引兵陣於漢源坡上留偏將守劍門全斌等以鋭兵直擊遂破之昭遠崇韜皆遁走全斌遣追之悉生致焉　劉光義等收復萬施開忠四郡至遂州偽知州少府少監陳愈率其將吏出降光義即日入城安撫盡出府庫錢帛以給軍士　初諸將辭帝謂曰所破郡縣當傾帑藏為朕賞戰士國家所取惟土疆爾故人皆効命所至成功如席卷之易　既而

卷九百三十

王全斌領兵至魏城蜀主孟昶遣通奏使審證持表詣軍門請降全斌令康延澤領騎兵百人入成都府安撫遣通事舍人田欽祚馳騎入奏以昶表來上詔荅之又賜西川將吏百姓詔諭焉是月王全斌等殺蜀軍二萬餘人於成都夾城中四月一日詔孟昶先代墳塋令西川行營將校禁約軍民不得侵毀所屬田園並蠲常賦仍令每歲官給粟帛充其時饗川峽西路有偽蜀兵亡命者委王全斌劉光義廩食其家仍加安撫　平廣南

太祖開寶三年九月八日以潭州防禦使潘美為賀州道行營兵馬都總管武陵團練使尹崇珂副之就命道州刺史王繼勳為行營馬軍都監仍遣使十餘人發

諸州兵赴賀州，始用師於嶺表也。先是廣南劉鋹為政昏暴民苦若之數舉兵來寇道州刺史王繼勳上言請討之帝初為含容詔江南李煜致書諭令歸款鋹不聽故命美征討之十月，潘美等克賀州。十一月下桂、昭、連三州，敗廣南軍萬人，殺獲甚衆，遂下韶州。四年，收英雄二州。二月，潘美遣人部送廣南偽命左僕射蕭漼、中書舍人卓惟休赴闕，以鋹表來上，遂克廣州，擒劉鋹。平江南，太祖開寶七年九月十八日，命潁州團練使曹翰率征南之師先赴荆南。二十一日，命宣徽南院使、義成軍節度使曹彬、侍衛馬軍都虞候李漢瓊、賀州刺史判四方館事田欽祚同率軍赴荆南，領戰棹緣江而下。二十二日，又命山南東道節度使潘美、侍衛步軍都虞候劉遇、東上閤門使梁迥領軍赴荆南。

卷九百三十

十月二十三日，以吳越國王錢俶為昇州東南面行營招撫制置使，仍賜戰馬二百疋。三十日，以曹彬為昇州西南路行營馬步軍戰棹都總管，潘美為都監，曹翰為先鋒都指揮使。閏十月，曹彬等收峽口寨，殺江南軍八百餘人，生擒二百七十人，獲池州牙內指揮使王仁震、指揮使王晏、副指揮使錢興，遂克池州。又敗江南軍七千餘人於銅陵，生擒八百人，獲戰艦二百餘艘，連拔蕪湖、當塗二縣，駐軍於采石磯。先是李煜外示恭順內懷觀望及遣李穆諭旨召赴闕果稱疾不朝而完葺城壘教習戰櫂為自固之計帝怒命彬等興兵進討既而捷音繼至中外莫不稱慶十一月，又敗江南軍二萬餘衆於采石磯，生擒偽兵馬副總管龍驤都虞候楊收、兵馬都監孫震等，獲馬三百餘匹。江表本無戰騎，先是朝廷每歲賜與數百匹，至是驅為前鋒，以扞王師，及獲之，驗印記，皆前所賜者。先時於大江造浮梁，至是始成，命前汝州防禦使陸萬友往守之。先是江南布衣樊若水嘗漁於采石磯以小舟載絲繩維南岸疾櫂至北岸以度江之廣狹遂詣闕獻策請造舟為梁以濟師帝命高品石全振往荆湖造黃黑龍船數千艘又以大艦載巨竹緪自荆南而下及命曹彬等出師乃遣八作使郝守濬等率丁夫營之議者以為自古未有浮梁渡大江者恐不能就是至先試於石碑口造之移置采石磯三日而橋成由是大軍長驅以濟如履平地彬等又敗江南軍數千人於新林寨，獲樓舡戰櫂三十餘艘。十二月，又敗江南軍五千餘人於白鷺洲，生擒一百三十人。八年正月，又敗江南軍於新林港口，斬首三千級，獲戰舡六十餘艘。吳越王錢



卷九百三十

俶拔常州利城寨，敗江南軍，生擒二百五十人、馬八十匹來獻。又田欽祚敗江南軍萬餘人於溧水，斬偽都統使李椎等。曹彬等又敗其衆數千人於白鷺洲，拔昇州關城，江南軍千餘人溺死，守陴者遁入城。三月，又敗其衆於江中，生擒五百人。四月，又敗其衆於秦淮北。四月二十九日，吳越國王錢俶遣越州觀察支使王通馳騎上言，拔常州，即以通為台州刺史。六月，曹彬又敗其軍二萬餘衆於昇州城下，奪戰艦數十艘。九月，降潤州，就命行營都監丁德裕、常潤等州經畧巡檢使。十月，劉遇等破江南軍三萬餘衆於皖口，生擒偽將朱令贇，并戰櫂都虞候王暉等，獲戎器數萬事。十一月，又敗其軍五

千人於城下先是彬等遣使以三寨攻城圖來上帝視之指潘美北寨謂使者曰此宜深濬自固吳人必夜寇其壘爾亟去令曹彬自督其役并力速成之不然則為其所乘矣彬等承命晝夜濬之幾畢吳人果來寇美等擐新溝以拒之吳人大敗悉如帝所料然二十七日曹彬等拔昇州擒偽國主李煜及其臣寮百餘人江南平 時詔諸軍虜得人口七歲已上官給絹人五疋收贖其七歲已下兒女並給付本主無得隱藏也

平太原

太祖乾德二年二月命昭義軍節度使李繼勳兵馬鈐轄康延沼馬步軍都軍頭尹訓率步騎萬餘攻河東遼州偽將郝貴超領兵來援戰於城下貴超大敗州城危蹙偽刺史杜延韜與偽拱衛都指揮使萁進兵馬都監供奉官侯美舉城來降未幾并人誘契丹步騎六萬來取遼州又遣繼勳與羅彥瓌郭進曹彬領六萬衆赴之大敗契丹及太原軍於城下

卷九百三十

六年八月十五日將有事於太原遣客省使盧懷忠等二十二人率禁軍赴潞州十七日以昭義軍節度使李繼勳為河東行營前軍都總管侍衛步軍都指揮使彰信軍節度使党進副之宣徽南院使義成軍節度使曹彬為都監　州防禦使何繼筠為先鋒總管懷州防禦使康延沼為都監建雄軍節度使趙贊為汾州路總管絳州防禦使司超副之隰州刺史李謙溥為都監又命殿中侍御史李瑩等十八人分往諸州調發軍糧赴太原是月繼勳等敗太原軍於洞過河

開寶二年二月又以趙贊為馬步軍都虞候洺州防禦使郭進為馬軍都指揮使司超為步軍都指揮使統軍先赴太原時將親征故先遣焉十八日又以彰德軍節度使韓重斌為北面都總管義武軍節度使祁廷乂副之三月五日以潁州團練使曹翰為河東行營都壕寨使八作使王令巖副之李繼勳上言敗太原軍於城下三十日置寨於城四面李繼勳軍於南趙贊軍於西曹彬軍於北党進軍於東以脅之四月四日遣海州刺史孫萬進率兵數千圍汾州以判四方館事程守素監其軍時并人恃契丹為援守陴者揚言虜旦夕至矣會帝親征駐蹕晉陽召何繼筠授以方畧分精騎數千赴石嶺關拒虜且約翌日亭午以俟捷奏至期繼筠遣使馳騎上言敗契丹於陽曲斬首數千級擒偽武州刺史王彥符以獻帝命以所獲首級及鎧甲示於城下并人由是喪氣俄詔罷兵

卷九百三十

開寶九年八月十三日以侍衛馬軍都指揮使党進為河東道行營馬步軍總管宣徽北院使潘美為都監虎捷左右廂都指揮使楊光美行營馬步軍都虞候龍捷左第二軍都指揮使牛思進為先鋒都指揮使西京作坊副使米文義為都監八作使李繼昇為壕寨使供奉官梁銳為都監十七日以鎮州西山巡檢洺州防禦使郭進為河東道忻代等州行營馬步軍都監二十二日又遣使分兵入太原西上閤門使郝崇信解州刺史王政忠由汾州路內衣庫副使閻彥進澤州刺史齊超由沁州路內衣庫副使

孫晏宣濮州刺史安守忠由遼州路引進副使齊延琛晉隰等州巡檢汝州刺史穆彥璋由石州路洛苑副使侯美鎮州西山巡檢洺州防禦使郭進由忻代州路九月党進等敗太原軍數千人獲馬千餘匹郭進又破太原壽陽縣得民九千餘口又穆彥璋入太原境得民二千四百餘口党進復敗其軍千餘人於其城北會太祖上仙罷兵　太宗太平興國四年正月將有事於晉陽分遣常參官於諸州督軍糧芻茭命右監門衛率府率崔亮按行太原軍糧其月十二日命宣徽南院使潘美為北路都招討兼制置太原行府河陽節度使崔彥進為太原城東面洞子頭車濠寨使鄆州防禦使尹勳為

卷九百三十

都監馬軍副都軍頭朱守節為寨主供奉官史彥斌殿直段珣隨行濠寨相州節度使李漢瓊為南面洞子頭車濠寨使冀州刺史牛思進為都監馬步軍都軍頭楊進超為寨主殿直劉仁保王守信隨行壕寨桂州觀察使曹翰為西面洞子頭車濠寨使饒州防禦使杜彥圭為都監馬步副都軍頭孫繼鄴為寨主供奉官賀令圖張文正隨行壕寨曹州節度使劉遇為北面洞子頭車壕寨使光州刺史史圭為都監馬步軍都軍頭馮鐸為寨主殿直李睿承旨習彥斌隨行壕寨八作使郝守濬四面壕寨都監馬軍都虞候米信為行營馬軍都指揮使西上閤門使郭守文為都監侍衛親軍步軍都虞候



田重進為行營步軍都指揮使判四方館梁迥為都監命左贊善大夫張鑑祕書省校書郎郝鎔左武衛中郎將毋克恭大理評事李煦分於邢貝洺澤四州督芻糧著作佐郎張潤之太原城下給納芻糧十三日命雲州觀察使郭進為太原石嶺關都總管西上閤門使田仁朗閤門祗候供奉官劉緒為太原城四面壕寨都監提點頭車洞子殿直張守能城東面洞子監押供奉官史彥瓊城南面洞子監押供奉官史延廣城北洞子監押閑廄使武再興八作副使張峻閤門祗候供奉官董思願城西面洞子監押供奉官史斌城下招收都監（先是劉崇負固不恭開寶中太祖親征圍守累月會盛暑班師太宗初即位謂齊王廷美曰太原我必當取之至是始議攻討事具兵門中）

卷九百三十

二月二十七日命威勝軍使米文睿赴太原隸曹翰麾下三月二日命鎮州馬步軍都監客省副使齊延琛洛苑副使侯美分兵攻取盂縣八日分遣太子中允扈華等十三人發安復唐鄧商坊徐宿兗海密蔡等州軍糧赴太原郭進攻破西龍門寨擒獲甚衆以俘馘及鎧甲來獻（時駐蹕真定）又命淄州刺史王貴六宅使何繼隆攻沁州閤門祗候王僎攻汾州知府州折御卿監軍尹憲分兵攻嵐州郭進破契丹於關南四月一日嵐州行營又破賊千餘衆詔發河南鄆濟博濱　澤潞懷汝同華虢及河中晉絳慈隰解齊德曹單淄衛等州軍糧赴太原齊延琛降十四縣折御卿破岢嵐軍殺戮甚

衆擒偽軍使折令圖以獻隆州行營兵馬總管解暉破隆州殺賊兵三百餘人擒偽招討使李恂等六人以獻折御卿又破嵐州殺偽憲州刺史霍詡擒偽䕫州節度使馬延忠七人以獻會車駕親征劉繼元降





討叛二 契丹大遼附 夏州 交州

太宗雍熙三年正月二十一日帝將北伐以天平軍節度使曹彬為幽州道行營前軍馬步水陸都總管河陽節度使崔彥進副之内客省使郭守文為都監日騎天武四廂都指揮使傅潛都為指揮使龍衛右廂都指揮使李延斌為馬軍都指揮使神衛左廂都指揮使馬正為步軍都指揮使濱州刺史盧漢贇為左廂排陣使萊州刺史楊重進為右廂馬步軍都軍頭范廷召充先鋒指揮使田斌荆罕英策之文思使薛繼照為都監宮苑使李繼隆策之光州刺史陳廷山隰州刺史史珪為監押總管左神武軍將軍劉知信六宅使符昭壽為都監崇儀使賀令圖八作副使郝守濬三濠寨侍衛親軍馬軍都指揮使彰化軍節度使米信為幽州西北道行營馬步軍都總管汾州觀察使杜彥圭副之蔚州觀察使趙延溥指揮使張紹引進副使董愿為都監亳州刺史蔡玉為排陣使馬步軍副都軍頭韓彥卿賓暉為先鋒都指揮使曹美師軍翼之侍衛親軍步軍都指揮使靜難軍節度使田重進為定州路州路行營馬步軍都總管右衛大將軍吳元輔西上閤門使袁繼忠為都監

卷九百三十

二十三日，又以馬步軍都軍頭高瓊為樓櫓戰棹都指揮使，崇儀副使張承簸安得祚分為左右廂都監。二十八日，詔幽州吏民：北燕之地，中國舊封，晉漢以來，戎夷竊據，迨今不復，垂五十年。國家化被華夷，恩覃動植，豈可使幽燕奧壤，猶為被髮之鄉，冠帶遺民，尚雜茹毛之俗。爰興師律，以正封疆，拯溺救焚，聿從於民望，執訊獲醜，即震於皇威。凡爾衆多，宜體茲意。今遣行營前軍都總管曹彬、副總管崔彥進等先往，朕當續御戎軍，親臨寇境。應大軍入界，百姓倍加安撫，不得誤有傷殺，及發掘墳墓，燒廬舍，斬代桑棗，虜掠人畜，犯者並當處斬。應收復城邑，文武官吏皆依舊任，俟平幽州，日別加擢用。

九百三十

若有識機知變，因事建功，以節度、防禦、團練、刺史、州降者，即以本任授之，仍加優賞。軍鎮城邑亦如之。鄉縣戶民，候平定日，除二稅外，無名科率，並當除放。二月八日，以西上閤門使王侁、右監門衛將軍侯莫陳利用並為并州駐泊都監。十四日，以忠武軍節度使潘美為雲應朔等州行營馬步軍都總管，雲州觀察使楊業副之，以王侁及軍器庫使、順州團練使劉文裕為都監，徽州團練使郭超為押陣都監。先是，知雄州、六宅使、平州團練賀令圖與其父懷浦及薛繼昭、劉文裕、侯莫陳利用等相繼上言：虜主年幼，國事皆決於其母，大將韓德讓者以恩倖持權，國人憤焉，請因其釁取幽薊故地。帝信之，遣兵三道入討：曹彬、崔彥進、米信自雄州，田重進自飛狐，潘美、楊業自鴈門，約從齊舉。三月，曹彬之師敗契丹於固安南，斬首千餘級，固安新



城降。田重進又敗契丹于飛狐北，斬首五百級。潘美之師自西陘入，與契丹遇，追之至于寰州，斬首五百級。偽寰州刺史趙彥辛舉城降。以為本州團練使。曹彬之師又下涿州。潘美圍朔州，偽節度副使趙希贊舉城降。以為本州觀察使。田重進又敗契丹于飛狐北，斬首千級，俘七百人，獲馬畜千六百。虜偽冀州防禦使、西南面招安使大鵬翼，康州刺史馬頵，馬軍指揮使何萬通，獲銀牌一、印五鈕。以鵬翼為右千牛衛將軍、領平州刺史，頵為右內率府率，萬通補軍校。鵬翼狀貌偉而勇健，名聞邊塞，至是擒獲，戎人喪氣。曹彬之師敗契丹于涿州南，斬首千級，獲馬五百疋。潘美之師至應州，偽節度副使艾正、觀察判官宋雄降。以正為本州觀察使，雄為鴻臚少卿，舊例同知州。田重進又圍飛狐，偽武定

卷九百三十

軍馬步軍都指揮使呂行德、副都指揮使張繼從、馬軍都指揮使劉知進舉城降。詔建其地為軍，以行德為右驍衛將軍、領順州防禦使，繼從為右屯衛將軍、領澶州刺史，知進為左監門衛將軍。師進圍靈丘，偽步軍都指揮使穆超舉城降。以超為右監門衛將軍。四月，潘美下雲州，殺千人。田重進又破契丹于飛狐，斬首千級，虜四百人。曹彬、米信之師又破契丹于新城東，斬首千級，獲馬二百疋。田重進大敗契丹于飛狐北，梟首師二人，斬首千級，獲馬三百匹。師進至蔚州，偽左右都押衙李存璋、許彥欽、大同軍營田使柴守榮、馬步軍都軍頭柴嘉榮、契丹酋帥蕭啜理及守卒千人執監城使偽

同州節度使耿紹忠舉城降　初王師入虜境緣邊要
害之地多下之啜理紹忠懼皆不自安謀殺城下將史
盡率豪傑入虜國存璋等知其謀乃殺啜理等執紹忠
而降紹忠父美為虜奉聖州節度使紹忠為衙內指揮
使累歷偽命同州節度使同州在西樓南數百里紹忠
弟紹雍為虜三司使紹忠方從虜主在遙樂河聞王師
入境以紹忠為蔚州監城使至是被執送到闕下帝責
而貸之授右千牛衛將軍其子孫四人皆存錄馬存璋
彥欽既殺虜黨慮孤城難守且貴朝廷供饋乃率城中
吏民老弱直歸田重進詔重進善撫之　十四日詔曰
王者之師有如時雨蓋所以靜氛埃於保障拯塗炭於



生民睠彼北燕本為內地陷於醜虜垂五十年家懷憤
心人失生計傒望漢土厥路無繇朕整飭師旅蕩平妖
孽掃邊民之積恥震中夏之天聲復我遺民歸于故地
況北邊民庶本號雄豪有能應接王師糾合徒旅憑茲
天討雪此世讎便可濬發先機挺身應募必當資以糧
饋假以甲兵有獲生口者人賞錢五千得首級者三千
馬上等十千中七千下五千平幽州後願在軍者優與
存錄願歸農者給復三年自是應募者甚衆　初王師
之入虜境也邊民有驍勇者團結以擊戎虜或夜入賊
壘斬其首級而還帝聞而嘉之曰此等素無廩祿又無
甲兵邊陲之民勇於戰鬭若明立賞條必大有應募者



乃下是詔　蔚州既空其壁不復守備乃命田重進還
軍定州重進之師無一兵一矢之損故獨全其功而曹
彬等至岐溝關北與契丹追戰我師不利彬等收餘師
宵涉巨馬河次于易州之南臨易水營馬宮苑使王繼
恩馳騎入奏其事亟詔分兵屯于邊召曹彬崔彥進米
信入朝命田重進率全軍駐定州遣潘美等還代州初
諸將將行帝召謂曰潘美等但先取雲應令彬等以十
餘萬衆聲言取幽州且持重緩行不得貪利以要虜虜
聞之必萃勁兵於幽州兵既聚則不暇為援於山後矣
及王師入虜地美果下寰朔雲應等州重進取飛狐靈
丘蔚州山後要害之地多得之矣彬等亦連收新城固



安下涿州兵勢甚振每捷奏至帝已疑彬進軍之速且
憂虜斷糧道而彬等至涿州旬日食盡乃退師至雄州
以援供饋帝聞之大駭曰豈有敵人在前而卻軍以援
糧運乎何失策之甚也亟遣使止之令勿前引師緣白
溝河與米信軍接養兵畜銳張西師之勢待美等盡略
山後之地會重進之師東下趨幽州與彬信合以全師
制虜必勝之道也而彬部下諸將聞潘美田重進攻城
野戰累獲其利以為己握重兵不能有所攻取謀是謀
畫鋒起更相矛楯彬不能制乃裹五十日糧再往攻涿
州虜當其前且行且戰百里之地歷二十日始至城下
雖屢有克捷而時方炎酷軍士疲乏所賫糧饋將盡帝

憂之令還師既而彬退兵無復行伍為虜所乘比涉巨馬河軍民牛馬相蹂而死者甚衆彬等至命翰林學士賈黄中右諫議大夫雷德驤司門員外郎知雜李巨源鞫於尚書省彬與郭守文傅潛坐違詔逗留退軍失律士多死亡米信崔彦進坐違節制別道迴軍因致撓敗杜彦圭不容軍士餔食置陣不整迴軍散失蔡玉遇敵畏懦伏匿陳廷山涿州會戰失期薛繼昭先謀退陣搖動軍情法官言據律主將守備不設為賊掩覆臨陣先退皆斬詔下其議工部尚書扈蒙等請如法寺所定特詔貶彬為右驍衛上將軍彦進右武衛上將軍米信右屯衛上將軍郭守文右屯衛大將軍傅潛右領軍衛大

卷九百三十

將軍杜彦圭均州團練副使陳廷山復州團練副使蔡玉除名配商州薛繼昭降為供奉官而車駕亦罷北巡

八月潘美等既歸代州未幾詔盡遷四州民於內地令美等以所部兵護之時契丹偽妃與大臣耶律漢寧南北皮室及五押惕隱領衆十餘萬復陷寰州楊業與戰于陳家谷口兵敗業死之初寇至業謂美等曰今賊勢甚盛不可與戰朝廷秖令取數州之民但領兵出大石路先遣人密告雲朔州守將俟大將離代州日令雲州之衆先出我師次應州契丹必悉衆來拒即令朔州吏民出城直入石竭谷列強弩千人於谷口以騎士援於中路則三州之衆萬全可保矣王侁曰領數萬精兵何

長編注引以犬戎作契丹當從之

畏懦耶但趨鴈門北川中鼓行而往馬邑劉文裕贊成之業曰此必敗之勢侁曰君侯素號無敵見敵逗撓不戰豈有他志乎業曰非愛死蓋時有未利徒殺傷士大夫而功不立今君責業以不死當為諸公先死爾即率帳下騎兵自石硤路趨朔州指陳家谷口謂潘美曰可於此張步軍強弩為左右翼以援俟業轉戰至此以步兵擊之不然者無遺類矣美即與侁領麾下兵陣於谷口自寅至巳侁使人登托邏臺望以為虜寇敗走侁欲爭其功即領兵離谷口美不能制乃緣灰河西南行二十里俄聞業敗即麾兵却走業力戰自日中至暮果至谷口望見無人即拊膺大慟再率帳下士戰身被數十創其子延玉死焉帳下士殆盡業猶手刃數十百人馬

卷九百三十

重傷不能進遂為虜所擒不食三日而死　詔優贈業大同軍節度使削潘美三任為檢校太保王侁除名配金州劉文裕除名配登州　端拱元年八月以宣徽南院使郭守文為鎮定兵馬都總管洛苑副使康贊元為鎮州駐泊兵馬都監崇儀副使尹繼倫為定州駐泊兵馬都監　十一月守文敗契丹於唐河（先是犬戎累歲寇邊頗為民患國家乃於鎮定高陽關大屯兵甲以掎角遣將之日帝親授以成算至是果克捷焉）　眞宗咸平二年七月以侍衛馬步軍都虞候忠武軍節度使傅潛為鎮定高陽關行營都總管西上閤門使富州刺史張昭允為都鈐轄洛苑使入內內侍副都知秦翰為排陣都

監萊州防禦使田紹斌為先鋒，崇儀使石普同押先鋒，單州防禦使楊瓊為策先鋒。九月，田紹斌、石普與知保州楊嗣敗虜衆於廉良路，殺二千餘人，斬首五百餘級，獲馬五百匹，兵仗鎧甲稱是。　十二月，又以殿前都指揮使王超權都虞候，張進為先鋒，策先鋒大陣往來都提點馬步軍都軍頭呼延贊、馬軍都軍頭王潛為先鋒，濱州防禦使王榮、馬步軍副都軍頭王繼忠為策先鋒，內出陣圖，令識其部分。尋以王榮為貝冀路行營副都總管，西京作坊使梁承勳、內殿崇班尉昭敏並為都監。

三年正月，又以殿前都虞候、鎮州駐泊都總管葛霸為貝冀高陽關前軍行營都總管。會戎人南侵，緣邊城

卷九百三十

堡悉飛書告急於傅潛，潛逗留不出兵，以致虜破狼山諸寨，悉銳攻威虜軍，不勝，遂引兵略寧邊軍，入祁、趙，游騎出邢、洺間，百姓驚擾，鎮定路不通者踰月。高陽關都總管康保裔與虜戰，而援兵不至，保裔遂歿于賊。潛坐是削奪在身官爵，長流房州；昭允長流通州。　時潛與昭允及秦翰屯定州，而潛畏懦無方略，其麾下步騎凡八百餘，咸自置鐵鎚、鐵檛，人蓄銳器，爭欲擊賊，而潛閉門自守，將校請戰者，輒醜言罵之。朝廷屢間道遣使督其出師，與諸路兵合擊，而范廷召、桑贊、秦翰等屢促之，皆不聽。然猶不得已，乃令騎八千、步二千付廷召等，於高陽關逆擊之，仍許出兵為援。洎廷召等與虜血戰，而

德下六格
係姑英



潛不至，康保裔遂沒焉。及真宗將親征，又命石保吉、上官正自大名領前軍赴鎮定，與潛會而擊虜，潛卒逗留不發，以至虜騎犯德　渡河，至淄、齊，劫人民，焚廬舍。帝駐大名，邊捷未至，且聞驍將楊延明、楊嗣、石普屢請益兵，潛不知與，有戰勝者，潛又抑而不聞，緣是大怒，命樞密都承旨王繼英馳召潛與石保吉等各以所部兵赴貝冀路行營。潛至冀州，乃遣高瓊單騎即軍中代之，令潛等詣行在。至則下獄，命工部侍郎錢若水、御史中丞魏庠、知雜御史馮拯按劾之，一夕而獄具，罪當斬。百官議論如律，上封者皆請正典刑，詔特貸其死焉。　是月，高陽關貝冀路都總管范廷召帥兵追契丹至莫州東

卷九百三十

三十里，大破之，斬首萬餘級，獲所虜老幼數萬，鞍馬兵仗不可勝紀，餘寇逃遁出境。　四年七月，以山南東道節度使、同平章事王顯為鎮定高陽關三路都總管，侍衛馬步軍都虞候、天平軍節度使王超為副都總管，殿前副都指揮使、保靜軍節度使王漢忠為都排陣使，殿前都虞候、雲州觀察使王繼忠為都鈐轄，西上閤門使韓崇訓為鈐轄，宮苑使、入內都知韓守英為排陣鈐轄，保州團練使楊嗣、莫州團練使楊延郎、西上閤門使李繼宣、趙州刺史張凝、入內副都知秦翰並為前鋒鈐轄，如京副使高素為押先鋒，內殿崇班李保正同之，冀州團練使石普為押策先鋒，六宅副使王德鈞同之，仍以

顒兼定州都總管趙兼鎮州都總管漢忠兼高陽關都總管崇訓兼鎮州駐泊鈐轄武守英兼高陽關駐泊鈐轄時邊臣言北戎集兵慮乘秋入寇故命帥為備也又以侍衛馬步軍副都指揮使河西軍節度使桑贊為莫州駐泊都總管供備庫使楊永遵内殿崇班張繼勳並為都監馬步軍都軍頭荆嗣供備庫副使趙彬步軍都軍頭劉先世並為北平寨駐泊憲州刺史滄州駐泊副總管陳興兼雄霸路緣界河海口都巡檢使内殿崇班閤門祗候王汀同之供奉官閤門祗候馮若拙侍禁閤門祗候劉知訓並為都監又以霸州防禦使李福為鎮州副都總管祁州團練使劉用為高陽關副都總管德州團練使張斌為定州副都總管南作坊使昭州刺史張旻為鎮州鈐轄崇儀使順州刺史蔚昭敏供備庫使帯御器械白守素並為定州鈐轄西京左藏庫使劉廷偉西京作坊使帯御器械石知顒並為高陽關鈐轄十月增高陽關三路兵騎二萬為前鋒又命將五人各領騎三千陣于先鋒之前別命桑贊領萬人居莫州順安軍為奇兵以備邀擊荆嗣領萬人以斷西山之路仍列繢為圖遣内侍副都知閻承翰齎示王顯等且戒之曰設有未便當極言以聞無得有所隱也先是諜以大兵陣于威虜軍而斥候者言戎人尚在炭山未謀南牧故命悉徙於忠山俄報契丹首領遽攻漁陽漸逼威虜故大兵不及進帝甚歎息之是月張斌破契丹于河海口殺獲甚衆漸近戎首

卷九百三十



伏騎大起三路統帥不進前陣兵少退保威虜軍　時戎人自威虜軍為王師所敗殺偽大王統軍二人蕃軍僅二萬人餘衆號慟于野　俄詔桑贊分部下兵萬人於寧邊軍駐泊令北面前陣兵居後以為應援真宗以前陣昨經力戰均勞逸而休息之也　十一月前軍與契丹遇大破之殲二萬餘人獲其偽命大王統軍鐵林相公等十五人首級得偽印二紐以羽林軍為文收甲馬甚衆首領遁去會河朔饑歉遂罷兵閏十二月李繼遷陷清遠軍即以侍衛馬步軍都虞候天平軍節度使王超為西面行營都總管環慶路駐泊總管趙州刺史張凝副之入内副都知恩州刺史秦翰為鈐轄明年正月張凝領兵入賊界生擒賊將焚帳族二百餘毁芻糧八萬數斬級五千獲牛羊器甲二萬降九百餘人　五年六月以侍衛馬步軍都虞候天平軍節度使王超為定州路駐泊行營都總管殿前都虞候雲州觀察使王繼忠副之宮苑使入内都知韓守英為鈐轄　初王超至自雲州即召問北邊事超言將來出師請止如去歲規畫若欲交戰則宜寨於保州之北威虜軍南超又言去歲於大陣之外別設奇兵謂之前陣令請令將師統之帝語輔臣曰大陣兵已倍向來之數去歲於天雄軍莫州北平路又前陣別有師旅此係朝廷機事令王超復有是請如何處分呂蒙正等曰此請固不可從帝曰

卷九百三十

既任以外閫則所奏豈可不從宜召至中書樞密院詢其方畧何如於是咸言超材堪將帥故有是命　六年四月契丹南寇超發步兵千五百赴定州望都縣至縣南六里遇賊逆戰殺戮甚衆賊併攻東偏出陣後焚絶糧道人馬渴乏將士被重創賊圍不解衆寡非敵王繼忠没焉遂引兵還州詔發河東廣鋭兵三千指揮由土門趣鎮定以援之　景德元年三月北面三路都總管王超請募緣邊丁壯及發精兵入賊境帝慮生事於邊陲詔止之若戎人南牧但於境上驅攘無得輕議深入會契丹奚王及僞南宰相皇太妃令公各率兵約四萬騎自鑿城川抵涿州聲言脩平寨軍故城容城三處詔

卷九百三十

王超等嚴加斥候虜若有事於三城則併力城望都以大兵夾唐河令威虜静戎順安軍北平寨保州嚴兵應援仍廣開方田以拒戎騎若猶未也則以脩新樂為名儲瓦木於定州超又言戎人入寇或誘擊王師大軍不可輕動請至時分兵掩擊詔如寇至許便宜從事仍令押陣使臣稟超節度　七月以保州團練使鄭誠為鎮州路副都總管深州團練使楊嗣為趙州駐泊總管同押大陣　九月詔曰北面行營諸軍將士等國家藉祖宗之洪基荷乾坤之眷祐無思不服有感必通冀成一統之君永作萬邦之主而恩信難洽封疆未寧沙漠之區車書尚異每勞民而動衆常護塞以防秋汝等久别





家國各當征戍外則枕戈按劍内思殄寇平戎固宜並務忠勤依予告諭遇奔衝之際即須盡力翦除覬敵散之時切在齊心守備立功立事有賞有酬若是遷延及聞退衄決行軍令以示衆多　閏九月令代州副總管元澄侯戎人南侵即率所部於境上禦備牽制之仍令并代副都總管靈有終至時領兵由土門路赴鎮州與大軍合寨於平定其月詔曰國家每誡邊臣勿侵外境庶安民而息戰豈黷武而窮兵而契丹屢犯邊陲不遵理道今已遣上將大益精兵諸路齊驅剋期翦戮尚慮控弦奄至刼掠居民其河北諸州軍强壯諸色人能糾集徒衆殺番賊者仰所在官司策應其生擒契丹一人

卷九百三十

支錢十千斬級支錢五千十八十級以上仍給公據當議加獎所獲物悉與之如擒斬近上首領職員除賜與外速具聞奏當優獎之又令緣界河總管康進邢州路總管劉用各率所部赴洺邢州屯守戎人入寇即邀擊之　十月契丹首領與其母來犯大軍不交鋒而退王超等按兵以俟尋即引去緣胡盧河以東詔諸將整兵為備令威虜軍保州北平等路總管深入賊境腹背縱擊以分其勢會契丹請和遂罷兵　大遼附　徽宗宣和四年正月十三日女真陷奚國遂引兵至松亭關古北口屢敗契丹降奚三月十一日天祚自燕京幸雲中留宰相張琳李處温與燕王耶律淳守燕處温與其弟

處能及蕭幹挾怨軍立燕王契丹有東南路怨軍其
酋領坐討賊逗留誅其隊長羅青誅衆為亂於是郭藥
師等殺羅青等數十人以獻餘徒悉降之二十七日
即位於燕廢天祚為湘陰王遣知宣徽南院事蕭撻勃
也樞密副承旨王琚充使副告謝朝廷上以天祚見在
夾山燕王安得立不受而還之遂遣童貫為陝西河東
河北路宣撫使勒兵十五萬巡邊（先是政和七年秋女真蘇州漢兒高藥師曹孝才等率其親屬以大舟浮海來登州備言女真攻契丹數年奪其地已過遼河之西知登州王師中以聞詔蔡京童貫措置令王師中選能吏使女真講買馬舊好八年春遣武義大夫馬政與平海指揮軍員呼慶隨高藥師等行至其國其主酋阿骨打發渤海人李善慶熟女真散都生女真勃達三人齎書土物同馬政來以宣和元年正月十日入國門居十餘日差歸朝官直秘閣趙有開武義大夫馬政王師中之子忠訓郎瓌充使

卷九百三十

齎詔書禮物與善慶等渡海往聘之至登州有開死會河北奏女真嘗祈契丹修好詐以其表聞於是罷使人之行止差呼慶等用登州牒遣李善慶等歸宣和二年正月呼慶至自女真女真留之半年責以中輟且言登州移文之非請別遣人通好二月詔右文殿修撰趙良嗣往使忠訓郎王瓌副之因約女真夾攻契丹取燕雲舊地夾攻之議起於此自後朝廷與女真遣使往來議論皆主童貫至是代州奏准大金前國軍牒近白水泊擊破契破契丹放鶻行帳天祚脫身北走本國軍馬已到山後平定州縣朝廷遂有此舉）詔曰朕荷天
降康登茲極治聲教所暨孰敢不庭乃眷幽燕實為故
壤五季不造陷于北戎今上帝降禍于虜傾國喪家自
取逋竄朕致天之討弔爾羣黎已遣太師領樞密院事
童貫重兵百萬收復幽燕故地及已與大金計議畫定
封疆爰茲告諭迪爾有衆秦晉國王如納土來朝待以
殊禮世享王爵應收復州縣城寨文武官並依舊職任



事平第功賞不次擢用軍兵守戍之士並加優賞願在
軍者厚與存錄願歸農者給復三年敵復之後蕃漢一
等待遇民戶除二稅外應干差徭科率無名之賦並行
除放已指揮大軍所至務在安集百姓不得誤有殺傷
或焚毀廬舍虜掠人畜犯者並行軍令如或昧於逆順
干我王誅若猶豫懷疑弗克果斷身膏原野實爾是貽
故茲詔示想宜知悉仍以御筆三策付貫如燕人悅而
服之因復舊疆策之上也耶律淳能納款稱藩策之中
也燕人未即悅服按兵巡邊全師而還策之下也四月
二十三日駐軍高陽關宣撫使司（[illegible]當司）遣奉睿旨務在救民
不專殺戮爾等各宜奮身早圖歸計有官者復還舊次

卷九百三十

有田者復業如初若能身率豪傑別立功効即當優與
官職厚賜金帛如能以一州一縣來歸者即以其州縣
任之若有豪傑以燕京來獻不拘軍兵百姓雖未命官
便與節度使給錢十萬貫大宅一區契丹諸蕃歸順亦
與漢人一等已誡將士不得殺戮契丹自來一切橫歛
悉皆除去雖大兵入界凡所須糧草及車牛等並不令
燕人出備仍免二年稅賦五月十八日續遣少保鎮海
軍節度使開府儀同三司蔡攸為河東河北路宣撫副
使於是西師稍集种師道總東路之衆屯白溝王稟將
前軍楊惟忠將左軍种師中將右軍王坪將後軍趙明
楊志將選鋒辛興宗總西路之衆屯范村楊可世王淵

將前軍焦安節將左軍劉元國冀景將右軍曲奇王育將後軍吳子厚劉光世將選鋒並聽劉延慶節制以劉韐守文黄中為參謀鄭珪鄭琯為廉訪使者貫初至雄州令趙良嗣草書差歸朝官張憲趙忠諭淳禍福淳得書執二人斬之貫知游説不效遂募武翼大夫閤門宣贊舍人馬擴自雄州齎軍書及敕牒入燕京招諭淳亦甚懼遣大石林牙蕭昌魯領騎二千屯新城种師道裨將楊可世乃將輕騎數千欲直取之二十六日至蘭溝甸為大石林牙所敗二十九日淳益師二萬餘人渡白溝挑我軍我軍遇之又北於是童貫以為契丹尚盛未可圖上亦詔班師遣諸將分屯會耶律淳死契丹無主

卷九百三十

大宰王黼力主再興師之議於是悉諸道兵二十萬期九日會三關詔貫攸毋歸異議者斬而伐燕之議成矣八月常勝軍管押諸衛上將軍郭藥師囚涿州刺史蕭慶餘遣團練使趙鶴壽帥兵八千鐵騎五百并一州四縣民士上表來降二十九日西路統制劉光世與契丹迎戰于易州之南光世稍却州人趙秉淵等殺城中契丹遣人納款衛尉少卿通判易州王悰以州降於是涿易皆下拜藥師恩州觀察使餘命官有差以常勝軍八千易州義兵五千並隸劉延慶前軍為鄉導蕭太后聞常勝軍降遂遣永昌宮使蕭容乾文閣待制韓昉來使奉表稱臣十月十三日手詔應收復及已歸附州縣見





禁罪人除抗拒王師及謀不軌外餘罪無大小並放見停廢文武官將校公吏人並許所在自陳當議甄敘隨才任使流配人悉還之逃亡及為盜賊者並釋罪令歸業又手詔應日前無名科率抑配及一切煩苛之令數諸州一一具聞當悉行蠲罷不必待報者宣撫司除之積欠稅賦若公私子錢皆免人户委州縣長吏招誘以歸加意存撫貧乏者饑民並以官粟賑給無令失所嘗獲人口者各尋付其家還者重寘典刑又手詔見居官耆俊若有功卿士已議褒擢外有懷才抱藝堙沉下僚或素為鄉里所推未被試用者敕宣撫司及州縣長吏詢採以聞當不次擢用其以忠直得罪廢罷或為權幸

卷九百三十

排斥或以詿誤抵罪者並以名聞或當甄擢永[illegible]為[illegible]十五日詔燕京為燕山府廣陽郡永清軍節度使十八日詔蔡攸知燕山府二十二日以得涿易二州百官詣紫宸殿稱賀六年正月十四日詔僞四軍大王蕭幹不擅即僞位爰飭六師大敗於峯山傳首京師可擇日御紫宸殿受賀蕭離不首級依典禮送大社庫自金人屯白水泊遣烏歇及高慶裔來歸緣前日遣曷魯大迪烏等歸不遣使疑吾有謀又聞童貫大軍趍燕恐吾自取燕則歲賂不可得故專遣使來朝廷遣趙良嗣馬擴報其聘良嗣等至奉聖州與其國相蒲結奴計事微欲不論元約止以燕京六州二十四縣歸于我平欒等州並

不在許與之數蓋知劉延慶等遂師故也留馬擴從軍再遣李靖王度刺撤盧母同趙良嗣來朝廷復遣良嗣周武仲往聘之貫攸再舉師不能下燕懼無功得罪密使良嗣禱金人圖之而金兵以先入燕遣馬擴歸獻捷良嗣等至金人軍前阿骨打欲燕京稅租而不議平欒等州再遣李靖王度刺來議其事且欲交歲幣朝廷復遣良嗣武仲同使人往議租賦多寡之數阿骨打欲得百萬緡良嗣往復辨論未決遣良嗣歸良嗣至雄州以驛書聞詔亦許之再遣良嗣至軍前阿骨打大喜遂議雲中地阿骨打云我增百萬緡南朝一言不辭令求西京何辭拒之遂遣寧术割度刺撤盧母齎誓書來朝廷

卷九百三十

又差盧益趙良嗣馬擴報聘兀室云計議已定近有燕京職官趙溫訊等來南須先以見還議交燕月日良嗣諭宣撫司以趙溫訊與之乃得其誓書初平燕之役上以三策授童貫意在保民觀釁不急於攻取也而王黼壓貫攸銳於成功力主興師之議調發累年至是乃入燕云

夏州　太宗淳化五年正月以侍衛馬軍都指揮使邠州節度使李繼隆充河西行營馬步軍都總管以襄州團練使尚食使尹綸充行營兵馬鈐轄先是李繼遷攻圍靈州泊通遠軍諸堡寨侵畧居民焚其積聚帝怒曰繼遷叛换沙磧中十年矣朝廷始務含容賜以國姓授之觀察使賜與加等俸入優厚仍通其關市又以銀綏州委其弟兄恩寵極矣乃敢如此朕今命將討之決矣故命繼隆等焉三月李繼隆等平夏州擒偽節度使趙保忠收獲牛羊鎧甲數十萬安撫其民留兵鎮守銀夏州蕃漢户八千餘帳族歸順

至道二年四月以侍衛馬軍都指揮使静難軍節度使李繼隆為環慶靈州清遠軍兵馬都總管殿前都虞候涼州觀察使范廷召副之以會州觀察使知靈州田紹斌為靈州兵馬都總管內外都巡檢使來幾召紹斌赴闕先是命洛苑使白守榮西京作坊使馬紹忠與大將皇甫繼明率兵護送芻粟四十萬於靈州令知靈州田紹斌率兵迎援次浦洛河會繼明卒守榮等從期一日至為繼遷所圍守榮等欲擊之紹斌曰蕃戎輕佻勿棄輜重與戰但按轡結陣徐行守榮曰我不投汝節度爾但卒兵來迎爾勿預吾事紹斌因率所部去輜重四五里繼遷初望見紹斌旗識不敢擊守榮自欲邀功遂與戰戰敗後失棄輜重潰走蹂踐死者無數盡為繼遷所獲於帝令調發東衆分為三輦護送發至易為禦而民力不置之轄運彼違旨擾伊為一遂致隔沒帝聞之怒遣國子博士王用和乘傳捕轉運副使竇玭繫獄驗問白守榮責授洛苑副使馬紹忠責授供奉官而命繼隆等出討焉繼隆至靈環逗撓未進軍詔以

卷九百三十

深州防禦使尹繼倫為靈慶兵馬副總管以督其軍事七月以殿前都指揮使王超為夏綏麟府州兵馬都總管九月夏綏延行營兩路合勢破賊於烏白池斬首五千級生擒二千餘人獲米募軍主吃羅指揮使等二十七人馬二千疋兵器鎧甲數萬羣臣稱賀先是帝親部分諸將攻討繼遷令繼隆自環州丁罕自慶州范廷召自延州王超自夏州張守恩自麟州凡五路率兵抵平夏皆授以成算師已有期會繼隆遣其弟繼和馳驛上言路回遠自請望峽直抵繼遷巢穴不及援靈武帝怒召繼和於便殿詰之曰汝兄此行必敗吾事矣因手札數幅切責繼隆命引進使周瑩齎詣軍前督之瑩至而繼隆已便宜發兵不俟報既而與丁罕兵合行數十日不見虜引軍還張守恩見虜不擊率兵歸本部獨王超范廷召至烏白池與賊遇大小數十戰雖頗克捷而諸將失期士卒困乏終不能擒賊焉三年正月以侍衛親軍馬步軍都虞候傅潛為延州路兵馬都總管殿

前都虞候王超遠為靈州路兵馬都總管西京作坊使
石普為關右河西巡檢戶部使張鑑調發陝西諸州軍
糧知制誥張秉馮起翰林侍讀呂文仲持節督之未幾
太宗上仙遂罷　仁宗寶元二年四月詔以夏國元昊
叛命指揮陝西諸路兵馬總管司各常訓練兵甲預備
蕃路出入山川道路並須畫時會合掩殺六月二十三
日乃下詔削元昊在身官爵除去屬籍令陝西河東懸
集丁壯移戍軍馬九月斬其偽環州刺史劉乙都于都
市是月昊賊寇延州副將死之十二月攻保安軍鈐轄
盧守勲等擊退之三年正月再攻延州甚急知州范
諸路併兵二月二日乃命鎮海軍節度使知樞密院

卷九百三十

事夏守贇為宣徽南院使陝府西路馬步軍兵馬都總
管兼經略安撫使尋加江邊招討使龍神衛四廂都指
揮使葛懷敏副之知制誥韓琦西上閤門副使符惟忠
為安撫副使秘書丞田京太子中允尹洙並簽書經略
司事陝西轉運明鎬充隨軍轉運使以知涇州夏竦為
忠武軍節度使兼涇原秦鳳經略安撫使五月二十六
日遂除夏竦充陝府西路馬步軍都總管兼經略安撫
使沿邊招討使知永興軍以葛懷敏知涇州代領其事
韓琦范仲淹並為經略副使仍同管勾都總管司事待
制龐籍為都轉運耀州觀察使夏元亨為副都總管兼
沿邊招討使乃召夏守贇等還闕以用師無功更用將



帥也又以太常丞田況為安撫判官昊賊出入常在保
安鎮戎等軍往返環慶兩覘延州康定元年春鄜延環
慶路副都總管劉平石元孫與賊接戰獲首級甚衆賊
先以老弱繼以精兵乘其後援兵不至平元孫死之是
秋昊賊領大兵寇保安鎮戎環慶路都副總管任福等
自慶州東路齎言巡邊戰於白豹城遂分部將士圍其
城福押大陣居城福押大陣居城南夜漏未盡四面合
擊平明大破之破蕩骨咩等族四十餘帳焚其巢穴委
聚四十餘里五月九日復以夏竦知涇州臨邊制事也
以知青澗城种世衡通判儀州耿傅計置陝西隨軍糧
草九月詔河東轉運使楊偕率并州強壯萬人自鄜府

卷九百三十

入界是冬詔鄜延涇原兩路同進兵入討西賊二年秋
韓琦在鎮戎以兵馬盡授諸將而任福等晝夜馳逐倍
道趨走遂失利大將葛懷敏領大兵趨渭州山外為賊
據其地勢吾軍少却即衝我軍繼以步奚挽強注射遂
遭掩殺自劉平敗於延州任福敗於鎮戎葛懷敏敗於
渭州賊聲益振然所以復守其巢穴者以鄜延路兵屯
六萬八千環慶路五萬涇原路七萬秦鳳路二萬七千
以牽制其勢也慶歷元年命夏竦屯鄜州陳執中屯涇
州是秋昊賊陷豐州又攻鄜州又攻府州阻於山險為
我軍憑高擊之死傷殆盡元昊叛命數年寇撓西邊然
彼亦大困矣自此數來請和然邊壁尚未解嚴至四年

以誓書來上十月行封冊之禮乃罷兵　神宗元豐四
年四月十九日鄜延路馬步軍副都總管兼第一將种
諤言近奏秉常為賊臣所殺乞朝廷興師問罪令覘知
秉常兵見聚所居木寨國母及梁相公凡出銀牌點集
乞乘幾興師招討上批見遣王中正往體量的確情偽
宜先令沈括种諤密議點集兵馬告諭逆順招懷並邊
主兵首以俟大兵併力六月十五日上批應熙河路及
朝廷所遣四將漢蕃軍馬並付都大經制并同經制李
憲苗授依階級法總領照應董氊出兵要約部分本路
蕃弓箭手量所用人數以往如董氊渝請不肯如期出
兵即相度機便移兵討除其臨敵利害事干機速申覆

卷九百三十

不及者隨宜措置施行其錢帛粮草並委經制管句軍
馬官胡宗哲計度應副　初熙寧元年夏國主諒祚死
子秉常立二年三月遣使持節冊為夏國主累侵邊境
至是命將討焉　二十七日詔以种諤為鄜延路經畧
安撫副使應本司事與經畧使沈括從長處置以入內
副都知王中正同簽書涇原路經畧總管司公事如遇
出界令王中正及涇原路總管司兼本路第一將劉昌
祚同往發開封府界京東西諸將軍馬分與鄜延環慶
兩路以東上閤門使英州刺史姚麟權環慶路副總管
遇出界令知慶州高遵裕與姚麟同往於在京七百料
錢已上選募馬步軍萬五千人開封府界及本路共選



募義勇保甲萬人如涇原五千人不足於秦鳳路選募
七月五日詔將士能立大功蕩除賊巢當此熙河賞功
三倍臨賊不用命並全家誅戮鹵獲不以多寡聽自與
官不檢校能禽戮拒命賊帥並量大小與節度使以不
至班行應先在國主左右及諸部族并同心為主者並
不誅殺令展轉告諭與官軍共力討除當隨功大小各
有爵命賊建府庫所藏金帛並主將親檢校均給諸路
軍馬並須更互照應即一路受敵觀望不即赴救回日
主將當處斬應降附並邊部族少壯以從軍老少遷近
便城砦給口食安存之降附部族諸將士卒輒希功殺
戮者主將即時處斬河北州郡須候撫定賊巢然後分

卷九百三十

兵討除或招諭歸降臨敵措置非可豫為計者並隨宜
經畫八月五日詔麟府路并鄜延環慶涇原兵馬出界
後並聽王忠正節制既而上批近差措置麟府路軍馬
止謂未出界以前與逐路帥臣將官議定進兵其出界
後王忠正止令遵稟宣命節制鄜延一路諸將兵其環
慶涇原自委高遵裕節度中正更不當干預俟先下靈
方依畫一總六路軍馬節制七日鄜延路走馬承受楊
元孫言西賊二萬餘人於無定河川臨川堡出戰斬獲
首級上批朝廷諸城寨未嘗侵擾夏國令輒領大兵入
綏緣所定師期尚遠宜下鄜延路經畧司令保安軍牒
宥州詰問庶使彼辭愈曲我師出境其名益直十一日

上批已指揮秦鳳一路兵付李憲從便節制處分可再
下都大經制司依詳朝廷屬任之意二十三日熙河路
都大經制司總領七軍至西市新城遇賊約二萬餘騎
官軍掩擊敗之擒酋首三人殺獲首領二千餘人斬首
領二千餘級奪馬五百餘匹二十五日詔昨降指揮合
諸路期約進兵一舉撲滅賊巢近种諤先招納遣諸將
淺攻各有斬獲之勞未為失謀令師期不遠其務全養
士氣依王中正議定期月與諸路協力進討乃命聽王
中正節制　初种諤以鄜延兵先招納夏人是月二日
次綏德城八月分遣諸將出界遇賊破之朝廷以諤輕
出故也　二十六日李憲駐兵女遮谷遣漢蕃將士襲
卷九百三十
擊餘黨於山谷間斬首百級獲牛馬孳畜甚衆大軍遂
過龕谷川詔熙河路李憲等見與董氊人馬期會攻討
夏賊緣鄜延等路師期尚在九月下旬令李憲等如兵
馬出界遇賊已見克捷即進兵深討若賊兵阻遏未可
長驅即擇空要便於饋運之所權立營寨以俟諸路師
期首尾相應王中正种諤奏涇原環慶會兵取靈州渡
討定興州麟府鄜延先會夏州俟兵合齊進取懷州渡
討定興州乞下涇原環慶遵守從之九月四日詔中正
高遵裕如行軍應事已就緒即相度乘機進討不須拘
以元定期日九月十七日詔令諸路兵直趨興靈兼累
據董氊亦稱欲往靈州破賊若赴興靈道路阻遠即領



全軍過河攻取涼州不得止遣偏裨又上批累據劉昌
祚奏請多不中理慮難當一道師領令知環州張守約
往代昌祚令昌祚赴遵裕麾下二十七日西賊兵馬七
八萬自無定河川南來欲救米脂之圍种諤先戒後軍
移師城下阨賊兩門鏖為溝塹二十八日接戰衆大潰
斬首八千餘級奪馬五千餘匹駝畜器甲萬計詔諤更
不受王中正節制十月六日詔近令李憲等協力深入
或勒兵過河攻取涼州令聞糧草不繼已械馬申等送
獄令李憲等未得進兵俟饋運稍辦即依前詔七日王
師至女遮谷賊黨數萬牛羊駝畜充滿川谷於二十里
外下寨前據天澗兩重後倚高川石峽賊逆戰自午至
卷九百三十
酉賊退保天澗值夜對岸相射夜半賊退斬獲六百餘
級奪馬數百匹九日詔李憲已總兵東行涇原總管劉
昌祚副總管姚麟見統兵出界如前路相去不遠即與
李憲兵會合結為一大陣聽李憲節制十二日軍至西
界堪哥平磨哆隘口逢賊約二三萬拒隘與偽統軍國
母弟梁大王戰賊敗退追奔二十里斬獲大首領沒囉
臥沙監兵使梁格嵬等十五級小首領二百十九級生
擒首領統軍姪紇多埋等二十三人斬二千四百六十
級十五日夏州牽九思遁去官軍入夏州十七日高遵
裕軍過橫山是日种諤離夏州遣曲珍等領兵通黑水
安定堡路接運軍糧遇賊與之戰斬獲賊鈐轄首領以

下千七十八級招降六百五十人二十日收復故清遠
軍并韋州詔令高遵裕速部分諸將進兵與諸路會合
攻討興靈二十四日師次鳴沙城二十九日趍靈州城
下先鋒遇賊接戰斬首二百七十二級生擒四十三人
奪馬牛羊駞畜萬餘粮草五萬餘十一月三日西賊屯
兵蒲萄山李稷遣曲珍分鋭兵出賊後首尾合擊走之
斬首四百級獲器甲二千馬五千僞宣勑七銅印一降
四十餘人四日涇原路經畧司言劉昌祚磨臍隘口
生擒西賊二十二人留為鄉導斬唱囉等十二人五日
詔熙河路都大經制司已分畫地分討賊更不節制涇
原路軍馬令劉昌祚等依舊受高裕節制七日熙河路

卷九百三十

都大經制司言軍行至天都山下營西賊所居内有七
殿其府庫館舍皆已焚之又至囉逋川捕獲間諜審問
酋首嵬名統軍人遂將兵追襲斬獲千級生擒百餘人
虜牛羊孳畜萬計又離天都山至滿丁川嵬名賊衆敗
散追襲又斬獲五百級生擒二十餘人奪馬二百餘匹
牛羊孳畜約七千乃還取蘭州城之增戍壘差人降附
者數萬帳九月种諤第三將楊進等破石堡城斬首領
已下百六十八級降生口大首領葉示歸理已下千六
百七十六獲馬六十六牛羊四千餘鄜延路城細浮圖
吳堡義合寨門米脂五寨二十一日鄜延路言种諤軍
前士卒奔潰入寨未知行營所在詔諤速引軍於便處



安泊候士氣稍壯粮餽有備即依前詔施行二十二日
詔李憲亟旋師本路安養士氣品第功狀以聞應行營
漢蕃次厚與犒設仍大開恩信廣務招來新土生羌及
密定置戍之所計度版築之具以俟春暖興作二十四
日詔种諤兵馬部領還本路候稍近春暖再出討其本
路土兵各歸元駐劄州軍城寨蕃兵并漢蕃弓箭手等
各歸元住處開封府界京東西將兵分擘於近裏有粮
草州軍屯泊其運粮夫皆放散种諤下將佐各隨軍歇
泊同日詔環慶涇原之師見攻靈州未破令王中正將
所部兵馬於延州簡不隨种諤出界兵三萬人以上速
自環州洪得寨入至韋州以北如靈州可破即換久役

卷九百三十

兵貟回通接轉餉或粮餽闕乏即迤邐退歸（先是涇原環慶兩路兵進攻靈州雖屢獲首級其城廣闊守禦具備越月不下值大風雨寒凍死傷士卒賊決黃河水浸營不能駐留又粮道不通彭孫以兵護涇原粮為賊所鈔畧諸軍闕食於是朝廷議退師）十二月十五日
高遵裕劉昌祚姚麟彭孫降官有差以遵裕等攻取靈
州無功彭孫護粮草為賊鈔畧故也　五年正月二十
七日詔以种諤知渭州李憲為涇原路經畧安撫制置
使李浩兼權涇原路經畧安撫副使諤浩於制置司並
用階級法二月四日詔以内侍押班李舜舉為照管涇
原路經畧司一行軍馬參議軍中大事三月二十一日
鄜延路副總管曲珍言出界至金湯遇賊焚蕩族帳七
百斬千級四月二十一日詔秦鳳路經畧司如無賊馬

犯邊毋得出兵五月十一日詔沈括李憲苗授據環慶路經畧司奏夏國母自三月初點集河南西京府囉龐界甘肅瓜沙十人發九人欲諸路入寇人馬已發赴興州及四月丁丑西賊二萬餘人騎侵犯淮安鎮宜以本路兵馬合成大陣守空要害伺其深入痛行掩殺种諤復建言請盡城横山占據地利北瞰平夏使虜不得絶磧爲患二十六日詔給事中徐禧内侍省押班李舜舉往鄜延路計議邊事六月一日環慶經畧司言斬西賊統軍嵬名妹精嵬副統軍訛勃遇得銅印起兵符契兵馬軍書并獲蕃丁頭凡三十八級七月三十日涇原路經畧司言諜報西界十二監軍司人馬齎五月糧於葫

卷九百三十

蘆河點集國母小大王七月末過黄河欲以八月魁日入寇鎮戎軍大川詔留李憲且在涇原照管邊面多遣人深入覘候如有寔狀即追秦鳳熙河先圍結諸將兵馬及環慶二萬人騎令姚兕統領合力驅逐毋失機會九月五日諜報西賊發六監司兵次銀州川沈括徐禧戒勒諸將分定戰地十六日沈括言九月九日西賊三十萬逼永樂城副都總管曲珍等兵少禦敵未退將官寇偉李師古高世才夏儼程博古及使臣十餘人士卒八百餘人死之賊遂圍城二十日永樂城陷徐禧李稷李舜舉并漢蕃官二百三十人兵萬二千三百餘人皆没　初經畧沈括進言既獲米脂寨以横山勢臧距宥





州才三舍下瞰銀夏平川千餘里皆沃壤可以耕稼爲屯田之計令乞於米脂之間城永樂屯勁兵以抗虜則河北之地盡可耕種朝廷遣給事中徐禧内侍李舜舉相視利害時五年七月也禧等至延安與括相同度意合即奏言如括議朝廷許之八月禧舜舉與括等將蕃漢兵十餘將凡八萬役夫荷粮者倍之於是李稷將前軍本路將官吕政佐之曲珍將中軍高永能佐之王湛將後軍景思誼佐之李稷主運餉治版築而謀畫進止一決於禧以二十五日興工旬有二日而城畢賜名銀川寨夏人聞之以謂此城不爭則横山爲漢有靈夏爲存亡所係要害以死拒之故有是役初虜兵尚遠諸將

卷九百三十

多請擊之以挫賊鋒而高永能言尤切禧獨不聽及虜兵大至極目不見邊際俄而鐵騎涉無定河永能又曰此號鐵鷂子過河得平地其鋒不可當乘其未渡擊之可使殲焉若縱之盡則我師殆矣禧又不聽故及於敗

乃築女遮堡展定西城以衛蘭州城六年正月二十九日西賊渡河直抵蘭州城下西門幾爲所奪遂圍蘭州六日圍解閏六月一日夏國主秉常奉表乞修職貢十月一日秉常遣使奉表復修職貢乞還所侵地儆備邊戍兵長爲外藩賜秉常詔地界已令鄜延路經畧安撫使司指揮保安軍移牒宥州施行歲賜候疆界了日依舊　哲宗元祐二年六月二十八日秦鳳路經畧司

言西賊人馬侵犯隴諸堡地分七月二日夏人寇鎮戎
軍諸堡八月十四日詔夏國國亂主幼所以輒敢犯邊
及不遣使賀謝青緣強臣乙逋等擅權逆命陰有異圖
即非其主與國人之罪豈可遽興師討伐使向化之人
例遭誅戮宜令諸路師臣各嚴兵備無得先起事端其
所發兵馬權屯次邊如乙逋等能悔禍改圖忠事其國
効順朝廷本國上章通貢特許收接與之自新若終犯
順即令諸路乘便深入務在誅鋤首惡不得濫及無辜
内首領素不附乙逋欲自拔來歸及乙逋同黨有能附
順者聽所在以聞仍徧諭漢蕃　以三省樞密院言夏
國自秉常告喪既弔卹其國又封冊其子兩宮賜與甚

卷九百三十

厚國中部落老幼無不歡躍不謂彼國彊酋獨有異意
風聞乾順不治國事有梁乙逋者擅權立威輒犯邊以
請地為名不遣賀坤成節謝封冊使反覆邊乞別懷二
心若不加誅無以威示夷狄故有是詔　二十二日夏
人寇三川諸寨敗之九月十日夏人犯鎮戎軍十五日
夏人夜遁三年正月十八日詔陝西河東經畧司嚴戒
邊將及城寨覘賊動息常若寇至以備之二月八日西
賊寇府州邊將官鉗宗翊擊之三月二十八日夏人侵
德靖寨將官張誡等敗之七月十九日樞密院言夏賊
會軍馬欲寇涇原熙河路詔葉康直遠斥候常知賊境
舉動俾無他虞仍令劉昌祚劉舜卿選本路兵將涇原



路萬人於德順軍熙河路五千人於通遠軍接秦鳳邊
地要害處駐劄為犄角之勢當先事以待之八月十八
日樞密院言鄜延路七月牒抵宥州踰月方報乃專以
疆土為請畧無悔罪謝恩之意名欲議事陰欺我師諜
知舉國欲併力來寇詔陝西河東師臣從宜行訖以聞
六年五月二日樞密院言熙河蘭岷鄜延路奏夏賊
殺虜人民畜牧毀烽火臺經畧司以兵邀其歸路生擒
首領獲級詔諸路益謹邊備如夏賊再來侵犯即審度
事勢以計破之勿貪功輕入墮賊計中亦不得無事妄
生邊患兼慮詭詐屯兵一處却乘別路之隙其環慶涇
原秦鳳河東路亦當依此指揮二十八日鄜延熙河蘭

卷九百三十

岷路經畧司言西人侵界作過遣兵邀截各擒首領一
名詔令逐路經畧司只作本司意附逐人放歸仍面諭
以疆界雖少有未畢夏國安得輒發兵衆侵我邊境令
既生擒即合斬首界上蓋為朝廷意在好生又憂國見
輸常貢且放汝回候到本國明諭梁乙逋并近上首領
令後不得縱放人馬亂有侵犯閏八月六日夏國首領
梁乙逋將統領河南北人馬揚言謀欲犯邊九月二日
西賊深入攻圍麟府州詔麟府路軍馬司集兵應援仍
令范純粹審擇便利牽制策應五日西賊入寇麟府州
未退詔河東路經畧司誡諭張若訥占據地利審度賊
勢選募驍勇敢死之士出奇追逐或乘師老墮歸之際

擇利邀擊七月樞密院言夏賊寇犯麟府州雖已遁去
令據陝西沿邊奏報見各於並邊嘯聚竊恐復寇別路
詔陝西河東逐路經畧司如遇西賊入寇本路兵力不
勝即速令互行關報牽制策應十月五日樞密院言涇
原路探報梁乙逋近犯麟府界為人殺死梁阿革乙逋
為夏國所誅詔逐路經畧司如乙逋未誅尚猶用事即
宜乘隙用間仍選可用之人厚遺金帛優許職名密切
經畫七年六月九日詔夏賊犯河東合要諸路牽制麟
府路令府州軍馬司嵐石州令石州都巡檢司舉擬烽
入鄜延路轉報以咨路分其諸路得河東橫烽若麟府
軍馬司得諸路橫烽並簡習軍馬速赴順便堡寨駐劄

卷九百三十

未得出界各候探報得實可以牽制即從長取利進兵
先是樞密言夏賊犯順牽制策應須候帥司牒請路方會合按舊置橫烽遞相照應為便故有是詔八年
正月十三日鄜延路經畧司言保安軍得宥州牒本國
準北朝劄子備載南朝聖旨稱夏國如能悔過上奏亦
許應接令再欲遣使詣闕十四日詔夏國請命未測情
偽令陝西河東帥臣約束沿邊過為備禦仍戒約兵馬
不得於邊界生事四月一日夏國主乾順遣使謝罪獻
蘭州乞賜塞門寨詔答不許　紹聖三年五月六日樞
密院言西人雖稱欲遣人進貢誓表卻又侵犯鄜延義
合等處豈宜遽弛攻討禦捍之備詔陝西河東經畧司
多方備禦八月五日鄜延路經畧使呂惠卿言自六月



以後五十日間第一至第七將前後十四次俘斬甚衆
並獲副軍大小首領副鈐轄及得夏國起兵木契銅記
旗皷二十一日鄜延路奏西賊壓境詔差府界兩將赴
鄜延路京西第二將赴熙河蘭岷路府界第七將赴秦
鳳路十一月二十四日環慶路經畧司言宥州界正名
嘭等各帶領人馬於曲律六掌等處駐劄欲寇塞安等
寨遣鈐轄張存領兵將掩擊斬首九百餘級　四年三
月四日涇原路經畧使章楶言令來進築須藉別路聲
援牽制乞更下鄜延河東廣張聲勢為深入之計熙河
蘭岷路經畧司候見涇原路舉動月日即疾速指揮蘭
州廣作渡河討蕩聲勢務要分撓賊計仍令鄜延河東

卷九百三十

路經畧司依涇原路所奏施行六日涇原路經畧司言
西夏起甘州右廂卓囉韋州中寨天都六監軍人馬屯
徧江州白草原又遣首領妹勒都逋烏嘭草嘭領兵並
塞詔涇原帥司嚴誡諸將每事持重務取全勝二十七
日孫覽奏西界長波川有賊兵屯聚尋遣兵入界遣先
鋒張真等至津慶川破敵乘勝至惟烈川折克行相繼
而至斬二千餘級獲牛羊馬三千有餘并燒蕩族帳迤
邐還寨四月五日知保安軍李沂統制兩將人馬入西
界討蕩燔毀洪州城內外首領人民族帳等甚衆得牛
馬駞畜二千餘十三日呂惠卿言差路分都監劉安統
制兵馬出塞修復浮圖寨八月三日河東經畧司言西

賊侵犯神堂等堡遣將賈嵓李倈以少擊衆賊倉卒首尾不救適去王師乘勝修復葭蘆五日鄜延路經畧使呂惠卿言近遣將官王愍破蕩宥州燒毀族帳斬獲五百餘級牛羊以萬數十二月二十一日樞密院言熈河蘭岷路經畧安撫判官鍾傳將本路并秦鳳兵出塞斬獲僅四千級　元符元年三月二十四日河東路經畧司奏崇儀使張世永等統制兵馬出界討蕩獲千餘級大小首領二十餘人十月二十五日涇原路經畧使章楶奏西賊三十萬犯塞攻平夏城凡十三日將寨官捍禦無虞二十八日熈河蘭會經畧司言副都總管王愍統兵徑趍卓囉右廂以東攻討以牽涇原賊勢到罷沙

卷九百三十

會遇賊迎敵愍躬率將士奮擊大破賊衆斬首千三百餘級内一級係僞江落駙馬頭俘三百餘人牛馬羊駞二萬五千餘數百里族帳蓄積燒毀殆盡　二年三月十九日遼國泛使國信使蕭德崇等賷國書爲夏國解和　其畧云粤維夏臺實力藩輔累承尚主迭受封王近歲以來連表馳奏稱南兵之大舉入西界以深國懇求救援之師用濟攻伐之難理當告急事在解和蓋念遼之於宋親重祖孫夏之於遼義隆甥舅必欲兩全於保全豈宜一失於綏存蓋具意止爲夏國游說欲息兵及還故地云　四月十九日蕭德崇等辭投以報書許以自新回劄子云夏國久失臣節未當聞納今以北朝



遣使勸和之故見令邊臣與之商量又緣夏人前來曾一面修貢一面犯邊慮彼當計窮力屈之時暫爲恭順以疑我邊備俟候稍藴復來作過則理須捍禦及行討伐若果是出於至誠服罪聽命亦當相度許以自新　六月二十六日鄜延路經畧司言西人犯順寧寨差第三副將張守德等至牛羊川掩襲斬獲首級七月二十三日環慶路經畧司言知環州种朴領兵至赤羊川收接到賞羅訛乞家屬百五十餘口孳畜五千夏賊千餘騎來追與戰生擒監軍訛勃囉并首領泼丁訛遇詔本司體問訛勃囉如委是西界監軍即取問在西界日所管地分人馬及有何家屬在彼并所見聞事以聞仍管

卷九百三十

押赴闕所有賞囉訛乞家屬仰多方存卹及選差信實人持本家信號往招訛乞令早歸順八月二十八日洮西沿邊安撫司言夏賊五千餘騎來攻廝歸丁南宗堡遣兵接戰適去九月一日夏國主乾順上表遣使謝罪見于崇殿改詔賜夏國曰爾國亂常歷年於此迨爾母氏復聽姦謀屢興甲兵擾我疆埸天討有罪義何可容令凶黨殲除爾既親事而能抗章引慝冀得自新朕嘉爾改圖姑從矜貸已指揮諸路經畧司令各據巡綽所至處明立界至并約束城寨兵將官如西人不來侵犯即不得出兵過界爾亦嚴戒沿邊首領毋得侵犯邊境候施行訖遣使進納誓表當議許令收接二十六日樞

密院言鎮戎軍中西界二千餘騎出浮圖岔與官兵鬭敵供奉官陳吉差使李戭等死之侵犯漢界有違誓表詔鄜延路經畧司令保安軍移牒宥州聞知本國主令遵依已降詔書施行十二月三日夏國差使副令能嵬名濟寨等詣闕進上誓表謝恩及進奉御馬詔依例回賜銀器衣著各五百匹兩

交州（續會要作交阯）

太宗太平興國五年七月詔以蘭州團練使孫全興鞍轡庫使陳欽祚八作使張峻左監門衛將軍崔亮為邕州路兵馬總管寧州刺史劉澄軍器庫副使賈湜供奉官閤門祇候王僎為廣州路兵馬總管分路率師討交州就命知邕州太常博士侯仁寶為交州路水陸計度轉運使

卷九百三十

初仁寶上言交州可取因求乘傳入奏參知政事盧多遜素不喜仁寶因謂帝曰先召仁寶泄其謀不便可就除為轉運使經度其事（事具交阯門）

神宗熙寧八年十二月二十一日交阯入寇詔廣南西路經畧司嚴切自守命置安南路經畧使司以預經制其事將討之也以天章閣待制趙卨充安南道行營馬步軍都總管經畧安撫招討使廣南安撫使入內都押班李憲充副使　九年二月二日以知太原府宣徽南院使郭逵為安南道行營馬步軍都總管本道經畧招討使兼荆湖廣南東西路宣撫使改趙卨為安南道經畧招討副使以龍神衛四廂都指揮使燕達為行營馬步軍副總管而罷李



憲用選人程壽孫等九人為九軍主簿仍命趙卨都大提舉計置糧草逵等以十二月十一日出界討伐是日破決里隘訟路賊黨望風逃潰二十一日大軍抵當良江未至交州三十里賊以精兵乘船逆戰逵兵奮擊斬僞大將洪真太子其餘驅擁入江溺死不知其數其首領李乾德上表乞降所收復廣源州門州蘇茂思琅諒州等處溪洞開拓千餘里為內地先後降賊將觀察使劉應紀共一百九十人以其事聞輔臣稱賀十年二月二十五日詔罷經畧招討等司行營軍馬徐量留屯守外發歸逵處以逵就判潭州卨就知桂州以安撫其後也

卷九百三十

宋會要　討叛三　青唐木征　金國

青唐　神宗熙寧八年董氈將青唐結鬼章與泠雞朴
大入寇邊遣内侍省押班李憲捕之　十年鬼章驅誘
熟羌圍岷州城寨占據鐵城憲命种誼夜出兵二千度
洮水直抵鐵城鬼章兵潰臨斬泠雞朴於是董氈恼懼
遣首領入朝謝罪詔以董氈為都首領結鬼章為廓州
刺史　哲宗元祐二年三月鬼章復寇洮州分築洮州
為兩城以居五月一日圍河州南川寨詔出兵百五十
指揮凡七萬餘人戍邊且博詢士大夫可與計畫者大
臣以奉議郎游師雄應詔時鬼章與夏人連謀入寇中
分熙河師雄諜知之言於熙河蘭會路經畧使劉舜卿
卷九百三十一
請分兵兩道急裝輕齎並洮水而進八月十七日姚兕
种誼攻講朱城焚其飛橋移時羌十餘萬至不得度十
八日晚至洮州士皆鏖戰呼聲動天地一鼓破之擒鬼
章及其大首領九人斬馘數千十一月十二日鬼章入
獻于崇政殿詰犯邊狀伏罪誅死聽招其子部屬歸附
以自贖三年正月二十四日詔阿里骨已差人奉表詣
闕謝罪令邊將無出兵仍罷招納　元符二年春洮西
安撫王贍密畫取吐蕃之策遣舉人黄亨上其事於朝
章惇喜其説下熙河路經畧使孫路計議路即大發府
庫招來羌酋夏六月河南大首領邊廝波結以錯鑿講
朱一公當標四城降七月二十五日贍引兵度河取邈

兵九之一

川　因奏邈川古湟中地東北控夏國西接宗哥青唐
巢穴南距河州一百九十里東至蘭州二百餘里乞建
為湟水軍從之　王愍别提麾下兵出省章峽取宗哥
城孫路度青唐未可朝夕下欲先固邈川及河南北諸
城然後進師贍乃奏青唐不煩大兵可下也朝廷以路
逗留失機會更以胡宗回為經畧使宗回罷王愍統制
以贍為之　初贍御路不專委已故陳青唐可下欲以
中路至是乃陳夏人點集謀救邈川可守禦不可進攻
宗回怒其語反覆遂以軍法趣贍出師　九月二十日
贍提孤軍入青唐隴拶出降閏九月四日詔以青唐為
鄯州仍為隴右節度鄯州湟州湟州并河南北新收復
卷九百三十一
城寨並隸隴右仍屬熙河蘭會路以贍知鄯州充隴右
沿邊安撫使兼沿邊都巡檢使以王厚知湟州是冬胡
宗回奏又營建洮州　青唐下後數日王愍語人曰令
主帥不先固邈川以東城壁而取青唐非計也以令日
計之青唐有不可守者四自炳靈寺渡河至青唐凡四
百里道塗險阨緩急聲援不能及一也羌若斷炳靈寺
浮梁寨省章之險我雖有百萬之師倉卒不能進二也
贍以孤軍入青唐後無援兵羌人窺伺必生他變三也
設遣大兵而青唐宗哥邈川食皆不支一月内地無粮
可運難以久處四也　未幾心牟欽乞師夏國夏國遣
監軍白崙年人多保忠　白崙年本吐蕃首領夏國以

兵九之二

女妻之人多保忠即夏國右廂監軍　點集四監軍兵
合吐蕃兵數萬人來攻瞻止謂山南諸羌叛遣部將李
賓統精騎二千乘夜入保敦嶺擊之九日以李遠王瑜
米世隆李昶毛吉張可久六人部押降羌部落守東城
瞻悉以所統兵守西城羌攻東城甚急十二日會李賓
討山南族帳解安兒圍至是始還與羌軍轉戰城內軍
士聞之馳赴羌遂奔潰時邈川亦被圍城中不滿千人
守禦器械百無一二總管王愍乃令軍士撤戶為盾剡
木為戈籍城中子女衣男子服以充軍以瓦炒黍供軍
餉晝夜備禦率死士開門血戰會帥司亦遣苗履姚雄
將兵來援復下臕哥黑城焚蕩族帳羌不知我兵衆寡



遂引兵遁去圍始解十月五日履雄乘勢引兵開路至
青唐繼而結咒章及峽外羌復叛攻圍青唐安兒宗哥
林金城瞻與宗回文檄不相通者四十餘日陝西轉運
判官秦希甫上其事朝廷以青唐為難守二年二月二
十八日命熙河蘭會路兵馬都監兼知河州姚雄統領
軍馬救援青唐時吐蕃不留兵守省章却於峽外平川
邀戰雄軍既度峽於是三戰三捷直至青唐合瞻軍棄
鄯州以歸自省章峽以西皆捐之更以湟州為都護四
月姚雄將兵城河州安鄉關康謂將兵城蘭州京玉關
夾河咸築關塹以護浮梁八月雄復築尨吹是為寧洮
寨次築黑城是為安隴寨以圍堡為寧川堡以臕哥為



安川堡　是冬雄奏王瞻貪功生事收復窮遠之地費
財勞師幾臨兩路兵馬煩朝廷遣兵救應及臣僚言瞻
厚侵盜青唐珍寶財物詔瞻房州安置厚添差監隨州
酒稅以雷秀知湟州　徽宗建中靖國元年二月朝廷
委姚雄謀度棄守利害雄以為可棄無疑三月十六日
詔河西節度使趙懷德知湟州盡賜見在粮草委之招
納携叛許以戎索從事其元置守臣及官吏兵將悉追
還除存留湟州城壁樓櫓外沿路堡寨並令毁撤仍命
姚雄知熙州委以措置　時湟州芻粮告竭人馬多死
議者謂所費不貲難以經久議棄湟州故有是詔　雄
以雷秀為東路統制將湟州兵馬由京玉關以歸以蕃



兵總領劉玠為西路統制將兵護湟州居民商旅由安
鄉關以歸　崇寧元年七月蔡京自尚書左丞入相日以
興復熙寧元豐紹聖為事於是侍御史錢遹言乞除雪
瞻厚罪名及正當時議棄地者之罪於是詔王厚敘皇
城副使王瞻追復供備庫副使而一時議棄地韓忠
彥曾布安燾李清臣蔣之奇范純禮陳次升都貺錢景
祥秦希甫龔夬張廷堅並貶責有差收復湟鄯之謀自
此始矣時上又問知樞密院事蔡卞曰鄯湟可復否卞
對曰可復問誰可將對曰王厚可為大將高永年可統
兵上從之於是命厚知河州兼洮西安撫厚請擇人以
自助詔遣內客省使童貫與偕朝廷自棄鄯湟畔羌多

羅巳迎隴棫之弟曰溪賒羅撒立之趙懷德奔河南
二年二月以王厚權句當熙河蘭會路經畧司童貫爲
熙河蘭會路句當公事六月厚貫發總領蕃兵將官高
永平蕃兵將官李忠熙州將辛叔詹河州將辛叔獻蘭
州將姚師閔劉仲武通遠軍潘逢王用及王亨党萬等
提兵分道並進連日大捷遂圍湟州溪巴溫溪賒羅撒
遁去收復湟州以一公城爲循化城達南城爲大通城
亂當城爲來賓城當標城爲安强寨九月築來賓城綏
遠關臨宗寨三年三月二十九日厚貫統大軍出師金
平四月九日高永年三道進師皷行至鵠子隘大捷斬
首四千餘級追奔三十餘里是日入宗哥城十一月復

卷九百三十一

安兒城青唐首領僞公主壽宜結年乞降十二月王師
入青唐城十三日復林金城蘭宗堡十八日復結囉城
十九日復廓州五月曲赦熙河秦鳳永興軍路以鄯州
爲西寧州大觀二年四月二十四日童貫分遣統制官
辛叔獻馮瓘領軍自岷州入界收復洮州興工脩築又
分遣統制官劉法張誠王亨自循化城入界統領官焦
用誠陳迪由廓州三路入以五月三十日收復洮州及（溪哥城）
溪哥僞王子臧征僕哥降以溪哥城爲積石軍政和五
年貫又進築震武城以爲震武軍自是啗厮羅之地悉
爲郡縣　宣和元年六月一日詔眷言西陲之人世爲
中國之輔凡爾赤子亦予良氏屬者輸欵來歸有加悔



罪欲民休息已詔罷兵誓書之言堅如金石　木征
神宗熙寧四年八月九日命同提舉秦州西路蕃部及
市易公事王韶管句秦鳳路沿邊安撫司始經營以復
熙河也　五年四月詔招降洮河武勝軍一帶蕃部千
餘人各補職名　五月建古渭寨爲通遠軍將恢復河
隴爲開拓之漸就差韶兼知軍事以八月八日韶等部
將士收復武勝軍賜名鎮洮軍時木征餘黨尚懷拒命
知德順軍景思立專以本將軍馬策應詔賞得功將吏
十一月詔招降馬蘭川東抹邦一帶大首領温逋昌
厮雞等各補職各補職名　六年春韶等領大兵收河
州先鋒斬首千餘級木征遁走生擒其妻瞎三年并其

卷九百三十一

子而蕃賊約三千犯香子城刼奪輜重令苗授領勁騎
擊退韶領大兵繼進發牛精谷一帶作過蕃部又差景
思立王君萬以兵招安通路與蕃寇遇斬首三千餘級
奪輜重牛羊等　十一月收復河州破蕩其部族盡收
岷疊宕故州地　七年四月木征出降并其家屬承引
押赴闕詔除團練使　金國　高宗建炎元年五月六
日詔金人侵犯磁相等州遣將馬忠將所部兵五千號
一萬張換將所部如忠之數與忠應接相爲聲援前去
河北自恩冀州以北取路過河趂河間府雄州以來追
襲八日遣薛廣將所部兵三千人自内黄過河會合河
北山寨義兵一萬人收復磁相等州張瓊將所部兵三

千自開德府西渡河會合水寨義兵一萬人與薛廣接濟相為聲援七月二十八日詔賜河北西路招撫使張俊章服遣行以京畿兵三千於大名府置司一面遣官於河北西路告諭招撫山寨首領民兵候就緒日渡河先復濬衛懷州真定府次解中山府等處圍二年五月八日陝西諸路帥臣東京北京留守司京東等處奏報金人渡河分頭出沒攻圍虜掠詔韓世忠閤劾各領所部人馬去京西攻討令東京留守宗澤差楊進等諸軍相為應接十月十二日金人渡河攻開德府不破往濮州攻城詔差御營使司統制官張俊領所部兵由京師前去開德府差統制官韓世忠領所部兵由徐州前去



東平府迎敵光差河外總管見屯住冀州馬擴領所部兵與張俊韓世忠互相應援既而議者謂張俊為中軍統制不可遠去留俊差統制官范瓊由京師前去開德府三年十二月二十二日詔起復檢校少保武勝定國軍節度使兩浙西路制置使韓世忠前軍駐青龍鎮中軍駐江灣後軍駐海口四年正月三日詔韓世忠見駐軍華亭江灣將所部前軍往建康鎮江平江府湖秀州以東等候金人北歸率衆邀擊盡死一戰五月二十七日御營使杜充都統制岳飛言親提重兵至建康府與金賊戰鬬追殺過江收復了當其生擒到偽知溧陽縣事渤海大師李撒八千户留哥及女真漢兒等使臣申





解前去詔除李撒八等處置外餘漢兒分與諸軍收管　六月二十一日詔金賊見在江北滁和真州天長軍六合下寨見遣發劉光世張俊提領大兵前去措置掩擊外令鎮撫使趙立會合淮南諸鎮協力措置出奇邀擊務要速成大功如立到功効當不次推恩八月十五日詔金賊人馬於真揚州界出沒及將滁和舟舡出江不測南渡令劉光世前去鎮江府分遣官兵於江岸張耀兵勢過為隄備及會合淮南諸鎮軍兵併力邀擊十九日詔金人已犯揚州必侵承楚令岳飛率兵腹背掩擊及令劉光世遣兵渡江應援淮南州軍無失事機九月三日兩浙西路安撫大使兼知鎮江府事劉光世言



遣發統制官王德等將帶軍馬前去揚州以北討殺金賊新破諸鎮其志正驕必謂我兵不敢渡江若連夜徑去出其不意決成大功又別遣奇兵由天長路張耀兵勢多方疑之王德等於八月二十四日早渡江次日兵過邵伯逢賊夾河下寨王德等突騎先至敗賊殺三千餘人掩擊入水莫知其數活擒汝真契丹燕人簽軍等四百餘人復奪被虜人民二千餘人並放歸元來去處詔令劉光世將擒到金賊四百餘人押赴行在六日詔訪聞金賊尚在承楚盤泊未有歸意竊慮賊情狡獪別有姦謀窺伺通泰令劉光世多遣精銳軍馬渡江令督責王德等進兵掩擊仍令岳飛趙立王林掎角相應併

力勦殺逼逐渡淮南界並無金人方得勾回人馬仍遣使臣深入賊寨體探賊情進兵次第日具申樞密院十一日光世奏探得金賊到楚州界被楚州已塡合河道舟舡不通卻於承州以北別尋河路入淮北道詔令光世選精銳軍馬渡江前去會合諸鎮併兵掩殺務要速成大功如擒獲龍虎大王白身與補觀察使有官人取旨優異推恩不次陞擢繼詔光世督王德等賈勇士卒乘勝進兵務成奇功仍將逐次出戰立功人疾速開具聞奏十月三日樞密院據報金賊見為楚州及淮北有生兵前來接應推般對樓鵝車洞子塡壘壕塹連夜攻打詔劉光世雖已遣王德等軍馬渡江前去緣見與承州賊馬相拒未能直抵楚州仰光世親率大兵渡江由天長軍西路徑抵楚州仰會合諸鎮軍馬務要成功及郭仲威雖遣統制官楊望等部兵會合即不見仲威躬親前去仰郭仲威岳飛王林火急親率軍馬前去會合併力討殺稍失事機當重作施行二十一日令樞密院差使臣二人督促張浚令提關陝銳旅疾速入援十二月二日詔令知鄂州高衛總率張用宋戡等軍馬疾速前來江州應援如能解圍其張用特與除正任觀察使宋戡除橫行遙郡其餘將佐等當議優異推恩　紹興元年正月二十八日浙西安撫大使劉光世奏據被虜人稱隨金賊監軍龍虎離泰州前來到橫塘二十日晚





聞得江南渡人馬三晝夜其金賊復回攔馬營下寨詔劉光世極力措置隄防如遣兵追襲務保萬全無遠近功卻致落賊姦便仍日具探報動息入斥候鋪飛申樞密院二月十七日江南東路安撫大使呂頤浩奏奉親筆處分已遣張浚部領陳思恭岳飛等全軍人馬相繼進發張浚已除江淮招討統率大兵前去討賊候張浚到江東令與臣約日於饒州或本路其他州縣各量帶人兵會合討議從之　三年四月二十七日樞密院奏韓世忠除淮南宣撫使泗州置司所有預支半年糧二十八萬石已於平江及常秀支撥伺候韓世忠舟舡到來裝發及差倉部郎官孫逸前去監督其軍須專委都督按月應副詔韓世忠忠誠體國能任大事仰疾速進發或先遣輕兵夾淮屯駐全軍相繼起發毋失機會所有糧運分委近上將官統押舟舡接續裝發前去　五年正月二十四日詔陝西等處官吏軍民皆係國家赤子昨緣金賊逼脅遂陷偽邦蓋非得已應歸降人不得殺戮仰與存卹戒諭諸頭項官兵所至陷偽州縣城寨官吏軍民各先宣導朝廷德音務在以恩信招撫使之懷來非因犯抗拒不得輒行殺戮如有歸降之人不得奪取衣物鞍馬及加傷害致失人心仍多方存恤照管無令失所其招撫到人並與擒獲人一等推恩如人數稍多仰保明申樞密院取旨優異推恩令宣撫司出榜

曉諭二月十四日淮南西路宣撫使劉光世奏偽齊賊馬犯光州已遣統制官王德靳賽等軍馬渡江前去邀截掩殺及過淮收復州軍詔偽地官吏軍民皆國家赤子仰光世嚴切戒約所遣軍馬務在推布德意多方撫存非因拒捍不得少加傷害　閏二月六日川陝等路宣撫使吳玠奏金賊元帥四太子都統皇弟郎君撒離喝等領步騎十餘萬衆至殺金平與官軍對壘劄寨前來衝撞官軍血戰三十餘陣殺死賊兵不少賊衆再來分番攻擊官軍用神臂弓砲石併力捍禦殺死金賊甚衆統制官田晟遣兵追趕入寨又四太子親擁甲軍分頭一擁前來立攻營壘官軍與賊血戰殺退賊衆金賊

〈卷九百三十一〉

不住別添生兵分番緊攻約五十餘次賊勢轉加厚重玠遣統制吳璘領兵邀擊番賊兵大敗官軍追殺至賊寨門殺死金賊甲兵并酋首莫知其數又發遣將兵及分頭劫動賊寨併力復來迎敵統制官吳璘田晟楊政鼓率將兵用命鏖戰殺敗賊衆死傷無數其賊退却終未退回探得別蓄姦謀欲遣軍馬於白水七方關等路衝突入川玠密遣將兵於賊寨後別置火寨擂鼓發喊進逼賊寨及別遣銳兵攻破四太子皇弟郎君大寨賊首尾不能相救連夜遁走玠續發同統制王浚帶領軍馬追襲痛行掩殺據王浚申前去鳳州分兵邀擊賊兵追趕一百餘百累獲勝捷前後生擒千戶等及捉到活



人斬獲首級奪到金鼓旗幟器甲鞍馬不可勝計　三十一年十月詔契丹與我為二百年兄弟之國頃緣姦臣誤國招致女真彼此皆被其毒朕既移蹕江南而遼家亦遠徙漠北相去萬里音信不通今天亡北虜使自送死朕提兵百萬收復中原惟爾大遼豪傑忠義之士亦宜協力乘勢殲厥渠魁報耶律之深讎將來事定通好如初命吳璘為陝西河東路招討使劉錡為京畿淮北京東路河北東路招討使成閔為京西路河北西路招討使楊存忠為御營宿衛使主管馬軍司公事成閔兼鎮江府駐劄御前諸軍都統制淮南東路制置使京東西路河北東路淮北泗宿州招討使李顯忠為淮南

〈卷九百三十一〉

西路制置使京畿河北西路淮北壽亳州招討使依前建康府駐劄御前諸軍都統制吳拱為湖北京西路制置使京西北路招討使依前鄂州駐劄御前諸軍都統制詔曰國家以金人不道棄信渝盟遂至興師本非得已指揮諸將所到先問百姓疾苦除以官庫金帛給散將士外不得燒毀屋舍殺戮平民劫奪資財虜掠婦女其應干非法科歛役使殘酷不便事件害及吾民者日下除去見作奴婢之人並與釋放如豪傑忠義之士能據一縣迎降者即與知縣以一州降者與知州以一路降者除安撫使其集合義兵自効者並優補官爵加別任使為女真奴婢能擒殺其本主者便與其主在身官

贜仍以本户田宅錢物盡行給賜朕念中原赤子及諸
國等人久為金虜暴虐役使科歛或世為奴婢已無生
意又掯吾舊疆百姓為宋國殘民蹂籍殺戮無所顧惜
朕聞之痛心疾首是用分遣大軍諸道並進以救爾于
塗炭想聞王師至必能相率歸順朕不惜官爵金帛以
為激賞若係有官之人並依見今元帶官職更不減
其有以土地來歸或能攻取城邑除爵賞外凡府庫所
有盡以給賜朝廷所留惟器甲文書粮草而已如女真
渤海契丹漢兒應諸國人能歸順本朝其官爵賞賜並
與中國人一般更不分別内燕地人昨被發遣歸國者
蓋為權臣所誤追悔無及今雖用事並許來歸當優加
卷九百三十一
爵賞勿復疑慮朕言不食有如皎日是月十四日知均
州武鉅招納到北界忠義歸朝人巡檢杜海呰朝等二
萬餘人并老小數萬口殺到金人首級并捉到活人共
二百餘人十六日御前諸軍都統制王權遣統領姚興
於廬州北地名定林見陣活捉女真鶻殺虎十八日武
鉅遣總轄民兵荀琛將官李元收復鄧州十九日吳璘
遣右軍第二將正將彭清副將强英左軍第二將副張
德等攻破隴州方山原二十二日武鉅遣巡檢趙伯适
收復淅川順陽兩縣招納到忠義歸正人候進等共一
千餘户十一月一日御前諸軍都統制戚方遣將官張
實收復蔣州　金賊蕭安撫等部領人馬七千餘人於



十月初四日攻蔣州至是收復　七日西河州庥州知
寨張彦忠收復蘭州招收到北界熈河路蘭州千户王
宏同招撫部押軍馬魯孝忠率蘭州漢軍民投拜本州
僞官女真安遠大將軍蘭州刺史温都烏七等酋首以
不肯投拜遂戮之八日金房開達州駐劄御前諸軍都
統制王彦遣統制任天錫郭謙收復豐陽商洛兩縣攻
破商州捉到僞知州金人昭毅大將軍完顏守能權同
知商州武騎尉馬彦金人千户信武將軍渾達并男子
斤金人涅合番人楊大首金人向羅金人安遠大將軍
阿華并男六三番人劉春金人高婁石高受僧望字通
事郭十一李全部落子食粮軍一千餘人十一日侍衛
卷九百三十一
軍馬司中軍統制趙撙收復蔡州殺死總管楊萬户十
三日江淮荆襄參謀軍事虞允文奏虜兵七十餘舟邃
達采石南岸遣步軍統制時俊先登軍皆殊死鬬俘斬
既盡而戰江中者蒙衝相擊虜舟多平沉死者數萬岸
上之尸凡四千七百餘人射殺萬户二人服紫茸線甲
紵絲袍生獲千户五人女真五百餘人十七日戚方遣
統制李貴統領官張成忠義總首孟俊收復順昌府武
鉅收復虢州盧氏縣二十一日王彦遣發將兵會合忠
義官辛溥收復朱陽縣捉到正女真蕃人女人并招降
到縣令奉議大夫劉楫商酒都監供奉班祗候王元賓
及收復虢州十一月二十七日虜主完顏亮被弑

孝宗紹興三十二年七月十九日未改元詔王
管侍衛馬軍司公事張守忠將帶精鋭官兵五千人前
去淮西同王彥王之望措置邊備　八月十五日張守
卷九百三十二
忠奏得旨令本司諸軍人馬起發往巢縣屯駐應副緩
急使喚令來已是秋涼水脈減落道途通行正是防秋
之時諸探報不一詔令八月下旬擇日起發九月十二
日江淮宣撫司奏已是秋深乞撥甲軍前來揚州駐劄
詔令殿前司左軍全軍馬軍司於前軍左軍內各差二
千五百人令劉源統押步軍司差五千人並前去揚州
屯駐聽江淮宣撫司使喚　十月四日樞密院言已降
指揮捧日天武四廂都指揮使李橫令襄陽府發赴行
在未到間據虞允文劄子乞分李橫一頭項假以官軍
使同忠義人進發詔從之　八月詔令張守忠統轄三



司人馬聽江淮東西路宣撫使張浚節制　二十二日
張浚奏殿前司令月十三日得旨更候十日起發乞從
令如期應副差使詔令殿前司疾速催督起發不得住
滯　二十四日主管殿前司公事成閔言得旨令本司
於已差出戍人內選差一萬人前去鎮江府屯駐今欲
差前軍與策選鋒通共一萬人起發前去從之　孝宗
隆興元年三月二十八日詔步軍司軍馬可改差統制
李福統押起發前去其曾安仁依舊在寨管幹　四月
三日詔遣殿前司右軍統制閻德統轄殿前步軍司人
馬前去聽張浚節制　十月八日詔令殿前司於護聖
馬軍差一千人騎步軍差入隊二千人不入隊一千人
卷九百三十二
往江淮都督府令內庫支犒設月半起發十日殿前司
申恭依差撥外有馬軍一千人騎合用不入隊傔人一
千人打請草料照管養馬乞依數貼差前去從之十二
日詔已差發護聖軍人馬且令於鎮江府屯駐　二年
七月二十四日詔令步軍司郭振全軍人馬於八月上
旬擇日起發前去淮東屯駐　九月八日詔殿前司軍
馬可令常作準備不測起發十九日詔殿司護聖馬步
軍神勇軍策選鋒軍前後右軍人馬並行起發候到令
淮東宣諭使錢端禮差殿前司前軍先次往揚州右軍
往真州屯駐其餘軍馬並於鎮江府聽候朝廷指揮望
實除魏全邢福下兩將軍兵在盱眙屯守外其餘全軍

並令在楚州并清河口淮陰洪澤留屯陳敏軍依舊屯守高郵遇有警急令陳敏自將兵千人往楚州就劉寶同共守禦候事定日還任如盱眙人少更令劉寶相度那撥增戍郭振步軍司全軍令拘收並在六合揚州孫于瓜洲劉錡人馬候令來差撥殿前司軍馬到日歸劉寶軍如分屯去處人數多寡更切量度事勢輕重一面增減分合備禦　二十三日郭振奏據魏全申准招撫使劉寶差管轄軍馬日下起發前來清河口防捍全已於今月十八日起發前去訖契勘虜人十五日交割泗州之後且有增添人馬竊料虜人既以重兵壓境必有窺伺侵犯之意正要多備人馬以防不測衝突況泗州

卷九百三十二

昨來無事之時尚差陳敏一萬五千餘人魏全三千五百餘人在彼防托令來虜人對境屯泊重兵却蒙遣陳敏往高郵魏全往清河獨臣在盱眙軍竊恐緩急枝梧　前詔令劉寶部押陳敏魏勝於楚州專一措置清河口盱眙軍一帶仍分差主兵官前去盱眙軍體度備禦郭振候劉寶軍到即回六合　二十五日錢端禮言契勘盱眙軍近有郭振帶到三千餘人緣清河口係是控扼緊切去處劉寶已抽回魏全一軍郭振見在盱眙彈壓已候殿前司人馬到日分撥二千人往盱眙替回郭振官兵依舊六合屯駐所有盱眙取天長路至揚州兩日可到最為衝要與高郵地里相關合專委陳敏措置



防托已行下郭振且去時盱眙指揮下日遣發殿司人馬前去方可起發却回六合及令陳敏專一措置天長守備詔令劉寶遵依已降指揮全軍守把清河口并差官往盱眙屯駐緣近來淮西探報事宜稍重令郭振日下回六合陳敏將帶人馬前去天長候殿前司前軍到揚州令王琪先差撥三千人抵替陳敏往楚州同劉寶魏勝備禦楚州盱眙軍一帶其餘不可待報事令錢端禮一面隨宜施行　十一月十五日詔虜兵侵犯淮甸將士暴露朕念之坐不安席食不甘味令月十六日當避正殿減常膳　十二月二十四日樞密院勘會三衙官兵見屯戍兩淮詔令殿前司官兵先次班師步軍司節次起發

卷九百三十三

乾道元年正月十一日詔諸軍已班師楊存中令赴行在奏事　四年十一月五日詔殿前司差撥兵將官統押官兵三千人先次起發前去揚州權聽王任節制　九日護聖步軍統制兼知楚州左祐言得旨將帶本軍官兵三千人候至揚州且於寨屋安泊逐旋摘那前去楚州屯駐不得張皇竊見彼處目今正是盜賊出沒竊發之時若候所差人兵到來委是遲緩有失枝梧欲乞於揚州本司策選鋒軍更戍官兵摘差二百至三百人內馬軍一百人騎逐旋起發至楚州權暫聽祐使喚候本部人兵到日將借過人馬依舊發回揚州庶幾不失事機從之　十四日詔護聖步軍差出揚州

更戍三千人令令月十五日二十五日十二月五日分作三次起發　十二月十三日左祐言將官褚淵管押第一次起發一千五十人已於十一月二十六日到揚州安泊賊兵雖已潰散深恐尚有餘黨緩急嘯聚本州地居極邊抵接對境乞將褚淵一千五十人先次移那前來楚州屯駐庶幾邊郡有以彈壓不致疎虞從之

五年六月二十三日詔令殿前司於神勇見在寨人內差撥四千人馬四百疋選差統領一員部押前去江州屯戍權聽池州都統王明使喚候秋凉日起發

六年四月二十五日詔令殿前司於選鋒軍內差撥三百人策選鋒軍差二百人馬軍司中軍差三百人步軍司中軍差二百人建康府都統司差五百人赴江州王明軍使喚並要全隊強壯入隊之人不得以老弱不堪披帶人充數

九月六日詔令殿前司遣發遊奕軍全軍人馬并忠銳軍見管寄招軍兵並令遊奕軍統制官統押前去高郵軍屯守聽陳敏節制

開禧二年五月七日內降詔曰天道好還蓋中國有必伸之理人心助順雖匹夫無不報之仇朕丕承萬世之基追述三朝之志蠢茲逆虜猶託要盟朘生靈之資奉谿壑之欲此非出於得已彼乃謂之當然衣冠遺黎虐視均於草芥骨肉同性吞噬劇於豺狼兼別境之侵陵重連年之水旱流移罔恤盜賊恣行邊陲第謹於周防文牒妄形於恐脅自





處大國如臨小邦迹其不恭姑務容忍曾故態之弗改謂皇朝之可欺軍入塞而公肆創殘使來庭而敢為桀驁 泊行李之繼遺復慢詞之見加含垢納汙在人情而已極聲罪致討屬胡運之將傾兵出有名師直為壯而況志士仁人挺身而竭節謀臣猛將投袂以立功西北二百州之豪傑懷舊而願歸東南七十載之生聚久鬱而思奮聞鼓旗之電舉想怒氣之飈馳噫齊君復讎上通九世唐宗刷恥卒報百王矧吾家國之冤接於耳目之近夙宵是悼涕泗無從將勉輯於大勳必允資於衆力言乎遠邇孰無忠義之心為人子為人臣當念祖宗之憤益勵執戈之勇式對在天之靈庶幾中興舊業之再光庸示永世宏綱之猶在布告天下明體至懷

四月二十六日鎮江武鋒軍統制陳孝慶率諸軍渡淮攻泗州射退城上番軍鼓衆登城摶戰生擒番軍三十餘人遂復泗州

二十七日忠義人孫成等克復蔡州褒信縣

二十八日歸投人彤宣終明并北界部押官戍潤等結集莊民五百餘人迎先化軍忠義統領戍表等軍同為鄉導克復順陽縣

五月二日統制淮西軍馬卞興克復虹縣

同日忠義石贇賢楊榮等二十二人糾集其衆攻蘄縣縣人王貴劉允實楊榮蓋就等登城開門迎石贇等入城遂克復蘄縣

三日馬軍司後軍統制知濠州田俊邁率所部兵渡淮四日池州都

卷九百三十二

統制郭倬兵繼之是日鍾離縣民兵統領曹智通衛道
吳達等率兵克復靈壁縣六日主管侍衛馬軍李汝翼
兵渡淮八月俊邁兵至蘄縣十一日倬兵繼至十二日
倬俊邁引兵趨宿州虜遣騎迎戰俊邁與倬麾下將孟
思齊合力敗之於西流村十五日至宿州城下治攻具
翌日攻城不克十七日黎明虜出兵來戰我師敗之虜
退入城中至暮汝翼兵至十九日虜又出兵城西大王
湖木林中來戰已遽退歸汝翼等復鼓衆攻城不克二
十日俊邁及倬汝翼所統兵以久雨粮不繼潰去者甚
衆二十一日虜出騎三千來攻其夜倬汝翼俊邁率軍
退屯蘄州至西流村復為虜邀擊多所殺傷二十三日

卷九百三十二

虜兵圍蘄縣我師勢不敵虜乘勝登城焚城北門縣治
倉庫等倬等戰不利兵多死是晚倬汝翼受虜偽書使
人執俊邁送虜軍虜既得俊邁即鳴金歛兵北歸其夜
倬汝翼引餘衆南還是役也兵初渡淮三師所統合部
騎民兵幾三萬人倬汝翼孱懦無謀兵無鬭志又值連
雨器甲爛脫弓矢皆盡所至水潦橫溢糧食不繼軍還
潰亂不整士卒多奔散至靈璧兩軍所存纔五千餘人
而已先是俊邁知濠州嘗遣忠義人吳忠等入北界結集徒黨事覺為虜捕獲盡得俊邁所給旗號等又
俊邁常遣人抄畧彼界殺人奪其鞍馬橐駞等故虜知俊邁名甚久至是倬等受虜偽書具語謂能執送俊邁
則開以生路免萬人性命倬等畏怯信之用其帳下余永寧計詐作請俊邁議事遂擁衆圍繞俊邁奪其馬及
佩刀兜鍪等相與執縛送虜寨倬汝翼尋還送詔獄鞫得其實倬伏誅餘人論罪有差詳見特用刑門此據郭



倬獄案修入緣欲見事實首尾全備故不嫌與俊邁所書月日小有失次九日建康都統兼
知廬州李奭申初三日分遣統兵將官領兵三處攻取
壽州內北圍樓人登雲梯已及女墻城上擂木石頭草
火一時俱下軍人姚旺冒死而進膺下中槍而退既而
火石愈甚恐有傷損不免收兵等第支犒仍即躬巡營
壘遂一撫勞至晚復具雲梯五十座於初四日併力攻
取分布雲梯一時俱上弓弩齊發射中虜人無數緣城
壁陡峻矢石如雨積草縱火難於向前虜傷士卒過多
兼烈日中人力易疲又恐虜人別有援兵遂收兵養銳
別圖進取詔李奭應隨行軍馬先次添發於壽州策應
戮力攻取如建康知州人馬已到安豐軍更行調務要

卷九百三十二

必獲勝捷仍撫勞將士一面喝犒官資多設方畧早遂
收復中傷官兵先與存恤支犒　十五日知隨州雷世
忠部領軍馬克復唐州管下湖陽鎮　二十六日江州
左軍統制許進統率所部軍馬到蔡州克復新息縣
六月六日詔趙淳皇甫斌各將帶所部軍馬併力守禦
襄陽邊面不管稍有疎虞仍令鼓輅除合存留看守金
州寨栅守把關隘官兵外斟量將帶所部軍馬星夜躬
親前來襄陽軍前同共捍禦或虜人不測前來衝突各
御乘機進取毋致落賊姦便以知襄陽府江陵副都統
制兼京西北路招撫副使皇甫斌申五月二十二日知
隨州雷世忠統馭軍馬過三家河堤遂金賊掩殺不知

其數二十四日早有唐州虜騎約五千人與世忠對壘
交戰不期番軍續添生兵將軍馬衝突潰敗令探聞虜
人盡發重軍趨鄧州欲犯襄陽其襄陽根本之地正要
捍禦關防除已存留兩軍官兵守把棗陽外令將所帶
軍馬且歸樊城經畫守禦故有是命　十一日知襄陽
府江陵副都統制兼京西北路招撫使皇甫斌申昨調
發民兵攻取唐鄧二州繼遣大軍策應不謂大軍進發
未到民兵恃勇直前斌遂再遣知隨州雷世忠知郢州
王宗廉知信陽軍李興宗并江鄂兩司統制馬謹馬全
王彥嚴江統領雍政等將大軍佐佑民兵魚貫而進自
五月十二日起發之後大雨數旬既取湖陽進距唐州
南十五里三家河阻水不前虜兵亦臨河相持兩齋水
落世忠等射退虜軍乘勝渡河直抵城下大敗虜賊遂
北過唐州回軍攻城明日虜騎四合且戰且卻諸將狃
於既勝遂唐太深生兵四集我兵不加遂至潰散死傷
甚多所失器械十幾七八若將失利之兵只於棗陽再
行整齓猝未可復戰令探聞虜兵又過鄧州窺伺襄陽
反欲侵軼吾境除留二千人守護棗陽外斌一面躬親
前來樊城提督捍禦鄧州軍馬就行整齓唐州失利之
兵詔皇甫斌特降三官仍先次措置招集整齓軍馬葺
治衣甲器械同趙淳守禦邊面不得輒分彼此常切過
為隄備毋令虜人稍有侵犯尋詔斌更追五官送南安

〈卷九百三十二〉



軍安置以宣撫使薛叔似言斌威令不立以致敗衂難
以復統襄漢之師故也　二十一日詔泗州雖收復緣
諸路尚未奏功所有泗州可與不可堅守令宣撫疾速
措置條具聞奏　繼而江淮宣撫使邱崈畫一條具言
一泗州之守猶前日宿壽之攻也雖攻守異勢然見可
而進知難而退宿壽惟不能知難而退使兵力疲敝故
虜兵一來皆不能當遂至奔潰方其未潰可退而不退
猶今日泗州可棄而不棄令宿壽悔無所及泗州豈可
蹈其覆轍所以當棄一宿壽奔潰之後人心至今皷作
不起猶賴淮東兵力尚完譬之左手雖病尚有右手若
右手又病則為廢人故淮東之兵不宜挫衂則心折氣
喪復如淮西大勢不復可以枝梧此泗州所以當棄一
泗州有精兵萬六千人守將畢再遇者新立功士心畏
服虜兵若來與戰未必不勝然亦不能保其必勝則是
勝與不勝未可前知也勝否既未可前知豈可持必勝
之說徼未必勝之說故揆利而言莫若先為不可勝況
州居民盡已搬移聚於楊州令獨空城而已此泗州所
以當棄一泗州果能堅守不過得一空城如今日初無
所利萬一不守則喪失精兵將淮東所有之兵其勢自
然不振雖欲固守其能固守乎若先自棄此一城非是
為虜所奪進退自如不失勝勢又得精兵萬六千人及
更換回運水金城之兵八千人則是淮東添二萬四千

〈卷九百三十二〉

人其為守禦豈不可恃其與坐待挫衂利害豈不相絶設若不棄泗州虜知精兵良將皆聚於此更不謀取泗州只於淮西徑入蹂踐則泗州迴然於淮北終亦必棄故極而論之不得不先事而棄一漣水金城之兵八千郭倪言皆是精兵說者以謂漣水金城皆在水中但有一路通海州又謂四邊皆沮洳如此則吾兵自屯於絶地武言此兵若退歸則其地必為虜人所守虜亦豈肯自屯兵於絶地哉則所言之妄豈不可見一泗州合棄係關天下大計但當論實利害在我者便與不便其他小利害如常情所謂不好看惡模樣之類皆不足計也一只如海州壽皇之初固為我地又更勝西楚燒虜舟之勝尚不能因海州得山東尺寸之地如何令日得海州便能窺山東則是雖得海州亦無益況於邳州說則甚易取則甚難假使得之方乃兵連禍結不可徇妄庸之論而僥倖於萬一不待詳述而後知也一令淮西四郡正是虜人入寇之衝創殘之餘守禦無策士氣尚未回旋令方和輯民兵乞等候招集起發雜色軍兵分布守禦其危岌岌殆不可言豈可更望有所進取所以必當棄泗州換回漣水金城等軍方可斬斬為自守之策

十一月一日詔令管幹殿前司職事郭杲將帶精銳甲馬步五千人前去真州駐劄專一策應兩淮　十六日詔朕惟淮民避寇弃走失業將士乘邊戰守良苦風



宵念此寢食靡遑自今月十八日當避正殿減常膳

三年九月四日詔令步軍都虞候王處久將帶本司官兵五千人并隨身衣甲器械前去鎮江府江上一帶往來措置防捍江面以備策應　十月十七日內降詔曰朕寅奉基圖遹遵祖武憂勤弗怠敢忘繼志之誠寤寐自量尤謹交鄰之道屬邊臣之妄奏致兵隙之遂開重困生靈久勤征役省躬自咎攬涕何言第惟敵人陰誘曦賊計其納叛之日乃在交鋒之前是則造端豈專在我暨僭狂之已戮審迹狀之益明詎曰無詞然猶不校況先捐泗上已得之地亟諭諸將斂戍而還蓋為修好之階所冀不遠之復適傳來訊自我元戎游遣行人違茲彌歲比及反命俱述彼言肅昔九廟之靈併嚴三使之選速襲於境遲報即行凡所要求率多聽許彌既至悃愊備殫無非曲為於斯民詎意復乖於所約議稱謂而不度彼己索壤地而擬越封陲覬取貨財數踰千萬雖盟好之當續念膏血之難朘朕方服喪禮無貳事疚咨衆多之議更東信實之人祇務輸誠終期改聽尚求遝之弗恤殆靡容於即安茲敷露於腹心用申警於中外深惟暴露重痛死傷疆埸耗於流離郡縣煩於供億致汝於此皆誰之愆當知今日之師誠非得已而應豈無忠義共振艱虞思祖宗三百年涵濡之恩極南北億萬衆創殘之苦上下同力遐邇一心鑒既往之莫追幸

方來之有濟嗚呼事雖過舉蓋猶繫於綱常理貴反求況已形於悔艾凡我和戰脈敵從違各肩衛上之忠共建保邦之績緊爾有衆體茲至懷　嘉定十年六月十二日内降詔曰朕厲精更化一意息民犬羊污我中原天厭久矣狐兎失其故穴人競逐之豈不知機會可乘讐恥未復念甫申於信誓實重啟於兵端故寧咈廷紳進取之謀不忍絶使介往來之好每示圖存之誼初無幸釁之心豈謂亡故遽忘大德皇華之轡朝返赤白之囊夕聞叛卒鴟張率作如林之旅饑貶烏合驅為取麥之師貪婪無厭僥倖嘗試宜神人之共憤亦覆載所不容守將効忠開門而決戰兵民賈勇臨陣以爭先羣酋

【卷九百三十二】

既殲殘黨自潰允賴蕩攘之力迄成綏靜之功然除戎當戒於不虞縱敵必貽於後患咨爾有衆永肩厥心毋忽其既退而懷苟安毋狃於屢勝而忘遠畧屬炎蒸之在後念戎役之方勞雖摧枯拉朽之非難而執鋭被堅之不易視而暴露如已焚惔一朝皆姆誰實為之六月飭戎予非得已諒深明逆順曲直之理其孰無激昂奮發之思師出無名彼既自貽於顛沛兵應者勝爾宜共赴於事功苟能立非常之勳則亦有不次之賞爾其聽命朕不食言



討叛四

黎瀘州蠻夷　桂陽蠻猺　儂智高　王均　陳進　王倫　雲翼軍
王則　方臘　陳通　李成　苗傅劉正彥　范汝為　李敦仁
邵清　張琪　曹成　楊么　黃誠楊太周倫等

黎

瀘州蠻夷附瀘南　真宗大中祥符二年八月，黎州蠻為寇，命文思副使孫正辭為黎雅州水陸都巡檢使，東染院副使張繼勳、內殿崇班閤門祗候侍其旭為同巡檢使，發陝西兵嘗經陣戰者付之，仍令冬初到彼，以春夏瘴毒故也。仍以曹利用討宜州賊賞罰格付之。先是黎州蠻擾動，命侍其旭馳往戎瀘招撫夷人，尋首罪來歸，斂牲為誓。及案行監井，夷人復拒之，率部百餘生擒其首領三人，斬首數十級，而部下被傷者亦二十人，遂還黎州。因上言夷人辭在岩險，未即首罪，尚集徒黨拒捍，望發兵三五千與逃界巡檢並赴淯井要誘會，如尚敢陸梁，因而討戮，故命正辭等。令陝西轉運使李士龍乘傳與正辭偕行，給事須。又以閤門祗候康訓同管勾峽路驛泊公事。時以蠻寇未寧，慮施、黔、夔、峽夷人擾攫，故擇訓涖事，仍令慰撫之也。會益州上言：

卷九百三十一

黎州蠻已招安，外有未寧輯者，望就選使臣撫諭。詔梓州路轉運使滕涉及侍其旭等，如孫正辭等未至，第依前詔安撫，案兵勿出，候發兵至彼，即便宜從事。會涉至黎州有疾，命屯田員外郎李士龍權領其事。時正辭以北兵不諳山川道路，乃點集鄉丁，目曰白芳子，給兵器，使為鄉導。又奏請益兵，帝以邊徼窮僻，供億非易，不許。仍詔正辭等如蠻寇不受招安，已經誅翦畏服，勿窮追之。又以丁謂所招撫夔州蠻令歃血為盟，刻鐵石柱為誌事付之。侍其旭等招到夷人計婆行等，且言得衣服紬布即率屬來歸，將召至軍前按罪誅之。詔有來赴招安者留之，上請無得殺害，如敢拒抗，即進兵討伐。



既而正辭等議分三路入夷境，其不赴招安者多已逃竄，有蠻計引者深匿村舍，即遣人就招諭之。正辭等又欲直趨淯井，而叩部蠻深憤瀘州夷人相殘，願舉兵從討，正辭等以聞。帝慮叩部蠻成功則過有覬望，詔第令其自守。　三年正月，詔以瀘州三月即苦瘴毒，如戎人尚未順，量留兵阨其險路，令孫正辭、侍其旭、李懷忠、史崇貴自三月領兵分屯近郡，又遣使以辟瘴藥馳賜之。二月，孫正辭等上言安撫夷人悉已平定，蠻羅忽餘等素來忠順，防援井監，至今捕殺叛蠻未已。即遣內侍郝昭信齎詔諭忽餘等，獎其向化，因諭以朝廷已釋放，無得更有邀殺。又命入內供奉官史崇貴管勾戎瀘州軍馬事。　時夷人雖已安靜，尚有逃竄岩穴而未賓者，慮

卷九百三十一

孫正辭等軍還或致嘯聚，以崇貴嘗使在彼，頗知蠻情，故以命之。先是孫辭帥兵入溪洞，多焚其積聚廩庾，帝曰：蠻夷亦吾民也，不可使之食。六月，七月，夷人復寇瀘州淯井監，奪鹽井。詔以內殿崇班王懷信為嘉眉戎瀘等州水陸都巡檢使，供奉官閤門祗候康訓、符承訓為同巡檢使，馳往與梓州路轉運使寇瑊體量招誘，三日一具事宜，驛置以聞。發陝西神虎保捷兵三千二百七十二人付之。先是孫正辭討蠻寇日，有虎翼小校三人率衆冒險先登破賊，真宗記其勤，即令超補，至是復令名錄懷信揭使。又益州禁軍忠勇二百人嘗討王均有功，令用為前鋒，仍令募白芳子以為鄉導。又有殿直宋貴者，嘗知江安縣，規畫溪洞事頗合機要，即召還，俾復往知縣，令懷信與瑊凡事與之同議。又以戎瀘瘴毒，士卒多疾，遣使齎藥

物賜之　十一月懷信與康訓承訓等帥兵由滑井溪入夷界至斗滿村與夷人戰敗之追至屏風山　每戰獲夷人首級及奪藤牌梭槍木弩諸兵器及焚其庵寨積聚糇粮奪牛羊雞犬等不可勝數　又自斗引村與夷人戰殺傷甚衆追至龍㦸山賊勢窘迫多投崖而死十二月康訓將壕寨兵先往涇灘峽開路會夷人至與戰訓為賊兵所傷墜崖而死王懷信等領兵赴之夷人遁去懷信等追之過涇灘山殺傷夷人甚衆未幾夷人謀攻思晏江口小寨寇賊與王懷信等部兵往禦之夷賊萬人陳於寨北山上王師與力戰殺夷人五百傷者千餘人賊遂退走　六年正月賊復分三路來寇王師與戰敗之殺傷及溺於江水而死者甚衆自是夷人挫衄各來首罪不復為寇

卷九百三十一

神宗元豐元年七月一日以瀘州納溪夷人為寇詔西上閤門使忠州團練使涇原路總管韓存寶都大經制瀘州納溪夷賊於渭州及涇原路選下蕃土兵五千内馬軍一千及差經戰鬬使臣二十員務要殄滅自來倔強村囤者若懾威丐命即許自新本路兵官並聽存寶節制粮草錢帛委梓州路轉運使高東判官程之才隨軍計置不得與軍事提點刑獄穆珣令歸本司先是珣言近准朝旨令婉順開諭夷人以見收捕蘇三七毋得為誑以見陛下天地之仁愛念元元至深厚也然而醜類不識恩信復侵逼納溪鎮水欲望遣兵職厥種類故命存寶討之蘇三七者納溪寨居民初與羅苟夷相特意競訟毆殺之夷訴于寨而江安縣檢驗其屍夷人謂漢殺我人官不





償我屍價而又暴露之於是憤怨也聚為寇　十月十日韓存寶破復賊城等十三囤除歸降外並已焚蕩斬首級五百生擒百餘人牛畜銅鼓摽排器甲各千領兵赴瀘州分屯　十一月乞弟率衆犯邊縱火掠人　乞弟知歸徠州甫望箇恕之子甫望箇恕死乞弟承襲韓存寶之經畫羅苟夷也乞弟嘗率兵助王師存寶許以厚賞賊徒既平存寶不與賞故犯邊　三年四月十二日上批崎嶇山獠敢爾跳梁雖已令鄜路濟兵應援須議發兵深入討除夔州路轉運判官程之才可從梓州路同轉運使高東預於要便州縣城砦備人二萬馬五千一月芻粮十五日梓夔路鈐轄司言本路都監禮賓使王宣等與乞弟戰于羅年材全軍敗沒五月二十二日命韓存寶都大經制

卷九百三十一

瀘州夷賊事聽選本將及陝西并東兵萬人自隨其義軍弩手亦聽選擇又命内藏庫使忠州刺史湖北路鈐轄彭孫提舉捉殺夷賊選馬步三千自求便路進討如與韓存寶軍會聽存寶節制二十四日韓存寶言所領正兵萬五千人依九軍陣法分隷行營四將　詔以皇城使雅州刺史涇原路鈐轄姚兕為第一將莊宅使權鄜延路都監呂真為第二將洛苑副使兼閤門通事舍人涇原路第五將孫咸宣為第三將西京左藏庫副使涇原路第四將郭振為第四將　六月一日詔夔州路轉運副使董鉞往渝州應副瀘州事留司農錢物之在

蜀者以給攻討之費二十五日詔韓存寶所領四將皆精銳亦足辦事其彭孫所將兵可勿發七月二十七日詔入内東頭供奉官韓永式成都大經制瀘州夷賊司照管軍馬十二月二十二日韓存寶言乞弟遣人以狀來似有降意又恐姦謀相款上批乞弟昨據既傷官兵又以害王宣等朝廷遣兵必誅首惡存寶自進以來未嘗大有斬獲令收乞弟乞降文字未知存寶且欲以計款賊乘便進討或果欲受降如以計款賊乃用兵所宜若果欲受降深非朝廷出師之意如乞弟尚能蟻聚委存寶多方擇利掩殺如賊黨逃潰亦選兵將捜捕購募殺獲若逗留不能成事必正軍法四年正月十六日詔成

卷九百三十一

都府路提舉司支錢二十萬緡米十萬石梓州路支錢十萬緡供瀘州軍須七日以步軍都虞候英州刺史環慶路副都總管林廣為都大經制瀘州夷賊公事二十五日發府界第四將軍馬往資州以備林廣濟師又詔彭孫取間路進討旁助林廣又命入内供奉官麥文炳為都大經制瀘州夷賊公事司走馬承受兼照管軍馬賊界遇軍馬會合聽廣節制三月二十七日夔州路轉運司言乞弟酋首宋阿訛最為乞弟心腹之人若果為南平軍管下播州夾界巡檢楊光震所殺深慮乞弟必讎報乞令林廣彭孫赴南平軍同光震協力討捕上批令林廣彭孫悉師以往仍諭光震併力翦除七月十九

日取四方館使忠州團練使韓存寶於瀘州入内供奉言韓永式除名配沙門島管幹機宜文字魏璋除名編管賀州梓州路運副董鉞除名　存寶自至瀘州兩月餘進兵不過二百里但常令偏裨與夷賊接戰又擅遣諭乞弟投降不候朝旨退軍逗撓怯避求式與存寶符同詔遣侍御史知雜事何正臣鞫存寶等至是併以戰屢敗罪之故有是命二十八日林廣言阿生等送乞弟降狀未肯身至瀘州詔中書降勅榜許令投降貸死仍密指揮林廣候乞弟降日押赴闕八月一日詔付林廣勅榜曉諭乞弟令朝廷再命將師總領大兵至夷界進討慮旁近生夷部族元非入寇之人橫遭誅戮許乞

卷九百三十一

弟出降當免罪如乞弟執迷如故即行誅戮三日詔差梓夔路鈐轄高遵治副貳彭孫同提舉捉殺瀘州夷賊九月二十六日詔乞弟送降狀前後反覆必無降心但顧遷延月日以款師期令林廣相度降去勅榜如未可分付更不須齎送速進兵平蕩十一月十九日詔林廣令已深冬若更涉春天氣漸暖烟瘴霖雨轉難窮討巢穴或遷延未了即兩川不免騷擾令林廣宜速進兵五年二月四日詔昨興師誅乞弟令既蕩平巢穴即與擒捕乞弟同功其使臣軍兵等除留代外餘各遣歸林廣候措置新立壁寨畢還本任　初廣失乞弟於納江去年十二月十九日也軍十萬皆無人色官吏嘖嘿不食

乃令進寨追賊軍行無日不雨雪刁斗無聲庚辰次老大人山山形皆斂立次黑涯然桂爲薪上鵶飛不到山正月乙丑乃次歸徠州軍皆凍瘃指留四日求乙弟不得麥文晒問廣軍事當如何廣曰已如朝旨蕩賊巢穴雖不獲元惡亦班師待罪文晒乃云去年六月所受密詔云將來大兵深入討賊期在梟獲元惡如已能破其巢穴及城守要害雖未得乙弟萬一粮道不繼亦聽班師軍中皆呼萬歲曰天子居九重明見萬里外乃定計班師是日癸丑次江門自納江之役暴師凡四十日乃築樂共城江門寨梅令山席帽溪堡西達淯井東通納溪上下底蓬堡已在腹中矣皆苗時中程之才爲韓存寶先是畫策也

卷九百三十一

桂楊蠻猺

仁宗慶曆三年九月湖南轉運司言桂楊監蠻猺内寇詔發兵捕擊之至十二月幾千人寇邉詔轉運使郭輔之等猺賊如未能討除即就便招撫之明年六月詔潭州劉沆招諭桂楊監蠻賊有首陳者並與等第推恩沆奏詔招二千餘人使散居所部五年二月復内寇擊敗之是冬潭州劉夔言桂楊監蠻人唐和等比經禮賓副使胡元敗後益聚衆生疑恐轉爲邉患乞降空頭宣命十道欲行招安與補遂處溪洞首領從之六年四月劉夔言捕擊猺賊唐和于銀江原敗之十月知桂楊監宋守信言猺賊唐和嘯聚千餘衆爲盜五六年朝廷不許窮討以致未能平殄令



衡州監酒黄士元頗知溪洞事欲選取戰士二千引路土丁二百優給錢帛不以遠近使逐捕之仍令本路鈐轄开贇等合力以前其賊勢既窮必有投降之心從之又遣三司户部判官崔嶧往詢將吏討除招安之策至七年五月廣南東西兩路轉運司言唐和今其子執要領願貸粮米居所保洞中請令荆湖南路鈐轄楊畋趣赴連詔州山下共告諭將器杖送官及以親屬爲質即與補爲洞主仍請元給誥下本司朝廷許之乃補唐和盤知諒庚承睞承泰及文運等五人並爲銀青光祿大夫檢校國子祭酒兼監察御史武騎尉充洞主猺賊遂平

卷九百三十一

儂智高

仁宗皇祐三年春廣源州蠻儂智高入寇詔同提點廣南東路刑獄公事李樞知桂州陳曉同捕之仍令轉運鈐轄司發兵應援命知潭州余靖爲廣南西路安撫使知桂州起居舍人直史館楊畋閤門通事舍人曹脩並同廣南東西路體量安撫經制盜賊又命余靖經制又以新知泰州孫沔爲荆湖南路江南西路安撫使入内内侍省押班石全彬副之詔沔等若軍中須人任使聽於江南東路抽差踰年賊未就誅四年九月乃命宣徽南院使彰化軍節度使狄青爲荆湖南路宣撫使都大提舉廣南經制賊盜事以延州東路都巡檢使孫節涇原路都監竹昺爲荆湖南北路駐泊都監安肅軍駐泊都監時明移郎州權霸州駐泊都監王

用定州軍城寨監押何貴定州都總司指使李守恩並
為押隊指使皆青所請也詔兩路將佐並從青節制五
年二月青領兵至邕州陣于歸仁鋪賊皆執大盾標槍
騎將孫節為前鋒死之青起麾所帶蕃落兵張左右翼
出其後急擊大破之智高遁去詔狄青梟黃師宓等首
于邕州城下以其餘築京觀于歸仁鋪　王均　真宗
咸平三年正月一日益州駐泊軍士害兵馬鈐轄鳳州
團練使符昭壽推所部神衛都虞候王均為主遂知州
牛冕等奔漢州都巡檢使西京左藏庫使劉紹榮沒于
賊詔以戶部使工部侍郎雷有終為瀘州觀察使知益
州兼川峽西路招安捉賊事御廚使李惠洛苑使入內

卷九百三十一

內副都知秦翰洛苑使富州團練使帶御器械石普供
備庫副使李守倫並為川峽路招安巡檢使給步騎八
千命往招討又以洺州團練使新知青州上官正為峽
路都鈐轄內殿崇班王阮高繼勳並為　儀副使益州
駐泊都監供奉官閤門祇候孫正辭為諸州都巡檢使
初昭壽鞭朴軍士過當由是神衛　卒趙延順等八
人謀害之而未發會有中使自峨眉山還京昭壽戒馭
吏具鞍馬將出送之無何馬逸庭中延順等乘諠譟之
際率其徒登廳害昭壽出據甲仗庫都監王澤聞變召
本軍都虞候王均率兵擒之延順見均至率衆迎奉推
而為師本軍指揮使孫進不從與殺之餘兵及驍猛咸



武兵悉合而為亂　三月陷漢州遂趣綿州攻之不下
直抵劍門（先是知劍州李士衡以州城難守即運貲儲保劍門焚其倉庫十三日均至劍門士衡與鈐轄裴臻擊敗之）知蜀州楊懷忠會鄭州及巡檢兵又調鄉丁
以十八日入益州燒子城北門至三井橋均猶未至為
逆黨咸棹小校崔煦等所拒懷忠還本部二十七日均
至益州三日賊將趙延順攻邛蜀為懷忠所敗是月雷
有終至石普先與綿漢巡檢張思均復漢州進壁昇僊
橋十四日賊來攻王師與戰敗去十七日賊開門僞遁
有終等率兵徑入賊伏發官軍頗遭殺傷有終等緣堞
而墜李惠沒焉遂退保漢州均盡脅蜀中士民僧道以
為兵　三月官軍進收彌牟寨斬首千餘級復抵昇僊橋

卷九百三十一

四月大敗賊衆賊遂撤橋塞門官軍進至清遠江為浮
梁而渡築壘於城北門造梯衝攻其右普專主之益州
都監高繼勳巡檢張煦孫正辭攻城東峽洛鈐轄李繼
昌益州都監王阮攻城西楊懷忠與巡檢馬貴攻城南
賊將趙延順中流矢死賊又遣其黨丁重萬來拒亦射
殺之官軍每攻城多阻霖雨城滑難上未幾秦翰至與
有終等協謀於城北魚橋上築土山　八月牧羊馬城
遂設敵棚覆洞車進逼羅城九月二日焚其敵樓穴城
為道賊亦築月城自固三十日官軍由地道入焚賊望
櫓礮架至夕賊衆由南門而遁王均奔富順監即遣楊
懷忠追賊後二日石普繼往秦翰亦至陵州是月一日

斬均於富順監傳首至益州梟於市　陳進　真宗景
德四年七月宜州澄海軍校陳進率本部卒害知州劉
永規迫監押國鈞擁判官盧成均為帥嬰城拒命詔以
東上閤門使忠州刺史曹利用供備庫使賀州刺史張
煦為廣南東西路安撫使如京副使張從古內殿崇班
張繼能副之虞部員外郎薛顏同句當廣南東西兩路
轉運使（先是永規在郡嚴酷課澄海卒伐木葺州廨數不中程即伏之雖甚風雨不停其役進等因衆怨謀亂初奏至帝謂宰臣王旦等曰司天監屢上占候言當有兵方憂遠地牧守不得其人今果有是當遣使翦除廷議擇官且言利用精於方畧盡心王事煦多邊任尤熟用兵從古請知嶺外山川險阨繼能勇敢可任然朕料此寇不出三策若保其家屬據城拒守一也掠城中貲貨以趣山林二也用此二策不足為慮若選募驍勇果立謀主直趣廣州此賊上策也然其智識必不及此但慮為人誘叛爾）又遣入內高班
內品于德潤馳驛將詔諭賊中能束身自歸者並釋罪
所至倍加安撫將士務令整肅無得妄傷平民焚蕩閭
舍蹂踐田畝立功者所在以官物給賜即時遷擢便宜
從事諸州官屬如賊至所部能規畫擒戮者厚加酬賞
隨軍將校日給有酒務於豐飫命內侍高品周文質為
廣州駐泊都監詔文質俟寇至即使近州兵與巡檢使
臣控要路以扞之餘荊湖南北路先屯禁兵蘄黃州虎
翼荊南雄畧等軍赴桂州閱習行陣俟利用等合勢攻
討無得先進　時廣南西路轉運使舒貢言得陳進迫
盧成均狀具言興叛之由願天恩赦罪又上宜州牌印
臣僚知其偽是夕賊衆圍柳城縣官軍衆寡不敵棄縣

卷九百三十一





保象州望發兵進討帝曰此誠詐也然進等既以此請
宜傳詔諭之如解甲歸降盡赦其罪仍加轄補　八月
詔宜融州諭溪洞諸蠻首領部分族人無得輒出疆境
擾攘邊民俟賊平日第加優賞時賊攻懷遠軍城中固
守賊退而復集者累日桂昭等州巡檢使張守榮等擊
敗之獲其器甲又攻河寨寨兵甚少監押錢吉部分嚴
整出擊走之賊再經敗衄頗多潰散衆心離矣民有自
賊中逃歸者言賊將棄城以家屬之悍者五百人棄
江中其衆約三千度柳象至容州因守分兵以劫廣州
其初至柳州漏江不能渡丁壯望賊潰散知州王昱即
遁去又盧成均謀挈屬歸降夜潛遁去正江見舟小復
還城中帝慮曹利用等以官軍勇銳輕視其衆即遣使
以手詔諭利用等以師行遠地宜守萬全之計既而賊
衆挈族處思順州分兵象州知州大理寺丞何邴率衆
城守四十日賊不能下賊衆分據柳州聞官軍至桂州
勢頗窮蹙乃降敕榜四十付利用等遣齎示賊衆及揭
於要路冀其歸順免於屠戮九月官軍進趣象州賊自
宜州挈衆至武仙縣直抵前軍以騎士出賊左右內侍
史崇貴登山大呼曰賊已走宜急殺之賊由是心動遂
敗追襲至象州城下擒賊首盧成均斬偽將陳進并其
黨遂平象州　王師初至賊不之知惟陳進率衆來拒
象州攻城者亦不之覺賊遇前軍競執摽牌以進飛矢

卷九百三十一

攢鋒所不能刼前軍即持棹刀巨斧破其牌賊皆衣預水甲摽牌既破力不能支尋自弃潰軍士逐之至象州城下賊寨依然猶有據長竿以瞰城中者盧成均遂自賊寨挈其族執招安勅書來降餘黨黎育等與其族屬老幼僅千人逃弃桂州知州宋希閔率僚屬出城竄避賊遂入城焚居人廬舍經宿而去希閔乃還曹利用等尋即招收平定馬初陳進之亂宜州指揮使陳定都頭黄晚不從驅率先投象州欲進取此二人甘心遂引衆攻圍誓得之乃去定等亦誓不從賊與官吏糾率城中諭以禍福皆得其死力及事平皆優加賞擢又象州城在高卽上素無井閉壘之日皆以乏水為慮時頗得雨停水將竭而復下如是者兩月所停水久而澄澈汲之以濟賊破圍解水頓臭濁賊既平詔曹利用等偏巡象柳宜融州懷遠軍天河寨訖赴闕

王倫　仁宗慶歷三年五月京東安撫司言本路捉賊虎翼卒王倫等殺巡檢使朱進叛遣東頭供奉官李沔左班殿直曹元喆韓周往彼擊之倫初起沂州安撫使陳執中遣京東都提舉巡檢左班殿直閤門祗候傅永吉追討之倫率其黨奔淮南所過巡檢縣尉皆畏避不敢出至揚州出兵與鬪山光寺南永吉等踵至和州合擊敗其衆歷陽縣民張矩等得倫首級七月江淮制置發運司第其功以聞詔傅永吉為禮賓副使兼閤門通事舍人沂州巡檢





三班借職宋璘為右侍禁閤門祗候指使散直長行鄭安為三班奉職差使殿侍李九臯為三班借職前西頭供奉官閤門祗候趙昇為供奉官和州張矩為三班奉職陳明禹亨並為三班借職軍校許千等遷擢者凡七人

雲翼軍　仁宗慶歷四年八月樞密院言保州雲翼軍今月五日閉城作亂先遣内侍劉保信馳往視之卽命知制誥田況往州城下處置叛軍得以便宜從事以步軍副都指揮使李昭亮將其兵時方遣樞密使富弼為河北路宣撫使二府以兵官未有統領卽令弼兼程至城下統其節制而再降救榜招安仍令況等且引兵退選人入諭城中以禍福二十五日況與昭亮遣右侍禁郭逵入城曉諭叛軍縋城下者約二千餘人相次遂開城門令楊懷敏部領軍馬入城其元造逆兵士四百二十九人聲言令歸本營比點名入營用力擒擁大井中並盡殺戮其傷殘軍民即撫存之於是況等上其功五等詔並賞之

王則　慶歷七年十一月河北安撫司言貝州宣毅卒王則久以妖教誘結郡胥牙校張巒卜吉輩謀叛以冬至日開城竊發因知州張得一已下因僭偽號立年號命官屬盡黥州民面授以軍兵守城高陽關路總管王信尋統本路兵傅城下乃命信為貝州城下招捉都總管進趣攻其城降者甚衆令信等諭軍營在城内而與為亂者並因其家屬非為亂者常

加曉諭勿使憂疑即詔諸兵馬會其下令分部諸將攻討之又遣樞密直學士知開封府明鍋為體量安撫使以節制之屢攻未克暴師潛久叅知政事文彥博請行八年正月八日乃以彥博為河北宣撫使以經制其事仍加稿為端明殿學士副之彥博等親至城下日夜督將士攻城城遂陷擒其逆黨王則張巒卜吉及其家屬等斬於都市

方臘

徽宗宣和二年十一月睦州青溪縣妖賊方臘據幫源洞僭號改元妄稱妖幻招聚兇黨分道剽刼本路將蔡遵顏坦以兵五千死之勢愈猖獗二十一日詔青溪縣十二月一日詔睦州殺官兵幾千人又詔歙州州東南將郭師中戰死又詔杭州帥臣趙霆棄城【卷九百三十一】遁二十一日詔童貫為江淮荊浙等路宣撫使譚稹為制置使王稟為統制將兵討之同日令樞密院起東南兩將第一將第七將京畿一將第四將前去捉殺內將副如不係曾經戰陣人日下差人抵替其軍兵仍差曾經陝西出戍人於是陝西六路漢蕃精兵同時俱南下辛興宗楊惟忠統熙河兵劉鎮統涇原兵楊可世趙明統環慶兵黃迪統鄜延兵馬公直統秦鳳兵冀景統河東兵劉延慶都統制諸路軍馬二十四日詔二浙安於承平不見兵革垂二百年屬者狂寇竊發憑恃山險然念無知之人或被脅從兩州吏民或為詿誤或因逃亡敗衂軍卒情有可矜困於無告仰譚稹量度事機曉諭





德意應干前項人及兇賊眷屬并見在賊中徒伴如能束身自歸或告言動息捕致賊黨並特與免罪一切不問內稍有功績即優與推賞招攜止殺以靖南土三年正月十一日詔貫稟先據潤州十九日又詔金陵乃喉襟之要害占據江寧府守把鎮江次議討賊此其上策時王稟已守楊子江口劉鎮守金陵童貫次鎮江賊已陷崇德縣方圍秀州二十八日王稟辛興宗楊惟忠夾擊之秀州平稟乘勝至錢塘二月賊陷寧國旌德縣劉延慶却守金陵劉鎮移廣德軍楊可世赴宣州合兵討擊十八日王稟統中軍辛興宗統前軍楊惟忠何灌統後軍自江漲橋與賊接戰屢捷克復杭州二十七日楊可世由涇縣過石壁隘【卷九百三十一】斬首幾三千級復旌德縣二十九日劉鎮敗賊於烏村灣復寧國縣是月福建將韓起棄衢州賊縱火屠其城餘黨逼信州又陷處州丙霍成富求道人等用賊年號肆行剽刼東陽義烏武義浦江金華新昌仙居剡諸縣悉為賊占三月十日楊可世劉鎮等克復歙州王禀等進兵離杭州復富陽新城桐廬縣十七日克復睦州時上又遣梁祖押劉先世統領鄜延兵一千八百餘人至分討衢信賊遣史珪押張思正統制河東兵二千六百餘人至分討台越州賊續又遣閻弼押姚平仲統涇原兵三千九百餘人至分討浙東餘黨四月一日劉光世兵到衢州賊出城迎戰斬獲二

千三百五十六級，生擒賊首鄭魔王。又戰於石塘，斬賊七百餘級，生擒五百餘人。凡三日，復衢州，乘勝進兵，復龍游、蘭溪縣。十七日，光世游婺州城下，斬獲四千餘級，復婺州。十九日，王稟復青溪縣。二十三日，姚平仲復浦江縣。初，王稟、劉鎮兩路軍預約會於睦、歙間，包圍幫源洞表裏夾攻。至是，劉鎮、楊可世、王渙、馬公直率勁兵從間道奪賊門嶺。二十四日平旦，入洞縱火，為號。王稟、辛興宗、楊惟忠、黃迪望燎烟而進，與劉鎮合兵，賊腹背受敵。凡斬萬餘級。二十六日，生擒臘於東北隅石澗中，并其妻孥、兄弟、偽將相等三十九人。其餘黨散據，皆以次平蕩。時江南東路轉運副使曾昇奏：訪聞賊徒雖多

卷九百三十一

全少器械，惟以人衆為援。本路所遣官兵各持器械，而賊徒獨以數百人前後奮拳，輒困官兵。童子婦人在前，飾以丹黛，假為妖怪以驚我師。復在巢穴四向設險，陰為臨穽。又為長人，服大衣，作鬬機以動止，執矛戟旗幟，飾以丹黛，為鬼神之貌，以惑官兵。皆不足畏，必得熟知道路之人，即可進入。詔劉與、童貫諱稹。自此賊情漸露，官兵始知所向，以至擒殄。　閏五月十四日，詔兩浙江東路破賊去處州縣，新復事合防遏撫定者非一，兼處州等處餘黨亦未盡平，深慮宣撫制置司令同赴闕，賊黨妄有窺度，或致嘯聚。唐平淮西，以馬總治留務。國朝誅儂智高，留余靖知廣州。若宣撫司赴闕，尚有殘寇譚





稹，即當留彼三兩月措置，庶得保其成功。八月二十四日方臘伏誅。　陳通　高宗建炎元年八月十五日，知鎮江軍府事、兩浙兩路兵馬鈐轄趙子崧言：兩浙轉運判官顏彥成報，今月初一日杭州軍人陳通放火殺人，關閉城門，不放出入。事勢猖獗，乞遣人兵前來捉殺。詔令浙東安撫司、浙西鈐轄司、兩浙提刑司起隣近州軍弓兵，并江寧府鮑貽遜所領槍杖手，及令淮東安撫司摘那將兵二千人，選擇將佐，火急前去會合掩殺。其軍兵在路，委統領官以軍法部勒，不得縱容作過。其逐項軍兵等到鎮江府，聽趙子崧節制。平江府聽趙岍節制。杭州聽本路提刑司節制。既而知杭州錢伯言乞令

卷九百三十一

前項諸路兵將等並聽臣節制，庶得一心効力。詔已到杭州本路軍馬並聽節制。　十月十一日，御營使司都統制王淵差充杭州盜賊制置使。詔令户部應副銀絹一萬匹兩，給王淵充激賞等支用。　二十九日，給事中劉珏言：杭賊之變，九月八日既受招安，乃嬰城自守，復殺憲臣。今郡寇又欲遣散鮑貽遜所統槍杖手，乃就招安。願申命王淵且留槍杖手在杭州，同共討捕。從之。十二月八日，王淵至杭州撫定，訖斬陳通等一百八十十餘人。　淵未至間，通等受提刑趙叔近招安，叔近以纛隊入城，通等月餘猶不解甲，故淵殺之。

李成　高宗建炎二年十九日李成叛命檢校少保奉國軍節度使劉光世討之　成本雄州歸信縣弓手累知歸信縣雄州失守成率其衆數萬人來歸詔授右武大夫忠州防禦使京東河北路都大捉殺使朝廷慮其黨太盛命分二千人在南京一千人往宿州就糧餘衆令成押赴行在至宿州乃懷貳不進故命光世討之

四年八月一日知江州姚舜明言李成據舒蘄與江州對壘近因使臣馬琺齎到李成文字意欲自新十一月三日李成差人來都昌縣江南東路安撫大使呂頤浩處下文字僞稱會合捉殺馬進人馬詔令呂頤浩審度事勢措置掩襲仍一面勾抽王𤫊全軍策應二十五日呂頤浩乞益兵討李成上曰令兵既少迦須令且持重急遣王燮引兵助之先以賞招攜其衆許歸自新則成必易擒亦不欲多殺士衆也二十六日呂頤浩言李成賊兵於十一月一日夜劫南康軍寨遣統制官巨師古楊惟忠率兵力戰已勾王𤫊全軍七千人小張俊三千人韓世清五千人前來都昌縣會合詔仰呂頤浩等務在持重若得機便可從長措置紹興元年二月二十二日呂頤浩言湖南北路捉殺使孔彥舟近勦滅叛賊鍾相欲自袁州經由前去洪州約有五萬餘人紀律甚嚴令探報李成分遣部支一項賊馬侵犯筠州界詔令

卷九百三十二



孔彥舟疾速統率軍馬前來筠州掩殺及措置把截袁州至臨江軍一帶無分賊勢滋長侵犯以南州軍仍與呂頤浩張俊大軍約日會合二十六日李成賊馬見分三路作過一犯池州一守江州一犯筠州三月一日李成賊船前來彭澤湖口縣併兵攻犯饒州及入徽州界劫掠詔令呂頤浩與楊惟忠極力措置饒信等州一帶隄備二十二日宰執進呈江南路招討使張俊捷報上曰朕昨日退朝深思當須曲赦李成軍中脅從百姓蓋李成所統雖號數萬其實皆吾民被成驅虜隨軍若設賞募人擒成其餘一切不問所全生命豈可勝計臣秦檜曰只此心可以破賊於是二十七日詔可除李成不赦外其餘並許出首以前罪犯一切不問百姓放令逐便軍人依舊收管有官人量材錄用如依前拒抗令張俊一例勦戮徒中有能斬成級或縛成來赴軍前投降者舊係大小使臣及白身與正任承宣使係舊副使以上與節度使仍並支賜錢一萬貫銀一萬兩令尚書省給降黃牓付張浚於賊壘附近去處遍行曉諭五月二十五日詔遣張俊疾速渡江前去將李成賊黨日近措置除滅盡靜候回軍日且在江州駐劄許班師方得起行在俊奏自三月初起離洪州取生米渡過江大破李成賊兵收復江南州縣緣李成元有副都統領二員昨渡江前來作過者止是副都統領馬進尚有都統領胡

卷九百三十二

選并一軍人馬止在江北李成見蘄州令共約有賊兵十餘萬戰舡千餘隻事勢不輕自收復江州見渡江撲滅餘黨六月十六日詔張俊已破李成可引兵復渡江州駐劄候江湖寧靜取旨班師仍自沿江東下群盜悉行招捕拘收崔增李進彥韓世清耿進所部戰舡人兵權暫使喚事畢遣還七月六日張俊奏李成叛逆李雩許道計謀令舒州太湖縣已捉獲李雩大破賊衆李成將殘黨過江遁令據探報引殘兵見在順昌府已見窮蹙詔令蔡州范福淮寧李寶遍諭所部將士各奮忠勇期約掩殺如能擒獲或殺戮當依已降指揮授以節鉞支賜錢銀以次首領比類補授有功將佐軍兵一例

卷九百三十二

不次推恩雖未能勦除但常令人馬攻擣使不能遂成巢穴亦當優異推恩令樞密院選差使臣四人原支激賞作兩番齎蠟書前去先次轉一官回日更轉兩官九月二十一日李成遠遁徒黨趙端等各帶領徒衆來投降

苗傅劉正彥

高宗建炎三年四月三日苗傅劉正彥謀不軌傳稗將苗翊與韓士忠兵戰于臨平南翊敗傳正彥遣兵救之朝廷命諸將皆集兵於皇城門外是夕傳正彥引兵開錢湖涌金門而出時大雨賊軍蒼黃夜遁都省發收捉苗傅劉正彥等牓下淮南東西兩浙東西江南東西湖南東西京西南北福建路諸州軍契勘賊臣苗傅劉正彥謀不軌諸路勤王軍馬於杭州





臨平鎮與賊兵接戰王師大捷皇帝已復尊位其苗傅劉正彥引同謀人王鈞甫馬柔吉張逵王世修苗翊苗瑀并叛兵二千餘人望嚴州路遁逃除已擒到王世修張逵淩遲處斬外詔如生擒到苗傅劉正彥有官人與承宣使無官人與正任觀察使如捉到王鈞甫馬柔吉張逵苗翊苗瑀與轉七官如能斬首級亦與上件賞其餘一行官兵將校並與放罪一切不問仰於所在陳首出給公據發赴行在依舊收管如不願就上件官每獲苗傅劉正彥一名支賞錢十萬貫餘人每名支賞錢一萬貫若徒中官員將校人兵等有能斬到逐人首級亦依此施行四日詔苗傅劉正彥下兵出清波門其路至

卷九百三十二

富陽可通徽宣嚴婺湖廣諸州軍見令逢敵潰散仰諸郡遣將領各於界首防托如遇上件潰兵使行招安降苗傅等數人為首其餘應干脅從人將佐使臣効用軍兵等本不知謀各係無罪之人限一月出首所在出給公據赴行在依舊收管其出首輒有擅行殺戮並依擅殺平人法（八日赦文又限百日出首）七日殺獲王鈞甫九日苗傅至白沙渡所過輒焚橋梁以遏王師遣統制王德助喬仲福追討十六日苗傅等犯壽昌縣據險二寨詔令楊可輔催督嚴徽衢信饒池州縣尉部領新舊弓手三合把隘其縣　仍聽喬仲福節制即不得勾赴軍前使喚其逐州軍兵止令本州守禦防托十八日江浙制置

使
　捕殺苗傅劉正彦之賞既重而其衆欲降者
未有賞以來之恐無以解疑詔賊衆降順人有官者遷
一等兵級遷二資無官者補進武校尉十七日苗傅犯
常山縣二十日命韓世忠爲江浙制置使遣一軍往衢
信州擒捕苗傅等二十四日苗傅屯沙溪鎮裔仲福王
德助間道先入信州與統制官巨師古同討五月三日
苗傅冦江山縣其裨將張翼等七人謂王鈞甫反覆斬
鈞甫及馬柔吉與子忠懋憲及馬良輔周祐以衆降
張翼特轉翊衛大夫温州觀察使趙秉淵張桂孫並與
轉拱衛大夫秉淵處州觀察使桂孫康州觀察使揚忠
憫轉拱衛大夫成州防禦使劉祕轉拱衛大夫忠州刺
卷九百三十二
史趙棫轉中奉大夫降直祕閣趙休轉奉議郎除直祕
閣宋福等十一人各轉三官資選人依條施行杜簡等
三人並與補承信郎　九月苗傅寇浦城縣十二日韓
世忠將兵夜至浦城北十里與苗傅等賊徒相遇賊跨
溪據險伏兵於路世忠使統制官馬彦輔將軍擊之賊
伏兵發王師敗績前軍沒彦輔死之賊乘勝至中軍世
忠率親兵力戰正彦兵大敗擒之棄軍遁去變姓名爲
商人建陽爲詹比所識遂擒之傅送赴行在七月六日
苗傅劉正彦苗翊領赴都堂審驗委是正身詔並就建
康府市曹陵遲處斬　范汝爲　高宗建炎四年八月
二十三日臣寮言建州有范汝爲於吉陽嘯聚詔令程



邁節制諸軍專一措置十一月十一日差神武副軍都
統制辛企宗將帶一行官兵前去建州收集撫定二十
三日神武前軍統制王𤫊言得旨帶領全軍人馬並來
信州措置防托把隘探報建州甌寧縣范汝爲賊馬幾
數萬已破建陽縣殺散軍兵之後聚衆愈多氣燄益熾
信州與建陽北界相連臣已差人齎公文旗榜并標書
直入汝爲所止溪洞婉順示以禍福說諭招安十二月
三十日措置福建路民兵寨柵謝嚮等申范汝爲已受
招安從事郎施逵國學內舍進士葉招積說諭招安首
先率部將范擒虎等出寨繼而樞密謝嚮等齎金字牌
前去內汝爲補從義郎第二名范積中補忠訓郎第三
卷九百三十二
名葉格補忠翊郎紹興元年正月二十五日詔范汝爲
令聽辛企宗節制九月二十一日詔辛企宗措置放散
汝爲徒黨民兵去後經今半年未見了當令企宗措置
放散不得遷延具見統放散人數聞奏　以汝爲見
存留萬人分屯把隘故也　十月四日企宗汝爲乞移
軍福州就粮顯見不遵聖旨若不就機措置恐悞國事
詔企宗令條一路制置令火急前來福州依前後指揮
措置具已到福州日時聞奏　以樞密院言八月十一
日已令企宗移軍福州就粮閩丁朝佐熊志寧在建州
浦城縣界倡亂企宗九月十七日尚在南劍州似闕人
彈壓自去年十一月企宗差往福建措置盜賊續差九

本路制置使放散汝爲徒黨至今半年餘並未見了當
詔依前遷延不能措置即當別行遣將前去　九日監
察御史福建路撫諭胡世將言范汝爲昨受招安節次
已補修武郎閤門祗候已次首領等第補官了當其汝
爲自就招安之後心懷反側依前剽掠　詔官軍殺獲
范汝爲與補汝爲見帶官職殺獲以次首領亦與所獲
人見帶名目已有官資人比附推恩并其餘立功人各
等第優加賞與徒中擒獲汝爲出首之人特補武翼郎
外更與除一閤職仍給降空名告一道付宣撫司軍前
旌賞　十一月十七日福建等路宣撫使司言范汝爲
等見在建州往來政和松溪界上熊志寧見在建陽縣
卷九百三十二
往來浦城崇安界上劫掠本司大軍前去福州竊恐賊
徒奔迸侵犯瀕近州軍令來閤皐見在建昌軍欲令進
兵往光澤縣或邵武軍把截仍乞聽本司節制從之二
年五月二十六日福建江西荊湖南北路宣撫使韓世
忠言得旨提領大兵前來福建路收捕范汝爲正月四
日卯時大兵到建州城下攻城凡六日破城殺戮賊衆
三萬人生擒賊首張雄等五百餘人其范汝爲走入回
源洞窮迫自縊身死其餘首領賊徒或殺或招已見盡
靜　李敦仁　建炎四年十二月十五日虔化縣賊人
李敦仁并弟世雄等聚本縣六鄉集兵數萬在地名羅
源作過詐作本路提刑兵級破石城縣占洪州請安縣



遣將李山張中彥統率兵馬會合措置并力勦殺仍令
樞密院給降黃榜前去曉諭賊中應干被虜脅從之人
許令出首特與放罪給據歸業其李世雄等正賊須管
捉獲　李敦仁元係虔州進士昨因聚衆作過招安補
承節郎同弟世雄在李山軍中使喚緣差出捉殺復聚
徒黨侵犯縣邑　二十一日賊徒萬餘人入虔化石城
縣詔擒獲李敦仁白身補修武郎有官人轉七官仍與
帶閤職擒獲世臣世雄白身補秉義郎有官人轉七官
如徒中能自擒獲依此推恩樞密院降黃榜下江東西
兩路提刑司虔州建昌軍曉諭紹興元年正月二十六
日李敦仁於撫州崇仁縣一帶用旗榜脅諸縣人丁謂
卷九百三十二
之鬪丁合衆四攻已破江西四縣燒劫江東兩縣詔遣
江淮路招討使張俊疾速措置招捉無致滋長二月八
日賊衆數萬直湊建昌軍圍閉攻擊至二十四日江東
路安撫大使司准備差遣蔡延世部帶鄉兵進士李嶧
等南北兩路出奇兵掩殺賊人數十寨餘黨奔走于臨
川宜黃路遁（蔡延世轉兩官）三月八日李敦仁衝突汀州寧化
縣清流縣行劫焚燒復回虔化縣五月十三日江西提
刑司遣發巡檢劉僅往汀州建昌軍南豐縣糾集槍杖
手首領陳皓等進兵掩殺收復石城縣劉僅所到李世
昌首級殺死賊將李國臣等以萬數生擒賴方等三百
餘人奪到騾馬器械不計其數首領陳皓補進武校尉

就差處州石城縣尉巡檢劉僅先次轉兩官 八月十八日李敦仁與弟世忠復結集徒黨侵入處化縣劉僅殺獲逆黨李安三等收復本縣劉僅轉三官除閤門祇候權知處化縣事 十二月十一日李敦仁殺死知處化縣劉僅下人馬依前猖獗遣安撫大使司統制郝晸顏孝恭各統所部軍馬日下起發前去建昌軍界權聽知建昌軍米芾節制併力勦殺於是統制顏孝恭等進兵攻討賊徒大敗勦戮盡靜 邵清 紹興元年五月二十四日水賊邵清發大小戰船三千餘隻直臨太平州城下攏泊自碣山至采石四十餘里及分兵於州城四面下寨詔令兩浙西路安撫大使劉光世遣統制酈

卷九百三十二

瓊軍馬火急前去掩殺解圍太平州二十九日邵清用雲梯火礮等晝夜攻打詔遣招討使張俊并韓世清併力討蕩邵清及將姑熟溪圍岸盡行開撤放水滲沒太平州舊城斷絕援兵米路詔遣耿進李彥將海船多載戰兵乘虛先據江內水寨斷絕糧道然後措置進兵解圍必取全功六月二十四日賊兵邵清一行人船稱要衝突江陰軍或福山河港轉太湖入海詔遣李進彥耿進疾速統押人船權聽劉光世使喚仍仰光世勦除盡靜毋令散逸七月七日侵犯江陰軍界賊衆猖獗詔光世速差官兵期在殄滅措置掩殺次第聞奏九日邵清賊衆武經郎李進統率使臣効用人兵六十八人於江



陰軍投降詔擒獲邵清白身與補修武郎有官人轉七官仍帶閤職擒獲單德孫立魏義閏在白身人與補秉義郎有官人轉七官脅從之人十日出首放罪徒中自相擒獲依此推恩若踰限不首例行勦殺李進先轉三官仍令樞密院榜諭及令光世催促官兵擒捕無令逋逸九月三日光世言水賊邵清見占通州崇明鎮等作過上岸虜糧已遣喬仲福等人船捉殺詔令劉光世措置禁絕賊兵上岸虜糧招收脅從嚴戒諸軍乘機取勝無致更有侵犯五日劉光世言諸頭項官兵戰船見分布崇明鎮圍繞斷絕抄虜已見邵清窮蹙慮乘風拋洋侵犯明州詔遣徐文等乘駕本部海船移明州定海縣

卷九百三十二

港口及餘姚縣經山分布防托錢糧令明州應付二十三日光世言官軍於崇明鎮大本硬寨晝夜攻打邵清窮蹙城上放下幹辦機宜二人乞降只乞一放罪黃榜詔邵清既改過自新可依所乞 張琪 紹興元年五月二十五日兩浙提刑司言張琪賊馬侵犯常州宜興縣界詔令兩浙西路安撫大使劉光世疾速分遣官兵招捕無致滋長 張琪賊兵久在淮南占據縣邑自去年渡江劫虜建康太平池州諸縣所至空殘昨受劉洪道招安尋即反側 六月六日侵犯湖州安吉四安入溧水縣九日侵犯臨安府界詔令韓世忠揀選精銳軍兵三千人差官統師收捕限一日起發（仍就榷貨務支起發錢）十

日犯宣徽州詔令王德統率軍馬追捕繼犯臨安府獨松嶺餘杭縣等處詔劉光世先差統制官滿達軍馬令取便道與王德併力勦殺韓世清策應無令稍失事機二十五日詔令呂頤浩劉洪道就分軍馬與韓世清掎角相應務令擒獲首惡撲滅郡兇八月九日江南東路安撫大使司奏張琪欲犯饒州本司差總制閻皐等分布精銳設伏交戰遂大敗追襲三十里是夜張琪愛將姚興幹辦官王悅引所部將諸巨師古投降張琪全軍望石門西走已遣人馬追躡詔閻皐等會合韓世清須管殺獲盡靜十八日徽州奏張琪賊馬復入祈門縣去本州百八十里詔令張俊摘一軍會合掩殺九月十二

卷九百三十二

日侵犯宣州詔王𤇆疾速領人馬同韓世清措置勦捕劉洪道督責小張俊等軍馬會合日下併力掩殺李彥御措置捍禦十三日詔張琪見犯宣州賊馬甚衆令建康守臣張縝就便遣發王冠人馬併力勦殺二十一日樞密院奏張琪李捧犯宣州月久雖有韓世清隄備慮無外援詔令張俊於已到衢州人馬內摘那軍馬前去宣州併力勦殺十月二十六日於楚州活捉到張琪申解赴行在　時劉光世言鄜下使臣王真告首張琪使朱和來結約謀反琪與李捧同反被捧併殺不捷琪下水逃走結約諸軍謀叛作過光世尋委知承州王林密切捉到將官冷用等稱張琪向北去即時差從義郎閻



門祗候總轄張賽帶領人馬前去至是於楚州活捉到　十一月十二日詔令張俊押領張琪赴市曹凌遲處斬

曹成

紹興元年九月二十四日詔曹成賊馬自令春已來由岳鄂入分武寧南犯新昌上高西犯袁州四縣西南寇攸縣醴陵遣湖東副總管馬友與李宏同率官軍討捕二年正月二十一日犯郴州永興縣衡州安仁縣劫散湖南安撫使下一行官兵挾持安撫向子諲留寨詔遣宣撫司大兵取道筠袁州前去潭州深恐賊徒侵犯二廣仰分擘高舉一頭項人馬由汀道州路往廣東西界首把截候宣撫司大兵到日會合二月五日侵犯道州寧遠縣賊萬衆自東門入占據本州城其

卷九百三十二

賊軍四散劉劫稱要於本州屯駐并緝問柳桂等州路徑八日詔令宣撫司催督高舉星夜應援二廣及令湖東安撫使岳飛統率副總管馬友并李宏吳錫韓京軍馬急襲遂掩擊馬友等聽岳飛節制如宣撫大使司軍來到閒能擒獲曹成特除馬友觀察使逐項軍馬合用錢糧令湖東漕臣極力應辦內岳飛一軍專委江西〔運〕副韓球應副仍仰廣東西帥臣起發洞丁刀弩手疾速統帥前去逐路界首與岳飛等會合併力夾擊務要一舉萬全無致稍失機會高舉人馬權聽廣東帥臣節制廣東漕臣應副錢糧仍立定捕獲曹成等賞格下三月四日宰執呂頤浩秦檜奏湖南大寇曹成為首馬友劉超

次之此數人相與交結為輔車相倚之勢上曰宣撫司兵到必能平湖南諸寇續次令轉往湖北襄漢間以通川陝譬如漢高祖先遣韓信破趙復破齊然後擒項籍

閏四月二十五日樞密院言宣撫司大兵未到湖南之時曹成已是不伏招安侵犯二廣勢已猖獗遂降旨揮令岳飛統率諸頭人馬前去掩擊據探報曹成已占據賀州侵犯昭連州界作過令岳飛取徑路前去廣南併力追襲不致侵擾州縣其合用錢粮委逐路漕臣多方那融協力應副令約程已到詔令宣撫司酌量賊勢如岳飛孤軍難以破賊即疾速分撥人馬前去策應務要勦除盡静保全二廣及期約廣西帥臣許中起發本路

卷九百三十二

軍兵及洞丁等併力會合掩殺五月十一日神武副軍都統制岳飛言閏四月六日進兵離賀州二十餘里逢曹成賊兵三萬餘人占據山嶮迎捍官軍即時皷引士卒掩殺賊兵奔走追趕至賀州城東江岸其賊望桂嶺逃遁詔令岳飛不以遠近襲逐掩捕事畢當議取赴行在優與褒擢如曹成實有自新之意一面從長措置六月五日福建江西荆湖南北路宣撫使奏曹成至郴州已受本司招安其餘頭項各已安帖繼詔武功大夫榮州團練使曹成轉左武大夫陞本州防禦使

楊么

紹興二年十二月鍾相餘黨楊么黄誠夏誠周倫劉衡楊欽等恃水出沒　鍾相者本鼎州百姓父子挾左道



惑衆於建炎四年間占據荆岳鼎醴四州朝廷差孔彦舟捕之事具捕賊　詔遣李綱劉洪道知鼎州程昌禹荆南府鎮撫使解潛分遣將士督捕既而昌禹言統率軍馬攻劫燒毀賊寨與楊欽接戰殺死五千餘人活擒五十餘人奪器甲四千餘件戰舡十九隻三年五月四日楊么尚有二萬餘人侵犯公安石首詔令折彦質節制鼎州并荆南鎮撫司軍馬疾速措置招捕仰程昌禹解潛如承彦質勾索軍馬不得逗留占各六月十一日楊么等賊火於澧潭岳之間占據青草洞庭湖一帶巢穴遣荆南府潭鼎澧鄂岳等州制置使王燮統率全軍并將帶崔增軍馬舟舡前去直擣巢穴出賊不意併力

卷九百三十二

討捕其崔增并彦質劉洪道解潛程昌禹所遣軍馬並聽燮節制如更合添差軍馬戰舡許關報逐路帥司差撥所有崔增舟舡盡數將帶前去仍仰韓世忠江南東路宣撫使劉光世刷那舟舡各五百隻與燮前去繼而燮言令大軍合用錢粮雖蒙附帶三箇月緣泝流四千餘里恐錢粮不繼詔更支降兩月神武後軍統領官高進官兵錢米亦支五箇月　錢於建康榷貨務都茶場日取茶塩錢内支米令都督府應副　十四日又以巨師古下官兵二千人隨燮前往時彦質奏有持服人前知岳州范寅具到討楊么議狀甚有方畧切中事機乞賜睿覽速降處分　其議戰兵云寅前知岳州嘗勤么

寨下王大供、戩寨二十其諸寨事力不等共有賊舡五百九十隻賊兵八千一百六十人令首尾五年其數必倍然粮食闕乏器械鮮少官軍之一可以當其十令約水陸兵各萬人可以取勝一水軍萬人探聞鼎州見管正義兵八千揀點精鋭可得五千潭州師府若選五千立可足備不必遠召荆鄂之兵足矣議戰舟云賊有車舡如陸戰之陣兵鰍頭舡如陸戰之輕兵官軍亦當分此令以出水軍萬人分五軍每軍二千人用車舡二隻容正兵二百五十人將佐稍工百人鰍頭舡三十隻每隻容正兵五十人幷棹夫押隊共八十二人常令附帶錢粮多集矢石其行常與鰍頭舡相附使鰍舡一進一

卷九百三十二

却進必有所取却必有所誘亦討之上者也議兵器云賊有鋭鈎柘义竹為之柄若以快刀芟其頭及彼無能為矣其勝賊之具弓矢為上鈎槍次之手刀又次之又擇十八為牌砲手使居前列牌以衛我師砲以擊賊徒議棹夫云戰兵恃其各善汩没則緩不及事當使戰士亦請棹夫之能則必安而可用今所責甚重賊祿行罰棹夫必與戰士同賞仍使士卒汰其不能者使令乗載人兵習其擊剌使戰士習熟波濤若履平地何賊之不勝乎議形勢云岳州抵接賊寨比諸州最近如澤州道發及會合荆鄂舟師皆合徑由于此但專令潭州攻討么賊舟師進發皆由于岳而岳屬他路況岳有土人可



募以為前鋒者緣本州屈之不能集事乞將岳州依舊隸湖北路其討殺楊么事干本州者權令使司節制於上供米内支撥一萬石議錢粮云昨湖南帥司會合鄂州荆南兵馬令各帶錢粮就行支遣各緣闕乏乞專委湖南漕臣一員權兼充湖北路轉運使專功應副議時月云攻討水賊須自十月霜降水落之時港汊分隔則易為擒又當分築角道安置砲座多發巨石攻其附近議攻討云武陵辰陽縣界鼎江南岸有夏誠劉二楊么下水北上林等寨各據陸向水維舟岸側其鼎州見與夏誠賊寨對壘而賊於鼎江南北分布寨柵二十所岳州去賊武口陽口等寨甚便令一日可行故鼎州為陸

卷九百三十二

兵之地岳州為水兵之地如使陸兵萃於鼎州攻夏誠楊么以禦其前繼使水軍進自岳州以乗其後而我攻其心伐其謀使背腹受敵進退無據賊將安往詔下其議令旁質攻討七月九日王𤫊乞招安盜賊金字牌上曰楊么跳梁江湖罪惡貫盈故命𤫊討之何招安為可勿予仍命𤫊將來破賊誅止渠魁三五人盡貸脅從許以自新八月一日上曰楊么賊徒欲侵犯潭州界蹂踐禾稼秋成之際深宜關防令王𤫊疾進討發措置十月十一日𤫊具言大將軍到鄂州增壕設壍擺布戰艦見欲臨敵緣大兵人舡須自岳州泝流前去賊寨數百里目令湖水瀰漫未可下手詔即令湖水減落疾速前去

討捕十二月十四日詔大軍討蕩已累破賊寨訪聞其
閒有西北無歸之人為賊誘脅竊慮一例殺戮有旨降
旗榜五副付王𤫊曉諭招收令來王𤫊見在上流鼎江
一帶慮逼逐賊徒奔衝岳鄂州界可令制置使岳飛劉
洪道同共遣兵掩殺毋令走透上因諭輔臣曰王𤫊令
復往鼎州岳飛纔回岳鄂兩軍上下重湖楊么早得平
蕩若歸過自新必令招懷樓舡棹卒上流之備不勝用
也　四年二月五日統領官胡皰於龐石溪逢賊血戰
殺賊首擅成其餘墮落山崖及奪到軍器五百七十餘
件五月二十七日立賞許么等出首七月二日王𤫊言
已招到賊衆一萬餘　荊南等州鎮撫使司并鼎州共
節次招到賊將等第賜官卷九百三十二　九月三日知岳州程千秋
遣准備使喚李實入賊寨招安偽周七太尉等五年二
月十四日詔黃誠楊太周倫等已前罪犯一切赦免疾
速前來太平州建康府以來樞密知院張浚行府并開
府劉光世軍前公參當更優異轉官依舊充水軍若內
有願乞外任或隣近軍州鈐轄都監差遣者聽或願歸
農人即於鼎澧州撥賜田土支破口食借貸種子養贍
仍免五年稅役昨自建炎間孔彥舟領集潰兵於荊南
鼎澧侵擾是時土豪鍾相為首結集鄉社與孔彥舟接
戰後因彥舟詐作鍾相贓閑潭州城門傷害軍民妄申
朝廷稱是鍾相周倫等謀叛因此朝廷發兵擒捕彥舟



其所差官兵不知因由致與忠義民兵交鋒緣此累年
疑貳不敢自新朝廷察見始末故給勑榜撫諭云　三
月八日解潛奏楊太併兵侵犯枝江公安等縣遣將斬
獲太首偽太尉夏景都統李全活擒偽統領趙暹等獲
捷時王𤫊為賊敗衂於下山未幾都統張浚言么等屢
行招撫妄作遷延令來岳飛親提大兵分屯要害及尅
日進攻賊寨致黃誠等畏懼失措束手請降除楊么已
就殺戮外招接到楊欽劉衡夏誠楊壽楊收黃進等二
十餘頭項徒衆二十餘萬破蕩巢穴並已了當湖湘於
是底平

宋會要　補賊

太祖建隆三年十二月九日詔曰賊盜鬬訟其獄寔繁逮捕在于鄉閭聽決合行于令佐頃因兵革遂委鎮員時漸理平合還舊制宜令諸州府今後應鄉村賊盜鬬訟公事仍舊却隸縣司委令尉勾當其一萬戶以上縣差弓手五十人七千戶以上四十人五千戶以上三十人三千戶以上二十五人二千戶以上二十人一千戶以上一十五人不滿千戶一十人合要節級即以舊鎮司節級充其餘人並停歸縣司色役其弓手亦以舊人充如有賊盜仰縣尉躬親部領收捉送本州若是羣賊畫時申本隸州府及捉賊使臣委節度防禦團練使刺

卷二萬二千四百八十八

史畫時選差清幹人員將領廳頭小底兵士管押及使臣根尋捕逐務要斷除賊寇肅靜鄉川不得輒便搔擾其鎮將虞候只許依舊勾當鎮廓下煙火盜賊爭競公事仍委中書門下每縣置尉一員在主簿之下俸祿與主簿同　十六日詔頒捕賊條應刼賊殺人賊並給三限限二十日第一限內捕獲不計人數令尉各減一選獲及一半以上各減兩選第二限捕獲不計人數令尉各超一資及一半以上各超兩資第三限獲賊不計人數令尉各加一階獲一半以上各加兩階出三限並不獲賊尉罰一月俸令罰半月俸尉三度罰俸殿一選令四度罰俸亦尉一選經三更殿選者勒停仍委本州依



條批書本官歷子應有刼賊殺人賊縣委畫時捕捉尉已出捕賊即令捕逐如親自鬬敵徒黨全獲者令尉並賜緋尉除令仍超兩資令別與遷擢如獲一半及親入賊及捉獲酋領者委本處優與酬獎如令尉力可捕賊而公然逗留致有透漏者勘罪聞奏力所不任畫時報鄰近巡檢使臣及州府同共捕捉合報而不報亦仰勘罪若巡檢使臣及州府聞報不與借力許令尉直申奏長吏使臣並當重責所差弓手尉長須教習應令尉在任如能肅靜鄉川一任內並無賊寇本州聞奏別行推賞仍書上考令尉無事不得下鄉或遇捉賊亦不得煩擾人戶如有受財入己者並以枉法論應先行勑命鄉村內爭鬬不至死傷及遺漏火燭無指執去處並仰耆長在村檢校定奪不在經官申理其縣鎮不得差人圍保令後應前件小事無人詞訟官中不得勘結應校尉考並依判司主簿月限遷上縣尉並準前勑候官滿日更不守選所有捉賊期限賞罰條流並如前勑減一選者與超一資殿一選者折一資　四年七月一日以大名府涇城縣令殷淊為國子博士張又元為大名府元城縣令賞捕盜之功也天下縣尉久廢其任是歲復置賞罰之令甚明淊等首訣賞典　乾德六年三月七日詔曰國家務致理之本設捕盜之官前降詔書其存條制郡縣之內既已奉行賞罰之間有所未盡自今應有

刼賊如縣尉親自捕逐被捐傷獲全火者使與縣令仍賜章服如三分獲其二者減三選加三階獲一分者減兩選加兩階一分以下減一選加一階若是尉出親令自獲捕被傷全火者與升朝官仍改服色其餘獲賊分數一準尉例等第㨗酬如令尉因傷致死其親的子弟當與録用如或遇賊逗留因而漏失者本官勒停仍委本州郡給三限捕逐每限滿二十日第一限獲者減一選第二日獲者超一資第三限獲者加一階三限滿不獲罰一月俸經兩度罰俸者殿一選經三度殿者勒停仍委本州逐度批書本官歷候赴調日並許將功過除折依賞罰施行 太宗雍熙四年十二月十三日詔兩

卷二萬二千四百八十八

京及諸道擒獲刼賊獄成遇赦者隸本城仍廪給之先是江南轉運使許驤上言刼盜遇赦得原還本鄉讎告捕者多行殺害請以隸軍故下是詔 淳化五年三月二日詔曰近者兇民嘯聚蜀郡驚騷聊舉偏師往伸薄伐已聞虎旅將覆梟巢既顯戮于鯨鯢慮俱焚于玉石宜令招安使王繼恩候前軍所下處其賊黨敢抗王師即須殺戮其有本非同惡受制兇徒先被脅從令能歸順者並釋其罪倍與安存庶以明好生惡殺之心亦以舉懲惡勸善之典凡爾民庶深體至懷 九月五日對永興軍賊師焦八等三人各賜錦袍銀帶衣服緡錢並擢為龍猛軍使焦八等皆關右劇賊常嘯聚衆數百人



攻刼居民為三輔之害久之帝令懸賞招募待以不死供佛飯僧喜免侵暴之患也 至道元年二月二十日嘉州言獲賊師張餘函首送西川行營餘黨皆盡先是李順之亂群賊所在蜂起王繼恩既平益州因留鎮守遣部下諸黄門分兵討擊高品王文壽領虎翼卒二千人赴逐州路繼恩之在成都也頗縱卒剽掠子女金帛坐而翫寇軍士亦無鬭志帝憂之王文壽御下嚴急士卒皆怨一夕文壽卧帳中指揮使張嶙遣卒數輩持刀排闥徑入斬文壽首而出昏夜昏墨嶙猶疑其非是然火照之曰是也時賊師張餘衆萬人刼掠州縣嶙因率部下卒五百人與之合賊勢益盛奏至帝欲盡按誅軍

卷二萬二千四百八十八

人妻子近臣言曰可勿殺令盡索營中書遣使者招撫之諭以釋罪而親屬皆全必自引來歸可因破賊矣帝聽之遣内侍齎詔令巡檢程道符諭旨士卒果斬張嶙首自投來歸因令為鄉導擊賊至是遂破滅賊為 五月二十五日西川行營縛送賊師勾重榮等五人至召見于崇政殿帝謂近臣曰此本皆平民官吏失于撫御遂相誘起為寇盜耳及用兵討伐將師又恣行殺戮此輩懼死故亡命山澤及朕遣中使齎詔招誘以誠信待之皆投戈請命亦可哀也以重榮為供奉官餘四人為殿直 真宗咸平五年九月四日遣如京使苗忠入内高品石延福提點河北捕賊如京使栗仁環入内殿頭

高品李懷岊提點京東捕賊並率兵以往　景德二年
五月六日知天雄軍府趙昌言上言所部寇竊衣除已
下令令軍民有能告賊者賞以金帛及補衙校鎮遠遷
職下其狀樞密王繼英曰鄉閭間小有攘竊不當擅爲
賞格從之非便帝曰然則昌言所下令乃爲虛語使長
吏失信于下政教何以興行使易其文止云當爲言請
行旌賞而已　八月二十三日詔亡命軍人及劫盜赦
限內捕獲罪至死者奏裁限外劫盜準法亡卒罪至死
者杖脊黥面流沙門島情理重者奏裁罪不至死者不
以赦限內外並依常法　二十四日詔自今應賊盜贓
物並知通判親付本主慮爲下吏欺罔致斷獄失實故
卷二萬二千四百八十八
也
三年八月八日詔沿邊州軍自今鍾竊盜入北界
其贓並據見存者追還已費用者勿追　時有司定邊
民入北界爲盜有贓無贓等第刑名其有贓者雖至死
及配流並追正贓歸還北鄙帝問舊法如何對曰死及
配流並徵故有是詔　四年九月二十七日福建巡撫
比部員外郎張令圖上言福建路諸寨柵巡兵捕得私
鬻茶鹽人多分其財物縱所犯人逃逸請自今許徒中
反告重寘其罪仍以所分財之半沒官餘給告人從之
大中祥符元年五月三日詔曰今稼穡豐登鄉閭肅
靜尚慮兇惡之輩知有將來恩赦侵害良民輒敢爲非
宜令兩京州府軍監并巡檢使臣如有賊盜速須追捕



斷遣如遇赦恩並仰禁繫具所犯奏裁自是凡將大礼
肆赦皆申明此詔　二年正月二十六日詔聞京師有
壯年爲盜被黥者多縱不逞以擾平民宜令開封府具
名捉搦分隸于外州　九月詔禁京城諸廟察盜人擾
民者先是京城無賴輩繫名于廟司畜養用以巡捕姦
盜常在閭閻中誘致愚昧多設欺以取物而其主不敢
言上封者請擒捕收竄以絕其弊故有是詔　四年三
月二十日詔自今遣使出外捕賊不得製造陵遲盜賊
之具　先是內侍楊守珍捕賊京東移牒應天府令造
木驢並釘架各二準備陵遲賊人本府以聞故條約之
十月二十日陝府西路提舉巡檢捉賊許懷信言昨因
卷二萬二千四百八十八
擒捕賊人其賊突入百姓游知千地分知千率家人持
杵格鬬久之知千殁賊臣等尋盡獲賊人詔賜知千家
米麥繒錢仍給復三年　五年正月十二日京東都大
巡檢胡守節言部民王吉知羣賊匿所逐以告官請俟
擒獲以其贓給之帝曰如此則被盜之家無乃重傷乎
宜賜官錢三萬贓物悉歸其主　十一月二十五日詔
如聞沿汴護堤河清卒賊害行客取其資幣棄尸水中
頗難彰露可明標賞典許人糾告　六年五月八日河北
沿邊安撫副使賈宗言諸處捕獲賊徒經本州勘斷內
有通指連帶別州爲盜之處彼處以捕緝未獲其捕賊
官吏依限決斷兩不相知欲望自今後應如此類並關

報被賊軍銷破賊數内若未獲全火即令同共用心捉
搦免致虛行責罰從之　八年八月二十八日詔應巡檢
捉賊使臣許於手下選有行止幹事兵士三五人給與
帖文令于地分内緝捉賊人　九月十二日入内供奉
官提舉陝府西路捉賊楊守珍等言自今捕到疆劫賊
内合死者請以付臣陵遲用戒兇惡詔曰法所以禁姦
暴明重輕苟增峻于常科寔滋章于政典朕每覽載籍
詳思令猷漢文帝因緹縈而廢肉刑唐太宗讀明堂而
減徙罪惟刑之恤在邦必聞豈于安平之時而行慘毒
之事宜令楊守珍等捉賊盜内累曾殺人為惡者送所
在州府照應詣寔奏裁自餘並送所在依法論決
卷二萬二千四百八十八
十一月十二日上封者言川陝州軍民被盜者多為村
耆隱匿不使畫時申官擒捕欲望自今如有違犯其耆
長押赴闕決隸軍籍從之　九年八月八日定州言安
喜縣尉尚至忠遇賊力敵親被流矢賊逃走至忠獨躍
馬挾弓矢逐之七十里從行無及者踰縣界斬二首而
回以獲非全火人數且火無超獎之例詔令銓司替還
磨勘引見十七日命入内殿頭趙懷寶高品李允文率
步騎四百往并代州捕賊　九月二十四日命御前忠佐
廉州刺史鄭懷德内供奉官李知信發青州虞翼軍與
京東提舉都巡檢使何榮趙繼昌等同捕盜賊　十月
五日詔京東西河北河東陝西淮南巡檢使臣縣尉自



令獲賊如贓伏露驗事寔顯白而拒抗不即承引及隱
蔽徒伴者許量栲訊數勿過二十無得因緣傷平民容
賊妄指雠隙重成煩擾　先是捕獲疆賊例皆拒抗復
不許決問以是率多透漏故有是詔　天禧元年三月
二十三日給威猛卒二百人隸京東都巡檢使何榮濱
杕水陸巡檢使趙繼昌其捕盜有勞者獎之時上封者
言濱杕淄齊鄆博州芟葬翦薈寇盜所伏巡邏地遠請
益兵以儆故也　九月三日詔自今令尉躬自鬬敵獲
劫盜十人已上雖不全火七人已上不及七人而彊惡
者並奏裁　八日壽州言城西鎮將李文諒與勇健軍
校孫興結徒十二取賊殺沿淮巡檢殿直王驥權都監
卷二萬二千四百八十八
右班殿直王日用捕殺之擢日用為左班殿直閤門祗
候本州兵馬都監仍賜器帛錄驥子仁靜為三班借職
二年三月詔諸路轉運司應部内諸州有神廟不係
賜額佛堂無僧主持據山險孤迥之地為盜賊藏伏者
並令毀拆時坊州有羣盜結構于山中佛舍至是捕獲
上封者以為言故有是詔　四月十四日招河東轉運
司自今寇盜攻劫居民令村保即時申官收捕蔽隱而
不言于繫人悉寘于罪先是上封者言邊郡民有被盜
者本村耆保抑而不言望賜條約故有是詔　閏四月
三日詔如聞自京西泗州沿汴兩岸有盜殺傷行人及
沿河邸店官私舟中潛害旅寓之人棄屍河流沒其衣

販財貨可令開封府京東西淮南轉運司督沿河地分
巡檢催綱巡河使臣捕盜官吏旦夕巡察如有曠慢重
寘其罪仍許同舟隣保諸色人及同謀知情者首告釋
罪旌賞知而不告並案如法　五月十五日詔先是許
巡檢使臣選所轄兵士給牒令探刺盜賊行止之所如
聞不稟朝旨輙取停廢軍士及無賴之民充選擾擾平
民自今並依元詔違者當寘于罪　十一月二十六日
詔諸路州縣鄉村耆保公人自今除彊盜失于申報及
捕盜遷延並依舊條科違制之罪自餘小可竊盜並依
捕盜官員例從違制失定斷先是都官員外郎嚴穎言
凡鄉村有盜者保失于申報追捕者悉科違制之罪輕

卷二萬二千四百八十八

重未適乃命法官詳議而申明之　十二月詔開封府
諸縣巡檢捉賊使臣自今後若捉到彊劫賊人有通指
徒伴即須據的寔藏避所密行追捉仍詳聞贓仗去著
方得申解不得妄出文引差人下村句追平人作眼執
縛恐喝錢物擾擾户民　五年五月四日判河南府王
欽若言澠池縣民為賊亡走禁其妻僅三百日晝日令
衆迫于飢寒臣尋令本縣跡放知在望告示諸路有禁
留令衆一季不獲正賊者責保知在或朝廷憫其淹延
止責地分巡檢縣尉耆長保人依限緝捕詔從之　八
月十一日駙馬都尉王貽言諸州捕盜每限内不獲其
耆壯弓手典吏並行決罰緣典吏止行遣文字與弓手

耆長情理不等望自今俟三限不獲典吏從被七十區
斷從之　仁宗天聖元年十一月十八日詔今後諸道
州府弓手耆長壯丁百姓等因捉殺人賊傷中重者支
錢二千輕者一千以係省錢充　二年二月十二日詔
淮南江浙荆湖福建路巡捉茶鹽司巡檢捉賊使臣縣
尉除依宣命比折酬獎外如二萬斤以上更能捉獲數
目委制置轉運司保明優與酬奬　二十二日詔諸處
盜賊敗獲根勘前後行劫度數極多長吏已下止常行
遣殊無申奏巡檢捉賊使臣復不能用心捉賊本路轉
運使提點刑獄亦不舉覺奏聞凡有賊盜多為村耆告
屬或抑逼被劫之家私陪錢物更不申報及減落賊人

卷二萬二千四百八十八

数目規避科校及至賊敗即便陳首兼鄉村内多藏賊
盜軍及諸惡跡之人或利資財或懼讎報並不告官其
巡檢捉賊使臣亦避見不獲盜賊批書歷子並不覺察
中舉諸州軍當職官復不能覺察嚴行懲誡以止絕鄉
川情農宄惡之人每諸縣捕送正賊多被賊人親黨用
倖于司理院等處作弊漏泄故出賊人仰詔到日委諸
路轉運司具録遍牒諸州府軍監自今常切覺察管屬
諸縣每有盜賊晝時據寔申報本州軍候見所報即時
捉巡檢使臣捉賊敢依前住滯其耆及應干捕賊人情理
重者並當決配命官亦當重斷更不在陳首之限仍令
鄉村户人耆鄰村保遞相覺察有隨農宄惡為盜之人

幷受財窩盤賊人家明告具官者保鄰人與免蓋藏之
罪諸州軍每有盜賊立便填寔日奏聞仍追聚巡檢捉
賊使臣歷子依條批書候獲即與銷破如捕到賊人委
本州提舉勘鞫不得出入罪及漏泄獄情違者並當重
斷經赦不原應巡檢捉賊使臣捉獲全火賊或累行劫
盜彊惡之人當行酬獎如不用心致賊盜害民及比較
一界所捉賊之數少亦當嚴行朝典仍令委轉運使體
量管下提舉捉賊及都同巡檢駐泊捉賊管界并在城
巡檢捕賊有勞及曠慢年老懦弱者各具事狀以聞
二十六日詔覺察緝賊公人軍人如自作非違及受倖
放縱賊人仰勘罪聞奏當行嚴斷即不得差軍人監逐
卷二萬二千四百八十八
耆長等於別州軍緝捉違者重行朝典　四年正月十
八日糾察在京刑獄司章得象言今後應有指引賊徒
打劫人戶財物人等乞別立條制定斷審刑院大理寺
衆官參詳欲乞今後如有指引賊人受贓入己並減元
謀一等若不受贓又減一等本條重者自從重斷從之
六月十一日金部員外郎尚霖言鄆州平陰縣弓手
在家窩盤賊人結連徒黨資給糧糗供借器仗利其厚
賂庇此兇人欲望自今應捕盜公人停藏賊人雖遇赦
並奏候朝旨從之　五年三月二十七日詔自今應彊
劫并殺人陳告如捕獲一名支賞錢五貫內軍人仍轉
一資公人百姓仍除二稅衙前差徭外與免戶下三年

諸雜差徭如係全火敗獲者告人據數支錢外更優與
酬獎所支賞錢以犯人家財充如不足即以係官錢充
先是供備副使張君平上言賊衆行劫之後散往它處
窩藏典賣贓物軍民雖有知者以事不干己不敢告官
望立條約故有是詔　十二月八日詔應諸處如獲捉
彊劫賊人與民爲害者雖該赦文合行釋放亦仰奏候
指揮其首身賊人該赦免罪者委是彊惡與民爲害不
可存留在彼即押送赴闕　七年五月二十一日審刑
院大理寺上言自如令縣尉躬親鬭敵捉賊全火以上
傷與不傷該舊勑酬獎者內歷任資考合入令録並授
京官仍賜緋章服若全火不及十人而傷中者亦授京
卷二萬二千四百八十八
官奏可　八年八月七日詔諸處令尉捉殺到賊人刑
部詳定多稱不該先降勑命酬獎竊慮用功捉賊官吏
無以激勸須議別行條貫應自今令尉親領弓手鬭敵
捉殺全火十人以上彊劫賊人傷與不傷令除朝官衙
資考合入令録者除京官未合入令録除節察推官仍
賜緋全火不及十人已上傷中者令亦除官朝尉資[illegible]
合入令録者除京官未合入令録除節察推官雖是[illegible]
火傷中不及三人者奏取旨鬭敵捉殺十人已上不全
火并七人以上全火及雖不鬭敵能設方略親自捉獲
全火十人以上令除京官尉除令如資考未合入令録
除節察推官鬭敵捉殺七人以上不全火并五人以上

全火及不鬬敵捉到十人以上不全火七人以上全火
令除執事官尉資考合入令録者除萬戸縣令未合入
令録除萬戸簿尉仍並與家便差遣充惡賊及（徒火）爲民害
者令尉能親自鬬敵與不鬬敵捉殺全火雖不及五人
亦許具收捉次第保明聞奏當議比類量賜酬奬内有
朝廷曾降指揮或待遣使臣收捕未獲令来令尉能親
自捉獲者别與指揮若不該前項條貫酬奬當時三分
捉獲二分與減三選加三階一分與減兩選加兩階一
分以下與減一選加一階若該前項條貫合除京朝職
事官者内流外出身人當議比類聞奏其今日以前得
替已經恭選磨勘者不在此限所有随行兵士弓手内

卷二萬二千四百八十八

有用命殺賊顯有功勞者亦仰具等第奏聞所有諸司
使副已下班行使臣等樞密院比類指揮　九年八月
十九日閤門祗候李大夫言乞許巡檢縣令尉軍士弓
手緝捕寇盜事下法寺請止聽于本軍縣擇弓手一名
緝探每季一代仍與諸縣輪差常切鈐轄無縱擾擾閭
里恐喝財物及有贓數違者重治其罪奏可　二十二
日侍禁楊遵請令嵐石隰州逐鋪製小沙鑼鼓寇到鳴
鼓集衆迭相救援其鳴鼓止聽下上兩鋪馳救餘則各
爲警備從之　閏十月二十一日嶲州趙簡易言州縣
鎮鋪郭門外有盜望委令尉廂鎮同捕從之　十年五
月十日尚書刑部言省司準中書批送諸處申奏令尉

兵一一之一三

明道無九年

稱捕捉强劫賊乞依天聖八年勅酬奬者檢元案看詳
多是捕捉限内因緝逐根勘關連之人或先獲一兩人
相次捉獲或移牒别州捉送雖有數目緣不是聚集鬬
敵捉殺不該酬奬按編勅應轉運司及諸州軍部内令
尉獲賊合該酬奬仰保明申奏如不應條貫妄有申奏
仰刑部跡駁聞奏所令奏者多稱據狀及下縣分析官
吏又不保明便只鹵莽聞奏如選人進狀亦稱于歷子
内批到又將勘會多與元奏案人數不同須至再下本
州兼取保明其當職官吏若或移罷多不保明只憑所
司分析淹延舛謬易生僞濫又不詳天聖八年八月勅
意不具鬬敵次第及素来兇惡能設方畧之狀便請酬

卷二萬二千四百八十八

奬欲乞自今後應捉殺强劫賊委是行劫之後不曾分
散及自来結集雖各潜藏捕獲之時一處拒敵及鬬敵
捉殺趕趁四散粘襲捉殺到明有器仗捕捉方畧圍掩
鬬敵之狀其賊須具兇惡情由或朝廷專使收捉不獲
令来捉殺次第應得元勅合該酬奬保明聞奏即委刑
部以斷賊案勘會施行若州軍長吏推避拖延不爲保
明申奏致有陳訴者亦重行朝典如妄有保明自依元
勅施行奏可　明道二年三月二十三日詔縣弓手不
得充巡檢司捕盜賊　九年八月勅文禁民間誘聚兵
民賭博之家官司嚴行捕捉人得告言犯者具獄當議
校配惡地告言有賞縱而不察有司論罪　景祐元年

兵一一之一四

正月十六日京東安撫司言諸處捉獲强刼賊人有情理切害巨蠧者許逐處凌遲詔應災傷州軍捉獲强刼賊人内有曾殺害人命及累行刼盜情理巨蠧者即許凌遲處死　二月十五日京東提點刑獄崔有方言體問得齊鄆州界有軍賊打刼人户財物變主不敢申報乞今後仰縣令知縣選差弓手二人緝探如有賊盜打刼晝時申報詔依奏候豐稔日依舊　六月十八日審刑院言自今巡檢縣尉下軍人弓手以緝賊爲名捉搦平人執縛拷決逼取資財乞從强盜定斷至死奏裁從之尸　閏六月一日梓州提點刑獄王端言今後殺人者許人陳告乞給賞錢三十貫詔殺人賊未獲許人告捉賞錢五十貫以犯事人家財充不足以係省錢添給

卷二萬二千四百八十八

二十八日刑部言今後强刼賊在三限内縣尉能親自領人諸處捉獲七人以上全火十人以上不全火乞與免選注近官從之　八月七日刑部言令尉捕盜合該加階減選及超資者乞移文逐州批上歷子代還委銓曹磨勘從之　三年八月五日門下中書言應諸路州府軍監等今後如有委實强刼兇悪殺人結連徒伴十人以上累行打刼傷害人命收捕未獲者即官中出賞錢一百貫文許人告捉奏可　三年正月十三日開封府范仲淹言上元放燈夜賊許人告捉等第給賞錢從之　五月二十日詔令尉捉殺强刼賊人刑部定奪多



稱不足躬親不該酬獎深慮不切用心甚非激勸之意自今令尉如能設方畧差人捕殺强刼賊全火七人以上不全火五人以上及火爲民害兇悪賊三人以上並逐處保明聞奏當議比類酬獎合加階減選而不願者合入遠即與近地合入近即與家便　七月十九日侍禁閤門祗候咸平都監劉安道捕得逃卒張興引集亡命於禁門前渠内止宿號無憂洞詔開封府劾其事以聞　寶元二年十一月四日知青州趙槩請自今廂界耆長弓手捕盜人等如交替即有未獲立限捕賊並交割管認將交割限内日數中分定入限一半日以前交到今後人管認捕獲以後交到令前人管認捕捉不獲

州　卷二萬二千四百八十八

依條科決第一限内交替即前界認第一限科校自餘並後人管認科校其在第二第三限内交替准此　康定元年十月三日詔諸處强悪賊有未獲者委流内銓三班院出榜募人捉殺許于中書樞密院投狀如能巧設方畧親行闘殺有勞當超資酬獎　十一月四日江淮制置發運使張錫言沿江淮南岸都同巡檢使臣縣尉自今並乞令通管江淮内賊盜公事不得止以中流爲界如不獲盜依條科罰從之　二年七月十四日廣東鈐轄司言問得海商卸保稱昨入占城市香藥見軍賊鄂鄭等百餘人適去本國國人言國王見虜鷄人恐大朝求取詔降詔占城示諭賜與器幣令本路轉運與

廣州選牙校或使臣二人齎往賜占城國王仍推賊首
五七人羈致闕下餘黨于本國殄戮其選去牙校還日
與班行使臣循資

卷二萬二千四百八十八



宋會要 捕賊二

慶歷元年十一月詔如聞淄濟等州民間置教頭習兵
杖聚人為社自今為首者處斬餘決配遠惡州軍牢城
仍令人告捕之獲一人者賞錢三十千　二年五月二
十四日詔府界持仗劫衆盜賊未捕獲者六百九十餘
人恐結成群黨轉為民患令開封府應曾傷財主及元
謀三人即加擒捕依法處斷餘限百日歸業除其罪
八月二十八日以侍御史仲簡崇儀副使王整為京東
路體量安撫並提舉催捉賊盜　閏九月二十四日江
南西路轉運使齊廓言今後有結黨行販禁鹽之類望
許其徒舉告節級加賞從之　十一月二十九日詔凡

卷二萬二千四百八十九

有劫盜入州縣城者其長吏都監巡檢令長並劾罪以
聞　三年六月二十九日右正言集賢校理余靖言朝
廷所以威制天下者執賞罰之柄也今天下至大，官
吏弛事細民聚而為盜誠不能禁止者蓋賞罰之不行
也若非大設隄防以矯前弊則臣憂國家之患不在夷
狄而起于封域之內矣南京者天子之別都也賊入城
斬關而出解州池州之賊不過十人公然入城虜掠人
戶鄧州之賊不滿二十人而數年不能獲又清平軍賊
人入變城主泣告而軍使反閉門不肯出其弊如此而
官吏皆未嘗重有責罰欲望賊盜衰息何由可得今京
東賊大者五七十人小者三二十人桂陽監賊僅二百

人建昌軍賊四百餘人處處蜂起而巡檢縣尉未知處以何罪當職大臣尚規規守常不立法禁深可為國家憂且以常情言之若與賊鬬動有死亡之憂避不入賊止于罰銅及罰俸雖惜數斤之銅數月之俸以冒死傷之患哉乞朝廷嚴為督責捕賊賞罰及立被賊刼質亡失器甲除名追官之法從之　八月二十六日詔陝西北有賊張海郭邈山群行剽刼州縣不能制其令左班殿直曹元喆張宏三班借職黎遂領禁兵往捕之　九月一日置開封府諸縣巡檢各一員又分東西二路置提舉捉賊各一員　二十九日詔諸路提點刑獄司專管勾巡檢賊盜公事　十月二日詔利州路轉運司如

卷二萬二千四百八十九

聞群盜入金州刼居民其令梁洋二州出兵邀擊之　十三日詔有盜賊掠人其捕盜官吏並當日具所敍掠人數申本屬州軍逐州軍亦限當日上奏如敢隱落而輒稽違者並以違制論　二十二日資政殿大學士知河南府范雍兼都大提舉京西四路諸州軍兵甲巡檢賊盜公事內陳州提舉蔡許汝潁四州河陽提舉鄭滑二州鄧州提舉唐隨二州信陽光化二軍襄州提舉郢均房金四州仍詔今後並選差兩省以上或曾任轉運使提點刑獄知大藩人令體量轄下都監監押巡檢縣尉內有怯懦老疾貪濫苛酷者管兵使臣將校不善部轄教閱者具名聞奏每遇部內有賊盜處催促捉殺如



大段驚刼便仰勾抽兵馬疾速辟畫救應不管走透仍令部內逐州軍長吏巡檢縣尉如鄰近州軍有賊盜但地分相近處立便關報救應仍申所隸提舉官司仰候見報即火急救應提舉官如懈怠朝廷察訪得知或因言事官論奏並行降黜如在任舉職致賊不犯境或能除殄盜並當陞擢　四年三月十二日賜荆湖南路捕擊山猺軍士緡錢仍令內侍齎手詔體量捉殺次第以聞　二十三日詔如聞近日多有無圖之輩盡聚有賊驚刼扇搖人户官吏不仔細巡察的實惟務張皇便作奏聞驚擾人户動感眾情其諭官吏凡有申報並仔細體諒徒黨人數行徑次第的實關報鄰近州縣通相關

卷二萬二千四百八十九

報不得便憑虛聲張皇賊勢鹵莽行遣關報鄰州驚擾人情別致失事走透奸賊必重行朝典　四月五日帝謂輔臣曰前發兵捕衡道永州猺賊如聞誤殺山下居民其令每口給絹五匹仍撫存其家　六月七日樞密院言桂陽監等處蠻賊鄧文志黃四等已行剪除今據知潭州劉沆等奏逐人有狀悔過乞放罪招安詔降勑牓下衡道永州桂陽監應鄧文志黃四等洞內一行徒黨並許首身特放罪仍等第安排及支袍帶　八月二十七日兩浙言保州沿邊人户多扇言軍賊作亂引契丹軍馬入界以臣所料必有姦人因欲動搖邊民乞下沿邊安撫司密令捕緝法外施行從之　五年四月二

十三日，樞密院言：「昨諭諸路州軍，如今後諸指揮內有知次第人陳告洎徒中反告並結構逃竄之人，並等第改轉及支賜。近諸處劫到告事軍人，却有虛妄告首，情罪希望恩賞。欲令諸路轉運、提刑司，今後軍人或諸色人首告兵給結構逃背，仰當職官員先且密切審問的實，方得施行。合要人密行追捕。」從之。　五月二十三日，詔官員、使臣、諸色人等捉殺到强惡劫賊，只委本屬州具所獲人數、捕捉次第保明申奏，不須候提刑、轉運保明文字，方行定奪。　六年二月十七日，詔陝西四路經畧司：「陝西未用兵前，邊上失于防察，累有不逞之人投入西界。宜密諭沿邊官吏及蕃部弓箭手，有能以計捕獲者，常不次遷擢之。」

卷二萬二千四百八十九

十一月十六日，詔河北、京東西路安撫、轉運、提點刑獄司，籍諸州軍所申盜賊數，嚴督官吏捕逐之。每半月據所獲入馬遞以聞。　皇祐元年二月八日，詔發京師禁軍十指揮赴京東、東西路駐泊，以備它盜。　二年閏十一月二十四日，審刑院、大理寺言：「準中書送下何郯奏，請今參詳，欲乞應捕盜官及非捕盜官，但能親率人衆鬬敵捉殺，及雖不鬬敵能設方畧捕獲同火强劫及兇惡賊人，並據人數于慶歷編勑本條上遞降一等酬賞。若捕盜官雖非躬親，但擘畫差人捉殺到，即據所獲人數依編勑元條各降一等外，更降一等酬賞。上項如各無可降，更不理爲勞績。內募賊



州縣官未成考，獲賊降等外，合轉次等京官者，職官循資，令錄除節察推官、判司、簿尉除初等職官，仍各知縣。其捕盜官及非捕盜官委是躬親鬬敵捉殺到久爲民害兇惡賊人等外賞輕，并不及前項賞格者，特與臨時量輕重取旨加等酬奬。已上並委本州依條保明申奏，如有不實，其應干繫保明及州縣元勘賊官吏並從違制分故失定斷。」詔依所奏施行。所有諸色人並公人、軍人及停藏賊人，并受贓却捉殺賊人，並緝事軍人等告捉賊人，並未曾定奪，今審刑院、大理寺再詳定以聞。今參詳：「欲望自今應公人及諸色人等，如遇賊發，能起意自設方畧率衆捉殺到同火賊徒，每强劫十人以上

卷二萬二千四百八十九

或惡七人以上者，與三班差使、殿侍、內職員名目，高者臨時取旨，更與酬奬。不願者，許買樸第一等酒場一次，仍支賞錢二百貫文。如或强劫七人以上、兇惡五人以上，與下班殿侍。不願者，許與第二等廂鎮或酒場一次，仍支錢一百貫文。如獲强劫五人以上、兇惡三人以上者，與下班殿侍。不願者，許指射第二等廂鎮或酒場一次，仍支錢五十貫文。如獲强劫三人以上、兇惡兩人者，許指射第三等廂鎮酒場。其餘各據身分獲到人數，每强一名，公人與轉一資，內有已充節級者，更與節級一次；無級節名目者，與免本戶下一次差徭、科配；無租稅者，官支賞錢十貫文。每兇惡賊人一名，並依强劫賊酬

賞外更各支錢十貫文應停賊及知情受贓人如却能計謀捉殺賊人並賊人見在本家宿食能來告官因茲獲賊者據所獲人數並依上條酬賞仍特免停贓知情受贓本罪其雖計謀捉殺不經官司告首别致彰露即不免停贓等罪若只是知賊人處所能來告因茲獲賊即據所獲人數比起意捉殺人例減一等酬賞内獲强刼三人以上兇悪兩人合該減等酬賞者並支錢五十貫文如告獲强刼二人或兇悪一名者亦支錢十貫文應差出緝事人公人如緝得同火賊人告官因而捕獲每强刼十人以上兇悪七人以上與轉一資仍賞錢一百貫文强刼七人以上兇悪五人以上與轉一資强刼五人以上兇悪三人以上只支五十貫文强刼三人兇悪兩人亦支錢三十貫文若不及上件人數强刼每支錢五貫文兇悪每名支錢十貫文如一年内緝到强刼兇悪賊人累計數及二十人以上委實得力許本屬州軍次第保明聞奏當議相度别與酬賞其諸色人官司臨時差出緝賊者亦比類此例酬獎上項除合該殿侍已酬獎奏取朝廷指揮外餘並委本州依條施行奏可

卷二萬二千四百八十九

十二月八日臣僚上言四方州郡常切謹視盜賊應採取金銀銅鑛及鼓鑄錢幣聚集群衆之處宜密設方畧常為警備詔巡檢縣尉捉賊使臣内有疾病昏昧及疲懦不堪承職事者令逐路轉運使常切體量如有不得力者仰于轄下選差勾當得事官員對移仍具因依以聞　三年四月二十八日詔北齊鄆棣博等州盜群起宜令巡檢縣尉會合捕除之其不任職者安撫轉運提點刑獄司廉察以聞　八月宿州言百姓董華屢嘗獲强悪盜近又與賊鬬而死其子海復獲所鬬盜三人請甄賞之帝曰海非獨除去民害兼能復其父讎宜優賞之　十月六日大理寺言信州民有刼米而傷主者法當死帝謂輔臣曰飢而刼米則可哀盜而傷主則難恕雖然細民無知緣于飢爾遂貸之又曰用刑寬則民慢猛則民殘為政者當得寬猛之中使上下無怨則水旱不作矣卿等宜慎之　四年三月六日置廣惠二州提舉捉賊一員　四月九日詔應今後命官犯罪理雪及捕賊叙賞如曾丁憂並與除出持服月日外依編勑年限釐革施行　六月十三日命洛苑副使兼閤門通事舍人曾修為廣南東路同體量安撫經制賊盜　七月三日祕書監知桂州余靖經制廣南東西路賊盜事　八月十六日詔廣南有能捕獲儂智高者授正刺史賞錢三千貫絹二千匹獲智高母授諸司副使賞錢三千貫獲賊將黄師宓黄瑋授東頭供奉官賞錢一千貫　九月四日詔自來諸處奏到捕盜官捉賊殺人並下刑部定奪若係突傷地分及贓物内有斛斗者皆不依元定酬獎條貫依例降下等第處有雖係突傷地分

卷二萬二千四百八十九

卻是兇彊賊徒或贓內雖有斛斗又別有大段財物若
一例降等則酬獎稍輕無以激勸令刑部今後定奪捉
贓酬獎係是災傷地分闕食之民打劫糧食或斛斗之
外更有財物者各具贓數開析聞奏雖係災傷地分劫
是兇强賊徒元初發意不因闕食打劫糧斛其贓並是
財物或雖因劫到斛斗餘外財物計贓自至死罪者細
詳元案內事理開析定奪奏聞　十六日詔諸州軍應
勘鞫賊盜據發意因依行劫次第並須盡公依實入案
不得受捕盜官偏求增移事情曲致酬獎委長吏等覺
察施行其本州保明獲賊功勞亦須具的實聲述所獲
賊徒係兇强徒黨或闕食人民如涉私徇致朝廷誤有
卷二萬二千四百八十九
酬獎並嚴行降責其在京勘鞫賊盜開封府依此施行
仍仰刑部細詳案內事理開析定奪聞奏　五年五月
十一日詔審刑院大理寺廣南西路城邑完兵力可以
固守而官吏避賊者正其罪其城邑若兵力不敵者奏
聽裁　至和元年四月四日詔諸路轉運提點刑獄司
賊盜發而不以聞者其州縣長吏並以違制論　七月
五日以前真定府藁城縣主簿陳昌期為光祿寺丞先
是閩人范二舉與其黨數百人盜取私茶久不能獲而
昌期能往招降之　九月七日詔比聞有印匿名書謗
樞密副使王堯臣布諸道以招軍情者其令開封府揭
榜召人陳告賞錢二千緡願入官者與大理評事或侍禁



已有官及係軍籍者優與遷轉徒中自告特免罪亦與
酬獎僧道褐衣者與紫衣師號已賜師號與僧官如願
賜院額及欲度量行者亦聽　二年七月十一日以博
州民蔣憲為三班奉職京東西路安撫司指使仍就賜
第以告獲京東劇賊劉唐等五人特錄之　嘉祐四年
六月二十五日詔應强惡賊人結成羣黨為民深患捕
盜官不能擒獲者如知州通判能設方略差募人擒捕
得獲委提刑轉運司同共保明聞奏當議量輕重酬賞
十月二日虔州巡檢左侍禁王咸孚除名廣南編管
以江南盜賊戴小八殺虔化令不即掩捕也　七年二月
三日命南康軍蔡挺權提點江南西路刑獄公事專一
卷二萬二千四百八十九
制置虔汀漳州賊盜兼提點虔州運鹽事先是江西福
建路鹽賊群聚至千百人公行劫掠殺害官吏不能禁
蓋江西遠處官鹽價高民少食故趨利私販者多言鹽
事者或以為運廣南鹽以給虔州便或以為減淮南鹽
價鬻之便朝廷方下其議故令挺專領之　英宗治平
二年九月命權發遣開封府判官王靖提舉捉殺開封
府界及曹濮澶滑州未獲盜賊　三年四月五日詔開
封府長垣考城東明縣并曹濮澶滑州諸縣獲强劫罪
死者以分所當得家產給告人本房骨肉送千里外州
軍編管即遇赦降與知人欲告案問欲舉自首災傷減
等並配沙門島罪至徒者刺配廣南遠惡州軍牢城以

家産之半賞告人本房骨肉送五百里外州軍編管編
管者遇赦毋還五服内告首者具案奏獲賊該酬賞者
不用灾傷降等　十六日詔少卿監〻下知曹濮州滿
任計其任内已獲未獲强盗数申提點刑獄司勘會以
聞當議賞罰 以上國朝會要 治平四年閏三月二十三
日 神宗即位未改元 詔京東灾傷州軍頻有賊盗令轉
運提刑司指揮當職官吏常切覺察斷絶　六月二十
三日刑部言準治平三年四月五日詔書如前省司看
詳立法之意蓋為上件指定州縣居民自来習慣為盗
以至結集徒黨殺害官吏遂立重法據文称上件州縣
令後捉獲强刼賊人慮有他處人曾于上件州縣 詔書

卷二萬二千四百八十九

係開封府長垣考城東明縣并曹濮澶滑州諸縣行刼
敗獲亦合用此重法及有賊人犯在立重法以前獲在
立重法以後于條則合用犯罪逢格改格重聽依犯時
若文據称令後捉獲則更不問犯罪名在前亦並用重法
緣省司定奪酬奬合隨賊人所得刑名竊慮執文定奪
違戾立法本意今欲乞申明上條内上件州縣令後捉
獲彊刼賊人一十二字改作令後上件州縣人犯彊刼
捉獲一十二字所貴文與法通刑賞不失賊人如不是
上件指定州縣人即免沒納家產及編管骨肉　九月
十四日審刑院大理寺言許州錢象先奏竊見廵檢縣
尉捕盗之官本地分有彊盗及殺人賊百日内收捉不



獲各有勑條勘罰如賊火数多大段刼掠財物殺害人
命收捉不獲即有勒停衝替之法若凶歉之歲飢民聚
盗但地分内申報称是彊刼即捕盗之官盡依彊刼賊
例立限捕捉如不獲即依條勘責别元減等之罰及捉
獲正賊合該酬奬者即朝廷以灾傷地分及刼盗斛斗
各與減等酬奬縣尉本合轉官減外只該免選者以此
責人效力恐難以激勸欲乞下刑法司定奪今後灾傷
地分持杖彊盗贓物或刼掠斛斗但同火三人以上傷
人及贓滿者如捕獲正賊鞫勘得本非良民前累已曾
作賊罪至徒經斷不以赦前後但令犯合至死者别立
條禁處斷其捕盗官及捕賊公人如合該酬奬更不減

卷二萬二千四百八十九

等寺司準刑部一司勑捉獲年歲荒歉處盗賊諸未得
引用捉賊酬奬條貫先據人数取旨從朝廷相度酬奬
又治平三年四月詔開封府長垣考城東明縣并曹濮
澶滑州諸縣累有兇悪之人結集彊刼人户財物殺害
捕盗官吏須議别立重法應上件州縣獲賊官吏將校
兵士公人諸色人等該酬奬者如係灾傷地分時不用
災傷降等條貫令衆官叅詳捕獲災傷地分賊人若一
例減等酬奬誠恐無以激勸捕盗之人除開封府縣曹
濮澶滑州諸縣自有上項條貫外欲乞其餘州軍令後
災傷地分特杖彊盗不以財物斛斗但同火三人以上
傷人及贓滿者如捕盗官吏及諸色人等捕獲正賊鞫

勘得本非良民前来已曾作賊罪至徒經斷不以赦前後但今犯合至死者如合該酬奬更不用災傷減等並依元條施行餘依刑部勑取旨從之　十一月十七日秦鳳路承受公事王有度奏秦鳳州有賊郭秀等七人三次特仗踰城入盜民財上曰秦州係沿邊重鎮盜三持仗越城蓋官吏弛慢而然令陝西轉運司劾狀并新獲賊具案以聞



## 捕賊二

神宗熙寧元年八月三日詔訪聞祁州界有軍賊劉亨等結集自稱在暗強人仰轉運司嚴責地分及側近捕盜官會合捉殺須管日近敗獲　十一月十二日詔訪聞河北諸路自十月後来所在賊盜甚多及逃走軍人不少其賊盜嚴責轉運安撫司捕捉軍逃走軍人仰逐處巡檢縣尉緊行捕捉早令盡靜　三年二月四日詔今後強劫賊合該刺配廣南者如同火五人以上不得同配一路州軍並須分擘人数兼配河北河東陝西邊遠州軍如係河北河東陝西三路賊人即分配廣南福建州軍令刑部遍牒施行　四年正月二十一日詔開封府東明考城長垣等縣京西滑州淮南宿州河北澶州京東應天府濮齊徐濟單兖鄆沂州等州淮陽軍别立賊盜重法　三月八日以涇原路兵馬副都總管張玉充陝西招捉賊盜入内都知張若水副之應會合捕賊官並取玉等節制　十四日詔慶州作過兵士除招安捉殺外殘黨尚未識剪除見作首領及

卷二萬二千四百八十九

手殺卯州三使臣命官並之人不赦外餘並許歸首吏不
問罪如能自相併殺赴官每殺到首領一名與近上班
行安排吏支賞錢五百貫文三名以上支賞外更等第
優與安排諸色人如能用命或設方畧捉殺到賊人並
比類上項指揮酬獎以上合轉資仍依編勅施行　四
月二十七日詔如聞陝西北來強劫賊盜稍多未見捕
獲令五路經畧安撫司重立購賞嚴責捕盜官吏緝捉
早令静盡逐仍具逐路今年強劫盜已獲火數及令太
原府呂公弼體量本路提刑為慶州軍賊竊發嘗勾差
諸州軍義勇守城事狀以聞　八年五月十二日以告
事人朱唐為内殿崇班唐徐州人李逢謀反逆有迹唐
卷二萬二千四百八十九
素與逢游告之逢就鞠狀明甚既抵法官唐以賞之
九年正月十三日詔淮南江浙荆湖南北北路今歲災
傷處有寇賊令逐路監司體量巡檢縣尉如有怯懦疲
軟緩急不任事者仰速具對移奏換如將來敗事亢體
量官當重行降黜不以降赦去官原免　八月二十二日詔江東
福建路轉運司召人告捉信州強悪賊人仵小八如能
捉獲即具名以聞特與三班奉職本路巡檢如徒中能
自殺併亦特與推恩　十一月二十六日河北東路提
點刑獄司言本路捉賊賞錢每年定額二千餘貫即日
支用少缺乞今後更不額定錢数據合支数逐旋于坊
場錢内支給或乞降祠部二百道詔河北東路捉賊賞



錢如額定錢数支用不足即時許于本路封樁茶稅錢
内每五千貫内文作一料支給　十年二月七日詔訪聞
強劫賊盜多因案問貸命決配走歸鄉里讎害元告捕
之人致民間懼見不敢告捕因此賊盜轉多令河北京
東路州軍如強盜罪至死合該案問減等者未得斷放
並具析以聞候盜賊稀少日取旨　四月二十四日中
書門下省言河北京東強盜罪至死合該案問減等者
並具情理聞奏詔訪聞逐路因此致禁繫稍多欲令逐
路轉運司指揮轄下州軍強盜罪至死知人欲告及案
問欲舉而自首合令減等内係群黨及情理重者未得
斷放並具案聞奏候賊盜稀少日取旨從之　五月八
卷二萬二千四百八十九
日祕閣校理檢正中書戶房公事安燾言準詔體量河
北京東等路賊盜公事應合權宜指揮並止于兩路施
行賊盜衰息日各依舊法應強盜頭首雖曾殺人若能
斬捕到本火及别火死罪劫賊兩人以上及強盜為從
雖曾下手殺人亦能斬捕到本火及别火死罪劫賊一
名以上並許陳首其本罪并捕告以前他罪雖事已發
首用首原只告賊人所在因而捕獲亦同仍依諸色人
例給賞内有人材少壯願在軍者支與盤纏押赴軍頭
司編排于龍騎壯勇指揮收管應逃亡在兩路未首獲
軍人欲限兩月内隨所在官司首身特與放罪依舊收
管限滿不首依法施行應告獲强盜及兇悪賊徒除各
强

依重法地分酬獎外各遞加一等以為激勸仍告諭諸
色人令散行緝捕亦許計會官司同共掩捉如告獲到
兇賊首或人數稍多並乞例外優與推恩仍許以別火
三人當同火一名累賞大名府及濱棣德三州賊盗如
被告獲並依重法地分條斷遣雖犯罪在今來指揮以
前若兩月内不首敗獲日並準此處斷不用格改法強
盗賊徒如不自首遇將来南郊雖犯罪今年正月一日
以前如情理重陂書未得引赦原免並具情理奏裁從之
六月十八日詔福建路捉殺賊盗所召募軍民隨行
有料錢者添支二百文無料錢者添支三百文仍軍民
負罪者亦許召募其本路應差募捉殺兵級槍仗手每
卷二萬二千四百八十九
人特支錢五百文人員増上　七月五日詔廖恩群賊
至今一百余日未見撲滅令福建路體量安撫劉定體
量轉運提刑司有措置乖方即仰取勘以聞其應差募
捉殺軍兵仰轉運提刑司頻行犒設并宿食醫藥無令
失所務使忘勞仍出榜如能捉殺到廖恩授内殿崇
班賜錢一千貫獲以次狡首並約此支賞　八月一日
詔近已招降廖恩等候管押到闕等第安排竊慮招降
到賊黨内有不願赴闕人數令江南東西路福建路提
刑躬親取問放令前去依舊作業願充軍者刺塡就粮
或本城等處如有兇狡不肯歸首之人依前藏伏山林
令審問廖恩逼指去處即接勢討除務令盡靜所有



應係捕盗人等暴露在外累曾鬬敵捉殺各有勞効者
令逐路提刑司保明聞奏當議等第推恩　九月二十
四日詔諸強盗被囚禁告舉非同火強盗者聽受理若
本犯至死能告獲死罪者奏裁即妄有告舉遇恩亦不
得減原　十月九日左藏庫副使彭孫以劫賊廖恩等
見上遣諭曰據尔罪悪法所不赦止以一方良民久被
殘酷屈常憲貸尔餘生自今而悔過自新改心忠赤
命廖恩右班殿直鄜延路指揮使廖倫余皷九作鐵子
並三班借職陝西諸路指揮使仍各賜袍笏銀帶次二
十四人與龍猛十將又諭彭孫曰廖恩久在福建作過
汝能到彼開道朝廷恩意使一方良民不被殘擾其功
卷二萬二千四百八十九
為優特遷兩官又諭彭孫保曰汝入山逐賊遂致其窮
蹙能與彭孫首尾招捉特遷一官　二十二日詔諸路地
分不覺察強盗州縣城内竊盗罪至徒者聽百日内分
三限追捕其盗應捕公人罰贖錢唯得充本處捉賊賞
錢支用　元豐元年閏正月十一日詔應捕盗公人罰
銅錢並充轉運司捉賊賞錢　七月二十三日詔近差
京西南路提點刑獄張復禮督捕蔡州界強賊會兵已
多深慮統制不一各為顧避遷延之計致兇黨結集驚
擾州縣令獲禮毋得止在州縣行遣文字速糾率諸處
兵甲不以遠近襲殺須日近人全火敗獲其軍校不用
命即行軍法命官械繫聽旨仍應干捉賊事並聽復禮

指揮二十五日京西第六將李延講言選募兵五百
赴唐州桐柏等縣捕賊　上批將官捕盜募兵自隨初
無明條乃是延講憚賊怯懦彰大事勢不唯不足憚治
士卒傳聞四方亦足啓侮宜衝替　八月四日京西轉
運司言軍賊黄青等正賊不多餘多驅虜乞令所虜百
姓婦人等許經村堡或官司自守雖嘗驅率作過並釋
罪若捕盜人等招呼亦免罪如敢鬬敵者自令捕殺中
書擬依上批令賊已破散獵取餘黨不難為力近安撫
等司累奏獲級深慮冐賞小人害及無辜可速指揮如
尚有未盡之人聽捕執赴官毋得斬級　十月二十八
日荆河南路轉運司言湖北都監彭孫與詹遇等書意
卷二萬二千四百八十九
欲招降已牒何次公等須得剪滅乞更賜指揮詔孫頎
審體量如寔即候彭孫到任令具析準何指擇擅招呼
賊黨　十二月二十二日權荆河北路轉運司太常少
卿孫頎以督捕詹遇等有勞特賜紫章服西京左藏庫
使權荆湖北路都監彭孫設謀殺遇及獲婦女十八人
馬七匹除崇儀使忠州刺史權發遣本路鈐轄賜錢五
百千東作坊使權潭州鈐轄何次公捕獲賊黨三十四
人馬十六匹先次公不救應仵全等下孫頎劾罪候頎
再奏到取裁餘轉資減年及賜錢帛各有差先是岳州
言賊詹遇與其黨入金場縱火殺人刼掠財物已遣捕
盜官募敢勇士同力追逐詔委轉運使孫頎督捕所用



兵卒令于團結内選募有不用命兵員聽行軍法品官
械繫聽旨三日一具已獲人數以聞而荆湖南路提點
刑獄司言賊詹遇已轉入洪州詔孫頎速依前降指揮
不以本路別路並監督官兵襲逐仍立告捕賞格關牒
諸處會合捕殺又詔頎候會合諸處兵甲選募敢死之
兵六百人擇材武使臣五六員厚給犒設令分兩項賈
勇而前餘並遣回元差處如賊黨結集寖多會合官兵
力不能制即相度更留三二百人或增一二頭項訖奏
其彭孫令部領元帶兵甲除選募合留使用外餘並歸
荆南本將應詹遇經劫及經歷地分捕盜不盡時捕殺
令逐路提點刑獄司速劾罪不以赦降去官原減繼而
卷二萬二千四百八十九
捕獲詹遇賊党等故有是命　二年五月二十九日詔
諸路有劫强盜人數稍衆許於廳候差使得替待闕官
内選武勇使臣捕逐給驛券從大名府文彦博請也
八月十八日詔改沂州承縣尉師諤為左班殿直本路
巡檢副保正潘翌為三班差使安撫司指使給賞錢千
論捕盜功也同日御史翟翌言大理寺勘斷竊盜案問
減等例不給賞謂宜立法告捕竊盜雖案問減等並隨
減至所斷罪各給賞從之　九月二十五日詔諸路州
縣告捕獲盜速依條限給賞委提點刑獄等司半年一
取索州縣所獲盜數及給若干錢數上中書以州縣給
賞稽留無以激勸告捕者故也　三年正月十九日録

光州牢城兵士徐靖為三班差使殿侍充京東路多賊
盜州縣巡檢下指使賞錢三百千靖執劇賊闕昷特錄
之　三月十四日詔監司督捕賊盜許差馬步卒五十
人并器械自隨從京西南路提點刑獄胡宗回請也
五月十九日詔潁昌府進士劉堂上制盜十策觀其為
文雖未優長然頗知時務言不悖理有可嘉者可名赴
中書叅考其寔令本房檢正官以應干縣尉捕盜條赴
堂看詳尋錄堂為徐州蕭縣尉　六月四日錄沂州民
程棐傳暉為右班殿直傳臨三班借職劉舜元三班差
使並監當差遣皆以告捕徐州妖賊也暉以嘗為賊党
永不為親民不許赴闕　二十五日詔開封府諸縣强
卷二萬二千四百八十九
盜屢發當職官疑有疲懦不任事者令提刑司躬行被
盜縣督捕仍體量不職巡檢縣尉以聞　九月三日陝
州言虢州等處捕獲張晏賊徒光萬等七人詔賊党已
潰慮捕盜人貪獲級之賞因害平民令提點刑獄司指
揮捕盜官吏如遇賊非拒捕者並須擒送所屬勘鞫
十月二十二日定州路安撫司言北平縣尉殿直張挺
申分捕賊人徐德內弓箭社副長冉萬射中徐德冉鐵
毬因斬其首本司已依格推賞外乞特賜推恩詔冉鐵
毬與三班差使冉萬三班借差張挺特減磨勘三年
四年十一月一日永興軍路安撫司言自發義勇保甲
人夫赴邊盜賊頗多乞自軍興後應强盜三人以上并



窩藏之家捕獲並用重法從之陝西路準此河東轉運
司詳度以聞　十二月二十二日夔州路轉運判官席
汝明言招到義軍指揮使蒲蒙二捕獲射殺魏從革賊
木八乞優轉官詔與三班借職候獲木琴大等與轉奉
職以為蹇界巡檢　五年三月二十八日提舉河北路
保甲司言諸縣尉通管縣事外惟主捕縣城及草市內
賊盜鄉村並責巡檢管勾沿邊把截控扼巡檢兵級並
依舊其定州望都曲陽北平唐縣祁州蒲陰保州保塞
廣信軍遂城安肅軍順安軍高陽永寧軍博野滄州清
池霸州文安大成莫州任丘雄州歸信容城逼近邊界
舊以使臣為尉其職事與內地不同鄉村賊盜恐難一
卷二萬二千四百八十九
例專責巡檢欲並令尉依舊條惟不干豫教閱從之
八月十一日永興軍等路提點刑獄司言本路十八州
軍多未獲强劫賊盜即無立定年額捉賊賞錢增給欲
乞以四千緡為額從之仍給場務錢　九月二十二日
福建路監司上斬獲康詵人功狀詔東南第十將下押
隊散直程建為首功授右班殿直閤門祇候劒州都巡
檢使宜州使喚劉福黃周疊各遷二資吴谷遷一資李
士昌李慶與下班殿侍獲首級人全支賞錢外每級更
遷一資其殺獲康詵妻男及虜掠去人依正賊例推恩
助手兵給每獲一級助手人賞錢百千累獲並累賞傷
中水手依正兵例　六年三月十四日封丘縣賊焚劫

庫兵殺傷人防護軍器車乘虎翼兵級王何劉順侯玉殺獲兇惡賊一人及禦捍軍器不法王何等各遷兩資均賞錢百千後詔徒党繫獄日久或以瘐死不施明刑限十日結案捕人三日内擬賞其未獲賊人將來捕獲不用恩原減　七月二十一日權曹州乘氏縣尉李駟爲宣義郎賜緋章服知寃句縣賞殺獲强盜十人也

七年四月十九日中書省言汀州軍賊藍載等行劫走梅州界又殺惠州歸善縣巡檢詔權宜州泌邉溪洞都巡檢五班殿直閤門祇候程建乘驛與提點刑獄司選募兵民土丁鄉丁槍杖手百人給口劵隨行捕殺其賊百里里内不拘路分捕盜官並聽程建處分獲賊首

卷二萬二千四百八十九

人授班行賞錢五百千次頭首三百千其餘徒党除依條酬賞外更支錢百千許徒伴自相殺併告首亦推恩時廣南東路轉運司言軍賊藍載等除虔梅州二人外餘皆汀州人乞下福建路提點刑獄司及汀州協力捕殺詔兩路監司合兵捕逐毋擅招誘逗留養寇　八月五日福建路提點刑獄李茂直言槍杖手李杭鬥敵殺獲軍賊藍載等十八人詔將官彭鐸等所領應募兵民各發歸元處上殺獲正賊人功狀　六月二十一日永興軍路提點刑獄司言軍賊王沖久於商虢州界作過除依條立賞外乞親捕獲人與班行官員設方畧或鬥敵捕殺徒伴優與遷官并名募土人日支錢米選捕盜



官統領令分路入山緝捕從之　八月二十六日詔自今强盜須州縣委不能制或兇惡巨蠹十人以上方選募將兵捕殺若本州有不屬將下兵即乞選募或不足方得選募將兵捕殺如違開封府界京東西畿路委提舉將兵官餘路安撫總管鈐轄司舉劾　十月四日權開封府界提點范峋等言諸縣尉專捕草市賊盜及通管縣務歲下鄉常以百數若省縣尉恐一主簿不能辦事乞依舊存留從之　哲宗元祐元年三月十七日尚書省言請自令中奏强劫十人兇惡或軍賊五人以上合朝旨收捉者不送刑部直送中書省取旨從之　二十八日陝府西轉運司言虢州南陽縣界有軍賊六七

卷二萬二千四百八十九

十人處王沖餘党戈俊等亦在其間乞於商虢二州各置兵士一指揮差德隆寨監押王用充兩州都大捉賊仍就本路選募馬步軍二百人并下延州差侍禁賀英借職劉遇並隸王用爲准備差使時朝廷已差李浦捉殺戈俊詔依所奏如遇李浦襲逐入界其捕盜官並依已降指揮聽李浦處分其王用自作一項捉殺　二年五月四日詔廣南東路鈐轄楊從先生擒岑探未嘗殺戮特遷一官李佛郎與右班殿直仍賜名忠梁仲艾李養並與三班借職耿章等五人共賜錢五十萬命經畧司等第給之　先是廣南東路經畧安撫都鈐轄司言西染院使本路鈐轄楊從先躬率名募兵獲賊首岑探

詔與兩頭供奉官仍賜錢二百萬令經畧安撫司以名
聞餘官吏等捕賊功賞速具來上故有是命　同日詔
前廣南東路經畧安撫張頡提點刑獄林顏各展二年
磨勘轉運副使高鑄轉運判官張升卿各降一官升卿
仍與小郡通判坐言者論頡等不戢將佐因捕岑探殺
及平人故也　三年二月二十八日詔誅内殿崇班閤
門祗候廣南東路兵馬都監兼權南第十一將童政封
康賀新州都巡檢使郭昭昇貸死杖脊配沙門島以捕
賊首岑探而擅殺無罪者六十有三人經畧安撫使蔣
之奇措置有勞充寶文閣待制兵馬鈐轄楊從先能究
治遷一官　五月七日詔自令兇惡羣賊自它處入界

卷二萬二千四百八十九

或經由已出界雖不曾在部内作過亦依賊發條限以
聞　四年正月二十六日詔京東及諸路捕盜賞錢五
分支提刑場（司）務錢餘令轉運司應副　五年八月二十
二日前京東路轉運副使范鍔監督捕軍賊有勞賜詔
獎諭　二十五日刑部言捕盜官比折條内强盜及殺
人如係朝廷專立賞收捉者除徒党外其為首及以次
兇惡之人並許理賞仍不願比折者聽從之　六年閏
八月五日刑部言强盜發而所臨官司不覺察致事發
它處或監司舉劾者候得替以任内曾覺察功過相除
外每火降名次一月至三季止捕盜官降名外五火杖
六十十火或兇惡五火者仍奏裁其非吏部差注言依





所降月數展磨勘並不以赦原從之　八年二月二日
東京路提刑張原方言諸州比較賊盜等事提刑司及
捕盜官外欲乞諸知州及一年以上罷任者除侍從官
外將任内已未獲强盜殺人賊人數比折如通獲不及
五分即具奏若獲及五分申尚書省從之　七月十四
日尚書省言訪聞泗州盱眙軍普濟寺埋藏汴河流尸
歲不下數百其間非命者莫知其數緣河隄上下多是
遞鋪中藏匿兇惡逃軍與鋪兵同情行盜既得物主隨
身衣物遂殺而投之水中其尸始沉至數日方浮則已
去行盜之所數百里由是少有敗獲欲乞應河上强劫
盜有不係重法地分處並係重法地分施行其捕盜賞

卷二萬二千四百八十九

罰少加重於常法如此則沉尸之害雖未能盡去必可
減半并巡捕官如捕獲此色人除比折事别行外一任
内及三人者臨時取旨優與推恩從之　紹聖元年十一月
二日國信使太常少卿井亮采言河北東路昨因河患
及西路災傷請詔逐部監司講所以銷盜賊者詔河北
京東路提點刑獄察捕盜官不足倚擇材力任逐捕者
對易之即在職官無可使許選差解任待次官及使臣
之丁憂者　十二月五日定州路安撫司言北賊劫軍
城寨等處地分人户財物雖令官司殺捕亦宜立賞名
人告捕詔捕獲指引藏匿之人每名給賞錢百緡若党
中能告與免罪給賞　二年十一月六日河北經畧司

奏請忻代州都巡檢二員所管邊面闊遠與管界巡檢事體不同乞令後如透漏化外人入本路强盜者五人以上三次衝替從之　元符元年四月十四日大理寺擬立到有兇惡及羣兇賊盜提刑司專委通判抽差下禁軍三十人提舉捉殺從之　二年閏九月十六日吏部侍郎徐鐸言乞今後知盜所在若寔而賊雖起離本處襲蹤於五日內獲者並依條推告賞從之　三年三月九日刑部言大理寺奏看詳獲盜分析出徒伴差人收捉不獲後別因人告捕得獲已有元豐元年十一月二十六日指揮外若犯盜及違犯禁物倉法之類雖已告發未曾追捕或追捕未獲聞有人不知已被告發能

卷二萬二千四百八十九

自緝知捕獲或雖知已發官司追捕不獲之後知犯人所在告或捕獲如此之類終是不緣元告恐並合給賞與後來告捕之人或被徒伴說出追捉不獲後別因人告捕獲者恐亦合依上件條法其已被告首事發及徒伴說出之後自首者除捕賞合免外內已經差人追捉不獲者其告賞恐合依無應受人法乞送有司申明施行從之　徽宗建中靖國元年五月二十九日河東路經畧安撫司奏切緣本路地多山險每有賊徒作過已輒藏避如遇提點刑獄官出巡在遠或承報方依條差官前去捕殺竊慮後時乞如强盜徒黨結集數多許安撫司於見存指使及聽候差使內選差人量賊勢帶領



兵甲掩捕從之諸路準此　大觀元年八月一日提點河北西路刑獄公事兼提舉保甲司陳革奏令後巡檢縣尉除依條舉辟人外其吏部以法差注而疲懦謬不任事者許安撫鈐轄提點刑獄司量人材能否對換具奏聽旨其非本職事不脩者仍不理遺闕從之　二年正月六日詔訪聞令歲河北西路多有小賊羣聚攘奪道路漸見滋熾可選有風力提點刑獄司官令設方畧處置銓擇移易捕盜官員或添立賞錢催督依期即時支給酌度賊盜多少差撥人兵掩捕於瀕河多有賊盜濟度附近太行村野空迥不相應接地分權添人兵量給口食錢米候賊盜衰息日相度存廢　十八日中書

卷二萬二千四百八十九

省勘會諸路并京畿賊盜未至衰息詔京畿專委吳擇仁王嗣祖餘路令轉運司提點刑獄提舉捉殺如巡檢兵官怯懦並無心力及界內未獲强盜數多即許不以資序遠近見任及待闕得替官對移若因緣干求請託或觀望權要却致賊盜公行其元差對移官當行停廢其賞錢不以已結未結案並限三日支訖奏仍量失賊多寡具數申尚書省　二月二十二日詔自今應獲賊以賞捕告者即究物產家計限三日估所直加應給之數一倍以物產給之吏不出賣有餘納官不足鄰保均備應盜賊多處積下未支賞錢可令提刑司限一月取責具數以聞給度牒充　二十七日詔賊盜自來虜掠

人民多置之左右前後為其捍蔽深慮捉殺人兵為見
賞激優重將賊所脅從者亂有殺戮害及無辜仰逐路
帥臣監司提舉措置捉殺官常切覺察施行　五月一
日詔訪聞諸縣弓手多以工技老疾幼稚人充此盜賊
所以不禁自今弓手輙容老疾幼稚杖一百工技人加
二等見任見官以人力或親戚應募者以違制論　七
日詔諸路監司所部若有盜賊內有不切捕捉靜盡並
行停替如限內獲足即與優加推賞尚書省措置諸路
提刑司將見今未獲强盜嚴緊催督捕盜官等如本地
分內有十人以上與限一百日不及十人六十日五人
以下五十日三人以以四十日須管依限捕捉靜盡若

卷二萬二千四百八十九

限滿捕獲及五分許具因依申乞展限如獲及七分於
賞格外陞一等推賞全獲者本司保明聞奏優與推恩
如限滿係五分以下全不獲杖八十仍展半年磨勘選
人降半年名次十人以下全不獲具因依聞奏當議特
行差替十人以上所獲不及五分即取旨勒停從之
六月十八日臣寮言河朔汾西山一帶林木茂密多有
逋逃藏匿其間稍失覊防則聚為賊盜蓋是後來經界
未明州郡互相推避失於措置及僻遠處官司幾察有
所不及欲乞應諸路州軍有迂僻山林沮洳濼淀牧馬
監地葦蒲藂生古寺廟宇等並令監司遞相關會四至
八到明立界至如幽僻深嶮合置官司覺察去處令具



圖貼說利害申明朝廷相度隨宜措置施行從之　七
月九日詔應直縣弓手並發歸縣尉衙專責捕盜其直
縣並差手力仍先次施行　八月二十二日江南東路
提點刑獄司奏信州上饒等縣盜賊劫奪財物放火殺
人知州劉尋通判周彥明用心措置捉獲緣此賊盜衰
息詔各與轉一官捕盜官令提刑司保明具所獲人數
聞奏　十一月三日京東西路安撫司狀通判鄆州劉
溫舒能於限內監督捕盜官等捉獲正賊張狗肆等十
人委是用心督捕詔劉溫舒特與轉一官其捕盜官仰
本路提點刑獄司具職位姓名保明功狀聞奏　十二
月二十日詔給降空名度牒各一百道付淮南東西兩

卷二萬二千四百八十九

浙路提點刑獄司封樁專充今後捉賊賞錢仍不許別
行支用　三年十二月十二日詔近裏州軍及指揮宂
傷逐路帥臣憲司令常切整飭巡檢縣尉兵甲督責警
察巡邏如有昏老失戰者即行替移放罷不得庇隱廢
事　四年正月二日詔福建江南兩浙淮南旱傷有盜
捕盜官不即覺察須十人以上充惡强盜方敢申奏可
令逐路轉運提刑提舉司通行覺察如有未獲令分認
州縣嚴切追捕逐旬各具已未獲數保明申尚書省類
聚以聞　政和二年十二月五日臣僚言竊見兩浙州
縣多邊江湖及通海道有姦盜竊發全藉船艤戰棹乘
流捕掩見令逐處所管舟船歲久廢壞每巡捕官出入

旋賃客船及借民間舫子類非情願不惟妨滯搔擾又
緣船舫子遲鈍有姦盗追捕不及乞應巡捕官司見闕
舠魚戰船責以近限脩置詔捕盗官見闕舠魚戰舡限
一月脩置　三年三月七日詔諸路增置弓手小縣七
人中縣十人大縣十五人其役錢令據合用數數出
十月二十七日河北西路提刑司狀乞將應沒納到犯
盗之人有餘物色依捕盗公人罰贖錢没官賞錢隸提
刑司拘管專充捕盗賞等從之　五年三月二十八日
梓州路提刑司奏叙州南溪縣尉將仕郎張鈞躬親率
領保正等捕獲放水强盗賊人軟落亨等同火一十五
人內將十人合得改官酬奬外餘五人雖不及一倍人
卷二萬二千四百八十九
數乞優與推恩詔與降一等　十一月十四日手詔諸
路盗賊竊發掩覆蔽護不即聞奏長姦稔悪群党寖熾
如不能掩而後具奏皆部使者之罪令逐路走馬承受
覺察月具盗賊以聞　宣和元年十二月十八日詔限
一日檢會是日準降旨處分申明行下或有犯者不以
赦原　十二月十日詔諸强盗三人以上强悪巨蠹不
及三人並限即時入急遞聞報本路廉訪所無廉訪所
路分關報提舉保甲武臣注滯稽違者以違制論　二
十七日詔廉訪使者武臣提刑奏到强盗火數仰樞密
院籍定逐旬具聞排進入　六年閏正月二十八日提
點京畿路刑獄公事錢歸善奏契勘巡檢縣尉下弓兵





近來干託差借或以防守寺園為名致妨巡捕開封府
祥符縣汜之他處尤甚若不嚴立法禁無以杜絶私役
差使之弊詔違者徒二年仍不以赦降借之者與同罪
十年十二月二十七日詔廬壽州盗賊除敗獲外餘
党潰散內有渠魁姓劉人未獲可遍下諸路仰依已立
賞格官品見錢候告首考驗得寔日下立便以諸司係
官錢不以封樁通並支一色見錢支訖具奏其錢却於
御前奏請支還　八年二月十三日提點利州刑獄黄
潛善奏令盗賊之禁纖悉備具而捕盗官畏不獲之罪
務為隱蔽被盗者憚官吏之擾不敢以聞縱盗之由寔
原於此乞自今捕盗官吏如減落强盗贓狀人數及抑
卷二萬二千四百八十九
塞被盗人寔狀者許人告陳示以必罰從之　五月十
五日詔訪聞泗州盱眙軍官屬不守職任將帶弓手甲
隊出城迎送過客致賊乘間入縣門劫獄囚并盗軍器
殺走逸離縣十餘里逢都巡檢鬥敵殺獲十七級外皆
遁竄未獲其盱眙縣當職官吏先次衝替仰提刑劉壽
取勘及密切多設方畧選募人兵四散緝捉須管日近
擒獲盡絶旬具措置并捉獲人數赴入內省遞聞奏不
得張皇搔擾生事　六月二十二日詔協忠大夫譚積
奉使淮西自冬徂夏渠魁生致餘党殆盡一方塗炭之
民悉獲奠居宜除通侍大夫同知入內內侍省餘如故
一行官吏仰譚積具等第優劣聞奏至二十六日詔統

領捉殺官武功大夫淮西兵馬都監鄭昌朝與轉遥刺
陞充本路鈐轄都大提舉淮西捉殺賊盜所勾當通直
郎俞向除直秘閣差充淮西提刑應副事務差募人兵
知廬州朝散大夫充顯謨閣待制景靖降詔獎諭仍除
學正權知壽春府　二十九日廣西路經畧司奏瓊州
黎賊王居想等結集澄邁臨高兩縣界作過差將領李
忠將帶將兵渡海與知州郭曄同共措置捉殺賊人請
命投降已行撫定遣歸著業邉面寧貼立功人乞推恩
詔特每獲一級與轉一官兼重傷更與轉一官　八月
二十五日詔江淮荆浙人戸逃散物産被溺姦猾乘此
敢行劫掠盜窃使被水之民重遭困苦可令縣委尉州

卷二萬二千四百八十九

委巡檢都監同責州縣巡捕警察如有情重之人具案
聞奏當法外施行　宣和元年十二月六日刑部員外
郎宋伯友奏今後應因强盜貸配充軍之人如有逃逸
即時關報捕盜官司立限擒捕庶幾强暴禁制良善獲
安從之　二年四月二十日詔訪聞諸路州軍凡有盜
賊保明功賞有司都是曲折問難逗遛日月故不圓備
猾胥姦吏得以乞取甚失勸功除盜之意自今後應州
縣保明盜賊功賞地里近者不得過五日遠者不得過
半月須管推賞了當故爲遷延不即推賞者以違制論
監司常切按察仍著爲令　七月二十八日臣僚言府
州縣被受民戸告發强盜輙敢減落賊數不寔以申奏





者乞嚴立法禁仍許被盜之家越訴庶幾小盜不復滋
長詔令後減落賊數以違制論　九月十二日臣僚上
言捕盜官不申舉而養賊只務趂逐出界必究轉令人
開喻甚則彌縫蓋蔽又遣捕人評議閙有被盜之家決
要舉發十人只稱三人羣党只稱小盜上下欺弊如此
願於勑令已行法内添立罪賞俾凡人行以告論被盜
得以越訴每有敗獲直須根問来歷結連之因諸處行
劫之數并不曾申舉立限或立限而人數不足者詔許
被盜之家越訴　十一月七日刑部奏勘會江西未獲
兇悪劉九軍等在循州龍川縣界劫奪財物廣東提刑
司差委州司録承奉郎寥玖躬親入山監督巡尉節次

卷二萬二千四百八十九

殺獲劉九軍及徒伴八十八人委是疾心頗見勞力詔
寥玖轉一官　三年正月十八日詔兩浙江東路應詐
稱兇賊徒党放火及劫奪財物人及詐作羣賊貼匿名
文牓驚恐州縣者賞錢各一千貫白身與承信郎許諸
色人徒党知情人告知係捕盜或有官人捉獲當議比
附重加旌賞候護仰兩浙路提刑鈐轄司逐遠悪州軍
禁勘取旨斷遣　十一日詔訪聞在京賊盜多於三河
舟船買搭上下使捕捉之人不敢搜檢自今後在京内
外諸河應干舟船不以官私並許搜檢應今日以前所
畫不許入船搜檢指揮並行衝改仍不得夤緣盜賊妄
有入船搜索驚擾人口損壞官私物色及有乞取如違

以違御筆論　二十一日詔兩浙江東州軍獲到强盜贓滿或情理巨蠹人並仔細根勘如證佐情狀分明即一面依法處斷訖申尚書省俟事平日依舊　是月二十七日江淮荆浙福建路發運使陳亨伯奏契勘近日自睦賊占據杭州後有湖秀常州平江府管下諸縣鄉村兇頑人户乘此驚擾結集徒衆窺伺州縣尋行指揮捕盜官及諸州分撥兵將使臣部轄計會巡尉會合擒捕令節次擒逐項捉獲到强盜見獲賊徒加證佐情狀分明依此指揮施行　二十四日詔訪聞江浙州縣即今多有假借睦寇聲勢作過之人窃恐日久不獲因而熾盛若巡檢縣尉及所在寄居待闕官能自設方畧捉

卷二萬二千四百八十九

獲兇惡即令所屬具名聞奏當於常格外優與推恩其賞錢不以是何名色官錢限當日借支其見闕巡尉闕報提刑司限一日差權如闕報不及即從所在監司州郡逐急差填　二十五日詔諸路州縣如有劫盜三人以上州郡監司畫時具奏逐州仍月具境内劫盜窃發月日已未獲火數申廉訪提舉司類聚保明聞奏如敢欺隱不舉或申奏不以寔並以違御筆論監察廉訪互察御史臺彈劾若有司匿不以聞亦當重行竄黜仍申嚴條令行下　二月十二日發運使陳亨伯奏湖州百姓陸行兇乘睦賊聚羣党一千餘人占據杭州知州王倚差發軍兵劾用水戰及弓級等斬獲静盡詔王倚轉



一官除直龍圖閣倚山等各補授名目並官轉資及支賜人並令宣撫制置司驗寔量功力等第疾速推恩　二十二日詔州縣捕盜官緣會合許時暫出界粘蹤捉殺他司不許妄作名目勾抽致離官守違者以違制論　二十三日都省言契勘諸縣弓手多者不過百餘人其間不無老弱疾病近來諸縣因循弛慢多有違法差使其所差弓手又計會干求幹當詞訟公事緩急賊發闕人擒捕遂至滋蔓甚非設法之意詔並依元豐法令後如違法差占以違制論仍不以去官赦降原免諸路施行　二十八日詔應盜賊嘯聚訪聞其間多係驅虜脅從之人可並與放罪各令自新歸業内軍人許令所

卷二萬二千四百八十九

在官司陳首免罪仍舊軍分收管百姓願充軍者聽如强盜罪至死徒中能自殺併告官並與免罪仍隨元得指揮補官給賞如赦後不能改過尚敢為盜並復罪如初令所屬依專降指揮嚴切收捕　同日詔訪聞縣鎮小窃遞來妄稱賊徒姓名貼寫文字意在作姦詐惑農民不得安居仰逐處守倅及憲司官嚴切督責捕盜官屬收捉及許諸色人告捕若勘鞫得寔日下給賞錢一百貫文犯人當行重斷　三月一日權淮南東西路提點刑獄公事髙士曈奏兩浙提刑楊應誠以逆賊方臘猖獗未殄窮民敗卒乘此擾攘正須緝捕一乞從本司召募敢勇之士一千人臣今相度如合要捉殺人兵若

本路人兵數少差那不行欲乞申本路宣撫使司逐急那移應副一乞自朝廷差大使臣二員以兩浙路提刑司捉殺賊盜勾當為名臣今相度到兩浙添差使臣事理如蒙聖慈矜允其淮南亦乞依此添差一乞本路提點刑獄官二員權差禁軍充當直人乞將帶出當直兵士等除給券外別給醫藥錢並乞本路應係邊海傍江及湖泖山僻遠去處巡檢乞從朝廷差有材武驍勇之人其縣尉皆是文臣平時並不敢入賊臨事必致誤事令乞差有材武驍勇小使臣充臣今相度欲依楊應誠誠所乞逐項事理施行一乞應本路巡尉下弓兵每處合添招三五十人庶不闕事臣相度本路巡尉下弓兵

（卷二萬二千四百八十九）

不消添招只據逐處見闕人數嚴責州縣招填額足專習武藝緝捕盜賊不得差占役使詔楊應誠所奏訖添差使臣緝捕盜賊等畫一可並依高士曈重別措置到事理施行淮南路準此　二日尚書省言威武軍承宣使同知入內內侍省事制置譚稹奏契勘近緣睦賊竊侵發犯兩浙江東州縣既行剋復後合要捕盜官及弓兵分布巡警盜賊今措置到下項一巡檢縣尉除在正官外其未見下落及本路其餘見闕去處欲乞許提司刑司權不依常制於應見任得替待闕等官并校尉內奏辟一次仍令先次赴任不許辭避任內如能緝捕盜賊別無曠闕令本司保明取旨推賞願再任者聽一合



用捕盜人招募未足間弓手欲乞從本路提刑司據寔闕人數於隣近州縣人額多處相度分數權行摘那應副上兵欲乞權依舊來巡檢下體例差禁軍並選揀少壯能捕盜無過犯之人其合破請給委所屬依時支給仍常加存恤候召募到人逐旋抵替歸元差去處即不得額外非理占留從之　十六日京東西路提點刑獄王時雍奏據告捉強盜人陳狀有經隔年歲不支賞去處訪聞近來盜賊多藏金銀在身遇諸色人追襲緊急即捐與金銀等物以求解免諸色人見獲賊之賞未便支給皆利於目前所得是故令脫走則支償後時最是滋長寇盜之源詔特許支州縣鈔旁定帖并出賣度牒

（卷二萬二千四百八十九）

錢充捉賊激賞不得他用　十八日尚書省勘會兩浙捕賊合用錢物今年二月十五日已降中明指揮據合用數目先以係省錢物應副如闕少支諸司應在錢物又委寔不足使本路使見在上供錢物詔令兩浙路轉運司詳所奏事理據合用錢糧遵依上件已降指揮施行不管少有闕悞（二月十五日中明指揮檢未獲）　四月二十五日權知信州王愈奏閩強盜竊發三十人以上帥臣監司並請所發州縣措置捉捕候獲賊許回避別有故除並候獲賊日替移欲令監司並諸賊所在措置捉殺內提刑雖合替移須獲賊方得離任從之　五月三日詔近緣諸州軍守臣闇非其人以致盜賊竊發唯繳献問待制知海州張叔夜直龍圖閣

知襲慶府錢伯言直龍圖閣知容州李延熙能責所部
斬捕賊徒聲績著聞寇盜屏跡宜各進職一等以為諸
郡守臣之勸　二十四日臣僚言比者睦寇謀非一日
乃巡尉不警察之過乞立法應捕盜官常切覺察境內
月聽十日在廨舍郡給印紙批書宿之所鄉分置粉牌
記月日長吏檢察其山川險阻可為賊巢穴處委官相
視申所屬奏聞詔檢會見行條令叅酌行下　七月四
日廣東經畧司奏昨委潮州通判王炳等監督應干巡
尉等官收捉劉花三一百餘人奉詔並令本路安撫使
疾速保奏先次推恩本司勘會到武翼郎東南第十一
副將霍迪身亡已推恩循州司錄廖玖已轉一官詔王
卷二萬二千四百八十九
炳朝散郎朱頌承議郎惠州司錄各轉一官廖玖降授
承務郎循州司錄減二年磨勘　十五日中書省言大
理少卿陳迪奏昨降京西提刑專一收捕京西南北兩
路羣賊當年九月間一併敗獲已具奏聞勘會陳迪所
差官知魯山縣武子定言各已推恩了當詔陳迪與轉
一官　十一月二十一日尚書省言前通判襲慶府惠
需劄子陳述郡縣盜賊利害如正賊敗獲過其所申之
數或本處隱而不發其當職官及捕盜官宜各重其責
或因本界有盜縱而為害犯及他境者亦乞罪其起發
地分從之　四年正月十一日中書省言檢會宣和三
年十二月十九日奉御筆河北羣賊自呼賽保義等昨



於大名府界往來作過良民為之驚擾久之未獲惻然
于懷迺降御筆處分令大名府路安撫使鄧洵仁選擇
兵將河北漕臣呂頤浩黃叔敖應副隨軍粮草提點刑
獄高公純不以遠近粘蹤捉殺廉訪使者錢懌隨逐監
督不踰一月勦除高公純錢懌各已轉官陞職外鄧洵
仁與降詔獎諭呂頤浩黃叔敖宜有褒勸以風西方可
將上取旨特與推賞詔呂頤浩黃叔敖各轉一官內黃
叔敖依條施行時叔敖降授朝議大夫　五年五月四
日詔中大夫直祕閣提點河東路刑獄兼提舉保甲李
孝揚可特授直龍圖閣朝散郎直祕閣權發遣磁州韓
景可特授直徽猷閣承議郎通判磁州趙將之可特授
卷二萬二千四百八十九
朝奉郎以三月七日將帶本州軍兵等前去昭德鎮捕
捉羣賊韓用等有勞也　二十九日詔昨元州管下田
欄校作過鼎澧路鈐轄監司措置有方不致滋蔓遂獲
安帖鈐轄孟廣威提刑臧時中並特轉一官　十一月
十五日京畿提刑司奏今後遇有強盜及殺人賊捕盜
官以耳目根緝得在窯務宗室及官員或綱運船栰內
窩藏特賴官司影蔽不令收捉或知情窩藏其窯務監
官并官員宗室綱運船栰內管押人除依見行勑條斷
罪外欲乞不以去官赦降原減從之　十七日詔昨差
諸路使臣軍兵諸色人等赴江浙捕賊立功依條例并
已降指揮合得賞絹支賜近來師司往往以闕絹為名

不即支給仰諸路將應合支給上件錢絹每足支錢一
貫文內合支鐵錢地分並細計銅錢仍限一月支絕
十八日大名府路安撫使徐處仁奏捕戮羣盜措置欲
乞被驅虜農民雖曾隨從驚劫縣鎮元不曾放火殺人
雖曾受贓能自脫身雖被捉獲便招本情候會問到隣
保委見詣寔直與疎放其被劾獄囚能自陳首或捉獲
雖曾隨從驚劫縣鎮不曾放火殺傷人口便招本情並
候勘會得寔各斷元犯本罪以上並限十日內陳道從
之　十二月六日吏部侍郎盧益奏乞申勑監司守令
凡盜發所部毋得蔽匿若羣黨既成而後言當重寘于
法捕賊賞功如有司予奪故不以寔及迂枉沮格或逐

卷二萬二千四百八十九

捕之官率先畏避而隨逐者畏怯不進遂致被害並宜
顯戮賞罰既明人知勸沮從之。二十九日河東路提
刑司申體訪得捕盜官兵弓級等自來追捕盜賊賊徒
多以所盜財物等遺棄道路捕人等爭利不向前黏逐
趕捉走失賊徒及有因此殺傷捕盜官兵蓋緣從來未
有專一斷罪約束乞重立法禁許人告捕詔捕盜弓兵
緣捕逐盜賊因爭取賊人遺棄財物致賊徒失逸者徒
二年許人告每名賞錢五十貫　六年四月十八日權
發遣淮南西路提點刑獄司公事雷壽松奏契勘捕盜
官等親獲強盜其間有僥冒朝廷賞典往往多以被驅
虜或般擔贓物等人一例使作徒伴解縣公然干請承



勘獄司非理鍛鍊必令依隨供招欲乞應親獲強盜如
死亡及五分即候解見在徒伴到州先委知通親行審
問已死人有何照驗取責審狀入案送所司覆勘一面
情具情犯申提刑司限五日差無干礙官或因巡歷躬
親往彼再加審察如涉妄冒其元勘官吏並乞重立刑
名詔依所乞如涉妄冒其元勘官吏罪輕者以違制論
九月二十一日詔應捕捉盜賊軍兵等如敢輒緣捕
盜乞取民戶財物並行軍法將佐部押使臣提舉捉殺
官亦當停廢仍許被擾之家越訴　十二月二十四日
詔京東路見令作（勑不解）過羣盜如能出首應已前罪犯一切
不問並與釋放上京使令各歸原業軍人依舊本營收

卷二萬二千四百八十九

管內有係首領人當議優與補受官資其歸業人如闕
食不能自存仰所屬州縣量行賑給務令安堵　七年
正月一日詔河北京東路盜賊唐鄧汝潁流移人戶比
緣用非其人政失厥中徭役荐興使民不能自存乃轉
而為盜求生至急遂抗官軍鬬兵將非其本心令親手
詔差官前去撫諭一州縣見禁賊徒如犯劫殺放火不
赦外餘一切不問並與放罪一宣和六年未納稅賦租
賦泝納和買預買並與免放其分糴結糴數糴配糴更
不輸納一應合科數率斂應流移及盜賊歸業民戶當
牽挽負擔防守迎送之類並免一年盜賊流民復業所
齎隨行物不得收稅妄有搜檢邀阻一流移及盜賊歸

業人戶其宣和七年分合納租税等更與免一科一流
移及盜賊歸業人戶尚慮衣食未足各特依常平法借
貸一次仍免出息候至宣和八年豐熟日分料送納一
令來放免租税等仰所屬監司具放免過寔數聞奏當
議朝廷支降錢物應副如輙敢別作名目科納官吏當
重寘典刑一應復業人并盜賊應公私欠負不以多寡
不得理索一有罪在宣和七年以前見勾捉見寄杖不
得勾追寄杖除其籍一仰差去官若民戶能聽命或為
賊首或上等戶仰具名聞奏當授以官爵有文材可用
與將仕郎有武藝可收與承信郎餘人以次補官及軍
額一軍人入火逐隊流移與免罪差使出戍工役一年
卷二萬二千四百八十九
其有願放停願歸農願歸營養老聽從便官司違法不
支月粮衣賜者並限十日支給　是年三月二日詔近
降招首盜賊免罪及流移人戶放免科斛税租等指揮
訪聞以無日限致人戶覬望免科率税租招首官爵例
物相率流移為盜限以三月一日以前依已降手詔處
分以後不在放免之限　二月十四日詔京東河北路
捕盜官如遇追捕羣賊獲到首級仰本州日下關牒
無干礙官躬親詣戰場依公驗寔次牒鄰州選無干礙
官限即時起發前去體究如委囙鬬敵斫到非平民老
小女婦係正賊首級即關牒本路廉訪所保明詣寔聞
奏諸路依此　三十日京東路轉運副使李孝昌奏招



安羣盜張仙等五萬餘人詔補官犒設有差　三月十
二日中奉大夫徽猷閣待制知海州錢伯言奏招收山
東賊賈進等靜盡詔補官有差　四月六日詔朝請大
夫直顯謨閣知密州郭奉世朝請大夫知洺州柳瑊各
轉兩官奉世陞直龍圖閣皆以捕盜有方故也　欽宗
靖康元年二月十二日詔應聚集盜賊並限一月出首
與除其罪百姓放令逐便軍人依舊收管限滿不首復
罪如初　十三日中書省尚書省言統制軍馬劉光世
狀追趕羣賊到　州肥鄉縣界親詣陣前鬬敵掩殺約
斬獲一千五百餘級詔今後以婦人小兒効並行處斬
同日詔青州原本脫乘縣民張重亨補承信郎以自備
卷二萬二千四百八十九
錢粮勸誘羣盜復業故錄之　十月七日詔河北京東
羣賊窃發兵將及捕盜官緣鬬敵陷沒縣鎮場務官被
殺者或未經推恩許於所在自陳保明聞奏　十一月
十四日詔京東河北淮南路捉殺羣賊朝廷并宣撫司
差出統制官下使臣軍兵敢勇效用等部獲捉到活人
獲級傷中陣歿因傷限內歿故推恩等如不係朝廷并
宣撫司差撥隨統制官下立到功勞仰所屬申尚書省
推賞　以上續國朝會要

捕賊 高宗建炎元年七月二日詔差御營使司都統制王淵統制官張俊討陳州叛兵杜用都巡檢使劉光世討黎驛馮忠下叛兵統制官喬仲福討京東賊李昱統制官韓世忠討單州魚臺軍賊仍宣諭寧賊名王淵等赴都堂授以方略其後光世仲福世忠盡破李昱黎驛魚臺賊衆各斬首以獻王淵劉光世以功除節度使張俊喬仲福韓世忠各轉三官其餘有功官兵等第轉官資於是劇賊如湖北閻僅党忠薛廣祝靖等皆入宿衛河北丁順楊進等赴招撫司自効餘皆赴東京留守宗澤納欵盜益衰止 卷二萬二千四百九十

十四日吏部尚書路允迪言近來州軍保明捕獲酬獎盡是獲到首級並無案欵照證不見得賊人姓名同夥行刼情由贓錢數目斷遣刑名乞今後官員諸色人如係殺獲別無生擒徒伴照證即令所屬州軍保明徑申提刑司勘會詣實委是同夥彊盜贓滿死罪正賊別無驅虜脅從平人依條保奏從之

九月二十四日楚州言契勘獲到兇惡賊徒勘見情犯分明結案聚録審問訖合申提刑詳覆候報處斷或往復動經數月不能結絕今欲權將應有獲到賊人若係兇惡徒黨勘見贓證分明結案聚録訖一面依條斷訖録案申提刑司候賊盜衰息日依舊從之

十二月二十一日又詔今後獲到彊盜罪至死依京東已降指揮如係人衆或所犯巨蠹大情明白者令本州差不干礙官再行審問一面依法處斷訖具犯由申提刑司審察候賊盜衰息日依舊

十月七日詔諸處盜賊起因各各不同其間有本心忠義偶因事罣不能自明或緣過失負罪不敢出首或逃亡潰散歸隊不得或遭驅虜勢不獲已之人若遣發重兵盡行捕殺則情有可憫若一例招安則其間作過不改之人又不可懲可曉諭應干賊盜如能與見領徒衆同體國家分別之意併滅別火盜賊或本火盜賊了當赴官出首自表本心當依下項正補官資除授差遣更令立功以雪前恥一併滅別火盜賊或本火作過不改賊衆一萬人以上（並計州縣通知實人數後項准此）立功人第十名武功大夫忠州刺史正將差遣第二名武翼大夫閤門宣贊舍人副將差遣第三名武顯郎閤門祗候準備將領差遣第四名武經郎第五名武翼郎並諸州兵馬都監第六名已下及小頭領並令首領保明以次賞之併滅千人至五百人立到賞格有差如能勸諭本火作過人改過自新經官出首送納器仗軍人聽歸舊營或與一般軍分百姓令歸業或願充軍比附職次安排亦許人數依格推賞如更能勸諭別火依此改過自新者仍別取旨推恩如不能併滅全火但能殺到衆所共識近上賊首送官審驗得實亦隨所殺賊 卷二萬二千四百九十

首大小高下取旨等第推賞立功人元係有官者依前
項第格推恩外仍取旨加轉仍令帥臣監司募人賫赴
賊寨告諭　十一月十四日知湖州梁端言本州凶賊
童照等一十二人結謀作亂兵級沈實等告説尋遣官
兵擒獲已將童照等并家屬並行斬首號令外所有元
告人乞正補官資詔沈實張成特與更加兩官正補保
義郎其餘捕獲官兵等特與加兩資並轉四資　二年
正月十日詔曰訪聞諸處百姓緣被賊驅虜面刺入火
等字後來逃歸經由鄉村其巡社輒便殺害深恐無辜
良民陷賊永不敢歸業令諸路帥臣憲司行下州縣牓
諭村社係被虜百姓即給公據放令歸業如非被虜之

卷二萬二千四百九十

家依條施行　二十二日詔應盜賊能回心易慮散歸
田里或失業不能自還者令所屬官司條具以聞朕當
區處其日前罪犯一切不問　二月十七日知揚州呂
源言竊見臣僚上言訪聞揚州街市有不逞之人妄造
語言驚擾百姓竊慮乘間作過乞下吏部選差曾歷任
使臣三五十員送呂頤浩分管地分專切巡察姦細盜
賊詔令撥撫司於內外見任或得替待闕使臣副校尉
內不以諸般拘礙踏逐差委理為在任月日仍差破當
直廂軍二人外其日支食錢依已降指揮如將來別無
違闕與理短使一次　六月十日樞密院言盜賊未衰
諸路創添武臣提刑一員專管捉殺若只依舊法差人



兵委是使用不足詔除依舊法差人兵外權增差係將
或不係將兵一百人有馬軍處差三分之二更於僻守
所在州差新募弓手二百人係軍兵例支破口食並充
隨行捉殺使喚仍須依條被旨及親行督捕方得將帶
隨行內弓手候捉殺回限一日發遣逐縣事平日依舊
從之　十九日淮南西路提刑司言諸州通判不任捕
賊託故求免乞重立法從之刑部立下條諸有彊惡羣
盜州委通判差近下禁軍不得過三十人若盜滿五百
人不得過二百人滿千人百人以上（叔捺州縣同下文準此）不得
過三百人並量給器甲提舉擒捕（捕盜官捕逐入他界者亦同）仍申
提點刑獄司如別有幹辦及歸任並還罷即盜滿千人
以上雖別有幹辦（因本州及監司差委同）不許罷提舉擒捕等從

卷二萬二千四百九十

之　七月二十八日浙西路安撫司言本路州縣遇有
賊侵竊發鄰郡不為之援必待奏報輒勤王師道路往
回賊已張甚自今乞許本處召募健卒厚以犒賞令告
急于四鄰郡得報不移時遣發兵民救援如已受告給
文字及奉帥邀逗遛不進其兵將或捕盜等官並依軍
法行遣守令當職官並奏劾乞重行竄黜如能率先應
援因而立功之人隨功力輕重許書填空名告敕賞以
官爵其次轉資支賞不得踰時所有統制及統領等官
或軍民有立異功即具奏聞優加官爵不次擢用以為
勸沮候至本路行之有驗即乞推行天下諸路依其應兵

將捕盜等官於合應援地里內逗遛不進許從軍法　十一月十四日御營副使張俊擒斬建州判兵葉濃等　先是五月建州選差威果指揮兵士葉濃等三千餘人勤王暫起程間六月一日夜率其徒作亂盜州印及觀察使印安作文移攻掠州縣二十一日入福州七月還至建州官兵屢戰不勝而潰上命俊同兩浙提刑趙哲率兵收捕十一月十三日王師與賊兵接戰大捷俘獲二千餘級殘黨星散兵分追襲十四日遂擒葉濃及以次首領葉明張范擒虎等皆戮之　四年二月二十四日廣東路提刑曾統言據連州申奉陵縣賊人二千餘人已入郴州永興縣作過欲自韶連州尋路去投六

卷二萬二千四百九十

官及虜到鄉民又各剌聚集興宋四字其意望朝廷招安除已措置官兵隄備守禦外遂急旋作朝廷劄子下本司差官選委宣教郎監韶州永通監宋履齎牒前去見今作過去處撫問軍兵及令開具統領并五軍姓名回報以憑申奏朝廷推恩所有不候朝廷指揮之罪乞重賜施行詔曾統放罪　四月三日詔明州象山縣令儒林郎周秘擒到兇惡賊人林吉等九人特與改合入官　時林吉結集朱寅等將帶槍杖往剽神家劫盜財物為縣尉差出係秘躬親部領弓兵捉獲全火以本州言故有是命　六月二日宰執進呈建康府獲蕃賊一名公狀取問係涿州人上曰此吾民也止令諸軍使令不



可殺也若女貞則不可留　七日上諭宰執曰劉光世捕魔賊使臣已令加倍犒設可遣還聞光世討此賊凡洗兩縣殺人幾二十萬皆吾民也生靈何辜罹禍久之范宗尹曰臣等見辛企宗等奏殺賊以鉅萬計今大其功殊不知皆赤子也雖盧益亦不免如此張守曰中國之民非蕃賊比豈宜多殺玉石俱焚誠可痛傷　十一月十一日詔虞澈與改合入官更擇善與補下州文學賞捕賊之勞也澈是時為溫州瑞安縣令有兇惡人夏祥為劫賊澈遣本處社長吳擇善擒之　十二月十二日荊湖南路提點刑獄司言管下地分闊遠上接溪峒下與湖北江西相鄰時有盜賊作過照應止得捉殺使臣

卷二萬二千四百九十

二員緩急闕人乞召募有膽勇武藝効用一十人添助使臣領兵討捕若有勞効聽依海行法推賞從之　十二月詔湖南北路捉殺使孔彥舟除利州觀察使尚書考功員外郎宣撫處置使司主管機宜文字傅雱特轉兩官以旌勦滅叛賊鍾相之勞故也相本鼎州百姓父子挾左道惑眾占據州縣於建炎四年二月二十一日徒黨冊立僭號改年天戰文移皆稱聖旨差補官屬皆用黃牒侵占荊岳鼎澧四州勢甚猖獗先是宣撫處置使司遣本司統領和安等掃蕩其勢愈熾至是遣彥舟救援自三月一日到州日與賊戰二十六日辰時遂破巢穴生擒偽楚王鍾相偽太子鍾昂鍾全鍾緒偽皇后

伊氏及偽將相等除殺死以次首領斬首號令外，其相父子并妻伊氏檻送行在，彥舟已論賞外，有詔賜戰袍、金束帶、銀纏捍槍、團牌并細葉全裝甲一副。紹興元年二月十一日，知鄂州兼本路安撫使高衛言：「乞今後非承朝旨指定姓名許令招安，及承領降旗牓，及帥司待報不及，便宜措置許招安外，其他官司及州郡并統制、統領官擅行招安者，並依律坐罪。其擅招安盜賊，如元無許補轉官資朝旨，不得申奏陳乞；并招安盜賊官司兵將，不得理為勞績，僥冒恩賞。」詔今後盜賊令州縣極力措置擒捕，不得擅便招安。十八日，江州路安撫大使兼知江州朱勝非言：「方今寇賊之患，其目有三：曰虜寇，曰游寇，曰土寇。其土寇之由，緣南人資產素薄，比年科率繁重。顧特降寬詔，稍蠲苛擾，察贓吏之尤者，舉行祖宗顯戮之典，以慰疲民。」詔諸州軍非理科率人戶錢米繁重，仰逐路提刑司取問違法官司，具析因依，申尚書省，餘依已降德音指揮施行。四月二十三日，詔：「福建路目今盜賊未息，州縣鄉村豪俠信義之人為人推服者，仰所部州縣公共訪詢，次第保明申諸司，籍記鄉里姓名。遇有盜賊，臨時隨鄉里選委彈壓說諭，候實有勞効，即諸司同共保奏，量材錄用。」從本路安撫使程邁之請也。七月七日，御前給降招安旗牓曰：「奉聖旨：南劍州將樂縣百姓昨因闕食，遂致嘯聚作過，訪聞已受官司招安，尚

卷二萬二千四百九十



懷反側，未敢出首。仰吳逵星夜之任，多方招諭，各令安業，應已前罪犯一切不問。如敢依前作過，仰本路制置安撫司遣兵收捕。」仍令尚書省給降敕牒付吳逵前去曉諭。是月十三日，又以德安府舒蘄光黄復州漢陽軍宣撫使朱勝非言盜賊嘯聚，乞給降金字牌、旗牓十副招安，詔曰：「昨逆賊李成占據淮南作過，已遣張俊討殺外，其舒蘄等七州軍管下尚有緣賊驅虜，或因闕食嘯聚作過，實非本心，並令招收赦罪。被虜老弱給據歸業，其實堪出戰人並聽宣撫使朱勝非使喚，仍具首領姓名聞奏，當議推恩。」其後十一月四日，江南東路安撫大使葉夢得言逐路有非嘯聚盜賊，乞依例給降金字牌、旗牓招安，詔曰：「爾等素懷忠義，國家宣力，比緣闕食，因而嘯聚，原其所自，實非本心。今遣使招收，應日前罪犯，特與赦免。仰將被虜及老弱不堪披帶人經所屬給據放散外，其實堪披帶出戰之人結成隊伍，並聽江南東路安撫大使使喚，仍具首領姓名聞奏，當議推恩。」依此給降三十副。十九日，詔將仕郎、權福州閩縣尉陳允亨躬親部領弓級提獲同火死罪彊盜林喜等一十六人，及知盜所在，會合抵界福清縣尉共力捉獲鄭新等一十人，共二十六人，可特受承奉郎。允亨以功授承務郎，認吏部言於法用林喜等一十人改合入官酬獎外，有蕭大等一十六人係餘數，又及一倍者奏裁，故

卷二萬二千四百九十

有是命　九月四日宰執進呈盜劫江上舟黄德等案
目其徒二人同于岸次刑寺欲原死上曰强盗不分首
從此何用貸朕尋常不敢食生物恐多殺也於此時須
當以殺止殺　二十九日詔福建路盜賊未平鄉村久
被焚掠民力困于養兵師老患深不當玩寇若不速行
招安即合併力掩捕差監察御史胡世將前去充撫諭
限三日起發兼程前去與辛企宗商量如合招收即疾
速措置如合掩擊疾速進兵不得有失措置　十二月
二十九日詔應係昨因蕃寇潰兵作過之時居民有乘
時殺人放火虜奪財物着如首領人已經捉獲依法斷
治外其餘徒黨元係脅從本無他意者委州縣詳度虛
卷二萬一千四百九十
實方許受理其緣此見禁勘公事大情已正小節未圓
並許結斷仍委提刑司專切點檢覺察即不得將正賊
妄作脅從之人一例不行受理其見禁公事限半月結
絶從江南路轉運通判張匯之請也　二年二月八日
臣僚言川陝之民比年困於調發遂因張浚累奏戎捷
特差内侍任源傳宣撫問中外皆以為宜源又得旨下
五事差人兵護送源又自乞令樞密院給降旗牓及金
字牌五副遇有賊盜欲與州縣長貳同共招安皆從其
請蓋自崇寧以來宦兵握兵馴致禍變今來源所經由
就使遇有盜賊止當移文所屬措置施行而乃欲以招
安自任然則盜賊肯聽之乎又况挾招賊之名關握兵





之漸事有幾微不可不慮欲望收還所降旗牌等戒約
任源止從元降畫一事件不得別有陳請詔如前路遇
有賊盜去處令任源將金字牌旗給付守令招安　三
月二十一日詔湯易道特與補承信郎捕捉官都監安
壽高居實縣尉候秉衡各與轉一官捉事兵員劉贇林
禮洪仲蔡旺陳養王周陳靖高勝各與轉一資並於正
賊贓名上逐轉内候秉衡已係承直郎候改官了日收
使以泉州禁軍兵級鄭貴等相結要就都教場合陣乘
時擁兵衆殺人放火作過客人湯易道經過告之都監
安壽等捕獲獄具斬首號令訖帥司奏乞推恩故有是
命　其後四年五月四日邵武軍兵士黄嵩特補保義
卷二萬一千四百九十
郎仍添差本州指使軍員孫旺聶生十將李回各轉四
資本軍巡檢保義郎管遺直轉一官以嵩等告首蕭吉
等同謀作過遺直捕獲伏誅故也　二十二日詔臨安
府使臣劉坦王勣各轉一官減二年磨勘各更支賞錢
一千五百貫李振郭立各減三年磨勘各更支賞錢五
百貫内賞錢等第分給緝捕人兵令戶部支給以捉獲
劫賊顧安酬賞也以知府宋煇言顧安等打劫承信郎
劉深船財物係坦等捉獲其合得賞理合分別輕重故
也　閏四月十九日吉州言準紹興元年九月明堂赦
書應有盜賊許一月内出首自新以前罪犯一切不問
又承提刑司備判宣撫使司備降詔旨立便[illegible]缺過自新

速行放散人丁歸業上項指揮亦稱以前罪犯一切不
問竊詳逐項指揮今後招安出首賊盜不得以追贓識
認人口之類為名旬追根究以前罪犯緣其間却有盜
賊作過係被害人於赦前經官論理追捕未到續於赦
後二月限內出首歸業其被劫之家再有詞訴未審合
與不合受理施行刑部看詳如盜賊係依赦限一月之
內出首之人雖被害人於赦前經官陳理官司追捕未
到緣既在限內出首自不合受理根究前罪所有出首
歸業之後有元虜到人口顯然存在者無問被盜之家
論訴在赦前後難以一例不行受理從之　六月二十
三日詔孟庾特轉通議大夫依前參知政事兼福建等
卷二萬二千四百九十
路宣撫使以招捕賊盜績效顯著故也　七月五日福
建路安撫使司言南劍州沙縣替下弓手節級羅仁因
色募防托揭勍賊殺獲兇惡強盜張還等三名及讎兇
弓級日隨從捕盜官捉獲彊盜盧三十八等七人欲乞
推恩詔羅仁與補効用甲頭　十七日廣東福建帥司言
得旨相度措置海盜事宜欲責令逐處本地分巡尉與
海上緝捕使臣於本地分沿賓應有大小艇船之家逐
籍記姓名每三家或五家結為一保遇有下海興販買
賣如保內人輒敢劫劫作過許同保人收捉如同保人
蓋庇許別保人告捉又不覺察致被官司捉獲其保人
一例坐罪逐路巡尉遇有大艇船作過即時捉獲並與



依條推賞若勢力不加即時關報鄰近巡尉會合掩捕
如致大小艇船走漏限滿收捕不獲即行收禁根勘聞
奏詔劄付福建路提刑司依相度到事理　初臣僚言
於廣東福建兩浙路瀕海州軍及近裏江面自來有大
棹停藏及往來去處各置水軍專管捕大棹盜賊詔下
兩路帥司相度故有是請　十二月十二日詔今後捉
獲放火人有官人與轉一官無官人支給賞錢一千貫
令臨安府出牓曉諭　三年二月六日詔令江西帥司
今後應有招收賊火分明諭以朝廷德意若已受招安
放散之後復有結集作過即遣發大兵不以遠近討捕
焚蕩廬舍籍沒家產更不招安　十九日詔令江西帥
卷二萬二千四百九十
司摘那一項軍馬二千人以來常在袁州駐劄緩急捉
殺盜賊從知袁州趙士峻之請也　二十六日詔李通元
係路進下以次首領其路進等係已受招安再行作過
之人元在司空山劄寨侵擾舒蘄二州因知舒州武赳
誘路進李通聚衆攻破舒州殘害不少後來雖受都督
府招安令往和州駐劄又遷延累月不下山寨前後反
覆放兵劫掠作過不已今來止是因起發間被火內殺
併即不見得的實事因難以追贈令都督府照會施行
時以江淮荊浙都督府言李通係忠義率其衆來歸
不幸為其徒所殺已行褒贈故有是命　三月四日宰
執進呈招捕虔州盜賊事上曰此雖盜賊本吾赤子也

不得已而後殺之况為將者自不可多殺是月二十二
日又詔虔民嘯衆皆吾赤子雖曾作過尚務寬貸仰江
西帥憲及本州告諭限二十日自新一切罪犯特與赦
免如違即令虔州見屯軍馬依已降指揮前去收捕
五月五日不理選限登仕郎劉清臣言權南劍州劍浦
縣丞親獲兇惡強盜張仁等七人依法合補承信郎仍
與指射差遣為乞就文資特旨補上州文學　先是有
權會稽尉石州助教阮商霖捕強盜韓弥等七人合補
進武副尉乞就文資特旨補下州文學清臣因用是例
陳乞也　七月九日樞密院昨差統領官中世景福州
駐劄其本路盜賊已見寧息外有廣東一路頻海去處
卷二萬二千四百九十
理宜措置詔令樞密院選差統官兵一員帶令官兵三
千人并家小前去廣州駐劄彈壓盜賊權聽本路帥臣
節制　十五日淮南東路提刑司言盜賊作過其間多
有脅從之人若一例捕殺深恐枉害平民緣本路實係
邊面緩急賊發申乞招收亦恐後時欲望給降招安旗
牓詔給降三副　二十一日江南西路安撫大使趙鼎
言虔州管下賊火不一今來岳飛雖已破蕩巢穴竊慮
大兵起離之後復行嘯聚合要一項軍馬彈壓措置除
已牒岳飛量留軍馬五千人權就虔州駐劄自餘軍馬
發往吉州歇泊量帶親兵并劉僅人馬赴行在從之
二十七日詔神武中軍統制楊沂中招捕魔賊繆羅等



了畢可除沂中遥郡承宣使其餘人第一等各轉兩官
第二等各轉一官第三等減三年磨勘　是年五月羅
等於嚴衢州作過差沂中前去招捉其後沂中言前後
生擒到賊徒根問得元是十頭項除繆羅已就嚴州招
安外所有見擒捉到王會等九十六人辨認是正賊
就元犯處一面號令處置脅從之人於令歸業訖續搜
捉到羅家屬妻男等九人未敢施行詔並送永州羈管
至是樞密院言合行推恩故也　十月八日左通直郎
唐恕言江湖之上強盜虜劫舟船間有舉船盡遺屠戮
蹤跡滅絕官司無由得知蓋緣刑部久例有獲賊盜不
知被主姓名無人照對則不該推恩捕盜官司既知無
卷二萬二千四百九十
激勸之方又欲逃捕限之責為盜者窺知此意往往殺
人唯恐噍類之不盡乞下有司若強盜業據分明已經
論決雖無被主照對其捕盜官司特與依獲盜之六推
賞吏部看詳欲將賊人行規劫財物無被主照證不曾
經結斷依刑部定例不許收使酬獎外有強盜傷人或
不曾傷人贓滿各罪至死如曾經提刑司詳覆或朝廷
定奪所斷刑名允當及徒流罪雖不曾經提刑司詳覆
如款內所招情犯明白已經論決欲並許依條推賞從
之　二十五日進呈廣西盜賊事上諭宰執曰凡擒捕
盜賊多緣賊首未殄滅已奏功兵退又復聚衆為寇兼
監司州縣不能卹民侵刻所至故散而為盜賊盜賊發

又有時奏啟使滋蔓可嚴戒約之令之以實聞且令江
西帥司於虔州所屯兵南戍　四年正月五日詔應羣
盜發去處如差去官兵掩捕即會合本地分并隣界巡
尉官兵把截若走透入別州縣或別路界分其元差官
兵及本地分巡尉官兵並不以路分遠近追襲須管勦
除盡靜方得回軍如違仰逐路安撫提刑具統兵巡尉
職位姓名申樞密院取旨重作行遣　六日刑部言臨
安府城內犯強盜之人緣有紹興二年三月四日已降
指揮並依開封府條法斷罪其本府城內知欲為強盜
之情而藏匿過致資給令得為盜令得隱避者即未有
許依開封府條法指揮若有似此犯人亦乞引用開封

卷二萬二千四百九十

府條法餘非犯強盜者即知情藏匿過致資給之人自
不合一例引用開封府條法從之　四月六日詔左從
政郎南劍州劍浦縣令陳份改左宣教郎更減二年磨
勘以捕強盜吳大有等二十六日準令同火又及一倍
推恩賞也　是年十月二日建州杜首丁德高補進武
校尉更減三年磨勘五年五月二十四日忠訓郎廣州新
會縣崖門山巡檢尚惟寅轉敦武郎更減二年磨勘皆
捕獲同火外又及一倍該賞　二十九日詔諸色人能
引接賊人出首赴州縣者準獲級理賞每刺面三名老
幼婦女七名準一級其出首歸業人聽指射閑田耕種
並免稅役差科二年從知泉州程昌寓之請也　五月



二十五日詔左從事郎樞密院編修官田如鰲殺獲南
安軍虔賊宋破壇等可依軍功捕盜法與轉一官南安
軍通判魏彥杞減三年磨勘　初紹興元年六月吳忠
結集宋破壇劉洞天數千人燒劫高安軍管下南康上
猶縣殺害兵民侵犯軍城時如鰲乃土人江西提刑司
差權南康縣丞并委彥杞說諭掩捕至是殺獲推賞
二十七日臣僚言鄉村被盜巡尉遣弓兵根捕類皆搔
縛四鄰乞覓搔擾正賊未嘗獲欲申嚴法禁杜絕前弊
刑寺看詳因緝捕知非本犯之人輒毆縛以取財物者
依詐稱官遣追捕毆縛人取財法以不持杖強盜論罪
止流三千里流罪皆配千里乞坐條行下及違法之人

卷二萬二千四百九十

許人戶於本路帥司越訴從之　七月十三日詔福建
安撫司統制申世景單德忠逮道各轉一官其餘推恩
有差　以世景等捉獲虔賊陳顒及收捕建昌軍石陂
寨軍賊李寶等故也　十五日臣僚言乞將紹興敕犯
盜以錢定罪者遞增其數刑寺看詳在法不止竊盜一
事其餘計錢定罪者理合一體措置今欲權宜將敕內
應以錢定罪之法各與遞增五分斷罪謂如犯竊盜三
貫徒一年之類候邊事寧息物價平日依舊從之　九
月一日詔諸州並給承信郎以上至成忠郎告各一道
如有告首作過之人審驗詣實書填補官訖具已補因
依申尚書省其已補人特添差本處指使從臣僚之請

也　十二月二十七日詔鄧崇補承信郎仍差充江西
安撫制置使司緝捕使喚以捕獲吉州完賊唐英推賞
也　時永豐縣有賊唐小龍名英前後殺知縣并臨江
軍都監等九員令招諭到首領鄧崇逢賊拒戰除殺死
外崇能生擒唐英等故賞之　五年二月十四日詔湖
廣江西盜賊已遣大軍前去招捕外緣初因州縣失於
撫存以致嘯聚原其本心實非已得宜就委倉部郎官
章外前去因便措置撫諭如有出首之人但於所屬州
縣將被虜老小給據放散其首領令本路帥司權行收
管具名申樞密院當議補官施行　十八日詔郴虔廣
東羣寇復作過自今降指揮到日再限兩月許令出首
卷一萬二千四百九十
內有材武之人願赴都督府使喚令帥司照券津遣前
來當議不次任使　三月九日詔諸盜發州縣取索捕
盜官印紙批書而違限者杖一百監司所至不為取索
印紙點檢者更減二等　十日刑部言契勘犯罪之人
情狀既有輕重則本罪刑名亦有等差看詳結集徒黨
及十人以上欲為強盜未行而被獲或雖不及十人若
情犯如泰州王安等者依法寺供到條例比附結集徒
黨立社法徒罪刺配從者編管其結集不及十人欲為
強盜不曾指定劫某人家財物又無嘯聚情意并止欲
劫某人家財物而未行被獲比之欲為羣盜嘯聚作過
者情犯頗輕合從不應為重斷法寺以其情犯輕重議

刑若結集人衆所謀重害之人如王安等情犯即合作
輕重法輕奏裁其餘自合依條施行從之　四月三日
詔程惡與轉一官以湖南安撫司備申應所陳前任澧
州醴陵縣事與賊對敵中傷不死敵退賊衆故也　八
月二十四日福建海賊朱聰等補保義郎其次各補官
有差　是年正月聰等海內聚集船三十餘隻約二百
餘人入廣東諸縣殺人放火後朝廷委福建廣西帥司
措置招捕至是聰率衆來降詔聰等所率徒衆萬數甚
多於是將補保義郎薛遵林廷彥各補承信郎程遠曾
元俟侁張仲吳猶林日光林舉林元壽吳德並補進武
校尉　六年八月九日詔海賊鄭廣鄭慶各補保義郎
卷一萬二千四百九十
以次第推恩　廣慶本皆良民緣收捉鄭九在官致懷
疑貳因而下海作過朝廷遂給降告命至是招安　八
年八月二十七日詔招捕盜賊事可委監察御史一員
前去宣諭　先是上曰朕夜來思慮得江西盜賊未息
使平民不安當就楊浙沂中軍中差撥一二千人前去
勦除又慮州縣不能存恤致百姓失業不得已而為盜
及降黃牓曉示使之改過歸業如尚不悛然後誅戮故
有是命　十二年二月二十日臣僚言閩廣去朝廷遠
甚捕盜之人多詐冒功賞難以徧察乞將詐冒告捕盜
人依紹興六年八月二十日詐冒獲盜指揮斷罪仍
許人告捕所詐授官資依條格與告獲詐冒作告捕人

抵受如不願轉官資即支賞錢一千貫從之　十三年
五月十七日吏刑部看詳臣僚言今後獲到强盜已經
結案長貳聚録詑刑名已定遇恩之人許依賞格如在
縣未結解到州未結案長貳未聚録之人即係刑名未
定更不推賞其局賞除正犯人已有立定告賞外如諸
色人告捕人吏赦後折換强盜公案故入人罪迎就賞
格與轉一資錢二百貫充賞　十六年八月二十七日
詔今後捕獲强盜在州縣未經結案聚録遇恩之人候
案成依大辟法外令長吏以下聚録取索文狀方許斷
遣如捕獲人陳乞推賞仰所屬次第覈實保明聞奏遵
依紹興舊條格受各依本法施行餘依見行條法權刑
〔巻一萬二千四百九十〕
部尚書周三畏請也　七月九日吏部言命官諸色人
親獲强盜功賞依見行條法外其廣南有緝告盜賊之
賞必得其實今欲將緝告强盜人酬賞依格改作支賜
余路亦合一體關防如告獲羣盜從來未有立定支賜
格欲下班祗應以下每一資依條支錢五十貫進義校
尉依下班祗應格支賜詔從之　以廣東運判范正同
申請吏部看詳故有是命　十五年六月二十三日上
謂輔臣曰可說諭殿前司今後招捉到賊分隸諸軍填
闕額如此則盜賊銷矣　十七年六月二十三日上謂
輔臣曰弭盜賊當為遠慮若但招安補授恐此輩以嘯
聚為得計是啟其為寇之心今已招到且依所乞可劄



下諸路日後不許招安　二十八年三月二十四日進
呈推賞平嚴州山峒草寇事上曰朕嘗謂後世用官招
安盜賊將以弭之適所以勸之也不若以資寇之官賞
捕盜之人茲為良策　二十三年二月十一日詔樂慶
州軍賊首黄明劉先段忠處斬并斬以次首領鄧聰李
福鍾榮曾臯劉勝鄧貴於市明等本慶州禁軍初緣失
軍司差官前來揀兵有齊述者于諸營率斂財物計屬
免行揀發及將强壯軍兵以彈壓收捕盜賊為名差往
諸縣不令赴揀因而結會倡亂攻打州城逼殺本州駐
劄殿前司統制吳進并按撫統領官馬晟遂據城縱火
殺虜良民及朝廷遣大兵收捕又拒戰殺害官軍至是
〔巻一萬二千四百九十〕
擒獲付棘寺鞫實遂抵於法　二十四年八月十四日
詔樂衢州百姓俞八等七人處斬并斬項念等六人絞
蘇伯世等五人初俞八與佃主徐三不足因集保戶持
杖劫奪穀米不計數目并擒捉徐三等同往祠神燒香鳴
鼓結集徒伴至一千餘人前去嚴州界虜劫財物燒毀
壽昌縣等處倉庫居民屋宇殺損平民并拒抗官軍既
而捉獲付棘寺鞫實遂抵于法　二十六年正月十一
日詔諸州縣有犯强竊盜須管督責巡尉嚴限收捕不
得抑令鄰保出備賞錢搔擾仍將所通委實窩藏及寄
贓等人並令獄官開具申州州委通判縣委知縣親行
審問詣實方得勾追如有虛妄加本罪一等若承勘官

司敎令供通人吏重行決配勘官取旨黜責防送人故
縱依條斷遣外特行編配　七月二十五日三省樞密
院言捕獲海洋劫盜除所屬保奏推恩外即未有海船
每隻賞錢則例令參酌捕獲海船賊徒每隻十人以上
欲支錢三百貫二十人以上欲支錢四百貫三十人以
上欲支錢五百貫從之　二十八年六月二十五日詔
福建路安撫司都巡檢武功大夫張佐水軍統領武翼
郎鄭慶迴成忠郎李元各轉兩官忠訓郎李儀從義郎
李受準備差遣權水軍同統領承節郎林元各轉一官
減三年磨勘廣東安撫司水軍統領保義郎江漢轉一
官減二年磨勘以佐等捕獲海賊劉臣興等推恩也

卷二萬二千四百九十

三十年七月二十八日詔興國軍免解進士吳堯献特
與補右廸功郎以臣僚言本軍賊徒猖獗堯献糾率丁
壯捍禦擒殺闔境安堵乞下帥司究實推賞總有是命
三十一年六月二十三日詔諸路州軍除正巡尉獲
盜依舊法推賞外有暫權巡尉及督捕并非捕盜官告
捕獲盜之人並依所得酬賞上減半推賞其暫權巡尉
之人若任內有不獲盜亦合依透漏權貸比正官減半
責罰謂如正官全不獲强盜一火罰俸一月其時暫權
官兩火罰俸一月之類仍鏤板遍牒諸路監司諸州軍
遵守施行時以言者謂州縣假名權攝偽冒盜賞者衆
故有是命　十月二十五日詔近緣車駕進臨安府過



有兵級犯罪若强盜同火七人以上或强盜殺人及告
捕人并監司州縣人吏有犯情理深重者許令安撫司
時暫依條酌情處斷候事定日依舊（已上中興會要）　孝宗紹
興三十二年八月二十三日（已即位未改元）中書門下省言勘
會淮東西京南路間有盜賊擾界上乞敕逐路安撫司
如遇有盜即遣兵掩捕務在擒獲從之　隆興元年三
月七日臣僚言近聞明州象山國及秀州華亭多有海
賊剽略居民宜詔沿海諸路帥臣監司督責州縣及捕
盜官量度事宜設為方略或土豪大姓使之幾察覘伺
寇行迹捕或喻以禍福招為平民及於沿海控振之所
增置水軍擇所統轄往來巡邏州縣彊封連接互相追

卷二萬二千四百九十

捕使無所止則海上之盜庶乎大弭從之　同日臣僚
言捕盜之要在於賞功若該賞者例被沮抑則有功之
人無以示勸乞將沿海兵將州縣捕盜官及土豪弓級
捕獲海盜者監司帥守以時保明聞奏及其黨與能自
殺并經官告獲者皆依格給賞庶幾信賞必罰人知奮
勵從之　五月二十九日參知政事督視湖北京西路
軍馬汪澈言近日全州軍士擅劫兵仗及傷守臣掠奪
公私財物一路震恐臣即於出戍選鋒軍內揀選百人
委武功大夫步軍第一正將牛信將之止以廣西取馬
為由掩賊不備已將首亂之人一夕俱擒自餘軍民悉
無驚擾　十一月十二日臣僚言竊見二廣及泉福州

多有海賊嘯聚其始皆由居民停藏資給日月既久黨衆漸熾遂為海道之害如福州山門潮州沙尾惠州潨落廣州大奚山高州碉州皆是停賊之所官兵未至村民爲賊耳目者往往前期告報遂至出沒不常無從擒捕乞行下沿海州縣嚴行禁止以五家互相為保不得停隱賊人及與賊船交易一家有犯五家均受其罪所貴海道肅清免官司追捕之勞從之　二年二月十七日容州言普寧縣百姓李雲等嘯聚在藤州界縱火殺略居民詔劄下廣西經略安撫提刑轉運司疾速措置招捕已而廣西運判鄭安恭言李雲部領千餘人去容州二十餘里即時差官兵拒敵生擒賊首李雲等八名

卷二萬二千四百九十

餘黨潰散　二十四日三省樞密院言廣西宼賊王宣鍾玉等結集徒衆其初不滿二百人後至千餘人連破雷藤二州近據廣西轉運司申已督諸將進兵與賊接戰斬副賊首曾權主擒副首領謝權等其王宣鍾玉等已詣軍前自首餘黨悉平　二月二十七日德音容雷高藤四州應緣近來盜賊良民或被驅脅因而隨從作過本非得已限德音到日以前罪犯並一切不問各令歸業如曾被賊刺涅之人令州縣勘驗詣實給據放令逐便　十月二十七日臣僚言臨安府比來盜賊猥衆或白晝攘竊或昏夜穿窬輦轂之下豈容若此乞令臨安府嚴切收捕如擒獲賊人於常法外嚴行處斷所貴



寇竊屏迹居民安堵從之　十二月十日臣僚言兩淮之民自虜騎入境遷移渡江散處浙西江東諸郡歷日既久資糧罄竭初則十百為羣斫伐居民林木以為薪蒸已而畧奪商旅貨財曹聚既衆遂致居民之家間遭剽劫若流民迫於饑寒相扇為盜誠可矜憫欲望申敕江東浙西轉運常平司廣行賑濟務令實惠及民仍委兩路提點刑獄巡歷所部禁戢剽劫如捕獲為首凶惡人與重加刑辟庶幾恩威並行姦盜自息從之　乾道元年五月二十八日臣僚言湖廣盜賊連年竊發今聞郴寇李金等又復猖作至於鼓行而前直擣縣邑衆以萬計器甲部伍粗備緣郴州旁連二廣外邇章貢皆平

卷二萬二千四百九十

時逋賊淵藪若不早行勦除非徒恐相唱和而二廣諸郡城壘兵備率皆單寡儻或深入于彼竊恐為患未已乞於近地屯戍大軍遣發精鋭數千人前往討捕并敕二廣諸司糾集諸郡兵據其走集之地使賊不能越軼衝突則其勢必窮蹙而易於撲滅矣從之　七月十九日知潭州兼湖南安撫使劉珙言郴賊李金等結集民衆攻圍英連等州嘯聚萬數已差本路安撫司統制官田資統率官兵前往討捕近已擒捉詔劉珙將脅從及被虜人子細辨驗出給公據放令逐便不得一例誅殺　八月二十七日中書門下省言據湖南申昨蒙朝廷差拱衛大夫成州團練使鄂州駐劄御前水軍統制楊

欽統率大軍討捕兇賊李金等，至今月四日連破賊黨，初七日至莽山何家洞，生擒賊首李金，餘黨皆平。詔劉洪同楊欽等具立功將士以聞。詳見軍賞門　十月二十九日，臣僚言：「迺來淮北紅巾多過界剽劫，若不早行措置，深恐為患滋熾。乞劄下鎮江、建康都統制司戒約沿邊守把將官及都巡檢司，如官軍與賊拒敵，計所斬賊級立定賞格。或遇處居民自能殺賊者，亦依例推賞。」從之。　十一月二十八日，知楚州胡時言：「近有羣盜蕭榮自淮北過淮，劫掠淮陰縣，縱火燒官私屋舍，戕殺居民。尋遣所部巡尉統兵躬即并勵諭忠義人追捕蕭榮及徒黨，應時擒獲。」詔蕭榮并賊首並斬于市，其餘徒黨依軍法施行。

卷二萬二千四百九十

十二月三日，廣東提刑石敦義言：「近日李金雖已擒獲，餘黨尚繁，往往奔竄山峒，藏隱出沒，深慮異日復行結集。今措置，欲令註誤脅從之人自首者，並押赴摧鋒軍充効用。其間老弱疾病不願從軍者，與給公據，放令歸業。」從之。　二十六日，三省、樞密院言：「光、濠、壽春流離之民近方業集，又為盜賊擾攘，不安其居。閩淮上盜賊類皆江左閩越之人，非遊手不逞，則軍伍寬卒，誘集徒黨，肆為剽竊。乞敕諸州守臣督責巡尉嚴切警捕。」從之。　二年七月六日，臣僚言：「乞今後賊盜竊發，守令即時措置收捕。如出限不獲，除巡尉各坐罪外，其守令仰提刑司具職位姓名按奏。」從之。　十八日，知揚州



周綜言：「照應淮東諸州軍山寨、水寨內多彊壯精習武藝之人，乞自今遇有賊盜竊發，其間有能擒捕者，除依格推賞外，更保明申朝廷優與推恩。」從之。　二十二日，知和州胡昉言：「近日多有亡命之徒，至州界劫奪民旅財物，或乘舟大江往來剽掠。乞自今捕獲劫盜，或殺死財主，或傷捕盜官，或殺捕盜公人，或嘗縱火虜掠，或州縣鎮寨船栰內行劫，或係累行劫盜，許從守臣一面酌情處斷。」詔令後捕獲前項盜賊，許直具奏聞。　四年五月十五日，臣僚言：「今歲諸道間有荒歉之所，饑民乘勢劫取富民廩穀，有司往往縱釋不問，深慮滋長不已。頃紹興間嚴陵小饑，民有率衆發人廩穀者，守臣蘇簡知不可長，梟其首謀四人，故雖年饑而郡境帖然。使甲戌

卷二萬二千四百九十

衢州之變，守臣亦能出此，豈余七余八敢聚衆生變哉？臣以謂不幸而遇歉歲，賑救不可不極其至，而禁亂亦不得不極其嚴。凡有劫取升斗以上者，皆以多寡為罪輕重，庶幾銷患未形，民得安堵。比之養禍成變，始以兵討定，蔑不侔矣。」從之。　二十八日，臣僚言：「聞沿江幽僻之所，多有漁舟聚集，寅夜剽劫，潛伏江湖，莫能擒獲。乞行下諸路提刑司督責州縣嚴加警捕。」從之。　八月七日，廣西提刑滕膺言：「兇賊謝實等嘯聚徒衆，侵犯高、藤、容三州，縱火殺略居民。即調發官兵前往收捕，已擒斬謝實，并獲其黨謝達等六十二人，錮送靜江府處斷。餘

黨皆平　五年十二月十日知廣州吳南老言廣右封
疆闊遠連接江西福建湖南諸路多有無賴惡少結為
黨與私藏器及詐為商旅盡入二廣豪右之家窩藏資
給使之恣行劫殺或捕盜官有直蔽貪兇剝之人反受
賊賂容其出沒欲望特降指揮應廣南兵官巡尉有御
下有方善於擒捕者許經畧司保明數奏優加褒擢或
庸懦老病姦贓非法者亦令案劾聞奏重寘典憲庶幾
一路官吏職在捕盜者有所懲勸從之　六年十一月
六日大禮赦訪聞諸路州縣饑貧小民或於鄉村山谷
或在海嶠聚止因闕食情實可矜仰州縣出榜曉諭候
赦書到日限一月於所在州軍自首日前罪犯一切不
卷二萬二千四百九十
問委州軍長貳躬親審量將少壯及勇敢之人就近發
赴屯駐大軍刺填闕兵如諳會船水發赴鄰近水軍換
老弱不堪披帶人給據逐便如限滿不首復罪如初
七年正月二十四日權知臨安府韓彥古言近勘放停
軍人伍興自紹興三十年七月至乾道六年十二月前
後為盜凡十三犯累經斷遣如徒杖刺環色色有之仍
前不悛復出為過若止從杖罪斷配毋以懲姦緣本府
係輦轂之下即與其他帥府事體不同欲乞就本府斟
酌處斷從之　二十八日樞密院言近日州郡間有盜
賊嘯聚皆是竄卒及閭里姦惡無賴之人乞令守臣及
屯駐軍主兵官協力收捕仍委監司覺察稍有違戾監



司守臣主兵官一等科罪從之　二月六日知南安軍
呂大猷言盜賊敗獲在法雖有告捕之賞而今之官司
多不以時支給為盜者入獄均贓往往多指告事之人
遂致監禁繫反為已累欲望申詔郡邑應告捕賞錢
並以時支給其盜賊已係贓滿止據贓定罪雖有功通
隱匿贓物之人並免追理幾庶告捕者爭相効命姦盜
不能存跡矣從之　十四日冊皇太子赦訪聞多有逃
亡軍人并沿海州縣犯罪小民畏避刑憲因而嘯聚往
海作過雖已降指揮委帥憲司督責捕盜官會合收捕
務要日近靜盡可自赦到日立限一月許經所在官司
陳首以前罪犯並與原免或徒中能相擒捕更與推賞
卷二萬二千四百九十
內軍人赴本軍收管百姓給據自便限滿不首即依已
降指揮施行　三月四日知臨安府韓彥古言近以亂
竊滋繁措置擒捕城中知名盜賊同日執獲者計一百
四人皆累經刺還斷罪跡狀明白欲乞差官同驗來歷
分送江鄂韶州屯駐軍及饒州等處鑄錢監充役所貴
興邑肅清民得奠枕詔依差馬希言同具姓名申尚書
省　五月五日勅令所狀準送下吏部侍郎張津劄子
在法捕獲劫盜須財主照證方與推賞若海道相遇遭
然行劫盜賊主名何由而知必欽被劫之家照證方與
推賞則捕盜官司欲露尺寸難矣乞降指揮自今海道
捕獲盜賊如已勘見情實許一面推賞所貴少加激勸

本所契勘在法彊盜十次得財如一傷人當兩得財並謂有財主照證者或傷捕盜官或手殺捕盜將校或結集徒黨並與免惡官司勘鞫止憑被劫財主認贓理作次數今若將海洋賊徒一槩斷罪慮恐希賞之人因而計囑獄司將賊人不及次數非理鍛煉輳為數足理作免惡不惟僥倖賞典深慮刑獄冤濫乞自獄司根勘見得十次得財內六次有財主照證其餘次數雖無財主追究亦聽入免惡色目餘依見行條法施行從之　六月二十一日廣東提刑姚考資言據成忠郎水軍統制熊飛劄子海道之險為賊淵藪出入往來居民被害官兵追捕例皆冒風濤涉險阻以身犯不測之淵比之平

卷二萬二千四百九十

陸事體不同欲乞重立賞格自今如捕獲海寇一舟之贓官不拘籍悉以充戰士或有得贓資給之家令官司根究鋤治庶幾士卒有爭奮之心盜賊無支黨之助肅清海道將自此始從之　十一月二十三日知常德府劉邦翰言本府素為茶寇出沒之地今歲湖南北旱傷持杖劫掠者日多欲望劄下鄂州都統司差撥五百人赴府出戍庶幾鎮壓寇盜民得奠枕詔湖北安撫司勘量合差人數於本路州軍係將不係將禁軍內差撥　九年六月十六日知荆州府葉衡言近日興國一帶多有劫盜數百為羣劫掠舟船往往皆係興販私茶之人及剌配逃軍州縣雖有巡尉力不能敵乞自今令江鄂

州襄陽并逮屯駐水軍各差一二百人於所管界內往來江中巡邏仍令主帥擇將官一員部轄率以四月下江至九月水落歸軍庶幾江湖數千里免有盜賊之虞從之已上乾道會要　淳熙元年四月二十八日刑部言近來所屬保奏捕獲免惡彊盜遇赦後結錄之人其被賞者止是本州保奏到部提刑司不曾覈實保奏致本部取會動經歲月無以杜絕詞訴欲令所看詳欲於賞令注文內提點刑獄司覈實字下添保奏二字從之　二年六月十九日詔茶賊於吉州永新縣界禾山等處藏匿已令王琪皇甫倜遣兵將捜捕如能捕殺賊首之人每人捕獲或殺賊首一名特補進武校尉二人承信郎三人

卷二萬二千四百九十

承節郎四人保義郎五人成忠郎各添差一次五人以上取旨優異推恩二人已上立功那行分賞　八月六日詔茶寇已立賞格許人捕殺其官兵土豪諸色人等如能生擒及捕殺正賊首第一名特與脩武郎第二名從義郎第三名秉義郎各更支賞錢五千貫添差陞等差遣一次或徒中有殺併出參之人與免罪外亦依上件賞格補官支賞添差其徒衆多是脅從有能挺身出首之人亦與免罪依已降賞格施行　閏九月十四日樞密院言茶寇已收捕其湖南江西廣東撫司荆鄂都統司先具到陣亡并輕重傷人理宜存恤推恩詔戰亡人依乾道二年收捕李金例推恩其輕重傷人各給錢

有差　二十八日宰執進呈昨茶寇自湖北入湖南江西侵犯廣東已措置勦除理宜黜陟上曰辛棄疾捕寇有方雖不無過當然可謂有勞宜優加旌賞江大猷身為帥守督捕玩寇不可無罰廣東提刑林光朝不肯避事躬督摧鋒軍以遏賊鋒志甚可嘉初謂其人物懦緩臨事乃能如此宜興進職湖北提刑徐宅盜發所部措置乖方宜加責罰於是詔江西提刑辛棄疾除祕閣修撰廣東摧鋒軍統制路海路鈐黄進掩殺賊兵不致侵犯海落階官除正任刺史特轉行遥郡團練使林光朝特進職一等江西提刑錢佃軍前督運錢糧不闕除祕閣修撰前湖北提刑徐宅追三官前江西帥臣汪大猷

卷三萬二千四百九十

落職送南康軍居住　十月二十七日詔統制官解彦祥統領官梁嘉謀張興嗣收捕茶寇調發乖謬彦祥追三官嘉謀興嗣各追兩官並勒停　四年四月十八日詔武功大夫榮州刺史林文特轉成州團練使承節郎充沿海制置司正將趙蓋臣特轉成忠郎承信郎充沿海制置司正將董珎特轉保義郎昌安陸倪德特轉一資傳興等一百十四人令制置司特支犒設一次賞捕明州海盜之功也　七月二十四日詔捕盜之賞正官在假而暫權者獲盜止與循資其捕劇賊及人數多者即聽奏裁本州及提刑司保奏盜賞並須指定保明不實者守倅監司一例坐罪先是左司諫蕭燧言捕盜官



應各改官往往湊足人數還就獄情求合法意乞止與循資既而吏部尚書韓元吉奏謂輕重不均則恐捕盜之賞驟廢故有是命　六年二月二十三日興州統制吴挺言西和成鳳州沿邊一帶多有彊盜往來兩界作過今説諭招到首領楊廣等九十八人係大壯有膽氣膂力勇敢之人乞依昨招收賓淵等例將前件人隨高下置之軍中所屬支破衣糧詔依所乞自今如有似此作過人令收捕依法施行不得依前援例招收　四月二日詔縣尉捕盜賞有濫及平民以求滿數者提刑司嚴切覺察如有違戾重作施行日後或因詞訴考見冤濫提刑司亦當議罪從臣僚之請也　十三日詔湖南

卷三萬二千四百九十

賊徒陳峒等嘯聚作過累降指揮差發鄂州駐劄大軍前去會合將兵弓兵等措置掩捕如徒中有欲立功自新出參及土豪諸色人能捕殺賊首依下項推恩如係二人已上立功即行分賞每人捕獲或殺併賊首一名特與補進武校尉二人補承信郎四人補保義郎五人補成忠郎各與減差一次如補殺五人已上取旨優異推恩　尋委王佐前去專一節制軍馬其鄂州大軍捕賊事宜一就奏報未幾峒敗獲於是湖南運判陳孺以應辦有勞除直祕閣王佐除顯謨閣待制其元遣發殿前司摧鋒軍正將劉安準備將羅宗旦訓練官巫還張德謝先及其餘將兵推恩有差　二十七日詔捕盜如

弓兵保五果獲正賊雖有他過若因犯人供通弓兵某
人曾奪去錢物若干保伍某人曾受錢物若干並不許
追治　十一月十一日江西運副錢佃言在法窩藏彊
盜籍沒家財充捕盜賞然亦有初不知情止是以屋地
税賃使之耕作或有所犯州縣從而坐其窩藏之罪乞
自今除逃軍自不合存留別有正法外自餘賊盜元非
作過經斷配人所居或與主家隔遠初不知情止坐以
不覺察之罪不得籍沒家財從之　七年二月十三日
廣西提刑徐詡言昨降指揮諸路州縣自今如有盜賊
竊發稍甚去處仰本路提刑即時躬親起發前去措置
收捕竊見一路兵權盡在帥司惟土兵弓手隸提刑司
卷一萬二千四百九十
其去本司遠者二千餘里近者亦是五六百里若倉卒
起離本司必須徒手而出何濟於事乞撥本路見管推
鋒軍一百七十人及其他將下或効用等兵揍成五百
人隸提刑司庶得朝夕閱習及其未甚猖獗便可掩捕
從之　七年三月十八日詔自今承直郎以下捕盜合
得轉一官與改次等合入官每歲以八員為額若合得
減三年磨勘與循一資餘一年磨勘候改官畢日收使
其乾道賞令內承直郎以下捕盜改官條令敕令所依
此刪脩　八年閏三月十三日新知建康府范成大言
海道荒杳界分不明時有爭壞並無任責臣昨將明州
管下諸寨各考古來海界繪成圖本及根括沿海船戶





以五家為甲如一船有犯同保併科亦已攢寫成冊並
藏在制司如遇獲到海賊即檢照犯人船甲根株究治
乞行下制置司令于所隸州縣一體施行從之　九年
四月四日詔自今盜發所臨其帥守不能先事彈壓仰
三省樞密院具名將上先議責罰如平定有勞都行推
賞　十一年十一月二十七日福建路安撫提刑司奏
討捕汀賊姜大老等立功官屬將佐軍兵詔趙汝愚延
璽各特轉一官趙希曾轉一官餘人各轉官受賞有差
十二年二月三日進呈知平江府兵崈言停藏海賊
王醫郎等二十七戶住屋盡行拆毀仍將妻屬出界不
令並海縣分居住上曰今後停藏刼盜人除斷罪外並
卷一萬二千四百九十
令拆毀住屋移徙家屬　四日廣西經略安府司言瓊
州樂會縣管下白砂洞首黎人王邦佐等聚集黎人五
百餘賊作過及與地爛陳浩雖殺保義郎陳升之部領
兵効前去撫諭各得寧靜及捕獲殺人軍賊林知福等
乞特賜推賞上曰黎人聚集作過為一撫諭不定必須
獲罪可與減三年磨勘以旌賞之　三月十六日樞密
院言浙東勘餘姚上虞縣刼賊王醫郎等係許浦定海
平江秀州等處官兵次第捕獲詔各令所屬將實有勞
効之人逐一保奏不得汎濫候到從樞密院參照元案
如無異同取古等第推賞　於是浙東提刑兵案除直
龍圖閣趙師夔轉一官餘各以次轉官資　十二月四

日詔承節郎延祥寨正將鄭華特轉兩官資　以福建路安撫使趙汝愚言華深入大洋與賊接戰生擒賊首蔡八等四十二人奪到被虜三十人華有捕賊活人之功乞賜酬賞故有是命　二十六日詔守闕進勇副尉惠州海豐縣駐劄官陳章贈承節郎男與祖特補進武校尉差充訓練官仍賜錢五百貫巡檢張亨祖縣尉洪鑄各降兩官資放罷　以廣東路經畧安撫潘時等言海豐縣兇賊行劫陳章將帶駐劄官兵與賊接戰殺傷死亡三十餘人緣章所帶兵太少身被重傷身亡其張亨祖洪鑄不發弓兵會合討賊妄稱守護倉庫端坐廨舍乞賜降黜陳章以火擊衆體被重傷殁於王事有男

卷萬二千四百九十

興祖材武出衆頗有父風乞優與推賞故有是命　十三年八月二十三日詔興州都統吳挺肅清姦宄銷患未形可令學士院降詔奬諭以樞密院言挺管下諸州累年拾收彊盜數多故也　九月二十八日廣西安撫司言莫記因越獄逃入化外犯邊作過守臣王侃密作措置選委効用劉大明親書批字先以誠意諭令蠻酋不動聲色生擒莫記得正典刑乞優加旌賞使之再任所有王侃一時選差擒獲莫記往來宣力之人効用劉大明進勇副尉權經略司準備將領恩立寨駐劄陳端乞賜甄録詔王侃特轉一官減三年磨勘候今任滿日令再任劉大明特補進義副尉陳端與轉三資　十四





年十二月十四日知黎州姚民特轉一官餘以次推賞　以四川制置司奏姚民等躬親前去體究蕃賊侵犯安靜舊寨與賊鬭敵殺退蕃賊守寨無虞委是勞効故有是命　十五年二月二十三日樞密院言昨汀州寧化縣管下有賊人上官黄三等與三溪寨兵鬭敵殺死官兵作過上官黄三被首領揚試捉獲次賊首夏陳師被首領李朝鄉殺獲首級奉吉楊試特補進義校尉李朝鄉補進義副尉汀州續申揚試生擒賊首委有奇功乞不拘常制優異推恩詔揚試特補承信郎既而右諫議大夫謝諤又言乞加一官以酬其勞詔特與更轉一官　八月十一日知廣州朱安國言海寇陳青軍結集

卷一萬二千四百九十

徒黨在海虜掠商旅上岸劫居民正猖獗間差李寶部轄兵効擒獲到陳青軍等一十六名付獄禁勘捐一階級旌此獄勞以為軍士之勸詔朱安國進職二等李寶補承信郎　淳熙十六年二月二十七日詔汀州寧化縣首領楊光祖特補進義副尉明溪寨管營副指揮使湯旺與轉一資　以擒獲兇賊官黄三等本州申奏乞與推賞故有是命

此卷與前卷數相接紹興紹熙之誤

全唐文　宋會宋

捕賊　紹興元年四月四日臣僚言嶺南地廣人稀每歲冬月盜賊尤劇商旅不敢行於道臣嘗點詢其故蓋由江西湖南之游手每至冬間相率入嶺名曰經紀皆設為旅裝出沒村落嘯聚險隘伺便剽掠又諸州過犯人配遠惡州軍者往往皆刺於廣南此其所以多盜也廣南兵卒寡弱所恃以禦盜者常藉首領蓋廣南之俗隨方隅為團團有首領凡遇警則合諸團以把截界分所謂首領者能因其俗而激用之誠除盜之一助也乞令有司重立賞格為嶺南專法若首領能保護鄉井歲

卷二萬二千四百九十

久無虞前後捕盜委有勞績者令州縣保奏補以名目或兇悍徒黨稍衆累捕不獲者能追捕之亦許保奏庶幾知所激勸爭相效力應諸州有刺配過犯人於廣南者當擇其彊壯分配屯駐軍中無使兇徒驕聚爲荒以滋多患從之　十月三日詔知西和州揚緯特減三年磨勘　本州武遠鎮賊徒秦淵等作過緯差委得人即將淵等全火擒捕本路帥臣言其功故有是命　二年五月四日知潭州趙善俊言盜賊之發往往熾而難治者患在州縣不即聞於所屬而養成其患也夫監司帥兵去所部州縣動數百里盜發數百里外晝時以告尚恐不及況匿而不聞者乎臣除已措置印給軍期格目



立定時刻行下所屬州縣今後遇有盜賊竊發去處仰所屬一面先次火急收捕仍於所給格目畫時刻專差人星夜飛申以憑措置施行如將來照檢得所申稽遲一時一刻致失機事許臣將守令申奏乞重賜黜責又言州縣盜發不即申諸司或慮諸司差到官兵收捕必須應副錢糧以故遲延養成後患除已行下逐州遇申到事宜即從本司斟量緩急措置如合差撥官兵並從本司與漕臣取撥錢粮應副纖毫不擾州縣又言尋常州縣官吏有一種邀功生事之人遇有盜賊竊發故意遲延縱令猖獗覬平定後策勳推賞此尤當禁戢從之　八月二十九日宰執進呈趙充夫以汀州盜發自劾上

卷二萬二千四百九十一

曰趙充夫首先捕獲賊徒與轉一官如兵將官總官等當與次第推賞　十月二日詔諸路州縣應彊盜并殺人賊未獲者其所立賞錢先須契勘犯人有無居止及有無藏匿之家即不得先於被盜被殺處村保均備如獲正賊後見得犯人委無居止及藏匿之家即依條令被盜被殺處村保出備　三年八月十七日從事郎温州永嘉縣尉俞厚興改次等合入官以捕獲彊盜林崇等酬賞故也以上光宗會要　慶元元年十月二十六日湖南諸司申紹興五年猺賊蒲來矢等作過邵陽新化兩縣巡檢龐福邵陽縣東尉李國良西尉喬滋邵州都監薛章邵州黃安洞首領白身廖才興各係追赶鬪敵立功

之又繞轄官田昇係招撫立功之人詔罷福田昇各特
與減二年磨勘李國良喬滋薛章各特與減一年磨勘
廖才興令湖南安撫司更特與犒設一次　三年五月
六日臣僚言今之盜賊所以滋多者其巢穴有二一曰
販賣私鹽之公行二曰坑冶爐戶之恣横二者不能禁
制則盜賊終不可彌乞於產鹽去處嚴行禁戢毋令透
漏如弓兵受賕縱容一併根究重行決配諸路坑冶戶
管下夫匠州委通判縣委縣丞各令五家結為一甲互
相覺察如有違犯爐戶及結甲人同罪仍於置爐去處
揭立板榜滿坐指揮曉示令本處巡尉逐月巡歷守倅
常切覺察如有違戾令提刑司按劾徳之　七月十二

卷二萬二千四百九十一

日臣僚言向來陳侗李金賴文政姜大老之徒始者官
司不即掩捕竟成大盜所過殘賊乞行下逐路帥憲諸
司并州府軍縣今後凡有不逞之徒仰所屬官司徑申
上司照會即時起發弓兵務在必獲特與從條推賞若
因循怠慢以致賊黨熾盛亦不以輕典宥之其或乘間
發隙邀功生事者監司郡守嚴行禁戢從之　十二月
二十五日詔新雖州左江提舉林壎特除名勒停送藤
州拘管永不放還□下差人管押前去仍令筠州月具
存在申三省樞密院商榮商佑商佐候經略司保明到
日取旨推賞　以提舉廣東常平茶鹽公事陳宏規奏
大奚山賊包藏禍心蓋非一日壎向在本軍曾任統領



興大奚山人素來通同故賊目竊發之初便聲言須是
林左江來乃受撫諭及壎到彼數賊索戰亦曾對衆自
言高登等曾判其家意欲誇人以賊索相親信而不知
其姦計自露此壎所以敢如是倡獗實緣內有所恃若
非錢之望調發有方商榮興其子率衆兵血戰廣州亦
岌岌乎殆哉乞將林壎重真典憲以泄百姓之怨將商
榮父子優加旌賞以一路之心故有是命　五年五月
二十四日臣僚言今之州郡軍政廢弛教閱具文武備
弗言何以止盜且郡守安於苟簡一切委於下吏縣尉
職主捕盜患在權輕不能禁暴於未然令長雖共其事
不任其責乞將守令批書嚴立盜賊殿最之法必能嚴

卷二萬二千四百九十一

飭武備繕脩鎧衣補足兵額而縣道所管土軍弓手之
屬亦須留意招填以時教閱與其責巡尉捕盜於已發
之後孰若責守令止盜於未然之前從之　六年三月二
十七日宰執進呈聶有乞減捕盜賞劄子京鏜等奏其
議以有理亦難以一槩論所在固有多盜處要得縣尉
用心警捕祖宗之法未易輕改上曰豈可例行鐫削
二十八日右正言兼侍講程松言乞嚴敕州縣之吏毋
得以禁卒弓手寨兵充給他役專一教閱申嚴保伍之
法遇有盜賊更相救赴諸州配隸之人其間有犯彊盜
情重者悉令於土牢收管從之　六月二十四日詔令
浙東安撫提刑司將收捕係破面傷中弓兵三十五人

審驗諸實每名各特支犒設錢一十五貫於紹興府係
省錢內支目下當官給散內有捕賊被傷殘廢篤疾之
人依舊支破請給以終其身或願以本名下長成子弟
承填者聽日下係籍收管支破合得請給仍仰逐一開
具聞奏具軍寨子弟委的曾隨父兄出力收捕更行契
勘人數姓名申樞密院　九月十一日詔朝奉郎知雝
州王宗孟與轉一官具未獲賊仰本州嚴行根捉須管
日下敗獲以廣西經略安撫司奏化外安南國門州賊
徼到催係蹋黃宗德壯被雝州永平寨管下石西州溪
峒百姓楊六乏等劫去牛馬又安南諒州正副使阮承
節郎等被祿州賊首黎爾釋等破蕩村舍劫掠人口取
卷二萬二千四百九十一
去家資見在界首本司體訪得交阯人使擁數千人在
境上事體非輕已即時行下雝州安撫都監司催促永
平寨同巡檢寨官措置彈壓仍究實前項事迹就行追
捕賊徒赴官根出元劫去交阯物色牛馬等發還交跡
受領及將所獲賊徒根究情犯從條施行遂委權通判
雝州蔣來叟前去左江永平寨從長措置斟酌事宜將
溪峒賊人所劫去交阯牛馬等件日下根出交還如有
虜到人仍令先次發還續據永平寨官修武郎時方中
等申營南阮承節等肯從說諭退回本處其交阯一行
人各已退回諒州去訖雝州都巡檢顏世興說諭出楊
六乏所虜交阯婦人阿甲阿劉五娘三人見在溪峒思

明州聽候發還交阯權永平都巡檢柳宗彥獲到正
賊楊六乏馮大檄二名已關報交阯前來承領阿甲等
回歸本司照得交阯係安南國地里闊遠朝廷封以王
爵而其他小小夷獠之比今因石西州溪峒人作過劫
奪交阯牛馬等物件又虜婦三人名並係安南國近上
戚屬以致交阯遣使二員仍以數千人至境上事體非
輕今來知雝州王宗孟分遣官吏授以方略開諭禍福
以致交阯一行人盡回本國繼又督責官兵嘗捉獲石
西州賊人楊六乏馮大檄等又根出賊人所虜交阯婦
人還歸本國一時之變並已銷弭委是區處合宜顯有
勞効故有是命　嘉泰元年三月十八日詔令沿江諸
卷二萬二千四百九十七
軍主帥責委巡江將官兵效今後用心廻邏或賊徒經
由本界分作過他處敗獲勘出元透漏日分即仰主帥
將當月將官兵効具申樞密院等第重行責罰　六月
十八日詔沿江都統司申明透漏縱容之禁使之上下
摟連相與伺察每江內有賊船去處日下會合擒捕用
命者許為保奏優加恩賞其透漏去處仍與議罪務在
必行以臣僚言大江自京口至池陽去冬以來有私鹽
賊船出沒作過若不及早隄處必為後患故有是命
九月十二日臣僚言今日盜賊之多在于士大夫不知
以殺止殺專尚姑息每遇獲盜便即減落情節務從輕
典彼安得痛自懲艾乞自今遇獲彊盜無得姑息積實

情犯盡法必行懲一勸百使盜賊之風日彌從之 四年正月十八日臣僚言詞訴之間備見海冦行劫者非一蓋緣瀕海豪戶利在高賊廻尉水軍與為表裏洎其敗發獄吏又陰與為市多方全護者海道何由肅清乞嚴敕提刑安撫司及沿海水軍統帥自今各須督勵所部明示賞罰務要盜賊息絕海道肅清其獲到賊徒亦須窮情根勘毋縱吏兵鋤去根株囊橐之弊若或仍前曠弛被劫人有詞訴到臺擇其甚者將帥統兵官具名彈奏取旨責罰從之 二十八日廣西諸司言瓊州西浮峒吳四弟等聚集劫掠兵馬鈐轄耿明等捕獲立功詔耿明特轉一官部將宋執中等推賞有差 五月

卷二萬二千四百九十一

十二日右正言兼侍講楊炳言自今獲強盜改合入官比類優與循資若欠一名或兩名乞與理為全火或只及其半與減半推賞或有餘剩人數與增累推賞願留將來改官後收使者聽如此則不至以平人足數而濫賞亦不絕其希賞求進而縱盜於人情法意皆兩全也欲令吏刑部大理寺官公共看詳果得允當乞從之指揮日為始詔令吏刑部大理寺看詳聞奏 既而吏部侍郎湯碩刑部侍郎周祕等言看詳賊盜或以持仗竊盜私情計贓獄司改為強盜教令賊徒案首以出其罪則是所得刑名即與本犯持仗竊盜無異引用前條備受各依本法以全縣尉改官今措置自今後承勘強盜



內有盜官案首之人不許改官止許比類循資在法獲別火強盜每四人比當同火一名獲兇惡強盜二名比當同火一名理賞往往縣尉獲同火強盜雖及七八人而未成全火即將續獲別火累轉從實格轉官今看詳今後不許用別火轉數止據獲到同火人數不許改官止減磨勘比類循資如此則轉數之弊獄司受囑之弊十可減其七八臣僚所請已為允當乞遍牒施行從之 開禧二年六月五日江西提刑兼權贛州鍾將之言方今規恢遠圖魁復疆宇州郡屯駐之兵既已調發城池守禦之備未免闊疎平日盜賊往來之衝豈無潛窺陰伺之患惟有土豪可以術用使之自保鄉閭考之條

卷二萬二千四百九十一

格諸色人能捕強盜者七人補校尉十人補承信捕兇惡強盜者五人補校尉七人補承信自此以上則賞與所不該載矣今欲于見行條格之外若有能捕獲強盜兩倍其數者與升一階一級若更能為剪除者仍更與差遣一次從之 八月二十一日臣僚言乞申飭監司郡守嚴督所部巡尉下謹擇隅官分委正長團結申戶俾鄉井有相保之義盜賊絕窺伺之心或奉行鹵莽即仰監司郡守將巡尉重者按劾輕者批上印紙仍具申吏部照條施行其隅官保正并申甲長並從所屬追斷從之 嘉定二年八月二日內殿進呈江西帥司已捕獲寧口賊首李伯琥等人就本司處斷雷孝友等奏政

縁去年黑風峒賊徒例皆招安，雖作過之後復得官爵犒給，因此又復作過。今來江西湖南賊作，焚毀巢穴，剗除淨盡。上曰：招安本非美事，高宗聖語具載，不可不知。

九月十六日，湖南安撫司言：曹口賊徒李伯琥等嘯聚作過，督捕親兵忠義統領許國率兵剗除，一方清肅。詔許國特轉兩官。

三年三月十四日，詔彈壓劉禹特補承信郎，土豪鄧禹、典押鄧鏗、弓手鄧拱、彈壓曹舟並特補進義校尉。以廣東安撫司言禹等擒獲韶州九峰峒賊徒黄福等，故有是命。

五月十八日，監察御史鄭昭先言：比年海道之寇時或出沒，商賈被害，水軍寨兵弓級不即殄滅，或養寇以自豐，或玩寇而不捕，陰受其

卷二萬二千四百九十二

賂，反與交通。乞戒敕沿海州郡嚴督將官巡尉，如遇海寇竊發，以時剗除，毋致滋蔓。其有尚仍舊習，仰監司郡守按劾以聞。

九月二十七日，廣西安撫司言：宜州管下安化蠻酋蒙文謂等結集諸蠻出犯省地，督捕官劉涇等收捕，逆賊出降。詔劉涇等六員各與補轉兩官資，出等奇功各與補轉兩官資，第一等立功優支犒設一次。

二十八日，詔雄邊軍權統轄張顯特轉兩官。以傜賊叔掉邊民，顯深入傜峒，捕獲賊首侯明等，慰安殘傷，委立勞效，故有是命。

十一月八日，詔鎮江都統兼權淮東安撫畢再遇特轉六官，仍特賜金帶、東帶各一條；統制陳世雄、將世顯、馮擀各特轉四官，仍各特賜金





帶一條；朱顯等一十四名各特轉三官；正副將曹輝等七名各特轉兩官；統領李進四十五名各特補轉一官資；主管機宜文字劉燧、書寫機宜文字畢行各特轉兩官，仍與陞擢差遣一次；節制淮東軍馬司準備差遣丁濬夫特補承節郎；知興化縣徐棐特轉一官，與陞擢差遣一次；知寶應縣張叔敖特轉兩官，與陞擢差遣一次；興化縣尉周大川特循兩資；巡檢盧之才、監莊趙渝、詔淮巡檢陳子衛各特轉一官資。以稱獲疆盗胡海等勞效，故有是命。

四年十月二十三日，詔忠義人胡友壁特補修武郎、閤門祗候。以友壁補獲賊徒羅孟二，從江西帥司請也。

十一月五日，樞密院言：江州副都統

卷二萬二千四百九十二

制劉元鼎昨統兵往贛州會安招捕賊徒，委有勞効，合議旌賞。詔劉元鼎特與帶行遥郡刺史，仍特賜金帶、束帶各一條。

八日，江西安撫司言：池州副都統制許俊剗獲賊首李元勵、羅孟二等，委有勞效。詔許俊特與轉武功大夫，仍賜金帶、束帶各一條。

同日，湖南安撫司言：鄂州統制官雍正深入賊巢，捕獲賊首李孟一并其餘徒黨，委有勞效。詔雍政特與轉五官，仍賜金帶一條。

五年四月二十五日，詔前湖南轉運司主管帳司趙昔夫轉一官，準備差遣趙汝緝、郴州推官王堅、郴州司法李文子、檢法官鄧繼元、贛縣丞陳梓、贛縣主簿楊洽、前昭信軍節度使推官梁鎮各循一資，仍與減常賢舉

主一員幹辦公事檀溪郴州郴縣令邢必學各循一資
參議官林叔度撫宜文字陳元勲贛州通判尚振英各
減二年磨勘內礙止法人許依條回授以湖南諸司言
各收捕李孟一拔鍾安誠等之功故也 八月二十九
日詔統領官郭榮許國各特轉三官統制官孫鐸統領
馬旺權統領李義各特轉兩官資統制曹顯權撫幹
張志寧各特轉一官正將康世英轉一次餘各遷轉犒
賞有差 以湖南諸司言各收捕李孟一招安鍾安誠
等之功故也 十年八月二十七日臣僚言近聞天台
饑甿結集惡少以借糧為名恐喝彊取財者相繼交鬭
互歐殺傷甚多若衢婺饒信亦寖漸有此今不早為之
卷萬二千四百九十
所將恐其黨愈增其勢愈熾乞須告諸路監司郡守督
促巡尉日下收捕務令息絕渠魁寘之典憲脅從許之
自新復安生業從之 十一年三月十六日知慶元軍
府兼沿海制置司公事韓元禮言溫台明越四郡海道
遼闊盜賊出沒不常州縣各顧其私不相統一出彼入
此無由捕獲于是專立沿海制置一司以統之假以刺
舉之權故能使沿海州縣勠力一心不敢私自縱容盜
賊無所隱庇近歲玩習為常盜發某州某縣地分本司
就委推勘率是淹延不與結絕或盜賊供通合行取會
本司行移邈然無報乞行下沿海州縣同心一體以奉
王事不得仍前違慢自後遇本司行下推勘盜賊其有



淹延不早結絕及行移不即報應者容具奏施行從之
七月七日詔知通州林介特與轉一官兵馬監押賴
嘉言進武校尉陳源錄事參軍胡慶祖各特與轉一官
資隅官張邦權許桂各特與補一資以淮東安撫司言
介等廣設方略發蹤指授招收海洋賊首倪珍等受降
推賞故有是命 十一月二十一日詔知台州喻珪特
轉一官以督責巡尉出海捕獲賊首王子清等推賞故
也 十三年十月三日知循州牛斗南言循陽風俗亦
頗淳朴而獨苦于劉盜皆出于章貢販鹺之徒蓋江西
之鹽仰給於通泰地邈而價穹由惠州私販以往地近
而價廉乃姦猾失業之民逃亡配隸之卒急于射利法
卷萬二千四百九十一
禁雖施贛興循為鄰壤私販往來十百為鄰取道境內
吏不敢呵小失其意則弛擔剽掠已而遁入於贛雖欲
收捕而不可得乞明詔廣東江西兩路憲司合為一體
各嚴責州縣之吏若盜發而不能捕與夫伏藏境內而
不為捕皆坐以不職之咎則姦民無所容而盜賊彌矣
從之 十四年二月九日詔朝奉郎四川茶馬鄧孟卿
四川宣撫司參議官張巳之各特轉兩官以樞密院言
各收捕叛賊張福莫簡等之功故也 八月十五日倉
部郎中趙師懿言乞行下沿海州縣訓飭所部弓兵編
排所屬保甲應界分之內遇有急盜未發而結黨既散
而跧伏責保甲之必緝嚴弓兵之必捕勢若可捕則協

力以圖力所不加則審告于上他時論功皆推重賞若弓兵違限不獲官吏同罪保甲容情不首保内同科或其他官司追緝有一二名敗露者即就研窮徒黨著落盡與追捕究見某處弓兵某處保甲平日爲之隱庇爲之道地則本處失覺察官吏頭目等人皆重真典憲從之九月十日明堂赦文應命官合得捕盜賞或因臣僚論奏繳駁小節不圓一時阻滯未曾放行除非贓私罪死之人可令吏部契勘具申尚書省特與斟酌放行一次十五年正月九日臣僚言今日警捕有官執獲有賞縱緩有罰而沿海之寇猶多冒禁劫掠商旅多致殺傷上司督捕之令雖嚴而有司擒捕之效未覩大抵

卷一萬二千四百九十一

邑尉倅於成賞不繫心制領養逸不屑躬勞偏裨權輕莫能令下至於弓手寨兵倚盜爲利巡捕所至隣里騷然瀕海細民反以爲害盜不爲止職此之由乞行下制司嚴詰盜之禁重縱緩之罪仍痛戢寨兵出巡毋得騷擾如或有此彼害之人徑赴制司陳訴官吏而下重寘典憲併就沿海出榜禁戢從之　十二月九日詔沿海制置章良朋特與轉一官以樞密院言近者海盜不戢良朋能究心措置擒獲賊徒二百六十五名並已酌情行遣海道由是肅清故有是詔　十七日詔新除廣東運判張從之特轉一官以湖南諸司言去歲本路郴州桂陽縣管下有鍾志一等聚衆作過前知郴州張從之

遣桂陽薄蕭允恭桂陽令周思誠調發隅官何惟炎掫日督捕賊急就擒廣東江西湖南三路遂得寧靜餘官已乞等第推賞外從之實有指縱之功宜優與旌賞故有是命

卷一萬二千四百九十一